D1618580

Abkürzungen

c.	chapter
ca.	circa
C.A.	Court of Appeal; Recueil de jurisprudence du Québec, Cour d'appel
CAB	Civil Aeronautics Board
C.A.B.	Civil Aeronautics Board Reports
CACIV	Convention additionelle à la Convention internationale concernant le transport des voyageurs et des bagages par chemins de fer (CIV) du 25. 2. 1961, relative à la responsabilité du chemin de fer pour la mort et les blessures de voyageurs
v. Caemmerer/Schlechtriem	v. Caemmerer/Schlechtriem, Kommentar zum Einheitlichen UN-Kaufrecht, 2. Aufl. 1995
Cal.W.Int.L.J.	California Western International Law Journal
Can.Bus.L.J	The Canadian Business Law Journal
Can.YB.Int.L.	The Canadian Yearbook of International Law
Canaris, Bankvertragsrecht	Canaris, Bankvertragsrecht, 1. Teil 3. Aufl. 1988, 2. Teil 4. Aufl. 1995
Canaris	Canaris, Handelsrecht, 22. Aufl. 1995
Capelle/Canaris	Capelle/Canaris, Handelsrecht, 21. Aufl. 1989
Cass.	Cour de Cassation, Corte di Cassazione
C.C.	Code Civil
c. co.	Codice di commercio
C.com.	code de commerce
CCH Avi	Commerce Clearing House – Aviation Cases
CCV	Convention internationale relative au contrat de voyage
CEMT	Conférence européenne des ministres de transport
cert.	certiorari
c & f	cost & freight
ch.	chapter
Ch.D.	Chancery Division
Chr.	Chronique
c.i.c.	culpa in contrahendo
c.i.f.	cost, insurance, freight
CIM	Convention internationale concernant le transport des marchandises par chemin de fer
Cir.	Circuit
CISG	United Nations Convention on Contracts for the International Sale of Goods/Übereinkommen der Vereinten Nationen über Verträge über den internationalen Warenkauf
CITEJA	Comité international technique d`experts juridiques aériens
CIV	Convention internationale concernant le transport des voyageurs et des bagages par chemin de fer
Civ. Ct	Civil Court
Claussen	Claussen, Bank- und Börsenrecht, 1996
CLNI	Convention sur la limitation de la responsabilité civile pour les dommages causés au cours du transport de marchandises dangereuses par route, rail et bateaux de navigation intérieur
Clunet	Clunet, Journal du droit international
CMI	Comité maritime international
C.M.I.Bull.	Bulletin de l'Association belge pour l'unification du droit maritime
CMLR	Common Market Law Report
CMN	Convention relative au contrat de transport de marchandises en navigation intérieure
CMR	Convention relative au contrat de transport international de marchandises par route
Co.	Company
Cod.	Codex
Cod. civ.	Codice civile
Cód. com.	Código de commercio
Cod. nav.	Codice della navigazione
COGSA	Carriage of goods by sea act
Colum.J.Transnat.L.	Columbia Journal of Transnational Law

Baumgärtel/*Bearbeiter*	Baumgärtel, Handbuch der Beweislast im Privatrecht, Kommentar, 5 Bände 1. Aufl. 1981–1993, Band 1 2. Aufl. 1991
BauR	Zeitschrift für das gesamte öffentliche und private Baurecht
Baur/Stürner	Baur/Stürner, Lehrbuch des Sachenrechts, 16. Aufl. 1992
BauSpG	Gesetz über Bausparkassen
Bay., bay.	Bayern, bayerisch
BayObLG	Bayerisches Oberstes Landesgericht
BayObLGZ	Amtliche Sammlung des Bayerischen Obersten Landgerichts in Zivilsachen
BayVBl.	Bayerische Verwaltungsblätter
BB	Der Betriebs-Berater (Zeitschrift)
BBankG	Gesetz über die deutsche Bundesbank
BbG	Bundesbahngesetz
BBiG	Berufsbildungsgesetz
BBl.	Bundesblatt
B.C.	British Columbia
Bd. (Bde.)	Band (Bände)
BDSG	Bundesdatenschutzgesetz
Bearb., bearb.	Bearbeitung, Bearbeiter, bearbeitet
Beck HdR/*Bearbeiter*	Castan/Heymann/Müller/Ordelheide/Scheffler, Beck'sches Handbuch der Rechnungslegung, 1995
BeckBilKomm	Beck'scher Bilanzkommentar, Der Jahresabschluß nach Handels- und Steuerrecht, 3. Aufl. 1995
Bredow/Seifert	Bredow/Seifert, Incoterms 1990, 1990
BefBMö 1983	Beförderungsbedingungen für den Möbelverkehr, siehe GüKUMT
Begr.	Begründung
Beih.	Beiheft
Beil.	Beilage
Bek.	Bekanntmachung
Bem.	Bemerkung
ber.	berichtigt
BerDtGesVR	Berichte der Deutschen Gesellschaft für Völkerrecht
BErzGG	Bundeserziehungsgeldgesetz
bes.	besonders
BeschFG	Gesetz über arbeitsrechtliche Vorschriften zur Beschäftigungsförderung
BeschSchuG	Gesetz zum Schutz der Beschäftigten vor sexueller Belästigung am Arbeitsplatz (Beschäftigtenschutzgesetz)
bespr.	besprochen
bestr.	bestritten
betr.	betreffend, betreffs
BetrAVG	Gesetz zur Verbesserung der betrieblichen Altersversorgung (Betriebsrentengesetz)
BetrVG	Betriebsverfassungsgesetz
BetrVGWO	Erste Verordnung zur Durchführung des Betriebsverfassungsgesetzes (Wahlordnung)
BetrVR	Betriebsverfassungsrecht
BeurkG	Beurkundungsgesetz
bez.	bezüglich
BfAI	Bundesstelle für Außenhandelsinformation
BFernStrG	Bundesfernstraßengesetz
BFH	Bundesfinanzhof
BFHE	Sammlung der Entscheidungen und Gutachten des Bundesfinanzhofs
BFM	Bundesfinanzministerium
BG	Berufsgenossenschaft; (schweizerisches) Bundesgericht
BGB	Bürgerliches Gesetzbuch
BGBl.	Bundesgesetzblatt
BGE	Entscheidungen des Schweizerischen Bundesgerichts, Amtliche Sammlung
BGH	Bundesgerichtshof
BGHR	BGH-Rechtsprechung (Loseblattsammlung 1987 ff.)
BGHSt	Entscheidungen des Bundesgerichtshofes in Strafsachen

ASOR	Accord relatif aux services occasionnels internationaux de voyageurs par route effectués par autocars ou par autobus
AT	allgemeiner Teil, außertariflich
ATG	Altersteilzeitgesetz
AtG	Atomgesetz
ATP	Accord relatif aux transports internationaux de denrées périssables et aux engins spéciaux à utiliser pour ces transports
AuA	Arbeit und Arbeitsrecht (Zeitschrift)
AUB	Allgemeine Unfallversicherungsbedingungen
Aufl.	Auflage
AÜG	Arbeitnehmerüberlassungsgesetz
AuR	Arbeit und Recht (Zeitschrift)
ausdr.	ausdrücklich
ausf.	ausführlich
AusfG	Ausführungsgesetz
AusfVO	Ausführungsverordnung
Austr.Bus.L.Rev	Australian Business Law Review
Austr.L.J.	The Australian Law Journal
Austr.YB.Int.L	Australian Yearbook of International Law
AVAG	Gesetz zur Ausführung zwischenstaatlicher Anerkennungs- und Vollstreckungsverträge in Zivil- und Handelssachen
AVAVG	Gesetz über Arbeitsvermittlung und Arbeitslosenversicherung
AVB	Allgemeine Versicherungsbedingungen, Allgemeine Vertragsbestimmungen
AVE	Allgemeinverbindlicherklärung
AVG	Angestelltenversicherungsgesetz
AVV	Allgemeine Verwaltungsvorschrift
AW	Außenwirtschaft
AWD	Außenwirtschaftsdienst des Betriebs-Beraters (Zeitschrift)
AWG	Außenwirtschaftsgesetz
AWV	Außenwirtschaftsverordnung
Az.	Aktenzeichen
AZO	Arbeitszeitordnung
B	Bundes-
BABl.	Bundesarbeitsblatt
Bad., bad.	Baden, badisch
BAG	Bundesarbeitsgericht
BAGE	Entscheidungen des Bundesarbeitsgerichts
Balser	Balser/Bokelmann/Piorreck/Dostmann/Kauffmann, Umwandlung, Verschmelzung, Vermögensübertragung, 1990
Banca borsa tit.cred.	Banca borsa e titoli di credito
BAnz.	Bundesanzeiger
v. Bar	v. Bar C., Internationales Privatrecht Bd. I 1987, Bd. II 1991
Basedow EurVerkPol	Europäische Verkehrspolitik, hrsg. v. Basedow, 1987
Basedow TransportV	Basedow, Der Transportvertrag, 1987
Basedow Wettbew.	Basedow, Wettbewerb auf den Verkehrsmärkten, 1989
BAT	Bundes-Angestelltentarif
Baumbach/*Hefermehl* WettB	Baumbach/Hefermehl, Wettbewerbsrecht, 18. Aufl.1995
Baumbach/*Hefermehl* WG/SchG	Baumbach/Hefermehl, Wechselgesetz und Scheckgesetz, Kommentar, 19. Aufl. 1995
Baumbach/*Hopt*	Baumbach/Hopt, Handelsgesetzbuch mit Nebengesetzen, 29. Aufl. 1995
Baumbach/Hueck AktG	Baumbach/Hueck, Aktiengesetz, 13. Aufl. 1968
Baumbach/Hueck/ *Bearbeiter*	Baumbach/Hueck, GmbHG, 16. Aufl. 1996
Baumbach/Lauterbach/ *Bearbeiter*	Baumbach/Lauterbach/Albers/Hartmann, Zivilprozeßordnung, 54. Aufl. 1996

AktG	Aktiengesetz
ALB	Allgemeine Lagerbedingungen des Deutschen Möbeltransports
Alff	Alff, Lager- und Speditionsrecht, 1986
All E.R.	The All English Law Reports
allgM	allgemeine Meinung
ALR	Allgemeines Landrecht für die Preußischen Staaten von 1794; American Law Reports
Alt.	Alternative
Alter	Droit des transports, 1984
aM	anderer Meinung
Am.Bus.L.Journ.	American Business Law Journal
A.M.C.	American Maritime Cases
Am.J.Comp.L.	The American Journal of Comparative Law
Am.J.Int.L.	The American Journal of International Law
amtl. Begr.	amtliche Begründung
An.Der. Marit.	Anuario de derecho maritimo
ÄndG	Änderungsgesetz
ÄndVO	Änderungsverordnung
AnfG	Gesetz betreffend die Anfechtung von Rechtshandlungen eines Schuldners außerhalb des Konkursverfahrens
Anh.	Anhang
Anl.	Anlage
Anm.	Anmerkung
Ann.AAA	Annuaire de l' Association des auditeurs et anciens auditeurs de l' Académie de droit international de La Haye
Ann.Air Sp.L.	Annals of Air and Space Law
Ann.dir.comp.	Annuario di diritto comparato
Ann.dr.marit.aér.	Annuaire de droit maritime et aérien
Ann.fr.dr.int.	Annuaire français de droit international
AnwBl.	Anwaltsblatt (Zeitschrift)
AO	Abgabenordnung
AöR	Archiv des öffentlichen Rechts
AÖSp	Allgemeine Österreichische Spediteur-Bedingungen
AP	Arbeitsrechtliche Praxis (Entscheidungssammlung 1950 ff.)
App.	Corte di appello
App.Div.	Appellate Division
AppG	Appellationsgericht
AR-Blattei	Arbeitsrechts-Blattei
ARB	Allgemeine Bedingungen für die Rechtsschutzversicherung
ArbG	Arbeitsgericht
ArbGG	Arbeitsgerichtsgesetz
ArbNErfG	Arbeitnehmererfindungsgesetz
ArbPlSchG	Arbeitsplatzschutzgesetz
ArbRdGgw	Das Arbeitsrecht der Gegenwart
ArbSch	Arbeitsschutz (Beilage zum Bundesarbeitsblatt)
ArbStoffVO	Verordnung über gefährliche Arbeitsstoffe
ArbStVO	Verordnung über Arbeitsstätten
ArbZG	Arbeitszeitgesetz
Arch.	Archiv
Arch. giur.	Archivio Giuridico „Filippo Serafini"
ArchBürgR	Archiv für Bürgerliches Recht
ArchEW	Archiv für Eisenbahnwesen
ArchLR	Archiv für Luftrecht
arg.	argumentum
ARGE	Arbeitsgemeinschaft
Art.	Artikel
AS	Amtliche Sammlung der eidgenössischen Gesetze
ASDA-Bull	Bulletin der Schweizerischen Vereinigung für Luft und Weltraumrecht
ASiG	Gesetz über Betriebsärzte, Sicherheitsbeamte und andere Fachkräfte für Arbeitssicherheit (Arbeitssicherheitsgesetz)

Inhaltsverzeichnis

Handelsgesetzbuch

Erstes Buch. Handelsstand

Die Bearbeiter des ersten Bandes

Dr. Gunther Bokelmann
Vors. Richter am Oberlandesgericht a. D.

Dr. Gerrick v. Hoyningen-Huene
o. Professor an der Universität Heidelberg

Dr. Peter Krebs
Assistent an der Universität zu Köln

Dr. Manfred Lieb
o. Professor an der Universität zu Köln

Dr. Karsten Schmidt
o. Professor an der Universität Hamburg

Im einzelnen haben bearbeitet:

Vorbemerkung .... Dr. Karsten Schmidt
§ 1.. Dr. Karsten Schmidt
§§ 2–4 .... Dr. Gunther Bokelmann
§ 5.. Dr. Manfred Lieb
§§ 6–14 .... Dr. Gunther Bokelmann
§ 15.. Dr. Manfred Lieb
§§ 16–24 .... Dr. Gunther Bokelmann
§§ 25–36 .... Dr. Manfred Lieb
§ 37.. Dr. Peter Krebs/Dr. Manfred Lieb
§§ 38–47 b .... (aufgehoben)
§§ 48–58 .... Dr. Peter Krebs/Dr. Manfred Lieb
§§ 59–104.. Dr. Gerrick v. Hoyningen-Huene

Vorwort

Das Handelsgesetzbuch vom 10. Mai 1897 hat nach einer sehr wechselvollen Geschichte in den vergangenen zehn Jahren an Bedeutung unter den größeren Kodifikationen des deutschen Bundesrechts wieder erheblich gewonnen. Das Bilanzrichtlinien-Gesetz vom 19. 12. 1985 war nicht nur Ausgangspunkt dieser Entwicklung, sondern zugleich auch Signal für die Integrationskraft des Europäischen Unternehmensrechts. Diese wurde durch die Handelsvertreternovelle vom 23. 10. 1989 und durch das Bankbilanzrichtlinie-Gesetz vom 30. 11. 1990, um nur die wichtigsten Beispiele zu nennen, neuerlich unterstrichen. Mit der Aufwertung des Handelsgesetzbuches ging eine deutliche Zunahme der nach dem HGB zu treffenden Gerichtsentscheidungen einher. Zugleich wurde das HGB auch wieder in stärkerem Maße ein Gesetz für die Vertragsgestaltung und für die nichtforensische Unternehmenspraxis. Die rechtswissenschaftliche und rechtspolitische Diskussion um das HGB wurde gleichfalls durch neue Anstöße belebt. Diese Gegebenheiten ließen den Plan eines neu konzipierten Großkommentars entstehen, für dessen Bearbeitung namhafte Autoren aus Wissenschaft und Praxis gewonnen werden konnten. Der Kommentar wird, nach den Büchern des HGB gegliedert, in voraussichtlich 7 Teilbänden erscheinen. Wo es dem HGB noch an systematischer Geschlossenheit fehlt – das ist vor allem in den Bereichen des Bankrechts und des Transportrechts, teilweise aber zB auch im Recht des Produktvertriebs und der Personengesellschaften der Fall – geht die Darstellung, den Bedürfnissen der Praxis folgend, inhaltlich über die Legalordnung hinaus und strebt umfassende Information an. Im Bereich der Rechnungslegung (Drittes Buch) führte die Auswahl ausgewiesener Autoren zu einem Bearbeiterstab, dem neben Juristen auch Betriebswirte zugehören. Der nunmehr vorgelegte Band 1 wurde teils 1995, teils Anfang 1996 von den Bearbeitern fertiggestellt und konnte im Zuge der Satzkorrektur weitgehend auf den Stand des Frühjahrs 1996 gebracht werden. Die Reformüberlegungen zu §§ 1 ff. sind bis zum Referentenentwurf vom Juli 1996 berücksichtigt.

Hamburg und München 1996   Herausgeber und Verlag

Zitiervorschlag:
MünchKommHGB/*Lieb* § 15 RdNr. 25

Die Deutsche Bibliothek – Cip-Einheitsaufnahme

Münchener Kommentar zum Handelsgesetzbuch. – München :
Beck; München : Vahlen.
NE: Schmidt, Karsten [Hrsg.]
Bd. 1. Erstes Buch – Handelsstand : §§ 1–104. – 1996
    ISBN 3 406 40051 5

ISBN 3 406 40051 5

© 1996 C. H. Beck'sche Verlagsbuchhandlung (Oscar Beck), München
Druck der C. H. Beck'schen Buchdruckerei, Nördlingen
Gedruckt auf säurefreiem, alterungsbeständigem Papier
(hergestellt aus chlorfrei gebleichtem Zellstoff)

Münchener Kommentar zum Handelsgesetzbuch

Band 1
Erstes Buch. Handelsstand
§§ 1–104

Herausgegeben von

Prof. Dr. Karsten Schmidt

Universität Hamburg

Verlag C.H.Beck/Verlag Franz Vahlen
München 1996

Com.	Tribunal de commerce
Com.L.Eur.	Commercial Laws of Europe
Comm.L.Journ.	Commercial Law Journal
Commonw.L.Bull.	Commonwealth Law Bulletin
Comp.L.YB.	Comparative Law Yearbook
Cong.	Congress
Cost.	Corte Costituzionale
COTIF	Convention relative aux transports internationaux ferroviaires
CTO	Combined Transport Operator
C.P.	Recueils de jurisprudence du Québec, Cour provinciale
C.S.	Recueils de jurisprudence du Québec, Cour supérieure du Québec
Cty.	County
CVN	Convention relative au contrat de transport de voyageurs et de bagages en navigation intérieure
CVR	Convention relative au contrat de transport de voyageurs et de bagages par route
D.	Dalloz
DAR	Deutsches Autorecht (Zeitschrift)
DB	Der Betrieb (Zeitschrift)
D. Chr.	Dalloz Chronique
DCS	Dispositions complémentaires spéciales
DCU	Dispositions complémentaires uniformes
DDR	Deutsche Demokratische Republik
Dehmer	Dehmer, Umwandlungsgesetz, Umwandlungssteuergesetz, 2. Aufl. 1996
DepotG	Depotgesetz
ders.	derselbe
dgl.	desgleichen; dergleichen
DGV	Der Güterverkehr (Zeitschrift)
DGWR	Deutsches Gemein- und Wirtschaftsrecht (Zeitschrift)
D.H.	Dalloz hèbdomadaire
dh.	das heißt
Die AG	Die Aktiengesellschaft (Zeitschrift)
Die Bank	Die Bank (Zeitschrift)
Die BB	Die Bundesbahn (Zeitschrift)
dies.	dieselbe(n)
Dig.	Digesten
DIHT	Deutscher Industrie- und Handelstag
Dir. aereo	Il diritto aereo
Dir. comunit. scambi int.	Diritto comunitario e degli scambi internazionali
Dir. Mar.	Il diritto marittimo
Dir. prat. av.	Diritto e pratica dell'aviazione civile
DiskE	Diskussionsentwurf
Diss.	Dissertation
DJ	Deutsche Justiz (Zeitschrift)
DJT	Deutscher Juristentag
DJZ	Deutsche Juristenzeitung
D.L.R.	Dominion Law Reports
DM	Deutsche Mark
D.M.F.	Le droit maritime français
DNotZ	Deutsche Notar-Zeitschrift
Doc.	Document (s)
Dok.	Dokument
DöD	Der öffentliche Dienst
DÖV	Die öffentliche Verwaltung (Zeitschrift)
D.P.	Dalloz périodique
DR	Deutsches Recht (Zeitschrift)
DRiZ	Deutsche Richterzeitung
DStR	Deutches Steuerrecht (Zeitschrift)
DStZ	Deutsche Steuer-Zeitung

Dt.; dt. .... deutsch

DtGesTranspR TranspR
und AGGB...................... Deutsche Gesellschaft für Transportrecht, Transportrecht und Gesetz über Allgemeine Geschäftsbedingungen, 1987

DtGesTranspR Versiche-
rung .... Deutsche Gesellschaft für Transportrecht, Gütertransport und Versicherungen, 1990

DtZ .... Deutsch-deutsche Rechts-Zeitschrift

Dubischar......................... Dubischar, Grundriß des gesamten Gütertransportrechts, 1987

Düringer/Hachenburg/
Bearbeiter......................... Düringer/Hachenburg, Das Handelsgesetzbuch vom 10. Mai 1897, 3. Aufl. 1930–1935

DVBl. .... Deutsches Verwaltungsblatt (Zeitschrift)

DVO........................... Durchführungsverordnung

DVWG .... Deutsche Verkehrswirtschaftliche Gesellschaft

DVZ .... Deutsche Verkehrszeitung

DZWiR .... Deutsche Zeitschrift für Wirtschaftsrecht

E .... Entwurf, Entscheidung (in der amtlichen Sammlung)

EAG........................... Einheitliches Gesetz über den Abschluß von internationalen Kaufverträgen

ebd. .... ebenda

EBO........................... Eisenbahn-Bau- und Betriebsordnung

ECAC........................... European Civil Aviation Conference

ECE .... United Nations Economic Commission for Europe

ecolex............................... ecolex (österreichische Zeitschrift)

EDV........................... Elektronische Datenverarbeitung

E.E.C. .... European Economic Community

EFTA........................... European Free Trade Association

EG .... Einführungsgesetz; Europäische Gemeinschaft

eG .... eingetragene Genossenschaft

EGBGB........................... Einführungsgesetz zum Bürgerlichen Gesetzbuch

EGG........................... (österr.) Erwerbsgesellschaftengesetz

EGHGB .... Einführungsgesetz zum Handelsgesetzbuch

EGKS............................. Europäische Gemeinschaft für Kohle und Stahl

EGKSV .... Vertrag über die Gründung der Europäischen Gemeinschaft für Kohle und Stahl

EGV...................... Vertrag zur Gründung der Europäischen Wirtschaftsgemeinschaft

Ehrenbergs Hdb................. Ehrenbergs Handbuch des gesamten Handelsrechts mit Einschluß des Wechsel-, Scheck-, See- und Binnenschiffahrtsrechts, des Versicherungsrechts sowie des Post- und Telegraphenrechts, 1913–1928

EigBetrVO .... Eigenbetriebsverordnung

Einf. .... Einführung

Einl. .... Einleitung

Eisemann/Melis.................. Eisemann/Melis, Die Incoterms – Ausgabe 1980, 1982

EisenbE .... Eisenbahn- und verkehrsrechtliche Entscheidungen und Abhandlungen. Zeitschrift für Eisenbahn und Verkehrsrecht, hrsg. von Eger

EKG............................... Einheitliches Gesetz über den internationalen Kauf beweglicher Sachen

Endemann .... Endemann, Das deutsche Handelsrecht, 4. Aufl. 1987

Enge.............................. Enge, Transportversicherung, 2. Aufl. 1987

engl. .... englisch

EntgeltFZG .... Gesetz über die Zahlung des Arbeitsentgelts an Feiertagen und im Krankheitsfall (Entgeltfortzahlungsgesetz)

Entsch. .... Entscheidung

entspr. .... entsprechend

ER .... Einheitliche Richtlinien

E.R. .... English Reports

ERA............................ Einheitliche Richtlinien und Gebräuche für Dokumenten-Akkreditive

Erg. .... Ergebnis, Ergänzung

Erl. .... Erläuterungen; Erlaß

Erman/Bearbeiter	Erman, Handkommentar zum Bürgerlichen Gesetzbuch, 9. Aufl. 1993
Esser/Schmidt AT	Esser, Schuldrecht, Allgemeiner Teil, 7. Aufl., bearbeitet von Eike Schmidt, 1993
Esser/Weyers BT	Esser, Schuldrecht, Besonderer Teil, 7. Aufl., bearbeitet von Weyers, 1991
EStG	Einkommensteuergesetz
etc.	et cetera
E.T.L.	European Transport Law
ETR	Europäisches Transportrecht (European Transport Law)
EU	Europäische Union
EuG	Gericht 1. Instanz der EG
EuGH	Europäischer Gerichtshof
EuGHE	Sammlung der Rechtsprechung des Gerichtshofes der Europäischen Gemeinschaften
EuGVÜ	Übereinkommen über die gerichtliche Zuständigkeit und die Vollstreckung gerichtlicher Entscheidungen in Zivil- und Handelssachen
EuR	Europarecht
Eur.L.Rev.	European Law Review
EurA	Europa-Archiv
EuZW	Europäische Zeitschrift für Wirtschaftsrecht
e. V.	eingetragener Verein
EvBl.	Evidenzblatt der Rechtsmittelentscheidungen
EVO	Eisenbahnverkehrsordnung
evtl.	eventuell
EVÜ	EG-Übereinkommen über das auf vertragliche Schuldverhältnisse anzuwendende Recht vom 19. 6. 1980
EWG	Europäische Wirtschaftsgemeinschaft
EWGV	Vertrag zur Gründung der Europäischen Wirtschaftsgemeinschaft vom 25. 3. 1957
EWiR	Entscheidungen zum Wirtschaftsrecht
EWIV	Europäische Wirtschaftliche Interessenvereinigung
EWR-Abk.	Abkommen über den europäischen Wirtschaftsraum
EWS	Europäisches Wirtschafts- und Steuerrecht (Zeitschrift)
EzA	Entscheidungssammlung zum Arbeitsrecht
EZB	Europäische Zentralbank
F.	Federal Reporter
f., ff.	folgende
FamRZ	Zeitschrift für das gesamte Fmilienrecht
fas	free alongside ship
F.A.Z.	Frankfurter Allgemeine Zeitung
FBL	FIATA Combined Transport Bill of Lading
FCR	Forwarders Certificate of Receipt
FCT	Forwarders Certificate of Transport
Fed. Ct.	Federal Court
Fed. Reg.	Federal Register
FeiertagsLZG	Gesetz zur Regelung der Lohnzahlung an Feiertagen
FestG	Festgabe
FGG	Gesetz über die Angelegenheiten der freiwilligen Gerichtsbarkeit
FIATA	Fédération Internationale des Associations de Transitaires et Assimilés
Fikentscher	Fikentscher, Schuldrecht, 8. Aufl. 1992
Firsching IPR	Firsching, Einführung in das IPR, 3. Aufl. 1987
Fla.	Florida
Fla.Distr.C.A.	Florida District Court of Appeal
Fn.	Fußnote
FNA	Fundstellennachweis A. Beilage zum Bundesgesetzblatt Teil I
FNB	Fundstellennachweis B. Beilage zum Bundesgesetzblatt Teil II
fob	free on board
Förtsch	Förtsch, Kommentar zum BSchG, 2. Aufl. 1900
Ford.L.Rev.	Fordham Law Review

GNT	Tarif für den Güternahverkehr mit Kraftfahrzeugen
GoA	Geschäftsführung ohne Auftrag
Goldschmidt	Goldschmidt L., Handbuch des Handelsrechts, Teil A, B, C, Nachdruck 1973
griech.	griechisch
grdl.	grundlegend
grds.	grundsätzlich
Großkomm.	Großkommentar
GroßkommAktG/ *Bearbeiter*	Hopt/Wiedemann (Hrsg.), Großkommentar zum Aktiengesetz, 3. Aufl. 1970–1975, 4. Aufl. 1992 ff.
GroßkommHGB/ *Bearbeiter*	Handelsgesetzbuch, Großkommentar, begr. von Staub, weitergeführt von Mitgliedern des Reichsgerichts, 3. Aufl. 1967–1982
GroßkommUWG/ *Bearbeiter*	Jacober/Lindacher/Teplitzky, (Hrsg.), Großkommentar zum Gesetz gegen den unlauteren Wettbewerb, 1991 ff.
GrSZ	Großer Senat in Zivilsachen
Gruchot	Beiträge zur Erläuterung des Deutschen Rechts, begründet von Gruchot
Grunewald	Grunewald, Gesellschaftsrecht, 1994
GrünhutsZ	Zeitschrift für das Privat- und öffentliche Recht der Gegenwart, begr. von Grünhut
GRUR	Gewerblicher Rechtsschutz und Urheberrecht (Zeitschrift)
GRURAusl.	Gewerblicher Rechtsschutz und Urheberrecht, Auslands- und internationaler Teil, 1952–1969
GS	Gedenkschrift; Großer Senat
GTVO	Gütertransportverordnung (DDR)
GüKG	Güterkraftverkehrsgesetz
GüKUMB	Beförderungsbedingungen für den Umzugsverkehr und für die Beförderung von Hausmöbeln in besonders für die Möbelbeförderung eingerichteten Fahrzeugen im Güterfernverkehr und Güternahverkehr
GVBl.	Gesetz- und Verordnungsblatt
GVG	Gerichtsverfassungsgesetz
GVÜ	Übereinkommen über die gerichtliche Zuständigkeit und die Vollstreckung gerichtlicher Entscheidungen in Zivil- und Handelssachen
GWB	Gesetz gegen Wettbewerbsbeschränkungen
hA	herrschende Ansicht
Haage	Haage, Das Abladegeschäft, 4. Aufl. 1958
Habilschr.	Habilitationsschrift
Hachenburg/*Bearbeiter*	Hachenburg, Gesetz betreffend die Gesellschaften mit beschränkter Haftung (GmbHG), Großkommentar, 8. Aufl. 1991 ff.; soweit in 8. Auflage noch nicht erschienen, 7. Aufl. 1975–1984
HAG	Heimarbeitsgesetz
Halbbd.	Halbband
Halbs.	Halbsatz
Hamb.; hamb.	Hamburg; hamburgisch
HambR	United Nations Convention on the Carriage of Goods by Sea, 1978 (Hamburger Regeln)
HambWirt	Hamburger Wirtschaft - Mitteilungen der Handelskammer Hamburg
HandelsG	Handelsgericht
Hansa	Hansa, Zentralorgan für Schiffahrt, Schiffbau, Hafen
HansOLG	Hanseatisches Oberlandesgericht
HansRGZ	Hanseatische Rechts- und Gerichtszeitschrift
HansRZ	Hanseatische Rechtszeitschrift für Handel, Schiffahrt und Versicherung, Kolonial- und Auslandsbeziehungen
Harv.L.Rev.	Harvard Law Review
HAS	Handbuch des Arbeits- und Sozialrechts, hrsg. von Weiss/Gagel
Hast.L.Journ.	The Hastings Law Journal
H.C.	High Court

Abkürzungen

HD .... Högsta domstolen
HdAG/*Bearbeiter* .... Nirk u.a., Handbuch der Aktiengesellschaft, Gesellschaftsrecht, Steuer-
recht, Arbeitsrecht, 3. Aufl. 1994
Hdb. .... Handbuch
Hdb. IZVR .... Handbuch des internationalen Zivilverfahrensrechts
HdbPersG/*Bearbeiter* .... Westermann u.a., Handbuch der Personengesellschaften, Loseblatt,
4. Aufl. 1994 ff.
HdWW .... Handbuch der Wirtschaftswissenschaften
Heini .... Heini, Das Durchkonnossement, 1957
Herber/Czerwenka .... Herber/Czerwenka, Internationales Kaufrecht, 1991
Hess.; hess. .... Hessen; hessisch
Heymann/*Bearbeiter* .... Heymann, Handelsgesetzbuch (ohne Seerecht), Kommentar, 1988-1990;
2. Aufl. 1995 ff.
HEZ .... Höchstrichterliche Entscheidungen (Entscheidungssammlung)
HG .... Handelsgericht
HGB .... Handelsgesetzbuch
Hill/Evans .... Hill/Evans, Transport Laws of the World, Bd. 1-6, 1977 ff.
hins. .... hinsichtlich
hL .... herrschende Lehre
H.L. .... House of Lords
HLB .... Hamburger Lagerungsbedingungen
hM .... herrschende Meinung
Hofmann .... Hofmann, Handelsrecht, 8. Aufl. 1993
Hopt Form .... Hopt, Hrsg., Vertrags- und Formularbuch zum Handels-, Gesellschafts-,
Bank- und Transportrecht, 1995
Hopt GesR .... Hopt, Handels- und Gesellschaftsrecht, Band II Gesellschaftsrecht, 4. Aufl.
1996
Hopt/Mössle .... Hopt/Mössle, Handelsrecht, 1986
HovR .... Hovrätt
HpflG .... Haftpflichtgesetz
HR .... Convention internationale pour l'unification de certaines règles en matière
de connaissement (Haager Regeln)
H.R. .... Hoge Raad
HRR .... Höchstrichterliche Rechsprechung
Hrsg.; hrsg. .... Herausgeber; herausgegeben
HRV .... Handelsregisterverfügung
HS .... Halbsatz
Hübner .... Hübner, Handelsrecht, 3. Aufl. 1992
Hueck .... Hueck, Gesellschaftsrecht, 19. Aufl. 1991
Hueck/Canaris .... Hueck/Canaris, Das Recht des Wertpapiere, Kommentar, 12. Aufl. 1986
Hüffer .... Hüffer, Aktiengesetz, 2. Aufl. 1995
HVH .... Handelsvertreter-Handbuch, hrsg. von Heinz Voß, 1969
HVR .... Handelsvertreterrecht, Entscheidungen und Gutachten, hrsg. vom For-
schungsverband für den Handelsvertreter- und Handelsmaklerberuf
HVuHM .... Der Handelsvertreter und Handelsmakler (Zeitschrift)
HzA .... Handbuch zum Arbeitsrecht, hrsg. von Stahlhacke

ia .... im allgemeinen
IATA .... International Air Transport Association
IATA Rev. .... IATA Review
ICAO .... International Civil Aviation Organization
ICC .... International Chamber of Commerce; Interstate Commerce Commission
ICC Pract.J .... ICC Practitioners Journal
I.C.J.Rep. .... International Court of Justice Reports
idF (v.) .... in der Fassung (vom)
IDIT .... Institut de droit international des transports
idR .... in der Regel
idS .... in diesem Sinne
ie .... im einzelnen
iE .... im Ergebnis

XXII

ieS	im engeren Sinne
IGH	Internationaler Gerichtshof
IHK	Industrie- und Handelskammer
I.L.A.Rep.	The International Law Association, Report of the ... Conference
IMF	International Monetary Fund
Incoterms	International Commercial Terms
INSA	International Shipowners'Association
insbes.	insbesondere
InsO	Insolvenzordnung
Int.Comp.L.Q.	The International and Comparative Law Quarterly
Int.Encycl.Comp.L.	International Encyclopedia of Comparative Law
Int.Lawyer	The International Lawyer
Int.Leg.M.	International Legal Materials
Int.Verkw.	Internationales Verkehrswesen
internat.	international
IntHK	Internationale Handelskammer
IntTranspZ	Internationale Transportzeitschrift
IPG	Gutachten zum internationalen und ausländischen Privatrecht
IPR	Internationales Privatrecht
IPRax	Praxis des Internationalen Privat- und Verfahrensrechs (Zeitschrift)
IPRG	Gesetz zur Neuregelung des Internationalen Privatrechts
IPRspr.	Makaro, Gamillscheg, Müller, Dierk, Kropholler, Die deutsche Rechtsprechung auf dem Gebiet des internationalen Privatrechts, 1952 ff.
I.R.	Informations Rapides
iSd.	im Sinne des
IStR	Internationales Steuerrecht (Zeitschrift
iSv.	im Sinne von
ital.	italienisch
Ius commune	Veröffentlichungen des MPI für Europäische Rechtsgeschichte
iü	im übrigen
i.ü.	im übrigen
iVm.	in Verbindung mit
IVR	Internationales Vertragsrecht
iw	im wesentlichen
iwS	im weiteren Sinne
IZPR	Internationales Zivilprozeßrecht
iZw.	im Zweifel
JA	Juristische Arbeitsblätter (Zeitschrift)
jap.	japanisch
JArbSchG	Gesetz zum Schutze der arbeitenden Jugend (Jugendarbeitsschutzgesetz)
Jauernig/*Bearbeiter*	Jauernig, Bürgerliches Gesetzbuch, Kommentar, 7. Aufl. 1994
Jb.	Jahrbuch
Jb.f.SozWiss	Jahrbuch für Sozialwissenschaften
JbFSt	Jahrbuch der Fachanwälte für Steuerrecht
JbIntR	Jahrbuch für internationales Recht = Germ.YB.Int.L.
JbItalR	Jahrbuch für Italienisches Recht
JBl.	(österr.) Juristische Blätter
JbSchiedsgerichtsb	Jahrbuch für die Praxis der Schiedsgerichtsbarkeit
J.Bus.L.	The Journal of Business Law
J.C.P.	Juris classeur périodique. La semaine juridique
JFG	Jahrbuch für Entscheidungen in Angelegenheiten der Freiwilligen Gerichtsbarkeit
JFT	Tidskrift, utgiven av Juridiska Föreningen i Finnland
Jg.	Jahrgang
Jh.	Jahrhundert
JherJb.	Jherings Jahrbuch für die Dogmatik des bürgerlichen Rechts
JMBl.	Justizministerialblatt
J.M.M.	Journal de la Marine Marchande
J.O.	Journal officiel

Abkürzungen

Journ.Air L.Com.	The Journal of Air Law and Commerce
Journ.Com.Mkt.Stud.	Journal of Common Market Studies
Journ.Cons.Aff.	Journal of Consumer Affairs
Journ.Mar.L.Com.	Journal of Maritime Law and Commerce
Journ.Media L.Pract.	Journal of Media Law and Practice
Journ.Pol.Econ.	Journal of Political Economy
JR	Juristische Rundschau (Zeitschrift)
J.trib. (Bruxelles)..............	Journal des tribunaux (Bruxelles)
jur.	juristisch
Jur.& Økon	Juristen, früher: Juristen & Økonomen
Jur.Anv.	Jurisprudence du Port d'Anvers
Jur.Dr.unif.	Jurisprudence du droit uniforme – Uniform Law Cases
Jura.................................	Jura (Zeitschrift)
JurA	Juristische Analysen
JurBl.	Juristische Blätter
JurBüro	Das juristische Büro (Zeitschrift)
JuS	Juristische Schulung (Zeitschrift)
JW	Juristische Wochenschrift
J.World Trade L.	Journal of World Trade Law
JZ...................................	Juristenzeitung

KAGG	Gesetz über Kapitalanlagegesellschaften
Kap.	Kapitel
KBO	Kai-Betriebsordnung
KE...................................	Kommissionsentwurf
Kegel IPR	Kegel, Internationales Privatrecht, 7. Aufl. 1995
Keidel/Kuntze/Winkler	Keidel (Begr.)/Kuntze/Winkler, Freiwillige Gerichtsbarkeit, Teil A, 13. Aufl. 1992, Teil B, 12. Aufl. 1986
Keidel/Schmatz/Stöber........	Keidel/Schmatz/Stöber, Registerrecht, 5. Aufl. 1991
KFG................................	Gesetz über den Verkehr mit Kraftfahrzeugen
Kfz	Kraftfahrzeug
kg...................................	Kilogramm
KG.................................	Kommanditgesellschaft; Kammergericht
KGaA..............................	Kommanditgesellschaft auf Aktien
KGJ................................	Jahrbuch für Entscheidungen des Kammergerichts
Kh.	Rechtbank van Koophandel
Kilger/Karsten Schmidt........	Kilger/Karsten Schmidt, Konkursordnung mit Gesamtvollstreckungsordnung, 16. Aufl. 1993
KK/*Bearbeiter*...................	Zöllner (Hrsg.), Kölner Kommentar zum Aktiengesetz, 2. Aufl. 1987 ff.
Klunzinger........................	Klunzinger, Grundzüge des Handelsrechts, 8. Aufl. 1994
km...................................	Kilometer
KO.................................	Konkursordnung
Köhler	Köhler, BGB Allgemeiner Teil, 21. Aufl. des von H. Lange begr. Werkes, 1991
Koller	Koller, Transportrecht, 3. Aufl. 1995
Koller/Roth/Morck............	Koller/Roth/Morck, Handelsgesetzbuch mit Erläuterungen, 1996
Komm.	Kommentar
Konv.	Konvention
KostO	Kostenordnung
Kötz	Kötz, Deliktsrecht, 7. Aufl. 1996
KR...................................	Gemeinschaftskommentar zum Kündigungsrecht
KRG...............................	Kontrollratsgesetz
krit.	kritisch
KritJ	Kritische Justiz
Krit.Zs.ges.Rechtsw.	Kritische Zeitschrift für die gesamte Rechtswissenschaft
Kropholler EinhR..............	Kropholler, Internationales Einheitsrecht, 1975
Kropholler IPR.................	Kropholler, Internationales Privatrecht, 2. Aufl. 1994
KrVjschr..........................	Kritische Vierteljahrsschrift für Gesetzgebung und Rechtswissenschaft
KSchG	Kündigungsschutzgesetz

KTS .... Zeitschrift für Konkurs-, Treuhand- und Schiedsgerichtswesen (seit 1990 Konkurs, Treuhand, Sanierung)
Kübler .... Gesellschaftsrecht, 4. Aufl. 1994
Kümpel .... Kümpel, Bank- und Kapitalmarktrecht, 1995
Küstner/v. Manteuffel .... Küstner/v. Manteuffel, Handbuch des gesamten Außendienstrechts, Band 1, Das Recht des Handelsvertreters, 2. Aufl. 1992, Band 2, Der Ausgleichsanspruch des Handelsvertreters, 6. Aufl. 1995
Kuhn/Uhlenbruck .... Kuhn/Uhlenbruck, Konkursordnung, Kommentar, 11. Aufl. 1994
KurzKomm. .... Kurzkommentar
KVO .... Kraftverkehrsordnung für den Güterfernverkehr mit Kraftfahrzeugen (Beförderungsbedingungen)
KWG .... Kreditwesengesetz

L .... Landes-
LadSchlG........................ Gesetz über den Ladenschluß
LAG .... Landesarbeitsgericht
LAGE.............................. Entscheidungen der Landesarbeitsgerichte
Lange .... Lange,Handbuch des Schuldrechts, Bd. 1 Schadensersatz, 1979
Lange/Köhler .... s. Köhler
Larenz AT .... Larenz, Allgemeiner Teil des deutschen Bürgerlichen Rechts, 7. Aufl. 1989
Larenz SchR–AT .... Larenz, Lehrbuch des Schuldrechts, Band I Allg. Teil, 14. Aufl. 1987
Larenz/Canaris BT II .... Larenz/Canaris, Lehrbuch des Schuldrechts, Band II Bes. Teil, 2. Halbband 13. Aufl. 1994
LASH.............................. Lighter Aboard Ship
L.Contemp.Probl. .... Law and Contemporary Problems
L.E.C. .... Ley de Enjuiciamiento Civil
L.Ed. .... U.S. Supreme Court Reports, Lawyers' Edition
Lenz .... Lenz, Straßengütertransportrecht, 1988
LFG .... Lohnfortzahlungsgesetz
Lfg. .... Lieferung
LG.................................. Landgericht
lit. .... litera
Lit. .... Literatur
Lkw................................ Lastkraftwagen
Ll.Anv. .... Lloyd Anversois
Ll.L. .... Lloyd's List
Lloyd`s L.Rep. .... Lloyd's Law Reports
LM.................................. Nachschlagewerk des BGH, hrsg. von Lindenmaier, Möhring u.a.
LMCLQ.......................... Lloyd's Maritime and Commercial Law Quarterly
LöschG............................ Gesetz über die Auflösung und Löschung von Gesellschaften
Löwe/v. Westphalen/
Trinkner .... Löwe/Graf v. Westphalen/Trinkner, Großkommentar zum AGB-Gesetz, 2. Aufl., Band 1 (1985), Band 2 (1983), Band 3 (1985)
L.Pol.Int.Bus. .... Law and Policy in International Business
LPVG.............................. Landespersonalvertretungsgesetz
L.Q.Rev. .... The Law Quarterly Review
LS .... Leitsatz
LSG................................ Landessozialgericht
L.T. .... Law Times Report
Ltd. .... Limited
Lüderitz........................... Lüderitz, Internationales Privatrecht, 2. Aufl. 1992
LuftfzRG.......................... Gesetz über die Rechte an Luftfahrzeugen
LuftVG............................ Luftverkehrsgesetz
LuftVZO......................... Luftverkehrszulassungsordnung
LugÜ.............................. Lugano Übereinkommen über die gerichtliche Zuständigkeit und die Vollstreckung gerichtlicher Entscheidungen in Zivil- und Handelssachen vom 16. 9. 1988
Lutter/Hommelhoff .... Lutter/Hommelhoff, GmbH-Gesetz, 14. Aufl. 1995

MünchHdbGesR I–IV/
Bearbeiter .... Münchener Handbuch des Gesellschaftsrechts
         Band 1: BGB-Gesellschaft, Offene Handelsgesellschaft, Partnerschaftsge-
           sellschaft, Partenreederei, EWIV, hrsg. von Riegger und Weipert,
           1995
         Band 2: Kommanditgesellschaft, Stille Gesellschaft, hrsg. von Riegger und
           Weipert, 1991
         Band 3: Gesellschaft mit beschränkter Haftung, hrsg. von Priester und
           Mayer, 1996
         Band 4: Aktiengesellschaft, hrsg. von Hoffmann-Becking, 1988
MünchHdbKG/*Bearbeiter*.. s. MünchHdbGesR
MünchKommBGB/
Bearbeiter .... Rebmann/Säcker (Hrsg.), Münchener Kommentar zum Bürgerlichen
         Gesetzbuch, 3. Aufl. 1993 ff.
MünchKommZPO/
Bearbeiter .... Lüke/Walchshöfer (Hrsg.), Münchener Kommentar zur Zivilprozeßord-
         nung, 1992
MuSchG .... Mutterschutzgesetz
m. weit. Nachw. .... mit weiteren Nachweisen
m. zahlr. Nachw. .... mit zahlreichen Nachweisen
m. zust. Anm. .... mit zustimmender Anmerkung

N. .... Note
Nachdr. .... Nachdruck
nachf. .... nachfolgend
Nachw. .... Nachweis
NachwG .... Gesetz über den Nachweis der für ein Arbeitsverhältnis geltenden we-
         sentlichen Bestimmungen
NB .... Neue Betriebswirtschaft (Zeitschrift)
Nbl. .... Nachrichtenblatt
N.B.W. .... Nieuw Burgerlijk Wetboek
N.C.J.Int.L. .... North Carolina Journal of International Law and Commercial Regulation
N.D.Ill. .... District Court, Northern District, Illinois
NDS .... Nordiske domme i sjøfartsanliggender
Nds.; nds. .... Niedersachsen, niedersächsisch
NdsRpfl .... Niedersächsische Rechtspflege (Zeitschrift)
N.E. .... North Eastern Reporter
Ned.Jbl. .... Nederlands Juristenblad
Ned.Jur. .... Nederlandse Jurisprudentie
Neth.YB.Int.L. .... Netherlands Yearbook of International Law
Neudr. .... Neudruck
Neuhaus .... Neuhaus, Die Grundbegriffe des internationalen Privatrechts, 2. Aufl.
         1976
nF .... neue Fassung; neue Folge
NHBG .... Nachtragshaftungsbegrenzungsgesetz
NILR .... Netherlands International Law Review
NJ .... Neue Justiz (Zeitschrift)
NJW .... Neue Juristische Wochenschrift
NJW-RR .... NJW-Rechtsprechungs-Report (Zivilrecht)
no. .... number; numéro
norddt. .... norddeutsch
Nov. .... Novelle
Noviss. dig. it. .... Novissimo digesto italiano
Nr. .... Nummer(n)
NRW .... Nordrhein-Westfalen
NSWLR .... New South Wales Law Reports
Nuove leggi civ. comm. .. Le Nuove leggi civili commentate
Nußbaum .... Nußbaum, Deutsches IPR, 1932
NVP .... Nahverkehrspreisordnung
NVwZ .... Neue Zeitschrift für Verwaltungsrecht

NVwZ-RR	Neue Zeitschrift für Verwaltungsrecht – Rechtsprechungs-Report
NVZ	Neue Zeitschrift für Verkehrsrecht
N. W.	North Western Reporter
NWB	Neue Wirtschaftsbriefe
N. Y.	New York
NZA	Neue Zeitschrift für Arbeits-und Sozialrecht
NZS	Neue Zeitschrift für Sozialrecht
o.	oben
o. a.	oben angegeben
o. ä.	oder ähnliches
ObG	Obergericht
OECD	Organization of Economic Cooperation and Development
OEEC	Organisation für Europäische Wirtschaftliche Zusammenarbeit
öOGH	Oberster Gerichtshof (Österreich)
OGH-BrZ	Oberster Gerichtshof für die Britische Zone
OGHZ	Entscheidungen des Obersten Gerichtshofes für die Britische Zone in Zivilsachen
OHG	offene Handelsgesellschaft
oJ	ohne Jahrgang
ÖJZ	Österreichische Juristenzeitung
OLG	Oberlandesgericht
OLGE	Die Rechtsprechung der Oberlandesgerichte auf dem Gebiet des Zivilrechts
OLG-Rp.	OLG-Rechtsprechung Neue Länder
OLGRspr.	Die Rechtsprechung der Oberlandesgerichte auf dem Gebiete des Zivilrechts, hrsg. v. Mugdan und Falkmann (1. 1900 – 46. 1928; aufgegangen in HRR)
OLGZ	Entscheidungen der Oberlandesgerichte in Zivilsachen
OlSchVO	Verordnung über Orderlagerscheine
Ont.	Ontario
o. O.	ohne Ort
OR	Schweizerisches Obligationsrecht
O. R.	Official Records, Ontario Reports
ORDO	ORDO, Jahrbuch für die Ordnung von Wirtschaft und Gesellschaft
öHGB	Österreichisches Handelsgesetzbuch
öRdW	(österr.) Recht der Wirtschaft
österr.	österreichisch
ÖstZöffR	Österreichische Zeitschrift für öffentliches Recht und Völkerrecht
oV	ohne Verfasser
OVG	Oberverwaltungsgericht
OWiG	Gesetz über Ordnungswidrigkeiten
P.	Pacific Reporter
Palandt/*Bearbeiter*	Palandt, Bürgerliches Gesetzbuch, 55. Aufl. 1996
PartGG	Gesetz über Partnerschaftsgesellschaften
Pas.	Pasicrisie belge
Pas. lux.	Pasicrisie luxembourgeoise
PBefG	Personenbeförderungsgesetz
PBVO	Personenbeförderungsverordnung
PF	Poincaré-Franken
Pfg.	Pfennig
PflVersG	Gesetz über die Pflichtversicherung der Kraftfahrzeughalter (Pflichtversicherungsgesetz)
P. & I.	Protection & Indemnity
Piper	Piper, Höchstrichterliche Rechtsprechung zum Speditions- und Frachtrecht, 7. Aufl. 1994
P. L.	Public Law
Pol. YB. Int. L.	Polish Yearbook of International Law
port.	portugiesisch

PostG .... Gesetz über das Postwesen
PoststruktG...................... Poststrukturgesetz v. 8. 6. 1989
PostVerfG........................ Postverfassungsgesetz
pr.. .... principium
pr./preuß......................... preußisch
PrABGB.......................... Preußisches Ausführungsgesetz zum BGB
PrEnteigG .... Preußisches Enteignungsgesetz
PrObTr. .... Preußisches Obertribunal
PrObTrE.......................... Entscheidungen des Preußischen Obertribunals
ProdHaftG........................ Gesetz über die Haftung für fehlerhafte Produkte (Produkthaftungsgesetz)
Prölss/Martin/*Bearbeiter* .... Prölss/Martin, Versicherungsvertragsgesetz, 7. Aufl. 1992
Prot. .... Protokolle der Reichsberatungen zum BGB
Prot. z. ADHGB .... Protokolle zum ADHGB
Prot. z. pr. HGB-Entwurf　Protokolle zum preußischen HGB-Entwurf
Prüssmann/Rabe .... Heinz Prüssmann (Begr.), Dieter Rabe, Seehandelsrecht, 3. Aufl. 1992
PucheltsZ .... Zeitschrift für französisches Zivilrecht
pVV .... positive Vertragsverletzung

Q. B. (D.) .... Queen's Bench (Division)

RA................................... Rechtsausschuß
Raape.............................. Raape, Internationales Privatrecht, 5. Aufl. 1961
Raape/Sturm .... Raape/Sturm, Internationales Privatrecht, Band I, 6. Aufl. 1977
RabelsZ............................ Zeitschrift für ausländisches und internationales Privatrecht
RAG................................ Reichsarbeitsgericht
RAGE.............................. Entscheidungen des Reichsarbeitsgerichts
Raiser............................. Raiser, Recht der Kapitalgesellschaften, 2. Aufl. 1992
RAnz. .... Reichs- und preußischer Staatsanzeiger
Rb. .... Arrondissements-Rechtbank
RBerG .... Rechtsberatungsgesetz
RdA................................. Recht der Arbeit (Zeitschrift)
RdErl. .... Runderlaß
RdNr. .... Randnummer
RdSchr. .... Rundschreiben
RdW............................... Recht der Wirtschaft
RE .... Rechtsentscheid
Rec. des Cours................. Recueil des Cours de l'Académie de droit international de La Haye
Rec. SdN .... Recueil des Traités, Société des Nations
Recht.............................. Das Recht
Recht (BMJ) .... Recht
rechtsw. .... rechtswidrig
RefE .... Referentenentwurf
RegE............................... Regierungsentwurf
Reithmann/Martiny........... Reithmann/Martiny, Internationales Vertragsrecht. Das IPR der Schuld-
　　　　　　　　　　　　　　verträge, 4. Aufl. 1988
Relazione .... Relazione al codice civile (1942)
Rep. Foro it. .... Repertorio del Foro italiano
Rep. Giur. it. .... Repertorio della Giurisprudenza italiana
Rev. banq. .... La Revue de la banque
Rev. Der. Banc. Burs. ..... Revista de Derecho Bancario y Bursátil
Rev. der. merc. .... Revista de derecho mercantil
Rev. dr. com. bel. .... Revue de droit commercial belge
Rev. dr. int. dr. comp. .... Revue de droit international et de droit comparé
Rev. dr. int. lég. comp. ... Revue de droit international et de législation comparée
Rev. dr. unif. .... Revue de droit uniforme
Rev. est. marit. .... Revista de estudios marítimos
Rev. fr. dr. aérien............ Revue française de droit aérien
Rev. gén. air .... Revue générale de l'air
Rev. hell. .... Revue hellénique de droit international
Rev. int. dr. comp. .... Revue internationale de droit comparé

Schaps/Abraham	Schaps/Abraham, Seehandelsrecht, Erster und zweiter Teil, 4. Aufl. 1978
SchR	Schuldrecht
Schaub	Schaub, Arbeitsrechts-Handbuch, 7. Aufl. 1992
ScheckG	Scheckgesetz
Sched.	Schedule
SchiffRG	Gesetz über Rechte an eingetragenen Schiffen und Schiffsbauwerken (Schiffsrechtegesetz)
SchiffsregO	Schiffsregisterordnung
Schlegelberger/*Bearbeiter*	Schlegelberger, Handelsgesetzbuch, 5. Aufl. 1973–1992
SchlHA	Schleswig-Holsteinische Anzeigen (NF 1. 1837 ff.)
Karsten Schmidt GesR	Karsten Schmidt, Gesellschaftsrecht, 2. Aufl. 1991
Karsten Schmidt HandelsR	Karsten Schmidt, Handelsrecht, 4. Aufl. 1994
Scholz/*Bearbeiter*	Scholz, Kommentar zum GmbH-Gesetz, 8. Aufl. 1993 und 1995
Schubert/Schmiedel/Krampe	Schubert/Schmiedel/Krampe, Quellen zum Handelsgesetzbuch von 1897, Band I–III, 1986–1988
SchwbG	Schwerbehindertengesetz
schweiz.	schweizerisch
SchweizAG	Schweizerische Aktiengesellschaft, Société anonyme suisse
SchwJZ	Schweizerische Juristen-Zeitung
S. Ct.	Supreme Court Reporter
S. D.	Southern District
SDR	Special Drawing Right
S. E.	South Eastern Reporter
SeeG	Seegesetz
SeeGB	Seegesetzbuch
SeemannsG	Seemannsgesetz
SeeRÄndG	Gesetz zur Änderung des Handelsgesetzbuches und anderer Gesetze (Seerechtsänderungsgesetz)
SeeVertO	Gesetz über das Verfahren bei der Errichtung und Verteilung eines Fonds zur Beschränkung der Haftung für Seeforderungen (Seerechtliche Verteilungsordnung)
Sess.	Session
SeuffA	Seufferts Archiv für Entscheidungen der obersten Gerichte in den deutschen Staaten
sfr	Schweizer Franken
SFS	Svensk Författningssamling
SG	Sozialgericht
Sgb	Die Sozialgerichtsbarkeit (Zeitschrift)
SGB	Sozialgesetzbuch
Shawcross-Beaumont	Air Law I, 4. Aufl. Loseblatt, Stand 1992, bearbeitet von P. Martin, J. D. McClean, E. de Montlaur Martin, R.D. Margo, J.M. Balfour
SHSG	Seehandelsschiffahrtsgesetz (DDR)
SHSGB	Seehandelsschiffahrtsgesetzbuch
S. I.	Statutory Instruments
SJZ	Süddeutsche Juristenzeitung
skand.	skandinavisch
Slg.	Sammlung der Rechtsprechung des Gerichtshofs der Europäischen Gemeinschaft und des Gerichts erster Instanz
S.N.C.F.	Société nationale des chemins de fer
So.	Southern Reporter
s. o.	siehe oben
So.Cal.L.Rev.	Southern California Law Review
Soergel/*Bearbeiter*	Soergel, Bürgerliches Gesetzbuch mit Einführungsgesetzen, 12. Aufl. 1987 ff.
sog.	sogenannt
somm.	sommaires
Sonderbeil.	Sonderbeilage
SOU	Statens offentliga utredningar
Sp.	Spalte
span.	spanisch

SPGB	Seeprivatgesetzbuch
SpP	Speditions-Police
SprengG	Sprengstoffgesetz
S. & S.	Schip & Schade
SSchGB	Seeschiffahrtsgesetzbuch
SSG	Seeschiffahrtsgesetz
st.	ständig
StAnpG	Steueranpassungsgesetz
Stanzl	Handelsrechtliche Entscheidungen des OGH Wien
Stat.	Statutes at Large
Staub	Staubs Kommentar zum HGB, 14. Aufl. 1935
Staub/*Bearbeiter*	Staub, Handelsgesetzbuch, 4. Aufl. des Großkommentars zum HGB, 1982 ff.
Staudinger/*Bearbeiter*	Staudinger, Kommentar zum Bürgerlichen Gesetzbuch, 13. Aufl. 1993 ff.; soweit in 13. Aufl. noch nicht erschienen, 12. Aufl. 1978 ff.
Stb.	Staatsblad van het Koninkrijk der Nederlanden
StBerG	Steuerberatungsgesetz
StbJb.	Steuerberater-Jahrbuch
Stein/Jonas/*Bearbeiter*	Stein/Jonas, Kommentar zur Zivilprozeßordnung, 21. Aufl. 1993 ff.
stenogr.	stenographisch
StGB	Strafgesetzbuch
Stichw.	Stichwort
StörfallVO	Störfallverordnung
StPO	Strafprozeßordnung
str.	strittig
Straube/*Bearbeiter*	Straube, Kommentar zum Handelsgesetzbuch, Band 1 2. Aufl. 1995; Band 2, 1992
stRspr.	ständige Rechtsprechung
StTO	Stückgut-Transport-Anordnung (DDR)
StuW	Steuer und Wirtschaft (Zeitschrift)
StVG	Straßenverkehrsgesetz
StVZO	Straßenverkehrs-Zulassungs-Ordnung
s. u.	siehe unten
Sup.Ct.	Supreme Court
SVG	Straßenverkehrsgenossenschaft
SvJT	Svensk juristtidning
SVS/RVS	Speditions- und Rollfuhrversicherungsschein
S. W.	South Western Reporter
SZ	Entscheidungen des österreichischen Obersten Gerichtshofes in Zivilsachen
SZGerm	Zeitschrift der Savigny-Stiftung für Rechtsgeschichte, Germanische Abteilung
SZR	Sonderziehungsrecht
SZW	Schweizerische Zeitschrift für Wirtschaftsrecht
t	Tonne
T.A.R.	Tribunale amministrativo regionale
TD	Transportdienst
tdw	tons deadweight
TEE	Trans-Europa-Express
teilw.	teilweise
Tex. L. Rev.	Texas Law Review
TfR	Tidsskrift for Rettsvitenskap
TG	Bundesgesetz über den Transport im öffentlichen Verkehr (Transportgesetz, Schweiz)
Thomas/*Putzo*	Thomas/Putzo, Zivilprozeßordnung mit Gerichtsverfassungsgesetz und den Einführungsgesetzen, 19. Aufl. 1995
Thume/*Bearbeiter*	Thume (Hrsg.), Kommentar zur CMR, 1995
T.I.A.S.	Treaties and Other International Acts Series
TOA	Täter-Opfer-Ausgleich

Tort & Ins. L. J.	Tort & Insurance Law Journal
Transp. L. J.	Transportation Law Journal
TranspR	Transport- und Speditionsrecht (Zeitschrift)
T. Rgesch.	Tijdschrift voor Rechtsgeschiedenis
Trib.	Tribunale
Trib. com.	Tribunal de commerce
Trib. gr. inst.	Tribunal de grande instance
Trib.civ.	Tribunal Civil
T.S.	Tribunal Supremo
Tul. L. Rev.	Tulane Law Review
türk.	türkisch
TV	Tarifvertrag; Testamentsvollstrecker
TV AL	Tarifvertrag für Angehörige alliierter Dienststellen
TVG	Tarifvertragsgesetz
TVG DVO	Durchführungsverordnung zum Tarifvertragsgesetz
Tz.	Textziffer
u.	und; unten; unter
u. a.	unter anderem
u. ä.	und ähnliches
u. a. m.	und andere mehr
Überbl.	Überblick
überwM	überwiegende Meinung
Übk.	Übereinkommen
UCC	Uniform Commercial Code
UCC Law Journ.	Uniform Commercial Code Law Journal
U. Chi. L. Rev.	University of Chicago Law Review
UdSSR	Union der sozialistischen Sowjetrepubliken
UFITA	Archiv für Urheber-, Film-, Funk- und Theaterrecht
UfR	Ugeskrift for Retsvæsen
U. Ill. L. Rev.	University of Illinois Law Review
Ulmer Wertpapierrecht	Eugen Ulmer, Das Recht der Wertpapiere, 1938
Ulmer/Brandner/Hensen	Ulmer/Brandner/Hensen, Kommentar zum Gesetz zur Regelung des Rechts der Allgemeinen Geschäftsbedingungen, 7. Aufl. 1993
umfangr.	umfangreich
UmwG	Umwandlungsgesetz
UmwStG	Umwandlungssteuergesetz
UN	United Nations
UNCITRAL	United Nations Commission for International Trade Law
UNCTAD	United Nations Conference on Trade and Development
UNIDROIT	Institut International pour l'Unification du Droit Privé
UNK	Wiener UN-Übereinkommen über Verträge über den internationalen Warenkauf
UN-Kaufrecht	s. CISG
UNO	United Nations Organisation
unstr.	unstreitig
UNTS	United Nations Treaty Series
unveröff.	unveröffentlicht
unzutr.	unzutreffend
Urt.	Urteil
U.S.	United States Reports
USA	United States of America
U. S. Av. Rep.	United States Aviation Reports
U.S.C.	United States Code
U.S.C.A.	United States Code Annotated
USK	Urteilssammlung für die gesetzliche Krankenversicherung
usw.	und so weiter
uU	unter Umständen
UVV	Unfallverhütungsvorschriften
UWG	Gesetz gegen den unlauteren Wettbewerb

v.	von, vom
VAG	Versicherungsaufsichtsgesetz
Va. J. Int. L.	Virginia Journal of International Law
Va. J. Transnat. L.	Vanderbilt Journal of Transnational Law
VerBAV	Veröffentlichungen des Bundesaufsichtsamtes f. das Versicherungs- und Bausparwesen
Verf.	Verfassung; Verfasser
VglO	Vergleichsordnung
Verh.	Verhandlung(en)
Verh. DJT	Verhandlungen des Deutschen Juristentages
Verk.Mitt.	Verkehrsrechtliche Mitteilungen
Verk.Rdsch.	Verkehrsrechtliche Rundschau
VermBG	Gesetz zur Förderung der Vermögensbildung der Arbeitnehmer
Veröff.	Veröffentlichung
VersR	Versicherungsrecht, Juristische Rundschau für die Individualversicherung
VersVerm	Versicherungsvermittlung (Zeitschrift)
VersW	Versicherungswirtschaft
Verw	Verwaltung
VerwA	Verwaltungsarchiv
VerwG	Verwaltungsgericht
VerwGH	Verwaltungsgerichtshof
Vfg.	Verfügung
VG	Verwaltungsgericht
VGH	Verwaltungsgerichtshof
vgl.	vergleiche
vH	vom (von) Hundert
VisbyR	Protocole du 23. 2. 1968 portant modification de la Convention internationale pour l'unification de certaines régles en matière de connaissement, signée à Bruxelles le 25. 8. 1924 (HR), sowie dadurch geänderte Fassung der HR
VkBl.	Verkehrsblatt, Amtsblatt des Bundesministers für Verkehr
VO	Verordnung
VOB	Verdingungsordnung für Bauleistungen
VoBl.	Verordnungsblatt
VOBlBZ	Verordnungsblatt für die britische Zone
Voraufl.	Vorauflage
Vorb., Vorbem.	Vorbemerkung
Vortisch/Bemm	Vortisch/Bemm, Binnenschiffahrtsrecht, 4. Aufl. 1991
VP	Die Versicherungspraxis
VRG	Gesetz zur Förderung von Vorruhestandsleistungen (Vorruhestandsgesetz)
VRS	Verkehrsrechts-Sammlung
VRÜ	Verfassung und Recht in Übersee
VVDStRL	Veröffentlichungen der Vereinigung der Deutschen Staatsrechtslehrer
VVaG	Versicherungsverein auf Gegenseitigkeit
VVG	Gesetz über den Versicherungsvertrag
VW	Versicherungswirtschaft (Zeitschrift)
VwGO	Verwaltungsgerichtsordnung
w.	weitere
WA	Warschauer Abkommen: Convention pour l'unification de certaines règles relatives au transport aérien international
WA 1929	ursprüngliche Fassung des WA
WA 1955	WA in der Fassung des Protocole fait à La Haye le 28. 9. 1955 et portant modification de la Convention pour l'unification de certaines règles relatives au transport aérien international signée à Varsovie le 12. 10. 1929
WA 1971	WA in der Fassung des Protocole fait à Guatemala le 8. 3. 1971 et portant modification de la Convention pour l'unification de certaines règles relatives au transport aérien international signée à Varsovie le 12. 10. 1929 amendée par le Protocole fait à La Haye le 28. 9. 1955
WarnR	Rechtsprechung des Reichsgerichts, hrsg. von Warneyer

WBl.	Wirtschaftsrechtliche Blätter
WBVR	Strupp, Wörterbuch des Völkerrechts und der Diplomatie I (1924); Strupp-Schlochauer, Wörterbuch des Völkerrechts, 2. Aufl. I (1960), II (1961), III (1962)
Wessel/Zwernemann	Wessel/Zwernemann, Die Firmengründung, 6. Aufl. 1994
WG	Wechselgesetz
WGO	Die wichtigsten Gesetzgebungsakte in den Ländern Ost-, Südosteuropas und in den asiatischen Volksdemokratien
WHO	World Health Organization
WiB	Wirtschaftsrechtliche Beratung (Zeitschrift)
Widmann/Mayer	Widmann/Mayer, Umwandlungsrecht, Kommentar, 1981 ff.
Wiedemann	Wiedemann, Gesellschaftsrecht, Band 1, 1980
WiR	Wirtschaftsrat; Wirtschaftsrecht (Zeitschrift)
W. L. R.	Weekly Law Reports
WLV	Wet Luchtvervoer
WM	Wertpapier-Mitteilungen (Zeitschrift)
WO	Wechselordnung
Wolf/Horn/Lindacher	M. Wolf/Horn/Lindacher, AGB-Gesetz, Kommentar, 3. Aufl. 1994
WP-Handbuch	Wirtschaftsprüfer-Handbuch
Wpg	Die Wirtschaftsprüfung (Zeitschrift)
WpHG	Wertpapierhandelsgesetz
WPNR	Weekblad voor Privaatrecht, Notariaat en Registratie
WPO	Wirtschaftsprüferordnung
WRP	Wettbewerb in Recht und Praxis (Zeitschrift)
WuB	Wirtschafts- und Bankrecht (Entscheidungssammlung)
Würdinger	Würdinger, Aktienrecht und das Recht der verbundenen Unternehmen, 4. Aufl. 1981
Württ., württ.	Württemberg, württembergisch
WuSta	Wirtschaft und Statistik
WuW	Wirtschaft und Wettbewerb (Zeitschrift)
WuW/E	Wirtschaft und Wettbewerb - Entscheidungssammlung
Yale L. J.	The Yale Law Journal
Yugoslav L.	Yugoslav Law
ZAG	Zusatzabkommen von Guadalajara (zum WA): Convention complémentaire à la Convention de Varsovie pour l'unification de certaines règles relatives au transport aérien international effectué par une personne autre que le transporteur contractuel conclue à Guadalajara le 18 septembre 1961
zahlr.	zahlreich
Zahn/Eberding/Ehrlich	Zahn/Eberding/Ehrlich, Zahlung und Zahlungssicherung im Außenhandel, 6. Aufl. 1986
ZAkDR	Zeitschrift der Akademie für Deutsches Recht
ZaöRV	Zeitschrift für ausländisches öffentliches Recht und Völkerrecht
zB	zum Beispiel
ZBB	Zeitschrift für Bankwirtschaft und Bankrecht
ZBernJV	Zeitschrift des Bernischen Juristenvereins
ZBlHR	Zentralblatt für Handelsrecht
ZBR	Zeitschrift für Beamtenrecht
ZdtRudtRWiss	Zeitschrift für deutsches Recht und deutsche Rechtswissenschaft
ZEuP	Zeitschrift für Europäisches Privatrecht
ZfA	Zeitschrift für Arbeitsrecht
ZfBSch	Zeitschrift für Binnenschiffahrt und Wasserstraßen
ZfRV	Zeitschrift für Rechtsvergleichung (Österreich)
ZfV	Zeitschrift für Versicherungswesen
ZGB	Zivilgesetzbuch (jeweils mit erlassendem Staat)
ZGB DDR	Zivilgesetzbuch der Deutschen Demokratischen Republik
ZgesKredW	Zeitschrift für das gesamte Kreditwesen
ZgesStaatsW	Zeitschrift für die gesamte Staatswissenschaft

ZGR	Zeitschrift für Unternehmens- und Gesellschaftsrecht
ZHR	Zeitschrift für das gesamte Handelsrecht und Wirtschaftsrecht
Ziff.	Ziffer(n)
ZIntEisenb	Zeitschrift für den internationalen Eisenbahnverkehr
ZIP	Zeitschrift für Wirtschaftsrecht und Insolvenzpraxis
zit.	zitiert
ZivG	Zivilgericht
ZLR	Zeitschrift für Luftrecht
ZLW	Zeitschrift für Luftrecht und Weltraumrechtsfragen
ZögU	Zeitschrift für öffentliche und gemeinwirtschaftliche Unternehmen
Zöller/Bearbeiter	Zöller, Zivilprozeßordnung, 19. Aufl. 1995
Zöllner Wertpapierrecht	Zöllner, Wertpapierrecht, 14. Aufl. 1987
ZPO	Zivilprozeßordnung
ZRG	Zeitschrift der Savigny-Stiftung für Rechtsgeschichte (germ. Abt. = germanische Abteilung; rom. Abt. = romanische Abteilung; kanon. Abt. = kanonistische Abteilung)
ZRP	Zeitschrift für Rechtspolitik
ZRvgl.	Zeitschrift für Rechtsvergleichung
ZSR	Zeitschrift für schweizerisches Recht
z.T.	zum Teil
ZTR	Zeitschrift für Tarifrecht
zusf.	zusammenfassend
zust.	zustimmend; zuständig
zutr.	zutreffend
ZVerkR	Zeitschrift für Verkehrsrecht (Österreich)
ZVerkWiss.	Zeitschrift für Verkehrswissenschaft
ZVersWiss.	Zeitschrift für die gesamte Versicherungs-Wissenschaft
ZVG	Gesetz über die Zwangsversteigerung und Zwangsverwaltung
ZVR	(österr.) Zeitschrift für Verkehrsrecht
ZVglRWiss.	Zeitschrift für vergleichende Rechtswissenschaft
Zweigert/Kropholler	Zweigert/Kropholler, Quellen des internationalen Einheitsrechts Bd. 2, 1972
zZ	zur Zeit
ZZP	Zeitschrift für Zivilprozeß

Handelsgesetzbuch

Vom 10. Mai 1897 (RGBl. S. 219)
zuletzt geändert durch Gesetz vom 28. Oktober 1994 (BGBl. I S. 3210)

Band 1
§§ 1–104

Vorbemerkung

Schrifttum: *Adam,* Internationale Handelsschiedsgerichtsbarkeit, 1988; *Bärmann,* Ist internationales Handelsrecht kodifizierbar?, Festschr. F.A. Mann, 1977, S. 547; *Ballerstedt,* Was ist Unternehmensrecht?, Festschr. f. Duden, 1977, S. 15; *Baumann*, Strukturfragen des Handelsrechts, AcP 184 (1984), 43; *Berger,* International Economic Arbitration, 1993; *ders.,* Formalisierte oder „schleichende" Kodifizierung des transnationalen Wirtschaftsrechts. Zu den Methoden und praktischen Grundlagen der lex mercatoria, 1996; *Bonell,* Das UNIDROIT-Projekt für die Ausarbeitung von Regeln für internationale Handelsverträge, RabelsZ 1992, 274; *Bühler,* Die Entstehung der allgemeinen Vertragsschluß-Vorschriften im ADHGB, 1991; *Bydlinski,* Handels- oder Unternehmensrecht als Sonderprivatrecht, 1990 (dazu auch JR 1990, 233); *Cohn,* Warum hat und braucht der Handel ein besonderes Recht?, 1888; *Coing* (Hrsg.), Handbuch der Quellen und Literatur der neuen europäischen Privatrechtsgeschichte, 1973 ff.; *Conradi,* Das Unternehmen im Handelsrecht, 1993; *Dasser,* Internationale Schiedsgerichtsbarkeit und lex mercatoria, 1989; *Ebenroth,* Neue Lehr- und Lernbücher des Handelsrechts, ZHR 146 (1982), 509; *Ehrenbergs* Handbuch des Handelsrechts, 1918 ff.; *Ehricke,* Grundstrukturen und Probleme der lex mercatoria, JuS 1990, 967; *Eichler,* Die Einheit des Privatrechts, ZHR 126 (1964), 181; *Elsing/Ebke,* US-amerikanisches Handels- und Wirtschaftsrecht, 1985; *Endemann,* Handbuch des deutschen Handels-, See- und Wechselrechts, 1881 ff.; *Fischer/Fischer,* Spanisches Handels- und Wirtschaftsrecht, 2. Aufl. 1995; *Geiger,* Die Entwicklung der rechtlichen Erfassung des Handelsgeschäfts im 19. Jahrhundert, Diss. München 1963; *Gierke/Sandrock,* Handels- und Wirtschaftsrecht I, 9. Aufl. 1975; *Goldmann,* Internationales Handelsrecht, 1973; *Goldschmidt,* Universalgerichte des Handelsrechts, 1892; *Gotzen,* Niederländisches Handels- und Wirtschaftsrecht, 1979; *Großfeld,* Europäisches und Internationales Unternehmensrecht, 2. Aufl. 1995; *Hausmann/Kindler,* Italienisches Handels- und Wirtschaftsrecht, angekündigt für 1996/97; *Heck,* Weshalb besteht ein von dem bürgerlichen Recht gesondertes Handelsrecht?, AcP 92 (1902), 438; *Hopt,* Das Handelsrecht im Spiegel eines Großkommentars, ZHR 149 (1985), 447; *Horn,* Das Zivil- und Wirtschaftsrecht im neuen Bundesgebiet, 2. Aufl. 1993; *Horn/Schmitthoff,* The Transnational Law of International commercial Transactions, 1982; *Kappus,* „Lex mercatoria" in Europa und Wiener UN-Kaufrechtskonvention, 1990; *ders.,* Lex mercatoria und internationale Handelsschiedsgerichtsbarkeit, WiB 1994, 189; *Kornblum/Kleinle/Baumann/Steffan,* Neue Rechtstatsachen zum Unternehmens- und Gesellschaftsrecht, GmbHR 1985, 7; *Kramer,* Handelsgeschäfte – eine rechtsvergleichende Skizze zur rechtsgeschäftlichen Sonderbehandlung unternehmerischer Kontrahenten, Festschr. f. Ostheim, 1990, S. 299; *Krejci,* Grundriß des Handelsrechts, 1995; *Kropholler,* Internationales Einheitsrecht, 1975; *Kunze,* Unternehmen und Gesellschaft, ZHR 147 (1983), 16; *Laband,* Das Verhältnis des Handelsrechts zum bürgerlichen Recht nach dem Entwurf eines revidierten HGB, DJZ 1896, 345; *Landwehr,* Die ZHR als Organ der Handelsrechtswissenschaft, ZHR 150 (1986), 39; *Langen,* vom Internationalen Privatrecht zum Transnationalen Handelsrecht, NJW 1968, 358; *ders.,* Transnationales Handelsrecht, NJW 1969, 2229; *Lehmann,* Bürgerliches Recht und Handelsrecht, 1983; *Lorenz,* Die Lex Mercatoria: eine internationale Rechtsquelle?, Festschr. Neumayer, 1986, S. 407; *Lutz* (Hrsg.), Protokolle zum ADHGB, 1857 ff.; *Rudolf Meyer,* Bona fides und lex mercatoria in der europäischen Rechtstradition, 1994; *Müller-Erzbach,* Deutsches Handelsrecht, 2./3. Aufl. 1928; *Neuner,* Handelsrecht – Handelsgesetz – Grundgesetz, ZHR 157 (1993), 243; *Nussbaum,* Die Auflösung des Handelsrechtsbegriffs, ZHR 76 (1995), 325; *Preis,* Persönlicher Anwendungsbereich der Sonderprivatrechte, ZHR 158 (1994), 567; *Rabel,* Das Recht des Warenkaufs, Bd. I 1936; *Raisch,* Geschichtliche Voraussetzungen, dogmatische Grundlagen und Sinnwandlung des Handelsrechts, 1965; *ders.,* Unternehmensrecht I und II, 1973/1974; *ders.,* Zur Abgrenzung von Richterrecht und Gewohnheitsrecht im Zivil- und Handelsrecht, ZHR 150 (1986), 117; *ders.,* Handelsrecht heute, JA 1990, 259, 328, 369; *ders.,* Darf der Richter das Handelsrecht zum Unternehmensrecht fortbilden, wenn der Gesetzgeber untätig bleibt?, Hagener Universitätsreden, 1991; *Raiser,* Das Unternehmen als Organisation, 1969; *Scherner* (Hrsg.), Modernisierung des Handelsrechts im 19. Jahrhundert, 1993; *ders.,* Anfänge einer deutschen Handelsrechtswissenschaft, ZHR 136 (1972), 465; *Scherner/Willoweit* (Hrsg.), Vom Gewerbe zum Unternehmen, 1982; *Karsten Schmidt,* Handelsrecht, 4. Aufl. 1994, §§ 1–5; *ders.,* Das HGB und die Gegenwartsaufgaben des Handelsrechts, 1983; *ders.,* Vom Handelsrecht zum Unternehmens-Privatrecht?, JuS 1995, 249; *ders.,* 100 Bände BGHZ: Allgemeines Handelsrecht, ZHR 151 (1987), 302; *ders.,* Bemerkungen und Vorschläge zur Überarbeitung des Handelsgesetzbuchs, DB 1994, 515; *ders.,* Wozu noch Handelsrecht?, JurBl. 1995, 341; *Schubert/Schmiedel/Krampe,* Quellen zum Handelsgesetzbuch, 1986–1988; *Schnelle,* Bremen und die Entstehung des ADHGB, 1992; *Schwark,* Die Abgrenzung von Schuldrecht und Handelsrecht als legislatorisches Problem, in: Kindermann (Hrsg.), Studium zu einer Theorie der Gesetzgebung, 1982, S. 11; *Semler,* Vom Gesellschaftsrecht zum Unternehmensrecht, Festschr. f. Raisch, 1995, S. 291; *Sonnenberger,* Französisches Handels- und Wirtschaftsrecht, 2. Aufl. 1991; *Stein,* Lex mercatoria. Realität und Theorie, 1995; *Triebel/Hodgson/Kellentner/Müller,* Englisches Handels- und Wirtschaftsrecht, 2. Aufl. 1995; *Vossius,* Noch einmal: Vom Handelsrecht zum Unternehmensprivatrecht?, JuS 1985, 936; *Wahle,* Handelsverkehr als Schrittmacher des Zivilrechts, FS Hefermehl, 1976, S. 1; *Max Weber,* Wirtschaft und Gesellschaft, 5. Aufl. 1972; *Weise,* Lex mercatoria - materielles Recht vor der internationalen Schiedsgerichtsbarkeit, 1990; *Wieacker,* Industriegesellschaft und Privatrechtsordnung, 1974; *Zöllner,* Wovon handelt das Handelsrecht?, ZGR 1983, 82.

Übersicht

I. Gegenstand und Bedeutung des Handelsrechts

1   **1. Handelsrecht als Sonderprivatrecht. a) Sonderprivatrecht der Kaufleute.** Das Handelsrecht wird gemeinhin als das **Sonderprivatrecht** der Kaufleute definiert.[1] Damit ist zweierlei gesagt: Handelsrecht ist Privatrecht (RdNr. 2), und Handelsrecht ist Sonderprivatrecht (RdNr. 3).

---

[1] *Brox* § 1 I; *Canaris* § 1 I; *Gierke/Sandrock* I § 1 I; *Hofmann* § 1 I; *Karsten Schmidt* HandelsR § 1 I 1; *Wieland* I § 8 I und II; *Baumbach/Hopt* RdNr. 1; *Heymann/Horn* Einl. I RdNr. 1; *Staub/Brüggemann* RdNr. 6.

aa) Als **Privatrecht** gehört das Handelsrecht zu demjenigen Normenkreis, der als Zu- **2** ordnungssubjekte oder Normadressaten nicht Träger hoheitlicher Gewalt voraussetzt (Subjekttheorie). Hierin unterscheidet es sich nicht vom allgemeinen Zivilrecht. Das schließt nicht aus, daß das HGB – wie übrigens auch das Bürgerliche Gesetzbuch (zB §§ 22, 43, 80, 1837 ff., 1666) – neben privatrechtlichen einzelne öffentlichrechtliche Vorschriften enthält, so zB die §§ 8 ff., 37 Abs. 1, 238, 330 ff. Diese Bestimmungen gehören dem Sachzusammenhang nach in das HGB. Sie verstehen sich aber gleichsam nur als Appendixmasse des Handelsgesetzbuchs und ändern nichts daran, daß die Rechtsmaterie „Handelsrecht" dem Privatrecht zugehört.[2]

bb) Sodann ist das Handelsrecht **Sonderprivatrecht:**[3] Es gilt nur für einen Ausschnitt des **3** Privatrechtsbereichs, nach herkömmlicher Lesart eben nur für Kaufleute (RdNr. 1). In der Abgrenzung vom Bürgerlichen Recht folgt das HGB dem sog. subjektiven System (RdNr. 14): Es unterstellt nicht besondere Vorgänge (zB nur Handelsgeschäfte), sondern bestimmte Rechtssubjekte dem Handelsrecht: eben die „Kaufleute". Objektive Grenzen des Handelsrechts gegenüber dem allgemeinen Privatrecht ergeben sich nicht aus der allgemeinen Abgrenzung, sondern nur aus dem Inhalt der Handelsrechtsnormen: Was sie nicht regeln, richtet sich nach Bürgerlichem Recht (RdNr. 15).

b) Die **Berechtigung eines besonderen Handelsrechts** ist umstritten.[4] Es gibt Länder **4** wie die Schweiz, die niemals ein HGB eingeführt haben, und andere wie Italien oder Argentinien, die ihre Handelsgesetzbücher abgeschafft haben.[5] Handelsrecht als Gesetzesrecht ist insofern historisch bedingt.[6] Historisch, dh durch den Stand der Gesetze bedingt, ist auch die Kritik an der in Kraft befindlichen Handelsrechtskoalitionen, also zB des HGB von 1897. Die Kritik am HGB hat zwei Quellen.[7] Die eine besteht in der Position der Kritiker selbst, die zT den Blick ganz auf die Vorschriften über Handelsgeschäfte (§§ 343 ff.) richten und nicht ohne Grund die Frage stellen, ob diese Modifikationen des Bürgerlichen Rechts nicht im Bürgerlichen Gesetzbuch oder in seinen Nebengesetzen Platz finden können.[8] Die andere Quelle der Kritik beruht auf der rechtspolitischen und rechtspraktischen Rückständigkeit des tradierten Gesetzestextes und seiner Behandlung in der Lehre.[9] Beide Aspekte geben zu denken, tragen aber nicht die Forderung nach einer Abschaffung des HGB und schon gar nicht die Leugnung des Handelsrechts als einer besonderen Rechtsmaterie. Der erste spricht für eine kritische Durchmusterung vor allem des Vierten Buchs und seines Verhältnisses zum BGB sowie zu zahlreichen Sondergesetzen, der zweite für eine gesetzestechnische, theoretische und praktische Neubestimmung, wie sie auch hier propagiert wird (RdNr. 6 ff., 21). Der erste Aspekt ist teilweise eine reine Frage der gesetzestechnischen Zweckmäßigkeit und läßt in der Tat daran zweifeln, ob die Verteilung der Vorschriften auf das BGB und die privatrechtlichen Sondergesetze einerseits und auf das HGB anderseits geglückt ist. Doch ist dies nur eine Frage zweckmäßigen und systematisch sinngerechter Gesetzestechnik und nicht eine Existenzfrage für ein besonderes Handelsgesetzbuch. Dasselbe gilt für die Frage, ob das Zweite Buch des HGB auf Einzelgesetze (wie bisher das AktG, GmbHG, GenG, PartGG etc.) oder auf ein Gesellschaftsgesetz ausgelagert werden könnte (Vorbild könnte hier das französische Gesellschaftengesetz von 1966 sein) und ob das positiv-rechtlich zerrissene Transportrecht unter Einschluß des Fünften Buchs innerhalb oder außerhalb des HGB konsolidiert werden sollte (vgl.

---

[2] *Karsten Schmidt* HandelsR § 1 a; dazu jetzt auch Heymann/*Horn* Einl. I RdNr. 1, 6 f.

[3] *Karsten Schmidt* HandelsR § 1 I 1 b; eingehend *Bydlinski,* Festschrift für Kastner, Wien 1992, S. 71 ff.; *Preis* ZHR 158 (1994), 567 ff. mit umfassenden Nachweisen.

[4] Vgl. als Exponenten *Canaris* § 1 III 2 d; *Müller-Freienfels,* Zur „Selbständigkeit des Handelsrechts", Festschrift für v. Caemmerer, 1978, S. 583; *Wiethölter,* in: Probleme der GmbH-Reform, 1970, S. 37 ff.

[5] Vgl. auch die Angaben bei Heymann/*Horn* Einl. I RdNr. 9.

[6] Staub/*Brüggemann* RdNr. 10.

[7] Näher *Karsten Schmidt* aaO sowie *ders.,* Das HGB und die Gegenwartsaufgaben des Handelsrechts, 1983, S. 24 ff.

[8] Charakteristisch *Müller-Freienfels* (Fn. 4); s. auch *Kramer,* Festschrift für Ostheim, 1990, S. 319.

[9] Charakteristisch *Wiethölter* (Fn. 4).

RdNr. 39 f.). Auch dies ist eine Zweckmäßigkeitsfrage und spricht nicht gegen die Sachgerechtigkeit eines für Unternehmen und nicht für alle Privatrechtssubjekte geltenden Sondergesetzes. Sonderbestimmungen für Unternehmen im Privatrecht sind außerhalb des Vertrags- und Gesellschaftsrechts jedenfalls im Bereich der Publizität und der Rechnungslegung erforderlich. Das Anliegen des HGB kommt aus moderner Sicht im Ersten und Dritten Buch nachhaltiger als im Zweiten und Vierten Buch zum Ausdruck. Wollte man auch diese auf Einzelgesetze auslagern (etwa auf eine Handelsregisterordnung oder ein Firmenbuch und auf ein Rechnungslegungsgesetz), so ginge der zentrale Ansatz beim „subjektiven System" (RdNr. 14) verloren. Denkbar ist zwar auch dies, doch sollte der Gesetzgeber bemüht bleiben, rechtssystematische Sinneinheiten zum Ausdruck gelangen zu lassen. Jedenfalls bleibt es dabei, daß Fragen der Gesetzestechnik von Fragen der sachlichen Erneuerung des Handelsrechts und des Handelsgesetzbuchs unterschieden werden müssen.

5 **2. Vom „Sonderprivatrecht der Kaufleute" zum „Außenprivatrecht der Unternehmen"? a) Umstrittene Neubesinnung.** Der Inhalt der hiermit angemahnten Neubesinnung ist umstritten und in einem dem geltenden HGB gewidmeten Kommentar nur insoweit zu diskutieren, als dies für das Verständnis und die Anwendung des Gesetzes und handelsgewohnheitsrechtlicher Normen von Bedeutung ist.[10] Es kann also hier nicht um die Fortsetzung einer akademischen und rechtspolitischen Diskussion gehen, sondern nur um eine Klarstellung der Aspekte und der sich für die Rechtsanwendung ergebenden Fragen (vgl. zur analogen Anwendung handelsrechtlicher Normen § 1 RdNr. 2, 96 ff.).

6 **b) Außenprivatrecht der Unternehmen.** Die Forderung nach einem neuen Verständnis des Handelsrechts als „Außenprivatrecht der Unternehmen"[11] ist nicht zuletzt wegen der Vielfalt der darin enthaltenen Aspekte umstritten geblieben.[12] Dese Vielfalt und Komplexität des Konzepts ist in der Diskussion weithin verkannt worden.[13] So geht es nicht nur um eine Kritik der zu engen §§ 1 bis 7 (dann wäre dem Sinnwandel durch eine bloße Erweiterung des Kaufmannsbegriffs Rechnung zu tragen), folglich auch nicht nur um eine Ausdehnung des Handelsrechts auf Nichtkaufleute (dazu § 1 RdNr. 96 ff.).[14] Demgemäß steht im Mittelpunkt des neuen Ansatzes auch nicht dessen Konflikt mit dem Gesetz.[15] Dieser ist nur Bestandteil und Konsequenz eines Konzepts, das nach dem Sinn und Zweck des handelsrechtlichen Sonderprivatrechts („Außenprivatrecht der Unternehmen", RdNr. 7), nach dem maßgeblichen Zuordnungssubjekt („Unternehmensträger", RdNr. 8) und nach der Stimmigkeit zwischen dem handelsrechtlichen und anderen Sonderprivatrechten (RdNr. 11 f.) fragt.

7 **c) Sinn und Zweck.** Im Mittelpunkt der Lehre vom „Außenprivatrecht der Unternehmen" steht mithin nicht der Bruch mit dem gesetzlichen Kaufmannsbegriff, sondern die **Frage nach dem Sinn und Zweck des im HGB verankerten Sonderprivatrechts:**[16] Es ist „Kaufmannsrecht" nur in dem Sinne, daß der Normadressatenkreis vom historischen Gesetzgeber durch den Kaufmannsbegriff der §§ 1 ff. bestimmt und begrenzt worden ist.[17] Es ist „Außenprivatrecht der Unternehmen" in dem Sinne, daß es Privatrecht (RdNr. 2), und zwar Privatrecht für einen in §§ 1 ff. unvollkommen beschriebenen Kreis unterneh-

---

[10] Ausführlicher *Karsten Schmidt* HandelsR § 3; *ders.* JuS 1985, 249 ff.; *ders.* JurBl. 1995, 341 ff.
[11] Ebd.
[12] Vgl. nur *Canaris* § 1 III; *Bydlinski*, Handels- oder Unternehmensrecht als Sonderprivatrecht, 1990, S. 10 ff.; *Heymann/Horn* Einl. I RdNr. 14, 18; *Koller/Roth/Morck* Einl. RdNr. 8; *Baumann* AcP 184 (1984), 45 ff.; *Hüffer* ZGR 1986, 619 f.; *Neuner* ZHR 157 (1993), 243 ff.; *Vossius* JuS 1985, 936 ff.; *Wolter* Jura 1988, 177; *Zöllner* ZGR 1983, 85 ff.
[13] Vgl. auch das Vorwort des *Verf.* HandelsR S. V; s. auch ebd. § 3 I 2.

[14] So aber repräsentativ *Canaris* § 1 III 1 a; *Neuner* ZHR 157 (1993), 243 ff. mwN.
[15] Soviel zu *Neuner,* Die Rechtsfindung contra legem, 1992, S. 176.
[16] *Karsten Schmidt* HandelsR § 1 II.
[17] Nicht der „Kaufmannsbegriff", sondern der positive Inhalt der §§ 1 bis 7 ist deshalb das Problem jeder Ausdehnung von Handelsrechtsnormen de lege lata und de lege ferenda: der Begriff „Kaufmann" besagt über den Sinn und Zweck des Sonderprivatrechts nicht mehr als Begriffe wie „Kauf" und „Handel", auf die die §§ 1 ff. schon längst nicht mehr beschränkt sind.

merischer Rechtssubjekte („Unternehmensträger"; vgl. RdNr. 8), jedoch kein auch die Innenbeziehungen (Organisationsrecht) voll umfassendes Sonderprivatrecht, sondern Sonderprivatrecht für die Außenbeziehungen ist.[18] Für diese Beziehungen zu Dritten („Handelsverkehr") unterwirft das Handelsgesetzbuch die Träger von Unternehmen („Kaufleuten") besonderen Regeln. Diese Deutung ist nicht, wie es die Kritik am „Außenprivatrecht der Unternehmen" zT meint, Auflehnung gegen das positive Recht, sondern nur Erklärung des positiven Rechts.

d) Rechtsfigur des Unternehmensträgers. Als Subjekt steht im Mittelpunkt des Handelsrechts die **Rechtsfigur** des Unternehmensträgers.[19] Das HGB spricht teils vom Kaufmann (zB § 17), teils vom Inhaber des Handelsgeschäfts (zB § 48 Abs. 1). Der „Unternehmensträger" als Rechtsfigur wurde 1980 in die HGB-Literatur eingeführt,[20] und sie wurde von der Rechtsprechung[21] und Literatur[22] übernommen. Auch die Rechtsfigur des Unternehmensträgers ist zunächst keine contra-legem-Figur zur Mißachtung der §§ 1 ff.,[23] sondern eine Abstraktion von der historischen Fixierung des Kaufmannsbegriffs. Sie besagt ein Dreifaches: (1) Hinsichtlich der Rechtssubjektivität besagt die Rechtsfigur des Unternehmensträgers, daß das Unternehmen als solches nicht rechtsfähig ist und daß jedem Unternehmen ein solches Rechtssubjekt beigegeben ist.[24] (2) Hinsichtlich der Zuordnungssubjektivität hilft die Rechtsfigur des Unternehmensträgers bei der Auffindung des richtigen Normadressaten (des „Kaufmanns"), wenn mehrere Rechtssubjekte (zB Verpächter und Pächter oder mehrere gesellschaftsrechtlich verbundene „Mitunternehmer") mit dem Unternehmen verbunden sind (§ 1 RdNr. 28 ff.).[25] (3) Schließlich und endlich weist der Begriff des Unternehmensträgers allerdings auch über den angeblich das Zentrum des Handelsrechts bildenden „Kaufmannsbegriff" hinaus:[26] Jeder Kaufmann – ausgenommen die nichtgewerblichen Formkaufleute (§ 6 RdNr. 8 f.) – ist Unternehmensträger, aber nicht jeder Unternehmensträger ist Kaufmann iS der §§ 1 ff. Insofern läßt der Begriff des Unternehmensträgers die Frage zu, ob die Kaufmannstatbestände des geltenden Rechts zu eng sind (§ 1 RdNr. 7 ff.) und ob sogar de lege lata Analogien zum Handelsrecht angezeigt sind (§ 1 RdNr. 96 ff.). Der Begriff des Unternehmensträgers enthält aber selbst nicht die Antwort auf diese Frage, sondern er taugt auch, wenn man das HGB auf den gesetzlich beschriebenen Kreis der Kaufleute beschränkt (vgl. nur § 25 RdNr. 12 ff., § 48 RdNr. 16 ff.). Der Begriff impliziert also nicht notwendig eine Rechtsfortbildung contra legem, so unentbehrlich er für eine Fortbildung sein mag.

e) Fazit. Das Fazit zum Streit und das „Außenprivatrecht der Unternehmen" besteht darin, daß die Besinnung auf den **Unternehmensträger als Zuordnungssubjekt des Handelsrechts** („Kaufmann" iS von § 17, „Erwerber eines Handelsgeschäfts" iS von § 25, „Inhaber des Handelsgeschäfts" iS von § 48 etc.) für die Handhabung der gesetzlichen HGB-Normen hilfreich und mit dem Gesetz vereinbar ist (§ 1 RdNr. 7). Die vom Verfasser in das Handelsrecht eingeführte Rechtsfigur (RdNr. 8) ist für das Verständnis zahlreicher HGB-Normen von der Rechtsprechung und Literatur aufgegriffen worden. Die umstrittene Erweiterung des Handelsrechts über die §§ 1 ff. HGB hinaus (§ 1 RdNr. 2, 96 ff.) ist damit weder positiv noch negativ präjudiziert. Sie ist auch weder das Hauptanlie-

8

9

---

[18] *Karsten Schmidt* HandelsR § 1 II 2; die §§ 59 ff. gehören deshalb nicht zum materiellen Handelsrecht, sondern ins Arbeitsrecht; dagegen ist das Recht der Rechnungslegung (Drittes Buch) in seinem Kern Außenprivatrecht der Unternehmen; Fragen der internen Bilanzfeststellungskompetenz sind Unternehmens-Innenrecht, also nicht eigentlich Handelsrecht, sondern Gesellschaftsrecht.

[19] *Karsten Schmidt* HandelsR § 4 IV 2, § 5.

[20] *Karsten Schmidt* HandelsR, 1. Aufl. 1980; der Begriff hatte zB bei *Rittner* bereits im Wirtschaftsrecht Verwendung gefunden.

[21] Vgl. nur BGH LM § 25 Nr. 7 = NJW 1982, 1647; NJW 1984, 1186; LM BGB § 164 Nr. 67 = BB 1996, 653; NJW 1996, 1053, 1054.

[22] Vgl. nur Baumbach/*Hopt* RdNr. 33, 41 Heymann/*Horn* Einl. V RdNr. 5; *Reiff*, Die Haftungsverfassungen nichtrechtsfähiger unternehmenstragender Verbände, 1996, S. 21 ff.

[23] Dies zu *Canaris* § 1 III 1 a.

[24] *Karsten Schmidt* HandelsR § 4 IV 2.

[25] *Karsten Schmidt* HandelsR § 5 I.

[26] *Karsten Schmidt* HandelsR § 3 I 2.

gen der Lehre vom „Außenprivatrecht der Unternehmen" (vgl. RdNr. 6), noch bestimmt sie durchgehend die Richtung dieses auf die Praxis bezogenen Kommentars.

10   **3. Das Handelsrecht in der Privatrechtsordnung. a) Handelsrecht und Bürgerliches Recht**[27] sind ein Gegensatz nur in dem Sinne, daß Handelsrechtsregeln teils gegenüber dem BGB spezielle – und dann vorrangige –, teils andersartige Vorschriften enthalten. Vor allem die §§ 48 ff., 343 ff. modifizieren als Spezialbestimmungen solche des BGB (RdNr. 15). Demgegenüber sind etwa die Bestimmungen des Register-, Firmen- und Rechnungslegungsrechts (§§ 8 ff., 17 ff., 238 ff.) im BGB berechtigtermaßen ohne Parallele. Das schließt wiederum nicht aus, daß bei der Anwendung dieser Bestimmungen (zB bei der Bilanzierung von Vermögensgegenständen oder Verbindlichkeiten) BGB-Regeln zum Tragen kommen.

11   **b) Handelsrecht und Unternehmensrecht**[28] sind schon deshalb nicht eins, weil neben gesellschaftsrechtlichen Vorschriften auch solche des Arbeits- und Mitbestimmungsrechts, wohl auch des Unternehmenssteuerrechts, zum Handelsrecht gehören. Insbesondere **Handelsrecht und Gesellschaftsrecht** sind als Rechtsmaterien voneinander zu unterscheiden, doch überschneiden sich die Rechtsgebiete in der praktischen Rechtsanwendung: Die wichtigsten Normadressaten des Handelsrechts sind die Handelsgesellschaften (§ 6). Das gilt vor allem auch für das Recht der Rechnungslegung (Drittes Buch). Auch die Systematik des HGB macht diese Zusammenhänge deutlich. Das Recht der Handels-Personengesellschaften (oHG und KG) sowie der stillen Gesellschaft ist im Zweiten Buch geregelt, womit der Bereich des Handelsgesetzbuchs über das reine Handelsrecht erheblich hinausgeht.

12   **c) Handelsrecht und Wirtschaftsrecht**[29] sind, wenn man Wirtschaftsrecht im Sinne des wissenschaftlichen Sprachgebrauchs nimmt, unterschiedliche Materien, denn Wirtschaftsrecht im Sinne dieser strengen Terminologie ist nicht schlechthin alles „Recht der Wirtschaft", sondern das Recht der Wirtschaftsordnung unter Einbeziehung insbesondere des Kartellrechts und des Kapitalmarktrechts. Es gibt freilich Überschneidungen, so zB im Bereich der Wettbewerbsverbote oder des Kontrahierungszwangs. Im Sinne einer weniger strengen, zB in Praktikerzeitschriften gebräuchlichen Terminologie wird allerdings der Begriff Wirtschaftsrecht umfassend als ein das Handels- und Gesellschaftsrecht mit umfassender Oberbegriff für das „Recht der Wirtschaft" verstanden.

13   **d)** Über **Handelsrecht und Prozeßrecht**[30] ist zunächst zu sagen, daß Handelsrecht materielles Privatrecht ist. Prozeßrechtliche Besonderheiten unter Einbeziehung der Schiedsgerichtsbarkeit sind bei RdNr. 51 ff. erläutert. Das schließt nicht aus, daß das HGB aus Gründen des Sachzusammenhangs einzelne prozeßrechtliche Bestimmungen enthält (zB §§ 16, 17 Abs. 2, 124 Abs. 1).

14   **4. Die Abgrenzung zum Zivilrecht. a) Objektives und subjektives System.** Die **historische Abgrenzung** ist von dem **Gegensatz zwischen dem „objektiven" und dem „subjektiven System"** gekennzeichnet.[31] Das objektive System sucht das Handelsrecht als Sonderprivatrecht der Kaufleute durch den Begriff der Handelsgeschäfte abzugrenzen, das subjektive System durch Bestimmungen der handelsrechtlichen Normadressaten. Das ADHGB ging noch vom objektiven System aus, indem es in Art. 271 ff. die Handelsgeschäfte definierte und, hieran anschließend, in Art. 4 erst die Brücke zum Normadressatenkreis des HGB schlug: „Als Kaufmann im Sinne dieses Gesetzbuchs ist anzusehen, wer gewerbsmäßig Handelsgeschäfte betreibt." Auf dieser Verknüpfung des Kaufmannsbegriffs mit gesetzlich definierten Handelsgeschäften beruht der Katalog des § 1 Abs. 2 (dazu § 1 RdNr. 55 ff.). Das geltende Recht basiert auf dem subjektiven System (§ 1 Abs. 1:

[27] Dazu Baumbach/*Hopt* RdNr. 2; Heymann/*Horn* Einl. I RdNr. 3; Staub/*Brüggemann* RdNr. 3 ff.; *Karsten Schmidt* HandelsR § 1 II 1.

[28] Vgl. *Karsten Schmidt* HandelsR § 1 II 2.

[29] *Karsten Schmidt* HandelsR § 1 II 4.

[30] *Karsten Schmidt* HandelsR § 1 II 5.

[31] Dazu *Karsten Schmidt* HandelsR § 1 I 1, § 18 I 1 b; *ders.* (Fn. 7) S. 13 ff.; Heymann/*Horn* Einl I RdNr. 3; grundlegend *Raisch*, Geschichtliche Voraussetzungen . . ., 1965, S. 25 ff.; ZHR 150 (1986), 117 ff.

„. . . wer ein Handelsgewerbe betreibt"). Solange aber der Katalog des § 1 Abs. 2 noch gilt (zur Reform § 1 RdNr. 116 ff.), ist dieser Kaufmannsbegriff noch durch Reste des objektiven Systems verwässert. § 2 versteht sich deshalb als eine – aus heutiger Sicht zu behutsame und deshalb halbherzige – Korrektur im Sinne des subjektiven Systems.

b) HGB und BGB. Das BGB gilt auch im Handelsrecht (RdNr. 3). Nur soweit das **15** HGB Sonderregeln enthält (zB §§ 48 ff., 343 ff.), haben diese Vorrang (Art. 2 Abs. 1 EGHGB). Erhebliche Teile des HGB treten wegen ihres Regelungsgegenstands nicht in Konkurrenz zum BGB (zB §§ 8 ff., 17 ff., 238 ff.). Einzelne BGB-Vorschriften knüpfen für die Anwendbarkeit oder Nichtanwendbarkeit von Sondervorschriften auf Unternehmen oder Nichtunternehmen an Merkmale an, die sich von den Merkmalen der §§ 1 ff. ganz oder teilweise unterscheiden (zB § 196, 609 a, 1822; vgl. dazu auch § 1 RdNr. 11 ff.).

c) Zivilrechtliche Nebengesetze und die ZPO sind auf Kaufleute gleichfalls anwend- **16** bar, soweit sich nicht aus besonderen Vorschriften ein anderes ergibt. Inwieweit das **AGBG** anwendbar ist, ergibt sich aus dessen § 24 der in Nr. 1 auf den Kaufmannsbegriff verweist.[32] Auch die **ZPO** knüpft in §§ 38, 1027 Abs. 2 bei den §§ 1 ff. an. Eigene Abgrenzungen enthalten insbesondere die folgenden Vorschriften: **§ 1 VerbrKrG** stellt darauf ab, ob auf der Kreditgeberseite in Ausübung gewerblicher oder beruflicher Tätigkeit ein Kredit gewährt oder vermittelt wird.[33] **§ 1 ProdukthaftungsG** unterscheidet auf der Seite des Geschädigten danach, ob eine Sache ihrer Art nach gewöhnlich für den privaten Ge- oder Verbrauch bestimmt und hierzu von dem Geschädigten hauptsächlich verwendet worden ist.[34] Erkennbar folgen also diese Nebengesetze einem von §§ 1 ff. unabhängigen objektiven System, soweit sie nicht auf §§ 1 ff. verweisen. Einem gemischten System folgt **§ 53 Abs. 1 BörsG**,[35] wo wegen der Termingeschäftsfähigkeit zunächst in S. 1 darauf abgestellt wird, ob die Vertragsparteien als Kaufleute in das Handelsregister oder in das Genossenschaftsregister eingetragen sind, nach § 36 nicht eingetragen zu werden brauchen oder wegen eines Auslandssitzes nicht eintragbar sind; den Kaufleuten gleichgestellt werden in Satz 2 Personen, die zur Zeit des Geschäftsabschlusses oder früher gewerbsmäßig oder berufsmäßig Börsentermingeschäfte betrieben haben oder zur Teilnahme am Börsenhandel dauernd zugelassen waren. **§ 2 Abs. 4 WpHG** spricht von Wertpapierdienstleistungsunternehmen und knüpft nicht an den Kaufmannsbegriff der §§ 1 ff. an, dessen Merkmale allerdings ausnahmslos gegeben sein werden.

II. Geschichte des Handelsrechts

1. Bedeutung. Die dem Gesetz vorausgegangene Geschichte ist in einem Kommentar **17** nur insoweit einzubeziehen, als sie für sein **Verständnis und** seine **Auslegung** von Bedeutung ist. Dies ist allerdings gerade im HGB in starkem Maße der Fall.[36] Besonders augenfällig ist dies bei der Interpretation von Normen, die aus dem ADHGB herrühren, das noch nicht auf einer im räumlichen Gestaltungsbereich des Gesetzes mit diesem verzahnten allgemeinen Zivilrechtskodifikation (dem BGB) aufbauen konnte (RdNr. 19).[37]

2. Die Zeit bis 1899. a) Das moderne Handelsrecht vor dem ADHGB entwickelte **18** sich zunächst in den Stadtrechten des Spätmittelalters und den sich überregional verbreiteten Handelsbräuchen. Das gemeine Handelsrecht im 18. Jahrhundert fand bereits eine weit

---

[32] Dazu vgl. BGH NJW 1986, 842, 843; *Ulmer/Brandner/Hensen* AGBG, 7. Aufl. 1993, § 24 RdNr. 6 f.; *Wolf/Horn/Lindacher* AGBG, 3. Aufl. 1994.

[33] Dazu *Emmerich/v. Westphalen/Kessler* VerbrKrG, 1991; *Ulmer/Habersack* VerbrKrG, 2. Aufl. 1995.

[34] Dazu *Graf von Westphalen* (Hrsg.), Produkthaftungshandbuch, Band 1, 1989; *Taschner/Frietsch,* Produkthaftungsgesetz und EG-Produkthaftungslinie, 2. Aufl. 1990.

[35] Dazu *Schwark,* BörsenG, 2. Aufl. 1994; *de Lousanoff* ZHR 159 (1995), 229 ff.

[36] *Karsten Schmidt* HandelsR § 2 m. weit. Nachw.

[37] Heute ist dies in Österreich in gleichem Maße wie in Deutschland gewährleistet (Vierte VO zur Einführung handelsrechtlicher Vorschriften vom 24. 12. 1938); Texte bei *Weilinger* (Hrsg.), Kodex Handelsrecht, Stand 1994.

fortgeschrittene Systematik des Handelsrechts vor.[38] Das Preußische ALR von 1794 enthielt bereits ein kodifiziertes Handelsrecht.[39] Zu Beginn des 19. Jahrhunderts übernahm Baden den Code de Commerce von 1807, und einzelne Staaten erarbeiteten HGB-Entwürfe. Die Handelsrechtswissenschaft konnte hierauf sowie auf die Dokumentation der Handelsrechtspraxis aufbauen. Sie gelangte vor allem durch die Verdienste von Praktikern (zB *Thöl*) und Wissenschaftlern wie *Levin Goldschmidt* (1829–1897) im Verlauf des Jahrhunderts zur Blüte.

19   **b) Das Allgemeine deutsche Handelsgesetzbuch** (ADHGB) von 1861 wurde nach dem Scheitern der Paulskirchenverfassung und des von der Nationalversammlung ausgearbeiteten Handelsgesetzbuchs[40] von der Nürnberger HGB-Kommission erarbeitet und sodann als „Allgemeines" (dh. inhaltsgleiches) Recht von den Einzelstaaten in Kraft gesetzt.[41] Die Protokolle der Kommission[42] sind ebenso wie die Rechtsprechung des dem Reichsgericht vorausgegangenen Reichsoberhandelsgerichts[43] vielfach noch für die Auslegung von HGB-Bestimmungen von Interesse. Nicht wenige ADHGB-Vorschriften hatten auch Einfluß auf die Erarbeitung von Grundregeln, die, zB im Recht der Stellvertretung, heute als BGB-Normen gelten. Das ADHGB wurde mehrfach geändert, vor allem im Aktienrechtsteil durch die wichtigen Novellen von 1870[44] und 1884.[45] Es galt aufgrund der Reichsverfassung von 1871 als Reichsrecht fort.

20   **3. Das HGB und seine Geltung ab 1900. a) Verabschiedung 1897.** Das HGB war nach 1894 begonnen Vorarbeiten im Jahr **1897** verabschiedet worden, also ein Jahr nach dem BGB.[46] Als eine wesentliche Aufgabe sahen es seine Verfasser an, die Handelsrechtsvorschriften mit dem BGB in Einklang zu bringen.[47] Das ist allerdings, wie die Einzelkommentierung zeigen wird, nicht in jeder Hinsicht gelungen.

21   **b) Wegen der weiteren Entwicklung** ist auf RdNr. 23 ff. zu verweisen, wegen der bevorstehenden Modernisierung der §§ 1 ff. auf § 1 RdNr. 116 ff. Seit 1994 liegt der Zwischenbericht der Bund-Länder-Arbeitsgruppen „Handelsrecht und Handelsregister" als Vorarbeit einer gesetzlichen **Reform des Handelsrechts und Handelsregisterrechts** vor.[48] Die Empfehlungen dieser Arbeitsgruppe, die in erster Linie auf eine Modernisierung des Kaufmannsbegriffs, eine Liberalisierung des Firmenrechts und eine Vereinfachung und Beschleunigung des Handelsregisterverfahrens hinauslaufen, sollen ab 1996 zu ersten Gesetzentwürfen des Bundesjustizministeriums führen. Erforderliche Einzelheiten werden an Ort und Stelle bei der Kommentierung hiervon betroffener Bestimmungen behandelt.

III. Rechtsquellen des Handelsrechts

22   **1. Das HGB. a) Inkrafttreten.** Das Handelsgesetzbuch vom 10. 5. 1897 (RGBl. S. 219) trat gleichzeitig mit dem BGB am **1. 1. 1900** in Kraft (Art. 1 Abs. 1 EGHGB; vgl. RdNr. 26). Es löste damit das Allgemeine Deutsche Handelsgesetzbuch von 1861 ab, das durch Reichsgesetz vom 16./22. 4. 1871 (RGBl. S. 63, 87) Reichsrecht geworden war (Art. 3 EGHGB; vgl. RdNr. 19). Die zu inhaltlichen Bestimmungen des ADHGB ergangene Rechtsprechung läßt sich auch für die Auslegung von HGB-Regeln anwenden. Im übrigen stellte der Erlaß des HGB auch eine – nicht in jeder Hinsicht geglückte – Rechtsbereinigung im Hinblick auf das BGB dar (RdNr. 20).

23   **b) Neues Bundesgebiet.** Im neuen Bundesgebiet – also in Ost-Berlin und auf dem Boden der ehemaligen DDR – gilt das HGB in seinen nicht-seerechtlichen Teilen seit dem

---

[38] Vgl. *Scherner* ZHR 136 (1972), 465 ff.

[39] §§ 475 ff. II 8.

[40] *Baums* (Hrsg.), Entwurf eines ADHGB 1848/49, 1982.

[41] Vgl. zum folgenden *Karsten Schmidt* HandelsR § 2 II 2.

[42] *Lutz,* Protokolle der Kommission zur Beratung eines ADHGB, 1858 ff.

[43] Dazu *Ogorek* ZHR 150 (1986), 87 ff.

[44] Dazu *Schubert* ZGR 1981, 285 ff.

[45] Materialien bei *Schubert/Hommelhoff,* Hundert Jahre modernes Aktienrecht, 1985.

[46] Dazu *Karsten Schmidt* HandelsR § 2 II 3.

[47] Materialien bei *Schubert/Schmiedel/Krampe,* Quellen zum Handelsgesetzbuch, 1986–1988.

[48] BAnz. Nr. 148 a vom 9. 8. 1994.

1. 7. 1990.[49] Seit dem 3. 10. 1990 gilt das HGB gemäß Art. 8 Einigungsvertrag im ganzen Bundesgebiet. Auf Altverträge aus der Zeit vor der Geltung von HGB und BGB wird weitgehend noch das Vertragsgesetz sowie das Gesetz über internationale Wirtschaftsverträge angewendet.[50] Die Neuordnung des Handelsrechts machte vielfache Vertragsanpassungen erforderlich.[51]

c) In **Österreich**[52] wurde das als „Allgemeines Handelsgesetzbuch" übernommene 24 ADHGB im Jahr **1938** durch **Übernahme des Aktiengesetzes von 1937 und des Handelsgesetzbuchs** unter gleichzeitiger Anpassung an die vom HGB vorausgesetzten BGB-Normen durch Verordnungen übernommen (1.–4. EVO HGB RGBl. 1938 S. 100, S. 389, S. 1428, S. 1999).[53] Nicht übernommen wurden die Abschnitte 6 und 7 des Ersten Buchs über Handlungsgehilfen, Handlungslehrlinge und Handelsvertreter. Der österreichische Handelsgesetzgeber ist mit besonderer Deutlichkeit dem in Deutschland im allgemeinen Handelsrecht weniger konsequent als im Gesellschaftsrecht verfolgten **Zug zur Auslagerung auf Einzelgesetze** (vgl. RdNr. 4) gefolgt: Neben den gesellschaftsrechtlichen Spezialgesetzen (AktG, GmbHG, GenG, UmwG, EGG = Erwerbsgesellschaftengesetz) und den Sonderregeln im Transport-, Versicherungs- und Wertpapierrecht hat der österreichische Gesetzgeber folgende besonders wichtigen Spezialgesetze erlassen: das **Firmenbuchgesetz** von 1991 (öBGBl. S. 10), das **Handelsvertretergesetz** von 1993 (öBGBl. S. 88) und das **Angestelltengesetz** vom 11. Mai 1921 (öBGBl. Nr. 292). Alle Gesetze sind seither mehrfach geändert.

d) Die **Änderungen des HGB** seit 1900 sind hier nicht im einzelnen aufzuzählen.[54] Die 25 Vorgeschichte einzelner Normen wird, soweit für deren Anwendung erheblich, jeweils an Ort und Stelle erläutert. Von grundsätzlicher Bedeutung sind namentlich folgende Änderungen: die Herausnahme des Aktienrechts durch das AktG 1937 (RGBl. I S. 107), das Gesetz über die Kaufmannseigenschaft von Handwerkern von 1953 (BGBl. I S. 106), das Handelsvertretergesetz von 1953 (BGB. I S. 771), die Änderung des § 15 durch das Erste Richtliniengesetz (BGBl. I S. 1513), das Gesetz über die Kaufmannseigenschaft von Land- und Forstwirten und den Ausgleichsanspruch des Handelsvertreters von 1976 (BGBl. I S. 1197), die GmbH-Novelle von 1980 (BGBl. I S. 2355), das Bilanzrichtliniengesetz vom 19. 12. 1985 (BGBl. I S. 2355), die Handelsvertreternovelle von 1989 (BGBl. I S. 1910), das Bankbilanzrichtliniengesetz von 1990 (BGBl. I S. 2570) und das Nachhaftungsbegrenzungsgesetz von 1994 (BGBl. I S. 560).

2. **Das EGHGB.** Das **Einführungsgesetz zum HGB** (EGHGB) vom 10. 5. 1897 26 (RGBl. S. 437), zuletzt geändert durch Gesetz vom 24. 6. 1994 (BGBl. I 1377), enthält, soweit nicht außer Kraft gesetzt oder gegenstandslos geworden, folgende nicht das Fünfte Buch betreffende Vorschriften:

---

[49] § 16 des DDR-MantelG (InkraftsetzungsG vom 21. 6. 1990, GBl. I Nr. 34 S. 357) zum Staatsvertrag über die Währungs-, Wirtschafts- und Sozialunion vom 18. 5. 1990 (BGBl. II S. 537); vgl. Heymann/*Horn* Einl. II RdNr. 21; Textabdruck bei *Horn*, RWS-Dokumentation I, Das Zivil- und Wirtschaftsrecht der DDR, 1990, Nr. 1.7.

[50] BGH NJW 1993, 259; ZIP 1992, 1797; DtZ 1993, 211; Heymann/*Horn* Einl. II RdNr. 26.

[51] Heymann/*Horn* Einl. II RdNr. 27 m. weit. Nachw.

[52] Eingehend *Straube* RdNr. 26 ff.; Überblick bei *Krejci* S. 16 ff.

[53] Texte bei *Weilinger* (Hrsg.), Kodex Handelsrecht, Stand 1994.

[54] Vgl. bis 1981 Staub/*Brüggemann* Einl. RdNr. 21; neuere Änderungen bei Baumbach/*Hopt* RdNr. 13 bis 15; Heymann/*Horn* Einl. II RdNr. 8.

Einführungsgesetz zum Handelsgesetzbuche

Vom 10. Mai 1897 (RGBl. S. 437), zuletzt geändert durch Gesetz vom 24. 6. 1994
(BGBl. I S. 1377)

(BGBl. III 4101-1)

Erster Abschnitt. Einführung des Handelsgesetzbuchs

Art. 1 [Inkrafttreten]

(1) Das Handelsgesetzbuch tritt gleichzeitig mit dem Bürgerlichen Gesetzbuch in Kraft.

(2) Der sechste Abschnitt des ersten Buches des Handelsgesetzbuchs tritt mit Ausnahme des § 65 am 1. Januar 1898 in Kraft.

(3) *(gegenstandslos)*

Art. 2 [Verhältnis zum BGB und zu sonstigen Bundesgesetzen]

(1) In Handelssachen kommen die Vorschriften des Bürgerlichen Gesetzbuchs nur insoweit zur Anwendung, als nicht im Handelsgesetzbuch oder in diesem Gesetz ein anderes bestimmt ist.

(2) Im übrigen werden die Vorschriften der *Reichsgesetze* durch das Handelsgesetzbuch nicht berührt.

Art. 3 (Änderungsvorschrift)

Art. 4 [Handelsgewerbe und eheliches Güterrecht]

(1) Die nach dem bürgerlichen Recht mit einer Eintragung in das Güterrechtsregister verbundenen Wirkungen treten, sofern ein Ehegatte Kaufmann ist und seine Handelsniederlassung sich nicht in dem Bezirke eines für den gewöhnlichen Aufenthalt auch nur eines der Ehegatten zuständigen Registergerichts befindet, in Ansehung der auf den Betrieb des Handelsgewerbes sich beziehenden Rechtsverhältnisse nur ein, wenn die Eintragung auch in das Güterrechtsregister des für den Ort der Handelsniederlassung zuständigen Gerichts erfolgt ist. Bei mehreren Niederlassungen genügt die Eintragung in das Register des Ortes der Hauptniederlassung.

(2) Wird die Niederlassung verlegt, so finden die Vorschriften des § 1559 des Bürgerlichen Gesetzbuchs entsprechende Anwendung.

Art. 5 [Bergwerksgesellschaften]

Auf Bergwerksgesellschaften, die nach den Vorschriften der Landesgesetze nicht die Rechte einer juristischen Person besitzen, findet § 2 des Handelsgesetzbuchs keine Anwendung.

Art. 6, 7 *(Seehandelsrecht; vom Abdruck wurde abgesehen)*

Art. 8–14 *(Aufhebungs- und Änderungsvorschriften bzw. gegenstandslos)*

Art. 15 [Verhältnis zu Landesgesetzen]

(1) Die privatrechtlichen Vorschriften der Landesgesetze bleiben insoweit unberührt, als es in diesem Gesetze bestimmt oder als im Handelsgesetzbuch auf die Landesgesetze verwiesen ist.

(2) Soweit die Landesgesetze unberührt bleiben, können auch neue landesgesetzliche Vorschriften erlassen werden.

Art. 16, 17 *(gegenstandslos)*

Art. 18 *[Bierlieferungsverträge; vom Abdruck wurde abgesehen]*

Art. 19–21 *(gegenstandslos)*

Art. 22 [Weiterführung von eingetragenen Firmen]

(1) Die zur Zeit des Inkrafttretens des Handelsgesetzbuchs im Handelsregister eingetragenen Firmen können weitergeführt werden, soweit sie nach den bisherigen Vorschriften geführt werden durften.

(2) *(gegenstandslos)*

Zweiter Abschnitt. Übergangsvorschriften zum Bilanzrichtlinien-Gesetz

Art. 23 [Jahresabschluß, Lagebericht und Publizität; Konzernabschluß; Prüfung]

(1) Die vom Inkrafttreten der Artikel 1 bis 10 des Bilanzrichtlinien-Gesetzes vom 19. Dezember 1985 (BGBl. I S. 2355) an geltende Fassung der Vorschriften über den Jahresabschluß und den Lagebericht sowie über die Pflicht zur Offenlegung dieser und der dazu gehörenden Unterlagen ist erstmals auf das nach dem 31. Dezember 1986 beginnende Geschäftsjahr anzuwenden. Die neuen Vorschriften können auf ein früheres Geschäftsjahr angewendet werden, jedoch nur insgesamt.

(2) Die vom Inkrafttreten der Artikel 1 bis 10 des Bilanzrichtlinien-Gesetzes an geltende Fassung der Vorschriften über den Konzernabschluß und den Konzernlagebericht sowie über die Pflicht zur Offenlegung dieser und der dazu gehörenden Unterlagen ist erstmals auf das nach dem 31. Dezember 1989 beginnende Geschäftsjahr anzuwenden. Die neuen Vorschriften können auf ein früheres Geschäftsjahr angewendet werden, jedoch nur insgesamt. Mutterunternehmen, die bereits bei Inkrafttreten des Bilanzrichtlinien-Gesetzes zur Konzernrechnungslegung verpflichtet sind, brauchen bei früherer Anwendung der neuen Vorschriften Tochterunternehmen mit Sitz im Ausland nicht einzubeziehen und einheitliche Bewertungsmethoden im Sinne des § 308 sowie die §§ 311, 312 des Handelsgesetzbuchs über assoziierte Unternehmen nicht anzuwenden.

(3) Die vom Inkrafttreten der Artikel 1 bis 10 des Bilanzrichtlinien-Gesetzes an geltende Fassung der Vorschriften über die Pflicht zur Prüfung des Jahresabschlusses und des Lageberichts ist auf Unternehmen, die bei Inkrafttreten des Bilanzrichtlinien-Gesetzes ihren Jahresabschluß nicht auf Grund bundesgesetzlicher Vorschriften prüfen lassen müssen, erstmals für das nach dem 31. Dezember 1986 beginnende Geschäftsjahr anzuwenden. Die vom Inkrafttreten der Artikel 1 bis 10 des Bilanzrichtlinien-Gesetzes an geltende Fassung der Vorschriften über die Pflicht zur Prüfung des Konzernabschlusses und des Konzernlageberichts ist auf Unternehmen, die bei Inkrafttreten des Bilanzrichtlinien-Gesetzes nicht zur Konzernrechnungslegung verpflichtet sind, erstmals für das nach dem 31. Dezember 1989 beginnende Geschäftsjahr anzuwenden. Der Bestätigungsvermerk nach § 322 Abs. 1 des Handelsgesetzbuchs ist erstmals auf Jahresabschlüsse, Konzernabschlüsse und Teilkonzernabschlüsse sowie auf Lageberichte, Konzernlageberichte und Teilkonzernlageberichte

anzuwenden, die nach den am 1. Januar 1986 in Kraft tretenden Vorschriften aufgestellt worden sind.

(4) § 319 Abs. 2 Nr. 8 des Handelsgesetzbuchs ist erstmals auf das sechste nach dem Inkrafttreten des Bilanzrichtlinien-Gesetzes beginnende Geschäftsjahr anzuwenden.

(5) Sind die neuen Vorschriften nach den Absätzen 1 bis 3 auf ein früheres Geschäftsjahr nicht anzuwenden und werden sie nicht freiwillig angewendet, so ist für das Geschäftsjahr die am 31. Dezember 1985 geltende Fassung der geänderten oder aufgehobenen Vorschriften anzuwenden. Satz 1 ist auf Gesellschaften mit beschränkter Haftung hinsichtlich der Anwendung des Gesetzes über die Rechnungslegung von bestimmten Unternehmen und Konzernen entsprechend anzuwenden.

Art. 24 [Bewertungsvorschriften]

(1) Waren Vermögensgegenstände des Anlagevermögens im Jahresabschluß für das am 31. Dezember 1986 endende oder laufende Geschäftsjahr mit einem niedrigeren Wert angesetzt, als er nach § 240 Abs. 3 und 4, §§ 252, 253 Abs. 1, 2 und 4, §§ 254, 255, 279 und 280 Abs. 1 und 2 des Handelsgesetzbuchs zulässig ist, so darf der niedrigere Wertansatz beibehalten werden. § 253 Abs. 2 des Handelsgesetzbuchs ist in diesem Fall mit der Maßgabe anzuwenden, daß der niedrigere Wertansatz um planmäßige Abschreibungen entsprechend der voraussichtlichen Restnutzungsdauer zu vermindern ist.

(2) Waren Vermögensgegenstände des Umlaufvermögens im Jahresabschluß für das am 31. Dezember 1986 endende oder laufende Geschäftsjahr mit einem niedrigeren Wert angesetzt als er nach §§ 252, 253 Abs. 1, 3 und 4, §§ 254, 255 Abs. 1 und 2, §§ 256, 279 Abs. 1 Satz 1, Abs. 2, § 280 Abs. 1 und 2 des Handelsgesetzbuchs zulässig ist, so darf der niedrigere Wertansatz insoweit beibehalten werden, als

1. er aus den Gründen des § 253 Abs. 3, §§ 254, 279 Abs. 2, § 280 Abs. 2 des Handelsgesetzbuchs angesetzt worden ist oder

2. es sich um einen niedrigeren Wertansatz im Sinne des § 253 Abs. 4 des Handelsgesetzbuchs handelt.

(3) Soweit ein niedrigerer Wertansatz nach den Absätzen 1 und 2 nicht beibehalten werden darf oder nicht beibehalten wird, so kann bei der Aufstellung des Jahresabschlusses für das nach dem 31. Dezember 1986 beginnende Geschäftsjahr oder bei Anwendung auf ein früheres Geschäftsjahr nach Artikel 23 in dem früheren Jahresabschluß der Unterschiedsbetrag zwischen dem im letzten vorausgehenden Jahresabschluß angesetzten Wert und dem nach den Vorschriften des Dritten Buchs des Handelsgesetzbuchs anzusetzenden Wert in Gewinnrücklagen eingestellt oder für die Nachholung von Rückstellungen verwendet werden; dieser Betrag ist nicht Bestandteil des Ergebnisses. Satz 1 ist entsprechend auf Beträge anzuwenden, die sich ergeben, wenn Rückstellungen oder Sonderposten mit Rücklageanteil wegen Unvereinbarkeit mit § 247 Abs. 3, §§ 249, 253 Abs. 1 Satz 2, § 273 des Handelsgesetzbuchs aufgelöst werden.

(4) Waren Schulden im Jahresabschluß für das am 31. Dezember 1986 endende oder laufende Geschäftsjahr mit einem niedrigeren Wert angesetzt, als er nach §§ 249, 253 Abs. 1 Satz 2 des Handelsgesetzbuchs vorgeschrieben oder zulässig ist, so kann bei der Aufstellung des Jahresabschlusses für das nach dem 31. Dezember 1986 beginnende Geschäftsjahr oder bei Anwendung auf ein früheres Geschäftsjahr nach Artikel 23 in dem früheren Geschäftsjahr der für die Nachholung erforderliche Betrag den Rücklagen entnommen werden, soweit diese nicht durch Gesetz, Gesellschaftsvertrag oder Satzung für andere Zwecke gebunden sind; dieser Betrag ist nicht Bestandteil des Ergebnisses oder des Bilanzgewinns.

(5) Ändern sich bei der erstmaligen Anwendung der durch die Artikel 1 bis 10 des Bilanzrichtlinien-Gesetzes geänderten Vorschriften die bisherige Form der Darstellung oder die bisher angewandten Bewertungsmethoden, so sind § 252 Abs. 1 Nr. 6, § 265 Abs. 1,

§ 284 Abs. 2 Nr. 3 des Handelsgesetzbuchs bei der erstmaligen Aufstellung eines Jahresabschlusses nach den geänderten Vorschriften nicht anzuwenden. Außerdem brauchen die Vorjahreszahlen bei der erstmaligen Anwendung nicht angegeben zu werden.

(6) Sind bei der erstmaligen Anwendung des § 268 Abs. 2 des Handelsgesetzbuchs über die Darstellung der Entwicklung des Anlagevermögens die Anschaffungs- oder Herstellungskosten eines Vermögensgegenstands des Anlagevermögens nicht ohne unverhältnismäßige Kosten oder Verzögerungen feststellbar, so dürfen die Buchwerte dieser Vermögensgegenstände aus dem Jahresabschluß des vorhergehenden Geschäftsjahrs als ursprüngliche Anschaffungs- oder Herstellungskosten übernommen und fortgeführt werden. Satz 1 darf entsprechend auf die Darstellung des Postens „Aufwendungen für die Ingangsetzung und Erweiterung des Geschäftsbetriebs" angewendet werden. Kapitalgesellschaften müssen die Anwendung der Sätze 1 und 2 im Anhang angeben.

Art. 25 [Abschlußprüfer und Konzernabschlußprüfer bei gemeinnützigen Wohnungsunternehmen, AktG, KGaA und GmbH]

(1) Auf die Prüfung des Jahresabschlusses

1. von Aktiengesellschaften und Gesellschaften mit beschränkter Haftung, bei denen die Mehrheit der Anteile und die Mehrheit der Stimmrechte Genossenschaften oder zur Prüfung von Genossenschaften zugelassenen Prüfungsverbänden zusteht, oder

2. von Unternehmen, die am 31. Dezember 1989 als gemeinnützige Wohnungsunternehmen oder als Organe der staatlichen Wohnungspolitik anerkannt waren und die nicht eingetragene Genossenschaften sind,

ist § 319 Abs. 1 des Handelsgesetzbuchs mit der Maßgabe anzuwenden, daß diese Gesellschaften oder Unternehmen sich auch von dem Prüfungsverband prüfen lassen dürfen, dem sie als Mitglied angehören, sofern mehr als die Hälfte der geschäftsführenden Mitglieder des Vorstands dieses Prüfungsverbands Wirtschaftsprüfer sind. Hat der Prüfungsverband nur zwei Vorstandsmitglieder, so muß einer von ihnen Wirtschaftsprüfer sein. § 319 Abs. 2 und 3 des Handelsgesetzbuchs ist entsprechend anzuwenden.

(2) Bei der Prüfung des Jahresabschlusses der in Absatz 1 bezeichneten Gesellschaften oder Unternehmen durch einen Prüfungsverband darf der gesetzlich vorgeschriebene Bestätigungsvermerk nur von Wirtschaftsprüfern unterzeichnet werden. Die im Prüfungsverband tätigen Wirtschaftsprüfer haben ihre Prüfungstätigkeit unabhängig, gewissenhaft, verschwiegen und eigenverantwortlich auszuüben. Sie haben sich insbesondere bei der Erstattung von Prüfungsberichten unparteiisch zu verhalten. Weisungen dürfen ihnen hinsichtlich ihrer Prüfungstätigkeit von Personen, die nicht Wirtschaftsprüfer sind, nicht erteilt werden. Die Zahl der im Verband tätigen Wirtschaftsprüfer muß so bemessen sein, daß die den Bestätigungsvermerk unterschreibenden Wirtschaftsprüfer die Prüfung verantwortlich durchführen können.

(3) Ist ein am 31 Dezember 1989 als gemeinnütziges Wohnungsunternehmen oder als Organ der staatlichen Wohnungspolitik anerkanntes Unternehmen als Aktiengesellschaft, Kommanditgesellschaft auf Aktien oder als Gesellschaft mit beschränkter Haftung zur Aufstellung eines Konzernabschlusses und eines Konzernlageberichts nach dem Zweiten Unterabschnitt des Zweiten Abschnitts des Dritten Buchs des Handelsgesetzbuchs verpflichtet, so ist der Prüfungsverband, dem das Unternehmen angehört, auch Abschlußprüfer des Konzernabschlusses.

Art. 26 [Abschlußprüfer nach § 319 HGB]

(1) Abschlußprüfer nach § 319 Abs. 1 Satz 1 des Handelsgesetzbuchs kann auch eine nach § 131 f Abs. 2 der Wirtschaftsprüferordnung bestellte Person sein. Abschlußprüfer nach § 319 Abs. 1 Satz 2 des Handelsgesetzbuchs kann auch eine nach § 131 b Abs. 2 der

Wirtschaftsprüferordnung bestellte Person sein. Für die Durchführung der Prüfung von Jahresabschlüssen und Lageberichten haben diese Personen die Rechte und Pflichten von Abschlußprüfern.

(2) Für die Anwendung des § 319 Abs. 2 und 3 des Handelsgesetzbuchs bleibt eine Mitgliedschaft im Aufsichtsrat des zu prüfenden Unternehmens außer Betracht, wenn sie spätestens mit der Beendigung der ersten Versammlung der Aktionäre oder Gesellschafter der zu prüfenden Gesellschaft, die nach Inkrafttreten des Bilanzrichtlinien-Gesetzes stattfindet, endet.

Art. 27 [Kapitalkonsolidierung]

Hat ein Mutterunternehmen ein Tochterunternehmen schon vor der erstmaligen Anwendung des § 301 des Handelsgesetzbuchs in seinen Konzernabschluß auf Grund gesetzlicher Verpflichtung oder freiwillig nach einer den Grundsätzen ordnungsmäßiger Buchführung entsprechenden Methode einbezogen, so braucht es diese Vorschrift auf dieses Tochterunternehmen nicht anzuwenden. Auf einen noch vorhandenen Unterschiedsbetrag aus der früheren Kapitalkonsolidierung ist § 309 des Handelsgesetzbuchs anzuwenden, soweit das Mutterunternehmen den Unterschiedsbetrag nicht in entsprechender Anwendung des § 301 Abs. 1 Satz 3 des Handelsgesetzbuchs den in den Konzernabschluß übernommenen Vermögensgegenständen und Schulden des Tochterunternehmens zuschreibt oder mit diesen verrechnet.

(2) Ist ein Mutterunternehmen verpflichtet, § 301 des Handelsgesetzbuchs auf ein schon bisher in seinen Konzernabschluß einbezogenes Tochterunternehmen anzuwenden oder wendet es diese Vorschrift freiwillig an, so kann als Zeitpunkt für die Verrechnung auch der Zeitpunkt der erstmaligen Anwendung dieser Vorschriften gewählt werden.

(3) Die Absätze 1 und 2 sind entsprechend auf die Behandlung von Beteiligungen an assoziierten Unternehmen nach §§ 311, 312 des Handelsgesetzbuchs anzuwenden.

(4) Ergibt sich bei der erstmaligen Anwendung der §§ 303, 304, 306 oder 308 des Handelsgesetzbuchs eine Erhöhung oder Verminderung des Ergebnisses, so kann der Unterschiedsbetrag in die Gewinnrücklagen eingestellt oder mit diesen offen verrechnet werden; dieser Betrag ist nicht Bestandteil des Jahresergebnisses.

Art. 28 [Pensionsrückstellungen]

(1) Für eine laufende Pension oder eine Anwartschaft auf eine Pension auf Grund einer unmittelbaren Zusage braucht eine Rückstellung nach § 249 Abs. 1 Satz 1 des Handelsgesetzbuchs nicht gebildet zu werden, wenn der Pensionsberechtigte seinen Rechtsanspruch vor dem 1. Januar 1987 erworben hat oder sich ein vor diesem Zeitpunkt erworbener Rechtsanspruch nach dem 31. Dezember 1986 erhöht. Für eine mittelbare Verpflichtung aus einer Zusage für eine laufende Pension oder eine Anwartschaft auf eine Pension sowie für eine ähnliche unmittelbare oder mittelbare Verpflichtung braucht eine Rückstellung in keinem Fall gebildet zu werden.

(2) Bei Anwendung des Absatzes 1 müssen Kapitalgesellschaften die in der Bilanz nicht ausgewiesene Rückstellungen für laufende Pensionen, Anwartschaften auf Pensionen und ähnliche Verpflichtungen jeweils im Anhang und im Konzernanhang in einem Betrag angeben.

Dritter Abschnitt. Übergangsvorschriften zum Gesetz zur Durchführung der EG-Richtlinie zur Koordinierung des Rechts der Handelsvertreter vom 23. Oktober 1989 (BGBl. I S. 1910)

Art. 29 [Handelsvertreterverträge]

Auf Handelsvertretervertragsverhältnisse, die vor dem 1. Januar 1990 begründet sind und an diesem Tag noch bestehen, sind die §§ 86, 86 a 87, 87 a, 89, 89 b, 90 a und 92 c des Handelsgesetzbuchs in der am 31. Dezember 1989 geltenden Fassung bis zum Ablauf des Jahres 1993 weiterhin anzuwenden.

Art. 29 a [Handelsvertreter außerhalb der EG; Schiffahrtsvertreter]

Bei der Anwendung des § 92 c Abs. 1 des Handelsgesetzbuches in der ab 1. Januar 1990 geltenden Fassung steht das Gebiet der Deutschen Demokratischen Republik einschließlich Berlin (Ost) dem Gebiet der Europäischen Gemeinschaften gleich.

Vierter Abschnitt. Übergangsvorschriften zum Bankbilanzrichtlinie-Gesetz

Art. 30 [Übergangsvorschriften zu Artt. 1 bis 10]

(1) Die vom Inkrafttreten der Artikel 1 bis 10 des Bankbilanzrichtlinie-Gesetzes vom 30. November 1990 (BGBl. I S. 2570) an geltende Fassung der Vorschriften über den Jahresabschluß, den Lagebericht und deren Prüfung sowie über die Pflicht zur Offenlegung dieser und der dazu gehörenden Unterlagen ist erstmals auf das nach dem 31. Dezember 1992 beginnende Geschäftsjahr anzuwenden.

(2) Die vom Inkrafttreten der Artikel 1 bis 10 des Bankbilanzrichtlinie-Gesetzes an geltende Fassung der Vorschriften über den Konzernabschluß, den Konzernlagebericht und deren Prüfung sowie über die Pflicht zur Offenlegung dieser und der dazu gehörenden Unterlagen ist erstmals auf das nach dem 31. Dezember 1992 beginnende Geschäftsjahr anzuwenden; dies gilt für Kreditinstitute auch für die erstmalige Anwendung der in Artikel 23 Abs. 2 Satz 1 bezeichneten Vorschriften. Die neuen Vorschriften einschließlich derjenigen über den Jahresabschluß können auf den Konzernabschluß eines früheren Geschäftsjahrs angewendet werden, jedoch nur insgesamt; Artikel 23 Abs. 2 Satz 3 ist entsprechend anzuwenden.

(3) Auf Geschäftsjahre, die vor dem 1. Januar 1993 beginnen, sind die Vorschriften über den Jahresabschluß, den Lagebericht und deren Prüfung sowie über die Pflicht zur Offenlegung dieser und der dazu gehörenden Unterlagen in der am 1. Januar 1986 geltenden Fassung und die Vorschriften der Verordnung über Formblätter für die Gliederung des Jahresabschlusses von Kreditinstituten in der Fassung der Bekanntmachung vom 14. September 1987 (BGBl. I S. 2169) anzuwenden.

(4) Auf Geschäftsjahre, die vor dem 1. Januar 1993 beginnen, sind die Vorschriften über den Konzernabschluß, den Konzernlagebericht und deren Prüfung sowie über die Pflicht zur Offenlegung dieser und der dazu gehörenden Unterlagen in der am 31. Dezember 1985 geltenden Fassung anzuwenden, sofern die neuen Vorschriften nicht freiwillig angewendet werden. Werden nach Artikel 23 Abs. 2 die Vorschriften in der am 1. Januar 1986 geltenden Fassung freiwillig angewendet, so gilt Satz 1 mit der Maßgabe, daß diese Vorschriften anzuwenden sind. Sind auf den Konzernabschluß Vorschriften über den Jahresabschluß anzuwenden, ist Absatz 3 entsprechend anzuwenden.

Karsten Schmidt 17

Art. 31 [Vermögensgegenstände im Jahresabschluß]

(1) Waren wie Anlagevermögen behandelte Vermögensgegenstände im Jahresabschluß für das am 31. Dezember 1992 endende oder laufende Geschäftsjahr mit einem niedrigeren Wert angesetzt, als er nach § 240 Abs. 3 und 4, §§ 252, 253, Abs. 1 und 2, §§ 254, 255, 279, 280 Abs. 1 und 2 sowie § 340 e des Handelsgesetzbuchs zulässig ist, so darf der niedrigere Wertansatz beibehalten werden. § 253 Abs. 2 des Handelsgesetzbuchs ist in diesem Fall mit der Maßgabe anzuwenden, daß der niedrigere Wertansatz um planmäßige Abschreibungen entsprechend der voraussichtlichen Restnutzungsdauer zu vermindern ist.

(2) Waren nicht wie Anlagevermögen behandelte Vermögensgegenstände im Jahresabschluß für das am 31. Dezember 1992 endende oder laufende Geschäftsjahr mit einem niedrigeren Wert angesetzt, als er nach §§ 252, 253, Abs. 1 und 3, §§ 254, 255 Abs. 1 und 2, §§ 256, 279 Abs. 1 Satz 1 Abs. 2, § 280 Abs. 1 und 2 sowie § 340 f Abs. 1 Satz 1 des Handelsgesetzbuchs zulässig ist, so darf der niedrigere Wertansatz beibehalten werden, als

1. er aus den Gründen des § 253 Abs. 3, §§ 554, 279 Abs. 2, § 280 Abs. 2 des Handelsgesetzbuchs angesetzt worden ist oder

2. es sich um einen niedrigeren Wertansatz im Sinne des § 340 f Abs. 1 Satz 1 des Handelsgesetzbuchs handelt.

Nach § 26 a Abs. 1 des Gesetzes über das Kreditwesen gebildete Vorsorgen können fortgeführt werden.

(3) Soweit ein niedrigerer Wertansatz nach den Absätzen 1 und 2 nicht beibehalten werden darf oder nicht beibehalten wird, kann bei der Aufstellung des Jahresabschlusses für das nach dem 31. Dezember 1992 beginnende Geschäftsjahr der Unterschiedsbetrag zwischen dem im letzten vorausgehenden Jahresabschluß angesetzten Wert und dem nach den Vorschriften des Dritten Buchs des Handelsgesetzbuchs anzusetzenden Wert in Gewinnrücklagen eingestellt oder für die Nachholung von Rückstellungen oder die Bildung des Sonderpostens für Bankrisiken verwendet werden; dieser Betrag ist nicht Bestandteil des Ergebnisses. Satz 1 ist entsprechend auf Beträge anzuwenden, die sich ergeben, wenn Rückstellungen oder Sonderposten mit Rücklageanteil wegen Unvereinbarkeit mit § 247 Abs. 3, §§ 249, 253 Abs. 1 Satz 2, § 273 des Handelsgesetzbuchs aufgelöst werden.

(4) Waren Schulden oder der Sonderposten für allgemeine Bankrisiken im Jahresabschluß für das am 31. Dezember 1992 endende oder laufende Geschäftsjahr mit einem niedrigeren Wert angesetzt, als er nach §§ 249, 253 Abs. 1 Satz 2 oder § 340 g des Handelsgesetzbuchs vorgeschrieben oder zulässig ist, so kann bei der Aufstellung des Jahresabschlusses für das nach dem 31. Dezember 1992 beginnende Geschäftsjahr der für die Nachholung erforderliche Betrag den Rücklagen entnommen werden, soweit diese nicht durch Gesetz, Gesellschaftsvertrag oder Satzung für andere Zwecke gebunden sind; dieser Betrag ist nicht Bestandteil des Ergebnisses oder des Bilanzgewinns.

(5) Ändern sich bei der erstmaligen Anwendung der durch die Artikel 1 bis 10 des Bankbilanzrichtlinie-Gesetzes geänderten Vorschriften die bisherige Form der Darstellung oder die bisher angewandten Bewertungsmethoden, so sind § 252 Abs. 1 Nr. 6, § 265 Abs. 1, § 284 Abs. 2 Nr. 3 des Handelsgesetzbuchs bei der erstmaligen Aufstellung eines Jahresabschlusses oder Konzernabschlusses nach den geänderten Vorschriften auf diese Änderungen nicht anzuwenden. Außerdem brauchen die Vorjahreszahlen bei der erstmaligen Anwendung nicht angegeben zu werden.

(6) Sind bei der erstmaligen Anwendung des § 340 a in Verbindung mit § 268 Abs. 2 des Handelsgesetzbuchs über die Darstellung der Entwicklung der wie Anlagevermögen behandelten Vermögensgegenstände die Anschaffungs- oder Herstellungskosten eines Vermögensgegenstands nicht ohne unverhältnismäßige Kosten oder Verzögerungen feststellbar, so dürfen die Buchwerte dieser Vermögensgegenstände aus dem Jahresabschluß des vorhergehenden Geschäftsjahrs als ursprüngliche Anschaffungs- oder Herstellungskosten übernommen und fortgeführt werden. Satz 1 darf entsprechend auf die Darstellung des Postens

„Aufwendungen für die Ingangsetzung und Erweiterung des Geschäftsbetriebs" angewendet werden. Die Anwendung der Sätze 1 und 2 ist im Anhang anzugeben.

Fünfter Abschnitt. Übergangsvorschriften zum Versicherungsbilanzrichtlinie-Gesetz

Art. 32 [Erstmalige Anwendung]

(1) Die vom Inkrafttreten des Artikels 1 bis 5 des Versicherungsbilanzrichtlinie-Gesetzes vom 24. Juni 1994 an geltende Fassung der Vorschriften über den Jahresabschluß, den Lagebericht, den Konzernabschluß, den Konzernlagebericht und deren Prüfung sowie über die Pflicht zur Offenlegung dieser und der dazugehörenden Unterlagen ist erstmals auf das nach dem 31. Dezember 1994 beginnende Geschäftsjahr anzuwenden. In der nach Artikel 1 des Versicherungsbilanzrichtlinie-Gesetzes (§ 330 Abs. 1 in Verbindung mit Abs. 3 und 4 des Handelsgesetzbuchs) zu erlassenden Verordnung kann bestimmt werden, daß der Zeitwert der Grundstücke und Bauten im Anhang erstmals für das nach dem 31. Dezember 1998 beginnende Geschäftsjahr und der Zeitwert für die in § 341 b Abs. 1 Satz 2, Abs. 2 des Handelsgesetzbuchs genannten Vermögensgegenstände erstmals für das nach dem 31. Dezember 1996 beginnende Geschäftsjahr anzugeben ist.

(2) Auf Geschäftsjahre, die vor dem 1. Januar 1995 beginnen, sind die Vorschriften über den Jahresabschluß, den Lagebericht, den Konzernabschluß, den Konzernlagebericht und deren Prüfung sowie über die Pflicht zur Offenlegung dieser und der dazugehörenden Unterlagen in der am 1. Januar 1986 geltenden Fassung und die Vorschriften der Verordnung über die Rechnungslegung von Versicherungsunternehmen vom 11. Juli 1973 (BGBl. I S. 1209), zuletzt geändert durch Verordnung vom 23. Dezember 1986 (BGBl. 1987 I S. 2), anzuwenden.

(3) Niederlassungen im Geltungsbereich dieses Gesetzes von Versicherungsunternehmen mit Sitz in einem anderen Mitgliedstaat der Europäischen Gemeinschaft brauchen die Vorschriften über den Jahresabschluß, den Lagebericht und deren Prüfung sowie über die Pflicht der Offenlegung dieser und der dazugehörenden Unterlagen in der bis zum Inkrafttreten der Artikel 1 bis 5 des Versicherungsbilanzrichtlinie-Gesetzes vom 24. Juni 1994 geltenden Fassung bereits auf Geschäftsjahre, die nach dem 31. Dezember 1993 enden, nicht mehr anzuwenden, wenn sie die Vorschriften über die Pflicht zur Offenlegung des Jahresabschlusses, des Lageberichts, des Konzernabschlusses, des Konzernlageberichts sowie der dazu gehörenden Unterlagen in der vom Inkrafttreten der Artikel 1 bis 5 des Versicherungsbilanzrichtlinie-Gesetzes vom 24. Juni 1994 an geltenden Fassung anzuwenden.

Art. 33 [Bilanzkontinuität]

(1) Waren wie Anlagevermögen behandelte Vermögensgegenstände im Abschluß für das am 31. Dezember 1994 endende oder laufende Geschäftsjahr mit einem niedrigeren Wert angesetzt, als er nach § 240 Abs. 3 und 4, §§ 252, 253 Abs. 1 und 2, §§ 254, 255, 279, 280 Abs. 1 und 2 sowie §§ 341 b bis 341 d des Handelsgesetzbuchs zulässig ist, so darf der niedrigere Wertansatz beibehalten werden. § 253 Abs. 2 des Handelsgesetzbuchs ist in diesem Fall mit der Maßgabe anzuwenden, daß der niedrigere Wertansatz um planmäßige Abschreibungen entsprechend der voraussichtlichen Restnutzungsdauer zu vermindern ist.

(2) Waren nicht wie Anlagevermögen behandelte Vermögensgegenstände im Jahresabschluß für das am 31. Dezember 1994 endende oder laufende Geschäftsjahr mit einen niedrigeren Wert angesetzt, als er nach §§ 252, 253 Abs. 1, 3 und 4, §§ 254, 255 Abs. 1 und 2, §§ 256, 279 Abs. 1 Satz 1, Abs. 2, § 280 Abs. 1 und 2 zulässig sowie §§ 341 b bis 341 d des Handelsgesetzbuchs zulässig ist, so darf der niedrigere Wertansatz insoweit beibe-

halten werden, als er aus den Gründen des § 253 Abs. 3, §§ 254, 279 Abs. 2, § 280 Abs. 2 des Handelsgesetzbuchs angesetzt worden ist.

(3) Soweit ein niedrigerer Wertansatz nach den Absätzen 1 und 2 nicht beibehalten werden darf oder nicht beibehalten wird, kann bei der Aufstellung des Jahresabschlusses für das nach dem 31. Dezember 1994 beginnende Geschäftsjahr der Unterschiedsbetrag zwischen dem im letzten vorausgehenden Jahresabschluß angesetzten Wert und dem nach den Vorschriften des Dritten Buches des Handelsgesetzbuchs anzusetzenden Wert in Gewinnrücklagen eingestellt oder für die Nachholung von Rückstellungen verwendet werden; dieser Betrag ist nicht Bestandteil des Ergebnisses. Satz 1 ist entsprechend auf Beträge anzuwenden, die sich ergeben, wenn Rückstellungen oder Sonderposten mit Rücklageanteil wegen Unvereinbarkeit mit § 247 Abs. 3, §§ 249, 253 Abs. 1 Satz 2, § 273 des Handelsgesetzbuchs aufgelöst werden. Vereinbarungen über die Beteiligung der Versicherungsnehmer am Überschuß bleiben unberührt.

(4) Waren, Schulden, insbesondere versicherungstechnische Rückstellungen, im Jahresabschluß für das am 31. Dezember 1994 endende oder laufende Geschäftsjahr mit einem niedrigeren Wert angesetzt, als er nach §§ 249, 253 Abs. 1 Satz 2 oder §§ 341 e bis 341 h des Handelsgesetzbuchs vorgeschrieben oder zulässig ist, so kann bei der Aufstellung des Jahresabschlusses für das nach dem 31. Dezember 1994 beginnende Geschäftsjahr der für die Nachholung erforderliche Betrag den Rücklagen entnommen werden, soweit diese nicht durch Gesetz, Gesellschaftsvertrag oder Satzung für andere Zwecke gebunden sind; dieser Betrag ist nicht Bestandteil des Ergebnisses oder des Bilanzgewinns.

(5) Ändern sich bei der erstmaligen Anwendung der durch die Artikel 1 bis 5 des Versicherungsbilanzrichtlinie-Gesetzes geänderten Vorschriften die bisherige Form der Darstellung oder die bisher angewandten Bewertungsmethoden, so sind § 252 Abs. 1 Nr. 6, § 265 Abs. 1, § 284 Abs. 2 Nr. 3 des Handelsgesetzbuchs bei der erstmaligen Aufstellung eines Jahresabschlusses oder Konzernabschlusses nach den geänderten Vorschriften auf diese Änderungen nicht anzuwenden. Außerdem brauchen die Vorjahreszahlen bei der erstmaligen Anwendung nicht angegeben zu werden.

Sechster Abschnitt. Übergangsvorschriften zum Gesetz zur Durchführung der Elften gesellschaftlichen Richtlinie vom 22. Juli 1993

Art. 34 [Anwendung der §§ 13 e, 325 a]

(1) Bei inländischen Zweigniederlassungen von Aktiengesellschaften, Kommanditgesellschaften auf Aktien und Gesellschaften mit beschränkter Haftung mit Sitz im Ausland, die vor dem 1. November 1993 in das Handelsregister eingetragen worden sind, haben die gesetzlichen Vertreter der Gesellschaft die in § 13 e Abs. 2 Satz 4 des Handelsgesetzbuchs vorgeschriebenen Angaben bis zum 1. Mai 1994 zur Eintragung in das Handelsregister anzumelden. Die gesetzlichen Vertreter haben innerhalb dieses Zeitraums auch die Anschrift und den Gegenstand der Zweigniederlassung anzumelden, sofern nicht bereits die Anmeldung der Errichtung der Zweigniederlassung diese Angaben enthalten hat.

(2) Hat eine Aktiengesellschaft, Kommanditgesellschaft auf Aktien oder Gesellschaft mit beschränkter Haftung mit Sitz im Ausland am 1. November 1993 mehrere inländische Zweigniederlassungen oder errichtet sie neben einer oder mehreren bereits bestehenden inländischen Zweigniederlassungen weitere inländische Zweigniederlassungen, so ist § 13 e Abs. 5 des Handelsgesetzbuchs sinngemäß anzuwenden.

(3) Die §§ 289, 325 a und § 335 des Handelsgesetzbuchs in der ab 1. November 1993 geltenden Fassung sind erstmals auf das nach dem 31. Dezember 1992 beginnende Geschäftsjahr anzuwenden.

Siebenter Abschnitt. Übergangsvorschriften zum Nachhaftungsbegrenzungsgesetz

Art. 35 (Anwendung des § 160)

§ 160 des Handelsgesetzbuches in der ab dem 26. März 1994 geltenden Fassung ist auf vor diesem Datum entstandene Verbindlichkeiten anzuwenden, wenn

1. das Ausscheiden des Gesellschafters oder sein Wechsel in die Rechtsstellung eines Kommanditisten nach dem 26. März 1994 in das Handelsregister eingetragen wird und

2. die Verbindlichkeiten nicht später als vier Jahre nach der Eintragung fällig werden.

Auf später fällig werdende Verbindlichkeiten im Sinne des Satzes 1 ist das bisher geltende Recht mit der Maßgabe anwendbar, daß die Verjährungsfrist ein Jahr beträgt.

Art. 36 (Arbeitsverhältnisse)

(1) Abweichend von Artikel 35 gilt § 160 Abs. 3 Satz 2 des Handelsgesetzbuches auch für Verbindlichkeiten im Sinne des Artikels 35 Satz 2, wenn diese aus fortbestehenden Arbeitsverhältnissen entstanden sind. Dies gilt auch dann, wenn der Wechsel in der Rechtsstellung des Gesellschafters bereits vor dem 26. März 1994 stattgefunden hat, mit der Maßgabe, daß dieser Wechsel mit dem 26. März 1994 als in das Handelsregister eingetragen gilt.

(2) Die Enthaftung nach Absatz 1 gilt nicht für Ansprüche auf Arbeitsentgelt, für die der Arbeitnehmer bei Zahlungsunfähigkeit der Gesellschaft keinen Anspruch auf Konkursausfallgeld hat. Insoweit bleibt es bei dem bisher anwendbaren Recht.

Art. 37 (Anwendung der §§ 26 und 28 Abs. 3)

(1) Die §§ 26 und 28 Abs. 3 des Handelsgesetzbuches in der ab dem 26. März 1994 geltenden Fassung sind auf vor diesem Datum entstandene Verbindlichkeiten anzuwenden, wenn

1. nach dem 26. März 1994 der neue Inhaber oder die Gesellschaft eingetragen wird oder die Kundmachung der Übernahme stattfindet und

2. die Verbindlichkeiten nicht später als vier Jahre nach der Eintragung oder der Kundmachung fällig werden.

Auf später fällig werdende Verbindlichkeiten im Sinne des Satzes 1 ist das bisher geltende Recht mit der Maßgabe anwendbar, daß die Verjährungsfrist ein Jahr beträgt.

(2) Abweichend von Absatz 1 gilt § 28 Abs. 3 des Handelsgesetzbuches auch für Verbindlichkeiten im Sinne des Absatzes 1 Satz 2, wenn diese aus fortbestehenden Arbeitsverhältnissen entstanden sind. Dies gilt auch dann, wenn die Gesellschaft bereits vor dem 26. März 1994 ins Handelsregister eingetragen wurde, mit der Maßgabe, daß der 26. März 1994 als Tag der Eintragung gilt.

(3) Die Enthaftung nach Absatz 2 gilt nicht für Ansprüche auf Arbeitsentgelt, für die der Arbeitnehmer bei Zahlungsunfähigkeit der Gesellschaft keinen Anspruch auf Konkursausfallgeld hat. Insoweit bleibt es bei dem bisher anwendbaren Recht.

3. Andere Gesetze und Verordnungen. a) Gesetze. Die Fülle der außerhalb des HGB **27** anzuwendenden Vorschriften läßt eine Aufzählung an dieser Stelle wenig sinnvoll erscheinen.[55] Das gilt zunächst für die zahlreichen formellen Gesetze (zum **BGB** vgl. RdNr. 3, 15). Auf das **WG** nimmt § 365 wegen des Indossaments bei den kaufmännischen Orderpapieren ausdrücklich Bezug. Für **Österreich** sind besonders hervorzuheben: das **Firmenbuchgesetz** von 1991 (öBGBl. S. 10 mit Änderungen 1993, 458 und 694) und das **Handelsvertretergesetz** von 1993 (öBGBl. 1993, S. 88) und das **Angestelltengesetz** von 1921 (öBGBl. Nr. 292) mit zahlreichen Änderungen (vgl. bereits RdNr. 24).

28   **b) Rechtsverordnungen** sind Gesetze im materiellen Sinne. Für den Bereich des Handelsrechts sind besonders hervorzuheben: die **OrderlagerscheinVO** (OLSchVO) vom 16. 12. 1931 (RGBl. I S. 763/BGBl. III 4102-1) und die **Kraftverkehrsordnung** für den Güterverkehr (KVO) vom 30. 3. 1936 idF vom 23. 12. 1958 (BAnz. Nr. 249) mit Änderungen. Die **Handelsregisterverfügung** (zu ihr vgl. § 8 RdNr. 76 f.) wurde aufgrund von § 125 Abs. 3 FFG erlassen (DJ 1937, 1251) und mehrfach durch Bundesverordnungen geändert. Für **Österreich** sind hervorzuheben: die OrderlagerscheinVO 1931, die VO über die von Pensionskassen zu verwendenden Formblätter für die Gliederung der Bilanz und der Gewinn- und Verlustrechnung von 1991 und die VOen über die Umstellung des Firmenbuchs auf ADV von 1991 und 1993 (sämtlich abgedruckt bei *Weilinger* [Hrsg.], Kodex Handelsrecht, Stand 1994).

29   **4. Handelsgewohnheitsrecht. a) Gewohnheitsrecht als Rechtsquelle.** Gewohnheitsrecht wird in der Praxis als Gesetz im materiellen Sinne, also als Rechtsquelle anerkannt.[56] Als Gewohnheitsrecht anerkannt wird eine Übung, die von einem Rechtsgeltungswillen getragen ist. Soweit der Inhalt dieser Regel handelsrechtlicher Art ist, kann man von Handelsgewohnheitsrecht sprechen. Es ist als Gesetz im materiellen Sinne von den Gerichten festzustellen und anzuwenden. Nach § 293 ZPO kann Gewohnheitsrecht, soweit es dem Gericht unbekannt ist, dem Freibeweis unterliegen. Zur sog. lex mercatoria vgl. RdNr. 33.

30   **b) Richterliche Rechtsfortbildung.** Nicht ohne weiteres gleichzustellen ist entgegen verbreiteter Ansicht die richterliche Rechtsfortbildung.[57] Das sog. Richterrecht kann sich als Gewohnheitsrecht verfestigen, stellt aber nicht ohne weiteres Gewohnheitsrecht dar. Soweit dies nicht der Fall ist, genießt es nicht Geltung als Rechtsquelle, sondern auch eine ständige Rechtsprechung kann „richtig" oder in dem Sinne „unrichtig" sein, daß sie der Kritik de lege lata und ggf. auch der Korrektur kraft besserer Einsicht unterliegt. Auch die Instanzgerichte können deshalb von einer höchstrichterlichen Rechtsprechung abweichen. Selbst an die Auslegung europäischen Gemeinschaftsrechts durch den EuGH im Verlagsverfahren nach Art. 177 EGV sind die nationalen Gerichte nur in dem Ausgangsrechtsstreit und nicht bei künftigen Rechtsstreitigkeiten gebunden, können also abweichen und ggf. neuerlich nach Art. 177 EGV vorlegen. Eine förmliche Bindung der Gerichte an sog. Richterrecht gibt es nur, soweit sich dieses als Gewohnheitsrecht verfestigt hat.

31   **5. Regeln unter Gesetzesrang: Handelsbräuche und Geschäftsbedingungen. a) Handelsbräuche.** Keine Rechtsnormen sind Handelsbräuche.[58] Sie unterliegen der Feststellung durch die Gerichte und sind von ihnen gemäß § 346 zu beachten (Erl. § 346). Kodifizierte Handelsbräuche stellen das Handelsrecht allerdings vor neue Rechtsquellenprobleme (auch dazu Erl. § 346).

32   **b) Allgemeine Geschäftsbedingungen.** Auch Allgemeine Geschäftsbedingungen haben keine Normqualität.[59] Das gilt auch für die von der ICC dokumentierten **Handelsklauseln** (zu ihnen RdNr. 47), die allerdings gleichfalls die Rechtsquellenlehre vor neue Fragen stellen (vgl. wiederum Erl. § 346). Besondere Regeln gelten für Bedingungen, die vom

---

[55] Überblick bei Heymann/*Horn* Einl. II RdNr. 11 ff.
[56] *Karsten Schmidt* HandelsR § 1 III 2 a m. weit. Nachw.

[57] *Karsten Schmidt* HandelsR § 1 III 2 b m. weit. Nachw. zum Streitstand.
[58] Eingehend *Karsten Schmidt* HandelsR § 1 III 3 m. weit. Nachw.
[59] Eingehend *Karsten Schmidt* HandelsR § 1 III 4.

Gesetz- oder Verordnungsgeber für verbindlich erklärt worden sind (vgl. § 7 Energiewirt-schaftsG idF von § 26 AGBG, § 27 AGBG, bis 1953 auch §§ 358, 460 als Grundlage der fortgeltenden EVO). Zur Geltung des AGBG unter Kaufleuten vgl. § 24 Nr. 1 AGBG, der die Inhaltskontrolle nach § 9 AGBG auch bei beiderseitigen Handelsgeschäften nicht aus-schließt. Die Bedeutung Allgemeiner Geschäftsbedingungen für die Anwendung handels-rechtlicher Bestimmungen wird im Kommentar jeweils im Sachzusammenhang erläutert.

6. Lex mercatoria und Unidroit-Prinzipien für Internationale Handelsverträge. 33
a) Der unscharfe Begriff der **lex mercatoria** bezeichnet teils die Rechtsvereinheitlichung im Handel, teils die nicht-staatliche einheitliche Handelsrechtsordnung im internationalen . Handelsrecht.[60] Die Diskussion um die lex mercatoria ist zum größten Teil eine Diskussion um ein autonomes, auf dem Konsens der Rechtsgemeinschaft basierendes Welthandels-recht. Die Rechtsgeltung einer solchen lex mercatoria ist umstritten. Sie ist für jeden als Bestandteil der lex mercatoria postulierten Grundsatz je einzeln zu prüfen und basiert nicht so sehr auf einem der Rechtsquellenlehre innewohnenden „Überbau" der Rechtsgeltung und der Normenhierarchie wie vielmehr auf der empirischen Prävalenz und internationa-len Anerkennung autonomer Handelsrechtsregeln.[61]

b) Im Jahr 1994 hat das Unidroit-Institut in Rom (Institut international pour 34 l´unification du droit privé) nach langjährigen Vorbereitungen den offiziellen Text der **„Grundregeln für Internationale Handelsverträge"** vorgelegt.[62] Die Rechtsquelleneigen-schaft dieser Grundsätze bedarf noch der Klärung.

IV. Grundzüge des HGB

1. Grundgedanken. Als Charakteristika handelsrechtlicher Normen gelten:[63] die **Inter-** 35
nationalität des Handelsrechts, die sich vor allem in der früheren und immer noch zu-nehmenden Verbreitung internationalen Einheitsrechts sowie in der Bedeutung internatio-naler Handelsbräuche und Handelsklauseln niederschlägt; die **Einfachheit und Schnellig-keit** der Herstellung und Abwicklung von Rechtsverhältnissen, die sich vor allem im Verzicht auf schützende Formerfordernisse, in der Zurechnung des Schweigens, im raschen Verlust von Gewährleistungsansprüchen und im Verzicht auf sonstige schützende Normen niederschlägt; das Bestreben nach **Rechtsklarheit, Publizität und Vertrauensschutz,** zB durch weit gezogene, nicht beliebig beschränkbare Vertretungsregelungen, durch Handels-register und durch eine Ausdehnung des gutgläubigen Warenerwerbs gegenüber dem BGB. Diese Grundgedanken werden bei der Einzelkommentierung als Richtlinie der teleologischen Norminterpretation gebührende Berücksichtigung finden.

2. Der Aufbau des HGB. a) Das Erste Buch enthält unter der veralteten Überschrift 36
„Handelsstand" die Regelungen über den Kaufmannsbegriff (§§ 1 ff.), das Handelsregister (§§ 8 ff.), die Firma (§§ 17 ff.), Prokura und Handlungsvollmacht (§§ 48 ff.), Handlungs-gehilfen (§§ 59 ff.), Handelsvertreter (§§ 84 ff.), Handelsmakler (§§ 93 ff.). Die Regelun-gen über Handlungsgehilfen gehören aus heutiger Sicht in das Arbeitsrecht und sind Fremdkörper im HGB.[64] Die Vorschriften über Handelsvertreter und Handelsmakler gehö-ren der Sache nach zu den Handelsgeschäften, denn hier ist nicht das kaufmännische Un-

---

[60] Dazu *Berger,* Formalisierte oder „schleichende" Kodifizierung des transnationalen Wirtschaftsrechts, 1996; *Dasser,* Internationale Schiedsgerichtsbarkeit und lex mercatoria, 1989; *Ehricke* JuS 1990, 967; *Kappus,* „Lex mercatoria" . . ., 1990; *ders.* WiB 1994, 189; *Mertens,* Nichtlegislatorische Rechtsver-einheitlichung durch transnationales Wirtschaftsrecht und Rechtsbegriff, RabelsZ 1992, 219; *ders.,* Das lex-mercatoria-Problem, Festschrift für Odersky, 1996; *Stein,* Lex Mercatoria, 1995.

[61] Vgl. *Berger* und *Stein* (Fn. 60) passim.
[62] *Unidroit* (Hrsg.), Principes relatifs aux contrats du commerce international, 1994 = Principles of International Commercial Contracts, 1994.
[63] *Karsten Schmidt* HandelsR § 1 IV m. weit. Nachw.
[64] *Karsten Schmidt* HandelsR § 17 I 1.

ternehmen geregelt, sondern geregelt sind Rechtsverhältnisse: der Handelsvertretervertrag und der Handelsmaklervertrag.[65]

37   **b) Das Zweite Buch** enthält die „Handelsgesellschaften und stille Gesellschaft". Als Handelsgesellschaften sind nur die oHG (§§ 105 ff.) und die KG (§§ 161 ff.) geregelt, während die Kapitalgesellschaften im AktG bzw. GmbHG besondere Regelungen gefunden haben. Die stille Gesellschaft war bis zum Bilanzrichtliniengesetz (RdNr. 25) in §§ 335 ff. und ist seither in §§ 230 ff. geregelt. Sie ist nach der Terminologie des Gesetzes nicht Handelsgesellschaft und ist als bloße Innengesellschaft nicht Kaufmann iS von § 6.

38   **c) Das Dritte Buch** mit dem veralteten Titel „Handelsbücher" enthält seit dem Bilanzrichtliniengesetz von 1985 (RdNr. 25) das Recht der Rechnungslegung mit Vorschriften für alle Kaufleute (§§ 238 ff.), ergänzenden Vorschriften für Kapitalgesellschaften (§§ 264 ff.), eingetragene Genossenschaften (§§ 336 ff.) und Unternehmen bestimmter Geschäftszweige (§§ 340 ff.).[66] Das Recht der Konzernrechnungslegung ist in §§ 290 ff. enthalten. Für Österreich vgl. RdNr. 24.

39   **d)** Die „Handelsgeschäfte" sind im **Vierten Buch** nur fragmentarisch und weitgehend in Abhängigkeit von der Anschauungswelt des 19. Jahrhunderts geregelt. Neben dem auch das Kontokorrentrecht enthaltenden allgemeinen Vorschriften (§§ 343 ff.) finden sich Bestimmungen über den Handelskauf (§§ 373 ff.), die Kommission (§§ 383 ff.), die Spedition (§§ 407 ff.), das Lagergeschäft (§§ 416 ff.), das Frachtgeschäft (§§ 425 ff.) und die Eisenbahnbeförderung (§§ 453 ff.). Die §§ 84 ff., 93 ff. hätten sinnvollerweise gleichfalls in das Vierte Buch gehört (RdNr. 36). Die HGB-Vorschriften zum Transportrecht sind für die Praxis weitgehend durch Sonderregelungen (BinnenschiffahrtsG, CMR, EVO, GüKG, KVO) verdrängt. Überhaupt nicht im HGB enthalten ist das Recht der Luftbeförderung (LuftVG, Warschauer Abkommen, IATA-Bedingungen).[67] Die allgemeinen Lehren und besonderen Einzelregelungen des Transportrechts werden in diesem Kommentar einer geschlossenen Behandlung zugeführt (Bd. 7).

40   **e) Das Fünfte Buch** (Seehandel) enthält eine historisch gewachsene Spezialmaterie,[68] die sich durch spezielle Kommentare erschließen läßt.[69] Allgemein-handelsrechtliche Fragen der Seehandelspraxis (Kaufmannseigenschaft, Registerfragen, Rechnungslegung etc.) werden in diesem Kommentar jeweils an Ort und Stelle behandelt.

41   **3. Internationalisierung. a) Positives Handelsrecht. aa)** Das HGB hat in starkem Maße an der europäischen **Rechtsvereinheitlichung** aufgrund von Richtlinien teilgenommen.[70] Hervorzuheben sind: das Gesetz zur Durchführung der Ersten Richtlinie des Rates der EG zur Koordinierung des Gesellschaftsrechts vom 15. 8. 1969 (BGBl. I S. 1164), durch das vor allem § 15 geändert wurde; die Neuaufnahme des Dritten Buchs durch das Bilanzrichtliniengesetz vom 19. 12. 1985 (BGBl. I S. 2355); das Gesetz zur Durchführung der EG-Richtlinie zur Koordinierung des Rechts der Handelsvertreter vom 23. 10. 1989 (BGBl. I S. 1910); das Bankbilanzrichtlinie-Gesetz vom 30. 11. 1990 (BGBl. I S. 2570); das Gesetz zur Durchführung der Elften gesellschaftsrechtlichen Richtlinie des Rates der EG vom 22. 7. 1993 (BGBl. I S. 1282), das vor allem die §§ 13 ff. betraf. Die Vereinheitli-

---

[65] Vgl. *Karsten Schmidt* HandelsR § 17 II, § 26 I, § 27 I; dagegen aber *Sandrock*, Festschrift für Raisch, 1995, S. 167 ff.

[66] Einführend *Karsten Schmidt* HandelsR § 15; Materialien: *Biener/Bernecke*, Bilanzrichtlinien-Gesetz, 1986; *Helmrich*, Bilanzrichtlinien-Gesetz, 1986; zur Bedeutung der Bilanzrechtsreform vgl. *Schulze-Osterloh* ZHR 150 (1986), 403 ff., 532 ff.

[67] Einführend *Karsten Schmidt* HandelsR § 32 IX; eingehend *Ruhwedel*, Der Luftbeförderungsvertrag, 2. Aufl. 1987; dazu *Basedow* ZHR 151 (1987), 258; grundlegend zum allgemeinen Transportrecht *Basedow*, Der Transportvertrag, 1987.

[68] Einführend *Karsten Schmidt* HandelsR § 32 VIII.

[69] Vgl. namentlich *Abraham*, Das Seerecht, 4. Aufl. 1974; *Herber*, Das neue Haftungsrecht der Schiffahrt, 1989; *Prüssmann/Rabe*, Seehandelsrecht, 3. Aufl. 1992; *Schaps/Abraham*, Das Seerecht der Bundesrepublik Deutschland, 4. Aufl. 1978; *Schlegelberger/Liesecke*, SeehandelsR, 2. Aufl. 1964.

[70] Umfassende Dokumentation bei *Lutter*, Europäisches Unternehmensrecht, 3. Aufl. 1996; s. auch *Großfeld*, Internationales und Europäisches Unternehmensrecht, 2. Aufl. 1995; *Henssler u.a.*, Europäische Integration und globaler Wettbewerb, 1993.

chung geschieht auf der Basis von Richtlinien durch den nationalen Gesetzgeber. Nicht-umsetzung in nationales Recht kann nach dem Francovich-Urteil des EuGH[71] Schadenser-satzansprüche gegen den säumigen Mitgliedstaat der EU begründen.

bb) Rechtsvereinheitlichung außerhalb der EU beruht idR auf zwischenstaatlichen **42** Konferenzen und Abkommen. Sie hat insbesondere auf dem Gebiet des Kaufrechts (UN-Kaufrecht) sowie vor allem des Transportrechts zu internationalem Einheitsrecht geführt (CMR, COTIF, WA u.a.m.), sich jedoch nur vereinzelt im Text des HGB niedergeschla-gen (so zB in den Seerechtsänderungsgesetzen von 1972 und 1986, BGBl. I S. 966 bzw. 1120). Auf diese Sonderregeln wird jeweils im Sachzusammenhang eingegangen.

b) Sonstige Rechtsangleichung. Eine mindestens gleichwertige Bedeutung hat die An- **43** gleichung des Handelsrechts durch **internationales Handelsgewohnheitsrecht, lex merca-toria** (RdNr. 33), **Handelsklauseln und Handelsbräuche** (Erl. § 346) sowie **internationa-le Verhaltensrichtlinien** (codes of conduct).[72] Die Tragweite dieser Globalisierung der Handelsrechtspraxis ist aus veröffentlichten Gerichtsentscheidungen nur sehr beschränkt ablesbar, da sie sich vor allem in der nicht-forensischen Handels- und Streiterledi-gungspraxis und in der Schiedsgerichtsbarkeit widerspiegelt.

c) Handels-Kollisionsrecht. Das Handels-Kollisionsrecht als Bestandteil des internatio- **44** nalen Privatrechts gibt Auskunft über das bei grenzüberschreitenden Sachverhalten an-wendbare Recht.[73] Für das Recht der Handelsgeschäfte gelten hierbei im wesentlichen die Art. 27 ff. EGBGB, soweit nicht besondere Abkommensregeln Vorrang haben.[74] Die Kaufmannseigenschaft und Eintragung in das Handelsregister bestimmt sich für Unterneh-men mit Sitz in Deutschland nach deutschem Recht,[75] was eine Maßgeblichkeit der ein-zelnen Sachnorm und der von ihr vorausgesetzten Kaufmannsqualität, zB bei der Anwen-dung von Form- oder Schuldvertragsvorschriften nicht ausschließt.[76] Auch für die sog. Anerkennung von Handelsgesellschaften als Rechtsträger gilt nach hM die sog. Sitztheo-rie.[77] Von ihr geht die deutsche Rechtsprechung aus,[78] und sie wurde auch in der Daily-Mail-Entscheidung des EuGH als europarechtskonform angesehen.[79] Eine Prokura kann den in §§ 49 f. beschriebenen und gesetzlich festgelegten Umfang nur haben, wenn sie nach § 53 im Handelsregister eingetragen werden kann, also unter der Geltung deutschen Rechts. Im einzelnen ist auf die Kommentierungen des EGBGB zu verweisen.

V. Institutionen des Handelsverkehrs

Die **Institutionen und Gremien des Handelsverkehrs** sind zahlreich und vielfältig. Als **45** für die HGB-Kommentierung besonders bedeutsam werden hier einzelne herausgestellt.

1. Industrie- und Handelskammern. Die **Industrie- und Handelskammern** (in den **46** Hansestädten Bremen und Hamburg: Handelskammern) sind Selbstverwaltungsorganisatio-

[71] EuZW 1991, 758 = NJW 1992, 165; dazu statt vieler *Fischer* EuZW 1992, 41.
[72] Dazu Heymann/*Horn* Einl. III RdNr. 12 ff.; *Horn/Schmitthoff* (Hrsg.), The Transnational Law of International Commercial Transactions, 1982; *Reithmann/Martiny* (Hrsg.), Internationales Vertrags-recht, 4. Aufl. 1988; *Sandrock* (Hrsg.), Handbuch der internationalen Vertragsgestaltung, 1980; *v. Westpha-len*, Rechtsprobleme der Exportfinanzierung, 3. Aufl. 1987.
[73] Dazu MünchKommBGB/*Ebenroth* Anh. nach Art. 10 EGBGB; Heymann/*Horn* Einl. III RdNr. 3 ff; *Reithmann/Martiny* (Hrsg.), Internationa-les Vertragsrecht, 4. Aufl. 1988.
[74] Koller/*Roth*/Morck Einl. RdNr. 22.
[75] *Hagenguth*, Die Anknüpfung der Kaufmannsei-genschaft im IPR, Diss. München 1981, S. 256 ff.; Staub/*Brüggemann* RdNr. 30.

[76] Vgl. insofern *van Venrooy*, Die Anknüpfung der Kaufmannseigenschaft im deutschen IPR, 1985; ge-gen dessen allgemeine Folgerungen freilich mit Recht *Ebenroth* ZHR 149 (1985), 704.
[77] Vgl. nur GroßkommAktG/*Assmann* Einl. RdNr. 528 ff.; *v. Bar*, IPR II 1991; *Eben-roth/Wilhelm* JZ 1991, 1014, 1061, 1116; *Großfeld*, Internationales und europäisches Unternehmens-recht, 2. Aufl. 1995; Staudinger/*Großfeld* Internatio-nales Gesellschaftsrecht, 13. Aufl. 1993.
[78] BGHZ 51, 27 = NJW 1969, 188; BGHZ 53, 383, 386 = NJW 1970, 1187; BGHZ 78, 318, 334 = BGHZ 97, 269, 271 = NJW 1986, 2194, 2195; BayObLGZ 1986, 61, 67; OLG München RiW 1992, 674, 675.
[79] EuGHE 1988, 5483 = JZ 1988, 384; dazu krit. *Knobbe-Keuk* ZHR 154 (1990), 325 ff.; *Meilicke* RiW 1990, 449; *Sack* JuS 1990, 352.

nen der Wirtschaft und als Körperschaften des öffentlichen Rechts mit Zwangsmitglied-schaft organisiert.[80] Neben vielfältigen anderen Aufgaben unterstützen sie die Registerge-richte nach § 126 FGG bei der Verhütung bzw. Berichtigung unrichtiger Handels-registereintragungen (dazu näher § 8 RdNr. 21) und erstatteten Gutachten über Handels-bräuche (dazu Erl. § 346). Rechtsgrundlage sind das Bundesgesetz zur vorläufigen Rege-lung des Rechts der Industrie- und Handelskammern vom 18. 12. 1956 (BGBl. I S. 920) mit Änderungen sowie die Ausführungsgesetze der Länder.[81] Soweit Handwerker und Landwirte Kaufleute sind (§ 1 RdNr. 4, Erl. § 3), ist auch auf die Handwerks- und Landwirtschaftskammern hinzuweisen, die gleichfalls die Registergerichte nach § 126 FGG unterstützen.

47   **2. Die Internationale Handelskammer.** Die Internationale Handelskammer (ICC = International Chamber of Commerce) wurde 1919 gegründet und hat ihren Sitz in Paris.

Neben vielfältigen Aufgaben im internationalen Handel sind vor allem folgende für die Handelsrechtspraxis besonders bedeutsame Klauselwerke der Internationalen Handelskam-mer hervorzuheben: die **Incoterms 1990** (International Commercial Terms),[82] als Han-delsklauseln, auf die im Zusammenhang mit dem Handelskauf hinzuweisen sein wird, die **ERA 1993** (Einheitliche Richtlinien und Gebräuche für Dokumenten-Akkreditive)[83] und die ERI 1978 (Einheitliche Richtlinien für Inkassi).[84] Diese Klauselwerke werden, soweit erforderlich, im jeweiligen Sachzusammenhang in die Kommentierung einbezogen.

48   **3. UN, GATT, IWF. a) UN.** Die **United Nations Commission of International Tra-de Law** (UNCITRAL) und die **United Nations Coference on Trade and Development** (UNCTAD) sind Sonderorganisationen der UN-Generalversammlung.[85] UNCITRAL fördert vor allem durch Gesetzesentwürfe die internationale Rechtsvereinheitlichung (zB UN-Kaufrecht, Transportrecht, Schiedsvertragsrecht), und UNCTAD hat vor allem durch die Formulierung von Verhaltenskodizes Einfluß auf die Handelsrechtspraxis genommen. Einzelheiten werden, soweit erforderlich, im Kommentar jeweils an Ort und Stelle darge-stellt.

49   **b) GATT.** Auf die Errichtung eines Weltwirtschaftssystems zielt das **General Agree-ment on Tariffs and Trade** (GATT), dessen unmittelbare innerstaatliche Anwendbarkeit allerdings nicht allgemein anerkannt ist und dessen Verhaltenskodizes zunächst auf die Mitgliedsstaaten zielen.

50   **c) IWF.** Erhebliche unmittelbare Bedeutung für die internationale Handelsrechtspraxis hat das **Übereinkommen über den Internationalen Währungsfonds (IWF),** insbesondere die devisenrechtliche Regelung seines Art. VIII Abschn. 2 lit. b.[86]

VI. Prozeßrecht

51   **1. Gerichtsstandsvereinbarungen, Schiedsgerichtsvereinbarungen. a) Gerichts-standsvereinbarungen.** Nach **§ 38 Abs. 1 ZPO** können Kaufleute, die nicht unter § 4 fallen, durch Gerichtsstandsvereinbarung die Zuständigkeit eines an sich unzuständigen Gerichts vereinbaren. Auch eine Vereinbarung über den Erfüllungsort einer Schuld be-

---

[80] *Rinck/Schwark* Wirtschaftsrecht, 6. Aufl. 1986, RdNr. 938 ff.

[81] Texte und Kommentierungen bei *Frent-zel/Jäkel/Junge/Hinz,* Industrie- und Handelskam-mergesetz, 1991.

[82] Dazu Baumbach/*Hopt* Anh. 6; *Bredow/Seiffert,* Incoterms 1990, 2. Aufl. 1994; *Eisemann/Melis,* In-coterms 1990; *Ramberg* (IHK), Guide to Incoterms, 1990.

[83] Dazu Baumbach/*Hopt* Anh. 11; *Nielsen,* Neue Richtlinien für Dokumenten-Akkreditive, 1995.

[84] Dazu Baumbach/*Hopt* Anh. 12.

[85] *Herdegen,* Internationales Wirtschaftsrecht, 2. Aufl. 1995, § 3 RdNr. 24.

[86] Dazu *Ebenroth,* Banking on the Act of State, 1985; *Ebke,* Devisenrecht, 1991; *Gold,* The Fund Agreement in the Courts, Bd. II, 1982; *Hahn,* Währungsrecht, 1990; *F. A. Mann,* The Legal As-pect of Money, 5. Aufl. 1992; Staudinger/*Karsten Schmidt* vor § 244 BGB mit umfassenden Nachwei-sen.

gründet nach **§ 29 Abs. 2 ZPO** die Zuständigkeit nur, wenn die Vertragsparteien Kaufleute sind und nicht unter § 4 fallen.[87]

b) Schiedsgerichtsvereinbarungen. Nach **§ 1027 Abs. 2 ZPO** braucht der Schiedsvertrag unter Kaufleuten, die nicht unter § 4 fallen, nicht ausdrücklich in einer Urkunde geschlossen werden, die keine anderen als die das schiedsgerichtliche Verfahren betreffenden Vereinbarungen enthält.[88] Eine **Reform des 10. Buchs der ZPO** in Anlehnung an das UNCITRAL-Modellgesetz befindet sich in Vorbereitung. Eine vom Bundesjustizministerium eingesetzte Kommission hat im Jahr 1994 einen Entwurf hierfür vorgelegt, dem inzwischen ein Referentenentwurf und ein Regierungsentwurf von 1996 gefolgt sind.[89] Die Handelsschiedsgerichtsbarkeit ist zu einem großen Teil durch Musterschiedsordnungen institutionalisiert, die durch den von den Parteien zu vereinbarenden Schiedsvertrag für verbindlich erklärt werden. Hervorzuheben ist etwa die Hamburger Freundschaftliche Arbitrage (Handelskammer Hamburg)[90] und die DIS-Schiedsgerichtsordnung der Deutschen Institution für Schiedsgerichtsbarkeit e.V. in Bonn.[91]

2. Kammern für Handelssachen. Nach § 93 GVG werden bei den Landgerichten Kammern für Handelssachen gebildet, die nach § 94 GVG an die Stelle der Zivilkammern treten, wenn dies in der Klageschrift beantragt wird (§ 95 Abs. 1 GVG). Um eine Handelssache handelt es sich nach § 95 GVG in den unter §§ 246, 396 AktG fallenden Aktienrechtsstreitigkeiten und den unter §§ 10, 306 UmwG fallenden Umwandlungsstreitigkeiten sowie bei Klagen

1. gegen einen Kaufmann im Sinne des Handelsgesetzbuches aus Geschäften, die für beide Teile Handelsgeschäfte sind;

2. aus einem Wechsel im Sinne des Wechselgesetzes oder aus einer der im § 363 des Handelsgesetzbuchs bezeichneten Urkunde;

3. auf Grund des Scheckgesetzes;

4. aus einem der nachstehend bezeichneten Rechtsverhältnisse:

   a) aus dem Rechtsverhältnis zwischen den Mitgliedern einer Handelsgesellschaft oder zwischen dieser und ihren Mitgliedern oder zwischen dem stillen Gesellschafter und dem Inhaber des Handelsgeschäfts, sowohl während des Bestehens als auch nach Auflösung des Gesellschaftsverhältnisses, und aus dem Rechtsverhältnis zwischen den Vorstehern oder den Liquidatoren einer Handelsgesellschaft und der Gesellschaft oder deren Mitgliedern;

   b) aus dem Rechtsverhältnis, welches das Recht zum Gebrauch der Handelsfirma betrifft;

   c) den Rechtsverhältnissen, die sich auf den Schutz der Warenbezeichnungen, Muster und Modelle beziehen;

   d) aus dem Rechtsverhältnis, das durch den Erwerb eines bestehenden Handelsgeschäfts unter Lebenden zwischen dem bisherigen Inhaber und dem Erwerber entsteht;

   e) aus dem Rechtsverhältnis zwischen einem Dritten und dem, der wegen mangelnden Nachweises der Prokura oder Handlungsvollmacht haftet;

   f) aus den Rechtsverhältnissen des Seerechts, insbesondere aus denen, die sich auf die Reederei, auf die Rechte und Pflichten des Reeders oder Schiffseigners, des Korre

---

[87] Vgl. Kommentare zu §§ 29, 38 ZPO; *Stöve,* Gerichtsstandsvereinbarungen nach Handelsbrauch, Art. 17 EuGVÜ und § 38 ZPO, 1993.

[88] Vgl. Kommentare zu § 1027 ZPO; *Bork/Stöve,* Schiedsgerichtsbarkeit bei Börsentermingeschäften, 1992.

[89] Bundesministerium der Justiz, Bericht der Kommission zur Neuordnung des Schiedsverfahrensrechts, 1994; Referentenentwurf eines Gesetzes

zur Neuregelung des Schiedsverfahrensrechts vom 1. 7. 1995 (Auszug in ZIP 1996, 479); Regierungsentwurf eines Gesetzes zur Neuregelung des Schiedsverfahrensrechts vom 19. 3 1996 (Auszug in ZIP 1996, 612).

[90] Dazu *Schröder,* Festschrift für Glossner, 1994, S. 317 ff.

[91] Dazu *Bredow,* Festschrift für Glossner, 1994, S. 51 ff.

spondentreeders und der Schiffsbesatzung, auf die *Bodmerei* und die Haverei, auf den Schadensersatz im Falle des Zusammenstoßes von Schiffen, auf die Bergung und Hilfeleistung und auf die Ansprüche der Schiffsgläubiger beziehen;

5. auf Grund des Gesetzes gegen den unlauteren Wettbewerb mit Ausnahme der Ansprüche der letzten Verbraucher aus § 13 a des Gesetzes gegen den unlauteren Wettbewerb, soweit nicht ein beiderseitiges Handelsgeschäft nach Absatz 1 Nr. 1 gegeben ist;

6. aus den §§ 45 bis 48 des Börsengesetzes (Reichsgesetzbl. 1908 S. 215).

54   **3. Internationale Gerichtszuständigkeit und Vollstreckung. a) EuGVÜ.** Zivil- und Handelssachen gegen einen Beklagten, der seinen Wohnsitz bzw. Sitz (Art. 53) in einem Vertragsstaat des Übereinkommens über die gerichtliche Zuständigkeit und die Vollstreckung gerichtlicher Entscheidungen in Zivil- und Handelssachen (**EuGVÜ**) hat, werden nach **Art. 2 EuGVÜ** ohne Rücksicht auf die Staatsangehörigkeit vor den Gerichten dieses Staates ausgeklagt.[92] Haben Parteien, von denen mindestens eine ihren Wohnsitz im Hoheitsgebiet eines Vertragsstaats hat, vereinbart, daß ein Gericht oder die Gerichte eines bestimmten Vertragsstaats entscheiden soll, so sind unter den näheren Voraussetzungen des Art. 17 EuGVÜ die Gerichte dieses Staates zuständig. Die Vollstreckung eines nicht in Deutschland ergangenen Urteils erfolgt nach Maßgabe der Art. 31 ff.

55   **b)** Im übrigen richtet sich die internationale Gerichtsbarkeit und Vollstreckung nach den allgemeinen Grundsätzen. Das heißt: Die **internationale Zuständigkeit deutscher Zivilgerichte** bestimmt sich in Analogie zu den Gerichtsstandregelungen, soweit nicht besondere gesetzliche (zB § 23 ZPO) oder staatsvertragliche Regeln bestehen.[93] Die Anerkennung und Vollstreckung deutscher Urteile in den EuGVÜ-Mitgliedstaaten ist geregelt in Artt. 26, 31 EuGVÜ.[94] Die **Anerkennung ausländischer Urteile** in Deutschland ist in § 328 ZPO geregelt, ihre Vollstreckbarkeit in §§ 722, 723 ZPO.

56   **4. Internationale Schiedsgerichtsbarkeit. a) Ad-hoc-Schiedsgerichte und institutionelle Schiedsgerichte.** Im Rahmen der Internationalen Schiedsgerichtsbarkeit wird zwischen ad-hoc-Schiedsgerichten und institutionellen Schiedsgerichten unterschieden.[95] Gegenstand der institutionellen Schiedsgerichtsbarkeit und damit idR auch Gegenstand des auf sie bezogenen Schiedsvertrags sind Schiedsgerichtsordnungen – zB die DAS-Schiedsgerichtsordnung des Deutschen Ausschusses für Schiedsgerichtswesen, die ECE-Schiedsgerichtsordnung der Wirtschaftskommission Europa der UN, die ICC-Schiedsgerichtsordnung der Internationalen Handelskammer und die UNCITRAL-Schiedsgerichtsordnung –, wegen deren Wortlauts auf die einschlägigen Handbücher und Kommentare verwiesen wird.[96]

57   **b)** Der **internationale Schiedsvertrag** unterliegt als Prozeßvertrag Regeln, die mit denen des materiellen Internationalen Privatrechts nicht identisch, jedoch weitgehend inhaltsgleich sind.[97] Handelt es sich um eine satzungsmäßige Schiedsklausel (§ 1048 ZPO), so teilt diese hinsichtlich der Anknüpfung das Schicksal der Satzung (vgl. zur Sitztheorie

---

[92] Dazu eingehend *Geimer,* Internationales Zivilprozeßrecht, 2. Aufl. 1993; *Kropholler,* Europäisches Zivilprozeßrecht, 5. Aufl. 1996; *Linke,* Internationales Zivilprozeßrecht, 1990; *Nagel,* Internationales Zivilprozeßrecht, 3. Aufl. 1991; *Schütze,* Deutsches Internationales Zivilprozeßrecht, 1985; *Stöve,* Gerichtsstandsvereinbarungen nach Handelsbrauch, Art. 17 EuGVÜ und § 38 ZPO, 1992; *Zöller/Geimer* ZPO, 19. Aufl. 1995.

[93] Vgl. nur *Geimer* (Fn. 92) RdNr. 943 ff.; *Schütze* (Fn. 92) S. 42 ff.

[94] Dazu *Kropholler* (Fn. 92) vor Art. 26 und Art. 31; *Nagel* (Fn. 92) RdNr. 735 ff.

[95] Heymann/*Horn* Einl. III RdNr. 10; *Franke,* Festschrift für Glossner, 1994, S. 119 ff.; *Schoser,* Festschrift für Glossner, 1994, S. 319 ff.; *Swoboda,* Festschrift für Glossner, 1994, S. 447 ff.; *Glossner,* Festschrift für Trinkner, 1995, S. 555 ff.

[96] ZB *Aden,* Internationale Handelsschiedsgerichtsbarkeit, 1988; *Berger,* Internationale Wirtschaftsschiedsgerichtsbarkeit, 1992; *Hußlein-Stich,* Das UNCITRAL-Modellgesetz über die internationale Handelsschiedsgerichtsbarkeit, 1990; *Krause/Bozenhardt,* Internationale Handelsschiedsgerichtsbarkeit, 1991; *Schwab/Walter* Schiedsgerichtsbarkeit, 5. Aufl. 1995.

[97] *Geimer* (Fn. 92) RdNr. 3786; *Schwab/Walter* (Fn. 96) Kap. 43; vgl. *Reithmann/Martiny* (Fn. 72) RdNr. 1300 ff.

RdNr. 44). Von der Anknüpfung hinsichtlich des Schiedsvertrags ist die Wahl des vom Schiedsgericht anzuwendenden Rechts zu unterscheiden, denn dies ist eine Frage teils des Internationalen Prozeßrechts, teils und vor allem des Internationalen Privatrechts.[98]

c) Schiedsvergleiche in internationalen Schiedsgerichtssachen können, soweit deutsches **58** Prozeßrecht Anwendung findet, nach § 1044 a ZPO für vollstreckbar erklärt werden, doch werden Schiedsvergleiche im Ausland teils wie Schiedssprüche behandelt, teils überhaupt nicht als Vollstreckungstitel anerkannt,[99] weshalb in der Praxis zT ein Schiedsspruch mit vereinbartem Inhalt vorgezogen wird.[100]

d) Die **Vollstreckung von Schiedssprüchen** der internationalen Schiedsgerichtsbarkeit **59** ist weitgehend im Abkommen geregelt.[101] Im übrigen gilt für die Vollstreckung ausländischer Schiedssprüche in Deutschland § 1044 ZPO, wonach ausländische Schiedssprüche für vollstreckbar erklärt werden können.

---

[98] Dazu *Schütze* (Fn. 92) S. 215 ff.
[99] Dazu *Aden* (Fn. 96) S. 118; *Krause/Bozenhardt* (Fn. 96) S. 75 f.

[100] *Berger* (Fn. 96) S. 405 ff.; s. auch *Raeschke-Kessler*, Festschrift für Glossner, 1994, S. 263 ff.
[101] Dazu *Heymann/Horn* RdNr. 21; *Berger* (Fn. 96) S. 515 ff.; *Schütze* (Fn. 92), S. 222 ff.

Erstes Buch. Handelsstand

Erster Abschnitt. Kaufleute

§ 1 [Kaufmannsbegriff; Grundhandelsgewerbe]

(1) Kaufmann im Sinne dieses Gesetzbuchs ist, wer ein Handelsgewerbe betreibt.

(2) Als Handelsgewerbe gilt jeder Gewerbebetrieb, der eine der nachstehend bezeichneten Arten von Geschäften zum Gegenstand hat:

1. die Anschaffung und Weiterveräußerung von beweglichen Sachen (Waren) oder Wertpapieren, ohne Unterschied, ob die Waren unverändert oder nach einer Bearbeitung oder Verarbeitung weiter veräußert werden;

2. die Übernahme der Bearbeitung oder Verarbeitung von Waren für andere, sofern das Gewerbe nicht handwerksmäßig betrieben wird;

3. die Übernahme von Versicherungen gegen Prämie;

4. die Bankier- und Geldwechslergeschäfte;

5. die Übernahme der Beförderung von Gütern oder Reisenden zur See, die Geschäfte der Frachtführer oder der zur Beförderung von Personen zu Lande oder auf Binnengewässern bestimmten Anstalten sowie die Geschäfte der Schleppschiffahrtsunternehmer;

6. die Geschäfte der Kommissionäre, der Spediteure oder der Lagerhalter;

7. die Geschäfte der Handelsvertreter oder der Handelsmakler;

8. die Verlagsgeschäfte sowie die sonstigen Geschäfte des Buch- oder Kunsthandels;

9. die Geschäfte der Druckereien, sofern das Gewerbe nicht handwerksmäßig betrieben wird.

Schrifttum: (vgl. auch vor § 1 RdNr. 1): *Armbruster,* Die Erbengemeinschaft als Rechtsform zum Betrieb eines vollkaufmännischen Handelsgeschäfts, Diss. Tübingen, 1965; *Becker,* Kaufmannseigenschaft und Deutsche Bundesbahn, NJW 1977, 1674; *Bork,* Der Schreiner als Kaufmann, JuS 1993, 106; *Denecke,* Die freien Berufe, 1956; *Ebenroth/Autenrieth,* Der Kaufmann im Baugewerbe, BauR 1980, 211; *Eiselt,* Zum kaufmännischen Unternehmen im Handels- und Gesellschaftsrecht, Gedächtnisschr. f. Hirsch, Ankara, 1986, S. 53; *Fabricius,* Relativität der Rechtsfähigkeit, 1963; *Rob. Fischer,* Fortführung eines Handelsgeschäfts durch eine Erbengemeinschaft?, ZHR 144 (1980), 1; *J. v. Gierke,* Das Handelsunternehmen, ZHR 111 (1948), 1; *Goldstein,* Die Miterbengemeinschaft als Organisationsform zur Fortführung des erbten Handelsunternehmens eines Einzelkaufmanns, Diss. Köln 1974; *Haegele,* Der Testamentsvollstrecker im Handels- und Gesellschaftsrecht, Rpfleger 1973, 113, 157, 203; *Heidenstecker,* Gewerberechtliche und ausländerrechtliche Probleme bei der Gründung von Handelsgesellschaften, MittRhNotK 1985, 225; *Honig,* Handwerks- oder Industriebetrieb?, JuS 1966, 436; *Hopt,* Handelsgesellschaften ohne Gewerbe und Gewinnerzielungsabsicht?, ZGR 1987, 145; *John,* Zur Kaufmannseigenschaft von Ehevermittlern, JR 1977, 363; *Kaempfe,* Die Partenreederei als Kaufmann, MDR 1982, 975; *Kort,* Zum Begriff Kaufmann im deutschen und französischen Handelsrecht, AcP 193 (1993), 451; *Kunz,* Der Minderjährige als Kaufmann, ZblJugR 1981, 490; *Landwehr,* die Kaufmannseigenschaft der Handelsgesellschafter, JZ 1967, 198; *Lastig,* Der Gewerbetreibenden Eintragungspflicht zum Handelsregister und Beitragspflicht zur Handelskammer und Handwerkskammer, Festgabe Fitting, 1902/1979, S. 527; *Lieb,* Zur Kaufmannseigenschaft der Gesellschafter von KG und OGH, DB 1967, 759; *Adolf Maier,* Zur Kaufmannseigenschaft von Software-Entwicklern, NJW 1986, 1909; *Gert Meier,* Der Lebensmittel-Einzelhändler als Vollkaufmann, DB 1977, 2315; *Michalski,* Das Gesellschafts- und Kartellrecht der berufsrechtlich gebundenen freien Berufe, 1989; *v. Olshausen,* Wider den Scheinkaufmann des ungeschriebenen Rechts, Festschr. f. Raisch, 1995, S. 147; *Raisch,* Die Abgrenzung des Handelsrechts vom Bürgerlichen Recht als Kodifikationsproblem im 19. Jahrhundert, 1962; *ders.,* Freie Berufe und Handelsrecht, Festschr. f. Rittner, 1991, S. 471; *Raiser,* Das Unternehmen als Organisation, 1969; *Rieper,* Die Testamentsvollstreckung über Einzelunternehmen und bei Personengesellschaften des Handelsrechts, Diss. Kiel 1968; *Rittner,* Unternehmen und freier Beruf als Rechtsbegriffe, 1962; *Sack,* Der „vollkaufmännische Idealverein",

ZGR 1974, 179; *Schirrmeister*, Der Kaufmannsbegriff nach geltendem und künftigem deutschem Handelsrecht, ZHR 48 (1899), 418; 49 (1900), 29; *Karsten Schmidt*, Zur „Kaufmannfähigkeit" von Gesamthandsgemeinschaften, JZ 1973, 299; *ders.*, 100 Bände BGHZ: Allgemeines Handelsrecht, ZHR 151 (1987), 302; *ders.*, Zum gesellschaftsrechtlichen Status der Besitzgesellschaft bei der Betriebsaufspaltung, DB 1988, 572; *ders.*, Bemerkungen und Vorschläge zur Überarbeitung des Handelsgesetzbuchs, DB 1994, 515; *Schultze-v. Lasaulx*, Die Zukunft des Kaufmannsbegriffes in der deutschen Rechtsordnung, 1939; *W. Schumacher*, Die Übernahme von Handelsgeschäften und Mitgliedschaften an Personengesellschaften durch den Testamentsvollstrecker, FS Knorr, 1968, S. 1; *Sobich*, Erbengemeinschaft und Handelsgeschäft – Zur Zulässigkeit der Geschäftsfortführung, Diss. Kiel 1974; *Steißlinger*, Der Gewerbebegriff im Handels- und Steuerrecht, 1989; *Taupitz*, Die Standesordnungen der freien Berufe, 1991; *H.-D. Wagner*, Die Kaufmannseigenschaft des OHG-Gesellschafters, Diss. Köln 1969; *F. Wassner*, Inhaber und Strohmann beim Einzelunternehmen, ZGR 1973, 427; *Weimar*, Sondervorschriften für den Vollkaufmann, MDR 1980, 727; *Wessel*, Der Kaufmannsbegriff, BB 1977, 1226; *Manfred Wolf*, Die Fortführung eines Handelsgeschäfts durch die Erbengemeinschaft, AcP 181 (1981), 480; *Martin Wolff*, Über einige Grundbegriffe des Handelsrechts, Festgabe Otto v. Gierke, Bd. II, 1910/1969, S. 115.

Übersicht

I. Bedeutung des § 1

1. Kaufleute als Normadressaten des HGB. a) Abs. 1 ist **Zentralnorm des HGB:** **1**
Nach dem subjektiven System des HGB (vor § 1 RdNr. 14) bestimmt der Kaufmannsbegriff den Kreis der **Normadressaten des HGB.** Zur Bestimmung des Kaufmannsbegriffs
verweist Abs. 1 auf den Begriff des Handelsgewerbes. Dazu ist korrigierend zu bemerken:
Es gibt Rechtsträger – nämlich die sog. Formkaufleute –, die kraft Rechtsform als Kaufleute dem HGB unterstellt sind, auch wenn sie kein Handelsgewerbe betreiben (RdNr. 4). Es
gibt Rechtsträger, die Kaufleute iS des HGB sind, ohne doch vollständig dem HGB zu
unterstehen, nämlich die sog. Minderkaufleute des § 4 (dazu Erl. § 4). Es gibt gewerblich
tätige Rechtsträger, die nach § 2 HGB erst durch Eintragung handelsgewerbliche Qualität
und damit Kaufmannseigenschaft erwerben (dazu im einzelnen Erl. § 2), aber doch ohne
weiteres einzelnen HGB-Normen bereits unterstehen (§ 262). Die **Reform der §§ 1 ff.**
wird dieses komplizierte und oft zu Zufallslösungen führende System voraussichtlich wirksam vereinfachen (RdNr. 116 ff.).

b) Analoge Anwendung auf Nichtkaufleute? Von den soeben genannten positivrecht- **2**
lichen Besonderheiten zu unterscheiden ist die umstrittene Frage nach der analogen Anwendung handelsrechtlicher Normen auf Nichtkaufleute (RdNr. 96 ff.). In dieser Hinsicht
ist zwischen zwei Fragenkomplexen zu unterscheiden: zwischen der analogen Anwendung
von HGB-Normen auf nichtkaufmännische Unternehmensträger, zB auf Freiberufler (dazu

RdNr. 99 ff.), und der analogen Anwendung von HGB-Normen auf Personen, die nicht Träger von Unternehmen und deshalb auch keine Kaufleute im Sinne des HGB sind, sich aber kaufmännischen Anforderungen unterwerfen müssen (dazu RdNr. 109 ff.).

3 c) **Kaufmannseigenschaft kraft Gesetzes.** Die Kaufmannseigenschaft besteht kraft Gesetzes (sei dies nun mit oder ohne Eintragung im Handelsregister). Sie ist dem Kaufmann kraft objektiven Rechts beigegeben, nicht kraft rechtsgeschäftlicher Unterstellung unter das Handelsrecht. Das schließt nicht aus, daß nichtkaufmännische Parteien die Anwendung handelsrechtlicher Vorschriften (zB der Kontokorrentvorschriften) untereinander vereinbaren. Dann ist dies nicht HGB-Anwendung, sondern **Vertragsregelung.** Über die Wirksamkeit einer solchen Vertragsregelung ist nach allgemeinen Grundsätzen zu entscheiden. Der BGH hat entschieden, die in **Allgemeinen Geschäftsbedingungen** enthaltene Bestimmung, mit der ein Vertragspartner versichert, Vollkaufmann zu sein, könne eine überraschende Klausel iS von § 3 AGBG sein.[1] Um objektives (gesetzliches) Handelsrecht geht es dagegen, wenn Handelsrecht aufgrund Rechtsscheins angewandt wird (vgl. zur Rechtsfigur des sog. Scheinkaufmanns § 15 RdNr. 84 ff.).

4 **2. Die Bedeutung der Registereintragung.** Im Fall des Abs. 2 liegt Kaufmannseigenschaft ohne Rücksicht auf Eintragung im Handelsregister vor (sog. Grundhandelsgewerbe). Auf die Eintragung kommt es dagegen in den Fällen der §§ 2 **und** 3 an (§ 2 RdNr. 1 f., § 3 RdNr. 1). Auch die **Formkaufleute** nach §§ 3 AktG, 13 Abs. 3 GmbHG, 17 Abs. 2 GenG, 1 EWIV-AusführungsG erlangen diese Eigenschaft erst durch Eintragung in das Handels- bzw. Genossenschaftsregister. Zuvor sind sie Kaufleute nur unter den Voraussetzungen des Abs. 2 (vgl. § 6 RdNr. 5).[2] Auch hier wird die **Reform der §§ 1 ff.** voraussichtlich zu einer wesentlichen Vereinfachung führen (RdNr. 116 ff.). Die Registereintragung wird zwar obligatorisch, nicht aber mehr für die Erlangung der Kaufmannseigenschaft konstitutiv sein. Das ist eine Verallgemeinerung des Rechtszustandes, wie er zZ nur für die sog. „Muß"-Kaufleute des Abs. 2 besteht. Konstitutiv bleibt die Registereintragung hinsichtlich der Formkaufleute (Kapitalgesellschaften, eingetragene Genossenschaft, EWIV): Die von einer gewerblichen Tätigkeit unabhängige Formkaufmannseigenschaft wird auch nach der Entwurfsfassung erst mit der Eintragung in das Handelsregister beginnen, was freilich nicht ausschließt, daß zuvor bereits Kaufmannseigenschaft kraft Gewerbebetriebs nach § 1 vorliegt.

5 **3. Beginn und Ende der Kaufmannseigenschaft. a) Beginn.** Im Gegensatz zu den Fällen der §§ 2 und 3 hängt also der Beginn der Kaufmannseigenschaft nach Abs. 2 nicht von der Registereintragung, sondern von dem Beginn der gewerblichen Tätigkeit ab (vgl. zum Gewerbebegriff RdNr. 19 ff.). Die bloße Planung oder die bloße Errichtung einer Handelsgesellschaft durch Gesellschaftsvertrag genügt nicht. Ausreichend sind aber Vorbereitungsgeschäfte, dh Rechtsgeschäfte oder geschäftsähnliche Handlungen, die bereits im Außenverhältnis der Ingangsetzung der gewerblichen Tätigkeit dienen, zB durch Geschäftsraummiete, Arbeitsverträge, Werbungsaufträge etc. (vgl. auch Erl. § 123).[3] Es brauchen also noch keine Grundgeschäfte des betreffenden Handelsgewerbes getätigt worden zu sein.[4] Entscheidend ist der tatsächliche, nicht der später in das Handelsregister eingetragene Geschäftsbeginn.[5]

6 **b) Ende.** Auch die Beendigung des Handelsgewerbes hängt grundsätzlich nicht von der Eintragung („Die Firma ist erloschen") ab: Die Kaufmannseigenschaft nach Abs. 2 erlischt,

---

[1] BGHZ 84, 109 = NJW 1982, 2309 = ZIP 1982, 969.

[2] *Karsten Schmidt* HandelsR § 10 II 2 b; Scholz/*Karsten Schmidt* § 11 RdNr. 29.

[3] BGHZ 10, 91, 96 = NJW 1953, 1217, 1218; BGH WM 1959, 161, 164; RG JW 1930, 829, 831; DR 1941, 1943, 1944 m. Anm. *Barz;*

Heymann/*Emmerich* RdNr. 14; Koller/*Roth*/Morck RdNr. 25.

[4] ROHGE 12, 406, 413; Schlegelberger/*Karsten Schmidt* § 123 Rdnr. 9.

[5] RGZ 119, 64, 68; Schlegelberger/*Karsten Schmidt* § 123 RdNr. 9.

wenn der Betrieb eingestellt oder auf eine nicht-kaufmännische, zB freiberufliche, Tätigkeit umgestellt wird.[6] Die Abwicklung kann noch handelsgewerbliche Tätigkeit sein,[7] solange sie nicht zu bloßer Vermögensverwaltung wird.[8] Eine bloß vorübergehende Stillegung ist noch keine Betriebseinstellung.[9] Ist das Unternehmen im Handelsregister eingetragen, so kann sich unter den Voraussetzungen des § 2 oder des § 5 ergeben, daß die Kaufmannseigenschaft fortbesteht (dazu Erl. § 2 und § 5). Voraussetzung ist allerdings, daß die unternehmerische (Abwicklungs-)Tätigkeit andauert. Anderenfalls kann Vertrauensschutz nach § 15 Abs. 1 zum Zuge kommen. Handelt es sich bei dem Kaufmann um eine oHG oder KG, so wird diese nach § 156 als Handelsgesellschaft liquidiert, behält diesen Status also auch dann, wenn das Gesellschaftsunternehmen eingestellt oder veräußert ist.[10] Bei Kapitalgesellschaften und eingetragenen Genossenschaften als Formkaufleuten (§ 6 RdNr. 8) gilt ohne weiteres dasselbe: Sie bleiben bis zu ihrer Löschung im Handels- oder Genossenschaftsregister Kaufleute kraft Rechtsform. Die Eröffnung des Konkursverfahrens (Insolvenzverfahrens) über das Vermögen des Kaufmanns führt nicht zur Beendigung seiner Kaufmannseigenschaft (vgl. zur Anwendung von Handelsrecht im Konkurs auch RdNr. 50).[11]

4. Der Unternehmensträger als Zurechnungssubjekt. Kaufmann und damit Normadressat des Handelsgesetzbuchs kann – von den seltenen nichtgewerblichen Formkaufleuten abgesehen – nur sein, wer Träger eines Unternehmens ist. Die 1980 in die Handelsrechtsliteratur eingeführte **Rechtsfigur des Unternehmensträgers**[12] hat Aufnahme in die Rechtsprechung[13] und Literatur zum HGB[14] gefunden. Sie wird nicht selten mit der vom Verfasser verfochtenen Ausdehnung des Handelsrechts auf nichtkaufmännische Unternehmen in Verbindung gebracht.[15] Richtig ist, daß die Rechtsfigur des Unternehmensträgers den Blick dafür schärfen kann und auch soll, daß die Maßgeblichkeit handelsrechtlicher Normen nicht beim klassischen Kaufmannsbegriff enden muß (vor § 1 RdNr. 5 ff.). Indes geht es bei dem Unternehmensträger in erster Linie nicht um die von der hM (noch) nicht akzeptierte Ausdehnung des Handelsrechts: Es geht um die **Bewältigung eines Zurechnungsproblems,** denn wenn ein (kaufmännisches) Unternehmen vorhanden ist, ist Kaufmann, wer das Gewerbe betreibt (RdNr. 28 ff.). Dieser Rechtsträger ist im Handelsregister als Inhaber des handelsgewerblichen Unternehmens kenntlich zu machen (§ 29), und wenn er das Unternehmen überträgt oder vererbt, gelten die §§ 25 ff. usw. Der Unternehmensträger ist, sofern das Unternehmen handelsgewerblicher Art ist (Abs. 1), das **Zurechnungssubjekt des Handelsrechts** (RdNr. 44 ff.).   7

II. Bedeutung der Absätze 1 und 2

1. Abs. 1 als Grundnorm. Kaufmann iS des HGB ist, **wer ein Handelsgewerbe betreibt (Abs. 1).** Diese Begriffsbestimmung ist nicht nur veraltet, sondern auch ungenau.   8
Kaufmann ist zunächst (und im praktischen Leben mehr und mehr) jede Handelsgesellschaft, auf die nach § 6 Abs. 1 die in betreff der Kaufleute geltenden Vorschriften gleichfalls Anwendung finden. Unter den Handelsgesellschaften befinden sich solche, für die es auf

[6] Baumbach/*Hopt* RdNr. 7; Heymann/*Emmerich* RdNr. 14.

[7] Heymann/*Emmerich* RdNr. 14.

[8] Vgl. zur Abgrenzung sinngemäß BGHZ 74, 273 = NJW 1979, 1650; BFHE 141, 405, 428 = DB 1984, 2383, 2386; BFHE 146, 115, 119 f = DB 1986, 1263, 1264; BFHE 165, 521, 523 = DB 1992, 251; *Ludwig Schmidt,* EStG, 14. Aufl. 1995, § 15 RdNr. 50.

[9] Heymann/*Emmerich* RdNr. 14.

[10] Schlegelberger/*Karsten Schmidt* § 156 RdNr. 9; *Karsten Schmidt* ZHR 153 (1989), 299.

[11] Baumbach/*Hopt* RdNr. 7; Kilger/*Karsten Schmidt,* KO, 16. Aufl. 1993, § 6 Anm. 3 a; **aM** RG JW 1902, 186.

[12] *Karsten Schmidt* HandelsR, 1. Aufl. 1980; jetzt in der 4. Aufl., § 4 IV 2 und § 5.

[13] Vgl. nur BGH LM § 25 Nr. 17 = NJW 1982, 1647; NJW 1984, 1186 m. Anm. *Karsten Schmidt;* NJW 1992, 912 m. Anm. *Karsten Schmidt* ZGR 1992, 621; NJW 1996, 1053, 1054.

[14] Vgl. nur Baumbach/*Hopt* vor § 1 RdNr. 41; Heymann/*Horn* vor § 1 RdNr. V 5; Heymann/*Emmerich* RdNr. 15; *Reiff,* Die Haftungsverfassungen nichtrechtsfähiger unternehmenstragender Verbände, 1996, S. 21 ff.

[15] So wohl *Canaris* § 1 III 1.

die (Voll-) Kaufmannseigenschaft nach §§ 1 bis 5 ankommt (oHG und KG), aber auch die sog. Formkaufleute, nämlich Aktiengesellschaften (§ 3 AktG), die Kommanditgesellschaften auf Aktien (§§ 3, 278 AktG), Gesellschaften mit beschränkter Haftung (§ 13 Abs. 3 GmbHG), die eingetragenen Genossenschaften (§ 17 Abs. 2 GenG) und die Europäischen Wirtschaftlichen Interessenvereinigungen (§ 1 EWIV-AusführungsG). Diese Rechtsträger sind Kaufleute, ohne daß es auf den Betrieb eines Handelsgewerbes ankäme (näher § 6 RdNr. 3 ff.). Für alle anderen Rechtsträger bleibt es bei § 1 Abs. 1. Das bedeutet:

a) Es muß ein **Gewerbe** betrieben werden. Über den Gewerbebegriff und sein Verhältnis zum Unternehmensbegriff vgl. RdNr. 19, 28 ff.

b) Es kommt darauf an, **wer das Gewerbe betreibt.** Das ist der Unternehmensträger und nur er (zur Erläuterung dieses Begriffs vgl. RdNr. 7, 28 ff.).

c) Die bloße Gewerbeeigenschaft genügt nach dem gegenwärtigen Gesetzesstand nicht. Hinzukommen muß vielmehr, daß das Gewerbe ein **Handels**gewerbe ist. Unter welchen Voraussetzungen dies der Fall ist, bestimmt sich nach Abs. 2 sowie nach §§ 2 bis 5.

9   **2. Der Katalog des Abs. 2. a) Kaufmann kraft Gewerbebetriebes.** Abs. 2 beschreibt einen Katalog von gewerblichen Tätigkeiten, die nach der Vorstellung des Gesetzgebers von 1897 ohne weiteres, dh ohne Eintragung im Handelsregister, die Kaufmannseigenschaft begründen: die sog. Grundhandelsgewerbe. Wer nach Abs. 2 Kaufmann ist, ist Kaufmann kraft Gewerbebetriebes (sog. „Mußkaufmann" oder „Istkaufmann" im Gegensatz zum sog. „Sollkaufmann" des § 2 und zum sog. „Kannkaufmann" des § 3). Zu den Rechtsfolgen des § 1 vgl. RdNr. 1 ff. Zur Reform RdNr. 116 ff.

10   **b) Vollkaufleute und Minderkaufleute.** Abs. 2 umfaßt Vollkaufleute und Minderkaufleute. Die Vorschrift ist deshalb gleichzeitig die Grundlage für § 4: Nur Kaufleute nach § 1 können Minderkaufleute nach § 4 sein (zur Bedeutung des § 4 vgl. ebd. RdNr. 1 f.), und auch dies nur, sofern sie nicht in das Handelsregister eingetragen sind (vgl. § 5). Gewerbetreibende, die unter § 2 oder unter § 5 fallen, sind nur im Fall ihrer Eintragung Kaufleute und werden nur eingetragen, wenn ihr Unternehmen nach Art und Umfang einen in kaufmännischer Weise eingerichteten Geschäftsbetrieb erfordert. Hat das Registergericht diese Voraussetzung zu Unrecht angenommen, so sind diese Gewerbetreibenden gleichwohl kraft Eintragung Vollkaufleute (vgl. § 5). Nicht-gewerbliche Kleinunternehmer (zB Künstler oder Freiberufler) fallen gleichfalls nicht unter § 4, weil sie von vornherein nicht unter § 1 fallen (vgl. Abs. 1).

III. Das Handelsgewerbe als Gewerbe

11   **1. Unternehmen und Gewerbe. a) Unternehmen.** Grundfiguren des Handelsrechts sind nach der hier vertretenen Auffassung das Unternehmen und der Unternehmensträger (vor § 1 RdNr. 5 ff.). Das Handelsgesetzbuch setzt, bedingt durch die Erfahrungswelt des 19. Jahrhunderts, enger an:[16] Es setzt an die Stelle des Unternehmens die engeren Begriffe „Handelsgewerbe" (§ 1 Abs. 1) bzw. „Handelsgeschäft" (zB §§ 25 ff.)[17] und an die Stelle des Unternehmensträgers den Begriff des Kaufmanns (zB §§ 1 Abs. 1, 17). Das ändert nichts an der Brauchbarkeit und praktischen Bedeutung der Begriffe Unternehmen und Unternehmensträger, die sich mittlerweile auch in der Rechtsprechung eingebürgert haben (RdNr. 7), sondern resultiert nur aus dem engeren Ansatz des Gesetzes: Das „Handelsgewerbe" oder „Handelsgeschäft" ist das kaufmännische Unternehmen; der Kaufmann ist der Träger eines kaufmännischen Unternehmens (RdNr. 28).

12   **b)** Das **Verhältnis des Gewerbebegriffs zum handelsrechtlichen Unternehmensbegriff** ist umstritten (vor § 1 RdNr. 6 ff.). Während noch vielfach die Meinung vertreten wird, daß der in Abs. 1 zugrundegelegte Gewerbebegriff für die Praxis geklärt, der Unternehmensbe-

---

[16] Vgl. *Scherner/Willoweit,* Vom Gewerbe zum Unternehmen, 1982.

[17] Im Gegensatz zu den „Handelsgeschäften" der §§ 343 ff.

griff dagegen ein unklarer Posten ist,[18] ist richtigerweise zu sagen:[19] Beide Begriffe decken sich weitgehend, jedoch enthält der Gewerbebegriff, weil er die künstlerischen, wissenschaftlichen und freien Berufe ausnimmt (RdNr. 24 ff.), zusätzliche Komplikationen. Für den handelsrechtlichen Unternehmensbegriff sind folgende nach RdNr. 18 auch für den Gewerbebegriff unentbehrliche Merkmale erforderlich und zugleich ausreichend: erstens die Selbständigkeit, zweitens die anbietende entgeltliche rechtsgeschäftliche Tätigkeit sowie drittens deren Planmäßigkeit und Ausrichtung auf Dauer (*Karsten Schmidt* HandelsR § 4 I 2 b).

c) Die **Typusabgrenzung des Gewerbes** ist eine spezifische, historisch zu erklärende **13** Schwierigkeit des Gewerbebegriffs. Für den Unternehmensbegriff (RdNr. 12) kommt es nicht auf Unterschiede zwischen Gewerbe, Handwerk, Handel, Urproduktion und Freien Berufen an. Aus der Sicht des Gewerbebegriffs ist die Situation komplizierter: **Handwerk und Gewerbe** schließen einander nicht aus; der Gewerbebegriff ist der umfassendere, so daß jeder Handwerksbetrieb auch ein Gewerbebetrieb ist;[20] zur Frage, inwieweit er kaufmännisch ist vgl. RdNr. 18 ff. und § 2 RdNr. 4 ff. **Freier Beruf und Gewerbe** schließen einander aus; die freiberufliche Praxis, Kanzlei, das Atelier etc. ist nicht gewerblich (RdNr. 24 ff.). Die Gewerblichkeit der **Urproduktion** wird nicht mehr ernsthaft bezweifelt.[21] Diese Einschränkung ist auch spätestens seit der Änderung des § 3 durch das Gesetz über die Kaufmannseigenschaft von Land- und Forstwirten vom 13. 5. 1976 (§ 3 RdNr. 3) positivrechtlich überholt. Die irreführende Formulierung des § 3 Abs. 1 hat zwar die Diskussion darüber nicht verstummen lassen, ob Land- und Forstwirte keine Gewerbetreibenden und nur aufgrund der Verweisung in § 3 Abs. 2 HGB durch fakultative Eintragung dem Recht der Gewerbetreibenden zu unterstellen sind.[22] Richtigerweise setzt aber die Anwendung der §§ 1 bis 4 die Gewerbeeigenschaft voraus, und § 3 Abs. 1 besagt nur, daß Landwirte nicht ipso iure Kaufleute kraft Gewerbebetriebs (§ 1 Abs. 2), sondern nur Kaufleute kraft Eintragung (§ 2) sein können. Für die nicht-landwirtschaftliche und nicht-forstwirtschaftliche Urproduktion gilt, daß sie keine Anschaffung und Weiterveräußerung iS von Abs. 2 Nr. 1 darstellt (RdNr. 65 ff.). Sie ist aber gewerbliche Tätigkeit.[23]

2. Uneinheitlichkeit des Gewerbebegriffs. Es gibt im geltenden Recht keinen einheit- **14** lichen Gewerbebegriff. Vielmehr ist dieser Begriff in den unterschiedlichen Rechtsgebieten zwar ähnlich, aber bedingt durch die unterschiedlichen Normzwecke, doch unterschiedlich definiert.

a) Der **Gewerbebegriff des Gewerberechts** umfaßt eine selbständige, erlaubte, auf **15** Dauer ausgeübte und auf Gewinnerzielung gerichtete Tätigkeit unter Ausschluß der freien (auch: wissenschaftlichen und künstlerischen) Berufe.[24] Er zielt auf Erfassung derjenigen Tätigkeiten, deren Zulässigkeit gewerbe- bzw. handwerksrechtlichen Vorschriften (Anmeldung, Genehmigung, Eintragung in die Handwerksrolle etc.) unterliegt. Dienstleistungen, die eine „höhere Bildung", insbes. eine Universitätsausbildung, erfordern, fallen nicht unter den Gewerbebegriff des Verwaltungsrechts.[25] Mit dem Gewerbebegriff des Steuerrechts ist die gewerberechtliche Begriffsbildung nicht identisch.[26]

b) Der **steuerrechtliche Gewerbebegriff** nach §§ 15 Abs. 1 Satz 1 Nr. 1 und Abs. 2 **16** EStG sowie § 2 Abs. 1 Satz 1 GewStG soll die gewerblichen Einkünfte unter Steuerge-

---

[18] Vgl. *Zöllner* ZGR 1983, 84 f.
[19] *Karsten Schmidt* HandelsR § 9 IV 2 a; ähnlich wohl Heymann/*Emmerich* RdNr. 4.
[20] Vgl. nur Baumbach/*Hopt* RdNr. 34; Staub/ *Brüggemann* vor § 1 Rdnr. 11 ff.
[21] Vgl. nur Staub/*Brüggemann* RdNr. 58; s. aber noch Gierke/*Sandrock* Handelsrecht I, 9. Aufl. 1975, § 1 I 1 a („nicht Kaufmann im wirtschaftlichen Sinne").
[22] *Hofmann* NJW 1976, 1297 f.; dagegen *Karsten Schmidt* HandelsR § 10 VI 1; Staub/*Brüggemann* § 3 Rdnr. 2; *v. Olshausen* ZHR 141 (1977), 97 ff.

[23] So auch Staub/*Brüggemann* RdNr. 58.
[24] BVerwGE 3, 178, 180 = NJW 1952, 1004; 14, 125 = GewArch 1962, 212; 19, 61, 62 = GewArch 1964, 255; BVerwG GewArch 1988, 123; 1993, 196; VGH Bad.-Württ. GewArch 1988, 370; OLG Düsseldorf GewArch 1979, 125 = NJW 1979, 327; OLG Stuttgart GewArch 1988, 330.
[25] BVerwGE 78, 6 = NVwZ 1988, 56; GewArch 1987, 331.
[26] BVerwG NJW 1977, 772.

sichtspunkten abgrenzen und ist mit dem Gewerbebegriff anderer Gesetze nicht deckungs-gleich.[27] Nach § 15 Abs. 2 EStG ist Gewerbebetrieb jede selbständige nachhaltige Betäti-gung, die mit Gewinnabsicht unternommen wird und sich als Beteiligung am allgemeinen wirtschaftlichen Verkehr darstellt, wenn die Betätigung weder als Ausübung von Land- und Forstwirtschaft noch als Ausübung eines freien Berufs noch als eine andere selbständige Arbeit iS des Einkommensteuerrechts anzusehen ist.[28] Die nach dem auf der im Steuerent-lastungsgesetz 1984 zusammengefaßten ständigen Rechtsprechung beruhenden klaren Gesetzeswortlaut unentbehrliche Gewinnerzielungsabsicht beruht auf dem Gedanken, daß positive und negative Einkünfte nur dann vom Staat einkommensteuerrechtlich erfaßt werden können, wenn die Absicht besteht, auf Dauer gesehen nachhaltig Überschüsse zu erzielen.[29] Private Vermögensverwaltung scheidet aus,[30] während die Gewerbeeigenschaft einer verpachtenden Besitzgesellschaft bei der Betriebsaufspaltung[31] umstritten geblieben ist.[32] Nicht zu den Einkünften aus Gewerbebetrieb rechnet das Steuerrecht die in § 18 EStG aufgezählten Einkünfte aus „selbständiger", insbesondere freiberuflicher Arbeit.

17   c) Dem handelsrechtlichen Gewerbebegriff ähnelt der **Gewerbebegriff des § 196 Abs. 1 Nr. 1 BGB.** Als Gewerbebetrieb iS dieser Bestimmung wird ein berufsmäßiger Geschäfts-betrieb angesehen, der von der Absicht dauernder Gewinnerzielung beherrscht wird.[33] Freiberufler wie Ärzte und Steuerberater werden auch hier ausgenommen,[34] ebenso Künstler.[35] Auch hier scheidet bloße Vermögensverwaltung aus.[36] Die Normstruktur des § 196 Abs. 1 BGB ist allerdings eine andere als diejenige der §§ 1 ff. Die Kaufleute, Fabri-kanten, Handwerker, Ärzte, Rechtsanwälte usw. werden im einzelnen als Gläubiger aufge-zählt, und der Gewerbebegriff ist nur von Interesse insofern, als eine Leistung für den Ge-werbebetrieb des Schuldners die Anwendung von § 196 Abs. 1 Nr. 1 BGB ausschließt. Er bestimmt hier also nur den Gegenstand des Geschäfts und bezieht sich auf die aus diesem Geschäft resultierenden Forderungen, bestimmt also nicht, wie bei § 1 HGB, den Norm-adressatenkreis eines Gesetzes.

18   d) **Der handelsrechtliche Gewerbebegriff** zielt darauf, die Normadressaten des HGB, soweit nicht formkaufmännische Handelsgesellschaften (§ 6), abzugrenzen. Gewerbe iS des Abs. 1 ist nach der unterschiedlich formulierenden Rechtsprechung jede selbständige und berufsmäßige wirtschaftliche, nicht künstlerische, wissenschaftliche oder freiberufliche Tätigkeit, die auf Gewinnerzielung durch einen auf Dauer gerichteten Geschäftsbetrieb zielt.[37] Es wird zu zeigen sein, daß auf das Merkmal der Gewinnerzielungsabsicht richti-gerweise verzichtet werden kann (RdNr. 23). Entscheidend sind die Merkmale der Selb-ständigkeit, des Angebots am Markt, der Entgeltlichkeit und der planmäßigen Dauer.[38]

19   **3. Der Gewerbebegriff des Abs. 1. a) Selbständigkeit:** Nur eine selbständige Tätigkeit ist Unternehmenstätigkeit und damit auch Ausübung eines Gewerbes.[39] Für den Fall des

---

[27] BFHE 104, 321, 323 = BStBl. 1972 II S. 360; *Steißlinger,* Der Gewerbebegriff im Handels- und Steuerrecht, 1989.
[28] Näher *Knobbe-Keuk,* Bilanz- und Unterneh-menssteuerrecht, 9. Aufl. 1993, § 9 II 2; *Ludwig Schmidt* (Fn. 8) § 15 RdNr. 8 ff.
[29] BFHE 141, 405, 435 (GrS) = BStBl. 1984 II S. 751, 766; krit. *Seeger,* Festschrift für Ludwig Schmidt, 1993, S. 37 ff.
[30] BFHE 141, 405, 427 f (GrS) = BStBl. 1984 II S. 751, 762; BFHE 165, 498, 501 = BStBl. 1992 II S. 143, 144; BFHE 167, 401, 403 = BStBl. 1992 II S. 1007, 1008; *Ludwig Schmidt* (Fn. 8) § 15 RdNr. 50 ff.
[31] Bejahend BFHE 145, 401, 403 f. = BStBl. 1986 II S. 296, 297.
[32] Ablehnend *Knobbe-Keuk* (Fn. 28) § 9 II 2 d.
[33] BGHZ 33, 321, 324 = NJW 1961, 725, 726; 49, 258, 260 = NJW 1968, 639; 53, 222, 223 =

NJW 1970, 938, 939; 57, 191, 199 = NJW 1972, 95, 98; 63, 32, 33 = NJW 1974, 1462, 1463; 74, 273, 276 = NJW 1979, 1650; 95, 155, 157 = NJW 1985, 3063; std. Rspr.; MünchKommBGB/*v. Feld-mann* § 196 RdNr. 10
[34] BGHZ 86, 313, 320 = NJW 1983, 1050, 1052 (Ärzte); OLG Celle DB 1977, 1505 (Steuerberater).
[35] RGZ 75, 52, 53; MünchKommBGB/*v. Feld-mann* § 196 RdNr. 11.
[36] BGHZ 74, 273, 277 f. = NJW 1979, 1650 f.
[37] Vgl. nur BGHZ 63, 32, 33 = NJW 1974, 1462; BAG NJW 1988, 222; *Baumbach/Hopt* RdNr. 2; *Heymann/Emmerich* RdNr. 5; *Staub/ Brüggemann* RdNr. 6 ff.
[38] *Karsten Schmidt* HandelsR § 9 IV 2.
[39] *Baumbach/Hopt* RdNr. 4; *Staub/Brüggemann* § 1 RdNr. 6; *Straube* RdNr. 11; *Karsten Schmidt* HandelsR § 9 IV 2 a.

Handelsvertreters hebt § 84 Abs. 2 dies noch besonders hervor (vgl. insofern § 84 RdNr. 23 ff.). Die Selbständigkeit unterscheidet den Gewerbetreibenden vom Arbeitnehmer.[40] Das bedeutet zunächst, daß **Handelsgesellschaften und alle sonstigen nichtnatürlichen Unternehmensträger** konstitutionell selbständig sind. Das Merkmal der Selbständigkeit ist für sie, weil notwendig vorhanden, ohne besondere Bedeutung.[41] Insbesondere kommt es nicht auf die wirtschaftliche Unabhängigkeit an: auch eine unter Konzernleitung stehende Gesellschaft (§§ 17, 18 AktG) und auch eine existentiell von Dritten abhängige Gesellschaft (§ 26 GWB) ist iS des Gewerbebegriffs selbständig. **Natürliche Personen** sind selbständig, wenn und soweit sie keine Arbeitnehmer sind. Auch bei ihnen kommt es nicht auf die wirtschaftliche, sondern nur auf die rechtliche Selbständigkeit an (vgl. auch hierzu näher § 84 RdNr. 25 ff.).[42] Auch ein Einfirmen-Handelsvertreter (§ 92 a und Erl. ebd.) ist selbständig iS des Gewerbebegriffs (die durch § 5 Abs. 3 ArbGG begründete besondere Zuständigkeit der Arbeitsgerichte beruht geradezu darauf, daß es sich um Gewerbetreibende und nicht um Arbeitnehmer handelt). Die Abhängigkeit iS des Arbeitnehmerbegriffs ist eine intern-organisatorische Unselbständigkeit und Weisungsabhängigkeit,[43] die sich insbesondere bei folgenden Merkmalen zeigt: bei der Wahl des Arbeitsplatzes,[44] bei der Bestimmung der Arbeitszeiten,[45] bei der Diensteinteilung[46] und bei Urlaubsplänen.[47] Nebenberuflichkeit spricht nicht für Abhängigkeit (vgl. auch § 92 b).[48] Dabei entscheidet nicht in erster Linie die Bezeichnung des Vertrages oder der Inhalt der getroffenen Vereinbarungen, sondern die tatsächliche Durchführung.[49] Nach § 84 Abs. 1 S. 2 ist selbständig, wer im wesentlichen frei seine Tätigkeit gestalten und seine Arbeitszeit bestimmen kann (dazu § 84 RdNr. 26 ff.). Als Indiz für Selbständigkeit iS des Gewerbebegriffs im Gegensatz zum Arbeitnehmerbegriff wird ferner die Tragung des Unternehmerrisikos angesehen.[50] Regelmäßig wird es aber nur um das Unternehmerrisiko im Außenverhältnis gehen. Wer im Innenverhältnis von der Haftung freigestellt ist (Treuhandvertrag, Verlustausgleichszusage, Patronatserklärung), kann gleichwohl selbständig iS des Gewerbebegriffs sein. Die neben der Selbständigkeit oder an ihrer Stelle oft hervorgehobene „Berufsmäßigkeit"[51] ist ein fragwürdiges, selbständiger Bedeutung entbehrendes Merkmal.[52] Sie spielt nur im Rahmen der Planmäßigkeit und Dauer eine Rolle (RdNr. 22).

b) Anbietende Tätigkeit am Markt ist erforderlich.[53] Dazu gehört zunächst das **Angebot** von Waren oder Leistungen.[54] Wer nur nachfragt, ist nicht Gewerbetreibender, sondern Verbraucher. An einem **Markt** muß angeboten werden. Dieser kann eng, sogar monopolitisch sein. Auch die Belieferung nur eines Großabnehmers – zB einer Supermarktkette oder eines Industrieunternehmens – kann anbietende Tätigkeit an einem Markt sein. Unentbehrlich ist aber eine Marktgegenseite. Eine Selbstversorgungseinrichtung, die ausschließlich an eigene Mitglieder anbietet, ist nicht gewerblich tätig.[55] Allerdings kann sich, wenn der Kreis der Berechtigten als Marktgegenseite erscheint, auch ein „innerer Markt" innerhalb einer Verkaufsorganisation entwickeln (Beispiele: Kaufstätte oder Sportstätte mit Berechtigungsausweis, sog. Buchclub etc.).[56] Reine **Vermögensverwaltung** genügt

20

---

[40] BAGE 18, 87 = DB 1966, 546; Heymann/*Sonnenschein/Weitemeyer* § 84 RdNr. 16.
[41] Vgl. auch *Emde*, Die Handelsvertreter-GmbH, 1994, S. 89 ff.
[42] KG JFG 18, 308, 311; Staub/*Brüggemann* RdNr. 6.
[43] *Schaub*, Arbeitsrechts-Hdb., 7. Aufl. 1992, § 36 I; MünchHdbArbR/*Richardi* § 23.
[44] BAG AP BGB § 611 (Abhängigkeit) Nr. 17, 24, 45.
[45] BAG AP BGB § 611 (Abhängigkeit) Nr. 1, 3, 18, 21.
[46] Vgl. BAG AP BGB § 611 (Abhängigkeit) Nr. 68.

[47] *Schaub*, Arbeitsrechts-Hdb., 7. Aufl. 1992, § 102 V 1.
[48] BAG AP BGB § 611 (Abhängigkeit) Nr. 61.
[49] BAG AP BGB § 611 (Abhängigkeit) Nr. 73 m. Anm. *Mohr.*
[50] BAGE 18, 87, 102 ff. = DB 1966, 546, 548; eingehend *Straube* RdNr. 11.
[51] BGHZ 74, 273 = NJW 1979, 1650 (zu § 196 BGB).
[52] *Karsten Schmidt* HandelsR § 9 IV 2 a bb; zust. *Canaris* § 2 I 2 c; Koller/*Roth*/Morck RdNr. 7.
[53] *Karsten Schmidt* HandelsR § 9 IV 2 b.
[54] *Karsten Schmidt* HandelsR § 9 IV 2 b aa.
[55] *Karsten Schmidt* HandelsR § 9 IV 2 b bb.
[56] *Karsten Schmidt* HandelsR § 9 IV 2 b bb.

nicht.[57] Bloße **Holdingfunktionen** begründen deshalb keine gewerbliche Tätigkeit.[58] Die Errichtung eines Hauses als Kapitalanlage ist nicht gewerblich,[59] ebensowenig die bloße Parzellierung gemeinsamen, zB ererbten, Grundes und Bodens.[60] Komplikationen ergeben sich bei der **Betriebsaufspaltung:** Ist ein Unternehmen derart aufgespalten, daß es mit dem von einer Besitzgesellschaft verpachteten Anlagevermögen nur noch von einer sog. Betriebsgesellschaft geführt wird, so ist zwar die Betriebsgesellschaft gewerblich tätig, nicht aber die Besitzgesellschaft;[61] der für das Steuerrecht maßgebliche „einheitliche geschäftliche Betätigungswille"[62] macht die Besitzgesellschaft handelsrechtlich nicht zu einem gewerblichen Unternehmen.[63] Bloße Grundstücksverwaltung ist nicht gewerblich, auch dann nicht, wenn sie „kaufmännisch" organisiert ist.[64] Eine Gesellschaft zum Halten und Verwalten von Grundeigentum ist BGB-Gesellschaft.[65] Dagegen kann eine vermietende oder verpachtende Tätigkeit, sofern an einem Markt betrieben, durchaus gewerblicher Art sein, wenn sie iS von RdNr. 22 planmäßig betrieben wird,[66] denn die Leistung des Vermieters oder Verpächters ist eine werthaltige anbietende Leistung. Nicht nur der gewerbliche Zwischenvermieter, sondern auch ein Grundeigentümer, Eigentümer eines Maschinenparks etc., dessen Vermietungstätigkeit (Leasing!) über die bloße Eigentumsnutzung hinausgeht, kann gewerblich iS von Abs. 1 handeln. Die Gewerblichkeit bedarf aber stets der Prüfung. Die Tatsache allein, daß für die Verwaltung von Anteilen (Holding), von Betriebsvermögen (Betriebsaufspaltung) oder von Grundbesitz ein auf kaufmännische Einrichtungen (§ 2) hindeutender Organisationsaufwand betrieben werden muß, ersetzt entgegen einer verbreiteten Auffassung nicht die Voraussetzungen des Gewerbebetriebs, denn § 2 spricht von der Qualifikation eines Gewerbes als **Handels**gewerbe und setzt einen **Gewerbe**betrieb voraus.[67]

21   c) **Rechtsgeschäftliche Angebote** sind erforderlich. Rechtsgeschäftlicher Art müssen die anbietenden Tätigkeiten sein, wobei es hinsichtlich des Rechtsgeschäfts nicht auf die Erfüllung ankommt (Lieferungen sind rechtsgeschäftlicher, Dienst- und Werkleistungen tatsächlicher Art), sondern auf das Grundgeschäft (Kauf, Dienstvertrag, Werkvertrag etc.).[68] Die Tätigkeit muß **privatrechtlich** sein, dh. auf privatrechtlichen Verträgen basieren. Die öffentlichrechtliche Tätigkeit der früheren Bundespost war deshalb nicht gewerblich (zur gegenwärtigen Rechtslage vgl. RdNr. 84).[69] Dasselbe gilt nach wie vor für gebührenpflichtige Staatstätigkeiten. Auf die Wirksamkeit der einzelnen Geschäfte (etwa auf einen Verstoß gegen § 134 oder § 138 BGB) kommt es nach richtiger Auffassung nicht an.[70]

---

[57] BGHZ 74, 273 = NJW 1979, 1650 (zu § 196 BGB); Baumbach/*Hopt* RdNr. 2; vgl. auch BFHE 141, 427 = DB 1984, 2383, 2386; *Ludwig Schmidt* (Fn. 8) § 15 RdNr. 50.

[58] Ungenau (auf § 2 abstellend) *Kraft,* in Lutter, Holding-Hdb. 1995, RdNr. B 5.

[59] BGHZ 63, 32, 33 = NJW 1974, 1462, 1463; BGHZ 74, 273, 277 = NJW 1979, 1650.

[60] Heymann/*Emmerich* RdNr. 7.

[61] BGH WM 1962, 10, 12; NJW-RR 1990, 798; OLG Hamm DB 1993, 1816 = NJW 1994, 392; *Karsten Schmidt* HandelsR § 9 IV 2 b aa; *ders.* DB 1988, 897 ff.; Glanegger/*Ruß* E I vor § 1 RdNr. 26 b; Koller/*Roth*/Morck RdNr. 7; s. auch für Unterverpachtung OLG Koblenz DB 1996, 136; aM OLG München NJW 1988, 1036, 1037; LG Nürnberg-Fürth BB 1980, 1549; LG Heidelberg BB 1982, 142 m. Anm. *Theil;* Baumbach/*Hopt* § 2 RdNr. 2; *Hopt* ZGR 1987, 169 ff.; differenzierend *Bentler,* Das Gesellschaftsrecht der Betriebsaufspaltung, 1986, S. 49 ff.

[62] BFHE 141, 405 = DB 1984, 2383; BFHE 148, 65, 66 = DB 1987, 137; *Ludwig Schmidt* (Fn. 8) § 15 RdNr. 807.

[63] *Karsten Schmidt* HandelsR § 9 IV 2 b aa; zust. *Canaris* § 2 I b; aM *Brandmüller*, die Betriebsaufspaltung nach Handels- und Steuerrecht, 5. Aufl. 1985, RdNr. 6 B; *Felix* u. a., Kölner Hdb. der Betriebsaufspaltung und Betriebsverpachtung, 4. Aufl. 1979; *Fichtelmann*, Betriebsaufspaltung im Steuerrecht, 7. Aufl. 1991, S. 39 f.; *Hopt* ZGR 1987, 170 f.; wohl auch Heymann/*Emmerich* RdNr. 11.

[64] OLG Frankfurt MDR 1979, 1027.

[65] vgl. BGH NJW 1982, 170 = WM 1981, 1334; *Karsten Schmidt* AcP 182 (1982), 482 ff.; gegen Zulässigkeit bloßer Verwaltung als Gesellschaftszweck OLG Düsseldorf DNotZ 1973, 91; BB 1973, 1325.

[66] Ähnlich wohl Heymann/*Emmerich* RdNr. 7; Koller/*Roth*/Morck RdNr. 7.

[67] *Karsten Schmidt* DB 1988, 898; vgl. auch BFHE 79, 366 = DB 1964, 868.

[68] *Karsten Schmidt* HandelsR § 9 IV 2 b cc.

[69] Vgl. nur Staub/*Brüggemann* RdNr. 15.

[70] Ebd. § 9 IV 2 b cc; einschränkend Baumbach/*Hopt* RdNr. 5; Heymann/*Emmerich* RdNr. 21; Koller/*Roth*/Morck RdNr. 11; aM OLG Frankfurt NJW 1955, 716; Staub/*Brüggemann* RdNr. 17.

Ebensowenig kommt es auf eine Durchsetzbarkeit der aus den einzelnen Rechtsgeschäften resultierenden Ansprüchen an.[71] Die aus der Gegenauffassung resultierenden Schwierigkeiten bei Ehemaklern (Unklagbarkeit des Ehemaklerlohnes nach § 656 Abs. 1 BGB)[72] sind bloße Scheinprobleme: Ehemakler sind Gewerbetreibende.[73] Auch eine etwa erforderliche und fehlende öffentlichrechtliche Erlaubnis hindert nach § 7 nicht die Gewerblichkeit der Betätigung (näher Erl. § 7).

d) Planmäßigkeit und Ausrichtung auf Dauer ist erforderlich.[74] Das Merkmal deckt   **22** sich weitgehend mit dem in der Literatur vertretenen, häufig mit dem der Selbständigkeit vermischten Merkmal der sog. Berufsmäßigkeit.[75] Diese besondere Berufsmäßigkeit ist kein neben der Selbständigkeit und Planmäßigkeit erforderliches Merkmal.[76] Die Finanzrechtsprechung spricht von **Nachhaltigkeit** der Gewerbeausübung (vgl. § 15 Abs. 2 Satz 1 EStG).[77] Eine ununterbrochene Tätigkeit wird nicht vorausgesetzt.[78] Ebensowenig muß die Tätigkeit unbefristet sein.[79] Es muß sich auch nicht um die Haupteinnahmequelle des Gewerbetreibenden handeln.[80] Nicht ausreichend sind aber Einzelverkäufe oder Einzeldienstleistungen. Abgrenzungskriterium muß die Frage sein, ob durch die anbietende Tätigkeit eine, sei es auch unbedeutende, unternehmerische Aktivität entwickelt wird. Die Parzellierung und sukzessive Veräußerung ererbten Grundbesitzes ist nicht gewerbsmäßig.[81] Ein Werksangehöriger, der alljährlich den ihm zustehenden Jahreswagen verkauft, handelt nicht gewerbsmäßig. Anders zB, wenn er auch die Wagen von Betriebskollegen systematisch in Kommission nimmt. Nicht gewerbsmäßig sind auch gelegentliche soziale Veranstaltungen, für die ein Eintrittsentgelt o.ä. verlangt wird (Schulsportfest, Jubiläumsball, Weihnachtstombola etc.), es sei denn, ein Dauerveranstalter nimmt sich ihrer planmäßig an. Dagegen kann zB die planmäßige und fortdauernde Vergabe von kostenpflichtigen Eintrittskarten durch Sportvereine etc. gewerblich sein (str.). Darauf, ob der Gewerbebetrieb nach öffentlichem Recht erlaubt oder verboten ist, kommt es für den Gewerbebetrieb nicht an.[82] Das folgt schon aus § 7. Zu der ganz anderen Frage, inwieweit die Eintragung in das Handelsregister von der öffentlichrechtlichen Zulässigkeit abhängig gemacht werden kann, vgl. RdNr. 15.

e) Entgeltlichkeit ist schließlich zu verlangen.[83] Herkömmlich wird stattdessen auf die   **23** Gewinnerzielungsabsicht abgestellt.[84] Mehr und mehr verzichtet aber die Literatur auf das Merkmal.[85] Die Frage spielt vor allem bei öffentlichen Versorgungsunternehmen eine Rolle,[86] außerdem bei karitativer oder sonst gemeinnütziger Tätigkeit und uU bei defizitär geführten Unternehmen, zB Konzerntöchtern.[87] Die Beschränkung auf Unternehmen mit

---

[71] AM Staub/*Brüggemann* RdNr. 17.

[72] BayObLGZ 1972, 106, 107 = NJW 1972, 1327; OLG Frankfurt NJW 1955, 716; Staub/*Brüggemann* RdNr. 17.

[73] Baumbach/*Hopt* RdNr. 5; Heymann/*Emmerich* RdNr. 21; *Karsten Schmidt* HandelsR § 9 IV 2 b cc; *John* JR 1977, 563.

[74] Näher *Karsten Schmidt* HandelsR § 9 IV 2 c; Koller/*Roth*/Morck RdNr. 7; Staub/*Brüggemann* RdNr. 7.

[75] Dazu Baumbach/*Hopt* RdNr. 1; *Hopt* ZGR 1987, 172 ff.

[76] *Canaris* § 2 I 3 c; *Karsten Schmidt* HandelsR § 9 IV 2 a bb.

[77] BFHE 145, 33, 36 = DB 1986, 1370, 1371; *Ludwig Schmidt* (Fn. 8) § 15 RdNr. 17.

[78] RGZ 130, 233, 235 (Saisonbetrieb); Baumbach/*Hopt* RdNr. 1; Heymann/*Emmerich* RdNr. 6; *Straube* RdNr. 5.

[79] Staub/*Brüggemann* RdNr. 7: Würstchenbude auf einem Volksfest.

[80] RG JW 1906, 396; OLG Frankfurt NJW-RR 1991, 243, 246.

[81] Heymann/*Emmerich* RdNr. 7.

[82] *Karsten Schmidt* HandelsR § 9 IV 2 b cc; einschränkend Baumbach/*Hopt* RdNr. 5; Heymann/ *Emmerich* RdNr. 21; aM Staub/*Brüggemann* RdNr. 8, 17.

[83] *Karsten Schmidt* HandelsR § 9 IV 2 d.

[84] BGHZ 33, 321, 325; 49, 258, 260; 53, 222, 223; 63, 32, 33; 66, 48, 49; 83, 382, 386; 95, 155, 157 = NJW 1985, 3063; RGZ 38, 18, 20; 66, 48, 51; 116, 227, 229; 132, 367, 372; 138, 6, 16; Schlegelberger/*Hildebrandt*/Steckhan RdNr. 24; Staub/ *Brüggemann* RdNr. 9; *Straube* RdNr. 6 ff.

[85] *Canaris* § 2 I 2 b; Gierke/*Sandrock* § 6 II 5; *Karsten Schmidt* HandelsR § 9 IV 2 ff; Baumbach/ *Hopt* RdNr. 2; Heymann/*Emmerich* RdNr. 9, 12; Koller/*Roth*/Morck RdNr. 10; *Hopt* ZGR 1987, 172 ff.; grundlegend *Raisch*, Geschichtliche Voraussetzungen, 1965, S. 186 ff.; vgl. auch *dens.*, Festschrift Rittner, S. 474 ff.

[86] BGHZ 53, 222; 83, 382; 95, 155 = NJW 1985, 3063; dazu auch Koller/*Roth*/Morck RdNr. 9.

[87] *Karsten Schmidt* HandelsR § 9 IV 2 d.

Gewinnerzielungsabsicht ist betriebswirtschaftlich überholt und teleologisch – dh. bezogen auf den Anwendungskreis des Handelsrechts – nicht begründbar.[88] Sie hat zu juristischen Scheinproblemen und Scheinbegründungen geführt wie zu der, daß zwischen „Gewinnerzielung" und „Gewinnmaximierung" unterschieden werden müsse.[89] Von der noch als Sondervermögen der Bundesrepublik betriebenen Deutschen Bundesbahn, deren Kaufmannseigenschaft zu Unrecht vielfach verneint worden war, heißt es in dem zu § 196 BGB ergangenen Urteil BGHZ 95, 155 = NJW 1985, 3063, sie sei „nach der Gesamtkonzeption ihrer Betriebsführung auf die Erzielung laufender Einnahmen, also das Erreichen eines wirtschaftlichen Ergebnisses, ausgerichtet", und dies müsse ausreichen. Das Streben nach „Gewinnmaximierung" sei nicht erforderlich. Kein Kaufmann verliere seinen handelsrechtlichen Status dadurch, daß sein Betrieb mit Verlust arbeite. Dem ist im Ergebnis zuzustimmen. Doch liegt der ganze Gedankengang neben der Sache. Subjektivierende Überlegungen wie diese sind nicht am Platze. Es gibt **kein gesetzliches Erfordernis der Gewinnerzielungsabsicht.** Allein entscheidend ist, daß ein als Leistungsäquivalent ernst gemeintes – nicht notwendig kostendeckendes – Entgelt verlangt wird. Soweit verobjektivierend auf die Unternehmensführung nach betriebswirtschaftlichen Grundsätzen abgestellt und aus diesem Grund auf das Gewinnstreben verzichtet wird,[90] ist dem der Sache nach zuzustimmen, nur handelt es sich hierbei um Merkmale, die sich im Bereich der planmäßigen anbietenden Leistung niederschlagen (RdNr. 22). Für das Merkmal der Gewinnerzielungsabsicht gilt: Es ist durch das der Entgeltlichkeit zu ersetzen. Deshalb sind insbesondere auch die **Sparkassenunternehmen** auch insoweit gewerbsmäßig, als sie nach Landesgesetzen ohne Gewinnerzielungsabsicht betrieben werden.[91] Dasselbe galt für die Deutsche Bundesbahn als Sondervermögen des Bundes (s.o.).

24 **f) Ausnahme: wissenschaftliche, künstlerische oder freiberufliche Tätigkeit.** Kein Gewerbe ist die wissenschaftliche, künstlerische oder freiberufliche Tätigkeit.[92] Diese aus der Tradition des Gewerbebegriffs resultierende negative Abgrenzung macht den entscheidenden Unterschied und die entscheidende Unklarheit des Gewerbebegriffs gegenüber dem Unternehmensbegriff aus (RdNr. 12).[93]

25 **aa)** Was wissenschaftlich, künstlerisch oder freiberuflich ist, kann nur **nach tradierten Leitbildern** bestimmt werden. Eine Ausdehnung dieses nichtgewerblichen Bereichs entgegen den herkömmlichen Leitbildern wäre nur scheinbar modern, der Sache nach aber als Zurückdrängung des Handelsrechts ein historischer Rückfall. Maßgebend muß der Schwerpunkt der Leistung sein. Nicht ausreichend ist, daß es für die von den Unternehmen erbrachten Leistungen wissenschaftlicher Erkenntnisse (Beispiele: Chemiebetrieb, wissenschaftliche Zeitschrift), künstlerischer Fähigkeiten (Beispiele: Filmindustrie, Theater, Bildwerbung) oder freiberuflichen Rates (Beispiele: Medizinbedarf, Bankgewerbe) bedarf. Als **wissenschaftliche Tätigkeit** kann nur die ursprüngliche wissenschaftliche Schöpfung und Ausarbeitung, insbesondere das Angebot von individuellen Forschungsergebnissen etwa in Form von Formeln, Erfindungen, Gutachten, Manuskripten, Vorträgen, angesehen werden. Die bloße Befassung mit wissenschaftlichen Stoffen im Rahmen von Informations- und Dienstleistungen (zB Wissenschaftsjournalismus) genügt nicht. Auch als **künstlerische Tätigkeit** kann nicht jede urheberrechtlich geschützte Herstellung und Verbreitung von Werken der Literatur, der Musik oder der bildenden Kunst verstanden werden, sondern nur eine auf künstlerischer Höhe angesiedelte, nach der Verkehrsauffassung nicht-

---

[88] Vgl. *Karsten Schmidt* HandelsR § 9 IV 2 d.
[89] BGHZ 95, 155, 158 = NJW 1985, 3063, 3064.
[90] Baumbach/*Hopt* RdNr. 2; *Hopt* ZGR 1987, 172 ff.
[91] Heymann/*Emmerich* RdNr. 9; Staub/*Brüggemann* RdNr. 12; s. aber noch BGH BB 1980, 480; RGZ 115, 311, 318 f.
[92] Vgl. statt aller Baumbach/*Hopt* RdNr. 3; Heymann/*Emmerich* RdNr. 18; Staub/*Brüggemann*

RdNr. 18; *Straube* RdNr. 14 ff.; *Karsten Schmidt* HandelsR § 9 IV 2 a cc; eingehend *Michalski*, Das Gesellschafts- und Kartellrecht der freien Berufe, 1989; *Taupitz*, Die Standesordnungen der freien Berufe, 1991; krit. *Raisch*, Festschrift für Rittner, S. 480 f.
[93] *Karsten Schmidt* HandelsR § 4 I 2 b; *ders.* JuS 1985, 255.

gewerbliche Produktion oder Ausübung künstlerischer Leistungen. Werbetexter, beliebig austauschbare Musikgruppen und Designer können iS von Abs. 1 durchaus als gewerbliche Anbieter eingestuft werden, ebenso das sog. Kunstgewerbe.[94] Dasselbe sollte entgegen tradierter Auffassung für den Kunst- und Musikunterricht gelten, jedenfalls soweit es sich nicht im engsten Sinne um Meisterkurse handelt. Dieser ist trotz der persönlichen Tätigkeit (soweit nicht unselbständiger Bestandteil der eigenen künstlerischen Tätigkeit) gewerblich.[95] Auch die **pädagogische Tätigkeit** ist, sofern planmäßig, entgeltlich und selbständig betrieben, gewerblich.[96] Die Privatschule oder das private Repetitorium ist ein Gewerbebetrieb, ebenso die Veranstaltung von Fortbildungs-„Seminaren" für die Berufspraxis oder von „Selbsterfahrungsveranstaltungen" etc.

bb) Was die gleichfalls nur aus der Tradition erklärliche **Sonderstellung der freien Berufe** anlangt, so sollten aus dem handelsrechtlichen Gewerbebegriff nur die traditionell kammergebundenen oder ihnen berufsrechtlich gleichgestellten Berufe ausgeklammert werden: Ärzte,[97] Zahnärzte, Tierärzte, Architekten,[98] Notare,[99] Rechtsanwälte,[100] Patentanwälte,[101] Steuerberater,[102] Wirtschaftsprüfer.[103] Auch Heilpraktiker sind zu den freien Berufen gerechnet worden,[104] ebenso Vermessungsingenieure[105] und sogar Softwareentwickler (bedenklich; vgl. RdNr. 27).[106] Im einzelnen kann die Abgrenzung nur aus der historischen Entwicklung der freien Berufe erklärt werden (zur Nicht-Maßgeblichkeit des § 18 EStG vgl. RdNr. 27). Keine Gefolgschaft verdient die immer noch verbreitete Auffassung, die höchstpersönliche und angeblich nicht aus Erwerbsstreben erbrachte höhere Leistungen als freiberuflich und deshalb als nicht-gewerblich qualifizieren will.[107] Nicht zu den freien Berufen, sondern zu den Gewerbetreibenden gehören die Apotheker. Sie sind Kaufleute nach Abs. 2 Nr. 1.[108] Bei **Mischtätigkeiten** (Arzt betreibt ein Sanatorium oder Seniorenheim, Architekt eine Grundstücksverwaltung) soll herkömmlich der Schwerpunkt der Tätigkeit entscheiden.[109] Dem ist nur teilweise zu folgen: Soweit sich die Tätigkeiten sachlich trennen lassen (zB ärztliche Versorgung und Unterbringung), können freiberufliche und gewerbliche Tätigkeit nebeneinander bestehen. Wo dies nicht der Fall ist, tritt der seiner Art nach nicht-freiberufliche Teil dann hinter dem freiberuflichen Teil zurück, wenn er seinem Zweck nach in den Dienst der freiberuflichen Hauptleistung gestellt ist. Beispielsweise ist ein Dialysezentrum oder ein Sanatorium mit echter Krankenhausfunktion (Rehabilitationszentrum) nicht-gewerblich, eine Seniorenpension mit medizinischer Betreuung dagegen gewerblich. Die Trennbarkeit des gewerblichen vom nichtgewerblichen Leistungsteil unterliegt teilweise der unternehmerischen Gestaltung. Ein Krankenhaus mit Belegbetten für niedergelassene Ärzte, das gegenüber den Patienten selbständig abrechnet, ist insoweit ein Gewerbebetrieb. Ebenso kann es sein, wenn das Krankenhaus (oder zB ein Dialysezentrum) von den Ärzten selbst betrieben, die reine Krankenhausleistung aber von der medizinischen Betreuung getrennt wird. Das Krankenhausunternehmen kann (und muß ggf.) in einem solchen Fall in das Handelsregister eingetragen, also zB auch als Kommanditgesellschaft nach § 161 betrieben werden.

---

[94] Eingehend zur österreichischen Praxis *Straube* RdNr. 19.
[95] Vgl. aber für die entgegenstehende hM Koller/*Roth*/Morck RdNr. 13.
[96] AM Koller/*Roth*/Morck RdNr. 13.
[97] BGHZ 33, 321, 325 = NJW 1961, 725, 276; BGHZ 86, 313, 320 = NJW 1983, 1050, 1052 (zu § 196 BGB); s. auch § 1 Abs. 2 BÄrzteO.
[98] BGH WM 1979, 559.
[99] § 2 S. 3 BNotO; dazu Seybold/*Schippel*, BNotO, 6. Aufl. 1995, § 1 RdNr. 13.
[100] BGHZ 33, 321, 325 = NJW 1961, 725, 726; BGHZ 72, 282, 287 = NJW 1979, 430, 431 (zu § 196 BGB); vgl. auch § 2 Abs. 2 BRAO.
[101] § 2 Abs. 2 PatentO.

[102] BGHZ 72, 322, 324 = NJW 1979, 429; vgl. § 32 Abs. 2 StBerG.
[103] § 1 Abs. 2 S. 2 WPO; BGHZ 94, 65, 69 = NJW 1985, 1844, 1845.
[104] LG Tübingen NJW 1983, 2093 (zu § 196 BGB).
[105] BGHZ 97, 243, 245.
[106] *Maier* NJW 1986, 1912.
[107] Vgl. für diese hM Koller/*Roth*/Morck RdNr. 13 f.
[108] *Maier* NJW 1986, 1912; Koller/*Roth*/Morck RdNr. 14.
[109] Koller/*Roth*/Morck RdNr. 14 m. weit. Nachw.

27   **cc)** Einen weiteren Begriff der freien Berufe, der in § 1 Abs. 2 PartGG übernommen wurde, enthält **§ 18 Abs. 1 EStG**. Danach gehören zu den freien Berufen die Tätigkeiten der „Ärzte, Zahnärzte, Tierärzte, Heilpraktiker, Krankengymnasten, Hebammen, Heilmasseure, Diplom-Psychologen, Mitglieder der Rechtsanwaltskammern, Patentanwälte, Wirtschaftsprüfer, Steuerberater, beratenden Volks- und Betriebswirte, vereidigten Buchprüfer (vereidigte Buchrevisoren), Steuerbevollmächtigten, Ingenieure, Architekten, Handelschemiker, Lotsen, hauptberuflichen Sachverständigen, Journalisten, Bildberichterstatter, Dolmetscher, Übersetzer und ähnliche Berufe sowie der Wissenschaftler, Künstler, Schriftsteller, Lehrer und Erzieher". Die rein steuerlich bedingte Sonderbehandlung **besagt für das Handelsrecht nichts.**[110] Wäre es anders, so müßten zB Privatschulen, Fahrschulen, Tanzschulen oder ein Pressebildservice aus dem handelsrechtlichen Gewerbebegriff ausscheiden. Dem könnte nicht gefolgt werden. Unternehmen der in § 18 Abs. 1 EStG aufgezählten Art sind im handelsrechtlichen Sinne gewerbliche Unternehmen, soweit sie nicht künstlerischer, wissenschaftlicher oder freiberuflicher Art iS von RdNr. 25 f. sind. Sie können unter den Voraussetzungen des § 2 in das Handelsregister eingetragen werden. Eine andere Frage ist, ob eine **eingetragene Partnerschaftsgesellschaft** dem HGB unterstellt werden kann, wenn Gegenstand des Unternehmens eine Tätigkeit ist, die unter den Katalog der §§ 18 Abs. 1 EStG, 1 Abs. 2 PartGG, aber nicht unter den traditionellen Katalog der freien Berufe fällt. Nach § 1 Abs. 1 Satz 2 PartGG übt die eingetragene Partnerschaft per definitionem kein Handelsgewerbe aus.[111] Sie wird in das Partnerschaftsregister (§ 4 PartGG), nicht in das Handelsregister eingetragen. In diesem Sinne muß das HGB die Sonderstellung der Partnerschaftsgesellschaft respektieren.[112] Nach §§ 2 Abs. 2, 4 Abs. 1, 5 Abs. 2, 6 Abs. 3, 7 Abs. 2, 3, 8 Abs. 1, 9 Abs. 1, 10 Abs. 2 sind aber aus dem HGB entsprechend anzuwenden: §§ 8 bis 12, 13, 13 c, 13 d, 13 h, 14 bis 16, 18 Abs. 2, 19 Abs. 3 und 4, 21, 22 Abs. 1, 23, 24, 30, 31 Abs. 2, 32, 37, 106 Abs. 1, 108, 110 bis 116 Abs. 2, 117 bis 119, 124, 125 Abs. 1, 2 und 4, 126, 127, 129, 130, 131 bis 144, 159, 160. Nicht verwiesen wird im PartGG auf das Recht der Handelsgeschäfte. Hier stellt sich die bei RdNr. 96 ff. aufgeworfene Analogiefrage: Auch auf die nach § 1 Abs. 1 Satz 2 nicht-gewerblichen Partnerschaften können (und sollten nach der hier vertretenen Auffassung) Handelsrechtsnormen uU lückenfüllend analog angewendet werden.[113] Dadurch wird eine höchst fragwürdige Methode des Partnerschaftsgesetzgebers[114] im Einklang mit dem HGB neutralisiert, denn es kann nicht die Aufgabe des EStG und des Partnerschaftsgesetzes sein, Gesellschaften, die iS von Abs. 1 Gewerbebetriebe führen, vom Geltungsbereich des HGB auszunehmen.

IV. Unternehmensträgerschaft „wer ein Handelsgewerbe betreibt"

28   **1. Grundlagen.** Wer das Handelsgewerbe betreibt – und nur er – ist Kaufmann. Hier liegt die praktische Bedeutung der **Rechtsfigur des Unternehmensträgers** (RdNr. 7 sowie vor § 1 RdNr. 8): Jedem Unternehmen ist ein Unternehmensträger als Zurechnungssubjekt der unternehmerischen Rechte und Pflichten zugeordnet.[115] Dieser Unternehmensträger – und nur er – kann unter den Voraussetzungen der §§ 1 ff. Kaufmann sein. Dasselbe besagt die gebräuchliche Formulierung: Kaufmann ist derjenige, in dessen Namen das Gewerbe betrieben wird.[116] Im einzelnen ist vieles streitig.

29   **2. Wer kann „ein Handelsgewerbe betreiben?" a) Natürliche Personen. aa) Jede natürliche Person** kann Unternehmensträger und damit Kaufmann sein.[117] Auf die Ge-

---

[110] Dazu *Karsten Schmidt*, Gesellschaftsrecht, 3. Aufl. 1997, Abschnitt Partnerschaft.

[111] Dazu *Lenz* in Meilicke/v. Westphalen/Hoffmann/Lenz, Partnerschaftsgesellschaftsgesetz, 1995, § 1 RdNr. 104 f.

[112] Auch dazu *Karsten Schmidt* (Fn. 110); s. auch Koller/*Roth*/Morck RdNr. 15.

[113] *Karsten Schmidt* NJW 1995, 3; vgl. jetzt auch Koller/*Roth*/Morck RdNr. 15.

[114] Dazu *Karsten Schmidt* ZIP 1993, 637 f.; NJW 1995, 3.

[115] *Karsten Schmidt* HandelsR § 4 IV, § 5 I.

[116] Baumbach/*Hopt* RdNr. 10; Heymann/*Emmerich* RdNr. 13; Staub/*Brüggemann* RdNr. 20.

[117] *Karsten Schmidt* HandelsR § 5 I.

schäftsfähigkeit kommt es hierfür ebensowenig an wie auf das Vorhandensein aller staats-
bürgerlichen Rechte. Der Geschäftsunfähige[118] kann ebenso Träger eines Unternehmens
sein wie derjenige, der etwa als Strafgefangener nicht in der Lage oder der aufgrund
rechtskräftiger Verurteilung nicht befugt ist, das Gewerbe selbst auszuüben. Die Fähigkeit,
Inhaber eines handelsgewerblichen Unternehmens zu sein, schließt nicht die Erlaubnis der
betreffenden Tätigkeit ein (RdNr. 22), die fehlende Erlaubnis hindert nicht die (unerlaubte) Kaufmannseigenschaft. Die natürliche Person als Kaufmann kann **mehrere selbständige
Gewerbebetriebe** nebeneinander führen.[119] Das unterscheidet sie insbesondere von den
Handelsgesellschaften, die zwar auch faktisch getrennte Betriebe führen können, deren
Kaufmannseigenschaft und Gegenstand des Unternehmens aber ungeteilt ist (vgl. auch
RdNr. 64).

bb) Die Ausübung der Unternehmerrechte hängt von dem allgemeinen Rechtsstatus der **30**
natürlichen Person ab. Im Fall fehlender Vollgeschäftsfähigkeit sind insbesondere die
§§ 1629, 1643, 1793, 1821 f., 1902, 1908 i BGB zu beachten (dazu auch RdNr. 47).

b) Juristische Personen. aa) Jede juristische Person kann Trägerin eines Unterneh- **31**
mens und damit Kaufmann sein. Das gilt für juristische Personen des öffentlichen Rechts
ebenso wie für juristische Personen des Privatrechts.[120] Auch die werdende juristische
Person – Vor-AG, Vor-GmbH, Vorgenossenschaft, Vor-Verein – kann Kaufmann sein.[121]
Kaufmann kraft Rechtsform ist sie dagegen nicht (§ 6 RdNr. 5). Es kommt auf die §§ 1 ff.
an.

bb) Ebensowenig wie bei den natürlichen Personen schließt bei den juristischen Perso- **32**
nen die Fähigkeit, Träger eines Unternehmens zu sein, die Erlaubnis hierzu ein. Während
die Kapitalgesellschaften für die Unternehmensträgerschaft konzipiert sind, gilt dies nicht
ohne weiteres für **die juristischen Personen des Bürgerlichen Gesetzbuchs und des
öffentlichen Rechts.** So kann die Kaufmannseigenschaft eines Vereins im Rahmen der
§§ 21, 22 BGB vereinsrechtlich ein Eintragungshindernis sein, soweit nicht das
„Nebenzweckprivileg" die Eintragung in das Vereinsregister zuläßt.[122] Die Unternehmensträgerschaft einer Stiftung kann, sofern Haupt- und nicht bloß Nebenzweck, deren Genehmigung entgegenstehen.[123] Vor allem den Gemeinden und Gemeindeverbänden sind
durch das Kommunalrecht Grenzen der unternehmerischen Eigentätigkeit gesetzt.[124]

cc) Keine juristische Person und nicht fähig, Unternehmensträger und damit Kauf- **33**
mann zu sein, **ist der Konzern.**[125] Der Konzern ist nach § 18 AktG keine als Rechtssubjekt
konsolidierte Einheit, sondern nur eine qualifizierte Variante der verbundenen, je rechtlich
selbständigen Unternehmen nach §§ 15 ff. AktG (vgl. auch RdNr. 51). Nur die einzelnen
im Konzern verbundenen Rechtsträger („Unternehmen") können Unternehmensträger
und damit Kaufleute sein.

c) Gesamthandsgemeinschaften. aa) Als **Gesamthandsgemeinschaften** werden her- **34**
kömmlich (anders jetzt *Raiser* AcP 194 [1994], 495 ff.) sehr heterogene Gebilde bezeichnet:
oHG, KG, EWIV, Freiberufliche Partnerschaft, Außengesellschaft bürgerlichen Rechts,
nichtrechtsfähiger Verein, Gütergemeinschaft, Erbengemeinschaft. Gesamthandsgemein-

---

[118] Dazu eingehend Heymann/*Emmerich* Rd-
Nr. 17; *Kunz* ZblJugR 1981, 490.
[119] Vgl. nur Glanegger/*Ruß* E I vor § 1
RdNr. 12.
[120] Baumbach/*Hopt* RdNr. 24; *Karsten Schmidt*
HandelsR § 5 I 2.
[121] BayObLGZ 1965, 294, 311 = NJW 1965,
2254, 2257; Heymann/*Emmerich* RdNr. 35;
Scholz/*Karsten Schmidt* GmbHG § 11 RdNr. 29;
Karsten Schmidt HandelsR § 5 I 2 d; *ders.* JZ 1973,
303 f.
[122] Dazu BGHZ 85, 84, 88 ff. = NJW 1983, 569,
570 f. (ADAC); *Hemmerich*, Möglichkeiten und

Grenzen wirtschaftlicher Betätigung von Idealvereinen, 1982; *Karsten Schmidt* GesellschaftsR § 23 III 1;
ders., Verbandszweck und Rechtsfähigkeit im Vereinsrecht, 1984; *ders.* ZGR 1975, 478; *Sack* ZGR
1974, 179.
[123] Vgl. nur Soergel/*Neuhoff* vor § 80 RdNr. 70;
eingehend *Berndt*, Stiftung und Unternehmen, 1986;
Kronke, Stiftungstypus und Unternehmensträgerstif-
tung, 1988; *Weimar/Geitzhaus/Delp* BB 1986, 1999.
[124] *Zeiss*, Das Recht der gemeindlichen Eigenbetriebe, 4. Aufl. 1993.
[125] *Karsten Schmidt* HandelsR § 5 I 2 d.

schaft ist auch die Partenreederei, nicht aber die stille Gesellschaft als Innengesellschaft. Auf der Basis dieser Systematik und Terminologie ist keine einheitliche Aussage über die Kaufmannseigenschaft von Gesamthandsgemeinschaften möglich. Vielmehr gilt folgendes:[126]

35   **bb)** **Offene Handelsgesellschaft und Kommanditgesellschaft** sind Handelsgesellschaften. Sie sind notwendig Kaufleute nach § 6 Abs. 1. Fehlt es daran, so kann keine oHG oder KG vorliegen. Das gilt auch für die GmbH & Co. KG, die nicht Formkaufmann ist (§ 6 RdNr. 7). Zur Frage, ob auch die Gesellschafter Kaufleute sind, vgl. RdNr. 54.

36   **cc)** Die **Europäische Wirtschaftliche Interessenvereinigung (EWIV)** könnte als Gesamthand Trägerin eines Unternehmens, zB eines grenzüberschreitenden Gemeinschaftsunternehmens, und somit Kaufmann sein, doch ist ihr die gewerbliche Betätigung nicht gestattet (Art. 3 Abs. 2 EWIV-VO).

37   **dd)** Die **Freiberufliche Partnerschaft** ist notwendig Trägerin eines von den Partnern gemeinschaftlich betriebenen Unternehmens, doch ist sie ex definitione nicht gewerblich (§ 1 Abs. 1 Satz 2 PartGG), also nicht kaufmännisch (RdNr. 27).

38   **ee)** Die **Gesellschaft bürgerlichen Rechts** kann als Gesamthand Trägerin eines Unternehmens (zB einer freiberuflichen Gemeinschaftspraxis oder Sozietät), also auch eines gewerblichen Unternehmens (zB eines Handwerksbetriebs) sein.[127] Sobald das Unternehmen aber vollkaufmännisch ist, wird sie zur oHG bzw. KG (vgl. Erl. § 123). Die Konsequenz ist: Die Gesellschaft bürgerlichen Rechts kann nur Minderkaufmann sein (§ 4 Abs. 2). In den Fällen der §§ 2 und 3 wird das als Personengesellschaft betriebene Unternehmen in Form einer Gesellschaft bürgerlichen Rechts geführt, solange die Eintragung nicht vorgenommen ist, doch ist es dann iS des HGB nicht-kaufmännisch. Ist die Gesellschaft eingetragen worden, so ist sie nach §§ 2, 3, 5 kaufmännisch, jedoch nicht mehr BGB-Gesellschaft. Bei all dem muß stets genau auf den Unterschied zwischen Außengesellschaft und Innengesellschaft geachtet werden. Die Frage, ob „die BGB-Gesellschaft" Trägerin eines Unternehmens sein kann, ist unrichtig gestellt. Trägerin eines Unternehmens und damit ggf. Minderkaufmann kann nur die Außengesellschaft als Gesamthandsgesellschaft sein.[128]

39   **ff)** Ob **der nichtrechtsfähige Verein** (§ 54 BGB) wie der rechtsfähige Verein ein Unternehmen betreiben kann, ist deshalb umstritten, weil sein Verhältnis zur Gesellschaft bürgerlichen Rechts wenig geklärt ist.[129] Geht man davon aus, daß der nichtrechtsfähige Verein, ohne sich zwangsläufig in eine Personengesellschaft zu verwandeln, ein Unternehmen betreiben kann, so kann er, wie die Gesellschaft bürgerlichen Rechts, Minderkaufmann sein (§ 4 Abs. 2),[130] nicht aber Vollkaufmann,[131] denn hierdurch würde er sich zwangsweise in eine oHG bzw. KG verwandeln, es sei denn, er bleibt aufgrund des „Nebenzweckprivilegs" nichtwirtschaftlicher Verein.[132] Jedenfalls der nichtwirtschaftliche Verein kann im Rahmen des vereinsrechtlichen „Nebenzweckprivilegs" ein (minder-)kaufmännisches Gewerbe betreiben, während für den minderkaufmännischen nichtrechtsfähigen Wirtschaftsverein zweifelhaft ist, ob er kraft Rechtsformzwangs Gesellschaft bürgerlichen Rechts wird (dann RdNr. 38).

40   **gg)** **Ehegatten in Gütergemeinschaft** (§§ 1415 ff. BGB) können nach hM ein Unternehmen „in Gütergemeinschaft", also ohne Bildung von Vorbehaltsgut, führen.[133] Da aber

---

[126] Eingehend *Karsten Schmidt* JZ 1973, 229 ff.; weitgehend ähnlich Staub/*Brüggemann* RdNr. 37 ff.

[127] Eingehend *Breuninger*, Die BGB-Gesellschaft als Rechtssubjekt im Wirtschaftsverkehr, 1991.

[128] Eingehend *Karsten Schmidt* HandelsR § 5 I 3 a; GesellschaftsR § 58 V.

[129] Dazu *Karsten Schmidt* GesellschaftsR § 25 I 2; *Reiff*, Die Haftungsverfassungen nichtrechtsfähiger unternehmenstragender Verbände, 1996, S. 55 ff.

[130] Dazu *Karsten Schmidt* JZ 1973, 301.

[131] *Karsten Schmidt*, Zur Stellung der oHG im System der Handelsgesellschaften, 1972, S. 212 ff.

[132] Heymann/*Emmerich* RdNr. 34; *Karsten Schmidt* ZGR 1975, 483; zw.

[133] BayObLGZ 1991, 283 = NJW-RR 1992, 33; Baumbach/*Hopt* RdNr. 15; Heymann/*Emmerich* RdNr. 32; Staub/*Brüggemann* RdNr. 47 f.; *Gernhuber*/*Coester-Waltjen*, Familienrecht, 4. Aufl. 1994, § 38 III; MünchKommBGB/*Kanzleiter* · § 1416 RdNr. 8; Staudinger/*Thiele* § 1416 RdNr. 16.

der Gütergemeinschaft die für die Unternehmensführung erforderliche Repräsentationsverfassung fehlt, wird man die Ehegatten selbst als Kaufleute anzusehen haben: beide, wenn sie das Gesamtgut gemeinsam verwalten, nur einen Ehegatten, wenn er das Gesamtgut alleine verwaltet.[134] Die Gesamthand ist dann nicht Unternehmensträgerin.

hh) Die **Erbengemeinschaft** kann als Gesamthand Trägerin eines Unternehmens sein   41 (str.; vgl. auch RdNr. 45).[135] Die Erbengemeinschaft nach einem Einzelkaufmann ist damit ipso iure, dh ohne weiteres Zutun (Annahme der Erbschaft, Aufnahme der Geschäfte o.ä.) Kaufmann, solange das Unternehmen nicht eingestellt oder auf einen neuen Unternehmensträger – einen Miterben, eine von den Erben gebildete Handelsgesellschaft, einen dritten Erwerber – überführt worden ist.[136] Die Erbengemeinschaft wandelt sich auch durch lange Fortführung des Unternehmens nicht in eine Handelsgesellschaft um.[137] Eine Ausgliederung des Unternehmens auf eine Handelsgesellschaft analog §§ 152 ff. UmwG ist nach dem Wortlaut des UmwG ausgeschlossen (§ 1 Abs. 2 UmwG; bedenklich!). In das Handelsregister werden die Miterben „in Erbengemeinschaft" eingetragen.[138] Die Haftungsfolgen ergeben sich aus § 27 (vgl. die dortigen Erl.). Wegen der persönlichen Haftung der Miterben ist auf das Urteil BGHZ 92, 259 = JZ 1985, 243 m. Anm. *John* = NJW 1985, 136 m. Anm. *Karsten Schmidt* zu verweisen.[139] Soweit Minderjährige beteiligt sind, ist die Rechtslage seit BVerfGE 72, 155 = NJW 1986, 1859 ungeklärt (RdNr. 47 aE). Der Fragenkreis ist charakteristisch für die den Tod überdauernden Zuordnungs- und Zurechnungsprobleme beim Einzelkaufmann. Mit dem Rückgang der einzelkaufmännischen Organisationsform wird er in den Hintergrund treten.

ii) Eine **Partenreederei** liegt nach § 489 Abs. 1 vor, wenn ein mehrere Personen ge-   42 meinschaftlich zustehendes Schiff von ihnen zum Erwerb für die Seefahrt für gemeinschaftliche Rechnung betrieben wird. Die Partenreederei ist nach einer überholten Auffassung Bruchteilsgemeinschaft, wird aber heute als Gesamthandsgemeinschaft eingeordnet.[140] Sie kann nach immer noch hM nicht Kaufmann sein und nicht in das Handelsregister eingetragen werden.[141] Auch dieser Standpunkt ist überholt. Die Partenreederei kann als gesamthänderisch verfaßte Handelsgesellschaft und damit als Kaufmann nach § 6 Abs. 1 begriffen werden.[142]

kk) Keine **Außengesellschaft**, sondern Innengesellschaft und damit **kein Kaufmann ist**   43 **die stille Gesellschaft nach §§ 230 ff.**[143] Das gilt auch für die unterschiedlichen Varianten der atypischen stillen Gesellschaft unter Einschluß der „GmbH & Still", obgleich diese in Anlehnung an die GmbH & Co. KG konzipiert ist. Bei der stillen Gesellschaft ist Kaufmann der in § 230 sog. „andere", der das Handelsgewerbe betreibt, im Fall der „GmbH & Still" also die GmbH.

3. Die Zurechnungsfrage: Wer betreibt das Handelsgewerbe? a) Grundsatz. aa) Re-   44 gelmäßig bereitet nicht die Frage Schwierigkeiten, wer ein Handelsgewerbe betreiben kann, sondern die Frage, wer es im Einzelfall betreibt. Das ist **derjenige Rechtsträger, in dessen Namen der Gewerbebetrieb geführt wird** (RdNr. 28). Es kommt nicht darauf an,

---

[134] Vgl. BayObLG DB 1978, 933; NJW-RR 1992, 33; *Baumbach/Hopt* RdNr. 15; *Karsten Schmidt* HandelsR § 5 II 3 c.
[135] Dazu m. weit. Nachw. Heymann/*Emmerich* RdNr. 22 ff.; *Koller/Roth/Morck* RdNr. 22; *Staub/Brüggemann* RdNr. 50; *Karsten Schmidt* HandelsR § 5 I 3 b; *ders.* NJW 1985, 2785; *Hohensee*, Die unternehmenstragende Erbengemeinschaft, 1994; *Damrau* NJW 1985, 2236; *Hüffer* ZGR 1986, 603; *Strothmann* ZGR 1985, 969.
[136] *Karsten Schmidt* ZHR 157 (1993), 610.
[137] BGHZ 92, 259 = NJW 1995, 136; Heymann/*Emmerich* RdNr. 23; *Karsten Schmidt* HandelsR § V I 3 b; *ders.* NJW 1995, 2785; aM OGH Wien GesRZ 1986, 150; 1991, 42, 43.

[138] Heymann/*Emmerich* RdNr. 24.
[139] Nur wegen der Minderjährigenhaftung wurde dieses Urteil aufgehoben durch BVerfGE 72, 155 = NJW 1986, 1859.
[140] MünchKommBGB/*Karsten Schmidt* § 1008 RdNr. 38 m. weit. Nachw.
[141] *Bote*, in: Riegger/Weipert (Hrsg.), Münchener Hdb. des Gesellschaftsrechts I, 1995, § 80 RdNr. 30; *Prüßmann/Rabe* Seehandelsrecht, 3. Aufl. 1992, § 489 Anm B 1 b; *Ruhwedel*, die Partenreederei, 1973, S. 159.
[142] *Karsten Schmidt*, Die Partenreederei als Handelsgesellschaft, 1985, S. 41 ff., 99 ff.; *Kaempe* MDR 1982, 975.
[143] *Karsten Schmidt* HandelsR § 5 I 3 a.

---

wem das unternehmerische Anlagevermögen gehört.[144] Besteht ein **Nießbrauch** am Unternehmen (vgl. § 22 Abs. 2 und dazu § 22 RdNr. 86f.), so ist nicht der Eigentümer Unternehmensträger und damit Kaufmann, sondern Kaufmann ist der Nießbraucher.[145] Anders kann es sich bei Quotennießbrauch verhalten, wenn der Nießbraucher nur an den Erträgen beteiligt ist, aber nicht nach außen als Unternehmer auftreten darf.[146] Ist das Unternehmen gepachtet, so wird es vom **Pächter** im eigenen Namen betrieben, so daß dieser, nicht der Verpächter, Kaufmann ist.[147] Das gilt auch im Fall der partiarischen Pacht, bei der der Verpächter an den Erträgen beteiligt ist. Von der Unternehmenspacht und vom Unternehmensnießbrauch zu unterscheiden ist das bloße Gebrauchsrecht an Gegenständen des Anlagevermögens (Geschäftsraummiete, Anpachtung einer oder Nießbrauch an einer Kiesgrube). Auch wer als Vertragshändler, Franchisenehmer, Kommissionsagent oder Handelsvertreter in ein fremdes Vertriebssystem eingebunden ist, betreibt doch, weil im eigenen Namen handelnd, selbst das Gewerbe.[148] Darauf, für wessen Rechnung ein Unternehmen betrieben wird, kommt es nicht an. Bei der **Treuhand** am Unternehmen ist der Treuhänder und nicht der Treugeber Kaufmann.[149] Denn der Treuhänder betreibt das Unternehmen im eigenen Namen, wenn auch für Rechnung des Treugebers. Das gilt auch dann, wenn der Treuhänder ein sog. Strohmann, also eine vorgeschobene Person ist.[150] Ob solches Strohmannwesen gewerberechtlich zulässig ist, ist eine andere Frage. Gewinnbeteiligungsrechte eines Dritten machen diesen nicht zum Kaufmann. Ebensowenig kommt es – entgegen einer tradierten, jedoch nur auf das Außenverhältnis zugeschnittenen – Formulierung auf **das unternehmerische Risiko** an.[151] Nur wer dieses Risiko unmittelbar, dh **im Außenverhältnis,** trägt, ist auch Träger des Unternehmens. Verlustausgleichspflichten oder Liquiditätsgarantien, die von einem Dritten (zB von einem herrschenden Unternehmen) gegeben werden, machen diesen Dritten nicht zum Träger des Unternehmens (vgl. auch zum Konzern RdNr. 51).

45   bb) Bei der **Gütergemeinschaft** kommt es für die Kaufmannseigenschaft der Ehegatten darauf an, wer das Gesamtgut verwaltet (RdNr. 40). Bei der **Erbengemeinschaft** werden herkömmlich alle Miterben als Kaufleute angesehen, solange das ererbte Unternehmen noch in der Miterbengemeinschaft betrieben wird;[152] anders kann es die hM nur sehen, wenn sich ein Miterbe bereitfindet, das Unternehmen als Treuhänder für gemeinsame Rechnung im eigenen Namen zu betreiben. Sieht man die Erbengemeinschaft als unternehmenstragende Gesamthand an (RdNr. 41), so scheint die bisher hM zweifelhaft.[153] Es fehlt allerdings an einer der oHG oder KG entsprechenden Organisation, die eine ausschließliche Zurechnung der Kaufmannseigenschaft bei der Erbengemeinschaft ohne weiteres rechtfertigt.

46   cc) **Mitarbeiter – auch leitende Angestellte – sind keine Kaufleute iS des HGB.** Selbst wenn sie als **Vorstandsmitglieder oder Geschäftsführer** das Unternehmen leiten, ist die von ihnen geführte Gesellschaft Kaufmann, nicht der Unternehmensleiter

---

[144] Ein überholter Ausnahmefall ist der Reederbegriff des § 485, der deshalb durch den Begriff des Ausrüsters korrigiert werden muß (§ 510).

[145] BGH NJW 1975, 210 = JuS 1975, 331 (*Karsten Schmidt*); Baumbach/*Hueck* RdNr. 10; Heymann/*Emmerich* RdNr. 13; Koller/*Roth*/Morck RdNr. 18; Staub/*Brüggemann* RdNr. 22; *Karsten Schmidt* HandelsR § 6 III 3; *Lohr,* Der Nießbrauch an Unternehmen und Unternehmensanteilen, 1989, S. 41 ff.

[146] BayObLGZ 1973, 168; KG OLGZ 1965, 315, 317; Heymann/*Emmerich* RdNr. 13.

[147] BGHZ 23, 307, 312; KG RJA 11, 36, 37; OLG Köln NJW 1963, 541; Baumbach/*Hopt* RdNr. 10; Heymann/*Emmerich* RdNr. 13; Koller/*Roth*/Morck RdNr. 18; Staub/*Brüggemann* RdNr. 22.

[148] Vgl. OLG Schleswig NJW-RR 1987, 220 (Franchising); Baumbach/*Hopt* RdNr. 10; Heymann/*Emmerich* RdNr. 13.

[149] RGZ 99, 158, 159; OLG Hamm DNotZ 1964, 421, 423; Baumbach/*Hopt* RdNr. 10; Heymann/*Emmerich* RdNr. 13; Staub/*Brüggemann* RdNr. 23.

[150] Staub/*Brüggemann* RdNr. 23; *Wassner* ZGR 1973, 434 ff.; aM Baumbach/*Hopt* RdNr. 10.

[151] So *Straube* RdNr. 11.

[152] Baumbach/*Hopt* RdNr. 20; Heymann/*Emmerich* RdNr. 24 a.

[153] Für Kaufmannseigenschaft nur (!) der Erbengemeinschaft Soergel/*M. Wolf* § 2032 RdNr. 8.

(RdNr. 47).[154] Auch der **Prokurist** (§§ 48 ff.) oder der **Handlungsbevollmächtigte** (§ 54) ist in dieser Eigenschaft **nicht Kaufmann**.[155] Er handelt als Stellvertreter iS von § 164 BGB im Namen des Kaufmanns, ist aber selbst nicht Unternehmensträger, also auch nicht Kaufmann.

b) Gesetzliche Vertretung (RdNr. 53). Auch wer als Träger des Unternehmens **gesetzlich vertreten** wird, ist Gewerbetreibender und ggf. Kaufmann. Das gilt zunächst für die durch Organe vertretenen **Handelsgesellschaften,** gilt aber auch für **nicht voll geschäftsfähige Personen.**[156] Minderjährige sind nicht nur grundsätzlich fähig zur Kaufmannseigenschaft (RdNr. 29), sondern sie erlangen auch aktuelle Kaufmannseigenschaft durch den von ihren gesetzlichen Vertretern in ihrem Namen geführten Gewerbebetrieb (zu beachten sind die §§ 1643, 1822 Nr. 3, 4, 1823 BGB).[157] Wegen der Haftung des Minderjährigen für die vom gesetzlichen Vertreter eingegangenen Unternehmensverbindlichkeiten ist an BVerfGE 72, 155 = NJW 1986, 1859 und die nach dieser Entscheidung noch bevorstehende Gesetzesänderung zu erinnern.[158]

c) Testamentsvollstrecker, Insolvenzverwalter. Umstritten ist, inwieweit Testamentsvollstrecker und Insolvenzverwalter hinsichtlich des Nachlasses oder der Konkursmasse eines Einzelkaufmanns Kaufleute sein können. Die Schwierigkeiten der Frage hängt damit zusammen, daß beide nach hM **sog. Amtstreuhänder** sind, die eine Vermögensmasse (Nachlaß bzw. Masse) im eigenen Namen für Rechnung der Erben bzw. des Gemeinschuldners verwalten.[159]

aa) Die **Kaufmannseigenschaft des Testamentsvollstreckers** steht nur ernstlich zur Debatte, wenn es sich um die Testamentsvollstreckung nach einem Einzelkaufmann, nicht nach einem Gesellschafter, handelt. Die Zulässigkeit einer solchen Testamentsvollstreckung wird vereinzelt (wie die Testamentsvollstreckung am Anteil eines oHG-Gesellschafters oder Komplementärs; dazu vgl. Erl. § 131) grundsätzlich in Zweifel gezogen.[160] Die Schwierigkeit liegt aber im wesentlichen in der Zurechnung sowie in den Haftungsproblemen:[161] Einerseits kann der Nachlaß nicht durch die Einsetzung eines Testamentsvollstreckers zu einer isolierten Haftungsmasse ohne persönliche Haftung gemacht werden; auf der anderen Seite kann der Testamentsvollstrecker nicht ohne Zustimmung des oder der Erben befugt sein, deren persönliche Haftung für Unternehmensgeschäfte zu begründen. Dies ist – jenseits aller rechtsdogmatischen Konstruktionsprobleme – die materielle Rechtfertigung für die von der hM angebotenen Lösungen:[162] Der Testamentsvollstrecker kann das Unternehmen im eigenen Namen treuhänderisch für Rechnung des oder der Erben führen und ist dann selbst Kaufmann (**Treuhandlösung**).[163] Er wird dann als Kaufmann mit Testamentsvollstreckervermerk in das Handelsregister eingetragen.[164] Im Außenverhältnis haftet für die vom Testamentsvollstrecker begründeten Neuverbindlichkeiten der Testamentsvollstrecker als treuhänderischer Unternehmer.[165] Der Testamentsvollstrecker wird aber nicht, wie bei der Vollrechtstreuhand, auch Eigentümer des Geschäftsvermögens und Inha-

[154] BGH WM 1986, 939 = ZIP 1986, 1457; Baumbach/Hopt RdNr. 12.

[155] Baumbach/Hopt RdNr. 12; vgl. auch BGHSt 29, 187, 190 f. = NJW 1980, 1585.

[156] Vgl. Baumbach/Hopt RdNr. 16 f.

[157] Dazu auch Koller/Roth/Morck RdNr. 26.

[158] Regierungsentwurf zur Beschränkung der Haftung Minderjähriger, Abdruck in ZIP 1996, 935 ff.

[159] Vgl. für den **Testamentsvollstrecker** BGHZ 13, 203, 205 f.; RGZ 56, 327, 330; 61, 139, 145; 76, 125; Staudinger/Reimann vor § 2197 RdNr. 70 ff.; für den **Konkursverwalter** BGHZ 24, 393, 396; 32, 114, 118; 44, 1, 4; 49, 11, 16; 68, 16, 17; 88, 331, 334; RGZ 29, 29; stRspr.; Bork, Einführung in das neue Insolvenzrecht, 1995, RdNr. 63 ff.

[160] Heymann/Emmerich RdNr. 31.

[161] Vgl. zum folgenden Karsten Schmidt HandelsR § 5 I 1 d bb.

[162] Vgl. zu diesen Lösungen BGHZ 12, 101, 102 = NJW 1954, 636; BGH NJW 1975, 54; RGZ 132, 138, 142; Staudinger/Reimann vor § 2197 RdNr. 70 ff.

[163] BGHZ 12, 101, 102 = NJW 1954, 636; BGH NJW 1975, 54; RGZ 132, 138, 142; Baumbach/Hopt RdNr. 23; Koller/Roth/Morck RdNr. 21.

[164] RGZ 132, 138, 143; Baumbach/Hopt RdNr. 23; s. auch Heymann/Emmerich RdNr. 29.

[165] Staudinger/Reimann vor § 2197 RdNr. 71.

ber der dazu gehörenden Forderungen.[166] Im Innenverhältnis kann er Vorschuß und Auf-wendungsersatz aus dem Nachlaß verlangen (§§ 2218, 669 f. BGB). Ohne eigene Haftung kann der Testamentsvollstrecker das Unternehmen nur fortführen, wenn ihn der Erbe oder die Erben hierzu bevollmächtigen (Vollmachtslösung).[167] Dann ist der Erbe bzw. ist die Erbengemeinschaft als Kaufmann in das Handelsregister einzutragen, und die vom Testa-mentsvollstrecker begründeten Neuverbindlichkeiten lassen nicht nur den Nachlaß, son-dern auch den oder die Erben persönlich haften.[168] Schließlich verbietet es das Gesetz nicht, daß der Testamentsvollstrecker das Unternehmen aus der Testamentsvollstreckung freigibt und damit dem Erben die Möglichkeit gibt, es im eigenen Namen unter eigener Haftung fortzuführen.[169] Bisher nicht durchgesetzt hat sich die von **Fritz Baur** vorgeschla-gene „echte Testamentsvollstreckerlösung", nach der der Erbe (die Erbengemeinschaft) Kaufmann ist, das Unternehmen jedoch ohne persönliche Haftung vom Testamentsvoll-strecker fortgeführt wird.[170] Insgesamt ist die Rechtskonstruktion der Amtstreuhänderschaft unbefriedigend, so daß über die hM noch nicht das letzte Wort gesprochen sein dürfte.[171] In den praktischen Ergebnissen wird es aber vorerst bei der hM sein Bewenden haben. Die Schwierigkeiten sind charakteristisch für die den Tod überdauernden Zuordnungsprobleme beim Einzelkaufmann (vgl. auch zur Erbengemeinschaft RdNr. 45). Sie werden in dem Maße zurücktreten, in dem schon zu Lebzeiten Handelsgesellschaften gegründet werden.

50   **bb)** Der **Konkursverwalter (Insolvenzverwalter)** im Konkurs (Insolvenzverfahren) eines Einzelhandelskaufmanns (bzw. im Insolvenzverfahren über seinen Nachlaß) wird einerseits als ein im eigenen Namen handelnder Amtstreuhänder angesehen, jedoch andererseits nicht als Kaufmann.[172] Das letztere ist sowohl in praktischer als auch in rechtsdogmatischer Hinsicht richtig.[173] Unrichtig ist aber die von der hM angenommene, in der Amtstheorie gründende Rechtskonstruktion. Richtig ist:[174] Der Konkursverwalter ist entgegen der hM nicht als ein im eigenen Namen handelnder – ggf. das Unternehmen im eigenen Namen führender – Amtstreuhänder anzusehen, sondern als gesetzlicher Vertreter.[175] Kaufmann ist der vom Konkursverwalter (Insolvenzverwalter) mit Bezug auf die Masse gesetzlich vertre-tene Gemeinschuldner.[176] Unbegründet und nur durch die Amtstheorie erklärlich sind deshalb die Schwierigkeiten, die BGH NJW 1987, 1940 mit der Anwendung von Handels-recht im Konkurs hat. Auf Rechtsgeschäfte, die der Verwalter in der Insolvenz eines Kaufmanns bzw. einer Handelsgesellschaft vornimmt, findet Handelsrecht Anwendung, weil es auf die – vom BGH vermißte – Kaufmannseigenschaft des Verwalters nicht an-kommt.

51   **d) Konzern, Betriebsaufspaltung. aa)** Im **Recht der verbundenen Unternehmen (Konzernrecht)** ist für jede der gemäß §§ 15 ff. AktG verbundenen Gesellschaften festzu-stellen, ob sie Trägerin eines Unternehmens und welches konzernzugehörigen Unterneh-mens ist. Auch hier kommt es darauf an, welche Gesellschaft welche Unternehmensge-schäfte im eigenen Namen abschließt. Ein herrschendes Unternehmen (§§ 17, 18 Abs. 1 AktG) ist nicht schon kraft Konzernleitungsmacht Inhaber der abhängigen Unternehmen (RdNr. 44). Deshalb kann eine **Holdinggesellschaft** nur aufgrund ihrer eigenen Verfas-

[166] So aber *John* BB 1980, 760; vgl. auch Heymann/*Emmerich* RdNr. 31.

[167] Staudinger/*Reimann* vor § 2197 RdNr. 73.

[168] Staudinger/*Reimann* vor § 2197 RdNr. 74; **aM** Koller/*Roth*/Morck RdNr. 21.

[169] Baumbach/*Hopt* RdNr. 23.

[170] *Baur*, Festschrift Dölle I, 1963, S. 249 ff.; LG Konstanz NJW-RR 1990, 716 f.; sympathisierend Heymann/*Emmerich* RdNr. 31.

[171] Vieles spricht, wie bei der Konkursverwaltung für eine gesetzliche Vertretung; auch dann wird es aber ohne persönliche Haftung neben der Haftung des Nachlassers nicht abgehen, und diese wird den Verwalter treffen (so im praktischen Ergebnis die

Treuhandlösung), sofern nicht die Erben sie über-nehmen (so im Ergebnis die Vollmachtlösung).

[172] BGH NJW 1987, 1940; Baumbach/*Hopt* RdNr. 10; Staub/*Brüggemann* RdNr. 23; Jae-ger/*Henckel*, KO, 9. Aufl. 1977, § 1 RdNr. 52.

[173] *Karsten Schmidt* HandelsR § 5 I 1 d; *ders.* NJW 1987, 1905 ff.

[174] Vgl. *Karsten Schmidt* HandelsR § 5 I 1 d sowie Kilger/*Karsten Schmidt* (Fn. 11) § 6 Anm. 5 e.

[175] *Karsten Schmidt*, Wege zum Insolvenzrecht der Unternehmen, 1990, S. 106 ff.; *ders.* KTS 1984, 345 ff.; NJW 1987, 1905 ff. und 1995, 912 ff.

[176] Richtig Staub/*Brüggemann* RdNr. 23.

sung (AG, KGaA, GmbH) oder Betätigung Kaufmann sein, nicht aber ist sie in ihrer Eigenschaft als Konzernspitze kaufmännische Inhaberin der sich im Holdingkreis befindenden Unternehmen.[177]

bb) Bei der **Betriebsaufspaltung** ist die Betriebsgesellschaft Kaufmann. Zur Frage, ob **52** auch die Besitzgesellschaft gewerblich tätig ist, vgl. RdNr. 20.

e) Gesellschaften und Gesellschafter. aa) Bei Handelsgesellschaften ist **nur die Gesell-** **53** **schaft** ·Kaufmann (§ 6), nicht der Unternehmensleiter und nicht der einzelne Gesellschafter.[178] Das ist teilweise umstritten. **Kein Kaufmann** ist zunächst der **Vorstand einer AG oder Genossenschaft oder der Geschäftsführer einer GmbH.**[179] Diese Leitungsorgane sind zwar innerhalb der Gesellschaft für die Erfüllung kaufmännischer Pflichten verantwortlich, sind aber - weil selbst nicht Unternehmensträger - nicht Kaufleute iS des HGB. Auch die **Aktionäre, Genossen oder GmbH-Gesellschafter** sind als solche **nicht Kaufleute.**[180] Nicht einmal bei der Einpersonengesellschaft ist der alleinige Gesellschafter in dieser Eigenschaft Kaufmann.[181] Dasselbe gilt für den **Komplementär einer KGaA** (vgl. sinngemäß RdNr. 54). Das gilt auch für einen Gesellschafter, der mehrere Unternehmen beherrscht und deshalb nach der (hier nicht zu hinterfragenden) Rechtsprechung des BGH[182] Unternehmen im konzernrechtlichen Sinne ist. Denn diese Rechtsprechung beruht nicht auf eigener Unternehmensträgerschaft des herrschenden Gesellschafters, sondern ausschließlich auf konzernrechtlicher Zurechnung. Wenn trotzdem − zB bei formfreien Bürgschaften − handelsrechtliche Regeln auf derartige „Unternehmer" (analog) angewendet werden können (RdNr. 96 ff.), so beruht auch dies nicht auf ihrer Kaufmannseigenschaft gemäß Abs. 1, sondern auf bloßer Zurechnung.

bb) Umstritten ist die Frage bei den **Handelspersonengesellschaften.** Nach **hM** sind die **54** **Gesellschafter** einer oHG und die **Komplementäre** in der KG Kaufleute;[183] abgelehnt wird dagegen die Kaufmannseigenschaft des Kommanditisten.[184] Diese hM basiert auf der Annahme, daß Personengesellschafter Mitunternehmer (§ 15 EStG) und als solche Kaufleute sind, soweit sie nicht als Kommanditisten von der organschaftlichen Vertretung der Gesellschaft ausgeschlossen sind. Hinter dieser Auffassung verbirgt sich ein überholtes Rechtsbild der oHG und KG und eine Vernachlässigung des § 124, aus dem sich die Verselbständigung der Handelsgesellschaften als Unternehmensträger ergibt. Richtigerweise ist auch in diesen Fällen **die Handelsgesellschaft und nur sie** Kaufmann iS der §§ 1 ff.[185] Weder die organschaftliche Leitungsmacht (§§ 114 f., 125 f.) noch die Haftung (§§ 128 ff.)

[177] Irreführend *Kraft,* in Lutter (Hrsg.), Holding-Hdb., 1995, RdNr. B 5, nach dem es auf das Vorhandensein kaufmännischer Einrichtungen (§ 2) ankommen soll.

[178] BGHZ 121, 224 = NJW 1993, 1126 = JuS 1993, 598 (*Karsten Schmidt*) = JZ 1993, 1005 m. Anm. *Vollkommer/Gleußner;* BGH NJW-RR 1987, 42 = ZIP 1986, 1417; NJW-RR 1991, 757 = WM 1991, 536; OLG Düsseldorf NJW-RR 1995, 93; LG Oldenburg NJW-RR 1996, 286, 287; *Karsten Schmidt* HandelsR § 9 II, IV 2 a; *Baumbach/Hopt* RdNr. 12.

[179] BGHZ 104, 95, 98 = NJW 1988, 1908, 1909; BGH NJW 1996, 1467, 1468 OLG Düsseldorf NJW-RR 1995, 93; LG Oldenburg NJW-RR 1996, 286, 287; *Baumbach/Hopt* RdNr. 12; vgl. auch BVerwG NJW 1977, 1250.

[180] Vgl. nur BGHZ 121, 224 = NJW 1993, 1126 = JuS 1993, 598 (*Karsten Schmidt*) = JZ 1993, 1005 m. Anm. *Vollkommer/Gleußner;* LG Oldenburg NJW-RR 1996, 286, 287; Koller/*Roth*/Morck RdNr. 23.

[181] BGHZ 5, 133, 134 = NJW 1952, 623; BGH

WM 1986, 939 = ZIP 1986, 1457; LG Oldenburg NJW-RR 1996, 286, 287.

[182] BGHZ 95, 330, 334 ff. = NJW 1986, 188, 189 f. (Autokran); BGHZ 115, 187, 189 ff. = NJW 1991, 3142, 3143 ff. (Video); BGHZ 122, 123 = NJW 1993, 1200 (TBB); BGH NJW 1994, 446; m. Anm. *Karsten Schmidt.*

[183] BGHZ 34, 293, 296 f. = NJW 1961, 1022; BGHZ 45, 282, 284 = NJW 1966, 1960, 1961; BGH NJW 1960, 1852, 1853; Heymann/*Emmerich* RdNr. 15; Koller/*Roth*/Morck RdNr. 23; vgl. auch OVG Saarlouis NJW 1992, 2846.

[184] BGHZ 45, 282, 284 = NJW 1966, 1960, 1961; BGH NJW 1980, 1572, 1574; 1982, 569, 570; Heymann/*Emmerich* RdNr. 15; aM Staub/*Brüggemann* RdNr. 35; *Ballerstedt* JuS 1963, 259.

[185] *Karsten Schmidt* HandelsR § 5 I 1 b; *ders.* ZIP 1986, 1510; *ders.* DB 1989, 2315; Schlegelberger/*Karsten Schmidt* § 105 RdNr. 13; Staub/*Ulmer* § 105 RdNr. 77; vgl. zuvor bereits *Landwehr* JZ 1967, 198; *Lieb* DB 1967, 759; *Zöllner* DB 1964, 796 f.; jetzt auch Baumbach/*Hopt* RdNr. 19; alle m. weit. Nachw.

macht die oHG-Gesellschafter bzw. Komplementäre zu Kaufleuten. Auch ihre Eintragung in das Handelsregister (§§ 106, 107, 143, 162) beruht nicht auf der Kaufmannseigenschaft der Gesellschafter, sondern deren Identität gehört – anders als bei den Kapitalgesellschaften – zu den Merkmalen der Gesellschaft und wird aus diesem Grunde eingetragen und im Fall der persönlich haftenden Gesellschafter auch bekanntgemacht. Kaufmann ist und bleibt ausschließlich die Gesellschaft als Trägerin des Unternehmens. **Bei der stillen Gesellschaft** ist immer nur der „andere", der iS von § 230 „das Handelsgewerbe betreibt", Kaufmann, also zB bei einer „GmbH & Still" nur die unternehmenstragende GmbH. Der stille Gesellschafter ist iS des HGB als solcher niemals Gewerbetreibender.[186] Er ist es auch dann nicht, wenn er steuerlich als „atypischer stiller Gesellschafter" und Mitunternehmer iS von § 15 EStG angesehen wird (dazu Erl. § 230).

V. Der Katalog der Grundhandelsgewerbe (Abs. 2)

55　　**1. Bedeutung des Abs. 2 im System der §§ 1 bis 7. a) Die abschließende Aufzählung der „Kaufleute kraft Gewerbebetriebs".** Die Bedeutung des Katalogs beruht auf der Unterscheidung verschiedener Kaufmannstypen, die nur in den in Abs. 2 aufgezählten Fällen automatisch, dh ohne Eintragung Kaufleute, im Fall des § 4 Minderkaufleute, sind. Der Katalog ist abschließend.[187] Dies schließt nicht eine extensive Auslegung einzelner Tatbestandsmerkmale aus, wohl aber eine Analogie (zu der ganz anderen Frage, ob Handelsrecht trotz verneinter Kaufmannseigenschaft analog angewandt werden kann, vgl. RdNr. 96 ff.). Die Bedeutung des Abs. 2 kommt allerdings nur in den Fällen zum Tragen, in denen das kaufmännische Unternehmen (noch) nicht im Handelsregister eingetragen ist (vgl. zum Verhältnis zu § 5 RdNr. 59). Der Katalog des Abs. 2 ist ebenso veraltet wie die ganze Systematik der §§ 1 ff. Über die bevorstehende Reform vgl. RdNr. 116 ff.

56　　**b) Verhältnis zu § 2.** Abs. 2 hat Vorrang vor § 2. Nur für ein gewerbliches Unternehmen, dessen Gewerbebetrieb nicht unter Abs. 2 fällt, ist zu prüfen, ob es nach § 2 einzutragen und kraft Eintragung kaufmännisch ist. Vgl. § 2 RdNr. 1.

57　　**c) Verhältnis zu § 3.** Nach § 3 Abs. 1 finden die Vorschriften des § 1 keine Anwendung. Das ist mißverständlich, denn auch für Unternehmen der Land- und Forstwirtschaft gilt der Grundsatz, daß sie kaufmännisch sind, wenn ein Handelsgewerbe betrieben wird. Dagegen fällt ein land- oder forstwirtschaftliches Unternehmen nicht unter Abs. 2. Es gilt § 3 Abs. 2, für einen Nebenbetrieb § 3 Abs. 3. Vgl. dazu § 3 RdNr. 4 ff. und 12 ff.

58　　**d) Verhältnis zu § 4.** Nur die unter § 1 Abs. 2 fallenden Kaufleute können Minderkaufleute nach § 4 sein (§ 4 RdNr. 2). Die unter § 2 oder § 3 fallenden Unternehmen sind bei fehlender Eintragung Nichtkaufleute (also nicht einmal Minderkaufleute), bei vorhandener Eintragung Vollkaufleute (im Fall unberechtigter Eintragung nach § 5).

59　　**e) Verhältnis zu § 5. aa)** Ist eine Firma im Handelsregister eingetragen, so kann gegenüber demjenigen, welcher sich auf die Eintragung beruft, nicht geltend gemacht werden, daß das unter der Firma betriebene Gewerbe kein Handelsgewerbe sei oder daß es zu den in § 4 Abs. 1 bezeichneten Betrieben gehöre. Das bedeutet: Für die Vollkaufmannseigenschaft bedarf es einer Prüfung der Merkmale des Abs. 2 nicht, wenn und solange das Unternehmen im Handelsregister eingetragen ist.[188]

60　　**bb)** Dagegen bleibt Abs. 2 auch nach der Eintragung für das **Registergericht** bedeutsam: Ob das aufgrund von Abs. 2 eingetragene Unternehmen zu Recht eingetragen (oder ob die Eintragung wieder zu löschen) ist, bestimmt sich weiterhin nach Abs. 2.

61　　**f) Verhältnis zu § 6.** Das Verhältnis zu § 6 ergibt sich aus dem bei RdNr. 4 Gesagten: Nur für die Kaufleute kraft Rechtsform ist Abs. 2 bedeutungslos. Für die oHG und die KG

---

[186] Baumbach/*Hopt* RdNr. 41, § 230 RdNr. 2.

[187] KG RJA 2 (1901), 229, 230; Hey-

mann/*Emmerich* RdNr. 36; Staub/*Brüggemann* RdNr. 56.

[188] *Karsten Schmidt* HandelsR § 10 III 1.

als Handels-Personengesellschaften hat Abs. 2 insofern Bedeutung, als der Betrieb eines der in Abs. 2 beschriebenen Gewerbe die Gesellschaft auch ohne Eintragung zur Handelsgesellschaft und damit zur oHG bzw. KG macht, sofern nicht ein Fall des § 4 vorliegt (vgl. dazu Erl. § 123).

2. Die Kategorisierung der Handelsgewerbe nach Schwerpunkten. a) Herrschende 62
Meinung. Für Abs. 2 kommt es auf die Art des Handelsgewerbes an. Die Einordnung unter eine der Kategorien des Abs. 2 hat erhebliche Bedeutung, solange es dabei bleibt, daß die unter diesen Katalog fallenden Unternehmen – aber auch nur sie – ohne Rücksicht auf die vorhandene oder fehlende Registereintragung kraft Gewerbebetriebs kaufmännisch sind (RdNr. 4; zur Reform RdNr. 116 ff.). Maßgeblich für die Einordnung unter eine der Kategorien des Abs. 2 ist der **Schwerpunkt der Tätigkeit.**[189] So kommt es bei Bauhandwerkern (RdNr. 68, 72) darauf an, ob ihr Tätigkeitsschwerpunkt in Lieferungen oder Handwerkstätigkeiten am Bau liegt.[190] Ein Hotelbetrieb fällt nur dann unter Abs. 2 Nr. 1, wenn der Restaurantbetrieb einen Schwerpunkt ausmacht.[191] Ein Reisebüro mit Handelsvertreterfunktion fällt nur unter Abs. 2, wenn die Handelsvertretertätigkeit Schwerpunkt der Tätigkeit ist. **Bei gemischter Tätigkeit** genügt es, wenn die Summe der unter Nr. 1 fallenden Tätigkeiten überwiegt. Daß jede einzelne überwiegt, ist nicht erforderlich. So kann etwa eine Agentur für Reisen und Transporte, die zu gleichen Anteilen als Handelsvertreter (Nr. 7), als Reiseunternehmen (Nr. 5) und als allgemeines Dienstleistungsunternehmen (§ 2) tätig ist, Kaufmann nach § 1 sein. Ein Unternehmen, das Fahrzeuge und Maschinen zu gleichen Anteilen als Eigenhändler (Nr. 1) als Kommissionär (Nr. 6) und als Leasinggeber (§ 2) anbietet, ist Kaufmann nach § 1.

b) Vorrang des Abs. 2 gegenüber § 2. Kritisch ist zu der traditionellen **Orientierung** 63
am Schwerpunkt des Unternehmens zu sagen, daß sie die Schwächen der §§ 1 ff. tendenziell verschärft, den Anwendungsbereich des Abs. 2 künstlich einengt und auf diese Weise die **Subsidiarität des § 2** konterkariert („nicht schon nach § 1 Abs. 2"). Denn die reine Schwerpunktbetrachtung führt scheinbar dazu, daß bei einem gemischten Gewerbe selbst eine für sich allein vollkaufmännische Tätigkeit nicht für die Anwendung des § 1 ausreicht, wenn eine unter § 2 fallende Tätigkeit überwiegt. Das paßt auf das Verhältnis zu § 3, nicht zu § 2. Sofern nicht die Haupttätigkeit land- oder forstwirtschaftlicher Art ist, genügt im Hinblick auf die Subsidiarität des § 2 grundsätzlich jede unter Abs. 2 fallende Tätigkeit, sofern sie nicht gegenüber einer unter § 2 fallenden Tätigkeit nebensächlich, dh in den Dienst dieser Tätigkeit gestellt ist.[192] Nicht unter Abs. 2 fällt deshalb zB das Hôtel garni oder Motel (Übernachtung, Frühstück, Minibar).[193] Der sog. Lohnhandwerker (Reparaturunternehmer, Flickschuster etc.) fällt nicht schon wegen der Mitlieferung von Teilen unter Abs. 2.[194] Die bloße, wenn auch planmäßige, Weiterveräußerung selbstgenutzter Investitionsgüter fällt gleichfalls nicht unter Abs. 2 Nr. 1.[195] Das Theater, Varieté oder Konzerthallenunternehmen fällt nicht schon deshalb unter Abs. 2, weil auch Programme, Pausengetränke oder Tonträger verkauft werden, die Musik- oder Privatschule nicht, weil sie auch Noten bzw. Buch- und Schreibmaterial anbietet. Um den Schwerpunkt des Gesamtunternehmens muß es sich dagegen nicht handeln. Ein nicht bloß nebenbei als Handelsvertreter tätiges Reisebüro (Abs. 2 Nr. 7) fällt auch dann unter § 1, wenn reine Dienstleistungsgeschäfte überwiegen. Ein Bauhandwerker, der in großem, jedoch nicht überwiegendem Umfang als Lieferant tätig ist (Abs. 2 Nr. 1), ist Kaufmann nach § 1.

[189] BGHZ 59, 179, 182 = NJW 1972, 1660, 1661; Koller/*Roth*/Morck RdNr. 24.
[190] BGHZ 59, 179, 182 = NJW 1972, 1660, 1661; OLG Düsseldorf MDR 1980, 849; OLG Köln BB 1973, 777; *Bork* JuS 1993, 108; *Autenrieth* BauR 1981, 372 hypostasiert diese Handhabung zu einer „Theorie(!) der Schwerpunktbildung".
[191] Nachweise bei *Straube* RdNr. 34.

[192] In dieser Richtung wohl auch *Canaris* § 3 I 1; Düringer/Hachenburg/*Geiler* RdNr. 11; Heymann/*Emmerich* RdNr. 40; Koller/*Roth*/Morck RdNr. 24.
[193] KGJ 31, 139; *Canaris* § 3 I 1; Düringer/Hachenburg/*Geiler* RdNr. 11.
[194] Staub/*Brüggemann* RdNr. 26.
[195] Vgl. nur Heymann/*Emmerich* RdNr. 40.

64   **c) Betrieb mehrerer Unternehmen.** Eine natürliche Person als **Einzelunternehmer** kann mehrere Unternehmen betreiben (RdNr. 29). Das kann dazu führen, daß er mit dem einen Unternehmen unter § 1, mit dem anderen unter § 2, mit einem dritten unter § 3 und mit einem vierten als Minderkaufmann unter §§ 1, 4 fällt.[196] Es muß dann bei allen Handelsgeschäften (§ 343) darauf geachtet werden, für welches Unternehmen der Einzelunternehmer tätig ist. Bei **Handelsgesellschaften** ist eine solche Teilung ausgeschlossen.[197] Sie sind Kaufleute in toto (§ 6), auch wenn sie Betriebe unterschiedlicher Qualität oder Haupt- und Zweigniederlassungen führen.

65   **3. Warenhandel (Abs. 2 Nr. 1). a) Der Tatbestand.** Unter Nr. 1 fällt die Anschaffung und Weiterveräußerung von beweglichen Sachen (Waren) oder Wertpapieren ohne Unterschied, ob mit oder ohne Bearbeitung oder Verarbeitung. Die Nr. 1 ist der bedeutsamste Anwendungsfall des § 1 Abs. 2.

66   **b) Waren und Wertpapiere. aa) Waren** sind bewegliche Sachen (Art. 271 Nr. 1 ADHGB unterschied noch Waren und andere bewegliche Sachen). **Sachen** sind körperliche Gegenstände (§ 90 BGB). Darunter fallen nicht nur feste Körper, sondern Sachen jedes Aggregatszustands: auch Flüssigkeiten (zB Treibstoffe) oder Gase (zB Propangas).[198] Üblicherweise wird noch hinzugesetzt, daß in Abs. 2 Nr. 1 bewegliche Sachen gemeint sind, die Gegenstand des Handelsverkehrs sein können.[199] Dieses Merkmal ist überflüssig, denn § 1 stellt ohnedies darauf ab, daß die im Katalog bezeichneten Tätigkeiten Gegenstand der gewerblichen Tätigkeit (RdNr. 19 ff.) sind. Einengende Voraussetzungen gibt es nicht. Unerlaubte und ungewöhnliche Handelsware ist ebenso erfaßt wie erlaubte und gewöhnliche. Wer mit unerlaubten Pharmaka, mit Schrott oder Produktionsabfall handelt, fällt ebenso unter § 1 Abs. 2 Nr. 1 wie der Apotheker (RdNr. 26), der Stahl- oder Warenhändler. Wer unerlaubt mit Schrumpfköpfen oder zulässigerweise mit exotischen Waffen handelt, fällt gleichermaßen unter Abs. 2 Nr. 1. Auch individuell hergestellte Artikel, die nicht zum Massengüterverkehr gehören (zB Grabsteine, Zahnersatz, Prothesen) können Waren sein.[200] Ebenso kommen Naturprodukte, selbst humanmedizinische, in Betracht (Blutkonserven, Spenderorgane). Im einzelnen kommt es für den **Sachbegriff** auf die Verkehrsanschauung, nicht auf die naturwissenschaftliche Einordnung an.[201] Im wesentlichen geht es dem Gesetz bei der Definition der Waren nur um die Abgrenzung des Handelns gegenüber dem Dienstleistungs- und Kreditgewerbe.[202] Devisen, selbst wenn sie als Sachgeld gehandelt und nach § 929 BGB übereignet werden, sind keine Waren (vgl. deshalb Abs. 2 Nr. 4 und dazu RdNr. 80 ff.). Versorgung mit Leitungswasser wird als Sachkauf verstanden[203] und kann unter Nr. 1 subsumiert werden, wenn auch das Merkmal der Anschaffung erfüllt ist.[204] Nach der Verkehrsanschauung ist Energielieferung – gleich, ob in Gestalt von Gas, Fernwärme, elektrischem Strom etc. – gleichfalls Warenhandel iS von Nr. 1.[205] Zweifelhaft ist die Einordnung von Software.[206] Der BGH hat angedeutet, daß er Standardsoftware als handelsrechtliche Ware betrachtet.[207] Richtigerweise wird man Datenträger, insbesondere Disketten, nicht aber die auf ihnen gespeicherten Programme, als Waren betrachten können.[208] **Bewegliche Sachen** sind alle Sachen, die nicht als Immobili-

---

[196] RGZ 130, 233, 235; RG JW 1930, 829, 830; Düringer/Hachenburg/*Geiler* RdNr. 11; Staub/*Brüggemann* RdNr. 25.

[197] Staub/*Brüggemann* RdNr. 25.

[198] MünchKommBGB/*Holch* § 90 RdNr. 6.

[199] RGZ 130, 85, 88; Heymann/*Emmerich* RdNr. 38; Staub/*Brüggemann* RdNr. 62.

[200] AM Staub/*Brüggemann* RdNr. 62 (jedoch für den Steinmetz bejahend RdNr. 60).

[201] RGZ 87, 43, 45; *Karsten Schmidt* HandelsR § 10 IV 2 a.

[202] *Karsten Schmidt* HandelsR § 10 IV 2 a.

[203] BGHZ 59, 303 = NJW 1972, 2300; BGH

NJW 1969, 1903; MünchKommBGB/*Westermann* vor § 433 RdNr. 44.

[204] Anders bei Lieferung durch den Produzenten selbst.

[205] BGH NJW 1961, 453, 455.

[206] Vgl. einerseits *König* NJW 1993, 3121; andererseits *Kort* DB 1994, 1505.

[207] BGH CR 1993, 1871 = NJW 1993, 2436; zust. Glanegger/*Ruß* RdNr. 4; *König* NJW 1993, 3123.

[208] BGH JZ 1990, 236, 238; LG Darmstadt CR 1991, 547; *Adolf Meier* NJW 1986, 1911; *Kort* DB 1994, 1506 f.

en gehandelt werden. Dazu gehört auch Baumaterial,[209] ebenso Abbruchmaterial.[210] Die Denkschrift legt allerdings Wert darauf, daß es sich um Gegenstände des Handelsverkehrs handelt.[211] Wie die Sonderregelung für den Buch- und Kunsthandel in Nr. 8 zeigt, geht der Gesetzestext von einem dem 19. Jahrhundert entsprechenden verkehrstypischen Warenbegriff aus. Nach heutigem Verständnis können alle beweglichen Sachen, die als solche gehandelt werden, Waren sein (Nr. 8 ist insoweit nur Spezialtatbestand). Um Gegenstände des Massengüterverkehrs muß es sich nicht handeln (auch der Handel mit Antiquitäten, Musikinstrumenten, erlesenen Sammelobjekten etc. ist Warenhandel). Geldzeichen fallen unter Nr. 4 (Geldwechslergeschäfte) und können nur als Sammlerobjekte Waren sein. Keine Waren sind Rechte einschließlich der verbrieften Rechte (vgl. zum Wertpapierbegriff sogleich RdNr. 67) sowie unbewegliche Sachen einschließlich des mitverkauften Zubehörs. Der **Grundstückshandel** fällt also nicht unter Nr. 1. **Schiffe** können Waren sein, soweit sie nach § 929 BGB veräußert werden können. Entscheidend ist die Verkehrsanschauung: Nur Schiffe, die nach ihr Gegenstand des Handels mit Gütern sind, fallen unter den handelsrechtlichen Warenbegriff. Jedenfalls eingetragene Seeschiffe wird man vom Warenbegriff ausnehmen müssen.[212]

bb) Wertpapiere iS von Nr. 1 sind nicht alle Wertpapiere iwS, dh. nicht alle Urkunden, deren Vorlage für die Ausübung privater Rechte erforderlich ist.[213] Die Denkschrift stellt darauf ab, daß es sich um Papiere handelt, die als Gegenstände des Handelsverkehrs in Betracht kommen.[214] Art. 217 Nr. 1 ADHGB hatte noch ausdrücklich auf die Bestimmung der Papiere für den Handelsverkehr abgestellt. Sachlich hat die Neufassung des HGB daran nichts geändert. Inhaberzeichen stehen Inhaberpapieren gleich. Deshalb ist zB auch der Handel mit den von Dritten ausgegebenen Fahrkarten, Eintrittskarten oder Losen Handel iS von Nr. 1.[215]   **67**

cc) Im Baugewerbe wird im Hinblick auf Abs. 2 Nr. 1 unterschieden zwischen Bauunternehmern, Bauhandwerkern und Baustofflieferanten.[216] Bauunternehmer sind Gewerbetreibende, die sich zur Erstellung ganzer Bauwerke oder Teil-Bauwerke verpflichten. Sie fallen nicht unter Abs. 2 Nr. 1, sondern unter § 2.[217] Baustoffhändler oder Baustofflieferanten fallen unter Abs. 2 Nr. 1.[218] Bauhandwerker sind Gewerbetreibende, die – mit oder ohne Zulieferung eigener Teile – Handwerksleistungen am Bau erbringen; hinsichtlich ihrer Einordnung unter § 1 Abs. 2 Nr. 1 oder unter § 2 ist zu differenzieren (RdNr. 72).   **68**

c) Anschaffung und Weiterveräußerung ist nach hM derivativer Eigentumserwerb und Weiterübertragung des Eigentums durch Rechtsgeschäft.[219] Der traditionelle Groß- oder Einzelhändler betreibt sicherlich ein Grundhandelsgewerbe nach Nr. 1.[220] Richtigerweise sind aber die Begriffe nicht zivilrechtsdogmatisch, sondern kaufmännisch-praktisch zu verstehen und knüpfen juristisch mehr beim Kausalgeschäft als beim Verfügungsgeschäft an.[221]   **69**

aa) Anschaffung ist Erwerb von Dritten, mag dies durch Übereignung (§ 929 BGB) oder durch Gestattung der Aneignung aufgrund Kaufvertrags (§ 956 BGB) geschehen. Wer   **70**

---

[209] ROHGE 13, 343, 345; RGZ 58, 186, 190; RGSt 52, 292, 293.
[210] Anders im Fall der Urproduktion: Steinbruch (RGZ 6, 8).
[211] Denkschrift II S. 196 = *Schubert/Schmiedel/Krampe* II/2, S. 956.
[212] Die Frage wird bisher nicht diskutiert.
[213] *Karsten Schmidt* HandelsR § 10 IV 2 a; Staub/*Brüggemann* RdNr. 67.
[214] Denkschrift I S. 10 = *Schubert/Schmiedel/Krampe* II/1, S. 10; Denkschrift II S. 196 = *Schubert/Schmiedel/Krampe* II/2, S. 956.
[215] Anders wohl Baumbach/*Hopt* RdNr. 25: Wertpapierhandel nur im Bankengewerbe.

[216] Vgl. nur Koller/*Roth*/Morck RdNr. 45; Staub/*Brüggemann* RdNr. 64 f.; Ebenroth/*Autenrieth* BauR 1980, 211 ff.
[217] BGHZ 59, 179, 182 = NJW 1972, 1660, 1661; BGHZ 73, 217, 220 = NJW 1979, 1361; Heymann/*Emmerich* RdNr. 44; Ebenroth/*Autenrieth* BauR 1980, 222.
[218] Statt aller Koller/*Roth*/Morck RdNr. 45; Ebenroth/*Autenrieth* BauR 1980, 221 f.
[219] Baumbach/*Hopt* RdNr. 25; Heymann/*Emmerich* RdNr. 37 a, 40.
[220] Vgl. nur *Meier* DB 1977, 2315.
[221] *Karsten Schmidt* HandelsR § 10 IV 2 b.

mit Gestattung des Eigentümers Bestandteile aus Abrißhäusern, abgewrackten Schiffen etc. entnimmt, weiterverkauft, ist Warenhändler. Keine Anschaffung ist die Urproduktion, zB die Tieraufzucht oder die Bodennutzung oder Bodenausbeutung durch Landwirtschaft, Forstwirtschaft, Fischerei, Erdölgewinnung, Erdgasgewinnung, der Bergbau etc.[222] Zur Abgrenzung zwischen Abs. 2 Nr. 1 und § 3 bei Gärtnereien und Baumschulen vgl. § 3 RdNr. 4. Auf das Eigentum am Grund und Boden kommt es nicht an. Auch die Ausbeutung von Grund und Boden (Kies, Gestein, Torf etc.) durch den berechtigten Fremdbesitzer (Pächter) nach § 956 BGB (oder Nießbraucher) ist Urproduktion und keine Anschaffung.[223] Anders, wenn lediglich einem Käufer das Abtragen, Abernten etc. gestattet wird; dies ist Anschaffung.[224] Selbst für entgeltliche Blutentnahme sollte dasselbe gelten. Unentgeltlicher Erwerb (zB durch Blut- oder Warenspenden) ist keine Anschaffung iS von Nr. 1.[225] Zwischen der Anschaffung und der Weiterveräußerung muß ein Zweckzusammenhang bestehen.[226] Daß der Erwerb durch Erbschaft nicht genügt, ist eine seit Generationen durch die Kommentare getragene Banalität. Der Veräußerung des Nachlasses im Zuge einer Erbauseinandersetzung fehlt selbst bei längerer Dauer schon die Gewerblichkeit, so daß eine Anwendung von Abs. 2 Nr. 1 bereits aus diesem Grunde nicht in Betracht kommt.[227]

71 **bb) Weiterveräußerung** ist die entgeltliche Eigentumsverschaffung an Dritte, regelmäßig gemäß § 929 BGB. Aber die Eigentumsverschaffung durch Einbau nach §§ 946 f. BGB genügt.[228] Auf die Eigentumsverschaffung, nicht auf die rechtsdogmatische Einordnung als Verfügungsgeschäft kommt es an. Vermietung und Leasing genügt nicht, auch nicht bei Einräumung einer Kaufoption, denn die typische Leistung des Leasinggebers besteht auch hier in der bloßen Sachüberlassung. Einen Grenzfall bildet der Mietkauf, der dem Kauf unter Eigentumsvorbehalt nahesteht und den Mietkäufen zum wirtschaftlichen Eigentümer macht.[229] Es scheint gerechtfertigt, diese Tätigkeit als Veräußerung iS von Abs. 2 Nr. 1 anzusehen. Die Weiterveräußerung bloß nebensächlicher Zutaten im Rahmen einer unter § 2 fallenden Tätigkeit (Photopapier bei der Photoentwicklung, Garn bei der Änderungsschneiderei, Absätze und Sohlen bei der Flickschusterei, Verpackungsmaterial etc.) macht nicht zum Kaufmann nach Nr. 1 (RdNr. 63).[230]

72 **d) Mit oder ohne Be- oder Verarbeitung** kann der Warenhandel vorgenommen werden. Unter Abs. 2 Nr. 1 fällt deshalb zB der Verkauf überholter Gebrauchtfahrzeuge oder Maschinen,[231] der Betrieb eines Speiselokals,[232] der Betrieb einer Apotheke unabhängig vom Anteil der Eigenherstellung[233] sowie der gesamte Bereich der Warenfabrikation und des Warenhandwerks.[234] Bei all dem **muß die Anschaffung und Weiterveräußerung nach hM im Vordergrund** stehen (vgl. zur Schwerpunktbetrachtung RdNr. 62 f.). Nicht unter Abs. 2 Nr. 1 fällt nach hM zB, wer Software entwickelt und auf Disketten weitervertreibt.[235] Auch Dentallabors etc. sollen nicht unter Nr. 1 fallen.[236] Zur Kritik dieser hM vgl. allerdings RdNr. 63, wonach ein für sich allein ausreichender, nicht völlig untergeordneter Warenhandel für Nr. 1 ausreichen sollte. **Warenhandwerk** ist derjenige Teil des Handwerks (RdNr. 76), dessen Schwergewicht in der Veräußerung handwerklich be- oder

---

[222] Baumbach/*Hopt* RdNr. 25; Heymann/*Emmerich* RdNr. 37; Staub/*Brüggemann* RdNr. 58.

[223] Staub/*Brüggemann* RdNr. 58 m. weit. Nachw.

[224] Staub/*Brüggemann* RdNr. 58.

[225] Heymann/*Emmerich* RdNr. 37 a; Staub/*Brüggemann* RdNr. 58.

[226] Koller/*Roth*/Morck RdNr. 42.

[227] *Karsten Schmidt* HandelsR § 10 IV 2 b.

[228] *Karsten Schmidt* HandelsR § 10 IV 2 b.

[229] Dazu eingehend MünchKommBGB/*Habersack* nach § 515 RdNr. 5.

[230] Staub/*Brüggemann* RdNr. 60.

[231] *Karsten Schmidt* HandelsR § 10 IV 2 d.

[232] BGHZ 70, 137 = NJW 1957, 179; OGH Wien HS 7007, 7008; Heymann/*Emmerich* RdNr. 43.

[233] BGH NJW 1983, 2805, 2086; KG, NJW 1958, 1827; Baumbach/*Hopt* RdNr. 25.

[234] BGHZ 22, 234, 236 = NJW 1957, 179 (Bäcker); KG JW 1936, 1682 (Konditor); OGH ÖJZ 1952, 158, 159; OLG München NJW-RR 1992, 230 mit krit. Anm. *Bork* JuS 1993, 106 (Schreiner); KGJ 27 A 60 (Fleischer).

[235] LG Darmstadt CR 1991, 547; *Adolf Maier* NJW 1986, 1911 f.

[236] Vgl. im Ergebnis (keine Ware) Staub/*Brüggemann* RdNr. 62.

verarbeiteter Waren besteht, zB beim Bäcker, Konditor, Schlachter, Schreiner, orthopädischen Schumacher, Maßschneider (sofern mit selbst angeschafften Stoffen arbeitend), Goldschmied. Hiervon zu unterscheiden sind die sog. Lohnhandwerker, deren Tätigkeit in der Bearbeitung oder Verarbeitung für andere besteht und die, da ausdrücklich von Abs. 2 Nr. 2 ausgenommen (RdNr. 73 ff.), überhaupt nicht unter § 1, sondern als sog. „Sollkaufleute" nur unter § 2 fallen (§ 2 RdNr. 2). Warenhandwerker fallen ausnahmslos unter Nr. 1. Soweit davon die Rede ist, daß der Betrieb eines Warenhandwerkers, zB Bäckermeisters, nicht kaufmännisch, weil nur handwerklich sei,[237] handelt es sich richtigerweise nicht um die Abgrenzung von § 1 Abs. 2 Nr. 1, sondern allein um die Frage, ob der Gewerbebetrieb minderkaufmännisch ist (§ 4). Auch Bauhandwerker (RdNr. 68) betreiben kein Grundhandelsgewerbe, weil sie nicht anzuschaffende und zu veräußernde bewegliche Sachen bearbeiten.[238] Anders, wenn der Schwerpunkt der Tätigkeit eines Bauhandwerkers nur in der Anschaffung und Lieferung von industriell gefertigten oder vom Bauhandwerker veränderten Bauteilen besteht.[239] Dazu genügt aber nicht, daß der Bauhandwerker, zB als Dachdecker, für die Bauhandwerkertätigkeit vorgefertigte Materialien anschafft und für den Einbau verwendet.[240] Erforderlich ist vielmehr, daß die Handwerksarbeit am Bau nicht im Mittelpunkt steht.

4. Lohnfabrikation (Abs. 2 Nr. 2). a) Der Tatbestand. Die Übernahme der Bearbeitung oder Verarbeitung von Waren für andere ist Grundhandelsgewerbe nach Nr. 2, sofern das Gewerbe nicht handwerksmäßig betrieben wird. Die Bestimmung basiert auf Art. 272 Nr. 1 ADHGB. Ihre Bedeutung ist weitaus geringer als die der Nr. 1. **73**

b) Bearbeitung oder Verarbeitung von Waren setzt zunächst voraus, daß es sich um Waren iS von RdNr. 66, also um bewegliche Sachen, handelt, die als Handelsware geeignet sind. Arbeiten an Grundstücken (also auch an Gebäuden) oder an (eingetragenen) Seeschiffen fallen nicht darunter (zum Bauhandwerk vgl. RdNr. 68, 72).[241] Überflüssigerweise wird auch betont, daß das (ohnehin nicht fabrikmäßige) Friseurhandwerk nicht unter Nr. 2 fallen kann.[242] Softwareprogramme sind nach der hier vertretenen Auffassung selbst keine Sachen (RdNr. 66), so daß nur die fabrikmäßige Bearbeitung der Datenträger selbst unter Nr. 2 fallen kann.[243] **Bearbeitung** liegt vor, wenn die Sache lediglich verbessert oder verändert wird (Reparatur, Verschönerung oder sonstige Veränderung, zB auch Klärung oder sonstige Reinigung von Flüssigkeiten). Entsorgung ist keine Bearbeitung. Von einer **Verarbeitung** wird gesprochen, wenn durch Bearbeitung neue Sachen hergestellt werden (vgl. § 950 BGB). Beispiele sind:[244] Reparaturbetriebe, Färbereien, Filmentwicklungsanstalten (hinsichtlich neuer Papierbilder evtl. Nr. 1), Lohnwebereien, Lohnmühlen, Lohndreschereien. Der ganze Bereich spielt im Rahmen des § 1 eine geringe Rolle, obwohl die Arbeitsteilung in Fertigungsprozessen (Lohnveredelung) durch moderne Transportwege sogar zugenommen haben mag. **74**

c) Für andere muß die Bearbeitung oder Verarbeitung geschehen, dh im Rahmen eines Werk- oder ausnahmsweise Dienstvertrags.[245] Charakteristische Anwendungsfälle der Nr. 2 finden sich in der **Lohnveredelungsindustrie.** Der Werklieferungsunternehmer (vgl. § 381 Abs. 2) fällt unter Nr. 1, nicht unter Nr. 2, denn er bearbeitet oder verarbeitet für eigene Rechnung und verkauft das Produkt. **75**

---

[237] In dieser Richtung OLG Celle MDR 1981, 114.

[238] RGSt 33, 419, 421 (zum ADHGB); OLG München SeuffA 75, 293; OLG Frankfurt BB 1975, 1319 = WM 1975, 130; OLG Nürnberg ZIP 1982, 1064; *Ebenroth/Autenrieth* BauR 1980, 222; *Bork* JuS 1993, 108.

[239] OLG Düsseldorf BauR 1981, 369 m. Anm. *Autenrieth* = MDR 1980, 849 (Türen); OLG Köln BB 1973, 777 (Klimaanlage); unrichtig wohl OLG

München NJW-RR 1992, 230 (Fenster, Türen, Schließanlage); dazu krit. *Bork* JuS 1993, 106 ff.

[240] Wie hier OLG Nürnberg ZIP 1982, 1064 (Dachdecker).

[241] Vgl. für Gebäude Staub/*Brüggemann* RdNr. 70; *Bork* JuS 1993, 107.

[242] Staub/*Brüggemann* RdNr. 70.

[243] Vgl. auch Glanegger/*Ruß* RdNr. 4.

[244] Heymann/*Emmerich* RdNr. 51 a.

[245] Staub/*Brüggemann* RdNr. 71.

76   **d) Fabrikmäßigkeit.** Die Bearbeitung bzw. Verarbeitung muß **fabrikmäßig** geschehen, dh. in den Worten von Nr. 2: das Gewerbe darf **nicht handwerksmäßig** betrieben werden. Der Lohnhandwerker kann Kaufmann nach § 2, nicht nach § 1 Abs. 2 Nr. 2 sein. **Industrie und Handwerk** können voneinander nicht begrifflich, sondern nur typologisch anhand überkommener Verkehrsanschauungen unterschieden werden.[246] Jede Form der Bearbeitung oder Verarbeitung von Waren nach Nr. 2 kann handwerklich betrieben werden. Die in den Anlagen A und B zur Handwerksordnung enthaltene Aufzählung kann eine handwerkliche Prägung indizieren, ist aber für das HGB nicht abschließend oder sonst unmittelbar verbindlich.[247] Auch die Eintragung in die Handwerksrolle wirkt für die Annahme der Handwerksmäßigkeit nur indiziell und ist weder positiv noch negativ bindend.[248] Charakteristisch für die handwerksmäßige im Gegensatz zur fabrikmäßigen Tätigkeit sind folgende **Merkmale:**[249] Persönliche (nicht immer körperliche) Mitarbeit des Inhabers oder des geschäftsführenden Gesellschafters beim Fertigungs- oder Bearbeitungsprozeß als Meister; Individualität der im Betrieb erbrachten Leistungen, vor allem aufgrund individueller Bestellungen; kein industrietypischer Grad an Arbeitsteilung; Beschäftigung gelernter Fachkräfte (Gesellen, Meister). Merkmale wie die Betriebsgröße und der Einsatz von Maschinen treten gegenüber diesen Merkmalen eher zurück, können aber vor allem bei weniger individuellen Leistungen (chemische Reinigung, Großbuchbinderei, Färberei etc.) die schon genannten Merkmale zusätzlich unterstreichen. Da die Abgrenzung nicht begrifflicher Art ist, sondern nach Typusmerkmalen erfolgt, ist keines der genannten Merkmale für sich allein notwendig oder ausreichend, sondern das Gesamtbild entscheidet.

77   **5. Versicherungsgeschäfte (Abs. 2 Nr. 3). a) Der Tatbestand.** Grundhandelsgewerbe ist die Übernahme von Versicherungen gegen Prämien. Die auf Art. 271 Nr. 3 ADHGB zurückgehende Vorschrift ist **nahezu bedeutungslos,** denn aufgrund von § 7 Abs. 1 VAG sind Prämienversicherer idR Aktiengesellschaften und damit Formkaufleute nach § 3 AktG.

78   **b) Versicherungsgeschäfte** sind gegenseitige Verträge über die Übernahme eines vereinbarten Risikos gegen Prämienzahlung.[250] Nur die privaten Versicherungen sind erfaßt. Auf die öffentlichrechtlichen Versicherungen ist Abs. 2 Nr. 3 nicht anzuwenden.[251]

79   **c) Versicherungsvereine auf Gegenseitigkeit.** Nicht unter Nr. 3 fallen die reinen Versicherungsvereine auf Gegenseitigkeit (VVaG). Bei ihnen treten die Beiträge der versicherten Mitglieder an die Stelle der Prämien. Nach § 16 VAG gelten aber die Vorschriften des Ersten, Dritten und Vierten Buchs außer den §§ 1 bis 7, 264 bis 342 entsprechend auch für die Versicherungsvereine auf Gegenseitigkeit, sofern es sich nicht um die sog. kleinen Vereine nach § 53 VAG handelt.[252] Unter Nr. 3 können Versicherungsvereine auf Gegenseitigkeit nur bezüglich des Nichtmitgliedergeschäfts fallen.[253]

80   **6. Bankgeschäfte (Abs. 2 Nr. 4). a) Der Tatbestand.** Nach Nr. 4 fallen die Bankier- und Geldwechslergeschäfte unter § 1. Auch diese auf Art. 272 Nr. 2 ADHGB zurückgehende Vorschrift hat praktische Bedeutung nur noch, soweit diese Geschäfte nicht, wie bei größeren Kreditunternehmen die Regel, von Formkaufleuten (Kapitalgesellschaften und eingetragenen Genossenschaften) betrieben werden. Die Bedeutung liegt vor allem bei den

---

[246] Ausführlich Staub/*Brüggemann* RdNr. 72 bis 82.

[247] Baumbach/*Hopt* RdNr. 34; Heymann/*Emmerich* RdNr. 46; Staub/*Brüggemann* RdNr. 78.

[248] BGHZ 39, 255, 258; KG JW 1936, 1682 f. und 3127 f.; Heymann/*Emmerich* RdNr. 46; Staub/*Brüggemann* RdNr. 78.

[249] Vgl. nur Baumbach/*Hopt* RdNr. 34; Heymann/*Emmerich* RdNr. 47 ff.; Staub/*Brüggemann* RdNr. 76 ff.

[250] Eine präzise Begriffsbestimmung scheint nicht möglich; vgl. *Prölss/Martin*, VVG, 25. Aufl. 1992, § 1 Anm. 1 A bis C.

[251] Vgl. Baumbach/*Hopt* RdNr. 27; Heymann/*Emmerich* RdNr. 52 mit Hinweis auf § 151 VAG; s. aber für öffentlichrechtliche „Wettbewerbsversicherer" Koller/*Roth*/Morck RdNr. 49.

[252] Dazu auch Baumbach/*Hopt* RdNr. 27.

[253] Koller/*Roth*/Morck RdNr. 49.

in Vereinsform betriebenen oder öffentlichen Sparkassen.[254] Hinzu kommen die in Form von Personengesellschaften (oHG, KG) betriebenen Banken. Auch die Deutsche Bundesbank ist Kaufmann und nur durch § 29 Abs. 3 BBankG von den Handelsregistervorschriften freigestellt.[255] Private Bausparkassen dürfen nach dem Gesetz über Bausparkassen nur als Aktiengesellschaften betrieben werden.[256]

b) Bankgeschäfte sind im HGB nicht definiert. Im wesentlichen kann man sich an der **81** allerdings weder abschließenden noch im Rechtssinne für die Auslegung der Nr. 4 verbindlichen Aufzählung in **§ 1 KWG** orientieren.[257] Darin sind aufgezählt: Einlagengeschäfte, Kreditgeschäfte, Diskontgeschäfte, Effektengeschäft, Depotgeschäft, Investmentgeschäft, Garantiegeschäft und Girogeschäft. Die sog. Pfandleiher sind nach hM keine Kaufleute iS von Abs. 2 Nr. 4, weil sie aus dem Berufsbild der Geschäftsbanken herausfallen.[258]

c) Geldwechselgeschäfte betreiben außer den bereits erfaßten Banken die sog. Wech- **82** selstuben.[259] Es geht um den Austausch (Ankauf und Verkauf) von Bargeld unterschiedlicher Währungen. Die besondere Erwähnung rechtfertigt sich deshalb, weil Geldzeichen weder Waren noch Wertpapiere iS von Nr. 1 sind (sie werden nicht um ihrer Substanz willen gehandelt, verbriefen aber auch keine Ansprüche gegen den Emittenten).

1. Transportgeschäfte (Abs. 2 Nr. 5). a) Der Tatbestand. Die Beförderung von Gü- **83** tern oder Reisenden zur See, die Geschäfte der Frachtführer und die Beförderung von Personen zu Lande oder auf Binnengewässern durch „Anstalten" und die Geschäfte der Schleppschiffahrtsunternehmer ist Grundhandelsgewerbe nach Nr. 5. Die Bestimmung geht auf Art. 217 Nr. 4, 272 Nr. 3 zurück.

b) Verweisung auf das Transportrecht. Die gewerbsmäßige Beförderung von Gütern **84** oder Reisenden zur See entspricht den **§§ 556 ff., 664 ff.,** die Frachtgeschäfte den **§§ 425 ff.** Wer nur Gelegenheitsfrachtführer ist (§ 451), kann aus anderem Grunde Kaufmann sein. Unter Nr. 5 fällt er nicht. Besonders erwähnt ist die Beförderung von Personen zu Lande oder auf Binnengewässern sowie die Schleppschiffahrt. Nicht einbezogen, aber nach hM gemäß Nr. 5 zu behandeln, ist die Beförderung von Gütern oder Personen durch **Luftfahrtunternehmen**.[260] Der numerus clausus des in Abs. 2 enthaltenen Katalogs und das oft beschworene Analogieverbot (RdNr. 55) steht nicht entgegen, denn mit „Land" und „See" wollte der Gesetzgeber von 1897 gerade kein Transportmedium generell ausschalten. Doch spielt die Frage selbstverständlich nur dann eine Rolle, wenn kein formkaufmännisches Unternehmen vorliegt (RdNr. 61). Der Gepäcktransport fällt ebenso unter Nr. 5 wie das Gewerbe der Abschleppunternehmen.[261] Die Schleppschiffahrt wurde vom Gesetzgeber besonders genannt, weil der Schleppschiffahrtsunternehmer idR nicht Frachtführer iS von § 425 ist.[262] Die frühere Bundespost war als nicht-gewerblich ausgeschlossen (RdNr. 21). Die Post AG ist Kaufmann kraft Rechtsform, ebenso die Bahn AG (vgl. zum früheren Streit um die Kaufmannseigenschaft der Bundesbahn RdNr. 23).

c) Beförderungsunternehmen. Um gewerbsmäßige Beförderung muß es sich handeln. **85** Fahrplanmäßigkeit ist nicht erforderlich.[263] Auch Taxi-, Reisebus-, Rundflug-, Stadtrundfahrtunternehmen etc. fallen unter Nr. 5. Bloße Fahrzeugvermietung genügt nicht. Nicht unter Nr. 5 fallen auch die zum Transportgewerbe gehörenden Serviceunternehmen: Rei-

[254] RGZ 116, 227, 229; 127, 226, 228; 138, 6, 16 ff.; 166, 334, 340; Heymann/*Emmerich* RdNr. 9; Staub/*Brüggemann* RdNr. 12.
[255] Heymann/*Emmerich* RdNr. 53; anders wegen fehlender Gewinnerzielungsabsicht *Hahn,* Währungsrecht, 1990, § 17 RdNr. 19; *Gramlich,* BBankG, 1988, § 29 RdNr. 11.
[256] Vgl. § 2 Abs. 1 BSpKG.
[257] *Karsten Schmidt* HandelsR § 10 IV 5.
[258] KG RJA 4 (1904), 153, 154; 11 (1912), 217, 219; Staub/*Brüggemann* RdNr. 88; aM Heymann/*Emmerich* RdNr. 54.

[259] Heymann/*Emmerich* RdNr. 54; Staub/*Brüggemann* RdNr. 90.
[260] So im Ergebnis Baumbach/*Hopt* RdNr. 29 (Analogie); Staub/*Brüggemann* RdNr. 96.
[261] Heymann/*Emmerich* RdNr. 55; Koller/*Roth*/ Morck RdNr. 51; Staub/*Brüggemann* RdNr. 92.
[262] Staub/*Brüggemann* RdNr. 97.
[263] Baumbach/*Hopt* RdNr. 29; Heymann/*Emmerich* RdNr. 56; Staub/*Brüggemann* RdNr. 93.

sebüros, Schlaf- und Speisewagengesellschaften, Gepäckaufbewahrer etc.[264] Auch Pauschal-
reiseveranstalter werden nicht unter Nr. 5 gerechnet.[265] Das wird zutreffen, sofern das
Leistungspaket (vgl. § 651 a BGB) nicht im wesentlichen in einem im eigenen Namen
durchgeführten Transport, sondern in Geschäftsbesorgungs- und sonstigen Dienstleistungen
besteht.

86   **d) Größenverhältnisse.** Die **Größenverhältnisse** spielen bei Nr. 5, wie allgemein bei
§ 1, im Grundsatz keine Rolle: Kleinunternehmer, die unter Nr. 5 fallen, können Minderkaufleute nach § 4 sein, sind aber Kaufleute nach § 1. Eine Ausnahme gilt für die **Personenbeförderung,** denn nur die Personenbeförderung durch „Anstalten" fällt unter Nr. 5.
Diese auf Art. 272 Nr. 3 zurückgehende Formulierung schließt Kleinunternehmer aus.[266]
Das bedeutet: Nur Unternehmen, die über die Verwendung eines einzelnen Fahrzeugs für
die Beförderung einzelner Personen deutlich hinausgehen (Taxipark, Busreiseunterneh-
men, Eisenbahnunternehmen, Bergbahn etc.), fallen unter Nr. 5. Der Inhaber eines eigenen Taxi, einer Barkasse etc. fällt nicht unter Nr. 5, könnte also nur unter den Voraussetzungen der §§ 2, 5 Kaufmann werden.

87   **8. Kommissions-, Speditions- und Lagergeschäfte (Abs. 2 Nr. 6). a) Der Tatbestand.** Nr. 6 nennt ohne nähere Definition die Geschäfte der Komissionäre, Spediteure
und Lagerhalter. Damit verweist die Bestimmung auf die Merkmale der §§ 383, 407, 416.
Die dort gegebenen Definitionen passen unmittelbar auf Abs. 2 Nr. 6, während sie an Ort
und Stelle, wo das Kommissionsgeschäft, das Speditionsgeschäft und das Lagergeschäft
abzugrenzen sind, eher fehl am Platze sind und den Gesetzgeber zu Sonderregeln über
(„Gelegenheitskommissionäre" und „Gelegenheitsspediteure") zwingen.[267] Als verbindliche
Erläuterungen des Abs. 2 Nr. 6 sind also die §§ 383, 407, 416 von Wert.

88   **b) Gelegenheitskommission, Gelegenheitsspedition.** Nicht unter Nr. 6 fällt, wer, ohne Kommissions-, Speditions- oder Lagerunternehmer zu sein, Kommissions- oder Spedi-
tionsverträge als sog. Gelegenheitskommissionär oder Gelegenheitsspediteur abschließt
(§§ 406 Abs. 1, 415). Sinngemäß gleiches gilt für den Abschluß von Lagergeschäften.

89   **9. Handelsvertreter- und Handelsmaklergeschäfte (Abs. 2 Nr. 7). a) Der Tatbestand.** Nr. 7 nennt Handelsvertreter und Handelsmakler und nimmt hiermit auf §§ 84, 93
Bezug. Die Merkmale dieser Bestimmungen gelten unmittelbar für Nr. 7. Ähnlich wie bei
Nr. 6 (RdNr. 87) gilt: Die Definitionen der §§ 84, 93 gehören sachlich zu § 1 und treffen
an Ort und Stelle, wo nicht der Kaufmann, sondern der Handelsvertreter- oder -makler-
vertrag beschrieben werden soll, nicht den Gegenstand der Regelung.[268] Nicht unter Nr. 6
fallen, auch wenn sie im Vertragsrecht der §§ 84 ff. einem Handelsvertreter weitgehend
gleichgestellt sind, die für eigene Rechnung im eigenen Namen handelnden Vertragshändler und Franchisenehmer. Sie können unter Nr. 1 fallen.

90   **b) Auf die Größe und Bedeutung** kommt es für Nr. 7 nicht an. Auch der Kleinunternehmer, der Einfirmenvertreter (§ 92 a) und der Handelsvertreter im Nebenberuf (§ 92 b)
fällt unter § 1, wenn auch idR gleichzeitig unter § 4.

91   **10. Verlagsgeschäfte und Geschäfte des Buch- oder Kunsthandels (Abs. 2 Nr. 8). a)
Der Tatbestand.** Die auf Art. 272 Nr. 5 ADHGB zurückgehende Bestimmung ist erkennbar überflüssig, soweit aus ihr die veraltete Vorstellung spricht, daß die Geschäfte des Buch-
und des Kunsthandels nicht zum Warenhandel gehört.[269] Insoweit handelt es sich aus heutiger Sicht nur um eine **überflüssige Spezialregelung** zu Nr. 1 (bei Kauf und Weiterverkauf) bzw. Nr. 6 (bei Kommission). Sortimentshandel und Antiquariät werden gleicher-

---

[264] Vgl. Heymann/*Emmerich* RdNr. 56; Staub/
Brüggemann RdNr. 94.
[265] Staub/*Brüggemann* RdNr. 95.
[266] *Lutz,* Protokolle zum ADHGB, 1858,
S. 1294; OGH Wien SZ 43 (1970), 315, 316;

Heymann/*Emmerich* RdNr. 56; Staub/*Brüggemann*
RdNr. 93; *Straube* RdNr. 51.
[267] *Karsten Schmidt* HandelsR § 31 I 2, § 33 I 2.
[268] Staub/*Brüggemann* RdNr. 103.
[269] *Karsten Schmidt* HandelsR § 25 I 2.

maßen erfaßt.[270] Bloße Leihbibliotheken, Lesezirkel oder Unternehmen des „Kunst-Leasing", die nicht verkaufen, fallen auch nicht unter Nr. 8.[271] Bedeutsam ist Nr. 8 nur für die Verlagsgeschäfte, weil bei ihnen der Schwerpunkt nicht auf der Anschaffung und veränderten Weiterveräußerung von Papier oder Datenträgern, sondern auf der Herstellung und Verbreitung von Werken liegt.

b) Der **Begriff der Verlagsgeschäfte** ist kaufmännisch zu verstehen. Es fallen darunter **92** Buchverlage, Musikverlage und Verlage auf dem Gebiet der Schrift und Bild verbreitenden Medien.[272] Darauf, ob Verlagsverträge mit Autoren oder Herausgebern abgeschlossen und Urheberrechte verwaltet werden, kommt es nicht an.[273] Deshalb fällt zB auch ein Adreßbuchverlag unter Nr. 8.[274] Auch der Selbstverlag und der Kommissionsverlag gehören dazu.[275] Der Verlagsbegriff kann nicht mehr auf die reinen Printmedien beschränkt sein. Auch die Vervielfältigung auf Disketten, Tonträgern etc. gehört dazu.[276] Die Herstellung und Verbreitung von Computerprogrammen wird bisher nicht dazugerechnet.[277] Kein Verlagsgeschäft ist auch die reine Verwaltung von Urheberrechten oder sonstigen Schutzrechten („Patentverlag" o.ä.).[278]

11. Fabrikmäßige Druckereigeschäfte (Abs. 2 Nr. 9). a) Der **Tatbestand.** Unter **93** Nr. 9 fallen Druckereien, soweit das Gewerbe nicht handwerksmäßig betrieben wird. Die Bestimmung basiert, wie auch die Nr. 8, auf Art. 272 Nr. 5 ADHGB.

b) Druckereien sind Unternehmen, die Wort, Zeichen oder Bild auf drucktechnischem **94** Wege auf Papier oder anderes Material aufbringen. Auf das Verfahren (Bleisatz, Lichtsatz, Computersatz) kommt es nicht an. Die Vervielfältigung, zB von Photographien, auf drucktechnischem Weg kann Druckerei sein,[279] nicht aber zB die Tätigkeit von Entwicklungsanstalten für Photographien[280] und auch nicht die Photokopieranstalt, die ihren Kunden lediglich Kopiermöglichkeiten zur Verfügung stellt.[281] Das photographische Gewerbe selbst fällt nicht unter Nr. 9,[282] wird wohl auch nicht fabrikmäßig betrieben. Die Übergänge werden zunehmend unklar, da Kopierdienste häufig auch echten Druckservice anbieten.

c) Fabrikmäßigkeit. Die Druckerei muß fabrikmäßig, darf also nicht bloß handwerks- **95** mäßig betrieben werden. Vgl. wegen dieses Merkmals RdNr. 76.

VI. Analoge Anwendung von Handelsrechtsnormen

1. Zum Grundlagenstreit. a) Streitstand. Die Frage, inwieweit handelsrechtliche **96** Normen über den in §§ 1 ff. abgegrenzten Kaufmannsbegriff hinaus analog angewandt werden können,[283] ist überaus **umstritten.**[284] Die Diskussion leitet zT unter **Vereinfachungen.** Niemand – auch nicht der Verfasser dieser Kommentierung – steht auf dem Standpunkt, „das Handelsrecht" könne auf „Nicht-Kaufleute" schlechthin angewandt werden (RdNr. 99). Umgekehrt steht niemand – auch nicht die höchstrichterliche

---

[270] Staub/*Brüggemann* RdNr. 103.

[271] Vgl. auch Baumbach/*Hopt* RdNr. 32.

[272] Baumbach/*Hopt* RdNr. 32; Heymann/*Emmerich* RdNr. 59.

[273] BGHZ 10, 91, 95 = NJW 1953, 1217, 1218; Heymann/*Emmerich* RdNr. 59; Staub/*Brüggemann* RdNr. 102; *Straube* RdNr. 56.

[274] BGHZ 10, 91, 95 = NJW 1953, 1217, 1218; Baumbach/*Hopt* RdNr. 32; Heymann/*Emmerich* RdNr. 59.

[275] Baumbach/*Hopt* RdNr. 32; *Straube* RdNr. 56.

[276] AA *Adolf Maier* NJW 1986, 1912.

[277] Koller/*Roth*/Morck RdNr. 54; *Adolf Maier* NJW 1986, 1912.

[278] Staub/*Brüggemann* RdNr. 102.

[279] KG RJA 6 (1906), 51, 52; Staub/*Brüggemann* RdNr. 104.

[280] KG RJA 6 (1906), 51, 52; Baumbach/*Hopt* RdNr. 33.

[281] *Karsten Schmidt* HandelsR § 10 V 10; zust. Heymann/*Emmerich* RdNr. 60; Koller/*Roth*/Morck RdNr. 55.

[282] Baumbach/*Hopt* RdNr. 33.

[283] *Raisch,* Geschichtliche Voraussetzungen, dogmatische Grundlagen und Sinnwandlung des Handelsrechts, 1965, S. 105 ff.; *ders.* JuS 1967, 533 ff.; *Karsten Schmidt* HandelsR § 3 I, II; *ders.* JuS 1985, 251 f.; *ders.* JurBl. 1995, 345 ff.; s. auch *Preis* ZHR 158 (1994), 571 ff.

[284] Ablehnend *Canaris* § 1 III 1; *Bydlinski* S. 28; *Neuner,* Rechtsfindung contra legem, 1992, S. 176; *ders.* ZHR 157 (1993), 269; *Vossius* JuS 1985, 936 ff.; *Wolter* JurA 1988, 178; *Zöllner* ZGR 1983, 84.

Rechtsprechung – auf dem Standpunkt, daß nicht wenigstens Handelsgewohnheitsrecht auf unternehmerisch handelnde Personen analog angewandt werden könne (RdNr. 101). Die ganze Frage ist nicht so sehr eine generelle Frage des Ob wie vielmehr eine von Vorschrift zu Vorschrift neu zu prüfende Frage des „Inwieweit". Auch geht es nicht nur um die Vorwegnahme einer gesetzlichen Korrektur der §§ 1 ff. (vgl. sogleich RdNr. 97).

97   **b) Notwendige Differenzierungen.** Hinsichtlich der **Richtung der Analogiebildungen** ist sehr genau zu unterscheiden zwischen **zwei Hauptfragen** des Analogieproblems: die erste, auf *Raisch*[285] zurückzuführende und vom Verfasser weitergeführte[286] Frage ist, inwieweit der Begriff des kaufmännischen Unternehmens in §§ 1 ff. zu eng gefaßt und durch Analogien zu korrigieren ist; diese Frage ist im Kern rechtspolitischer Art und demgemäß de lege lata besonders umstritten (RdNr. 99 ff.). Nur für sie gilt, daß sie sich durch einen korrigierenden Eingriff des Gesetzgebers erledigen könnte und voraussichtlich teilweise erledigen wird (RdNr. 116 ff.). Die zweite, auf einen Ansatz des Verfassers[287] zurückgehende Frage ist die, ob Handelsrechtsnormen über den Kreis der Unternehmensträger – insbesondere Handelsgesellschaften – hinaus auch auf Geschäftsleiter und/oder (geschäftsleitende) Gesellschafter analog angewandt werden können (RdNr. 109 ff.); diese Frage ist im Kern rechtsdogmatischer und rechtspraktischer Art, und hat in der Diskussion weitaus mehr Anklang gefunden, denn sie erspart methodische Ungenauigkeiten und Zufallsergebnisse im Umgang mit dem Kaufmannsbegriff (RdNr. 53 ff.). Beiden Analogierichtungen ist aber eines gemeinsam: Sie beruhen auf einem Wandel der Normsituation. Dieser besteht bei der ersten Analogierichtung in der Besinnung vom überlebten Kaufmannsbegriff des 19. Jahrhunderts auf den Unternehmensbegriff der Gegenwart. Bei der zweiten Analogierichtung besteht der Wandel der Normsituation darin, daß sich der dem HGB-Gesetzgeber vor Augen stehende Typus des Kaufmanns mehr und mehr als Organ oder/und Gesellschafter in die Handelsgesellschaften zurückgezogen hat.

98   **c) Methode. Methodisch** hat die Analogiediskussion – man mag die Analogie im Ergebnis befürworten oder ablehnen – den Vorteil, daß die Ausdehnung des Adressatenkreises als **Normanwendungsproblem** begriffen und daß die **Divergenz zum gesetzlichen Kaufmannsbegriff** offengelegt wird. In der ersten Hinsicht (Normanwendungsproblem) unterscheidet sich der hier eingeschlagene Lösungsweg von dem in die gleiche Richtung gehenden Ansatz, der den gesetzlichen Kaufleuten die „kaufmannsähnlichen Personen" zur Seite stellt, die man daran erkennen soll, daß sie „in kaufmännischer Art und Weise am Handelsverkehr teilnehmen.[288] Dies hat der BGH (vgl. RdNr. 50) überflüssigerweise sogar beim Konkursverwalter einer Handelsgesellschaft angenommen, statt, wie es richtig gewesen wäre, einfach auf die Kaufmannseigenschaft der Gesellschaft abzustellen (auch dazu RdNr. 50). Gegen die Rechtsfigur der kaufmannsähnlichen Personen ist einzuwenden, daß sie das Analogie- und Normanwendungsproblem um richtiger Ergebnisse willen nur verdeckt. Noch ausgeprägter ist dies bei den **Wucherungen des Scheinkaufmannsbegriffs** (dazu vgl. § 15 RdNr. 84 ff.), der nur zu oft verwendet wird, um ohne sichtbaren Bruch mit dem Gesetz Handelsrecht auf nichtkaufmännische Unternehmer anzuwenden.[289] Der Tatbestand des Scheinkaufmanns sollte auf echte Rechtsscheinsachverhalte beschränkt bleiben. Die Analogiediskussion meidet den Makel heuchlerischer Gesetzestreue und siedelt das Problem da an, wo es liegt: bei der von Fall zu Fall der Prüfung bedürftigen Erweiterung des Normadressatenkreises über §§ 1 ff. hinaus.

99   **2. Analoge Anwendung auf nichtkaufmännische Unternehmen? a) Stand der Diskussion.** Die analoge Anwendbarkeit von Handelsrechtsnormen auf Träger von

---

[285] Geschichtliche Voraussetzungen, dogmatische Grundlagen und Sinnwandlung des Handelsrecht, 1965, S. 249 ff., 277 ff.; JuS 1967, 538 ff.
[286] Vgl. Fn. 283.
[287] ZIP 1986, 1510 ff.; vgl. auch *Karsten Schmidt* HandelsR § 18 I c; zust. *Canaris* § 24 II 1 b; Staub/*Ulmer* § 105 RdNr. 77 ff.

[288] *Schäch,* Die kaufmannsähnlichen Personen als Ergänzung zum normierten Kaufmannsbegriff, 1989, S. 73; dazu auch *Canaris* § 21 II; Koller/*Roth*/Morck RdNr. 38.
[289] *Karsten Schmidt* HandelsR § 3 II 3 d, § 10 VIII; krit. jetzt auch *v. Olshausen* Festschrift für Raisch, 1995, S. 147 ff.

nichtkaufmännischen Unternehmen ist umstritten.[290] Der Sache nach handelt es sich hierbei um eine Korrektur des in rechtspolitischer Hinsicht zu eng geratenen Kaufmannsbegriffs,[291] so daß zwischen der Analogiethese und der Forderung nach gesetzlicher Begradigung kein Widerspruch besteht.[292] Weder die künftige Änderung des § 1 noch deren gegenwärtige Planung (RdNr. 116 ff.) spricht deshalb gegen die Möglichkeit einer analogen Anwendung von HGB-Normen. Die rechtspolitische Notwendigkeit einer Ausdehnung ist nahezu unbestritten,[293] und unbestritten ist auf der anderen Seite auch die Legitimations- und Diskussionsbedürftigkeit der Ausdehnung de lege lata. Mit der geplanten gesetzlichen Korrektur des Kaufmannsbegriffs (RdNr. 116 ff.) wird sich das Problem auch nicht definitiv erledigen. Schon das Festhalten am Gewerbebegriff zeigt, daß sich die Analogiefrage weiterhin stellen wird. Sie wird an quantitativer Bedeutung und rechtspolitischer Tragweite verlieren, weil es vor allem nur noch um die Anwendbarkeit auf Freiberufler gehen wird (RdNr. 121). Gleichzeitig wird aber die Frage an theoretischer Schärfe gewinnen, weil das Gesetz im Fall der von der Bund-Länderkommission vorgeschlagenen Reform des Kaufmannsbegriffs (RdNr. 119) einen klaren Gesetzgeberwillen erkennen lassen wird: Handelsrecht für Gewerbetreibende (§ 1 der Entwurfsfassung), nicht aber für Freiberufler (vgl. § 1 PartGG). **Subjekte der analogen Anwendung** können alle Gewerbetreibenden sein (RdNr. 11 ff.), die nicht die Voraussetzungen der §§ 1 ff. erfüllen (insbesondere die nichteingetragenen Sollkaufleute in Fällen des bisherigen § 2), außerdem die nach RdNr. 24 ff. vom Gewerbebegriff ausgenommenen wissenschaftlichen, künstlerischen oder freiberuflichen Unternehmer. Die Analogie setzt in jedem Fall eine **normbezogene Einzelbegründung** voraus. Es geht also nicht darum, „das HGB" auf Wissenschaftler, Schriftsteller, Kunstmaler, Ärzte oder Rechtsanwälte analog anzuwenden, sondern stets kann nur eine Einzelnorm in Frage stehen (RdNr. 103).

b) Praxis. Die Analogiediskussion spielt in der Praxis eine weitaus geringere Rolle, als es **100** der Meinungsstreit vermuten läßt. Das liegt nicht an ihrer Überflüssigkeit, sondern daran, daß sich für weite Teile des Handelsrechts die Ausdehnung auf nichtkaufmännische Unternehmer geräuschlos vollzieht:

aa) Handelsgewohnheitsrecht sucht sich seinen Normadressatenkreis selbst und kann – **101** ebenso wie ein bloßer Handelsbrauch (§ 346) – auf den ganzen Verkehrskreis angewandt werden, für den es maßgeblich ist.[294] Das gilt insbesondere für allgemeine Grundsätze der unternehmerischen Vertrauenshaftung[295] oder für die Grundsätze über kaufmännische Bestätigungsschreiben, wenn man deren gewohnheitsrechtliche Geltung akzeptiert.[296] Für **Handelsbräuche** (§ 346) stellt sich das Problem im Rechtssinne gar nicht, denn der Handelsbrauch ist nicht Rechtsnorm, sondern Verkehrssitte und gilt – man mag dann von einer analogen Anwendung des § 346 sprechen oder nicht – selbstverständlich für die von der Verkehrssitte erfaßten Rechtssubjekte, sie mögen (Voll-)Kaufleute sein oder nicht.[297] Der ganze Meinungsstreit ist hier gegenstandslos.

bb) Dispositives Handelsvertragsrecht – zB die Auslegungsregeln des HGB (§§ 354, **102** 355 Abs. 3, 358 bis 361) – wird gleichfalls kaum Probleme aufwerfen, weil es sich nicht um objektivierten Gesetzgeberwillen, sondern um typisierten Parteiwillen handelt.[298] So hat

---

[290] Vgl. Fn. 283 und 284.
[291] *Karsten Schmidt* HandelsR § 3 I.
[292] Dies erneut zu *Neuner* ZHR 157 (1993), 290.
[293] Sogar verfassungsmäßige Bedenken gegen §§ 1 ff. HGB bei *Neuner* ZHR 157 (1993), 286 ff.; ganz gegen Änderungen freilich noch *Zöllner* ZGR 1983, 84.
[294] *Karsten Schmidt* HandelsR § 3 II 2; *ders.* JurBl. 1995, 345.
[295] Vgl. zB für Anscheins- und Duldungsmacht *Canaris*, Die Vertrauenshaftung im deutschen Privatrecht, 1971, S. 191 ff., 217 ff.

[296] Vgl. zur Ausdehnung BGHZ 40, 42; BGH NJW 1964, 1223; WM 1973, 1376; NJW 1987, 584; RG JW 1931, 522; s. auch OLG Bamberg BB 1973, 1372.
[297] Vgl. BGH NJW 1952, 257; DB 1981, 636; OLG Koblenz BB 1988, 1138 = NJW-RR 1988, 1306; *Karsten Schmidt* HandelsR § 3 II 1; *ders.* JurBl. 1995, 345.
[298] *Karsten Schmidt* HandelsR § 3 II 3 a.

der BGH mehrfach das Prinzip der Einzelvertretung (§ 125) auch auf die Gesellschaft bürgerlichen Rechts angewandt, obwohl das Gesetz bei dieser von der Gesamtvertretung ausgeht (§ 714 BGB), und niemand hat dies als verbotene Analogie handelsrechtlicher Normen bezeichnet.[299] Es handelt sich hierbei um Regeln der Vertragsauslegung, die vom typischen Parteiwillen im Unternehmensverkehr und nicht vom Kaufmannsbegriff der §§ 1 ff. abhängen.

103 **cc)** Das Problem liegt allein **bei zwingenden oder sonst vom Parteiwillen unabhängigen Gesetzesvorschriften.** Nur in diesen zahlenmäßig weniger häufigen, jedoch nicht unwichtigen Fällen ist die Analogiediskussion auch eine Diskussion für die Praxis.[300] Die Zulässigkeit einer solchen Analogie wird noch überwiegend verneint.[301] Formal läßt sich für diese Grundsatzposition vortragen, daß Rechtsfortbildung contra legem unzulässig ist und daß es in Anbetracht des klar abgegrenzten Kaufmannsbegriffs an einer Gesetzeslücke fehlt. Indes ist die Feststellung von Lücken im Gesetz ihrerseits eine teleologische Aufgabe,[302] der Normadressatenkreis des HGB angesichts des Wandels der Normsituation eben doch lückenhaft.[303] Er wird es sogar nach der Reform des § 1 bleiben, wenn der Gesetzgeber am Gewerbebegriff festhält und die Freiberufler vom Kaufmannsbegriff ausnimmt (RdNr. 24 ff.). Im einzelnen kann die Analogiefrage nur unter Rücksichtnahme auf den Normzweck und Schutzcharakter der einzelnen Handelsrechtsnormen bejaht oder verneint werden: Es gibt Vorschriften, die auf Vollkaufleute oder Kaufleute beschränkt bleiben müssen, und andere, die auf andere Unternehmensträger ausdehnbar sind.

104 **c)** Ein endgültiger **Katalog analogiefähiger Normen** kann nicht aufgestellt werden. Nach gegenwärtigem Erfahrungsstand gilt, bezogen auf das HGB, folgendes:[304]

105 **aa) Erstes Buch:** Die §§ 8 ff. (Handelsregister) sind auf Vollkaufleute beschränkt. Dasselbe gilt für §§ 17 ff. (Handelsfirma), was nicht ausschließt, daß sich die Namen nichtvollkaufmännischer oder freiberuflicher Unternehmen am Firmenrecht ausrichten (vgl. auch § 2 Abs. 2 PartGG; zum streitigen Problem der „firmenähnlichen Geschäftsbezeichnungen" § 17 RdNr. 21 f.).[305] Die §§ 25 und 28 sind richtigerweise keine Firmenvorschriften und deshalb entgegen hergebrachter Auffassung auf die Übertragung minder- oder nichtkaufmännischer Unternehmen analog anwendbar (zum Streitstand vgl. § 25 RdNr. 28 ff., § 28 RdNr. 8 ff.).[306] Nur für Vollkaufleute gelten die Vorschriften der §§ 48 ff. über die Prokura (§ 4 Abs. 1), die §§ 54 ff. (Handlungsvollmacht) dagegen für alle Unternehmensträger (hM: alle Kaufleute). Für §§ 59 ff. (Handlungsgehilfen), §§ 84 ff. (Handelsvertreter) und §§ 93 ff. (Handelsmakler) wird sich die Analogiefrage nicht stellen.

106 **bb) Zweites Buch:** Die analoge Anwendung einzelner Vorschriften der §§ 105 ff. auf unternehmenstragende Gesellschaften bürgerlichen Rechts wird in Band II behandelt (vgl. vorerst Schlegelberger/*Karsten Schmidt* § 105 RdNr. 245); sie ist in § 2 EWIV-Ausführungsgesetz und in §§ 6 bis 10 PartGG für die EWIV und die Freiberufliche Partnerschaft teilweise ausdrücklich angeordnet.

107 **cc) Drittes Buch:** Die §§ 238 ff. (Handelsbücher) gelten für Kaufleute (§ 238) und nichteingetragene Sollkaufleute (§ 262). Auf die Erläuterung dieser Bestimmungen wird verwiesen.

108 **dd) Viertes Buch:** Die Ausdehnung von Handelsbräuchen (§ 346) wurde bei RdNr. 101 behandelt. Für § 347 stellt sich das Problem nicht (der objektive Fahrlässigkeitsmaßstab des § 276 BGB führt zu denselben Ergebnissen wie § 347). Die §§ 348 bis

---

[299] BGH BB 1971, 973 = NJW 1971, 1698; BB 1972, 61 = WM 1972, 21; s. auch BGH NJW 1982, 2495; dazu Palandt/*Thomas* vor § 709 RdNr. 4.

[300] *Karsten Schmidt* HandelsR § 3 II 3 b; *ders.* JurBl. 1995, 345.

[301] Vgl. Fn. 284.

[302] *Canaris*, Die Feststellung von Lücken im Gesetz, 2. Aufl. 1983, S. 31 ff., 71 ff., 93 ff.

[303] AM *Canaris* § 1 III; *Neuner* ZHR 157 (1990), 257 ff.

[304] Vgl. auch *Karsten Schmidt* HandelsR § 3 II 3 b; dort auch zur Analogiefähigkeit anderer, außerhalb des HGB geregelter, Kaufmanns-Normen (§§ 24 AGBG, 29, 38 ZPO, 53 BörsG etc.).

[305] *Karsten Schmidt* HandelsR § 12 I 2 b bb.

[306] *Karsten Schmidt* HandelsR § 8 II 1, III 1 a bb.

350 sind nicht auf Minderkaufleute anwendbar (§ 351), doch schließt dies eine analoge Anwendung auf Freiberufler quasi-vollkaufmännischer Art und Größe (Privatkrankenhaus, Architekturbüro, Anwalts- oder Wirtschaftsprüfersozietät etc.) nicht aus.[307] Zweifelhaft ist die Analogie bei §§ 352, 353 (gesetzlicher Zins). Analogiefähig sind §§ 355 ff. (Beispiel: Kontokorrent zwischen kooperierenden Freiberuflern).[308] Auch § 362 (Schweigen auf einen Antrag) kann auf freiberufliche Unternehmen analog angewendet werden,[309] ebenso §§ 366 (gutgläubiger Erwerb),[310] 369 (kaufmännisches Zurückbehaltungsrecht).[311] Kommissionäre (§ 383), Spediteure (§ 407), Lagerhalter (§ 416) und Frachtführer (§ 425) sind nach Abs. 2 Nr. 6 bzw. Nr. 5 ohne weiteres Kaufleute, so daß sich bei diesen Bestimmungen die Analogiefrage allenfalls im Rahmen einer Gelegenheitskommission, Gelegenheitsspedition oder eines Gelegenheitsfrachtgeschäfts stellen könnte und in der Praxis wohl kaum stellen wird (§§ 406, 415, 451).

3. Analoge Anwendung auf kaufmännische Nicht-Unternehmer (Geschäftsleiter 109 und Gesellschafter)? a) Fragestellung. Von einer anderen Seite her bedürfen Handelsrechtsnormen der analogen Anwendung, soweit sie kaufmännische Verantwortlichkeitsmaßstäbe formulieren: Der HGB-Gesetzgeber ging noch vom Paradigma des Einzelkaufmanns aus, also von der Unternehmensträgerschaft natürlicher Personen. Auf diese sind die Verhaltensvorschriften und Regeln des rechtsgeschäftlichen Selbstschutzes zugeschnitten. In einer weitgehend von Handelsgesellschaften beherrschten Unternehmensrealität stellt sich die Frage, ob diese Sonderbehandlung geschäftskundiger Personen im HGB leer laufen soll, wenn an Stelle eines Einzelkaufmanns Geschäftsführer oder geschäftsführende Gesellschafter einer Handelsgesellschaft auftreten. Die Frage spielt vor allem dann eine Rolle, wenn man mit der hier vertretenen Auffassung alle **Handelsgesellschafter** aus dem Kaufmannsbegriff herausnimmt (RdNr. 53 ff.) und wenn man den **Konkursverwalter (Insolvenzverwalter)** eines Handelsunternehmens nur als dessen Vertretungsorgan ansieht (RdNr. 50).

b) Methode. Dieses Problems kann die Rechtsanwendung auf unterschiedliche Weise 110 Herr werden. Denkbar wäre, bei den in Frage stehenden Normen einen von §§ 1 ff. abweichenden „soziologischen Kaufmannsbegriff" zugrundezulegen, dem alle kaufmännisch tätigen Personen einschließlich des sog. Managements unterfielen.[312] Da es indes um ein Normanwendungsproblem und nicht um eine neue Kaufmannsdefinition geht, verdient eine andere Methode den Vorzug: Jede in Frage kommende Bestimmung ist darauf zu prüfen, ob sie außer auf Unternehmensträger (also auf Kaufleute iS von §§ 1 ff.) auch auf Geschäftsführungsorgane und/oder Gesellschafter paßt.[313]

c) Statusnormen und Normen über Handelsgeschäfte. In Anwendung dieser Metho- 111 de wird zwischen sog. **Statusnormen** und **Normen, die sich auf Handelsgeschäfte beziehen,** unterschieden.[314] Außerhalb des HGB ist § 1027 Abs. 2 ZPO – formlose Schiedsgerichtsvereinbarung – von besonderer Bedeutung;[315] aus dem HGB interessieren vor allem folgende Bestimmungen:

aa) Zur Sorgfalt eines ordentlichen Kaufmanns (§ 347) ist nicht nur der Einzelkauf- 112 mann, sondern jeder Unternehmensleiter verpflichtet (vgl. auch § 93 Abs. 1 Satz 1 AktG, § 43 Abs. 1 GmbHG). Das gilt auch für die geschäftsführenden und vertretungsberechtigten Gesellschafter einer Personengesellschaft.

[307] Zum Ganzen *Karsten Schmidt* HandelsR § 18 I 1 b.
[308] *Karsten Schmidt* HandelsR § 21 II 2 b.
[309] *Karsten Schmidt* HandelsR § 19 II 2 d aa.
[310] *Karsten Schmidt* HandelsR § 23 II 1 b.
[311] *Karsten Schmidt* HandelsR § 22 IV 2 a.
[312] Vgl. auch Fn. 288 zu den „kaufmannsähnlichen Personen".
[313] *Karsten Schmidt* HandelsR § 18 I 1 c aa; *ders.* ZIP 1986, 1510 ff.; im Grundsatz zust. *Canaris* § 24

II 1 b; Staub/*Ulmer* § 105 Rdnr. 77 ff.; vgl. auch Schlegelberger/*Karsten Schmidt* § 105 RdNr. 14 ff.
[314] Staub/*Ulmer* § 105 RdNr. 79 ff.; dem folgend Schlegelberger/*Karsten Schmidt* § 105 RdNr. 14 ff.
[315] Dazu Schlegelberger/*Karsten Schmidt* § 105 RdNr. 15 m. weit. Nachw.; im Ergebnis auch OLG Karlsruhe DB 1991, 903 m. Anm. *Karsten Schmidt* = NJW 1991, 493.

113   **bb)** Die §§ 349, 350 (keine Einrede der Vorausklage, Formfreiheit von Bürgschaft, Schuldversprechen und Schuldanerkenntnis) gelten nicht nur für den Einzelkaufmann, sondern auch für einen geschäftsleitenden Gesellschafter. Gibt er ein Bürgschaftsversprechen im Namen der Gesellschaft ab, so gelten die §§ 349, 350 unmittelbar; verbürgt er sich im eigenen Namen, so sollten die Bestimmungen analog angewandt werden.[316] Doch hat sich dies in der Rechtsprechung vorerst noch nicht durchgesetzt.[317] Bleibt es dabei, so müssen die Vorschriften aber konsequenterweise auch bei unbeschränkt haftenden Personengesellschaften außer Betracht bleiben. Auf die Erläuterung zu §§ 349, 350 wird wegen des Streitstands verwiesen.

114   **aa)** § 367 Abs. 1 (Einschränkung des gutgläubigen Erwerbes abhandengekommener Inhaberpapiere) gilt gleichfalls nicht nur für den Einzelkaufmann oder für die erwerbende Handelsgesellschaft, sondern gleichfalls analog für den Fall, daß der geschäftsleitende Gesellschafter im eigenen Namen derartige Papiere erwirbt. § 367 Abs. 1 sollte auch für angestellte Unternehmensleiter analog angewandt werden.

115   **d) Subjektive Voraussetzungen der analogen Anwendung.** Die genauen Voraussetzungen, unter denen HGB-Normen angewandt werden können, werden noch diskutiert. Allgemein passen die Bestimmungen auf unbeschränkt haftende Gesellschafter, die nach der – hier freilich abgelehnten – hM sogar selbst Vollkaufleute sind (RdNr. 53).[318] Außer oHG-Gesellschaften und KG-Komplementären sind dies auch die Komplementäre einer KGaA. Daneben kommen alle geschäftsführenden Gesellschafter – zB geschäftsleitende Kommanditisten und Gesellschafter-Geschäftsführer einer GmbH – in Betracht.[319] Die Geschäftsführereigenschaft allein wird, sofern sich nicht der Geschäftsführer zugleich wie ein (Mit-)Inhaber geriert, nicht genügen. Die Diskussion über diese Einzelfragen ist vorerst noch dadurch behindert, daß sich die Rechtsprechung des Grundsatzproblems noch nicht angenommen hat und die Anwendung von Handelsrechtsnormen, soweit einem Gesellschafter nicht die Berufung auf seine fehlende Kaufmannseigenschaft nach § 242 BGB versagt ist, kaum in Erwägung gezogen hat.[320]

VII. Reform des Kaufmannsbegriffs

116   **1. Die aktuellen Vorschläge.** Eine Neufassung der §§ 1 ff. steht bevor. Sie wird seit langem – und auch hier – gefordert.[321] Im einzelnen werden unterschiedliche Vorschläge gemacht.

117   **a) DIHT-Vorschlag.** Der Deutsche Industrie- und Handelstag schlug im Jahr 1987 folgende Neufassung vor:[322] „Kaufmann im Sinne dieses Gesetzes ist, wer ein Gewerbe betreibt".

118   **b) Vorschlag des Verfassers.** Der eigene Vorschlag aus dem Jahr 1994 (noch in Unkenntnis der sodann von der Bund-Länder-Arbeitsgruppe unterbreiteten Regelungsvorschläge) lautete, wobei der vorgeschlagene § 2 an die Stelle von § 4, der vorgeschlagene § 3 an die Stelle von § 4 und der vorgeschlagene § 5 an die Stelle von §§ 2 Satz 2, 14 und 29 treten sollte:[323]

---

[316] *Karsten Schmidt* HandelsR § 18 I 1 c aa; *ders.* ZIP 1986, 1510; im Begründungsansatz aM BGH WM 1986, 939 = ZIP 1986, 1457; auch im Ergebnis anders BGHZ 121, 224 = JR 1993, 318 m. Anm. *Karsten Schmidt* = JZ 1993, 1005 m. Anm. *Vollkommer/Gleußner* = NJW 1993, 126; BGH NJW 1996, 1467, 1468; OLG Düsseldorf NJW-RR 1996, 93; LG Oldenburg NJW-RR 1996, 286, 287.
[317] Vgl. vorausgegangene Fn.
[318] Vgl. aber Staub/*Ulmer* § 105 RdNr. 80: geschäftsleitende Gesellschafter.
[319] Vgl. Schlegelberger/*Karsten Schmidt* § 105 RdNr. 16; s. auch *P. Bydlinski,* Die Bürgschaft . . ., Wien 1991, S. 28 ff.; enger *Canaris* § 24 II 13.

[320] Charakteristisch BGHZ 121, 224 = JR 1993, 318 m. Anm. *Karsten Schmidt* = JZ 1993, 1005 m. Anm. *Karsten Schmidt* = NJW 1993, 1126; OLG Düsseldorf NJW-RR 1995, 93; LG Oldenburg NJW-RR 1996, 286, 287.
[321] Vgl. nur *Karsten Schmidt* HandelsR § 3 I 2 b; *Wessels* BB 1977, 1226; *Neuner* ZHR 157 (1993), 243 ff.
[322] *DIHT* (Hrsg.), Kaufmann und Handelsregister, DIHT-Vorschläge für Änderungen im Ersten Buch des HGB und eine Handelsregisterordnung, 1987; dazu auch *Karsten Schmidt* HandelsR § 2 II 3 d.
[323] *Karsten Schmidt* DB 1994, 515 ff.

§ 1 Begriffsbestimmungen

(1) Dieses Gesetzbuch gilt für alle Träger von Unternehmen sowie für alle Personenvereinigungen, die das Gesetz ohne Rücksicht auf ihren Zweck und Gegenstand diesem Gesetzbuch unterstellt. Es gilt nicht, wenn gesetzlich ein anderes bestimmt ist.

(2) Ein Unternehmen iS dieses Gesetzbuchs liegt vor, wenn planmäßig und auf Dauer an einem Markt entgeltliche Leistungen angeboten werden.

(3) Träger des Unternehmens ist derjenige Rechtsträger, in dessen Namen die Leistungen erbracht werden.

Alternativvorschlag § 1

(1) Dieses Gesetzbuch gilt für alle Unternehmen. Es gilt nicht, wenn gesetzlich ein anderes bestimmt ist. Unternehmen sind alle Rechtsträger, die unternehmerisch tätig sind oder vom Gesetz ohne Rücksicht auf ihren Zweck und Gegenstand diesem Gesetzbuch unterstellt werden.

(2) Unternehmerisch tätig ist, wer selbständig, planmäßig und auf Dauer an einem Markt entgeltliche Leistungen anbietet.

§ 2 Kleinunternehmen

(1) Auf ein Unternehmen, dessen Betrieb nach Art oder Umfang einen in kaufmännischer Weise eingerichteten Geschäftsbetrieb nicht erfordert, finden die Vorschriften über Firmen, Registerpflicht, Prokura und über die Rechnungslegung keine Anwendung *(möglicherweise auch Einbeziehung des bisherigen § 351 HGB)*. Eine zum Betrieb eines solchen Unternehmens eingegangene Gesellschaft ist nicht offene Handelsgesellschaft oder Kommanditgesellschaft iS dieses Gesetzbuchs.

(2) Der Träger eines unter Abs. 1 fallenden Unternehmens ist berechtigt, aber nicht verpflichtet, die Eintragung in das Unternehmensregister herbeizuführen. Ist die Eintragung erfolgt, so findet dieses Gesetzbuch ohne die Einschränkungen des Abs. 1 Anwendung. Eine Löschung findet in diesem Fall nur nach den allgemeinen Vorschriften statt.

§ 3 Wirkung der Eintragung

Wer als Träger eines Unternehmens im Unternehmensregister eingetragen ist, fällt unter dieses Gesetzbuch, ohne daß geltend gemacht werden kann, daß die Voraussetzungen des § 1 oder des § 2 Abs. 2 nicht vorliegen.

§ 4 . . .

§ 5 Anmeldepflicht

(1) Der Träger eines Unternehmens ist verpflichtet, seine Firma und den Ort seiner Niederlassung dem Gericht, in dessen Bezirk sich die Niederlassung befindet, zur Eintragung in das Unternehmensregister anzumelden. Anzumelden ist auch jede Änderung der Firma, einer Niederlassung oder die Einstellung des Unternehmens. Wird über das Vermögen des Unternehmensträgers das Insolvenzverfahren eröffnet oder wird das Verfahren eingestellt oder wird ein solcher Beschluß aufgehoben, so wird dies von Amts wegen eingetragen. Weitere Anmeldepflichten ergeben sich aus dem Gesetz.

(2) Wer seiner Pflicht zur Anmeldung oder zur Einreichung von Schriftstücken zum Register nicht nachkommt, ist hierzu von dem Registergericht durch Festsetzung von Zwangsgeld anzuhalten.

119   **c) Bund-Länder-Arbeitsgruppe und BMJ.** Die zu diesem Zweck eingerichtete Bund-Länder-Arbeitsgruppe legte im Jahr 1994 folgenden Vorschlag vor:[324] **„Kaufmann im Sinne dieses Gesetzbuches ist, wer ein Gewerbe betreibt".** Nach der Vorstellung der Arbeitsgruppe soll der Katalog des § 1 Abs. 2 ebenso wie der ganze § 2 entfallen. § 3 soll dagegen ebenso wie § 4 erhalten bleiben. § 5 wird diesen Änderungen angepaßt. Der **Referentenentwurf 1996 des Bundesjustizministeriums**[325] will die §§ 2 und 4 aufheben und formuliert folgenden § 1 Abs. 2: „Als Handelsgewerbe gilt jedes gewerbliche Unternehmen, das nach Art und Umfang einen in kaufmännischer Weise eingerichteten Geschäftsbetrieb erfordert."

120   **2. Stellungnahme und Konsequenzen. a) Stellungnahme.** Die Beibehaltung des Gewerbebegriffs in den **Vorschlägen der Bund-Länder-Arbeitsgruppe** sowie im **Referentenentwurf** paßt zu der durch das Gesetz über Partnerschaftsgesellschaften (PartGG) verfestigten Sonderung der Freien Berufe von den gewerblichen. Rechtspolitisch ist gerade dies ein erhebliches Manko.[326] Sollte sogar die in § 18 EStG und § 2 Abs. 2 PartGG angelegte Unterscheidung zwischen Gewerbebetrieben und den Freien Berufen auch für das Handelsrecht maßgebend werden (dagegen RdNr. 27), so wäre von einer echten Fehlentwicklung des Kaufmannsbegriffs zu sprechen. Ein weiteres Manko der Vorschläge liegt bei § 5, dessen konstitutionelle Schwäche nur fortgesetzt und der Neufassung der §§ 1 ff. angepaßt würde. Auch nach der Neufassung könnte zB der Eingetragene trotz § 5 geltend machen, er betreibe überhaupt kein Unternehmen oder er sei freiberuflich und damit nicht gewerblich tätig. Ein wesentlicher Modernisierungsbedarf des gegenwärtigen § 5 (im Entwurf des Verfassers: § 3) bliebe damit unbefriedigt.

121   **b) Konsequenzen.** Die **Konsequenz der vom BMJ intendierten und der hier vorgeschlagenen Neufassung** besteht vor allem darin, daß die auf Abs. 2 und auf § 2 beruhenden Zufallsergebnisse künftig entfallen werden: Gewerbetreibende, die weder unter den Katalog des Abs. 2 fallen noch, wie es der geltende § 2 voraussetzt, im Handelsregister eingetragen sind, sind vorbehaltlich des bisherigen § 4 gleichwohl Vollkaufleute. Personengesellschaften, deren gemeinsamer Zweck im Betrieb eines Gewerbebetriebes unter gemeinschaftlicher Firma besteht, sind spätestens mit dem Begriff der gewerblichen Tätigkeit Handelsgesellschaften nach §§ 105 oder 161 (oHG oder KG), soweit nicht das Gewerbe minderkaufmännisch iS von § 4 ist. Der Bedarf nach analoger Anwendung von HGB-Bestimmungen auf nichtkaufmännische Unternehmen (RdNr. 99 ff.) wird erheblich abnehmen. Ganz erledigen wird sich die Analogiefrage nicht. Bleibt es bei den Vorschlägen der Bund-Länder-Kommission oder bei dem Referentenentwurf, so wird die Diskussion vor allem für die freiberuflichen und damit nichtgewerblichen Unternehmen fortzusetzen sein. Der Wille des Gesetzgebers, diese Unternehmer als Nicht-Kaufleute vom HGB auszunehmen, schließt allerdings eine Totalanwendung des HGB aus. Die analoge Anwendung einzelner unternehmensbezogener – nicht speziell „kauf"-männischer Normen – nach detaillierter Einzelprüfung ist damit nicht vollständig ausgeschlossen. Der Fragenkreis um RdNr. 109 ff. bleibt ohnedies unberührt.

§ 2 [Sollkaufmann]

Ein handwerkliches oder ein sonstiges gewerbliches Unternehmen, dessen Gewerbebetrieb nicht schon nach § 1 Abs. 2 als Handelsgewerbe gilt, das jedoch nach Art und Umfang einen in kaufmännischer Weise eingerichteten Geschäftsbetrieb erfordert, gilt als Handelsgewerbe im Sinne dieses Gesetzbuchs, sofern die Firma des

---

[324] Abdruck in ZIP 1994, 1407 ff.   [326] Fn. 323.
[325] Abdruck in ZIP 1996, 1401 ff.

Unternehmens in das Handelsregister eingetragen worden ist. Der Unternehmer ist verpflichtet, die Eintragung nach den für die Eintragung kaufmännischer Firmen geltenden Vorschriften herbeizuführen.

Schrifttum (vgl. auch die Schrifttumsnachweise zu § 4): *Greitemann*, Wirtschaftliche Gegebenheiten als wesentliche Anhaltspunkte für die Reichweite von § 2 HGB, Festschrift für Möhring, 1965, S. 43 ff.; *Krauth*, Eintragung von Gewerbetreibenden in das Handelsregister, NJW 1961, 13; *Neuner*, Handelsrecht – Handelsgesetz – Grundgesetz, ZHR 157 (1993), 243; *Karsten Schmidt*, Wechselrechtsunfähigkeit einer nicht-eingetragenen Personengesellschaft mit baugewerblichem Unternehmen? – BGHZ 59, 179, JuS 1973, 83;

Übersicht

I. Normzweck

1. § 2 als Auffangtatbestand. § 1 ist unvollkommen, zählt er doch in Abs. 2 im Anschluß an die Art. 4, 271 f. ADHGB die Grundhandelsgeschäfte enumerativ auf. § 2 dient dazu, insoweit die Lücken von § 1 auszugleichen (§ 1 RdNr. 56).[1] Doch ist der Preis hoch, denn erst die Eintragung begründet die Kaufmannseigenschaft. Wer nicht unter § 1 fällt, kann **bisher** nur durch Eintragung Kaufmann werden (Konstitutivwirkung der Eintragung, vgl. RdNr. 8), was zu bedenklichen Zufälligkeiten und Ungereimtheiten des geltenden Systems führt und Lücken im Kaufmannsbegriff entstehen läßt.[2] Der Normzweck erledigt sich, wenn § 1 novelliert wird (vgl. § 1 RdNr. 119).   1

2. § 2 als Generalklausel. § 2 billigt in Ergänzung von § 1 generalklauselartig die Kaufmannseigenschaft jedem sonstigen Gewerbetreibenden zu, dessen Unternehmen nach seiner Art und seinem Umfang einen in kaufmännischer Weise eingerichteten Geschäftsbetrieb erfordert und dessen Firma in das Handelsregister eingetragen ist.[3] § 3 einbeziehend läßt sich sagen, daß jeder nicht unter § 1 Abs. 2 fallende und nicht zur Land- und Forstwirtschaft zählende Gewerbebetrieb unter den genannten weiteren Voraussetzungen des § 2 Handelsgewerbe ist, sofern der Unternehmer die Eintragung der Firma bewirkt hat.[4] Die Bedeutung der Generalklausel, die es erst ermöglichte, das Dienstleistungsgewerbe umfassend dem Handelsrecht zu unterstellen, ergibt ein Blick auf die Reichweite von § 2: Unternehmen der Urproduktion mit Ausnahme der Land- und Forstwirtschaft (Bergbau, Gruben, Brüche, Salinen, Torfmoore, Mineralquellen, Bernsteinlager, Ölförderer, Fischereibetriebe), Bearbeitung selbstgewonnener Stoffe (Porzellanfabriken, Ziegeleien, Rübenzuckerfabriken), Abschleppunternehmen, Auskunfteien, Detektivbüros, Bauunternehmen, Baugroßhandwerk, Bautenschutz, Beherbergung ohne oder nur mit ganz geringem Restaurationsbetrieb (hôtel garni), Bestattungsunternehmen, chemische Laboratorien, Immobilienmakler, Inkassobüros, Reisebüros, Bewachungsdienste, Privatschulen, Fahrschulen, Lehrgangsunternehmen, Theater, Kinos, Ponyhöfe, Grundstückshändler und -makler, Entsorgungsanstalten, medizinische Hilfsgewerbe, Pfandleiher, Unternehmensberatungs- und sonstige Beratungs- und Serviceunternehmen, Sanatorien, größere Lohnhandwerker   2

---

[1] Denkschrift zum Entwurf eines Handelsgesetzbuchs (vgl. § 3 Fn. 3) S. 8 ff.

[2] *Canaris* § 3 I 2 e; *Karsten Schmidt* HandelsR § 10 V 1 b; vgl. im übrigen Erl. § 1.

[3] Denkschrift zum Entwurf eines Handelsgesetzbuchs (vgl. § 3 Fn. 3) S. 8.

[4] *Baumbach/Hopt* RdNr. 1; *Canaris* § 3 I 2 d.

und so fort.[5] Zu dem nicht seltenen Fall der Betriebsaufspaltung (Besitzunternehmen und Betriebsunternehmen) wird auf § 1 RdNr. 20 verwiesen.

II. Eintragungsvoraussetzungen

3　Das Unternehmen darf nicht zu den Mußkaufleuten des § 1 Abs. 2 oder den Kann-Kaufleuten nach § 3 zählen (RdNr. 1). Positiv **müssen drei Voraussetzungen vorliegen.** Zunächst muß es sich um ein gewerbliches Unternehmen handeln. Insoweit wird auf die Erläuterungen zu § 1 verwiesen. Sodann muß das Unternehmen nach Art und Umfang einen in kaufmännischer Weise eingerichteten Geschäftsbetrieb erfordern (RdNr. 4 ff.). Hinzutreten muß die Eintragung der Firma des Unternehmens in das Handelsregister (RdNr. 8 f.).

4　**1. Erforderlichkeit eines in kaufmännischer Weise eingerichteten Geschäftsbetriebs. a) Erforderlichkeit.** Maßgebend ist die Erforderlichkeit und nicht das Vorhandensein, wenngleich vorhandene kaufmännische Einrichtungen ein wesentliches Indiz für die Notwendigkeit eines kaufmännischen Geschäftsbetriebes sein können wie etwa eine vorhandene umfangreiche Buchführung, die nicht nur aus steuerlichen Gründen eingerichtet worden ist (§ 4 RdNr. 15).[6] Ein Gegenbeispiel bietet der § 4 RdNr. 6 geschilderte Fall des OLG Celle.

5　**b) Nach Art und Umfang.** Um die Erforderlichkeit eines in kaufmännischer Weise eingerichteten Geschäftsbetriebs bejahen zu können, **müssen beide Merkmale erfüllt sein.** Die Formulierung von § 4 („nach Art oder Umfang") steht nur scheinbar entgegen, weil § 4 Abs. 1 im Gegensatz zu § 2 negativ formuliert.[7] Insoweit wird auf § 4 RdNr. 3 Bezug genommen.

6　Die Beantwortung der Frage, ob ein Betrieb nach Art und Umfang kaufmännische Einrichtungen erfordert, setzt eine **Gesamtwürdigung der Verhältnisse des einzelnen Betriebes voraus.**[8] Dabei spielen außer dem Umsatz die Art der Tätigkeit und die Struktur des Betriebes eine wesentliche Rolle, ferner die Vielfalt der erbrachten Leistungen, das Anlage- und Betriebskapital, die Zahl und die Funktion der Beschäftigten, die Größe des Geschäftslokals, der Gewerbeertrag, die Geschäftsbeziehungen und ihre Abwicklungen, die Lagerhaltung, die Kalkulation, Werbung, Inanspruchnahme von Bankkrediten, Teilnahme am Wechselverkehr, eine geordnete Aufbewahrung der Geschäftsunterlagen, die Art der Buchführung, regelmäßige Inventuren, die Erstellung von Bilanzen und weitere Kriterien.[9]

Nicht jedes der Merkmale läßt für sich allein eine zuverlässige Beurteilung zu; das Gesamtbild ist maßgebend. Ebenso wie bei § 4 (dort RdNr. 6) ist die **Umsatzhöhe allein nicht maßgebend.** So braucht etwa ein Reitstall auch bei hohen Umsätzen keinen vollkaufmännischen Geschäftsbetrieb, wenn die Reitstunden gegen Barzahlung oder im Abonnement erteilt werden.[10] Ist die Art der Abwicklung des Betriebes denkbar einfach, spricht das gegen die Erforderlichkeit eines kaufmännischen Geschäftsbetriebes. Zweckmäßig ist es zu fragen, ob es sich um einen einfach strukturierten und leicht überschaubaren Betrieb

---

[5] Ganz ausführlich Staub/*Brüggemann* RdNr. 3; vgl. Auch Baumbach/*Hopt* RdNr. 1; Schlegelberger/*Hildebrandt*/*Steckhan* RdNr. 10; Heymann/*Emmerich* RdNr. 4; *Karsten Schmidt* HandelsR § 10 V 1 c; *Canaris* § 3 I 2 d; zur Urproduktion und dem Dienstleistungsgewerbe als Hauptanwendungsbereich für § 2 eingehend *Greitemann,* Festschr. Möhring, 1965, S. 43, 61 ff.

[6] BGH BB 1960, 917; OLG Stuttgart OLGZ 1974, 132, 133; OLG Celle BB 1983, 658 mit Anm. *Raab;* Heymann/*Emmerich* RdNr. 7; *Karsten Schmidt* HandelsR § 10 V 2 a; Koller/*Roth*/Morck RdNr. 4.

[7] OLG Hamm BB 1960, 917; OLG Stuttgart OLGZ 1974, 132, 133; *Greitemann,* Festschr. Möhring, 1965, S. 43 f.; vgl. auch *Krauth* NJW 1961, 13.

[8] BGH BB 1960, 917; vgl. auch BayObLG NJW 1985, 982, 983; OLG Koblenz BB 1988, 2408, 2409.

[9] OLG Frankfurt BB 1983, 335; auch OLG Celle BB 1983, 658; Baumbach/*Hopt* RdNr. 3; Schlegelberger/*Hildebrandt*/*Steckhan* RdNr. 3 ff., § 4 RdNr. 3 ff.; Straub/*Brüggemann* RdNr. 4 ff. und ganz ausführlich § 4 RdNr. 6 f.; *Karsten Schmidt* HandelsR § 10 V 2 a; *Capelle* § 3 I 2 b.

[10] *Greitemann,* Festschr. Möhring, 1965, S. 43, 58 f.

handelt, der auch ohne kaufmännische Organisation zu handhaben ist, oder ob der Betrieb „bereits so kompliziert, umfangreich und verwickelt ist, daß er nur aufgrund einer ausgebauten kaufmännischen Organisation überschaubar, lenkbar und planbar bleibt".[11] Die Voraussetzungen hierfür müssen grundsätzlich jeweils in dem Zeitpunkt vorliegen, in dem das Registergericht über die Eintragung im Handelsregister entscheidet. Auf § 4 RdNr. 7 wird aber ausdrücklich hingewiesen.

Einzelfragen. Zwar ist die **Umsatzhöhe** im Prinzip allein nicht maßgebend (RdNr. 6). **7** Doch kann einem jährlichen Umsatz in Millionenhöhe indizielle Wirkung zukommen (vgl. auch RdNr. 4). Das OLG Celle[12] hat bei einem Gaststättenbetrieb mit sehr hohem Umsatz in Verbindung mit anderen Umständen (15 nicht familienangehörige Mitarbeiter) argumentiert, der Betrieb trage nach seinem Gesamtbild nicht mehr die Merkmale eines einfach strukturierten Familienbetriebes; schon der Umsatz deute auf die Erforderlichkeit eines in kaufmännischer Weise eingerichteten Geschäftsbetriebs, zumal Warenumsätze dieses Umfangs auch eine sorgfältige Kalkulation erforderten, bei der neben den Einkaufspreisen für die weiterzubearbeitenden Waren, dem investierten Kapital, den laufenden Betriebsunkosten und namentlich dem Lohnaufwand auch ein gewisses Geschäftsrisiko zu berücksichtigen sei.[13] Die Notwendigkeit einer kaufmännischen Organisation zeigt sich häufig auch bei **Mischbetrieben** in der Kombination von Handwerk und Handel, so zum Beispiel bei einem Schmiedebetrieb nebst Schlosser- und Wasserversorgungsarbeiten, verbunden mit vielfältig betriebenem Handel.[14] Zu den Saisonbetrieben wird auf § 4 RdNr. 7 verwiesen.

2. Die Eintragung der Firma des Unternehmens in das Handelsregister. Die Eintra- **8** gung wirkt in dem Sinn **konstitutiv, daß erst mit der Eintragung das Gewerbe zum Handelsgewerbe und der Unternehmensinhaber** (vom nichteingetragenen Sollkaufmann, der noch nicht Kaufmann ist) **zum Kaufmann wird.**[15] Der Gesetzgeber wollte die Eintragung als konstitutives Element, weil er nicht sicher war, ob die Beteiligten das Unternehmen als ein solches einordnen können, das einen nach kaufmännischer Weise eingerichteten Geschäftsbetrieb erfordert.[16] Praktisch bereitet die Konstitutivwirkung der Eintragung nicht unerhebliche Schwierigkeiten, wenn sich etwa im Baugewerbe erst spät zeigt, daß die als GmbH & Co. KG auftretende Gesellschaft mangels Eintragung (weil nicht unter § 1 fallend) als Kommanditgesellschaft gemäß § 161 nicht entstehen konnte.[17]

Liegen die Voraussetzungen von § 2 Abs. 1 vor, ist der Unternehmer zur **Herbeifüh- 9 rung der Eintragung verpflichtet (daher Sollkaufmann),** § 2 Abs. 2. Kommt er dieser Verpflichtung nicht nach, kann er zwar von dem Registergericht gemäß § 14 durch Verhängung von Zwangsgeldern zur Erfüllung seiner Verpflichtung angehalten werden. Doch sieht das deutsche Recht insoweit keine Zwangseintragung in das Handelsregister vor.[18] Keine Eintragungspflicht besteht für bestimmte öffentliche Unternehmen nach § 36. Ferner ist auf die Ausnahmevorschrift von Art. 5 EGHGB hinzuweisen. Zuständig für die Eintragung und auch die Einleitung von Zwangsmaßnahmen ist das Gericht der Hauptniederlassung.[19]

3. Die Wirkungen der Eintragung. Erst durch die Eintragung der Firma wird der **10** Unternehmensinhaber zum Kaufmann (RdNr. 8).[20] **Ausnahmsweise gelten** die Vorschrif-

[11] Heymann/*Emmerich* RdNr. 9; § 4 RdNr. 5, jeweils mit Nachweisen.
[12] BB 1983, 659.
[13] Vgl. auch OLG Celle BB 1983, 658.
[14] BayObLG BB 1965, 517; OLG Celle Rpfleger 1981, 114; OLG Celle BB 1983, 658; OLG Koblenz BB 1988, 2408, 2409; Heymann/*Emmerich* RdNr. 10 mit weiteren Beispielen, ebenso Baumbach/*Hopt* RdNr. 3.
[15] *Canaris* § 3 I 2 c; *Karsten Schmidt* HandelsR § 10 V 2 b.

[16] Denkschrift zum Entwurf (vgl. § 3 Fn. 3) S. 8 f.; vgl. auch Koller/*Roth*/Morck RdNr. 1.
[17] BGHZ 59, 179 = NJW 1972, 1660; BGHZ 61, 59; eingehend hierzu *Karsten Schmidt* JuS 1973, 83; *ders.* HandelsR § 10 V 2 b.
[18] Schlegelberger/*Hildebrandt*/Steckhan RdNr. 12; Heymann/*Emmerich* RdNr. 16; *Canaris* § 3 I 2 c.
[19] Schlegelberger/*Hildebrandt*/Steckhan RdNr. 8.
[20] Vgl. nur BayObLGZ 1988, 344 = NJW-RR 1989, 421 = EWiR § 22 HGB 1/88, 1219 (*Hüffer*).

ten der **§§ 238 bis 283** über Handelsbücher **nach § 262 nicht erst ab der Eintragung** für die Sollkaufleute. Maßgebend ist vielmehr der Zeitpunkt, ab dem die Verpflichtung zur Herbeiführung der Eintragung des Unternehmens in das Handelsregister besteht, was einen in kaufmännischer Weise eingerichteten Geschäftsbetrieb voraussetzt.

11   Maßgebend für den Erwerb der Kaufmannseigenschaft ist nach § 2 die Eintragung der Firma. Bleibt diese **im Fall der Rechtsnachfolge in das Unternehmen beim Erwerb nach § 22 oder in Fällen von § 24** (§§ 18 RdNr. 3, 22 RdNr. 64) erhalten, indem die Firma fortgeführt wird, ändert sich an der Kaufmannseigenschaft nichts. Nimmt etwa ein im Handelsregister eingetragener Einzelkaufmann, dessen Unternehmen § 2 unterfällt, einen Gesellschafter auf, so wird mit dem Beginn der Geschäfte für Rechnung der Gesellschaft diese nach außen als Personenhandelsgesellschaft wirksam, ohne daß es insoweit der Eintragung der Gesellschaft bedarf. Denn das Unternehmen ist, weil eingetragen, bei Aufnahme des Gesellschafters bereits Handelsgewerbe. „Die Änderung in eine Gesellschaft hat deshalb insofern keine konstitutive Bedeutung; sie betrifft nur den Inhaber und nicht das nach § 2 HGB schon als Handelsgewerbe entstandene und als solches von den Gesellschaftern lediglich weiterbetriebene Unternehmen."[21] Wird die Firma nicht fortgeführt, dürfte erst die Eintragung der neuen Firma die Kaufmannseigenschaft begründen.[22]

12   **Verkleinert sich ein eingetragenes Unternehmen** so, daß ein nach Art und Umfang kaufmännisch eingerichteter Geschäftsbetrieb nicht mehr erforderlich ist, bestimmen sich die Wirkungen Dritter gegenüber nach § 5.[23] Auf § 4 RdNr. 14 wird Bezug genommen. § 5 gilt aber nicht gegenüber dem Registergericht. Dieses muß notfalls die eingetragene Firma nach den §§ 141, 142 löschen und gegen den unbefugten Gebrauch der Firma nach § 37 Abs. 1 vorgehen (§ 22 RdNr. 40).[24]

13   **Wird die Firma zu Unrecht gelöscht,** entfällt die Kaufmannseigenschaft. § 2 stellt maßgeblich auf die Eintragung im Handelsregister ab, damit der Rechtsverkehr sicher beurteilen kann, ob von einem kaufmännischen Unternehmen auszugehen ist oder nicht.[25] Das Registergericht kann die Löschung im Verfahren nach § 142 FGG von Amts wegen berichtigen,[26] indem es die zu Unrecht gelöschte Firma wieder einträgt.

§ 3 [Land- und Forstwirtschaft; Kannkaufmann]

(1) **Auf den Betrieb der Land- und Forstwirtschaft finden die Vorschriften des § 1 keine Anwendung.**

(2) **Für ein land- oder forstwirtschaftliches Unternehmen gilt § 2 mit der Maßgabe, daß der Unternehmer berechtigt, aber nicht verpflichtet ist, die Eintragung in das Handelsregister herbeizuführen. Ist die Eintragung erfolgt, so findet eine Löschung der Firma nur nach den allgemeinen Vorschriften statt, welche für die Löschung kaufmännischer Firmen gelten.**

(3) **Ist mit dem Betrieb der Land- oder Forstwirtschaft ein Unternehmen verbunden, das nur ein Nebengewerbe des Land- oder forstwirtschaftlichen Unternehmens darstellt, so finden auf das im Nebengewerbe betriebene Unternehmen die Vorschriften der Absätze 1 und 2 entsprechende Anwendung.**

Schrifttum: *Paul Hofmann,* Die Kaufmannseigenschaft von Land- und Forstwirten, NJW 1976, 1297; *ders.,* Die Reformbedürftigkeit des neuen § 3 HGB, NJW 1976, 1830; *v. Olshausen,* Die Kaufmannseigenschaft der Land- und Forstwirte, ZHR 141 (1977), 93; *Raisch,* Vereinigungen zum Betrieb landwirtschaftli-

---

[21] BGHZ 59, 179, 183 = NJW 1972, 1660, 1661; vgl. auch BGHZ 73, 217, 220; *Canaris* § 3 I 2 c.

[22] Staub/*Brüggemann* RdNr. 16; *Canaris* § 3 I 2 c.

[23] Schlegelberger/*Hildebrandt/Steckhan* RdNr. 9; Staub/*Brüggemann* RdNr. 20.

[24] Vgl. auch OLG Karlsruhe BB 1964, 571, 572; Baumbach/*Hopt* RdNr. 3.

[25] Staub/*Brüggemann* mit eingehenden Nachweisen RdNr. 21; vgl. auch § 3 RdNr. 10.

[26] KGJ 28 A 42, 43; Staub/*Brüggemann* RdNr. 22.

cher Unternehmen auch in der Rechtsform der Offenen Handelsgesellschaft oder der Kommanditgesellschaft?, BB 1969, 1361; *ders.*, Bedeutung und Wandlung des Kaufmannsbegriffs in der neueren Gesetzgebung, Festschr. Ballerstedt, 1975, S. 443.

Übersicht

I. Normzweck, Vorgeschichte und Geltungsbereich

1. Normzweck. Die Kaufmannseigenschaft wird auch im Fall des § 3, insofern mit § 2 **1**
zu vergleichen, durch die Eintragung der Firma in das Handelsregister erworben. Im Unterschied zu § 2 ist der Unternehmer aber nicht verpflichtet, die Eintragung herbeizuführen. Er kann die Firma eintragen lassen, muß es aber nicht (deshalb Kannkaufmann). Ob
dieses historisch bedingte Privileg heute noch berechtigt ist, kann hier dahinstehen. Wird
das land- oder forstwirtschaftliche Unternehmen als Kapitalgesellschaft oder eingetragene
Genossenschaft betrieben, unterfällt es als Formkaufmann automatisch dem Handelsrecht
und ist immer Vollkaufmann (Erl. § 6).[1]

2. Entstehungsgeschichte. Das **ADHGB** enthielt keine Sonderregelungen für die Land- **2**
und Forstwirtschaft. Im Einzelfall konnten daher land- und forstwirtschaftliche Betriebe im
Sinn des damaligen Art. 4 ADHGB Kaufmann sein.[2] Die Rechtslage änderte sich mit **Inkrafttreten des HGB.** § 3 bestimmte, daß die §§ 1, 2 auf den Betrieb der Landwirtschaft
keine Anwendung finden, was offensichtlich überwiegend akzeptiert wurde. So heißt es in
der Denkschrift:[3] „Daß der eigentliche Landwirtschaftsbetrieb unter keinen Umständen
dem Handelsrecht zu unterstellen ist, ergibt sich aus der Natur der Sache. Selbst der Großbetrieb vollzieht sich hier in Formen und unter Bedingungen, welche von denjenigen des
kaufmännischen Verkehrs so wesentlich abweichen, daß die Grenze zwischen beiden Be-
rufszweigen auch in rechtlicher Beziehung festgehalten werden muß". Da § 3 seinerzeit
keine dem heutigen Abs. 2 entsprechende Erweiterung kannte, konnte der Land- und
Forstwirt also solcher nicht als Kaufmann behandelt werden.[4] Anderes galt wie heute für
die (selbst nicht land- oder forstwirtschaftlichen) **Nebenbetriebe** von land- oder forstwirtschaftlichen Unternehmen. Der Landwirt konnte (mußte aber nicht) insoweit die (was die
Kaufmannseigenschaft angeht) konstitutiv wirkende Eintragung betreiben (§ 3 Abs. 2 aF).

3. Geltungsbereich. Die RdNr. 2 dargestellte Rechtslage nahm den Land- und Forst- **3**
wirten die Möglichkeit, ihre Hauptbetriebe in Form der Personenhandelsgesellschaften –
insbesondere der GmbH & Co. KG – zu betreiben. Abhilfe schuf die Neufassung von

---

[1] *Karsten Schmidt* HandelsR § 10 II 1, § 10 VI 1;
Schlegelberger/Hildebrandt/Steckhan RdNr. 3.
[2] Heymann/*Emmerich* RdNr. 1.
[3] Denkschrift zum Entwurf eines Handelsgesetzbuches und eines Einführungsgesetzes, in *Hahn/
Mugdan*, Die gesamten Materialien zu den Reichs-

Justizgesetzen, Band 6, S. 189 ff., Neudruck der
Ausgabe Berlin 1897 bei Scientia Verlag Aalen 1983.
[4] Näher zu dem alten Rechtszustand Schlegelber-
ger/*Hildebrandt/Steckhan* RdNr. 1 ff.; Staub/*Brüggemann* RdNr. 1 f.; *Karsten Schmidt* HandelsR § 10 VI
1.

1976.[5] Danach gilt folgendes: nach **§ 3 Abs. 1** findet § 1 keine Anwendung. Das ist offensichtlich in dieser umfassend weiten Formulierung ein Versehen.[6] Gemeint ist der Ausschluß nur von § 1 Abs. 2. Land- und Forstwirte sind niemals Mußkaufleute, auch wenn zB § 1 Abs. 2 Nr. 1 eingreifen würde.[7] Anwendbar ist dagegen § 1 Abs. 1. Der eingetragene Land- oder Forstwirt betreibt ein Handelsgewerbe[8] und ist durch die Eintragung Kaufmann. Anderes wäre mit **§ 3 Abs. 2,** wonach der Unternehmer unter den Voraussetzungen des § 2 (Erfordernis eines nach Art und Umfang in kaufmännischer Weise eingerichteten Geschäftsbetriebs) die Eintragung in das Handelsregister herbeiführen darf (so er mag), unvereinbar (vgl. auch RdNr. 7).[9] Auch § 2 gilt entgegen dem unglücklichen Wortlaut von § 3 Abs. 2 nicht für das land- und forstwirtschaftliche Unternehmen, weil der Unternehmer gerade nicht verpflichtet ist, die Eintragung herbeizuführen.[10]

II. Land- oder forstwirtschaftlicher Hauptbetrieb (§ 3 Abs. 1 und 2)

4   **1. Landwirtschaft.** Landwirtschaft ist ein **durch Bodennutzung** (ggf. in Verbindung mit Tierpflege) **zum Zwecke der Erzeugung und Verwertung pflanzlicher und tierischer Rohstoffe ausgeübtes Gewerbe.**[11] Dieser Definition unterfällt der Anbau von Gemüse, Obst, Hopfen, Wein,[12] Tabak, Weizen, Roggen, Hafer, Kartoffeln und Rüben, überhaupt Acker-, Weide- und Wiesenbau. Landwirt ist nicht nur der Eigentümer, sondern auch etwa der Pächter.[13] Die **Viehzucht** ist nur dann der Landwirtschaft zuzuordnen, wenn das Futter der Tiere aus Eigenerzeugnissen besteht, bzw. eigene oder gepachtete Wiesen als Weideland dienen.[14] Eine Geflügelfarm, die Futter kauft und verfüttert, fällt nicht unter § 3, sondern unter § 1 Abs. 2 Nr. 1.[15] Auch ein **Umgestaltungsbetrieb** (Bearbeiterbetrieb) kann als landwirtschaftlicher einzuordnen sein, zB die Verarbeitung von Milch zu Butter oder von Getreide zu Mehl, sofern es sich um eigene Produkte handelt.[16] So fällt eine Molkerei, die nur von Erzeugern angekaufte Produkte verarbeitet, nicht unter § 3, ebenso nicht die Mast von Schlachtvieh mit auf dem Markt gekauftem Futter.[17] Die **Imkerei** gehört zur Landwirtschaft.[18] Ebenso sind **Handelsgärtnereien,** die eigene Produkte (Gewürzpflanzen, Heilpflanzen, Arzneikräuter, Gartenbauerzeugnisse überhaupt) anbauen und verkaufen, der Landwirtschaft zuzuordnen.[19] Überwiegt der Handel mit pflanzlichen Produkten (Kauf und Weiterveräußerung fremder Produkte), ist von § 1 Abs. 2 Nr. 1 auszugehen.[20]

---

[5] Gesetz über die Kaufmannseigenschaft von Land- und Forstwirten ... vom 13. 5. 1976 (BGBl. I S. 1197); näher hierzu *Hofmann* NJW 1976, 1297; 1976, 1830; *v. Olshausen* ZHR 141 (1977), 93; vgl. auch *Raisch* BB 1969, 1361; *ders.* Festschrift Ballerstedt zum 70. Geburtstag, 1975, S. 443 ff., 451 ff.

[6] *Hofmann* NJW 1976, 1830; *v. Olshausen* ZHR 141 (1977), 93, 101; Baumbach/*Hopt* RdNr. 1; *Canaris* § 3 I 3 a; *Karsten Schmidt* HandelsR § 10 VI 1 b.

[7] Baumbach/*Hopt* RdNr. 1: Mast von gekauften Tieren mit Futter aus eigenem Wuchs zum Weiterverkauf; *Hopt/Mössle* RdNr. 101; vgl. auch *v. Olshausen* ZHR 141 (1977), 93, 100.

[8] BGHZ 33, 321; BGH NJW 1966, 1403 mit Anm. *Teplitzki,* jeweils zu § 196 BGB.

[9] *Canaris* § 3 I 3 b; *v. Olshausen* ZHR 141 (1977), 93, 101; *Karsten Schmidt* HandelsR § 10 VI 1 c; Baumbach/*Hopt* RdNr. 1; aA *Hofmann* NJW 1976, 1297 ff.

[10] *Karsten Schmidt* HandelsR § 10 VI 1 b.

[11] *Gierke/Sandrock* § 9 I 1; *Karsten Schmidt* HandelsR § 10 VI 2; Baumbach/*Hopt* RdNr. 3; Heymann/*Emmerich* RdNr. 3; Staub/*Brüggemann* RdNr. 4.

[12] RGZ 130, 233, 234.

[13] Baumbach/*Hopt* RdNr. 3; Heymann/*Emmerich* RdNr. 3; Staub/*Brüggemann* RdNr. 5.

[14] Heymann/*Emmerich* RdNr. 3; Schlegelberger/*Hildebrandt/Steckhan* RdNr. 6; Staub/*Brüggemann* RdNr. 4.

[15] *Canaris* § 3 I 3 c; vgl. auch *Karsten Schmidt* HandelsR § 10 VI 2 a aa.

[16] Heymann/*Emmerich* RdNr. 4; teilweise **aA** Staub/*Brüggemann* RdNr. 4: auch zugekaufte Produkte (etwa Milch) genügen.

[17] Beispiele von Heymann/*Emmerich* RdNr. 5; vgl. auch *Karsten Schmidt* HandelsR § 10 VI 2 a aa.

[18] Baumbach/*Hopt* RdNr. 3; Heymann/*Emmerich* RdNr. 3 a.

[19] OLG Düsseldorf NJW-RR 1993, 1125, 1126 f.; Baumbach/*Hopt* RdNr. 3; Heymann/*Emmerich* RdNr. 6; *Karsten Schmidt* HandelsR § 10 VI 2 b; Staub/*Brüggemann* RdNr. 6 differenzieren: Zierpflanzenzucht soll nicht § 3, sondern § 2 unterfallen, während der Anbau von Nutzpflanzen Landwirtschaft sein soll.

[20] OLG Kiel OLGRspr. 21, 366; Heymann/*Emmerich* RdNr. 6.

Nicht zur Landwirtschaft zählt die Gewinnung von **nicht pflanzlichen, anorgani-** 5
schen Rohstoffen wie Kies, Lehm, Löß (Heilerde), Mineralien, Sand oder Torf (möglich
ist insoweit aber ein Nebenbetrieb, RdNr. 14).[21] Auch die **Fischwirtschaft**
(Hochseefischerei-, Küstenfischerei- und Binnenfischereibetriebe, einschließlich der Fisch-
zuchtbetriebe) ist mangels Bodennutzung nicht Landwirtschaft,[22] ebenso nicht die **Hunde-**
oder Vogelzucht.[23]

2. **Forstwirtschaft** bedeutet Wirtschaftstätigkeit, die auf Holzgewinnung und Walderhal- 6
tung gerichtet ist; **Baumschulen** gehören dazu.[24] Nicht hierzu zählt der gewerbsmäßige
Ankauf von Wäldern zum Abholzen.[25]

3. **Die Rechtsstellung des Land- oder Forstwirts.** Land- oder forstwirtschaftliche Un- 7
ternehmen fallen unter den Gewerbebetrieb des HGB. Der Land- oder Forstwirt ist **Kann-**
kaufmann (RdNr. 1). Ihn trifft keine Anmeldepflicht, er kann aber die Eintragung der
Firma herbeiführen „und sich dadurch zum Kaufmann machen".[26] Ist das Unternehmen
Formkaufmann, so ist es immer Vollkaufmann (Erl. § 6).[27]

a) **Voraussetzungen des Wahlrechts nach § 3 Abs. 2.** Zunächst muß es sich um ein 8
land- oder forstwirtschaftliches Unternehmen handeln, das **nach Art und Umfang einen**
in kaufmännischer Weise eingerichteten Geschäftsbetrieb erfordert (Verweisung in § 3
Abs. 2 auf § 2). Entscheidend ist das Gesamtbild des Unternehmens, ob es so umfangreich
und komplex ist, daß kaufmännische Organisation und Buchführung unabdingbar sind.[28]
Auf § 2 RdNr. 6 wird Bezug genommen.

Anders als bei § 2 darf der Land- oder Forstwirt entscheiden, ob er die Eintragung und 9
damit die Kaufmanneigenschaft herbeiführen will oder nicht. Der Eintragungsantrag ist
hier verfahrensrechtliche Voraussetzung für die Eintragung **und zugleich materiellrechtli-**
che Voraussetzung für den Erwerb der Kaufmanneigenschaft, woran es etwa in den
Fällen der §§ 104 ff. BGB fehlen kann.[29] Der Entschluß des Berechtigten, die Eintragung
herbeizuführen, ist bis zur Eintragung durch Rücknahme der Anmeldung widerruflich.[30]
Wollen sich die Mitglieder einer BGB-Gesellschaft zu einer OHG oder KG zusammenschließen, müssen sämtliche Gesellschafter ohne Ausnahme die Eintragung wollen und
entsprechend anmelden.[31]

b) **Bindung an die getroffene Wahl.** Die Ausübung des Wahlrechts entfaltet Bin- 10
dungswirkung. Mit der Eintragung im Handelsregister verliert der Land- und Forstwirt,
wie sich aus Abs. 2 Satz 2 ergibt, sein Wahlrecht. Denn eine Löschung der Firma ist nur
noch nach den allgemeinen Vorschriften für die Löschung kaufmännischer Firmen möglich
(§ 31 Abs. 2, § 142 FGG), etwa dann, wenn die gewerbliche Tätigkeit aufgegeben worden
oder der Betrieb auf minderkaufmännisches Niveau zurückgeführt worden ist.[32] Erfolgt die
Löschung zu Unrecht, verliert der Land- und Forstwirt trotzdem die Kaufmanneigenschaft
(Eintragung und Löschung wirken insoweit konstitutiv). Löscht das Registergericht die
fehlerhafte Eintragung wieder von Amts wegen, wird die Kaufmanneigenschaft wiederher-

[21] Heymann/*Emmerich* RdNr. 5; Staub/*Brügge-*
mann RdNr. 4; Gierke/*Sandrock* § 9 I 1 b.
[22] Baumbach/*Hopt* RdNr. 3; Heymann/*Emmerich*
RdNr. 5; Schlegelberger/*Hildebrandt/Steckhan* Rd-
Nr. 6; Staub/*Brüggemann* RdNr. 4.
[23] Heymann/*Emmerich* RdNr. 5; Staub/*Brügge-*
mann RdNr. 4.
[24] Staub/*Brüggemann* RdNr. 7; Baumbach/*Hopt*
RdNr. 3; Heymann/*Emmerich* RdNr. 7.
[25] Gierke/*Sandrock* § 9 I 2.
[26] *Karsten Schmidt* HandelsR § 10 VI 1 c;
vgl. auch *Canaris* § 3 I 3 b; *v. Olshausen* ZHR 141
(1977), 93, 98 ff., 101.

[27] *Karsten Schmidt* HandelsR § 10 II 1, § 10 VI 1;
Schlegelberger/*Hildebrandt/Steckhan* RdNr. 3.
[28] BGH WM 1966, 194; Heymann/*Emmerich*
RdNr. 10.
[29] Näher *v. Olshausen* ZHR 141 (1977), 93,
103 ff.; Staub/*Brüggemann* RdNr. 22 f.; *Canaris* § 3 I
3 a.
[30] *v. Olshausen* ZHR 141 (1977), 93, 102 ff.;
Heymann/*Emmerich* RdNr. 11.
[31] *v. Olshausen* ZHR 141 (1977), 93, 102 ff;
Heymann/*Emmerich* RdNr. 11.
[32] *Canaris* § 3 I 3 d; Staub/*Brüggemann* RdNr. 24.

gestellt.[33] Nicht dagegen muß der zu Unrecht Gelöschte seine Wiedereintragung betreiben.[34]

11   **c) Kein erneutes Wahlrecht des Rechtsnachfolgers.** Führt der Rechtsnachfolger die Firma fort, ist er – ebenso wie es der Vorgänger ab der Eintragung war – an die einmal erfolge Wahl gebunden. Übernimmt der Rechtsnachfolger die Firma nicht, erlischt diese. Der Nachfolger ist dann Nichtkaufmann, und es steht ihm frei, die Eintragung unter einer Firma seiner Wahl zu betreiben.[35]

III. Nebengewerbliche Unternehmen (§ 3 Abs. 3)

12   **1. Haupt- und Nebenbetrieb.** Vorausgesetzt werden zwei Unternehmen. Zum einen der land- und forstwirtschaftliche Hauptbetrieb. Von ihm handeln die RdNr. 3 ff. Daneben muß es **einen weiteren, von dem Hauptbetrieb organisatorisch getrennten und insoweit selbständigen Betrieb desselben Inhabers** (nicht notwendig desselben Eigentümers!) geben, der **mit dem Hauptbetrieb innerlich verbunden und in gewisser Beziehung auch von ihm abhängig ist.**[36]

13   An der **Selbständigkeit fehlt es** bei bloßen Verkaufsstellen für Erzeugnisse des Hauptbetriebs oder bloßen Hilfsbetrieben zur Unterstützung des Hauptbetriebes.[37]

14   **Innerliche Verbundenheit und Abhängigkeit des nebengewerblichen Unternehmens** sind jedenfalls zu bejahen bei Betrieben, die Produkte des Hauptbetriebes weiterverarbeiten, welche nicht Bestandteile der Land- und Forstwirtschaft sind: Brauereien, Branntweinbrennereien, Obstwein-, Essig- und Tafelwasserfabrikation, Gerbereien, Schlächtereien und Fleischfabriken oder Mühlen, sofern nicht überwiegend von dritter Seite bezogene Rohstoffe verarbeitet werden.[38] Gleiches gilt für Nebenbetriebe, die **organische Bestandteile des Grund und Bodens des Hauptbetriebs ausbeuten** wie Kiesgruben, Steinbrüche, Sand- und Lehmgewinnung, Tongräberei, Ziegeleibetriebe, Zement- und Tonröhrenfabrikation.[39] Eine von einem Landwirt etwa betriebene Ziegelei und Zementdachsteinfabrik bleibt auch dann Nebengewerbe, wenn sie einen größeren Umsatz erbringt als die Landwirtschaft.[40]

15   **2. Rechtliche Einordnung.** Auf das im Nebengewerbe betriebene Unternehmen finden die Vorschriften von § 3 Abs. 1 und 2 entsprechende Anwendung. Auch das Nebengewerbe unterfällt mithin nicht § 1 Abs. 2 (selbst wenn es sich so einordnen ließe) und nicht § 2 (RdNr. 3). Auch bezüglich des Nebengewerbes ist der Land- und Forstwirt **Kannkaufmann** (RdNr. 7). Er kann insoweit selbständig entscheiden, ob er es dem Handelsrecht zuordnen will oder nicht. Das Gesetz verwehrt ihm nicht, nur mit dem Nebenbetrieb Kaufmann zu werden und umgekehrt oder mit beiden.[41]

16   Sind **Hauptbetrieb und Nebenbetrieb im Handelsregister eingetragen,** hängt ihr weiteres Schicksal nicht voneinander ab. Es ist etwa jeweils selbständig zu beurteilen, ob die Voraussetzungen der Eintragung noch vorliegen oder eine Löschung erfolgen muß.[42]

---

[33] Baumbach/*Hopt* RdNr. 2; Heymann/*Emmerich* RdNr. 15; Staub/*Brüggemann* RdNr. 32; *Karsten Schmidt* HandelsR § 10 VI 2 d.
[34] Baumbach/*Hopt* RdNr. 2; Staub/*Brüggemann* RdNr. 32.
[35] *v. Olshausen* ZHR 141 (1977), 93, 118 f.; *Canaris* § 3 I 3 d; Heymann/*Emmerich* RdNr. 16; Staub/*Brüggemann* RdNr. 26 f.; im Ergebnis auch *Karsten Schmidt* HandelsR § 10 VI 2 d bb; **aA** Baumbach/*Hopt* RdNr. 2.
[36] RGZ 130, 233 f.; KGJ 22 A 82, 84 ff.; 24 A 63, 66 f.; Heymann/*Emmerich* RdNr. 17; Koller/*Roth*/Morck RdNr. 6; Schlegelberger/*Hildebrandt*/Steckhan RdNr. 10 ff.; Staub/*Brüggemann* Rd-

Nr. 8 ff.; *Canaris* § 3 I 3 e; *Karsten Schmidt* HandelsR § 10 VI 3.
[37] Baumbach/*Hopt* RdNr. 4; Staub/*Brüggemann* RdNr. 11; *Karsten Schmidt* HandelsR § 10 VI 3 a aa.
[38] Schlegelberger/*Hildebrandt*/Steckhan RdNr. 13; Staub/*Brüggemann* RdNr. 9; *Canaris* § 3 I 3 e; *Karsten Schmidt* HandelsR § 10 VI 3 a bb.
[39] Baumbach/*Hopt* RdNr. 4; Staub/*Brüggemann* RdNr. 9; Heymann/*Emmerich* RdNr. 20; *Karsten Schmidt* HandelsR § 10 VI 3 a bb.
[40] KGJ 22 A 82.
[41] *Karsten Schmidt* HandelsR § 10 VI 3 a; *Canaris* § 3 I 3 e; Heymann/*Emmerich* RdNr. 12.
[42] Heymann/*Emmerich* RdNr. 12, 14.

§ 4 [Minderkaufmann]

(1) Die Vorschriften über die Firmen, die Handelsbücher und die Prokura finden keine Anwendung auf Personen, deren Gewerbebetrieb nach Art oder Umfang einen in kaufmännischer Weise eingerichteten Geschäftsbetrieb nicht erfordert.

(2) Durch eine Vereinigung zum Betrieb eines Gewerbes, auf welches die bezeichneten Vorschriften keine Anwendung finden, kann eine offene Handelsgesellschaft oder eine Kommanditgesellschaft nicht begründet werden.

Schrifttum: *Beyerle*, Gesetzliche Umwandlung einer oHG und KG in eine Gesellschaft bürgerlichen Rechts, NJW 1972, 229; *Bokelmann*, Ausgewählte Fragen des Firmenrechts, Rpfleger 1973, 44; *ders.*, Das Recht der Firmen- und Geschäftsbezeichnungen, 3. Aufl. 1986 (zitiert Firmenrecht); *ders.*, Der Gebrauch von Geschäftsbezeichnungen mit Inhaberzusatz durch Nichtkaufleute und Minderkaufleute, NJW 1987, 1683; *Droste*, Firma und Geschäftsbezeichnung, DB 1957, 573; *ders.*, Grundsätzliches zur Geschäftsbezeichnung, DB 1967, 539; *George*, Kaufmann und Handelsregister, BB 1959, 255; *Hopt*, Handelsgesellschaften ohne Gewerbe und Gewinnerzielungsabsicht?, ZGR 1987, 145; *Kornblum*, Die Auswirkungen der „gesetzlichen“ Umwandlung einer Kommanditgesellschaft in eine BGB-Gesellschaft auf die Geschäftsführungs- und Vertretungsbefugnis der Gesellschafter, BB 1972, 1032; *Krauth*, Eintragung von Gewerbetreibenden in das Handelsregister, NJW 1961, 13; *Schönle*, Kaufmann und Handelsregister, BB 1960, 1230; *Karsten Schmidt*, Zur Stellung der oHG im System der Handelsgesellschaften, 1972; *ders.*, Geschäftsführungs- und Vertretungsbefugnis der Gesellschafter bei gesetzlicher Umwandlung einer Kommanditgesellschaft in eine BGB-Gesellschaft, BB 1973, 1612; *ders.*, Das Verbot der „firmenähnlichen Geschäftsbezeichnung“: geltendes Handelsrecht oder gesetzwidrige Erfindung?, DB 1987, 1181; *ders.*, Replik: Das geltende Handelsrecht kennt kein Verbot der „firmenähnlichen Geschäftsbezeichnung“, DB 1987, 1674; *Stimpel*, aus der jüngeren Rechtsprechung des Bundesgerichtshofes zum Gesellschaftsrecht, ZGR 1973, 73; *Ullmann*, Die Verwendung von Marke, Geschäftsbezeichnung und Firma im geschäftlichen Verkehr, insbesondere des Franchising, NJW 1994, 1255; *Zwernemann*, Der Name der Gesellschaft des bürgerlichen Rechts BB 1987, 774.

Übersicht

I. Normzweck und Anwendungsbereich

1. Normzweck. Wer ein Grundhandelsgewerbe nach § 1 Abs. 2 betreibt, ist Kaufmann. **1** Handelt es sich um einen Kleinbetrieb, der nach Art oder Umfang keinen in kaufmännischer Weise eingerichteten Geschäftsbetrieb erfordert, finden die Vorschriften über Firmen, Handelsbücher und Prokura keine Anwendung. § 351 schließt für den Minderkaufmann des § 4 die Anwendbarkeit der §§ 348 bis 350 aus. Insbesondere § 351 (näher RdNr. 20) läßt deutlich erkennen, daß der Gesetzgeber den Minderkaufmann schützen will und daher bestimmte als gefährlich angesehene Vorschriften des HGB auf ihn nicht angewandt werden sollen.[1] Das gilt auch für § 4 selbst, wenngleich dort daneben erheblich ist, daß der Minderkaufmann für den Zuschnitt seines Betriebes verschiedene Einrichtungen nicht benötigt.[2]

2 **2. Anwendungsbereich.** § 4 gilt nur für die Kaufleute kraft Gewerbebetriebs, die Mußkaufleute des § 1. Denn die Kaufleute der §§ 2 und 3 setzen einen in kaufmännischer Weise eingerichteten Geschäftsbetrieb zwingend voraus und sind mit der erforderlichen Eintragung der Firma des Unternehmens in das Handelsregister immer Vollkaufleute. Fehlt es an der Eintragung, sind sie überhaupt kein Kaufmann, sind Nichtkaufmann. Da § 6 Abs. 2 für die Formkaufleute ausdrücklich festschreibt, daß sie unter keinen Umständen Minderkaufleute sind, bleiben – was die Anwendbarkeit von § 4 betrifft – **nur die Kaufleute kraft Gewerbebetriebes nach § 1 Abs. 2 übrig.** Voneinander zu sondern sind mithin innerhalb der Mußkaufleute gemäß § 1 die Vollkaufleute und die Minderkaufleute des § 4.[3] **Musterbeispiele für Minderkaufleute** sind „Tante-Emma-Läden", kleine Gastwirte, kleine Einzelhändler, Eisdielen, Kantinen, Stehbierbuden, Kioske, kleine Warenhandwerker, jeweils kleine Frachtführer, Kommissionäre, Handelsvertreter, Handelsmakler und Verlage. Zu nennen sind auch die kleineren Warenhandwerker.[4] Art. 10 ADHGB sprach insoweit recht herablassend von „Höcker, Trödler, Hausirer und dergleichen Handelsleuten von geringem Gewerbebetriebe", denen „Wirthe, gewöhnliche Fuhrleute, gewöhnliche Schiffer und Personen, deren Gewerbe nicht über den Umfang des Handwerksbetriebes hinausgeht", gleichstehen sollten.

II. Voraussetzungen der Minderkaufmanneigenschaft

3 **1. Anwendbarkeit der Grundsätze von § 2.** Minderkaufmann kann nur sein, wer Kaufmann nach § 1 Abs. 2 ist (RdNr. 2). § 4 stellt als Kriterium auf den in kaufmännischer Weise eingerichteten Geschäftsbetrieb ab, wie es auch § 2 tut. Insoweit wird auf die Erläuterungen zu § 2 verwiesen. Die teilweise voneinander abweichende Fassung („nach Art oder Umfang" in § 4, während § 2 „nach Art und Umfang" formuliert) steht nicht entgegen, weil hierdurch nur klargestellt werden soll, daß schon das Fehlen eines der beiden Merkmale die Anerkennung des Gewerbebetriebes als Handelsbetrieb verhindert (§ 4), während die beiden Merkmale im Fall des § 2 zusammentreffen müssen, um (mit der Eintragung im Handelsregister) positiv von einem Handelsbetrieb ausgehen zu können.[5] Vollkaufleute sind mithin nur solche Gewerbetreibenden, die sowohl nach Art wie auch nach Umfang des Unternehmens einen kaufmännischen Geschäftsbetrieb benötigen. Dagegen ist von einem Minderkaufmann im Sinne von § 4 auszugehen, wenn der Gewerbebetrieb nach Art oder Umfang einen in kaufmännischer Weise eingerichteten Geschäftsbetrieb nicht erfordert.[6]

4 **2. Entbehrlichkeit kaufmännischer Einrichtung („nach Art oder Umfang nicht erfordert").** Entscheidend ist nicht, ob – bezogen auf den Zeitpunkt der Eintragung – kaufmännische Einrichtung tatsächlich vorhanden ist oder fehlt. Maßgebend ist nach § 4 vielmehr, ob kaufmännische Einrichtung **objektiv notwendig ist oder nicht,** wobei vorhandene kaufmännische Einrichtungen (kaufmännische Buchführung!) aber im Einzelfall

[1] *Karsten Schmidt* HandelsR § 10 VII 1 b; *Canaris* § 3 II vor 1; Heymann/*Emmerich* RdNr. 1.
[2] *Canaris* § 3 II vor 1.
[3] Baumbach/*Hopt* RdNr. 1; Heymann/ *Emmerich* RdNr. 1; Schlegelberger/*Hildebrandt*/ *Steckhan* RdNr. 1 f.; Staub/*Brüggemann* RdNr. 3; *Canaris* § 3 II 1; *Karsten Schmidt* HandelsR § 10 VII 1; *Bokelmann* Firmenrecht RdNr. 50 f.
[4] Heymann/*Emmerich* RdNr. 6; Staub/*Brüggemann* RdNr. 14; *Canaris* § 3 II 1.

[5] OLG Hamm BB 1960, 917; OLG Stuttgart OLGZ 1974, 131, 133; KGJ 49 A 94, 97; KG NJW 1959, 1829, 1830; Baumbach/*Hopt* RdNr. 1; Heymann/*Emmerich* RdNr. 2 und § 2 RdNr. 8; Schlegelberger/*Hildebrandt*/*Steckhan* RdNr. 4; Staub/*Brüggemann* RdNr. 5; *Karsten Schmidt* HandelsR § 10 VII 2 a; **aA** *George* BB 1959, 255.
[6] *Schönle* BB 1960, 1230, 1231; *Lemke* BB 1959, 692; *Krauth* NJW 1961, 13 f.

Rückschlüsse auf ihre Notwendigkeit zulassen können.[7] Wichtig ist auch die Art der Abwicklung des Betriebes. Denkbar einfache und durchsichtige Formen sprechen gegen den Vollkaufmann, ebenso etwa die Tatsache, daß kaufmännisch geschultes Personal weder erforderlich ist noch beschäftigt wird.[8] Zu untersuchen ist jeweils, ob der Betrieb „bereits so kompliziert, umfangreich und verwickelt ist, daß er nur aufgrund einer ausgebauten kaufmännischen Organisation überschaubar, lenkbar und planbar bleibt."[9]

Wann ein Gewerbebetrieb nach Art oder Umfang einen in kaufmännischer Weise eingerichteten Geschäftsbetrieb nach § 4 nicht erfordert, läßt sich letztlich **nur nach den Umständen des Einzelfalles beurteilen.** In die **Gesamtwürdigung** sind, wie der Bundesgerichtshof hervorhebt,[10] etwa die Zahl der Beschäftigten und die Art ihrer Tätigkeit, der Umsatz, das Anlage- und Betriebskapital, die Vielfalt der in dem Betriebe erbrachten Leistungen und der Geschäftsbeziehungen, die Inanspruchnahme von Kredit und die Teilnahme am Wechselverkehr einzubeziehen.[11] Wie ausgeführt, muß eine umfassende Gesamtwürdigung erfolgen; die einzelnen Kriterien für sich allein lassen keine zuverlässige Beurteilung zu.[12]

Der Kaufmann des § 1 Abs. 2 ist Minderkaufmann, wenn der Gewerbebetrieb **nach Art** 6 **oder Umfang** einen in kaufmännischer Weise eingerichteten Geschäftsbetrieb nicht erfordert (RdNr. 3). Dementsprechend ergibt sich aus der Umsatzhöhe allein, auch wenn sie beachtlich ist, nicht zwingend die Unanwendbarkeit von § 4. Im Fall des OLG Celle[13] etwa ging es um den Pächter einer Bundeswehrkantine mit einem für die damalige Zeit beachtlichen Jahresumsatz von 500 000,- DM. Trotzdem war er Minderkaufmann, weil der Art des Unternehmens nach kein in kaufmännischer Weise eingerichteter Geschäftsbetrieb erforderlich war: der Geschäftsbetrieb wurde in denkbar einfacher und durchsichtiger Form durchgeführt, kaufmännisch geschultes Personal war nicht erforderlich und die Bedienungsgeschäfte wurden „über den Tresen" abgewickelt. Eine kaufmännische Buchführung war zwar vorhanden, doch unter den geschilderten Umständen nicht erforderlich (RdNr. 4).

3. Maßgeblicher Zeitpunkt der Beurteilung. Die Voraussetzungen des § 4 bzw. § 2 7 müssen grundsätzlich in dem Zeitpunkt vorliegen, in dem das Registergericht über die Eintragung im Handelsregister entscheidet. Maßgebend ist der derzeitige Charakter des Unternehmens als Klein- oder Vollhandelsgewerbe, nicht aber der von dem Kaufmann erhoffte und erstrebte Zustand.[14] Zwar muß bei Beginn der Geschäftstätigkeit nicht immer schon ein vollkaufmännischer Geschäftsbetrieb vorliegen. Es kann (so insbesondere bei den Personenhandelsgesellschaften, § 123 Abs. 2) genügen, daß der Betrieb des Unternehmens als ein vollkaufmännisches von vornherein angelegt und beabsichtigt ist, **sofern** – was nicht selten übersehen wird[15] – **die Gewähr besteht oder doch zumindest zuverlässige Anhaltspunkte dafür vorliegen, daß das Unternehmen eine entsprechende Ausgestaltung und Einrichtung in Kürze erreicht haben wird.**[16] Die bloße Möglichkeit der Entwicklung zum vollkaufmännischen Unternehmen besteht fast immer und hat bei der Beurteilung außer Ansatz zu bleiben.[17] „Saison"-Vollkaufleute (Nordsee-Hotel) werden nicht zu

---

[7] BGH BB 1960, 917; OLG Stuttgart OLGZ 1974, 132, 133; Koller/*Roth*/Morck RdNr. 3.

[8] OLG Celle NJW 1963, 540, 541.

[9] Heymann/*Emmerich* RdNr. 5.

[10] BB 1960, 917; vgl. auch BGH WM 1966, 194, 195; BayObLGZ 1974, 273, 277; OLG Hamm OLGZ 1969, 131, 132.

[11] Ganz ausführlich zu den Kriterien kaufmännischer Betriebsführung Staub/*Brüggemann* RdNr. 6 ff. mit umfassender Rechtsprechungsübersicht bis Anfang 1982 RdNr. 10.

[12] *Karsten Schmidt* HandelsR § 10 VII 2 a.

[13] NJW 1963, 540, 541; vgl. auch OLG Karlsruhe BB 1971 Beilage 9 zu Heft 30/1971, S. 1; KG NJW

1959, 1829; OLG Stuttgart BB 1969 Beilage 10 zu Heft 3471969, S. 2, 3; OLG Stuttgart OLGZ 1974, 132, 133; OLG Frankfurt BB 1983, 335; BayObLGZ 1984, 273, 277; Koller/*Roth*/Morck RdNr. 3.

[14] KG OLGRspr. 7, 146, 147; 14, 330, 331.

[15] Baumbach/*Hopt* RdNr. 3; nicht genau auch Schlegelberger/*Hildebrandt*/Steckhan RdNr. 5.

[16] BGHZ 10, 91, 96; 32, 307, 311; BayObLGZ 1984, 273, 277 = NJW 1985, 982, 983; KG OLGRspr. 43, 203; Heymann/*Emmerich* RdNr. 5 und § 2 RdNr. 18; Staub/*Brüggemann* RdNr. 11.

[17] KG OLGRspr. 7, 146, 147; 14, 330, 331.

Minderkaufleuten, wenn sie außerhalb der Saison an sich die Merkmale des Minderkaufmanns erfüllen.[18]

III. Rechtsfolgen der Minderkaufmanneigenschaft

8   **1. Die Vorschriften über die Firmen finden keine Anwendung, § 4 Abs. 1. a) Keine Eintragung und keine Firma.** Da nach § 29 nur die Firma in das Handelsregister eingetragen werden darf, ist **die Eintragung dem Minderkaufmann, dem keine Firma im rechtstechnischen Sinn zusteht, verwehrt.** Doch darf und muß auch der Minderkaufmann sein Unternehmen unter seinem Namen führen und zwar, wie in § 18 Abs. 1 für die Vollkaufleute vorgesehen, zusätzlich zu dem Familiennamen mit mindestens einem ausgeschriebenen Vornamen.[19] Denn nach § 15 a Abs. 1 GewO sind Gewerbetreibende, die eine offene Verkaufsstelle haben, eine Gaststätte betreiben oder eine sonstige offene Betriebsstelle haben, verpflichtet, ihren Familiennamen mit mindestens einem ausgeschriebenen Vornamen an der Außenseite oder am Eingang der jeweiligen Lokalität zu offenbaren. Ferner sind Gewerbetreibende, für die keine Firma im Handelsregister eingetragen ist, nach § 15 b Abs. 1 GewO gehalten, auf allen Geschäftsbriefen, die an einen bestimmten Empfänger gerichtet werden, ihren Familiennamen mit mindestens einem ausgeschriebenen Vornamen anzugeben. Es handelt sich insoweit zwar um keine in das Handelsregister eintragungsfähige Firma im Sinn von § 17, und der Minderkaufmann kann auch nicht im Hinblick auf § 18 Abs. 1 gezwungen werden, Nachnamen und ausgeschriebenen Vornamen zu gebrauchen, wie das Kammergericht zu Recht festgestellt hat.[20] Doch ergibt sich der Zwang hierzu aus der Gewerbeordnung (vgl. auch *Lieb/Krebs* § 37 RdNr. 6),[21] und dieser Name ist, wenn auch nicht als Firma, so doch nach § 12 BGB geschützt. Als Geschäftsbezeichnung (zur Terminologie RdNr. 10) erfährt der Name, nachdem § 16 UWG durch Art. 25 Nr. 2 MarkenrechtsreformG vom 25. 10. 1994 (BGBl. I S. 3082) aufgehoben worden ist, Schutz nach den §§ 1, 5, 15 MarkenG.[22]

9   **b) Die Geschäftsbezeichnung des Minderkaufmanns darf firmenähnlich sein.** Insoweit **gibt es kein Verbot der firmenähnlichen Geschäftsbezeichnung** (vgl. aber § 18 RdNr. 59). In dem RdNr. 8 dargestellten Fall ist der Name des Minderkaufmanns, gebildet aus dessen Familiennamen und einem ausgeschriebenen Vornamen, von der entsprechenden Firma eines Vollkaufmanns nicht zu unterscheiden. Zu beanstanden ist das, da vom Gesetz so vorgesehen, nicht. Der Vollkaufmann darf der Firma nach § 18 Abs. 2 einen Zusatz beifügen, der auf den Gegenstand der Tätigkeit hinweist. Auch der Minderkaufmann kann eine Geschäftsbezeichnung führen, die dem Gegenstand des Unternehmens entlehnt ist, etwa „Palette" für ein Geschäft zum Betrieb von Malerutensilien und Farbe;[23] das Kennwort weist zutreffend auf die Art des Geschäfts hin. Doch wurde für den Minderkaufmann gestritten, ob nicht die Verbindung mit seinem Namen den nicht zutreffenden Eindruck einer echten Firma hervorruft. Vermittelnd wurde vertreten, eine Bezeichnung, bei welcher der Name des Inhabers hinter der Geschäftsbezeichnung stehe (Kinderparadies Karl Müller) sei bedenklich, während ein firmenmäßiger Eindruck „leicht" dadurch vermieden werden könne, daß der Name vorangesetzt werde (Karl Müller Kinderparadies).[24] Nachvollziehbar ist das nicht mehr. Der Kleingewerbetreibende darf seinen Namen in die Kennzeichnung aufnehmen und auf den Gegenstand der Tätigkeit hinweisen.[25] Zwar ist

---

[18] AG Wyk auf Föhr BB 1958, 891; Baumbach/*Hopt* RdNr. 3.

[19] **AA** Heymann/*Emmerich* RdNr. 9.

[20] KGJ 38 A 158 ff.

[21] *Karsten Schmidt* HandelsR § 12 I 2 b bb; *Bokelmann* Firmenrecht RdNr. 56; *ders.* NJW 1987, 1683.

[22] Vgl. Baumbach/*Hefermehl* Wettbewerbsrecht, 18. Aufl. 1995, § 16 UWG; *Karsten Schmidt* Han-

delsR § 12 I 2 b aa, § 7 IV 4; zum Schutz nach § 12 *Canaris* § 3 II 2 a.

[23] KGJ 42 A 161, 163.

[24] Näher *Droste* DB 1967, 539, 540 mit Nachweisen.

[25] OLG Hamm MDR 1968, 501; *Lieb/Krebs* § 37 RdNr. 6; *Droste* DB 1967, 539, 542; *Bokelmann* NJW 1987, 1683.

die Ähnlichkeit mit einer vergleichbar gestalteten Firma eines Einzelkaufmanns nicht zu übersehen, doch würde andernfalls, ließe man das nicht zu, der Minderkaufmann bei Ausübung seiner Tätigkeit unangemessen eingeschränkt. Es trifft nicht zu, daß das Registergericht ohne Einschränkung gegen den Gebrauch einer Geschäftsbezeichnung nach § 37 Abs. 1 einschreiten kann, sofern diese „wie eine Firma" verwendet wird.[26] Zwar ist § 37 Abs. 1 auch im Fall des Minderkaufmanns anwendbar; doch nur dann, wenn – wie bei einem Vollkaufmann – § 18 Abs. 2 verletzt ist. Denn Soll- und Minderkaufleute sind ebenfalls an den Grundsatz der Firmenwahrheit gebunden und das Registergericht kann gemäß oder analog § 37 einschreiten.[27] Das mag auf den ersten Blick widersprüchlich erscheinen, ist es aber nicht. Auch die Nicht- oder Minderkaufleute treffen dann firmenrechtliche Sanktionen, wenn sie firmenmäßig eine Bezeichnung (etwa als „Minderfirma") gebrauchen, die sich mit den §§ 18 ff. nicht in Einklang bringen läßt.[28] **Sind firmenrechtliche Vorschriften nicht verletzt, darf die Geschäftsbezeichnung auch des Minderkaufmanns firmenähnlich sein** (hierzu noch RdNr. 10 bis 12).

Die Geschäftsbezeichnung ist im HGB und FGG nicht erwähnt, hat sich als Brauch **10** entwickelt und ist im Handelsverkehr von großer Bedeutung. Hinter dem Begriff der Geschäftsbezeichnung verbergen sich verschiedene Sachverhalte. Zum einen gibt es die objektbezogene, „ergänzende" Geschäftsbezeichnung,[29] die neben der Firma oder neben dem Namen geführt wird und in der Regel auf die Branche hinweist oder (historisch gewachsen) Gaststätten und Apotheken kennzeichnet. Zu nennen ist weiterhin als „Firma des kleinen Mannes",[30] die naturgemäß subjektbezogen ist, die Bezeichnung des minderkaufmännischen (und des nichtkaufmännischen) Unternehmens selbst durch Zunamen und ausgeschriebenen Vornamen. „So wenig wie es ein vollkaufmännisches Unternehmen ohne Firma gibt, gibt es ein Unternehmen ohne einen den Unternehmensträger identifizierenden Namen".[31] „Minderfirma" kennzeichnet insoweit die Sachlage treffend.[32] Denn die „Minderfirma" (untechnisch gemeint) wäre mit genau demselben Wortlaut echte Firma, handelte es sich nicht um ein minderkaufmännisches Unternehmen. Zu erinnern ist in diesem Zusammenhang an den Versuch des Kammergerichts im Anschluß an Überlegungen des OLG München, neben der vom HGB allein geregelten „eigentlichen" Firma mit einer Art „kleiner Firma" zu arbeiten, die ebenfalls als Name des Kaufmanns und nicht nur zur Bezeichnung seines Geschäfts dienen und auch als kleine Firma „den für sie passenden Vorschriften des Firmenrechts unterliegen" sollte.[33]

Fazit: Das Registergericht kann nach § 37 Abs. 1 auch gegen Nicht- und Minderkauf- **11** leute vorgehen, **sofern firmenrechtliche Vorschriften verletzt worden sind,** eine Firma gebraucht wird, die nach den §§ 17 bis 37 unzulässig ist. Denn daß dieser Personenkreis nach den §§ 17, 4 Abs. 1 keine Firma im Rechtssinn hat, „kann unmöglich den Zweck haben, sie vom Gebot der Firmenwahrheit und dem dieses effektuierenden registergerichtlichen Zwangsverfahren freizustellen".[34] § 37 ist jedenfalls rechtsfortbildend anwendbar, weil er das Einschreiten des Handelsregisterrechts ermöglicht (anders *Lieb/Krebs* § 37 RdNr. 6). So führt etwa der unzulässigerweise (noch) eingetragene Minderkaufmann eine unzulässige Firma, die nicht mehr dem Firmenrecht unterfällt und die nicht mehr in das Handelsregister gehört (näher § 22 RdNr. 5, 40).[35] Bei der RdNr. 8 und 9 geschilderten Bildung der Geschäftsbezeichnung des Minderkaufmanns sind firmenrechtliche Vorschrif-

[26] So aber OLG Frankfurt OLGZ 1975, 108; OLG Karlsruhe zu § 37 Abs. 2 mit ablehn. Anm. *Karsten Schmidt* JuS 1986, 814; OLG Zweibrücken BB 1990, 1153; OLG Hamm BB 1990, 1154.

[27] *Canaris* § 11 III 1, IV.

[28] *Karsten Schmidt* DB 1987, 1181, 1182; *ders.* HandelsR § 12 I 2 b bb; **aA** aber *Lieb/Krebs* § 37 RdNr. 5, 6 bezüglich der Anspruchsgrundlage.

[29] *Karsten Schmidt* HandelsR § 12 I 2 b aa; *ders.* DB 1987, 1181 f.; *ders.* DB 1987, 1674 f.; vgl. auch *Bokelmann* Firmenrecht RdNr. 4, 23.

[30] OLG Bamberg DB 1973, 1989; *Droste* DB 1967, 539, 542.

[31] *Karsten Schmidt* DB 1987, 1674, 1675.

[32] *Karsten Schmidt* HandelsR § 12 I 2 b bb unter Hinweis auf *Droste* DB 1967, 542.

[33] OLG München JFG 14, 291, 294; KG JFG 15, 54, 55.

[34] Canaris § 11 III 1; vgl. auch OLG Stuttgart NJW 1987, 1709; Baumbach/ *Hopt* § 37 RdNr. 1; Schlegelberger/ *Hildebrandt*/ *Steckhan* § 37 RdNr. 2.

[35] *Karsten Schmidt* HandelsR § 12 I 1 e bb.

ten nicht verletzt worden. Die Geschäftsbezeichnung kann auch nicht deshalb täuschend und damit unzulässig sein, weil sie ebenfalls als Firma zulässig wäre (vgl. auch § 37 RdNr. 6). Der in Übereinstimmung mit den §§ 15 a, 15 b gebildete Name wäre dann immer unzulässig, weil er mit der Firma eines Einzelkaufmanns identisch ist. Richtig kann nur sein, daß auch die „Minderfirma" dem Gebot der Firmenwahrheit nach § 18 Abs. 2 unterfällt und mithin Auswüchse und unzutreffende Gesellschaftszusätze zu verhindern sind. „Bertold B Bäckerei" darf nicht grob übertreibend „Bertold B Brotfabrik" firmieren und auch nicht mit dem Zusatz „& Co." einen weiteren Gesellschafter vortäuschen.[36] Ebenso wie eine Firma ist eine Geschäftsbezeichnung unzulässig, die über Größe, Bedeutung, Alter oder etwa Gemeinnützigkeit des Unternehmens täuscht (näher § 18 RdNr. 76 ff.) oder falsche Vorstellungen über die Rechtsform hervorruft. Ist das nicht der Fall, kann gegen eine Geschäftsbezeichnung auch dann nicht vorgegangen werden, wenn sie firmenähnlich ist. Die Bezeichnung „Grafik-Service H. Winter" ist daher zulässig.[37]

12   **c) Bezeichnungen, die zwingend auf eine Firma hinweisen?** Der Gebrauch des „&"- **Zeichens** zur Verbindung zweier Namen miteinander soll ein charakteristisches Merkmal für das Bestehen einer Handelsgesellschaft sein.[38] Das ist abzulehnen, weil der Schluß von einem bloßen Verbindungskürzel auf einen vollkaufmännischen Betrieb nicht zwingend ist (vgl. aber *Lieb/Krebs* § 37 RdNr. 9).[39] Typische Firmenbestandteile wie **„& Co." und „& Cie.",** die auf eine vollkaufmännische Personengesellschaft hinweisen, sind dagegen als **Bezeichnung von grundsätzlicher Firmenwirkung** anzusehen (s. auch *Lieb/Krebs* § 37 RdNr. 9).[40] Umstritten ist, ob **„Gebrüder"** oder **„Geschwister"** zwingend auf ein vollkaufmännisches Gewerbe weisen.[41] Das ist jedenfalls dann nicht der Fall, wenn eine Handwerksbezeichnung beigefügt ist (großzügiger *Lieb/Krebs* § 37 RdNr. 9).[42] Wird ein **Inhaberzusatz** ohne Angabe eines früheren Inhabers geführt, ist das jedenfalls unbedenklich.[43] Aber auch wenn der frühere Inhaber ausgewiesen ist, wird nicht notwendig der Eindruck einer abgeleiteten Firma hervorgerufen (vgl. auch *Lieb/Krebs* § 37 RdNr. 7). Ergibt sich aus der Geschäftsbezeichnung, daß es sich um keine Firma handelt, kann auch der Vorinhaber genannt werden. So darf ein Kleingewerbetreibender die Geschäftsbezeichnung „Anton Anders, Fahrschule, Inhaber Berthold Bauer" führen, verbinden doch die in Betracht kommenden Verkehrskreise mit dem Begriff „Fahrschule" nicht regelmäßig die Vorstellung, daß es sich um ein Handelsgeschäft eines Vollkaufmanns handelt.[44] Zu den Einzelheiten und verschiedenen Fallgestaltungen wird auf § 18 RdNr. 28 ff. Bezug genommen.

---

[36] Beispiele nach *Karsten Schmidt* HandelsR § 12 I 2 b bb.

[37] *Karsten Schmidt* DB 1987, 1674, 1675 gegen OLG Frankfurt OLGZ 1981, 6; *Lieb/Krebs* § 37 RdNr. 7, 8; vgl. auch *Heymann/Emmerich* RdNr. 15 a.

[38] KGJ 31 A 143, 145; *Droste* DB 1967, 539, 540; *Schlegelberger/Hildebrandt/Steckhan* § 37 RdNr. 4; vgl. auch Ls des DiHT BB 1957, 835.

[39] So *Staub/Hüffer* § 37 RdNr. 10; *Karsten Schmidt* DB 1987, 1674, 1675 gegen OLG Karlsruhe NJW-RR 1986, 582 = BB 1985, 2196, das die Zulässigkeit von „Taxen-Dienst IK & Partner" verneint; *Bokelmann* NJW 1987, 1683, 1684.

[40] *Staub/Hüffer* § 37 RdNr. 10; *Lieb/Krebs* § 37 RdNr. 9; *Bokelmann* Rpfleger 1973, 44, 51; *ders.* NJW 1987, 1683, 1684; vgl. auch *Karsten Schmidt* DB 1987, 1674, 1675; *Heymann/Emmerich* RdNr. 15.

[41] So *Staub/Hüffer* § 37 RdNr. 10; *Bokelmann* NJW 1987, 1683, 1684; *Heymann/Emmerich* RdNr. 15; **aA** *Karsten Schmidt* DB 1987, 1674, 1675: Hypothese, deren rechtstatsächliche Bestätigung aussteht.

[42] OLG Hamm BB 1960, 959; OLG Oldenburg Rpfleger 1958, 381: „Gebr. J" für ein Friseurgeschäft in einer Kleinstadt und in einer ländlichen Gemeinde zulässig.

[43] OLG Karlsruhe Rpfleger 1991, 206: zulässig „Fahrschule Hermes Inh. E", wobei Fahrschule Hermes reine Phantasiebezeichnung war = EWiR § 37 HGB 1/91, 475 (*Hüffer*, ablehnend): Inhabervermerke in Geschäftsbezeichnungen sind prinzipiell unzulässig; *Gustavus* EWiR 1986, 1116: vertretbar „Fahrschule im Zentrum Inhaber Wolfgang G"; *Ullmann* NJW 1994, 1255, 1258: zulässig „City-Fahrschule, Inh. Emil Beck".

[44] OLG Stuttgart NJW 1987, 1709 = BB 1987, 147 mit krit. Anm. *Wessel*; OLG Hamm MDR 1968, 501: die Geschäftsbezeichnung „Fahrschule Müller Inh. Karl Meier" ist nicht firmenähnlich; *Karsten Schmidt* HandelsR § 12 I 2 b bb; *ders.* DB 1987, 1181, 1182; ganz eingehend hierzu und ebenfalls die hM ablehnend *Canaris* § 11 III; *Bokelmann* Firmenrecht RdNr. 24; *ders.* NJW 1987, 1683 f.; zweifelnd jetzt auch *Heymann/Emmerich* RdNr. 15 a; **aA** *Staub/Hüffer* § 37 RdNr. 9.

Im Hinblick auf die §§ 15 a, 15 b GewO ist es nicht vertretbar, Minderkaufleuten die 13 **Verwendung von Decknamen** zu gestatten.[45] Keine Bedenken bestehen gegen die Verwendung eines Künstlernamens.

d) Geschäftsveräußerung durch den Minderkaufmann. § 22 setzt nach hM ein voll- 14 kaufmännisches Unternehmen voraus.[46] Unerheblich ist in diesem Zusammenhang, ob die Firma des Veräußerers fälschlich in das Handelsregister eingetragen wurde oder noch eingetragen ist, obwohl nunmehr von einem Minderkaufmann auszugehen ist. Zwar wird der zu Unrecht im Handelsregister eingetragene Minderkaufmann nach § 5 aus Gründen des Verkehrsschutzes als Vollkaufmann behandelt; der Unternehmensträger ist Dritten gegenüber Vollkaufmann, auch wenn er nicht oder nicht mehr in das Handelsregister gehört (vgl. aber *Lieb* § 5 RdNr. 3: Fiktivkaufmann).[47] Doch gilt § 5 nicht dem Registergericht gegenüber (§ 22 RdNr. 40; auch § 21 RdNr. 5).[48] Die Übernahme des Unternehmens eines Minderkaufmanns ist Neugründung, für deren Firmenbildung § 18 gilt.[49] Doch kann es auch bei einer nach § 18 gebildeten Firma erlaubt sein, auf den früheren Geschäftsinhaber (der Minderkaufmann oder nicht eingetragener Soll- oder Kannkaufmann nach den §§ 2, 3 war) jedenfalls durch Angabe von dessen Nachnamen in der Firma hinzuweisen (§ 18 RdNr. 32 ff.). Werden aber Vor- und Familienname in der Firma genannt („Anton A., Inhaber Benno B., Dachdecker- und Blitzableitergeschäft"), ist fraglich, ob nicht der Eindruck erweckt wird, das Unternehmen eines Vollkaufmanns werde fortgeführt (RdNr. 12).[50]

2. Die Vorschriften über die Handelsbücher und die Prokura finden keine Anwen- 15 **dung, § 4 Abs. 1.** Der Minderkaufmann braucht keine Handelsbücher zu führen, demgemäß auch kein Inventar und keine Bilanz aufzustellen, wie auch keine Pflicht zur Aufbewahrung von kaufmännischem Schriftwechsel besteht, §§ 238 ff. Die Minderkaufleute sind aber meistens aus Gründen des Steuerrechts (§§ 140 ff. AO) **buchführungspflichtig.**[51]

Ein Minderkaufmann kann Handlungsvollmacht nach § 54, nicht aber Prokura nach den 16 §§ 48 ff. erteilen. Eine **Umdeutung der unwirksamen Prokuraerteilung** in eine Handlungsbevollmächtigung gemäß § 140 BGB ist aber möglich.[52]

Auch der Minderkaufmann ist Kaufmann (RdNr. 1). Auch für ihn gilt, soweit nicht aus- 17 geschlossen – nach § 351 etwa sind für Minderkaufleute die §§ 348 bis 350 nicht anwendbar – das HGB und Handelsrecht überhaupt. Grundsätzlich **hat er auch die Handelsbräuche zu beachten,** wobei es aber im Einzelfall auf Art und Größe des kleingewerblichen Betriebs ankommen kann.[53] So liegt in dem Schweigen auf ein kaufmännisches Bestätigungsschreiben in der Regel das Einverständnis mit seinem Inhalt. Der Empfänger ist zu Widerspruch verpflichtet, wenn das Schreiben nicht als genehmigt angesehen werden soll. Es ist insoweit jedenfalls nicht erforderlich, daß der Empfänger eines Bestätigungsschreibens

[45] Schlegelberger/*Hildebrandt*/*Steckhan* RdNr. 10; Staub/*Brüggemann* RdNr. 23; **aA** KG JW 1934, 984; Baumbach/*Hopt* RdNr. 5; Heymann/*Emmerich* RdNr. 13.

[46] RGZ 152, 365, 368; OLG Hamm BB 1959, 463; OLG Stuttgart BB 1962, 386; OLG Köln NJW 1963, 541; OLG Frankfurt NJW 1969, 330; OLG Frankfurt OLGZ 1978, 43, 44; OLG Zweibrücken NJW-RR 1988, 998; BayObLGZ 1988, 344, 345 = NJW-RR 1989, 421 = EWiR § 22 HGB 1/88, 1219 (*Hüffer*); Baumbach/*Hopt* RdNr. 6; Heymann/*Emmerich* RdNr. 3; Schlegelberger/*Hildebrandt*/*Steckhan* RdNr. 4; Staub/*Hüffer* RdNr. 4; kritisch *Karsten Schmidt* HandelsR § 12 III 2 b; *Canaris* § 11 III 2.

[47] *Karsten Schmidt* HandelsR § 10 III 1, § 12 I 1 e bb; Baumbach/*Hopt* RdNr. 5; aA *Lieb* § 5 RdNr. 3; *Canaris* § 3 III 1 b.

[48] Schlegelberger/*Hildebrandt*/*Steckhan* RdNr. 4, 12; *Bokelmann* Firmenrecht RdNr. 656; vgl. auch Staub/*Hüffer* § 24 RdNr. 4.

[49] OLG Frankfurt OLGZ 1978, 43, 44 und oben Fn. 42.

[50] Vgl. BayObLGZ 1988, 344 = NJW-RR 1989, 421 = EWiR § 22 HGB 1/88, 1219 (*Hüffer*). Näher § 18 RdNr. 34 ff.

[51] Baumbach/*Hopt* RdNr. 6 und § 238 RdNr. 5; Heymann/*Emmerich* RdNr. 26.

[52] Baumbach/*Hopt* RdNr. 7; Heymann/*Emmerich* RdNr. 25, 28; *Karsten Schmidt* HandelsR § 10 VII 3 a.

[53] Baumbach/*Hopt* RdNr. 4; Heymann/*Emmerich* RdNr. 28.

Vollkaufmann ist. Doch muß er einen kaufmännischen Betrieb führen oder jedenfalls einen Betrieb, der in größerem Umfang am Verkehrsleben teilnimmt.[54]

18   **3. § 4 Abs. 2.** Nach den §§ 4 Abs. 2, 105 Abs. 1 und 161 Abs. 1 setzen OHG und KG zwingend den Betrieb eines vollkaufmännischen Gewerbes voraus. Eine Gesellschaft zum Betrieb eines unter § 4 Abs. 1 fallenden Gewerbes **kann nur eine Gesellschaft bürgerlichen Rechts sein,**[55] wobei es insoweit auf die **Willensrichtung der Gesellschafter nicht ankommt.** Auch wenn sie eine Personenhandelsgesellschaft gründen wollen, entsteht eine BGB-Gesellschaft mit der Folge, daß die Gesellschaft wie der einzelnen Minderkaufmann keine Firma hat und nicht in das Handelsregister eingetragen werden kann.[56] Die Gesellschafter können insoweit nicht die Rechtsform wählen. Vielmehr zwingt ihnen die Befindlichkeit des von ihnen betriebenen Unternehmens die Rechtsform auf: wird kein vollkaufmännisches Unternehmen betrieben, handelt es sich um eine Gesellschaft bürgerlichen Rechts; ist das Unternehmen als vollkaufmännisches zu qualifizieren, handelt es sich um eine OHG oder KG.[57] Das gilt aber nur solange, wie ein vollkaufmännisches Gewerbe auch tatsächlich betrieben wird. Ist das nicht mehr der Fall und „schrumpft" das Unternehmen zu einem minderkaufmännischen, greift wieder der Zwang in die Rechtsform.[58] OHG oder KG werden automatisch (kraft Gesetzes) zur Gesellschaft bürgerlichen Rechts, was möglicherweise den Gesellschaftern gar nicht bewußt wird.[59] Es handelt sich um ein und dieselbe Gesellschaft, die lediglich ihren rechtlichen Charakter, ohne daß eine Neugründung vorliegt, geändert hat. Möglich ist das nur, weil die Rechtsformen dieser Gesamthandelsgesellschaften strukturgleich und damit austauschbar sind.[60] Ausdrücklich darauf hinzuweisen ist aber, daß nur vorübergehendes Absinken des Umsatzes das Unternehmen noch nicht zu einem minderkaufmännischen macht (RdNr. 7; § 22 RdNr. 5 ff., 36).

19   Anderes gilt nach § 5, wenn die Gesellschaft zu Unrecht – oder noch zu Unrecht im Fall der Schrumpfung – im Handelsregister eingetragen ist. Sie ist dann **Dritten gegenüber Vollkaufmann** (RdNr. 14). Das gilt aber nicht im Verhältnis zum Registergericht. Dieses muß notfalls die eingetragene Firma nach den §§ 141, 142 FGG löschen und gegen den unbefugten Gebrauch nach § 37 Abs. 1 vorgehen (§ 22 RdNr. 40).

20   **4. Rechtsfolgen außerhalb von § 4.** Nach § 351 sind die §§ 348 bis 350 über die Nichtherabsetzung einer versprochenen Vertragsstrafe, über die Versagung der Einrede der Vorausklage bei der Bürgschaft und über die Nichterforderlichkeit der schriftlichen Erteilung der Bürgschaftserklärung, des Schuldversprechens und des Schuldanerkenntnisses auf Minderkaufleute nicht anwendbar. Es handelt sich insoweit um verschärfende Sondervorschriften für Vollkaufleute, welche die entsprechenden Regelungen des BGB einschränken. Für Minderkaufleute gelten die Vorschriften des BGB dagegen nach § 351 in vollem Umfang: Vertragsstrafen können nach § 343 BGB herabgesetzt werden, Bürgschaften sind nicht zwingend selbstschuldnerisch und Bürgschaft, Schuldversprechen und Schuldanerkenntnis bedürfen der Schriftform nach den §§ 766 Satz 1, 780, 781 Satz 1 BGB. Ist der Minderkaufmann aber im Handelsregister eingetragen (§ 5) oder tritt er im Rechtsverkehr als Vollkaufmann auf, sind die §§ 348 bis 350 anwendbar.[61] Maßgeblicher Zeitpunkt ist jeweils der der Begründung der Verpflichtung.[62] Späterer Erwerb oder Verlust der Vollkaufmannseigenschaft ändert nichts.[63] Die Beweislast für die Eigenschaft als Kaufmann hat derjenige, der sich auf die §§ 348 bis 350 beruft (der Gläubiger geht zB aus einer formlosen

---

[54] BGHZ 11, 1, 3.
[55] Baumbach/*Hopt* RdNr. 8; Schlegelberger/*Hildebrandt/Steckhan* RdNr. 14.
[56] KGJ 33 A 114; Baumbach/*Hopt* RdNr. 8.
[57] *Karsten Schmidt* GesR § 44 II 3; vgl. auch Heymann/*Emmerich* RdNr. 21.
[58] RGZ 155, 75, 82 ff.; BGHZ 32, 307, 313; *Beyerle* NJW 1972, 229.
[59] Vgl. auch *Karsten Schmidt* BB 1973, 1612 ff.

[60] *Karsten Schmidt* GesR § 44 II 3.
[61] Heymann/*Horn* § 351 RdNr. 1; Baumbach/*Hopt* § 351 RdNr. 1
[62] RG JW 1908, 148; RG WarnR 1920 Nr. 99; Baumbach/*Hopt* § 351 RdNr. 1; Heymann/*Horn* § 351 RdNr. 1; Staub/*Brüggemann* RdNr. 19.
[63] Staub/*Brüggemann* RdNr. 19.

Bürgschaft vor); der Schuldner dagegen ist beweispflichtig dafür, daß das Gewerbe zum maßgeblichen Zeitpunkt nur Kleingewerbe war.[64]

Gerichtsstandsvereinbarungen von Minderkaufleuten sind unwirksam, **§ 38 Abs. 1** **ZPO**.[65] Nach **§ 29 Absatz 2 ZPO** begründet eine Vereinbarung über den Erfüllungsort dann keine Zuständigkeit, wenn die Parteien nicht Vollkaufleute sind. Der Schiedsvertrag bedarf nur dann nicht der Schriftform, wenn er für beide Parteien ein Handelsgeschäft ist und keine der Parteien als Minderkaufmann zu qualifizieren ist (**§ 1027 ZPO**). Schließlich stellt **§ 109 GVG** für die Befähigung zum Handelsrichter auf die Eintragung im Handelsregister ab, ebenso **§ 53 Abs. 1 BörsG** für die Börsenterminfähigkeit.

§ 5 [Kaufmann kraft Eintragung]

Ist eine Firma im Handelsregister eingetragen, so kann gegenüber demjenigen, welcher sich auf die Eintragung beruft, nicht geltend gemacht werden, daß das unter der Firma betriebene Gewerbe kein Handelsgewerbe sei oder daß es zu den in § 4 Abs. 1 bezeichneten Betrieben gehöre.

Übersicht

I. Zweck

Die Vorschrift verfolgt ausweislich ihres Wortlauts den ebenso einsichtigen wie eng be-   **1** grenzten **Zweck**, diejenigen Schwierigkeiten auszuräumen, die sich daraus ergeben könnten, daß die Kaufmannseigenschaft gemäß § 2 und die (Voll-) Kaufmannseigenschaft des § 1 jeweils davon abhängen, ob (ggf. noch) ein in kaufmännischer Weise eingerichteter Geschäftsbetrieb erforderlich ist;[1] denn sonst ist beim Sollkaufmann des § 2 das Tatbestandsmerkmal Handelsgewerbe nicht erfüllt bzw. liegt – beim Mußkaufmann – nur Minderkaufmannseigenschaft (§ 4) vor. Das Gesetz will damit den Rechtsverkehr vor Fehlbeurteilungen durch den Registerrichter im Rahmen des Eintragungsverfahrens, insbesondere aber vor den Unsicherheiten bewahren, die sich aus (nicht nur vorübergehenden[2]) Schwankungen in der Geschäftstätigkeit der Unternehmen in bezug auf Art und Umfang ergeben können: Gleichgültig, ob ein in kaufmännischer Weise eingerichteter Geschäftsbetrieb schon von Anfang an fehlte oder aufgrund späterer Entwicklungen (auf Dauer) nicht mehr erforderlich ist, wird die (bei § 1 Voll-) Kaufmannseigenschaft gesetzlich bis zur

---

[64] OLG Köln ZIP 1982, 1424, 1429; Heymann/*Horn* § 351 RdNr. 2; Baumbach/*Hopt* § 351 RdNr. 1.

[65] Eingehend hierzu Baumbach/*Hopt* Einl. vor § 1 RdNr. 86.

[1] BGH NJW 1982, 45; *Canaris* § 3 III 1 a (40); *Gierke/Sandrock* § 12 II 4 (164); Staub/*Brüggemann* RdNr. 10.

[2] Diese berühren die Kaufmannseigenschaft nach allgemeiner Ansicht ohnehin nicht; vgl. nur Baumbach/*Hopt* § 4 RdNr. 3 (zu § 4).

Löschung (§ 31 Abs. 2) festgeschrieben.[3] Darin erschöpft sich der Zweck der Vorschrift (zunächst); ob sie – dann im Wege der Analogie – auf weitere Problemlagen erstreckt werden sollte, ist selbständig zu prüfen (dazu RdNr. 4 ff.).

II. Rechtsfolgen

2   Die so begründete Kaufmannseigenschaft (zu ihrem systematischen Verständnis RdNr. 3) wirkt gegenüber jedermann, auch gegenüber dem Eingetragenen selbst;[4] auf **Gut- oder Bösgläubigkeit**, auf die das Gesetz im Gegensatz zu § 15 nicht abstellt, kommt es nicht an.[5] Einer **Berufung** auf diese Kaufmannseigenschaft bedarf es entgegen dem Gesetzeswortlaut, der insofern keinen Sinn macht, nicht;[6] insbesondere ist die durch § 5 begründete Kaufmannseigenschaft im Prozeß **von Amts wegen** zu beachten, wenn die Voraussetzungen vorgetragen worden sind.[7] Fraglich kann allenfalls sein, ob § 5 in jedem Fall zwingend ist. Dies ist zu verneinen: Wenn sich **beide** (alle) Beteiligte in ihrem Verhältnis zueinander darüber einig sein sollten, daß für die Beurteilung ihrer Rechtsbeziehungen die Kaufmannseigenschaft gemäß § 5 keine Rolle spielen soll, ist das unbedenklich.[8] Die Kaufmannseigenschaft im Verhältnis zu Dritten bleibt davon unberührt.

III. Systematische Einordnung

3   Im Hinblick darauf, daß – wie eben dargelegt – die Anwendbarkeit des § 5 von Gut- oder Bösgläubigkeit unabhängig ist und auch dem Eingetragenen selbst zugute kommt, kann § 5 **nicht als Rechtsscheinsvorschrift angesehen werden**; darüber besteht heute im Gegensatz zu früher im wesentlichen Einigkeit.[9] Damit scheidet § 5 auch als Analogiebasis für die rechtliche Behandlung des sog. **Scheinkaufmanns** (dazu § 15 RdNr. 84 ff.) in Gegensatz zur früheren Betrachtungsweise aus.[10] Entgegen neueren, überspitzten Tendenzen ist jedoch daran festzuhalten, daß bei materiellrechtlicher Betrachtungsweise die Kaufmannseigenschaft in den beiden Fallgestaltungen des § 5 nicht besteht.[11] Dies ergibt sich schon daraus, daß die materiellrechtliche Voraussetzung der (im Fall des § 1 Voll-) Kaufmannseigenschaft – das Erfordernis eines in kaufmännischer Weise eingerichteten Geschäftsbetriebs – entweder von vornherein fehlt oder später entfallen ist, so daß die darauf beruhende Kaufmannseigenschaft materiell nicht begründbar ist. Auch bei § 5 liegt damit eine Divergenz zwischen der materiellen Rechtslage und der durch (inhaltlich falsche) Eintragung verlautbarten formellen Rechtslage vor. Das Gesetz begnügt sich allerdings im Gegensatz zu § 15 nicht mit der Gewährung von Vertrauensschutz, sondern **fingiert** für diesen Fall aus Verkehrsschutzerwägungen weitergehend die Kaufmannseigenschaft: Ausgeschlossen wird für die Dauer der Eintragung der (an sich zutreffende) materiellrechtliche Einwand des Fehlens oder Wegfalls bestimmter Voraussetzungen der Kaufmannseigen-

---

[3] *K. Schmidt* HandelsR § 10 III 1 (297); *Staub/Brüggemann* RdNr. 1; *Schlegelberger/Hildebrandt/Steckhan* RdNr. 3.

[4] BGH NJW 1982, 45; *Baumbach/Hopt* RdNr. 6; *Canaris* § 3 III 1 b (41); *Düringer/Hachenburg/Hoeniger* § 15 Anm. 12; *K. Schmidt* HandelsR § 10 III 2 c aa (300); *Heymann/Emmerich* RdNr. 6.

[5] BGH NJW 1982, 45; OVG BB 1987, 1130, 1131; *Baumbach/Hopt* RdNr. 6; *Canaris* § 3 III 1 b (41); *Gierke/Sandrock* § 12 II 2 c (163); *Schlegelberger/Hildebrandt/Steckhan* RdNr. 8; *Staub/Brüggemann* RdNr. 19; aA noch *Müller-Erzbach*, Deutsches Handelsrecht, 2./3. Aufl. 1928, S. 63 u. (wohl versehentlich) BGHZ 22, 234, 239 obiter dictum.

[6] *K. Schmidt* HandelsR § 10 III 2 c bb (301); *Heymann/Emmerich* RdNr. 7; *Staub/Brüggemann* RdNr. 2; aA: *Gierke/Sandrock* § 12 II 2 (163).

[7] *K. Schmidt* HandelsR § 10 III 2 c bb (301); *Heymann/Emmerich* RdNr. 7.

[8] *Staub/Brüggemann* RdNr. 2.

[9] BGH NJW 1982, 45; *Baumbach/Hopt* RdNr. 1; *Canaris* Vertrauenshaftung S. 1 f.; *Canaris* § 3 III 1 b (41) und § 6 II 5 b (79); *K. Schmidt* HandelsR § 10 III 1 (297); *Staub/Brüggemann* RdNr. 9; *Staub/Hüffer* § 15 RdNr. 11.

[10] *Canaris* § 3 III 1 b (41) und § 6 II 2 a (74); *Staub/Brüggemann* RdNr. 8 und Anh. § 5 RdNr. 2 ff.

[11] Vgl. *Canaris* § 3 III 1 b (41); aA *K. Schmidt* HandelsR § 10 III 1 (297 f.).

schaft. Zutreffend ist daher die Bezeichnung als **Fiktivkaufmann**,[12] während die Formulierung, der Eingetragene **ist** Kaufmann,[13] zumindest mißverständlich, aber wohl auch unschädlich ist.

IV. Analoge Anwendung

1. Auf den Gewerbebegriff. Trotz der engen Zwecksetzung des Gesetzes (RdNr. 1) **4** wird seit langem diskutiert, ob die Rechtsfolgeanordnung des § 5 auf weitere Problemlagen erstreckt werden kann. Dies ist zunächst eine Frage des Bedürfnisses und damit der **Lükkenfeststellung** in bezug auf weitere, die Verkehrssicherheit gefährdende Umstände im Umfeld der Kaufmannseigenschaft. Als ein solcher Umstand kommt neben der vom Wortlaut des Gesetzes allein angesprochenen Frage nach dem Vorliegen eines **Handels**gewerbes praktisch nur die weitere Frage in Betracht, ob denn überhaupt ein **Gewerbe** oder nur ein sonstiges Unternehmen betrieben wird.[14] Auch dies kann bekanntlich wegen der mit der Definition des Gewerbes verbundenen Schwierigkeiten und insbesondere angesichts der problematischen Abgrenzung zu den, ihre Sonderrolle (bisher noch) mühsam behauptenden freien Berufen (dazu § 1 RdNr. 26 f.) sehr zweifelhaft sein,[15] so daß ein **Klarstellungs- und Sicherungsbedürfnis** auch insoweit ohne weiteres bejaht werden kann.[16] Nicht ganz so sicher ist die für eine Analogie erforderliche **Rechtsähnlichkeit** der Problemlagen, da man das Gewicht der von § 5 in Bezug genommenen, (bei § 1 Voll-) Kaufmannseigenschaft begründenden (nur) quantitativen Merkmale der Erforderlichkeit eines in kaufmännischer Weise eingerichteten Geschäftsbetriebs anders einschätzen kann als den qualitativen Unterschied zwischen dem Betreiben eines Gewerbes und sonstigen (insbesondere freiberuflichen) unternehmerischen Tätigkeiten. Andererseits erscheint es durchaus vertretbar, die Verkehrsschutzerwägungen, die § 5 zugrundeliegen und die Zweifel an der Kaufmannseigenschaft des Eingetragenen nach Möglichkeit ausräumen wollen, auch auf die Frage zu erstrecken, ob denn nun wirklich (ggf. noch) ein Gewerbe betrieben wird. Dafür besteht gerade angesichts der (zunehmenden) Zweifel an der Aussagekraft des Gewerbebegriffs ein schutzwürdiges Interesse.[17]

2. Bei Einstellung der unternehmerischen Tätigkeit. Unabhängig davon stellt sich die **5** (bisher ganz herrschend verneinte) Frage, ob § 5 auch dann noch (analog) angewendet werden kann, wenn das bis dahin betriebene Gewerbe bzw. Unternehmen **eingestellt** worden ist.[18] Dies ist freilich dann ein Scheinproblem, wenn die unternehmerische Tätigkeit wirklich bereits vollständig eingestellt worden sein sollte; denn dann ist nicht ersichtlich, worauf sich die Kaufmannseigenschaft noch soll auswirken können, zumal dann die Vermutung des § 343 Abs. 2 ohne weiteres wird widerlegt werden können. Gewisse

---

[12] *Canaris* § 3 III 1 b (41); *Brox*, Handel- und Wertpapierrecht, RdNr. 85 ff.; vgl. auch Schlegelberger/*Hildebrandt*/*Steckhan* RdNr. 4.
[13] *K. Schmidt* HandelsR § 10 III 1 (297 f.); Staub/*Hüffer* § 8 RdNr. 82; *Heymann*/Emmerich RdNr. 1.
[14] Für Betreiben eines Gewerbes: BGHZ 32, 307, 313 f.; Staub/*Brüggemann* RdNr. 21; Schlegelberer/*Hildebrandt*/*Steckhan* RdNr. 6 a; *Canaris* § 3 III 2 c (42); *Gierke*/*Sandrock* § 12 II 4 (164); aA: *K. Schmidt* HandelsR § 10 III 2 (298 f.) (Betreiben eines Unternehmens genügt).
[15] Vgl. vor allem *K. Schmidt* HandelsR § 10 III 2 (299) („. . . ist korrigierend dahin auszulegen, daß das Vorhandensein eines Unternehmens genügt . . . Mindestens wäre eine analoge Anwendung des § 5 angezeigt"); *Fabricius*, Grundbegriffe des Handels-, Wirtschafts- und Unternehmensrechts, 5. Aufl. 1978, RdNr. 191 (§ 5 analog); ebenso die ältere Lehre: *Wieland* Handelsrecht I, 1921, § 13 III 3 b;

Ehrenberg S. 134; *Müller-Erzbach* Deutsches Handelsrecht, 2./3. Aufl. 1928, S. 63, 70; wohl auch Düringer/Hachenburg/*Hoeniger* § 15 Anm. 12.; aA BGHZ 32, 307, 313 f. = NJW 1960, 1664; BAG NJW 1988, 222, 223; Baumbach/*Hopt* RdNr. 4; *Canaris* § 3 III 2 c (42); *Gierke*/*Sandrock* § 12 II 4 (165); Schlegelberger/*Hildebrandt*/*Steckhan* RdNr. 6 a; Staub/*Brüggemann* RdNr. 21; Staub/*Hüffer* § 15 RdNr. 12.
[16] BGHZ 32, 307, 313 f. = NJW 1960, 1664; BAG NJW 1988, 222, 223; Baumbach/*Hopt* RdNr. 4; *Canaris* § 3 III 2 c (42); *Gierke*/*Sandrock* § 12 II 4 (165); Schlegelberger/*Hildebrandt*/*Steckhan* RdNr. 6 a; Staub/*Brüggemann* RdNr. 21; Staub/*Hüffer* § 15 RdNr. 12.
[17] Im Ergebnis ebenso: Staub/*Joost* § 48 RdNr. 6 iVm. der Begründung in Fn. 5.
[18] Ablehnend: *Canaris* § 3 III 2 b (42); Baumbach/*Hopt* RdNr. 4; Staub/*Brüggemann* RdNr. 21.

Schwierigkeiten können daher allenfalls die Fälle bereiten, in denen zwar noch Geschäfte getätigt werden, eine unternehmerische Tätigkeit aber dennoch (angeblich) nicht mehr vorliegen soll. Als Beispiel wird dafür die (für die rechtliche Behandlung der Betriebsaufspaltung wichtige!) **Verpachtung** des bisher betriebenen Unternehmens genannt.[19] Gerade dieses Beispiel überzeugt jedoch deswegen nicht recht, weil nicht einsichtig ist, weshalb diese (restliche) Betätigung keine unternehmerische sein soll. Zumindest ist dies streitig[20] und daher ebenfalls durch § 5 klärungsbedürftig. Solange daher etwa eine bloße Besitzgesellschaft noch im Handelsregister eingetragen ist (ob sie eingetragen bleiben darf, weil man insoweit mit dem Gewerbebegriff großzügiger umzugehen bereit ist, ist an dieser Stelle nicht zu entscheiden), sollte ihr gemäß § 5 analog die Kaufmannseigenschaft zugesprochen werden.[21]

V. Anwendungsbereich

6   Unstreitig anwendbar ist § 5 im rechtsgeschäftlichen Bereich und im Prozeßrecht;[22] unanwendbar ist er im Öffentlichen Recht und im Strafrecht.[23] Streitig ist seine Anwendbarkeit (bzw. seine Reichweite) im Bereich des § 3 sowie im sog. Unrechtsverkehr.

7   **1. Kaufmann gem. § 3.** Auf den **(sog. Kann-) Kaufmann** des § 3 findet § 5 ohne Zweifel insoweit Anwendung, als es auch dort angesichts der Verweisung auf § 2 um die materielle Voraussetzung der Erforderlichkeit eines in kaufmännischer Weise eingerichteten Geschäftsbetriebs geht. Streitig ist, ob § 5 auch dann zum Zuge kommt, wenn es an dem für § 3 kennzeichnenden besonderen Merkmal des Antrags, dh. an einer Ausübung des von § 3 eingeräumten Wahlrechts bezüglich der Kaufmannseigenschaft fehlt. Auch dies ist – mit der hL[24] – unter Verkehrsschutzerwägungen zu bejahen.

8   **2. „Unrechtsverkehr".** Heftig streitig ist die (freilich weithin theoretische) Frage, ob § 5 auch im **sog. Unrechtsverkehr** anzuwenden ist.[25] Den Hintergrund dieser Frage bildet die Tatsache, daß die Vertrauensschutznorm des § 15 in diesem Bereich mangels möglichen Vertrauens nach allgemeiner Auffassung unanwendbar ist (§ 15 RdNr. 32). Diese Parallele entfällt freilich, nachdem § 5 im Gegensatz zu § 15 heute nicht mehr als Vertrauensschutznorm, sondern als reine Verkehrsschutzvorschrift verstanden wird, so daß es zumindest möglich ist, den Anwendungsbereich des § 5 insoweit weiter zu ziehen, als denjenigen des § 15. Aus dieser **Möglichkeit** ergibt sich indessen noch keine **Notwendigkeit**, so daß für eine entsprechende Ausdehnung eine zusätzliche Begründung bzw. wiederum der Nachweis eines entsprechenden Bedürfnisses erforderlich ist. Ein solches Bedürfnis ist nicht zu erkennen, da insbesondere nicht ersichtlich ist, inwiefern die Handelsgesellschaften deliktsrechtlich anders behandelt werden als die BGB-Gesellschaft. Insbesondere wird nach heute zu recht hL die Zurechnungsnorm des § 31 BGB auf beide Gesellschaftsformen gleicher-

---

[19] *K. Schmidt* HandelsR § 10 III 2 a (300).

[20] Vgl. zum Steitstand: Gegen unternehmerische Tätigkeit: BGH WM 1962, 10, 12, BGH NJW 1971, 1698; BGH NJW-RR 1990, 798, 799; OLG Hamm ZIP 1993, 1310; *K. Schmidt* HandelsR § 9 IV 2 b aa (283 f.); *ders.* DB 1988, 897 ff; *Canaris* § 2 I 1 b (20 f.). Dafür: BayObLG NJW 1988, 1036; *Brandmüller*, Die Betriebsaufspaltung nach Handels- und Steuerrecht, 6. Aufl. 1994, RdNr. B 7. Differenzierend: *Bentler*, Das Gesellschaftsrecht der Betriebsaufspaltung, 1986, S. 49 ff.

[21] Dies hätte dann freilich die nicht unbedenkliche Folge, daß entgegen BAG NJW 1988, 222 die Unterstellung unter § 5 wohl auch zur Anwendbarkeit etwa des § 130 HGB und damit zur Haftung solcher Gesellschafter führen würde, die nach der Umwandlung der bisherigen Personenhandelsgesell-

schaft bei materiellrechtlicher Betrachtungsweise nur noch in eine BGB-Gesellschaft eingetreten sind. Zur Anwendbarkeit des § 15 Abs. 3 siehe dort RdNr. 67.

[22] *Schlegelberger/Hildebrandt/Steckhan* RdNr. 9 a; *Staub/Brüggemann* RdNr. 7; *Heymann/Emmerich* RdNr. 10; *Gierke/Sandrock* § 12 II 3 (164).

[23] Vgl. dazu allerdings die Kontroverse zwischen *K. Schmidt* HandelsR § 10 III 3 b (303) einerseits und *Canaris* § 12 II 3 (190) andererseits.

[24] Vgl. *Staub/Brüggemann* RdNr. 17; aA *Canaris* § 3 III 2 a (41 f.).

[25] Dafür: *K. Schmidt* HandelsR § 10 III 3 b (302); *ders.* DB 1972, 959 ff.; dagegen: *Canaris* § 3 III 2 d (42); *Schlegelberger/Hildebrandt/Steckhan* RdNr. 9 a; unentschieden: BGH NJW 1982, 45.

maßen angewandt.[26] Unterschiede bestehen daher nur noch bezüglich der persönlichen Haftung der einzelnen Gesellschafter (Akzessorietäts- versus Doppelverpflichtungstheorie!). Auch diese mit Hilfe des § 5 einzuebnen, besteht kein Anlaß. Wenn ein Bedürfnis nach persönlicher Haftung auch der Gesellschafter der BGB-Gesellschaft für gesetzlich begründete Verbindlichkeiten zu bejahen sein sollte, ist dafür die Anwendung der Akzessorietätstheorie der richtigere Weg.[27]

VI. Voraussetzungen

1. Eintragung. Die einzige tatbestandsmäßige Voraussetzung des § 5 besteht darin, daß 9 eine Person mit einer Firma und damit als Betreiber eines (scheinbaren) Handelsgewerbes im Handelsregister **eingetragen** ist. Auf eine Verlautbarung (Bekanntmachung) wird in § 5 im Gegensatz zu § 15 konsequent verzichtet: Da § 5 keine Vertrauensschutznorm darstellt, kommt es auf die durch die Bekanntmachung eröffnete Möglichkeit der Kenntnis von der Eintragung nicht an.[28] Unerheblich ist, ob die Firmenbildung regelgerecht erfolgt ist.[29] Wiederum im Gegensatz zu § 15 (§ 15 RdNr. 31) sind weder Kausalität der Eintragung, noch Gutgläubigkeit erforderlich, zumal § 5, wie bereits ausgeführt, konsequenterweise auch zugunsten des Eingetragenen selbst wirkt.[30]

2. Personenidentität. Der Wortlaut des § 5 irritiert, weil von der Person desjenigen, um 10 dessen Kaufmannseigenschaft es geht, gar nicht die Rede ist: Das Gesetz bezieht sich vielmehr nur auf die sächlichen Merkmale der Firma und des (Handels-) Gewerbes, obwohl sich die so begründete Kaufmannseigenschaft nur auf die Beurteilung und Behandlung derjenigen **Person** auswirken kann, die unter dieser Firma dieses Gewerbe betreibt. Daraus wird zu recht der Schluß gezogen, daß zwischen demjenigen, der im Register als Firmeninhaber ausgewiesen ist, und dem wirklichen Betreiber des betreffenden Gewerbes Personenidentität bestehen muß.[31] Fehlt sie, kann § 5 zu Lasten des Eingetragenen keine Rechtswirkung entfalten. Insofern kommt jedoch die Anwendung des § 15 Abs. 3 in Betracht.

§ 6 [Handelgesellschaften; Formkaufmann]

(1) Die in betreff der Kaufleute gegebenen Vorschriften finden auch auf die Handelsgesellschaften Anwendung.

(2) Die Rechte und Pflichten eines Vereins, dem das Gesetz ohne Rücksicht auf den Gegenstand des Unternehmens die Eigenschaft eines Kaufmanns beilegt, werden durch die Vorschrift des § 4 Abs. 1 nicht berührt.

Schrifttum: *Autenrieth,* Die Inländische Europäische Wirtschaftliche Interessenvereinigung (EWIV) als Gestaltungsmittel, BB 1989, 305; *Binz,* Die GmbH & Co., 8. Aufl. 1992; *Flume,* Die werdende Juristische Person, Festschrift Ernst Gessler zum 65. Geburtstag, 1971, S. 3 ff.; *Ganske,* Das Recht der Europäischen wirtschaftlichen Interessenvereinigung (EWIV), 1988; *ders.,* Die Europäische wirtschaftliche Interessenvereinigung (EWIV), Beilage DB Nr. 20/85 zu Heft Nr. 35; *Gloria/Karbowski,* Die Europäische Wirtschaftliche Interessenvereinigung (EWIV), WM 1990, 1313; *Hartard,* Die Europäische wirtschaftliche Interessenverei-

[26] MünchKommBGB/*Reuter* § 31 RdNr. 9 und 10; Soergel/*Hadding* § 31 RdNr. 7; *K. Schmidt* GesR § 60 II 4 (1493); *Beuthien* DB 1975, 725, 729; *Fabricius,* Gedächtnisschrift für R. Schmidt, 1966, S. 171 ff.
[27] Zu weiteren (entlegenen) Fragen Staub/*Brüggemann* RdNr. 20.
[28] Staub/*Brüggemann* RdNr. 1.

[29] *K. Schmidt* HandelsR § 10 III 2 b (300); Schlegelberger/*Hildebrandt/Steckhan* RdNr. 8; Heymann/*Emmerich* RdNr. 5.
[30] BGH NJW 1982, 45; *Canaris* § 3 III 1 b (41); Staub/*Brüggemann* RdNr. 19; *K. Schmidt* HandelsR § 10 III 2 c aa (300).
[31] Staub/*Brüggemann* RdNr. 22; Heymann/*Emmerich* RdNr. 4; Schlegelberger/*Hildebrandt/Steckhan* RdNr. 6 b.

gung im deutschen, englischen und französischen Recht, 1991; *A. Hueck*, Das Recht der offenen Handelsgesellschaft, 4. Aufl. 1971; *Jurkat*, Zur Körperschaftssteuerpflicht einer Publikums-KG, einer GmbH & Co. KG und ähnlicher Gesellschaftsformen, GmbHR 1983, 224; *Meyer-Landrut*, Die Europäische Wirtschaftliche Interessenvereinigung, 1988; *Müller-Gugenberger*, EWIV – Die neue europäische Gesellschaftsform, NJW 1989, 1449; *Rittner*, Die werdende Juristische Person, 1973; *Karsten Schmidt*, Die GmbH & Co. – eine Zwischenbilanz, GmbHR 1984, 272; *ders.*, Theorie und Praxis der Vorgesellschaft nach gegenwärtigem Stand, GmbHR 1987, 77; *Schulze-Osterloh*, Kapitalgesellschaft & Co. – Handelsgesellschaft kraft Rechtsform?, NJW 1983, 1281; *Ulmer*, Abschied vom Vorbelastungsverbot im Gründungsstadium der GmbH, ZGR 1981, 593; *Veismann*, Die GmbH & Co. als Handelsgesellschaft, BB 1970, 1159; *Zettel*, Die Europäische wirtschaftliche Interessenvereinigung (EWIV) – ihre Grundlagen und Struktur, DRiZ 1990; 161.

Übersicht

I. Handelsgesellschaften (§ 6 Abs. 1)

1   **Absatz 1** bezieht sich auf die Formkaufleute und OHG und KG und stellt klar: Die Handelsgesellschaften sind Kaufleute. **Absatz 2** betrifft nur die Formkaufleute und merkt ebenfalls klarstellend an: Formkaufleute sind immer Vollkaufleute; die Einschränkung des § 4 Abs. 1 gilt für sie nicht.[1]

2   Auf Handelsgesellschaften ist das Recht der Kaufleute anzuwenden. Handelsgesellschaften sind zum einen die Personenhandelsgesellschaften OHG und KG, zum anderen die Formkaufleute (RdNr. 8 ff.).[2] Zum Teil werden als Handelsgesellschaften formal nur solche Gesellschaften begriffen, die in das **Handelsregister** eingetragen werden. Die eingetragene Genossenschaft wäre dann nicht Handelsgesellschaft, weil sie nicht in das Handelsregister, sondern in das **Genossenschaftsregister** eingetragen wird.[3] Jedenfalls aber gelten die Genossenschaften nach § 17 Abs. 2 GenG als Kaufleute im Sinne des HGB, soweit das GenG keine abweichenden Vorschriften enthält. Ähnlich verhält es sich mit den Versicherungsvereinen auf Gegenseitigkeit nach den §§ 16 und 53 VAG (RdNr. 8).

3   Das Handelsrecht des HGB findet Anwendung, dh. das **gesamte Handelsrecht** einschließlich des Rechts der Handelsgeschäfte und nicht etwa nur die §§ 1 bis 5.[4] Alle von einer Handelsgesellschaft (einschließlich der Formkaufleute) im Außenverhältnis vorgenommenen Geschäfte sind *Handelsgeschäfte* im Sinne der §§ 343 ff.,[5] ohne daß es auf die Vermutung des § 344 für ein Handelsgeschäft ankommt. Die Handelsgesellschaft kennt kein „Privatleben".[6] Im übrigen wird auf RdNr. 10 verwiesen.

4   Nicht Formkaufleute sind die Personengesellschaften des HGB (OHG und KG). Sie sind Handelsgesellschaften zufolge ihres Gewerbes (vgl. auch Erl. § 123). Entscheidend ist, ob ihr Zweck auf den Betrieb eines **Vollhandelsgewerbes** (§ 4 Abs. 2) nach den §§ 1, 2 oder 3 Abs. 2 und 3 unter gemeinschaftlicher Firma gerichtet ist (§§ 105 Abs. 1, 161 Abs. 1 HGB). Ist das nicht der Fall, handelt es sich um eine Gesellschaft bürgerlichen Rechts.[7]

5   Ist der Zweck der Gesellschaft auf den Betrieb eines vollkaufmännischen **Grundhandelsgewerbes** gerichtet (§ 1 Abs. 2), so kommt es auch im Außenverhältnis nicht entscheidend auf die Eintragung der Gesellschaft im Handelsregister an, wenn bereits mit den Geschäften

---

[1] *K. Schmidt* HandelsR § 10 II 3.

[2] *K. Schmidt* HandelsR § 10 II 3 und ders. JuS 1985, 416, 417; *Hopt/Mössle* RdNr. 115; *Baumbach/Hopt* RdNr. 1.

[3] Staub/*Brüggemann* RdNr. 3; Heymann/*Emmerich* RdNr. 2.

[4] BAGE 3, 321, 324 mit weit. Nachw.

[5] Staub/*Brüggemann* RdNr. 21; Heymann/*Emmerich* RdNr. 3; *K. Schmidt* HandelsR § 10 II 1 und § 18 I 1.

[6] Staub/*Ulmer* § 105 RdNr. 44; Scholz/*Emmerich* § 13 RdNr. 34; Heymann/*Emmerich* RdNr. 3.

[7] Staub/*Ulmer* § 105 RdNr. 28.

begonnen wurde (§ 123 Abs. 2). Die Gesellschaft ist hier schon vor Eintragung ebenfalls im Verhältnis zu Dritten als OHG (KG) zu qualifizieren. Anders entsteht in den Fällen der §§ 2 (Kaufmann kraft Eintragung oder Sollkaufmann) und 3 (Land- und Forstwirtschaft, Kannkaufmann) eine OHG (KG) *normalerweise* sowohl im Innen-[8] wie im Außenverhältnis erst mit der Eintragung.[9] Erst die Eintragung bewirkt, daß das Gewerbe zum Handelsgewerbe im System des HGB wird (vgl. auch Erl. § 123). Bis dahin ist die Gesellschaft eine solche des bürgerlichen Rechts.

Hiervon zu sondern ist aber die Rechtslage, daß jemand **als persönlich haftender Gesellschafter oder als Kommanditist in das Geschäft eines nach den §§ 2 oder 3 bereits eingetragenen Kaufmanns „eintritt"**, wie es § 28 nicht genau ausdrückt. Rechtlich gründen die Beteiligten nämlich im Wege der Sachgründung eine OHG (KG), indem sie einen Gesellschaftsvertrag abschließen und der eingetragene Kaufmann sein Unternehmen in die neu gegründete Gesellschaft einbringt.[10] Beginnt diese Gesellschaft ihre Geschäfte für Rechnung der Gesellschaft, so ist sie nach außen als Personenhandelsgesellschaft wirksam geworden,[11] ohne daß der Eintragung als OHG oder KG noch konstitutive Wirkung zukommt. Denn das Unternehmen war bereits *vor* Abschluß des Gesellschaftsvertrages durch die Eintragung der Firma in das Handelsregister zum Handelsgewerbe geworden. Der Änderung in eine Gesellschaft kommt insoweit, was das Handelsgewerbe angeht, keine Bedeutung zu, weil die Änderung „nur den Inhaber und nicht das nach § 2 HGB schon als Handelsgewerbe entstandene und als solches von den Gesellschaftern lediglich weiterbetriebene Unternehmen" betrifft.[12] Nicht hiermit zu verwechseln ist die Fallgestaltung, daß eine GmbH in eine von ihr mitgegründete und als KG konzipierte Gesellschaft ihren nicht unter § 1 fallenden Geschäftsbetrieb mit allen Aktiven und Passiven einbringt. Erst mit der Eintragung in das Handelsregister entsteht dann die KG.[13]

Bei der **GmbH & Co. KG**[14] handelt es sich nach hM um eine Personenhandelsgesellschaft und nicht eine Handelsgesellschaft kraft Rechtsform (Formkaufmann).[15] Denn entscheidend ist nicht, daß die Komplementär-GmbH selbst als (haftender) Gesellschafter Formkaufmann ist (RdNr. 8).[16] Es kommt vielmehr auf den Träger des Unternehmens, das heißt die KG, an.[17] Die KG aber setzt einen vollkaufmännischen Gewerbebetrieb nach § 1 voraus, beziehungsweise müssen die Voraussetzungen des § 2 (ganz ausnahmsweise des § 3) erfüllt sein zuzüglich der in diesem Fall zumindest im Außenverhältnis in der Regel erst die Rechtsform Kommanditgesellschaft begründenden Eintragung.[18] Fehlt es der Personengesellschaft an den die Kaufmannseigenschaft nach §§ 1 bis 3 begründenden Merkmalen, so liegt eine sog. „GmbH & Co GbR" vor, nicht eine GmbH & Co. KG iS der §§ 161 ff.

II. Formkaufleute (§ 6 Abs. 2)

1. Der Kreis der Formkaufleute. „Vereine", denen das Gesetz ohne Rücksicht auf den Gegenstand des Unternehmens allein zufolge ihrer Rechtsform die Eigenschaft eines Kaufmanns beilegt, sind die AG (§ 3 AktG), die KGaA (§ 278 Abs. 3 AktG), die GmbH

---

[8] Anders *A. Hueck,* Das Recht der offenen Handelsgesellschaft, § 5 I 2: für das Innenverhältnis soll es auf die Eintragung nicht ankommen; hierzu Staub/*Ulmer* § 105 RdNr. 50.

[9] *K. Schmidt* GesR § 46 III 1a.

[10] *K. Schmidt* GesR § 53 II 1a und *ders.* HandelsR § 8 III.

[11] RG SeuffA 95 Nr. 33, S. 75, 76.

[12] BGHZ 59, 179, 183 = NJW 1972, 1660, 1661; bestätigt in BGHZ 73, 217, 220 = NJW 1979, 1361; Staub/*Ulmer* § 105 RdNr. 24, 50.

[13] BGHZ 59, 179, 183 f. = NJW 1972, 1660, 1661.

[14] Zu anderen Formen der „Kapitalgesellschaft & Co." (AG & Co., Stiftung & Co.) vgl. *Binz,* Die

GmbH & Co., § 1 RdNr. 5 ff. und *K. Schmidt* GesR § 56 I 1.

[15] *Binz* (Fn. 14) § 2 RdNr. 2 und § 3 RdNr. 7 ff.; *K. Schmidt* JuS 1985, 416, 417; **aA** *Raiser,* Recht der Kapitalgesellschaften, § 42 I 1 (Kapitalgesellschaft), *Veismann* BB 1970, 1159 und *Schulze-Osterloh* NJW 1983, 1281, 1284 ff.; dagegen *K. Schmidt* GmbHR 1984, 272, 275 ff.

[16] BayObLGZ 1984, 273.

[17] *K. Schmidt* HandelsR § 10 II 2a.

[18] BayObLGZ 1984, 273, 276 = NJW 1985, 982 = JuS 1985, 416 mit Anm. *K. Schmidt; K. Schmidt* HandelsR § 10 II 2a; *Jurkat* GmbHR 1983, 224, 228.

(§ 13 Abs. 3 GbmHG), die eG (§ 17 Abs. 2 GenG) und auch die EWIV (§ 1 EWIV-AusfG; hierzu RdNr. 13 f.). Nicht Formkaufmann ist der Versicherungsverein auf Gegenseitigkeit.[19] Nach § 16 VAG (zu den kleineren Vereinen siehe § 53 VAG) gelten die Vorschriften des Ersten Buchs, des Ersten Abschnitts des Dritten Buchs und des Vierten Buchs des Handelsgesetzbuchs über Kaufleute „außer den §§ 1 bis 7" entsprechend, soweit das VAG nichts anderes vorschreibt.

9   **2. Die Merkmale des Formkaufmanns.** Die Formkaufleute sind unabhängig von Zweck und Gegenstand der Gesellschaft *ab der Eintragung* (§§ 41 Abs. 1, 278 AktG, § 11 Abs. 1 GmbHG, § 13 GenG) Kaufleute, und zwar, wie Abs. 2 klarstellt, stets Vollkaufmann und nie Minderkaufmann. Die §§ 4 Abs. 1, 351 finden insoweit keine Anwendung,[20] und es kommt nicht einmal darauf an, ob die Gesellschaft überhaupt ein Gewerbe betreibt.[21] Selbst ideelle oder gemeinnützige Zwecke genügen.[22] Auch wenn eine GmbH kein Handelsgewerbe im Sinne der §§ 1 bis 3 betreibt, sind daher Arbeitnehmer der Gesellschaft, die zur Leistung kaufmännischer Dienste gegen Entgelt angestellt sind, trotzdem Handlungsgehilfen nach § 59, obwohl § 59 von der Anstellung „in einem Handelsgewerbe" ausgeht.[23] Jede GmbH kann daher auch ohne Einschränkung Prokuristen und Handlungsbevollmächtigte bestellten. Die Vereinbarung eines Wettbewerbsverbotes mit einem Handlungsgehilfen ist nur wirksam, wenn die gesetzlichen Voraussetzungen der §§ 74 ff. erfüllt sind.[24]

10   **3. Anwendung des Handelsrechts.** Jeweils für den Einzelfall zu entscheiden ist, ob die Grundsätze RdNr. 3 auch dann gelten, wenn eine Norm außerhalb des HGB die Kaufmannseigenschaft beziehungsweise den Gewerbebetrieb maßgebend sein läßt.[25] Für eine GmbH, die kein Gewerbe betrieb (Olympia-GmbH), hat der BGH in bezug auf die vierjährige Verjährung des § 196 Abs. 2 BGB entschieden,[26] das in § 196 Abs. 1 Nr. 1 BGB erwähnte Merkmal des „Gewerbebetriebes" werde gesetzlich fingiert (§ 13 Abs. 3 GmbHG, § 6 HGB) und die GmbH müsse als Folge dieser Fiktion in Kauf nehmen, daß die gegen sie gerichteten Ansprüche den Ansprüchen gleichgestellt werden, die gegenüber einem Vollkaufmann bestehen, der tatsächlich ein Handelsgewerbe betreibt. In der Tat gebietet die Formkaufmanneigenschaft der GmbH hier die Gleichstellung ohne Prüfung der §§ 1 ff.[27]

11   **4. Vorgesellschaften.** Nicht Formkaufmann sind **Vor–GmbH** und **Vor–AG**. Zwar handelt es sich insoweit bereits um körperschaftlich strukturierte Gebilde, die den Gründungsvorschriften und dem Recht der später rechtsfähigen GmbH oder AG, wenn auch mit Ausnahme der bereits die Eintragung voraussetzenden Vorschriften, unterstehen.[28] Die Vorgesellschaft kann auch schon persönlich haftende Gesellschafterin einer Personenhandelsgesellschaft sein[29] und *als Komplementärin* in das Handelsregister Abteilung A (HRA) etwa unter der Firma der zukünftigen GmbH mit dem Zusatz „in Gründung" eingetragen werden (vgl. auch § 21 RdNr. 7).[30] Die Vorgesellschaft darf und muß eine Firma jedenfalls dann führen, wenn sie ein vollkaufmännisches Grundhandelsgewerbe betreibt.[31] Sie ist dann Kaufmann im Sinne des HGB und ihr kommt auch Firmenschutz insbesondere nach

[19] Näher Staub/*Brüggemann* RdNr. 3, 23.
[20] Baumbach/*Hopt* RdNr. 2; Scholz/*Emmerich* § 13 RdNr. 33; *K. Schmidt* HandelsR § 10 II 3; Hopt/*Mössle* RdNr. 115; Hopt/*Hehl* RdNr. 31.
[21] Staub/*Brüggemann* RdNr. 5.
[22] BGHZ 66, 48, 49; BAGE 3, 321, 324; Scholz/*Emmerich* § 13 RdNr. 33.
[23] BAGE 3, 321; 10, 76, 81; 18, 104, 108.
[24] BAGE 18, 104, 109; Heymann/*Emmerich* RdNr. 3; Scholz/*Emmerich* § 13 RdNr. 34.
[25] Heymann/*Emmerich* RdNr. 4 unter Hinweis auf RGZ 133, 7, 11; zum Kaufmannsbegriff in anderen Gesetzen eingehend Staub/*Brüggemann* Vor § 1 RdNr. 47 ff.

[26] BGHZ 66, 48, 50 mit eingehenden Nachweisen; im Ergebnis ebenso BGHZ 49, 258, 263.
[27] *K. Schmidt* HandelsR § 10 II 2a.
[28] BGHZ 21, 242, 246; 51, 30, 32; 80, 212, 214; vgl. auch Hachenburg/*Ulmer* § 11 RdNr. 8.
[29] BGHZ 80, 129, 132 = NJW 1981, 1373, 1374.
[30] BGH NJW 1985, 736, 737; *Ulmer* ZGR 1981, 593, 617.
[31] Rowedder/*Rittner* § 4 RdNr. 38; Scholz/*K. Schmidt* § 11 RdNr. 30; Hachenburg/*Ulmer* § 4 RdNr. 112.

§ 37 Abs. 2 zu.[32] Betreibt die Vorgesellschaft noch kein vollkaufmännisches Unternehmen, gewährt die herrschende Meinung zwar Namensschutz, verneint aber den Schutz nach § 37.[33] Entgegen der überwiegenden Meinung wird Firmenschutz nach § 37 auch solchen Vorgesellschaften zuzubilligen sein, die noch nicht vollkaufmännisch tätig sind. Denn die Vorschrift setzt nicht voraus, daß der Verletzte in einem Firmenführungsrecht verletzt ist.[34] § 37 schützt den Namen und die Firma.[35]

Doch ist die Vor-GmbH (Vor-AG) damit noch nicht Handelsgesellschaft nach § 13   **12** Abs. 3 GmbHG (§ 3 AktG) und nicht Formkaufmann. Denn der Formkaufmann setzt die Eintragung im Handelsregister voraus, und es ist nahezu unbestritten, daß die **Vorgesellschaft als solche** nicht in das Handelsregister (Abteilung B) eingetragen werden kann, und zwar auch nicht in den Fällen der §§ 2 und 3 Abs. 2 und 3.[36]

5. Die EWIV. Formkaufmann ist auch die (deutsche) EWIV,[37] wenngleich in einer für   **13** das deutsche Recht untypischen Art (RdNr. 14). Sie entsteht im Innenverhältnis durch den Abschluß eines Vertrages zwischen den Gründern zur Errichtung der Vereinigung. Zur wirksamen Errichtung im Außenverhältnis ist weiterhin die **Eintragung der Vereinigung** in ein von den Mitgliedstaaten bestimmtes Register nach Art. 1 Abs. 1 S. 2, Art. 6 und 39 Abs. 1 der Verordnung Nr. 2137/85 des Rates der Europäischen Gemeinschaften vom 25. 7. 1985 über die Schaffung einer Europäischen Wirtschaftlichen Interessenvereinigung (EWIV)[38] erforderlich. Die EWIV, auf die nach § 1 EWIV-AusfG subsidiär OHG-Recht Anwendung findet (näher RdNr. 14), wird gemäß § 3 Abs. 2 HRV folgerichtig in Abteilung A des Handelsregisters (ebenso wie auch die OHG und die KG) eingetragen. Für die Eintragung zuständig ist nach § 2 Abs. 1 EWIV-AusfG das Gericht, in dessen Bezirk die EWIV ihren „im Gründungsvertrag genannten Sitz" hat; nicht maßgebend ist daher entgegen § 106 Abs. 1 der tatsächliche Ort der Geschäftsführung. Die Eintragung hat konstitutive Wirkung. Nach Art. 1 Abs. 2 EWIV-VO kommt der Vereinigung nämlich erst „von der Eintragung nach Art. 6 an" die Fähigkeit zu, im eigenen Namen Träger von Rechten und Pflichten jeder Art zu sein, Verträge zu schließen oder andere Rechtshandlungen vorzunehmen und vor Gericht zu stehen.[39]

Art. 1 Abs. 3 EWIV-VO weist den Mitgliedstaaten die Bestimmung zu, ob die in ihren   **14** Registern eingetragenen Vereinigungen **Rechtspersönlichkeit** haben oder nicht. Nach § 1 des insoweit subsidiär geltenden Gesetzes zur Ausführung der EWG-Verordnung über die Europäische Wirtschaftliche Interessenvereinigung (EWIV-AusfG) vom 14. 4. 1988 (BGBl. I S. 514) sind auf die EWIV, soweit nicht die EWIV-VO oder das EWIV-AusfG gilt, „im übrigen entsprechend die für eine offene Handelsgesellschaft geltenden Vorschriften anzuwenden; die Vereinigung gilt als Handelsgesellschaft im Sinne des Handelsgesetzbuchs". Damit stellt § 1 EWIV-AusfG zum einen klar, daß die in das inländische Handelsregister eingetragene (deutsche) EWIV zufolge des (wenn auch nur subsidiär) anwendbaren Rechts der OHG nicht juristische Person ist. Zum anderen macht die Vorschrift deutlich, daß das

[32] Rowedder/*Rittner* § 11 RdNr. 74; Hachenburg/*Heinrich* § 4 RdNr. 112, 115.
[33] Lutter/*Hommelhoff* § 4 RdNr. 18; Hachenburg/*Heinrich* § 4 RdNr. 112 ff., 116, Hachenburg/*Ulmer* § 11 RdNr. 47; *Rittner,* Die werdende Juristische Person, S. 353; im Ergebnis auch BGHZ 120, 103, 106 f. = NJW 1993, 459, 460 = BGH LM § 12 Nr. 60 mit Anm. *Bokelmann.*
[34] *K. Schmidt* HandelsR § 12 IV 2a; *ders.* GmbHR 1987, 77, 81; Baumbach/*Hueck* GmbHG § 4 RdNr. 46; *Flume,* Festschrift Gessler, 1971, S. 3, 37.
[35] Scholz/*K. Schmidt* § 11 RdNr. 30.
[36] BayObLG NJW 1965, 2254, 2257; Rowedder/*Rittner* § 11 RdNr. 73; Scholz/*K. Schmidt* § 11 RdNr. 29 und *K. Schmidt* HandelsR § 10 II 2b;

Staub/*Brüggemann* § 1 RdNr. 28; Hachenburg/*Ulmer* § 11 RdNr. 47 und Hachenburg/*Heinrich* § 4 RdNr. 114; *Ulmer* ZGR 1981, 593, 617; weitergehend *Flume,* Festschrift Gessler, 1971, S. 3, 37; vgl. auch für die Grundbucheintragung der Vor-GmbH unter der Firma der GmbH BGHZ 45, 338, 348.
[37] LG Bonn EuZW 1993, 550, 551 *Zettel* DRiZ 1990, 161, 169; *Müller-Gugenberger* NJW 1989, 1449, 1453; Koller/*Roth*/Morck RdNr. 3; wohl auch *Ganske,* Das Recht der Europäischen wirtschaftlichen Interessenvereinigung, S. 24.
[38] ABl. Nr. L 199/1 vom 31. 7. 1985 (nachf. EWIV-VO): nach Art. 189 Abs. 2 EGV unmittelbar anwendbar.
[39] Vgl. auch *Gloria/Karbowski* WM 1990, 1313, 1321.

OHG-Recht erst nach der EWIV-VO und erst nach dem EWIV-AusfG an dritter Stelle „ganz subsidiär"[40] anzuwenden ist. Auch bei Entstehung der EWIV verdrängt das Recht der EWIV-VO das der OGH (RdNr. 13), weil die Eintragung **stets konstitutive Wirkung** hat, das heißt im Gegensatz zu § 123 Abs. 2 HGB auch dann die Eintragung maßgebend ist, wenn eine EWIV mit dem Sitz in der Bundesrepublik ein vollkaufmännisches Grundhandelsgewerbe im Sinne von § 1 Abs. 2 betreibt.[41] Insoweit gleicht die EWIV den Kapitalgesellschaften des deutschen Rechts[42] und es ist nur folgerichtig, daß § 1 EWIV-AusfG die Kaufmannseigenschaft der (deutschen) EWIV formalisiert,[43] obwohl Formkaufleute sonst nur Kapitalgesellschaften sind. Die EWIV ist daher unabhängig von dem Gegenstand und dem Umfang der Tätigkeit ebenso wie die AG, KGaA, GmbH, eG Formkaufmann (RdNr. 9), nicht aber juristische Person (vgl. auch § 19 RdNr. 29). Auf die Behandlung der EWIV im Rahmen der §§ 105 ff. wird hingewiesen. Zur **Partnerschaft** wird auf § 8 RdNr. 25 Bezug genommen.

§ 7 [Kaufmannseigenschaft und öffentliches Recht]

Durch die Vorschriften des öffentlichen Rechtes, nach welchen die Befugnis zum Gewerbebetrieb ausgeschlossen oder von gewissen Voraussetzungen abhängig gemacht ist, wird die Anwendung der die Kaufleute betreffenden Vorschriften dieses Gesetzbuchs nicht berührt.

Schrifttum: *Bodens,* Die Eintragung einer GmbH in die Handwerksrolle als Voraussetzung für die Eintragung der Gesellschaft in das Handelsregister, GmbHR 1984, 177; *Gustavus,* Möglichkeiten zur Beschleunigung des Eintragungsverfahrens bei der GmbH, GmbHR 1993, 259; *Keidel/Schmatz/Stöber* Registerrecht, 5. Aufl. 1991; *Winkler,* Das Verhältnis zwischen Handwerksrolle und Handelsregister – Gedanken zum Beschluß des BGH vom 9. 11. 1987 –, ZGR 1989, 107.

I. Bedeutung der Vorschrift

1   Für den Regelfall ist die **Anwendung der Kaufmannsvorschriften des HGB von öffentlich-rechtlichen Beschränkungen der Gewerbetätigkeit unabhängig.** Beschränkungen dieser Art sind kein Hindernis für die Kaufmannseigenschaft. Entsprechend fehlt es auch bei der Eintragung eines Gewerbebetriebes insoweit an der *Prüfungskompetenz des Registergerichts.* Ob etwa Vorschriften der Gewerbeordnung oder der Handwerksordnung oder des Gaststättengesetzes erfüllt sind, braucht den Registerrichter in der Regel nicht zu kümmern[1] (Ausnahmen RdNr. 4 ff.). Die Voraussetzungen für die Anwendbarkeit des

---

[40] *Autenrieth* BB 1989, 305, 306.

[41] *Ganske* (Fn. 37) S. 41; *ders.* Beilage DB Nr. 20/85 zu Heft Nr. 35 S. 4 Fn. 50; *Hartard,* Die Europäische wirtschaftliche Interessenvereinigung, S. 18 f.

[42] *Meyer-Landrut,* Die Europäische Wirtschaftliche Interessenvereinigung, S. 125.

[43] LG Bonn EuZW 1993, 550, 551 *Zettel* DRiZ 1990, 161, 169; *Müller-Gugenberger* NJW 1989, 1449, 1453; Koller/*Roth*/Morck RdNr. 3.

[1] OLG Celle BB 1972, 145; KG NJW 1958, 1827; OLG Braunschweig Rpfleger 1977, 363; Düringer/Hachenburg/*Hoeniger* Anm. 1; *Canaris* § 2 I 2a; *K. Schmidt* HandelsR § 9 IV 2b dd: ein Warenhandwerker kann Gewerbetreibender und Kaufmann auch dann sein, wenn er keinen Meistertitel erworben hat und nicht in der Handwerksrolle eingetragen ist.

HGB sollen im Interesse der Rechtssicherheit und Rechtsklarheit durch einen bis zu einem gewissen Grad **formalisierten Kaufmannsbegriff** gewährleistet werden. Insoweit schließt sich § 7 an die vorhergehenden §§ 5 und 6 an.[2]

Hiervon zu trennen ist die Frage, ob der Abschluß eines Geschäfts, das gegen öffentlich- 2 rechtliche Schranken verstößt, zur Nichtigkeit führt oder nicht. Insoweit ist aber nicht § 7 HGB, sondern **§ 134 BGB** angesprochen. Aus dem Sinn der jeweiligen öffentlich-rechtlichen Vorschrift folgt, ob es sich um ein Verbotsgesetz im Sinn von § 134 BGB handelt. In der Regel ist das nicht der Fall. Selbst wenn es anders wäre, änderte sich hierdurch nichts an der Kaufmannseigenschaft, und es ist an die Funktion des Handelsregisters als ein der „Öffentlichkeit zugängliches Verzeichnis der tatsächlich betriebenen kaufmännischen Unternehmungen"[3] zu erinnern. Über die Erfüllung öffentlich-rechtlicher Erfordernisse gibt das Register jedenfalls im Umfang von § 7 keine Auskunft (vgl. aber noch RdNr. 6).[4] Die Frage der Kaufmannseigenschaft beantwortet sich nach den §§ 1 bis 6 und hat nichts damit zu tun, ob von dem Kaufmann abgeschlossene Rechtsgeschäfte nichtig sind oder nicht. Für eine solche Einschränkung „bestehen weder sprachlich noch teleologisch überzeugende Gründe".[5]

Die Grundsätze RdNr. 1 und 2 gelten **auch für alle Personenhandelsgesellschaften** 3 unter Einschluß der GmbH & Co. KG.[6]

II. Die Ausnahmen

1. AG, KGaA, GmbH. Anders ist die Rechtslage bei der AG, der KGaA und der 4 GmbH, weil mit der Anmeldung etwa erforderliche staatliche Genehmigungsurkunden vorzulegen sind (§§ 37 Abs. 4 Nr. 5, 278 Abs. 3 AktG, § 8 Abs. 1 Nr. 6 GmbHG), was der Registerrichter nachzuprüfen hat.[7] Diese Vorschriften unterbrechen als Ausnahme den Grundsatz des § 7, daß öffentlich-rechtliche Vorschriften, welche die Befugnis zur Gewerbetätigkeit ausschließen oder einschränken, die Anwendbarkeit der Bestimmungen des HGB nicht berühren. Die Eintragung der Gesellschaft in das Handelsregister wirkt hier konstitutiv, und die angeführten Vorschriften sollen verhindern, daß Gesellschaften entstehen, die nicht über die erforderliche staatliche Genehmigung verfügen. „Der Begriff der staatlichen Genehmigung . . . bezeichnet einen begünstigenden Verwaltungsakt, durch den dem Betroffenen die formelle Erlaubnis zu einer bestimmten Tätigkeit erteilt wird, über die der Staat durch ein grundsätzliches Verbot eine wirksame präventive behördliche Kontrolle für geboten hält".[8] Der Bundesgerichtshof hat entgegen der damals herrschenden Meinung klargestellt, daß die Eintragung in die Handwerksrolle einer staatlichen Genehmigung gleichzusetzen ist.[9]

2. Juristische Personen des § 33, Kreditinstitute, Genossenschaften. Die Grundsätze 5 der RdNr. 4 gelten ferner für die juristischen Personen des § 33 (zu dem Anwendungsbereich von § 33 vgl. dort Rdnr. 3 ff.), für alle Kreditinstitute (§ 43 Abs. 1 KWG) und entsprechend für die Genossenschaften.[10]

---

[2] OLG Braunschweig Rpfleger 1977, 363, 364; Heymann/*Emmerich* RdNr. 3.

[3] OLG Celle BB 1972, 145; OLG Braunschweig Rpfleger 1977, 363; KG NJW 1958, 1827, 1828; OLG Frankfurt OLGZ 1983, 25, 27.

[4] Heymann/*Emmerich* RdNr. 4 mit eingehenden Nachweisen Fn. 4.

[5] *Canaris* § 2 I 2a.

[6] BayObLGZ 1978, 44, 47; Heymann/*Emmerich* RdNr. 5.

[7] Für die Streichung de lege ferenda im Hinblick auf eine Beschleunigung des Eintragungsverfahrens *Gustavus* GmbHR 1993, 259, 262.

[8] BGHZ 102, 209, 214.

[9] BGHZ 102, 209, 214; *Bodens* GmbHR 1984, 177, 180; *Lutter/Hommelhoff* § 8 RdNr. 7; *Keidel/Schmatz/Stöber* Registerrecht RdNr. 731; **aA** OLG Braunschweig Rpfleger 1977, 363; OLG Frankfurt OLGZ 1983, 25, 27; OLG Hamm BB 1985, 1415; OLG Köln BB 1987, 2044 für den Fall, daß der Unternehmensgegenstand einer GmbH nur teilweise der Eintragung in die Handwerksrolle bedarf.

[10] Heymann/*Emmerich* RdNr. 4.

6   **3. Einzelkaufmann, Personenhandelsgesellschaft einschließlich GmbH & Co. KG.**
Grundsätzlich kommt eine entsprechende Anwendung der in RdNr. 4 und 5 genannten
Bestimmungen nicht in Frage.[11] Das gilt auch in den Fällen der §§ 2 und 3, in denen erst
die Eintragung den Kaufmannstatus begründet. Doch darf *ganz ausnahmsweise* dann keine
Eintragung erfolgen, wenn *feststeht*, daß der Kaufmann (die Gesellschaft) de facto zufolge
nicht behebbarer Hindernisse im öffentlich-rechtlichen Genehmigungsverfahren keine
gewerbliche Tätigkeit ausüben kann,[12] die Unzulässigkeit des Gewerbebetriebes evident
und nicht behebbar ist.[13] Das ist etwa dann der Fall, wenn die zuständige Behörde jegliche
gewerbliche Tätigkeit *bestandskräftig* untersagt hat.[14] Das Registergericht darf nicht eintragen, wenn die Gesellschaft nicht Bestand haben kann, sie nach ihrer Eintragung sogleich
wieder zu löschen wäre. Das Registergericht ist insoweit zur Prüfung berechtigt und verpflichtet.[15]

7   **4. Privatrechtliche Beschränkungen.** Für die Einhaltung privatrechtlicher Beschränkungen (Konkurrenzverbote) zu sorgen, ist in keinem Fall Sache des Registergerichts,
sondern der beteiligten Parteien.

Zweiter Abschnitt. Handelsregister

§ 8 [Führung des Registers]

Das Handelsregister wird von den Gerichten geführt.

Schrifttum: *Bärwaldt*, Befreiung vom Verbot des Selbstkontrahierens, Rpfleger 1990, 102; *Baums*, Ein-
tragung und Löschung von Gesellschafterbeschlüssen, 1981; *Bock*, Ein Anschlag auf das Handelsregister?,
ZRP 1995, 244; *Boesebeck*, In-Sich-Geschäfte des Gesellschafter-Geschäftsführers einer Einmann-GmbH,
NJW 1961, 481; *Bokelmann*, Das Recht der Firmen- und Geschäftsbezeichnungen, 3. Aufl. 1986 (abgekürzt
Firmenrecht); *ders.*, Der Einblick in das Handelsregister, DStR 1991, 945; *ders.*, Übernahme des Handelsre-
gisters durch die Industrie- und Handelskammern?, WM 1992, 1563; *ders.*, Eintragung eines Beschlusses:
Prüfungskompetenz des Registerrichters bei Nichtanfechtung, rechtsmißbräuchlicher Anfechtungsklage und
bei Verschmelzung, DB 1994, 1341; *Bühler*, Die Befreiung des Geschäftsführers der GmbH von § 181 BGB;
DNotZ 1983, 588; *Drischler*, Verfügung über die Führung und Einrichtung des Handelsregisters, 5. Aufl.
1983; *Gustavus*, Sollte das Handelsregister von Industrie- und Handelskammern geführt werden?, Berliner
Anwaltsblatt 1992, 149; *ders.*, Möglichkeiten zur Beschleunigung des Eintragungsverfahrens bei der GmbH,
GmbHR 1993, 259; *ders.*, Handelsregister-Anmeldungen, 2. Aufl. 1990; *Heinrich*, Firmenwahrheit und
Firmenbeständigkeit, 1982; *Hornung*, Partnerschaftsgesellschaft für Freiberufler, Rpfleger 1995, 481; 1996, 1;
Kanzleiter, Registereintragung der Vertretungsbefugnis des GmbH-Geschäftsführers, Rpfleger 1984, 1; *Kort*,
Handelsregistereintragung bei Unternehmensverträgen im GmbH-Konzernrecht – de lege lata und de lege
ferenda, AG 1988, 369; *Lenz*, Die Partnerschaft –alternative Gesellschaftsform für Freiberufler?, MDR 1994,
741; *Lutter*, Die Eintragung anfechtbarer Hauptversammlungsbeschlüsse im Handelsregister, NJW 1969,
1873; *Menold*, Das materielle Prüfungsrecht des Handelsregisterrichters, Dissertation Tübingen 1966; *Klaus
Müller*, Zur Prüfungspflicht des Handelsregisterrichters und -rechtspflegers, Rpfleger 1970, 375; *Piorreck*,
Unheilige Allianz, Zum Streit um die Führung des Handelsregisters, DRiZ 1993, 290; *Reithmann*, Die
Aufgaben öffentlicher Register, DNotZ 1979, 67; *Säcker*, Inhaltskontrolle von Satzungen mitbestimmter
Unternehmen durch das Registergericht, Festschrift für Stimpel, 1985, S. 867; *Schaub*, Das neue Partner-
schaftsregister, NJW 1996, 625; *Schmahl*, Der DIHT und das Handelsregister, ZRP 1995, 54 *Karsten Schmidt*,

---

[11] Heymann/*Emmerich* RdNr. 5.
[12] BayObLGZ 1982, 153, 158 für eine GmbH in
der Annahme (damals hM), die Eintragung in die
Handwerksrolle sei keine staatliche Genehmigung;
doch Eintragungshindernis, wenn die Eintragung in
die Handwerksrolle unmöglich ist; vgl. auch OLG
Schleswig Rpfleger 1982, 186, 187; OLG Düsseldorf BB 1985, 1933; aA Heymann/*Emmerich*
RdNr. 5; Koller/*Roth*/Morck RdNr. 2.

[13] OLG Frankfurt OLGZ 1983, 25, 28;
K. Schmidt HandelsR § 9 IV 2b dd.
[14] Anders OLG Frankfurt OLGZ 1983, 416, 418;
Heymann/*Emmerich* RdNr. 5; *Winkler* ZGR 1989,
107, 123; Staub/*Brüggemann* RdNr. 8, 9.
[15] Zur Prüfungskompetenz K. Schmidt HandelsR
§ 9 IV 2b dd.

Partnerschaftsgesetzgebung zwischen Berufsrecht, Schuldrecht und Gesellschaftsrecht, ZIP 1993, 633; *ders.*, Die Freiberufliche Partnerschaft, NJW 1995, 1; *Seibert*, Die Partnerschaft, 1994; *ders.*, Die Partnerschaft für die Freien Berufe, DB 1994, 2381; *Ulmer*, Abschied vom Vorbelastungsverbot im Gründungsstadium der GmbH – Gelöste und ungelöste Fragen zum Recht der Vor-GmbH und der Vor-GmbH & Co. KG, ZGR 1981, 593.

Übersicht

I. Ursprung und Entwicklung des Handelsregisters

Das Handelsregister ist eine traditionsreiche Institution (vgl. auch Vorbemerkung **1** RdNr. 18 ff.). Die mittelalterlichen Gilderollen dienten primär inneren Zwecken der Gilde. Die Zugehörigkeit zur Gilde wurde in ihnen festgehalten.[1] Amtliche, dem Handelsregister entsprechende öffentliche Register, die auch den Schutz des Publikums bezweckten, sind dagegen in Deutschland erst seit dem 18. Jahrhundert nachzuweisen, nachdem die Übertragbarkeit der Firma anerkannt war und Firmen nicht selten unvollständig oder unwahr geführt wurden.[2] Es entstanden Gesellschaftsregister, Vollmachtsregister und, vereinzelt in Süddeutschland und der Schweiz, vollständige Firmenbücher, aus denen sich auch

---

[1] Ehrenbergs Hdb/*Rehme* Bd. I, S. 157; Gierke/*Sandrock* § 11 I; Baumbach/*Hopt* RdNr. 1; Heymann/*Sonnenschein*/*Weitemeyer* Vor § 8 RdNr. 1; *Bokelmann* DStR 1991, 945.

[2] Ehrenbergs Hdb/*Rehme* Bd. I, S. 214 mit reicher älterer Literaturangabe; *Rintelen*, Untersuchungen über die Entwicklung des Handelsregisters, Beilageheft zur ZHR 75 (1914), 104 f.

die Firma des Einzelkaufmanns ergab.[3] Nicht so sehr die Gilderollen, mögen in ihnen auch erste Keime liegen,[4] sondern **die Gesellschafts- und Vollmachtsregister, Firmen- und Prokurenbücher und die Verzeichnisse wechselfähiger Personen waren Wegbereiter des Handelsregisters in Deutschland.**[5]

2   Das **ADHGB** von 1861, seit 1871 Reichsgesetz, enthielt dann in den Artikeln 12 bis 14 erstmals allgemeine Vorschriften über das Handelsregister. Bei jedem Handelsgericht war ein öffentliches Handelsregister zu führen (Art. 12 ADHGB). Nach Art. 13 ADHGB waren die Eintragungen in das Handelsregister in öffentlichen Blättern (von ihnen handelt Art. 14 ADHGB) ohne Verzug bekannt zu machen. Die dargestellte „Regelung" durch das ADHGB war bruchstückhaft. Die Art. 12 bis 14 beschränkten sich auf wenige Verfahrensvorschriften; im übrigen griff für das Verfahrensrecht die Regelungskompetenz der Einzelstaaten ein.[6] Die Art. 12 bis 14 ADHGB aber waren wiederum Vorbild für das **Register des HGB**,[7] so daß auch die §§ 8 ff. eine umfassende Regelung des Registerrechts vermissen lassen.[8]

II. Funktionen des Handelsregisters

3   **1. Publizitätsfunktion.** Dem Handelsregister kommt unbestritten Publizitätsfunktion zu.[9] Es gibt **Auskunft über die Tatsachen und Rechtsverhältnisse der Kaufleute und Handelsgesellschaften, soweit diese Verhältnisse für den Rechtsverkehr von wesentlicher Bedeutung sind.**[10] Sämtliche Verhältnisse können der Öffentlichkeit nicht mitgeteilt werden. Das Handelsregister vermag schon deshalb kein lückenloses Bild zu bieten,[11] weil es sonst unübersichtlich würde und seine Funktion nicht erfüllen könnte.[12] Die Einsicht in fremde Handelsregister lehrt, daß ein Überangebot an Daten (etwa des Umfangs einer Vollmacht, kasuistisch negativ und positiv abgegrenzt) rasche und verständliche Information, wie sie das Handelsregister bieten soll, nicht selten unmöglich macht.

4   Die Informationen sind jedermann zugänglich, weil die Einsicht in das Handelsregister auch ohne den Nachweis eines berechtigten Interesses erlaubt ist (§ 9 Abs. 1; anders bei der Grundbucheinsicht, § 12 GBO). Gemäß § 10 werden die Eintragungen durch den Bundesanzeiger und mindestens ein anderes Blatt bekanntgemacht. Es ist aber nicht zu übersehen, daß **die Bekanntmachungen** selbst den Geschäftsmann oft nicht erreichen und sie **nur in geringem Maße zur Publizität beitragen.**[13]

5   Das Handelsregister (und die Bekanntmachung) **dient im weit verstandenen Sinn dem Verkehrsschutz.**[14] Hierunter fällt jedenfalls der Schutz des Rechtsverkehrs, der den Gläubigerschutz einschließt.[15] Doch besteht das Handelsregister nicht nur des Publikums wegen. Es dient ebenfalls den Interessen des eingetragenen Kaufmanns und damit auch der Handelsgesellschaft (§ 6), was ursprünglich sogar alleiniger Zweck der Register (Firmen-, Gesellschafts- und Prokurenregister, oben RdNr. 1) war.[16] So greift etwa § 5 zugunsten von jedermann, und zwar auch des Eingetragenen selbst, ein.[17] Das Handelsregister offen-

---

[3] *Müller-Erzbach,* Deutsches Handelsrecht, 2. und 3. Aufl. 1928, Kap. 17 II.
[4] *Baumbach/Hopt* RdNr. 1.
[5] *Rintelen* (Fn. 2) S. 111; *Hüffer* vor § 8 RdNr. 4.
[6] Staub/*Hüffer* Vor § 8 RdNr. 6.
[7] Gierke/*Sandrock* § 11 I.
[8] Näher Staub/*Hüffer* RdNr. 6.
[9] Zu den Aufgaben öffentlicher Register vgl. *Reithmann* DNotZ 1979, 67.
[10] BayObLGZ 1973, 168, 170; 1977, 76, 78; 1978, 182, 186.
[11] BayObLGZ 1971, 55, 56; 1980, 195, 198; insoweit zutreffend auch RGZ 132, 138, 140; OLG Karlsruhe GmbHR 1964, 78.

[12] KGJ 29 A 213, 217; 30 A 32, 35.
[13] *Ehrenberg* JhrJ 47 (1904), 273, 286 f.; *Müller-Erzbach* (Fn. 3) Kap. 17 X; *Menold,* Das materielle Prüfungsrecht des Handelsregisterrichters, S. 152.
[14] *Karsten Schmidt* JuS 1977, 209; *ders.,* HandelsR § 13 I 1.
[15] BGHZ 56, 97, 104.
[16] Grundlegend Ehrenbergs Hdb/*Ehrenberg* Bd. I, S. 531 f.
[17] RGZ 50, 150, 154; *Karsten Schmidt* JuS 1977, 209, 211.

bart mithin wichtige Rechtsverhältnisse des Kaufmanns im Interesse des Publikums und in seinem eigenen Interesse.[18]

Gemäß der Aufgabe des Registers **müssen die Eintragungen vergleichbar sein,**[19] dh. **6** über jeden Kaufmann und jede Gesellschaft jeweils gleiche Angaben enthalten. So ist nach § 29 jeder Kaufmann verpflichtet, seine Firma und den Ort seiner Handelsniederlassung zur Eintragung in das Handelsregister anzumelden. Anzumelden und einzutragen sind nach § 31 Änderung und Erlöschen der Firma, Verlegung der Niederlassung und Inhaberwechsel. Zu den **einzutragenden Grunddaten**[20] des Kaufmanns zählen auch Erteilung und Erlöschen der Prokura. Schwierigkeiten bereitet die Beantwortung der Frage, ob und unter welchen Voraussetzungen auch solche Umstände in das Register aufzunehmen sind, deren Eintragung das Gesetz nicht ausdrücklich vorsieht (näher RdNr. 31 ff.).

Soweit es sich ausnahmsweise **um Umstände handelt, die nicht eintragungspflichtig,** **7** **wohl aber eintragungsfähig** (RdNr. 30) **sind** (zB Ausschluß der Haftungsübernahme des Erwerbers bei Firmenfortführung nach § 25 Abs. 2), liefert das Handelsregister bei vergleichbarem Ausgangssachverhalt (Veräußerer und Erwerber vereinbaren im Fall der Firmenfortführung die Nichthaftung des Erwerbers) scheinbar dann unterschiedliche Informationen, wenn in einem Fall die Eintragung (der Nichthaftung nach § 25 Abs. 2) betrieben wird, in dem anderen aber nicht. Doch trifft das deshalb nicht zu, weil die bloße Vereinbarung im Innenverhältnis, der Erwerber solle für die Verbindlichkeiten des Veräußerers nicht haften, noch nicht zum Ausschluß der Haftung des Erwerbers führt. Erst wenn die haftungsausschließende Vereinbarung zur Eintragung in das Handelsregister unverzüglich angemeldet und in angemessenem Zeitabstand eingetragen und bekanntgemacht wird, tritt der Haftungsausschluß gegenüber allen Gläubigern ein, den dann das Register für jeden vergleichbaren Fall ausweist. Auch insoweit (Haftungsausschluß) enthält das Handelsregister mithin stets gleiche Angaben über den Kaufmann. Entsprechendes gilt etwa für § 28 Abs. 2 und § 3 Abs. 2 und 3. Es ist also nicht so, daß eintragungsfähige Umstände, die nicht eintragungspflichtig sind, zu unterschiedlichen Informationen des Publikums führen, je nachdem, ob die Eintragung herbeigeführt wird oder nicht. Denn erst die Eintragung (uU in Verbindung mit der Bekanntmachung) läßt die Rechtsposition mit konstitutiver Wirkung entstehen.

2. Kontrollfunktion. a) Überblick. Zu Unrecht nahm man früher an, das Handelsregi- **8** ster weise nicht Tatsachen und Rechtsverhältnisse aus, sondern gebe nur den Inhalt der Anmeldung wieder[21] und dem Registerrichter stünde lediglich ein formelles Prüfungsrecht zu, so daß er nicht auch die Richtigkeit der angemeldeten Tatsachen und die Rechtswirksamkeit des Angemeldeten prüfen dürfe. Das Kammergericht merkte demgegenüber schon früh an, der Registerrichter müsse aber einen von ihm als gesetzwidrig erkannten Beschluß nicht in das Handelsregister eintragen und ihm hierdurch Wirksamkeit verleihen.[22] Auch billigte es später innerhalb bestimmter Grenzen dem Registerrichter ein materielles Prüfungsrecht zu, das allerdings dann nicht greifen sollte, wenn eine Bestimmung nur den Schutz eines Verbandsmitglieds und nicht auch dritter Personen bezweckte.[23] Heute wird überwiegend anerkannt – in Einzelheiten aber umstritten –, daß **das Registergericht berechtigt und verpflichtet ist, in formeller und materieller Hinsicht zu prüfen** (RdNr. 56 ff.).[24] So hat das Gericht zB vor der Eintragung das rechtmäßige Zustande-

[18] Gierke/ *Sandrock* § 11 I; *Menold,* Das materielle Prüfungsrecht des Handelsregisterrichters, S. 150.
[19] BayObLGZ DNotZ 1988, 515; Staub/*Hüffer* RdNr. 19, Vor § 8 RdNr. 1.
[20] Staub/*Hüffer* RdNr. 20, 24.
[21] RGSt 18, 179; RGZ 1, 242, 244.
[22] KGJ 8, 12, 16.
[23] KGJ 12, 37, 40; 31 A 158, 159; 34 A 136, 140 f.; 35 A 162, 166 jeweils zu der Frage, ob der Registerrichter die Eintragung nur anfechtbarer aber

nicht angefochtener Beschlüsse verweigern darf (hierzu RdNr. 75).
[24] RGZ 127, 153, 156; 140, 174, 181; 148, 175, 187; BGH NJW 1977, 1879, 1880; BGH WM 1981, 400; 1987, 502, 503; KGJ 30 A 109, 114; 35 A 178, 179; 39 A 122; BayObLG DB 1973, 1340; 1977, 1085; BayObLGZ 1974, 479; 1978, 282; BayObLG GmbHR 1982, 210; BayObLG BB 1983, 83; 1985, 545; OLG Köln GmbHR 1982, 187; OLG Stuttgart GmbHR 1967, 232; OLG

kommen eines angemeldeten Beschlusses zu untersuchen[25] und sich mit der sachlichen Richtigkeit einer Anmeldung auseinanderzusetzen,[26] also zum Beispiel Wirksamkeit und Eintragungsfähigkeit einer angemeldeten Prokuraerteilung zu prüfen und bei berechtigten Bedenken den Eintragungsantrag abzulehnen.

9 **b) Kontrolle im Hinblick auf die Publizität der Eintragung.** Zum Teil gebietet das Gesetz ausdrücklich die Kontrolle. So bestimmt etwa § 13 Abs. 3 Satz 1, das Gericht der Zweigniederlassung habe zu prüfen, ob die Zweigniederlassung errichtet und § 30 beachtet worden ist. Hieraus wiederum ergibt sich, daß die Prüfungskompetenz im übrigen bei dem Gericht der Hauptniederlassung liegt.[27] Beide Gerichte sollen zusammenwirkend feststellen, ob nach den tatsächlichen und rechtlichen Voraussetzungen von einer Zweigniederlassung auszugehen ist. Eine unrichtige Eintragung soll im Hinblick auf die Publizität des Handelsregisters **durch Kontrolle des Registergerichts** vermieden werden: auf das Handelsregister soll Verlaß sein.[28] Das Registergericht hat darüber zu wachen, daß Erklärungen von Firmeninhabern, die den gesetzlichen Erfordernissen nicht entsprechen, nicht in das Handelsregister übernommen werden.[29] Damit korrespondiert die **Amtspflicht des Registerrichters und Rechtspflegers,** unrichtige Eintragungen vom Register fernzuhalten.[30] Schließlich ist auf die §§ 125 a, 126 FGG hinzuweisen. Nach § 125 a Abs. 1 FGG haben die Gerichte, die Beamten der Staatsanwaltschaft, die Polizei- und Gemeindebehörden sowie die Notare dem Registergericht von den zu ihrer amtlichen Kenntnis gelangenden Fällen einer unrichtigen, unvollständigen oder unterlassenen Anmeldung zum Handelsregister Mitteilung zu machen. Absatz 2 der Vorschrift handelt ausdrücklich von der Verhütung unrichtiger Eintragungen im Handelsregister, ebenso § 126 FGG. Es kann keinem vernünftigen Zweifel unterliegen, daß das Registergericht für die sachliche Richtigkeit der Eintragungen zu sorgen hat, was ohne Kontrolle nicht möglich ist.[31]

10 Soweit vertreten wird, **die Publizitätsfunktion des Handelsregisters rechtfertige keine materielle Prüfung** im Hinblick auf die schwerwiegenden Nachteile für den Anmeldenden, der in erster Linie zügige Eintragung erstrebe und nicht durch die Ermittlungstätigkeit des Registerrichters behindert werden wolle,[32] wird übersehen, daß der Schutz des des Registerrichters behindert werden wolle,[32] wird übersehen, daß der Schutz des Rechtsverkehrs vorrangig ist. Unrichtige Eintragungen sind zu vermeiden (RdNr. 9). Das Gericht muß in rechtlicher Hinsicht prüfen, ob das zur Eintragung Angemeldete eintragungsfähig ist und ob die mitgeteilten Tatsachen die erstrebte Eintragung rechtfertigen.[33] Es kann auch keine Rede davon sein,[34] daß die sachliche Richtigkeit des Handelsregisters der Öffentlichkeit deshalb gleichgültig sein kann, weil die Rechtsscheinhaftung eingreift. Sie greift nicht immer, und es ist ein unguter und im Grund indiskutabler Ansatzpunkt, ungeprüfte und damit möglicherweise unrichtige Eintragungen mit der Begründung zu akzeptieren, auch ohne materielle Prüfung bewirke Rechtsscheinhaftung bei unrichtiger Eintragung im Ergebnis nichts anderes als eine richtige Eintragung.

11 Das Registergericht darf und muß materiell prüfen. Die Prüfungskompetenz ist aber keine ungezügelte, pauschale. Die Eintragung ist (nur) davon abhängig, daß bestimmte Voraussetzungen vorliegen, die sich zum Teil (ausdrücklich oder dem Sinn nach) aus dem

---

Hamburg BB 1984, 1763; vgl. schon Ehrenbergs Hdb/*Ehrenberg* Bd. I, S. 565; *Klaus Müller* Rpfleger 1970, 375; *Karsten Schmidt* HandelsR § 13 III 1 a; Baumbach/*Hopt* RdNr. 8; Heymann/*Sonnenschein/ Weitemeyer* RdNr. 15; Staub/*Hüffer* Rd-Nr. 53; Baumbach/*Hueck* GmbHG § 9 c RdNr. 2; Hachenburg/*Ulmer* § 9 c RdNr. 1 f.; *Lutter/Hommelhoff* § 9 c RdNr. 3 ff.; Scholz/*Winter* § 9 c RdNr. 4; stark einschränkend *Menold* (Fn. 13) zusammenfassend S. 203; *Baums,* Eintragung und Löschung von Gesellschafterbeschlüssen, S. 21 ff., 70, 107 f.

[25] BayObLG DNotZ 1973, 125, bezüglich Beschlußfassung und Durchführung einer Kapitalerhöhung.
[26] *Karsten Schmidt* HandelsR § 13 III 1 a.
[27] *Menold* (Fn. 13) S. 197.
[28] Insoweit zutreffend *Menold* (Fn. 13) S. 197.
[29] RGZ 127, 154, 156.
[30] RGZ 140, 174, 184.
[31] Vgl. auch *Hofmann* JA 1980, 264, 271.
[32] *Menold* (Fn. 13) S. 151, 157, 173 f.
[33] BayObLGZ 1981, 266, 269; vgl. auch Hans. OLG Hamburg DNotZ 1950, 472, 473.
[34] So aber *Menold* (Fn. 13) S. 136.

Gesetz ergeben, zum Teil von Rechtsprechung und (oder) Lehre entwickelt worden sind. Das Gericht hat diese **Eintragungsvoraussetzungen – und nur sie – zu ermitteln und** pflichtgemäß zu prüfen, ob sie vorliegen.[35] Wird etwa eine Firma angemeldet, wie es § 29 vorschreibt, muß das Registergericht prüfen, ob ein *vollkaufmännisches* Unternehmen betrieben wird. Denn die firmenrechtlichen Vorschriften finden keine Anwendung auf Personen, deren Gewerbebetrieb nach Art oder Umfang einen in kaufmännischer Weise eingerichteten Geschäftsbetrieb nicht erfordert, § 4.[36] Die normativen Voraussetzungen der Eintragung unterliegen hier schon im Hinblick auf die Wirkungen der Eintragung nach § 5 der eingehenden Prüfung durch den Registerrichter. Grundlage der Prüfung ist, ohne daß es weiterer Begründung bedarf, die „selbstverständliche Pflicht des Gerichts, die Vorschriften und Grundsätze des materiellen Rechts zu beachten".[37] Eine ausdrückliche gesetzliche Anordnung der Prüfung ist nicht erforderlich. **Die Frage nach formeller und materieller Prüfungskompetenz des Registerrichters ist identisch mit der Frage nach den Eintragungsvoraussetzungen.**[38]

c) Kontrolle als Selbstzweck des Registerverfahrens. Die materielle Prüfung kann der   12
Publizitätsfunktion des Handelsregisters dienen, um die Wahrheit der Eintragung zu gewährleisten. Sie kann aber auch eine Art **staatliche (behördliche) Kontrolle sein,** um zB die Einhaltung der zwingenden gesetzlichen Gründungsvoraussetzungen von juristischen Personen zu sichern (RdNr. 13). Die Kontrolle greift hier nicht nur bei eintragungspflichtigen Tatsachen (etwa Firma, Sitz, Unternehmensgegenstand) ein, sondern will unabhängig davon, was von dem Geprüften zufolge der Eintragung ausdrücklich Aufnahme in das Handelsregister findet, den Gründungsvorgang als solchen wertend nachvollziehen. Das Registergericht darf daher seine Prüfung nicht auf die nach den §§ 39, 40 AktG, 10 GmbHG eintragungs- und veröffentlichungspflichtigen Umstände beschränken.[39] Wird zB eine GmbH zur Eintragung angemeldet, so ist die ordnungsgemäße Errichtung der Gesellschaft zu prüfen, wozu auch die Rechtswirksamkeit des Gesellschaftsvertrages bzw. der GmbH-Satzung gehört. Dieser Prüfung steht nicht etwa entgegen, daß der Gesellschaftsvertrag als solcher nicht in das Handelsregister eingetragen wird.[40] Erfaßt wird die Gesamtheit der zwingend vorgeschriebenen Gründungsvoraussetzungen einer GmbH (bzw. AG), so insbesondere die Sicherstellung der Kapitalaufbringung nach den §§ 7 bis 9 GmbHG.[41]

Die GmbH und die AG als Kapitalgesellschaften erwerben die Rechtsfähigkeit durch   13
Eintragung in das Handelsregister. Insoweit ordnet § 38 Abs. 1 AktG an, daß das Gericht vor der Eintragung zu prüfen hat, ob die Gesellschaft ordnungsgemäß errichtet und angemeldet ist. Der entsprechende § 9 c GmbHG ordnet zwar nicht ausdrücklich eine gerichtliche Prüfung an, doch geht er von ihr aus. Denn es heißt in Satz 1, das Gericht habe die Eintragung abzulehnen, wenn die Gesellschaft nicht ordnungsgemäß errichtet und angemeldet sei. Die Vorschriften sind Ausfluß des **für rechtsfähige Verbände geltenden Normativsystems,** das demnach mehr bedeutet als Verleihung der Rechtsfähigkeit durch Eintragung anstelle von Konzession. Der Verband muß nicht nur registriert werden, sondern bestimmte Mindestanforderungen als Voraussetzung der Eintragung erfüllen. Erst wenn ihr Vorliegen **zufolge gerichtlicher Prüfung gesichert ist,** erfolgt die Eintragung, welche das Entstehen der Kapitalgesellschaft bewirkt.[42] Im Hinblick auf die Folgen der Eintragung – die im übrigen die Geltendmachung von Gründungsmängeln weitgehend

[35] *Baums,* Eintragung und Löschung von Gesellschafterbeschlüssen, S. 18, 20, 27, 106; *Säcker,* Festschrift für Stimpel, S. 867, 879.
[36] *Menold* (Fn. 13) S. 173.
[37] Staub/*Hüffer* RdNr. 54; Heymann/*Sonnenschein/Weitemeyer* RdNr. 15.
[38] Vgl. auch *Baums,* Eintragung und Löschung von Gesellschafterbeschlüssen, S. 106.
[39] Hachenburg/*Ulmer* § 9 c RdNr. 8; Scholz/*Winter* § 9 c RdNr. 7.
[40] BayObLGZ 1982, 368, 371.

[41] Hachenburg/*Ulmer* § 9 c RdNr. 2; Scholz/*Winter* § 9 c RdNr. 7.
[42] Staub/*Hüffer* RdNr. 58, Vor § 8 RdNr. 2; Scholz/*Winter* § 9 c RdNr. 4, 7; *Karsten Schmidt* GesR § 8 II 5 b, nach dem aber das gesamte deutsche Verbandsrecht vom Prinzip der Normativbestimmungen beherrscht wird, „gleichgültig, ob die Rechtsfähigkeit durch Eintragung, durch behördliche Verleihung oder wie sonst immer erworben wird"; Hachenburg/*Ulmer* § 9 c RdNr. 8; *Wiedemann* § 4 II 1 c.

ausschließt[43] – für Gründer und Dritte muß das Registergericht die Eintragungsvoraussetzungen intensiv und besonders sorgfältig prüfen.[44] Dem Registergericht kommt insoweit die Stellung einer **Rechtsaufsichtsbehörde**[45] zu, ausgeübt wird **öffentliche Wirtschaftskontrolle**.[46] *Hüffer*[47] stellt für das Gründungsrecht der Kapitalgesellschaften zu Recht fest, daß „das **Registerverfahren** der Freiwilligen Gerichtsbarkeit **der verwaltungsmäßigen Staatsaufsicht** über die Zulassung bestimmter Unternehmen zum Geschäftsbetrieb (Bank und Versicherungswirtschaft) teilweise **funktional vergleichbar** ist". Das wiederum ist von Bedeutung, wenn die Gründungsprüfung unzulänglich war und es um Staatshaftungsansprüche geht.

14 Der Kontrolle in dem dargestellten Umfang unterliegt nicht nur der Gründungsvorgang selbst. Der Eintragungskontrolle **unterfallen im Prinzip auch zur Eintragung angemeldete Satzungsänderungen,**[48] soweit das Gesetz nicht ausdrücklich einschränkt. Zur analogen Anwendung der Gründungsvorschriften im Fall der Verwendung eines GmbH-Mantels wird auf § 22 RdNr. 16 und zur Vorratsgründung dort RdNr. 18 ff. verwiesen.

15 Vereinzelt **muß das Registergericht** bei Vorliegen bestimmter, gesetzlich vorgegebener Umstände **von sich aus tätig werden,** so etwa in den Fällen der §§ 14, 31 Abs. 2 Satz 2, 37 Abs. 1, §§ 407, 408 AktG, §§ 132 ff., 140 ff. FGG. Es übt **auch insoweit öffentliche Wirtschaftskontrolle** aus (RdNr. 14), die dazu führen kann, daß das unrichtige (oder unrichtig gewordene) Register korrigiert, dh. die „Funktionsfähigkeit des Registers als Vertrauensgrundlage"[49] wiederhergestellt wird. Das muß aber nicht so sein. § 37 Abs. 1 etwa will korrekte Firmenführung durchsetzen und greift auch dann ein, wenn eine von der Registereintragung abweichende Firma verwandt wird. Schreitet das Registergericht ein, übt es zwar Wirtschaftskontrolle (als rechtspolizeiliche Aufgabe) aus, doch bedarf das Register keiner Korrektur, weil es richtig ist. Ist dagegen eine ursprünglich zulässige Firma nachträglich unwahr geworden (liegen zB die Voraussetzungen für den anspruchsvollen Firmenzusatz „international" nicht mehr vor) und wird im Rahmen eines Firmenmißbrauchsverfahrens nach § 37 Abs. 1, § 140 FGG die Firma in zulässiger Weise geändert, so hat die Kontrolle auch dazu geführt, daß das Register wieder richtig geworden ist. Wird die Firma nicht geändert, so ist ihre Löschung nach § 142 FGG angezeigt.[50] Die Löschung nach § 142 FGG ist entgegen dem insoweit nicht eindeutigen Wortlaut der Vorschrift auch dann zulässig, wenn die Firma erst nachträglich unzulässig wurde.[51] Die Funktionsfähigkeit des Registers als Vertrauensgrundlage ist also auch dann gesichert, wenn das Firmenmißbrauchsverfahren keinen Erfolg hat. Im übrigen wird auf die Erl. zu § 37 verwiesen.

III. Das Registergericht und das Handelsregister

16 **1. Die sachliche Zuständigkeit.** Das Handelsregister wird nach § 8 von den Gerichten geführt und nicht von der Verwaltung. Im Hinblick auf die Bedeutung des Handelsregisters und insbesondere die Notwendigkeit der Prüfung in formeller und materieller Hinsicht durch eine unabhängige Institution (RdNr. 12 ff.) ist die Führung des Registers sachgerecht auch nicht Organisationen des Handelsstandes übertragen worden. Die Anregung des Deutschen Industrie- und Handelstages von 1992, **die Führung des Handelsregisters von den Gerichten auf die Industrie- und Handelskammern zu verlagern,** hat die Konferenz der Justizministerinnen und Justizminister von Ende 1995 zu Recht nicht auf-

[43] Näher Hachenburg/*Ulmer* § 9 c RdNr. 6, § 10 RdNr. 15, 17; Scholz/*Winter* § 10 RdNr. 18 ff.

[44] Hachenburg/*Ulmer* § 9c RdNr. 6; Scholz/*Winter* § 9 c RdNr. 4.

[45] GroßkommAktG/*Wiedemann* § 181 RdNr. 25; *Wiedemann* § 4 II 1 c: „Wirtschaftsaufsichtsbehörde".

[46] *Lutter* NJW 1969, 1873, 1876; vgl. auch *Menold* (Fn. 13) S. 160, 161; „Wirtschaftsverwaltung und Wirtschaftskontrolle".

[47] Staub/*Hüffer* Vor § 8 RdNr. 3.

[48] Baumbach/*Hueck* GmbHG § 9 c RdNr. 1; Hachenburg/*Ulmer* § 9 c RdNr. 3; Scholz/*Winter* § 9 c RdNr. 2.

[49] *Lutter* NJW 1969, 1873, 1876.

[50] OLG Hamm OLGZ 1979, 1, 4; *Jansen* NJW 1966, 1813, 1815; Staub/*Hüffer* § 37 RdNr. 24.

[51] RGZ 169, 147, 152; Keidel/*Kuntze/Winkler* FGG § 142 RdNr. 11.

gegriffen und zur Begründung insbesondere angeführt,[52] auch im europäischen Vergleich würden die Handelsregister nahezu ausschließlich von den Gerichten oder staatlichen Behörden geführt. Mit einem Zuständigkeitswechsel wäre weder eine Deregulierung noch eine Privatisierung verbunden, sondern nur eine aufwendige Verlagerung von Staatsaufgaben von der Justiz auf andere staatliche Stellen, die weder für die Wirtschaft noch den Rechtsverkehr Vorteile brächte, die einen so tiefgreifenden Systemwechsel rechtfertigen könnten. Es ist weiter ausgeführt worden, auch eine nachhaltige Entlastung der Justiz sei nicht zu erwarten, da die mit dem Handelsregister verbundenen Entscheidungen in gesellschaftsrechtlichen Streitigkeiten, das gesamte Rechtsmittelverfahren sowie die Führung der übrigen öffentlichen Register bei der Justiz verbleiben müßten.[53] **Das Handelsregister gehört zu den Gerichten,** wobei aber nicht zu übersehen ist, daß beschleunigte Modernisierung des Handelsregistersystems bei den Gerichten geboten ist, insbesondere schnelle Automatisierung der Registerführung. Denn die Registerpublizität in der gegenwärtigen Handhabung ist oft schwerfällig und wenig wirksam, was letztlich zu dem Versuch von Kaufleuten geführt hat, gesamte Register abzulichten und als eigene Dateien in Konkurrenz zum Handelsregister gewerblich zu verwenden (näher § 9 RdNr. 6 ff.).

Die Registerführung zählt zu den Handelssachen nach den §§ 125 ff. FGG. **Sachlich** 17 **zuständig sind** nach § 125 Abs. 1 **die Amtsgerichte.**

2. Die örtliche Zuständigkeit. Die örtliche Zuständigkeit des Registergerichts ist eine 18 ausschließliche. Sie ist in den jeweils anwendbaren Gesetzen geregelt. Örtlich zuständig ist in der Regel das Amtsgericht, in dessen Bezirk sich die Niederlassung (Hauptniederlassung) des Einzelkaufmanns oder der Sitz der Handelsgesellschaft befindet (§§ 29, 106, 161 Abs. 2, §§ 14, 278 Abs. 3 AktG, § 7 GmbHG, § 10 GenG).[54] Bei der OHG und der KG ist **mit Sitz immer der Ort der tatsächlichen Geschäftsführung gemeint,** der auch dann maßgebend ist, wenn der Gesellschaftsvertrag anderes bestimmt und im Handelsregister anderes eingetragen ist (§ 13 RdNr. 27). Bei der AG und der GmbH braucht der Ort der Geschäftsleitung nicht mit dem Satzungssitz übereinzustimmen (§ 13 RdNr. 28 f.). Ist aber bei Sachverhalten mit Auslandsberührung das Gesellschaftsstatut zu bestimmen, das sich nach dem Sitz der Gesellschaft richtet (§§ 13 RdNr. 30, 13 d RdNr. 25), ist auch hier nur der tatsächliche Sitz maßgebend.

Die Zuständigkeit für die **Eintragung von Zweigniederlassungen** folgt aus den §§ 13 19 bis 13 g, §§ 14, 14 a GenG. Befand sich die Hauptniederlassung eines Einzelkaufmanns oder einer juristischen Person oder der Sitz einer Handelsgesellschaft am 8. Mai 1945 in dem Bezirk eines Gerichts, an dessen Sitz deutsche Gerichtsbarkeit nicht mehr ausgeübt wird, begründen die §§ 14, 15 ZustErgG (vom 7. 8. 1952, BGBl. I S. 407) **Ersatzzuständigkeiten.**[55] Nach § 125 Abs. 2 FGG kann die **Führung des Registers für mehrere Amtsgerichtsbezirke einem Amtsgericht übertragen werden,** wovon einzelne Bundesländer Gebrauch gemacht haben.[56] Die Übertragung gilt dann auch für die sonstigen Zuständigkeiten des § 145 FGG, soweit sie nicht durch § 145 Abs. 2 FGG ausgeschlossen sind.[57]

3. Funktionelle Zuständigkeit. Nach § 3 Nr. 2 d RpflG sind Geschäfte in Handelssa- 20 chen **grundsätzlich dem Rechtspfleger übertragen.** Die dem **Richter vorbehaltenen Geschäfte** zählt § 17 RpflG insoweit ausdrücklich auf. Die Vermutung spricht mithin für die Zuständigkeit des Rechtspflegers.[58] Der Rechtspfleger entscheidet uneingeschränkt über Anträge und Anmeldungen auf Eintragung in das Handelsregister A (näher

52 Vgl. Bericht *Block* ZRP 1996, 27.

53 Im Ergebnis ebenso *Gustavus* Berliner Anwaltsblatt 1992, 149; *ders.* GmbHR 1993, 259; *Piorreck* DRiZ 1993, 290; *Bokelmann* WM 1992, 1563; *Schmahl* ZPR 1995, 54; aA *Bock* ZPR 1995, 244.

54 Heymann/*Sonnenschein/Weitemeyer* RdNr. 2; Keidel/Kuntze/*Winkler* FGG § 125 RdNr. 2, 7.

55 Vgl. Staub/*Hüffer* RdNr. 2; Heymann/*Sonnenschein/Weitemeyer* RdNr. 2.

56 Vgl. Staub/*Hüffer* RdNr. 3; Keidel/*Schmatz/Stöber* Registerrecht, 4. Aufl. Anhang II (in der 5. Auflage nicht mehr enthalten).

57 Keidel/Kuntze/*Winkler* FGG § 125 RdNr. 5.

58 Keidel/Kuntze/*Winkler* FGG § 125 RdNr. 21.

RdNr. 24), über Eintragungen in das Genossenschaftsregister und über Anträge und Anmeldungen auf Eintragung in das Handelsregister B, soweit sie nicht in § 17 Abs. 1 RpflG dem Richter vorbehalten sind (zB die Eintragung der AG, KGaA, GmbH, VVaG und die Eintragung von Satzungsänderungen dieser Gesellschaften). Die **Aufgaben des Urkundsbeamten der Geschäftsstelle** ergeben sich vornehmlich aus den §§ 28 bis 31 HRV (näher RdNr. 23).

21   **4. Mitteilungs- und Mitwirkungspflichten Dritter.** Nach § 126 FGG sind die Organe des Handelsstandes und – soweit es um die Eintragung von Handwerkern oder Land- und Forstwirten geht – die Organe des Handwerksstandes und des land- und forstwirtschaftlichen Berufsstandes verpflichtet, die Registergerichte zu unterstützen, und zwar bei der Verhütung unrichtiger Eintragungen, bei der Berichtigung und Vervollständigung des Handelsregisters und beim Vorgehen gegen unzulässigen Firmengebrauch. In diesem Rahmen steht den genannten Organen ein eigenes Antrags- und Beschwerderecht zu. Die **Unterstützung ist Pflicht der Organe,** sie müssen insoweit von Amts wegen tätig werden ohne ausdrückliches Ersuchen des Registergerichts.[59]

22   Nach § 125 a FGG haben **Gerichte, Beamte der Staatsanwaltschaft, Polizei- und Gemeindebehörden sowie Notare** dem Registergericht von einer unrichtigen, unvollständigen oder unterlassenen Anmeldung zum Handelsregister Mitteilung zu machen, sofern sie amtlich hiervon Kenntnis erlangt haben. Die Steuerbehörden haben unter den Voraussetzungen von § 125 a Abs. 2 FGG dem Registergericht Auskunft zu erteilen, die aber nicht der Akteneinsicht unterliegt.

23   **5. Das Handelsregister.** Die **§§ 8 bist 16 enthalten keine vollständige Regelung des Registerrechts.** § 15 kommt materiellrechtliche Bedeutung zu, während die Verfahrensvorschriften der §§ 1 bis 14 und 16 durch die §§ 1 ff. und insbesondere 125 ff. FGG ergänzt werden. Die Einrichtung und Führung des Handelsregisters regelt die **Handelsregisterverfügung** vom 12. August 1937 (RMBl. S. 515; BGBl. III S. 315–320, § 8 Anhang), die am 1. 10. 1937 an die Stelle der bisherigen von den Ländern erlassenen sehr unterschiedlichen Bestimmungen trat. Sie ist eine Rechtsverordnung mit Gesetzeskraft, die nicht nur bloße Verwaltungsvorschriften, sondern formellrechtlich verbindliche Vorschriften enthält.[60] Die letzte Änderung datiert vom 6. 7. 1995 (BGBl. I S. 911).

24   Nach § 3 HRV **besteht das Handelsregister aus zwei Abteilungen.** In die Abteilung A **(HRA)** werden die Einzelkaufleute, die in den §§ 33, 36 bezeichneten juristischen Personen sowie die offenen Handelsgesellschaften, die Kommanditgesellschaften und die Europäischen wirtschaftlichen Interessenvereinigungen (vgl. auch § 6 RdNr. 13 f., § 19 RdNr. 29) eingetragen. In Abteilung B **(HRB)** werden eingetragen die Aktiengesellschaften, die Kommanditgesellschaften auf Aktien, die Gesellschaften mit beschränkter Haftung und die Versicherungsvereine auf Gegenseitigkeit.

25   **6. Die Partnerschaftsgesellschaft.** Die **Partnerschaft** ist eine Gesellschaft, in der sich Angehörige freier Berufe zur Ausübung ihrer Berufe zusammenschließen. Sie ist Berufsausübungsgesellschaft und nicht wie etwa die EWIV bloße Kooperationsform. Die Partnerschaft ist als Angebot neben anderen Gesellschaftsformen (zB BGB-Gesellschaft) zu verstehen. Einen Formzwang in die Partnerschaft gibt es nicht. Die Gesellschaft übt kein Handelsgewerbe aus, Angehörige einer Partnerschaft können nur natürliche Personen sein, § 1 Abs. 1 PartGG vom 25. 7. 1994 (BGBl. I S. 1744). Die Partnerschaft kann zwar nicht in das Handelsregister eingetragen werden, doch sieht das PartGG die Eintragung in das Partnerschaftsregister vor; die entsprechende Verordnung über die Einrichtung und Führung des Partnerschaftsregisters (Partnerschaftsregisterverordnung – PRV) datiert vom 16. 6. 1995 (BGBl. I S. 808). Auf das Partnerschaftsregister und die registerrechtliche Behandlung

---

[59] Keidel/Kuntze/*Winkler* FGG § 125 RdNr. 14.   [60] OLG Hamm OLGZ 1967, 333, 340 f.; *Bokelmann* DStR 1991, 945.

von Zweigniederlassungen sind die §§ 8 bis 12, 13, 13 c, 13 d, 13 h, 14 bis 16 HGB über das Handelsregister entsprechend anzuwenden, § 5 Abs. 2 PartGG.

Bezüglich des Namens der Partnerschaft finden nach § 2 Abs. 2 PartGG die §§ 18 Abs. 2, 19 Abs. 3 und 4, 21, 22 Abs. 1, 23, 24, 30, 31 Abs. 2, 32 und 37 HGB entsprechende Anwendung; § 24 Abs. 2 gilt auch bei Umwandlung einer Gesellschaft bürgerlichen Rechts in eine Partnerschaft. Nach § 7 Abs. 1 PartGG wird die Partnerschaft im Verhältnis zu Dritten mit ihrer Eintragung in das Partnerschaftsregister wirksam. Das Gesetz verweist in den §§ 4 Abs. 1, 6 Abs. 3, 7 Abs. 2 und 3, 8 Abs. 1, 9 Abs. 1 auf anzuwendendes OHG-Recht; nach § 7 Abs. 2 PartGG ist auch § 124 HGB (rechtliche Selbständigkeit) anzuwenden. Die Partnerschaft ist als rechtsfähige Personengesellschaft konzipiert und „Schwesterfigur" zur OHG (Begründung zum Regierungsentwurf unter I 1, BT-Drucks. 12/6152). Die Partnerschaft ist voll namensrechtsfähig (§ 2 PartGG), grundbuchfähig, parteifähig und in ihr Vermögen kann (mit einem Titel gegen sie) vollstreckt werden (§ 7 Abs. 2 PartGG iVm. § 124 HGB); ferner ist sie konkurs-, vergleichs- und deliktsfähig. Sie ist als Gesamthand nicht juristische Person, dieser aber weitgehend angenähert und ist „als Rechtssubjekt und Träger des Gesellschaftsvermögens anzusehen" (Begründung zum Regierungsentwurf zu § 1 PartGG, BT-Drucks. 12/6152).[61] Die Partnerschaft kann auch Anteilseignerin einer juristischen Person (*Seibert* DB 1994, 2381, 2382) und auch Gesellschafterin einer Personenhandelsgesellschaft sein. Nach § 1 Abs. 2 PRV steht die Partnerschaft registerrechtlich einer OHG gleich; an die Stelle der persönlich haftenden Gesellschafter treten die Partner, an die Stelle der Firma der OHG tritt der Name der Partnerschaft.

IV. Die eintragungsfähigen Tatsachen

1. Überblick. Was im einzelnen eintragungsfähig ist, regelt in erster Linie das Gesetz,   **26** indem es bestimmte Umstände für eintragungs- und anmeldepflichtig erklärt oder es vereinzelt dem Kaufmann die Möglichkeit bietet, die Eintragung herbeizuführen, ohne ihn hierzu aber zu verpflichten. Herkömmlicherweise spricht man von den eintragungsfähigen Tatsachen, **worunter indessen nicht nur tatsächliche Umstände, sondern auch Rechtsverhältnisse zu verstehen sind,** wie sie sich aus der rechtlichen Beurteilung tatsächlicher Vorgänge ergeben.[62] Die Feststellung zB, daß eine Aktiengesellschaft vorliegt, enthält bereits eine umfassende rechtliche Bewertung tatsächlicher Vorgänge. Rechtsprechung und Lehre haben nach anfänglichem Zögern den vom Gesetz vorgesehenen Kreis der eintragungsfähigen Tatsachen erweitert, was aber im einzelnen umstritten ist (RdNr. 31 ff.). Fehlt es an der Eintragungsfähigkeit, muß die Anmeldung zurückgewiesen werden.[63] Wird trotzdem eingetragen, hat § 15 Abs. 3 keine Wirkung.[64]

Das Handelsregister soll über wichtige (Rechts-)Tatsachen Auskunft geben. **Nicht alles,**   **27** **was für den Rechts- und Handelsverkehr bedeutsam ist, wird aber in das Handelsregister eingetragen.**[65] So finden Minderkaufleute keine Aufnahme, weil es im Sinn von § 4 Abs. 1 an der Firma fehlt und daher § 29 nicht eingreift. Für die GmbH läßt sich zB aus dem Handelsregister nichts über Mitgliedschaft und Beteiligung entnehmen, obwohl das für den Rechtsverkehr und den Inhaber eines Geschäftsanteils, der sein Recht nicht selten schwer nachweisen kann (§ 40 GmbHG ist insoweit ungenügend), von nicht unerheblicher Bedeutung ist. Die Beispiele zeigen indessen nur, daß der Gesetzgeber bei der Festlegung der Umstände, die er in das Handelsregister eingetragen wissen wollte, zurück-

[61] Vgl. im einzelnen *Karsten Schmidt* ZIP 1993, 633, 635; *ders.* NJW 1995, 1 ff.; *Seibert* DB 1994, 2381; *ders.,* Die Partnerschaft, S. 39, 45 f.; *Hornung* Rpfleger 1995, 481; 1196, 1; *Lenz* MDR 1994, 741, 743; vgl. auch zu dem Partnerschaftsregister *Schaub* NJW 1996, 625.

[62] Staub/*Hüffer* RdNr. 19; Heymann/*Sonnenschein/Weitemeyer* RdNr. 6.
[63] BayObLG DNotZ 1988, 515, 516; Staub/*Hüffer* RdNr. 19.
[64] Hopt/*Mössle* RdNr. 196.
[65] Näher *Canaris* § 4 I 2 a; *Karsten Schmidt* HandelsR § 13 I 1 c.

haltend war. Nicht aber läßt sich hieraus ableiten, die Eintragung sei nur in den gesetzlich aufgezählten Fällen erlaubt.

28   **Terminologisch stehen nach herkömmlichem Verständnis** den nichteintragungsfähigen Tatsachen die eintragungsfähigen gegenüber, die ihrerseits in die eintragungspflichtigen und die nur eintragungsfähigen unterfallen.[66] Die Unterscheidung zwischen eintragungsunfähigen, eintragungsfähigen und eintragungspflichtigen Tatsachen[67] begründet in der Sache keinen Unterschied (vgl. aber noch RdNr. 30).

29   **2. Die eintragungspflichtigen Tatsachen.** Etwa die §§ 2 Satz 2, 29, 31, 33, 34 Abs. 1, 53, 106, 107, 143, 148, 150, 157, 162 und Sondergesetze (etwa GmbHG, AktG) begründen **Anmeldepflichten.** Ist angemeldet worden, so muß – besteht kein Eintragungshindernis – eingetragen werden (Eintragungspflicht).

30   **3. Die nur eintragungsfähigen Tatsachen.** Hier besteht **keine Anmeldepflicht.** Das Gesetz erlaubt aber die Eintragung, sofern eine Anmeldung erfolgt (§ 3 Abs. 2 und 3, §§ 25 Abs. 2, 28 Abs. 2 beispielsweise). Ist aber ordnungsgemäß angemeldet worden, so erlaubt das Gesetz nicht nur die Eintragung, vielmehr muß der Registerrichter eintragen. In diesem Sinne sind alle eintragungsfähigen Tatsachen auch eintragungspflichtig. Es wäre daher entgegen der gebräuchlichen Terminologie richtiger, darauf abzustellen, **ob eine eintragungsfähige Tatsache anmeldepflichtig ist oder nicht.** Zu der Anmeldung von Kapitalgesellschaften und von Änderungen des Gesellschaftsvertrages nach § 54 GmbHG oder der Satzung nach § 181 AktG, die ebenfalls nicht anmeldepflichtig sind, wird auf RdNr. 37 Bezug genommen.

31   **4. Die Eintragungsfähigkeit von Tatsachen ohne ausdrückliche gesetzliche Bestimmung. a) Überblick.** Die Gerichte entschieden zunächst nahezu ausnahmslos, in das Handelsregister seien nur die im Gesetz bezeichneten Tatsachen einzutragen.[68] Zur Begründung diente Art. 12 ADHGB, nach dem in das Handelsregister die „angeordneten Eintragungen" aufzunehmen waren, was auch für das HGB gelten sollte. Selbst bei nachträglichen Veränderungen der im Handelsregister vermerkten Personalien (Name, Vorname, Stand, Wohnort) hielt man zwar die Eintragung der Veränderung für zulässig, verneinte aber die Befugnis des Registergerichts, die Anmeldungen solcher Veränderungen zu erzwingen.[69] Die Lehre folgte überwiegend: der Kreis der eintragungsfähigen Tatsachen sei geschlossen und könne weder durch den Willen der beteiligten Personen noch durch den Willen des Registerrichters erweitert werden.[70] Später erlaubten Reichsgericht und Kammergericht die Eintragung dann, wenn Sinn und Zweck des Handelsregisters das fordern.[71] Seitdem werden überwiegend auch solche Tatsachen zur Eintragung zugelassen, für deren Eintragung nach Sinn und Zweck des Handelsregisters, die eingetragenen Rechtsverhältnisse so wiederzugeben, wie sie sich nach der von den Beteiligten gewollten und mit der Rechtsordnung zu vereinbarenden Sachlage darstellen, ein sachliches Bedürfnis besteht.[72]

32   **b) Stellungnahme.** Es trifft zu, daß der Kreis der in das Handelsregister einzutragenden Tatsachen nur ein beschränkter sein kann (RdNr. 3). Richtig ist auch, daß das Gesetz schon (vor-)gewertet und positiv bestimmt hat, was einzutragen ist. Doch ist die Auswahl des Gesetzes keine abschließende. Es ist jeweils auf Sinn und Zweck des Registers abzustellen und konkret zu prüfen, ob die Eintragung nicht genannter Umstände im Interesse des Rechtsverkehrs und/oder der Kaufleute (vgl. RdNr. 5) **dringend geboten und unum-**

---

[66] Schlegelberger/*Hildebrandt/Steckhan* § 8 RdNr. 16 unter c; Baumbach/*Hopt* RdNr. 5.

[67] *Karsten Schmidt* HandelsR § 13 I 1 c.

[68] RGZ 85, 138, 141; 132, 138, 140; KGJ 25 A 250, 252; 29 A 91; 35 A 152, 155.

[69] KGJ 29 A 213; 30 B 32, 33 f.; **aA** aber BayObLGZ 20, 63, 64.

[70] Ehrenbergs Hdb/*Ehrenberg* Bd. I S. 530; eingehende Nachweise bei *Bondi* JW 1928, 201, 202.

[71] RG DNotZ 1944, 195, 196; KG DR 1943, 981, 982; vgl. auch Baumbach/*Hopt* RdNr. 5.

[72] BayObLGZ 1978, 182, 185 f.; 1987, 449, 452; OLG Frankfurt BB 1984, 238, 239; OLG Hamburg BB 1986, 1255; vgl. auch BGHZ 87, 59, 61 f.; 105, 324, 344.

gänglich ist. Die Begrenzung auf die Zuordnung durch den Gesetzgeber ohne eine Möglichkeit der Erweiterung wäre positivstische Überspitzung[73] und ginge an der Aufgabe des Registers vorbei. Andererseits ist im Hinblick auf die strenge Formalisierung des Registerrechts bei der Ausweitung der Eintragungsmöglichkeiten Vorsicht geboten und die Eintragungsfähigkeit weiter dahin zu konkretisieren, **daß sie sich nur durch Auslegung gesetzlicher Vorschriften, durch Analogie oder richterliche Rechtsfortbildung ergeben kann.** Diese Eingrenzung[74] vertritt auch der Bundesgerichtshof.[75] Eine Beschränkung auf Eintragungen mit lediglich deklaratorischer Wirkung ist aus registerrechtlicher Sicht nicht angezeigt. „Soweit die Sicherheit des Rechtsverkehrs die konstitutive Eintragung in das Handelsregister unabweisbar macht, ist sie zu bejahen".[76]

c) Eintragungsfähigkeit und Anmeldepflicht. Tatsachen und Rechtsverhältnisse sind 33 auch ohne ausdrückliche gesetzliche Bestimmung eintragungsfähig, wenn Sinn und Zweck die Eintragung verlangen,[77] ein „dringendes Bedürfnis" besteht, eine Tatsache in das Handelsregister aufzunehmen[78] (und die weiteren RdNr. 32 genannten Eintragungsvoraussetzungen vorliegen). Erfolgt aber **die Eintragung hier ausnahmsweise und zufolge eines dringenden Bedürfnisses,** kann die Anmeldung und damit auch die Eintragung jedenfalls nicht stets frei disponibel sein.[79] Es ist zu differenzieren. Handelt es sich um **Eintragungen mit deklaratorischer Wirkung,** die bereits eingetretene Rechtstatsachen bekunden, besteht **Anmelde- und entsprechend Eintragungspflicht** (vgl. aber noch RdNr. 35). So hat etwa der Bundesgerichtshof erkannt, die generelle Befreiung des Geschäftsführers vom Verbot der Insichgeschäfte (§ 181 BGB) sei eine eintragungspflichtige Tatsache.[80] Er hat, gemeinschaftskonform auslegend (näher RdNr. 42), § 10 Abs. 1 Satz 2 GmbHG in Bezug genommen, wonach auf entsprechende Anmeldung hin (§ 8 Abs. 4 GmbHG) in das Handelsregister einzutragen ist, welche Vertretungsbefugnis die Geschäftsführer haben; nach § 39 Abs. 1 GmbHG ist jede Veränderung der Vertretungsmacht anzumelden und eintragungspflichtig.[81] Da Anmeldepflicht besteht, kann die Anmeldung gemäß § 14 erzwungen werden.[82]

Nicht zu folgen ist der Gegenmeinung des OLG Hamm.[83] Eintragungsfähigkeit, nicht 34 aber auch Eintragungspflicht (besser Anmeldepflicht, RdNr. 30) soll deshalb vorliegen, weil das Gesetz die Eintragung der allgemeinen Befreiung vom Verbot des Selbstkontrahierens an keiner Stelle ausdrücklich anordne. Einen Satz dieses Inhalts gibt es nicht. Er kann schon deshalb nicht zutreffen, weil die **Eintragungen jeweils vergleichbar sein müssen** (RdNr. 6 f.). Stünde aber die Anmeldung dem Betroffenen jeweils frei, wäre dem Register nicht sicher zu entnehmen, ob Befreiung vom Verbot des Selbstkontrahierens besteht.

Es bleiben die nur eintragungsfähigen, **nicht aber anmeldepflichtigen Tatsachen** 35 (RdNr. 30) übrig. Sie scheinen über die vom Gesetz zur Verfügung gestellten Fälle hinaus im Hinblick auf die erforderliche Vergleichbarkeit der Eintragungen im Handelsregister nicht erweiterbar zu sein.

---

[73] Staub/*Hüffer* RdNr. 31.
[74] *Hüffer* RdNr. 31; auch Koller/*Roth*/Morck RdNr. 8; zustimmend auch *Canaris* (§ 4 I 2 b) bezüglich einer Einzelanalogie zu einer bestimmten Norm, nicht aber bezüglich richterlicher Rechtsfortbildung; Heymann/*Sonnenschein*/*Weitemeyer* (RdNr. 9) bejahen unter Hinweis auf BGHZ 87, 59, 62 die Eintragungsfähigkeit dann, wenn der Rechtsverkehr zu schützen ist.
[75] DNotZ 1993, 176, 180.
[76] BGH DNotZ 1993, 176, 180; vgl. auch BGHZ 105, 324, 338, 343 ff.; aA *Kort* AG 1988, 369, 371.

[77] *Papst* DNotZ 1957, 393, 394.
[78] KG DR 1943, 891, 892.
[79] Für Anmeldepflicht Staub/*Hüffer* RdNr. 46; Heymann/*Sonnenschein*/*Weitemeyer* RdNr. 9; wohl auch Baumbach/*Hopt* RdNr. 5; vgl. auch *Karsten Schmidt* HandelsR § 13 I 1 c.
[80] BGHZ 87, 59, 60 f.; vgl. auch BayObLGZ 1980, 195, 200 f.; OLG Hamburg BB 1986, 1255.
[81] Lutter/*Hommelhoff* § 39 RdNr. 4.
[82] Scholz/*Uwe H. Schneider* § 39 RdNr. 13.
[83] OLG Hamm BB 1983, 858.

36   Das ist so nicht richtig. Wie bereits für die §§ 3 Abs. 2 und 3, 25 Abs. 2 und 28 Abs. 2 festgestellt (RdNr. 7), **erhält das Publikum in jeweils gleichen Fällen gleiche Information,** weil erst die Eintragung (bzw. Eintragung und Bekanntmachung) die Rechtsposition entstehen läßt, so daß nach der (freigestellten) Anmeldung und sich anschließenden Eintragung in das Register die Handelsregistereintragungen vergleichbar sind. Das „dringende Bedürfnis" (RdNr. 32) für eine solche Eintragung, die das Gesetz nicht ausdrücklich anbietet, ist auch hier erforderlich. Nur ist der maßgebliche Zeitpunkt ein anderer. Das Bedürfnis wird nämlich erst dann akut, wenn die freigestellte Anmeldung zur Eintragung tatsächlich erfolgt und keine Norm existiert, die für diesen Fall die Eintragung in das Handelsregister erlaubt. Hierzu das nachfolgende Beispiel.

37   Nach hM statuiert § 54 GmbHG für Änderungen des Gesellschaftsvertrages keine Anmeldpflicht zur Eintragung in das Handelsregister. Zwar hat die Abänderung nach Abs. 3 keine rechtliche Wirkung, ehe sie in das Handelsregister eingetragen worden ist, doch bleibt es der Gesellschaft überlassen, ob angemeldet wird.[84] Auch § 181 AktG begründet keine erzwingbare Pflicht, beschlossene Satzungsänderungen anzumelden; ob der Vorstand aus dem Organverhältnis gegenüber der Aktiengesellschaft zur Anmeldung verpflichtet ist,[85] spielt in diesem Zusammenhang keine Rolle. Gleiches gilt für die Anmeldung der Aktiengesellschaft selbst nach § 36 AktG[86] und der GmbH nach § 7 GmbHG, die im Belieben der Gründer steht.[87] Erfolgt jeweils die Anmeldung zur Eintragung in das Handelsregister, muß das Registergericht eintragen, weil erst die Eintragung der Abänderung rechtliche Wirksamkeit verleiht bzw. die Kapitalgesellschaft entstehen läßt. Der Bundesgerichtshof hat nun einen Unternehmensvertrag zwischen zwei Gesellschaften mit beschränkter Haftung, der eine Beherrschungsvereinbarung und eine Gewinnabführungsverpflichtung enthielt, nur dann für wirksam erklärt, wenn die Gesellschafterversammlungen der beherrschten und der beherrschenden Gesellschaft dem Unternehmensvertrag zustimmen **und seine Eintragung in das Handelsregister der beherrschten Gesellschaft erfolgt.**[88] Die **Eintragungsfähigkeit hat er aus der entsprechenden Anwendung** von § 54 Abs. 3 GmbHG im Hinblick auf Inhalt und Wirkungen des Unternehmensvertrages hergeleitet, welcher in den Gesellschaftszweck, die Zuständigkeitskompetenz der Gesellschafter und ihr Gewinnbezugsrecht eingreift und „satzungsgleich die rechtliche Grundstruktur der sich der Beherrschung unterstellenden GmbH ändert". Ebenso wie die Änderung des Gesellschaftsvertrages bedarf daher ein solcher Unternehmensvertrag notarieller Beurkundung (§ 53 Abs. 2 GmbHG) und „in Übereinstimmung mit den für den Gründungsvorgang geltenden Vorschriften über Handelsregisterkontrolle und Handelsregisterpublizität" **zur Wirksamkeit der Eintragung in das Handelsregister.**[89] Die Anmeldung des Unternehmensvertrages zur Eintragung in das Handelsregister unterfällt ebenso wie andere Anmeldungen (etwa einer Satzungsänderung), **die auf eine konstitutiv wirkende, die Rechtsänderung erst herbeiführende Eintragung gerichtet sind** (§ 54 Abs. 1 Satz 1 GmbHG),[90] **keiner Anmeldpflicht** (vgl. § 79 Abs. 2 GmbHG).[91] Es handelt sich insoweit um eine zwar eintragungsfähige, nicht dagegen eintragungspflichtige (besser anmeldepflichtige, RdNr. 30) Tatsache. Wird angemeldet, ist nach Sinn und Zweck des Registers die Eintragung des Unternehmensvertrages, die erst zu seinem Wirksamwerden führt, im Interesse des Rechtsverkehrs und des Kaufmanns dringend geboten und unumgänglich (vgl. RdNr. 32).[92]

---

[84] Baumbach/Hueck/*Zöllner* § 54 RdNr. 1, 15; Hachenburg/*Ulmer* § 54 RdNr. 10; **aA** Staub/*Hüffer* RdNr. 48.

[85] *Hüffer* § 181 RdNr. 5.

[86] *Hüffer* § 36 RdNr. 5; KK/*Kraft* § 36 RdNr. 14.

[87] Hachenburg/*Ulmer* § 7 RdNr. 5; Baumbach/Hueck § 7 RdNr. 2.

[88] BGHZ 105, 324 ff.; vgl. auch BGHZ 116, 37, 43 ff.

[89] BGHZ 105, 324, 338.

[90] Vgl. auch BGHZ 116, 37, 43 f.

[91] BGHZ 105, 324, 328.

[92] Vgl. auch Koller/*Roth*/Morck RdNr. 9.

Die Grundsätze RdNr. 37 gelten auch dann, wenn der **Unternehmensvertrag zwischen** 38 **einer Aktiengesellschaft als herrschender und einer GmbH als abhängiger Gesellschaft abgeschlossen worden ist.**[93]

d) Einzelfälle. aa) Gesetzlich nicht genannte Titel und Berufsbezeichnungen. Titel 39 wie Direktor oder Generaldirektor, für die es keine gesetzliche Grundlage gibt, sind nicht eintragungsfähig.[94] Keinesfalls dürfen gesetzlich unzulässige Berufsbezeichnungen wie „Diplom-Detektiv" in das Handelsregister eingetragen werden.[95] Die Berufsbezeichnung „Steuerberater" des Prokuristen einer Steuerberatungsgesellschaft ist in das Handelsregister einzutragen. § 40 Nr. 4 und § 43 Nr. 5 HRV, die für den Prokuristen die Eintragung einer Berufsbezeichnung nicht vorsehen, stehen der Eintragungsfähigkeit nicht entgegen. Nach § 43 StBerG und § 18 WPO muß im beruflichen Verkehr die Berufsbezeichnung „Steuerberater" bzw. „Wirtschaftsprüfer" geführt werden.[96] Allgemein können Berufstitel dann angemeldet werden (aber keine Anmeldepflicht), wenn sie als Berufsbezeichnung zu qualifizieren sind.[97]

bb) Die nachträgliche Veränderung von im Handelsregister eingetragenen Perso- 40 **nalien** (zB nach § 106 Abs. 2 Satz 1 Name, Vorname, Stand und Wohnort) ist eintragungsfähig, obwohl das Gesetz hierüber nichts sagt. Das ergibt sich aus dem Zweck des Handelsregisters, das **richtige Auskunft über die eingetragenen Verhältnisse geben soll.** Ob derartige Veränderungen auch **eintragungspflichtig** (besser anmeldepflichtig, RdNr. 30) sind, dh. ob das Registergericht berechtigt ist, die Anmeldung von Veränderungen zu erzwingen, wird verschieden beantwortet.[98] Das Kammergericht und das OLG Hamburg[99] haben sich gegen die Eintragungspflicht unter Hinweis auf das Fehlen eines entsprechenden gesetzlichen Gebots ausgesprochen. Dem ist nicht zu folgen. Die Verpflichtung zur Anmeldung beinhaltet dem Sinn des Registers entsprechend auch die Nachfolgepflicht, spätere Veränderungen der zuvor zur Eintragung in das Handelsregister angemeldeten Personalien anzuzeigen.[100] Mit einem nicht mehr zutreffenden Registereintrag ist niemandem gedient.[101]

cc) Gestattung des Selbstkontrahierens. Die früher herrschende Meinung nahm an, die 41 Befreiung von dem Verbot des § 181 BGB könne nicht in das Handelsregister eingetragen und nicht öffentlich bekanntgegeben werden.[102] Das trifft heute nicht mehr zu. Die generelle Befugnis eines GmbH-Geschäftsführers – das Verbot des § 181 BGB gilt auch für die Organe juristischer Personen[103] –, die Gesellschaft bei allen Rechtsgeschäften mit sich selbst oder als Vertreter eines Dritten uneingeschränkt zu vertreten, **ist anzumelden und in das Handelsregister einzutragen.**[104] Es besteht **Eintragungspflicht** (besser Anmeldepflicht, RdNr. 30), und die Eintragung kann nach § 14 erzwungen werden.[105]

---

[93] BGH DNotZ 1993, 176, 177 mit Anm. *Lüttmann* S. 182 ff.

[94] KGJ 20 A 269 für den Titel Generaldirektor; aA für Präsident Lutter/*Hommelhoff* § 39 RdNr. 3: eintragungsfähig, nicht aber eintragungspflichtig; Scholz/*Uwe H. Schneider* § 39 RdNr. 4, so für Direktor, wenn die berufliche Tätigkeit verdeutlicht wird; vgl. auch Rowedder/*Koppensteiner* § 39 RdNr. 4; Baumbach/Hueck/*Zöllner* § 39 RdNr. 4.

[95] BayObLG MDR 1971, 307.

[96] LG Augsburg BB 1989, 1074.

[97] Rowedder/*Koppensteiner* § 39 RdNr. 4; vgl. auch Scholz/*Uwe H. Schneider* § 39 RdNr. 3.

[98] Näher *Bondi* JW 1928, 201.

[99] KGJ 29 A 213; 30 B 32; offen in KGJ 20 A 269; OLG Hamburg RJA 9, 180; auch Scholz/ *Uwe H. Schneider* § 39 RdNr. 4.

[100] BayObLGZ 1920, 63, 64; Baumbach/*Hopt* RdNr. 5; Schlegelberger/*Hildebrandt/Steckhan* Rd-Nr. 19.

[101] Staub/*Hüffer* RdNr. 33.

[102] BGHZ 33, 189, 192 = NJW 1960, 2285, 2286; Baumbach GmbHR 1964, 78.

[103] BGHZ 56, 97, 101; 58, 115, 120; 91, 334.

[104] BGHZ 87, 59, 60 f.; BayObLGZ 1979, 182; 1980, 209, 215; OLG Köln GmbHR 1980, 129; OLG Frankfurt BB 1983, 146; Keidel/ *Kuntze/Winkler* FGG § 127 RdNr. 8; Keidel/*Schmatz/Stöber* Registerrecht, 5. Aufl. Nr. 734 b ff.; Rowedder/*Rittner* § 10 RdNr. 13; Lutter/*Hommelhoff* § 10 RdNr. 4.

[105] BGHZ 87, 59, 60; *Bühler* DNotZ 1983, 588, 593 f.

42   Der Grund hierfür ist folgender: nach § 10 Abs. 1 Satz 2 GmbHG (eingefügt durch Art. 3 des Gesetzes zur Durchführung der Ersten Richtlinie des Rates der Europäischen Gemeinschaften zur Koordinierung des Gesellschaftsrechts vom 15. 8. 1969, BGBl. I S. 1146) ist in das Handelsregister einzutragen, welche Vertretungsbefugnis die Geschäftsführer haben. Zwar ist nach Art. 2 Abs. 1 Buchstabe d Satz 2 der genannten Richtlinie nur offenzulegen, „ob die zur Vertretung der Gesellschaft befugten Personen die Gesellschaft allein oder nur gemeinschaftlich vertreten können". Doch ist die sich aus § 10 Abs. 1 Satz 2 GmbHG ergebende Eintragungspflicht nicht auf diese Angaben beschränkt. Erforderlich ist vielmehr eine **gemeinschaftskonforme Auslegung**.[106] Die Richtlinie soll, wie der EuGH durch Urteil vom 12. 11. 1974[107] formuliert hat, die Rechtssicherheit in den Beziehungen zwischen der Gesellschaft und Dritten im Hinblick auf eine Intensivierung des Geschäftsverkehrs zwischen den Mitgliedstaaten nach der Schaffung des Gemeinsamen Marktes gewährleisten. Jedermann soll aus dem Handelsregister selbst ersehen können, welche Vertretungsbefugnis den für die Gesellschaft Handelnden zusteht. Da „alle einschlägigen Angaben ausdrücklich" im Register aufgeführt werden müssen,[108] ist auch die Befreiung vom Verbot des Insichgeschäfts, die sich als Erweiterung des Umfangs der Vertretungsmacht darstellt,[109] einzutragen. Der Rechtsverkehr und damit zugleich der Gläubiger[110] wird gewarnt, daß die organschaftliche Vertretungsbefugnis erweitert ist, Vermögen zwischen Gesellschaft und Gesellschafter verlagert und „die rechtliche Zuordnung bewußt unklar gehalten werden kann"[111] und es dem Geschäftsführer möglich ist, Vermögenswerte kurzfristig und unerkennbar dem Zugriff zu entziehen.[112]

43   Die Eintragung der Befreiung vom Verbot des § 181 BGB ist auch deshalb erforderlich, weil die Vertretung einer Gesellschaft im Fall der Interessenskollision **in den nationalen Rechten unterschiedlich geregelt ist**.[113] Der Bürger eines Mitgliedstaates wird in der Regel allenfalls die Rechtsvorschriften des eigenen Landes und nicht die der anderen Mitgliedstaaten kennen.[114]

44   Die Vertretungsbefugnis der Geschäftsführer, der Mitglieder des Vorstandes, der persönlich haftenden Gesellschafter der KGaA sowie bei Kreditinstituten der gerichtlich bestellten vertretungsbefugten Personen **ist in Spalte 6 des Handelsregisters Abteilung B einzutragen**. Anzumelden und einzutragen ist etwa: Der Geschäftsführer ... ist befugt, die Gesellschaft bei der Vornahme von Rechtsgeschäften mit sich selbst (oder als Vertreter eines Dritten) uneingeschränkt zu vertreten.[115] Dem Sinn der Richtlinie würde die Eintragung, „der Geschäftsführer ... ist von den Beschränkungen des § 181 befreit", zuwiderlaufen, weil sie in der Regel nur dem inländischen Juristen etwas sagt.

45   Die *generelle* Befreiung des Geschäftsführers von den Beschränkungen des § 181 BGB ist in das Handelsregister einzutragen (RdNr. 41 ff.). Das gilt auch für die **eingeschränkte Befreiung** (zB für eine bestimmte Gruppe von Rechtsgeschäften wie etwa bestimmte Grundstücksgeschäfte, für Rechtsgeschäfte mit einzelnen Dritten, für die Befreiung unter der Einschränkung, daß sie nicht mehr für Geschäfte ab einem bestimmten Wert gilt). Einzutragen sind dann unter genauer Bezeichnung des Umfangs der Befreiung alle die Befreiungen, „denen Bedeutung über den Einzelfall hinaus auch für künftige Geschäfte zukommt", wobei der Umfang der Befreiung ohne Belang für die Eintragungs-

---

[106] BGHZ 87, 59, 61; Staub/*Hüffer* RdNr. 34; Rowedder/*Rittner* § 10 RdNr. 13.
[107] EuGHE 1974, 1201, 1207 = BB 1974, 1500.
[108] EuGHE 1974, 1201, 1207.
[109] BGHZ 87, 59, 62; *Bühler* DNotZ 1983, 588, 593; *Boesebeck* NJW 1961, 481, 485.
[110] BGHZ 56, 97, 104; 87, 59, 62; BayObLGZ 1979, 182, 185; kritisch insoweit *Bühler* DNotZ

1983, 588, 593; *Kanzleiter* Rpfleger 1984, 1, 4; *ders.* DNotZ 1983, 636, 637.
[111] BGHZ 87, 59, 62.
[112] OLG Frankfurt BB 1983, 146, 147.
[113] BayObLGZ 1979, 182, 185.
[114] EuGHE 1974, 1201, 1207.
[115] BayObLGZ 1979, 182, 185; Keidel/*Schmatz*/*Stöber* Registerrecht, 5. Aufl. 1991, RdNr. 734 d.

pflicht ist.[116] Ausgenommen ist nur die Befreiung für ein einziges konkretes Rechtsgeschäft[117] oder auch für mehrere konkrete Rechtsgeschäfte.[118] Es trifft nicht zu, daß das Gesetz in das Handelsregister nur typisierte und umfassende Vertetungsregelungen aufnehmen will.[119] Richtig ist allerdings, daß die Aufnahmekapazität des Handelsregisters begrenzt ist und im Fall erheblicher Erweiterungen die Gefahr zumindest teilweiser Unübersichtlichkeit besteht, was mit der Funktion des Registers schlecht vereinbar wäre. Doch wird in der Praxis die Befreiung in aller Regel in vollem Umfang gewährt,[120] differenzierende Befreiungen sind die Ausnahme.[121] Der Vorschlag *Kanzleiters,*[122] bei umfangreichen und komplizierten Befreiungsregelungen in das Register nur eine zusammenfassende Angabe einzutragen und im übrigen auf die Einzelheiten der gesellschaftsvertraglichen Regelung zu verweisen, hilft nicht weiter, weil sich die Vertretungsbefugnis, soweit sie einzutragen ist, gerade aus dem Register selbst ohne Zuhilfenahme der Registerakten ergeben muß (RdNr. 47). Denn der Sinn des Handelsregisters liegt nicht zuletzt darin, **schnell und sicher Auskunft zu geben.** Dem Publikum aber muß in der Praxis nicht selten deshalb die Einsicht in die Akten verwehrt werden, weil sie sich beim Richter, Rechtspfleger oder Schreibdienst befinden, was häufig nicht gleich klärbar ist.

Bedingte und befristete Vertretungsregelungen können unter der Voraussetzung eingetragen werden, daß der Eintritt der Bedingung oder Befristung aus dem Handelsregister folgt oder offenkundig ist.[123] **46**

In das Handelsregister muß immer so eingetragen werden, daß sich **die Zulässigkeit des Selbstkontrahierens vollständig aus dem Handelsregister ergibt.** So kann etwa nicht eingetragen werden, daß der Geschäftsführer dann von den Beschränkungen des § 181 BGB befreit sein soll, wenn er alleiniger Gesellschafter ist. Denn das Handelsregister schweigt über die Zahl der Gesellschafter einer GmbH, und etwa dem Gericht vorliegende oder eingereichte Urkunden genügen nicht,[124] ebenso nicht in den Registerakten befindliche Urkunden.[125] Ebenso ist nicht eintragungsfähig, daß die Gesellschafterversammlung einzelne oder alle Geschäftsführer von den Beschränkungen des § 181 befreien *kann.* Denn nach den §§ 8 Abs. 4, 10 Abs. 1 Satz 2 GmbHG ist anzumelden und einzutragen, welche Vertretungsbefugnis die Geschäftsführer *haben,* nicht aber, welche Befugnis sie *haben können.*[126] Die angeführten Satzungsbestimmungen haben aber als abstrakte Regelungen Bestand. Wird dem Register gegenüber der Nachweis geführt, daß der Geschäftsführer auch alleiniger Gesellschafter ist oder die Gesellschafterversammlung einen Geschäftsführer von den Beschränkungen des § 181 befreit hat, ist das nunmehr das Handelsregister einzutragen.[127] **47**

Dem Geschäftsführer können **Rechtsgeschäfte mit sich selbst von vornherein im Gesellschaftsvertrag oder nachträglich durch Änderung der Satzung gestattet werden.**[128] Durch einfachen Gesellschafterbeschluß kann der Geschäftsführer von den Beschränkungen des § 181 BGB nur befreit werden, wenn das der Gesellschaftsvertrag so **48**

---

[116] Hachenburg/*Ulmer* § 10 RdNr. 12; im Ergebnis ebenso Scholz/*Winter* § 10 RdNr. 13; Keidel/*Schmatz*/*Stöber* Registerrecht (Fn. 114) RdNr. 734 b; *Bühler* DNotZ 1983, 588, 593; *Bärwaldt* Rpfleger 1990, 102; *Kanzleiter* Rpfleger 1984, 1, 4 will jeweils darauf abstellen, ob im Hinblick auf den Gläubigerschutzgedanken ein Publizierungsbedürfnis besteht.

[117] *Bühler* DNotZ 1983, 588, 593.

[118] *Kanzleiter* Rpfleger 1984, 1, 4.

[119] So aber LG Berlin Rpfleger 1981, 310; vgl. auch *Gustavus* Handelsregisteranmeldungen B § 181 BGB Nr. 2.

[120] *Bühler* DNotZ 1983, 588, 592.

[121] *Kanzleiter* Rpfleger 1984, 1, 4.

[122] Rpfleger 1984, 1, 4.

[123] *Kanzleiter* Rpfleger 1984, 1, 3; Hachenburg/*Ulmer* § 10 RdNr. 10.

[124] BGHZ 87, 59, 63; OLG Frankfurt BB 1984, 238, 239; Scholz/*Winter* § 10 RdNr. 12.

[125] *Bühler* DNotZ 1983, 588, 593.

[126] OLG Frankfurt BB 1984, 238; OLG Frankfurt GmbHR 1988, 65, 66; OLG Karlsruhe BB 1984, 238, in der Formulierung aber insoweit unglücklich, als es heißt, die Bestimmung „brauche" nicht eingetragen zu werden: sie darf es nicht; ähnlich BayObLG BB 1982, 577.

[127] So im Ergebnis BayObLG Rpfleger 1982, 188, 189 aE; aA BGHZ 87, 59, 62.

[128] BGHZ 87, 59, 60.

vorsieht.[129] Zur Vermeidung von Mißverständnissen ist aber auf Folgendes hinzuweisen: wird die Satzungsänderung gemäß den §§ 53, 54 GmbHG notariell beurkundet und zur Eintragung in das Handelsregister angemeldet, ist zu differenzieren. Auf die Anmeldung der Satzungsänderung selbst wird in Spalte 6 eingetragen: „Durch Beschluß des Gesellschafterversammlung vom . . . ist der Gesellschaftsvertrag in § X (Befreiung von dem Verbot des § 181 BGB) geändert/ergänzt worden". Nun stellt sich die Frage, ob auf die gleichzeitige oder nachfolgende Anmeldung, der Geschäftsführer Y sei von den Beschränkungen des § 181 BGB befreit, das Registergericht eine zusätzliche Eintragung vorzunehmen hat. Geht es insoweit von einer eintragungspflichtigen Tatsache aus, trägt es in Spalte 6 zusätzlich ein: „Der Geschäftsführer . . . ist befugt, die Gesellschaft bei der Vornahme von Rechtsgeschäften mit sich selbst uneingeschränkt zu vertreten" (RdNr. 44). Es ist also nicht so, daß schon die Notwendigkeit einer Eintragung, um die Satzungsänderung nach § 54 Abs. 3 GmbHG herbeizuführen, allein auch die Annahme rechtfertigt, die Befreiung von den Beschränkungen des § 181 BGB stelle sich damit gleichfalls als eintragungsbedürftige Tatsache dar.[130]

49   Auch für den **vertretungsberechtigten Gesellschafter einer Personengesellschaft** ist die Befreiung vom Verbot des Selbstkontrahierens in das Handelsregister einzutragen (Anmelde- und Eintragungspflicht).[131] Bei der Erweiterung der organschaftlichen Vertretungsmacht durch Gestattung des Selbstkontrahierens wird dem Schutzbedürfnis des Rechtsverkehrs nur dann genügt, wenn die Erlaubnis – und zwar immer – offenbart wird. Die Befreiung muß, ebenso wie bei dem Geschäftsführer der GmbH, auch bei den Personenhandelsgesellschaften dem Handelsregister zu entnehmen sein. **Auch die dem Prokuristen** in dieser Eigenschaft **erteilte Befreiung** vom Verbot des Selbstkontrahierens ist eintragungsfähig und eintragungspflichtig.[132]

50   **dd) Eintragung der Prokura mit „Immobiliarklausel".** Die dem Prokuristen im Fall des § 49 Abs. 2 erteilte Befugnis zur Veräußerung und Belastung von Grundstücken ist Inhalt (Erweiterung) der Prokura und nicht eine neben der Prokura erteilte besondere Vollmacht.[133] Darüber, ob die Erweiterung einzutragen ist, schweigt das Gesetz. Doch muß nach außen hin sichtbar gemacht werden, daß die gesetzliche Regelbefugnis erweitert worden ist.[134] Es handelt sich um eine anmelde- und eintragungspflichtige Tatsache, deren Anmeldung nach § 14 erzwungen werden kann.[135]

51   **ee) Fortsetzung der aufgelösten OHG oder KG.** Es entspricht hM, daß die Abwicklungsgesellschaft einer aufgelösten OHG oder KG entsprechend den §§ 134, 137, 139, 144 während der Liquidation (oder anderen Auseinandersetzung nach § 158) bis zur Vollbeendigung durch einstimmigen Fortsetzungsbeschluß ihrer Gesellschafter – der Gesellschaftsvertrag kann auch einen Mehrheitsbeschluß genügen lassen – wieder zur werbenden Gesellschaft werden kann.[136] Die Fortsetzung der Gesellschaft ist von allen Gesellschaftern entsprechend § 144 Abs. 2 anzumelden.[137] Denn es liegt im öffentlichen Interesse, die

[129] BayObLGZ 1982, 41; OLG Zweibrücken OLGZ 1983, 36; BayObLG DB 1984, 1517.

[130] Anders wohl *Hüffer* RdNr. 34.

[131] Vgl. für den Komplementär der KG OLG Hamburg BB 1986, 1255; OLG Hamm MDR 1983, 673, aber mit der Einschränkung, daß keine Eintragungspflicht besteht; LG Augsburg Rpfleger 1983, 28; aA LG Berlin Rpfleger 1982, 427 mit der nicht zutreffenden Begründung, das Gesetz lasse die Eintragung nicht zu.

[132] BayObLGZ 1980, 196, 201; OLG Hamm MDR 1983, 673 aber mit der Maßgabe, daß keine Eintragungspflicht besteht, sich zu Unrecht auf BayObLGZ 1980, 195 beziehend.

[133] Vgl. KG RJA 9, 159, 162.

[134] BayObLGZ 1971, 55, 56 = NJW 1971, 810 mit eingehenden Nachweisen; Staub/*Hüffer* RdNr. 32; Baumbach/*Hopt* RdNr. 4; Heymann/*Sonnenschein/Weitemeyer* RdNr. 10; *Canaris* § 4 I 2 a; Keidel/*Schmatz/Stöber* Registerrecht, 5. Aufl. 1991, RdNr. 17 b.

[135] Keidel/*Schmatz/Stöber* Registerrecht, 5. Aufl. 1991, RdNr. 73.

[136] RGZ 106, 63, 67; BGHZ 1, 324, 327; *A. Hueck,* Das Recht der OHG, 4. Aufl. 1971, § 23 V; Keidel/*Schmatz/Stöber* Registerrecht, 5. Aufl. 1991, RdNr. 257; Staub/*Hüffer* RdNr. 36.

[137] Keidel/*Schmatz/Stöber* Registerrecht, 5. Aufl. 1991, RdNr. 257.

Rückumwandlung einer Liquidationsgesellschaft in eine werbende Gesellschaft stets, und nicht nur im Fall der Auflösung durch Konkurs gemäß § 144, zu offenbaren.[138] Ist die Anmeldung erfolgt, ist nach § 40 Nr. 5 Abs. 2 f HRV einzutragen.[139] In das Register eingetragen wird, daß die Gesellschafter die Fortsetzung der Gesellschaft beschlossen haben und die Gesellschaft als Erwerbsgesellschaft weiterbetrieben wird.

ff) Vor-GmbH & Co. KG. Eine Vor-GmbH kann persönlich haftende Gesellschafterin **52** seiner KG sein, obwohl vor Eintragung in der Regel die kapitalmäßigen Eintragungsvoraussetzungen durch das Registergericht noch nicht geprüft sind.[140] Aus der Komplementärfähigkeit der Vor-GmbH folgt, daß sie auch als persönlich haftende Gesellschafterin in das Handelsregister Abteilung A eingetragen werden kann,[141] und zwar richtigerweise zusatzlos unter dem Namen der späteren GmbH, sondern mit dem Zusatz „in Gründung" oder ähnlich.[142] Wird die GmbH später eingetragen, so soll die Komplementär-Angabe in Abteilung A des Registers bei der KG zu „berichtigen" sein, damit der nicht mehr zutreffende Zusatz „in Gründung" entfällt.[143] Das mag für das Grundbuch richtig sein, trifft aber nicht auf das Handelsregister zu, wo das Gericht nur ganz ausnahmsweise von Amts wegen tätig werden darf. Vielmehr muß angemeldet werden, daß zufolge der Eintragung der Zusatz „in Gründung" entfallen ist. Es gelten insoweit die Grundsätze der nachträglichen Veränderung von im Handelsregister vermerkten Personalien.[144]

gg) Die ausländische Kapitalgesellschaft & Co. (KG). Ausnahmsweise sind in Abtei- **53** lung A bei der ausländischen Komplementärin auch deren Vertretungsberechtigte und der Umfang ihrer Vertretungsmacht einzutragen. Das BayObLG wendet insoweit § 33 Abs. 2 Satz 2 analog an,[145] während *Grothe* § 13 b alter Fassung (entspricht dem heutigen § 13 d) und § 44 AktG alter Fassung (Zweigniederlassungen von Gesellschaften mit ausländischem Sitz; anzumelden war danach auch die Zusammensetzung des Vorstands und die Vertretungsbefugnis der Vorstandsmitglieder) als analogiefähige Normen einsetzt.[146] Auf § 19 RdNr. 75 wird Bezug genommen. Auf jeden Fall ist hier die Eintragung nach Sinn und Zweck des Registers geboten.

hh) Sonstige anmelde- und eintragungspflichtige Tatsachen. Bei der Eintragung **der 54 abgeleiteten Firma eines Einzelkaufmanns** sind, wenn die Firma bisher nicht im Handelsregister eingetragen war (§ 22 RdNr. 38), die der Firmenfortführung zugrundeliegenden Rechtsvorgänge in der Spalte „Rechtsverhältnisse" einzutragen.[147] So müssen zugleich die Firma (§ 29) und der Inhaberwechsel (die Fortführung, § 31) sowie gegebenenfalls eine Änderung der Firma angemeldet und in das Register eingetragen werden (vgl. auch *Lieb* § 29 RdNr. 8). Ist ein **Kommanditanteil durch Gesamtrechtsnachfolge auf einen neuen Kommanditisten übergegangen,** so ist im Handelsregister ein besonderer, auf die Rechtsnachfolge hinweisender Vermerk einzutragen, ebenso im Fall der Sonderrechtsnachfolge, sofern die Beteiligten versichern, daß der Ausscheidende für die von ihm aufgegebenen Rechte keine Abfindung gewährt oder versprochen erhalten hat.[148]

ii) Nicht eintragungsfähige Tatsachen sind u. a. der **Unternehmensgegenstand einer 55 OHG oder KG,** soweit er sich nicht bereits aus der Firma ergibt;[149] ein **Nacherbenver-**

[138] *A. Hueck* (Fn. 135) § 23 V Fn. 46 a.
[139] Keidel/*Schmatz*/*Stöber* Registerrecht, 5. Aufl. 1991, RdNr. 257.
[140] BGHZ 80, 129 = NJW 1981, 1373.
[141] BGH NJW 1985, 736, 737.
[142] BGH NJW 1985, 736, 737 (anders noch BGHZ 45, 338, 348 für die Grundbucheintragung); *Ulmer* ZGR 1981, 593, 617.
[143] *Ulmer* ZGR 1981, 593, 617; Hachenburg/*Ulmer* § 11 RdNr. 136.
[144] Vgl. auch Staub/*Hüffer* RdNr. 37.
[145] BayObLGZ 1986, 61, 72.

[146] *Grothe,* Die „ausländische Kapitalgesellschaft & Co.", 1989, S. 260 ff.; vgl. auch *Bokelmann* DStR 1991, 945, 951; *ders.,* Zur Entwicklung des deutschen Firmenrechts unter dem Aspekt des EG-Vertrages, ZGR 1994, 325, 337 ff.
[147] BayObLGZ 1978, 182, 185 f.
[148] RG DNotZ 1944, 195, 196; OLG Köln DNotZ 1953, 435 gegen KG DNotZ 1943, 300; AG Charlottenburg DNotZ 1988, 519 mit abl. Anm. *Bokelmann* S. 522 ff.
[149] KG JW 1934, 1730; Staub/*Hüffer* RdNr. 39; Baumbach/*Hopt* RdNr. 5; Schlegelberger/*Hildebrandt*/*Steckhan* RdNr. 17.

merk;[150] nach hM die Anordnung einer **Testamentsvollstreckung**.[151] Einzutragen ist aber der Testamentsvollstrecker, der ein Handelsgeschäft im eigenen Namen führt. Er wird nicht eingetragen, weil er Testamentsvollstrecker ist, sondern deshalb, weil er nach außen als Inhaber des Geschäfts auftritt.[152] Die hM ist nicht unbedenklich. Ihr ist zu folgen, soweit es um die Testamentsvollstreckung an dem Anteil eines unbeschränkt persönlich haftenden Gesellschafters einer OHG oder KG geht, weil die Testamentsvollstreckung hier unzulässig ist.[153] Dagegen ist sie **über einen Kommanditanteil zulässig**, sofern alle Gesellschafter einverstanden sind,[154] und es ist ein Testamentsvollstreckervermerk in das Handelsregister einzutragen;[155] nicht eintragungsfähig ist auch die **gesetzliche Vertretung eines Minderjährigen** und die **Entmündigung des Firmeninhabers**;[156] **güterrechtliche Beschränkungen**;[157] Beschränkungen der Vertretungsmacht einzelner Miterben bei ungeteilter Erbengemeinschaft;[158] nach hM sind nicht eintragungsfähig auch **handelsrechtliche Vollmachten** außer Prokura,[159] und zwar auch dann nicht, wenn die Handlungsvollmacht zur gemeinsamen Vertretung mit einem Prokuristen berechtigt.[160] Entgegen der hM sollte die Erteilung einer Generalvollmacht durch einen Vollkaufmann in Analogie zu § 53 HGB anmelde- und eintragungspflichtig sein, um Gesetzesumgehungen zu verhindern;[161] nicht eintragungsfähig ist die Bestimmung im Gesellschaftsvertrag, daß mehrere Kommanditisten ihre Rechte nur durch einen gemeinsamen Vertreter wahrnehmen können.[162]

V. Die Prüfung durch das Registergericht

56   **1. Die Prüfung der formellen Voraussetzungen.** Das Registergericht ist berechtigt und verpflichtet, sämtliche Eintragungsvoraussetzungen in formeller und materieller Hinsicht zu prüfen (RdNr. 8). Zunächst sind die formellen Voraussetzungen zu untersuchen. Das folgt aus der allgemeinen Pflicht, ein ordnungsgemäßes Verfahren einzuhalten.[163] Eintragungen im Handelsregister **setzen in der Regel eine Anmeldung voraus** (RdNr. 29). Nur ausnahmsweise wird von Amts wegen eingetragen (vgl. auch RdNr. 15).[164] Das Registergericht hat ferner **seine sachliche und örtliche Zuständigkeit** (RdNr. 16 ff.) festzustellen[165] und zu prüfen, ob die zur Anmeldung verpflichteten oder berechtigten Personen angemeldet haben, ob die Anmeldung alle erforderlichen Angaben und Erklärungen (zB nach § 8 Abs. 2 bis 4 GmbHG) enthält, ob die Vertretungsmacht eines Vertreters bei der Anmeldung nachgewiesen ist, ob **die Form der Anmeldung nach § 12 Abs. 1** und seiner Vollmacht zur Anmeldung nach § 12 Abs. 2 Satz 1 gewahrt ist und schließlich, ob für den Rechtsnachfolger eines Beteiligten die Rechtsnachfolge gemäß § 12 Abs. 2 Satz 2 dargetan ist.[166] Ferner muß die **angemeldete Tatsache eintragungsfähig sein** (RdNr. 26 ff.), was zB für die Befreiung der GmbH-Geschäftsführers vom Verbot des Selbstkontrahierens

---

[150] OLG München JFG 22, 89; Heymann/*Sonnenschein/Weitemeyer* RdNr. 11; *Staub/Hüffer* RdNr. 39.

[151] RGZ 132, 138; Staub/*Hüffer* RdNr. 39; Heymann/*Sonnenschein/Weitemeyer* RdNr. 11.

[152] RGZ 132, 138, 142; BGHZ 12, 100, 102.

[153] RGZ 170, 392, 394; BGHZ 24, 106, 112 f.; kritisch Schlegelberger/*Karsten Schmidt* § 139 RdNr. 51.

[154] BGHZ 108, 187 ff.

[155] Schlegelberger/*Karsten Schmidt* § 139 RdNr. 50, § 177 RdNr. 34; *Ulmer,* Testamentsvollstreckung am Kommanditanteil – Voraussetzungen und Rechtsfolgen, NJW 1990, 73, 82; *Reimann* DNotZ 1990, 190, 194, aA KG WuB IV E. § 177 HGB 1.96 mit ablehn. Anm. *Bokelmann.*

[156] Schlegelberger/*Hildebrandt/Steckhan* RdNr. 17; Heymann/*Sonnenschein/Weitemeyer* RdNr. 11; Staub/*Hüffer* RdNr. 39.

[157] RG JW 1906, 405; Staub/*Hüffer* RdNr. 39, Schlegelberger/*Hildebrandt/Steckhan* RdNr. 17; Heymann/*Sonnenschein/Weitemeyer* RdNr. 11.

[158] KG RJA 9, 159; 15, 51; Heymann/*Sonnenschein/Weitemeyer* RdNr. 11.

[159] KGJ 29 A 91; KG RJA 9, 159, 162; Staub/*Hüffer* RdNr. 39, Baumbach/*Hopt* RdNr. 5.

[160] KG RJA 17, 102.

[161] *Canaris* § 4 I 2 b.

[162] OLG Hamm MDR 1952, 549.

[163] Staub/*Hüffer* RdNr. 52; Heymann/*Sonnenschein/Weitemeyer* RdNr. 13.

[164] *Keidel*/Schmatz/*Stöber* Registerrecht, 5. Aufl. 1991, RdNr. 18; Keidel/*Kuntze/Winkler* FGG § 127 RdNr. 2, 19.

[165] Staub/*Hüffer* RdNr. 52; Heymann/*Sonnenschein/Weitemeyer* RdNr. 13.

[166] *Keidel*/Schmatz/*Stöber* Registerrecht (Fn. 164) RdNr. 27 a; Keidel/*Kuntze/Winkler* FGG § 127 RdNr. 3 ff.

heute zu bejahen ist (RdNr. 41 ff.). **Fehlt es an der Eintragungsfähigkeit, ist die Eintragung abzulehnen.**[167]

Zu prüfen ist ferner, ob **alle der Anmeldung beizufügenden Anlagen** (Gesell- **57** schaftsvertrag, Liste der Gesellschafter, behördlicher Genehmigungen) **vorliegen.**[168] Schließlich ist Gegenstand der Prüfung in formeller Hinsicht die Erteilung und das Wirksamwerden einer nötigen vormundschaftsgerichtlichen Genehmigung.[169]

Die **Zeichnung einer Firma oder Namensunterschrift** ist nach § 12 in öffentlich be- **58** glaubigter Form einzureichen. Doch handelt es sich insoweit um **eine selbständige Verpflichtung,** die nicht Bestandteil der Anmeldung und nicht Eintragungsvoraussetzung ist. So darf zB die Eintragung einer OHG in das Handelsregister nicht davon abhängig gemacht werden, daß die vertretungsberechtigten Gesellschafter die Firma und ihre Namensunterschrift zur Aufbewahrung bei Gericht zeichnen. Die Zeichnung muß gesondert, notfalls durch Festsetzung von Zwangsgeld nach § 14 durchgesetzt werden.[170]

2. Die Prüfung der Eintragungsvoraussetzungen in materieller Hinsicht. Das Regi- **59** stergericht muß die Eintragungsvoraussetzungen für eine begehrte Eintragung ermitteln und prüfen, ob sie vorliegen. **Denn die Frage nach formeller und materieller Prüfungskompetenz des Registergerichts ist identisch mit der Frage nach den Eintragungsvoraussetzungen.** (RdNr. 11). Prüfungsrecht und Prüfungspflicht entsprechen einander. Zwischen beiden darf nicht differenziert werden, das Prüfungsrecht geht nicht weiter als die Prüfungspflicht.[171] Zwar ist richtig, daß der Registerrichter de facto alles prüfen kann und niemand ihn zu hindern vermag, den Gesellschaftsvertrag „mehr oder minder intensiv zu lesen".[172] Doch ist das kein Argument gegen die Entsprechung von Prüfungsrecht und Prüfungspflicht. Denn **die rechtlich relevante Prüfungskompetenz,** auf die allein es ankommt, endet dort, wo das Registergericht mehr als die erforderlichen Eintragungsvoraussetzungen prüft **und hiervon die Eintragung abhängig macht.** Die Prüfungspflicht des Registergerichts vermindert sich nicht deswegen, weil ein Notar eingeschaltet ist,[173] der in eigener Verantwortung die rechtliche Wirksamkeit der von ihm beurkundeten Erklärungen zu prüfen und Zweifel ausdrücklich zu vermerken hat (§ 17 BeurkG). Zwar beurkundet der Notar in der Regel sorgfältig entsprechend den gesetzlichen Vorschriften. Doch muß das nicht so sein, weshalb das Gericht zu eigener Prüfung aufgerufen ist, ob der Notar sorgfältig gearbeitet hat.[174]

a) Der Gegenstand der Prüfung. Die registerrechtliche Kontrolle umfaßt Rechtmäßig- **60** keit **und inhaltliche Richtigkeit des Eintragungsgegenstandes.**[175] Das Gericht muß etwa prüfen, ob ein einzutragender Beschluß sachlich-rechtlich Bestand hat.[176] Denn das Handelsregister gibt nicht nur den Inhalt der Anmeldung wieder (RdNr. 8). Zum Schutz des Rechtsverkehrs sollen unrichtige Eintragungen vermieden werden. In diesem Rahmen hat der Registerrichter auch die Rechtsgültigkeit eines Gesellschaftsvertrages zu prüfen.[177] Zwar ist zunächst nur eine Plausiblitätsprüfung (zu dem Umfang der Prüfung RdNr. 68 f.) erforderlich, doch setzt die Prüfungspflicht nicht erst ein, wenn Zweifel an den Angaben bestehen.

---

[167] RGZ 85, 138, 141; KGJ 29 A 213, 217; 35 A 152, 154; Staub/*Hüffer* RdNr. 19.
[168] Vgl. näher Keidel/*Kuntze/Winkler* FGG, Vor § 125 RdNr. 20, § 127 RdNr. 20; *Keidel*/Schmatz/ *Stöber* Registerrecht (Fn. 164) RdNr. 27 a; *Stöber,* Der minderjährige Gesellschafter einer offenen Handelsgesellschaft oder Kommanditgesellschaft, Rpfleger 1968, 2, 11.
[169] Staub/*Hüffer* RdNr. 52; Hachenburg/*Ulmer* § 9 c RdNr. 23.
[170] KGJ 37 A 138; BayObLGZ 1965, 124, 127; *Keidel*/Schmatz/*Stöber* Registerrecht (Fn. 164) RdNr. 27 a; Baumbach/*Hopt* § 29 RdNr. 3.

[171] Bericht des Rechtsausschusses, BT-Drucksache 8/3908. S. 72; Scholz/*Winter* § 9 c RdNr. 5; Hachenburg/*Ulmer* § 9 c RdNr. 7.
[172] Lutter/*Hommelhoff* § 9 c RdNr. 8.
[173] So aber Lutter/*Hommelhoff* § 9 c RdNr. 8.
[174] Wie hier Scholz/*Winter* § 9 c RdNr. 9.
[175] Hachenburg/*Ulmer* § 9 c RdNr. 9; Heymann/*Sonnenschein/Weitemeyer* RdNr. 16.
[176] OLG Hamburg BB 1984, 1763, 1764; BayObLG BB 1991, 2103 f.
[177] BayObLG BB 1991, 1729, 1730.

61 Schweigt das Gesetz über die Prüfungspflicht, gebietet es aber die Anmeldung einer Tatsache zur Eintragung in das Handelsregister, so ist Eintragungsvoraussetzung jedenfalls die sachliche Richtigkeit der Anmeldung, die der Prüfung durch das Registergericht unterliegt. **Umstände, welche die sachliche Richtigkeit nicht berühren, haben außer Betracht zu bleiben.** Beispiel: nach § 53 ist die Erteilung der Prokura zum Handelsregister anzumelden und einzutragen. Die Prokura muß eingetragen werden, wenn sie besteht, dh. nach außen wirksam ist.[178] Soweit nach § 46 Ziffer 7 GmbHG die Gesellschafter über die Bestellung der Prokuristen bestimmen, ist nur das Innenverhältnis angesprochen. Die Prokura erteilt dagegen der Geschäftsführer als vertretungsberechtigtes Organ § 35 GmbHG. Die Erteilung ist auch dann wirksam, wenn ein entsprechender Gesellschafterbeschluß fehlt.[179] Entsprechendes gilt für die Aktiengesellschaft. Der Vorstand bestellt die Prokuristen. Zwar kann die Satzung die Prokuraerteilung an die Zustimmung des Aufsichtsrates binden, § 111 Abs. 4 Satz 2 AktG. Doch kommt dem nur Bedeutung für das Innenverhältnis zu. Auch ohne Zustimmung ist die Prokura wirksam erteilt. Der Registerrichter hat daher für den Regelfall nicht zu prüfen, ob die Zustimmung vorliegt.[180] Anders ist das aber dann, wenn Anhaltspunkte dafür vorliegen, **daß die organschaftliche Vertretungsmacht mißbraucht worden ist.** Der Registerrichter muß dem nachgehen, weil die erteilte Prokura wegen Mißbrauchs der Vertretungsmacht unwirksam sein kann.[181]

62 Die Prüfungskompetenz des Registergerichts erfährt ihre Rechtfertigung und Begrenzung durch die Normen des formellen und materiellen Rechts. Mehr als sie voraussetzen, darf auch das Registergericht nicht fordern. Hält das Registergericht **eine Satzungsbestimmung nur für unangemessen, nicht aber unwirksam,** so darf es deshalb nicht die Eintragung der Gesellschaft ablehnen, ebenso dann nicht, wenn eine Regelung einen möglichen Konflikt uU nicht wird interessengerecht lösen können. Sieht zB die Satzung einer GmbH für den Fall des Ausscheidens oder des Ausschlusses eines Gesellschafters ein Abfindungsguthaben nach dem vollen Verkehrswert vor, schiebt sie aber die Fälligkeit auf längstens sechs Jahre ohne Zinsen hinaus, so ist diese Regelung nicht wegen Sittenwidrigkeit, Rechtsmißbrauchs oder unzulässiger Austrittserschwerung[182] unwirksam, und die Eintragung darf nicht verweigert werden.[183]

63 Verletzt ein Gesellschaftsvertrag oder eine Satzung kein zwingendes Recht, so ist das Registergericht auch **nicht befugt, eine Anmeldung mit der Begründung zurückzuweisen oder zu beanstanden,** eine Bestimmung sie unzweckmäßig oder bedenklich.[184] Der Grundsatz der Vertragsfreiheit würde beeinträchtigt[185] und in unzulässiger Weise in den grundgesetzlich geschützten Kernbereich der Vereinigungsfreiheit nach Art. 9 Abs. 1 GG eingegriffen.[186] Der Schutz des Grundrechts umfaßt auch für Vereinigungen „die Selbstbestimmung über die eigene Organisation, das Verfahren ihrer Willensbildung und die Führung ihrer Geschäfte".[187] *Wiedemann* hat zu Recht angemerkt, die Vereinigungsfreiheit umfasse auch das Recht der Mitglieder zur Ausgestaltung ihrer gegenseitigen Rechtsbeziehungen.[188] Erst recht kann **die Eintragung nicht von redaktioneller Verbesserung der Satzung abhängig gemacht werden.**[189]

[178] RGZ 134, 303, 307; KG JW 1925, 268, 269; BGHZ 62, 166, 169.

[179] RGZ 86, 262, 265; Hachenburg/*Hüffer* GmbHG § 46 RdNr. 81; Rowedder/*Koppensteiner* § 46 RdNr. 30, jeweils mit weiteren Nachweisen.

[180] BGHZ 62, 166, 169.

[181] Scholz/*Karsten Schmidt* GmbHG § 46 RdNr. 127, 132; KK/*Mertens* § 78 RdNr. 75, § 82 RdNr. 45; vgl. auch Rowedder/*Koppensteiner* § 46 RdNr. 30; aA Baumbach/Hueck/*Zöllner* § 46 RdNr. 36 und Hachenburg/*Hüffer* § 46 RdNr. 81, die auch bei „evidentem Mißbrauch" wirksame Prokuraerteilung und damit zwingende Eintragung durch das Registergericht ohne Recht auf Prüfung und Eintragungsverweigerung annehmen.

[182] Näher *Ulmer*, Wirksamkeitsschranken gesellschaftsvertraglicher Abfindungsklauseln, NJW 1979, 81, 82.

[183] BayObLGZ 1982, 368, 372.

[184] OLG Stuttgart GmbHR 1967, 232; BayObLGZ 1974, 479, 483; 1982, 368, 373; BayObLG BB 1993, 88, 89; OLG Köln NJW 1992, 1048; *Groß*, Zum Prüfungsrecht des Registerrichters bei GmbH-Verträgen, Rpfleger 1976, 235, 237.

[185] OLG Köln GmbHR 1982, 187, 188.

[186] BayObLGZ 1982, 368, 373.

[187] BVerfGE 50, 290, 354.

[188] *Wiedemann* § 12 I 3 b aa.

[189] OLG Köln GmbHR 1982, 187.

Im Ansatzpunkt trifft es zwar zu, daß das Registergericht einen Gesellschaftsvertrag nur 64 auf die zwingenden gesetzlichen Anforderungen an seine Wirksamkeit überprüfen darf, **nicht dagegen auf inhaltliche Klarheit.**[190] Anderes gilt aber dann, wenn die Unklarheiten nicht nur das interne Verhältnis der Gesellschafter betreffen, sondern auch außenstehende Dritte in wichtigen Punkten (etwa Vertretungsmacht der Organe oder Kapitalbasis) irreführen können.[191] Das Registergericht hat darauf zu sehen, daß Satzungsbestimmungen, die auch für Dritte Bedeutung haben, in ihrem Inhalt im wesentlichen klar sind und keinen Anlaß zu Zweifeln geben.[192] Rechtfertigung für eine solche Prüfung ist „die Pflicht der vorbeugenden Rechtspflege, die Irreführung Dritter möglichst zu vermeiden".[193]

Ist die Firma ordnungsgemäß gebildet und täuscht sie nicht iS von § 18 Abs. 2, so kann 65 die Eintragung nicht mit der Begründung abgelehnt werden, sie sei so gewählt worden, um Verwechslungen mit der gleichen oder ähnlichen Firma eines bekannten Unternehmens herbeizuführen und hiervon zu profitieren. Denn der Schutz vor unlauterem Wettbewerb oder Warenzeichenverletzungen (Marken) ist nicht Gegenstand des Eintragungsverfahrens einer Firma in das Handelsregister.[194] Es steht nicht im Ermessen des Gerichts, über die für die Eintragung relevanten Umstände hinaus zu prüfen und zu ermitteln.[195]

Das Registergericht **darf auch keine wirtschaftlichen Erwägungen anstellen** und sich 66 nicht mit den **wirtschaftlichen und finanziellen Unternehmensgrundlagen beschäftigen.**[196] Entspricht das Stammkapital (Grundkapital) den gesetzlichen Mindestanforderungen, ist es dem Gericht nicht gestattet zu prüfen, ob dieses Kapital auch ausreicht, um das Unternehmen entsprechend dem Gegenstand des Unternehmens zu betreiben.[197] Das Täuschungsverbot des § 18 Abs. 2 ist in der Regel nicht angesprochen, weil sich aus der Firma unmittelbar nichts über das Kapital der Gesellschaft ergibt und jedermann damit rechnen muß, daß die Gesellschaft mit dem zulässig geringsten Kapital gegründet worden ist. Im übrigen kommt es auf das Betriebskapital an, das mit dem Stammkapital nicht identisch sein muß.[198] Die Kapitalausstattung kann aber dann von Bedeutung sein, wenn die Gesellschaft eine anspruchsvolle Firma für sich in Anspruch nimmt („international", „Europa") und das Registergericht daher das Mindestkapital für eine solche Firmierung nicht als ausreichend ansieht. Nicht selten werden sich aus der Kapitalausstattung einer Gesellschaft Rückschlüsse auf ihre Bedeutung ziehen lassen.[199]

Eine Gegenmeinung erkennt den Grundsatz RdNr. 66 zwar im Prinzip auch an, geht 67 aber von einem „ungeschriebenen Verbot eindeutiger (materieller) Unterkapitalisierung" aus. Reicht der Haftungsfonds der Gesellschaft unter Berücksichtigung der voraussichtlichen Einnahmen **zur Befriedigung der künftigen Gläubiger offensichtlich nicht aus,** so soll die Eintragung der Gesellschaft zu verweigern sein.[200] Das entspricht – abgesehen davon, daß die Grenze „angemessener" Kapitalausstattung nicht präzise feststellbar ist[201] –

[190] OLG Köln GmbHR 1982, 187, 188; BayObLG BB 1985, 545, 546; aA *Groß,* Ordnungsmäßigkeit der Satzung einer GmbH, Rpfleger 1983, 213, 216: widersprüchliche und unklare Regelungen des Gesellschaftsvertrages sind vor der Eintragung zu bereinigen.

[191] KG DR 1942, 1059; BayObLGZ 1971, 242, 245; BayObLG BB 1993, 88, 89; Hachenburg/*Ulmer* § 9 c RdNr. 10; Scholz/*Winter* § 9 c RdNr. 10; GroßkommAktG/*Wiedemann* § 181 RdNr. 26.

[192] Geßler/Hefermehl/*Kropff* § 38 RdNr. 8; aA Rowedder/*Rittner* § 9 c RdNr. 11; wohl auch Lutter/*Hommelhoff* § 9 c RdNr. 12.

[193] Staub/*Hüffer* RdNr. 57.

[194] RGZ 127, 77, 81; Staub/*Hüffer* RdNr. 57; Heymann/*Sonnenschein/Weitemeyer* RdNr. 17.

[195] KGJ 35 A 178, 180; Scholz/*Winter* § 9 c RdNr. 13; Hachenburg/*Ulmer* § 9 c RdNr. 7.

[196] Baumbach/*Hueck* § 9 c RdNr. 4; Scholz/*Winter* § 9 c RdNr. 31, § 5 RdNr. 19 f.; Rowedder/*Rittner* § 9 c RdNr. 18; Staub/*Hüffer* RdNr. 57, 61; KK/*Kraft* § 38 RdNr. 8; grundsätzlich auch Hachenburg/*Ulmer* § 9 c RdNr. 9 und Lutter/*Hommelhoff* § 9 c RdNr. 12, beide aber anders im Fall der offenbaren Unterkapitalisierung, ebenfalls so Baumbach/*Hueck.*

[197] KG OLGRspr. 24, 112; OLG Braunschweig OLGRspr. 43, 294.

[198] KG JW 1924, 1178.

[199] BayObLGZ 1972, 388, 392 = NJW 1973, 371; *Bokelmann* Firmenrecht RdNr. 124 ff., 142.

[200] Hachenburg/*Ulmer* § 9 c RdNr. 31; Lutter/*Hommelhoff* § 9 c RdNr. 12; vgl. auch *Wiedemann* § 10 IV 3.

[201] *Kahler* GmbHR 1985, 296 mit Nachweisen.

nicht geltendem Recht. Denn das Gesetz fordert keine am Bedarf gemessene Kapitalausstattung, sondern nur einen durch Satzung und Handelsregister betragsmäßig genau festgelegten Vermögensfonds.[202] Auch ist kein Grund dafür ersichtlich, künftige Gläubiger contra legem zu schützen. Denn der Gegenstand des Unternehmens und das Kapital sind aus dem Handelsregister ersichtlich und es bleibt jedermann unbenommen, hieraus Schlüsse zu ziehen. Dagegen wird die Eintragung zu verweigern sein, wenn den Umständen nach davon auszugehen ist, daß die Gesellschaftsgründung auf eine sittenwidrige Schädigung der Gläubiger angelegt ist.[203]

68   **b) Der Umfang der Prüfung.** Die Prüfung erstreckt sich auf reine Tatsachen und auf die Wirksamkeit von Rechtshandlungen oder Rechtsverhältnissen.[204] Sie braucht dem Registergericht aber nicht die volle Überzeugung oder Gewißheit für das Vorliegen der Eintragungsvoraussetzungen zu verschaffen.[205] Es genügt zunächst, daß **das Registergericht jede Anmeldung auf ihre Plausibilität untersucht,**[206] das heißt prüft, ob die begehrte Eintragung schlüssig dargelegt und nach der Lebens- und Geschäftserfahrung des Gerichts in sich glaubwürdig ist.[207] Soll zB eine GmbH eingetragen werden, sind die der Anmeldung nach § 8 GmbHG beizufügenden Unterlagen und Versicherungen eingehend zu prüfen. Nach § 23 Satz 2 HRV ist ein Gutachten der Industrie- und Handelskammer einzuholen, das diese erst erstellt, nachdem die einzutragende Gesellschaft detaillierte Angaben über die Betriebsverhältnisse (Beantwortung eines Fragebogens der IHK) gemacht hat. Die IHK äußert sich zu der Zulässigkeit der Firma, was nicht selten Nachforschungen tatsächlicher Art voraussetzt, wenn die Firma bestimmte Qualifikationsmerkmale enthält (zB geographische oder sonstige Zusätze, die auf eine bestimmte Bedeutung oder Größe hinweisen). Zeigen sich keine konkreten Anhaltspunkte für sachliche Unrichtigkeiten oder rechtliche Bedenken an der Ordnungsmäßigkeit der Errichtung der Gesellschaft, so ist einzutragen.[208] Nicht richtig wäre es, die strengen Maßstäbe des Zivilprozesses anzulegen (§ 286 ZPO) und „persönliche Gewißheit"[209] des Registergerichts zu fordern. Die Registertätigkeit ist vielmehr der Verwaltungstätigkeit angenähert und es genügt „nach der für das Verwaltungshandeln geltenden Wahrscheinlichkeitsregel, daß als Ergebnis der Prüfung **kein sachlich berechtigter Anlaß zu Zweifeln** an der ordnungsgemäßen Errichtung und Anmeldung der Gesellschaft und am Vorliegen der sonstigen Eintragungsvoraussetzungen besteht".[210] Zu prüfen ist also immer, bei sachlich berechtigten Zweifeln ist näher zu untersuchen.[211]

69   Die Beteiligten haben **einen Anspruch auf unverzügliche Eintragung,** wenn die Prüfung des Registergerichts keine Anhaltspunkte für Mängel von Anmeldung und Errichtung der Gesellschaft ergibt.[212] Überspannt das Registergericht sein Ermittlungsrecht und verzögert sich dadurch das Eintragungsverfahren unnötig, so kann das zur Amtshaftung führen.[213]

---

[202] BGHZ 31, 258, 268; 68, 312, 319; 76, 326, 334; KG JW 1924, 1178; vgl. eingehend Scholz/*Winter* § 5 RdNr. 19 f., § 9 c RdNr. 31; Staub/*Hüffer* RdNr. 61.

[203] Scholz/*Winter* § 9 c RdNr. 31; Rowedder/*Rittner* § 9 c RdNr. 19.

[204] Heymann/*Sonnenschein/Weitemeyer* RdNr. 16; *Baums* Eintragung und Löschung von Gesellschafterbeschlüssen, S. 17 ff.

[205] Hachenburg/*Ulmer* § 9 c RdNr. 11; Rowedder/*Rittner* § 9 c RdNr. 8; Scholz/*Winter* § 9 c RdNr. 12; *Wernicke,* Prüfungspflicht der Registergerichte bei Anmeldung von Zahlungen auf das GmbH-Stammkapital, BB 1986, 1869.

[206] Rowedder/*Rittner* § 9 c RdNr. 8.

[207] Staub/*Hüffer* RdNr. 56.

[208] RGZ 140, 174, 181; BayObLG GmbHR 1982, 210, 21; Hachenburg/*Ulmer* § 9 c RdNr. 11; Scholz/*Winter* § 9 c RdNr. 12; Baumbach/*Hueck* GmbHG § 9 c RdNr. 2; *Raiser* § 26 III 3 b; vgl. auch Lutter/*Hommelhoff* § 9 c RdNr. 16: es geht nicht um die Überzeugung des Registergerichts, sondern um die „Abwesenheit von substantiierten Zweifeln".

[209] BGHZ 53, 245, 256 für den Zivilprozeß.

[210] Hachenburg/*Ulmer* § 9 c RdNr. 11.

[211] Vgl. auch Scholz/*Winter* § 9 c RdNr. 12, 13.

[212] Baumbach/*Hueck* GmbHG § 9 c RdNr. 2; Hachenburg/*Ulmer* § 9 c RdNr. 13; Lutter/*Hommelhoff* § 9 c RdNr. 2; Scholz/*Winter* § 9 c RdNr. 5; *Lutter* NJW 1969, 1873, 1876.

[213] *Raiser* § 26 III 3 b; Hachenburg/*Ulmer* § 9 c RdNr. 12; Baumbach/*Hueck* § 9 c RdNr. 2.

Genauere Prüfung und Sachverhaltsaufklärung ist geboten, wenn die Plausibili- 70
tätsprüfung Zweifel an dem Vorliegen der Eintragungsvoraussetzungen hervorruft.[214] Die
anzustellenden Amtsermittlungen erfolgen gemäß § 12 FGG. Von der zur Mitwirkung
verpflichteten Gesellschaft[215] kann zusätzliche Sachverhaltsaufklärung und die Ergänzung
der Angaben und Unterlagen verlangt werden. In Betracht kommt auch – wie im Fall
neuer Firmen und Firmenänderungen obligatorisch – ein Gutachten der Industrie- und
Handelskammer (§ 23 Satz 2 HRV). Holt der Registerrichter ein solches Gutachten ein, so
hat er außerdem, wenn es sich um ein handwerkliches Unternehmen handelt, das Gutachten der Handwerkskammer anzufordern. Unnötige Verfahrensverzögerungen oder Kosten-
belastungen sind im Hinblick auf das zu beachtende Interesse der Beteiligten an möglichst
baldiger Eintragung zu vermeiden.[216] So darf das Registergericht nur die (und nicht alle)
Eintragungsvoraussetzungen näher und genauer prüfen, deren Vorliegen ihm zweifelhaft
sind.[217]

Um dem Vorwurf der Verletzung rechtlichen Gehörs zu entgehen (Art. 103 Abs. 1 71
GG), muß das Registergericht den Beteiligten offenbaren, aus welchem Grunde es eine Ein-
tragunsvoraussetzung für (noch) nicht gegeben erachtet und zB weitere Unterlagen anfordert.[218] Weshalb und in welchem Umfang Bedenken bestehen, ist auch deshalb offenzulegen, weil es sich insoweit um eine beschwerdefähige Entscheidung (§ 19 FGG) handelt.[219]

3. Die Gründungsprüfung bei Kapitalgesellschaften. Die Prüfungskompetenzen erge- 72
ben sich aus dem für rechtsfähige Verbände geltenden Normativsystem. Insoweit wird auf
RdNr. 12 f. Bezug genommen. Die Eintragungsvoraussetzungen sind hier besonders sorgfältig zu prüfen, wobei der **Sicherstellung der Kapitalaufbringung herausragende Bedeutung zukommt,** wie nicht zuletzt die §§ 38 Abs. 2 AktG, 9 c Satz 2 GmbHG zeigen.[220] Zur registerrechtlichen Kontrolle bei Mantelkauf und Mantelverwendung wird auf
§ 22 RdNr. 9 ff. verwiesen.

4. Die Prüfung von Hauptversammlungsbeschlüssen. Nach § 181 Abs. 3 AktG wird 73
eine Satzungsänderung erst wirksam, wenn sie in das Handelsregister eingetragen worden
ist. Indem das Gesetz auf die Eintragung und nicht die Beschlußfassung selbst abstellt, gibt
es zu erkennen, daß der die Eintragung verfügende **Registerrichter kontrollieren und
insbesondere auf die Einhaltung der Normativbestimmungen achten soll.**[221] Die
Rechtslage ist insoweit der bei Gründung der juristischen Person vergleichbar. Ist der sat-
zungsändernde Beschluß nichtig, muß das Registergericht die Eintragung verweigern
(insbesondere dann, wenn die Eintragung nach § 242 Abs. 1 AktG zur Heilung führen
würde). Das gilt auch für schwebend unwirksame Hauptversammlungsbeschlüsse (zB
§§ 179 Abs. 3, 180 AktG), wenn die Zustimmung verweigert bzw. auf gerichtliche Zwischenverfügung hin nicht fristgemäß beigebracht wird.[222]

Bezüglich der nur anfechtbaren Hauptversammlungsbeschlüsse gilt Folgendes: Ist 74
Anfechtungsklage erhoben worden, kann der Registerrichter im Regelfall nach pflichtge-
mäßem Ermessen entscheiden, ob er einträgt, die Anmeldung zurückweist oder nach § 127
Satz 1 FGG bis zur (rechtskräftigen) Erledigung des Anfechtungsprozesses aussetzt.[223] Die
Aussetzung muß aber sorgfältig bedacht werden; sie darf nicht schematisch gehandhabt
werden, bedeutet die Aussetzung doch im Hinblick auf den Zeitverlust nicht selten im
Ergebnis die Ablehnung der Eintragung.[224] Läuft die Anfechtungsfrist noch, kann das Re-

[214] Hachenburg/*Ulmer* § 9 c RdNr. 12; Rowed-
der/*Rittner* § 9 c RdNr. 8; Scholz/*Winter* § 9 c
RdNr. 8; Staub/*Hüffer* RdNr. 56.
[215] Näher Keidel/*Kuntze/Winkler* FGG § 12
RdNr. 88.
[216] Scholz/*Winter* § 9 c RdNr. 14.
[217] Hachenburg/*Ulmer* § 9 c RdNr. 7, 8 13.
[218] Hachenburg/*Ulmer* GmbHG § 9 c RdNr. 12;
näher Keidel/*Kuntze/Winkler* FGG § 12 Rd-
Nr. 104 ff.

[219] Lutter/*Hommelhoff* § 9 c RdNr. 16.
[220] Vgl. nur Staub/*Hüffer* RdNr. 58 ff.; Hachen-
burg/*Ulmer* § 9 c RdNr. 31 ff.
[221] *Bokelmann* DB 1994, 1341, 1342.
[222] Staub/*Hüffer* RdNr. 63; GroßkommAktG/
Wiedemann § 181 RdNr. 24.
[223] KGJ 28 A 228, 238; Hachenburg/*Ulmer* § 54
RdNr. 48 mit Nachweisen.
[224] GroßkommAktG/*Wiedemann* § 181 RdNr. 28.

gistergericht deren Ende abwarten und die Eintragung nach § 127 Satz 1 FGG aussetzen. Ist eine Anfechtungsklage angekündigt, kann das Registergericht auch nach § 127 Satz 2 FGG Frist zur Klageerhebung setzen, was besonders bei einer klagenden GmbH sinnvoll ist, weil die Monatsfrist des § 246 Abs. 1 AktG dort nur „Leitbild" ist.[225] **Nach rechtskräftiger Entscheidung über die Anfechtungsklage** ist der Registerrichter an ein der Anfechtungsklage stattgegebenes Urteil des Prozeßgerichts gebunden. Das rechtskräftige Gestaltungsurteil hat Einfluß auf die materielle Rechtslage und verändert sie, indem es den angegriffenen Beschluß für nichtig erklärt.

75   Hat **das Prozeßgericht dagegen die Anfechtungsklage abgewiesen,** ist das Registergericht nicht gebunden. Es kann anders entscheiden als das Prozeßgericht, weil die Eintragung des von dem Kläger erfolglos angegriffenen Hauptversammlungsbeschlusses „nicht nur die Interessen des unterlegenen Klägers und der Gesellschaft, sondern jedenfalls auch die Belange anderer Aktionäre betrifft".[226] Den Registerrichter trifft insoweit die gleiche Prüfungspflicht wie in dem Fall, daß eine Anfechtungsklage überhaupt nicht erhoben worden ist. In beiden Fällen muß der Registerrichter eigenständig prüfen. Ihm kommt die Aufgabe einer **Rechtsaufsichtsbehörde** (RdNr. 13) zu, und er darf rechtswidrige Entscheidungen nicht dadurch zur Wirksamkeit verhelfen, daß er mit konstitutiver Wirkung in das Register einträgt.[227] Die Eintragung ist auf jeden Fall dann abzulehnen, wenn Vorschriften verletzt worden sind, die auch im öffentlichen Interesse oder im Interesse der Gläubiger erlassen worden sind (bei ausschließlichem oder überwiegendem öffentlichen Interesse tritt idR Nichtigkeit ein).[228] Umstritten ist, ob auch die Interessen gegenwärtiger oder zukünftiger Aktionäre insoweit zu berücksichtigen sind,[229] wofür viel spricht. „Evidente Rechtsmängel" jedenfalls hindern die Eintragung.[230] Stellt das Registergericht einen solchen Mangel fest, darf es auch dann **nicht eintragen, wenn das Prozeßgericht die Anfechtungsklage wegen Rechtsmißbrauchs abgewiesen hat.**[231] Im Bereich der registerrechtlichen Prüfung kommt es auf die Motive des Aktionärs nicht an. Wäre überhaupt keine Anfechtungsklage erhoben worden, hätte der Registerrichter zufolge eines evidenten Rechtsmangels die Eintragung verweigert. Das kann auch dann nicht anders sein, wenn einer an sich begründeten Anfechtungsklage im Hinblick auf die Motivation des Anfechtungsklägers der Erfolg versagt blieb.

VI. Entscheidungen des Registergerichts und ihre Anfechtung

76   Es bestehen mehrere **Möglichkeiten einer Entscheidung.** Der Richter kann, hat er keine Beanstandungen, die Eintragung nach § 25 Abs. 1 HRV verfügen. Bestehen nicht behebbare Eintragungshindernisse (eine Tatsache ist etwa nicht eintragungsfähig), wird er die Eintragung nach § 26 Satz 1 HRV ablehnen und die Gründe für die Ablehnung durch begründeten Beschluß mitteilen. Nach § 26 Satz 2 HRV kann zur Behebung von Beanstandungen eine Frist gesetzt werden, wenn eine Anmeldung zur Eintragung unvollständig ist oder der Eintragung ein sonstiges Hindernis entgegensteht. Eine Zwischenverfügung darf aber nur ergehen, wenn ein Mangel behebbar ist. Ist ein Eintragungsantrag seinem Inhalt nach nicht vollziehbar, muß der Eintragungsantrag sogleich zurückgewiesen wer-

---

[225] BGHZ 111, 224, 225; 116, 359, 375; Scholz/*Priester* § 54 RdNr. 50; Hachenburg/*Ulmer* § 54 RdNr. 48.
[226] Geßler/Hefermehl/*Hüffer* § 243 RdNr. 137.
[227] GroßkommAktG/*Wiedemann* § 181 RdNr. 25.
[228] Grundlegend *Lutter* NJW 1969, 1873, 1878; Staub/*Hüffer* RdNr. 65; GroßkommAktG/*Wiedemann* § 181 RdNr. 25 mit Nachweisen.
[229] So *Baums,* Eintragung und Löschung von Gesellschafterbeschlüssen, S. 65; *Bokelmann* DB 1994,

1341, 1344; Geßler/Hefermehl/*Bungeroth* § 181 RdNr. 47; GroßkommAktG/*Wiedemann* RdNr. 25.
[230] GroßkommAktG/*Wiedemann* § 181 RdNr. 25; Hachenburg/*Ulmer* § 54 RdNr. 47; *Karsten Schmidt* GesR § 28 IV 5 f: Eintragungsverbot für den Fall, daß die Rechtswidrigkeit des Beschlusses „manifest" ist.
[231] *Bokelmann* DB 1994, 1341, 1346; GroßkommAktG/*Wiedemann* RdNr. 23.

den.[232] Schließlich kann das Eintragungsverfahren unter den Voraussetzungen von § 127 FGG ausgesetzt werden (RdNr. 74).

Ist eine **Eintragung** (oder Löschung) **bereits vollzogen,** genießt sie auch dann erhöhten 77 Bestandsschutz, wenn sie nur deklaratorischer Natur ist. Eine **Beschwerde ist hier unzulässig.**[233] Ein Eintragungsverfügung, die nur einen inneren Vorgang bei Gericht darstellt, ist normalerweise nicht beschwerdefähig. Doch ist die Beschwerde dann zulässig, wenn die Verfügung noch nicht vollzogen und den Beteiligten bekanntgeben worden ist.[234] Ist bereits eingetragen worden, so kann in der Beschwerde gegen die Eintragung die Anregung zu einem Amtslöschungsverfahren nach den §§ 142 ff. FGG liegen.[235]

Rechtsmittelfähig ist die Ablehnung des Eintragungsantrags, ebenso eine Zwischenver- 78 fügung, die Beanstandungen enthält oder weitere Unterlagen anfordert.[236] Die Aussetzungsverfügung nach § 127 FGG unterliegt der Erinnerung (§ 11 Abs. 1 RPflG) bez. Beschwerde, auch der weiteren Beschwerde, soweit eine Gesetzesverletzung in Betracht kommt.[237]

Hat der **Rechtspfleger entschieden,** ist die Erinnerung zulässig, doch kann die bereits 79 vollzogene Eintragungsverfügung nach § 11 Abs. 5 RPflG insoweit nicht mit der Erinnerung angegriffen werden. **Gegen die Entscheidung des Richters** ist die einfache Beschwerde gegeben, die sofortige (§ 22 FGG) nur ausnahmsweise (§§ 139, 140, 141 Abs. 3, 142 Abs. 3, 144, 146 Abs. 2, 148 Abs. 1 FGG). Die weitere Beschwerde ist unter den einschränkenden Voraussetzungen des § 27 FGG zulässig. Auch ein Verstoß gegen die HRV ist eine Gesetzesverletzung im Sinn von § 27 FGG.[238]

Anhang

Allgemeine Verfügung über die Einrichtung und Führung des Handelsregisters (Handelsregisterverfügung)

Vom 12. August 1937 (RMBl. S. 515; BGBl. III 315-320), zuletzt geändert durch VO v. 6. Juli 1995 (BGBl. I S. 911)

Auf Grund des § 125 Abs. 3 des Gesetzes über die Angelegenheiten der freiwilligen Gerichtsbarkeit in der Fassung der Verordnung vom 10. August 1937 (RGBl. I S. 900) bestimme ich folgendes:

I. Einrichtung des Handelsregisters, örtliche und sachliche Zuständigkeit

§ 1 [Führung durch Amtsgericht]

Jedes Amtsgericht führt für seinen Bezirk ein Handelsregister, soweit nicht durch Anordnung des Reichsministers der Justiz die Führung des Registers für mehrere Amtsgerichtsbezirke einem Amtsgericht übertragen ist.

232 BayObLGZ 1987, 449, 451 f.; OLG Hamm Rpfleger 1990, 426 f. mit Anm. *Buchberger.*
233 KGJ 41 A 102; Schlegelberger/*Hildebrandt/ Steckhan* RdNr. 11; Staub/*Hüffer* RdNr. 86; Heymann/*Sonnenschein/Weitemeyer* RdNr. 21.
234 OLG Stuttgart Rpfleger 1970, 283; Heymann/*Sonnenschein/Weitemeyer* RdNr. 21.

235 OLG Hamm OLGZ 1967, 471; Schlegelberger/*Hildebrandt/Steckhan* RdNr. 11.
236 OLG Frankfurt Rpfleger 1977, 441; Staub/ *Hüffer* RdNr. 87.
237 Keidel/*Kuntze/Winkler* FGG § 127 RdNr. 44.
238 Keidel/*Kuntze/Winkler* FGG § 27 RdNr. 21; Staub/*Hüffer* RdNr. 88.

§ 2 [Führung für mehrere Amtsgerichtsbezirke]

Auch wenn die Führung des Registers für mehrere Amtsgerichtsbezirke einem Amtsgericht übertragen ist, wird für jeden Amtsgerichtsbezirk das Handelsregister gesondert geführt. Der Oberlandesgerichtspräsident kann eine abweichende Anordnung treffen.

§ 3 [Einteilung]

(1) Das Handelsregister besteht aus zwei Abteilungen.

(2) In die Abteilung A werden eingetragen die Einzelkaufleute, die in den §§ 33, 36 des Handelsgesetzbuchs bezeichneten juristischen Personen sowie die offenen Handelsgesellschaften, die Kommanditgesellschaften und die Europäischen wirtschaftlichen Interessenvereinigungen.

(3) In die Abteilung B werden eingetragen die Aktiengesellschaften, die Kommanditgesellschaften auf Aktien, die Gesellschaften mit beschränkter Haftung und die Versicherungsvereine auf Gegenseitigkeit.

§ 4 [Zuständigkeit des Richters]

(1) Für die Erledigung der Geschäfte des Registergerichts ist der Richter zuständig, soweit sie nicht nach dem Gesetz oder diesen Vorschriften dem Urkundsbeamten der Geschäftsstelle obliegt.

(2) Die §§ 6, 7 des Reichsgesetzes über die Angelegenheiten der freiwilligen Gerichtsbarkeit sind auf den Urkundsbeamten der Geschäftsstelle sinngemäß anzuwenden.

§ 5 bis 6 (aufgehoben)

§ 7 [Äußere Form]

(1) Die Register werden in dauerhaft gebundenen Bänden oder in Karteiform geführt, soweit sie nicht auf Grund einer Bestimmung nach § 8 a Abs. 1 des Handelsgesetzbuchs nach näherer Anordnung der Landesjustizverwaltung in maschineller Form als automatisierte Datei geführt werden.

(2) Bei Führung in dauerhaft gebundenen Bänden erhält jeder Band einer Abteilung entsprechend der Reihenfolge der Anlegung eine Nummer und ist mit laufenden Seitenzahlen zu versehen. Die in jedem Band enthaltenen Registerblätter (§ 13) sind auf dem Rücken des Registerbandes anzugeben.

§ 8 [Registerakten]

(1) Die Anlegung und Führung der Registerakten richtet sich nach § 24 Aktenordnung, soweit in dieser Verfügung, in § 8 a Abs. 1 und 3 des Handelsgesetzbuchs und der hierzu erlassenen näheren Anordnung der Landesjustizverwaltung nichts anderes bestimmt ist.

(2) Die zum Handelsregister eingereichten Schriftstücke (§ 9 Abs. 1 des Handelsgesetzbuchs [HGB] sind für jedes Registerblatt (§ 13) in einem besonderen Aktenband zusammenzufassen. Schriftstücke als Wiedergabe auf einem Bildträger oder auf anderen Datenträgern (§ 8 a Abs. 1, 3 und 4 des Handelsgesetzbuchs) sind nach näherer Anordnung der Landesjustizverwaltung aufzubewahren.

(3) Werden Urkunden, die zum Register einzureichen waren, zurückgegeben, so wird eine beglaubigte Abschrift zurückbehalten. Ist die Urkunde in anderen Akten des Amtsgerichts enthalten, so ist eine beglaubigte Abschrift zu den Registerakten zu nehmen. In den Abschriften können die Teile der Urkunde, die für die Führung des Handelsregisters ohne Bedeutung sind, weggelassen werden. In Zweifelsfällen bestimmt der Richter den Umfang der Abschrift, sonst der Urkundsbeamte der Geschäftsstelle.

§ 8 a [Datenträger]

Der Urkundsbeamte der Geschäftsstelle hat nach näherer Anordnung der Landesjustizverwaltung zu veranlassen, daß die Urschrift von zum Handelsregister eingereichten Schriftstücken oder eine nach § 8 Abs. 3 zurückbehaltene beglaubigte Abschrift dieser Schriftstücke durch ihre Wiedergabe auf einem Bildträger oder auf anderen Datenträgern durch die von der Landesjustizverwaltung bestimmte Stelle ersetzt wird.

§ 9 [Namen- und Firmenregister]

(1) Die Führung alphabetischer Verzeichnisse der Namen und Firmen richtet sich nach § 23 Abs. 2 der Aktenordnung, soweit in dieser Verfügung nichts Besonderes bestimmt ist.

(2) In das Namenverzeichnis sind die Namen der Firmeninhaber sowie derjenigen persönlich haftenden Gesellschafter von Handelsgesellschaften aufzunehmen, deren Namen in der Firma enthalten sind. Der Oberlandesgerichtspräsident kann abweichende Bestimmungen treffen.

(3) Für jedes Registerblatt (§ 13) der Abteilung B des Handelsregisters ist ein dem Inhalt des Registers wörtlich entsprechendes Handblatt zu führen; es ist unter dem Deckel des letzten Bandes der Registerakten zu verwahren und in einen Umschlag zu heften, wenn ein Bedürfnis hierfür besteht. Im übrigen bleibt § 24 Abs. 2 Satz 1 der Aktenordnung unberührt.

§ 10 [Einsichtnahme]

Das Register und die zum Register eingereichten Schriftstücke sind auf der Geschäftsstelle während der Dienststunden zur Einsicht vorzulegen.

§ 11 [Bekanntmachungsblätter]

(1) Das Blatt oder die Blätter, in denen außer im Bundesanzeiger während des nächsten Jahres die Bekanntmachung der Eintragungen erfolgen soll, sind bis zum 6. Dezember jedes Jahres zu bezeichnen.

(2) Vor Auswahl der Blätter ist die Industrie- und Handelskammer gutachtlich zu hören. Die Bezeichnung der Blätter erfolgt durch einwöchigen Aushang an der Gerichtstafel des Registergerichts und durch Anzeige an die Industrie- und Handelskammer, die Handwerkskammer und die Landwirtschaftskammer oder, wenn eine Landwirtschaftskammer nicht besteht, die nach Landesrecht zuständige Stelle.

II. Führung des Handelsregisters

§ 12 [Grundsatz]

Die Eintragungen sind deutlich und in der Regel ohne Abkürzungen zu schreiben; in dem Register darf nichts radiert oder unleserlich gemacht werden. Stempel dürfen nur mit Genehmigung des Oberlandesgerichtspräsidenten verwandt werden.

§ 13 [Registerblatt]

(1) Jeder Einzelkaufmann, jede juristische Person sowie jede Handelsgesellschaft ist unter einer in derselben Abteilung fortlaufenden Nummer (Registerblatt) in das Register einzutragen.

(2) Für die eine Nummer betreffenden Eintragungen sind zwei gegenüberstehende Seiten des Registers zu verwenden. Für spätere Eintragungen sind Seiten frei zu lassen, insbesondere bei den in Abteilung B des Registers eingetragenen Gesellschaften.

(3) Wird die Firma geändert, so ist dies auf demselben Registerblatt einzutragen. Die neue Firma ist mit allen noch gültigen Eintragungen unter einer neuen Nummer auf ein neues Registerblatt einzutragen, wenn dies für die Übersichtlichkeit erforderlich erscheint; dabei ist auf jedem Blatt auf das andere zu verweisen. Bei einer Umwandlung ist der übernehmende, neu gegründete Rechtsträger oder Rechtsträger neuer Rechtsform stets auf ein neues Registerblatt einzutragen.

(4) Auch für eine Zweigniederlassung im Bezirk des Registergerichts der Hauptniederlassung oder des Sitzes ist ein besonderes Registerblatt zu verwenden.

§ 14 [Numerierung der Eintragungen]

(1) Jede Eintragung ist mit einer laufenden Nummer zu versehen und mittels eines alle Spalten des Registers durchschneidenden Querstrich von der folgenden Eintragung zu trennen.

(2) Werden mehrere Eintragungen gleichzeitig vorgenommen, so erhalten sie nur eine laufende Nummer.

§ 15 [Datierung der Eintragungen]

Bei jeder Eintragung ist der Tag der Eintragung anzugeben. Der Tag der Eintragung und ihre Stelle im Register ist in den Registerakten bei der gerichtlichen Verfügung zu vermerken.

§ 16 [Änderungen von Eintragungen]

(1) Änderungen des Inhalts einer Eintragung sowie Löschungen sind unter einer neuen laufenden Nummer einzutragen. Eine Eintragung, die durch eine spätere Eintragung ihre Bedeutung verloren hat, ist nach Anordnung des Richters rot zu unterstreichen. Mit der Eintragung selbst ist auch der Vermerk über ihre Löschung rot zu unterstreichen.

(2) In die Abschriften aus dem Register werden die rot unterstrichenen Eintragungen nur aufgenommen, soweit dies beantragt oder nach den Umständen angemessen ist.

§ 17 [Berichtigung von Schreibfehlern]

(1) Bei noch nicht unterschriebenen Maschineneintragungen können Schreibfehler, die den Sinn der Eintragung nicht verändern, dadurch berichtigt werden, daß die fehlerhaften Worte, Buchstaben oder Zeichen durchgestrichen und – soweit erforderlich – in richtiger Schreibweise wiederholt werden. Die Berichtigung kann entweder unmittelbar bei der Streichung oder unter Verwendung von Einschaltezeichen an geeigneter Stelle außerhalb des Eintragungstextes erfolgen. Die unrichtig geschriebenen Worte, Buchstaben oder Zeichen müssen lesbar bleiben. Die Beachtung dieser Vorschriften ist von dem Beamten, der die Eintragung unterzeichnet, zu überprüfen.

(2) Sonstige Schreibversehen und ähnliche offenbare Unrichtigkeiten, die in einer Eintragung vorkommen, sind nach Anordnung des Richters neben dieser Eintragung in der Spalte „Bemerkungen" zu berichtigen. Der Berichtigungsvermerk ist unter Angabe des Tages der Berichtigung von dem Urkundsbeamten der Geschäftsstelle zu unterschreiben.

(3) Die Berichtigung nach Absatz 2 ist den Beteiligten bekanntzugeben. Die öffentliche Bekanntmachung kann unterbleiben, wenn die Berichtigungen einen offensichtlich unwesentlichen Punkt der Eintragung betrifft.

(4) Eine versehentliche rote Unterstreichung ist dadurch zu beseitigen, daß der rote Strich durch kleine schwarze Striche durchkreuzt wird.

§ 18 [Eintragungen auf Grund gerichtlicher Entscheidungen]

Erfolgt eine Eintragung auf Grund einer rechtskräftigen oder vollstreckbaren Entscheidung des Prozeßgerichts, so ist dies bei der Eintragung im Register zu vermerken. Eine Aufhebung der Entscheidung ist in dieselbe Spalte des Registers einzutragen.

§ 19 [Löschung von Amts wegen]

(1) Soll eine Eintragung von Amts wegen gelöscht werden, weil sie mangels einer wesentlichen Voraussetzung unzulässig war, so erfolgt die Löschung durch Eintragung des Vermerks „Von Amts wegen gelöscht".

(2) Hat in sonstigen Fällen eine Eintragung von Amts wegen zu erfolgen, so hat sie den Hinweis auf die gesetzliche Grundlage und einen Vermerk „Von Amts wegen eingetragen" zu enthalten. Dies gilt nicht für die Eintragung des Konkurs- und des Vergleichsvermerks.

§ 19 a [Eintragung der Umwandlung]

(1) Bei der Eintragung der Umwandlung (Verschmelzung, Spaltung, Vermögensübertragung oder Formwechsel) sind die übertragenden oder formwechselnden Rechtsträger betreffenden Eintragungen rot zu unterstreichen, in den Fällen der Spaltung oder Vermögensübertragung jedoch nur, soweit es sich nicht um eine Abspaltung (§ 123 Abs. 2 UmwG), Ausgliederung (§ 123 Abs. 3 UmwG) oder Teilübertragung des Vermögens (§ 174 Abs. 2 Nr. 2 und 3 UmwG) handelt. § 22 gilt entsprechend.

(2) Auf den Registerblättern der übertragenden oder formwechselnden Rechtsträger ist in der Spalte „Bemerkungen" auf das Registerblatt der übernehmenden, neu gegründeten Rechtsträger neuer Rechtsform zu verweisen und umgekehrt.

§ 20 [Sitzverlegung aus dem Bezirk des Registergerichts]

Wird die Hauptniederlassung eines Einzelhandelskaufmanns, einer juristischen Person oder der Sitz einer Handelsgesellschaft aus dem Bezirke des Registergerichts verlegt, so ist erst bei Eingang der Nachricht von der Eintragung in das Register des neuen Registergerichts (§ 13 h Abs. 2 Satz 5 des Handelsgesetzbuchs; § 45 Abs. 2 Satz 6 des Aktiengesetzes) die Verlegung auf dem bisherigen Registerblatt in der Spalte 2 und in der Spalte „Rechtsverhältnisse" zu vermerken; die dort befindlichen Eintragungen sind alsdann rot zu unterstreichen. Auf dem bisherigen Registerblatt ist in der Spalte „Bemerkungen" auf das Registerblatt des neuen Registergerichts zu verweisen und umgekehrt.

§ 21 [Anlegung eines neuen Registerblattes]

(1) Bietet eine Registerblatt für Neueintragungen keinen Raum mehr, so sind die noch gültigen Eintragungen unter einer neuen Nummer auf ein neues Registerblatt umzuschreiben. Dabei kann auch von dem ursprünglichen Text der Eintragung abgewichen werden, soweit der Inhalt der Eintragung dadurch nicht verändert wird. Auf jedem Registerblatt ist auf das andere zu verweisen.

(2) Gleiches gilt, wenn das Registerblatt unübersichtlich geworden ist.

(3) Das Registerblatt kann umgeschrieben werden, wenn es durch die Umschreibung wesentlich vereinfacht wird oder wenn in demselben Registerband keine oder nur wenige noch gültige Eintragungen enthalten sind und daher die Ausscheidung des Bandes zweckmäßig erscheint.

(4) Die Übertragung ist den Beteiligten unter Mitteilung von dem Inhalt der neuen Eintragung bekanntzumachen.

(5) Bestehen Zweifel über die Art oder den Umfang der Übertragung, so sind die Beteiligten vorher zu hören.

§ 22 [Gegenstandslos gewordene Registerblätter]

Sämtliche Seiten des Registerblatts sind rot zu durchkreuzen, wenn alle Eintragungen gegenstandslos geworden sind.

III. Verfahren bei Anmeldung, Eintragung und Bekanntmachung

§ 23 [Gutachten der Industrie- und Handelskammer]

Der Richter hat dafür Sorge zu tragen, daß die gesetzlich vorgeschriebenen Eintragungen in das Register erfolgen. Zu diesem Zweck und zur Vermeidung unzulässiger Eintragungen hat er bei Eintragung neuer Firmen und Firmenänderungen in der Regel, sonst in zweifelhaften Fällen, das Gutachten der Industrie- und Handelskammer einzuholen, falls dies nicht aus besonderen Gründen untunlich ist. Holt er das Gutachten ein, so hat er außerdem, wenn es sich um ein handwerkliches Unternehmen handelt oder handeln kann, das Gutachten der Handwerkskammer, wenn es sich um ein land- oder forstwirtschaftliches Unternehmen handelt oder handeln kann, das Gutachten der Landwirtschaftskammer oder, wenn eine Landwirtschaftskammer nicht besteht, der nach Landesrecht zuständigen Stelle einzuholen. Weicht der Richter von dem Vorschlag eines Gutachtens ab, so hat er seine Entscheidung der Kammer oder der nach Landesrecht zuständigen Stelle, die das Gutachten erstattet haben, unter Angabe der Gründe mitzuteilen.

§ 24 [Angabe des Geschäftszweigs]

(1) (außer Kraft)

(2) Es ist darauf hinzuwirken, daß bei den Anmeldungen auch der Geschäftszweig, soweit er sich nicht aus der Firma ergibt, und die Lage der Geschäftsräume angegeben werden.

§ 25 [Entscheidung durch den Richter]

(1) Auf die Anmeldung zur Eintragung, auf Gesuche und Anträge verfügt der Richter. Er entscheidet auch über die erforderlichen Bekanntmachungen.

(2) Der Richter ordnet die Eintragung auch dann an, wenn sie vom Beschwerdegericht oder nach § 143 des Reichsgesetzes über die Angelegenheiten der freiwilligen Gerichtsbarkeit verfügt ist.

§ 26 [Mitteilung der Ablehnungsgründe]

Wird eine Eintragung abgelehnt, so sind die Gründe der Ablehnung mitzuteilen. Ist eine Anmeldung zur Eintragung in das Handelsregister unvollständig oder steht der Eintragung ein Hindernis entgegen, so kann zur Behebung der Anstände eine Frist gesetzt werden.

§ 27 [Inhalt der Eintragungsverfügung]

Die Eintragungsverfügung hat den Wortlaut der Eintragung festzustellen. Der Wortlaut der öffentlichen Bekanntmachung ist besonders zu verfügen, wenn er von dem der Eintragung abweicht.

§ 28 [Ausführung der Eintragungsverfügung]

Der Urkundsbeamte der Geschäftsstelle hat die Ausführung der Eintragungsverfügung zu veranlassen, die Eintragung zu unterzeichnen und die verfügten Bekanntmachungen herbeizuführen.

§ 29 [Zuständigkeit des Urkundsbeamten der Geschäftsstelle]

(1) Der Urkundsbeamte der Geschäftsstelle ist zuständig:

1. für die Erteilung von Abschriften der Eintragungen, der zum Register eingereichten Schriftstücke und der Wiedergaben von nach § 8 a Abs. 1, 3 und 4 des Handelsgesetzbuchs aufbewahrten Schriftstücken; wird eine auszugsweise Abschrift beantragt, so entscheidet bei Zweifeln über den Umfang des Auszuges der Richter;

2. für die Beglaubigung und die Erteilung von Zeugnissen und Bescheinigungen nach § 9 Abs. 3, 4 des Handelsgesetzbuchs und § 32 der Grundbuchordnung;

3. für die Eintragung der Eröffnung des Konkurs- oder des gerichtlichen Vergleichsverfahrens.

(2) Wird die Änderung einer Entscheidung des Urkundsbeamten der Geschäftsstelle verlangt, so entscheidet, wenn dieser dem Verlangen nicht entspricht, der Richter. Die Beschwerde ist erst gegen seine Entscheidung gegeben.

§ 30 [Abschriften aus dem Handelsregister]

(1) Einfache Abschriften sind mit dem Vermerk: „Gefertigt am . . ." abzuschließen. Der Vermerk ist nicht zu unterzeichnen.

(2) Die Beglaubigung einer Abschrift geschieht durch einen unter die Abschrift zu setzenden Vermerk, der die Übereinstimmung mit der Hauptschrift bezeugt. Der Beglaubigungsvermerk muß Ort und Tag der Ausstellung enthalten, von dem Urkundsbeamten der Geschäftsstelle unterschrieben und mit Siegel oder Stempel versehen sein.

(3) Soll aus dem Handelsregister eine auszugsweise Abschrift erteilt werden, so sind in die Abschrift die Eintragungen aufzunehmen, die den Gegenstand betreffen, auf den sich der Auszug beziehen soll. In dem Beglaubigungsvermerk ist der Gegenstand anzugeben und zu bezeugen, daß weitere ihn betreffende Eintragungen in dem Register nicht enthalten sind.

(4) Werden beglaubigte Abschriften der zum Register eingereichten Schriftstücke oder der eingereichten Wiedergaben von Schriftstücken (§ 8 a Abs. 4 des Handelsgesetzbuchs) beantragt, so ist in dem Beglaubigungsvermerk ersichtlich zu machen, ob die Hauptschrift eine Urschrift, eine Wiedergabe auf einem Bildträger oder auf anderen Datenträgern, eine einfache oder beglaubigte Abschrift oder eine Ausfertigung ist; ist die Hauptschrift eine Wiedergabe auf einem Bildträger oder auf anderen Datenträgern, eine beglaubigte Abschrift oder eine Ausfertigung, so ist der nach § 8 a Abs. 3 Satz 2 des Handelsgesetzbuchs angefertigte schriftliche Nachweis über die inhaltliche Übereinstimmung der Wiedergabe mit der Urschrift, der Beglaubigungsvermerk oder der Ausfertigungsvermerk in die beglaubigte Abschrift aufzunehmen. Durchstreichungen, Änderungen, Einschaltungen, Radierungen oder andere Mängel einer von den Beteiligten eingereichten Schrift sollen in dem Vermerk angegeben werden.

(5) Die Bestätigung oder Ergänzung früher gefertigter Abschriften ist zulässig. Eine Ergänzung einer früher erteilten Abschrift soll unterbleiben, wenn die Ergänzung gegenüber der Erteilung einer Abschrift durch Ablichtung einen unverhältnismäßigen Arbeitsaufwand, insbesondere erhebliche oder zeitraubende Schreibarbeiten erfordern würde; andere Versagungsgründe bleiben unberührt.

§ 31 [Ausfertigung von Bescheinigungen und Zeugnissen]

Ausfertigungen der Bescheinigungen und Zeugnisse sind von dem Urkundsbeamten der Geschäftsstelle unter Angabe des Ortes und Tages zu unterschreiben und mit dem Gerichtssiegel oder Stempel zu versehen.

§ 32 [Veröffentlichung der Eintragung]

Die Veröffentlichung der Eintragung ist unverzüglich zu veranlassen.

§ 33 [Form der öffentlichen Bekanntmachungen]

(1) Die öffentlichen Bekanntmachungen sollen knapp gefaßt und leicht verständlich sein.

(2) In den Bekanntmachungen ist das Gericht und der Tag der Eintragung zu bezeichnen, einer Unterschrift bedarf es nicht.

(3) Erfolgen mehrere Bekanntmachungen desselben Gerichts gleichzeitig, so sind sie getrennt nach Abteilungen A und B möglichst zusammenzufassen.

(4) Die Bekanntmachungen sind tunlichst nach dem anliegenden Muster abzufassen.

§ 34 [Angabe des Geschäftszweiges und der Lage der Geschäftsräume]

In den Bekanntmachungen sind, falls entsprechende Mitteilungen vorliegen, auch der Geschäftszweig, soweit er sich nicht aus der Firma ergibt, und die Lage der Geschäftsräume anzugeben. Es ist in den Bekanntmachungen darauf hinzuweisen, daß diese Angaben ohne Gewähr für die Richtigkeit erfolgen.

§ 35 [Angabe des Löschungsgrundes]

Wird eine Firma im Handelsregister gelöscht, weil der Inhaber des Gewerbebetriebes nicht als Vollkaufmann anzusehen ist, so kann auf Antrag des Inhabers in der Bekanntmachung der Grund der Löschung erwähnt werden. Handelt es sich um einen Handwerker, der bereits in die Handwerksrolle eingetragen ist, so kann neben der Angabe des Grundes der Löschung in der Bekanntmachung auch auf diese Eintragung hingewiesen werden.

§ 36 [Vordrucke]

(1) Bei Benachrichtigungen von der Eintragung sind möglichst Vordrucke zu benutzen.

(2) Der Urkundsbeamte der Geschäftsstelle unterschreibt die Benachrichtigungen. In geeigneten Fällen ist darauf hinzuweisen, daß auf die Benachrichtigung verzichtet werden kann (§ 130 Abs. 2 Satz 2 FGG).

§ 37 [Mitteilung an die Industrie- und Handelskammer]

(1) Der Industrie- und Handelskammer ist mitzuteilen:

1. die Eintragung eines Einzelkaufmanns, einer juristischen Person oder einer Handelsgesellschaft unter Bezeichnung des Ortes der Niederlassung oder des Sitzes der Gesellschaft, und zwar bei Einzelkaufleuten, offenen Handelsgesellschaften, Kommanditgesellschaften und Kommanditgesellschaften auf Aktien unter Bezeichnung der Inhaber oder der persönlich haftenden Gesellschafter, bei Europäischen wirtschaftlichen Interessenvereinigungen unter Bezeichnung der Mitglieder und der Geschäftsführer, bei Aktiengesellschaften und Versicherungsvereinen auf Gegenseitigkeit unter Bezeichnung der Mitglieder des Vorstandes, bei Gesellschaften mit beschränkter Haftung unter Bezeichnung der Geschäftsführer;

2. die Änderung einer eingetragenen Firma, der Inhaber oder persönlich haftenden Gesellschafter oder bei Europäischen wirtschaftlichen Interessenvereinigungen der Mitglieder der Vereinigung sowie des Ortes der Niederlassung oder des Sitzes der Gesellschaft, ferner bei Aktiengesellschaften und Versicherungsvereinen auf Gegenseitigkeit die Änderung der Mitglieder des Vorstandes, bei Europäischen wirtschaftlichen Interessenvereinigungen und bei Gesellschaften mit beschränkter Haftung die Änderung der Geschäftsführer;

3. die Auflösung einer juristischen Person, einer Handelsgesellschaft oder eines Versicherungsvereins auf Gegenseitigkeit unter Angabe der Abwickler sowie ein Wechsel in der
Person der Abwickler;

4. das Erlöschen einer Firma, die Löschung einer Aktiengesellschaft, Kommanditgesellschaft auf Aktien, Gesellschaft mit beschränkter Haftung oder eines Versicherungsvereins
auf Gegenseitigkeit sowie Löschungen von Amts wegen;

5. das Bestehen und die Beendigung eines Unternehmensvertrags, eine Eingliederung und
ihr Ende sowie eine Umwandlung;

6. bei Kreditinstituten in der Rechtsform der offenen Handelsgesellschaft, der Kommanditgesellschaft oder der Kommanditgesellschaft auf Aktien die gerichtliche Bestellung und
Abberufung vertretungsbefugter Personen. Die über Geschäftsräume und Geschäftszweig
gemachten Angaben sind ebenfalls mitzuteilen.

(2) Die Mitteilungen an die Industrie- und Handelskammer erfolgen, soweit sie im
Durchschreibeverfahren hergestellt werden können, laufend, sonst in regelmäßigen Zeitabschnitten mindestens nach dem Schlusse jedes Kalendermonats in Listen. Die erfolgte Mitteilung ist in den Akten zu vermerken, Fehlanzeigen sind nicht zu machen.

(3) Die Mitteilungen nach Absatz 1 haben, wenn es sich um ein handwerkliches Unternehmen handelt oder handeln kann, auch an die Handwerkskammer, wenn es sich um ein
land- oder forstwirtschaftliches Unternehmen handelt oder handeln kann, auch an die
Landwirtschaftskammer oder, wenn eine Landwirtschaftskammer nicht besteht, die nach
Landesrecht zuständige Stelle zu erfolgen; Absatz 2 gilt entsprechend.

(4) Soweit in anderen Rechtsvorschriften oder durch besondere Anordnung des
Reichsministers der Justiz noch die Benachrichtigung anderer Stellen vorgesehen ist, bleiben diese Vorschriften unberührt.

§ 38 [Anfrage bei beteiligten Registergerichten]

Gehört ein Ort oder eine Gemeinde zu den Bezirken verschiedener Registergerichte, so
hat jedes Registergericht vor der Eintragung einer neuen Firma oder vor der Eintragung
von Änderungen einer Firma bei den anderen beteiligten Registergerichten anzufragen, ob
gegen die Eintragung im Hinblick auf § 30 des Handelsgesetzbuchs Bedenken bestehen.

§ 38a [Form]

(1) Gerichtliche Verfügungen und Benachrichtigungen an Beteiligte, die maschinell erstellt werden, brauchen nicht unterschrieben zu werden. In diesem Fall muß anstelle der
Unterschrift auf dem Schreiben der Vermerk „Dieses Schreiben ist maschinell erstellt und
auch ohne Unterschrift wirksam" angebracht sein. Die Verfügung muß den Verfasser mit
Funktionsbezeichnung erkennen lassen.

(2) Die in Absatz 1 bezeichneten maschinell zu erstellenden Schreiben können, wenn die
Kenntnisnahme durch den Empfänger allgemein sichergestellt ist, auch durch Bild-
schirmmitteilung oder in anderer Weise elektronisch übermittelt werden. § 16 des Gesetzes
über die Angelegenheiten der freiwilligen Gerichtsbarkeit bleibt unberührt.

(3) Für die Texte für die öffentliche Bekanntmachung der Eintragungen sowie für Mitteilungen nach § 37 und Anfragen nach § 38 gelten die Absätze 1 und 2 entsprechend.

IV. Sondervorschriften für die Abteilungen A und B

§ 39 [Grundsatz]

(1) Die Abteilungen A und B werden in getrennten Registern nach den beigegebenen Mustern geführt.

(2) Die in den Mustern enthaltenen Beispiele sind nicht Inhalt der Registerverfügung.

Abteilung A

§ 40 [Allgemeines]

1. In Spalte 1 ist die laufende Nummer der die Firma betreffenden Eintragungen anzugeben.

2. In Spalte 2 sind unter a die Firma, unter b der Ort der Niederlassung oder der Sitz der Gesellschaft, unter c bei Europäischen wirtschaftlichen Interessenvereinigungen und bei juristischen Personen auch der Gegenstand des Unternehmens und die sich darauf beziehenden Änderungen einzutragen. In dieser Spalte ist auch die Errichtung von Zweigniederlassungen zu vermerken, und zwar unter Angabe des Ortes und, falls der Firma für eine Zweigniederlassung ein Zusatz beigefügt ist, unter Angabe dieses Zusatzes.

3. In Spalte 3 sind der Einzelkaufmann und bei den in Abteilung A einzutragenden Gesellschaften die persönlich haftenden Gesellschafter sowie bei Kreditinstituten die gerichtlich bestellten vertretungsbefugten Personen, bei Europäischen wirtschaftliche Interessenvereinigungen die Geschäftsführer unter der Bezeichnung als solche mit Vornamen, Familiennamen, Beruf und Wohnort, bei juristischen Personen die Mitglieder des Vorstandes und deren Stellvertreter, ferner die Abwickler unter der Bezeichnung als solche mit Vornamen, Familiennamen, Beruf und Wohnort einzutragen.

4. Die Spalte 4 dient zur Aufnahme aller die Prokura betreffenden Eintragungen: Vorname, Familienname und Wohnort der Prokuristen sind anzugeben.

5. (1) In der Spalte 5 sind die der Eintragung unterliegenden sonstigen Rechtsverhältnisse einzutragen.

(2) Bei offenen Handelsgesellschaften und Kommanditgesellschaften sind zu vermerken:

a) die Art der Gesellschaft;

b) der Zeitpunkt ihres Beginns;

c) der Eintritt und das Ausscheiden von Gesellschaftern;

d) Vereinbarungen über die Vertretungsbefugnis der persönlich haftenden Gesellschafter sowie bei Kreditinstituten die Vertretungsbefugnis der gerichtlich bestellten vertretungsbefugten Personen;

e) Vorname, Familienname, Beruf, Wohnort und Betrag der Einlage jedes Kommanditisten;

f) Auflösung und Fortsetzung der Gesellschaft; die Auflösung auch dann, wenn gleichzeitig ein neuer Geschäftsinhaber eingetragen wird;

g) die über die Vertretungsbefugnis der Abwickler getroffenen Bestimmungen, soweit diese von den gesetzlichen Vorschriften abweichen.

(3) Bei Europäischen wirtschaftlichen Interessenvereinigungen sind zu vermerken:

a) die Mitglieder der Vereinigung mit Vornamen, Familiennamen, Firma, Rechtsform, Wohnort oder Sitz und gegebenenfalls mit der Angabe der Nummer und des Ortes der Registereintragung sowie alle sich hierauf beziehenden Änderungen;

b) die Befugnis der Geschäftsführer oder der Abwickler zur Vertretung der Vereinigung;

c) jede Änderung der Personen der Geschäftsführer oder Abwickler sowie jede Änderung der Vertretungsbefugnis einer dieser Personen;

d) die besonderen Bestimmungen des Gründungsvertrags über die Zeitdauer der Vereinigung und die sich hierauf beziehenden Änderungen;

e) die Nichtigkeit, die Auflösung und die Fortsetzung der Vereinigung;

f) der Schluß der Abwicklung der Vereinigung;

g) die Klausel über die Haftungsbefreiung eines Mitglieds für vor seinem Beitritt entstandene Verbindlichkeiten.

(4) Bei juristischen Personen sind zu vermerken: die nähere Bezeichnung der juristischen Person und ihr Sitz, besondere Bestimmungen über die Vertretungsbefugnis des Vorstandes sowie über die Zeitdauer des Unternehmens, ferner jede Änderung der Satzung, die Auflösung, besondere Bestimmungen über die Vertretungsbefugnis der Abwickler sowie alle sich hierauf beziehenden Änderungen.

(5) Ferner sind hier zu vermerken:

a) im Falle des Erwerbs eines Handelsgeschäfts bei Fortführung unter der bisherigen Firma eine von § 25 Abs. 1 des Handelsgesetzbuchs abweichende Vereinbarung;

b) beim Eintritt eines persönlich haftenden Gesellschafters oder eines Kommanditisten in das Geschäft eines Einzelkaufmanns eine von § 28 Abs. 1 des Handelsgesetzbuchs abweichende Vereinbarung;

c) die Aufhebung von Zweigniederlassungen;

d) die Eröffnung, Einstellung und Aufhebung des Konkurs- oder des gerichtlichen Vergleichsverfahrens sowie die Aufhebung des Eröffnungsbeschlusses;

e) die Umwandlung, das Erlöschen der Firma sowie Löschungen von Amts wegen;

f) bei ausländischen Versicherungsunternehmen die gemäß § 106 Abs. 3 des Versicherungsaufsichtsgesetzes bestellten Hauptbevollmächtigten mit Vornamen, Familiennamen und Wohnort;

g) bei einer Zweigstelle eines Unternehmens mit Sitz in einem anderen Staat, die Bankgeschäfte in dem in § 1 Abs. 1 des Gesetzes über das Kreditwesen bezeichneten Umfang betreibt, die gemäß § 53 Abs. 2 Nr. 1 dieses Gesetzes bestellten Geschäftsleiter mit Vornamen, Familiennamen und Wohnort.

6. In Spalte 6 erfolgt unter a die Angabe des Tages der Eintragung und die Unterschrift des Urkundsbeamten der Geschäftsstelle, unter b die Eintragung von Verweisungen auf spätere Eintragungen, die Angabe des Registergerichts und die Registernummer, unter der ein persönlich haftender Gesellschafter, der keine natürliche Person ist, eingetragen ist, und von sonstigen Bemerkungen. Bei Verweisungen auf andere Eintragungen oder andere Registerblätter ist zu erläutern, auf welche Eintragung sie sich beziehen, sofern die Verweisung nicht bereits an der betreffenden Stelle im Register vermerkt wird.

§ 41 [Neue Firma]

(1) Wird bei dem Eintritt eines persönlich haftenden Gesellschafters oder eines Kommanditisten in das Geschäft eines Einzelkaufmanns oder bei dem Eintritt eines Gesellschafters in eine bestehende Gesellschaft die bisherige Firma nicht fortgeführt und die neue Firma unter einer neuen Nummer auf einem anderen Registerblatt eingetragen, so ist der Eintritt in Spalte 5 des Registers bei der bisherigen und bei der neuen Firma zu vermerken. Dasselbe gilt von einer von § 28 Abs. 1 des Handelsgesetzbuchs abweichenden Vereinbarung.

(2) Auf jedem Registerblatt ist auf das andere in Spalte „Bemerkungen" zu verweisen.

§ 42 [Fortführung der Firma]

Wird zum Handelsregister angemeldet, daß das Handelsgeschäft eines Einzelkaufmanns, einer juristischen Person, einer offenen Handelsgesellschaft oder einer Kommanditgesellschaft auf eine in Abteilung B eingetragene Handelsgesellschaft mit dem Recht zur Fortführung der Firma übergegangen ist, so sind die das Handelsgeschäft betreffenden Eintragungen in Abteilung A des Registers rot zu unterstreichen. Wird von dem Erwerber die Fortführung der Firma angemeldet, so ist bei der Eintragung in Abteilung B auf das bisherige Registerblatt in der Spalte „Bemerkungen" zu verweisen und umgekehrt.

Abteilung B

§ 43 [Allgemeines]

1. In Spalte 1 ist die laufende Nummer der die Gesellschaft betreffenden Eintragungen anzugeben.

2. In Spalte 2 sind dieselben Eintragungen aufzunehmen wie in Spalte 2 der Abteilung A.

3. In Spalte 3 sind bei Aktiengesellschaften und bei Kommanditgesellschaften auf Aktien die Höhe des Grundkapitals, bei Gesellschaften mit beschränkter Haftung die Höhe des Stammkapitals und bei Versicherungsvereinen auf Gegenseitigkeit die Höhe des Gründungsfonds sowie Änderungen dieser Beträge anzugeben. Die Erhöhung oder die Herabsetzung des Grund- oder Stammkapitals und die darauf gerichteten Beschlüsse sind, soweit deren Eintragung gesetzlich vorgeschrieben ist, in Spalte 6 einzutragen.

4. In Spalte 4 sind bei Aktiengesellschaften und Versicherungsvereinen auf Gegenseitigkeit die Mitglieder des Vorstandes und ihre Stellvertreter (bei Aktiengesellschaften unter besonderer Bezeichnung des Vorsitzenden), bei Kommanditgesellschaften auf Aktien die persönlich haftenden Gesellschafter sowie bei Kreditinstituten die gerichtlich bestellten vertretungsbefugten Personen, bei Gesellschaften mit beschränkter Haftung die Geschäftsführer und ihre Stellvertreter, ferner die Abwickler unter der Bezeichnung als solche mit Vornamen, Familiennamen, Beruf und Wohnort einzutragen.

5. Die Spalte 5 dient zur Aufnahme aller die Prokura betreffenden Eintragungen; Vorname, Familienname und Wohnort der Prokuristen sind anzugeben.

6. In Spalte 6 sind einzutragen:

   a) die Art der Gesellschaft oder des Versicherungsvereins auf Gegenseitigkeit;

   b) der Tag der Feststellung der Satzung oder des Abschlusses des Gesellschaftsvertrags; bei Versicherungsvereinen auf Gegenseitigkeit der Tag, an dem der Geschäftsbetrieb erlaubt worden ist;

   c) die besonderen Bestimmungen der Satzung oder des Gesellschaftsvertrags über die Zeitdauer der Gesellschaft oder des Versicherungsvereins auf Gegenseitigkeit;

   d) die Befugnis der Mitglieder des Vorstandes, der persönlich haftenden Gesellschafter sowie bei Kreditinstituten der gerichtlich bestellten vertretungsbefugten Personen, der Geschäftsführer oder der Abwickler zur Vertretung der Gesellschaft oder des Versicherungsvereins auf Gegenseitigkeit;

   e) jede Änderung in den Personen des Vorstandes, der persönlich haftenden Gesellschafter sowie bei Kreditinstituten der gerichtlich bestellten vertretungsbefugten Personen, der Geschäftsführer oder Abwickler sowie jede Änderung der Vertretungsbefugnis einer dieser Personen;

   f) jede Änderung der Satzung oder des Gesellschaftsvertrags, insbesondere Änderungen des Grund- und Stammkapitals nach Nr. 3 Satz 2. Bei der Eintragung genügt, soweit nicht die Änderung die einzutragenden Angaben betrifft, eine allgemeine Bezeichnung des Gegenstands der Änderung; dabei ist in der Spalte „Bemerkungen" auf die beim Gericht eingereichten Urkunden sowie auf die Stelle der Akten, bei der die Urkunden sich befinden, zu verweisen;

g) das Bestehen und die Art eines Unternehmensvertrags sowie der Name des anderen Vertragsteils, bei Teilgewinnabführungsverträgen auch die Vereinbarung über die Höhe des abzuführenden Gewinns, außerdem die Änderung des Unternehmensvertrags sowie seine Beendigung unter Angabe des Grundes und des Zeitpunkts der Beendigung;

h) eine Eingliederung und die Firma der Hauptgesellschaft sowie das Ende der Eingliederung, sein Grund und sein Zeitpunkt;

i) die Eröffnung, Einstellung und Aufhebung des Konkurs- oder des gerichtlichen Vergleichsverfahrens sowie die Aufhebung des Eröffnungsbeschlusses;

k) die Auflösung, die Fortsetzung und die Nichtigkeit der Gesellschaft oder des Versicherungsvereins auf Gegenseitigkeit; die Umwandlung; das Erlöschen der Firma, die Löschung einer Aktiengesellschaft, Kommanditgesellschaft auf Aktien, Gesellschaft mit beschränkter Haftung oder eines Versicherungsvereins auf Gegenseitigkeit sowie Löschungen von Amts wegen;

l) die Aufhebung von Zweigniederlassungen;

m) bei ausländischen Versicherungsunternehmen die gemäß § 106 Abs. 3 des Versicherungsaufsichtsgesetzes bestellten Hauptbevollmächtigten mit Vornamen, Familiennamen und Wohnort;

n) bei einer Zweigstelle eines Unternehmens mit Sitz in einem anderen Staat, die Bankgeschäfte in dem in § 1 Abs. 1 des Gesetzes über das Kreditwesen bezeichneten Umfang betreibt, die gemäß § 53 Abs. 2 Nr. 1 dieses Gesetzes bestellten Geschäftsleiter mit Vornamen, Familiennamen und Wohnort;

o) bei einer Zweigniederlassung einer Aktiengesellschaft oder Gesellschaft mit beschränkter Haftung mit Sitz im Ausland die ständigen Vertreter nach § 13 e Abs. 2 Satz 4 Nr. 3 des Handelsgesetzbuchs mit Vornamen, Familiennamen und Wohnort unter Angabe ihrer Befugnisse.

7. Die Verwendung der Spalte 7 richtet sich nach den Vorschriften über die Benutzung der Spalte 6 der Abteilung A.

§ 44 [Für nichtig erklärte Beschlüsse]

Urteile, durch die ein in das Register eingetragener Beschluß der Hauptversammlung einer Aktiengesellschaft, Kommanditgesellschaft auf Aktien oder der Gesellschafterversammlung einer Gesellschaft mit beschränkter Haftung rechtskräftig für nichtig erklärt ist sowie die nach § 144 Abs. 2 des Reichsgesetzes über die Angelegenheiten der freiwilligen Gerichtsbarkeit verfügte Löschung eines Beschlusses sind in einem Vermerk, der den Beschluß als nichtig bezeichnet, in diejenigen Spalten des Registerblatts einzutragen, in die der Beschluß eingetragen war.

§ 45 [Löschung einer Gesellschaft als nichtig]

(1) Soll eine Aktiengesellschaft, eine Kommanditgesellschaft auf Aktien oder eine Gesellschaft mit beschränkter Haftung als nichtig gelöscht werden, so ist, wenn der Mangel geheilt werden kann, in der nach § 142 Abs. 2, § 144 Abs. 1 des Reichsgesetzes über die Angelegenheiten der freiwilligen Gerichtsbarkeit in der Fassung des § 43 Nr. 2 des Einführungsgesetzes zum Aktiengesetz ergehenden Benachrichtigung auf diese Möglichkeit ausdrücklich hinzuweisen.

(2) Die Löschung erfolgt durch Eintragung eines Vermerks, der die Gesellschaft als nichtig bezeichnet. Gleiches gilt, wenn die Gesellschaft durch rechtskräftiges Urteil für nichtig erklärt ist.

§ 46 [Fortführung einer Firma]

Wird bei einer in Abteilung B eingetragenen Handelsgesellschaft die Änderung der Firma zum Handelsregister angemeldet, weil das Geschäft mit dem Recht zur Fortführung der Firma auf einen Einzelkaufmann, eine juristische Person oder eine Handelsgesellschaft übertragen worden ist, und wird von dem Erwerber die Fortführung der Firma angemeldet, so ist bei der Eintragung in der Spalte „Bemerkungen" auf das bisherige Registerblatt zu verweisen und umgekehrt.

IV a. Besondere Vorschriften für das maschinell geführte Handelsregister

1. Einrichtung des maschinell geführten Handelsregisters

§ 47 Grundsatz

Wird das Handelsregister auf Grund einer Bestimmung nach § 8 a Abs. 1 des Handelsgesetzbuchs in maschineller Form als automatisierte Datei geführt, sind die Vorschriften der Abschnitte I bis IV entsprechend anzuwenden, soweit nachfolgend nichts anderes bestimmt ist. § 8 a Abs. 5 des Handelsgesetzbuchs bleibt unberührt.

§ 48 Begriff des maschinell geführten Handelsregisters

Bei dem maschinell geführten Handelsregister ist der in den dafür bestimmten Datenspeicher aufgenommene und auf Dauer unverändert in lesbarer Form wiedergabefähige Inhalt des Registerblattes (§ 13 Abs. 1) das Handelsregister. Die Bestimmungen des Datenspeichers nach Satz 1 kann durch Verfügung der nach Landesrecht zuständigen Stelle geändert werden, wenn dies dazu dient, die Erhaltung und die Abrufbarkeit der Daten sicherzustellen oder zu verbessern, und die Daten dabei nicht verändert werden.

§ 49 Anforderungen an Anlagen und Programme; Sicherung der Anlagen, Programme und Daten

(1) Hinsichtlich der Anforderungen an die für das maschinell geführte Handelsregister verwendeten Anlagen und Programme, deren Sicherung sowie der Sicherung der Daten gelten die §§ 64 bis 66 der Grundbuchverfügung entsprechend.

(2) Das eingesetzte Datenverarbeitungssystem soll innerhalb eines jeden Landes einheitlich sein und mit den in den Ländern eingesetzten Systemen verbunden werden können.

§ 50 Gestaltung des maschinell geführten Handelsregisters

(1) Der Inhalt des maschinell geführten Handelsregisters muß auf dem Bildschirm und in Ausdrucken entsprechend den beigegebenen Mustern (Anlagen 4 bis 5) sichtbar gemacht werden können. Der letzte Stand aller noch nicht gegenstandslos gewordenen Eintragungen (aktueller Registerinhalt) kann statt in spaltenweiser Wiedergabe auch als fortlaufender Text nach den Mustern in Anlage 6 und 7 sichtbar gemacht werden.

(2) Wird auch das Namens- und Firmenverzeichnis (§ 9 Abs. 1 und 2) in maschineller Form geführt, so ist sein Inhalt auf dem Bildschirm entsprechend dem beigegebenen Muster (Anlage 8) wiederzugeben.

2. Anlegung des maschinell geführten Registerblattes

§ 51 Festlegung der Anlegungsverfahren; Durchführung der Anlegung

(1) Das Gericht entscheidet nach pflichtgemäßem Ermessen, ob es das maschinell geführte Registerblatt durch Umschreibung nach § 52 oder durch Umstellung nach § 53 anlegt.

Die Landesjustizverwaltung kann durch allgemeine Anordnung nach § 8 a Abs. 5 des Handelsgesetzbuchs die Anwendung eines der beiden Verfahren ganz oder teilweise vorschreiben; dabei können auch für einzelne Gerichte unterschiedliche Bestimmungen getroffen werden.

(2) Die Anlegung des maschinell geführten Registerblattes einschließlich seiner Freigabe kann durch allgemeine Anordnung der Landesjustizverwaltung nach § 8 a Abs. 5 des Handelsgesetzbuchs ganz oder teilweise dem Urkundsbeamten der Geschäftsstelle übertragen werden.

§ 52 Anlegung des maschinell geführten Registerblattes durch Umschreibung

(1) Ein bisher in Papierform geführtes Registerblatt kann für die maschinelle Führung umgeschrieben werden, ohne daß die weiteren Voraussetzungen nach § 21 Abs. 1 bis 3 hierfür vorliegen müssen. Eine neue Nummer wird nicht vergeben. Abweichend von § 21 Abs. 1 Satz 1 können dabei auch nicht mehr gültige Eintragungen übertragen werden, soweit dies im Einzelfall dazu dient, die Nachvollziehung von Eintragungen, zum Beispiel nach Umwandlungen, zu erleichtern.

(2) Die auf das maschinell geführte Registerblatt umzuschreibenden Eintragungen und Vermerke sind in den dafür bestimmten Datenspeicher (§ 48) aufzunehmen. Der Tag der ersten Eintragung des Unternehmens in das Handelsregister ist in dem maschinell geführten Registerblatt zu vermerken.

(3) Von einer Bekanntmachung nach § 21 Abs. 4 kann abgesehen werden. § 21 Abs. 5 ist anzuwenden.

(4) Nach der Umschreibung sind sämtliche Seiten des in Papierform geführten Registerblattes rot zu durchkreuzen. Die umgeschriebenen Registerblätter können nach näherer Anordnung der Landesjustizverwaltung als Wiedergabe auf einem Bildträger oder auf anderen Datenträgern aufbewahrt werden, wenn sichergestellt ist, daß die Wiedergaben oder die Dateien innerhalb angemessener Zeit lesbar gemacht werden können. § 8 a Abs. 3 Satz 2 des Handelsgesetzbuchs gilt entsprechend.

§ 53 Anlegung des maschinell geführten Registerblattes durch Umstellung

(1) Das maschinell geführte Registerblatt kann auch durch Umstellung angelegt werden. Dazu ist der Inhalt des in Papierform geführten Registerblattes elektronisch in den für das maschinell geführte Handelsregister bestimmten Datenspeicher aufzunehmen. Eine neue Nummer wird nicht vergeben. Die Umstellung kann auch in der Weise vorgenommen werden, daß ein Datenspeicher mit dem Registerinhalt zum Datenspeicher des maschinell geführten Handelsregisters bestimmt wird (§ 48). Die Speicherung des Schriftzugs von Unterschriften ist dabei nicht notwendig.

(2) § 52 Abs. 2 Satz 2 sowie Abs. 3 und 4 gilt entsprechend.

§ 54 Freigabe des maschinell geführten Registerblattes

(1) Das nach § 52 oder § 53 angelegte maschinell geführte Registerblatt tritt mit seiner Freigabe an die Stelle des in Papierformat geführten Registerblattes. Die Freigabe erfolgt, wenn die Vollständigkeit und Richtigkeit des angelegten maschinell geführten Registerblattes und seine Abrufbarkeit aus dem Datenspeicher gesichert sind. Sind bei der Anlegung nur die noch gültigen Eintragungen übertragen worden, so beschränkt sich die Prüfung der Vollständigkeit hierauf.

(2) In der Wiedergabe des Registerblattes auf dem Bildschirm oder bei Ausdrucken soll folgender Freigabevermerk erscheinen:

„Dieses Blatt ist zur Fortführung auf EDV umgeschrieben/umgestellt worden und dabei an die Stelle des bisherigen Registerblattes getreten. Freigegeben am/zum . . .

Name(n)".

3. Maschinelle Führung des Handelsregisters

§ 55 Registerakten

Auch nach Anlegung des maschinell geführten Handelsregisters sind die Registerakten nach Maßgabe der §§ 8 bis 9 zu führen. Auf die Führung eines Handblattes nach § 9 Abs. 3 kann verzichtet werden.

§ 56 Eintragung in das maschinell geführte Handelsregister

(1) Die Eintragung in das maschinell geführte Handelsregister kann auch von dem Richter oder Rechtspfleger selbst vorgenommen werden. Einer Eintragungsverfügung bedarf es in diesem Fall nicht.

(2) Die Wirksamkeit der Eintragung (§ 8 a Abs. 2 des Handelsgesetzbuchs) ist durch eine Bestätigungsanzeige oder in anderer geeigneter Weise zu überprüfen. Die die Eintragung vornehmende Person soll die Eintragung auf ihre Richtigkeit und Vollständigkeit sowie ihre Abrufbarkeit aus dem Datenspeicher (§ 48) prüfen.

(3) Bei jeder Eintragung ist der Tag der Eintragung und Bestätigung anzugeben. Dieses Datum ist in den Registerakten zu vermerken.

§ 57 Elektronische Unterschrift

Bei dem maschinell geführten Handelsregister soll eine Eintragung nur möglich sein, wenn der Urkundsbeamte der Geschäftsstelle oder, in den Fällen des § 56 Abs. 1, der Richter oder Rechtspfleger der Eintragung seinen Nachnamen hinzusetzt und beides elektronisch unterschreibt. Im übrigen gilt § 75 der Grundbuchverfügung entsprechend.

§ 58 Rötungen

Bei dem maschinell geführten Handelsregister können Eintragungen oder Vermerke, die rot zu unterstreichen oder rot zu durchkreuzen sind, anstelle durch Rötung auch auf andere Weise als gegenstandslos kenntlich gemacht werden.

§ 59 Berichtigungen

(1) Bei dem maschinell geführten Handelsregister können Berichtigungen abweichend von § 17 Abs. 2 auch unmittelbar an der zu berichtigenden Stelle im Registerblatt oder in Form einer neuen Eintragung vorgenommen werden.

(2) Eine versehentlich vorgenommene Rötung oder Kenntlichmachung nach § 58 ist zu löschen oder auf andere eindeutige Weise zu beseitigen. Die Löschung oder sonstige Beseitigung ist zu vermerken.

§ 60 Umschreibung und Schließung des maschinell geführten Registerblattes

(1) Maschinell geführte Registerblätter können unter den Voraussetzungen des § 21 umgeschrieben werden. Von der Vergabe einer neuen Nummer kann dabei abgesehen werden.

(2) Geschlossene maschinell geführte Registerblätter sollen weiterhin, auch in der Form von Ausdrucken, wiedergabefähig oder lesbar bleiben. Die Datenträger für geschlossene Registerblätter können auch bei der für die Archivierung von Handelsregisterblättern zuständigen Stelle verfügbar gehalten werden.

§ 61 Besondere Bestimmungen für die Abteilung A

(1) Abweichend von § 40 Nr. 3 und 5 sind bei dem maschinell geführten Handelsregister in Spalte 3 unter a statt in Spalte 5 zu vermerken

1. bei offenen Handelsgesellschaften und Kommanditgesellschaften

   a) die Vereinbarungen über die Vertretungsbefugnis der persönlich haftenden Gesellschafter sowie bei Kreditinstituten die Vertretungsbefugnis der gerichtlich bestellten
   vertretungsbefugten Personen,

   b) die über die Vertretungsbefugnis der Abwickler getroffenen Bestimmungen, soweit
   diese von den gesetzlichen Vorschriften abweichen,

2. bei Europäischen wirtschaftlichen Interessenvereinigungen die Befugnis der Geschäftsführer oder der Abwickler zur Vertretung der Vereinigung,

3. bei juristischen Personen besondere Bestimmungen über die Vertretungsbefugnis des
   Vorstands und der Abwickler,

soweit sie nicht nach Absatz 2 Satz 2 in Spalte 3 unter b zu vermerken sind. Dies gilt auch
für alle sich hierauf beziehenden Änderungen.

(2) Die in § 40 Nr. 3 und Nr. 5 Abs. 3 Buchstabe c sowie Nr. 5 Abs. 5 Buchstabe f
und g genannten Angaben sind bei dem maschinell geführten Handelsregister in Spalte 3
unter b einzutragen. Weicht die konkrete Vertretungsbefugnis der in Spalte 3 unter b
einzutragenden Personen im Einzelfall von den Angaben in Spalte 3 unter a ab, so ist die
abweichende Vertretungsbefugnis bei den jeweiligen Personen zu vermerken.

(3) Bei dem maschinell geführten Handelsregister erfolgt in Spalte 6 unter a anstelle der
in § 40 Nr. 6 vorgesehenen Angabe des Tages der Eintragung und der Unterschrift des
Urkundsbeamten der Geschäftsstelle die Angabe des Tages der Eintragung und der Bestätigung nach § 56 Abs. 3.

§ 62 Besondere Bestimmungen für die Abteilung B

(1) Abweichend von § 43 Nr. 4 und 6 sind bei dem maschinell geführten Handelsregister
die Befugnis der Mitglieder des Vorstands der persönlich haftenden Gesellschafter sowie bei
Kreditinstituten der gerichtlich bestellten vertretungsbefugten Personen, der Geschäftsführer oder der Abwickler zur Vertretung der Gesellschaft oder des Versicherungsvereins auf
Gegenseitigkeit (§ 43 Nr. 6 Buchstabe d) statt in Spalte 6 in Spalte 4 unter a einzutragen,
soweit sie nicht nach Absatz 2 Satz 2 in Spalte 4 unter b zu vermerken sind.

(2) Die in § 43 Nr. 4 und Nr. 6 Buchstabe e, m, n und o genannten Angaben sind bei
dem maschinell geführten Handelsregister in Spalte 4 unter b einzutragen. Weicht die
konkrete Vertretungsbefugnis der in Spalte 4 unter b einzutragenden Personen im Einzelfall von den Angaben in Spalte 4 unter a ab, so ist die abweichende Vertretungsbefugnis bei
den jeweiligen Personen zu vermerken.

(3) Die in § 43 Nr. 6 Buchstabe a, b und f genannten Angaben sind in Spalte 6 unter a,
die übrigen in § 43 Nr. 6 genannten Angaben sind in Spalte 6 unter b einzutragen, soweit
sie nicht nach Absatz 1 oder 2 in Spalte 4 einzutragen sind.

(4) Die Verwendung der Spalte 7 richtet sich nach den Vorschriften über die Benutzung
der Spalte 6 der Abteilung A.

4. Einsicht in das maschinell geführte Handelsregister

§ 63 Einsicht

(1) Die Einsicht in das maschinell geführte Handelsregister ist über ein Datensichtgerät
oder durch Einsicht in einen aktuellen oder chronologischen Ausdruck zu gewähren. Dem
Einsichtnehmenden kann gestattet werden, das Registerblatt selbst auf dem Bildschirm des
Datensichtgerätes aufzurufen, wenn technisch sichergestellt ist, daß der Abruf von Daten
die nach § 9 Abs. 1 des Handelsgesetzbuchs zulässige Einsicht nicht überschreitet und Veränderungen an dem Inhalt des Handelsregisters nicht vorgenommen werden können.

(2) Soweit die Namens- und Firmenverzeichnisse (§ 9 Abs. 1 und 2) in maschineller Form geführt und öffentlich zugänglich gehalten werden, gilt Absatz 1 für die Einsicht in diese Verzeichnisse entsprechend.

(3) Werden die zum Handelsregister eingereichten Schriftstücke nach § 8 a Abs. 3 des Handelsgesetzbuchs als Wiedergabe auf einem Bildträger oder auf anderen Datenträgern aufbewahrt, gilt Absatz 1 für die Einsicht in diese Schriftstücke entsprechend, soweit die Aufbewahrungsart sich dafür eignet.

§ 64 Ausdrucke

(1) Ausdrucke aus dem maschinell geführten Handelsregister (§ 9 Abs. 2 Satz 4 des Handelsgesetzbuchs) sind mit der Aufschrift „Ausdruck" oder „Amtlicher Ausdruck", dem letzten Datum der letzten Eintragung und dem Datum des Abrufs der Daten aus dem Handelsregister zu versehen. Sie sind nicht zu unterschreiben.

(2) Der amtliche Ausdruck ist darüber hinaus mit Ort und Tag der Ausstellung, dem Vermerk, daß der Ausdruck den Inhalt des Handelsregisters bezeugt, sowie dem Namen des erstellenden Urkundsbeamten der Geschäftsstelle und mit einen Dienstsiegel zu versehen. Anstelle der Siegelung kann maschinell ein Abdruck des Dienstsiegels eingedruckt sein oder aufgedruckt werden; in beiden Fällen muß unter der Aufschrift „Amtlicher Ausdruck" der Vermerk „Dieser Ausdruck wird nicht unterschrieben und gilt als beglaubigte Abschrift." abgedruckt sein oder werden.

(3) Auf Antrag ist anstelle des Ausdrucks, der ausschließlich den letzten Stand aller noch nicht gegenstandslos gewordenen Eintragungen wiedergibt (aktueller Ausdruck), ein vollständiger Ausdruck zu erteilen, in dem alle Eintragungen enthalten sind (chronologischer Ausdruck). Aktuelle Ausdrucke können statt in spaltenweiser Wiedergabe auch als fortlaufender Text erstellt werden.

(4) Ausdrucke können dem Antragsteller auch elektronisch übermittelt werden. Dies gilt nicht für amtliche Ausdrucke.

5. Automatisierter Abruf von Daten

§ 65 Umfang der Berechtigung zum automatisierten Datenabruf

(1) Die Gewährung des Abrufs von Daten im automatisierten Verfahren nach § 9 a des Handelsgesetzbuchs berechtigt zur Einsichtnahme der Eintragungen in das Handelsregister in dem durch § 9 Abs. 1 des Handelsgesetzbuchs bestimmten Umfang sowie zur Fertigung von Abdrucken des Handelsregisterblattes. Der Abruf von Daten aus den zum Handelsregister eingereichten Schriftstücken oder aus ihren Wiedergaben auf einem Bildträger oder auf einem anderen Datenträger ist im automatisierten Verfahren nicht zulässig. Abdrucke stehen den Ausdrucken (§ 64) nicht gleich.

(2) Die Berechtigung nach Absatz 1 kann nach Maßgabe der Genehmigung oder des Einrichtungsvertrages (§ 66 Abs. 1) auch den Abruf der in den Namens- und Firmenverzeichnissen (§ 9 Abs. 1 und 2) enthaltenen Daten im automatisierten Verfahren umfassen, soweit die Voraussetzungen des § 63 Abs. 2 vorliegen und die Einsicht in diese Verzeichnisse zur Durchführung des automatisierten Abrufs der Handelsregisterdaten, insbesondere zu Hilfs- und Suchzwecken, erforderlich ist.

§ 66 Genehmigungsverfahren, Einrichtungsvertrag

(1) Die Einrichtung eines automatisierten Abrufverfahrens bedarf der Genehmigung durch die dazu bestimmte Behörde der Landesjustizverwaltung. Anstelle der Genehmigung kann mit Gerichten und Behörden eine Verwaltungsvereinbarung, im übrigen ein öffentlich-rechtlicher Vertrag abgeschlossen werden.

(2) Eine Genehmigung wird nur auf Antrag erteilt. Für das Verfahren gelten im übrigen das Verwaltungsverfahrensgesetz und das Verwaltungszustellungsgesetz des jeweiligen Landes entsprechend.

(3) Die Genehmigung kann auf Antrag auch für mehrere oder alle Handelsregister des Landes erteilt werden, bei denen die gesetzlichen Voraussetzungen dafür gegeben sind. In der Genehmigung ist in jedem Fall das Vorliegen der Voraussetzungen nach § 9 a Abs. 2 Satz 2 und Abs. 3 Nr. 1 und 2 des Handelsgesetzbuchs festzustellen.

(4) Der Widerruf einer Genehmigung erfolgt durch die genehmigende Stelle. Ist in den Fällen des Absatzes 3 Satz 1 eine Störung des Geschäftsbetriebs eines einzelnen Registergerichts oder die Gefährdung eines einzelnen Handelsregisters zu besorgen, kann die Genehmigung für das betroffene Gericht auch durch die für diese jeweils zuständige Stelle ausgesetzt werden. Der Widerruf und die Aussetzung einer Genehmigung sind unverzüglich den Landesjustizverwaltungen mitzuteilen, in deren Zuständigkeitsbereich automatisierte Abrufverfahren eingerichtet sind.

§ 67 Einrichtung der Verfahren

Wird ein Abrufverfahren eingerichtet, so ist systemtechnisch sicherzustellen, daß die Daten nur unter Verwendung eines der berechtigten Person oder Stelle zugeteilten Codezeichens abgerufen werden können. Der berechtigten Person oder Stelle ist in der Genehmigung zur Auflage zu machen, dafür zu sorgen, daß das Codezeichen nur durch die berechtigte Person oder die Leitung der Stelle oder durch bestimmte, der genehmigenden Stelle vorher zu benennende Mitarbeiter verwendet und mißbrauchssicher verwahrt wird. Der Wechsel der als Verwender des Codezeichens benannten Personen ist der genehmigenden Stelle anzuzeigen. Diese kann ein neues Codezeichen ausgeben, wenn dies zur Abwendung der Gefahr eines unbefugten Zugriffs auf die Handelsregisterdaten erforderlich ist.

§ 68 Überprüfung

(1) Die Zulässigkeit der Abrufe durch einzelne Abrufberechtigte prüft das Gericht nur, wenn es dazu nach den konkreten Umständen Anlaß hat (§ 9 a Abs. 7 Satz 2 des Handelsgesetzbuchs).

(2) Zur Gewährleistung der Stichprobenkontrolle nach § 9 a Abs. 7 Satz 3 des Handelsgesetzbuchs hat das Gericht aus dem Kreis der bei ihm zum automatisierten Abrufverfahren zugelassenen Stellen oder Personen stichprobenartig diejenigen zu bestimmen, deren Abrufe für einen Zeitraum von jeweils zwei Wochen aufgezeichnet werden. Die Zahl der so ausgewählten Abrufberechtigten darf jährlich 0,5 vom Hundert der bei dem Gericht zugelassenen Abrufberechtigten nicht unterschreiten. Die Aufzeichnungen über die Abrufe muß jeweils das Gericht, die Nummer des Registerblattes, die abrufende Person oder Stelle, deren Geschäfts- oder Aktenzeichen und den Zeitpunkt des Abrufs ausweisen. Einer Speicherung des Akten- oder Geschäftszeichens bedarf es nicht, wenn die abrufende Person oder Stelle selbst eine Aufzeichnung der Abrufe fertigt und diese Aufzeichnungen gesondert aufbewahrt und zur Einsicht durch die zur Prüfung befugten Stellen bis zum Ende des auf den Abruf folgenden Kalenderjahres bereithält.

(3) Die Aufzeichnungen nach Absatz 2 werden vom Gericht zur Durchführung von Stichprobenkontrollen nach § 9 a Abs. 7 Satz 3 des Handelsgesetzbuchs bereitgehalten. Sie dürfen nur zur Kontrolle der Zulässigkeit der Abrufe verwendet werden und sind durch geeignete Vorkehrungen gegen zweckfremde Nutzung und gegen sonstigen Mißbrauch zu schützen. Sie sind nach Ablauf des auf die aufgezeichneten Abrufe folgenden Kalenderjahrs zu löschen, es sei denn, die Aufzeichnungen werden noch bis zum Abschluß eines bereits eingeleiteten Kontrollverfahrens benötigt.

6. Datenverarbeitung im Auftrag; Ersatzregister

§ 69 Datenverarbeitung im Auftrag

(1) Die Vorschriften der Unterabschnitte 1 bis 5 gelten für die Verarbeitung von Handelsregisterdaten durch andere staatliche Stellen oder juristische Personen des öffentlichen Rechts im Auftrag des zuständigen Gerichts (§ 125 Abs. 5 des Gesetzes über die Angelegenheiten der freiwilligen Gerichtsbarkeit) sinngemäß. Hierbei soll sichergestellt sein, daß Eintragungen in das maschinell geführte Handelsregister und der Abruf von Daten hieraus nur erfolgen, wenn dies von dem zuständigen Gericht verfügt worden oder sonst zulässig ist.

(2) Die Verarbeitung der Registerdaten auf Anlagen, die nicht im Eigentum der anderen staatlichen Stelle oder juristischen Person des öffentlichen Rechts stehen, ist nur zulässig, wenn gewährleistet ist, daß die Daten dem uneingeschränkten Zugriff des zuständigen Gerichts unterliegen und der Eigentümer der Anlage keinen Zugang zu den Daten hat.

§ 70 Ersatzregister

(1) Ist die Vornahme von Eintragungen in das maschinell geführte Handelsregister vorübergehend nicht möglich, so können auf Anordnung der nach Landesrecht zuständigen Stelle Eintragungen ohne Vergabe einer neuen Nummer in einem Ersatzregister in Papierform vorgenommen werden, sofern hiervon Verwirrung nicht zu besorgen ist. Sie sollen in das maschinell geführte Handelsregister übernommen werden, sobald dies wieder möglich ist. Auf die erneute Übernahme sind die Vorschriften über die Anlegung des maschinell geführten Registerblattes sinngemäß anzuwenden.

(2) Bestimmt die Landesregierung oder die von ihr ermächtigte Landesjustizverwaltung durch Rechtsverordnung auf der Grundlage des § 8 a Abs. 1 des Handelsgesetzbuchs, daß ein maschinell geführtes Handelsregister wieder in Papierform geführt wird, weil die Voraussetzungen nach § 8 a Abs. 1 Satz 2 des Handelsgesetzbuchs nicht nur vorübergehend entfallen sind und in absehbarer Zeit nicht wieder hergestellt werden können, so sind die betroffenen maschinell geführten Registerblätter ohne Vergabe einer neuen Nummer auf Registerblätter in Papierform umzuschreiben.

(3) Für die Einrichtung und Führung der Ersatzregister nach Absatz 1 und der wieder in Papierform umgeschriebenen Registerblätter nach Absatz 2 gelten die Bestimmungen der Abschnitte I bis IV sowie der §§ 59, 61 und 62.

V. Übergangs- und Schlußvorschriften

§ 71 Übergangsvorschriften für das maschinell geführte Handelsregister

(1) Zur Vorbereitung der Anlegung des maschinell geführten Registers durch Umstellung (§ 53) können nach näherer Anordnung der Landesjustizverwaltung Neueintragungen und Berichtigungen auch in dem in Papierform geführten Handelsregister nach Maßgabe der §§ 59, 61 und 62 vorgenommen werden.

(2) Die Eintragungen in das maschinell geführte Handelsregister können während einer von der Landesjustizverwaltung anzuordnenden Übergangszeit, die nicht länger als drei Jahre seit seiner Anlegung betragen darf, abweichend von den §§ 61 und 62 noch nach den für das in Papierform geführte Handelsregister geltenden Vorschriften des § 40 Nr. 3 und 5 sowie des § 43 Nr. 4 und 6 vorgenommen werden.

§ 72 [Inkrafttreten]

(1) Diese Verfügung tritt am 1. Oktober 1937 in Kraft, soweit nicht in den Anordnungen zu ihrer Durchführung Abweichendes bestimmt wird. Vorschriften des Landesrechts, welche das von dieser Verfügung umfaßte Gebiet betreffen, treten mit derselben Maßgabe außer Kraft.

(2) Die Anordnungen der Landesjustizverwaltungen, durch welche die Führung des Handelsregisters für mehrere Amtsgerichtsbezirke einem Amtsgericht übertragen worden ist, bleiben unberührt.

Die Anlagen 1 bis 3 sind nicht abgedruckt.

Anlage 4
(zu § 50 Abs. 1)

Handelsregister des Amtsgerichts   Abteilung A   Nummer der Firma: HR A

Nummer der Ein-tragung	a) Firma b) Ort der Niederlassung (Sitz der Gesellschaft) c) Gegenstand des Unternehmens (bei juristischen Personen)	a) Allgemeine Vertretungsregelung b) Inhaber, Persönlich haftende Gesellschafter, Vertretungs-berechtigte und besondere Vertretungsbefugnis	Prokura	Rechtsverhältnisse	a) Tag der Eintragung und Bestätigung b) Bemerkungen
1	2	3	4	5	6

Anmerkung: Die Kopfzeile und die Spaltenüberschriften müsen beim Abruf der Registerdaten auf dem Bildschirm stets sichtbar sein.

Anlage 5

(zu § 50 Abs. 1)

Handelsregister des Amtsgerichts   Abteilung B   Nummer der Firma: HR B

Nummer der Ein-tragung	a) Firma b) Sitz c) Gegenstand des Unter-nehmens	Grund- oder Stammkapital DM	a) Allgmeine Vertretungs-regelung b) Vertretungsberechtigte und besondere Vertre-tungsbefugnis	Prokura	a) Gesellschaftsvertrag b) Sonstige Rechtsver-hältnisse	a) Tag der Ein-tragung und Bestätigung b) Bemerkungen
1	2	3	4	5	6	7

Anmerkung: Die Kopfzeile und die Spaltenüberschriften müssen beim Abruf der Registerdaten auf dem Bild-schirm stets sichtbar sein.

Anlage 6
(zu § 50 Abs. 1)

Handelsregister des Amtsgerichts	Abteilung A	Nummer der Firma: HR A
	Wiedergabe des aktuellen Registerinhalts	

1. Anzahl der bisherigen Eintragungen:
2. a) Firma:
   b) Ort der Niederlassung/Sitz der Gesellschaft:
   c) Gegenstand des Unternehmens (bei juristischen Personen):
3. a) Allgemeine Vertretungsregelung
   b) Inhaber/Persönlich haftende Gesellschafter/Vertretunsberechtigte/besondere Vertretungsbefugnis:
4. Prokura:
5. Rechtsverhältnisse:
6. a) Tag der letzten Eintragung:
   b) Bemerkungen:

Anmerkung: Die beiden Kopfzeilen müssen beim Abruf der Registerdaten auf dem Bildschirm stets sichtbar sein.

Anlage 7
(zu § 50 Abs. 1)

Handelsregister des Amtsgerichts	Abteilung B	Nummer der Firma: HR B
	Wiedergabe des aktuellen Registerinhalts	

1. Anzahl der bisherigen Eintragungen:
2. a) Firma:
   b) Sitz:
   c) Gegenstand des Unternehmens:
3. Grund oder Stammkapital:
4. a) Allgemeine Vertretungsregelung:
   b) Vertretungsberechtigte und besondere Vertretungsbefugnis:
5. Prokura:
6. a) Gesellschaftsvertrag/Satzung:
   b) Sonstige Rechtsverhältnisse:
7. a) Tag der letzten Eintragung:
   b) Bemerkungen:

Anmerkung: Die beiden Kopfzeilen müssen beim Abruf der Registerdaten auf dem Bildschirm stets sichtbar sein.

Anlage 8
(zu § 50 Abs. 2)

Amtsgericht	Handelsregister	Stand:
	Auszug aus dem Namens- und Firmenverzeichnis	

Registernummer:
Die vollständige Firma lautet:

Geschäftsadresse (ohne Gewähr):
Straße/Hausnummer:
Postfach:
PLZ/Ort:

§ 8 a [Bild- oder Datenträger]

(1) Die Landesregierungen können durch Rechtsverordnung bestimmen, daß und in welchem Umfang das Handelsregister einschließlich der zu seiner Führung erforderlichen Verzeichnisse in maschineller Form als automatisierte Datei geführt wird. Hierbei muß gewährleistet sein, daß

1. die Grundsätze einer ordnungsgemäßen Datenverarbeitung eingehalten, insbesondere Vorkehrungen gegen einen Datenverlust getroffen sowie die erforderlichen Kopien der Datenbestände mindestens tagesaktuell gehalten und die originären Datenbestände sowie deren Kopien sicher aufbewahrt werden,

2. die vorzunehmenden Eintragungen alsbald in einen Datenspeicher aufgenommen und auf Dauer inhaltlich unverändert in lesbarer Form wiedergegeben werden können,

3. die nach der Anlage zu § 126 Abs. 1 Satz 2 Nr. 3 der Grundbuchordnung erforderlichen Maßnahmen getroffen werden.

Die Landesregierungen können durch Rechtsverordnung die Ermächtigung nach Satz 1 auf die Landesjustizverwaltungen übertragen.

(2) Eine Eintragung wird wirksam, sobald sie in den für die Handelsregistereintragungen bestimmten Datenspeicher aufgenommen ist und auf Dauer inhaltlich unverändert in lesbarer Form wiedergegeben werden kann.

(3) Die zum Handelsregister eingereichten Schriftstücke können zur Ersetzung der Urschrift auch als Wiedergabe auf einem Bildträger oder auf anderen Datenträgern aufbewahrt werden, wenn sichergestellt ist, daß die Wiedergaben oder die Daten innerhalb angemessener Zeit lesbar gemacht werden können. Bei der Herstellung der Bild- oder Datenträger ist ein schriftlicher Nachweis über ihre inhaltliche Übereinstimmung mit der Urschrift anzufertigen.

(4) Das Gericht kann gestatten, daß die zum Handelsregister einzureichenden Jahresabschlüsse und Konzernabschlüsse und die dazugehörigen Unterlagen sowie sonstige einzureichende Schriftstücke in der in Absatz 3 Satz 1 bezeichneten Form eingereicht werden.

(5) Die näheren Anordnungen über die maschinelle Führung des Handelsregisters, die Aufbewahrung von Schriftstücken nach Absatz 3 und die Einreichung von Abschlüssen und Schriftstücken nach Absatz 4 trifft die Landesjustizverwaltung, soweit nicht durch Rechtsverordnung nach § 125 Abs. 3 des Gesetzes über die Angelegenheiten der freiwilligen Gerichtsbarkeit Vorschriften erlassen werden.

Schrifttum: *Böhringer,* Das künftige Registerverfahrensbeschleunigungsgesetz, DtZ 1993, 336; *Bokelmann,* Der Einblick in das Handelsregister, DStR 1991, 945; *Frenz,* Ein Jahrhundert-Gesetz für die Freiwillige Gerichtsbarkeit, DNotZ 1994, 153; *Göttlinger,* EDV in der bayerischen Justiz, CR 1989, 652; *Hirte,* Kommerzielle Nutzung des Handelsregisters, CR 1990, 631; *Holzer,* Das Registerverfahrensbeschleunigungsgesetz, NJW 1994, 481; *Kollhosser,* Handelsregister und private Datenbanken, NJW 1988, 2409; *Siebelt,* Der Entwurf eines Registerverfahrensbeschleunigungsgesetzes, NJW 1993, 2517; *Strobel,* Der Regierungsentwurf zum Registerverfahrensbeschleunigungsgesetz – ein Überblick, DStR 1993, 950; *Walter,* Registerverfahren-Beschleunigungsgesetz: Die Zukunft hat auch im Handels- und Genossenschaftsregister begonnen, MDR 1994, 429; *Walter,* Das Handels- und Genossenschaftsregister des Amtsgerichts Charlottenburg im Lichte des Registerverfahrensbeschleunigungsgesetzes, Berliner Anwaltsblatt, 1994, 94.

Übersicht

I. Das Handelsregister in maschineller Form (§ 8a Abs. 1)

§ 8a ist durch das **Registerverfahrensbeschleunigungsgesetz (RegVBG)**[1] neu gefaßt **1**
worden. § 8a Abs. 1 Satz 1 ermächtigt entsprechend § 126 Abs. 1 Satz 1 GBO neuer Fassung zur **Führung des Handelsregisters** statt in Papierform (Karteiform) **in maschineller Form als automatisierte Datei.** Die Bestimmung, daß und in welchem Umfang das Register so geführt werden soll, obliegt den Landesregierungen, die durch Rechtsverordnung die Ermächtigung auf die Landesjustizverwaltungen übertragen können (§ 8a Abs. 1 Satz 3). Die Ermächtigung zur Umstellung des Handelsregisters auf automatisierte Führung erfaßt nicht nur das Register selbst, sondern auch die zu seiner Führung erforderlichen Hilfsverzeichnisse (etwa Firmen- und Namenskarteien). Die maschinelle Führung soll auch auf den bereits vorhandenen Registerbestand erstreckt werden, sobald die technischen, sachlichen und finanziellen Voraussetzungen hierfür gegeben sind.[2]

Aus § 8a Abs. 1 Satz 2 Nr. 1 bis 3 ergeben sich die gesetzlichen **Mindestanforderungen** **2**
an die technische und organisatorische Ausstattung eines maschinell geführten Handelsregisters. Sie sind *zwingend*, denn die Registerdaten müssen vor Verlust und unbefugtem Zugriff außenstehender Dritter sicher sein, wie auch ihre Speicher- und jederzeitige Wiedergabefähigkeit zu gewährleisten ist. Die Anforderungen gelten auch für die von den Ländern zu erlassenden Rechtsvorschriften.[3] Soweit § 8a Abs. 1 Satz 2 Nr. 3 auf die Anlage zu § 126 Abs. 1 Satz 2 Nr. 3 GBO verweist und die Gewährleistung der dort aufgelisteten Maßnahmen fordert, handelt es sich um **Kontrollerfordernisse.** Die in Bezug genommene Anlage hat folgenden Wortlaut:

Werden personenbezogene Daten automatisiert verarbeitet, sind Maßnahmen zu treffen, die je nach Art der zu schützenden personenbezogenen Daten geeignet sind,

1. Unbefugten den Zugang zu Datenverarbeitungsanlagen, mit denen personenbezogene Daten verarbeitet werden, zu verwehren (Zugangskontrolle),

2. zu verhindern, daß Datenträger unbefugt gelesen, kopiert, verändert oder entfernt werden können (Datenträgerkontrolle),

3. die unbefugte Eingabe in den Speicher sowie die unbefugte Kenntnisnahme, Veränderung oder Löschung gespeicherter personenbezogener Daten zu verhindern (Speicherkontrolle),

4. zu verhindern, daß Datenverarbeitungssysteme mit Hilfe von Einrichtungen zu Datenübertragung von Unbefugten genutzt werden können (Benutzerkontrolle),

5. zu gewährleisten, daß die zur Benutzung eines Datenverarbeitungssystems Berechtigten ausschließlich auf die ihrer Zugriffsberechtigung unterliegenden Daten zugreifen können (Zugriffskontrolle),

6. zu gewährleisten, daß überprüft und festgestellt werden kann, an welche Stellen personenbezogene Daten durch Einrichtung zur Datenübertragung übermittelt werden können (Übermittlungskontrolle),

7. zu gewährleisten, daß nachträglich überprüft und festgestellt werden kann, welche personenbezogenen Daten zu welcher Zeit von wem in Datenverarbeitungssysteme eingegeben worden sind (Eingabekontrolle),

8. zu gewährleisten, daß personenbezogene Daten, die im Auftrag verarbeitet werden, nur entsprechend den Weisungen des Auftraggebers verarbeitet werden können (Auftragskontrolle),

---

[1] Gesetz zur Vereinfachung und Beschleunigung registerrechtlicher und anderer Verfahren vom 20. 12. 1993 (BGBl. I S. 2182), in Kraft seit 25. 12. 1993; Regierungsentwurf BR-Drucks. 360/93 unter dem 28. 5. 1993, BT-Drucks. 12/5553 vom 12. 8. 1993.

[2] Begr. Regierungsentwurf BT-Drucks. 12/5553 S. 100.

[3] Begr. Regierungsentwurf BT-Drucks. 12/5553 S. 101.

9. zu verhindern, daß bei der Übertragung personenbezogener Daten sowie beim Transport von Datenträgern die Daten unbefugt gelesen, kopiert, verändert oder gelöscht werden können (Transportkontrolle),

10. die innerbehördliche oder innerbetriebliche Organisation so zu gestalten, daß sie den besonderen Anforderungen des Datenschutzes gerecht wird (Organisationskontrolle).

3   Die Umstellung der Registerführung auf ein vollelektronisches System ist erforderlich geworden, weil das bisherige System zu langsam arbeitet und Einsicht in das Register und Abschriften (§ 9 Abs. 1 und 2) nicht so rasch gewährt, wie es berechtigte Interessen des Rechtsverkehrs und der Rechtssicherheit im Hinblick auf die Funktion des Handelsregisters erfordern (Eintragungen kommt oft konstitutive Wirkung zu, die dringend der Publizierung bedürfen; Publizität des Handelsregisters im Umfang von § 15).[4] Weder die **„Zweitregister" der Industrie- und Handelskammern** (§ 9 RdNr. 9) noch die herkömmliche Führung des Handelsregisters in Karteiform selbst mit Automationsunterstützung durch eine parallele Datenbank[5] gemäß dem Automationsprojekt „HAREG I" (näher RdNr. 4) haben auch nur entfernt Abhilfe schaffen können.

4   Der Weg zur **vollelektronischen Handelsregisterführung** sieht (bzw. sah) wie folgt aus. Bei der ersten Stufe des Projekts „HAREG" **(HAREG I)** wird das nach wie vor in Papierform geführte Handelsregister durch parallele Führung einer Datenbank automations*unterstützt*. Es handelt sich um ein Hilfsmittel zu Auskunfts- und Suchzwecken.[6] Das Auffinden der zu einer Firma gehörenden Registernummer ist schneller und sicherer geworden; auch nur ein Namensbestandteil der Firma genügt in der Regel.[7] Erleichtert wird auch das Auffinden gleicher oder ähnlicher Firmen im Sinn von § 30 durch automatische Suche („Freivermerksprüfung"). Auch sind Bildschirme zur Selbstbenutzung durch das Publikum in den Registergerichten installiert worden. **HAREG II** automatisiert die zu erhebenden Gebühren und Auslagen. Ferner können Eintragungen und Bekanntmachungen nach § 10 von den Registergerichten in einem Arbeitsgang bewirkt werden,[8] und es ist möglich, die Bekanntmachungstexte dem Bundesanzeiger und den Tageszeitungen per Datenfernübertragung so zu übermitteln, daß die Information der Öffentlichkeit unmittelbar nach der Eintragung erfolgt. Auf der letzten Stufe **(HAREG III)** wird dann das Handelsregister vollelektronisiert „im Computer"[9] geführt, womit das Register in Karteiform entfällt, wenngleich das äußere Erscheinungsbild (was gut ist) weitgehend übereinstimmt.

II. Das Wirksamwerden der Eintragung (§ 8a Abs. 2)

5   Die jeweilige Eintragung wird nicht schon mit der Speicherung in dem für das Handelsregister bestimmten Datenspeicher wirksam. Maßgebend ist vielmehr der Zeitpunkt, in dem **die Eintragung dauerhaft inhaltlich unverändert in lesbarer Form wiedergegeben werden kann.** Die Daten müssen gespeichert sein *und* wieder abgerufen werden können. Erst mit der Abrufbarkeit der gespeicherten Daten treten die Publizitätswirkungen des Handelsregisters ein.[10] Entsprechend § 129 Abs. 1 Satz 2 GBO müssen die technischen Voraussetzungen dafür vorliegen, daß konkret nach einer Eingabe etwa durch eine **Bestätigungsanzeige** festgestellt werden kann, ob den Anforderungen von Absatz 2 genügt ist. Auch muß dieser Zeitpunkt bei der Eintragung automatisch festgehalten und vermerkt werden. Die Handelsregisterverfügung ist durch die Verordnung zur Einführung von Vorschriften über die maschinelle Führung des Handelsregisters und des Genossenschaftsregisters vom 6. 7. 1995 (BGBl. I S. 911) entsprechend ergänzt worden (Einfügung der §§ 47

---

[4] Vgl. auch *Holzer* NJW 1994, 481, 487.

[5] *Kollhosser* NJW 1988, 2409; *Hirte* CR 1990, 631, 635; *Holzer* NJW 1994, 481, 487; *Walter* MDR 1994, 429.

[6] Begr. Regierungsentwurf BT-Drucks. 12/5553 S. 99.

[7] *Walter* MDR 1994, 429; *ders.* Berliner Anwaltsblatt 1994, 94, 97.

[8] *Walter* MDR 1994, 429.

[9] *Böhringer* DtZ 1993, 336.

[10] Begr. Regierungsentwurf BT-Drucks. 12/5553 S. 101.

bis 71 HRV). So bestimmt § 56 Abs. 2, 3 HRV für das angeführte Beispiel: Die Wirksamkeit der Eintragung (§ 8a Abs. 2 HGB) ist durch eine Bestätigungsanzeige oder in anderer geeigneter Weise zu überprüfen. Die die Eintragung vornehmende Person soll die Eintragung auf ihre Richtigkeit und Vollständigkeit sowie ihre Abrufbarkeit aus dem Datenspeicher prüfen. Bei jeder Eintragung ist der Tag der Eintragung und Bestätigung anzugeben. Dieses Datum ist in den Registerakten zu vermerken.

III. § 8a Abs. 3 und 4

Die maschinelle Führung des Handelsregisters umfaßt auch (abweichend von der Führung des Grundbuchs) einen Teil der Registerakten und nicht nur die Eintragungen in dem Register selbst. Möglich ist das aber nur bei „zum Handelsregister eingereichten Schriftstücken", die bei den Registergerichten in den Sonderbänden verwahrt werden und uneingeschränkt eingesehen werden können (§ 9 Abs. 1). Insoweit wird auf § 9 RdNr. 3 f. Bezug genommen. Voraussetzung ist aber nach Abs. 3 Satz 1, daß Wiedergabe oder Daten in angemessener Zeit – notfalls unter Einschaltung anderer staatlicher Stellen – lesbar gemacht werden können.[11] Für Jahres- und Konzernabschlüsse nebst zu ihnen gehörenden Unterlagen sowie sonstige einzureichende Schriftstücke kann das Handelsregistergericht die Einreichung bereits verfilmter oder gespeicherter Unterlagen erlauben, nicht aber verlangen. Die Urschrift muß nicht vorgelegt werden.[12] Die in den **Absätzen 3 und 4** enthaltenen Regelungen sind nicht neu. Sie entsprechen vielmehr im wesentlichen dem Inhalt des zuvor geltenden § 8a (eingefügt durch das Bilanzrichtliniengesetz vom 19. 12. 1985, BGBl. I S. 2355).

IV. § 8a Abs. 5

Nach Abs. 5 können die näheren Anforderungen über die maschinelle Registerführung und die Regelungen in den Abs. 3 und 4 durch die Landesjustizverwaltungen getroffen werden, vorbehaltlich Rechtsverordnungen der Landesregierungen nach Abs. 1 oder einer bundeseinheitlichen Regelung nach § 125 Abs. 3 FGG. § 125 Abs. 3 FGG in der Fassung durch das RegVBG (RdNr. 1) vom 20. 12. 1993 lautet jetzt wie folgt:

Das Bundesministerium der Justiz wird ermächtigt, durch Rechtsverordnung mit Zustimmung des Bundesrates die näheren Bestimmungen über die Einrichtung und Führung des Handelsregisters, die Einsicht in das Handelsregister und das Verfahren bei Anmeldungen, Eintragungen und Bekanntmachungen zu treffen. Für die Fälle, in denen die Landesregierungen nach § 8a Abs. 1 des Handelsgesetzbuchs bestimmt haben, daß das Handelsregister in maschineller Form als automatisierte Datei geführt wird, können durch Rechtsverordnung nach Satz 1 auch nähere Bestimmungen hierzu getroffen werden; dabei können auch Einzelheiten der Einrichtung automatisierter Verfahren zur Übermittlung von Daten aus dem Handelsregister durch Abruf und der Genehmigung hierfür (§ 9a des Handelsgesetzbuchs) geregelt werden.

§ 9 [Registereinsicht; Abschriften; Bescheinigungen]

(1) Die Einsicht des Handelsregisters sowie der zum Handelsregister eingereichten Schriftstücke ist jedem gestattet.

(2) Von den Eintragungen und den zum Handelsregister eingereichten Schriftstücken kann eine Abschrift gefordert werden. Werden die Schriftstücke nach § 8a Abs. 3 aufbewahrt, so kann eine Abschrift nur von der Wiedergabe gefordert werden. Die

---

[11] Heymann/*Sonnenschein/Weitemeyer* RdNr. 21; Koller/*Roth*/Morck RdNr. 4.

[12] Koller/*Roth*/Morck RdNr. 5; **aA** Heymann/ *Sonnenschein/Weitemeyer* RdNr. 22.

Abschrift ist von der Geschäftsstelle zu beglaubigen, sofern nicht auf die Beglaubigung verzichtet wird. Wird das Handelsregister in maschineller Form als automatisierte Datei geführt, so tritt an die Stelle der Abschrift der Ausdruck und an die Stelle der beglaubigten Abschrift der amtliche Ausdruck.

(3) Der Nachweis, wer der Inhaber einer in das Handelsregister eingetragenen Firma eines Einzelkaufmanns ist, kann Behörden gegenüber durch ein Zeugnis des Gerichts über die Eintragung geführt werden. Das gleiche gilt von dem Nachweis der Befugnis zur Vertretung eines Einzelkaufmanns oder einer Handelsgesellschaft.

(4) Das Gericht hat auf Verlangen eine Bescheinigung darüber zu erteilen, daß bezüglich des Gegenstandes einer Eintragung weitere Eintragungen nicht vorhanden sind oder daß eine bestimmte Eintragung nicht erfolgt ist.

Schrifttum: *Barelle,* Das Recht auf Einsicht in das Handelsregister und auf Erteilung von Abschriften und Bescheinigungen, DB 1956, 321; *Drischler,* Verfügung über die Führung und Einrichtung des Handelsregisters (Handelsregisterverfügung), 5. Aufl. 1983; *Göttlich,* Notar-Bescheinigungen in Handelsregistersachen, JurBüro 1970, 105; *Gustavus,* Nochmals: Die Bescheinigung des Notars über den Wortlaut des Gesellschaftsvertrages einer GmbH, DNotZ 1971, 229; *ders.,* Handelsregister-Datenbank – Pro und Contra, GmbHR 1990, 197; *Hirte,* Kommerzielle Nutzung des Handelsregisters, CR 1990, 631; *Hopt,* Die Publizität von Kapitalgesellschaften – Grundsätzliche Überlegungen zum Stand nach der 4. EG-Richtlinie und zur Reformdiskussion in den USA –, ZGR 1980, 225; *Kollhosser,* Handelsregister und private Datenbanken, NJW 1988, 2409; *U. Mayer,* Die Vertretungsbescheinigung des Notars, Rpfleger 1989, 142; *Röll,* Die Bescheinigung des Notars über den Wortlaut des Gesellschaftsvertrages einer GmbH, DNotZ 1970, 337; *K. Schmidt,* Sein – Schein – Handelsregister, JuS 1977, 209; *Windbichler,* Handelsrechtliche Publizität durch private Datenverarbeiter, CR 1988, 447.

I. Öffentlichkeit des Handelsregisters

1 § 9, der auch für das Genossenschaftsregister gilt (§ 156 GenG), gewährt ohne weitere Voraussetzungen jedermann das Recht auf Einsicht in das Handelsregister (nebst zu ihm eingereichten Schriftstücken) und auf Erteilung von Abschriften. Hieraus folgt in Verbindung mit der Bekanntmachung nach § 10 die **Öffentlichkeit des Handelsregisters.** Früher formulierte Art. 12 Abs. 2 Satz 1 ADHGB ausdrücklich: Das Handelsregister ist öffentlich.[1] Zu den Grenzen des Einsichtsrechts wird auf RdNr. 6 verwiesen.

2 Das **Recht auf Einsichtnahme** in Register und Schriftstücke bedeutet nicht unbedingt auch **Pflicht zur Einsichtnahme.** Zeichnet etwa der Kaufmann seine Firma zur Aufbewahrung bei Gericht (§ 29), so wird die Zeichnung mit der Anmeldung im Sonderband verwahrt (zur Einordnung RdNr. 4). In diesen kann jeder einsehen, muß es in der Regel aber nicht (gebieten nicht bei Zweifeln ausnahmsweise Sorgfaltspflichten die Einsichtnahme zwecks Überprüfung der Echtheit einer Firmenzeichnung). Denn die Art und das Bild

---

[1] Näher *K. Schmidt* HandelsR § 13 III 2; *Canaris* § 4 I 1a; *Staub/Hüffer* RdNr. 1.

der Firmenzeichnung gehören nicht zu den im Handelsregister eingetragenen und bekanntgemachten Tatsachen, die ein Dritter gegen sich gelten lassen muß (§ 15 Abs. 2).[2] Umgekehrt schadet bei im Handelsregister eingetragenen und bekanntgemachten Tatsachen das **Unterlassen der** dann für einen Kaufmann **allgemein gebotenen Registerüberprüfung** durch Registereinsicht ausnahmsweise dann nicht, wenn spezielle Vertrauenstatbestände den Registerinhalt zurücktreten lassen. Wer etwa im Verlauf einer ständigen, länger andauernden Geschäftsverbindung seine Haftung beschränkt (Umwandlung einer OHG in eine GmbH & Co. KG; die persönlich haftenden Gesellschafter werden Kommanditisten) und trotzdem so auftritt, als habe sich nichts geändert, der „verhindert es geradezu", daß der Geschäftspartner nochmals das Handelsregister einsieht.[3]

II. Das Recht auf Einsicht

1. Umfang. Das Einsichtsrecht steht jedem zu, ohne daß ein berechtigtes Interesse **3** glaubhaft gemacht werden muß, wie es § 34 FGG allgemein für die freiwillige Gerichtsbarkeit vorsieht. Die Einsicht erstreckt sich auf das Handelsregister und die „zum Handelsregister eingereichten" Schriftstücke wie Anmeldungen, den Anmeldungen beigefügte Schriftstücke (§ 37 Abs. 4 AktG, § 8 Abs. 1 GmbHG), so Firmenzeichnungen[4] oder Unterschriftenzeichnungen, ferner Gesellschaftsverträge, Listen der Gesellschafter nach § 40 GmbHG, Unternehmensverträge oder Jahresabschlüsse.[5] Unter zum Handelsregister eingereichten Schriftstücken sind nicht nur solche Schriftstücke zu verstehen, deren Einreichung durch besondere handelsrechtliche Vorschriften angeordnet ist, sondern auch alle Belege und Unterlagen der Eintragung wie beispielsweise Erbscheine nach früheren Firmeninhabern.[6] § 9 Abs. 1 erfaßt auch Niederschriften des Registergerichts über vor ihm abgegebene Erklärungen.[7] § 9 Abs. 1 und 2 begründet **subjektive öffentliche Rechte,** die entgegen früherer Meinung nicht unlauter,[8] jedenfalls aber nicht rechtsmißbräuchlich eingesetzt werden dürfen (näher RdNr. 6).[9]

2. Hauptband und Sonderband. Das Handelsregister verwahrt die nach § 9 Abs. 1 der **4** Einsicht durch jedermann zugänglichen („zum Handelsregister eingereichten") Schriftstücke in dem sogenannten **Sonderband** der betreffenden Handelsregisterakte (§ 8 Abs. 2 HRV), während in den **Hauptband** alle nicht der unbeschränkten Einsicht zugänglichen Schriftstücke gehören, wie Verfügungen des Gerichts und sonstige Entscheidungen, Erinnerungen, Belegblätter, Kostenrechnungen, gutachtliche Äußerungen der Industrie- und Handelskammer und sonstiger Schriftwechsel aller Art.[10] Das Recht auf Einsicht bezieht sich auch nicht auf Unterlagen aus den Verfahren nach den §§ 145, 146 HGB[11] oder Schriftstücke aus Ordnungsstrafverfahren.

3. Einsichtnahme nach § 34 FGG. Erlaubt § 9 Abs. 1 nicht die unbeschränkte Einsicht **5** in bestimmte Schriftstücke, weil diese dem Hauptband und nicht dem Sonderband zuzurechnen sind (RdNr. 4), gilt § 34 Abs. 1 FGG. Ein **berechtigtes Interesse** an der Einsicht (oder der Erteilung einer Abschrift nach § 9 Abs. 2) **ist dann glaubhaft zu machen.** Das berechtigte Interesse ist zu bejahen, wenn ein „verständiges, durch die Sachlage gerechtfertigtes Interesse" verfolgt wird, das wirtschaftlicher, wissenschaftlicher oder auch tatsächlicher Art sein kann.[12] Zur *Glaubhaftmachung* kann der Antragsteller nach § 15 Abs. 2 FGG

---

[2] RG JW 1930, 3747, 3748.
[3] BGH NJW 1972, 1418, 1419; BGH BB 1976, 1479, 1480; *Stimpel* ZGR 1973, 73, 90.
[4] KGJ 22 A 89, 91; KG RJA 2, 70, 71.
[5] Baumbach/*Hopt* RdNr. 1; Staub/*Hüffer* RdNr. 5; Heymann/*Sonnenschein/Weitemeyer* RdNr. 4.
[6] KGJ 42 A 146.
[7] RJA 2, 70; Baumbach/*Hopt* RdNr. 1.
[8] So aber KG JW 1932, 1661.

[9] *Kollhosser* NJW 1988, 2409, 2410, 2413; *Barella* DB 1956, 321, 322; Staub/*Hüffer* RdNr. 4; Heymann/*Sonnenschein* RdNr. 1, 3.
[10] *Drischler*, Verfügung über die Führung und Einrichtung des Handelsregisters, § 8 HRV Anm. 1b.
[11] *Barella* DB 1956, 321; Staub/*Hüffer* RdNr. 6; Heymann/*Sonnenschein* RdNr. 5.
[12] BayObLGZ 1954, 310, 314; 1959, 420, 424; OLG Oldenburg Rpfleger 1968, 120; *Barella* DB 1956, 321.

zur Versicherung an Eides statt zugelassen werden. Nach § 125a Abs. 2 Satz 2 FGG unterliegen Auskünfte der Steuerbehörden nicht der Akteneinsicht nach § 34 FGG.

6   **4. Grenzen der Berechtigung nach § 9 Abs. 1.** Die Befugnis nach § 9 Abs. 1 (ebenso die nach Abs. 2) ist großzügig zu handhaben. Die Einsicht ist nicht auf einzelne Eintragungen beschränkt. Gleichzeitig oder nacheinander kann die Erteilung von Handelsregisterauszügen für mehrere Firmen beantragt werden. Der Darlegung eines Interesses oder berechtigten Interesses bedarf es nicht, und das Gesetz fordert auch keine sachlichen oder persönlichen Voraussetzungen für die Einsicht. Die **Grenze ist die Verfolgung eines unlauteren, rechtswidrigen Zweckes.**[13] Das Registergericht muß die Einsicht verweigern, wenn *offenkundig* ist, daß das Einsichtsrecht mißbraucht werden soll.[14] Das ist jedenfalls dann zu verneinen, wenn der Antragsteller in beschränkter Zahl Handelsregisterauszüge begehrt, um sie kommerziell im Rahmen eines Wirtschaftsinformationsdienstes zu verwerten.[15] Es gibt kein Verbot, Handelsregistereintragungen abzufragen, auszuwerten und gewerblich zu nutzen.[16] Auch das BDSG steht insoweit nicht entgegen.[17]

7   Auch nach dem Bundesgerichtshof ist das Recht auf Einsicht in das Handelsregister weit gefaßt und berechtigt auch zur Durchsicht großer Teile oder sogar des ganzen Registers; die Dokumentation durch selbstgefertigte Abschriften „gegebenenfalls unter Zuhilfenahme technischer Reproduktionsgeräte" soll ebenfalls gestattet sein.[18] Doch ging es seinerzeit der Antragstellerin nach Meinung des BGH nicht um die bestimmungsgemäße Benutzung des Handelsregisters zwecks Informationsgewinn, weil sie das gesamte Register ablichten und als **eigene Datei in Konkurrenz zum Handelsregister** gewerblich verwenden wollte. „Das geht über eine Einsicht in das Register weit hinaus und wird vom Recht auf Einsicht in § 9 Abs. 1 nicht gedeckt. Der für die Gewährung von Einsicht in das Handelsregister funktionell zuständige Urkundsbeamte der Geschäftsstelle ist deshalb nicht befugt, die Ablichtung des vollständigen Registers zu Zwecken der Errichtung einer konkurrierenden Datei zu gestatten. Die Genehmigung dazu zu erteilen, ist vielmehr Sache der Justizverwaltung. Gegen die Versagung der Genehmigung ist der Rechtsweg nach den §§ 23 ff. EGGVG gegeben".[19] Ermessensfehlerhaft aber war die Entscheidung der Justizverwaltung nach Meinung des Bundesgerichtshofes nicht.

8   Wie man die Einschränkung des BGH auch wertet: **im Ansatzpunkt** zumindest ist die Befugnis zu kommerzieller Auswertung von Daten des Handelsregisters insgesamt auch nach dem Bundesgerichtshof nicht zu leugnen.[20] Abgesehen davon, daß es fraglich ist, ob die Justizverwaltung einen an das *Registergericht* gerichteten Antrag (auf Ablichtung des Handelsregisters) an sich ziehen und verbescheiden darf,[21] will das Ergebnis (Versagung gerechtfertigt) nicht gefallen. Denn mit der Publizität des Handelsregisters ist es hierzulande bei einigen hundert Handelsregistergerichten, deren Daten nicht wie in anderen Ländern *zentral gespeichert* und damit schnell abrufbar sind,[22] nicht weit her. „Ins Handelsregister guckt keiner" – zu ergänzen: wenn es überhaupt in zumutbarer Nähe liegt, denn telephonische Auskünfte werden oft verweigert – „und wer liest schon den Bundesanzeiger zum Frühstück"?[23] Es entspricht der Wirklichkeit, daß die **Registerpublizität in der gegenwärtigen Handhabung „sehr schwerfällig und oft wenig wirksam"** ist.[24] Private Datenunternehmen würden die Publizität nicht unerheblich verbessern, was Anlaß sein sollte – gehen sie manierlich und in nicht zu beanstandender Weise vor –, ihnen die not-

[13] OLG Köln NJW-RR 1991, 1255, 1256.
[14] *Kollhosser* NJW 1988, 2409, 2413.
[15] OLG Hamm NJW-RR 1991, 1256, 1257.
[16] OLG Köln NJW-RR 1991, 1255, 1256.
[17] OLG Köln NJW-RR 1991, 1255, 1256.
[18] BGHZ 108, 32, 36 = NJW 1989, 2818 = CR 1989, 984 mit zustimm. Anm. *Smid* = EWiR § 9 HGB 1/89, 899 (*Junker*).

[19] BGHZ 108, 32, 36; ebenso OLG Frankfurt BB 1988, 2267.
[20] Vgl. auch *K. Schmidt* HandelsR § 13 I 2.
[21] OLG Karlsruhe NJW 1991, 182.
[22] Näher *Kollhosser* NJW 1988, 2409 unter I; vgl. auch *Gustavus* GmbHR 1990, 197, 198 f.
[23] *Windbichler* CR 1988, 447.
[24] *Canaris* § 4 I 1c.

wendigen Informationen auch dann nicht zu verweigern, wenn sie Handelsregister insgesamt photokopieren möchten. Denn „jede Publizität ist nur so gut wie ihre Verbreitung".[25]

Ausdrücklich hinzuweisen ist aber auf Folgendes: **die** befürworteten **privatwirtschaftlichen Informationsdienste und die „Zweitregister" der Industrie- und Handelskammern**[26] **haben selbst keine gerichtliche Funktion** und führen auch insoweit nicht das Handelsregister. Sie *informieren* über Eintragungen im Handelsregister[27] und damit über vorangegangene Entscheidungen der Registergerichte, die zu formeller und materieller Prüfung des angemeldeten Vorgangs verpflichtet sind. Nach dem System der Normativbestimmungen erlangen rechtsfähige Verbände erst mit der Eintragung im Register ihre Rechtsfähigkeit, und die Eintragung erfolgt erst, wenn das Registergericht die Einhaltung der gesetzlichen Anforderungen überprüft hat. Kapitalgesellschaften und Genossenschaften müssen vor der Eintragung „eine Solvenzkontrolle dahingehend bestehen, daß das von ihnen angegebene Vermögen auch tatsächlich aufgebracht oder wenigstens gedeckt ist. Hier betätigt sich das Registergericht zugunsten eines präventiven Gläubigerschutzes bei der Gründung und bei späteren Satzungsänderungen als **Wirtschaftsaufsichtsbehörde**: das Entstehen zweifelhafter Verbände soll unterbunden werden".[28] Es liegt auf der Hand, daß eine solche Funktion von privaten Unternehmen oder den Industrie- und Handelskammern nicht ausgeübt werden kann und auch durch die bloße Wiedergabe von erfolgten Eintragungen nicht ausgeübt wird.

5. Ausübung der Einsicht. Die Einsicht hat während der Dienststunden in den Räumen des Gerichts zu erfolgen, § 10 HRV. Eine richterliche Verfügung ist nicht erforderlich. Soweit das Recht auf Einsicht reicht, ist es dem Einsehenden im Hinblick auf die Öffentlichkeit des Handelsregisters (RdNr. 1)[29] gestattet, sich Auszüge oder Abschriften selbst zu fertigen oder zu kopieren.[30] Die Einsicht in das Handelsregister ist gebührenfrei, § 90 KostO. Zum **Oneline-Abruf** wird auf § 9a verwiesen.

III. Die Erteilung von Abschriften (§ 9 Abs. 2)

Das Recht auf Abschriftenerteilung von Eintragungen und zum Handelsregister eingereichten Schriftstücken ist **in seinem Umfang dem Einsichtsrecht gleich** (RdNr. 3). Im Fall des § 8a Absatz 3 (Datenträger) besteht nur ein Recht auf Abschrift von der Wiedergabe (§ 9 Abs. 2 Satz 2).

Handelt es sich um **Schriftstücke im Hauptband** (RdNr. 4) und kommt es mithin nach § 34 FGG auf das Vorliegen eines **berechtigten Interesses** an (RdNr. 5), so ist ein solches auch dann zu bejahen, wenn die Erteilung der Abschrift von Einfluß auf die Rechtsposition des Antragstellers sein kann.[31]

Nach **§ 9 Abs. 2 Satz 3** ist die Abschrift zu *beglaubigen*, sofern nicht auf die Beglaubigung verzichtet wird (beglaubigte oder einfache Abschrift, § 30 HRV). Nach § 29 Abs. 1 Nr. 2 HRV ist der Urkundsbeamte der Geschäftsstelle zuständig. Es handelt sich insoweit um eine *ausschließliche* Zuständigkeit.[32] Neben dem Urkundsbeamten ist daher nicht auch der Notar zuständig.[33]

Rechtsmittel. Erteilt der Urkundsbeamte keine Abschrift oder beglaubigt er sie nicht, so entscheidet der Richter (§ 29 Abs. 2 HRV; § 4 Abs. 2 Nr. 3 RPflG). Die Beschwerde

---

[25] *Hopt* ZGR 1980, 225, 251; vgl. auch *K. Schmidt* HandelsR § 13 I 2; Heymann/*Sonnenschein/Weitemeyer* RdNr. 5a § 9a RdNr. 6; **aA** Baumbach/*Hopt* RdNr. 1.

[26] Vgl. auch *Hirte* CR 1990, 631, 635.

[27] Vgl. auch *Kollhosser* NJW 1988, 2409, 2414.

[28] *Wiedemann* § 4 II 1c.

[29] Vgl. auch OLG Hamm OLGZ 1967, 333, 338.

[30] Staub/*Hüffer* RdNr. 7; Baumbach/*Hopt* RdNr. 1.

[31] KGJ 46, A 8, 10; BayObLGZ 1959, 420, 424; OLG Oldenburg Rpfleger 1968, 120; vgl. auch KG OLGRspr. 2, 396, 397.

[32] OLG Hamm OLGZ 1967, 333, 339 = Rpfleger 1968, 122, 123.

[33] Staub/*Hüffer* RdNr. 10; Heymann/*Sonnenschein/Weitemeyer* RdNr. 10.

nach § 19 FGG ist erst gegen seine Entscheidung gegeben. Gleiches gilt für die Verweigerung der Einsichtnahme durch den Urkundsbeamten.

15   Bei Führung des Handelsregisters in maschineller Form als automatisierte Datei tritt nach **§ 9 Abs. 2 Satz 4** an die Stelle der Abschrift der Ausdruck und an die Stelle der beglaubigten Abschrift der amtliche Ausdruck.

16   **Kosten:** für beglaubigte und unbeglaubigte Abschriften sowie Ausdrucke und amtliche Ausdrucke werden die Gebühren nunmehr[34] nach den §§ 89 Abs. 1, 73 Abs. 1 bis 4 KostO erhoben.

IV. Erteilung von Zeugnissen (§ 9 Abs. 3)

17   **1. Inhalt des Zeugnisses und Recht auf Ausstellung eines solchen.** Ein berechtigtes Interesse braucht nicht dargelegt oder glaubhaft gemacht zu werden, und auch der Verwendungszweck muß nicht offengelegt werden.[35] Jedermann hat das Recht auf ein (positives) Zeugnis des Gerichts, wer Inhaber der eingetragenen Firma eines Einzelkaufmanns und wer zur Vertretung des Einzelkaufmanns oder einer Handelsgesellschaft befugt ist. Als Vertreter kommen die Prokuristen und die organschaftlichen Vertreter von Handelsgesellschaften in Betracht, ebenso Liquidatoren und Abwickler. Bezeugt werden darf insoweit nur, was in dem Handelsregister eingetragen ist, mithin nicht bürgerlich-rechtliche Vollmachten und in der Regel auch nicht Handlungsvollmachten. Zur Eintragung von Handlungsbevollmächtigten von Zweigniederlassungen einer Kapitalgesellschaft mit Sitz im Ausland wird auf § 13e RdNr. 7 hingewiesen, zur Eintragung von Hauptbevollmächtigten ausländischer Versicherungsunternehmen und Geschäftsleitern eines ausländischen Unternehmens, das Bankgeschäfte betreibt, auf § 13d RdNr. 24.

18   § 9 Abs. 3 nennt nicht die Vertreter der juristischen Personen des § 33 und der Versicherungsvereine auf Gegenseitigkeit. Auch sie werden aber in das Handelsregister eingetragen (§ 33 Abs. 2, §§ 32, 34 VAG) und aus dem Sinn des § 9 Abs. 3 folgt, daß **„die eingetragenen Vertretungsverhältnisse aller registerfähigen Personen, Gesellschaften und Verbände"** bezeugt werden können.[36] Im übrigen sind Bescheinigungen nach § 9 Abs. 3 und 4 nur bezüglich der dort genannten Gegenstände zulässig. Über andere Eintragungen im Handelsregister oder über zum Handelsregister eingereichte Schriftstücke dürfen Bescheinigungen nicht erteilt werden. Hier genügen in der Regel die beglaubigten Abschriften, um den Interessen der Beteiligten gerecht zu werden. Für den Grundbuchverkehr sind die §§ 32, 34 GBO einschlägig.

19   **2. Beweiswirkung des Zeugnisses.** Das Zeugnis nach § 9 Abs. 3 dient dem Nachweis bestimmter Rechtsverhältnisse gegenüber Behörden. Die Einordnung der Nachweiswirkung ist ebenso umstritten wie die Beweiswirkung der Handelsregistereintragung selbst. Zum Teil wird angenommen, es werde lediglich der Beweis des ersten Anscheins (der erschüttert werden könne) erbracht und eine Umkehrung der Beweislast finde nicht statt.[37] Letzteres ist richtig.[38] Im Hinblick auf die Prüfungspflicht des Registergerichts auch in materieller Hinsicht (§ 8 RdNr. 59 ff.)[39] ist davon auszugehen, daß der Handelsregisterauszug und das Zeugnis **im Prozeß als Beweismittel dienen.**[40] Das Zeugnis begründet den vollen Beweis der in ihm bezeugten Tatsachen (§ 418 Abs. 1 ZPO), doch ist der Beweis

---

[34] Neufassung durch Art. 2 KostRÄndG 1994 vom 24. 6. 1994 (BGBl. I S. 1325).

[35] Staub/*Hüffer* RdNr. 15; Heymann/*Sonnenschein/Weitemeyer* RdNr. 12

[36] Staub/*Hüffer* RdNr. 14; Heymann/*Sonnenschein/Weitemeyer* RdNr. 13.

[37] v. Gierke/*Sandrock* § 11 III 1; Baumbach/*Hopt* RdNr. 4.

[38] Näher *K. Schmidt* HandelsR § 13 III 1b.

[39] *K. Schmidt* HandelsR § 13 III 1a; *Canaris* § 4 II 1.

[40] *K. Schmidt* HandelsR § 13 III 1b; *K. Schmidt* JuS 1977, 209, 210; Staub/*Hüffer* RdNr. 16, der aber danach unterscheidet, ob das Zeugnis des Registergerichts im Prozeß oder in einem Verfahren der freiwilligen Gerichtsbarkeit oder in einem Verwaltungsverfahren vorgelegt wird.

der Unrichtigkeit nach § 418 Abs. 2 ZPO zulässig.[41] In der Regel wird die Eintragung zutreffen und insoweit ist es nicht falsch, den Begriff des prima-facie-Beweises zu bemühen.[42]

Bezüglich der **Verwertbarkeit eines Zeugnisses können Zweifel im Hinblick auf das 20 Datum der Ausstellung auftreten.** Ist das Zeugnis *älter* als die von einem Gesellschafter abgegebene Erklärung und geht es um die Vertretungsmacht dieses Gesellschafters zum Zeitpunkt der (späteren) Abgabe der Erklärung, kann das Zeugnis nicht generell im Hinblick auf die differierenden Daten (KGJ 20 A 179: Zeugnis vom 24. 3. 1900, Abgabe der Erklärung am 27. 3. 1900) beanstandet werden. Erst wenn begründeter Anlaß besteht, an dem Fortbestehen der Vertretungsbefugnis zu zweifeln, darf das Zeugnis als nicht beweiskräftig zurückgewiesen werden.[43] Es kommt auf den Einzelfall an,[44] und es läßt sich allgemein nur sagen, daß für die nachfolgenden Zeitpunkte eine sich zunehmend *abschwächende* Vermutung besteht.[45]

Anderes gilt dann, wenn das Zeugnis *jünger* ist als eine zuvor abgegebene Erklärung, de- **21** ren Wirksamkeit im Hinblick auf die Vertretungsmacht zu beurteilen ist. Das Zeugnis bezieht sich immer nur auf den jeweiligen, im Augenblick seiner Erteilung bestehenden Zustand. Der Registerrichter ist nicht verpflichtet (und er darf es auch nicht), ein entsprechendes **Zeugnis für einen bestimmten Zeitpunkt in der Vergangenheit** zu erteilen. Insoweit besteht nur ein Anspruch auf eine (beglaubigte) Abschrift aus dem Handelsregister.[46] Doch hilft auch das nicht weiter, wenn das Handelsregister für den entscheidenden Zeitpunkt in der Vergangenheit keine Eintragung enthält (OLG Köln NJW-RR 1991, 425: die Geschäftsführereigenschaft wird erst am 24. 11. 1988 eingetragen, entscheidend ist die Vertretungsbefugnis am 29. 7. 1988). Auf den ersten Blick scheint das Gegenteil richtig. Denn die Eintragung (als Geschäftsführer) im Handelsregister geht auf mit der Anmeldung vorgelegte (und im Sonderband verwahrte) Eintragungsunterlagen zurück, aus denen meistens der Zeitpunkt der (konstitutiven) Bestellung des Organs zu ersehen ist. Nach § 39 Abs. 2 GmbHG etwa sind der Anmeldung die Urkunden über die Bestellung der Geschäftsführer beizufügen. Doch ergibt sich aus einer späteren Eintragung im Handelsregister, kommt der Eintragung keine konstitutive Wirkung zu, nicht, wann die eingetragene Rechtsänderung wirksam wurde und ob der in den Eintragungsunterlagen genannte Zeitpunkt zutrifft. Denn die Publizitätswirkung des Handelsregisters beginnt nicht vor der Eintragung im Handelsregister. Das Zeugnis des Registergerichts streitet erst ab der Eintragung für die Vertretungsbefugnis und mangels gesetzlicher Grundlagen kann „die Beweisfunktion des Handelsregisters nicht auf Zeugnisse über den Inhalt der dem Handelsregister zur Eintragung vorgelegten Urkunden ausgedehnt werden".[47]

3. Zuständig für die Erteilung von Zeugnissen ist der Urkundsbeamte der Geschäftsstelle **22** (§ 29 Abs. 1 Satz 2 HRV). Von der **Form** des Zeugnisses handelt § 31 HRV. Zu den **Rechtsbehelfen** wird auf RdNr. 14 verwiesen.

V. Negativattest nach § 19 Abs. 4

Jedermann hat das Recht, von dem Registergericht ohne Darlegung oder Glaubhaftmachung **23** eines berechtigten Interesses bescheinigt zu bekommen, daß bezüglich des Gegenstandes einer erfolgten Eintragung weitere Eintragungen (etwa einschränkender oder ergänzender Art) *nicht* vorhanden sind oder daß eine bestimmte Eintragung *nicht* erfolgt ist.

[41] Staub/*Hüffer* RdNr. 16; Heymann/*Sonnenschein/Weitemeyer* RdNr. 17.
[42] So ausdrücklich Staub/*Hüffer* RdNr. 16.
[43] KGJ 20 A 179, 181.
[44] Vgl. AG Langen Rpfleger 1982, 63.
[45] OLG Colmar OLGRspr. 8, 313; Heymann/*Sonnenschein/Weitemeyer* RdNr. 17; vgl. auch *Ulrich Mayer* Rpfleger 1989, 142, 144: Die Vertre-

tungsbefugnis kann noch als nachgewiesen angesehen werden, wenn zwischen der Registereinsicht des Notars, Ausstellung der beglaubigten Registerabschrift bzw. des Registerzeugnisses und der Vornahme einer Rechtshandlung ein Zeitraum von bis zu sechs Wochen liegt.
[46] *Barella* DB 1956, 321.
[47] OLG Köln NJW-RR 1991, 425, 426.

Die Bescheinigung bezieht sich immer darauf, daß bestimmte **zulässige** (weitere) Eintragungen nicht vorhanden sind. Die Beweiswirkung entspricht der des Zeugnisses nach § 9 Abs. 3.[48] Bedeutung kommt der gerichtlichen Negativbescheinigung im Hinblick auf die negative Registerpublizität von § 15 Abs. 1 zu.

VI. Auskünfte des Registergerichts

24   Zu allgemeinen Auskünften an Privatpersonen über den Inhalt des Handelsregisters ist das Gericht nicht verpflichtet. § 9 grenzt die Verpflichtungen des Registergerichts insoweit ein.[49] Dagegen kann es zweckmäßig sein, bei nicht alltäglichen (schwierigen) Anmeldungen die Rechtsmeinung des Registergerichts zu erfragen. Insoweit handelt es sich aber um unverbindliche Rechtsmeinungen des Gerichts, gegen die es keine Beschwerde gibt. Sind die Beteiligten anderer Meinung, müssen sie so anmelden, wie sie es für richtig halten und gegen die zurückweisende gerichtliche Entscheidung vorgehen.

25   Gegenüber Behörden und Gerichten können sich Auskunftspflichten (§ 161 StPO) oder Mitteilungsverpflichtungen ergeben (näher § 10 RdNr. 17).

VII. Die Notarbescheinigung

26   Gemäß § 21 **BNotO** dürfen auch die Notare Bescheinigungen über eine Vertretungsberechtigung ausstellen, sofern sich diese aus einer Handelsregistereintragung oder der Eintragung in einem ähnlichen Register (Vereinsregister, Genossenschaftsregister) ergibt und der Notar zuvor das Register oder eine beglaubigte Registerabschrift eingesehen hat. Der Notar muß in der Bescheinigung den Tag der Einsichtnahme in das Register oder den Tag der Ausstellung der Abschrift angeben. Die Bescheinigung hat die gleiche Beweiskraft wie ein Zeugnis des Registergerichts (§ 21 Abs. 1 Satz 2 BNotO).[50]

27   Nach § 22a **BNotO** kann der Notar auch Bescheinigungen über das Bestehen oder den Sitz einer juristischen Person oder Handelsgesellschaft, die Firmenänderung, eine Verschmelzung oder sonstige rechtserhebliche Umstände ausstellen, wenn sich diese aus einem **öffentlichen Register** ergeben. Die Bescheinigung darf aber nur dann ausgestellt werden, wenn die Auslandsverwendung dargelegt wird (§ 22a Abs. 2 BNotO). Auch hier ist Voraussetzung, wenngleich sich das nicht ausdrücklich aus der Vorschrift ergibt, daß der Notar die Bescheinigung nur erteilen darf, wenn er zuvor das Register oder eine beglaubigte Abschrift des Registers eingesehen hat.[51]

28   Bezüglich des Nachweises **über die Rechtsverhältnisse von Unternehmen mit dem Sitz im Ausland** wird auf § 13d RdNr. 5 ff. verwiesen. Insoweit kommen auch Erklärungen und Bescheinigungen *ausländischer Notare* in Betracht. Überholt ist die Entscheidung KGJ 16, 26 ff., wonach die Bescheinigung eines ausländischen Notars nicht ausreicht.[52]

§ 9a [Automatisierter Abruf]

(1) Die Einrichtung eines automatisierten Verfahrens, das die Übermittlung der Daten aus dem maschinell geführten Handelsregister durch Abruf ermöglicht, ist zulässig, wenn der Abruf von Daten auf die Eintragungen in das Handelsregister beschränkt ist und insoweit die nach § 9 Abs. 1 zulässige Einsicht nicht überschreitet.

(2) Die Einrichtung eines automatisierten Verfahrens nach Absatz 1 bedarf der Genehmigung durch die Landesjustizverwaltung. Die Genehmigung darf erteilt werden

---

[48] Staub/*Hüffer* RdNr. 20.

[49] Staub/*Hüffer* RdNr. 21; Heymann/*Sonnenschein/Weitemeyer* RdNr. 21.

[50] Zu den Notarbescheinigungen in Handelsregistersachen vgl. *Göttlich* JurBüro 1970, 105 und zu

der Bescheinigung des Notars über den Wortlaut des Gesellschaftsvertrages einer GmbH *Röll* DNotZ 1970, 337 und *Gustavus* DNotZ 1971, 229.

[51] *Göttlich* JurBüro 1970, 105, 108.

[52] Staub/*Hüffer* RdNr. 25.

1. öffentlichen Stellen, soweit der Abruf von Daten ausschließlich zur Erfüllung der ihnen gesetzlich zugewiesenen Aufgaben erfolgt,

2. nicht öffentlichen Stellen, soweit der Abruf von Daten zur Wahrnehmung eines berechtigten beruflichen oder gewerblichen Interesses des Empfängers erfolgt und kein Grund zu der Annahme besteht, daß die Daten zu anderen als zu den vom Empfänger dargelegten Zwecken abgerufen werden.

(3) Die Genehmigung setzt ferner voraus, daß

1. diese Form der Datenübermittlung wegen der Vielzahl der Übermittlungen oder wegen ihrer besonderen Eilbedürftigkeit angemessen ist,

2. auf seiten des Empfängers die Grundsätze einer ordnungsgemäßen Datenverarbeitung eingehalten werden und

3. auf seiten der speichernden Stelle die technischen Möglichkeiten der Einrichtung und Abwicklung des Verfahrens gegeben sind und eine Störung ihres Geschäftsbetriebs nicht zu erwarten ist.

(4) Die Genehmigung kann auch für den Abruf der Daten aus mehreren oder allen in einem Land maschinell geführten Handelsregistern erteilt werden.

(5) Die Genehmigung ist zu widerrufen, wenn eine der Voraussetzungen nach den Absätzen 1 bis 3 weggefallen ist. Sie kann widerrufen werden, wenn die Anlage mißbräuchlich benutzt worden ist.

(6) Anstelle der Genehmigung kann ein öffentlich-rechtlicher Vertrag oder eine Verwaltungsvereinbarung geschlossen werden.

(7) Die Verantwortung für die Zulässigkeit des einzelnen Abrufs trägt der Empfänger. Die speichernde Stelle prüft die Zulässigkeit der Abrufe nur, wenn dazu Anlaß besteht. Sie hat zu gewährleisten, daß die Übermittlung personenbezogener Daten zumindest durch geeignete Stichprobenverfahren festgestellt und überprüft werden kann.

(8) Soweit in dem automatisierten Abrufverfahren personenbezogene Daten übermittelt werden, darf der Empfänger diese nur für den Zweck verwenden, zu dessen Erfüllung sie ihm übermittelt worden sind. Bei der Genehmigung nach Absatz 2 Satz 2 Nr. 2 ist der Empfänger darauf hinzuweisen.

(9) Ist der Empfänger eine nicht öffentliche Stelle, gilt § 38 des Bundesdatenschutzgesetzes mit der Maßgabe, daß die Aufsichtsbehörde die Ausführung der Vorschriften über den Datenschutz auch dann überwacht, wenn keine hinreichenden Anhaltspunkte für eine Verletzung dieser Vorschriften vorliegen.

(10) Das Bundesministerium der Justiz wird ermächtigt, durch Rechtsverordnung mit Zustimmung des Bundesrates Gebühren für die Einrichtung und die Nutzung eines automatisierten Abrufverfahrens nach Absatz 1 zu bestimmen. Die Gebührensätze sind so zu bemessen, daß der mit der Einrichtung und Nutzung des Verfahrens verbundene Personal- und Sachaufwand gedeckt wird; hierbei kann daneben die Bedeutung, der wirtschaftliche Wert oder der sonstige Nutzen für den Begünstigten angemessen berücksichtigt werden.

Schrifttum: wie zu § 8a

I. Das Online-Verfahren (§ 9a Abs. 1)

Der durch das Registerverfahrensbeschleunigungsgesetz (RegVBG)[1] neu eingefügte § 9a **1** ist **Ermächtigungsgrundlage für die Länder,** die Einsichtsmöglichkeit in das Handelsre-

---

[1] Gesetz zur Vereinfachung und Beschleunigung registerrechtlicher und anderer Verfahren vom 20. 12. 1993 (BGBl. I S. 2182), in Kraft seit 25. 12. 1993; Regierungsentwurf BR-Drucks. 360/93 unter dem 25. 5. 1993, BT-Drucks. 12/5553 vom 12. 8. 1993.

gister über § 9 hinaus zu erweitern. Er eröffnet die Möglichkeit, Daten aus dem maschinell geführten Handelsregister (§ 8a) extern *unmittelbar* abzurufen (**Online-Anschluß**). Der Auskunftsdienst der Registergerichte – bei großen Registergerichten fallen täglich bis zu 250 Einsichtsbegehren hauptsächlich von Notaren, Rechtsanwälten, Finanzbehörden, Banken und Auskunfteien an, in Ausnahmefällen auch wesentlich mehr – wird sich erheblich vereinfachen und beschleunigen, wenn der unmittelbare Abruf von Registerdaten direkt aus den Geschäftsräumen des Nutzers ohne Zwischenschaltung von Personal des Registergerichts möglich ist. Im übrigen kann bei dieser Abrufmöglichkeit auch die Erstellung von (einfachen) Ausdrucken aus dem Register durch einen am Gerät des Empfängers angeschlossenen Drucker erfolgen.[2]

2   **Das automatisierte Abrufverfahren ist** nach Abs. 1 aber **auf im Handelsregister eingetragene Daten begrenzt,** umfaßt mithin nicht die zum Handelsregister eingereichten *Schriftstücke* (zum Beispiel Anmeldungen, Gesellschafterlisten oder Gesellschafterverträge), die im Sonderband verwahrt werden (§ 9 RdNr. 3 f.) und nach § 9 Abs. 1 an sich der Einsichtnahme durch jedermann zugänglich sind. Durch die Beschränkung des externen Abrufs auf die unmittelbare *Eintragung* im Handelsregister soll insbesondere verhindert werden, „daß Benutzer eines externen Anschlusses auf Grund der sich bietenden Datenverarbeitungsmöglichkeiten in einer Weise auf die Registerdaten zugreifen können, die vom gesetzlichen Zweck des Handelsregisters nicht mehr gedeckt ist, etwa Suchstrategien entwickeln können, die bei einer Registereinsicht in den Räumen des Registergerichts ausgeschlossen sind".[3] Soweit die Begründung zum Regierungsentwurf auch auf BGHZ 108, 32 (= NJW 1989, 2818: kein gesetzliches Recht auf Gestattung der Mikroverfilmung des gesamten Handelsregisters) verweist, ist das nicht unbedenklich (§ 9 RdNr. 6 ff.).

II. Die Genehmigung des Online-Anschlusses (§ 9a Abs. 2 bis 6)

3   Erforderlich ist gemäß **Abs. 2, 3** jeweils eine Einzelfallgenehmigung durch die Landesjustizverwaltung, die nach **Abs. 4** auch für den Abruf der Daten aus mehreren oder allen in einem Land maschinell geführten Handelsregistern erteilt werden kann und die unter den Voraussetzungen von **Abs. 5** widerrufen werden muß. Anstelle der Genehmigung ist es auch möglich, einen öffentlich-rechtlichen Vertrag oder eine Verwaltungsvereinbarung zu schließen (**Abs. 6**). Nach **Abs. 2** brauchen auch öffentliche Stellen (zB Gerichte, Notare, Behörden, Handwerkskammern)[4] eine Genehmigung. Nichtöffentliche Stellen (Geldinstitute, Auskunfteien, Großunternehmen, Rechtsanwälte, uU Verlagsunternehmen)[5] müssen ein berechtigtes berufliches oder gewerbliches Interesse an der besonderen Form der Datenübermittlung im automatisierten Abrufverfahren nachweisen (§ 9 Abs. 2 Satz 2 Nr. 2). Nach Abs. 9 unterliegen sie der **Datenschutzkontrolle** durch die Aufsichtsbehörde[6] und müssen nach Abs. 8 Satz 2 ausdrücklich darauf hingewiesen werden, daß übermittelte personenbezogene Daten nicht zweckentfremdet verwandt werden dürfen. Die Genehmigung, die im Ermessen der Landesjustizverwaltung steht,[7] soll es ermöglichen, die Einhaltung der Voraussetzung für die Datensicherheit nach Abs. 1 bis 3 zu prüfen.[8]

4   **Abs. 3** enthält wie die Parallelvorschrift für den externen Abruf der Daten aus dem maschinellen Grundbuch (§ 133 Abs. 2 Satz 3 Nr. 1 bis 3 GBO) in den Nummern 1 bis 3 die Genehmigungsvoraussetzungen, die in jedem Fall für öffentliche wie für nicht öffentliche Stellen vorliegen müssen.[9]

---

[2] Begr. Regierungsentwurf BT-Drucks. 12/5553 S. 102, 103; Koller/*Roth*/Morck RdNr. 2.

[3] Begr. Regierungsentwurf BT-Drucks. 12/5553 S. 104; vgl. auch Baumbach/*Hopt* RdNr. 1.

[4] Näher Heymann/*Sonnenschein/Weitemeyer* RdNr. 9.

[5] Heymann/*Sonnenschein/Weitemeyer* RdNr. 12 f.

[6] Hierzu Heymann/*Sonnenschein/Weitemeyer* RdNr. 27.

[7] Näher Heymann/*Sonnenschein/Weitemeyer* RdNr. 7, 11.

[8] Begr. Regierungsentwurf BT-Drucks. 12/5553 S. 103; Koller/*Roth*/Morck RdNr. 4.

[9] Näher Heymann/*Sonnenschein/Weitemeyer* RdNr. 15 ff.; vgl. auch Koller/*Roth*/Morck RdNr. 4.

§ 10 [Bekanntmachung der Eintragungen]

(1) Das Gericht hat die Eintragungen in das Handelsregister durch den Bundesanzeiger und durch mindestens ein anderes Blatt bekanntzumachen. Soweit nicht das Gesetz ein anderes vorschreibt, werden die Eintragungen ihrem ganzen Inhalte nach veröffentlicht.

(2) Mit dem Ablaufe des Tages, an welchem das letzte der die Bekanntmachung enthaltenden Blätter erschienen ist, gilt die Bekanntmachung als erfolgt.

Schrifttum: *Dempewolf,* Zur Veröffentlichungspflicht der Handelsregistergerichte, DB 1986, 1378; *Geßner,* Die Bedeutung des Gesetzes über Bekanntmachungen, Rpfleger 1950, 259; *Herminghausen,* Gerichtliche Bekanntmachungen in den Amtsblättern, DRiZ 1952, 76; *Keidel/Schmatz/Stöber* Registerrecht, 5. Aufl. 1991; *Pabst,* Vom Deutschen Reichsanzeiger zum Bundesanzeiger (Westzonen), BB 1950, 133.

Übersicht

I. Der Zweck der Bekanntmachung

Dem Handelsregister kommt unbestritten Publizitätsfunktion zu. Es gibt Auskunft über **1** Tatsachen und die wichtigsten Rechtsverhältnisse der Kaufleute und Handelsgesellschaften (näher § 8 RdNr. 3 ff.).[1] Nach § 9 Abs. 1 ist jedermann die Einsicht in das Handelsregister gestattet. § 10 **verstärkt die Publizitätswirkung**: Die Eintragungen sind auch öffentlich bekanntzumachen und die Bekanntmachung erfolgt von Amts wegen, so daß der Antragsteller auf die Veröffentlichung nicht verzichten kann.[2]

Im übrigen stellt der Gesetzgeber bezüglich der Publizitätsfolgen in der Regel auf die **2** Bekanntmachung und nicht nur die Eintragung ab (vgl. näher Erl. zu § 15).

II. Der Inhalt der Bekanntmachung

1. Die Regel. Für den Regelfall werden nach § 10 Abs. 1 Satz 2 die Eintragungen ihrem **3** *ganzen Inhalt nach* bekanntgemacht, das heißt die Bekanntmachung muß den vollen Wortlaut der Eintragung enthalten. Nach § 33 Abs. 1 HRV sollen die öffentlichen Bekanntmachungen knapp gefaßt und leicht verständlich sein. Da die Bekanntmachung nur in Ausnahmefällen von der Eintragung abweichen darf (RdNr. 4 f.), sollte schon bei der Eintragung auf eine knappe und leicht verständliche Formulierung geachtet werden.[3] Ist beispielsweise der Gegenstand des Unternehmens einer GmbH hinreichend so gefaßt, daß der „Kernbereich" der Geschäftstätigkeit erkennbar wird,[4] sollte das Registergericht überflüssige Bestandteile des in der Satzung festgelegten Unternehmensgegenstandes bei der Eintragung fortlassen, so etwa die Leerformel, die Gesellschaft könne alle Geschäfte tätigen,

---

[1] BayObLGZ 1973, 168, 170; 1977, 76, 78; 1978, 182, 186; *K. Schmidt* HandelsR § 13 I 1a; Staub/*Hüffer* RdNr. 1.

[2] Staub/*Hüffer* RdNr. 8; Baumbach/*Hopt* RdNr. 1.

[3] Staub/*Hüffer* RdNr. 2.

[4] BGH BB 1981, 450; vgl. auch OLG Köln OLGZ 1981, 428, 430.

die dem Unternehmenszweck förderlich und dienlich seien, und sich an Unternehmen mit gleichem oder ähnlichem Geschäftszweck beteiligen.[5]

4   **2. Die Ausnahmen.** Im Fall des § 162 Absatz 2 bleibt die **Bekanntmachung hinter der Eintragung zurück.** Denn bei der Bekanntmachung der Eintragung einer KG ist nur die Zahl der Kommanditisten anzugeben; der Name, der Stand und der Wohnort der Kommanditisten sowie der Betrag ihrer Einlagen werden nicht bekanntgemacht. Ein weiteres Beispiel bietet § 175 Satz 2 (Bekanntmachung der Erhöhung oder Herabsetzung einer Kommanditeinlage). In Fällen dieser Art (und auch der RdNr. 5) ist nach § 27 Satz 2 HRV der Wortlaut der öffentlichen Bekanntmachung besonders zu verfügen, da er von der Eintragung abweicht.

5   Die Bekanntmachung geht teilweise **über die Eintragung hinaus,** so zum Beispiel in den Fällen der §§ 13a Abs. 4, 13 f. Abs. 4 nF, der §§ 40, 45 Abs. 3, 190, 196, 203 Abs. 1 AktG und des § 10 Abs. 3 GmbHG. Nach § 10 Abs. 3 GmbHG zum Beispiel sind in die Veröffentlichung, durch welche die Eintragung der Gesellschaft bekanntgemacht wird, *außer* dem Inhalt der Eintragung auch die nach § 5 Abs. 4 S. 1 GmbHG getroffenen Feststellungen aufzunehmen, das heißt die Festsetzungen über Sacheinlagen und Sachübernahmen. Der Registerrichter verfügt dann etwa, daß als nicht eingetragen bekanntgemacht wird, der Gesellschafter X leiste seine Stammeinlage von Y DM dadurch, daß er (ganz konkret!) ein Stahlrohrlager zum Annahmewert von Y DM in die Gesellschaft einbringt. Die über die Eintragung hinausgehende Bekanntmachung soll den Rechtsverkehr offensichtlich warnen, daß statt Geld eine (näher beschriebene) Sacheinlage geleistet worden ist.

6   Nach § 34 HRV sind bei der Veröffentlichung der Eintragung von Firmen, falls entsprechende Mitteilungen vorliegen – worauf des Gericht nach § 24 Abs. 2 HRV hinzuwirken hat –, auch der von ihnen betriebene Geschäftszweig und die Lage der Geschäftsräume nach Straße und Hausnummer öffentlich bekanntzumachen. Aus der Veröffentlichung muß sich ergeben, daß es sich um die **Bekanntmachung einer in das Register nicht eingetragenen Tatsache** handelt („als nicht eingetragen wird veröffentlicht: . . .“), die ohne Gewähr für die Richtigkeit mitgeteilt wird.[6]

7   Nach dem durch Gesetz vom 22. 7. 1993 (BGBl. I S. 1282; näher § 13 RdNr. 1) eingefügten neuen § 13e Abs. 2 Satz 3 sind in der Anmeldung der inländischen Zweigniederlassung einer solchen ausländischen Kapitalgesellschaft, die einer Aktiengesellschaft oder GmbH entspricht (§ 13e RdNr. 3), auch die Anschrift und der Gegenstand der Zweigniederlassung anzugeben. **Die Eintragung dieser Angaben in das Handelsregister sieht das Gesetz insoweit nicht vor.** Doch sind Anschrift und Gegenstand der Zweigniederlassung nach § 34 HRV (vgl. RdNr. 6) *öffentlich bekanntzumachen.*[7]

8   **Eröffnung, Einstellung und Aufhebung des Konkursverfahrens** sind von Amts wegen nach den §§ 32, 34 Abs. 5 in das Handelsregister einzutragen. Gleiches gilt für die Eröffnung und Aufhebung des Vergleichsverfahrens, §§ 23, 98 Abs. 3 VerglO. Ausnahmsweise **unterbleibt** aber hier **eine öffentliche Bekanntmachung** dieser Eintragungen durch das Registergericht, weil das Konkursgericht oder das Vergleichsgericht bekanntmachen (§§ 111, 116, 205 KO und §§ 22, 98 Abs. 3 VerglO). Hat das Registergericht unter Verletzung von § 32 Satz 3 oder § 23 Abs. 2 S. 2 VerglO den Konkurs- oder Vergleichsvermerk dennoch veröffentlicht, so muß es die Aufhebung ebenfalls veröffentlichen.[8]

[5] BayObLG EWiR § 3 GmbHG 1/94, 155 (*Bokelmann*); vgl. auch *Keidel/Schmatz/Stöber* Registerrecht RdNr. 370 Fn. 62; aA OLG Köln OLGZ 1981, 428, 430: da es sich um nicht eintragungsfähige Tatsachen handele, sei die Anmeldung zurückzuweisen.

[6] *Schlegelberger/Hildebrandt/Steckhan* RdNr. 3; *Drischler/Drischler,* Verfügung über die Führung und Einrichtung des Handelsregisters, 5. Aufl. 1983, Anm. § 34.
[7] Vgl. Begründung zum Gesetzesentwurf der Bundesregierung, BT-Drucks. 12/3908 S. 16.
[8] LG Köln Rpfleger 1974, 266.

III. Verfahren und Veröffentlichungsorgane

1. Verfahren. Das Verfahren ist in den §§ 25, 27, 28 und 32 bis 34 geregelt.[9] Die Be-   **9**
kanntmachungen erfolgen von Amts wegen. Zuständig ist teils der Richter, teils der
Rechtspfleger (§§ 3 Nr. 2d, 17 RPflG). Nach § 25 Abs. 1 HRV entscheidet der Richter
über die erforderlichen Bekanntmachungen und der Urkundsbeamte der Geschäftsstelle hat
nach § 28 HRV die verfügten Bekanntmachungen herbeizuführen.

§ 32 HRV bestimmt, daß **die Veröffentlichung der Eintragungen unverzüglich zu**   **10**
veranlassen ist. Das ist im Hinblick auf die Bedeutung der Bekanntmachung für die
Rechtsfolgen auch dringend geboten (vgl. RdNr. 13 f.). Ein Verstoß gegen das Gebot von
§ 32 HRV kann Amtshaftungsansprüche auslösen.[10]

2. Veröffentlichungsorgane. Amtliches Veröffentlichungsorgan ist nach § 10 Abs. 1   **11**
Satz 1 der Bundesanzeiger.[11] Die Bekanntmachung muß zusätzlich in mindestens einem
anderen Blatt erfolgen. Die Blätter werden nach § 11 (vgl. Erl. dort) durch das Gericht für
jeweils ein Jahr im voraus festgelegt.

IV. Zeitpunkt der Bekanntmachung

Die frühere Streitfrage, wann die Bekanntmachung als erfolgt anzusehen ist, entscheidet   **12**
§ 10 Abs. 2. Danach gilt die Bekanntmachung als erfolgt mit dem Ablauf des Tages, an
dem das letzte der die Bekanntmachung enthaltenden Blätter erschienen ist. Maßgeblich ist
das tatsächliche Erscheinen des Blattes am Verlagsort und nicht der ausgedruckte Ausgabe-
tag.[12]

V. Wirkungen der Bekanntmachung und unrichtige Bekanntmachungen

Von dem Zeitpunkt in Abs. 2 (Zeitpunkt der Bekanntmachung) ist der Zeitpunkt zu   **13**
unterscheiden, in dem die **Rechtswirkungen des Bekanntgemachten** eintreten. Hierfür
ist die jeweilige Vorschrift maßgebend, insbesondere § 15.[13] Teilweise treten die Rechtsfolgen entgegen der Regel schon mit der vollzogenen Eintragung und unabhängig von der
nachfolgenden Bekanntmachung ein (§§ 2, 3 HGB, § 41 Abs. 1 AktG, §§ 11, 13
GmbHG).[14] Zum Teil ist zwar Handelsregisterpublizität durch Eintragung und Bekanntmachung erforderlich, doch genügt für die Rechtswahrung die Rechtzeitigkeit der Anmeldung. So reicht es für die Wirksamkeit eines Haftungsausschlusses nach § 25 Abs. 2 aus,
daß der Haftungsausschluß unverzüglich nach der Geschäftsübernahme angemeldet wird
und Eintragung und Bekanntmachung in angemessener Zeit nachfolgen.[15] Entsprechendes
gilt für die §§ 27 Abs. 1 und 28 Abs. 2.

Ist eine einzutragende Tatsache **unrichtig bekanntgemacht** worden, so kann sich nach   **14**
§ 15 Abs. 3 ein Dritter demjenigen gegenüber, in dessen Angelegenheiten die Tatsache
einzutragen war, auf die bekanntgemachte Tatsache berufen, es sei denn, daß er die Unrichtigkeit kannte.

VI. Die Pflicht zur Bekanntgabe der Eintragungen an Beteiligte und Behörden

Nach § 130 Abs. 2 FGG soll **jede Eintragung dem Antragsteller bekanntgemacht**   **15**
werden. Es handelt sich um eine Ordnungsvorschrift. Ihre Nichtbeachtung berührt die
Wirksamkeit der öffentlichen Bekanntmachung nach § 10 nicht, kann aber unter Umstän-

---

[9] Näher Staub/*Hüffer* RdNr. 6.
[10] Staub/*Hüffer* RdNr. 9; Heymann/*Sonnenschein*/
Weitemeyer RdNr. 5.
[11] Einheitlich bestimmt durch das Gesetz über
Bekanntmachungen v. 17. 5. 1950 (BGBl. I S. 183);
vgl. hierzu näher *Geßner* Rpfleger 1950, 259 und
Pabst BB 1950, 133.

[12] KGJ 2, 23.
[13] Staub/*Hüffer* RdNr. 11.
[14] Vgl. auch Heymann/*Sonnenschein*/*Weitemeyer*
RdNr. 9.
[15] BGHZ 29, 1, 6.

den haftungsbegründend wirken (RdNr. 16). Der Antragsteller kann auf Mitteilung an ihn, anders als bei der öffentlichen Bekanntmachung (RdNr. 1), verzichten, § 130 Abs. 2 S. 2 FGG. Hiervon sollte er aus den Gründen RdNr. 16 keinen Gebrauch machen. Denn die Mitteilung setzt den Antragsteller in die Lage, die Richtigkeit der Eintragung zu überprüfen und die Berichtigung von Fehlern zu veranlassen, um den Eintritt eines Schadens zu verhindern,[16] beziehungsweise ihn gering zu halten.

16   Zwar zählt unverzügliche und richtige Bekanntmachung zu den Pflichten des Register-richters und des Rechtspflegers. Eine Verletzung dieser Pflicht kann nach **§ 839 BGB** in Verbindung mit **Art. 34 GG** den Staat und auch bei Rückgriff den Richter oder Rechts-pfleger zum Schadensersatz verpflichten.[17] Doch ist Voraussetzung des Schadensersatzan-spruchs, daß es der Geschädigte **ohne Verschulden** unterlassen hat, den Schaden durch Einlegung eines Rechtsmittels, wozu auch ein Hinweis auf die falsche Veröffentlichung gehören kann, abzuwenden.[18]

17   Neben der Veröffentlichung und der Bekanntgabe der Eintragung an den Antragsteller hat das Registergericht bestimmte Eintragungen noch **anderen Stellen und Behörden mitzuteilen.** Die Eintragung einer Zweigniederlassung und die Eintragung ihrer Aufhe-bung muß dem Registergericht der Hauptniederlassung von Amts wegen mitgeteilt wer-den (§ 13 Abs. 4 und 5). Mitteilungspflichten ergeben sich weiter etwa aus den §§ 13c Abs. 3 Satz 1, Abs. 4 Satz 2 und 13h Abs. 2 Satz 1 nF. Ferner ist auf die umfangreichen Mitteilungspflichten nach § 37 HRV an die Industrie- und Handelskammern und die Zusammenstellung von Mitteilungen in Handels-, Genossenschafts- und Vereinsregistersa-chen in der Anordnung über Mitteilungen in Zivilsachen (MiZi) vom 1. 10. 1967 (BAnz. Nr. 218) – dort insbesondere auf Abschnitt XXI – hinzuweisen.[19]

§ 11 [Bezeichnung der Amtsblätter]

(1) Das Gericht hat jährlich im Dezember die Blätter zu bezeichnen, in denen während des nächsten Jahres die in § 10 vorgesehenen Veröffentlichungen erfolgen sollen.

(2) Wird das Handelsregister bei einem Gerichte von mehreren Richtern geführt und einigen sich diese über die Bezeichnung der Blätter nicht, so wird die Bestim-mung von dem im Rechtszug vorgeordneten Landgerichte getroffen; ist bei diesem Landgericht eine Kammer für Handelssachen gebildet, so tritt diese an die Stelle der Zivilkammer.

Schrifttum: wie zu § 10

I. Die Auswahl der Veröffentlichungsblätter (jährliche Bezeichnung)

1   Das Registergericht ist verpflichtet, die Blätter, die neben dem Bundesanzeiger Handels-registereintragungen kundtun sollen (§ 10 Abs. 1 S. 1), jeweils im Dezember eines jeden Jahres im voraus für das nächste Jahr zu bestimmen (§ 11 Abs. 1).

2   In der Wahl der betreffenden Blätter ist das Registergericht frei. Vor der Auswahl der Blätter ist die Industrie- und Handelskammer gutachtlich zu hören (§ 11 Abs. 2 S. 1 HRV). Das Gericht ist aber nicht an das Gutachten gebunden. **Zuständig ist der Richter**

---

[16] Heymann/*Sonnenschein/Weitemeyer* RdNr. 10.
[17] RG Das Recht 1935 Nr. 7966.
[18] RGZ 138, 114, 116; Staub/*Hüffer* RdNr. 12; Schlegelberger/*Hildebrandt/Steckhan* RdNr. 7.

[19] Näher Staub/*Hüffer* RdNr. 13; Heymann/ *Sonnenschein/Weitemeyer* RdNr. 11.

und nicht der Rechtspfleger, wie sich schon aus § 11 Abs. 2 ergibt.[1] Auf das richterliche Geschäft der Auswahl kann die Landesjustizverwaltung keinen Einfluß nehmen und keine Anweisungen erteilen.[2]

Die Wahl der Blätter hat einheitlich für das Registergericht zu erfolgen. Einigen sich 3 mehrere registerführende Richter eines Gerichts nicht (**§ 11 Abs. 2**), so entscheidet die Kammer für Handelssachen, wenn eine solche bei dem Landgericht besteht (§ 93 GVG), sonst eine Zivilkammer.

II. Die Bekanntmachung der Auswahl (Form der Bezeichnung)

Anders als für die Auswahl kann die Justizverwaltung Bestimmungen darüber treffen, wie 4 die Bezeichnung der Veröffentlichungsblätter vorgenommen werden soll.[3] Nach § 9 der VO vom 14. 2. 1924 (RGBl. I S. 119) – die Bestimmung gilt auch heute noch und ist von den Aufhebungen der VO vom 20. 6. 1925 (RGBl. I S. 88) und vom 28. 3. 1927 (RGBl. I S. 89) nicht betroffen – werden die ausgewählten Veröffentlichungsblätter nicht im Bundesanzeiger oder einem anderen Blatt veröffentlicht. Vielmehr bestimmt § 11 Abs. 2 S. 2 HRV, daß die zur Veröffentlichung ausgewählten Blätter durch **einwöchigen Aushang an der Gerichtstafel des Registergerichts** sowie durch Anzeige an die Industrie- und Handelskammer und die Handwerkskammer bezeichnet werden. Nach § 11 Abs. 1 HRV sind das Blatt oder die Blätter, in denen außer im Bundesanzeiger während des nächsten Jahres die Bekanntmachung der Eintragungen erfolgen soll, bis zum 6. Dezember jedes Jahres zu bezeichnen.

III. Bindung des Gerichts

Das Registergericht ist **für die Dauer eines Jahres** (RdNr. 1) **an die bezeichneten** 5 **Blätter gebunden.** Die Veröffentlichung der Eintragung in mindestens einem anderen Blatt neben dem Bundesanzeiger hat den Zweck, die Öffentlichkeit über die vorgenommenen Eintragungen zu unterrichten. Dieser Zweck würde gefährdet, könnte das Gericht im Laufe des Jahres die Blätter wechseln. Dagegen ist das Gericht nicht gehindert, *neben* dem bereits bezeichneten Blatt ein weiteres unter Beachtung von § 11 Abs. 2 HRV zu bestimmen.

Stellt ein Blatt während des Jahres sein Erscheinen ein und ist nur ein Veröffentli- 6 chungsblatt bezeichnet worden, so muß das Gericht sogleich ein **Ersatzblatt** für den Rest des Jahres bestimmen und bekanntmachen. Das folgt bereits unmittelbar aus § 10 Abs. 1 S. 1; einer ausdrücklichen Bestimmung, wie früher in Art. 14 Abs. 2 ADHGB enthalten, bedurfte es daher nicht.

IV. Rechtsmittel

Der Registerrichter entscheidet bei der Wahl der Veröffentlichungsblätter nach freiem 7 Ermessen. Weder dem unberücksichtigt gebliebenen Verlag steht ein Beschwerderecht nach § 20 Abs. 1 FGG zu,[4] noch sonstigen interessierten Verkehrsteilnehmern.[5] Auch die Industrie- und Handelskammer hat kein Beschwerderecht, wenn das Gericht ihrem Gutachten nicht folgt (RdNr. 2). Dagegen wird man der Industrie- und Handelskammer dann entsprechend § 126 Halbs. 2 FGG ein Beschwerderecht zubilligen müssen, wenn sie vor Auswahl der Blätter überhaupt nicht gemäß § 11 Abs. 2 S. 1 HRV gutachtlich gehört worden ist.[6]

---

[1] Vgl. im übrigen Staub/*Hüffer* RdNr. 3.
[2] RGZ 58, 429, 434; RGZ 140, 423, 428; Schlegelberger/*Hildebrandt*/*Steckhan* RdNr. 1.
[3] RGZ 58, 429, 431; Schlegelberger/*Hildebrandt*/*Steckhan* RdNr. 2.

[4] KG JFG 17, 174.
[5] BayObLG KGJ 31 A 367 zur Beschwerde einer Genossenschaft.
[6] Staub/*Hüffer* RdNr. 5; Heymann/*Sonnenschein*/*Weitemeyer* RdNr. 8; **aA** Baumbach/*Hopt* RdNr. 1.

§ 12 [Anmeldungen; Zeichnung von Unterschriften; Nachweis der Rechtsnachfolge]

(1) Die Anmeldungen zur Eintragung in das Handelsregister sowie die zur Aufbewahrung bei dem Gerichte bestimmten Zeichnungen von Unterschriften sind in öffentlich beglaubigter Form einzureichen.

(2) Die gleiche Form ist für eine Vollmacht zur Anmeldung erforderlich. Rechtsnachfolger eines Beteiligten haben die Rechtsnachfolge soweit tunlich durch öffentliche Urkunden nachzuweisen.

Schrifttum: *Ammon,* Die Anmeldung zum Handelsregister, DStR 1993, 1025; *Beck,* Die Richtigkeit der Firmenzeichnung zur Aufbewahrung bei Gericht, BB 1962, 1265; *Bokelmann,* Der Einblick in das Handelsregister, DStR 1991, 945; *Breetzke,* Die Beurkundungskraft des gerichtlichen Vergleichs (§ 127a BGB), NJW 1971, 178; *ders.* Der Schiedsvergleich zur Beurkundung (§ 127a BGB), NJW 1971 1685; *Göttlich,* Notar-Bescheinigungen in Handelsregistersachen, JurBüro 1970, 105; *Gustavus,* Die Vollmacht zu Handelsregisteranmeldungen bei Personengesellschaften und Gesellschaften mit beschränkter Haftung, GmbHR 1978, 219; *ders.* Handelsregister-Anmeldungen, 3. Aufl. 1996; *Jansen,* Zur Postulationsfähigkeit der Notare im Verfahren der freiwilligen Gerichtsbarkeit, DNotZ 1964, 707; *Joost,* Die Vertretungsmacht des Prokuristen für Anmeldungen zum Handelsregister, ZIP 1992, 463.

Übersicht

I. Die Anmeldung zur Eintragung in das Handelsregister

1   **1. Eintragungen im Handelsregister.** Dem Handelsregister kommt herausragend Publizitätsfunktion zu (§ 8 RdNr. 3 ff). Die Informationen sind jedermann zugänglich, weil die Einsicht in das Handelsregister (anders als bei der Grundbucheinsicht, § 12 GBO) auch ohne den Nachweis eines berechtigten Interesses erlaubt ist, § 9 Abs. 1. Das Handelsregister teilt bewußt nur besonders wichtige Verhältnisse der Kaufleute und Handelsgesellschaften mit,[1] weil es sonst unübersichtlich würde und seine Funktion (rasche und verständliche Information) nicht erfüllen könnte.[2] Diese Überlegung ist etwa für die Beantwortung der Frage wichtig, ob ausnahmsweise auch Eintragungen erfolgen dürfen, die das Gesetz nicht vorsieht (RdNr. 7).

2   **2. Die Anmeldung. a) Eintragungen von Amts wegen und auf Antrag.** Nur **vereinzelt** erfolgen Eintragungen in das Handelsregister **ohne Anmeldung von Amts wegen.** Kann die Anmeldung des Erlöschens einer eingetragenen Firma durch die hierzu Verpflich-

---

[1] BayObLGZ 1971, 55, 56; 1977, 76, 78; 1978, 182, 186; 1980, 195, 198; näher *Ammon* DStR 1993, 1025 f. und *Bokelmann* DStR 1991, 945 f., 948.

[2] KGJ 29 A 213, 217; 30 A 32, 35.

teten nicht durch die Festsetzung von Zwangsgeld nach § 14 herbeigeführt werden, so hat das Gericht das Erlöschen von Amts wegen einzutragen (§ 31 Abs. 2 Satz 2). Die Eröffnung des Konkurses ist nach § 32 von Amts wegen in das Handelsregister einzutragen. Ferner ist auf die §§ 34 Abs. 4 und 5, 148 Abs. 2 und die §§ 141 ff. FGG hinzuweisen.[3]

Im übrigen werden Eintragungen (und Löschungen) **regelmäßig nur auf Antrag** vorge-   3 nommen. So ist nach § 29 jeder Kaufmann verpflichtet, seine Firma und den Ort seiner Handelsniederlassung zur Eintragung in das Handelsregister anzumelden. Anzumelden sind nach § 31 Änderung und Erlöschen der Firma, Verlegung der Niederlassung und Inhaberwechsel. Zu den einzutragenden Grunddaten zählen auch Erteilung und Erlöschen der Prokura. Weiter begründen unter anderem die §§ 2 Satz 2, 13 bis 13h, 29, 31, 33, 34 Abs. 1, 53 Abs. 1 und 3, 106, 107, 125 Abs. 4, 143, 144 Abs. 2, 148, 150, 157, 162 und 175 Anmeldepflichten. Ist angemeldet worden, so muß – besteht kein Eintragungshindernis – eingetragen werden (Eintragungspflicht).[4]

b) Die Rechtsnatur der Anmeldung. Ihrer Rechtsnatur nach ist die Anmeldung jeden-   4 falls **kein Rechtsgeschäft**.[5] Sie ist vielmehr in erster Linie eine verfahrensrechtliche Erklärung (RdNr. 5) und kann daher im Gegensatz zu zugegangenen rechtsgeschäftlichen Willenserklärungen bis zum Vollzug der Eintragung frei widerrufen werden (RdNr. 11).[6] § 181 BGB findet keine Anwendung.[7] Eine Anfechtung der Anmeldung nach den §§ 119 ff. BGB ist nicht möglich.[8] Die Anfechtungserklärung ist aber als Widerruf zu verstehen, ebenso ein erklärter Rücktritt.[9] Auch die Vorschriften über Bedingungen und Befristungen (§§ 158 ff. BGB) finden keine Anwendung,[10] das heißt die Anmeldung duldet weder eine Bedingung noch Befristung. In bestimmtem Umfang sind die Vorschriften über Rechtsgeschäfte aber entsprechend anwendbar (RdNr. 6).

Die **Anmeldung ist** in erster Linie und stets ein **verfahrensrechtlicher Antrag** auf Ein-   5 tragung in das Handelsregister,[11] eine verfahrensrechtliche Erklärung gegenüber dem Gericht (§ 11 FGG).[12] Daneben kommt der Anmeldung in verschiedenen Bereichen **materiellrechtliche Bedeutung** zu (Gründungsrecht der Kapitalgesellschaften, Versicherungen nach § 8 Abs. 2 GmbHG, Erklärungen und Versicherungen nach § 37 AktG, Kaufmannseigenschaft nach den §§ 2, 3).[13] Ihr wird demgemäß zum Teil Doppelnatur[14] beigelegt und die Anmeldung als „nicht rechtsgeschäftlicher Organisationsakt mit dem Zweck, das Registerverfahren einzuleiten",[15] aufgefaßt. Das BayObLG schließlich sieht in der Anmeldung „eine Art Garantieerklärung"; das Registergericht müsse darauf vertrauen können, daß angemeldete Tatsachen inhaltlich richtig sind.[16] Der Bundesgerichtshof hat zu Recht angemerkt, daß die Annahme einer Garantieerklärung im Gesetz keine Stütze findet.[17]

---

[3] Vgl. Staub/*Hüffer* RdNr. 41.

[4] *Bokelmann* DStR 1991, 945, 948; Heymann/ *Sonnenschein/Weitemeyer* RdNr. 1.

[5] So aber Schlegelberger/*Hildebrandt-Steckhan* RdNr. 10; hiergegen Staub/*Hüffer* § 8 RdNr. 43 und Hachenburg/*Ulmer* § 7 RdNr. 17.

[6] KG OLGRspr. 43, 204, 205; Baumbach/*Hopt* RdNr. 2; Staub/*Hüffer* RdNr. 1 und § 8 RdNr. 43, 49; Koller/*Roth*/Morck RdNr. 2; Hachenburg/*Ulmer* § 7 RdNr. 18; Lutter/*Hommelhoff* § 7 RdNr. 1; Scholz/*Winter* § 7 RdNr. 12.

[7] BayObLG DNotZ 1971, 107, 108.

[8] Baumbach/*Hopt* RdNr. 2.

[9] Staub/*Hüffer* RdNr. 49.

[10] Baumbach/*Hopt* RdNr. 2; Heymann/*Sonnenschein* RdNr. 3; Staub/*Hüffer* § 8 RdNr. 44.

[11] BayObLGZ 1978, 282, 284; 1984, 29, 31; 1985, 82, 83; 1986, 253, 257; 1989, 34, 37; OLG Hamm OLGZ 1981, 419, 423; *Ammon* DStR 1993, 1025, 1026; Scholz/*Winter* § 7 RdNr. 12.

[12] *Lutter/Hommelhoff* § 7 RdNr. 1; Rowedder/ *Rittner* § 7 RdNr. 4.

[13] Eingehend hierzu Staub/*Hüffer* § 8 RdNr. 43 f.

[14] Hierzu Heymann/*Sonnenschein/Weitemeyer* RdNr. 3.

[15] Staub/*Hüffer* RdNr. 1, § 8 RdNr 43: „nicht nur Eintragungsantrag, sondern **auch nicht rechtsgeschäftlicher Organisationsakt.**"; vgl. auch Hachenburg/*Ulmer* § 7 RdNr. 17: ein „auf Herbeiführung behördlichen Handelns gerichteter höchstpersönlicher **organschaftlicher Akt**"; Rowedder/ *Rittner* § 7 RdNr. 4: Erklärung gegenüber dem Gericht und zugleich organschaftlicher Akt der Geschäftsführer.

[16] BayObLGZ 1982, 198, 202 für rechtsbekundende Eintragung, ebenso DNotZ 1975, 230, 232; vgl. auch *Gustavus* GmbHR 1978, 219, 223. Zu rechtsändernden Eintragungen vgl. BayObLGZ 1985, 82, 87.

[17] BGHZ 116, 190, 198.

6   Die Anmeldung wendet sich als (auch) Verfahrenshandlung an das Registergericht. Sie ist empfangsbedürftige Erklärung und wird entsprechend § 130 Abs. 1 Satz 1 BGB **erst durch Eingang beim Registergericht wirksam.**[18] Ebenfalls entsprechend anwendbar ist § 130 Abs. 2 BGB.[19] Auch die Vorschriften über die Geschäftsfähigkeit (§§ 104 ff. BGB) finden Anwendung, wenn die Fähigkeit zur Abgabe der Anmeldung zu bewerten ist.[20]

7   **c) Inhalt und Klarheit der Anmeldung.** Was angemeldet werden muß oder angemeldet werden darf, ergibt sich aus den entsprechenden Vorschriften, die über die Eintragungsfähigkeit einer Tatsache oder eines Rechtsverhältnisses mit oder ohne Anmeldepflicht bestimmen.[21] Insoweit wird auf § 8 RdNr. 28 ff. Bezug genommen. Rechtsprechung und Lehre haben (§ 8 RdNr. 31 ff.) den von dem Gesetz vorgesehenen Kreis der eintragungsfähigen Tatsachen erweitert, was zum Teil heftig umstritten ist. Sorgfältige Prüfung ist hier geboten, weil **die Anmeldung zurückzuweisen ist, wenn es an der Eintragungsfähigkeit fehlt,**[22] das heißt das Gesetz die Eintragungsfähigkeit nicht ausdrücklich gestattet und auch Sinn und Zweck des Handelsregisters nicht zwingend die Eintragung gebieten. Werden nicht eintragungsfähige Tatsachen eingetragen, so hat die Eintragung keine Rechtswirkungen.[23] Bei nicht eintragungsfähigen Tatsachen greift auch § 15 Abs. 3 nicht ein.[24]

8   Die Anmeldung braucht in der Regel **keine bestimmten Formulierungen des Gesetzes** („Eintritt", „Ausscheiden", § 162 Abs. 3) zu übernehmen.[25] Doch genügt eine Anmeldung dann nicht, wenn sie die einzutragende Veränderung in den Rechtsverhältnissen einer Gesellschaft nicht so eindeutig ausdrückt, daß das Registergericht keine Zweifel haben kann, was in das Handelsregister eingetragen werden soll.[26] Wird etwa der Gesellschaftsvertrag einer GmbH in einzelnen Punkten geändert, so kann es ausreichen, daß lediglich die Abänderung als solche angemeldet und auf die zusammen mit der Anmeldung eingereichten Urkunden über die Änderung Bezug genommen wird (§ 54 Abs. 2 Satz 1 GmbHG). Anders ist aber dann zu verfahren, wenn die Änderung nach § 10 Abs. 1, 2 GmbHG in das Handelsregister einzutragende Tatsachen und Rechtsverhältnisse betrifft (Firma, Sitz der Gesellschaft, Gegenstand des Unternehmens, Vertretungsbefugnis der Geschäftsführer und so fort). Solche Änderungen sind in der Anmeldung *konkret,* wenn auch nur *schlagwortartig* zu bezeichnen.[27] Das gilt auch dann, wenn der Gesellschaftsvertrag insgesamt geändert worden ist. Für die Personenhandelsgesellschaften schreiben die §§ 107, 161 Abs. 2 ausdrücklich die konkrete Anmeldung bei Änderung der Firma, des Sitzes oder des Eintritts eines neuen Gesellschafters vor.

9   **3. Öffentliche Beglaubigung.** Anmeldungen sind nach **Absatz 1** in öffentlich beglaubigter Form einzureichen. Die Erklärung muß schriftlich abgefaßt und die Unterschrift des Anmeldenden von einem Notar beglaubigt werden (§ 129 Absatz 1 Satz 1 BGB, §§ 39, 40 BeurkG). Zuständig sind die Notare, auch die Notare in Baden-Württemberg (§ 20 Abs. 1 BNotO, § 64 BeurkG). Die früher bestehende Möglichkeit, die Anmeldung persönlich bei Gericht zu bewirken, ist seit dem 1. 1. 1971 (Neufassung des Beurkundungsgesetzes vom 28. 8. 1969, BGBl. I S. 1513) entfallen. Soweit § 63 BeurkG die Länder befugt, die Zuständigkeit für die öffentliche Beglaubigung von Abschriften oder Unterschriften anderen

---

[18] OLG Hamm OLGZ 1981, 419, 423; Staub/*Hüffer* § 8 RdNr. 44; Heymann/*Sonnenschein/ Weitemeyer* RdNr. 3 Koller/*Roth*/Morck RdNr. 2.
[19] OLG Dresden OLGRspr. 4, 22: auch eine dem Registergericht gegenüber abzugebende Erklärung wird nicht dadurch wirksam, daß der Erklärende nach der Abgabe stirbt.
[20] BGHZ 35, 1, 4 und BayObLGZ 1952, 17, 20 für Verfahren der freiwilligen Gerichtsbarkeit allgemein; Heymann/*Sonnenschein/Weitemeyer* RdNr. 3; Staub/*Hüffer* § 8 RdNr. 44; Koller/*Roth*/Morck RdNr. 2.
[21] *Bokelmann* DStR 1991, 945, 948; Heymann/*Sonnenschein/Weitemeyer* RdNr. 4.

[22] BayObLG DNotZ 1988, 515; Staub/*Hüffer* § 8 RdNr. 19.
[23] *Hopt/Mössle* RdNr. 180.
[24] *Hopt/Mössle* RdNr. 190.
[25] BayObLG DNotZ 1971, 107; 1978, 661; Heymann/*Sonnenschein/Weitemeyer* RdNr. 4; Staub/*Hüffer* § 8 RdNr. 45.
[26] BayObLGZ 1985, 82, 85 = DB 1985, 1223; BayObLG DNotZ 1978, 661 f.; vgl. auch BayObLG Rpfleger 1970, 228.
[27] BayObLGZ 1985, 82, 86 = DB 1985, 1223; BayObLGZ 1978, 282, 286.

Personen oder Stellen durch Gesetz zu übertragen, kommt dem Vorbehalt in der Praxis kaum Bedeutung zu.[28] Aus dem Beglaubigungsvermerk muß sich der Vollzug oder die Anerkennung der Unterschrift ergeben; auch muß der Vermerk die Person bezeichnen, welche die Unterschrift vollzogen oder anerkannt hat, und Unterschrift und Siegel des Notars enthalten (§§ 39, 40 Abs. 1 und 3 BeurkG).

Der Notar muß ferner eine **Identitätsprüfung** desjenigen, dessen Unterschrift beglaubigt **10** werden soll, vornehmen. Bei Zweifeln der Urkundsperson über die Identität ist eine Beglaubigung unzulässig, weil § 40 Abs. 4 BeurkG nicht auf § 10 Abs. 2 Satz 2 BeurkG verweist.[29] § 12 bezweckt in Verbindung mit den §§ 40, 41 BeurkG gerade, eindeutig Gewißheit über die Person des Anmeldenden (des Vollmachtgebers) zu verschaffen. Der Notar vollzieht die Identitätsprüfung. In der Sache dagegen (Berechtigung und Verpflichtung der identifizierten Personen zu Anmeldung und Zeichnung, ferner Nachweis der Berechtigung) ist das Recht und die Pflicht des Registergerichts zur umfassenden Prüfung der Anmeldung in formeller und materieller Hinsicht angesprochen (näher § 8 RdNr. 56 ff.).[30]

Der **Widerruf der Anmeldung** ist bis zur Eintragung frei möglich (RdNr. 4) und nicht **11** formbedürftig. Wird der Widerruf aber zurückgenommen (Widerruf des Widerrufs), besteht insoweit Formzwang, weil es sich in der Sache um eine neue und damit dem Formzwang des § 12 unterfallende Anmeldung handelt.[31]

Nicht der Form des § 12 bedürfen Anmeldungen, die keine Eintragung nach sich ziehen oder Erklärungen gegenüber dem Gericht oder die Einreichung von Schriftstücken.[32] **12**

4. Die öffentliche Beglaubigung ersetzende Urkunden. Der in § 12 Abs. 1 für eine **13** Anmeldung zum Handelsregister vorgeschriebenen Form wird dadurch genügt, daß die beglaubigte Abschrift der öffentlich beglaubigten Anmeldungserklärung bei dem Registergericht eingereicht wird.[33] Entsprechend wird die Form einer Vollmacht zur Anmeldung (§ 12 Abs. 2 Satz 1) durch Vorlage einer beglaubigten Abschrift der öffentlich beglaubigten Vollmachterklärung gewahrt (RdNr. 23). Nach § 129 Abs. 2 BGB wird die öffentliche Beglaubigung durch die notarielle Beurkundung der Erklärung ersetzt. Das gilt auch dann, wenn der Notar eine von ihm selbst beglaubigte Erklärung als bevollmächtigter Vertreter durch eine Eigenurkunde berichtigt, ergänzt oder registerrechtlichen Erfordernissen anpaßt.[34] Auch der gerichtlich protokollierte Vergleich ersetzt die öffentliche Beglaubigung (§ 127a BGB), was unter gewissen Voraussetzungen auch für den Schiedsvergleich gilt.[35] Schließlich bedarf es bei einer Anmeldung zum Handelsregister, die eine juristische Person des öffentlichen Rechts (§ 36) in einer von ihr als öffentlicher Behörde ausgestellten öffentlichen Urkunde einreicht, keiner öffentlichen Beglaubigung.[36]

II. Vertretung bei der Anmeldung

1. Vollmacht. a) Die Regel. Grundsätzlich ist die Anmeldung zum Handelsregister **14** durch einen Bevollmächtigten möglich (Ausnahmen RdNr. 18 ff.). Das ergibt sich aus § 13 Satz 2 FGG, und auch § 12 Abs. 2 Satz 1 setzt die Wahrnehmung der Anmeldepflicht

---

[28] Baumbach/*Hopt* RdNr. 1.

[29] Schlegelberger/*Hildebrandt/Steckhan* RdNr. 7; Staub/*Hüffer* RdNr. 2; *Ammon* DStR 1993, 1025, 1027.

[30] BGHZ 113, 335, 351; *Ammon* DStR 1993, 1025, 1029.

[31] KG OLGRspr. 43, 299, 301; *Ammon* DStR 1993, 1025, 1027; Heymann/*Sonnenschein/Weitemeyer* RdNr. 7.

[32] KG JW 1938, 2281; LG Berlin JW 1938, 1034; Baumbach/*Hopt* RdNr. 1; Staub/*Hüffer* RdNr. 2; Heymann/*Sonnenschein/Weitemeyer* RdNr. 7.

[33] BayObLGZ 1975, 137, 140 f.; *Ammon* DStR 1993, 1025, 1027; Baumbach/*Hopt* RdNr. 1; Staub/*Hüffer* RdNr. 4.

[34] BGHZ 78, 36 zu § 29 GBO, was aber allgemein gilt, Heymann/*Sonnenschein/Weitemeyer* RdNr. 5; Staub/*Hüffer* RdNr. 4; *Ammon* DStR 1993, 1025, 1027.

[35] Näher *Breetzke* NJW 1971, 178 und NJW 1971, 1685, 1686.

[36] BayObLGZ 1975, 227; Staub/*Hüffer* RdNr. 4; aA Schlegelberger/*Hildebrandt/Steckhan* RdNr. 4.

durch einen rechtsgeschäftlichen Vertreter voraus.[37] Die Erteilung der Vollmacht erfolgt nach § 167 Abs. 1 BGB durch Erklärung gegenüber dem zu Bevollmächtigenden oder gegenüber dem Registergericht. Die Vollmacht kann *Spezialvollmacht* zur Handelsregisteranmeldung oder *Generalvollmacht* sein,[38] sofern sich aus ihr nur eindeutig ergibt, daß sie auch Handelsregisteranmeldungen der getätigten Art erfaßt. Eine Auslegung über den Wortlaut hinaus ist unzulässig.[39] So deckt eine Vollmacht, die zur Anmeldung des Eintritts in eine Gesellschaft sowie etwaiger Veränderungen bei der Gesellschaft einschließlich der Übertragung von Kommanditanteilen ermächtigt, nicht die Anmeldung der Erhöhung der Einlagen der Vollmachtgeber.[40]

15   Reicht die **Vollmacht über den Tod hinaus,** kann der Bevollmächtigte nach dem Tod des Vollmachtgebers Anmeldungen zum Handelsregister vornehmen, ohne einen Erbschein vorlegen zu müssen. Der Bevollmächtigte vertritt nach dem Tod des Vollmachtgebers dessen Erben, die ihrerseits die Vollmacht jederzeit widerrufen können.[41]

16   Bevollmächtigt werden können natürliche und juristische Personen. Da letztere nicht selbst handlungsfähig sind, **sind die Vollmachten als den gesetzlichen Vertretern (in vertretungsberechtigter Zahl) erteilt anzusehen.**[42]

17   **b) Prokura.** Sie ermächtigt nach § 49 Abs. 1 zu allen Arten von gerichtlichen und außergerichtlichen Geschäften und Rechtshandlungen, die der Betrieb eines Handelsgewerbes mit sich bringt. Nicht hierzu zählen Geschäfte, die die Grundlagen des Unternehmens betreffen. So kann der Prokurist nicht das Unternehmen im Ganzen veräußern, nicht den Betrieb einstellen, die Firma ändern, die Löschung der Firma betreiben, Konkurs beantragen oder Gesellschafter aufnehmen.[43] Betroffen ist das „eigene" Handelsgeschäft (und das „eigene" Handelsregister[44]). Insoweit ist der Prokurist nicht befugt, Anmeldungen zum Handelsregister (ohne zusätzliche Vollmacht) vorzunehmen. **Grundlagenentscheidungen trifft der Prinzipal.** Ist dagegen nicht das „eigene" Unternehmen betroffen, entspricht es hM, daß der Prokurist im Rahmen seiner Vollmacht nach § 49 auch Beteiligungen für das von ihm vertretene Handelsgeschäft erwerben kann,[45] ebenso wie er befugt ist, andere Unternehmen und Beteiligungen an solchen zu halten oder aufzugeben. Ist der anmeldepflichtige Vorgang aber von § 49 Abs. 1 gedeckt, so ist kein Grund ersichtlich, dem Prokuristen nicht auch die Anmeldung zu erlauben.[46] Betrifft die Anmeldung etwa eine Gesellschaft, an der die von dem Prokuristen vertretene Gesellschaft als Kommanditistin beteiligt ist, ist die Anmeldung durch den Prokuristen ohne weiteres möglich.[47]

18   **c) Die Ausnahmen.** Zum Teil schreibt das Gesetz bei Kapitalgesellschaften die Anmeldung zum Handelsregister durch die Vertretungsberechtigten nicht nur in vertretungsberechtigter Zahl vor. Anmelden müssen dann „sämtliche" oder „alle" Mitglieder des Organs (der Organe), wie etwa bei der Anmeldung der Aktiengesellschaft nach § 36 AktG oder

[37] BGHZ 116, 190, 197.

[38] LG Frankfurt BB 1972, 512; *Ammon* DStR 1993, 1025, 1027; Heymann/*Sonnenschein/Weitemeyer* RdNr. 9; Baumbach/*Hopt* RdNr. 3.

[39] Vgl. auch *Gustavus* GmbHR 1978, 219, 220 ff.

[40] LG Berlin Rpfleger 1975, 365 f.; Staub/*Hüffer* RdNr. 5.

[41] RGZ 88, 345, 350; 106, 185, 187; OLG Hamburg DNotZ 1967, 30, 31; vgl. auch OLG Hamburg MDR 1974, 1022: der Eintritt des Erben oder Erbeserben eines Kommanditisten kann aufgrund einer postmortalen Vollmacht zum Handelsregister angemeldet werden.

[42] BayObLGZ 1975, 137, 140; Heymann/ *Sonnenschein/Weitemeyer* RdNr. 10.

[43] BGH BB 1965, 1373, 1374; ROHG 23, 28; Baumbach/*Hopt* § 49 RdNr. 2.

[44] LG Berlin Rpfleger 1973, 173, 174.

[45] LG Koblenz Rpfleger 1973, 307.

[46] BGHZ 116, 190, 199 = BGH LM Nr. 1 zu § 12 HGB mit Anm. *Bokelmann* = EWiR § 49 HGB 1/92, 373 (*Wiesner*); *Canaris* § 14 III 1; *Joost* ZIP 1992, 463, 465; *Ammon* DStR 1993, 1025, 1027; Baumbach/*Hopt* § 49 RdNr. 2; aA BayObLGZ 1982, 198, 201; BayObLG BB 1974, 1089, 1090; vgl. auch OLG Colmar KGJ 47 A 242; Schlegelberger/*Hildebrandt/Steckhan* RdNr. 12; Staub/*Hüffer* RdNr. 5; Heymann/*Sonnenschein/ Weitemeyer* RdNr. 9 und § 49 RdNr. 12; *Jansen* FGG, 2. Aufl. 1970, § 128 RdNr. 11.

[47] BGHZ 116, 190.

der GmbH nach §§ 7, 78 GmbHG. Mit der Anmeldung ist jeweils eine die Leistung von Vermögenseinlagen betreffende Versicherung nach § 37 Abs. 1 AktG oder § 8 Abs. 2 GmbHG abzugeben. Für ihre Richtigkeit sind die Anmeldenden verantwortlich und gegebenenfalls schadensersatzpflichtig (§§ 46, 48 AktG, § 9a GmbHG), wie sie auch strafrechtlich zur Verantwortung gezogen werden können (§ 399 AktG, § 82 GmbHG). Im Hinblick insbesondere auf die persönliche Verantwortlichkeit für die Kapitalaufbringung schließt die hM in den genannten Fällen die Anmeldung durch einen Bevollmächtigten aus. Die **Anmeldung stellt sich hier in Verbindung mit den Versicherungen als eine höchstpersönliche** (organisationsrechtliche) **Handlung dar.**[48] Soweit das teilweise (auch) aus der notwendigen Mitwirkung aller Organmitglieder hergeleitet wird, ist dieses Kriterium jedenfalls nicht zwingend, weil auch bei Anmeldung in nur vertretungsberechtigter Zahl die Anmeldung durch Bevollmächtigte im Hinblick auf abzugebende Versicherungen und Erklärungen und drohende Bestrafung ausgeschlossen sein kann (RdNr. 20 f.). § 12 Abs. 2 Satz 1, der ohne Einschränkung eine Vollmacht zur Anmeldung genügen läßt, steht nur scheinbar entgegen, weil § 36 Abs. 1 AktG und § 78 GmbHG als Spezialvorschriften vorgehen.[49]

Entsprechendes (RdNr. 18) gilt für die **Anmeldung der Kapitalerhöhung nach § 57** **19** **Abs. 1 GmbHG,**[50] die **Anmeldung der Erhöhung des Stammkapitals durch Umwandlung von Rücklagen nach § 57i Abs. 1 GmbHG**[51] und die **Anmeldung der Kapitalherabsetzung nach § 58 Abs. 1 Nr. 3 GmbHG.**[52] Nach § 78 GmbHG müssen *sämtliche* Geschäftsführer anmelden. Bevollmächtigung ist im Hinblick auf die abzugebenden Versicherungen und Erklärungen (§§ 57 Abs. 2, 57i Abs. 1 Satz 2, § 58 Abs. 1 Nr. 4 GmbHG) sowie die zivil- und strafrechtliche Haftung der Geschäftsführer (§§ 57 Abs. 4, 43 Abs. 2, 82 GmbHG[53]) auch hier nicht möglich.

Die **Anmeldung über die Erhöhung des Grundkapitals und die Durchführung der** **20** **Erhöhung** erfolgen **bei der Aktiengesellschaft** durch den Vorstand und den Vorsitzenden des Aufsichtsrats (§§ 184 Abs. 1, 188 Abs. 1 AktG). Anzumelden brauchen daher nur so viele Vorstandsmitglieder, wie sie die Satzung zur Vertretung der Gesellschaft festgelegt hat[54] und nicht, wie früher im ADHGB und HGB für die Anmeldung der Durchführung vorgeschrieben, sämtliche Mitglieder des Vorstands und des Aufsichtsrats.[55] Trotzdem ist auch hier eine Anmeldung durch Bevollmächtigte im Hinblick auf abzugebende Erklärungen und Versicherungen (§§ 184 Abs. 2, 188 Abs. 2 Satz 1 AktG) und mögliche strafrechtliche Folgen nach § 399 Abs. 1 Nr. 4 AktG nicht zulässig.[56] Da nach § 399 Abs. 1 Nr. 4 AktG für falsche Angaben nach § 184 Abs. 2 und § 188 Abs. 2 Satz 1 AktG nur Mitglieder des Vorstands und des Aufsichtsrats verantwortlich sind, ist **auch bei an sich erlaubter unechter Gesamtvertretung** (§ 78 Abs. 3 AktG) **die Mitwirkung eines Prokuristen**

---

[48] BayObLGZ 1986, 203, 205 = NJW 1987, 136; BayObLGZ 1986, 454, 457; offengelassen BGHZ 116, 190, 200; *Gustavus* GmbHR 1978, 219, 225; wohl auch *Ammon* DStR 1993, 1025, 1028; Staub/*Hüffer* RdNr. 7; *Hüffer* § 36 RdNr. 4; Rowedder/*Rittner* § 7 RdNr. 8; Hachenburg/*Ulmer* § 7 RdNr. 12; Scholz/*Winter* § 7 RdNr. 10; Lutter/*Hommelhoff* § 7 RdNr. 1; Baumbach/*Hueck* GmbHG § 7 RdNr. 3; in der 2. Aufl. jetzt auch KK-*Kraft* § 36 RdNr. 25; aA OLG Köln NJW 1987, 135 f.; *Roth* GmbHG § 7 Anm. 2.2; nur die Versicherungen müssen höchstpersönlich abgegeben werden; *Keidel/Kuntze/Winkler* FGG, 13. Aufl. 1992, § 129 RdNr. 4; *Winkler* DNotZ 1986, 696 ff.
[49] Staub/*Hüffer* RdNr. 7; Hachenburg/*Ulmer* § 7 RdNr. 12.

[50] BayObLGZ 1986, 203, 206; *Gustavus* GmbHR 1978, 219, 225; Staub/*Hüffer* RdNr. 6 f.; Baumbach/Hueck/*Zöllner* GmbHG § 57 RdNr. 2; Lutter/*Hommelhoff* § 57 RdNr. 1.
[51] *Lutter/Hommelhoff* § 57i RdNr. 2.
[52] *Gustavus* GmbHR 1978, 219, 225; Lutter/*Hommelhoff* § 58 RdNr. 17.
[53] *Lutter/Hommelhoff* § 57i RdNr. 7 und § 58 RdNr. 23.
[54] Allgemeine Ansicht, vgl. GroßkommAktG/*Wiedemann* § 184 RdNr. 10; KK/*Lutter* § 184 RdNr. 5.
[55] GroßkommAktG/*Wiedemann* § 188 RdNr. 50.
[56] *Hüffer* § 184 RdNr. 3 und § 188 RdNr. 2; GroßkommAktG/*Wiedemann* § 184 RdNr. 11 und § 188 RdNr. 50; KK/*Lutter* § 184 RdNr. 5 und § 188 RdNr. 6 – jeweils mit Nachweisen.

nicht gestattet.[57] Zwar gelten bei der unechten Gesamtvertretung die gesetzlichen Einschränkungen der Prokura für die Mitwirkung des Prokuristen an der gesetzlichen Vertretung der Gesellschaft nicht.[58] Doch wird dadurch der Prokurist nicht selbst zum gesetzlichen Vertreter (näher RdNr. 30).[59]

21   Für die **Anmeldung einer Kapitalerhöhung aus Gesellschaftsmitteln** (§§ 207, 210 AktG) gilt im Hinblick auf die strafrechtliche Verantwortlichkeit nach §§ 210 Abs. 1 Satz 2, 399 Abs. 2 AktG und die Verweisung in § 207 Abs. 2 AktG auf § 184 Abs. 1 AktG entsprechend RdNr. 20: keine Anmeldung durch Bevollmächtigte und keine Mitwirkung eines Prokuristen bei unechter Gesamtvertretung.

22   **d) Die Einreichung der Anmeldung bei Gericht.** Zu unterscheiden ist zwischen der Abgabe der Anmeldung nebst den ihr zuzuordnenden Erklärungen und Versicherungen, die in den Fällen der § 37 Abs. 1 AktG und § 8 Abs. 2 GmbHG zum notwendigen Inhalt der Anmeldung gehören[60] und eine Stellvertretung bei der Abgabe nicht zulassen, und der Einreichung der ordnungsgemäß und in der erforderlichen Form abgegebenen Anmeldungserklärungen beim Registergericht. Der Zugang (die Einreichung) beim Handelsregister kann durch Vertreter, Boten, auch per Post bewirkt werden,[61] namentlich auch durch den die Anmeldeerklärung beurkundenden oder beglaubigenden Notar (§ 53 BeurkG).[62] Bezüglich der Anmeldung durch den Notar und der für den Regelfall bestehenden Vollmachtsvermutung nach § 129 FGG wird auf RdNr. 27 f. verwiesen.

23   **e) Die Form.** § 12 Abs. 2 Satz 1 schreibt für die Vollmacht in Abweichung von der Regel des § 167 Abs. 2 BGB, nach der die Vollmacht nicht der Form bedarf, welche für das Rechtsgeschäft bestimmt ist, die gleiche Form wie für die Anmeldung selbst vor, also die öffentliche Beglaubigung (§ 12 Abs. 1). Maßgeblich ist demgemäß § 129 BGB iVm. §§ 39, 40 BeurkG (RdNr. 9 f.), wobei auch eine die öffentliche Beglaubigung ersetzende Urkunde genügt (RdNr. 13). Die öffentliche Beglaubigung der Vollmacht **dient** (ebenso wie die der Anmeldung und der Unterschriftzeichnung) **der Identitätsprüfung.** Ist die Vollmacht (für einen Mitgesellschafter) in dem Gesellschaftsvertrag einer Personenhandelsgesellschaft enthalten, so muß die Vollmachterteilung in dem Gesellschaftsvertrag in öffentlich beglaubigter Form nachgewiesen sein.[63] Wenn dem Registergericht aufgrund früherer Anmeldungen beglaubigte Abschriften einer öffentlich beglaubigten, unwiderruflich und über den Tod hinaus erteilten Vollmacht zur Vornahme aller erforderlichen Anmeldungen vorliegen, so darf bei späteren Anmeldungen der Nachweis des Fortbestands der Vollmacht nur verlangt werden, wenn Anhaltspunkte für einen Widerruf (aus wichtigem Grunde) vorliegen.[64]

24   **2. Anmeldung durch den Notar. a) Voraussetzungen.** Ist die zu einer Eintragung erforderliche Erklärung von einem Notar beurkundet oder beglaubigt, so gilt dieser nach **§ 129 Satz 1 FGG** als ermächtigt, **im Namen des zur Anmeldung Verpflichteten** (also nicht im eigenen Namen, näher RdNr. 27) die Eintragung zu beantragen. Unter der „zu einer Eintragung erforderlichen Erklärung" ist die materiell-rechtliche Eintragungsgrundlage zu verstehen (Gesellschaftsverträge, Beschlüsse oder Erklärungen, deren Inhalt eingetragen werden soll).[65] Nicht erforderlich ist, daß auch der Antrag des Anmeldepflichtigen auf

---

[57] GroßkommAktG/*Wiedemann* § 184 RdNr. 11; Geßler/*Hefermehl/Bungeroth* § 184 RdNr. 11; vgl. auch *Schippel,* Fragen der Kapitalerhöhung aus Gesellschaftsmitteln, DNotZ 1960, 353, 373; *Gessler,* Zweifelsfragen aus dem Recht der Kapitalerhöhung aus Gesellschaftsmitteln, DNotZ 1960, 619, 631; **aA** KG JW 1938, 3121; *Hüffer* § 184 RdNr. 3 und § 188 RdNr. 2; KK/*Lutter* § 184 RdNr. 5.
[58] BGHZ 13, 61, 64; 62, 166, 170.
[59] KK/*Mertens* § 78 RdNr. 36.
[60] Auch insoweit nicht zutreffend OLG Köln NJW 1987, 135.

[61] Baumbach/*Hueck* GmbHG § 7 RdNr. 3; Scholz/*Winter* § 7 RdNr. 11; Hachenburg/*Ulmer* GmbHG § 7 RdNr. 12.
[62] *Hüffer* § 36 RdNr. 4.
[63] OLG Frankfurt BB 1973, 722.
[64] BayObLGZ 1975, 137, 142.
[65] OLG Dresden OLGRspr. 33, 5, 6; BayObLGZ 1970, 235, 237; LG München DNotZ 1976, 682; Staub/*Hüffer* RdNr. 11; Heymann/*Sonnenschein/ Weitemeyer* RdNr. 16; *Keidel/Kuntze/Winkler* FGG § 129 RdNr. 2.

Eintragung von dem Notar beurkundet oder beglaubigt worden ist. Denn wenn bereits eine formgültige Anmeldung (das ist der öffentlich beglaubigte Antrag auf Eintragung) vorliegt, bedarf es nur noch der Einreichung bei Gericht (RdNr. 22). Die Frage, ob der Notar seinerseits (namens des Anmeldepflichtigen) die Eintragung beantragen kann, stellt sich hier nicht.[66] Hat der Notar aber zum Beispiel Gesellschaftsvertrag und Anmeldung beurkundet, so bedarf es zwar nicht der Anmeldung durch den Notar; doch kann dieser als Vertreter kraft Amtes (RdNr. 27) anmelden – bringt er das zum Ausdruck (RdNr. 25) –, um etwa Erinnerung oder Beschwerde einlegen zu können (RdNr. 27).[67] Andererseits langt allein die Beglaubigung oder Beurkundung der Anmeldung nicht, um die Wirkung des § 129 Satz 1 FGG herbeizuführen.[68]

Liegen die Voraussetzungen von § 129 Satz 1 FGG vor, muß der Notar deutlich zu er- **25** kennen geben, **ob er von seinem Recht nach § 129 Satz 1 FGG Gebrauch macht oder er nur als Erklärungsbote tätig wird** (§ 53 BeurkG).[69]

§ 129 FGG ist (Wortlaut!) dann **nicht anwendbar, wenn nur ein Recht, aber keine** **26** **Verpflichtung zur Anmeldung** besteht (§§ 3 Abs. 2, 25 Abs. 2).[70] Doch kann mangels gegenteiliger Anhaltspunkte in der Regel von der Erfahrungstatsache ausgegangen werden, daß ein Notar im Hinblick auf seine Standespflichten nicht ohne Vollmacht handeln wird.[71]

b) Rechtsfolgen. Wie sich schon aus dem Wortlaut von § 129 Satz 1 FGG ergibt, be- **27** gründet die Ermächtigung **kein eigenes Antragsrecht des Notars;** er kann die Eintragung nur namens des zur Anmeldung Verpflichteten verlangen.[72] Ebenso kann der Notar nur namens des Anmeldepflichtigen Erinnerung, Beschwerde und weitere Beschwerde einle- gen[73] und den Antrag und Rechtsbehelfe zurücknehmen.[74] § 129 Satz 1 FGG („gilt dieser als ermächtigt") begründet für den Notar die gesetzliche Vermutung, von dem Anmelde- pflichtigen zur Stellung des Antrags bevollmächtigt zu sein. Der Notar ist des Nachweises der Vollmacht (etwa in der Form von § 12 Abs. 2 Satz 1) enthoben.[75] Das Registergericht darf keinen Nachweis einer Vollmacht verlangen. Doch kann auch die vermutete Voll- macht eingeschränkt und das Bestehen dieser (im Grunde fingierten) Vollmacht formlos (durch einfache Erklärung des vertretenen Beteiligten gegenüber dem Gericht) widerlegt werden.[76] Bei einer Antragstellung zufolge § 129 FGG handelt der Notar aufgrund seines Amtes (seiner amtlichen Stellung) und nicht aufgrund Vertrages.[77]

Die Vollmachtsvermutung des § 129 FGG **scheidet aber bei Anmeldungen, die** **28** **höchstpersönlich erfolgen müssen** und damit vertretungsfeindlich sind (RdNr. 18 ff.), **aus.**[78] Es trifft nicht zu, daß eine im öffentlichen Recht wurzelnde Vollzugsvollmacht nicht

---

[66] OLG Dresden OLGRspr. 33, 5, 6; im Ergebnis ebenso *Heymann/Sonnenschein/Weitemeyer* Rd-Nr. 16.

[67] *Staub/Hüffer* RdNr. 11.

[68] *Staub/Hüffer* RdNr. 11; **aA** *Jansen* FGG, 2. Aufl. 1970, § 129 RdNr. 4.

[69] *Staub/Hüffer* RdNr. 11, 13; *Jansen* (Fn. 68) § 129 RdNr. 6.

[70] BayObLG Rpfleger 1978, 143; KG OLGZ 1969, 501, 502; *Staub/Hüffer* RdNr. 11; *Heymann/Sonnenschein/Weitemeyer* RdNr. 16; *Jansen* (Fn. 68) § 129 RdNr. 6.

[71] BayObLGZ 1976, 230, 233; bestätigt BayObLG Rpfleger 1978, 143; *Staub/Hüffer* RdNr. 11; *Keidel/Kuntze/Winkler* FGG § 129 RdNr. 4.

[72] KG NJW 1959, 1086, 1087; KG Rpfleger 1977, 309; *Staub/Hüffer* RdNr. 10; *Heymann/Sonnenschein/Weitemeyer* RdNr. 15; *Keidel/Kuntze/Winkler* FGG § 129 RdNr. 4; *Jansen* (Fn. 68) § 129 RdNr. 2.

[73] BayObLGZ 1957, 279, 281; 1959, 196, 197; KG Rpfleger 1977, 309; *Staub/Hüffer* RdNr. 10; *Keidel/Kuntze/Winkler* FGG § 129 RdNr. 6 f.

[74] Eingehend hierzu *Keidel/Kuntze/Winkler* § 129 RdNr. 8.

[75] *Jansen* DNotZ 1964, 707, 708; *Heymann/Sonnenschein/Weitemeyer* RdNr. 15; vgl. auch RGZ 110, 356, 360; KGJ 44 A 170, 172 f.; OLG Frankfurt Rpfleger 1978, 411.

[76] OLG Frankfurt NJW 1984, 620; KGJ 24 A 91, 94; *Staub/Hüffer* RdNr. 10; *Jansen* (Fn. 68) § 13 RdNr. 45; *Keidel/Kuntze/Winkler* FGG § 129 RdNr. 4.

[77] RGZ 93, 68, 70 f.; KG NJW 1959, 295, 296; *Staub/Hüffer* RdNr. 10; *Keidel/Kuntze/Winkler* FGG § 129 RdNr. 4.

[78] BayObLGZ 1986, 203, 205 = NJW 1987, 136 = DNotZ 1986, 692 mit abl. Anm. *Winkler* S. 696 ff.; *Staub/Hüffer* RdNr. 12; *Jansen* (Fn. 68) § 129 RdNr. 6.

den Einschränkungen der rechtsgeschäftlichen Vollmacht unterliegt.[79] Der Notar darf nicht mit der Anmeldung notwendigerweise einhergehende Versicherungen und Erklärungen höchstpersönlicher Art abgeben.[80] Im übrigen kann er die Anmeldung jederzeit als Erklärungsgebote – wie im übrigen auch sonst jeder Dritte – einreichen (RdNr. 22).

29   **3. Organschaftliche Vertretung.** Die Handelsgesellschaften (OHG, KG, EWIV, GmbH, AG) können nur durch ihre Organe handeln. Deren notwendige Vertretungsbefugnis bei einer Anmeldung ergibt sich zwingend aus dem Gesetz. Ist die Anmeldung eine höchstpersönliche Handlung (RdNr. 18 ff.), müssen zwangsläufig die Organe (als Repräsentant der Gesellschaft schlechthin) anmelden. Die Frage nach der Zulässigkeit der Vertretung stellt sich insoweit nicht. Sie würde es nur dann – und wäre zu verneinen –, wenn das Organ (oder Teile desselben) Dritte bevollmächtigen wollte(n).

30   Nach ganz hM sind **Anmeldungen** zum Handelsregister auch in **unechter Gesamtvertretung** (§ 78 Abs. 3 AktG: Vorstandsmitglied und Prokurist, entsprechend bei der GmbH Geschäftsführer und Prokurist; für die Personenhandelsgesellschaften vgl. § 125 Abs. 3) zulässig.[81] Insoweit gelten die normalhin eingreifenden gesetzlichen Einschränkungen der Prokura (RdNr. 17) nicht. Denn die Vertretungsbefugnis des mitwirkenden Prokuristen ist bei unechter Gesamtvertretung „im Umfang der gesetzlichen Vertretungsmacht des Gesellschaftsorgans erweitert".[82] Doch ist unechte Gesamtvertretung dann ausgeschlossen (vgl. schon RdNr. 20), wenn das Gesetz mit der Anmeldung zwingend Versicherungen oder Erklärungen fordert, die für den Fall der Nichtbefolgung Schadensersatzansprüche nach sich ziehen und (oder) strafbewehrt sind (näher RdNr. 18 ff.). Denn der Prokurist bleibt auch im Fall der unechten Gesamtvertretung Prokurist und wird nicht selbst zum gesetzlichen Vertreter.[83]

31   Der **Nachweis der Vertretungsmacht** wird für Handelsgesellschaften durch ein gerichtliches Eintragungszeugnis nach § 9 Abs. 3 Satz 2 geführt (näher § 9 RdNr. 17 ff.). In der Praxis erfolgt der Nachweis überwiegend durch eine beglaubigte Abschrift des Handelsregisters gemäß § 9 Abs. 2 (beglaubigter Handelsregisterauszug). Ein Nachweis braucht entsprechend dem Gedanken des § 34 GBO dann nicht geführt zu werden, wenn das Register, in das eingetragen werden soll, über die Vertretungsverhältnisse bereits Auskunft gibt; es genügt dann eine Bezugnahme auf das Register.[84] Gemäß § 21 BNotO dürfen auch Notare Bescheinigungen über eine Vertretungsberechtigung ausstellen, sofern sich diese aus einer Eintragung im Handelsregister oder in einem ähnlichen Register (Vereinsregister, Genossenschaftsregister) ergibt. Die Bescheinigung hat die gleiche Beweiskraft wie ein Zeugnis des Registergerichts (§ 9 RdNr. 26).

32   **4. Gesetzliche Vertretung.** Gesetzliche Vertreter (zum Beispiel eines **minderjährigen Gesellschafters**) können namens des Vertretenen Anmeldungen zur Eintragung in das Handelsregister vornehmen. Sind sie selbst Gesellschafter, können sie im eigenen Namen als Mitgesellschafter und zugleich im Namen des Vertretenen anmelden; die §§ 181, 1795, 1630 BGB finden keine Anwendung (RdNr. 4).[85] Zu dem alleinigen **Verwaltungs- und Verfügungsrecht des Konkursverwalters** (§ 6 KO) zählt auch die Befugnis, Eintragungen, die das zur Masse gehörende Vermögen betreffen, zum Handelsregister anzumelden.[86] Auch **Testamentsvollstrecker, Vergleichs- und Nachlaßverwalter** können anmelden. Nachzuweisen ist die Berechtigung des Konkursverwalters etwa durch die Vorlage seiner Bestallungsurkunde (§ 81 Abs. 2 Satz 1 KO); der Testamentsvollstrecker legitimiert sich

---

[79] So aber *Keidel/Kuntze/Winkler* FGG § 129 RdNr. 4 und *Winkler* (Fn. 78) DNotZ 1986, 696 ff.
[80] Anders *Winkler* DNotZ 1986, 696, 698.
[81] Staub/*Hüffer* RdNr. 14 f. mit eingehenden Nachweisen; KK/*Mertens* § 78 RdNr. 35 ff.
[82] BGHZ 13, 61, 64; 62, 166, 170; Staub/*Hüffer* RdNr. 14.

[83] KK/*Mertens* § 78 RdNr. 36.
[84] Staub/*Hüffer* RdNr. 18 und § 9 RdNr. 18.
[85] BayObLG NJW 1970, 1796 = DNotZ 1971, 107, 108; Staub/*Hüffer* RdNr. 19.
[86] RGZ 71, 38; BayObLGZ 1963, 19, 23; OLG Düsseldorf MDR 1970, 425.

durch das Testamentsvollstreckerzeugnis (§ 2368 BGB). Ist eine **Genehmigung des Vormundschaftsgerichts** erforderlich, ist diese nachzuweisen.[87]

III. Die Zeichnung von Unterschriften

Nach **Abs. 1** sind auch die zur Aufbewahrung bei Gericht bestimmten Zeichnungen von 33
Unterschriften in öffentlich beglaubigter Form einzureichen. Bezweckt ist, den Beteiligten
eine möglichst sichere Unterlage für die im Handelsverkehr nicht selten nötige Prüfung der
Echtheit von Unterschriften zu ermöglichen.[88] Erstrebt ist allein die **Sicherung einer
Schriftprobe,** weshalb die Zeichnung der Unterschrift höchstpersönlich zu erfolgen hat
und keine Vertretung zuläßt. Das Gesetz bestimmt etwa die Zeichnung der Firma in § 29
für den Einzelkaufmann, die Zeichnung von Firma und Unterschrift für den Prokuristen in
§ 53 Abs. 2 und für die vertretungsberechtigten Gesellschafter der OHG und KG in den
§§ 108 Abs. 2, 161 Abs. 2 und die Zeichnung nur der Unterschrift für den Geschäftsführer
der GmbH in § 8 Abs. 5 GmbHG und die Vorstandsmitglieder der Aktiengesellschaft in
§ 37 Abs. 5 AktG.[89]

Bei der **Beglaubigung der Zeichnung einer Firma oder Namensunterschrift**, die bei 34
Gericht aufbewahrt werden soll, muß die Zeichnung in Gegenwart des Notars vollzogen
werden, was auch in dem Beglaubigungsvermerk festgestellt werden soll; auch muß der
Beglaubigungsvermerk die Person angeben, die gezeichnet hat (§ 41 BeurkG). Anders als
bei § 40 BeurkG reicht es nicht, daß eine bereits (nicht vor dem Notar) vollzogene Unterschrift
lediglich anerkannt wird.[90]

Die Anmeldung zur Eintragung und die Zeichnung der Unterschrift gehören nicht un- 35
trennbar zusammen. Zwar erfolgen Anmeldung und Zeichnung in der Regel gleichzeitig
in einer Urkunde, so daß Anmeldung und Zeichnung dann schon vor der Eintragung im
Handelsregister vorliegen. Doch muß das nicht so sein. Die Zeichnung kann auch nachfolgen und notfalls gemäß § 14 erzwungen werden. Andernfalls würde **unzulässiger Registerzwang** (§ 14 RdNr. 6) ausgeübt werden.[91]

Kann der zur Zeichnung Verpflichtete wegen Krankheit oder eines körperlichen Gebre- 36
chens objektiv nicht zeichnen, darf die Zeichnung nicht nach § 14 erzwungen werden, es
sei denn, die Behinderung ist entfallen. **Schreibunkundigen** wird zuzumuten sein, die
Zeichnung zu erlernen; ein Handzeichen kann die Unterschriftszeichnung nicht ersetzen.[92]

IV. Der Nachweis der Rechtsnachfolge

Nach § 12 Abs. 2 haben die Rechtsnachfolger eines Beteiligten die Rechtsnachfolge so- 37
weit tunlich durch öffentliche Urkunden nachzuweisen. **Zweck der Vorschrift** ist es, nach
Möglichkeit sicherzustellen, daß Anmeldungen nur von den tatsächlich berechtigten Personen, den richtigen Personen[93] vorgenommen werden.

Öffentliche Urkunden sind nach § 415 Abs. 1 ZPO Urkunden, die von einer öffentli- 38
chen Behörde innerhalb der Grenzen ihrer Amtsbefugnisse oder von einer mit öffentli-

[87] KGJ 34 A 49 und A 89; 38 A 62; Staub/*Hüffer* RdNr. 19; Heymann/*Sonnenschein/Weitemeyer* RdNr. 14.
[88] RGZ 54, 168, 171; KG OLGRspr. 19, 309, 310.
[89] Eingehende Nachweise bei Staub/*Hüffer* RdNr. 20; Schlegelberger/*Hildebrandt/Steckhan* RdNr. 15.
[90] RGZ 54, 168, 171; KGJ 37 A 138, 140; *Beck* BB 1962, 1265; Staub/*Hüffer* RdNr. 22; Heymann/*Sonnenschein/Weitemeyer* RdNr. 19.

[91] OLG Hamm DNotZ 1985, 172; KG OLGRspr. 19, 309, 311; 41, 195; Staub/*Hüffer* RdNr. 22; Heymann/*Sonnenschein/Weitemeyer* RdNr. 19.
[92] Staub/*Hüffer* RdNr. 23; Schlegelberger/*Hildebrandt/Steckhan* RdNr. 17.
[93] Staub/*Hüffer* RdNr. 24; Schlegelberger/*Hildebrandt/Steckhan* RdNr. 18.

chem Glauben versehenen Person innerhalb des ihr zugewiesenen Geschäftskreises in der vorgeschriebenen Form aufgenommen sind. Öffentliche Beglaubigung nur der Unterschrift reicht nicht aus.[94]

Erforderlich ist der **Nachweis durch öffentliche Urkunden** nur **soweit tunlich.** Das ist zum einen dann nicht der Fall, wenn sich die Rechtsnachfolge bereits aus den Registerakten selbst oder den Nachlaßakten ergibt, die bei demselben Gericht geführt werden. Der Anmeldepflichtige braucht dann nur auf diese Akten Bezug zu nehmen, die das Registergericht einsieht und die Nachfolge, ergibt sie sich aus den in Bezug genommenen Akten, in den Registerakten vermerkt.[95] Zum anderen ist ein Nachweis durch öffentliche Urkunden untunlich, wenn die Beschaffung der öffentlichen Urkunde schwierig und nur mit langen Verzögerungen möglich ist. Um die Eintragung nicht über Gebühr hinauszuzögern, kann es etwa geboten sein, ein öffentliches Testament zusammen mit dem Eröffnungsprotokoll genügen zu lassen[96] oder ganz ausnahmsweise Beteiligte zur Versicherung an Eides Statt zuzulassen (§ 15 Abs. 2 FGG).[97] Hat etwa das Registergericht zum Nachweis der Rechtsnachfolge die Nachlaßakten eines anderen Gerichts beigezogen, in denen sich ein nur für Grundbuchzwecke erteilter Erbschein befindet, so hat dieser Erbschein trotz des kostenrechtlichen Vermerks volle Beweiskraft. Denn er stellt einen Vollerbschein im Sinne von § 2353 BGB dar,[98] und der kostenrechtliche Vermerk berührt die Gültigkeit und Wirksamkeit des Erbscheins nicht.[99]

40   In der Praxis am häufigsten ist die **Rechtsnachfolge im Fall des Todes** darzulegen. Der Erbgang ist hier in der Regel durch Vorlage einer Ausfertigung des Erbscheins nachzuweisen. Eine beglaubigte Abschrift des Erbscheins genügt nicht. Im Verkehr wird die Urschrift durch die Ausfertigung ersetzt, deren Vorlegung dieselben Wirkungen hat wie die der Urschrift (die im übrigen bei dem Gericht verbleibt). Wird der Erbschein wegen Unrichtigkeit nach § 2361 BGB eingezogen, so betrifft das die Urschrift und sämtliche Ausfertigungen. Demzufolge bietet eine vorgelegte beglaubigte Abschrift keine Sicherheit dafür, daß der Erbschein nicht bereits eingezogen und damit kraftlos geworden ist.[100] Keinesfalls ist das Registergericht verpflichtet, Testamentsakten anderer Gerichte beizuziehen und bei zweifelhafter Rechtslage sich aus den Testamentsakten selbst ein Urteil über die Rechtsnachfolge zu bilden. Die gerichtliche Nachprüfung der Erbfolge fällt, besteht auch nur der geringste Zweifel, in die Kompetenz des Nachlaßgerichts und nicht des Registergerichts. Die Beteiligten haben dem Registergericht gegenüber den Nachweis der Rechtsnachfolge zu erbringen.[101]

41   Im Fall der **Vor- und Nacherbschaft**[102] rückt der Vorerbe in vollem Umfang wie ein Erbe (§ 2100 BGB) in die Gesellschafterstellung des Erblassers ein. Er ist Eigentümer des Nachlasses und kann grundsätzlich über einen Gesellschaftsanteil nach Maßgabe von § 2112 BGB als einen zur Erbschaft gehörenden Gegenstand verfügen,[103] und er entscheidet auch über die Fortführung eines Handelsgeschäfts.[104] Führt er fort, erfolgen die Anmeldungen zum Handelsregister durch ihn und eventuelle Mitgesellschafter ohne Mitwirkung des Nacherben,[105] der auch nicht im Handelsregister − anders als im Grundbuch (Nacherbenvermerk nach § 51 GBO, ebenso § 54 SchiffRegO und § 86 Abs. 1 LuftfzReg)

---

[94] Staub/*Hüffer* RdNr. 25.

[95] KGJ 20 A 289; BayObLG Rpfleger 1983, 442, OLG Hamm Rpfleger 1986, 139, 140; Staub/*Hüffer* RdNr. 26; Heymann/*Sonnenschein/Weitemeyer* RdNr. 23; Baumbach/*Hopt* RdNr. 5.

[96] OLG Hamburg NJW 1966, 986.

[97] Staub/*Hüffer* RdNr. 26.

[98] BayObLG Rpfleger 1983, 442.

[99] OLG Frankfurt Rpfleger 1994, 67, 68; BayObLG Rpfleger 1983, 442, 443; BayObLGZ 1952, 67; KG Rpfleger 1981, 497.

[100] KGJ 26 A 92; OLGRspr. 6, 479; Staub/*Hüffer* RdNr. 25; Heymann/*Sonnenschein/Weitemeyer* RdNr. 23.

[101] BayObLG Rpfleger 1977, 321; OLG Hamm Rpfleger 1986, 139, 140; Baumbach/*Hopt* RdNr. 5.

[102] Näher hierzu Staub/*Hüffer* RdNr. 27 f.

[103] BGHZ 78, 177, 182; Erman/*M. Schmidt* § 2113 RdNr. 1.

[104] Palandt/*Edenhofer* § 2112 RdNr. 5; Jauernig/*Stürner* § 2112 Anm. 3b.

[105] Palandt/*Edenhofer* § 2112 RdNr. 6.

– vermerkt wird.[106] Bei Eintritt der Nacherbfolge melden der Vorerbe (beziehungsweise dessen Rechtsnachfolger), der Nacherbe und die übrigen Gesellschafter die Nacherbfolge unter Nachweis gemäß § 12 Abs. 2 Satz 2 an.[107]

§ 13 Zweigniederlassungen von Unternehmen mit Sitz im Inland

(1) Die Errichtung einer Zweigniederlassung ist von einem Einzelkaufmann oder einer juristischen Person beim Gericht der Hauptniederlassung, von einer Handelsgesellschaft beim Gericht des Sitzes der Gesellschaft zur Eintragung in das Handelsregister des Gerichts der Zweigniederlassung anzumelden. Das Gericht der Hauptniederlassung oder des Sitzes hat die Anmeldung unverzüglich mit einer beglaubigten Abschrift seiner Eintragungen, soweit sie nicht ausschließlich die Verhältnisse anderer Niederlassungen betreffen, an das Gericht der Zweigniederlassung weiterzugeben.

(2) Die gesetzlich vorgeschriebenen Unterschriften sind zur Aufbewahrung beim Gericht der Zweigniederlassung zu zeichnen; für die Unterschriften der Prokuristen gilt dies nur, soweit die Prokura nicht ausschließlich auf den Betrieb einer anderen Niederlassung beschränkt ist.

(3) Das Gericht der Zweigniederlassung hat zu prüfen, ob die Zweigniederlassung errichtet und § 30 beachtet ist. Ist dies der Fall, so hat es die Zweigniederlassung einzutragen und dabei die ihm mitgeteilten Tatsachen nicht zu prüfen, soweit sie im Handelsregister der Hauptniederlassung oder des Sitzes eingetragen sind. Die Eintragung hat auch den Ort der Zweigniederlassung zu enthalten; ist der Firma für die Zweigniederlassung ein Zusatz beigefügt, so ist auch dieser einzutragen.

(4) Die Eintragung der Zweigniederlassung ist von Amts wegen dem Gericht der Hauptniederlassung oder des Sitzes mitzuteilen und in dessen Register zu vermerken; ist der Firma für die Zweigniederlassung ein Zusatz beigefügt, so ist auch dieser zu vermerken. Der Vermerk wird nicht veröffentlicht.

(5) Die Vorschriften über die Errichtung einer Zweigniederlassung gelten sinngemäß für ihre Aufhebung.

Schrifttum: *Ahlers,* Inhalt der Anmeldung einer Zweigniederlassung einer GmbH, DNotZ 1981, 290; *Barz,* Rechtliche Fragen zur Verschmelzung von Unternehmungen, AG 1972, 1; *Balser,* Der Doppelsitz von Kapitalgesellschaften, DB 1972, 2049; *Bokelmann,* Das Recht der Firmen- und Geschäftsbezeichnungen, 3. Aufl. 1986 (zitiert Firmenrecht); *ders.,* Die Veräußerung einer Zweigniederlassung mit abgeleiteter Firma, GmbHR 1978, 265; *ders.,* Nochmals: Die Veräußerung einer Zweigniederlassung mit abgeleiteter Firma, GmbHR 1982, 153; *ders.,* Die Firma im Konkursverfahren, KTS 1982, 27; *Bumeder,* Die inländische Zweigniederlassung ausländischer Unternehmen im deutschen Register- und Kollisionsrecht, Dissertation München 1971; *Consbruch,* Zur Frage des mehrfachen Sitzes von Aktiengesellschaften, NJW 1949, 375; *Döllerer,* Bilanz des Unternehmens oder des Betriebs?, BB 1981, 25; *Everling,* Zur Auslegung des durch EG-Richtlinien angeglichenen nationalen Rechts, ZGR 1992, 376; *Hahnefeld,* Neue Regelungen zur Offenlegung bei Zweigniederlassungen, DStR 1993, 1596; *Jansen,* Die Firma der GmbH im geschäftlichen Verkehr, GmbHR 1963, 163; *Jarass,* Richtlinienkonforme bzw. EG-rechtskonforme Auslegung nationalen Rechts, EuR 1991, 211; *Karl,* Zur Sitzverlegung deutscher juristischer Personen des privaten Rechts nach dem 8. Mai 1945, AcP 159 (1960), 293; *Kindler,* Neue Offenlegungspflichten für Zweigniederlassungen ausländischer Kapitalgesellschaften, NJW 1993, 3301; *Köbler,* Rechtsfragen der Zweigniederlassung, BB 1969, 845; *Kögel,* Firmenbildung von Zweigniederlassungen in- und ausländischer Unternehmen, Rpfleger 1993, 8; *Lutter,* Die Auslegung angeglichenen Rechts, JZ 1992, 593; *Plesse,* Neuregelung des Rechts der Offenlegung von Zweigniederlassungen, DStR 1993, 133; *Richert,* Zur Eintragungsfähigkeit mehrerer Niederlassungen desselben Kaufmanns, Rpfleger 1956, 7; *ders.,* Die möglichen Formen für mehrere gleichartige Handelsge-

---

[106] OLG München JFG 22, 89; Staub/*Hüffer* RdNr. 27; Erman/*M. Schmidt* § 2112 RdNr. 2; Palandt/*Edenhofer* Einf v § 2100 RdNr. 17; MünchKommBGB/*Grunsky* § 2100 RdNr. 38.

[107] Staub/*Hüffer* RdNr. 28; Palandt/*Edenhofer* § 2112 RdNr. 6.

schäfte desselben Kaufmanns, Rpfleger 1956, 270; *ders.,* Wie hat die Firma der Zweigniederlassung zu lauten?, MDR 1957, 339; *Schilling,* Zweigniederlassung und Tochtergesellschaft im deutschen Niederlassungsrecht, RIW 1954, 37; *Seibert,* Neuordnung des Rechts der Zweigniederlassung im HGB, DB 1993, 1705; *ders.,* Die Umsetzung der Zweigniederlassungsrichtlinie der EG in deutsches Recht, GmbHR 1992, 378; *Springer,* Der Doppelsitz der Aktiengesellschaft, NJW 1949, 561; *Sudhoff,* Der Gesellschaftsvertrag der GmbH, 8. Aufl. 1992; *Wendel,* Das Handelsrecht der Zweigniederlassungen, Reformbedürftigkeit und Änderungsvorschläge, DB 1959, Beilage Nr. 1; *Wessel,* Der Sitz der GmbH, BB 1984, 1057, 1058; *Wessel/Zwernemann,* Die Firmengründung, 6. Aufl. 1994; *Woite,* Grundbucheintragungen für Zweigniederlassungen, NJW 1970, 548.

Übersicht

I. Neuregelung des Rechts der Zweigniederlassung

1   Das Gesetz zur Durchführung der Elften gesellschaftsrechtlichen Richtlinie des Rates der Europäischen Gemeinschaften[1] vom 22. 7. 1993 (BGBl. I S. 1282), in Kraft seit 1. 11. 1993 (mit Ausnahme des Artikels 6), dient neben der Umsetzung der Richtlinie der EG in deutsches Recht auch der **Bereinigung der gesetzlichen Vorschriften über Zweigniederlassungen.** Die registerrechtlichen Vorschriften über Zweigniederlassungen werden jetzt im HGB – unter Aufgabe der Regelungen in den §§ 42 bis 44 AktG und § 12 GmbHG – konzentriert. Bestand dagegen haben die §§ 14 und 14a GenG. Die §§ 13 bis 13c HGB neuer Fassung betreffen die Zweigniederlassungen inländischer Unternehmen, die §§ 13d bis 13g die inländischen Zweigniederlassungen von Unternehmen mit Sitz im Ausland.

2   Unbedingt zu beachten ist, daß die **Regelungen der §§ 13 bis 13c einerseits und der §§ 13d bis 13g auf der anderen Seite in sich geschlossen** sind.[2] Sie ergänzen einander bei der Auslegung nicht.[3] Die Vorschriften der §§ 13d bis 13g über die Zweigniederlassungen ausländischer Unternehmen enthalten den überwiegenden Teil der Durchführungsbestimmungen zur Zweigniederlassungsrichtlinie; anzuwenden sind insoweit die Regeln über die Auslegung angeglichenen, richtliniengebundenen innerstaatlichen Rechts,[4] soweit die §§ 13d bis 13g nicht über den Regelungsbereich der 11. EG-Richtlinie hinausgehen.

---

[1] Elfte Richtlinie 89/666/EWG vom 21. 12. 1989 über die Offenlegung von Zweigniederlassungen, die in einem Mitgliedstaat von Gesellschaften bestimmter Rechtsformen errichtet wurden, die dem Recht eines anderen Staates unterliegen, ABl. EG Nr. L 395/36 vom 30. 12. 1989, Zweigniederlassungsrichtlinie, Textausgabe Europäisches Wirtschaftsrecht Nr. 307.

[2] Baumbach/*Hopt* RdNr. 2.
[3] *Seibert* DB 1993, 1705; *Kindler* NJW 1993, 3301, 3302; Koller/*Roth*/Morck RdNr. 2.
[4] *Kindler* NJW 1993, 3301, 3302; Baumbach/*Hopt* RdNr. 2 und Einl. v. § 105 RdNr. 36; zur Auslegung angeglichenen Rechts eingehend *Lutter* JZ 1992, 593 und *Everling* ZGR 1992, 376; *Jarass* EuR 1991, 211.

Die Neuregelungen gelten auch für die in Deutschland schon errichteten Zweigniederlassungen ausländischer Kapitalgesellschaften.[5] Übergangsvorschriften finden sich in Art. 34 EGHGB. Soweit § 13e Abs. 2 Satz 4 Nr. 4 teilweise später in Kraft getreten ist, wird auf § 13e RdNr. 6 verwiesen.   3

II. Niederlassung, Hauptniederlassung, Zweigniederlassung

1. Überblick. Die Zweigniederlassungsrichtlinie gibt keine Begriffsbestimmung der   4
Zweigniederlassung. In Vorbereitungsunterlagen hatte sich die Kommission mit einem Urteil des EuGH vom 22. 11. 1978[6] beschäftigt, ohne daß die dortige Definition aber später in die Richtlinie aufgenommen wurde. Der handelsrechtliche Zweigniederlassungsbegriff hat insoweit weder eine Regelung noch eine Korrektur erfahren.[7] **Die §§ 13 ff. beziehen sich** – auch nach der teilweisen Neuregelung[8] – fast ausschließlich **auf das registerrechtliche Verfahren und nicht das materielle Recht** der Zweigniederlassung.[9] Die Vorschriften sollen die Publizitäts- und die Kontrollfunktion (hierzu § 8 RdNr. 3 ff.) des Handelsregisters auch in bezug auf die Zweigniederlassungen gewährleisten.[10]

In verschiedenen Gesetzen und in verschiedenem Zusammenhang ist der **Begriff der**   5
Niederlassung (Handelsniederlassung) von Bedeutung, wie etwa in den §§ 13 Abs. 2, 29 und 126 Abs. 3, sowie außerhalb des HGB in § 21 ZPO, den §§ 7 Abs. 3 und 269 Abs. 2 BGB, § 71 Abs. 1 KO, § 14 AGBG und so fort. Der Begriff wird aber nicht einheitlich verwandt und es ist auch nicht richtig, stets Niederlassung und Hauptniederlassung gleichzusetzen.[11] Für den Gerichtsstand nach § 21 ZPO (besonderer fakultativer Gerichtsstand der Niederlassung[12]) etwa genügt unter bestimmten Voraussetzungen der Ort, an dem das Gewerbe als Zweigniederlassung ausgeübt wird.[13] Aus Sinn und Zweck der jeweiligen Norm ist daher zu entnehmen, ob nur die Hauptniederlassung oder auch die Zweigniederlassung oder nur diese (§ 13 Abs. 2, 2. Halbsatz, § 50 Abs. 3, § 126 Abs. 3) gemeint ist.[14]

Als **Hauptniederlassung des Einzelkaufmanns** ist der räumliche Mittelpunkt des Un-   6
ternehmens zu begreifen, der sich wiederum danach richtet, von wo aus die Geschäfte dauerhaft geleitet werden (Ort der Geschäftsleitung).[15] Hauptniederlassung ist das „leitende Hauptgeschäft",[16] der „örtliche Mittelpunkt für den gesamten kaufmännischen Betrieb".[17] Das Gesetz unterscheidet aber nur bei dem Einzelkaufmann und den juristischen Personen des § 33 zwischen Haupt- und Zweigniederlassung (§ 13 Abs. 1). Soweit in bezug auf diese Personengruppe nur die Niederlassung (Handelsniederlassung) angeführt wird, wie etwa in § 29, ist registerrechtlich regelmäßig die Hauptniederlassung gemeint, sofern sich aus dem

---

[5] Näher *Kindler* NJW 1993, 3301, 3306 unter VI 1; *Seibert* DB 1993, 1705, 1707; *Plesse* DStR 1993, 133, 134.

[6] Rs. 33/78, Somafer SA gegen Saar-Ferngas AG, EuGH Slg. 1978, 2183, 2193 Nr. 12: mit dem Begriff der Zweigniederlassung, der Agentur oder der sonstigen Niederlassung ist „ein Mittelpunkt geschäftlicher Tätigkeit gemeint, der auf Dauer als Außenstelle eines Stammhauses hervortritt, eine Geschäftsführung hat und sachlich so ausgestattet ist, daß er in der Weise Geschäfte mit Dritten betreiben kann, daß diese, obgleich sie wissen, daß möglicherweise ein Rechtsverhältnis mit dem im Ausland ansässigen Stammhaus begründet wird, sich nicht unmittelbar an dieses zu wenden brauchen, sondern Geschäfte an dem Mittelpunkt geschäftlicher Tätigkeit abschließen können, der dessen Außenstelle ist" (= RIW 1979, 56, 58); vgl. auch EuGH, Urt. v. 9. 12. 1987, Rs. 218/86, RIW 1988, 136.

[7] *Seibert* GmbHR 1992, 738; *Kindler* NJW 1993, 3301, 3303.

[8] *Lutter/Hommelhoff* § 12 RdNr. 1.

[9] *Heymann/Sonnenschein/Weitemeyer* RdNr. 3; *Hüffer* Anh § 45, § 13 HGB RdNr. 1.

[10] Staub/*Hüffer* Vor § 13 RdNr. 1.

[11] Näher Staub/*Hüffer* Vor § 13 RdNr. 5 f. mit Nachweisen.

[12] Hachenburg/*Ulmer* § 12 RdNr. 18; vgl. auch Staub/*Hüffer* Vor § 13 RdNr. 20: Gerichtsstand des Unternehmers am Ort der Niederlassung, sofern er Beklagter ist.

[13] *Thomas/Putzo* § 21 Anm. 1b.

[14] Staub/*Hüffer* Vor § 13 RdNr. 6; *Heymann/ Sonnenschein/Weitemeyer* RdNr. 4 *Koller/Roth/ Morck* RdNr. 4.

[15] Staub/*Hüffer* Vor § 13 RdNr. 7; *Heymann/ Sonnenschein/Weitemeyer* RdNr. 4.

[16] Staub/*Bondi* HGB 11. Aufl. § 13 Anm. 4.

[17] RG Das Recht 1912 Nr. 2094.

Gesetz nicht ausnahmsweise wie bei den §§ 13 Abs. 2, 2. Halbsatz, 50 Abs. 3 und 126 Abs. 3 anderes ergibt (RdNr. 5). Dagegen ist **bei den Handelsgesellschaften zwischen dem Sitz der Gesellschaft und der Zweigniederlassung zu unterscheiden.** Der Gesellschaftssitz entspricht hier der Hauptniederlassung,[18] wobei aber die Sitzbestimmung zum Teil anderen Regeln folgt als die Bestimmung der Hauptniederlassung (näher RdNr. 27 ff.).

7 Die **Zweigniederlassung** (Filiale) ihrerseits nimmt eine Zwischenstellung ein und widersetzt sich bis zu einem gewissen Grade dem Bedürfnis des Juristen nach jeden Zweifel ausschließender Begriffsbestimmung.[19] Der Kaufmann kann am gleichen Ort oder an verschiedenen Orten Niederlassungen betreiben. Sie können in ihrem Aufbau voneinander ganz unabhängig und als selbständige Handelsgeschäfte anzusehen sein (X betreibt bei räumlicher und sachlicher Trennung den Buchhandel und den Handel mit Möbeln). Es handelt sich hier um verschiedene Hauptniederlassungen desselben Kaufmanns, die rechtlich genauso zu behandeln sind, als hätten sie verschiedene Inhaber. Andererseits ist es möglich, daß ein Kaufmann oder eine Handelsgesellschaft die Verkaufstätigkeit so organisiert, daß der Verkauf statt an einer Stelle an mehreren Orten stattfindet (Läden werden in verschiedenen Stadtteilen unterhalten). Fehlt den Verkaufsstellen eine über die Ermächtigung zum Verkauf hinausgehende Selbständigkeit, ist von **untergeordneten Abteilungen des Hauptgeschäfts** auszugehen, die sich von anderen Abteilungen nur dadurch unterscheiden, daß sie sich räumlich an einer anderen Stelle befinden.

8 Zwischen dem Betrieb mehrerer Hauptniederlassungen durch einen Inhaber und dem Betrieb einer Handelsniederlassung mit mehreren Verkaufsstellen oder unselbständigen Betriebsabteilungen ist die *Zweigniederlassung* anzusiedeln. Sie darf sich nicht als untergeordnete und unselbständige Abteilung des Hauptgeschäfts darstellen, sondern als **weiterer Mittelpunkt des Geschäfts,** als abgezweigte Stelle, von der aus für das Unternehmen wesentliche Geschäfte selbständig erledigt werden. Die Zweigniederlassung muß so organisiert sein, daß sie aufgrund ihres Geschäftsbetriebs beim Wegfall der Hauptniederlassung (zufolge selbständiger Veräußerung der Zweigniederlassung) als eigene Handelsniederlassung fortbestehen könnte.[20]

9 Die Zweigniederlassung muß (Einzelheiten RdNr. 10 ff.) – um nicht unselbständige Betriebsabteilung zu sein – **von der Hauptniederlassung räumlich getrennt sein.** Sie muß ferner **Geschäfte des Kaufmanns** (der Gesellschaft) **unter seiner Leitung nicht nur vorübergehend selbständig abschließen und entsprechend sachlich** (getrennte Buchführung und eigenes Bankkonto, wenngleich rechtlich keine selbständigen Forderungen und Verpflichtungen begründet werden können) **und personell** (Entschließungsfreiheit des Leiters mit entsprechenden rechtlichen Bevollmächtigungen im Außenverhältnis) **organisiert sein.**[21] Die Zweigniederlassung der AG oder der GmbH dagegen braucht nicht leitungsabhängig zu sein (RdNr. 30).

10 **2. Die Zweigniederlassung des Einzelkaufmanns. a) Die einzelnen Merkmale.** Haupt- und Zweigniederlassung können nicht in denselben Räumen betrieben werden. Die insoweit erforderliche **räumliche Selbständigkeit** (räumliche Trennung) erlaubt es dem Kaufmann aber, die Zweigniederlassung in demselben Ort wie die Hauptniederlassung anzusiedeln,[22] sofern alle Merkmale der Zweigniederlassung gegeben sind. Da es sich,

---

[18] *Staub/Hüffer* Vor § 13 RdNr. 3, 23: Identität von Gesellschaftssitz und Hauptniederlassung.

[19] Vgl. *K. Schmidt* HandelsR § 4 III 2a.

[20] ROHG 14, 401, 402; 17, 312, 318 ff.; RGZ 2, 386, 388 ff.; KGJ 27 A 210, 211; 28 A 208, 209; BayObLGZ 1979, 159, 162; vgl. auch BGH NJW 1972, 1859, 1860; Koller/*Roth*/Morck RdNr. 6.

[21] Baumbach/*Hopt* RdNr. 3; Staub/*Hüffer* Vor § 13 RdNr. 10 und § 17 RdNr. 30; Heymann/

Sonnenschein/Weitemeyer RdNr. 5; Hachenburg/*Ulmer* § 12 RdNr. 4; *Lutter/Hommelhoff* § 12 RdNr. 2; Koller/*Roth*/Morck RdNr. 6.

[22] KG JW 1929, 671, 672 mit zustimmender Anm. *Cohn* unter Aufgabe von KGJ 27 A 210; 28 A 208 und KG OLGRspr. 45, 97; Baumbach/*Hopt* RdNr. 3; Heymann/*Sonnenschein/Weitemeyer* RdNr. 11; Hachenburg/*Ulmer* § 12 RdNr. 9 Koller/*Roth*/Morck RdNr. 6.

wenn auch am gleichen Ort, um verschiedene Niederlassungen handelt, ist nach § 13 Abs. 4 HRV auch für eine Zweigniederlassung im Bezirk des Registergerichts der Hauptniederlassung ein besonderes Registerblatt zu verwenden und ein besonderer Aktenband anzulegen (§ 8 Abs. 2 HRV).

Die **Zweigniederlassung muß auch sonst** gegenüber der Hauptniederlassung **eine** **11** **gewisse Selbständigkeit aufweisen.**[23] So hat das Reichsgericht die selbständige Veräußerung der Zweigniederlassung zugelassen und sich vehement gegen die Meinung des Kammergerichts gewandt, durch eine solche Veräußerung werde das einheitliche Handelsunternehmen in unzulässiger Weise auseinandergerissen. „Die Zweigniederlassung besitzt schon in der Hand des Inhabers der Hauptniederlassung notwendig eine gewisse Selbständigkeit. Sie ist schon hier ein abgesonderter Teil des Gesamtunternehmens, in dem, räumlich getrennt von der Hauptniederlassung, Geschäfte geschlossen werden".[24] In RGZ 50, 428, 429 f. stellt das Reichsgericht darauf ab, daß von der Zweigniederlassung aus selbständig Geschäfte gemacht werden, „und zwar nicht bloß nebensächliche oder nach genau gegebenen Anweisungen schematisch zu erledigende, sondern auch für das Geschäft wesentliche, mit einer gewissen Freiheit der Entschließung für den Leiter". Der Leiter muß jedenfalls nach außen anders als ein bloßer Ladenverkäufer selbständig auftreten dürfen, mag er auch im Innenverhältnis an die Weisungen des Prinzipals gebunden sein.[25]

Der **Leiter der Zweigniederlassung** wird in der Regel zumindest Handlungsvollmacht **12** besitzen.[26] Eine ihm erteilte Prokura kann auf die Zweigniederlassung beschränkt sein (Filialprokura), sofern die Voraussetzungen des § 50 Abs. 3 vorliegen. Die auf den Betrieb einer oder mehrerer Zweigniederlassungen beschränkte Prokura ist im Handelsregister der Zweigniederlassung ohne einen Zusatz einzutragen, der diese Beschränkung ausdrücklich vermerkt,[27] denn das Register der Zweigniederlassung gibt ohnehin nur über die die Zweigniederlassung betreffenden Rechtsverhältnisse Auskunft, und es ist nicht seine Aufgabe zu verlautbaren, ob der Umfang der Prokura weiterreicht.[28] Dagegen ist die Filialprokura im Register der Hauptniederlassung ausdrücklich als solche zu bezeichnen.

Die Zweigniederlassung wird regelmäßig über ein **eigenes Bankkonto** verfügen und der **13** **gesonderten Buchführung** unterliegen. Es dürfte sich insoweit auch um Wesensmerkmale der Zweigniederlassung handeln, die erst das erforderliche Maß an Selbständigkeit begründen.[29] Dem Erfordernis der gesonderten Buchführung steht eine zentral vorgenommene Buchführung dann nicht entgegen, wenn die Geschäfte der Zweigniederlassung(en) *gesondert ausgewiesen* werden.[30] Es kommt nicht darauf an, wo die Bücher der Zweigniederlassung geführt werden, sondern daß für sie überhaupt eine Buchführung besteht, in der ihre Handelsgeschäfte und ihr Betriebsergebnis in der Form gesondert ersichtlich gemacht werden, „daß die Haupt- und die Zweigniederlassung sich in Gutschriften und Belastungen gegenseitig wie selbständige Kaufleute behandeln".[31] Das ist auch im Hinblick darauf geboten, daß es möglich sein muß, die Zweigniederlassung im Fall der Veräußerung ohne die Hauptniederlassung als selbständiges Geschäft weiterzuführen (RdNr. 8).

[23] Hierzu *K. Schmidt* HandelsR § 4 III 2a; *Richert* Rpfleger 1956, 270, 271; Staub/*Hüffer* Vor § 13 RdNr. 13: selbständige Teilnahme am Geschäftsverkehr.

[24] RGZ 77, 60, 63.

[25] KGJ 27 A 210, 211; 28 A 208, 209; KG OLGRspr. 45, 97, 98; *K. Schmidt* HandelsR § 4 III 2a; *Richert* Rpfleger 1956, 270, 271; Staub/*Hüffer* Vor § 13 RdNr. 14; Heymann/*Sonnenschein/Weitemeyer* RdNr. 8.

[26] *Wessel/Zwernemann*, Die Firmengründung, RdNr. 359.

[27] BGH NJW 1988, 1840 f. = EWiR § 50 HGB 1/88, 597 (*Bokelmann*); **aA** Staub/*Hüffer* Vor § 13 RdNr. 14.

[28] *Heinsius*, Zum Umfang der Prokuraeintragung im Handelsregister, BB 1963, 1036.

[29] KG OLGRspr. 45, 97; BayObLGZ 1979, 159, 161 f. mit eingehenden Nachweisen; Baumbach/*Hopt* RdNr. 3; Staub/*Hüffer* Vor § 13 RdNr. 14; *Hüffer* Anh § 45, § 13 HGB RdNr. 5; Lutter/*Hommelhoff* § 12 RdNr. 2; *Wessel/Zwernemann*, Die Firmengründung, RdNr. 361; zweifelnd insoweit *K. Schmidt* HandelsR § 4 III 2a.

[30] BGH NJW 1972, 1859, 1860; Staub/*Hüffer* Vor § 13 RdNr. 15; Koller/*Roth*/Morck RdNr. 6.

[31] BayObLGZ 1979, 159, 162; hierzu *Döllerer* BB 1981, 25.

14   Die Geschäftstätigkeit der Zweigniederlassung muß Geschäfte erfassen, die das Wesen des geschäftlichen Unternehmens ausmachen. Es darf sich nicht nur um Hilfsgeschäfte handeln, die der Vorbereitung, Vermittlung oder Ausführung der Hauptgeschäfte des Unternehmens dienen (vgl. auch RdNr. 11).[32] Keine Zweigniederlassung sind daher Speicher, Empfangnahme- und Aushändigungsstellen,[33] Warenlager, Kassen,[34] Eisenbahnhöfe,[35] Verkaufsstellen und offene Läden, bloße Fabrikationsbetriebe ohne Verkauf, Ingenieurbüros von Bauunternehmen und Generalagenturen von Versicherungsgesellschaften, die nicht mit einem besonderen Geschäftsvermögen ausgestattet, sondern nur Vermittlungsstellen zwischen dem Kundenkreis und der Versicherungsgesellschaft sind.[36] **Die selbständige Tätigkeit muß auf Dauer berechnet sein,**[37] also nicht nur für die Dauer einer Messe.[38] Die Zweigniederlassung eines Vollkaufmanns braucht nicht selbst nach Art und Umfang ihres Betriebes vollkaufmännisch zu sein.[39] Der Umfang von Haupt- und Zweigniederlassung ist maßgebend (RdNr. 40).

15   Obwohl die Zweigniederlassung eine gewisse Selbständigkeit zeigt, handelt es sich doch um einen **von dem Unternehmen abhängigen (abgezweigten) Unternehmensteil ohne eigene Rechtspersönlichkeit,** der auch im Prozeß nicht Partei sein kann (näher RdNr. 16 f.) und der Hauptniederlassung des Einzelkaufmanns (was auch für die Personengesellschaften gilt) *nachgeordnet* ist.[40] Die „Oberleitung" liegt (intern) bei der Hauptniederlassung.[41] Hauptgeschäft und Zweigniederlassung bilden einen einheitlichen Geschäftsbetrieb,[42] der dem Inhaber des Unternehmens als Träger der Rechte und Pflichten, und zwar auch aus dem Betrieb der Zweigniederlassung, zuzuordnen ist[43] und der auch im Prozeß die Parteistellung einnimmt.[44]

16   **b) Entstehung und Auflösung der Zweigniederlassung.** Die **Errichtung der Zweigniederlassung** ist ein tatsächlicher Vorgang.[45] Zur Errichtung zählt alles, was konkret zur Eröffnung der Zweigniederlassung nötig ist, sei es, daß ein neuer Geschäftsbetrieb eingerichtet oder ein bereits bestehender von einem anderen Unternehmen erworben wird. Nicht erforderlich ist die Eröffnung des Betriebes selbst.[46] Die nachfolgende Eintragung in das Handelsregister hat nur deklaratorische Bedeutung.[47]

17   Die **Auflösung der Zweigniederlassung** ist ebenfalls tatsächlicher Art. Auch hier kommt der Eintragung der Löschung keine rechtsbegründende Wirkung zu. Die Auflösung geschieht durch Beendigung des Geschäftsbetriebes der Zweigniederlassung – eine nur vorübergehende Einstellung schadet aber nicht – oder dadurch, daß der Zweigniederlassung eine ihrer wesentlichen Merkmale, wie etwa die erforderliche Selbständigkeit, verlorengeht.[48]

18   **c) Die rechtliche Qualifizierung der Zweigniederlassung.** Der Zweigniederlassung als solcher kommt, im Gegensatz zur Tochtergesellschaft, **niemals eigene Rechtspersönlichkeit** zu (RdNr. 15). Das gilt auch dann, wenn die Zweigniederlassung eines inländischen

---

[32] ROHG 14, 401, 402; RGZ 77, 60, 64.
[33] RGZ 44, 361, 362; KG OLGRspr. 27, 297.
[34] Baumbach/*Hopt* RdNr. 3.
[35] RGZ 2, 386, 389.
[36] Vgl. Staub/*Hüffer* Vor § 13 RdNr. 13.
[37] KGJ 5, 22; OLGRspr. 11, 375.
[38] *K. Schmidt* HandelsR § 4 III 2a; Staub/*Hüffer* Vor § 13 RdNr. 13.
[39] Baumbach/*Hopt* RdNr. 3.
[40] Staub/*Hüffer* Vor § 13 RdNr. 12.
[41] *Köbler* BB 1969, 845; Heymann/*Sonnenschein*/*Weitemeyer* RdNr. 9.
[42] RGZ 77, 60, 63; 107, 44, 45 f.; BGHZ 4, 62, 65; OGHZ 2, 143, 145; OGH NJW 1949, 71; KGJ 5, 22, 23; *Richert* Rpfleger 1956, 270, 271; *Köbler* BB 1969, 845; Heymann/*Sonnenschein*/*Weitemeyer* RdNr. 5.

[43] RGZ 96, 161, 163; 108, 265, 267.
[44] *K. Schmidt* HandelsR § 4 III 2b aa; Baumbach/*Hopt* RdNr. 4.
[45] BayObLGZ 1992, 59, 60; Koller/*Roth*/Morck RdNr. 7.
[46] Staub/*Hüffer* Vor § 13 RdNr. 16; Hachenburg/*Ulmer* § 12 RdNr. 10; Rowedder/*Rittner* § 12 RdNr. 11; aA Scholz/*Winter* § 12 RdNr. 10: auch Betriebseröffnung nötig.
[47] BayObLGZ 1979, 159, 163; Staub/*Hüffer* Vor § 13 RdNr. 16, hM.
[48] Staub/*Hüffer* Vor § 13 RdNr. 16; Hachenburg/*Ulmer* § 12 RdNr. 12; Rowedder/*Rittner* § 12 RdNr. 12.

Unternehmens im Ausland liegt oder es sich um die inländische Zweigniederlassung eines ausländischen Unternehmens handelt.[49] Zwischen Hauptniederlassung und Filiale oder den Zweigniederlassungen untereinander können im Rechtssinne keine Forderungen oder Verbindlichkeiten entstehen. Eingezahltes Geld gehört nicht der Hauptniederlassung oder der Filiale, sondern dem „sie umspannenden Rechtssubjekt".[50] Dem steht auch nicht das Erfordernis der gesonderten Buchführung für die Zweigniederlassung entgegen (RdNr. 13), weil diese Buchungen nicht selbständige Forderungen und Verpflichtungen der Zweigniederlassung ausweisen, sondern sie nur den Umfang der Geschäfte der Zweigniederlassung im Verhältnis zum Gesamtunternehmen dokumentieren.[51] Das zeigt sich deutlich, wenn die Buchung zentral erfolgt und die Geschäfte der Zweigniederlassung nur gesonderte ausgewiesen werden.[52]

Die **Zweigniederlassung ist nicht rechtsfähig** (RdNr. 15) und kann nicht selbst Partei **19** eines Rechtsstreits sein. Doch kann der Unternehmensträger, geht es um die Zweigniederlassung betreffende Rechtsverhältnisse, unter der Firma der Zweigniederlassung klagen und verklagt werden.[53] Hat die Klage eine Beziehung zum Geschäftsbetrieb der Filiale,[54] wie es § 21 ZPO als fakultativer Gerichtsstand der Niederlassung (RdNr. 5) voraussetzt, darf die gegen den Unternehmer unter der Firma der Zweigniederlassung erhobene Klage auch im Geschäftslokal der Zweigniederlassung zugestellt werden.[55] Für Aktivprozesse des Unternehmers kann sich die örtliche Zuständigkeit des Gerichts der Zweigniederlassung aus § 29 ZPO iVm. § 269 Abs. 2 BGB ergeben.[56]

Grundbuchfähigkeit. Die Zweigniederlassung ist nicht rechtsfähig und daher auch nicht **20** grundbuchfähig. Die Einzelkaufmann kann auch nicht als Träger des Unternehmens im Grundbuch unter der Firma der Zweigniederlassung eingetragen werden. Denn nach § 15 GrundbuchVfg. vom 8. 8. 1935 (RMBl. S. 637) dürfen Einzelkaufleute als natürliche Personen nur mit ihrem Namen (Vor- und Familiennamen) eingetragen werden. Anders ist das bei der OHG, KG, GmbH und AG, die keinen anderen Namen als die Firma haben. Führt hier die Zweigniederlassung eine von der Hauptniederlassung abweichende Firma, so bildet diese Firma für den Geschäftskreis der Zweigniederlassung ihren einzigen Namen.[57] Erwirbt die Zweigniederlassung unter diesem Namen (für den Unternehmensträger) oder werden der Zweigniederlassung intern (organisatorisch) Grundstücksrechte zugeordnet, so kann die Eintragung im Grundbuch unter der Firma der Zweigniederlassung erfolgen.[58] Umschreibungen von der Firma der Hauptniederlassung auf die Firma der Zweigniederlassung sind im Wege der Berichtigung nach § 22 BGO möglich, weil der Berechtigte (das ist die Gesellschaft) nicht wechselt.[59]

d) Die Firma der Zweigniederlassung. Hauptgeschäft und Zweigniederlassung bilden **21** einen einheitlichen Geschäftsbetrieb (RdNr. 15). Die Firma der Zweigniederlassung **kann** daher **mit der der Hauptniederlassung völlig gleichlauten.** Ein Zusatz, der die Zweigniederlassung als solche charakterisiert, ist im Regelfall nicht erforderlich.[60] Die Firmen

[49] RGZ 96, 161 f.; 107, 44, 45 f.; 108, 265, 267; 116, 330, 332; 130, 23, 25 und RGZ 38, 403, 406; OLG Hamburg OLGRspr. 15, 172; Baumbach/ *Hopt* RdNr. 4; Staub/*Hüffer* Vor § 13 RdNr. 18.

[50] OGH NJW 1949, 712; vgl. auch Groß-kommAktG/*Barz* § 42 Anm. 4.

[51] OLG Hamburg NJW 1949, 467, 469 mit Anm. *Eigel;* Staub/*Hüffer* Vor § 13 RdNr. 18.

[52] Hierzu BGH NJW 1972, 1859, 1860.

[53] OGHZ 2, 143, 145 f.; BGHZ 4, 62, 65 für die GmbH: richtige Beklagte war die „X GmbH in H. unter der Firma ihrer Zweigniederlassung X GmbH Überlandwerk F. in F."; *K. Schmidt* Handelsrecht § 4 III 2b aa; Staub/*Hüffer* Vor § 13 RdNr. 20; Koller/*Roth*/Morck RdNr. 10; Hachenburg/*Ulmer* GmbHG § 12 RdNr. 17.

[54] Vgl. BGH NJW 1975, 2142.

[55] RGZ 109, 265, 267; BGHZ 4, 62, 65.

[56] Staub/*Hüffer* Vor § 13 RdNr. 20; vgl. auch Hachenburg/*Ulmer* § 12 RdNr. 18.

[57] RGZ 62, 7, 10; Hachenburg/*Heinrich* § 4 RdNr. 73.

[58] OLG Dresden OLGRspr. 9, 351; KGJ 32 A 199, 201; LG Bonn NJW 1970, 570; *Woite* NJW 1970, 548.

[59] KG JW 1937, 1743, 1744; Staub/*Hüffer* Vor § 13 RdNr. 21; Hachenburg/*Ulmer* § 12 RdNr. 15; GroßkommAktG/*Barz* § 42 Anm. 4.

[60] RGZ 113, 213, 218 = JW 1926, 1961 ff.; BayObLGZ 1992, 59, 61; *Richert* MDR 1957, 339; *Bokelmann* Firmenrecht RdNr. 871; *K. Schmidt* HandelsR § 12 II 3a; Staub/*Hüffer* § 17 RdNr. 30; Hachenburg/*Ulmer* § 12 RdNr. 14; Hachenburg/ *Heinrich* § 4 RdNr. 72.

müssen aber nicht identisch sein, was sich schon aus den §§ 30 Abs. 3, 50 Abs. 3 und 126 Abs. 3 ergibt. Besteht an dem Ort oder in der Gemeinde, wo eine Zweigniederlassung errichtet wird, bereits eine gleiche eingetragene Firma, so muß der Firma nach § 30 Abs. 3 ein Zusatz beigefügt werden, durch den sie sich von der bereits eingetragenen Firma deutlich unterscheidet. Ein Zusatz ist auch dann erforderlich, wenn eine Prokura auf den Betrieb einer Zweigniederlassung mit Wirkung gegenüber Dritten beschränkt werden soll. § 50 Abs. 3 S. 2 erlaubt hier für die Firma der Zweigniederlassung einen Zusatz, der sie als Firma der Zweigniederlassung ausweist („Filiale", „Zweigniederlassung", jeweils hinzugefügt der Ort der Zweigniederlassung). Für § 30 Abs. 3 dagegen langt ein solcher Zusatz nicht. Der Zusatz muß vielmehr deutlich die Firma der Hauptniederlassung zu erkennen geben (näher *Lieb* § 30 RdNr. 12 ff., 28).[61]

22   Während man früher annahm, die Firmen von Zweig- und Hauptniederlassung müßten übereinstimmen und es seien nur Zusätze gestattet, welche die Firmenidentität nicht aufheben,[62] ließ man später nicht nur Verschiedenheit im Zusatz, sondern auch im Kern zu,[63] das heißt **verschiedene Firmen** unter der Voraussetzung, daß klar erkennbar wird, daß es sich um die Firma einer Zweigniederlassung handelt *und* die Firma der Hauptniederlassung deutlich zu erkennen ist.[64] So kann unter Beachtung dieser Grundsätze ein unter den Voraussetzungen des § 22 erworbenes Handelsgeschäft als Zweigniederlassung unter der früheren Firma weitergeführt werden, sofern die Wesensmerkmale der Zweigniederlassung erfüllt sind. Übernimmt etwa die Offene Handelsgesellschaft Lesser & Co. die Möbelfabrik Franz Krause, um sie als Zweigniederlassung weiterzuführen, so kann die Firma der Zweigniederlassung lauten: „Franz Krause, Möbelfabrik, Zweigniederlassung von Lesser & Co., Berlin".[65]

23   Weicht die Firma der Zweigniederlassung nicht von der der Hauptniederlassung ab, so erfaßt im Fall der Änderung der Firma der Hauptniederlassung die Änderung zufolge der rechtlichen Unselbständigkeit der Zweigniederlassung automatisch auch die Firma der Zweigniederlassung. Das gilt auch für die Handelsgesellschaften.[66] Im übrigen wird auf § 13a RdNr. 3 Bezug genommen.

24   **e) Die Vervielfältigung der abgeleiteten Firma bei abgesonderter Veräußerung von Hauptniederlassung und Zweigniederlassung.** Unter den Voraussetzungen der §§ 22, 24 darf das Handelsgeschäft unter der bisherigen Firma fortgeführt werden. In der Zustimmung des bisherigen Geschäftsinhabers beziehungsweise ausgeschiedenen Gesellschafters zur Firmenfortführung liegt zugleich auch die Ermächtigung, neue Zweigniederlassungen zu errichten und die fortgeführte Firma auch für die Zweigniederlassungen zu verwenden.[67] Umstritten ist aber, ob die Ermächtigung auch eine Weiterveräußerung nur der von dem Erwerber errichteten Zweigniederlassung mit der abgeleiteten Firma als selbständiges Geschäft deckt. Denn wird nur die unter der abgeleiteten Firma betriebene Zweigniederlassung allein ohne die Hauptniederlassung (oder Hauptniederlassung und Zweigniederlassung an verschiedene Erwerber) veräußert und damit *verselbständigt,* so tritt eine **Vervielfältigung der Firma** ein.

25   **Rechtlich ist die getrennte Veräußerung von Haupt- und Zweigniederlassung möglich.** Durch die Veräußerung werden „die bisher in der Hand desselben Geschäftsinhabers vereinigten Teile eines Handelsunternehmens, von denen auch die Zweigniederlas-

---

[61] *Kirstein*, Probleme des Handels- und Registerrechts, Rpfleger 1965, 131, 135; vgl. auch *Kögel* Rpfleger 1993, 8; Koller/*Roth*/Morck RdNr. 7.

[62] RGZ 114, 318, 320; KGJ 40 A 64, 65 mit Nachweisen.

[63] *K. Schmidt* HandelsR § 12 II 3a.

[64] BayObLGZ 1992, 59, 62; Hachenburg/ *Heinrich* § 4 RdNr. 72; *Wessel/Zwernemann,* Die Firmengründung, RdNr. 366; *Kirstein* (Fn. 61) Rpfleger 1965, 131, 135.

[65] Vgl. auch Staub/*Hüffer* § 22 RdNr. 52; *Bokelmann* Firmenrecht RdNr. 878; *Jansen* GmbHR 1963, 163, 164.

[66] BayObLGZ 1990, 151, 159; Staub/*Hüffer* § 13a RdNr. 8.

[67] RGZ 87, 94, 95; *K. Schmidt* HandelsR § 12 II 3c.

sung schon bisher eine gewisse rechtlich anerkannte Selbständigkeit besaß, selbständige Geschäfte" (RGZ 77, 60, 64) und dürfen unter der bisherigen Firma – unter Wegfall des Zusatzes „Zweigniederlassung" – weitergeführt werden.[68] Ebenso können Haupt- und Zweigniederlassung jeweils mit der bisherigen Firma an **verschiedene Erwerber** weiterveräußert werden. Voraussetzung ist nur, daß nicht allein der Name der Zweigniederlassung ohne ihr Vermögen erworben wird, § 23.[69] Wie auch sonst ist es für die Zweigniederlassung nicht gestattet, eine Firma von dem im Betrieb befindlichen Handelsgeschäft „wegzuverkaufen" und allein mit ihr Handel zu treiben (RGZ 110, 422, 426). Für den Einzelkaufmann und die Personenhandelsgesellschaft lehnt es die herrschende Meinung zu Recht ab, daß derjenige, der in die Fortführung der Firma einwilligt, auch mit einer beliebigen Vervielfältigung der Firma und einer hierdurch erhöhten Gefahr des Mißbrauchs einverstanden ist.[70] Der angesprochene Personenkreis unterfällt dem gesetzlichen Zwang zur Hergabe seines Namens bei der Firmenbestimmung (§§ 18, 19), und es ist daher geboten, einer nicht gewollten oder nicht bedachten Vervielfältigung des Namens entgegenzutreten. Das Gesetz selbst trägt dem in den §§ 22 und 24 Rechnung, indem es die Fortführung der Firma von der Einwilligung des Namensträgers abhängig macht.

Braucht dagegen ein Gesellschafter seinen Namen nicht zur Bildung der Firma einzusetzen und stellte er ihn aus freien Stücken zum Gebrauch im Handelsverkehr zur Verfügung, so bedarf er auch nicht des Schutzes von § 24 Abs. 2, was der BGH sogar für die GmbH mit vorwiegend personenrechtlichen Grundzügen anerkannt hat.[71] Trotzdem soll **eine Vervielfältigung der Firma einer GmbH,** gebildet mit dem Namen eines früheren Gesellschafters, durch getrennte Veräußerung einer Zweigniederlassung auf einen neuen Rechtsträger wegen Verletzung des Namensrechts des Namengebers nach § 12 BGB ohne dessen besondere Erlaubnis *nicht gestattet* sein.[72] Demgegenüber hat das OLG Düsseldorf[73] zu Recht darauf abgestellt, daß der Namensgeber einer juristischen Person unwiderruflich jede Verfügungsmacht über sein Namensrecht verloren, er seinen Namen „gewissermaßen kapitalisiert" hat,[74] sofern er anderes mit den übrigen Gesellschaftern nicht vereinbart hatte.   **26**

3. Die Zweigniederlassung der Handelsgesellschaft. Bei den Handelsgesellschaften spricht das Gesetz nicht von der Niederlassung (Hauptniederlassung), sondern von dem Sitz (RdNr. 6). OHG und KG sind bei dem Gericht anzumelden, in dessen Bezirk sie ihren Sitz haben (§§ 106 Abs. 1, 161 Abs. 2). Der **Sitz ist hier der Ort der tatsächlichen Geschäftsführung,** der auch dann maßgebend ist, wenn der Gesellschaftsvertrag anderes bestimmt und im Handelsregister anderes eingetragen ist.[75] Insoweit stimmt die Ermittlung des Sitzes bei den Personenhandelsgesellschaften mit der Festlegung der Hauptniederlassung des Einzelkaufmanns überein[76] (RdNr. 6).   **27**

Im Gegensatz hierzu ist **bei der GmbH und der Aktiengesellschaft für die Bestimmung des Sitzes die Satzung** (der Gesellschaftsvertrag) **maßgebend,** § 5 Abs. 1 AktG, § 3 Abs. 1 Nr. 1 GmbHG. Bei den Bestimmungsmöglichkeiten ist das AktG großzügig. Nach § 5 Abs. 2 AktG darf die Satzung als Sitz „in der Regel" den Ort, wo die Gesellschaft einen Betrieb hat, oder den Ort bestimmen, wo sich die Geschäftsleitung befindet oder die Verwaltung geführt wird. Ausnahmsweise kann auch ein anderer Ort festgelegt werden, nur muß hierfür ein *schutzwürdiges Interesse* vorliegen, um Mißbrauch der Satzungsfreiheit   **28**

---

[68] Staub/*Hüffer* § 22 RdNr. 11; *Wessel/Zwernemann*, Die Firmengründung, RdNr. 368; *Bokelmann* GmbHR 1978, 265; 1982, 153 und KTS 1982, 27, 50 ff.

[69] Baumbach/*Hopt* § 22 RdNr. 4, 21 und § 23 RdNr. 1.

[70] RGZ 67, 94, 95; 104, 341, 343; *K. Schmidt* HandelsR § 12 II 3c; Staub/*Hüffer* § 22 RdNr. 40.

[71] BGHZ 58, 322, 326; 85, 221; für die GmbH & Co. KG BGHZ 109, 364.

[72] BGH BB 1980, 1658 = WM 1980, 1360; zustimmend *Canaris* § 10 III 2b; Staub/*Hüffer* § 24 RdNr. 21; Heymann/*Emmerich* § 22 RdNr. 14; zweifelnd *K. Schmidt* HandelsR § 12 II 3c; aA OLG Frankfurt MDR 1980, 316; *Bokelmann* GmbHR 1978, 265; 1982, 153 und KTS 1982, 50 f.

[73] GRUR 1978, 716, 717.

[74] Vgl. auch *K. Schmidt* HandelsR § 12 II 3c.

[75] BGH BB 1957, 799; BGH MDR 1969, 662; Staub/*Hüffer* Vor § 13 RdNr. 22.

[76] Näher Staub/*Hüffer* Vor § 13 RdNr. 3, 7, 23.

auszuschließen.[77] Auch kann eine deutsche Aktiengesellschaft ihren Sitz (noch) nicht im Ausland haben.[78] Das gilt auch für die GmbH. Andernfalls könnten die Kapitalgesellschaften (die Eintragung wirkt konstitutiv) nicht in das deutsche Handelsregister eingetragen werden.[79]

29   Für die **GmbH** gilt § 5 Abs. 2 AktG auch nicht entsprechend.[80] Die Gesellschafter sind vielmehr in der Wahl des satzungsmäßigen Sitzes der Gesellschaft grundsätzlich frei. Doch darf der Sitz nicht willkürlich und ohne tatsächliche Beziehung zur Betätigung der Gesellschaft gewählt werden, um etwa ein bestimmtes Registergericht für die Eintragung zuständig zu machen.[81] **Der Sitz ist als fiktiver mißbräuchlich.**[82] Lediglich postalische Erreichbarkeit am Sitzort[83] reicht nicht aus, um mißbräuchliche Sitzwahl auszuschließen, erst recht nicht nur postalische Erreichbarkeit der Gesellschaft in der Bundesrepublik.[84] Doch ist der statutarische Sitz nicht zu beanstanden, wenn an dem Sitzort wirksam nach der ZPO zugestellt werden kann.[85] Sind an dem Ort, der als Sitz bestimmt ist, bereits Betriebsräume angemietet worden, ohne daß die Gesellschaft schon postalisch erreichbar ist, scheidet die Annahme eines fiktiven Sitzes ebenfalls aus.[86]

30   Bei der Aktiengesellschaft und der GmbH braucht der Ort der Geschäftsleitung mithin nicht mit dem Satzungssitz übereinzustimmen (vgl. auch RdNr. 6). Die sonst erforderliche Nachordnung der Zweigniederlassung bleibt hier, im Gegensatz zum Einzelkaufmann und der Personenhandelsgesellschaft, ohne Relevanz. Hat die Festlegung in der Satzung Bestand (zu den Rechtsfolgen bei unzulässiger Sitzbestimmung RdNr. 31 f.), interessieren die tatsächlichen Umstände nicht mehr. Der **Satzungssitz ist** (mißbräuchliche Sitzbestimmung ausgeklammert) **der Sitz der Gesellschaft** (die „Hauptniederlassung") und *allen anderen* selbständigen *Niederlassungen* kommt nur die Rolle von Zweigniederlassungen zu (zum Doppelsitz RdNr. 33 f.). Das ist auch dann nicht anders, wenn die Geschäftsleitung von einer Zweigniederlassung aus erfolgt.[87] Dagegen ist der **tatsächliche Sitz maßgebend, wenn bei Sachverhalten mit Auslandsberührung das Gesellschaftsstatut zu bestimmen ist,** das sich nach dem Sitz der Gesellschaft richtet (§ 13d RdNr. 25).[88]

31   Fehlt die Angabe des Sitzes in der Satzung oder ist die **Bestimmung über den Sitz nichtig** (Begründung eines Doppelsitzes, Wahl eines ausländischen Sitzes,[89] mißbräuchliche Wahl,[90] Angabe eines fiktiven Sitzes, wenn zum Beispiel kein inländischer beabsichtigt ist), so ist die Anmeldung zurückzuweisen. Ist trotzdem eingetragen worden, scheiden zwar Nichtigkeitsklage und Amtslöschung, weil für diesen Fall im Gesetz nicht vorgesehen, aus,

---

[77] *Hüffer* § 5 RdNr. 8.
[78] RGZ 107, 94, 97; BGHZ 19, 102, 105 = NJW 1956, 183; BGHZ 29, 320, 328 = NJW 1959, 1126; *Lutter/Hommelhoff* § 3 RdNr. 3.
[79] Hachenburg/*Ulmer* § 3 RdNr. 9; Scholz/*Emmerich* § 3 RdNr. 4; *Hüffer* § 5 RdNr. 5.
[80] Für die entsprechende Anwendung *Roth* GmbHG § 3 Anm. 2.2.1; *Bartl/Henkes/Schlarp* GmbHG § 3 RdNr. 31; MünchKommBGB/*Reuter* § 24 RdNr. 2.
[81] BayObLGZ 1987, 267, 273; Baumbach/*Hueck* GmbHG § 3 RdNr. 69; Hachenburg/*Ulmer* § 3 RdNr. 10.
[82] BayObLG BB 1981, 870, 871; BayObLGZ 1982, 140, 142; OLG Stuttgart NJW-RR 1991, 1510; OLG Zweibrücken NJW-RR 1991, 1509; Scholz/*Winter* § 3 RdNr. 5; Hachenburg/*Ulmer* § 3 RdNr. 10.
[83] So aber BayObLG BB 1981, 870 = Rpfleger 1981, 308.
[84] So aber BayObLGZ 1987, 267, 275.
[85] AG Wuppertal GmbHR 1988, 28; Hachenburg/*Ulmer* § 3 RdNr. 10; *Meyer-Landrut/*

Meyer-Landrut § 3 RdNr. 7; *Wessel* BB 1984, 1057, 1058.
[86] OLG Köln BB 1987, 711; Hachenburg/*Ulmer* § 3 RdNr. 10.
[87] OLG Frankfurt OLGZ 1979, 309 = DNotZ 1980, 121; BayObLG Rpfleger 1981, 308; Hachenburg/*Ulmer* § 12 RdNr. 8; *Hüffer* Vor § 13 RdNr. 23; *Hüffer* § 5 RdNr. 3; GroßkommAktG/*Barz* § 42 Anm. 2; aA KK/*Kraft* § 5 RdNr. 19 und § 42 RdNr. 15 ff.
[88] BGHZ 25, 134, 144; 53, 181, 183; 78, 318, 334 = NJW 1981, 522; BGHZ 97, 269, 271 = NJW 1986, 2194; BayObLGZ 1985, 272, 278 ff.; 1986, 351, 359 f.; OLG Oldenburg NJW 1990, 1422 f.; *Kegel* IPR § 17 II 1; *Hüffer* § 1 RdNr. 25; § 5 RdNr. 4; *Lutter/Hommelhoff* § 3 RdNr. 3; Hachenburg/*Behrens* Einl. RdNr. 109 ff.
[89] Scholz/*K. Schmidt* § 60 RdNr. 26; Baumbach/Hueck/*Schulze-Osterloh* GmbHG Anh § 77 RdNr. 23.
[90] Hachenburg/*Ulmer* § 3 RdNr. 10.

doch hat das Registergericht das Verfahren nach § 144a FGG auf Amtsauflösung einzuleiten.[91]

Dagegen bewirkt das **nachträgliche Auseinanderfallen von satzungsmäßigem und** 32 **tatsächlichen Sitz** keine Nichtigkeit der Bestimmung über den Sitz der Gesellschaft und führt daher nicht zur Amtsauflösung.[92] Aus tatsächlichen Gründen kann eine ursprünglich wirksame Bestimmung der Satzung nicht nachträglich nichtig werden.[93] Auch eine analoge Anwendung von § 144a FGG ist nicht angezeigt.[94] Dagegen kann das Registergericht nach § 142 FGG vorgehen.[95] Denn auch eine Eintragung, die erst nachträglich unzulässig geworden ist, unterfällt § 142 FGG.[96]

4. Doppelsitz. Vor 1945 wurde einhellig vertreten, jede Gesellschaft könne nur einen 33 Sitz haben.[97] Nach dem 8. Mai 1945 trugen Registergerichte in den damaligen Westzonen Sitzverlegungen von juristischen Personen ein, ohne daß die alte Sitzeintragung gelöscht war. Eine Anmeldung der Sitzverlegung war jenseits der Oder-Neiße-Linie und in Ostpreußen wegen Funktionsunfähigkeit der zuständigen Registergerichte nicht möglich.[98] Bei Sitzverlegungen aus der damaligen Ostzone wurde ein neuer Sitz eingetragen, wenn das bisher zuständige Registergericht nicht mehr existent war oder nach hiesigem Recht die Voraussetzungen für eine Sitzverlegung vorlagen, das in der seinerzeitigen Ostzone geltende Recht aber diese Möglichkeit verneinte. Diese durch die Kriegsfolgen bedingten Doppelsitze sind von der Rechtsprechung fast immer[99] und der Lehre – wenngleich mit warnenden Gegenstimmen[100] – überwiegend gebilligt worden. Auch unterschiedliche Währungs- und Devisengesetze haben zur Zulassung von Doppelsitzen in Berlin und Westdeutschland geführt.[101] Die Tendenz heute geht im Hinblick auf die Normalisierung der Verhältnisse und die Wiedervereinigung unter Bezugnahme auf den Wortlaut von § 5 AktG und die Amtliche Begründung zu § 5 AktG 1965[102] und die nicht unbeachtlichen registerrechtlichen Probleme[103] dahin, den Doppelsitz für den Regelfall als *unzulässig* anzusehen[104] oder einen satzungsmäßigen Doppelsitz nur in ganz außergewöhnlichen Fällen zuzulassen.[105]

Zu folgen ist einer großzügigen Meinung, die zwar den Doppelsitz auch nur in Aus- 34 nahmefällen zuläßt, das Problem aber nicht nur als Nachkriegsfolge sieht. So kann bei **grenzüberschreitenden Unternehmen** die Notwendigkeit des doppelten Sitzes auftre-

[91] BayObLG Rpfleger 1981, 308 = BB 1981, 870; *Meyer-Landrut/Meyer-Landrut* § 3 RdNr. 8; *Scholz/Winter* § 3 RdNr. 9; *Hachenburg/Ulmer* § 3 RdNr. 10.
[92] OLG Frankfurt OLGZ 1979, 309; BayObLGZ 1982, 140, 142.
[93] BayObLGZ 1982, 140, 143; *Scholz/Emmerich* § 3 RdNr. 9; *Keidel/Kuntze/Winkler* FGG § 144a RdNr. 5; *Baumbach/Hueck* GmbHG § 3 RdNr. 6; *Meyer-Landrut/Meyer-Landrut* § 3 RdNr. 8; *Roweder/Rittner* § 3 RdNr. 7; *aA Wessel* BB 1984, 1057, 1059; *Lutter/Hommelhoff* § 3 RdNr. 3; *Hachenburg/Ulmer* § 3 RdNr. 11 für den Fall, daß die Satzungsregelung durch das nachträgliche Auseinanderfallen fiktiven Charakter erlangt.
[94] *Baumbach/Hueck/Schulze-Osterloh* GmbHG Anh § 77 RdNr. 23.
[95] *Meyer-Landrut/Meyer-Landrut* § 3 RdNr. 8.
[96] RGZ 169, 147, 152; KG NJW 1965, 254; BayObLGZ 1975, 332, 335; OLG Frankfurt OLGZ 1979, 318, 321; *Keidel/Kuntze/Winkler* FGG § 142 RdNr. 11; *Jansen* FGG § 142 RdNr. 7; *Stöber,* Der Vorstand des eingetragenen Vereins bei Anmeldung zum Vereinsregister und nach Ablauf seiner Amtszeit, Rpfleger 1967, 342, 346.

[97] *Müller-Erzbach,* Deutsches Handelsrecht, 2. und 3. Aufl. 1928, Kap. 34a XI.
[98] Eingehend mit erschöpfenden Literaturhinweisen BayObLGZ 1985, 111, 113; *Karl* AcP 159 (1960), 293, 302.
[99] Vgl. OLG Stuttgart NJW 1953, 748 f.; KG BB 1973, 1001; anders vorher KG MDR 1950, 740 f.
[100] *Ernst Wolff,* Die Gefährdung der deutschen Rechtseinheit, NJW 1949, 281, 282; *Consbruch* NJW 1949, 375 f.; *Springer* NJW 1949, 561.
[101] BayObLGZ 1985, 111, 113 f.; für Zulässigkeit des 2. Sitzes in Berlin KG BB 1973, 10001; vgl. auch BayObLGZ 1962, 107, 111.
[102] BayObLGZ 1985, 111, 115 f.
[103] Vgl. etwa KG BB 1973, 1001 f. und BayObLGZ 1962, 107, 112 ff.
[104] *Wessel/Zwernemann,* Die Firmengründung, RdNr. 294 (wohl ohne Ausnahme); *Sudhoff,* Der Gesellschaftsvertrag der GmbH, S. 157; *Baumbach/Hueck* GmbH § 3 RdNr. 7; *Roth* GmbH § 3 Anm. 2.2.3; *Roweder/Rittner* § 3 RdNr. 8.
[105] BayObLGZ 1985, 111; 115, 118 = NJW-RR 1986, 31, 32: die Verschmelzung zweier Gesellschaften soll kein solcher Fall sein; *aA Barz* AG 1972, 1, 4 unter VIII; *Lutter/Hommelhoff* § 3 RdNr. 3; LG Frankfurt DB 1973, 2237.

ten,[106] ebenso bei Fusionen.[107] Ausnahmsweise kann daher ein Doppelsitz aus wirtschaftlichen, währungsrechtlichen oder politischen Gründen zuzubilligen sein.[108]

35　Die Frage des Doppelsitzes ist hauptsächlich für die Aktiengesellschaft diskutiert und ausgetragen worden. Sie stellt sich aber auch für die GmbH und die Personenhandelsgesellschaften und auch für die Hauptniederlassung des Einzelkaufmanns.[109]

36　Die **registerrechtliche Behandlung** des Doppelsitzes ist, da es an einer gesetzlichen Regelung fehlt, schwierig. Die Gesellschaft ist in das Handelsregister beider Sitzgerichte einzutragen. Das gilt auch für spätere Eintragungen. Der zweite Sitz tritt selbständig neben den ersten. Jedem Sitz kommt die volle und uneingeschränkte Bedeutung eines handelsrechtlichen Sitzes zu, so daß grundsätzlich die Registergerichte beider Sitze unabhängig voneinander sind und jedes von ihnen das selbständige Recht und die Pflicht hat, die Anmeldungen in formeller und sachlicher Hinsicht zu prüfen.[110] Widersprüchliche Entscheidungen sind mithin möglich, wie auch Zeitunterschiede bei der Eintragung auftreten können. Rechtsunsicherheiten und vermehrte Kosten – die Eintragung des zweiten Sitzes gilt kostenrechtlich als Neueintragung Gesellschaft, und der Geschäftswert wird nicht nach den für Zweigniederlassungen geltenden Grundsätzen ermäßigt[111] – gehen zu Lasten der Gesellschaft. Dritte dürfen keine Nachteile erleiden.[112] Da beide Register zusammen als *das* Handelsregister („Gesamtregister") einzustufen sind, treten die konstitutiven Wirkungen der Eintragung erst mit Vollzug der letzten Eintragung ein.[113] Das gilt auch für die Publizitätswirkung von Eintragung und Bekanntmachung nach § 15 Abs. 2, die zugunsten der Gesellschaft nicht schon mit der ersten Eintragung (und Bekanntmachung) bewirkt werden.[114] Auch wenn es auf den Zeitpunkt der *Anmeldung* zur Eintragung in das Handelsregister ankommt (etwa bei § 3 Abs. 1 KapErhG), entscheidet der Zeitpunkt der letzten Anmeldung.[115]

III. Registerpublizität bei der Errichtung von Zweigniederlassungen inländischer Unternehmen im Inland

37　Die Errichtung der Zweigniederlassung ist ein **von der Eintragung im Handelsregister nicht abhängiger tatsächlicher Vorgang** (RdNr. 16). § 13 enthält in den Absätzen 1 bis 4 Vorschriften über die Registerpublizität errichteter Zweigniederlassungen deutscher Unternehmen im Inland (einzelkaufmännische Unternehmen und juristische Personen des § 33, Personenhandels- und Kapitalgesellschaften). Insoweit hat die Neuregelung (RdNr. 1) die bisherige Rechtslage unverändert gelassen. Die §§ 13a und 13b enthalten ergänzende Vorschriften für die Zweigniederlassungen von Aktiengesellschaften und Gesellschaften mit beschränkter Haftung mit Sitz im Inland.

38　**1. Die Anmeldung.** § 13 Abs. 1 Satz 1 verpflichtet (öffentlichrechtliche Anmeldepflicht!) zur Anmeldung der erfolgten Errichtung der Zweigniederlassung zwecks Eintragung in das Handelsregister. Wird der Verpflichtung nicht gefolgt, ist die Anmeldung durch Festsetzung von Zwangsgeld nach § 14 zu erzwingen. Zuständig ist, ebenso wie für

---

[106] Staub/*Hüffer* Vor § 13 RdNr. 27 unter Hinweis auf die Saar-Lothringische Kohleunion (SAARLOR) mit Gesellschaftssitz in Saarbrücken und Straßburg und die Europäische Aktiengesellschaft, der ein in- und ausländischer Gesellschaftssitz zuzubilligen sein könnte; *Hüffer* § 5 RdNr. 10.

[107] *Lutter/Hommelhoff* § 3 RdNr. 3 unter Hinweis auf die Krupp-Hoesch AG mit Sitz in Essen und Dortmund.

[108] Hachenburg/*Ulmer* § 3 RdNr. 13, 14.

[109] Staub/*Hüffer* Vor § 13 RdNr. 25; Baumbach/*Hopt* RdNr. 1, stark einschränkend § 106 RdNr. 9; Hachenburg/*Ulmer* § 3 RdNr. 14.

[110] BayObLGZ 1962, 107, 112 f. = NJW 1962, 1014; OLG Celle Rpfleger 1963, 354; OLG Hamm Rpfleger 1965, 120; KG BB 1973, 1001; zu dem Verfahren im einzelnen *Balser* DB 1972, 2049 f.

[111] OLG Hamm Rpfleger 1965, 120; vgl. auch OLG Celle Rpfleger 1963, 354, 355 und BayObLGZ 1962, 107, 114.

[112] LG Hamburg DB 1973, 2237; Staub/*Hüffer* Vor § 13 RdNr. 28; Hachenburg/*Ulmer* § 3 RdNr. 15.

[113] LG Hamburg DB 1973, 2237.

[114] Staub/*Hüffer* Vor § 13 RdNr. 28; Hachenburg/*Ulmer* § 3 RdNr. 15.

[115] Anders KG BB 1973, 1001, 1002.

die Anmeldung (RdNr. 39), das Gericht der Hauptniederlassung.[116] **Anmeldepflichtige Personen** sind der Einzelkaufmann, für OHG und KG die vertretungsberechtigten Gesellschafter in vertretungsberechtigter Zahl (§ 108 betrifft nur die Anmeldung der Gesellschaft selbst), für AG und KGaA der Vorstand beziehungsweise persönlich haftende Gesellschafter (§ 13a Abs. 2 S. 1, Abs. 5), für die GmbH der Geschäftsführer (§ 13b Abs. 2) und bei anderen juristischen Personen das Vertretungsorgan.

Die **Form der Anmeldung** ergibt sich aus § 12 (öffentlich beglaubigte Form oder Er-   **39** satzform). Haupt- und Zweigniederlassung können gleichzeitig angemeldet werden.[117] Zunächst muß dann die Hauptniederlassung eingetragen werden, damit diese anschließend nach § 13 verfahren kann (Prüfung und Weitergabe der Anmeldung an das Gericht der Zweigniederlassung).[118] Der Anmeldung der Zweigniederlassung einer juristischen Person nach §33 durch den Vorstand ist eine öffentlich beglaubigte Abschrift der Satzung beizufügen (§ 33 Abs. 2). **Örtlich zuständig** für die Anmeldung (nicht die Eintragung der Zweigniederlassung) ist für den Einzelkaufmann und die juristischen Personen das Registergericht der Hauptniederlassung, für Handelsgesellschaften das Gericht ihres Sitzes.

2. Die Prüfung durch das Gericht der Hauptniederlassung und die Weitergabe der   **40** **Anmeldung.** Das Gericht der Zweigniederlassung hat nach Abs. 3 ausschließlich zu prüfen, ob die Zweigniederlassung errichtet und § 30 beachtet ist. Zuvor **prüft das Gericht der Hauptniederlassung** oder des Sitzes die Anmeldung der Zweigniederlassung **in allen übrigen Punkten.** Es ist insbesondere verpflichtet, die formellen und materiellen Voraussetzungen der Anmeldung (§ 12) festzustellen und weiter zu untersuchen, ob gegen die für die Zweigniederlassung gewählte Firma allgemeine firmenrechtliche Bedenken insbesondere unter dem Gesichtspunkt der Firmenwahrheit bestehen.[119] Da die Zweigniederlassung nur in der Organisation eine gewisse Selbständigkeit gegenüber dem Hauptgeschäft aufweist, aber nicht selbständige Rechtspersönlichkeit ist (RdNr. 15), braucht der Betrieb der Zweigniederlassung den Umfang des Kleingewerbes nicht zu überschreiten.[120] Die Frage, ob der Umfang des Betriebes über das Kleingewerbe hinausgeht, ist nach dem gemeinsamen Umfang von Haupt- und Zweigniederlassung zu bestimmen.

Auch muß das Gericht der Hauptniederlassung prüfen, ob die angemeldete Zweignieder-   **41** lassung etwa aus **Rechtsgründen** nicht als solche zu qualifizieren und daher bereits von dem Gericht der Hauptniederlassung zu beanstanden ist.[121] Ist das nicht der Fall, gibt das Gericht der Hauptniederlassung oder des Sitzes die Anmeldung der Zweigniederlassung unverzüglich mit einer beglaubigten Abschrift seiner Eintragung, soweit sie nicht ausschließlich die Verhältnisse anderer Niederlassungen betreffen, an das Gericht der Zweigniederlassung weiter (§ 13 Abs. 1 Satz 2).

3. Prüfung, Eintragung und Bekanntmachung durch das Gericht der Zweignieder-   **42** **lassung.** Das Gericht der Zweigniederlassung prüft, ob § 30 genügt ist und stellt aufgrund der örtlichen Verhältnisse fest, ob die Zweigniederlassung errichtet ist, insbesondere ob die wesentlichen Merkmale einer bestimmten Selbständigkeit gegenüber der Hauptniederlassung zu bejahen sind (RdNr. 7 ff.)[122] oder nur eine (nicht eintragungsfähige) Außenstelle, unselbständige Betriebsabteilung oder Verkaufsstelle besteht (RdNr. 14). Erheblich ist in diesem Zusammenhang auch, ob die Geschäfte der Niederlassung in einer (eigenen oder zentral geführten) Buchhaltung gesondert erfaßt werden. Ist das nicht der Fall, fehlt es an dem für eine Zweigniederlassung erforderlichen Maß der Verselbständigung gegenüber der Zweigniederlassung (RdNr. 13). Es wäre nicht möglich, die Zweigniederlassung ohne die

---

[116] KG DR 1939, 1453, 1454; Staub/*Hüffer* RdNr. 2.
[117] Staub/*Hüffer* RdNr. 3; Heymann/*Sonnenschein/Weitemeyer* RdNr. 13.
[118] Staub/*Hüffer* RdNr. 3.

[119] OLG Neustadt NJW 1962, 1205; Baumbach/*Hopt* RdNr. 11; Heymann/*Sonnenschein/Weitemeyer* RdNr. 19.
[120] KGJ 27 A 210.
[121] Staub/*Hüffer* RdNr. 4.
[122] BayObLGZ 1979, 159, 163.

Hauptniederlassung als selbständiges Geschäft weiterzuführen,[123] was aber Wesensmerkmal der Zweigniederlassung ist. Da es sich bei der Eintragung einer Zweigniederlassung um die Eintragung einer neuen Firma im Sinne des § 23 HRV handelt, ist in der Regel ein Gutachten der Industrie- und Handelskammer einzuholen. Die Einholung des Gutachtens ist aber dann untunlich, wenn der Richter aus eigener Anschauung wegen der Überblickbarkeit der örtlichen Verhältnisse selbst beurteilen kann, ob von einer Errichtung auszugehen ist.

43   Bei der Prüfung der Frage, ob § 30 beachtet ist, kann der zu beachtende örtliche Raum gemäß § 30 Abs. 4 durch die **Bildung gemeinschaftlicher Firmenbezirke** erweitert sein. Ist das so, muß der Richter nach § 38 HRV vor der Eintragung bei den anderen beteiligten Gerichten anfragen, ob gegen die Eintragung wegen § 30 Bedenken bestehen.

44   Mehr als die Beachtung von § 30 und die Errichtung der Niederlassung darf der Registerrichter der Zweigniederlassung nicht prüfen (§ 13 Abs. 3 S. 2). Er hat alle ihm vom Registergericht der Hauptniederlassung (des Sitzes) mitgeteilten Eintragungen im Hauptregister zu übernehmen. Die **Eintragungen müssen unverändert und vollständig übernommen werden**.[124] Selbst wenn der Registerrichter der Zweigniederlassung bei den Eintragungen im Register der Hauptniederlassung unzulässige Eintragungen feststellt, die der Amtslöschung unterliegen, darf er die Eintragung der Zweigniederlassung nicht aufschieben, sondern das Gericht der Hauptniederlassung nur auf den Fehler hinweisen.[125] Das Gesetz wollte eine Doppelprüfung und aus ihr resultierende widersprechende Eintragung gerade vermeiden.[126] Verstößt das Gericht der Zweigniederlassung hiergegen, steht dem Registergericht der Hauptniederlassung oder des Sitzes ein Beschwerderecht zu.[127] Die Eintragung hat auf einem besonderen Registerblatt zu erfolgen, und zwar auch dann, wenn es sich um eine Zweigniederlassung im Bezirk des Registergerichts der Hauptniederlassung oder des Sitzes handelt (§ 13 Abs. 4 HRV). Nach § 13 Abs. 3 Satz 2 hat die Eintragung auch den Ort der Zweigniederlassung zu enthalten. Weist die Firma der Zweigniederlassung einen Zusatz auf, so ist auch dieser einzutragen.

45   Für die **Bekanntmachung** der Eintragung ist § 10 maßgebend. Die Eintragungen sind ihrem gesamten Inhalt nach unter Beachtung der §§ 32 bis 34 HRV im Bundesanzeiger und mindestens einem anderen Blatt zu veröffentlichen.

46   Nach **§ 13 Abs. 4 Satz 1** hat das Gericht der Zweigniederlassung dem Gericht der Hauptniederlassung oder des Sitzes von Amtswegen die Eintragung der Zweigniederlassung mitzuteilen. Das Gericht der Hauptniederlassung hat nach Maßgabe von § 13 Abs. 4 einen Vermerk in sein Register aufzunehmen, der aber nicht veröffentlicht wird. Nach § 40 Abs. 2 und 43 Abs. 2 HRV ist jeweils in Spalte 2 von Abteilung A oder B des Handelsregisters der Hauptniederlassung die Errichtung von Zweigniederlassungen zu vermerken, und zwar unter Angabe des Ortes und, falls der Firma für eine Zweigniederlassung ein Zusatz beigefügt ist, unter Angabe dieses Zusatzes.

47   Die gesetzlich vorgeschriebenen **Unterschriften** (zur Form § 12) sind nach Maßgabe von § 13 Abs. 2 zur Aufbewahrung beim Gericht der Zweigniederlassung zu zeichnen. *Einzureichen* sind sie aber bei dem Gericht der Hauptniederlassung (des Sitzes).[128]

IV. Die Aufhebung von Zweigniederlassungen inländischer Unternehmen im Inland

48   Nach **Abs. 5** gelten die Vorschriften über die Errichtung einer Zweigniederlassung sinngemäß für ihre Aufhebung. Abs. 5 ist durch Gesetz vom 22. 7. 1993 (BGBl. I S. 1282) neu

---

123 BayObLGZ 1979, 159, 162.
124 BayObLGZ 1988, 187, 191.
125 BayObLG BB 1995, 1976; OLG Neustadt NJW 1962, 1205: das Handelsregister der Zweigniederlassung darf die Eintragung der Zweigniederlassung auch dann nicht ablehnen, wenn es der Auffassung ist, ein Firmenzusatz sei zufolge veränderter

tatsächlicher Verhältnisse unzulässig geworden; Baumbach/*Hopt* RdNr. 11.
126 Vgl. auch JFG 8, 109, 112 f.
127 BayObLGZ 1990, 151.
128 Baumbach/*Hopt* RdNr. 10; Staub/*Hüffer* RdNr. 10.

gefaßt worden (RdNr. 1), um im Hinblick auf die neuen §§ 13a und 13b zu gewährleisten, daß auch deren Regelungen sinngemäß für die Aufhebung einer GmbH oder Aktiengesellschaft gelten (Begründung Regierungsentwurf, BT-Drucks. 12/3908 S. 14). Die Löschung ist bei dem Registergericht der Hauptniederlassung oder des Sitzes anzumelden, das sie an das Gericht der Zweigniederlassung weitergibt, damit dieses die Löschung nach entsprechender Prüfung der Aufhebung in das Handelsregister der Zweigniederlassung einträgt und nach Bekanntmachung gemäß § 10 die erfolgte Löschung und den Inhalt der Eintragung dem Gericht der Hauptniederlassung mitteilt. Das Gericht der Hauptniederlassung vermerkt danach gemäß § 40 Abs. 5 Ziffer 5c HRV in Spalte 5 der Abteilung A und gemäß § 43 Abs. 6 1 HRV in Spalte 6 der Abteilung B die Aufhebung der Zweigniederlassung im Handelsregister der Hauptniederlassung und rötet dabei zugleich diesen und den früheren Vermerk über die Eintragung der Zweigniederlassung (§ 16 Abs. 1 HRV). Stellt der Registerrichter der Zweigniederlassung dagegen fest, daß die Zweigniederlassung nicht aufgehoben worden ist, so lehnt das Gericht der Zweigniederlassung die Eintragung der Aufhebung ab.[129]

Das **Ordnungsstrafverfahren** nach § 14 zur Erzwingung der Anmeldung des Erlöschens 49
(der Aufhebung) der Zweigniederlassung kann nur vom **Registergericht der Hauptniederlassung** oder des **Sitzes** als dem ausschließlich zuständigen Gericht eingeleitet und durchgeführt werden,[130] weil die Anmeldung der Aufhebung der Zweigniederlassung nur bei dem Gericht der Hauptniederlassung möglich ist.

§ 13a Zweigniederlassungen von Aktiengesellschaften mit Sitz im Inland

(1) Für Zweigniederlassungen von Aktiengesellschaften gelten ergänzend die folgenden Vorschriften.

(2) Die Errichtung einer Zweigniederlassung ist durch den Vorstand anzumelden. Der Anmeldung ist eine öffentlich beglaubigte Abschrift der Satzung beizufügen.

(3) Die Eintragung hat auch die Angaben nach § 39 des Aktiengesetzes zu enthalten.

(4) In die Bekanntmachung der Eintragung sind außer deren Inhalt die in § 23 Abs. 3 und 4, §§ 24, 25 Satz 2 des Aktiengesetzes vorgesehenen Bestimmungen sowie Bestimmungen der Satzung über die Zusammensetzung des Vorstands aufzunehmen. Wird die Errichtung einer Zweigniederlassung in das Handelsregister des Gerichts der Zweigniederlassung in den ersten zwei Jahren eingetragen, nachdem die Gesellschaft in das Handelsregister ihres Sitzes eingetragen worden ist, so sind in der Bekanntmachung der Eintragung alle Angaben nach § 40 des Aktiengesetzes zu veröffentlichen; in diesem Fall hat das Gericht des Sitzes bei der Weitergabe der Anmeldung ein Stück der für den Sitz der Gesellschaft ergangenen gerichtlichen Bekanntmachung beizufügen.

(5) Die Vorschriften über die Zweigniederlassungen von Aktiengesellschaften gelten sinngemäß für die Zweigniederlassungen von Kommanditgesellschaften auf Aktien, soweit sich aus den Vorschriften der §§ 278 bis 290 des Aktiengesetzes oder aus dem Fehlen eines Vorstands nichts anderes ergibt.

Schrifttum: wie zu § 13

I. Regelungsgegenstand

§ 13a in der Fassung von 1993 (§ 13 RdNr. 1) enthält **ergänzende Vorschriften** vor- 1
nehmlich **des registerrechtlichen Verfahrens** (§ 13 RdNr. 4) für die Errichtung von Zweigniederlassungen inländischer Aktiengesellschaften im Inland. Übernommen wurden

[129] KG DR 1939, 1453, 1454.   [130] KG DR 1939, 1453, 1454.

die Regelungen des bisherigen, aufgehoben § 42 AktG aF, soweit nicht Vorschriften deshalb keiner Übernahme bedurften, weil sie inhaltlich mit Bestimmungen des § 13 nF übereinstimmen. Das ist der Fall bei § 42 Abs. 1 Satz 2 AktG aF (Weitergabe der Anmeldung durch das Gericht des Sitzes an das Gericht der Zweigniederlassung, geregelt in § 13 Abs. 1 Satz 2), § 42 Abs. 2 AktG aF (Zeichnung der Unterschriften durch Vorstandsmitglieder und Prokuristen zur Aufbewahrung beim Gericht der Zweigniederlassung, geregelt in § 13 Abs. 2) und § 42 Abs. 5 und 6 AktG aF (Mitteilung der erfolgten Eintragung der Zweigniederlassung an das Gericht des Sitzes und sinngemäße Anwendung der Errichtungsvorschriften auf die Aufhebung der Zweigniederlassung, geregelt in § 13 Abs. 4 und Abs. 5). Insoweit wird auf die entsprechenden Erläuterungen zu § 13 verwiesen.

2 Nicht erneut dargestellt zu werden brauchten auch Haupt- und Zweigniederlassung von Handelsgesellschaften (§ 13 RdNr. 4 ff., insbes. 27 ff.), der Doppelsitz (§ 13 RdNr. 33 ff.), die rechtliche Qualifizierung der Zweigniederlassung (fakultativer Gerichtsstand der Niederlassung, Grundbuchfähigkeit, § 13 RdNr. 18 ff.), die Vervielfältigung der Firma bei gesonderter Veräußerung von Hauptniederlassung und Zweigniederlassung (§ 13 RdNr. 24 ff.) und die Firma der Zweigniederlassung (§ 13 RdNr. 21 f.).

II. Die Aufnahme der Firma in die Satzung

3 Die Firma der Zweigniederlassung braucht dann nicht in die Satzung der Kapitalgesellschaft aufgenommen zu werden, wenn sie die Firma der Hauptniederlassung trägt oder ein Zusatz nur auf die Eigenschaft als Zweigniederlassung an einem bestimmten Ort hinweist (vgl. auch § 13 RdNr. 23). Ändert die Hauptniederlassung ihre Firma, führt das automatisch auch zur Änderung der Firma der Zweigniederlassung, der keine rechtliche Selbständigkeit zukommt (§ 13 RdNr. 18f). Mit der Eintragung der abgeänderten Firma im Handelsregister des Sitzes ist die Abänderung der Firma der Gesellschaft wirksam geworden. Die Abänderung ergreift auch die gleichlautende oder nur mit einem Zusatz auf die Eigenschaft als Zweigniederlassung hinweisende Firma der Zweigniederlassung, *ohne daß* der die Zweigniederlassung betreffende Vorgang beim Registergericht des Gesellschaftssitzes gesondert angemeldet und eingetragen zu werden braucht.[1] Das Registergericht des Gesellschaftssitzes teilt dem Gericht der Zweigniederlassung dann die Firmenänderung mit, die dieses in das Handelsregister der Zweigniederlassung einträgt. Bei einer **abweichenden Bildung der Firma der Zweigniederlassung** dagegen muß die Firma der Zweigniederlassung (ebenso wie die der Hauptniederlassung) in die Satzung aufgenommen oder später durch Satzungsänderung gebildet werden.[2] Die Abänderung einer solchen Firma, die im Geschäftskreis der Zweigniederlassung den Namen der Gesellschaft darstellt, ist nur im Wege der Satzungsänderung möglich.[3]

III. Die Errichtung der Zweigniederlassung

4 Die Errichtung der Zweigniederlassung ist ein **tatsächlicher Vorgang.** Der nachfolgenden Eintragung der Zweigniederlassung in das Handelsregister kommt nur deklaratorische Bedeutung zu. Die Errichtung fällt als Organisationsmaßnahme, bestimmt die Satzung nichts anderes, in die Verwaltungszuständigkeit des Vorstands.[4] Nach § 111 Abs. 4 AktG kann aber die Zustimmung des Aufsichtsrats erforderlich sein.[5] Bezüglich der Einzelheiten

[1] BayObLGZ 1990, 151, 158 f.; 1992, 59, 63; Koller/*Roth*/Morck RdNr. 2.
[2] BayObLGZ 1990, 151, 158; 1992, 59, 63; KGJ 40 A 64, 66; LG München Rpfleger 1992, 163; *Hüffer* § 23 RdNr. 20; Koller/*Roth*/Morck RdNr. 2; **aA** *Dirksen-Volkers,* Die Zweigniederlassung in der Satzung von AG und GmbH, BB 1993, 598, 599; GroßkommAktG/*Barz* § 42 Anm. 7;

Scholz/*Priester* § 53 RdNr. 122 und wohl auch KK/*Kraft* § 42 RdNr. 10.
[3] LG München Rpfleger 1992, 163; BayObLGZ 1990, 151, 158; 1992, 59, 63.
[4] BayObLGZ 1992, 59, 60; *Hüffer* Anh § 45, § 13 HGB RdNr. 7.
[5] KK/*Kraft* § 42 RdNr. 10; *Hüffer* Anh § 45, § 13 HGB RdNr. 7.

von Entstehung und Auflösung einer Zweigniederlassung wird auf § 13 RdNr. 16 f. und 48 f. verwiesen.

IV. Die ergänzenden Vorschriften des § 13a

Nach **Absatz 2** ist der Vorstand verpflichtet, die Errichtung der Zweigniederlassung bei 5
dem Gericht des Sitzes der Gesellschaft zur Eintragung in das Handelsregister des Gerichts der Zweigniederlassung (§ 13 Abs. 1 Satz 1) *anzumelden*. Nach § 14 kann die Anmeldung erzwungen werden. Die Anmeldung muß nicht von sämtlichen Vorstandsmitgliedern unterzeichnet sein, vielmehr genügt die Anmeldung in vertretungsberechtigter Zahl (§ 78 AktG). Obwohl nach dem Gesetz der „Vorstand" anmeldet, ist unechte Gesamtvertretung unter Mitwirkung des Prokuristen nach § 78 Abs. 3 AktG zulässig,[6] nicht dagegen die Anmeldung durch Prokuristen allein.[7] Unbedenklich dagegen ist die Anmeldung durch einen Bevollmächtigten, weil keine höchstpersönliche Erklärung abzugeben ist[8] (§ 12 Abs. 2). Der Anmeldung beizufügen ist eine öffentlich beglaubigte Abschrift der Satzung (§ 13a Abs. 2 Satz 2), und zwar in der zur Zeit der Anmeldung gültigen Fassung.[9]

Das **Gericht des Sitzes**, das *allein* Adressat der Anmeldung sein kann, **prüft** nun **die** 6
Anmeldung in formeller und materieller Hinsicht, wozu auch Feststellungen gehören, ob die Niederlassung im Rechtssinn als Zweigniederlassung zu qualifizieren und die Firma der Zweigniederlassung zulässig gebildet ist[10] (§ 13 RdNr. 40, 41). Ergeben sich keine Bedenken, gibt das Gericht des Sitzes die Anmeldung unverzüglich mit einer beglaubigten Abschrift seiner Eintragungen, soweit sie nicht ausschließlich die Verhältnisse anderer Zweigniederlassungen betreffen, an das Gericht der Zweigniederlassung weiter (§ 13 Abs. 1 Satz 2). Dieses prüft lediglich, ob die Firma der Zweigniederlassung § 30 genügt und ob die Zweigniederlassung nach den örtlichen Verhältnissen tatsächlich errichtet ist (näher § 13 RdNr. 42 ff.). Sonstige Prüfungen sind dem Gericht der Zweigniederlassung verwehrt.[11] Die Eintragungen müssen unverändert und vollständig übernommen werden.[12] Das Registergericht des Sitzes kann gegen den nicht ordnungsgemäßen Vollzug einer Eintragungsmitteilung durch das Registergericht der Zweigniederlassung Beschwerde mit der Begründung einlegen, daß die Rechtsverhältnisse der Zweigniederlassung im Register der Zweigniederlassung nicht richtig wiedergegeben sind.[13]

Nach **Absatz 3** des § 13a sind auch die Angaben nach § 39 AktG (Firma, Sitz der Gesell- 7
schaft, Gegenstand des Unternehmens, Höhe des Grundkapitals, Tag der Feststellung der Satzung, Vorstandsmitglieder nebst ihrer Vertretungsbefugnis und, sofern die Satzung solche Bestimmungen enthält, Regelungen über die Dauer der Gesellschaft oder über das genehmigte Kapital) in das Handelsregister der Zweigniederlassung *einzutragen*. Soweit die Vorstandsmitglieder und ihre Vertretungsbefugnis einzutragen sind, ergibt sich hieraus auch eine entsprechende Anmeldepflicht.[14]

Absatz 4 übernimmt ohne inhaltliche Änderung die besonderen **Bekanntmachungs-** 8
bestimmungen des § 42 Abs. 4 AktG aF. Die erforderlichen Bekanntmachungen werden durch das Gericht der Zweigniederlassung veranlaßt, das dem Gericht des Sitzes auch von Amts wegen seine Eintragung mitteilt (§ 13 Abs. 4 Satz 1). Das Gericht des Sitzes wiederum hat einen entsprechenden Vermerk in sein Register aufzunehmen, der aber nicht veröffentlicht wird. Wegen der Einzelheiten wird auf § 13 RdNr. 46 verwiesen.

---

[6] RGZ 134, 303, 307; GroßkommAktG/*Barz* § 42 Anm. 9; *Hüffer* Anh § 45, § 13a HGB RdNr. 2 Heymann/*Sonnenschein/Weitemeyer* RdNr. 7.

[7] GroßkommAktG/*Barz* § 42 Anm. 10.

[8] *Hüffer* Anh § 45, § 13a HGB RdNr. 2; **aA** KK/*Kraft* § 42 RdNr. 29.

[9] Begründung Regierungs-Entwurf, Bundestags-Drucks. 12/3908 S. 14.

[10] OLG Neustadt NJW 1962, 1205; *Hüffer* Anh § 45, § 13 HGB RdNr. 9.

[11] Vgl. auch *Hüffer* Anh § 45, § 13 HGB RdNr. 12.

[12] BayObLGZ 1988, 187, 191.

[13] LS BayObLGZ 1990, 151.

[14] Begründung Regierungs-Entwurf, Bundestags-Drucks. 12/3908 S. 14.

9   **Absatz 5** wurde eingefügt, weil die Verweisung des § 278 Abs. 3 AktG nicht mehr die Bestimmungen über die Zweigniederlassungen von Aktiengesellschaften erfaßt, nachdem die §§ 42 und 43 AktG in das HGB übernommen worden sind. Absatz 5 bezieht sich auf alle in Betracht kommenden Vorschriften, erfaßt also auch die §§ 13 und 13c HGB.[15]

§ 13b Zweigniederlassungen von Gesellschaften mit beschränkter Haftung mit Sitz im Inland

(1) Für Zweigniederlassungen von Gesellschaften mit beschränkter Haftung gelten ergänzend die folgenden Vorschriften.

(2) Die Errichtung einer Zweigniederlassung ist durch die Geschäftsführer anzumelden. Der Anmeldung ist eine öffentlich beglaubigte Abschrift des Gesellschaftsvertrages und der Liste der Gesellschafter beizufügen.

(3) Die Eintragung hat auch die in § 10 Abs. 1 und 2 des Gesetzes betreffend die Gesellschaften mit beschränkter Haftung bezeichneten Angaben zu enthalten.

(4) In die Bekanntmachung der Eintragung sind außer deren Inhalt die in § 10 Abs. 3 des Gesetzes betreffend die Gesellschaften mit beschränkter Haftung bezeichneten Bestimmungen aufzunehmen, die dort nach § 5 Abs. 4 Satz 1 getroffenen Festsetzungen jedoch nur dann, wenn die Eintragung innerhalb der ersten zwei Jahre nach der Eintragung in das Handelsregister des Sitzes der Gesellschaft erfolgt.

Schrifttum: wie zu § 13

I. Die Systematik

1   Die Vorschrift in der Fassung von 1993 (§ 13 RdNr. 1) enthält ergänzende Bestimmungen des registerrechtlichen Verfahrens für die Errichtung von Zweigniederlassungen einer inländischen GmbH. Ersetzt wird der aufgehobene § 12 GmbHG aF. Die Systematik ist auch hier die, daß **§ 13 für das registerrechtliche Verfahren die Grundregeln enthält:** Anmeldung der Errichtung der Zweigniederlassung beim Gericht des Sitzes der Gesellschaft zur Eintragung in das Handelsregister des Gerichts der Zweigniederlassung. Das Gericht des Sitzes prüft die Anmeldung in formeller und materieller Hinsicht (rechtliche Qualifizierung der Niederlassung als Zweigniederlassung, Zulässigkeit der Firma der Zweigniederlassung) und gibt die Anmeldung dann mit einer beglaubigten Abschrift seiner Eintragungen (bezüglich der Niederlassung des Sitzes) an das Gericht der Zweigniederlassung weiter. Dieses darf lediglich prüfen, ob § 30 genügt und eine Zweigniederlassung errichtet ist, wozu auch die Feststellung einer bestimmten Selbständigkeit gegenüber der Niederlassung des Sitzes gehört (gesonderte Buchhaltung, eigenes Bankkonto; näher § 13 RdNr. 13, 42). Nicht erlaubt ist dem Registergericht der Zweigniederlassung die Prüfung der ihm von dem Gericht des Sitzes mitgeteilten und in das Handelsregister des Sitzes eingetragenen Tatsachen. Die Eintragungen müssen unverändert und vollständig übernommen werden (§ 13 RdNr. 44). Das Registergericht der Zweigniederlassung trägt sodann, sind keine Beanstandungen zu erheben – in Zweifelsfällen ist ein Gutachten der Industrie- und Handelskammer einzuholen[1] –, die Zweigniederlassung in sein Register ein. Nach der Bekanntmachung der Eintragung und sonstiger durch das Gesetz zur Bekanntmachung vorgeschriebener Bestimmungen und Angaben (§ 13a Abs. 4, § 13b Abs. 4) teilt das Gericht der Zweigniederlassung seine Eintragungen dem Gericht des Sitzes mit, das in

---

[15] *Hüffer* Anh § 45, § 13a HGB RdNr. 5; vgl.   [1] Vgl. § 23 HRV; Scholz/*Winter* § 12 RdNr. 27.
auch Baumbach/*Hopt* RdNr. 1.

das Register des Sitzes einen entsprechenden Vermerk aufnimmt, der aber nicht veröffentlicht wird (§ 13 Abs. 4 Satz 2). Zu den Einzelheiten wird auf die Erläuterungen zu § 13 verwiesen, ebenso auf die dortigen Ausführungen zu dem Zweigniederlassungsbegriff (§ 13 RdNr. 18 f., 27 ff.), zu der Firma der Zweigniederlassung (§ 13 RdNr. 21 ff.), zu der Vervielfältigung der Firma bei gesonderter Veräußerung von Hauptniederlassung und Zweigniederlassung (§ 13 RdNr. 24 ff.) und zu dem Doppelsitz (RdNr. 33 ff.). Zu der Aufnahme der Firma einer Zweigniederlassung einer Kapitalgesellschaft in die Satzung wird auf § 13a RdNr. 3 Bezug genommen.

II. Die Anmeldung der Errichtung

Ergänzend schreibt § 13b Abs. 2 Satz 1 die **Anmeldung der Errichtung der Zweignie-** **2** **derlassung** durch die Geschäftsführer in vertretungsberechtigter Zahl (§ 78 GmbHG) vor. Notariell beglaubigte Form (§ 12) ist einzuhalten (näher zur Anmeldung § 13a RdNr. 5). Anzumelden ist, wo und unter welcher Firma die Zweigniederlassung der GmbH betrieben wird.[2] In der Anmeldung ist auch anzugeben, welche Vertretungsbefugnis die Geschäftsführer haben (§ 8 Abs. 4 GmbHG); die Unterschriften sämtlicher Geschäftsführer sind beizufügen (§ 8 Abs. 5 GmbHG), ebenso – sofern nicht Beschränkung auf eine andere Zweigniederlassung vorliegt – Firmenzeichnung und Unterschrift sämtlicher Prokuristen in der Form von § 12.[3] Nach § 13b Abs. 2 Satz 2 ist der Anmeldung ferner eine öffentlich beglaubigte Abschrift des Gesellschaftsvertrages (selbstverständlich in der zum Zeitpunkt der Anmeldung gültigen Fassung) und eine Liste der Gesellschafter beizufügen, jeweils in öffentlich beglaubigter Form. Nach herrschender Meinung[4] soll es die zuletzt eingereichte Liste nach § 40 GmbHG sein, wie sie sich auch im Hauptregister befindet, die aber zum Zeitpunkt der Anmeldung möglicherweise nicht mehr zutrifft. Sachgerecht ist es dagegen, nur eine aktualisierte Liste auf dem Stand zum Zeitpunkt der Anmeldung genügen zu lassen.[5]

III. Die Absätze 3 und 4

Nach § 13b **Abs. 3** muß die Eintragung der Zweigniederlassung in das Register des Ge- **3** richts der Zweigniederlassung auch die in § 10 Abs. 1 und 2 GmbHG bezeichneten Angaben enthalten, das heißt Firma und Sitz der Gesellschaft, Gegenstand des Unternehmens, Höhe des Stammkapitals, Tag des Abschlusses des Gesellschaftsvertrages, die Personen der Geschäftsführer und ihre Vertretungsbefugnis, ferner gegebenenfalls eine Bestimmung über die Zeitdauer der Gesellschaft.

Nach § 13b **Abs. 4** hat das Gericht der Zweigniederlassung den Inhalt seiner Eintragung **4** und zusätzlich die Angaben nach § 10 Abs. 3 GmbHG (Leistung von Sacheinlagen nach § 5 Abs. 4 GmbHG und Bestimmungen im Gesellschaftsvertrag über die Form der öffentlichen Bekanntmachungen der Gesellschaft) in die Bekanntmachung aufzunehmen. Das gilt für die Festsetzungen der Sacheinlage aber nur, wenn die Gesellschaft selbst in das Handelsregister des Sitzes noch keine zwei Jahre eingetragen ist.

---

[2] *Lutter/Hommelhoff* § 12 RdNr. 5; Baumbach/ *Hueck* § 12 RdNr. 4.

[3] *Lutter/Hommelhoff* § 12 RdNr. 5; Baumbach/ *Hueck* § 12 RdNr. 4; Scholz/*Winter* § 12 RdNr. 20, 26.

[4] *Lutter/Hommelhoff* § 12 RdNr. 5; Scholz/*Winter* § 12 RdNr. 25 mit Nachweisen.

[5] Rowedder/*Rittner* § 12 RdNr. 26; Heymann/ *Sonnenschein/Weitemeyer* RdNr. 6.

§ 13c Bestehende Zweigniederlassungen von Unternehmen mit Sitz im Inland

(1) Ist eine Zweigniederlassung in das Handelsregister eingetragen, so sind alle Anmeldungen, die die Hauptniederlassung oder die Niederlassung am Sitz der Gesellschaft oder die eingetragenen Zweigniederlassungen betreffen, beim Gericht der Hauptniederlassung oder des Sitzes zu bewirken; es sind so viel Stücke einzureichen, wie Niederlassungen bestehen.

(2) Das Gericht der Hauptniederlassung oder des Sitzes hat in der Bekanntmachung seiner Eintragung im Bundesanzeiger anzugeben, daß die gleiche Eintragung für die Zweigniederlassungen bei den namentlich zu bezeichnenden Gerichten der Zweigniederlassungen erfolgen wird; ist der Firma für eine Zweigniederlassung ein Zusatz beigefügt, so ist auch dieser anzugeben.

(3) Das Gericht der Hauptniederlassung oder des Sitzes hat sodann seine Eintragung unter der Angabe der Nummer des Bundesanzeigers, in der sie bekanntgemacht ist, von Amts wegen den Gerichten der Zweigniederlassungen mitzuteilen; der Mitteilung ist ein Stück der Anmeldung beizufügen. Die Gerichte der Zweigniederlassungen haben die Eintragungen ohne Nachprüfung in ihr Handelsregister zu übernehmen. In der Bekanntmachung der Eintragung im Register der Zweigniederlassung ist anzugeben, daß die Eintragung im Handelsregister des Gerichts der Hauptniederlassung oder des Sitzes erfolgt und in welcher Nummer des Bundesanzeigers sie bekanntgemacht ist. Im Bundesanzeiger wird die Eintragung im Handelsregister der Zweigniederlassung nicht bekanntgemacht.

(4) Betrifft die Anmeldung ausschließlich die Verhältnisse einzelner Zweigniederlassungen, so sind außer dem für das Gericht der Hauptniederlassung oder des Sitzes bestimmten Stück nur so viele Stücke einzureichen, wie Zweigniederlassungen betroffen sind. Das Gericht der Hauptniederlassung oder des Sitzes teilt seine Eintragung nur den Gerichten der Zweigniederlassungen mit, deren Verhältnisse sie betrifft. Die Eintragung im Register der Hauptniederlassung oder des Sitzes wird in diesem Fall nur im Bundesanzeiger bekanntgemacht.

(5) Absätze 1, 3 und 4 gelten sinngemäß für die Einreichung von Schriftstücken und die Zeichnung von Unterschriften.

Schrifttum: wie § 13

Übersicht

I. Überblick

1   Der neue § 13c in der Fassung von 1993 (§ 13 RdNr. 1) entspricht dem bisherigen § 13a. In den Abs. 2 und 4 finden sich kleine redaktionelle Änderungen in Anlehnung an den aufgehobenen § 43 Abs. 2 und 4 AktG aF. Während § 13 die Anmeldung und Eintragung von errichteten und aufgehobenen Zweigniederlassungen regelt, enthält § 13c registerrechtliche Vorschriften für die Behandlung von **Anmeldungen, die sich auf bereits eingetragene Zweigniederlassungen beziehen**; angesprochen sind die „laufenden Anmeldungen".[1]

[1] *Hüffer* Anh § 45, § 13c HGB RdNr. 1.

Der § 13c entsprechende § 13a alter Fassung ist seinerseits durch das Gesetz über die 2 Eintragung von Handelsniederlassungen und das Verfahren in Handelsregistersachen vom 10. 8. 1937 (RGBl. I S. 897) eingefügt worden. Im Gegensatz zu der vorherigen Rechtslage wurde dem Registergericht der Zweigniederlassung jede Prüfungstätigkeit untersagt. **Alle Anmeldungen,** auch soweit sie eine eingetragene Zweigniederlassung betreffen, **erfolgen beim Gericht der Hauptniederlassung oder des Sitzes** (§ 13c Abs. 1). Diesem Gericht (und nie dem der Zweigniederlassung) obliegt die Prüfung, Eintragung und Veröffentlichung bei allen eine bestehende Zweigniederlassung betreffenden Anmeldungen. Das Gericht der Zweigniederlassung muß die Eintragung *ohne Nachprüfung* in sein Handelsregister übernehmen (§ 13c Abs. 3 Satz 2) und nach Maßgabe von Abs. 3 Satz 3 und 4 bekanntmachen. Durch die Konzentration auf das Gericht der Hauptniederlassung oder des Gesellschaftssitzes soll die Einheitlichkeit der beiden Register und der Bekanntmachungen sichergestellt werden, was schon im Hinblick auf § 15 Abs. 4 geboten ist.[2]

II. Anmeldungen

Alle Anmeldungen sind bei dem Registergericht der Hauptniederlassung oder des Sitzes 3 vorzunehmen (**Abs. 1**), und zwar gleich, ob sie sich auf die Hauptniederlassung (Niederlassung des Gesellschaftssitzes) oder die Zweigniederlassung beziehen, ob es sich um eintragungspflichtige oder nur eintragungsfähige Tatsachen, deren Eintragung gewünscht wird, handelt. Für die Anmeldung ist *ausschließlich* dieses Gericht örtlich zuständig, und zwar auch dann, wenn die Anmeldung eine Filialprokura oder die Firma der (von der Firma der Hauptniederlassung abweichenden) Zweigniederlassung betrifft.[3]

Die Anmeldungen sind in soviel Stücken einzureichen, wie Niederlassungen 4 (einschließlich der Hauptniederlassung) bestehen. Handelt es sich um Anmeldungen, die lediglich die Verhältnisse einzelner Zweigniederlassungen betreffen, so brauchen außer dem für das Gericht der Hauptniederlassung oder des Sitzes bestimmten Stück nur so viele Stücke eingereicht zu werden, wie Zweigniederlassungen betroffen sind. Auch wenn das Handelsregister für Haupt- und Zweigniederlassungen bei demselben Gericht geführt wird, ist ein weiteres (und nicht nur ein) Stück für die Zweigniederlassung einzureichen, weil für die Zweigniederlassung ein gesondertes Registerblatt geführt wird (§ 13 Abs. 4 HRV).[4] Lauten die Firmen von Zweigniederlassung und Hauptniederlassung gleich und ist nur ein die Zweigniederlassung kennzeichnender Zusatz („Metallwarenhandel GmbH Zweigniederlassung Mannheim") hinzugefügt, so ist im Fall einer eingetragenen Änderung der Gesellschaftsfirma bezüglich der Firma der Zweigniederlassung weder eine Satzungsänderung noch eine gesonderte Anmeldung erforderlich.[5] Denn die eingetragene Änderung führt **automatisch zur Änderung der Firma der Zweigniederlassung.** Im übrigen wird auf § 13a RdNr. 3 Bezug genommen.

Die einzelnen Stücke der Anmeldung müssen den **Formvorschriften des § 12** entspre- 5 chen. Die öffentlich beglaubigte Abschrift der öffentlich beglaubigten Anmeldung genügt für die Wahrung der in § 12 vorgeschriebenen Form. Es reicht also aus, wenn das für das Gericht der Hauptniederlassung oder des Sitzes bestimmte Stück der Anmeldung in den Formen des § 12 eingereicht wird und wenn die weiteren Stücke öffentlich beglaubigte Abschriften der ersten urschriftlichen Anmeldung sind.[6]

---

[2] Staub/*Hüffer* § 13a RdNr. 1; Heymann/*Sonnenschein/Weitemeyer* RdNr. 1; Koller/*Roth*/Morck RdNr. 1.

[3] *Hüffer* Anh § 45, § 13c RdNr. 2.

[4] BayObLG Rpfleger 1970, 287, 288; Heymann/ *Sonnenschein/Weitemeyer* RdNr. 2.

[5] BayObLGZ 1990, 151, 159; LG Nürnberg-Fürth BB 1984, 1066; Scholz/*Emmerich* § 4 RdNr. 58.

[6] Staub/*Hüffer* § 13a RdNr. 3; **aA** *Groschuff*, Eintragungsverfahren bei Zweigniederlassung und bei Sitzverlegung nach der zum 1. Oktober 1937 in Kraft tretenden Neuregelung, JW 1937, 2425, 2428.

6   Entsprechend ist bei der Einreichung von Schriftstücken und bei der Zeichnung von Unterschriften zu verfahren **(Abs. 5).** Für die Zeichnung gilt aber, daß sie im Gegensatz zu den Anmeldungen nicht in öffentlich beglaubigter Abschrift, sondern nur in Urschrift eingereicht werden kann. Da es auf das Bild der Unterschrift ankommt, genügen jedoch Fotokopien der öffentlich beglaubigten Zeichnung, wenn ihre Übereinstimmung mit dem Original öffentlich beglaubigt wird.

III. Prüfung, Eintragung und Bekanntmachung

7   **1. Die Prüfung der Anmeldung.** Die Prüfung der Anmeldung in formeller und materieller Hinsicht liegt allein bei dem Gericht der Hauptniederlassung (des Sitzes). Das ist auch dann so, wenn es um die firmenrechtliche Zulässigkeit der Firma der Zweigniederlassung geht.[7] Zwar gesteht § 13 Abs. 3 dem Gericht der Zweigniederlassung in Bezug auf § 30 ein eigenes Prüfungsrecht zu. Doch gilt das nur für **Eintragung der errichteten Zweigniederlassung** (Ersteintragung), bei der das Gericht der Zweigniederlassung die Zweigniederlassung auch selbst einträgt. In § 13 c findet sich diese einschränkende Ermächtigung zugunsten der Zweigniederlassung nicht, und die angemeldete Änderung der Firma der Zweigniederlassung wird auch zunächst von dem Gericht der Hauptniederlassung (des Sitzes) und nicht der Zweigniederlassung eingetragen, das die Eintragung des Gerichts der Hauptniederlassung unbesehen übernehmen muß. Auch die **Verlegung** einer Zweigniederlassung (näher § 13h RdNr. 10 f.) erfolgt nach § 13c, das heißt Prüfung und Eintragung durch das Gericht der Hauptniederlassung oder des Gesellschaftssitzes.[8]

8   Das Gericht der Hauptniederlassung oder des Sitzes ist auch ausschließlich zuständig für das **Ordnungsstrafverfahren nach § 14.** Machen die Beanstandungen eine Änderung der Anmeldung notwendig, muß auch die abgeänderte Anmeldung in der erforderlichen Anzahl von Stücken eingereicht werden.

9   In gleicher Weise wie für Anmeldungen ist das Gericht der Hauptniederlassung oder des Sitzes entsprechend § 13c auch ausschließlich berechtigt, **Eintragungen von Amts wegen** vorzunehmen.[9] Stellt sich etwa heraus, daß eine Zweigniederlassung zu Unrecht eingetragen und deshalb von Amts wegen zu löschen ist, hat das Gericht der Hauptniederlassung oder des Sitzes allein über die Amtslöschung zu entscheiden.[10]

10   **2. Die Eintragung und Bekanntmachung durch das Gericht der Hauptniederlassung (des Gesellschaftssitzes).** Hat das Gericht der Hautniederlassung keine Beanstandungen oder sind sie behoben, trägt es den angemeldeten Vorgang in sein Register ein. Unerheblich ist, ob die Anmeldung oder die von Amts wegen vorzunehmende Eintragung sämtliche Niederlassungen oder nur eine einzelne Zweigniederlassung betrifft. Das Register der Hauptniederlassung oder des Sitzes soll ein vollständiges Bild der aus dem Register ersichtlichen Verhältnisse von Hauptniederlassung und sämtlichen Zweigniederlassungen ergeben.

11   Nach der Eintragung hat das Gericht der Hauptniederlassung oder des Sitzes nach § 10 die Eintragung im Bundesanzeiger und in mindestens einem anderen für die Veröffentlichung der Eintragung nach § 11 bestimmten Blatt **bekanntzumachen.** Für die Bekanntmachung im Bundesanzeiger schreibt das Gesetz bei Eintragungen, welche Unternehmen mit Zweigniederlassungen betreffen, darüberhinaus zwingend vor, daß in der Bekanntmachung anzugeben ist, die gleiche Eintragung werde für die Zweigniederlassungen bei den namentlich zu bezeichnenden Gerichten erfolgen, § 13c Abs. 2; ist der Firma für die Zweigniederlassung ein Zusatz beigefügt, so ist auch dieser Zusatz anzugeben. Damit wird der Tatsache Rechnung getragen, daß die späteren Eintragungen im Register der Zweig-

---

[7] Staub/*Hüffer* § 13a RdNr. 8; Koller/*Roth*/ Morck RdNr. 2; **aA** *Lenz*, Gesetz über die Eintragung von Handelsniederlassungen und das Verfahren in Handelsregistersachen vom 10. 8. 1937 – RGBl. I S. 897, DJ 1937, 1305, 1307.

[8] Staub/*Hüffer* § 13a RdNr. 10; *Hüffer* Anh § 45, § 13c HGB RdNr. 8.

[9] Baumbach/*Hopt* RdNr. 2; Staub/*Hüffer* § 13a RdNr. 13.

[10] *Lenz* DJ 1937, 1305, 1308 (Fn. 7).

niederlassungen nach § 13c Abs. 3 Satz 4 nicht mehr im Bundesanzeiger veröffentlicht werden.

3. Das Vorgehen des Gerichts der Zweigniederlassung. Hat das Gericht der Haupt- 12 niederlassung oder des Gesellschaftssitzes die Eintragung bewirkt und bekanntgemacht, folgen Eintragung im Register der Zweigniederlassung und Bekanntmachung durch das Gericht der Zweigniederlassung, was im Hinblick auf § 15 Abs. 4 für den Geschäftsverkehr mit der Zweigniederlassung von besonderer Bedeutung ist. Das Gericht der Hauptniederlassung oder des Sitzes hat dem Gericht jeder betroffenen Zweigniederlassung ein Stück der Anmeldung, seine Eintragung und die Mitteilung zu übersenden, in welcher Nummer des Bundesanzeigers die Eintragung im Register der Hauptniederlassung oder des Sitzes bekanntgemacht worden ist. Die Gerichte der Zweigniederlassung haben die Eintragung **ohne Nachprüfung** in ihr Register zu übernehmen. Das Gericht der Zweigniederlassung muß seine Eintragung, da die Bekanntmachung im Bundesanzeiger bereits durch das Gericht der Hauptniederlassung vorweggenommen wurde, nur noch in dem für seine Veröffentlichungen nach § 11 bestimmten Blatt bekanntmachen. Die Bekanntmachung enthält die Angabe, daß die Eintragung im Handelsregister der Hauptniederlassung oder des Sitzes erfolgt ist, und sie muß weiter die Nummer des Bundesanzeigers angeben, in der diese Eintragung des Gerichts der Hauptniederlassung oder des Sitzes bekanntgemacht worden ist (§ 13c Abs. 3 Satz 3).

§ 13d Sitz der Hauptniederlassung im Ausland

(1) **Befindet sich die Hauptniederlassung eines Einzelkaufmanns oder einer juristischen Person oder der Sitz einer Handelsgesellschaft im Ausland, so haben alle eine inländische Zweigniederlassung betreffenden Anmeldungen, Zeichnungen, Einreichungen und Eintragungen bei dem Gericht zu erfolgen, in dessen Bezirk die Zweigniederlassung besteht.**

(2) **Die Eintragung der Errichtung der Zweigniederlassung hat auch den Ort der Zweigniederlassung zu enthalten; ist der Firma der Zweigniederlassung ein Zusatz beigefügt, so ist auch dieser einzutragen.**

(3) **Im übrigen gelten für die Anmeldungen, Zeichnungen, Einreichungen, Eintragungen und Bekanntmachungen, die die Zweigniederlassung eines Einzelkaufmanns, einer Handelsgesellschaft oder einer juristischen Person mit Ausnahme von Aktiengesellschaften, Kommanditgesellschaften auf Aktien und Gesellschaften mit beschränkter Haftung betreffen, die Vorschriften für Hauptniederlassungen oder Niederlassungen am Sitz der Gesellschaft sinngemäß, soweit nicht das ausländische Recht Abweichungen nötig macht.**

Schrifttum: *Balser-Pichura,* Zweigniederlassungen ausländischer Kapitalgesellschaften in Deutschland, 1958; *Bokelmann,* Das Recht der Firmen und Geschäftsbezeichnungen, 3. Aufl. 1986 (zitiert Firmenrecht); *ders.,* Die Gründung von Zweigniederlassungen ausländischer Gesellschaften in Deutschland und das deutsche Firmenrecht unter besonderer Berücksichtigung des EWG-Vertrages, DB 1990, 1021; *ders.* Zur Entwicklung des Deutschen Firmenrechts unter den Aspekten des EG-Vertrages, ZGR 1994, 325; *Bumeder,* Die inländische Zweigniederlassung ausländischer Unternehmen im deutschen Register- und Kollisionsrecht, Dissertation München 1971; *Fischer/Fischer,* Spanisches Handels- und Wirtschaftsrecht, 2. Aufl. 1995; *Hunger,* Offenlegungspflichten und Handelsregisterpraxis in Großbritannien und Deutschland, Schriften zur wirtschaftlichen Analyse des Rechts Band 16, 1993; *Kindler,* Neue Offenlegungspflichten für Zweigniederlassungen ausländischer Kapitalgesellschaften, NJW 1993, 3301; *Kögel,* Firmenbildung von Zweigniederlassungen in- und ausländischer Unternehmen, Rpfleger 1993, 8; *Lutter* (Hrsg.), Die Gründung einer Tochtergesellschaft im Ausland, 2. Aufl. 1988 (ZGR-Sonderheft); *Möller,* Europäisches Firmenrecht im Vergleich, EWS 1993, 22; *Schilling,* Zweigniederlassung und Tochtergesellschaft im deutschen Niederlassungsrecht, RIW 1954, 37; *Seibert,* Die Umsetzung der Zweigniederlassungsrichtlinie der EG in deutsches Recht, GmbHR 1992, 738; *Wessel/Zwernemann,* Die Firmengründung, 6. Aufl. 1994.

Zur Verlegung der Hauptniederlassung oder des Sitzes in das Ausland und umgekehrt:

Behrens, Identitätswahrende Sitzverlegung einer Kapitalgesellschaft von Luxemburg in die Bundesrepublik Deutschland, RIW 1986, 590; *ders.* Niederlassungsfreiheit und internationales Gesellschaftsrecht, RabelsZ 52 (1988), 498; *Beitzke,* Anerkennung und Sitzverlegung von Gesellschaften und juristischen Personen im EWG-Bereich, ZHR 127 (1965), 1; *Ebenroth/Eyles,* Die Beteiligung ausländischer Gesellschaften an einer inländischen Kommanditgesellschaft, DB 1988, Beilage 2; *Ebenroth/Bippus,* Die Sitztheorie als Theorie effektiver Verknüpfungen der Gesellschaft, JZ 1988, 677; *Ebenroth/Bippus,* Die staatsvertragliche Anerkennung ausländischer Gesellschaften in Abkehr von der Sitztheorie, DB 1988, 842; *Ebenroth/Auer,* Die Vereinbarkeit der Sitztheorie mit europäischem Recht, GmbHR 1994, 16; *Ebenroth/Auer,* Grenzüberschreitende Verlagerung von unternehmerischen Leitungsfunktionen im Zivil- und Steuerrecht, RIW 1992, Beilage 1; *Ganske,* Die Europäische wirtschaftliche Interessenvereinigung (EWIV) – eine neue ‚supranationale' Unternehmensform als Kooperationsinstrument in der Europäischen Gemeinschaft, DB 1985, Beilage 20; *Großfeld,* Die Sitztheorie des Internationalen Gesellschaftsrechts in der Europäischen Gemeinschaft (zu BayObLG, 18. 7. 1985, 3 Z 62/85), IPRax 1986, 145; *Großfeld/Jasper,* Identitätswahrende Sitzverlegung und Fusion von Kapitalgesellschaften in die Bundesrepublik Deutschland, RabelsZ 53 (1989), 52; *Großfeld/Luttermann,* JZ 1989, 386 (Anmerkung zu EuGH JZ 1989, 384); *Großfeld/König,* Identitätswahrende Sitzverlegung in der Europäischen Gemeinschaft (zu OLG Zweibrücken, 27. 6. 1990 – 3 W 43/90), IPRax 1991, 380; *Karl,* Zur Sitzverlegung deutscher juristischer Personen des privaten Rechts nach dem 8. Mai 1945, AcP 159 (1960), 293; *Kegel,* Internationales Privatrecht, 6. Aufl., 1987; *Knobbe-Keuk,* Niederlassungsfreiheit: Diskriminierungs- oder Beschränkungsverbot?, DB 1990, 2573; *Knobbe-Keuk,* Umzug von Gesellschaften in Europa, ZHR 154 (1990), 325; *Roth,* Der Einfluß des Europäischen Gemeinschaftsrechts auf das Internationale Privatrecht, RabelsZ 55 (1991), 623; *Thönnes,* Identitätswahrende Sitzverlegung von Gesellschaften in Europa, DB 1993, 1021.

Übersicht

I. Überblick

1   § 13d von 1993 (§ 13 RdNr. 1) entspricht im wesentlichen § 13b alter Fassung. Er enthält allgemeine Vorschriften, die (mit der Einschränkung in Abs. 3) für alle Zweigniederlassungen des Einzelkaufmanns oder von Unternehmen gelten, sofern sich Hauptniederlassung oder Sitz im Ausland befinden. Die **offizielle Überschrift ist dahin zu korrigieren, daß es Sitz „oder" Hauptniederlassung heißen muß.**[1] Denn dem Sitz einer Handelsgesellschaft (Personenhandelsgesellschaft oder juristischen Person) entspricht beim Einzel-

---

[1] *Kindler* NJW 1993, 3301, 3304 Fn. 40; Baumbach/*Hopt* RdNr. 1.

kaufmann und der ihm gleichgestellten juristischen Person des § 33[2] die Hauptniederlassung (§ 13 RdNr. 6 und 27), und § 13d knüpft in diesem Sinne an den Sitz oder die Hauptniederlassung an. § 13e enthält ergänzende Bestimmungen für Zweigniederlassungen von Kapitalgesellschaften im Ausland; die §§ 13f und 13g ergänzen ihrerseits § 13e bezüglich der Zweigniederlassungen von AG und GmbH mit Auslandssitz.

Die §§ 13 bis 13c (Zweigniederlassungen inländischer Unternehmen) und 13d bis 13g   2
(Zweigniederlassungen ausländischer Unternehmen) bilden jeweils für sich geschlossene Gruppen, verweisen nicht aufeinander und können auch nicht gegenseitig zur Auslegung herangezogen werden (§ 13 RdNr. 2).[3] Die Kennzeichnung „ausländisches Unternehmen" hat sich eingebürgert, ist aber nicht genau. Angesprochen ist nicht die Staatsangehörigkeit, sondern der Sitz (die Hauptniederlassung) im Ausland. Auch der deutsche Einzelkaufmann kann, betreibt und leitet er die Geschäfte dauerhaft im Ausland und ist das Unternehmen dort registriert, ein ausländisches Unternehmen führen.[4]

§ 13d regelt das *registerrechtliche Verfahren* für inländische Zweigniederlassungen ausländi-   3
scher Unternehmen. Die Vorschrift ist mithin nicht selbst Kollisionsnorm.[5] Die kollisionsrechtlichen Entscheidungen fallen im Vorfeld (etwa: handelt es sich um die Zweigniederlassung eines Einzelkaufmanns im Ausland?) und § 13d wird als Sachnorm erst danach angesprochen. Für das Verfahren **gilt deutsches Registerrecht als lex fori.**[6]

Ausländische Unternehmen können im Inland durch Zweigniederlassungen oder **selb-   4
ständige Töchter** präsent sein. Bisher haben sowohl ausländische wie deutsche Unternehmen ihre Niederlassungen in anderen Staaten überwiegend als selbständige Töchter und nicht als Zweigniederlassungen gegründet.[7] Ob das Konzernhaftungsrecht in der heutigen Form und nicht sicher einschätzbare Durchgriffsrisiken hieran etwas ändern werden,[8] bleibt abzuwarten, erscheint aber fraglich.[9]

II. Das ausländische Unternehmen und die inländische Zweigniederlassung

1. Hauptniederlassung oder Sitz im Ausland. Maßgebend ist, ob sich Hauptniederlas-   5
sung oder Sitz (RdNr. 1) im Ausland befinden, was der Anmeldende dem Registergericht gegenüber *nachzuweisen* hat, § 13e Abs. 2 Satz 2. Gibt es in dem betreffenden Staat ein Handelsregister, wird in der Regel die Vorlage eines Handelsregisterauszuges in öffentlich beglaubigter und legalisierter Form genügen. Fehlt es an einem Handelsregister (wie etwa in den Vereinigten Staaten), hilft uU die Gründungsurkunde weiter. Oft werden auch Bescheinigungen von Behörden des betreffenden Landes oder des deutschen Konsulats und auch Erklärungen eines ausländischen Notars in der gehörigen Form (Legalisation) genügen. Eine „private company limited" nach dem Recht Großbritanniens kann zB ihre Existenz (und Rechtsfähigkeit, RdNr. 8) durch Vorlage ihrer Gründungsbescheinigung (certificate of incorporation) nachweisen (BayObLG 1985, 272, 276).

a) Die Registrierung im Ausland. Der Deutsche Industrie- und Handelstag hat eine   6
Liste mit den Registrierungsstellen für Unternehmen in den EG-Nachbarstaaten veröffent-

[2] Staub/*Hüffer* § 33 RdNr. 8.
[3] Staudinger/*Großfeld* IntGesR, 1993, RdNr. 946; *Kindler* NJW 1993, 3301, 3302.
[4] Heymann/*Sonnenschein/Weitemeyer* RdNr. 2; Staub/*Hüffer* § 13b RdNr. 3.
[5] *Bumeder*, Die inländische Zweigniederlassung ausländischer Unternehmen im deutschen Register- und Kollisionsrecht, RdNr. 50 ff.; Staub/*Hüffer* § 13b RdNr. 1.
[6] Staub/*Hüffer* § 13b RdNr. 18; Heymann/ *Sonnenschein/Weidemeyer* RdNr. 5; Hachenburg/ *Ulmer* § 12 RdNr. 38.
[7] *Kindler* NJW 1993, 3301, 3302; *Seibert* GmbHR 1992, 738, 379 mit Zahlen; Staub/*Hüffer* § 13b

RdNr. 2; vgl. schon *Schilling* RIW 1954, 37, 39 ff. und *Bumeder* RdNr. 1 ff.
[8] Hierzu *Schücking*, Verhandlungen des 59. Deutschen Juristentages 1992, Band II, S. RdNr. 145 ff.; vgl. auch *Kindler* NJW 1993, 3301.
[9] Vgl. auch *Lutter* (Hrsg.), Die Gründung einer Tochtergesellschaft im Ausland, 2. Aufl. 1988, Vorwort des Herausgebers, zu der These, die Gründung einer Tochtergesellschaft im Ausland sei auch für mittelständische Unternehmen oft der einzige Weg, um ihr Auslandsengagement zu verstärken oder eine größere Geschäftstätigkeit in fremden Ländern überhaupt zu beginnen.

licht.[10] Die Mitgliedstaaten führen überwiegend ein Register. Doch ist hier Vorsicht geboten, weil die Register untereinander differieren und sie **mit dem inländischen Handelsregister meistens nicht vergleichbar** sind. Die Register werden nur teilweise bei den Gerichten geführt (Frankreich, Luxemburg, Belgien und Griechenland, teilweise für juristische Personen auch in Italien), in anderen Staaten von Verwaltungsbehörden. *Doris Möller* hat hierzu anläßlich eines Vergleichs des Europäischen Firmenrechts aufgrund von statistischen Erhebungen[11] angemerkt: selbst wenn die Gerichte zuständig sind, „ähnelt das Registrierungsverfahren einem reinen Verwaltungsvorgang. In Italien liegt die Handelsregisterführung für die Nichtkapitalgesellschaften bei den Industrie- und Handelskammern, in den Niederlanden besteht eine ausschließliche Zuständigkeit der Industrie- und Handelskammern zur Registerführung. Wann eine Eintragung ins Handelsregister vorzunehmen ist, welche Angaben das Handelsregister enthält und wie intensiv die Registerbehörden in den Mitgliedstaaten Firmenanmeldungen prüfen, ist in den Mitgliedstaaten ganz unterschiedlich geregelt. Insbesondere im Bereich der sogenannten ‚Common-Law-Countries‘, England, Irland, ist nicht jede Gesellschaft in den ‚Companies Registers‘ erfaßt. So wird die normale Partnership, die in etwa unserer OHG entspricht, nicht notwendigerweise eingetragen. Das gleiche gilt für den Einzelkaufmann . . . In Spanien ist die Eintragung des Einzelkaufmanns ins Handelsregister rein fakultativ“. Für Großbritannien berichtet *Hunger,*[12] daß die Register in Cardiff, London und Edinburgh seit März 1991 einen besonderen Schnelldienst für die Anmeldung und Eintragung von Gesellschaften sowie für Änderungen der Firma anbieten. Werden die benötigten Unterlagen vollständig vorgelegt und enthält die Firma keine Zusätze der Negativliste wie „royal“, „national“ oder „british“ (§ 18 RdNr. 69), wird die Registrierung binnen eines Tages vorgenommen.

7   Trotz der aufgezeigten Unterschiede zum inländischen Handelsregister und der teilweise bloßen Registrierung ohne nähere Nachprüfung genügen aber Nachweise gemäß RdNr. 5, sofern nicht berechtigte Zweifel des Registergerichts an der Richtigkeit der vorgelegten Urkunden bestehen, die dann zu weiteren Ermittlungen (Auflagen) zwingen. Aufmerksamkeit ist insbesondere geboten, wenn ein deutscher Einzelkaufmann sein Unternehmen angeblich vom Ausland aus betreibt und leitet (RdNr. 2). Es ist nur dann von einem ausländischen Unternehmen auszugehen, wenn kollisionsrechtlich ausländisches Recht gilt, der Unternehmensträger sich mithin „für sein Unternehmen der Geltung ausländischen Rechts unterworfen“ hat.[13] Das kann er in aller Regel nur nachweisen, wenn er im ausländischen Handelsregister eingetragen ist oder er in irgendeiner Form in öffentlichen Büchern geführt wird. Gleiches gilt für die Personengesellschaften des Handelsrechts.[14] Aufmerksamkeit ist auch dann angebracht, wenn möglicherweise der Satzungssitz – wie er sich aus dem Handelsregister (Register) ergibt – nicht dem effektiven Verwaltungssitz entspricht.[15] Denn nach dem maßgeblichen kollisionsrechtlichen Sitzbegriff entscheidet der **effektive Verwaltungssitz** und nicht der **Satzungssitz** (RdNr. 25; vgl. auch § 13 RdNr. 27, 30). Hat das Registergericht Zweifel, muß der Anmeldende nachweisen, daß effektiver Verwaltungssitz und Satzungssitz einander entsprechen.

8   Ist eine ausländische Gesellschaft im Ausland als solche wirksam errichtet worden, so wird sie in Deutschland (steht nicht der ordre public entgegen, Art. 6 EGBGB) ohne ein besonderes Anerkennungsverfahren **als rechtsfähig anerkannt.**[16] So kann etwa eine Gesellschaft mit Verwaltungssitz in Großbritannien eine inländische Zweigniederlassung gründen, um das ausschließlich im Inland befindliche Gesellschaftsvermögen zu verwalten oder

---

[10] EuZW 1992, 528.
[11] EWS 1993, 22, 25. Zu der Neuregelung des Handelsregisters in Spanien vgl. *Fischer/Fischer,* Spanisches Handels- und Wirtschaftsrecht, S. 161 ff.; zu Zweigniederlassungen ausländischer Unternehmen in Spanien *Meyer* RIW 1992, 716; zu der Rechtslage in Österreich *Arnold* GmbHR 1993, 344, 350.

[12] Offenlegungspflichten und Handelsregisterpraxis in Großbritannien und Deutschland, S. 93 f.
[13] Staub/*Hüffer* § 13b RdNr. 4.
[14] Staub/*Hüffer* § 13b RdNr. 4.
[15] Vgl. wiederum Staub/*Hüffer* § 13b RdNr. 4.
[16] BGHZ 25, 134, 144; RGZ 83, 367, 369; 159, 33, 46, Staub/*Hüffer* § 13b RdNr. 7; vgl. auch Staudinger/*Großfeld* IntGesR, 1993, RdNr. 251.

sonst tätig zu werden.[17] Das Gesellschaftsstatut entscheidet über die Rechtsfähigkeit und ihren Umfang. Billigt es dem betreffenden Gebilde überhaupt keine Rechtsfähigkeit zu, gilt das auch im Inland und umgekehrt. Bei der Einordnung als Aktiengesellschaft oder GmbH (RdNr. 9) ist die Bejahung der Rechtsfähigkeit nach inländischem Recht aber zwingendes Kriterium.[18]

b) Die Bestimmung der ausländischen Gesellschaftsform. Das später bei Eintragung 9 der inländischen Zweigniederlassung des ausländischen Unternehmens anzuwendende deutsche Registerrecht unterscheidet zwischen den Abteilungen A und B (HRA und HRB). In die Abteilung A werden die Einzelkaufleute, die in den §§ 33, 36 bezeichneten juristischen Personen, die EWIV sowie die OHG und die KG eingetragen. In Abteilung B finden die Aktiengesellschaften, die Kommanditgesellschaften auf Aktien, die Gesellschaften mit beschränkter Haftung und die Versicherungsvereine auf Gegenseitigkeit Aufnahme. Genossenschaften werden in das Genossenschaftsregister eingetragen. Das gilt jeweils auch für die den verschiedenen Gesellschaften zuzuordnenden Zweigniederlassungen. Nicht ausreichend ist daher die allgemeine Feststellung, es handele sich um ein ausländisches Unternehmen. Denn ob überhaupt in ein inländisches Register einzutragen ist und wenn ja in welches (Handelsregister, Genossenschaftsregister, § 14 GenG für Zweigniederlassungen) und in welche Abteilung, hängt von der Vergleichbarkeit mit den deutschen Unternehmensformen ab.[19] Bei der **rechtsvergleichenden Qualifikation** ist der Name des ausländischen Gebildes nicht ausschlaggebend, wenngleich er Indiz für die Struktur sein kann.[20] Sachlich sind die Organisationsstruktur, die Haftungs- und Vermögensverhältnisse und weitere typbestimmende Merkmale zu vergleichen und einzuordnen. Nicht erforderlich ist die Vergleichbarkeit in allen Punkten, das Vorliegen der Hauptmerkmale reicht aus.[21] Dabei ist großzügig zu verfahren; die Höhe des Grundkapitals (Stammkapitals) kann differieren.[22] Hat das ausländische Unternehmen seinen Sitz im EG-Ausland, ergibt sich die Entsprechung zu der deutschen GmbH richtliniengebunden aus der Zwölften Richtlinie 89/667/EWG auf dem Gebiet des Gesellschaftsrechts vom 21. 12. 1989 (ABl. EG Nr. L 395/40), die **aktuell die vergleichbaren Gesellschaften aufzählt**. Weitere vergleichbare Rechtsformen folgen für die AG, die KGaA und (insoweit aber durch die Zwölfte Richtlinie überholt[23]) die GmbH aus Art. 1 der Ersten gesellschaftsrechtlichen Richtlinie vom 9. 3. 1968 (ABl. EG Nr. L 65/8). Auf § 13e RdNr. 3 wird verwiesen.

2. Die inländische Zweigniederlassung des ausländischen Unternehmens. a) Begriff 10 **und Errichtung.** Begriff und Errichtung der Zweigniederlassung folgen **deutschem Recht**.[24] So ist auch hier (vgl. § 13 RdNr. 16) die Errichtung ein tatsächlicher Vorgang. Der Eintragung im Handelsregister kommt grundsätzlich keine rechtsbegründende Wirkung zu; für die Kaufmannseigenschaft des ausländischen Unternehmens kann die Eintragung aber unter Umständen im Ergebnis konstitutiv wirken.[25] Die Zweigniederlassung muß zwar eine gewisse Selbständigkeit aufweisen (räumlich getrennter Unternehmensteil;

---

[17] BayObLGZ 1985, 272, 280; vgl. für die GmbH *Lutter/Hommelhoff* § 12 RdNr. 11.

[18] *Staudinger/Großfeld* IntGesR, 1993, RdNr. 191 f., 251 und zur AG und GmbH RdNr. 920; *Hüffer* Anh. § 45, § 13e HGB RdNr. 2; Hachenburg/*Ulmer* § 12 RdNr. 33.

[19] Staudinger/*Großfeld* IntGesR, 1993, RdNr. 919; MünchKommBGB/*Ebenroth* Nach Art. 10 EGBGB RdNr. 599 f.

[20] Staudinger/*Großfeld* IntGesR, 1993, RdNr. 312, 313.

[21] Staudinger/*Großfeld* IntGesR, 1993, RdNr. 312 ff.; Staub/*Hüffer* § 13b RdNr. 7; Heymann/*Sonnenschein/Weitemeyer* RdNr. 3.

[22] BayObLGZ 1985, 272, 282; Staudinger/*Großfeld* IntGesR, 1993, RdNr. 314; vgl. zur

Einordnung GmbH oder AG *Balser/Pichura*, Zweigniederlassungen ausländischer Kapitalgesellschaften in Deutschland, S. 20 ff.; *Hüffer* Anh § 45, § 13e HGB RdNr. 2.

[23] *Kindler* NJW 1993, 3301, 3304; eingehend zu den einer inländischen GmbH entsprechenden ausländischen Gesellschaften *Lutter/Hommelhoff* § 12 RdNr. 10 mit Literaturhinweisen.

[24] BayObLG KGJ 35 A 354, 356; Staub/*Hüffer* § 13b RdNr. 9; Heymann/*Sonnenschein/Weitemeyer* RdNr. 4; Hachenburg/*Ulmer* § 12 RdNr. 34; KK/*Kraft* § 44 RdNr. 20; Scholz/*Winter* § 12 RdNr. 39.

[25] Staudinger/*Großfeld* IntGesR, 1993, RdNr. 942; MünchKommBGB/*Ebenroth* Nach Art. 10 EGBGB RdNr. 597.

Organisation in der Weise, daß sie aufgrund ihres Geschäftsbetriebs beim Wegfall der Hauptniederlassung als eigene Handelsniederlassung fortbestehen könnte), doch kommt ihr im Gegensatz zur Tochtergesellschaft niemals eigene Rechtspersönlichkeit zu (näher § 13 RdNr. 5 ff.). Denn es handelt sich um einen von dem Unternehmen abhängigen („abgezweigten") Unternehmensteil, der auch im Prozeß nicht Partei sein kann (vgl. aber § 13 RdNr. 19) und der bei dem Einzelkaufmann und den Personenhandelsgesellschaften (nicht zwingend bei den Kapitalgesellschaften!) der Hauptniederlassung nachgeordnet ist (§ 13 RdNr. 15 ff., 30). Die Zweigniederlassung ist auch insoweit abhängig, als sie nur dann als Zweigniederlassung zum Beispiel einer GmbH in das inländische Register eingetragen werden kann, wenn die ausländische Gesellschaft ebenfalls die Merkmale einer GmbH aufweist und nicht etwa als Aktiengesellschaft oder Personenhandelsgesellschaft zu qualifizieren ist.[26] Für das **registerrechtliche Verfahren** gilt grundsätzlich – soweit nicht das ausländische Recht Abweichungen nötig macht (§ 13d Abs. 3) – deutsches Registerrecht als lex fori (RdNr. 3).

11   **b) Die materiellrechtlichen Rechtsverhältnisse der Zweigniederlassung.** Die materiellrechtlichen Rechtsverhältnisse der Zweigniederlassung dagegen richten sich nach dem **ausländischen Gesellschaftsrecht** der ausländischen Gesellschaft, weil der Zweigniederlassung eigene Rechtspersönlichkeit nicht zukommt und sie nur abhängiger Unternehmensteil ist (RdNr. 10). Die Rechtsverhältnisse der Zweigniederlassung bestimmen sich demgemäß in materiellrechtlicher Beziehung grundsätzlich nach dem **ausländischen Gesellschaftsstatut,** nach dem auch der Unternehmensträger lebt.[27] Über die Rechtsverhältnisse des Einzelkaufmanns entscheidet dessen **Personalstatut.**[28]

12   Der maßgebende Anknüpfungspunkt für das Gesellschaftsstatut ist streitig. Nach der Sitztheorie, für welche die besseren Argumente sprechen (RdNr. 25 f.), ist das **Gesellschaftsstatut im Prinzip ein einheitliches;** möglichst alle gesellschaftsrechtlichen Verhältnisse sind nach ihm zu bestimmen, sofern sich nicht zwingend Ausnahmen ergeben. Dem ausländischen Gesellschaftsstatut unterfallen unter anderem die Rechtsfähigkeit und ihre Grenzen, die Parteifähigkeit, Wechsel- und Scheckfähigkeit (in der Regel), die Kapitalgrundlagen (Kapitalausstattung, Aktienarten, Kapitalerhöhung und Kapitalherabsetzung, Ausschluß des Bezugsrechts), das interne Organisationsrecht und der Umfang der organschaftlichen Vertretungsmacht, die Firma (zur Firma der Zweigniederlassung RdNr. 18) und die jeweilige Kompetenz der Gesellschaftsorgane in Verbindung mit ausländischen Wirksamkeitsvoraussetzungen.[29] Fordert das ausländische Recht für eine Satzungsänderung nicht die Eintragung in das Handelsregister als Wirksamkeitsvoraussetzung, kommt es nur auf die (wirksame) Beschlußfassung an. Die Satzungsänderung ist jedoch zur Eintragung in das inländische Handelsregister der Zweigniederlassung – der dann aber nur noch deklaratorische Bedeutung zukommt – **anzumelden** (§§ 13f Abs. 5, 13g Abs. 5).[30]

13   **c) Ausnahmen von der Geltung des Gesellschaftsstatuts (Personalstatuts des Einzelkaufmanns).** Das Gesellschaftsstatut (Personalstatut) entscheidet nicht über die **Kaufmannseigenschaft** oder die Eigenschaft als Handelsgesellschaft im Sinne von § 6.[31] Maßgeblich ist das deutsche Recht, das heißt die §§ 1 bis 6 HGB. Das ist überwiegende Meinung, wenn-

---

[26] BayObLGZ 1985, 272, 282; *Hachenburg/Ulmer* § 12 RdNr. 33. Doch besteht die Rechtsfähigkeit des ausländischen Unternehmens für die inländische Zweigniederlassung unter bestimmten Voraussetzungen auch dann fort, wenn der Unternehmensträger sie zwischenzeitlich verloren hat (BGHZ 53, 383, 385; BGH VersR 1979, 561; vgl. auch Stein/Jonas/*Bork* ZPO § 50 RdNr. 37).

[27] Staub/*Hüffer* § 13b RdNr. 1, 13; Hachenburg/*Ulmer* § 12 RdNr. 32, 34; Scholz/*Winter* § 12 RdNr. 36 f.

[28] Staub/*Hüffer* § 13b RdNr. 13.

[29] Näher Staudinger/*Großfeld* IntGesR, 1993, RdNr. 251 ff.; Staub/*Hüffer* § 13b RdNr. 14; Hachenburg/*Ulmer* § 12 RdNr. 34 ff.

[30] Hachenburg/*Ulmer* § 12 RdNr. 34.

[31] Staub/*Hüffer* § 13b RdNr. 15; Staudinger/*Großfeld* IntGesR, 1993, RdNr. 306, 308; Palandt/*Heldrich* EGBGB Art. 7 RdNr. 7.

gleich die Begründungen auseinandergehen.[32] Für die **registerrechtliche Behandlung** der inländischen Zweigniederlassung eines ausländischen Unternehmens (Prüfung der Eintragungsvoraussetzungen; Registrierung; Bekanntmachung) gilt nach ganz hM deutsches Registerrecht.[33] Auch die Firma der inländischen Zweigniederlassung eines ausländischen Unternehmens ist nach deutschem Recht zu bilden (näher RdNr. 18).

Europarechtliche Normen spielen insoweit keine Rolle, als es sich um den Einzelkaufmann, die Personenhandelsgesellschaft und juristische Personen mit Ausnahme von Kapitalgesellschaften handelt. Denn die Elfte gesellschaftsrechtliche Richtlinie des Rates der Europäischen Gemeinschaften (§ 13 RdNr. 1) enthält nur Vorschriften über die Offenlegung von inländischen Zweigniederlassungen ausländischer Kapitalgesellschaften (AG, KGaA und GmbH).[34] Die übrigen Gesellschaften und Einzelkaufleute unterfallen nicht dem persönlichen Anwendungsbereich der Elften Richtlinie.[35]   **14**

Gesellschaftsstatut oder Personalstatut entscheiden ferner nicht über die **Buchführungs- und Bilanzierungspflicht** der Zweigniederlassung. Deutsches Recht ist maßgebend. **Prokura und Handlungsvollmacht** unterfallen dem Vollmachtsstatut.[36]   **15**

d) Die Firma der Zweigniederlassung. Die Firma als Handelsname des ausländischen Unternehmens bestimmt sich bei dem Einzelkaufmann nach dem Recht am Ort der Hauptniederlassung, während bei den Personenhandelsgesellschaften und den Kapitalgesellschaften auf den effektiven Verwaltungssitz abzustellen ist.[37] Denn maßgeblich ist das Gesellschaftsstatut bzw. das Personalstatut des Kaufmanns (RdNr. 11 f.). **Die Firma der ausländischen Gesellschaft und die der inländischen Zweigniederlassung unterfallen beide der Prüfung durch das inländische Registergericht.** Die Prüfungsmaßstäbe differieren aber (RdNr. 17 f.).   **16**

Nach den §§ 13d bis g ist die inländische Zweigniederlassung eines ausländischen Unternehmens wie eine Hauptniederlassung zu behandeln. Das deutsche Registergericht hat daher alle Voraussetzungen der Eintragung zu prüfen. Zu prüfen sind auch die nach ausländischem Recht zu beurteilenden Eintragungsvoraussetzungen, so etwa die wirksame Gründung der ausländischen Gesellschaft, die im Inland die Zweigniederlassung errichtet. Es ist daher auch die **Zulässigkeit der ausländischen Firma nach ausländischem Recht** zu untersuchen.[38] Auch dann, wenn die ausländische Firma eine nach ihrem Sitzrecht zulässige reine Phantasiefirma trägt, ist das nicht zu beanstanden. Es kommt allein auf das fremde Recht an, und der inländische ordre public (Art. 6 EGBGB) spielt (noch) keine Rolle.   **17**

Für die sich anschließende Prüfung des Registergerichts, ob auch die **Firma der Zweigniederlassung** keinen Bedenken begegnet, gilt als das Recht ihres Sitzes **deutsches Recht** (§ 18 RdNr. 70).[39] Zu prüfen ist, ob die nach ausländischem Recht zulässige Firma des ausländischen Unternehmens nach den Regeln des inländischen Firmenrechts zur Bildung der Firma der Zweigniederlassung benutzt werden kann. Die Firmen dürfen gleich   **18**

---

[32] Staudinger/*Großfeld* IntGesR, 1993, Rd-Nr. 308: unter Kaufmann oder Handelsgesellschaft ist bei deutschem Wirkungsstatut der Kaufmann oder die Handelsgesellschaft iSd deutschen HGB zu verstehen; MünchKommBGB/*Ebenroth* Nach Art. 10 EGBGB RdNr. 51, 56: bei dem Anknüpfungsgrundsatz der gewerblichen Niederlassung entscheidet bei inländischer Niederlassung allein das deutsche Handelsrecht über die Kaufmannseigenschaft.

[33] MünchKommBGB/*Ebenroth* Nach Art. 10 EGBGB RdNr. 55, 593 f.; Staub/*Hüffer* § 13b RdNr. 18; Hachenburg/*Ulmer* § 12 RdNr. 34, 38; vgl. auch *Kindler* NJW 1993, 3301, 3303.

[34] Näher *Seibert* GmbHR 1992, 738 f.

[35] *Kindler* NJW 1993, 3301, 3303.

[36] BGHZ 43, 21, 26; Staub/*Hüffer* § 13b RdNr. 15.

[37] BGH NJW 1971, 1522, 1523; RGZ 117, 215, 218; BayObLG KGJ 35 A 354, 355; *Kegel* IPR § 17 IV 3; Staudinger/*Großfeld* IntGesR, 1993, RdNr. 299; MünchKommBGB/*Ebenroth* Nach Art. 10 EGBGB RdNr. 61; Palandt/*Heldrich* Art. 10 EGBGB RdNr. 5; Koller/*Roth*/Morck RdNr. 7.

[38] Näher *Bokelmann* DB 1990, 1021, 1022 f.; ders., ZGR 1994, 325, 329 f.

[39] *Kegel* IPR § 17 IV 3; Staudinger/*Großfeld* IntGesR, 1993, RdNr. 299; MünchKommBGB/*Ebenroth* Nach Art. 10 EGBGB RdNr. 64; *Ebenroth,* Neuere Entwicklungen im deutschen internationalen Gesellschaftsrecht – Teil 1, JZ 1988, 18, 20.

sein, können sich aber selbst im Firmenkern unterscheiden, sofern nur die Eigenschaft als Zweigniederlassung und auch die Firma der Hauptniederlassung (des Sitzes) in der Firma der Zweigniederlassung deutlich erkennbar werden (§ 13 RdNr. 21 ff.). Anders als bei der Firma der Zweigniederlassung eines inländischen Unternehmens (§ 13 RdNr. 21) muß auch bei Firmenidentität des ausländischen Unternehmens mit der inländischen Zweigniederlassung der Firma der letzteren ein Zusatz beigefügt werden, der zum Ausdruck bringt, daß es sich um die Firma einer Zweigniederlassung handelt.[40] Nach herrschender Meinung darf aber auch die Firma der inländischen Zweigniederlassung eines ausländischen Unternehmens nicht den Grundsatz der Firmenwahrheit und Firmenklarheit verletzen.[41] Zur Begründung wird auf den ordre public und darauf abgestellt, daß andernfalls ausländische Firmen bevorzugt würden.[42] Bei einem Verstoß gegen § 18 Abs. 2 soll die Firma der Zweigniederlassung unzulässig und die Eintragung der Zweigniederlassung abzulehnen sein. Das ist im Hinblick auf das strenge inländische Firmenrecht bedenklich, weil im Ergebnis **nicht selten einem ausländischen Unternehmen das Recht genommen würde, sich unter seiner im Ausland zulässigen Firma im Inland niederzulassen.** Die Niederlassungsfreiheit der Art. 52 und 58 EG-Vertrag verbietet auch Beschränkungen bei der Gründung von Zweigniederlassungen. Insoweit wird auf § 18 RdNr. 67 ff. verwiesen.

19   Bei der Firmenbildung der inländischen Zweigniederlassung eines ausländischen Unternehmens können im Hinblick auf die Verständlichkeit Schwierigkeiten auftreten. Ist die Firma der ausländischen Gesellschaft **in einer fremden Sprache gehalten,** soll sie in der Originalsprache in das Handelsregister einzutragen sein.[43] Das ist in dieser Allgemeinheit nicht richtig. Führt zum Beispiel ein polnisches Unternehmen die Firma „Przedsiebiorstwo Uslug Technicznych i Realizacji Budownictwa PBP spólka zo.o.w Katowicach",[44] kann diese Firma *allein* in keinem Fall die Firma der Zweigniederlassung sein. Denn die Firma dient als Handelsname der Individualisierung des Unternehmensträgers. Was das konkret angesprochene Publikum aber nicht verstehen kann, ist zur Individualisierung ungeeignet.[45] Das bedeutet im einzelnen: handelt es sich um eine fremde Sachbezeichnung und ist diese im Inland unter dem fremden Namen bekannt (englische, amerikanische oder französische Begriffe, Fachausdrücke in fremder Sprache), kann die ausländische Firma ohne weiteres auch Firma der Zweigniederlassung sein. **Rechtsformzusätze** in der ausländischen Firma sind auch für die Firma der Zweigniederlassung in der Originalsprache zu übernehmen.[46] Entspricht die ausländische Rechtsform einer inländischen, ist darauf in der Firma der Zweigniederlassung hinzuweisen (vgl. noch RdNr. 20). Die Firma der Zweigniederlassung setzt sich dann aus der fremdsprachlichen Firma im Original nebst Originalrechtsformzusatz unter Beifügung von „Zweigniederlassung Bremen (beschränkt haftende Gesellschaft französischen Rechts)" zusammen. Kann sich das Publikum unter der fremden Firma nichts vorstellen (obiges Beispiel), darf nicht etwa die ausländische Firma „eingedeutscht" werden und die Übersetzung an ihre Stelle treten. Die Übersetzung kann zwar zur Firma der Zweigniederlassung werden, doch muß dann auch die ausländische Firma Bestandteil der Firma der Zweigniederlassung sein. Ist die ausländische Firma wie im Beispielsfall sehr umfangreich, können auch statt der Übersetzung die wesentlichen Sachbestandteile als deutscher Teil der Firma bestimmt werden. Eine Firma könnte etwa lauten „Metallwarenhandel Zweigniederlassung Bremen der Renard S.A.R.L. in Paris (beschränkt haftende

---

[40] Vgl. auch Begründung des Entwurfs eines Gesetzes zur Durchführung der Elften Richtlinie des Rates der Europäischen Gemeinschaften (§ 13 RdNr. 1), BT-Drucks. 12/3908 S. 15 (Gesetzentwurf der Bundesregierung); Baumbach/*Hopt* RdNr. 4.

[41] BayObLGZ 1986, 61, 64; Heymann/*Sonnenschein/Weitemeyer* RdNr. 7; Staub/*Hüffer* § 13b RdNr. 14; Staudinger/*Großfeld* IntGesR, 1993, RdNr. 301; vgl. auch Koller/*Roth*/Morck RdNr. 7.

[42] KGJ 42, 159, 161.

[43] Rowedder/*Rittner* § 12 RdNr. 45; ähnlich KK/*Kraft* § 44 RdNr. 42 und Geßler/*Hefermehl*/Eckardt/*Kropff* § 44 RdNr. 33.

[44] Beispiel von *Kögel* Rpfleger 1993, 8, 9.

[45] Staub/*Hüffer* § 17 RdNr. 9.

[46] *Bokelmann* Firmenrecht RdNr. 429; *Kögel* Rpfleger 1993, 8, 9.

Gesellschaft französischen Rechts)".[47] Enthält die ausländische Firma der Öffentlichkeit nicht verständliche (zB arabische) Schriftzeichen, müssen diese in die lateinische Schrift transkribiert werden, weil die Firma sonst nicht aussprechbar wäre (§ 17 RdNr. 8; vgl. auch § 19 RdNr. 59).

Sind die **ausländischen Rechtsformzusätze gleich den inländischen,** ist ein ausdrückli- 20
cher Hinweis erforderlich, daß es sich nicht um eine inländische Gesellschaft handelt, weil sich Kapitalausstattung und Vermögensstruktur nicht unerheblich voneinander unterscheiden können.[48] : „KAV Kapitalanlagevermittlung AG (nach Schweizerischem Recht) Zweigniederlassung Bonn".[49] Ist die betreffende ausländische Rechtsform dem deutschen Recht nicht bekannt (etwa Mischformen zwischen Kapitalgesellschaft und Personenhandelsgesellschaft[50]), ist jedenfalls auf die Gesellschaft als ausländische hinzuweisen (. . ., Gesellschaft polnischen Rechts).

III. Das Verfahren

1. Prüfung und anzuwendendes Recht. Für das Verfahren gilt **deutsches Register-** 21
recht als lex fori.[51] Die inländische Zweigniederlassung ist so zu behandeln, als ob sie eine Hauptniederlassung oder Niederlassung am Sitz der Gesellschaft wäre (§ 13d Abs. 3). Die Anmeldung der Zweigniederlassung ist daher im wesentlichen wie diejenige einer inländischen Hauptniederlassung vorzunehmen und zu prüfen[52] (RdNr. 17), was sich daraus erklärt, daß das ausländische Unternehmen in keinem inländischen Register eingetragen und daher registerrechtlich auch nicht überprüft werden konnte.[53] Zu prüfen ist auch die wirksame Gründung der ausländischen Gesellschaft anhand der nach ausländischem Recht zu beurteilenden Eintragungsvoraussetzungen (näher RdNr. 17),[54] und zwar unabhängig von ausländischen Eintragungen und Entscheidungen.[55] Zu ermitteln ist ferner, ob die Zweigniederlassung errichtet und Unterscheidbarkeit im Sinne von § 30 besteht. Daß sich die Hauptniederlassung oder Sitz der Gesellschaft im Ausland befinden, hat der Anmeldende nachzuweisen (RdNr. 5 f.).

Die Vorschriften für Hauptniederlassungen oder Niederlassungen am Sitz der Gesell- 22
schaft gelten aber nur insoweit sinngemäß, wie nicht **das ausländische Recht Abwei-**
chungen nötig macht (§ 13d Abs. 3). Dem Registergericht ist es daher verwehrt, in die von dem ausländischen Recht festgelegten Verhältnisse des Unternehmens einzugreifen, die Entstehungsvoraussetzungen und Struktur der ausländischen Gesellschaft zu beeinflussen. Anpassungszwang darf nicht ausgeübt werden.[56]

2. Anmeldungen, Zeichnungen und Einreichungen. Sie haben nach Absatz 1 bei dem 23
Gericht zu erfolgen, in dessen Bezirk die Zweigniederlassung liegt. Die Anmeldepflicht besteht, sobald die Zweigniederlassung errichtet ist (RdNr. 9). Inhalt und Form bestimmen sich nach § 12, anzumelden ist in deutscher Sprache (§ 184 GVG). Anmeldepflichtig ist der Einzelkaufmann, bei den juristischen Personen des § 33 die Mitglieder des Vorstandes und bei den Personenhandelsgesellschaften die Gesellschafter, und zwar jeweils in vertretungsberechtigter Zahl. Letzteres erscheint im Hinblick auf § 13e Abs. 2 Satz 1 gerechtfertigt, der für die Kapitalgesellschaften nicht mehr wie früher § 44 Abs. 1 Satz 1 AktG aF die

---

[47] Ausführlich hierzu *Kögel* Rpfleger 1993, 8 ff. (der aber notfalls eine Übersetzung allein genügen lassen will) und *Wessel/Zwernemann,* Die Firmengründung, RdNr. 374; vgl. auch LG Flensburg BB 1969 Beilage 10, S. 15.
[48] Vgl. LG Hagen NJW 1973, 2162 für eine AG in Vaduz.
[49] *Kögel* Rpfleger 1993, 8, 10.
[50] *Kögel* Rpfleger 1993, 8, 10.

[51] Staub/*Hüffer* § 13b RdNr. 18; Heymann/ *Sonnenschein/Weitemeyer* RdNr. 5; Hachenburg/ *Ulmer* § 12 RdNr. 38.
[52] BayObLGZ 1985, 272, 278.
[53] Vgl. auch BayObLGZ 1986, 351, 355.
[54] Baumbach/*Hopt* RdNr. 1; Heymann/*Sonnenschein/Weitemeyer* RdNr. 7.
[55] BayObLGZ 1985, 272, 281 f.
[56] BayObLGZ 1986, 351, 356; Baumbach/*Hopt* RdNr. 6; vgl. im einzelnen Staub/*Hüffer* § 13b RdNr. 20 und *Hüffer* § 44 RdNr. 6.

Anmeldung durch sämtliche Vorstandsmitglieder oder Geschäftsführer vorschreibt.[57] Nicht anmeldepflichtig ist der Leiter der Zweigniederlassung.[58]

24   **3. Eintragung und Bekanntmachung.** Auch hier gilt wieder der Grundsatz, daß die Zweigniederlassung insoweit wie eine Hauptniederlassung zu behandeln ist. Eintragungen und Bekanntmachungen erfolgen nach den für Hauptniederlassungen geltenden Grundsätzen.[59] Nach Absatz 2 des § 13d hat die Eintragung auch den Ort der Zweigniederlassung zu enthalten und einen der Firma der Zweigniederlassung beigefügten Zusatz, was auch nach § 10 bekanntzumachen ist. Die Bekanntmachung muß den Inhalt der Eintragung unter Beachtung der §§ 33 und 34 HRV wiedergeben. Nach § 43 HRV sind in Spalte 6 des Handelsregisters Abteilung B (Buchstaben m und n) bei ausländischen Versicherungsunternehmen die gemäß § 106 Abs. 3 des Versicherungsaufsichtsgesetzes bestellten **Hauptbevollmächtigten** mit Vornamen, Familiennamen und Wohnort einzutragen. Bei einer Zweigstelle eines Unternehmens mit Sitz in einem anderen Staat, die Bankgeschäfte in dem in § 1 Abs. 1 des Gesetzes über das Kreditwesen bezeichneten Umfang betreibt, sind die gemäß § 53 Abs. 2 Nr. 1 dieses Gesetzes bestellten **Geschäftsleiter** mit Vornamen, Familiennamen und Wohnort ebenfalls in Spalte 6 des Handelsregisters Abteilung B einzutragen.

IV. Die Verlegung der Hauptniederlassung oder des Sitzes in das Ausland und umgekehrt

25   **1. Verlegung des Sitzes von Kapitalgesellschaften in das Ausland.** Nach internationalem Gesellschaftsrecht als Kollisionsrecht ist bei Sachverhalten mit Auslandsberührung zu bestimmen, welcher nationalen Rechtsordnung ein Verband in gesellschaftsrechtlicher Hinsicht unterfällt, das heißt nach welchem Recht er entsteht, lebt und untergeht.[60] Als Anknüpfungspunkt für das insoweit angesprochene „**Gesellschaftsstatut**" bietet die Sitztheorie den Ort des tatsächlichen Verwaltungssitzes (siège réel, central office) an (§ 13 RdNr. 30). Maßgebend für den tatsächlichen Verwaltungssitz ist der Tätigkeitsort der Geschäftsführung und der dazu berufenen Vertretungsorgane, also der Ort, an dem die grundlegenden Entscheidungen der Unternehmensleitung effektiv in laufende Geschäftsführungsakte umgesetzt werden.[61] Demgegenüber unterwirft die Gründungstheorie die Gesellschaft der Rechtsordnung, nach der sie gegründet worden ist. Die Gründer bestimmen das Gründungsrecht und damit das Gesellschaftsstatut. Die Gründungstheorie entstand in England, herrscht im angloamerikanischen Rechtskreis und gilt auch in der Schweiz, den Niederlanden und Dänemark.[62]

26   In Deutschland folgt die Rechtsprechung einhellig und die Lehre überwiegend der **Sitztheorie**.[63] Diese geht von einem *einheitlichen* Gesellschaftsstatut aus (Einheitstheorie).

[57] AA Heymann/*Sonnenschein/Weitemeyer* RdNr. 6; Koller/*Roth*/Morck RdNr. 6.

[58] Staub/*Hüffer* § 13b RdNr. 22; Heymann/*Sonnenschein/Weitemeyer* RdNr. 6; aA Baumbach/*Hopt* RdNr. 5 unter Berufung auf *Lenz* DJ 1937, 1305, 1308.

[59] Näher Staub/*Hüffer* § 13b RdNr. 23; dort auch RdNr. 24 ff. zu Zweigniederlassungen ausländischer Unternehmen in der Kredit- und Versicherungswirtschaft.

[60] *Wiedemann* § 14 I 1.

[61] BGHZ 97, 269 = NJW 1986, 2194, 2195; Staudinger/*Großfeld* IntGesR, 1993, RdNr. 219 ff., 221; eingehend MünchKommBGB/*Ebenroth* Nach Art. 10 RdNr. 179 ff. und *Ebenroth/Bippus* JZ 1988, 677 ff.

[62] Näher Hachenburg/*Behrens* Einl. RdNr. 126; Staudinger/*Großfeld* IntGesR, 1993, RdNr. 27; Rowedder/*Rittner* Einl. RdNr. 272. Zu den zahlreichen Anhängern der Gründungstheorie in der Lehre MünchKommBGB/*Ebenroth* Nach Art. 10 RdNr. 145 Fn. 472, 468.

[63] BGHZ 25, 134, 144; 51, 27, 28; 53, 181, 183; 78, 318, 334; 97, 269, 272; BayObLGZ 1985, 272, 279; 1986, 61, 67; OLG Frankfurt RIW 1990, 583 = EWiR § 50 ZPO 2/90, 827 (*Ebenroth*); näher *Wiedemann* § 14 II 1a cc; *Kegel* IPR § 17 II 1; Staudinger/*Großfeld* IntGesR, 1993, RdNr. 24 ff.; Hachenburg/*Behrens* Einl. RdNr. 111 ff. Dazu, daß mit Vereinheitlichung der nationalen Gesellschaftsrechtssysteme die Sitztheorie überflüssig wird, *Ebenroth/Eyles* DB 1988 Beilage 2/88, S. 17 f. und *Lutter/Hommelhoff* § 12 RdNr. 12.

Grundsätzlich unterfallen alle gesellschaftsrechtlichen Verhältnisse dem Gesellschaftsstatut.[64] Während nach der Gründungstheorie eine Sitzverlegung in ein anderes Land keine Schwierigkeiten bereitet,[65] ist das bei der Sitztheorie anders. Verlegt eine juristische Person ihren tatsächlichen Verwaltungssitz (RdNr. 25; in der Regel sind Satzungssitz und Verwaltungssitz identisch) über die Landesgrenze in einen anderen Staat, dann wechselt das für sie maßgebende Recht. Die Verlegung des effektiven Verwaltungssitzes führt regelmäßig zum Statutenwechsel.[66] Ob die juristische Person dabei bestehen bleibt, richtet sich nach dem bisherigen und dem neuen Recht. Sie geht unter, wenn das alte Recht es so will. Läßt das alte Recht die Gesellschaft fortbestehen, so geht sie trotzdem unter, wenn das neue Recht es so bestimmt. Gestatten altes und neues Recht den Fortbestand, bleibt die juristische Person am Leben.[67] Das ist zwar nicht die Regel, doch gibt es solche Fälle.[68]

Ein satzungsändernder Beschluß einer inländischen juristischen Person, den Sitz in das Ausland zu verlegen, stellt sich nach überwiegender Meinung als **Auflösungsbeschluß** dar, dem sich die Abwicklung der Gesellschaft anschließt.[69] Weder der entgegenstehende Wille der Gesellschafter noch eine Satzungsbestimmung soll das verhindern können.[70] Da schon der Beschluß selbst die Auflösung herbeiführen[71] und die Gesellschaft hierdurch die Verbindung mit dem deutschen Handelsregister lösen soll, wird gefolgert, es fehle der Gesellschaft nun an einem inländischen Sitz und mithin an einem zuständigen inländischen Handelsregister.[72] Der BGH schließlich hat erkannt, die von einer bestimmten Staatshoheit erteilte Rechtsfähigkeit könne nicht „beliebig in ein anderes Land hinübergetragen werden".[73]

Zutreffend ist die Annahme der herrschenden Meinung, daß nach geltendem Recht eine **grenzüberschreitende Verlegung des Sitzes** in das Ausland unter Wahrung der rechtlichen Identität *nicht möglich ist*.[74] Daraus ergibt sich aber nicht zwingend die Auflösung. Es ist schon nicht richtig, daß bereits die Beschlußfassung über die Verlegung des Sitzes der Gesellschaft ihren inländischen Sitz und damit ein zuständiges Register im Inland nimmt. Auch ist der Verlegungsbeschluß, eben weil er auf eine rechtlich nicht mögliche identitätswahrende Sitzverlegung in das Ausland gerichtet ist, *nichtig*. Die Gesellschafter wollen nicht die Auflösung der Gesellschaft, sondern ihren Fortbestand.[75] Die Eintragung in das Handelsregister ist im Hinblick auf die Nichtigkeit des Verlegungsbeschlusses nach § 241 Nr. 3 AktG und § 241 Nr. 3 AktG analog[76] für die GmbH abzulehnen.[77] Will die Gesell-

---

[64] Staudinger/*Großfeld* IntGesR, 1993, RdNr. 37, 239; MünchKommBGB/*Ebenroth* Nach Art. 10 RdNr. 177.

[65] *Großfeld/Luttermann* JZ 1989, 386.

[66] OLG München NJW 1986, 2197, 2198 = EWiR Art. 7 EGBGB 1/86 (*Ebenroth*); OLG Nürnberg WM 1985, 259; Staudinger/*Großfeld* IntGesR, 1993, RdNr. 555 und 90, 577 zur Rückverweisung; MünchKommBGB/*Ebenroth* Nach Art. 10 EGBGB RdNr. 220; Rowedder/*Rittner* Einl. RdNr. 290.

[67] BayObLGZ 1992, 113, 116; *Kegel* IPR § 17 II 2; MünchKommBGB/*Ebenroth* Nach Art. 10 EGBGB RdNr. 216; Staudinger/*Großfeld* IntGesR, 1993, RdNr. 553, 555; Rowedder/*Rittner* Einl. RdNr. 290.

[68] OLG Frankfurt für eine Sitzverlegung von Panama in die Schweiz, EWiR § 50 ZPO 2/90, 827 (*Ebenroth*) = DB 1990, 1224 = WM 1990, 1156 = RIW 1990, 583.

[69] RGZ 7, 68, 70; 88, 53, 54; 107, 94, 97; BGHZ 25, 134, 144; Baumbach/*Hueck* GmbHG § 3 RdNr. 8; Staudinger/*Großfeld* IntGesR, 1993, RdNr. 557, 579 mit eingeh. Nachw.

[70] BayObLGZ 1992, 113, 116.

[71] *Karl* AcP 159 (1960), 293, 307; Staudinger/*Großfeld* IntGesR, 1993, RdNr. 578 ff.

[72] Näher mit eingehen. Nachweisen MünchKommBGB/*Ebenroth* Nach Art. 10 EGBGB RdNr. 220, 225 ff. mit dem Hinweis RdNr. 227, daß das jedenfalls dann nicht gilt, wenn der Sitz einer deutschen Gesellschaft in einen Staat verlegt wird, der kollisionsrechtlich der Gründungstheorie folgt; Staudinger/*Großfeld* IntGesR, 1993, RdNr. 579 f.; Hachenburg/*Ulmer* § 3 RdNr. 18.

[73] BGHZ 25, 134, 144; vgl. schon RGZ 88, 53, 54 f.

[74] Staub/*Hüffer* § 13c RdNr. 9; MünchKommBGB/*Ebenroth* Nach Art. 10 EGBGB RdNr. 220; aA *Beitzke* ZHR 127 (1965), 1, 41 bei einstimmigem Verlegungsbeschluß.

[75] *Wiedemann* § 15 III 1b; Staub/*Hüffer* § 13c RdNr. 10; Lutter/*Hommelhoff* § 3 RdNr. 5; Hachenburg/*Behrens* Einl. RdNr. 170; KK/*Kraft* § 45 RdNr. 24; *Knobbe/Keuk* DB 1990, 2573, 2578.

[76] Lutter/*Hommelhoff* Anh. § 47 RdNr. 17 ff.

[77] *Hüffer* § 5 RdNr. 12; Staub/*Hüffer* § 13c RdNr. 10.

schaft nunmehr die Auflösung, mag sie diese förmlich beschließen und im Ausland neu gründen.

29   **2. Verlegung der Hauptniederlassung des Einzelkaufmanns in das Ausland.** Es handelt sich bei der Verlegung, wie auch im Inland (RdNr. 10), um einen *tatsächlichen Vorgang*. Betreibt der Einzelkaufmann seine Geschäfte nunmehr im Ausland, ist die Hauptniederlassung verlegt, das inländische Geschäft aufgegeben und die Firma im Inland erloschen. Das Erlöschen der Firma ist nach § 31 Abs. 2 anzumelden und notfalls gemäß § 14 durch die Festsetzung von Zwangsgeld zu erzwingen. Hat auch das keinen Erfolg, trägt das Registergericht das Erlöschen von Amts wegen ein (§ 141 FGG). Werden im Inland bestehende Zweigniederlassungen nicht aufgegeben, gilt § 13d.[78]

30   **3. Verlegung des Sitzes von OHG und KG in das Ausland.** Es handelt sich bei der Verlegung wie bei dem Einzelkaufmann um einen tatsächlichen Vorgang. Der Sitz befindet sich dort, von wo aus die Geschäfte tatsächlich geführt werden. Das gilt auch dann, wenn der Gesellschaftsvertrag einen anderen Ort festlegt. Mit der Sitzverlegung ist auch hier ein Statutenwechsel verbunden (RdNr. 26). Ein Vorgehen entsprechend dem Einzelkaufmann durch Löschung der Inlandsfirma kann aber im Hinblick auf das den Gläubigern haftende Gesellschaftsvermögen (Gesamthandsvermögen) nicht in Betracht kommen. Es bleibt nur Auflösung und Liquidation im Inland und sich anschließende Neugründung im Ausland.[79]

31   **4. Die Niederlassungsfreiheit des EG-Vertrages.** Aus der Niederlassungsfreiheit des EG-Vertrages ergibt sich nichts anderes. Zwar stellt die Niederlassungsfreiheit eine der grundlegenden Vorschriften der Gemeinschaft dar und die entsprechenden Vorschriften des EG-Vertrages sind heute auch unmittelbar anwendbar.[80] Doch hat der EuGH klargestellt, daß weder die Artikel 52 und 58 EG-Vertrag noch die EG-Richtlinie 73/148 vom 21. 5. 1973 einer Gesellschaft, die nach dem Recht eines Mitgliedstaates gegründet ist und in diesem ihren satzungsmäßigen Sitz hat, das Recht verleihen, den Sitz ihrer Geschäftsleitung in einen anderen Mitgliedstaat zu verlegen.[81] Der EuGH hat angemerkt, daß beim gegenwärtigen Stand des Gemeinschaftsrechts Gesellschaften aufgrund der verschiedenen nationalen Rechtsordnungen gegründet werden. „Jenseits der jeweiligen nationalen Rechtsordnung, die ihre Gründung und ihre Existenz regelt, haben sie keine Realität".[82]

32   **5. Die Verlegung der Hauptniederlassung oder des Sitzes aus dem Ausland.** Für die Verlegung der *Hauptniederlassung* des Einzelkaufmanns gilt RdNr. 29 entsprechend. Die nunmehrige Inlandsfirma muß gemäß § 29 zur Eintragung in das Handelsregister angemeldet werden. Für die Verlegung von Kapitalgesellschaften und Personenhandelsgesellschaften aus dem Ausland gilt folgendes: Im Ausland selbst vollzieht sich der Vorgang nach den dortigen gesetzlichen Bestimmungen. Die identitätswahrende Eintragung einer *Sitzverlegung* im inländischen Handelsregister ist nach (noch) herrschender Meinung auch hier nicht möglich. Die Gesellschaft muß vielmehr nach dem Recht des Zuzugsstaates neu gegründet werden.[83] Dieses Ergebnis läßt sich auch nicht durch eine Anpassung der Statuten der Gesellschaft an das inländische Recht vermeiden.[84] Richterliche Rechtsfortbildung ist

---

[78] Staub/*Hüffer* § 13c RdNr. 8.

[79] Staub/*Hüffer* § 13c RdNr. 11; vgl. auch *Wiedemann* § 15 III 1b: Vertrauenskapital der Gläubiger ist in erster Linie das Gesellschaftsvermögen, nicht das Privatvermögen der Mitglieder.

[80] Mit Nachweisen *Bokelmann* DB 1990, 1021, 1023 ff.

[81] Urt. v. 27. 9. 1988 – Rs 81/87, NJW 1989, 2186, 2187, Daily Mail = JZ 1989, 384 mit Anm. *Großfeld/Luttermann*.

[82] NJW 1989, 2186, 2187 (Fn. 47); vgl. auch BayObLG EuZW 1992, 548 mit Anm. *Behrens*; mit erheblichen Vorbehalten *Lutter/Hommelhoff* § 3 RdNr. 5 mit weiteren Nachweisen.

[83] BGHZ 97, 269, 272; OLG Zweibrücken NJW 1990, 3092 = IPRax 1991, 406, 407 = WM 1990, 1289 = EWiR § 45 AktG 1/90, 947, 948 (*Bokelmann*); Staub/*Hüffer* § 13c RdNr. 10 a.E.; Staudinger/*Großfeld* IntGesR, 1993, RdNr. 590 f.; MünchKommBGB/*Ebenroth* Nach Art. 10 EGBGB RdNr. 217; Baumbach/*Hueck* GmbHG § 3 RdNr. 8; Rowedder/*Rittner* Einl. RdNr. 292; Scholz/*Westermann* Einl. RdNr. 127; *Karl* AcP 159 (1960), 293, 307; Ebenroth/*Auer* GmbHR 1994, 16, 18.

[84] OLG Zweibrücken IPRax 1991, 406 = NJW 1990, 3092; MünchKommBGB/*Ebenroth* Nach Art. 10 EGBGB RdNr. 218; Staudinger/*Großfeld* IntGesR, 1993, RdNr. 590 mit eingeh. Nachweisen.

fraglich: Das Gemeinschaftsrecht macht in Art. 220 EG-Vertrag übergreifende Regelungen auch zur Sitzverlegung von einem Mitgliedstaat in den anderen unter Beibehaltung der Rechtspersönlichkeit von Übereinkommen zwischen den Mitgliedstaaten abhängig. Hieran fehlt es, weil das Übereinkommen über die gegenseitige Anerkennung von Gesellschaften und juristischen Personen[85] bisher zufolge verweigerter Zustimmung der Niederlande nicht in Kraft treten konnte. Damit aber scheidet eine Gesetzeslücke im Sinne einer „planwidrigen Unvollständigkeit des Gesetzes",[86] die richterliche Rechtsfortbildung erlaubte, aus. Der Gesetzgeber hat das Problem gesehen und zwischenstaatliche Abkommen für erforderlich gehalten,[87] die nicht durch Richterspruch ersetzt werden können.[88]

6. Gesetzliche Regelungen und Vereinbarungen. a) Die EWIV. Nach Artikel 13 der 33 Verordnung (EWG) Nr. 2137/85 des Rates vom 25. 7. 1985 über die Schaffung einer Europäischen wirtschaftlichen Interessenvereinigung (EWIV)[89] kann der Sitz der Vereinigung innerhalb der Gemeinschaft verlegt werden. Hat die Verlegung keinen Wechsel des subsidiär anwendbaren nationalen Rechts zur Folge, das heißt erfolgt sie innerhalb eines Mitgliedstaates, „so wird der Beschluß über die Verlegung unter den im Gründungsvertrag vorgesehenen Bedingungen gefaßt", Art. 13 Abs. 2 der Verordnung. Es genügt mithin der Beschluß der Mitglieder. Bei einer grenzüberschreitenden Sitzverlegung und beim Wechsel des Rechtsgebiets (zB von Schottland nach England[90]) unter Änderung des subsidiär anwendbaren nationalen Rechts nach Art. 14 der Verordnung ist das Verfahren aufwendiger: es ist ein Verlegungsplan zu errichten, beim Register des Sitzes zu hinterlegen und bekanntzumachen. Zwei Monate nach der Bekanntmachung darf ein Beschluß über die Sitzverlegung gefaßt werden, was aber nur einstimmig möglich ist. Es schließt sich die Einreichung des Sitzverlegungsbeschlusses und des Nachweises über die Bekanntmachung des Sitzverlegungsplans beim zuständigen Register des neuen Sitzes an. Die Eintragung im neuen Register führt dann zur Wirksamkeit der Sitzverlegung. Danach löscht das Register des früheren Sitzes aufgrund des Nachweises der neuen Eintragung.

b) Bilaterale Abkommen. Sie bestehen zwischen der Bundesrepublik und den USA 34 und gestatten die Sitzverlegung unter Identitätswahrung ohne Neugründung.[91] Ein Niederlassungsvertrag zwischen der Bundesrepublik und Spanien enthält eine ähnliche Regelung.[92]

c) Die Regelung in der Schweiz. Gesetzlich geregelt ist die internationale Sitzverle- 35 gung neuerdings im IPRG der Schweiz.[93] Die Regelung sieht wie folgt aus:

Art. 161

(1) Eine ausländische Gesellschaft kann sich ohne Liquidation und Neugründung dem schweizerischen Recht unterstellen, wenn das ausländische Recht es gestattet, die Gesell-

[85] Vom 29. 2. 1968 (BGBl. 1972 II S. 370); deutsches Zustimmungsgesetz vom 18. 5. 1972 (BGBl. II S. 369); näher Staudinger/*Großfeld* IntGesR, 1993, RdNr. 131 ff.

[86] BGH NJW 1988, 2109, 2110.

[87] OLG Zweibrücken IPRax 1991, 406, 407 = NJW 1990, 3092.

[88] Anders *Großfeld/König* IPRax 1991, 380, 381: vorsichtige Rechtsfortbildung unter entsprechender Anwendung der §§ 362 ff. AktG aF (Neuregelung im UmwG 1994); *Großfeld/Jasper* RabelsZ 53 (1989), 52; *Behrens* RIW 1986, 590; für einen „Umzug von Gesellschaften in Europa" *Knobbe/Keuk* ZHR 154 (1990), 325 ff., 345; anders jedenfalls im europäischen Rechtsverkehr auch *Lutter/Hommelhoff* § 3 RdNr. 6 für eine „umzugsfreundliche Lösung"; vgl. auch *Thönnes* DB 1993, 1021, 1023.

[89] Abl. EG L 199 v. 31. 7. 1985 = BT-Drucks. 11/352 S. 12. Auf § 6 RdNr. 13f wird hingewiesen.

[90] Vgl. *Ganske* DB 1985 Beilage Nr. 20/85, S. 5.

[91] Freundschafts-, Handels- und Schiffahrtsvertrag zwischen der Bundesrepublik Deutschland und den Vereinigten Staaten von Amerika vom 29. 10. 1954, BGBl. 1956 II S. 488, 763, in Kraft seit 14. 7. 1956. Einschlägig ist Art. 25 Abs. 5; vgl. auch den Hinweis Fn. 92 Satz 3.

[92] Niederlassungsvertrag zwischen der Bundesrepublik Deutschland und Spanien vom 23. 4. 1970, BGBl. 1972 II S. 1041, 1557, in Kraft seit 26. 11. 1972. Einschlägig ist Art. 15 Abs. 2. Zu den Fußnoten 91 und 92 wird auf *Großfeld/Jasper* RabelsZ 53 (1989) 52, 55, *Ebenroth/Bippus* DB 1988, 842 ff. und *Lutter/Hommelhoff* § 3 RdNr. 6, sowie *Ebenroth/Auer* RIW 1992, Beilage 1, S. 8 ff. verwiesen.

[93] Vgl. Staudinger/*Großfeld* IntGesR, 1993, RdNr. 564, 587.

schaft die Voraussetzungen des ausländischen Rechts erfüllt und die Anpassung an eine schweizerische Rechtsform möglich ist.

(2) Der Bundesrat kann die Unterstellung unter das schweizerische Recht auch ohne Berücksichtigung des ausländischen Rechts zulassen, insbesondere wenn erhebliche schweizerische Interessen es erfordern.

Art. 162

(1) Eine Gesellschaft, die nach schweizerischem Recht eintragungspflichtig ist, untersteht schweizerischem Recht, sobald sie nachweist, daß sie den Mittelpunkt der Geschäftstätigkeit in die Schweiz verlegt und sich dem schweizerischen Recht angepaßt hat.

(2) Eine Gesellschaft, die nach schweizerischem Recht nicht eintragungspflichtig ist, untersteht dem schweizerischen Recht, sobald der Wille, dem schweizerischen Recht zu unterstehen, deutlich erkennbar ist, eine genügende Beziehung zur Schweiz besteht und die Anpassung an das schweizerische Recht erfolgt ist.

(3) Eine Kapitalgesellschaft hat vor der Eintragung durch einen Revisionsbericht einer vom Bundesrat hierzu ermächtigten Revisionsstelle nachzuweisen, daß ihr Grundkapital nach schweizerischem Recht gedeckt ist.

Art. 163

(1) Eine schweizerische Gesellschaft kann sich ohne Liquidation und Neugründung ausländischem Recht unterstellen, wenn sie nachweist:

a) daß die Voraussetzungen nach schweizerischem Recht erfüllt sind;

b) daß sie nach ausländischem Recht fortbesteht, und

c) daß sie unter Hinweis auf die bevorstehende Änderung des Gesellschaftsstatuts ihre gläubiger öffentlich zur Anmeldung bestehender Ansprüche aufgefordert hat.

(2) Die Bestimmungen über vorsorgliche Schutzmaßnahmen im Falle internationaler Konflikte im Sinne von Artikel 61 des Bundesgesetzes vom 8. Oktober 1982 über die wirtschaftliche Landesversorgung sind vorbehalten.

Art. 164

(1) Eine im schweizerischen Handelsregister eingetragene Gesellschaft kann nur gelöscht werden, wenn glaubhaft gemacht wird, daß die Gläubiger befriedigt oder ihre Forderungen sichergestellt sind, oder wenn die Gläubiger mit der Löschung einverstanden sind.

(2) Bis die Gläubiger befriedigt oder ihre Forderungen sichergestellt sind, kann die Gesellschaft für diese in der Schweiz betrieben werden.

§ 13e Zweigniederlassungen von Kapitalgesellschaften mit Sitz im Ausland

(1) Für Zweigniederlassungen von Aktiengesellschaften und Gesellschaften mit beschränkter Haftung mit Sitz im Ausland gelten ergänzend zu § 13d die folgenden Vorschriften.

(2) Die Errichtung einer Zweigniederlassung einer Aktiengesellschaft ist durch den Vorstand, die Errichtung einer Zweigniederlassung einer Gesellschaft mit beschränkter Haftung ist durch die Geschäftsführer zur Eintragung in das Handelsregister anzumelden. Bei der Anmeldung ist das Bestehen der Gesellschaft als solcher und, wenn der Gegenstand des Unternehmens oder die Zulassung zum Gewerbebetrieb im Inland der staatlichen Genehmigung bedarf, auch diese nachzuweisen. Die Anmeldung hat auch die Anschrift und den Gegenstand der Zweigniederlassung zu enthalten. In der Anmeldung sind ferner anzugeben

1. das Register, bei dem die Gesellschaft geführt wird, und die Nummer des Registereintrags, sofern das Recht des Staates, in dem die Gesellschaft ihren Sitz hat, eine Registereintragung vorsieht;

2. die Rechtsform der Gesellschaft;

3. die Personen, die befugt sind, als ständige Vertreter für die Tätigkeit der Zweigniederlassung die Gesellschaft gerichtlich und außergerichtlich zu vertreten, unter Angabe ihrer Befugnisse;

4. wenn die Gesellschaft nicht dem Recht eines Mitgliedstaates der Europäischen Gemeinschaften oder eines anderen Vertragsstaates des Abkommens über den Europäischen Wirtschaftsraum unterliegt, das Recht des Staates, dem die Gesellschaft unterliegt.

(3) Die in Absatz 2 Satz 4 Nr. 3 genannten Personen haben jede Änderung dieser Personen oder der Vertretungsbefugnis einer dieser Personen zur Eintragung in das Handelsregister anzumelden.

(4) Die in Absatz 2 Satz 4 Nr. 3 genannten Personen oder, wenn solche nicht angemeldet sind, die gesetzlichen Vertreter der Gesellschaft haben die Eröffnung oder die Ablehnung der Eröffnung eines Konkurs-, Vergleichs- oder ähnlichen Verfahrens über das Vermögen der Gesellschaft zur Eintragung in das Handelsregister anzumelden.

(5) Errichtet eine Gesellschaft mehrere Zweigniederlassungen im Inland, so brauchen die Satzung oder der Gesellschaftsvertrag sowie deren Änderungen nach Wahl der Gesellschaft nur zum Handelsregister einer dieser Zweigniederlassungen eingereicht zu werden. In diesem Fall haben die nach Absatz 2 Satz 1 Anmeldepflichtigen zur Eintragung in den Handelsregistern der übrigen Zweigniederlassungen anzumelden, welches Register die Gesellschaft gewählt hat und unter welcher Nummer die Zweigniederlassung eingetragen ist.

Schrifttum: *Hahnefeld*, Neue Regelungen zur Offenlegung bei Zweigniederlassungen, DStR 1993, 1596; *Kindler*, Neue Offenlegungspflichten für Zweigniederlassungen ausländischer Kapitalgesellschaften, NJW 1993, 3301; *ders.* Einführung in das italienische Recht (Schriftenreihe der Juristischen Schulung Heft 122), 1993; *Plesse*, Neuregelung des Rechts der Offenlegung von Zweigniederlassungen, DStR 1993, 133; *Seibert*, Die Umsetzung der Zweigniederlassungs-Richtlinie der EG in deutsches Recht, GmbHR 1992, 738; *ders.* Neuordnung des Rechts der Zweigniederlassung im HGB, DB 1993, 1705; *Sonnenberger*, Französisches Handels- und Wirtschaftsrecht, 2. Aufl. 1991.

Übersicht

I. Überblick und Normzweck

§ 13e in der Fassung von 1993 (§ 13 RdNr. 1) enthält in den Absätzen 2 bis 4 gemein-   1
same Anmeldeerfordernisse für Zweigniederlassungen von Kapitalgesellschaften mit Sitz im Ausland. Angesprochen ist insoweit die **registerrechtliche Behandlung**. Die angestrebte **Publizität der Gesellschaftsverhältnisse**[1] ist hier deshalb von besonderer Bedeutung, weil die ausländische Gesellschaft, deren Teil die inländische Zweigniederlassung ist und auf deren Rechtsverhältnisse es entscheidend ankommen kann (§ 13d RdNr. 11 f.), nicht im inländischen Register eingetragen wird. Zum einen kann das Registergericht anhand der Angaben die wirksame Gründung der ausländischen Gesellschaft prüfen (§ 13d RdNr. 17, 21), zum anderen erfährt das inländische Publikum wichtige Daten der Ausländerin. Denn

---

[1] *Hüffer* Anh § 45, § 13e HGB RdNr. 1.

nach den §§ 13f Abs. 3, 13g Abs. 3 sind auch die Angaben nach § 13e Abs. 2 Satz 4 in das inländische Register der Zweigniederlassung einzutragen. Im übrigen ist als Sitz der Kapitalgesellschaft im Ausland der effektive Verwaltungssitz, nicht aber ein abweichender Satzungssitz zu verstehen (§ 13d RdNr. 7). Das neue Recht der Zweigniederlassung hat hieran nichts geändert.[2]

II. Die einzelnen Offenlegungspflichten für ausländische Kapitalgesellschaften nach § 13e Absätze 1 bis 4

2   **1. Absatz 1.** Abs. 1 nennt ausdrücklich nur die AG und die GmbH. Unter die Kapitalgesellschaften, um die es in § 13e nach der amtlichen Überschrift geht, fallen aber auch die Kommanditgesellschaften auf Aktien. Das ergibt sich eindeutig aus § 13f Absatz 8. Auch die meisten europäischen Rechte ordnen die KGaA als Kapitalgesellschaft im Aktienrecht ein.[3] Nach den §§ 278 ff. ist die KGaA eine Mischform von AG und KG mit Schwerpunkt im Aktienrecht.[4] **§ 13e erfaßt** daher entgegen der Begründung zum Regierungsentwurf[5] **auch die KGaA.**[6]

3   Absatz 1 spricht von Zweigniederlassungen von Aktiengesellschaften und Gesellschaften mit beschränkter Haftung mit Sitz im Ausland. Gemeint sind aber (vgl. auch die amtliche Überschrift) inländische Zweigniederlassungen solcher ausländischer Gesellschaften, die einer AG oder GmbH (oder KGaA) *vergleichbare* Rechtsform haben. Das Registergericht muß also prüfen, ob die ausländische Gesellschaft der inländischen AG, KGaA oder GmbH verwandte Strukturen aufweist.[7] Hat das ausländische Unternehmen seinen **Sitz im EG-Ausland**, darf das Gericht aber nicht wie sonst rechtsvergleichend qualifizieren (§ 13d RdNr. 9). Denn Artikel 1 Abs. 1 der Zweigniederlassungsrichtlinie[8] verweist insoweit auf die Richtlinie 68/151/EWG, die Publizitätsrichtlinie.[9] Aus deren Artikel 1 ergeben sich im Hinblick auf die **Richtliniengebundenheit** (§ 13 RdNr. 2) *zwingend* die der AG, KGaA und GmbH entsprechenden Gesellschaften der übrigen EG-Länder mit vergleichbarer Rechtsform. Artikel 1 der Publizitätsrichtlinie gilt in seiner aktuellen Fassung. Bezüglich der Rechtsform der GmbH ist die **Erste gesellschaftsrechtliche Richtlinie** terminologisch und sachlich **überholt.**[10] Einschlägig ist nach Sinn und Zweck der Zweigniederlassungsrichtlinie nunmehr für die der GmbH vergleichbaren Gesellschaften die Zwölfte gesellschaftsrechtliche Richtlinie,[11] auf die Artikel 1 der Zweigniederlassungsrichtlinie ebenfalls hätte Bezug nehmen müssen.[12] Artikel 1 der Zwölften gesellschaftsrechtlichen Richtlinie bestimmt, daß die durch die Richtlinie vorgeschriebenen Koordinierungsmaßnahmen für die Rechts- und Verwaltungsvorschriften der Mitgliedstaaten bezüglich Gesellschaften folgender Rechtsformen gelten: Deutschland (Gesellschaft mit beschränkter Haftung); Belgien (Société privée à responsabilité limitée / Besloten vennootschap met beperkte aansprakelijkheid); Dänemark (Anpartsselskaber); Spanien (Sociedad de responsabilidad limitada); Frankreich (Société à responsabilité limitée); Griechenland (Εταιρεία περιορισμένης ευθύνης); Irland (Private company limited by shares or by guarantee); Italien (Società a responsabilità limitata); Luxemburg (Société à responsabilité limitée); Niederlan-

---

[2] *Kindler* NJW 1993, 3301, 3304.
[3] *Kindler* NJW 1993, 3301, 3303; *Kindler*, Einführung in das italienische Recht, S. 131 Fn. 30; *Sonnenberger,* Französisches Handels- und Wirtschaftsrecht, S. 109.
[4] *Hüffer* § 278 RdNr. 1, 3.
[5] BT-Drucks. 12/3908 S. 15.
[6] Baumbach/*Hopt* RdNr. 1; *Kindler* NJW 1993, 3301, 3303; Koller/*Roth*/Morck RdNr. 2.
[7] Begr. Regierungsentwurf BT-Drucks. 12/3908 S. 15; Heymann/*Sonnenschein/Weitemeyer* RdNr. 4.
[8] Elfte gesellschaftsrechtliche Richtlinie des Rates vom 21. 12. 1989 (89/666/EWG, ABl. EG Nr. L 395/36).

[9] Erste gesellschaftsrechtliche Richtlinie des Rates vom 9. 3. 1968 (ABl. EG Nr. L 65/8).
[10] Eingehend hierzu mit Nachweisen *Kindler* NJW 1993, 3301, 3303 f.
[11] Einpersonengesellschaftsrichtlinie vom 21. 12. 1989 (89/667/EWG, ABl. EG Nr. L 395/40).
[12] *Kindler* NJW 1993, 3301, 3304; im Ergebnis ebenfalls für die Anwendung der Zwölften gesellschaftsrechtlichen Richtlinie für die GmbH die Begr. zum Regierungsentwurf (BT-Drucks. 12/3908 S. 15) und *Seibert* GmbHR 1992, 738, 741.

de (Besloten vennootschap met beperkte aansprakelijkheid); Portugal (Sociedade por quotas); Vereinigtes Königreich (Private company limited by shares or by guarantee).

2. Absatz 2. Absatz 2 Satz 1 erlaubt[13] nunmehr die Anmeldung der Errichtung der 4 Zweigniederlassung durch Vorstandsmitglieder/Geschäftsführer in **vertretungsberechtigter Zahl.** Nach Satz 2 ist das Bestehen der Gesellschaft nachzuweisen; insoweit wird auf § 13d RdNr. 5 ff. verwiesen. Der ebenfalls erforderliche Nachweis staatlicher Genehmigungen (sofern erforderlich) hat nach Wegfall der §§ 12, 12a GewO (Gesetz v. 25. 7. 1984, BGBl. I S. 1008) an Bedeutung verloren.[14] Nach Satz 3 muß die Anmeldung auch Anschrift und Gegenstand der Zweigniederlassung enthalten, was nach § 34 HRV öffentlich bekanntzumachen ist. Eine Eintragung ist nicht vorgesehen; nach Art. 1 der Zweigniederlassungsrichtlinie iVm. Art. 3 Abs. 2 der Ersten gesellschaftsrechtlichen Richtlinie (näher RdNr. 3) reicht insoweit die Anmeldung und die Aufnahme der Angaben in die Akte zur „Offenlegung" aus.[15] Eingetragen wird nach § 13d Abs. 2 nur der Ort der Zweigniederlassung.

Nach § 13e Abs. 2 Satz 4 Nr. 1 ist in der Anmeldung einer Zweigniederlassung das 5 **Heimatregister der ausländischen Kapitalgesellschaft** nebst der Registernummer anzugeben, sofern das ausländische Recht eine Registereintragung vorsieht. Der Deutsche Industrie- und Handelstag hat insoweit eine Liste mit den Registrierungsstellen für Unternehmen in den EG-Nachbarstaaten zusammengestellt.[16] Die Angaben sind nach den §§ 13f Abs. 3 und 13g Abs. 3 auch einzutragen (RdNr. 1).

Bei der Anmeldung der Zweigniederlassung muß ferner die **Rechtsform der ausländi-** 6 **schen Kapitalgesellschaft** angegeben (§ 13e Abs. 2 Satz 4 Nr. 2) und nach den §§ 13 f Abs. 3, 13 g Abs. 3 auch eingetragen werden. Unterfällt eine Gesellschaft nicht dem Recht eines Mitgliedstaates der Europäischen Gemeinschaften oder – insoweit erst seit dem 1. 1. 1994 in Kraft[17] – eines anderen Vertragsstaates des Abkommens über den Europäischen Wirtschaftsraum (zur Zeit Island, Liechtenstein und Norwegen), so ist auch das Recht, dem diese Gesellschaft unterliegt, anzugeben (Abs. 2 Satz 4 Nr. 4).

In der Anmeldung sind nach Abs. 2 Satz 4 Nr. 3 die Personen anzugeben, die befugt 7 sind, als ständige Vertreter für die Tätigkeit der Zweigniederlassung die Gesellschaft gerichtlich und außergerichtlich zu vertreten, und zwar unter Angabe ihrer Befugnisse. Die Bestimmung erfaßt jedenfalls Prokuristen (§ 49). Sichergestellt werden soll ferner, daß auch Handlungsbevollmächtigte zur Eintragung in das Handelsregister angemeldet werden, jedoch nur diejenigen, denen ausnahmsweise **ständige Prozeßführungsbefugnis** (§ 54 Abs. 2) neben ihrer generellen Vertretungsmacht eingeräumt worden ist.[18] Die Gesellschaft kann hier den Umfang der Vertretungsmacht und damit auch die Notwendigkeit der Offenlegung steuern.[19] Zu beachten ist, daß auch die *Befugnisse* des ständigen Vertreters anzugeben sind. Anzumelden ist nicht nur der Umfang der Vertretungsmacht, sondern auch, ob er allein oder nur gemeinsam vertreten kann.[20]

3. Absatz 3. Abs. 3 soll sicherstellen (für den Prokuristen gilt ohnehin § 53 Abs. 3), daß 8 auch die Änderungen in der Person oder der Vertretungsbefugnis eines Handlungsbevollmächtigten zur Eintragung angemeldet werden.[21]

---

[13] Anders früher für die AG § 44 Abs. 1 Satz 1 AktG aF (alle Vorstandsmitglieder) und für die GmbH BayObLGZ 1985, 272, 277: sämtliche Geschäftsführer.

[14] Näher MünchKommBGB/*Ebenroth* Nach Art. 10 EGBGB RdNr. 583 f.

[15] Begr. Regierungsentwurf BT-Drucks. 12/3908 S. 16.

[16] DIHT-Mitteilung v. 20. 5. 1992, EuZW 1992, 528.

[17] Vgl. Art. 2 und 7 des Gesetzes zur Anpassung des EWR-Ausführungsgesetzes v. 27. 9. 1993, BGBl. I S. 1666 und Bekanntmachung über das Inkrafttreten des EWR-Ausführungsgesetzes sowie des

Anpassungsgesetzes zum EWR-Ausführungsgesetz v. 16. 12. 1993, BGBl. I S. 2436; ausführlich hierzu Heymann/*Sonnenschein/Weitemeyer* RdNr. 2, 14.

[18] Begr. Regierungsentwurf BT-Drucks. 12/3908 S. 16; *Plesse* DStR 1993, 133; *Seibert* GmbHR 1992, 738, 740; *Seibert* DB 1993, 1705, 1706; *Hahnefeld* DStR 1993, 1596, 1597; Heymann/*Sonnenschein/ Weitemeyer* RdNr. 13.

[19] *Seibert* DB 1993, 1705, 1706.

[20] Begr. Regierungsentwurf BT-Drucks. 12/3908 S. 16.

[21] Näher Begr. Regierungsentwurf BT-Drucks. 12/3908 S. 16.

9   **4. Absatz 4.** Abs. 4 will erreichen, daß das zuständige inländische Registergericht von einem Konkurs-, Vergleichs- oder ähnlichem Verfahren des ausländischen Unternehmens Kenntnis erlangt. Die Worte „eines Konkurs-, Vergleichs- oder ähnlichen Verfahrens" werden mit Wirkung vom 1. 1. 1999 durch die Formulierung „eines Insolvenzverfahrens oder ähnlichen Verfahrens" ersetzt (Art. 40 Nr. 1 EGInsO).

III. Mehrere Zweigniederlassungen im Inland

10   Der Kapitalgesellschaft mit Sitz im Ausland steht insoweit ein *Wahlrecht* zu. Sie kann nach § 13e Abs. 5 entscheiden, welches für die Zweigniederlassungen zuständige Registergericht „führendes Register" sein soll. Nur bei diesem sind dann Satzung oder Gesellschaftsvertrag sowie die Änderungen einzureichen. Zur Eintragung in den Handelsregistern der anderen Zweigniederlassungen ist anzumelden, welches Register zum „Hauptregister" (besser führenden Register) gewählt wurde und unter welcher Nummer die Zweigniederlassung dort eingetragen ist. Die Wahlmöglichkeit will das Verfahren für die ausländischen Gesellschaften erleichtern.[22]

§ 13 f Zweigniederlassungen von Aktiengesellschaften mit Sitz im Ausland

(1) Für Zweigniederlassungen von Aktiengesellschaften mit Sitz im Ausland gelten ergänzend die folgenden Vorschriften.

(2) Der Anmeldung ist die Satzung in öffentlich beglaubigter Abschrift und, sofern die Satzung nicht in deutscher Sprache erstellt ist, eine beglaubigte Übersetzung in deutscher Sprache beizufügen. Die Vorschriften des § 37 Abs. 3, 5 und 6 des Aktiengesetzes finden Anwendung. Soweit nicht das ausländische Recht eine Abweichung nötig macht, sind in die Anmeldung die in § 23 Abs. 3 und 4, §§ 24, 25 Satz 2 des Aktiengesetzes vorgesehenen Bestimmungen, Bestimmungen der Satzung über die Zusammensetzung des Vorstandes und, wenn die Anmeldung in den ersten zwei Jahren nach der Eintragung der Gesellschaft in das Handelsregister ihres Sitzes erfolgt, auch die Angaben nach § 40 Abs. 1 Nr. 1, 2 und 3 des Aktiengesetzes mit Ausnahme des Berufs der Gründer aufzunehmen. Der Anmeldung ist die für den Sitz der Gesellschaft ergangene gerichtliche Bekanntmachung beizufügen.

(3) Die Eintragung der Errichtung der Zweigniederlassung hat auch die Angaben nach § 39 des Aktiengesetzes sowie die in § 13 e Abs. 2 Satz 4 vorgeschriebenen Angaben zu enthalten.

(4) In die Bekanntmachung der Eintragung sind außer deren Inhalt auch die Angaben nach § 40 Abs. 1 Nr. 1, 2 und 3 des Aktiengesetzes mit Ausnahme des Berufs der Gründer aufzunehmen, soweit sie nach den vorstehenden Vorschriften in die Anmeldung aufzunehmen sind.

(5) Änderungen der Satzung der ausländischen Gesellschaft sind durch den Vorstand zur Eintragung in das Handelsregister anzumelden. Für die Anmeldung gelten die Vorschriften des § 181 Abs. 1 und 2 des Aktiengesetzes sinngemäß, soweit nicht das ausländische Recht Abweichungen nötig macht.

(6) Im übrigen gelten die Vorschriften der § 81 Abs. 1, 2 und 4, § 263 Satz 1, § 266 Abs. 1, 2 und 5, § 273 Abs. 1 Satz 1 des Aktiengesetzes sinngemäß, soweit nicht das ausländische Recht Abweichungen nötig macht.

(7) Für die Aufhebung einer Zweigniederlassung gelten die Vorschriften über ihre Errichtung sinngemäß.

---

[22] Begr. Regierungsentwurf BT-Drucks. 12/3908 S. 16; Heymann/*Sonnenschein*/*Weitemeyer* RdNr. 17.

(8) **Die Vorschriften über Zweigniederlassungen von Aktiengesellschaften mit Sitz im Ausland gelten sinngemäß für Zweigniederlassungen von Kommanditgesellschaften auf Aktien mit Sitz im Ausland, soweit sich aus den Vorschriften der §§ 278 bis 290 des Aktiengesetzes oder aus dem Fehlen eines Vorstands nichts anderes ergibt.**

Schrifttum: wie zu § 13 d und 13 e.

I. Überblick

§ 13 f in der Fassung von 1993 (§ 13 RdNr. 1) **ergänzt §§ 13 d, 13 e für Zweignieder-** **1** **lassungen von Aktiengesellschaften mit Sitz im Ausland** (zur Terminologie des Gesetzes § 13 e RdNr. 3). Zum Teil wird die bisherige aktienrechtliche Regelung von § 44 AktG übernommen (wie zuvor schon in den §§ 13 d und 13 e neuer Fassung). Neu ist die Verpflichtung, der **Anmeldung** neben der beglaubigten Abschrift der in einer fremden Sprache abgefaßten Satzung **eine beglaubigte deutsche Übersetzung** beizufügen. Die Prüfung des inländischen Registergerichts soll erleichtert und § 8 FGG und § 184 GVG genügt werden.[1]

II. Die Anmeldung

Nach Abs. 2 Satz 2 ist § 37 Abs. 3, 5 und 6 AktG anzuwenden. In der Anmeldung der **2** Zweigniederlassung müssen daher die zur Anmeldung verpflichteten Vorstandsmitglieder (§ 13 e Abs. 2 Satz 1) **in abstrakter Formulierung (Gesamtvertretung, Einzelvertretung, unechte Gesamtvertretung)**[2] und nicht konkret namentliche Benennung angeben, welche Vertretungsbefugnis sie haben; anzugeben sind auch eventuelle Befreiungen vom Verbot des Selbstkontrahierens.[3] Die Vorstandsmitglieder haben weiter ihre Namensunterschrift zur Aufbewahrung beim Gericht zu zeichnen (§ 37 Abs. 5 AktG). Nach § 37 Abs. 6 AktG werden die eingereichten Schriftstücke beim Gericht in Urschrift, Ausfertigung oder öffentlich beglaubigter Abschrift aufbewahrt.

§ 13 f Abs. 2 Satz 2 beendet den Meinungsstreit, ob Vorstandsmitglieder der ausländi- **3** schen Gesellschaft bei Anmeldung der inländischen Zweigniederlassung **eine Straffrei-** **heitserklärung abzugeben haben**.[4] Das Gesetz verweist bewußt nicht auf § 37 Abs. 2 (und damit nicht auf § 76 Abs. 3 Satz 3 und 4) AktG. Eine Straffreiheitserklärung ist daher nicht abzugeben.[5]

Nach § 13 f Abs. 2 Satz 3 sind in die Anmeldung u. a. die in § 23 Abs. 3 und 4 AktG (zB **4** Firma und Sitz der Gesellschaft, Gegenstand des Unternehmens, Höhe des Grundkapitals) und in §§ 24, 25 Satz 2 AktG (satzungsgemäßer Anspruch auf Umwandlung von Aktien, sellschaftsblätter) vorgesehenen Bestimmungen und Bestimmungen der Satzung über die Zusammensetzung des Vorstands aufzunehmen. Soweit § 13 f Abs. 2 Satz 3 einen **Vorbe-** **halt zugunsten des ausländischen Rechts macht** (vgl. schon § 13 d RdNr. 22), darf von deutschen Erfordernissen nicht nur dann abgewichen werden, wenn die ausländische Gesellschaft einer bestimmten Anforderung überhaupt nicht nachkommen kann. Anpassungs-

---

[1] Begr. Regierungsentwurf BT-Drucks. 12/3908 S. 17.

[2] BayObLGZ 1974, 49, 51 ff.; OLG Frankfurt OLGZ 1970, 404, 405; OLG Köln OLGZ 1970, 265, 266; *Hüffer* § 37 RdNr. 8.

[3] BGHZ 87, 59, 60 f. = NJW 1983, 1676; *Hüffer* § 37 RdNr. 8.

[4] Für die Abgabe BayObLGZ 1986, 351, 356; OLG Düsseldorf NJW-RR 1992, 1390 = GmbHR 1993, 98 für die GmbH; **aA** *Kaiser*, Keine Straffrei-

heitserklärung bei Eintragung der Zweigniederlassung einer ausländischen Gesellschaft, AG 1991, 18.

[5] Begr. Regierungsentwurf BT-Drucks. 12/3908, S. 17; *Seibert*, Neuordnung des Rechts der Zweigniederlassung im HGB, DB 1993, 1705, 1706; *Kindler*, Neue Offenlegungspflichten für Zweigniederlassungen ausländischer Gesellschaften, NJW 1993, 3301, 3305; *Heymann/Sonnenschein/Weitemeyer* RdNr. 5; *Koller/Roth/Morck* RdNr. 2.

zwang ist auch dann untersagt, wenn die ausländische Gesellschaft dem Erfordernis nur durch Änderung ihrer Satzungsgrundlage oder Organisationsstruktur genügen könnte.[6]

5   In der Anmeldung ist u. a. die Rechtsform der Gesellschaft anzugeben (§ 13 e Abs. 2 Satz 4 Nr. 2). Ob die ausländische Gesellschaft als Aktiengesellschaft zu qualifizieren ist, richtet sich danach – zu Gesellschaften mit Sitz im EG-Ausland wird auf § 13e RdNr. 3 und § 13g RdNr. 2 verwiesen –, ob sie in der Ausgestaltung nach ihrem Heimatrecht der deutschen Aktiengesellschaft vergleichbar ist (§ 13d RdNr. 9). Voraussetzung ist jedenfalls, daß sie nicht nur nach dem einschlägigen ausländischen Recht, **sondern auch im Inland als rechtsfähig anerkannt** werden kann. Nach der Sitztheorie scheidet das aus, wenn sie im Ausland nur einen statutarischen Sitz, nicht aber den effektiven Verwaltungssitz vorzuweisen vermag. **Die Voraussetzungen für die Anerkennung der Rechtsfähigkeit im Inland** müssen **dem Registergericht gegenüber dargelegt und nachgewiesen werden.**[7] Handelt es sich um eine Kapitalgesellschaft mit Rechtspersönlichkeit, wird in Zweifelsfällen von einer Aktiengesellschaft (und keiner GmbH) auszugehen sein.[8] Die „private company limited" stuft das BayObLG mit überzeugender Begründung als GmbH ein,[9] wenngleich aktienrechtliche Bestandteile unübersehbar sind.

III. Die Eintragung

6   Die Eintragung der Errichtung der Zweigniederlassung hat nach Abs. 3 u. a. die Angaben nach § 39 AktG zu enthalten. Einzutragen sind mithin die Firma und der Sitz **der Gesellschaft,** der Gegenstand des Unternehmens, die Höhe des Grundkapitals, der Tag der Feststellung der Satzung und die Vorstandsmitglieder. Ferner ist einzutragen, welche Vertretungsbefugnis die Vorstandsmitglieder haben. Enthält die Satzung Bestimmungen über die Dauer der Gesellschaft oder über das genehmigte Kapital, so sind auch diese Bestimmungen einzutragen. Ferner sind die Angaben nach § 13e Abs. 2 Satz 4 einzutragen (§ 13f Abs. 3). Nach § 13d Abs. 2 ist auch der Ort der Zweigniederlassung und die Firma der Zweigniederlassung einzutragen, sofern ihr ein Zusatz beigefügt ist.

IV. Änderungen der Satzung der ausländischen Gesellschaft

7   Nach § 13f Abs. 5 Satz 1 sind Änderungen der Satzung der ausländischen Gesellschaft durch den Vorstand zur Eintragung in das Handelsregister anzumelden. Da nach Abs. 5 Satz 2 für die Anmeldung § 181 Abs. 1 und 2 AktG sinngemäß gilt, soweit nicht das ausländische Recht Abweichungen nötig macht (hierzu RdNr. 4), ist der Anmeldung der vollständige Wortlaut der Satzung beizufügen. Er muß mit der Bescheinigung eines Notars versehen sein, daß die geänderten Bestimmungen der Satzung mit dem Beschluß über die Satzungsänderung und die unveränderten Bestimmungen mit dem zuletzt zum Handelsregister eingereichten vollständigen Wortlaut der Satzung übereinstimmen. Bei der Eintragung genügt, soweit nicht die Änderung Angaben nach § 39 AktG betrifft (hierzu RdNr. 6), die Bezugnahme auf die beim Gericht eingereichten Urkunden.

---

[6] BayObLGZ 1986, 351, 356; näher *Bumeder,* Die inländische Zweigniederlassung ausländischer Unternehmen im deutschen Register- und Kollisionsrecht, S. 59 ff.; *Hüffer* Anh § 45, § 13 f HGB RdNr. 3.

[7] BayObLGZ 1985, 272, 278, 280; Hachenburg/*Ulmer* § 12 RdNr. 41.

[8] *Balser-Pichura,* Zweigniederlassungen ausländischer Kapitalgesellschaften in Deutschland, 1958, S. 21 f.; *Hachenburg/Ulmer* § 12 RdNr. 33; Staub/ *Hüffer* § 13 b RdNr. 6.

[9] BayObLGZ 1985, 272, 276.

§ 13 g Zweigniederlassungen von Gesellschaften mit beschränkter Haftung mit Sitz im Ausland

(1) Für Zweigniederlassungen von Gesellschaften mit beschränkter Haftung mit Sitz im Ausland gelten ergänzend die folgenden Vorschriften.

(2) Der Anmeldung ist der Gesellschaftsvertrag in öffentlich beglaubigter Abschrift und, sofern der Gesellschaftsvertrag nicht in deutscher Sprache erstellt ist, eine beglaubigte Übersetzung in deutscher Sprache beizufügen. Die Vorschriften des § 8 Abs. 1 Nr. 2, Abs. 4 und 5 des Gesetzes betreffend die Gesellschaften mit beschränkter Haftung sind anzuwenden. Wird die Errichtung der Zweigniederlassung in den ersten zwei Jahren nach der Eintragung der Gesellschaft in das Handelsregister ihres Sitzes angemeldet, so sind in die Anmeldung auch die nach § 5 Abs. 4 des Gesetzes betreffend die Gesellschaften mit beschränkter Haftung getroffenen Festsetzungen aufzunehmen, soweit nicht das ausländische Recht Abweichungen nötig macht.

(3) Die Eintragung der Errichtung der Zweigniederlassung hat auch die Angaben nach § 10 Abs. 1 und 2 des Gesetzes betreffend die Gesellschaften mit beschränkter Haftung sowie die in § 13 e Abs. 2 Satz 4 vorgeschriebenen Angaben zu enthalten.

(4) In die Bekanntmachung der Eintragung sind außer deren Inhalt auch die in § 10 Abs. 3 des Gesetzes betreffend die Gesellschaften mit beschränkter Haftung bezeichneten Bestimmungen aufzunehmen, die dort nach § 5 Abs. 4 Satz 1 getroffenen Festsetzungen jedoch nur dann, wenn die Eintragung innerhalb der ersten zwei Jahre nach der Eintragung in das Handelsregister des Sitzes der Gesellschaft erfolgt.

(5) Änderungen des Gesellschaftsvertrages der ausländischen Gesellschaft sind durch die Geschäftsführer zur Eintragung in das Handelsregister anzumelden. Für die Anmeldung gelten die Vorschriften des § 54 Abs. 1 und 2 des Gesetzes betreffend die Gesellschaften mit beschränkter Haftung sinngemäß, soweit nicht das ausländische Recht Abweichungen nötig macht.

(6) Im übrigen gelten die Vorschriften der § 39 Abs. 1, 2 und 4, § 65 Abs. 1 Satz 1, § 67 Abs. 1, 2 und 5, § 74 Abs. 1 Satz 1 des Gesetzes betreffend die Gesellschaften mit beschränkter Haftung sinngemäß, soweit nicht das ausländische Recht Abweichungen nötig macht.

(7) Für die Aufhebung einer Zweigniederlassung gelten die Vorschriften über ihre Errichtung sinngemäß.

Schrifttum: wie zu § 13 d und § 13 e.

§ 13 g in der Fassung von 1993 (§ 13 RdNr. 1) ergänzt §§ 13 d, § 13 e für Zweignieder-   **1** lassungen von Gesellschaften mit beschränkter Haftung mit Sitz im Ausland (zur Terminologie des Gesetzes § 13 e RdNr. 3). **Die Vorschrift entspricht im wesentlichen § 13 f.** Der **Anmeldung** ist nach Abs. 2 Satz 1 der Gesellschaftsvertrag in öffentlich beglaubigter Abschrift beizufügen; ist der Gesellschaftsvertrag nicht in deutscher Sprache abgefaßt, muß eine beglaubigte Übersetzung des Gesellschaftsvertrages in deutscher Sprache der Anmeldung beigefügt werden. Eine **Straffreiheitserklärung** ist auch hier nicht abzugeben. Ebenso gilt der **Vorbehalt zugunsten des ausländischen Rechts.** Auf § 13 f RdNr. 1 bis 3 wird Bezug genommen. Nach Abs. 2 Satz 2 ist § 8 Abs. 1 Nr. 2, Abs. 4 und 5 GmbHG anzuwenden. Der Anmeldung muß demnach die Legitimation der Geschäftsführer beigefügt werden, sofern sie nicht im Gesellschaftsvertrag bestellt worden sind. In der Anmeldung ist ferner anzugeben, welche Vertretungsbefugnis die Geschäftsführer haben (Alleinvertretung oder Gesamtvertretung; ebenso Befreiung vom Verbot des Selbstkontrahierens[1]). Auf § 13 f. RdNr. 2 wird verwiesen. Auch haben die Geschäftsführer ihre Unterschrift zur Aufbewahrung bei dem Gericht zu zeichnen.

[1] BGHZ 87, 59.

2   In der Anmeldung ist u. a. die Rechtsform der Gesellschaft anzugeben (§ 13 e Abs. 2 Satz 4 Nr. 2). Ausländisch ist eine GmbH, wenn sie ihren **effektiven Verwaltungssitz im Ausland hat** (§ 13 e RdNr. 1). Als GmbH ist sie einzustufen, wenn sie der inländischen GmbH verwandte Strukturen aufweist, ihr entspricht.[2] Das ist im Wege der rechtsvergleichenden Qualifikation festzustellen (§ 13 d RdNr. 9). Anderes gilt dann, **wenn das ausländische Unternehmen seinen Sitz im EG-Ausland hat. Richtliniengebunden folgt hier die Entsprechung aus verschiedenen Richtlinien (§ 13 e RdNr. 3).**[3] Hat eine Kapitalgesellschaft (GmbH) nur ihren statutarischen, nicht aber den effektiven Verwaltungssitz in ihrem Heimatland (Briefkastenfirmen), ist ihr die Anerkennung zu versagen[4] (zur Verlegung der Hauptniederlassung oder des Sitzes in das Ausland und umgekehrt s. § 13 d RdNr. 25 ff.).

3   Die **Eintragung der Errichtung der Zweigniederlassung** enthält gemäß Absatz 3 auch die Angaben nach § 10 Absatz 1 und 2 GmbHG (Firma und Sitz **der Gesellschaft,** Gegenstand des Unternehmens, Höhe des Stammkapitals, Tag des Abschlusses des Gesellschaftsvertrages, Personen der Geschäftsführer und ihre Vertretungsbefugnis; Bestimmung über die Zeitdauer der Gesellschaft, sofern im Gesellschaftsvertrag enthalten) und die Angaben nach § 13 e Abs. 2 Satz 4. Ferner ist nach § 13 d Abs. 2 der Ort der Zweigniederlassung und die Firma der Zweigniederlassung einzutragen, sofern sie von der Firma der Hauptniederlassung abweicht. Bezüglich der Eintragung einer fremdsprachlichen Firma und ihres Rechtsformzusatzes wird auf § 13 d RdNr. 19 f. verwiesen.

4   **Bekanntzumachen** ist die Eintragung ihrem ganzen Inhalt nach. Bekanntzumachen sind auch die von § 10 Absatz 3 GmbHG erfaßten Bestimmungen, die dort nach § 5 Abs. 4 Satz 1 GmbHG getroffenen Festsetzungen einer **Sacheinlage** aber nur dann, wenn die Eintragung innerhalb der ersten zwei Jahre nach der Eintragung in das Handelsregister des Sitzes der Gesellschaft erfolgt (§ 13 g Abs. 4).

5   Nach § 13 g Abs. 5 Satz 1 sind **Änderungen des Gesellschaftsvertrages der ausländischen Gesellschaft** durch die Geschäftsführer zur Eintragung in das Handelsregister anzumelden. Da nach Abs. 5 Satz 2 für die Anmeldung § 54 Abs. 1 und 2 GmbHG sinngemäß gilt (soweit nicht das ausländische Recht Abweichungen nötig macht), ist der Anmeldung der vollständige Wortlaut des Gesellschaftsvertrages beizufügen, der mit der Bescheinigung eines Notars versehen sein muß, daß die geänderten Bestimmungen des Gesellschaftsvertrages mit dem Beschluß über die Änderung des Gesellschaftsvertrages und die unveränderten Bestimmungen mit dem zuletzt zum Handelsregister eingereichten vollständigen Wortlaut des Gesellschaftsvertrages übereinstimmen. Bei der Eintragung genügt – sofern nicht die Abänderung die in § 10 Abs. 1 und 2 GmbHG bezeichneten Angaben betrifft (hierzu oben RdNr. 3) – die Bezugnahme auf die bei dem Gericht eingereichten Urkunden über die Abänderung. Bezüglich der öffentlichen Bekanntmachung wird auf § 54 Abs. 2 Satz 2 GmbHG Bezug genommen.[5]

§ 13 h Verlegung des Sitzes einer Hauptniederlassung im Inland

(1) Wird die Hauptniederlassung eines Einzelkaufmanns oder einer juristischen Person oder der Sitz einer Handelsgesellschaft im Inland verlegt, so ist die Verlegung beim Gericht der bisherigen Hauptniederlassung oder des bisherigen Sitzes anzumelden.

[2] Heymann/*Sonnenschein/Weitemeyer* RdNr. 1; *Lutter/Hommelhoff* § 12 RdNr. 11; Hachenburg/*Ulmer* § 12 RdNr. 33.

[3] Zusammenstellungen der einer deutschen GmbH vergleichbaren ausländischen Gesellschaften bei *Lutter/Hommelhoff* § 12 RdNr. 11; Hachenburg/*Ulmer* § 12 RdNr. 33; Scholz/*Winter* § 12 RdNr. 38 – jeweils mit Nachweisen.

[4] BayObLGZ 1985, 272, 280; 1992, 113, 116; OLG München NJW 1986, 2197; OLG Oldenburg GmbHR 1990, 346; *Lutter/Hommelhoff* § 12 RdNr. 12; *Ebenroth/Eyles* DB 1988 Beilage 2/88 S. 11 ff.; vgl. auch § 13 f RdNr. 4.

[5] Vgl. auch Heymann/*Sonnenschein/Weitemeyer* RdNr. 11 f.

(2) **Wird die Hauptniederlassung oder der Sitz aus dem Bezirk des Gerichts der bisherigen Hauptniederlassung oder des bisherigen Sitzes verlegt, so hat dieses unverzüglich von Amts wegen die Verlegung dem Gericht der neuen Hauptniederlassung oder des neuen Sitzes mitzuteilen. Der Mitteilung sind die Eintragungen für die bisherige Hautniederlassung oder den bisherigen Sitz sowie die bei dem bisher zuständigen Gericht aufbewahrten Urkunden beizufügen. Das Gericht der neuen Hauptniederlassung oder des neuen Sitzes hat zu prüfen, ob die Hauptniederlassung oder der Sitz ordnungsgemäß verlegt und § 30 beachtet ist. Ist dies der Fall, so hat es die Verlegung einzutragen und dabei die ihm mitgeteilten Eintragungen ohne weitere Nachprüfung in sein Handelsregister zu übernehmen. Die Eintragung ist dem Gericht der bisherigen Hauptniederlassung oder des bisherigen Sitzes mitzuteilen. Dieses hat die erforderlichen Eintragungen von Amts wegen vorzunehmen.**

(3) **Wird die Hauptniederlassung oder der Sitz an einen anderen Ort innerhalb des Bezirks des Gerichts der bisherigen Hauptniederlassung oder des bisherigen Sitzes verlegt, so hat das Gericht zu prüfen, ob die Hauptniederlassung oder der Sitz ordnungsgemäß verlegt und § 30 beachtet ist. Ist dies der Fall, so hat es die Verlegung einzutragen.**

Schrifttum: *Bokelmann*, Das Recht der Firmen und Geschäftsbezeichnungen, 3. Aufl. 1986; *Groschuff*, Eintragungsverfahren bei Zweigniederlassung und bei Sitzverlegung nach der zum 1. Oktober 1937 in Kraft tretenden Neuregelung, JW 1937, 2425; *Wessel*, Der Sitz der GmbH, BB 1984, 1057; *Wessel/Zwernemann*, Die Firmengründung, 6. Aufl. 1994.

Übersicht

I. Überblick

Durch die Einfügung der neuen §§ 13a bis 13g im Jahre 1993 (§ 13 RdNr. 1) ist der **1** bisherige § 13c ohne Veränderungen in der Sache zu § 13h geworden. Geregelt ist das **registerrechtliche Vorgehen** bei der Verlegung der Hauptniederlassung eines Einzelkaufmanns oder einer juristischen Person oder des Gesellschaftssitzes einer Handelsgesellschaft im *Inland*. Nicht ausdrücklich erfaßt ist die Verlegung einer Zweigniederlassung, weshalb angenommen wurde, sie könne nicht verlegt, sondern nur aufgehoben und woanders neu errichtet werden (näher RdNr. 10 f.).[1] Nicht angesprochen sind auch die Verlegung von Hauptniederlassung oder Sitz in das Ausland (näher § 13d RdNr. 25 ff.) und umgekehrt. § 13h unterscheidet, ob die Hauptniederlassung oder der Sitz aus dem Gerichtsbezirk heraus (Absätze 1 und 2) oder innerhalb des Bezirks des Gerichts verlegt werden (Absätze 1 und 3). § 13h gilt auch für die GmbH, während für die AG und die KGaA (§ 278 Abs. 3 AktG) nach wie vor § 45 AktG einschlägig ist.[2]

---

[1] So Baumbach/*Hopt* eingangs RdNr. 1 im Gegensatz zu RdNr. 1 am Ende.

[2] Staub/*Hüffer* § 13c RdNr. 1.

II. Verlegung der Hauptniederlassung (des Gesellschaftssitzes) in einen anderen Gerichtsbezirk (Zuständigkeitswechsel)

2   **1. Die Verlegung.** Für die Verlegung der Hauptniederlassung des Einzelkaufmanns und des Gesellschaftssitzes der Personenhandelsgesellschaft OHG und KG gelten die gleichen Grundsätze wie für die Errichtung, Aufhebung und Verlegung von Zweigniederlassungen: es handelt sich jeweils um einen **tatsächlichen Vorgang,** und die nachfolgende Eintragung in das Handelsregister hat keine rechtsbegründende Wirkung[3] (§ 13 RdNr. 16 f.). Die Hauptniederlassung des Einzelkaufmanns befindet sich dort, von wo aus die Geschäfte dauerhaft geleitet werden (§ 13 RdNr. 6). Unternimmt der Kaufmann dies später von einem anderen Ort aus, stellt sich die Niederlassung an diesem Ort jetzt als Hauptniederlassung dar. Auch bei den Personenhandelsgesellschaften OHG und KG kommt es auf den Ort der **tatsächlichen Geschäftsführung** an (§ 13 RdNr. 27). Dieser ist selbst dann maßgebend, wenn der Gesellschaftsvertrag anderes bestimmt (§ 13 RdNr. 27). Entscheiden sich die geschäftsführenden Gesellschafter insoweit für einen anderen Ort, ist der Sitz verlegt. Unerheblich ist, ob diese Sitzverlegung eigenmächtig und entgegen dem Gesellschaftsvertrag vorgenommen wurde.[4] Die nachfolgende Eintragung im Handelsregister dokumentiert zutreffend die vorangegangene tatsächliche Veränderung des Sitzes, ohne daß der Eintragung rechtsbegründende Wirkung zukommt.[5]

3   **Anders ist das bei den Kapitalgesellschaften AG und GmbH und dem VVaG.** Die Sitzverlegung ist hier *Satzungsänderung,*[6] die erst mit der Registereintragung wirksam wird (§§ 45 Abs. 2 S. 5, 181 Abs. 3 AktG, § 54 Abs. 3 GmbHG, § 40 Abs. 3 VAG). Keine Sitzverlegung ist mithin bei AG und GmbH die tatsächliche Verlegung der Geschäftsleitung an einen anderen Ort. Vielmehr bleibt es bei dem bisherigen Sitz, bis die Satzung geändert und die Änderung in das Handelsregister eingetragen wird[7] oder das Registergericht nach den §§ 142 oder 144a FGG im Hinblick auf die zu beanstandende Sitzfestlegung in der Satzung[8] tätig geworden ist (hierzu § 13 RdNr. 31 f.).

4   **2. Anmeldung.** Sie erfolgt bei dem bisherigen Registergericht (§ 13h Abs. 1) in der Form des § 12 durch den Einzelkaufmann, sämtliche Gesellschafter bei OHG und KG (§§ 107, 108 Abs. 1, 161 Abs. 2) und die Geschäftsführer der GmbH (§ 78 GmbHG) in vertretungsberechtigter Zahl, was auch für den Vorstand der AG gilt (§ 181 Abs. 1 S. 1 AktG). Stellvertretung ist nach Maßgabe von § 12 zulässig, ebenso unechte Gesamtvertretung (Beteiligung eines Prokuristen).[9] Gemäß § 14 kann die Anmeldung durch Festsetzung von Zwangsgeld von dem Einzelkaufmann und den Personenhandelsgesellschaften erzwungen werden, nicht dagegen von AG und GmbH (§ 407 Abs. 2 AktG, § 79 Abs. 2 GmbHG).

5   **3. Die Aufgaben des bisherigen Registergerichts.** Es prüft ausschließlich die **förmliche** Richtigkeit der Anmeldung.[10] Ist diese nicht zu beanstanden, teilt es dem Gericht der neuen Hauptniederlassung oder des neuen Sitzes nach § 13h Abs. 2 Satz 1 und 2 unverzüglich die Verlegung von Amts wegen mit unter Beifügung der Eintragungen für die bisherige Hauptniederlassung oder den bisherigen Sitz und der bei ihm aufbewahrten Urkunden (§ 24 Abs. 4 Aktenordnung). Das neue Registergericht prüft die sachliche Richtigkeit der Sitzverlegung (näher RdNr. 6) und trägt die Verlegung in sein Register ein, was

[3] Staub/*Hüffer* § 13c RdNr. 2; Koller/*Roth*/Morck RdNr. 1.
[4] AG Koblenz BB 1967, 430.
[5] Staub/*Hüffer* § 13c RdNr. 2.
[6] OLG Köln BB 1984, 1065 f.; *Hüffer* § 45 RdNr. 2, 4; Koller/*Roth*/Morck RdNr. 1. Hachenburg/*Ulmer* § 3 RdNr. 16; Scholz/*Priester* § 54 RdNr. 8.

[7] KGJ 13, 42, 45; Hachenburg/*Ulmer* § 3 RdNr. 16.
[8] Hierzu BayObLG BB 1981, 870 f.; BayObLGZ 1982, 140, 143; *Wessel* BB 1984, 1057, 1059.
[9] Staub/*Hüffer* § 13c RdNr. 4; *Hüffer* § 45 RdNr. 2.
[10] OLG Köln Rpfleger 1975, 251 f.; LG Düsseldorf BB 1966, 1036; Baumbach/*Hopt* RdNr. 2; Staub/*Hüffer* § 13c RdNr. 5.

es dem Gericht der bisherigen Hauptniederlassung (des bisherigen Sitzes) mitteilt. Letzteres verfährt nun nach § 20 HRV. Es vermerkt die Verlegung auf dem bisherigen Registerblatt in der Spalte 2 und in der Spalte „Rechtsverhältnisse"; die dort befindlichen Eintragungen sind danach rot zu unterstreichen. Auf dem bisherigen Registerblatt ist in der Spalte „Bemerkungen" auf das Registerblatt des neuen Registergerichts zu verweisen (und umgekehrt).

4. Das Vorgehen des neuen Registergerichts. Es hat materiell zu prüfen, ob die **6** Hauptniederlassung oder der Sitz ordnungsgemäß verlegt und ob § 30 bezüglich der Unterscheidbarkeit der Firmen genügt ist,[11] § 13h Abs. 2 Satz 3. Die Prüfung, ob der Sitz ordnungsgemäß verlegt ist, bedeutet für die AG und die GmbH die Feststellung, daß ein wirksamer satzungsändernder Beschluß vorliegt (RdNr. 3). Auf den tatsächlichen Vollzug der Sitzverlegung kommt es hier – ganz im Gegensatz zu dem Einzelkaufmann und den Personenhandelsgesellschaften (RdNr. 2), wo das Registergericht (unter Beteiligung der Industrie- und Handelskammer) den tatsächlichen Vollzug der Verlegung zu prüfen hat[12] – nicht an.[13] Das Registergericht darf aber, soweit es um die Eintragung der Verlegung geht, **nur** die Voraussetzungen der Verlegung prüfen und die Eintragung nicht aus sonstigen Gründen (etwa weil es Bedenken gegen den aus dem bisherigen Sitz entlehnten Ortszusatz im Firmennamen hat[14]) ablehnen. § 13h Abs. 2 Satz 4 schreibt ausdrücklich vor, daß die dem neuen Registergericht mitgeteilten Eintragungen **ohne weitere Nachprüfung** in sein Handelsregister zu übernehmen sind.[15] Nach erfolgter Eintragung steht es dem neuen Registergericht aber frei, nach § 142 FGG vorzugehen, wenn es Bedenken gegen übernommene Eintragungen hat.[16]

Die Eintragungen sind durch das alte und das neue Registergericht nach § 10 **bekannt-** **7** **zumachen.** Bei vorhandenen Zweigniederlassungen muß die Verlegung der Hauptniederlassung oder des Gesellschaftssitzes nach Maßgabe von § 13c auch in die Register der Zweigniederlassungen eingetragen werden.[17]

Nicht selten werden zusammen mit der Verlegung der Hauptniederlassung oder des Sit- **8** zes einer Handelsgesellschaft auch **weitere Änderungen des Gesellschaftsvertrages** (der Satzung) bei dem Gericht der bisherigen Hauptniederlassung oder des bisherigen Sitzes angemeldet. Jedenfalls bei der GmbH und der AG kann über die Anmeldung, die neben einer Sitzverlegung weitere gleichzeitig beschlossene Änderungen der Satzung betrifft, **nur** **einheitlich entschieden werden.** Eine Aufteilung in selbständige anmeldefähige Vorgänge, für die verschiedene Gerichte zuständig sind (bisheriges und neues Registergericht), ist schon deshalb nicht möglich, weil sonst einander widersprechende Entscheidungen in der Sache ergehen könnten. Nach § 13h Abs. 2 Satz 3 ist das Gericht der neuen Hauptniederlassung oder des neuen Sitzes zur abschließenden formellen und materiellen Prüfung der bei AG und GmbH die Sitzverlegung in Verbindung mit der Eintragung erst herbeiführenden Satzungsänderung berufen. Zufolge der notwendigen einheitlichen Entscheidung muß das auch für die beantragten weiteren Eintragungen gelten. Das Registergericht des neuen Sitzes ist daher hier für die Prüfung der Anmeldung (und nachfolgende Eintragung) *insgesamt örtlich zuständig*.[18] Soweit bei dem Einzelkaufmann und den Personenhandelsgesellschaften die Verlegung der Hauptniederlassung (des Sitzes) und etwa eine Firmenänderung oder eine Änderung im Gesellschafterbestand (§ 107) in getrennte Vorgänge aufge-

---

[11] OLG Köln Rpfleger 1975, 251 f.; OLG Köln BB 1984, 1065 f.

[12] Staub/*Hüffer* § 13c RdNr. 6.

[13] OLG Köln BB 1984, 1065 f.; Staub/*Hüffer* § 13c RdNr. 6; Heymann/*Sonnenschein/Weitemeyer* RdNr. 5.

[14] OLG Oldenburg BB 1977, 12 f.; Heymann/ *Sonnenschein/Weitemeyer* RdNr. 5.

[15] Vgl. auch BayObLG BB 1987, 359.

[16] KGJ 44 A 152, 153; OLG Oldenburg BB 1977, 12 f.; Staub/*Hüffer* RdNr. 6; Heymann/*Sonnenschein/Weitemeyer* RdNr. 5; Baumbach/*Hopt* RdNr. 3.

[17] Staub/*Hüffer* § 13c RdNr. 6; Heymann/*Sonnenschein/Weitemeyer* RdNr. 6.

[18] OLG Hamm NJW-RR 1991, 1001, 1002; *Buchberger*, Anmerkung zu LG Mannheim (Rpfleger 1990, 301), Rpfleger 1990, 513 f., jeweils mit eingehenden Nachweisen.

spalten werden können (zumal sich die Verlegung der Hauptniederlassung oder des Sitzes hier als rein tatsächlicher Akt darstellt und die Eintragung nur rechtsbekundende Wirkung beansprucht), ist das Registergericht des neuen Sitzes jedenfalls dann allein für die Prüfung und Eintragung aller Vorgänge zuständig, wenn eine *einheitliche* Anmeldung vorliegt.

III. Verlegung der Hauptniederlassung (des Gesellschaftssitzes) innerhalb des Gerichtsbezirks

9   Das zuständige Registergericht wechselt nicht. Die Verlegung ist bei ihm anzumelden. Das Gericht hat nur zu prüfen, ob Hauptniederlassung oder Sitz ordnungsgemäß verlegt und § 30 genügt ist. Trifft das zu, hat das Gericht die Verlegung einzutragen und nach § 10 bekanntzumachen. Zu vorhandenen Zweigniederlassungen wird auf RdNr. 7 verwiesen.

IV. Die Verlegung einer Zweigniederlassung

10   Errichtung und Auflösung von Zweigniederlassungen sind *tatsächliche Vorgänge*. Der nachfolgenden Eintragung in das Handelsregister kommt nur deklaratorische Bedeutung zu (§ 13 RdNr. 16 f.). Ebenso ist das bei der Verlegung einer Zweigniederlassung. Die Frage nach der rechtlichen Zulässigkeit der Verlegung, die sich *faktisch* vollzieht, stellt sich daher nicht.[19] Ist die Zweigniederlassung umgezogen, ist das als Sitzverlegung in das Register einzutragen. Ob es sich um einen Umzug oder die Aufhebung einer bisherigen Zweigniederlassung und die Neuerrichtung einer anderen handelt, ist nach den tatsächlichen Umständen im Einzelfall zu entscheiden.[20] Von **Aufhebung und Neuerrichtung** ist etwa dann auszugehen, wenn sich ein Unternehmen aus wirtschaftlichen Gründen (Konkurrenzverhältnisse) zur Schließung einer Zweigniederlassung genötigt sieht und an einem anderen Ort eine neue Zweigniederlassung aufbaut. Wird dagegen eine Zweigniederlassung identitätswahrend unter Beibehaltung ihres Arbeitsbereichs und ihrer Organisation an einen anderen Ort verlegt, büßt sie nicht ihre Existenz ein und muß nicht „ihre Bücher schließen, um an dem anderen Ort mit ihrem Geschäftsbetrieb neu zu beginnen".[21] Würde man eine Verlegung nicht zulassen, könnte im übrigen der bisherige Firmenname für die Zweigniederlassung nicht fortgeführt werden, weil er mit der Aufhebung der Zweigniederlassung erlöschen würde.[22]

11   Die **registerrechtliche Behandlung** der Verlegung einer Zweigniederlassung ist umstritten. Zum Teil wird die Verlegung entsprechend § 13 h behandelt,[23] zum Teil wird auf die §§ 13, 13 h (= §§ 13, 13 c aF) in sinngemäßer Anwendung abgestellt.[24] Sachgerechter ist wohl die Verlegung der Zweigniederlassung nach § 13 c (früher § 13 a) abzuwickeln, um das Verfahren, wie es § 13 c vorsieht, beim Gericht der Hauptniederlassung oder des Gesellschaftssitzes zu konzentrieren.[25] Im übrigen ist nach § 31 Abs. 1 die Verlegung an einen anderen Ort ebenso anzumelden wie die Änderung einer Firma, die zweifelsfrei § 13 c unterfällt, was daher auch für die Verlegung gelten muß.[26]

[19] Staub/*Hüffer* § 13 a RdNr. 9.
[20] OLG Stuttgart Rpfleger 1964, 374 f. mit Anm. *Schmatz* = BB 1963, 1152 mit Anm. *Wessel*; *Bokelmann* Firmenrecht RdNr. 883; Staub/*Hüffer* § 13 a RdNr. 9.
[21] OLG Stuttgart Rpfleger 1964, 374, 375; Schlegelberger/*Hildebrandt/Steckhan* § 13 c RdNr. 10.
[22] LG Mönchengladbach BB 1958, 929; vgl. auch LG Köln NJW 1951, 75 f.; aA *Groschuff* JW 1937, 2425, 2429: keine Verlegung, weil die Zweigniederlassung „keinen Sitz im Rechtssinne" habe.

[23] Baumbach/*Hopt* RdNr. 1; Schlegelberger/*Hildebrandt/Steckhan* § 13 c RdNr. 10.
[24] OLG Stuttgart Rpfleger 1964, 374 f. mit zustimm. Anm. *Schmatz* = BB 1963, 1152 mit Anm. *Wessel*, der § 13 direkt oder entsprechend anwenden will.
[25] Staub/*Hüffer* § 13 a RdNr. 10; Heymann/*Sonnenschein/Weitemeyer* RdNr. 10; Koller/*Roth*/Morck RdNr. 3.
[26] Staub/*Hüffer* § 13 a RdNr. 10.

§ 14 [Festsetzung von Zwangsgeld]

Wer seiner Pflicht zur Anmeldung, zur Zeichnung der Unterschrift oder zur Einreichung von Schriftstücken zum Handelsregister nicht nachkommt, ist hierzu von dem Registergericht durch Festsetzung von Zwangsgeld anzuhalten. Das einzelne Zwangsgeld darf den Betrag von zehntausend Deutsche Mark nicht übersteigen.

Schrifttum: *Ammon,* Die Anmeldung zum Handelsregister DStR 1993, 1025; *Bassenge,* Tatsachenermittlung, Rechtsprüfung und Ermessensausübung in den registergerichtlichen Verfahren nach §§ 132 bis 144 FGG, Rpfleger 1974, 173, 174 f.; *Bokelmann,* Der Einblick in das Handelsregister, DStR 1991, 945.

Übersicht

I. Zweck der Vorschrift

§ 14 gibt dem Registergericht die Möglichkeit, die Erfüllung bestimmter registerrechtlicher Verpflichtungen (Anmeldung, Zeichnung der Unterschrift, Einreichung von Schriftstücken zum Handelsregister) zu erzwingen. Soweit im Fall von § 36 (Unternehmen öffentlicher Körperschaften) nach freiwilliger Eintragung ergänzende Eintragungspflichten bestehen, ist § 14 auf die öffentliche Hand nicht anwendbar und ein Zwangsverfahren unzulässig (Lieb § 36 RdNr. 11). Der **Registerzwang** will nicht die Säumnis als solche bestrafen, sondern die Erfüllung gesetzlich vorgeschriebener Verbindlichkeiten öffentlich-rechtlicher Natur durchsetzen. Die Festsetzung von Zwangsgeld stellt sich als **Beugemittel** dar.[1] Der Einordnung kommt Bedeutung zu. Ist etwa Zwangsgeld festgesetzt worden, um die Anmeldung des Erlöschens einer Firma durchzusetzen und meldet der Verpflichtet an, bevor das Zwangsgeld bezahlt oder beigetrieben ist, so muß die Festsetzung wegen veränderter Umstände wieder aufgehoben werden. Eine Beitreibung kommt nicht mehr in Betracht, weil der erstrebte Zweck (die Anmeldung) erreicht ist.[2] Die Festsetzung von Zwangsgeld ist (beispielhaft) ferner in § 37 Abs. 1 (Ordnungsgeld),[3] §§ 407 Abs. 1, 408 AktG, § 79 Abs. 1 GmbHG, § 160 GenG und § 43 Abs. 2 Satz 2 KWG vorgesehen. 1

II. Die Grenzen des Registerzwangs

Gesetzlich vorgeschriebene Pflichten zur Anmeldung, Zeichnung der Unterschrift oder Einreichung von Schriftstücken **können (und müssen) erzwungen werden.** Neben § 14 ermächtigen die §§ 37, 125 a Abs. 2, 177 a, 335 zur Ausübung von Registerzwang. Das Verfahren ist in den §§ 132 ff. FGG geregelt. Die Anmeldepflicht kann auch ohne *ausdrückliches* gesetzliches Gebot bestehen. Sind Tatsachen ausnahmsweise ohne gesetzliche Festlegung eintragungsfähig und eintragungspflichtig (näher § 8 RdNr. 31 ff.), besteht auch eine Anmeldeverpflichtung, die dem Registerzwang unterliegt. Das gilt auch für Änderungen in den Personalien der Gesellschafter nach § 106 Abs. 2 (§ 8 RdNr. 40).[4] 2

Zum Teil schließt das Gesetz selbst die Erzwingbarkeit einer Anmeldung ausdrücklich aus (§§ 407 Abs. 2 Satz 1, 408 AktG, § 79 Abs. 2 GmbHG). Die Anmeldung einer AG oder GmbH – erst mit der Eintragung entsteht die jeweilige Kapitalgesellschaft, 3

---

[1] RGZ 2, 223, 224; KGJ 31 A 201, 203; 37 A 182, 183; Heymann/*Sonnenschein*/*Weitemeyer* RdNr. 1; Staub/*Hüffer* RdNr. 1.
[2] BayObLGZ 1955, 124, 130; LG Waldshut BB 1962, 386; *Lutter*/*Hommelhoff* § 79 RdNr. 2; *Ammon* DStR 1993, 1025, 1031.

[3] Näher Erl. § 37; vgl. auch *Bassenge* Rpfleger 1974, 173, 174 f.
[4] Heymann/*Sonnenschein*/*Weitemeyer* RdNr. 2; Koller/*Roth*/Morck RdNr. 2; Staub/*Hüffer* RdNr. 2; aA KGJ 29 A 213; OLG Hamburg KGJ 36 A 263.

so daß das Register mangels Eintragung bis dahin nicht falsch sein kann – unterliegt keinem Zwang des Registergerichts.[5] Es besteht keine öffentlich-rechtliche Anmeldepflicht. Die Gründer entscheiden, ob die Gesellschaft angemeldet werden soll. Privatrechtlich dagegen kann eine Pflicht zur Anmeldung gegeben sein (s. § 16 RdNr. 3).[6] Gleiches gilt für die Anmeldung von Satzungsänderungen bei Kapitalgesellschaften (§ 54 GmbHG, § 181 AktG).

4   Bei einer nicht erzwingbaren Anmeldung (RdNr. 3) ist **§ 14 überhaupt nicht anwendbar.** Wird angemeldet und fehlen etwa Schriftstücke nach § 8 Abs. 1 GmbHG oder § 37 Abs. 4 AktG, so ist die Anmeldung (weil unvollständig) fehlerhaft und zurückzuweisen, sofern der Mangel nicht auf eine Zwischenverfügung des Registergerichts hin behoben wird.[7] Ist trotz unvollständiger Anmeldung die Gesellschaft dennoch eingetragen worden, soll die Festsetzung von Zwangsgeld zulässig sein, um die Beibringung des Fehlenden zu bewirken.[8]

5   **Erzwingbarkeit der Anmeldung nach § 14, wenn Amtslöschung möglich ist?** Für den Fall der vorgeschriebenen Anmeldung des Erlöschens einer Firma bestimmt § 31 Abs. 2 Satz 2 das Nebeneinander der Maßnahmen: zunächst § 14, danach bei Erfolglosigkeit Amtslöschung nach § 141 FGG. Das gilt auch allgemein für den Fall, daß es um die Löschung einer unzulässigen Eintragung im Handelsregister nach den §§ 142 ff. FGG geht. Zunächst muß schon deshalb nach § 14 vorgegangen werden, um im Rahmen dieses Verfahrens festzustellen, ob überhaupt ein anmeldepflichtiger Tatbestand vorliegt; die Klärung des Sachverhalts erfolgt im Einspruchsverfahren.[9] Das Verfahren nach den §§ 142 ff. FGG schließt sich an.[10]

6   Besteht eine öffentlich-rechtliche Anmeldepflicht und liegt eine ordnungsgemäße Anmeldung vor, **muß das Registergericht unverzüglich eintragen** (und gemäß § 10 veröffentlichen). **Es darf die Eintragung nicht von der Erfüllung anderer Pflichten abhängig machen** und im Eintragungsverfahren nicht im Ergebnis **Registerzwang** ausüben. Scheidet etwa aus einer GmbH & Co. KG die Komplementär-GmbH aus und tritt an ihre Stelle eine natürliche Person, darf die Eintragung des Gesellschafterwechsels nicht deshalb verweigert werden, weil nunmehr der Firmenbestandteil „GmbH" täuscht. Das Registergericht muß vielmehr *nach* der Eintragung gegen den unzulässigen Firmengebrauch nach § 37 HGB, § 140 FGG vorgehen oder ein Amtslöschungsverfahren nach § 142 FGG einleiten.[11] Die Eintragung einer OHG darf nicht verweigert werden, bis die vertretungsberechtigten Gesellschafter die Firma und ihre Namensunterschrift zur Aufbewahrung bei dem Gericht gezeichnet haben. Gegen die Zeichnungspflichtigen muß das Gericht *getrennt* nach § 14 vorgehen, nachdem es die OHG eingetragen hat.[12] Eine **„Verkoppelung von Pflichten"**[13] stellt sich als **unzulässiger Registerzwang** dar.[14]

III. Die Normadressaten

7   Ist eine **natürliche Person** zur Anmeldung, Zeichnung oder Einreichung von Schriftstücken verpflichtet, trifft sie auch der Registerzwang. Den Verpflichteten bestimmt das Gesetz. So ist nach § 29 jeder Kaufmann verpflichtet, seine Firma und den Ort seiner Handelsniederlassung anzumelden. Die Erteilung der Prokura ist nach § 53 Abs. 1 von dem

---

[5] LG Suttgart BB 1963, 1396.
[6] Näher für die GmbH Hachenburg/*Ulmer* § 7 RdNr. 5 ff.
[7] Staub/*Hüffer* RdNr. 8.
[8] KGJ 41 A 123, 130; Staub/*Hüffer* RdNr. 8.
[9] Vgl. OLG Dresden JW 1933, 1036 mit Anm. *Hoeniger* für die Verpachtung eines Gewerbebetriebes; LG Limburg BB 1963, 324; aA OLG Jena KGJ 44, 336, 338; wie hier Koller/*Roth*/Morck RdNr. 5.

[10] Baumbach/*Hopt* RdNr. 1; Koller/*Roth*/Morck RdNr. 1; anders Staub/*Hüffer* RdNr. 10.
[11] BayObLGZ 1988, 51, 54 = WM 1988, 710, 711.
[12] KGJ 37 A 138; BGH NJW 1977, 1879; KG NJW 1965, 254 und NJW 1985, 736, 738; Baumbach/*Hopt* RdNr. 1; Heymann/*Sonnenschein/Weitemeyer* RdNr. 3.
[13] Staub/*Hüffer* RdNr. 11.
[14] BayObLGZ 1988, 51, 54.

Inhaber des Handelsgeschäfts anzumelden; der Prokurist ist weder zur Anmeldung verpflichtet, noch ist er Adressat des Zwangsgeldes nach § 14.[15] Nach § 108 Abs. 1 sind die Anmeldungen der §§ 106, 107 von sämtlichen Gesellschaftern zu bewirken und nicht von der Gesellschaft als solcher. Nach Beendigung der Liquidation haben die Liquidatoren das Erlöschen der Firma anzumelden (§ 157 Abs. 1). Die genannten Personen sind ebenfalls Adressat des Zwangsgeldes. Das gilt auch dann, wenn sie zur Anmeldung einen **Bevollmächtigten** bestellt haben, weil die Verpflichtung zur Anmeldung nicht auf ihn übergeht.[16] Im Fall des **Konkurses** trifft die Anmeldepflicht aber den Konkursverwalter,[17] gegen den auch das Zwangsgeld festzusetzen ist.[18] Sind von **mehreren Anmeldepflichtigen** nicht alle säumig, ist nur gegen die Säumigen gemäß § 14 vorzugehen.[19]

Die **juristische Person als solche** ist in der Regel nicht zur Anmeldung verpflichtet 8 (§ 407 Abs. 1 AktG, § 78 GmbHG). Verpflichtet sind die Mitglieder der Vertretungsorgane,[20] die gleichfalls Adressat des Zwangsgeldes sind. Letzteres gilt auch dann, wenn ausnahmsweise die juristische Person *selbst* (etwa als Gesellschafterin einer Personenhandelsgesellschaft oder als Liquidator[21]) die Anmeldeverpflichtung trifft. Anmeldepflichtiger und Adressat des Zwangsgeldes sind hier ausnahmsweise nicht identisch.[22]

IV. Das Verfahren

Es ist in den **§§ 132 bis 139 FGG** geregelt. Der Einleitung des Verfahrens nach § 132 9 FGG folgt die Festsetzung von Zwangsgeld (§ 133 FGG). Das Rechtfertigungsverfahren (auf Einspruch nach den §§ 134 ff. FGG) kann sich anschließen.[23] Im einzelnen: sobald das Registergericht von einem sein Einschreiten rechtfertigenden Sachverhalt glaubhaft erfährt (der volle Nachweis des wirklichen Sachverhalts ist erst im Einspruchsverfahren erforderlich[24]), hat es dem Beteiligten einleitend durch der Zustellung bedürftige Verfügung (§ 16 Abs. 2 FGG) unter Androhung eines **bezifferten Ordnungsgeldes**[25] aufzugeben, innerhalb einer bestimmten Frist seiner gesetzlichen Verpflichtung nachzukommen oder die Unterlassung mittels Einspruchs gegen die Verfügung zu rechtfertigen. Insbesondere muß in der Verfügung die gesetzliche Verpflichtung, der der Beteiligte nachkommen soll, genau bezeichnet werden.[26] Der Beteiligte *muß* auf die Möglichkeit hingewiesen werden, sein Verhalten durch Einspruch zu rechtfertigen.[27] Die Frist muß angemessen sein,[28] und endlich muß die Verfügung unbedingt die Androhung des Zwangsgeldes enthalten,[29] das *ziffernmäßig* anzugeben ist; die Bezeichnung des Rahmens genügt nicht.[30] Fehlt es an Aufforderung, Androhung oder Fristsetzung, ist „das ganze weitere Verfahren nichtig"[31] und die Zwangsgeldfestsetzung nach § 133 FGG nicht mehr möglich.

Eine Beschwerde gegen die einleitende Verfügung gibt es nicht (§ 132 Abs. 2 FGG). 10 Möglich ist der **Einspruch** mit dem Ziel, die durch die Strafandrohung gerügte Unterlassung zu rechtfertigen.[32] Einspruchsberechtigt sind diejenigen natürlichen Personen, an die sich die Einleitungsverfügung richtet. Die Unterzeichnung der Einspruchsschrift mit der

[15] BayObLG OLGRspr. 29, 301, 302; Koller/*Roth*/Morck RdNr. 3.
[16] BayObLG KGJ 35 A 354, 356; BayObLG BB 1982, 1075, 1076; Baumbach/*Hopt* RdNr. 2; Heymann/*Sonnenschein*/*Weitemeyer* RdNr. 4; Staub/*Hüffer* RdNr. 13.
[17] BGH NJW 1981, 822.
[18] Staub/*Hüffer* RdNr. 13; Heymann/*Sonnenschein*/*Weitemeyer* RdNr. 4.
[19] Staub/*Hüffer* RdNr. 1; Heymann/*Sonnenschein*/*Weitemeyer* RdNr. 4; Koller/*Roth*/Morck RdNr. 3.
[20] KG OLGRspr. 4, 463; Heymann/*Sonnenschein*/*Weitemeyer* RdNr. 4.
[21] KG HRR 1933 Nr. 1441.
[22] Näher Staub/*Hüffer* RdNr. 16 f.
[23] Näher *Bassenge* Rpfleger 1974, 173, 174 f.
[24] BayObLGZ 1978, 319, 322; näher zu dem Registerzwangsverfahren *Ammon* DStR 1993, 1025, 1030 ff.
[25] KG OLGRspr. 12, 410, 412.
[26] KGJ 37 A 177 und A 182; KGJ 49, 138.
[27] KG OLGRspr. 5, 274.
[28] OLG Karlsruhe OLGRspr. 36, 193.
[29] KGJ 37 A 177, 179.
[30] KG OLGRspr. 12, 410, 412.
[31] KGJ 37 A 177, 179.
[32] Hierzu KGJ 22 A 8, 11; 37 A 188; Anm. *Keidel* Rpfleger 1955, 134 zu LG Mannheim Rpfleger 1955, 132.

Firma statt dem bürgerlichen Namen des beteiligten Kaufmanns schadet nicht,[33] die Unterzeichnung mit der Firma einer OHG rechtfertigt regelmäßig die Annahme, daß der Einspruch von den Gesellschaftern eingelegt worden ist.

11   Bei **begründetem Einspruch** hebt das Gericht die erlassene Einleitungsverfügung auf. Ist der Einspruch unbegründet, wird der Einspruch verworfen und das angedrohte Zwangsgeld festgesetzt; je nach den Umständen kann das Gericht aber auch von der Festsetzung eines Zwangsgeldes ganz absehen oder ein geringeres festsetzen (§ 135 Abs. 2 FGG). Gleichzeitig mit der Verwerfung des Einspruchs und der Entscheidung über die Straffestsetzung erläßt das Gericht (nicht notwendig in demselben Beschluß) erneut eine Verfügung nach § 132 FGG.

12   Gegen die Festsetzung des Zwangsgeldes und gegen die Verwerfung des Einspruchs kann der Betroffene **sofortige Beschwerde** einlegen (§ 139 Abs. 1 FGG). Ist das Zwangsgeld nach § 133 FGG (Versäumung der Einspruchsfrist) festgesetzt worden, kann die Beschwerde nicht darauf gestützt werden, daß die Verfügung, durch welche die Strafe angedroht worden ist, nicht gerechtfertigt gewesen sei (§ 139 Abs. 2 FGG). Denn der Beteiligte hätte Mängel der Einleitungsverfügung im Einspruchsverfahren geltend machen müssen.[34] Doch kann die Beschwerde darauf gestützt werden, daß die Einspruchsfrist nicht schuldhaft versäumt worden ist.[35]

§ 15 [Publizität des Handelsregisters]

(1) Solange eine in das Handelsregister einzutragende Tatsache nicht eingetragen und bekanntgemacht ist, kann sie von demjenigen, in dessen Angelegenheiten sie einzutragen war, einem Dritten nicht entgegengesetzt werden, es sei denn, daß sie diesem bekannt war.

(2) Ist die Tatsache eingetragen und bekanntgemacht worden, so muß ein Dritter sie gegen sich gelten lassen. Dies gilt nicht bei Rechtshandlungen, die innerhalb von fünfzehn Tagen nach der Bekanntmachung vorgenommen werden, sofern der Dritte beweist, daß er die Tatsache weder kannte noch kennen mußte.

(3) Ist eine einzutragende Tatsache unrichtig bekanntgemacht, so kann sich ein Dritter demjenigen gegenüber, in dessen Angelegenheiten die Tatsache einzutragen war, auf die bekanntgemachte Tatsache berufen, es sei denn, daß er die Unrichtigkeit kannte.

(4) Für den Geschäftsverkehr mit einer in das Handelsregister eingetragenen Zweigniederlassung ist im Sinne dieser Vorschriften die Eintragung und Bekanntmachung durch das Gericht der Zweigniederlassung entscheidend.

Übersicht

---

[33] KGJ 31 A 206, 213.
[34] KG OLGRspr. 5, 275; LG Landau Rpfleger 1970, 244; *Keidel* (Fn. 32) Rpfleger 1955, 134.

[35] KGJ 26 A 75.

Schrifttum: *Altmeppen,* Disponibilität des Rechtsscheins, 1993; *Axer,* Abstrakte Kausalität – ein Grundsatz des Handelsrechts?, 1986; *Beuthien,* Fragwürdige Rechtsscheinsgrenzen im neuen § 15 III HGB, NJW 1970, 2283; *ders.,* Sinn und Grenzen der Rechtsscheinhaftung nach § 15 III HGB, Festschrift für Reinhardt, 1972, S. 199; *Canaris,* Vertrauenshaftung im deutschen Privatrecht, 1971, S. 151 ff.; *Deschler,* Handelsregisterpublizität und Verkehrsschutz, Diss. Tübingen 1977; *Hager,* Das Handelsregister, Jura 1992, 57; *P. Hofmann,* Das Handelsregister und seine Publizität, JA 1980, 264; *A. Hueck,* Gilt § 15 I HGB auch beim Erlöschen und bei der Änderung nicht eingetragener aber eintragungspflichtiger Rechtsverhältnisse?, AcP 118 (1920), 350; *ders.,* Der Scheinkaufmann, ArchBürgR 43 (1919), 415; *John,* Fiktionswirkung oder Schutz typisierten Vertrauens durch das Handelsregister, ZHR 140 (1976), 236; *Limbach,* Die Lehre vom Scheinkaufmann, ZHR 134 (1970), 289; *Mossler,* Die Rechtsscheinhaftung im Handelsrecht, Diss. Münster 1974; *Nickel,* Der Scheinkaufmann (Wandlung einer Lehre in acht Jahrzehnten), JA 1980, 566; *Nitschke,* Die Wirkung von Rechtsscheintatbeständen zu Lasten Geschäftsunfähiger und beschränkt Geschäftsfähiger, JuS 1968, 541; *v. Olshausen,* Rechtsschein und „Rosinentheorie" oder Vom guten und vom schlechten Tropfen, AcP 189 (1989), 223; *ders.,* Neuerungen im System der handelsrechtlichen Rechtsscheingrundsätze, BB 1970, 137; *ders.,* Wider den Scheinkaufmann des ungeschriebenen Rechts, Festschrift für Raisch, 1995, S. 147; *Pahl,* Haftungsrechtliche Folgen versäumter Handelsregistereintragung und Bekanntmachung, 1987; *Schilken,* Abstrakter und konkreter Vertrauensschutz im Rahmen des § 15 HGB, AcP 187 (1987), 1; *K. Schmidt,* Ein Lehrstück zu § 15 I HGB – BGH, NJW 1991, 2566, JuS 1991, 1002; *ders.,* Sein-Schein-Handelsregister, JuS 1977, 209; *Steckhan,* Grenzen des öffentlichen Glaubens der Handelsregisterbekanntmachung, DNotZ 1971, 211.

I. Allgemeines

1 **1. Regelungsgegenstand.** § 15 regelt die privatrechtlichen Publizitätswirkungen des Handelsregisters. Dabei befaßt sich § 15 Abs. 1 mit den Folgen des **Unterbleibens** von Eintragung und Bekanntmachung, § 15 Abs. 2 mit den Folgen **richtiger** Eintragung und Bekanntmachung, § 15 Abs. 3 mit den Folgen **unrichtiger** (Eintragung und) Bekanntmachung, und § 15 Abs. 4 stellt klar, daß es für Zweigniederlassungen auf die Eintragungen und Bekanntmachungen beim Gericht der Zweigniederlassung, nicht auf diejenigen beim Gericht der Hauptniederlassung, ankommt.

2 **2. Gesetzesgeschichte. Vorläufer** des § 15 Abs. 1, 2[1] waren zahlreiche Einzelregelungen des ADHGB,[2] die bemerkenswerterweise ausschließlich Veränderungen oder Löschungen der im Handelsregister eingetragenen Rechtsverhältnisse (sog. Sekundärtatsachen – dazu noch RdNr. 17[3]) erfaßten. Eine § 15 Abs. 3 entsprechende Regelung gab es nicht. Vorbild des heutigen § 15 Abs. 4 HGB ist Art. 233 Abs. 2 S. 2 ADHGB. Das HGB vom 10. Mai 1897[4] faßte die Vorläuferregelungen unter dem Abstraktum der „in das Handelsregister einzutragenden Tatsache" zusammen. Durch das Gesetz zur Durchführung der ersten Richtlinie des Rates der europäischen Gemeinschaften zur Koordinierung des Gesellschaftsrechts vom 15. 8. 1969[5] wurden § 15 Abs. 2 geändert, **der heutige § 15 Abs. 3 eingefügt** und der damalige Abs. 3 in den heutigen Abs. 4 umbenannt. § 15 Abs. 2 S. 1 hatte bis dahin einen zweiten Halbsatz: „Es sei denn, daß er sie weder kannte, noch kennen mußte". Diese zeitlich unbegrenzte Beweislastregel wurde durch den heutigen § 15 Abs. 2 S. 2 ersetzt, der Art. 3 Abs. 5 der ersten Gesellschaftsrechtsrichtlinie (Publizitätsrichtlinie) vom 9. 3. 1968[6] umsetzte. § 15 Abs. 3 beruht auf Art. 3 Abs. 6 der Richtlinie, der für den Fall von richtiger Eintragung und unrichtiger Bekanntmachung verlangt, daß sich der Dritte grundsätzlich auf die Bekanntmachung berufen kann. Der deutsche Gesetzgeber ging dabei insoweit über die Richtlinie hinaus, als er die Umsetzung der Richtlinie nicht auf Kapitalgesellschaften beschränkte.

2 **3. Normzweck.** Die Vorschrift verfolgt (zumindest) **zwei** verschiedene, wenn auch miteinander zusammenhängende **Zwecke**: Zum einen ermöglicht es die häufig zu sehr in den Hintergrund gedrängte Regelung des § 15 Abs. 2 dem Kaufmann, den Rechtsverkehr über besonders wichtige (und daher eintragungspflichtige) wahre Tatsachen durch Eintragung und Bekanntmachung **richtig** zu informieren und damit den Einwand Dritter, man habe davon nichts gewußt, auszuschließen. Damit kommt § 15 Abs. 2 in bezug auf den eintragungspflichtigen Kaufmann eine ganz wichtige Entlastungsfunktion zu, da sie ihm ebenso unzuverlässige wie aufwendige anderweitige Informationen erspart.[7] Angesichts dessen ist gegenüber neueren Bestrebungen,[8] § 15 Abs. 2 zu Lasten des Kaufmanns zurückzudrängen, Zurückhaltung angebracht.[9]

4 Zum anderen verfolgt § 15 für den **Störungs**fall der **Unrichtigkeit** der Registerverlautbarung das weitere Ziel, **Dritten** Schutz zu gewähren. Dabei ist zwischen **primärer** Unrichtigkeit – Eintragung und/oder Bekanntmachung sind von **vornherein** falsch (§ 15 Abs. 3) – und **sekundärer** Unrichtigkeit – das ursprünglich richtige Register ist durch

---

[1] Dazu genauer *Pahl* S. 102 ff.
[2] Art. 25 Abs. 2, 3, 46, 87 Abs. 2, 115, 129 Abs. 2, 3, 5, 135, 155 Abs. 3, 171 Abs. 3, 172, 200, 233 Abs. 2 S. 1, 244 a Abs. 1 ADHGB.
[3] Zum Begriff: *Wieland* Handelsrecht I, 1921, S. 230.
[4] RGBl. 1897 S. 219; zu den Materialien umfassend *Schubert/Schmiedel/Krampe*, insbesondere: Begründung zum 1. Entwurf des Reichsjustizamtes von 1895, Bd. II/1, 23 f.; Denkschrift zum HGB (RTVorl.) = *Schubert/Schmiedel/Krampe*, II/2, 971 ff.
[5] BGBl. I S. 1146 mit Regierungsbegründung in BT-Drucks. V/3862 S. 9, 10 f.

[6] ABl. EG vom 14. 3. 1968 Nr. L 65, 8 = *Lutter*, Europäisches Unternehmensrecht, 3. Aufl. 1991, S. 163 ff.; Materialien: Richtlinienvorschlag BT-Drucks. IV/2014, Stellungnahme des Wirtschafts- und Sozialausschusses ABl. EG vom 27. 11. 1964, 3245, Stellungnahme des Europäischen Parlaments ABl. EG vom 28. 5. 1966, S. 1519.
[7] Ähnlich *K. Schmidt* HandelsR § 14 vor I (394 f.); *Gierke/Sandrock* § 11 III 2 a (149); dazu noch RdNr. 52.
[8] Vgl. vorläufig nur *Canaris* § 5 II (62 ff.).
[9] Dazu RdNr. 55.

Veränderungen der Rechtslage außerhalb des Registers erst nachträglich unrichtig **gewor-den** (§ 15 Abs. 1) – zu unterscheiden.[10] Im Fall primärer Unrichtigkeit gewährt das Gesetz Schutz im Sinne **positiver** Publizität: Bei Gutgläubigkeit kann sich der Dritte auf den Inhalt der Verlautbarung trotz deren Unrichtigkeit berufen; der Einwand, die Verlautbarung sei falsch, wird dem Eintragungspflichtigen (in bestimmten Grenzen) abgeschnitten. Im Fall sekundärer Unrichtigkeit kann sich der Dritte im Sinne einer **negativen** Publizität auf das **Schweigen** des Registers, dh. darauf verlassen, daß sich die (ursprünglich richtige) Rechtslage[11] nicht **verändert** hat. Darin erschöpft sich die Unterscheidung zwischen positiver und negativer Publizität;[12] insbesondere ist es irreführend, auch § 15 Abs. 2 im Sinne einer positiven Registerpublizität zu verstehen, wie dies vor allem die ältere Lehre[13] vor der Schaffung des § 15 Abs. 3 häufig angenommen hat.

Zusammenfassend kann in bezug auf die heutige Fassung des § 15 festgestellt werden, 5 daß Abs. 1 und Abs. 3 zusammen einen (fast) vollständigen Schutz vor unrichtiger Eintragung bzw. Bekanntmachung gewähren; ob die Unrichtigkeit von vornherein bestand (Abs. 3) oder erst später eintrat (Abs. 1), ist dafür ohne Belang.

4. Systematische Einordnung. a) Vertrauensschutznorm. Streitig ist die systematische 6 Einordnung des § 15 (Abs. 1 und 3). Insoweit dominiert heute das Verständnis der Vorschrift als **Vertrauensschutznorm**[14] und damit die Einordnung in die allgemeine Rechtsscheinslehre.[15] Dem ist im wesentlichen zuzustimmen. Neueren Gegenstimmen,[16] die – allgemeiner – auf **Verkehrsschutzerwägungen** abstellen, ist zwar zuzugeben, daß die Entbehrlichkeit der Kenntnis der Registereintragung und des Nachweises einer darauf beruhenden Disposition (dazu RdNr. 31) in der Tat deutliche Abweichungen von den Voraussetzungen des Vertrauensschutzes im Rahmen der allgemeinen Rechtsscheinslehre darstellen.[17] Dennoch braucht die wertvolle Verbindungslinie zur allgemeinen Rechtsscheinslehre daran nicht zu scheitern: Der – vor allem auf Praktikabilitätserwägungen (wie will man die Kenntnis insbesondere vom Vorliegen einer Register**bekanntmachung** beweisen oder widerlegen?) beruhende – Verzicht auf konkrete Kausalität (dazu RdNr. 31) steht im Hinblick darauf, daß Vertrauen immerhin **möglich** gewesen sein muß (darauf beruht die der Rechtsscheinslehre voll entsprechende Ausklammerung des sog. reinen Unrechtsverkehrs[18]), sowie im Hinblick auf die auch für § 15 erforderliche Gutgläubigkeit (ein typisches Element der Rechtsscheinslehre[19]) der Einordnung des § 15 **als Vertrauensschutznorm** nicht entscheidend entgegen.

b) Rechtsscheinstatbestand. Gewisse Schwierigkeiten bereitet freilich die Beantwor- 7 tung der Frage, worin denn nun insbesondere bei § 15 Abs. 1 der maßgebliche **Rechtsscheinstatbestand** zu sehen ist. Insoweit scheint auf den ersten Blick nichts näher zu liegen als die Annahme, dies sei die jeweilige Primär- (Vor-) Eintragung. Dies wird jedoch vor allem von denjenigen bestritten, die § 15 Abs. 1 auch bei fehlender Voreintragung anwen-

---

[10] Dazu RdNr. 16 ff.
[11] Dabei ist gleichgültig, ob sie auf einer Voreintragung (etwa Prokuraerteilung) oder auf Gesetz (vgl. etwa § 125) beruht.
[12] Vgl. zum Streit um die Terminologie Staub/*Hüffer* RdNr. 8 ff.
[13] ZB *Ehrenberg*, Handbuch des gesamten Handelsrechts 1, S. 636; *Müller-Erzbach*, Deutsches Handelsrecht, 2./3. Aufl. 1928, S. 69; *v. Gierke/Sandrock* § 11 III b (147); GroßKommHGB/*Würdinger* RdNr. 14.
[14] BGHZ 65, 309, 311 = NJW 1976, 569; Staub/*Hüffer* RdNr. 1; *Schilken* AcP 187 (1987), 1, 6 f.; *v. Gierke/Sandrock* § 11 III 2 b (150 f.); Heymann/
Sonnenschein/Weitemeyer RdNr. 3; *John* ZHR 140 (1976), 236 ff.; *U. Hübner* Handelsrecht RdNr. 39; *K. Schmidt* HandelsR § 14 vor I (394 f.). Tendenzen

zu einem konkreten Vertrauensschutz mit Beweislastumkehr bei *Canaris* § 5 I 1 b, c (52) sowie 2 f (55 f.).
[15] Vgl. allgemein dazu *Canaris* Vertrauenshaftung S. 526 ff.; *H. Westermann* JuS 1963, 1; *K. Schmidt* JuS 1990, 517, 518.
[16] Normzweck sei eher der allgemeine handelsrechtliche Verkehrsschutz: Schlegelberger/*Hildebrandt/Steckhan* RdNr. 4 ff., 9; *v. Gierke/Sandrock* § 11 III 2 b (151); *Kreutz* Jura 1982, 626, 638; *Axer* S. 84 ff.; vgl. auch *K. Schmidt* JuS 1990, 517, 519; früher *Düringer/Hachenburg/Hoeniger* Anm. 5.
[17] AA *Canaris* § 5 I 1 d (52); wie hier *Schilken* AcP 187 (1987), 1, 6.
[18] Dazu RdNr. 32.
[19] Vgl. statt aller: *Canaris* Vertrauenshaftung S. 504, 527.

den wollen[20] und bereitet auch in den Fällen Schwierigkeiten, in denen es um den Fortbestand des Vertrauens auf die **gesetzliche Regellage** (RdNr. 12) geht. Es ist jedoch immer
mißlich, die Beantwortung von Grundsatzfragen von der Einbeziehung von (noch dazu
sehr streitigen) Sonderproblemen (der Behandlung der fehlenden Voreintragung) abhängig
zu machen. Außerdem würde der Verzicht auf den (Regel-) Rechtsscheinstatbestand der
Voreintragung dazu zwingen, den Rechtsscheinstatbestand letztlich in einem Negativum[21]
oder im Vertrauen auf ein Unterbleiben[22] zu sehen. Dies ist blaß und unglücklich. Vorzugswürdig dürfte es daher sein, den (zugegebenermaßen etwas verdünnten, typisierend
gewonnenen) Rechtsscheinstatbestand grundsätzlich im (abstrakten) Vertrauen auf den
Fortbestand der durch Voreintragung verlautbarten bzw. sich aus dem Gesetz ergebenden
Rechtslage zu sehen.[23]

8   **c) Blickpunkt der gesetzlichen Regelung.** Im Zusammenhang mit der Problematik der
Einordnung des § 15 in die allgemeine Rechtsscheinslehre steht die weitere Frage, aus
wessen Sicht die gesetzliche Regelung zu sehen und damit zu verstehen ist. Das Gesetz ist
in § 15 Abs. 1 vom Eintragungspflichtigen, dem **Kaufmann** also, her gedacht. **Er** soll sich
(gutgläubigen) Dritten gegenüber **vor** Eintragung und Bekanntmachung der Sekundärtatsache auf die jeweilige Änderung der materiellen Rechtslage **nicht** berufen dürfen.[24] *Hüffer*[25]
meint demgegenüber, dies sei mit dem (heute so verstandenen) Normzweck, das Vertrauen
des Dritten zu schützen, nicht zu vereinbaren; er stellt daher darauf ab, daß sich **der Dritte**
auf die bisher bestehende Rechtslage weiter berufen und damit den Einwand des Kaufmanns, diese habe sich materiell-rechtlich bereits verändert, ausschließen kann. Diese –
korrektere – Betrachtungsweise stellt auch für § 15 Abs. 1 die angemessenere Deutung dar:
Entgegen dem insoweit irreführenden Gesetzeswortlaut kommt es daher auch dort nicht
darauf an, daß der Kaufmann dem Dritten etwas nicht entgegensetzen darf, sondern darauf,
daß der Dritte sich auf den Rechtsschein des Fortbestehens der bisherigen Rechtslage
berufen darf (dazu genauer in RdNr. 33).

9   **d) § 15 Abs. 2.** Im Gegensatz zu § 15 Abs. 1 und 3, bei denen – notwendige Voraussetzung jeder Rechtsscheinsproblematik – materielle (wirkliche) und formelle (verlautbarte)
Rechtslage (Rechtsschein) auseinanderfallen, hat § 15 **Abs. 2** mit der Rechtsscheinslehre
schon deswegen nichts zu tun, weil hier Rechtsschein (die Registereintragung) und
Rechtswirklichkeit überstimmen. Allenfalls mag man formulieren, die Eintragung und
Bekanntmachung gemäß § 15 Abs. 2 S. 1 zerstöre den **bis dahin** bestehenden Rechtsschein;[26] sachliche Bedeutung kommt dem nicht zu.

10   **e) Überschneidungen** von § 15 Abs. 1 und 3 mit der Regelung des **§ 5** könnten sich
dann ergeben, wenn die Eintragung eines Kaufmanns wegen ursprünglichen Fehlens oder
späteren Wegfalls der Eintragungsvoraussetzungen – Notwendigkeit eines in kaufmännischer Weise eingerichteten Geschäftsbetriebs (§§ 2, 4 Abs. 1)[27] – von vornherein falsch
war (dann § 15 Abs. 3) oder aber erst durch späteres „Absinken" unrichtig wurde (dann § 15
Abs. 1). Insoweit wird § 15 jedoch durch die weitergehende Spezialvorschrift des § 5 **verdrängt.** Dabei besteht ein wesentlicher Unterschied zwischen den beiden Vorschriften darin, daß es bei § 5 im Gegensatz zu § 15 auf Gutgläubigkeit nicht ankommt (§ 5 RdNr. 2),
und daß § 5 auch für den Eingetragenen selbst gilt (§ 5 RdNr. 2 – § 5 stellt überdies nur
auf die Eintragung und nicht auch auf die Bekanntmachung ab). Auch aus diesem Grunde
ist es allein zutreffend, § 5 nicht als Vertrauensschutz- oder gar als Rechtsscheinsnorm zu

[20] Dazu RdNr. 20 ff.
[21] Staub/*Hüffer* RdNr. 15.
[22] *Canaris* § 5 I 1 b (51).
[23] Ähnlich *Canaris* § 5 I 1 b (51).
[24] Daran hält fest: *K. Schmidt* HandelsR
§ 14 II 2 b (402).

[25] Staub/*Hüffer* RdNr. 14.
[26] So *Canaris* § 5 I 1 d (52); *Canaris* Vertrauenshaftung S. 492 und 508.
[27] Dazu die Kommentierung des § 5, insbes.
RdNr. 1, 3.

verstehen.[28] Anwendbar bleibt § 15 (Abs. 1 und 3) dagegen in den Fällen, in denen § 5 wegen seiner tatbestandlichen Beschränktheit nicht greift; dies gilt insbesondere dann, wenn man der (freilich sehr zweifelhaften[29]) hL folgt, wonach § 5 dann keinen Schutz gewährt, wenn (von vornherein oder später) gar kein Gewerbe (mehr) betrieben wird.[30]

II. „Negative Publizität" (§ 15 Abs. 1)

1. Struktur. § 15 Abs. 1 greift in zwei Fällen ein: Der erste Fallbereich betrifft die vollzogenen Eintragungen und Bekanntmachungen bestimmter (eintragungspflichtiger) rechtsgeschäftlicher Akte – wie etwa die Prokuraerteilung, den Eintritt eines Gesellschafters etc. Hier kann jedenfalls der jeweilige **actus contrarius** (die Sekundärtatsache – zu diesem Begriff noch RdNr. 16 ff.) – zB der **Widerruf** der Prokura (§ 53 Abs. 3) oder das **Ausscheiden** des Gesellschafters (§ 143 Abs. 2) – nur geltend gemacht werden, wenn er ordnungsgemäß verlautbart wurde. In Vertrauensschutzkategorien: Geschützt wird der gute Glaube an den Fortbestand der bisherigen rechtsgeschäftlich gestalteten und verlautbarten Rechtslage.[31] **11**

Die zweite Fallgruppe betrifft die sog. **gesetzlichen Regellagen**[32]: Es handelt sich hier um Fälle, in denen das Gesetz eine bestimmte (dispositive) Regelung vorsieht, von der durch – eintragungspflichtige! – rechtsgeschäftliche Gestaltung abgewichen werden kann.[33] Hier gilt, daß sich der Eintragungspflichtige auf die Abweichung von der gesetzlichen Regellage dem gutgläubigen Dritten gegenüber erst nach Eintragung und Bekanntmachung berufen darf.[34] **12**

2. Einzutragende Tatsachen. a) Eintragungspflichtige Tatsachen. § 15 Abs. 1 betrifft nur eintragungs**pflichtige**[35] Tatsachen; ihr Kreis ist ein geschlossener; er ergibt sich aus dem Gesetz, insbesondere den Vorschriften des HGB selbst, die jeweils regeln, wann Eintragung und Bekanntmachung erforderlich sind.[36] Die Erweiterung eintragungspflichtiger Tatsachen durch Rechtsfortbildung ist möglich;[37] zu denken ist etwa an den **Rechtsnachfolgevermerk**[38] im Rahmen des ebenfalls erst rechtsfortbildend entwickelten Kommanditistenwechsels, sofern man ihm nur deklaratorische Wirkung beimißt.[39] **13**

Nach hL sollen nur eintragungs**fähige** Tatsachen, deren Besonderheit darauf beruht, daß die ihnen zugrundeliegenden rechtsgeschäftlichen Gestaltungen (etwa der Haftungsausschluß gemäß § 25 Abs. 2, 28 Abs. 2) im Belieben der Beteiligten stehen, von § 15 Abs. 1 **nicht** erfaßt sein.[40] Dies ist zumindest im Ergebnis richtig, da das Gesetz dort für die Wirkung von Eintragung und Bekanntmachung jeweils **speziellere**, § 15 Abs. 1 verdrängende Regelungen enthält.[41] **14**

[28] BGH NJW 1982, 45; absoluter Verkehrsschutz: Baumbach/*Hopt* § 5 RdNr. 1; *Canaris* Vertrauenshaftung S. 1 f.; *Canaris* § 3 III 1 b (40 f.); *P. Hofmann* Handelsrecht B IV 1 b (39); *K. Schmidt* HandelsR § 10 III 1 (297); Staub/*Brüggemann* § 5 RdNr. 9; Staub/*Hüffer* RdNr. 11; aA die (überholte) ältere Lehre, vgl. nur: *Müller-Erzbach* (Fn. 13) S. 63.
[29] Siehe § 5 RdNr. 5.
[30] Vgl. zu Sachverhalten, in denen die Anwendbarkeit von § 5 und § 15 in Frage steht, ferner Staub/*Hüffer* RdNr. 12; Schlegelberger/*Hildebrandt*/*Steckhan* § 5 RdNr. 6 a.
[31] Ebenso (bezogen auf § 15 Abs. 1): *Sandberger* JA 1973, 215; *Canaris* § 5 I 1 b (52).
[32] *Canaris* § 5 I 1 b (52).
[33] Beispiel: § 125 Abs. 2, 3 statt § 125 Abs. 1 – eintragungspflichtig gemäß § 125 Abs. 4.
[34] Ebenso *Canaris* § 5 I 1 b (52).
[35] Der Begriff ist identisch mit dem der „einzutragenden" Tatsache, vgl. Heymann/*Sonnenschein*/

Weitemeyer RdNr. 6; *P. Hofmann* Handelsrecht C V 3 b bb (69); *Hager* Jura 1992, 57, 60; vgl. auch BGHZ 55, 267, 272 = NJW 1971, 1268; BayObLG BB 1980, 597; OLG Karlsruhe GmbHR 1964, 78; dagegen aber BGHZ 87, 59, 62 = NJW 1983, 1676.
[36] Zusammenstellung bei Staub/*Hüffer* § 8 RdNr. 20.
[37] *Canaris* § 5 I 2 a (53 f.) und § 4 I 2 b (46 f.).
[38] Vgl. dazu RdNr. 48.
[39] Dazu RdNr. 48.
[40] BGHZ 55, 267, 273 = NJW 1971, 1268; OLG Karlsruhe GmbHR 1964, 78; OLG Frankfurt BB 1973, 677; noch enger: BAG NJW 1988, 222, 223; *Canaris* § 5 I 2 a (53 f.); *v. Gierke*/*Sandrock* § 11 III 2 b (150); *P. Hofmann* Handelsrecht C V 3 b bb (70); *U. Hübner* Handelsrecht RdNr. 36; *K. Schmidt* HandelsR § 14 II 2 a (399); Staub/*Hüffer* RdNr. 16 mit Nachweisen zum heute überholten Streit in Fn. 6.
[41] ZB §§ 3 Abs. 2, 25 Abs. 2, 28 Abs. 2, 174, 175 S. 3.

15 Ausgeschlossen ist die Anwendung des § 15 Abs. 1 bei den von Amts wegen einzutragenden **Konkurs- und Vergleichsvermerken**, weil die Gewährung des registerrechtlichen Vertrauensschutzes mit dem Zweck dieser Verfahren nicht vereinbar ist.[42]

16 **b) Abgrenzung.** Problematisch ist, wie der Begriff der einzutragenden Tatsache **inhaltlich** zu verstehen ist; insbesondere ist zu fragen, ob er nur **deklaratorische** oder aber auch **konstitutive** Eintragungen umfaßt und ob zwischen sog. **Primär-** und **Sekundärtatsachen** zu unterscheiden ist. Diese beiden Fragen sind an sich zu trennen, berühren sich aber insofern, als konstitutive Eintragungen zumindest ganz überwiegend Primärtatsachen betreffen; deren eventuelle Besonderheit ist daher zunächst zu behandeln.

17 **aa) Die Unterscheidung zwischen Primär- und Sekundärtatsachen** wird heute kaum noch problematisiert. Auffällig ist aber, daß die häufig genannten Beispielsfälle, wie etwa der **Widerruf** der Prokura (§ 53 Abs. 3),[43] das **Ausscheiden** eines Gesellschafters (§ 143 Abs. 2)[44] oder die **Abänderung** gesetzlicher Vertretungsregeln (§ 125 Abs. 4 HGB)[45] durchweg nur Sekundärtatsachen betreffen, die sich auf die Abänderung einer entweder durch Rechtsgeschäft oder durch Gesetz vorgegebenen Rechtslage beziehen. Dies legt die Annahme nahe, daß § 15 Abs. 1 (möglicherweise unbewußt) nur solche **Sekundär**tatsachen betrifft.[46] In den Materialien[47] sowie im älteren Schrifttum[48] finden sich freilich auch Ausführungen zu Primärtatsachen, wie die Prokura**erteilung** oder den Gesellschafter**eintritt**. Dies entspricht der Tatsache, daß der Gesetzgeber ausweislich der Denkschrift[49] den Anwendungsbereich der negativen Publizität gegenüber dem früheren Rechtszustand ausweiten wollte. Als Beispiele werden etwa genannt die (dann unwirksame!) Kündigung eines Darlehens durch einen neuen, materiellrechtlich vertretungsberechtigten, aber noch nicht eingetragenen Gesellschafter[50] oder die dann **nicht** verzugsbegründende Mahnung eines noch nicht eingetragenen und bekanntgemachten Prokuristen.[51] Zu denken wäre weiter etwa an den Fall, daß ein noch nicht eingetragener Mußkaufmann im Rahmen seines Handelsgeschäfts Waren veräußert und der Käufer nach versäumter Rüge (§ 377) geltend macht, der Verkäufer könne sich mangels Eintragung und Bekanntmachung auf seine Kaufmannseigenschaft[52] noch nicht berufen.

18 Insoweit ist zunächst nicht an der Feststellung vorbei zu kommen, daß der **Gesetzeswortlaut** („einzutragende Tatsache") keinerlei Einschränkung enthält. Zur Vorsicht mahnt

[42] § 32 S. 4 HGB, §§ 23 Abs. 2 S. 3, 98 Abs. 3 S. 1 VerglO; ebenso: Staub/*Hüffer* RdNr. 16; Schlegelberger/*Hildebrandt/Steckhan* RdNr. 14.

[43] Baumbach/*Hopt* RdNr. 4; *Canaris* § 5 I 1 a (50); Heymann/*Sonnenschein/Weitemeyer* RdNr. 5; *K. Schmidt* § 14 II 2 a (399); Staub/*Hüffer* RdNr. 15; andererseits aber: Schlegelberger/*Hildebrandt/Steckhan* RdNr. 7 („Erteilung einer Prokura"); ebenso *Deschler* S. 59; *Brox*, Handels- und Wertpapierrecht, RdNr. 110.

[44] Baumbach/*Hopt* RdNr. 4; *Canaris* § 5 I 1 a (51); Heymann/*Sonnenschein/Weitemeyer* RdNr. 5; *K. Schmidt* HandelsR § 14 II 2 a (399); Staub/*Hüffer* RdNr. 15; andererseits aber *Deschler* S. 59 (auch Eintritt eines Gesellschafters).

[45] Baumbach/*Hopt* RdNr. 4; *Canaris* § 5 I 1 a (51); Heymann/*Sonnenschein/Weitemeyer* RdNr. 5; Staub/*Hüffer* RdNr. 15.

[46] So ausdrücklich *Sandberger* JA 1973, 215; ohne Problematisierung im Ergebnis ebenso: *Axer* S. 98; aA *Pahl* S. 112, 164; *Deschler* S. 59; wohl auch Schlegelberger/*Hildebrandt/Steckhan* RdNr. 7.

[47] Vgl. Begründung zu § 13 des ersten Entwurfs eines HGB, Denkschrift RJA-E I, 23 f. (zitiert nach *Schubert/Schmiedel/Krampe* II/1, 23 f.); Stellungnahme von Bayern in: Äußerungen der Bundesregie-

rung zum ersten Entwurf RJA-E II (zitiert nach *Schubert/Schmiedel/Krampe* II/2, 753).

[48] *Wieland* Handelsrecht I, 1921, S. 230 f.; Düringer/Hachenburg/*Hoeniger* Anm. 1; Staub/*Bondi* Anm. 8, Anm. 1; § 8 Anh. Anm. 13; auch noch GroßKommHGB/*Würdinger* Anm. 3; heute noch Staub/*Hüffer* RdNr. 2, 3; Schlegelberger/*Hildebrandt/Steckhan* RdNr. 7; deutlich: *P. Hofmann* Handelsrecht C V 3 b bb (72).

[49] Denkschrift S. 28 = *Schubert/Schmiedel/Krampe* II/2, S. 971 f.; trotz Kritik Bayerns an der Erfassung auch primärer Tatsachen in: Äußerungen der Bundesregierungen zum ersten Entwurf (RJA-E II) = *Schubert/Schmiedel/Krampe* II/2, S. 753; so auch bereits die Denkschrift zum ersten Entwurf: Denkschrift zum RJA E I, 23 f. = *Schubert/Schmiedel/Krampe* II/1, S. 23 f.

[50] Denkschrift S. 28 = *Schubert/Schmiedel/Krampe* II/2, S. 972; auch Düringer/Hachenburg/*Hoeniger* Anm. 1.

[51] Vgl. auch *Deschler* S. 59 (Kündigung eines Darlehens durch einen noch nicht eingetragenen und bekanntgemachten Prokuristen).

[52] § 377 verlangt beiderseitige Kaufmannseigenschaft.

indessen schon, daß bei der Anwendung des § 15 Abs. 1 auf Primärtatsachen der Unterschied zwischen nur deklaratorisch und konstitutiv wirkenden Eintragungen deswegen weitgehend verwischt würde, weil dann auch die materiell bereits eingetretene Rechtsänderung trotz nur deklaratorischen Charakters der Eintragung dem Gutgläubigen erst nach Eintragung und Bekanntmachung entgegengehalten werden könnte. Dazu kommt, daß das die Rechtswirkungen des § 15 Abs. 1 begrenzende Merkmal der Kenntnis („es sei denn") in bezug auf Tatsachen, die eine primäre rechtsgeschäftliche Gestaltung betreffen, weitgehend leer liefe: Der mahnende Prokurist bzw. der kündigende Gesellschafter treten ja notwendigerweise in ihrer neuen, materiellrechtlich bereits begründeten Eigenschaft auf und vermitteln damit dem Dritten die Kenntnis der betreffenden eintragungspflichtigen Tatsache. Wenn dieser Zweifel haben sollte, mag er sonstige Nachweise verlangen; die Registereintragung ist dafür nicht erforderlich. Im übrigen ist es aufschlußreich, daß im **Streit um die Notwendigkeit der Voreintragung** (RdNr. 20 ff.) die Anwendbarkeit des § 15 Abs. 1 auf Primärtatsachen überhaupt nicht problematisiert wurde. Schließlich gilt generell, daß der Gesetzgeber bei § 1 davon ausging, daß Grundhandelsgewerbe die Kaufmannseigenschaft per se und für jedermann erkennbar begründen; ein besonderes Schutzbedürfnis, das die Anwendung des § 15 Abs. 1 rechtfertigen könnte, ist daher auch in diesem Fall nicht zu erkennen. Angesichts dessen erscheint es geboten, § 15 bei deklaratorischen Eintragungen generell **auf Sekundärtatsachen teleologisch zu reduzieren**, wie dies die hL[53] zumindest ausweislich ihrer Beispiele der Sache nach schon bisher tut.[54]

bb) Folgt man dem, so ist die Anwort auf die Frage, ob § 15 Abs. 1 auch auf **konstituti-** **19** **ve Eintragung**en anwendbar ist, bereits vorgezeichnet: Entgegen der (ohnehin nur tradierten, aber kaum einmal problematisierten) hL sollte § 15 Abs. 1 (etwas anderes gilt insoweit freilich notwendigerweise für § 15 Abs. 3 – RdNr. 63) auf konstitutive Eintragungen schon deshalb **nicht** angewandt werden, weil die Gesetzestechnik, die für die rechtserzeugende Wirkung in aller Regel nur die Eintragung, nicht aber auch die Bekanntmachung fordert (§§ 2, 3, 123 Abs. 1), unterlaufen würde, wenn sich der bereits Eingetragene auf die sich daraus ergebende Rechtsposition oder die bereits eingetretene Rechtsänderung jedenfalls gegenüber dem Gutgläubigen erst nach Erfüllung der zusätzlichen Voraussetzung der Bekanntmachung berufen könnte. Diese Gesetzestechnik beruht aber offenbar auf der Überlegung, daß der Dritte bei nur deklaratorischen Eintragungen weniger schutzbedürftig ist, als bei konstitutiv wirkenden. Diese Unterscheidung würde verwischt, wenn der Dritte bereits eingetretene Rechtsänderungen bis zur Eintragung und Bekanntmachung nicht gegen sich gelten lassen müßte.

3. Fehlende Voreintragung. Seit langem und bis heute streitig ist die für das Grundver- **20** ständnis des § 15 Abs. 1 wichtige Frage, ob sich der Dritte auch dann auf die fehlende Eintragung und Bekanntmachung einer eintragungspflichtigen Tatsache berufen kann, wenn bereits die **Voreintragung** (der Primärtatsache) fehlte und infolgedessen ein Vertrauen auf den **Registerinhalt** ausgeschlossen war. Rechtsprechung[55] und (wohl) hL[56] bejahen dies, verlangen also die Eintragung der Sekundärtatsache auch bei zunächst fehlender (nachzuholender) Eintragung der Primärtatsache.[57] Dies wird sowohl mit dem Wortlaut[58]

---

53 Vgl. oben Fn. 43 ff.
54 Aus der Reihe fällt die – auch aus anderen Gründen unrichtige – Entscheidung BGH NJW 1979, 42, in der § 15 Abs. 1 auf die Entstehung einer KG angewandt wird; dazu noch RdNr. 49.
55 ROHGE 23, 227; RGZ 15, 33, 35 f.; RGZ 127, 98 f.; BGHZ 55, 267, 272 = NJW 1971, 1268; BGHZ 116, 37, 44 = NJW 1992, 505; BGH BB 1965, 968; BGH WM 1983, 651, 652; OLG Frankfurt OLGZ 1973, 20, 22; OLG Stuttgart NJW 1973, 806.
56 Baumbach/*Hopt* RdNr. 11; *K. Schmidt* § 14 II 2 b (400 f.); *Gierke/Sandrock* § 11 III 2 a (150);

Heymann/*Sonnenschein/Weitemeyer* RdNr. 9; Schlegelberger/*Hildebrandt/Steckhan* RdNr. 11; GroßKommHGB/*Würdinger* Anm. 5; *Brox* Handels- und Wertpapierrecht RdNr. 110; eingeschränkt *Canaris* § 5 I 2 c (54); *Hager* Jura 1992, 57, 60.
57 Etwa in der Art: „Die seinerzeit dem P erteilte, bislang nicht eingetragene Prokura ist erloschen", P. *Hofmann* Handelsrecht C V 3 b bb (70); GroßKommHGB/*Würdinger* Anm. 5; *Müller/Laube* JuS 1981, 754, 755, Fn. 12 a.
58 Heymann/*Sonnenschein/Weitemeyer* RdNr. 9; *Schilken* AcP 187 (1987), 1, 7 (dort auch zur Entstehungsgeschichte).

als auch damit begründet, daß der Dritte von der zunächst bestehenden, wahren, aber nicht eingetragenen Rechtslage auch auf andere Weise erfahren haben könne und daher auch bei fehlender Voreintragung ein Bedürfnis nach Klarstellung der inzwischen veränderten Rechtslage bestehe.[59] Auch dürfe sich nicht eine einmal vorhandene gesetzwidrige Unvollständigkeit des Handelsregisters als Rechtfertigung späterer Verstöße gegen die Anmeldepflicht darstellen.[60]

21 Die (sehr viel engere) Gegenposition wäre die, daß § 15 (Vertrauens-) Schutz nur im Hinblick auf die unveränderte Richtigkeit der durch Eintragung und Bekanntmachung **verlautbarten** Rechtslage gewähren wolle und daher unanwendbar sei, wenn es an einer solchen Verlautbarung fehle. Dieser ebenso eindeutige wie rigorose Standpunkt wird allerdings interessanterweise kaum mehr vertreten.[61] Vielmehr leugnen auch die Vertreter der Mindermeinung das Schutzbedürfnis des Dritten nicht; sie wollen es allerdings nicht durch Anwendung des § 15 Abs. 1, sondern durch die **Heranziehung allgemeiner Rechtsscheinsgrundsätze** befriedigen.[62] Dies ist deswegen von Bedeutung, weil der Dritte dann im Gegensatz zur Rechtslage bei § 15 Abs. 1 (RdNr. 31) Kenntnis des Scheintatbestandes und konkrete Kausalität[63] nachweisen müßte.[64] Den Hintergrund dieses Streits bildet die Besorgnis, die Anwendung des § 15 Abs. 1 bei fehlender Voreintragung könne den Dritten (der die wahre Rechtslage gar nicht gekannt und infolgedessen gar nicht vertraut habe) **zu weitgehend begünstigen**. Aus diesem Grunde soll wenigstens der **Gegenbeweis** zugelassen werden.[65]

22 Diese Erwägungen sind respektabel und wertungsmäßig gut begründet, zumal der Rechtsscheinstatbestand bei fehlender (Vor-) Eintragung im allgemeinen schwächer ausgeprägt sein dürfte. Nicht zu verkennen ist jedoch, daß sie – wie so häufig in der „modernen", immer mehr auf Einzelfallgerechtigkeit abstellenden Rechtsentwicklung – mit weiterer Ausdifferenzierung zu Komplizierungen und auch zu Rechtsunsicherheit führen. Demgegenüber ist eine klare, **typisierende und generalisierende Regelung** vorzuziehen, mag sie auch im Einzelfall zu ungerechten Ergebnissen[66] führen können. Dies ist der unvermeidliche Preis jeder (zulässigen) Typisierung. Weder der Gesetzgeber, noch der Rechtsanwender sind gehalten, jeden denkbaren Einzelfall zu berücksichtigen. Abstraktion und Typisierung sind vielmehr ebenso zulässig wie erforderlich für eine überschaubare, einfache Rechtsanwendung.[67]

23 Daraus folgt für den Fall der fehlenden Voreintragung: Wenn man hier – mit der ganz überwiegenden Auffassung[68] – den Dritten auch insoweit für schutzbedürftig hält, sollte man (dem Wortlaut des Gesetzes ohnehin entsprechend) diesen Schutz mit § 15 Abs. 1 selbst – und zwar dann **ohne Zulassung des Gegenbeweises**[69] – gewähren. Der Kaufmann

[59] RGZ 127, 98, 99; *Brox*, Handels- und Wertpapierrecht, RdNr. 110; *P. Hofmann* Handelsrecht C V 3 b bb (70); *Müller-Laube* JuS 1981, 754, 755; gegen dieses Argument *Pahl* S. 85; vgl. zu diesem Argument aus Sicht der – eine Voreintragung verlangenden – Mindermeinung: *Canaris* Vertrauenshaftung S. 152.

[60] *P. Hofmann* Handelsrecht C V 3 b bb (70); vgl. dazu *Pahl* S. 85 f., der darin den „Motivationsgedanken" des § 15 Abs. 1 erkennen will.

[61] Vgl. früher *Canaris* Vertrauenshaftung S. 152; *Frotz*, Verkehrsschutz im Vertretungsrecht, 1972, S. 185; *A. Hueck* AcP 118 (1920), 350, 366.

[62] Vgl. *Staub/Hüffer* RdNr. 20; *John* ZHR 140 (1976), 236, 243 ff.; *Schilken* AcP 187 (1987), 1, 8; *Frotz* (Fn. 61) S. 184 f.

[63] Gerade der in § 15 Abs. 1 vorgesehene abstrakte Vertrauensschutz wird als Argument dafür angeführt, von der Notwendigkeit einer Voreintragung

abzusehen, vgl.: *Schilken* AcP 187 (1987), 1, 7; Schlegelberger/*Hildebrandt*/*Steckhan* RdNr. 11; Heymann/*Sonnenschein*/*Weitemeyer* RdNr. 9.

[64] Dazu RdNr. 31.

[65] *K. Schmidt* HandelsR § 14 II 2 b (402 f.); *Canaris* § 5 I 2 c (54 f.); anders noch *Canaris* Vertrauenshaftung S. 152.

[66] Die Mindermeinung rekurriert immer wieder auf die „grob ungerechten, ja geradezu absurden Ergebnisse", die sich – in konstruierten! – Einzelfällen nach der hL ergeben könnten, vgl. *A. Hueck* AcP 118 (1920), 350 ff.; *Canaris* § 5 I 2 c (54 f.). *K. Schmidt* HandelsR § 14 II 2 b (402) begnügt sich immerhin damit, „Fehlentscheidungen in Extremfällen" zu vermeiden.

[67] Dazu auch noch RdNr. 55.

[68] Fn. 55, 56.

[69] So aber *Canaris* § 5 I 1 c (55) Beweislast beim Anmeldepflichtigen.

hat es in der Hand, sich darauf einzurichten;[70] darin liegt – entgegen *Canaris*[71] – eine ausreichende Richtigkeitslegitimation auch für (von ihm sog.) „Zufallsgeschenke".

Die Bejahung der Eintragungspflichtigkeit der Sekundärtatsache auch bei fehlender Voreintragung der Primärtatsache bedeutet, daß sich der Kaufmann auch insoweit auf die (materielle) neue Rechtslage erst nach Eintragung und Bekanntmachung berufen kann.[72] Sie stellt damit letztlich eine Ausweitung des Bereichs schutzwürdigen Vertrauens auf den Fortbestand rechtsgeschäftlicher Gestaltungen außerhalb des Registers dar und wertet damit zugleich § 15 Abs. 2 auf. 24

4. „Dessen Angelegenheiten". a) Verlautbarungslast. Der durch § 15 Abs. 1 gewährte 25 Vertrauensschutz geht zu Lasten desjenigen, in dessen Angelegenheiten die betreffende Tatsache einzutragen war; er kann sie (gutgläubigen) Dritten „nicht entgegenhalten" (dazu RdNr. 33), solange nicht eingetragen und bekanntgemacht wurde.[73] Diese **Verlautbarungslast** trifft Kaufleute einschließlich der Personenhandels- und Kapitalgesellschaften, sowie deren Gesellschafter, soweit sie (wie etwa in §§ 107 f., 143) selbst Normadressaten sind.

b) Zurechenbarkeit des Unterlassens. Fraglich ist, ob das Unterlassen von Eintragung 26 und Bekanntmachung **zurechenbar** sein muß. Dies wird für § 15 Abs. 1 seit langem ganz herrschend verneint;[74] es soll vielmehr das sog. **reine Rechtsscheinsprinzip** gelten:[75] Maßgeblich soll allein der jeweilige Rechtsscheinstatbestand ohne Rücksicht darauf sein, wie er zustande kam.[76] Diese Auffassung ist seit Einführung des § 15 Abs. 3 deswegen überprüfungsbedürftig, weil dort das reine Rechtsscheinsprinzip herrschend und zutreffend gerade abgelehnt und daraus die Folgerung gezogen wird, im Gegensatz zu § 15 Abs. 1 sei bei § 15 Abs. 3 zurechenbare Veranlassung erforderlich (RdNr. 68 ff.). Bei genauerer Betrachtung zeigt sich indessen, daß dieser Gegensatz nur ein scheinbarer ist: Aus der Tatsache, daß sich § 15 Abs. 1 nur auf sekundäre Eintragungen und Bekanntmachungen bezieht (RdNr. 19), ergibt sich nämlich, daß die Anwendung dieser Vorschrift eine vom Eintragungspflichtigen veranlaßte (zunächst richtige) Primäreintragung **voraussetzt**; insofern bedeutet der Verzicht auf (weitere) Zurechenbarkeit bezüglich der Korrektur des Registers durch rechtzeitige Eintragung und Bekanntmachung der Sekundärtatsache lediglich, daß dem Eintragungspflichtigen das Risiko der **Veränderung** der von ihm verlautbarten Rechtslage und damit die Risiken des weiteren Registerverfahrens auferlegt werden. Dies ist im Hinblick auf die ursprünglich zurechenbare Veranlassung bezüglich der Primäreintragung durchaus vertretbar. Die Sonderbehandlung des § 15 Abs. 3 in Fällen, in denen die (unrichtige) Eintragung und Bekanntmachung **ohne jedes Zutun** des davon Betroffenen zustande kamen, erklärt sich im Vergleich damit zwanglos daraus, daß es hier an jeder (auch früheren) Veranlassung und damit an jeder Zurechenbarkeit fehlt. Als problematische Sonderfälle könnten im Bereich des § 15 Abs. 1 daher allenfalls diejenigen übrig bleiben, in denen die seinerzeitige (richtige) Primäreintragung ohne zurechenbare Veranlassung des Eintragungspflichtigen zustande kam; dies ist kaum vorstellbar.

---

[70] Vgl. auch (konsequent) *Pahl* S. 158, 85 („. . . bewirkt hier einen Motivationsdruck").

[71] *Canaris* § 5 I 2 f (56).

[72] Nur im Ergebnis ebenso Schlegelberger/*Hildebrandt*/*Steckhan* RdNr. 11 auf Grundlage einer angeblichen „Fiktion des Nichteintritts einer nicht offengelegten Veränderung".

[73] Sind Eintragung und Bekanntmachung dagegen erfolgt, so kann sich der Eintragungspflichtige darauf bzw. insbesondere auf die damit verbundene Veränderung der bisherigen Rechtslage gem. § 15 Abs. 2 berufen.

[74] OLG München DB 1990, 1959; Baumbach/*Hopt* RdNr. 6; *Canaris* § 5 I 2 g (58); *v. Gierke*/*Sand-*

rock § 11 III 2 b (151); Heymann/*Sonnenschein*/*Weitemeyer* RdNr. 14; *Nitschke* JuS 1968, 541; *K. Schmidt* HandelsR § 14 II 2 c (403); *ders.* JuS 1977, 209, 214 und 1990, 517, 519; Staub/*Hüffer* RdNr. 22; *H. Westermann* JuS 1963, 1, 6 f.

[75] *H. Westermann* JuS 1963, 1, 6 (auf ihn geht der Begriff zurück); *Canaris* Vertrauenshaftung S. 472; Heymann/*Sonnenschein*/*Weitemeyer* RdNr. 14; Staub/*Hüffer* RdNr. 21.

[76] *H. Westermann* JuS 1963, 1, 6; Staub/*Hüffer* RdNr. 21; *K. Schmidt* HandelsR § 14 II 2 c (403); *ders.* JuS 1977, 209, 214; Schlegelberger/*Hildebrandt-Steckhan* RdNr. 12; GroßKommHGB/*Würdinger* Anm. 8; einschränkend *Mossler* S. 52 ff.

27 Problematisch könnte noch der Fall der fehlenden Voreintragung (RdNr. 20 ff.) sein. Aber auch insoweit gibt es im Tatbestand der eintragungspflichtigen primären rechtsgeschäftlichen Gestaltung einen zurechenbar erzeugten Anknüpfungspunkt, der das Risiko der **weiteren** Entwicklung und Verlautbarung mit umfaßt.

28 **c) Erfordernis der Geschäftsfähigkeit.** Von der Frage nach der Zurechenbarkeit **zu unterscheiden** ist die **weitere** Frage, ob und ggf. inwieweit bei § 15 **Geschäftsfähigkeit** erforderlich ist. Insbesondere ist es keineswegs zwingend, bereits aus dem Verzicht auf die (weitere) Zurechenbarkeit des **Unterbleibens** der Registerkorrektur bei § 15 Abs. 1 auch die Entbehrlichkeit der Geschäftsfähigkeit abzuleiten.[77] Vielmehr liegt es nicht fern, jedenfalls bei nachträglicher (nach richtiger Eintragung und Bekanntmachung der Primärtatsache eintretender) Geschäftsunfähigkeit[78] eine Art von Unterbrechung des Zurechnungszusammenhanges anzunehmen. Der gegenteilige, von der ganz hL[79] vertretene Standpunkt ließe sich lediglich mit der Notwendigkeit des Vorrangs der Verkehrsschutzinteressen vor dem Schutz Geschäftsunfähiger (und Minderjähriger) jedenfalls im Handelsverkehr rechtfertigen.[80] Dies müßte dann aber auch für § 15 Abs. 3 gelten (dazu RdNr. 76). Für beide Bereiche gilt indessen, daß ausreichend gewichtige Verkehrsschutzinteressen bisher nicht nachgewiesen wurden, so daß es beim Vorrang des Schutzes Minderjähriger und Geschäftsunfähiger auch bei § 15 bleiben sollte.

29 **d) Aussagekraft der Eintragung.** Davon zu unterscheiden ist die **ganz andere Frage,** ob Eintragung und Bekanntmachung bestimmter Tatsachen zugleich eine **Aussage über die Geschäftsfähigkeit** enthalten. Sie stellt sich insbesondere in den Fällen der Geschäftsunfähigkeit von Organen solcher juristischer Personen, für die Sondervorschriften (insoweit abweichend von § 165 BGB) volle Geschäftsfähigkeit vorschreiben (§ 76 Abs. 3 S. 1 AktG; § 6 Abs. 2 S. 1 GmbHG). Hier ist dann zu entscheiden, ob bei späterer Geschäftsunfähigkeit § 15 Abs. 1 bzw. bei von vornherein fehlender Geschäftsfähigkeit § 15 Abs. 3 zum Schutze des Dritten herangezogen werden können.[81]

30 Insoweit ist zunächst zu beachten, daß es hier im Gegensatz zur bisher behandelten Problematik nicht um den Schutz des Eintragungspflichtigen selbst, sondern um den **Schutz der vertretenen juristischen Person** geht. Fraglich sind daher allein Aussagekraft und Reichweite der jeweiligen Eintragung. Das OLG München[82] hatte bei späterer Geschäftsunfähigkeit des Geschäftsführers einer GmbH § 15 Abs. 1 mit der Begründung heranzuziehen versucht, nach dem Wegfall der Geschäftsfähigkeit hätte das Erlöschen der Organstellung eingetragen werden müssen. Daß dies allein nicht ausreicht, zeigt der Fall von vornherein bestehender Geschäftsunfähigkeit. Der BGH[83] hat denn auch in seiner – nur im Ergebnis bestätigenden – Revisionsentscheidung vor allem festgestellt, daß sich der Rechtsverkehr gemäß § 15 nur auf den Fortbestand der Organstellung als solcher, nicht aber auf die Geschäftsfähigkeit des Organs verlassen könne. Dazu enthalte die Eintragung keine

[77] So aber *H. Westermann* JuS 1963, 1, 7; *Canaris* § 5 I 2 g (58); ähnlich *K. Schmidt* HandelsR § 14 II 2 c (403).

[78] *v. Olshausen* BB 1970, 137, 143.

[79] Staub/*Hüffer* RdNr. 22; Heymann/*Sonnenschein/Weitemeyer* RdNr. 14; *v. Gierke/Sandrock* § 11 III 2 b (151); *K. Schmidt* HandelsR § 14 II 2 c (403); ders. JuS 1977, 209, 214; ders. JuS 1990, 517, 519; Baumbach/*Hopt* RdNr. 6; BGHZ 115, 78, 80 = NJW 1991, 2566 (dazu noch RdNr. 29 f.).

[80] So *v. Gierke/Sandrock* § 11 III 2 b (151); Staub/*Hüffer* RdNr. 22; ähnlich *K. Schmidt* JuS 1977, 209, 217.

[81] Verneinend BGHZ 53, 210, 215 = NJW 1970, 806; RGZ 145, 155, 159; bejahend dagegen OLG Hamm NJW 1967, 1041, 1042 (für den Fall des nachträglichen Verlustes der Geschäftsfähigkeit zu § 29 Abs. 1 GenG); bejahend auch die hL, vgl.:

Lutter/Hommelhoff vor § 35 RdNr. 9; Hachenburg/*Ulmer* § 6 RdNr. 8; Scholz/*Schneider* GmbHG, 8. Aufl. 1993, § 6 RdNr. 13; Rowedder/*Rittner* GmbHG, 2. Aufl. 1990, § 6 RdNr. 12; *Roth* JZ 1990, 1030, 1031; verneinend: *Hefermehl* in Geßler/Hefermehl Aktiengesetz, 1973/1974, § 84 RdNr. 129; GroßKomm/*Mertens* GmbH-Gesetz, § 35 RdNr. 61; *Meyer/Landrut* in *Meyer-Landrut/Miller/Niehus* GmbH-Gesetz, 1987, § 6 RdNr. 13; *Dreher* DB 1991, 533, 538; *Hager* Jura 1992, 57, 61.

[82] DB 1990, 1959; vgl. Anm. *Roth* JZ 1990, 1030; *Dreher* DB 1991, 533; ebenso schon OLG Hamm NJW 1967, 1041, 1042 zu § 29 Abs. 1 GenG.

[83] BGHZ 115, 78 = NJW 1991, 2566 = JZ 1992, 152 m. Anm. *Lutter/Gehling*; dazu *K. Schmidt* JuS 1991, 1002; *Canaris* § 5 I 2 h (58 f.).

Aussage. Wohl aber hat das Gericht eine Obliegenheit der vertretenen Gesellschaft angenommen, einen erkennbar geschäftsunfähig gewordenen Geschäftsführer sofort zu ersetzen. Unterbleibe dies, liege ein eigenständiger Rechtsscheinstatbestand vor, der neben § 15, allerdings nur unter den Voraussetzungen der allgemeinen Rechtsscheinslehre (RdNr. 82 f.), zu rechtsgeschäftlicher Bindung unter dem Aspekt zurechenbarer Veranlassung führen könne.

5. Anforderungen an den Dritten. a) Vermutung über Kenntnis und Kausalität. Im **31** Gegensatz zu den Anforderungen der allgemeinen Rechtsscheinslehre (RdNr. 82) bedarf es für die Anwendung des § 15 Abs. 1 weder des Nachweises, daß der Dritte die (bisherige) Eintragung **gekannt hat**, noch gar der **Kausalität** dieser Eintragung für das Handeln oder Unterlassen des Dritten.[84] Dies ist schon deswegen konsequent, weil § 15 – wie schon ausgeführt (RdNr. 20 ff.) – auch bei Abweichung von der gesetzlichen Regellage sowie sogar bei fehlender Voreintragung zum Zuge kommt. Ausreichend, aber auch erforderlich, ist lediglich die **Möglichkeit**, daß der Schutz begehrende Dritte im Vertrauen auf den Fortbestand der bisherigen Rechtslage gehandelt haben **kann** (sog. **abstrakte oder besser potentielle Kausalität**).[85] Kenntnis und Kausalität werden unwiderleglich vermutet; es handelt sich um abstrakten bzw. typisierten Vertrauensschutz. Dementsprechend ist auch die Zulassung des Gegenbeweises – der Dritte habe gar keine Kenntnis vom Scheintatbestand haben können[86] – zu verneinen.[87]

b) „Unrechtsverkehr". Daraus folgt zugleich, daß die Anwendbarkeit des § 15 Abs. 1 **32** dann konsequenterweise zu verneinen ist, wenn es sich um Vorgänge handelt, bei denen **gar nicht vertraut worden sein konnte**, wenn es also selbst an jeder **Möglichkeit** fehlt, daß sich der jeweilige Rechtsscheinstatbestand auf das Verhalten des Vertrauensschutz begehrenden Dritten auswirken konnte.[88] Damit scheidet jedoch lediglich der sog. **reine** Unrechtsverkehr aus dem Anwendungsbereich der Vorschrift aus (Schulbeispiel: Verkehrsunfall mit Schädigung Dritter, die mit dem Eintragungspflichtigen gar nichts zu tun hatten; **anders**, wenn etwa ein mitfahrender Geschäftspartner geschädigt sein sollte[89]). Dagegen ist § 15 auch auf gesetzlich begründete Ansprüche dann anwendbar, wenn sie auf Vorgängen beruhen, die mit der Geschäftstätigkeit des Eintragungspflichtigen zusammenhängen, wie etwa bei Ansprüchen aus c.i.c., aber auch aus Delikt im Rahmen einer Geschäftsverbindung, Ansprüchen aus ungerechtfertigter Bereicherung, Wettbewerbsrecht etc.[90] Dasselbe gilt für Prozeßhandlungen und Vollstreckungsmaßnahmen;[91] wegen nicht einmal möglicher Kausalität dagegen nicht für Steuerschulden.[92]

6. Rechtsfolgen. a) Vertrauensschutz für den Dritten. Die Rechtsfolge des § 15 **33** Abs. 1 besteht nach dem Gesetzeswortlaut darin, daß der Eintragungspflichtige (derjenige, in dessen Angelegenheit die betreffende Tatsache einzutragen war) die (noch nicht einge-

---

[84] RGZ 128, 172, 181; BGHZ 65, 309, 311 = NJW 1976, 569; *v. Gierke/Sandrock* § 11 III 2 b (152); *P. Hofmann* JA 1980, 264, 268; *U. Hübner* Handelsrecht RdNr. 38; *Schilken* AcP 187 (1987), 1, 6 f.

[85] Ähnlich *Schilken* AcP 187 (1987), 1, 8; vgl. auch *K. Schmidt* HandelsR § 14 II 2 b (402).

[86] Vgl. *Canaris* § 5 I 2 f. (56); *Canaris* Vertrauenshaftung S. 516.

[87] Zur ähnlichen Frage bei der fehlenden Voreintragung RdNr. 20 ff.; vgl. auch *Reinicke* JZ 1985, 272, 276; *Schilken* AcP 187 (1987), 1, 6 f.; *Staub/Hüffer* RdNr. 25.

[88] So deutlich die Denkschrift zum HGB (RT-Vorl.), S. 28 = *Schubert/Schmiedel/Krampe* II/2, S. 972; *Heymann/Sonnenschein/Weitemeyer* RdNr. 4; *Hager* Jura 1992, 57, 62.

[89] Vgl. RGZ 93, 238, 240 f.; *Heymann/Sonnenschein/Weitemeyer* RdNr. 4.

[90] *Canaris* § 5 I 2 e (52–55); *Staub/Hüffer* RdNr. 13; *Heymann/Sonnenschein/Weitemeyer* RdNr. 4; *U. Hübner* Handelsrecht RdNr. 39; *Brox*, Handels- und Wertpapierrecht RdNr. 115; aA für Delikt *v. Gierke/Sandrock* § 11 III 2 b (150); aA für ungerechtfertigte Bereicherung *Müller-Erzbach* (Fn. 13) S. 70; vgl. auch OLG Stuttgart WRP 1987, 200 (Geltendmachung einer Vertragsstrafe wegen Verstoßes gegen eine Unterlassungspflicht).

[91] RGZ 127, 98 (Klage); BGH NJW 1979, 42 (Pfändung); *Staub/Hüffer* RdNr. 13; *Heymann/Sonnenschein/Weitemeyer* RdNr. 4; aA *Deschler* S. 72 f.

[92] BFH NJW 1978, 1944; *Canaris* § 5 I 2 e (55); *Heymann/Sonnenschein/Weitemeyer* RdNr. 4; *Staub/Hüffer* RdNr. 13.

tragene und bekanntgemachte) Tatsache Dritten **„nicht entgegensetzen kann"**; sie ist also vom Eintragungspflichtigen her gedacht; er soll sich (gutgläubigen) Dritten gegenüber vor Eintragung und Bekanntmachung der Sekundärtatsache auf die jeweilige Änderung der materiellen Rechtslage noch nicht berufen dürfen (dazu bereits RdNr. 8). *Hüffer* meint allerdings demgegenüber, dies sei mit dem (heute so verstandenen) Normzweck, das Vertrauen des Dritten zu schützen, nicht zu vereinbaren; er stellt daher darauf ab, ob sich **der Dritte** auf die bisherige Rechtslage weiter berufen und damit den Einwand des Kaufmanns, die Rechtslage habe sich materiell-rechtlich bereits verändert, ausschließen kann.[93] Dafür spricht, daß dem Dritten nach hL ein sog. **Wahlrecht** zusteht (RdNr. 34) und damit zumindest insoweit auf dessen Position abgestellt wird. Schließlich ist in diesem Zusammenhang zu beachten, daß die – neuere – Vorschrift des § 15 Abs. 3 anders als § 15 Abs. 1 von vornherein nicht auf den Kaufmann, sondern auf den **Dritten** abstellt. Andererseits ist die unterschiedliche Wortlautfassung der Absätze 1 und 3 möglicherweise doch nicht nur historische Zufälligkeit, sondern deshalb auch in der Sache begründet, weil es bei Abs. 3 ausschließlich um das (wenn auch typisierte) Vertrauen auf einen bestimmten Tatbestand, nämlich die falsche Eintragung und – RdNr. 64 ff. – Bekanntmachung geht, während § 15 Abs. 1 auch bei Abweichungen von der gesetzlichen Regellage (RdNr. 12) sowie (RdNr. 20 ff.) auch bei fehlender Voreintragung zur Anwendung kommt. Dem könnte eine an der Sicht des Kaufmanns orientierte Deutung eher entsprechen. Ausschlaggebend ist jedoch letztlich die **prozessuale Seite**: Der Eintragungspflichtige wird sich sowohl gegenüber Ansprüchen des Dritten als auch bei der Rechtsverfolgung gegenüber diesem auf die wahre, trotz fehlender Verlautbarung bereits veränderte Rechtslage (Eintragung wirkt nur deklaratorisch!) berufen, und es ist dann Sache des Dritten, diese veränderte Rechtslage entweder gegen sich gelten zu lassen oder sich gegenüber dem Vorbringen des Eintragungspflichtigen auf § 15 Abs. 1 und damit auf die frühere Rechtslage zu berufen. Entscheidend ist also letztlich doch die **Sicht des Dritten**; von seiner Entschließung hängt es ab, ob der abstrakte Vertrauensschutz des § 15 Abs. 1 zum Zuge kommt oder nicht.

34   **b) Wahlrecht der Geltendmachung.** Der durch § 15 Abs. 1 gewährte **Vertrauensschutz** wird dem Dritten **nicht aufgedrängt**; die Rechtsfolge des § 15 Abs. 1 – der Ausschluß der Berufung des Eintragungspflichtigen auf die bereits außerhalb des Registers veränderte Rechtslage – wird daher insbesondere nicht von Amts wegen berücksichtigt, sondern nur dann, wenn der Dritte dies unter Berufung auf § 15 Abs. 1 verlangt. Daraus folgt, daß er auf den ihm durch § 15 Abs. 1 gewährten Schutz „verzichten", daß er die Änderung der Rechtslage abweichend von § 15 Abs. 1 auch gegen sich gelten lassen kann, wenn ihm dies, aus welchen Gründen auch immer, vorzugswürdig erscheint.[94] Dies ist mit den Schlagworten **„Wahlrecht"** oder **„Meistbegünstigung"**[95] gemeint.

35   Demgegenüber vertritt *K. Schmidt* dezidiert die Auffassung, es habe eine Prüfung **von Amts wegen** stattzufinden.[96] Dies verträgt sich insbesondere nicht mit der auch von ihm geteilten Auffassung, daß § 15 Abs. 1 dem Dritten nur nützen, ihm aber nicht schaden dürfe;[97] denn darüber, ob die Anwendung des § 15 nützlich oder schädlich ist, entscheidet allein der Dritte, dem damit eben doch das Recht zusteht, zwischen der Berücksichtigung der wahren (materiellen) und der sich aus § 15 Abs. 1 wegen mangelnder Verlautbarung noch ergebenden ursprünglichen Rechtslage zu „wählen". Auch hier gilt, daß sich zunächst der Kaufmann trotz fehlender (nur deklaratorischer) Eintragung und Bekanntma-

[93] Staub/*Hüffer* RdNr. 14.
[94] RGZ 157, 369, 377; BGHZ 55, 267, 273 = NJW 1971, 1268; BGHZ 65, 309, 310 = NJW 1976, 569; BGH WM 1971, 556; BGH NJW 1973, 1789; BGH WM 1987, 1013, 1015; BGH NJW-RR 1990, 737, 738; Baumbach/*Hopt* RdNr. 6; *Canaris* § 5 I 3 b (59); *Glaser* DB 1956, 933; GroßKommHGB/*Würdinger* Anm. 9; *P. Hofmann* Handelsrecht C V 3 b bb (71); *U. Hübner* RdNr. 35;

Schlegelberger/*Hildebrandt/Steckhan* RdNr. 16; Staub/*Brüggemann* Anh. § 5 RdNr. 43; Staub/*Hüffer* RdNr. 26; *Tiedtke* DB 1979, 245 f.; allgemeiner *Lieb*, Festschrift für H. Hübner, 1984, S. 575, 586 f.; *Canaris* Vertrauenshaftung S. 518 ff.
[95] *K. Schmidt* HandelsR § 14 II 4 c (408).
[96] *K. Schmidt* HandelsR § 14 II 4 a (405).
[97] *K. Schmidt* HandelsR § 14 II 4 b (406).

chung auf die wahre, bereits außerhalb des Registers veränderte Rechtslage berufen wird, und es dann Sache des Dritten ist, sich zu entscheiden, ob er sich demgegenüber auf § 15 berufen will.

Zusätzliche Verwirrung ist dadurch entstanden, daß darüber gestritten wird, ob sich das **36** Wahlrecht auf unterschiedliche Sachverhalte oder auf unterschiedliche Rechts**folgen** beziehe.[98] Letzteres ist schon deswegen schief, weil damit der unzutreffende Eindruck erweckt wird, als stünden alternative Rechtsfolgen überhaupt zur Verfügung.[99] Demgegenüber ist präziser darauf abzustellen, daß es um unterschiedliche Rechts**lagen** geht: Nämlich um die ursprüngliche und um die materiell bereits veränderte Rechtslage. Maßgeblich müßte an sich selbst vor (nur deklaratorischer) Eintragung die materiell bereits veränderte Rechtslage sein, die der Eintragungspflichtige vortragen wird. Aber genau deren Berücksichtigung kann der Dritte durch Berufung auf § 15 Abs. 1 bei unzulänglicher Verlautbarung der Rechtsänderung mit der Folge widersprechen, daß aufgrund dieser Entscheidung („Wahl") noch immer die ursprüngliche Rechtslage zugrundezulegen ist.

c) **„Rosinentheorie".** Aus dieser Möglichkeit des Dritten, zwischen zwei unterschied- **37** lichen Rechtslagen zu wählen, indem er entweder die wahre, veränderte Rechtslage gegen sich gelten läßt oder sich aber mangels ausreichender Verlautbarung auf die ursprüngliche beruft, hat sich aus Anlaß der Entscheidung BGHZ 65, 309[100] die, unter dem Schlagwort der „Rosinentheorie"[101] bekanntgewordene, viel und kontrovers erörterte Problematik ergeben, ob dieses „Wahlrecht" in bezug auf verschiedene, für die Entscheidung maßgeblichen Umstände unterschiedlich ausgeübt werden kann, ob es dem Dritten also freisteht, sich etwa bezüglich einer Anspruchsvoraussetzung (im Fall BGHZ 65, 309: bezüglich der Vertretungsmacht) trotz unzulänglicher Verlautbarung der eingetretenen materiellrechtlichen Änderung auf die wahre Rechtslage (die durch das Ausscheiden des Gesamtvertreters übriggebliebene Einzelvertretungsmacht) und bezüglich der anderen (der haftungsbegründenden Zugehörigkeit zur Gesellschaft) trotz materiellrechtlich wirksamen Ausscheidens auf das Fehlen von Eintragung und Bekanntmachung mit der Folge zu berufen, daß der Einwand des Ausscheidens nicht mehr erhoben werden kann. Der BGH hat dies – unter Berufung auf den Wortlaut des § 15 Abs. 1 und mit der Begründung, das Handelsregister schütze nur den Dritten, nicht aber den Eintragungspflichtigen selbst – ohne ausreichendes Problembewußtsein zugelassen. Die in der Literatur wohl dominierende Auffassung verneint diese Möglichkeit,[102] so daß sich der Dritte in bezug auf beide Anspruchsvoraussetzungen mit der Folge einheitlich entscheiden muß, daß seine Klage in beiden Fällen abgewiesen werden muß. Begründet wird dies letztlich damit, daß der Registerinhalt in solch einem Fall quasi widersprüchlich ist: Die dem Dritten günstige Tatsache (Fortdauer der Eintragung als Gesellschafter) wird durch die dem Dritten ungünstige weitere Tatsache der Gesamtvertretungsregelung sozusagen neutralisiert; ein doppeltes „Wahlrecht" des Dritten, der sich in bezug auf die ihm ungünstige (noch eingetragene) Tatsache der Gesamtvertretungsmacht auf die wahre Rechtslage und nur bezüglich der ihm günstigen Tatsache der noch verlautbarten Zugehörigkeit zur Gesellschaft auf das Register berufen will, wird zu recht als treuwidrig empfunden. Der Entscheidung des BGH kann daher nicht zugestimmt werden.

[98] Dazu dezidiert *K. Schmidt* HandelsR § 14 II 4 b (406 ff.); *ders.,* Festschrift für Gernhuber, 1993, S. 435, 449 f.
[99] Ähnlich *Altmeppen*, Disponibilität des Rechtsscheins, S. 161 f.
[100] = NJW 1976, 569. Gegen das Urteil, *John* ZHR 140 (1976) 236, 254; *Brox*, Handels- und Wertpapierrecht, RdNr. 117, *Canaris* § 5 I 3 c (60); Staub/*Brüggemann* Anh. § 5 RdNr. 42; *Bokelmann*, NJW 1983, 2690; *Tiedtke* DB 1979, 245; *Klostermann,* Die „Rosinentheorie" des BGH zu § 15 Abs. 1 HGB im Lichte von Sinn, Zweck und Funktion des Handelsregisters, Diss. Münster 1986; *Schilken* AcP 187 (1987), 1, 10. Dem BGH i.E. folgend, *K. Schmidt* HandelsR § 14 II 4 c (408 ff.); *ders.* JuS 1991, 1002; Staub/*Hüffer* RdNr. 27; Heymann/*Sonnenschein/Weitemeyer* RdNr. 13; *Kreutz* Jura 1982, 626, 637.
[101] Der Begriff geht auf *John* (ZHR 140 (1976), 236, 254) zurück und wurde von der Lehre übernommen, vgl. *K. Schmidt* HandelsR § 14 II 4 b (408).
[102] *Altmeppen* (Fn. 99) S. 164 ff.; *v. Olshausen* AcP 189 (1989), 223 ff.

38   **7. Kenntnis.** Der gemäß § 15 Abs. 1 durch Einwendungsausschluß („kann . . . nicht entgegengesetzt werden") gewährte Vertrauensschutz entfällt ausnahmsweise („es sei denn . . .") **bei Kenntnis** des Dritten von der eintragungspflichtigen, aber noch nicht eingetragenen oder noch nicht bekanntgemachten Tatsache;[103] bloßes **Kennenmüssen**[104] schadet ebensowenig wie **grobe** Fahrlässigkeit.[105] Die **Beweislast** für die Kenntnis liegt beim Eintragungspflichtigen;[106] die Gutgläubigkeit des Dritten wird (widerlegbar) vermutet.[107] Kenntnis ist auch dann gegeben, wenn sich der Dritte nach allgemeinen Regeln die Kenntnis anderer Personen zurechnen lassen muß.[108]

39   **8. Einzelfälle. a) Tod eines Gesellschafters.** Unklar und streitig sind Anwendbarkeit und Auswirkungen des § 15 Abs. 1 bei **Tod** eines Gesellschafters.[109] Es ist zu unterscheiden:

40   **aa)** Eintragungspflichtig[110] ist zunächst das **Ausscheiden des verstorbenen** (unbeschränkt haftenden) **Gesellschafters.** Das Unterbleiben dieser Eintragung vermittelt jedoch nur den Rechtsschein, als sei der Verstorbene nach wie vor Gesellschafter und hafte dementsprechend unbeschränkt mit **seinem** Privatvermögen. Dementsprechend muß der Erbe lediglich **die** Rechtslage gegen sich gelten lassen, die entstanden wäre, wenn der Erblasser noch verpflichtet worden wäre.[111] Dementsprechend kann er auch insoweit seine (Erben-) Haftung noch auf den Nachlaß beschränken.[112] Der Erbe selbst haftet dagegen (zunächst) nicht einmal dann unbeschränkt, wenn er – etwa qua Nachfolgeklausel – unmittelbar persönlich haftender Gesellschafter oder Kommanditist geworden sein sollte; dies ergibt sich für den dortigen Zeitraum aus § 139 Abs. 4.

41   Bleibt der **Erbe unbeschränkt haftender Gesellschafter**, macht er also von den Möglichkeiten des § 139 Abs. 1 innerhalb der Frist des § 139 Abs. 4 keinen Gebrauch, haftet er bereits materiell-rechtlich unbeschränkt (auch für die Verbindlichkeiten der dreimonatigen Schwebezeit) aus § 128;[113] ob er als Gesellschafter eingetragen wurde oder ob dies unterblieb, ist gleichgültig; die Haftung ergibt sich hier bereits aus materiellem Recht; einer Rechtsscheinshaftung bedarf es nicht.

42   **bb)** Keine Eintragungspflicht besteht nach herrschender und zutreffender Ansicht[114] für den Zeitraum des **§ 139 Abs. 4**; für die Anwendung des § 15 Abs. 1 ist daher kein Raum.

[103] Auch eine ordnungswidrige Bekanntmachung kann die Kenntnis verschaffen, vgl. GroßKomm-HGB/*Würdinger* Anm. 13.

[104] RGZ 70, 272, 273; Baumbach/*Hopt* RdNr. 7; Düringer/Hachenburg/*Hoeniger* Anm. 7; GroßKommHGB/*Würdinger* Anm. 13; Heymann/*Sonnenschein/Weitemeyer* RdNr. 10; *Müller-Erzbach* (Fn. 13) S. 70. Ebensowenig reicht die Kenntnis von Umständen aus, aus denen sich erst auf die relevante Tatsache schließen läßt: vgl. RGZ 144, 199, 204; Baumbach/*Hopt* RdNr. 7; Heymann/*Sonnenschein/ Weitemeyer* RdNr. 10; unter Umständen prima-facie-Beweis: Baumbach/*Hopt* RdNr. 7.

[105] Ebenso *Canaris* § 5 I 2 d (55); Düringer/Hachenburg/*Hoeniger* Anm. 7; *Müller-Erzbach* (Fn. 13) S. 70.

[106] Vgl. nur Baumbach/*Hopt* RdNr. 7; Düringer/Hachenburg/*Hoeniger* Anm. 7; GroßKomm-HGB/*Würdinger* Anm. 13.

[107] *Canaris* § 5 I 2 d (55); Staub/*Hüffer* RdNr. 23; Heymann/*Sonnenschein/Weitemeyer* RdNr. 10; anders die Terminologie von Schlegelberger/*Hildebrandt/Steckhan* RdNr. 3 b aE, 4, 7 bis 11 (passim): „Fiktion".

[108] OLG Hamburg MDR 1972, 238; OLG Frankfurt DB 1976, 93; LG Stuttgart BB 1977, 413 (guter Glaube einer juristischen Person); Baum-

bach/*Hopt* RdNr. 7; Heymann/*Sonnenschein-Weitemeyer* RdNr. 10; Staub/*Hüffer* RdNr. 23; zur „Wissensvertretung" vgl. *Richardi* AcP 169 (1969), 385 ff.

[109] Vgl. hierzu insbesondere *Emmerich* ZHR 150 (1986), 193, 199.

[110] Gemäß § 143 Abs. 2 bzw. § 161 Abs. 2.

[111] BGHZ 66, 98, 102 = NJW 1976, 848; dazu *v. Olshausen* AcP 189 (1989), 223, 242; im Ergebnis ebenso: *Canaris* § 5 I 3 d (61); GroßKommHGB/ *Ulmer* § 143 Anm. 37; Staub/*Hüffer* RdNr. 29.

[112] RGZ 144, 199, 206; BGHZ 66, 98, 103; *Canaris* § 5 I 3 d (61); GroßKommHGB/*Ulmer* § 143 Anm. 37; Staub/*Hüffer* RdNr. 29.

[113] BGH NJW 1982, 45; Baumbach/*Hopt* § 139 RdNr. 46; *Glaser* DB 1956, 933, 934; Groß-KommHGB/*Ulmer* § 139 Anm. 151; *H. Westermann* Handbuch RdNr. 491; aA noch *J. von Gierke*, Festschrift für Wieland, 1934, S. 94, 98 ff., 112 f.; *Liebisch* ZHR 116 (1954), 128, 153 ff.

[114] BGHZ 55, 267, 272 ff. = NJW 1971, 1268; Baumbach/*Hopt* § 139 RdNr. 45; *Glaser* DB 1956, 933, 934; GroßKommHGB/*Ulmer* § 139 Anm. 158 f.; Heymann/*Emmerich* § 139 RdNr. 27; Staub/*Schilling* § 176 RdNr. 18 (inzidenter).

Anderes gilt jedoch dann, wenn der Erbe **ohne** den (zulässigen[115]) Vorbehalt der Haftungsbeschränkung gemäß § 139 Abs. 4 als unbeschränkt haftender Gesellschafter ins Handelsregister eingetragen worden sein sollte. Dann liegt vielmehr eine **unrichtige** (weil in einem
maßgeblichen Punkt unvollständige[116]) Eintragung und Bekanntmachung vor, auf die § 15
Abs. 3[117] anzuwenden ist. Zwar ist eine solche Zwischeneintragung nicht erforderlich, also
nur eintragungsfähig.[118] Dies ändert aber nichts daran, daß die Eintragung dann, wenn sie
vorgenommen worden sein sollte, richtig sein muß, um die Haftung nach § 15 Abs. 3
vermeiden zu können[119] (RdNr. 64).

Hat ein Gesellschafter seine **Zwischeneintragung** unter dem Vorbehalt der Haftungsbe-　**43**
schränkung erwirkt, ist er aber voll haftender Gesellschafter geblieben, ohne den Vorbehalt
löschen zu lassen, braucht § 15 Abs. 1 wiederum deshalb nicht bemüht zu werden, weil
sich die unbeschränkte Haftung hier nach Ablauf der Frist des § 139 Abs. 4 bereits aus
materiellem Recht ergibt.

cc) Schwieriger ist die Rechtslage dann, wenn eine **Zwischeneintragung** vorliegt, der　**44**
Gesellschafter dann aber ausscheidet oder Kommanditist wird, ohne dies unverzüglich
eintragen zu lassen. ME erweckt das Fehlen der Eintragung des Ausscheidens in Verbindung mit der (überholten, weil zeitlich begrenzten) Zwischeneintragung den Rechtsschein,
als hafte der Gesellschafter nunmehr unbeschränkt. Dementsprechend ist § 15 Abs. 1 anzuwenden.[120]

Scheidet der Erbe – **ohne** Zwischeneintragung – gemäß § 139 Abs. 2 aus, ohne dies　**45**
eintragen zu lassen, so greift § 15 iVm. § 143 Abs. 2 deswegen ein, weil die Veränderung
der zuvor gegebenen materiellen Rechtslage nicht gehörig publiziert wurde; daß der Erbe
zuvor als Gesellschafter überhaupt nicht eingetragen war, ändert daran deswegen nichts,
weil § 15 Abs. 1 auch bei fehlender Voreintragung zur Anwendung kommt (RdNr. 20 ff.).

dd) Wird der **Erbe**, der nicht schon vorher Gesellschafter war,[121] **Kommanditist**, ohne　**46**
dies gemäß § 162 Abs. 3 unverzüglich eintragen zu lassen, trifft ihn nach hM[122] – nach
einer Schonfrist für die unverzügliche Herbeiführung der Eintragung als Kommanditist[123] –
die Haftung aus § 176 Abs. 2, ohne daß § 15 Abs. 1 herangezogen werden müßte.

---

[115] Die Eintragungsfähigkeit ist zumindest allgemein anerkannt, vgl. nur BGHZ 55, 267, 271 ff. =
NJW 1971, 1268; GroßKommHGB/*Ulmer* § 139
Anm. 159; *A. Hueck*, Recht der OHG, § 28 V 2 a
(429), § 28 II 1 d (410); *Emmerich* ZHR 150 (1986),
193, 199 (inzidenter).

[116] *Wiedemann*, Die Übertragung und Vererbung
von Mitgliedschaftsrechten bei Handelsgesellschaften, 1965, S. 242 schlägt daher die Eintragung „Erbe
gemäß § 139 HGB" vor.

[117] AA *Emmerich* ZHR 150 (1986), 193, 212, 218.

[118] BGHZ 55, 267, 271 ff. = NJW 1971, 1268;
GroßKommHGB/*Ulmer* § 139 Anm. 159; *A. Hueck*,
Recht der OHG, § 28 V 2 a (429), § 28 II 1 d
(410); *Emmerich* ZHR 150 (1986), 193, 199
(inzidenter); aA (eintragungspflichtig): Dürin-
ger/Hachenburg/*Flechtheim* § 139 Anm. 32; Schle-
gelberger/*K. Schmidt* 5. Aufl. 1992, § 139
RdNr. 104, 125 ff.

[119] AA die wohl hL, die insoweit nur mit allgemeinen Rechtsscheinsgrundsätzen arbeiten will, vgl.:
GroßKommHGB/*Ulmer* § 139 Anm. 160; wohl
auch *Canaris* § 5 I 3 d (61); nur im Ergebnis wie
hier: *Emmerich* ZHR 150 (1986), 193, 212, 218,
A. Hueck, Recht der OHG, § 28 II d (410), § 28 V
2 a (429); im Ergebnis wohl ebenso BGHZ 55, 267,
272 ff. = NJW 1971, 1268.

[120] So auch *A. Hueck*, Recht der OHG, § 28 V 3
(430), der pauschal auf „§ 15" rekurriert.

[121] Zumindest in diesem Fall ist § 176 Abs. 2 unanwendbar, möglicherweise Haftung gemäß §§ 128,
15 Abs. 1, vgl.: BGHZ 66, 98, 101 ff. = NJW 1976,
848; Baumbach/*Hopt* § 176 RdNr. 10; Heymann/
Emmerich § 139 RdNr. 53; Schlegelberger/
K. Schmidt § 139 RdNr. 127, § 176, RdNr. 21 ff.
H. Westermann Handbuch RdNr. 493.

[122] BGHZ 66, 98, 100 = NJW 1976, 84 f.; BGH
NJW 1983, 2258, 2259; Baumbach/*Hopt* § 176
RdNr. 12; *A. Hueck*, Recht der OHG, § 28 V 2 b
(429 f.); *Schilling* ZGR 1978, 173, 174; Staub/
Schilling § 176 RdNr. 18; *H. Westermann* Handbuch
RdNr. 493; *Wiedemann*, PdW Gesellschaftsrecht,
Fall 260, S. 229; anderer Ansicht: *K. Schmidt* GesR
§ 55 II 2 b dd (1345); *ders.* ZHR 144 (1980), 192,
197 ff.

[123] BGH LM HGB § 176 Nr. 9; BGHZ 66, 98,
100 f. = NJW 1976, 848 (offenlassend); Baumbach/
Hopt § 176 RdNr. 12; *Glaser* DB 1956, 933, 934;
GroßKommHGB/*Ulmer* § 139 Anm. 161; *A. Hueck*,
Recht der OHG, § 28 V 2 b (429 f.); *Schilling* ZGR
1978, 173; ähnlich Heymann/*Emmerich* § 139
RdNr. 53.

47   ee) Soweit nach dem Ausgeführten eine Haftung gem. § 15 begründet ist, gilt dies nur
für **Neu**verbindlichkeiten, mangels Kausalität dagegen nicht für Alt- und sog. Zwischen-
neuverbindlichkeiten, die im Zeitraum des § 139 Abs. 4 begründet wurden.[124]

48   **b) Fehlender Nachfolgevermerk.** Ebenfalls aus dem Gesellschaftsrecht ergibt sich die
schwierige Frage, ob und ggf. welche Haftung sich aus § 15 Abs. 1 aus dem Fehlen des sog.
Nachfolgevermerks[125] ergeben kann. Dieser Rechtsnachfolgevermerk soll sowohl bei
Gesamtrechtsnachfolge als auch bei rechtsgeschäftlicher Übertragung des Kommanditanteils
auf einen neuen Kommanditisten erforderlich sein, um bei den Gläubigern den Eindruck
auszuschließen, als handle es sich beim Ausscheiden des alten und dem Eintritt des neuen
Kommanditisten um zwei selbständige Vorgänge mit der (nach neuerer Auffassung[126] zu
Lasten des Altkommanditisten gehenden) Folge der Entstehung eines neuen Kommanditanteils (bei gleichzeitigem Wiederaufleben der Haftung des Altkommanditisten analog § 172
Abs. 4 S. 1 iVm. § 738 BGB), und der entsprechenden Erweiterung der Zugriffsmöglichkeiten der Gesellschaftsgläubiger.[127] Dies ist zwar in der Tat dann der Fall, wenn sich Ausscheiden und Eintritt unabhängig voneinander vollziehen.[128] Den Neugläubigern nützt die
damit allein begründbare Haftung des Altkommanditisten aber deswegen nichts, weil er
ihnen gegenüber nach der Eintragung seines Ausscheidens (auf den Rechtsnachfolgevermerk kommt es insoweit nicht an) überhaupt nicht mehr verpflichtet wird, während eine
Rechtsscheinshaftung zugunsten der Altgläubiger wegen fehlender (auch nur potentieller)
Kausalität nur in den wenigen Fällen in Betracht kommt, in denen diese nach Eintragung
und Bekanntmachung von Ausscheiden und Eintritt noch „disponiert", dh. etwa Kredite
verlängert haben sollten etc.; denn nur insoweit können sie im Vertrauen auf den Rechtsschein der Verdoppelung der Haftsummen gehandelt haben. Ob dieser, nunmehr nur noch
verbliebene schmale Bereich die Forderung nach Eintragung eines Rechtsnachfolgevermerks und damit dessen Anerkennung als eintragungs**pflichtiger** Tatsache[129] überhaupt
noch zu rechtfertigen vermag, ist zweifelhaft.[130] Noch mehr gilt dies für die Forderung
nach Eintragung eines Rechtsnachfolgevermerks auch bei der Vererbung von Kommanditanteilen.[131]

49   **c) Sonderfall.** Der VIII. Zivilsenat des BGH[132] hat – offenbar ohne die handelsrechtliche Problematik zu erkennen (und überdies unter Verwechslung der §§ 25 und 28) –
entschieden, solange eine KG, gleichgültig, ob sie ein Gewerbe gemäß § 1 oder § 2 betreibe, nicht im Handelsregister eingetragen sei, könne sie sich auf den **Übergang von Forderungen** im Rahmen der Einbringung eines zuvor betriebenen einzelkaufmännischen Unternehmens in die KG (§ 28!) wegen § 15 Abs. 1 nicht berufen. Dies verfehlt die handelsrechtliche Problematik völlig,[133] weil die **eintragungspflichtige Tatsache falsch bestimmt**
wurde: Im Streitfall ging es gar nicht um die Eintragungspflichtigkeit der KG-Gründung
(§§ 161 Abs. 2, 106 Abs. 1), sondern um die (im Zuge der Einbringung des einzelkaufmännischen Unternehmens in die KG erfolgte) rechtsgeschäftliche Abtretung einer Forde-

---

[124] Vgl. dazu Schlegelberger/*K. Schmidt* § 139 RdNr. 129 ff.

[125] Wortlaut zB: „Der Kommanditanteil des Kommanditisten A ist im Wege der Sonderrechts-nachfolge an den Kommanditisten B übergegan-gen." (Schlegelberger/*K. Schmidt* § 173 RdNr. 28).

[126] Vgl. nur BGHZ 81, 82, 85, 89 = NJW 1981, 2747; Schlegelberger/*K. Schmidt* § 173 RdNr. 20.

[127] Staub/*Schilling* § 173, RdNr. 7; *Richert* NJW 1958, 1472, 1475; vgl. auch BGHZ 81, 82, 86 = NJW 1981, 2747.

[128] Vgl. anschaulich Schlegelberger/*K. Schmidt* § 173 RdNr. 20.

[129] Dafür: *Eckert* ZHR 147 (1983), 565, 568; *Jeschke* DB 1983, 541, 542; Schlegelberger/*Martens* § 162 RdNr. 17, 19; Schlegelberger/*K. Schmidt*

§ 173 RdNr. 26; *K. Schmidt* GmbHR 1981, 253, 257; Staub/*Schilling* § 173 RdNr. 7; wohl auch Baumbach/*Hopt* § 162 RdNr. 8.

[130] Die Eintragungspflichtigkeit des Rechtsnach-folgevermerks lehnt ab: *Spindelhim* DB 1983, 271, 272; gegen ihn: *Jeschke* DB 1983, 541 f.; *Eckert* ZHR 147 (1983), 565, 568; vgl. auch Staub/*Hüffer* RdNr. 16, der immerhin zu Recht die Eintra-gungspflichtigkeit der haftungsbefreienden Leistung der Einlage verneint (ebenso: BGH GmbHR 1981, 262).

[131] Schlegelberger/*K. Schmidt* § 173 RdNr. 44.

[132] NJW 1979, 42.

[133] Vgl. auch *Canaris* § 5 I 3 e (61) im Text zu Fn. 30: „abwegig".

rung (nicht um einen „Übergang" von Forderungen gem. § 28 Abs. 1 Satz 2; dies ist nur eine Schuldnerschutzvorschrift[134]). Dies ist zweifellos kein eintragungspflichtiger Vorgang, so daß § 15 Abs. 1 gar nicht zum Zuge kommen kann. Dies zeigt sich auch dann, wenn es sich (der BGH hat dies offen gelassen) um eine KG mit einem Gewerbe gemäß § 2 gehandelt haben sollte: Dann hätte vor Eintragung zunächst eine BGB-Gesellschaft bestanden, an die die betreffende Forderung ebenso materiellrechtlich wirksam hätte abgetreten werden können, ohne daß es auf die Rechtsform und damit auf die fehlende Eintragung hätte ankommen können. Im übrigen ist die Entscheidung des BGH auch deswegen problematisch, weil er hier ohne jedes Problembewußtsein § 15 Abs. 1 auf eine Primärtatsache (RdNr. 18) angewandt hat.

d) Inhaberwechsel. Zweifelhaft ist die Reichweite des § 15 Abs. 1 bei fehlender Eintra- **50** gung des **Inhaberwechsels** nach vollzogener Unternehmensveräußerung (§ 25 Abs. 1 S. 1). Hier haftet der im Handelsregister noch als Inhaber eingetragene Veräußerer zweifellos für rechtsgeschäftliche Verpflichtungen, die erst der Erwerber begründet hat: Auf den Inhaberwechsel kann sich der Veräußerer bis zur Eintragung und Bekanntmachung insoweit nicht berufen. Schwieriger ist die Rechtslage dann, wenn der **Veräußerer**[135] nach der Übertragung des Handelsgeschäfts noch unter seiner (vom Erwerber fortgeführten) Firma kontrahiert. Materiellrechtlich liegt ein **firmenbezogenes Geschäft** vor,[136] für das dem Veräußerer die Vertretungsmacht fehlt; er haftet demnach zumindest gemäß § 179 BGB. Darüber hinaus wird man – im Ansatz mit dem OLG Frankfurt,[137] wenn auch kaum notwendig – annehmen können, daß er sich wegen der fehlenden Eintragung und Bekanntmachung des Inhaberwechsels als Schuldner behandeln lassen muß und dementsprechend unmittelbar zur Erfüllung verpflichtet wird. Fraglich ist aber, ob sich auch eine Verpflichtung **des Erwerbers** begründen läßt. Das OLG hat angenommen, über § 15 Abs. 1 entstehe eine (Alt-!?) Verbindlichkeit, für die der Erwerber ebenfalls gemäß § 25 Abs. 1 S. 1 einzustehen habe. Damit wird § 15 Abs. 1 sozusagen zweimal herangezogen: Zuerst zu Lasten des Veräußerers, dessen Eigenhaftung auf diese Weise begründet wird, und dann ergänzend – zu Lasten des Erwerbers – in dem Sinne, daß (auch) er sich so behandeln lassen muß, als sei das Handelsgeschäft letztlich erst im Zeitpunkt der Eintragung bzw. Bekanntmachung übertragen worden. Dies erscheint in Ergebnis und Begründung gleichermaßen zweifelhaft; insbesondere ist nicht ersichtlich, welche Rechtsscheinsaspekte die Verpflichtung des Erwerbers gegenüber dem Dritten rechtfertigen könnten.[138]

e) § 407 BGB. Ebenfalls im Zusammenhang mit der Veräußerung eines Handelsge- **51** schäfts ergibt sich die Frage, welche Auswirkungen die ordnungsgemäße Eintragung und Bekanntmachung des Inhaberwechsels auf die Schuldnerschutzvorschrift des § 407 hat.[139] Dieser Vorschrift bedarf es dann, wenn – wie es dem Regelfall entspricht – die Forderungen als Aktiva des Handelsgeschäfts auf den Erwerber übertragen worden sind. Dann können sich die Altschuldner des Veräußerers an sich auf § 407 berufen,[140] es sei denn, es lasse sich über § 15 Abs. 2 die Kenntnis des Schuldners fingieren. Diese gelegentlich vertretene Auffassung[141] ist jedoch deswegen unrichtig, weil § 25 nur etwas über den **Inhaber**-, nicht aber über den **Gläubiger**wechsel aussagt.[142] Insbesondere ist letzterer deswegen nicht notwendig mit dem Inhaberwechsel verbunden, weil es den Beteiligten freisteht, ob die Forderungen mitübertragen werden sollen, und weil § 25 Abs. 1 S. 2 ebenfalls nur eine

---

[134] § 28 RdNr. 34.
[135] OLG Frankfurt OLGZ 1973, 20; dazu *K. Schmidt* HandelsR § 14 II 4 b Beispiel Nr. 20 (409 f.).
[136] Vgl. *K. Schmidt* HandelsR § 14 II 4 b Beispiel Nr. 20 bb (409).
[137] OLGZ 1973, 20, 24 f.
[138] Vgl. dazu auch *K. Schmidt* HandelsR § 14 II 4 b (409 f.) mit einer Parallele zur sog. „Rosinentheorie" (dazu oben RdNr. 37).

[139] Vgl. dazu Staub/*Hüffer* § 25 RdNr. 71; *Canaris* § 7 II 4 (114).
[140] Vgl. Staub/*Hüffer* § 25 RdNr. 70; *Canaris* § 7 II 4 (114); siehe ferner unten § 25 RdNr. 100.
[141] Staub/*Hüffer* § 25 RdNr. 71; GroßKommHGB/*Würdinger* § 25 Anm. 19; Düringer/Hachenburg/*Hoeniger* § 25 Anm. 23.
[142] Ebenso *Canaris* § 7 II 4 (114); Schlegelberger/*Hildebrandt/Steckhan* § 25 RdNr. 14.

Schuldnerschutzvorschrift darstellt, nicht aber den Übergang der Forderungen zugunsten sonstiger Beteiligter fingiert (dazu eingehend § 25 RdNr. 99 ff.).[143]

III. Die Rechtslage bei richtiger Eintragung und Bekanntmachung (§ 15 Abs. 2)

52 **1. Funktionsweise. a) Grundverständnis.** Das Handelsregister hat bei richtiger Verlautbarung rechtserheblicher, eintragungspflichtiger Vorgänge die wichtige **Funktion**, dem Kaufmann **die sonst erforderliche Information** aller derjenigen, die möglicherweise rechtsgeschäftliche Beziehungen zu ihm aufnehmen oder fortsetzen wollen, **zu ersparen.**[144] Allein der durch S. 2 (RdNr. 59 f.) nur unwesentlich eingeschränkte Ausschluß des Einwands der Unkenntnis der betreffenden materiellrechtlichen Gestaltungen durch die insofern zentrale Vorschrift des § 15 Abs. 2 S. 1 ermöglicht es dem Kaufmann, sich gegenüber Dritten stets auf diese wirklich und richtig verlautbarte Rechtslage zu berufen (wahre Rechtslage und Registerverlautbarung decken sich hier im Gegensatz zu § 15 Abs. 1 und 3); es ist daher Sache dieser Dritten, sich im eigenen Interesse, auf welchem Wege auch immer, über den Registerinhalt Kenntnis zu verschaffen (RdNr. 54).

53 Der Schwerpunkt der Regelung liegt – komplementär zu Abs. 1 – auf denjenigen eintragungspflichtigen Sekundärtatsachen (RdNr. 17 ff.), die den am Rechtsverkehr Beteiligten diejenigen Rechts**änderungen** anzeigen, die sich zuvor bereits außerhalb des Registers (in der Regel nur deklaratorische Wirkung der Eintragung!) vollzogen haben, dem Gutgläubigen aber erst nach Eintragung und Bekanntmachung entgegengesetzt werden dürfen. Im Zusammenspiel mit § 15 Abs. 1 ergibt sich aus Abs. 2 klarstellend, daß der gutgläubige Dritte die betreffenden (eintragungspflichtigen) Tatsachen **erst dann** gegen sich gelten lassen muß, wenn Eintragung und Bekanntmachung erfolgt sind. Ob dies auch für Primärtatsachen bzw. konstitutiv wirkende Eintragungen gilt, hängt davon ab, ob sich § 15 Abs. 1 auch darauf bezieht (RdNr. 17 ff.).

54 **b) Informationslast.** Diese Konzeption des Gesetzgebers baut auf der Vorstellung auf, es sei Sache desjenigen Dritten, der mit dem Kaufmann in (Geschäfts-) Verbindung steht oder geschäftliche Beziehungen aufnehmen will, sich qua Register und/oder Bekanntmachung über die jeweilige Rechtslage zu informieren,[145] wobei diese Informationslast nicht nur Kaufleuten, sondern **jedermann** auferlegt wird:[146] Auch gegenüber Privatleuten kann sich der Kaufmann auf § 15 Abs. 2 berufen, wenn sie mit ihm im Rahmen seines Handelsgewerbes kontrahieren.[147] Diese zentrale gesetzgeberische Prämisse ist angesichts offenbar nicht seltener Läßlichkeit in Zweifel geraten: So wird etwa in der Literatur wiederholt darauf hingewiesen, daß „die vom Gesetzgeber gewollte Publizität des Handelsregisters teilweise Theorie geblieben ist, weil beim Abschluß von Handelsgeschäften kaum jemals Einblick in das Register genommen wird".[148] Ob bzw. in welchem Umfang diese Behauptung stimmt, ist zweifelhaft.[149] Aber selbst dann, wenn sie weithin zutreffen sollte, besteht weder Anlaß, noch die Möglichkeit der Korrektur des Gesetzes: Vielmehr zeigt sich dann lediglich die Konsequenz der Informationslast des Dritten: Er hat bei fehlender Information auf eigenes Risiko gehandelt und kann sich deswegen nicht beschweren.

---

[143] Im Ergebnis wie hier: *Canaris* § 7 II 4 (114); Schlegelberger/*Hildebrandt/Steckhan* § 25 RdNr. 14.

[144] Vgl. auch (ausführlich) Schlegelberger/*Hildebrandt/Steckhan* RdNr. 2 f., Einleitung vor § 8.

[145] Staub/*Hüffer* RdNr. 35; Heymann/*Sonnenschein/Weitemeyer* RdNr. 15, 19; *U. Hübner* Handelsrecht RdNr. 33; *v. Gierke/Sandrock* § 11 III 2 a (149); *P. Hofmann* Handelsrecht C V 3 b bb (71 f.); *Deschler* S. 46.

[146] (Inzidenter) die ständige Rechtsprechung, vgl. RGZ 78, 359, 361; 81, 17, 21; 120, 363, 369; 140,

314 f.; BGH NJW 1972, 1418, 1419; BB 1976, 1479, 1480.

[147] AA aufgrund seiner restriktiven Grundhaltung (dazu RdNr. 55) *Canaris* § 5 II 1 b (62).

[148] *K. Schmidt* HandelsR § 13 I 2 (387); *Canaris* § 5 II 1 b (62), allerdings ohne daß es insoweit verläßliche Feststellungen geben würde.

[149] Auch Gegenbeispiele – sorgsames Verfolgen der Registerbekanntmachungen in bezug auf die Geschäftspartner des Unternehmens – gibt es genügend.

c) Einschränkung des Anwendungsbereichs des § 15 Abs. 2? Daraus folgt jedenfalls 55
im Grundsatz eine **deutliche Zurückhaltung** gegenüber Bestrebungen,[150] den Anwendungsbereich des § 15 Abs. 2 mit der Folge einzuschränken, daß Eintragung und Bekanntmachung bei gewissen Vorgängen für den Ausschluß des Einwands der Unkenntnis
der betreffenden rechtlichen Gestaltung nicht mehr ausreichen sollen. Außerordentlich
problematisch erscheint es insbesondere, § 15 Abs. 2 S. 1 generalisierend immer dann
zurückzudrängen, wenn eine sog. **ständige Geschäftsverbindung** vorliegt.[151] Damit würden Funktion und Gewicht des Handelsregisters erheblich beeinträchtigt; das zeigt gerade
das Beispiel von *Canaris*[152] – Widerruf der Prokura – besonders deutlich: Wenn der Kaufmann hier wirklich bei ständiger Geschäftsverbindung den Widerruf allen Geschäftspartnern speziell (wodurch? Rundschreiben? Zugangsproblematik?) kundgeben müßte, wäre
das **Handelsregister**, das ihm diese Last gerade abnehmen will, weithin entwertet. Dazu
kommen neben der schon angesprochenen Zugangsproblematik weitere erhebliche praktische Schwierigkeiten; man denke nur an die Frage, wann denn nun eine wirklich
„ständige" Geschäftsverbindung bejaht werden kann. All dies will das Gesetz mit § 15
Abs. 2 S. 1 dem Kaufmann gerade ersparen. Davon abzugehen besteht kein Anlaß. Im
übrigen ist angesichts der Existenz des § 15 Abs. 2 S. 1 die erforderliche **Regelungslücke**,
die mit Hilfe der rechtsfortbildenden, lückenfüllenden Entwicklung einer entsprechenden
zusätzlichen Publizitätspflicht geschlossen werden soll, **nicht zu erkennen**, zumal der Gesetzgeber die (Ausnahme-) Regelung des § 15 Abs. 2 S. 2 im Jahre 1969 noch verschärft
und damit die Bedeutung von § 15 Abs. 2 S. 1 erhöht hat.[153] Es handelt sich vielmehr um
eine rechts**politisch** motivierte Kritik an der als unzeitgemäß empfundenen gesetzlichen
Regelung des § 15 Abs. 2 S. 1; das zeigen die Ausführungen von *Canaris* zu § 15 Abs. 2
S. 2, in denen er die mit dem Gesetz kaum zu vereinbarende These aufstellt, der Dritte
brauche „die Bekanntmachung . . . idR nicht zu kennen".[154] Es mag zwar sein, daß auch
vernünftige (?!) Menschen Bekanntmachungen nicht zu lesen pflegen; aber dies tun sie
dann auf eigenes Risiko, ohne daß Anlaß bestehen würde, den Kaufmann mit kompensie-
renden Pflichten zu belasten.[155]

d) Abdingbarkeit des § 15 Abs. 2? Zweifelhaft ist, ob § 15 Abs. 2 (auch nur zwischen 56
Kaufleuten) **abbedungen** werden kann, wie dies Nr. 1 Abs. 1 S. 2 der AGB-Banken 1977
bzw. Nr. 3 Abs. 1 S. 2 und Abs. 2 S. 2 AGB-Sparkassen vorsahen. Dagegen waren
(berechtigte) Bedenken erhoben worden.[156] Dem haben Banken und Sparkassen durch die
Neufassung ihrer AGB Rechnung getragen: Nach Nr. 11 Abs. 1 S. 2 AGB-Banken bzw.
Nr. 4 Abs. 1 S. 2 und Abs. 2 S. 2 AGB-Sparkassen besteht insoweit nur noch eine zusätzliche Mitteilungspflicht als Grundlage eventueller Schadensersatzansprüche[157] sowie der
Zurechnung von Mitverschulden.[158] Die Rechtswirkungen des § 15 Abs. 2, die insbesondere dem Zustandekommen vertraglicher Bindungen nach Eintragung und Bekanntmachung des Erlöschens entsprechender Vertretungsmacht entgegenstehen, bleiben davon
unberührt.[159]

---

[150] *Canaris* § 5 II 2 b (62 f.).
[151] *Canaris* § 5 II 2 b (64).
[152] *Canaris* § 5 II 2 b (63 f.).
[153] Exkulpation nur noch binnen 15 Tagen, dazu
Amtliche Begründung, BT-Drucks. V/3862 S. 10;
vgl. auch Staub/*Hüffer* RdNr. 5.
[154] *Canaris* § 5 II 2 b (64): „Man sollte . . . der
Unkenntnis der Bekanntmachung regelmäßig keine
Bedeutung beimessen . . .".
[155] Im übrigen ist moderne Datentechnik in der
Lage, den Zugang zum Register deutlich zu vereinfachen. Schon aus diesem Grunde sollte man kommerzieller Nutzung aufgeschlossen gegenüberstehen
(zur Problematik *K. Schmidt* HandelsR § 13 I 2,
386 f.).

[156] *Brandner* in Ulmer/Brandner/Hensen AGBG,
7. Aufl. 1993, Anh. §§ 9–11 RdNr. 152; *Horn*
in Wolf/Horn/Lindacher AGBG, 3. Aufl. 1994,
§ 23 RdNr. 627; MünchKommBGB/*Basedow* § 23
AGBG RdNr. 103; *Hettich/Thieves/Timmann/Wind-
hövel* BB 1990, 2347, 2348.
[157] *Horn* in Wolf/Horn/Lindacher AGBG,
3. Aufl. 1994, § 23 RdNr. 695.
[158] *Horn* in Wolf/Horn/Lindacher (Fn. 157) § 23
RdNr. 695, 696; *Brandner* in Ulmer/Brandner/Hen-
sen (Fn. 156) Anh. §§ 9–11 RdNr. 152 a.
[159] Vgl. *Brandner* in Ulmer/Brandner/Hensen
(Fn. 156) RdNr. 152 a; *Horn* in Wolf/Horn/Lin-
dacher, § 23 RdNr. 696.

57   **e) Rechtsscheinstatbestand trotz richtiger Eintragung.** Einzuräumen ist, daß sich der eintragungspflichtige Kaufmann nicht ausschließlich auf die Eintragungen und Bekanntmachungen des § 15 Abs. 2 zurückziehen kann. Nach heutigem Erkenntnisstand kann es vielmehr Rechtsscheinstatbestände außerhalb des Registers geben, auf die sich der Dritte selbst dann berufen kann, wenn die (davon abweichende) wirkliche Rechtslage im Handelsregister richtig verlautbart worden ist. Diese Auffassung ist spätestens seit der (heute wegen der neuen Regelung des § 19 Abs. 5 überholten) Entscheidung BGHZ 62, 216[160] anerkannt, in der der BGH dem Kaufmann die Berufung auf die haftungsbeschränkende „Umwandlung" seines Unternehmens in eine GmbH & Co. KG trotz ordnungsgemäßer Eintragung und Bekanntmachung des gesamten Vorgangs deswegen verwehrte, weil durch die (damals gem. § 24 noch zulässige) Fortführung der unveränderten Firma des bisherigen Einzelkaufmanns der Rechtsschein fortbestehender unbeschränkter Haftung entstanden war.[161] Diese Entscheidung darf jedoch deswegen nicht ohne weiteres verallgemeinert werden, weil es sich dabei primär um eine Fortbildung bzw. eine Anpassung **des Firmenrechts** an Fortentwicklungen des Gesellschaftsrechts handelte. Immerhin ist die Einsicht wesentlich, daß der Firmierung nach der Konzeption des Gesetzgebers eine **zusätzliche eigene Publizitätsfunktion** zukommt:[162] Im Rahmen der einschlägigen Vorschriften sollen die Haftungsverhältnisse unabhängig davon, daß sie sich dem Handelsregister entnehmen lassen, in gewissem Umfang bereits aus der Firmierung ersichtlich sein. Daraus folgt zwanglos, daß bei irreführender, insbesondere den Rechtsschein unbeschränkter persönlicher Haftung erweckender Firmierung die Berufung auf § 15 Abs. 2 nicht ausreichen kann; vielmehr kommt der Kaufmann seiner Publizitätspflicht erst dann vollständig nach, wenn zusätzlich zu Eintragung und Bekanntmachung gemäß § 15 Abs. 2 auch die Firmierung den gesetzlichen Anforderungen entspricht.

58   Ebenso mag es in weiteren Einzelfällen möglich sein, daß außerhalb des Registers ein so starker eigenständiger Rechtsscheinstatbestand entstanden ist, daß auch insoweit – ausnahmsweise und daher in hohem Maße begründungsbedürftig – Eintragung und Bekanntmachung gemäß § 15 Abs. 2 nicht ausreichen. Solchen Fällen sollte man, im Ansatz dem BGH[163] folgend, eher mit dem Mißbrauchseinwand begegnen; eine generelle Derogierung der wichtigen Regelung des § 15 Abs. 2 kann ihnen jedoch nicht entnommen werden.

59   **2. § 15 Abs. 2 S. 2.** Die Möglichkeit des Kaufmanns, sich Dritten gegenüber gemäß § 15 Abs. 2 S. 1 auf die erfolgte (richtige[164]) Eintragung und Bekanntmachung einer eintragungspflichtigen Tatsache berufen zu können, wird seit der Änderung des § 15 Abs. 2 aufgrund der Reform des Jahres 1969[165] durch § 15 Abs. 2 S. 2 für die dortige 15-Tagesfrist nur noch für den Fall eingeschränkt, daß der (dafür beweispflichtige[166]) Dritte die betreffende Tatsache weder kannte noch kennen mußte. Die ganz hL beschränkt diese Ausnahmeregelung auf Extremfälle, in denen etwa die Bekanntmachungsblätter noch nicht zugänglich waren.[167]

---

[160] = NJW 1974, 1191.

[161] Dazu noch RdNr. 103.

[162] *K. Schmidt* HandelsR § 12 I 1 c (346): „Firma als Publizitätsmedium". Vgl. im übrigen auch § 125 a HGB.

[163] BGHZ 71, 354, 357 = NJW 1978, 2030; BGH NJW 1972, 1418, 1419; DB 1976, 2350; DB 1978, 78; vgl. dazu auch Baumbach/*Hopt* RdNr. 15; *Gotthardt* JZ 1971, 312, 315; Heymann/*Sonnenschein/Weitemeyer* RdNr. 21; *P. Hofmann* Handelsrecht C V 4 c (80); *U. Hübner* Handelsrecht RdNr. 34; Schlegelberger/*Hildebrandt/Steckhan* RdNr. 17 c.

[164] § 15 Abs. 2 erfaßt nur die Eintragung und Bekanntmachung richtiger Tatsachen. Ist eine unrichtige Tatsache eingetragen (und bekanntgemacht), so muß sie der Dritte nicht gegen sich gelten lassen,

vgl. Düringer/Hachenburg/*Hoeniger* Anm. 2; *Ehrenberg* (Fn. 13), S. 637; Staub/*Hüffer* RdNr. 32; in Betracht kommt allerdings heute die Anwendung des Abs. 3!

[165] Gesetz vom 15. 8. 1969 – BGBl. I S. 1146 aufgrund der „Ersten Richtlinie des Rates der Europäischen Gemeinschaft zur Koordinierung des Gesellschaftsrechts". Bis dahin brauchte der Dritte die eingetragene Tatsache nicht gegen sich gelten zu lassen, wenn er sie „weder kannte noch kennen mußte."

[166] Sog. probatio diabolica („Teufelsbeweis").

[167] Als Beispielsfälle werden etwa genannt: „Eingeschneite Bergdörfer, abgeschnittene Halligen und Streiks der Postangestellten" (*P. Hofmann* Handelsrecht C V 3 b bb (72)), aber auch – bezogen auf den gemeinsamen europäischen Markt –: Die Zeitung,

---

Ausgehend von seiner Grundtendenz – in der Regel keine Verpflichtung des Dritten, **60**
sich um die Registerbekanntmachungen zu kümmern – vertritt *Canaris* eine wesentlich
großzügigere Auffassung: Er will ein Verschulden im Sinne von § 15 Abs. 2 S. 2 nur dann
bejahen, wenn es um „Geschäfte von größerer wirtschaftlicher Tragweite"[168] oder „erstmalige Kontakte" mit dem betreffenden Kaufmann geht. Dem kann nicht gefolgt werden:
Die Konzeption des § 15 beruht auf der Vorstellung, jeder Dritte habe sich generell im
eigenen Interesse um die Eintragungen im Register und deren Bekanntmachung zu kümmern.[169] Auch der Vorschlag, davon wenigstens bei Beteiligung von Nichtkaufleuten abzusehen,[170] mag zwar modernen Verbraucherschutzbestrebungen entsprechen, nicht aber
dem Gesetz, das allein aus der Sicht des Kaufmanns konzipiert ist und dementsprechend
(mit § 345 übereinstimmend!) alle „Dritten" gleich behandelt.[171] Dementsprechend ist die
Lockerung des Einwendungsausschlusses durch § 15 Abs. 2 S. 2 auf Extremfälle zu beschränken, in denen ohne unzumutbare Anstrengungen Kenntnis vom Registerinhalt nicht
zu erlangen war.

3. Frist. Der Eintragungspflichtige kann sich erst dann auf die (neue) Rechtslage beru- **61**
fen, wenn Eintragung **und** Bekanntmachung vorliegen; die Eintragung allein reicht also
nicht aus.[172] Dem entspricht es, wenn die 15-Tagesfrist des § 15 Abs. 2 S. 2 erst mit der
Bekanntmachung zu laufen beginnt. Divergenzen zwischen Eintragung und Bekanntmachung, wie sie zu § 15 Abs. 3 viel erörtert worden sind (RdNr. 64), sind im Bereich des
§ 15 Abs. 2 nur schwer vorstellbar. Immerhin erscheint es nicht ausgeschlossen, daß eine
eintragungspflichtige Sekundärtatsache[173] zwar richtig eingetragen, aber unrichtig bekanntgemacht wurde. Damit ist der Tatbestand des § 15 Abs. 2 noch nicht erfüllt: Der Kaufmann kann sich auf die neue Rechtslage erst dann berufen, wenn sie jeweils richtig eingetragen **und** bekanntgemacht wurde.

IV. § 15 Abs. 3: Ursprüngliche Unrichtigkeit

1. Entwicklung und Struktur. Der gesetzliche Registerschutz war durch § 15 Abs. 1 bis **62**
zur Reform des Gesetzes im Jahre 1969[174] auf die Fälle **nachträglicher Unrichtigkeit**, dh.
diejenigen Fälle beschränkt, in denen das Register zunächst richtig war und erst durch
spätere Entwicklungen (außerhalb des Registers) unrichtig wurde (RdNr. 4). Für die Fälle
ursprünglicher, von vornherein gegebener Unrichtigkeit – falsch war bereits die Eintragung (und damit zugleich in aller Regel auch die Bekanntmachung) – enthielt das Gesetz
dagegen keinen Schutz. Diese Lücke war allerdings in befriedigender Weise durch die
rechtsfortbildende Entwicklung zweier Ergänzungssätze gefüllt worden (RdNr. 98 ff.). Sie
wurden im Jahr 1969 durch den neuen, auf einer EG-Richtlinie[175] beruhenden § 15 Abs. 3

---

die die Bekanntmachungen des Registergerichts
enthält, war am Ort der Niederlassung noch nicht
erhältlich (*v. Gierke/Sandrock* § 11 III 2 a (149);
Schlegelberger/Hildebrandt/Steckhan RdNr. 17 b);
vgl. als weitere „Standardbeispiele": verspätete Auslieferung des Veröffentlichungsblatts (*Staub/Hüffer*
RdNr. 37; *Hager* Jura 1992, 57, 63), Diebstahl des
Mitteilungsblatts aus dem Briefkasten (*Schlegel-
berger/Hildebrandt/Steckhan* RdNr. 17 b).
  [168] *Canaris* § 5 II 1 b (63).
  [169] Ebenso: *U. Hübner* Handelsrecht RdNr. 33;
v. Gierke/Sandrock § 11 III 2 a (149); *Deschler* S. 46;
Heymann/Sonnenschein/Weitemeyer RdNr. 19;
P. Hofmann Handelsrecht C V 3 b bb (71 f.); *Staub/
Hüffer* RdNr. 35.
  [170] *Staub/Hüffer* RdNr. 37; wohl auch *Schilken*
AcP 187 (1987), 1, 12; noch weitergehend *Canaris*
§ 5 II 1 b (62 f.).
  [171] So auch die hM, vgl. *Baumbach/Hopt*
RdNr. 13 (inzidenter); *v. Gierke/Sandrock* § 11

III 2 a (149); *Gotthardt* JZ 1971, 312, 315; *U. Hübner*
Handelsrecht RdNr. 33 (inzidenter); *Schlegelber-
ger/Hildebrandt/Steckhan* RdNr. 17 b (inzidenter).
  [172] Vgl. auch BGH NJW 1984, 2284, 2285: Kein
falscher Anschein persönlicher Haftung durch unrichtigen Firmengebrauch im Zeitraum zwischen
Eintragung und Bekanntmachung der Umwandlung
einer KG in eine GmbH & Co. KG.
  [173] Zum Unterschied zwischen Primär- und Sekundärtatsache RdNr. 17 f.
  [174] Gesetz zur Durchführung der Ersten Richtlinie des Rates der Europäischen Gemeinschaften zur
Koordinierung des Gesellschaftsrechts vom 15. 8.
1969 (BGBl. I S. 1146); vgl. dazu *Canaris* § 5 III 1 b
(66); *Staub/Hüffer* RdNr. 4 mit weit. Nachw.
  [175] Sog. Publizitätsrichtlinie vom 9. 3. 1968 (ABl.
EG vom 14. 3.1968, Nr. L 65, S. 8); vgl. dazu *Canaris* § 5 III 1 b (66); *Staub/Hüffer* RdNr. 4 mit
weit. Nachw.

zumindest im wesentlichen abgelöst,[176] dessen Ziel es war, nunmehr auch in den Fällen primärer Unrichtigkeit Vertrauensschutz zu gewähren, und zwar positiven Vertrauensschutz in dem Sinn, daß sich Dritte nicht nur – wie bei § 15 Abs. 1 – auf das Schweigen des Registers, sondern im Sinne einer **positiven Publizität** auf dessen Richtigkeit verlassen können.[177]

63   **2. Einzutragende Tatsache.** Der Begriff der einzutragenden Tatsache umfaßt hier notwendigerweise sowohl **Primärtatsachen** (dort liegt sogar der Schwerpunkt der gesetzlichen Regelung; denkbar sind Unrichtigkeiten aber auch im Bereich von **Sekundärtatsachen**, wie etwa bei unzutreffender Eintragung und Bekanntmachung der Vereinbarung von Gesamtvertretungsmacht gemäß § 125 Abs. 2) als auch konstitutive Eintragungen; das zu § 15 Abs. 1 erörterte Problem (RdNr. 16) einer eventuellen Beschränkung des Anwendungsbereichs auf Sekundärtatsachen stellt sich daher bei Abs. 3 nicht. Verständnisschwierigkeiten bereitet statt dessen, daß unrichtige Tatsachen schwerlich als eintragungspflichtig angesehen werden können. Erforderlich ist insoweit daher eine **abstrakte Betrachtungsweise**: Es kommt darauf an, ob der betreffende Vorgang, das betreffende Ereignis, als solches eintragungspflichtig ist. Anders ausgedrückt: Es kommt darauf an, ob die betreffende Tatsache dann, wenn sie richtig wäre, eingetragen werden müßte. Dies zu betonen ist deswegen wichtig, weil für das – alsbald zu erläuternde (RdNr. 68 ff.) – Tatbestandsmerkmal „in dessen Angelegenheiten" nach herrschender und zutreffender Auffassung eine andere Betrachtungsweise geboten ist.

64   **3. Anwendungsbereich. a) Unrichtige Bekanntmachung.** Nach seinem Wortlaut gewährt § 15 Abs. 3 dem (gutgläubigen) Dritten (nur) dann Schutz, wenn die **Bekanntmachung** der einzutragenden Tatsache unrichtig ist, dh. (von vornherein) mit der richtigen, materiellen Rechtslage nicht übereinstimmt. Dies würde bedeuten, daß Vertrauensschutz nur bei Divergenzen zwischen richtiger Eintragung und unrichtiger Bekanntmachung gewährt werden könnte.[178] Dies wäre indessen – darüber besteht in der Zwischenzeit fast völlige Übereinstimmung[179] – zu eng: § 15 Abs. 3 findet daher auch dann Anwendung, wenn – dies wird ohnehin der häufigste Fall sein – sowohl die Eintragung als auch die Bekanntmachung unrichtig sind.[180] Dasselbe gilt für die (freilich weitgehend theoretischen) Fälle, daß bei fehlender Eintragung die Bekanntmachung falsch ist bzw. daß zwar Eintragung und Bekanntmachung jeweils falsch sind, dabei aber inhaltlich unterschiedliche Unrichtigkeiten aufweisen.[181]

65   **b) Falsche Eintragung, richtige Bekanntmachung.** § 15 Abs. 3 versagt nach seinem Wortlaut dann, wenn zwar die **Eintragung falsch**, die **Bekanntmachung** aber **richtig** ist. Die hL[182] will daher in diesen Fällen auf die insoweit weitergeltenden alten Gewohnheitsrechtssätze zurückgreifen. Dies entspricht der Begründung des seinerzeitigen Regierungsentwurfs,[183] führt aber zu einer gravierenden Ungleichbehandlung von falscher Eintragung

[176] Zum Fortbestehen der sog. Ergänzungssätze bei Schutzlücken RdNr. 98 ff.

[177] „Ausdehnung und Verschärfung des als mangelhaft angesehenen 15 I HGB", *K. Schmidt* JuS 1990, 517, 519; BT-Drucks. V/3862 (10).

[178] So streng in der Tat *Beuthien* NJW 1970, 2283; *ders.*, Festschrift für Reinhardt, 1972, S. 199, 202 ff.; dagegen *Bürck* AcP 171 (1971), 328, 339, Fn. 38.

[179] Vgl. nur Baumbach/*Hopt* RdNr. 18; *v. Gierke/Sandrock* § 11 III 3 b (153 f.); *P. Hofmann* Handelsrecht C V 3 c aa (73); *U. Hübner* Handelsrecht RdNr. 40; *v. Olshausen* NJW 1971, 966 f.; *Sandberger* JA 1973, 215, 217; Schlegelberger/Hildebrandt/Steckhan RdNr. 18, 21; *K. Schmidt* HandelsR § 14 III 2 c (415); Staub/*Hüffer* RdNr. 50 f.; *Hager* Jura 1992, 57, 64.

[180] Staub/*Hüffer* RdNr. 50; *v. Gierke/Sandrock* § 11 III 3 b (153); Baumbach/*Hopt* RdNr. 18; Heymann/*Sonnenschein-Weitemeyer* RdNr. 25; *U. Hübner* Handelsrecht RdNr. 40; aA *Beuthien* NJW 1970, 2283.

[181] Staub/*Hüffer* RdNr. 50.

[182] *v. Gierke/Sandrock* § 11 III 4 b (157); Heymann/*Sonnenschein/Weitemeyer* RdNr. 29; *P. Hofmann* Handelsrecht C V 3 c aa (73); *U. Hübner* Handelsrecht RdNr. 40; *v. Olshausen* BB 1970, 137, 144; *Schilken* AcP 187 (1987), 1, 13; *K. Schmidt* HandelsR § 14 III 2 b (415); *ders.* JuS 1977, 209, 215; Schlegelberger/Hildebrandt/Steckhan RdNr. 18, 21; Staub/*Hüffer* RdNr. 51; *Hager* Jura 1992, 57, 64.

[183] Reg.Begr. BT-Drucks. V/3862 (11).

und falscher Bekanntmachung, zumal dann ausgerechnet derjenige, der sich besonders sorgfältig im Register vergewissert, sich etwa einen Handelsregisterauszug vorlegen läßt, schlechter gestellt wird als derjenige, der „nur" auf die Bekanntmachung vertraut. Infolgedessen ist mit der bisherigen Mindermeinung[184] die **analoge Anwendung**[185] des § 15 Abs. 3 auch auf Fälle (nur) falscher Eintragung deutlich vorzugswürdig.

c) Analoge Anwendung auf eintragungsfähige Tatsachen. Im Gegensatz zu § 15 **66** Abs. 1 erscheint es vertretbar, § 15 Abs. 3 **analog** auch auf nur eintragungs**fähige** Tatsachen zu erstrecken,[186] weil auch hier bei unrichtiger (Eintragung und) Bekanntmachung Schutzbedürftigkeit auf Seiten des vertrauenden Dritten bestehen kann. Die Rechtslage ist insofern eine völlig andere als bei § 15 Abs. 1: Während dort aus dem Schweigen des Registers bei bloßer Eintragungsfähigkeit keine weitergehenden Schlüsse gezogen werden können, erweckt die vollzogene Eintragung bei Abs. 3 zumindest ganz ähnliche Erwartungen wie bei eintragungspflichtigen Tatsachen.

d) Sonderfall. Problematisch ist die Entscheidung der Frage, ob § 15 Abs. 3 dann an- **67** wendbar ist, wenn jemand etwa als persönlich haftender Gesellschafter in eine im Handelsregister noch eingetragene OHG oder KG eintritt, die sich – etwa durch Aufgabe des Gewerbes – materiellrechtlich bereits in eine BGB-Gesellschaft verwandelt hat.[187] Insoweit stellt sich zunächst die Frage, ob – vorrangig – § 5 anwendbar ist.[188] Die Anwendbarkeit von § 15 Abs. 3 wird zum Teil mit der Begründung verneint, der Beitritt zu einer Gesellschaft, die zu einer bloßen BGB-Gesellschaft geworden sei, sei keine einzutragende Tatsache.[189] Dies überzeugt deswegen nicht recht, weil das Handelsregister darüber hinaus die (abstrakt zweifellos eintragungspflichtige) Tatsache verlautbart, der neu Eingetretene sei Komplementär einer Personenhandelsgesellschaft. Daraus würde sich zweifellos seine (unbeschränkte) Haftung für Verbindlichkeiten ergeben, die nach seinem Eintritt begründet wurden. § 130 HGB, um den es im Streitfall ging,[190] ist aber im Ergebnis deswegen unanwendbar, weil es sich insoweit um eine gesetzliche Haftungsanordnung für Altschulden handelt, bei der irgendeine kausale Vertrauensinvestition (RdNr. 77, 32) gar nicht vorliegen kann.[191]

4. In dessen Angelegenheiten. Der Schutz des (abstrakten – RdNr. 31) Vertrauens **68** gutgläubiger Dritter auf die Richtigkeit einer in Wahrheit mit der materiellen Rechtslage von vornherein nicht übereinstimmenden (Eintragung und) Bekanntmachung würde dann sehr weitgehende und einschneidende Folgerungen nach sich ziehen,[192] wenn es für die Gewährung des Vertrauensschutzes allein auf diese unrichtige Bekanntmachung ankommen, wenn also das sog. **reine Rechtsscheinsprinzip**[193] gelten würde, das auf jegliche Zurechenbarkeit des Rechtsscheinstatbestands (der Bekanntmachung) durch den davon Betroffenen verzichtet. Dies zeigen (Horror-) Beispiele wie etwa die Eintragung einer von A erteilten Prokura nicht bei A, sondern aufgrund irgendeines Versehens beim Kaufmann B, der davon überhaupt nichts weiß.

---

[184] *Bürck* AcP 171 (1971), 328, 338 f.; *Sandberger* JA 1973, 215, 219; beide mit Verweis auf §§ 9 Abs. 2 HGB, 130 Abs. 2 FGG, die dem Eingetragenen die Kontrolle über die Eintragung ermöglichen.

[185] Gegen diese Analogie aufgrund methodologischer Bedenken: *P. Hofmann* Handelsrecht C V 3 c aa (73); *Schilken* AcP 187 (1987), 1, 13.

[186] Ebenso *Bürck* AcP 171 (1971), 328, 342; aA die ganz hL: *Baumbach/Hopt* RdNr. 18 („nur für eintragungspflichtige Tatsachen"); *v. Gierke/Sandrock* § 11 III 3 c (154); *Heymann/Kötter* Anm. 8 (47); *Heymann/Sonnenschein/Weitemeyer* RdNr. 23, § 8 RdNr. 13; *v. Olshausen* BB 1970, 137, 141 (insofern zu Unrecht von *Bürck* zitiert); *Schilken* AcP 187 (1987), 1, 12 f.; *K. Schmidt* HandelsR § 14 III 2 a (414); *Staub/Hüffer* RdNr. 50; zumeist mit Verweis

auf: Reg.Begr. BT-Drucks V/3862 (11); noch enger: BAG NJW 1988, 222, 223 (nur die „im HGB und in den handelsrechtlichen Sondergesetzen abschließend (Aufgezählten)").

[187] Vgl. dazu BAG NJW 1988, 222 f. und dazu *Canaris* § 5 III 2 b (67, Fn. 52) sowie *Schwarz* DB 1989, 161.

[188] Dort RdNr. 5, Fn. 21.

[189] So *Canaris* § 5 III 2 b (67, Fn. 52).

[190] BAG NJW 1988, 222 f.

[191] Entgegen *Schwarz* DB 1989, 161 ist dagegen § 15 Abs. 1 unanwendbar; vgl. dazu *Canaris* § 5 III 2 b (67, Fn. 52) sowie RGZ 142, 98, 105; ferner Staub/*Hüffer* RdNr. 15.

[192] Drastisch *Canaris* § 5 III 2 f (69).

[193] S.o. RdNr. 26.

69   Seit der Einführung des § 15 Abs. 3 ist daher (in der Literatur – jegliche veröffentlichte Entscheidung fehlt) außerordentlich streitig, ob wirklich dieses **reine Rechtsscheinsprinzip** zum Zuge kommen soll, oder ob § 15 Abs. 3 nur dann angewandt werden kann, wenn in bezug auf den vom Rechtsschein Betroffenen (dem nur anscheinend Eintragungspflichtigen) **zurechenbare Veranlassung** vorliegt.[194]

70   Diejenigen, die (in zweifelhafter Anknüpfung an der Entstehungsgeschichte[195]) das reine Rechtsscheinsprinzip zur Anwendung bringen wollen, sind der Auffassung, daß dessen, auch von ihnen nicht geleugnete Härte dadurch abgemildert werden kann, daß dem Dritten bei Fehlern des Registerrichters **Amtshaftungsansprüche** zustehen könnten.[196] Angesichts der bekannten Schwierigkeiten, solche Ansprüche erfolgreich durchsetzen zu können, ist dies freilich nur ein schwacher Trost, der das reine Rechtsscheinsprinzip nicht rechtfertigen kann.

71   *Steckhan*[197] hat in der Vorauflage versucht, zwar an der abstrakten Betrachtungsweise festzuhalten, die damit drohende Geltung des reinen Rechtsscheinsprinzips zu Lasten völlig Unbeteiligter aber dadurch **zu entschärfen**, daß die Reichweite des Begriffs „in dessen Angelegenheiten" im Ergebnis auf bereits eingetragene Kaufleute beschränkt wird: So soll etwa bei irrtümlicher Eintragung einer ganz unbeteiligten Person als Gesellschafter einer OHG deren Haftung zu verneinen sein (während – ein ganz unwahrscheinlicher Fall! – die OHG verpflichtet werden soll, wenn diese Person etwa als Gesellschafter tätig geworden sein sollte).[198] Dem kann schon deswegen nicht gefolgt werden, weil das Gesetz für eine solche Differenzierung nichts hergibt. Vor allem aber geht es zu weit, wenn *Steckhan* der Auffassung ist, § 15 Abs. 3 wolle eine „Obliegenheit des Unternehmers schaffen, . . . weil nur durch die Mobilisierung des Eigeninteresses des Unternehmens eine wirklich zuverlässige Offenlegung erzielt werden" könne. Damit würden „die Anforderungen an die Organisation vollkaufmännischer ... Unternehmen verschärft."[199] Eine solche Prüfungslast, die offenbar Zurechnung begründen soll, geht schlechterdings zu weit. Auch damit läßt sich Zurechenbarkeit vertretbar nicht begründen. Dasselbe gilt für den, dem Gesetz fremden Gedanken einer Schonfrist analog § 15 Abs. 2 S. 2.

72   Fraglich ist, welche Bedeutung in diesem Zusammenhang dem Tatbestandsmerkmal **„in dessen Angelegenheiten"** zukommt. Diejenigen, die die Anwendung des § 15 Abs. 3 auf Fälle zurechenbarer Veranlassung beschränken wollen, sehen darin eine Möglichkeit, solche Personen zu schützen, die sonst von Eintragungen und Bekanntmachungen betroffen würden, die sie in keiner Weise veranlaßt hatten; solche Eintragungen und Bekanntmachungen seien eben nicht in deren Angelegenheiten erfolgt.[200] Diese plausible Argumentation setzt jedoch eine Betrachtungsweise voraus, die das Merkmal „in dessen Angelegenheiten" **konkret** versteht, obwohl – eine auffällige Anomalie – das vorangehende Tatbe-

---

[194] Für Veranlassungsprinzip: *Canaris* § 5 III 2 f (70); *v. Olshausen* BB 1970, 137, 142; *Canaris* Vertrauenshaftung S. 162 ff.; *Bürck* AcP 171 (1971), 328, 339 ff.; *Beuthien*, Festschrift für Reinhardt, 1972, S. 199, 200 f.; *Sandberger* JA 1973, 215, 218 f.; Staub/*Hüffer* RdNr. 48; Baumbach/*Hopt* RdNr. 19; *Schilken* AcP 187 (1987), 1, 17 ff. Für „reines" Rechtsscheinprinzip: *v. Gierke/Sandrock* § 11 III 3 c (155); *P. Hofmann* Handelsrecht C V 3 c bb (76); *ders.* JA 1980, 264, 270; *Brox*, Handels- und Wertpapierrecht, RdNr. 132; vgl. dazu auch die Erwägungen in: Reform des Handelsrechts und Handelsregisterrechts, herausgegeben vom Bundesministerium der Justiz 1994, S. 45 Abschnitt V 1 (ZIP 1995, 1903).

[195] *v. Gierke/Sandrock* § 11 III 3 c (155); *P. Hofmann* Handelsrecht C V 3 c bb (76); *ders.* JA 1980, 264, 270; *Brox*, Handels- und Wertpapierrecht, RdNr. 132.

[196] *v. Gierke/Sandrock* § 11 III 3 c (155); *P. Hofmann* Handelsrecht C V 3 c bb (77); *ders.* JA 1980, 264, 270. Grundlegend zu § 15 Abs. 2 HGB und Art 34 GG: *Gammelin*, Rechtsscheinhaftung des Kaufmanns und Regreßansprüche gegen den Staat bei fehlerhaftem Publikationsakt der Presse, 1973.

[197] *Steckhan* DNotZ 1971, 211, 224 ff.; *ders.* NJW 1971, 1594, 1595 f.; Schlegelberger/*Hildebrandt/ Steckhan* RdNr. 25 ff.; sympathisierend: *K. Schmidt* HandelsR § 14 III 2 d (418); *Axer* S. 122 ff.

[198] *Steckhan* RdNr. 26 a.

[199] *Steckhan* RdNr. 26 b.

[200] *Steckhan* DNotZ 1971, 211, 224 f; *ders.* NJW 1971, 1594, 1595; Schlegelberger/*Hildebrandt/Steckhan* RdNr. 12, 23 bis 26; Heymann/*Sonnenschein/ Weitemeyer* RdNr. 35.

standsmerkmal der „einzutragenden Tatsache" (RdNr. 63) abstrakt verstanden werden mußte. Andererseits verliert das Tatbestandsmerkmal „in dessen Angelegenheiten" jegliche eigenständige Funktion, wenn man es ebenfalls abstrakt verstehen wollte. Dies spricht gegen das reine Rechtsscheinsprinzip und für die Notwendigkeit zurechenbarer Veranlassung.

Die Entscheidung der Streitfrage kann in einem Fall mißglückter, weil offensichtlich **73** nicht ausreichend durchdachter Gesetzgebung allerdings ohnehin nicht allein am Wortlaut orientiert werden. Zu fällen ist vielmehr eine **grundsätzlichere Entscheidung zwischen den Polen des Veranlassungs- und des reinen Rechtsscheinsprizips**. Sie kann daran orientiert werden, daß das reine Rechtsscheinsprinzip zwar zweifellos in § 892 BGB für den Bereich unrichtiger Grundbucheintragungen verwirklicht worden ist: Wie diese Eintragungen zustandegekommen sind, ob insbesondere der Betroffene daran in irgendeiner Weise mitgewirkt hat, ist dort unerheblich. Ausschlaggebend sollte jedoch sein, daß in allen anderen Bereichen der Rechtsscheinslehre (etwa – arg. § 935 BGB – im Bereich der §§ 932 ff. oder bei den Rechtsscheinsvollmachten des allgemeinen Teils) **Zurechenbarkeit** ebenso verlangt wird, wie selbst im besonders verkehrsfreundlich ausgestalteten Wertpapierrecht.[201] § 892 BGB steht dem deswegen nicht entgegen, weil dort – wie schon vielfach hervorgehoben[202] – der Verlust des durch den Rechtsschein Betroffenen wenigstens auf den Wert eines bestimmten Grundstücks beschränkt ist, während es insbesondere bei den im Handelsregister zu verlautbarenden Haftungs- und Vertretungsfragen um sehr viel weiterreichende Folgen gehen kann.

Vorzugswürdig ist daher in Anlehnung an das (konkret verstandene und angewandte) **74** Tatbestandsmerkmal „in dessen Angelegenheiten", daß die (unrichtige) Bekanntmachung vom davon Betroffenen **wenigstens veranlaßt** wurde, wobei sich diese Veranlassung im Gegensatz zum früher einschlägigen ersten Gewohnheitsrechtssatz (RdNr. 99) nur auf den Eintragungsvorgang als solchen und nicht auch auf dessen Unrichtigkeit beziehen muß. Dementsprechend muß der Eintragungspflichtige auch Fehler des Gerichts und des Publikationsorgans gegen sich gelten lassen, wenn er nur den Eintragungsvorgang „angestoßen" hat. Dementsprechend erscheint es gerechtfertigt, das Veranlassungsprinzip als Risikoprinzip zu begreifen.

Gewisse **Schutzlücken**, die durch diese einschränkende Interpretation entstehen, müssen **75** ebenso wie sonst bei nicht zurechenbar erzeugtem Rechtsschein hingenommen werden; es gibt keinen Rechtssatz des Inhalts, daß Vertrauen stets schutzwürdig ist; vielmehr bedarf es im Regelfall zur Rechtfertigung des Vertrauensschutzes gegenüber dem davon Betroffenen der Zurechenbarkeit. Deutlich verengt werden können diese Schutzlücken im übrigen dann, wenn man berücksichtigt, daß derjenige, in dessen Angelegenheiten Eintragung und Bekanntmachung zu Unrecht erfolgten, davon benachrichtigt werden wird,[203] so daß dann darauf der zweite Gewohnheitsrechtssatz[204] lückenfüllend angewandt werden kann.

5. Geschäftsfähigkeit. Hoch streitig ist die Frage, ob die – wie ausgeführt erforderliche **76** – Veranlassung **Geschäftsfähigkeit** voraussetzt. Sie wird zum Teil als geradezu selbstverständliche Folge des Veranlassungsprinzips bejaht,[205] während andere dem Verkehrsschutz selbst bei grundsätzlicher Befürwortung des Veranlassungsprinzips den Vorrang vor dem

---

[201] Vgl. dazu die Kategorie der von *Zöllner* (Wertpapierrecht, 14. Aufl. 1987, § 21 IV (133 ff.)) sog. absoluten Gültigkeitseinwendungen.

[202] *Canaris* § 5 III 2 f (69); Baumbach/*Hopt* RdNr. 19; *Canaris* Vertrauenshaftung S. 163; *v. Olshausen* BB 1970, 137, 140; *P. Hofmann* Handelsrecht C V 3 c bb (75).

[203] Vgl. § 130 Abs. 2 S. 1 FGG: „Jede Eintragung soll demjenigen, welcher sie beantragt hat, bekanntgemacht werden." Vgl. auch § 36 HRV (abgedruckt bei Baumbach/*Hopt* (4), S. 1058 ff.); vgl. schließlich § 9 Abs. 2.

[204] „Wer eine unrichtige Eintragung im Handelsregister zwar nicht veranlaßt hat, diese aber schuldhaft nicht beseitigt, kann an ihr von einem gutgläubigen Dritten ebenfalls festgehalten werden." Dazu RdNr. 99.

[205] *Canaris* § 5 III 2 g (70 f.); *Canaris* Vertrauenshaftung S. 166; Baumbach/*Hopt* RdNr. 19. Trotz Ablehnung des Veranlassungsprinzips den Vorrang des Minderjährigenschutzes bejahend: *P. Hofmann* Handelsrecht C V 4 b (79 f.); *v. Gierke/Sandrock* § 11 III 3 c (155).

Schutz von Geschäftsunfähigen und Minderjährigen einräumen.[206] Soweit Geschäftsfähigkeit für erforderlich gehalten wird, steht dies zum Teil im Gegensatz zur Beantwortung derselben Frage bei § 15 Abs. 1; dort wird die Erforderlichkeit voller Geschäftsfähigkeit mit der Begründung verneint, da bei § 15 Abs. 1 – im Gegensatz zu § 15 Abs. 3 – Zurechenbarkeit nicht erforderlich sei, könne es auf die Geschäftsfähigkeit nicht ankommen.[207] Diese Verknüpfung (dazu bereits RdNr. 28) überzeugt ebensowenig wie die unterschiedliche Behandlung dieser Frage in § 15 Abs. 1 und 3: Das Festhalten an einer unrichtig gewordenen Registereintragung (§ 15 Abs. 1) unterscheidet sich in der für die Frage der Geschäftsfähigkeit maßgeblichen Gefährlichkeit kaum von der Bindung an eine bereits von vornherein unrichtige Eintragung. Die Entscheidung sollte daher einheitlich ausfallen und zwar zugunsten der **Erforderlichkeit (voller) Geschäftsfähigkeit**. Dafür spricht bei § 15 Abs. 3 insbesondere, daß die Fälle, in denen es trotz fehlender voller Geschäftsfähigkeit zu (aus diesem Grunde) unrichtigen Eintragungen und Bekanntmachungen kommen kann, so selten sind, daß daraus ausreichend gewichtige Verkehrsschutzbedürfnisse schwerlich abgeleitet werden können.

77   **6. Anforderungen an die Dritten.** Insoweit, d.h. in bezug auf Kenntnis der Eintragung oder Bekanntmachung (RdNr. 31) und Kausalität (RdNr. 31), aber auch in bezug auf die Kenntnis der wahren Rechtslage (RdNr. 38) kann auf das zu Abs. 1 Ausgeführte verwiesen werden.

78   **7. Rechtsfolgen.** Im Gegensatz zu Abs. 1 (RdNr. 33 f.) bringt das Gesetz in Abs. 3 selbst klar zum Ausdruck, daß die (falsche) Eintragung und/oder Bekanntmachung nur berücksichtigt werden, wenn der Dritte sich **darauf beruft** (bzw. im Prozeß entsprechend vorträgt). Für eine Amtsprüfung (des Registerrichters!?) ist auch hier kein Raum.[208] Im übrigen steht es dem Dritten auch hier (dazu schon RdNr. 34) frei, sich auf die wahre Rechtslage zu berufen; dagegen kommt § 15 Abs. 3 dem Eintragungspflichtigen selbst nicht zugute.[209]

V. § 15 Abs. 4

79   Für **Zweigniederlassungen** (zum Begriff § 13 RdNr. 10 ff.) wird (unbeschadet ihrer Eintragung beim Gericht der Hauptniederlassung) bei dem für sie jeweils zuständigen Gericht ein **eigenes Registerblatt** geführt. Damit entsteht die **Gefahr von Divergenzen** zwischen den Eintragungen und Bekanntmachungen der Haupt- und der Zweigniederlassung. Diese Divergenzen sind zwar durch die Neufassung der §§ 13 ff. (dazu § 13 RdNr. 1 ff.) und das dort vorgesehene Verfahren heute weitgehend ausgeschlossen. Dennoch legt § 15 Abs. 4 fest, daß dann, wenn Divergenzen entstanden sein sollten, die Eintragungen und Bekanntmachungen durch das Gericht der Zweigniederlassung maßgeblich sind.[210]

80   Divergenzen können sich aber nicht nur inhaltlich, sondern auch aus zeitlicher Sicht ergeben. So, wenn etwa die Eintragungen und Bekanntmachungen im Register des Gerichts der Hauptniederlassung bereits vollzogen sind, dagegen im Register des Gerichts der Zweigniederlassung noch ausstehen. Auch insoweit – und darin liegt heute der Schwerpunkt des Abs. 4[211] – sind die **Eintragungen und Bekanntmachungen durch das Gericht der Zweigniederlassung maßgeblich.** Erst wenn sie vollzogen sind, kann insoweit § 15 Abs. 2 zur Anwendung kommen; bis dahin bleibt es trotz Eintragung und Bekanntmachung durch das Gericht der Hauptniederlassung bei der Regelung des § 15 Abs. 1.

[206] *K. Schmidt* HandelsR § 14 III 3 b (419); ders. JuS 1977, 209, 216 f.; Staub/*Hüffer* RdNr. 55; Heymann/*Sonnenschein/Weitemeyer* RdNr. 37.
[207] *Canaris* § 5 I 2 g (58); *K. Schmidt* HandelsR § 14 II 2 c (403); *v. Gierke/Sandrock* § 11 III 2 c (151); Staub/*Hüffer* RdNr. 22.

[208] Vgl. Heymann/*Sonnenschein/Weitemeyer* RdNr. 36; Baumbach/*Hopt* RdNr. 57. AA *K. Schmidt* HandelsR § 14 IV 3 c (420).
[209] Dazu instruktiv BGH GmbHR 1990, 294.
[210] Staub/*Hüffer* RdNr. 64; Heymann/*Sonnenschein/Weitemeyer* RdNr. 39; Baumbach/*Hopt* RdNr. 24.
[211] Vgl. Staub/*Hüffer* RdNr. 63.

Entsprechend anwendbar ist § 15 Abs. 4 soweit es heute noch auf die ergänzenden **81** Rechtsscheinsgrundsätze ankommt (RdNr. 98 ff.) sowie bei mehreren Hauptniederlassungen eines Kaufmanns oder bei Doppelsitz von Gesellschaften.

VI. Anhang zu § 15: Allgemeine Rechtsscheinslehre

1. Überblick. Rechtsscheinstatbestände bzw. – anders ausgedrückt – Normen, die bei **82** **Auseinanderfallen von Rechtswirklichkeit und Rechtsschein** dem gutgläubigen Dritten Vertrauensschutz gewähren, gibt es im gesamten Privatrecht, wenn auch mit zum Teil durchaus unterschiedlicher Einzelausprägung (zu denken ist etwa an Duldungs- und Anscheinsvollmacht, gutgläubigen Erwerb, Schutz des Vertrauens auf register- und an wertpapierrechtliche Rechtsscheinstatbestände). Davon ausgehend hat sich insbesondere durch die Arbeiten von *Canaris*[212] eine umfassende, fein ausdifferenzierte **allgemeine Rechtsscheinslehre** herausgebildet, die auch da Schutz gewähren kann, wo das insoweit lückenhafte Gesetz keine ausdrückliche oder ausreichende Regelung enthält. Diese Lehre kann – unbeschadet vieler Einzelheiten – im Kern dahingehend zusammengefaßt werden, daß sich jemand, der (zurechenbar) einen (ausreichend aussagekräftigen) Rechtsscheinstatbestand geschaffen hat, von gutgläubigen Dritten, die im (konkreten) Vertrauen darauf disponiert haben, an diesem Rechtsscheinstatbestand (nach Wahl des Dritten) festhalten lassen muß.[213] Diese Voraussetzungen unterscheiden sich von § 15 HGB vor allem dadurch, daß die Kenntnis des Rechtsscheinstatbestands nicht vermutet, sondern (vom Dritten) nachgewiesen werden muß;[214] vermutet werden kann dann allerdings auch hier, daß die anschließende Disposition (Vertrauensinvestition) des Dritten darauf beruht.[215] Besonderheiten gelten auch für die Gutgläubigkeit: Zwar wird sie auch hier vermutet; im Gegensatz zu § 15 **schadet** jedoch **zumindest grobe Fahrlässigkeit**; aufgrund der Schwäche des Rechtsscheinstatbestandes entfällt der Vertrauensschutz in der Regel entsprechend § 173 BGB auch schon bei nur leichter Fahrlässigkeit. Die Sorgfaltsanforderungen sollten allerdings nicht überspannt werden.[216]

Diese allgemeine Rechtsscheinslehre bildet auch die Basis für die Bewältigung handels- **83** rechtlicher Problemlagen, in denen nach heutigem Verständnis über das Register hinaus Vertrauensschutz erforderlich ist. Ohne Anspruch auf Vollständigkeit[217] sind hier zu behandeln der **Scheinkaufmann** (2), die **Scheingesellschaft** (3), die § 15 Abs. 3 **ergänzenden gewohnheitsrechtlich entwickelten Rechtsscheinssätze** (4) sowie der Problembereich des **Rechtsscheins unbeschränkter Haftung** (5).[218]

2. Der sog. Scheinkaufmann. Die auf *Staub*[219] zurückgehende Lehre vom **Schein-** **84** **kaufmann**[220] verdankt ihre Entstehung der bereits kurz nach Inkrafttreten des HGB gemachten Beobachtung, daß für Rechtsscheinstatbestände **außerhalb des Handelsregisters** eine Regelung fehlte. Vor allem in bezug auf den nicht durch Eintragung, sondern durch sonstige Umstände (RdNr. 88 f.) erzeugten **Rechtsschein der Kaufmannseigenschaft** enthielt das Gesetz eine offensichtlich planwidrige, ausfüllungsbedürftige Lücke. Bei der

---

[212] Die Vertrauenshaftung im deutschen Privatrecht, 1971; Bewegliches System und Vertrauensschutz im rechtsgeschäftlichen Verkehr in: Das Bewegliche System im geltenden und künftigen Recht, 1986, S. 103 ff.; *Canaris* insbesondere § 6 (71 ff.).

[213] Vgl. *Canaris* § 6 VII (90 ff.); Staub/*Hüffer* RdNr. 6, ausführlich § 5 Anh. RdNr. 14 ff.

[214] *Canaris* § 6 VII 3 c (91); vgl. auch Staub/ *Hüffer* RdNr. 7.

[215] Vgl. *Canaris* § 6 VII 3 d (91); *ders.* Vertrauenshaftung S. 516; ähnlich BGHZ 61, 59, 64; NJW 1973, 1691; iE ebenso BGHZ 64, 11, 18 f.; aA BGH NJW 1966, 1915, 1917.

[216] So auch *Canaris* § 6 VII 3 a (91).

[217] Umfassende Darstellung bei *Canaris* § 6 (71 ff.).

[218] (Nur) hingewiesen sei schließlich auf die in der Literatur entwickelte weitere besondere Kategorie einer Vertrauenshaftung kraft widersprüchlichen Verhaltens.

[219] Vgl. *Staub*, Kommentar zum HGB, 6./7. Aufl. 1900, Excurs zu § 5 Anm. 1.

[220] Zum heutigen Stand *K. Schmidt* HandelsR § 10 VIII (331 ff.); *Canaris* § 6 II (73 ff.); Staub/ *Brüggemann* § 5 Anh. RdNr. 1 ff.

Lückenfüllung wurde als Analogiebasis zunächst § 5 HGB herangezogen.[221] Aus dieser Basis wurde der insoweit korrekte Rechtssatz abgeleitet, „wer im Rechtsverkehr als Kaufmann auftritt, gilt als Kaufmann; wer sich als Vollkaufmann geriert, gilt als Vollkaufmann".[222] **Dieser Ansatz ist** – ebenso wie die Lehre von der „Erklärung an die Öffentlichkeit"[223] – **überholt.**[224] Er ist aus heutiger Sicht vor allem deswegen unzutreffend, weil § 5 bei richtigem Verständnis überhaupt keine echte Rechtsscheinsnorm darstellt (§ 5 RdNr. 3) und sein Anwendungsbereich infolgedessen angesichts des Schutzes sowohl des Eingetragenen selbst als auch des Bösgläubigen über das in bezug auf den Scheinkaufmann außerhalb des Registers Erforderliche weit hinausgeht.

85   Näher läge eine **Analogie zu § 15** selbst. Auch der Schutzbereich dieser Vorschrift ist jedoch zu weit; insbesondere stellen die unwiderlegliche Vermutung der Kenntnis von Rechtsscheinstatbestand und Disposition (RdNr. 31) sowie der Schutz auch des grobfahrlässigen Dritten Elemente dar, die sich nur aus der besonders intensiven Ausprägung der Rechtsscheinstatbestände Registereintragung bzw. Registerbekanntmachung erklären lassen und daher nicht verallgemeinungsfähig sind.

86   Im Hinblick auf den einleitend bereits skizzierten heutigen Entwicklungsstand der allgemeinen Rechtsscheinslehre erscheint indessen eine Gesetzesanalogie, wie sie der Anknüpfung sowohl an § 5 als auch an § 15 zugrundeliegen würde, ohnehin entbehrlich. Statt dessen kann die Lehre vom Scheinkaufmann unmittelbar in das heute weitgehend anerkannte **System der allgemeinen Rechtsscheinslehre** eingeordnet werden. Dementsprechend muß sich derjenige, der die Kaufmannseigenschaft zwar nicht besitzt, wohl aber durch Auftreten und Verhalten einen entsprechenden Rechtsschein beim darauf vertrauenden gutgläubigen Dritten zurechenbar erzeugt hat, **wie ein Kaufmann behandeln lassen.**[225]

87   Die Anwendung dieses Satzes bereitet jedoch deswegen im Einzelfall erhebliche Schwierigkeiten, weil – im Gegensatz zu den insoweit eindeutigen Handelsregistereintragungen und Bekanntmachungen – die Aussagekraft eines (angeblichen) Rechtsscheinstatbestandes durchaus zweifelhaft sein kann.[226] Insofern sind – im Gegensatz zur insbesondere älteren Rechtsprechung[227] – an die Eindeutigkeit und Verläßlichkeit des Rechtsscheinstatbestandes **erhebliche Anforderungen** zu stellen; sowohl die Schutzbedürftigkeit des Dritten als auch die Rechtfertigung der Gewährung von Vertrauensschutz gegenüber dem davon Betroffenen sind jeweils in hohem Maße begründungsbedürftig (insofern kann der Vorauflage[228] zugestimmt werden, wenn dort – in freilich zu weitgehender Anlehnung an die von der Rechtsscheinshaftung als Erfüllungshaftung zu unterscheidende Lehre von der culpa in contrahendo[229] – auf die jeweiligen Sorgfaltsanforderungen besonderes Gewicht gelegt wurde).

88   Ein ausreichend aussagekräftiger Rechtsschein liegt sicherlich dann vor, wenn das Vorliegen der Kaufmannseigenschaft **ausdrücklich behauptet** wurde.[230] Dabei sollte – da

---

[221] Darauf beruht es wohl, daß der Scheinkaufmann heute noch meist im Anhang zu § 5 behandelt wird (vgl. Staub/*Brüggemann* § 5 Anh.; Baumbach/*Hopt* § 5 RdNr. 9 ff.; Heymann/*Emmerich* § 5 RdNr. 13 ff.).

[222] *Staub* HGB, 6./7. Aufl. 1900, Exkurs zu § 5.

[223] Man unterstellte dem Betreffenden die Willenserklärung, er wolle wie ein Kaufmann haften; vgl. zu dieser Ansicht *Canaris* § 6 II 1 (73); Staub/*Brüggemann* § 5 Anh. RdNr. 12; vgl. ferner Staub/*Brüggemann* § 5 Anh. RdNr. 9 ff. zu anderen, ebenfalls überholten Lösungsansätzen.

[224] *Canaris* § 6 II 1 (73).; *Brox* Handels- und Wertpapierrecht, RdNr. 94; *P. Hofmann* Handelsrecht B IV 2 b (44 f.).

[225] *Canaris* § 6 II 1 (74); Heymann/*Emmerich* § 5 RdNr. 15; Baumbach/*Hopt* RdNr. 9; *K. Schmidt*

HandelsR § 10 VII (330 ff.); *U. Hübner* Handelsrecht, RdNr. 24.

[226] Sehr kritisch und zT sarkastisch *v. Olshausen,* Festschrift für Raisch, 1995, 147 ff. mit umfassenden Nachweisen.

[227] Vgl. nur ROHGE 24, 318, 320; RGZ 50, 428, 431; 76, 439, 441; 142, 98, 104 f.; 164, 115, 121; BGHZ 12, 105 = NJW 1954, 793; BGHZ 17, 13 = NJW 1959, 985; 22, 234, 238.

[228] Schlegelberger/*Hildbrandt-Steckhan* § 5 RdNr. 16 a ff.; ähnlich Staub/*Brüggemann* § 5 Anh. RdNr. 31.

[229] Schlegelberger/*Hildbrandt/Steckhan* § 5 RdNr. 19; siehe auch *Limbach* ZHR 134 (1970), 289, 301 f., 321 und *Nickel* JA 1980, 566, 576.

[230] *Canaris* § 6 II 3 a (74 f.); *Brox,* Handels- und Wertpapierrecht RdNr. 95; Schlegelberger/*Hilde-*

Rechtskenntnisse voraussetzend – die Schlüssigkeit der Erklärung nicht erforderlich sein; die Behauptung der Kaufmannseigenschaft etwa eines Freiberuflers reicht daher zB als Rechtsscheinstatbestand aus.[231]

Im Anschluß an *Canaris* kann ein ausreichend intensiver Rechtsscheinstatbestand ange- **89** nommen werden, „wenn sich jemand einer Einrichtung bedient, die **von Rechts wegen** (Voll-) Kaufleuten vorbehalten ist"[232] (Schulbeispiel: Erteilung einer „Prokura" durch einen Nichtkaufmann). Neueren Tendenzen[233] entsprechend ist dagegen **nachdrücklich davor zu warnen**, etwa bereits in der Verwendung Allgemeiner Geschäftsbedingungen, Telegrammadressen, aufwendiger Briefköpfe mit mehreren Geschäftskonten oder derglei- chen einen ausreichenden Rechtsscheinstatbestand zu sehen;[234] dasselbe gilt angesichts der vielen Ungereimtheiten und der mangelnden Abgrenzungskraft des Firmenrechts[235] von der Führung firmenähnlicher Bezeichnungen durch Nichtkaufleute.[236] Selbst die Existenz eines in kaufmännischer Weise eingerichteten Geschäftsbetriebs ist für sich allein noch nicht ohne weiteres geeignet, den Rechtsscheinstatbestand der Kaufmannseigenschaft zu- verlässig zu begründen.[237] Es ist vielmehr davon auszugehen, daß die praktische Bedeutung der Lehre vom Scheinkaufmann dem darauf verwendeten theoretischen Interesse nicht entspricht; einschlägige Entscheidungen fehlen bezeichnenderweise weitgehend.[238] Die Anerkennung eines Rechtsscheins kraft Auftretens als (Schein-) Kaufmann bedarf daher stets sorgfältiger Begründung.

Die **Rechtsfolge** besteht in der Anwendbarkeit der einschlägigen handelsrechtlichen **90** Normen zugunsten des gutgläubig disponierenden Dritten. *Canaris* will insoweit freilich noch differenzieren und zwar zunächt „zwischen zwingenden Schutzvorschriften zugun- sten des Nichtkaufmanns und sonstigen Normen". Unproblematisch soll nur die Anwen- dung dispositiver Normen sein, während in bezug auf zwingende Schutzvorschriften noch weiter zwischen „nicht eingetragenen Soll- und Kannkaufleuten iS von § 2 bzw. § 3 Abs. 2 HGB einerseits und Minderkaufleuten sowie nichteintragungsfähigen Personen andererseits"[239] unterschieden werden soll. Begründet wird dies unter anderem damit, daß auf die Geltung zwingenden Rechts ja „nicht einmal" verzichtet werden könne; dement- sprechend „würde es zu einem untragbaren Wertungswiderspruch führen, wenn diese Schranken durch das bloße Auftreten als Kaufmann außer Anwendung gesetzt werden könnten".[240] Dies überzeugt deswegen nicht recht, weil damit die Reichweite des Vertrau- ensschutzes aus der Sicht des Scheinkaufmanns und nicht – dem Schutzzweck der Rechts- scheinslehre entsprechend – aus der Sicht des Dritten bestimmt wird. ME kann es daher nicht darauf ankommen, wie weit der Scheinkaufmann selbst rechtsgeschäftlich die Gel- tung handelsrechtlicher Vorschriften herbeiführen könnte, sondern allein auf das notwen- dige und unteilbare Schutzinteresse des Dritten; rechtsgeschäftliche Unterwerfung und Drittschutz durch Rechtsschein sind insoweit verschiedene Dinge. Vorzugswürdig ist daher

brandt/Steckhan § 5 RdNr. 14; wohl auch *P. Hof-mann* HandelsR B IV 2 a (43); *K. Schmidt* Han-delsR § 10 VIII 3 a aa (334 f.); aA *Limbach* ZHR 134 (1970), 289, 302.

[231] AA *Canaris* § 6 II 3 a (75); wohl auch *Nickel* JA 1980, 566, 573, Fn. 87.

[232] *Canaris* § 6 II 3 b (75); zustimmend *K. Schmidt* DB 1973, 703, 707; im Ergebnis ebenso *Nickel* JA 1980, 566, 572.

[233] *Canaris* § 6 II 3 b (75); *Nickel* JA 1980, 566, 573.

[234] So aber *Brox*, Handels- und Wertpapierrecht, RdNr. 95; *Gierke/Sandrock* § 12 III 2 a (166); *P. Ho-mann* Handelsrecht B IV 2 a (43); *Limbach* ZHR 134 (1970), 289, 313 ff.; *Schlegelberger/Hildebrandt/Steckhan* § 5 RdNr. 13; *Staub/Brüggemann* § 5 Anh. RdNr. 21.

[235] Vgl. nur *K. Schmidt* HandelsR § 12 I 1 d (346 f.) und § 12 I 2 (348 ff.), insbesondere (350 f.).

[236] Ebenso *K. Schmidt* HandelsR § 10 VIII 3 a aa (334 ff.) mit Nachweisen zur älteren Rechtspre-chung; *Canaris* § 6 II 3 d (76 f.) mit Beispielen; *Nickel* JA 1980, 566, 572.

[237] *Canaris* § 6 II 3 b (75), anders *P. Hofmann* Handelsrecht B IV 2 a (43).

[238] Vgl. immerhin RAG JW 1937, 3057; BGHZ 17, 13 = NJW 1955, 985; BGH NJW 1966, 1915; JZ 1971, 334; WM 1980, 102; weitere Nachweise bei *Baumbach/Hopt* § 5 RdNr. 9 ff.

[239] *Canaris* § 6 I 5 b (78).

[240] *Canaris* § 6 I 5 b (78); sympathisierend Schle-gelberger/Hildebrandt/Steckhan § 5 RdNr. 19.

die Auffassung,[241] die beim Vorliegen eines ausreichenden Rechtsscheinstatbestands zu Lasten des Scheinkaufmanns die Anwendung aller handelsrechtlichen Vorschriften ohne weitere diffizile Differenzierung für möglich hält.

91   **3. Rechtsschein im Gesellschaftsrecht.** Ebenso wie der Rechtsschein der Kaufmannseigenschaft kann auch der Rechtsschein, Gesellschafter zu sein (a) bzw. des Vorliegens einer Handelsgesellschaft (b) erzeugt werden:

92   **a) Rechtsschein der Gesellschafterstellung.** Erweckt jemand (in zurechenbarer Weise[242]) den **Rechtsschein, Gesellschafter einer Personenhandelsgesellschaft zu sein,**[243] muß er für deren Verbindlichkeiten unbeschränkt einstehen;[244] dasselbe gilt dann, wenn ein Kommanditist den Rechtsschein unbeschränkter Haftung erzeugt.[245] Wenn und soweit der Rechtsschein der Gesellschaftereigenschaft auch der Gesellschaft selbst zurechenbar ist, muß sie etwaige (Vertretungs-) Handlungen des Scheingesellschafters gegen sich gelten lassen.[246]

93   **b) Rechtsschein einer Handelsgesellschaft.** Schwieriger ist die Rechtslage dann, wenn der **Anschein, es läge eine Handelsgesellschaft vor,** erweckt wird, obwohl die betreffende Gesellschaft[247] – wie etwa bei sollkaufmännischem Gewerbe vor Eintragung (§ 123 Abs. 1) – noch BGB-Gesellschaft ist. Dies kann vor allem dann der Fall sein, wenn die Gesellschaft vor Eintragung bereits einen Rechtsformzusatz (OHG, KG) führen sollte.[248] Auch hier gilt grundsätzlich, daß der Rechtsschein der Rechtswirklichkeit gleichgestellt werden kann,[249] so daß auf die Scheinhandelsgesellschaft etwa § 124,[250] aber auch die Vertretungs- und Haftungsregeln der §§ 125, 126, 128[251] angewandt werden kön-

---

[241] Baumbach/*Hopt* § 5 RdNr. 14 (dort auch zur zivilprozessualen Seite); *Nickel* JA 1980, 566, 576; *K. Schmidt* § 10 VIII 4 a (337 f.); wohl auch *U. Hübner* Handelsrecht RdNr. 24.

[242] BGHZ 17, 160 = NJW 1955, 1067; BGH NJW 1977, 623; OLG Stuttgart MDR 1956, 673. Vgl. bereits oben zu § 15 Abs. 3: RdNr. 69 ff. Allgemein zur Zurechenbarkeit: *Canaris* Vertrauenshaftung S. 166, 467 ff.; *Canaris* § 6 VII 2 (90 f.). Nicht einstehen müssen für den von ihnen gesetzten Rechtsschein eines Personenhandelsgesellschafters nicht – und nur beschränkt Geschäftsfähige: Baumbach/*Hopt* § 5 RdNr. 11; *v. Gierke/Sandrock* § 12 III 2 b (169); *A. Hueck,* Recht der OHG, § 5 III, S. 47; *G. Hueck* Gesellschaftsrecht § 13 III 1 (97); *Kraft/Kreutz* HandelsR § 10 VIII 3 a bb (336) (Minderjähriger muß sich aber das Verhalten seines gesetzlichen Vertreters zurechnen lassen).

[243] In der älteren Lehre sog. gestio pro socio, vgl. *K. Schmidt* HandelsR § 10 VIII 2 c (332).

[244] RG JW 1898, 163; RGZ 89, 163, 164; 129, 401, 403 (keine Anwendung von § 196 Abs. 1 Nr. 1 BGB); BGHZ 17, 13, 16 = NJW 1955, 985; BGHZ 62, 216, 223 = NJW 1974, 1191; BGH WM 1970, 665; WM 1972, 822; OLG Hamburg JW 1927, 1109 (Anwendung von § 350 HGB); Baumbach/*Hopt* § 5 RdNr. 9 f.; *Brox* Handels- und Wertpapierrecht RdNr. 94; *Canaris* § 6 III 1 (80); GroßKommHGB/*Würdinger* § 5 Anh. Anm. 4; *A. Hueck,* Recht der OHG, § 5 III (46 f.); *Kraft/Kreutz* E V 4 a bb (146 f.); *K. Schmidt* HandelsR § 10 VIII 2 c (332); Staub/*Schilling* § 176 RdNr. 14; *H. P. Westermann* Handbuch RdNr. 160.

[245] *Canaris* § 6 III 1 (80), siehe aber auch 3 b (82) sowie unten RdNr. 94 ff.; GroßKommHGB/*Würdinger* § 5 Anh. Anm. 4.

[246] BGHZ 61, 59, 64 ff. = NJW 1973, 1691 (inzidenter); *Canaris* § 6 III 1 (80); *A. Hueck,* Recht der OHG, § 5 III (47); *G. Hueck* § 13 III 1 (96); *K. Schmidt* HandelsR § 10 VIII 2 c (332).

[247] Im Gegensatz zur sog. Scheingesellschaft (dazu *K. Schmidt* HandelsR § 10 VIII 2 b (331) besteht hier immerhin eine Gesellschaft (bürgerlichen Rechts), wenn auch keine Handelsgesellschaft. Andere Begriffsbildung bei *G. Hueck* Gesellschaftsrecht § 13 III (996 f.); *Kübler* Gesellschaftsrecht § 25 II 1 (319), die nicht zwischen Schein- und Scheinhandelsgesellschaft differenzieren.

[248] So auch *A. Hueck,* Recht der OHG, § 5 III (47); *Kraft/Kreutz* Gesellschaftsrecht E V 4 a aa (146); *K. Schmidt* GesR § 56 III 3 c (1374 f.); im Fall BGHZ 59: „G & Co. GmbH KG" Dazu noch RdNr. 103.

[249] *Canaris* § 6 III 3 a (81). Vom Ansatz her anders *Kraft/Kreutz* Gesellschaftsrecht E V 4 a bb (146 f.).

[250] Ebenso *Canaris* Vertrauenshaftung S. 170; *ders.* NJW 1974, 455, 456; *Canaris* § 6 III 3 a (81); *Richert* MDR 1960, 976, 978; differenzierend: *Lindacher* ZZP 96 (1983), 486 ff.; anderer Ansicht (keine passive Parteifähigkeit): OLG Dresden OLGE 4 (OLR Bd. 4), 202, 203; OLG Bamberg LZ 1910, 947; *Düringer/Hachenburg/Flechtheim* § 123 Anm. 10; *A. Hueck,* Recht der OHG, § 5 III (47); *G. Hueck* Gesellschaftsrecht § 13 III 1 (96); *Kraft/Kreutz* Gesellschaftsrecht E V 4 a bb (146 f.); Schlegelberger/*K. Schmidt* § 123 RdNr. 24; *H. P. Westermann* Handbuch RdNr. 160.

[251] BGHZ 59, 179; 61, 59; BGH NJW 1980, 784; *Canaris* § 6 III 1 (80); *A. Hueck,* Recht der OHG, § 5 III (47); *H. P. Westermann* Handbuch RdNr. 160; im Ergebnis auch *G. Hueck* Gesellschaftsrecht § 13 III 1 (96).

nen.[252] Ebenso sind konsequenterweise auch die Konkursfähigkeit[253] der Scheinhandelsgesellschaft sowie die Wechselrechtsfähigkeit[254] zu bejahen, wobei letzteres nur dann relevant wird, wenn man mit der wohl noch herrschenden älteren Lehre[255] die Wechselrechtsfähigkeit der BGB-Gesellschaft verneint.

c) Kommanditistenhaftung bei Schein-KG. Außerordentlich streitig[256] ist, wie bei einer **Schein-KG** der Rechtsschein zu deuten und dementsprechend die entscheidende Frage nach der beschränkten oder unbeschränkten Haftung der Kommanditisten zu beantworten ist. Der BGH[257] hat die Haftungsbeschränkung mit der (ebenso verführerischen wie voreiligen) Begründung bejaht, der Rechtsschein könne nicht weitergehen als die Rechtswirklichkeit (aus der sich offenbar die Haftungsbeschränkung ergeben soll). **94**

Dem ist jedoch zunächst entsprechend dem Grundsatz, daß stets zuerst die materielle Rechtslage zu prüfen ist, die Frage vorgelagert, ob denn die (künftigen) Kommanditisten durch die rechtsgeschäftlichen Handlungen (allein) des künftigen Komplementärs **überhaupt verpflichtet werden können**. Sie ist (der Rechtslage beim „Absinken" einer KG entsprechend[258]) aufgrund ergänzender Vertragsauslegung **zu bejahen**: Dem künftigen Komplementär kann auch für die „Vor-KG" (die wegen §§ 161 Abs. 2, 123 Abs. 2 Satz 2 noch BGB-Gesellschaft ist) entgegen der Grundregel der §§ 714, 709 BGB schon jetzt Alleinvertretungsmacht zugebilligt werden, wenn sie – auf der Grundlage der noch herrschenden Doppelverpflichtungstheorie[259] – bezüglich der künftigen Kommanditisten schon jetzt auf die Höhe ihrer (künftigen) Einlagen begrenzt ist (dem Gläubiger gegenüber soll insoweit Erkennbarkeit genügen[260]). **95**

Erst auf dieser materiellrechtlichen Grundlage stellt sich dann die anschließende Frage, ob dieses Ergebnis nunmehr unter Rechtsscheinaspekten zu Lasten der (künftigen) Kommanditisten zu korrigieren ist. Dies hängt davon ab, ob § 176 Abs. 1 S. 1 auf die **Schein-KG** entsprechend anzuwenden ist.[261] Dafür spricht, daß eine (Schein-) KG, die bereits als **96**

---

252 Vgl. BGHZ 71, 354, 355 f. = NJW 1978, 2030; BGH NJW 1981, 2569; vgl. zur Rechtsscheinhaftung im Falle des Verstoßes gegen § 19 Abs. 5 S. 1 bereits oben RdNr. 57.

253 Ebenso RG SeuffArch 39 Nr. 321; *Canaris* Vertrauenshaftung (170 f.); *Canaris* § 6 III 3 a (82); *Richert* MDR 1960, 976 ff.; *Staub/Pinner* 14. Aufl. 1932, § 131 Anm. 11; aA die hL: *Düringer/ Hachenburg/Flechtheim* § 123 Anm. 10; *A. Hueck*, Recht der OHG, § 5 III (46); MünchKommBGB/ *Ulmer* § 705 RdNr. 134 (bezüglich BGB-Gesellschaft); *Schlegelberger/K. Schmidt* § 123 RdNr. 24; *H. P. Westermann* Handbuch RdNr. 160.

254 Ebenso *Canaris* NJW 1974, 455; *Canaris* § 6 III 3 a (81); aA (keine Wechselrechtsfähigkeit): BGHZ 59, 179, 184 = NJW 1972, 1660; BGHZ 61, 59, 62 = NJW 1973, 1691; *Kübler* Gesellschaftsrecht § 8 I 2 c (92).

255 BGHZ 59, 179, 184 = NJW 1972, 1660; BGHZ 61, 59, 62 = NJW 1973, 1691; *Baumbach/Hefermehl* Einl. WG RdNr. 20; *Heymann/ Horn* § 176 RdNr. 10; *A. Hueck/Canaris* Recht der Wertpapiere, 12. Aufl. 1986, § 6 I 1 b (55); aA: *Flume* Allgemeiner Teil, Personengesellschaft, § 7 III 6 (108 f.); *Richardi* Wertpapierrecht, 1987, § 15 I 2 (125 f.); *K. Schmidt* HandelsR § 5 II 1 c (110 ff.); im Ergebnis wohl auch *Zöllner* Wertpapierrecht, 14. Aufl. 1987, § 12 I 1 b cc (63 f.), wenn er die BGB-Gesellschafter als wirksam verpflichtet ansieht.

256 Vgl. zum Streitstand Schlegelberger/K. Schmidt § 176 RdNr. 5; Staub/Schilling § 176 RdNr. 14.

257 BGHZ 61, 59, 66 = NJW 1973, 1691, 1693; BGHZ 69, 95, 98 f. = NJW 1977, 1683, 1684; so auch schon KG JW 1924, 1181 mit Anm. *Fischer*; zustimmend *Canaris* NJW 1974, 455; eingehend *v. Olshausen* AcP 189 (1989), 223, 241 ff.

258 BGH NJW 1987, 3124; NJW-RR 1986, 778; NJW 1971, 1698; *Stimpel* ZGR 1973, 73, 83 ff.

259 Vgl. nur MünchKommBGB/*Ulmer* § 714 RdNr. 24, 26 ff.; *K. Schmidt* GesR § 60 III 4 (1505 ff.); *Wiedemann*, Gesellschaftsrecht I, § 5 IV 1 b (281 ff.).

260 BGHZ 61, 59, 67 = NJW 1973, 1691, 1693; BGH NJW 1979, 2304, 2306; NJW 1985, 619; BB 1990, 1085; *Kornblum*, Die Haftung der Gesellschafter für Verbindlichkeiten von Personengesellschaften, 1972, S. 51; *Palandt/Thomas* § 714; *H. Westermann* Handbuch RdNr. 379; differenzierend MünchKommBGB/*Ulmer* § 714 RdNr. 32 ff.

261 Dagegen: BGHZ 61, 59, 65 = NJW 1973, 1691, 1693; 69, 95, 98; *Canaris* § 6 III 3 b (82 f.); *Baumbach/Hopt* § 176 RdNr. 10; *G. Hueck* Gesellschaftsrecht § 18 VI 3 e (155 f.); *Kollhosser* ZGR 1976, 231, 235; *Kraft/Kreutz* F III 3 b aa, Fn. 17 (165); *Kübler* Gesellschaftsrecht § 8 I 2 c (92); *Staub/Schilling* § 176 RdNr. 14; dafür: *Beyerle* BB 1975, 944; *Crezelius* BB 1983, 5, 11; *P. Hofmann* GmbHR 1970, 182, 187; *Schlegelberger/K. Schmidt* § 176 RdNr. 5; *K. Schmidt* GesR § 55 II 1 a (1340); *H. Westermann* Handbuch RdNr. 835; im Ergebnis ebenso *Flume* Personengesellschaft § 16 IV 5, (332 ff., 335).

Lieb

solche firmiert, den Rechtsschein einer schon entstandenen, aber nur noch nicht eingetragenen KG erweckt, ohne daß sich der Rechtsverkehr – damit erledigt sich der unzutreffende Hinweis des BGH[262] auf § 176 Abs. 1 S. 2[263] – darum zu kümmern braucht, ob die (Schein-) KG ein Gewerbe nach § 1 oder ein solches nach §§ 2, 3 betreibt. Die Rechtsauffassung des BGH,[264] der – genau umgekehrt – aus der Firmierung die Haftungsbeschränkung ableiten will, ist schon deswegen **widersprüchlich**, weil nach bisheriger Rechtsprechung[265] bei § 176 Abs. 1 S. 1 die Firmierung als KG (mit Ausnahme des Vorliegens einer GmbH & Co. KG[266]) gerade **nicht** ausreichen soll, um den Anforderungen an den „es-sei-denn-Satz" des § 176 Abs. 1 S. 1 zu genügen und damit die Haftungsbeschränkung auszulösen. Dem BGH könnte daher allenfalls dann zugestimmt werden, wenn er entgegen seiner bisherigen Rechtsprechung auch bei § 176 Abs. 1 S. 1 bereits der Firmierung haftungsbeschränkende Wirkung beimessen würde; sonst behandelt er eine KG, die zu **Unrecht** firmiert, besser als eine solche, die wegen des Vorliegens eines Grundhandelsgewerbes im Hinblick auf § 123 Abs. 2 bereits firmieren **darf**.

97   **d) Fehlerhafte Gesellschaft.** Im Problembereich der **fehlerhaften Gesellschaft** erübrigt sich die Heranziehung von Rechtsscheinsgrundsätzen dann, wenn man – mit der herrschenden, verfestigten Lehre[267] und Rechtsprechung[268] – die fehlerhafte Gesellschaft für rechtswirksam und damit nur ex nunc vernichtbar ansieht.

98   **4. Gewohnheitsrechtliche Ergänzungssätze.** Die vor Inkrafttreten des § 15 Abs. 3 angewandten, lückenfüllend entwickelten und (damals) bereits gewohnheitsrechtlich verfestigten ungeschriebenen sog. **Ergänzungssätze** (RdNr. 99) sind durch die Neuregelung des § 15 Abs. 3 weitgehend, aber nicht ganz verdrängt worden.[269] Insofern gilt – eine unerfreuliche, aber infolge schlechter gesetzlicher Regelungstechnik einerseits, zunehmendem richterlichen Selbstbewußtsein andererseits immer mehr zunehmende Erscheinung – altes (Gewohnheits-) Recht neben neuem Gesetzesrecht ergänzend weiter.

99   **Diese Rechtsscheinssätze lauten:**

– Wer eine unrichtige Erklärung zum Handelsregister abgibt, kann an dieser von einem gutgläubigen Dritten festgehalten werden.[270]

– Wer eine unrichtige Eintragung im Handelsregister zwar nicht veranlaßt hat, diese aber schuldhaft nicht beseitigt, kann an ihr von einem gutgläubigen Dritten ebenfalls festgehalten werden.[271]

---

[262] BGHZ 61, 59, 65 f. = NJW 1973, 1691, 1693.

[263] So auch Schlegelberger/*K. Schmidt* § 176 RdNr. 5.

[264] BGHZ 61, 59, 67 = NJW 1973, 1691, 1693; 69, 95, 98 f.

[265] RGZ 128, 172, 183; BGH WM 1983, 651; 1986, 1280; OLG Nürnberg WM 1961, 124, 126; ebenso Baumbach/*Hopt* § 176 RdNr. 7; *Kraft/ Kreutz* F III 3 b aa (165); Schlegelberger/*K. Schmidt* § 176 RdNr. 12; Staub/*Schilling* § 176 RdNr. 10.

[266] BGH NJW 1983, 2258, 2260.

[267] Baumbach/*Hopt* § 105 RdNr. 75 ff., 82, B; *Flume,* Allgemeiner Teil, Personengesellschaft, § 2 III (18); *K. Schmidt* GesR § 6 I 2 c (123); *Wiedemann,* Gesellschaftsrecht I, § 3 I 2 a bb (150 f.); MünchKommBGB/*Ulmer* § 705 RdNr. 260 ff.

[268] RGZ 165, 193; BGHZ 3, 285 = NJW 1952, 500; 44, 235, 236 f. = NJW 1966, 107; BGH NJW 1966, 107; eingehend zur Entwicklung der Rechtsprechung: *Wiedemann,* Gesellschaftsrecht I, § 3 I 2 a cc (151).

[269] Vgl. *Brox,* Handels- und Wertpapierrecht, RdNr. 123; *Canaris* § 6 I (72 f.); Fabricius, Grundbegriffe des Handels-, und Wirtschafts- und Unternehmensrechts, 5. Aufl. 1978, RdNr. 226 ff.; *v. Gierke/Sandrock* § 11 III 4 b (156 f.); *P. Hofmann* Handelsrecht C V 5 (81 f.); ders. JA 1980, 264, 271; *Nickel* JA 1980, 566, 571; *K. Schmidt* HandelsR § 14 III 1 a (413); Staub/*Hüffer* RdNr. 59.

[270] Ständige Rechtsprechung, vgl. nur ROHGE 24, 318, 320; RGZ 50, 428, 431; 76, 439, 441; 142, 98, 104 f.; 164, 115, 121; BGHZ 22, 235, 238 = NJW 1955, 985; vgl. auch Baumbach/*Hopt* RdNr. 17; *Brox,* Handels- und Wertpapierrecht, RdNr. 124; *Canaris* § 6 I (71 f.); *v. Gierke/Sandrock* § 11 III 4 a (156); *P. Hofmann* Handelsrecht C V 5 (81); ders. JA 1980, 264, 271; Schlegelberger/*Hildebrandt-Steckhan* RdNr. 22; Staub/*Hüffer* RdNr. 41.

[271] ROHGE 23, 280 ff.; RG JW 1928, 1586; RGZ 131, 12, 14 ff.; Baumbach/*Hopt* RdNr. 17; *Brox,* Handels- und Wertpapierrecht, RdNr. 125; *Canaris* § 6 I (71 f.); *P. Hofmann* Handelsrecht C V 5 (81); ders. JA 1980, 264, 271; Schlegelberger/*Hildebrandt-Steckhan* RdNr. 22; Staub/*Hüffer* RdNr. 41.

Der **erste** Ergänzungssatz ist dann weiter anwendbar, wenn man – mit der wohl hL,[272] – **100** aber entgegen der hier vertretenen Auffassung[273] – § 15 Abs. 3 auf unrichtige Eintragungen bei richtiger oder fehlender Bekanntmachung nicht (analog) anwenden will.[274]

Der Heranziehung des **zweiten** Ergänzungssatzes bedarf es dann, wenn man – der herr- **101** schenden, auch hier (RdNr. 74) vertretenen Auffassung[275] entsprechend – § 15 Abs. 3 auf diejenigen Fälle unrichtiger Bekanntmachung beschränkt, die der Betroffene zurechenbar veranlaßt hat.[276]

Im Unterschied zu § 15 (RdNr. 31, 77) bedarf es auch bei der Anwendung der Ergän- **102** zungssätze des Nachweises der **Kenntnis des Scheintatbestandes**;[277] die Kausalität wird dagegen (widerleglich) vermutet;[278] die notwendige Gutgläubigkeit kann entsprechend § 173 BGB schon bei leichter Fahrlässigkeit entfallen.[279] Wie bei § 15 (RdNr. 32) greifen auch die Ergänzungssätze nur im rechtsgeschäftlichen Verkehr und nicht im sog. reinen Unrechtsverkehr ein.[280]

5. Rechtsschein unbeschränkter Haftung. Als weitere Fallgruppe der Vertrauenshaf- **103** tung außerhalb des Handelsregisters hat sich die zurechenbare[281] **Erzeugung des Rechts- scheins unbeschränkter Haftung** herausgebildet. Sie ging aus von denjenigen Fällen, in denen ein bisheriges einzelkaufmännisches Unternehmen unter (ursprünglich durch § 24 gestatteter) Fortführung der bisherigen Firma in eine GmbH & Co. KG eingebracht wur- de, ohne daß die Haftungsbeschränkung – etwa durch einen Rechtsformzusatz – deutlich gemacht wurde.[282] Hier wird der Rechtsschein unbeschränkter Haftung (des früheren Inhabers) erweckt, wenn – entgegen der früheren,[283] jetzt in § 19 Abs. 5 kodifizierten[284] Rechtsprechung – die Haftungsbeschränkung nicht durch einen klarstellenden Rechts- formzusatz verlautbart wurde (Eintragung und Bekanntmachung der "Umwandlung" ste- hen nicht entgegen[285]). Die Entwicklung dieses Rechtssatzes und damit einer ergänzenden

[272] *Beuthien*, Festschrift für Reinhardt, 1972, S. 199, 202 ff.; *Canaris* Vertrauenshaftung S. 167; *Canaris* § 5 III 2 a (66 f.); *P. Hofmann* JA 1980, 264, 271; *K. Schmidt* HandelsR § 14 III 2 b (415); Schlegelberger/*Hildebrandt-Steckhan* RdNr. 21; Staub/*Hüffer* RdNr. 51.

[273] Siehe oben RdNr. 65.

[274] Weitere Anwendungsfälle bei Staub/*Hüffer* RdNr. 59; *Canaris* § 5 III 2 b (67 f.); *v. Gierke/ Sandrock* § 11 III 4 b (157); *v. Olshausen* BB 1970, 137, 144.

[275] Baumbach/*Hopt* RdNr. 19; *Beuthien*, Fest- schrift für Reinhardt, 1972, S. 199, 200 f.; *Bürck* AcP 171 (1971), 328, 339; *v. Olshausen* BB 1970, 137, 142; *Sandberger* JA 1973, 215, 218 f.; *Schilken* AcP 187 (1987), 1, 17 ff.; Staub/*Hüffer* RdNr. 48.

[276] Weitere Anwendungsfälle bei Staub/*Hüffer* RdNr. 39, 59; *v. Gierke/Sandrock* § 11 III 4 b (157).

[277] Ebenso *Canaris* § 6 VII 3 c (91); *Nickel* JA 1980, 566, 575; Schlegelberger/*Hildebrandt/Steckhan* § 5 RdNr. 17; Staub/*Brüggemann* § 5 Anh. RdNr. 29; Staub/*Hüffer* RdNr. 6; ähnlich: *v. Gierke/ Sandrock* § 11 III 4 c (158); *P. Hofmann* Handelsrecht C V 3 (81); inzidenter auch Baumbach/*Hopt* § 5 RdNr. 10, 12.

[278] Vgl. *Hübner* Handelsrecht RdNr. 24; *Canaris* Vertrauenshaftung S. 516; *Canaris* § 6 VII 3 d (91 f.); *Limbach* ZHR 134 (1970), 289, 316 ff.; Staub/*Brüggemann* § 5 Anh. RdNr. 36; *Nickel* JA 1980, 566, 575; *K. Schmidt* DB 1973, 703, 707; BGHZ 64, 11, 18 f. = NJW 1975, 1166 (Umkehr der Beweislast zugunsten des Dritten); OLG Hamm MDR 1976, 759; ähnlich schon BGHZ 61, 59, 64; aA noch BGHZ 17, 13, 19; BGH WM 1960, 1326,

1329; NJW 1966, 1915, 1917 (prima-facie-Beweis); aA auch: Baumbach/*Hopt* § 5 RdNr. 13; Schlegel- berger/*Hildebrandt/Steckhan* § 5 RdNr. 17.

[279] BGH JZ 1971, 334; WM 1976, 74; NJW 1982, 1513; NJW 1987, 3126 (keine Nachfor- schungspflicht); ebenso *Canaris* § 6 VII 3 a (91); *U. Hübner* Handelsrecht RdNr. 24; im Ergebnis auch Baumbach/*Hopt* § 5 RdNr. 12; vgl. auch *K. Schmidt* HandelsR § 14 III 1 a (412 f.); differen- zierend Staub/*Brüggemann* § 5 Anh. RdNr. 31; Schlegelberger/*Hildebrandt/Steckhan* § 5 RdNr. 16 a; *Nickel* JA 1980, 566, 575; aA (nur Kenntnis und grobe Fahrlässigkeit): *v. Gierke/Sandrock* § 12 III 2 b (169).

[280] Vgl. nur Baumbach/*Hopt* § 5 RdNr. 13; *Brox*, Handels- und Wertpapierrecht, RdNr. 98; *v. Gierke/ Sandrock* § 11 III 4 c (158); *P. Hofmann* Handelsrecht B IV 2 d ff (49); *Nickel* JA 1980, 566, 576; vgl. ein- gehend Staub/*Brüggemann* § 5 Anh. RdNr. 47 ff. (dort auch zum Prozeß-, Straf-, Steuer- und Öffent- lichen Recht).

[281] Beispiele für Zurechnungen bei *Canaris* § 6 IV 1 a (84).

[282] Vgl. BGHZ 62, 216 = NJW 1974, 1191; 71, 354, 356 f. = NJW 1978, 2030; BGH WM 1976, 1084, 1085; 1977, 1405, 1406.

[283] Grundlegend: BGHZ 62, 216, 226 = NJW 1974, 1191.

[284] § 19 Abs. 5 S. 1 eingeführt durch Art. 2 Nr. 1 der GmbH-Novelle vom 4. 7. 1980 (BGBl. I S. 836); vgl. dazu eingehend Staub/*Hüffer* § 19 RdNr. 2 ff., 37 ff.

[285] Dazu bereits RdNr. 57.

Rechtsscheinshaftung war deswegen erforderlich, weil die Rechtsprechung[286] annimmt, das Rechtsgeschäft komme trotz des Rechtsscheins der persönlichen (Weiter-) Verpflichtung und Haftung nicht mit dem früheren Inhaber selbst, sondern mit dem jetzigen Unternehmer zustande (**sog. unternehmensbezogenes Geschäft**[287]). Der BGH hat dies wie folgt verallgemeinert: „Tritt der Vertreter des Unternehmensträgers gegenüber einem Geschäftspartner oder allgemein im Geschäftsverkehr in der Weise auf, daß er den Eindruck erweckt, er sei selbst oder zusammen mit anderen der Träger des Unternehmens, der dieses in unbeschränkter persönlicher Haftung betreibt, so muß er sich gegenüber dem auf den damit zurechenbar gesetzten Schein gutgläubig Vertrauenden so behandeln lassen, als entspräche der Schein der Wirklichkeit.[288]" Dies soll auch dann gelten, wenn der Handelnde (als Vertreter) den Eindruck unbeschränkter Haftung hervorruft, ohne zugleich den Anschein zu erwecken, mit den Inhabern identisch zu sein.[289]

104   Daß das Geschäft kraft Unternehmensbezogenheit mit dem neuen Inhaber zustandekommt, steht dem Rechtsschein unbeschränkter Haftung nicht entgegen. Hier sorgt die Rechtsscheinslehre vielmehr für einen Ausgleich bei schlechter Bonität des jetzigen Geschäftsinhabers. Infolgedessen soll die **Rechtsscheinshaftung gesamtschuldnerisch**, nicht subsidiär sein.[290]

§ 16 [Entscheidung des Prozeßgerichts]

(1) Ist durch eine rechtskräftige oder vollstreckbare Entscheidung des Prozeßgerichts die Verpflichtung zur Mitwirkung bei einer Anmeldung zum Handelsregister oder ein Rechtsverhältnis, bezüglich dessen eine Eintragung zu erfolgen hat, gegen einen von mehreren bei der Vornahme der Anmeldung Beteiligten festgestellt, so genügt zur Eintragung die Anmeldung der übrigen Beteiligten. Wird die Entscheidung, auf Grund deren die Eintragung erfolgt ist, aufgehoben, so ist dies auf Antrag eines der Beteiligten in das Handelsregister einzutragen.

(2) Ist durch eine rechtskräftige oder vollstreckbare Entscheidung des Prozeßgerichts die Vornahme einer Eintragung für unzulässig erklärt, so darf die Eintragung nicht gegen den Widerspruch desjenigen erfolgen, welcher die Entscheidung erwirkt hat.

Schrifttum: *Baums,* Eintragung und Löschung von Gesellschafterbeschlüssen, 1981; *F. Baur,* Zur Beschränkung der Entscheidungsbefugnis des Registerrichters durch einstweilige Verfügung, ZGR 1972, 421; *Ehrenberg,* Handelsregistergericht und Prozeßgericht. Prüfungspflicht und Prüfungsrecht des Registergerichts, IhJb 61 (1912), 423; *Heinze,* Einstweiliger Rechtsschutz in aktienrechtlichen Anfechtungs- und Nichtigkeitsverfahren, ZGR 1979, 293; *K. Lehmann,* Besprechung von Ehrenberg, Handbuch des gesamten Handelsrechts, Erster Band 1913, ZHR 75 (1914), 518.

---

[286] Ständige Rechtsprechung seit RGZ 30, 77, 78: BGHZ 62, 216, 221 = NJW 1974, 1191; 64, 11, 14 = NJW 1975, 1166; 73, 217, 218 = NJW 1979, 1361; 91, 148, 152 = NJW 1984, 2164; 92, 259, 268 = NJW 1985, 136; BGH WM 1975, 1274; 1976, 1084; BGH NJW 1983, 1844; 1986, 1675; 1990, 2678 f.

[287] Vgl. dazu ausführlich *K. Schmidt* HandelsR § 5 III 1 (121 ff., 123 ff.) mit umfangreichen Nachweisen; *ders.* JuS 1987, 425, 427 f.

[288] BGH NJW 1990, 2678.

[289] BGHZ 64, 11, 14 = NJW 1975, 1166; BGH WM 1976, 1084; BGH NJW-RR 1988, 477, 478 f.; BGH NJW 1990, 2678, 2679; differenzierend *Canaris* § 6 IV 1, 2 (85).

[290] BGH NJW 1990, 2678, 2679.

I. Die Ersetzung der Anmeldung (Abs. 1)

1. Regelungszweck. Nur vereinzelt erfolgen Eintragungen in das Handelsregister ohne **1**
Anmeldung von Amts wegen. Im übrigen werden sie regelmäßig nur auf Antrag vorgenommen. Dieser Grundsatz wird auch in § 16 nicht aufgegeben. Die Vorschrift ist dann
nicht anwendbar, wenn nur eine einzelne Person zur Anmeldung verpflichtet ist.[1] Gegen
sie muß das Registergericht durch die Festsetzung von Zwangsgeld nach § 14 vorgehen,
um die Anmeldung zu erzwingen. Nach § 16 soll **nur in Fällen, in denen mehrere die**
Eintragung bewirken müssen, der Antrag eines von ihnen genügen, wenn der Antrag des
oder der übrigen durch eine Entscheidung des Prozeßrichters ersetzt wird.[2] Auch hier ist
§ 16 aber dann unanwendbar, wenn keiner von mehreren Verpflichteten einen Antrag
stellt, es mithin an einem Antrag überhaupt fehlt.[3]

§ 16 Abs. 1 handelt von der Ersetzung einer Willenserklärung durch gerichtliche Ent- **2**
scheidung, gehört also zu § 894 ZPO.[4] Es entspricht gesicherter Erkenntnis, daß § 894
ZPO auch die Anmeldung zum Handelsregister erfaßt, das heißt das rechtskräftige Urteil
auf Abgabe einer bestimmten Anmeldeerklärung die Anmeldung selbst ersetzt.[5] Da die
engen Grenzen von § 894 ZPO nicht befriedigten und insbesondere die Anwendung der
Vorschrift auf nur vorläufig vollstreckbare Entscheidungen ganz überwiegend abgelehnt
wurde, **soll § 16 Abs. 1 den Anwendungsbereich von § 894 ZPO erweitern.** Zum
einen soll auch ein vorläufig vollstreckbares Urteil nach den §§ 708 ff. ZPO und ebenfalls
eine einstweilige Verfügung nach den §§ 935 ff. ZPO[6] genügen. Zum anderen reichen
neben der Leistungsklage auch Feststellungs- und Gestaltungsurteile aus, um die Rechtsfolgen des § 16 Abs. 1 auszulösen.[7]

2. Voraussetzungen der Ersetzung. Absatz 1 setzt zunächst **mehrere Beteiligte voraus** **3**
(hierzu RdNr. 1), womit der Anwendung der Vorschrift hauptsächlich im gesellschaftsrechtlichen Bereich Bedeutung zukommt.[8] Mit der Verpflichtung zur Mitwirkung bei
einer Anmeldung im Sinn von Abs. 1 ist die **privatrechtliche Mitwirkungspflicht zwi-**
schen den Beteiligten gemeint, nicht dagegen die gemäß § 14 erzwingbare Verpflichtung

---

[1] Schlegelberger/*Hildebrandt*/*Steckhan* RdNr. 7;
Koller/*Roth*/Morck RdNr. 5.
[2] Denkschrift zum Entwurf eines Handelsgesetzbuchs und eines Einführungsgesetzes, S. 31 (in
Hahn/Mugdan, Die gesamten Materialien zum
Reichs-Justizgesetzen, Band 6, Neudruck der Ausgabe Berlin 1897 von Scientia Verlag Aalen 1983).
[3] Staub/*Hüffer* RdNr. 11;   Heymann/*Sonnen-*
schein/*Weitemeyer* RdNr. 2;   Koller/*Roth*/Morck
RdNr. 5.
[4] *Baur* ZGR 1972, 421, 423; Staub/*Hüffer*
RdNr. 2; vgl. auch Düringer/Hachenburg/*Hoeniger*
RdNr. 1: Ergänzung der prozeßrechtlichen Normen
über die Zwangsvollstreckung mit besonderer Beziehung auf das Handelsregister.

[5] So schon Denkschrift (Fn. 2) S. 30; Baumbach/
Hopt RdNr. 2; Staub/*Hüffer* RdNr. 2.
[6] Denkschrift (Fn. 2) S. 30; KGJ 37 A 142; Bay-
ObLG ZIP 1986, 93, 94; LG Heilbronn AG 1971,
372; Heymann/*Sonnenschein*/*Weitemeyer* RdNr. 3;
Staub/*Hüffer* RdNr. 2.
[7] Heymann/*Sonnenschein*/*Weitemeyer* RdNr. 4;
Staub/*Hüffer* RdNr. 2, 12 f.; Koller/*Roth*/Morck
RdNr. 3.
[8] Heymann/*Sonnenschein*/*Weitemeyer* RdNr. 2;
Staub/*Hüffer* RdNr. 11;   Koller/*Roth*/Morck
RdNr. 2.

gegenüber dem Registergericht. Mitwirkungspflichten bei einer Anmeldung zum Handelsregister treffen sämtliche Gesellschafter oder Liquidatoren etwa in den Fällen der §§ 108, 125 Abs. 4, 143, 144 Abs. 2, 148, 157 und 175. Die Anmeldpflicht besteht in den genannten Fällen gegenüber dem Registergericht und auch im Verhältnis der Anmeldepflichtigen untereinander.[9]

4   Voraussetzung ist weiter eine **vollstreckbare Entscheidung des Prozeßgerichts.** Wie bereits RdNr. 2 ausgeführt, kommen rechtskräftige und vorläufig vollstreckbare Urteile sowie einstweilige Verfügungen in Betracht. Entscheidungen anderer Gerichte, etwa im Verfahren der freiwilligen Gerichtsbarkeit, genügen nicht. Vollstreckbare Urkunden oder zur Beilegung des Rechtsstreits vor dem Prozeßgericht geschlossene Vergleiche stehen einer Entscheidung des Prozeßgerichts im Sinn von § 16 auch dann nicht gleich, wenn sie zur Anmeldung einer bestimmten Tatsache zwecks Eintragung in das Handelsregister verpflichten.[10] Auch ein Schiedsspruch, der nach § 1040 ZPO unter den Parteien die Wirkung eines rechtskräftigen gerichtlichen Urteils hat, ist keine geeignete Grundlage, weil die Rechtskraft eines Schiedsspruchs durch Parteivereinbarung beseitigt werden kann.[11] Doch kann ein Schiedsspruch dann als Grundlage für Eintragungen im Handelsregister dienen, wenn er rechtskräftig für vollstreckbar erklärt worden ist, § 1042 ZPO.[12]

5   Die Entscheidung des Prozeßgerichts muß gegen einen von mehreren bei Vornahme der Anmeldung Beteiligten entweder ausdrücklich **die Verpflichtung zur Mitwirkung bei einer bestimmten Anmeldung** feststellen, oder aber muß gegen den gleichen Adressaten **ein Rechtsverhältnis, bezüglich dessen eine Eintragung zu erfolgen hat,** festgestellt werden. In der Denkschrift[13] wird als Beispiel die Entziehung der Vertretungsbefugnis (§ 127) genannt und ausgeführt, es könne keinen Unterschied begründen, ob die gerichtliche Entscheidung die Verpflichtung zur Anmeldung oder das einzutragende Rechtsverhältnis selbst feststellt. Das ist in der Sache richtig, aber im Gesetz (zumindest auf den ersten Blick) nicht einsichtig formuliert worden.

6   **3. Rechtsfolgen.** Liegen die Voraussetzungen von § 16 Abs. 1 Satz 1 vor, so **genügt die Anmeldung der übrigen Beteiligten.** Auf deren Anmeldung oder zumindest eine Anmeldung (RdNr. 1) kann nicht verzichtet werden; insbesondere bleibt ein Eintragungsersuchen des Prozeßgerichts an das Registergericht ohne Wirkung.[14]

7   Durch § 16 Abs. 1 Satz 1 wird nur die Anmeldung eines (oder mehrerer, RdNr. 1) Beteiligten durch die Entscheidung des Prozeßgerichts ersetzt. Das Registergericht hat also, wie auch sonst, **das Vorliegen der Eintragungsvoraussetzungen in formeller und materieller Hinsicht** zu prüfen. Es muß eigenverantwortlich feststellen, ob es sich um eine eintragungsfähige Tatsache handelt, ob eine Anmeldung der übrigen Beteiligten in gehöriger Form vorliegt und ob im Fall der einstweiligen Verfügung für die Vollziehung die Monatsfrist der §§ 929, 936 ZPO noch nicht abgelaufen ist.[15] Dagegen darf das Registergericht, soweit es an die Entscheidung des Prozeßrechts gebunden ist, nicht prüfen, ob die Entscheidung inhaltlich richtig ist und sie im Wege der einstweiligen Verfügung ergehen durfte.[16] Gebunden ist das Registergericht an rechtskräftige Gestaltungsurteile, rechtskräftige Urteile auf Abgabe einer Willenserklärung nach § 894 ZPO, worunter auch die Anmeldung zum Handelsregister fällt (RdNr. 2) und schließlich an rechtskräftige Leistungs- und

---

[9] Heymann/*Sonnenschein*/*Weitemeyer* RdNr. 4; Staub/*Hüffer* RdNr. 13, 14.
[10] KGJ 34 A 122 = OLGRspr. 14, 335, 336; Heymann/*Sonnenschein*/*Weitemeyer* RdNr. 3; Schlegelberger/*Hildebrandt*/*Steckhan* RdNr. 7; Staub/*Hüffer* RdNr. 12.
[11] OLG Bremen NJW 1957, 1035; BayObLG WM 1984, 809, 810; Staub/*Hüffer* RdNr. 12.
[12] BayObLG WM 1984, 809, 810.
[13] (Fn. 2.) S. 30.

[14] KGJ 4, 36, 38; KGJ 34 A 121; KG JW 1931, 2992 mit Anm. *Cohn;* Heymann/*Sonnenschein*/*Weitemeyer* RdNr. 5.
[15] KGJ 37 A 142; 53 A 91; Schlegelberger/*Hildebrandt*/*Steckhan* RdNr. 10; Koller/*Roth*/*Morck* RdNr. 5; Staub/*Hüffer* RdNr. 19; Heymann/*Sonnenschein*/*Weitemeyer* RdNr. 6.
[16] KGJ 53 A 91; KG JW 1931, 2992 mit zust. Anm. *Cohn;* Heymann/*Sonnenschein*/*Weitemeyer* RdNr. 6; Staub/*Hüffer* RdNr. 19; Schlegelberger/*Hildebrandt*/*Steckhan* RdNr. 5 f.

Feststellungsurteile, jedoch bei diesen nur im Umfang der persönlichen Rechtskraft; sie binden dann nicht, wenn am Verfahren des Registergerichts auch andere Personen als die Parteien des Zivilprozesses beteiligt sind[17] (vgl. aber zu § 16 Abs. 2 RdNr. 11). Hinzu kommt im Rahmen von §16 auch die Bindung an nicht rechtskräftige aber vollstreckbare Entscheidungen des Prozeßgerichts, insbesondere auch an einstweilige Verfügungen.[18]

Erfolgt eine **Eintragung auf Grund einer rechtskräftigen oder vollstreckbaren Ent-** **8** **scheidung des Prozeßgerichts,** so ist dies bei der Eintragung im Handelsregister zu vermerken, § 18 Satz 1 HRV.

4. Aufhebung der Entscheidung des Prozeßgerichts (§ 16 Abs. 1 Satz 2). Das Gesetz **9** läßt im Fall von § 16 Abs. 1 Satz 1 neben der rechtskräftigen Entscheidung auch nur vollstreckbare Entscheidungen des Prozeßrechts genügen; auch eine einstweilige Verfügung reicht aus (RdNr. 2). Abs. 1 Satz 2 trägt dem Umstand Rechnung, daß in diesen Fällen **die Entscheidung des Prozeßgerichts in Fortfall kommen und dadurch die Grundlage der Eintragung nach Satz 1 entfallen kann.** Satz 2 ordnet daher an, daß auf Antrag eines der Beteiligten in das Handelsregister einzutragen ist, wenn die Entscheidung, auf Grund deren die Eintragung erfolgte, aufgehoben worden ist. Der Vermerk nach § 16 Abs. 1 Satz 2 wird nur auf Antrag, den jeder der Beteiligten (unter Wahrung der Form des § 12) stellen kann, eingetragen. Eine Aufhebung im Sinn von Abs. 1 Satz 2 liegt auch dann vor, wenn die vorläufige Vollstreckbarkeit aufgehoben worden ist (§ 717 Abs. 1 2. Fall ZPO).[19] Rechtskraft der aufhebenden oder abändernden Entscheidung ist nicht nötig. Die Eintragung in das Handelsregister ist aber nur dann „auf Grund" der Entscheidung des Prozeßgerichts erfolgt, wenn die Anmeldung des Verurteilten durch die Entscheidung ersetzt worden ist. Hat er nach der Verurteilung selbst ordnungsgemäß bei der Anmeldung mitgewirkt, ist § 16 Abs. 1 Satz 2 nicht anwendbar.[20]

Unter den Voraussetzungen von § 16 Abs. 1 Satz 2 **muß das Registergericht die Auf-** **10** **hebung eintragen** und zwar nach § 18 Satz 2 HRV in dieselbe Spalte des Registers wie zuvor die Eintragung (RdNr. 8). Auch hier ist es dem Registergericht wie im Fall der Eintragung nach § 16 Abs. 1 Satz 1 bezüglich der Entscheidung des Prozeßgerichts (RdNr. 7) nicht erlaubt, die Richtigkeit der Aufhebung nachzuprüfen.[21] Dem Vermerk kommt lediglich Warnfunktion zu; er soll für das Publikum ersichtlich die Grundlage der Eintragung in Frage stellen. Es ist nicht nach § 16 Abs. 1 Satz 2 und 3 HRV vorzugehen und noch nicht zu röten. Das ist erst dann möglich, wenn der anzumeldende Vorgang endgültig geklärt und registerrechtlich gewahrt ist.[22]

II. Die Unzulässigkeit der Eintragung (Abs. 2)

1. Regelungszweck. Nach § 16 Abs. 2 darf die Eintragung im Handelsregister nicht er- **11** folgen, wenn das Prozeßrecht durch eine rechtskräftige oder vollstreckbare Entscheidung die Vornahme der Eintragung für unzulässig erklärt **und zusätzlich derjenige widerspricht, der die Eintragung erwirkt hat.** Ausschlaggebend ist demnach nicht die Entscheidung des Prozeßgerichts. Denn selbst wenn diese in Rechtskraft erwächst, braucht sich das Registergericht nicht an sie zu halten, wenn es an einem Widerspruch des Begünstigten fehlt.[23] Die Entscheidung des Prozeßgerichts ist nur von Bedeutung, wenn der obsiegende Kläger Widerspruch erklärt. Das Registergericht muß dann – eben weil die

[17] BayObLGZ 1969, 184, 186; *Baur* ZGR 1972, 421, 422, 426; Staub/*Hüffer* RdNr. 6; Baumbach/*Hopt* RdNr. 1; Heymann/*Sonnenschein/Weitemeyer* RdNr. 6; Koller/*Roth*/Morck RdNr. 6.
[18] Schlegelberger/*Hildebrandt/Steckhan* RdNr. 6; Heymann/*Sonnenschein/Weitemeyer* RdNr. 6.
[19] Staub/*Hüffer* RdNr. 21; Heymann/*Sonnenschein/Weitemeyer* RdNr. 8.

[20] Schlegelberger/*Hildebrandt/Steckhan* RdNr. 11; Staub/*Hüffer* RdNr. 21; Koller/*Roth*/Morck RdNr. 8.
[21] Staub/*Hüffer* RdNr. 22; Heymann/*Sonnenschein/Weitemeyer* RdNr. 8.
[22] Vgl. auch Staub/*Hüffer* RdNr. 22; Heymann/*Sonnenschein/Weitemeyer* RdNr. 9.
[23] *Baur* ZGR 1972, 421, 423.

Entscheidung des Prozeßgerichts ergangen ist – den Widerspruch beachten und darf nicht eintragen.[24] § 16 Abs. 2 will den Widersprechenden vor einer solchen Eintragung des Registergerichts schützen, welche die Rechte des Widersprechenden gefährden kann. Es geht in der Sache um **vorbeugenden Rechtsschutz im Registerverfahren.**[25] Im Unterschied zu § 16 Abs. 1 braucht der Widersprechende, der die Entscheidung erwirkt hat, nicht Verfahrensbeteiligter zu sein; auch ein Dritter, der nicht Beteiligter des Anmeldeverfahrens ist, kann die Entscheidung nach § 16 Abs. 2 erstritten haben (vgl. Beispiel des Anfechtungsklägers RdNr. 12).[26]

12 **2. Die Entscheidung des Prozeßgerichts** muß eine rechtskräftige oder vollstreckbare sein: rechtskräftiges oder vollstreckbares Urteil, auch einstweilige Verfügung.[27] Zu beachten ist aber, daß einstweilige Verfügungen, die eine Eintragung für unzulässig erklären, den Registerrichter nur binden können, wenn er nach allgemeinen Grundsätzen auch an eine rechtskräftige Entscheidung des Prozeßgerichts in der Hauptsache gebunden wäre. Die vorläufige Bindung des Registergerichts kann nicht weiter reichen als die endgültige.[28] Der Anspruch des Klägers richtet sich selbstverständlich nicht gegen das Registergericht auf Unterlassung der Eintragung, sondern gegen den Beklagten, das Betreiben einer bestimmten Eintragung zu unterlassen (Anmeldung einer Firma, sofern die Voraussetzungen von § 37 Abs. 2 vorliegen).[29] Unter § 16 Abs. 2 ist auch der Fall einzuordnen,[30] daß die Antragsgegnerin und ihre Konzernmutter einen Unternehmensvertrag abgeschlossen haben, dem die Hauptversammlung der Antragsgegnerin zugestimmt hat. Der Antragsteller (Minderheitsaktionär) hat den Hauptversammlungsbeschluß nach § 243 fristgemäß angefochten, über die Klage ist noch nicht entschieden. Die Antragsgegnerin beantragt nun nach § 294 AktG, das Bestehen des Unternehmensvertrages in das Handelsregister einzutragen. Die Eintragung ist bisher nicht erfolgt. Auf Antrag des Antragstellers kann das Prozeßgericht die Vornahme der Eintragung nach § 16 Abs. 2 für unzulässig erklären. Wichtig ist es, daß in der Entscheidung die Unzulässigkeit der Eintragung ausdrücklich festgestellt wird.[31]

13 **3. Der Widerspruch.** Erforderlich ist insoweit keine besondere Form. Es langt, wenn derjenige, der die Entscheidung erwirkt hat, diese bei dem Registergericht einreicht und damit erkennbar gegen die Eintragung protestiert.[32] War die Eintragung bereits erfolgt, bleibt es dabei. Die Löschung der Eintragung kann nicht verlangt werden.[33]

14 **4. Eintragung trotz Widerspruch.** Der Widersprechende kann nach den §§ 19, 20 FGG Beschwerde einlegen, um die Löschung der gegen § 16 Abs. 2 verstoßenden Eintragung zu erreichen. Die Beschwerde richtet sich hier zulässigerweise gegen die Nichtbeachtung des Widerspruchs.[34]

15 **5. Rechtsfolgen.** Die Eintragung darf, liegen die Voraussetzungen von § 16 Abs. 2 vor, nicht erfolgen. Das Registergericht ist in den RdNr. 7 dargestellten Grenzen an die Entscheidung des Prozeßgerichts gebunden. In dem Fall Landgericht Heilbronn AG 1971, 372

---

[24] Staub/*Hüffer* RdNr. 26.
[25] *Baur* ZGR 1972, 421, 424; Staub/*Hüffer* RdNr. 3; Koller/*Roth*/Morck RdNr. 9.
[26] Heymann/*Sonnenschein/Weitemeyer* RdNr. 10; Staub/*Hüffer* RdNr. 26.
[27] LG Heilbronn AG 1971, 372; Staub/*Hüffer* RdNr. 25; Heymann/*Sonnenschein/Weitemeyer* RdNr. 11.
[28] *Baur* ZGR 1972, 421, 426; Staub/*Hüffer* RdNr. 10; GroßkommAktG/*Wiedemann* § 181 RdNr. 30; Schlegelberger/*Hildebrandt/Steckhan* RdNr. 12.
[29] Vgl. Staub/*Hüffer* RdNr. 25.
[30] Vgl. schon Denkschrift zum Entwurf des HGB (Fn. 2) S. 31; LG Heilbronn, AG 1971, 372; *Baums*

Eintragung und Löschung von Gesellschafterbeschlüssen, S. 166; Staub/*Hüffer* RdNr. 3.
[31] Heymann/*Sonnenschein/Weitemeyer* RdNr. 11.
[32] Heymann/*Sonnenschein/Weitemeyer* RdNr. 12; Staub/*Hüffer* RdNr. 26.
[33] Schlegelberger/*Hildebrandt/Steckhan* RdNr. 12; Heymann/*Sonnenschein/Weitemeyer* RdNr. 13; Koller/*Roth*/Morck RdNr. 9.
[34] Staub/*Hüffer* RdNr. 28; Schlegelberger/*Hildebrandt/Steckhan* RdNr. 12; Koller/*Roth*/Morck RdNr. 9; **aA** GroßkommAktG/*Wiedemann* § 181 RdNr. 31: Amtslöschungsverfahren nach den §§ 142, 143 FGG.

(vgl. RdNr. 12) gilt folgendes: Da die Entscheidung des Prozeßgerichts im Wege der einstweiligen Verfügung ergangen war, ist das Registergericht nur gebunden, wenn es auch an eine rechtskräftige Entscheidung des Prozeßgerichts in der Hauptsache gebunden wäre. Das ist zu bejahen, da ein der Anfechtungsklage stattgebendes Urteil kraft seiner rechtsgestaltenden Wirkung (es nimmt dem Unternehmensvertrag die Wirksamkeitsvoraussetzung des § 293 Abs. 1 Satz 1 AktG) auch den Registerrichter binden würde. Dieser darf daher nicht eintragen.[35] Eine Abwägung etwa nach § 127 FGG ist nicht mehr statthaft.[36] Nur dann, wenn das Registergericht nicht gebunden ist, entscheidet es nach § 127 FGG, ob es einträgt oder aussetzt.[37]

6. Aufhebung der Prozeßentscheidung. Wird die Entscheidung des Prozeßgerichts, die **16** auf Unzulässigkeit der Eintragung erkannte, wieder aufgehoben, so ist das Registergericht hieran nicht gebunden, weil lediglich die Rechtsbeziehung zwischen einem Beteiligten und einem Dritten betroffen ist. Das Registergericht kann etwa die Eintragung ablehnen, wenn es dem aufgehobenen Urteil in der Sache folgt.[38]

Dritter Abschnitt. Handelsfirma

§ 17 [Begriff]

(1) Die Firma eines Kaufmanns ist der Name, unter dem er im Handel seine Geschäfte betreibt und die Unterschrift abgibt.

(2) Ein Kaufmann kann unter seiner Firma klagen und verklagt werden.

Schrifttum: *Bokelmann,* Das Recht der Firmen- und Geschäftsbezeichnungen, 3. Aufl. 1986 (zitiert Firmenrecht); *ders.,* Die Firma im Konkursverfahren, KTS 1982, 27; *ders.,* Der Gebrauch von Geschäftsbezeichnungen mit Inhaberzusatz durch Nichtkaufleute und Minderkaufleute, NJW 1987, 1683; *Droste,* Grundsätzliches zur Geschäftsbezeichnung, DB 1967, 539; *Esch,* Zur Führung mehrerer Firmen durch Personengesellschaften, BB 1968, 235; *Frey,* Verwendung einer schutzfähigen Geschäftsbezeichnung als unberechtigter Firmenmißbrauch? DB 1993, 2169; *Gabbert,* Firma der Aktiengesellschaft: Zulässige Abkürzung „AG"?, DB 1992, 198; *Hauschka/Frhr. von Saalfeld,* Die Europäische wirtschaftliche Interessenvereinigung (EWIV) als Kooperationsinstrument für die Angehörigen der freien Berufe, DStR 1991, 1083; *Heinrich,* Firmenwahrheit und Firmenbeständigkeit, 1982; *G. Hueck,* Vorgesellschaft, Festschrift 100 Jahre GmbH-Gesetz, 1992, S. 127; *Kraft,* Die Führung mehrerer Firmen, 1996; *Kuhn,* Die Rechtsprechung des BGH zum Insolvenzrecht, WM 1960, 958; *Müller-Gugenberger,* Die Firma der Europäischen wirtschaftlichen Interessenvereinigung (EWIV), BB 1989, 1922; *Karsten Schmidt,* Das Verbot der „firmenähnlichen Geschäftsbezeichnung": geltendes Handelsrecht oder gesetzwidrige Erfindung?, DB 1987, 1181; *ders.,* Replik: Das geltende Handelsrecht kennt kein Verbot der „firmenähnlichen Geschäftsbezeichnung", DB 1987, 1674; *Nipperdey,* Die Zulässigkeit doppelter Firmenführung für ein einheitliches Handelsgeschäft, Festschrift für A. Hueck 1959, S. 195; *Riegger,* Die Veräußerung der Firma durch den Konkursverwalter, BB 1983, 786; *W-H Roth,* Unzulässiger firmenmäßiger Gebrauch einer zulässig geführten Geschäftsbezeichnung, ZGR 1992, 632; *Rohnke,* Firma und Kennzeichen bei der Veräußerung von Unternehmensteilen, WM 1991, 1405; *Schlichting,* Die Zulässigkeit mehrerer Firmen für ein einzelkaufmännisches Unternehmen, ZHR 134 (1970), S. 322; *Schuler,* Die Firma im Prozeß und in der Vollstreckung, NJW 1957, 1537; *Ullmann,* Die Verwendung von Marke, Geschäftsbezeichnung und Firma im geschäftlichen Verkehr, insbesondere des Franchising, NJW 1994, 1255; *Ulmer,* die Kompetenz zur Bildung einer Ersatzfirma bei Firmenveräußerung im Konkurs der GmbH, NJW 1983, 1697; *Weber,* Das Prinzip der Firmenwahrheit im HGB und die Bekämpfung irreführender Firmen nach dem UWG, 1984; *Wessel,* Nochmals: Das Verbot der „firmenähnlichen Geschäftsbezeichnung": geltendes Handelsrecht oder gesetzwidrige Erfindung?, DB 1987, 1673; *Wöbke/Danckwerts,* Europäische wirtschaftliche Interessenvereinigung: Eintragung mit einer reinen Sachfirma? DB 1994, 413; *Ziegler,* Zur Firma der Europäischen Wirtschaftlichen Interessenvereinigung, Rpfleger 1990, 239.

---

[35] *Baur* ZGR 1972, 421, 426; GroßkommAktG/*Wiedemann* § 181 RdNr. 30.
[36] Staub/*Hüffer* RdNr. 27; *Hüffer* AktG § 294 RdNr. 15; *Baur* ZGR 1972, 421, 426.
[37] Staub/*Hüffer* RdNr. 10, 27.
[38] Heymann/*Sonnenschein/Weitemeyer* RdNr. 13; Staub/*Hüffer* RdNr. 29.

Übersicht

I. Begriff und Rechtsnatur der Firma

1   **1. Begriff und Bedeutung. a) Die Firma des Einzelkaufmanns.** Nach § 17 Abs. 1 ist die Firma eines Kaufmanns der Name, unter dem er im Handel auftritt. Die Firma ist mithin als der **Handelsname des Kaufmanns,** und zwar des Vollkaufmanns (§ 4 Abs. 1) zu verstehen und sie ist nicht, wie es in der Umgangssprache geschieht, mit dem Unternehmen oder dem Betrieb gleichzusetzen.[1] Sie bezeichnet auch nicht das Unternehmen. Aus § 17 Abs. 2 ist ebenfalls nicht herzuleiten, daß die Firma Partei eines Prozesses sein kann (näher RdNr. 40).[2]

2   Als Name des Einzelkaufmanns weist die Firma – die nach § 18 Abs. 2 aus dem Familiennamen des Kaufmanns und mindestens einem ausgeschriebenen Vornamen besteht – auf den Kaufmann als den Rechtsträger des Unternehmens hin,[3] sie **identifiziert den Unternehmensträger als solchen.**[4] „Da das Unternehmen nicht rechtsfähig ist, dokumentiert die Firma die Beziehung des Unternehmensträgers zum Unternehmen".[5] Indem der Kaufmann (oder der erkennbar für ihn Tätige) im Handel unter seiner Firma auftritt, wird deutlich, daß das betreffende Geschäft zum Betrieb seines Handelsgewerbes gehört und damit nach § 343 Abs. 1 Handelsgeschäft ist. Nach § 343 Abs. 2 zählen selbst branchenfremde Geschäfte zu den Handelsgeschäften, sofern sie nur im Betrieb des Handelsgewerbes geschlossen werden. Verpflichtet wird der jeweilige Inhaber, der Unternehmensträger.[6] „Typischer Sinn einer unter Angabe einer Firma abgegebenen Erklärung ist . . . die Verpflichtung des Inhabers dieser Firma, und zwar auch dann, wenn nicht hinreichend zum Ausdruck kommt, daß der Unterzeichnende mit dem Inhaber der Firma nicht identisch ist und deshalb nur als dessen Vertreter handeln konnte und wollte".[7] Entsprechendes gilt für den Vertragspartner des Kaufmanns. Er will, der Verkehrsauffassung entsprechend, den

---

[1] *Karsten Schmidt* HandelsR § 4 I V 3 a, § 12 I 1 a; Staub/*Hüffer* RdNr. 2; vgl. auch *Canaris* § 10 I 1 a.
[2] OLG Frankfurt BB 1985, 1219; *Karsten Schmidt* HandelsR § 12 I 1 a.
[3] Staub/*Hüffer* RdNr. 2.

[4] *Karsten Schmidt* HandelsR § 12 I 1 a.
[5] *Karsten Schmidt* HandelsR § 4 IV 3 a.
[6] *Karsten Schmidt* HandelsR § 4 IV 3 a, § 5 III 1 a, § 12 I 1 a; Staub/*Hüffer* RdNr. 3; *Canaris* § 10 I 1 b.
[7] BGHZ 64, 11, 14.

Vertrag mit „der Firma" (worunter er das Unternehmen begreift) schließen. Richtig eingeordnet möchte er mit dem Unternehmensträger, mit demjenigen kontrahieren, „welcher in Wirklichkeit Inhaber des Geschäfts ist",[8] und zwar auch dann, wenn er nicht genau weiß, wer das ist.[9]

b) Die Firma der Handelsgesellschaft. Die Firma ist der einzige Name der Handelsge- 3 sellschaft und der eG, ist der Name schlechthin. Privatgeschäfte sind mithin für die Kapitalgesellschaften und OHG oder KG nicht denkbar; sie können daher nur unternehmensbezogene Geschäfte abschließen.[10] Die Formkaufleute (AG, KGaA, GmbH, eG und auch die EWIV, vgl. § 6 RdNr. 13 f.) sind kraft Gesetzes auch dann Kaufmann, wenn sie kein Handelsgewerbe betreiben (§ 17 Abs. 2 GenG, § 3 AktG, §§ 278 Abs. 3, 3 AktG, § 13 Abs. 3 GmbHG). Sie sind stets Vollkaufmann, § 6 Abs. 2.

c) Die Firmenfähigkeit. Firmenfähig **sind nur Vollkaufleute,** nicht aber Minderkauf- 4 leute (§ 4 Abs. 1). Neben dem Einzelkaufmann sind OHG, KG, EWIV, AG und KGaA, GmbH, eG (§ 17 Abs. 2 GenG) und VVaG (§§ 16 f. VAG) firmenfähig, ferner sonstige juristische Personen und Gebietskörperschaften, soweit ein Vollhandelsgewerbe betrieben wird (§§ 33, 36).[11] Die Partnerschaft, die nach § 1 Abs. 1 Satz 2 PartGG kein Handelsgewerbe ausübt, ist nach § 2 Abs. 1 PartGG namensfähig; gemäß § 2 Abs. 2 PartGG sind die §§ 18 Abs. 2, 19 Abs. 3 und 4, 21, 22 Abs. 1, 23, 24, 30, 31 Abs. 2, 32 und 37 HGB entsprechend anzuwenden (näher § 18 RdNr. 25).

Nicht firmenfähig ist die stille Gesellschaft, ebenso die Gesellschaft bürgerlichen Rechts. 5 Letztere wird, kommt es auf die genaue Parteibezeichnung wie etwa im Grundbuch-, Handelsregister- und Prozeßrecht an, durch die Namen aller Gesellschafter identifiziert.[12] Im übrigen kann die Gesellschaft bürgerlichen Rechts sich unter einem unterscheidungskräftigen, schlagwortartigen Gesamtnamen am Rechtsverkehr beteiligen.[13] Tritt aber **die BGB-Gesellschaft unter einer Geschäftsbezeichnung dauerhaft im Rechtsverkehr auf,** genügt in allen Fällen die Angabe dieser Geschäftsbezeichnung unter Benennung der vertretungsberechtigten Gesellschafter.[14]

Vorgesellschaften (Vor-GmbH, Vor-AG) sind bereits körperschaftlich strukturierte 6 Gebilde, die den Gründungsvorschriften und dem Recht der später rechtsfähigen GmbH oder AG – aber mit Ausnahme der bereits die Eintragung voraussetzenden Vorschriften – unterstehen (näher § 6 RdNr. 11 f., § 19 RdNr. 24, § 21 RdNr. 7 ff.).[15] Auch wenn man davon ausgeht, daß die Vorgesellschaft mit der später eingetragenen Kapitalgesellschaft identisch ist,[16] so ist die Vorgesellschaft selbst jedenfalls noch nicht Handelsgesellschaft nach § 13 Abs. 3 GmbHG (§ 3 AktG) und nicht Formkaufmann. Denn der **Formkaufmann setzt die Eintragung im Handelsregister voraus,** während die Vorgesellschaft als solche selbständig (§ 6 RdNr. 12) nicht in das Handelsregister (Abteilung B) eingetragen werden kann,[17] und zwar auch nicht in den Fällen der §§ 2 und 3. Es kommt für die Firmenfähigkeit mithin darauf an, ob die Vorgesellschaft selbst ein kaufmännisches Grundhandelsgewerbe nach § 1 betreibt, das nicht § 4 unterfällt. Ist das der Fall, ist die Firma der Vorgesellschaft identisch mit der im Gesellschaftsvertrag festgelegten Firma, der ein Zusatz wie „in

[8] RGZ 30, 77, 78.
[9] RGZ 30, 77, 78; BGHZ 62, 216, 219, 221; 64, 11, 14; 91, 148, 152; 92, 259, 268 = NJW 1985, 136, 138 mit Anm. *Karsten Schmidt;* BGH NJW 1984, 1347 = JuS 1984, 641 mit Anm. *Karsten Schmidt;* BGH NJW 1990, 2678; BGH GmbHR 1990, 206; BGH NJW 1992, 1380, 1381.
[10] Baumbach/*Hopt* RdNr. 2; Staub/*Hüffer* RdNr. 4; *Karsten Schmidt* HandelsR § 12 I 1 b.
[11] Baumbach/*Hopt* RdNr. 2; Heymann/*Emmerich* RdNr. 9; Staub/*Hüffer* RdNr. 11 f.
[12] BGH NJW-RR 1990, 867 = NJW 1990, 2553 (LS).

[13] Staub/*Hüffer* RdNr. 13; MünchKomm-BGB/*Ulmer* § 705 RdNr. 225.
[14] *Timm* NJW 1995, 3209, 3214.
[15] BGHZ 80, 129, 132; hierzu *Ulmer* ZGR 1981, 593 ff.
[16] Scholz/*Karsten Schmidt* § 11 RdNr. 25; *Karsten Schmidt* GesR § 11 IV 2 c; *Lutter/Hommelhoff* § 11 RdNr. 2; *Raiser* § 26 RdNr. 85; kritisch Hachenburg/*Ulmer* § 11 RdNr. 10; *G. Hueck,* Festschrift 100 Jahre GmbH-Gesetz, S. 127, 153.
[17] Scholz/*Karsten Schmidt* § 11 RdNr. 29; Hachenburg/*Ulmer* § 11 RdNr. 47.

Gründung" oder ähnlich beizufügen ist. Aber auch dann, wenn die Vorgesellschaft kein vollkaufmännisches Handelsgewerbe betreibt, kann sie die satzungsmäße Firma der künftigen Gesellschaft unter Hinweis auf den Gründungszustand *als Namen gebrauchen.*[18]

7   **d) Die funktionsgemäße Ausgestaltung der Firma.** Der Firma kommt Namensfunktion zu. Ein **Bildzeichen zB ist unfähig, namenrechtliche Funktion auszuüben.** Denn das Wesen des Namens macht eine „wörtliche und aussprechbare Bezeichnung" nötig, die das Bildzeichen nicht hat.[19] Ein Bildzeichen kann den benutzten Namen auch nicht ergänzen und ihn so von einem gleichlautenden Namen unterscheiden.

8   **Ausländische, fremdsprachliche Namen** sind – etwa bei der Bildung einer Personenfirma – ohne Veränderung zu übernehmen. Der fremde Name darf nicht „eingedeutscht" werden. Denn es spielt keine Rolle, ob der fremde Name als solcher erkannt oder als Phantasiebezeichnung eingeordnet wird (§ 18 RdNr. 26; § 19 RdNr. 7, 59 ff.). Dagegen müssen der Öffentlichkeit nicht verständliche Schriftzeichen (arabische, chinesische, griechische, kyrillische) in die lateinische Schrift transkribiert werden, weil andernfalls das Publikum die Firma nicht einmal aussprechen könnte.[20] Sollen fremdsprachliche Begriffe zur Bildung einer Sachfirma verwandt werden, ist das jedenfalls dann unbedenklich, wenn sie dem inländischen Publikum bekannt sind[21] oder es sich um anerkannte Fachausdrücke handelt.[22] Ein Sonderproblem taucht auf, wenn eine ausländische Firma, die in die Firma ihrer inländischen Zweigniederlassung aufgenommen werden muß, Sachfirma (oder gemischte Firma) ist und sie dem Publikum nichts sagt, unverständlich ist. Auf § 13 d RdNr. 19 wird Bezug genommen.

9   Die **Schriftart** (Groß- oder Kleinschreibung; typographische Ausgestaltung) kann die Firma frei wählen. Es besteht aber kein Anspruch auf entsprechende Eintragung in das Handelsregister.[23]

10   **e) Arten der Firmen.** Zu unterscheiden sind die **Personenfirmen** (die Firma enthält nach § 18 Abs. 1 den Familiennamen des Einzelkaufmanns nebst mindestens einem ausgeschriebenen Vornamen oder nach § 19 Abs. 1 und 2 den Namen wenigstens eines persönlich haftenden Gesellschafters) von den **Sachfirmen** (dem Gegenstand des Unternehmens entnommen, § 4 GmbHG, § 4 AktG, zwingend vorgeschrieben in § 3 Abs. 1 GenG); die Kombination von beiden ergibt die **gemischte Firma.** Für die EWIV ist streitig, ob eine Sachfirma überhaupt zulässig ist. Die besseren Gründe sprechen für die Zulässigkeit.[24] Nach dem Unternehmensträger unterscheidet sich die **Einzelfirma** (der Einzelkaufmann ist Unternehmensträger) von der **Gesellschaftsfirma.** Bei der **zusammengesetzten Firma** ist dem Firmenkern als Mindestangabe (Karl Seemann) noch ein Zusatz beigefügt (Karl Seemann Fleischer). Firmenkern und Firmenzusatz bilden hier eine rechtliche Einheit und zusammen die Firma (§ 18 RdNr. 12). Schließlich ist die **ursprüngliche Firma** von der **abgeleiteten Firma** (von dem früheren Träger des Unternehmens übernommen) zu sondern. Es handelt sich insoweit um terminologische Unterscheidungen, denen in der Regel materiellrechtliche Bedeutung nicht zukommt.[25] So läßt sich etwa aus der Differenzierung Firmenkern und Firmenzusatz nichts für die Zulässigkeit oder Unzulässigkeit einer Firma

[18] Hachenburg/*Heinrich* § 4 RdNr. 116; Scholz/*Karsten Schmidt* § 11 RdNr. 30.
[19] BGHZ 14, 155, 159 f. – Farina.
[20] Vgl. § 13 d RdNr. 9; § 19 RdNr. 7; § 18 RdNr. 27.
[21] Staub/*Hüffer* RdNr. 9; Hachenburg/*Heinrich* § 4 RdNr. 19; Meyer-Landrut/*Meyer-Landrut* § 4 RdNr. 6; aA *Bokelmann* Firmenrecht RdNr. 294, 300, 416 (wird aufgegeben).
[22] OLG Stuttgart OLGZ 1974, 337 mit zustimm. Anm. *Wessel* BB 1974, 756; Staub/*Hüffer* RdNr. 9; Hachenburg/*Heinrich* § 4 RdNr. 19.

[23] BayObLGZ 1967, 272, 274; 1971, 163, 167; OLG Karlsruhe NJW 1970, 1379 f.; Heymann/*Emmerich* RdNr. 4; Staub/*Hüffer* RdNr. 10.
[24] Bejahend AG München BB 1990, 160; LG Frankfurt BB 1991, 496 = EWiR § 19 HGB 1/91, 793 (*Ring*); LG Bonn EuZW 93, 550; *Müller-Gugenberger* BB 1989, 1922; *Hauschka*/*Frhr. von Saalfeld* DStR 1991, 1083; *Wöbke*/*Danckwerts* DB 1994, 413; aA OLG Frankfurt WM 1993, 1098 = Rpfleger 1993, 450 mit abl. Anm. *Rinze*; *Ziegler* Rpfleger 1990, 239.
[25] Heymann/*Emmerich* RdNr. 5; *Karsten Schmidt* HandelsR § 12 I 4.

herleiten. Die Firma des Einzelkaufmanns ist nicht deshalb unzulässig, weil sich Vor- und Zuname „nur" aus einem Inhaberzusatz ergeben. Maßgebend ist vielmehr, daß Familienname und Vorname aus der einheitlichen Firma insgesamt folgen (§ 18 RdNr. 16). Zu beachten ist aber für das Begriffspaar der ursprünglichen und der abgeleiteten Firma, daß auch eine geänderte Firma zur neugebildeten mutieren kann, wenn der Rechtsverkehr die Identität der ursprünglichen und der geänderten Firma nicht mehr wahrzunehmen vermag oder ernsthafte Zweifel an der Identität bestehen. Auf § 18 RdNr. 2 wird Bezug genommen. Die geänderte Firma unterliegt dann den Erfordernissen von § 18 für die neugebildete Firma.

2. Die Rechtsnatur der Firma. Die Firma ist entsprechend ihrer namensrechtlichen **11** Natur ein absolutes Recht. Der Unternehmensträger hat an ihr ein absolutes subjektives Recht.[26] Doch ist das Firmenrecht, anders als das Namensrecht der natürlichen Person, ein Mischrecht. Es weist nicht nur persönlichkeitsrechtliche, sondern auch vermögensrechtliche und wettbewerbliche Züge auf.[27] Das Reichsgericht vernachlässigte den vermögensrechtlichen Bezug und nahm an, die Firma bilde überhaupt keinen Bestandteil des Geschäfts, sie gehöre nicht zu ihm, sondern sei rein persönlicher Natur.[28] Die Firma (auch die Sachfirma) sollte als Persönlichkeitsrecht etwa nicht in die Konkursmasse fallen. Der Bundesgerichtshof ist dem zu Recht nicht gefolgt. Denn mit dem Handelsgeschäft fällt alles in die Konkursmasse, was dem Geschäftsbetrieb dient, wozu auch die nicht der Pfändung unterfallenden, dem Unternehmen zuzuordnenden vermögenswerten Gegenstände, Beziehungen und Verhältnisse zählen.[29] Auch die Firma ist (gleich, ob Personen- oder Sachfirma) ein solches zwar nicht pfändbares, aber doch vermögenswertes Recht, das zum Unternehmen und im Falle des Konkurses zur Konkursmasse gehört.[30] Aus der Zugehörigkeit zur Konkursmasse folgt aber nicht zwingend und automatisch die uneingeschränkte alleinige Verfügungsmacht des Konkursverwalters im Rahmen von § 23 über die Firma. Insoweit wird auf § 22 RdNr. 51 ff. verwiesen.

3. Entstehung und Erlöschen der Firma. a) Entstehen. Der **Einzelkaufmann,** die **12** **OHG und KG** haben, betreiben sie ein Grundhandelsgewerbe und greift nicht § 4 ein, eine Firma, sobald sie diese gebrauchen. Der Eintragung im Handelsregister kommt nur deklatorische Bedeutung zu. Anders ist das in den Fällen der §§ 2 und 3, weil das Entstehen der Firma hier von der Eintragung im Handelsregister abhängig ist. Entsprechendes gilt für OHG und KG. Handelt es sich um ein Grundhandelsgewerbe nach § 1, entsteht die Firma mit dem Zeitpunkt des Geschäftsbeginns (Beginn der gewerblichen Tätigkeit, § 1 RdNr. 5), andernfalls erst mit der Eintragung (§§ 123 Abs. 2, 161 Abs. 2).[31] Gleiches gilt für die §§ 33 und 36.[32] **AG, KGaG, GmbH und eG** entstehen als juristische Person erst mit der Eintragung im Handelsregister (Genossenschaftsregister). Erst zu diesem Zeitpunkt erwerben sie die Firma als ihren Namen, sind firmenfähig und firmenführungsberechtigt.[33]

b) Erlöschen. Gibt der **Einzelkaufmann** seinen Gewerbebetrieb **dauernd und nicht** **13** **nur vorübergehend auf,** erlischt mit dem Untergang des Unternehmens auch die Firma. § 5 steht nicht entgegen, weil die Vorschrift einen noch vorhandenen Gewerbebetrieb

[26] Staub/*Hüffer* RdNr. 5.
[27] *Karsten Schmidt* HandelsR § 12 I 3 a; *Canaris* § 10 I 4; vgl. auch Baumbach/*Hefermehl* Wettbewerbsrecht in der 17. Aufl., § 16 UWG RdNr. 88; Heymann/*Emmerich* RdNr. 37.
[28] RGZ 70, 226, 229; vgl. auch RGZ 9, 104, 106; 58, 166, 169; 158, 226, 231; Müller/*Erzbach*, Deutsches Handelsrecht, 2. und 3. Aufl. 1928, Kapitel 21 C VIII, S. 92.
[29] *Kuhn*, Die Rechtsprechung des BGH zum Insolvenzrecht, WM 1960, 958.
[30] BGHZ 85, 221, 223; *Karsten Schmidt/Schulz* ZIP 1982, 221, 223; *Riegger* BB 1983, 786; *Ulmer* NJW 1983, 1697; *Bokelmann* KTS 1982, 27, 35;

Karsten Schmidt HandelsR § 12 I 3 b; Heymann/*Emmerich* § 17 RdNr. 37; Kuhn/*Uhlenbruck* § 1 RdNr. 80.
[31] Staub/*Hüffer* RdNr. 15, § 21 RdNr. 3, 4; *Bokelmann* Firmenrecht RdNr. 650.
[32] RGZ 152, 307, 312 ff. (zu § 36); Staub/*Hüffer* RdNr. 15; Baumbach/*Hopt* § 36 RdNr. 3; vgl. auch *Sack*, Der „vollkaufmännische Idealverein", ZGR 1974, 179, 205 ff.; *Karsten Schmidt*, Sieben Leitsätze zum Verhältnis zwischen Vereinsrecht und Handelsrecht, ZGR 1975, 447.
[33] OLG München BB 1990, 1153 für die GmbH; Staub/*Hüffer* RdNr. 15; *Hüffer* § 4 RdNr. 4.

voraussetzt (§ 22 RdNr. 10). Das Erlöschen ist nach § 31 Abs. 2 zur Eintragung in das Handelsregister anzumelden. Geschieht das nicht, muß das Registergericht versuchen, die Anmeldung nach § 14 zu erzwingen; hat auch das keinen Erfolg, trägt das Gericht nach § 141 FGG das Erlöschen der Firma vom Amts wegen ein. Eine nur vorübergehende Einstellung des Betriebs liegt im Zweifel dann vor, wenn das Unternehmen Maßnahmen getroffen hat, um den Betrieb jederzeit wiederaufnehmen zu können; der Verkehr sieht in der Wiederaufnahme der Tätigkeit in diesem Fall nur die Wiederbelebung eines zeitweilig stillgelegten Unternehmens (vgl. auch § 23 RdNr. 3).[34] Dagegen bewirkt das **Absinken auf ein Kleingewerbe** (§ 4 Abs. 1) – ist das Gewerbe eingetragen und wird es weiter betrieben – nicht das Erlöschen der eingetragenen Firma.[35] Der Eingetragene bleibt, tritt er unter der Firma auf, gemäß § 5 Dritten gegenüber Vollkaufmann, wenngleich er nicht mehr in das Handelsregister gehört (näher § 22 RdNr. 10, 40). Die Firma erlischt hier erst mit der (insoweit konstitutiv wirkenden) Löschung durch das Registergericht, die entweder auf Anmeldung hin oder von Amts wegen erfolgt (§ 31 Abs. 2, § 141 FGG). In das Handelsregister wird (in Spalte 5 von HRA) eingetragen: „Die Firma ist erloschen". Danach werden alle Seiten des betreffenden Registerblatts rot durchkreuzt, womit die Gesellschaft gelöscht ist. Nach § 35 HRV kann auf Antrag des Inhabers des Gewerbebetriebs in der Bekanntmachung der Grund der Löschung (der Inhaber ist nicht mehr als Vollkaufmann anzusehen) erwähnt werden. Handelte es sich dagegen um eine nichteingetragene Firma, erlischt diese bei Absinken auf Kleingewerbeniveau.

14 Bei **OHG und KG bewirkt die endgültige Aufgabe des Gewerbebetriebs** nicht automatisch die Auflösung der Personenhandelsgesellschaft (vgl. auch § 1 RdNr. 6). Die Aufzählung in § 131 ist erschöpfend und enthält nicht die Aufgabe des Geschäftsbetriebes.[36] Doch ist in dem Beschluß, die Gesellschaft zu liquidieren, regelmäßig ein stillschweigender, formlos möglicher Auflösungsbeschluß zu sehen (wenn nicht die Gesellschafter den Fortbestand der Gesellschaft als bloßer Vermögensgesellschaft wollen).[37] Entgegen den allgemeinen Regeln bei endgültiger Aufgabe des Geschäftsbetriebs bleibt hier für die in Auflösung befindliche OHG und KG aber die Kaufmannseigenschaft bis zur Beendigung der Vermögensverteilung erhalten, was sich aus den §§ 156, 157 Abs. 1 herleiten läßt (näher Erl. zu § 156).[38] Dementsprechend behält die Gesellschaft zunächst ihre mit einem Liquidationsvermerk zu versehende Firma bei, die erst mit der Beendigung der Liquidation erlischt (vgl. auch § 22 RdNr. 59), und zwar außerhalb des Handelsregisters. Der Liquidator ist dann nach § 157 Abs. 1 verpflichtet, das Erlöschen der Firma anzumelden. Die sich anschließende Eintragung der Löschung in das Handelsregister hat nur rechtsbekundende Wirkung, weil die Firma bereits im Augenblick der tatsächlichen Beendigung der Liquidation erloschen ist. Wird nach der Löschung noch Gesellschaftsvermögen festgestellt oder soll noch ein Anspruch geltend gemacht werden, so ist die Liquidation nicht beendet und die Firma noch nicht erloschen.[39] Findet keine Liquidation statt, weil die Gesellschaft vermögenslos und der Betrieb des Gewerbes aufgegeben worden ist, so erlischt die Firma entsprechend den Grundsätzen des Gesetzes vom 9. 10. 1934 (RGBl. I S. 914) über die Auflösung und Löschung von Gesellschaften und Genossenschaften.[40] Das Erlöschen der Firma anzumelden haben nach § 31 Abs. 2 die Gesellschafter.[41] Vereinbaren die Gesellschafter statt der Liquidation eine andere Art der Auseinandersetzung, wird die Gesellschaft auch hier als OHG oder KG abgewickelt (§ 158).[42] Wer anmeldepflichtig ist, richtet sich

[34] RGZ 170, 265, 274; Staub/*Hüffer* RdNr. 16.

[35] Staub/*Hüffer* RdNr. 17, § 31 RdNr. 17, 19; **aA** BayObLGZ 1967, 458, 465; vgl. auch § 5 RdNr. 18.

[36] BayObLGZ 1967, 458, 464; *Koller*/Roth/Morck § 131 RdNr. 1.

[37] *Koller*/Roth/Morck § 131 RdNr. 3; Schlegelberger/*Karsten Schmidt* § 131 RdNr. 14 f.; vgl. auch Heymann/*Emmerich* § 131 RdNr. 7.

[38] Schlegelberger/*Karsten Schmidt* § 156 RdNr. 9.

[39] BayObLGZ 1978, 121, 126; BayObLG BB 1983, 82.

[40] Staub/*Hüffer* § 31 RdNr. 21, 31.

[41] Heymann/*Sonnenschein/Weitemeyer* § 157 RdNr. 4.

[42] Schlegelberger/*Karsten Schmidt* § 156 RdNr. 9.

dann nach der Art der Auseinandersetzung.[43] Übernimmt zB ein Gesellschafter das Geschäft mit Aktiven, Passiven und Firma, ergibt sich die Anmeldepflicht des Übernehmers aus § 31 Abs. 1.[44] Im übrigen wird auf die Darstellung von *Lieb* § 31 RdNr. 12 ff. (Träger und Inhalt der Anmeldepflicht) Bezug genommen.

Erfordert der Gewerbebetrieb von **OHG oder KG nicht mehr nach Art oder Umfang 15 einen in kaufmännischer Weise eingerichteten Geschäftsbetrieb,** wird die Personenhandelsgesellschaft – solange sie die Gesellschafter nicht abwickeln – nicht aufgelöst, sondern zur Gesellschaft bürgerlichen Rechts. Als solche darf sie keine Firma mehr führen (§ 4).[45] Sie bleibt aber nach § 5 bis zur Löschung Handelsgesellschaft. In das Handelsregister ist nicht die Auflösung der Gesellschaft, sondern das Erlöschen der Firma einzutragen.[46] Insoweit kann auf die Rechtslage bei dem Einzelkaufmann verwiesen werden (RdNr. 13 aE).

Bei den **Kapitalgesellschaften, eG und VVaG** führt die Löschung im Handelsregister 16 nicht zwingend zum Erlöschen der Firma. Die Firma besteht, solange die juristische Person existent ist. Auf die kaufmännische Betriebsorganisation kommt es nicht an, weil diese Gesellschaften entweder Formkaufleute sind oder jedenfalls § 4 nicht gilt (§ 16 VAG). Ihre **Existenz endet in der Regel erst mit Abschluß der Liquidation und der** (zusammen mit der Beendigung der Liquidation dann insoweit konstitutiv wirkenden) **Löschung im Handelsregister** (§ 22 RdNr. 10, 39).[47]

Im Fall der **Geschäftsveräußerung** gibt der Veräußerer regelmäßig seinen Gewerbebe- 17 trieb auf. Der Erwerber kann unter den Voraussetzungen des § 22 die Firma fortführen. Willigt der Veräußerer in die Fortführung nicht ein, erlischt die Firma. Aber auch dann, wenn der Erwerber die Firma nicht fortführen will (obwohl er es darf) und er eine neue Firma wählt, erlischt die Firma des bisherigen Geschäftsinhabers (s. auch *Lieb* § 31 RdNr. 11), der das Erlöschen seiner Firma zur Eintragung in das Handelsregister anzumelden hat (Fall von § 31 Abs. 2). Denn es kommt insoweit nicht auf das Recht zum Gebrauch, sondern auf den tatsächlichen Gebrauch zufolge der Berechtigung an. Es hängt mithin von dem Übernehmer des Handelsgeschäfts ab, ob er das Erlöschen der Firma durch ihre Fortführung verhindert.[48]

Im Fall der **Vereinigung von Firmen** (§ 22 RdNr. 76) entsteht eine neue einheitliche 18 Firma.[49] Trennen sich die Unternehmen später wieder, können nicht die früheren Firmen, die durch die Vereinigung untergegangen sind, weitergeführt werden.[50]

Für den Fortbestand einer Firmenbezeichnung kann es ausnahmsweise genügen, wenn 19 **ein Dritter als Repräsentant des Kennzeicheninhabers dessen Firma für diesen,** „das heißt erkennbar als Herkunftshinweis auf dessen Unternehmen, weiterbenutzt".[51] Nach dem Bundesgerichtshof ist dieser Grundsatz nicht auf eine warenzeichenmäßige Verwendung beschränkt.

Formwechsel, Verschmelzung und Spaltung. Nach § 190 Abs. 1 des UmwG vom 20 28. 10. 1994 (BGBl. I S. 3210) kann ein Rechtsträger (hierzu § 191 Abs. 1 UmwG) **durch Formwechsel eine andere Rechtsform erhalten.** Geändert wird, unter Wahrung der rechtlichen Identität, nur die Rechtsform. Nach § 200 Abs. 1 Satz 1 UmwG darf der Rechtsträger neuer Rechtsform seine bisher geführte Firma beibehalten; doch gilt das nur für den Firmenkern, nicht auch für Rechtsformzusätze (näher § 21 RdNr. 13 ff.). Die

---

[43] BayObLGZ 1978, 121, 125; KGJ 39 A 111, 112; Baumbach/*Hopt* § 157 RdNr. 1: § 157 Abs. 1 nicht anwendbar.
[44] KGJ 39 A 111, 112; Baumbach/*Hopt* § 157 RdNr. 1.
[45] BayObLG Rpfleger 1990, 56.
[46] RGZ 155, 75; BayObLGZ 1967, 458, 465.
[47] Staub/*Hüffer* RdNr. 17.

[48] BayObLGZ 1971, 163, 165 = NJW 1971, 1616, 1617; KG OLGZ 1965, 315, 319; Heymann/*Emmerich* RdNr. 19; Staub/*Hüffer* RdNr. 18, § 31 RdNr. 16.
[49] Staub/*Hüffer* § 22 RdNr. 52.
[50] **AA** Heymann/*Emmerich* RdNr. 19.
[51] BGH LM UWG § 16 Nr. 148 („Virion") mit Anm. *Bokelmann* = NJW 1994, 2765 (LS) = BB 1994, 1238.

Verschmelzung des neuen Umwandlungsrechts entspricht sachlich dem früheren Recht: ein oder mehrere Rechtsträger übertragen ihr Vermögen als Ganzes unter Auflösung ohne Abwicklung auf einen anderen bestehenden oder neuen Rechtsträger gegen Gewährung von Anteilen oder Mitgliedschaften dieses Rechtsträgers an die Anteilsinhaber der übertragenden Rechtsträger. Für die Firma des übernehmenden Rechtsträgers bestimmt § 18 Abs. 1 Satz 1 UmwG im Fall der Verschmelzung durch Aufnahme, daß der übernehmende Rechtsträger die Firma eines der übertragenden Rechtsträger, dessen Handelsgeschäft er durch die Verschmelzung erwirbt, mit oder ohne Beifügung eines des Nachfolgeverhältnis andeutenden Zusatzes fortführen darf. Mit der Eintragung der Verschmelzung in das Register des Sitzes des übernehmenden Rechtsträgers erlischt nach § 20 Abs. 1 Ziffer 2 der übertragende Rechtsträger und damit auch seine Firma, wenn der übernehmende Rechtsträger sie nicht fortführt. Für die Verschmelzung durch Neugründung gilt nach § 36 UmwG Entsprechendes. Im übrigen wird auf § 22 RdNr. 88 bis 91 Bezug genommen. **Spaltung:** Im Fall der Abspaltung und Ausgliederung schließt § 125 Satz 1 UmwG die Anwendbarkeit von § 18 UmwG deshalb aus, weil der firmenführende Rechtsträger fortbesteht.[52] Nicht ausgeschlossen ist die Anwendbarkeit im Fall der Aufspaltung. Bei ihr erlischt der übertragende Rechtsträger, § 131 Abs. 1 Ziffer 2 UmwG.

II. Firma und Geschäftsbezeichnung

21   **1. Abgrenzung.** Nur der Vollkaufmann hat nach den §§ 4 Abs. 1, 17 Abs. 1 eine Firma. Als sein Name weist die Firma auf den Kaufmann als den Rechtsträger des Unternehmens hin, identifiziert ihn (RdNr. 1). Daneben kann er eine (oder mehrere) Geschäftsbezeichnungen (früher Etablissementsbezeichnungen) gebrauchen. Sind diese Bestandteile der Firma geworden, handelt es sich um unselbständige Geschäftsbezeichnungen („Richard Kaub, Möbelfundgrube"), die als Firmenbestandteil den Gesetzen der Firma folgen.[53] Hiervon zu sondern ist die **selbständige Geschäftsbezeichnung, die nicht Teil einer Firma ist.** Sie kennzeichnet das Geschäft oder den Betrieb. Typische Geschäftsbezeichnungen sind Branchenangaben und – historische gewachsen – Kennzeichnungen von Gaststätten und Apotheken („Gasthof zum schwarzen Bären", „Einhornapotheke"). Die Geschäftsbezeichnung erfährt, nachdem § 16 UWG durch Art. 25 Nr. 2 Markenrechtsreformgesetz vom 25. 10. 1994 (BGBl. I S. 3082) aufgehoben worden ist, Schutz nach den §§ 1, 5, 15 MarkenG.[54] § 12 BGB greift ein, sofern der Bezeichnung Unterscheidungskraft zukommt.[55] Der Kaufmann hat das Recht auf Verwendung einer solchen objektbezogenen, schlagwortartigen und werbewirksamen **ergänzenden Geschäftsbezeichnung**[56] **neben seiner Firma,** weil sich diese oft nicht für den erstrebten Wettbewerbszweck eignet.[57]

22   **2. Nichtkaufleute und Minderkaufleute** haben einen Namen, nicht aber eine Firma. Auch sie dürfen eine Geschäftsbezeichnung führen, wobei aber zu differenzieren ist (näher § 4 RdNr. 8 ff.): Der Geschäftsbezeichnung sind verschiedene Sachverhalte zuzuordnen. Zum einen muß der Gewerbetreibende unter den Voraussetzungen der §§ 15 a, 15 b GewO im Geschäftsverkehr wie ein Vollkaufmann (§ 18 Abs. 1) auftreten, und zwar unter dem Familiennamen nebst einem ausgeschriebenen Vornamen. Geschäftsbezeichnung und (echte) Firma sind insoweit identisch.[58] Neben dieser **„Minderfirma"** (vgl. § 4 RdNr. 10) kann der genannte Personenkreis auch die ergänzende Geschäftsbezeichnung der RdNr. 21 führen (Familienname nebst Vorname und Zusatz durch ergänzende Geschäftsbezeich-

---

[52] Begründung Regierungsentwurf, nach *Ganske,* Umwandlungsrecht, 2. Aufl 1994, S. 152.
[53] KGJ 42 A 161, 162; BayObLG BB 1960, 996; OLG Hamm BB 1959, 898; *Droste* DB 1967, 539; *Bokelmann* Firmenrecht RdNr. 8, 29.
[54] Baumbach/*Hefermehl* Wettbewerbsrecht, 18. Aufl. 1995, § 16 UWG; *Karsten Schmidt* HandelsR § 12 I 2 b aa, § 7 IV 4.

[55] *Karsten Schmidt* HandelsR § 12 I 2 b aa; vgl. auch *Canaris* § 3 II 2 a.
[56] *Karsten Schmidt* HandelsR § 12 I 2 b aa.
[57] OLG Karlsruhe BB 1968, 308.
[58] *Bokelmann* NJW 1987, 1683.

nung). Damit gibt es entgegen der hM **kein Verbot einer firmenähnlichen Geschäftsbezeichnung** (vgl. aber § 18 RdNr. 59).[59] Auf § 4 RdNr. 10 wird verwiesen, ebenso auf *Lieb* § 37 RdNr. 7, 8. Das Registergericht kann aber dann gegen Nicht- und Minderkaufleute nach § 37 Abs. 1 vorgehen, wenn sie eine nach den §§ 17 ff. unzulässige „Firma" gebrauchen, etwa der Grundsatz der Firmenwahrheit verletzt ist (näher § 4 RdNr. 11).[60] Zu der Frage, inwieweit es Bezeichnungen gibt, die zwingend auf eine Firma hinweisen, wird auf § 4 RdNr. 12 und § 37 RdNr. 9 Bezug genommen, speziell zur (grundsätzlich zu bejahenden) Zulässigkeit von Inhabervermerken in Geschäftsbezeichnungen auf § 18 RdNr. 28 ff. (vgl. auch *Lieb* § 37 RdNr. 7, 9).[61]

III. Grundsätze des Firmenrechts

Firmenwahrheit, **Firmenbeständigkeit** (Firmenkontinuität), **Firmeneinheit**, **Firmenunterscheidbarkeit** (Firmenausschließlichkeit) **und Firmenöffentlichkeit** sind zu unterscheiden.   23

Firmenwahrheit bedeutet, daß die Firma nicht täuschen darf, Irreführungen des Publikums vermieden werden sollen (§ 18 RdNr. 4 ff.). Für den Firmenzusatz hält das Gesetz strikt den Grundsatz ein, daß jede Täuschung untersagt ist. Anderes gilt für den Firmenkern.[62] Teilweise durchbricht das Gesetz hier ganz bewußt den Grundsatz der Firmenwahrheit, so insbesondere in den §§ 22 und 24. Die Einbußen an Firmenwahrheit können beträchtlich sein, so wenn etwa im Fall von § 24 die Firma weiterhin den Namen des längst ausgeschiedenen persönlich haftenden Gesellschafters ausweist oder der in der Firma genannte Komplementär zwischenzeitlich in die Kommanditistenrolle zurückgetreten ist.[63] Das Prinzip der **Firmenbeständigkeit** setzt sich hier gegenüber der Firmenwahrheit durch, um den in der Firma liegenden Wert zu erhalten. Firmenbeständigkeit will sagen, daß eine rechtmäßig gebildete Firma auch dann Bestand haben soll, wenn zwischenzeitlich in bezug auf die Firma Veränderungen stattgefunden haben, die normalerweise zu einer Firmenänderung führen müßten.[64] Aus dem Handelsregister sind die Änderungen allerdings zu ersehen, weil der Inhaberwechsel, die Aufnahme und das Ausscheiden von Gesellschaftern und auch die Beteiligungsumwandlung (Ausscheiden als Kommanditist und Eintritt als Komplementär und umgekehrt)[65] nach den §§ 31, 107, 143 Abs. 2, 162 Abs. 3 zum Handelsregister anzumelden und in das Register einzutragen sind. Der durch die Beibehaltung der alten Firma eintretende Informationsverlust kann demnach durch Einsichtnahme in das Register wieder beseitigt werden. Sind Anmeldung und Eintragung unterblieben, hilft § 15.[66] Zu der Einbuße an Firmenwahrheit im Rahmen der §§ 22, 24 ist aber ausdrücklich darauf hinzuweisen, daß auch eine fortgeführte Firma nicht geeignet sein darf, im Rechtsverkehr unzutreffende Vorstellungen über Art, Umfang und Rechtsverhältnisse des Unternehmens hervorzurufen; insbesondere sind unzutreffende Gesellschaftszusätze oder Rechtsformhinweise unter keinen Umständen gestattet (näher § 22 RdNr. 2, 65 ff.).

Das Prinzip der **Firmenunterscheidbarkeit** (Firmenausschließlichkeit) soll die Verwechslung von neuen mit bereits eingetragenen Firmen vermeiden, doch sind nur Firmen an demselben Ort oder in derselben Gemeinde (vorbehaltlich der Regelung in § 30 Abs. 4) angesprochen. Insoweit wird auf die Erläuterungen zu § 30 verwiesen. Der Grundsatz der **Firmeneinheit** bedeutet: „ein Unternehmen, eine Firma".[67] Betreibt aber ein Einzelkauf-   25

---

[59] Zu dem Verbot firmenähnlicher Geschäftsbezeichnung vgl. insbes. *Karsten Schmidt* DB 1987, 1181; 1987, 1674.
[60] Vgl. insbesondere *Karsten Schmidt* HandelsR § 12 I 2 b bb.
[61] Zu dem Gebrauch von Geschäftsbezeichnungen mit Inhabervermerk durch Nichtkaufleute und Minderkaufleute *Bokelmann* NJW 1987, 1683 ff.
[62] *Karsten Schmidt* HandelsR § 12 III 1 d.

[63] OLG Köln OLGZ 1988, 291; *Canaris* § 11 I 2 a; *Karsten Schmidt* HandelsR § 12 I 2 b cc.
[64] Vgl. auch Staub/*Hüffer* Vor § 17 RdNr. 17.
[65] BayObLGZ 1988, 51, 52; 1970, 133, 136.
[66] *Canaris* § 11 1 2 a.
[67] BGH NJW 1991, 2023, 2024; *Hofmann* D IV 4; *Bokelmann* Firmenrecht RdNr. 391; *Karsten Schmidt* HandelsR § 12 II.

mann mehrere selbständige Unternehmen, so darf er entsprechend viele unterschiedliche Firmen führen. „Ein Kaufmann kann mehrere Geschäfte betrieben, deren jedes durchaus selbständig ist und wirtschaftlich auf eigenen Füßen steht; es kann eines davon veräußern, das andere behalten . . .".[68] Zu den Einzelheiten wird auf RdNr. 29 Bezug genommen. **Firmenöffentlichkeit:** Die Firma als Bezeichnung des Unternehmensträgers berührt wirtschaftliche Interessen des Firmenträgers selbst, ferner solche der Marktteilnehmer (Mitbewerber, Abnehmer und Anbieter) und auch Allgemeininteressen.[69] Sie bedarf der Publizität. Kaufleute und Handelsgesellschaften müssen daher ihre Firmen und Änderungen an diesen zur Eintragung in das Handelsregister anmelden (§§ 29, 31, 33, 34, 106 ff., 162 und so fort).[70] Dem Handelsregister kommt unbestritten Publizitätsfunktion zu. Die Informationen sind jedermann zugänglich, weil die Einsicht in das Handelsregister auch ohne den Nachweis eines berechtigten Interesses erlaubt ist, § 9 Abs. 1 (vgl. auch § 8 RdNr. 3 ff.).

IV. Der Grundsatz der Firmeneinheit

26   Geboten ist die Klärung vom Unternehmen her.[71] Der Grundsatz der Firmeneinheit will besagen, daß für ein Unternehmen auch nur eine Firma geführt werden darf: **„ein Unternehmen – eine Firma".**[72] Das ergibt sich schon aus dem Bedürfnis des Verkehrs nach einer sicheren Unterscheidung der im Handelsverkehr auftretenden Rechtspersönlichkeiten.[73] Es schließt sich die weitere Frage an, ob (und wenn ja welche) Unternehmensträger Inhaber mehrerer Unternehmen sein können.

27   **1. Der Einzelkaufmann.** Führt er nur ein Unternehmen, so darf er nur eine Firma führen.[74] Das gilt auch dann, wenn der Kaufmann zu seinem Unternehmen noch ein weiteres mit dem Recht auf Firmenfortführung hinzuwirbt und er beide Unternehmen vereinigt. Denn nach der Vereinigung ist nur noch ein Unternehmen vorhanden.[75] Dem Kaufmann steht es aber frei – will er die Werbekraft und (oder) den Wert der Firma erhalten –, die Firmen ebenfalls zu vereinigen (§ 22 RdNr. 76). Auch kann er das übernommene Unternehmen als Zweigniederlassung unter der Firma des übernommenen Unternehmens führen (§ 22 RdNr. 77).[76]

28   Der Einzelkaufmann darf aber dann, wenn er **mehrere selbständige Unternehmen betreibt,** für jedes Unternehmen eine andere Firma benutzen.[77] Ob dem Einzelkaufmann insoweit ein Wahlrecht zusteht (Führung unter derselben Firma oder verschiedene Firmen),[78] ist fraglich. Es spricht viel für die Meinung von *Karsten Schmidt,* daß sich der Kaufmann hier verschiedener Firmen bedienen *muß,* wenn er „die organisatorische Trennung der Unternehmen aufrechterhalten und nach außen dokumentieren will".[79] Voraussetzung ist aber immer, daß es sich um wirklich selbständige Betriebe und nicht nur Abteilungen eines einheitlichen Geschäfts handelt.[80] Sind die Geschäfte sachlich und räumlich

---

[68] RGZ 116, 281, 284.

[69] Näher *Weber,* Das Prinzip der Firmenwahrheit, S. 27 ff.

[70] Zur Anmeldung der Firma einer eG zur Eintragung in das Genossenschaftsregister vgl. §§ 6, 10, 11 GenG.

[71] *Karsten Schmidt* HandelsR § 12 II 2.

[72] BGH NJW 1991, 2023, 2024; KGJ 31 A 206, 216; KG OLGRspr. 9, 246; *Hofmann* D IV 4; *Karsten Schmidt* HandelsR § 12 II 2; Baumbach/*Hopt* RdNr. 5; *Bokelmann* Firmenrecht RdNr. 391; *v. Gierke/Sandrock* § 17 II 3; Heymann/*Emmerich* RdNr. 22 a; Staub/*Hüffer* RdNr. 27.

[73] Schlegelberger/*Hildebrandt/Steckhan* RdNr. 3.

[74] AA *Canaris* § 11 I 4.

[75] Baumbach/*Hopt* RdNr. 5; Staub/*Hüffer* RdNr. 27; *Karsten Schmidt* HandelsR § 12 II 2 b;

Bokelmann Firmenrecht RdNr. 392; aA OLG Düsseldorf NJW 1954, 151, 152 mit ablehn. Anm. *Droste; Kraft,* Die Führung mehrerer Firmen, S. 31 ff., 47; vgl. auch *Nipperdey,* Festschrift für A. Hueck, S. 195, 217; *Schlichting* ZHR 134 (1970), 322 ff.

[76] Vgl. auch Staub/*Hüffer* RdNr. 27.

[77] RG HRR 1929 Nr. 1666; BGHZ 31, 397, 399; KG JW 1936, 1680; Baumbach/*Hopt* RdNr. 5; Heymann/*Emmerich* RdNr. 24; Schlegelberger/*Hildebrandt/Steckhan* RdNr. 4; Staub/*Hüffer* RdNr. 26; *v. Gierke/Sandrock* § 17 II 3; *Karsten Schmidt* HandelsR § 12 II 2 a; *Bokelmann* Firmenrecht RdNr. 393.

[78] So Staub/*Hüffer* RdNr. 26 und die wohl hM.

[79] *Karsten Schmidt* HandelsR § 12 II 2 a; Heymann/*Emmerich* RdNr. 24.

[80] *Bokelmann* Firmenrecht RdNr. 393.

getrennt, erfolgen Buchführung und Bilanzierung getrennt, ist jeweils eigenes Personal vorhanden und sind die Telephonnummern und Bankkonten jeweils verschieden, wird in der Regel von mehreren selbständigen Unternehmen auszugehen sein, die nur einen gemeinsamen Rechtsträger haben. Maßgebend ist aber jeweils die Gesamtwürdigung, so daß ausnahmsweise auch bei gemeinschaftlicher Beschäftigung von Angestellten und auch teilweise gemeinsamen Geschäftsräumen von der Verschiedenheit der Unternehmungen auszugehen sein kann.[81] Werden gleichartige Handelsgeschäfte am gleichen Ort betrieben, so sind an das Merkmal der Selbständigkeit eines Unternehmens besonders strenge Anforderungen zu stellen.[82]

2. Handelsgesellschaften. Personenhandelsgesellschaften und Kapitalgesellschaften dür- **29** fen immer nur eine Firma führen.[83] Das gilt auch dann, wenn sie verschiedene, voneinander getrennte Geschäfte betreiben.[84] Firma und Name bilden bei den Handelsgesellschaften eine notwendige Einheit. Die Gesellschaftsfirma ist der alleinige Name der Gesellschaft und nicht nur, wie bei der Firma des Einzelkaufmanns, der Name, unter dem sie im Handel die Geschäfte betreibt. „Da jedes Rechtssubjekt, wenn das Gesetz nicht ausnahmsweise mehrere Bezeichnungen zuläßt, einen einzigen bestimmten Namen haben muß, mit dem es im Rechtsverkehr eindeutig identifiziert werden kann, und die Firma diese Funktion bei der Handelsgesellschaft hat, wäre eine mehrfache Firmenführung eine Durchbrechung dieses Prinzips. Denn soweit sich eine Handelsgesellschaft einer hinzuerworbenen weiteren Firma bedienen würde, wäre sie gerade nicht mehr in diesem Sinne gekennzeichnet".[85] Deswegen kann etwa eine KG, die ein Unternehmen erwirbt und weiterführt, dessen Firma nach § 22 nur dann fortführen, wenn sie ihre bisherige Firma aufgibt. Die Gesellschaft kann auch ihre bisherige Firma weiterführen, nicht aber beide Firmen.[86] Auf die Möglichkeiten, den Wert der hinzuerworbenen Firma zu erhalten, ist RdNr. 27 hingewiesen worden.

3. Die Firma der Zweigniederlassung. Der Zweigniederlassung kommt **eine Art** **30** **Zwitterstellung** zu.[87] Sie ist zwischen dem Betrieb mehrerer Hauptniederlassungen durch denselben Kaufmann und dem Betrieb einer Handelsniederlassung mit mehreren Verkaufsstellen oder unselbständigen Betriebsabteilungen anzusiedeln. Sie darf sich nicht als untergeordnete Abteilung des Hauptgeschäfts präsentieren, sondern als *weiterer* Mittelpunkt des Geschäfts und muß so organisiert sein, daß sie aufgrund ihres Geschäftsbetriebes beim Wegfall der Hauptniederlassung als eigene Hauptniederlassung fortbestehen könnte (§ 13 RdNr. 7 ff.).

Für das Zwittergebilde Zweigniederlassung **wird der Grundsatz der Firmeneinheit** **31** **modifiziert.** Hauptgeschäft und Zweigniederlassung bilden einen einheitlichen Geschäftsbetrieb (§ 13 RdNr. 15). Die Firma der Zweigniederlassung kann daher mit der Firma der Hauptniederlassung gleich sein; ein Zusatz, der auf die Eigenschaft als Zweigniederlassung hinweist, ist hier nicht erforderlich (näher § 13 RdNr. 21). Die Firmen müssen aber nicht gleich sein. Mehrere Niederlassungen desselben Unternehmens dürfen unterschiedliche Firmen führen (§ 13 RdNr. 22).[88] Besteht für die Firma der Haupt- und der Zweigniederlassung ein einheitlicher Firmenkern, kann er durch jeweils unterschiedliche Zusätze ergänzt werden. Ist der Firmenkern verschieden, muß ein Zusatz die Zugehörigkeit der

---

[81] KG JW 1936, 1680.
[82] BayObLGZ 1956, 260, 264; vgl. auch Schlegelberger/*Hildebrandt/Steckhan* RdNr. 4; Heymann/ *Emmerich* RdNr. 24; Staub/*Hüffer* Vor § 13 RdNr. 8; strenger Gierke/*Sandrock* § 17 II 3 a.
[83] BGHZ 67, 166, 167 f. mit eingeh. Literaturnachweisen.
[84] RGZ 85, 397, 399; 99, 158, 159; 113, 213, 216 f.; BGHZ 64, 11, 17; 67, 166, 167 = NJW 1976, 2163; BayObLGZ 1970, 235, 237; Baumbach/*Hopt* RdNr. 6; Schlegelberger/*Hildebrandt/*

Steckhan RdNr. 6; Heymann/*Emmerich* RdNr. 26; Staub/*Hüffer* RdNr. 28; im Ergebnis auch *Capelle* § 11 I 4 b; Koller/*Roth/*Morck RdNr. 15; aA *Kraft,* Die Führung mehrerer Firmen, S. 65; für die Personengesellschaften *Esch* BB 1968, 235.
[85] BGHZ 67, 166, 169.
[86] BGHZ 67, 166, 171; Heymann/*Emmerich* RdNr. 26; Staub/*Hüffer* RdNr. 28 f.
[87] *Karsten Schmidt* HandelsR § 12 II 3 a.
[88] RGZ 77, 60, 63; BayObLGZ 1992, 59, 62; *Karsten Schmidt* HandelsR § 12 II 3 a.

Zweigniederlassung zur Hauptniederlassung offenbaren.[89] Unter Beachtung dieser Grundsätze kann ein nach § 22 erworbenes Handelsgeschäft als Zweigniederlassung unter der früheren Firma weitergeführt werden. Übernimmt die Offene Handelsgesellschaft Lesser & Co. die Möbelfabrik Franz Krause, um diese als Zweigniederlassung weiterzuführen, kann die Firma der Zweigniederlassung lauten „Franz Krause, Möbelfabrik, Zweigniederlassung von Lesser & Co., Berlin" (§ 13 RdNr. 22).

32　　**Zweigniederlassung und abgeleitete Firma.** Unter den Voraussetzungen der §§ 22, 24 darf das Handelsgeschäft unter der bisherigen Firma fortgeführt werden. Sind nicht Sonderabsprachen getroffen, darf der Erwerber das Unternehmen zusammen mit der Firma weiterveräußern. Er kann auch neue Zweigniederlassungen unter der erworbenen Firma errichten. Es ist aber fraglich, ob die von dem Erwerber errichteten Zweigniederlassungen mit der abgeleiteten Firma getrennt vom Hauptunternehmen auf Dritte selbständig übertragen werden dürfen. Insoweit wird zu der Frage der Zulässigkeit von **Vervielfältigungen abgeleiteter Firmen** auf § 13 RdNr. 24 ff. und § 22 RdNr. 63 Bezug genommen.[90]

V. Der Gebrauch der Firma

33　　**1. Bindung an die gewählte Firma.** Mit der Wahl und der Eintragung der Firma entsteht für die Handelsgesellschaft wie den Kaufmann nicht nur ein Firmenrecht, sondern auch eine sog. *Firmenpflicht,* die es verbietet, sich firmenmäßig einer anderen Bezeichnung zu bedienen. Im Interesse des Verkehrs soll ein für allemal feststehen, unter welchem Namen der Kaufmann geschäftlich handelt.[91] Selbst unbedeutende Abweichungen und Abkürzungen können schon einen unbefugten Gebrauch einer Firma iS des § 37 darstellen (vgl. aber RdNr. 34 f.).[92] Eine erklärende Hinzufügung (Mitteilung) zu einer Firma ist zwar zulässig, doch darf sie nicht als Bestandteil der Firma erscheinen; sie ist nur erlaubt, wenn die Hinzufügung nach Form und Inhalt unzweideutig als nicht zur Firma gehörig für das Publikum erkennbar ist.[93] Die Firma darf ferner nicht „auseinandergerissen" werden. Unzulässig ist es etwa, einen Firmenbestandteil im Kopf eines Geschäftsbogens, den Rest der Firma aber in der Fußleiste zu führen (§ 18 RdNr. 58).[94] Im übrigen wird auf *Lieb* verwiesen, § 37 RdNr. 10 ff.

34　　**2. Abkürzungen.** Angesprochen ist die abgekürzte Verwendung der eingetragenen Firma. Zulässig ist die **Abkürzung jedenfalls für den Gesellschaftszusatz,** soweit die Abkürzung im Geschäftsverkehr verwandt wird und allgemein verständlich ist.[95] Für den Registerverkehr, die Registereintragung und die Satzung soll aber nur der ausgeschriebene Gesellschaftszusatz genügen. Für die GmbH hat der Bundesgerichtshof geklärt, daß sie immer abgekürzt verwandt und auch abgekürzt in das Handelsregister eingetragen werden darf.[96] Entsprechendes gilt entgegen der hM für die Aktiengesellschaft. Die Abkürzung „AG" darf nicht nur im Geschäftsverkehr, sondern auch für die Satzung und den Registerverkehr verwandt werden.[97]

35　　Im übrigen ist streitig, ob und inwieweit die Verwendung der abgekürzten Firma statt der vollständigen in bestimmten Bereichen rechtlich zulässig ist (vgl. hierzu § 18 RdNr. 58 f., dort auch RdNr. 21). An **Firmenkurzformen** bzw. **Firmenschlagworten,**

---

[89] BayObLGZ 1992, 59, 62.

[90] *Karsten Schmidt* HandelsR § 12 II 3 c; *Bokelmann* GmbHR 1978, 265; 1982, 153; *ders.* KTS 1982, 50 f.

[91] KG OLGRspr. 9, 246; KGJ 31 A 206, 216; BayObLGZ 1960, 345, 348; 1967, 353, 355; BayObLG BB 1992, 943; Staub/*Hüffer* RdNr. 34; Heymann/*Emmerich* RdNr. 11 f.; *Bokelmann* Firmenrecht RdNr. 825.

[92] KGJ 31 A 206, 216; 36 A 127, 128; 45 A 168; OLG Düsseldorf NJW 1958, 1828, 1829; OLG Hamburg BB 1973, 1456, 1457.

[93] BayObLGZ 1967, 353, 356; BayObLG BB 1992, 943.

[94] BayObLG BB 1992, 943; vgl. auch BayObLG OLGRspr. 16, 78.

[95] Staub/*Hüffer* RdNr. 35; *Hüffer* § 4 RdNr. 17.

[96] BGHZ 62, 230, 232 f. = NJW 1974, 1088; BayObLGZ 1978, 18, 19.

[97] *Gabbert* DB 1992, 198; *Heinrich,* Firmenwahrheit und Firmenbeständigkeit, RdNr. 137; mit eingehenden Nachweisen *Hüffer* § 4 RdNr. 17; aA GroßkommAktG/*Brändel* § 4 RdNr. 29; KK/*Kraft* § 4 RdNr. 28.

die besonders in der Werbung häufig verwandt werden, besteht ein echtes Verkehrsbedürfnis. Zur Verwendung von Firmenschlagworten und Firmenabkürzungen im Rahmen der Werbung wird auf die Darstellung von *Lieb/Krebs* § 37 RdNr. 16 ff. Bezug genommen.

3. Der Gebrauch der Firma im Geschäftsverkehr. Es geht um die Abgrenzung, wann **36** der Unternehmensträger im Hinblick auf die Erwartungen des Rechtsverkehrs die Firma zu gebrauchen hat und wann den bürgerlichen Namen. Da Handelsgesellschaften nur einen Namen, nämlich die Firma haben, ist die **Abgrenzung nur für den Einzelkaufmann von Bedeutung.** Nach § 17 Abs. 1 ist die Firma eines Kaufmanns der Name, unter dem er „im Handel seine Geschäfte betreibt" und die Unterschrift abgibt. Angesprochen ist damit der Geschäftsverkehr als Rahmen. Nur insoweit ist der Kaufmann berechtigt und verpflichtet, die Firma zu führen (vgl. auch § 37 RdNr. 14). Der „Geschäftsverkehr" bietet aber nur Anhaltspunkte. So ist es klar, daß der Kaufmann beim Abschluß eines Ehevertrages oder der Errichtung eines Testaments als Privatperson handelt und entsprechend den bürgerlichen Namen gebraucht.[98] Gebrauch der Firma läßt Handeln im Rahmen des Handelsgeschäfts vermuten, Gebrauch des bürgerlichen Namens Handeln außerhalb desselben.[99] Da es Geschäfte gibt, die nicht zwingend auf den Kaufmann als Privatperson oder als Unternehmensträger deuten, kann insoweit der Verwendung der Firma oder des bürgerlichen Namens entscheidende Bedeutung zukommen. „Der Kaufmann muß deshalb seinen bürgerlichen Namen führen und ist von Dritten damit zu bezeichnen, wenn Rechtswirkungen gerade ihm als einer bestimmten Person zugerechnet werden sollen. Dagegen ist die Firma zu verwenden, wenn es auf den jeweiligen Träger des kaufmännischen Unternehmens ankommt".[100] Ergänzend wird auf RdNr. 2 Bezug genommen.

4. Registerverkehr. Umstritten ist, ober der Einzelkaufmann, der eine abgeleitete, sei- **37** nen bürgerlichen Namen nicht enthaltende Firma führt, eine solche Firma als seinen Namen zur Firmenbildung etwa von OHG, KG oder der Personenfirma der GmbH verwenden darf. Insoweit wird auf § 19 RdNr. 12 ff. Bezug genommen.[101] In das Grundbuch (§ 15 Grundbuchverfügung) und in andere öffentliche Register ist der Einzelkaufmann nicht unter der Firma, sondern unter seinem bürgerlichen Namen (Vorname und Familienname) einzutragen.[102]

VI. Die Firma im Prozeß, der Zwangsversteigerung und dem Konkurs

1. Erkenntnisverfahren. Nach § 17 Abs. 2 kann ein Kaufmann, der aber Vollkaufmann **38** sein muß (§ 4), unter seiner Firma klagen und verklagt werden. Von **Bedeutung ist das insbesondere für den Einzelkaufmann** (und die juristischen Personen des § 33 wie auch die Gebietskörperschaften nach § 36). Denn die Formkaufleute und die Handelsgesellschaften haben keinen anderen Namen als die Firma und wären daher ohnehin mit der Firma zu bezeichnen.[103] Zwar ist Voraussetzung von § 17 Abs. 2 die Eigenschaft als Vollkaufmann; doch kann auch die Geschäftsbezeichnung eines Nicht-Vollkaufmanns in der Klage identifizierende Wirkung zukommen. Der Unternehmensträger einer Zweigniederlassung kann, wenn es um Rechtsverhältnisse geht, welche die Zweigniederlassung betreffen, **unter der Firma der Zweigniederlassung klagen und verklagt werden** (näher § 13 RdNr. 19).[104]

a) Wahlrecht. Der Kaufmann kann unter seiner Firma klagen, muß es aber nicht. Er hat **39** **insoweit ein Wahlrecht.** Hat der Prozeß aber keinen Bezug zu dem Handelsgeschäft, muß er unter seinem bürgerlichen Namen klagen.[105]

---

[98] Staub/*Hüffer* RdNr. 38; Heymann/*Emmerich* RdNr. 15.
[99] Baumbach/*Hopt* RdNr. 9.
[100] Staub/*Hüffer* RdNr. 38.
[101] Vgl. auch Heymann/*Emmerich* RdNr. 14.
[102] Eingehend Staub/*Hüffer* RdNr. 39 f.; vgl. auch Heymann/*Emmerich* RdNr. 14.

[103] Vgl. nur *Schuler* NJW 1957, 1537; Staub/*Hüffer* RdNr. 42; Heymann/*Emmerich* RdNr. 30.
[104] BGHZ 4, 62, 65; OGHZ 2, 143, 146.
[105] Heymann/*Emmerich* RdNr. 31; Staub/*Hüffer* RdNr. 45.

40   **b) Prozeßpartei.** Die Firma des Einzelkaufmanns wird durch § 17 Abs. 2 selbstverständlich nicht parteifähig, weil ein Name nicht Partei sein kann. Partei ist, sei es als Kläger oder Beklagter, der Geschäftsinhaber.[106] Ist die **Parteibezeichnung ungenau, unrichtig oder unvollständig,** führt das nicht zur Abweisung der Klage. Die Person ist Partei, die erkennbar durch die Parteibezeichnung angesprochen werden sollte, wobei sich die Erkennbarkeit auch erst aus einer nachträglichen Klarstellung der wirklichen Sachlage ergeben kann. Dementsprechend hat das Reichsgericht die gegen eine OHG erhobene Klage – nachträglich stellte sich heraus, daß es sich um das Unternehmen eines Einzelkaufmanns handelte – als gegen den Einzelkaufmann gerichtet angesehen.[107]

41   **Maßgeblicher Zeitpunkt.** Abzustellen ist auf den Zeitpunkt der Rechtshängigkeit. **Beklagter ist,** wer bei Klageerhebung oder Zustellung des Mahnbescheides Inhaber der Firma ist (§§ 253, 261, 696 Abs. 3, 700 Abs. 2 ZPO).[108] Besteht zum Zeitpunkt der Rechtshängigkeit die Firma nicht mehr, so ist jedenfalls derjenige Partei (Beklagter), der zum Zeitpunkt der Rechtshängigkeit in der Klage bzw. dem Mahnbescheid als Inhaber der zwischenzeitlich nicht mehr bestehenden Firma angegeben ist, sofern dessen Name (im Fall des Einzelkaufmanns voll ausgeschriebener bürgerlicher Vor- und Zuname) tatsächlich Bestandteil der Firma war.[109] Ist die Klage unter der Firma erhoben, so ist **derjenige Kläger,** der bei Klageerhebung Inhaber der Firma ist.[110] Wechselt der Inhaber zwischen Einreichung und Zustellung der Klage, kommt es darauf an, wer die Klageerhebung veranlaßt hat (in der Regel der bisherige Inhaber).[111]

42   **c) Bezeichnung des Inhabers?** Bei der Firma des Einzelkaufmanns bietet § 17 Absatz 2 eine Erleichterung der Parteibezeichnung. In der Klage braucht jedenfalls zunächst der Inhaber des Unternehmens nicht angegeben zu werden.[112] Die Angabe kann aber im Laufe des Prozesses nötig werden, wenn etwa das persönliche Erscheinen der Parteien angeordnet wird oder eine Parteivernehmung erfolgen soll. Das Gericht darf und muß dann die Bezeichnung des Inhabers verlangen.[113] Bei Klagen von und gegen Gesellschaften müssen auf jeden Fall der vertretungsberechtigte Gesellschafter, Geschäftsführer oder Vorstand benannt werden (§ 313 Abs. 1 Nr. 1 ZPO).

43   **2. Zwangsvollstreckung. a) Parteibezeichnung.** § 17 Abs. 2 gilt grundsätzlich auch für die Zwangsvollstreckung. Den Anforderungen des § 750 Abs. 1 ZPO wird genügt, wenn (zunächst) nur die Firma und nicht auch deren Inhaber angegeben wird.[114] Doch wirkt der Titel vorbehaltlich eines zwischenzeitlichen Parteiwechsels nur gegen den, der bei Eintritt der Rechtshängigkeit Inhaber war (RdNr. 41). Relevant wird die Frage beim Einzelkaufmann: Ist die Firma im Handelsregister eingetragen, ergibt sich der Inhaber aus dem Register. Das Vollstreckungsorgan muß in das Handelsregister einsehen, wenn das Register an dem Betreffenden Ort geführt wird; andernfalls muß der Gläubiger einen Handelsregisterauszug vorlegen.[115] Führt dieser Weg nicht weiter (die Firma ist etwa nicht eingetragen), ist der Gläubiger nachweis- und beibringungspflichtig.[116] Sind die Zweifel nicht behebbar, finden die §§ 727 und 731 ZPO Anwendung. Der Gläubiger muß eine Klarstellung der Klausel beantragen.[117]

[106] RGZ 54, 15, 17; 66, 415, 416; 86, 63, 65; 157, 369, 375; OLG Frankfurt BB 1985, 1219.

[107] Vgl. RGZ 54, 15, 17; 86, 63, 65; 157, 369, 374 f.

[108] RGZ 54, 15, 17; 64, 77; 86, 63, 65; OLG München NJW 1971, 1615; OLG Köln BB 1977, 510, 511; OLG Frankfurt BB 1985, 1219; *Schuler* NJW 1957, 1537; Heymann/*Emmerich* RdNr. 32; Staub/*Hüffer* RdNr. 49.

[109] OLG Köln BB 1977, 510, 511; Staub/*Hüffer* RdNr. 49.

[110] RGZ 66, 415, 416 f.; 157, 369, 375 f.; Staub/*Hüffer* RdNr. 49; Heymann/*Emmerich* RdNr. 31 a.

[111] Staub/*Hüffer* RdNr. 49; Heymann/*Emmerich* RdNr. 31 a.

[112] Stein/Jonas/*Bork* § 50 RdNr. 18.

[113] Staub/*Hüffer* RdNr. 47; Heymann/*Emmerich* RdNr. 34.

[114] BayObLGZ 1956, 218, 220; Heymann/*Emmerich* RdNr. 35; Staub/*Hüffer* RdNr. 55.

[115] Staub/*Hüffer* RdNr. 55.

[116] AA Staub/*Hüffer* RdNr. 55.

[117] BayObLGZ 1956, 218, 221; eingehend Staub/*Hüffer* RdNr. 56; Heymann/*Emmerich* RdNr. 35.

b) Pfändung. Die Firma ist nicht pfändbar (RdNr. 11).[118] Sie kann nach § 23 nicht oh- 44
ne das Handelsgeschäft übertragen werden und deshalb auch nicht ohne dieses gepfändet
werden (§§ 857 Abs. 1 und 3, 851 Abs. 1 ZPO). Da aber das Handelsgeschäft eine Rechts-
und Sachgesamtheit bildet und als solches im ganzen nicht pfändbar ist, scheitert auch eine
Pfändung des Handelsgeschäfts nebst Firma.

3. Konkurs. Insoweit wird auf § 22 RdNr. 51 ff. Bezug genommen. 45

§ 18 [Firma des Einzelkaufmanns]

**(1) Ein Kaufmann, der sein Geschäft ohne Gesellschafter oder nur mit einem stillen
Gesellschafter betreibt, hat seinen Familiennamen mit mindestens einem ausgeschriebenen Vornamen als Firma zu führen.**

**(2) Der Firma darf kein Zusatz beigefügt werden, der ein Gesellschaftsverhältnis
andeutet oder sonst geeignet ist, eine Täuschung über die Art oder den Umfang des
Geschäfts oder die Verhältnisse des Geschäftsinhabers herbeizuführen. Zusätze, die
zur Unterscheidung der Person oder des Geschäfts dienen, sind gestattet.**

Schrifttum (weitere Angaben unter VI, vor RdNr. 67): *Arndt,* Warenverkehrsfreiheit innerhalb der
Europäischen Union: der Fall „Keck" – EuGH, NJW 1994, 121; JuS 1994, 469; *Barfuss,* Die Geltung des
§ 18 Abs. 2 HGB bei einer Personenfirma, BB 1975, 67; *Behrens,* Niederlassungsfreiheit und internationales
Gesellschaftsrecht, RabelsZ 52 (1988), 498; *ders.,* Das Wirtschaftsrecht des Europäischen Binnenmarktes, Jura
1989, 561; *Bellstedt,* Europäisches Gesellschafts- und Steuerrecht nach 1992, RIW 1988, 883; *Beitzen,* Bildung einer GmbH-Firma mit dem Namen einer Auslandsgesellschaft, DB 1972, 2051; *Bokelmann,* Zusätze
wie „& Co.", „& Sohn", „ & Partner" und „& Gebrüder" in der Firma der Kommanditgesellschaft und in
abgeleiteten Firmen, MDR 1979, 188; *ders.,* Das Recht der Firmen und Geschäftsbezeichnungen, 3. Aufl.
1986 (zitiert Firmenrecht); *ders.,* Die Gründung von Zweigniederlassungen ausländischer Gesellschaften in
Deutschland und das deutsche Firmenrecht unter besonderer Berücksichtigung des EWG-Vertrages, DB
1990, 1021; *ders.,* Zur Entwicklung des deutschen Firmenrechts unter den Aspekten des EG-Vertrages, ZGR
1994, 325; *ders.,* Die Rechtsprechung zum Firmenrecht der GmbH und der GmbH & Co. KG seit 1987
(Auswahl), GmbHRdsch 1994, 356; *Brandes,* Die Rechtsprechung des BGH zur GmbH, WM 1978, 598;
1983, 286; 1988, Beilage 2; *Brause,* Firma eines Einzelkaufmanns und neues Familiennamensrecht, DB 1978,
478; *Centrale für GmbH Dr. Otto Schmidt* (Hrsg.), Die GmbH-Rechte in den EG-Staaten, 1993; *Chaussade-
Klein,* Gesellschaftsrecht in Frankreich, 1993; *Diederichsen,* Der Ehe- und Familienname nach dem 1. EheRG,
NJW 1976, 1169; *Dörr,* Die Warenverkehrsfreiheit nach Art. 30 EWG-Vertrag – doch bloßes Diskrimi nie-
rungsverbot?, RabelsZ 54 (1990), 677; *Droste,* Grundsätzliches zur Geschäftsbezeichnung, DB 1967, 539;
Ebert, Firmenangaben über die Art des Unternehmens, BB 1958, 611; *Ebke,* Die „ausländische Kapitalgesellschaft & Co." und das europäische Gemeinschaftsrecht, ZGR 1987, 245; *Emmerich,* Das Recht des
unlauteren Wettbewerbs, 3. Aufl. 1990; *Hans Georg Fischer,* Abschied von „Dassonville" und „Cassis de
Dijon"? – Zur neuesten Rechtsprechung des EuGH auf dem Gebiet des freien Warenverkehrs, WiB 1994,
182; *Frey,* Verwendung einer schutzfähigen Geschäftsbezeichnung als unberechtigter Firmenmißbrauch?, DB
1993, 2169; *Gößner,* Lexikon des Firmenrechts, Stand 31. 12. 1990; *Haberkorn,* Firma, Firmenwahrheit,
Firmenzusätze, 1970; *ders.,* Firmenwert, Werbung und Firmenwahrheit, WRP 1961, 33; *Heine,* Das neue
gemeinschaftsrechtliche System zum Schutz geographischer Bezeichnungen, GRUR 1993, 96; *Irmgard
Heinrich,* Firmenwahrheit und Firmenbeständigkeit, 1982; *Henze,* Höchstrichterliche Rechtsprechung zum
Recht der GmbH, 1993; *Hillebrand,* Das Firmenrecht in Frankreich, Belgien und Luxemburg, 1975; *Hof-
mann,* Der Grundsatz der Firmenwahrheit, JuS 1972, 233; *Hönn,* Akademische Grade Amts-, Dienst- und
Berufsbezeichnungen sowie Titel (Namensattribute) in der Firma in firmen- und wettbewerbsrechtlicher
Sicht, ZHR 153 (1989), 386; *Hunger,* Offenlegungspflichten und Handelsregisterpraxis in Großbritannien
und Deutschland, Schriften zur wirtschaftswissenschaftlichen Analyse des Rechts, Band 16, 1993; *Kaligin,* Das
internationale Gesellschaftsrecht der Bundesrepublik Deutschland, DB 1985, 1449; *Kind,* Die handelsrechtlichen Firmengrundsätze im Licht der Wettbewerbsordnung, BB 1980, 1558; *Knaak,* Firma und Firmenschutz, 1986; *Knobbe/Keuk,* Umzug von Gesellschaften in Europa, ZHR 154 (1990), 325; *Kögel,* Der
Grundsatz der Firmenwahrheit – noch zeitgemäß? BB 1993, 1741; *Latinak,* Täuschung mit dem Namen
einer ausländischen Gesellschaft?, NJW 1973, 1215; *Alfred Hagen Meyer,* Das Verbraucherleitbild des Europäischen Gerichtshofes – Abkehr vom „flüchtigen Verbraucher" – WRP 1993, 215; *Doris Möller,* Firmenbildung von Kapitalgesellschaften in den EG-Mitgliedstaaten, GmbHRdsch 1993, 640; *dies.,* Europäisches
Firmenrecht im Vergleich, EWS 1993, 22; *Riegger,* Der Doktor-Titel in der Firma der GmbH, DB 1984,

---

[118] BGHZ 32, 103, 105 f.; 85, 221, 223; Staub/*Hüffer* RdNr. 58; Heymann/*Emmerich* RdNr. 36.

441; *Wulf-Henning Roth*, Unzulässiger firmenmäßiger Gebrauch einer zulässig geführten Geschäftsbezeichnung, ZGR 1992, 632; *Karsten Schmidt*, Haftungskontinuität als unternehmensrechtliches Prinzip, ZHR 145 (1981), 2; *Schricker*, Probleme der Schuldenhaftung bei Übernahme eines Handelsgeschäfts, ZGR 1972, 121; *Sonnenberger*, Französisches Handels- und Wirtschaftsrecht, 2. Aufl. 1991; *Steindorff*, Gemeinsamer Markt als Binnenmarkt, ZHR 150 (1986), 687; *ders.*, Reichweite der Niederlassungsfreiheit, EuR 1988, 19; *Wagenitz*, Grundlinien des neuen Familiennamensrechts, FamRZ 1994, 409; *Wagenitz/Bornhofen*, Familiennamensrechtsgesetz, 1994; *Stefan Weber*, Das Prinzip der Firmenwahrheit im HGB und die Bekämpfung irreführender Firmen nach dem UWG, 1984; *Wellmann*, Die Firma der GmbH, GmbHRdsch 1972, 193; *Wessel/Zwernemann*, Die Firmengründung, 6. Aufl. 1994; *Weyer*, Die Rechtsprechung zum freien Warenverkehr: Dassonville – Cassis de Dijon – Keck, DZWir 1994, 89.

Übersicht

I. Anwendungsbereich von § 18 Abs. 1

Die Vorschrift gilt nur für die neugebildete Firma des Einzelkaufmanns, das heißt 1 eines Kaufmanns, der sein Geschäft allein ohne Gesellschafter oder nur mit einem oder mehreren stillen Gesellschaftern (§ 230) betreibt. Auf Gesellschaften ist § 18 Abs. 1 nicht ausdehnbar, so nicht auf die OHG und die KG, ebenso nicht auf die Personenfirmen der GmbH und der Aktiengesellschaft (§ 19, § 4 GmbHG, § 4 AktG). Die Vornamen der Gesellschafter müssen dort nicht in die Firma aufgenommen werden,[1] können es aber.[2] Entsprechende Anwendung findet § 18 Abs. 1 dagegen, wenn eine Erbengemeinschaft das Handelsgeschäft eines Einzelkaufmanns, der trotz bestehender Firmenpflicht keine Firma geführt hatte, fortführt. In diesem Fall muß die Firma die Familiennamen der Miterben samt jeweiligem ausgeschriebenen Vornamen enthalten und erkennen lassen, daß es sich um eine Erbengemeinschaft handelt.[3]

1. Die neugebildete Firma. Neugebildet ist **nicht nur die ursprüngliche (anfäng-** 2 **liche), sondern auch die geänderte Firma.** Fallen Teile der Firma (etwa Zusätze) fort oder kommen welche hinzu oder werden Bestandteile ausgetauscht, so geht die bisherige Firma grundsätzlich unter,[4] weil alle Teile der Firma ein einheitliches Ganzes bilden[5] (RdNr. 12 f.). Die Änderung der bisherigen Firma bedeutet die Wahl einer neuen Firma, die dann auch den Anforderungen an die erstmalige Bildung einer Firma genügen muß.[6] Das ist auch dann nicht anders, wenn Bestandteile, die schon in der alten Firma enthalten waren, weiterverwendet werden.[7] Ist mithin § 18 Abs. 1 im Prinzip auch auf die geänderte Firma anwendbar, kann es **zu Schwierigkeiten kommen, wenn die abzuändernde Firma als abgeleitete (etwa im Fall des § 22) geführt wird.** Denn bei der abgeleiteten Firma sind zwar in gewissem Umfang Ungenauigkeiten („Unwahrheiten") hinzunehmen, doch muß **die Firma im wesentlichen unverändert** fortgeführt werden,[8] will sie nicht ihr Privileg nach § 22 verlieren. Der Grund hierfür liegt darin, daß es im Rechtsverkehr nicht zu Zweifeln an der Identität der bisherigen mit der fortgeführten Firma kommen soll. Machen nicht Interessen der Allgemeinheit ausnahmsweise die nachträgliche Änderung einer abgeleiteten Firma notwendig oder zumindest wünschenswert,[9] so kann die fortgeführte Firma jedenfalls dann nicht ohne Verlust ihres Status als fortgeführte Firma verändert werden, wenn die Änderung begründete Zweifel an der Identität mit der bisherigen Firma hervorrufen würde. Der Kaufmann muß in diesem Fall eine neue Firma, die den Erfordernissen von § 18 Abs. 1 genügt, annehmen (auch RdNr. 11, 15 und Erl. § 22) mit der Konsequenz, daß zum Beispiel der frühere Inhaber (Veräußerer) nicht mehr in der Firma erscheinen darf. Zwar wird im Fall des § 18 Abs. 1 in der Regel trotz geänderter Zusätze der Familienname des Veräußerers nebst ausgeschriebenem Vornamen die Identität mit der alten Firma vermitteln, so daß eine Änderung nicht erforderlich werden wird. Doch muß das nicht so sein. Zu denken ist etwa an den Fall, daß Firmenschlagworte, Phantasiewörter oder seltene und markante Berufsbezeichnungen, die für das Publikum die Firma schlechthin darstellten, fortfallen sollen. Ferner ist die Sachlage nicht zu vergessen, daß eine mit einer anderen namensgleichen Firma nur durch Hinzufügung eines markanten Zusatzes, der nunmehr entfallen soll, firmenrechtlich zulässig wurde und in das Handelsregister eingetragen werden konnte.

[1] KGJ 38 A 158, 159; 39 A 114, 115; Heymann/*Emmerich* RdNr. 5 a, hM.

[2] Heymann/*Emmerich* RdNr. 5 a; *Heinrich* Firmenwahrheit und Firmenbeständigkeit, RdNr. 85.

[3] KG JFG 5, 209, 212: Geschwister C . . . und E . . . X in Erbengemeinschaft; vgl. auch KG JW 1938, 3117 f. und Heymann/*Emmerich* RdNr. 5.

[4] Vgl. schon ROHG 4, 253, 261; KGJ 41 A 109, 113 und KG NJW 1955, 1926, 1928.

[5] OLG Stuttgart Rpfleger 1971, 152; BayObLGZ 1984, 129, 132.

[6] Baumbach/*Hueck* § 4 RdNr. 43.

[7] BayObLGZ 1984, 129, 132.

[8] Ausführlich hierzu *Bokelmann* Firmenrecht RdNr. 695 ff. mit Nachweisen; Baumbach/*Hueck* § 4 RdNr. 43; *Lutter/Hommelhoff* § 4 RdNr. 21.

[9] Grundlegend BGH im „Frankona"-Fall, BGHZ 44, 116 = NJW 1965, 1915.

3   **2. Firmenwahl bei fortgeführter Firma.** Erwirbt jemand ein bereits bestehendes Handelsgeschäft, so gilt § 18 Abs. 1 nicht unbedingt. Vielmehr kann nach den §§ 22 und 24 unter bestimmten Umständen die bisherige Firma **fortgeführt** werden. Dem Erwerber steht es aber auch frei, eine neue Firma anzunehmen, deren Zulässigkeit sich dann nach § 18 Abs. 1 richtet:[10] Wird allerdings in einem Zusatz auch der vormalige Inhaber offenbart, handelt es sich um eine fortgeführte Firma (§ 22 RdNr. 74).[11] Im Fall der Nichtfortführung erlischt die Firma des bisherigen Geschäftsinhabers und der frühere Inhaber ist verpflichtet, das Erlöschen seiner Firma zur Eintragung in das Handelsregister anzumelden. Registerrechtlich ist hier die neue Firma auf einem neuen Registerblatt einzutragen (s. auch *Lieb* § 31 RdNr. 11). Auf dem bisherigen Blatt darf der Wechsel des Inhabers eines Handelsgeschäfts nur dann eingetragen werden, wenn die Firma des Veräußerers fortgeführt wird.[12]

II. Die Firmenzusätze (Grundlagen)

4   Nach **§ 18 Abs. 2 Satz 1** darf der Firma kein Zusatz beigefügt werden, der ein Gesellschaftsverhältnis andeutet oder sonst geeignet ist, eine Täuschung über die Art oder den Umfang des Geschäfts oder die Verhältnisse des Geschäftsinhabers herbeizuführen. Nach Satz 2 sind der Unterscheidung der Person oder des Geschäfts dienende Zusätze gestattet.

5   **1. Der Grundsatz der Firmenwahrheit.** In der Vorschrift kommt die zu den **tragenden Grundsätzen des Firmenrechts gehörende Forderung nach Firmenwahrheit** zum Ausdruck (§ 17 RdNr. 24),[13] und es ist gesicherte Erkenntnis, daß der Grundsatz für **alle** Firmen gilt, so auch die der handelsrechtlichen Personengesellschaften, der Kapitalgesellschaften und der juristischen Personen und Gebietskörperschaften der §§ 33 und 36.[14] Immer, wenn es um die Zulässigkeit einer Firma geht, ist zunächst in Verbindung mit den in Frage kommenden gesetzlichen Vorschriften zu prüfen, ob der Forderung nach Firmenwahrheit genügt wird.[15] Dahinstehen kann, ob insoweit § 18 Abs. 2 analog anzuwenden[16] oder von gewohnheitsrechtlicher Geltung auszugehen ist.[17]

6   **Firmenwahrheit** bedeutet, daß die Firma nicht täuschen darf, Irreführungen des Publikums vermieden werden sollen.[18] Sie darf weder in ihrem Kern noch den Zusätzen oder insgesamt täuschungsgeeignet sein.[19] Auch Übertreibungen können dem Täuschungsverbot unterfallen.

7   **2. Eingrenzung.** Welche Anforderungen an den Wahrheitsgehalt einer Firma zu stellen sind, ist besonders zur Zeit **im Hinblick auf die Europäische Gemeinschaft** schwierig zu beantworten. Die Verkehrsauffassung ist Maßstab dafür, wie eine Firma zu beurteilen und ob sie täuschungsgeeignet ist. Zu ermitteln ist zunächst, welche Verkehrskreise angesprochen sind: das allgemeine Publikum, engere Kreise oder Spezialbranchen? Wie begreift der maßgebliche Adressat die Firma (beziehungsweise ein herausragendes Firmenschlagwort)? Feste Regeln gibt es nicht. Die Täuschungseignung ist als unbestimmter Rechtsbegriff einzuordnen[20] (RdNr. 56). Jeweils für den Einzelfall ist festzustellen, ob nach der Auffassung des maßgeblichen Verkehrskreises die Firma geeignet ist, eine Täuschung zu bewir-

---

[10] KG JFG 5, 209, 210; OLG Celle BB 1974, 387, 388; Staub/*Hüffer* § 22 RdNr. 42.

[11] AA *Heinrich,* Firmenwahrheit und Firmenbeständigkeit, RdNr. 157.

[12] KG OLGZ 1965, 315, 319; BayObLGZ 1971, 163, 165 f; Baumbach/*Hopt* RdNr. 13.

[13] BGHZ 44, 286, 287; 53, 65, 69; 65, 89, 92; 68, 12, 14; 68, 271, 273; 80, 353, 355 f.; ganz hM, vgl. nur Staub/*Hüffer* RdNr. 4; Heymann/*Emmerich* RdNr. 17.

[14] RGZ 127, 77, 80; BayObLGZ 1981, 88, 92; OLG Hamm NJW 1968, 2381 und OLGZ 1974, 139, 141; OLG Frankfurt NJW 1970, 865; Heymann/*Emmerich* RdNr. 18; Staub/*Hüffer* RdNr. 4.

[15] BGHZ 53, 65, 69 zu der Übertragung des Geschäfts einer Personenhandelsgesellschaft auf einen Einzelkaufmann; vgl. weiter BGHZ 44, 286, 287; 68, 12, 14; 68, 271, 273.

[16] So *Hofmann* JuS 1972, 233, 235; vgl. auch § 2 Abs. 2 PartGG (hierzu § 8 RdNr. 25).

[17] Staub/*Hüffer* RdNr. 4.

[18] *Heinrich,* Firmenwahrheit und Firmenbeständigkeit, RdNr. 1.

[19] BayObLGZ 1971, 347, 348 ff.; 1972, 277, 280; 1989, 44, 46; Scholz/*Emmerich* § 4 RdNr. 17 mit eingehenden Nachweisen.

[20] Staub/*Hüffer* RdNr. 29; *Hofmann* JuS 1972, 233, 235 f.

ken. Hilfreich sind hier etwa die Gutachten der Industrie- und Handelskammern und
deren Umfragen, Auskünfte von Wirtschaftsverbänden oder das Einschalten von Meinungsforschungsinstituten (RdNr. 61).

Die Verkehrsauffassung **bedarf objektiver Eingrenzung.** Die registerrechtliche Rege-   **8**
lung des formellen Firmenrechts (zu dem neben § 18 Abs. 2 auch die §§ 30 und 37 zählen), das von dem materiellen Firmenrecht (§ 12 BGB, § 15 MarkenG) zu sondern ist,[21]
will in erster Linie Sicherheit im Rechtsverkehr gewährleisten und im öffentlichen, im
rechtspolitischen Interesse[22] die Allgemeinheit vor Irreführung schützen.[23] Insoweit ist
nach den objektiven Grenzen der Schutzbedürftigkeit der Allgemeinheit vor Irreführung
zu fragen. Von dem (gedachten) Durchschnittsadressaten ist jedenfalls zu fordern, daß er
sich um Erkenntnis bemüht und kritisch überlegt, welches der richtig verstandene Aussa-
gewert einer Firma sein kann und soll. Empfindlichkeiten für geringfügige Irritationen in
bezug auf die Täuschungseignung einer Firma haben außer Ansatz zu bleiben, wobei nicht
zu verkennen ist, daß Rechtsprechung und Lehre in Deutschland im Gegensatz zu fast
allen europäischen Nachbarn nicht selten weit über das zum Schutz des vernünftigen Ver-
kehrsteilnehmers erforderliche Maß hinausgeschossen sind. So hat etwa das OLG Hamburg
1915 eine Firma, die den Bestandteil „Buttergroßhandlung" enthielt, deshalb für unzulässig
erklärt, weil das Geschäft auch mit Margarine handelte. „Bei dieser Sachlage ist eine Firma
‚Buttergroßhandlung' unter Nichterwähnung von Margarine nach § 18 unzulässig".[24] Die
Erheblichkeitsschranke für die Gefahr einer Täuschung liegt mit Sicherheit wesentlich
höher, und es ist nicht von einem einfältigen, dummen, desinteressierten und unaufmerk-
samen Verkehrsteilnehmer auszugehen, sondern von einem kritischen, aufmerksamen und
„umsichtigen",[25] der in viel geringerem Umfang des gerichtlichen Schutzes bedarf als bisher angenommen und praktiziert (vgl. auch § 37 RdNr. 15).

Lehre und Rechtsprechung **haben einen „verhältnismäßig strengen Maßstab" ange-**   **9**
legt, wenn es galt, Täuschungen und Irrtümer zu vermeiden.[26] In den Nachbarstaaten sieht
die Rechtslage überwiegend anders aus. Teilweise ist man großzügig bis (fast) hin zur
„freien" Firma (Großbritannien, Holland). Insoweit muß ein Kompromiß gefunden und
§ 18 Abs. 2 „europafreundlich" interpretiert werden, jedoch unter Einhaltung zumindest
eines „strikten Minimums", das unter keinen Umständen unterschritten werden darf. Andernfalls würde ausländischen, der EG zugehörenden Gesellschaften zum Beispiel die ihnen
zustehende Niederlassungsfreiheit der Art. 52 und 58 EG-Vertrag strittig gemacht, wenn
man ihnen verwehrte, die nach ihrem Heimatrecht zulässig gebildete Firma im Inland
(Deutschland) zur Bildung der Firma einer Zweigniederlassung oder einer Tochtergesellschaft zu benutzen, sofern nicht die ausländische Firma tatsächlich gravierende Mängel in
bezug auf den Wahrheitsgehalt ihrer Firma aufweist.[27] Bezüglich der Einzelheiten wird auf
RdNr. 67 ff. verwiesen.

3. Der Wahrheitsgehalt einer abgeleiteten Firma. Handelt es sich um eine abgeleitete   **10**
Firma (näher Erl. § 22), wird **der Grundsatz der Firmenwahrheit relativiert.**[28] Damit der
Geschäftswert Bestand hat, braucht zum Beispiel bei der Veräußerung eines Geschäfts
gemäß § 22 der Wechsel in der Person des Inhabers nicht offenbart zu werden, und es
bleibt wenig von der Grundüberlegung des Gesetzgebers übrig, entweder über die Person
des Geschäftsinhabers oder den Tätigkeitsbereich (bei Kapitalgesellschaften) zu informieren.

---

[21] v. *Gamm* Wettbewerbsrecht Kap. 55 RdNr. 8;
Staub/*Hüffer* § 37 RdNr. 1.
[22] Staub/*Hüffer* § 37 RdNr. 1.
[23] Vgl. RGZ 75, 370, 372: Schutz der Interessen
des Publikums und des Verkehrs; BGHZ 46, 7, 11
zu § 30: in erster Linie Schutz der Publikumsinteres-
sen; BGHZ 53, 65, 70 zu § 37 Abs. 2; BayObLGZ
1981, 88, 92; näher *v. Gamm* Wettbewerbsrecht
Kap. 55 RdNr. 7.
[24] OLG Rspr. 30, 384, 385.

[25] Vgl. *Hagen Meyer* WRP 1993, 215, 224 zu der
Abkehr vom „flüchtigen Verbraucher" im Wettbewerbsrecht und dem Verbraucherleitbild des EuGH
mit eingehenden Literaturhinweisen.
[26] So ausdrücklich BGHZ 65, 89, 92; 80, 353,
355.
[27] Lutter/*Hommelhoff* § 12 RdNr. 11; *Bokelmann*
DB 1990, 1021 ff. und *ders.* ZGR 1994, 325 ff.
[28] *Heinrich,* Firmenwahrheit und Firmenbeständigkeit, RdNr. 4.

Im Fall des Einzelkaufmanns lassen sich nicht einmal mehr Rückschlüsse auf den Inhaber zum Zeitpunkt der Geschäftsgründung ziehen,[29] weil die Firma von einem späteren Inhaber, der die ursprüngliche Firma bei Geschäftsübergabe richtig stellte, abgeleitet sein kann. Es bleibt dann nur die Aussage, daß Inhaber des Unternehmens einmal der in der Firma Benannte war. Insoweit stehen sich Firmenwahrheit und Firmenbeständigkeit (Firmenkontinuität) – was bedeutet, daß eine bestehende Firma unter bestimmten Voraussetzungen unverändert beibehalten werden darf – unversöhnlich gegenüber. Das ist deshalb so, weil das deutsche Recht im Gegensatz zu anderen Rechten (Belgien, Luxemburg) in diesem Fall nicht zwingend eine Firmenänderung gebietet und es auch nicht wie etwa das französische Recht anordnet, der Firma müsse bei einem Wechsel in der Person des Inhabers jedenfalls ein Nachfolgezusatz beigefügt werden.[30]

11   Unrichtigkeiten müssen aber **nur für die gesetzlich ausdrücklich erlaubten Ausnahmen (§§ 22, 24) hingenommen werden,** dh im Fall des § 18 Abs. 1 für die Namen als dem Firmenkern. Nicht dagegen angesprochen sind die Zusätze. Der BGH hat ausdrücklich klargestellt, daß **der Grundsatz der Firmenwahrheit nicht vor den §§ 22, 24 haltmacht**[31] und Zusätze nicht hinnehmbar sind, die nach Veräußerung des Geschäfts im Rechtsverkehr unzutreffende Vorstellungen „über Art und Umfang des Unternehmens sowie über geschäftlich bedeutsame persönliche Verhältnisse und Eigenschaften des neuen Unternehmensträgers hervorrufen". Das gilt zum Beispiel für geographische Angaben, soweit ihnen Aussagekraft zukommt, die Kennzeichnung des Unternehmensgegenstandes,[32] persönliche Titel und Würden des Inhabers, soweit sie gerade für die Einschätzung des Unternehmens von Bedeutung sind, und Gesellschaftszusätze. Der Einzelkaufmann darf in der übernommenen Firma den Zusatz „& Co." ohne Nachfolgezusatz nicht führen, und dem nicht selbst promovierten Erwerber eines Maklergeschäfts ist es untersagt, einen in der fortgeführten Firma enthaltenen Doktor-Titel zu behalten, es sei denn, er fügt einen Nachfolgezusatz bei.[33]

III. Firmenkern und Firmenzusatz

12   **1. Kern und Zusatz als rechtliche Einheit.** Der Firmenkern ist gesetzlich geregelt und zwingend vorgeschrieben (§§ 18 Abs. 1, 19 Abs. 1 und 2, § 4 GmbHG und § 4 AktG). Neben den Firmenkern als Mindestangabe können Zusätze treten. Hierunter sind diejenigen Angaben im Gesamtwortlaut der Firma zu begreifen, die über den gesetzlich vorgeschriebenen Mindestinhalt der Firma hinausgehen.[34] Da die Firma gemäß § 17 der Name des Kaufmanns ist, können Bildzeichen, die unter bestimmten Voraussetzungen (sind sie zum Firmenkennzeichen geworden) das Unternehmen selbst kennzeichnen, jedenfalls niemals namensrechtliche Funktion ausüben, weil es an der wörtlichen Bezeichnung fehlt und sie nicht aussprechbar sind.[35] Sie kommen daher als Firmenzusatz nicht in Betracht.[36] **Firmenkern und Firmenzusatz bilden eine rechtliche Einheit**[37] und zusammen die

[29] So aber *Heinrich,* Firmenwahrheit und Firmenbeständigkeit, RdNr. 4.
[30] „ancienne Maison X, Y successeur", *Hillebrand,* Das Firmenrecht in Frankreich, Belgien und Luxemburg, S. 29; näher mit Nachweisen *Bokelmann* ZGR 1994, 325, 335 f.
[31] BGHZ 44, 116, 120; 44, 286, 287; 53, 65, 66; 68, 12, 14; 68, 271, 273; vgl. auch RGZ 162, 121, 123; 169, 147, 150; KG OLGZ 1965, 124, 129 = NJW 1965, 254, 255; BayObLGZ 1978, 44, 46; OLG Frankfurt OLGZ 1979, 402, 404; 1980, 302, 304.
[32] Staub/*Hüffer* RdNr. 5.

[33] BGHZ 53, 65 f.; BGH Rpfleger 1990, 366, 367; insoweit zutreffend LG Gießen GmbHR 1990, 352 f.; hierzu *Bokelmann* GmbHR 1994, 356, 359.
[34] RGZ 96, 195, 197; 127, 77, 81; BGHZ 44, 286, 287 f.; 68, 14; BayObLGZ 1960, 262; 1958, 253, 254; 1970, 297, 299; 1971, 347, 349; OLG Hamm OLGZ 1974, 139, 141.
[35] BGHZ 14, 155, 160 – Farina, Rote Marke; BayObLGZ 1967, 272, 274: unter einem Namen sind nur aussprechbare Worte zu verstehen; Heymann/*Emmerich* § 17 RdNr. 4.
[36] KG JW 1930, 1742; Staub/*Hüffer* RdNr. 17; Baumbach/*Hopt* § 17 RdNr. 59.
[37] RGZ 96, 195, 197; 127, 77, 81; BGH NJW 1959, 2209, 2210; Staub/*Hüffer* RdNr. 17.

Firma.[38] Unerheblich ist in diesem Zusammenhang, ob der Zusatz freiwillig gewählt wird oder er etwa deshalb hinzugefügt werden muß, um bei Namensgleichheit oder Namensähnlichkeit Verwechslungen auszuschließen (RdNr. 21).

Zufolge der rechtlichen Einheit von Kern und Zusatz spielt es auch keine Rolle, ob **13** Rechtsformbezeichnungen wie etwa „AG" oder „GmbH", deren Aufnahme in die Firma das Gesetz zwingend vorschreibt, dem Firmenkern zuzurechnen sind oder nicht. Die Bezeichnung **Rechtsformzusatz hat sich eingebürgert,** und hierbei kann es bleiben.[39]

2. Die Stellung des Zusatzes. Die Stelle, an der die Zusätze stehen, **ist grundsätzlich** **14** **freigestellt.** Der Zusatz darf dem Firmenkern auch vorangehen. Ist er aber in die Firma aufgenommen worden, kann er zwar jederzeit wieder abgelegt oder anders plaziert werden, doch liegt dann eine Firmenänderung vor, die nach § 31 Abs. 1 der Anmeldung bedarf; bei juristischen Personen muß die Satzungsänderung notariell beurkundet (§ 53 Abs. 2 GmbHG, §§ 179 Abs. 1, 130 AktG) und anschließend angemeldet werden. Für die abgeleitete Firma, die – von Ausnahmen abgesehen (RdNr. 10, 11) – grundsätzlich „nur entweder so fortgeführt werden darf, wie sie lautet, oder gar nicht" (RGZ 96, 195, 197), bedeutet das zum Beispiel, daß sie auf den (möglicherweise wertvollen) Namen des Gründungsgesellschafters, der nicht mehr Gesellschafter ist, verzichten muß, wenn die Firma wegen des Zusatzes geändert wird. Unter diesem Blickwinkel betrachtet, sollte die Firma möglichst knapp gehalten werden. Unstatthaft ist es dagegen, zwischen notwendigen und überflüssigen Firmenteilen zu unterscheiden und bei Mängeln des angeblich entbehrlichen Zusatzes den Restteil der Firma als „weitergeltende" Firma zu behandeln.[40] Denn das Weglassen von Firmenteilen bedeutet rechtlich das Erlöschen der alten und Annahme einer neuen Firma (RdNr. 2).

3. Freigestellte und zwingend vorgeschriebene Zusätze. Der Firmenzusatz wird **15** **meistens freiwillig gewählt.** Das Gesetz erlaubt in § 18 Abs. 2 Satz 2 Zusätze, die zur Unterscheidung der Person oder des Geschäfts dienen. Zur Kennzeichnung des Geschäfts kann die Aufnahme einer Geschäftsbezeichnung (§ 17 RdNr. 21 f.) in die Firma dienlich sein, ferner die Beifügung von geographischen und solchen Zusätzen, die Genaueres über die Art der Tätigkeit oder das Alter des Unternehmens aussagen. Es liegt auf der Hand (womit Übertreibungen programmiert sind), daß der Kaufmann eine Firma erstrebt, die imposant ist, was ihm in den Grenzen des § 18 Abs. 2 auch gestattet ist. Als erlaubte zusätzliche Angaben zur Person kommen zum Beispiel Kurzformen und Abkürzungen von Vornamen in Betracht. Auch die zusätzliche Beifügung von Künstlernamen und akademischen Titeln ist erlaubt. Insoweit wird auf RdNr. 40, 76 ff. Bezug genommen.

Die Unterscheidung zwischen Firmenkern und Firmenzusatz dient der schlagwortartigen **16** Einordnung von Firmenbestandteilen[41] und **hat nur terminologische Bedeutung.**[42] Materiellrechtlich läßt sich aus der Differenzierung im Hinblick auf die Beurteilung der Zulässigkeit einer Firma nichts herleiten. So ist die Firma des Einzelkaufmanns nicht deshalb unzulässig, weil sich Vor- und Zunamen des Inhabers aus einem **Inhaberzusatz** ergeben.[43] Maßgebend ist vielmehr, daß Familienname und mindestens ein ausgeschriebener Vorname aus der (einheitlichen) Firma insgesamt folgen (näher RdNr. 28).

Eine **Phantasiebezeichnung** darf im deutschen Recht im Gegensatz zu vielen fremden **17** Rechten in der Regel **nicht allein zur Firmenbildung** verwandt werden. Unter Umständen langt aber ein aus Phantasieworten oder Buchstabenkombinationen bestehendes Warenzeichen unter der Voraussetzung, daß dieses so allgemein bekannt ist, daß es als reprä-

---

[38] Staub/*Hüffer* RdNr. 2, 17; Heymann/*Emmerich* RdNr. 2.
[39] Vgl. Staub/*Hüffer* RdNr. 2; anders für die AG KK/*Kraft* § 4 RdNr. 27.
[40] KG NJW 1955, 1926, 1928.
[41] *Bokelmann* Firmenrecht RdNr. 116.

[42] Staub/*Hüffer* RdNr. 2.
[43] Staub/*Hüffer* RdNr. 2, 6; *Bokelmann* Firmenrecht RdNr. 116, 579; aA KG JW 1929, 2155: unzulässig, weil der Inhaberzusatz nicht zum Firmenkern rechnet.

sentativ für einen bestimmten Geschäftszweig oder Handelsbetrieb angesehen wird.[44] Als **Firmenzusatz ist die Phantasiebezeichnung dagegen grundsätzlich erlaubt.** Sie kann sich unter anderem aus einer Kombination von Buchstaben oder Namensteilen ergeben.[45] Sie ist aber dann unerlaubt, wenn sie ihrerseits – insbesondere über Gesellschaftsverhältnisse – täuscht, was bei auf „ag" oder „AG" endenden Bezeichnungen (Anschein einer Aktiengesellschaft) angenommen wird. Eine Täuschung über die wirkliche Rechtsform ist auch dann nicht auszuschließen, wenn die vollständige Firma („INDROHAG Industrie Rohstoffe Handelsgesellschaft mit beschränkter Haftung") ganz eindeutig ergibt, daß es sich um eine GmbH handelt. Denn ein Phantasiewort wird auch und gerade in **Alleinstellung** für die Firma insgesamt verwandt, so daß maßgeblich ist, welchen Eindruck das Phantasiewort als solches auf den unbefangenen Betrachter macht[46] (vgl. auch RdNr. 60).

18   Ein Phantasiezusatz **täuscht auch dann nicht, wenn man ihn für einen Familiennamen halten könnte.**[47] Denn so gut wie jedes Wort kann als Personenname vorkommen.[48] Im übrigen wäre eine Täuschung unschädlich, weil sich bei der deutschen Personenfirma niemand darauf verlassen kann, daß die in der Firma genannte Person noch Gesellschafter ist.[49]

19   Als **zwingend vorgeschriebene Zusätze** sind zunächst die vom Gesetz geforderten Rechtsformhinweise (Rechtsformzusätze) bei der Aktiengesellschaft, der Kommanditgesellschaft auf Aktien und der GmbH (§§ 4, 279 AktG, § 4 Abs. 2 GmbHG), der eingetragenen Genossenschaft (§ 3 Abs. 2 GenG) und dem Versicherungsverein auf Gegenseitigkeit (§ 18 Abs. 2 VVaG) zu nennen.

20   Auch **wenn Firmen gleichnamig sind,** ist dem Kaufmann die Aufnahme eines Zusatzes nicht mehr freigestellt.[50] Nach § 30 Abs. 2 muß derjenige Kaufmann, der die gleichen Vornamen und den gleichen Familiennamen wie ein an demselben Ort oder in derselben Gemeinde eingetragener Kaufmann hat, dann seiner Firma einen deutlich unterscheidbaren Zusatz beifügen, wenn auch er diese Namen als Firma führen will (näher § 30 RdNr. 12 ff., 26). Im Hinblick auf § 18 Abs. 1 konnte der Gesetzgeber niemandem verwehren, unter seinem Namen im Wirtschaftsleben aufzutreten (RGZ 170, 265, 270). Hinreichende Unterscheidbarkeit wird in der Regel durch die Aufnahme des Geschäftsgegenstandes in die Firma hergestellt, sofern nicht gerade der Geschäftsgegenstand identisch ist (Heymann/*Emmerich* § 30 RdNr. 22; Staub/*Hüffer* § 30 RdNr. 21).

21   Jeder Kaufmann hat zudem – ohne Begrenzung auf den Ort oder die Gemeinde des Sitzes seines Unternehmens – nach § 12 BGB und § 15 MarkenG Anspruch auf Schutz einer von ihm zu Recht geführten Firma. Das gilt **auch für unterscheidungskräftige Firmenbestandteile,** sofern ihnen Namensfunktion zuzubilligen ist. Enthalten mehrere Firmen einen solchen Bestandteil in ihrer Firma, kann das dazu führen, daß sämtliche Firmen einen unterscheidbaren Zusatz zu führen verpflichtet sind, um sich bezüglich dieses Bestandteils voneinander abzugrenzen.[51] Zusätze können als Firmenbestandteil **selbständig namens-**

---

[44] Ausführlich mit eingehenden Nachweisen Hachenburg/*Heinrich* § 4 RdNr. 20; *Bokelmann* Firmenrecht RdNr. 414, 495 ff., 498.

[45] BGHZ 4, 167, 168: „DUZ" aus „Deutscher unabhängiger Zeitungsdienst" oder aus „Deutsche Universitätszeitung"; BGHZ 11, 214, 215: „KfA" aus „Kaufhaus für Alle".

[46] BGHZ 22, 88, 89 f.; Heymann/*Emmerich* RdNr. 26; Staub/*Hüffer* RdNr. 17, 22; vgl. auch *Henze,* Höchstrichterliche Rechtsprechung zum Recht der GmbH, S. 33 f. Im übrigen wird auf die Rechtsprechungsnachweise in der Firmenfibel des DIHT 1983, S. 11 verwiesen.

[47] OLG Frankfurt Rpfleger 1983, 114 („Air-Plass"); Hachenburg/*Heinrich* § 4 RdNr. 66; *Bokelmann* Firmenrecht RdNr. 464; *Wellmann* GmbH-Rdsch 1972, 193; aA zuletzt KG NJW-RR 1991, 859; OLG Frankfurt OLGZ 1982, 144 („Darius"); BayObLG Rpfleger 1980, 346 („Rehmit"); OLG Stuttgart OLGZ 1971, 230 („PASCHE").

[48] Hachenburg/*Heinrich* § 4 RdNr. 66; vgl. auch *Beitzen* DB 1972, 2051.

[49] *Bokelmann* GmbHR 1994, 356, 360; ders. ZGR 1994, 325, 333.

[50] Zur Verwechslungsfähigkeit bei Gleichnamigen nach deutschem, österreichischem und schweizer Recht vgl. OLG Stuttgart RIW 1991, 954.

[51] BGHZ 14, 155, 159 – Farina.

und wettbewerbsrechtlichen Schutz entsprechend § 12 BGB, § 15 MarkenG erlangen.[52] Daneben kann ein Zusatz, kennzeichnet er das Unternehmen als solches, dem Schutzbereich der vollständigen Firmenbezeichnung (etwa bei Prüfung der Verwechslungsgefahr) unterfallen.[53]

4. Löschungsumfang bei unzulässigem Firmenbestandteil. Ist nur ein einzelner Firmenbestandteil unzulässig, so nahm die früher herrschende Meinung – auch im Hinblick auf die Einheitlichkeit der Firma – an, die Firma dürfe nur insgesamt gelöscht werden und nicht lediglich der beanstandete Teil,[54] denn die Firma stelle in ihrer „Gesamtheit" die unzulässige und daher zu beseitigende Verletzungsform dar.[55] Auch hielt der BGH diese Handhabung im Interesse des Verletzers für geboten, um ihm nicht die Möglichkeit zu nehmen, seine Firma unter Verwendung des beanstandeten Teils so umzuformen, daß sie mit der Firma des Verletzten nicht mehr verwechslungsfähig und damit zulässig ist.[56] Dem liegt offensichtlich die für eine Löschung nicht zutreffende Vorstellung zugrunde, die Beseitigung nur des beanstandeten Teils einer bestimmten Firma gehe deshalb weiter als die Löschung der vollen Firma, weil dann auch die Verwendung des gelöschten Teils in jeder anderen Kombination ausgeschlossen sei. Das läßt sich so nicht halten, und der BGH hat zu Recht klargestellt, daß der gelöschte Teil innerhalb einer anderen Kombination, begegnet diese keinen rechtlichen Zweifel, verwandt werden darf.[57] Es kann daher allein der unzulässige Firmenbestandteil einer konkret eingetragenen Firma gelöscht werden, weil nur eine solche Teillöschung zur Beseitigung der Beeinträchtigung des Verletzten erforderlich ist; nicht aber darf die Löschung der gesamten Firma erfolgen,[58] und auch die rechtliche Einheit von Kern und Zusatz steht dem nicht entgegen. Dagegen **trifft das Unterlassungsgebot** (im Gegensatz zur Löschung) **in der Regel nur die vollständige Firma und nicht nur einen Teil von ihr.**[59]

IV. Die Firma des Einzelkaufmanns (§ 18 Abs. 1)

Nach § 16 Abs. 1 ADHGB durfte ein Kaufmann, der sein Geschäft ohne Gesellschafter **23** oder nur mit einem stillen Gesellschafter betreibt, als Firma „nur seinen Familiennamen (bürgerlichen Namen) mit oder ohne Vornamen" führen. Auch nach § 18 Abs. 1 ist die Firma des Einzelkaufmanns **Personenfirma,** doch ist in die Firma **mindestens ein ausgeschriebener Vorname aufzunehmen.**

1. Familienname. Der Kaufmann muß seinen Familiennamen so in der Firma führen, **24** wie er im Personenstandsregister verzeichnet ist.[60] Jede Veränderung (Abkürzung) ist grundsätzlich unzulässig, ebenso eine Abweichung in der Schreibweise des Namens.

a) Doppelnamen, Adelstitel, akademische Grade. Ein **Doppelname** ist vollständig in **25** die Firma aufzunehmen.[61] Unzulässig ist es dagegen, den Familien- und den Geburtsnamen

[52] BGH GRUR 1970, 479, 480 – Treppchen; näher Baumbach/*Hefermehl* Wettbewerbsrecht, 17. Aufl. § 16 UWG RdNr. 129.
[53] BGHZ 11, 214, 216; BGH GRUR 1960, 34 – Volksfeuerbestattung; vgl. auch Staub/*Hüffer* RdNr. 17.
[54] BGHZ 65, 103, 106; OLG Hamm NJW 1959, 1973 und OLG Hamm OLGZ 1969, 507; KG NJW 1955, 1926, 1927; Heymann/*Emmerich* RdNr. 2; Staub/*Hüffer* RdNr. 17; *Bokelmann* Firmenrecht RdNr. 857.
[55] BGH GRUR 1968, 431, 433 – Unfallversorgung.
[56] BGH GRUR 1960, 296, 298 – Reiherstieg.
[57] BGH GRUR 1974, 162, 164 – etirex; *v. Gamm,* Festschrift Stimpel, S. 1007, 1012 f.

[58] BGH GRUR 1981, 60, 64 – Sitex mit Anm. *Schulze zur Wiesche; v. Gamm* Wettbewerbsrecht Kap. 55 RdNr. 17; *v. Gamm,* Festschrift Stimpel, S. 1007, 1012 f.
[59] BGH GRUR 1974, 162, 164 – etirex; 1981, 60, 64 – Sitex; doch kann sich der Unterlassungsanspruch zu einem Löschungsanspruch steigern, *v. Gamm,* Festschrift Stimpel, S. 1007, 1012 mit Nachweisen; vgl. zum Firmenmißbrauchsverfahren auch *Lieb* § 37 RdNr. 37.
[60] *Heinrich,* Firmenwahrheit und Firmenbeständigkeit, RdNr. 87; Heymann/*Emmerich* RdNr. 6; Staub/*Hüffer* RdNr. 8.
[61] KGJ 5, 20, 21; 27 A 64, 65; KG OLGRspr. 41, 192; *Heinrich,* Firmenwahrheit und Firmenbeständigkeit, RdNr. 87; *Bokelmann* Firmenrecht RdNr. 87; Staub/*Hüffer* RdNr. 9; Heymann/*Emmerich* RdNr. 7 a.

(unterscheiden sich beide) als Doppelnamen zu führen.[62] **Adelsbezeichnungen** gelten nach Art. 109 Abs. 3 WeimRV als Teil des Namens; nach Art. 123 GG hat die Bestimmung Bestand. Adelstitel dürfen daher in der Firma nicht fehlen.[63] Dagegen sind akademische Grade wie der Doktor nicht Bestandteil des Namens; sie können, müssen aber nicht in die Firma aufgenommen werden.[64]

26   **b) Schreibweise, fremde Namen.** Die **Schreibweise** muß dem geführten Namen entsprechen.[65] Der Kaufmann „Schultz" darf sich in der Firma nicht der polnischen Schreibart des Namens „Szulc" bedienen. Die Übertragung des deutschen Familiennamens in eine fremde Sprache und umgekehrt die „Eindeutschung" eines fremden Namens und die Aufnahme von so veränderten Namen in die Firma sind unzulässig,[66] mag auch der fremde Namen dem Inländer nichts sagen und von ihm als Phantasiebezeichnung qualifiziert werden. Auch ein Kaufmann „Celdis" kann im Handelsverkehr als Kaufmann auftreten. Dem Namen kann nicht zufolge „absoluter Beziehungslosigkeit" jeglicher Namensqualität aberkannt werden.[67] Später hat das BayObLG[68] korrigierend ausgesprochen, eine Firma dürfe nicht deshalb beanstandet werden, weil der bei der Firmenbildung verwendete Familienname nicht als solcher erkennbar ist. Besitzt die Firma – es ging um den Familiennamen „Mesirca"[69] – für das Publikum keine Aussagekraft, so kann sie auch nicht täuschen (näher RdNr. 49). Im übrigen kommt es für die Personenfirma nicht darauf an, ob ein Name als solcher verständlich, bekannt oder aussagekräftig ist.[70] Ergänzend wird auf § 13 d RdNr. 19 f., § 17 RdNr. 8, § 19 RdNr. 7, 59 ff. hingewiesen.

27   **c) Zulässige Abweichungen. Geringfügige** Abweichungen sind zulässig. So können die Umlaute durch „ae", „oe" oder „ue" ersetzt werden, um den Schriftverkehr mit dem Ausland zu erleichtern.[71] Dagegen müssen ausländische, nicht in lateinischer Schrift gehaltene Namen (zum Beispiel arabische, chinesische, griechische oder kyrillische Buchstaben beziehungsweise Begriffszeichen) stets in die lateinische Schrift transkribiert werden.[72] Andernfalls könnte das Publikum die Firma nicht einmal aussprechen. Zur Namengebung durch ausländische Gesellschaften wird auf § 19 RdNr. 59 ff. verwiesen, zur Firmierung von Zweigniederlassungen ausländischer Unternehmen auf § 13 d RdNr. 18 Bezug genommen.

28   **d) Inhabervermerk, Nachfolgenzusatz. Grundsätzlich ist es zulässig, Vor- und Zunamen in den Inhabervermerk aufzunehmen.** Nicht zu folgen ist der früher überwiegenden Lehre, der Name des Inhabers dürfe deshalb nicht in einem Inhabervermerk erscheinen, weil der Inhabervermerk nicht zum Firmenkern rechne.[73] Denn die Unterscheidung von Kern und Zusatz dient nur der formalen Zuordnung (RdNr. 17). Die Firma besteht aus Firmenkern und Firmenzusatz (sofern ein solcher in die Firma aufgenommen worden ist), und es kommt nur darauf an, ob die Firma insgesamt einen ausgeschriebenen

---

[62] Staub/*Hüffer* RdNr. 9.

[63] RGZ 113, 107, 108; KG JW 1931, 472 mit zustimm. Anm. *Opet:* „W & Co. KG" nicht zulässig, wenn der Komplementär „von W" heißt; Staub/*Hüffer* RdNr. 9; Heymann/*Emmerich* RdNr. 7 a; *Heinrich,* Firmenwahrheit und Firmenbeständigkeit, RdNr. 87.

[64] Näher Hachenburg/*Heinrich* GmbHG § 4 RdNr. 37, 59.

[65] KGJ 24 A 163, 165 ff.

[66] *Heinrich,* Firmenwahrheit und Firmenbeständigkeit, RdNr. 90; *Bokelmann* Firmenrecht RdNr. 562; Staub/*Hüffer* RdNr. 9 und § 17 RdNr. 9.

[67] So aber BayObLGZ 1972, 277 ff. für die „Celdis limited" als Namengeberin für eine „Celdis GmbH".

[68] BayObLGZ 1973, 211.

[69] BayObLGZ 1973, 211, 213; vgl. schon zuvor LG Wuppertal BB 1973, 722.

[70] *Latinak* NJW 1973, 1215, 1217; *Beitzen* DB 1972, 2051; *Wellmann* BB 1972, 1383; Hachenburg/*Heinrich* § 4 RdNr. 37; *Bokelmann* Firmenrecht RdNr. 446, 472 ff.

[71] Näher zu der Frage Staub/*Hüffer* RdNr. 9; *Wessel/Zwernemann,* Die Firmengründung, RdNr. 158.

[72] Heymann/*Emmerich* RdNr. 7; Hachenburg/*Heinrich* § 4 RdNr. 37; *Wessel/Zwernemann,* Die Firmengründung, RdNr. 158.

[73] So KG JW 1929, 2155; KG OLGRspr. 38, 170 = KGJ 51 A 112.

Vornamen und den Familiennamen vorzuweisen vermag.[74] Im übrigen sind die in dem Inhabervermerk enthaltenen Vor- und Familiennamen als der Firmenkern anzusehen.[75]

Der Name des Einzelkaufmanns in der Form des Inhaberzusatzes **ist in der Regel auch** 29 **für die ursprüngliche Firma zulässig,** weil er an sich neutral ist und durch ihn nicht zwingend der irrige Eindruck einer nach den §§ 22 oder 24 fortgeführten Firma entsteht.[76] Anders ist das bei der Klassifizierung als „Nachfolger" („vormals"), was einen (wohl gleichberechtigten) Vorgänger voraussetzt.[77]

Zulässig ist demnach etwa „Apotheke zum goldenen Einhorn Inh. Martin Schon"[78] oder 30 „Hansa Theater, Inhaber Alexander Gut" (vgl. auch *Lieb/Krebs* § 37 RdNr. 7, 9).[79] Einzuordnen ist diese Kombination als **vorangestellte Geschäftsbezeichnung** – eine solche kann auch Bestandteil einer Firma sein und mit dem Firmenkern zu der Firma verschmelzen[80] – **mit nachfolgendem Inhabervermerk.** Keine Bedenken bestehen auch gegen „Autohaus Schulze, Inhaber Adolf Schulze",[81] und es verbleibt wiederum bei der Einordnung Geschäftsbezeichnung mit nachfolgendem Inhabervermerk. Das gilt auch für die Firmierung „Möbel-Maier Inh. Xaver Maier"[82] und „Reisebüro Klaus, Inhaber Klaus Gor".[83] Der Eindruck einer fortgeführten Firma kann nicht entstehen.

Der Name des Einzelkaufmanns in einem Inhabervermerk ist jedenfalls zulässig, wenn er 31 nicht ausnahmsweise den unzutreffenden Eindruck einer nach den §§ 22 oder 24 fortgeführten Firma erweckt. Bei **Inhabervermerken mit einer vorangestellten Geschäftsbezeichnung, die von dem Inhabervermerk abweichende Namen enthält** („Reisebüro Maus Inhaber Herbert Gar" oder „Reisebüro Franz Maus Inhaber Herbert Gar"), ist die Zuordnung umstritten und nicht einfach. Das OLG Celle[84] hat die Neueintragung einer Firma „Reisebüro Schön Inhaberin Edelgard St-R" für zulässig gehalten. Zwar ist dem Senat dahin zu folgen, daß eine Täuschung normalerweise nicht von dem abweichenden Familiennamen Schön ausgehen kann. Denn die Fortführung der Firma eines Einzelkaufmanns kann deshalb nicht vorgetäuscht werden, weil es an einem ausgeschriebenen Vornamen fehlt (§ 18 Abs. 1). Doch handelte es sich bei dem Familiennamen Schön um den Mädchennamen der Firmeninhaberin „St-R", und der Inhaberzusatz täuscht, von der Gestattung nach § 21 nicht mehr gedeckt, über die Verhältnisse der Geschäftsinhaberin, weil er nicht die Identität preisgibt (§ 21 RdNr. 1).

Abgesehen von dem Sonderfall RdNr. 31 bestehen etwa bei einer neu einzutragenden 32 Firma „Reisebüro Maus Inhaber Herbert Gar" keine Bedenken gegen ihre Zulässigkeit.[85] Der Firmenbestandteil „Reisebüro Maus" erweckt in Verbindung mit dem Inhaberzusatz schon deshalb nicht den Anschein einer fortgeführten Firma – die nach herrschender Mei-

---

[74] KG JW 1930, 1410; OLG Köln NJW 1953, 345; 1963, 541, 542; BayObLGZ 1988, 344, 347; LG Dortmund BB 1971, Beilage 9 zu Heft 30, S. 3 f.; *Gustavus* EWiR § 37 HGB 2/1986, 1115; *Heinrich,* Firmenwahrheit und Firmenbeständigkeit, RdNr. 124, 127 f.; Baumbach/Hopt RdNr. 1; Heymann/*Emmerich* RdNr. 9; Staub/*Hüffer* RdNr. 6; *Bokelmann* Firmenrecht RdNr. 579 ff.

[75] *Karsten Schmidt* HandelsR § 12 III 1 e aa.

[76] OLG Köln NJW 1953, 345, 346 und im Ansatzpunkt folgend OLG Frankfurt OLGZ 1978, 43, 45; KG OLGZ 1965, 315, 319; OLG Hamm OLGZ 1968, 97 = MDR 1968, 501: „Inhaber" ist farblos, hat nicht die Bedeutung von „Nachfolger"; *Heinrich,* Firmenwahrheit und Firmenbeständigkeit, RdNr. 128; Staub/*Hüffer* RdNr. 6; *Bokelmann* Firmenrecht RdNr. 20, 258, 581.

[77] OLG Frankfurt NJW 1969, 330; OLG Hamm MDR 1968, 501; Staub/*Hüffer* RdNr. 43 und § 37

RdNr. 9; *Bokelmann* Firmenrecht RdNr. 257; *Wessel/Zwernemann,* Die Firmengründung, RdNr. 405.

[78] KG OLGZ 1965, 315, 317.

[79] OLG Köln NJW 1953, 345 ff.; *Karsten Schmidt* HandelsR § 12 III 1 e aa.

[80] *Droste* DB 1967, 539; *Bokelmann* Firmenrecht RdNr. 29.

[81] Staub/*Hüffer* RdNr. 6.

[82] LG Dortmund BB 1971, Beilage 9, S. 3 f.; Staub/*Hüffer* RdNr. 43; *Wessel/Zwernemann,* Die Firmengründung, RdNr. 406.

[83] BayObLG Rpfleger 1981, 150.

[84] BB 1990, 302.

[85] OLG Hamm NJW-RR 1991, 1133 = BB 1992, 875 mit abl. Anm. *Frey;* insoweit zutreffend auch OLG Celle BB 1990, 302 mit abl. Anm. *Frey;* **aA** OLG Frankfurt OLGZ 1978, 43, 45 für „Heizungsbau H. Inhaber Ing. grad. Walter K.".

nung bereits bei dem Vorgänger ein vollkaufmännsiches Unternehmen voraussetzt[86] – im Sinne der §§ 22 ff., weil der Vorname nicht angegeben ist (RdNr. 31). Die theoretische Möglichkeit, daß es sich um eine alte, fortgeführte Firma von vor 1900 handelt, der kein Vornamen beigefügt zu werden brauchte (RdNr. 23), ist so entfernt liegend und dem Publikum so wenig bekannt, daß insoweit eine Täuschungsgefahr getrost verneint werden kann. Zwar weicht der von dem Inhaberzusatz ausgewiesene Familienname von dem Namen Maus ab und deutet auf einen Geschäftsübergang, doch fehlt bei dieser Firmierung **ein eindeutiger Hinweis auf ein übernommenes vollkaufmännisches Unternehmen**[87] der sich auch nicht zwingend daraus ergibt, daß ein Reisebüro nach § 1 Abs. 2 Ziffer 7 ein Grundhandelsgewerbe betreibt.[88] Auch ein solcher Kaufmann kann Minderkaufmann gewesen sein,[89] und schon zufolge des nicht ausgewiesenen Vornamens kommt nicht der Eindruck auf, es sei auch eine Firma übergegangen, die nun nach den §§ 22 ff. fortgeführt wird. Verbindet der Verkehr mit dem konkret angegebenen Geschäftsgegenstand darüber hinaus nicht die Vorstellung einer Handelsfirma, wie etwa bei „Fahrschule" als reinem Dienstleistungsbetrieb,[90] kommt eine Täuschung des Publikums auf keinen Fall in Betracht.

33   Auch läßt sich nicht einwenden,[91] ein anderer Name als der des jetzigen Geschäftsinhabers dürfe nur unter den Voraussetzungen der §§ 21, 22, 24 in der Firma geführt werden und eine Ausdehnung auf andere Sachverhalte wie Geschäftsbezeichnungen von Minderkaufleuten, die nach § 4 Abs. 1 keine Firma führen dürfen, sei rechtlich verboten. Richtig ist, daß die Fortführung der Firma eines erworbenen Handelsgeschäfts gemäß § 22 nach herrschender Meinung[92] voraussetzt, daß der Veräußerer Vollkaufmann ist und daß **die Übernahme des Unternehmens eines Minderkaufmanns eine Neugründung darstellt, für deren Firmenbildung § 18 gilt.**[93] Doch verstößt hiergegen ein Kaufmann, dessen Firma *auch* auf den früheren Geschäftsinhaber durch Angabe von dessen Nachnamen hinweist, nicht: Die Firmenbildung erfolgt nach § 18 Abs. 1 (Inhaberzusatz mit Zunamen und einem ausgeschriebenen Vornamen: „Inhaber Herbert Gar"). Diesem nach § 18 Abs. 1 originär gebildeten Teil der Firma kann eine Geschäftsbezeichnung beigefügt werden (Reisebüro Maus), die nicht dadurch ihre Qualifikation als Geschäftsbezeichnung verliert – wie man früher annahm (§ 17 RdNr. 22) –, daß sie auch einen Namen (Maus) aufweist.[94]

34   **Enthält die beigefügte Geschäftsbezeichnung auch den ausgeschriebenen Vornamen des früheren Geschäftsinhabers** („Reisebüro Franz Maus Inhaber Herbert Gar"), ist zu differenzieren. Erweckt der angefügte Geschäftsgegenstand nicht den Eindruck einer Handelsfirma (RdNr. 32), ist die Firma unbedenklich.[95] Im umgekehrten Fall ist nicht zu leugnen, daß die Firmierung von einer nach § 22 fortgeführten Firma eines Vollkaufmanns nicht zu unterscheiden ist und mithin, folgt man der herrschenden Meinung, eine Täuschung nach § 18 Abs. 2 vorliegt. Das Ergebnis befriedigt nicht, kann doch die Geschäftsbezeichnung eines Minderkaufmanns ebenso wie eine Firma einen erheblichen Wert dar-

---

[86] Eingehend mit umfassenden Nachweisen BayObLGZ 1988, 344, 346 f.; Baumbach/*Hopt* § 22 RdNr. 6.

[87] OLG Hamm BB 1992, 875.

[88] Baumbach/*Hopt* § 84 RdNr. 26; Staub/*Brüggemann* § 84 RdNr. 22; anders OLG Celle BB 1990, 302 und OLG Hamm BB 1992, 875, jeweils mit abl. Anm. *Frey.*

[89] Staub/*Brüggemann* § 84 RdNr. 3.

[90] OLG Hamm OLGZ 1968, 97 bezüglich einer Geschäftsbezeichnung: „Fahrschule Müller Inh. Karl Meier" ist nicht firmenähnlich, was auch für eine Firma „Gebr. M., Schmiede- und Bauschlosserei" gilt.

[91] So aber *Frey* BB 1992, 875, 876; ähnlich schon *Frey* BB 1990, 302, 303.

[92] Kritisch *Karsten Schmidt* HandelsR § 12 III 2 b; *Canaris* Handelsrecht § 11 III 2.

[93] OLG Frankfurt OLGZ 1978, 43; OLG Zweibrücken NJW-RR 1988, 998; BayObLG NJW-RR 1989, 421 = EWiR § 22 HGB 1/88, 1219 (*Hüffer*); vgl. auch Erl. § 22.

[94] OLG Hamm OLGZ 1968, 97, 98; anders OLG Zweibrücken BB 1990, 1153, 1154; vgl. auch OLG Frankfurt OLGZ 1981, 6, 8.

[95] Anders *Wessel/Zwernemann,* Die Firmengründung, RdNr. 406 aE mit Nachweisen Fn. 583.

stellen,[96] und es ist kein vernünftiger Grund dafür ersichtlich, einem Vollkaufmann die Aufnahme einer solchen Geschäftsbezeichnung des Veräußerers in seine Firma zu verwehren und damit die Geschäftsbezeichnung (soweit es um die Firma geht) ersatzlos untergehen zu lassen. Das gilt erst recht für den Fall, daß sich der Sollkaufmann als Veräußerer, obwohl die Voraussetzungen vorlagen, nicht hatte eintragen lassen und der Erwerber die Eintragung bewirkt. Die herrschende Meinung hält auch hier die Fortführung der Geschäftsbezeichnung des Sollkaufmanns, die nur wegen der unterbliebenen Eintragung nicht als Firma zu qualifizieren ist, mit der Folge für unzulässig, daß die Geschäftsbezeichnung nicht Bestandteil der nach § 18 neu zu bildenden Firma werden darf.[97] Kann man sich nicht zur *entsprechenden* Anwendung von § 22 entschließen (hierzu RdNr. 35 f.; zur analogen Anwendung § 1 RdNr. 99 ff.), was insbesondere im Hinblick auf ernstzunehmende Unsicherheiten bezüglich der Anwendbarkeit von § 25 (Haftung des Erwerbers) fraglich ist, kann wohl nur der Gesetzgeber das Ergebnis revidieren. Rechtspolitisch jedenfalls ist eine Erweiterung der Fortführungsmöglichkeiten sowohl für den Fall der Übernahme des Unternehmens eines nicht eingetragenen Sollkaufmanns wie eines Minderkaufmanns mit der Konsequenz anzustreben, daß die Unternehmensbezeichnungen beider von dem Nachfolger als Vollkaufmann in dessen Firma fortgeführt werden dürfen.

Canaris[98] bejaht für die Fallgestaltung, daß eine zur Eintragung in das Handelsregister **an- 35 gemeldete Firma den vollständigen Namen des früheren, nicht eingetragenen Sollkaufmanns und mit Inhaberzusatz den Namen des nunmehrigen Inhabers enthält** („Anton Abel, Inhaber Benno Biel Dachdecker und Blitzableitergeschäft"[99]) die Eintragungsfähigkeit für den Fall, daß *namensrechtlich* eine Gestattung vorliegt. *Firmenordnungsrechtlich* sieht er in bezug auf eine denkbare Täuschung über eine Haftung nach § 25 dann kein Hindernis, wenn der Erwerber die – auch die Haftung tatsächlich begründende – Eintragung in das Handelsregister betreibt; andernfalls habe das Registergericht die Anmeldung zu erzwingen (§§ 14, 29), nicht aber die Firmenführung zu verbieten. Im Ergebnis soll[100] das auch für ein minderkaufmännisches Unternehmen gelten, sofern es vollkaufmännisch fortgeführt wird (vgl. auch *Lieb* § RdNr. 28 ff.).[101]

Stellungnahme. Angesichts des eindeutigen Wortlauts scheidet eine direkte Anwendung **36** der §§ 22, 25 wohl aus. Denn vorausgesetzt ist jeweils die Beibehaltung der bisherigen Firma, woraus sich ergibt, daß nur vollkaufmännische Unternehmen angesprochen sind (§§ 4 Abs. 1, 17).[102] Bezüglich des § 22 (und 24) überzeugt der Hinweis von *Canaris*, daß die namens- und ordnungsrechtlichen Probleme auseinander zu dividieren sind. Namensrechtlich ist die analoge Anwendung auf Soll- und Minderkaufleute dann relativ unproblematisch, wenn die Beibehaltung des Namens von dem bisherigen Berechtigten (oder seinem Rechtsnachfolger) gebilligt wird; ob neben der schuldrechtlichen Gestattung auch eine solche mit dinglicher Wirkung möglich ist,[103] kann in diesem Zusammenhang dahinstehen. Ordnungsrechtlich ist entscheidend, ob über die (erwartete) Haftung nach § 25 getäuscht wird, und das ist in der Regel dann nicht der Fall, wenn die Unternehmensbezeichnung des Soll- oder Minderkaufmanns als Firmenbestandteil der Firma des vollkaufmännischen Erwerbers in das Handelsregister eingetragen wird („Anton Abel, Inhaber Benno Biel Dachdecker- und Blitzableitergeschäft"). Doch bestehen erhebliche Bedenken,

---

[96] *Canaris* Handelsrecht § 11 III 2 a; auch *Welsch* in einer Anm. zu OLG Frankfurt v. 27. 9. 1968, NJW 1969, 330.

[97] BayObLGZ 1988, 344, 346; OLG Frankfurt NJW 1969, 330 und OLGZ 1978, 43 f.; OLG Zweibrücken NJW-RR 1988, 998; Baumbach/*Hopt* § 22 RdNr. 6; Staub/*Hüffer* § 22 RdNr. 15; anders wohl BGH LM Nr. 3 a zu § 28 = BB 1960, 190 mit ablehn. Anm. *Tiefenbacher;* kritisch *Karsten Schmidt* HandelsR § 12 III 2 b.

[98] *Canaris* Handelsrecht § 11 III 2.

[99] Von dem BayObLG BayObLGZ 1988, 344 für unzulässig gehalten; dem zustimmend *Hüffer* EWiR § 22 HGB 1/88, 1219.

[100] *Canaris* Handelsrecht § 6 II 3 d, § 11 III 2 b.

[101] Vgl. auch *Schricker* ZGR 1972, 121, 155 f. zur Anwendbarkeit von § 25 im Fall des nicht eingetragenen Minderkaufmanns, dessen Geschäft vollkaufmännisch fortgesetzt wird.

[102] Anders *Karsten Schmidt* ZHR 145 (1981) 2, 21 ff.

[103] Hierzu *Canaris* Handelsrecht § 11 III 2 a.

ob das auch dann gilt, wenn es sich um eine **reine Geschäftsbezeichnung eines Minder-kaufmanns** handelt („Gasthaus zum schwarzen Stier") oder die Geschäftsbezeichnung nur einen Familiennamen ohne (ausgeschriebenen) Vornamen enthält.[104] Der Jurist wird sich sicherlich seine Meinung bilden. Ob die im Rahmen des Verkehrsschutzes erforderliche Rechtssicherheit noch gewährleistet ist, erscheint fraglich (vgl. auch *Lieb* § 25 RdNr. 29 f.).

37   Die RdNr. 31 ff. dargestellte Problemlage ist **nicht mit der Frage identisch, ob der Minder- oder Nichtkaufmann eine Geschäftsbezeichnung mit Inhaberzusatz gebrau-chen darf** oder der Inhaberzusatz zwingend auf ein vollkaufmännisches Unternehmen hinweist (§ 4 RdNr. 12). Auch wenn man letzteres für den Regelfall bejaht,[105] stellt sich die Frage für den Kaufmann, der die Firma nach § 18 Abs. 1 an sich zulässig gebildet hat und der auf den Vorgänger (der Nichtkaufmann oder Minderkaufmann ist) hinweisen möchte, anders.

38   Auch ein **Pächter**, welcher der „erste" Inhaber eines Handelsgeschäfts ist, kann den Pächtervermerk als Inhabervermerk verwenden („X-Apotheke, Pächter Gunther H.").[106]

39   **e) Die Firma in Klammern und in adjektivischer oder deklinierter Form.** Zulässig ist es, die Namen **in Klammern** zu setzen.[107] Auch darf die Firma nach § 18 Abs. 1 in der Art gebildet werden, daß der Name in **adjektivischer** oder **deklinierter Form** erscheint („Kurt Wagnersches Zigarrenhaus", „Karl Baums Weinhandlung", „Otto Müller'sche Dampfmüh-le").[108] Insoweit scheidet eine Irreführung des Publikums aus.[109]

40   **f) Decknamen, Pseudonyme und Künstlernamen.** Eindeutig ist die Rechtslage bei **Decknamen.** Da die Familiennamen der Kaufleute so in der Firma zu führen sind, „wie sie von ihnen nach dem öffentlichen Recht des Staates geführt werden dürfen, dem das Regi-stergericht angehört",[110] können sie keine alleinige Aufnahme in die Firma (dagegen aber als Firmenzusatz) finden. Denn der Sinn von Decknamen liegt gerade darin, die wahre Person zu verschleiern.[111] **Künstlernamen und Pseudonyme** wurden früher ganz über-wiegend nicht für zulässig angesehen.[112] Die im Vordringen begriffene Gegenmeinung[113] trägt vor, auch der Künstlername genieße namensrechtlichen Schutz[114] und die mit dem Künstlernamen gebildete Personenfirma werde die Person des Inhabers vielfach besser kennzeichnen als der weithin unbekannte bürgerliche Name.[115] Das Argument überzeugt. Jedenfalls können Künstlernamen[116] und Pseudonym als Firmenzusatz in die Firma aufge-nommen werden.[117]

41   **g) Ersetzung des bürgerlichen Namens.** Der Gesellschafter einer Personenhandelsge-sellschaft darf grundsätzlich auch eine von ihm geführte abgeleitete (namensverschiedene)

[104] Vgl. mit nicht identischen Stellungnahmen *Canaris* Handelsrecht § 7 I 2 c; *Schricker* ZGR 1972, 121, 155; Staub/*Hüffer* § 25 RdNr. 86.
[105] Vgl. zB OLG Zweibrücken BB 1990, 1153 für „Grabmale Niemann, Inh. Bodo Baumann"; Staub/*Hüffer* § 37 RdNr. 9; *Hüffer* EWiR 1991, 475 f.: eine Geschäftsbezeichnung in Verbindung mit einem Inhabervermerk ist „prinzipiell unzuläs-sig".
[106] LG Nürnberg-Fürth BB 1977, 1671, LS.
[107] Staub/*Hüffer* RdNr. 6; anders Hey-mann/*Emmerich* RdNr. 10 und früher KG RJA 9, 91.
[108] *Baumbach/Hopt* RdNr. 1; Staub/*Hüffer* RdNr. 7; Heymann/*Emmerich* RdNr. 10; *Bokelmann* Firmenrecht RdNr. 583; *Winkler* MittBayNot 1970, 73.
[109] RGZ 119, 198, 201; KGJ 5, 20, 21.
[110] KGJ 35 A 150, 152.
[111] Hachenburg/*Heinrich* § 4 RdNr. 38; Lutter/*Hommelhoff* § 4 RdNr. 8.

[112] KGJ 35 A 150; KG OLGRspr. 40, 178, 179; BayObLG NJW 1954, 1933 mit eingeh. Literatur-angabe; Staub/*Hüffer* RdNr. 8 für die Firma des Einzelkaufmanns (anders für die Gesellschaftsfirma § 19 RdNr. 13); Heymann/*Emmerich* RdNr. 7; *Bo-kelmann* Firmenrecht RdNr. 561 für den Einzel-kaufmann (anders FN 445 für die GmbH); *Wellmann* GmbHR 1972, 193 FN 2.
[113] Hachenburg/*Heinrich* § 4 RdNr. 39; *Heinrich*, Firmenwahrheit und Firmenbeständigkeit, RdNr. 94 ff., 98 mit einigehenden Nachweisen; *Bartl/Henkes/Schlarb*, GmbH-Recht, § 4 RdNr. 58 (eingeschränkt); Lutter/*Hommelhoff* § 4 RdNr. 8 (eingeschränkt).
[114] RGZ 101, 226, 230; BGHZ 30, 7, 9.
[115] Hachenburg/*Heinrich* § 4 RdNr. 38.
[116] Staub/*Hüffer* RdNr. 20.
[117] *Wessel/Zwernemann*, Die Firmengründung, RdNr. 153.

Firma als Namen zur Firmenbildung der Personenhandelsgesellschaft verwenden.[118] Das Gebot der Firmenwahrheit (§ 18 Abs. 2)[119] steht aber dann entgegen, wenn die abgeleitete Firma Zusätze enthält, die auf die gegründete Personenhandelsgesellschaft, um deren Firmenbildung es geht, nicht zutreffen (näher § 19 RdNr. 10 ff.).[120]

h) Eheschließung und Namensänderung. Seit dem am 1. 4. 1994 in Kraft getretenen **42** **Familiennamensrechtsgesetz (FamNamRG)**[121] müssen Eheleute nicht mehr einen gemeinsamen Familiennamen (Ehenamen) führen. Sie sollen es zwar tun, doch führen sie, bestimmen sie keinen gemeinsamen Ehenamen, auch nach der Eheschließung ihren zur Zeit der Eheschließung geführten Namen (§ 1355 Abs. 1 BGB). Zum Ehenamen können die Eheleute den Geburtsnamen (nicht aber den in einer Vorehe erworbenen Ehenamen) des Mannes oder der Frau bestimmen (§ 1355 Abs. 2 und 6 BGB), nicht jedoch beide Geburtsnamen als zusammengesetzten Ehenamen.[122] Legen sich die Eheleute anläßlich der Eheschließung nicht auf einen Ehenamen fest, können sie die Bestimmung noch innerhalb von fünf Jahren nach der Eheschließung nachholen (§ 1355 Abs. 3 BGB). Zu Bildung der Firma dürfen nicht (allein) frühere Namen („Mädchennamen") oder Namen aus früheren Ehen verwandt werden (vgl. aber nachf. RdNr. 43 und § 21 RdNr. 5, 6, 12).[123]

Nach § 1355 Abs. 4 BGB kann der Ehepartner, dessen Geburtsname nicht Ehenamen ist, **43** durch Erklärung gegenüber dem Standesbeamten dem Ehenamen seinen Geburtsnamen oder den zur Zeit der Erklärung über die Bestimmung des Ehenamens geführten Namen voranstellen oder anfügen, was aber dann nicht möglich ist, wenn bereits der Ehenamen aus mehreren Namen besteht. Begleitname[124] und Ehename (durch Bindestrich verbunden) bilden den „persönlichen Familiennamen" (Zunamen) dieses Ehegatten.[125] Da nach § 18 Abs. 1 der Familienname maßgebend ist, muß dieser – sofern nicht § 21 eingreift – zur Firmenbildung verwandt werden.[126] Auch wenn der Geburtsname nicht Ehenamen geworden ist und der betreffende Ehegatte ihn nicht nach § 1355 Abs. 4 BGB zum Beinamen gemacht hat, kann der Geburtsname als Zusatz zu dem Namen in die Firma aufgenommen werden.[127] Diese für den Mädchennamen der Ehefrau praktizierte Übung („Renate Augel geborene Schuster"; statt „geborene" kann es auch „geb." heißen)[128] muß auch für den Geburtsnamen des Mannes gelten. **Nicht dagegen darf in der Firma dem Geburtsnamen der Ehenamen in Form eines Inhaberzusatzes beigefügt werden** (§ 21 RdNr. 1).

2. Vorname. Nach § 18 Abs. 1 ist dem Familiennamen mindestens ein ausgeschriebener **44** Vornamen beizufügen. Auch hier ist die **Eintragung im Geburtenbuch entscheidend.** Bei dem in die Firma aufgenommenen Vornamen braucht es sich nicht um den **Rufnamen** zu handeln.[129] Wer aber als Gerhard Reich bekannt ist, darf nicht den zweiten Vornamen Johannes in die Firma aufnehmen, unter dem ein anderer Reich bekannt ist.[130] Führt der Kaufmann auch den Vornamen Maria, muß er zusätzlich einen weiteren Vornamen in die Firma aufnehmen, um nicht den Anschein hervorzurufen, Geschäftsinhaber sei eine

---

[118] *Heinrich,* Firmenwahrheit und Firmenbeständigkeit, RdNr. 102 ff.; aA Baumbach/*Hopt* § 18 RdNr. 1; eingehende Literaturnachweise § 19 RdNr. 10.

[119] Heymann/*Emmerich* RdNr. 3; Staub/*Hüffer* RdNr. 7.

[120] Vgl. OLG Karlsruhe Rpfleger 1967, 122; *Heinrich,* Firmenwahrheit und Firmenbeständigkeit, RdNr. 108 f.: *Bokelmann* Firmenrecht RdNr. 458: Staub/*Hüffer* RdNr. 15.

[121] Gesetz zur Neuordnung des Familiennamensrechts v. 16. 12. 1993, BGBl. I S. 2054.

[122] *Wagenitz/Bornhofen,* FamNamRG, § 1355 RdNr. 24; *Wagenitz* FamRZ 1994, 409, 410.

[123] Baumbach/*Hopt* RdNr. 2; *Bokelmann* Firmenrecht RdNr. 570.

[124] Terminologie nach *Diederichsen* NJW 1976, 1169, 1171.

[125] MünchKommBGB/*Wacke* § 1355 RdNr. 24.

[126] MünchKommBGB/*Wacke* § 1355 RdNr. 24; Staub/*Hüffer* RdNr. 11; Heymann/*Emmerich* RdNr. 8; Baumbach/*Hopt* RdNr. 2.

[127] Baumbach/*Hopt* RdNr. 2; Heymann/*Emmerich* RdNr. 8; *Brause* DB 1978, 478, 479.

[128] OLG Stuttgart NJW 1951, 280.

[129] Baumbach/*Hopt* RdNr. 1; Staub/*Hüffer* RdNr. 14.

[130] KG DR 1940, 456; *Heinrich,* Firmenwahrheit und Firmenbeständigkeit, RdNr. 83.

Frau.[131] Die Witwe darf nicht den Namen des verstorbenen Mannes mit dem Zusatz „Witwe" führen,[132] ebenso nicht eine Ehefrau anstelle ihres Vornamens den des Ehemannes.[133] Entsprechend ist es dem Sohn verwehrt – führt er nicht denselben Vornamen –, die Firma mit dem Vornamen des Vaters nebst Zusatz „Sohn" zu bilden.[134]

45   Der in die Firma aufgenommene **Vorname muß ausgeschrieben sein, Abkürzungen sind nicht zulässig.**[135] Doch dürfen dem ausgeschriebenen Vornamen weitere Vornamen in abgekürzter Form hinzugefügt werden. Immer muß es sich aber auch bei den abgekürzten Vornamen um solche handeln, die dem Firmeninhaber tatsächlich zustehen; er darf in keinem Fall – etwa um die Firma von einer anderen unterscheidungsfähig zu machen – in die Firma die Abkürzung eines fremden Vornamens aufnehmen.[136] Der Vorname darf auch nicht vereinfacht, in **Kurzform** benutzt werden, nicht „Fritz" statt „Friedrich",[137] nicht „Heinz" statt „Heinrich".[138] *Karsten Schmidt* (Handelsrecht § 12 III 1 e aa) meint, die Rechtsprechung sei insoweit recht kleinlich, und *Heinrich*[139] will die Kurzform dann zulassen, wenn der Kaufmann sie ständig gebraucht und er unter ihr in den beteiligten Verkehrskreisen bekannt ist. Demgegenüber beharrt der BGH, dem im Ergebnis die überwiegende Meinung folgt,[140] auf der Anwendung von § 18 Abs. 1 in „streng förmlichen Sinne", um die hinter der Firma stehende Person möglichst zuverlässig ermitteln zu können und auch um andernfalls auftretenden Abgrenzungsproblemen zu entgehen. Jedenfalls dürfte es unbedenklich sein, neben dem ausgeschriebenen Vornamen auch die Abkürzung in die Firma aufzunehmen, also „Johann genannt Hans Müller" oder kürzer und damit firmengerechter „Johann (Hans) Müller".[141]

46   Der Kaufmann kann die Eintragung einer Firma mit seinem Rufnamen anstelle des standesamtlich ausgewiesenen Vornamens auch nicht im Hinblick darauf verlangen, daß er eine solche Firma (mit Rufnamen) über einen langen Zeitraum (mehrere Jahrzehnte) hindurch im Geschäftsverkehr ausschließlich führte, beziehungsweise er eine Geschäftsbezeichnung dieses Inhalts so verwandte. Zwar muß das Registergericht, verwendet ein Kaufmann eine unzulässige Firma über einen längeren Zeitraum unbeanstandet und schafft er hierdurch einen wertvollen Besitzstand, nicht unter allen Umständen eingreifen, was sowohl für das Firmenmißbrauchsverfahren nach § 37 Abs. 1 und § 140 FGG[142] wie das Amtslöschungsverfahen nach § 142 FGG[143] gilt (näher RdNr. 53). Das Gericht kann hier nach pflichtgemäßem Ermessen unter Abwägung der in Betracht kommenden öffentlichen Interessen und den privaten Belangen des Geschäftsinhabers von der Einleitung eines Verfahrens Abstand nehmen (anders *Lieb/Krebs* § 37 RdNr. 30 ff.).[144] Doch wird hierdurch, wie der BGH wiederholt ausgesprochen hat, **kein Recht des Kaufmanns auf die Eintragung einer firmenrechtlich unzulässigen Bezeichnung in das Handelsregister** begründet, und zwar auch dann nicht, wenn der Geschäftsverkehr eine bestimmte Firma mit dem betref-

---

[131] Baumbach/*Hopt* RdNr. 1; Heymann/*Emmerich* RdNr. 13.

[132] RGJW 1926, 1326: nicht „Carl Dörflinger Witwe".

[133] KG RJA 16, 78: nicht „Frau Wilhelm T"; *Heinrich,* Firmenwahrheit und Firmenbeständigkeit, RdNr. 82 Fn. 341: nicht „Frau Thomas Mann" anstelle von Katja Mann.

[134] Staub/*Hüffer* RdNr. 14.

[135] BGHZ 30, 288, 291: nicht „Ed. S." anstelle von „Eduard S.".

[136] OLG Hamburg OLGRspr. 21, 377: nicht „Max M. Bock, Ingenieur", wenn Max der einzige Vorname des Firmeninhabers ist.

[137] KGJ 23 A 205, 207.

[138] BGH NJW 1980, 127; OLG Hamm NJW 1979, 1376; **aA** LG Köln (in Versform!) DNotZ 1970, 310: „Jupp" für „Josef"; KG JW 1925, 1416 Nr. 2: „Willy" statt „Wilhelm".

[139] Firmenwahrheit und Firmenbeständigkeit, RdNr. 82; vgl. auch *Kind* BB 1980, 1558, 1559: formal zu streng.

[140] BGH NJW 1980, 127; BGHZ 30, 288 = NJW 1959, 2255; Heymann/*Emmerich* RdNr. 12; Staub/*Hüffer* RdNr. 15; Baumbach/*Hopt* RdNr. 1; *Gierke/Sandrock* § 17 II 2 a; *Bokelmann* Firmenrecht RdNr. 567; *Wessel/Zwernemann,* Die Firmengründung, RdNr. 159.

[141] Staub/*Hüffer* RdNr. 20; *Bokelmann* Firmenrecht RdNr. 567; *Wessel/Zwernemann,* Die Firmengründung, RdNr. 159.

[142] Umstritten, anders Staub/*Hüffer* RdNr. 18, 19 zu § 37; Überblick bei *Bokelmann* Firmenrecht RdNr. 824 ff.

[143] Bumiller/*Winkler* FG § 142 Anm. 1, 5.

[144] KG NJW 1965, 254, 256.

fenden Unternehmen identifiziert.[145] Besonders im Hinblick auf die Europäische Union (vgl. RdNr. 67 ff.) ist aber zu überlegen, ob diese Rechtsprechung unter den geschilderten Umständen bei vergleichsweise geringfügiger Wahrheitseinbuße nicht doch zu „kleinlich" ist.

Auch **ausländische Vornamen** dürfen, ebenso wie der Familienname (RdNr. 26), nicht   **47** durch Eindeutschung verändert werden (nicht „Robert" statt „Roberto", nicht „Rudolf" statt „Rodolfo"), was auch für das umgekehrte Verfahren gilt.[146] Teilweise können aber dann Irritationen auftreten, wenn der ausländische Vorname für den Inländer nicht sicher erkennen läßt, ob es sich um eine Frau oder einen Mann handelt. Der italienische Vorname „Andrea" zum Beispiel entspricht dem deutschen „Andreas".

3. Alte Firmen (Art. 22 EGHGB). Nach Art. 22 EGHGB dürfen die zur Zeit des In-   **48** krafttretens des HGB (1. 1. 1900) im Handelsregister eingetragenen Firmen weitergeführt werden, soweit sie nach den bisherigen Vorschriften geführt werden durften. Da Art. 16 ADHGB für die Firma des Einzelkaufmanns die Beifügung des Vornamens zur Wahl stellte (RdNr. 23), haben alte Firmen ohne Vornamen (und solche mit einem Vornamen in Kurzform oder mit abgekürztem Vornamen) Bestand, sofern sie zum Stichtag auch im Handelsregister eingetragen waren.[147] Es genügt demnach nicht, daß die Firma oder eine Geschäftsbezeichnung von dem Kaufmann ohne Registrierung geführt wurde.[148]

V. Das Täuschungsverbot (§ 18 Abs. 2)

1. Anwendungsbereich. Das **Täuschungsverbot des § 18 Abs. 2 Satz 1 gilt für alle**   **49** **Firmen** (RdNr. 5). Ihm unterfallen, handelt es sich um eine **originäre Firma,** ausnahmslos die Firmenzusätze. Der Firmenkern ist in aller Regel dann täuschungsindifferent, wenn er aus einem Eigennamen (mit oder ohne Vornamen) besteht; es kommt nicht darauf an, ob der Name als solcher verständlich, bekannt oder aussagekräftig ist (RdNr. 26). Die Sachfirma unterliegt dem Gebot der Firmenwahrheit ebenso wie ein Firmenzusatz.[149] Das gilt auch für eine Personenfirma, bei der der Namengeber seinerseits eine Sachfirma führt. Firma und Gegenstand dürfen sich nicht widersprechen, wie auch nicht über den Umfang eines der Unternehmen getäuscht werden darf.[150] **Auch bei der abgeleiteten Firma macht der Grundsatz der Firmenwahrheit nicht vor den §§ 22, 24 halt** (RdNr. 11), soweit es um die Zusätze geht; das gilt auch für Sachfirmenbestandteile des Firmenkerns. Besteht der Firmenkern dagegen aus einem Namen, stehen sich die Grundsätze der Firmenwahrheit und der Firmenbeständigkeit unversöhnlich gegenüber (RdNr. 10).[151] Gebrauchen Nicht- oder Minderkaufleute eine **Geschäftsbezeichnung,** so gibt es entgegen der hM insoweit kein Verbot einer firmenähnlichen Geschäftsbezeichnung (§ 17 RdNr. 22; vgl. aber noch unten RdNr. 59). Doch kann das Registergericht dann gegen Nicht- oder Minderkaufleute nach § 37 Abs. 1 vorgehen, wenn sie die Geschäftsbezeichnung als „Firma des kleinen Mannes" unter Verletzung des Grundsatzes der Firmenwahrheit gebrauchen (näher § 4 RdNr. 8 ff., 11). Auch eine solche „Minderfirma" unterfällt dem Gebot der Firmenwahrheit nach § 18 Abs. 2.

[145] BGHZ 30, 288, 293 = NJW 1959, 2255 = LM § 24 HGB Nr. 2 m. Anm. *Fischer* für „Ed. S." anstelle von „Eduard"; BGH NJW 1980, 127 für „Heinz" statt „Heinrich".
[146] Staub/*Hüffer* RdNr. 15; *Heinrich,* Firmenwahrheit und Firmenbeständigkeit, RdNr. 82 Fn. 343 a.
[147] BGHZ 30, 288, 291; KGJ 27 A 216, 219 und KGJ 27 A 219, 220.

[148] Staub/*Hüffer* RdNr. 16; Heymann/*Emmerich* RdNr. 11; *Bokelmann* Firmenrecht RdNr. 555.
[149] OLG Zweibrücken OLGZ 1972, 391.
[150] Näher *Bokelmann* Firmenrecht RdNr. 301 ff.; *ders.* Rpfleger 1973, 44, 49.
[151] Eingehend zu Firmenwahrheit und Firmenbeständigkeit *Karsten Schmidt* HandelsR § 12 III 1. und 2.

50   **a) Die frei gewordene Firma.** Das Gebot der Firmenwahrheit begleitet die Firma, solange diese besteht und entfaltet unter Umständen in bezug auf Dritte selbst dann noch
Wirkung, wenn sie erloschen ist. Die Firma des Einzelkaufmanns erlischt, wenn sie nicht
mehr benutzt, das Handelsgewerbe dauernd und nicht nur vorübergehend aufgegeben
wird. Bei einem Vollhandelsgewerbe, das zu einem minderkaufmännischen geworden ist,
bedarf es der Löschung der (eingetragenen) Firma im Handelsregister (näher § 21
RdNr. 5).[152] Rein formal ist die erloschene Firma nun „frei“, und doch kann die Firma
meistens nicht – zumindest nicht unmittelbar nach ihrer Aufgabe – von einem anderen
Unternehmen angenommen werden. Zwar liegt dann kein Verstoß gegen § 30 vor (es
waren nie gleichzeitig zwei Firmen gleichen Namens im Handelsregister eingetragen),
doch kann der redliche Verkehr getäuscht werden, wenn für ihn nicht erkennbar ist, daß
sich unter dem bisherigen (alten) Namen nun ein anderes, neues Rechtsgebilde verbirgt,[153]
was im übrigen zum Teil bewußt ausgenutzt wird.[154] Zum Beispiel kann die Verwendung
des Zusatzes „HEIA – Polstermöbelfabrik“ in der Öffentlichkeit den Eindruck erwecken,
die gelöschte Firma „Heia – Polstermöbelwerkstätten“ sei wiederaufgelebt.[155]

51   **b) Die nachträglich unwahr gewordene Firma.** Die Firma muß (im recht verstandenen Sinne) wahr und klar sein.[156] Dieser Grundsatz gilt uneingeschränkt jedenfalls für die
Firmenneubildung.[157] Er beansprucht aber im Prinzip auch Geltung, wenn **eine ursprünglich wahre und klare Firma nachträglich als unwahr einzustufen ist**.[158] Mehrere Fallgestaltungen sind auseinanderzuhalten.

52   Zum einen können sich die **tatsächlichen Verhältnisse**, bedingt durch die Entwicklung
des Unternehmens, **so geändert haben, daß die Firma unzulässig geworden ist:**[159] Eine
geographische Bezeichnung ist eindeutig nicht mehr gerechtfertigt; der Geschäftsbetrieb
hat sich in einer Weise geändert, daß die ursprünglich wahre Sachfirma jetzt täuscht (das
Unternehmen stellt eine bestimmte Ware nicht mehr her, sondern handelt nur noch mit
ihr;[160] Ein Unternehmen hat die Branche gewechselt, produziert anstelle von Nähmaschi-
nen nun Schuhe). Entscheidend ist insoweit die tatsächlich ausgeübte Tätigkeit und nicht
der in der Satzung festgeschriebene (statutarische) Unternehmensgegenstand.[161] Zum anderen kann eine Firma auch dadurch nachträglich „unwahr“ werden, daß sich **die Rechtsprechung in der Gesetzesauslegung, der Sprachgebrauch oder die Verkehrsauffassung ändern** (RdNr. 54).

53   In den Fällen der RdNr. 52 kann das Registergericht gegen nachträglich eindeutig unzulässig gewordene Firmen **nach § 37 Abs. 1 in Verbindung mit § 140 FGG oder nach
§ 142 FGG einschreiten,** nicht aber nach § 144 a FGG.[162] Von der Einleitung eines Fir-

[152] Zum Erlöschen der Firma der juristischen
Person vgl. Hachenburg/*Heinrich* § 4 RdNr. 109.
[153] OLG Hamburg OLGZ 1987, 191, 192 f.; *Bokelmann* Firmenrecht RdNr. 98 f.; *Karsten Schmidt*
HandelsR § 12 III 3 c: „Problem des sog. Firmen-
wechsels“; anders, wenn auch mit Einschränkungen,
Wellmann GmbHR 1972, 193, 197.
[154] *Karsten Schmidt* HandelsR § 12 III 3 c: es werde teilweise versucht, die Firmen „regelrecht auszutauschen“.
[155] OLG Hamm Rpfleger 1967, 414.
[156] BGHZ 80, 353, 355; BayObLG DB 1990,
2013; OLG Hamm OLGZ 1987, 290, 291.
[157] BGHZ 65, 89, 92; 80, 353, 355; *Heinrich,*
Firmenwahrheit und Firmenbeständigkeit, RdNr. 9.
[158] BGHZ 10, 196, 201; RGZ 169, 147, 150
unter Bezugnahme auf RGZ 162, 121; hierzu
Hachenburg/*Heinrich* § 4 RdNr. 29 ff.; Hey-
mann/*Emmerich* RdNr. 18; Scholz/*Emmerich* § 4
RdNr. 20 f.; *Bokelmann* Firmenrecht RdNr. 531 ff.,

706 ff., 830 ff., 840 ff.; *Weber,* Das Prinzip der Firmenwahrheit, S. 110 f., 131; aA *Roth* GmbHG § 4
3.1.3.
[159] Vgl. auch die Beispiele bei *Weber,* Das Prinzip
der Firmenwahrheit, S. 110.
[160] BayObLG NJW 1988, 2480; Hachenburg/
Heinrich § 4 RdNr. 31.
[161] BayObLGZ 1989, 44, 47; OLG Frankfurt
OLGZ 1980, 291, 294; Hachenburg/*Heinrich* § 4
RdNr. 10; Scholz/*Emmerich* § 4 RdNr. 8; Staub/
Hüffer § 19 RdNr. 40; *Bokelmann* Firmenrecht
RdNr. 485.
[162] BayObLGZ 1979, 207, 209; Heymann/*Emme-
rich* RdNr. 18; Baumbach/*Hueck* GmbHG § 4
RdNr. 54; Scholz/*Emmerich* § 4 RdNr. 21; *Meyer-
Landrut* § 4 RdNr. 53; wohl auch Hachenburg/
Heinrich § 4 RdNr. 101; aA *Jansen* FGG § 144 a
RdNr. 4; Keidel/*Winkler* FGG § 144 a RdNr. 4;
Weber, Das Prinzip der Firmenwahrheit, S. 111.

menmißbrauchs- oder Amtslöschungsverfahrens kann das Registergericht aber nach seinem pflichtgemäßen Ermessen unter Abwägung der in Betracht kommenden privaten und öffentlichen Interessen ausnahmsweise unter besonderen Umständen absehen (vgl. aber Lieb/Krebs § 37 RdNr. 35).[163] Abzuwägen ist, ob sich aus der, gemessen an einer Ersteintragung, an sich unzulässigen Firmenführung nur geringe Irritationen ergeben, während auf der anderen Seite beim Fortfall der Firma für den Geschäftsinhaber unverhältnismäßige Nachteile entstünden,[164] wobei auch ein im Laufe der Zeit erworbener wertvoller Besitzstand ins Gewicht fallen kann.[165] Ist die Firma zulässig gebildet, so kann das Unternehmen Firmenkontinuität auch dann für sich reklamieren, wenn sich die tatsächlichen Verhältnisse so ändern, daß die Firma im Hinblick auf das Wahrheitsgebot neu jedenfalls nicht eingetragen worden wäre, *sofern* nur nicht die Gefahr einer Irreführung des Publikums in erheblichem und nicht mehr vertretbarem Umfang eintritt. Dann muß die Firmenkontinuität dem Prinzip der Firmenwahrheit weichen. Sachgerecht und praktisch hilfreich ist die Fragestellung, „ob sich die Firma in der Vorstellung der beteiligten Verkehrskreise noch mit dem geänderten Unternehmen verbindet".[166]

Eine Firma kann auch dadurch nachträglich „unwahr" werden, daß sich die **Rechtsprechung** in der Auslegung eines Gesetzes, der **Sprachgebrauch** oder die **Verkehrsauffassung ändern.** In der Regel wird dann aber die Sachfirma nicht unzulässig, und das Registergericht wird nicht einschreiten (vgl. auch *Lieb/Krebs* § 37 RdNr. 26 ff.: Analogie zu Art. 22 Abs. 1 EGHGB).[167] Ausnahmsweise kann aber das öffentliche Interesse trotzdem ein Einschreiten gebieten, sofern die frühere Handhabung zwingenden Allgemeininteressen widersprach und noch widerspricht. So können die Begriffe „Finanz" und „Finanzierung" in einer Firma unter keinen Umständen Bestand haben, wenn sich die Gesellschaft lediglich auf dem Gebiet der Kreditvermittlung betätigt. Darauf, wie viele Jahre die Firma unbeanstandet eingetragen war, kommt es nicht an, wie auch nicht von Bedeutung ist, ob die Firma zum Zeitpunkt der Eintragung aus damaliger Sicht noch für zulässig anzusehen wurde oder nicht.[168] **54**

2. Täuschungseignung. § 18 Abs. 2 betrifft alle Firmen (RdNr. 5). Die Vorschrift erlaubt Firmenzusätze, die zur Unterscheidung der Person oder des Geschäfts dienen, sie verbietet für die Firma des Einzelkaufmanns Zusätze, die geeignet sind, eine Täuschung über die Art oder den Umfang des Geschäfts oder die Verhältnisse des Geschäftsinhabers herbeizuführen. Nochmals darauf hinzuweisen ist, daß sich das Täuschungsverbot nicht nur auf Zusätze, sondern auf die Firma als ganze bezieht, so daß eine Täuschungsgefahr auch bezüglich des Firmenkerns zu bejahen sein kann, wenn dieser von dem Gegenstand des Unternehmens entlehnt ist, wie etwa bei der Aktiengesellschaft und der GmbH (RdNr. 49). Unerheblich ist, ob eine Täuschung beabsichtigt[169] oder bereits eingetreten ist.[170] **Maßgebend ist die Eignung zur Täuschung.**[171] **55**

[163] KG OLGZ 1965, 124, 125; OLG Köln BB 1977, 1671, 1672; Baumbach/*Hueck* GmbHG § 4 RdNr. 9, 54; Hachenburg/*Heinrich* § 4 RdNr. 30 f.; *Bokelmann* Firmenrecht RdNr. 533 ff.; aA Staub/*Hüffer* RdNr. 32 und § 37 RdNr. 17 ff.
[164] KG OLGZ 1965, 124, 130.
[165] OLG Zweibrücken OLGZ 1972, 391, 395.
[166] Hachenburg/*Heinrich* RdNr. 31; vgl. auch Heymann/*Emmerich* RdNr. 18; Baumbach/*Hueck* GmbHG § 4 RdNr. 9; Scholz/*Emmerich* § 4 RdNr. 20 f.; Lutter/*Hommelhoff* § 4 RdNr. 7; Rowedder/*Rittner* § 4 RdNr. 9; *Meyer-Landrut* § 4 RdNr. 9.
[167] KG OLGZ 1965, 124, 130 = NJW 1965, 254 f.; OLG Stuttgart NJW 1960, 1865; OLG Celle BB 1952, 125; OLG München JFG 14, 475; Baum-

bach/*Hueck* GmbHG § 4 RdNr. 9; Hachenburg/ *Heinrich* § 4 RdNr. 31; aA Staub/*Hüffer* RdNr. 32 und § 37 RdNr. 17 ff. mit Einschränkung § 37 RdNr. 19.
[168] Bedenklich insoweit OLG Frankfurt AG 1980, 83 f. zur Zulässigkeit einer „Finanzierungs"- AG, die vorwiegend nur die Vermittlung von Finanzierungen betrieb; vgl. auch AG Hamburg ZIP 1982, 1067 mit Anm. *Dürr* für eine von Anfang an unzulässige Firma; näher hierzu *Bokelmann* Firmenrecht RdNr. 834 ff.
[169] RGZ 156, 16, 22.
[170] KGJ 22 A 97, 99.
[171] BGHZ 22, 88, 90; OLG Hamm NJW 1968, 2381; BayOblG BB 1979, 184; hM, vgl. nur Heymann/*Emmerich* RdNr. 21; Staub/*Hüffer*

56   Die Täuschungseignung stellt sich als **unbestimmter Rechtsbegriff** dar, welcher der Konkretisierung bedarf.[172] **Maßstab für die Beurteilung ist die Verkehrsauffassung** (vgl. auch RdNr. 8; kritisch Lieb/Krebs § 37 RdNr. 15).[173] Ist – wie bei weitem nicht immer – das „allgemeine Publikum" angesprochen, kommt es auf dessen Verständnis an. Aber der Kaufmann bewegt sich auch in engeren Kreisen, so etwa in dem (mitunter örtlich begrenzten) Kreis seiner fachkundigen Abnehmer, seiner Lieferanten, im Kreis der Kaufleute seines Geschäftszweiges. Maßgeblich ist insoweit nicht die Anschauung des ungezwungen urteilenden „allgemeinen Verkehrs",[174] weil letzterer mangels Sachkunde nicht werten und damit auch nicht getäuscht werden kann. Abzustellen ist hier darauf, ob dieser engere Kreis (Kunden, Lieferanten, Kreditgeber, branchenkundige Kaufleute) die Täuschungsgefahr bejaht.[175] Dabei ist Maßstab die „nicht ganz entfernte Möglichkeit der Irreführung",[176] und bezüglich des jeweils angesprochenen und damit maßgeblichen Kreises langt es, wenn ein „nicht völlig unerheblicher Teil" täuschungsgefährdet ist.[177]

57   Bezüglich der Frage, welche Anforderungen an den **Wahrheitsgehalt** einer Firma zu stellen sind, wird auf RdNr. 7 ff. Bezug genommen. Zu erinnern ist daran, daß die Ermittlung der Verkehrsauffassung **zunächst objektiver Eingrenzung bedarf** (RdNr. 8; vgl. auch *Lieb/Krebs* § 37 RdNr. 15).

58   Für die **registerrechtliche Frage der Täuschungseignung** kommt es grundsätzlich auf die „ganze Firma", das heißt die Firma in ihrer Gesamtheit an;[178] maßgeblich ist insoweit die durch die Registereintragung kundgetane Fassung, so wie sie dem Kaufmann als Handelsname dient.[179] Unzulässig ist es zum Beispiel, einen Firmenbestandteil im Kopf eines Geschäftsbriefbogens, den Rest der Firma aber in der Fußleiste zu führen.[180] Ist ein Zusatz Bestandteil der Firma, so steht es nicht im Belieben des Kaufmanns, den Zusatz in der Firma bald zu gebrauchen, bald wegzulassen.[181]

59   Ist der Kaufmann nicht gezwungen, wie etwa bei der Wechselzeichnung,[182] rechtsgeschäftliche Erklärungen abzugeben und firmenmäßig zu handeln, muß er aber nicht die vollständige Firma verwenden. In **Werbeanzeigen** ist es ihm etwa erlaubt, sein Unternehmen nur mit Firmenschlagworten, Warenzeichen und besonderen Geschäftsbezeichnungen zu kennzeichnen (vgl. aber *Lieb/Krebs* § 37 RdNr. 19 ff.).[183] Doch kann auch die Verwendung einer an sich zulässig geführten und **wettbewerbsrechtlich schutzfähigen Geschäftsbezeichnung firmenrechtlich unzulässig sein.** Eine mit der Firma nicht identische Unternehmensbezeichnung darf der Geschäftsinhaber nicht in der Weise einsetzen, daß „sie im Verkehr nicht mehr (nur) als schlagwortartige, werbekräftige Kennzeichnung seines Geschäfts, sondern zugleich als sein eigener Name, also eine Firma, erscheint." Diejenige Verwendung einer an sich zulässig geführten Geschäftsbezeichnung ist als unzulässig anzusehen, „die unter den gegebenen Umständen, insbesondere auch außerhalb allgemeiner

RdNr. 29; *Bokelmann* Firmenrecht RdNr. 95; *Hofmann* JuS 1972, 233, 235; *Veismann* BB 1963, 633.

[172] *Hofmann* JuS 1972, 233, 235 f.; Staub/*Hüffer* RdNr. 29.

[173] RGZ 127, 77, 84; 156, 16, 20; BayObLGZ 1971, 347, 349 = NJW 1972, 165.

[174] Kritisch zu dem „verschwommenen" Begriff der „Allgemeinheit" oder des „allgemeinen Verkehrs" *Weber,* Das Prinzip der Firmenwahrheit, S. 153 f.

[175] BayObLGZ 1971, 347, 349 f.; 1981, 88, 92 f.: „Dämmtechnik" ist irreführend, wenn Unternehmensgegenstand nur der Handel mit wärmedämmenden Baustoffen und deren einfache Montage ist; LG Bonn BB 1965, 518: der potentielle Interessenkreis ist zu ermitteln.

[176] BayObLGZ 1972, 277, 280; BayObLG BB 1979, 184 mit eingehenden Nachweisen; BayObLGZ 1981, 88, 92; BayObLG Rpfleger 1984, 148.

[177] OLG Frankfurt OLGZ 1981, 417, 418; Baumbach/*Hopt* RdNr. 5; Heymann/*Emmerich* RdNr. 23.

[178] RGZ 127, 77, 84; Staub/*Hüffer* RdNr. 31.

[179] KG NJW 1955, 1926, 1927.

[180] BayObLG BB 1992, 943.

[181] BayObLG OLGRspr. 16, 78.

[182] BGHZ 64, 11.

[183] OLG Stuttgart BB 1991, 993; *v. Gamm*, Festschrift Stimpel, S. 1007, 1012; Staub/*Hüffer* § 37 RdNr. 15.

Werbemaßnahmen, als Inanspruchnahme einer wenn auch möglicherweise nicht korrekten oder vollständigen Firma des Unternehmensträgers anzusehen ist".[184] Diese Frage ist allein nach firmenrechtlichen Gesichtspunkten zu entscheiden. Jedes vollkaufmännisches Unternehmen aber hat nur eine Firma;[185] verwendet der Kaufmann eine Geschäftsbezeichnung so, daß sie als Firma verstanden wird, stünden ihm – ließe man das zu – im Ergebnis zwei Firmen zur Verfügung. Das **gilt aber nur für den Vollkaufmann** im Hinblick auf den Grundsatz der Firmeneinheit (§ 17 RdNr. 27 ff.). **Gebrauchen Nicht- oder Minderkaufleute eine Geschäftsbezeichnung, so darf diese firmenähnlich sein, weil es insoweit entgegen der hM kein Verbot einer firmenähnlichen Geschäftsbezeichnung gibt** (§ 17 RdNr. 22).

Phantasieworte und **Firmenschlagworte,** die Bestandteil einer Firma werden sollen, **60** sind geeignet und meistens auch dazu bestimmt, in Alleinstellung im Verkehr das Unternehmen zu kennzeichnen. Ein solcher Firmenbestandteil ist gesondert (allein) zu bewerten und bei Täuschungseignung als Firmenbestandteil unzulässig (RdNr. 18).[186] So ist die Firma „prokredit Geldvermittlung GmbH" unzulässig, weil „prokredit" in Alleinstellung beim Publikum die unrichtige Vorstellung erwecken kann, die Gesellschaft vermittle nicht nur, sondern führe wie eine Bank selbst Finanzierungsgeschäfte durch.[187] Enthält ein Phantasiezusatz auch den Bestandteil „Bau" („LÜ-HO-Bau"), so weist das auf ein bauausführendes Unternehmen hin; Baustoffhändlern ist ein derartiger Zusatz verboten.[188] Dagegen ist die Buchstabenkombination „HRA" als Firmenzusatz nicht deshalb täuschend, weil die Buchstabenfolge registerrechtlich „Handelsregister Abteilung A" bedeutet. Die Abkürzung ist nicht einmal allen Rechtskundigen geläufig, und es wäre weit hergeholt, aus dieser Kombination in einer Firma einen Bezug zum Handelsregister herstellen zu wollen.[189]

3. Ermittlung der Verkehrsauffassung. Das Registergericht hat die Auffassung des all- **61** gemeinen Verkehrs und engerer Verkehrskreise (kommt es auf sie an) **von Amts wegen zu ermitteln (§ 12 FGG).** Besondere Bedeutung kommt insoweit dem vom Gericht bei Neugründungen und Firmenänderungen regelmäßig einzuholenden Gutachten der Industrie- und Handelskammer (§ 23 Satz 2 HRV) zu. Das gilt insbesondere dann, wenn dem Gutachten Umfragen der Kammer vorausgegangen sind, weil das Gutachten dann nicht nur die Meinung der beurteilenden Kammer, sondern auch die Auffassung der betreffenden kaufmännischen Kreise erkennen läßt.[190] Noch größer ist der Wert des Gutachtens, wenn ihm Feststellungen auch des Deutschen Industrie- und Handelstages (DIHT) zugrunde liegen.[191] Hat die Frage der Zulässigkeit einer Firmierung bundesweite Bedeutung, so hat das Gericht in Erwägung zu ziehen, statt der Stellungnahme einer Industrie- und Handelskammer eine solche des DIHT einzuholen.[192] Im übrigen wird auf RdNr. 8 und § 37 RdNr. 15 hingewiesen.

Der Richter ist an die Gutachten grundsätzlich nicht gebunden.[193] Ist er selbst ausrei- **62** chend sachkundig, wovon auszugehen ist, wenn er zu dem angesprochenen Verkehrskreis

---

[184] BGH NJW 1991, 2023 = EWiR § 37 HGB 2/91, 795 (*Bokelmann*); vgl. auch *Henze,* Höchstrichterliche Rechtsprechung zum Recht der GmbH, S. 35; zustimmend *Wulf-Henning Roth* ZGR 1992, 632: bei einem Warenkatalog (um den es ging) wird der Verkehr in aller Regel einen Hinweis auf den Namen des Geschäftsinhabers erwarten und erwarten dürfen; kritisch *Frey* DB 1993, 2169.

[185] *Karsten Schmidt* HandelsR § 12 II 2.

[186] BGHZ 22, 88, 89.

[187] OLG Köln BB 1980, 652.

[188] OLG Hamm OLGZ 1974, 139, 144; zu eng wohl BGH GRUR 1960, 434, 436 – Volks-Feuerbestattung.

[189] Hachenburg/*Heinrich* § 4 RdNr. 65; dagegen mochte BayObLGZ 1983, 310, 312 nicht ohne Gutachten entscheiden.

[190] BayObLGZ 1971, 347, 350; 1972, 277, 281; OLG Hamm OLGZ 1974, 139, 142; Staub/*Hüffer* RdNr. 30; Heymann/*Emmerich* RdNr. 25; *Bokelmann* Firmenrecht RdNr. 97; *Veismann* BB 1963, 663.

[191] BayObLGZ 1972, 277, 281.

[192] BayObLG EWiR § 20 FGG 1/85, 295 (*Bokelmann*).

[193] Heymann/*Emmerich* RdNr. 25.

gehört und es sich um Gegenstände des allgemeinen Bedarfs handelt,[194] braucht er sich dann keines Sachverständigen zu bedienen, **wenn (auch) er eine Täuschungsgefahr bejaht.** Maßgebend ist, ob der Richter als unbefangener Durchschnittsverbraucher die Täuschungseignung einer Firma oder eines Firmenteils in Alleinstellung bei ungezwungener Betrachtung bejahen (beziehungsweise bestätigen) kann.[195] Tendiert der Richter dazu, **eine Täuschungseignung zu verneinen,** wird die eigene Sachkunde nur in Ausnahmefällen genügen.[196] Jedenfalls ist aber dann, wenn die Industrie- und Handelskammer die Täuschungseignung bejaht hat und der Richter entgegengesetzter Meinung ist, weitere Sachaufklärung nötig, wie etwa durch Umfragen der IHK, Auskünfte von Wirtschaftsverbänden oder Einschaltung von Meinungsforschungsinstituten.[197]

63   **4. Gesellschaftszusätze und ein Gesellschaftsverhältnis andeutende Zusätze.** Ausnahmslos müssen Kapitalgesellschaften wie die Aktiengesellschaft und die GmbH einen Warnfunktion ausübenden Gesellschaftszusatz in die Firma aufnehmen, aus dem sich die Rechtsform, die über die Haftung entscheidet, ergibt. Entsprechendes gilt für die GmbH & Co. KG, und das Gesetz bestimmt ausdrücklich, daß das auch für die abgeleitete Firma zwingend ist (§ 4 Abs. 2 AktG, § 4 Abs. 1 Satz 3, Abs. 2 GmbHG, § 19 Abs. 5). Der Firma des Einzelkaufmanns darf nach § 18 Abs. 2 Satz 1 (unter anderem) kein Zusatz beigefügt werden, der ein Gesellschaftsverhältnis andeutet. Die Bestimmung gilt für alle Firmen (RdNr. 5) und besagt für die Gesellschaftsfirma, daß ein Firmenzusatz nicht über die tatsächlich gewählte Rechtsform täuschen darf.[198] Wiederum sind hiervon auch abgeleitete Firmen betroffen (näher Erl. § 22).

64   **a) Die Firma des Einzelkaufmanns.** Unzulässig sind alle Zusätze, die ein Gesellschaftsverhältnis andeuten können. Neben ausdrücklicher Benennung (OHG, KG) kommen als nicht erlaubte Zusätze „Gebrüder", „und Sohn" („& Sohn"), „und Partner" („& Partner"), „Gesellschaft", „Söhne", „& Co.", „& Cie.", „Erben" und so fort in Betracht.[199] Diese Zusätze sagen zwar nichts über eine mögliche **konkrete** Rechtsform aus, doch deuten sie zwingend ein Unternehmen mit mehreren verantwortlich Beteiligten an. Hiervon zu sondern sind solche Zusätze, die zwar nicht in bezug auf die Rechtsform ergiebig sind (es kann sich zum Beispiel um selbständige, zusammenarbeitende Kaufleute oder den Zusammenschluß mehrerer Unternehmen handeln) und insoweit nicht unbedingt täuschungsgeeignet erscheinen, die aber die Vorstellung eines besonders qualifizierten Zusammenschlusses hervorrufen und, trifft das nicht zu, aus diesem Grunde täuschen können.[200] Zu nennen sind etwa „Team", „Arbeitsgemeinschaft" („Arge"), „Union", „Ring", „Gruppe" oder „Verband". Insoweit wird auf die Darstellung RdNr. 123 ff. Bezug genommen.

65   **b) Die Gesellschaftsfirmen.** Eine Bezeichnung, die der tatsächlichen Gesellschaftsform nicht entspricht, **ist in der ursprünglichen Firma immer unzulässig.** Das gilt heute grundsätzlich auch für die abgeleitete Firma (näher Erl. § 22). Endet eine Phantasiebezeichnung in der Firma auf „ag" oder „AG" („INDROHAG"), ist die Firma unzulässig,

---

[194] BGHZ 53, 339, 341 – Euro-Spirituosen unter Hinweis auf BGH GRUR 1963, 539, 541 – echt Skai; GRUR 1964, 397, 399 – Damenmäntel; BayObLG Rpfleger 1984, 148; Baumbach/*Hopt* RdNr. 5; Koller/*Roth*/Morck RdNr. 7.
[195] BGH GRUR 1963, 270, 273 – Bärenfang; BGHZ 53, 339, 341 – Euro-Spirituosen; BVerwG 1992, 588; Baumbach/*Hefermehl* Wettbewerbsrecht § 3 UWG RdNr. 113.
[196] Staub/*Hüffer* RdNr. 30; Baumbach/*Hefermehl* Wettbewerbsrecht § 3 UWG RdNr. 114.
[197] BayObLG Rpfleger 1982, 107, 108; BayObLG GmbHRdsch. 1983, 239; BayObLG Rpfleger 1984, 184: weitere Sachaufklärung immer

dann, wenn die eigene Sachkunde des Tatrichters im Widerspruch zu der Stellungnahme der IHK steht; OLG Frankfurt BB 1975, 247; Staub/*Hüffer* RdNr. 30; Heymann/*Emmerich* RdNr. 25; Baumbach/*Hefermehl* Wettbewerbsrecht § 3 UWG RdNr. 117 ff.
[198] Vgl. Staub/*Hüffer* RdNr. 24; Heymann/*Emmerich* RdNr. 26; *Karsten Schmidt* HandelsR § 12 III 1.
[199] Näher Staub/*Hüffer* RdNr. 25 mit Nachweisen; *Bokelmann* MDR 1979, 188 ff.
[200] Staub/*Hüffer* RdNr. 26 mit den angeführten Beispielen; vgl. auch Heymann/*Emmerich* RdNr. 27 zu „Verband".

wenn die Gesellschaft keine Aktiengesellschaft ist.[201] Entscheidend ist der Eindruck des Phantasiezusatzes für sich genommen und nicht die Firma insgesamt, weil das Phantasiewort auch in Alleinstellung verwandt wird (RdNr. 18, 60). Tatsächlich werden in der Praxis häufig mit „ag" endende Schlagworte für Aktiengesellschaften gebraucht („Preussag", „Demag", „Hapag").[202] Ob für Endungen auf „agg", „ac" oder „ak" gleiches gilt, ist streitig und hängt davon ab, ob Aussprache oder Schreibweise maßgeblich sind. Letzteres dürfte zu bejahen sein, weil erst das geschriebene Wort die Verbindung zur Abkürzung „AG" herstellt; bei Endungen auf „agg", „ac" und „ak" ist das aber nicht der Fall.[203]

Nicht zulässig sind auch **Abkürzungen, die als Hinweis auf eine konkret nicht zutref-** 66 **fende Rechtsform verstanden werden** könnten. So ist eine Firma „Credit- und Finanzierungs-AG GmbH" nicht zulässig. „AG" sollte „Agentur" bedeuten.[204]

VI. Täuschungsgeeignete Zusätze (Einzelheiten)

Schrifttum (vgl. auch die Angaben vor RdNr. 1): *Consbruch,* Registergerichtliche Funktionen bei der Bankenaufsicht nach dem Kreditwesengesetz, BB 1966, 102; *Ebert,* Nationalitätsangaben im firmen- und Wettbewerbsrecht, WPR 1960, 94; *Frey,* Wandlungen der Rechtsprechung zu Firmenzusätzen, dargestellt am Firmenzusatz „Zentrale", BB 1963, 1281; *ders.,* „Lager" – als Firmenzusatz und Werbeankündigung, WRP 1965, 54; *Frey,* Verwendung der Bezeichnung „Einkaufszentrum", DB 1965, 926; *Greif,* Die Bezeichnung „Discount" und der Grundsatz der Firmenwahrheit, BB 1962, 1219; *Haberkom,* Firmenwahrheit und Firmenfortführung, WRP 1966, 88; *ders.,* Zur Zulässigkeit des Firmenzusatzes „Fabrik", WRP 1966, 165; *ders.,* Zur Zuverlässigkeit des Firmenzusatzes „Zentrale", WRP 1966, 306; *ders.,* Zur Zulässigkeit des Firmenzusatzes „Werk", WRP 1966, 361; *ders.,* Zur Zulässigkeit des Firmenzusatzes und Preiszusatzes „Discount", WRP 1966, 393; *ders.,* Zur Zulässigkeit diverser Firmenzusätze, WRP 1967, 204; *ders.,* Kann die künftige Entwicklung des Betriebes bereits als Firmenzusatz berücksichtigt werden?, WRP 1969, 261; *ders.,* Firma, Firmenwahrheit, Firmenzusätze, Sammlung Poeschel Band 62, 1970; *Huth,* Auffassungswandel beim Firmenzusatz „deutsch"?, GRUR 1965, 290; *Knöchlein,* Geographische Zusätze im Firmenrecht, DB 1960, 746; *Claus Müller,* Zur Führung des Firmenzusatzes „Deutsch", GRUR 1971, 141; *Veismann,* Zur Zulässigkeit eines Firmenzusatzes „Haus", BB 1963, 663; *Wessel,* Der akademische Titel in der Firma, BB 1965, 1379.

Ferner: Deutscher Industrie- und Handelstag, Firmenfibel 1983 (die firmenrechtlichen Leitsätze); Deutscher Industrie- und Handelstag, Firmenfibel 1992 (Firmierungsgrundsätze für den Vollkaufmann).

1. Das strenge inländische Firmenrecht und die Belange der Europäischen Gemein- 67 **schaft. Das deutsche Firmenrecht ist streng.** Die ursprüngliche Firma muß immer wahr sein. Zu erinnern ist an die zahlreichen, zum Teil extrem strenge Maßstäbe anlegenden Leitsätze des DIHT, etwa zu Fabrik (unterteilt in Bleistiftfabrik, Chemische Fabrik, Gardinen- und Wäschefabrik), Fabrikation, Werk(e), Industrie,[205] zu Lager, Hof, Speicher, Magazin,[206] zu Haus,[207] Zentrale, Zentrum und Center,[208] zu Technik (Küchentechnik, Bürotechnik, Datentechnik, Funk- und Nachrichtentechnik, Hyper-Dämmtechnik, Zerspannungstechnik)[209] und Union[210] und Verband,[211] zu Reisebüro, Verkehrsbüro und Amtliches Reisebüro.[212] Wahr bedeutet nach inländischem Verständnis auch, daß eine namengebende Firma voll übernommen werden muß und nicht Teile der Firma der Na-

---

[201] BGHZ 22, 88, 89 = NJW 1956, 1873 („INDROHAG"); BayObLG BB 1979, 1465 („Trebag" mit ablehnender Anm. *Walberer*); BayObLG MDR 1982, 940 („BAG"); OLG Hamm GmbHR 1965, 113 („Mirag"); KG OLGZ 1965, 124, 130 („Delbag"); LG Göttingen BB 1959, 899 („Ledag"); LG Hannover BB 1976, 59 („Gesag"); Leitsatz DIHT BB 1957, 835; Heymann/*Emmerich* RdNr. 26; Staub/*Hüffer* RdNr. 27; Bokelmann Firmenrecht RdNr. 576; Baumbach/*Hueck* § 4 RdNr. 20; Hachenburg/*Heinrich* § 4 RdNr. 64; Scholz/*Emmerich* § 4 RdNr. 17; Koller/*Roth*/Morck RdNr. 8.
[202] Vgl. Hinweis LG Göttingen BB 1959, 899.

[203] Staub/*Hüffer* RdNr. 27; Hachenburg/*Heinrich* § 4 RdNr. 64; *Wessel/Zwernemann,* Die Firmengründung, RdNr. 386; aA LG Hannover BB 1955, 76 für „agg"; Leitsatz DIHT BB 1957, 835.
[204] OLG Stuttgart BB 1962, 935.
[205] BB 1957, 522.
[206] BB 1968, 439.
[207] BB 1969, 418.
[208] BB 1965, 303.
[209] BB 1981, 2090.
[210] BB 1957, 835; 1967, 1100.
[211] BB 1957, 835.
[212] BB 1966, 475.

mengeberin fortgelassen werden dürfen. Treffen etwa Sachfirmenbestandteile der Namengeberin auf eine GmbH, der sie ihren Namen geben will, nicht zu, so kann sie der GmbH
ihren Namen nicht geben.[213] Das Gebot der Firmenwahrheit wird zwar im deutschen
Recht für die fortgeführte Firma modifiziert, was sich aber nach den §§ 22, 24 nur auf den
Namen selbst auswirkt; dieser darf in bestimmtem Umfang „unwahr" sein. Das gilt aber
auch bei der abgeleiteten Firma nicht für die Zusätze; auch hier ist der Grundsatz der unveränderten Fortführung der Firma maßgebend (RdNr. 11).

68   In den europäischen Nachbarstaaten sind die Firmenrechte nur ausnahmsweise ähnlich
streng wie das deutsche Recht, so etwa in **Österreich,** das die Regelung des HGB 1938
übernommen und sich ähnlich entwickelt hat. Zu nennen sind ferner **Griechenland**[214] **und
die Schweiz.** Dort darf nach Art. 944 Abs. 1 OR jede Firma Angaben enthalten, die zur
näheren Umschreibung der darin erwähnten Personen dienen oder auf die Natur des Unternehmens hinweisen oder eine Phantasiebezeichnung darstellen, „vorausgesetzt, daß der
Inhalt der Firma der Wahrheit entspricht, keine Täuschung verursachen kann und kein
öffentliches Interesse zuwiderläuft".

69   Im übrigen ist man im europäischen Ausland großzügig (vgl. schon RdNr. 9 ff.). In
England und den **Niederlanden** ist die Wahl der Firma fast frei. Seit dem englischen
Companies Act von 1981 muß die Gesellschaft selbst prüfen, ob ihre Firma gesetzlich
erlaubt ist; grundsätzlich übernimmt dann das Register die Firma.[215] Die Firma darf aber
nicht den Eindruck erwecken, sie sei mit dem britischen Königshaus, der Regierung oder
einer lokalen Behörde verbunden; enthält die Firma Begriffe, die eine Verordnung für
genehmigungsbedürftig erklärt (Negativindex), ist die Genehmigung beizubringen. Im
übrigen darf die Firma trotz persönlicher oder sachlicher Änderungen grundsätzlich unverändert weitergeführt werden. In den **Niederlanden** schreibt das Gesetz für Kapitalgesellschaften nur die Aufnahme der Rechtsform und deren Standort in der Firma vor; die Firma
darf nicht schon von einem anderen Unternehmen geführt werden und nicht verwechslungsfähig sein. Beschränkungen entsprechend § 4 Abs. 1 GmbHG kennt das nieder-
ländische Recht nicht. Eine fremdsprachige Firma ist zulässig, ebenso neben der satzungsmäßigen Firma der Gebrauch von anderen Handelsnamen, sofern sie im Handelsregister
eingetragen sind.[216] In **Italien** darf die Personenfirma mit Vornamen, Künstlernamen,
Abkürzungen und den Namen unbeteiligter Dritter gebildet werden; die Sachfirma ist „der
freien Phantasie" überlassen,[217] abgekürzte Sachbezeichnungen sind erlaubt. Die Firma darf
aber nicht gegen den ordre public oder gegen die guten Sitten verstoßen, wie auch die
Firma nicht einen anderen Unternehmensgegenstand als den tatsächlich ausgeübten aufweisen darf.[218] In **Frankreich** kann die Firma der GmbH in wesentlichen ohne vorherige
Kontrolle frei gewählt werden; die Industrie- und Handelskammern sind nicht beteiligt.[219]
In **Dänemark** folgt aus verschiedenen Bestimmungen, daß eine Firma nicht täuschen darf;
für Lokalitätsangaben wird aber nur vorausgesetzt, daß die Gesellschaft zu der betreffenden
Lokalität eine Beziehung hat, sie zum Beispiel ihre Tätigkeit in dem in der Firma genannten Ort – ähnlich übrigens die italienische Rechtsprechung – ausübt. Aber: hört die Anknüpfung an den Ort auf und ist die Firma eingeführt, so „kann die Firma, falls die Lokali-
tätsbezeichnung ein integrierter Bestandteil der Firma ist, unverändert bewahrt werden".[220]

[213] Näher *Bokelmann* DB 1990, 1021, 1022; *ders.*
ZGR 1994, 325, 326 ff.

[214] *Möller* EWS 1993, 22, 24.

[215] *Hunger,* Offenlegungspflichten und Handelsregisterpraxis in Großbritannien und Deutschland,
S. 61.

[216] *Mehring,* in Die GmbH-Rechte in den EG-
Staaten, S. 209; *Bokelmann* DB 1990, 1021, 1022.

[217] *Winkler,* Die GmbH-Rechte in den EG-
Staaten, S. 162.

[218] *Winkler,* Die GmbH-Rechte in den EG-
Staaten, S. 162.

[219] *Maier/Bridou,* Die GmbH-Rechte in den EG-
Staaten, S. 81; vgl. auch *Chaussade/Klein,* Gesell-
schaftsrecht in Frankreich, S. 17 und *Sonnenberger,*
Französisches Handels- und Wirtschaftsrecht,
RdNr. IV. 8 und *Möller* EWS 1993, 22, 24.

[220] *Bokelmann* DB 1990, 1021, 1022.

Zwischen inländischem und fremdem Firmenrecht bestehen mithin zum Teil erhebliche **70** Unterschiede. Der Konflikt tritt etwa dann offen zutage, wenn ein ausländisches Unternehmen im Inland eine Zweigniederlassung errichten will.[221] Ist die Firma der Hauptniederlassung nach ausländischem Recht wirksam gebildet worden, hat das inländische Registergericht weiterhin zu prüfen, **ob diese Firma nach den Regeln des inländischen Firmenrechts zur Bildung der Firma der Zweigniederlassung benutzt werden kann** (§ 13 d RdNr. 18 f.). Insbesondere lehrt die ganz herrschende Meinung, die nach ausländischem Recht zulässig gebildete Firma dürfe als Firma der inländischen Zweigniederlassung im Inland nicht verwechslungsfähig sein (§ 30) und **nicht gegen das Gebot der Firmenwahrheit verstoßen.**[222] Zur Begründung wird auch auf den (inländischen) ordre public[223] und darauf abgestellt, daß die gegenteilige Ansicht zu einer Besserstellung der ausländischen Gesellschaften führe.[224] Bei einem Verstoß soll die Firma der Zweigniederlassung unzulässig und die Eintragung der Zweigniederlassung abzulehnen sein. Verwandte Fragen tauchen auf, wenn sich eine ausländische Kapitalgesellschaft an einer inländischen Gesellschaft beteiligen, beziehungsweise sie eine Tochtergesellschaft gründen will.[225] Ist die inländische Gesellschaft eine Kapitalgesellschaft, kann nach überwiegender Meinung die ausländische juristische Person Gründer und Gesellschafter sein (§ 19 RdNr. 68).[226] Bei der Namengebung kann es zu dem aufgezeigten Konflikt kommen. Das ist auch bei der „ausländischen Kapitalgesellschaft & Co." so, die nach heute ganz überwiegender Meinung zulässig ist (näher § 19 RdNr. 72 ff.).

Lösung: die **Artikel 52 und 58 EG-Vertrag** (Niederlassungsfreiheit) sind unmittelbar **71** anwendbares Gemeinschaftsrecht.[227] Die Niederlassungsfreiheit verbietet unter anderem Beschränkungen bei der Gründung von Zweigniederlassungen, wobei einer Gesellschaft das Recht auf Niederlassung und Errichtung einer Zweigniederlassung schon dann zusteht, wenn sie nach dem Recht eines Mitgliedstaates gegründet ist und ihren satzungsmäßigen Sitz innerhalb der Gemeinschaft hat.[228] Die Art. 52, 58 EG-Vertrag verlangen mehr als die Gleichbehandlung von Inländern und Ausländern.[229] Beschränkungen, die nicht zum Schutz eines wichtigen Gutes unbedingt notwendig sind, können keinen Bestand haben.[230] Hieran sind die inländischen Ansprüche an den Wahrheitsgehalt einer Firma zu messen. Die Weigerung des deutschen Registergerichts, die Zweigniederlassung einer ausländischen Gesellschaft mit deren Namen hier einzutragen, nimmt dem ausländischen Unternehmen das Recht, sich frei unter seinem Namen im Inland niederzulassen. Das kann nur in Ausnahmefällen gerechtfertigt sein.

Einschlägig sind ferner die **Artikel 30 und 36 EG-Vertrag** (Verbot mengenmäßiger **72** Einfuhrbeschränkungen sowie aller Maßnahmen gleicher Wirkung).[231] Darf eine ausländi-

---

[221] Eingehend hierzu *Bokelmann* DB 1990, 1021, 1022 f.; *ders.* ZGR 1994, 325, 328 ff.

[222] Baumbach/*Hopt* § 13 d RdNr. 4; Koller/*Roth*/Morck § 13 d RdNr. 7; Heymann/*Sonnenschein*/Weitemeyer § 13 d RdNr. 7; Staub/*Hüffer* RdNr. 7 zu § 13 b (entspricht dem heutigen § 13 d) unter Hinweis auf LG Hagen NJW 1973, 2162; Staudinger/*Großfeld* IntGesR (1993) RdNr. 300 f.

[223] BayObLGZ 1986, 61, 64; näher Staudinger/*Großfeld* IntGesR, 1993, RdNr. 300; MünchKommBGB/*Ebenroth* Nach Art. 10 EGBGB RdNr. 318; *Kaligin* DB 1985, 1449, 1454.

[224] KG KGJ 42, 159, 161.

[225] Näher hierzu *Bokelmann* ZGR 1994, 325, 331 ff. mit Nachweisen.

[226] Staudinger/*Großfeld* IntGesR, 1993, RdNr. 222.

[227] EuGHE 1974, 631 ff., Rs. 2/74, Reyners gegen Belgien, Niederlassungsfreiheit (21. 6. 1974); EuGHE 1984, 3677, 3685 ff., Fearon Ltd. gegen Irish Land (6. 11. 1984); EuGHE 1986, 273, 302,

Rs. 270/83, Kommission gegen Frankreich (28. 1. 1986) = NJW 1987, 569 = RIW 1986, 739, 741; EuGHE 1986, 2375, Rs. 79/85 (10. 7. 1986), Segers gegen Bestuur vande . . . = NJW 1987, 571; *Knobbe-Keuk* ZHR 154 (1990), 325, 331, 342 f.; *Behrens* RabelsZ 52 (1988), 498, 504 f.

[228] Eingehend mit Literaturangaben *Bokelmann* BB 1990, 1021, 1023 ff.; *ders.* ZGR 1994, 325, 340 ff.

[229] *Roth* Grundlage des gemeinsamen europäischen Versicherungsmarktes, RabelsZ 54 (1990), 63, 75 (Fn. 59), 80 ff.; *Steindorff* EUR 1988, 19 ff. und ZHR 150 (1986), 687, 693; *Behrens* RabelsZ 52 (1988), 498, 510 ff.; *ders.* Jura 1989, 561; vgl. auch *Ebke* ZGR 1987, 245, 256; *Bellstedt* RIW 1988, 883.

[230] Rechtssache Pall Corporation gegen Dalhausen, GRUR Int. 1991, 215, 216.

[231] *Bokelmann* DB 1990, 1021, 1025 ff.; *ders.* ZGR 1994, 343 f., 346 f.

sche Gesellschafterin nicht als Namengeberin einer inländischen Gesellschaft mit ihrer daheim zulässigen Firma fungieren, so ist das als Maßnahme anzusehen, die in der Ausprägung durch die Dassonville-Formel[232] und die Grundsätze im Fall Cassis de Dijon[233] geeignet ist, den innerstaatlichen Handel zu behindern. Hemmnisse für den Binnenhandel der Gemeinschaft müssen nur dann hingenommen werden, wenn sie **notwendig** sind, um zwingenden Erfordernissen, unter anderem solchen des Verbraucherschutzes und der Lauterkeit des Handelsverkehrs, gerecht zu werden.[234] Auch hier handelt es sich nicht nur um ein Diskriminierungs-, sondern ein Beschränkungsverbot in bestimmtem Rahmen.[235]

73   **Folgerungen:** § 18 Abs. 2 hat im Prinzip Bestand. Die Forderung nach Firmenwahrheit gehört zu den tragenden Grundsätzen des Handelsverkehrs. Das Täuschungsverbot findet sich zumindest als Minimalgebot in allen Rechtsordnungen[236] und **ist institutionell zu gewährleisten**. In Frage steht aber die Handhabung des Gebots, das heißt die Konkretisierung durch Rechtsprechung und Lehre (vgl. schon RdNr. 9 ff.). Die **europafreundliche Auslegung von § 18 Abs. 2** und das Ausloten des „strikten Minimums" ist schwierig. Neu nachzudenken wird etwa über die Bedeutung geographischer Bezeichnungen sein, ebenso über die Beibehaltung des Grundsatzes der unveränderten Fortführung der Firma. Auf der anderen Seite kann eine ausländische Firma als Namengeberin jedenfalls dann nicht zugelassen werden, wenn sie den Eindruck erweckt, es handele sich um eine staatliche Institution, eine kirchliche, polizeiliche oder städtische Einrichtung oder ein gemeinnütziges Unternehmen (vgl. auch RdNr. 104).

74   Der **Maßstab für den Wahrheitsgehalt** kann nur ein **einheitlicher** sein. Eine ausländische Firma kann nicht „großzügiger" als eine deutsche beurteilt werden. Entweder täuscht eine Firma, gemessen an § 18 Abs. 2, oder sie täuscht nicht. Im übrigen würde eine solche Betrachtungsweise zu einer Benachteiligung des inländischen Kaufmanns führen. Die Frage nach der Firmenwahrheit läßt sich nur einheitlich beantworten. Auch zwischen EG-Ländern und den übrigen ist kein Unterschied geboten.[237]

75   **2. Die Leitsätze des Deutschen Industrie- und Handelstages.** Sie binden weder das Gericht noch die einzelne Industrie- und Handelskammer. Doch folgen ihnen die Kammern bei der Begutachtung firmenrechtlicher Fragen regelmäßig, was nicht ohne Einfluß auf die Rechtsprechung blieb.[238] Sachlich sind die Leitsätze – zum damaligen Zeitpunkt aus damaliger Sicht nicht zu beanstanden – nach heutigem Verständnis zu streng.[239] In der Firmenfibel von 1992 formuliert der DIHT auch wesentlich zurückhaltender. So sind Begriffe, soweit sie nicht mehr aktuell erscheinen und an Bedeutung eingebüßt haben (Fabrikation, Kaufstätte, Kontor, Lager, Manufaktur, Stelle) oder als Firmenzusatz für gewerbliche Unternehmen kaum noch Verwendung finden (Verband, Industrie), in die Fibel nicht mehr aufgenommen worden. Eine Änderung der Verkehrsauffassung hat der DIHT bei den Zusätzen Atelier, Börse, Drogerie, Gruppe, Haus, Hof, Markt, Reisebüro, Studio und Union festgestellt: in der Regel sei Vollkaufmanneigenschaft notwendig und zum Teil umfangreiche Sortimentsbreite erforderlich, doch komme den Begriffen keine „besonders qualifizierende Bedeutung beziehungsweise Aussage" bei der firmenrechtlichen Beurteilung mehr zu (Fibel Seite 17). Als reformbedürftig und der veränderten Verkehrsauffassung

[232] EuGHE 1974, 837, 847, Rs. 8/74, Staatsanwaltschaft gegen Benoit und Gustave Dassonville (11. 7. 1974).

[233] EuGHE 1979, 649, Rs. 120/78, Rewe-Zentral AG gegen Bundesmonopolverwaltung für Branntwein (20. 2. 1979) = NJW 1979, 1766 = GRUR Int. 1983, 648; dazu, daß das Urteil vom 24. 11. 1993 in Sachen „Keck und Mithouard" (verbundene Rechtssache C-267/91 und C-268/91) die zu Art. 30 EWGV auf der Grundlage der Entscheidungen „Dassonville" und „Cassis de Dijon" entwickelte Rechtsprechung in weiten Teilen unbe-

rührt läßt, vgl. *Hartmut Weyer* DZWir 1994, 89, 94; hierzu auch *Arndt* JuS 1994, 469 und *Fischer* WiB 1994, 182.

[234] Cassis de Dijon, EuGHE 1979, 649, 662, Rs. 120/78 (20. 2. 1979).

[235] Vgl. auch *Dörr* RabelsZ 54 (1990), 677 ff.

[236] Vgl. *Möller* EWS 1993, 22, 24.

[237] *Bokelmann* DB 1990, 1021, 1028.

[238] Staub/*Hüffer* RdNr. 38.

[239] Vgl. zu den einzelnen Leitsätzen Staub/*Hüffer* RdNr. 38 Fn. 34 und oben RdNr. 67.

anzupassen zählt der DIHT die Firmenzusätze Akademie, Bau, Center/Zentrum/Zentrale, Fabrik, geographische Zusätze, Institut, Revision, Technik, Treuhand, weinrechtliche Zusätze und Werk auf (Fibel Seite 18).

3. Akademische Grade, Amts- und Berufsbezeichnungen. Akademische Grade wie 76 der **Doktor** sind nicht Bestandteile des Namens. Sie können aber nach Maßgabe von § 18 Abs. 2 Satz 1 als Zusatz in die Firma aufgenommen werden.[240] Das gilt auch für die Bezeichnung **Professor,** gleich ob insoweit von einem Titel in engerem Sinn oder einer Amts- oder Dienstbezeichnung auszugehen ist.[241] Voraussetzung für die Aufnahme des Titels in die Firma als Firmenzusatz ist immer, daß die Führung des betreffenden Titels berechtigt erfolgt, was dem Registergericht in Zweifelsfällen (etwa dann, wenn es um von ausländischen Hochschulen verliehene akademische Grade geht)[242] nachzuweisen ist.

Die Aufnahme des Titels setzt weiter voraus, daß es sich **bei dem Titelträger um den** 77 **Geschäftsinhaber oder einen die Gesellschaftsbelange maßgeblich mitbestimmenden Gesellschafter handelt.**[243] Das gilt auch für die juristische Person. Für die GmbH etwa kommt es darauf an, ob der Geschäftsführer oder ein den Geschäftsbetrieb maßgeblich beeinflussender Gesellschafter den Titel führt.[244] Ist ein promovierter Strohmann Namengeber, liegt eine Irreführung des Verkehrs vor. Die **Angabe der Fakultät** („Dr. med.", „Dr. jur.") ist nicht stets, jedenfalls aber dann nötig, wenn andernfalls über den Inhaber des Geschäfts vorgetäuscht wird, er sei fachlich besonders qualifiziert.[245] Der Doktor in der Firma ohne nähere Fakultätsangabe weist bei Firmen mit medizinischem Gegenstand des Unternehmens auf einen Arzt hin; dagegen kann der Inhaber eines Rundfunkeinzelhandelsgeschäfts den ihm zustehenden Doktor-Titel der Medizin in der Firma ohne Angabe der Fakultät führen.[246]

Ausländische akademische Grade bedürfen der Genehmigung des örtlich zuständigen 78 Kultusministers (Nostrifikation). Fehlt es an einer mit deutschen wissenschaftlichen Hochschulen vergleichbaren ausländischen Institution („Doktorfabriken"!), darf die verliehene Bezeichnung im Inland nicht geführt werden. Wird genehmigt, sind die Titel grundsätzlich so zu führen, wie sie verliehen worden sind.[247] Ausnahmsweise kann bei Gleichwertigkeit mit einem akademischen inländischen Titel die Führung des entsprechenden deutschen Grades (mit Angabe der verleihenden Institution) genehmigt werden.[248]

Bei **fortgeführten Firmen** muß grundsätzlich ein Nachfolgezusatz beigefügt[249] oder der 79 Titel fortgelassen werden. Erfüllt dagegen der Fortführende selber oder ein maßgeblicher Gesellschafter die Voraussetzungen des in der Firma enthaltenen Titels, ist die Beibehaltung der bisherigen Firma nebst Doktortitel nicht zu beanstanden (Beispiel: ein auf dem Fachgebiet der Gesellschaft promovierter Akademiker ist ihr Gesellschaftergeschäftsführer geworden). Der Verkehr wird in diesem Fall nicht über sich aus dem Titel in der Firma ergebende Umstände getäuscht.[250]

---

[240] BGHZ 38, 380, 382; BGH WRP 1992, 101 f. = Rpfleger 1992, 162 f.; BayObLG MDR 1961, 777; *Hönn* ZHR 153 (1989), 386, 390; Staub/*Hüffer* RdNr. 39; Heymann/*Emmerich* RdNr. 29; Hachenburg/*Heinrich* § 4 RdNr. 37, 59; Baumbach/*Hopt* Anm. 5 G; *Bokelmann* Firmenrecht RdNr. 282.

[241] Näher *Hönn* ZHR 153 (1989), 386, 390 f.

[242] Näher *Hönn* ZHR 153 (1989), 386, 392 f.; 415.

[243] BGHZ 53, 65, 68; BGH WRP 1992, 101, 102 = Rpfleger 1992, 162.

[244] BGH WRP 1992, 101, 102; einschränkend *Hönn* ZHR 153 (1989), 386, 390 f.

[245] BGHZ 53, 65, 67; OLG München JFG 18, 371: *Hofmann* JuS 1972, 233, 236; *Hönn* ZHR 153 (1989), 386, 416; Baumbach/*Hueck* GmbHG § 4 RdNr. 32; **aA** für die GmbH Hachenburg/*Heinrich*

§ 4 RdNr. 59: kein Fakultätszusatz selbst dann, wenn der Doktor-Titel ohne Bezug auf den Gegenstand der GmbH ist; *Lutter/Hommelhoff* § 4 RdNr. 15; *Riegger* DB 1984, 441, 444.

[246] BGH LM § 18 Nr. 1 = MDR 1959, 551; Baumbach/*Hopt* RdNr. 21; Staub/*Hüffer* RdNr. 39.

[247] Staub/*Hüffer* RdNr. 39; Baumbach/*Hefermehl* Wettbewerbsrecht § 3 UWG RdNr. 424.

[248] Ausführlich hierzu *Hönn* ZGR 153 (1989), 386, 393.

[249] RGZ 162, 121, 122; 169, 147, 150; BGHZ 53, 65, 68; BayObLGZ 1978, 44, 46; LG Nürnberg-Fürth BB 1990, 732; Baumbach/*Hopt* § 22 RdNr. 15; Baumbach/*Hefermehl* Wettbewerbsrecht § 3 UWG RdNr. 418.

[250] BGH WRP 1992, 101, 102 f.; *Bokelmann* Firmenrecht RdNr. 286.

80 **Berufsbezeichnungen,** hauptsächlich im Bereich der freien Berufe, sind zum Teil gesetzlich geschützt (zum Beispiel Anwalt, Apotheker, Arzt, Zahnarzt, Steuerberater, Steuerbevollmächtigter, Steuerberatungsgesellschaft, Wirtschaftsprüfer, Wirtschaftsprüfergesellschaft). Fehlt es insoweit an der Qualifikation, dürfen diese Bezeichnungen (soweit die Führung einer Firma überhaupt in Betracht kommt), weil täuschend, nicht in die Firma aufgenommen werden.[251] Auch verwandte Bezeichnungen, die es als gesetzlich geschützte überhaupt nicht gibt, täuschen insoweit im Rechtsverkehr (Wirtschaftsjurist, Industrieanwalt, Handelsanwalt, Geschäftsanwalt und so fort).[252]

81 Entsprechendes gilt für den **Meistertitel eines Handwerkers.** Er darf nur Bestandteil der Firma sein, wenn die Meisterprüfung erfolgreich abgelegt worden ist. „Der erfahrene Meisterbetrieb" ist nicht zulässig, wenn nur ein Betriebsangehöriger den Meister gemacht hat.[253]

82 **4. Alter und historische Beziehung.** Hinweise auf das Alter eines Unternehmens in der Firma sind zulässig, sofern sie der Wahrheit entsprechen („Ältestes Haus", „seit 1893", „gegründet 1902").[254] „Erste" („Erster", „Erstes") ist mehrdeutig und kann das zeitlich erste oder beste Unternehmen bedeuten. Ein Hinweis auf das beste Unternehmen ist, weil „unbeweisbarer Wertzusatz",[255] unzulässig. Der Zusatz darf daher nur dann geführt werden, wenn er unzweideutig und der Wahrheit entsprechend auf das zeitlich erste Unternehmen hinweist. „Erstes Baubetreuungsunternehmen" ist daher unzulässig.[256] Auf **verschlüsselte Altersangaben** ist besonders zu achten. Begriffe wie „städtisch", „königlich", „provinzial" täuschen, wenn die damit angedeuteten Beziehungen zu Staat, Gemeinde oder Kommunalverband gar nicht vorliegen. „Königlich Bayerisch" (angemeldet war eine Firma „Königlich Bayerisch Bierbrauerei I. Prinzessin von Bayern KG") erweckt nicht nur den Eindruck, das bayerische Königshaus habe mit der Brauerei in zumindest bevorzugter Beziehung gestanden; hervorgerufen wird auch die Vorstellung von einem Unternehmen mit beständiger und alter Tradition. Trifft das nicht zu, ist die Firma unzulässig.[257] Eine Firma darf auch nicht durch Verwendung des Namens eines alten, inzwischen ausgestorbenen Adelsgeschlechts den Anschein erwecken, es handele sich um die Fortführung einer alten Firma.[258] Dagegen täuscht der Firmenbestandteil Manufaktur („Porzellan- und Glasmanufaktur") auch dann nicht, wenn das Handelsunternehmen kein frühes Gründungsjahr vorzuweisen vermag. Die Annahme, das Unternehmen müsse auf eine längere, geschichtlich bedeutsame Produktion zurückblicken können, ist heute nicht mehr haltbar.[259]

83 **5. Amtlicher Eindruck.** Firmenzusätze, die der Wahrheit zuwider den Eindruck staatlicher, städtischer, kirchlicher, polizeilicher oder ähnlicher Stellen hervorrufen, sind unzulässig. „Amtliches Reisebüro" ist nur erlaubt, wenn das Reisebüro aufgrund von Vereinbarungen mit behördlichen Stellen amtliche Aufgaben wahrnimmt.[260] Zusätze wie „**städtisch**", „**königlich**" oder „**provincial**" täuschen, wenn es an entsprechenden Beziehungen zu Staat, Gemeinde oder Kommunalverband fehlt (vgl. schon RdNr. 82).[261] Als

---

[251] *Hönn* ZHR 153 (1989), 386, 392; Staub/*Hüffer* RdNr. 40; *Wessel/Zwernemann,* Die Firmengründung, RdNr. 379 ff.

[252] Vgl. mit weiteren Beispielen *Hönn* ZHR 153 (1989), 386, 392; Staub/*Hüffer* RdNr. 40; Baumbach/*Hefermehl* Wettbewerbsrecht § 3 UWG RdNr. 419 ff.

[253] OLG Düsseldorf GRUR 1973, 33 betreffend eine KG, deren Komplementär nicht Meister war; Baumbach/*Hopt* RdNr. 21; Staub/*Hüffer* RdNr. 41; Baumbach/*Hefermehl* Wettbewerbsrecht § 3 UWG RdNr. 422; *Bokelmann* Firmenrecht RdNr. 289.

[254] Staub/*Hüffer* RdNr. 42; Heymann/*Emmerich* RdNr. 32; *Bokelmann* Firmenrecht RdNr. 256; *Wessel/Zwernemann,* Die Firmengründung, RdNr. 403.

[255] *Wessel/Zwernemann,* Die Firmengründung, RdNr. 403, 462.

[256] *Bokelmann* Firmenrecht RdNr. 254.

[257] BayObLG Rpfleger 1981, 114, 115; vgl. auch BGH (21. 2. 1991 – I ZR 106/89) zu „Königl.-Bayerische Weisse".

[258] OLG Neustadt/Weinstr. MDR 1963, 138 („Sektkellerei Graf S").

[259] Anders BayObLG MDR 1985, 677; vgl. näher *Wessel/Zwernemann,* Die Firmengründung, RdNr. 401 unter Hinweis auf OLG München GRUR 1989, 620.

[260] Leitsatz DIHT BB 1966, 475, insoweit auch heute noch zutreffend; Staub/*Hüffer* RdNr. 44; *Bokelmann* Firmenrecht RdNr. 241.

[261] BayObLG Rpfleger 1981, 114, 115.

unzulässig wurden angesehen „Torgauer Stadtbrauerei C. L." und „Thüringer Landeskonservatorium in Erfurt Direktor W";[262] auch die letzten vier Worte können nicht den Eindruck einer staatlichen Anstalt beseitigen. Die Bezeichnung „Stadtbäckerei", wird sie nicht von der Stadt betrieben, soll selbst dann unzulässig sein, wenn die Stadt keine Einwände erhebt.[263]

Täuschungen können auch in Verbindung mit dem Wort **„öffentlich"**[264] oder **84** **„kirchlich"**[265] auftreten, ebenso bei Kombinationen mit **„Dienst"** oder **„Stelle"**.[266] „Schädlingsbekämpfungsdienst Sachsen-Anhalt W. J." wurde für ein rein privates Unternehmen als unzulässig angesehen.[267] Schließlich ist es einem privatrechtlichen Verein nicht erlaubt, die Bezeichnung **„Wirtschaftskammer"** als Vereinsnamen oder Teil des Namens zu führen.[268] Der Vereinsname „Ärztetag für Medizin ohne Nebenwirkungen" ist aber nicht irreführend; insbesondere verbindet die Allgemeinheit mit einem solchen Namen nicht ohne weiteres die Zugehörigkeit zu einer öffentlich-rechtlichen Körperschaft.[269]

Rechtsformzusätze und Inhaberangabe in der Firma. Erweckt ein Zusatz den Ein- **85** druck öffentlicher Trägerschaft, Beteiligung oder Förderung, so beseitigt die bloße Rechtsformbezeichnung diesen Eindruck nicht. Denn in der Praxis wird im täglichen Gebrauch der Firma oft das „GmbH" ganz fortgelassen oder erscheint in kleiner Magerschrift, während der übrige Firmenbestandteil groß und fett geschrieben wird. Es muß daher, täuscht ein Firmenbestandteil, durch einen Firmenzusatz oder weitere Firmenbestandteile eindeutig klargestellt werden, daß es sich um ein privates Unternehmen ohne Verbindung zu staatlichen Stellen handelt.[270] Auch der Name des Inhabers kann nicht stets die Täuschungsgefahr ausschließen. Spiegelt die Firma eine in Wirklichkeit nicht bestehende Verbindung zu einer staatlichen Einrichtung wider („Universitätsverlag"),[271] so beseitigt weder der Rechtsformzusatz noch die Anführung des Inhabernamens die von der Firma ausgehende Täuschung, weil auch zwischen einem Privatunternehmen und einer öffentlichen Institution besondere Beziehungen bestehen können.

Polizei. In der Regel ist die Führung des Wortes „Polizei" in privaten Firmen unzuläs- **86** sig, so „Polizeiverlag", „Polizei-Verlags- und Anzeigenverwaltungs-GmbH", nicht dagegen „Polizeisport Anzeigenverwaltung und Verlag H.".[272]

Anstalt, Akademie, Institut, Seminar, Fachschule, Stiftung. Zum Teil ergibt sich **87** bereits aus der Tätigkeitsangabe, daß eine private, gewerbliche Tätigkeit vorliegt („Beerdigungsinstitut", „Eheanbahnungsinstitut", „Schönheitsinstitut").[273] Anderes gilt dann, wenn die Tätigkeitsangabe von dem Verkehr mit wissenschaftlicher Behandlung, Analyse oder Forschung identifiziert wird („Institut für Marktanalysen", „Institut für Zelltherapie",

---

[262] KGJ 22 A 97, 100; KG OLGRspr. 42, 209.

[263] *Bokelmann* Firmenrecht RdNr. 242; zu Recht zweifelnd *Wessel/Zwernemann,* Die Firmengründung, RdNr. 402; für „Stadtbäcker" offengelassen von BayObLG MDR 1987, 939.

[264] *v. Locquenghien* DJ 1934, 1593; *Bokelmann* Firmenrecht RdNr. 250; *Staub/Hüffer* RdNr. 44.

[265] Zu „Kirchlicher Kunstverlag C. M." LG Bremen BB 1961, 501: unzulässig.

[266] *Bokelmann* Firmenrecht RdNr. 247, 249.

[267] KG DR 1942, 1501; zu „Stelle" KG DR 1942, 731.

[268] OLG Frankfurt BB 1974, 577; BayObLG Rpfleger 1992, 354, 355.

[269] BayObLG Rpfleger 1992, 354.

[270] OLG Köln Rpfleger 1992, 111 f.; BayObLG BB 1985, 2269 unter Aufgabe von BayObLG BB

1968, 313; *Staub/Hüffer* RdNr. 45, 47; *Bokelmann* Firmenrecht RdNr. 259.

[271] OLG Oldenburg BB 1975, Beil. 12 S. 18; anders aber für „Universitäts-Buchhandlung", „Universitäts-Buchbinderei", „Universitäts-Café" und „Universitätsgaststätte".

[272] LG Wiesbaden DJ 1936, 1859; OLG Frankfurt WM 1983, 1372; OLG Hamm Rpfleger 1980, 472; OLG Hamm Rpfleger 1981, 404; vgl. auch BayObLGZ 1986, 150, 152 f.; näher Heymann/*Emmerich* RdNr. 49; *Wessel/Zwernemann,* Die Firmengründung, RdNr. 398.

[273] OLG Stuttgart BB 1961, 500; Heymann/*Emmerich* RdNr. 34; *Staub/Hüffer* RdNr. 46; *Hönn* ZHR 153 (1989), 386, 403; *Bokelmann* Firmenrecht RdNr. 259: fraglich bei „Institut für Schädlingsbekämpfung".

„Institut für physikalische Therapie“, „Institut für steuerwissenschaftliche Information“).[274] Entsprechende Grundsätze gelten für Akademie[275] und Seminar, wobei ein strengerer Maßstab als für Institut oder Anstalt angemessen ist.[276]

88   **6. Bank, Bankhaus, Bankier, Sparkasse, Volksbank, Kapitalanlagegesellschaft, Investmentgesellschaft.**[277] Es handelt sich durchweg um geschützte Bezeichnungen, die nur unter bestimmten Voraussetzungen in die Firma aufgenommen werden dürfen. Für Unternehmen ist die Bezeichnung **Bank** oder **Bankier** nur dann erlaubt, wenn sie eine Erlaubnis nach dem KWG besitzen oder eine solche Bezeichnung bei Inkrafttreten des KWG geführt haben, §§ 32, 39 KWG. **Volksbank** ist nur solchen Kreditinstituten erlaubt, die in der Rechtsform einer eingetragenen Genossenschaft betrieben werden und einem Prüfungsverband angehören.[278] Als **Sparkasse** dürfen sich – abgesehen von den Unternehmen, die bei Inkrafttreten des KWG eine solche Bezeichnung zu Recht geführt haben – nur öffentlichrechtliche Sparkassen bezeichnen, § 40 KWG. Unternehmen, die das Bauspargeschäft betreiben (§ 2 Abs. 1 Nr. 6 KWG), dürfen sich jedoch „Bausparkasse“ und eingetragene Kreditgenossenschaften, die einem Prüfungsverband angehören, **Spar- und Darlehenskasse** nennen (§ 40 Abs. 2 KWG). Auch gelten nach § 41 KWG die §§ 39 und 40 nicht für solche Unternehmen, die die Worte Bank, Bankier oder Sparkasse in einem Zusammenhang führen, der den Anschein ausschließt, daß sie Bankgeschäfte betreiben, wie das bei „Datenbank“, „Spielbank“ oder „Bankverlag“ der Fall ist.[279] Auf die Bezeichnung „Bankrepräsentanz“ trifft das aber nicht zu.[280] Zwar versteht man in Bankfachkreisen unter „Repräsentanz“ die Geschäftsstelle einer Bank (oft in Form nur eines Büros), die selbst keine Bankgeschäfte betreibt, sondern Geschäfte nur anbahnt und Kontakte herstellt. Doch ist das dem darüber hinaus durch Firma und Werbung auch angesprochenen allgemeinen Publikum in der Regel unbekannt, so daß dort der Eindruck entstehen kann, es würden auch Bankgeschäfte betrieben.

89   Auch eine Bank darf einen **geographischen Firmenzusatz** (Regionalzusatz) führen. Zu beachten ist aber, daß hier nach herkömmlichem Verständnis geographische Bezeichnungen den Eindruck erwecken können (RdNr. 103 ff.), die betreffende Bank sei in dem genannten Gebiet führend und habe eine überragende Bedeutung. Aufmerksamkeit ist insbesondere dann geboten, wenn in dem betreffenden Gebiet weitere Banken derselben Art ansässig sind und diesen ebensolche Bedeutung zukommt.[281]

90   Über die Eintragung oder Löschung einer eingetragenen Firma entscheidet das **Registergericht** (§ 43 Abs. 1, 2 KWG). Hat das **Bundesaufsichtsamt für das Kreditwesen** nach § 42 KWG über die Befugnis eines Unternehmens zur Führung einer bestimmten Bezeichnung (Bank, Sparkasse, Volksbank und so fort) rechtskräftig entschieden, so ist das Registergericht insoweit gebunden; es hat die Entscheidung des Bundesaufsichtsamtes

---

[274] BayObLGZ 1985, 215, 216; OLG Düsseldorf WRP 1976, 317 f.; OLG Düsseldorf WRP 1976, 796 f.; BayObLG NJW-RR 1990, 1125; vgl. weiter mit Beispielen Heymann/*Emmerich* RdNr. 34; Staub/*Hüffer* RdNr. 48; *Bokelmann* Firmenrecht RdNr. 259 ff.; *Wessel/Zwernemann*, Die Firmengründung, RdNr. 391 ff., dort auch zu **„Überwachungsdienst“**, **„Schule“** und **„Förderungs-“**.

[275] Vgl. OLG Bremen BB 1971, 1258: Fortbildungsstätte, bei der die berufliche oder künstlerische Förderung der Besucher oder Mitglieder Selbstzweck und nicht Mittel der Gewinnerzielung ist.

[276] Staub/*Hüffer* RdNr. 49; *Bokelmann* Firmenrecht RdNr. 260 ff.; zu **Stiftung** vgl. OLG Stuttgart GmbHR 1964, 116.

[277] Vgl. zu den Einzelheiten Staub/*Hüffer* RdNr. 50 ff.; Heymann/*Emmerich* RdNr. 35 f.; *Bokelmann* Firmenrecht RdNr. 271 ff.; *Wessel/Zwerne-*

mann, Die Firmengründung, RdNr. 382. Vgl. auch den firmenrechtlichen Leitsatz des DIHT (BB 1966, 1370) mit Erläuterung in der Firmenfibel des DIHT 1983 (S. 14); in der Firmenfibel des DIHT 1992 ist der Leitsatz nicht mehr aufgenommen worden, einige Hinweise finden sich dort S. 27.

[278] Zur Unzulässigkeit der Firma „Volks- und Raiffeisenbank Y, Zweigniederlassung der Raiffeisenbank X e.G.“ vgl. OLG Frankfurt NJW-RR 1989, 483.

[279] Vgl. auch *Gößner,* Lexikon des Firmenrechts, B 2 unter „Bank“.

[280] OLG Stuttgart WRP 1993, 841 f.

[281] BGH BB 1973, 813 („Bayerische Bank AG“) und WRP 1975, 296 („Oberhessische Bank AG“, Die „Oberhessische“); BayObLG Rpfleger 1976, 433; OLG Hamm BB 1991, 2107 („Essener Genossenschaft eG“, abgekürzt „EG-Bank“).

seiner Entscheidung zugrundezulegen.[282] Nach § 43 Abs. 3 KWG steht dem Bundesaufsichtsamt ein Antrags- und Beschwerderecht gegenüber dem Registergericht zu, soweit die Firmierung von Kreditinstituten angesprochen ist.[283]

Die Bezeichnungen **Kapitalanlagegesellschaft** und **Investmentgesellschaft** sowie **Kapitalanlage, Investment, Investor** und **Invest** sind den Firmen von Kapitalanlagegesellschaften im Sinne des § 1 Abs. 1 des Gesetzes über Kapitalanlagegesellschaften sowie ausländischen Investmentgesellschaften vorbehalten (§ 7 KAGG). Nur ihnen ist es erlaubt, diese Worte in ihre Firma aufzunehmen. Doch die Kapitalanlage, Investment, Investor und Invest dann gestattet, wenn es nach dem Zusammenhang ausgeschlossen ist, daß durch ihre Verwendung in der Firma der Anschein erweckt wird, der Geschäftsbetrieb sei auf die Anlage von Geldvermögen gerichtet.[284] Enthält die Firma eines Kaufmanns zu Unrecht die geschützte Bezeichnung Invest, so kann das Bundesaufsichtsamt für das Kreditwesen die Löschung auch beim Landgericht anregen. Hat das Bundesaufsichtsamt eine solche Amtslöschung angeregt, kann das Landgericht nicht unter Berufung auf das Auflösungsverfahren nach § 144 a FGG seine erstinstanzliche Zuständigkeit verneinen.[285]

7. Bau. Der Zusatz deutet, auch in Verbindung mit aus sich heraus nicht verständlichen Silben (LU-HO-Bau), auf ein **bauausführendes** Unternehmen. Baustoffhändler dürfen den Zusatz nicht benutzen.[286] Unzulässig ist auch „Grundstücks- und Kapitalvermittlungsgesellschaft ‚Bau und Finanz' mit beschränkter Haftung", wenn Gegenstand des Unternehmens die „Vermittlung von Grundstücken und Kapitalien" ist.[287]

8. Börse. Nach wohl noch herrschender Meinung trägt börsenähnlicher Charakter jede geschäftliche Einrichtung, in deren Rahmen eine Vielzahl von Kaufleuten sowohl auf der Einkäufer- als auf der Verkäuferseite zusammenkommen, um miteinander Handelsgeschäfte abzuschließen.[288] Folgt man dem, darf sich ein Schmuckwarengeschäft mittlerer Größe nicht „Schmuck-Börse" nennen, ist die Bezeichnung „Schuh-Börse" für ein Einzelhandelsgeschäft mit Schuhwaren unzulässig,[289] darf ein Gebrauchtwagenunternehmen mittlerer Größe nicht „Auto-Börse GmbH" firmieren.[290] Nach dem OLG Frankfurt ist der Firmenbestandteil „Internationale Flugbörse" dann, wenn bestimmte tatsächliche Voraussetzungen nicht vorliegen, geeignet, eine Täuschung über die Art oder den Umfang des Geschäfts herbeizuführen: die Allgemeinheit erwarte, daß sie bei einem solchen Unternehmen ein besonders vielseitiges und preisgünstiges Angebot vorfinde.[291] Auch der Leitsatz des DIHT von 1983 verweigerte dem Einzelhandelsgeschäft die Berechtigung, den Zusatz „Börse" zu führen.[292] In der Firmenfibel des DIHT von 1992 ist zu „Börse" zutreffenderweise kein Leitsatz mehr aufgenommen und auf Seite 17 angemerkt, besondere qualifizierende Bedeutung komme dem Begriff nicht zu.

Die RdNr. 93 referierte Meinung trifft heute **nur noch auf die klassischen Bereiche der Börse** (Devisenbörse, Wertpapierbörse, Mineralölbörse) zu.[293] **Im übrigen ist ein Bedeutungswandel eingetreten.** „Krawattenbörse", „Strumpfbörse", „Gebrauchtwagenbörse" oder „Reisbörse" darf auch ein Einzelkaufmann firmieren, ebenso „Schuhbörse".[294]

---

[282] *Consbruch* BB 1966, 102, 104; Staub/*Hüffer* RdNr. 51.

[283] Hierzu OLG Frankfurt DB 1982, 1106.

[284] BayObLG BB 1969, 1062; bedenklich BayObLG Rpfleger 1984, 319: eine GmbH, die den Kunst- und Antiquitätenhandel betreibt und in der Firma das Wort „Invest" führt, soll unzulässig sein; ebenso *Wessel/Zwernemann*, Die Firmengründung, RdNr. 383 für „Kunstinvest Antiquitätenhandel GmbH".

[285] LS BayObLGZ 1983, 54, Abgrenzung zu BayObLGZ 1969, 215.

[286] OLG Hamm OLGZ 1974, 139, 143 f.

[287] AG Oldenburg BB 1968, 312.

[288] OLG Zweibrücken BB 1968, 311 („Schmuck-Börse"); OLG Frankfurt BB 1966, 1245; ebenso mit weiteren Nachweisen Heymann/*Emmerich* RdNr. 37; Staub/*Hüffer* RdNr. 53: Aufweichungstendenzen sei entgegenzutreten.

[289] AG Schweinfurth BB 1964, 1144.

[290] LG Darmstadt BB 1966, 1245.

[291] OLG Frankfurt Rpfleger 1981, 306 f.

[292] Leitsatz Nr. 5 der Firmenfibel 1983; ebenso *Haberkorn*, Firma, Firmenwahrheit, Firmenzusätze, S. 47.

[293] *Wessel/Zwernemann*, Die Firmengründung, RdNr. 395, 413.

[294] *Bokelmann* Firmenrecht RdNr. 217 f.

Der Verkehr setzt auch keine Sonderstellung des Unternehmens hinsichtlich Größe und Bedeutung voraus. Zum Teil werden Angebote registriert und an Interessenten weitergegeben (vermittelt) wie bei „Gebrauchtwagenbörse" und „Reisbüro",[295] zum Teil steht Börse nur noch für ein besonderes reichhaltiges Angebot. Voraussetzung ist nach richtiger Meinung nur noch ein größerer Betrieb (wenngleich auch das fraglich sein kann), ein reichhaltiges Lager und bewegliche Preisbildung.[296]

95   **9. Fabrik, Fabrikation, Industrie, Werk(e).** Der Leitsatz des DIHT[297] trifft in mehreren Punkten nicht mehr zu. Auch die Rechtsprechung[298] ist zu einem guten Teil überholt. **Fabrikation** ist als begriffliche Minderform der Fabrik, die zwar den Umfang einer Fabrik nicht erreichen, aber den Rahmen eines handwerklichen Betriebes übersteigen soll,[299] ungeeignet und wenig hilfreich. Eine sichere Abgrenzung Fabrik – Fabrikation ist nicht möglich und, gemessen an europäischen Erfordernissen (RdNr. 73), weder erforderlich noch wünschenswert.[300] Allenfalls läßt sich sagen, daß die Begriffe dann täuschungsgeeignet sind, wenn nicht fabriziert, sondern ausschließlich Handel betrieben wird.[301]

96   **Fabrik** ist bereits dahin verwässert, daß der Verkehr im Gegensatz zu **Industrie** und **Werk** kein großes Unternehmen mehr – wenn auch ein vollkaufmännisches – erwartet.[302] Das gilt aber auch für **Werk** aufgrund der historischen Entwicklung in bestimmten Kombinationen (Preßwerk, Sägewerk, Marmorwerk, Betonwerk, Schotterwerk).[303] **Industrie** bedeutet – sofern nicht als Branchenangabe gebraucht (Lohnindustrie) – mehr als Werk. Erwartet wird eine aus Fabriken und Werken zusammengesetzte Unternehmensgesamtheit.[304]

97   **10. Fachgeschäfte, Spezialgeschäft, Fach.** Nach überwiegender Meinung wird im Bereich des Handels eine besondere Leistung im Fach erwartet.[305] Die Bezeichnung eines Einzelhandelsgeschäfts als Fachgeschäft soll beim Publikum den Eindruck erwecken, daß sich der Geschäftsmann ganz überwiegend mit den Erzeugnissen einer Branche befaßt und daher befähigt ist, innerhalb dieser Branche ein breites und tief gegliedertes Sortiment zu unterhalten und fachkundigen Rat zu erteilen. Daneben soll die Kundschaft die Möglichkeit von Sonderanfertigungen und Montagen erwarten.[306] Etwa die gleichen Erfordernisse werden auch für ein „Spezialgeschäft" angenommen.[307]

98   Die Anforderungen dürften zu hoch sein. Der Kaufmann darf aber jedenfalls nicht branchenfremd sein, und das Sortiment muß die gängigen Marken (Waren) umfassen.[308] Fraglich ist, ob der Zusatz **Fach** für ein Dienstleistungsunternehmen voraussetzt, daß das Unternehmen in besonderer Weise für den betreffenden Geschäftskreis sachkundig ist

---

[295] *Wessel/Zwernemann*, Die Firmengründung, RdNr. 413.

[296] Baumbach/*Hopt* RdNr. 16; vgl. auch *Bokelmann* GmbHR 1983, 236, 238; Koller/*Roth*/Morck RdNr. 11.

[297] BB 1957, 522 und firmenrechtlicher Leitsatz Nr. 9 in der Firmenfibel des DIHT 1983.

[298] vgl. eingehende Nachweise bei Baumbach/ *Hopt* RdNr. 15; Heymann/*Emmerich* RdNr. 40 f.; Staub/*Hüffer* RdNr. 54 ff.; *Wessel/Zwernemann*, Die Firmengründung, RdNr. 452 ff.; *Bokelmann* Firmenrecht RdNr. 193 ff.

[299] OLG Hamm BB 1954, 74. Staub/*Hüffer* (RdNr. 54) gehen von der Stufenfolge Fabrikation, Fabrik, Werk und Industrie aus.

[300] In der Firmenfibel des DIHT 1992 heißt es, Fabrikation erscheine „nicht mehr aktuell" und habe an Bedeutung eingebüßt (S. 17).

[301] Vgl. auch *Wessel/Zwernemann*, Die Firmengründung, RdNr. 416.

[302] *Wessel/Zwernemann*, Die Firmengründung, RdNr. 416, 452.

[303] *Bokelmann* Firmenrecht RdNr. 193; *Wessel/Zwernemann*, Die Firmengründung, RdNr. 452; fraglich für „Emaillierwerk", OLG Stuttgart BB 1981, 1669.

[304] Staub/*Hüffer* RdNr. 56; einschränkend Heymann/*Emmerich* RdNr. 41, der einen selbst herstellenden Großbetrieb genügen läßt.

[305] OLG München BB 1959, 251; OLG Stuttgart BB 1974, 196 f.; Baumbach/*Hopt* Anm. 5 E; Staub/ *Hüffer* RdNr. 57; Baumbach/*Hefermehl* Wettbewerbsrecht § 3 UWG RdNr. 377 mit eingehenden Nachweisen; *Bokelmann* Firmenrecht RdNr. 214 f.

[306] *Wessel/Zwernemann*, Die Firmengründung, RdNr. 353.

[307] OLG Stuttgart BB 1974, 196 f. (Küchenspezialgeschäft).

[308] In diese Richtung auch Heymann/*Emmerich* RdNr. 42.

(Qualifikationsmerkmal).[309] Es wird auch vertreten, in dem Zusatz sei nur ein Hinweis auf die Spezialisierung („Immobilien-Fach-Agentur") zu sehen.[310]

11. Finanz, Finanzierung, Finanzierungen, Versicherung, Versicherungsvermitt- 99 **lung.** Finanziert das Unternehmen nicht selbst, muß das in der Firma eindeutig zum Ausdruck kommen. Es ist für die in Betracht kommenden Verkehrskreise wichtig zu wissen, ob die Gesellschaft selbst finanziert oder (mit dem Ergebnis von weiteren Kosten) nur zwischengeschaltet ist. Die Firma muß in diesem Fall etwa „Finanzierungsvermittlung" oder „Finanzierungsberatung" oder „Finanzierungsmakler" heißen. Ist eine Firma, die nur vermittelt, unter „Finanz", „Finanzierung", „Finanzkontor", „Finanzgeschäfte", „Financial Service", „Finanzmarketing" oder ähnlichen nicht eindeutigen Bezeichnungen eingetragen worden,[311] so muß das Registergericht hiergegen einschreiten,[312] und zwar ohne Rücksicht darauf, wie lange die Firma schon besteht. Denn die genannten Wortverbindungen sind täuschungsgeeignet, wenn die Gesellschaft nicht selbst Finanzierungen, also Bankgeschäfte betreibt, die nach § 32 Abs. 1 in Verbindung mit § 1 KWG erlaubnispflichtig sind. Unzulässig ist daher eine Firma „Gesellschaft für Finanzierung und Vermittlung GmbH" bei nur vermittelnder Tätigkeit.[313] Auch ist der Firmenzusatz „prokredit" bei einer Geldvermittlungs-GmbH täuschungsgeeignet; das Registergericht muß das Auflösungsverfahren nach § 144 a FGG einleiten.[314] Überhaupt nicht eintragungsfähig ist „Vermögensbildungsgesellschaft", weil nach allen Seiten offen bleibt, was der faßbare Gegenstand des Unternehmens ist.[315] Schließlich: Ein Bauträger „X.-Finanz Beratungs-GmbH" darf im Geschäftsverkehr nicht unter der Kurzbezeichnung „X.-Finanz-GmbH" auftreten, weil das den Irrtum erregt, er betreibe Finanzgeschäfte nach Art einer Bank.[316]

Entsprechende Grundsätze gelten **für Gesellschaften, die sich mit Versicherungen** 100 **befassen.** Versichern sie nicht selbst, muß das in der Firma zum Ausdruck kommen („Versicherungsvermittlung").[317]

Zwar ist bei der überwiegenden Zahl der Firmenzusätze im Hinblick auf die Europäische 101 Union fraglich, ob die strengen deutschen Grundsätze bei der Auslegung von § 18 Abs. 2 beibehalten werden dürfen (RdNr. 67 ff.). Bei **„Finanz", „Finanzierung" und so fort** muß es aber uneingeschränkt bei der dargestellten Auslegung bleiben.

12. Gemeinnützigkeit, gemeinnützig. Nach § 52 Abs. 1 AO ist ein Zweck gemein- 102 nützig, wenn die Allgemeinheit auf materiellem, geistigem oder sittlichen Gebiet selbstlos gefördert werden soll. Nicht dagegen liegt eine Förderung der Allgemeinheit vor, wenn der Kreis der Personen, dem die Förderung zugute kommt, fest abgeschlossen ist, wie dies beispielsweise bei der Zugehörigkeit zu einer Familie oder zur Belegschaft eines Unternehmens der Fall ist.[318] Nach Abs. 2 der Vorschrift sind unter den genannten Voraussetzungen als Förderung der Allgemeinheit insbesondere anzuerkennen:

1. die Förderung von Wissenschaft und Forschung, Bildung und Erziehung, Kunst und Kultur, der Religion, der Völkerverständigung, der Entwicklungshilfe, des Umwelt-, Landschafts- und Denkmalschutzes, des Heimatgedankens,

---

[309] So Staub/*Hüffer* RdNr. 57; *Bokelmann* Firmenrecht RdNr. 215.
[310] OLG Bremen BB 1971, Beilage 9 zu Heft 30, S. 6 f.; *Wessel/Zwernemann*, Die Firmengründung, RdNr. 453; Heymann/*Emmerich* RdNr. 42; zu „Fachkrankenhaus" und „Fachkrankenhaus für Psychosomatik und Durchblutungserkrankungen" siehe BGH NJW 1988, 2954.
[311] Vgl. AG Hamburg BB 1977, 1116; LG Düsseldorf BB 1979, 905; ausführliche Nachweise bei *Dürr* ZIP 1982, 1067, 1068; vgl. auch *Bokelmann* Firmenrecht RdNr. 264 ff.; *Wessel/Zwernemann*, Die Firmengründung, RdNr. 412, 416; *Gößner*, Lexikon des Firmenrechts, F 9 unter Finanz-, Finanzberatung

und Finanzierung, Finanzierung und Vermittlung, Finanzierungsgesellschaft, Finanzierungsbank und Finanzierungsinstitut; vgl. ferner Firmenfibel des DIHT 1992, S. 19.
[312] Abzulehnen daher AG Hamburg, ZIP 1982, 1067.
[313] AG Rotenburg (Wümme).
[314] OLG Köln WM 1980, 63 = BB 1980, 652.
[315] Vgl. aber BayObLG BB 1985, 610 f. = EWiR 1985, 295 f. (*Bokelmann*).
[316] LG Regensburg Rpfleger 1983, 278.
[317] *Wessel/Zwernemann*, Die Firmengründung, RdNr. 437; *Bokelmann* Firmenrecht RdNr. 264.
[318] Näher *Brandmüller* BB 1977, 388.

2. die Förderung der Jugendhilfe, der Altenhilfe, des öffentlichen Gesundheitswesens, des Wohlfahrtswesens und des Sports. Schach gilt als Sport,

3. die allgemeine Förderung des demokratischen Staatswesens im Geltungsbereich; hierzu gehören nicht Bestrebungen, die nur bestimmte Einzelinteressen staatsbürgerlicher Art verfolgen oder die auf den kommunalpolitischen Bereich beschränkt sind.

Gemeinnützig als Firmenbestandteil setzt voraus, daß die Anerkennung der Gemeinnützigkeit gemäß den §§ 51 ff. Abgabenordnung zum Zeitpunkt der Eintragung in das Handelsregister nachgewiesen ist.[319]

103 **13. Geographische Zusätze. a) Übersicht.** Nach dem firmenrechtlichen Leitsatz des DIHT von 1967[320] werden Landes-, Landschafts-, Orts- und andere geographische Bezeichnungen als Bestandteil des Namens für ein gewerbliches Unternehmen in aller Regel nicht nur als Hinweis auf den Sitz, die Nationalität oder die Zugehörigkeit des Unternehmens zu dem betreffenden Gebiet verstanden. Sie sollen vielmehr auf eine besondere Beziehung zu diesem Gebiet in der Weise hindeuten, daß das Unternehmen dort von maßgebender, mindestens aber von besonderer Bedeutung ist. Bei der Prüfung, ob eine bestimmte geographische Bezeichnung in die Firma aufgenommen werden darf, **sollen „strenge Maßstäbe" anzulegen sein.** Letzteres trifft heute auf keinen Fall mehr zu, und es ist im Hinblick auf die Europäische Union überhaupt sehr fraglich geworden, ob die maßgebliche oder besondere Bedeutung eines Unternehmens noch Maßstab für die Berechtigung zur Führung eines geographischen Zusatzes sein darf (auch RdNr. 67 ff.).

104 Im **Bereich der Zusätze vollzieht sich augenblicklich ein Wandel.** Zwar gibt es nach einer Untersuchung des Deutschen Industrie- und Handelstages auch in den EU-Nachbarstaaten Grundsätze, die Täuschungen vermeiden sollen. Die Vorschriften werden dort zwar zum Teil nicht im Registerverfahren (soweit es ein solches gibt) relevant, doch wird im Wettbewerbsrecht darauf gesehen, Täuschungs- und Irreführungsgefahr zu vermeiden. Das deutsche Recht ist mit Abstand am strengsten,[321] und es stellt sich daher die Frage, ob sich das deutsche Firmenrecht nicht im Hinblick auf die fortschreitende Internationalisierung der Unternehmen im EU-Binnenmarkt[322] anpassen muß, das heißt zu hohe und insbesondere übertriebene Anforderungen an den Wahrheitsgehalt einer Firma – gemessen am Standort der anderen – abzubauen sind. Der BGH hat bereits 1969 offengelassen – es ging um die Beurteilung des Firmenzusatzes „deutsch"[323] –, ob nicht deshalb eine Lockerung geboten sein könnte, weil mit zunehmender Erweiterung und Verflechtung des Gemeinsamen Marktes etwa ein „Bedürfnis auch für kleinere Firmen besteht, zur Unterscheidung der Nationalität das Wort deutsch zu verwenden".[324] Für den „Euro"-Bestandteil einer Dienstleistungsmarke hat der BGH 1993[325] klargestellt, daß der Verkehr kein Unternehmen von „Europäischem Rang" mit Filialen und Niederlassungen im Ausland oder konzernmäßig verbundenen Unternehmen erwartet, sondern **nur Dienstleistungen von „europäischem Zuschnitt"** (Angebot einer nicht auf das Gebiet der Bundesrepublik beschränkten beratenden und/oder vermittelnden Tätigkeit, die vom Schreibtisch aus über Telekommunikationsmittel erfolgen kann). Zu bedenken ist bei dieser Bewertung freilich, daß der „Euro"-Bestandteil in einer Firma, in einem Warenzeichen oder in einer Dienstleistungsmarke (bei der wiederum zu trennen ist, ob sie zur Kennzeichnung von

---

[319] OLG Celle, Beschl. v. 10. 3. 1987 – 1 W 8/87; vgl. auch *Wessel/Zwernemann,* Die Firmengründung, RdNr. 419 (FN 615).

[320] BB 1967, 1100; ähnlich in der Firmenfibel des DIHT von 1992 unter „geographische Zusätze", S. 19 f.; vgl. auch Heymann/*Emmerich* RdNr. 45; Staub/*Hüffer* RdNr. 58; *Bokelmann* Firmenrecht RdNr. 124 ff.; *Wessel/Zwernemann,* Die Firmengründung, RdNr. 441.

[321] *Bokelmann* DB 1990, 1021, 1022; ders. ZGR 1994, 325, 326 ff.; *Möller* GmbHR 1993, 640 ff.

[322] *Wessel/Zwernemann,* Die Firmengründung, RdNr. 376 f.

[323] Näher hierzu mit Nachweisen BayObLG MDR 1959, 41.

[324] BGHZ 53, 339, 342 – „Euro-Spirituosen" – unter Hinweis auf *Huth* GRUR 1965, 290.

[325] GRUR 1994, 120, 122 – „EUROCONSULT".

Waren oder Dienstleistungen dienen soll) nicht ohne weiteres jeweils gleich zu bewerten sein muß.[326]

Für alle geographischen Zusätze gilt, daß sie jedenfalls nur dann in die Firma aufgenom- **105** men werden dürfen, wenn **zu dem geographischen Begriff überhaupt ein im weitesten Sinne realer Bezug gegeben ist.**[327] So ist etwa die Ortsangabe in einer Firma als Hinweis auf den Sitz des Unternehmens auch dann nicht zu beanstanden, wenn eine nahegelegene Großstadt angegeben ist und der tatsächliche Sitz des Unternehmens dem Wirtschaftsgebiet der Großstadt unterfällt.[328] Auch braucht ein Unternehmen seine Firma, enthält diese einen auf eine Großstadt bezogenen Zusatz, nicht zu ändern, wenn der Sitz von der Stadt- gemeinde in eine angrenzende Gemeinde verlegt wird.[329]

Dagegen trifft es nicht zu, daß eine geographische Bezeichnung „in aller Regel" nur **106** dann gerechtfertigt ist, wenn das Unternehmen dort von maßgebender, mindestens aber von besonderer Bedeutung ist (vgl. RdNr. 103). Es streitet **weder eine Vermutung noch ein Erfahrungssatz für eine führende oder besondere Stellung des Unternehmens in dem in der Firma genannten Ort oder Gebiet.** Der geographische Zusatz kann „bloßer Hinweis" auf den Sitz des Unternehmens sein,[330] und in der Regel wird die wirtschaftliche Betätigung in dem betreffenden Gebiet ausreichen, um einen geographischen Zusatz zu rechtfertigen. Im Ausnahmefall mag das anders sein. In anderen Ländern der EG darf etwa „international" in der Regel schon dann in die Firma aufgenommen werden, wenn inter- nationale Geschäftsbeziehungen bestehen, ohne daß dem Unternehmen auch internationale Bedeutung zuzukommen braucht.[331]

b) Sondertatbestände. Geographische Herkunftsangaben, die im geschäftlichen Verkehr **107** zur Kennzeichnung der **geographischen Herkunft von Waren** benutzt werden, dürfen nicht irreführen. Hat dagegen eine ursprünglich echte geographische Herkunftsangabe ihre Funktion im Laufe der Zeit verloren und ist zur **Beschaffenheitsangabe, Sorten- oder Gattungsbezeichnung** geworden, kann sie nicht mehr täuschen. Unter einer Gattungsbe- zeichnung (die genannten Begriffe überschneiden sich zum Teil) ist der Name eines Er- zeugnisses zu verstehen, „der sich zwar auf einen Ort oder ein Gebiet bezieht, wo das betreffende Erzeugnis ursprünglich hergestellt oder vermarktet wurde, der jedoch der ge- meinhin übliche Name für dieses Erzeugnis geworden ist".[332] Für den „Dresdner Stollen" hat der Bundesgerichtshof zu Recht eine Gattungsbezeichnung und nicht mehr eine Her- kunftsangabe angenommen.[333] Auch ist die umgekehrte Entwicklung dahin möglich, daß etwa aus einer Herkunftsangabe eine Beschaffenheitsangabe wird, die sich dann wieder zur Herkunftsangabe rückumwandelt.[334] Die Rechtsprechung gewährt insoweit Schutz nach § 3 UWG, der weitgehend dem Schutz nach dem MarkenG vom 25. 10. 1994 (BGBl. I S. 3082) in den §§ 126 ff. entspricht; die Vorschriften des MarkenG schließen eine ergän- zende Anwendung des UWG nicht aus.[335] Die dargestellten Grundsätze **gelten auch für das Firmenrecht** im Hinblick auf das Wahrheitsgebot des § 18 Abs. 2. Enthält die Firma etwa die Bezeichnung „Lübecker Marzipan" und ist insoweit von einer Herkunftsangabe auszugehen, würde dieser Firmenbestandteil täuschen, wenn der Sitz des Unternehmens nicht Lübeck (oder nähere Umgebung) wäre. Nachdem § 16 UWG durch das Marken- rechtsreformgesetz aufgehoben worden ist, genießen die geographischen Herkunftsangaben auch den Schutz der §§ 1, 5, 15 MarkenG.

[326] BGH GRUR 1972, 357, 358 – „euromarin"; GRUR 1994, 120, 121 – „EUROCONSULT".
[327] BayObLG BB 1993, 45; vgl. auch *Wessel/Zwernemann*, Die Firmengründung, RdNr. 441.
[328] OLG Zweibrücken BB 1991, 1730, 1731.
[329] OLG Stuttgart OLGZ 1973, 410, 412.
[330] Vgl. BGH Rpfleger 1990, 75, 76; BayObLG BB 1990, 2357.
[331] *Wessel/Zwernemann*, Die Firmengründung, RdNr. 376.

[332] *Heine* GRUR 1993, 96, 99 unter Bezugnahme auf die Verordnung (EWG) Nr. 2081/92.
[333] BGH GRUR 1989, 440 – Dresdner Stollen I; BGH WRP 1990, 411 – Dresdner Stollen II; vgl. auch BGH GRUR 1982, 564, 565 – Elsässer Nu- deln.
[334] BGH GRUR 1981, 71 – Lübecker Marzipan.
[335] Baumbach/*Hefermehl* Wettbewerbsrecht § 3 UWG RdNr. 188 b.

108   Eine Firma „**Schwarzwälder Bauernspezialitäten**" ist nicht irreführend, wenn Gegenstand des Unternehmens der Verkauf von Schwarzwälder (Bauern-)Spezialitäten ist. Der Verkehr entnimmt der Firma nur, daß die Gesellschaft aus dem Schwarzwald kommende Bauernspezialitäten vertreibt, nicht aber, daß es sich bei dem Unternehmen um das führende oder auch nur eines der führenden dieser Branche im Schwarzwald handelt.[336]

109   c) **Deutsch, Deutschland, Europa, Euro-, Germania, West Germany.** Nach einem Leitsatz des Deutschen Industrie und Handelstages (BB 1967, 1100) kommt der Zusatz **deutsch**[337] nur einem Unternehmen zu, das für die deutsche Wirtschaft als beispielhaft oder besonders wichtig angesehen werden kann, auch in weiten Teilen Deutschlands bekannt ist, das aber jedenfalls innerhalb seines Wirtschaftszweiges im deutschen Wirtschaftsgebiet eine Stellung von gewisser Bedeutung einnimmt. Später hat die Rechtsprechung, unter Beibehaltung dieser Grundsätze im übrigen, dahin eingeschränkt, daß die geschäftliche Tätigkeit des Unternehmens auf den deutschen Markt insgesamt ausgerichtet sein und das Unternehmen nach Kapitel, Umsatz und Organisation den dafür erforderlichen Zuschnitt aufweisen muß.[338] Die Firmenbezeichnung „Versicherungs-Dienst für das deutsche Handwerk" für ein Unternehmen ohne nennenswertes Betriebsvermögen und Verkehrsgeltung ist zur Täuschung des Geschäftsverkehrs über Art, Umfang und Legitimation des Betriebs geeignet[339] (vgl. aber RdNr. 104).

110   Ausnahmsweise kann der Zusatz **deutsch** dann zulässig sein, wenn er zur Kennzeichnung der in Deutschland ansässigen Tochtergesellschaft eines gleichnamigen ausländischen Unternehmens dient, dessen Firma in Deutschland Verkehrsgeltung genießt; Voraussetzung ist dann nicht, daß dem Tochterunternehmen selbst in Deutschland eine solche Bedeutung zukommt, die den Zusatz „deutsch" rechtfertigen könnte („Deutsche Fiat").[340] Gebraucht ein Reiseunternehmen den Firmenbestandteil „deutsch", so kann zum Ausdruck kommen, innerhalb welchen Bereichs das Unternehmen Reisen durchführt, ohne daß der Eindruck eines in Deutschland führenden Unternehmens entsteht (Franz Richter, Autobusreisen Deutschland).[341]

111   Bei „**Germania**" liegt die Gleichsetzung mit Deutschland nahe. Es finden die gleichen Grundsätze Anwendung.[342]

112   Es bleibt abzuwarten (wofür viel spricht), ob es nicht im Hinblick auf die enger werdende Verflechtung der europäischen Wirtschaft sachgerecht ist, den Firmenzusatz **deutsch** auch allgemein nur zur Herausstellung des Sitzes eines Unternehmens zuzulassen[343] (RdNr. 104).

113   Nach noch herrschender Meinung vermitteln die Bezeichnungen **Europa, europäisch** und **Euro** in der Regel die Vorstellung, daß es sich um ein nach Größe und Marktstellung den Verhältnissen des europäischen Marktes entsprechendes Unternehmen handelt, das auch über Niederlassungen oder andere Stützpunkte in dem betreffenden Gebiet verfügt.[344] Das trifft in dieser Form nicht mehr zu. Die Verkehrsauffassung erwartet heute kein Un-

---

[336] BGH ZIP 1982, 567, 568.
[337] Zu Nationalitätsangaben im Firmen- und Wettbewerbsrecht vgl. *Ebert* WRP 1960, 94; zur Führung des Firmenzusatzes „deutsch" vgl. *Claus Müller* GRUR 1971, 141.
[338] BGHZ 53, 339, 343; BGH WM 1982, 559, 561; BGH NJW-RR 1987, 1178; BGH NJW 1990, 1123 = NJW-RR 1990, 300; OLG Frankfurt GmbHR 1985, 331, 332; Baumbach/*Hopt* RdNr. 11; Heymann/*Emmerich* RdNr. 47; Staub/*Hüffer* RdNr. 60; *Wessel/Zwernemann*, Die Firmengründung, RdNr. 444; *Bokelmann* Firmenrecht RdNr. 126 ff., jeweils mit eingehenden Nachweisen.
[339] LS OLG Düsseldorf NJW-RR 1993, 297.

[340] Näher mit Nachweisen BayObLG MDR 1959, 41; Staub/*Hüffer* RdNr. 61; *Bokelmann* Firmenrecht RdNr. 127 ff.
[341] Vgl. BayObLG NJW 1959, 47.
[342] OLG Hamm BB 1982, 210; *Bokelmann* Firmenrecht RdNr. 137.
[343] Hierzu BGHZ 53, 339, 342; *Haberkorn*, Firma, Firmenwahrheit, Firmenzusätze, S. 64; *Huth* GRUR 1965, 290 f.; Staub/*Hüffer* RdNr. 61; *Bokelmann* Firmenrecht RdNr. 134.
[344] BGHZ 53, 339, 342 – „Euro-Spirituosen"; Heymann/*Emmerich* RdNr. 48; Staub/*Hüffer* RdNr. 62; vgl. auch Firmenfibel des DIHT 1992, S. 20.

ternehmen mehr, das im Geschäftsverkehr in seiner Branche überdurchschnittliche Bedeutung hat, wie es auch zumindest zweifelhaft ist, ob der Verkehr wirklich von Niederlassungen oder Stützpunkten in dem betreffenden Gebiet ausgeht.[345] Viel näher liegt es, lediglich Geschäfte auf dem europäischen Markt vorauszusetzen, ohne hiermit eine besondere Marktstellung zu verbinden. Mit der Einführung der Europäischen wirtschaftlichen Interessenvereinigung (EWIV) gewöhnen sich die angesprochenen Kreise im übrigen zunehmend daran, daß mit „Europa" nicht mehr als europäischer Bezug (Handel mit dem Europa der EU) gemeint zu sein braucht. Der Firmenbestandteil **„Euro"** ist jedenfalls dann nicht irreführend, wenn eine Vereinigung Mitglieder aus 11 Ländern der Europäischen Gemeinschaft vorweisen kann.[346]

Phantasiebezeichnungen, die einen **Euro-Bestandteil** enthalten („Eurimex", „Europ", 114
„Eugra"),[347] werden von der herrschenden Meinung gleich dem Euro-Zusatz in der Firma behandelt.[348] Bezüglich des Euro-Bestandteils in einer Dienstleistungsmarke (BGH GRUR 1994, 120 – „EUROCONSULT") wird auf RdNr. 104 Bezug genommen; der BGH fordert insoweit nur Dienstleistungen von **europäischem Zuschnitt.** Anläßlich der Beurteilung der Firma „EUROLINGUA Übersetzungen GmbH" wies das OLG Hamm[349] zu Recht darauf hin, daß in den letzten Jahren eine Fülle von Unternehmungen mit dem „Euro"-Zusatz auf dem Markt in Erscheinung getreten ist, was eine „Verwässerung" des Begriffs mit der Folge nahelegt, daß sich Größenvorstellungen mit diesem Begriff in einer Firma nicht mehr verbinden.

d) Inter, international, Kontinent, kontinental. Nach herrschender Meinung weist 115
international ebenso wie **Kontinent** oder **kontinental** im allgemeinen auf eine ausgedehnte Auslandsaktivität kraft eigener Einrichtung, Mittel oder Verbindungen hin. Ein Unternehmen, dessen Firma einen entsprechenden Zusatz führt, muß als ein allgemein auf seinem Gebiet bedeutendes Unternehmen anzusehen sein, das aufgrund seiner Finanzkraft und seiner ausgedehnten ausländischen Geschäftsbeziehungen in der Lage ist, die in seinem Erwerbszweig anfallenden Geschäfte ohne weiteres auch außerhalb der Grenzen des eigenen Landes durchzuführen. Keinesfalls soll jede Betätigung im Außenhandel ausreichen.[350] Der Firmenzusatz „international" kann aber auch dann gerechtfertigt sein, wenn das Unternehmen nicht in mehreren anderen Staaten abhängige Gesellschaften oder Zweigniederlassungen unterhält. Bloßer Geschäftsverkehr mit dem Ausland genügt, wenn er einen entsprechenden Umfang hat und die übrigen Voraussetzungen gegeben sind.

Die Begriffe **inter** und **international** werden meistens gleich gewertet, weil der Wort- 116
bestandteil „inter" in der Regel die Verbindung zu „international" herstellt („Interhandel", „Interart", „intermedia").[351] Demgegenüber heißt es in der Firmenfibel des DIHT 1992 (dort Seite 20), die Bezeichnung **inter** in entsprechenden Zusammensetzungen sei mehrdeutig und ihr komme daher nur ausnahmsweise die Bedeutung von „international" zu. Nicht zu bestreiten ist jedenfalls, daß es Wortzusammensetzungen gibt, die (ausnahmsweise) nicht auf „international" hindeuten, wie zum Beispiel „INTEROC GmbH, Lebensmittelvertrieb"; „inter" in unmittelbarer Verbindung mit den Buchstaben „OC" stellt sich nach allgemeinem Verständnis nicht als von „international" abgeleitet dar.

Es ist fraglich, ob die dargestellten Voraussetzungen heute noch vorliegen müssen, um 117
international oder **inter** zu rechtfertigen. Jedenfalls aber gilt für diese Zusätze der auch für

[345] Näher *Wessel/Zwernemann,* Die Firmengründung, RdNr. 442 mit viel Literatur; Koller/*Roth*/Morck RdNr. 12.

[346] LG Frankfurt BB 1991, 496.

[347] OLG Oldenburg WRP 1968, 120: „Eurochix" überhaupt nicht eintragungsfähig; näher *Wessel/Zwernemann,* Die Firmengründung, RdNr. 442 mit Nachweisen.

[348] Zu „euromarin" vgl. BGH GRUR 1972, 357 und *Droste* GRUR 1972, 341.

[349] Rpfleger 1992, 203.

[350] Firmenfibel des DIHT 1983, S. 23 f.; OLG Stuttgart GRUR 1970, 36; BayObLG BB 1966, 1246; Baumbach/*Hopt* RdNr. 12; Heymann/*Emmerich* RdNr. 48; Staub/*Hüffer* RdNr. 63; *Bokelmann* Firmenrecht RdNr. 138 ff., jeweils mit Nachweisen.

[351] OLG Stuttgart NJW-RR 1987, 101; näher mit Nachweisen *Bokelmann* Firmenrecht RdNr. 141; *Wessel/Zwernemann,* Die Firmengründung, RdNr. 443.

andere geographische Bestandteile einer Firma maßgebliche Satz, daß zu dem geographischen Zusatz überhaupt ein Bezug gegeben sein muß.[352] Daß der Verkehr auch überdurchschnittliche Bedeutung im internationalen Verkehr erwartet, die sich unter anderem auch in einem Niederlassungsnetz im Ausland zu erweisen hat,[353] trifft nicht zu.[354]

118 Die als Abkürzung von „Essener Genossenschafts-Bank" verwendete Bezeichnung **„EG-Bank"** legt (nicht vorhandene) besondere Beziehungen zur Europäischen Gemeinschaft nahe und ist daher zur Irreführung geeignet.[355]

119 **e) Sonstige geographische Zusätze.** Für Landesbezeichnungen wie **Bayerisch, Baden, Württembergisch, Hessisch, Schleswig-Holstein** und so fort[356] sollen die gleichen Grundsätze wie für „deutsch" gelten.[357] Für nicht exakt abgrenzbare Gebiete − Regional-, Landschafts-, Gebiets-, Gewässer- oder Himmelsrichtungs-Bezeichungen wie **Nordsee, nordwestdeutsch, westdeutsch, Nord, Süd, West, Hanseatisch, Oberhessisch, Bodensee** und verwandte Begriffe − ist die Rechtsprechung nicht einheitlich.[358] Überwiegend dürften sie in der Firma, weil schlecht faßbar (präzisierbar), keine Vorstellungen besonderer Bedeutung und/oder Größe hervorrufen und ausschließlich den Sitz oder die Herkunft einer Ware kennzeichnen.[359]

120 Die **Ortsangabe** in einer Firma kann als Hinweis nur auf den Firmensitz verstanden werden. Sie kann nach herrschender Meinung aber auch eine besondere Qualifikation oder Leistungsfähigkeit in dem betreffenden Gebiet für sich in Anspruch nehmen.[360] Maßgeblich ist insoweit die Verkehrsauffassung: wie begreift ein nicht unerheblicher Teil der angesprochenen Verkehrskreise eine Ortsbezeichnung?[361] Der BGH (NJW-RR 1990, 228) hat in einer Ortsangabe im Firmennamen in unveränderter substantivischer Form („Bad S.") eine **reine Ortsbezeichnung** gesehen und dieser eine Ortsangabe in attributiver Form („Bad Sger . . . Steuerberatungsgesellschaft") gegenübergestellt. Es ist zu bezweifeln, daß diese Differenzierung im europäischen Vergleich Bestand haben wird. Richtig ist, daß eine Ortsangabe ohne Rücksicht auf ihre Stellung in der Firma auf den Sitz des Unternehmens hindeutet.[362] Doch läßt sich aus der attributiven Form nicht herleiten, die Gesellschaft behaupte eine besondere Qualifikation. Gleiches gilt für die Stellung des geographischen Zusatzes innerhalb der Firma. „Stuttgarter Südfrüchtehandel" bedeutet nicht „das" führende Unternehmen im Gegensatz zu dem Ortszusatz am Ende der Firma („Südfrüchtehandel Stuttgart GmbH" oder „Südfrüchtehandel GmbH Stuttgart").[363]

121 **14. Großhandel, Markt, Großmarkt, Supermarkt, Verbrauchermarkt.** Der Firmenbestandteil **Großhandel** weist nicht auf den Geschäftsumfang, sondern auf die Handelsstufe. Größe des Geschäfts, Umsätze oder Lager sind nicht entscheidend. Ausschließlicher Großhandel ist nicht erforderlich, Direkthandel in bestimmtem Umfang erlaubt.[364]

[352] BayObLG BB 1993, 458 für einen Ortsnamen.

[353] So aber *Gößner*, Lexikon des Firmenrechts, I 11 und Firmenfibel des DIHT 1992, S. 20.

[354] Vgl. auch *Wessel/Zwernemann*, Die Firmengründung, RdNr. 441, 443.

[355] OLG Hamm BB 1991, 2107 (LS).

[356] Vgl. auch die erschöpfenden Rechtsprechungsnachweise zu diesen Zusätzen in der Firmenfibel des DIHT bis zu ihrem Erscheinungsjahr 1983.

[357] *Bokelmann* Firmenrecht RdNr. 161 ff.; *Wessel/Zwernemann*, Die Firmengründung, RdNr. 444, jeweils mit Nachweisen.

[358] Näher Heymann/*Emmerich* RdNr. 46 a; *Bokelmann* Firmenrecht RdNr. 154 ff.; *Wessel/Zwernemann*, Die Firmengründung, RdNr. 447 mit eingehenden Nachweisen.

[359] Vgl. auch Firmenfibel des DIHT 1992, S. 20: Süd, Nord, West, Ost stellen für sich genommen keine geographischen Bezeichnungen dar.

[360] Näher mit Nachweisen *Wessel/Zwernemann*, Die Firmengründung, RdNr. 445; vgl. auch *Brandes* WM 1983, 286.

[361] BGH LM UWG § 3 Nr. 64 und 136; OLG Hamm BB 1984, 1891; OLG Zweibrücken GmbHR 1991, 317.

[362] BayObLG NJW-RR 1993, 103; vgl. auch Koller/*Roth*/Morck RdNr. 12.

[363] So aber *Wessel/Zwernemann*, Die Firmengründung, RdNr. 445 (Fn. 695 mit Nachweisen); Koller/*Roth*/Morck RdNr. 12.

[364] KG JW 1930, 1409; OLG Hamm NJW 1963, 863; *Haberkorn*, Firma, Firmenwahrheit, Firmenzusätze, S. 50, 51; Heymann/*Emmerich* RdNr. 49; Baumbach/*Hopt* RdNr. 15; *Bokelmann* Firmenrecht RdNr. 212.

Unter **Markt** verstand man früher ein zeitliches und örtliches Zusammentreffen mehrerer 122
Anbieter und Käufer. Einem Einzelhändler war der Zusatz verwehrt.[365] Für den Einzelhandel hat sich dann die Bedeutung geändert; die Bezeichnung Markt bedeutet danach
keine besondere, von dem übrigen Einzelhandel zu unterscheidende Vertriebsform, sondern deutet auf ein übliches Einzelhandelsgeschäft mit einer gewissen Größe und Angebotsvielfalt hin.[366] Selbstbedienung wird nicht vorausgesetzt. **Supermarkt** und **Verbrauchermarkt** können auch von Einzelhandelsgeschäften in die Firma aufgenommen werden,
sofern eine bestimmte Größe und Angebotsvielfalt vorliegt.[367] Das gilt auch für **Großmarkt**.[368]

15. Gruppe, Pool, Ring, Sozietät, Team, Union, Verband, Verbund, Vereinigte. 123
Die Bedeutung von **Union** hat gewechselt, wie sich aus einem Vergleich der firmenrechtlichen Leitsätze des Deutschen Industrie- und Handelstages von 1957 und 1967 (BB 1957,
835 und BB 1967, 1100) ergibt. Heute kann keiner der Leitsätze mehr Geltung beanspruchen. In der Firmenfibel des DIHT von 1992 ist der Begriff zu Recht nicht mehr aufgenommen worden. Zwar ist bei Union (und auch bei **Vereinigte**[369]) in der Regel von
einem Zusammenschluß von bisher selbständigen Unternehmen auszugehen, doch erwartet
der Verkehr nicht mehr, daß es sich dabei um einen kapitalkräftigen Zusammenschluß
großer Unternehmen handelt.[370] Ähnlich verhält es sich mit **Gruppe, Pool, Team und
Verbund** (auch **Ring**): der Verkehr registriert nur das Zusammengehen mehrerer, ihre
Selbständigkeit wahrender Unternehmen, ohne daß aber Größenordnungen angesprochen
sind.[371] Die genannten Zusätze dürfen von Einzelunternehmen nicht geführt werden.
Auch der Zusatz **Verband** ist einem Einzelunternehmen versagt.[372]

Unter **Sozietät** versteht man einen Zusammenschluß in Form einer Gesellschaft oder 124
Gemeinschaft, insbesondere die Vereinigung mehrerer Rechtsanwälte zu einer Gesellschaft
Bürgerlichen Rechts.[373] Der Einzelkaufmann darf einen solchen Zusatz nicht führen. Auch
eine Kapitalanlagen vermittelnde Gesellschaft kann nicht unter „Sozietät" firmieren
(„Sozietät E. & H. OHG").[374]

16. Haus. Der Begriff hat eine wechselvolle Geschichte hinter sich. War früher eine ört- 125
liche Spitzenstellung erforderlich, wurde später nur noch gefordert, das Unternehmen
müssen über den Durchschnitt der örtlichen Mitbewerber herausragen,[375] wobei an bestimmte Kombinationen geringere Anforderungen gestellt wurden (Schuhhaus, Blumen-
haus, Seifenhaus, Zigarrenhaus, Haarhaus, Reformhaus); auch war anerkannt, daß der
Bestandteil „-haus" in Einzelfällen überhaupt keine Aussage über die Größe oder Bedeutung
machen kann (Gasthaus, Leihhaus).[376] Die Einordnung trieb teilweise seltsame Blüten.
Nach dem Landgericht Siegen (BB 1960, 958) ist „Huthaus" ohne weiteres zulässig. „Haus
der Hüte" darf sich aber nur ein Verkauf betreibendes Unternehmen von überdurch-

---

[365] *Bokelmann* Firmenrecht RdNr. 110 mit
Nachweisen.
[366] BGH BB 1984, 689; vgl. auch Baum-
bach/*Hopt* RdNr. 16; Staub/*Hüffer* RdNr. 69; *Wes-
sel/Zwernemann*, Die Firmengründung, RdNr. 426.
[367] Baumbach/*Hopt* RdNr. 5 C; Hey-
mann/*Emmerich* RdNr. 53.
[368] Anders Staub/*Hüffer* RdNr. 69 und *Wessel/
Zwernemann*, Die Firmengründung, RdNr. 426 aE.
[369] RGZ 127, 77, 82 f.; 166, 240, 243; Baum-
bach/*Hopt* RdNr. 17; Heymann/*Emmerich*
RdNr. 57.
[370] Heymann/*Emmerich* RdNr. 57; *Wessel/Zwer-
nemann*, Die Firmengründung, RdNr. 387; kritisch
Kögel BB 1993, 1741, 1743.
[371] *Wessel/Zwernemann*, Die Firmengründung,
RdNr. 388, 389, bezüglich „Team" aber differenzierend.

[372] Baumbach/*Hopt* RdNr. 17; Heymann/*Emmerich* RdNr. 57; insoweit noch zutreffend Leitsatz
DIHT BB 1957, 835 zu Verband.
[373] *Gößner*, Lexikon des Firmenrechts, S 4 unter
Sozietät.
[374] OLG Karlsruhe WRP 1984, 291; *Bokelmann*
Firmenrecht RdNr. 236; *Wessel/Zwernemann*, Die
Firmengründung, RdNr. 390.
[375] Leitsatz des DIHT BB 1969, 418.
[376] Eingehend mit umfangreichen Nachweisen
Haberkorn, Firma, Firmenwahrheit, Firmenzusätze,
S. 39 ff.; *Gößner*, Lexikon des Firmenrechts, H 2 ff.
unter Haus; Baumbach/*Hopt* RdNr. 16; Staub/*Hüffer* RdNr. 65; vgl. auch *Bokelmann* Firmenrecht
RdNr. 205 ff.; *Wessel/Zwernemann*, Die Firmengründung, RdNr. 454.

schnittlicher Bedeutung nennen, weil „Haus" in dieser Wortzusammenstellung schärfer akzentuiert und hervorgehoben wird. Zu fordern sollen etwa hervorragende Geschäftslage, räumliche Größe und das Vorhandensein von Filialbetrieben sein.

126   Der Begriff **Haus** ist zu Recht nicht mehr in die Firmenfibel des Deutschen Industrie- und Handelstages von 1992 aufgenommen worden. Die Verkehrsauffassung hat sich geändert; **der Zusatz ist verwässert worden und der Verkehr verbindet mit ihm keine besonderen Größenvorstellungen mehr.**[377] Auch sonstige Anforderungen sind nicht mehr angebracht, so daß Haus – liegen nicht besondere Umstände vor – in der Regel zur Benutzung von Kaufmann und Minderkaufmann stehen, ohne daß besondere Qualifikationsmomente gegeben sein müssen. Darauf hinzuweisen ist aber, daß die **Rechtsprechung nur zögernd reagiert.** So ist das Bayerische Oberste Landesgericht noch 1990 (NJW-RR 1990, 671 f. zu „Bürohaus") uneingeschränkt den Leitsätzen des DIHT zu Haus (BB 1969, 418) gefolgt.

127   Fraglich ist, ob **„Haus der Gesundheit"** für eine Apotheke deshalb unzulässig ist, weil beim Publikum der Eindruck erweckt wird, diese Apotheke biete mehr als andere, wie es das Bundesverwaltungsgericht angenommen hat.[378] Die Entscheidung ist bedenklich, dürfte sich doch dem mündigen Betrachter der Zusatz unschwer als reklamehafte Anpreisung offenbaren (RdNr. 8). Fraglich ist auch, ob die **Kombination von Haus und Ortsname** („Autohaus X-Stadt") nur für führende Unternehmen am Platz erlaubt ist.[379] Der Zusatz ist vielmehr schon dann unbedenklich, wenn sich das Autohaus tatsächlich in X-Stadt befindet. Dagegen kann die Firmierung „Das Feinkosthaus" täuschen, wenn nicht zumindest mehrere Verkaufsstellen vorhanden sind.[380] Eine Gesellschaft darf den Firmenbestandteil „Auktionshaus" nicht führen. Denn die Firma erweckt den Eindruck, daß die Gesellschaft selbst Versteigerungen durchführt, was ihr indessen versagt ist, weil nur natürliche Personen versteigern dürfen, denen die erforderliche Erlaubnis erteilt ist, § 34 b GewO.[381]

128   **17. Lager, Hof, Magazin, Speicher.** Nach dem Leitsatz des Deutschen Industrie- und Handelstages von 1968 (BB 1968, 439) darf im Einzelhandel der Firmenzusatz **Lager** grundsätzlich nicht in der Firma erscheinen. Lager soll auf eine überdurchschnittlich große Lagerhaltung und damit auf eine funktionell bedingte besondere Leistungsfähigkeit hinweisen, wie auch Verkauf „ab Lager" zu erwarten sei. Für **Hof, Magazin** und **Speicher** sollen die gleichen Überlegungen maßgebend sein; Speicher betone „das etwas längere Aufspeichern" gegenüber Lager.[382]

129   *Wessel/Zwernemann* bezweifeln zu Recht, daß die Bezeichnung Lager nach der Verkehrsauffassung noch den Eindruck einer dem Einzelhandel vorgeschalteten Wirtschaftsstufe vermittelt. Das gilt auch für Hof, Magazin und Speicher. Die Begriffe sind nicht sauber voneinander abzugrenzen und stehen auch dem Einzelhandel offen.[383] Für **Großlager** und **Zentrallager** kann man das anders sehen.[384]

---

[377] *Wessel/Zwernemann,* Die Firmengründung, RdNr. 454.

[378] NJW 1992, 588 f. für einen entsprechenden, dem Apothekernamen an der Fassade des Gebäudes, auf Kalendern und Plastiktüten nachgestellten Zusatz.

[379] So aber OLG Frankfurt BB 1966, 1242; BayObLG NJW-RR 1990, 671 f.; Staub/*Hüffer* RdNr. 66.

[380] BGH BB 1979, 1734 f. bezüglich der Werbung „10 Häuser erwarten Sie"; *Wessel/Zwernemann,* Die Firmengründung, RdNr. 454.

[381] OLG Frankfurt NJW-RR 1990, 671.

[382] RGZ 156, 16, 22 („Hamburger Kaffeelager"); OLG Neustadt BB 1963, 326; LG Oldenburg, BB 1964, 1143; AG Delmenhorst BB 1964,

1144; Baumbach/*Hopt* RdNr. 18 f; Staub/*Hüffer* RdNr. 68; Heymann/*Emmerich* RdNr. 52; *Bokelmann* Firmenrecht RdNr. 202; *Gößner,* Lexikon des Firmenrechts, L 1, 2 unter „Lager, Auslieferungslager, Fabrikauslieferungslager, Fabriklager, Großlager, Möbelgroßlager, Spezialauslieferungslager, Teppichhandelslager, Verkaufslager und Zentrallager".

[383] In die Firmenfibel des DIHT 1992 sind die Begriffe als „nicht mehr aktuell" und kaum noch Verwendung findend (S. 17) nicht mehr aufgenommen worden. Vgl. auch *Wessel/Zwernemann,* Die Firmengründung, RdNr. 424, 463.

[384] Zweifelnd OLG Hamburg WRP 1968, 119. Zu „Autohof, Möbelhof und Textilhof" vgl. *Gößner,* Lexikon des Firmenrechts, H 8 mit Nachweisen.

18. Revision-, Betriebs- und Buchführung. „Revision" bedeutet nicht nur die plan- **130** mäßige Überprüfung betrieblicher beziehungsweise buchungstechnischer Vorgänge, wie sie auch zum Aufgabenkreis der Steuerberater und Steuerbevollmächtigten gehören. Die Gerichte haben immer wieder ausgesprochen, daß „Revision-" zur Täuschung geeignet ist, wenn das Unternehmen nicht über Mitarbeiter mit umfassenden Kenntnissen und Erfahrungen auf allen Gebieten des Revisionsverfahrens verfügt, weil der allgemeine Sprachgebrauch dahin geht, daß die Gesellschaft im Bereich der Betriebswirtschaft und des Rechnungswesens zur Vornahme von Betriebs- und Buchprüfungen im umfassenden Sinn in der Lage ist.[385] Nach den Feststellungen des Deutschen Industrie- und Handelstages und der Hauptgemeinschaft des Deutschen Einzelhandels geht ein beachtlicher Teil der angesprochenen Verkehrskreise von der Befugnis eines solchen Unternehmens aus, Revisionen im umfassendsten Sinne vorzunehmen.[386] Dem steht auch nicht § 319 Abs. 1 HGB, eingefügt durch das Bilanzrichtlinien-Gesetz vom 19. 12. 1985 (BGBl. I S. 2355), entgegen. Zwar können nach der Vorschrift auch vereidigte Buchprüfer und Buchprüfungsgesellschaften Abschlußprüfer von Jahresabschlüssen und Lageberichten mittelgroßer Gesellschaften mbH sein (§ 267 Abs. 2). Doch kam der Arbeitskreis Handelsregister und Firmenrecht des Industrie- und Handelstages in seiner Erörterung vom 27./28. 10. 1988 zu dem Ergebnis, daß der kaufmännische Verkehr auch nach der Neuregelung des § 319 HGB den Firmenbestandteil „Revision" als Hinweis auf eine Wirtschaftsprüfertätigkeit ansieht.[387] Eine Firma „X. Revisions- und Treuhand GmbH, Steuerberatungsgesellschaft", die nur Steuerberater, nicht aber Wirtschaftsprüfer beschäftigt, ist mithin unzulässig. Hiergegen läßt sich auch nicht einwenden, aus dem Gesetz ergebe sich deutlich – nach § 31 WPO hat die Gesellschaft in ihre Firma die Bezeichnung „Wirtschaftsprüfungsgesellschaft" aufzunehmen, nach § 53 StBerG die Gesellschaft eines Steuerberaters die Firmierung „Steuerberatungsgesellschaft" zu wählen –, ob eine Gesellschaft Wirtschaftsprüfungsgesellschaft oder Steuerberatungsgesellschaft ist. Denn die Täuschungsgefahr geht von dem Firmenbestandteil „Revision" aus. „Buchführung und Unternehmensberatung" ist als Firma unzulässig, wenn die Gesellschaft nicht zumindest zur Steuerberatung befugt ist.[388]

19. Technik. Nach bisherigem Verständnis setzt die Verwendung der Bezeichnung **131** „Technik" für Montage- oder Installationsbetriebe einschließlich Handwerk ein gehobenes technisches Wissen bei der Planung, Vorbereitung oder Ausführung voraus; einfache Installations- beziehungsweise Montagearbeiten rechtfertigen den Zusatz nicht; es müssen Leistungen angeboten und erbracht werden, die die üblichen Leistungen und Fähigkeiten eines Büromaschinenmechanikers nicht unerheblich übersteigen.[389] Zum Teil wird Forschung oder Entwicklung auf technischem Gebiet oder die Löschung qualifizierter technischer Probleme gefordert.[390] „Technik" in der Firma eines von einem Büromechaniker geführten Unternehmens, das sich mit dem Verkauf, der Wartung und der Reparatur elektrischer Schreibmaschinen, von Schreibautomaten und Textverarbeitungssystemen befaßt, soll nicht irreführend sein, wenn auch elektronisch betriebene Geräte fachgerecht gewartet und instandgesetzt werden.[391]

---

[385] BayObLG DB 1982, 2395, 2396.
[386] OLG Frankfurt DB 1981, 1186; vgl. auch OLG Frankfurt OLGZ 1980, 151, 154; OLG Düsseldorf BB 1976, 1192; Baumbach/*Hopt* RdNr. 21; Heymann/*Emmerich* RdNr. 54; *Bokelmann* Firmenrecht RdNr. 278 ff.
[387] LG Konstanz EWiR § 18 HGB 1/89, 901 (*Bokelmann*).
[388] OLG Düsseldorf BB 1983, 399.
[389] LG Oldenburg BB 1976, 153; OLG Frankfurt OLGZ 1981, 417 („Bürotechnik"); BayObLGZ 1981, 88, 93 ff. („Dämmtechnik"); Leitsatz DIHT

BB 1981, 2090; vgl. dort auch die Entscheidungsnachweise für „Küchentechnik", „Bürotechnik", „Datentechnik", „Funk- und Nachrichtentechnik", „Hyper-Dämmtechnik" und „Zerspannungstechnik"; Baumbach/*Hopt* RdNr. 21; Heymann/*Emmerich* RdNr. 55; Staub/*Hüffer* RdNr. 70; *Bokelmann* Firmenrecht RdNr. 231.
[390] Eingehende Literaturnachweise bei *Wessel/Zwernemann*, Die Firmengründung, RdNr. 434 (insbes. Fn. 650).
[391] OLG Frankfurt OLGZ 1981, 417 („Bürotechnik").

132   **Die RdNr. 131 dargestellten Anforderungen sind zu hoch.** Der Begriff „Technik" ist eine ausdrucksschwache Bezeichnung und heute „verwässert", was sich nicht zuletzt in den widersprechenden gerichtlichen Entscheidungen zeigt. Daran festzuhalten ist, daß die Verwendung von „Technik" für reine Handels- oder Vermittlungstätigkeiten, weil täuschend, unzulässig ist. Im übrigen setzt die Bezeichnung in der Regel nur voraus, daß sich das Unternehmen überhaupt mit technischen Fragen befaßt.[392] Anders ist das aber dann, wenn sich eine bestimmte Kombination zu einem echten Fachbegriff entwickelt hat, wie das etwa bei „Datentechnik" der Fall ist. Nichtssagend dagegen sind unklare und nicht eingrenzbare Begriffe wie „Systemtechnik".[393]

133   **20. Treuhand.** Erforderlich ist die Besorgung fremder Vermögensangelegenheiten im eigenen Namen bei entsprechender Qualifikation.[394] Die uneingeschränkte Verwendung von Treuhand ist irreführend, wenn lediglich Treuhandaufgaben im erlaubnisfreien Raum übernommen werden, weil dann die vom Publikum erwarteten „Kernstücke" einer treuhänderischen Tätigkeit, nämlich die Anlage und Verwaltung fremden Vermögens in eigenem Namen sowie die Beratung in Wirtschafts-, Steuer- und Rechtsangelegenheiten, gerade nicht vorliegen.[395] Der Firmenbestandteil „Treuhand" ist unabhängig von der Höhe des Stammkapitals. Doch ist bei Unternehmen, die in ihrer Firma den Zusatz „Treuhand" enthalten und als Gegenstand ganz allgemein „Treuhandgeschäft jeder Art" angeben, darauf zu achten, daß alle erforderlichen Genehmigungen vor Eintragung der Gesellschaft vorgelegt werden. Folgende Tätigkeiten fallen unter den allgemeinen Treuhandbegriff: Allgemeine Treuhandtätigkeit, bestehend in der Anlage und der Verwaltung von Vermögen Dritter im eigenen Namen (zum Beispiel Übernahme von Testamentsvollstreckung, Vertretung von Pfandgläubigern und Inkasso von Teilschuldverschreibungen); Fürsorge für bedrängte Gläubiger, Sanierung von Unternehmungen; Revisionen von Büchern und Bilanzen fremder Unternehmen; Wirtschaftsberatungen und Beratungen in Steuer- und Vermögensangelegenheiten.[396] Erforderlich sind die Genehmigungen nach dem KWG, dem Rechtsberatungsgesetz, der Wirtschaftsprüferordnung und dem Steuerberatungsgesetz.[397] Wurde eine GmbH in das Handelsregister eingetragen, obwohl ihre Firma den unzulässigen Bestandteil „Treuhand" enthält, so führt dieser Satzungsmangel zu einem Amtsauflösungsverfahren.[398]

134   **21. Zentrale, Zentrum, Center, Central Shopping.** Die Begriffe Zentrale, Zentrum und Center sind gleichbedeutend. Nicht die Zusammenfassung von Unternehmen ist angesprochen, sondern nach noch herrschender Meinung ein Unternehmen mit Vorzugsstellung am Platz, wobei Kapital und Umsatz oder Breite des Angebots und Kundendienst von Bedeutung sind.[399] Die Verwendung der Zusätze zur Firmenbildung soll auf eine wirtschaftliche Bedeutung des Unternehmens hindeuten, die eindeutig über dem Durchschnitt der am Ort befindlichen Betriebe gleicher Art und Branche liegen muß. Unter **Zentrale** soll ein kapitalkräftiger Großbetrieb zu verstehen sein, der innerhalb seines Bezirks die Handelsbeziehungen einer bestimmten Branche ganz oder doch überwiegend in sich vereinigt und als Verkehrsmittelpunkt des einschlägigen Marktes in Betracht kommt; ein Fachgeschäft darf sich nur dann als „Zentrale" bezeichnen, wenn es der umfassendste

---

[392] Vgl. auch *Wessel/Zwernemann*, Die Firmengründung, RdNr. 434, der zusätzlich „eigene planerische Tätigkeit" fordert.

[393] Näher mit Nachweisen *Wessel/Zwernemann*, Die Firmengründung, RdNr. 434; dort auch zu „Technologie", zB „Kunststoff-Technologie", „Bio-Technologie".

[394] RGZ 99, 23, 29 ff.; OLG Frankfurt BB 1980, 652.

[395] BayObLGZ 1989, 44, 47 = EWiR § 4 GmbHG 1/89, 687 (*Bokelmann*); Baumbach/*Hopt* Anm. 21; Heymann/*Emmerich* RdNr. 56; Staub/*Hüffer* RdNr. 71; *Bokelmann* Firmenrecht

RdNr. 239 f.; *Wessel/Zwernemann*, Die Firmengründung, RdNr. 435; Leitsatz DIHT BB 1949, 654; vgl. auch *Groschuff* JW 1935, 3257.

[396] RGZ 99, 23 ff.; KGJ 42 A 155, 156.

[397] Näher *Bokelmann* Firmenrecht RdNr. 239.

[398] BayObLGZ 1989, 44, 48.

[399] Näher Baumbach/*Hopt* RdNr. 16; Heymann/*Emmerich* RdNr. 59; Staub/*Hüffer* RdNr. 73; *Bokelmann* Firmenrecht RdNr. 219 ff.; *Wessel/Zwernemann*, Die Firmengründung, RdNr. 457; zu „Zentrale" und „Zentrum" eingehend *Haberkorn*, Firma, Firmenwahrheit, Firmenzusätze, S. 33 ff. und *ders.* WRP 1966, 306.

und leistungsfähigste Betrieb im örtlichen Bereich ist.[400] Die Begriffe werden als Hinweis auf die besondere Größe und Bedeutung des betreffenden Unternehmens verstanden.[401]

Auch hier ist festzustellen, daß **für den Regelfall ein eindeutiger Wandel der Verkehrs-** **135** **auffassung im Sinne einer Abschwächung eingetreten ist.** Nicht nur, daß bestimmte Begriffe keinen Größenanspruch erheben (Fitneß-Center; Bowling-Center; Mitfahrzentrale), vielmehr erwartet der Verkehr auch allgemein bei diesen Zusätzen nur noch ein breitgefächertes Sortiment (beziehungsweise ein entsprechendes Dienstleistungsprogramm).[402] Auch der BGH hat bereits 1986 erhebliche Zweifel gehabt, ob der Verkehr bei „Küchen-Center" eine Vorrangstellung des betreffenden Unternehmens gegenüber anderen annimmt (NJW 1987, 63 f.). Für „Bildungszentrum" dagegen hat das Oberlandesgericht Koblenz im Verfahren nach § 3 UWG – anders als das Handelsregister – ein über den Durchschnitt gleichartiger Unternehmen hinausragendes Unternehmen gefordert (WRP 1990, 125 f.), ebenso das Oberlandesgericht Hamm für „Reha-Zentrum" (WRP 1992, 576 f.) und das Oberlandesgericht Düsseldorf für „Handelszentrum" (WRP 1982, 224), jeweils ebenfalls unter dem Gesichtspunkt irreführender Werbung.

§ 19 [Firma einer OHG oder KG]

(1) Die Firma einer offenen Handelsgesellschaft hat den Namen wenigstens eines der Gesellschafter mit einem das Vorhandensein einer Gesellschaft andeutenden Zusatz oder die Namen aller Gesellschafter zu enthalten.

(2) Die Firma einer Kommanditgesellschaft hat den Namen wenigstens eines persönlich haftenden Gesellschafters mit einem das Vorhandensein einer Gesellschaft andeutenden Zusatze zu enthalten.

(3) Die Beifügung von Vornamen ist nicht erforderlich.

(4) Die Namen anderer Personen als der persönlich haftenden Gesellschafter dürfen in die Firma einer offenen Handelsgesellschaft oder einer Kommanditgesellschaft nicht aufgenommen werden.

(5) Ist kein persönlich haftender Gesellschafter eine natürliche Person, so muß die Firma, auch wenn sie nach den §§ 21, 22, 24 oder nach anderen gesetzlichen Vorschriften fortgeführt wird, eine Bezeichnung enthalten, welche die Haftungsbeschränkung kennzeichnet. Dies gilt nicht, wenn zu den persönlich haftenden Gesellschaftern eine andere offene Handelsgesellschaft oder Kommanditgesellschaft gehört, bei der ein persönlich haftender Gesellschafter eine natürliche Person ist.

Schrifttum: *Aschenbrenner,* Die Firma der GmbH & Co. KG, 1976; *Autenrieth,* Die inländische Europäische Wirtschaftliche Interessenvereinigung (EWIV) als Gestaltungsmittel, BB 1989, 305; *Barfuss,* Die GmbH-Firma als Name des Komplementärs in der Firma der GmbH & Co. KG, GmbHR 1977, 124; *Bartl / Henkes / Schlarb* GmbH-Recht, 3. Aufl. 1990; *Binz,* Die GmbH & Co., 8. Aufl. 1992; *Blumers,* Zur Firma der GmbH & Co. KG, BB 1977, 970; *Bokelmann,* Das Recht der Firmen- und Geschäftsbezeichnungen, 3. Aufl. 1986 (zitiert Firmenrecht); *ders.,* Kann eine ausländische Kapitalgesellschaft Komplementärin einer deutschen Kommanditgesellschaft sein?, BB 1972, 1426; *ders.,* Die abgeleitete Firma der GmbH & Co., GmbHR 1975, 25; *ders.,* Zusätze wie „& Co.", „& Sohn", „& Partner" und „& Gebrüder" in der Firma der Kommanditgesellschaft und in abgeleiteten Firmen, MDR 1979, 188; *ders.,* Die Rechtsprechung zum Firmenrecht der GmbH & Co. KG seit etwa 1977, GmbHR 1979, 265; *ders.,* Wichtige Rechtsprechung zum Firmenrecht der GmbH & Co. KG und der GmbH, GmbHR 1983, 236; *ders.,* Die Rechtsprechung zum Firmenrecht der GmbH und der GmbH & Co. KG seit etwa 1980, GmbHR 1987, 177; *ders.,* Die Recht-

---

[400] LG Berlin BB 1968, 312; LG Düsseldorf BB 1968, 312.
[401] BGH WRP 1977, 180, 181 = GRUR 1977, 503, 504 („Datenzentrale").

[402] *Wessel / Zwernemann,* Die Firmengründung, RdNr. 457; Firmenfibel DIHT 1992, S. 19.

sprechung zum Firmenrecht der GmbH und der GmbH & Co. KG seit 1987 (Auswahl), GmbHR 1994, 356; *ders.*, Die Gründung von Zweigniederlassungen ausländischer Gesellschaften in Deutschland und das deutsche Firmenrecht unter besonderer Berücksichtigung des EWG-Vertrages, DB 1990, 1021; *ders.*, Der Einblick in das Handelsregister, DStR 1991, 945; *ders.*, Zur Entwicklung des deutschen Firmenrechts unter den Aspekten des EG-Vertrages, ZGR 1994, 325; *Brandes*, Die Rechtsprechung des BGH zur GmbH & Co. KG und zur Publikumsgesellschaft, WM 1987 Sonderbeilage Nr. 1/1987; *Breuninger*, Die BGB-Gesellschaft als Rechtssubjekt im Wirtschaftsverkehr, 1991; *Brodersen*, die Beteiligung der BGB-Gesellschaft an Personenhandelsgesellschaften, 1988; *Ebenroth/Eyles*, Die Beteiligung ausländischer Gesellschaften an einer inländischen Kommanditgesellschaft, DB 1988, Beilage Nr. 2/88; *Ebke*, Die „ausländische Kapitalgesellschaft & Co. KG" und das europäische Gemeinschaftsrecht, ZGR 1987, 245; *Felix*, Gesellschafterwechsel infolge der Umwandlung einer GmbH auf eine Personengesellschaft oder einen Gesellschafter als Einzelunternehmer, BB 1987, 1265; *Gabbert*, Firma der Aktiengesellschafter als Einzelunternehmer, BB 1987, 1265; *ders.*, Firma der Aktiengesellschaft: Zulässige Abkürzung „AG"?, DB 1992, 198; *Ganske*, Das Recht der europäischen wirtschaftlichen Interessenvereinigung (EWIV), 1988; *Gloria/Karbowski*, Die Europäische Wirtschaftliche Interessenvereinigung, WM 1990, 1313; *Gohl*, die Abgeleitete Firma der GmbH & Co., ein Beitrag zum Problem der Grundtypenvermischung, Dissertation Köln, 1967; *Grasmann*, System des internationalen Gesellschaftsrechts, 1970; *Großfeld*, Die „ausländische juristische Person & Co. KG" (zu BayObLG, 21. 3. 1986, 3 Z 148/85), IPRax 1986, 351; *ders.*, Vom Deutschen zum Europäischen Gesellschaftsrecht, AG 1987, 261; *Großfeld/Strotmann*, Ausländische juristische Person als Nicht-EG-Staat als Komplementär einer KG, IPRax 1990, 298; *Grothe*, Die „ausländische Kapitalgesellschaft & Co.", 1989; *Gustavus*, Zum geplanten neuen Firmenrecht der beschränkt haftenden Personengesellschaft, GmbHR 1977, 122; *ders.*, Die Praxis der Registergerichte zum Rechtsformhinweis in der abgeleiteten Firma einer GmbH & Co. KG, GmbHR 1977, 169 ff., 169 ff., 193 ff.; *ders.*, Beiträge zur Firma der GmbH & Co. KG nach geltendem und zukünftigem Recht, Veröffentlichungen der Fachhochschule für Verwaltung und Rechtspflege Berlin, 1977; *ders.*, Der Stand des „Europäischen Gesellschaftsrecht" und die Probleme der Rechtsangleichung auf diesem Gebiet, RpflStud. 1989, 81; *Haidinger*, Die „ausländische Kapitalgesellschaft & Co. KG", 1990; *Hauschka/v. Saalfeld*, Die Europäische Wirtschaftliche Interessenvereinigung (EWIV) als Kooperationsinstrument für die Angehörigen der freien Berufe, DStR 1991, 1083, *Hesselmann/Tillmann*, Handbuch der GmbH & Co., 17. Aufl. 1991; *Heinrich*, Firmenwahrheit und Firmenbeständigkeit, 1982; *Hohner*, Zur Beteiligung von Personengesellschaften an Gesellschaften, NJW 1975, 718; *Hueck*, Das Recht der offenen Handelsgesellschaft, 4. Aufl. 1971; *Kaligin*, Das internationale Gesellschaftsrecht in der Bundesrepublik Deutschland, DB 1985, 1449; *Kegel*, Internationales Privatrecht, 6. Aufl. 1987; *Klamroth*, Beteiligung einer BGB-Gesellschaft an einer Personenhandelsgesellschaft, BB 1983, 796; *Kögel*, Firmenbildungen von Zweigniederlassungen in- und ausländischer Unternehmen, Rpfleger 1993, 8; *Kübler* Gesellschaftsrecht, 4. Aufl. 1994; *Kornblum*, Rechtstatsachen zum Unternehmens- und Gesellschaftsrecht, GmbHR 1981, 227; *ders.*, Weitere Rechtstatsachen zum Unternehmens- und Gesellschaftsrecht, GmbHR 1983, 29 ff., 61 ff.; *ders.*, Offenlegung der Rechtsform der normalen KG, Rpfleger 1986, 77; *Kronke*, Schweizerische AG & Co." – Jüngste Variante der „ausländischen Kapitalgesellschaft & Co.", RIW 1990, 799; *Meyer-Landrut*, Die Europäische Wirtschaftliche Interessenvereinigung, 1988; *Müller-Guggenberger*, Die Firma der Europäischen Wirtschaftlichen Interessenvereinigung (EWIV), NJW 1989, 1922; *ders.*, EWIV – Die neue europäische Gesellschaftsform, NJW 1989, 1449; *Pöpel*, Die unwahr gewordene Firma, Irreführungsverbot versus Bestandsschutz, 1995; *v. Rechenberg*, Die EWIV – Ihr Sein und Werden, ZGR 1992, 299; *Riechert*, Die Firma der GmbH & Co., DB 1956, 493 ff.; *Röttger*, Die Kernbereichslehre im Recht der Personenhandelsgesellschaften, 1989; *Schindhelm/Wilde*, Die AG & Co. KG, GmbHR 1993, 411; *Karsten Schmidt*, handelsrechtliche Probleme der doppelstöckigen GmbH & Co. KG, DB 1990, 93; *Schmidt-Hermesdorf*, Ausländische Kapitalgesellschaft als Komplementäre deutscher Personenhandelsgesellschaften?, RIW 1990, 707; *Skibbe*, Die „dreistufige" GmbH & Co. KG im Gesellschafts-, Mitbestimmungs- und Umwandlungsrecht, WM 1978, 890; *Sternberg*, Der Gesellschaftszusatz in der Handelsfirma. Ein Beitrag zur Reform des Firmenrechts, 1975; *Timm,* Die Rechtsfähigkeit der Gesellschaft bürgerlichen Rechts und ihre Haftungsverfassung. Notwendigkeit einer Neuorientierung im Anschluß an §§ 191, 202 UmwG, NJW 1995, 3209; *Wellmann*, Die Firma der GmbH, GmbHR 1972, 193; *Wessel*, Probleme bei der Firmierung der GmbH & Co., BB 1984, 1710; *Wessel/Zwernemann*, Die Firmengründung, 6. Aufl. 1994; *Winkler*, die Firma der GmbH & Co. KG in der neuen Rechtsprechung des BayObLG, MittBayNot. 1978, 98; *Wiedemann*, Besprechung der Entscheidung BHGZ 62, 216, ZGR 1975, 354; *Zettel*, Die Europäische wirtschaftliche Interessenvereinigung (EWIV) – ihre Grundlagen und Struktur, DRiZ 1990, 161.

Übersicht

I. Überblick

§ 18 handelt von der Neubildung der Firma des Einzelkaufmanns. § 19 schließt sich an **1** und regelt in den **Absätzen 1 bis 4** die **Neubildung der Firma von OHG und KG**. Im Gegensatz hierzu trifft **Abs. 5** (kein persönlich haftender Gesellschafter ist eine natürliche Person) die **Firmenneubildung und die Firmenfortführung**. Abs. 5 erfaßt ferner die bei Inkrafttreten der Vorschrift im Jahre 1981 bereits eingetragenen *Altfirmen,* soweit die Gesellschaften ihre Firma nicht schon zufolge der Rechtsprechung des Bundesgerichtshofs geändert hatten.

Die Firma von OHG und KG wird mit den Namen der persönlich haftenden Gesell- **2** schafter gebildet. Sie ist bei Neubildung **stets Personenfirma und nicht Sachfirma.** Doch kann es auch bei der Personenhandelsgesellschaft in originärer Form so sein, daß sie zwar (der juristischen Konstruktion nach) Personenfirma ist, de facto aber lediglich aus einer reinen *Sachbezeichnung* besteht,[1] der die erforderlichen Gesellschaftsbezeichnungen beigefügt sind. Zulässig ist etwa „Kommanditgesellschaft Union-Bau Altona GmbH & Co." für eine aus den Gesellschaftern „Union-Bau Altona GmbH" (persönlich haftende Gesellschafterin) und Kommanditisten bestehende Gesellschaft (hierzu RdNr. 55). Scheidet aus einer solchen Gesellschaft die GmbH aus und tritt an ihre Stelle eine natürliche Person als persönlich haftender Gesellschafter, so muß aus der Firma – soll sie als abgeleitete weitergeführt werden – der Gesellschaftszusatz „GmbH" gestrichen werden, weil seine Beibehaltung den Grundsatz der Firmenwahrheit verletzen würde.[2] Die Firma lautet dann „Kommanditgesellschaft Union Bau Altona & Co." und ist nach dem Wegfall des GmbH-Zusatzes nicht mehr als Namensbezeichnung zu erkennen. Der Bundesgerichtshof hat eine

---

[1] Vgl. auch *Wessel/Zwernemann,* Die Firmengründung, RdNr. 203; *Binz,* Die GmbH & Co., § 11 RdNr. 3 f.

[2] BGHZ 44, 286, 287 f.; 68, 271, 273; *Karsten Schmidt* HandelsR § 12 III 2 b cc.

solche Sachfirma trotzdem zugelassen, weil sie nicht täuscht.[3] Dem ist zu folgen, zumal die Sachbezeichnung schon die ursprüngliche Firma (wenngleich Personenfirma, weil aus dem vollständigen Namen der Komplementärin mit GmbH-Zusatz gebildet) entscheidend prägte und für das Publikum „die" Firma der Kommanditgesellschaft schlechthin darstellte. Im übrigen zeigt das Beispiel, daß zumindest in den Fällen des Absatzes 5 auch eine Sachfirma zulässig sein sollte. Die **(deutsche) EWIV** (RdNr. 29) darf entgegen der Regel von § 19 auch eine Sachfirma führen (§ 17 RdNr. 10 Fn. 24).

3   Auch für § 19 gilt, hergeleitet aus § 18 Abs. 2, der allgemeine **Grundsatz der Firmen-wahrheit.** Die nach § 19 gebildete Firma darf ebenfalls in keinem Fall täuschen.

II. Die Firma der offenen Handelsgesellschaft

4   **1. Die natürliche Person als Namengeberin.** Nach Abs. 1 muß die Firma den Namen wenigstens eines Gesellschafters enthalten. Unter dem Namen einer natürlichen Person ist grundsätzlich der Familienname zu verstehen (vgl. aber RdNr. 12). Die Beifügung des Vornamens ist hier, anders als bei der Firma des Einzelkaufmanns nach § 18 Abs. 1 nicht erforderlich (§ 19 Abs. 3), aber erlaubt.

5   **a) Zeitpunkt und Motiv des Namengebers.** Der Familienname des Gründers muß, um die Möglichkeit einer Täuschung auszuschließen, zu dem Zeitpunkt mit dem in der Firma angegebenen Namen übereinstimmen, in dem **die OHG im Verhältnis zu Dritten wirksam wird.** Betreibt sie ein Grundhandelsgewerbe nach § 1 Abs. 2 und beginnt sie ihre Geschäfte (wie meistens) schon vor der Eintragung, so tritt die Wirksamkeit mit dem Zeitpunkt des Geschäftsbeginns ein.[4] Ändert sich danach der zur Firmenbildung verwandte Name des Gesellschafters, greift § 21 ein (dort RdNr. 6) und die Gesellschaft kann unter der bisher geführten Firma in das Handelsregister eingetragen werden. Anders tritt bei unter § 2 oder § 3 fallenden Gesellschaften die Wirksamkeit gegenüber Dritten erst mit der Eintragung in das Handelsregister ein. Ändert sich hier der Name vor der Eintragung (was auch dann gilt, wenn die Gesellschaft bei Änderung des Namens bereits angemeldet worden ist), ist die Eintragung unter dem vorherigen Namen nicht mehr möglich.[5] Doch kann im fall der Heirat der Geburtsname dem nunmehrigen Ehenamen beigefügt werden,[6] was auch für den Geburtsnamen des Ehemannes gilt (§ 18 RdNr. 43). Nicht dagegen ist es zulässig, in der Firma dem (bisherigen) Geburtsnamen den Ehenamen in Form eines Inhaber-(Nachfolge-)zusatzes beizufügen (§ 21 RdNr. 1).

6   Grundsätzlich schadet es nicht – anders aber bei **Mißbrauch und Verstoß gegen die §§ 1, 3 UWG, § 826 BGB**[7] –, wenn sich der Namengeber nur zum Zweck der Namengebung an der Gesellschaft beteiligt und das alsbaldige Ausscheiden des Namengebers bereits vor der Eintragung der Gesellschaft vereinbart worden ist.[8] So ist es nicht zu beanstanden, wenn eine GmbH, die eine Sachfirma führt, in Verfolgung etwa eines erlaubten und beachtlichen Werbezwecks nur aus Gründen der Namengebung eine Personenhandelsgesellschaft mitbegründet, aus der sie nach deren Eintragung sogleich wieder unter Hinterlassung ihres Namens – wie vorher beabsichtigt – ausscheidet.[9]

7   **b) Der Familienname des Gesellschafters.** Insoweit kann weitgehend auf § 18 RdNr. 24 ff. Bezug genommen werden. Maßgeblich ist der im Personenstandsregister verzeichnete Name, der im Prinzip nicht verändert oder abgekürzt werden darf, wie auch

---

[3] BGHZ 68, 271, 273; vgl. auch BayObLGZ 1977, 177, 178 f.; OLG Frankfurt OLGZ 1970, 259; **aA** KG Rpfleger 1974, 225.

[4] Näher Schlegelberger/*Karsten Schmidt* § 123 RdNr. 3.

[5] Staub/*Hüffer* RdNr. 10, 11.

[6] OLG Stuttgart NJW 1951, 280.

[7] RGZ 82, 164, 166 („Kyriazi Frères"); BGHZ 4, 96, 100 ff. („Farina"); Baumbach/*Hopt* RdNr. 2.

[8] BayObLGZ 1977, 177; Baumbach/*Hopt* RdNr. 2; Hachenburg/*Heinrich* § 4 RdNr. 52; Scholz/*Emmerich* § 4 RdNr. 33; *Bokelmann* Firmenrecht RdNr. 453; stark einschränkend Bartl/Henkes/Schlarb GmbHG § 4 RdNr. 60: es müsse die ernste Absicht bestehen, Gesellschafter tatsächlich zu werden „und (zumindest so beabsichtigt) zu bleiben".

[9] BayObLGZ 1977, 177, 180.

eine Abweichung von der Schreibweise nicht erlaubt ist (nicht statt „Schultz" die polnische Schreibweise „Szulc"). Geringfügige Abweichungen sind zulässig, so das Ersetzen der Umlaute durch „ae", „oe" oder ue". Dagegen müssen der Öffentlichkeit nicht verständliche Schriftzeichen (arabische, chinesische, griechische) in die lateinische Schrift transkribiert werden (§ 18 RdNr. 27). Nicht erlaubt ist aber die Übertragung eines deutschen Familiennamens in eine fremde Sprache oder die „Eindeutschung" eines fremden Namens. Denn es ist unerheblich, ob der fremde Name als solcher erkannt oder als Phantasiebezeichnung qualifiziert wird, wie möglicherweise „Celdis" oder „Mesirca" (§ 18 RdNr. 26).[10] Doppelnamen sind vollständig in die Firma aufzunehmen, während akademische Grade kein Bestandteil des Namens sind (§ 18 RdNr. 25), aber in der Firma verwandt werden dürfen.

In die Firma aufzunehmen ist der Familienname. **Umschreibungen sind unerlaubt, wenn sie täuschen.** So ist die Firma „Louis B's Söhne" unzulässig, wenn die Söhne Gründer der OHG sind, an welcher der Vater Louis B nie beteiligt war.[11] „Kyriazi frères" soll unzulässig sein, wenn Gesellschafter nicht nur die Brüder Kyriazi sind.[12] Das Ergebnis will (wenngleich nach geltendem Recht wohl vertretbar) nicht gefallen, wenn man bedenkt, daß die Firma als abgeleitete selbst dann zulässig wäre, wenn ein Namenträger Kyriazi überhaupt nicht mehr Gesellschafter ist. Begründen läßt sich die Entscheidung nur mit dem Satz, die ursprüngliche Firma müsse jedenfalls wahr sein. Aber auch das ist fraglich, weil die Firma der OHG nicht sämtliche Gesellschafter enthalten muß (auch RdNr. 21). **8**

Die Firma der OHG muß den Namen wenigstens eines Gesellschafters enthalten. Unerheblich ist, ob dieser Gesellschafter **von der Geschäftsführung oder der Vertretung der Gesellschaft ausgeschlossen** ist (§§ 114 Abs. 2, 125 Abs. 1). Es kommt insoweit nur auf die Gesellschaftereigenschaft als solche an. Das gilt auch für einen **in der Geschäftsfähigkeit beschränkten oder geschäftsunfähigen Gesellschafter.** Die Firma muß in einem solchen Fall auch nicht von dem Vormundschaftsgericht genehmigt werden. Jedoch muß dieses den Gesellschaftsvertrag nach den §§ 1643 Abs. 1, 1822 Nr. 3 BGB genehmigen, der regelmäßig auch die gewählte Firma beinhaltet.[13] **9**

Nach Abs. 4 dürfen **die Namen gesellschaftsfremder Personen** nicht (auch nicht versteckt) in die Firma der OHG (und der KG) aufgenommen werden. Irrige Vorstellungen über den Träger des neugebildeten Unternehmens sollen vermieden werden.[14] Irrige Vorstellungen können aber dann nicht aufkommen, wenn aus der Firmierung eindeutig folgt, daß ein aufgenommener fremder Name nicht einen persönlich haftenden Gesellschafter bezeichnen soll, wie etwa bei einer Gesellschaft „A & B, Gesellschaft zur Ausnutzung des X'schen Patents" oder „A & B, Verkaufsstelle für die Erzeugnisse Y's".[15] **10**

Künstlernamen oder Pseudonyme können für die Bildung der Gesellschaftsfirma benutzt werden.[16] Das ist (insbesondere für die Firma des Einzelkaufmanns) bestritten. Bezüglich der Einzelheiten wird auf § 18 RdNr. 40 verwiesen. Unzulässig ist die Verwendung eines **Decknamens** (der die wahre Person gerade verschleiern soll) zur Firmenbildung. **11**

c) Die Firma des Einzelkaufmanns als Name des Gesellschafters in einer Personenfirma? Ist eine Handelsgesellschaft oder eingetragene Genossenschaft Gesellschafter einer OHG oder KG (für die Personenfirma der GmbH stellt sich die gleiche Frage), so kann und muß deren *Firma* zur Bildung der Personenfirma nach § 19 herangezogen wer- **12**

---

[10] Vgl. BayObLGZ 1973, 211, 213 gegen BayObLGZ 1972, 277 ff.; Heymann/*Emmerich* RdNr. 6; Staub/*Hüffer* RdNr. 8.

[11] RGZ 156, 363; Staub/*Hüffer* RdNr. 8; Heymann/*Emmerich* RdNr. 5; *Bokelmann* Firmenrecht RdNr. 591; vgl. auch KGJ 28 A 39, 41 f. für „C.Z. Söhne", wenn Gründer die Brüder Z sind.

[12] RGZ 82, 164; Baumbach/*Hopt* RdNr. 1.

[13] So ausdrücklich Staub/*Hüffer* RdNr. 9.

[14] BGHZ 65, 89, 92; vgl. auch Staub/*Hüffer* RdNr. 17; Heymann/*Emmerich* RdNr. 8.

[15] Schlegelberger/*Hildebrandt/Steckhan* RdNr. 3; Heymann/*Emmerich* RdNr. 8; Staub/*Hüffer* RdNr. 17.

[16] Eingehend *Heinrich*, Firmenwahrheit und Firmenbeständigkeit, RdNr. 92 ff.; Heymann/*Emmerich* RdNr. 5; Staub/*Hüffer* RdNr. 13; **aA** *Karsten Schmidt* HandelsR § 12 III 1 e aa.

den,[17] soweit nicht das Gebot der Firmenwahrheit entgegensteht. Denn neben der Firma existiert hier kein (bürgerlicher) Name. Die Firma ist der Name. Besteht die Firma des Einzelkaufmanns entsprechend § 18 aus seinem Familiennamen nebst Vornamen, ist die Verwendung einer solchen Firma zur Firmenbildung nach § 19 unbedenklich, weil die Gesellschaftsfirma unabhängig von dieser Firma ebenso gebildet werden könnte. Zwar ist nach § 19 Abs. 3 die Beifügung von Vornamen nicht erforderlich, doch ist sie zweifelsfrei erlaubt (RdNr. 15). Hat der Einzelhandelkaufmann neben seinem Namen zulässigerweise[18] auch den Geschäftsgegenstand in die Firma aufgenommen, können gegen die Verwendbarkeit der Firma Bedenken nur im Hinblick auf die gebotene Firmenwahrheit bestehen (RdNr. 13). Gebraucht der Einzelkaufmann dagegen eine **abgeleitete, seinen bürgerlichen Namen nicht enthaltende Firma,** soll es ihm nach einer Mindermeinung untersagt sein, eine solche Firma als seinen Namen zur Firmenbildung der OHG (KG oder Personenfirma der GmbH) zu verwenden. Die überwiegende Meinung hält dem zu Recht entgegen, daß unter „Namen" im Sinne von § 19 Abs. 1 und 2, § 4 GmbHG nicht nur der Familienname (wenn es ihn wie beim Einzelkaufmann gibt) zu begreifen ist, weil nach § 17 (auch) die Firma eines Kaufmanns „der Name ist", unter dem er im Handel seine Geschäfte betreibt und die Unterschrift abgibt. Aus den Rechtsgrundsätzen über die abgeleitete Firma läßt sich ebenfalls Gegenteiliges nicht entnehmen, weil nicht die Berechtigung zur Fortführung einer Firma durch den Einzelkaufmann in Frage steht, sondern die Verwendung einer abgeleiteten Firma als Name des Einzelkaufmanns bei einer Neugründung.[19] Auch die Verwendung der abgeleiteten (namensverschiedenen) Firma des Einzelkaufmanns als Gesellschafter einer Personenhandelsgesellschaft zur Firmenbildung der Personenfirma dieser Personenhandelsgesellschaft ist mithin *grundsätzlich zulässig,*[20] sofern nicht das Täuschungsverbot des § 18 Abs. 2 entgegensteht (RdNr. 13). Gleiches gilt für die Bildung der Personenfirma einer GmbH.

13   Die Verwendung einer Firma zur Bildung der Firma einer OHG (oder KG oder der Personenfirma einer GmbH) ist dann nicht erlaubt, wenn der **Grundsatz der Firmenwahrheit** hierdurch **verletzt würde** (RdNr. 3). Das ist dann der Fall, wenn die Firma des Einzelkaufmanns oder eines namengebenden Gesellschafters überhaupt Firmenzusätze enthält (der Geschäftsgegenstand oder eine Größenaussage oder eine Ortsbezeichnung ist etwa in die Firma des Namengebers aufgenommen worden), welche auf die neu gegründete Gesellschaft (OHG, KG) nicht zutreffen.[21] Grundsätzlich lassen sich diese Schwierigkeiten auch nicht dadurch beseitigen, daß irreführende Zusätze der einzelkaufmännischen Firma oder einer sonstigen namengebenden Gesellschaft einfach „gestrichen" werden. Die Firma darf ebensowenig wie bei einer natürlichen Person als Namengeberin durch Kürzung oder Änderung verfremdet werden.[22] Denn eine Firma muß – gleich, ob sie zur Firmenbildung einer Gesellschaft verwandt oder als abgeleitete geführt wird – im wesentlichen unverändert bleiben, um nicht Zweifel an ihrer Identität aufkommen zu lassen (§ 18

[17] Näher *Heinrich,* Firmenwahrheit und Firmenbeständigkeit, RdNr. 102 ff.
[18] Vgl. nur *Wessel/Zwernemann,* Die Firmengründung, RdNr. 164.
[19] Ausführlich hierzu Staub/*Hüffer* RdNr. 14; Hachenburg/*Heinrich* § 4 RdNr. 41.
[20] *Heinrich,* Firmenwahrheit und Firmenbeständigkeit, RdNr. 102 ff.; *Wellmann* GmbHR 1972, 193 unter 1 a; *Wessel/Zwernemann,* Die Firmengründung, RdNr. 202; *Bokelmann* Firmenrecht RdNr. 457 ff.; *Heymann/Emmerich* RdNr. 7; Staub/*Hüffer* RdNr. 14; Baumbach/*Hueck* GmbHG § 4 RdNr. 28; Hachenburg/*Heinrich* § 4 RdNr. 39 ff.; *Lutter/Hommelhoff* § 4 RdNr. 8; Rowedder/*Rittner* § 4 RdNr. 12; Scholz/*Emmerich* § 4 RdNr. 30; aA KGJ 39 A 114, 115 f.; KG HRR 39,

92; BayObLGZ 1954, 203, 205 = NJW 1954, 1933; Baumbach/*Hopt* § 18 RdNr. 1; *Meyer-Landrut/Müller/Niehus* RdNr. 10.
[21] OLG Karlsruhe Rpfleger 1967, 122; *Heinrich,* Firmenwahrheit und Firmenbeständigkeit, RdNr. 108 f.; *Bokelmann* Firmenrecht RdNr. 458; eingehend *Wessel/Zwernemann,* Die Firmengründung, RdNr. 233 ff.; Staub/*Hüffer* RdNr. 15: „Will Franz Mayer, der Inhaber der 'Kaffeerösterei Anton Müller' ist, mit anderen Gesellschaftern eine OHG gründen, um den Kaffee zu vertreiben, so ist die Firma 'Kaffeerösterei Anton Müller & Co.' täuschungsgeeignet und daher gemäß § 18 Abs. 2 unzulässig".
[22] BayObLG GmbHR 1990, 464 = EWiR § 19 HGB 1/90, 1101 (*Bokelmann*).

RdNr. 2 und unten RdNr. 34 ff.).[23] Im Einzelfall können Fortlassungen erlaubt sein, was sich etwa für eine in der Firma enthaltene Ortsbezeichnung diskutieren läßt, sofern die Firma im übrigen nicht zu beanstanden ist. Die angesprochenen Fragen tauchen besonders häufig bei der GmbH & Co. KG auf (RdNr. 46).

Führt der Einzelkaufmann eine abgeleitete, namensverschiedene Firma und ist diese zu- **14** lässigerweise (weil nicht täuschend) als Firma der offenen Handelsgesellschaft vereinbart worden, so ist für die **Eintragung im Handelsregister** zu differenzieren. Auf entsprechende Anmeldung wird in Abteilung A des Handelsregisters (hierzu näher § 9 RdNr. 4) in Spalte 2 unter a) die Firma wie vereinbart eingetragen („Metallwarenhandel Hans Weber & Co."). In Spalte 3 sind ferner – was von der Bildung der Firma und deren Eintragung zu trennen ist – die persönlich haftenden Gesellschafter einzutragen. Insoweit kommt eine Eintragung des Einzelkaufmanns, aus dessen abgeleiteter Firma die Firma der OHG gebildet wurde, unter seinem bürgerlichen Namen in Betracht. Eine solche Eintragung ist klar und läßt Zweifel nicht aufkommen. Denkbar ist auch die Eintragung des Gesellschafters unter der abgeleiteten Firma in Spalte 3. Doch wäre eine Eintragung in dieser Form nicht hinreichend klar und damit irreführend, weil persönlich haftender Gesellschafter weder die (abgeleitete) Firma noch der jeweilige Inhaber dieser Firma ist, sondern der Inhaber eben dieser Firma zum Zeitpunkt des Wirksamwerdens der offenen Handelsgesellschaft. Beizufügen ist daher der Eintragung *in Spalte 3* bei entsprechender Anmeldung – was mit der Eintragung der Firma selbst in Spalte 2 a nichts zu tun hat – ein Inhabervermerk („Metallwarenhandel Hans Weber, Inhaber Otto Hahn").[24] Entsprechendes gilt für die Eintragung eines Kommanditisten unter seiner Firma in Spalte 5.

d) **Der Vorname.** In der Firma der OHG braucht den Namen der Gesellschafter kein **15** Vorname beigefügt zu werden (Abs. 3). Wird der Vorname zulässigerweise in die Firma aufgenommen, muß er nicht, wie in § 18 Abs. 1 für den Einzelkaufmann bestimmt, ausgeschrieben werden. **Abkürzungen und Kurzformen** (Heinz statt Heinrich) sind erlaubt. Aus § 18 Abs. 1 ergibt sich nicht etwa allgemein der Grundsatz, Vornamen müßten im Fall der Beifügung immer ausgeschrieben in der Firma geführt werden.[25] Nach § 2 Abs. 2 PartGG findet auf die **Partnerschaft** § 19 Abs. 3 und 4 entspr. Anwendung.

e) **Der das Vorhandensein einer Gesellschaft andeutende Zusatz.** Besteht die Firma **16** der OHG aus den **Namen aller Gesellschafter,** bedarf es nach Abs. 1 keines ausdrücklichen Zusatzes, der ein Gesellschaftsverhältnis andeutet. Die Gesellschafter sind aus der Firma zu ersehen, und es schadet bei der OHG (und auch der KG, anders aber im Fall von § 19 Abs. 5) im Gegensatz zu den Kapitalgesellschaften (§ 4 Abs. 2 GmbHG, § 4 Abs. 1 Satz 2 AktG) nicht, wenn die Firmen nicht auch die Rechtsform (OHG oder KG?) offenbaren.[26] Wird zulässigerweise ein Gesellschaftszusatz aufgenommen, der das Gesellschaftsverhältnis andeutet, so darf er nicht täuschen, indem er weitere Gesellschafter vortäuscht, die es gar nicht gibt. Die alleinigen Gesellschafter A und B können etwa (näher RdNr. 20 ff.) „A & B" oder „A & B, offene Handelsgesellschaft" firmieren, nicht aber „A, B & Co.".[27] Erscheinen in der Firma sämtliche Gesellschafter, sind normalerweise zulässige

---

[23] Anderes etwa *Pleyer* (GmbHR 1967, 123 zu OLG Karlsruhe GmbHR 1967, 122), der täuschende Teile der aufgenommenen Firma „fortlassen" will.

[24] Vgl. BayObLGZ 1973, 46 für den Kommanditisten; eingehend Staub/*Hüffer* RdNr. 16, der aber zu der Frage der Eintragung in das Handelsregister selbst nur ausführt, die Eintragung müsse „außer der Firma des Einzelkaufmanns auch seinen bürgerlichen Namen enthalten".
Nach LG Braunschweig (BB Beilage 12/1975, S. 19) darf nur der bürgerliche Name eingetragen werden, während das LG Essen (BB 1961, 500) keine Bedenken hat, „zur Klarstellung der Einheit

zwischen Kaufmann und Firma" neben der Firma den bürgerlichen Namen des Inhabers einzutragen.

[25] KGJ 39 A 114 für die Personenfirma der GmbH; Staub/*Hüffer* RdNr. 12.

[26] OLG München JFG 17, 60, 61; KG JFG 20, 265, 267; OLG Hamm NJW 1965, 763; Heymann/*Emmerich* RdNr. 11; Staub/*Hüffer* RdNr. 18; *Bokelmann* Firmenrecht RdNr. 589; **aA** *Kornblum* Rpfleger 1986, 77, 79.

[27] RGZ 37, 58, 60; *Karsten Schmidt* HandelsR § 12 III 1 e bb; Heymann/*Emmerich* RdNr. 9; Schlegelberger/*Hildebrandt*/*Steckhan* RdNr. 6; Staub/*Hüffer* RdNr. 21.

Zusätze wie „& Co.", weil täuschungsgeeignet, nicht mehr zulässig. Aufzunehmen ist vielmehr, so die Gesellschafter einen Gesellschaftszusatz in der Firma wünschen, ein „reiner" Rechtsformzusatz[28] wie etwa OHG.

17   Wird die Firma der OHG **nur mit dem Namen eines Gesellschafters** gebildet, ist neben dem reinen Rechtsformzusatz OHG oder ihm gleichstehender Bezeichnungen (RdNr. 20) jeder Gesellschaftszusatz wie „& Co." oder „& Gesellschafter" erlaubt.[29] Denn es wird deutlich, daß neben dem einen in der Firma genanntem Gesellschafter weitere vorhanden sind. Wieviele es sind, interessiert – was die Firma angeht – nicht, weil § 19 Abs. 1 nur die Offenbarung eines Gesellschafternamens und nicht aller fordert.

18   Sind in die Firma **einige, aber nicht alle Gesellschafter** aufgenommen worden, ist strittig, ob sich aus der Firma das Vorhandensein weiterer Gesellschafter ergeben muß. Kann auch bei drei und mehr Gesellschaftern die Firma „A & B" oder „A & B OHG" – in beiden Fällen ergibt sich aus der Firma nicht, daß die Gesellschaft aus mehr als zwei Gesellschaftern besteht – heißen,[30] oder muß sie „A, B & Co." oder „A, B & Co. OHG" firmieren?[31]

19   **Stellungnahme.** Nach Zulassung der Einmanngründung durch die Novelle von 1980[32] kann nicht mehr zweifelhaft sein, daß sich zumindest aus der **Personenfirma einer GmbH** kein Rückschluß mehr auf die Zahl der Gesellschafter ziehen läßt. Ist die Firma einer GmbH etwa aus nur einem Namen (mit dem Zusatz GmbH) gebildet, kann des Publikum weder darauf vertrauen, daß nur der in der Firma Angegebene Gesellschafter ist, noch daß ein oder mehrere weitere Gesellschafter vorhanden sind.[33] Insoweit ist die Entscheidung BGHZ 65, 89, 92 überholt.[34] Doch gilt das nicht nur für die Personenfirma der GmbH, sondern auch für § 19 Abs. 1.[35] Es muß schon deshalb bei einer einheitlichen Auslegung von § 4 GmbHG und § 19 HGB bleiben (wie bisher auch), weil für das Publikum nicht nachvollziehbar wäre, weshalb bezüglich der aus der Firma ersichtlichen oder nicht ersichtlichen Anzahl der Gesellschafter zwischen der Firma „A & B GmbH" und "A & B OHG" ein Unterschied bestehen soll. Auch bei der offenen Handelsgesellschaft kann sich im übrigen die Zahl der Gesellschafter dauernd ändern, ohne daß dies aus der Firma ersichtlich wird, und es ist sehr unwahrscheinlich, daß der Verkehr der Firma „A & B OHG" entnimmt, es handele sich um die abschließende Aufzählung der persönlich haftenden Gesellschafter.[36] „A & B" oder „A & B OHG" ist daher auch dann zulässig, wenn es noch einen dritten (oder mehr) Gründungsgesellschafter gibt.[37]

20   **f) Einzelheiten und Beispiele zur Firmenbildung.** Als **Gesellschaftszusatz** kommt zunächst die Rechtsformkennzeichnung „offene Handelsgesellschaft" in Betracht. Anmel-

---

[28] Heymann/*Emmerich* RdNr. 9.

[29] Heymann/*Emmerich* RdNr. 10.

[30] So *Karsten Schmidt* HandelsR § 12 III 1 e bb; *App* BB 1988, 777, 778; *Wessel/Zwernemann*, Die Firmengründung, RdNr. 202; Heymann/*Emmerich* RdNr. 10 (anders Voraufl.); für die Personenfirma der GmbH, wo sich die Frage ebenfalls stellt: BayObLGZ 1984, 167, 170 für eine GmbH, deren Firma nur den Namen eines von zwei Gründungsgesellschaftern enthielt; LG Itzehoe GmbHR 1988, 348; *Lutter/Hommelhoff* § 4 RdNr. 8; *Rowedder/Rittner* § 4 RdNr. 11; Hachenburg/*Heinrich* § 4 RdNr. 35 nur für die Personengesellschaft der GmbH unter ausdrücklicher Aufgabe der einheitlichen Auslegung von § 4 Abs. 1 Satz 1 GmbHG und § 19 Abs. 1 HGB; OLG Stuttgart BB Beilage 12/1975, S. 18: für die Zulässigkeit von „Maier & Schulze KG" bei mehr als zwei Komplementären (mit ablehnender Anm. *Wessel*).

[31] So *Heinrich*, Firmenwahrheit und Firmenbeständigkeit, RdNr. 123; Baumbach/*Hopt* RdNr. 1; Staub/*Hüffer* RdNr. 24; *Bokelmann* Firmenrecht

RdNr. 441, 590; für die Personenfirma der GmbH: BGHZ 65, 89, 92 mit abl. Anm. *Schäfer* in BB 1976, 202; BayObLGZ 1980, 414, 420 (anders aber jetzt BayObLGZ 1984, 167, Fn. 30); *Bartl/Henkes/Schlarb* GmbH-Recht § 4 RdNr. 65; *Roth* GmbHG § 4 4.1; Scholz/*Emmerich* § 4 RdNr. 26 a.

[32] Gesetz zur Änderung des GmbH-Gesetzes und anderer handelsrechtlicher Vorschriften vom 4. 7. 1980, BGBl. I S. 836; Regierungsentwurf BT-Drucks. 8/1347; Beschlußempfehlung und Bericht des Rechtsausschusses BT-Drucks. 8/3908.

[33] BayObLGZ 1984, 167, 169 f. unter Bezugnahme auf die Stellungnahme der IHK Nürnberg in BayObLGZ 1983, 250, 251; OLG Frankfurt BB 1982, 694.

[34] Hachenburg/*Heinrich* RdNr. 35.

[35] Anders Hachenburg/*Heinrich* RdNr. 35.

[36] Ebenso *Wessel/Zwernemann*, Die Firmengründung, RdNr. 202, die aber „A & B" bei drei Gründungsgesellschaftern im Hinblick auf den „fehlenden Gesellschaftszusatz" für unzulässig halten.

[37] *Karsten Schmidt* HandelsR § 12 III 1 e bb.

dung und Eintragung in das Handelsregister können auch in abgekürzter Form erfolgen („OHG" oder „oHG"). Nur muß die Abkürzung verständlich sein, was für „OH" oder „oH" äußerst fraglich ist,[38] wenngleich das OLG Hamm[39] aufgrund von Befragungen verschiedener Industrie- und Handelskammern festgestellt hat, daß Firmen mit dieser Bezeichnung im Handelsregister eingetragen sind, der Zusatz gebräuchlich (wenn auch nicht so häufig) ist und auch die allgemeine Verkehrsauffassung ihn als Abkürzung für „offene Handelsgesellschaft" begreift. Jedenfalls ist aber „u. G" als Abkürzung für „und Gesellschafter" unverständlich.[40] In Betracht kommt als Gesellschaftszusatz neben „Gesellschaft" weiterhin „& Co.", „& Cie.", „& Compagnie", „& Compagnon", „& Comp.", „& Gesellschafter", „& Konsorten" (früher üblich), „& Partner" (aber nur für die OHG!), „ & Sohn" (Söhne), „& Brüder", „Brüder", „Gebrüder", „Geschwister", „Erben", „Vater & Sohn" und so fort, sofern die betreffende Bezeichnung in der Firma einer OHG sachlich gerechtfertigt ist (RdNr. 21), das heißt jeweils Brüder, Geschwister oder sonstig Bezeichnete persönlich haftende Gesellschafter sind. **Unerheblich** ist, **wie das Verbindungszeichen geschrieben** ist („und", „u.", „&", „+").[41] Den Zusatz **„und Partner" dürfen nach § 11 PartGG aber nur noch Partnerschaften im Sinne des PartGG führen.** Das gilt auch für „& Partner". Gesellschaften, die eine solche Bezeichnung bei Inkrafttreten dieses Gesetzes (1. 7. 1995) in ihrem Namen führten, ohne Partnerschaft zu sein, dürfen diese Bezeichnung nur noch bis zum Ablauf von zwei Jahren nach Inkrafttreten des Gesetzes weiterverwenden. Danach muß ein Hinweis auf die wahre Rechtsform („GbR", „BGB-Gesellschaft", „Gesellschaft bürgerlichen Rechts") hinzugefügt werden, § 11 Satz 2, 3 PartGG. Das gilt aber nicht für Kapitalgesellschaften, weil § 11 PartGG nur auf Personengesellschaften abzielt (OLG Frankfurt Beschl. v. 20. 5. 1996–20 W 121/96.

Verwandtschaftsangaben in der Firma (RdNr. 20) müssen der Wahrheit entsprechen. **21** Täuschende Umschreibungen sind unzulässig. Insoweit kann auf RdNr. 8 verwiesen werden. Heißt es „Gebrüder A", müssen aber nicht alle Gebrüder beteiligt sein;[42] es langt, das Gründungsgesellschafter zwei von mehreren Brüdern sind. Auch ist dieser Zusatz nicht nur dann erlaubt, wenn allein die betreffenden Brüder und keine weiteren Personen (etwa Schwestern oder Dritte) Gesellschafter sind.[43] Denn in die Firma der OHG müssen nicht sämtliche Gesellschafter aufgenommen werden (§ 19 Abs. 1). Auf der Grenze liegt ein Fall, den das OLG Dresden zu entscheiden hatte.[44] Kann die Firma „Paul H." den Zusatz „& Söhne" erhalten, nachdem Sohn und Schwiegersohn in das Geschäft als persönlich haftende Gesellschafter eingetreten sind? Das OLG verneinte mit der Begründung, Schwiegersöhne seien in diesem Zusammenhang nicht als Söhne zu betrachten.

Beispiele. Eine OHG, die zwei Gründungsgesellschafter hat, kann firmieren: „A & B" **22** oder „A & B OHG", weil mehrere Gesellschaftszusätze verwandt werden können, sofern sie nicht täuschen. Eine Täuschung scheidet aus, wenn einem allgemeinen Gesellschaftszusatz ein aufklärender Rechtsformzusatz beigefügt wird, was zwar nicht zwingend geboten, aber erlaubt ist. Weiter kann es heißen „A & Co." oder „B & Co.", jeweils auch mit weiterem Zusatz „OHG"; „A & Gesellschafter" oder „B & Gesellschafter", jeweils auch mit weiterem Zusatz „OHG"; „Gesellschaft A", „Gesellschaft B"; „A OHG" („B OHG") oder „OHG A" („OHG B"); „Gebrüder A" und so fort (näher RdNr. 20, 21).[45] Für die Firmie-

---

[38] Ablehnend Staub/*Hüffer* RdNr. 22; Heymann/*Emmerich* RdNr. 11.
[39] NJW 1965, 763; vgl. auch OLG Hamm OLGZ 1965, 122.
[40] Staub/*Hüffer* RdNr. 22; Heymann/*Emmerich* RdNr. 11.
[41] LG Düsseldorf BB 1960, 1111; bezüglich der Einzelheiten vgl. *Heinrich,* Firmenwahrheit und Firmenbeständigkeit, RdNr. 117 ff.; *Bokelmann* Firmenrecht RdNr. 588 ff.; Staub/*Hüffer* RdNr. 19, 20, 22; Heymann/*Emmerich* RdNr. 11.

[42] So aber Staub/*Hüffer* RdNr. 25; Koller/*Roth*/Morck RdNr. 3.
[43] So aber RGZ 82, 164, 166; Baumbach/*Hopt* RdNr. 1; Heymann/*Emmerich* RdNr. 12; Staub/*Hüffer* RdNr. 25.
[44] OLGRspr. 40, 180, 181.
[45] Vgl. Baumbach/*Hopt* RdNr. 1; *Bokelmann* Firmenrecht RdNr. 590.

rung von Gesellschaften mit drei oder mehr Gesellschaftern gilt entsprechendes.[46] Darauf hinzuweisen ist aber, daß die Firmierung bezüglich der Fallgestaltung RdNr. 18 und 19 je nachdem, welcher Meinung man sich anschließt, unterschiedlich ausfallen kann.

23   **2. Gesellschaften als namengebende Gesellschafter der OHG. a) Beteiligungsfähigkeit. aa) Juristische Person des privaten und öffentlichen Rechts**[47] können Gesellschafter einer OHG oder KG sein. Für die **Kapitalgesellschaften** hat das Reichsgericht bereits 1922 die Beteiligung einer GmbH an einer KG für zulässig erklärt,[48] und auch an der Beteiligungsfähigkeit der Aktiengesellschaft und der KGaA bestehen keine Zweifel.[49] Neben den Kapitalgesellschaften kann auch eine **Genossenschaft** Gesellschafterin – jeweils als Kommanditist oder OHG-Gesellschafterin bzw. Komplementärin – sein.[50]

24   Wie die juristischen Personen selbst sind auch die **Vorgesellschaften (Vor-GmbH, Vor-AG)** beteiligungsfähig. Denn die Vorgesellschaft stellt sich als ein auf die spätere juristische Person hin angelegtes Rechtsgebilde dar, das bereits körperschaftlich strukturiert und daher auch imstande ist, durch seinen Geschäftsführer oder Vorstand als Vertretungsorgan „nach außen geschlossen aufzutreten" (näher § 21 RdNr. 7 ff., auch § 6 RdNr. 11 f.).[51] Die Vorgesellschaft ist nach hM namens- und bei Vorliegen weiterer Voraussetzungen auch firmenrechtsfähig (§ 6 RdNr. 11). Mit der Eintragung der GmbH (AG) in das Handelsregister gehen alle Rechte und Pflichten der Vorgesellschaft auf die eingetragene Gesellschaft über. Hierzu gehört auch das Namenrecht. Dient der Name auch zur Firmenbildung der juristischen Person, wirkt insoweit unter Prioritätsgesichtspunkten der Namenschutz fort.[52] Die Vorgesellschaft (etwa Vor-GmbH) kann auch bereits in das Handelsregister A als Komplementärin einer Kommanditgesellschaft unter der Firma der zukünftigen GmbH mit dem Zusatz „in Gründung" eingetragen werden. Ist allerdings zum Zeitpunkt der Eintragung der Kommanditgesellschaft in das Handelsregister zwischenzeitlich auch die GmbH bereits (in HRB) eingetragen, ist nur die GmbH und nicht mehr die Vor-GmbH als Komplementärin einzutragen.[53]

25   Auch die **rechtsfähige Stiftung** (§§ 80 ff. BGB) kann Gesellschafterin einer OHG oder KG sein,[54] und zwar nicht nur Kommanditistin, sondern auch Komplementärin.[55] Das gilt auch für den **rechtsfähigen Verein** (nach § 21 BGB eingetragen oder nach § 22 BGB konzessioniert).[56] Ein anderes Thema ist die vereins- oder stiftungsrechtliche Zulässigkeit der Beteiligung.

26   **bb) Gesamthandsgemeinschaften.** An einer OHG oder KG kann sich auch **eine andere OHG oder KG beteiligen,** was sich heute bereits aus dem Gesetz ergibt (§§ 19 Abs. 5, 125 a, 129 a, 130 a, 172 Abs. 6, 172 a, 177 a).[57] Früher war die Beteiligungsfähigkeit streitig. Als sich der Bundesgerichtshof 1972 und 1973 mit Fragen der doppelstöckigen KG beschäftigen mußte, ging er von der Zulässigkeit einer solchen Beteiligung aus.[58]

---

[46] Beispiele bei *Wessel/Zwernemann,* Die Firmengründung, RdNr. 202; Staub/*Hüffer* RdNr. 22; Heymann/*Emmerich* RdNr. 13.

[47] Hierzu Schlegelberger/*Karsten Schmidt* § 105 RdNr. 59.

[48] RGZ 105, 101, 103 ff.; schon 1912 ebenso BayObLG OLGRspr. 27, 331, 332; 1918 KG KGJ 51, 122; Staub/*Hüffer* RdNr. 34, 73; Baumbach/*Hopt* § 105 RdNr. 28; Heymann/*Emmerich* § 105 RdNr. 43; eingehend, auch zur Entwicklung, *Karsten Schmidt* GesR § 56 I; vgl. ferner *Wessel/Zwernemann,* Die Firmengründung, RdNr. 190 f.

[49] 1922 KG für die AG, OLGRspr. 42, 214; Begr. Regierungsentwurf GmbH-Novelle, BT-Drucks. 8/1347, S. 56; Staub/*P. Ulmer* § 105 RdNr. 91 f.; Schlegelberger/*Karsten Schmidt* § 105 RdNr. 54.

[50] Schlegelberger/*Karsten Schmidt* § 105 RdNr. 54.

[51] BGHZ 80, 129, 132 = NJW 1981, 1373, 1374; eingehend hierzu Schlegelberger/*Karsten Schmidt* § 105 RdNr. 55; Staub/*P. Ulmer* § 105 RdNr. 93; Baumbach/*Hopt* § 105 RdNr. 28.

[52] BGHZ 120, 103, 107 = NJW 1993, 459, 460 = BGH LM § 12 BGB Nr. 60 mit Anm. *Bokelmann.*

[53] BGH NJW 1985, 736.

[54] Schlegelberger/*Karsten Schmidt* § 105 RdNr. 57; *Strickrodt,* Die Erscheinungsformen der Stiftungen des privaten und des öffentlichen Rechts, NJW 1962, 1480, 1484.

[55] Vgl. auch Staub/*P. Ulmer* § 105 RdNr. 92.

[56] Schlegelberger/*Karsten Schmidt* § 105 RdNr. 56; zur Registerpraxis *Kornblum* GmbHR 1981, 227, 228 Fn. 17.

[57] Näher Schlegelberger/*Karsten Schmidt* § 105 RdNr. 65; Staub/*P. Ulmer* § 105 RdNr. 94 f.

[58] BGH GmbHR 1973, 263; NJW 1973, 2198.

Dagegen soll sich die (Außen-)**Gesellschaft bürgerlichen Rechts** an einer OHG oder   27
KG nach hM zufolge u.a. fehlender Einheit nach außen, mangelnder Registerpublizität
und nicht zwingender Haftungsordnung **nicht beteiligen können**.[59] Anlaß zu Zweifeln
gibt, daß seit BGHZ 78, 311[60] höchstrichterlich anerkannt ist, daß sich die (Außen-)
Gesellschaft bürgerlichen Rechts als Gesamthandsgemeinschaft an der Gründung einer
GmbH beteiligen kann und der erworbene Geschäftsanteil Gesamthandsvermögen wird.
Auch kann sich eine an einer Personenhandelsgesellschaft beteiligte OHG oder KG – wird
sie minderkaufmännisch oder nichtkaufmännisch – automatisch in eine Gesellschaft bür-
gerlichen Rechts umwandeln, und es ist unbestreitbar, daß diese dann Gesellschafterin ist.[61]
Es spricht daher viel für die Gegenmeinung, die Außengesellschaft bürgerlichen Rechts als
Gesamthand auch als Gesellschafterin einer OHG (KG) anzuerkennen (vgl. auch § 1
RdNr. 38) und als Gesellschafterin nach § 106 Abs. 2 die Gesellschafter mit dem Zusatz
„in Gesellschaft bürgerlichen Rechts" einzutragen. Konsequenterweise sind dann auch
Änderungen in der Gesellschafterzusammensetzung der BGB-Gesellschaft nach den §§ 107,
143 ebenfalls einzutragen.[62] Im übrigen hat der Gesetzgeber die BGB-Gesellschaft in den
§§ 191, 202 UmwG insoweit als Rechtsträger voll anerkannt (vgl. *Timm* NJW 1995, 3209,
3214, 3217).

Ein **nichtrechtsfähiger Verein** kann nach überwiegender Meinung nicht Gesellschafter   28
einer OHG oder KG sein;[63] insoweit wird auf § 1 RdNr. 39 Bezug genommen. Eine
Erbengemeinschaft kann nach ständiger Rechtsprechung und hM nicht Gesellschafter
einer **werbend tätigen** OHG (KG) sein.[64] Dagegen ist es möglich, daß Miterben ein ererbtes Handelsgeschäft ohne Auseinandersetzung in Erbengemeinschaft fortführen (vgl. näher
§ 1 RdNr. 41, § 22 RdNr. 31).[65]

Auch die **Europäische Wirtschaftliche Interessenvereinigung (EWIV)** kann – jeden-   29
falls ihrer Struktur nach – Gesellschafterin sein.[66] Die EWIV, auf das französische Vorbild
der „groupement d'interêt économique" zurückgehend, unterscheidet sich von den inländischen Unternehmensformen nicht unerheblich, weil sie mit den inländischen Personenhandelsgesellschaften nicht unbedingt gleichzusetzen ist und nicht übersehbare Züge
der Kapitalgesellschaft trägt.[67] Für die Frage der Beteiligungsfähigkeit kann aber dahinstehen, ob die EWIV juristische Person oder eine der juristischen Person angenäherte verselbständigte Gesamthandsgemeinschaft ist (näher § 6 RdNr. 13 f.),[68] weil in beiden Fällen

---

[59] RGZ 123, 366, 369; BGHZ 46, 291, 296;
OLG Zweibrücken OLGZ 1982, 155; *A. Hueck,*
Das Recht der offenen Handelsgesellschaft, 4. Aufl.
1971, § 2 I 3 b; *Hohner* NJW 1975, 718, 719; *Felix*
BB 1987, 1265, 1268; *Wiedemann* § 5 II 2 b; Baum-
bach/*Hopt* § 105 RdNr. 29; Heymann/*Emmerich*
§ 105 RdNr. 45; Koller/*Roth/Morck* RdNr. 6;
Schlegelberger/*Martens* § 161 RdNr. 33 a; Staub/
Hüffer RdNr. 35; Staub/*Ulmer* § 105 RdNr. 96; aA
Breuninger, Die BGB-Gesellschaft als Rechtssubjekt
im Wirtschaftsverkehr, S. 62 ff., 72; *Brodersen,* Die
Beteiligung der BGB-Gesellschaft an Personenhandelsgesellschaften, passim, Zusammenfassung
S. 115 f.; *Karsten Schmidt* DB 1990, 93, 95; Schlegel-
berger/*Karsten Schmidt* § 105 RdNr. 68 ff. mit eingehenden Nachweisen; *Klamroth* BB 1983, 796;
Soergel/*Hadding* § 718 Anm. 6.
[60] = NJW 1981, 682; ebenso OLG Hamm BB
1996, 921.
[61] Schlegelberger/*Karsten Schmidt* § 105 RdNr. 71
mit dem Hinweis, es sei allenfalls an einen Auflö-
sungstatbestand zu denken.
[62] Schlegelberger/*Karsten Schmidt* § 105
RdNr. 71, 72; Soergel/*Hadding* § 718 Anm. 6; *Brodersen* (Fn. 59) S. 97 ff.; vgl. auch *Klamroth* BB 1983,
796 ff.; *Autenrieth* BB 1989, 305, 310 unter 6 b.

[63] Baumbach/*Hopt* § 105 RdNr. 29; Heymann/
Emmerich § 105 RdNr. 46; *Kübler* Gesellschaftsrecht
§ 7 I 2 a cc; Schlegelberger/*Martens* § 161
RdNr. 35; Staub/*Ulmer* § 105 RdNr. 97; mit Einschränkungen Schlegelberger/*Karsten Schmidt* § 105
RdNr. 76.
[64] BGHZ 22, 186, 192 f.; 58, 316, 317; 68, 225,
237; BGH NJW 1983, 2376, 2377; Baumbach/*Hopt*
§ 105 RdNr. 29; Heymann/*Emmerich* § 105
RdNr. 12; Staub/*Ulmer* § 105 RdNr. 98; insoweit
auch Schlegelberger/*Karsten Schmidt* § 105
RdNr. 78.
[65] Ausführlich hierzu Staub/*Ulmer* § 105
RdNr. 55 ff.
[66] So uneingeschränkt Baumbach/*Hopt* § 105
RdNr. 28.
[67] LG Frankfurt BB 1991, 496 = EWiR § 19
HGB 1/91, 793 (*Ring*); LG Bonn EuZW 1993, 550,
551; *Gustavus* RpflStud. 1989, 81, 83; *Meyer-
Landrut,* Die Europäische wirtschaftliche Interesse-
vereinigung, S. 169.
[68] Hierzu LG Bonn EuZW 1993, 550; *Hauschka/
v. Saalfeld* DStR 1991, 1083; *Müller-Gugenberger*
NJW 1989, 1449; *ders.* BB 1989, 1922; *Autenrieth*
BB 1989, 305.

die Beteiligungsfähigkeit nicht in Frage steht. Doch hat die EWIV nach Art. 3 Abs. 1 der EWIV-VO[69] nur den Zweck, die wirtschaftliche Tätigkeit ihrer Mitglieder zu erleichtern, zu entwickeln und die Ergebnisse der Tätigkeit zu verbessern, und sie hat nicht den Zweck, Gewinn für sich selbst zu erzielen. Ihre Tätigkeit muß im Zusammenhang mit der wirtschaftlichen Tätigkeit der Mitglieder stehen „und darf nur eine Hilfstätigkeit hierzu bilden".[70] Die EWIV soll die Tätigkeit ihrer Mitglieder nur ergänzen, nicht aber ersetzen („Ersetzungsverbot"[71]), und die Verwendungsformen der EWIV finden dort ihre Grenzen, wo sie ihren Mitgliedern nicht mehr dient.[72] Hier liegt das Problem (vgl. auch § 1 RdNr. 36). Nach Art. 3 Abs. 2 b EWIV-VO unterfällt die EWIV u.a. einem Beteiligungs-verbot an Mitgliedsunternehmen; das Halten von Anteilen (und Aktien) an einem anderen Unternehmen ist nur insoweit zulässig, „als es notwendig ist, um das Ziel der Vereinigung zu erreichen, und für Rechnung ihrer Mitglieder geschieht", wie auch die EWIV nicht Mitglied einer anderen EWIV sein darf (Art. 3 Abs. 2 e), und es stellt sich die Frage, ob unter diesen Umständen der EWIV überhaupt das Halten von Anteilen (erfordert nicht ausnahmsweise das Ziel der Vereinigung die Beteiligung) gestattet ist.[73] Auch wenn man das verneint, hat eine dennoch erfolgte Beteiligung aber Bestand und es liegt kein Fall der fehlerhaften Gesellschaft vor.[74] Bezüglich der **Partnerschaftsgesellschaft** wird auf § 8 RdNr. 25 verwiesen.

30   **b) Die Firmenbildung.** Ist der namengebende Gesellschafter selbst eine Gesellschaft, muß der vollständige Name der Namengeberin in die Firma aufgenommen und ein Gesell-schaftszusatz beigefügt werden. Diese Firma ist rechtlich gemäß § 19 auch dann **eine Per-sonenfirma, wenn der Namengeber eine Sachfirma (oder gemischte Firma) führt** und die Firma der OHG daher de facto aus einer bloßen Sachbezeichnung und Gesellschaftszu-sätzen besteht (RdNr. 2). Die Firmbildung folgt im wesentlichen den Grundsätzen RdNr. 4 ff. (soweit nicht speziell die natürliche Person angesprochen ist). Besonderer Betrachtung bedarf indessen, ob auch ein Gesellschaftszusatz in der Firma der Namengebe-rin in die Firma der offenen Handelsgesellschaft zu übernehmen ist und weiter, ob das Gebot der Übernahme des vollständigen Namens ausnahmslos gilt.

31   **aa) Die Übernahme von in der Firma der Namengeberin enthaltenen Gesellschafts-zusätzen (Rechtsformzusätzen).** Nach § 19 Abs. 1 muß die Firma der OHG den Namen wenigstens eines Gesellschafters enthalten. Der Name ist die vollständige und ungekürzte Firma der namengebenden Gesellschaft, **und Teil der Firma ist grundsätzlich auch der Rechtsformzusatz.** Bei der Bildung der Firma von OHG und KG (auch in der Form der GmbH & Co. OHG und GmbH & Co. KG) finden alle allgemeinen firmenrechtlichen Grundsätze Anwendung, die prinzipiell keine Kürzungen und Weglassungen erlauben (zu dem „Verwaltungs"-Zusatz und ähnlichen Formulierungen RdNr. 35).[75] Minimale „Abänderungen", die keinen Einfluß auf die Identifikation der Firma haben, sind erlaubt. So kann etwa ein Firmenbestandteil in der Firma der OHG anders als in der namengeben-den Firma in Großbuchstaben gehalten sein („OPTIKA" statt „Optika"),[76] weil eine Irre-führung über die Identität insoweit nicht eintreten kann. Auch darf ein in der Firma der Namengeberin ausgeschriebener Rechtsformzusatz (etwa Gesellschaft mit beschränkter Haftung, Aktiengesellschaft, Kommanditgesellschaft) in der Firma der OHG abgekürzt

---

[69] Nr. 2137/85 des Rates vom 25. 7. 1985 S. 1.

[70] Vgl. *v. Rechenberg* ZGR 1992, 299, 303; *Grüninger* DB 1990, 1449, 1450.

[71] *Ganske,* Das Recht der europäischen wirt-schaftlichen Interessenvereinigung (EWIV) § 3 V 3; *Zettel* DRiZ 1990, 161, 163.

[72] *Gloria/Karbowski* WM 1990, 1313, 1316.

[73] Schlegelberger/*Karsten Schmidt* § 105 RdNr. 77.

[74] Schlegelberger/*Karsten Schmidt* § 105 RdNr. 53 für die juristische Person als Gesellschafter gegen BayObLG NJW-RR 1990, 476.

[75] KG Rpfleger 1989, 24, 25; *Aschenbrenner,* Die Frage der GmbH & Co. KG, S. 31; Staub/*Hüffer* RdNr. 65; *Wessel/Zwernemann,* Die Firmengrün-dung, RdNr. 232.

[76] OLG Celle OLGZ 1977, 59, 64 = NJW 1976, 2021, 2022; Staub/*Hüffer* RdNr. 47.

werden (GmbH, AG, KG).[77] Grundsätzlich darf der Rechtsformzusatz der Namengeberin aber nicht fortgelassen werden.[78] Anderes gilt dann, wenn er in der Firma der Namenempfängerin täuscht (RdNr. 33). Ist eine OHG namengebende Gesellschafterin einer anderen OHG oder persönlich haftende Gesellschafterin einer KG, so muß die vollständige Firma einschließlich des Rechtsformzusatzes in der Firma der OHG (KG) erscheinen („S. Glasstahlbetonbau Carl H. OHG und Co. KG").[79]

Die Grundsätze RdNr. 31 gelten erst recht dann, wenn **eine GmbH namengebende** 32 **Gesellschafterin einer OHG (oder KG) ist.** Zu der Firma der GmbH gehört nach § 4 Abs. 2 GmbHG in jedem Fall, um das Publikum eindringlich über die Haftungsverhältnisse zu informieren, die Bezeichnung „mit beschränkter Haftung" („mbH"), die daher nach § 19 Abs. 1 (bzw. Abs. 2) zwingend als Namensbestandteil der Namengeberin in die Firma der OHG (KG) aufzunehmen ist.[80] Diese Rechtsfolge ist mithin unabhängig davon, ob auch die Voraussetzungen von Abs. 5 vorliegen.[81] Hieraus wiederum folgt, daß etwa **der GmbH-Zusatz der in der Firma einer Kommanditgesellschaft allein genannten Komplementär-GmbH auch dann nicht fortgelassen werden darf, wenn in der Gesellschaft weitere natürliche Personen Komplementäre sind.**[82] Auch verbietet § 18 Abs. 2 Satz 1 Zusätze, die geeignet sind, über die Verhältnisse des Geschäftsinhabers zu täuschen. Entfiele aber der GmbH-Zusatz, entstünde der Eindruck, der in der Firma bezeichnete Komplementär sei eine natürliche Person. Eine Verwirrung des Publikums ist durch die Häufung der Rechtsformzusätze nicht zu befürchten, weil heute allgemein bekannt ist, was unter einer GmbH & Co. OHG oder GmbH & Co. KG zu verstehen ist.

Ein in der Firma der Namengeberin enthaltener **Rechtsformzusatz muß** dagegen **ent-** 33 **fallen, wenn er täuscht und die Fortlassung des Gesellschaftszusatzes problemlos möglich ist.** Will etwa eine Aktiengesellschaft einer GmbH als deren Gesellschafterin ihren Namen geben, muß der Rechtsformzusatz Aktiengesellschaft entfallen, weil das Publikum andernfalls durch die verschiedenen Rechtsformbezeichnungen verwirrt würde und nicht wüßte, welcher von beiden zutrifft.[83] Daneben gibt es Fälle, in denen eine formal mögliche Gestaltung der OHG-Firma durch eine namengebende Gesellschafterin deshalb ausscheidet, weil deren Firma in Verbindung mit einem das Vorhandensein einer Gesellschaft andeutenden Zusatz (§ 19 Abs. 1 und 2) mangels Firmenverständlichkeit (Firmenklarheit) unzulässig ist. Es bleibt dann nur, so zu kombinieren, daß die zulässige Variante (die es immer gibt) als Firma gewählt wird. Sind etwa die Gesellschafter einer offenen Handelsgesellschaft die OHG „Müller & Co." und der Z,[84] so kann die Firma „Z & Co." oder „Z OHG" lauten, ebenso „Z & Müller & Co.", „Müller & Co. & Z" oder „Müller & Co. OHG". Nicht möglich dagegen wäre – wenngleich formal korrekt – „Müller & Co. & Co.", weil das Publikum zufolge mangelnder Firmenklarheit Verständnisschwierigkeiten hätte. Auf die verwandten Fragen bei der GmbH & Co. KG wird Bezug genommen (RdNr. 46, 52 ff.).

[77] HM, mit Nachweisen *Wessel/Zwernemann*, Die Firmengründung, RdNr. 238.
[78] Baumbach/*Hopt* RdNr. 3; Staub/*Hüffer* RdNr. 65; *Wessel/Zwernemann*, Die Firmengründung, RdNr. 203.
[79] OLG Neustadt NJW 1964, 1376; Baumbach/*Hopt* RdNr. 3; *Bokelmann* Firmenrecht RdNr. 326; *Wessel/Zwernemann*, Die Firmengründung, RdNr. 203.
[80] BGHZ 62, 216, 226; 65, 103, 105; 71, 354; BayObLG 1978, 40; 1979, 316; OLG Frankfurt BB 1958, 1272; *Aschenbrenner*, Die Firma der GmbH & Co. KG, S. 36; *Wessel/Zwernemann*, Die Firmengründung, RdNr. 203 aE; *Roth* GmbHG § 4 Anm. 9.1.

[81] KG Rpfleger 1989, 24, 25; Staub/*Hüffer* RdNr. 65; *Bokelmann* Firmenrecht RdNr. 326, 610; *Skibbe* WM 1978, 890, 891; aA Hachenburg/*Heinrich* § 4 RdNr. 125.
[82] OLG Hamm BB 1994, 670, 671; *Bokelmann* GmbHR 1994, 356, 357.
[83] OLG Karlsruhe GmbHR 1967, 122 f. mit zustimm. Anm. *Pleyer*; BayObLGZ 1970, 297, 298; OLG Düsseldorf DNotZ 1956, 611 ff.; *Bokelmann* Firmenrecht RdNr. 320; Hachenburg/*Heinrich* § 4 RdNr. 47.
[84] Das Beispiel ist *Wessel/Zwernemann*, Die Firmengründung, RdNr. 203 entnommen.

34   **bb) Das Gebot der Übernahme des vollständigen Namens der Namengeberin.** Der **Grundsatz der Firmenkontinuität** verlangt, die Firma der namengebenden Gesellschaft vollständig in die Firma der OHG (KG) aufzunehmen (RdNr. 13, 31). Hierbei können Schwierigkeiten auftreten. Wenngleich der Name als solcher nicht täuschen kann,[85] besagt diese Feststellung richtig verstanden dann nichts mehr, wenn die namengebende Firma Sachbestandteile enthält, die in Bezug auf den Namenempfänger nicht zutreffen (die Firma der Namengeberin und der Gegenstand der OHG widersprechen sich) oder Größenunterschiede (international") oder geographische Zusätze jeweils der Namengebung entgegenstehen. Denn auch insoweit gilt der Grundsatz der Firmenwahrheit, [86] weil die angesprochenen Verkehrskreise – die die Sachbestandteile in der Firma der Kommanditgesellschaft sicher nicht dem Gegenstand der Namengeberin zuordnen und die Firma der Kommanditgesellschaft nicht als Personenfirma identifizieren werden – schutzbedürftig sind.

35   Eine Täuschung läßt sich in der Regel auch nicht durch Weglassen der zu beanstandenden Firmenteile erreichen (RdNr. 13 und § 18 RdNr. 2).[87] Auch ist es nicht zulässig, aus einer gemischten Firma nur den Personenteil in die Firma der OHG (KG) zu übernehmen und den Sachbestanteil, weil täuschend, nicht zu übernehmen,[88] während es umgekehrt zulässig ist, eine gemischte Firma der Namengeberin auf den Sachbestandteil zu verkürzen und nur diesen (wenn er nicht zu beanstanden ist) in die Firma der KG aufzunehmen.[89] In einem Fall hat der Bundesgerichtshof – überwiegend begrüßt und heute allgemein praktiziert – eine Ausnahme gemacht und es zugelassen, bei der Neubildung der Firma einer GmbH & Co. KG in der Firma der namengebenden Komplementär-GmbH enthaltene **Firmenbestandteile wie „Verwaltungs-"(gesellschaft) wegzulassen.**[90] Doch gilt das nur – was oft übersehen wird und besonders deshalb bedauerlich ist, weil die Ausnahme nicht nur auf die Konstellation GmbH & Co. KG beschränkt ist, sondern auch für die AG & Co. und so fort Geltung beansprucht – für den Fall, daß es sich bei den verbleibenden Bestandteilen um „die wesentlichen und unterscheidungskräftigsten Teile der Firma" handelt und diese auch (gemessen an dem jeweiligen Gesellschaftstyp) allein als Firma zulässig wären. **Die Weglassung von Teilen ist nur dann gerechtfertigt, wenn zumindest eine zulässige Personen-, Sach- oder gemischte Firma der namengebenden Gesellschaft übrigbleibt,** die dann zur Firmenbildung der offenen Handelsgesellschaft herangezogen werden kann.[91] Man mag zweifeln, ob der doch recht tiefgehende Bruch mit der Firmenidentität dogmatisch zu rechtfertigen ist;[92] in der Praxis hilft er jedenfalls, die deutliche Unterscheidung von Firmen an demselben Ort (§ 30 Abs. 1) problemlos zu ermöglichen, und im Hinblick auf § 19 spricht viel für die Meinung *Hüffers*,[93] die Vorschrift sei auf natürliche Personen zugeschnitten, bei denen es die Probleme der Sachfirma nicht gibt, wie auch der fortgelassene Firmenbestandteil „nicht der wesentliche Träger der Namensfunktion ist".[94]

36   Greift die Ausnahme RdNr. 35 nicht, ist **für den Regelfall die Firma der namengebenden Gesellschaft vollständig zu übernehmen** (RdNr. 31 ff.). Denn weitere Ausnahmen in Anlehnung an die Entscheidung BGHZ 80, 353 und auch sonst läßt die hM jedenfalls für die originäre Firma zu Recht nicht zu.[95] Werden OHG und Namengeberin neu

---

[85] Insoweit richtig *Heinrich,* Firmenwahrheit und Firmenbeständigkeit, RdNr. 109.

[86] BayObLG GmbHR 1990, 464; BayObLG NJW 1973, 371; *Staub/Hüffer* RdNr. 52; Übersicht bei *Bokelmann* Firmenrecht RdNr. 301 ff.

[87] BayObLG GmbHR 1990, 464; *Staub/Hüffer* RdNr. 46, 55 mit eingeh. Nachweisen.

[88] *Staub/Hüffer* RdNr. 58; insoweit übereinstimmend *Hachenburg/Heinrich* § 4 RdNr. 62.

[89] *Hachenburg/Heinrich* § 4 RdNr. 62.

[90] BGHZ 80, 353 = NJW 1981, 2746; ähnlich schon OLG Celle OLGZ 1977, 59 f. für die Weglassung von „Verwaltungs-", „Geschäftsführungs-", „Besitz-" oder „Beteiligungs-" (gesellschaft).

[91] BGHZ 80, 353, 356; *Baumbach/Hopt* RdNr. 5.

[92] Kritisch *Heinrich,* Firmenwahrheit und Firmenbeständigkeit, RdNr. 111 aE; *Hachenburg/Heinrich* § 4 RdNr. 45; *Bokelmann* GmbHR 1983, 236.

[93] *Staub/Hüffer* RdNr. 56 f.

[94] Vgl. auch BayObLG BB 1990, 2065 = EWiR § 19 HGB 1/90, 1101 (*Bokelmann*); *Wessel* BB 1984, 1710, 1712; *Baumbach/Hopt* RdNr. 5.

[95] *Staub/Hüffer* RdNr. 57; aA *Barfuß* GmbHR 1977, 124 ff., 127.

gegründet, ist es in der Regel problemlos möglich, die Firma der Namengeberin so zu fassen, daß sie in der Firma der OHG nicht täuscht. Soll eine bereits bestehende Gesellschaft Namengeberin werden und würde deren Firma in der neu zu bildenden Firma täuschen, muß die Firma der Namengeberin geändert werden.[96]

Handelt es sich um **eine abgeleitete Firma, sind der Abänderung Grenzen gesetzt,** 37 **wenn die Firma als abgeleitete erhalten bleiben soll.** Kann sie das nicht, geht wie im Normalfall der Firmenänderung (§ 18 RdNr. 2) die bisherige Firma unter, so daß die neue (= abgeänderte) Firma in jeder Beziehung den Anforderungen an die erstmalige Bildung einer Firma genügen muß. Bei einer nach § 24 fortgeführten Firma – Entsprechendes gilt für § 22[97] – können nach der „Frankona"-Entscheidung des Bundesgerichtshofs[98] an der Firma jedenfalls solche Änderungen vorgenommen werden, die nachträglich im Interesse der Allgemeinheit notwendig oder wünschenswert sind. In einer späteren Entscheidung hat der BGH sogar eine *Pflicht* zur Änderung solcher Firmenbestandteile angenommen, die nach Veräußerung des Geschäfts im Rechtsverkehr „unzutreffende Vorstellungen über Art und Umfang des Unternehmens sowie über geschäftlich bedeutsame Verhältnisse und Eigenschaften des neuen Unternehmensträgers hervorrufen".[99] Fehlt es an einem vorrangigen Interesse der Allgemeinheit, ist eine Änderung der fortgeführten Firma dann zulässig, wenn sich die Verhältnisse inzwischen geändert haben, eine Änderung der Firma vom Standpunkt des Firmeninhabers bei objektiver Beurteilung ein sachlich berechtigtes Anliegen ist, die Änderung den Grundsätzen der Firmenbildung entspricht und – was besonders wichtig ist – ein *„Zweifel an der Identität mit der bisherigen Firma"* nicht aufkommen kann.[100] Die Firma durfte zu Werbezwecken ihr Warenzeichen „Frankona" zum Firmenbestandteil der abgeleiteten Firma machen. Dagegen wird die Identität dann nicht mehr gewahrt, wenn der für das Gesamtbild der Firma wesentliche Firmenkern ausgetauscht wird.[101]

Ist namengebender Gesellschafter eine GmbH mit gemischter Firma, hat ein zuvor bei 38 ihr stattgefundener Gesellschafterwechsel auf die Firma der GmbH keinen Einfluß. § 24 Abs. 2 ist nicht anwendbar,[102] und die Frage nach den Grenzen der Abänderbarkeit einer fortgeführten Firma stellt sich insoweit nicht, wenn die GmbH der offenen Handelsgesellschaft (KG) ihren Namen geben will. Doch handelt es sich dann um einen Fall der Firmenänderung, wenn die Namengeberin ihre Firma im Hinblick auf den Gegenstand der Namenempfängerin nicht beibehalten kann, weil sie täuschen würde. Die bisherige Firma geht unter (§ 18 RdNr. 2), und die Namen anderer Personen als der Gesellschafter dürfen in der Firma der Namengeberin wie bei einer Neugründung nicht beibehalten werden.[103]

III. Die Firma der Kommanditgesellschaft

Die Firma einer Kommanditgesellschaft hat den Namen wenigstens eines persönlich 39 haftenden Gesellschafters mit einem das Vorhandensein einer Gesellschaft andeutenden Zusatz zu enthalten (**§ 19 Abs. 2**). Vornamen brauchen auch hier wie bei der OHG nicht beigefügt zu werden (**§ 19 Abs. 3**), und die Namen anderer als der persönlich haftenden Gesellschafter dürfen in der Firma der Kommanditgesellschaft ebenfalls nicht aufgenommen werden (**§ 19 Abs. 4**), insbesondere nicht die der Kommanditisten.

[96] Vgl. BayObLG GmbHR 1990, 464.
[97] *Wellmann* GmbHR 1972, 193, 198; Hachenburg/*Heinrich* § 4 RdNr. 76.
[98] BGHZ 44, 116 = NJW 1965, 1915.
[99] BGHZ 53, 65, 67 = NJW 1970, 704: ein Einzelkaufmann darf in der übernommenen Firma den Zusatz „& Co." nur dann beibehalten, wenn er einen berichtigenden Nachfolgezusatz beifügt.
[100] BGHZ 44, 116 = NJW 1965, 1915; näher Hachenburg/*Heinrich* RdNr. 76; *Bokelmann* Firmenrecht RdNr. 705 ff.

[101] OLG Celle BB 1974, 387: keine zulässige Abänderung der fortgeführten Firma „Krebs am Aegi – Günther K." in „Krebs am Aegi – Hans D." (Hans D. war der Erwerber); Hachenburg/*Heinrich* § 4 RdNr. 76.
[102] BGHZ 58, 322; 85, 221; für die GmbH & Co. BGHZ 109, 364; Baumbach/*Hopt* § 24 RdNr. 12; Hachenburg/*Heinrich* § 4 RdNr. 84.
[103] BayObLGZ 1984, 129, 132; vgl. auch OLG Stuttgart DNotZ 1971, 249; Hachenburg/*Heinrich* § 4 RdNr. 77, 94.

40   **1. Die natürliche Person als Namengeberin.** Insofern ist zunächst auf RdNr. 4 ff. zu verweisen. Die Namen aller persönlich haftenden Gesellschafter brauchen nicht aufgenommen zu werden. **Stets muß ein Zusatz beigefügt werden, aus dem das Vorhandensein einer Gesellschaft** (nicht notwendig aber einer KG, RdNr. 16) **folgt.**[104] Denn die bloße Nennung von zwei Komplementären etwa würde eine OHG vortäuschen. Als Gesellschaftszusatz kommt neben KG und Kommanditgesellschaft etwa „& Co." oder „& Cie." in Betracht. Die Abkürzung „KG" kann bei entsprechender Anmeldung auch abgekürzt in das Handelsregister eingetragen werden; auch wen sie dort ausgeschrieben ist, kann sie im geschäftlichen Verkehr abgekürzt werden, weil sie heute allgemein bekannt ist.[105] Zusätze wie „& Sohn", „& Gebrüder", „Mohr und Söhne" sind nur zulässig (RdNr. 20), wenn der Sohn, die Gebrüder oder der Vater und die Söhne persönlich haftende Gesellschafter und nicht nur Kommanditisten sind, weil der Anschein der persönlichen Haftung hervorgerufen wird.[106] Gleiches gilt für „Rudolf Kirsch & Partner KG", weil „Partner" mehr ist als ein bloßer Hinweis auf das Vorhandensein mehrerer Personen, die miteinander arbeiten.[107] Auf RdNr. 20 wird hingewiesen. Eine **Häufung von Gesellschaftszusätzen** ist zulässig, sofern sie nicht täuschen; so kann etwa ein Rechtsformhinweis aufgenommen werden („A & Co. KG").[108]

41   Ist der Kommanditist dennoch entgegen § 19 Abs. 4 in die Firma aufgenommen worden, bestimmte früher Art. 168 ADHGB, er hafte in diesem Fall „den Gläubigern der Gesellschaft gleich einem Gesellschafter". Das HGB ist dem nicht gefolgt, doch kann eine **Haftung aus Rechtsschein** in Betracht kommen.[109]

42   **2. Gesellschaften als namengebende Gesellschafter.** Insoweit wird zur Beteiligungsfähigkeit an einer Kommanditgesellschaft auf RdNr. 23 ff. und zur Firmenbildung auf RdNr. 30 ff. Bezug genommen. In die Firma der KG muß **grundsätzlich die volle Firma der Namengeberin übernommen werden, wozu auch der Gesellschaftszusatz zählt.** Ist der persönlich haftende Gesellschafter einer KG zB eine OHG, kann die Firma korrekt „S Glasstahlbeton Carl H OHG und Co. KG" lauten (RdNr. 31). Eine Ausnahme gilt für in der Firma der Namengeberin enthaltene Bestandteile wie „Verwaltungs-." und „Beteiligungs-"(gesellschaft), die unter bestimmten Voraussetzungen fortfallen können (RdNr. 35). Besondere Regeln gelten auch dann, wenn es sich bei der Firma der Namengeberin um eine abgeleitete Firma handelt (RdNr. 37 f.).

IV. Die Firma der GmbH & Co. KG

43   **1. Erscheinungsformen.** Sie ist in jedem Fall Personenhandelsgesellschaft und nicht Handelsgesellschaft kraft Rechtsform (§ 6 RdNr. 7).[110] **Normalfall der GmbH & Co. (GmbH & Co. KG)** ist eine Kommanditgesellschaft, bei der die GmbH einziger Komplementär ist („echte", „eigentliche", „typische" GmbH & Co.). Wenngleich der Form nach Personenhandelsgesellschaft, steht sie sachlich der GmbH (oder der AG) näher steht als der Kommanditgesellschaft in ihrer vom Gesetz vorgesehenen Erscheinungsform. Das hängt mit der Haftungsbegrenzung auf ein bestimmtes Vermögen und der fehlenden persönlichen

---

[104] Staub/*Hüffer* RdNr. 28.

[105] OLG Düsseldorf NJW 1958, 1828, 1829; OLG Stuttgart DNotZ 1953, 546; *Bokelmann* Firmenrecht RdNr. 598 f; *ders.* MDR 1979, 188; Baumbach/*Hopt* RdNr. 3; Staub/*Hüffer* RdNr. 28.

[106] BGH NJW 1985, 736, 737 = BB 1985, 880 mit insoweit zustimm. Anmerkung *Wessel;* OLG Oldenburg NJW-RR 1992, 298 für „Familie K. KG"; BayObLGZ 1959, 196 für „Erfrischungsgetränke KG Max E. & Sohn"; OLG Hamm NJW 1966, 2171 für „X & Söhne KG"; Staub/*Hüffer* RdNr. 32, § 18 RdNr. 25, § 22 RdNr. 69.

[107] *Bokelmann* NJW 1975, 836; *ders.* MDR 1979, 188; *ders.* Firmenrecht RdNr. 596; Baumbach/*Hopt* RdNr. 3; aA OLG Frankfurt NJW 1975, 265; OLG Düsseldorf BB 1979, 1119; *Karsten Schmidt* HandelsR § 12 III 1 e cc; Heymann/*Emmerich* RdNr. 18; Staub/*Hüffer* RdNr. 33: es handele sich nur um einen modisch gefaßten Hinweis auf die Beteiligung weiterer Gesellschafter.

[108] Staub/*Hüffer* RdNr. 28.

[109] Baumbach/*Hopt* RdNr. 3; vgl. auch Staub/*Hüffer* RdNr. 27.

[110] BGHZ 62, 216, 227; *Wessel* BB 1984, 1711.

Haftung natürlicher Personen, wie sie das Gesetz für den Normalfall bei der Kommanditgesellschaft zum Schutz der Gläubiger vorsieht, zusammen.[111] Neben dieser GmbH & Co. „im engeren Sinn" gibt es die „unechte" GmbH & Co. (auch GmbH & Co. „im weiteren Sinn"), bei der neben der GmbH noch eine natürliche Person (oder auch mehrere) persönlich haftet. Letztere zählt zu den Exoten mit einem Anteil von unter einem Prozent.[112] Schließlich tritt die GmbH & Co. in der Form auf, daß völlige oder überwiegende Identität zwischen den Gesellschaftern der GmbH und den Kommanditisten besteht; die Bezeichnung schwankt, zum Teil ist insoweit von der **„identischen"** oder **„personengleichen"** GmbH & Co. die Rede. Bei der **„Einmann GmbH & Co."** ist der einzige Kommanditist auch der alleinige Gesellschafter der Komplementär-GmbH.[113] Die **„Einheitsgesellschaft"** ist dadurch gekennzeichnet, daß die Gesellschafter der GmbH alle Geschäftsanteile der GmbH in die Kommanditgesellschaft einbringen, wodurch diese zum Alleingesellschafter der Komplementär-GmbH wird und die Gesellschafter nur noch Kommanditisten sind.[114] Bei der **„doppelstöckigen"** (dreistufigen) **GmbH & Co.** handelt es sich um eine Kommanditgesellschaft, deren Komplementär wiederum eine GmbH & Co. ist.[115]

Haftet nicht nur die GmbH persönlich, sondern daneben auch noch eine natürliche **44** Person, so ist es nicht nötig, die GmbH in die Firma aufzunehmen. Sie kann aber als Komplementär allein zur Firmenbildung herangezogen werden; die weiteren persönlich haftenden Gesellschafter brauchen in diesem Fall nicht in der Firma zu erscheinen. Die Firma kann und muß auch hier den Zusatz „GmbH & Co." oder „GmbH & Co. KG" oder so ähnlich (RdNr. 32) enthalten.[116] **Nachfolgend wird unter einer „GmbH & Co." oder „GmbH & Co. KG" nur eine solche verstanden, bei der lediglich die GmbH persönlich haftet.**

2. **Die Firma der Komplementär-GmbH.** Sie ist Personenfirma, Sachfirma oder **45** (kombiniert) gemischte Firma, die aus Namen und Sachbestandteilen gebildet wird. Als Komplementär-GmbH einer GmbH & Co. KG ist es ihr auch erlaubt, ihre Firma als Sachfirma aus dem Gegenstand der Kommanditgesellschaft herzuleiten, sofern in dem Gesellschaftsvertrag der GmbH als Gegenstand des Unternehmens die Führung der Geschäfte der KG bezeichnet und ausdrücklich festgelegt ist, daß sich die GmbH nur an gleichartigen oder ähnlichen Unternehmen beteiligt oder deren Geschäfte führen darf.[117] Die Firma muß in allen Fällen die zusätzliche Bezeichnung „mit beschränkter Haftung" enthalten, § 4 Abs. 2 GmbHG, was auch für die abgeleitete Firma gilt.[118] Die Abkürzung „GmbH" ist in der Satzung und im Handelsregister zulässig.[119] Enthält der Firmenkern schon das Wort „Gesellschaft" oder wird bereits auf andere Weise auf das Gesellschaftsverhältnis hingewiesen, reicht „mbH" aus („Koch & Co. mbH").[120] Der Zusatz „mbH" allein („Koch mbH") reicht dagegen nicht.[121]

[111] BGHZ 62, 216, 227.

[112] *Kornblum* GmbHR 1983, 29 ff., 61 ff., 65.

[113] Hierzu eingehend *Gohl,* Die abgeleitete Firma der GmbH & Co, S. 10 ff.; *Binz,* Die GmbH & Co., § 1 RdNr. 3; *Schlegelberger/Martens* § 161 RdNr. 98 ff.

[114] *Binz,* Die GmbH & Co., § 1 RdNr. 5; *Schlegelberger/Martens* § 161 RdNr. 100 ff.

[115] *Karsten Schmidt* HandelsR § 5 I 1 b; *Binz,* Die GmbH & Co., § 1 RdNr. 5, § 13, § 18 RdNr. 233 ff.; *Schlegelberger/Martens* § 161 RdNr. 103 f.

[116] *Bokelmann* Firmenrecht RdNr. 605 mit Nachweisen.

[117] OLG Köln OLGZ 1979, 277; BayObLGZ 1975, 447, 450; *Heymann/Emmerich* RdNr. 26; *Staub/Hüffer* RdNr. 41; *Blumers* BB 1977, 970, 973.

[118] BGHZ 62, 216, 226; OLG Düsseldorf GmbHR 1987, 189.

[119] BGHZ 62, 230, 233.

[120] BGHZ 62, 230, 233 für „Gesellschaft"; OLG Hamm GmbHR 1986, 89 läßt einen das Gesellschaftsverhältnis andeutenden Zusatz genügen; wie OLG Hamm *Lutter/Hommelhoff* § 4 RdNr. 11; *Rowedder/Rittner* § 4 RdNr. 25; strenger *Baumbach/Hueck* GmbHG § 4 RdNr. 41: nur „Gesellschaft", genügend aber auch eine Wortverbindung wie „Maschinenbaugesellschaft".

[121] *Hommelhoff/Lutter* § 4 RdNr. 11; aA *Hachenburg/Heinrich* § 4 RdNr. 55: „mbH" langt auch ohne „Gesellschaft" oder einen Zusatz, der ein Gesellschaftsverhältnis andeutet.

46   **Beteiligungsfähig an der Komplementär-GmbH** sind juristische Personen und Personenhandelsgesellschaften, auch die Gesellschaft bürgerlichen Rechts,[122] was für die Beteiligung letzterer an einer Personenhandelsgesellschaft umstritten ist (näher RdNr. 27). Wird deren Firma (bzw. der Name) zur Firmenbildung der Komplementär-GmbH benutzt,, muß die Firma (der Name) grundsätzlich vollständig und unverstümmelt gemäß dem Grundsatz der Firmenidentität (RdNr. 31 ff.) in die Firma der Komplementär-GmbH übernommen werden. Das gilt in diesem Fall nach hM aber nicht für den Rechtsformzusatz der Namengeberin.[123] Der Rechtsformzusatz muß jedenfalls entfallen, wenn er täuscht, etwa eine Aktiengesellschaft einer GmbH ihren Namen gibt. Das ist auch dann der Fall, wenn er verdoppelt werden müßte (eine GmbH gibt als Gesellschafterin einer anderen GmbH ihren Namen), weil die Verdopplung beim Publikum Verwirrung stiften könnte.[124] Bezüglich der Weitergabe des Rechtsformzusatzes ist die Rechtslage dann anders, wenn die GmbH ihrerseits der OHG oder KG ihren Namen gibt (RdNr. 32, 42).

47   **Ist die Firma der Komplementär-GmbH Personenfirma,** lassen sich aus ihrer Firma nicht mehr zuverlässig Rückschlüsse auf die Anzahl ihrer Gesellschafter ziehen. Sie kann „A & B GmbH" auch dann firmieren, wenn sie mehr als zwei Gesellschafter hat (näher RdNr. 19).

48   **3. Die Firma der Komplementär-GmbH als Name der GmbH & Co. KG.** Auch in diesem Verhältnis gilt der Grundsatz der Firmenkontinuität, das heißt die Firma der Namengeberin ist vollständig in die Firma der GmbH & Co. KG aufzunehmen. Auf RdNr. 42 wird Bezug genommen. Die Übernahme der Firma der Komplementär-GmbH ist aber dann nicht möglich, wenn die Firma der Komplementärin Sachbezeichnungen, Größenangaben oder Ortsbezeichnungen enthält, die auf den Gegenstand, die Größe (Bedeutung) oder den Standort der GmbH & Co. KG nicht zutreffen (RdNr. 13, 34).[125] Streichungen sind im Prinzip nicht möglich (Ausnahme RdNr. 35) und ebenso keine solchen Hinzufügungen, die zwar den derzeitigen wahren Unternehmensgegenstand der Kommanditgesellschaft kennzeichnen, aber dem Gegenstand der namengebenden GmbH widersprechen, so daß es an der gebotenen Firmenklarheit fehlt.[126] Die GmbH & Co. KG und verwandte Rechtsgebilde genießen firmenrechtlich keine Vorzugstellung. Zulässig und zur erforderlichen Unterscheidbarkeit der Firmen geboten ist es aber, unterscheidende Zusätze hinzuzufügen.[127] Für die fortgeführte Firma gelten Modifizierungen (RdNr. 37), doch gilt auch für sie die Faustregel, daß durch eine Änderung der Charakter der abgeleiteten Firma nicht angetastet werden darf.

49   **4 Der Rechtsformzusatz der GmbH in der Firma der GmbH & Co. KG. a) Notwendigkeit der Übernahme.** Nach § 19 Abs. 2 hat die Firma einer Kommanditgesellschaft den Namen wenigstens eines persönlich haftenden Gesellschafters mit einem des Vorhandensein einer Gesellschaft andeutenden Zusatz zu enthalten. Da zu dem Namen der GmbH nach § 4 Abs. 2 GmbH zwingend der Rechtsformzusatz gehört, muß dieser auch in die Firma der GmbH & Co. KG aufgenommen werden (RdNr. 31 f.).[128] Das ist zunächst eine Frage von § 19 Abs. 2 (bzw. im Fall der OHG von Abs. 1) und **unabhängig davon, ob auch die Voraussetzungen von § 19 Abs. 5 gegeben sind** (RdNr. 32). Der danach in der Firma der GmbH & Co. erforderliche Rechtsformzusatz der GmbH darf in der Firma

---

[122] BGHZ 78, 311 = NJW 1981, 682.
[123] Staub/*Hüffer* RdNr. 39; Hachenburg/*Heinrich* § 4 RdNr. 47; Baumbach/*Hueck* GmbHG § 4 RdNr. 29; Rowedder/*Rittner* § 4 RdNr. 13; *Meyer-Landrut*/*Meyer-Landrut* § 4 RdNr. 14; *Bartl*/*Henkes*/*Schlarb* GmbH § 4 RdNr. 61; *Roth* GmbHG § 4 Anm. 4.2.
[124] Vgl. auch BayObLGZ 1970, 297, 299; *Bokelmann* Firmenrecht RdNr. 321 mit Nachweisen.

[125] Vgl. auch Hachenburg/*Heinrich* § 4 RdNr. 126.
[126] Staub/*Hüffer* RdNr. 54: „Kleiderfabrik Müller GmbH & Co. KG Textilvertrieb".
[127] OLG Hamm NJW 1966, 2172; *Wessel* BB 1984, 1710, 1711; *Wessel*/*Zwernemann,* Die Firmengründung, RdNr. 203.
[128] Vgl. auch *Karsten Schmidt* HandelsR § 12 III 1 e cc.

der GmbH & Co. selbst dann abgekürzt werden, wenn die Firma der GmbH mit ausgeschriebenem Zusatz in dem Handelsregister eingetragen ist.[129]

Nach Hachenburg/*Heinrich*[130] **gilt der Grundsatz der vollständigen Verwendung der** **50** **Firma** (Firmenidentität) **nicht uneingeschränkt für die in der Firma enthaltenen Rechtsformzusätze,** was jedenfalls auch für die Firmenbildung der GmbH & Co. KG gelten soll, „soweit sie einen Zusatz nach § 19 Abs. 5 Satz 1 HGB führt". Der Rechtsformzusatz in der Firma der namengebenden Komplementärin der GmbH & Co. soll daher fortgelassen werden dürfen und müsse entfallen, „soweit seine Beibehaltung zu Unklarheiten über die Rechtsverhältnisse der GmbH & Co. führt". Das trifft so nicht zu. Der notwendige GmbH-Zusatz in der Firma der KomplementärGmbH muß bereits nach § 19 Abs. 2 in die Firma der GmbH & Co. KG aufgenommen werden. Hieran ändert sich auch bei Vorliegen der Voraussetzungen von § 19 Abs. 5 Satz 1 nichts. Denn die in die Firma der Kommanditgesellschaft aufzunehmende Bezeichnung, welche die Haftungsbeschränkung kennzeichnet, ist in diesem Fall doch gerade der Zusatz „GmbH & Co.",[131] den der Rechtsverkehr kennt. Das Kammergericht hat für die echte GmbH & Co. KG zu Recht darauf hingewiesen, daß dem Bestandteil „GmbH" eine doppelte Bedeutung zukommt. Im Namen der namengebenden Gesellschaft ist er deren zwingender Rechtsformzusatz „und zugleich der erforderliche haftungsbeschränkende Hinweis für die gegründete neue Gesellschaft".[132] Wenn der Bundesgerichtshof von einem Zusatz „wie etwa" GmbH & Co. spricht, so will er offensichtlich andeuten, daß es auch noch geringfügig abweichende Formulierungen gibt („GmbH & Co. KG", „GmbH & Comp." oder „GmbH & Cie."[133]), die aber mit „GmbH & Co." gleichzusetzen sind. In der Entscheidung heißt es wechselnd „wie etwa GmbH & Co.", „wie etwa GmbH & Co. KG" oder auch nur „die Notwendigkeit des 'GmbH & Co.'-Zusatzes".[134] Der dargestellte Grundsatz gilt für alle der echten GmbH & Co. KG verwandten Fälle einschließlich der „ausländischen Kapitalgesellschaft & Co. KG" (RdNr. 59). Im übrigen ist es bedenklich, bei der Firmenbildung der GmbH & Co. mit der Firma (bzw. dem Namen) der Vor-GmbH den Zusatz „GmbH in Gründung" fortzulassen und bereits „GmbH & Co" als „Haftungsbeschränkungskennzeichnung" in die Firma aufzunehmen (so aber Hachenburg/*Heinrich* aaO). Denn eine solche Firma täuscht, weil sie verdeckt, daß die Komplementärin mit allen hierdurch bedingten Gefahren noch gar keine juristische Person ist.

b) Kein anderer oder weiterer Hinweis auf die Haftungsbeschränkung. Immer dann, **51** wenn kein persönlich haftender Gesellschafter eine natürliche Person ist, muß die Firma (auch die fortgeführte) nach § 19 Abs. 5 eine Bezeichnung enthalten, aus der sich die Haftungsbeschränkung ergibt. „GmbH & Co." erfüllt diese Anforderungen, ebenso ähnliche Bezeichnungen (RdNr. 50). Die Hinzufügung eines weiteren, die Beschränkung kennzeichnenden Zusatzes, ist untunlich und nicht erlaubt, ebenso nicht die Ersetzung zB durch „beschränkt haftende Kommanditgesellschaft"[135] oder ähnliche Bezeichnungen wie „Kommanditgesellschaft mit beschränkter Haftung".[136] Da „GmbH & Co." allgemein bekannt ist und das Rechtsgebilde auch hinreichend kennzeichnet, würde eine Ergänzung oder Ersetzung nur Verwirrung stiften.[137] *Hüffer*[138] weist zu Recht darauf hin, daß es der firmenrechtlichen Ordnung abträglich ist, die „in den rechtlichen Grundzügen einheitliche Rechtsform der GmbH & Co. KG im Verkehr unter wechselnden Bezeichnungen auftre-

[129] *Binz,* Die GmbH & Co., § 11 RdNr. 2; vgl. auch oben RdNr. 45.
[130] § 4 RdNr. 125.
[131] BGHZ 62, 216 ff.; 65, 103.
[132] KG Rpfleger 1989, 24, 25.
[133] Vgl. insoweit Bericht des Rechtsausschusses, BT-Drucks. 8/3908 S. 78.
[134] BGHZ 62, 217, 225 f.
[135] AA OLG Hamm DB 1987, 1245 („beschränkt haftende OHG"); teilweise der Bericht des

Rechtsausschusses, BT-Drucks. 8/3908 S. 78; *Binz,* Die GmbH & Co., § 11 RdNr. 16.
[136] *Sternberg,* Der Gesellschaftszusatz in der Handelsfirma, S. 151; insoweit ablehnend OLG Köln Rpfleger 1978, 21, 22.
[137] Heymann/*Emmerich* RdNr. 28; Staub/*Hüffer* RdNr. 67, 70; *Bokelmann* Firmenrecht RdNr. 611 ff.; ders. GmbHR 1979, 265, 267.
[138] Staub/*Hüffer* RdNr. 66.

ten zu lassen", was ebenfalls für Versuche gilt, das „GmbH & Co." nicht genau in dieser, dem Publikum vertrauten Reihenfolge in die Firma aufzunehmen oder zu „zerreißen", indem andere Worte dazwischengefügt werden (näher RdNr. 53 ff.). Im übrigen **wäre die einheitliche Kennzeichnung als „beschränkt haftende Kommanditgesellschaft" anstelle von „GmbH & Co." oder „AG & Co." in jedem Fall ein Rückschritt,** weil diese Bezeichnung nicht offenbart, um welche Art von Gesellschaft es sich handelt.[139] Das gilt ebenfalls für die Klassifizierung „ausländischer Kapitalgesellschaft & Co. KG", die zwar das Phänomen dieser Erscheinung deutlich werden läßt, aber nicht geeignet ist, die spezielle Haftungslage hinreichend hervortreten zu lassen.[140]

52 **c) Die sachgerechte Stellung und Formulierung des Rechtsformzusatzes.** Ausreichend aber auch erforderlich ist ein Zusatz wie etwa „GmbH & Co." oder „GmbH & Co. KG". **Niemals aber dürfen „GmbH" und „KG" direkt aufeinandertreffen** (also „GmbH & Co. KG" und nicht „GmbHKG" oder „GmbH KG"),[141] wenngleich es auch dafür Beispiele in der Praxis gibt.[142] Ist die „A & Co. GmbH" alleinige persönlich haftende Gesellschafterin einer neu gegründeten Kommanditgesellschaft, darf die Firma der KG nicht „A & Co. GmbH Kommanditgesellschaft" lauten,[143] weil nicht klar wird, ob es sich um eine GmbH oder Kommanditgesellschaft handelt. Unerheblich ist in einem solchen Fall, welche Rechtsformbezeichnung am Ende der Firma steht, weil der letzte Zusatz nicht etwa den Charakter der Gesellschaft bestimmt.[144] Das OLG Hamm verlangte, in die Firma hinter der Firma der Komplementärin noch die Bezeichnung „& Co." einzufügen (also „A & Co. GmbH & Co. Kommanditgesellschaft"). Nach heute überwiegender Meinung wäre diese Firmierung aber auch nicht zulässig (näher RdNr. 56).

53 Lautet die Firma der Komplementärin „X GmbH X Industrie", stiftete eine Firma „X GmbH Y Industrie KG" Verwirrung. Richtig muß „X GmbH Y Industrie & Co. KG" firmiert werden.[145] Die **Firma einer GmbH & Co. kann auch nicht so gebildet werden, daß zwischen „GmbH" und „KG" ein sachlicher Firmenbestandteil eingefügt wird.** Die Bestandteile „GmbH" und „KG" sind dann zwar getrennt („Johann X GmbH Holzbau KG"), doch wird nicht hinreichend klar, daß es sich um eine GmbH & Co. (KG) handelt.[146] Denn die Bestandteile „GmbH" und „KG" müssen gerade durch das „& Co." („ & Comp.") verbunden werden, um beim Betrachter (Hörenden) die reflexmäßige Erkenntnis auszulösen, daß keine natürliche Person unbeschränkt haftet. Daher ist auch – so kleinlich das scheinen mag – „GmbH Co. KG" nicht zulässig.[147]

54 Mit der unzulässigen Fassung „Johann X GmbH Holzbau KG" (RdNr. 53) ist nicht der Fall zu verwechseln, daß bei der ursprünglichen Firma der die Rechtsform kennzeichnende (und insoweit korrekte) **Zusatz „GmbH & Co. KG" in der Weise gespalten werden kann,** daß zwischen „GmbH & Co." und „KG" eine Sachangabe eingeschoben wird.[148] Für die abgeleitete Firma ist das aber nur dann zulässig, wenn Zweifel an der Identität mit

[139] *Bokelmann* ZRP 1978, 33, 35.
[140] Kritisch auch *Gustavus*, Beiträge zur Firma der GmbH & CoKG nach geltendem und zukünftigem Recht, S. 49 ff.
[141] *Aschenbrenner*, Die Firma der GmbH & Co. KG, S. 36; *Winkler* MittBayNot. 1978, 98, 99; *Bokelmann* Firmenrecht RdNr. 619 ff.; *Binz* Die GmbH & Co., § 11 RdNr. 17; Staub/*Hüffer* RdNr. 68; eingehend *Wessel/Zwernemann*, Die Firmengründung, RdNr. 240 ff.
[142] *Binz*, Die GmbH & Co., § 11 RdNr. 17: „Scharnow-Reisen GmbH KG".
[143] OLG Hamm NJW 1966, 2172; vgl. auch RGZ 104, 341, 342; Heymann/*Emmerich* RdNr. 28.
[144] So aber OLG Frankfurt DB 1980, 1208; *Grussendorf* DNotZ 1954, 94 f.; *Schmalz*, Anm. zu OLG Düsseldorf DNotZ 1956, 611, 614; *Weipert*

GmbHR 1954, 26 f.; zutreffend *Riechert* DB 1956, 493 ff.
[145] OLG Hamm DNotZ 1954, 92 ff.; vgl. auch BayObLGZ 1973, 75 ff. = NJW 1973, 1845: unzulässig „G. Verlag GmbH Informationsmedien KG".
[146] BGH NJW 1980, 2084; vgl. auch OLG Stuttgart BB 1977, 1417: unzulässig „M GmbH Handels KG"; *Bokelmann* Firmenrecht RdNr. 622; *ders.* GmbHR 1979, 265, 266; *ders.* GmbHR 1987, 177, 178; *K. Schmidt* HandelsR § 12 III 1 e cc; Baumbach/*Hopt* RdNr. 5; Staub/*Hüffer* RdNr. 68.
[147] OLG Stuttgart BB 1977, 711 f.
[148] BayObLG Rpfleger 1978, 255, 256; vgl. auch BayObLGZ 1973, 75, 78: zulässig „G. Verlag GmbH & Co. Informationsmedien KG"; vgl. auch *Binz*, Die GmbH & Co., § 11 RdNr. 17.

der bisherigen Firma nicht aufkommen können (RdNr. 37), was für eine Firma „MILHAN COMPANY GmbH + Co. Import-Export KG", die zuvor unter Firma „MILHAN COMPANY IMPORT EXPORT KG" firmierte, fraglich ist.[149]

Unzulässig soll es sein, die Reihenfolge umzukehren und etwa mit dem Bestandteil 55 KG oder Kommanditgesellschaft zu beginnen.[150] Das ist in dieser absoluten Form nicht richtig. Zwar gibt es eine ganze Reihe von Entscheidungen, die Firmen mit vorangestelltem „KG" zu Recht für unzulässig erklären. Doch ergibt sich dort die Unzulässigkeit der Firma nicht allein aus der Voranstellung als solcher, sondern aus anderen Gründen. Das BayObLG hat entschieden, eine Firma „X KG GmbH & Co." sei für eine Kommanditgesellschaft, deren einziger persönlich haftender Gesellschafter eine GmbH ist, unzulässig.[151] Die Firma sollte „Wilhelm Müller KG GmbH & Co." lauten. Zur Begründung ist zutreffend angeführt, daß mehrere verschiedene Gesellschaftsbezeichnungen, die in einer Firma unmittelbar aneinandergereiht sind, das Publikum zu Irrtümern über die Rechtsform der Gesellschaft verleiten können; die umgekehrte Reihenfolge lasse hier im Gegensatz zur gebräuchlichen Abfolge die Möglichkeit offen, daß die Gesellschaft aus der Kommanditgesellschaft, der GmbH und eventuell noch weiteren Gesellschaftern als KG oder OHG gebildet sein könnte. Das OLG Hamm[152] beanstandete die Firma „A & Co. GmbH Kommanditgesellschaft" mit der Begründung, sie verstoße gegen den Grundsatz der Firmenklarheit, weil zwei Gesellschaftsbezeichnungen zusammentreffen und nicht erkennen lassen, ob es sich um eine GmbH oder Kommanditgesellschaft handelt. Das LG Köln mochte die Firma „B & Co. KG – GmbH & Co." nicht eintragen, weil die unmittelbare Aufeinanderfolge zweier Rechtsformbezeichnungen in einer Firma geeignet ist, eine Täuschung über die Verhältnisse des Geschäftsinhabers herbeizuführen.[153] Das alles ist richtig, doch hat kein Gericht die Unzulässigkeit allein aus der Voranstellung des „KG" als solcher hergeleitet. Im Gegenteil hat der BGH zu Recht gegen die Firma „Kommanditgesellschaft Union-Bau Altona GmbH & Co." (RdNr. 2) keine Bedenken angemeldet.[154] Die Firma ist auch eindeutig (Aussage: eine Kommanditgesellschaft in der Form der GmbH & Co.), erweckt nicht den Eindruck mehrerer persönlich haftender Gesellschafter und läßt auch die Rechtsform nicht offen. Soweit *Hüffer*[155] vertritt, auch der GmbH & Co. KG sei es nicht gestattet, unter wechselnden Bezeichnungen aufzutreten, ist zu bedenken, daß „GmbH & Co. KG" und „GmbH & Co." gleichwertige Bezeichnungen darstellen und es nicht zu beanstanden ist, wenn eine dieser Formen zur Kennzeichnung verwandt wird unter nicht zu beanstandender Voranstellung der zutreffenden Rechtsformbezeichnung „Kommanditgesellschaft". „GmbH & Co." identifiziert hinreichend. **„KG" kann nachgestellt und auch vorangesetzt werden, wenn sich hieraus keine Verständnisschwierigkeiten für den Rechtsverkehr ergeben.**[156]

Rechtsformzusätze in Klammern, durch Bindestrich oder Komma abgeteilt? Es 56 wäre die einfachste Lösung, könnte einer firmenrechtlich korrekt gebildeten Firma die aktuelle Rechtsform als „GmbH & Co. KG" in der bezeichneten Art beigefügt werden könnte: „A KG (GmbH & Co.)", „A KG, GmbH & Co.", „A KG – GmbH & Co.". Praktisch ist die Frage besonders dann von Bedeutung, wenn eine Personenhandelsgesellschaft zur (echten) GmbH & Co. KG wird.[157] Rechtsprechung und Lehre waren sich in

[149] BayObLG Rpfleger 1978, 255, 256; hierzu *Bokelmann* GmbHR 1979, 265, 266; *Winkler* Mitt-BayNot. 1978, 98, 100.

[150] *Bokelmann* Firmenrecht RdNr. 614; *Binz*, Die GmbH & Co., § 11 RdNr. 18; *Hesselmann/Tillmann*, Handbuch der GmbH & Co. RdNr. 227; Staub/*Hüffer* RdNr. 69.

[151] BayObLGZ 1977, 267.

[152] NJW 1966, 2172.

[153] LG Köln Rpfleger 1977, 62 mit Anm. *Bokelmann*.

[154] BGHZ 68, 271 ff.

[155] Staub/*Hüffer* RdNr. 69.

[156] Wie hier Baumbach/*Hopt* RdNr. 5: Der Zusatz „Kommanditgesellschaft" kann auch vorangestellt werden.

[157] OLG Hamm DB 1981, 521: in der „X KG Müller & Meyer" übernimmt eine GmbH die Stellung als alleiniger Komplementär.

keiner Weise einig,[158] wobei sich wohl trefflich diskutieren läßt, ob nicht zumindest das „GmbH & Co." in Klammern und am Ende der Firma deutlich werden läßt, es handle sich um eine „GmbH & Co. KG." Der Bundesgerichtshof wollte es anders und auch überwiegend die höchstrichterliche Rechtsprechung und die Instanzgerichte. Der BGH hielt die Firma „W & R KG – GmbH & Cie." trotz des an sich korrekten GmbH & Co.–Zusatzes für unzulässig, könne doch leicht der Eindruck entstehen, persönlich haftende Gesellschafterin sei nicht (oder jedenfalls nicht allein) eine GmbH, sondern auch eine Kommanditgesellschaft W & R, in der mindestens eine natürliche Person mit ihrem Privatvermögen haftet; der Gedankenstrich könne als bloße Trennung der beiden Zusätze aufgefaßt werden.[159] „X KG. (GmbH & Co)" ist trotz des zwischen den Gesellschaftsbezeichnungen eingefügten Punktes und der Klammer unzulässig.[160] Nach dem OLG Hamm[161] ist eine Firma „X KG Müller und Meier GmbH & Co. KG" auch dann unzulässig, wenn der Zusatz „GmbH & Co. KG" durch Klammer, Komma, Gedankenstrich oder Anführungszeichen abgesetzt wird, weil die zwei Familiennamen den Eindruck erwecken, die Träger des Namens könnten als persönlich haftende Gesellschafter beteiligt sein.[162] Der Bundesgerichtshof hat später die Firma „K & Co. GmbH & Co. KG" mit ähnlicher Begründung nicht gelten lassen,[163] ebenso die Firma „H.M. & Sohn GmbH & Co".[164] Da der Bundesgerichtshof in diesen Fällen die Unzulässigkeit der Firma aus den Zusätzen „& Co." und „& Sohn" herleitet, hilft auch hier (RdNr. 53) das Einschieben eines Sachzusatzes zwischen K & Co." und „GmbH & Co. KG" bzw. zwischen „H. M. & Sohn" und „GmbH & Co." nicht.[165]

57   **5. Verwandte Fälle (AG & Co. und so fort), § 19 Abs. 5. a) Inländische Gesellschaften als Namengeber.** Immer dann, wenn kein persönlich haftender Gesellschafter eine natürliche Person ist, muß die Firma der KG oder OHG – und zwar auch dann, wenn es sich um eine fortgeführte Firma handelt – eine Bezeichnung erhalten, welche die Haftungsbeschränkung kennzeichnet. Für die GmbH als einzige persönlich haftende Gesellschafterin hat sich gezeigt, daß „GmbH & Co.", „GmbH & Co. KG" und eng verwandte Bezeichnungen vor der besonderen (gefährlichen) Haftungslage warnen, weil jedermann weiß, was unter einer GmbH & Co. KG zu verstehen ist. Ein weiterer Hinweis ist nicht erlaubt. Er würde Verwirrung stiften. Haftet eine Aktiengesellschaft persönlich und nicht eine GmbH, gilt nichts anderes. In die Firma der Kommanditgesellschaft ist die Firma der haftenden Gesellschaft einschließlich ihres Rechtsformzusatzes zusammen mit einem Zusatz aufzunehmen, der das Vorhandensein einer Gesellschaft andeutet, also **„AG & Co."(KG),**[166] **„Stiftung & Co."(KG),**[167] **„e.V. & Co."(KG)**[168] oder **„GmbH & Co. KGaA",**[169] sofern man diese Rechtsfigur für gesellschaftsrechtlich zulässig hält.[170]

[158] Vgl. etwa OLG Frankfurt BB 1980, 960; LG Köln GmbHR 1979, 31; *Wiedemann* ZGR 1975, 354, 365; *Gustavus* GmbHR 1977, 169 ff., 193 ff.; Überblick bei *Bokelmann* GmbHR 1979, 265, 267 f.

[159] BGH NJW 1979, 1986; im Ergebnis zustimmend Staub/*Hüffer* RdNr. 69.

[160] BayObLGZ 1978, 40, 42; zu Recht kritisch *Winkler* MittBayNot. 1978, 98, 99.

[161] DB 1981, 521.

[162] In diesem Sinne auch OLG Oldenburg DB 1990, 519; LG Köln Rpfleger 1977, 62.

[163] BGH NJW 1981, 342: „ & Co." deutet auf eine OHG oder KG, bei der mindestens eine Person mit ihrem Privatvermögen haftet; im Ergebnis ebenso OLG Oldenburg GmbHR 1979, 112 f.; **aA** das vorlegende OLG Frankfurt BB 1980, 960 und OLG Frankfurt OLGZ 1980, 302; kritisch auch *Wessel* BB 1985, 882 f.

[164] NJW 1985, 736 = BB 1985, 880, 881: weil „& Sohn" eine natürliche Person in Bezug nimmt und damit einem Familiennamen gleichzusetzen und als ein Hinweis auf ein Gesellschaftsverhältnis zu

verstehen ist; kritisch *Wessel* BB 1985, 882 f.; wie BGH Baumbach/*Hopt* RdNr. 8.

[165] *Binz,* Die GmbH & Co., § 11 RdNr. 19.

[166] Hierzu *Schindhelm/Wilde,* Die AG & Co. KG, GmbHR 1993, 411; *Karsten Schmidt* GesR § 26 III 2 f., § 56 I 1; *Binz,* Die AG & Co., § 1 RdNr. 7 ff.; *Bokelmann* Firmenrecht RdNr. 322, 342, 645; *Heymann/Emmerich* RdNr. 29; Staub/*Hüffer* RdNr. 73 f.; vgl. auch Begr. Regierungsentwurf BT-Drucks. 8/1347, S. 56.

[167] Vgl. *Binz,* Die GmbH & Co., § 1 RdNr. 12, eingehend § 27; *Heymann/Emmerich* RdNr. 29; vgl. auch Hachenburg/*Heinrich* § 4 RdNr. 128.

[168] *Heymann/Emmerich* RdNr. 29; Staub/*Hüffer* RdNr. 77.

[169] Eingehend hierzu *Binz,* Die GmbH & Co., § 1 RdNr. 13 ff.; *Binz/Sorg,* Die GmbH & Co. Kommanditgesellschaft auf Aktien, BB 1988, 2041.

[170] Zur Zulässigkeit der GmbH & Co. KGaA *Hesselmann,* Die kapitalistische Kommanditgesellschaft auf Aktien, BB 1989, 2344.

Für die GmbH & Co. KG hat der Bundesgerichtshof ausgeführt, daß die Haftung für die **58** Verbindlichkeiten des Unternehmens wie bei den Kapitalgesellschaften auf eine bestimmte Vermögensmasse (Gesellschaftsvermögen der Komplementär-GmbH und Kommanditeinlagen) beschränkt ist und die persönliche Haftung natürlicher Personen „als wesentliches gläubigerschützendes Element" fehlt, weshalb in die Firma der Kommanditgesellschaft auf jeden Fall ein Zusatz „wie etwa 'GmbH & Co.' aufzunehmen" ist.[171] **Für die „AG & Co."(KG) und so fort liegt die Parallele zu der „GmbH & Co."(KG) auf der Hand.** Jedenfalls warnt die Formulierung, und sie veranlaßt denjenigen, dem die betreffenden Rechtsbegriffe nicht geläufig sind, sich zu informieren.[172] In Fällen dieser Art sollte nicht die Bezeichnung „beschränkt haftende Kommanditgesellschaft" verwendet werden. Diese Kennzeichnung ist auch schwächer, weil sie gegenüber der Aufnahme „AG & Co." ein Informationsdefizit darstellt, offenbart sie doch nicht die Haftungsstruktur (RdNr. 51).

b) Ausländische Gesellschaften als Namengeber. aa) Das Prinzip. Auch hier gilt nach **59** § 19 Abs. 5, daß **die ausländische Firma** – ist die namengebende ausländische Gesellschaft beteiligungsfähig – **in die Firma der Kommanditgesellschaft wörtlich aufgenommen werden muß, und zwar einschließlich des ausländischen Rechtsformzusatzes** (vgl. aber § 13 d RdNr. 19 f., § 17 RdNr. 8). Zu übernehmen ist grundsätzlich die vollständige Firma, denn die Fortlassung einzelner Teile verstieße gegen den Grundsatz der Firmenidentität (RdNr. 31, 49 f.). Ebenso wie bei der persönlich haftenden deutschen Gesellschaft ist es für den Rechtsverkehr von erheblicher Bedeutung, die Rechtsform der persönlich haftenden ausländischen Gesellschaft (und zwar genau!) und damit deren Haftungsverhältnisse zu kennen. Zusammen mit dem Zusatz, der das Vorhandensein einer Gesellschaft andeutet („& Co.", „& Co.KG") ergibt sich „US steel corporation & Co.KG". Die Parallele zur „GmbH & Co. KG" ist nicht zu übersehen und damit auch nicht die Haftungslage zumindest in groben Zügen mit dem Anstoß, sich genauer kundig zu machen. Ebenso verhält es sich mit anderen gängigen ausländischen Gesellschaftsbezeichnungen (etwa der „société à responsabilitée" oder der „société anonyme" des französischen Rechtskreises).[173] Zum Teil wird die genaue Angabe des ausländischen Rechtsformzusatzes allein nicht genügen. Zusätzlich sind dann in Klammern Satzungssitz, Registrierungsland der namengebenden ausländischen Gesellschaft und die Registrierungsnummer und etwa das haftende Kapital anzugeben. Das ist im Einzelfall auch deswegen unerläßlich, weil manche Rechtsformbezeichnungen in verschiedenen Ländern mit unterschiedlicher Bedeutung verwendet werden,[174] wie etwa die jointstock company in Großbritannien und den USA.[175] Die geschilderte Handhabung ist dem Zusatz „beschränkt haftende Kommanditgesellschaft" vorzuziehen (RdNr. 51, 58),[176] wenngleich diese Bezeichnung hier als *zusätzlicher* Hinweis erlaubt ist. Insoweit wird auf § 13 d RdNr. 19 Bezug genommen.

Ist der ausländische Rechtsformzusatz dem inländischen gleich, muß in der Firma **60** darauf hingewiesen werden, daß es sich nicht um eine inländische Gesellschaft handelt, weil sich die Kapitalausstattung und die Vermögensstruktur nicht unerheblich voneinander unterscheiden können.[177] Sachgerecht ist etwa die Formulierung: „KVA Kapitalanlagevermittlung AG (nach schweizerischem Recht) Zweigniederlassung Bonn"[178] (§ 13 d RdNr. 20).

---

[171] BGHZ 62, 216, 227; 65, 103, 105; hierzu *Wiedemann* ZGR 1975, 354 ff.; *H.P. Westermann* JZ 1975, 327; *Gustavus* GmbHR 1977, 169; *Bokelmann* GmbHR 1975, 25 ff.; *Baumbach/Hopt* RdNr. 7.

[172] *Staub/Hüffer* RdNr. 77; vgl. auch *Gustavus* GmbHR 1977, 122 ff.

[173] Näher *Lutter/Hommelhoff* § 12 RdNr. 11; *Hesselmann/Tillmann*, Handbuch der GmbH & Co., RdNr. 146 Fn. 52; *Grothe,* Die „ausländische Kapitalgesellschaft & Co.", S. 268 f.; *Bokelmann* GmbHR 1987, 177, 179.

[174] Hierzu *Grothe,* Die „ausländische Kapitalgesellschaft & Co.", S. 269; Staub/*Hüffer* RdNr. 86; *Bokelmann* ZGR 1994, 325, 340.

[175] *Bokelmann* GmbHR 1987, 177, 179.

[176] Anders für eine im Inland nicht bekannte Rechtsformbezeichnung der Bericht des Rechtsausschusses BT-Drucks. 8/3908, S. 78.

[177] LG Hagen NJW 1973, 2162 für eine AG in Vaduz; vgl. auch LG Hagen NJW 1973, 2162 Staudinger/*Großfeld* IntGesR, 1993, RdNr. 300.

[178] *Kögel* Rpfleger 1993, 8, 10.

61   **bb) Einzelheiten und Modifikation durch das inländische Recht.** Gibt eine ausländische Kapitalgesellschaft einer inländischen Kommanditgesellschaft ihren Namen, bzw. muß
sie ihn ihr als alleinige Komplementärin geben (§ 19 Abs. 2 und 4), so ist die ausländische
Firma grundsätzlich so zu übernehmen, wie sie im Ausland nach ausländischem Recht geführt wird und geführt werden muß (RdNr. 59).[179] Die Firma einer ausländischen juristischen Person beurteilt sich nach ihrem Gesellschaftsstatut, mithin bei Anknüpfung an die
Sitztheorie nach dem Recht des Sitzes der Hauptverwaltung.[180] **Das Gesellschaftsstatut
gilt aber nicht unbeschränkt.** Wird die ausländische Firma im Inland geführt – was auch
dann der Fall ist, wenn sie einer inländischen Gesellschaft ihren Namen gibt –, darf sie
jedenfalls nicht gegen den ordre public (Art. 6 EGBGB) verstoßen, wie auch die ausländische Firma nicht den Grundsatz der Firmenwahrheit und Firmenklarheit verletzen darf.[181]
Die Bewertungsmaßstäbe können differieren. Führt die ausländische Gesellschaft etwa eine
reine Phantasiefirma, so lassen sich aus dem Täuschungsverbot nach § 18 Abs. 2 keine
Einwände herleiten. Denn die Phantasiefirma ist ohne das Hinzutreten besonderer Umstände nicht unwahr, sie kann über nichts täuschen.[182] Doch stellt sich auch die Frage des
ordre public, weil die ausländische Gesellschaft ihre Firma in einer Weise gebildet hat, die
der inländische Gesetzgeber (bisher) nicht billigt. Auch insoweit läßt sich aber ein Verstoß
nicht feststellen, weil nach deutschem Recht die inländische Firma nicht durchgängig eine
Aussage entweder über den Gegenstand oder den jeweiligen Inhaber macht. Dagegen
verstößt die Namengebung durch die ausländische Gesellschaft dann gegen das Wahrheitsgebot, wenn sie zB Sachbestandteile enthält, die auf die Namenempfängerin nicht zutreffen
(RdNr. 34). Da nach inländischem Recht zu beurteilen ist, wie die Firma der inländischen
Kommanditgesellschaft beschaffen sein muß, ist § 18 Abs. 2 anwendbar, und es kann keinem Zweifel unterliegen, daß von einer Täuschung auszugehen ist. Es bleibt dann in der
Tat nur, daß das ausländische Unternehmen entweder im Ausland umfirmiert oder „als
namengebende Gesellschaft eine den Vorschriften des deutschen Firmenrechts entsprechende Tochter gründet".[183] Das ist einer ausländischen Gesellschaft im Prinzip auch zuzumuten und nicht unbillig, wenn ihre Firma im Inland gegen elementare Grundsätze des
Firmenrechts verstößt, nämlich das Täuschungsverbot. Doch wird die vorgeschlagene
„Lösung" dem ausländischen Unternehmen nicht viel helfen. Denn es wird oft seine Firma
im Hinblick auf deren Wert und Bekanntheitsgrad nicht im Ausland ändern wollen. Will
das Unternehmen als namengebende Gesellschaft im Inland eine Tochtergesellschaft gründen, wird das im Hinblick auf den in Deutschland befolgten Grundsatz der Firmenidentität
nur selten möglich sein. So kann etwa „international" oder ein Sachbestandteil in der Firma der Namengeberin nicht einfach gestrichen (fortgelassen) werden (RdNr. 35). Man ist
dann wieder bei der Frage, inwieweit die Normen des EG-Vertrages eine Lockerung
deutscher Rechsanwendung (konkret: Grundsatz der Firmenidentität) gebieten, um die
nach dem EG-Vertrag garantierte Niederlassungsfreiheit nicht zu unterlaufen (§ 18
RdNr. 67 ff.).[184]

62   **c) Verstoß gegen § 19 Abs. 5 Satz 1.** Das Auftreten im Geschäftsverkehr unter einer
Firma ohne den erforderlichen „GmbH & Co."-Zusatz **kann zur Rechtsscheinhaftung
der Geschäftsführer oder der Gesellschafter führen,** weil dem Gesetz zuwider der Anschein erweckt wird, dem Geschäftsgegner hafte zumindest eine natürliche Person unbeschränkt mit ihrem Privatvermögen.[185] Das gilt auch dann, wenn sich aus dem Handels-

[179] Staub/*Hüffer* RdNr. 82, 83; Heymann/*Emmerich* RdNr. 31; Hachenburg/*Heinrich* § 4 RdNr. 128;
Koller/*Roth*/Morck RdNr. 14; *Bokelmann* Firmenrecht RdNr. 364.
[180] BGH NJW 1971, 1522; BayObLGZ 1986, 61
= NJW 1986, 3029; Staudinger/*Großfeld* IntGesR,
1993, RdNr. 299.
[181] BayObLGZ 1986, 61, 64 = NJW 1986, 3029;
Staudinger/*Großfeld* IntGesR, 1993, RdNr. 300.

[182] Hachenburg/*Heinrich* § 4 RdNr. 51; *Bokelmann* ZGR 1994, 325, 330.
[183] So Staub/*Hüffer* RdNr. 84.
[184] *Bokelmann* DB 1990, 1021 mit eingeh. Nachweisen.
[185] BGHZ 71, 354, 356; vgl. schon BGHZ 64,
11, 17 für den Geschäftsführer der GmbH; vgl. auch
Brandes WM 1987, Sonderbeilage 1/1987, S. 4;
Baumbach/*Hopt* RdNr. 9.

register die wahre Rechtsform (GmbH & Co.) ersehen läßt. Denn der spezielle Vertrauenstatbestand ergibt sich schon daraus, daß die GmbH & Co. KG im Geschäftsverkehr eine Firma führt, die ihre Gesellschaftsform nicht offenbart; unter diesen Umständen ist eine Berufung auf die zutreffende Handelsregistereintragung rechtsmißbräuchlich.[186] Darüberhinaus haftet nach Rechtsscheingesichtspunkten der Geschäftsführer und jeder andere Vertreter eines Unternehmens **wegen Fortlassung des Rechtsformzusatzes GmbH oder GmbH & Co.**, sofern die Zeichnung der Firma ohne den Zusatz bei dem Geschäftsgegner die irrige Vorstellung hervorgerufen hat, es hafte wenigstens eine natürliche Person.[187]

d) Ausnahmen (§ 19 Abs. 5 Satz 2). Ein Rechtsformzusatz nach § 19 Abs. 5 Satz 1, **63** der die Haftungsbeschränkung kennzeichnet (keine natürliche Person haftet persönlich), ist nach Abs. 5 Satz 2 ausnahmsweise dann entbehrlich, wenn zu den persönlich haftenden Gesellschaftern eine OHG oder KG gehört, bei der ein persönlich haftender Gesellschafter eine natürliche Person ist. Für die Verbindlichkeiten der OHG (KG) haftet in diesem Fall die natürliche Person unbeschränkt (§§ 128, 161 Abs. 2). Die Ausnahme betrifft nach dem Wortlaut des Gesetzes aber nur den Fall, daß **auf der zweiten Stufe wenigstens eine natürliche Person unbeschränkt für die Schulden der Gesellschaft aufkommt.** Da es sich um eine Ausnahmevorschrift handelt, ist eine ausdehnende Auslegung auf die dritte oder spätere Stufen nicht möglich.[188] Auch würde, was bereits das Kammergericht hervorgehoben hat,[189] bei ausdehnender Anwendung die von dem wortgleichen § 125 a Abs. 1 Satz 3 postulierte Geschäftsbriefpublizität wegfallen, so daß der Geschäftspartner der komplizierten Unternehmensstruktur nachgehen und sich auf die Suche nach der persönlich haftenden natürlichen Person machen müßte.[190]

6. Unterscheidbarkeit der Firma der GmbH & Co. KG von der Firma der Kom- **64** **plementär-GmbH.** Jede neue Firma muß sich von allen an demselben Ort oder in derselben Gemeinde bereits bestehenden und in das Handelsregister (oder in das Genossenschaftsregister) eingetragenen Firmen deutlich unterscheiden, **§ 30 Abs. 1. Das gilt auch für die GmbH & Co. KG und die dazugehörende Komplementär-GmbH am gleichen Ort.** § 30 dient in erster Linie den Interessen des Publikums,[191] und das Publikum muß vor der Gefahr einer Verwechslung der beiden Firmen geschützt werden.[192] Insoweit langen die Rechtsformzusätze (Gesellschaftszusätze) nicht, weil sie am Klangbild der Firma keinen maßgebenden Anteil haben und der Rechtsverkehr ihnen keine besondere Bedeutung beimißt.[193] Auch wird kein deutlicher Unterschied dadurch begründet, daß der Rechtsformzusatz einmal ausgeschrieben und einmal als GmbH abgekürzt in den Firmen erscheint,[194] wie auch der Zusatz „Handelsgesellschaft" im Anschluß an „& Co. KG" nicht ausreicht, um die Kommanditgesellschaft gegenüber der GmbH hinreichend zu individualisieren.[195] Das gilt auch für Zusätze wie „in Liquidation", „im Vergleichsverfahren" oder „Nachfolger".[196] Im übrigen wird auf *Lieb* § 30 RdNr. 12 ff. Bezug genommen.

[186] BGHZ 71, 354, 357.
[187] BGH NJW 1991, 2627 mit Anm. *Canaris* S. 2628 f.; Vgl. zur Firmenführungspflicht Heymann/*Emmerich* § 17 RdNr. 11 ff.
[188] Ebenso Heymann/*Emmerich* RdNr. 30.
[189] Rpfleger 1989, 24 = EWiR § 19 HGB 1/88, 1005 (*Günther*).
[190] AA BayObLGZ 1994, 252 = NJW-RR 1995, 172 = mit abl. Anm. *Bokelmann* EWiR § 19 HGB 1/95, 267; wie BayObLG Baumbach/*Hopt* RdNr. 10.
[191] RGZ 75, 370, 372; 103, 388, 392.
[192] BGHZ 46, 7, 11 f.; 80, 353, 354; BayObLGZ 1954, 203, 209; 66, 337, 343; 1979, 316, 318 ff.; OLG Frankfurt OLGZ 1973, 276, 277: die Firma einer KG muß sich von der ihrer GmbH-Komplementärin selbst dann deutlich unterscheiden,

wenn die GmbH zur Zeit der Eintragung der KG lediglich als deren Komplementärin in Erscheinung tritt; 1974, 336, 337; OLG Celle OLGZ 1977, 59, 64; OLG Hamm OLGZ 1966, 598, 601; *Aschenbrenner*, Die Firma der GmbH & Co. KG, S. 39 ff.; Staub/*Hüffer* RdNr. 59 ff.; Heymann/*Emmerich* RdNr. 25, 26; Baumbach/*Hopt* RdNr. 6; *Wessel*/*Zwernemann*, Die Firmengründung, RdNr. 243 ff.; zum Teil einschränkend *Karsten Schmidt* HandelsR § 12 II b.
[193] RGZ 104, 341, 342 f. (zu § 22); BGHZ 46, 7, 11; BayObLGZ 1979, 316, 318 mit eingeh. Nachweisen; Staub/*Hüffer* RdNr. 61.
[194] BayObLGZ 1966, 337, 343.
[195] BayObLGZ 1979, 316, 319.
[196] RGZ 29, 66, 68 f., *Bokelmann* Firmenrecht RdNr. 79; Staub/*Hüffer* § 30 RdNr. 17.

65   Die Firma der **Kommanditgesellschaft muß sich von der ihrer persönlich haftenden GmbH-Gesellschafterin deutlich unterscheiden.** Da § 30 nur die Unterscheidbarkeit an demselben Ort (derselben Gemeinde) verlangt, wurden teilweise für die GmbH und die GmbH & Co. KG verschiedene Sitze gewählt. Der BGH hat[197] zu Recht angemerkt, die Gründung an verschiedenen Orten erschwere dem Rechtsverkehr den Einblick in die Verhältnisse der GmbH & Co. KG. Die Praxis hat die deutliche Unterscheidbarkeit zum Teil dadurch herzustellen versucht, daß die Komplementärin nach der Gründung der KG ihre Firma ändert und dies gleichzeitig mit der Gründung der KG zur Eintragung in das Handelsregister mit der Maßgabe anmeldet, die Firmenänderung der GmbH solle erst nach der Eintragung der KG eingetragen werden.[198] Die Konstruktion ist im Hinblick auf die formale Strenge des Registerrechts[199] nicht unbedenklich, umständlich und verursacht Mehrkosten.[200] Der BGH hat es daher für zulässig gehalten, unter bestimmten Voraussetzungen in der Firma der Komplementär-GmbH enthaltene Firmenbestandteile wie „Verwaltungs-" bei der Neubildung der Firma einer GmbH & Co. KG wegzulassen.[201] Insoweit wird auf RdNr. 35 Bezug genommen.

66   Abgesehen von der Möglichkeit RdNr. 64 **können unterscheidungskräftige Zusätze in die Firma der Kommanditgesellschaft aufgenommen werden.**[202] Neben Phantasieworten kommen Zusätze in Frage, die auf den Unternehmensgegenstand der KG hinweisen oder auch lokalisierende Bezeichnungen.[203] Doch **darf ein Zusatz nicht in der Form angefügt werden, daß er als Teil des Namens der persönlich haftenden Gesellschafterin erscheint.**[204] Auch ist es unzulässig, den Zusatz in die GmbH-Firma hineinzuzwängen, so daß er zwangsläufig der Firma der Komplementär-GmbH zugerechnet wird. Beispiel:[205] die GmbH firmiert „Optika Verwaltungsgesellschaft mit beschränkter Haftung." Bei Bildung der Firma der Kommanditgesellschaft soll „Verwaltungs" entfallen und „Betrieb für Augenoptik" hinzugefügt werden. Die Firma darf nicht „Optika Betrieb für Augenoptik GmbH & Co. KG" lauten. Richtig muß es „Optika GmbH & Co. KG, Betrieb für Augenoptik" heißen, sofern der Firmenrest nach dem Weglassen des „Verwaltungs"-Zusatzes überhaupt noch verwertbar war. Das ist deshalb fraglich, weil „Optika GmbH" (wohl) allein als Firma nicht zulässig ist.[206]

67   Schwierigkeiten der in RdNr. 65 aufgezeigten Art gibt es dann nicht, wenn **der Gegenstand der GmbH dem der KG entlehnt ist, deren Geschäfte die GmbH führt** (hierzu RdNr. 45). Die Firma der KG kann dann so gebildet werden, daß sie die Firma der GmbH übernimmt und einen unterscheidungskräftigen Zusatz (etwa ein Phantasiewort) zufügt. Im übrigen wird das inländische Firmenrecht nicht auf Dauer strikt dem Gebot der Firmenidentität in dieser strengen (um nicht zu sagen übertriebenen) Form folgen können. Die Beispiele RdNr. 66 geben zu denken.

[197] BGHZ 80, 353, 355.
[198] Näher hierzu *Bokelmann* Firmenrecht RdNr. 627 ff.
[199] So OLG Frankfurt OLGZ 1974, 336, 337.
[200] BGHZ 80, 353, 355; ähnlich OLG Celle OLGZ 1977, 59, 62; ablehnend auch Baumbach/*Hopt* RdNr. 6: Gesetzesumgehung.
[201] BGHZ 80, 353.
[202] *Wessel/Zwernemann,* Die Firmengründung, RdNr. 246: „Maier & Wolf GmbH" und „MAWO Maier & Wolf GmbH & Co."; ebenso Baumbach/*Hopt* RdNr. 6.

[203] Staub/*Hüffer* RdNr. 60; vgl. auch die Übersicht bei *Wessel/Zwernemann,* Die Firmengründung, RdNr. 243 ff. und die Darstellung bei Baumbach/*Hopt* RdNr. 6.
[204] BayObLGZ 1978, 18, 19: firmiert die GmbH „Labor O.S. GmbH", darf die KG nicht lauten „Dental-Labor O.S. GmbH & Co. KG"; zustimmend Heymann/*Emmerich* RdNr. 26.
[205] OLG Celle OLGZ 1977, 59, 64 f.; zustimmend Staub/*Hüffer* RdNr. 62.
[206] *Bokelmann* Firmenrecht RdNr. 637, 641; **aA** *Wessel* BB 1984, 1710, 1712, der für die verbleibende Restfirma nur die Erkennbarkeit der Branche verlangt.

V. Die Beteiligung ausländischer Gesellschaften

1. Beteiligung an einer inländischen Kapitalgesellschaft. Eine **ausländische juristische Person** kann Gründer und Gesellschafter einer inländischen Kapitalgesellschaft sein.[207] **Ausländisch** ist eine Gesellschaft, wenn sie ihren **effektiven Verwaltungssitz** (§ 13 d RdNr. 7) im Ausland hat.[208] Denn die Rechtsverhältnisse einer juristischen Person bestimmen sich nach ihrem Gesellschaftsstatut (RdNr. 61), für welches wiederum das Recht am Sitz ihrer Hauptverwaltung maßgebend ist.[209]   68

Das Gesellschaftsstatut entscheidet auch darüber, ob **die Gesellschaft wirksam errichtet worden ist und ihr Rechtsfähigkeit zukommt.**[210] Ist das der Fall (und die Gesellschaft in das Handelsregister eingetragen worden), wird die betreffende ausländische Gesellschaft als juristische Person ohne besonderes Anerkennungsverfahren **auch im Inland als rechtsfähig anerkannt,**[211] soweit nicht ausnahmsweise der ordre public entgegensteht (§ 13 d RdNr. 8). Welches ausländische Gebilde mit einem inländischen Rechtsinstitut übereinstimmt, ist vergleichend zu ermitteln, wobei die Bezeichnung der ausländischen Gesellschaft die Überprüfung nicht ersetzen kann (zur rechtsvergleichenden Qualifikation § 13 d RdNr. 9). Zum Teil ergeben sich, hat das ausländische Unternehmen seinen Sitz im EG-Ausland, die vergleichbaren Rechtsformen aus EG-Richtlinien (§ 13 d RdNr. 9, § 13 e RdNr. 3).[212]   69

Gibt eine ausländische Gesellschaft einer inländischen Kapitalgesellschaft ihren Namen, sind § 4 Abs. 2 GmbHG und § 4 AktG anwendbar. Die inländische Gesellschaft muß zwingend den Zusatz „mit beschränkter Haftung" bzw. „Aktiengesellschaft" – Abkürzungen sind erlaubt[213] – in der Firma führen. Ein **auf die Gesellschaftsform hinweisender Zusatz in der ausländischen Firma darf nicht übernommen werden,** weil Mißverständnisse und Unklarheiten unvermeidbar wären.[214]   70

Von der Rechtsfähigkeit ist die **besondere Rechtsfähigkeit** zu unterscheiden. Hierunter versteht man die Qualifikation zum Erwerb bestimmter Rechte und Pflichten, wozu auch die Fähigkeit zum Erwerb von Beteiligungen (Anteilsrechten an anderen Gesellschaften) zählt.[215] Zwar ist nicht stets davon auszugehen, daß eine ausländische Gesellschaft ohne weiteres an einer inländischen beteiligungsfähig ist. Doch wirft die Beteiligung einer ausländischen juristischen Person an einer inländischen Kapitalgesellschaft und Genossenschaft als Gesellschafter oder Gründer insoweit keine Probleme auf. Sie kann wie eine inländische Gesellschaft am Rechtsverkehr teilnehmen, sich an anderen Kapitalgesellschaften beteiligen und darf nicht diskriminiert werden.[216] Ganz im Gegensatz hierzu ist die besondere Rechtsfähigkeit in Bezug auf die Komplementärfähigkeit an einer inländischen Kommanditgesellschaft lebhaft umstritten. Insoweit wird auf RdNr. 73 ff. verwiesen.   71

[207] *Grasmann,* System des internationalen Gesellschaftsrechts, RdNr. 888; Staudinger/*Großfeld* IntGesR, 1993, RdNr. 289; MünchKommBGB/*Ebenroth* Nach Art. 10 EGBGB RdNr. 274 Fn. 932; *Lutter/Hommelhoff* § 12 RdNr. 12.

[208] BGHZ 25, 134, 144; 53, 181, 183; 78, 318, 334; BGH NJW 1967, 36, 38; BayObLGZ 1986, 61, 64 = EWiR § 19 HGB 1/86, 595 (*Bokelmann*); OLG Saarbrücken NJW 1990, 647; *Ebenroth/Eyles* DB 1988 Beilage Nr. 2/88, S. 5; MünchKommBGB/*Ebenroth* Nach Art. 10 EGBGB RdNr. 179.

[209] RGZ 215, 217; BayObLGZ 1986, 61, 64; Staudinger/*Großfeld* IntGesR, 1993, RdNr. 299 mit eingeh. Nachweisen.

[210] Staudinger/*Großfeld* IntGesR, 1993, RdNr. 251.

[211] RGZ 83, 367, 369; 159, 33, 46; BGHZ 78, 318, 334; *Wiedemann* § 14 I 2 a: Prinzip der „automatischen Anerkennung"; *Ebenroth/Eyles* DB 1988 Beilage Nr. 2/88, S. 3.

[212] Vgl. für die GmbH *Lutter/Hommelhoff* § 12 RdNr. 11 mit Literaturnachweisen.

[213] Vgl. *Wessel/Zwernemann,* Die Firmengründung, RdNr. 238; zu der zulässigen Abkürzung „AG" *Gabbert* DB 1992, 198.

[214] RGZ 104, 341, 342.

[215] *Grasmann,* System des internationalen Gesellschaftsrechts, RdNr. 886 f.; *Wiedemann* § 14 IV 1 a; MünchKommBGB/*Ebenroth* Nach Art. 10 EGBGB RdNr. 268, 270; Staudinger/*Großfeld* IntGesR, 1993, RdNr. 282 ff.

[216] EuGH NJW 1987, 571; *Lutter/Hommelhoff* § 12 RdNr. 12; MünchKommBGB/*Ebenroth* Nach Art. 10 EGBGB RdNr. 274 Fn. 932.

72   Bei einer **ausländischen Gesellschaft, die nicht juristische Person ist,** muß zunächst festgestellt werden, mit welcher Art inländischer Gesellschaft sie (in etwa) vergleichbar ist. ZB entspricht die italienische società in nome collettivo (s.n.c) in etwa der deutschen OHG und die società in accomandita semplice der inländischen Kommanditgesellschaft.[217]

73   **2. Die „ausländische Kapitalgesellschaft & Co." (KG).** Ob diese Typenverbindung rechtlich zulässig ist, wird immer noch unterschiedlich beantwortet. *Großfeld* etwa lehnt die Beteiligung einer ausländischen Kapitalgesellschaft als Komplementärin einer inländischen Kommanditgesellschaft überhaupt ab („Normenmix"). Auch *Ebenroth und andere* wenden sich gegen eine solche Typenvermischung und sehen es als entscheidend an, daß hier zusätzlich das „Problem einer Statutenvermischung" durch die teilweise Geltung ausländischen Rechts eintritt.[218] Die überwiegende Meinung sieht das anders,[219] was sich auch zumindest für den EG-Bereich nicht leugnen läßt, und es geht schlecht an, insoweit in Bezug auf die Zulässigkeit Unterschiede zu machen. Der EuGH hat wiederholt auf die Art. 52 und 58 EG-Vertrag als unmittelbar geltendes Recht hingewiesen, wonach Gesellschaften das Recht haben, ihre Tätigkeit in einem anderen Mitgliedstaat durch eine Agentur, Zweigniederlassung oder Tochtergesellschaft auszuüben.[220]

74   Soweit teilweise **im Ausland die Beteiligung einer juristischen Person als Komplementär einer KG oder OHG unzulässig ist** (Art. 552 Abs. 1, 594 Abs. 2 Schweizerisches Obligationenrecht), muß überlegt werden, ob unter diesen Umständen die Durchsetzung deutscher Gläubigerrechte gegen eine Schweizer Komplementärin überhaupt möglich ist. Denn die Zulässigkeit einer Beteiligung ist nicht nur nach dem Gesellschaftsstatut der Gesellschaft zu beurteilen, an der die Beteiligung stattfinden soll,[221] sondern auch an dem Statut der Gesellschaft, die sich beteiligen will, zu messen.[222] Es ist aber in Fällen dieser Art nicht so, daß die Mißbilligung durch das fremde Recht generell zur Beteiligungsunfähigkeit führt.[223] Vielmehr muß konkret geprüft werden, ob hier das fremde Recht die Durchsetzung deutscher Gläubigerrechte tatsächlich verbietet.[224] Da die Schweiz bereits bestehende Kollektivgesellschaften und Kommanditgesellschaften bestehen ließ, als das Gesetz die Verbote in den Art. 552 und 594 OR aussprach und auch eine Anpassung an das neue Recht nicht vorschrieb, kann der Schweizer ordre public einer Durchsetzung inländischer Gläubigerrechte nicht entgegenstehen.

75   Schwierigkeiten tauchen auf, wenn **das Heimatrecht der Ausländerin kein Handelsregister kennt.** Denn die GmbH & Co. KG wird im Inland im Handelsregister A einge-

---

[217] Näher *Kindler,* Einführung in das italienische Recht 1993, S. 129 f.
[218] Staudinger/*Großfeld* IntGesR, 1993, Rd-Nr. 485 ff.; *Großfeld* IPRax 1986, 351 ff.; *Großfeld* AG 1987, 261, 263; *Großfeld/Strotmann* IPRax 1990, 298; MünchKommBGB/*Ebenroth* Nach Art. 10 RdNr. 207, 274; *Ebenroth/Eyles* DB 1988 Beilage 2/88; *Ebenroth/Auer* DNotZ 1990, 139, 157 ff.; *Kaligin* DB 1985, 1449; *Ebke* ZGR 1987, 245, 267 f.
[219] BayObLGZ 1986, 61; 1986, 351; OLG Saarbrücken NJW 1990, 647; LG Stuttgart BB 1993, 1541; *Grothe,* Die „ausländische Kapitalgesellschaft & Co.", S. 211 ff.; *Haidinger,* Die „ausländische Kapitalgesellschaft & Co. KG", S. 94 ff., 174 ff.; *Schmidt/Hermesdorf* RIW 1990, 707, 715 ff.; *Kronke* RIW 1990, 799, 804; *Wessel/Zwernemann,* Die Firmengründung, RdNr. 255; *Binz,* Die GmbH & Co., § 4 RdNr. 34 ff.; *Hesselmann/Tillmann,* Handbuch der GmbH & Co., RdNr. 146; Baumbach/*Hopt* § 105 RdNr. 28; Heymann/*Emmerich* RdNr. 31; Staub/*Hüffer* RdNr. 79; Scholz/H.P. Westermann Einleitung RdNr. 123; Scholz/*Emmerich* § 4 RdNr. 32; *Lutter/Hommelhoff* § 12 RdNr. 12;

Bokelmann Firmenrecht RdNr. 343 ff.; *ders.* BB 1972, 1426; *ders.* DB 1990, 1021 ff.; *ders.* ZGR 1994, 325, 337; *ders.* GmbHR 1994, 356, 358; *ders.* DStR 1991, 945, 950; mit Einschränkungen Schlegelberger/*Karsten Schmidt* § 105 RdNr. 58.
[220] EuGH NJW 1987, 571; vgl. *auch Lutter/Hommelhoff* § 12 RdNr. 12; eingehend hierzu mit Nachweisen *Bokelmann* DB 1990, 1021.
[221] Staudinger/*Großfeld* IntGesR, 1993, RdNr. 283: Statut der Zielgesellschaft.
[222] Staudinger/*Großfeld* IntGesR, 1993, RdNr. 285: Statut der Erwerbergesellschaft; vgl. auch OLG Saarbrücken NJW 1990, 647 = EWiR § 105 HGB 1/89, 789 (*Semler*); LG Stuttgart BB 1993, 1541; MünchKommBGB/*Ebenroth* nach Art. 10 RdNr. 270 mit eingeh. Nachweisen.
[223] So wohl aber Staudinger/*Großfeld* IntGesR, 1993, RdNr. 285; auch Staub/*Hüffer* RdNr. 81; vgl. auch Staub/*Ulmer* § 105 RdNr. 92.
[224] *Grothe,* Die „ausländische Kapitalgesellschaft & Co.", S. 228 f.; *Bokelmann* Firmenrecht RdNr. 360 f.; *ders.* ZGR 1994, 325, 338; *ders.* GmbHR 1994, 356, 358.

tragen, aus dem sich zwar die (ausländische) Komplementärin, nicht aber deren gesetzliche Vertreter ergeben. Ist die Komplementärin eine inländische GmbH, können dem Handelsregister Abteilung B die Geschäftsführer namentlich entnommen werden. Diese Möglichkeit besteht aber nicht, wenn im Ausland kein Handelsregister geführt wird. Abhilfe läßt sich so bewerkstelligen, daß ausnahmsweise in Abteilung A bei der ausländischen Komplementärin auch die Vertretungsberechtigten und ihre Vertretungsberechtigung eingetragen werden.[225] Soweit früher überwiegend vertreten wurde, die eintragungsfähigen Tatsachen seien im Gesetz abschließend aufgezählt und eine Erweiterung nicht möglich, ist hieran nicht festzuhalten. Der Bundesgerichtshof hat 1992 entschieden,[226] es sei einzutragen, soweit die Sicherheit des Rechtsverkehrs die Eintragung in das Handelsregister unabweisbar mache (s. § 8 RdNr. 31 ff.). Das ist vorliegend sicherlich zu bejahen.[227] Das BayObLG[228] wendet § 33 Abs. 2 Satz 2 analog an (vgl. auch *Lieb* § 33 RdNr. 7), während *Grothe*[229] § 13 b HGB alter Fassung (entspricht dem heutigen § 13 d) und § 44 AktG alter Fassung (Zweigniederlassungen von Gesellschaften mit ausländischem Sitz; anzumelden war danach auch die Zusammensetzung des Vorstands und die Vertretungsbefugnis der Vorstandsmitglieder) als analogiefähige Normen einsetzt (näher § 8 RdNr. 53). Auf jeden Fall ist die Eintragung nach Sinn und Zweck des Registers geboten. Ist es gerechtfertigt, bei einer ausländischen Komplementärin auch die Vertretungsberechtigten (einschließlich ihrer Vertretungsberechtigung) einzutragen, sollte das immer und nicht nur dann geschehen, wenn das Heimatrecht der Ausländerin ein Handelsregister überhaupt nicht kennt. Denn die präsente, aktuelle Eintragung im inländischen Register ist effizienter als die Anforderung eines Handelsregisterauszuges in einem fremden Land.

Zu den ausländischen Gesellschaftszusätzen wird auf RdNr. 59 f. verwiesen. **76**

§ 20 *(aufgehoben)*

Die Vorschrift, die sich mit der Firma der Aktiengesellschaft und der Kommanditgesellschaft auf Aktien befaßte, ist anläßlich der Aktienrechtsreform 1937 mit Wirkung vom 1. 10. 1937 durch § 18 Abs. 1 EGAktG vom 30. 1. 1937 (RGBl. I S. 166) aufgehoben werden (näher hierzu *Staub-Hüffer* § 20 RdNr. 1 ff.).

§ 21 [Fortführung bei Namensänderung]

Wird ohne eine Änderung der Person der Name des Geschäftsinhabers oder der in der Firma enthaltene Name eines Gesellschafters geändert, so kann die bisherige Firma fortgeführt werden.

Schrifttum: *Binz,* Haftungsverhältnisse bei werbender Tätigkeit der Vor-GmbH & Co. KG, GmbHR 1976, 29; *Bokelmann,* Das Recht der Firmen und Geschäftsbezeichnungen, 3. Aufl. 1986, (zitiert Firmenrecht); *Fleck,* Die neuere Rechtsprechung des BGH zur Vorgesellschaft und zur Haftung des Handelnden (§ 11 Abs. 2 GmbHG, § 41 Abs. 1 Satz 2 AktG), ZGR 1975, 212; *Flume,* Zur Enträtselung der Vorgesellschaft, NJW 1981, 1753; *Hüffer,* Gesellschafterhaftung und Geschäftsführerhaftung in der Vor-GmbH & Co. KG – Begründung und zeitliche Haftungsbegrenzungen – BGHZ 70, 132, JuS 1980, 485; *Lindacher,* Firmenbeständigkeit und Firmenwahrheit, BB 1977, 1676; *Karsten Schmidt,* Haftungsverhältnisse bei werbender Tätigkeit in den Gründungsstadien der GmbH & Co., NJW 1975, 665; *ders.,* Die Vor-GmbH als Unternehmerin und als Komplementärin, NJW 1981, 1753; *Ulmer,* Abschied vom Vorbelastungsverbot im Gründungsstadium der GmbH, ZGR 1981, 593; *Wessel/Zwernemann,* Die Firmengründung, 6. Aufl. 1994; *Wiedemann,* Das Rätsel Vorgesellschaft, Juristische Analysen, 1970, 439.

[225] Näher *Bokelmann* ZGR 1994, 325, 337 ff.; *ders.* DStR 1991, 945, 951.
[226] DNotZ 1993, 176, 180.
[227] Anders *Ebenroth/Auer* DNotZ 1990, 139, 159; *Großfeld/Strotmann* IPRax 1990, 298, 300; *Großfeld* IPRax 1986, 351, 354 f.
[228] BayObLGZ 1986, 61, 72.
[229] Die „ausländische Kapitalgesellschaft & Co.", S. 260 ff.

I. Anwendungsbereich

1   Von dem Gebot der Firmenwahrheit nach § 18 Abs. 2 weicht das Gesetz in den Fällen der §§ 21, 22 und 24 ab. Im Interesse der Erhaltung des Firmenwertes gilt insoweit der **Grundsatz der Firmenbeständigkeit,** und der Gesetzgeber hat bewußt das hieraus resultierende Informationsdefizit[1] in Kauf genommen. Um den eigentlichen, echten Fall einer abgeleiteten Firma handelt es sich bei § 21 aber nicht, weil der Rechtsträger (Geschäftsinhaber) nicht wechselt. So ist es auch nicht zulässig, den neuen Namen neben dem alten durch eine Nachfolgezusatz (Inhabervermerk) in die beibehaltene Firma einzuführen,[2] weil hierdurch eine echt abgeleitete Firma vorgetäuscht würde.[3]

2   § 21 gilt für die Firma des Einzelkaufmanns, der OHG, KG und – soweit die Wahl einer Personenfirma zulässig ist – die GmbH, die AG und die KGaA (siehe auch RdNr. 3). Ist eine natürliche Person Namengeber, ist hauptsächlich an die Änderung des Familiennamens bei Eheschließung oder Adoption (beziehungsweise deren Aufhebung) zu denken, aber auch an die Annahme eines neuen Namens nach dem Namensänderungsgesetz vom 5. 1. 1938 (RGBl. I S. 9). Nach § 2 Abs. 2 PartGG ist auf die Partnerschaft (hierzu § 8 RdNr. 25) § 21 entsprechend anzuwenden.

3   Die Anwendbarkeit von § 21 ist **nicht auf natürliche Personen als Namengeber einer Gesellschaft beschränkt.** § 21 gilt vielmehr ebenso für Gesellschaften, die ihrerseits einer anderen Gesellschaft den Namen geben. Auch die Änderung der Firma einer solchen Namengeberin ist Änderung des Namens im Sinne von § 21 mit der Folge, daß die bisherige Firma fortgeführt werden kann.[4] Von Bedeutung ist das in besonderem Maße für die GmbH & Co. KG.[5]

II. Bedeutung

4   Nach § 21 *darf* die alte Firma beibehalten werden, muß es aber nicht. § 21 hat **nur firmenrechtlich und nicht auch namensrechtlich Bedeutung.**[6] Da es einen Zwang zur Beibehaltung der alten Firma nicht gibt, hat der nach § 21 an sich Berechtigte Dritten gegenüber, die von ihm die Unterlassung der Weiterführung des früheren Namens verlangen können, auf Grund des § 21 kein Recht zur Fortführung des Namens in der Firma.[7]

III. Fortführung der bisherigen Firma

5   § 21 betrifft einen Fall der Firmenfortführung und setzt mithin zum Zeitpunkt der Änderung des Namens **eine noch bestehende Firma voraus,** was wiederum die Existenz eines vollkaufmännischen Unternehmens unabdingbar macht.[8] Hieran fehlt es jedenfalls, wenn die Firma wie im Fall der endgültigen und nicht nur vorübergehenden Aufgabe des Gewerbebetriebes durch den Einzelkaufmann (zur Personenhandelsgesellschaft vgl. § 17 RdNr. 14) erloschen ist[9] und der Löschung im Handelsregister nur noch deklaratorische

---

[1] *Lindacher* BB 1977, 1676, 1681.
[2] *Wessel/Zwernemann,* Die Firmengründung, RdNr. 470.
[3] *Bokelmann* Firmenrecht RdNr. 649; **aA** OLG Celle BB 1990, 302 mit Anm. *Frey.*
[4] *Staub/Hüffer* RdNr. 6.
[5] *Heymann/Emmerich* RdNr. 1.

[6] *Heymann/Emmerich* RdNr. 4.
[7] Vgl. auch KG RJA 8, 38.
[8] RG JW 1911, 105 Nr. 38; *Staub/Hüffer* RdNr. 3; *Heymann/Emmerich* RdNr. 2.
[9] RGZ 170, 265, 274 f.; BayObLGZ 1967, 458, 465; 1971, 163, 165; 1983, 257, 260, 261.

Bedeutung zukommt.[10] Zu beachten ist hier, daß sich auch die Abwicklung noch als Betrieb des Handelsgewerbes darstellt. Aber auch dann, wenn die Firma zufolge § 5 erst mit der Eintragung des Erlöschens im Handelsregister erlischt – ein Vollhandelsgewerbe wird zum minderkaufmännischen Gewerbe[11] –, steht ihr ein Recht auf Firmenführung nicht mehr zu. Sie unterfällt nach § 4 Abs. 1 nicht mehr dem Firmenrecht und damit nicht mehr § 21 und „gehört nicht mehr in das Handelsregister".[12]

Nicht erforderlich ist nach (noch) geltendem Recht, daß die Firma im Augenblick der **6** Änderung des Namens schon im Handelsregister eingetragen war.[13] Die Eintragung der tatsächlich geführten bisherigen Firma, die den alten Namen enthält, ist **auch noch möglich, nachdem sich der Name geändert hat**.[14] Denn die Firma ist, betreibt ein Vollkaufmann ein Grundhandelsgewerbe, entstanden, sobald der Kaufmann sie tatsächlich führt.[15] Das gilt auch für die OHG und KG unter der Voraussetzung, daß ein Grundhandelsgewerbe ausgeübt wird (§§ 123 Abs. 2, 161 Abs. 2), das nicht unter § 4 fällt.[16] Anders ist das in den Fällen der §§ 2, 3, weil das Entstehen der Firma dann von der Eintragung im Handelsregister abhängig ist.

IV. Die Vorgesellschaft (Vor-GmbH und Vor-AG)

Die **Vor-GmbH** ist ein auf die künftige juristische Person hin angelegtes und bereits **7** körperschaftlich strukturiertes Gebilde eigener Art, das schon als Vor-GmbH persönlich haftende Gesellschafterin einer Personengesellschaft sein kann.[17] Die Vorgesellschaft darf als Komplementärin einer Kommanditgesellschaft in das Handelsregister Abteilung A (§ 6 RdNr. 11) etwa unter der Firma der zukünftigen GmbH mit dem Zusatz „i.G." („in Gründung", „im Gründungsstadium") eingetragen werden,[18] nicht dagegen schon die noch nicht eingetragene und damit noch nicht entstandene GmbH.[19] Entsprechendes gilt für die Vor-AG.[20]

Wird die GmbH (AG) eingetragen, so geht in diesem Augenblick **die Vorgesellschaft in 8 der GmbH auf** und fällt als Vermögensträger weg. Die GmbH wird Träger des Vermögens der Vor-Gesellschaft mit allen Aktiva und Passiva.[21] Gehen aber alle Rechte und Pflichten der Vorgesellschaft auf die GmbH über, so gilt das auch für das Namens- bzw. Firmenrecht.[22] Die Vor-GmbH (Vor-AG) ist firmenfähig, wenn sie ein Grundhandelsgewerbe betreibt und § 4 nicht eingreift (RdNr. 6); andernfalls steht ihr jedenfalls das Namensrecht zu. Beide Positionen gehen mit der Eintragung auf die juristische Person über; soweit das Namensrecht übergegangen ist, gelten nunmehr die firmenrechtlichen Vor-

[10] Staub/*Hüffer* § 31 RdNr. 19 f.

[11] Staub/*Hüffer* § 31 RdNr. 17, 19, 23; *Karsten Schmidt* HandelsR § 12 I 1 e; aA RGZ 155, 75, 81 ff.; BayObLGZ 1967, 458, 465; *Jansen* FGG § 141 RdNr. 4.

[12] *Karsten Schmidt* HandelsR § 12 I 1 e bb; vgl. auch Staub/*Hüffer* RdNr. 3.

[13] Anders KG RJA 8, 38.

[14] Baumbach/*Hopt* RdNr. 1.

[15] Staub/*Hüffer* RdNr. 3; *Bokelmann* Firmenrecht RdNr. 650.

[16] Staub/*Hüffer* RdNr. 4; *Hüffer* § 41 RdNr. 10.

[17] BGHZ 80, 129 = NJW 1981, 1373 gegen BGHZ 63, 45, 47 f.; *Hüffer* JuS 1980, 485, 486 f.; *Flume* NJW 1981, 1753; *Karsten Schmidt* NJW 1981, 1345, anders vorher NJW 1975, 665; *Binz,* Haftungsverhältnisse im Gründungsstadium der GmbH & Co. KG, 1976, S. 48 ff.; *ders.* GmbHR 1976, 29, 31 f.; *Huber,* Festschrift für Hefermehl, 1976, S. 127, 147 f.; Hachenburg/*Ulmer* § 11 RdNr. 3, 5 ff.; 132 ff.; *Ulmer,* Festschrift Ballerstedt, 1975, S. 279, 282; Scholz/*Karsten Schmidt* § 11

RdNr. 162; Baumbach/*Hueck* GmbHG § 11 RdNr. 15; Baumbach/*Hopt* Anh. § 177 a RdNr. 13, 15; *Lutter/Hommelhoff* § 11 RdNr. 5; Rowedder/*Rittner* § 11 RdNr. 158.

[18] BGH NJW 1985, 736, 737; *Ulmer* ZGR 1981, 593, 617; eingehend mit Nachweisen Hachenburg/*Heinrich* § 4 RdNr. 113 Fn. 320, anders wohl RdNr. 125.

[19] Vgl. für die Grundbucheintragung der Vor-GmbH *Fleck* ZGR 1975, 212, 216.

[20] *Hüffer* § 41 RdNr. 2, 16; Staub/*Hüffer* § 19 RdNr. 34; MünchHdbAG/*Hoffmann-Becking* § 3 RdNr. 31; *Farrenkopf/Cahn,* Differenzhaftung im Aktienrecht, AG 1985, 209; *Escher/Weingart,* Aktienrecht und Differenzhaftung, AG 1987, 310.

[21] BGHZ 120, 103, 107 = NJW 1993, 459, 460 = LM § 12 BGB Nr. 60 mit Anm. *Bokelmann;* BGH NJW 1985, 737; BGHZ 80, 129 = NJW 1981, 1373, 1375; Hachenburg/*Ulmer* § 11 RdNr. 73.

[22] *Hüffer* § 4 RdNr. 4, § 41 RdNr. 10; Staub/*Hüffer* § 17 RdNr. 15.

schriften. Ist die Vorgesellschaft als Komplementärin in das Handelsregister (HRA) eingetragen worden, so ist nunmehr nach Eintragung der GmbH (in Abteilung B) das Handelsregister A bezüglich der Kommplementärgesellschaft zu „berichtigen", wie teilweise formuliert wird,[23] ebenso übrigens das Grundbuch und gegebenenfalls das Rubrum in einem Prozeß.[24] Zumindest „i.G." muß, stimmen die Namen im übrigen überein, entfallen. Da sich der Name der Komplementär-GmbH geändert hat, muß der Name der Kommanditgesellschaft geändert und die Änderung zur Eintragung in das Handelsregister angemeldet werden, § 31 Abs. 1.[25]

9   Die Fortführung des Gründungszusatzes ist im Fall RdNr. 8 nicht möglich. Die Vorgesellschaft endet mit der Eintragung der GmbH (AG) liquidationslos,[26] findet „von selbst" ihr Ende.[27] Für die Anwendung von § 21 bleibt kein Raum.[28]

10   Hat eine Kommanditgesellschaft, die ein Grundhandelsgewerbe ausübt und deren persönlich haftende Gesellschafterin eine GmbH in Gründung ist, bereits vor Eintragung der Kommanditgesellschaft ihre Geschäfte zusammen mit der Vor-GmbH betrieben, so ist bei Eintragung der Kommanditgesellschaft in das Handelsregister (HRA) nur die GmbH und nicht die Vor-GmbH als Komplementärin einzutragen, wenn im Zeitpunkt der Eintragung der Kommanditgesellschaft auch die GmbH bereits (in HRB) zwischenzeitlich eingetragen worden ist. **Die nachträgliche Eintragung der Vor-GmbH ist** für den Rechtsverkehr bedeutungslos[29] und, weil irreführend, **unzulässig.**[30]

11   Wechselt bei einer namens- bzw. firmenfähigen **Vorgesellschaft der namengebende Gesellschafter vor Eintragung der GmbH,** gilt folgendes: Grundsätzlich muß der Namengeber im Zeitpunkt der Anmeldung zum Handelsregister Gesellschafter sein und es auch bis zur Eintragung bleiben.[31] Ist das nicht der Fall, darf die Gesellschaft nicht eingetragen werden. Auch § 21 (die firmenfähige Vorgesellschaft, die in der GmbH aufgeht, enthält bereits den Namen des Ausgeschiedenen) vermag hieran nichts zu ändern. Denn § 4 Abs. 1 Satz 2 GmbHG bestimmt zwingend, daß die Namen anderer Personen als der Gesellschafter in die Firma nicht aufgenommen werden dürfen. Zulässig ist aber die Abtretung des künftigen Geschäftsanteils. Die Abtretung wird dann erst mit der Eintragung wirksam und es reicht aus, daß der Namengeber bei Eintragung der Gesellschaft Gesellschafter war.[32] Anders ist die Rechtslage aber wieder, wenn der namengebende Gründer schon vor Eintragung wechselt und die entsprechende Vertragsänderung noch nachträglich vor der Eintragung angemeldet wird. Die Firma darf dann nicht den Namen des Ausgeschiedenen enthalten.[33] Auch hier hilft § 21 nicht weiter.

12   Ändert sich dagegen nur **der Name des in die Firma der Vorgesellschaft aufgenommenen Gesellschafters vor der Eintragung** (Personenidentität!), darf auch die GmbH (AG) den Namen der Vorgesellschaft nach § 21 führen. Eine Satzungsänderung ist nicht erforderlich.[34]

V. Formwechsel nach dem neuen Umwandlungsrecht

13   Nach § 190 Abs. 1 des UmwG vom 28. 10. 1994 (BGBl. I S. 3210) kann ein Rechtsträger (zu ihm § 191 Abs. 1 UmwG) **durch Formwechsel eine andere Rechtsform erhalten.** Diese Art der Umwandlung ändert nur die Rechtsform, wahrt aber die rechtliche

---

[23] *Ulmer* ZGR 1981, 593, 617; Scholz/*Karsten Schmidt* § 11 RdNr. 162.
[24] Hachenburg/*Ulmer* § 11 RdNr. 74; *Karsten Schmidt* GesR § 34 III 4 a; vgl. auch *Wiedemann* Juristische Analysen 1970, 439, 462.
[25] Staub/*Hüffer* § 19 RdNr. 72.
[26] *Ulmer* ZGR 1981, 593, 602; *Hüffer* § 41 RdNr. 16.
[27] *Fleck* ZGR 1975, 212, 216.
[28] Vgl. auch Staub/*Hüffer* § 19 RdNr. 72.
[29] So BGH NJW 1985, 736, 737.

[30] *Bokelmann* Firmenrecht RdNr. 651.
[31] OLG Stuttgart GmbHR 1971, 90, 91; *Lutter/Hommelhoff* § 4 RdNr. 8; Scholz/*Emmerich* § 4 RdNr. 33; Hachenburg/*Heinrich* § 4 RdNr. 52.
[32] Scholz/*Emmerich* § 4 RdNr. 33; Hachenburg/*Heinrich* § 4 RdNr. 52.
[33] Hachenburg/*Heinrich* § 4 RdNr. 52.
[34] Staub/*Hüffer* RdNr. 4; vgl. auch LG Berlin JW 1924, 1120; einschränkend Hachenburg/*Heinrich* § 4 RdNr. 52: nur bei einer Namensänderung nach der Anmeldung soll § 21 eingreifen.

Identität des Rechtsträgers. Die Gesellschaft ändert nur ihr Rechtskleid.[35] Es ergeben sich firmenrechtliche Fragen, die denen des § 21 teilweise ähnlich sind. Indem § 200 Abs. 1 Satz 1 UmwG bestimmt, der Rechtsträger neuer Rechtsform dürfe seine bisher geführte Firma beibehalten soweit sich aus dem Umwandlungsgesetz nichts anderes ergibt (vgl. aber RdNr. 14), entspricht die erlaubte Kontinuität der Firma der für den Formwechsel charakteristischen Kontinuität des Rechtsträgers.[36]

Nach § 200 Abs. 1 Satz 2 in Verbindung mit § 18 Abs. 1 Satz 2 UmwG kann aber **eine** **14** **reine Sachfirma von Personenhandelsgesellschaften nicht fortgeführt werden.** Ein Nachfolgezusatz ist insoweit zu Recht nicht erlaubt, weil zufolge der Identität des Rechtsträgers ein Nachfolgeverhältnis im eigentlichen Sinn nicht vorliegt. Nach § 200 Abs. 1 Satz 3 dürfen zusätzliche Bezeichnungen, die auf die Rechtsform der formwechselnden Gesellschaft hinweisen, auch dann nicht verwandt werden, wenn der Rechtsträger die bisher geführte Firma beibehält. In die Firma ist auf jeden Fall der zutreffende Gesellschaftszusatz GmbH, AG oder KGaA aufzunehmen, § 200 Abs. 2 Satz 1 UmwG.

Selbst bei **Bildung einer neuen Firma** kann das Registergericht nach § 200 Abs. 3 **15** UmwG auf Antrag genehmigen, daß eine Personenhandelsgesellschaft, die ein bisher betriebenes Handelsgeschäft fortführt, den in der bisher geführten Firma enthaltenen Namen einer natürlichen Person verwendet und insoweit von § 19 HGB abweicht (vgl. schon § 6 Abs. 3 Satz 2 UmwG aF). Auch hier weicht das Gesetz ähnlich wie in den Fällen der §§ 21 ff. im Interesse der Erhaltung des Wertes eines in der alten Firma enthaltenen Namens von dem Grundsatz der Firmenwahrheit ab.[37] Schließlich bestimmt § 200 Abs. 4 UmwG, daß dann, wenn an dem formwechselnden Rechtsträger eine natürliche Person beteiligt war, die dem Rechtsträger neuer Rechtsform nicht mehr angehört, der Name dieses Anteilsinhabers nur dann in der nunmehrigen Firma verwendet werden darf, wenn der betroffene Anteilsinhaber oder dessen Erben ausdrücklich in die Verwendung des Namens einwilligen.

---

§ 22 [Fortführung bei Erwerb des Handelsgeschäfts]

(1) Wer ein bestehendes Handelsgeschäft unter Lebenden oder von Todes wegen erwirbt, darf für das Geschäft die bisherige Firma mit oder ohne Beifügung eines das Nachfolgeverhältnis andeutenden Zusatzes fortführen, wenn der bisherige Geschäftsinhaber oder dessen Erben in die Fortführung der Firma ausdrücklich willigen.

(2) Wird ein Handelsgeschäft auf Grund eines Nießbrauchs, eines Pachtvertrags oder eines ähnlichen Verhältnisses übernommen, so finden diese Vorschriften entsprechende Anwendung.

Schrifttum: *Bokelmann,* Die Firma im Konkursverfahren, KTS 1982, 27; *ders.,* Das Recht der Firmen- und Geschäftsbezeichnungen, 3. Aufl. 1986 (zitiert Firmenrecht); *ders.,* Zur Entwicklung des deutschen Firmenrechts unter den Aspekten des EG-Vertrages, ZGR 1994, 325; *Bommert,* GmbH-Mantelkauf und Gründungsrecht, GmbHR 1983, 209; *Buchwald,* Der Betrieb eines Handelsgewerbes in Erben- oder Gütergemeinschaft, BB 1962, 1405; *Emmrich,* Das Firmenrecht im Konkurs, 1992; *Grünberg,* Die Rechtspositionen der Organe der GmbH und des Betriebsrates im Konkurs, 1988; *ders.,* Die Befugnis zur Bildung einer Ersatzfirma bei Firmenveräußerung im Konkurs der GmbH, ZIP 1988, 1165; *Heinrich,* Firmenwahrheit und Firmenbeständigkeit, 1982; *Hönn,* Die konstitutive Wirkung der Löschung von Kapitalgesellschaften, ZHR 138 (1974), 50; *Hofmann,* Der Grundsatz der Firmenwahrheit, JuS 1972, 233; *Hüffer,* Das Namensrecht des ausgeschiedenen Gesellschafters als Grenze zulässiger Firmenfortführung, ZGR 1986, 137; *Ihrig,* Die Verwertung von GmbH-Mänteln, BB 1988, 1197; *John,* Testamentsvollstreckung über ein einzelkaufmännisches

---

[35] *Karsten Schmidt* GesR § 12 II 1; *Decher* in Lutter (Hrsg.), Verschmelzung – Spaltung – Formwechsel nach neuem Umwandlungsrecht und Umwandlungssteuerrecht, 1995, S. 201, 205.

[36] Amtliche Begründung, *Ganske,* Umwandlungsrecht, 2. Aufl. 1994, S. 225.

[37] Staub/*Hüffer* RdNr. 1.

Unternehmen, BB 1980, 757; *Kuchinke*, Die Firma in der Erbfolge, ZIP 1987, 681; *Lindacher*, Firmenbeständigkeit und Firmenwahrheit, BB 1977, 1676; *Nordemann*, Zur „Testamentsvollstreckung" an Handelsgeschäften und in Personalgesellschaften, NJW 1963, 1139; *Pabst*, Wie weit kann eine abgeleitete Firma abgeändert werden?, DNotZ 1960, 33; *Pöpel*, Die unwahr gewordene Firma, 1995; *Priester*, Mantelverwendung und Mantelgründung bei der GmbH, DB 1983, 2291; *Quack*, Der Unternehmenskauf und seine Probleme, ZGR 1982, 350; *Raffel*, Die Verwertbarkeit der Firma im Konkurs, 1995; *Riegger*, Die Veräußerung der Firma durch den Konkursverwalter, BB 1983, 786; *Karsten Schmidt*, Sein – Schein – Handelsregister, JuS 1977, 209; *ders.*, Die Vor-GmbH als Unternehmerin und als Komplementärin, NJW 1981, 1345; *Karsten Schmidt/Wolf Schulz*, Konkursfreies Vermögen insolventer Handelsgesellschaften?, ZIP 1982, 1015; *Wolf Schulz*, Anm. zu BGH (Urt. V. 27. 9. 1982), ZIP 1983, 194 f.; *Sigle/Maurer*, Umfang des Formzwangs beim Unternehmenskauf, NJW 1984, 2657; *Ulmer*, Die wirtschaftliche Neugründung einer GmbH unter Verwendung eines GmbH-Mantels, BB 1983, 1123; *Wessel/Zwernemann*, Die Firmengründung, 6. Aufl. 1994, *Wiedemann*, Besprechung der Entscheidung BGHZ 62, 216, ZGR 1975, 354; *Wiek*, Der unrichtig gewordene „KG"-Zusatz in der Firma der oHG – BGHZ 68, 12, NJW 1981, 105; *Zunft*, Fortführung der Firma bei Veräußerung des Handelsgeschäfts des Gemeinschuldners, NJW 1960, 1843.

Übersicht

I. Normzweck und Anwendungsbereich

§ 22 durchbricht ebenso wie § 24, mit dem er in engem Zusammenhang steht, den **1** Grundsatz der Firmenwahrheit im Interesse der **Erhaltung des Wertes der alten Firma.** Die bisherige Firma muß aber nicht fortgeführt werden. Dem Erwerber steht es vielmehr frei, eine neue Firma anzunehmen, deren Zulässigkeit sich dann ausschließlich nach § 18 richtet; wird aber in einem Zusatz zur neuen Firma das Nachfolgeverhältnis offenbart, wird die Firma fortgeführt (RdNr. 74). Der Erwerber darf die Firma aber auch unter bestimmten Voraussetzungen beibehalten, um den in der Firma enthaltenen ideellen und insbesondere materiellen Wert auch bei vollständigem oder teilweisem Inhaberwechsel erhalten zu können. Während § 24 den (zumindest in der Regel) teilweisen Wechsel in der Person der Geschäftsinhaber betrifft (näher Erl. § 24), setzt § 22 den vollständigen Inhaberwechsel voraus. Indem § 23 bestimmt, die Firma könne nicht ohne das Handelsgeschäft, für das sie geführt wird, veräußert werden, wird ein Übergang der Firma (bzw. ihre Beibehaltung) grundsätzlich auf die von den §§ 22, 24 erfaßten Fällen beschränkt.[1] Das Firmenfortführungsrecht besteht im Fall des § 22 nur, wenn das Unternehmen im wesentlichen vollständig auf den neuen Erwerber übergeht (RdNr. 22 ff.), und § 24 greift nicht, wenn ein Ausscheidender einen wesentlichen Teil des Unternehmens erhält. Doch werden im Hinblick auf den Handelsbrauch – wenn auch eng begrenzt – Ausnahmen geduldet, so etwa in dem Fall, daß der Inhaber einer Haupt- und einer Zweigniederlassung die Hauptniederlassung mit der bisherigen Firma veräußert und selbst die Zweigniederlassung mit der bisherigen identischen Firma vereinbarungsgemäß weiterführt, obwohl praktisch eine Teilung des Unternehmens und Vervielfältigung der Firmen das Ergebnis ist.[2]

Es trifft zu,[3] daß § 22 ebenso wie § 24 die Möglichkeit schafft, die alte Firma beizubehal- **2** ten, obwohl die Vorschriften über die ursprüngliche Firmenbildung in aller Regel zu einer Änderung der Firma und damit zu ihrer Neubildung (§ 18 RdNr. 2) führen würden. Doch macht der **Grundsatz der Firmenwahrheit nicht etwa prinzipiell vor den §§ 22, 24 halt** (§ 18 RdNr. 11). Zusätze, die nach Veräußerung des Geschäfts falsche Vorstellungen über das Unternehmen oder den Unternehmensträger hervorrufen, können nicht Bestand haben,[4] insbesondere nicht unzutreffende Gesellschaftszusätze oder Rechtsformhinweise. Denn im Konflikt obsiegt *normativ vorrangig* der Grundsatz der Firmenwahrheit und Firmenklarheit vor dem Prinzip der Firmenbeständigkeit, wie es sich aus den §§ 21 ff. als Ausnahmevorschrift ergibt.[5] Der Gesetzgeber hat zwar in bestimmtem Umfang „Informationsdefizite"[6] hingenommen, wie etwa bei einem ausscheidenden Gesellschafter (§ 24 Abs. 2), dessen Name weiterhin in der Firma verbleiben darf. Der Rechtsverkehr hat sich hieran zumindest gewöhnt. Doch sind ansonsten beachtliche (echte) Irreführungen nicht hinzunehmen. Im übrigen ist schlecht nachvollziehbar, warum das Gesetz im Fall der nicht mehr zutreffenden Personenfirma nicht zwingend einen Inhaber-(Nachfolge-)zusatz vorgeschrieben hat, wie es andere Länder praktizieren.[7]

§ 22 gilt nicht nur für die Firma des Einzelkaufmanns, **sondern für alle Firmen.**[8] Für **3** die AG und die KGaA ergibt sich das aus den §§ 4 Abs. 2, 279 Abs. 2 AktG, für die GmbH aus § 4 Abs. 1 Satz 3 GmbHG und für die OHG und KG aus § 6 Abs. 1. Nach § 2 Abs. 2 PartGG ist § 22 Abs. 1 entspr. auf die Partnerschaft (§ 8 RdNr. 25) anzuwenden.

---

[1] BGH BB 1957, 934; 1977, 1015; BGHZ 58, 322, 324; Heymann/*Emmerich* RdNr. 2; *Bokelmann* Firmenrecht RdNr. 654.

[2] RGZ 77, 60, 63; 169, 133, 139; BGH BB 1957, 943; näher § 23 RdNr. 6.

[3] Schlegelberger/*Hildebrandt/Steckhan* RdNr. 1.

[4] BGHZ 44, 116, 120; 286, 287.

[5] RGZ 152, 365, 368; BGH BB 1957, 943; BGHZ 58, 322, 324; *Lindacher* BB 1977, 1676 ff.; Heymann/*Emmerich* RdNr. 1 a; aA *Karsten Schmidt*

HandelsR § 12 III 2 a: die Firmenbeständigkeit ist Prinzip, lediglich durch die Firmenwahrheit begrenzt.

[6] *Lindacher* BB 1977, 1676, 1681.

[7] Näher *Bokelmann* DB 1990, 1021 f.; *ders.* ZGR 1994, 325, 335 f.; vgl. auch die Kritik bei *Canaris* § 11 I 2 b.

[8] Heymann/*Emmerich* RdNr. 2; Staub/*Hüffer* RdNr. 3.

II. Voraussetzungen für die Firmenfortführung nach § 22

4   **1. Der Erwerb eines bestehenden Handelsgeschäfts. a) Handelsgeschäft.** Die Vorschrift handelt von der Fortführung der Firma. § 22 setzt daher nach ganz hM ein **vollkaufmännisches Unternehmen voraus.**[9] Unerheblich ist in diesem Zusammenhang, ob die Firma des Veräußerers fälschlich in das Handelsregister eingetragen wurde oder noch eingetragen ist, obwohl nunmehr von einem Minderkaufmann auszugehen ist, weil § 5 dem Registergericht gegenüber nicht gilt (RdNr. 40; auch § 21 RdNr. 5).[10] Die Übernahme des Unternehmens eines Minderkaufmanns stellt danach eine Neugründung dar, für deren Firmenbildung § 18 gilt.[11] Auch bei einer so gebildeten Firma kann es erlaubt sein, auf den früheren Geschäftsinhaber (der Minderkaufmann oder nicht eingetragener Soll- oder Kannkaufmann nach den §§ 2, 3 war) jedenfalls durch Angabe von dessen Nachnamen in der Firma hinzuweisen (§ 18 RdNr. 32 ff.), sofern dieser damit einverstanden ist.

5   **b) Das bestehende Handelsgeschäft.** Das Unternehmen muß im Zeitpunkt des Erwerbs bestehen. Hieran fehlt es im Fall der Scheingründung, und auch die Eintragung im Handelsregister (§ 5) ändert nichts an diesem Ergebnis.[12] Ist mit dem Betrieb überhaupt noch nicht begonnen worden, kann er auch nicht fortgeführt werden.[13] Ist **der Betrieb endgültig eingestellt,** kann die Firma ebenfalls nicht nach § 22 fortgeführt werden. Denn in aller Regel erlischt dann die Firma des Einzelkaufmanns (näher RdNr. 10).[14] Für die Kapitalgesellschaften wird auf RdNr. 9 ff., für die Personenhandelsgesellschaft auf § 17 RdNr. 14 Bezug genommen. Doch kann es ausnahmsweise für den Fortbestand einer Firmenbezeichnung genügen, wenn ein Dritter als Repräsentant des Kennzeicheninhabers dessen Firma „für diesen, das heißt erkennbar als Herkunftsnachweis auf dessen Unternehmen" weiter benutzt.[15]

6   Das Unternehmen besteht nicht mehr, wenn dem Betrieb die wirtschaftliche Grundlagen entzogen sind, **die Organisation des Unternehmens völlig und irreparabel zerstört** ist (auch § 23 RdNr. 3). Das ist jedenfalls dann zu bejahen, wenn auch alle wesentlichen geschäftlichen Beziehungen der Gesellschaft, insbesondere die zu ihren Kunden, endgültig abgebrochen sind.[16] Auf die Besonderheiten bei den Kapitalgesellschaften (Mantelkauf, Mantelverwertung, Mantelgründung) wird hingewiesen (RdNr. 9 ff.).

7   Anderes gilt im Fall **der nur vorübergehenden Einstellung,** so bei Krankheit oder Tod (näher § 23 RdNr. 3). Maßgebend ist hier, ob das Unternehmen – obwohl zur Zeit notleidend und in der Regel ohne Betriebsvermögen – in dem Sinn noch betriebsfähig ist, daß es den Kundenstamm, die Zulieferung und etwa Bankverbindungen wieder aktivieren kann, weil seine Betriebsorganisation noch nicht unwiederbringlich vernichtet ist.[17] Das Handelsgeschäft lebt noch, wenn objektiv die Wiederbelebung des zeitweilig stillgelegten

---

[9] RGZ 152, 365, 368; OLG Hamm BB 1959, 463; OLG Stuttgart BB 1962, 386; OLG Köln NJW 1963, 541; OLG Frankfurt NJW 1969, 330; OLG Frankfurt OLGZ 1978, 43, 44; OLG Zweibrücken NJW-RR 1988, 998; BayObLG NJW-RR 1989, 421 = EWiR § 22 HGB 1/88, 1219 (*Hüffer*); *Baumbach/Hopt* RdNr. 6; *Heymann/Emmerich* RdNr. 3; *Koller/Roth/Morck* RdNr. 2; *Schlegelberger/Hildebrandt/Steckhan* RdNr. 4; *Staub/Hüffer* RdNr. 4; kritisch *Karsten Schmidt* HandelsR § 12 III 2 b; *Canaris* § 11 III 2.

[10] *Schlegelberger/Hildebrandt/Steckhan* RdNr. 4, 12; *Bokelmann* Firmenrecht RdNr. 656; vgl. auch *Staub/Hüffer* § 24 RdNr. 4.

[11] OLG Frankfurt OLGZ 1978, 43, 44 und oben Fn. 9.

[12] *Karsten Schmidt* HandelsR § 12 ' 1 e bb; *Staub/Hüffer* RdNr. 5 und § 23 RdNr. 8; vgl. auch oben § 21 RdNr. 5.

[13] RGZ 152, 365, 367.

[14] BayObLGZ 1983, 257, 260; *Baumbach/Hopt* § 31 RdNr. 2.

[15] BGH LM Nr. 148 zu § 16 UWG („Virion") mit Anm. *Bokelmann* = NJW 1994, 2765 (LS).

[16] RGZ 110, 422, 424; *Schlegelberger/Hildebrandt/Steckhan* RdNr. 4.

[17] RGZ 110, 422, 424; 170, 265, 274; BGHZ 32, 307, 312; *Heymann/Emmerich* RdNr. 4; *Schlegelberger/Hildebrandt/Steckhan* RdNr. 4; *Staub/Hüffer* RdNr. 5.

Unternehmens, gemessen an den genannten Kriterien, noch möglich erscheint.[18] Verlust des Betriebsvermögens allein schließt die Wiederbelebbarkeit nicht aus.[19]

Die Grundsätze der RdNr. 5 gelten auch für die **beginnende Liquidation und die Er-** **8** **öffnung des Konkurs- oder Vergleichsverfahrens.** Das Unternehmen kann mit der Firma solange veräußert werden, wie es noch regenerierfähig ist (auch § 23 RdNr. 5).[20] Die Veräußerung mitsamt der Firma darf, um Irreführungen zu vermeiden, im Prinzip auch hier nicht zu einer Aufspaltung oder Vervielfältigung der Firma führen. Der BGH hat aber die Übertragung einer Firmenkennzeichnung unter gleichzeitiger Gestattung der Weiterbenutzung durch das übertragende Unternehmen dann für zulässig angesehen, wenn die (nur schuldrechtlich wirkende) Nutzungserlaubnis lediglich für eine begrenzte Zeit zu Abwicklungszwecken gewährt wurde (§ 23 RdNr. 11).[21] Konkret hatten immerhin zwei Unternehmen mehr als drei Jahre lang mit identischer Bezeichnung existiert, die sich in derselben Branche geschäftlich betätigten.

c) Mantelkauf und Mantelverwendung. aa) Überblick. Aktiengesellschaft und GmbH **9** entstehen als solche mit der Eintragung; die Vorgesellschaft endet dann mit der Eintragung liquidationslos, findet von selbst ihr Ende (§ 21 RdNr. 9). Rechte und Pflichten der Vor-GmbH (Vor-AG) gehen im Wege der Gesamtrechtsnachfolge auf die juristische Person über.[22] Deren Existenz endet im Regelfall erst mit dem Abschluß der Liquidation *und* der (zusammen mit der Beendigung der Liquidation insoweit konstitutiv wirkenden) Löschung im Handelsregister.[23] Bis zu diesem Zeitpunkt besteht auch noch die Firma, was selbst für den Fall gilt, daß ein Unternehmen nicht mehr betrieben wird und Vermögen nicht mehr vorhanden ist. Auf den **Bestand der Firma hat die Betriebseinstellung der GmbH (AG) keinen Einfluß,** weil sie der Gesellschaft nicht die Existenz nimmt.[24]

Da die Gesellschaft einschließlich Firma noch besteht, können auch in diesem Stadium **10** Geschäftsanteile der GmbH oder Aktien der Aktiengesellschaft von Dritten erworben werden. Damit ist die **Möglichkeit der Veräußerung eines bloßen GmbH-Mantels,** was entsprechend für die Aktiengesellschaft gilt,[25] eröffnet, und es ist in der Tat so, daß hier der Erwerb wirtschaftlich dem Unternehmenskauf teilweise vergleichbar ist, obwohl es ein betriebsfähiges Unternehmen nicht mehr gibt.[26] Für den Einzelkaufmann, der seinen Gewerbebetrieb dauernd und nicht nur vorübergehend aufgibt, ist dieses Ergebnis nicht erzielbar, weil mit dem Untergang des Unternehmens auch die das Unternehmen kennzeichnende Firma von selbst erlischt.[27] § 5 steht nicht entgegen, weil sich schon aus dessen Wortlaut ergibt, daß er nur anwendbar ist, wenn ein Gewerbebetrieb vorhanden ist (vgl.

[18] RGZ 170, 265, 274; Koller/*Roth*/Morck RdNr. 3.
[19] Staub/*Hüffer* RdNr. 5.
[20] KGJ 13, 35, 38 f.; Baumbach/*Hopt* RdNr. 3; Schlegelberger/*Hildebrandt*/*Steckhan* RdNr. 4; *Jansen* FGG, 2. Aufl., § 141 RdNr. 3; Staub/*Hüffer* RdNr. 6 f.; Koller/*Roth*/Morck RdNr. 3.
[21] BGH NJW 1991, 1353, 1354; Baumbach/*Hopt* RdNr. 3.
[22] BGHZ 80, 129, 131 f. = NJW 1981, 1373, 1375; vgl. auch BGH NJW 1985, 737; BGHZ 120, 103 = NJW 1993, 459; *Hüffer* § 4 RdNr. 4, § 41 RdNr. 15; Staub/*Hüffer* § 17 RdNr. 15; Hachenburg/*Ulmer* § 11 RdNr. 73: im Ergebnis decke sich das mit der Identitätstheorie (*Karsten Schmidt* GesR § 11 IV 4 mit eingeh. Nachweisen), die aber den Unterschied zwischen Gesamthand und juristischer Person außer Acht lasse.
[23] Alles streitig, vgl. näher *Karsten Schmidt* GesR § 11 V; *ders.* HandelsR § 12 I 1 e bb; Scholz/*Karsten Schmidt* Anh. § 60 RdNr. 18 ff., § 74 RdNr. 12 ff. (Lehre vom Doppeltatbestand); *Lutter/Hommelhoff*

§ 74 RdNr. 6; vgl. auch Hachenburg/*Ulmer* § 60 RdNr. 13 ff.; nach *Hönn* ZHR 138 (1974), 50 ff. kommt nur der Registereintragung konstitutive Wirkung zu; *Hüffer* § 273 RdNr. 7, 13 (konstitutiv wirkende Löschung).
[24] Vgl. *Karsten Schmidt* GmbHR 1988, 209, 211 ff.; Baumbach/Hueck/*Schulze-Osterloh* GmbHG § 60 RdNr. 6; Hachenburg/*Heinrich* § 4 RdNr. 110; Rowedder/*Rasner* § 60 RdNr. 14; *Meyer-Landrut* § 60 RdNr. 3; *Roth* GmbHG § 60 Anm. 2.2, § 65 Anm. 4.2; vgl. auch BAG NJW 1988, 2637.
[25] Speziell zum Aktienrecht vgl. KG JFG 1, 200 f.; KK-*Kraft* § 23 RdNr. 59 f.
[26] Staub/*Hüffer* RdNr. 22 und Vor § 22 RdNr. 58 f.
[27] RGZ 110, 422, 424; 170, 265, 274 f.; BGHZ 32, 307, 312; BayObLGZ 1967, 458, 465; 1971, 163, 165 = NJW 1971, 1616; 1983, 257, 260 f.; Staub/*Hüffer* § 31 RdNr. 15; *Karsten Schmidt* HandelsR § 12 I 1 e bb.

aber *Lieb* § 5 RdNr. 4).[28] Dagegen bewirkt das Absinken auf ein Kleingewerbe (§ 4 Abs. 1) nach zutreffender Meinung nicht das Erlöschen der eingetragenen Firma.[29] Denn nach § 5 bleibt der Eingetragene, tritt er unter der eingetragenen Firma auf, Vollkaufmann. Die Firma gehört zwar nicht mehr in das Handelsregister, doch erlischt sie erst mit der Löschung durch das Registergericht.[30] Handelt es sich dagegen um eine nicht eingetragene Firma, erlischt diese bei Absinken auf Kleingewerbeniveau.

11 **bb) Gesellschaftsmantel.** Unter einem Gesellschaftsmantel werden die Geschäftsanteile einer GmbH oder die Aktien einer AG verstanden, wenn die juristische Person zwar als solche formal besteht, ihr aber wirtschaftlich „in Ermangelung eines von ihr noch betriebenen Unternehmens und in Ermangelung eines zur Wiederaufnahme dieses oder eines anderen Betriebs ausreichenden Vermögens" keine eigene wirtschaftliche Bedeutung mehr zukommt.[31] Mit anderen Worten: Die Gesellschaft hat ihren Geschäftsbetrieb eingestellt und verfügt auch nicht über genügend Vermögen, um ihrem satzungsgemäßen Unternehmensgegenstand nachgehen zu können.[32] Die zum GmbH-Mantel abgemagerte Gesellschaft besteht aber als juristische Person jedenfalls bis zur Löschung im Handelsregister fort (RdNr. 9), und es stellt sich die Frage, ob die leere „Hülse"[33] einer juristischen Person „ohne greifbaren Verbandszweck" fortbestehen kann. Die überwiegende Meinung bejaht das heute.

12 **cc) Mantelkauf.** Beim Mantelkauf werden die Geschäftsanteile einer GmbH (oder die Aktien einer AG), die sich in dem RdNr. 11 dargestellten Zustand befindet, von Dritten erworben, um ein – wirtschaftlich gesehen – neues Unternehmen mit neuem unternehmerischen Zweck in dem vorhandenen und fortbestehenden rechtlichen Gewande der GmbH zu betreiben („wirtschaftliche Neugründung einer GmbH unter Verwendung eines GmbH-Mantels"[34]). In der Regel muß der Gegenstand im Hinblick auf den geänderten Unternehmenszweck von den Erwerbern in der vorgeschriebenen notariellen Form geändert werden, unter Umständen auch die Firma, wenn sie durch die Änderung des Unternehmensgegenstandes (etwa im Fall der Sachfirma) unzulässig geworden ist.[35]

13 **dd) Mantelverwendung.** Möglich ist auch eine Mantelverwendung, von der dann auszugehen ist, wenn die bisherigen Gesellschafter selbst in der beschriebenen Weise wirtschaftlich umgründen (Weiterverwendung des bestehenden Mantels und nicht Gründung einer völlig neuen Gesellschaft ohne den Mantel). Von der Mantelverwendung und dem Mantelkauf wiederum zu unterscheiden ist **die Fortsetzung der Gesellschaft,** wenn das bisherige Unternehmen unter der alten Firma und im wesentlichen unverändertem Unternehmensgegenstand fortgeführt werden soll (Reorganisation nach nur vorübergehender Einstellung des Betriebes, RdNr. 7) oder eine bestehende GmbH umorganisiert oder die Struktur eines fortgeführten Unternehmens geändert werden soll.[36] Es liegt auf der Hand, daß die **Abgrenzung von Mantelverwendung und Mantelkauf einerseits und der Fortsetzung der Gesellschaft (Re- und Umorganisation)** auf der anderen Seite schwierig sein kann. Sie ist erforderlich, weil nur im ersten Fall Kapitalaufbringungspflichten bestehen und insoweit die Registerkontrolle eingreift (RdNr. 15 ff.).

---

[28] BGHZ 32, 307, 313; Staub/*Brüggemann* § 5 RdNr. 21; Schlegelberger/*Hildebrandt/Steckhan* § 5 RdNr. 6a; *Canaris* § 3 III 2c; nach anderer Ansicht genügt das Vorhandensein eines Unternehmens, so *Karsten Schmidt* HandelsR § 10 III 2a mit Nachweisen und *Lieb* § 5 RdNr. 4.

[29] Anders die wohl hM, vgl. etwa RGZ 155, 75, 82 ff.; BayObLGZ 1983, 257, 261.

[30] *Karsten Schmidt* HandelsR § 12 I 1e bb; Staub/*Hüffer* § 31 RdNr. 17.

[31] KG JFG 10, 152, 154 f.

[32] Hierzu *Ulmer* BB 1983, 1123, 1124; *Priester* DB 1983, 2291; *Bommert* GmbHR 1983, 209; Staub/*Hüffer* Vor § 22 RdNr. 58; Hachenburg/*Ulmer* § 3 RdNr. 27; *Lutter/Hommelhoff* § 3 RdNr. 11; Scholz/*Emmerich* § 3 RdNr. 18; *Karsten Schmidt* GesR § 4 III 1; *ders.* HandelsR § 12 II 1c.

[33] KG JW 1924, 1535, 1537; eingehend zu dem Problem *Karsten Schmidt* GesR § 4 III vor 1.

[34] *Ulmer* BB 1983, 1123.

[35] Hachenburg/*Heinrich* § 4 RdNr. 109.

[36] Vgl. *Priester* DB 1983, 2291, 2297 f.; *Ulmer* BB 1983, 1123, 1126; Hachenburg/*Ulmer* § 3 RdNr. 34 ff.

ee) Die rechtliche Zulässigkeit von Mantelkauf und Mantelverwendung ist auch 14
heute nicht unumstritten. Das Kammergericht hat zunächst Sittenwidrigkeit, später Gesetzesumgehung angenommen;[37] ebenso ist das OLG Hamburg noch 1983 von der Nichtigkeit des Mantelkaufs nach § 134 wegen Umgehung der Gründungsvorschriften des
GmbHG ausgegangen.[38] Dem ist nicht zu folgen. So unschön und wenig systemgerecht
der GmbH-Mantel als leere Hülse (RdNr. 11) auch ist, kann gegen ihn deshalb allein nicht
vorgegangen werden. Möglich ist die Löschung nach dem LöschG wegen Vermögenslosigkeit. Scheidet sie aus und bestehen auch im Hinblick auf die Satzung keine Bedenken,
kann nach geltendem Recht – liegen nicht besondere Umstände vor – gegen eine solche
Gesellschaft und auch **gegen die Mantelverwertung nicht vorgegangen werden.** § 134
BGB ist nicht anwendbar, weil das Gesetz insoweit kein gesetzliches Verbot ausspricht, und
auch der Tatbestand des § 138 BGB ist nicht erfüllt.[39] Nach geltender Rechtslage kann der
alte GmbH-Mantel viele Jahre lang selbst dann unbeanstandet weiterbestehen, wenn dem
Registergericht der Tatbestand bekannt ist.[40] Doch dürfen dann, wenn der Mantel ver-
wendet wird, nicht zwingende Gründungsvorschriften für Kapitalgesellschaften zum
Nachteil von Gesellschaftsgläubigern umgangen werden (RdNr. 15 ff.).[41]

Wird ein Mantel gekauft oder sonst verwendet, steht zunächst die Absicht im Vorder- 15
grund, durch den Erwerb oder die Verwendung einer haftungsbeschränkten fertigen juristischen Person das zum Teil langwierige Gründungsverfahren und die mit ihm verbundenen
Haftungsgefahren für Gründer und Geschäftsführer zu vermeiden.[42] Gewollt ist insoweit
auch die Einsparung von Gründungskosten und Gründungsformalitäten, weil nur die erforderlichen Satzungsänderungen zu bewirken sind. Schwerer wiegt die beabsichtigte **Umgehung von Gründungsvorschriften** insoweit, als die Erbringung des gesetzlich vorgeschriebenen Mindestkapitals und der Mindesteinzahlungen vermieden werden soll.[43]
Rechtlich führt das alles nicht zur Nichtigkeit; das Gesetz verbietet (auch nicht indirekt)
weder den Mantelkauf noch die Mantelverwertung (RdNr. 14). Doch ist deshalb, weil es
sich um eine wirtschaftliche Neugründung handelt (RdNr. 12), **registergerichtliche
Kontrolle geboten.** Der Registerrichter muß bei Anmeldung einer Satzungsänderung im
Auge behalten, daß sich möglicherweise hinter ihr eine Mantelverwendung verbirgt. Liegen typische Anhaltspunkte dafür vor – der Gegenstand wird branchenwechselnd zusammen mit der Firma geändert, die Gesellschafter haben gewechselt (aber nicht zwingend
erforderlich, weil auch die bisherigen Gesellschafter den Mantel verwenden können) und
die Geschäftsführer sind ausgetauscht worden[44] –, muß das Gericht weiter ermitteln, es sei
denn, die Mantelverwendung ist in der Anmeldung als solche offengelegt worden. Abge-
klärt werden muß auch, ob wirklich ein Mantelkauf oder eine Mantelverwendung vorliegt.
Denn ist der GmbH-Mantel nicht leer und existiert noch ein Unternehmen – auch ein nur
vorübergehend eingestelltes Unternehmen lebt (RdNr. 7) –, liegt keine (auch nur wirtschaftliche) Neugründung vor (RdNr. 13).

Ist tatsächlich ein leerer Mantel verwandt worden und liegt eine wirtschaftliche Neu- 16
gründung vor, darf zwingendes GmbH-Recht nicht umgangen werden. **Die Gründungsvorschriften sind in bestimmtem Umfang analog anzuwenden,**[45] wobei Einzelheiten

---

[37] JW 1924, 1535, 1537 mit krit. Anm. *Byk* und
Hachenburg.
[38] GmbHR 1983, 219, 220 f.; anders später OLG
Hamburg BB 1987, 505 für die Haftung bei Um-
gründung einer GmbH unter ausdrücklichem Hinweis, daß die Sachverhalte nicht vergleichbar seien;
für die Zulässigkeit dagegen schon OLG Dresden
JFG 8, 157, 161 f.; eingehende Darstellung des Meinungsstandes bei *Priester* DB 1983, 2291 f.
[39] *Ulmer* BB 1983, 1123, 1125; *Priester* DB 1983,
2291, 2294; *Ihrig* BB 1988, 1197, 1200; *Karsten
Schmidt* GesR § 4 III 3 a; Hachenburg/*Ulmer* § 3
RdNr. 38; *Lutter/Hommelhoff* § 3 RdNr. 11.

[40] *Karsten Schmidt* GesR § 4 III 2 a.
[41] OLG Frankfurt GmbHR 1992, 456.
[42] *Bommert* GmbHR 1983, 209; *Priester* DB 1983,
2291, 2293; *Ulmer* BB 1983, 1123, 1124.
[43] *Priester* DB 1983, 2291, 2293; *Ulmer* BB 1983,
1123, 1124; Hachenburg/*Ulmer* § 3 RdNr. 28.
[44] *Priester* DB 1983, 2291, 2298; *Ulmer* BB 1983,
1123, 1126; Hachenburg/*Ulmer* § 3 RdNr. 35.
[45] Für Registerkontrolle und analoge Anwendung
des Gründungsrechts *Priester* DB 1983, 2291, 2295;
Ulmer BB 1983, 1123, 1126; *Karsten Schmidt* GesR
§ 4 III 3; Hachenburg/*Ulmer* § 3 RdNr. 39; Baum-
bach/*Hueck* GmbHG § 3 RdNr. 15; mit Einschrän-

streitig sind.[46] Jedenfalls finden die Vorschriften über das Mindestkapital und die Mindesteinlagen (§§ 5 Abs. 1, 7 Abs. 2 Satz 1 und 2, Abs. 3 GmbHG) entsprechende Anwendung. Das Registergericht muß die Eintragung der angemeldeten Satzungsänderungen von dem Nachweis der Zahlung abhängig machen und sich von den Geschäftsführern eine § 8 Abs. 2 GmbHG entsprechende Versicherung vorlegen lassen.[47] Die Kapitalaufbringungspflicht orientiert sich am gesetzlichen Mindestkapital und nicht am satzungsmäßigen Stammkapital. Denn verhindert werden soll die Nichterbringung des zwingend vorgeschriebenen Mindestkapitals, während bei einer Mantelverwertung der Rechtsverkehr nicht darauf vertrauen darf, daß das Stammkapital noch nicht teilweise angegriffen ist.[48]

17   Da es sich bei der Mantelverwendung um eine wirtschaftliche Neugründung handelt, darf sich das Registergericht nicht auf die Prüfung der angemeldeten Satzungsänderung beschränken. Es muß **eine Gründungsprüfung nach § 9 c GmbHG vornehmen.**[49]

18   **d) Vorratsgründung (Mantelgründung).** Eine solche (früher auch Fassongründung genannt[50]) liegt vor, wenn bei Gründung einer Kapitalgesellschaft der in der Satzung angegebene Gegenstand des Unternehmens (§ 23 Abs. 3 Nr. 2 AktG, § 3 Abs. 1 Nr. 2 GmbHG) überhaupt nicht oder zumindest nicht in absehbarer Zeit verwirklicht werden soll[51] oder die Gesellschaft zunächst nur zu dem Zweck gegründet wird, um eine juristische Person entstehen zu lassen, die dann später im Wege der Mantelverwendung „mit wirtschaftlichem Leben erfüllt wird".[52] Zweck ist offensichtlich, eine fertige juristische Person parat zu haben, um in Eilfällen nicht den normalen und oft langen Eintragungsweg einer Neugründung gehen zu müssen, verbunden mit nicht unerheblichen Haftungsgefahren. Die Kapitalgesellschaft steht dann einem Interessenten (Erwerber) zu jedem Zweck zur Verfügung, was in aller Regel eine Satzungsänderung in Bezug auf den Gegenstand erforderlich macht.

19   Die Mantelgründung ist nicht generell, wie man früher annahm,[53] unwirksam. Soweit Bedenken daraus hergeleitet werden, daß Gründungsvorschriften umgangen werden könnten, trifft das nicht zu. Die Gesellschaft wird zunächst ganz „normal" gegründet und unterliegt der Registerkontrolle (zum Unternehmensgegenstand sogleich unter RdNr. 20 f.) auf Einhaltung der gesetzlichen Gründungsvorschriften einschließlich der gesetzlich vorgesehenen Mindestkapitalausstattung und Kapitalaufbringung. Die Gründung ist mithin nicht zu beanstanden. Auch bestehen keine Bedenken im Hinblick auf die spätere Verwendung der Gesellschaft zur wirtschaftlichen Neugründung. Denn es muß dann **wiederum eine Kontrolle des Mindestvermögens** im Rahmen einer nochmaligen registerrichterlichen Gründungskontrolle anläßlich der anzumeldenden Satzungsänderung des Gegenstandes stattfinden.[54]

20   Vorratsgründungen sind mithin nicht generell im Hinblick auf die Umgehung von Gründungs- und Kapitalaufbringungsvorschriften unzulässig. Doch ist die Festlegung des

---

kungen *Lutter/Hommelhoff* § 3 RdNr. 11; *Ihrig* BB 1988, 1197, 1201 f.; *Roth* § 3 Anm. 2.3.3; im Prinzip auch *Kübler* Gesellschaftsrecht, 4. Aufl., § 22 II 4; aA *Scholz/Emmerich* § 3 RdNr. 22 (aber Ausnahmen); *Meyer-Landrut* § 3 RdNr. 17; *Rowedder/Rasner* § 3 RdNr. 7; *Bommert* GmbHR 1983, 209, 212 f.
[46] Etwa in der Frage der Differenzhaftung; vgl. ablehnend *Priester* DB 1983, 2291, 2296; *Karsten Schmidt* GesR § 4 III 3 b; *Scholz/Karsten Schmidt* § 11 RdNr. 99, 125; aA *Lutter/Hommelhoff* § 3 RdNr. 11; *Hachenburg/Ulmer* § 3 RdNr. 40.
[47] *Ulmer* BB 1983, 1123, 1126; *Priester* DB 1983, 2291, 2295; *Ihrig* BB 1988, 1197, 1202; *Hachenburg/Ulmer* § 3 RdNr. 39; *Karsten Schmidt* GesR § 4 III 3 b.
[48] *Priester* DB 1983, 2291, 2295; *Ulmer* BB 1983, 1123, 1126; *Hachenburg/Ulmer* § 3 RdNr. 41; *Kar-*

sten *Schmidt* GesR § 4 III b; zweifelnd *Ihrig* BB 1988, 1197, 1202; aA *Lutter/Hommelhoff* § 3 RdNr. 11.
[49] *Priester* DB 1983, 2292, 2296; *Ihrig* BB 1988, 1197, 1203; *Hachenburg/Ulmer* § 3 RdNr. 39.
[50] KG JFG 1, 200, 201.
[51] BGHZ 117, 323, 330; KG JFG 1, 200, 201; *Priester* DB 1983, 2291; *Brodmann* Aktienrecht (1928) § 180 Anm. 1; *Hachenburg/Ulmer* § 3 RdNr. 32 f.; KK/*Kraft* § 23 RdNr. 55.
[52] *Priester* DB 1983, 2291.
[53] KG JFG 1, 200; 3, 193; OLG Köln GmbHR 1988, 25; *Scholz/Emmerich* § 3 RdNr. 19, 19 a; *Roth* GmbHG § 3 Anm. 2.3.3; zweifelnd Baumbach/*Hueck* GmbHG § 3 RdNr. 13.
[54] BGHZ 117, 323, 331; *Priester* DB 1983, 2291, 2299; *Karsten Schmidt* GesR § 4 III 3.

Unternehmensgegenstandes in der Satzung und mit ihm die Satzung insgesamt und die Gründung der Gesellschaft nichtig, wenn der Unternehmensgegenstand fiktiv oder nicht ernstlich gewollt ist. Eine solche **verdeckte Vorratsgründung** liegt auch dann vor, wenn der angegebene Unternehmensgegenstand nicht in absehbarer Zeit verwirklicht werden soll,[55] wobei dahinstehen kann, ob die Nichtigkeit aus § 117 BGB oder § 134 BGB folgt. Die Gesellschaft unterfällt dann der Nichtigkeitsklage (§ 75 GmbHG, § 275 AktG), wie auch die Amtslöschung nach § 144 FGG möglich ist.

Eine **offene Vorratsgründung** dagegen ist unbedenklich. Sie liegt vor, wenn bei der Be- **21** zeichnung des Unternehmensgegenstandes deutlich wird, daß die Gesellschaft als Mantel für die spätere Aufnahme eines Geschäftsbetriebes dient. Hierzu reicht die Angabe „Verwaltung des eigenen Vermögens" aus, wie auch in der Satzung als Unternehmensgegenstand die Verwaltung der der Gesellschaft zugeführten Einlagen angegeben werden kann. Formulierungen dieser Art machen die beabsichtigte spätere Mantelverwendung leicht erkennbar.[56] Das Ergebnis ist im Hinblick auf nicht zu leugnende berechtigte wirtschaftliche Bedürfnisse[57] zu begrüßen.

e) Erwerb des Handelsgeschäfts im Ganzen. Ein Erwerb liegt nur dann vor, wenn das **22** Unternehmen im Ganzen „als Träger derjenigen tatsächlichen und rechtlichen Gegebenheiten und Beziehungen übertragen wird, die es im Verkehr als handelsgewerblichen Betrieb bestimmten Gepräges erscheinen lassen"[58] (§ 23 RdNr. 4). Der Erwerber muß objektiv in die Lage versetzt werden, die bisher erbrachten Leistungen nunmehr selbst zu erbringen.[59] Die Veräußerung nur von Teilen eines Unternehmens, welche den neuen Inhaber nicht in die Lage versetzen, **das Geschäft im großen und ganzen unverändert weiterzuführen,**[60] reicht nicht. Doch ist es auch nicht erforderlich, daß alle Unternehmensbestandteile übernommen werden. Es genügt, wenn diejenigen Teile übergehen, die den Kern des Unternehmens ausmachen, das heißt den Tätigkeitsbereich bestimmen, mit dem es nach außen in Erscheinung tritt.[61] Auch ist es zulässig (§ 25), daß bestimmte Forderungen oder Schulden von der Übernahme ausgeschlossen werden.[62]

Wird von **mehreren Geschäftszweigen einer nicht mitübertragen,** ist nur dann von **23** einer Geschäftsveräußerung auszugehen, wenn der nicht übertragene Teil – so wie sich das Gesamtunternehmen darstellt – von untergeordneter Bedeutung ist.[63] Sind die Geschäftszweige gleichwertig und wird einer auf einen Dritten getrennt übertragen, ist § 22 nicht anwendbar. Es fehlt insoweit an dem Erwerb des gesamten Handelsgeschäfts, für das die Firma geführt wird.[64] Wollte man auch auf diese Fälle der Teilveräußerung § 22 anwenden, würde die Firma **unzulässigerweise aufgespalten und verdoppelt** (vgl. aber auch RdNr. 8). Die Unzulässigkeit folgt daraus, daß § 22 ebenso wie § 24 die allgemeinen Firmenbildungsvorschriften der §§ 18, 19 zugunsten der Erhaltung des Wertes von eingeführ-

[55] BGHZ 117, 323, 334; *Priester* DB 1983, 2291, 2298; Hachenburg/*Ulmer* § 3 RdNr. 32; *Lutter/ Hommelhoff* § 3 RdNr. 10; KK/*Kraft* § 23 RdNr. 55; aA *Ebenroth/Andreas Müller*, Vorratsgründungen im Kapitalgesellschaftsrecht zwischen ökonomischen Bedürfnissen und der Registereintragung, DNotZ 1994, 75, 81 ff., 87; grundsätzlich anders *Kraft* DStR 1993, 101, 105: eine „unrichtige" Angabe des Unternehmensgegenstandes sei weder als Scheingeschäft nach § 117 Abs. 1 BGB noch wegen eines Verstoßes gegen ein gesetzliches Verbot iS von § 134 BGB nichtig.
[56] BGHZ 117, 323, 335 f.; OLG Stuttgart BB 1992, 88, zustimmend *Priester* EWiR 1992, 113, 114; *Priester* DB 1983, 2291, 2298; *Karsten Schmidt* GesR § 4 III 2 b bb; *Lutter/Hommelhoff* § 3 RdNr. 10; Rowedder/*Rittner* § 3 RdNr. 16; *Meyer-Landrut* § 3 RdNr. 15.

[57] BGHZ 117, 323, 333; *Priester* DB 1983, 2291, 2299; vgl. auch *Karsten Schmidt* GesR § 4 III 2 b bb; Hachenburg/*Ulmer* § 3 RdNr. 33.
[58] RGZ 169, 133, 136.
[59] BGH JR 1978, 67 f. mit Anm. *Hommelhoff;* RGZ 63, 226, 229; 68, 294, 295.
[60] BGH NJW 1972, 2123; 1991, 1353, 1354; Baumbach/*Hopt* RdNr. 4; Heymann/*Emmerich* RdNr. 6.
[61] RGZ 147, 332, 338; Einzelfälle bei Staub/ *Hüffer* RdNr. 9.
[62] RGZ 25, 1, 3; Schlegelberger/*Hildebrandt/ Steckhan* RdNr. 11.
[63] BGH WM 1957, 1152, 1153, 1155; BGH LM Nr. 3 zu § 23 HGB = JR 1978, 67, 68 mit Anm. *Hommelhoff.*
[64] RGZ 56, 187, 189.

ten Firmen modifiziert, was in der Regel nur dann gerechtfertigt ist, wenn *das* alte Unternehmen und die den Wert der Firma bedingende Unternehmenstradition „weiter hinter der Firmenbezeichnung stehen".[65]

24   Anderes gilt traditionsgemäß (RdNr. 1) im Hinblick auf die sachliche, räumliche und personelle Trennung (näher § 13 RdNr. 8 ff.) für die **Veräußerung von der Hauptniederlassung ohne die Zweigniederlassung** und umgekehrt. Die getrennte Veräußerung mit dem Recht auf Fortführung der Firma nach § 22 ist zulässig (auch § 23 RdNr. 6).[66] Zur **Vervielfältigung der abgeleiteten Firma** bei abgesonderter Veräußerung von Haupt- und Zweigniederlassung wird auf § 13 RdNr. 24 bis 26 Bezug genommen.

25   Schließlich kann ein Einzelkaufmann, der mehrere Geschäfte unter verschiedenen Firmen unter jeweils eigenständiger Organisation betreibt, eines von ihnen oder auch mehrere an Dritte mit dem Recht der Firmenfortführung veräußern.[67]

26   **f) Formen des Erwerbs des Handelsgeschäfts.** Das bestehende Handelsgeschäft muß **erworben oder übernommen werden.** Zu unterscheiden ist zwischen dem Erwerb zu Eigentum (Erwerb unter Lebenden oder Erwerb von Todes wegen) und der Übernahme aufgrund eines beschränkten Gebrauchsrechts (Nießbrauch, Pacht oder ähnlich).

27   **aa) Erwerb unter Lebenden. Schuldrechtlich** kann die Veräußerung eines Unternehmens auf verschiedenen Vertragstypen beruhen wie etwa Kauf, Tausch, vorweggenommener Erbfolge (Schenkung) oder Auseinandersetzungsvertrag unter Miterben. Zu denken ist auch an einen Gesellschaftsvertrag, der zur Einbringung eines Unternehmens in eine Gesellschaft verpflichtet (Sachgründung durch Einbringung eines Unternehmens).[68] Im Vordergrund steht der *Unternehmenskaufvertrag.*[69] Da der Veräußerer den Erwerber in die Lage versetzen muß, die bisher von ihm erbrachten unternehmerischen Leistungen nunmehr selbst fortzusetzen (RdNr. 22), richtet sich die Hauptpflicht des Veräußerers darauf, den Erwerber in den Tätigkeitsbereich einzuweisen (näher RdNr. 29) und ihm das gesamte Vermögen des Unternehmens, soweit es verkauft worden ist, zu verschaffen.[70] Mitverkauft sind im Zweifel auch Geschäftsbezeichnungen und andere nicht registrierte Unternehmenskennzeichnungen, sofern dem Erwerber auch das Recht zur Firmenfortführung eingeräumt ist, liegt doch in der Fortführung der Firma die Erklärung, das Unternehmen mit seinen Rechten kontinuierlich fortführen zu wollen.[71] Das gilt auch für Patent-, Muster- und Zeichenrechte, sofern sie unter der Firma eingetragen sind.[72] Der Erwerber ist schließlich als Nachfolger des Veräußerers, was das Unternehmen angeht, im Zweifel zur Übernahme der Verbindlichkeiten verpflichtet.[73]

28   Der **Veräußerungsvertrag über ein Unternehmen** unterfällt als solcher keinem Formerfordernis. Doch gelten die allgemeinen Formvorschriften. Gehört zum Unternehmen ein Grundstück, ist nach § 313 BGB notarielle Beurkundung geboten,[74] was auch für zum Unternehmensvermögen gehörende Geschäftsanteile an einer GmbH gilt (§ 15 Abs. 3 GmbHG).[75]

---

[65] BGH BB 1977, 1015, 1016.
[66] RGZ 77, 60, 63; 169, 133, 139; BGH BB 1957, 943; Baumbach/*Hopt* RdNr. 4; Heymann/ *Emmerich* RdNr. 7; Schlegelberger/*Hildebrandt*/ *Steckhan* RdNr. 11; Staub/*Hüffer* RdNr. 11.
[67] Schlegelberger/*Hildebrandt*/*Steckhan* RdNr. 11; Staub/*Hüffer* RdNr. 11.
[68] Näher Staub/*Hüffer* Vor § 22 RdNr. 8 ff.; *Karsten Schmidt* HandelsR § 6 II 1 b und II 2; *Canaris* § 8 I 2.
[69] Vgl. *Quack* ZGR 1982, 350 ff.; Staub/*Hüffer* Vor § 22 RdNr. 9.
[70] Ausführlich hierzu Staub/*Hüffer* Vor § 22 RdNr. 15 ff.; vgl. auch *Canaris* § 8 I 2.

[71] Staub/*Hüffer* Vor § 22 RdNr. 20; vgl. auch Baumbach/*Hopt* Einl. Vor § 1 RdNr. 42.
[72] Staub/*Hüffer* Vor § 22 RdNr. 20.
[73] Näher Staub/*Hüffer* Vor § 22 RdNr. 15 (einschränkend RdNr. 25); *Canaris* § 8 I 2 d.
[74] *Canaris* § 8 I 2 e: jedoch nur bezüglich des Vertragsteils, der sich auf das Grundstück bezieht; aA Staub/*Hüffer* vor § 22 RdNr. 14: Formbedürftigkeit des ganzen Vertrages. Zum Umfang des Formzwangs beim Unternehmenskauf vgl. *Sigle/Maurer* NJW 1984, 2657 ff.
[75] OLG Königstein OLGRspr. 38, 191, 192; Staub/*Hüffer* Vor § 22 RdNr. 14; Hachenburg/*Zutt* § 15 RdNr. 77.

Die **Übertragung des kaufmännischen Unternehmens** (Erfüllungsgeschäft) kann nach 29 deutschem Recht in der Regel nicht im ganzen – etwa durch Eintragung in ein Register – erfolgen. Die bloße Einigung bezüglich des Übergangs des Unternehmens reicht nicht. Es bedarf vielmehr entsprechend dem Spezialitätsgrundsatz neben der Einweisung des Erwerbers in den Tätigkeitsbereich als Realakt (etwa Information über Bezugsquellen, Kunden, Absatzwege, Offenlegung von Betriebsgeheimnissen und Produktionsverfahren[76]) verschiedener Einzelrechtshandlungen entsprechend der Art der einzelnen Unternehmensbestandteile, die zusammen den Gegenstand des kaufmännischen Unternehmens ausmachen. Die zum Unternehmen gehörenden Gegenstände sind nach den für sie maßgebenden Vorschriften zu übertragen, bewegliche Sachen also durch Übergabe oder deren Ersatz und Forderungen durch Abtretung.[77] Gesamtrechtsnachfolge gibt es nur, wenn das Gesetz sie wie etwa im Fall der Verschmelzung oder (übertragenden) Umwandlung vorsieht.[78] Das Gesellschaftsvermögen geht aber dann nach dem Rechtsgedanken von § 142 im Wege der Gesamtrechtsnachfolge über, wenn sämtliche Anteile an einer Personengesellschaft (OHG, KG) gleichzeitig auf einen Erwerber übertragen werden. Die Personengesellschaft erlischt dann.[79]

Zu unterscheiden ist zwischen dem **Kauf eines Unternehmens und dem Kauf von al-** 30 **len Gesellschaftsanteilen** oder doch einer beherrschenden Mehrheit. Das wirtschaftliche Ergebnis ähnelt, nicht aber die juristische Konstruktion. Wird ein Unternehmen verkauft und übertragen (RdNr. 29), bedarf es der Auflassung und Eintragung, wenn ein Grundstück zum Unternehmen gehört. Im Fall des Erwerbs der Gesellschaftsanteile ist das nicht erforderlich, weil nicht der Eigentümer des Grundstücks wechselt, sondern der Anteilsinhaber der Gesellschaftsanteile.[80] Die strikte Unterscheidung zwischen dem Erwerb eines Unternehmens und dem Erwerb von Gesellschaftsanteilen ist jedenfalls für das dingliche Geschäft genau zu beachten. Im übrigen wird zum Kauf und zur Übertragung von Unternehmen auf die eingehende Darstellung von *Lieb* in § 25 Anhang: Unternehmenskauf (dort insbes. RdNr. 7 ff., 17 bis 41, 155 ff.) verwiesen.

bb) Erwerb von Todes wegen. Fällt das Unternehmen eines Einzelkaufmanns an 31 mehrere Erben, so können die Miterben auch ohne gesellschaftlichen Zusammenschluß das ererbte Handelsgeschäft in **ungeteilter Erbengemeinschaft ohne zeitliche Begrenzung fortführen**.[81] Die gemeinschaftliche Fortführung eines Handelsgeschäfts auch über einen längeren Zeitpunkt – im Fall BGHZ 17, 299 waren es 17 Jahre – bedeutet nicht ohne weiteres die Umwandlung der Erbengemeinschaft in eine OHG; es muß stets der gemeinsame Wille aller Erben ersichtlich sein, sich zur gemeinsamen Fortführung des Geschäfts als Gesellschafter zusammenzuschließen.[82] Auch gibt es keine zwangsweise „Umwandlung" der Erbengemeinschaft in eine Personengesellschaft nach Ablauf der notwendigen Abwicklungs- und Auseinandersetzungszeit oder bei Fortsetzung des ererbten Handelsgeschäfts über drei Monate hinaus (§ 27 Abs. 2). „Solange sich nicht die Miterben über das Unternehmen auseinandergesetzt oder das Unternehmen aufgrund eines Gründungsakts auf eine Handelsgesellschaft überführt haben, bleibt die Erbengemeinschaft Unternehmensträgerin".[83] Bei längerer gemeinsamer Fortführung kann es aber geboten sein, **ergänzend Ge-**

---

[76] Näher Staub/*Hüffer* Vor § 22 RdNr. 16 f.; *Karsten Schmidt* HandelsR § 6 I 2; *Canaris* § 8 I 1 a.
[77] BGH NJW 1968, 392 f.; Schlegelberger/*Hildebrandt*/*Steckhan* RdNr. 6; Staub/*Hüffer* Vor § 22 RdNr. 38; *Karsten Schmidt* HandelsR § 6 I 2; *Canaris* § 8 I 1 a.
[78] Näher Staub/*Ulmer* § 105 RdNr. 51 ff.
[79] BGHZ 71, 296, 299; BGH WM 1979, 249 = JuS 1979, 668 mit Anm. *Karsten Schmidt*; *Karsten Schmidt* HandelsR § 6 II c; *Canaris* § 8 I 1 c.
[80] Näher mit Beispielen *Karsten Schmidt* HandelsR § 6 II 1; *Canaris* § 8 I 1 b.

[81] RGZ 132, 138, 142; BGH NJW 1951, 311; BGHZ 17, 299, 302 = NJW 1955, 1227; BGHZ 30, 391, 394 f. = NJW 1959, 2114; BGHZ 32, 60, 67 = NJW 1960, 958; BGHZ 92, 259, 262 = NJW 1985, 136 mit Anm. *Karsten Schmidt*; *ders.* HandelsR § 5 I 3 b; Staub/*Hüffer* Vor § 22 RdNr. 71; Erman/*Schlüter* § 2032 RdNr. 4.
[82] BGH NJW 1951, 311.
[83] *Karsten Schmidt* NJW 1985, 2785, 2788 mit eingeh. Nachweisen.

sellschaftsrecht anzuwenden.[84] Wenn die Erbengemeinschaft Unternehmensträger bleibt, müssen die Erben nach § 31 zur Eintragung in das Handelsregister anmelden, daß sie nunmehr Inhaber des Unternehmens in Erbengemeinschaft sind[85] und die Firma gemäß § 22 fortgeführt wird. Die Miterben dürfen aber auch eine neue Firma annehmen, die aus den Namen sämtlicher Erben (einschließlich mindestens jeweils eines Vornamens, § 18 Abs. 1) und dem Zusatz „in Erbengemeinschaft" zu bilden ist (vgl. auch § 18 RdNr. 1).[86] Dagegen kann eine Erbengemeinschaft als solche kein Unternehmen betreiben, das nicht zum Nachlaß des Erblassers gehört hat,[87] indem sie etwa nachträglich ein Unternehmen neu gründet oder ein weiteres hinzuerwirbt.

32   **cc) Fortführung des Unternehmens durch den Testamentsvollstrecker.**[88] Der Testamentsvollstrecker darf **Verbindlichkeiten für den Nachlaß** eingehen; unter Umständen ist er in der Eingehung von Verbindlichkeiten für den Nachlaß nicht beschränkt (§§ 2206, 2207 BGB). Doch kann er die Erben nicht mit deren übrigem Vermögen verpflichten, wie auch er selbst nicht kraft seines Amtes persönlich haftet. Damit aber scheidet im Rahmen der Testamentsvollstreckung § 22 aus, das heißt **der Testamentsvollstrecker kann nicht als solcher das Handelsgeschäft fortführen.** Die unbeschränkte persönliche Haftung des Geschäftsinhabers kann nicht ausgeschlossen werden.[89] Die Fortführung des Handelsgeschäfts durch den Testamentsvollstrecker unter gleichzeitiger Beschränkung der Haftung auf den Nachlaß – dokumentiert durch die Eintragung eines Testamentsvollstreckervermerks – liefe auf die Führung eines Handelsgeschäfts mit beschränkter Haftung hinaus, was in keiner Weise der Rechtslage entspräche.[90] Die Testamentsvollstreckung kann nicht die handelsrechtliche Vollhaftung für die Schulden beschränken, und der Testamentsvollstrecker gehört als solcher nicht in das Handelsregister (vgl. aber zum Kommanditanteil § 8 RdNr. 55).[91]

33   Es bestehen jedoch zwei Möglichkeiten, das Prinzip der unbeschränkten Haftung nicht anzutasten und dennoch dem Willen des Erblassers (Anordnung einer Testamentsvollstreckung) im Ergebnis nahe zu kommen (vgl. auch § 1 RdNr. 49, § 27 RdNr. 23 ff.). Der Testamentsvollstrecker kann wie jeder andere Bevollmächtigte[92] das Geschäft unter dem Namen des Erben und dessen persönlicher Haftung führen **(Vollmachtslösung):** Der Erbe wird als Inhaber in das Handelsregister eingetragen; ein Vermerk über die Testamentsvollstreckung unterbleibt. Der Erbe haftet für die Altschulden nach §§ 27 Abs. 1, 25; für Neuschulden haftet er unbeschränkt persönlich.[93] Die von dem Erben dem Testamentsvollstrecker zu erteilende Vollmacht muß bis zur Beendigung der Testamentsvollstreckung unwiderruflich sein, wie auch Weisungsbefugnisse des Erben selbst ausgeschlossen sein müssen. Der Erbe kann sich hierauf einlassen, er muß es aber im Hinblick auf die weitreichenden Befugnisse des Testamentsvollstreckers, die auch sein Privatvermögen erfassen können, nicht.[94]

---

[84] BGHZ 17, 299, 302; Staub/*Ulmer* § 105 RdNr. 58.

[85] KG OLGRspr. 3, 408, 410; KG OLGRspr. 4, 454, 456.

[86] KG JFG 5, 209, 212; Staub/*Hüffer* Vor § 22 RdNr. 71; insoweit zweifelnd Baumbach/*Hopt* RdNr. 2.

[87] KG JFG 9, 111; *Buchwald* BB 1962, 1405, 1406; Schlegelberger/*Hildebrandt*/*Steckhan* RdNr. 7; Staub/*Ulmer* § 105 RdNr. 55; *Karsten Schmidt* HandelsR § 5 I 3 b.

[88] Hierzu MünchKommBGB/*Brandner* § 2205 RdNr. 14 ff.

[89] BGH NJW 1975, 54; RGZ 132, 138, 144; KG JFG 18, 276, 279.

[90] RGZ 132, 138, 144; vgl. auch RGZ 172, 199; BGHZ 12, 100, 102; BGHZ 35, 13, 16; OLG

Dresden JFG 5, 217; OLG München JFG 14, 428, 432; KG JFG 18, 276, 278; *Nordemann* NJW 1963, 1139; Schlegelberger/*Hildebrandt*/*Steckhan* RdNr. 8; Staub/*Hüffer* Vor § 22 RdNr. 74.

[91] Vgl. auch MünchKommBGB/*Brandner* § 2205 RdNr. 19. Dagegen ist die Testamentsvollstreckung am Kommanditistenanteil zulässig und insoweit auch ein Testamentsvollstreckervermerk in das Handelsregister einzutragen (§ 8 RdNr. 55).

[92] BGHZ 12, 100, 102; 24, 106, 112; 35, 13, 15; RGZ 172, 199, 205; weitere Nachweise bei *John* BB 1980, 757, 758.

[93] MünchKommBGB/*Brandner* § 2205 RdNr. 20.

[94] So eingehend MünchKommBGB/*Brandner* § 2205 RdNr. 20 f.; Staub/*Hüffer* Vor § 22 RdNr. 75; *Nordemann* NJW 1963, 1139, 1140; *John* BB 1980, 757, 758.

Bei der **Treuhandlösung** führt der Testamentsvollstrecker das Unternehmen im eigenen 34 Namen unter seiner persönlichen Haftung als Treuhänder für Rechnung des Erben.[95] In das Handelsregister wird der Testamentsvollstrecker eingetragen, aber nicht deshalb, weil er Testamentsvollstrecker ist, sondern deshalb, weil er nach außen als Inhaber des Geschäfts auftritt.[96] **Auch hier wird die Testamentsvollstreckung als solche nicht in das Handelsregister eingetragen** (s. noch § 8 RdNr. 55). Der Testamentsvollstrecker ist treuhänderischer Geschäftsinhaber, nicht dagegen Eigentümer des Betriebsvermögens.[97] Der Testamentsvollstrecker haftet für die von ihm als Treuhänder eingegangenen Geschäftsverbindlichkeiten persönlich und unbeschränkt; er kann entsprechend § 25 Abs. 2 seine Haftung beschränken.[98] Auch bei der Treuhandlösung muß der Erbe mitwirken, da die Tätigkeit des Testamentsvollstreckers als treuhänderischer Unternehmensinhaber im eigenen Namen für Rechnung des Erben von seinen Befugnissen als Testamentsvollstrecker nicht mehr gedeckt wird. **Der Erbe muß daher den Testamentsvollstrecker besonders beauftragen.**[99]

Können sich Erbe und Testamentsvollstrecker weder über die Treuhand- noch die 35 Vollmachtslösung einigen, bleibt immer noch der Weg, daß der Testamentsvollstrecker das Einzelhandelsgeschäft in eine GmbH umgründet oder umwandelt und er die Testamentsvollstreckung auf die Geschäftsanteile der GmbH erstreckt.[100]

2. Die bisherige Firma des Veräußerers. Es muß sich um eine rechtmäßig geführte 36 Firma handeln. Die Firma muß **schon unter den Vorgängern zu Recht bestanden haben und von ihnen auch tatsächlich geführt worden sein.**[101] § 22 geht von der Firmenfähigkeit des Veräußerers aus. Firmenfähig sind Vollkaufleute, OHG, KG, EWIV, AG, GmbH, VVaG und eingetragene Genossenschaft, ferner andere juristische Personen, die ein Vollhandelsgewerbe betreiben.[102] Die Partnerschaftsgesellschaft ist nach § 2 Abs. 1 PartGG namensfähig; nach § 2 Abs. 2 PartGG findet § 22 Abs. 1 entsprechend Anwendung (näher zur Partnerschaft § 8 RdNr. 25). Nach hM ist die Fortführung einer minderkaufmännischen Geschäftsbezeichnung als Firma nicht zulässig (RdNr. 4).[103] Das gilt auch dann, wenn das Unternehmen unter dem Erwerber zum Vollhandelsgewerbe wird.[104] Ist das Unternehmen dagegen unter dem Veräußerer Vollhandelsgewerbe gewesen und nur zum Zeitpunkt der Veräußerung als minderkaufmännisches einzustufen, wird dann von einem nur vorübergehenden Absinken auf den Umfang des Kleingewerbes auszugehen sein, wenn der Erwerber sogleich die Voraussetzungen des Vollhandelsgewerbes wiederherstellt. Da nur das *dauernde* Absinken die Berechtigung des Einzelkaufmanns und der Personenhandelsgesellschaften zur Führung einer Firma (§ 4) entfallen läßt (RdNr. 5 bis 7; § 31 RdNr. 10),[105] kann die Firma hier nach § 22 fortgeführt werden.[106] Die Firma des nicht eingetragenen Soll- und Kannkaufmanns (§§ 2, 3) darf nach hM ebenso wie die des Minderkaufmanns nicht fortgeführt werden.[107] Die hM ist, zumindest was den Sollkaufmann angeht, nicht unbedenklich. Insoweit wird auf § 18 RdNr. 31 ff. Bezug genommen.

[95] RGZ 132, 138, 142; BGHZ 12, 100, 102; 24, 106, 112; 35, 13, 15; weitere Nachweise bei *John* BB 1980, 757, 758 ff.
[96] RGZ 132, 138, 142.
[97] BGH NJW 1975, 54, 55; KG JFG 18, 276, 281.
[98] MünchKommBGB/*Brandner* § 2205 RdNr. 22; Staub/*Hüffer* § 27 RdNr. 48.
[99] MünchKommBGB/*Brandner* § 2205 RdNr. 23.
[100] Staub/*Hüffer* RdNr. 74; MünchKommBGB/ *Brandner* § 2205 RdNr. 24.
[101] RGZ 152, 365, 368; OLG Hamm BB 1965, 806; OLG Frankfurt NJW 1969, 330; BayObLGZ 1978, 182, 184; Baumbach/*Hopt* RdNr. 6; Heymann/*Emmerich* RdNr. 9; Koller/*Roth*/Morck RdNr. 5; Staub/*Hüffer* RdNr. 16, Schlegelberger/*Hildebrandt/Steckhan* RdNr. 12.

[102] Staub/*Hüffer* RdNr. 15; zur Firmenfähigkeit von Vorgesellschaften vgl. § 21 RdNr. 8.
[103] KGJ 5, 24; OLG Köln NJW 1963, 541; OLG Frankfurt OLGZ 1978, 43 f.; BayObLGZ 1988, 344.
[104] KGJ 13, 24, 27; OLG Frankfurt OLGZ 1978, 43; Staub/*Hüffer* RdNr. 15.
[105] RGZ 155, 75, 82 f.; Schlegelberger/*Hildebrandt/Steckhan* § 31 RdNr. 10; *Jansen* FGG, 2. Aufl., § 141 RdNr. 3.
[106] Staub/*Hüffer* RdNr. 20.
[107] OLG Zweibrücken NJW-RR 1988, 998; kritisch *Karsten Schmidt* HandelsR § 12 III 2; **aA** *Canaris* § 11 III 2.

37   Eine unzulässige Firma, die schon der Veräußerer nicht führen durfte, kann nicht fortgeführt werden.[108] Handelt es sich bereits um eine fortgeführte Firma, so muß der Veräußerer diese auch zu Recht geführt haben.[109] **Das Firmenrecht des Erwerbers kann nicht
weitergehen als das des Veräußerers.**[110] Unerheblich ist, ob der Erwerber die Firma des
Veräußerers für zulässig gehalten hat.

38   Teilweise ist die Eintragung im Handelsregister Voraussetzung dafür, daß die Firma fortgeführt werden kann, so in den Fällen der §§ 2, 3 Abs. 2, weil hier die Vollkaufmanneigenschaft und damit das Recht zur Führung einer Firma erst durch die Eintragung entsteht.
Betreibt dagegen ein Vollkaufmann eine Grundhandelsgewerbe und führt er eine Firma,
kann diese nach § 22 **auch dann fortgeführt werden, wenn sie bis zur Veräußerung
nicht in das Handelsregister eingetragen worden ist.**[111] Der Erwerber hat dann die
fortgeführte Firma nach § 29 Abs. 1 zum Handelsregister anzumelden, wobei den Veräußerer, der selbst seiner Pflicht zur Anmeldung nicht nachgekommen ist (§ 14), Mitwirkungspflichten treffen.[112] Für die Eintragung einer solchen Firma gelten deswegen Besonderheiten, weil die gesetzeswidrige Nichtanmeldung der Firma durch den Veräußerer nicht
zu einer Verschleierung der für den Rechtsverkehr wesentlichen Verhältnisse der nunmehr
(als fortgeführt) einzutragenden Firma führen darf. Wäre zum Beispiel eine veräußernde
OHG zuvor zur Eintragung in das Handelsregister angemeldet und eingetragen worden,
hätte sich aus dem Handelsregister auch der Zeitpunkt des Beginns der Gesellschaft ergeben, was für den Erwerber und den Rechtsverkehr im Hinblick auf § 25 von Bedeutung
ist.[113] Wird die noch nicht eingetragene Firma der OHG von dem Erwerber als Einzelkaufmann unverändert fortgeführt, müssen zugleich die Firma (§ 29), der Inhaberwechsel
(die Fortführung, § 31) und eine Änderung der Firma, wenn dieser etwa ein Zusatz beigefügt wird, angemeldet und in das Register eingetragen werden. Die zu offenbarenden
Rechtsvorgänge, die für die Firmenfortführung von Bedeutung sind, müssen in Spalte 5
(„Rechtsverhältnisse") des Handelsregisters Abt. A eingetragen werden.[114] Anzumelden
und einzutragen ist auch der Zeitpunkt des Beginns der OHG, obwohl es sich nicht direkt
um die Anmeldung einer OHG handelt.[115]

39   Ist die Firma erloschen, kann sie nicht fortgeführt werden. Zu unterschieden ist aber
**zwischen der Löschung der Firma im Handelsregister und dem materiellrechtlichen
Erlöschen, dem Untergang der Firma.**[116] Bedarf die Firma zu ihrem Entstehen der Eintragung (§§ 2, 3 Abs. 2), so geht sie auch mit dem – selbst unberechtigten – registermäßi-
gen Löschen wieder unter. Dagegen ist das Entstehen und auch das Fortbestehen der Firma
von Vollkaufleuten und Personenhandelsgesellschaften, die ein Grundhandelsgewerbe nach
§ 1 betreiben, unabhängig von der Eintragung im Handelsregister. War die Löschung hier
nicht gerechtfertigt, kann die weiterbestehende Firma nach § 22 fortgeführt werden. Bei
den Kapitalgesellschaften (und den Genossenschaften, ebenso dem VVaG) führt die
Löschung im Handelsregister nicht zwingend zum Erlöschen der Firma. Die Firma besteht,
solange die Kapitalgesellschaft, die Formkaufmann ist, besteht. Deren Existenz endet aber
in der Regel erst mit dem Abschluß der Liquidation und der (zusammen mit der Beendigung der Liquidation dann insoweit konstitutiv wirkenden) Löschung im Handelsregister.
Auf RdNr. 9 f. wird verwiesen.

[108] BGHZ 30, 289, 291 f.; KG JFG 17, 161, 162 f.

[109] RGZ 25, 1, 5; Staub/*Hüffer* RdNr. 16; *Bokelmann* Firmenrecht RdNr. 660.

[110] Vgl. auch Heymann/*Emmerich* RdNr. 9.

[111] BGHZ 18, 248, 250; RGZ 65, 14, 15; Bay-
ObLGZ 1978, 182, 184; Baumbach/*Hopt* RdNr. 6;
Heymann/*Emmerich* RdNr. 9; Schlegelberger/*Hilde-
brandt/Steckhan* RdNr. 12; *Wessel/Zwernemann*, Die
Firmengründung, RdNr. 488.

[112] RGZ 65, 14, 15 f.

[113] BayObLGZ 1978, 182, 185.

[114] *Keidel/Schmatz/Stöber* Registerrecht, 5. Aufl.
1991, RdNr. 169, 205, 206.

[115] BayObLGZ 1978, 182, 186; *Wessel/Zwerne-
mann*, Die Firmengründung, RdNr. 488, Fn. 798.

[116] Näher Staub/*Hüffer* RdNr. 17.

Ist im Handelsregister eine Firma eingetragen, ohne daß der Veräußerer Vollkaufmann **40** war oder noch ist, kann die Firma nicht nach § 22 fortgeführt werden. Das Registergericht hat auch bei Anmeldung einer fortgeführten Firma wie bei jeder angemeldeten Firma von Amts wegen zu prüfen, ob die Firma rechtlich zulässig ist.[117] Hieran fehlt es, wenn das Unternehmen keinen nach Art und Umfang in kaufmännischer Weise eingerichteten Geschäftsbetrieb erfordert (§ 4).[118] Das Registergericht muß in einem solchen Fall die Anmeldung zurückweisen, die eingetragene Firma von Amts wegen nach den §§ 141, 142 FGG löschen, wenn sie wegen Fehlens einer wesentlichen Voraussetzung von Anfang an unzulässig war oder es später geworden ist[119] und gegebenenfalls gegen den unbefugten Gebrauch nach § 37 Abs. 1 vorgehen. § 5 ändert hieran *im Verhältnis zum Registergericht* nichts. Zwar bewirkt das Absinken auf ein Kleingewerbe nicht das Erlöschen der Firma (RdNr. 10). Der Eingetragenen bleibt, tritt er unter der Firma auf, **gegenüber Dritten Vollkaufmann** (anders *Lieb* § 5 RdNr. 3: Fiktivkaufmann).[120] Gleiches gilt dann, wenn die Firma von Anbeginn an unzulässig war, weil es an der Vollkaufmanneigenschaft fehlte. Doch hat das **Registergericht im Verhältnis zu dem eingetragenen Veräußerer** gerade darüber zu wachen, daß „dieser Rechtsschein" beseitigt wird.[121] Die Firma „gehört nicht mehr in das Handelsregister".[122] Soweit das BayObLG auf die Beseitigung von „Rechtsschein" abgestellt ist, ist darauf hinzuweisen, daß § 5 nach heute hM keine Rechtsscheinvorschrift ist (§ 5 RdNr. 3).[123] Die Vorschrift dient dem Verkehrsschutz und der Rechtsklarheit, um eine klare Abgrenzung in den Fällen zu ermöglichen, in denen zweifelhaft ist, ob ein Gewerbe in dem konkreten Fall ein vollkaufmännisches Handelsgewerbe ist oder nicht.[124] Das hat aber mit der Frage nichts zu tun, ob das Registergericht eine als unrichtig erkannte Eintragung im Handelsregister belassen muß, was selbstverständlich zu verneinen ist.[125]

3. Die Einwilligung des Veräußerers in die Firmenfortführung. a) Rechtsnatur. Die **41** Einwilligung stellt sich nicht nur als bloße Gestattung unter Verzicht auf den eigenen Gebrauch dar. Sie ist vielmehr **echte (dingliche) Übertragung des Immaterialguts Firma nach den §§ 413, 398 ff. BGB.** Hiervon zu unterscheiden ist das dazugehörende Verpflichtungsgeschäft, nämlich der Vertrag, durch den sich der Veräußerer zur Übertragung der Firma verpflichtet (näher RdNr. 47).[126] Enthält die Firma auch den Namen des Veräußerers, tritt zu der geschilderten Übertragung der Firma als Immaterialgut die vertragliche Gestattung des Namengebrauchs hinzu (näher §23 RdNr. 7 bis 9).

b) „Ausdrückliche" Einwilligung. Nach § 22 Abs. 1 muß der bisherige Geschäftsinhaber **42** oder dessen Erben in die Fortführung der Firma „ausdrücklich willigen", wenn die Firma fortgeführt werden soll. Die vertragliche Einigung über die Übertragung der Firma ist Teil des (nicht notwendig einheitlichen) Vertrags über die Veräußerung des Handelsgeschäfts (§ 23).[127] Die Einwilligung setzt weder den Gebrauch bestimmter Worte noch eine besondere Form voraus.[128] „Ausdrücklich" bedeutet nur zweifelsfrei, und selbst eine stillschweigende Einigung über den Übergang der Firma ist möglich, sofern der entsprechende

---

[117] BayObLGZ 1978, 182, 184.
[118] BGH NJW 1980, 784, 785.
[119] BayObLG Rpfleger 1980, 18, 19; BayObLGZ 1984, 273, 276; Schlegelberger/*Hildebrandt/Steckhan* RdNr. 12 und § 5 RdNr. 9 a; Heymann/*Emmerich* RdNr. 9 und § 5 RdNr. 11; *K. Schmidt* HandelsR § 10 III 3 b; Staub/*Hüffer* RdNr. 19.
[120] *Karsten Schmidt* HandelsR § 10 III 1; Heymann/*Emmerich* § 5 RdNr. 1, 1 a; Baumbach/*Hopt* § 5 RdNr. 1; aA *Canaris* § 3 III 1 b.
[121] BayObLGZ 1984, 273, 276.
[122] *Karsten Schmidt* HandelsR § 12 I 1 e bb.
[123] *Karsten Schmidt* JuS 1977, 209, 211; *ders.* HandelsR § 10 III 1.

[124] BGHZ 32, 307, 314.
[125] Vgl. auch *Karsten Schmidt* HandelsR § 10 III 3 b: es verstehe „sich von selbst", daß eine unberechtigt im Handelsregister stehende Firma unbeschadet des § 5 gelöscht werden müsse.
[126] Staub/*Hüffer* RdNr. 24, 30.
[127] BGH NJW 1994, 2025, 2026; Baumbach/*Hopt* RdNr. 8; wohl auch Heymann/*Emmerich* RdNr. 11; aA BGH NJW 1971, 1936 für § 8 WZG aF.
[128] *Heinrich*, Firmenwahrheit und Firmenbeständigkeit, RdNr. 147; Schlegelberger/*Hildebrandt/Steckhan* RdNr. 12; Staub/*Hüffer* RdNr. 25.

Wille unmißverständlich und eindeutig zum Ausdruck kommt.[129] Allein aus der Übertragung des Handelsgeschäfts kann die Einigung nicht entnommen werden,[130] denn das Handelsgeschäft kann auch ohne die Firma übertragen werden. Dagegen reicht die Mitunterzeichnung der Handelsregistermeldung über den Inhaberwechsel nach § 31 Abs. 1 – die bei vereinbarter Firmenfortführung die Erklärung des Anmeldenden über die Firmenfortführung nach § 22 enthält[131] – durch den Veräußerer aus.[132]

43   **c) Zeitpunkt der Einwilligung, Bedingung und Befristung.** Aus § 23 ergibt sich für die Einwilligung zur Firmenfortführung **eine zeitliche Begrenzung,** weil die Firma nicht ohne das Handelsgeschäft, für das die geführt wird, veräußert werden kann. Die Einwilligung muß zwar nicht unbedingt gleichzeitig, wie man früher annahm,[133] erklärt werden, aber doch in unmittelbarem Zusammenhang mit der Veräußerung des Geschäfts.[134] Nach der Anmeldung jedenfalls kommt eine Einwilligung nicht mehr in Betracht, weil das Firmenrecht des Veräußerers zu diesem Zeitpunkt bereits erloschen ist.[135]

44   Die Einwilligung in die Fortführung der Firma kann, wie sich eindeutig aus § 23 ergibt, **nicht unter einer aufschiebenden Bedingung oder mit einem Anfangstermin** vereinbart werden (§ 23 RdNr. 10). Dagegen ist eine **auflösende Bedingung** oder die **Vereinbarung eines Endtermins** rechtlich zulässig.[136] Mit Erreichen des Endtermins oder dem Bedingungseintritt erlischt die Firma. Da sie nicht an den Veräußerer zurückfällt, ist nach diesem Zeitpunkt eine weitere Übertragung oder Verlängerung unzulässig.[137] Bis zu dem Endtermin oder dem Bedingungseintritt können aber, da die Firma noch besteht, Befristung und Bedingung durch Vereinbarung wieder aufgehoben werden.[138]

45   Diskutiert wird, ob der Veräußerer das Firmenfortführungsrecht des Erwerbers ohne ausdrückliche vertragliche Vereinbarung „widerrufen" kann, wenn der Erwerber dem Namen „Schande macht", er den Namen des Veräußerers in Verruf bringt (§ 23 RdNr. 8 mit Nachweisen).[139] Richtig dürfte sein, dem Veräußerer ein **Untersagungsrecht des Firmengebrauchs** zuzubilligen mit der Folge, daß der Erwerber die Firma dann wieder benutzen darf, wenn er sein diskriminierendes Verhalten eingestellt hat.[140]

46   **4. Der Einwilligungsberechtigte. a) Einzelkaufmann.** Veräußert der Einzelkaufmann sein Unternehmen, ist er der bisherige Geschäftsinhaber und muß als solcher einwilligen. Ist das **Handelsgeschäft im Erbgang erworben** worden, folgt auch hier aus der firmenrechtlichen Vorschrift des § 22, daß das Firmenrecht jedenfalls nicht automatisch Bestandteil des Unternehmens und daher auch nicht selbstverständlich und zwingend auf den Erben übergegangen ist. Ein fremder Name (beim Einzelkaufmann also Vor- und Zuname!) darf im Handelsverkehr wie auch sonst nur verwandt werden, wenn der Namensträger einverstanden ist oder war. Dieser kann überhaupt nicht einverstanden sein und das sofortige Erlöschen der Firma wollen, zwar den Übergang auf seine Erben aber nicht die generelle Vererblichkeit wünschen, den Übergang von Bedingungen abhängig machen oder auch bestimmen, daß die Firma mit dem Tod des Erben oder durch dessen Weiterveräußerung erlischt. Es trifft vom Ansatzpunkt her nicht zu, daß der Erbe der Einwilligung des bisherigen Inhabers (des Erblassers) nicht bedarf und § 22 die Vererblichkeit der

---

[129] Baumbach/*Hopt* RdNr. 8; Koller/*Roth*/Morck RdNr. 7.
[130] BGH NJW 1994, 2025 mit Nachweisen; *Heinrich,* Firmenwahrheit und Firmenbeständigkeit, RdNr. 147; Staub/*Hüffer* RdNr. 25.
[131] Beispiel bei *Keidel/Schmatz/Stöber* Registerrecht, 5. Aufl. 1991, RdNr. 205.
[132] BGHZ 68, 271, 276; Baumbach/*Hopt* RdNr. 8; Staub/*Hüffer* RdNr. 25.
[133] KGJ 12, 22.
[134] Schlegelberger/*Hildebrandt/Steckhan* § 22 RdNr. 13; Heymann/*Emmerich* RdNr. 11 a.
[135] Vgl. auch RGZ 76, 263, 265.

[136] RGZ 76, 263, 265; 102, 17, 22; OLG Hamburg OLGRspr. 32, 92; Baumbach/*Hopt* RdNr. 11; Heymann/*Emmerich* RdNr. 13; Staub/*Hüffer* RdNr. 27.
[137] RGZ 76, 263, 265; Heymann/*Emmerich* RdNr. 13.
[138] Staub/*Hüffer* RdNr. 27.
[139] Bejahend Heymann/*Emmerich* RdNr. 13 a; Schlegelberger/*Hildebrandt/Steckhan* RdNr. 14; vgl. auch *Forkel,* Festschrift für Paulick, 1973, S. 101, 115.
[140] Vgl. *Canaris* § 10 II 2 e.

Firma begründet.[141] § 22 handelt nicht von der Vererbung der Firma. Der Erbe leitet sein Recht von dem vormaligen Inhaber ab. Soweit der Text des § 22 auf die Einwilligung des bisherigen Geschäftsinhabers „oder dessen Erben" abgestellt ist, ist damit **die Weiterveräußerung durch die Erben** gemeint, die aber ihrerseits den Erwerb auch des Firmenrechts nach § 22 darlegen müssen. Rein praktisch allerdings schrumpft der Unterschied. Denn der mutmaßliche Wille des Erblassers (sofern er sich nicht letztwillig ausdrücklich erklärt hat) geht dahin, dem Erben mit dem Handelsgeschäft auch die Fortführung der Firma (so er mag) zu gestatten.[142]

b) Kapitalgesellschaften. Nach hM ist für die Einwilligung in die Fortführung das je-   **47** weilige vertretungsberechtigte Gesellschaftsorgan (Vorstand, Geschäftsführer) zuständig.[143] Es ist aber zu differenzieren. Nach § 179 a AktG (nach dem UmwG 1994 an die Stelle von früher § 361 AktG getreten) bedarf die **vertragliche Verpflichtung zur Übertragung** (nachf. Übertragungsvertrag, vgl. RdNr. 41) des ganzen Gesellschaftsvermögens einer Aktiengesellschaft unter den Voraussetzungen von Abs. 1 eines Beschlusses der Hauptversammlung nach § 179 AktG. Zustimmungsbedürftig ist **mithin das Verpflichtungsgeschäft,** und notwendig ist die Zustimmung der Hauptversammlung (Einwilligung oder Genehmigung, §§ 183, 184 BGB).[144] Insoweit versagt die organschaftliche Vertretungsmacht des Vorstands; er vertritt zwar die Aktiengesellschaft beim Abschluß des Übertragungsvertrages, doch fehlt ihm ohne zustimmenden Hauptversammlungsbeschluß die Vertretungsmacht.[145] Hiervon zu unterscheiden sind die **zur Durchführung der Verpflichtung** notwendigen weiteren Rechtsgeschäfte (etwa dingliche Übertragung der einzelnen Vermögensgegenstände, weil keine Gesamtrechtsnachfolge eintritt). Aus dem Wortlaut von § 179 a AktG ergibt sich klar, daß das **Vollzugsgeschäft selbst nicht** von der Zustimmung der Hauptversammlung abhängig ist. Insoweit bleibt es mit der hM bei der Zuständigkeit des vertretungsberechtigten Gesellschaftsorgans, was auch für die **Übertragung der Firma als Vollzugsvorgang gilt.**[146] Das Fehlen der Zustimmung berührt hier nicht die Wirksamkeit des Vollzugsgeschäfts.[147] Da aber der Zustimmungsbeschluß der Hauptversammlung Wirksamkeitserfordernis des Übertragungsvertrages ist, macht das Fehlen oder die Nichtigkeit des Zustimmungsbeschlusses den Übertragungsvertrag mit der Folge unwirksam, daß bereits erbrachte Leistungen nach den §§ 812 ff. BGB rückabzuwickeln sind.[148]

c) Personenhandelsgesellschaften. Nach überwiegender Meinung müssen sämtliche   **48** Gesellschafter in die Fortführung der Firma willigen und nicht nur die zur Vertretung der Gesellschaft berechtigten.[149] Nach neuerer zutreffender Meinung[150] ist aber auch hier die für die Kapitalgesellschaften geltende Regelung (RdNr. 47) unter analoger Anwendung von § 179 a AktG zu übernehmen. Dem Verpflichtungsgeschäft müssen sämtliche Gesellschafter zustimmen. Hiervon sind die Verfügungsgeschäfte unabhängig, und die Übertragungszuständigkeit liegt insoweit allein bei dem vertretungsberechtigten Gesellschafter. Veräußert etwa der persönlich haftende Gesellschafter einer handelsrechtlichen Personengesellschaft das gesamte Geschäftsvermögen, so sind die **einzelnen dinglichen Übertragungsgeschäfte auch dann wirksam,** wenn es an einem entsprechenden Beschluß der Gesellschafterversammlung fehlt.[151] Hat aber das obligatorische Geschäft keinen Bestand,

---

141 So aber *Canaris* § 10 II 1; Baumbach/*Hopt* RdNr. 7.
142 Eingehend *Kuchinke* ZIP 1987, 681 ff., insbes. 683, 685, 686.
143 Schlegelberger/*Hildebrandt/Steckhan* RdNr. 15; Heymann/*Emmerich* RdNr. 12.
144 Hierzu BGHZ 82, 188, 193 f. = NJW 1982, 933; BGHZ 83, 122, 136 ff. = NJW 1982, 1703, 1706 f.
145 *Hüffer* § 179 a RdNr. 1, 3, 15.
146 Staub/*Hüffer* RdNr. 30; *Hüffer* § 179 a RdNr. 4. Für die GmbH ist § 179 a AktG ent-

sprechend anzuwenden, Hachenburg/*Ulmer* § 53 RdNr. 164.
147 BGH NJW 1991, 2564, 2565; KK-*Kraft* § 361 RdNr. 29.
148 KK-*Kraft* § 361 RdNr. 29; *Hüffer* § 179 a RdNr. 14, jeweils mit Nachweisen.
149 RGZ 158, 226, 230 f.; BGH BB 1952, 211; Heymann/*Emmerich* RdNr. 12; Schlegelberger/ *Hildebrandt/Steckhan* RdNr. 15.
150 Grundlegend Staub/*Hüffer* RdNr. 31.
151 BGH NJW 1991, 2564 f.; Staub/*Hüffer* RdNr. 31; zustimmend Baumbach/*Hopt* RdNr. 8.

weil es an einer rechtswirksamen Zustimmung aller Gesellschafter fehlt, muß die Rück-abwicklung erfolgen, das heißt die von dem vertretungsberechtigten Organ durchgeführten Firmenübertragung kommt wieder in Fortfall.

49   Der Fortführung der Firma muß auf **jeden Fall der Gesellschafter zustimmen, dessen Name in der Firma erscheint** (§ 19). Denn er hat im Zweifel, ist nichts anderes verein-bart, seinen Namen als Firma nur für die Dauer seiner Mitgliedschaft zur Verfügung stellen wollen, womit eine Weiterveräußerung unter Fortführung dieser Firma ausscheidet (vgl. auch § 24 Abs. 2). Fehlt es an der Zustimmung des Namengebers, ist die Einwilligung des vertretungsberechtigten Gesellschafters (RdNr. 48) unwirksam, weil das Namenrecht des Namengebers entgegensteht.[152] **Für die Aktiengesellschaft und die GmbH gilt das nicht**, weil diese den Namen eines Gesellschafters in der Firma auch nach seinem Aus-scheiden ohne seine Einwilligung beibehalten können, sofern die Satzung nicht ausnahms-weise etwas anderes festlegt.[153]

50   Befindet sich die Personenhandelsgesellschaft in **Liquidation,** müssen sämtliche Gesell-schafter der Fortführung der Firma zustimmen.[154]

51   **5. Die Übertragung des Unternehmens zusammen mit der Firma durch den Kon-kursverwalter. a) Übersicht.** Die Firma des Gemeinschuldners fällt in die Konkursmasse (vgl. § 17 RdNr. 11).[155] Aus der Zugehörigkeit zur Konkursmasse folgt aber nicht zwin-gend und automatisch die uneingeschränkte alleinige Verfügungsmacht des Konkursverwal-ters im Rahmen von § 23 über die Firma. Zwar können vermögensrechtliche Interessen am Namen überwiegen und ideelle Interessen „völlig verdrängen".[156] Doch ist gesondert zu überlegen, ob und inwieweit umgekehrt bei Personenfirmen die personale Komponente die vermögensrechtlichen Interessen an der Verwertung der Firma durch den Konkursver-walter verdrängen kann.

52   **b) Die herrschende Meinung.** Der BGH hat **für die Firma des Einzelkaufmanns** entschieden, dessen namenrechtliche Interessen gingen denjenigen der Konkursgläubiger vor, sei doch der Einzelkaufmann gezwungen, seinen Familiennamen zur Firmenbildung zu verwenden. Zur Begründung stellte der BGH weiter darauf ab, daß der bürgerliche Name „in tiefere Lebensbeziehungen des Menschen als die rein vermögensrechtlichen" weise.[157] Folgt man dem, kann der Konkursverwalter die zur Fortführung der Firma durch den Erwerber des Handelsgeschäfts des Gemeinschuldners erforderliche Einwilligung nicht rechtswirksam erklären. Zustimmen muß vielmehr der Gemeinschuldner (kritisch hierzu RdNr. 55 f.).[158] Überwiegend wird auch für die **OHG und die KG** im Hinblick auf § 19 Abs. 1 und 2 und als Zustimmungserfordernis nach § 24 Abs. 2 angenommen, daß diejeni-gen Gesellschafter zustimmen müssen, deren Namen die Firma ausweist.[159] Das gilt auch dann, wenn in der Firma der Name eines Kommanditisten, der früher Komplementär war, enthalten ist.[160]

---

[152] Staub/*Hüffer* RdNr. 33.
[153] BGHZ 58, 322; Staub/*Hüffer* RdNr. 33.
[154] RGZ 158, 226, 230; Baumbach/*Hopt* RdNr. 10; Heymann/*Emmerich* RdNr. 12; Staub/*Hüffer* RdNr. 32.
[155] BGHZ 85, 221, 223; *Karsten Schmidt/Schulz* ZIP 1982, 221, 223; *Riegger* BB 1983, 786; *Ulmer* NJW 1983, 1697; *Bokelmann* KTS 1982, 27, 35; *Karsten Schmidt* HandelsR § 12 I 3 b; Staub/*Hüffer* RdNr. 34; Heymann/*Emmerich* § 17 RdNr. 37; Kuhn/*Uhlenbruck* § 1 RdNr. 80.
[156] BGHZ 85, 221, 223.
[157] BGHZ 32, 103, 109, 111.
[158] HM, vgl. insbes. *Karsten Schmidt* HandelsR § 12 I 3 c; Kuhn/*Uhlenbruck* § 1 RdNr. 80 a.
[159] OLG Düsseldorf BB 1982, 695; OLG Koblenz NJW 1992, 2101; *Riegger* BB 1983, 786, 787; Staub/*Hüffer* RdNr. 35; Heymann/*Emmerich* § 17

RdNr. 40; Baumbach/*Hopt* § 17 RdNr. 55; Kuhn/*Uhlenbruck* § 1 RdNr. 80 a; aA *Bokelmann* KTS 1982, 27, 53 ff.; *ders.* Firmenrecht RdNr. 672 ff.; *Raffel,* Die Verwertbarkeit der Firma im Konkurs, S. 106, 108 ff., 110; Schlegelberger/*Hildebrandt/Steckhan* RdNr. 15, § 17 RdNr. 13; *Kilger/Karsten Schmidt* KO, 16. Aufl. 1993, § 1 Anm. 2 D c bb; MünchKommBGB/*Schwerdtner* § 12 RdNr. 87; *Ca-naris* § 10 IV 1 a für den Fall, daß die Firma „endgültig eingebracht hat oder er bzw. seine Erben eine Einwilligung zur Firmenfort-führung nach § 24 II erteilt haben"; *Karsten Schmidt* HandelsR § 12 I 3 d unter der Voraussetzung, daß der Namensträger der Firmenfortführung dauerhaft und nicht nur für die Dauer seiner persönlichen Zu-gehörigkeit zugestimmt hat.
[160] *Riegger* BB 1983, 786, 787.

Bei den **Kapitalgesellschaften** dagegen muß der Name von Gesellschaftern nicht in die **53** Firma aufgenommen werden. Verwenden sie ihren Namen freiwillig zur Firmenbildung, braucht ihnen nicht – folgt man dem Ansatzpunkt des BGH – die Möglichkeit offengehalten zu werden, bei ihrem Ausscheiden aus der Gesellschaft die Weiterbenutzung ihres Namens verhindern zu können. Denn sie haben ohne gesetzlichen Zwang ihren Namen zu kommerziellen Zwecken genutzt und damit den personenrechtlichen Bezug gelöst.[161] Die GmbH darf daher den Namen eines ausgeschiedenen Gesellschafters in der Firma auch nach seinem Ausscheiden ohne seine Einwilligung weiterführen, und der Konkursverwalter kann die Firma einer GmbH zusammen mit dem Handelsgeschäft veräußern, ohne daß es auf die Einwilligung des Namensträgers ankommt. Das Recht der GmbH, ihr Unternehmen zusammen mit der Firma selbst gegen den Willen des Namensträgers veräußern zu können, steht im Konkursfall dem Konkursverwalter zu.[162] Das alles gilt dann nicht, wenn der Gesellschaftsvertrag dem ausscheidenden Gesellschafter insoweit die Entscheidungsbefugnis offenhält.[163]

Für die **GmbH & Co. KG** und verwandte Gesellschaftsformen wie AG & Co. KG gel- **54** ten die für die Übertragung der Firma einer GmbH durch den Konkursverwalter entwikkelten Regeln (RdNr. 53). Die Übertragung der Firma durch den Konkursverwalter bedarf nicht der Billigung des namengebenden Gesellschafters der Komplementär-GmbH, weil diese eine Sachfirma führen darf und kein Gesellschafter seinen Namen zur Firmenbildung zur Verfügung stellen mußte.[164]

c) Stellungnahme. Umstritten ist, ob **in den Fällen des Einzelkaufmanns** (RdNr. 52) **55** der Konkursverwalter die zur Fortführung der Firma erforderliche Einwilligung nach § 22 Abs. 1 selbst erteilen darf oder die Berechtigung hierzu bei dem jeweiligen Namengeber verblieben ist. Letzteres ist abzulehnen. Der Kaufmann verzichtet zwar mit der Aufnahme seines Namens in die Firma sicherlich nicht generell auf sein an dem Namen bestehendes Persönlichkeitsrecht. Doch nutzt er den Namen gewerblich, der mit seiner Einführung in den Geschäftsverkehr übertragbar und vererblich geworden ist. Dieser zur Firma gewordene Name hat nicht selten einen erheblichen Wert, der den Gläubigern verloren ginge, ließe man die Veräußerung der Firma (zusammen mit dem Unternehmen) durch den Konkursverwalter nicht zu, und es will nicht recht einleuchten, daß ein im Geschäftsleben erlangter Wert dem Gemeinschuldner, der sein Unternehmen in den Konkurs geführt hat, auf Kosten der Gläubiger vorbehalten werden soll.[165] Soweit der Bundesgerichtshof[166] darauf abstellt, daß der bürgerliche Name in tiefere Beziehungen des Menschen als die rein vermögensrechtlichen weise (RdNr. 52), ist das für den Namen, soweit er zur Firma geworden ist und gewerblicher Nutzung dient, ohne Belang. Angesprochen ist im Fall des Konkurses vorrangig der Gläubigerschutz. Der Konkursverwalter ist gehalten, alle noch vorhandenen Werte zu versilbern, um die Gläubiger in bestmöglicher Weise zu befriedigen. Der Gemeinschuldner muß das dulden, weil insoweit **ein berechtigtes Interesse der von dem Gemeinschuldner geschädigten Gläubiger** besteht. Demgegenüber dürfte es dem Gemeinschuldner schwer fallen, seinerseits Persönlichkeitsschutz in Anspruch zu nehmen. *Friedrich*[167] hat daran erinnert, daß die eigentliche Erscheinungsform des Persönlichkeitsschutzes die ist, daß der Berechtigte deshalb Schutz bedarf, weil Außenstehende bei

---

[161] BGHZ 58, 322, 325 zu § 24 Abs. 2; BGHZ 109, 364, 367.

[162] BGHZ 85, 221, 224; hM, vgl. nur Hachenburg/*Ulmer* § 63 RdNr. 77 a; Scholz/*Karsten Schmidt* § 63 RdNr. 61.

[163] Staub/*Hüffer* § 24 RdNr. 15.

[164] BGHZ 109, 364, 368; hM, vgl. OLG Düsseldorf NJW 1980, 1284; OLG Hamm NJW 1982, 586; OLG Koblenz NJW 1992, 2101, 2102; *Karsten*

Schmidt HandelsR § 12 I 3 b; Baumbach/*Hopt* § 17 RdNr. 55; Heymann/*Emmerich* RdNr. 40.

[165] Näher *Bokelmann* KTS 1982, 27, 58 ff.; *Raffel*, Die Verwertbarkeit der Firma im Konkurs, S. 102 ff.; *Zunft* NJW 1960, 1843 f.; *Bohnenberg* NJW 1956, 502; *Friedrich* GRUR 1960, 494 f., Anm. Zu BGH GRUR 1960, 490 ff. – „Vogeler" (= BGHZ 32, 103).

[166] BGHZ 32, 103, 109, 111.

[167] GRUR 1960, 494 f.

der Verfolgung ihrer eigenen Interessen willkürlich in fremde Persönlichkeitsbereiche ohne sachliche Berechtigung eingedrungen sind. Davon kann hier keine Rede sein (vgl. noch RdNr. 57).

56 Für die **abgeleitete Firma** gilt entsprechendes. Enthält die fortgeführte Firma (wie meist) nicht den Namen des Gemeinschuldners, können keine namenrechtlichen Schutzrechte Gläubigerinteressen zurückdrängen.[168] Enthält die abgeleitete Firma den Familiennamen, nicht aber den Vornamen (der Gemeinschuldner führt das Unternehmen seines Vaters nebst Firma fort), ist die Firma ebenfalls nicht aus dem Namen des Gemeinschuldners gebildet.[169] Tragen Vater und Sohn auch den gleichen Vornamen, kann nach hM (RdNr. 52) der Konkursverwalter die zur Fortführung der Firma durch den Erwerber des Handelsgeschäfts des Gemeinschuldners erforderliche Einwilligung nicht rechtswirksam erklären. Folgt man der hier vertretenen Meinung (RdNr. 55), kann der Konkursverwalter einwilligen.

57 Für die **OHG und KG** will eine starke Meinung (RdNr. 52 Fn. 162) dem Konkursverwalter die Veräußerung der Firma samt Unternehmen zugestehen. Hat der Namensträger nicht ausnahmsweise die Firmenfortführung für den Fall seines Ausscheidens ausgeschlossen, ist „wie bei der GmbH davon auszugehen, daß sich die Namensträger ihres Ausschließungsrechts entäußert haben, indem sie den Namen der Gesellschaft für die Firmenfortführung beließen".[170] Für den **Eigennamen des Einzelkaufmanns** sieht das die hM mit der Begründung anders, das Konkursrecht wolle den Gemeinschuldner nicht für immer vom Markt drängen und ihm die Möglichkeit lassen, ein Unternehmen neu zu gründen; dies könne er im Hinblick auf § 18 dann nicht, wenn der seinem Familiennamen entsprechende Firmenname auf einen Dritten übertragen wurde, der das Unternehmen fortführt.[171] Das ist nicht unbedenklich. Der Gemeinschuldner ist bei erneuter Unternehmensgründung nicht unbedingt auf seinen bürgerlichen Namen angewiesen. Er kann etwa eine Einpersonen-GmbH gründen, die eine Sachfirma führen darf.[172] Eine solche Gründung mag ihm im Hinblick auf das aufzubringende Mindestkapital weniger angenehm sein als das Betreiben eines einzelkaufmännischen Unternehmens. Doch gilt auch hier, daß den Interessen des Gemeinschuldners diejenigen der Gläubiger gegenüberzustellen sind, und der Gemeinschuldner muß beim Neuanfang eben gewisse Schwierigkeiten hinnehmen.[173] Auch kann er ein neues Handelsgeschäft an einem anderen Ort gründen, wie es ihm auch möglich ist, eine Firma unter seinem Vor- und Zunamen mit einem unterscheidungskräftigen Zusatz zu wählen. Auch hier darf also **der Konkursverwalter das Unternehmen zusammen mit der Firma allein übertragen.** Er ist nicht auf die Mitwirkung des Gemeinschuldners angewiesen.[174]

58 Der Gemeinschuldner darf während des Konkursverfahrens keine neue Firma unter dem Namen der alten gründen.[175] Soweit der Konkursverwalter allein zur Firmenveräußerung befugt ist, darf der Gemeinschuldner die Firma nicht ändern (um etwa auf diese Weise die bisherige Firma für den eigenen späteren Gebrauch zu sichern).[176] Die Firma kann aber

---

[168] *Bokelmann* KTS 1982, 27, 53 f.; *Karsten Schmidt* HandelsR § 12 I 3 c; Staub/*Hüffer* RdNr. 37 mit Einschränkungen.

[169] *Karsten Schmidt* HandelsR § 12 I 3 c; aA *Canaris* § 10 IV 1 a; Staub/*Hüffer* RdNr. 37.

[170] *Kilger/Karsten Schmidt* (Fn. 159) § 1 Anm. 2 D c bb; *Karsten Schmidt* HandelsR § 12 I 3 D.

[171] Vgl. schon BGHZ 32, 103, 112; *Karsten Schmidt* HandelsR § 12 I 3 c unter Hinweis auf Jaeger/*Henckel* KO, 9. Aufl. 1977, § 1 RdNr. 15; *Kilger/Karsten Schmidt* (Fn. 159) § 1 Anm. 2 D c bb; *Kuhn/Uhlenbruck* § 1 RdNr. 80 a, ebenfalls unter Bezugnahme auf Jaeger/*Henckel*.

[172] *Raffel*, Die Verwertbarkeit der Firma im Konkurs, S. 103.

[173] Näher *Bokelmann* KTS 1982, 27, 59 f.; *Raffel*, Die Verwertbarkeit der Firma im Konkurs, S. 102 ff.

[174] *Kuhn*, Die Rechtsprechung des BGH zum Insolvenzrecht, WM 1960, 958 ff.; *Friedrich* (Fn. 165) GRUR 1960, 494 f.; *Zunft* NJW 1960, 1843 f.; *Bernhardt* NJW 1962, 2194; *Bokelmann* KTS 1982, 27, 60; *Raffel*, Die Verwertbarkeit der Firma im Konkurs, S. 106; Schlegelberger/*Hildebrandt/Steckhan* § 17 RdNr. 13; MünchKommBGB/*Schwerdtner* § 12 RdNr. 87; *Bokelmann* Firmenrecht RdNr. 673 ff.

[175] *Kuhn/Uhlenbruck* § 1 RdNr. 80 a.

[176] *Karsten Schmidt* HandelsR § 12 I 3 e; *Kuhn/Uhlenbruck* § 1 RdNr. 80 a.

durch den Geschäftsinhaber oder die Gesellschafter geändert werden, sofern der Konkursverwalter zustimmt.[177] Erst Recht kann der **Gemeinschuldner die Firma nicht löschen lassen,** was aber auch für den Konkursverwalter gilt, weil das nicht zu seinem Aufgabenbereich gehört.[178]

d) Die Notwendigkeit zur Bildung einer Ersatzfirma. Für den Einzelkaufmann stellt 59 sich die Frage nicht, weil er durch die Veräußerung des Handelsgeschäfts seine Kaufmannseigenschaft und damit auch das Recht zur Führung einer Firma verliert. Nicht so eindeutig ist die Rechtslage bei den Personenhandelsgesellschaften. An sich werden OHG und KG, mangelt es zufolge der Geschäftsveräußerung nunmehr an einem Handelsgewerbe, zu Gesellschaften bürgerlichen Rechts. Doch ist aus § 156 wohl herzuleiten, daß sie bis zum Ende der Liquidation als Handelsgesellschaft abgewickelt werden und damit auch eine Firma zu führen haben (§ 17 RdNr. 14 f.).[179] Hat der Konkursverwalter das Unternehmen einer GmbH oder AG veräußert, muß nach **hM die Firma der in Konkurs befindlichen Gesellschaft** – die ja, wie Kapitalgesellschaft und Formkaufmann, jedenfalls bis zur Löschung im Handelsregister besteht (RdNr. 39) – **in jedem Fall geändert werden.** Es soll nicht korrekt sein, nur unter den Voraussetzungen von § 30 im Hinblick auf die fehlende Unterscheidbarkeit durch Beifügung eines unterscheidungskräftigen Zusatzes unter Beibehaltung der Firma im übrigen (oder durch die Aufnahme eines Nachfolgezusatzes in die Firma des Erwerbers) Abhilfe zu schaffen; zu berücksichtigen sei der bei der GmbH „infolge der Veräußerung eintretende Rechtsverlust", wie auch zumindest vorübergehend eine Firmenverdoppelung die Folge sei.[180] Ist eine Firmenänderung nötig – gleich, ob ihr ein Zusatz beigefügt oder eine völlig neue Firma angenommen wird –, kann sie jedenfalls durch die Gesellschafter im Einverständnis mit dem Konkursverwalter beschlossen werden.[181] In der Praxis scheitert dieser Weg häufig an dem Widerstand der Gesellschafter. Die heute überwiegende Meinung nimmt aber an, daß der Konkursverwalter selbst ohne Mitwirkung der Gesellschafter eine neue Firma (Ersatzfirma) bestimmen kann. Zwar ist er nicht befugt, bezüglich der Firma eine Satzungsänderung zu beschließen. Doch kann er autark, von seinem Verwertungsrecht als Konkursverwalter getragen, über die Bildung einer Ersatzfirma gemäß § 4 AktG, § 4 GmbHG entscheiden[182] und die Ersatzfirma auch zur Eintragung im Handelsregister anmelden.[183]

Stellungnahme: es ist richtig, während des Konkursverfahrens neben der im Einver- 60 nehmen mit dem Konkursverwalter möglichen Beschlußfassung der Gesellschafter ein selbständiges Bestimmungsrecht des Konkursverwalters über eine Ersatzfirma anzunehmen. Praktisch gewährleistet nur eine solche Berechtigung des Konkursverwalters problemlos die Verwertung der Firma zugunsten der Gläubiger, wenn die Veräußerin eine Ersatzfirma annehmen muß. Dagegen läßt die Forderung nach genereller Annahme einer Ersatzfirma durch die im Konkurs befindliche Gesellschaft, die de facto **nur noch den bloßen Mantel**

[177] OLG Karlsruhe NJW 1993, 1931; *Kilger/Karsten Schmidt* KO (Fn. 159) § 1 Anm. 2 D c bb; *Karsten Schmidt* HandelsR § 12 I 3 e; *Scholz/Karsten Schmidt* § 63 RdNr. 63. Nach *Grüneberg* (Die Rechtsposition der Organe der GmbH, S. 65, 70; *ders.* ZIP 1988, 1165 ff.) bleibt die Gesellschafterversammlung für die Bildung der Ersatzfirma zuständig; nur für den Fall des Untätigbleibens soll dem Konkursverwalter aus seiner konkursrechtlich bestimmten Aufgabenstellung das Recht zur eigenständigen Wahl einer Ersatzfirma erwachsen, um die weitere Verwertung der Konkursmasse zu ermöglichen.

[178] BayObLGZ 1979, 65, 67; *Heymann/Emmerich* § 17 RdNr. 37; *Kuhn/Uhlenbruck* § 1 RdNr. 80 a.

[179] *Schlegelberger/Karsten Schmidt* § 156 RdNr. 9; *Karsten Schmidt* HandelsR § 12 I 1 e bb; wohl auch *Baumbach/Hopt* § 156 RdNr. 2; aA *Ul-*

mer NJW 1983, 1697, 1698: § 156 erfahre bei Liquidation unter Veräußerung des gesamten Handelsgeschäfts eine Einschränkung.

[180] *Ulmer* NJW 1983, 1697, 1700; *Hachenburg/Ulmer* § 63 RdNr. 91; *Wolf Schulz* ZIP 1983, 194, 195.

[181] *Scholz/Karsten Schmidt* § 63 RdNr. 63; jetzt auch *Hachenburg/Ulmer* § 63 RdNr. 92, anders vorher NJW 1983, 1697, 1701 f.

[182] *Wolf Schulz* ZIP 1983, 194 f.; *Ulmer* NJW 1983, 1697, 1701; *Hachenburg/Ulmer* § 63 RdNr. 92; *Scholz/Karsten Schmidt* § 63 RdNr. 61; *Kilger/Karsten Schmidt* (Fn. 159) § 1 Anm. 2 D c bb; *Kuhn/Uhlenbruck* § 1 RdNr. 80 c; *Baumbach/Hueck/Schulze-Osterloh* § 63 RdNr. 41; *Rowedder* § 63 RdNr. 39.

[183] OLG Düsseldorf MDR 1970, 425; *Ulmer* NJW 1983, 1697, 1702.

der Kapitalgesellschaft abwickelt, die realen Bezogenheiten außer acht. Die Gesellschaft ist nur noch zeitlich begrenzt abzuwickeln. Das Kammergericht[184] hat 1937, die tatsächliche Verdoppelung der Firma als Problem erkennend, sehr vorsichtig formuliert, es möchte sich „die Meinung vertreten lassen, daß die Handelsgesellschaft nach Art eines Einzelkaufmanns, der eine mit seinem bürgerlichen Namen übereinstimmende Firma einem anderen zur Fortführung überläßt, im Einvernehmen mit dem Erwerber grundsätzlich auch selbst weiterhin unter der für sie zugleich den allgemeinen Namen darstellenden Firma auftreten dürfe. Mindestens muß das dann zulässig sein, wenn die Gesellschaft die Firma nicht für ein neues Handelsgeschäft, sondern nur noch auf die Dauer des Konkurses in ihren sonstigen Rechtsbeziehungen führen soll". Das ist im Prinzip richtig, wobei wie folgt zu differenzieren ist: **Greift § 30 ein,** können sich der die Firma und das Unternehmen veräußernde Konkursverwalter und der Erwerber einigen, daß **der Erwerber die Firma mit einem unterscheidenden Zusatz fortführt.** Fügt der Erwerber absprachengemäß in der gesetzlich vorgeschriebenen Form einen Nachfolgezusatz bei, ist § 30 genügt, und die Firma der in Konkurs gefallenen Kapitalgesellschaft braucht nicht geändert zu werden. Die Firma einer Kapitalgesellschaft hat auch weiterhin Bestand, weil weder die Konkurseröffnung noch die Veräußerung durch den Konkursverwalter zum Erlöschen der Firma führt und die Firma auch nicht während des Konkursverfahrens gelöscht werden kann. Ohne den Namen kann die Gesellschaft nicht handeln. Eine Verdoppelung der Firmen tritt zufolge des beigefügten Nachfolgezusatzes nicht ein. Die Annahme einer neuen Firma ist auch nicht wegen der Veräußerung der Firma (zusammen mit dem Unternehmen) im Hinblick auf einen „infolge der Veräußerung eintretenden Rechtsverlust" (RdNr. 59) geboten, weil die Firma der Veräußerin bis zur Löschung Bestand hat und insbesondere die Beibehaltung nur für einen begrenzten Zeitpunkt bis zur Beendigung der Abwicklung erfolgt und der Erwerber, der sich sogar zur Aufnahme eines Nachfolgezusatzes bereiterklärt hat, hiermit einverstanden ist (vgl. auch RdNr. 61).

61   Will der Erwerber zwar seinerseits keinen Nachfolgezusatz in die Firma aufnehmen, ist er aber damit einverstanden, daß die Firma der Veräußerin von dieser bis zum Ende der Liquidation beibehalten wird, bestehen auch insoweit keine Bedenken. Der Bundesgerichtshof hatte den Fall zu entscheiden, daß eine übertragene Firmenbezeichnung noch etwa drei Jahre lang von dem Veräußerer weitergeführt und zur Abwicklung von Aufträgen benutzt wurde. Trotzdem während dieses Zeitraumes **„zwei Unternehmen mit identischer Bezeichnung existiert, die sich in derselben Branche geschäftlich betätigt haben",** hatte der BGH im Hinblick auf eine Vereinbarung der Parteien, daß die übertragende Gesellschaft die Bezeichnung für eine begrenzte Zeit zu Abwicklungszwecken sollte benutzen dürfen, keine Bedenken.[185] Zwar darf grundsätzlich keine (längerfristige) Vervielfältigung von Firmen oder Firmenbezeichnungen mit dinglicher Wirkung erfolgen. Wird aber die Firma in vollem Umfang auf den Erwerber übertragen und nur gleichzeitig mit schuldrechtlicher Wirkung vereinbart, die übertragende Gesellschaft könne die Firma weiterbenutzen, ist das jedenfalls dann zulässig, wenn die Benutzungserlaubnis nur für eine begrenzte Zeit zu Abwicklungszwecken erteilt wird.[186] Der Konkursverwalter muß aber im Hinblick auf § 30 einen unterscheidenden Zusatz beifügen.[187] Denn § 30 dient dem öffentlichen Interesse und kann nicht durch Parteivereinbarung außer Kraft gesetzt werden (Erl. § 30).[188]

62   Möchte der Erwerber keinen Nachfolgezusatz aufnehmen und ist er auch nicht mit einer begrenzten Firmenfortführung durch den Veräußerer einverstanden, muß der Konkursverwalter eine Ersatzfirma bestimmen und diese zur Eintragung im Handelsregister anmel-

[184] JFG 16, 160, 167.
[185] BGH NJW 1991, 1353, 1354; vgl. auch Baumbach/Hopt RdNr. 3.
[186] BGH NJW 1991, 1353, 1354.

[187] Scholz/Karsten Schmidt § 63 RdNr. 61: „unterscheidender (Konkurs-)Zusatz für die Schlußabwicklung"; aA die hM, vgl. Hachenburg/Ulmer § 63 RdNr. 91 mit Nachweisen.
[188] Baumbach/Hopt § 30 RdNr. 1.

den (RdNr. 59 f.). **Greift § 30 nicht ein,** ändert sich an den Ergebnissen nur in dem Fall etwas, daß der Erwerber mit der Beibehaltung der Firma durch die Gemeinschuldnerin bis zur Schlußabwicklung einverstanden ist. Es braucht dann kein im Sinn von § 30 unterscheidender Zusatz in die Firma aufgenommen zu werden.

e) Umfang der Übertragung. Maßgebend sind insoweit die Vereinbarungen der Parteien. Haben diese ausdrücklich nichts abgesprochen, ist von folgendem auszugehen: der Erwerber darf das **Unternehmen zusammen mit der Firma weiterveräußern.**[189] Der Erwerber kann ferner neue Zweigniederlassungen unter der erworbenen Firma errichten (§ 13 RdNr. 24). Umstritten ist, ob der Erwerber diese Zweigniederlassungen mit der Firma auf einen Dritten übertragen darf, weil hierdurch die fortgeführte Firma vervielfältigt wird. Nach hM ist ein solches Vorgehen nicht mehr von der Einwilligung des Veräußerers in die Firmenfortführung gedeckt. Das trifft in dieser Form zumindest für die Vervielfältigung der Zweigniederlassung einer Kapitalgesellschaft nicht zu. Auf § 13 RdNr. 24 bis 26 wird insoweit Bezug genommen (vgl. auch § 24 RdNr. 14).[190] 63

III. Die Fortführung der Firma durch den Erwerber

1. Grundsatz. Der Erwerber **muß die Firma nicht fortführen.** Er kann eine neue Firma mit der Folge annehmen, daß die bisherige Firma erlischt.[191] Hat er sich dem Veräußerer oder Verpächter gegenüber zur Fortführung der Firma verpflichtet, sind diese zur Durchsetzung des Anspruchs auf Beibehaltung der Firma auf den Zivilprozeß angewiesen, weil der Anspruch registerrechtlich nicht durchsetzbar ist.[192] Die Zulässigkeit der neuen Firma richtet sich nach § 18 Abs. 1. Die bisherige Firma erlischt, was der bisherige Inhaber zur Eintragung in das Handelsregister anzumelden hat. Das Registergericht trägt das Erlöschen ein und verwendet, anders als bei Firmenfortführung, ein neues Registerblatt für die Eintragung der neuen Firma (§ 18 RdNr. 3).[193] 64

Führt der Erwerber die Firma weiter, sind Änderungen nicht beliebig, sondern nur unter besonderen Voraussetzungen zulässig. Grundsätzlich muß die **Firma unverändert fortgeführt werden.**[194] Denn es darf im Rechtsverkehr auf keinen Fall zu Zweifeln an der Identität der bisherigen mit der fortgeführten Firma kommen.[195] Das kann deshalb zu Schwierigkeiten führen, weil im Rahmen der §§ 22, 24 zwar gewisse Unwahrheiten hinzunehmen sind – bei der Firma des Einzelkaufmanns lassen sich uU nicht einmal Rückschlüsse auf den Geschäftsinhaber zum Zeitpunkt der Firmenbildung ziehen (§ 18 RdNr. 10) –, doch macht der Grundsatz der Firmenwahrheit, wie er insbesondere in § 18 Abs. 2 zum Ausdruck kommt, vor den §§ 22, 24 nicht halt,[196] und auch eine fortgeführte Firma darf nicht geeignet sein, im Rechtsverkehr „unzutreffende Vorstellungen über Art, Umfang und Rechtsverhältnisse des Unternehmens hervorzurufen".[197] Die Forderung nach Firmenwahrheit setzt sich gegenüber dem Recht auf unveränderte Firmenfortführung, die den Rechtsverkehr täuschen würde, durch (schon RdNr. 2).[198] Eine durch einen Firmen- 65

---

[189] Heymann/*Emmerich* RdNr. 14; Staub/*Hüffer* RdNr. 39.
[190] Vgl. auch *Bokelmann* GmbHR 1978, 265; 1982, 153; *ders.* KTS 1982, 27, 50 f.
[191] OLG Celle BB 1974, 387; LG Nürnberg-Fürth BB 1976, 810; Staub/*Hüffer* RdNr. 42; Heymann/*Emmerich* RdNr. 15; Schlegelberger/*Hildebrandt/Steckhan* RdNr. 17.
[192] KG JFG 5, 212, 214; OLG Rostock OLG Rspr. 41, 193, 194; Staub/*Hüffer* RdNr. 42; Schlegelberger/*Hildebrandt/Steckhan* RdNr. 17.
[193] KG OLGZ 1965, 315, 319; BayObLGZ 1971, 163, 165 f.; Baumbach/*Hopt* RdNr. 13.
[194] *Heinrich,* Firmenwahrheit und Firmenbeständigkeit, RdNr. 142 ff.; Baumbach/*Hopt* Rd-

Nr. 15 f.; Heymann/*Emmerich* RdNr. 18 ff.; Koller/*Roth*/Morck RdNr. 17; Staub/*Hüffer* RdNr. 44 ff.; *Bokelmann* Firmenrecht RdNr. 695 ff.; *Wessel/Zwernemann,* Die Firmengründung, RdNr. 469 ff.
[195] BGHZ 44, 116, 120.
[196] BGHZ 44, 116, 120; 44, 286, 287; 53, 65, 66; 68, 12, 14; 68, 271, 273; vgl. auch RGZ 162, 121, 123; 169, 147, 150; KG OLGZ 1965, 124, 129 = NJW 1965, 254, 255; BayObLGZ 1978, 44, 46; OLG Frankfurt OLGZ 1979, 402, 404; 1980, 302, 304.
[197] BGHZ 68, 266, 273; vgl. auch BGHZ 53, 65, 67.
[198] BGHZ 44, 286, 287.

bestandteil drohende Täuschung läßt sich meistens auch nicht durch Weglassen der zu beanstandenden Teile beheben. Denn im Zweifel wird ein solches Vorgehen die Identität der Firma in Frage stellen (vgl. aber RdNr. 69 ff.). Im übrigen muß auch eine Firma, die zur Firmenbildung einer Gesellschaft verwandt wird, im wesentlichen unverändert bleiben, um nicht Zweifel an ihrer Identität hervorzurufen (§ 19 RdNr. 13). Insoweit gelten die Überlegungen zu dem Gebot der Übernahme des vollständigen Namens der Namengeberin im Rahmen von § 19 (dort RdNr. 34 f.) überwiegend auch hier (anders für die auf die Gesellschaftsform hinweisenden Zusätze). Zur Firmenfortführung nach § 25, die weit weniger als § 22 voraussetzt, wird auf *Lieb* § 25 RdNr. 61 ff. Bezug genommen (vgl. auch § 27 RdNr. 32 ff.).

66 **2. Zulässige Änderungen der fortgeführten Firma.** Die frühere Praxis verfuhr streng. Der ursprünglichen Firma durften mit Ausname des Nachfolgezusatzes **keine weiteren Zusätze beigefügt werden.**[199] Nur ganz unwesentliche Änderungen sollten zulässig sein.[200]

67 **a) Unwesentliche und wesentliche Änderungen. Unwesentlich** sind etwa Änderungen in der Schreibweise („OPTIKA" statt „optika"), weil die Identität hiervon nicht berührt wird.[201] Auch darf ein ausgeschriebener Rechtsformzusatz abgekürzt werden, sofern die Abkürzung anerkannt für die volle Bezeichnung steht (GmbH, AG, KG), was ebenfalls für den umgekehrten Fall gilt.[202] Ferner dürfen in der Firma enthaltene Initialen fortgelassen, die alte Schreibweise durch die moderne ersetzt („Fotohandlung" anstelle von „Photohandlung"; auch „. . . & Co." in „. . . und Co.") und das Gründungsjahr hinzugefügt oder weggelassen werden.[203]

68 Nach der Rechtsprechung handelt es sich **bei Eingriffen in Namensbestandteile** (Fortlassen von Vornamen oder Familiennamen; Abkürzungen von ausgeschriebenen Vornamen und umgekehrt) um **wesentliche und damit nach § 22 nicht zulässige Änderungen.**[204] An einer zulässigen Firmenfortführung fehlt es auch dann, wenn der Erwerber als Firma die schlagwortartige Bezeichnung des Handelsgeschäfts des Veräußerers unter Beifügung des Gesellschaftszusatzes annimmt.[205] Die Fortführung der bisherigen Firma ist ferner zu verneinen, wenn aus der Firma eines Einzelkaufmanns nur der Sachzusatz übernommen wird, weil der Firmenkern auf keinen Fall entfallen darf.[206]

69 **b) Wesentliche Änderungen im Allgemeininteresse und im Interesse des Inhabers.** Im Laufe der Zeit wurde **die früher strenge Praxis (RdNr. 65) abgemildert.** Die Gerichte erkannten sachgerecht, daß ein die Verkehrsanschauung außer acht lassender Formalismus zu vermeiden ist[207] und es darauf ankommt, ob nach der Auffassung des Verkehrs die bisherige Firma fortgeführt wird.[208] Betrifft die Änderung nicht die Individualisierung der Firma und können keine Zweifel an der Identität aufkommen, ist eine Änderung zulässig.[209] Wesentliche Änderungen aber sollten, wie man überwiegend annahm, nicht zulässig sein.[210]

---

[199] KG JW 1929, 2155 f. mit zustimm. Anm. *Bondi*; vgl. ferner RGZ 96, 195, 197: die abgeleitete Firma darf „nur entweder so fortgeführt werden, wie sie lautet, oder gar nicht; RGZ 133, 318, 325 f.; 152, 365, 367.

[200] RGZ 113, 306, 308 f.; 162, 121, 123.

[201] OLG Celle OLGZ 1977, 59, 64 = NJW 1976, 2021, 2022.

[202] HM, vgl. *Wessel/Zwernemann*, Die Firmengründung, RdNr. 238 mit Beispielen; Staub/*Hüffer* RdNr. 58 und § 19 RdNr. 19.

[203] RGZ 113, 306, 309; KG JW 1929, 2155 f. mit Anm. *Bondi*; Heymann/*Emmerich* RdNr. 21; *Bokelmann* Firmenrecht RdNr. 697 f.

[204] BGHZ 30, 288; OLG Hamm NJW 1965, 764: nicht statt „Ida R." Änderung in „R.-KG";

Baumbach/*Hopt* RdNr. 15; Heymann/*Emmerich* RdNr. 26; Staub/*Hüffer* RdNr. 50; Schlegelberger/*Hildebrandt/Steckhan* RdNr. 18; *Bokelmann* Firmenrecht RdNr. 697.

[205] RGZ 145, 274, 278 ff.

[206] OLG Bremen NJW 1963, 111; Staub/*Hüffer* RdNr. 50; Heymann/*Emmerich* RdNr. 26.

[207] RGZ 113, 307, 309; 145, 274, 279; 162, 121, 123; BGH NJW 1959, 1081.

[208] RGZ 131, 27, 29; 133, 318, 325.

[209] OLG Hamm NJW 1965, 764 f. mit eingehenden Nachweisen; vgl. auch KG JW 1929, 2155 f. mit Anm. *Bondi*.

[210] Vgl. die eingehende Untersuchung von *Pabst* DNotZ 1960, 33 ff., 42.

Den allgemeinen Durchbruch zu einer großzügigeren Handhabung brachte die **70** „Frankona"-Entscheidung des Bundesgerichtshofs.[211] Danach können solche Änderungen vorgenommen werden, die nachträglich **im Interesse der Allgemeinheit notwendig oder wünschenswert sind** (etwa bei Erweiterung oder Einschränkung des Geschäftsumfangs, Fallenlassen eines bisherigen oder Aufnahme eines neuen Geschäftszweiges, Änderung des Firmensitzes, sofern der Sitz in der Firma aufgenommen ist). Die Beibehaltung der nicht mehr zutreffenden Angaben in der Firma würde täuschen. Vermieden werden soll in diesen Fällen die Irreführung des Publikums.[212] Die Entscheidung ist insoweit nicht ganz klar, als von Änderungen die Rede ist, die sich „nach Übergang des Geschäfts" ergeben.[213] Sinngemäß müssen damit aber zumindest auch Änderungen gemeint sein, die schon im Augenblick der Übernahme nötig sind. Denn andernfalls müßte – was keinen Sinn ergibt, will § 22 doch gerade den Wert der alten Firma erhalten – der Erwerber eine neue Firma annehmen, weil die bisherige nicht den von ihm beabsichtigten Zuschnitt des erworbenen Unternehmens abdeckt.[214]

In vielen Fällen wird sogar **eine Pflicht des Erwerbers zur Abänderung der Firma** **71** bestehen. So darf etwa der Einzelkaufmann in der übernommenen Firma nicht den Zusatz „& Co." ohne Nachfolgezusatz beibehalten.[215] Das gilt auch für **geographische Angaben,** soweit ihnen Aussagekraft zukommt (näher § 18 RdNr. 103 ff.), die **Kennzeichnung des Unternehmensgegenstandes** und **persönliche Titel und Würden** des Inhabers, insbesondere **akademische Grade.** Der Titel kann, fehlt dem Erwerber die entsprechende Qualifikation, entweder (Firmenänderung!) aus der Firma entfernt oder aber ein Nachfolgezusatz aufgenommen werden (näher mit Nachweisen § 18 RdNr. 76 f., 79). Erweckte die veräußerte Firma bei dem Veräußerer zu Recht einen **amtlichen Eindruck,** weil entsprechende Verbindungen bestanden (§ 18 RdNr. 83 ff.), muß die Firma auf jeden Fall geändert werden, wenn die Verbindungen unter dem Erwerber nicht mehr bestehen. Eine Änderung wird in diesem Fall aber schwierig wenn nicht gar unmöglich sein, weil die Firmenidentität nicht verloren gehen darf (RdNr. 65). Denn auch wenn die Änderung im Allgemeininteresse liegt, darf die Firmenidentität zwar „Kratzer" bekommen, nicht aber völlig aufgehoben werden.[216] Auch ein Inhabervermerk dürfte hier nicht Abhilfe schaffen, weil aus ihm nicht ersichtlich wäre, daß unter dem neuen Inhaber keine Beziehungen mehr bestehen, die den amtlichen Charakter früher rechtfertigten.[217] Zwar muß das Registergericht bei nachträglich unwahr gewordenen Firmen (§ 18 RdNr. 51 ff.) nicht unbedingt nach § 37 Abs. 1 in Verbindung mit § 140 FGG oder nach § 142 FGG einschreiten (vgl. aber *Lieb/Krebs* § 37 RdNr. 35), doch verbietet sich eine solche Handhabung bei einer Firma, die täuschend den Eindruck einer Verbindung zu amtlichen Stellen hervorruft. Wie auch sonst täuscht ein auf „ag" oder „AG" endendes **Firmenschlagwort** (§ 18 RdNr. 17), wenn die Erwerberin keine Aktiengesellschaft ist. Die Firma muß geändert werden.[218] Zulässig ist hier jedenfalls ein Nachfolgezusatz. Ob das Schlagwort so prägend ist, daß eine „Streichung" die Firmenidentität zerstört, ist Tatfrage.[219] Bei einer Änderung des Geschäftsgegenstandes selbst oder seines Umfangs besteht ebenfalls ein Interesse der Öffentlichkeit, so daß die Firma geändert und fortgeführt werden darf.[220] Entsprechendes gilt für einen Sitzwechsel, wenn der Sitz Teil der Firma ist.[221]

[211] BGHZ 44, 116 = NJW 1965, 1915; vgl. aber schon KG DR 1941, 1942; BGH BB 1957, 943, 944; OLG Hamm NJW 1965, 764.

[212] Staub/*Hüffer* RdNr. 54.

[213] BGHZ 44, 116, 119.

[214] Vgl. Staub/*Hüffer* RdNr. 54.

[215] BGHZ 53, 65.

[216] Staub/*Hüffer* RdNr. 55.

[217] Schlegelberger/*Hildebrandt/Steckhan* RdNr. 21; anders insoweit Staub/*Hüffer* RdNr. 56.

[218] Staub/*Hüffer* RdNr. 56; aA Hachenburg/ *Heinrich* RdNr. 75.

[219] Vgl. BGHZ 44, 116, 120: selbst die Aufnahme

des volltönenden Wortes „Frankona" konnte im Hinblick auf einen bereits in der Firma vorhandenen einprägsamen Zusatz keine Zweifel an der Identität wecken.

[220] OLG Hamm Rpfleger 1967, 414: der Erwerber kann solche Änderungen vornehmen, die sich aus der Aufgabe eines bisherigen Geschäftszweiges ergeben; Staub/*Hüffer* RdNr. 56; *Bokelmann* Firmenrecht RdNr. 708.

[221] AG Regensburg DNotZ 1956, 502; KG Deutsches Recht 1941, 1942 mit Anm. *Groschuff:* Sitzverlegung auf Anordnung der zuständigen Behörde.

72   Besteht **kein Interesse der Allgemeinheit an der Firmenänderung,** so darf der Erwerber die übernommene Firma dann ändern, wenn sich die Verhältnisse geändert haben und
eine Änderung der Firma im Hinblick auf geänderte Verhältnisse vom Standpunkt des
Firmeninhabers **bei objektiver Beurteilung ein „sachlich berechtigtes Anliegen"** ist.[222]
Unabdingbare Voraussetzung ist aber, daß dies unter Beachtung der Grundsätze der Firmenbildung geschieht und kein Zweifel an der Identität besteht.[223] Die Entscheidung des
Bundesgerichtshofs deckt auch **Abänderung, Hinzufügung und Entfernung eines Zusatzes** ab. Diese Maßnahmen stellen wesentliche Änderungen dar, die nur unter den eben
genannten Voraussetzungen zulässig sind.[224] Die Frage, ob die Identität noch gewahrt ist,
beurteilt sich nach dem Gesamtbild der Firma, weil Kern und Zusatz als firmenrechtliche
Einheit zu sehen sind (§ 18 RdNr. 12).[225] Bei der Beurteilung sollte nicht kleinlich vorgegangen werden, weil andernfalls die Weiterführung der ursprünglichen Firma entgegen
dem Zweck von § 22 über Gebühr erschwert würde. Es ist kein einleuchtender Grund
ersichtlich, warum der Erwerber der ursprünglichen Firma „Carl Richard Sch." Nicht
sollte „Carisch-Kaffee" hinzusetzen dürfen.[226]

73   **3. Der Nachfolgezusatz.** Das deutsche Recht gebietet für fortgeführte Firmen nicht
zwingend die Aufnahme eines Nachfolgezusatzes (§ 18 RdNr. 10). Die Aufnahme kann
aber erforderlich sein, um Täuschungen auszuschließen, die etwa von einem nicht mehr
zutreffenden Rechtsformzusatz oder Titeln ausgehen, die dem Erwerber nicht zustehen
(Beispiele RdNr. 70). Muß der Erwerber keinen Rechtsformzusatz aufnehmen, kann er
ihn aber zu jedem Zeitpunkt dennoch in die Firma aufnehmen und auch wieder ablegen,
ohne die Firmenidentität in Frage zu stellen.[227] Den Erwerber können aber vertragliche
Bindungen zur Führung und Beibehaltung des Zusatzes zwingen. Der Nachfolgezusatz ist
Teil der Firma. Die Aufnahme, Streichung oder Abänderung des Zusatzes ist daher zur
Eintragung in das Handelsregister anzumelden; die für die Änderung eventuell erforderliche Form (bei Kapitalgesellschaften notarielle Beurkundung) ist einzuhalten.

74   Der Zusatz kann etwa lauten Nachfolger (Nachf.), Erben, Inhaber oder Söhne, wobei
der Name des Erwerbers nicht genannt zu werden braucht. Für den Nachfolgezusatz gilt,
enthält er den Namen des Erwerbers, § 18 Abs. 1 nicht, so daß der Vorname abgekürzt
oder weggelassen werden darf.[228] Für den Nachfolgezusatz kann auch „vormals" („vorm.")
verwandt werden. Das ist aber nur zulässig, wenn sich der Veräußerer mit der Fortführung
der Firma einverstanden erklärt, **weil auch die Annahme einer neuen Firma mit dem
Vermerk „vormals Friedhelm Maier" einen Fall der Firmenfortführung darstellt.**
Ohne Gestattung der Firmenfortführung darf eine neue Firma des Erwerbers nicht die
Firma des Veräußerers enthalten.[229]

75   **Mehrfacher Erwerb des Handelsgeschäfts:** Enthält die Firma bereits einen Nachfolgezusatz, darf dieser nicht beibehalten werden, wenn er zwischenzeitlich unrichtig geworden
ist. Der nunmehrige Inhaber muß die Firma ändern, also den Nachfolgezusatz „streichen"
oder zumindest einen weiteren Nachfolgezusatz anbringen („Friedhelm Maier, Nachfolger
Fritz Unruh jetzt Karl Diener").[230]

---

[222] BGHZ 44, 116, 120.
[223] Vgl. auch OLG Düsseldorf GmbHR 1987,
189; LG München I NJW-RR 1990, 1373.
[224] Staub/*Hüffer* RdNr. 50.
[225] BayObLG MDR 1981, 849: die von einer
GmbH übernommene Firma eines Einzelkaufmanns
darf nicht durch Hinzufügung einer Sachbezeichnung geändert werden, wenn dadurch Zweifel an
der Identität auftreten können. Das soll dann der Fall
sein, wenn die bisherige Firma „Salek L" in „Salek
L Kunststoffwerk GmbH" geändert wird. Zweifelhaft!

[226] *Bokelmann* Firmenrecht RdNr. 703 f.; **aA** KG
JW 1929, 2155 mit zustimm. Anm. *Bondi;* Baum-
bach/*Hopt* RdNr. 15.
[227] KGJ 53 A 95 f.; Heymann/*Emmerich*
RdNr. 22; Schlegelberger/*Hildebrandt/Steckhan*
RdNr. 22; Staub/*Hüffer* RdNr. 45.
[228] Heymann/*Emmerich* RdNr. 23; Staub/*Hüffer*
RdNr. 46.
[229] RGZ 5, 110, 113 zu § 24; BayObLG
OLGRspr. 10, 229; vgl. auch OLG Hamm BB
1960, 959; Heymann/*Emmerich* RdNr. 24.
[230] OLG Hamm OLGZ 1986, 21; Heymann/
Emmerich RdNr. 21; *Bokelmann* Firmenrecht
RdNr. 684.

4. Vereinigung von Firmen und Fortführung als Firma der Zweigniederlassung. 76
Nach überwiegender Meinung kann die Firma eines mit dem Recht auf Firmenfortführung erworbenen Unternehmens **mit einer von dem Erwerber bereits für sein Unternehmen geführten Firma aus wirtschaftlichen Gründen** (Erhaltung des Firmenwerts; Handelsgesellschaften dürfen nur eine Firma führen und die Erwerberin muß auf ihre bisherige Firma verzichten, wenn sie die Firma des erworbenen Unternehmens fortführt[231]) **vereinigt (zusammengefaßt)** werden.[232] Die dogmatische Begründung gelingt kaum sauber. Denn die übernommene Firma muß grundsätzlich unverändert fortgeführt werden, Zweifel an der Identität der bisherigen und der fortgeführten Firma dürfen nicht auftreten, und es darf auch nichts hinzugefügt werden, was zu einem Identitätsverlust oder Zweifeln führen kann. Tatsache aber ist, daß beide Firmen durch Hinzufügung der anderen jeweils in der Regel erheblich verändert werden.[233] Trotzdem verdient die hM den Vorzug, weil die Fortführung der Firma „gerade in den Fällen ermöglicht werden soll, in denen eine gleichlautende Firma nach den dafür geltenden Grundsätzen nicht neu gebildet werden könnte".[234] Mit der Vereinigung entsteht eine neue Firma, und das Firmenrecht an der neu erworbenen Firma erlischt. Trennen sich die Unternehmen später wieder, kann das seinerzeit dazuerworbene Unternehmen nicht wieder seine bereits erloschene Firma annehmen.[235]

Soll die Firma eines übernommenen Unternehmens aus wirtschaftlichen Gründen erhalten bleiben, kann dieses **als Zweigniederlassung aufgezogen und unter der Firma des übernommenen Unternehmens geführt** werden. Denn die Firma der Zweigniederlassung braucht nicht mit der des Hauptunternehmens identisch zu sein. Es reicht, wenn der Zusammenhang zwischen Haupt- und Zweigniederlassung in der Firma der Zweigniederlassung deutlich zum Ausdruck kommt (§ 13 RdNr. 22).[236] 77

IV. Einzelfälle zur Fortführung von Firmen

1. Überblick. Grundsätzlich dürfen – gleich, ob Firmen nach den §§ 22, 24 fortgeführt 78
werden oder eine Gesellschaft einer anderen ihren Namen geben will – nicht Teile der Firma verändert oder weggelassen werden. Im Rechtsverkehr darf es **nicht zu Zweifeln an der Identität der bisherigen mit der fortgeführten Firma kommen** (RdNr. 65). Zulässig ist nach dem Gesetz die Beifügung eines Nachfolgezusatzes, § 22 Abs. 1. Zulässig sind ferner unwesentliche Änderungen (RdNr. 67 f.). Hierunter fällt auch das Abkürzen von in der ursprünglichen Firma enthaltenen Rechtsform- und Gesellschaftszusätzen und umgekehrt (RdNr. 67). Zweifel können insoweit nicht aufkommen, weil das „dem Auge und Ohr sich einprägende Klangbild"[237] durch einen die Rechtsform offenbarenden Zusatz nicht berührt wird.[238] Darüber hinausgehende, wesentliche Änderungen sind nur unter den Voraussetzungen RdNr. 69 ff. zulässig.

Die Firma des Einzelkaufmanns und der Personenhandelsgesellschaft ist als Personenfirma 79
konzipiert (§§ 18, 19), während Kapitalgesellschaften auch (bzw. primär) eine Sachfirma führen (§ 4 GmbHG, § 4 AktG). Tatsächlich kann aber auch die Firma einer Personenhandelsgesellschaft aus einer reinen Sachbezeichnung bestehen, wenn nämlich der namengebende Gesellschafter eine GmbH war, die eine Sachfirma führte und die später ausschied,

---

[231] BGHZ 67, 166, 167 mit eingehenden Nachweisen.
[232] RGZ 152, 365, 368; KGJ 51 A 114; Baumbach/*Hopt* RdNr. 19; Heymann/*Emmerich* RdNr. 25; Schlegelberger/*Hildebrandt/Steckhan* RdNr. 23 aE; Staub/*Hüffer* RdNr. 51 f.; *Bokelmann* Firmenrecht RdNr. 700, 769 ff.
[233] *Bokelmann* Firmenrecht RdNr. 771.
[234] Staub/*Hüffer* RdNr. 52; im Ergebnis ebenso Hachenburg/*Heinrich* § 4 RdNr. 78; anders RGZ 159, 211, 220.

[235] Staub/*Hüffer* RdNr. 52; Heymann/*Emmerich* RdNr. 25; anders OLG Frankfurt OLGZ 1971, 50; Baumbach/*Hopt* RdNr. 19.
[236] RGZ 113, 213; *Heinrich,* Firmenwahrheit und Firmenbeständigkeit, RdNr. 163; Staub/*Hüffer* RdNr. 53; *Bokelmann* Firmenrecht RdNr. 770.
[237] RGZ 104, 341, 342.
[238] *Wiedemann* ZGR 1975, 354, 358.

wobei an ihre Stelle eine natürliche Person als Komplementär trat. Eine Firma „Kommanditgesellschaft Union-Bau Altona GmbH & Co." ist rechtlich zulässig. Auf § 19 RdNr. 2 wird Bezug genommen.

80   **2. Streichung von Rechtsformzusätzen und bestimmten Gesellschaftszusätzen. a) Führt ein Einzelkaufmann die Firma fort,** können die Firmenbestandteile AG, GmbH, OHG oder KG nur dann beibehalten werden, wenn ein unmißverständlicher Nachfolgezusatz beigefügt wird. Sonst muß der irreführende Rechtsformhinweis gestrichen werden.[239] Die Streichung ist erlaubt, weil der Rechtsformzusatz und bestimmte Gesellschaftszusatz nicht an dem „Auge oder Ohr sich einprägenden Klangbild" (RdNr. 78) teilhat.[240] Zulässig ist es auch, sowohl den Rechtsformzusatz (bestimmten Gesellschaftszusatz) zu streichen wie einen Nachfolgezusatz in die Firma aufzunehmen.[241] Das gilt auch dann, wenn die fortgeführte Firma nur einen Familiennamen ohne Vorname enthält.[242] Führt der Einzelkaufmann die Firma einer GmbH & Co. KG fort, muß „GmbH & Co. KG" in Fortfall kommen oder ein Nachfolgezusatz Aufnahme in die Firma finden.[243]

81   **b) Fortführung der Firma durch eine Personenhandelsgesellschaft.** Führen OHG oder KG die Firma einer AG oder GmbH fort, sind die Rechtsformzusätze AG und GmbH zu streichen oder es ist ein Nachfolgezusatz aufzunehmen.[244] Führt die Firma einer OHG oder KG eine entsprechende Personenhandelsgesellschaft fort (etwa eine OHG eine OHG), ist nichts zu veranlassen. Im umgekehrten Fall (Übernahme einer KG-Firma durch eine OHG) hielt man früher die Beibehaltung der Firma für zulässig.[245] Dem ist aber nicht zu folgen, weil der Rechtsformhinweis (KG anstelle von OHG) falsch ist.[246]

82   **c) Fortführung der Firma durch eine AG, GmbH oder GmbH & Co. KG.** Die Gesellschaftszusätze OHG und KG haben in der Firma von Kapitalgesellschaften nichts zu suchen, weil sie täuschen würden. Sie sind zu streichen; auch ein Nachfolgezusatz kommt in Betracht. Entsprechendes gilt für die Firma einer GmbH, die die Firma einer AG fortführt und umgekehrt. Die GmbH & Co. KG muß, leitet sie ihre Firma von einer OHG, AG oder GmbH her, die nicht mehr zutreffenden Zusätze entweder streichen oder sich eines Nachfolgezusatzes bedienen.[247]

83   **3. Handhabung bei unbestimmten Gesellschaftszusätzen. a) Führt ein Einzelkaufmann die Firma fort,** darf er in der übernommenen Firma den Zusatz **„& Co."** nicht beibehalten, es sei denn, er fügt einen Nachfolgezusatz bei. Denn „& Co." in der Firma eines Einzelkaufmanns ist geeignet, irrige Vorstellungen über das Unternehmen und seine Träger hervorzurufen.[248] Vergleichbare Fragen ergeben sich, wenn die Firma einer OHG so gebildet worden ist, daß sie die Namen einiger Gesellschafter (nicht aller) mit dem Gesellschaftszusatz OHG enthält (§ 19 RdNr. 17). In Fortfall kommen muß natürlich der Zusatz OHG. Da aber auch nicht die Namen der in der Firma genannten Gesellschafter beibehalten werden können und auch eine Reduzierung der Namen aus Gründen der Firmenidentität nicht möglich ist, bleibt nur die Verwendung eines Nachfolgezusatzes.[249]

84   Ähnliches gilt für die unbestimmten Gesellschaftszusätze **„& Sohn", „Geschwister", „Erben"** und so fort. Sie weisen auf eine Mehrheit von Gesellschaftern und Haftenden

---

[239] BBHZ 53, 65, 68 f.; BayObLGZ 1978, 48, 50; *Heinrich,* Firmenwahrheit und Firmenbeständigkeit, RdNr. 164; Schlegelberger/*Hildebrandt*/ *Steckhan* RdNr. 20; Staub/*Hüffer* RdNr. 62; Heymann/*Emmerich* RdNr. 27.

[240] BGH NJW 1959, 1081; BGHZ 46, 7, 12; *Wiedemann* ZGR 1975, 354, 358; Baumbach/*Hopt* RdNr. 17; Schlegelberger/*Hildebrandt/Steckhan* RdNr. 19; Staub/*Hüffer* RdNr. 59; *Bokelmann* Firmenrecht RdNr. 712.

[241] BGH NJW 1959, 1081.

[242] OLG Köln NJW 1964, 502; Heymann/*Emmerich* RdNr. 27.

[243] BGHZ 44, 286, 288; 68, 271, 273; Heymann/*Emmerich* RdNr. 28; Staub/*Hüffer* RdNr. 62; *Bokelmann* Firmenrecht RdNr. 735 ff.

[244] HM, vgl. etwa Staub/*Hüffer* RdNr. 63.

[245] OLG Düsseldorf NJW 1953, 831.

[246] BGHZ 68, 12, 15; *Wiedemann* ZGR 1975, 354, 359; *Wiek* JuS 1981, 105; Staub/*Hüffer* RdNr. 65; *Bokelmann* Firmenrecht RdNr. 752.

[247] HM, vgl. Staub/*Hüffer* RdNr. 66.

[248] BGHZ 53, 65, 69 gegen RGZ 133, 318, 325; Staub/*Hüffer* RdNr. 67.

[249] OLG Hamm NJW 1973, 2000; Staub/*Hüffer* RdNr. 72.

hin, während es in Wahrheit nur einer ist. Einem solchen Zusatz kommt die gleiche Bedeutung wie die Aufnahme des Namens der so bezeichneten Person in die Firma zu.[250] Die Firma kann folglich nicht unverändert fortgeführt werden. Zumindest ist ein Nachfolgezusatz nötig. Hiervon zu sondern ist die Frage, ob die genannten Zusätze ebenso wie „& Co." einfach „gestrichen" werden können. Der Bundesgerichtshof[251] hat sie verneint, weil es sich insoweit um einen aussagekräftigen Teil der Firma und nicht lediglich einen farblosen Gesellschaftszusatz handele; die Aufnahme eines solchen Zusatzes sei auch zumutbar, weil hierdurch die Kennzeichnungskraft der Firma und ihr damit verbundener good will nicht wesentlich beeinträchtigt werde. Dem kann gefolgt werden.[252]

b) Fortführung der Firma durch eine Gesellschaft. Unbestimmte Gesellschaftszusätze **85** können zur Bildung der Firma einer OHG oder KG verwandt werden. Eine Täuschungsgefahr scheidet insoweit aus. Auch in die Firma einer Kapitalgesellschaft kann ein unbestimmter Gesellschaftszusatz aufgenommen werden. Der zwingend vorgeschriebene Rechtsformzusatz (§ 4 Abs. 2 GmbHG, § 4 Abs. 2 AktG) steht nicht entgegen. Auch in die Firma der GmbH & Co. KG können unbestimmte Gesellschaftszusätze aufgenommen werden,[253] sofern sie nicht im Einzelfall zu mangelnder Firmenklarheit führen (§ 19 RdNr. 52 und auch RdNr. 33). Auf § 24 RdNr. 18 wird ergänzend Bezug genommen.

V. Nießbrauch und Pacht (Absatz 2)

Das für den Fall der Veräußerung Ausgeführte gilt auch, wenn ein Unternehmen in **86** Nießbrauch oder Pacht gegeben wird. „Geschäftsinhaber" ist dann der Nießbraucher oder Pächter. Er wird in das Register eingetragen und der bisherige Inhaber gerötet. Der Pächter kann die bisherige Firma mit oder ohne Nachfolgezusatz führen. War der Verpächter nicht Vollkaufmann, so kann die Firma des Pächters, der Vollkaufmann ist, nicht so gebildet werden, daß Vor- und Zuname des Verpächters in der Firma vorangestellt und Vor- und Zuname des Pächters als Firmenkern in den Inhabervermerk aufgenommen werden.[254]

Die **Fortführung der Firma** setzt wie im Fall von Abs. 1 voraus, daß der bisherige Inha- **87** ber in die Fortführung der Firma einwilligt. Hieran fehlt es, wenn die verpachtende GmbH ihre bisherige Firma unverändert beibehält.[255] Bei **Beendigung des Nießbrauchs oder Pachtverhältnisses** ist der Übernehmer des Handelsgeschäfts, dem das Recht zur Firmenfortführung von dem bisherigen Geschäftsinhaber eingeräumt worden war, im Handelsregister zu löschen und zugleich der frühere Geschäftsinhaber wieder als Inhaber der Firma einzutragen. Löschung und Wiedereintragung sind vom Registergericht ohne Prüfung der materiellen Rechtslage aufgrund der Anmeldung beider Beteiligter zu vollziehen.[256]

VI. Verschmelzung und Spaltung nach dem neuen Umwandlungsrecht

1. Verschmelzung. § 2 UmwG vom 28. 10. 1994 (BGBl. I S. 3210) übernimmt in der **88** Sache unverändert den **Begriff der Verschmelzung** aus dem bisherigen Recht. Ein oder mehrere Rechtsträger übertragen ihr Vermögen als Ganzes unter Auflösung und ohne

---

[250] BGH NJW 1985, 736; *Hofmann* JuS 1972, 233, 240 f.; *Lindacher* BB 1977, 1676, 1679; Staub/*Hüffer* RdNr. 68 f.; Heymann/*Emmerich* RdNr. 28; *Bokelmann* Firmenrecht RdNr. 728.
[251] NJW 1985, 736, 737.
[252] Heymann/*Emmerich* RdNr. 28; *Bokelmann* Firmenrecht RdNr. 730; Baumbach/*Hopt* RdNr. 17; aA Staub/*Hüffer* RdNr. 69.

[253] Staub/*Hüffer* RdNr. 70.
[254] OLG Köln NJW 1963, 541.
[255] BayObLG MDR 1978, 760; Staub/*Hüffer* RdNr. 81.
[256] KGJ 39 A 107; Schlegelberger/*Hildebrandt*/*Steckhan* RdNr. 10.

Abwicklung entweder auf einen anderen bestehenden oder einen neuen, von ihnen dadurch gegründeten Rechtsträger gegen Gewährung von Anteilen oder Mitgliedschaften des
übernehmenden oder neuen Rechtsträgers an die Anteilsinhaber der übertragenden
Rechtsträger. Anteilsinhaber sind Gesellschafter, Aktionäre, Genossen oder Mitglieder. Die
verschmelzungsfähigen Rechtsträger ergeben sich aus § 3 UmwG.

89   Nach **§ 18 Abs. 1 Satz 1 UmwG** darf der übernehmende Rechtsträger die Firma eines
der übertragenden Rechtsträger, dessen Handelsgeschäft er durch Verschmelzung erwirbt,
mit oder ohne Beifügung eines Nachfolgezusatzes fortführen. Es handelt sich insoweit um
die Voraussetzungen von § 22 Abs. 1 HGB. Ein übernehmender Rechtsträger erwirbt
durch Verschmelzung das Handelsgeschäft – für das eine Firma geführt wird – von einem
übertragenden Rechtsträger. Das Regelungsbedürfnis ist das des § 22: die möglicherweise
traditionsreiche und wertvolle Firma soll erhalten bleiben. Anders als bei § 22 Abs. 1 soll
aber die Einwilligung des betroffenen übertragenden Rechtsträgers deshalb nicht erforderlich sein, weil dieser durch die Verschmelzung aufgelöst und voll beendigt wird und „also
kein Interesse mehr daran haben kann, daß sein Name nicht weiter verwendet wird"[257]
(vgl. aber noch RdNr. 91). Eine Personenhandelsgesellschaft darf die Firma eines übertragenden Rechtsträgers aber nur dann fortführen, wenn diese den Namen einer natürlichen
Person enthält, § 18 Abs. 1 Satz 2 UmwG.

90   Auch hier (zur formwechselnden Umwandlung vgl. § 21 RdNr. 15) kann das Registergericht genehmigen, daß eine Personenhandelsgesellschaft, die durch die Verschmelzung
das Handelsgeschäft eines übertragenden Rechtsträgers erwirbt, bei Bildung ihrer neuen
Firma den in der Firma dieses Rechtsträgers enthaltenen Namen einer natürlichen Person
verwendet und insoweit von § 19 HGB abgewichen wird, § 18 Abs. 2 UmwG.

91   Immer dann, wenn an einem der übertragenden Rechtsträger eine natürliche Person
beteiligt ist, die an dem übernehmenden Rechtsträger nicht mehr beteiligt wird, darf die
nunmehrige Firma nur verwendet werden, wenn der betroffene Anteilsinhaber oder dessen
Erben ausdrücklich in die Verwendung einwilligen, **§ 18 Abs. 3 UmwG.**

92   **2. Spaltung.** Nach § 123 UmwG kann ein Rechtsträger (übertragender Rechtsträger)

a) unter Auflösung ohne Abwicklung sein Vermögen aufspalten,

b) von seinem Vermögen einen Teil oder mehrere Teile abspalten,

c) aus seinem Vermögen einen Teil oder mehrere Teile ausgliedern.

Für Abspaltung und Ausgliederung schließt § 125 Satz 1 UmwG die Anwendbarkeit von
§ 18 UmwG (näher RdNr. 89 ff.) aus, **weil der firmenführende Rechtsträger fortbesteht.**[258] Bei der Aufspaltung erlischt der übertragende Rechtsträger.

§ 23 [Keine Veräußerung der Firma ohne das Handelsgeschäft]

**Die Firma kann nicht ohne das Handelsgeschäft, für welches sie geführt wird, ver-
äußert werden.**

Schrifttum (vgl. auch die Angaben zu § 22): *Forkel,* Die Übertragbarkeit der Firma, Festschrift für Pau-
lick, 1973 S. 101; *Holzapfel/Pöllath,* Recht und Praxis des Unternehmenskaufs, Rechtliche und steuerliche
Aspekte, 7. Aufl, 1994; *Rohnke,* Firma und Kennzeichen bei der Veräußerung von Unternehmensteilen,
WM 1991, 1405; *Schricker,* Rechtsfragen der Firmenlizenz, Festschrift für von Gamm, 1990, S. 289; *Schrom,*
Die abgeleitete Firma (§§ 21–24 HGB), DB 1964, Beilage 15/64; *Strohm,* Die Gestattung der Firmenfortfüh-
rung, Mitarbeiterfestschrift für Eugen Ulmer, 1973, S. 333.

[257] Begr. Regierungsentwurf, bei *Ganske* Umwandlungsrecht, 2. Aufl. 1994, S. 72.

[258] Begr. Regierungsentwurf, bei *Ganske* (Fn. 257)
S. 152.

I. Grundlagen

1. Bedeutung und Normzweck des § 23. § 23 **verbietet die Leerübertragung des** 1
Firmenrechts. Die Firma kann nicht von dem Unternehmen losgelöst, sondern nur zusammen mit ihm übertragen werden. Abgeleitete Firmen, die den Grundsatz der Firmenwahrheit (§§ 18, 19) relativieren, sind unter den Voraussetzungen der §§ 22 bis 28 zulässig, um den in der Firma enthaltenen Wert im Interesse des Inhabers zu bewahren. Zweck des § 23 ist es – was im übrigen schon aus den §§ 22 und 24 folgt –, die Übertragung der Firma zum Schutz des Wirtschaftsverkehrs auf die Fälle der §§ 22, 24 HGB zu beschränken.[1] Das Publikum begreift die Firma auch als das Unternehmen selbst, und es würde über die Kontinuität des Unternehmens getäuscht, könnte die Firma allein ohne das Unternehmen übertragen werden.[2] Im übrigen ist das schutzwürdige Interesse des Inhabers an dem Fortbestand der Firma an das dazugehörige Unternehmen gebunden, und es ist auch von daher kein vernünftiger Grund ersichtlich, die freie Übertragbarkeit des Firmenrechts allein zu gestatten. Eine allein auf selbständige Übertragung der Firma gerichtete Klage ist unzulässig, wenn nicht bereits vor Erhebung der Klage das Geschäft selbst von dem bisherigen Inhaber auf den Kläger übertragen worden ist.[3] Aus der seinerzeitigen **Änderung von** § 8 Abs. 1 WZG durch das Gesetz vom 23. 4. 1992 (BGBl. I S. 938; vgl. heute § 27 MarkenG) – die Übertragung des an einem Warenzeichen begründeten Rechts ist nicht mehr von der Übertragung auch des Geschäftsbetriebs oder des Teils des Geschäftsbetriebs, zu dem das Warenzeichen gehört, abhängig – läßt sich Gegenteiliges nicht herleiten. § 23 hat weiterhin Bestand, weil sich die der Änderung von 1992 zugrundeliegende Richtlinie des Rates vom 21. 12. 1988 (89/104/EWG) allein auf Marken beschränkt.[4] Nach § 2 Abs. 2 PartGG ist § 23 auf die Partnerschaft (§ 8 RdNr. 25) entspr. anzuwenden.

2. Abgrenzung zur Mantelverwendung. § 23 verbietet die Veräußerung der Firma oh- 2
ne das Unternehmen. Weder die Verwendung eines leeren GmbH-Mantels (die Gesellschaft hat ihren Geschäftsbetrieb eingestellt und verfügt auch nicht über genügend Vermögen, um ihrem satzungsmäßigen Unternehmensgegenstand nachgehen zu können) noch einer „Vorrats"-GmbH unterfallen aber dem Verbot des § 23.[5] Unter ausdrücklicher Bezugnahme auf § 22 RdNr. 9 ff. ergibt sich: der Mantel einer Kapitalgesellschaft (GmbH oder AG) besteht unter den dargestellten Voraussetzungen als „leere Hülse" der juristischen Person jedenfalls bis zu deren Löschung im Handelsregister. Er kann bis dahin zur wirtschaftlichen Neugründung **unter Verwendung der eingetragenen Gesellschaft**[6] etwa durch die bisherigen Gesellschafter oder durch Dritte nach dem entgeltlichen Erwerb der Geschäftsanteile (Mantelkauf) benutzt werden. Eine Täuschung des Publikums durch eine Veräußerung der Firma ohne das Unternehmen ist nicht denkbar, weil beim Veräußerer nichts zurückbleibt. Es gibt keine „betriebsfähige Wirtschaftseinheit" mehr (Staub/*Hüffer* § 22 RdNr. 6). Bei der Mantelverwertung geht es „um eine Fortdauer des bisherigen

[1] BGH BB 1957, 943; 1977, 1015; BGH LM Nr. 3 = JR 1978, 67 mit Anm. *Hommelhoff.*
[2] Staub/*Hüffer* RdNr. 1; Heymann/*Emmerich* RdNr. 1.
[3] RGZ 63, 226, 228.

[4] BGH LM UWG § 16 Nr. 148 mit Anm. *Bokelmann;* vgl. auch Heymann/*Emmerich* RdNr. 1.
[5] Koller/*Roth*/Morck RdNr. 2; Staub/*Hüffer* Vor § 22 RdNr. 58.
[6] *Karsten Schmidt* GesR § 4 III 3 e.

Mantels als Rechtsträger"[7] der in vollem Umfang auf den Erwerber übergeht. Das Ergebnis gilt erst recht für den Fall, daß ein „sauberer Mantel"[8] in Form einer Vorrats-GmbH (handelt es sich um eine „offene Vorratsbegründung", § 22 RdNr. 18 f., 20), die noch keine Geschäftstätigkeit ausgeübt hat, verwandt wird.[9]

II. Veräußerung des Handelsgeschäfts

3   **1. Die Regel.** Veräußert werden kann **nur ein bestehendes Unternehmen.** Ist der Gewerbebetrieb vor der Veräußerung des Handelsgeschäfts seit kürzerer oder auch längerer Zeit eingestellt worden, so besteht das Unternehmen dann nicht mehr, wenn die wirtschaftlichen Grundlagen des Geschäfts untergegangen sind, „sein Aufbau nach innen und außen zerstört ist",[10] zum Beispiel die wesentlichen Vermögensstücke verkauft und die Geschäftsbeziehungen zu Lieferanten und insbesondere Kunden endgültig abgebrochen sind. Ist dagegen das Unternehmen nur zeitweilig stillgelegt worden und seine Wiederbelebung jederzeit möglich, besteht das Unternehmen noch.[11] Der Erwerber muß den Betrieb mit dem Übernommenen objektiv fortsetzen können.[12]

4   Von einer Veräußerung ist dann auszugehen, wenn das Handelsgeschäft „im großen und ganzen" übertragen wird.[13] Übergehen muß **der Kern des Unternehmens,** das heißt diejenigen Teile, die den wesentlichen Tätigkeitsbereich bestimmen, mit dem es nach außen in Erscheinung tritt.[14] Wird von mehreren Geschäftszweigen einer nicht mitübertragen, ist nur dann von einer Geschäftsveräußerung auszugehen, wenn der nicht übertragene Teil – so wie sich das Gesamtunternehmen darstellt – von untergeordneter Bedeutung ist.[15] Wird das Unternehmen im großen und ganzen übertragen, hängt die Rechtswirksamkeit der Übertragung aber nicht davon ab, ob der Erwerber bei Vertragsabschluß auch den Willen hat, den Betrieb mit seiner bisherigen Produktion fortzusetzen.[16] Voraussetzung ist nur, daß kein Scheingeschäft (§ 117 BGB) vorliegt und Übertragung und Erwerb des Unternehmens ernstlich gewollt sind.[17]

5   **2. Zweifelsfälle.** Entscheidend für die Festlegung des Unternehmenskerns ist der Einzelfall. Ist der Geschäftsbetrieb bescheiden, kann schon die Übergabe von Kundenlisten oder die Überlassung von Rezepten genügen.[18] Im **Liquidationsfall** kann die Übertragung des noch „lebenden" Teils des Geschäftsbetriebs mit den dazugehörigen Maschinen, Materialien, Kundenlisten, Lieferverträgen und so fort ausreichen. Um eine wirtschaftlich sinnvolle Verwertung zu ermöglichen, sind keine zu strengen Anforderungen an den Betriebsübergang zu stellen, sofern nur das Unternehmen noch betriebsfähig ist (RdNr. 3).[19] Ähnlich liegt es bei einer **Betriebsveräußerung durch den Konkursverwalter.** Trotz Produktionseinstellung und Aufgabe der angemieteten Fabrikationsstätte kann von einem Betriebsübergang auszugehen sein,[20] wenn die Wiederbelebung des Unternehmens möglich ist. Jedenfalls aber muß der Kern des Unternehmens und sein „good will" noch vorhanden sein.[21]

---

[7] *Karsten Schmidt* GesR § 4 III vor a.
[8] *Priester,* Mantelverwendung und Mantelgründung bei der GmbH, DB 1983, 2291.
[9] Vgl. auch *Brandes,* Die Rechtsprechung des BGH zur GmbH, WM 1995, 641.
[10] RGZ 110, 422, 424.
[11] RGZ 170, 265, 274; BGHZ 32, 307, 312; KG HRR 1939 Nr. 92; Staub/*Hüffer* § 22 RdNr. 5: die **Betriebsfähigkeit** ist maßgebend.
[12] Baumbach/*Hefermehl* Wettbewerbsrecht § 16 UWG RdNr. 66 in der 17. Aufl. 1993.
[13] RGZ 68, 294, 295.
[14] RGZ 63, 226, 229; 68, 294, 295; 147, 332, 338; 169, 133, 136; BGH NJW 1972, 2123; *Rohnke,* WM 1991, 1405, 1406; Staub/*Hüffer* RdNr. 8.

[15] BGH WM 1957, 1152, 1153, 1155; BGH LM Nr. 3 = JR 1978, 67, 68 mit Anm. *Hommelhoff.*
[16] BGH LM Nr. 2 – Baader Brezeln = NJW 1972, 2123.
[17] Baumbach/*Hefermehl* Wettbewerbsrecht (Fn. 12) § 16 UWG RdNr. 66.
[18] *Rohnke* WM 1991, 1405, 1406.
[19] BGH DB 1991, 590, 591; Staub/*Hüffer* § 22 RdNr. 6.
[20] BGH LM Nr. 2 Baader Brezeln = NJW 1972, 2123.
[21] Baumbach/*Hefermehl* Wettbewerbsrecht (Fn. 12) § 16 UWG RdNr. 66.

3. Die Zweigniederlassung. Eine bestehende Zweigniederlassung kann ohne die 6 Hauptniederlassung veräußert und dem Erwerber das Recht eingeräumt werden, die (dadurch verselbständigte) Zweigniederlassung als selbständiges Geschäft neben der Hauptniederlassung des Veräußerers unter deren Firma zu führen.[22] Das Unternehmen wird hierdurch geteilt und die Firma verdoppelt, was in der Regel nicht zulässig ist.[23] Bedenken bestehen hier insoweit aber nicht, weil die Zweigniederlassung sachlich, räumlich und personell von der Hauptniederlassung getrennt ist und ihr in diesem Rahmen eine gewisse Selbständigkeit zukommt (näher § 13 RdNr. 8 f.). Sie muß so organisiert sein, daß sie beim Wegfall der Hauptniederlassung als eigene Handelsniederlassung fortbestehen könnte.[24] Die Zweigniederlassung darf dann als selbständiges Unternehmen unter der bisherigen Firma (unter Wegfall des Zusatzes „Zweigniederlassung") weitergeführt werden.[25] Soll eine solche, nunmehr verselbständigte Zweigniederlassung wiederum als Zweigniederlassung eines Unternehmens des Erwerbers geführt werden, erfolgt die Firmenbildung nach den Grundsätzen § 13 RdNr. 22. Zur **Vervielfältigung der abgeleiteten Firma** bei abgesonderter Veräußerung von Hauptniederlassung und Zweigniederlassung wird auf § 13 RdNr. 24 bis 26 verwiesen.

III. Veräußerung der Firma

1. Die Firmenübertragung. Das Reichsgericht ging von einem nur schuldrechtlichen 7 Gestattungsvertrag aus, bei dem nicht die Firma selbst, sondern das Recht zum Gebrauch der Firma unter Verzicht auf die eigene Weiterbenutzung einem anderen bewilligt wird.[26] Demgegenüber wird heute überwiegend eine echte (dingliche) **Übertragung nach den §§ 413, 398 BGB** angenommen, die zu einer Änderung der Rechtszuständigkeit führt.[27] Dem ist schon deshalb zu folgen, weil bei Annahme eines nur schuldrechtlichen Gestattungsvertrages kaum zu erklären ist, weshalb der Erwerber berechtigt sein soll – wie es die Parteien aber voraussetzen –, seinerseits zusammen mit dem Unternehmen auch die Firma weiter zu übertragen.[28]

Enthält die Firma auch den Namen des Veräußerers, wird in der Regel davon auszuge- 8 hen sein, daß der Veräußerer als Namensinhaber dem Erwerber insoweit ein Benutzungsrecht einräumt (**vertragliche Gestattung des Namensgebrauchs**).[29] Diese Frage wird insbesondere erheblich, wenn der Erwerber dem Namen „Schande macht" und über ein Untersagungsrecht des Veräußerers zu entscheiden ist.[30]

Geht man von einer Übertragung der Firma nach den §§ 413, 398 BGB aus (RdNr. 7), 9 liegt ein **derivativer Erwerb der Firma** vom Veräußerer vor. Die Firma geht mit ihrem bisherigen „Alter" über[31] und entsteht nicht etwa bei dem Erwerber neu, was dann wichtig ist, wenn es auf den Altersrang ankommt (§ 30 HGB, § 15 MarkenG, der dem aufgehobenen § 16 UWG entspricht).

2. Grenzen der Firmenübertragung. § 23 verbietet eine Veräußerung der Firma ohne 10 das Handelsgeschäft. Eine **Täuschung über die Indentität des Firmeninhabers soll vermieden werden.** Die Übertragung des der Firma zuzuordnenden Unternehmens muß

---

[22] BGH WM 1957, 1152, 1154; vgl. auch RGZ 67, 94, 95; 77, 60, 63; 169, 133, 139; *Karsten Schmidt* HandelsR § 12 II 3.

[23] BGH DB 1991, 590, 591 unter IV 3; *v. Gamm* Wettbewerbsrecht Kap. 56 RdNr. 55.

[24] ROHG 14, 401, 402; 17, 312, 318 ff.; RGZ 2, 386, 388 ff.; KGJ 27 A 210, 211; 28 A 208, 209; BayObLGZ 1979, 159, 162; vgl. auch BGH NJW 1972, 1859, 1860.

[25] RGZ 77, 60, 64.

[26] RGZ 9, 104, 106; 107, 31, 33; ebenso OLG Nürnberg BB 1966, 1121, 1122 für die Veräußerung einer Etablissementbezeichnung.

[27] *Strohm,* Mitarbeiterfestschrift für Eugen Ulmer, 1973, S. 333, 336; *Forkel,* Festschrift für Paulick, 1973, S. 101 ff., 110; Staub/*Hüffer* RdNr. 3; *Canaris* § 10 II 2 b; Heymann/*Emmerich* RdNr. 2; Baumbach/*Hopt* RdNr. 8.

[28] Näher *Canaris* § 10 II 2 b; Staub/*Hüffer* § 22 RdNr. 24.

[29] *Forkel,* Festschrift für Paulick, 1973, S. 101, 111 ff.; Staub/*Hüffer* § 22 RdNr. 24.

[30] Näher *Forkel,* Festschrift für Paulick, 1973, S. 101, 114; *Canaris* § 10 II 2 e; vgl. auch BGHZ 32, 103.

[31] *Canaris* § 10 II 2 b.

daher in (nahezu) unmittelbarem zeitlichen Zusammenhang mit der Firmenübertragung erfolgen. Dem genügt eine aufschiebende Bedingung bei Veräußerung der Firma oder die Vereinbarung eines Anfangstermins offensichtlich nicht.[32] Gegenteiliges gilt für eine Befristung (festen Endtermin) oder ihr gleichzusetzende Beschränkungen (auflösende Bedingung).[33] Denn eine zeitliche Beschränkung der Firmenübertragung ist (wenngleich selten) rechtlich durchaus mit der Konsequenz möglich, daß die Berechtigung mit Ablauf der Gestattung endet. § 23 ist nur für den Fall einschlägig, daß Firma und Unternehmen nicht in etwa gleichzeitig übertragen werden; die Vorschrift wendet sich nicht gegen einen festen oder variablen Endtermin.[34]

11   **3. Firmenlizenzen. Eine dingliche Firmenlizenz ist rechtlich nicht möglich.**[35] Doch kann eine **schuldrechtliche Vereinbarung,** durch die einem anderen die Benutzung einer geschützten Bezeichnung erlaubt wird, dahin gehen, daß der Gestattende auf die Geltendmachung der Ansprüche aus seinem Ausschließlichkeitsrecht schuldrechtlich verzichtet.[36] Für Firmenlizenzen ist aber auch heute noch – anders als bei Produktbezeichnungen (Warenzeichen/Marken) zufolge der seinerzeitigen Änderung von § 8 Abs. 1 WZG (heute § 27 MarkenG) (RdNr. 1)[37] – stets zu beachten, daß nach § 23 Unternehmen und Firmenbezeichnung nicht auseinanderfallen sollen. Wird der Geschäftsbetrieb ebenfalls auf den Firmenlizenznehmer übertragen, bestehen insoweit keine Bedenken.[38] Doch muß sich der Lizenzgeber in der Regel ebenfalls vertraglich verpflichten, auf den Gebrauch der Firma für die Dauer der Gestattung zu verzichten, weil andernfalls die Firmen unzulässig verdoppelt würden. Die Übertragung einer Firmenkennzeichnung unter gleichzeitiger Erteilung der schuldrechtlichen Erlaubnis an das übertragende Unternehmen, die Firmenbezeichnung weiter zu benutzen, hat der BGH aber unter der Voraussetzung für rechtlich zulässig angesehen, daß die Nutzungserlaubnis der übertragenden Gesellschaft „in eindeutig begrenztem Umfang" (dort zu Abwicklungszwecken) gewährt wird.[39]

12   **Der Lizenznehmer erwirbt,** anders als bei der Übertragung (RdNr. 9), **grundsätzlich kein abgeleitetes Recht** und nicht die (ältere) Priorität des Gestattenden.[40] Das Recht zur Führung der Firma entsteht vielmehr originär in der Person des Firmenträgers durch Annahme und Gebrauch des Firmennamens,[41] und er hat keine Möglichkeit, seinerseits aus eigenem Recht gegen eine prioritätsältere gleichnamige Firma vorzugehen. Dagegen kann er sich gegenüber einem Dritten, der ihm gegenüber prioritätsälter ist, einredeweise entsprechend § 986 Abs. 1 BGB auf die besseren weil prioritätsälteren Rechte des Gestattenden berufen.[42]

IV. Rechtsfolgen

13   Nach § 23 ist die alleinige Veräußerung der Firma verboten. Die „dingliche" Gestattung (das Vollzugsgeschäft) ist gemäß **§ 134 BGB,** weil gegen ein gesetzliches Verbot versto-

[32] Staub/*Hüffer* RdNr. 5.

[33] RGZ 76, 263, 265; 102, 17, 22; Baumbach/*Hopt* § 22 RdNr. 11; Staub/*Hüffer* § 22 RdNr. 27.

[34] Vgl. Staub/*Hüffer* RdNr. 5; aA *Strohm,* Mitarbeiterfestschrift für Eugen Ulmer, 1973, S. 333, 342.

[35] Vgl. aber Staub/*Hüffer* § 22 RdNr. 24 und *Forkel,* Festschrift für Paulick, 1973, S. 101, 113 f.

[36] BGHZ 44, 372, 375; BGH GRUR 1970, 528, 531 – Migrol; BGH NJW-RR 1991, 1260 = GRUR 1991, 780, 781 – Transatlantische; BGHZ 122; 71, 73 = NJW 1993, 2236, Baumbach/*Hefermehl* Wettbewerbsrecht (Fn. 12) § 16 UWG RdNr. 67, 69 f.; *Teplitzky* Großkomm UWG § 16 RdNr. 176.

[37] *K. Schmidt* HandelsR § 12 II 1 a.

[38] BGH GRUR 1985, 567 – Hydair = BB 1985, 1932; Heymann/*Emmerich* § 23 RdNr. 2.

[39] BGH DB 1991, 590, 592.

[40] *v. Gamm* Wettbewerbsrecht Kap. 56 RdNr. 65.

[41] BGHZ 10, 196 = NJW 1953, 1348 = LM UWG § 16 Nr. 7 mit Anm. *Lindenmayer.*

[42] BGHZ 122, 71 = NJW 1993, 2236; BGH LM UWG § 16 Nr. 148 mit Anm. *Bokelmann;* Baumbach/*Hefermehl* Wettbewerbsrecht (Fn. 12) § 16 UWR RdNr. 70; *v. Gamm* Wettbewerbsrecht Kap. 53 RdNr. 21 und Kap. 56 RdNr. 36; *Ullmann,* Zur Bedeutung der gewillkürten Prozeßstandschaft im Warenzeichen- und Wettbewerbsrecht, Festschrift für von Gamm, 1990, S. 315, 321; *Schricker,* Festschrift für von Gamm, 1990, S. 289, 300.

ßend, nichtig.[43] Auch der schuldrechtliche Vertrag ist, weil auf eine unmögliche Leistung gerichtet, insoweit hinsichtlich der Firmenfortführung nach **§ 306 BGB** nichtig. Ob er im übrigen Bestand hat, richtet sich nach **§ 139 BGB**.[44]

Wird eine Firma, die zufolge § 23 nicht übergehen konnte, gebraucht, kann das Registergericht nach **§ 37 Abs. 1 in Verbindung mit § 140 FGG** eingreifen. Ist der (vermeintliche) Inhaberwechsel in das Handelsregister eingetragen worden, kommt eventuell auch eine **Amtslöschung nach den §§ 142, 143 FGG** in Betracht.[45] Im Fall von Eintragung und Bekanntmachung ist § 15 Abs. 3 zu beachten. Unter Umständen entfalten auch unabhängig davon ergänzend allgemeine Rechtsscheingrundsätze Wirkung (näher *Lieb* § 15 RdNr. 82 ff.).[46]   **14**

§ 24 [Fortführung bei Änderungen im Gesellschafterbestand]

(1) Wird jemand in ein bestehendes Handelsgeschäft als Gesellschafter aufgenommen oder tritt ein neuer Gesellschafter in eine Handelsgesellschaft ein oder scheidet aus einer solchen ein Gesellschafter aus, so kann ungeachtet dieser Veränderung die bisherige Firma fortgeführt werden.

(2) Bei dem Ausscheiden eines Gesellschafters, dessen Name in der Firma enthalten ist, bedarf es zur Fortführung der Firma der ausdrücklichen Einwilligung des Gesellschafters oder seiner Erben.

Schrifttum: wie zu § 22.

Übersicht

I. Bedeutung und Anwendungsbereich

§ 24 ist in engem Zusammenhang mit den Vorschriften der §§ 21, 22 zu lesen. Auch für den Fall, daß durch die Aufnahme eines Gesellschafters in ein einzelkaufmännisches Unternehmen eine Personenhandelsgesellschaft entsteht und umgekehrt und ferner bei Änderungen im Gesellschafterbestand soll unter bestimmten Voraussetzungen die bisherige Firma beibehalten werden dürfen. Die **Einbußen an Firmenwahrheit** können ganz erheblich sein, so etwa wenn die Firma weiterhin den Namen des längst ausgeschiedenen persönlich haftenden Gesellschafters ausweist[1] oder der in der Firma genannte Komplementär zwischenzeitlich in die Kommanditistenrolle zurückgetreten ist.[2] Insoweit setzt sich das Prinzip der Firmenbeständigkeit massiv gegen den Grundsatz der Firmenwahrheit durch (§ 22 RdNr. 2).   **1**

---

[43] RGZ 63, 226, 228 f.; LM WZG § 11 Nr. 11; Heymann/*Emmerich* RdNr. 2; Staub/*Hüffer* RdNr. 9.
[44] BGH LM Nr. 3 = JR 1978, 67 mit zust. Anm. *Hommelhoff*; *Karsten Schmidt* HandelsR § 12 II 1 a.
[45] Staub/*Hüffer* RdNr. 10.
[46] Vgl. auch Staub/*Hüffer* RdNr. 10.
[1] OLG Köln OLGZ 1988, 291; *Karsten Schmidt* HandelsR § 12 III 2 b cc.
[2] *Canaris* § 11 I 2 a.

2 Der **Anwendungsbereich** des § 24 umfaßt **allein das Handelsgeschäft des Einzelkaufmanns, die OHG und die KG.** § 24 findet auf die Partnerschaft (hierzu § 8 RdNr. 25) entspr. Anwendung, § 2 Abs. 2 PartGG. Nicht erfaßt ist der Ein- und Austritt von Mitgliedern bei Kapitalgesellschaften, also der Wechsel von Aktionären innerhalb der AG und von GmbH-Gesellschaftern in der GmbH. Entsprechendes gilt für die persönlich haftenden Gesellschafter einer KGaA. Ein Wechsel von Mitgliedern liegt dort im Wesen der juristischen Person und hat keinen Einfluß auf die Firmenbildung.[3] Auch § 24 Abs. 2 findet keine Anwendung.[4] AG und GmbH können die Firma also fortführen, ohne auf die Zustimmung des ausgeschiedenen Gesellschafters angewiesen zu sein. Zur Begründung hat der Bundesgerichtshof u. a. zu Recht angeführt, daß der Gesellschafter einer GmbH etwa keinem gesetzlichen Zwang zur Verfügungstellung seines Namens für die Firmenbildung unterliegt, weil die Firma einer GmbH auch Sachfirma sein darf (§ 4 Abs. 1 Satz 1 GmbHG). Anders als der Gesellschafter einer Personenhandelsgesellschaft hat er daher auch kein Recht, bei seinem Ausscheiden der Gesellschaft die Weiterverwendung seines Namens zu untersagen, **zumal es ihm freistand, gesellschaftsvertraglich anderes zu vereinbaren.**[5] Auch der Ein- und Austritt stiller Gesellschafter ist firmenrechtlich ohne Bedeutung.[6]

3 § 22 und § 24 schränken beide die Firmenwahrheit, wie sie in den §§ 18, 19 zum Ausdruck kommt, im Interesse der Erhaltung des Firmenwerts ein. § 24 regelt nach herkömmlichem Verständnis (vgl. aber RdNr. 6) den **nur teilweisen Wechsel** in der Person des Geschäftsinhabers, während § 22 den Sachverhalt erfassen will, daß der **Geschäftsinhaber völlig wechselt,** ein Dritter (oder auch mehrere) ein Handelsgeschäft unter Lebenden oder von Todes wegen erwerben oder (Fall von § 22 Abs. 2) etwa aufgrund Nießbrauchs übernehmen.[7] Teilweise überschneiden sich die Zuordnungen. So erfaßt bereits § 22 den in § 24 Abs. 1 1. Alternative genannten Fall, daß jemand in ein bestehendes Handelsgeschäft als Gesellschafter aufgenommen wird.[8] Da es sich sachlich um die Gründung einer Personenhandelsgesellschaft unter Einbringung des bisherigen Einzelunternehmens handelt, wechselt der Unternehmensträger,[9] wie es § 22 voraussetzt. § 22 fordert aber – anders als § 24 Abs. 1 (RdNr. 4) – die Zustimmung zur Firmenänderung. Im Ergebnis schadet diese **„rechtssystematische Ungenauigkeit"**[10] jedoch nicht, weil die Einwilligung des bisherigen Einzelkaufmanns jedenfalls in dessen Anmeldung der abgeleiteten Gesellschaftsfirma zur Eintragung in das Handelsregister liegt (§§ 106 Abs. 2 Nr. 2, 108 Abs. 1).

II. Voraussetzungen für die Beibehaltung der bisherigen Firma

4 Vorausgesetzt wird **ein bestehendes Handelsgeschäft,** was wiederum ein vollkaufmännisches Unternehmen bedingt (§ 22 RdNr. 4), das nicht endgültig eingestellt sein darf (§ 22 RdNr. 5 ff.) und dessen wesentliche Bestandteile noch erhalten sein müssen. Hieran fehlt es jedenfalls, wenn bereits ein wesentlicher Bestandteil des Handelsgeschäfts zuvor ausgegliedert worden ist.[11] Die **bisherige Firma** kann fortgeführt werden. Sie muß zu Recht geführt worden sein (§ 22 RdNr. 36 ff.). Hierbei ist die Eintragung im Handelsregister nicht unbedingt ausschlaggebend. Denn der Einzelkaufmann, die OHG und die KG haben, betreiben sie ein Grundhandelsgewerbe und greift § 4 nicht ein, eine Firma, sobald sie diese tatsächlich gebrauchen. Andererseits folgt aus der Eintragung der Firma im Handelsregister nicht zuverlässig, daß sie materiell existent ist und fortgeführt werden kann. Denn

[3] Heymann/*Emmerich* RdNr. 2; Schlegelberger/*Hildebrandt/Steckhan* RdNr. 1; Staub/*Hüffer* RdNr. 2; *Bokelmann* Firmenrecht 686.

[4] BGHZ 58, 322, 324.

[5] BGHZ 58, 322, 324; Staub/*Hüffer* RdNr. 15; *Bokelmann* Firmenrecht RdNr. 692.

[6] Schlegelberger/*Hildebrandt/Steckhan* RdNr. 17; Heymann/*Emmerich* RdNr. 2; *Bokelmann* Firmenrecht RdNr. 686.

[7] BGHZ 58, 322, 324.

[8] *Karsten Schmidt* HandelsR § 12 III 2 b cc.

[9] *Karsten Schmidt* HandelsR § 12 III 2 b cc; Staub/*Hüffer* RdNr. 6; Schlegelberger/*Hildebrandt/ Steckhan* RdNr. 3.

[10] Staub/*Hüffer* RdNr. 6.

[11] BGH JR 1978, 67 ff. Mit Anm. *Hommelhoff* S. 69 f.; Heymann/*Emmerich* RdNr. 1.

§ 5 gilt gegenüber dem Registergericht nicht (§ 22 RdNr. 5, 40). Die **Einwilligung** der Beteiligten zur Firmenfortführung **setzt § 24 Abs. 1 im Gegensatz zu § 22 Abs. 1 nicht voraus;** etwas anderes gilt nach § 24 Abs. 2 dann, wenn der Name des ausscheidenden Gesellschafters in der Firma enthalten ist (RdNr. 9 ff.). Vertraglich können die Gesellschafter auch im Fall von Abs. 1 die Erforderlichkeit der Einwilligung festlegen, was aber keine registerrechtliche Bedeutung hat. Dagegen muß das Registergericht auf der Vorlage der Einwilligung bestehen, wenn die Voraussetzungen des § 24 Abs. 2 vorliegen[12] und sich die Einwilligung nicht zwingend aus anderen Umständen ergibt. Letzteres wird hier in der Regel der Fall sein. Denn nach § 143 Abs. 2 haben sämtliche Gesellschafter, wozu auch der ausgeschiedene Gesellschafter zählt,[13] das Ausscheiden eines Gesellschafters aus der Gesellschaft anzumelden; im Fall des § 24 Abs. 2 muß sich die Anmeldung auch zur Fortführung der Firma erklären (vgl. auch § 22 RdNr. 42).

III. Die einzelnen Fälle von § 24 Abs. 1

1. Bei der **Aufnahme eines Gesellschafters in ein bestehendes Handelsgeschäft** wird   5
im Wege der Sachgründung ein vorhandenes Unternehmen in eine neu gegründete Gesellschaft eingebracht. Auf RdNr. 3 wird verwiesen. Die Firma des bisherigen Einzelkaufmanns kann auch dann fortgeführt werden, wenn dieser nur Kommanditist wird (vgl. auch RdNr. 1). Denn § 19 Abs. 4 gilt insoweit nicht für abgeleitete Firmen.[14]

2. Wechsel im Gesellschafterbestand. § 24 stellt klar, daß der **Eintritt neuer Gesell-**   6
schafter in eine Handelsgesellschaft oder das Ausscheiden eines bisherigen Gesellschafters der Fortführung der Firma nicht entgegensteht, sofern die in Betracht kommenden Personenhandelsgesellschaften OHG oder KG als Unternehmensträger Bestand haben. „Änderungen im Mitgliederbestand der Gruppe berühren ihre rechtliche Identität nicht, bewirken also weder einen gänzlichen noch einen teilweisen Inhaberwechsel".[15] Die Fortführung der Firma ist auch dann nach § 24 erlaubt, wenn ein **Gesellschaftsanteil durch Rechtsgeschäft übertragen wird oder er nach § 1922 durch Erbfolge übergeht.**[16] Gleiches gilt für den Fall, daß der namengebende bisher unbeschränkt haftende Gesellschafter Kommanditist wird.[17]

Bei **Übertragung aller Gesellschaftsanteile auf einen Erwerber** kann dieser analog   7
§ 142 ohne Liquidation im Wege der Gesamtrechtsnachfolge das Gesellschaftsvermögen übernehmen (§ 22 RdNr. 29).[18] Da hier der Unternehmensträger wechselt, ist von § 22 und nicht von § 24 auszugehen.[19] Dagegen berührt der **gleichzeitige Wechsel aller Mitglieder einer Personenhandelsgesellschaft** die rechtliche Identität von OHG und KG nicht, so daß dieser Sachverhalt § 24 unterfällt.[20]

3. Das Ausscheiden eines Gesellschafters. Die Firma kann schließlich im Fall des Aus-   8
scheidens eines Gesellschafters nach § 24 Abs. 1 fortgeführt werden. Auf den Grund des Ausscheidens des namengebenden Gesellschafters kommt es nicht an. In Frage kommen Austritt durch Vertrag, Übertragung der Mitgliedschaft, Ausscheiden kraft Gesetzes nach den §§ 131, 138, 144, Ausschluß eines Gesellschafters nach § 140 (hierzu noch RdNr. 15) oder im Fall des § 141 (Fortbestehen bei Gläubigerkündigung oder Konkurs).[21] In allen

---

[12] Baumbach/*Hopt* RdNr. 2.
[13] Heymann/*Emmerich* § 143 RdNr. 9.
[14] OLG Celle BB 1959, 899; Heymann/*Emmerich* RdNr. 3; Staub/*Hüffer* RdNr. 6.
[15] Staub/*Hüffer* RdNr. 7.
[16] Staub/*Hüffer* RdNr. 9; Heymann/*Emmerich* RdNr. 5.
[17] OLG Celle BB 1959, 899; Staub/*Hüffer* RdNr. 11; Heymann/*Emmerich* RdNr. 5; Koller/*Roth*/Morck RdNr. 3.

[18] BGHZ 71, 296, 299 f.; Staub/*Hüffer* RdNr. 10.
[19] Staub/*Hüffer* RdNr. 10; Heymann/*Emmerich* RdNr. 5; Koller/*Roth*/Morck RdNr. 4.
[20] Staub/*Hüffer* RdNr. 10; Heymann/*Emmerich* RdNr. 5; aA *Hommelhoff* JZ 1978, 69.
[21] Heymann/*Emmerich* RdNr. 6; Staub/*Hüffer* RdNr. 17; Schlegelberger/*Hildebrandt*/Steckhan RdNr. 5.

diesen Fällen bedarf es unter der Voraussetzung von Abs. 2 der Einwilligung des Ausscheidenden (vgl. auch RdNr. 15).

IV. Die Einwilligung des ausscheidenden Gesellschafters (Abs. 2)

9   **1. Anwendungsbereich.** Scheidet ein Gesellschafter aus (hierzu RdNr. 8), **dessen Name in der Firma enthalten ist,** so bedarf es nach § 24 Abs. 2 zur Fortführung der Firma
der ausdrücklichen Einwilligung dieses Gesellschafters oder seiner Erben. § 24 Abs. 2 gilt
für die OHG und KG, nicht aber die Kapitalgesellschaften (RdNr. 2).[22] Enthält die Firma
der Komplementär-GmbH einer GmbH & Co. KG den Namen eines Kommanditisten, so
ist bei dessen Ausscheiden die Beibehaltung der Firma ohne dessen Einwilligung möglich,
weil auf die namengebende GmbH abzustellen ist, die zur Firmenfortführung nicht auf die
Einwilligung des Namengebers angewiesen ist.[23] § 24 Abs. 2 gilt auch bei Umwandlung
einer Gesellschaft bürgerlichen Rechts in eine Partnerschaft (§ 2 Abs. 2 PartGG).

10   **2. Rechtsnatur der Einwilligung.** Sie ist, **anders als im Fall des § 22, einseitige namensrechtliche Gestattung,**[24] weil es nicht um die Begründung des Firmenrechts, sondern nur um seine Beibehaltung geht.

11   **3. Die Einwilligungsberechtigung.** Nach § 24 Abs. 2 muß derjenige einwilligen, des-
sen Name in der Firma enthalten ist. Grundsätzlich hat **der Gesellschafter, der bei der
Gesellschaftsgründung seinen Namen für die Bildung der Firma hergegeben hat,** im
Falle seines Ausscheidens das Recht, der Fortführung der Firma zu widersprechen.[25] Bloße
Namengleichheit zwischen dem Namen des Ausscheidenden und dem in der Firma enthaltenen Namen genügt in der Regel nicht, so wenn der ausscheidende Sohn den gleichen
Namen wie sein Vater trägt, der die Gesellschaft gegründet hat. Haben aber die Gebrüder
E eine Handelsgesellschaft unter der Firma „Gebrüder E." gegründet, so enthält die Firma
auch ihre beiden Namen und es bedarf der Zustimmung nach § 24 Abs. 2.[26] Dagegen soll
eine Firma „Louis B.'s Söhne", von den Söhnen Louis B. gegründet, zwar auf die Person
der Namengeber hinweisen, nicht aber deren Namen enthalten.[27]

12   Der Bundesgerichtshof hat bestätigt,[28] daß in der Regel nur der Name unter § 24 Abs. 2
fällt, der zur Bezeichnung der Persönlichkeit gerade des austretenden Gesellschafters dient
und als solcher in der Firma enthalten ist. Dazu zählt nicht der Name, „welcher mit dem
Namen des Austretenden zwar ganz oder teilweise übereinstimmt, nicht aber als sein Name
in die Firma aufgenommen worden ist". Der Bundesgerichtshof hat **für den Fall eine
Ausnahme gemacht,** daß aus einer handelsrechtlichen Personengesellschaft ein Gesellschafter ausscheidet, der als Erbe des Firmengründers in die Gesellschaft eine von ihm
zuvor zulässigerweise geführte abgeleitete Firma, die seinen Familiennamen enthält, eingebracht hat. Hier soll es der ausdrücklichen Einwilligung des Ausscheidenden zur Firmenfortführung bedürfen.[29] Maßgeblich war die Überlegung, daß diese Konstellation derjenigen sehr nahe kommt, in welcher der Firmenstifter selbst ausscheidet. Die Entscheidung ist
heftig, meist kritisch diskutiert worden.[30] Der Bundesgerichtshof hat jedenfalls klargestellt,[31] daß es einen allgemeinen Grundsatz, wonach § 24 Abs. 2 in allen Fällen anwendbar

[22] BGHZ 58, 322; BGH NJW 1985, 59, 60;
BayObLGZ 1984, 129, 132; Staub/*Hüffer*
RdNr. 15; Heymann/*Emmerich* RdNr. 10; Schle-
gelberger/*Hildebrandt/Steckhan* RdNr. 1.
[23] LG Hamburg BB 1987, 2045 f. Heymann/
Emmerich RdNr. 10 a; aA wohl Staub/*Hüffer*
RdNr. 16.
[24] Staub/*Hüffer* RdNr. 12; Heymann/*Emmerich*
RdNr. 11; Koller/*Roth*/Morck RdNr. 10.
[25] BayObLG JFG 8, 155, 156; Staub/*Hüffer*
RdNr. 16; Heymann/*Emmerich* RdNr. 12; Schle-
gelberger/*Hildebrandt/Steckhan* RdNr. 6.
[26] RGZ 65, 379, 382.

[27] RGZ 156, 363, 366; Baumbach/*Hopt*
RdNr. 11; Heymann/*Emmerich* RdNr. 13; Staub/
Hüffer RdNr. 16; Koller/*Roth*/Morck RdNr. 9.
Fraglich!
[28] BGHZ 100, 75, 78 = NJW 1987, 2081.
[29] BGHZ 92, 79.
[30] *Karsten Schmidt* HandelsR § 12 III 2 b cc mit
Nachweisen; *Hüffer,* Das Namensrecht des ausscheidenden Gesellschafters als Grenze zulässiger Firmenfortführung, ZGR 1986, 137 ff.; vgl. auch mit
Nachweisen Heymann/*Emmerich* RdNr. 12 a;
Baumbach/*Hopt* RdNr. 11.
[31] BGHZ 100, 75, 78.

ist, in denen ein gleichnamiger Familienangehöriger des Firmenstifters zunächst als sein Erbe Gesellschafter gewesen und dann ausgeschieden ist, nicht gibt.

4. Erteilung und Umfang der Einwilligung. Erforderlich ist nach Abs. 2 eine **aus-** **13** **drückliche Erklärung** des Gesellschafters oder seiner Erben. Auf § 22 RdNr. 42 wird insoweit Bezug genommen. Die Gesellschafter können die Einwilligung schon im voraus im Gesellschaftsvertrag erklären. Eine Einwilligung liegt nicht schon darin, daß der Gesellschafter ausscheidet und mit dem Fortbestehen der Gesellschaft einverstanden ist. Dagegen **reicht die Mitunterzeichnung der Handelsregisteranmeldung** über das Ausscheiden (§ 22 RdNr. 42).[32] Einwilligen muß der ausscheidende Gesellschafter (für den minderjährigen gibt der gesetzliche Vertreter die Erklärung ab) oder der Erbe (alle Miterben). Testamentsvollstrecker und Nachlaßpfleger können nicht einwilligen. Im Fall der Vor- oder Nacherbschaft reicht die Einwilligung der Vorerben aus.[33]

Willigt der Erbe des Firmengründers einer Personenhandelsgesellschaft nach dessen Tod **14** in die Fortführung des Erblassernamens in der Gesellschaftsfirma ein, so wird er dadurch nicht selbst zum Namengeber. Er kann bei seinem Ausscheiden daher **auch nicht erneut über die Berechtigung zur Fortführung der Firma entscheiden.**[34] Im übrigen deckt die Einwilligung auch die Weiterveräußerung des Unternehmens zusammen mit der Firma und die Errichtung von Zweigniederlassungen unter der Firma ab (§ 22 RdNr. 63). Zur Vervielfältigung der Firma durch die getrennte Veräußerung von Zweigniederlassungen wird auf § 13 RdNr. 24 bis 26 Bezug genommen. Die Einwilligung kann auch hier bedingt oder befristet abgegeben werden (§ 22 RdNr. 43 ff.). Die Einwilligung ist in ihrem Umfang beschränkt. Sie bezieht sich nach § 24 Abs. 2 nur auf die Fortführung der Firma und nicht auch auf die Neugründung von Firmen unter Verwendung des Familiennamens dessen, der in die Fortführung der Firma eingewilligt hat. Ist der aus einer KG ausscheidende B damit einverstanden, daß die verbleibenden Gesellschafter die Firma „Auto B KG" unverändert fortführen, so deckt dieses Einverständnis wohl nicht mehr die Gründung einer „Auto B GmbH" durch die „Auto B KG" und einen ihrer Gesellschafter.[35]

5. Verweigerung der Einwilligung. Wird die Einwilligung verweigert, ist die Fortfüh- **15** rung der Firma unzulässig. Die Einwilligung ist auch dann erforderlich, wenn ein Gesellschafter durch Urteil aus der Gesellschaft ausgeschlossen worden ist (§ 140). Zwar ist seine Einwilligung in diesem Fall wenig wahrscheinlich, doch ist die Verweigerung für den Regelfall nicht mißbräuchlich und auch nicht sittenwidrig.[36] Die Firma muß dann neu nach den §§ 18, 19 gebildet werden, wobei zutreffende Sachteile der bisherigen Firma Aufnahme in die neue Firma finden können.[37] Unzulässig ist es aber, die alte Firma doch durch einen Zusatz (etwa „vormals Max Winter OHG") in die neue Firma aufzunehmen. Insoweit fehlt es an der erforderlichen Einwilligung (vgl. schon § 22 RdNr. 74).[38] Das Registergericht muß gegen den Gebrauch der alten Firma nach § 37 Abs. 1 vorgehen.[39]

V. Die Fortführung der Firma

Die Firma muß nicht fortgeführt werden. Sie kann es, liegen die Voraussetzungen von **16** § 24 (hierzu RdNr. 4) vor. Die Firma muß auch hier im Fall der Fortführung grundsätzlich **unverändert gebraucht werden,** wobei es aber Ausnahmen insbesondere im Interesse der Allgemeinheit und auch des Inhabers gibt (näher § 22 RdNr. 64 ff.).

---

[32] BGHZ 68, 271, 276.
[33] Staub/*Hüffer* RdNr. 19; Heymann/*Emmerich* RdNr. 14, jeweils mit Nachweisen.
[34] BGHZ 100, 75; *Canaris* § 10 III 1 b.
[35] OLG Hamm BB 1991, 86, 87; Koller/*Roth*/Morck RdNr. 10.

[36] BGHZ 32, 103, 112 f.; Staub/*Hüffer* RdNr. 17; Schlegelberger/*Hildebrandt*/*Steckhan* RdNr. 7.
[37] Heymann/*Emmerich* RdNr. 16; Staub/*Hüffer* RdNr. 22, jeweils mit Nachweisen.
[38] Staub/*Hüffer* RdNr. 22; Heymann/*Emmerich* RdNr. 16.
[39] Staub/*Hüffer* RdNr. 22.

17   Auch im Fall von § 24 ist es zulässig, einen **Nachfolgezusatz** in die Firma aufzunehmen.[40] Das trifft aber genau betrachtet nur dann zu, wenn eine echte Rechtsnachfolge vorliegt wie bei der Aufnahme eines Gesellschafters in ein Einzelunternehmen (RdNr. 5) oder der Übertragung aller Gesellschaftsanteile an einen Erwerber (RdNr. 6). Bei Eintritt und Austritt von Gesellschaftern dagegen findet kein Inhaberwechsel statt (RdNr. 6). *Hüffer*[41] hält daher einen Nachfolgevermerk in diesen Fällen (weil irreführend) mit der Konsequenz für unzulässig, daß die Zulässigkeit von sogenannten „Doktorfirmen" auch nicht durch einen Nachfolgevermerk herbeigeführt werden kann. Der Bundesgerichtshof wiederum hat allein in einem Nachfolgevermerk das Heilmittel gesehen.[42] Die Entscheidung ist aber zu § 22 Abs. 1 ergangen,[43] der den Wechsel des Unternehmensträgers voraussetzt, womit ein Nachfolgezusatz jedenfalls erlaubt ist. Es fragt sich jedoch, ob es im Hinblick auf die Belange der Praxis gerechtfertigt ist, die Zulässigkeit des Nachfolgezusatzes in beiden Fällen unterschiedlich zu bewerten.

18   Bezüglich der **Einzelfälle zur Fortführung von Firmen** wird auf § 22 RdNr. 78 ff. verwiesen. Täuschend gewordene Rechtsform- und Gesellschaftszusätze sind zu streichen oder durch einen Nachfolgezusatz zu „neutralisieren".[44] Darauf hinzuweisen ist aber noch auf Folgendes: nach dem Bundesgerichtshof[45] kann die bisherige Firma ohne einen das Vorhandensein einer Gesellschaft andeutenden Zusatz fortgeführt werden, wenn der Einzelkaufmann zur Fortführung seines Handelsgeschäfts mit anderen eine Personenhandelsgesellschaft gründet. Die Begründung des BGH, eine Personengesellschaft, bei der mehrere Personen haften, die Geschäftsführung in der Regel von mehreren Gesellschaftern kontrolliert werde und das Betriebsvermögen weitergehend als beim Einzelkaufmann vom Privatvermögen der Gesellschaft getrennt sei, gelte im Geschäftsverkehr vielfach als besonders kreditwürdig,[46] ist fraglich. Sie stellt einseitig auf haftungsrechtliche Interessen ab. „Jeder Kaufmann wird Wert darauf legen zu wissen, ob er mit dem Alleininhaber oder einem möglicherweise weitgehend von unbekannten Kommanditisten abhängigen Geschäftsführer kontrahiert".[47] Der Verkehr sollte schon wissen, ob er es mit einem Einzelkaufmann oder einer Personenhandelsgesellschaft zu tun hat, zumal die Beifügung eines Zusatzes, der ein Gesellschaftsverhältnis andeutet (nicht notwendig eines bestimmten Gesellschaftszusatzes), die Firma nicht weniger attraktiv macht.

§ 25 [Haftung des Erwerbers bei Firmenfortführung]

(1) Wer ein unter Lebenden erworbenes Handelsgeschäft unter der bisherigen Firma mit oder ohne Beifügung eines das Nachfolgeverhältnis andeutenden Zusatzes fortführt, haftet für alle im Betriebe des Geschäfts begründeten Verbindlichkeiten des früheren Inhabers. Die in dem Betriebe begründeten Forderungen gelten den Schuldnern gegenüber als auf den Erwerber übergegangen, falls der bisherige Inhaber oder seine Erben in die Fortführung der Firma gewilligt haben.

(2) Eine abweichende Vereinbarung ist einem Dritten gegenüber nur wirksam, wenn sie in das Handelsregister eingetragen und bekanntgemacht oder von dem Erwerber oder dem Veräußerer dem Dritten mitgeteilt worden ist.

(3) Wird die Firma nicht fortgeführt, so haftet der Erwerber eines Handelsgeschäfts für die früheren Geschäftsverbindlichkeiten nur, wenn ein besonderer Verpflichtungsgrund vorliegt, insbesondere wenn die Übernahme der Verbindlichkeiten in handelsüblicher Weise von dem Erwerber bekanntgemacht worden ist.

[40] Baumbach/*Hopt* RdNr. 3; Schlegelberger/*Hildebrandt/Steckhan* RdNr. 9; KGJ 13, 31; einschränkend Staub/*Hüffer* RdNr. 24.
[41] Staub/*Hüffer* RdNr. 24; vgl. auch Heymann/*Emmerich* RdNr. 9.
[42] BGHZ 53, 65.

[43] BGHZ 53, 65, 66; so auch Staub/*Hüffer* RdNr. 24 Fn. 16.
[44] Heymann/*Emmerich* RdNr. 9.
[45] BGHZ 62, 216, 224.
[46] BGHZ 62, 216, 225.
[47] *Wiedemann* ZGR 1975, 354, 359.

Übersicht

Schrifttum: *Beuthien,* Zu zwei Mißdeutungen des § 25 HGB, NJW 1993, 1737; *Börner,* § 25 I HGB: Vertragsübertragung kraft Gesetzes, Festschrift für Möhring, 1975, S. 37; *Brockmeier,* Die Haftung bei Geschäftsübernahme mit Firmenfortführung, insbesondere beim Rückerwerb des Verpächters vom Pächter und bei tatsächlicher und unmittelbarer Aufeinanderfolge von Pächtern, Diss. Münster 1990; *Canaris,* Unternehmenskontinuität als Haftungs- und Enthaftungsgrund im Rahmen von § 25 HGB?, Festschrift für Frotz, 1993, S. 11; *ders.,* Rechtspolitische Konsequenzen aus der geplanten Abschaffung von § 419 BGB für § 25 HGB, ZIP 1989, 1161; *Commandeur,* Betriebs-, Firmen- und Vermögensübernahme – Eine Gesamtdarstellung der haftungsrechtlichen Probleme bei Einzelrechtsnachfolge, 1990; *Deschler,* Handelsregisterpublizität und Verkehrsschutz, Diss. Tübingen 1977; *Gerlach,* Die Haftungsordnung der §§ 25, 28, 130 HGB, 1976; *Hausmann,* Die Bedeutung der Rechtsfolgenanordnung „gelten als" in § 25 Abs. 1 Satz 2 HGB: ein Beitrag zum Verhältnis von Fiktion, Vermutung und Rechtsschein, 1991; *Heckelmann,* Die Grundlage der Haftung aus Firmenfortführung nach § 25 I S. 1 HGB, Festschrift für Bartholomeyck, 1973, S. 129; *Huber,* Die Schuldenhaftung beim Unternehmenserwerb und das Prinzip der Privatautonomie, Festschrift für Raisch, 1995, S. 85; *Krejci,* Betriebsübergang und Arbeitsvertrag, 1972; *Lieb,* Die Haftung für Altschulden bei „Eintritt" eines Gesellschafters in ein nicht- oder minderkaufmännisches Einzelunternehmen, Festschrift für H. Westermann, 1974, S. 309; *ders.,* Die Haftung für Verbindlichkeiten aus Dauerschuldverhältnissen bei Unternehmensübergang, 1991; *ders.,* Zu den Grundgedanken der §§ 25 ff HGB, Festschrift für Börner, 1992, S. 747; *ders.,* Festschrift für Vieregge, 1995, S. 557; *Morisse,* Der Rechtsgrund für die Haftung des Erwerbers bei der Übernahme eines Handelsgeschäfts unter Lebenden, Diss. Köln 1969; *Nörr-Scheyhing,* Sukzessionen, 1983; *Säcker,* Die handelsrechtliche Haftung für Altschulden bei Übertragung und Vererbung von Handelsgeschäften, ZGR 1973, 261; *Schlüter,* Die Schuldenhaftung bei Geschäftsübernahme, Diss. München 1971; *K. Schmidt,* Unternehmenskontinuität und Erwerberhaftung nach § 25 I HGB, ZGR 1992, 621; *ders.,* Haftungskontinuität als unternehmensrechtliches Prinzip, ZHR 145 (1981), 2; *ders.,* Was wird aus der Haftung nach § 419 BGB?, ZIP 1989, 1025; *ders.,* Keine Haftung trotz Fortführung von Unternehmen und Geschäftsbezeichnung, MDR 1994, 133 f.; *Schricker,* Probleme der Schuldenhaftung bei Übernahme eines Handelsgeschäfts, ZGR 1972, 121; *Waskönig,* Rechtsgrund und Tragweite der §§ 25, 28 HGB, Diss. Bonn 1979; *Wilhelm,* Die Haftung bei Fortführung eines Handelsgeschäfts ohne Übernahmevertrag, NJW 1986, 1797; *Zöllner,* Wovon handelt das Handelsrecht, ZGR 1983, 82.

I. Normzweck und Anwendungsbereich

1   **1. Regelungsgegenstand und systematischer Zusammenhang.** § 25 steht, ebenso wie die nachfolgenden Vorschriften der §§ 27, 28 im Abschnitt „Handelsfirma". Dennoch handelt es sich dabei im Gegensatz zu den vorangehenden Bestimmungen der §§ 17 ff. nicht um firmenrechtliche Vorschriften, d. h. um Vorschriften, die Aussagen über die Zulässigkeit oder Unzulässigkeit der **Firmen**(-fort-)führung machen, sondern um **Normen, die** für den Fall des Wechsels des Inhabers des Handelsgeschäfts **weitreichende materiellrechtliche (Haftungs-) Folgen anordnen.** Die §§ 25 bis 28 stellen daher einen ganz eigenständigen Komplex dar, der die Auswirkungen von Veränderungen des Unternehmensträgers auf die mit dem Handelsgeschäft in Verbindung stehenden Gläubiger und Schuldner zum Gegenstand hat.

2   Der Gesetzgeber ist dabei offensichtlich von einer engen Verwandtschaft der §§ 25, 27 und 28 ausgegangen.[1] Ob diesen Vorschriften indessen wirklich ein durchgehendes Regelungskonzept zugrundeliegt, ist zweifelhaft. Insbesondere unterscheiden sich die §§ 25 und 28 in bezug auf die Erforderlichkeit der jeweiligen Regelung recht deutlich: Während bei § 25 jedenfalls im Regelfall der Unternehmens**veräußerung** (zur Unternehmens**pacht** RdNr. 46, 47) den Gläubigern bei Fehlen einer dem § 25 entsprechenden Vorschrift im Vermögen des Veräußerers wenigstens der Zugriff auf den Kaufpreis offensteht, würden sie im Falle des § 28 bei Beschränkung des Zugriffs auf den jetzigen Gesellschaftsanteil des früheren Einzelkaufmanns erheblichen Gefahren ausgesetzt sein (dazu genauer § 28 RdNr. 3), so daß die Haftungsanordnung des § 28 jedenfalls dringlicher ist als diejenige des § 25.[2] Eine einheitliche Sinndeutung hat allerdings *Karsten Schmidt* versucht; darauf wird ebenso einzugehen sein (RdNr. 12 ff.) wie auf die – eigene – ratio des § 27 (dort RdNr. 3 ff.).

3   **2. Entstehungsgeschichte.** § 25 hatte **keinen Vorgänger** im ADHGB. Entstehungsgeschichtlich ist zwischen § 25 Abs. 1 und 2 einerseits und Abs. 3 andererseits zu unterscheiden. Während die Haftung des Erwerbers bei handelsüblicher Bekanntmachung der Passivenübernahme (heute Abs. 3) schon seit langem anerkannt war,[3] war die Bedeutung der Firmenfortführung für die rechtliche Behandlung von Altverbindlichkeiten und Altforderungen heftig umstritten. Eine Regelung im ADHGB war von der Nürnberger Kommission trotz entsprechender Anträge bewußt nicht vorgenommen worden.[4] In der Rechtswissenschaft gab es im wesentlichen zwei Richtungen:[5] Zum einen wurde das Handelsgeschäft als rechtlich verselbständigte Vermögensmasse oder gar als eigenes Rechtssubjekt angesehen, dessen Aktiva und Passiva kraft Universalsukzession oder Identität trotz Inhaberwechsels mit ihm verbunden bleiben sollten. Teilweise sah man aber auch nur die Möglichkeit einer rechtsgeschäftlichen Begründung, wobei dann streitig war, welcher Erklärungswert der Firmenfortführung beigemessen werden sollte.

---

[1] Siehe auch Denkschrift (RT-Vorl.) S. 36 f. = *Schubert/Schmiedel/Krampe* II/2 S. 979 ff.

[2] So auch *Canaris* ZIP 1989, 1161, 1166 f.; *Zöllner* ZGR 1983, 82, 88.

[3] Vgl. nur ROHGE 1, 62, 67 ff. (zum Eintritt eines Gesellschafters in ein einzelkaufmännisches Geschäft); ROHGE 4, 5; RGZ 8, 64, 65 f.; RGZ 38, 173, 176 f.

[4] Vgl. *Lutz* Protokolle, Theil III (1858), S. 1431 ff., 1435, 1439 ff.

[5] Einen ausführlichen Überblick mit vielen Nachweisen zur Entstehungsgeschichte gibt *Waskönig* S. 54 ff.; kürzere Skizzen etwa bei *Gerlach* S. 5 ff.; *Heckelmann,* Festschrift für Bartholomeyczik, 1973, S. 129, 137 ff.

Das ROHG verfolgte mit der zweitgenannten Ansicht eine sehr restriktive Linie: ent- 4
scheidend sollte allein sein, ob im Innenverhältnis ein Schuldbeitritt bzw. eine Forderungs-
abtretung vereinbart worden war. Die Firmenfortführung war ohne Bedeutung.[6]

Demgegenüber war die **Rechtsprechung des Reichsgerichts** nicht mehr so einheitlich. 5
Während die Mehrheit der Entscheidungen der restriktiven Linie des ROHG folgte, wur-
de teilweise in der Firmenfortführung das an die Gläubiger gerichtete Angebot eines
Schuldbeitritts gesehen.[7]

Trotzdem konnte der **Gesetzgeber** im Ergebnis von einer breiten Zustimmung zur Er- 6
werberhaftung bei Firmenfortführung ausgehen. Dies zeigte sich insbesondere an der –
auch heute noch interessanten – Diskussion auf dem 15. DJT 1880. Einig war man sich
dort über die Schaffung einer Norm, nach der Forderungen und Verbindlichkeiten auf den
Geschäftserwerber übergehen sollten; streitig war allein, ob dafür die Firmenfortführung
erforderlich sein sollte. Dies wurde schließlich mit großer Mehrheit bejaht.[8]

Diese Vorgeschichte macht die viel gescholtene **Gesetzesbegründung** in der Denk- 7
schrift[9] etwas verständlicher. Danach soll das Verständnis der Firma als Rechtssubjekt zwar
unzutreffend sein. Trotzdem sei „es gerechtfertigt, der Verkehrsauffassung, nach welcher
der jeweilige Inhaber der Firma als der Verpflichtete und Berechtigte angesehen wird,
entgegenzukommen. Denn der Erwerber eines Geschäfts, der die Firma, wenngleich nur
mit einem Zusatze, fortführt, erklärt dadurch seine Absicht, in die Geschäftsbeziehungen
des früheren Inhabers soweit als möglich einzutreten." Der Gesetzgeber folgte also dem
zweiten Begründungsansatz; dies freilich ohne Klärung der wichtigen Frage, warum trotz
einer angeblichen **Erklärung** durch Firmenfortführung eine **gesetzliche** Normierung der
Haftung für erforderlich gehalten wurde.

3. Normzweck. a) Zum Theorienstreit. Aufgrund dieser wenig klaren Erwägungen im 8
Rahmen der Entstehungsgeschichte ist der Zweck der Norm seit langem umstritten. Es
entwickelten sich verschiedene sog. Theorien,[10] insbesondere die **Erklärungs-,**[11] **Rechts-
schein-**[12] **und Haftungsfondstheorie**[13] sowie eine Konzeption, die an der im Innenverhältnis zwischen Veräußerer und Erwerber regelmäßig vorliegenden **Erfüllungsübernahme**
ansetzt;[14] darüber hinaus gibt es eine sehr pointiert vorgetragene Auffassung, die § 25
(ebenso wie den §§ 27, 28) de lege lata und de lege ferenda jeden vernünftigen Sinn ab-
spricht.[15] Letzteres geht sicherlich zu weit;[16] zuzugeben ist aber, daß der Theorienstreit die

[6] Grundlegend ROHGE 2, 46, 47 ff.; außerdem
etwa ROHGE 2, 151, 153 ff. (zum Forderungsübergang); ROHGE 12, 159; ROHGE 16, 271.

[7] So RGZ 2, 48, 55 f.; unklar RGZ 15, 51, 53 f.;
kritisch oder ohne maßgeblichen Bezug zur Firmenfortführung argumentierend dagegen RGZ 8, 64,
65 f.; RGZ 17, 96, 98 f.; RGZ 38, 173, 175 ff. Eingehende Rechtsprechungsanalyse auch bei *Huber,*
Festschrift für Raisch, 1995, S. 85, 90 ff.

[8] Verhandlungen des 15. DJT, 1880, Stenographi-
sche Berichte S. 132 bis 153; das zugrundeliegende
Gutachten von *Heinsen* ist abgedruckt in Verhandlungen des 14. DJT, 1878, Band I, S. 215 ff.

[9] Denkschrift (RT-Vorl.), S. 36 = *Schubert/
Schmiedel/Krampe* II/2, S. 978 f.

[10] Überblicke über den Meinungsstand bei
Staub/*Hüffer* RdNr. 3 ff.; *K. Schmidt* HandelsR § 8
I 2 (214 ff.); *Canaris* § 7 I 2 (98 ff.)

[11] Aus der neueren Literatur *Säcker* ZGR 1973,
261, 272 ff.

[12] *Brockmeier* S. 30 ff., 116 ff.; *Schlüter* S. 121 ff.;
Gotthardt BB 1987, 1896, 1900 ff.; *A. Hueck* ZHR
108 (1941), 1, 7 f.; *Nickel* NJW 1981, 102; GK-
HGB/*Nickel* RdNr. 1; Schlegelberger/*Hildebrandt/
Steckhan* RdNr. 1 a; *P. Hofmann* Handelsrecht D VI
1 a aa (112); *Hopt/Mössle* Handelsrecht RdNr. 283.

[13] *Morisse* S. 32 ff.; *Raisch,* Unternehmensrecht I,
1973, S. 110. Ein kombiniertes Vermögensüber-
nahme- und Verkehrsschutzprinzip vertritt *Schricker*
ZGR 1972, 121, 150 ff.

[14] *Heckelmann,* Festschrift für Bartholomeyzcik,
1973, S. 129, 137 ff.; ihm folgend *Deschler* S. 132 ff.;
Gerlach S. 36 ff. (der sogar regelmäßig eine Schuldübernahme zugunsten der Gläubiger für gegeben
hält); *Axer,* Abstrakte Kausalität – ein Grundsatz des
Handelsrechts?, 1986, S. 160 ff.; ansatzweise auch
Pahl, Haftungsrechtliche Folgen versäumter Handelsregistereintragung und Bekanntmachung, 1987,
S. 227 ff.

[15] *Canaris,* Systemdenken und Systembegriff in
der Jurisprudenz, 2. Aufl. 1983, S. 131 f.; ders. Vertrauenshaftung S. 185, 187; *Canaris* § 7 I 1 f. (102 f.)
(zu § 25); *Canaris* ZIP 1989, 1161, 1166 f.; ders.,
Festschrift für Frotz, 1993, S. 11, 17 ff.; *Fischer* LM
§ 28 Nr. 3; *Nitsche* ÖZW 1976, 40, 48 f.; kritisch
auch *Schricker* ZGR 1972, 121, 149 f. Eine ganz eigenständige, primär auf § 25 Abs. 1, S. 2 abstellende
Begründung hat *Börner,* Festschrift für Möhring,
1975, S. 37 ff. versucht.

[16] Ausführlicher *Lieb* Haftung S. 6 ff.

Erkenntnis trotz einzelner fruchtbarer Aspekte letztlich wenig gefördert hat („verwirrende Vielfalt von Theorien"[17]). Auch in der Rechtsprechung hat er wenig Bedeutung erlangt; die Berufung auf die eine oder andere Theorie erscheint fast durchweg formelhaft; konkrete Ergebnisse sind daraus kaum einmal abgeleitet worden. Angesichts dessen soll der Hinweis ausreichen, daß die in der Rechtsprechung jedenfalls nach der Zahl der Entscheidungen dominierende Erklärungstheorie[18] angesichts ihres fiktiven Charakters kaum noch vertretbar ist; die Rechtsprechung sollte sich dem nicht länger verschließen. Dasselbe gilt für die immer wieder einmal herangezogene Rechtsscheintheorie:[19] Gegen sie spricht vor allem, daß § 25 auch bei Verwendung eines Nachfolgezusatzes eingreift, insoweit also schon der Rechtsscheinstatbestand zweifelhaft ist,[20] und daß der (angebliche) Rechtsscheinstatbestand der Firmenfortführung für die (Alt-!)Gläubiger nur unter besonderen Umständen kausal werden kann (dazu noch RdNr. 52). Andererseits geht es sicherlich zu weit, § 25 jeden vernünftigen Sinn abzusprechen.

9   Die Haftungsanordnung des § 25 Abs. 1 ist vielmehr für den Regelfall zunächst einmal schon deswegen angemessen, weil in den meisten Fällen ohnehin eine – kaufpreismindernde(!) – **Erfüllungsübernahme** des Erwerbers vereinbart worden und daher der Erwerber im Innenverhältnis ohnehin verpflichtet sein wird, die Altgläubiger zu befriedigen.[21] In der Realität dürfte der Übergang des Unternehmens als wirtschaftliches Ganzes und damit auch der Passiva daher die Regel darstellen, so daß § 25 insoweit durchaus zutreffend einer darauf gestützten, verbreiteten Verkehrserwartung entspricht. Mit § 25 Abs. 1 verleiht der Gesetzgeber diesem vermuteten Innenverhältnis lediglich – dispositiv – **Außenwirkung**, wobei er sich der Firmenfortführung als relativ verläßlichem **Indiz** für eine entsprechende Ausgestaltung der Vertragsbeziehungen zwischen Veräußerer und Erwerber bedient: Die Fortführung der Firma durch den Erwerber signalisiert (vereinbarte!) Haftungskontinuität, der der Gesetzgeber – dispositiv – Außenwirkung verleiht und damit den Gläubigern insbesondere den unmittelbaren weiteren Zugriff auf Substanz und Ertrag des übernommenen Vermögens gewährleistet. Dies ist im übrigen auch schon deswegen sinnvoll, wenn nicht sogar erforderlich, weil der Veräußerungserlös bei Berücksichtigung der (übernommenen!) Passiva deutlich geringer sein wird als der Gesamtwert der Aktiva, die den Gläubigern bis dahin als Zugriffsmasse zur Verfügung standen. Außerdem erspart ihnen die gesetzliche Regelung die Notwendigkeit der hastigen Realisierung ihrer Forderungen gegen den Veräußerer nach Unternehmensübertragung; die Erwerberhaftung erweist sich von daher als sinnvolles, stabilisierendes, die Kontinuität wahrendes Element und gewährleistet damit Rechtssicherheit in einer heiklen Übergangssituation.

10   Die von § 25 Abs. 1 S. 1 angeordnete, an sich recht weitgehende Haftung des Erwerbers auch mit seinem Privatvermögen[22] erklärt sich aus der Schwierigkeit, wenn nicht Unmöglichkeit der Vermögensseparierung bei der (Fort-)Führung von Unternehmen ohne eigene Rechtspersönlichkeit sowie daraus, daß die persönliche Haftung des Veräußerers dem Gläubiger nach Ablauf der Frist des § 26 praktisch nicht mehr zur Verfügung steht.[23]

---

[17] *K. Schmidt* HandelsR § 8 I 2 (214).

[18] In neuerer Zeit etwa BGH LM Nr. 1 = BB 1953, 1025; BGH NJW 1982, 577, 578; BayObLG DB 1988, 388, 389 = NJW-RR 1988, 869, 870 (ausführlicherer Sachverhalt); iVm. dem Vermögensübernahmegedanken BGHZ 38, 44, 47 = NJW 1962, 2297; BGH NJW-RR 1990, 1251, 1253; OLG Bremen NJW-RR 1989, 423, 424.

[19] BGHZ 18, 248, 250 f.; BGHZ 22, 234, 239 = NJW 1957,179; BGHZ 29, 1, 3 = NJW 1959, 241; BGHZ 31, 321, 328 = NJW 1960, 621; BAG AP HGB § 26 Nr. 1 = DB 1988, 123, 124; OLG Frankfurt NJW 1980, 1397; OLG Düsseldorf GmbHR 1991, 315, 316 (das sich unabhängig hiervon aber auch auf die Erklärungstheorie beruft).

[20] Zutreffend *Canaris* § 7 I 1 c (100).

[21] Vgl. hierzu *Heckelmann*, Festschrift für Bartholomeyczik, 1973, S. 129, 140 ff.; *Säcker* ZGR 1973, 261, 275, insbesondere Fn. 62; *Gerlach* S. 36 ff., dessen Annahme einer regelmäßig gewollten Außenwirkung jedoch nicht überzeugt; Staub/*Hüffer* RdNr. 29.

[22] Bedenken deswegen insbesondere bei *Canaris* § 7 I 1 d (100) und *Canaris*, Festschrift für Frotz, 1993, S. 11, 19 f.

[23] Dazu *Lieb* Haftung S. 5 ff.; aA *Canaris*, Festschrift für Frotz, 1993, S. 11, 17 ff.

Die Abdingbarkeit der Haftungsanordnung des § 25 Abs. 1 S. 1 gemäß § 25 Abs. 2 **11**
rechtfertigt sich schließlich dadurch, daß sie im Regelfall nur dann erfolgen wird, wenn der
Erwerber die Passiven nicht übernommen, dann aber auch einen entsprechend höheren
Kaufpreis entrichtet haben wird, so daß sich – darauf wird noch mehrfach zurückzukommen sein – das den (Alt-)Gläubigern haftende Vermögen nicht verringert hat.

b) Insbesondere: Zur Kontinuitätstheorie *Karsten Schmidts*. Besondere Betrachtung **12**
erfordert die von *Karsten Schmidt* vorgelegte Kontinuitätslehre.[24] *Karsten Schmidt* geht –
verkürzt dargestellt – davon aus, daß den (rudimentären) Vorschriften der §§ 25 ff. ein
einheitliches unternehmensrechtliches Prinzip des Inhalts zugrundeliege, daß bei Wechsel
des Unternehmensträgers der neue Inhaber (bei § 28 die Gesellschaft) allein schon kraft
Unternehmensidentität für die Altverbindlichkeiten (und zwar primär, d.h. mit nur zeitlich
limitierter Forthaftung des Veräußerers) hafte.[25] Diese Haftungskontinuität soll daher auch
bei § 25 von der Firmenfortführung unabhängig und (entgegen §§ 25 Abs. 2, 28 Abs. 2)
zwingend sein. Sie ist eingebettet in die umfassendere Lehre vom Handelsrecht als dem
Außenprivatrecht der Unternehmen.[26]

Diese Lehre hat zwar die Diskussion außerordentlich befruchtet; insbesondere stellt der **13**
Kontinuitätsaspekt eine tragfähige Grundlage für das grundsätzliche Normverständnis dar.
Nicht gefolgt werden kann *Karsten Schmidt* aber in der, für ihn zentralen, aber bisher kaum
begründeten[27] Übersteigerung, wonach die Haftungskontinuität als **zwingendes** Prinzip
angesehen werden soll.[28] Dafür besteht vielmehr zumindest dann weder ein Bedürfnis,
noch läßt sich die Haftungserstreckung dem Erwerber gegenüber rechtfertigen, wenn er
nur die Aktiva des Unternehmens übernommen und diese voll bezahlt hat, die Passiva
also – entgegen der Regel – nicht kaufpreismindernd berücksichtigt wurden. In diesem Fall
geschieht den Altgläubigern durch einen Haftungsausschluß gemäß § 25 Abs. 2 „kein
Unrecht". Außerdem muß die Möglichkeit der Übernahme des Unternehmens unter
Ausschluß der Passiva schon deswegen erhalten bleiben, weil sonst Unternehmensveräußerungen außerordentlich erschwert würden; die schlechten Erfahrungen mit der zwingenden Überleitungsvorschrift des § 613 a BGB belegen dies zur Genüge.

Die unbedingte Erforderlichkeit eines Haftungsausschlusses besteht erst recht in den von **14**
Canaris[29] jüngst in den Mittelpunkt seiner Überlegungen gestellten Fällen, in denen der
Veräußerer bereits mehr oder weniger insolvent war; hier ist das Unternehmen nur dann
noch veräußerlich, wenn das Risiko der Haftung für die (womöglich unüberschaubaren)
Verbindlichkeiten des Veräußerers zuverlässig ausgeschlossen werden kann. Dies ist jedenfalls dann auch ohne weiteres akzeptabel, wenn der Erwerber den vollen Wert der übernommenen Aktiva vergütet, so daß die den Gläubigern zur Verfügung stehende Haftungsmasse im Vermögen des Veräußerers ungeschmälert bleibt.

---

[24] Grundlegend ZHR 145 (1981), 2 ff. und HandelsR § 8 I (211 ff.); außerdem ZGR 1992, 621;
ZIP 1989, 1025, 1028 f.; NJW 1982, 1648; NJW
1984, 1187; NJW 1987, 1633; MDR 1994, 133.
Ablehnend etwa *Canaris* ZIP 1989, 1161 ff., insb.
1166; ders., Festschrift für Frotz, 1993, S. 11, 21 f.;
Canaris § 7 I 1 (100 ff.); *Axer* (Fn. 14) S. 155 ff.; *Habersack* JuS 1989, 738, 743; *Pahl* (Fn. 14) S. 221 f.;
Staub/Hüffer RdNr. 17 f.; *Zöllner* ZGR 1983, 82,
88 f.

[25] Die Unternehmenskontinuität als Prinzip des
§ 25 wird auch in der neueren Rechtsprechung
vereinzelt betont, allerdings ohne daß daraus die
weitreichenden Konsequenzen *K. Schmidts* gezogen
würden, vgl. BGH NJW 1984, 1186, 1187; m.
Anm. *K. Schmidt;* BGH NJW 1992, 911, 912;
BayObLG NJW-RR 1988, 869, 870 (etwas verkürzt in DB 1988, 388, 389); OLG Düsseldorf

GmbHR 1991, 315, 316 (wobei die beiden letztgenannten Entscheidungen als Rechtsgrund Erklä-
rungs- und/oder Rechtsscheintheorie nennen); sehr
weitgehend LG Berlin ZIP 1993, 1478.

[26] *K. Schmidt* JuS 1985, 249 und 939; ders., Das
HGB und die Gegenwartsaufgaben des Handelsrechts, 1983, S. 13 ff., 31 ff., ders. HandelsR § 1
I 2 b (6), § 1 II 2 c (12), §§ 3 und 4 (48 ff., insb
auch S. 86 f.); kritisch hierzu *Bydlinski*, Handels-
oder Unternehmensrecht als Sonderprivatrecht,
1990; *Vossius* JuS 1985, 936; *Zöllner* ZGR 1983, 82;
Canaris § 1 III 1 (8 ff.).

[27] Zu recht kritisiert von *Canaris*, Festschrift für
Frotz, 1993, S. 11, 21 f.

[28] Dazu ausführlich *Canaris* ZIP 1989, 1161 ff.

[29] Festschrift für Frotz, 1993, S. 11 ff.; *Canaris*
§ 7 I 1 c (97 f.); dazu noch RdNr. 43.

15   Die entgegengesetzte Grundposition von *Karsten Schmidt* scheint nun freilich gerade umgekehrt maßgeblich von der insbesondere in bezug auf die sog. **übertragende Sanierung**
entwickelten Vorstellung beeinflußt zu sein, es gehe nicht an, die haftungsfreie Verwendung der Betriebsmittel eines Unternehmens für einen Neuanfang zu erlauben; gerade
insoweit scheint ihm vielmehr die Verwirklichung von Haftungskontinuität zwingend
geboten zu sein.[30] Dem kann jedoch schon deswegen nicht gefolgt werden, weil die Altgläubiger im Gegensatz zur Konzeption von *Karsten Schmidt,* der von der unbewiesenen
Prämisse der Notwendigkeit der Einheit von Aktiva und Passiva ausgeht, keinerlei Anspruch darauf haben, daß sich Sanierungen innerhalb des bisherigen Unternehmensträgers
vollziehen bzw. daß (zukunftsgerichtete!) Sanierungsbeiträge auch ihnen zugute kommen,
obwohl ihre Forderungen durch die bisherige wirtschaftliche Entwicklung bereits ganz
oder teilweise entwertet wurden.[31] Sichergestellt werden muß allein, daß der vom Erwerber gezahlte Preis die Zerschlagungswerte, die den (Alt-) Gläubigern zumindest erhalten
bleiben müssen, nicht unterschreitet. Dies kann – systemgerechter – durch entsprechende
Anfechtungsvorschriften sichergestellt werden.[32] Generell kann und muß man daher –
insbesondere auch mit Stoßrichtung gegen manche Entscheidungen[33] – formulieren, daß
die haftungsfreie Übertragung der Aktiva eines Unternehmens jedenfalls dann unbedenklich ist, wenn als Gegenwert wenigstens der Zerschlagungswert ins Vermögen des Veräu
ßerers gelangt.[34]

16   Schließlich hat *Karsten Schmidt* noch versucht, seine Thesen durch Vergleich mit der
Rechtslage bei der juristischen Person zu untermauern, wenn er ausführt, es sei der Zweck
der Haftungskontinuität, das Manko auszugleichen, das darauf beruhe, daß dem einzelkaufmännischen Unternehmen die Rechtsfähigkeit fehle.[35] Dieser Vergleich hinkt jedoch
deswegen, weil bei juristischen Personen den Gläubigern **nur** deren Vermögen haftet und
diese Haftung selbstverständlich erhalten bleiben muß, während bei einzelkaufmännischen
Unternehmen die Eigenhaftung des bisherigen Unternehmers (mit dem Gegenwert des
übertragenen Handelsgeschäfts) erhalten bleibt. Auch daraus kann infolgedessen die Notwendigkeit einer zwingenden Haftung gemäß § 25 nicht hergeleitet werden.

17   Auch die Forderung nach Verzicht auf das Merkmal der Firmenfortführung ist selbst de
lege ferenda problematisch. Es trifft zwar zu, daß die gesetzliche Haftungsanordnung nicht
allein auf dieses Tatbestandsmerkmal gegründet werden kann. Andererseits eröffnet das
geltende Recht die nützliche Möglichkeit, das Eingreifen der Haftungsanordnung des § 25
Abs. 1 S. 1 allein schon durch das Unterlassen der Firmenfortführung zu verhindern, ohne
daß es einer Vereinbarung gemäß § 25 Abs. 2 bedarf.[36]

18   **4. Anwendungsbereich. a) Abgrenzung zu § 28.** Die Abgrenzung der beiden, auf
Haftungskontinuität ausgerichteten Bestimmungen der §§ 25, 28 ist vor allem deswegen
erforderlich, weil nur § 25, nicht dagegen auch § 28 die Fortführung der vom bisherigen
Einzelkaufmann geführten Firma voraussetzt. Sie wurde früher so verstanden, daß es sich
bei § 25 um einen vollständigen, bei § 28 dagegen nur um einen teilweisen Inhaberwechsel handle.[37] Dies ist deswegen nicht ganz korrekt, weil es sich auch bei den durch § 28
angesprochenen Personenhandelsgesellschaften um eigene, selbständige Unternehmensträger handelt.[38] Richtig und wichtig bleibt aber, daß der Altunternehmer bei § 28 am neuen

[30] *K. Schmidt* in: Insolvenzrecht im Umbruch,
S. 67, insb. S. 82 ff.; *ders.* ZIP 1989, 1025, 1026 ff.;
ders. ZGR 1992, 621 ff.; dagegen eingehend *Canaris*
ZIP 1989, 1161; *ders.* (Fn. 29).

[31] Anders ist die Rechtslage dagegen in bezug auf
die – zu § 28 gehörende – übertragende Selbstsanierung zu beurteilen (dazu § 28 RdNr. 35).

[32] Zutreffend *Canaris* ZIP 1989, 1161, 1163 f.

[33] Dazu noch RdNr. 40 ff.

[34] Dazu *Lieb,* Festschrift für Vieregge, 1995,
S. 557 ff.

[35] HandelsR § 8 I 3 (221).

[36] Zur Konzeption von *K. Schmidt* HandelsR (de
lege ferenda) auch *Huber,* Festschrift für Raisch,
1995, S. 112 ff.

[37] GroßKommHGB/*Würdinger* § 28   Anm. 1;
Düringer/Hachenburg/*Hoeniger* Anm. 1 und § 28
Anm. 1; Schlegelberger/*Hildebrandt/Steckhan* § 28
Anm. 1 a; Staub/*Hüffer* RdNr. 87, 91.

[38] Überbetont von Staub/*Hüffer* RdNr. 87, 91.

Unternehmensträger beteiligt ist, während er sich bei § 25 des von ihm betriebenen Unternehmens gänzlich entledigt. Aus dieser Beteiligung des bisherigen Einzelkaufmanns rechtfertigt es sich, daß die entstandene Gesellschaft bei § 28 für die (Alt-) Verbindlichkeiten des bisherigen Einzelkaufmanns auch ohne Firmenfortführung haftet, während bei § 25 die Haftungserstreckung auf den Erwerber jedenfalls de lege lata die Firmenfortführung voraussetzt.

Diese Abgrenzung ist nicht trennscharf, ja unvollständig; es bestehen vielmehr deswegen **19** erhebliche und streitige Unklarheiten, weil der Gesetzgeber allein auf die unproblematischen Grundfälle fixiert war,[39] so daß in bezug auf problematische Zwischenlagen Lücken geblieben sind, bezüglich derer sowohl streitig ist, ob sie überhaupt geschlossen werden sollen, als auch, ob die Lückenfüllung an § 25[40] oder an § 28[41] zu orientieren ist. Dabei ist die (erwünschte und erforderliche) Haftungserstreckung bei § 28 deswegen leichter, weil dort bereits das Gesetz selbst auf das Erfordernis der Firmenfortführung verzichtet, während die Anwendung des § 25 trotz fehlender Firmenfortführung den von *Karsten Schmidt* vorgeschlagenen, zumindest de lege lata jedoch kaum akzeptablen Verzicht auf dieses Tatbestandsmerkmal auch bei § 25 erfordert.

aa) Unter dem Aspekt der Haftungskontinuität problematisch ist bereits die **Gründung** **20** **einer GmbH** (oder AG) unter Einbringung eines bis dahin von einem der Gründungsgesellschafter betriebenen kaufmännischen Unternehmens. Die wohl noch hL will hier § 25 anwenden und damit die Haftungserstreckung von der Firmenfortführung abhängig machen.[42] Dem steht jedoch entgegen, daß sich dabei der Altunternehmer entgegen der Grundstruktur des § 25 gerade nicht völlig vom übertragenen Unternehmen löst, sondern am neuen Unternehmensträger beteiligt bleibt. Dies paßt eher zu § 28. Allerdings ist auch diese Vorschrift deswegen nicht ohne weiteres anwendbar, weil es zwar um Fälle der Einlageerbringung geht, jedoch keine Personenhandelsgesellschaft entsteht, auf die § 28 seinem Wortlaut nach beschränkt ist, sondern eine GmbH bzw. – genereller – eine juristische Person. Trotzdem liegt die Anwendung des § 28 näher als diejenige des § 25, weil der für § 28 charakteristische Einbringungsvorgang auch bei Gründung einer juristischen Person gegen Sacheinlagen gegeben ist. Eine analoge Anwendung des § 28 ist freilich nur möglich, wenn dessen ratio auch die Fälle der Einbringung von Unternehmen in juristische Personen abdeckt. Dies ist dann der Fall, wenn man anerkennt, daß mit **jeder** Einbringung von Vermögen (hier des einzelkaufmännischen Unternehmens = Handelsgeschäfts) in das Gesellschaftsvermögen massive Gläubigergefährdungen verbunden sind, denen § 28 (nach heutigem Verständnis) gerade entgegenwirken soll (dazu eingehend § 28 RdNr. 3). Insoweit bestehen – dies ist wichtig – zwischen der Überführung in Gesamthandeigentum einer Personenhandelsgesellschaft und der Überführung in das Vermögen einer juristischen Person keine wesentlichen Unterschiede; § 28 ist daher auch auf die Fälle der Einbringung von Handelsgeschäften in juristische Personen (analog) anwendbar.

bb) Eine weitere Entwicklungsstufe steht zur Diskussion, wenn Handelsgeschäfte nicht **21** im Rahmen von Gesellschafts**gründungen** – nur darauf bezieht sich nach seinem Wortlaut § 28 –, sondern im Zuge späterer Beitritts, bei juristischen Personen damit im Rahmen von **Kapitalerhöhungen gegen Sacheinlage**n, eingebracht werden. Hier rechtfertigt sich die (weitere) Analogie wiederum zu § 28 aus der kaum bestreitbaren Erwägung heraus, daß zwischen Einbringungsvorgängen im Rahmen der Gründung und späteren Erweiterungen des Gesellschafterkreises (bei Personenhandelsgesellschaften) bzw. späteren Kapitalerhöhungen gegen Sacheinlagen (bei AG und GmbH) nur formal/zeitliche Unter-

39 Zutreffend Staub/*Hüffer* § 28 RdNr. 30.
40 So *K. Schmidt* HandelsR § 8 I 3 c (224).
41 So Staub/*Hüffer* RdNr. 93 f., § 28 RdNr. 30.
42 Baumbach/*Hopt* § 28 RdNr. 2, 4; *Canaris* § 7 III 5 a (120); *Commandeur* S. 178; Hachenburg/

Ulmer GmbHG § 5 RdNr. 61; *Pahl* (Fn. 14) S. 248 ff.; Schlegelberger/*Hildebrandt/Steckhan* RdNr. 5; ebenso RGZ 143, 154, 155; aA Staub/*Hüffer* RdNr. 92, § 28 RdNr. 30.

schiede bestehen, die eine Ungleichbehandlung nicht rechtfertigen können.[43] Wenn (ausgerechnet!) *Karsten Schmidt* diese Möglichkeit verneint,[44] so hängt dies damit zusammen, daß er die ratio des § 28 (bewußt) enger versteht, weil er stattdessen auf Ausdehnung des § 25 setzt, obwohl sie mit dem Wortlaut dieser Vorschrift sehr viel weniger vereinbar ist. Im übrigen berührt es merkwürdig, wenn ein Autor, der bereit ist, sich bei einem bestimmten Verständnis noch sehr viel weitergehender vom Gesetz zu lösen, beanstandet, eine bestimmte Auslegung sei mit einer Vorschrift nicht mehr vereinbar. Schließlich hatte *Canaris* gegen die hier zugrundegelegte ratio des § 28 noch eingewandt, daß der Schuldner die Position seiner Gläubiger doch auch sonst durch beliebige Aktionen (nur in den Grenzen des § 138 BGB und den Vorschriften über die Gläubiger- und Konkursanfechtung) verschlechtern könne und nicht einzusehen sei, warum er das nicht auch durch Einbringung seines Unternehmens in eine Gesellschaft solle tun können.[45] Dies trifft mE deswegen nicht, weil die Gläubigergefährdung bei der Übertragung von Unternehmen durch Trennung von Aktiva und Passiva in qualifiziert anderer Weise gravierender ist als bei der Übertragung einzelner Vermögensgegenstände durch Private, denen ohnehin keine Verbindlichkeiten unmittelbar zugeordnet werden können. Dazu kommt, daß sowohl die Leistungsfähigkeit des § 138 als auch der Vorschriften über die Gläubiger- und Konkursanfechtung zumindest im Zusammenhang mit Unternehmensübertragungen zweifelhaft sein dürfte.

22   Diese **Ausdehnung des Anwendungsbereichs des** § 28 durch Analogien könnte auf den ersten Blick als recht weitgehend erscheinen. Dies ist jedoch dann nicht der Fall, wenn man sich vergegenwärtigt, daß diejenigen Tatbestandsmerkmale, deren zu enge Grenzen durch Analogie überwunden werden sollen, nämlich die Entstehung (nur) einer Personenhandelsgesellschaft bzw. die Beschränkung auf Gründungsfälle, mit der hier vor allem für maßgeblich erachteten ratio des § 28 – Gläubigergefährdung durch Einbringung (nur) der Aktiva eines Unternehmens in eine Gesellschaft als Einlage des bisherigen Inhabers des Handelsgeschäfts – nichts zu tun haben. Der vom Gesetz nur punktuell aufgegriffene und geregelte Konflikt besteht vielmehr bei der Einbringung in juristische Personen sowie in späteren Zeitpunkten nach Gründung (Beitritt neuer Gesellschafter bzw. Kapitalerhöhung gegen Sacheinlagen) in der genau gleichen Weise, so daß schon der Gleichbehandlungsgrundsatz die vorgeschlagene Erweiterung des § 28 erzwingen dürfte.

23   cc) Umstritten ist (im Anschluß an die freilich wenig klare Entscheidung RG DJZ 1913, 466) auch der (atypische) Fall, daß eine Personenhandelsgesellschaft das von ihr betriebene Unternehmen auf eine (nur) teilweise personenidentische andere Personenhandelsgesellschaft überträgt (atypisch ist dieser Fall deswegen, weil die Möglichkeit der Übertragung des Gesellschaftsanteils des Ausscheidenden bei – haftungswahrender! – Identität der Gesellschaft sehr viel näher liegt). Das RG scheint darin einen Fall des § 25 gesehen zu haben (dessen Anwendbarkeit freilich in concreto abgelehnt wurde), so daß die Haftung der neuen Gesellschaft nur bei Firmenfortführung hätte bejaht werden können.[46] Dies reicht zur Bewältigung der auch hier gegebenen Gläubigergefährdung deswegen nicht aus, weil den Gläubigern der bisherigen Gesellschaft der Zugriff auf die nunmehr im (Gesamthands-)Vermögen der neuen Gesellschaft stehenden Aktiva der alten Gesellschaft unbedingt erhalten bleiben muß; auch hier liegt eine Gläubigergefährdung durch Einbringung haftenden Vermögens in einen anderen Unternehmensträger mit der Folge vor, daß die hier vertretene ratio des § 28 auch diesen Fall zu erfassen vermag. Der noch radikaleren Lösung von *Karsten Schmidt* („Einheitsbetrachtung"?[47]) bedarf es daher nicht.

---

[43] Ebenso   Staub/*Hüffer*   RdNr. 91 ff.,   § 28 RdNr. 30; *Gerlach* S. 60.
[44] HandelsR § 8 I 3 c (224), Fn. 60: „Mit dem Tatbestand des § 28 HGB hat dies aber vollends nichts mehr zu tun".
[45] *Capelle/Canaris* 21. Aufl. 1989, § 7 III 1 a (103 f); anders nunmehr *Canaris* § 7 III 1 c (115 f.).

[46] Vgl. auch BGH WM 1963, 664; KG JFG 13, 431 = JW 1936, 2658; GroßKommHGB/*Würdinger* Anm. 6; *Waskönig* S. 141 ff.; für eine Anwendung des § 28 dagegen *Gerlach* S. 60 f.; Staub/*Hüffer* RdNr. 91 ff., § 28 RdNr. 30.
[47] Vgl. HandelsR § 8 I 3 c (223), Beispiel Nr. 3.

Daraus folgt zugleich, daß auch die Übertragung von Unternehmen zwischen perso- 24
nengleichen Gesellschaften nicht dem § 25, sondern dem § 28 unterfällt, weil auch hier das
bisherige Unternehmen (anteilig) als Einlage der Gesellschafter in die neue Gesellschaft
eingebracht wird.[48]

dd) Gemäß § 124 Abs. 1 UmwG nF kann ein Einzelkaufmann an Ausgliederungen 25
(§ 123 Abs. 3 UmwG) beteiligt sein. In bezug auf die Haftung für Altverbindlichkeiten
sollen die §§ 25, 26 und 28 unberührt bleiben (§ 133 Abs. 1 S. 2 UmwG nF). Diese Regelung ist angesichts der Dispositivität der genannten Vorschriften ohne rechten Sinn.[49]

ee) Die Grenzziehung zwischen den §§ 25, 28 bestimmt auch die richtige Zuordnung 26
und Behandlung der **Betriebsaufspaltung**: Im Hinblick darauf, daß das bisher von der
(jetzt nur noch:) Besitzgesellschaft betriebene Unternehmen in eine juristische Person
(meist eine GmbH, an der – rechtlich gleich zu behandeln – entweder die Besitzgesellschaft
selbst oder aber deren Gesellschafter beteiligt sind) als Sacheinlage eingebracht wird, ist die
Rechtsprechung und die bisher hL ohne Problematisierung von der Zuordnung zu § 25
ausgegangen, so daß die Haftungserstreckung von der Firmenfortführung abhing.[50] Folgt
man dagegen der hier vertretenen Auffassung, die auf alle Einbringungsvorgänge § 28
anwenden will, so gilt dies auch für die Betriebsaufspaltung: Die Haftung der Betriebsgesellschaft ergibt sich dann unabhängig von der Firmierung aus § 28 (zu schwierigen Enthaf-
tungsproblemen, die sich jetzt aus § 28 Abs. 3 ergeben, vgl. § 26 RdNr. 20). Von dieser
Betriebsaufspaltung mit Einbringung als Sacheinlage ist die Betriebsaufspaltung durch
Spaltung nach den §§ 124 ff. UmwG streng zu trennen. Für letztere Form sind für die
Haftungsfragen die §§ 133, 134 UmwG zu beachten.

b) Gesellschaftsrechtliche Gesamtrechtsnachfolge. Viel diskutiert wurde die – früher 27
überwiegend bejahte – Anwendbarkeit des § 25 auf gesellschaftsrechtliche Vorgänge, die
zur **Allein**unternehmerschaft eines bisherigen Gesellschafters führen, so etwa bei Ausscheiden des letzten Mitgesellschafters (§ 142) oder aller anderen Gesellschafter. Angesichts der
sich hier vollziehenden gesellschaftsrechtlichen Anwachsung fehlt es jedoch an einem auf
Übertragung gerichteten Erwerbsvorgang. § 25 ist daher aus heutiger Sicht eindeutig
ebenso unanwendbar,[51] wie in allen Fällen von Gesamtrechtsnachfolge und Unternehmensidentität; dementsprechend besteht für die Anwendung des § 25 bei der Übertragung
(auch aller) Gesellschaftsanteile weder Raum noch Bedürfnis: Die Zugriffsmöglichkeit der
Gläubiger auf Altgesellschafter und Gesellschaftsvermögen bleibt unverändert; im übrigen
haften die neuen Gesellschafter zusätzlich entsprechend §§ 130, 173. Dasselbe gilt für die
Fälle der Verschmelzung, Vermögensübertragung und der übertragenden Umwandlung.[52]
Anders dagegen bei der „Umwandlung" einzelkaufmännischer Unternehmen; nach der
oben dargestellten Abgrenzung (RdNr. 18 ff.) findet hier § 28 Anwendung.

c) Anwendung auf Soll-, Minder-, Nichtkaufleute. Die Haftungsanordnung des § 25 28
Abs. 1 S. 1 ist angesichts der Tatbestandsmerkmale „Handelsgeschäft" und (Fortführung der
bisherigen) „Firma" auf diejenigen Fälle beschränkt, in denen der Veräußerer bereits
Kaufmann war.[53] Es wird jedoch seit längerem diskutiert, ob § 25 nicht auch **analog** auf

[48] Staub/*Hüffer* RdNr. 88, 91 ff., insbes. 93, 94
und § 28 RdNr. 30; *Gerlach* S. 60 f.; aA *Waskönig*
S. 141 f.; GroßkommHGB/*Würdinger* Anm. 6.
[49] Vgl. dazu *K. Schmidt* ZGR 1993, 366, 391 ff.
[50] Vgl. etwa BAG AP HGB § 26 Nr. 1 = DB
1988, 123, 124; wohl auch BGH NJW 1982, 1647
m. Anm. *K. Schmidt; Bork* ZIP 1989, 1369; *Reichold*
ZIP 1988, 551, 554; *Dehmer*, Die Betriebsaufspaltung, 2. Aufl. 1987, RdNr. 1526.
[51] So auch Staub/*Hüffer* RdNr. 73 f.; *K. Schmidt*
ZHR 145 (1981), 2, 5; *Waskönig* S. 143; aA zu
§ 142 HGB noch RGZ 142, 300, 302; Groß-
KommHGB/*Würdinger* Anm. 6; GroßkommHGB/

Ulmer § 142 Anm. 34; Schlegelberger/*Hildebrandt/
Steckhan* RdNr. 5; *Pahl* (Fn. 14) S. 250.
[52] Vgl. nur Staub/*Hüffer* RdNr. 75 f.
[53] Dabei belassen es Rechtsprechung und hL, vgl.
etwa BGHZ 18, 248, 250; BGHZ 22, 234, 240 =
NJW 1957, 179; BGH DB 1964, 1297; BGH BB
1966, 876; BGH NJW 1982, 577; BGH NJW 1992,
112, 113; RGZ 55, 83, 85 f.; OLG Frankfurt
OLGZ 1973, 20, 22; OLG Zweibrücken NJW-RR
1988, 998; OLG Koblenz NJW-RR 1989, 420;
Waskönig S. 194 ff.; *Commandeur* S. 122 ff.; *Pahl*
(Fn. 14) S. 228 ff.; *Wilhelm* NJW 1986, 1797, 1798;
GroßKommHGB/*Würdinger* Anm. 3 f.; *Gierke/*

die Übertragung minder- und/oder nichtkaufmännischer Unternehmen[54] (eventuell sogar
unter Einschluß der nichtgewerblichen freien Berufe[55]) angewandt werden kann.[56]

29   Eine **Stellungnahme** ist deswegen schwierig, weil die ratio des § 25 bekanntlich sehr
umstritten ist; auch nach der hier vertretenen Auffassung ist § 25 zwar eine nützliche und
plausibel zu rechtfertigende, aber nicht unbedingt erforderliche Vorschrift. Bereits dies
könnte einer Analogie entgegenstehen: In ihrem eigenen Geltungsbereich unklare Normen
sind zumindest nur bedingt analogiefähig. Dazu kommt, daß gerade die – im
Rahmen einer Analogie auf minder- oder nichtkaufmännische Unternehmen fehlenden –
Tatbestandsmerkmale der (bisherigen) Firma des Veräußerers und der Firmenfortführung
durch den Erwerber in Stellenwert und Tragweite besonders unsicher sind. Andererseits ist
das **Gläubigerinteresse** an der Erhaltung des Zugriffs auf Substanz und Erträge des Unternehmens weitgehend identisch; auch interne Erfüllungsübernahmen werden ebenso häufig
sein wie im eigentlichen Bereich des § 25. Ein spezifisch handelsrechtlicher Gehalt des § 25
ist daher nicht ohne weiteres zu erkennen; die Probleme ergeben sich vielmehr aus der
Unternehmensübertragung als solcher, weniger aus der Übertragung gerade eines Handelsgeschäfts. Außerdem ist die Abgrenzung qua Firmenrecht alles andere als aussagekräftig und
trennscharf, zumal – im einzelnen streitig – auch Unternehmen, die nicht Kaufleute sind,
Unternehmensbezeichnungen wählen (müssen), die angesichts der unglücklichen Regelung des § 18 von regulären Firmenbezeichnungen kaum unterschieden werden können.[57]
Es wird daher in der Praxis nicht selten Zweifel geben, ob denn nun ein zu übertragendes
Unternehmen ein Handelsgeschäft darstellt oder nicht. Diese Unschärfen beruhen allerdings auf der aus heutiger Sicht (rechtspolitisch) nicht mehr befriedigenden Abgrenzung
der §§ 1 ff. und den Schwächen der Folgeregelungen der §§ 17 ff., deren Korrektur durch
richterliche Rechtsfortbildung allenfalls in engen Grenzen zulässig, im übrigen aber **dem
Gesetzgeber vorbehalten** ist.[58] Auch dies mahnt zur Zurückhaltung bei analoger Anwendung des § 25. Vor allem aber gilt es zu berücksichtigen, daß dem Erwerber die Möglichkeit zuverlässiger Abbedingung des § 25 gewährleistet sein muß; dies ist nur dann der Fall,
wenn ihm die Möglichkeit der Eintragung einer abweichenden Vereinbarung gemäß § 25
Abs. 2 offen steht; die bloße Mitteilung reicht dafür angesichts gravierender Nachweispro-
bleme nicht aus.[59] Jedenfalls der Erwerber muß also eingetragen werden (können), wenn
eine Analogie in Betracht kommen sollte. Damit scheiden diejenigen Fälle von vornherein
aus, in denen die Kaufmannseigenschaft auch dem Erwerber fehlt.

30   Eine **entsprechende Anwendung** des § 25 kommt daher nur in den Fällen in Betracht,
in denen sich der Erwerber im Handelsregister eintragen lassen kann; ob er diese Möglichkeit wirklich nutzt, ist dann seine Sache. Dies ist der Fall, wenn ein bisher minderkaufmännisches Unternehmen in nunmehr vollkäufmännischem Umfang fortgeführt wird
sowie dann, wenn in der Person des Erwerbers die Eintragungsvoraussetzungen des § 2
gegeben sind. Auch dann ist jedoch die Fortführung der Geschäftsbezeichnung des Veräußerers schon deswegen erforderlich, weil sonst bei Verzicht auf dieses einschränkende
Merkmal des § 25, mag es in seiner Bedeutung auch noch so zweifelhaft sein, der Anwendungsbereich der Analogie weiter sein würde als derjenige der unmittelbaren Gesetzesan-

---

Sandrock § 16 I 3 b dd (221). Teilweise wird aber die
Anwendung des § 25 bei nichtkaufmännischem
Veräußerer dann bejaht, wenn der Erwerber Vollkaufmann ist, vgl. *Schricker* ZGR 1972, 121, 155 f.;
Heymann/*Emmerich* RdNr. 10; Schlegelberger/
Hildebrandt/Steckhan RdNr. 5; Straube/*Schuhmacher*
RdNr. 4; *Canaris* § 7 I 2 a (103) (für den Fall des
sollkaufmännischen Veräußerers).
[54] Staub/*Hüffer* RdNr. 84 f.; Baumbach/*Hopt*
RdNr. 2.
[55] Für eine Erstreckung auf alle auch nichtgewer-
betreibenden Unternehmensträger *K. Schmidt* HandelsR § 8 I 3 b (222), § 8 II 1 a (238).

[56] Der BGH (NJW 1992, 112, 113 r. Sp.) hat
insoweit schon das Bestehen einer Regelungslücke
verneint.
[57] Für den Schriftverkehr verlangt § 15 a Abs. 1
GewO die Angabe des Familiennamens mit mindestens einem ausgeschriebenen Vornamen.
[58] Vgl. *Neuner* ZHR 157 (1993), 243; *Bydlinski*
(Fn. 26) insb. S. 26 f.; *Zöllner* ZGR 1983, 82; *Canaris* § 1 III 1 a (9 f.).
[59] So auch *Pahl* (Fn. 14) S. 229; *Commandeur*
S. 122 f.; *Canaris* § 7 I 3 f (107); *Huber*, Festschrift
für Raisch, 1995, S. 103 ff.

wendung. Auf die Frage, ob der Erwerber eines nichtkaufmännischen Unternehmens die Geschäftsbezeichnung des Veräußerers fortführen darf,[60] kommt es im Rahmen der Analogie zu § 25 deswegen nicht an, weil dort nur die tatsächliche Fortführung maßgeblich ist; ob der Erwerber dazu berechtigt war, spielt keine Rolle.

Verneint man die analoge Anwendbarkeit des § 25 auf die Fortführung nichtkaufmännischer Unternehmen, stellt sich die davon zu unterscheidende Frage nach einer eventuellen Haftung wegen der Erweckung **des Rechtsscheins** des Vorliegens eines Handelsgeschäfts im Sinne von § 25 (dazu RdNr. 68 ff., 73). 　31

d) Konkurs, Liquidationsvergleich, Sequestrationsverfahren. Auf den Erwerb eines 　32 Handelsgeschäfts im Rahmen von **Konkursverfahren** findet § 25 nach allgemeiner Auffassung[61] keine Anwendung;[62] dasselbe gilt für den **Liquidationsvergleich,**[63] nach dem BGH dagegen nicht für den **Erwerb vom Sequester.**[64]

Letzteres wird von *Canaris* neuerdings bestritten. Er ist darüber hinaus der Auffassung, 　33 die Haftungserstreckung des § 25 müsse über die bisher anerkannten Fälle von Konkurs und Vergleich hinaus auch überall da **teleologisch reduziert** werden, wo eine entsprechende Haftungserwartung des Verkehrs gar nicht bestehen könne, wie insbesondere dann, wenn die gegen das Unternehmen gerichteten Forderungen bereits wertlos geworden seien.[65] *Canaris* stellt daher ganz allgemein den einschränkenden Rechtssatz auf, § 25 solle dann nicht eingreifen, wenn anzunehmen sei, daß die Zwangsvollstreckung in das Vermögen des früheren Unternehmensinhabers zur Zeit des Unternehmensübergangs nicht zur Befriedigung des Gläubigers geführt hätte,[66] und er ergänzt ihn um den weiteren Satz, § 25 Abs. 1 S. 1 bleibe im Wege einer teleologischen Reduktion außer Anwendung, wenn der frühere Unternehmensinhaber zur Zeit der Veräußerung konkursreif gewesen und der Erlös im Interesse seiner Gläubiger verwendet worden sei.[67]

Dies hat im Ansatz einiges für sich, da sich die Haftungserstreckung des § 25 insbesonde- 　34 re gegenüber dem betroffenen Erwerber rechtfertigen lassen muß, und eine solche Rechtfertigung in der Tat schwerfällt, wenn sich die Erwerberhaftung gemäß § 25 wirklich als reines Gläubigergeschenk darstellen sollte. Andererseits ist es sehr zweifelhaft, ob sich die von *Canaris* für die von ihm geforderte teleologische Reduktion aufgestellten Voraussetzungen – Vergeblichkeit der Zwangsvollstreckung bzw. Konkursreife – mit ausreichender

---

[60] *K. Schmidt* HandelsR § 12 III 2 b (374); *Staub/Hüffer* § 22 RdNr. 15; *Heymann/Emmerich* § 22 RdNr. 3; aA *Canaris* § 11 III 2 a (183).

[61] Mit unterschiedlichen dogmatischen Begründungen BGHZ 104, 151, 153 f. = NJW 1988, 1912; BGH NJW 1992, 911; RGZ 58, 166, 167 ff.; BAG AP BGB § 419 Nr. 7 Betriebsnachfolge mit Anm. *Beitzke* = NJW 1966, 1984; BAG AP BGB § 613a Nr. 85 = DB 1990, 1416; LAG Hamm NJW 1983, 242, 243; ausführlich *Müller,* Die Einbeziehung freier Berufe in das Handelsrecht, Diss. Kiel 1968, S. 32 ff.; *Gerhardt* JZ 1988, 976 f.; *Henckel* ZIP 1980, 2, 5; *Jaeger/Henckel* KO § 1 RdNr. 16; *K. Schmidt* HandelsR § 8 II 3 b (251 f.); *Baumbach/Hopt* RdNr. 4, 16; *Heymann/Emmerich* RdNr. 12; *Staub/Hüffer* RdNr. 60 f.; *Kuhn/Uhlenbruck* KO § 1 RdNr. 80 f.; aA bezüglich Masseschulden *Gotthardt* BB 1987, 1896 ff.

[62] Hingewiesen sei allerdings auf die neuerdings diskutierten Bedenken im Zusammenhang mit der sog. übertragenden Selbstsanierung, vgl. *Müller* (Fn. 59) S. 92 ff; kritisch ebenfalls *K. Schmidt* ua. in ZIP 1980, 328, 336 f.; HandelsR § 8 II 3 b (252).

[63] LG Mönchengladbach NJW 1987, 2091; OLG Stettin JW 1929, 2627 (ohne ausdrückliche Beschränkung auf den Liquidationsvergleich); *Groß,*

Sanierung durch Fortführungsgesellschaften, 2. Aufl. 1988, X. Kap. RdNr. 59 f.; GroßKommVglO/*Bley/Mohrbutter,* § 7 RdNr. 17; *Böhle-Stamschräder/Kilger* VglO § 7 Anm. 6; *Heymann/Emmerich* RdNr. 12; *Staub/Hüffer* RdNr. 62; *Commandeur* S. 120. Zur Anwendung des § 25 auf eine Veräußerung während des Vergleichsantragsverfahrens siehe LG Stuttgart ZIP 1988, 1481, 1482 f.

[64] BGHZ 104, 151, 153 ff. = NJW 1988, 1912; ebenso BAG AP BGB § 613a Nr. 85 = DB 1990, 1416; OLG Bremen NJW-RR 1989, 423. Umstritten ist hierbei ob § 25 dann ausgeschlossen ist, wenn es anschließend zur Eröffnung des Konkursverfahrens kommt, bejahend *Commandeur* S. 121; dagegen *Gerhardt* JZ 1988, 976 f.; offengelassen von BGHZ 104, 151, 157. Für einen generellen Ausschluß des § 25 noch LG Mönchengladbach NJW 1987, 2091 f.; OLG Köln WM 1987, 1047 (zu § 419 BGB); *Heymann/Emmerich* RdNr. 12.

[65] Festschrift für Frotz, 1993, S. 11, 26 ff.; anders noch *Capelle/Canaris,* 21. Aufl. 1989, § 7 I 2 b (S. 97).

[66] Festschrift für Frotz, 1993, S. 29; *Canaris* § 7 I 3 c (105).

[67] Festschrift für Frotz, 1993, S. 31.

Lieb　　　　401

Rechtssicherheit feststellen lassen, zumal es problematisch ist, die Anwendbarkeit des § 25 erst im Einzelfall davon abhängig zu machen, ob dem Erwerber der Beweis gelingt, daß die Gläubiger vom Altunternehmer nicht mehr hätten befriedigt werden können. Vor allem aber kann dem berechtigten Kern des Anliegens von *Canaris* bereits dadurch (system-gerechter) Rechnung getragen werden, daß genauer als bisher danach gefragt wird, ob denn wirklich der Tatbestand der **Fort**führung des Unternehmens vorliegt[68] (dazu RdNr. 40 ff.). In den verbleibenden Fällen mag der Erwerber von der Möglichkeit des Haftungsausschlusses gem. § 25 Abs. 2 Gebrauch machen. Es mag zwar sein, daß entsprechende Vereinbarungen gelegentlich „vergessen" werden;[69] darauf braucht indessen keine Rücksicht genommen zu werden; es ist Sache der Beteiligten, ihre Angelegenheiten selbst ordnungsgemäß zu regeln.

35   Dementsprechend ist – mit dem BGH – auch an der Anwendbarkeit des § 25 im Fall der Veräußerung durch den Sequester festzuhalten. Die Gründe, die eine generelle teleologi-sche Reduktion des § 25 in Konkurs und Vergleich rechtfertigen,[70] liegen beim Sequester nicht vor.

II. Tatbestandsmerkmale

36   **1. Erwerbsobjekt. a) Handelsgeschäft.** Das Tatbestandsmerkmal des „**Handelsge-schäfts**" ist nur dann erfüllt, wenn der bisherige Unternehmer ein (bei § 1: voll-)kauf-männisches Handelsgewerbe betrieben hat[71] und zwar unter einer Firma im Sinne der §§ 17 ff. (dazu RdNr. 39 ff.). Zwar ist § 25 keine eigentlich firmenrechtliche Vorschrift; die Führung einer Firma stellt aber de lege lata ein notwendiges Tatbestandsmerkmal dar, mag auch seine Bedeutung zweifelhaft sein. Dementsprechend muß das Handelsgeschäft in einer firmenfähigen Rechtsform betrieben worden sein: Neben dem Einzelkaufmann und den Kapitalgesellschaften kommen dafür auch OHG und KG in Betracht, wenn die Gesell-schaft das von ihr betriebene Unternehmen überträgt[72] (und nicht nur – identitätswahrend – ein Gesellschafterwechsel vorliegt, der von § 25 nicht erfaßt wird; dazu bereits RdNr. 27). Die Fiktion der Kaufmannseigenschaft gemäß § 5 reicht aus (zur Problematik der Anwendung des § 25 auf Nicht- und Minderkaufleute schon RdNr. 28 ff.).

37   **b) Zweigniederlassung.** Als Handelsgeschäft im Sinne von § 25 wird auch eine **Zweigniederlassung** angesehen; dann beschränkt sich jedoch die Haftung des Erwerbers auf diejenigen Verbindlichkeiten, die in deren Geschäftsbereich selbst begründet worden waren.[73]

38   **c) Teilerwerb.** Das Handelsgeschäft muß **nicht vollständig** übertragen werden. Es ge-nügt vielmehr die Übertragung derjenigen Teile, die den Kern des Unternehmens ausma-chen, also den Tätigkeitsbereich bestimmen, mit dem es nach außen in Erscheinung trat.[74] Insgesamt sind jedoch an das Tatbestandsmerkmal des Handelsgeschäfts insoweit strenge Anforderungen zu stellen. Erworben und fortgeführt werden muß das Unternehmen als **betriebsfähige Wirtschaftseinheit.**

---

[68] Vgl. dazu die Andeutung von *Canaris*, Fest-schrift für Frotz, 1993, S. 31 zu e).

[69] Dazu *Canaris*, Festschrift für Frotz, 1993, S. 12 ff., 24.

[70] Vgl. dazu insb. *Jaeger/Henckel* KO § 1 RdNr. 16.

[71] Der Begriff des Handelsgeschäfts im Sinne des § 25 ist damit von den einzelnen Handelsgeschäften der §§ 343 ff. zu unterscheiden.

[72] BGH NJW-RR 1990, 1251 1253; wird das Unternehmen allerdings auf einen Rechtsträger übertragen, an dem die alten Gesellschafter (teil-weise) beteiligt sind (vgl. RG DJZ 1913, 466), ist ein Fall des § 28 gegeben, vgl. dazu bereits RdNr. 23.

[73] BGH WM 1963, 664, 665; BGH NJW 1972, 1859; BGH DB 1979, 1124, 1125; RGZ 169, 133, 139; OLG Bremen NJW-RR 1989, 423, dazu noch RdNr. 94.

[74] BGHZ 18, 248. 250; BGH NJW 1982, 1647, 1648; BGH NJW 1992, 911 f.; RGZ 169, 133, 136; OLG Saarbrücken BB 1964, 1195 f.; OLG Bremen NJW-RR 1989, 423; kaum vertretbar weit dagegen OLG Stuttgart NJW-RR 1989, 424 f.

d) Firmenführung. Die vom Gesetz geforderte **Fort**führung der **Firma** durch den Er- **39** werber setzt voraus, daß der Veräußerer seinerseits bereits eine Firma führte.[75] Dabei kommt es nicht auf deren ordnungsgemäße Bildung an;[76] Voraussetzung ist jedoch, daß die gewählte Bezeichnung von **irgendeinem** Kaufmann – und sei es nur aufgrund des Art. 22 EGHGB – als Firma geführt werden könnte.[77] Die Eintragung ins Handelsregister ist wegen ihrer nur deklaratorischen Wirkung im Bereich des § 1 nicht erforderlich;[78] fehlt sie, muß geprüft werden, ob Vollkaufmannseigenschaft vorlag.

2. Geschäftserwerb. a) Allgemeines. Mit den (primär auf das „Handelsgeschäft" bezo- **40** genen) Tatbestandsmerkmalen „erworbenes" und „fortgeführt" bringt das Gesetz unmißverständlich zum Ausdruck, daß § 25 nur dann zur Anwendung kommen kann, wenn es sich um eine Unternehmens**übertragung** vom früheren Inhaber auf den Erwerber und damit um einen **abgeleiteten rechtsgeschäftlichen Erwerb** handelt. Dies von vornherein nachdrücklich hervorzuheben ist deswegen erforderlich, weil die Rechtsprechung diesem objektiven Tatbestandsmerkmal wiederholt zu wenig Aufmerksamkeit geschenkt hat (insoweit fehlen häufig bereits ausreichende tatsächliche Feststellungen) und vor allem mit dem selbständigen, zusätzlichen Merkmal der Fortführung (auch) der Firma sowie auch noch mit der eigenständigen Frage vermengt hat, ob der rechtsgeschäftliche Erwerb wirksam gewesen sein muß (dazu RdNr. 49 ff.). Formulierungen, wie etwa diejenige, entscheidend sei allein „die durch die Firmenfortführung nach außen dokumentierte Kontinuität,"[79] sind mit ihrem Abstellen auf Firma und äußerem Eindruck zumindest gefährlich;[80] primär kommt es demgegenüber auf den aaO erst nachfolgenden Satzteil „des in seinem wesentlichen Bestand fortgeführten Unternehmens" an.[81] Der Erwerb des Unternehmens auf rechtsgeschäftlicher Grundlage ist demnach notwendige Voraussetzung der Haftung gemäß § 25; die von dieser Vorschrift angeordnete Haftungserstreckung kann dem Erwerber gegenüber nur gerechtfertigt werden, wenn eine entsprechende Geschäftsübernahme einverständlich erfolgte.[82]

Angesichts dieser Notwendigkeit eines **derivativen** Erwerbs können – entgegen zweifel- **41** haften, meist schon im Tatsächlichen nicht ausreichend geklärten Entscheidungen – insbesondere diejenigen Fälle nicht unter § 25 subsumiert werden, in denen nach **Einstellung** der geschäftlichen Tätigkeit durch den bisherigen Unternehmensträger[83] oder gar nach seiner **Löschung** im Handelsregister[84] ein zu diesem Zweck gegründetes (oder – falls schon vorhanden – zu diesem Zeitpunkt aktiviertes) Unternehmen dessen Tätigkeit „wieder aufnimmt".[85] Ein solcher Neuanfang, der dem § 25 mangels Erwerb und Fortführung **nicht** unterfällt, ist auch dann zu bejahen, wenn der Altunternehmer am neuen Unterneh-

---

[75] Zur Anwendung des § 25 auf Soll- und Minderkaufleute ausführlich oben RdNr. 28 ff.

[76] BGHZ 22, 234, 237 = NJW 1957, 179; BGH LM Nr. 1 = BB 1953, 1025; RGZ 113, 306, 308; OLG Düsseldorf GmbHR 1991, 315, 316; Staub/ *Hüffer* RdNr. 37; Heymann/*Emmerich* RdNr. 22 a; *Commandeur* S. 132.

[77] BGHZ 22, 234, 237 f. = NJW 1957, 179; OLG Köln MDR 1994, 133, 134; Staub/*Hüffer* RdNr. 37; *P. Hofmann* Handelsrecht D VI 1 a aa (114).

[78] BGH LM Nr. 1 = BB 1953, 1025; BGHZ 18, 248, 250; BGH NJW 1982, 577; RGZ 55, 83, 85; OLG Frankfurt OLGZ 1973, 20, 22; OLG Frankfurt NJW 1980, 1397, 1398.

[79] BGH NJW 1992, 911, 912 im Abschnitt III 2; aA freilich dezidiert *K. Schmidt* ZGR 1992, 621 ff.; wie hier *Canaris*, Festschrift für Frotz, 1993, S. 11 ff.

[80] Ebenso irreführend ist demzufolge auch die Formulierung vom „maßgebenden äußeren Erscheinungsbild" (BGH NJW 1986, 581 f.); richtig jetzt OLG Hamm NJW-RR 1995, 735.

[81] Unrichtig daher OLG Düsseldorf GmbHR 1991, 315, 316, wo aus der Formel des BGH prompt der unrichtige Schluß gezogen wird, ein Fall des § 25 liege auch dann vor, wenn der (angebliche) „Erwerber" das Unternehmen des (angeblichen) „Veräußerers" nur aufgrund neuer selbständiger Rechtsgeschäfte mit dem Vermieter der Räume und dem Verpächter des Inventars ohne Mitwirkung des bisherigen Unternehmers fortgeführt(!?) hat.

[82] So auch OLG Dresden OLG-NL 1994, 230; sowie Heymann/*Emmerich* RdNr. 19; weniger deutlich aber seine Anm. WuB IV D. § 25 HGB 3.92.

[83] So der Fall OLG Oldenburg WM 1985, 1415 (Berufung); BGH NJW 1986, 1633 (Revision); ähnlich OLG Düsseldorf GmbHR 1991, 315; dagegen zutreffend OLG Dresden OLG-NL 1994, 230.

[84] So der Fall BGH NJW 1992, 911.

[85] So die wörtliche, freilich zu Unrecht mit Fortführung gleichgesetzte Formulierung des BGH in der soeben zitierten Entscheidung.

men (etwa einer KG oder GmbH) beteiligt sein sollte. Auch die Verwendung von restlichen Betriebsmitteln des Altunternehmens steht dem nicht entgegen. Dies gilt erst recht dann, wenn solche Betriebsmittel gar von Dritten (etwa: Sicherungsnehmern) erworben worden sein sollten.[86] Stets fehlt es am Erwerb des Unternehmens als ganzem, als betriebsfähiger Wirtschaftseinheit.

42   Ein solch derivativer Erwerb ist insbesondere auch deswegen erforderlich, weil dem Erwerber sonst die Möglichkeit des Abschlusses einer Enthaftungs**vereinbarung** fehlt, zumal der hilfsweise vorgeschlagene Weg einer einseitigen Haftungsabwehrerklärung allzu unsicher ist.[87]

43   Mit dieser Betonung der Erforderlichkeit eines derivativen Erwerbs wird zugleich den Einwendungen weitgehend Rechnung getragen, die *Canaris* unter dem Stichwort „Haftungsfalle" gegen die Anwendung des § 25 dann vorgetragen hat, wenn der „Veräußerer" bereits insolvent war; denn in den meisten der von ihm zitierten Fälle fehlte es bereits am derivativen Erwerb, so daß es der von *Canaris* vorgeschlagenen, tatbestandsmäßig schwer faßbaren teleologischen Reduktion[88] nicht bedarf. Sollte dagegen das Handelsgeschäft noch vom bisherigen Unternehmensträger als betriebsfähige Wirtschaftseinheit (außerhalb von Konkurs und Vergleich) übertragen worden sein, steht auch die Konkursreife des Veräußerers der Anwendung des § 25 nicht entgegen; dem Erwerber ist es vielmehr hier zumutbar, den Weg über § 25 Abs. 2 zu gehen.[89]

44   Fehlt es nach diesen Maßstäben bereits am Tatbestandsmerkmal von Erwerb und Fortführung des **Unternehmens,** schadet selbst die Führung (dann nicht: **Fort**führung!) einer **Firma,** die mit der alten identisch ist, **nicht:** Der Führung einer Firma kommt im Tatbestand des § 25 nur begrenzende, nicht aber selbständige (haftungs-) begründende Funktion zu. Die Gegenmeinung ist möglicherweise – unausgesprochen, aber naheliegend – von der Annahme beeinflußt, aus der Verwendung einer mit der alten weithin identischen Firma ergebe sich der Anschein von Firmen-, Unternehmens- und Haftungskontinuität; den Rechtsgrund der Haftungserstreckung würde damit letztlich wieder die alte Rechtsscheintheorie bilden. Dies ist nicht haltbar, wenn man – wie hier – (auch) die Rechtsscheintheorie zugunsten einer objektiven Rechtsanwendung verwirft; dann kommt es vielmehr allein darauf an, ob der haftungsbegründende Umstand der wirklichen Fortführung des Unternehmens vorliegt. Dies schließt eine echte, dem § 25 nicht zugrundeliegende, ihn aber – bei Vorliegen ihrer Voraussetzungen – **ergänzende** Rechtsscheinshaftung nicht aus, und es kann auch nicht geleugnet werden, daß in den genannten Fällen der Anschein der Unternehmenskontinuität durchaus gegeben sein kann. Dies reicht jedoch allein nicht aus: Darüberhinaus muß die Schutzwürdigkeit (der Altgläubiger!) gegeben sein (dazu noch eingehend RdNr. 69 ff.).

45   Äußerst mißverständlich ist es, wenn die Rechtsprechung in diesem Zusammenhang stereotyp formuliert, die Anwendung des § 25 sei unabhängig davon, „ob überhaupt und ggf. welche Vereinbarungen der alte und der neue Inhaber zum Zwecke der Fortführung des Unternehmens getroffen haben"; „die tatsächliche Weiterführung des Handelsgeschäfts genügt".[90] Hier zeigt sich vielmehr die bekannte Gefahr der formelhaften Zitierung frühe-

---

[86] So im Fall BGH NJW 1992, 911.

[87] Insbesondere ist zweifelhaft, ob der Registerrichter in solchen Fällen eintragen wird; vgl. dazu allerdings die bemerkenswerte Entscheidung LG Berlin ZIP 1993, 1478 = EWiR § 25 HGB 1/93, S. 1001, die zutreffend die Eintragungsfähigkeit eines (vereinbarten) Haftungsausschlusses schon dann zuläßt, wenn auch nur zu befürchten ist, daß eine Haftung gem. § 25 Abs. 1 S. 1 bejaht werden könnte.

[88] Festschrift für Frotz, 1993, S. 11, 12 ff., *Canaris* § 7 I 1 c (97), dazu schon oben RdNr. 14.

[89] AA *Canaris* Festschrift für Frotz, 1993, S. 24; zum Ganzen *Lieb,* Festschrift für Vieregge, 1995, S. 557 ff.

[90] So BGH WM 1985, 1475; BGH NJW 1986, 581 ff. unter Berufung auf BGHZ 18, 248, 250; BGHZ 22, 234, 239 = NJW 1957, 179 und BGH NJW 1984, 1186; ganz ähnlich auch BGH NJW 1992, 911, 912; OLG Frankfurt NJW 1980, 1397, 1398; BayObLG NJW-RR 1988, 869, 870; OLG Düsseldorf GmbHR 1991, 315, 316; LG Stuttgart ZIP 1988, 1481, 1482; zustimmend *K. Schmidt* ZGR 1992, 621, 626; Baumbach/*Hopt* RdNr. 4, 5; Staub/*Hüffer* RdNr. 40; *Commandeur* S. 128; *Huber,* Festschrift für Raisch, 1995, S. 96 ff.

rer Entscheidungen ohne Berücksichtigung ihrer singulären Besonderheiten: Eine solche, bei späteren (unzulässigen) Verallgemeinerungen nie wieder berücksichtigte Besonderheit bestand bei der Entscheidung BGHZ 22, 234 darin, daß sich die dortigen Ausführungen lediglich – unter Rechtsscheinsaspekten – auf den **Anschein** eines Übernahmevertrags bezogen;[91] und in der ebenfalls unzulässig verallgemeinerten Entscheidung BGHZ 18, 248 ging es um die Behandlung und die Rechtsfolgen eines (aus devisenrechtlichen Gründen) **unwirksamen** Übernahmevertrags. Beide Konstellationen lassen, wie der BGH seinerzeit selbst noch zu recht sagte, **weitergehende** Schlüsse nicht zu. Möglich, aber sehr sorgfältig zu untersuchen und zu begründen, ist lediglich, daß der gemäß § 25 objektiv erforderliche Übernahmevertrag unter Umständen nicht rechtsgültig zu sein braucht (dazu RdNr. 49 ff.) bzw. unter Rechtsscheinsaspekten ausnahmsweise auch der Anschein eines Übernahmevertrags ausreichen kann (dazu RdNr. 68 ff, 74). Der (dort haftungsbegründende und seither vielfach einschränkungslos wiederholte) Satz, es könne eine Haftung gemäß § 25 auch ohne Übernahmevertrag in Betracht kommen[92] ist jedoch in dieser Allgemeinheit ebenso irreführend wie unvertretbar. Die Gefahr unzulässiger Verallgemeinerung besteht schließlich auch noch im singulären Fall der Doppelpächterentscheidung BGH NJW 1984, 1186 (dazu RdNr. 48).

Den **Grund- und Regelfall** des § 25 bildet damit der Erwerb eines Unternehmens **46** (Handelsgeschäfts) aufgrund eines entsprechenden Unternehmenskaufvertrages. § 25 ist indessen nicht auf entgeltliche Verträge beschränkt; vielmehr kommen auch sonstige Rechtsgründe in Betracht, die einen vollständigen Inhaberwechsel bewirken,[93] wie **Schenkung,**[94] **Tausch, Treuhandvertrag** (mit Ausnahme verdeckter, nach außen nicht hervortretender Treuhandabreden)[95] **Auseinandersetzungsverträge,**[96] Erfüllung von **Vermächtnissen** (keine Universalsukzession!) etc. Da nur die Übertragung des Unternehmens als betriebsfähige Wirtschaftseinheit, nicht aber die Übertragung des Unternehmens**vermögens** erforderlich ist, fällt unter § 25 nach Rechtsprechung und ganz hL auch die Unternehmens**pacht** oder die Einräumung eines **Nießbrauchs** am Unternehmen.[97] Dem ist mit der Erwägung zuzustimmen, daß für den Gläubiger nicht nur die – im Fall von Unternehmenspacht oder Nießbrauch beim Veräußerer zurückbleibende – Vermögenssubstanz, sondern auch die Erträge aus künftigen Geschäften wichtig sind (zu diesbezüglichen Schwierigkeiten mit der Enthaftung nach § 26 vgl. § 26 RdNr. 18).

b) Rückerwerb des Verpächters, Weiterverpachtung. Auch der **Rückerwerb** und **47** damit auch der **Rückfall vom Pächter an den Verpächter** werden von § 25 erfaßt, wenn das Unternehmen vom Verpächter weitergeführt wird.[98] Schon hier ergeben sich jedoch Schwierigkeiten im Hinblick auf § 25 Abs. 2, da der Rückfall des verpachteten Unternehmens an den Verpächter durch schlichte Kündigung seitens des Pächters bewirkt werden kann, ohne daß der Verpächter in der Lage wäre, einen Haftungsausschluß gemäß § 25

---

[91] BGHZ 22, 234, 239 im Abschnitt II 2 b.
[92] BGH NJW 1986, 581, 582 im Abschnitt 2 b, bb; vgl. außerdem die übrigen Nachweise in Fn. 101.
[93] Allgemein BGH LM Nr. 1 = BB 1953, 1025.
[94] RAG HRR 1933 Nr. 1665; Unentgeltlichkeit auch bei OLG Oldenburg WM 1985, 1415, 1417; BGH NJW 1987, 1633.
[95] RGZ 99, 158, 159 f. (zu § 22); Staub/*Hüffer* RdNr. 38; aA *Henckel*, Festschrift für Heinsius, 1991, S. 261, 274; zur verdeckten Treuhand BGH NJW 1982, 1647, 1648 m. Anm. *K. Schmidt*; OLG Stuttgart BB 1987, 2184, 2185.
[96] RGZ 149, 25, 27; RGZ 154, 334, 337 (unter Erben); zur Erbteilung schon die Denkschrift (RT-Vorl.) S. 36 = *Schubert/Schmiedel/Krampe* II/2, S. 979.

[97] So ausdrücklich schon die Denkschrift (RT-Vorl.) S. 36 = *Schubert/Schmiedel/Krampe* II/2, S. 978; BGH NJW 1982, 1647; BGH NJW 1984, 1186, 1187 m. Anm. *K. Schmidt*; RGZ 133, 318, 322 f; OLG Frankfurt OLGZ 1973, 20, 23; ausführlich *Brockmeier* S. 119 ff.; *Deschler* S. 137 ff.; Baumbach/*Hopt* RdNr. 4; Heymann/*Emmerich* RdNr. 13; Staub/*Hüffer* RdNr. 38, 81; *Canaris* § 7 I 2 b, (104); *K. Schmidt* HandelsR § 8 II 1 b (239); ders. NJW 1984, 1187; *Commandeur* S. 127; aA *Schricker* ZGR 1972, 153 f. Fn. 128; *Binz/Rauser* BB 1980, 897, 898 f.
[98] RGZ 133, 318, 323 f.; *Brockmeier* S. 128 ff.; *Deschler* S. 139 f.; *Börner*, Festschrift für Möhring, 1975, S. 37, 43; *K. Schmidt* NJW 1984, 1187; Heymann/*Emmerich* RdNr. 13; Staub/*Hüffer* RdNr. 82; *Canaris* § 7 I 2 b (104); *Commandeur* S. 127; aA Düringer/Hachenburg/*Hoeniger* Anm. 37.

Abs. 2 durchzusetzen.[99] Denkbar wäre, daß ein solcher Haftungsausschluß vorsorglich schon im Pachtvertrag vereinbart und dann erst nach Rückübertragung des Pachtgegenstandes eingetragen wird.[100]

48   Besondere Schwierigkeiten bereitet der Fall, daß der Verpächter nach Kündigung seitens des Erstpächters das Unternehmen sofort **weiterverpachtet**, da hier kein unmittelbarer Erwerb zwischen dem bisherigen und dem neuen Pächter stattfindet. Der BGH hat die Anwendbarkeit des § 25 im sog. **Doppelpächterfall** trotzdem bejaht;[101] dies liegt nahe, da auch hier ein Unternehmerwechsel und eine Unternehmens- und Firmenfortführung im Sinne von § 25 vorliegen und das Gesetz den unmittelbaren Erwerb jedenfalls nicht ausdrücklich fordert. Erhebliche Schwierigkeiten ergeben sich jedoch wiederum in bezug auf § 25 Abs. 2, da nicht recht ersichtlich ist, wie sich der Zweitpächter gegen die Haftung für die Verbindlichkeiten des Erstpächters wehren kann: Der BGH meint dazu, es sei nicht anzunehmen, daß die Haftung des Übernehmers nur dann in Betracht käme, wenn sie ausschließbar sei.[102] Dies ist problematisch, da die Möglichkeit der Abbedingung der gesetzlich begründeten Mithaftung unverzichtbar ist. Die Frage ist daher, ob sich der Zweitpächter schützen kann. Der BGH verweist ihn auf eine unmittelbare Vereinbarung mit dem Erstpächter, die der Verpächter vermitteln und – wie schon erwähnt – bereits durch entsprechende Vereinbarung im Vertrag mit dem Erstpächter sicherstellen kann.[103] Bedenkt man, daß das Vereinbarungserfordernis nicht die Geschäftsgläubiger, sondern allein den Geschäftsveräußerer vor einer Konterkarierung der intern getroffenen Abreden durch den Erwerber schützen soll, erscheint es jedoch sinnvoller, bei Fehlen solch interner Abreden den **einseitigen Haftungsausschluß** durch den Erwerber zuzulassen.[104] Im Hinblick auf das bereits in RdNr. 40 Ausgeführte sei wiederholt, daß der auch in der Doppelpächterentscheidung wiederholte Satz, der Übernehmer hafte auch dann nach § 25, wenn überhaupt kein Übernahmevertrag abgeschlossen worden sei,[105] erheblich zu weit geht und nicht einmal den Besonderheiten gerade dieses Falles gerecht wird.

49   c) **Rechtsunwirksamer Erwerb.**[106] aa) Schwierig ist die Frage, ob die gesetzliche Haftung des Erwerbers auch dann Platz greift, wenn das Handelsgeschäft nicht rechtswirksam erworben wurde, dh. der Vertrag, der den Erwerber berechtigt, das Unternehmen anstelle des Veräußerers fortzuführen, nichtig ist.[107]

50   Rechtsprechung und hL bejahen diese Frage,[108] wobei sie sich zum Teil darauf berufen, daß ein Vertrag (angeblich) ganz entbehrlich sei;[109] dagegen wurde bereits Stellung genommen: § 25 erfaßt nur den abgeleiteten Erwerb; die Fortführung aufgrund eines entsprechenden Vertrags zwischen Alt- und Neuunternehmer gehört zu den essentialia der Vorschrift.[110] Eine Mindermeinung will das Gegenteil, nämlich die Erforderlichkeit der Rechtsbeständigkeit des Erwerbs, bereits aus dem Wortlaut des Gesetzes („erworben")

[99] So auch *Nörr/Scheyhing* § 30 A VI (385).
[100] So RGZ 133, 318, 323 f.; *Brockmeier* S. 138 ff.; *Nörr/Scheyhing* § 30 A VI (385); aA Düringer/Hachenburg/*Hoeniger* Anm. 37.
[101] BGH NJW 1984, 1186, 1187; zustimmend *Brockmeier* S. 149 ff.; *K. Schmidt* NJW 1984, 1187; *ders.* HandelsR § 8 II 1 b (240); *Wilhelm* NJW 1986, 1797 f.; *Commandeur* S. 127; kritisch Heymann/*Emmerich* RdNr. 13, 19; vgl. auch *Huber*, Festschrift für Raisch, 1995, S. 98 f.
[102] BGH NJW 1984, 1186, 1187.
[103] BGH NJW 1984, 1186, 1187; *Brockmeier* S. 156 ff.; *Commandeur* S. 127.
[104] So *Wilhelm* NJW 1986, 1797, 1798; zustimmend *K. Schmidt* HandelsR § 8 II 3 a (251); *Canaris*, Festschrift für Frotz, 1993, S. 11, 31; siehe auch unten RdNr. 113.
[105] BGH NJW 1984, 1186, 1187.

[106] Zum Ganzen umfassend *Vetter*, Altschuldenhaftung auf fehlerhafter Vertragsgrundlage, Diss. Köln, 1995.
[107] Maßgeblich ist das Kausalgeschäft; ob nur dieses oder aber – etwa bei Fehleridentität – auch die dinglichen Übertragungsakte unwirksam sind, ist gleichgültig bzw. nur für die Modalitäten der Rückabwicklung relevant.
[108] Grundlegend RGZ 149, 25, 28 f.; BGHZ 18, 248, 250 ff.; außerdem BGHZ 22, 234, 239 = NJW 1957, 179; BGHZ 31, 321, 328 = NJW 1960, 621; OLG Düsseldorf NJW 1963, 545; OLG Nürnberg BB 1970, 1193; Baumbach/*Hopt* RdNr. 5; Schlegelberger/*Hildebrandt/Steckhan* RdNr. 6; Staub/*Hüffer* RdNr. 39 f.; *K. Schmidt* HandelsR § 8 II 1 b (239 f.).
[109] Nachweise in Fn. 90.
[110] RdNr. 40 ff.

ableiten.[111] Dies mag für sich allein zweifelhaft sein; jedoch ist es in der Tat aufschlußreich, daß bei unwirksamem Vertrag jedenfalls nur der **Anschein** eines (endgültigen) Erwerbs vorliegt. Dies führt konsequenterweise zu bloßem Rechtsscheinsschutz. Dafür spricht insbesondere, daß die Haftung des Erwerbers bei unwirksamer Veräußerung ihm gegenüber allenfalls gerechtfertigt werden kann, wenn die **Voraussetzungen der Rechtsscheinslehre** vorliegen; ein Schutz Bösgläubiger oder solcher Gläubiger, die keinerlei Vertrauensinvestition getätigt haben, läßt sich dagegen kaum vertreten, zumal – dies gilt es vom Ergebnis her zu bedenken – der Erwerber bei Anwendbarkeit des § 25 das **Insolvenzrisiko** des Veräußerers sowohl im Hinblick auf seine eigene Gegenleistung als auch insoweit zu tragen hätte, als er gemäß § 25 zur Befriedigung der Altgläubiger des Veräußerers gezwungen ist. Eine solche Risikokumulation ist so außergewöhnlich, daß sie zwingend auf Fälle besonderer Schutzbedürftigkeit beschränkt werden muß; dafür reicht – wie sich gleich zeigen wird – die Rechtsscheinshaftung aus.

bb) Für die **Rechtsscheinshaftung** steht zunächst **§ 15 Abs. 3** deswegen im Regelfall **51** zur Verfügung, weil der Inhaberwechsel gemäß § 31 Abs. 1 eine eintragungspflichtige Tatsache darstellt: Das Register verlautbart im Fall rechtsunwirksamen Erwerbs und der Eintragung (und Bekanntmachung) eines nur vermeintlichen Inhaberwechsels einen **falschen** Inhaber. Damit greift § 15 Abs. 3 (auch) zum Schutze der Altgläubiger ein.

Fraglich ist allerdings, ob die Anwendung des § 15 Abs. 3 darüber hinaus den Nachweis **52** einer **Folgedisposition** (Vertrauensinvestition) voraussetzt. Diese Frage bereitet im normalen Anwendungsbereich des § 15 Abs. 3 deswegen kaum Schwierigkeiten, weil es dort in der Regel nur um die Begründung von Forderungen **nach** Entstehung des Rechtsscheinstatbestandes geht. Dies ist im Anwendungsbereich des § 25 deswegen grundsätzlich anders, weil hier der Zeitpunkt der Entstehung der Forderungen (der **Alt**-Gläubiger!) zeitlich notwendigerweise vor der Entstehung des Rechtsscheinstatbestandes (bzw. seiner Eintragung und Bekanntmachung) liegt. Zwar werden dadurch Folgedispositionen nicht ausgeschlossen – zu denken ist etwa an eine Stundung, aber auch an das Unterlassen eines Vorgehens gegen den Veräußerer im Hinblick auf die (vermeintliche) kumulative Haftung des Erwerbers – sie dürften aber nicht die Regel, sondern die Ausnahme sein. Wenn man daher auch hier auf den Nachweis verzichten wollte, daß bestimmte Folgedispositionen im konkreten Vertrauen auf die Mithaftung des Erwerbers, und sei auch nur durch Unterlassen, getroffen wurden, käme man zu einem außerordentlich weiten Anwendungsbereich der Rechtsscheinshaftung. Aus diesem Grunde ist es angebracht, abweichend vom Regelfall (§ 15 RdNr. 31) für die Anwendung des § 15 Abs. 3 vom Altgläubiger den Nachweis einer entsprechenden Folgedisposition zu verlangen.[112] Dagegen entfällt eine sonst bei der Anwendung des § 15 stets zu beachtende Einschränkung: Bloße Folgedispositionen sind auch in bezug auf **gesetzlich** begründete Forderungen denkbar, bezüglich derer Vertrauensschutz sonst nicht gewährt wird.[113]

Die Haftung gemäß § 15 Abs. 3 ist ausgeschlossen, wenn eine Eintragung (und Be- **53** kanntmachung) gemäß § 25 Abs. 2 erfolgt ist. Auf deren Wirksamkeit kommt es im Rahmen der Rechtsscheinshaftung **nicht** an. Hier gilt vielmehr wirklich einmal der sonst zweifelhafte Satz, daß die Rechtsscheinshaftung nicht weitergehen kann als die Haftung bei Rechtswirksamkeit des Erwerbs (und damit auch bei Wirksamkeit des Haftungsausschlusses gemäß § 25 Abs. 2).

Wenn die Eintragung des Erwerbers im Handelsregister noch nicht erfolgt ist (oder die **54** Bekanntmachung noch aussteht), kann eine Haftung des Erwerbers noch nach **allgemeinen Rechtsscheinsgrundsätzen** begründet sein (dazu § 15 RdNr. 82 ff.).

[111] Düringer/Hachenburg/*Hoeniger* Anm. 20; *Pahl* (Fn. 14) S. 234; *Straube/Schumacher* RdNr. 6; *Canaris* § 7 I 2 b (104 f.); Heymann/*Emmerich* RdNr. 19; außerdem insb. *Canaris* Vertrauenshaftung S. 186 f.; *Schricker* ZGR 1972, 121, 154 f. stellt allein auf die Wirksamkeit der dinglichen Geschäfte ab; *Heckelmann*, Festschrift Bartholomeyczik, 1973, S. 129, 145 ff., läßt den unwirksam Erwerbenden beschränkt mit dem übernommenen Vermögen haften.

[112] Zutreffend *Canaris* Vertrauenshaftung S. 176.
[113] Siehe oben § 15 RdNr. 32.

55   Die **Rechtsfolge** der Vertrauenshaftung besteht darin, daß sich der Erwerber vom gutgläubig Disponierenden **so behandeln lassen muß**, als sei der Erwerb rechtswirksam gewesen und infolgedessen § 25 Abs. 1 anwendbar. Einer Einschränkung bedarf dies jedoch
dann, wenn der Veräußerer im Veräußerungszeitpunkt etwa bereits insolvent gewesen sein
sollte; denn dann beruht die Verschlechterung der Position des Gläubigers nicht auf der
Verzögerung im Vertrauen auf die (scheinbare) Mithaftung des Erwerbers; eine Realisierung der Gläubigerforderungen war vielmehr von vornherein unmöglich.[114] Die Beweislast
für diese Ausnahme liegt beim Erwerber.

56   **cc)** Dieselben Gesichtspunkte gelten für die Anwendung des § 25 Abs. 1 S. 2: Bei unwirksamem Erwerb (und damit in der Regel unwirksamer Zustimmung des Veräußerers
zur Fortführung der Firma!) wird der Schuldner bei Leistungen an den Erwerber auch
(nur) dann geschützt, wenn die Voraussetzungen des § 15 Abs. 3 oder der allgemeinen
Rechtsscheinsgrundsätze vorliegen.

57   **dd)** Fraglich ist, ob die Unanwendbarkeit des § 25 wegen Rechtsunwirksamkeit des Erwerbs auf die Fälle der anfänglichen Nichtigkeit und die Nichtigkeit nach Anfechtung
(§ 142 BGB) zu beschränken ist, oder ob ein fehlerhafter Erwerb im Sinne des Leistungs-
störungsrechts jedenfalls dann ebenfalls zu berücksichtigen ist, wenn es zur (nur eingeschränkt möglichen!) Rückabwicklung gekommen ist. Die Entscheidung hängt davon ab,
ob die gesetzlich geregelten Fälle der Nichtigkeit und Anfechtbarkeit aus der Sicht des § 25
so viel schwerer wiegen als etwa die Fälle der Fehlerhaftigkeit des Erwerbsgeschäfts. Dies ist
insbesondere auf der Basis der Rechtsprechung, die eine fahrlässige Irreführung mit Hilfe
der culpa in contrahendo für einen Anspruch auf Vertragsaufhebung ausreichen läßt,[115]
zweifelhaft, zumal der stärkere Rechtsbehelf der Anfechtbarkeit wegen arglistiger Täuschung oft nur an der Beweislast scheitern wird. Es dürfte daher vertretbar sein, die Haftung gemäß § 25 Abs. 1 auch dann zu verneinen, wenn der Erwerb eines Handelsgeschäfts
etwa aufgrund von Unternehmensmängeln rückabzuwickeln ist; etwa auftretende Schutzlücken lassen sich mit Hilfe der eben angestellten Rechtsscheinserwägungen schließen.

58   **ee)** Die Nichtigkeit des Erwerbs ändert nichts daran, daß der Erwerber im Fortführungszeitraum im eigenen Namen (Neu-) Verbindlichkeiten begründet haben wird. Diese Haftung wird durch die Rechtsunwirksamkeit des Erwerbs nicht berührt. Sie kann lediglich im
Rahmen der Rückabwicklung zugunsten des Erwerbers berücksichtigt werden.

59   **3. Geschäftsfortführung.**[116] Der Erwerber haftet nur dann, wenn er das erworbene Geschäft auch wirklich fortführt. Bei alsbaldiger Liquidierung, Weiterveräußerung, Weiterverpachtung oder Einbringung in eine Gesellschaft entfällt die Haftung gemäß § 25[117]
(während sie für den Zweiterwerber gegeben sein kann[118]).

60   Zweifelhaft ist, ob das Tatbestandsmerkmal der Fortführung **des Unternehmens** auch
dann erfüllt ist, wenn der Erwerber das Handelsgeschäft nicht als selbständiges weiterführt,
sondern etwa in ein eigenes oder zusätzlich erworbenes so **eingliedert,** daß das erworbene
Unternehmen nach außen nicht mehr selbständig hervortritt, trotzdem aber – fehlt es
daran, ist § 25 ohnehin unanwendbar – die Firma des Veräußerers fortführt. Diese, bisher
kaum erörterte Frage ist mE zu bejahen: Das Vorliegen einer (selbständigen) betriebsfähigen Wirtschaftseinheit (RdNr. 38) ist (zur Abgrenzung zur Übernahme bloßer Betriebsmittel) nur für den Erwerbszeitpunkt erforderlich. Die Rechtslage sollte insoweit nicht anders

[114] Zutr. *Canaris* Vertrauenshaftung S. 176; *Nickel* NJW 1981, 102 f.

[115] BGH NJW 1962, 1196, 1198; 1974, 849, 851; 1993, 2107; dazu eingehend *Lieb,* Festschrift 600 Jahre Universität Köln, 1988, S. 251, 265 ff.

[116] Vgl. dazu zunächst die grundsätzlichen Ausführungen zum Tatbestandsmerkmal Erwerb (RdNr. 40 ff.).

[117] RG LZ 1913, 538; RGZ 143, 368, 371; 169, 133, 140 (sofortige Einbringung in eine Gesellschaft); Baumbach/*Hopt* RdNr. 6; Heymann/*Emme-rich* RdNr. 20; Staub/*Hüffer* RdNr. 45; *Commandeur* S. 130.

[118] RGZ 143, 368, 372 f.; RGZ 169, 133; zur Haftung eines Zweitpächters für die vom Erstpäch-ter begründeten Verbindlichkeiten bereits oben RdNr. 48.

beurteilt werden als im Fall des § 28; dort ist die Aufrechterhaltung der Eigenständigkeit des eingebrachten Unternehmens nicht erforderlich (§ 28 RdNr. 17).

4. Firmenfortführung. a) Allgemeines. Nach dem – maßgeblichen – Gesetzeswortlaut **61** hängt die Haftung des Erwerbers davon ab, daß er die **Firma** des Veräußerers **fortführt**; auf dieser Verlautbarung der (für sich allein nicht ausreichenden) Unternehmenskontinuität beruht de lege lata die Rechtfertigung der Erwerberhaftung.[119] Deshalb entfällt die Erwerberhaftung stets dann, wenn das übernommene Unternehmen lediglich in das bereits bestehende Unternehmen des Erwerbers eingegliedert und unter **dessen** Firma fortgeführt wird.

Eine Firmenfortführung liegt dann vor, wenn der Erwerber unter der alten Firma **62** (weiterhin) am Markt auftritt; dementsprechend ist bei Divergenzen diejenige Bezeichnung maßgebend, unter der der Erwerber – damit die geschützte Haftungserwartung des Verkehrs begründend – tatsächlich **am Markt** aufgetreten ist, nicht die im Register eingetragene.[120] Dafür ist eine gewisse Intensität erforderlich. Dementsprechend reicht etwa eine nur kurzfristige Belassung des bisherigen Firmenschildes, die vorübergehende Weiterbenutzung von Formularen etc. nicht aus.[121]

Die Firmenfortführung setzt keine rechtsgeschäftliche Übertragung der Firma voraus; **63** entscheidend ist allein die **tatsächliche Fortführung**. § 25 greift daher auch dann, wenn der Veräußerer seine Firma löschen läßt und der Erwerber eine entsprechende Firma originär nach den §§ 18 ff. annimmt oder seine bereits bestehende Firma entsprechend verändert.[122]

Auf die Zulässigkeit der Firmenfortführung kommt es ebensowenig an wie – entgegen **64** § 22 – auf die Einwilligung des Veräußerers[123] (anders dagegen bei § 25 Abs. 1 S. 2; dazu RdNr. 108). Fraglich ist, ob es ausreicht, wenn der vom Erwerber übernommene Firmenkern von ihm nur noch als **Etablissementsbezeichnung** verwendet wird.[124] So lag es in einem vom OLG Düsseldorf entschiedenen Fall: Der Veräußerer betrieb die Gaststätte „A" unter der ordnungsgemäßen Firma „A-GmbH". Der Erwerber – wohl ein Einzelkaufmann – führte die Gaststätte unter ihrer Bezeichnung „A" weiter. Das OLG Düsseldorf hielt dies für ausreichend, obwohl „A" als bloße Etablissementsbezeichnung anzusehen sei.[125] Hierbei ist zu unterscheiden: Grundsätzlich stellt § 25 Abs. 1 nicht auf die Kontinuität der Geschäftsbezeichnung ab, sondern auf die der Firma. Die fortgeführte Gaststättenbezeichnung allein kann die Haftung daher nicht begründen. Anders ist es jedoch dann, wenn der Erwerber unter dieser Bezeichnung „im Handel seine Geschäfte betreibt", die Bezeichnung also firmenmäßig – etwa als Inhaberbezeichnung auf Geschäftsbriefbögen[126] – führt, was regelmäßig wohl nur in Verbindung mit seinem eigenen Namen geschehen dürfte. Dann hat er die Bezeichnung zu (einem Teil) seiner Firma gemacht und muß sich daran festhalten lassen.

b) Veränderungen. Änderungen im Erscheinungsbild der Firma sind **unschädlich**, **65** wenn die Firmenkontinuität und damit eine ausreichend tragfähige Verbindungslinie zum

[119] Vgl. dazu BGH NJW 1992, 911 (dazu schon RdNr. 40 ff. und RdNr. 77.

[120] BGH NJW 1987, 1633; weitergehend noch die Vorinstanz OLG Oldenburg WM 1985, 1415, 1417; BGH NJW 1992, 911, 912; RG WarnRspr 1937, Nr. 67, S. 151, 155; OLG Saarbrücken BB 1964, 1195, 1196; Staub/*Hüffer* RdNr. 45; *Baumbach*/*Hopt* RdNr. 7; *Commandeur* S. 131 f.; enger *Pahl* Haftungsrechtliche Folgen versäumter Handelsregistereintragung und Bekanntmachung, 1987, S. 232 f.; wohl auch *Wessel* BB 1989, 1625, 1626.

[121] BGH NJW 1987, 1633; RGZ 73, 71, 72; 143, 368, 374; OLG Köln MDR 1994, 133, 134; Staub/ *Hüffer* RdNr. 45; *Baumbach*/*Hopt* RdNr. 8.

[122] BGH NJW 1982, 1647; BGH NJW 1986, 581; BGH NJW 1992, 911, 912; LG Stuttgart ZIP

1988, 1481, 1482; LG Berlin ZIP 1993, 1478; Staub/*Hüffer* RdNr. 45. Zu beachten ist jedoch, daß stets ein derivativer Erwerb des **Unternehmens** erforderlich ist (RdNr. 40 ff.).

[123] OLG Düsseldorf GmbHR 1991, 315, 316; Staub/*Hüffer* RdNr. 46; Schlegelberger/*Hildebrandt-Steckhan* RdNr. 7; *Heymann*/*Emmerich* RdNr. 22 a; *Baumbach*/*Hopt* RdNr. 9; *Canaris* § 7 I 2 d (106).

[124] Zur Führung einer bloßen Etablissementsbezeichnung durch den Veräußerer RdNr. 73.

[125] OLG Düsseldorf GmbHR 1991, 315, 316 mit kritischer Anm. *Demharter* EWiR § 25 HGB 1/91, S. 269 f.

[126] BayObLG DB 1992, 569.

Veräußerer erhalten bleiben. Dafür ist die Verkehrsanschauung maßgeblich, weshalb es nicht auf wort- oder buchstabengetreue Übereinstimmung ankommt, sondern darauf, daß sich der Kern der alten und der neuen Firma gleichen.[127] Die Praxis legt dabei keinen kleinlichen Maßstab an. Entsprechend den unterschiedlichen Normzwecken finden die strengeren Maßstäbe des § 22 keine Anwendung.[128] Andererseits genügt eine für § 22 ausreichende Firmenähnlichkeit immer auch den Anforderungen des § 25 Abs. 1 (zu den Anforderungen im Rahmen des § 22 dort RdNr. 66 ff.). Gesellschafts- und Rechtsformzusätze schließen eine Firmenfortführung daher nicht aus.[129] Gleiches gilt für Aufnahme, Änderung oder Weglassung eines Inhaberzusatzes.[130] **Nicht zu folgen** ist dem BGH, wenn er bei Verbindung von neuer und alter Firma durch „vormals" eine Firmenfortführung ablehnt.[131] Eine Firmenfortführung wird auch nicht durch den Wegfall des Vornamens[132] oder dessen Ersetzung durch Initialen[133] ausgeschlossen. Andererseits reicht die Übernahme lediglich eines Firmenzusatzes unter Weglassen des Vor- und Zunamens eines Einzelkaufmanns **nicht** aus.[134] In einer zweifelhaften Entscheidung lehnte das RG eine Firmenfortführung auch bei Weglassen des Zusatzes „& Sohn" ab.[135] Auch eine Kumulierung mehrerer kleinerer Veränderungen kann die Firmenkontinuität unberührt lassen, zB „Autohaus A. R., Berg-Garage" – „Berg-Garage R., Nachf. A. S.".[136]

66   Schwierig kann die Entscheidung bei Hinzufügung oder Weglassen sachlicher, die gewerbliche Tätigkeit beschreibender Zusätze sein. Hier kommt es auf die **Individualisierungskraft** der identischen Firmenbestandteile an. Eine Firmenfortführung wurde angenommen bei „X (Vorname) v.A." – „v.A.-GmbH & Co. Gaststättenbetriebs- und Vertriebs KG";[137] „EWG-Versandschlachterei Josef B, G." – „Josef B -GmbH";[138] „M-GmbH" – „M-Textilhandelsgesellschaft mbH";[139] „Hans Christian M-GmbH & Co. KG" – „D. C. M Innenausbau GmbH".[140] Die Fortführung der Firma wurde abgelehnt bei „A K, Baumaschinen, Import und Export" – „K-Baumaschinen-GmbH".[141] Ob der Zusatz „Import und Export" aber wirklich die unterstellte Individualisierungskraft hat, erscheint fraglich.[142] Der BGH sah keine Firmenkontinuität bei „F-Fleisch GmbH" – „F & Sohn

[127] So etwa BGH NJW 1982, 577, 578; BGH NJW 1983, 2448, 2449; BGH NJW 1986, 581, 582; BFH BB 1986, 866; OLG Bremen NJW-RR 1989, 423; OLG Düsseldorf GmbHR 1991, 315, 316; OLG Köln MDR 1994, 133 m. Anm. *K. Schmidt*.
[128] LG Berlin ZIP 1993, 1478; Staub/*Hüffer* RdNr. 49; aA *Wessel* BB 1989, 1625, 1626.
[129] BGHZ 18, 248, 250; BGH WM 1959, 560; BGH NJW 1982, 1647, 1648; BGH NJW 1983, 2448, 2449; BGH NJW 1992, 911, 912; BFH BB 1986, 866; OLG Bremen NJW-RR 1989, 423, 424; OLG Düsseldorf GmbHR 1991, 315, 316.
[130] BGH LM Nr. 1 = BB 1953, 1025; BGHZ 29, 1 = NJW 1959, 241 („Modehaus R. Inh. Lina R." – „Modehaus R. Inh. Franz T."); BGH WM 1959, 560 („Max S. KG" – „Max S. Inh. Fritz M."); BGH NJW 1986, 581 („Elektro-S – A S" – „Elektro-S-GmbH").
[131] BGH WM 1964, 296, 297 („E. & Co." – „F. & Co., vormals E."); kritisch auch Staub/*Hüffer* RdNr. 49; *K. Schmidt* HandelsR § 8 II 1 c (242);
[132] BGH NJW 1982, 577, 578; BGH NJW 1986, 581, 582; RAG JW 1933, 1852 („Modellhaus Max B." – „Modellhaus B. GmbH"); OLG Saarbrücken BB 1964, 1195, 1196; OLG Bremen NJW-RR 1989, 423 f.; aA *Wessel* BB 1989, 1625, 1626 unter Ablehnung einer nicht veröffentlichten Entscheidung des LG Stuttgart.
[133] BFH BB 1986, 866 („Hermann Paulig KG" – „H. Paulig GmbH"); siehe auch RGZ 113, 306,

308 f. („Aluminolwerk C. Sch." – „Aluminolwerk Sch. & Co.").
[134] BAG AP BGB § 613 Nr. 1 (mit zustimmender Anm. *A. Hueck*) = NJW 1955, 1413 f. („I. Werk O., Ing. W. Sch." – „I Werk O. GmbH"); OLG Bremen NJW 1963, 111 f. („Gewebe und Teppich Import F. D." – Gewebe und Teppich-Import GmbH"; OLG Stuttgart BB 1969 Beil. 10, S. 16 („X (Phantasiewort) Fotografische Geräte Karl Meier" – „X Fotografische Geräte GmbH & Co. KG"); OLG Köln MDR 1994, 133 („Kurier Team X-Stadt, Eigenname" – „Kurier Team X-Stadt"); kritisch *K. Schmidt* HandelsR § 8 II 1 c (242). In einer unveröffentlichten Entscheidung bejahte das LG Stuttgart jedoch eine Firmenfortführung bei „Top-Fit Sport-Fitness-Center A. B." – „Top-Fit Sport-Fitness-Center C. D." (4 KFH T 11/88, zitiert bei *Wessel* BB 1989, 1625, der die Entscheidung ablehnt, S. 1626).
[135] RGZ 133, 318, 325 f. („G.R. & Sohn" – „G.R."); ablehnend auch Staub/*Hüffer* RdNr. 49.
[136] OLG Saarbrücken BB 1964, 1195, 1196.
[137] BGH NJW 1982, 577 f.
[138] BGH NJW 1983, 2448, 2449.
[139] OLG Stuttgart NJW-RR 1989, 424 f.
[140] OLG Bremen NJW-RR 1989, 423 f.
[141] OLG Frankfurt NJW 1980, 1397, 1398.
[142] Kritisch auch Staub/*Hüffer* RdNr. 49.

GmbH", hätte aber eine Haftung wohl bei „F-Fleischmarkt" bejaht.[143] Das LG Berlin hielt eine ausreichende Firmenähnlichkeit bei „Zentrie Internationale Möbelhandelsgesellschaft mbH" und „Zentrie Handels- und Service GmbH" jedenfalls für möglich.[144]

Schließlich wird eine Firmenfortführung bei Verkürzung der alten Firma zu einem sich **67** klanglich deutlich unterscheidenden Schlagwort abgelehnt, so bei „Eugen Mutz & Co" – „Eumuco AG".[145]

5. Ergänzung durch Rechtsscheinstatbestände? a) Notwendigkeit. Die Ergänzung **68** der Anwendung objektiven Rechts durch die Gewährung von Rechtsscheinsschutz ist aus dem Privatrecht und erst recht aus dem Handels- und Gesellschaftsrecht nicht mehr wegzudenken und infolgedessen auch und gerade in bezug auf § 25 in die Erörterung einzubeziehen. Besondere Vorsicht ist allerdings nicht nur deswegen geboten, weil eine Rechtsscheinshaftung nicht selten ohne genaueren Nachweis ihrer Voraussetzungen und der Schutzwürdigkeit des Begünstigten bejaht wird, sondern auch deshalb, weil der untaugliche Ansatz der Rechtsscheintheorie (dazu bereits RdNr. 8 f.) noch immer – bewußt oder unbewußt – so manche Stellungnahme prägt.[146] Dazu kommt, daß die Rechtsscheinshaftung von der Frage eventueller analoger Anwendung der Norm scharf zu trennen ist.[147] Eine **Rechtsscheinshaftung** kommt daher nur dann in Betracht, wenn einzelne Voraussetzungen für die Anwendung des § 25 nicht erfüllt sind, gewisse Umstände (Rechtsscheinstatbestände) aber den Rechtsschein ihres Vorliegens erwecken; eine Rechtsscheinshaftung kann daher – vorbehaltlich zusätzlicher Voraussetzungen – nur dann angenommen werden, wenn zwar Rechtswirklichkeit und Rechtsschein auseinanderfallen, die Defizite der Rechtswirklichkeit aber durch Rechtsscheinstatbestände ausgeglichen werden können.

b) Reichweite. Außerdem ist vorab begrenzend darauf hinzuweisen, daß § 25 eine **69** Haftung für Altverbindlichkeiten und damit für Verbindlichkeiten anordnet, die im Zeitpunkt von Unternehmens- und Firmenfortführung bereits begründet waren, so daß die **Kausalität** späterer Rechtsscheinstatbestände generell **zweifelhaft** ist. Zwar kann eine kausal auf Rechtsscheinstatbeständen beruhende Disposition auch in einem **Unterlassen** (etwa des rechtzeitigen Zugriffs auf den Veräußerer) bestehen; dabei wird es sich jedoch um – vom Gläubiger zu beweisende – **Ausnahmetatbestände** handeln (RdNr. 49 ff.). Im übrigen ist zu beachten, daß im Rahmen der hier primär in Betracht kommenden allgemeinen Rechtsscheinslehre im Gegensatz zu § 15 (dort RdNr. 31) Kenntnis des Rechtsscheinstatbestandes nicht vermutet wird, sondern nachgewiesen werden muß (§ 15 RdNr. 82).

Der BGH hat freilich einmal ausgeführt, im Zusammenhang mit der Haftung aus § 25 **70** HGB könne der Rechtsgedanke des Rechtsscheins eine weitergehende Bedeutung gewinnen und Rechte auch für denjenigen begründen, der sich auf diesen Rechtsschein verlasse, ohne durch sein Vertrauen zu bestimmten Entschließungen veranlaßt zu werden.[148] Diese zweifelhafte Passage betrifft aber wohl nur den unmittelbaren Anwendungsbereich des (als Rechtsscheinsvorschrift mißverstandenen) § 25 selbst: **Wenn** dessen Voraussetzungen erfüllt sind, kommt es für seine Rechtsfolge, die Haftung des Erwerbers zugunsten der Altgläubiger, auf Kausalität etc. selbst dann nicht an, wenn man § 25 als Rechtsscheinsvorschrift versteht. Wenn es dagegen wegen des Fehlens von Tatbestandsmerkmalen um deren

[143] BGH NJW 1987, 1633; so schon die Vorinstanz OLG Oldenburg WM 1985, 1415, 1417; vgl. dazu auch *K. Schmidt* HandelsR § 8 II 1 c, Beispiel Nr. 23 (S. 243) sowie die dort weiter angeführten Beispielsfälle.
[144] ZIP 1993, 1478; das Gericht hatte hierbei nicht über eine Haftung nach § 25 Abs. 1 zu entscheiden, sondern im Beschlußwege über die Zulässigkeit der Eintragung eines Haftungsausschlusses.

[145] RGZ 145, 274, 278.
[146] Typisch *Commandeur* S. 138 ff., insbesondere S. 143.
[147] So auch Staub/*Hüffer* RdNr. 116.
[148] BGHZ 22, 234, 239 = NJW 1957, 179; ähnlich OLG Frankfurt NJW 1980, 1397, 1398.

Ersetzung durch Rechtsscheinsaspekte geht, kommt man um die allgemeinen Voraussetzungen der Rechtsscheinshaftung nicht herum.[149]

71   Hinzuweisen ist schließlich auch noch auf die Anforderungen an den subjektiven Tatbestand auf Seiten des Altgläubigers: Auch hier wird **Gutgläubigkeit** zwar **vermutet**; zu beachten ist jedoch, daß hier (entsprechend der allgemeinen Regel des § 173 BGB) bereits (einfache) **Fahrlässigkeit** und nicht erst, wie etwa bei § 15, Kenntnis **schadet**;[150] allerdings wird man dem Altgläubiger besondere Nachforschungspflichten nicht auferlegen können.

72   **c) Fallgruppen.** Für eine eventuelle Rechtsscheinshaftung, dh. für eine Ersetzung gesetzlicher Tatbestandsmerkmale durch Rechtsscheinsaspekte, kommen (nur) in Betracht das Vorliegen eines Handelsgeschäfts in der Person des Veräußerers und damit dessen Kaufmannseigenschaft, die (Übertragung und damit) Fortführung des Unternehmens sowie die Fortführung der Firma des Veräußerers; schließlich wird noch auf die Frage einzugehen sein, ob und inwieweit im Zusammenhang mit § 25 auch § 15 relevant werden kann.

73   **aa)** Bezüglich des **Rechtsscheins der Kaufmannseigenschaft** gelten an sich die allgemeinen Regeln. Eine Besonderheit besteht jedoch darin, daß dieser Rechtsschein durch Führung (und dann Fortführung) einer Firma entstehen kann, die der Veräußerer als Minder- oder Nichtkaufmann als solche gar nicht hätte führen dürfen. Daraus entsteht die schwierige Frage, ob der Verkehr (in concreto: der Altgläubiger) aus einer solchen Firmierung auf die Vollkaufmannseigenschaft schließen darf. Dies hängt an sich davon ab, ob der Veräußerer die betreffende Bezeichnung auch als Minder- bzw. Nichtkaufmann führen durfte (vgl. dazu § 15 b GewO!) – dann könnte der Rechtsschein der Kaufmannseigenschaft gar nicht erst entstehen – oder ob dies nicht der Fall ist. Damit ist die Antwort belastet mit der weiteren schwierigen Frage nach der Zulässigkeit der Führung bestimmter firmenähnlicher Bezeichnungen durch Minder- und Nichtkaufleute. Insoweit muß verwiesen werden (§ 37 RdNr 5 ff.). Angesichts der Schwierigkeiten der Abgrenzung erscheint jedoch der eventuelle Rechtsscheintatbestand so zweifelhaft und streitig, daß sich zuverlässige Schlüsse auf die Kaufmannseigenschaft kaum ableiten lassen.[151] Von daher dürfte eine Rechtsscheinshaftung wegen unzulässiger Firmenführung und Firmenfortführung allenfalls in deutlichen Ausnahmefällen in Betracht kommen.

74   **bb)** Davon zu unterscheiden ist die Problematik des Rechtsscheins der Fortführung des **Unternehmens**. Sie hängt zwar deswegen eng mit der Problematik der **Firmen**fortführung zusammen, weil insbesondere diese den Anschein der Fortführung des Unternehmens zu erwecken geeignet ist. Dazu ist zunächst erneut auf das bereits zur eigenständigen, primären Relevanz des Tatbestandsmerkmals der Fortführung des Unternehmens Ausgeführte zu verweisen (RdNr. 40 ff.). Bereits daraus ergibt sich, daß die Fälle, in denen (durch entsprechende Firmierung) der bloße Anschein der Unternehmensfortführung erweckt wird, dem § 25 jedenfalls nicht unmittelbar unterfallen, sondern allenfalls dann, wenn die allgemeinen Voraussetzungen der Rechtsscheinshaftung erfüllt sind. Gesetzesanwendung und ihre Ergänzung durch Rechtsscheinsaspekte sind daher auch hier streng zu unterscheiden.[152] Entgegen der markigen, aber kaum vertretbaren Formulierung von *Würdinger*, „es wäre unerträglich, wenn § 25 bei einer mißbräuchlichen Fortführung der Firma versagen und demjenigen, der die Firma fortgeführt hat, gestattet sein sollte, sich dahinter zurückzuziehen, daß er in Wirklichkeit nicht das Unternehmen des Vorgängers fortgeführt, sondern ein neues eröffnet habe",[153] auf die sich das OLG Frankfurt[154] stützte, kann daher selbst eine

---

[149] So auch GroßkommHGB/*Würdinger* Anm. 1.
[150] Siehe § 15 RdNr 82.
[151] Plastisch *Canaris* § 11 III 2 b (184).
[152] Dezidiert aA OLG Frankfurt NJW 1980, 1397, 1398 mit dem mE unhaltbaren Kernsatz, „bereits das Verwenden einer eingeführten Firma durch jemanden, der das Handelsgeschäft nicht erworben hat, vermag die Haftung nach § 25 unter Umständen zu begründen"; zustimmend *Brox*, Han-

dels- und Wertpapierrecht, RdNr. 167; ablehnend dagegen die hM, vgl. etwa BayObLG NJW-RR 1988, 869, 870; *Nickel* NJW 1981, 102; *Axer* (Fn. 14) S. 162 ff.; *Commandeur* S. 142 ff.; Baumbach/*Hopt* RdNr. 6; Staub/*Hüffer* RdNr. 116; *K. Schmidt* HandelsR § 8 II 1 b (240).
[153] GroßKommHGB/*Würdinger* Anm. 10.
[154] OLG Frankfurt NJW 1980, 1397, 1398.

bloße Rechtsscheinhaftung nicht ohne weiteres damit begründet werden, daß ein Kaufmann, der ein Handelsgeschäft nicht übernommen, sondern neu aufgebaut hat, allein deswegen haftet, weil er (unter Beachtung der §§ 18 ff.!) eine (eigene) Firma angenommen hat, die einer früheren ähnlich ist.[155]

Dies gilt selbst dann, wenn dabei Betriebsmittel verwendet wurden, die der Neuunternehmer vom bisherigen Unternehmer erworben hat. Selbst die Nutzung derselben Räume, die (Neu-) Begründung von Geschäftsbeziehungen zu den Kunden des früheren Inhabers etc. können allenfalls als (widerlegliche) Indizien für eine Unternehmensfortführung verstanden werden; lassen sich ein (derivativer) Erwerb vom Altunternehmer und damit eine wirkliche Fortführung dagegen nicht feststellen, hat es auch unter Rechtsscheinaspekten bei der Unanwendbarkeit des § 25 zu verbleiben. Insbesondere gibt es keinen Rechtssatz des Inhalts, daß der Wiederaufbau eines Unternehmens mit den früheren Betriebsmitteln der alten Firma stets zur Haftung gemäß § 25 führen müsse. 75

cc) Die Problematik der Fortführung des Unternehmens läßt sich allerdings gerade unter Rechtsscheinaspekten von derjenigen der Fortführung der Firma nicht vollständig trennen: Dabei ist zunächst bei der Namensfirma (§ 18) zu beachten, daß ein nicht namensgleicher Erwerber (der Betriebsmittel), der die Firma des Altunternehmers fortführen will, dies nur mit dessen Zustimmung (§ 22) sowie dann tun darf, wenn er das Unternehmen mit erwirbt (arg. § 22, 23). Aus **diesem** Grunde erweckt ein Erwerber den Rechtsschein der Unternehmensfortführung, wenn er die Firma des Altunternehmers (fort-)führt, so daß insoweit eine Rechtsscheinhaftung möglich ist, wenn es an der Fortführung <u>des Unternehmens</u> fehlen sollte. 76

Dies ist dann anders, wenn der bisherige Unternehmensinhaber **selbst** sein Unternehmen – etwa nach Insolvenz – mit neuen Mitteln (etwa: als offener oder stiller Teilhaber) unter einer neuen, mit der alten (Namensfirma!) identischen Firma wieder aufbauen will. Da es sich um eine Fortführung nicht handelt, und die Altgläubiger, denen die Insolvenz des ursprünglichen Unternehmers nicht verborgen geblieben sein kann, nicht schutzwürdig sind, ist hier für eine Haftung gemäß § 25 selbst unter Rechtsscheinaspekten kein Raum.[156] 77

dd) Die gesetzlich geregelten Tatbestände der Rechtsscheinhaftung des § 15 werden im Kontext des § 25 nur eine geringe Rolle spielen: § 15 Abs. 3 kommt dann in Betracht, wenn ein Erwerber zu Unrecht im Handelsregister eingetragen wurde wie etwa bei unwirksamem Erwerb (dazu bereits RdNr. 49 ff.). § 15 Abs. 1 ist (zu Lasten des **Veräußerers**!) anzuwenden, wenn die Eintragung des Inhaberwechsel unterlassen wurde; diese Vorschrift begründet dann die Veräußererhaftung für Verbindlichkeiten, die vom **Erwerber** begründet wurden.[157] 78

ee) Schließlich stellt sich noch die Frage, ob die Eintragung einer Enthaftungsvereinbarung (§ 25 Abs. 2) selbst dann, wenn sie unwirksam sein sollte, den Rechtsschein der Erwerberhaftung zerstören kann. Sie ist zu bejahen, ist allerdings nur dann relevant, wenn nicht schon einer unwirksamen Enthaftungsvereinbarung Enthaftungsfunktion zukommt (dazu RdNr. 53). 79

III. Rechtsfolge: Die Haftung des Erwerbers

1. Grundverständnis. a) Ausgangspunkt. Die Haftungsanordnung des § 25 Abs. 1 S. 1 ist zweifellos ursprünglich (nur) als **gesetzlicher Schuldbeitritt** konzipiert worden, der lediglich zu einer (kumulativen) Mithaftung des Erwerbers für die (Geschäfts-) Verbind- 80

---

[155] Auch insoweit konsequent anderer Auffassung OLG Frankfurt NJW 1980, 1397, 1398; vgl. dazu auch RdNr. 63.

[156] Zumindest im Ergebnis anders BGH NJW 1992, 911 mit zustimmender Anmerkung K. Schmidt ZGR 1992, 621; dagegen vehement Canaris ZIP 1989, 1161 ff..

[157] Zu einer Haftung des Veräußerers für vom Erwerber begründete Verbindlichkeiten aus allgemeinen Rechtsscheingrundsätzen BGH NJW 1966, 1915.

lichkeiten des Veräußerers führt, so daß dessen Schuldnerstellung zunächst ganz unberührt bleibt. Allerdings – bereits dies ist auffällig – kommt als Schuldner **dann** praktisch nur noch der Erwerber in Betracht, wenn sich der Veräußerer später auf die Sonderregelung des § 26 (früher Verjährung, heute Enthaftung: dazu eingehend § 26 RdNr. 1 ff.) beruft, die nur ihm, nicht aber auch dem Erwerber zugute kommt. Ob diese, vom Gesetz nicht zwingend vorgegebene Konzeption heute noch vorzugswürdig ist, ist zweifelhaft:

81   Den Anlaß für Zweifel bilden die, in den letzten Jahren insbesondere im Zusammenhang mit der Verjährungsproblematik viel diskutierten Besonderheiten der **Dauerschuldverhältnisse**.[158] Sie werfen zunächst einmal die Frage auf, ob der Erwerber nur – insofern besteht kein Streit – für diejenigen Teilansprüche einzustehen hat, die in der Vergangenheit entstanden, oder auch für diejenigen, die erst nach der Übertragung des Handelsgeschäfts entstehen. Dafür gibt es im Modell zwei aufschlußreiche Teilantworten: Die eine geht dahin, die Haftungsanordnung des § 25 beziehe sich nicht nur auf entstandene und entstehende Teilansprüche, sondern auch auf den Anspruchsgrund, das betreffende Dauerschuldverhältnis als solches;[159] die Bejahung der Haftung des Erwerbers auch für erst nachträglich entstehende Teilansprüche ist dann eine Selbstverständlichkeit. Eine andere Antwort bejaht die Haftung für Teilansprüche, die nach dem Übergang des Handelsgeschäfts entstehen, nur dann, wenn auch die Gegenleistung des anderen Vertragsteils dem Erwerber zugute kommt;[160] wenn dieser also, so ist zu ergänzen, das Dauerschuldverhältnis mit dem Dritten seinerseits fortsetzt. Damit stellt sich die erst in neuerer Zeit vertiefter behandelte Frage nach dem Schicksal, nach der rechtlichen Zuordnung, von (unternehmensbezogenen) Dauerschuldverhältnissen nach Unternehmensübergang.

82   Insoweit dominiert wohl die freilich nur selten klar ausgesprochene Vorstellung, auch in bezug auf Dauerschuldverhältnisse ordne § 25 nur eine Mithaftung für die nach Übertragung des Unternehmens weiter entstehenden Einzelansprüche an; Vertragspartner bleibe dagegen der Veräußerer. Dies ist zumindest dann unbefriedigend, wenn das Dauerschuldverhältnis als **unternehmensbezogenes** erhalten bleibt, die eben schon angesprochenen Gegenleistungen also im stillschweigenden Einvernehmen dem Erwerber zugute kommen, wie es wohl im allseitigen Interesse die Regel sein dürfte; denn dann liegt nichts näher als die Annahme, neuer Vertragspartner sei anstelle des – dann seinerseits nur noch mithaftenden – Veräußerers der Erwerber geworden. Dafür wird die Konstruktion einer „konkludenten Vertragsübernahme" angeboten.[161] Sie ist indessen in ihrer Leistungsfähigkeit zweifelhaft, zumal es sich dabei (zu welchem Zeitpunkt?) zugunsten des Veräußerers um eine befreiende Vertragsübernahme handeln müßte. Andererseits kann kaum ein Zweifel darüber bestehen, daß eine **Vertragsüberleitung** nicht nur den Interessen von Veräußerer (dieser wird, jedenfalls nach Ablauf einer gewissen Zeit, befreit) und Erwerber (dieser kann die betreffende Geschäftsbeziehung ungestört fortsetzen), sondern in aller Regel auch den Interessen des jeweiligen Dritten entsprechen wird. Dies wird zwar bezweifelt und von einem Verstoß gegen die Vertragsfreiheit der Unternehmensgläubiger gesprochen,[162] selbst die Verfassung soll unter Umständen tangiert sein.[163] Dies schießt jedoch über das Ziel hinaus und berücksichtigt insbesondere nicht, daß die Aufrechterhaltung von Dauerschuldverhältnissen zum Veräußerer, an der den Kritikern zum Schutze des Dritten so viel zu liegen scheint, dessen Interessen deswegen meist gerade **nicht** entsprechen wird, weil dem Veräußerer die Aufrechterhaltung unternehmensbezogener Dauerschuldverhältnisse nach

[158] Vgl. dazu nur *K. Schmidt* HandelsR § 8 I 4 c (227 f.); *Lieb*, Haftung (passim); *Beuthien* NJW 1993, 1737 ff.; *Canaris*, Festschrift für Frotz, 1993, S. 11, 32 ff. Zu beachten ist, daß die §§ 26, 28 Abs. 3, 160 heute nicht mehr auf Dauerschuldverhältnisse beschränkt sind; dazu § 26 RdNr. 4.

[159] Vgl. dazu nur Schlegelberger/*K. Schmidt* § 128 RdNr. 51 mit weit. Nachw. sowie *Lieb* GmbHR 1994, 657.

[160] Staub/*Hüffer* RdNr. 57; *Canaris* § 7 I 4 a (108); GroßKommHGB/*Würdinger* Anm. 14; ähnlich *Commandeur* S. 153; vgl. auch BGH NJW-RR 1990, 1251, 1253; aA *Habersack* JuS 1989, 738, 745.

[161] *Canaris*, Festschrift für Frotz, 1993, S. 11, 37; *Commandeur* S. 154; *Nitsche* ÖZW 1976, 40, 46.

[162] *Beuthien* NJW 1993, 1737, 1738 re.Sp.

[163] *Canaris*, Festschrift für Frotz, 1993, S. 11, 35 ff.

Übertragung des Unternehmens in aller Regel gar nicht mehr möglich sein, und es infolgedessen fast notwendigerweise zur Kündigung kommen wird. Die Aufrechterhaltung des Dauerschuldverhältnisses mit dem Unternehmen, und damit mit dessen neuem Inhaber, ist so gesehen sogar in aller Regel ein dringendes Anliegen **des Dritten.**

Zwar könnte das Dauerschuldverhältnis bei allseitiger Zustimmung auch im Verhältnis **83** zum Erwerber neu begründet werden; aber dies würde unter Umständen schwierige und möglicherweise kostspielige, die Unternehmensfortführung zumindest vorübergehend gefährdende Neuverhandlungen erforderlich machen, die eine auf ökonomische Rationalität bedachte Regelung vermeiden sollte. Im übrigen ist eine **Vertragsüberleitung kraft Gesetzes** keine grundstürzende Neuerung, wie etwa die §§ 571, 613 a BGB, 151 Abs. 2 VVG deutlich belegen. Restlichen Bedenken könnte schließlich dadurch ohne weiteres Rechnung getragen werden, daß dem Dritten eine solche Vertragsüberleitung **nicht aufgedrängt** werden darf (dazu RdNr. 85); damit kann zugleich dem (manchmal überbetonten[164]) personalen Einschlag mancher Dauerschuldverhältnisse Rechnung getragen werden. Bei unbefangener Betrachtungsweise spricht daher viel dafür, im – dies sei wiederholt – wohlverstandenen Interesse **aller** Beteiligten davon auszugehen, daß § 25 als **Vertragsüberleitungsnorm** verstanden und damit die (auch volkswirtschaftlich) wichtige und wertvolle Möglichkeit der Unternehmensübertragung deutlich erleichtert werden kann.[165]

b) Vertragsüberleitungsnorm. Für eine solche Rechtsfortbildungstendenz kann nun- **84** mehr – dies ist ein bedeutsamer Aspekt – vor allem angeführt werden, daß **der Gesetzgeber** die von Literatur und Rechtsprechung bereits zu § 159 entwickelte **Enthaftungslösung** durch die Neufassung des § 160 ausdrücklich auf § 26 (und § 28) übertragen und damit jedenfalls das – zeitversetzte – Ausscheiden des Veräußerers aus dem haftungsbegründenden Dauerschuldverhältnis sanktioniert hat.[166] Dies macht nur Sinn auf dem Hintergrund der hier favorisierten Konzeption, daß die betreffenden Rechtsverhältnisse kraft Gesetzes zuvor auf den Erwerber übergeleitet wurden; denn sonst würde der Dritte jeglichen Vertragspartner verlieren. So gesehen stellt das Verständnis des § 25 als Vertragsüberleitungsnorm nur die notwendige Vorstufe für die sonst nicht praktikable Enthaftungsregelung der §§ 26, 28 Abs. 3 dar.

c) Dispositionsmöglichkeit. Die Akzeptanz dieses Verständnisses wird erleichtert, wenn **85** man sich zum einen überlegt, daß eine solche Vertragsüberleitung schon von Gesetzes wegen **dispositiv** ist: Ebenso wie durch eine (gemäß § 25 Abs. 2 publizitätspflichtige) Vereinbarung die Haftung ganz ausgeschlossen werden kann, kann die Haftung für einzelne Verbindlichkeiten und – so ist jetzt zu ergänzen – die Vertragsüberleitung für einzelne Rechtsverhältnisse ausgeschlossen werden, wenn Veräußerer oder Erwerber dies aus irgendwelchen Gründen wünschen. Auch den eventuell (wahrscheinlich nur ausnahmsweise) entgegenstehenden Interessen des Dritten, dem die Vertragsüberleitung keineswegs aufgedrängt werden soll, kann ohne weiteres Rechnung getragen werden: Als Vorbild bietet sich dafür das vom BAG (jetzt unter Billigung des EuGH) zu § 613 a BGB anläßlich eines ähnlichen Interessenkonflikts entwickelte **Widerspruchsrecht**[167] an: Ist der Dritte, dem der

---

[164] *Beuthien* NJW 1993, 1737, 1738 r. Sp. und 1740 r.Sp.

[165] So auch *Waskönig* S. 118 ff.; *Krejci*, Betriebsübergang und Arbeitsvertrag, S. 218 ff.; *ders.* ÖJZ 1975, 449, 458 f.; *K. Schmidt* HandelsR § 8 I 4 c (227 ff.); *Reichold* AP BetrAVG § 7 Nr. 56 Bl. 7; *Esser/Schmidt*, Schuldrecht I/2, § 37 IV 1 (S. 304); im Ergebnis auch *Börner*, Festschrift für Möhring, 1975, S. 37, 45 ff.; aA neben den in Fn. 161 und 162 genannten *Fenyves*, Erbhaftung und Dauerschuldverhältnis, 1982, S. 60 ff.; *Nitsche* ÖZW 1976, 40, 45 f.; *Habersack* JuS 1989, 738, 743; *Zöllner* ZGR 1983, 82, 89; *Commandeur* S. 151 f.; *Pahl* (Fn. 14) S. 219; *Heymann/Emmerich* RdNr. 42; *Staub/Hüffer*

RdNr. 95; *Straube/Schuhmacher* RdNr. 28 mit weit. Nachw.

[166] Dazu eingehend § 26 RdNr. 1 ff.; massive Bedenken bei *Canaris* § 7 I 4 b (108 ff.); ihnen dürfte jedoch durch das in RdNr. 85 befürwortete Widerspruchsrecht Rechnung getragen werden können.

[167] Danach können die Arbeitnehmer dem Übergang der Vertragsverhältnisse auf den Erwerber widersprechen, BAG AP BGB § 613 a Nr. 1, 8, 10, 21, 37, 55; EuGH DB 1993, 230; aus dem Schrifttum vgl. nur Staudinger/*Richardi* § 613 a RdNr. 119 ff; MünchKommBGB/*Schaub* § 613 a RdNr. 41, beide mit weit. Nachw.

Unternehmensübergang bekannt sein muß (§§ 31, 15 Abs. 2), mit der Überleitung auch seines Rechtsverhältnisses nicht einverstanden, mag er – in angemessener Frist – mit der Folge **widersprechen,** daß es dann beim Veräußerer verbleibt (wenn auch möglicherweise gekündigt werden muß).[168] Daraus sollte dann freilich – unter dem schon erwähnten Aspekt, daß dann auch die Gegenleistung dem Erwerber nicht zugute kommt – die Folgerung der teleologischen Reduktion der Haftungsanordnung des § 25 für später entstehende Teilansprüche gezogen,[169] dh. die Haftung des Erwerbers gegenüber dem Widersprechenden insoweit verneint werden.

86   **d) Relevanz des § 25 Abs. 1 S. 2.** Die vom Gesetz ermöglichte Disposition auch über einzelne Verbindlichkeiten (§ 25 Abs. 2) ist zugleich geeignet, eine weitere Zweifelsfrage zu entschärfen, auf die die Kritiker besonders hingewiesen haben. Es geht um das richtige Verständnis und die Einordnung des **§ 25 Abs. 1 S. 2** (dazu genauer RdNr. 99 ff.) in dieses Normkonzept. Die Kritiker meinen wohl, § 25 Abs. 1 S. 2 sei überflüssig, wenn man § 25 als Vertragsüberleitungsnorm verstehe; denn dann müsse sich diese gesetzliche Überleitung auch auf **Forderungen** beziehen.[170] Dies ist deswegen zweifelhaft, weil man schon entstandene Forderungen auch als bereits insoweit verselbständigt ansehen kann, daß sie – ebenso wie sonstige Aktiva – rechtsgeschäftlich übertragen werden müssen, zumal es zu weit gehen würde, die Vertragsüberleitung als eine Art Teilgesamtrechtsnachfolge zu interpretieren. Dies kann indessen dahingestellt bleiben. Die Sonderregelung des § 25 Abs. 1 S. 2 ist und bleibt vielmehr für diejenigen Fälle erforderlich, in denen die Beteiligten die im Unternehmen begründeten Forderungen **nicht,** wie es die Regel sein dürfte, als Teil der Aktiva mit auf den Erwerber übertragen (abgetreten), sondern – aus welchen Gründen auch immer – beim Veräußerer belassen haben. Dies ist schon deswegen möglich, weil, wie eben hervorgehoben, die Vertragsüberleitungsfunktion des § 25 dispositiv ist; von dieser Dispositivität haben die Beteiligten im Rahmen von § 25 Abs. 1 S. 2 Gebrauch gemacht und damit die Schutzbedürftigkeit des Schuldners hervorgerufen, aufgrund deren die Regelung des § 25 Abs. 1 S. 2 selbst dann erforderlich bleiben würde, wenn man davon ausgehen wollte, beim Fehlen einer Absprache dahin, daß die Forderungen beim Veräußerer verbleiben sollten, gingen auch sie bereits im Rahmen der Vertragsüberleitung über.

87   Die hier entwickelte Lösung entspricht – an der Aufgabe jeglichen dispositiven Rechts orientiert – in aller Regel sowohl dem Kontinuitätsinteresse von Erwerber und Drittem, die beide an der Fortsetzung der unternehmensbezogenen Dauerschuldverhältnisse interessiert sein werden, und verwirklicht zugleich mit Hilfe der Neufassung des § 26 das Enthaftungsbedürfnis des Veräußerers und ist daher unter jedem Aspekt vorzugswürdig.

88   **e) Kreditbereich.** Auch – dies ist ein letzter, von den Kritikern hervorgehobener Punkt[171] – die Bewältigung der **Probleme im Kreditbereich** bereitet kaum Schwierigkeiten, da zunächst einmal (und zwar für die lange Dauer von 5 Jahren!) die Stellung des Kreditgebers deswegen nur verbessert wird, weil ihm sowohl der Veräußerer als auch der Erwerber haften. Außerdem kann auch der Kreditgeber dem Übergang des Kreditverhältnisses auf den Erwerber **widersprechen,** wenn er Bedenken haben sollte. Zusätzlich kann er – nach Akzeptierung der Überleitung – nach den allgemeinen Regeln gegenüber dem Erwerber kündigen, wenn ihm, insbesondere nach Wegfall des Veräußerers, die Bonität des Erwerbers nicht mehr ausreichend erscheinen sollte.

---

[168] Ähnlich *Krejci* Betriebsübergang S. 220 f. (in ÖJZ 1975, 449, 459 verlangt er sogar die Zustimmung des Vertragspartners). Demgegenüber lehnt *Waskönig* S. 128 ff einen besonderen Schutz des Vertragspartners ausdrücklich ab; *K. Schmidt* HandelsR § 8 I 4 c (231), verweist im Einzelfall auf das Recht des Vertragspartners zur außerordentlichen Kündigung.

[169] Zur Abgrenzung der übergegangenen Ansprüche vgl. oben Fn. 159.
[170] *Beuthien* NJW 1993, 1737; *Canaris,* Festschrift für Frotz, 1993, S. 11, 39.
[171] *Canaris,* Festschrift für Frotz, 1993, S. 11, 35.

Diese, ursprünglich (nur) für Dauerschuldverhältnisse entwickelte Konzeption[172] kann,   89
schwierige Abgrenzungsfragen damit erledigend, auf sämtliche, im Verhältnis zum Veräußerer bestehenden unternehmensbezogenen Rechtsverhältnisse erstreckt werden, nachdem
auch der Gesetzgeber die Unterscheidung zwischen Dauerschuld- und sonstigen Rechtsverhältnissen im Nachhaftungsbegrenzungsgesetz aufgegeben hat.[173]

2. Haftungsumfang. Die Haftung des Erwerbers beschränkt sich auf die „im Betrieb des   90
Geschäfts begründeten Verbindlichkeiten". Dementsprechend ist **zwischen** den **Geschäfts-**
und den **Privatverbindlichkeiten** des Veräußerers **zu unterscheiden**; für letztere muß der
Erwerber nicht einstehen. In Zweifelsfällen richtet sich die Entscheidung nach den §§ 343,
344. Gleichgültig ist der Rechtsgrund der Verbindlichkeiten; dementsprechend muß der
Erwerber auch für **gesetzlich** begründete (unternehmensbezogene) Verbindlichkeiten des
Veräußerers einstehen.[174] Geschäftsverbindlichkeiten sind auch solche, die beim früheren
Erwerb oder bei der Gründung und Einrichtung des Handelsgeschäfts eingegangen worden
sind.[175] Der Begriff der Geschäftsverbindlichkeit ist ein Gesetzesbegriff; dementsprechend
sind Absprachen zwischen Veräußerer und Erwerber über den Umfang der vom Erwerber
zu bedienenden Verbindlichkeiten für das Außenverhältnis ohne Belang; insbesondere hat
der Erwerber auch für ihm unbekannte (Geschäfts-) Verbindlichkeiten des Veräußerers
einzustehen.[176]

Möglich ist es jedoch, einzelne, bisher betriebsbezogene Schuldverhältnisse anläßlich der   91
Veräußerung aus dem Handelsgeschäft **herauszunehmen**; dies kann etwa bei Grundstük-
ken oder sonstigen einzelnen (etwa geleasten) Gegenständen praktisch werden, die der
Veräußerer zurückbehalten und anderweitig verwenden möchte. Entsprechende Vereinbarungen bedürfen jedoch der Verlautbarung gemäß § 25 Abs. 2 (RdNr. 115 ff.).

Die Geschäftsverbindlichkeiten im Sinne von § 25 Abs. 1 S. 1 sind auf Zahlungsansprü-   92
che nicht beschränkt;[177] dementsprechend muß der Erwerber etwa auch ein vom Veräußerer vereinbartes **Wettbewerbsverbot** gegen sich gelten lassen oder sich an sonstige
(rechtswirksame) Wettbewerbsvereinbarungen halten.[178]

Für Verbindlichkeiten aus **bestehenden Arbeitsverhältnissen** gilt – als insoweit verdrän-   93
gende Spezialvorschrift – § 613 a BGB; aufgrund dieser Vorschrift rückt der Erwerber **kraft**
Gesetzes und (vorbehaltlich eines eventuellen Widerspruchs der betroffenen Arbeitnehmer) **zwingend** in die Arbeitgeberstellung ein, während der bisherige Einzelkaufmann
ebenfalls kraft Gesetzes mit sofortiger Wirkung als Arbeitgeber ausscheidet.[179] Das BAG hat
zwar einmal (zu § 28) eine andere Auffassung vertreten.[180] Sie ist jedoch unhaltbar (dazu
genauer § 26 RdNr. 7); anwendbar bleibt § 25 jedoch im Bereich derjenigen, auch arbeitsrechtlichen Verbindlichkeiten, die von § 613 a BGB nicht erfaßt werden, wie etwa Verbindlichkeiten aus bereits bestehenden **Ruhestandsverhältnissen** (dazu noch RdNr. 128;
§ 26 RdNr. 9).

Bei der Veräußerung eines von mehreren Unternehmen oder der Veräußerung einer   94
selbständigen Zweigniederlassung hat der Erwerber jeweils nur für die dort begründeten,
nicht dagegen für andere Geschäftsverbindlichkeiten des Veräußerers einzustehen.[181]

---

[172] *Lieb* Haftung S. 13 ff.
[173] Dazu eingehend § 26 RdNr. 2 mit weit.
Nachw.
[174] Einzelfälle bei Staub/*Hüffer* RdNr. 56; *Commandeur* S. 147 ff.
[175] BGH LM Nr. 3 (privative Schuldübernahme
als Entgelt für den Geschäftserwerb) mit weit.
Nachw.; RG Recht 1921 Nr. 2633; RGZ 129, 186,
187 (zu § 28).
[176] RG Recht 1908 Nr. 3891.
[177] Zweifelnd allerdings *Fenyves*, Erbenhaftung
und Dauerschuldverhältnis, S. 66.
[178] RGZ 88, 103, 106; 96, 171, 173; siehe auch
RGZ 58, 21 (Pflicht zur Firmenänderung); RG

76, 7 (Bezugsverpflichtung); OLG Hamm NJW-
RR 1995, 609 (Vertragsstrafe).
[179] Für ein im einzelnen ungeklärten Nebeneinander beider Vorschriften Staub/*Hüffer* RdNr. 56;
Schlegelberger/*Hildebrandt/Steckhan* RdNr. 11; Er-
man/*Hanau* § 613 a RdNr. 73; Soergel/*Kraft*
§ 613 a RdNr. 48; MünchHdbArbR/*Wank* § 119
RdNr. 40; MünchKommBGB/*Schaub* § 613 a
RdNr. 76; *Seiter* Betriebsinhaberwechsel, 1980,
S. 107.
[180] BAG EzA Nr. 1 zu § 28 HGB mit Anm. *Lieb*.
[181] BGH LM Nr. 15 = BB 1979, 1117; siehe im
übrigen Fn. 73.

95   Maßgeblich für die Haftung gemäß § 25 Abs. 1 S. 1 ist der Zeitpunkt der Begründung des Schuldverhältnisses, nicht erst die Fälligkeit des einzelnen Anspruchs.[182] Abweichend von § 158 Abs. 1 BGB haftet auch der Veräußerer dann noch (neben dem Erwerber), wenn die Bedingung erst nach der Übertragung des Handelsgeschäfts eingetreten sein sollte.[183]

96   Der Erwerber muß für die einzelnen Verbindlichkeiten zunächst in dem Zustand und in dem Umfang einstehen, in dem sie sich im Zeitpunkt der Übertragung des Handelsgeschäfts befinden; dementsprechend kann er sich etwa auf bereits eingetretene **Verjährung** oder auf eine Stundungsvereinbarung ebenso berufen, wie er umgekehrt Verjährungsunterbrechungen gegen sich gelten lassen muß.[184] Für den Zeitraum danach gelten die §§ 421 ff., insbesondere kann sich der Haftungsumfang in bezug auf Veräußerer und Erwerber gemäß § 425 BGB unterschiedlich entwickeln.[185] Für eventuelle **Regreßansprüche** sind die schuldrechtlichen Vereinbarungen zwischen Veräußerer und Erwerber maßgeblich; sie schließen Rückgriffsansprüche des Erwerbers dann aus, wenn – wie in der Regel – zwischen den Parteien eine Erfüllungsübernahme vereinbart worden war. Ansonsten richtet sich der Ausgleich – etwa des noch in Anspruch genommenen Veräußerers gegenüber dem Erwerber – nach § 426 Abs. 1 und 2 BGB.

97   **3. Prozessuales.** Anwendbar ist § 25 auch bei der Rückabwicklung eines gescheiterten Unternehmenskaufs (dazu im Anhang zu § 25) auf diejenigen Verbindlichkeiten, die **vom Erwerber** begründet wurden.[186]

98   Aufgrund der Sondervorschrift des § 729 Abs. 2 ZPO kann ein gegenüber dem Veräußerer ergangenes, vor der Übertragung des Handelsgeschäfts rechtskräftig gewordenes Urteil gegenüber dem Erwerber vollstreckbar ausgefertigt werden.[187]

IV. Der Schuldnerschutz gemäß § 25 Abs. 1 S. 2

99   **1. Grundverständnis.** § 25 Abs. 1 S. 2 betrifft im Gegensatz zu S. 1 nicht die Verbindlichkeiten des Veräußerers, sondern seine **Forderungen**. Für das richtige Verständnis dieser Vorschrift ist die Erkenntnis wichtig, daß in bezug auf diese, im Betrieb begründeten Forderungen, die Außenstände des Veräußerers, **zwei ganz unterschiedliche Gestaltungen möglich** sind:

100   Die **erste**, die die Regel bilden dürfte, besteht darin, daß die Forderungen ebenso wie die anderen Aktiva des Handelsgeschäfts im Wege der erforderlichen Singularsukzession auf den Erwerber übertragen werden. In diesem Fall findet also ein regulärer, **rechtsgeschäftlicher** Gläubigerwechsel statt, der sich nach allgemeinen Regeln richtet (§§ 398 ff. BGB). Ein Schutzbedürfnis des Schuldners kann dabei – wie bei jeder Abtretung – dann entstehen, wenn er von der Abtretung nichts erfahren hat und infolgedessen in Unkenntnis des Gläubigerwechsels an seinen alten Gläubiger, den Veräußerer, leistet. Dieses Schutzbedürfnis ist rein bürgerlichrechtlicher Art und wird bereits durch § 407 BGB befriedigt:

[182] BGH NJW-RR 1990, 1251, 1253 (hier wurde ein Anspruch aufgrund eines vom Veräußerer abgeschlossenen Lizenzvertrages allerdings abgelehnt, da die relevante Benutzungshandlung erst nach dem Unternehmensübergang durch den Erwerber stattgefunden hatte); *Habersack* JuS 1989, 738, 744; Heymann/*Emmerich* RdNr. 33; Staub/*Hüffer* RdNr. 57; *Canaris* § 7 I 4 a (108); aA *Fenyves*, Erbenhaftung und Dauerschuldverhältnis, S. 57. Zu später entstehenden Teilansprüchen aus Dauerschuldverhältnissen bereits oben unter RdNr. 81 f. und unten § 26 RdNr. 30 f.

[183] Vgl. NJW 1974, 1081, 1082; BGH NJW-RR 1990, 1251, 1253; Heymann/*Emmerich* RdNr. 32; aA wohl *Honsell/Harrer* ZIP 1986, 341, 344 f, die als Altverbindlichkeiten (iSd. § 159 HGB) nur mit Si-

cherheit entstehende, also keine bedingten Ansprüche ansehen. Ausführlicher hierzu § 26 RdNr. 30 f.

[184] RGZ 135, 104, 107 ff.; 143, 154, 156 ff.; zu Konkursvorrechten BGHZ 34, 293, 298 = NJW 1961, 1022.

[185] Einzelfälle bei Staub/*Hüffer* RdNr. 56; *Commandeur* S. 147 ff.

[186] Vgl. zur ähnlichen Problematik bei der Rückgewähr an den Verpächter: Heymann/*Emmerich* RdNr. 13; RGZ 133, 318, 322; 149, 25, 27; BGH NJW 1982, 1647; OLG Frankfurt OLGZ 1973, 20, 23.

[187] Dazu: *K. Schmidt* HandelsR § 8 I 7 a (235 f.); Staub/*Hüffer* RdNr. 59; Schlegelberger/*Hildebrandt/Steckhan* RdNr. 12.

Danach wird der Schuldner auch bei (gutgläubiger) Leistung an den Veräußerer frei. Nach richtiger Auffassung ändert daran auch § 15 Abs. 2 nichts:[188] Zwar gilt nach dieser Vorschrift der eintragungspflichtige Inhaberwechsel (§ 31) als bekannt; Inhaber- und Gläubigerwechsel sind jedoch streng zu trennen; insbesondere folgt angesichts der Möglichkeit, daß die Forderungen beim Veräußerer verblieben sind, aus dem Inhaberwechsel nicht zugleich der Gläubigerwechsel (dazu schon § 15 RdNr. 51).

Handelsrechtlich relevant – und allein von § 25 Abs. 1 S. 2 erfaßt – ist erst die **zweite** 101 denkbare Gestaltung, nämlich das Verbleiben der Forderungen beim Veräußerer; dafür genügt ein schlichtes Unterlassen (der Abtretung); von einem „Ausschluß" des Forderungsübergangs zu sprechen,[189] ist bereits schief. In diesem Fall ist der Schuldner dann schutzbedürftig, wenn er irrtümlich (in der – falschen – Annahme, die Forderungen seien auf den Erwerber übergegangen) an den **Erwerber** zahlt, obwohl dieser wegen des Fehlens einer Abtretung **nicht** Gläubiger geworden ist. Diesen, und nur diesen Schutz realisiert § 25 Abs. 1 S. 2 durch die Annahme, in diesem Fall sollten die Forderungen (dem Schuldner gegenüber) als auf den Erwerber übergegangen „gelten". Aufgrund dieser Fiktion wird der Schuldner auch bei Leistung an den Erwerber befreit; § 25 Abs. 1 S. 2 erweist sich insoweit als Gegenstück zu § 407 BGB: So, wie diese Vorschrift im Fall des Gläubigerwechsels bei Leistung an den Veräußerer schützt, schützt § 25 Abs. 1 S. 2 im Fall des Verbleibens der Forderungen beim Veräußerer bei Leistung an den Erwerber.

Diese, insoweit fast selbstverständliche Deutung des § 25 Abs. 1 S. 2 als **reine Schuld-** 102 **nerschutzvorschrift** ergibt sich deshalb ohne weiteres bereits aus dem Gesetz, weil die gesetzliche Fiktion des Forderungsübergangs durch die häufig nicht ausreichend gewürdigte Formulierung „**den Schuldnern gegenüber**" ausdrücklich auf eine Geltung zugunsten der Schuldner beschränkt ist.[190]

In Rechtsprechung und Literatur wird § 25 Abs. 1 S. 2 freilich zum Teil eine wesentlich 103 weitergehende Wirkung beigemessen. So hat der **BGH** in einer neueren Entscheidung ausgeführt, bei § 25 Abs. 1 S. 2 handle es sich nicht lediglich um eine schlichte Vermutung, die ohne weiteres und jederzeit mit den üblichen Beweismitteln widerlegt werden könne; infolgedessen könne sich der Schuldner gegenüber dem Veräußerer, der mit der Behauptung, die Forderung sei bei ihm verblieben, Erfüllung verlange, auf § 25 Abs. 1 S. 2 berufen; eine andere Auffassung stehe nicht im Einklang mit der gesetzlichen Regelung.[191]

Auf der gleichen Linie liegt es, wenn etwa *Hüffer* in schwer verständlicher Weise ausführt, der Erwerber könne vom Schuldner die Leistung verlangen, oder gar formuliert 104 wird, daß nur noch der Erwerber zur Geltendmachung der Forderungen berechtigt sei.[192] Dieses Verständnis scheint auf der Vorstellung zu beruhen, der Veräußerer dürfe sich **trotz fehlender Abtretung** auf seine fortbestehende Gläubigerstellung nur dann berufen, wenn er das Unterlassen der Abtretung gemäß § 25 Abs. 2 publiziert habe. Damit wird § 25 Abs. 1 S. 2 jedoch eine Bedeutung beigemessen, die weder mit dem ausdrücklich beschränkten Wortlaut („den Schuldnern gegenüber"), noch mit der Interessenlage vereinbar ist.[193]

[188] Zutreffend *Canaris* § 7 II 4 (114); Schlegelberger/*Hildebrandt-Steckhan* RdNr. 14; aA *Hausmann* JR 1994, 133, 138; *Axer* (Fn. 14) S. 158; Staub/*Hüffer* RdNr. 71; Düringer/Hachenburg/*Hoeniger* Anm. 23; *Roth*, Handels- und Gesellschaftsrecht, § 25 I c (275 f.).

[189] So BGH NJW-RR 1992, 866, 867.

[190] Ebenso OLG München DB 1992, 518; *K. Schmidt* HandelsR § 8 I 4 b (226 f.); *Canaris* § 7 II 1 b (110 f.), 3 b (113); *Beuthien* NJW 1993, 1737; *Nitsche* ÖZW 1976, 40, 46; Baumbach/*Hopt* RdNr. 27; *Straube*/*Schuhmacher* RdNr. 20.

[191] BGH NJW-RR 1992, 866, 867 = JZ 1992, 1028 mit ablehnender Anm. *Lieb* = WuB IV D. § 25 HGB 2.92 mit zust. Anm. *Wilhelm*; zustim-

mend auch *Hausmann* JR 1994, 133; vgl. aus der Rspr. auch schon BGH NJW 1979, 42, 43; RGZ 72, 434, 436; RG Recht 1914 Nr. 3031; RG HRR 1929, 320.

[192] Staub/*Hüffer* RdNr. 69 f.; ähnlich *Hausmann*, zusammenfassend S. 154 ff.; *ders.* JR 1994, 133; *Börner*, Festschrift für Möhring, 1975, S. 37, 43 f.; *Nörr/Scheyhing* § 30 A III 2 d (377); Düringer/Hachenburg/*Hoeniger* Anm. 23; Schlegelberger/*Hildebrandt/Steckhan* RdNr. 14; vgl. auch schon die mißverständlichen Äußerungen in der Denkschrift (RT-Vorl.) S. 37 = *Schubert/Schmiedel/Krampe* II/2 S. 979.

[193] Dazu ausführlicher *Lieb* JZ 1992, 1029, 1030 f.

Insbesondere ist nicht zu erkennen, weshalb dem Erwerber eine Forderungszuständigkeit zugesprochen werden sollte, die in den Verhandlungen mit dem Veräußerer gerade ausgeschlossen wurde und die der Erwerber daher redlicherweise auch gar nicht in Anspruch nehmen wird. Dies wäre vielmehr ein durch nichts zu rechtfertigender Eingriff in die (diesem verbliebene) Forderungszuständigkeit des Veräußerers und zugleich in die Privatautonomie der beiden Beteiligten, denen es freisteht, welche Aktiva übertragen werden sollen. Vor allem aber ist der Erwerber in keiner Weise schutzbedürftig, wenn er sich – entgegen den mit dem Veräußerer getroffenen Vereinbarungen – zu Unrecht als Gläubiger gerieren sollte. Dementsprechend liegt die Klagebefugnis nach wie vor beim Veräußerer; selbstverständlich kann dieser auch nach wie vor gegenüber seinen Schuldnern aufrechnen.[194]

105   Zu bedenken ist lediglich, ob eine gewisse zusätzliche Schutzbedürftigkeit **des Schuldners** dann bestehen kann, wenn – wie offenbar in dem (mangelhaft aufgeklärten) Fall des BGH – ihm nicht ausreichend erkennbar war, ob die Forderungen denn nun abgetreten wurden oder beim Veräußerer verblieben sind. Entgegen der sonstigen Rechtslage bei der Zession[195] mag es insoweit noch angehen, **dem Veräußerer** bei Unternehmensübertragungen im Prozeß gegen den Schuldner die **Beweislast** dafür aufzuerlegen, daß die Forderungen bei ihm verblieben sind.[196] Dagegen besteht keinerlei Anlaß, diese, ihn nach allgemeinen Regeln ohnehin treffende Beweislast dem **Erwerber** abzunehmen:[197] Klagt **er** gegen den Schuldner und sollte zweifelhaft sein, ob ihm die Forderungen abgetreten wurden, hat er dies zu beweisen; für eine exzessive Auslegung der **Schuldner**schutzvorschrift des § 25 Abs. 1 S. 2 zugunsten des Erwerbers besteht kein Anlaß.

106   Problematisch ist, ob der Schuldnerschutz des § 25 Abs. 1 S. 2 – entgegen dem Gesetzeswortlaut – bei **Bösgläubigkeit** ebenso entfallen kann, wie – dort unstreitig – bei § 407. Die besseren Gründe sprechen dafür.[198]

107   Zu fragen ist, wie sich die Ablehnung einer cessio legis mit der hier vertretenen Grundposition zur Vertragsüberleitung verträgt. Die Antwort ist einfach: Die Vertragsüberleitungsfunktion des § 25 ist dispositiv, läßt also Raum für abweichende Regelungen, wie sie die Parteien gerade im Fall des Unterlassens der Abtretung getroffen haben (ausführlicher RdNr. 86).

108   **2. Einwilligung.** § 25 Abs. 1 S. 2 setzt nicht nur den vollen Tatbestand des § 25 Abs. 1 S. 1 voraus, sondern verlangt im Hinblick auf die für den Veräußerer bestehende Gefahr des Anspruchsverlusts zusätzlich seine **Einwilligung** in die Firmenfortführung. Sie ist als **Zurechnungsmerkmal** zu verstehen, das vorliegen muß, um dem Veräußerer gegenüber die befreiende Wirkung der Leistung des Schuldners an den Erwerber rechtfertigen zu können. Dementsprechend muß die Einwilligung des Veräußerers in die Firmenfortführung, aus der sich zugunsten des Schuldners der Anschein der Gläubigerstellung des Erwerbers ergibt, grundsätzlich rechtswirksam sein.[199] Im Hinblick darauf, daß die Zurechenbarkeit davon nicht beeinflußt wird, will *Canaris* § 25 Abs. 1 S. 2 zu Lasten des Veräußerers vertretbar auch dann anwenden, wenn die Einwilligung wegen arglistiger Täuschung erfolgreich angefochten wurde.[200]

109   Das Merkmal der Einwilligung ist rein objektiv zu verstehen; auf Kenntnis oder Unkenntnis des Schuldners kommt es daher bei § 25 Abs. 1 S. 2 nicht an. Allerdings **steht** das (auf Kenntnis des Veräußerers aufbauende) **Dulden** der Firmenfortführung **der Einwilli**-

---

[194] So ausdrücklich auch *Canaris* § 7 II 3 b (113); aA aufgrund des unzutreffenden Grundverständnisses Staub/*Hüffer* RdNr. 70; Düringer/Hachenburg/ *Hoeniger* Anm. 23.

[195] Soergel/*Zeiss* § 409 RdNr. 8; Staudinger/ *Kaduk* § 409 RdNr. 72.

[196] *K. Schmidt* HandelsR § 8 I 4 b (226 f.); *Canaris* § 7 II 3 b (113); Straube/*Schuhmacher* RdNr. 20.

[197] AA die in Fn. 191 Genannten.

[198] Vgl. *Commandeur* S. 166 f.; Heymann/*Emmerich* RdNr. 41; *K. Schmidt* HandelsR § 8 I 4 b, (226 f.); aA etwa RG JW 1903, 401; *Hausmann* JR 1994, 133, 136; Staub/*Hüffer* RdNr. 69, 101; differenzierend *Canaris* § 7 II 2 d (112).

[199] *Börner*, Festschrift für Möhring, 1975, S. 37, 50; *Nörr*/*Scheyhing* § 30 A III 1 (375); *Commandeur* S. 163; Staub/*Hüffer* RdNr. 65.

[200] *Canaris* § 7 II 2 a (111); im Ergebnis ähnlich *Gerlach* S. 75 Fn. 122.

gung gleich.[201] Ein enger zeitlicher Zusammenhang zwischen Geschäftsübertragung und Einwilligung ist anders als bei § 22 nicht erforderlich.[202]

Der Schuldnerschutz gilt nur für „in dem Betrieb begründete" Forderungen. Deren **110** Kreis ist genauso abzugrenzen wie der Bereich der Geschäftsverbindlichkeiten (dazu bereits RdNr. 90 ff.).

3. Einschränkungen. Nach hL entfällt § 25 Abs. 1 S. 2, wenn die betreffende Forderung **111** einem **Abtretungsverbot** unterliegt.[203] Dem ist im Ergebnis mit der Begründung zuzustimmen, daß ein Abtretungsverbot in aller Regel auf rechtsgeschäftlicher Vereinbarung (§ 399) mit dem Schuldner beruhen wird, dieser also gar nicht davon ausgehen darf, daß die Forderung auf den Erwerber übergegangen ist. Es fehlt hier infolgedessen bereits an der Schutzbedürftigkeit. Bei gesetzlichen Verboten gilt es im übrigen, einen Widerspruch zum Zweck des Abtretungsausschlusses zu vermeiden.[204]

Anders ist die Rechtslage dann zu beurteilen, wenn der Schuldner in Unkenntnis des **112** (noch nicht eingetragenen) Inhaberwechsels etwa auf ein vom Erwerber fortgeführtes Konto des Veräußerers zahlt; die befreiende Wirkung dieser Leistung muß sich der Veräußerer zurechnen lassen.[205]

Der Schuldnerschutz gemäß § 25 Abs. 1 S. 2 ist dann entbehrlich und daher im Wege **113** teleologischer Reduktion zurückzunehmen, wenn der Schuldner wie im Wertpapierrecht nur gegen Vorlage des Papiers zu leisten braucht; seine Schutzbedürftigkeit ist dann ebenso zu verneinen wie im Fall des § 407 BGB.[206]

V. § 25 Abs. 2

1. Die Vereinbarung. § 25 Abs. 1 ist – im Gegensatz zu § 419 BGB, aber auch zu **114** § 613 a BGB – dispositiv; dementsprechend können sowohl die Erwerberhaftung gemäß S. 1 als auch der Schuldnerschutz gemäß S. 2 durch Vereinbarung zwischen Veräußerer und Erwerber abbedungen werden. Eine **einseitige Erklärung** des Erwerbers **genügt regelmäßig nicht.**[207] Irgendwelche Formvorschriften bestehen nicht; insbesondere kann die Vereinbarung gemäß Abs. 2 sowohl selbständig als auch Bestandteil des der Unternehmensübertragung zugrundeliegenden Kausalgeschäfts sein. Sie muß allerdings spätestens im Zeitpunkt der dinglichen Übertragung des Handelsgeschäfts vorliegen.[208] Sie ist – als Ausschluß der Außenhaftung – selbst bei einer, dann auf das Innenverhältnis beschränkten Erfüllungsübernahme möglich,[209] während eine auf das Innenverhältnis beschränkte Verpflichtung des Veräußerers zur Schuldentilgung und Freistellung des Erwerbers für § 25 Abs. 2 nicht ausreicht.[210] Die Beschränkung der Haftung auf **einzelne Forderungen** ist zulässig;[211] erforderlich ist aber ausreichende Bestimmtheit und Erkennbarkeit bei Einsicht

---

[201] Staub/*Hüffer* RdNr. 65; *Commandeur* S. 163; Baumbach/*Hopt* RdNr. 27; Heymann/*Emmerich* RdNr. 37.

[202] So zutreffend Staub/*Hüffer* RdNr. 65.

[203] Vgl. nur KG HRR 1927 Nr. 1541; Baumbach/*Hopt* RdNr. 28; Heymann/*Emmerich* RdNr. 39; Staub/*Hüffer* RdNr. 67; *Commandeur* S. 163; Die Zulässigkeit der Vereinbarung von Abtretungsverboten gemäß § 399 BGB ist nunmehr durch § 354 a HGB deutlich eingeschränkt worden.

[204] Staub/*Hüffer* RdNr. 67.

[205] Insoweit zutreffend *Canaris* § 7 II 2 b (111).

[206] So auch *Canaris* § 7 II 2 c (111); weitergehend die hM, die S. 2 bei jeglicher Formbedürftigkeit der Abtretung nicht anwenden will, vgl. etwa Baumbach/*Hopt* RdNr. 28; Heymann/*Emmerich* RdNr. 39; Schlegelberger/*Hildebrandt/Steckhan* RdNr. 6; Staub/*Hüffer* RdNr. 67; *Commandeur* S. 163; *K. Schmidt* HandelsR § 8 I 4 b (226 f.).

[207] RG Recht 1908 Nr. 3890; *A. Hueck* ZHR 108 (1941), 1, 5 f.; Heymann/*Emmerich* RdNr. 44; Staub/*Hüffer* RdNr. 96, 29; *Commandeur* S. 168; zweifelnd *Huber,* Festschrift für Raisch, 1995, S. 99; anderes gilt im Sonderfall mittelbarer Unternehmensübernahmen insb. beim Doppelpächterfall, dazu RdNr. 48; zu unwirksamen Vereinbarungen RdNr. 120.

[208] *A. Hueck* ZHR 108 (1941), 1, 5; Heymann/*Emmerich* RdNr. 44; Staub/*Hüffer* RdNr. 96; *Nörr/Scheyhing* Sukzessionen, 1983, § 30 A IV 2 (379).

[209] Staub/*Hüffer* RdNr. 96; *Nörr/Scheyhing* Sukzessionen, 1983, § 30 A IV 2 (378 f.).

[210] BGH DB 1989, 1719 f. (zu § 28 Abs. 2).

[211] AllgM, vgl. etwa Heymann/*Emmerich* RdNr. 45; Staub/*Hüffer* RdNr. 96; anderer Ansicht nur *Roth,* Handels- und Gesellschaftsrecht, § 25 1 a (274 f.).

in die Registerakten. Dementsprechend muß etwa ein Verzeichnis der übernommenen bzw. nicht übernommenen Verbindlichkeiten zu den Registerakten eingereicht werden.[212] Nicht ausreichend bestimmt ist eine Beschränkung auf einen **globalen** Höchstbetrag;[213] prozentuale Beschränkungen bezüglich einzelner (auch aller) Verbindlichkeiten sind dagegen zulässig.[214]

115   **2. Die Bekanntmachung.** Die Vereinbarung gemäß § 25 Abs. 2 kann Dritten erst dann entgegengehalten werden, wenn sie ins Handelsregister eingetragen und bekanntgemacht oder dem Dritten entweder durch den Veräußerer oder den Erwerber mitgeteilt wurde. Für beides gilt jedenfalls für den Ausschluß der Haftung gemäß S. 1 die Forderung nach **Unverzüglichkeit**.[215] Dagegen muß die Eintragung des Verbleibens der Forderungen beim Veräußerer bzw. die entsprechende Mitteilung **nicht** unverzüglich erfolgen.[216] Dieses, praeter legem entwickelte zusätzliche Merkmal ist nur erforderlich, um rechtzeitig Klarheit über die Schuldnerstellung des Erwerbers erlangen zu können. Bezüglich seiner zugunsten des Schuldners vermuteten Gläubigerstellung bedarf es dessen nicht. Allerdings kann eine spätere Eintragung den Schuldnerschutz gemäß § 25 Abs. 1 S. 2 selbstverständlich nur bezüglich solcher Leistungen ausschließen, die nach der Eintragung oder Bekanntmachung gemäß § 25 Abs. 2 erfolgten. Verzögerungen gehen zu Lasten des Erwerbers.[217]

116   Obwohl die Mitteilung sowohl vom Veräußerer als auch vom Erwerber ausgehen kann, soll nach hL die Anmeldung zum Handelsregister gemeinsam vorgenommen werden müssen.[218]

117   **Eine anderweitig** als durch Eintragung und Bekanntmachung (dafür gilt § 15 Abs. 2![219]) oder besondere Mitteilung **erlangte Kenntnis** von einem Haftungsausschluß schadet dem Dritten nicht, da § 15 Abs. 1 nicht anwendbar ist[220]. Dies mag merkwürdig erscheinen, muß aber angesichts des klaren Gesetzeswortlauts de lege lata hingenommen werden.

118   Die Mitteilung einer **Vorgesellschaft** wirkt für die entstandene juristische Person.[221]

119   Bei der Veräußerung von **Zweigniederlassungen** ist gemäß § 15 Abs. 4 die Eintragung in das dortige Register erforderlich und genügend.[222]

120   Unschädlich ist es, wenn die Vereinbarung gemäß § 25 Abs. 2 (etwa wegen Unwirksamkeit schon der Geschäftsübernahme – dazu RdNr. 49 ff.) ebenfalls **unwirksam** und damit Eintragung und Bekanntmachung bzw. die Mitteilungen von Veräußerer oder Erwerber falsch sein sollten. Soweit dann die Haftung nicht ohnehin entfällt (dazu schon

[212] Vgl. RG JW 1901, 802 f.

[213] RGZ 152, 75, 78 f.

[214] Vgl. Staub/*Hüffer* RdNr. 96.

[215] Allg. Meinung, vgl. nur BGHZ 29, 1, 5 f. = NJW 1959, 241; BGH NJW 1984, 1186, 1187; OLG Frankfurt OLGZ 1978, 30, 31 f.; BayObLG DB 1984, 1672 (zu § 28 Abs. 2); Baumbach/*Hopt* RdNr. 15; Heymann/*Emmerich* RdNr. 47; Staub/ *Hüffer* RdNr. 100; *Commandeur* S. 171; enger *Deschler* S. 91 ff.

[216] OLG München DB 1992, 518 f.; *Lieb* JZ 1992, 1029, 1030 f.; *K. Schmidt* HandelsR § 8 I 4 b (226 f.); aA die hM, ausdrücklich BGH NJW-RR 1992, 866, 867 = WuB IV D. § 25 HGB 2.92 mit zust. Anm. *Wilhelm*; RG HRR 1929 Nr. 320.

[217] RGZ 75, 139, 140 ff.; 131, 12; OLG Frankfurt OLGZ 1978, 30, 32; BayObLG DB 1984, 1672 (zu § 28 Abs. 2); *Pahl* (Fn. 14) S. 237 f.; Baumbach/ *Hopt* RdNr. 15; Heymann/*Emmerich* RdNr. 47; Staub/*Hüffer* RdNr. 100; *Commandeur* S. 171.

[218] Vgl. nur Heymann/*Emmerich* RdNr. 51; Schlegelberger/*Hildebrandt/Steckhan* RdNr. 18; Staub/*Hüffer* RdNr. 98.

[219] Ebenso GroßKommHGB/*Würdinger* Anm. 22; *Nörr/Scheyhing* § 30 A IV 3 a (379); aA RG JW

1903, 401 f.; RGZ 75, 139; *Deschler* S. 103 f.; Staub/*Hüffer* RdNr. 102, § 15 RdNr. 33; Schlegelberger/*Hildebrandt/Steckhan* RdNr. 20; *Commandeur* S. 169.

[220] BGHZ 29, 1, 4 = NJW 1959, 241; RG JW 1903, 401; RGZ 75, 139; RG HRR 1932 Nr. 256; *Nörr/Scheyhing* Sukzessionen, 1983, § 30 A IV 3 a (379); Staub/*Hüffer* RdNr. 101; Schlegelberger/ *Hildebrandt/Steckhan* RdNr. 18; Baumbach/*Hopt* RdNr. 13; *Gierke/Sandrock* § 16 I 3 b aa (219). Nur bezüglich § 25 Abs. 1 S. 1 *K. Schmidt* HandelsR § 8 II 3 a (251), 2 d (249 f.); *Commandeur* S. 169; Heymann/*Emmerich* RdNr. 53. Grundsätzlich anders *Gerlach* S. 25 ff.; *Gotthardt* BB 1987, 1896, 1901; *Pahl* (Fn. 14) S. 238 f; *Hopt/Mössle* Handelsrecht RdNr. 283, 287; *Roth*, Handels- und Gesellschaftsrecht § 25 1 a (274) zieht eine unzulässige Rechtsausübung in Erwägung.

[221] RGZ 131, 27, 30 f.; heute kraft Identität selbstverständlich, vgl. nur *K. Schmidt* GesR § 11 IV 2 c (242 f.), § 34 III 4 a (774).

[222] RG JW 1907, 679; OLG Stuttgart HRR 1931 Nr. 768; Heymann/*Emmerich* RdNr. 48; Staub/ *Hüffer* RdNr. 98; *Commandeur* S. 170.

RdNr. 49 ff.) können die Eintragung und Bekanntmachung bzw. die Mitteilungen ihre Funktion, Gläubigererwartungen und Schuldnerschutz auszuschließen, dennoch erfüllen. Insbesondere wird dadurch auch eine Rechtsscheinshaftung ausgeschlossen.

§ 25 Abs. 2 bezieht sich sowohl auf Abs. 1 S. 1 als auch auf Abs. 1 S. 2. Die Vereinbarung braucht jedoch nicht beide Rechtsfolgeregelungen zu umfassen; die Parteien haben vielmehr insoweit freie Hand.   **121**

3. Rechtsfolgen. a) Allgemeines. Bei ordnungsgemäßer Eintragung und Bekanntmachung einer abweichenden Vereinbarung gemäß § 25 Abs. 2 entfällt bei Abs. 1 S. 1 die Erwerberhaftung; bei Abs. 1 S. 2 entfällt der Schuldnerschutz; der Schuldner kann dann befreiend nur noch an den Veräußerer, seinen richtigen Gläubiger, leisten.   **122**

b) Ausschluß des Rechtsscheinsschutzes. Bei Eintragung und Bekanntmachung der Tatsache, daß die **Forderungen** nicht übertragen wurden bzw. bei entsprechender Mitteilung gemäß § 25 Abs. 2 entfällt (nur) der Schutz des § 25 Abs. 1 S. 2. Dies sollte auch dann gelten, wenn die Firma unverändert fortgeführt wird. Die Gegenauffassung, bei unveränderter Firmenfortführung reiche die Eintragung gemäß § 25 Abs. 2 für den Ausschluß des Rechtsscheinsschutzes nicht aus,[223] schätzt § 15 Abs. 2 zu gering ein (dazu grundsätzlich § 15 RdNr. 52 ff.) und ist auch mit § 22 nur schwer zu vereinbaren.   **123**

VI. § 25 Abs. 3

Abs. 3 ist ein Relikt aus der Zeit vor Geltung des § 25 Abs. 1: Damals wurde von der Rechtsprechung die Erwerberhaftung überhaupt nur bei öffentlicher Bekanntmachung der Übernahme der Verbindlichkeiten anerkannt.[224] Sie ist heute angesichts der gesetzlichen Haftung bei Firmenfortführung kaum noch relevant; zum Zuge kommen könnte sie etwa dann, wenn ein Erwerber aus bestimmten Gründen die Firma nicht fortführen, trotzdem aber – etwa aus Bonitätsgründen – die Haftung übernehmen und dies verlautbaren will. **Handelsüblich sind** etwa die Anmeldung der Passivenübernahme zum Handelsregister, Rundschreiben an die betreffenden Gläubiger, Zeitungsanzeigen sowie die Veröffentlichung einer Übernahmebilanz, in der die übernommenen Verbindlichkeiten im einzelnen aufgeführt sind.[225] Eine solche Bekanntmachung verpflichtet den Erwerber auch dann, wenn sie den Vereinbarungen des Innenverhältnisses nicht entsprechen sollte.[226]   **124**

Aus heutiger Sicht stellt § 25 Abs. 3 im übrigen noch klar, daß eine Erwerberhaftung nach anderen Vorschriften – zu denken ist an § 419 BGB, 613 a BGB und § 75 AO – auch dann möglich ist, wenn die Voraussetzungen des § 25 Abs. 1 nicht vorliegen.   **125**

VII. Verhältnis zu anderen Vorschriften

1. § 419 BGB.[227] § 419 BGB ist – soweit seine eigenen Voraussetzungen vorliegen – neben § 25 HGB anwendbar;[228] § 25 kann insbesondere nicht als verdrängende Spezialvorschrift begriffen werden, da sich die Geltungsbereiche der beiden Vorschriften nicht decken.[229] Zu Kollisionen kann es kommen, wenn trotz Vorliegens der Voraussetzungen des § 419 BGB die handelsrechtliche Erwerberhaftung gemäß § 25 Abs. 2 ausgeschlossen worden sein sollte. Einer solchen abweichenden Vereinbarung kann dann nur Bedeutung für   **126**

---

[223] *Canaris* § 7 II 2 d (112).

[224] Vgl. etwa RGZ 38, 173 ff.; ausführlicher Überblick über die Rechtsprechung bei *Waskönig* S. 85 ff.; vgl. dazu auch bereits RdNr. 3.

[225] *Nörr/Scheyhing* Sukzessionen, 1983, § 30 A V (383 f.); Heymann/*Emmerich* RdNr. 56.

[226] RGZ 38, 173, 176 f.; Heymann/*Emmerich* RdNr. 57; Staub/*Hüffer* RdNr. 105.

[227] Durch Art. 33 Ziff. 16 iVm. Art. 110 Abs. 1 des Einführungsgesetzes zur Insolvenzordnung vom 5. 10. 1994 (BGBl. 1994 I S. 2911 ff., 2925) mit Wirkung vom 1. 1. 1999 aufgehoben.

[228] Zur Frage, inwieweit sich die Normzwecke beider Vorschriften ergänzen und welche rechtspolitischen Konsequenzen die im Rahmen der Insolvenzrechtsreform geplante Streichung des § 419 BGB für § 25 HGB hat, vgl. einerseits *K. Schmidt* ZIP 1989, 1025 und andererseits *Canaris* ZIP 1989, 1161.

[229] Vgl. etwa BGHZ 27, 257, 262; RGZ 69, 283, 290 f.; 131, 27, 31; OLG Koblenz NJW-RR 1989, 420, 421; MünchKommBGB/*Möschel* § 419 RdNr. 20; Soergel/*Zeiss* § 419 RdNr. 7.

die Haftung mit dem Privatvermögen des Erwerbers beigemessen werden, während die
Haftung mit dem übernommenen Unternehmensvermögen zwingend erhalten bleibt
(§ 419 Abs. 2 und 3). Im übrigen ist zu berücksichtigen, daß es sich bei der Anwendung
des § 419 BGB auf die Veräußerung eines Handelsgeschäfts und damit eines einzelnen
Vermögensgegenstandes um eine nur **analoge** Anwendung handelt, die außerdem
Kenntnis der Vermögensverhältnisse des Veräußerers voraussetzt.[230]

127   **2. § 613 a BGB.** § 613 a BGB trifft in seinem (beschränkten) Geltungsbereich eine eigenständige Regelung. Sie ist vor allem dadurch gekennzeichnet, daß im Gegensatz zu
§ 25 HGB keine kumulative Haftung von Veräußerer und Erwerber angeordnet wird,
sondern daß infolge der sich kraft Gesetzes vollziehenden „automatischen" Überleitung der
Arbeitsverhältnisse auf den Erwerber der **Veräußerer** mit Ausnahme des schmalen Bereichs
des § 613 a Abs. 2 S. 1 **haftungsfrei** aus dem Arbeitsverhältnis **ausscheidet**, so daß die
übergeleiteten Arbeitnehmer im wesentlichen nur noch Ansprüche gegen den Erwerber
geltend machen können.

128   Soweit die Voraussetzungen des § 613 a vorliegen, kommt nur diese Vorschrift mit ihren
Rechtsfolgen zur Anwendung; § 25 scheidet daneben aus.[231] Zu berücksichtigen ist je-
doch, daß nach herrschender und zutreffender Lehre die Geltung des § 613 a BGB auf
Arbeitsverhältnisse beschränkt ist und **Ruhestandsverhältnisse**,[232] aber auch sonstige,
nicht arbeitsrechtliche Dauerschuldverhältnisse (etwa zu Handelsvertretern) nicht erfaßt.
Insoweit bleibt daher § 25 anwendbar. Dies bedeutet nach dem bereits Ausgeführten nicht
nur, daß sich die Erwerberhaftung bei Firmenfortführung auch auf Ansprüche aus solchen
Rechtsverhältnissen bezieht, sondern – weitergehend – die Überleitung dieser Dauerschuldverhältnisse auf den Erwerber sowie – im Rahmen des § 26 (dort RdNr. 7 ff.) –
nunmehr **Enthaftung** zur Folge hat (RdNr. 82 ff.).

129   **3. § 75 AO 1977.** Eine steuerrechtliche Ergänzung zu den §§ 419 BGB, 25 und 28
HGB enthält § 75 AO 1977 mit folgendem **Wortlaut:**

§ 75 Haftung des Betriebsübernehmers

Wird ein Unternehmen oder ein in der Gliederung eines Unternehmens gesondert ge-
führter Betrieb im Ganzen übereignet, so haftet der Erwerber für Steuern, bei denen sich
die Steuerpflicht auf den Betrieb des Unternehmens gründet, und für Steuerabzugsbeträge,
vorausgesetzt, daß die Steuern seit dem Beginn des letzten, vor der Übereignung liegenden
Kalenderjahres entstanden sind und bis zum Ablauf von einem Jahr nach Anmeldung des
Betriebs durch den Erwerber festgesetzt oder angemeldet werden. Die Haftung beschränkt
sich auf den Bestand des übernommenen Vermögens. Den Steuern stehen die Ansprüche
auf Erstattung von Steuervergütungen gleich.

130   Abs. 1 gilt nicht für Erwerber aus einer Konkursmasse, für Erwerber aus dem Vermögen
eines Vergleichsschuldners, das aufgrund eines Vergleichsvorschlages nach § 7 Abs. 4 der
Vergleichsordnung verwertet wird, und für Erwerbe im Vollstreckungsverfahren.

131   „**Übereignung**" im Sinne von § 75 ist nicht rechtstechnisch zu verstehen, sondern liegt
auch dann vor, wenn der Betriebsübernehmer bei wirtschaftlicher Betrachtungsweise eine
inhaberähnliche Herrschaftsstellung erlangt.[233] Die Vorschrift unterscheidet im übrigen

---

[230] Zum Erfordernis der Kenntnis BGHZ 55,
105, 107 = NJW 1971, 505; BGH NJW 1976,
1398, 1400 (insoweit in BGHZ 66, 217 = NJW
1976, 1398 nicht abgedruckt); MünchKommBGB/
Möschel § 419 RdNr. 9; Soergel/*Zeiss* § 419
RdNr. 7.
[231] Dazu schon oben RdNr. 93; § 26 RdNr. 7.
[232] Vgl. nur BAG AP BGB § 613 a Nr. 6 mit
zustimmender Anm. *Blomeyer;* BAG AP HGB § 26
Nr. 1; BAG DB 1991, 1330, 1331; *Reichold*
ZIP 1988, 551 f.; Staudinger/*Richardi* § 613 a

RdNr. 113, 29 mit weit. Nachw.; Münch-
KommBGB/*Schaub,* § 613 a RdNr. 6, 68 mit weit.
Nachw.; aA etwa *Säcker/Joost* DB 1978, 1030, 1078;
Reuter Anm. zu AP BGB § 242 Ruhegehalt
Nr. 167; *ders.* Anm. zu AP HGB § 128 Nr. 7.
[233] Dazu ausführlich *Tipke/Kruse* Abgabenord-
nung § 75 RdNr. 7 f.; v. Wallis in *Hübschmann/
Hepp/Spitaler,* Kommentar zur Abgabenordnung und
Finanzgerichtsordnung, § 75 RdNr. 15 ff. (mit weit.
Nachw.).

nicht zwischen den Veränderungsvorgängen von §§ 25 und 28, sondern faßt beides zusammen. Im Gegensatz zu den genannten Vorschriften, aber in Übereinstimmung mit § 419 Abs. 2 BGB, ist die von § 75 AO angeordnete Haftung auf den Bestand des übernommenen Unternehmens beschränkt.

§ 25. Anhang
Unternehmenskauf

Übersicht

Schrifttum: *Ballerstedt,* Das Unternehmen als Gegenstand eines Bereicherungsausgleichs, Festschrift für Schilling, 1973, S. 289; *Baur,* Die Gewährleistungshaftung des Unternehmensverkäufers, BB 1979, 381 ff.; *Beisel/Klumpp,* Der Unternehmenskauf, 2. Aufl. 1991; *Canaris,* Leistungsstörungen beim Unternehmenskauf, ZGR 1982, 395; *Flume,* Eigenschaftsirrtum und Kauf, 1975; *Hadding,* Sicherungsrechte beim Unternehmenskauf, ZGR 1982, 476; *Hiddemann,* Leistungsstörungen beim Unternehmenskauf aus der Sicht der Rechtsprechung, ZGR 1982, 435 ff.; *Hirte,* Zivil- und kartellrechtliche Schranken für Wettbewerbsverbote im Zusammenhang mit Unternehmensveräußerungen, ZHR 154 (1990), 443; *Grunewald,* Die Grenzziehung zwischen der Rechts- und Sachmängelhaftung beim Kauf, 1980; *dies.,* Unerwartete Verbindlichkeiten beim Unternehmenskauf, ZGR 1981, 622; *Hölters* (Hrsg.), Handbuch des Unternehmens- und Beteiligungskaufs, 2. Aufl. 1983; *Holzapfel-Pöllath,* Recht und Praxis des Unternehmenskaufs, 7. Aufl. 1994; *Hommelhoff,* Die Sachmängelhaftung beim Unternehmenskauf, 1975; *ders.,* Die Sachmängelhaftung beim Unternehmenskauf durch Anteilserwerb, ZHR 140 (1976), 271; *ders.,* Zur Abgrenzung von Unternehmenskauf und Anteilserwerb, ZGR 1982, 366; *ders.,* Der Unternehmenskauf als Gegenstand der Rechtsgestaltung, ZHR 150 (1986), 254; *Huber,* Mängelhaftung beim Kauf von Gesellschaftsanteilen, ZGR 1972, 395; *Immenga,* Fehler oder zugesicherte Eigenschaft?, AcP 171 (1971), 1; *Lieb,* Gewährleistung beim Unternehmenskauf, Festschrift für Gernhuber, 1993, S. 259; *Mössle,* Leistungsstörungen beim Unternehmenskauf – neue Tendenzen, BB 1983, 2146; *G. Müller,* Haftung und Lossagungsrecht des Verkäufers von GmbH-Anteilen bei einseitiger oder gemeinsamer Fehleinschätzung der Unternehmenslage, Diss. Bonn, 1980; *ders.,* Umsätze und Erträge – Eigenschaften der Kaufsache, ZHR 147 (1983), 501; *ders.,* Kaufrechtliche Sachmängelhaftung oder culpa in contrahendo? ZIP 1993, 1045; *Noll,* Gewährleistungsrechte wegen falscher Umsatzangaben beim Unternehmenskauf, WM 1985, 341; *Picot,* Kauf und Restrukturierung von Unternehmen, 1995; *Prölss,* Die Haftung des Verkäufers von Gesellschaftsanteilen für Unternehmensmängel, ZIP 1981, 337; *Quack,* Der Unternehmenskauf und seine Probleme, ZGR 1982, 350; *Schwintowski,* Das Unternehmen im Bereicherungsausgleich, JZ 1987, 588; *Stengel-Scholderer,* Aufklärungspflichten beim Unternehmens- und Beteiligungskauf, NJW 1994, 158; *Wessing,* Vertragsklauseln beim Unternehmenskauf, ZGR 1982, 455; *H. P. Westermann,* Neuere Entwicklungen der Verkäuferhaftung beim Kauf von Unternehmensbeteiligungen, ZGR 1982, 45; *Wiedemann,* Die Haftung des Verkäufers von Gesellschaftsanteilen, Festschrift für Nipperdey I, 1965, S. 815; *Willemsen,* Zum Verhältnis von Sachmängelhaftung und culpa in contrahendo beim Unternehmenskauf, AcP 182 (1982), 515; *Wollny,* Unternehmens- und Praxisübertragungen, 3. Aufl. 1994.

I. Allgemeines

1   Ein für das Wirtschaftsleben zentraler, gesetzlich aber nur in schmalen Teilbereichen (§§ 22 Abs. 1 1. Alt., 25 HGB, 613 a BGB) geregelter Vorgang ist der **Unternehmenskauf**, insbesondere der Kauf von Handelsgeschäften.[1]

2   **1. Gegenstand.** Der Unternehmenskauf ist ein Vertrag, der auf die entgeltliche Veräußerung eines Unternehmens als Ganzes **mit dem Ziel der Fortführung durch den Erwerber** gerichtet ist; Sonderprobleme ergeben sich dann, wenn das Unternehmen von einer Kapitalgesellschaft betrieben wird und infolgedessen der Anteilserwerb (RdNr. 154 ff.) im Vordergrund steht.

3   Ein Unternehmen kann als „**betriebsfähige Wirtschaftseinheit**, die dem Unternehmer das Auftreten am Markt ermöglicht",[2] bezeichnet werden. Dies bedeutet, daß das Unternehmen neben den zum Unternehmensvermögen gehörenden (beweglichen und unbeweglichen) Sachen und Rechten (Substrat) auch aus (nur partiell verrechtlichten) Immaterialgüterpositionen (know-how, Betriebsgeheimnisse, Patente, Urheberrechte etc.) und vor allem aus zahlreichen, rechtlich nur schwer faßbaren Beziehungen zur Außenwelt (Kundenstamm, Lieferantenbeziehungen, Mitarbeiter, Image des Unternehmens und seiner Produkte, goodwill) besteht. Erst die Kombination des Unternehmensvermögens (Substrat) mit den Immaterialgüterpositionen und vor allem mit seinen Außenbeziehungen, die sehr dynamisch und stark vom unternehmerischen Geschick des Inhabers abhängig sind, entscheidet über den Erfolg am Markt, der insbesondere an der Höhe des Ertrags und seinem Verhältnis zum eingesetzten Eigenkapital gemessen wird.

4   **2. Grundprobleme. a) Unternehmen als komplexe Einheit.** Wirtschaftlich und nach dem Willen der Parteien ist das Unternehmen beim Unternehmenskauf **als Einheit** zu betrachten. Dem entspricht seine schuldrechtliche Behandlung: Gegenstand des Unter-

---

.1 Hierzu gehört u. U. auch der Kauf von Anteilen an Personen- und Kapitalgesellschaften (dazu RdNr. 154 ff.).

[2] So Staub/*Hüffer* vor § 22 RdNr. 6 im Anschluß an *v. Gierke* ZHR 111 (1948), 1, 6 ff., 12 f.

nehmenskaufs ist das Unternehmen als Ganzes und nicht nur, wie häufig formuliert wird, ein „Inbegriff von Sachen und Rechten".[3] Dem steht auch die Erfüllungsproblematik nicht entgegen: Zwar ist aufgrund des sachenrechtlichen Spezialitätsprinzips und der abschließenden Regelung der sachenrechtlichen Verfügungsformen, die eine Übertragung eines Unternehmens als Ganzes nicht kennen, eine Einzelübertragung aller Gegenstände des Unternehmenssubstrats erforderlich; dies ändert jedoch nichts an der Möglichkeit und Notwendigkeit, die **Verpflichtung** zur Unternehmensübertragung als eine einheitliche und umfassende zu verstehen, zumal sich die Pflichten des Veräußerers nicht in der Verpflichtung zur dinglichen Rechtsübertragung erschöpfen. Ergänzend wurde vielmehr insbesondere eine spezielle **Einweisungspflicht** entwickelt, die sich vor allem auf die genannten immateriellen Positionen wie know-how, Betriebsgeheimnisse, Kundenstamm etc. bezieht (RdNr. 24). Daneben bestehen für den Unternehmenskauf noch weitere typische Pflichten der Parteien, die aus der Besonderheit des Vertragsgegenstandes Unternehmen resultieren (dazu noch RdNr. 17 ff.). Allerdings hat sich diese, bei den Primärpflichten schon selbstverständliche Betrachtungsweise insbesondere im Rahmen der schwierigen Gewährleistungsproblematik noch nicht ausreichend durchgesetzt (dazu RdNr. 53 ff.).

b) Dynamik des Unternehmens. Ein weiteres Grundproblem ergibt sich aus der **5** (allenfalls) eingeschränkt prognostizierbaren Entwicklung des Markts und damit der Geschäfte und Risiken des Unternehmens. Sie führt nicht nur zu ständigen Veränderungen der für das Unternehmen und den Unternehmenserfolg relevanten Marktdaten, sondern auch zu Veränderungen des Unternehmens selbst. Dementsprechend stößt bereits die **Bewertung eines Unternehmens** auf erhebliche Schwierigkeiten. Entwickelt wurden daher für die Unternehmensbewertung ganz unterschiedliche, zum Teil gemischte, entweder am Substanz- oder aber am Ertragswert ansetzende Methoden.[4] Dabei ist die (dem Laien zunächst vielleicht plausibler erscheinende) **Substanzwertmethode** deswegen zu Recht zumindest von gemischten, überwiegend aber sogar von reinen **Ertragswertmethoden** verdrängt worden, weil Substanzwerte in der Regel nur bei der Liquidation (Zerschlagung) des Unternehmens eine Rolle spielen, während mit dem Unternehmenskauf das Ziel der Fortführung des Unternehmens und damit der **Erzielung von (künftigen) Erträgen** verfolgt wird. Maßgeblich sind daher weithin **Ertragswertprognosen**,[5] die deswegen erhebliche tatsächliche und rechtliche Probleme aufwerfen, weil sowohl die Basis der Vergangenheit, meist repräsentiert durch die zurückliegenden bilanziellen Kennziffern, als auch deren Hochrechnung auf die Zukunft mit erheblichen, wenn auch unvermeidlichen Unsicherheiten behaftet sind.

Daraus ergeben sich insbesondere im Bereich der Gewährleistung, präziser: bei Feststel- **6** lung der Ist- und der Sollbeschaffenheit des Unternehmens (dazu RdNr. 79 ff.), als auch im Bereich der Rückabwicklung (hierzu RdNr. 42 ff., 111 ff.) besondere Probleme. Außerdem ergibt sich die Notwendigkeit der Festlegung eines **Übergangsstichtags** (sog. closing – dazu RdNr. 34) für die Behandlung schwebender Geschäfte (dazu RdNr. 23).

3. Rechtliche Einordnung. a) Kaufvertrag. Nach hL ist auch der Unternehmenskauf **7** **Kaufvertrag** im Sinne der §§ 433 ff. BGB.[6] Einer unmittelbaren Anwendung der

---

[3] So zB Soergel/*Huber* § 459 RdNr. 240; *Hiddemann* ZGR 1982, 435, 438; aA *Walter* Kaufrecht, 1987, § 3 IV 1 a (S. 96); wie hier *K. Schmidt* HandelsR § 6 II 2 a (S. 144); vgl. auch *Canaris* § 8 I 1 (127).

[4] Vgl. dazu nur *Moxter*, Grundsätze ordnungsgemäßer Unternehmenbewertung, 2. Aufl. 1983, S. 5 ff.; *Großfeld*, Unternehmens- und Anteilsbewertung im Gesellschaftsrecht, 3. Aufl. 1994, S. 20 ff.; *Kraus/ Grünewald* BB 1995, 1839; sowie noch RdNr. 81.

[5] Vgl. *Beisel/Klumpp* RdNr. 78 ff.; *Fischer* in: *Hölters*, Handbuch des Unternehmens- und Beteiligungskaufs, Teil II RdNr. 1 ff. Ertragswertmetho-

den werden idR auch der Berechnung des Abfindungsanspruchs ausgeschiedener Gesellschafter zugrunde gelegt, vgl. BGH WM 1979, 432 ff.; NJW 1985, 192 = WM 1984, 1506, dazu *Dauner-Lieb* ZHR 158 (1994), 271 ff.

[6] St. Rspr. seit RGZ 63, 57 ff. Mindermeinungen (s. nur *Gieseke*, Der Rechtsbegriff des Unternehmens, in: *E. Wolff* (Hrsg.), Beiträge zum Handels- und Wirtschaftsrecht, 1950 = Sonderveröffentlichung der RabelsZ (1950), S. 36/606, 42 f./612 f.) wollen zum Teil auf Dienst- bzw. Werkvertrag ausweichen. Dafür spricht indessen nichts; Vgl. *Hommelhoff* S. 5 ff.

§§ 433 ff. BGB steht jedoch entgegen, daß ein Unternehmen weder – darauf ist die gesetzliche Regelung der §§ 433 ff. schon vom Wortlaut her deutlich begrenzt – eine Sache, noch ein Recht, und – entgegen verbreiteter, aber unzutreffender Formulierung – auch keinen bloßen Inbegriff von Sachen und Rechten darstellt, sondern eine (Sachen und Rechte umfassende, auf diesen aufbauende) **betriebsfähige Wirtschaftseinheit** (RdNr. 3). Die nur **analoge** Anwendung der §§ 433 ff.[7] liegt daher näher, zumal die Besonderheiten des komplexen Vertragsgegenstandes Unternehmen zusätzliche, dem normalen Sach- oder Rechtskauf fremde Pflichten mit sich bringen, so daß schon das Pflichtenprogramm der §§ 433 ff. auf den Unternehmenskauf nicht sonderlich paßt. Erst recht gilt dies – und ist dort auch hL – für die schwierige **Gewährleistungsproblematik**, auf die weder die Sachmängelgewährleistung der §§ 459 ff., noch die Rechtsmängelgewährleistung jedenfalls unmittelbar anwendbar sind (dazu eingehend RdNr. 53 ff.).

8   **b) Handelsgeschäft.** Streitig ist, ob der Unternehmenskauf beim Betreiben eines Handelsgewerbes (beiderseitiges) **Handelsgeschäft** im Sinne der §§ 343 ff. HGB ist.[8] Dies hängt zunächst von der Kaufmannseigenschaft ab. Beim Veräußerer ist sie unzweifelhaft gegeben: Die Veräußerung des Unternehmens gehört noch zum Betreiben des Handelsgewerbes. Auf Seiten des Erwerbers genügen im Bereich des § 1 bereits bloße **Vorbereitungshandlungen** für den Erwerb der Kaufmannseigenschaft; als eine solche Vorbereitungshandlung kann der Erwerb des Unternehmens angesehen werden.[9] Im Bereich der §§ 2, 3 wird die Kaufmannseigenschaft dagegen erst durch die dort konstitutiv wirkende Eintragung begründet; beim Erwerb vor Eintragung liegt sie infolgedessen noch nicht vor.[10] Der Streitfrage kommt freilich deswegen nur wenig Bedeutung zu, weil die wichtigste Vorschrift, die beiderseitige Kaufmannseigenschaft voraussetzt, der § 377 HGB, auf den Unternehmenskauf schon deswegen keine Anwendung findet, weil es sich beim Unternehmen weder um eine Sache, noch um ein Wertpapier handelt, und auch eine analoge Anwendung schon deswegen ausscheidet, weil dem Erwerber angesichts der Komplexität des Vertragsgegenstandes die sofortige **Untersuchungs- und Rügepflicht** des § 377 schlechterdings **nicht zumutbar** ist.[11]

9   **4. Form- und Zustimmungsvoraussetzungen.** Der Abschluß eines Unternehmenskaufvertrags ist grundsätzlich – Besonderheiten gelten bei der Verschmelzung und Umwandlung von Unternehmen[12] – **formfrei.**

10   Eine notarielle Beurkundung des Unternehmenskaufvertrags ist jedoch in den – praktisch seltenen – Fällen des § 311 sowie in der Regel dann notwendig, wenn zum Unternehmensvermögen ein Grundstück (§ 313 BGB) oder Anteile einer GmbH (§ 15 Abs. 4 GmbHG[13]) gehören. Ausnahmen können dann vorliegen, wenn das Grundstück oder die GmbH-Anteile nur unwesentliche Bestandteile des Unternehmensvermögens sind, da dann – vorbehaltlich weiterer tatrichterlicher Aufklärung – die Annahme naheliegt, daß die Parteien den Kaufvertrag auch ohne den nichtigen Teil abgeschlossen hätten (§ 139 BGB!).[14] Der Formmangel kann gemäß § 313 S. 2 BGB, § 15 Abs. 4 S. 2 GmbHG geheilt werden.

11   **Zustimmungserfordernisse** ergeben sich insbesondere aus § 1822 Nr. 3 und § 1365 Abs. 1 BGB.[15]

---

[7] So schon RGZ 63, 57, 59 ff.

[8] Dazu *Hommelhoff* S. 118 f.; Staub/*Hüffer* vor § 22 RdNr. 10.

[9] RG SeuffArch. 63 Nr. 259; RGZ 72, 434, 436; Schlegelberger/*Hefermehl* § 343 RdNr. 17; *Hommelhoff* S. 118; Staub/*Hüffer* vor § 22 RdNr. 10.

[10] Ebenso Staub/*Hüffer* vor § 22 RdNr. 10.

[11] Eingehend dazu *Hommelhoff* S. 119 ff.; siehe auch Staub/*Hüffer* vor § 22 RdNr. 11.

[12] Vgl. die Vorschriften des UmwG.

[13] Zum Umfang dieser Beurkundungspflicht vgl. BGH WM 1989, 256, 258; NJW 1991, 1223.

[14] Vgl. dazu BGH NJW 1986, 2642 zu § 15 Abs. 4 GmbHG; BGH LM § 313 BGB Nr. 80 zu § 313 BGB; *K. Schmidt* HandelsR § 6 II 2 c (S. 146 f.); zum Ganzen vgl. auch *Beisel/Klumpp* RdNr. 68 sowie *Semler* in: *Hölters*, Handbuch des Unternehmens- und Beteiligungskaufs, Teil VI RdNr. 76 ff.; *Sigle/Maurer* NJW 1995, 2657.

[15] Insgesamt zu Zustimmungserfordernissen: *Semler* in: *Hölters*, Handbuch des Unternehmens- und Beteiligungskaufs, Teil VI RdNr. 89 ff.

5. Anwendung des Verbraucherkreditgesetzes. Anders als das Abzahlungsgesetz, das **12** auf echte Unternehmenskäufe nicht angewendet wurde,[16] ist das (wesentlich weiter gefaßte) Verbraucherkreditgesetz dann grundsätzlich (vgl. §§ 3 Abs. 1 Nr. 2, 1 Abs. 1) auch auf Unternehmenskäufe anwendbar, wenn ein vom Erwerber aufgenommener Kredit für die Aufnahme einer gewerblichen oder selbständigen beruflichen Tätigkeit bestimmt ist. Dies ist insbesondere dann der Fall, wenn mit dem betreffenden Kredit der Kaufpreis oder ergänzende Investitionen etc. finanziert werden sollen. Der Erwerb eines Handelsgeschäfts ist im Hinblick auf die in Aussicht genommene eigene unternehmerische Tätigkeit des Erwerbers nur **Vorbereitungshandlung** und wird damit vom Gesetz umfaßt. Dies gilt nicht für den Erwerb eines **weiteren** Unternehmens durch einen bereits unternehmerisch tätigen Erwerber, auch wenn dieses selbständig weitergeführt werden sollte.[17]

Die wichtigste **Rechtsfolge** für den Unternehmenskaufvertrag ist die mögliche Anwen- **13** dung von **§ 9 VerbrKrG**, wobei sich freilich die schwierige Frage stellt, wann – abgesehen von der gesetzlichen Beispielsdefinition in § 9 Abs. 1 S. 2 VerbrKrG – eine wirtschaftliche Einheit mit dem Kaufvertrag vorliegt.[18] Sollte sie zu bejahen sein, so folgt daraus, daß die auf den Abschluß des Unternehmenskaufvertrags gerichtete Erklärung des Erwerbers erst wirksam wird, wenn er seine auf den Abschluß des Kreditvertrags gerichtete Erklärung nicht gemäß § 7 Abs. 1 VerbrKrG widerruft. Ist der Kreditvertrag wegen Formmangels gemäß § 6 VerbrKrG nichtig, schlägt dies auf den Kaufvertrag durch.[19]

6. Verhandlungsstadium. Bereits im Verhandlungsstadium besteht zwischen den Partei- **14** en ein (vorvertragliches) **Schutzpflichtverhältnis**, aus dem sich auch ohne ausdrückliche Abreden[20] bestimmte Pflichten ergeben.

a) Geheimhaltung. Die wichtigste Pflicht der Parteien ist die zur **Geheimhaltung** der **15** jeweiligen Unternehmensinterna des Verhandlungspartners sowie evtl. sogar der Tatsache der Verhandlungen selbst.[21] Insbesondere auf Seiten des Erwerbers wird man jedoch auch ein berechtigtes Interesse an der Information Dritter zwecks Vorbereitung des Unternehmenskaufs anerkennen müssen; dem ist durch die ergänzende Pflicht des Erwerbers Rechnung zu tragen, dann auch diese Dritten zur Geheimhaltung zu verpflichten.

b) Haftung. Grundsätzlich erwächst aus den Vertragsverhandlungen auch im fortge- **16** schrittenen Stadium weder eine **Pflicht zum Vertragsabschluß**,[22] noch die Verpflichtung, der Gegenseite **Aufwendungen** zur Vorbereitung des Unternehmenskaufs zu ersetzen. Ein Anspruch auf Schadens- oder gar Aufwendungsersatz kann sich allenfalls dann ergeben, wenn die von der Rechtsprechung im allgemeinen Zivilrecht rechtsfortbildend entwickelten (bis jetzt allerdings wenig klaren) Voraussetzungen für eine Haftung aus culpa in con-

---

[16] BGH NJW 1980, 445, 447; WM 1985, 32, 33; WM 1989, 1387, 1388; WM 1993, 249, 250.

[17] Streitig: wie hier BGH NJW 1994, 2759 f. zum insoweit gleichgelagerten Problem in § 6 Nr. 1 HWiG sowie *Marloth/Sauerwein*, Leasing und das Verbraucherkreditgesetz 1992, S. 179 ff. mit weit. Nachw.; aA BGH WM 1995, 284, 287; OLG Hamm NJW 1992, 3179, 3180 (zu § 3 VerbrkrG); *Ulmer/Habersack*, VerbrKrG, 2. Aufl. 1995, § 3 RdNr. 9; *von Westphalen/Emmerich/Kessler*, VerbrKrG, 1991, § 1 RdNr. 43; vgl. auch OLG Köln ZIP 1994, 1931, 1932; zur Finanzierung allgemein *Picot* Teil A RdNr. 204 ff.

[18] Vgl. allgemein zum Begriff des verbundenen Geschäfts nur *Dauner-Lieb*, WM 1991 Beilage 6; *Ulmer/Habersack* (Fn. 17) § 9 RdNr. 14 ff.

[19] *Ulmer/Habersack* (Fn. 17) § 9 VerbrKrG RdNr. 64 ff.

[20] Die einschlägigen Handbücher empfehlen insofern nachdrücklich, bereits im Vorfeld des Unter-

nehmenskaufs Verträge über Pflichten während der Verhandlungsphase abzuschließen, vgl. dazu *Beisel/Klumpp* RdNr. 35 ff.; *Hommelhoff* ZHR 150 (1986), 256 ff.

[21] *Beisel/Klumpp* RdNr. 46; *Hommelhoff* ZHR 150 (1986) S. 256 f.; *Semler* in: *Hölters*, Handbuch des Unternehmens- und Beteiligungskaufs, Teil VI RdNr. 12 f.; vgl. auch *Lutter*, Der letter of intent, 2. Aufl., 1983, S. 42 f.

[22] Eine solche kann jedoch – selbstverständlich – rechtsgeschäftlich vereinbart werden. Mittel, die rechtliche Bindung der Parteien im Verhandlungsstadium zu erhöhen sind: Bindendes Vertragsangebot, Vorvertrag (zu den diesbezüglichen Anforderungen vgl. BGH NJW 1990, 1234 ff.; *Picot* Teil A RdNr. 27 f.) sowie der – rechtlich unscharfe – „letter of intent" (dazu *Lutter*, Der letter of intent, 2. Aufl. 1983); zum Ganzen auch *Semler* in: *Hölters*, Handbuch des Unternehmens- und Beteiligungskaufs, Teil VI RdNr. 19 ff.

trahendo **wegen grundlosen Abbruchs von Vertragsverhandlungen** erfüllt sind.[23] Mindestanforderung ist diesbezüglich jedenfalls, daß die Ausgleich begehrende Partei aufgrund **besonderer Umstände** berechtigt auf das Zustandekommen des Vertrages vertrauen durfte **und** aufgrund dieses Vertrauens zu bestimmten Vermögensdispositionen/Aufwendungen veranlaßt wurde.[24]

17   **7. Die Pflichten von Veräußerer und Erwerber. a) Vermögensverschaffung durch den Veräußerer.** Der Veräußerer ist – vorbehaltlich abweichender Vereinbarungen im Kaufvertrag – verpflichtet, dem Erwerber das gesamte Unternehmensvermögen zu verschaffen, wobei jeder Gegenstand aufgrund des sachenrechtlichen Spezialitätsprinzips einzeln zu übertragen ist.[25]

18   Sofern im Kaufvertrag eine spezifizierte Auflistung dessen, was zu übertragen ist, fehlt, kann der Umfang des zu übertragenden Unternehmensvermögens unter Zuhilfenahme der Handelsbilanz bestimmt werden.[26] Wenn eine solche – zB bei minderkaufmännischen Unternehmen[27] – fehlt oder Vermögenswerte nicht aktivierungsfähig/-pflichtig sind, wirft die Feststellung, was Bestandteil des Unternehmens ist, erhebliche (Auslegungs-)Schwierigkeiten auf. Doch kann zB aus der – idR gesondert zu vereinbarenden[28] – Übertragung des Firmenrechts auf die Verpflichtung zur Mitübertragung des Rechts der Geschäftsbezeichnung und ähnlicher Kennzeichnungsmittel geschlossen werden. Gleiches gilt für Patent-, Zeichen- und Musterrechte.[29]

19   Das Unternehmensvermögen ist so zu übertragen, wie es im – meist vertraglich festgelegten – **Zeitpunkt des Gefahrübergangs** besteht. Dies bedeutet, daß dem Unternehmensvermögen zuzuordnende Rechte, die nach Abschluß des Kaufvertrags (bzw. nach dem letzten Bilanzstichtag) neu oder als Surrogat für ein anderes Recht entstehen, ebenfalls von der Verschaffungspflicht des Veräußerers erfaßt werden,[30] es sei denn, vertraglich wurde etwas anderes vereinbart.

20   **Abgrenzungsprobleme** im Verhältnis von Nichterfüllung und Gewährleistung können sich ergeben, wenn sich nach der Unternehmensübertragung Fehlbestände zeigen sollten. Insoweit ist zu unterscheiden: Wurden – entgegen den vertraglichen Abmachungen – (vorhandene) Gegenstände des Unternehmensvermögens nicht übertragen, bestehen schlicht restliche (Teil-)Erfüllungsansprüche.[31] Der Erwerber kann diesbezüglich auch die Rechte aus § 326 BGB geltend machen, allerdings ist ihm gemäß §§ 326 Abs. 1 S. 3, 325 Abs. 1 S. 2 BGB – korrespondierend zur Einschränkung seines Wandlungsrechts (RdNr. 108 ff.) – ein Rücktrittsrecht vom **gesamten** Kaufvertrag nur in Ausnahmefällen zuzubilligen.

21   Stellt sich dagegen heraus, daß Gegenstände, die etwa in der Bilanz noch verzeichnet waren, gar nicht mehr existieren, so liegt eine Abweichung der Ist- von der Sollbeschaffenheit vor, die zur (analogen) Anwendung des **Gewährleistungsrechts** führt (dazu genauer RdNr. 79 ff.). Gleiches gilt dann, wenn ein bestimmter Bestand des Unterneh-

[23] Vgl. aus der umfangreichen Rechtsprechung nur BGH NJW 1970, 1840; LM BGB Nr. 11 § 276 (Fa) sowie zuletzt BGHZ 92, 164 = NJW 1985, 1778; NJW-RR 1988, 288; WM 1989, 685; zum Ganzen eingehend *Küpper*, Das Scheitern von Vertragsverhandlungen als Fallgruppe der culpa in contrahendo 1988.

[24] Vgl. dazu nur MünchKommBGB/*Emmerich* vor § 275 RdNr. 161 sowie *Semler* in: *Hölters*, Handbuch des Unternehmens- und Beteiligungskaufs, Teil VI RdNr. 10 f.

[25] Eingehende ˙ Darstellung bei *Beisel/Klumpp* RdNr. 375 ff.

[26] Dazu *Beisel/Klumpp* RdNr. 159 ff.; *Staub/Hüffer* vor § 22 RdNr. 18 ff.; *Canaris* § 8 I 2 b (S. 129 f.)

[27] Ein Rückgriff auf die Steuerbilanz empfiehlt sich insofern wegen der unterschiedlichen Zielrichtung nicht, vgl. *Staub/Hüffer* vor § 22 RdNr. 22.

[28] BGH DB 1994, 1614.

[29] Umfassend zum Ganzen *Staub/Hüffer* vor § 22 RdNr. 18 ff. Bei der Übertragung von (Kunden-)Dateien ist u.U. das BDSG zu beachten, dazu noch RdNr. 39.

[30] So auch *Staub/Hüffer* vor § 22 RdNr. 21

[31] So auch *Grunewald* S. 96; *Mössle* BB 1983, 2146, 2152.

mensvermögens Vertragsinhalt wurde und Gegenstände fehlen;[32] von einer solchen Vereinbarung wird man idR bei einer ausdrücklichen Auflistung der Bestandteile des Unternehmensvermögens ausgehen können.

Der Verschaffungspflicht des Veräußerers zuzuordnen ist ferner dessen Verpflichtung, **22** darauf hinzuwirken, daß Verträge mit Dritten, wie etwa Miet- und Pachtverträge, Leasingverträge, Lizenzverträge,[33] soweit dies erforderlich sein sollte,[34] auf den Erwerber **übergeleitet** werden. Zu welchen Handlungen der Veräußerer konkret verpflichtet ist, muß vorrangig aus dem Vertrag selbst ermittelt werden.

Überzuleiten sind auch die im Zeitpunkt des Gefahrübergangs **schwebenden Geschäfte**. **23** Diesbezüglich stellt sich ferner die Folgefrage, ob der Veräußerer noch an Gewinn/Verlust zu beteiligen ist. Sollte hierüber keine vertragliche Vereinbarung getroffen sein, ist eine Beteiligung des Veräußerers grundsätzlich abzulehnen. Insbesondere ist § 740 BGB nicht analog anzuwenden, da dies zur Folge hätte, daß sich Veräußerer und Erwerber uU noch über Jahre hinweg auseinandersetzen müßten, wobei der Veräußerer obendrein von den Geschäftsführungsfähigkeiten des Erwerbers abhängig wäre. Dies mag bei einer auf Dauer angelegten Verbindung zu einer Gesellschaft angemessen sein, widerspricht jedoch den Interessen in einem Austauschverhältnis wie dem Unternehmenskauf, bei dem den Parteien an alsbaldiger, vollständiger Erfüllung gelegen sein wird. Hinzu kommt, daß die Vorschrift des § 740 BGB vor dem Hintergrund der Substanzwertmethode geschaffen wurde, während heute Ertragswertmethoden oder Mischformen praktiziert werden, bei denen die Erträge aus schwebenden Geschäften eine viel geringere Bedeutung haben (dazu noch RdNr. 81).

b) Einweisungspflicht des Veräußerers. Die dem Vertragsgegenstand Unternehmen **24** innewohnende Besonderheit, daß manche immateriellen wertbildenden Positionen nicht (rechtsgeschäftlich) übertragen werden können, führte zur Entwicklung einer charakteristischen zusätzlichen **Haupt**pflicht des Veräußerers. Er muß den Erwerber in das Unternehmen **einweisen**, ihm die sog. unkörperlichen Geschäftswerte des Unternehmens (durch Realakt) überlassen. Zur Einweisung gehören auch die Offenbarung und Vermittlung spezieller technischer, kaufmännischer und sonstiger Kenntnisse, die Erläuterung der Unternehmensorganisation, die Einführung in die Beziehungen zu Lieferanten, Kreditgebern und Kunden etc.[35]

c) Wettbewerbsverbot des Veräußerers. Den Veräußerer trifft auch ohne ausdrückliche **25** che Vereinbarung im Kaufvertrag die (Neben-) **Pflicht, Wettbewerb** mit dem Erwerber **zu unterlassen**.[36] Welchen Umfang dieses, dem Kaufvertrag immanente Wettbewerbsverbot hat, ist – vor allem in zeitlicher Hinsicht – umstritten. Während der BGH in neuerer Zeit wohl dahin tendiert, das Wettbewerbsverbot bis zum Zeitpunkt der Unternehmensübergabe zu begrenzen,[37] will ein Teil der Literatur[38] im Anschluß an die ältere Rechtsprechung[39] über diesen Zeitpunkt hinausgehen, also längere Bindungen zulassen.

In der Praxis werden in der Regel im Kaufvertrag Wettbewerbsverbote (meist in Ver- **26** bindung mit einer Vertragsstrafenregelung – sog. Reugeld – für den Fall der Zuwiderhandlung) **gesondert vereinbart**.[40] Diese **vertraglichen Wettbewerbsverbote** sollen nicht nur

---

[32] Zutreffend RGZ 98, 289, 292; RG Recht 1925 S. 22 Nr. 19; BGH NJW 1974, 557; *Flume*, Eigenschaftsirrtum und Kauf, S. 121 ff., insbes. S. 122; aA *Hommelhoff* S. 98 ff., 106.

[33] Vgl. hierzu die Darstellung bei *Beisel/Klumpp* RdNr. 405 ff.

[34] Zur neuerdings entwickelten Überleitungsfunktion des § 25 siehe dort RdNr. 84 f.

[35] Eingehend hierzu Staub/*Hüffer* vor § 22 RdNr. 16f.

[36] Allg.M., siehe nur Staub/*Hüffer* vor § 22 RdNr. 30; *Canaris* § 8 I 2 c (S. 129); umfassend zu

Wettbewerbsverboten *Hirte* ZHR 154 (1990), 443 ff.

[37] Siehe BGH NJW 1982, 2000, 2001 (Holzpaneele); ähnlich *Holzapfel/Pöllath* RdNr. 734; wohl auch Staub/*Hüffer* vor § 22 RdNr. 30.

[38] *Hommelhoff* ZHR 150 (1986), 254, 262; Staudinger/*Köhler* § 433 RdNr. 47; MünchKommBGB/*Westermann* § 433 RdNr. 69.

[39] RGZ 117, 176, 180; 163, 311, 313; BGHZ 16, 71, 81.

[40] Zu entsprechenden Vertragsklauseln siehe *Wessing* ZGR 1982, 455, 469.

den Eintritt des Erwerbers in die Wettbewerbsposition des Veräußerers am Markt sichern, sondern in der Regel darüber hinaus dem Erwerber auch die (ungestörte) Möglichkeit geben, diese Marktposition zu festigen oder gar auszubauen.

27   **Grenzen für solche Vereinbarungen** ergeben sich zunächst aus den Bestimmungen des Art. 85 EG-Vertrag[41] und § 1 GWB. Das in § 1 GWB enthaltene Erfordernis des „gemeinsamen Zwecks" wird vom BGH auch auf Austauschverträge erstreckt, gleichzeitig aber wiederum dahingehend eingeschränkt, daß der gemeinsame Zweck entfalle, wenn das in Frage stehende Wettbewerbsverbot auf das Maß beschränkt ist, das erforderlich ist, damit der Erwerber die ihm bei der Unternehmensübertragung überlassenen Kundenbeziehungen festigen kann.[42] Was – insbesondere in zeitlicher Hinsicht – in diesem Sinne erforderlich ist, hängt vom Einzelfall ab. Die Möglichkeit der Festigung der Kundenbeziehungen wird jedoch zum einen dadurch beeinflußt, wie häufig der Kontakt des Kunden zum Unternehmen und zum anderen, wie intensiv er ist. Je häufiger und intensiver der Kontakt ist, um so kürzer kann die Frist sein. In der Rechtsprechung wurden bisher Fristen bis zu 5 Jahren für zulässig gehalten.[43]

28   Eine weitere Begrenzung soll sich nach – bestrittener – Ansicht des BGH (wohl subsidiär) aus § 138 Abs. 1 BGB iVm. Art. 12 Abs. 1 GG ergeben, wenn – dies ist jeweils im Einzelfall festzustellen – der Verpflichtete in der Berufsausübung übermäßig beschränkt und damit über die schützenswerten Interessen des Begünstigten hinausgegangen wird.[44]

29   Sowohl bei einem Verstoß gegen § 1 GWB als auch gegen § 138 Abs. 1 BGB stellt sich ferner die Frage, ob über das zulässige Maß hinausgehende Wettbewerbsabreden in zulässigem oder angemessenem Umfang aufrechterhalten werden können. Der BGH neigt dazu, Wettbewerbsabreden, die gegen kartellrechtliche Vorschriften oder in **zeitlicher** Hinsicht gegen § 138 Abs. 1 BGB verstoßen, über § 139 BGB im noch zulässigen Umfang aufrechtzuerhalten,[45] während er dies für andere Verstöße gegen § 138 Abs. 1 BGB strikt ablehnt.[46] Gerade letzteres ist indes zweifelhaft, zumal sich bei vollständiger Unwirksamkeit einer Wettbewerbsabrede gemäß § 139 BGB die Frage nach der Wirksamkeit des gesamten Kaufvertrages stellt.[47]

30   Wirksam vereinbarte Wettbewerbsverbote beziehen sich im Regelfall auf jede Tätigkeit des Veräußerers, die dem Zweck der Vereinbarung zuwiderläuft.[48] Den **Ehegatten** des Veräußerers trifft diese Pflicht ohne ausdrückliche Abrede nicht. Der BGH hat darüber hinaus auch eine Aufklärungspflicht·des Veräußerers über die beabsichtigte Eröffnung eines Konkurrenzgeschäfts durch den Ehegatten abgelehnt.[49]

31   **d) Erwerberpflichten.** Die Hauptpflicht des Erwerbers liegt in der Entgeltleistung.[50] Als weitere Hauptpflicht wird häufig vereinbart[51] (und bei der Kalkulation des Kaufpreises berücksichtigt), daß der Erwerber die **Geschäftsverbindlichkeiten** des Veräußerers übernimmt, wobei eine privative Schuldübernahme (§§ 414, 415 BGB) – wenn sie denn überhaupt gewollt ist – nur selten zustandekommen wird, so daß der Erwerber nur gemäß § 415 Abs. 3 BGB gegenüber dem Veräußerer verpflichtet ist, die Gläubiger rechtzeitig zu befriedigen.

---

[41] Übersicht hierzu bei *Holzapfel/Pöllath* Rd-Nr. 757, s. auch *Hirte* ZHR 154 (1990), 443, 465 ff.

[42] Vgl. BGH NJW 1980, 185; 1979, 1605; 1982, 2000, 2001; dazu *Ulmer* NJW 1979, 1585 ff.; s. auch *Köhler* ZHR 148 (1984), 487 ff.; *Hirte* ZHR 154 (1990), 443, 461 ff.

[43] BGH NJW 1981, 1549; Übersicht bei *Holzapfel/Pöllath* RdNr. 740 ff.

[44] BGH NJW 1979, 1605, 1606; enger *Hommelhoff* ZHR 150 (1986), 254, 262 Fn. 35; aA *Canaris* § 8 I 2 c (S. 129 f.), der § 74 a Abs. 1 S. 1, 2 analog anwenden will.

[45] BGH NJW 1982, 2000, 2001; BB 1984, 1826, 1828 zu § 1 GWB; BGH NJW 1991, 699, 700 zu

§ 138 Abs. 1 BGB; vgl. dazu auch OLG Düsseldorf WuW OLG 3326.

[46] BGH NJW 1986, 2944, 2945.

[47] So auch BGH DB 1989, 1620, 1621; vgl. dazu auch *Hirte* ZHR 154 (1990), 443, 459 f.

[48] Dazu BGH NJW 1981, 1549.

[49] BGH DB 1987, 783.

[50] Zur Ermittlung des Kaufpreises siehe *Wessing* ZGR 1982, 455, 462 ff. sowie den hierauf bezogenen Teil des Diskussionsberichtes von *Rellermeyer* ZGR 1982, 472 f.

[51] Zur entsprechenden Vertragsauslegung siehe *Canaris* § 8 I 2 d (S. 130).

Fehlen ausdrückliche Abreden, muß – unabhängig vom Eingreifen des § 25 Abs. 1 S. 1, **32** der nur das Außenverhältnis regelt – mittels Auslegung gemäß § 157 BGB, § 346 festgestellt werden, ob und in welchem Umfang eine **Erfüllungsübernahme** vereinbart wurde. Grundsätzlich kann man annehmen, daß alle bilanzierten oder sonst aus den Handelsbüchern ersichtlichen Geschäftsschulden vom Erwerber erfüllt werden sollen, soweit keine abweichenden Regelungen getroffen wurden.

Soweit der Veräußerer an den Gewinnen des laufenden Jahres oder schwebenden Geschäften beteiligt sein soll, trifft den Erwerber die Pflicht zu einer entsprechenden Abrechnung, ggf. – soweit besondere Berechnungsmethoden vereinbart sind – auch die Pflicht zur Aufstellung einer besonderen, von Handels- und Steuerbilanz abweichenden, Gewinn- und Verlustrechnung. **33**

e) Festlegung eines Übergangsstichtags (closing). Zwischen dem Abschluß des Unternehmenskaufvertrags und seiner Erfüllung vergeht wegen der Komplexität des Vertragsgegenstands Unternehmen in der Regel einige Zeit. Um die Rechte und Pflichten von Veräußerer und Erwerber zeitlich deutlich festzulegen, werden in der Praxis daher ein (oder mehrere verschiedene) Übergangsstichtage, das sogenannte „**closing**", festgelegt, zu denen die Übertragung des Unternehmens (Substrat, Beginn der Einweisung), aber auch der Übergang von Nutzen und Lasten, die Feststellung von Bilanzen, die Kaufpreiszahlung usw. erfolgen. Fehlen solche Regelungen, stellt sich die Frage, welche Zeitpunkte kraft dispositiven Rechts maßgeblich sind. Der allgemeine Leistungszeitpunkt richtet sich nach § 271 Abs. 1 BGB. Der Gefahrübergang ist für Rechts- und Sachkauf und dabei noch nach Mängeln unterschiedlich geregelt. Da es sich beim Unternehmen nicht nur um eine Zusammenfassung von Rechten und Sachen, sondern um eine eigenständige Funktionseinheit handelt, sollte man auch hinsichtlich des Gefahrübergangs das Unternehmen als Einheit behandeln und wegen der größeren Nähe zum Sachkauf eher dessen Regeln, als diejenigen des Rechtskaufs anwenden, so daß analog § 446 BGB auf die **Übergabe** abzustellen ist.[52] **34**

f) Zeitraum zwischen Bilanzstichtag und closing. Die dem Unternehmen innewohnende Dynamik führt dazu, daß sich dessen Vermögenszusammensetzung im Zeitraum zwischen dem Abschluß des Kaufvertrags (bzw. dem für die Parteien idR für die Kaufpreisberechnung relevanten letzten Bilanzstichtag) und dem Übergang des Unternehmens ändert. Außerdem entstehen auch in diesem Zeitraum Gewinne oder Verluste. Auf die primären Pflichten der Parteien, insbesondere auf die Vermögensverschaffungspflicht des Veräußerers, haben diese Umstände keinen Einfluß, da der Veräußerer verpflichtet ist, das Unternehmen so zu übertragen, wie es im Zeitpunkt des Übergangsstichtages besteht (dazu RdNr. 19). **35**

Hiervon zu trennen ist die Frage, wie es mit der **Zuweisung von Gewinnen und Verlusten** aussieht, die seit dem letzten Bilanzstichtag entstanden sind. Dieses Problem wird in der Praxis häufig dadurch bewältigt, daß als Übergangsstichtag das Ende des nächsten Geschäftsjahres gewählt wird. Dem Veräußerer stehen idR in diesem Fall die (in der Bilanz festgestellten) Gewinne zu; korrespondierend hierzu muß er auch die Verluste tragen.[53] **36**

Wird ein anderer Übertragungszeitpunkt gewählt oder fehlt eine solche vertragliche Abrede, stellt sich die Frage, ob der Veräußerer – zeitanteilig – an den bis zum Übergangsstichtag entstehenden Gewinnen und Verlusten zu beteiligen ist. Dies wird man schon deshalb bejahen müssen, weil hinsichtlich der Gewinne, die nach hL als Nutzungen gemäß § 100 BGB zu qualifizieren bzw. ihnen rechtlich gleichzustellen sind,[54] eine analoge Anwendung des § 446 Abs.1 S. 2 BGB naheliegt, der dem Käufer die Nutzungen erst ab Gefahrübergang zuweist; korrespondierend hierzu müssen auch die Verluste bis zum Ge- **37**

---

[52] Ein ganz anderes Konzept wäre es, wegen der notwendigen zahlreichen tatsächlichen Erfüllungshandlungen (Einweisung) und der Notwendigkeit der Zustimmung Dritter zum Rechtsübergang eine Art Abnahme zur Trennung von Erfüllungspflicht und Gewährleistung vorzusehen, die möglicherweise auch mit dem Gefahrübergang verbunden sein könnte.

[53] Vgl. dazu *Beisel/Klumpp* RdNr. 471.
[54] Dazu RdNr. 48 ff.

fahrübergang vom Verkäufer getragen werden. Dies ist deswegen gerechtfertigt, weil der Veräußerer für die Gewinne und Verluste, die in diesem Zeitraum entstehen, auch allein verantwortlich ist. Dementsprechend hat der Veräußerer aus § 446 Abs. 1 S. 2 BGB[55] einen Anspruch gegen den Erwerber auf Herausgabe der vor dem Übergangsstichtag entstandenen Gewinne, ist andererseits aber auch verpflichtet, die in diesem Zeitraum entstandenen Verluste auszugleichen. Gestützt wird dieses Ergebnis weiterhin durch die Überlegung, daß die Parteien der Kaufpreisberechnung idR die letzte Bilanz zugrundelegen, so daß die entsprechenden Vereinbarungen die zwischenzeitlich eingetretenen Veränderungen nicht berücksichtigen. Im übrigen erspart die anteilige Zuweisung von Gewinnen und Verlusten an den Veräußerer spätere Auseinandersetzungen über den Kaufpreis.

38   **8. Sonderfälle. a) Praxiskauf.** Als Unternehmenskauf einzuordnen ist auch der – nach allgemeiner Meinung grundsätzlich zulässige[56] – Kauf einer **Freiberufler-Praxis.** Der Kaufvertrag unterliegt jedoch mehreren Beschränkungen. Dies betrifft zunächst den vom Erwerber zu zahlenden Kaufpreis; nach der Rspr. des BGH kann ein Praxiskauf gemäß § 138 BGB sittenwidrig sein, wenn die Vertragsbedingungen die Gefahr begründen, daß der Erwerber gezwungen wird, aus wirtschaftlichen Gründen die ihm obliegenden Standespflichten zu verletzen.[57]

39   Die bedeutsamere Einschränkung für die Wirksamkeit des Praxiskaufs ergibt sich jedoch aus dem Umstand, daß der Wert einer Freiberufler-Praxis wesentlich durch die Klientenstamm bestimmt wird; zentraler Bestandteil des Kaufvertrags ist daher idR der Übergang der erforderlichen Unterlagen auf den Erwerber. Die entsprechende Verpflichtung des Veräußerers (und damit gemäß § 139 BGB idR der gesamte Kaufvertrag!) soll aber nach neuerer Rechtsprechung **gemäß § 134 BGB iVm. § 203 Abs. 1 StGB nichtig** sein, wenn die betroffenen Patienten/Mandanten nicht ausdrücklich ihre Zustimmung zur Weitergabe ihrer Unterlagen erklärt haben.[58] Daneben dürften wegen der zunehmenden Bedeutung der elektronischen Datenverarbeitung immer häufiger die Vorschriften des BDSG zur Anwendung kommen, da die Übergabe personenbezogener Daten nunmehr gemäß § 3 Abs. 5 Nr. 3 BDSG unter den Begriff des Übermittelns und damit den des Verarbeitens personenbezogener Daten fällt.[59] Rechtsfolge ist vor allem , daß die Einwilligung der Betroffenen der besonderen Schriftform des § 4 Abs. 2 BDSG bedarf.[60] Ob diese Grundsätze auch gelten, wenn eine Praxis von einem Mitarbeiter übernommen wird, ist zweifelhaft, da einiges dafür spricht, daß diesbezüglich kein „offenbaren" iSv. § 203 StGB vorliegt[61] bzw. dieser nicht Dritter iSv. § 3 Abs. 9 BDSG ist.[62]

40   **b) Teilunternehmensveräußerung.** Im Gegensatz zur Rechtslage bei § 613 a BGB[63] spielt es für den Unternehmenskauf keine Rolle, ob in Zweifelsfällen noch von einer Un-

[55] § 446 Abs. 1 S. 2 stellt insofern die Anspruchsgrundlage dar; vgl. dazu Soergel/*Huber* § 446 RdNr. 67; im Erg. ebenso OLG Koblenz WM 1991, 2075, 2078.

[56] Vgl. nur BGHZ 43, 46 ff.; NJW 1989, 763; anders noch das RG, das diese Verträge z.T. als sittenwidrig gemäß § 138 BGB ansah, vgl. RGZ 66, 139, 141 f. (Arztpraxis); 75, 120, 123 f. (Zahnarztpraxis – Sittenwidrigkeit verneint); 161, 153, 155 ff. (Anwaltspraxis). Zum Praxistausch vgl. BGHZ 16, 71, 74; BGH NJW 1959, 1584.

[57] Vgl. BGHZ 43, 46, 49/50 sowie BGH NJW 1973, 98, 100 (dort keine Bedenken gegen Bezahlung durch fortdauernde Umsatzbeteiligung) für Anwaltspraxen; BGH NJW 1989, 763 für Arztpraxis; krit. MünchKommBGB/*Westermann* § 433 RdNr. 13 und Soergel/*Huber* § 433 RdNr. 37.

[58] BGHZ 116, 268, 272 ff.; bestätigend BGH NJW 1995, 2026, 2027; aA noch BGH NJW 1974, 602 sowie MünchKommBGB/*Westermann* § 433

RdNr. 13; zur Parallelproblematik der Abtretung von Honorarforderungen vgl. BGHZ 115, 123 ff. (Ärzte), BGHZ 122, 115 (Rechtsanwälte) sowie BGH NJW 1995, 2026.

[59] So ausdrücklich *Ordemann/Schomerus,* BDSG 5. Aufl. 1992, § 3 Anm. 10.2; vgl. zur Anwendung des BDSG (aF) eingehend *Roßnagel* NJW 1989, 2303 ff.

[60] Zu den diesbezüglichen Anforderungen vgl. *Ordemann/Schomerus* (Fn. 59) § 4 Anm. 6; zur Frage, ob berechtigte Interessen des Veräußerers eine Übermittlung der Daten nach § 28 BDSG (= § 24 BDSG aF) rechtfertigen, *Roßnagel* NJW 1989, 2303, 2305 ff.

[61] Dazu LG Darmstadt NJW 1994, 2962, 2963.

[62] Anders wohl *Ordemann/Schomerus* (Fn. 59) § 3 Anm. 16.3.

[63] Vgl. dazu nur *Lieb* Arbeitsrecht, 5. Aufl. 1994, § 3 III 2 (S. 85 ff.).

ternehmens- (Teil-) Veräußerung[64] oder von der Veräußerung bloßer Betriebsmittel aus-
zugehen ist. Der Unterschied besteht lediglich darin, daß im letzteren Fall die Sach- und
Rechtsmängelgewährleistung unmittelbar zur Anwendung kommen kann; auf bilanzielle
Kennziffern etc. kommt es hier nicht an.

c) Kauf ohne Fortführungsabsicht. Die speziellen Probleme des Unternehmenskaufs 41
werden in der Regel auch dann entfallen, wenn der Kauf **ohne Fortführungsabsicht** (etwa
mit dem Ziel alsbaldiger Stillegung) erfolgt. Dann wird vielmehr schon die Bewertung
nach Substanzgesichtspunkten erfolgen und sich auf Sachen (und ggf. Rechte) beschränken; dafür reicht auch hier die reine Sach- und ggf. Rechtsmängelgewährleistung aus.

II. Bereicherungsrechtliche Rückabwicklung

1. Grundsätzliche Problematik. Ist der Unternehmenskaufvertrag nichtig (zB aufgrund 42
§§ 125, 134, 138 BGB, § 24 Abs. 2 GWB) oder gemäß §§ 123, 119 BGB wirksam angefochten, richtet sich die Rückabwicklung idR nach den §§ 812 ff. BGB. Allerdings ergibt
sich aus dem Umstand, daß das Unternehmen als Einheit zu behandeln ist (RdNr. 4), zT
auch hier[65] die Notwendigkeit der **Modifizierung** der gesetzlichen Rechtsfolgen.

2. Herausgabe/§ 818 Abs. 1, 2 BGB. Da das Unternehmen schuldrechtlich eine Ein- 43
heit darstellt, richtet sich die Herausgabepflicht des Erwerbers – unabhängig davon, daß der
Klageantrag auf (Rück-) Übertragung der einzelnen Gegenstände des Unternehmensvermögens zu richten ist[66] – auch auf das Unternehmen als solches: Der Erwerber ist (nur)
verpflichtet, das Unternehmen **in seinem jetzigen Bestand** auf den Veräußerer zurückzu-
übertragen, ohne daß es darauf ankommt, ob die nunmehr vorhandenen Vermögenswerte
bereits im Zeitpunkt der Übertragung des Unternehmensvermögens (closing – dazu
RdNr. 34) vorhanden waren.[67]

Schwierigkeiten werfen die Fälle auf, in denen der Erwerber das Unternehmen – sei es 44
durch Umorganisation, sei es durch einen Wechsel des Tätigkeitsbereichs etc. – **wesentlich
verändert** hat:

Sofern der **Veräußerer** hier dennoch das umgestaltete Unternehmen herausverlangt, 45
stellt sich die Frage, ob er gemäß § 818 Abs. 2 BGB auf Wertersatz verwiesen werden
kann, wobei sich dann noch das zusätzliche Problem stellt, welcher Zeitpunkt für die Berechnung des Wertersatzes maßgebend sein soll.[68] Ersteres wird in der Tat im Schrifttum
mit der Begründung vertreten, daß Rechtsprechung und hL (mit streitigen Einzelheiten)
§ 818 Abs. 2 dann heranziehen, wenn ein herauszugebendes (Betriebs-) Grundstück wesentlich umgestaltet und dessen Wert dadurch erheblich erhöht wurde.[69] Insoweit ist jedoch Vorsicht geboten, weil schon die Formulierung des § 818 Abs. 2 BGB auf die **Subsidiarität des Wertersatzes** hindeutet, im Gesetz also die Grundentscheidung zugunsten
der gegenständlichen Rückabwicklung angelegt ist. § 818 Abs. 2 schützt den Bereichungs-
gläubiger, nicht das Behaltensinteresse des Erwerbers als Bereicherungs**schuldner**. Dementsprechend sollte der Anwendungsbereich des § 818 Abs. 2 grundsätzlich auf die Fälle

---

[64] Zu den damit verbundenen Problemen siehe
Wessing ZGR 1982, 455, 461 f.

[65] Zur entsprechenden Problematik im Rahmen
der Sachmängelgewährleistung RdNr. 111 ff.

[66] Vgl. BGHZ 7, 208, 211.

[67] Ebenso *Ballerstedt*, Festschrift für Schilling,
1973, S. 289, 293 f.; *Schwintowski* JZ 1987, 588 f.;
K. Schmidt HandelsR § 6 IV 1, I 2 (S. 164); s. auch
RGZ 170, 292, 296 ff.

[68] Dazu *Schwintowski* JZ 1987, 588, 591; allgemein zum maßgeblichen Zeitpunkt MünchKomm-
BGB/*Lieb* § 818 RdNr. 42 ff.; Staudinger/*Lorenz*
§ 818 RdNr. 31 jew. mit weit. Nachw.

[69] BGH NJW 1981, 2687, 2688 = JR 1982, 98
m. Anm. *Linke* (S. 91 ff.); im Grundsatz ebenso
schon RGZ 133, 293, 295; 117, 112, 113; zust.
Schwintowski JZ 1987, 588, 589 f. (Unmöglichkeit
bei „Identitätswechsel" des Unternehmens; *Reuter/
Martinek*, Ungerechtfertigte Bereicherung, 1983,
§ 16 III 2, (S. 564 f.); siehe auch Staudinger/*Lorenz*
§ 818 RdNr. 21; aA MünchKommBGB/*Lieb* § 818
RdNr. 31. Zur Unmöglichkeit iSd § 818 Abs. 2
vgl. auch BGHZ 112, 376, 381 (herauszugebendes
Grundstück wurde mit Grundpfandrechten belastet).

„echter" Unmöglichkeit[70] beschränkt werden. In besonderen Fällen könnte man sich – einem Vorschlag von *Canaris*[71] folgend – an § 251 Abs. 2 BGB orientieren. Im übrigen ist der Erwerber schon dadurch (ausreichend) geschützt, daß er gemäß § 818 Abs. 3 BGB die für die Unternehmensumgestaltung gemachten Aufwendungen, die eine beträchtliche Höhe erreichen können, dem Herausgabeverlangen des Veräußerers mit der Folge entgegenhalten kann, daß Zug um Zug rückabzuwickeln ist.[72]

46   Etwas anders stellt sich die Frage dann dar, wenn der **Erwerber** initiativ wird und auf Rückzahlung des Kaufpreises Zug-um-Zug gegen Herausgabe des Unternehmens klagt, und der Veräußerer die Rücknahme des wesentlich umgestalteten Unternehmens verhindern will. Im Regelfall wird es hier der Heranziehung des § 818 Abs. 2 deswegen nicht bedürfen, weil dem Erwerber bei bereicherungsrechtlicher Rückabwicklung eine Anspruchsgrundlage für die Erstattung seiner (gerade bei Unternehmensumgestaltung möglicherweise beträchtlichen) Aufwendungen fehlt,[73] kann der Veräußerer doch bereits durch die schlichte Weigerung, diese Aufwendungen zu ersetzen, die gegenständliche Rückabwicklung „blockieren". Wenn eine solche Möglichkeit nicht besteht (die Aufwendungen für die Umgestaltungen sind etwa nicht vom Erwerber finanziert, sondern aus Unternehmensmitteln bestritten worden), so stellt sich nunmehr die Frage, ob sich der **Veräußerer** der Umgestaltungen wegen auf Unmöglichkeit (§ 818 Abs. 2) berufen kann. Sie ist schon deswegen zu verneinen, weil man den Unmöglichkeitsbegriff schwerlich nach der jeweiligen Anspruchssituation unterschiedlich definieren kann. Auch hier ist vielmehr die gesetzliche Grundentscheidung für die gegenständliche Rückabwicklung zu beachten. Daher kann ein im Schrifttum betontes Schutzbedürfnis des Veräußerers[74] (dem die Rücknahme eines „anderen" Unternehmens nicht zugemutet werden soll) jedenfalls unter bereicherungsrechtlichen Aspekten systemimmanent kaum berücksichtigt werden. Darin liegt deswegen kein Widerspruch zur **teleologischen Reduktion des Wandlungsrechts** des Erwerbers (dazu RdNr. 108 ff.), weil die Ablehnung der gegenständlichen Rückabwicklung bei rechtsunwirksamer Unternehmensveräußerung auf eine dauernde Aufrechterhaltung des geschlossenen Vertrages trotz Rechtsunwirksamkeit hinauslaufen würde. Dies ist mit der Alternative zwischen Wandlung und Minderung im Bereich der Gewährleistung (RdNr. 107 ff.) nicht vergleichbar.

47   Die Herausgabe-/Zahlungspflicht des Veräußerers richtet sich auf den vom Erwerber gezahlten Kaufpreis sowie auf Ausgleich für die Verbindlichkeiten, die der Erwerber kaufpreismindernd übernommen und beglichen hat. Soweit diese Verbindlichkeiten vom Erwerber noch nicht beglichen wurden, schuldet der Veräußerer Freistellung. Die vom Erwerber für die Einhaltung eines vertraglichen Wettbewerbsverbots gezahlte Entschädigung wird der Veräußerer dagegen idR nicht bzw. nur anteilig zurückzahlen müssen, da er für die Einhaltung des Wettbewerbsverbots seinerseits einen Wertersatzanspruch gemäß § 818 Abs. 2 BGB wird geltend machen können.[75] Im übrigen sind ggf. die Besonderheiten der Rückabwicklung gegenseitiger Verträge zu beachten.[76] Ein solcher Wertersatzanspruch des Veräußerers müßte freilich dann verneint werden, wenn die Herausgabepflicht des Erwerbers auch die erzielten Gewinne umfassen sollte;[77] denn diese enthalten notwendigerweise bereits die Erträge, die der Erwerber aufgrund der Wettbewerbsenthaltung des Veräußerers erzielen konnte: Wenn dem Veräußerer aufgrund der Verpflichtung des Erwerbers, auch

---

[70] Vgl. hierzu aus dem Bereich des Unternehmenskaufs BGH BB 1991, 444, 445; OLG Karlsruhe WM 1989, 1229 ff. (Praxiskauf)

[71] *Larenz/Canaris* Schuldrecht II/2 § 72 III 1 a (S. 274); s. aber jetzt *Canaris* § 8 V 1 b, 141 f.; wohl zust. Staudinger/*Lorenz* § 818 RdNr. 21 aE; s. dazu auch *Linke* JR 1982, 91, 93 f.

[72] MünchKommBGB/*Lieb* § 818 RdNr. 54 a.

[73] Eine Verwendungskondiktion scheidet aus, da diese auf den Ersatz von Verwendungen auf **fremde** Sachen beschränkt ist, dazu MünchKommBGB/*Lieb* § 812 RdNr. 250 ff.

[74] So *Schwintowski* JZ 1987, 588, 590.

[75] Vgl. dazu *Köhler* AcP 190 (1990), 496, 530 ff.

[76] Vgl. dazu MünchKommBGB/*Lieb* § 818 RdNr. 84 ff.

[77] Auch dazu MünchKommBGB/*Lieb* § 818 RdNr. 21 b, 21 c, 105 a.

die Gewinne herauszugeben, die unternehmerische Entwicklung der Vergangenheit zugerechnet wird, entfällt die Relevanz seiner Wettbewerbsenthaltung.

3. Gewinne. Eine weitere zentrale Frage der bereicherungsrechtlichen Rückabwicklung **48** eines Unternehmenskaufs ist die, ob der Erwerber zur Herausgabe der erzielten Gewinne verpflichtet ist, wobei sich diese Frage freilich nur in bezug auf solche Erträge stellt, die der Erwerber entnommen hat. Sie wird in Rechtsprechung und Schrifttum völlig kontrovers behandelt und beantwortet.[78] Streitig ist dabei insbesondere, ob Gewinne überhaupt als Nutzungen im Sinne von § 818 Abs. 1 angesehen werden können.[79] Im Ergebnis wird die Diskussion im übrigen stark von Erwägungen darüber geprägt, wie dem Erwerber diejenigen Gewinnanteile, die auf seiner eigenen Tätigkeit und Tüchtigkeit beruhen, gesichert werden können.[80]

Die (zum Teil zur verwandten Problematik des § 987 BGB ergangene) **Rechtsprechung 49** schwankt.[81] In der **Literatur** zu § 818 wird die Verpflichtung zur Gewinnherausgabe grundsätzlich überwiegend bejaht;[82] die Literatur zu § 987 BGB ist dagegen kritischer.[83] *Canaris* verneint zwar in Übereinstimmung mit seiner Auffassung zum sog. commodum ex negotiatione[84] eine Verpflichtung zur Gewinnherausgabe, kommt aber dadurch zu weitgehend ähnlichen Ergebnissen, daß er den rechtsgrundlosen Erwerber auf Ersatz der Nutzung des Unternehmens als solches haften läßt und dafür eine sog. konkrete ex post-Beurteilung wählt.[85]

Zuzustimmen ist der Auffassung, die die Verpflichtung zur Gewinnherausgabe bejaht. **50** Zwar bereitet es Schwierigkeiten, Unternehmenserträge dem Nutzungsbegriff zu unterstellen, dies beruht jedoch vor allem darauf, daß der Gesetzgeber hier, wie auch sonst, den Besonderheiten des Kondiktionsgegenstandes Unternehmen zu wenig Aufmerksamkeit geschenkt hat, das geschriebene Recht insoweit also lückenhaft ist, so daß eine rechtsfortbildende Lückenfüllung erforderlich und möglich ist und zwar ganz zwanglos in dem Sinne, daß die Erträge eines Unternehmens den Nutzungen im Sinne des § 100 gleichzustellen sind.[86]

Zusätzlich stellt sich die Frage, ob die Verpflichtung zur Gewinnherausgabe auf den ob- **51** jektiven (Ertrags-)Wert zu begrenzen ist.[87] Die Rechtsprechung hat dies verschiedentlich, mit unterschiedlicher Begründung, angenommen.[88] Dem ist – im Ergebnis – wegen der hier zu berücksichtigenden Besonderheiten der **Rückabwicklung gegenseitiger Verträge** und der daraus folgenden Limitierung auch der bereicherungsrechtlichen Nebenfolgenansprüche[89] zu folgen.[90] Damit erledigt sich auch der – häufig überbetonte – Aspekt der

---

[78] Vgl. dazu umfassend *Ballerstedt,* Festschrift für Schilling, 1973, 290; *Schwintowski* JZ 1987, 588 sowie jetzt *Canaris* § 8 V 1 (141 ff.); zur bereicherungsrechtlichen Problematik nach Umgestaltung des Unternehmens MünchKommBGB/*Lieb* § 818 RdNr. 31 a.

[79] Vgl. dazu MünchKommBGB/*Lieb* § 818 RdNr. 16 ff.

[80] Vgl. dazu MünchKommBGB/*Lieb* § 818 RdNr. 21.

[81] Ablehnend: BGHZ 7, 208 = LM § 987 Nr. 2 = NJW 1952, 1410; BGH JR 1954, 460; tentenziell befürwortend: BGH LM Nr. 3 zu § 987 BGB; Nr. 7 zu § 818 Abs. 2 BGB; BGHZ 63, 364 = NJW 1975, 638; NJW 1978, 1578; vgl. auch BGH NJW 1994, 2021, 2022; verneint wird die Verpflichtung zur Gewinnherausgabe zutreffend generell dann, wenn der Erwerber das Unternehmen erst selbst aufgebaut hat: BGHZ 109, 179, 190 f. = NJW 1990, 447, 450.

[82] *Reuter/Martinek* § 16 II 3, 560 ff.; Staudinger/*Lorenz* § 818 RdNr. 12; Erman/*H. P. Westermann* § 818 RdNr. 10; RGRK/*Heimann/Trosien* § 818

RdNr. 8; im Ergebnis wohl auch *Koppensteiner/Kramer* § 13 II 1, 126; § 16 II 1 b, 156 f.; grundsätzlich auch *Kohler* 684 ff.

[83] Staudinger/*Gursky* § 987 RdNr. 18; MünchKommBGB/*Medicus* § 987 RdNr. 13; positiver dagegen Soergel/*Mühl* § 987 RdNr. 2; Erman/*Hefermehl* § 987 RdNr. 3.

[84] Dazu MünchKommBGB/*Lieb* § 818 RdNr. 26.

[85] *Larenz/Canaris* § 72 II 3 c, 272 f.; III 3 b, 277 f.; vgl. auch *Canaris* § 8 V 1 d (142).

[86] Soergel/*Mühl* § 99 RdNr. 3.

[87] Dazu MünchKommBGB/*Lieb* § 818 RdNr. 21.

[88] So schon RG Recht 1908, 1792; BGHZ 63, 365, dort allerdings wegen § 817 S. 2; BGH NJW 1978, 1578; in diesem Sinne auch *Kohler* 684 ff.; *Schwintowski* 593.

[89] Vgl. dazu MünchKommBGB/*Lieb* § 818 RdNr. 105 a.

[90] Zum ganzen *Canaris,* Festschrift für Lorenz, 1991, S. 53 ff., 57.

angemessenen Berücksichtigung des Eigenanteils des rechtsgrundlosen Erwerbers am unternehmerischen Erfolg: Geht dieser über den objektiven Ertragswert hinaus, gebührt er insoweit dem Erwerber; bleibt er dahinter zurück, ist dies sein Risiko. Dies gilt auch und gerade für die rechtsgrundlose Nutzungsüberlassung von Unternehmen, dh. etwa bei der Nichtigkeit von Pacht- oder Nießbrauchsverträgen. Auch hier ergibt sich die Art und Weise des geschuldeten Wertersatzes aus den Besonderheiten des Konditionsgegenstandes.[91]

52 **4. Verwendungen.** In bezug auf **Verwendungen** des Erwerbers ist zu berücksichtigen, daß das Bereicherungsrecht dafür eine eigene Anspruchsgrundlage (des Gutgläubigen) nicht kennt; (sämtliche) Verwendungen können vielmehr lediglich im Rahmen des Einwands des Wegfalls bzw. der Minderung der Bereicherung gemäß § 818 Abs. 3 BGB[92] berücksichtigt werden. Auch dafür gilt aber, daß es darauf ankommt, ob der Erwerber Aufwendungen mit Mitteln des eigenen Vermögens bewirkt hat. Wurden etwa Investitionen lediglich aus Unternehmensmitteln getätigt, sind irgendwelche Abzüge nicht gerechtfertigt. Nach Rechtshängigkeit oder Kenntnis des Erwerbers vom Mangel des rechtlichen Grundes richtet sich die Verwendungsersatzpflicht des Veräußerers allein nach den (engeren) Vorschriften der §§ 994 ff. BGB.[93]

III. Gewährleistung für „Sachmängel"

53 **1. Rechtsgrundlagen. a) Einleitung.** Auf den Unternehmenskauf sind die §§ 433 ff. zumindest analog anwendbar (RdNr. 7). Dementsprechend müßte eigentlich auch das Gewährleistungsrecht des Kaufvertrags anwendbar sein. Dem scheint freilich entgegenzustehen, daß das Gesetz nur Gewährleistungsregeln für den Kauf von **Sachen** (§§ 459 ff.) und **Rechten** (§§ 437 f.) enthält, das komplexe Gebilde Unternehmen als eine organisatorische, auf ein wirtschaftliches Endziel ausgerichtete **betriebsfähige Einheit von Sachen und Rechten** mit zentralen Außenbeziehungen (RdNr. 3) jedoch weder als Sache, noch als Recht angesehen werden kann. Zwar besteht wenigstens grundsätzlich Konsens darüber, daß auch der Unternehmensveräußerer für eventuelle Divergenzen zwischen Ist- und Sollbeschaffenheit einstehen muß. Dennoch stehen viele der analogen Anwendung der Sachmängelgewährleistung skeptisch gegenüber, so daß – insbesondere durch die Rechtsprechung – Alternativkonzepte wie die Heranziehung der **c.i.c.** (dazu RdNr. 59 ff.) oder gar des **Wegfalls der Geschäftsgrundlage** (dazu RdNr. 69 ff.) entwickelt wurden. Dabei spielt wohl vor allem eine Rolle, daß das Gewährleistungsrecht der §§ 459 ff. BGB mit der **kurzen Verjährungsfrist** des § 477 und dem weithin umfassenden **Wandlungsrecht** (Einschränkungen nur durch §§ 468 S. 1 und 352 BGB) Regelungen enthält, die auf den Unternehmenskauf nicht ohne weiteres passen, während die konkurrierenden Konzepte gerade insoweit den oft hervorgehobenen Vorteil größerer Flexibilität zu haben scheinen.[94] Die Tendenz, die §§ 459 ff. BGB außer acht zu lassen, wird zwar meist nicht offen eingeräumt, sondern durch die Formulierung, die §§ 459 ff. seien auf Mängel, die dem Unternehmen insgesamt anhaften, grundsätzlich analog anzuwenden,[95] **eher verschleiert**,[96] ergibt sich aber im Ergebnis unzweifelhaft daraus, daß vor allem die Rechtsprechung den Fehlerbegriff (bewußt) so verengt (dazu RdNr. 55), daß für die §§ 459 ff. kaum noch Raum bleibt, sondern statt dessen mit c.i.c. gearbeitet werden kann. Angesichts dessen

[91] MünchKommBGB/*Lieb* § 818 RdNr. 106 a bis d; *Canaris* § 8 V 1 c, d (142 f.).
[92] Vgl. hierzu allgemein BGHZ 116, 251, 255 f.; MünchKommBGB/*Lieb* § 818 RdNr. 54 ff.
[93] Vgl. zum Ganzen auch *Ballerstedt*, Festschrift für Schilling, 1973, S. 289, 301 ff. sowie noch unten RdNr. 119.
[94] So zB Soergel/*Huber* § 459 RdNr. 250 ff.; *Hiddemann* ZGR 1982, 435, 437, 447; *Canaris* ZGR 1982, 395, 402 ff.; *Canaris* § 8 II (131 ff.), insbes.

II 2 c (134 ff.); *Baur* BB 1979, 381, 386; *K. Schmidt* HandelsR § 6 II 3 b, bb (S. 154); Heymann/*Horn* Einl. V RdNr. 17.
[95] So die st. Rspr., vgl. nur RGZ 63, 57, 61; 98, 289, 292; BGH NJW 1979, 33; NJW 1980, 2408, 2409; *Hiddemann* ZGR 1982, 435, 442.
[96] Vgl. auch den entsprechenden Befund von *Baur* BB 1979, 381, 383; anders aber *Müller* ZIP 1993, 1045, 1050 f.

besteht nach wie vor eine weitreichende Unklarheit darüber, wie denn nun die Mängelgewährleistung beim Unternehmenskauf am besten zu bewältigen ist.

Dazu kommt, daß sich die Wertung und Behandlung des Unternehmens als einheitliches, wenn auch komplexes, über die bloße Addition zu übertragender Sachen und Rechte weit hinausreichendes Gebilde gerade im Gewährleistungsbereich häufig noch nicht ausreichend durchgesetzt hat. Insbesondere fällt es der Rechtsprechung und vielen Autoren offenbar schwer, gerade die unternehmensspezifischen Angaben über Umsatz, Ertrag und sonstige, das Unternehmen kennzeichnenden bilanziellen Angaben gewährleistungsrechtlich zutreffend zu erfassen. Zusätzlich wird die Problematik dadurch verschärft, daß das Verhältnis **einzelner** Sach- und Rechtsmängel, dh. der Mangelhaftigkeit einzelner Bestandteile des Unternehmenssubstrats zur Mangelhaftigkeit des Unternehmens als ganzem, weithin ungeklärt blieb (dazu RdNr. 92 ff., 143 ff.). Nimmt man den vielfältigen Streit über die richtigen Rechtsfolgen (insbesondere: Zurückdrängung der Wandlung sowie des angeblich aus der c.i.c. ableitbaren Anspruchs auf Vertragsaufhebung) und die Verjährungsproblematik hinzu, ergibt sich ein kaum noch zu entwirrendes Meinungsbild.

b) Überblick über den Meinungsstand. Die **Rechtsprechung** wendet das Sachmängelrecht der §§ 459 ff. BGB direkt oder analog an, soweit Sachmängel an **einzelnen** Gegenständen des Unternehmenssubstrats bestehen,[97] wobei im einzelnen unterschiedliche Auffassungen darüber bestehen, welche Bedeutung diese Mängel haben müssen, damit das Gesamtunternehmen als fehlerhaft angesehen werden kann.[98] Die insbesondere für die Preiskalkulation des Käufers entscheidenden **Abschlußangaben über Umsätze, Gewinne etc.** (bilanzielle Kennziffern) stellen dagegen nach der Rechtsprechung **keine Fehler** bzw. Eigenschaften des Unternehmens im Sinne des § 459 BGB dar.[99] Sie sollen dann jedoch wenigstens **zusicherungsfähig** analog § 459 Abs. 2 BGB sein, wenn es sich um **vergangenheitsbezogene** Angaben handelt, die sich auf einen längeren Zeitraum beziehen, da sie nur in diesem Fall aussagekräftig seien.[100] Im übrigen sollen nach der Rechtsprechung aber alle sonstigen Abweichungen der Soll- von der Istbeschaffenheit in den Anwendungsbereich der **c.i.c.** fallen. Der Verkäufer soll die **Pflicht** haben, alle Tatsachen richtig anzugeben bzw. zu offenbaren, die für den Willensentschluß des Käufers von wesentlicher Bedeutung sind und deren Mitteilung nach Treu und Glauben erwartet werden kann.[101] Der Schwerpunkt des Gewährleistungsrechts liegt damit nach dem BGH bei der c.i.c., während für die §§ 459 ff. BGB (analog) nur ein relativ schmaler Anwendungsbereich verbleibt.

Ein Teil der **Lehre** folgt der Konzeption des BGH.[102] Ein weiterer Teil folgt ihr zwar grundsätzlich, lehnt jedoch sogar die analoge Anwendung des § 459 Abs. 2 BGB auch bei aussagekräftigen Daten des Gesamtunternehmens ab und dehnt so den Anwendungsbereich der c.i.c. noch weiter aus.[103] Eine andere Meinung lehnt sogar jegliche Anwendung der

---

[97] So die st. Rspr. seit RG 67, 86, 88 ff; 98, 289, 292; 138, 354, 356; JW 1930, 3740, 3741; ; BGH NJW 1969, 184; WM 1978, 59, 60.

[98] Vgl. RGZ 98, 289, 292; BGH WM 1970, 819, 821; NJW 1979, 33; dazu Soergel/*Huber* § 459 RdNr. 270 m. weit. Nachw.

[99] So schon RGZ 67, 86, 87; BGH NJW 1970, 653, 655; WM 1974, 51 = BB 1974, 152; WM 1979, 944; WM 1988, 1700, 1701 f.; NJW 1990, 1658.

[100] BGH NJW 1970, 653, 655; NJW 1977, 1538, 1539; NJW 1977, 1536, 1537; WM 1988, 124, 125; sehr eng BGH ZIP 1988, 1700, 1702; vgl. jetzt auch BGH NJW 1995, 1547 f.; siehe auch *Hiddemann* ZGR 1982, 435, 446; vgl. auch BGH BB 1970, 819, aber auch BGH NJW 1993, 1385 zur Zusicherung von Mieterträgen beim Kauf eines Mehrfamilienhauses. Zur mangelnden Übereinstimmung der Rechtsprechung des BGH zum Unternehmenskauf einerseits und zum Grundstückskauf

anderseits vgl. *Müller* ZIP 1993, 1045, 1046 ff., insbes. 1049.

[101] BGH NJW 1970, 653, 655; WM 1988, 1700, 1702; DB 1988, 2401; NJW 1991, 1223; sofern der Veräußerer Bilanzen vorlegt, soll die ihm obliegende Aufklärungspflicht verletzt sein, wenn diese einen „unzutreffenden Eindruck erwecken" und diese Angaben (erkennbar) für den Kaufentschluß des Erwerbers von Bedeutung sind, vgl. BGH WM 1974, 51 f.; NJW 1980, 284 f. Übersicht zu den sich hieraus ergebenden Aufklärungspflichten bei *Stengel/Scholderer* NJW 1994, 159, 160 ff. Zur Eigenhaftung eines zu den Vertragsverhandlungen hinzugezogenen Rechtsanwalts vgl. BGH DB 1988, 2398 f.

[102] So Staub/*Hüffer* vor § 22 RdNr. 47 f.; *Walter* Kaufrecht, 1987, § 5 II 2 c, bb (S. 148); vgl. auch Soergel/*Huber* § 459 RdNr. 258 ff.; wohl auch *Grunewald* S. 102 f.; Erman/*Grunewald* § 459 RdNr. 35.

[103] Soergel/*Huber* § 459 RdNr. 258 ff., 280 ff.

§§ 459 ff. BGB (analog) selbst beim Sachsubstrat ab und wendet ausschließlich die c.i.c. an.[104]

57   Wiederum eine andere Meinung will die Rechtsregeln über den **Wegfall der Geschäftsgrundlage** heranziehen.[105] Konsequent wird diese Meinung allerdings nur von *Canaris* vertreten, während andere entweder den Wegfall der Geschäftsgrundlage neben der Anwendung der §§ 459 ff. BGB auf das Sachsubstrat[106] oder gar die Anwendung des Wegfalls der Geschäftsgrundlage neben c.i.c. und §§ 459 ff. BGB analog befürworten.[107]

58   Eine starke Meinung will dagegen die **§§ 459 ff. BGB analog** ganz allgemein auch außerhalb des Sachsubstrats, also insbesondere auch auf die Angaben über Umsatz, Gewinn, Vermögen etc. anwenden.[108] Dabei bestehen unterschiedliche Vorstellungen darüber, ob und in welcher Weise dem Sachsubstrat bei der Gewährleistung eine Sonderrolle zukommen soll. Vereinzelt wird trotz Befürwortung der analogen Anwendbarkeit der §§ 459 ff. BGB ergänzend auch noch auf c.i.c. abgestellt.[109]

59   **c) Stellungnahme. aa)** Für die Heranziehung der **c.i.c.** zumindest für die wirtschaftlich zentralen Abschlußangaben könnte sprechen, daß sie seit längerem der gefestigten und gegenüber Einwendungen hartnäckig verteidigten Rechtsauffassung des BGH entspricht; zumindest bei einer annähernden Gleichwertigkeit der zur Verfügung stehenden Lösungsmodelle könnte sozusagen ihm das Letztentscheidungsrecht zugesprochen werden, zumal dies einem gewissen Kontinuitäts-/Rechtssicherheitsdenken entsprechen würde. Bei genauerem Zusehen fehlt es indessen – und deswegen ist weiterer Widerspruch gegenüber der Rechtsprechung gerechtfertigt – an eben dieser Gleichwertigkeit des Lösungsmodells c.i.c. im Verhältnis zur analogen Anwendung der §§ 459 ff. BGB.

60   **aaa)** Zunächst ist auch heute noch zu berücksichtigen, daß die c.i.c. ein praeter legem entwickeltes, nur lückenfüllendes Instrument darstellt, das infolgedessen die gesetzlichen Regelungen nur ergänzt,[110] soweit diese wirklich – und dh. auch nach **vorrangiger** Prüfung **analoger** Anwendungsmöglichkeiten – keine angemessene Lösung bereithalten sollten. Insbesondere spricht vor allem die unterschiedliche Zielrichtung von Ansprüchen aus Mängelgewährleistung und solchen aus c.i.c. gegen eine Heranziehung letzterer: Im Bereich der gesetzlichen Mängelgewährleistung geht es ungeachtet aller (überbewerteten und vom Wesentlichen ablenkenden) Streitfragen um das Einstehenmüssen des Veräußerers für sein vertragliches Leistungsversprechen, also um **Vertrags**haftung. Die c.i.c. setzt dagegen die Verletzung einer **vor**vertraglichen **Schutzpflicht** voraus. Dies ist im Vergleich mit dem Einstehenmüssen für das vertragliche Leistungsversprechen **keine austauschbare Alternative, sondern ein wesensfremdes aliud**. Es ist eine Grunderkenntnis der neueren deutschen Zivilrechtsdogmatik, daß die Schutzpflichten eine von den Leistungspflichten zu trennende Kategorie darstellen, die sich in Rechtsfolgen und Voraussetzungen erheblich unterscheiden.[111] Aus dieser strengen Trennung folgt, daß eine Gewährleistungsregelung als Teil der **Vertragshaftung** notfalls sogar im Wege gesetzesübersteigender Rechtsfortbildung zu schaffen und damit **diese** Lückenfüllung der Heranziehung der c.i.c. vorzuziehen wäre. Demgegenüber stellt es geradezu eine Verkehrung im Grundsätzlichen dar, wenn die Anhänger der c.i.c. die erwünschte Lücke durch bewußte Verengung des Fehler- und Eigenschaftsbegriffs erst schaffen.

[104] *Baur* BB 1979, 381 ff.

[105] *Canaris* ZGR 1982, 395 ff.; *Canaris* § 8 II 2 c (134 ff.).

[106] *G. Müller* ZHR 147 (1983), 501, 531 ff., 539 f.; *ders.* ZIP 1993, 1045, 1052 ff.

[107] *Soergel/Huber* § 459 RdNr. 268.

[108] *Willemsen* AcP 182 (1982), 515, 560 ff.; *Mössle* BB 1983, 2146 ff.; vgl. auch *Noll* WM 1985, 341, 343; MünchKommBGB/*Westermann* § 459 RdNr. 45, 46 a, 50; anders *Hommelhoff* S. 59 ff., 69 ff. (wohl nur § 459 Abs. 2).

[109] *Reinicke/Tiedtke* Kaufrecht, 5. Aufl. 1992, S. 343; *K.Schmidt* HandelsR § 6 II b, bb (S. 155 ff.); wohl auch *Prölss* ZIP 1981, 345 f.

[110] Das schiefe Wort von der Subsidiariät der c.i.c. wird hier bewußt vermieden.

[111] Siehe dazu nur *H. Stoll*, Lehre von den Leistungsstörungen 1936, 27; *Canaris* JZ 1965, 475, 478 ff.; *Picker* AcP 183 (1983), 369 ff.; *Medicus*, Probleme um das Schuldverhältnis 1987, S. 16.

Ein weiterer grundsätzlicher Einwand ergibt sich daraus, daß mit dem Ansatz bei der **61**
c.i.c. entsprechend dem generellen Unterschied zwischen Leistungs- und Schutzpflichten
eine erhebliche **Vorverlagerung** der rechtlichen Begründung für die (eventuelle) Fehler-
verantwortlichkeit verbunden ist: Nicht mehr der Vertrag selbst bildet die Grundlage der
Mängelgewährleistung (im weiteren Sinn), sondern die Verletzung **vorvertraglicher**
Sorgfalts- und Aufklärungspflichten. Diese werden noch dazu häufig erst nachträglich ad
hoc entwickelt, was seine Ursache auch darin hat, daß nach ganz hL für die Aufklärungspflichten ein subsumtionsfähiger Obersatz bisher noch nicht aufgefunden werden konnte.[112]

Demgegenüber ist mit Nachdruck darauf hinzuweisen, daß mit dem Vertragsschluß eine **62**
entscheidende **Zäsur** verbunden ist. Maßgeblich sind jetzt nicht mehr die im Rahmen der
Vertragsverhandlungen abgegebenen oder unterlassenen Erklärungen, sondern das mit
dem **Vertragsschluß** verbunden, auf den vereinbarten Vertragsinhalt bezogene **Lei-**
stungsversprechen.[113] Grundsätzlich nur daran ist die Feststellung der Fehlerhaftigkeit zu
orientieren, während die **vor** dieser Zäsur abgegebenen Erklärungen lediglich eine Hilfe
bei der Auslegung und damit bei der Bestimmung des Inhalts der jetzt allein maßgeblichen
Beschaffenheitsvereinbarung darstellen können; selbständig relevant sind sie dagegen nicht
mehr, zumal keinesweges alles, was im Vorstadium erklärt und diskutiert wurde, ohne
weiteres Vertragsinhalt wird. Diese, dem Vertragsschluß und dem System kaufrechtlicher
Gewährleistung immanente Zäsur würde überspielt, wenn man trotz der kanalisierenden
und begrenzenden Funktion der Beschaffenheitsvereinbarung ohne weiteres auf die Erklärungen und Unterlassungen des Verhandlungsstadiums zurückgreifen dürfte.[114]

Schließlich stellt die c.i.c. (aus ihrem Blickwinkel notwendigerweise) die entscheidenden **63**
Fragen aus der Sicht des pflichtenbelasteten **Ver**käufers.[115] **Er** soll sich nach dieser Auffassung Gedanken darüber machen, was den Käufer wohl interessieren könnte. Diese system-
bedingte Perspektive der c.i.c., die den Veräußerer partiell zum Hüter der Interessen des
anderen Vertragsteils macht,[116] widerspricht dem Grundgedanken kaufrechtlicher Gewährleistung und kann auch beim Unternehmenskauf nicht gerechtfertigt werden; denn wie
insbesondere *Willemsen*[117] entgegen verbreiteter,[118] von der Rechtsfigur der c.i.c. bereits
beeinflußter Zeitströmung überzeugend ausgeführt hat, ist es Sache des Käufers selbst, in
seinem eigenen Interesse nach denjenigen Beschaffenheiten zu fragen, die für **seinen** Kaufentschluß und für seine Preiskalkulation von Bedeutung sind. Es mag dahinstehen, inwieweit von diesen Grundsätzen aus Verbraucherschutzüberlegungen abgewichen werden
darf; denn diese sind jedenfalls beim Unternehmenskauf fehl am Platz.

Mit der zeitlichen Vorverlagerung und der Verschiebung auf die Person des Veräußerers **64**
ist weiterhin eine zunehmende **Rechtsunsicherheit** verbunden. Die, die Gewährleistung
begründende Mangelhaftigkeit des Vertragsgegenstandes wird nicht mehr anhand wenigstens einigermaßen fester Konturen, nämlich – auf der Grundlage des subjektiven Fehlerbegriffs – der vereinbarten Beschaffenheit und damit mit Hilfe der Formel von der Divergenz zwischen dieser Soll- und der dahinter zurückbleibenden Istbeschaffenheit festgestellt;

---

[112] Vgl. Soergel/*Wiedemann* vor § 275
RdNr. 144 ff., 153, 155 ff.; MünchKommBGB/
Emmerich § 275 RdNr. 79 ff.

[113] Vgl. allgemein: Soergel/*Wiedemann* vor § 275
RdNr. 246; *Ballerstedt* AcP 151 (1950/51), 501, 529;
Stoll, Festschrift für von Caemmerer, 1978, S. 435,
455. Siehe auch BGH NJW 1984, 2289 f.

[114] Daraus rechtfertigt sich im übrigen die immer
wieder einmal in Zweifel gezogene Sperrwirkung
der gesetzlichen Gewährleistungsregelung im Verhältnis zu Ansprüchen aus c.i.c. jedenfalls grundsätzlich.

[115] Vgl. BGH NJW 1970, 653, 655; NJW 1979,
2243; *Breidenbach*, Die Voraussetzung von Informa-

tionspflichten, S. 62 ff.; *Schumacher*, Vertragsaufhebung wegen fahrlässiger Irreführung unerfahrener
Vertragspartner, 1979, S. 69 ff.

[116] Vgl. hierzu nochmals BGH NJW 1970, 653,
655 wonach alle Tatsachen offenbart werden müssen, die für den Willensentschluß des Käufers von
wesentlicher Bedeutung sind und deren Mitteilung
nach Treu und Glauben erwartet werden kann.

[117] *Willemsen* AcP 182 (1982) 515, 535 f.

[118] So zB explizit *Müller* ZHR 147 (1983) 501,
535; diese Strömung wird kritisch dargestellt von
Stoll, Festschrift für von Caemmerer, 1978, S. 435,
454 ff.

vielmehr können im Rahmen vorvertraglicher Pflichten plötzlich auch alle sonstigen ent-
täuschten Erwartungen des Erwerbers relevant werden, die der Veräußerer (angeblich)
hätte antizipieren müssen.[119]

65   **bbb)** Gegen die Heranziehung der c.i.c. spricht auch, daß sie die bei der analogen Heranziehung der §§ 459 ff. BGB zugegebenermaßen problematischen Fragen der Verjährung
und der Rückabwicklung keinesfalls besser zu bewältigen vermag. Die Rechtsprechung
arbeitet im Bereich der c.i.c. primär mit der **Rechtsfolge der Vertragsaufhebung**, die sich
aus dem Grundsatz der Naturalrestitution (§ 249 BGB) ergeben soll (dazu RdNr. 124 ff.).
Damit stellt sich aber bei ihr genau wie bei der Wandlung das Problem, wie die nach fast
allgemeiner Ansicht[120] beim Unternehmenskauf grundsätzlich unangemessene Rechtsfolge
der Rückabwicklung (dazu RdNr. 108 ff.) eingeschränkt werden kann. Auch im Bereich
der **Verjährung** weist die c.i.c. entgegen verbreiteter Meinung keine Vorteile auf. Würde
sich nämlich die Verjährungsfrist der c.i.c. – wie vereinzelt immerhin auch heute schon
praktiziert[121] – allgemein nach der Verjährungsfrist der Vertragsansprüche richten, gäbe es
keinen Unterschied zur analogen Anwendung der §§ 459 ff. BGB. Wird dagegen mit der
ganz hL die 30jährige Verjährungsfrist des § 195 BGB herangezogen,[122] so ist diese für die
Praxis noch weit unangemessener,[123] wie die üblicherweise[124] in Unternehmenskaufverträgen vereinbarten zwei bis drei Jahre zeigen. Im übrigen wäre eine zu kurze Verjährungsfrist
beim Unternehmenskauf noch eher hinzunehmen als eine zu lange, kann doch eine kurze
Frist durch eine alsbaldige Sonderbilanz und Prüfung der alten Bilanzen vom Käufer wenigstens teilweise beherrscht werden, während eine zu lange Frist dem Käufer die wirtschaftliche Spekulation auf dem Rücken des Verkäufers ermöglicht.

66   **ccc)** Die Rechtsprechung kommt mit der c.i.c. zu für die Praxis halbwegs angemessenen
Ergebnissen nur, weil sie die systematischen Grenzen des Rechtsinstituts sprengt.

67   Dies gilt zunächst für die **Verschuldenskomponente der c.i.c.** Sie hat – soweit ersichtlich – in der Praxis bisher überhaupt keine (haftungsbegrenzende) Rolle gespielt. Dies
hängt nicht nur mit dem objektiven Sorgfaltsmaßstab des BGB zusammen. Vielmehr ist das
auch Ausdruck dafür, daß letztlich doch nur eine Haftung mit den Voraussetzungen und
dem Umfang der (verschuldensunabhängigen) kaufrechtlichen Gewährleistung angemessen
ist, für die die c.i.c. passend gemacht wird. Nur dadurch entfällt der häufig erhobene,
grundsätzlich zutreffende Vorwurf, mit dem Ausweichen auf die c.i.c. nehme man dem
Erwerber die verschuldensunabhängige Haftung der §§ 459 ff. BGB.[125]

68   Als **Rechtsfolge** wird der c.i.c. nicht nur weithin die systemwidrige[126] Vertragsaufhebung als Gegenstück zur Wandlung zugeordnet.[127] Darüber hinaus wird der Weg zur
Minderung auch noch im Wege der **Beweislastumkehr** durch die rechtstatsächlich unzutreffende Unterstellung eröffnet, der Käufer hätte in Kenntnis des Mangels stets einen
entsprechend niedrigeren Kaufpreis durchsetzen können.

---

[119] Signifikant die bereits in Fn. 116 zitierte weite
Formel der Rechtsprechung.

[120] *Canaris* ZGR 1982, 395, 407 f.; *Larenz*,
Schuldrecht II 1 § 45 II a (S. 167); Soergel/*Huber*
§ 459 RdNr. 251; *Hommelhoff* S. 115 f.; *Baur* BB
1979, 381, 386 f.

[121] So ist § 477 BGB anzuwenden, wenn sich die
Verletzung der Aufklärungspflicht auf Angaben über
Eigenschaften bezieht, vgl. nur BGHZ 88, 130, 136;
111, 75, 82.

[122] Für Unternehmenskauf vgl. BGH WM 1974,
51, 52; allgemein BGHZ 111, 75, 82; Soer-
gel/*Wiedemann* vor § 275 RdNr. 201 m. weit.
Nachw.

[123] Dies konzediert im übrigen auch *Hiddemann*
ZGR 1982, 435, 449; vgl. auch *Grunewald* ZGR
1982, 452.

[124] Vgl. *Wessing* ZGR 1982, 455, 470.

[125] So *Willemsen* AcP 182, (1982), 515, 555; ähnlich *Westermann* ZGR 1981, 45, 49 f.; Münch-
KommBGB/*Westermann* § 459 RdNr. 45.

[126] Zur Systemwidrigkeit vgl. *Canaris* ZGR 1982,
395, 416 f.; *Lieb*, Festschrift Universität Köln, 1988,
S. 52 ff.; Soergel/*Hefermehl* § 124 RdNr. 11;
MünchKommBGB/*Emmerich* vor § 275 RdNr. 50;
MünchKommBGB/*Kramer* § 123 RdNr. 30; *Müller*
ZHR 147 (1983) 501, 518 f.

[127] Grundlegend BGH NJW 1962, 1196 (nicht
zum Unternehmenskauf); BGHZ 65, 246, 253: Beteiligungskauf; BGH NJW 1981, 976; BGH WM
1988, 124, 125; für diese Rechtsfolge zB auch Soer-
gel/*Huber* § 459 RdNr. 266; Staub/*Hüffer* vor § 22
RdNr. 51.

bb) Auch dem Vorschlag, die Problematik der Sachmängelgewährleistung beim Unter- **69** nehmenskauf mit Hilfe der **„Lehre von der Geschäftsgrundlage"** zu lösen,[128] stehen durchgreifende Bedenken entgegen.

aaa) Ebenso wie bei der c.i.c. sind die Grundsätze vom Wegfall der Geschäftsgrundlage **70** als rechtsfortbildend entwickeltes Institut allenfalls dann anwendbar, wenn eine passende, vorrangige Gewährleistungsregelung nicht erarbeitet werden könnte.

Selbst dann spräche jedoch gegen ein lückenfüllendes Heranziehen der Lehren vom **71** Wegfall der Geschäftsgrundlage, daß es auch zwischen Gewährleistung und Wegfall der Geschäftsgrundlage eine scharfe, unüberwindliche Trennungslinie gibt; beide Institute er- fassen wesensmäßig ganz andere Anwendungsbereiche. Soweit *Canaris* die Verwandtschaft zwischen Gewährleistung und Geschäftsgrundlage damit begründet, daß die Beschaffen- heitsvereinbarung (als Grundlage der Gewährleistung) „nicht Schuldinhalt, sondern ledig- lich bewußte oder unbewußte Voraussetzung, also Grundlage des Vertrags"[129] sei, beruht dies – auf der von der hL zutreffend abgelehnten- Gewährleistungstheorie.[130] Zu folgen ist vielmehr der sog. Nichterfüllungstheorie,[131] da insbesondere Nachlieferungs- und Nach- besserungsansprüche nur dann verständlich sind, wenn die **Beschaffenheitsvereinbarung** ganz unabhängig vom Vertragstyp **Schuldinhalt** ist. Auch der subjektive Fehlerbegriff setzt dies voraus. Ist somit die Beschaffenheitsvereinbarung als Schuld- und damit Vertragsinhalt einzuordnen, schließt dies die Anwendbarkeit der Lehren vom Wegfall der Geschäftsgrund- lage aus, da – wie auch ein Blick auf § 779 BGB zeigt – deren Anwendungsbereich auf den Bereich solcher Tatsachen beschränkt ist, die (nur) Anlaß (Motiv) waren, den Vertrag mit einem bestimmten Inhalt zu schließen.[132]

Des weiteren führt die insbesondere von *Canaris*[133] hervorgehobene Flexibilität der Ge- **72** schäftsgrundlagenlösung bei Tatbestand und Rechtsfolgen gerade im Bereich des Unter- nehmenskaufs zu bedenklichen Folgen. So sind die **Voraussetzungen** des Wegfalls der Geschäftsgrundlage schon deshalb **kaum bestimmbar**, weil bis heute Unsicherheit über die „richtige" Geschäftsgrundlagenlehre besteht. Bekanntlich gibt es „die" Lehre von der Ge- schäftsgrundlage überhaupt nicht;[134] vielmehr ist die Zahl ganz unterschiedlicher Ge- schäftsgrundlagenlehren kaum noch überschaubar;[135] ein Konsens ist nicht absehbar.[136] Die daraus resultierenden Schwierigkeiten werden augenfällig, wenn man die Frage nach einem subsumtionsfähigen Obersatz stellt. Daß die von *Canaris* vorgeschlagene „schwere Äquiva- lenz- oder Zweckstörung"[137] hierzu kaum geeignet ist, wird von ihm selbst eingeräumt.

Diese Unsicherheit, diese „Flexibilität", die im übrigen auch dadurch bedingt ist, daß der **73** Wegfall der Geschäftsgrundlage im wesentlichen ein der **Einzelfallgerechtigkeit** dienendes Instrument darstellt, ist auch keineswegs ein Vorteil, sondern gerade im Bereich des Unter-

---

[128] Vgl. nur *Canaris* ZGR 1982, 395, 402 ff.; *Ca- naris* § 8 II 2 c (134 ff.); siehe dazu auch den Dis- kussionsbericht von *Grunewald* ZGR 1982, 453 f.

[129] So *Canaris* ZGR 1982, 395, 396 f.

[130] Staudinger/*Honsell* Vorbem. zu § 459 RdNr. 7; Palandt/*Putzo* vor § 459 RdNr. 5; *Larenz*, Schuldrecht II, 12. Aufl. 1981, § 41 II e (S. 60).

[131] RGZ 66, 279, 282, 283; Soergel/*Huber* vor § 459 RdNr. 169; RGRK/*Mezger* § 459 RdNr. 3; *Erman* JZ 1960, 41 ff.; *Fabricius* JZ 1967, 464; offen- gelassen zB von *Walter*, Kaufrecht, S. 135; Münch- KommBGB/*Westermann* § 459 RdNr. 2 f.

[132] *Canaris*, der wichtigste Befürworter der Her- anziehung des Wegfalls der Geschäftsgrundlage, sieht das Verhältnis von Gewährleistung und dem Wegfall der Geschäftsgrundlage im übrigen beim Leasing selbst so, wie hier generell vertreten., siehe zu- letzt *Larenz/Canaris*, Schuldrecht II/2, § 66 IV 2 (S. 114 f.)

[133] AA *Canaris* ZGR 1982, 395, 402, 407.

[134] Daß *Canaris* (ZGR 1982, 395, 396, 402, 406) trotzdem nur von der „Lehre von der Geschäfts- grundlage" spricht und nicht einmal zwischen ur- sprünglichen Fehlen (§ 779 Abs. 1 BGB) und nach- träglichem Wegfall (vgl. § 60 Abs. 1 S. 1 VwVfG) unterscheidet, ist auffällig.

[135] *Chiotellis*, Rechtsfolgenbestimmung bei Ge- schäftsgrundlagenstörungen in Schuldverträgen, 1981, S. 29, will über 56 Einzeldarstellungen und Theorien festgestellt haben; vgl. auch die Darstel- lung des Meinungsstandes bei MünchKommBGB/ *Roth* § 242 RdNr. 496 ff.; Soergel/*Teichmann* § 242 RdNr. 208 ff.; Staudinger/*J. Schmidt* § 242 RdNr. 833 ff.

[136] Vgl. die in der vorherigen Fußnote Genann- ten; für gänzlich überflüssig hält diese Lehre *Flume*, Allgemeiner Teil, Bd. 2 § 26, 7 S. 525 ff.

[137] Ablehnend auch Soergel/*Huber* § 459 RdNr. 268; vgl. auch *Müller* ZHR 147 (1983), 501, 537 f.

nehmenskaufs ein gravierender Nachteil. Denn dies bedeutet zugleich eine sehr hohe Rechtsunsicherheit, wie sie zwar in den seltenen Fällen des eigentlichen Anwendungsbereichs des Wegfalls der Geschäftsgrundlage, nicht jedoch bei der für alle Vertragsarten notwendigerweise abstrakt/generell und einheitlich zu bestimmenden Gewährleistung hinnehmbar ist. Dies gilt noch mehr im Unternehmensrecht, hat doch für den Unternehmer als Prototyp des homo oeconomicus die Rechtssicherheit und damit die Voraussehbarkeit der genauen Rechtsfolgen besonderen Stellenwert.[138]

74   Auch bei den **Rechtsfolgen** zeigt die Geschäftsgrundlagenlösung keineswegs die Vorteile, die ihr zugeschrieben werden. Dem Vorzug, daß sie dem (außerdem meist auch noch überforderten) Richter nach inzwischen gefestigter Rechtsprechung und Lehre die Vertragsanpassung gestattet,[139] steht der Nachteil gegenüber, daß es für eine solche Anpassung – der Zielsetzung der Geschäftsgrundlagenlehren entsprechend – keine handhabbaren Kriterien gibt, zumal dann auch noch zwischen verschiedenen Störungsursachen zu differenzieren wäre.[140]

75   Auch hinsichtlich der besonders problematischen **Verjährungsfrist** ist der Ansatz beim Wegfall der Geschäftsgrundlage der analogen Anwendung der §§ 459 ff. BGB nicht überlegen.[141] Denn auch hierfür kommen als feste Fristen nur die des § 477 BGB oder die von der Rechtspraxis noch weiter entfernte 30jährige Frist des § 195 BGB in Betracht (dazu bereits RdNr. 65).

76   **bbb)** Einen besonderen Ansatz stellt die Geschäftsgrundlagenlösung von *Gerd Müller*[142] dar, der Fehleinschätzungen der Umsatz- oder Ertragslage mit Hilfe der **Lehre vom gemeinsamen Kalkulationsirrtum** bewältigen will, die vom Inhaltsirrtum des § 119 Abs. 1 BGB ausgeht, die Anfechtung dann aber durch die Rechtsfolgen des Wegfalls der Geschäftsgrundlage ersetzen will.[143] Neben allgemeinen Bedenken sieht sich dieser Ansatz auch dem Einwand ausgesetzt, daß er von einer von der Lehre nicht akzeptierten Rechtsprechung des RG ausgeht. Dies räumt *Müller*[144] selbst ein. Seine Thesen sind auch noch dem weiteren Einwand ausgesetzt, daß er – ähnlich wie bei der c.i.c. – den maßgeblichen Ansatzpunkt von der fehlerhaften Vertragserfüllung ins vorvertragliche Stadium zurückverlagert (dazu RdNr. 61 ff.). *Müller*[145] meint zwar, dies sei deswegen gerechtfertigt, weil nicht das Unternehmen selbst mit einem Fehler behaftet sei, sondern nur die Kalkulation. Dies ist jedoch aus zwei Gründen wenig überzeugend: Zum einen betrifft letztlich jede falsche Angabe, insbesondere auch über Eigenschaften der Kaufsache, die Kalkulation, ohne daß deswegen mit Anfechtungs- oder Geschäftsgrundlagenüberlegungen gearbeitet werden könnte; diese werden vielmehr von § 459 BGB gerade verdrängt.[146] Zum anderen wird verkannt (dazu noch RdNr. 79 ff.), daß die wichtigsten Eigenschaften des Unternehmens seine Ertrags- und Vermögenskennziffern sind, da sie die Grundlage der Ertragsprognose und der Substanz- (Zerschlagungs-) Wertschätzung sind, an denen sich der Kaufpreis eines Unternehmens orientiert. Auch von daher ist die analoge Anwendung der §§ 459 ff. BGB der wesentlich näher liegende Weg.

77   **d) Eigene Auffassung: §§ 459 ff. BGB analog.** Aus der Stellungnahme zu c.i.c. und Wegfall der Geschäftsgrundlage ergibt sich bereits die eigene Auffassung: die (modifizierte)

---

[138] Darauf weist *Wessing* ZGR 1982, 455, 457 f. zu Recht hin.

[139] Vgl. nur *Soergel/Teichmann* § 242 RdNr. 262, 266 f.; MünchKommBGB/*Roth* § 242 RdNr. 544 ff. jew. mit weit. Nachw.

[140] Vgl. *Canaris* ZGR 1982, 395, 408 ff.

[141] So wird die für die Gewährleistung beim Unternehmenskauf zentrale Frage nach der Verjährungsfrist nicht einmal in der einzigen Monographie zur Rechtsfolgenbestimmung beim Wegfall der Geschäftsgrundlage behandelt *Chiotellis* (Fn. 135) so

daß wohl nur der völlig unpassende § 195 BGB in Betracht kommt.

[142] ZHR 147 (1983), 501, 531 ff.; ZIP 1993, 1045, 1052 f.

[143] *Müller* ZHR 147 (1983), 501, 533 ff., 537 ff.

[144] ZHR 147 (1983), 501, 533.

[145] ZHR 147 (1983), 501, 539.

[146] Vgl. Staudinger/*Honsell* vor § 459 RdNr. 19, 18; Soergel/*Huber* vor § 459 RdNr. 196, 202; MünchKommBGB/*Westermann* § 459 RdNr. 74, 78.

analoge Anwendung der §§ 459 ff. BGB. Sie bedarf der Begründung und Absicherung gegenüber denjenigen,[147] die eine solche Analogie ablehnen.

aa) In der Diskussion um die analoge Anwendung der §§ 459 ff. BGB spielt die Ange- **78** messenheit der Rechtsfolgen eine besondere Rolle. So lehnt zB *Huber* unter Hinweis auf die (angeblich) passenderen Rechtsfolgen der c.i.c. die analoge Anwendung der §§ 459 ff. BGB ab.[148] Dies ist bereits **methodisch bedenklich**; denn nach den allgemeinen Voraussetzungen der Analogie erfolgt der Ähnlichkeitsvergleich jedenfalls primär auf der Ebene des Tatbestandes und damit der Voraussetzungen für die Anwendbarkeit der Norm. Zu fragen ist daher nach der Ähnlichkeit zwischen Sach- und Unternehmenskauf insbesondere im Hinblick auf die für die Gewährleistung maßgeblichen eventuellen Divergenzen zwischen Ist- und Sollbeschaffenheit. Problematische Rechtsfolgen einer zur Analogie anstehenden gesetzlichen Regelung können dabei allenfalls Indiz für eine fehlende Ähnlichkeit auf der Tatbestandsebene sein. Außerdem ist zu berücksichtigen, daß bei analoger Anwendung einer Norm auch deren **Rechtsfolgen**, sollten sie denn wirklich nicht passen, mit Rücksicht auf die Besonderheiten des ungeregelten Tatbestandes **modifiziert werden können**. Dies ist in der Methodenlehre anerkannt,[149] wird von der Rechtsprechung an vielen Stellen ganz unbefangen praktiziert und entspricht dem Vorgehen des Gesetzgebers selbst, wenn dieser an vielen Stellen eine nur entsprechende Anwendung (der Rechtsfolgen!) einer Norm anordnet.[150] Dementsprechend ist die Verweigerung einer Rechtsfolgenmodifikation durch die Rechtsprechung[151] methodisch unzutreffend und damit ohne Überzeugungskraft.[152] Vor allem aber ist erneut darauf hinzuweisen, daß c.i.c. und Wegfall der Geschäftsgrundlage auf der Rechtsfolgenseite gerade keine Vorteile aufweisen, so daß die Ablehnung der Analogie zu §§ 459 ff. BGB auch insoweit auf schwachen Füßen steht (dazu schon RdNr. 65, 74 f.).

bb) Die rechtliche Ähnlichkeit läßt sich nicht aus einem bloßen Vergleich der Begriffe **79** Unternehmen und Sache herleiten und auch die Annahme, bei einem Unternehmen handle es sich um einen Inbegriff von Sachen (und Rechten) greift insoweit zu kurz.[153] Es ist vielmehr genauer zu fragen, ob es sich bei einem Unternehmen, **ähnlich wie bei einer Sache,** um einen Vertragsgegenstand handelt, bei dem es auf den Wert und die Gebrauchstauglichkeit für den Erwerber ankommt, und bei dem sich dieser Wert und diese Gebrauchstauglichkeit aus objektivierbaren Umständen ergeben, so daß auch insoweit eine Fehlerhaftigkeit im Sinne einer **Abweichung der Ist- von der Sollbeschaffenheit** festgestellt werden kann.[154]

Die Antwort fällt, wie immer, wenn die Frage ausreichend präzise gestellt wird, so gese- **80** hen geradezu leicht: Der Unternehmenskäufer erwirbt das Unternehmen, um es im Rahmen seiner unternehmerischen Planungen gewinnbringend einsetzen zu können. Die Möglichkeit der Erwirtschaftung angemessener Erträge zwecks Verzinsung des qua Kaufpreis investierten Kapitals ist für den Erwerber das Entscheidende[155] (wobei es gleichgültig ist, ob dieses Ziel nur mit dem erworbenen Unternehmen allein oder aber nach Eingliede-

---

[147] RGZ 63, 57; 67, 86, 87; 98, 289; BGH NJW 1970, 653, 655; NJW 1974, 557 = NJW 1977, 1536, 1537; NJW 1979, 33; WM 1988, 1700, 1702; NJW 1990, 1658; *Canaris* ZGR 1982, 395, 396 f., 402 ff.; Staub/*Hüffer* vor § 22 RdNr. 50; *Baur* BB 1979, 381, 386; *Hiddemann* ZGR 1982, 435, 437; Düringer/Hachenburg/*Hoeninger* Bd. V Einleitung Anm. 176.

[148] Soergel/*Huber* § 459 RdNr. 263.

[149] *Canaris*, Die Feststellung von Lücken im Gesetz, 2. Aufl. 1983, S. 149 ff.; *Larenz*, Methodenlehre, 6. Aufl. 1991, S. 385; *Enneccerus/Nipperdey*, Allgemeiner Teil des Bürgerlichen Rechts, 1. Hlb. 1959, § 58 II 3 S. 341.

[150] Vgl. nur die Verweisungen in § 27 Abs. 1 HGB §§ 129 a, 172 a HGB; § 265 Abs. 1 HGB; § 368 Abs. 2 HGB; § 423 HGB.

[151] Vgl. BGH NJW 1970, 653, 655; WM 1974, 51; BGHZ 69, 53 = NJW 1977, 1536; NJW 1977, 1538; NJW 1990, 1658.

[152] AA Soergel/*Huber* § 459 RdNr. 263.

[153] Insoweit auch Staub/*Hüffer* vor § 22 RdNr. 41; vgl. dazu bereits oben RdNr. 3, 4.

[154] Vgl. *Prölss* ZIP 1981, 337, 342; vgl. dazu auch *Mössle* BB 1983, 2146, 2150.

[155] RGZ 19, 111, 121; BGH WM 1978, 401, 405; *Hommelhoff* S. 75; *Schulze-Osterloh* ZGR 1986, 545, 551; *Grunewald*, Der Ausschluß aus Gesellschaft und Verein, 1987, S. 93.

rung in ein eigenes Unternehmen mit Hilfe sog. Synergieeffekte oder dergleichen erzielt werden soll). Erträge lassen sich nur durch operative Gewinne des Unternehmens (Erträge im engeren Sinne) oder die Veräußerung des Unternehmens oder seiner Teile (Substanzveräußerung) erwirtschaften. Da die unmittelbare vollständige Substanzveräußerung (Zerschlagung des Unternehmens) wegen der Zerstörung der Funktionseinheit und der wertvollen Außenbeziehungen in aller Regel wirtschaftlich ungünstiger ist als die Fortführung des Unternehmens, wird der Unternehmenswert nach heutiger betriebswirtschaftlicher,[156] vom Recht weithin respektierter und übernommener Betrachtungsweise primär nach der sog. **Ertragswertmethode** bestimmt:[157]

81   Die voraussichtlich erzielbaren Erträge (Gewinne) bestimmen den Wert und damit auch den Kaufpreis des Unternehmens.[158] Sie lassen sich aber nun einmal nur mit Hilfe einer **Prognoseentscheidung aus den Daten der Vergangenheit** im Wege der Schätzung ableiten. Primär relevant ist dabei der in der Vergangenheit erzielte und in den jeweiligen Bilanzen ausgewiesene Gewinn/Ertrag und seine Entwicklung in den letzten Jahren. Außerdem gibt es verfeinerte Methoden, die andere primäre oder abgeleitete Bilanzkennziffern des Unternehmens heranziehen.[159] Daneben gibt es Mischverfahren, wie das Stuttgarter Verfahren,[160] die den Wert des Unternehmens aus einer Mischung zwischen Ertrags- und Substanzwert bestimmen. Auch bei letzteren, ja selbst bei einer seltenen reinen Substanzwertberechnung erfolgt die Wertberechnung aufgrund von bilanziellen Angaben. Dies bedeutet, daß ausgerechnet die **bilanziellen Zahlenangaben** für die Vergangenheit, mit denen die Rechtsprechung[161] und Teile der Literatur[162] im Rahmen des § 459 BGB nichts rechtes anzufangen wissen, bei dieser, speziell auf den Vertragsgegenstand Unternehmen bezogenen Betrachtungsweise **zentrale Bedeutung** gewinnen: Sie (und nicht das sachliche Substrat des Unternehmens, das bisher häufig in zu enger Anlehnung an den Sachbegriff des § 459 BGB primär betrachtet wurde[163]), stellen diejenigen wertbildenden Faktoren dar, auf die es beim Unternehmenskauf ankommt.[164] Sie sind dann entsprechend § 459 BGB fehlerhaft, wenn sie falsch sind, dh. von denjenigen Ziffern abweichen, die sich bei Beachtung der Grundsätze ordnungsgemäßer Buchführung/Bilanzierung ergeben hätten, so daß die Soll- von der Istbeschaffenheit abweicht.[165]

82   Damit erledigt sich auch der (mögliche) Einwand, der geschätzte Ertragswert eines Unternehmens beruhe auf rein subjektiven Erwägungen. Dies trifft so nicht zu: Die Ertragswertprognose selbst ist zwar eine subjektive Einschätzung, sie beruht aber auf **objektiven** (nachprüfbaren) Grundlagen, den Bilanzkennziffern. Daß die für die Ertragsprognose relevanten Unternehmenskennziffern **andere** Umstände sind, als diejenigen, die bei der Beur-

---

[156] Arbeitskreis Unternehmensbewertung WPg 1980, 409 ff.; *Moxter*, Grundsätze ordnungsgemäßer Unternehmensbewertung, 2. Aufl. 1983, S. 75 ff.; *Nonnenmacher*, Anteilsbewertung bei Personengesellschaften 1981, S. 151; Stellungnahme des Hauptfachausschusses des Instituts der Wirtschaftsprüfer WPg 1983, 468 ff.

[157] *Willemsen* AcP 182 (1982) 515, 549; *Hommelhoff* S. 75 f.; *Müller* JuS 1974, 147, 149; *Großfeld*, Unternehmens- und Anteilsbewertung im Gesellschaftsrecht, 3. Aufl. 1994, S. 83 f.; *Schulze-Osterloh* ZGR 1986, 545, 551, 552; *Grunewald*, Der Ausschluß aus Gesellschaften und Verein, 1987, S. 92 f.

[158] Dies gilt entgegen der (übertreibenden) Auffassung des OLG Hamburg (WM 1994, 1378, 1387 f.) selbst dann, wenn der Erwerber daneben weitere Ziele verfolgen sollte.

[159] Vgl. insofern Darstellung und Beispiele bei *Beisel/Klumpp* RdNr. 97 ff., 132 und *Großfeld* (Fn. 157) S. 54 ff.

[160] Dazu *Moxter* (Fn. 156) S. 65 ff.; *Großfeld* (Fn. 157) S. 50 ff.; *Knobbe-Keuk*, Bilanz- und Unter-

nehmenssteuerrecht, 8. Aufl. 1991, § 26 III 4 c (S. 875 ff.).

[161] Vgl. nur RGZ 67, 86, 87; JW 1935, 1558; BGH NJW 1970, 653, 655; DB 1974, 231; NJW 1977, 1536 f.; NJW 1977, 1538 f. Signifikant auch BGH WM 1979, 944.

[162] Staub/*Hüffer* vor § 22 RdNr. 50; *Hommelhoff* S. 73 f.; Soergel/*Huber* § 459 RdNr. 258; *Müller* ZHR 147 (1983) 501, 537; *Hiddemann* ZGR 1982, 435, 445.

[163] So tendenziell *Hommelhoff* S. 38 ff.; MünchKommBGB/*Westermann* § 459 RdNr. 45 a ff.; *Müller* ZHR 147 (1983) 521, 539; grundsätzlich besteht die Gefahr bei jedem, mit der Behandlung von Fehlern am Substrat beginnt.

[164] Vgl. oben Fn. 159, 160.

[165] Ähnlich im übrigen bereits *Huber* ZGR 1972, 395, 409 ff.; *Herberger*, Rechtsnatur, Aufgabe und Funktion der Sachmängelhaftung nach dem Bürgerlichen Gesetzbuch, 1974, S. 69/70 Fn. 33; siehe auch *Mössle* BB 1983, 2146, 2151; wohl auch Heymann/*Horn* Einl. V RdNr. 17.

teilung von Einzelsachen erheblich sind, liegt in der Natur der Sache und steht der Analogie schon deswegen nicht entgegen, weil diese nicht Gleichheit, sondern nur die rechtliche Ähnlichkeit hinsichtlich der die Rechtsfolgen tragenden zentralen Tatbestandsvoraussetzungen verlangt. Genau diese rechtliche Ähnlichkeit besteht aber zwischen dem Kauf einer Sache und einem Unternehmenskauf hinsichtlich der die Mängelgewährleistung primär rechtfertigenden Abweichung der Ist- von der Sollbeschaffenheit als Grundlage von Wert und Gebrauchstauglichkeit des Kaufgegenstandes. Die Unternehmenskennziffern sind den wertbildenden Eigenschaften einer Sache, deren Nichtvorliegen einen Fehler begründet, rechtlich ähnlich.

cc) Genau dies wird nun freilich etwa von *Huber* mit der Begründung bestritten, da **83** Umsatz und Ertragszahlen ständigen Veränderungen unterworfen seien, könnten sie nicht Eigenschaften sein;[166] ebensowenig gehörten sie zur „Beschaffenheit" des Unternehmens.[167] Es soll die im Sachmängelrecht entwickelte Voraussetzung fehlen, daß Fehler im Sinne des § 459 Abs. 1 BGB und Eigenschaften im Sinne des § 459 Abs. 2 BGB nur in bezug auf solche Umstände in Betracht kommen könnten, die der Sache unmittelbar für eine gewisse Dauer anhafteten oder bei denen es sich um physische Merkmale handle.[168]

Zunächst widerstrebt die unveränderte Übernahme solch einzelner Voraussetzungen **84** methodisch bereits dem Wesen der Analogie. Abweichungen von Kennziffern müssen nicht Fehler einer Sache iSd. § 459 Abs. 1 BGB, sondern diesen Fehlern nur **rechtsähnlich** sein. Genau diese Rechtsähnlichkeit liegt, wie gezeigt, vor. Im übrigen ist der Einwand von *Huber* schon rein tatsächlich nicht zutreffend. Richtig ist zwar, daß Umsätze und Erträge für jedes (Geschäfts-)Jahr neu entstehen; einmal erzielte und bilanziell festgestellte Umsätze und Erträge bleiben jedoch unverändert; damit sind die jeweiligen Kennziffern durchaus dauerhaft. Daß diese vergangenheitsbezogenen Daten mit der Zeit an Relevanz verlieren, ändert nichts an ihrer Zugehörigkeit zur Beschaffenheit, sondern nur an ihrer Bedeutung für den Wert oder die Tauglichkeit des Gegenstandes. Die Kennziffern **haften** dem Unternehmen auch **unmittelbar an**, was insbesondere dadurch deutlich wird, daß die Kennziffern intern ermittelt und nachgeprüft werden. Es geht also gerade nicht um die Außenbeziehungen zu einem anderen Gegenstand.

Für die Wertung als Fehler gemäß § 459 Abs. 1 spricht auch noch eine weitere Überle- **85** gung: Wollte man bilanzielle Kennziffern nicht als Bestandteil der vertraglichen Beschaffenheitsvereinbarung anerkennen, käme man letztlich zu dem Ergebnis, daß das Unternehmen überhaupt keine Beschaffenheit haben würde. Insoweit könnte nämlich nur an den einzelnen Gegenständen des Sachsubstrats angesetzt werden, die jedoch idR eben nur in die Bilanzkennziffern einfließen (also von den Parteien nicht gesondert in die Unternehmensbewertung miteinbezogen werden) und daher auch nicht Gegenstand einer selbständigen vertraglichen Beschaffenheitsvereinbarung sind. Daraus ergibt sich im übrigen auch, daß Abweichungen von angegebenen Kennziffern selbst bei Anlegung strengerer Maßstäbe analog § 459 Abs. 1 BGB als Fehler anerkannt werden können. Zu ergänzen ist, daß selbst beim gewöhnlichen Sachkauf berechtigte Bedenken gegen das Erfordernis des unmittelbar anhaftenden Umstandes von gewisser Dauer bestehen,[169] da dies den subjektiven Fehlerbegriff ohne erkennbare Rechtfertigung einengt.

dd) *Canaris* hat eingewandt,[170] eine Einstandspflicht „für die Fehlerhaftigkeit des Er- **86** gebnisses einer Tätigkeit" sei etwas ganz anderes, als die Einstandspflicht für das Abweichen der Beschaffenheit beim Sachkauf. Diese Betrachtungsweise, die auf ein „Ergebnis" abstellt, ist zu statisch und berücksichtigt nicht, daß für ein Unternehmen insbesondere die aus der

---

166 Soergel/*Huber* § 459 RdNr. 32.
167 Soergel/*Huber* § 459 RdNr. 32, 37.
168 RGZ 161, 193, 195; BGH NJW 1970, 653, 655; NJW 1972, 1658; NJW 1978, 370; Soergel/*Huber* § 459 RdNr. 264; *Hommelhoff* S. 70 ff., 82;

Grunewald ZGR 1981, 622, 627; aA aber schon *Immenga* AcP 171 (1971), 1, 12 f.
169 Vgl. *Immenga* AcP 171 (1971) 1, 4 f.; Staudinger/*Honsell* § 459 RdNr. 43.
170 *Canaris* ZGR 1982, 395, 399.

Dynamik der Bilanzentwicklung ablesbaren Prognosen maßgeblich sind.[171] Die damit verbundenen Unsicherheiten stellen eine natürliche Eigenart des Vertragsgegenstandes Unternehmen dar und werden bei der Bewertung berücksichtigt; an ihrer Maßgeblichkeit und ihrer zentralen Bedeutung für die Tauglichkeit des Unternehmens und damit an ihrer Charakterisierung als Unternehmenseigenschaft ändert das nichts.[172] Schwierigkeiten könnten sich höchstens dann ergeben, wenn es – darauf hat die Rechtsprechung verschiedentlich abgestellt[173] – um unzulängliche, dh. auf einen zu kurzen Zeitraum beschränkte Angaben geht. Aber damit ändert sich nicht die Qualität dieser Angaben, sondern nur ihre Zuverlässigkeit: Auch ungenaue Eigenschaftsbeschreibungen sind und bleiben Eigenschaftsbeschreibungen.[174] Im übrigen ist es allein Sache der privatautonomen Entscheidung der Parteien und insbesondere des Käufers, mit welchen Angaben sie sich zufrieden geben wollen.

87 Gegen die Analogie zu §§ 459 ff. BGB wendet *Canaris*[175] weiter ein, „daß ein Unternehmen wegen seines Charakters als Inbegriff von Gegenständen weitaus komplexer ist als eine Sache und sich überdies als lebendiger sozialer Organismus in ständiger Veränderung befindet". Dies ist als rechtstatsächliche Beobachtung richtig, begründet aber um so mehr die Notwendigkeit einer Einstandspflicht des Veräußerers für diejenigen Umstände (= Eigenschaften), die wie Bilanzen und die darin enthaltenen Einzelangaben in einem bestimmten Zeitpunkt die unabdingbare Grundlage für den Erwerber bilden, die sein Urteil über Wert und/oder Tauglichkeit begründen.

88 Etwas anders wäre dieser Einwand möglicherweise dann zu bewerten, wenn man daraus die Unzumutbarkeit eines gewährleistungsrechtlichen Einstehenmüssens im Sinne von § 459 BGB ableiten wollte, wie dies in der – freilich offensichtlich nur rhetorischen – Frage von *Canaris*[176] anklingt, weshalb denn auf Kauf von Unternehmen als Inbegriff von Sachen **und** Rechten die Sachmängelgewährleistung und nicht nur die (eine bloße Veritätshaftung begründende) Rechtsmängelgewährleistung angewendet werde. Eine solche Auffassung wird jedoch – zu Recht – von niemandem vertreten; daß der Veräußerer auch für die Richtigkeit seiner bilanziellen Angaben im Ergebnis einstehen muß, ist unstreitig; auch diejenigen, die die Möglichkeit einer Analogie bestreiten, kommen zu einer Einstandspflicht, sei es – wie *Canaris*[177] – mit Hilfe der Lehre von der Geschäftsgrundlage, sei es auf dem Wege über die c.i.c.[178] Darüber besteht – entgegen der vereinzelten Auffassung von *Hüffer*, der das Einstehenmüssen für die „Tätigkeit steuer- und wirtschaftsberatender Berufe" bedenklich findet[179] – im Ergebnis sogar fast allgemeiner Konsens.

89 **ee)** Die Richtigkeit der hier vertretenen Auffassung ergibt sich schließlich vor allem noch daraus, daß es nach dem von der Rechtsprechung gerade in diesem Bereich vernachlässigten[180] Übergang vom objektiven zum **subjektiven Fehlerbegriff** den Beteiligten freisteht, diejenigen Umstände zum Gegenstand ihrer Beschaffenheitsvereinbarung zu machen, auf die es **ihnen** ankommt; ganz in diesem Sinne ist hier versucht worden, aus der Sicht des Unternehmenskäufers diejenigen Umstände herauszuarbeiten, die als bilanzielle

---

[171] *Willemsen* AcP 182 (1982) 515, 549; *Hommelhoff* S. 35 f.; *Mössle* BB 1983, 2146, 2151.

[172] *Reinicke/Tiedtke* (Fn. 109) S. 43; im Ergebnis auch *Willemsen* AcP 182 (1982) 515, 550; *Mössle* BB 1983, 2146, 2151.

[173] BGH NJW 1977, 1536; WM 1979, 102; WM 1988, 1700, 1702; NJW 1990, 1658; besonders kraß BGH DB 1974, 231 wo selbst ein Zeitraum von 5 Jahren nicht ausreichen sollte.

[174] *Reinicke/Tiedtke* (Fn. 109) S. 43 f.

[175] ZGR 1982, 395, 399.

[176] *Canaris* ZGR 1982, 395, 398.

[177] *Canaris* ZGR 1982, 395 ff.; ergänzend neben § 459: *Müller* ZHR 147 (1983) 501, 537 ff.; neben § 459 und c.i.c.: *Soergel/Huber* § 459 RdNr. 268 f.

[178] Vgl. nur BGH NJW 1970, 653, 655; WM 1974, 51; BGHZ 69, 53; NJW 1977, 1538; NJW 1990, 1658; *Staub/Hüffer* vor § 22 RdNr. 50; *Soergel/Huber* § 459 RdNr. 265; *Baur* BB 1979, 83 ff.; *Hiddemann* ZGR 1982, 434, 437.

[179] *Staub/Hüffer* vor § 22 RdNr. 50: Unter Vernachlässigung des § 278; richtig dagegen zB *Müller* JZ 1988, 381, 384.

[180] Dies wird vielfach kritisiert vgl. nur *Larenz*, Schuldrecht II 1, § 45 II a (S. 167); *Willemsen* AcP 182 (1982) 515, 542; *Reinicke/Tiedtke* (Fn. 109) S. 340; *Mössle* BB 1983, 2146, 2150 f.; *Immenga* AcP 171 (1971) 1, 15.

Angaben den Erwartungshorizont entscheidend prägen.[181] ME hat die Rechtsordnung solche privatautonomen Gestaltungen der Beteiligten nicht nur zu respektieren, sondern auch adäquat umzusetzen. Die uneingeschränkte Anwendung des subjektiven Fehlerbegriffs ist dafür der angemessene Weg.

e) (Restlicher) Anwendungsbereich der c.i.c. Wendet man, wie hier vertreten, auf alle   90
relevanten Mängel des Unternehmens das Sachmängelgewährleistungsrecht[182] der
§§ 459 ff. BGB analog und in den Rechtsfolgen modifiziert an, so ist die in bezug auf die
Gewährleistung beim Unternehmenskauf zunächst bestehende Lücke nunmehr mit der
Folge geschlossen, daß die Heranziehung der c.i.c. weder notwendig, noch möglich ist.
Für Ansprüche aus c.i.c. bleibt daher **nur insoweit Raum**, als dies neben den Gewährleistungsrechtsbehelfen auch sonst der Fall ist, dh. nur dann, wenn es sich um (relevante!)
zusätzliche Umstände handelt, die weder die Beschaffenheit des Unternehmens betreffen,
noch zusicherungsfähig sind; bezüglich der zum Teil ihrerseits hochstreitigen Einzelheiten
dieses Konkurrenzverhältnisses von Sachmängelgewährleistung und c.i.c. muß auf das
diesbezügliche Schrifttum verwiesen werden.[183] Soweit Ansprüche aus c.i.c. in diesem
beschränkten Umfang begründet sein können, sind sie auf Ausgleich des (Vertrauens-)
Schadens in Geld gerichtet; im Gegensatz zur Rechtsprechung kommt ein Anspruch auf
Vertragsaufhebung und Rückabwicklung nicht in Betracht (RdNr. 124 ff.).

2. Einzelfragen. a) Zur Tauglichkeit. Die bisher behandelten fehlerhaften bilanziellen   91
Kennziffern beziehen sich vor allem auf den **Wert** des Unternehmens. Seine **Tauglichkeit**
ist lediglich insoweit betroffen, als es grundsätzlich Funktion des Unternehmens ist, Erträge
zu erwirtschaften. Neben dieser allgemeinen ertragsbezogenen Tauglichkeit kann auch eine
anderweitige **besondere** Tauglichkeit des Unternehmens Vertragsgegenstand sein.[184] Dies
ist etwa dann der Fall, wenn der Unternehmenskauf neben oder (selten) sogar anstelle der
Ertragsbezogenheit eine andere Funktion hat (zB Erbringung bestimmter Leistungen durch
das Unternehmen, Besetzung bestimmter Marktpositionen,[185] Erwerb bestimmter Gegenstände etc.[186]). Wird **diese** Funktion und damit diese nach dem Vertrag vorausgesetzte
Tauglichkeit beeinträchtigt, gilt auch insoweit § 459 Abs. 1 BGB analog einschließlich des
§ 459 Abs. 1 S. 2 BGB.

b) Sachmängel an Einzelgegenständen. Ein besonders dunkles Kapitel der Gewährleistung beim Unternehmenskauf stellt die Frage dar, wie denn **Sach- (und Rechts-) Mängel**   92
an einzelnen Gegenständen des Unternehmenssubstrats zu behandeln sind.[187] Insoweit
findet sich in der Literatur die wohl repräsentative Feststellung, dabei handle es sich um
schlichte Sachmängel, die (unmittelbar, nicht nur analog) den §§ 459 ff. BGB unterfielen;
dies sei niemals bezweifelt worden.[188] Diese Aussage führt jedoch deswegen nicht weiter,
weil es zunächst weniger um die Rechtsfrage der richtigen Anspruchsgrundlage, als viel-

---

[181] Es ist bezeichnend, daß sich zB fast alle Einwendungen von *Canaris* eingestandenermaßen gegen den objektiven Fehlerbegriff wenden, obwohl es doch auch nach seiner Auffassung primär um den subjektiven Fehlerbegriff geht, vgl. *Canaris* ZGR 1982, 395, 400.

[182] Zur Rechtsmängelgewährleistung noch im Abschnitt IV.

[183] Soergel/*Huber* vor § 459 RdNr. 211 ff.; Soergel/*Wiedemann* vor § 275 RdNr. 250 ff.; MünchKommBGB/*Westermann* § 459 RdNr. 79 ff.; Staudinger/*Honsell* Vorbem zu § 459 RdNr. 33 ff.; *Diederichsen* BB 1965, 401 ff.; grundlegend auch BGHZ 60, 319 ff = NJW 1973, 1234.

[184] Vgl. insofern den „Bordellfall" RGZ 67, 86; ähnlich BGH NJW 1992, 2564.

[185] Vgl. dazu die (freilich zu sehr verabsolutierenden) Ausführungen des OLG Hamburg WM 1994, 1378, 1387 f.

[186] Vgl. BGH WM 1978, 59 f.

[187] Vgl. aus der Rspr. nur RG JW 1930, 3740 (abbaufähiger Schwerspatbestand einer Grube); RGZ 138, 354 (baupolizeiwidriger Zustand einer Gaststättenküche); BGH WM 1978, 59 (technische Unbrauchbarkeit und wirtschaftliche Unverwertbarkeit eines vom Unternehmen hauptsächlich hergestellten Gegenstandes); BGH NJW 1991, 1223 (charakterliche Unzuverlässigkeit eines maßgeblichen Mitarbeiters); BGH NJW 1995, 1547 (Unbrauchbarkeit von Reinigungsmaschinen); weitere Beispiele bei Soergel/*Huber* § 459 RdNr. 269; RGRK/*Mezger* § 459 RdNr. 12.

[188] Soergel/*Huber* § 459 RdNr. 259, 260; vgl. auch *Grunewald* S. 90 f.

mehr darum geht, welche Bedeutung solchen Einzelmängeln **überhaupt** zukommen bzw. – genauer – welche Rechtsfolgen sich daraus ergeben sollen. Insbesondere stellt sich die Frage, ob etwa Gewährleistungsrechtsbehelfe in bezug auf einzelne Gegenstände, in bezug auf einzelne Bestandteile des Unternehmenssubstrats, denkbar sind, oder ob es – dies wäre die Alternative – zu Rechtsfolgen lediglich auf der Unternehmensebene, dh. bezogen auf das Gesamtunternehmen, kommen kann.

93   Sie kann nur in dem Sinne beantwortet werden, daß Einzelmängel **ausschließlich auf der Ebene des Gesamtunternehmens** relevant werden können,[189] und zwar nur dann, wenn sich der/die Einzelmängel dort so gravierend auswirken, daß damit der Wert oder die Tauglichkeit des Gesamtunternehmens nicht unerheblich gemindert wird. Dies ist die zwingende Folge des häufig noch nicht ausreichend und konsequent genug berücksichtigten Umstands, daß Gegenstand des Unternehmenskaufs nicht die Summe der zum Unternehmensvermögen gehörenden einzelnen Sachen und Rechte ist. Das **Unternehmen** als Vertragsgegenstand ist vielmehr, wie bereits mehrfach betont, ein **einheitlicher lebender Organismus mit Außenbeziehungen**, die es in die Lage versetzen, Erträge zu erzielen. Es besteht daher ein entscheidender Unterschied zwischen einem Unternehmenskauf und dem Kauf nur des sachlichen Substrats.[190] Er betrifft, wie gezeigt (RdNr. 17 ff.), schon die Hauptleistungspflichten, erstreckt sich aber entgegen anderer Ansicht[191] auch auf die Gewährleistung, die notwendigerweise (§ 459 Abs. 1 BGB) durch die unterschiedlichen wertbestimmenden Faktoren für Unternehmens- und Substratkauf bestimmt wird.[192] Wegen der auch **gewährleistungsrechtlichen Einheit des Unternehmens** kann es – dies wird meist nicht deutlich genug gesagt – Wandlung und Minderung grundsätzlich bezüglich einzelner Betriebsmittel **überhaupt nicht,** sondern nur bezüglich des Unternehmens als Ganzem geben. Die Einheit des Unternehmens muß sich bei der Gewährleistung aber auch auf der Tatbestandsseite auswirken: Auch die Fehler im Sinne des § 459 Abs. 1 S. 1 BGB müssen sich auf die Beschaffenheit **des Unternehmens** beziehen. Diese Beschaffenheit wird angesichts der heute allgemein üblichen Berechnung des Werts eines Unternehmens mit Hilfe seiner bilanziellen Kennzahlen (sei es nach der Ertragswertmethode, nach der Substanzwertmethode oder Mischmethoden) bestimmt (RdNr. 81). Nur dann, wenn ein Einzelmangel dazu führt, daß ein **bilanzmäßiger Ansatz** falsch war (sollte sich ein Einzelmangel so auswirken, daß weitere, mit ihm zusammenhängende Gegenstände in ihrer Funktion und damit ihrem Wert beeinträchtigt werden, sind auch deren bilanzielle Ansätze falsch und daher in die Gewährleistung miteinzubeziehen) und **deshalb** die Ertrags-/oder Vermögensbilanzkennziffern fehlerhaft sind, liegt analog § 459 Abs. 1 S. 1 BGB ein wertmindernder Fehler vor, der überdies nicht unerheblich im Sinne des § 459 Abs. 1 S. 2 BGB sein darf. Dies ist nur dann der Fall, wenn die korrekte Kennziffer nach den anerkannten Bewertungsmethoden zu einer nicht unerheblichen Minderung des Werts des Unternehmens führt. Dies kann – dies ist zuzugestehen – dazu führen, daß eine als hoch empfundene absolute Wertdifferenz bei einem (mängelbehafteten) Einzelgegenstand gewährleistungsrechtlich irrelevant ist.[193]

94   Dieser, aus einem eher subjektiven Rechtsgefühl resultierende Einwand gegen die hier vertretene Konzeption wird jedoch entkräftet, wenn man berücksichtigt, daß es (relativ) um den Wert des Einzelgegenstandes im Verhältnis zum Wert des Unternehmens geht, so daß (subjektiv) als hoch empfundene absolute Beträge bei einem entsprechenden Unternehmenswert dann doch niedrig sind. Hinzu kommt, daß die Grenze der „nicht unerheblichen" Wertminderung ohnehin nicht hoch angesetzt ist.

---

[189] So allerdings auch Soergel/*Huber* § 459 RdNr. 270. Siehe jetzt auch BGH NJW 1995, 1547, 1548 f.

[190] Problematisch daher die – schon im Tatsächlichen unzureichend aufgeklärte – Entscheidung BGH NJW 1992, 2564; ZIP 1992, 1317.

[191] Soergel/*Huber* § 459 RdNr. 259.

[192] Zu scheinbar trotzdem bestehenden Abgrenzungsschwierigkeiten im Einzelfall vgl. BGH NJW 1992, 2564; ZIP 1992, 1317 ff.

[193] Ähnlich *Grunewald* S. 90 f.; Erman/*Grunewald* § 459 RdNr. 17.

Soweit neben oder anstelle der Ertragserzielung der Erwerb des Unternehmens nach dem **95** Inhalt des Vertrages noch eine andere Funktion hat, liegt ein Fehler auch dann vor, wenn diese Funktion gerade durch den Einzelmangel beeinträchtigt wird.[194] Dies kann der Fall sein, wenn gerade dieser einzelne Gegenstand die besondere Tauglichkeit des Unternehmens bestimmt, wobei auch hier wiederum § 459 Abs. 1 S. 2 BGB zu berücksichtigen ist. All dies zeigt, daß es eine eigenständige Kategorie der Fehler an einzelnen Gegenständen des Unternehmenssubstrats nicht geben darf;[195] erst recht ist eine Sonderbehandlung im Verjährungsbereich unzulässig.

c) Unentdeckte, nicht bilanzierte Schulden/Steuernachzahlungen. Teilweise werden **96** unentdeckte, bei Vertragsschluß nicht bilanzierte Schulden, zu denen auch nachträglich festgesetzte Steuerschulden gehören,[196] als besondere Fehlerkategorie angesehen. So will etwa *Canaris* im Rahmen seines Geschäftsgrundlagenansatzes insoweit eine Risikoteilung zwischen Veräußerer und Erwerber vornehmen.[197]

Solche **unentdeckten Schulden** führen – wenn sie nach den Grundsätzen ordnungsge- **97** mäßer Bilanzierung hätten bilanziert werden müssen, wobei es auf ein Verschulden nicht ankommt[198] – zur Unrichtigkeit und damit Fehlerhaftigkeit der Kennziffern und somit zu einer Gewährleistung analog §§ 459 ff. BGB.[199] Diese ist unabhängig davon, ob Ertragswertmethoden, Mischmethoden oder gar die Substanzwertmethode der Bewertung des Unternehmens zugrundegelegt worden waren. Bei der Substanzwertmethode ergibt sich dies daraus, daß die nicht bilanzierte Schuld den Unternehmenswert voll mindert. Da die unentdeckten nicht bilanzierten Schulden zugleich zu einer Verminderung des Gewinns führen, werden sie auch bei der Ertragswertmethode hinreichend berücksichtigt, so daß die analoge Anwendung der §§ 459 ff. BGB auch hier zu einem angemessenen Ergebnis führt.[200]

d) Mankohaftung/unvollständige Übertragung des Unternehmensvermögens. Die **98** unvollständige Übertragung des Unternehmensvermögens führt dann zur Anwendung der §§ 459 ff. BGB analog, wenn die bilanziellen Angaben über den Bestand des Unternehmensvermögens am Bilanzstichtag fehlerhaft sind. Ebenso greift das Gewährleistungsrecht dann ein, wenn ein bestimmter Bestand des Unternehmensvermögens Bestandteil der Beschaffenheitsvereinbarung wurde (dazu schon RdNr. 20).

e) Zukunftsbezogene Angaben. Probleme bereitet schließlich noch die Gewährleistung **99** bei zukunftsbezogenen Angaben des Veräußerers, zB über **zukünftig erzielbare Gewinne oder Umsätze**[201] des Unternehmens. Stellt man an die Einordnung einer vertraglichen Angabe als Beschaffenheit nur die Anforderung, daß eine Abweichung von einer solchen Angabe objektiv feststellbar sein muß (Abweichen der Ist- von der Sollbeschaffenheit), so gehören auch die zukunftsbezogenen Angaben regelmäßig zur Beschaffenheit des Unternehmens; denn sie beschreiben aus aktueller Sicht die voraussichtlichen Kapazitäten/Möglichkeiten des Unternehmens. Es handelt sich damit in aller Regel um zumindest durch Gutachten objektiv überprüfbare Angaben.

Generelle Bedenken gegen die Einordnung als Beschaffenheit würden sich nur dann er- **100** geben, wenn die im allgemeinen Kaufrecht apostrophierte Voraussetzung des länger an-

---

[194] Vgl. – im Ergebnis zutreffend – BGH WM 1978, 59, 60; aA für diesen Fall Soergel/*Huber* § 459 RdNr. 274 ff. (§§ 320 ff. BGB).

[195] Richtig *Mössle* BB 1983, 2146, 2151.

[196] Für diese haftet der Erwerber gemäß § 75 Abs. 1 AO; zur Haftung des Veräußerers in einem Sonderfall OLG Köln NJW-RR 1994, 1964 ff.

[197] *Canaris* ZGR 1982, 395, 411.

[198] Zu Verbindlichkeiten aus betrieblicher Altersversorgung vgl. noch RdNr. 167.

[199] Ähnlich, aber differenzierend *Huber* ZGR 1972, 395, 411. Unzutreffend *Grunewald* ZGR 1981, 622, 629 ff, die die Problematik unabhängig vom Gewährleistungsrecht mittels Rückgriffs auf den Unternehmenskaufvertrag lösen will.

[200] Zur Verjährungsproblematik bei unentdeckten nichtbilanzierten Schulden und Steuernachzahlungen vgl. oben RdNr. 142.

[201] ZB erzielbarer Getränkeabsatz in Hektolitern für einen Gastronomiebetrieb; vgl. BGH NJW 1990, 1658, 1659.

dauernden unmittelbaren Umstandes[202] maßgeblich sein sollte. Diese Voraussetzung, die schon beim allgemeinen Sachkauf nicht hinreichend gerechtfertigt wird und dem subjektiven Fehlerbegriff widerspricht, kann zumindest so nicht auf den Unternehmenskauf übertragen werden. Das Unternehmen ist dynamisch. Eigenschaften und Beschaffenheiten sind damit notwendigerweise veränderlich. Trotzdem sind sie die einzigen Anhaltspunkte für Wert und Gebrauchstauglichkeit. Zumindest bei Unternehmen muß daher auf das Erfordernis der gewissen Dauer verzichtet werden. Auch zukunftsbezogene Angaben gehören infolgedessen zur Beschaffenheit des Unternehmens.

101 Daneben sind freilich auch zukunftsbezogene Angaben denkbar, die sich nicht auf die gegenwärtigen Kapazitäten des Unternehmens, sondern auf andere, davon unabhängige Umstände beziehen.[203] Insoweit sind die §§ 459, 463 BGB nicht analog anwendbar. Vielmehr entstehen für den Veräußerer nur dann Pflichten, wenn er sich in einem **abstrakten Garantieversprechen** gebunden hat.

102 **f) Verschlechterung der Geschäftslage des Unternehmens nach Abschluß der letzten Bilanz.** Eine wichtige Sonderfrage im Bereich der Gewährleistung stellt sich, wenn der Veräußerer dem Erwerber zwar zutreffende bilanzielle Zahlenangaben für die vergangenen Geschäftsjahre vorlegt, sich aber nach Abschluß der letzten Bilanz die Geschäftslage des Unternehmens (wesentlich) verschlechtert hat.[204] Eine gewährleistungsrechtliche Haftung des Veräußerers setzt voraus, daß auch die sich aus den bisherigen Bilanzen ergebende Ertragswert**prognose** Bestandteil der vertraglichen Beschaffenheitsvereinbarung ist, so daß ein Ertragseinbruch, der deutlich unterhalb des Prognosebereichs liegt, einen Fehler im Sinne von § 459 Abs. 1 BGB analog darstellen würde.

103 Ob man von einer entsprechenden stillschweigenden **Willenseinigung** der Parteien (und nicht nur von einer rechtlich unbeachtlichen einseitigen Erwartung des Erwerbers) ausgehen kann, hängt zentral davon ab, ob man dem Verhalten des Veräußerers, der Vorlage der Bilanzen, den **zusätzlichen** rechtsgeschäftlichen Erklärungswert entnehmen kann, diese Zahlenangaben seien auch noch eine geeignete Grundlage für die Ertragswert**prognose**. Davon wird insbesondere unter dem Aspekt der Auslegung aus dem Empfängerhorizont ausgegangen werden können; auch dem Veräußerer wird aber in aller Regel durchaus bewußt sein, daß die von ihm auf Bitten des Erwerbers vorgelegten Bilanzen vor allem im Hinblick auf die weithin übliche Ertragswertmethode eine wesentliche Grundlage seiner Kaufpreiskalkulation darstellen werden. Die darauf gegründete Beschaffenheitsvereinbarung dürfte daher auch den Zeitraum bis zur Übertragung des Handelsgeschäfts erfassen.[205] Daraus folgt daher dessen Fehlerhaftigkeit, wenn sich die Ist-Beschaffenheit bis zu diesem Zeitpunkt wesentlich verändert haben sollte.

104 Auf der Grundlage der c.i.c.-Lösung der Rechtsprechung ist dementsprechend entgegen dem **OLG Hamburg**[206] in der Regel eine Pflicht des Veräußerers anzuerkennen, den Erwerber im Rahmen der Vertragsverhandlungen zu informieren, wenn sich die bilanziellen Kennziffern gravierend verändert haben sollten.

105 **g) Schlußergebnis.** Zusammenfassend kann daher festgestellt werden, daß – neueren Stimmen entsprechend[207] – die **Rechtsähnlichkeit von Kauf und Unternehmenskauf** auf der Tatbestandsebene ohne weiteres festgestellt werden kann und lediglich – zulässigerweise – die Rechtsfolgen zu modifizieren sind. Dementsprechend ist die Analogie zu §§ 459 ff.

---

[202] Siehe nur RGRK/*Mezger* § 459 RdNr. 5; Staudinger/*Honsell* § 459 RdNr. 18; Soergel/*Huber* § 459 RdNr. 32 im Anschluß vor allem an die Rechtsprechung des RG, vgl. nur RGZ 148, 286, 294; kritisch MünchKommBGB/*Westermann* § 459 RdNr. 17.

[203] So zB Prognosen über die Marktentwicklung.

[204] Vgl. insofern den Sachverhalt der sog. Kaufhof./.Oppermann Entscheidung, OLG Hamburg WM 1994, 1378 ff. sowie BGH WM 1980, 284 ff.

[205] Zu eng daher *Mössle* BB 1983, 2146, 2152.

[206] WM 1994, 1378, 1386 ff.

[207] *Willemsen* AcP 182 (1982), 515, 540 ff.; *Larenz*, Schuldrecht II 1, § 45 II a; *Flume* S. 189 f.; *Immenga* AcP 171 (1971) 1, 12; *Prölss* ZIP 1981, 337; *Mössle* BB 1983, 2146, 2150; *Putzo* NJW 1970, 653, 654; *Reinicke/Tiedtke* (Fn. 109) S. 341.

BGB nicht nur eine angemessene, sondern auch die methodisch überzeugendste Lösung. Für eine Anwendung der c.i.c. oder gar der Grundsätze vom Wegfall der Geschäftsgrundlage ist daneben kein Raum.

3. Rechtsfolgen(-modifizierung). Als Rechtsbehelfe stehen dem Erwerber beim Kauf **106** eines mangelbehafteten Unternehmens entsprechend § 462 BGB an sich vor allem **Wandlung** und **Minderung**[208] zur Verfügung. Folgt man der Rechtsprechung des BGH, kommen statt dessen Schadensersatzansprüche aus c.i.c. in Betracht. Daneben ist an Ansprüche aus § 463 BGB sowie – bei Mangelfolgeschäden – aus positiver Vertragsverletzung zu denken, soweit deren Voraussetzungen vorliegen.

a) Wandlung. aa) Der primäre Rechtsbehelf des Kaufs ist im gesetzlichen Sachmängel- **107** gewährleistungsrecht neben der Minderung die Wandlung (§ 462 BGB), die durch die §§ 468 ff. nur unwesentlich eingeschränkt wird; ergänzend ist allerdings gemäß § 467 noch die weiterreichende, durch § 467 S. 1 2. Hs. jedoch gerade für das Kaufrecht wieder eingegrenzte Regelung des § 352 BGB zu beachten.

Dieser Rechtsbehelf, dieser Anspruch auf Wandlung, ist freilich im Recht des Unter- **108** nehmenskaufs, auf den die §§ 459 ff. BGB ja (RdNr. 77 ff.) ohnehin nur analog angewendet werden können, ebenfalls **nur entsprechend anwendbar.** Dies ermöglicht, wie ebenfalls bereits grundsätzlich ausgeführt (RdNr. 78), die **notwendigen Modifizierungen,** die die Besonderheiten des Vertragsgegenstands Unternehmen erfordern. Insoweit besteht grundsätzlich auch Einigkeit zwischen Rechtsprechung und Lehre:[209] Das Unternehmen ist aus mehreren Gründen ein zur Rückabwicklung denkbar ungeeignetes Gebilde:

Primär hängt dies mit seiner **speziellen Dynamik** zusammen: Schon im Zuge der tägli- **109** chen Geschäfte (sowie ggf. aufgrund der damit verbundenen Einbußen), aber auch erst recht aufgrund der Gewinnung neuer und des Verlustes alter Kunden, als Folge von Produktänderungen, Investitionen, Wechsel im Personal etc. ändert sich das Unternehmen geradezu täglich: Schon nach relativ kurzer Zeit ist es nicht mehr das, was es seinerzeit im Erfüllungszeitpunkt bzw. im Zeitpunkt des closing war. Dies führt nicht nur zu erheblichen Schwierigkeiten auf der Rechtsfolgenseite, nämlich bei der Beantwortung der konventionellen Fragen nach der Behandlung von Nutzungen und Verwendungen, sondern auch dazu, daß die Wandlung bei der analogen Anwendung der §§ 459 ff. BGB **auf eng begrenzte Sonderfälle beschränkt** werden muß, in denen es dem Käufer aus besonderen Gründen wirklich **unzumutbar** ist, das Unternehmen zu behalten. Dies kann zunächst auf den in § 468 S. 2 BGB enthaltenen und durchaus verallgemeinerungsfähigen Rechtsgedanken gestützt werden.[210]

Ihre Rechtfertigung findet diese **Einschränkung des Wandlungsrechts** ferner in der **110** Überlegung, daß es dem Veräußerer weniger als bei anderen Vertragsgegenständen zumutbar ist, den Gegenstand, der sich in der Hand des Erwerbers verändert hat, wieder zurückzunehmen. Vor allem aber ist es dem Erwerber durchaus zumutbar, in den weitaus meisten Fällen auf den Rechtsbehelf der **Minderung** verwiesen zu werden; seinen Interessen wird durch finanziellen Ausgleich in der Regel ausreichend Genüge getan.[211] Zentral ist dafür die Überlegung, daß die – der Rückabwicklung entgegenstehende – Umgestaltung des Unternehmens auf das Verhalten des Erwerbers zurückzuführen, von ihm zu verantworten ist. Ergänzend kommt hinzu, daß der Unternehmenskauf ein **Risikogeschäft** ist: Wer ein fremdes Unternehmen erwirbt, muß damit rechnen, daß ein so komplexes Gebilde letztlich doch in vielem nicht dem entspricht, was er sich vorgestellt hat. Diesem Umstand ist nicht

---

[208] Zu darauf beruhenden Rückzahlungsverpflichtungen des Veräußerers, insbes. zur Verjährungsproblematik vgl. BGHZ 85, 367 ff. = NJW 1983, 390.

[209] BGH NJW 1977, 1536, 1538; Soergel/*Huber* § 459 RdNr. 251; *Hommelhoff* S. 113 ff.; *Westermann* ZGR 1982, 45, 58; *Quack* ZGR 1982, 350, 351;

Hiddemann ZGR 1982, 435, 442 f.; *Grunewald* ZGR 1982, 452; *Mössle* BB 1983, 2146, 2151 f.; plastisch *K. Schmidt* HandelsR § 6 IV 1 (S. 164).

[210] *Huber* ZGR 1972, 417 f; *Willemsen* AcP 182 (1982), 515, 564; aA *Canaris* ZGR 1982, 395, 400.

[211] Dazu *Willemsen* AcP 182 (1982), 515, 563.

nur bei der Frage der Erheblichkeit eines Mangels (§ 459 Abs. 1 S. 2 BGB) Rechnung zu tragen; vielmehr ist das Festhalten am Vertrag dem Käufer generell eher zumutbar als in den Normalfällen des Kaufs. Ihren gesetzlichen Ausdruck findet diese Wertung in der Vorschrift des § 352 BGB, der es dem Rücktrittsberechtigten verwehrt, sich der Wirkung und Bindung seiner eigenen Handlungen zu entziehen.[212]

111 **bb)** Soweit eine Wandlung noch statthaft ist, bestimmen sich die Rechtsfolgen gemäß § 467 S. 1 BGB nach den §§ 346 ff. BGB, wobei auch hier wiederum die für den „normalen" Sachkauf entwickelten Rechtsregeln für den besonderen Vertragsgegenstand Unternehmen zum Teil zu modifizieren sind.

112 **aaa)** Hinsichtlich der beiderseits erbrachten Hauptleistungen entstehen zunächst gemäß § 346 BGB „spiegelbildliche" Pflichten der Vertragsparteien:

113 Der Erwerber ist gemäß § 346 S. 1 BGB verpflichtet, die **jetzt** vorhandenen Vermögenswerte des Unternehmens, dh. das Unternehmen in seinem **gegenwärtigen** Zustand auf den Veräußerer (zurück) zu übertragen[213] sowie den Veräußerer in das (veränderte) Unternehmen einzuweisen.

114 Darüber hinaus stellt sich die Frage, ob der Erwerber auch verpflichtet ist, sich des **Wettbewerbs** mit dem Veräußerer zu enthalten. Eine „Umkehrung" des vertraglichen Wettbewerbsverbots, das dem Erwerber die Festigung der erworbenen Marktposition ermöglichen sollte, wird grundsätzlich nicht in Betracht kommen, da dies aus dem nach heute hL beim Rücktritt entstehenden Abwicklungsverhältnis[214] nicht abzuleiten sein wird. Man wird jedoch den Erwerber für verpflichtet halten müssen, alle Handlungen zu unterlassen, durch die der (Wieder-) Eintritt des Veräußerers in die Wettbewerbsposition des Erwerbers vereitelt wird; dies ergibt sich insbesondere daraus, daß ein solch beschränktes Wettbewerbsverbot letztlich nur dazu dient, die Erfüllung der Hauptpflicht (die jetzt in der Rückgabe des Unternehmens besteht) abzusichern (dazu auch RdNr. 25).

115 Der Veräußerer muß seinerseits den gemäß § 347 S. 3 iVm. § 346 bzw. § 352 BGB verzinsten **Kaufpreis zurückerstatten** sowie den Erwerber von den (kaufpreismindernd) übernommenen **Verbindlichkeiten** des Unternehmens **freistellen.** Soweit der Erwerber diese Verbindlichkeiten beglichen hat, ist ihm in analoger Anwendung des § 346 S. 2 BGB ein Zahlungsanspruch zuzugestehen. Von § 346 nicht mehr unmittelbar erfaßt ist die Pflicht des Veräußerers, den Erwerber von **neu** begründeten Unternehmensverbindlichkeiten, für die der Erwerber unmittelbar haftet, freizustellen. Auch insoweit liegt jedoch eine entsprechende Anwendung des § 346 nahe; dies vor allem deshalb, weil die diesen Verbindlichkeiten korrespondierenden Rechte/Ansprüche Gegenstände des an den Veräußerer zurückzuübertragenden Unternehmensvermögens sind und ihm daher zugute kommen. Hinzu kommt, daß die §§ 346 ff. BGB das Interesse des Käufers anerkennen, möglichst weitgehend so gestellt zu werden, als ob er sich auf den Vertrag nie eingelassen hätte.[215] Dieses Argument könnte im übrigen auch dazu führen, eine Abnahmepflicht des Veräußerers aus § 346 BGB zu bejahen.[216]

116 Nicht bzw. nur anteilig zurückzuzahlen ist idR die dem Veräußerer für die Einhaltung eines vertraglichen Wettbewerbsverbots gezahlte **(Karenz-) Entschädigung,** da der Erwerber entsprechend § 346 S. 2 BGB verpflichtet ist, dem Veräußerer für den Zeitraum, in dem dieser Wettbewerb unterlassen hat, Wertersatz zu leisten,[217] wobei sich die Höhe an der hierfür vereinbarten Entschädigung orientieren sollte.

---

[212] Vgl. dazu umfassend *E. Wolf* AcP 153 (1953), 97, 135 ff.

[213] Zur insoweit parallelen Problematik bei bereicherungsrechtlicher Rückabwicklung vgl. RdNr. 42 ff..

[214] Umfassend hierzu *Leser,* Der Rücktritt vom Vertrag, 1975, S. 150 ff.

[215] Vgl. BGHZ 87, 104, 110 = NJW 1983, 1479, 1480 in bezug auf Abnahmeverpflichtung des Veräußerers.

[216] Auch hierzu BGHZ 87, 104 ff. = NJW 1983, 1479 ff.

[217] So MünchKommBGB/*Janßen* § 346 RdNr. 21.

Gemäß § 467 S. 2 BGB muß der Veräußerer dem Erwerber auch die **Vertragskosten**[218] 117 ersetzen; diese dürften beim Unternehmenskauf regelmäßig in Abschluß- und Vertragsdurchführungskosten bestehen. **Nicht** von § 467 S. 2 BGB erfaßt werden Rückabwicklungs- und Finanzierungskosten des Erwerbers. Für letztere greift aber eventuell § 286 Abs. 1 BGB ein.[219]

bbb) Der Erwerber ist ferner – dies wurde bereits erörtert – verpflichtet, **Gewinne**, die 118 er vor Kenntnis des Wandlungsgrundes[220] erwirtschaftet und entnommen hat, gemäß §§ 347, 327 S. 2, § 818 Abs. 1 BGB abzüglich einer Entschädigung für seine Tätigkeit herauszugeben (dazu schon RdNr. 48 ff.). Nach Kenntnis des Wandlungsgrundes erweitert sich seine Haftung entsprechend § 987 Abs. 2 BGB.

Schwierig ist die Beantwortung der Frage, auf welcher Rechtsgrundlage der Erwerber 119 Ersatz von **Verwendungen** verlangen kann, die er mit eigenen Mitteln vor Kenntnis des Wandlungsgrundes finanziert hat. Die Rspr. will hier wohl allein § 347 S. 2 iVm. § 994 Abs. 2 BGB anwenden, legt jedoch – im Anschluß an das RG[221] – den Begriff der notwendigen Verwendung recht großzügig aus,[222] so daß insbesondere bei Verwendungen des Erwerbers, die der Sanierung des Unternehmens dienten, das Risiko des Mißlingens auf den Veräußerer verlagert wird. Im Schrifttum wird ergänzend eine analoge Anwendung der §§ 994 Abs. 1, 996 BGB[223] oder statt der Anwendung der §§ 994 ff. der Rückgriff auf eine Verwendungskondition[224] vorgeschlagen. Der letztgenannte Vorschlag ist trotz der konsequenten Anknüpfung am Bereicherungsrecht bedenklich, da der Anwendungsbereich der Verwendungskondiktion, der bislang auf den Ersatz von Verwendungen auf **fremde** Sachen beschränkt war,[225] damit erweitert würde. Will man den Erwerber noch mehr als über eine weite Auslegung des Begriffs der notwendigen Verwendungen schützen, erscheint daher die analoge Anwendung der §§ 994 Abs.1, 996 BGB vorzugswürdig. Verwendungen, die der Erwerber nach Kenntnis des Wandlungsgrundes vornimmt, sind nur über § 994 Abs. 2 ersetzbar. Bejaht man eine Abnahmepflicht des Veräußerers in bezug auf das Unternehmen, kommt auch ein Anspruch des Erwerbers aus § 304 BGB in Betracht.

b) Minderung. Beim – dem Erwerber wegen der teleologischen Reduktion des Rechts 120 auf Wandlung **primär zustehenden** – Rechtsbehelf der **Minderung** berechnet sich der Betrag, den er vom Veräußerer verlangen kann, nach der in § 472 BGB vorgeschriebenen Methode,[226] dh. zuerst wird der vereinbarte Kaufpreis mit dem wahren Wert des Unternehmens multipliziert, bevor dann dieser Betrag durch den hypothetischen Wert des (mangelfreien) Unternehmens dividiert wird.

Diese Berechnungsweise erfordert also **zwei Wertermittlungen** in bezug auf das Unter 121 nehmen; welche Methode der Unternehmensbewertung dabei zugrundegelegt wird, richtet sich in erster Linie danach, welche Methode dem Vertragsschluß zugrunde lag. Können entsprechende Feststellungen nicht getroffen werden, bietet es sich an, auf die jeweils bran-

---

[218] Zum Begriff siehe BGHZ 87, 104, 107 ff. = NJW 1983, 1479, 1480.

[219] Vgl. Soergel/*Huber* § 467 RdNr. 114.

[220] § 987 BGB greift insoweit nicht ein, da die gesetzliche Verweisung in § 347 BGB nach hM nicht für den aufgrund gesetzlicher Vorschriften Rücktrittsberechtigten gilt, vgl. nur Staudinger/ *Kaduk* § 347 RdNr. 26 und Soergel/*Hadding* § 347 RdNr. 6, 10 mit weit. Nachw.; kritisch *Huber* JZ 1987, 649, 654.

[221] RGZ 117, 112, 115 f.

[222] Vgl. BGH NJW 1978, 1256 f. (Mietzahlungen für Betriebsräume); keine Verwendungen stellen nach st. Rspr. sog. sachändernde Aufwendungen dar, vgl. nur BGHZ 41, 157, 160 ff. = NJW 1964, 1125; kritisch dazu *Haas* AcP 176 (1976), 1, 13 ff.;

[223] *Muscheler* AcP 187 (1987), 343, 358f.

[224] Soergel/*Hadding* § 347 RdNr. 10; MünchKommBGB/*Janßen* § 347 RdNr. 28.

[225] Vgl. MünchKommBGB/*Lieb* § 812 RdNr. 250.

[226] Vgl. dazu allgemein Soergel/*Huber* § 472 RdNr. 2 ff.; MünchKommBGB/*Westermann* § 472 RdNr. 5; Staudinger/*Honsell* § 472 RdNr. 3; siehe auch BGH NJW 1990, 902 f. (Minderung wegen unzutreffender Zusicherung von Mieterträgen bei Erwerb eines Mehrfamilienhauses).

Staudinger/*Gursky* vor §§ 994 ff. RdNr. 4; Soergel/*Mühl* vor § 994 RdNr. 3, 4, § 994 RdNr. 2; siehe auch *Ballerstedt*, Festschrift für Schilling, 1973, S. 289, 301 ff.

chenübliche Methode zurückzugreifen. Dies gilt auch für die Ermittlung des hypothetischen Unternehmenswertes. Dieser sollte insbesondere nicht einfach mit dem vereinbarten Kaufpreis gleichgesetzt werden;[227] zwar ist der (Ertrags-)Wert eines Unternehmens idR wesentlich für die Bestimmung des Kaufpreises, jedoch spielen häufig auch andere Umstände eine Rolle.[228]

122   Keine Schwierigkeiten bereitet idR die **Bestimmung des Kaufpreises.** Zu beachten ist vor allem, daß maßgebend nicht das in bar gezahlte Entgelt, sondern der Bruttokaufpreis ist.[229] Hinzuzurechnen ist daher insbesondere der Betrag der Verbindlichkeiten, zu deren Begleichung sich der Erwerber im Wege der Erfüllungsübernahme verpflichtet hatte.

123   Dem Charakter der Minderung als (relativiertem) Wertersatz entsprechend werden Gewinne/Erträge, die der Erwerber mit dem Unternehmen erzielt hat, nicht berücksichtigt.[230]

124   **c) Schadensersatz. aa)** Stellt man sich bei der Frage der rechtlichen Behandlung falscher Bilanzkennziffern auf den Standpunkt der Rechtsprechung, kann der Erwerber aus c.i.c. Schadensersatz geltend machen. Der BGH gewährt ihm dann – entsprechend den allgemeinen (Haftungs-) Regeln, die richterrechtlich zur c.i.c. entwickelt wurden[231] – ein **Wahlrecht** zwischen Vertragsaufhebung (plus Ersatz nutzloser Aufwendungen) und Vertragsanpassung. Im Ergebnis entspricht dies in aufschlußreicher Weise letztlich den Rechtsbehelfen der Wandlung bzw. Minderung.[232]

125   Der BGH vertritt gerade beim Unternehmenskauf die von ihm entwickelte – in der Rechtslehre zutreffend überwiegend abgelehnte[233] – Auffassung, daß der Geschädigte bei der Verletzung von Aufklärungspflichten als Schadensersatz **Aufhebung/Rückgängigmachung des Vertrages** verlangen kann, wobei ihm auch noch der Nachweis der Kausalität zwischen Pflichtverletzung und Schaden abgenommen wird.[234] Dem Aufklärungspflichtigen verbleibt lediglich die (weithin theoretische) Möglichkeit, den Gegenbeweis zu führen. Rechtsfolge wäre dann die Rückabwicklung der beiderseits erbrachten Leistungen sowie Ersatz der Aufwendungen, die der Geschädigte im Vertrauen auf die Richtigkeit der angegebenen Zahlen/Bilanzkennziffern erbracht hat.

126   Freilich stellt sich hier – neben den allgemeinen Bedenken, die gegen die Sanktion der Vertragsaufhebung bei der Haftung aus c.i.c. bestehen[235] – die Frage, ob nicht zumindest im Bereich des Unternehmenskaufs wegen der unzweifelhaften Schwierigkeiten der Rückabwicklung das Recht des Erwerbers, Vertragsaufhebung zu verlangen, ebenso **beschränkt werden muß** wie sein Recht auf Wandlung[236] (RdNr. 108 ff.). Dies wäre nicht nur interessengerechter, sondern stünde auch durchaus im Einklang mit den Intentionen des Gesetzgebers. Wenn nämlich über das Instrumentarium des Schadensersatzes der Weg in die Rückabwicklung eines Vertragsverhältnisses eröffnet wird, ist eine Orientierung an den für diese Rechtsfolge eigentlich entwickelten Rechtsnormen nicht nur möglich, sondern sogar notwendig. Dementsprechend gilt es auch hier (ebenso wie etwa beim sog. großen Schadensersatzanspruch gem. § 463 BGB – dazu noch RdNr. 131) insbesondere auf die

---

[227] Zu einem entsprechenden prima-facie-Beweis im „normalen" Kaufrecht vgl. Soergel/*Huber* § 472 RdNr. 10: ablehnend wohl BGH DB 1971, 2252 f. (Kauf eines Eigenheims).

[228] Dazu *Beisel/Klumpp* RdNr. 6 ff.; *Semler* in: *Hölters*, Handbuch des Unternehmens- und Beteiligungskaufs, Teil VI, RdNr. 8.

[229] Soergel/*Huber* § 472 RdNr. 14a.

[230] Dazu Soergel/*Huber* § 472 RdNr. 11.

[231] Zusammenfassend BGH NJW 1989, 1793, 1794; zum Wahlrecht siehe auch Soergel/*Wiedemann* vor § 275 RdNr. 200.

[232] Dazu Willemsen AcP 182 (1982), 515, 551 f.; *Mössle* BB 1983, 2146, 2148 f.; vgl. auch Soergel/ *Wiedemann* vor § 275 RdNr. 180; zusammenfassend nochmals *Müller* ZIP 1993, 1045, 1047 f.

[233] Vgl. vor allem *Medicus* JuS 1965, 209, 212 ff.; *ders.,* Verschulden bei Vertragsverhandlungen, in: Gutachten und Vorschläge zur Überarbeitung des Schuldrechts, hrsg. vom Bundesminister der Justiz, 1981, S. 479, 539 ff.; *Lieb*, Festschrift 600-Jahr-Feier der Universität zu Köln, 1988, S. 251 ff.; *Canaris* ZGR 1982, 395, 416 ff.; Soergel/*Wiedemann* vor § 275 RdNr. 199; zustimmend aber *Messer*, Festschrift für Steindorff, 1990, S. 743, 749 ff.

[234] BGH NJW 1970, 653, 654; WM 1974, 51, 52; NJW 1980, 2408, 2409 f.; WM 1988, 124, 125; ZIP 1988, 1700, 1702.

[235] Nachweise Fn. 233.

[236] So auch *Baur* BB 1979, 381, 387.

§§ 351, 352 BGB zurückzugreifen, die das Recht des Erwerbers, Rückabwicklung zu verlangen, jedenfalls für die Fälle **einschränken**, daß der Rücktrittsberechtigte das Unternehmen verändert oder gar (schuldhaft) verschlechtert hat (dazu schon RdNr. 110).

Erhebliche Schwierigkeiten bereitet auch die Rechtsfolge der **Anpassung des Vertrages**. **127** Der Erwerber soll (ohne nachweisen zu müssen, daß sich der Veräußerer auf einen niedrigeren Kaufpreis eingelassen hätte – insofern stellt die Rechtsprechung eine unwiderlegliche Vermutung auf[237]) das Recht haben, den Betrag zurückzuverlangen, um den er das Unternehmen „zu teuer" gekauft hat.[238] Freilich enthalten die einschlägigen Entscheidungen des BGH kaum Anhaltspunkte, wie denn nun dieser Schaden zu berechnen sein soll. Ausdrücklich abgelehnt wurde die Anerkennung des sog. „Bilanzauffüllungsbetrages" als ersatzfähigem Schaden;[239] dem Erwerber soll also – anders als beim sog. kleinen Schadensersatz gemäß § 463 BGB – nicht das Recht zustehen, die Differenz zwischen dem wirklichen und dem hypothetischen Wert des Unternehmens als Schaden zu liquidieren. Sein Schaden soll vielmehr in drei Schritten ermittelt werden: Zuerst ist der wahre Wert des Unternehmens (zum Zeitpunkt des Vertragsschlusses) qua Sachverständigengutachten zu ermitteln, ehe dann – auf der Grundlage des § 287 ZPO – danach zu fragen ist, welcher Kaufpreis unter Zugrundelegung dieses Wertes unter Berücksichtigung der Mängel angemessen gewesen wäre. Der so ermittelte „angemessene" Kaufpreis soll dann vom vereinbarten Kaufpreis abgezogen werden, so daß die sich daraus ergebende Differenz den ersatzfähigen Schaden darstellt.[240]

Der damit eingeräumte (und angestrebte?) Beurteilungsspielraum des jeweils erkennenden Gerichts führt allerdings zu erheblicher Rechtsunsicherheit bei der **Schadensberechnung**.[241] Vorzugswürdig ist daher die „Schadensberechnung" entsprechend den im § 472 BGB vorgegebenen Grundsätzen bei der Berechnung der Kaufpreisminderung (dazu schon RdNr. 120 ff.), zumal dies methodisch über die Heranziehung des § 323 Abs. 2 2. Hs. BGB gerechtfertigt werden kann.[242]   **128**

Weitere Schadenspositionen – zu denken ist insbesondere an Aufwendungen für Entschuldung und Sanierung des Unternehmens – wird der Erwerber idR nicht selbständig geltend machen können; dies ist vom BGH im Ergebnis zutreffend abgelehnt worden[243] und ergibt sich vor allem daraus, daß unentdeckte bzw. dem Erwerber unbekannte Unternehmensverbindlichkeiten bereits den wirklichen Wert des Unternehmens mindern und daher das Bestehen der fraglichen Verbindlichkeiten bereits durch die dargestellte Schadensberechnung abgegolten ist.[244]   **129**

bb) Wenn und soweit der Veräußerer bestimmte Umstände (Umsätze, Erträge etc.) gemäß § 459 Abs. 2 BGB **zugesichert** hat,[245] ergeben sich die Rechtsfolgen aus § 463 S. 1 BGB, der dem Käufer in der Regel ein Wahlrecht zwischen dem sog. **großen** und **kleinen** Schadensersatz gibt.   **130**

Der **große Schadensersatz** umfaßt gemeinhin die Rückgabe des Kaufgegenstands sowie den vollen (Nichterfüllungs-) Schaden des Käufers.[246] Seine Geltendmachung ist nach   **131**

---

[237] BGH NJW 1977, 1536, 1537f.; NJW 1980, 2408, 2410; WM 1988, 1700, 1702; anders noch BGH NJW 1977, 1538, 1539; allgemein dazu BGHZ 114, 87, 94 = NJW 1991, 1819, 1820; NJW 1989, 1793, 1794.

[238] BGH NJW 1977, 1536, 1538; NJW 1980, 2408, 2410; ZIP 1988, 1700, 1702; kritisch dazu vor allem *Willemsen* AcP 182 (1982), 515, 552 ff.; *Canaris* ZGR 1982, 395, 420 ff.; zwar im allgemeien abgelehnt, aber wohl für den Unternehmenskauf befürwortet, wird diese Rechtsfolge von *Messer*, Festschrift für Steindorff, 1990, S. 743, 750 ff., 752 f.

[239] BGH NJW 1977, 1536, 1538; NJW 1980, 2408, 2410.

[240] BGH NJW 1977, 1536, 1538; NJW 1980, 2408, 2410.

[241] So auch *Westermann* ZGR 1982, 45, 59 f.; vgl. auch *Hiddemann* ZGR 1982, 435, 448 f, der feststellt, die Rechtsprechung lasse sich im wesentlichen von pragmatischen Erwägungen leiten.

[242] Vgl. *Soergel/Wiedemann* vor § 275 RdNr. 197.

[243] BGH NJW 1980, 2408, 2410; vgl. auch *Hiddemann* ZGR 1982, 435, 449.

[244] Ebenso *Canaris* ZGR 1982, 395, 423.

[245] So zB BGH BB 1975, 1180 (Zusicherung abschreibungsfähiger Baunebenkosten).

[246] Ganz hM, vgl. nur *Soergel/Huber* § 463 RdNr. 39 mit weit. Nachw.

heute ganz hL in der Regel an keine weiteren Voraussetzungen (insbesondere nicht an den Wegfall des Interesses an der Vertragsdurchführung) gebunden; eine Einschränkung dieses Rechts ist nur in den Fällen des Rechtsmißbrauchs (§ 242 BGB) möglich.[247] Hiervon gilt es zumindest im Bereich des Unternehmenskaufs abzuweichen: Da die Möglichkeit des Erwerbers, Wandlung und damit Rückabwicklung des Vertrages verlangen zu können, auf wenige Fälle zu beschränken ist (dazu RdNr. 108 ff.), muß auch beim großen Schadensersatzanspruch zwecks Vermeidung eines Wertungswiderspruchs das in ihm enthaltene Wandlungselement eingeschränkt werden.

132   Der Erwerber wird daher in der Regel auf die Geltendmachung des sog. **kleinen Schadensersatzes** verwiesen werden, der sich aus der Wertdifferenz zwischen der mangelfreien und der mangelhaften Sache ergibt.[248] Für die Schadensberechnung stehen dem Erwerber in der Regel mehrere Wege offen:

133   Soweit Ersatz der Wertdifferenz gefordert wird, sind der (jeweils durch Sachverständigengutachten zu ermittelnde) tatsächliche und der behauptete Wert des Unternehmens gegenüberzustellen, wobei sich die Methode der Unternehmensbewertung nach der von den Parteien gewählten richtet. Der sich daraus ergebende **Differenzbetrag** ist vom Veräußerer zu ersetzen.[249] Im allgemeinen Kaufrecht steht dem Käufer (alternativ) das Recht zu, die ihm für die Beseitigung des Mangels entstandenen (Reparatur-) Kosten als Schaden zu liquidieren.[250] Eine Übertragung dieses Grundsatzes würde – bei zugesicherten (Mindest-) Gewinnen/Erträgen – allerdings dazu führen, daß der Erwerber jedenfalls hier (vgl. RdNr. 127) Ersatz des sog. „Bilanzauffüllungsbetrages" verlangen könnte.

134   Nach (wohl) hL kann ferner auch beim kleinen Schadensersatz der Ersatz vergeblich aufgewendeter Nebenkosten (zB zu hohe Notargebühren; eventuell Ersatz nutzloser Aufwendungen) verlangt werden.[251]

135   Eine Anrechnung erzielter Gewinne findet in der Regel nicht statt.[252]

136   **cc)** Für den zwar seltenen, aber dennoch möglichen Fall, daß beim Erwerber **Mangelfolgeschäden** auftreten, können diese – allgemeinen Grundsätzen entsprechend[253] – nach den Regeln der **positiven Vertragsverletzung** liquidiert werden. Auch diesbezüglich bereitet allerdings die Auffassung des BGH erhebliche Schwierigkeiten, da dies über eine Haftung aus c.i.c. kaum begründbar ist.

137   **4. Verjährung. a) Sechsmonatige Verjährungsfrist.** Die (auch analoge) Anwendung der §§ 459 ff. BGB auf den Unternehmenskauf führt zur (vertraglich nur eingeschränkt modifizierbaren – § 225 BGB) Verjährungsregelung des § 477 Abs. 1 S. 1, 2. Alt. BGB. Dessen **sechsmonatige** Verjährungsfrist ab Ablieferung (hier: Übergabe des Unternehmens) ist – darüber besteht weithin Konsens – für den Unternehmenskauf **zu kurz**.[254] Zwar könnte der Erwerber sofort eine umfassende bilanzielle Sonderprüfung (Eröffnungsbilanz) veranlassen, jedoch ist dies wegen des damit verbundenen hohen Aufwands kaum zumutbar und überdies nur bei im wesentlichen ordnungsgemäßer Buchführung des Veräußerers einigermaßen erfolgversprechend. Die Richtigkeit der wichtigen steuerlichen bilanziellen Ansätze (Bewertungsfragen etc.!) – Nachforderungen des Fiskus können so-

---

[247] St. Rspr., vgl. nur BGHZ 29, 148, 151; 96, 283, 287.

[248] Ganz hM, vgl. nur Soergel/*Huber* § 463 RdNr. 53.

[249] Vgl. insofern auch die Rechtsprechung des BGH zum Schadensersatz bei zugesicherten Mietererträgen, BGH NJW 1981, 45, 46.

[250] BGH NJW 1965, 34/35; 1983, 1424, 1425; 1989, 2534, 2535; MünchKommBGB/*Westermann* § 463 RdNr. 21, 25.

[251] Vgl.   MünchKommBGB/*Westermann* § 463 RdNr. 24, 25; zum Ersatz von Aufwendungen vgl. auch BGHZ 114, 193 ff. = NJW 1991, 2277 ff.

[252] Vgl. insofern die Rechtsprechung des BGH zur vergleichbaren Problematik der Anrechnung eines evtl. Weiterveräußerungserlöses, BGH NJW 1981, 45, 46 f.; siehe auch MünchKommBGB/*Westermann* § 463 RdNr. 23 sowie BGH WM 1965, 272, 273 (Vereinbarung höherer Mieten unerheblich für Schadensberechnung wegen arglistiger Vorspiegelung höherer als tatsächlicher Mietererträge).

[253] Vgl. nur BGHZ 101, 337, 339 = NJW 1988, 52; Soergel/*Wiedemann* vor § 275 RdNr. 413 ff.

[254] Anders noch RGZ 138, 354, 357 f.; dagegen zuletzt *Baur* BB 1979, 381, 385.

wohl zu einer Veränderung des Ertrags- als auch des Substanzwerts führen – steht mit hinreichender Sicherheit sogar erst nach einer u.U. mehrere Jahre später durchgeführten steuerlichen Betriebsprüfung fest.

b) Jahresfrist. Eine systemimmanente Lösung versucht der Vorschlag, die für Grund- **138** stücke geltende **Jahresfrist des § 477 Abs. 1 S. 1, 1. Alt. BGB** analog auf den Unternehmenskauf anzuwenden.[255] Freilich ist auch diese Frist – dies zeigen die zwei- bis dreijährigen Verjährungsvereinbarungen der Praxis – immer noch zu kurz, weil dann die nächste reguläre Bilanz, anhand derer die generelle Überprüfung der alten Bilanzdaten möglich ist, noch innerhalb dieser Frist aufgestellt werden müßte. Dies wird häufig nicht möglich sein; zumindest verblieben dem Erwerber allenfalls nur wenige Wochen zur Geltendmachung etwaiger (Gewährleistungs-) Rechte.

Im Schrifttum neigt man daher dazu, sich von der gesetzlichen Regelung des § 477 BGB **139** völlig zu lösen und statt dessen anzunehmen, eventuelle Gewährleistungsbehelfe des Käufers müßten innerhalb **angemessener**, von Fall zu Fall anzunehmender Frist geltend gemacht werden.[256] In eine ähnliche Richtung geht der Vorschlag von *Mössle*, bei Kaufverträgen, in denen von der – durch das Gesetz (§ 477 Abs. 1, S. 2 BGB) eröffneten – Möglichkeit der vertraglichen Verlängerung der Verjährungsfrist kein Gebrauch gemacht worden ist, von einer Vertragslücke auszugehen und diese durch ergänzende Vertragsauslegung zu schließen.[257]

Auch wenn eine solche offene Problemlösung der „Normerschleichung", wie sie die **140** Rechtsprechung durch Verdrängung der §§ 459 ff. BGB durch die c.i.c. vor allem deswegen betreibt, um den scheinbar sicheren Boden des (noch weniger passenden) § 195 BGB gewinnen zu können,[258] vorzuziehen wäre, ist mit ihr der gravierende Nachteil verbunden, daß sie – auch wegen der kaum lösbaren Schwierigkeit, angemessene Fristen zu finden – zu einer erheblichen Rechtsunsicherheit führen würde, die mit der, der Verjährung immanenten Rechtsfriedensfunktion kaum vereinbar wäre. Der Lösung von *Mössle* über § 157 BGB steht zudem (methodisch) entgegen, daß das auf Individualverträge und damit auf die Beurteilung von Einzelfällen ausgerichtete Instrument der ergänzenden Vertragsauslegung zur Lösung eines generellen Problems bemüht werden muß.

c) Fristbeginn. Bei genauerem Zusehen zeigt sich, daß weniger die Frist**länge** als viel- **141** mehr der Frist**beginn** das eigentliche Problem[259] beim Unternehmenskauf darstellt, so daß die Problemlösung bei letzterem ansetzen sollte. Dies ist im Rahmen der analogen Anwendung der §§ 459 ff. BGB durchaus statthaft. Zwar beginnt die Verjährung im vertraglichen Bereich nicht erst mit tatsächlicher Kenntnis oder wenigstens konkreter individueller Kenntnismöglichkeit. Der Verjährungsbeginn ist jedoch vom Gesetzgeber auch nicht willkürlich gewählt worden, er orientiert sich vielmehr an dem Beginn der generell zumutbaren abstrakten Erkennbarkeit des Anspruchs durch den Geschädigten (sog. realistischer Verjährungsbeginn). Dementsprechend differenziert der Gesetzgeber zwischen Grundstücken und beweglichen Sachen, nämlich zwischen Übergabe und Ablieferung. Diese Unterscheidung ist ausweislich der Gesetzesmaterialien bewußt zur Schaffung eines realistischen Verjährungsbeginns gewählt worden.[260] Auch der BGH hat diesem generellen Gesetzeszweck in mindestens zwei Fällen außerhalb des Unternehmenskaufs[261] jedenfalls im

[255] *Gierke/Sandrock* § 16 I 1 d (S. 215); Münch-KommBGB/*Westermann* § 477 RdNr. 5; *Prölss* ZIP 1981, 345; *Westermann* ZGR 1982, 45, 61; *Willemsen* AcP 182 (1982), 515, 568.

[256] So *Mössle* BB 1983, 2146, 2153; *Flume* S. 195; früher auch *Huber* ZGR 1972, 395.

[257] *Mössle* BB 1983, 2146, 2153.

[258] BGH DB 1974, 231; NJW 1977, 1538, 1539; vgl. auch die Äußerung von *Hiddemann* ZGR 1982, 435, 449.

[259] Insoweit auch *Grunewald* ZGR 1981, 622, 627.

[260] Prot. I, 702.

[261] Beginn der Verjährung von Schadensersatzansprüchen gegen den Steuerberater wegen Nachforderung des Fiskus BGHZ 73, 363, 366 = NJW 1979, 1550; BGH NJW 1992, 2766; Verjährungsbeginn gegen den Rechtsanwalt bei Zurückweisung des rechtsanwaltlichen Vorbringens als verspätet BGH NJW 1992, 2828, 2829.

Ergebnis[262] Rechnung getragen. Ist nun aber generell/abstrakt die Mängelfeststellung hinsichtlich der Unternehmenskennzahlen zum Zeitpunkt des Erwerbs nicht möglich oder, soweit durch aufwendige bilanzielle Sonderprüfung möglich, doch zumindest unzumutbar,[263] so muß dies bei der analogen Anwendung der §§ 459 ff. BGB berücksichtigt werden: Da abstrakt/generell die Erkennbarkeit falscher Bilanzkennzahlen erst mit Aufstellung der ersten neuen Bilanz durch den Erwerber möglich ist, sollte auch die **Verjährungsfrist mit Feststellung der ersten neuen Handelsbilanz** nach dem Unternehmenserwerb **beginnen.**[264]

142   Dies gilt auch für **steuerlich** unzutreffende Bilanzkennziffern. Bedenken ergeben sich zwar daraus, daß gerade hier in Unternehmenskaufverträgen häufig Sonderregelungen (der Verjährungsfrist) enthalten sind, und auch der BGH bei der Steuerberaterhaftung die Verjährung erst mit dem Zugang des Nachforderungsbescheids beginnen läßt,[265] jedoch liegt auch hier der Fehler in der fehlerhaften Bilanz und damit in den Unternehmenskennziffern. Dementsprechend sollten alle hieraus resultierenden Fehlerkategorien auch im Bereich der Verjährung gleichbehandelt werden. Bei Verzicht auf einen besonderen Verjährungsbeginn für Steuernachforderungen steht der Erwerber auch nicht rechtlos da, hat er doch im Wege des Vertrags mit Schutzwirkung für Dritte oder der Drittschadensliquidation Ansprüche gegen den Steuerberater des Veräußerers, deren Verjährung erst mit dem Zugang der Nachforderung des Finanzamts beginnt.

IV. Gewährleistung für Rechtsmängel und Mängel an Rechten

143   **1. Rechtsmängel am Sachsubstrat. a) Meinungsstand.** Sehr streitig ist die Art der Gewährleistung bei Rechtsmängeln an einzelnen Gegenständen des Sachsubstrats.[266] Die Rechtsprechung hat sich bisher noch nicht eindeutig entschieden: Bei einer Sicherungsübereignung der Warenautomaten des verkauften Unternehmens wurde Sachmängelgewährleistung hinsichtlich **des Unternehmens** erwogen.[267] In einer späteren Entscheidung wurde bei hypothekarischer Belastung des Betriebsgrundstücks des verkauften Hotels ausdrücklich offengelassen, ob Rechtsmängelhaftung hinsichtlich des Grundstücks oder Sachmängelhaftung hinsichtlich des Unternehmens der richtige Gewährleistungsansatz ist.[268] In der Lehre wird teilweise[269] allein eine **Sachmängelhaftung** hinsichtlich des Unternehmens als ganzem bejaht. Ein anderer Teil[270] will **Rechtsmängelhaftung** hinsichtlich des einzelnen Substratgegenstands anwenden und die Auswirkungen auf das Gesamtunternehmen analog §§ 326 Abs. 1 S. 3, 325 Abs. 1 S. 2 BGB bewältigen. Eine andere Meinung[271] will hinsichtlich des Einzelgegenstands **Rechtsmängelgewährleistungsrecht** und in gravierenden Fällen für das Unternehmen **Nichterfüllungsrecht** anwenden und einzelne negative Auswirkungen auf das Unternehmen, die damit nicht abgegolten sind, mit c.i.c./pVV bewältigen. Eine ähnliche Meinung[272] wendet Rechtsmängelhaftung auf den Finzelgegen-

---

[262] Der Bundesgerichtshof stützt sich freilich formal auf den Zeitpunkt des Schadenseintritts. Bei einem vorläufig vollstreckbaren Titel die Anspruchs-(Schadens-) Entstehung abzulehnen (NJW 1992, 2828, 2829), ist jedoch nicht methodenehrlich und widerspricht auch der Rechtsprechung in zahlreichen anderen Fällen.

[263] Zum Zeitpunkt der Übergabe wird häufig auch noch nicht feststehen, ob es dem Veräußerer bei Positionen, die nur mit Zustimmung Dritter übertragen werden können, gelingt, diese zu übertragen. Hier wäre vielleicht sogar an eine Art Abnahme zu denken.

[264] Auch bei nicht handelsbilanzpflichtigen Unternehmen wird meist eine solche Bilanz erstellt, da sie für die Berechnung der zeitanteiligen Gewinn-/Verlustbeteiligung des Veräußerers benötigt wird.

[265] BGHZ NJW 1992, 2766 ähnlich BGHZ 73, 363, 366 = NJW 1979, 1550 (Abschlußbesprechung).

[266] Vgl. dazu neuerdings *Ernst*, Rechtsmängelhaftung, 1995, 158 ff.; *Canaris* § 8 II 1 (131 ff.).

[267] BGH NJW 1969, 184.

[268] BGH WM 1984, 936, 938.

[269] So grundsätzlich Staudinger/*Köhler* § 434 RdNr. 8; tendenziell auch RGRK/*Mezger* § 459 RdNr. 12; ähnlich *Canaris* ZGR 1982, 395, 429.

[270] Soergel/*Huber* § 459 RdNr. 276; *Schlosser* JZ 1969, 336, 337; *Hadding* ZGR 1982, 476, 488 f.

[271] Staub/*Hüffer* vor § 22 RdNr. 45; *Mössle* BB 1983, 2146, 2152.

[272] *Grunewald* S. 94 f.; *dies.* ZGR 1981, 622, 633 f.

stand und bei Relevanz für das Gesamtunternehmen auch **Rechtsmängelhaftung für das Gesamtunternehmen** an. Wiederum andere[273] wenden Rechtsmängelhaftung hinsichtlich des Einzelgegenstands und bei Auswirkungen des Mangels auf die Funktionsfähigkeit des Unternehmens dort Sachmängelrecht an. Eine letzte Meinung will allein die Rechtsmängelhaftung und diese ausschließlich auf das Unternehmen als Ganzes anwenden.[274]

b) Stellungnahme. Entsprechend der hier eingeschlagenen Linie, den komplexen, aber **144** einheitlichen Kaufgegenstand Unternehmen konsequent auch im Gewährleistungsrecht als Einheit zu behandeln (RdNr. 92 ff.), **kommt** eine auf den einzelnen Gegenstand beschränkte **Rechtsmängelhaftung ebensowenig wie bei Sachmängeln** an Einzelgegenständen des Sachsubstrats **in Betracht.** Dem widerspricht nicht, daß beim Kauf eines bloßen Unternehmenssubstrats Rechtsmängelansprüche hinsichtlich des einzelnen Gegenstands bestehen;[275] denn der Unternehmenskauf ist mit einem bloßen Substratskauf gerade nicht vergleichbar. Dies zeigt sich vor allem daran, daß der Wert und die Tauglichkeit des Unternehmens nicht anhand der Einzelgegenstände, sondern der bilanziellen Kennziffern bestimmt wird. Den Erwerber interessiert es letztendlich nicht, ob ein bestimmter Gegenstand (rechts-)mängelbehaftet ist, sondern nur, ob dieser Gegenstand bilanziell richtig bewertet wurde. Dies wird auch letztlich (nur) Vertragsgegenstand[276] (es sei denn, der Erwerber macht den betreffenden Gegenstand zum Vertragsinhalt, so daß sich das vertragliche Leistungsversprechen und damit auch die Einstandspflicht ausdrücklich auch darauf beziehen).

Der Unternehmenskäufer wird durch die Ablehnung der Rechtsmängelhaftung für den **145** Einzelgegenstand (auch nicht) gegenüber dem Substratskäufer schlechter gestellt. Vielmehr führt die Tatsache, daß sich der Rechtsmangel eines Einzelstücks in der Bilanz und damit in bezug auf Ertragskraft und Substanzwert niederschlägt, zu einer Abweichung der Ist- von der Sollbeschaffenheit und damit notwendigerweise zur Sachmängelhaftung.

Gestützt wird dieses Ergebnis zusätzlich durch die Überlegung, daß sich ein Rechtsman- **146** gel an einem Einzelgegenstand regelmäßig nicht so auswirkt, daß auch am Vertragsgegenstand **Unternehmen** ein Rechtsmangel entsteht. Daher sind **Rechtsmängel an Einzelgegenständen** grundsätzlich als **Sachmängel des Unternehmens** anzusehen. Dabei ist § 459 Abs. 1 S. 2 BGB zu beachten, dh. die veränderte Kennziffer muß zu einer nicht unerheblichen Wertminderung auf der Unternehmensebene führen. Dies ist nicht etwa eine Schwäche,[277] sondern Ausfluß des einheitlichen komplexen Vertragsgegenstands Unternehmen und entspricht dem Normzweck des § 459 Abs. 1 S. 2 BGB. Auch ist ein fehlerloses Unternehmen nicht geschuldet.[278] Gesondert zu behandeln sind Rechtmängel, die sich über den Einzelgegenstand hinaus zu einer Störung der unternehmerischen Zusammengehörigkeit der einzelnen Gegenstände führen (dazu noch RdNr. 152).

2. Mängel im Sinne des § 437 BGB an mitveräußerten Rechten. a) Meinungsstand. 147 Der Meinungsstand hinsichtlich der Behandlung von Mängeln im Sinne des § 437 BGB an mitveräußerten Rechten ist ähnlich dem bei Rechtsmängeln an mitveräußerten Sachen. Die Rechtsprechung hält hinsichtlich des mitveräußerten Rechts selbst Rechtsmängelgewährleistung,[279] daneben bei hinreichender Bedeutung für das Gesamtunternehmen hinsichtlich des Unternehmens selbst Sachmängelgewährleistung[280] für gegeben. Diese Kon-

[273] *Larenz* § 45 II a (S. 166); Staudinger/*Honsell* § 459 RdNr. 42; MünchKommBGB/*Westermann* § 437 RdNr. 18.
[274] So wohl *Canaris* ZGR 1982, 395, 426 f., 430 f.
[275] AA Soergel/*Huber* § 459 RdNr. 276; BGH NJW 1970, 556 = WM 1970, 319.
[276] Ähnlich *Semler* in: *Hölters*, Handbuch des Unternehmens- und Beteiligungskaufs, Teil VI RdNr. 11; vgl. auch *Hadding* ZGR 1982, 476, 485, der zutreffend darauf hinweist, daß der Käufer weiß, daß ein im Wirtschaftsablauf stehendes Unterneh-

men hinsichtlich der zu ihm gehörenden Gegenstände niemals völlig frei von Sicherungsrechten Dritter sein wird, ähnlich *Canaris* § 8 II 1 b (S. 132 f.).
[277] So aber *Grunewald* ZGR 1981, 622, 632.
[278] So auch *Mössle* BB 1983, 2146, 2151; ähnlich Erman/*Grunewald* § 459 RdNr. 17, 14.
[279] BGH NJW 1970, 556 = WM 1970, 319 ff.; WM 1975, 1166; RG Recht 1915, Nr. 32.
[280] BGH NJW 1970, 556 = WM 1970, 319; WM 1974, 312.

zeption wird von einem Teil der Lehre befürwortet.[281] Anders als beim Meinungsstand zu Rechtsmängeln an mitveräußerten Sachen bejahen hier aber auch fast alle abweichenden Stimmen[282] eine Mängelhaftung im Sinne des § 437 BGB hinsichtlich des Einzelrechts. Nur hinsichtlich des Gesamtunternehmens werden die verwandten Alternativvorschläge (analoge Anwendung der §§ 326 Abs. 1 S. 3, 325 Abs. 1 S. 2 BGB;[283] unmittelbare Anwendung des Nichterfüllungsrechtes[284] und Rechtsmängelhaftung auch für das Gesamtunternehmen[285]) gemacht. Allein *Canaris*[286] lehnt generell eine Gewährleistung hinsichtlich von Einzelrechten ab und will so hinsichtlich des Gesamtunternehmens nur Rechtsmängelhaftung anwenden.

148   **b) Stellungnahme.** Dem BGH ist – im Ergebnis – insofern zuzustimmen, als ein Mangel an einem mitveräußerten Recht iSv. § 437 BGB einen **Sachmangel des Unternehmens** als Ganzem begründen kann. Unabdingbare Voraussetzung für entsprechende Gewährleistungsansprüche gemäß §§ 459 ff. BGB analog ist jedoch wiederum eine unzutreffende Bilanzierung. Geht also ein Recht – dies ist der Regelfall – in die Bilanz ein, obwohl es nach den Grundsätzen ordnungsgemäßer Bilanzierung als nichtbestehend nicht hätte bilanziert werden dürfen, liegt eine Abweichung der Ist- von der geschuldeten Sollbeschaffenheit und damit ein Fehler gemäß § 459 Abs. 1 BGB analog vor.

149   Eine weitergehende Haftung des Veräußerers ist grundsätzlich ausgeschlossen; insbesondere kann es eine auf ein einzelnes Recht bezogene Gewährleistung iSv. § 437 BGB nicht geben.[287] Die sozusagen „zweispurige" Lösung der Rechtsprechung ist schon aus dem Grund abzulehnen, daß der Erwerber durch die Verdoppelung der Gewährleistungsrechte ungerechtfertigt besser gestellt wird,[288] zumal er über die Anwendung des Sachmängelrechts indirekt sogar eine ansonsten nicht bestehende Bonitätshaftung erhält.[289] Daneben ist auch hier wiederum darauf hinzuweisen, daß die betreffenden Einzelrechte im Regelfall gerade nicht Gegenstand gesonderter vertraglicher Abreden sind, sondern daß Vertragsgegenstand (nur) das Unternehmen ist. Würde man eine Einstandspflicht des Veräußerers für das Bestehen von Einzelrechten bejahen, hätte dies überdies eine äußerst bedenkliche Konsequenz: So würde eine isolierte Gewährleistung für das Bestehen einzelner Rechte den – beiden Parteien bewußten! – Umstand vernachlässigen, daß praktisch in keinem (größeren) Unternehmen alle bilanzierten Forderungen und Rechte ausnahmslos bestehen. Im Gegenzug tauchen dafür aber auch idR unverhoffte Aktiva auf, die bei einer isolierten Gewährleistung nicht berücksichtigt werden könnten.

150   **3. Bonitätshaftung bei Rechten.** Nach dem Ausgeführten (RdNr. 148 f.) kann es eine isolierte Bonitätshaftung für das Einzelrecht nicht geben. Es gibt jedoch mittelbar eine Bonitätshaftung bezogen auf das Gesamtunternehmen; denn der Veräußerer ist auch hinsichtlich der Rechte/Forderungen zu ordnungsgemäßer Bilanzierung und damit Bonitätsbewertung verpflichtet. Verletzt er diese Pflicht, weichen notwendigerweise die Istkennzahlen von den Sollkennzahlen ab, wodurch vorbehaltlich des § 459 Abs. 1 S. 2 BGB Sachmängelgewährleistungsansprüche entstehen.

151   **4. Rechtsmängel des Unternehmens.** Gibt es eine Gewährleistung nur hinsichtlich des Unternehmens als ganzem (dazu RdNr. 93, 144 ff.) und ist das Unternehmen für die Gewährleistung einer Sache rechtsähnlich (dazu RdNr. 79 ff.), muß es auch eine **unternehmensbezogene Rechtsmängelhaftung** analog § 434 BGB geben. Da das Unternehmen als solches nur eine schuldrechtliche, aber keine sachenrechtliche Einheit bildet, ist jedoch die Möglichkeit von Rechtsmängeln hinsichtlich des Unternehmens als Einheit eingeschränkt.

[281] Staudinger/*Honsell* § 459 RdNr. 42; RGRK/*Mezger* § 459 RdNr. 12, 47; *Larenz* § 45 II a S. 166; MünchKommBGB/*Westermann* § 437 RdNr. 18.

[282] Soergel/*Huber* § 459 RdNr. 276; Staub/*Hüffer* vor § 22 RdNr. 42.

[283] Soergel/*Huber* § 459 RdNr. 277.

[284] Staub/*Hüffer* vor § 22 RdNr. 45.

[285] *Grunewald* ZGR 1981, 622, 633 f.

[286] *Canaris* ZGR 1982, 395, 431.

[287] Insoweit auch *Canaris* (Fn. 286).

[288] Soergel/*Huber* § 459 RdNr. 276.

[289] Unzutreffend daher BGH NJW 1970, 556, 557.

Trotzdem verbleiben einige Fälle: ZB Restitutionsansprüche bezüglich eines Unternehmens in der ehemaligen DDR, schuldrechtliche Beschränkungen des Veräußerers, die (über § 25 HGB) übergehen.[290] Soweit man mit der wohl hL[291] richtigerweise auch öffentlichrechtliche Verbote und Beschränkungen den Rechtsmängeln gleichstellt, können auch diese das Unternehmen als Ganzes erfassen und sind somit analog § 434 BGB zu behandeln.

Probleme bereiten Rechtsmängel, die nicht das Unternehmen als Ganzes, sondern **nur** **152** **Teile** hiervon betreffen. Soweit der Mangel sich ausschließlich auf den Wert bilanzierter Gegenstände auswirkt, reicht das Sachmängelgewährleistungsrecht hinsichtlich des Unternehmens aus.[292] Bei Rechtsmängeln und diesen gleichzustellenden öffentlichrechtlichen Verboten und Beschränkungen, die nicht nur den Wert eines bilanzierten Gegenstandes, sondern das unternehmerische Zusammenwirken, wenn auch vielleicht nur in einem Teilbereich, beschränken, erscheint es überlegenswert, ob auch insoweit ein Rechtsmangel des Unternehmens vorliegt. Hierbei würde es sich dann um einen Teilrechtsmangel im Sinne einer Teilunmöglichkeit handeln. Hierfür spricht, daß sich ein Unternehmen häufig aus verschiedenen unternehmerischen Teilbereichen zusammensetzt. Diese Besonderheit erfordert im Rahmen der analogen Anwendung des § 434 BGB ihre Berücksichtigung.

Außer den rechtlichen Beschränkungen von Teilbereichen der unternehmerischen Betä- **153** tigung bedürfen wohl auch **Mängel im Sinne des § 437 BGB an nichtbilanzierten** **Rechten** (zB nichtbilanzierungsfähigen Immaterialgüterrechten und bilanzneutralen Vertragsbeziehungen) einer besonderen Berücksichtigung. Werden diese für die unternehmerische Tätigkeit – die Ertragserzielung – gebraucht, so liegt es auch hier nahe, eine Haftung analog § 434 BGB anzunehmen.[293] Wie bei § 434 BGB betrifft der Mangel nicht die nach der Verkehrsauffassung wertbildenden Eigenschaften, sondern stillschweigend vorausgesetzte Faktoren (die Freiheit von Rechten Dritter, die Zulässigkeit der unternehmerischen Betätigung, das Vorhandensein der bilanziellen nichtbewertungsfähigen, aber für die Ertragserzielung notwendigen Außenbeziehungen und immateriellen Gegenstände). Die damit über § 440 Abs. 1 BGB mögliche Anwendung der §§ 320 ff. BGB hat zudem den Vorteil, daß diese Vorschriften dem Umstand Rechnung tragen können, daß Störungen der hier behandelten Art häufig behebbar sein werden. Außerdem finden sich in §§ 325 Abs. 1 S. 2, 326 Abs. 1 S. 3 BGB Regelungen zur Teilunmöglichkeit.

V. Anteilserwerb

1. Grundsätzliche Problematik. Unternehmen werden nicht nur von Einzelpersonen, **154** sondern in großem Umfang auch von (Personen- und Kapital-) Gesellschaften betrieben. In diesem Fall kann das Gesellschaftsunternehmen von diesen selbst veräußert werden; daraus ergeben sich keine besonderen Probleme. Näher liegt allerdings die Übertragung der Anteile an der Gesellschaft. Da die Gesellschaft als Unternehmensträger davon nicht berührt wird, ihre **Identität** vielmehr **erhalten bleibt**, findet insoweit nur ein mittelbarer Inhaberwechsel statt: Ausgewechselt werden (nur) diejenigen Personen, die als Gesellschafter und damit als Mitglieder des Unternehmensträgers das Unternehmen durch die Gesellschaft betrieben haben. Dies erleichtert die Erfüllung: Übertragen werden müssen nur die

---

[290] Vgl. RGZ 88, 103 ff.; anders freilich RGZ 69, 429 ff, wo – unzutreffend – ein Sachmangel angenommen wurde, vgl. dazu nur Soergel/*Huber* § 459 RdNr. 278 mit weit. Nachw. Keine Rechtsmängel stellen aber die nach § 25 übergegangenen Unternehmensverbindlichkeiten dar, dazu nur *Hommelhoff* S. 51 ff.; *Grunewald* S. 99 f; *dies.* ZGR 1981, 622, 624 f.; Soergel/*Huber* § 434 RdNr. 76.

[291] Umfassend dazu Soergel/*Huber* § 434 RdNr. 46 ff.; Staudinger/*Köhler* § 434 RdNr. 9 ff.;

Erman/*Grunewald* § 434 RdNr. 5 ff.; teilw. anders RGRK/*Mezger* § 434 RdNr. 7.

[292] Sofern sich der Mangel nicht in der Bilanz niederschlägt, dürfte ein – nach §§ 325 Abs. 1 S. 2, 326 Abs. 1 S. 3 BGB zu behandelnder – Teilrechtsmangel vorliegen; unzutreffend daher OLG Karlsruhe BB 1982, 1266; ähnlich wie hier *Canaris* § 8 II 1 a (S. 132).

[293] Zutreffend daher RGZ 88, 103 ff.; zum Ganzen siehe auch *Hommelhoff* S. 51 ff.

Anteile; eine Übertragung der einzelnen Gegenstände des Unternehmensvermögens erübrigt sich. Zugleich entfällt damit bei Fremdgeschäftsführung die Notwendigkeit der Einweisung: Das Unternehmen wird vielmehr (zumindest zunächst) schlicht von seinen bisherigen (Fremd-) Organen weitergeführt. Umgekehrt bedeutet dies, daß den Veräußerer sowohl eine (eingeschränkte) Einweisungspflicht als auch ein Wettbewerbsverbot trifft, wenn er bisher das Unternehmen selbst geführt hat bzw. an dessen Führung beteiligt war und der Erwerber auch in diese Stellung des Veräußerers einrücken soll.

155   **2. Gewährleistung.** Die Tatsache, daß nur Anteile, nicht aber das Unternehmen selbst, veräußert und übertragen werden, verändert jedenfalls im grundsätzlichen Ausgangspunkt deswegen auch die Gewährleistungsproblematik, weil der Anteilskauf **Rechtskauf** ist und damit angesichts der scharfen Unterscheidung des BGB jedenfalls unmittelbar keine Sach-, sondern nur eine Rechtsmängelgewährleistung in Betracht kommt. Diese ist aber gemäß § 437 BGB **auf Verität beschränkt;** eine darüber hinausgehende Haftung bedarf der Vereinbarung (arg. § 438). Dennoch kann § 437 BGB, der auf die Veräußerung von Mitgliedschaftsrechten ohnehin nur wenig paßt,[294] eine Sperrwirkung für die Geltendmachung anderer (Gewährleistungs-) Rechtsbehelfe nicht entnommen werden. Dies ergibt sich daraus, daß § 437 in erster Linie die vor Schaffung des BGB umstrittene Frage klären sollte, ob der Verkauf eines nicht existenten Rechts unter § 306 BGB fällt.[295] Dementsprechend erschöpft sich die Bedeutung des § 437 in der Besserstellung des Käufers; eine generelle abschließende Regelung der Rechte des Käufers sollte – dies zeigt im übrigen auch die durch § 438 bestätigte Dispositivität der Vorschrift – damit nicht verbunden sein.[296] § 437 steht daher Versuchen, eine zusätzliche Gewährleistung insbesondere beim Anteilskauf zu begründen, nicht entgegen.[297]

156   Fraglich und streitig ist freilich, wann beim Anteilskauf eine über § 437 BGB hinausgehende Haftung gerechtfertigt ist. Der gedankliche Ansatz entsprechender Überlegungen knüpft an die Tatsache an, daß der Erwerb der Anteile am Unternehmensträger jedenfalls dann nur **Mittel zum Zweck,** nämlich zum Erwerb des vom Unternehmensträger betriebenen Unternehmens, ist, wenn **alle** Anteile und damit – mittelbar – das Unternehmen selbst erworben wird; denn dann liegt der Sache nach ein Unternehmenskauf mit der Folge vor, daß sich auch die Gewährleistung nicht nach den Regeln des Rechtskaufs, sondern nach denjenigen des Unternehmenskaufs richten kann und richten muß. Dies ist denn auch allgemeine Meinung, wobei auch noch Konsens darüber besteht, daß der Anteilskauf auch dann wie ein Unternehmenskauf zu behandeln ist, wenn **fast** alle Anteile am Unternehmensträger erworben werden.[298]

157   Streitig ist dagegen, wo die **Mindestgrenze** für die Gleichbehandlung von Anteils- und Unternehmenskauf verläuft, etwa bei – so die Vorschläge einzelner Autoren – 95 bzw. 90 %, 75 %, mehr als 50 % etc.,[299] wobei dann noch zusätzlich darüber gestritten wird, ob

---

[294] Der Veräußerer eines Mitgliedschaftsrechts steht diesem als eigenem Recht sehr viel näher als der Verkäufer einer gegen einen Dritten gerichteten Forderung.

[295] Vgl. Staudinger/*Köhler* § 437 RdNr. 1; Soergel/*Huber* § 437 RdNr. 1.

[296] Der BGH spricht insofern vom „gesteigerten Schutz des Käufers", den § 437 bezwecke, BGH NJW 1970, 557 = WM 1970, 319.

[297] Allgemeine, allerdings kaum einmal näher begründete Auffassung, vgl. aber *Wiedemann*, Festschrift für Nipperdey 1965, Band I, S. 815, 825, 826; *Canaris* ZGR 1982, 394, 405; *Hommelhoff* ZGR 1982, 365, 370 Fn. 14.

[298] St. Rspr. RGZ 120, 283 ff.; 122, 378, 381; 124, 164 ff.; JW 1929, 1374; JW 1930, 3740; überholt: RGZ 86, 146 ff.; teilw. anders („Doppelver-

kauf") RGZ 98, 289, 291 f.; 100, 200, 203 f.; BGH NJW 1969, 184; BB 1975, 1180 f.; WM 1978, 59, 60; NJW 1980, 2408, 2409; NJW 1991, 1223. Dies gilt grundsätzlich auch dann, wenn der Käufer (fast) alle Gesellschaftsanteile von verschiedenen Gesellschaftern erwirbt, vgl. BGHZ 85, 367, 370; Soergel/*Huber* § 459 RdNr. 289 aE; *Grunewald* S. 115 f.; aA RGZ 100, 200, 203 f.; vgl. aber auch OLG Naumburg GmbHR 1995, 378, 379 = BB 1995, 1816.

[299] Dazu *Hommelhoff* ZHR 140 (1976), 271 ff., *ders.* ZGR 1982, 366, 376 ff.; *Wiedemann* JZ 1977, 132, 133; *Grunewald* S. 111 ff.; *dies.* ZGR 1981, 622, 639 ff.; *Prölss* ZIP 1981, 337, 340 f; *Westermann* ZGR 1982, 45, 52 ff.; *Mössle* BB 1983, 2146, 2147; *K. Schmidt* HandelsR § 6 II 3 a, aa (S. 149 f.).

eine solche Gleichstellung effektive Herrschaftsmöglichkeiten, Informationsvorsprünge des Veräußerers oder dergleichen voraussetzt.

Dieser Streit ist deswegen müßig, weil die Unterschreitung solcher Zahlengrenzen schon **158** bisher keineswegs dazu führt, daß es dann eben bei der bloßen Rechtsmängelhaftung sein Bewenden hat;[300] vielmehr weichen dann insbesondere die Rechtsprechung, aber auch weite Teile der Literatur, wiederum auf c.i.c. aus und zwar – überraschenderweise – nunmehr **ohne jede zahlenmäßige Begrenzung**: Im Rahmen der für anwendbar gehaltenen c.i.c. muß der Veräußerer vielmehr im Rahmen ihm (angeblich) obliegender Schutzpflichten unabhängig vom Umfang der veräußerten Anteile für Mängel des Unternehmens einstehen.[301]

In bezug auf die auch hier insbesondere von der Rechtsprechung favorisierte Heranziehung der c.i.c. ist auf das bereits Ausgeführte zu verweisen (RdNr. 59 ff.); sie ist auch hier **159** kein tauglicher Ansatzpunkt. Vorzugswürdig ist vielmehr auch beim Anteilskauf die **analoge Anwendung der Sachmängelgewährleistung**. Das gewährleistungsrechtliche Einstehenmüssen des Veräußerers für Mängel des Unternehmens rechtfertigt sich auch beim bloßen Anteilskauf aus seinem Leistungsversprechen, das die Fehlerfreiheit im Rahmen der vereinbarten Beschaffenheit ganz selbstverständlich umfaßt; dieses Einstehenmüssen ist infolgedessen von irgendwelchen Zahlengrenzen ganz unabhängig; die Rechtslage ist insofern im Ergebnis identisch mit derjenigen bei Heranziehung der c.i.c. (dazu bereits RdNr. 158).

Sofern gegen die Anwendung der §§ 459 ff. BGB der Einwand erhoben wird, der Anwendung des Sachmängelrechts stehe entgegen, daß eben nicht das Unternehmen Gegenstand des Kaufvertrags sei,[302] spricht dies allenfalls gegen eine direkte, nicht aber gegen eine **160** analoge Anwendung dieser Vorschriften. Insbesondere ändert sich nichts daran, daß die Fälle des Anteilskaufs dem Sach- bzw. dem Unternehmenskauf so nahe stehen, daß die analoge Anwendung der §§ 459 ff. BGB möglich, und geboten ist, da ansonsten gleichgelagerte Fallgestaltungen rechtlich unterschiedlich behandelt würden.[303]

Darüber hinaus entspricht der hier vertretene Lösungsweg sowohl dem subjektiven Fehlerbegriff als auch der (zutreffenden) Konzeption, die die §§ 459 ff. BGB lediglich als ge- **161** setzliche Ausformung einer Gewährleistung versteht, die sich bereits aus dem Vertrag selbst und damit aus zu respektierender privatautonomer Gestaltung ergibt, und nicht erst vom Gesetz konstitutiv angeordnet wird (dazu schon RdNr. 89).

Im übrigen ergibt sich daraus – im Ergebnis mit der hL übereinstimmend[304] – auch **162** zwanglos die Verneinung einer über § 437 BGB hinausgehenden Gewährleistung für Unternehmensmängel beim **Kauf an der Börse**, da dort kaum Beschaffenheitsvereinbarungen getroffen werden. Dieser Gedanke ist aber auch sonst verallgemeinerungsfähig: Wenn die Kaufvertragsparteien, aus welchen Gründen auch immer, von Beschaffenheitsvereinbarungen abgesehen haben sollten, verbleibt es bei bloßer Rechtsmängelgewährleistung.

3. Einzelfragen. a) Verjährungsfrist. Wie beim Unternehmenskauf gehört die **Verjäh- 163 rungsfrist** auch beim Anteilskauf zu den umstrittensten Fragen. Vertreten werden die

---

[300] So aber wohl RG DR 1944, 485, 486.

[301] BGH NJW 1977, 1536 f.; WM 1980, 284, 287; NJW 1980, 2408, 2409 f.; OLG Naumburg GmbHR 1995, 378, 379 f. (insoweit in BB 1995, 1816 nicht abgedruckt); *Canaris* § 8 III 2 (139 f.).

[302] BGHZ 65, 246, 250 = NJW 1976, 236; Soergel/*Huber* § 459 RdNr. 292; dazu auch *Wiedemann* JZ 1977, 132, der darauf hinweist, daß dieses Argument allein die Unanwendbarkeit der §§ 459 ff. nicht begründen kann, den Ausschluß der Sachmängelhaftung aber aufgrund der seiner Ansicht nach mit dem Kauf anderer Rechte idR vergleichbaren

Risikositutation ablehnt, vgl. dazu auch schon *Wiedemann*, Festschrift für Nipperdey 1965 Band I, S. 815, 830 ff.

[303] Ähnlich schon *Flume*, Eigenschaftsirrtum und Kauf, 1975, S. 187 ff.; *Prölss* ZIP 1981, 337, 342 ff; MünchKommBGB/*Westermann* § 434 RdNr. 6 f.; *Baur* BB 1979, 381, 386, der freilich nur von einer Haftung aus c.i.c. ausgehen will; vgl. auch *Canaris* § 8 III 2 a (S. 139 f.).

[304] Siehe nur *Prölss* ZIP 1981, 337, 342; Soergel/*Huber* § 459 RdNr. 296.

Anwendung der 30jährigen Verjährungsfrist des § 195 BGB,[305] die einjährige Frist des § 477 Abs. 1 S. 1 letzte Alt. BGB,[306] die sechsmonatige Frist des § 477 Abs. 1 S. 1 2. Alt. BGB[307] und die individuelle Einzelfallbestimmung.[308] Die Praxis vereinbart (jedenfalls bei unternehmerischer Beteiligung) wohl Verjährungsfristen zwischen zwei und drei Jahren.[309] Auch hier gilt, daß die **Frist des § 195 BGB deutlich zu lang** ist. Sie würde dem Käufer eine langfristige Spekulation auf dem Rücken des Verkäufers ermöglichen. Andererseits ist die **Jahresfrist des § 477 Abs. 1 S. 1 letzte Alt. BGB** nicht nur immer noch **zu kurz** (dazu RdNr. 138), es fehlt auch an einem Nachweis für die rechtliche Ähnlichkeit von Grundstück und Unternehmensanteil. Eine individuelle Verjährungsfrist wäre wegen der damit verbundenen Rechtsunsicherheit nur akzeptabel, wenn sich eine rechtssichere Lösung nicht finden ließe.

164   Sie ist möglich, wenn man es – wie hier auch für den Unternehmenskauf vorgeschlagen – bei der Verjährungsfrist des § 477 Abs. 1 S. 1 BGB beläßt, den **Verjährungsbeginn** aber auf die **Bekanntgabe der nächsten**, auf den Anteilskauf folgenden **Bilanz** festlegt. Eine solche Modifikation ist nicht nur methodisch zulässig (vgl. RdNr. 78), sondern auch mit dem Normzweck des vom Gesetz vorgesehenen Verjährungsbeginns – Verjährungsbeginn bei abstrakt/generell zumutbarer Möglichkeit der Fehlererkennung (vgl. RdNr. 141) – vereinbar. Es ist zwar richtig,[310] daß beim Anteilskauf die Möglichkeit Fehler zu erkennen, generell noch geringer ist als beim Unternehmenskauf. Es ist jedoch möglich und Sache des Käufers, sich insoweit etwa im Rahmen der Aufstellung der nächsten Bilanz zu vergewissern, so daß eine entsprechende Verjährung von Ansprüchen auch hier angemessen ist.

165   **b) Beschränkung des Wandlungsrechts.** Der beim Unternehmenskauf notwendigen **Beschränkung des Wandlungsrechts** bedarf es beim Anteilskauf zumindest in gleichem Umfang nicht, da die Rückübertragung der Gesellschaftsanteile angesichts der Identität des Unternehmensträgers keine so erheblichen Schwierigkeiten mit sich bringt, wie die Rückübertragung eines Unternehmens. Dementsprechend kann es grundsätzlich beim Wahlrecht des Erwerbers zwischen Wandlung und Minderung bleiben. Eine Ausnahme hiervon gilt es allerdings dann zu machen, wenn sich das Unternehmensvermögen einschließlich seiner strukturellen Zusammensetzung oder die Marktposition des Unternehmens durch die Aktivitäten des Erwerbers nicht unerheblich seit der Übertragung verändert haben sollten; diese Umstände können – ebenso wie beim Unternehmenskauf – eine analoge Anwendung des § 352 BGB rechtfertigen.

VI. Ergänzende Vorschriften

166   Auf den Unternehmenskauf findet dann in bezug auf die Haftung für Altverbindlichkeiten und Schuldnerschutz § 25 Anwendung, wenn das vom Veräußerer betriebene Unternehmen ein Handelsgeschäft darstellt; auf die dortige Kommentierung wird verwiesen. Ergänzend ist (bis zum 31. 12. 1998![311]) in analoger Anwendung **§ 419 BGB** zu beachten, wenn das veräußerte Unternehmen (im wesentlichen) das gesamte Vermögen des Veräußerers ausmacht und der Erwerber davon Kenntnis hat.

167   Schließlich ist vor allem zu beachten, daß die Veräußerung des Handelsgeschäfts zugleich in aller Regel den Tatbestand des **Betriebsübergangs** gemäß **§ 613 a BGB** erfüllen wird,[312] so daß die Arbeitsverhältnisse (vorbehaltlich eines etwaigen Arbeitnehmerwider-

---

[305] BGHZ 65, 246, 252 f. = NJW 1976, 236; Soergel/*Huber* § 459 RdNr. 293; *Willemsen* AcP 182 (1982), 515, 570 f.

[306] Palandt/*Putzo* vor § 459 RdNr. 20; *Mössle* BB 1983, 2146; *Westermann* ZGR 1982, 45, 60 f.

[307] Staub/*Hüffer* vor § 22 RdNr. 57 soweit einem Unternehmenskauf vergleichbar.

[308] *Flume*, Eigenschaftsirrtum und Kauf, S. 190.

[309] Vgl. *Wessing* ZGR 1982, 455, 470.

[310] Dies betont zB *Willemsen* AcP 1982 (1982) 515, 570.

[311] Vgl. Art. 33 Zf. 16, Art. 110 Abs. 1 InsO vom 5. Oktober 1994, BGBl. 1994 I S. 2866, 2925, 2952.

[312] Vgl. hierzu *Bauer*, in: *Hölters*, Handbuch des Unternehmens- und Beteiligungskaufs, Teil V; *Holzapfel/Pöllath* RdNr. 580 ff.; *Picot* Teil C.

spruchs) zwingend auf den Erwerber übergehen und – mit Ausnahme des schmalen Bereichs des § 613 a Abs. 2 S. 1 – damit der Veräußerer haftungsfrei ausscheidet.[313] Dies gilt nicht für Ruhestandsverhältnisse. Vor allem bei der Kaufpreisgestaltung ist aber zu beachten, daß mit den Arbeitsverhältnissen der aktiven Arbeitnehmer deren eventuelle **Anwartschaften auf betriebliche Altersversorgung** auf den Erwerber übergehen. Dies ist vor allem deswegen bedeutsam, weil diese Anwartschaften nicht (vollständig) passiviert zu sein brauchen, aus den vorgelegten Bilanzen also nicht unbedingt ersichtlich sind.

§ 26 [Verjährung gegen den früheren Inhaber; Fristen]

§ 26 nF

(1) Ist der Erwerber des Handelsgeschäfts auf Grund der Fortführung der Firma oder auf Grund der in § 25 Abs. 3 bezeichneten Kundmachung für die früheren Geschäftsverbindlichkeiten haftbar, so haftet der frühere Geschäftsinhaber für diese Verbindlichkeiten nur, wenn sie vor Ablauf von fünf Jahren fällig und daraus Ansprüche gegen ihn gerichtlich geltend gemacht sind; bei öffentlich-rechtlichen Verbindlichkeiten genügt zur Geltendmachung der Erlaß eines Verwaltungsakts. Die Frist beginnt im Falle des § 25 Abs. 1 mit dem Ende des Tages, an dem der neue Inhaber der Firma in das Handelsregister des Gerichts der Hauptniederlassung eingetragen wird, im Falle des § 25 Abs. 3 mit dem Ende des Tages, an dem die Übernahme kundgemacht wird. Die für die Verjährung geltenden §§ 203, 206, 207, 210, 212 bis 216 und 220 des Bürgerlichen Gesetzbuches sind entsprechend anzuwenden.

(2) Einer gerichtlichen Geltendmachung bedarf es nicht, soweit der frühere Geschäftsinhaber den Anspruch schriftlich anerkannt hat.

§ 26 aF

(1) Ist der Erwerber des Handelsgeschäfts auf Grund der Fortführung der Firma oder auf Grund der in § 25 Abs. 3 bezeichneten Bekanntmachung für die früheren Geschäftsverbindlichkeiten haftbar, so verjähren die Ansprüche der Gläubiger gegen den früheren Inhaber mit dem Ablaufe von 5 Jahren, falls nicht nach den allgemeinen Vorschriften die Verjährung schon früher eintritt.

(2) Die Verjährung beginnt im Falle des § 25 Abs. 1 mit dem Ende des Tages, an welchem der neue Inhaber der Firma in das Handelsregister des Gerichts der Hauptniederlassung eingetragen worden ist, im Falle des § 25 Abs. 3 mit dem Ende des Tages, an welchem die Kundmachung der Übernahme stattgefunden hat. Konnte der Gläubiger die Leistung erst in einem späteren Zeitpunkte verlangen, so beginnt die Verjährung mit diesem Zeitpunkte.

---

[313] § 25 RdNr. 93, 128.

Schrifttum: *Bork,* Zur Enthaftung der Besitzgesellschaft bei der Betriebsaufspaltung analog § 26 HGB, ZIP 1989, 1369; *Büscher-Klusmann,* Forthaftung und Regreß ausgeschiedener Personengesellschafter, ZIP 1992, 11; *Eckert,* Begrenzung der Nachhaftung ausgeschiedener Gesellschafter, RdA 1994, 215; *Hönn,* Dauer- und sonstige Schuldverhältnisse als Problem der Haftung ausgeschiedener Gesellschafter unter Berücksichtigung des Gläubigerschutzes, ZHR 149 (1985), 300; *Honsell/Harrer,* Die Haftung des ausgeschiedenen Gesellschafters bei Dauerschuldverhältnissen, ZIP 1986, 341; *Karollus,* Unternehmerwechsel und Dauerschuldverhältnis, ÖJZ 1995, 241, 292; *Kiskel,* Verjährungsprivilegien in Umwandlungsfällen, 1991; *Lieb,* Zum Entwurf eines Nachhaftungsbegrenzungsgesetzes, GmbHR 1992, 561; *ders.,* „Haftungsklarheit für den Mittelstand"?, GmbHR 1994, 657; *ders.,* Die Haftung für Altschulden bei „Eintritt" eines Gesellschafters in ein nicht- oder minderkaufmännisches Einzelunternehmen, Festschrift für H. Westermann, 1974, S. 309; *ders.,* Zur Begrenzung der sogenannten Nachhaftung nach Ausscheiden aus der haftungsbegründenden Rechtsposition, ZGR 1985, 124; *Moll/Hottgenroth,* Zur Nachhaftung des ausgeschiedenen Gesellschafters einer Personenhandelsgesellschaft für Verbindlichkeiten aus Arbeitsverhältnissen, RdA 1994, 223; *Reichold,* Das neue Nachhaftungsbegrenzungsgesetz, NJW 1994, 1617; *ders.,* § 26 HGB – Verjährungs- oder Enthaftungsnorm, ZIP 1988, 551; *Rohe,* Die Haftung des ausgeschiedenen OHG-Gesellschafters an längerfristigen Schuldverhältnissen der Gesellschaft, Diss. Münster, 1975; *K. Schmidt,* Gesellschaftsrechtliche Grundlagen eines Nachhaftungsbegrenzungsgesetzes, DB 1990, 2357; *Seibert,* Nachhaftungsbegrenzungsgesetz – Haftungsklarheit für den Mittelstand, DB 1994, 461; *Ulmer,* Die zeitliche Begrenzung der Haftung von Gesellschaftern beim Ausscheiden aus einer Personenhandelsgesellschaft sowie bei der Umwandlung in eine Kapitalgesellschaft, BB 1983, 1865; *Ulmer/Timmann,* Die Enthaftung ausgeschiedener Gesellschafter, ZIP 1992, 1; *Ulmer/Wiesner,* Die Haftung ausgeschiedener Gesellschafter aus Dauerschuldverhältnissen, ZHR 144 (1980), 393; *Wiesner,* Die Enthaftung persönlich haftender Gesellschafter für Ansprüche aus Dauerschuldverhältnissen, ZIP 1983, 1032.

I. Das neue Recht

1   **1. Von § 26 aF zur neuen Enthaftungslösung. a) Entstehungsgeschichte. aa)** § 26 enthielt in seiner ursprünglichen, bis zum 26. 3. 1994[1] geltenden Fassung[2] eine **Sonderverjährungsfrist** zugunsten des Veräußerers, die es diesem ermöglichte, sich auch bei Ansprüchen, für die – etwa gemäß § 195 BGB – eine längere Verjährungsfrist galt, spätestens nach Ablauf von 5 Jahren auf Verjährung zu berufen. Diese Verjährungsregelung war dem für Personenhandelsgesellschaften geltenden § 159 nachgebildet. Dort war freilich in bezug auf die Verjährungsproblematik bei **Dauerschuldverhältnissen** deswegen eine umfangreiche Diskussion entstanden, weil sich die gesetzliche Sonderverjährung nur auf die jeweiligen Teilansprüche beziehen konnte, deren weiteres, periodisches „Entstehen" (dazu noch RdNr. 30 f.) aus dem fortbestehenden Verpflichtungsgrund Dauerschuldverhältnis aber nicht verhindern konnte, so daß die viel beschworene Gefahr einer Endloshaftung gegeben war. Während das BAG, dem immerhin das Verdienst zukommt, dieses Problem scharf herausgestellt zu haben, diese Endloshaftung zumindest de lege lata (billigend) in Kauf nahm,[3] empfanden BGH[4] und Literatur[5] dies weithin als empfindliche, ausfüllungsbedürftige Gesetzeslücke; eine Endloshaftung ausscheidender Gesellschafter schien nicht (mehr) akzeptabel.

---

[1] Seitdem ist das Gesetz zur zeitlichen Begrenzung der Nachhaftung von Gesellschaftern (Nachhaftungsbegrenzungsgesetz – NHBG) vom 18. 3. 1994, BGBl. I S. 560 – 562, in Kraft, das durch Art. 1 Nr. 1 § 26 änderte und § 28 Abs. 3 anfügte.

[2] Zu den Übergangsregelungen RdNr. 20 ff.

[3] Vgl. BAG AP § 128 Nr. 1 HGB (m. krit. Anm. *Wiedemann*) = NJW 1978, 391.

[4] BGHZ 70, 132, 135 f. = NJW 1978, 636 („Kündigungstheorie"); BGHZ 87, 286 = NJW 1983, 2254 („Enthaftungstheorie"); BGH NJW 1983, 2943.

[5] Statt vieler: *Ulmer/Wiesner* ZHR 144 (1980), 393 ff.; *Lieb* ZGR 1985, 124 ff.

bb) In einem fruchtbaren Rechtsfortbildungsprozeß wurde neben der sog. **Kündigungs-** 2 **lösung**, die in zweifelhafter Weise auf die Zumutbarkeit einer Kündigung durch den Gläubiger (!) abstellen und aus deren Unterlassen auf das Einverständnis des Gläubigers mit der Enthaftung des Ausgeschiedenen schließen wollte,[6] von der Literatur eine weitergehende, sog. **Enthaftungslösung** entwickelt,[7] die dem Ausgeschiedenen nicht nur eine Verjährungseinrede zur Verfügung stellen, sondern einen Haftungs**ausschluß** für solche Teilansprüche gewähren wollte, die erst nach Ablauf von 5 Jahren nach dem Ausscheiden entstehen.[8] Diese Lösung wurde vom BGH[9] und (letztlich) auch vom BAG[10] übernommen und praktiziert. Angesichts trotzdem verbliebener Rechtsunsicherheiten sowie im Hinblick auf weiterbestehende, gravierende Streitfragen (insbesondere zur Haftung des sog. geschäftsleitenden Kommanditisten – vgl. dazu die Gesetz gewordene ausdrückliche Klarstellung durch § 160 Abs. 3 S. 2) bestand jedoch ein Bedürfnis nach einer eindeutigen Regelung fort. Dafür hatte *Ulmer*[11] auf der Basis seiner Vorarbeiten bereits 1983 einen Gesetzgebungsvorschlag vorgelegt, dem die Bundesregierung[12] im wesentlichen folgte. Sein Kern bestand im Übergang von der Verjährungslösung des geltenden Rechts zu einer reinen, zwecks Vermeidung von Abgrenzungsschwierigkeiten nicht mehr auf Dauerschuldverhältnisse beschränkten Enthaftungslösung nach Ablauf von 5 Jahren. Dabei ist es – trotz zwischenzeitlicher Diskussionen[13] und des Widerstands des Bundesrats in einigen wichtigen Punkten[14] – im wesentlichen geblieben.

In der Literatur war die Übertragung dieser Rechtsfortbildung auf § 26 (und § 28) seit 3 längerem diskutiert und gefordert worden.[15] Insbesondere **das BAG** stand dem jedoch strikt ablehnend gegenüber.[16] Auch der **Regierungsentwurf** des NHBG war bewußt auf die Problematik des Ausscheidens von Gesellschaftern von Handelsgesellschaften begrenzt worden; der Ausweitung auf die §§ 26, 28 stand die Bundesregierung[17] ebenso wie (zunächst) *Ulmer*[18] skeptisch gegenüber. Der **Rechtsausschuß** des Bundestages[19] entschied sich jedoch schließlich für die **Erstreckung** der vorgesehenen (Enthaftungs-) Lösung auch **auf den Bereich der §§ 26, 28**; § 26 wurde entsprechend geändert, § 28 wurde ein neuer Absatz 3 angefügt.[20] Die wichtige und schwierige Übergangsproblematik wurde in einem neuen, 7. Abschnitt des EGHGB („Übergangsvorschriften zum NHBG") in den dortigen Art. 35 ff. geregelt (dazu RdNr. 20 ff.)

---

[6] BGHZ 70, 132, 135 f. = NJW 1978, 636 im Anschluß an *A. Hueck*, Recht der OHG, § 29 II 4 (449 Fn. 44); ihm folgend GroßKommHGB/*Fischer* § 128 Anm. 53; *Rohe* S. 129 ff.; Bedenken bei *Lieb* ZGR 1985, 124, 132 f.

[7] Grundlegend *Ulmer/Wiesner* ZHR 144 (1980), 393 ff.; vgl. auch *Ulmer/Timmann* ZIP 1992, 1, 3 ff.; *Baumbach/Hopt* § 128 RdNr. 28 ff.; *Heymann/Emmerich* § 128 RdNr. 51; *Hönn* ZHR 149 (1985), 300 (303); *Lieb* ZGR 1985, 124 ff.; *ders.* GmbHR 1992, 561 ff.; *K. Schmidt* GesR § 51 II 2 a (1234); Schlegelberger/*K. Schmidt* § 159 RdNr. 34 ff.; *Wiesner* ZIP 1983, 1032.

[8] Nicht ganz klar wurde, ob diese Enthaftung mit Ablauf der Fünfjahresfrist auch solche Teilverbindlichkeiten erfassen sollte, die innerhalb dieses Zeitraums fällig geworden waren (so jetzt die Lösung des NHBG – dazu RdNr. 4, 6), oder ob es insoweit bei der anschließenden (Sonder-) Verjährung bleiben sollte (sog. kombinierte Enthaftungs-/Verjährungslösung). Zu dieser, insbesondere für Art. 35 S. 2 EGHGB bedeutsamen (Übergangs-) Frage *Lieb* GmbHR 1994, 657, 658 f. mit weit. Nachw.

[9] BGHZ 87, 286 = NJW 1983, 2254; BGH NJW 1983, 2943.

[10] Noch offengelassen in BAG AP § 128 Nr. 4, ausdrücklich bejaht von BAG AP § 26 Nr. 1 (unter II 2 der Gründe).

[11] BB 1983, 1865 ff.

[12] BR-Drucks. 446/91 = ZIP 1991, 898 ff.; BT-Drucks. 12/1868.

[13] Vgl. seitdem *Büscher/Klusmann* ZIP 1992, 11 ff.; *Lieb* GmbHR 1992, 561 ff.; *K. Schmidt* DB 1990, 2357 ff.; *Ulmer/Timmann* ZIP 1992, 1 ff.

[14] Vgl. dazu BT-Drucks. 12/1868 Anlage 2 und die Gegenäußerung der Bundesregierung in Anlage 3.

[15] Dazu nur *Lieb* GmbHR 1992, 561, 566 f. mit weit. Nachw.; *ders.* Anm. zu BAG EzA § 28 Nr. 1.

[16] BAG AP § 26 Nr. 1; BetrAVG § 7 Nr. 56 (= EzA § 28 Nr. 1).

[17] Begründung zum RegE unter A III BR-Drucks. 446/91, S. 10 = ZIP 1991, 898.

[18] BB 1983, 1865, 1868; anders aber *Ulmer/Timmann* ZIP 1992, 1, 7 f.

[19] Vgl. Beschlußempfehlung und Bericht des Rechtsausschusses BT-Drucks. 12/6569 S. 11 f.

[20] Dazu sehr kritisch *Canaris* § 7 I 4 b (108 ff.), vgl. dazu auch § 25 RdNr. 84 f. mit Fn. 168; für eine Übertragung auf Österreich mit eingehender Argumentation zur deutschen Rechtslage *Karollus* ÖJZ 1995, 241, 292.

4   **b) Regelungsstruktur.** Entgegen Forderungen, auch künftig zwischen Verjährung und Enthaftung zu unterscheiden,[21] hat sich der Gesetzgeber für eine **reine Enthaftungs- (Haftungsausschluß-) Lösung** entschieden. Dementsprechend haftet der Veräußerer nach Fristablauf überhaupt nicht mehr, es sei denn, die bis zum Ablauf der 5-Jahresfrist entstandenen Ansprüche seien gerichtlich geltend gemacht oder schriftlich anerkannt (bzw. es sei – bei öffentlich-rechtlichen Verbindlichkeiten – ein Verwaltungsakt erlassen) worden (§ 26 Abs. 2). Zwischen Verbindlichkeiten, die vor der Übertragung des Handelsgeschäfts bzw. im anschließenden 5-Jahreszeitraum[22] entstanden und Ansprüchen, die erst nach Ablauf des 5-Jahreszeitraums entstehen, wird[23] nicht länger unterschieden; mit Fristablauf ist die Haftung vielmehr für alle Verbindlichkeiten gleichermaßen ausgeschlossen. Ebensowenig wird – zwecks Vermeidung von Abgrenzungsschwierigkeiten[24] – im Gegensatz zur Rechtsauffassung des Bundesrats[25] zwischen Ansprüchen aus **Dauerschuldverhältnissen** und sonstigen Ansprüchen unterschieden. Dem Enthaftungsbedürfnis des bisherigen Unternehmensträgers wird damit umfassend Rechnung getragen.[26]

5   Neben dieser gesetzlichen (Enthaftungs-) Regelung ist für die vom BGH seinerzeit entwickelte **Kündigungslösung** kein Raum mehr. Dies ergibt sich schon daraus, daß der Gesetzgeber die Kündigungstheorie in seine offensichtlich abschließend gemeinte Regelung nicht mehr aufgenommen hat. Eine Lücke, zu deren Schließung die Kündigungstheorie seinerzeit (auch) entwickelt worden war, ist infolgedessen jetzt nicht mehr vorhanden, so daß sich die Enthaftung künftig ausschließlich nach dem NHBG und seinen Übergangsregelungen richtet.[27]

6   **2. Einzelheiten. a) Die betroffenen Verbindlichkeiten. aa)** Der arg komplizierte, weil allzusehr komprimierte Gesetzeswortlaut („haftet nur, wenn . . . fällig **und** . . . gerichtlich geltend gemacht wird) enthält **zwei**, voneinander zu trennende **Aussagen:** Die **erste** betrifft diejenigen Verbindlichkeiten, die erst nach Ablauf der 5-Jahresfrist fällig werden;[28] insoweit wird eine Haftung gar nicht mehr **begründet.** Die **zweite** Aussage betrifft alle früher (entweder vor Übergang des Handelsgeschäfts oder im anschließenden 5-Jahreszeitraum etwa aufgrund von Dauerschuldverhältnissen) fällig gewordenen[29] Verbindlichkeiten; insoweit **entfällt** die zunächst begründete Haftung des Veräußerers mit Ablauf der 5-Jahresfrist **vorbehaltlich gerichtlicher Geltendmachung** etc. (dazu RdNr. 10 ff.). Unterscheidungen zwischen verschiedenen Arten von Verbindlichkeiten sind nicht mehr notwendig; auch zwischen Vertrag und Delikt wird nicht unterschieden,[30] so daß der Veräußerer etwa auch für Ansprüche aus Produzentenhaftung, die auf Schäden beruhen, die erst nach Ablauf der 5-Jahresfrist aufgetreten sind, nicht mehr einzustehen braucht.[31]

7   **bb)** Für Verbindlichkeiten aus **Arbeitsverhältnissen** geht § 613 a BGB als speziellere Regelung der Regelung des § 26 vor. Dies bedeutet, daß es insoweit bei der Regelung des § 613 a BGB bleibt, der mit Ausnahme des schmalen Bereichs der dort in Abs. 2 ausdrück-

---

[21] *K. Schmidt* DB 1990, 2357, 2359; *ders.* ZIP 1994, 243, 244; *Lieb* GmbHR 1992, 561, 564 f.

[22] Etwa aufgrund von, auch den Veräußerer noch verpflichtenden Dauerschuldverhältnissen.

[23] Vorbehaltlich der Möglichkeit rechtzeitiger gerichtlicher Geltendmachung (RdNr. 10 ff.).

[24] Regierungsentwurf BT-Drucks. 12/1868 S. 8 li. Sp.

[25] BT-Drucks. 12/1868 S. 12 (Anlage 2); dazu auch *Funke* DB 1992, 2177, 2178; *Ulmer/Timmann* ZIP 1992, 1, 4 ff.

[26] Literatur nach Inkrafttreten des NHBG: *Eckert* RdA 1994, 215; *Kainz* DStR 1994, 620; *Kollbach* GmbHR 1994, 164 ff.; *Lieb* GmbHR 1994, 657; *Moll/Hottgenroth* RdA 1994, 223 ff.; *Reichold* NJW 1994, 1617; *Seibert* DB 1994, 461.

[27] So auch *Eckert* RdA 1994, 215, 218 li. Sp. nach Fn. 30; offener *Ulmer/Timmann* ZIP 1992, 1, 3: Das

NHBG soll der Kündigungstheorie nicht notwendigerweise die Grundlage entziehen.

[28] Als Verpflichtungsgrund kommen insoweit nur Dauerschuldverhältnisse in Betracht, obwohl das Gesetz darauf nicht mehr ausdrücklich abstellt.

[29] Nach hL gelten Ansprüche aus Dauerschuldverhältnissen als bereits im Zeitpunkt der Begründung des Dauerschuldverhältnisses „entstanden"; sie werden pro rata temporis lediglich „fällig"; vgl. dazu nur *Schlegelberger/K. Schmidt* § 128 RdNr. 51 mit weit. Nachw.; anders insbesondere schon *Honsell/Harrer* ZIP 1986, 341 sowie nunmehr (für Verbindlichkeiten aus Arbeitsverhältnissen) *Moll/Hottgenroth* RdA 1994, 223; dazu *Lieb* GmbHR 1994, 657 (auch zur Übergangsproblematik)

[30] BT-Drucks. 12/1868 S. 8.

[31] Vgl. BT-Drucks. 12/1868 S. 12.

lich genannten Ansprüche (vor Betriebsübergang entstanden, aber erst – innerhalb eines Jahres – danach fällig geworden) zu einer **sofortigen** Enthaftung des Veräußerers führt, so daß für eine (spätere) Enthaftung gemäß § 26 (dasselbe gilt für § 28 Abs. 3) gar kein Raum bleibt. Genau dies ist freilich vom **BAG** ganz anders gesehen worden. Das BAG ist nämlich der Auffassung, nicht § 613 a BGB, sondern § 28 HGB (dasselbe muß nach der Begründung wohl auch für § 25 HGB gelten) gehe als speziellere Vorschrift vor, und es hat das mit der in der Tat bei Vorrangigkeit des § 613 a BGB unvermeidlichen Schlechterstellung der Arbeitnehmer begründet; denn dann geht den Arbeitnehmern wegen des durch § 613 a BGB angeordneten sofortigen vollständigen Arbeitgeberwechsels der alte Arbeitgeber als Mithaftender mit Ausnahme des schmalen Bereichs des § 613 a Abs. 2 S. 1 BGB sofort verloren, während ihnen bei § 28 (und bei § 25 während des Zeitraums des § 26) der alte Arbeitgeber als Mithaftender erhalten bleibt.[32]

Trotz dieses unzweifelhaften Nachteils[33] kann im Ergebnis kaum ein Zweifel daran bestehen, daß § 613 a BGB als speziellere Vorschrift angesehen werden **muß**.[34] Abzustellen ist darauf, daß diese Vorschrift mit ihrem engeren Anwendungsbereich nur spezielle Rechtsverhältnisse, nämlich Arbeitsverhältnisse, erfaßt und insoweit bezüglich eines Teils der von §§ 25, 28 angesprochenen Verbindlichkeiten eine abschließende Sonderregelung trifft. Die Gegenauffassung des BAG würde zu dem unerträglichen Ergebnis führen, daß diejenigen Arbeitnehmer, die zufällig von Kaufleuten beschäftigt werden, im Fall des Betriebsübergangs besser gestellt werden als alle anderen; dies macht keinen Sinn. **8**

Auch für arbeitsrechtliche Verbindlichkeiten bleibt § 26 insoweit maßgeblich als diese – wie nach hM Ansprüche aus **Ruhestandsverhältnissen**[35] – von § 613 a BGB nicht erfaßt werden. **9**

b) Aufrechterhaltung der Haftung. aa) Den Wegfall der Haftung für Verbindlichkeiten, die vor Ablauf der 5-Jahresfrist entstehen und damit zunächst auch den Veräußerer verpflichten, kann der Gläubiger (merkwürdigerweise)[36] **durch gerichtliche Geltendmachung** vor Ablauf der 5-Jahresfrist **verhindern**. Unter gerichtlicher Geltendmachung sind insbesondere die Beantragung eines Mahnbescheids und die Klageerhebung zu verstehen.[37] Für die Rechtzeitigkeit gelten die allgemeinen Regeln (etwa: § 270 Abs. 3 ZPO). Bei Fälligkeit kurz vor Eintritt der Enthaftung soll Klage auf künftige Leistung möglich sein.[38] Bei öffentlich-rechtlichen Verbindlichkeiten genügt (neben selbstverständlich auch dort ausreichender gerichtlicher Geltendmachung) kraft ausdrücklicher gesetzlicher Anordnung der Erlaß eines Verwaltungsakts. Der Bundesrat hatte für die Frage der Fristwahrung durch Erlaß eines Verwaltungsakts noch genauere Regelungen vorgesehen;[39] sie sind – wohl als selbstverständlich – in das Gesetz nicht aufgenommen worden.[40] **10**

Einer gerichtlichen Geltendmachung bedarf es dann nicht, wenn der frühere Geschäftsinhaber den Anspruch (innerhalb der 5-Jahresfrist) **schriftlich** (eingefügter Vorschlag des Bundesrats[41]) anerkannt hat. **11**

bb) Fraglich ist, ob und inwieweit die Regelung des § 26 **zwingend** ist. Der Regierungsentwurf wollte die Enthaftung offenbar zwingend ausgestalten; er sah deshalb – für **12**

---

[32] BAG EzA § 28 Nr. 1.
[33] Vgl. dazu *Lieb* GmbHR 1992, 561, 568; *ders.* Anm. zu BAG EzA HGB § 28 Nr. 1, S. 20.
[34] Dazu eingehend *Lieb*, Anm. zu BAG EzA § 28 Nr. 1; im Ergebnis ähnlich MünchHdbArbR/*Wank* Bd. 2, § 119 RdNr. 40 aE; dem BAG allerdings (ohne genauere Problematisierung) zustimmend *Reichold* Anm. zu BAG AP BetrAVG § 7 Nr. 5.
[35] Vgl. nur BAG AP § 26 Nr. 1 (Bl. 4); BAG AP BGB § 613 a Nr. 6; *Lieb* ZGR 1985, 124 ff.; *Ulmer* BB 1983, 1865, 1869; kritisch dagegen *Säcker/Joost* DB 1978, 1030; *dies.* DB 1978, 1078; weit. Nachw. in Fn. 68.

[36] Siehe *Lieb* GmbHR 1992, 561, 565.
[37] Zur gerichtl. Geltendmachung *Reichold* NJW 1994, 1617, 1619 f.; *Seibert* DB 1994, 461; *Ulmer/Timmann* ZIP 1992, 1, 9.
[38] *Ulmer/Timmann* ZIP 1992, 1, 9 li.Sp.
[39] Vgl. Bericht des Rechtsausschusses BT-Drucks. 12/6569, S. 12; hierzu auch *Reichold* NJW 1994, 1617; *Seibert* DB 1994, 461, 462.
[40] BT-Drucks. 12/1868, Anlage 2, Ziff. 5 (§ 160 Abs. 2 a).
[41] BT-Drucks. 12/1868 S. 13 (Ziff. 4).

die Problematik ausscheidender Gesellschafter – nur eine Ausnahmeregelung für die gerichtliche Geltendmachung solcher Ansprüche vor, die später als 4 Jahre nach Ausscheiden des Gesellschafters fällig wurden (§ 160 Abs. 1 S. 4 des Entwurfs).[42] Damit sollten auch für solche Ansprüche insbesondere Vergleichsverhandlungen ohne Zeitdruck ermöglicht werden.[43] Demgegenüber war der Rechtsausschuß des Deutschen Bundestages der Auffassung, insoweit bestehe Vertragsfreiheit, für deren Einschränkung kein Anlaß bestehe.[44] Dementsprechend wurde § 160 Abs. 1 S. 4 des Regierungsentwurfs ersatzlos gestrichen und eine entsprechende Regelung auch in § 26 nicht vorgesehen. Aufgrund dessen kann die Frist zur gerichtlichen Geltendmachung **einverständlich verlängert** werden. Dem soll auch § 225 BGB nicht entgegenstehen, da § 26 Abs. 1 S. 3 darauf nicht verweist, und eine unmittelbare Anwendung deswegen ausscheidet, weil es sich bei § 26 um eine Ausschluß-, nicht aber um eine Verjährungsfrist handelt.[45] Da jegliche Regelung fehlt, fehlt es auch an Formerfordernissen, obwohl die Anordnung der Schriftform schon im Hinblick auf § 26 Abs. 2 sinnvoll und konsequent gewesen wäre.

13   Diese (teilweise) Dispositivität des § 26 gilt nach der Entstehungsgeschichte nur für die Notwendigkeit gerichtlicher Geltendmachung bereits entstandener Ansprüche; fraglich ist dagegen, ob sie auch auf den Haftungsausschluß in bezug auf solche (Teil-) Ansprüche erstreckt werden kann, die erst nach Ablauf der 5-Jahresfrist entstehen. Mit der Schutzfunktion des § 26 wäre dies jedoch nicht vereinbar.

14   cc) Mit der Neufassung des § 26 ist jegliche Sonderregelung der **Verjährungs**problematik entfallen bzw. durch eine Enthaftungsregelung ersetzt worden. Dies ist jedoch nicht so zu verstehen, daß sich der Erwerber gegenüber den Unternehmensgläubigern nur noch auf Enthaftung gemäß § 26 nF berufen könnte. Daneben besteht vielmehr die Möglichkeit weiter, sich im Rahmen der **allgemeinen** Vorschriften auf Verjährung zu berufen, soweit deren Fristen kürzer sind als die Enthaftungsfrist des § 26.[46]

15   dd) Ist der Anspruch aufgrund der vom Gesetz geforderten gerichtlichen Geltendmachung tituliert worden, so ist nunmehr die (30jährige) Verjährungsfrist des § 218 BGB maßgeblich; eine Enthaftung nach § 26 kann nicht mehr eintreten. Dies sollte auch dann gelten, wenn die Titulierung bereits vor Geschäftsübernahme erfolgt war. Der Gegenmeinung[47] ist entgegenzuhalten, daß sonst der Gläubiger trotz rechtskräftiger Verurteilung des Veräußerers gezwungen wäre, diesen erneut zu verklagen; dies scheidet schon aus Rechtskraftgründen aus.

16   c) **Fristbeginn.** Das Gesetz stellt (ebenso wie bei der früheren Verjährungsregelung) beim Fristbeginn (merkwürdigerweise) nicht auf die Bekanntmachung, sondern nur auf die **Eintragung** des Inhaberwechsels (§ 31) ab.[48] Wird erstmals der Erwerber eingetragen (dazu bereits § 25 RdNr. 30) ist der Zeitpunkt dieser Eintragung maßgeblich. Abzustellen ist auf das Handelsregister des Gerichts der Hauptniederlassung; bei der Veräußerung bloßer Zweigniederlassungen kommt es auf das dortige Register an.[49]

17   d) **Hemmung, Unterbrechung.** Durch die Verweisung auf die in § 26 Abs. 1 S. 3 genannten bürgerlich-rechtlichen Normen werden diese, (insbesondere) die Hemmung (§§ 203, 206, 207 BGB) und die Unterbrechung (§§ 210, 212 bis 216, 220 BGB) der Verjährung betreffenden Vorschriften auf die Ausschlußfrist des § 26 Abs. 1 S. 1 anwendbar.[50]

---

[42] BT-Drucks. 12/1868 S. 4.
[43] BT-Drucks. 12/1868 S. 8.
[44] BT-Drucks. 12/6569 S. 12.
[45] *Seibert* DB 1994, 461, 462.
[46] So auch *Eckert* RdA 1994, 215, 219 (zu Fn. 41).
[47] Staub/*Hüffer* RdNr. 6 zur alten Fassung.

[48] Vgl. auch *Kiskel* S. 271 ff.; *Lieb* GmbHR 1992, 561, 568 f.
[49] *Düringer/Hachenburg* § 26 Anm. 4; Heymann/*Emmerich* § 26 RdNr. 13; Schlegelberger/*Hildebrandt/Steckhan* § 26 RdNr. 6 Abs. 2; Staub/*Hüffer* § 26 RdNr. 8.
[50] Hierzu *Reichold* NJW 1994, 1617, 1619.

Diese Möglichkeit war zwar im Vorfeld der Neuregelung streitig,[51] dürfte dem Gesetzgeber aber freistehen.[52]

e) Teleologische Reduktion? Die Enthaftung des Veräußerers setzt nach dem ausdrück-   **18** lichen Gesetzeswortlaut die Haftung des Erwerbers voraus. Daran knüpft die Frage an, ob eine Enthaftung auch dann Platz greifen kann, wenn der Erwerber zwar haftet, aber „nur" mit seinem Privatvermögen, deswegen aber nicht auch mit dem Unternehmensvermögen, weil dieses, wie bei bloßer Betriebs**verpachtung** oder sonstiger Betriebsüberlassung, beim Veräußerer (zumindest im wesentlichen) verblieben ist. Diese Frage betrifft vor allem die mit der klassischen **Betriebsaufspaltung** verfolgten Haftungsvermeidungsstrategien[53] (zur Betriebsaufspaltung durch Spaltung nach den §§ 124 ff. UmwG vgl. § 134 UmwG). Sie ist mE zu verneinen: Eine Enthaftung kann den Gläubigern nur dann zugemutet werden, wenn sie auch weiterhin auf die Gegenstände des Unternehmensvermögens (beim Erwerber) zugreifen können.

f) Rechtslage bei Kapitalisierung. Zu erörtern ist schließlich auch für §§ 26, 28 Abs. 3   **19** noch ein weiteres, jüngst von *Kollbach*[54] aufgeworfenes, heikles Problem. *Kollbach* hat darauf aufmerksam gemacht, daß im Fall der Insolvenz (hier: Des Erwerbers bei § 25 bzw. der Gesellschaft bei § 28) die **Betriebsrentenansprüche kapitalisiert** werden (§ 69 KO).[55] Dies könnte dann, wenn die Kapitalisierung vor Eintritt der Enthaftung vorgenommen wird, zu der Annahme verleiten, daß dann der gesamte kapitalisierte Betrag als vor dem Eintritt der Enthaftung fällig geworden angesehen wird, obwohl er zu erheblichen Teilen auf Ansprüchen oder Anwartschaften beruht, die ohne Insolvenz erst nach Eintritt der Enthaftung fällig geworden wären. Dies würde der Enthaftungstendenz des Gesetzes indessen so eindeutig widersprechen, daß sich darüber auch das wenig enthaftungsfreundliche BAG schwerlich hinwegsetzen könnte. In diesem Fall ist die Haftung vielmehr auf diejenigen kapitalisierten Teilbeträge zu begrenzen, die auf den Zeitraum bis zum Eintritt der Enthaftung entfallen.

II. Übergangsregelungen zu § 26 und § 28 Abs. 3

Art. 37 EGHGB   **20**

(1) Die §§ 26 und 28 Abs. 3 des Handelsgesetzbuches in der ab dem 26. März 1994 geltenden Fassung sind auf vor diesem Datum entstandene Verbindlichkeiten anzuwenden, wenn

1. nach dem 26. März 1994 der neue Inhaber oder die Gesellschaft eingetragen wird oder die Kundmachung der Übernahme stattfindet und

2. die Verbindlichkeiten nicht später als vier Jahre nach der Eintragung oder der Kundmachung fällig werden.

Auf später fällig werdende Verbindlichkeiten im Sinne von Satz 1 ist das bisher geltende Recht mit der Maßgabe anwendbar, daß die Verjährungsfrist ein Jahr beträgt.

(2) Abweichend von Absatz 1 gilt § 28 Abs. 3 des Handelsgesetzbuches auch für Verbindlichkeiten im Sinne des Absatzes 1 Satz 2, wenn diese aus fortbestehenden Arbeitsverhältnissen entstanden sind. Dies gilt auch dann, wenn die Gesellschaft bereits vor dem 26. März 1994 ins Handelsregister eingetragen wurde, mit der Maßgabe, daß der 26. März 1994 als Tag der Eintragung gilt.

[51] Dagegen *K. Schmidt* DB 1990, 2357, 2359; allgemein gegen eine Anwendung bei Ausschlußfristen MünchKommBGB/*v. Feldmann* § 194 RdNr. 7; Staudinger/*Dilcher* vor § 194 RdNr. 10; RGRK/*Johannsen* vor § 194 RdNr. 7.
[52] *Ulmer/Timmann* ZIP 1992, 1, 9; allg. Erman/*Hefermehl* vor § 194 RdNr. 9; *Spiro,* Die Begrenzung privater Rechte durch Verjährungs- und Fatalfristen, Band II 1975, § 397 (1030 ff.).

[53] Hierzu bereits *Lieb,* Die Haftung für Verbindlichkeiten aus Dauerschuldverhältnissen bei Unternehmensübergang, 1991, insbes. S. 25 ff.; *ders.* GmbHR 1992, 561, 567.
[54] GmbHR 1994, 164, 167 f.
[55] Vgl. dazu *Grub* ZIP 1992, 159.

(3) Die Enthaftung nach Absatz 2 gilt nicht für Ansprüche auf Arbeitsentgelt, für die der Ar-
beitnehmer bei Zahlungsunfähigkeit der Gesellschaft keinen Anspruch auf Konkursausfallgeld hat.
Insoweit bleibt es bei dem bisher anwendbaren Recht.

21 **1. Überblick.** Die gesetzliche Neuregelung gilt unmittelbar nur dann, wenn sich die
maßgeblichen Vorgänge – bei §§ 25, 28: Eintragung des Erwerbers (§ 25) bzw. der Gesell-.
schaft (§ 28) in das Handelsregister bzw. (bei § 25 Abs. 3) Bekanntmachung der Übernahme der Verbindlichkeiten in handelsüblicher Weise (das Gesetz bezeichnet dies als „Kundmachung") – **nach** dem **Inkrafttreten des Gesetzes** abgespielt haben, und wenn es sich
um Verbindlichkeiten handelt, die nach diesem Zeitpunkt begründet wurden (**Neuver-**
bindlichkeiten; letzteres ergibt sich zwingend allerdings erst aus einem Umkehrschluß aus
Art. 37 Abs. 1 EGHGB). Dementsprechend bedurfte es einer gesetzlichen Übergangsregelung sowohl für Altverbindlichkeiten (Art. 37 Abs. 1 EGHGB mit der ergänzenden Sonderregelung der Abs. 2 und 3 für arbeitsrechtliche Verbindlichkeiten) als auch für solche
Vorgänge, die sich bereits vor dem Inkrafttreten des Gesetzes ereigneten (Art. 37 Abs. 2
S. 2 EGHGB). Sie sind **kompliziert und unübersichtlich**, obwohl sie insbesondere für
Verbindlichkeiten aus Dauerschuldverhältnissen **noch lange Zeit maßgeblich** sein werden.

22 Das Gesetz differenziert mehrfach, und zwar zunächst zwischen denjenigen Fällen einer
Unternehmensübertragung, die sich **nach** Inkrafttreten des Gesetzes (Art. 37 Abs. 1, 2 S. 1
EGHGB) und solchen, die sich bereits **vorher** ereignet haben (Art. 37 Abs. 2 S. 2
EGHGB). Bei Übertragungen **nach** Inkrafttreten des Gesetzes wird unterschieden zwi-
schen Verbindlichkeiten, die vor Ablauf von 4 Jahren nach Eintragung (Art. 37 Abs. 1 S. 1
EGHGB) und solchen, die erst später fällig wurden (Art. 37 Abs. 1 S. 2 EGHGB). Schließ-
lich enthält das Gesetz noch problematische Sonderregelungen für Verbindlichkeiten aus
fortbestehenden Arbeitsverhältnissen (Art. 37 Abs. 2, 3 EGHGB).

23 **2. Haftung für Altverbindlichkeiten beim Wechsel des Unternehmensträgers nach**
Inkrafttreten des NHBG (Art. 37 Abs. 1 EGHGB). a) Zeitliche Differenzierung. Beim
Erwerb von Handelsgeschäften (§ 25) bzw. deren Einbringung in eine Personenhandelsgesellschaft (§ 28) nach Inkrafttreten des NHBG unterscheidet das Gesetz zwischen solchen,
bereits vor Inkrafttreten „entstandenen Verbindlichkeiten" (Altverbindlichkeiten), die
innerhalb von 4 Jahren (nach Eintragung oder Kundmachung) und solchen Verbindlichkeiten, die erst später fällig werden (Art. 37 Abs. 1 S. 1 Ziff. 2 bzw. S. 2 EGHGB).

24 **aa)** Für **Verbindlichkeiten,**[56] die „nicht später als 4 Jahre nach der Eintragung oder der
Kundmachung fällig werden", also **innerhalb von 4 Jahren entstehen**, gilt nach Art. 37
Abs. 1 S. 1 EGHGB ebenfalls die uneingeschränkte Enthaftungslösung des neuen Rechts.
Dies bedeutet, daß insoweit einheitlich mit Ablauf der 5-Jahresfrist der §§ 26, 28 Abs. 3
Enthaftung eintritt, soweit keine gerichtliche Geltendmachung im Sinne dieser Vorschrif-
ten erfolgt ist (dazu bereits RdNr. 10 ff.).

25 **bb)** Für **später**, dh. erst nach Ablauf von 4 Jahren **fällig werdende Verbindlichkeiten** ist
gemäß Art. 37 Abs. 1 S. 2 EGHGB nur „das bisher geltende Recht" anwendbar; dies allerdings „mit der Maßgabe, daß die Verjährungsfrist 1 Jahr beträgt".[57]

26 Diese Vorschrift ist – nach Einbeziehung der §§ 26, 28 in den Regelungsplan des Gesetzes durch den Rechtsausschuss des Deutschen Bundestages[58] – der Übergangsvorschrift des
Art. 35 S. 2 EGHGB zu § 160, den Fällen des Ausscheidens von Gesellschaftern bzw.
deren Wechsel in eine Kommanditistenstellung, nachgebildet worden. Insoweit ist jedoch
Vorsicht geboten, weil der dortigen Verweisung auf das „bisher geltende Recht" eine ganz
andere Bedeutung zukommt als bei Art. 37 Abs. 1 S. 2 EGHGB: Während nämlich unter
bisher geltendem Recht iSv. Art. 35 S. 2 EGHGB die zu § 159 bereits rechtsfortbildend

---

[56] Besser: „Ansprüche"; der Begriff der Fälligkeit
betrifft nur Ansprüche, nicht Verbindlichkeiten; insoweit wird lediglich von Erfüllbarkeit gesprochen.

[57] Eingefügt vom Rechtsausschuß: BT-Drucks.
12/6569 mit Begründung S. 12 re.Sp.
[58] BT-Drucks. 12/6569 S. 4 mit Begründung
S. 11 re.Sp.

entwickelte Enthaftungsrechtsprechung von BGH und BAG (RdNr. 2) verstanden und damit – auch insoweit Enthaftung verbürgend – deren Weitergeltung für „später fällig werdende Verbindlichkeiten" angeordnet werden sollte,[59] fehlt es im Rahmen der §§ 25, 26, 28 deswegen an einer entsprechenden Enthaftungsrechtsprechung und damit an entsprechendem bisher geltendem Recht, weil insbesondere das BAG entgegen weit verbreiteter Denkanstöße der rechtswissenschaftlichen Literatur[60] eine Übertragung der zu § 159 entwickelten Enthaftungsrechtsprechung auf § 26 oder gar § 28 vehement abgelehnt hatte.[61] Angesichts dessen liegt die Annahme nahe, daß unter bisher geltendem Recht iSv. Art. 37 Abs. 1 S. 2 EGHGB anders als bei Art. 35 S. 2 EGHGB lediglich das frühere Gesetzesrecht, dh. § 26 aF, mit der Folge gemeint ist, daß es bei §§ 26, 28 im Bereich später fällig werdender Altverbindlichkeiten bei der Endloshaftung bleibt.

Damit würde allerdings die schon bisher wenig einsichtige, wenn nicht gar gleichheitswidrige Differenzierung zwischen der gesellschaftsrechtlichen Enthaftungsproblematik und derjenigen der Übertragung (Einbringung) eines Handelsgeschäfts (§ 25, 28) trotz der nunmehr gesetzlich durch § 26, 28 Abs. 3 nF, Art. 37 Abs. 1 S. 1 EGHGB angeordneten Gleichbehandlung deswegen weit in die Zukunft verlängert, weil zahlreiche, bereits in der Vergangenheit begründete Dauerschuldverhältnisse noch weit in die Zukunft reichen, dh. noch lange Zeit neue Ansprüche hervorbringen werden. Deswegen ist durchaus zu erwägen, ob angesichts der **Erstreckung der neuen Enthaftungslösung** auf den Bereich der §§ 25, 26, 28 durch Art. 37 Abs. 1 nicht auch die Übernahme der Regelung des Art. 35 S. 2 durch Art. 37 Abs. 1 S. 2 EGHGB als Erstreckung der bisherigen Enthaftungsrechtsprechung zu § 159 auf §§ 25, 26, 28 angesehen werden kann. Dafür könnte auch sprechen, daß es ohnehin merkwürdig ist, wenn zwar bezüglich der zeitnah (!) fällig werdenden Verbindlichkeiten der ersten 4 Jahre (Art. 37 Abs. 1 S. 1 Ziff. 2 EGHGB) Enthaftung eintritt, nicht aber bezüglich der erst danach, dh. nach Ablauf der 4-Jahresfrist, fällig werdenden weiteren Verbindlichkeiten.[62] Einzuräumen ist, daß es für eine solche Erstreckung der alten Enthaftungsrechtsprechung auf §§ 25, 26, 28 auch im Bereich des Art. 37 Abs. 1 S. 2 EGHGB eines gewissen Mutes bedarf; ob ihn die Rechtsprechung insbesondere des BAG aufbringen wird, bleibt abzuwarten.

cc) Geht man davon aus, daß unter bisher geltendem Recht iSv. Art. 37 Abs. 1 S. 2 EGHGB lediglich die frühere Gesetzeslage zu verstehen ist, so bleibt es bezüglich der erst nach Ablauf von 4 Jahren fällig werdenden Verbindlichkeiten bei der bloßen Verjährungsregelung des § 26 aF; allerdings **verkürzt** sich deren Frist immerhin auf jeweils nur noch 1 Jahr ab Fälligkeit. An der **Endloshaftung** ändert dies jedoch bedauerlicherweise nichts.

dd) Für § 28 stellt sich die Zusatzfrage, ob die Verkürzung der Verjährungsfrist durch Art. 37 Abs. 1 S. 2 EGHGB auch dort zur Anwendung kommen kann. Dem könnte entgegenstehen, daß sich die Verkürzung der Verjährungsfrist durch Art. 35 S. 2, 37 Abs. 1 S. 2 EGHGB auf Sonderverjährungsvorschriften (§§ 26, 159 aF) bezieht, eine solche Sonderverjährung bei § 28 aF aber bisher fehlte. Andererseits macht es durchaus Sinn, den im Bereich des § 28 aF ohnehin im Vergleich mit den genannten anderen Vorschriften benachteiligten Schuldnern wenigstens dadurch entgegenzukommen, daß im Rahmen der Übergangsvorschrift des Art. 37 Abs. 1 S. 2 EGHGB (alle) **normalen** Verjährungsfristen auf ein Jahr verkürzt werden. Der Gesetzeswortlaut läßt dies zu.

ee) Obwohl das Gesetz den Begriff des **Dauerschuldverhältnisses** (bewußt, dazu bereits RdNr. 2) nicht mehr verwendet, ist gerade im Zusammenhang mit der Übergangsregelung

---

[59] BT-Drucks. 12/1868 S. 10 re. Sp.; *Seibert* DB 1994, 461, 464 l.Sp.
[60] *K. Schmidt* DB 1990, 2357, 2358; *Reichold* ZIP 1988, 551; *Bork* ZIP 1989, 1369; *Kapp/Oltmanns/Bezler* DB 1988, 1937; *Kiskel* S. 148 ff., 262; *Lieb* GmbHR 1992, 561, 566 f.; *ders.* Anm. zu BAG EzA § 28 Nr. 1.

[61] BAG AP § 26 Nr. 1; BetrAVG § 7 Nr. 56.
[62] Hier stimmt die Konzeption des Gesetzes zumindest in bezug auf Dauerschuldverhältnisse schon in sich nicht.

27

28

29

30

der Art. 35 ff. EGHGB und der dortigen zeitlichen Differenzierung zu fragen, wie es insoweit mit Verbindlichkeiten (Ansprüchen) aus Dauerschuldverhältnissen steht. Gewisse Auslegungsschwierigkeiten bereiten die Übergangsregelungen der Art. 35 ff. EGHGB nämlich in bezug auf solche Dauerschuldverhältnisse, die bereits vor dem Inkrafttreten des NHBG begründet worden waren. Insoweit stellt sich die Frage, ob bezüglich des Zeitpunkts der Entstehung der Verbindlichkeit auf das Dauerschuldverhältnis als solches abzustellen ist (dann fallen die vor dem Inkrafttreten des Gesetzes begründeten Dauerschuldverhältnisse[63] auch mit all ihren späteren Teilverbindlichkeiten unter die Übergangsregelung des Art. 37 Abs. 1 EGHGB und zwar mit der Folge, daß dann nur noch bezüglich der Fälligkeit der einzelnen Teilverbindlichkeiten zeitlich zwischen S. 1 Ziff. 2 und S. 2 zu differenzieren ist) oder aber man stellt auf die einzelne Teilverbindlichkeit selbst ab, wobei dies dann die gravierende, eine viel weiterreichende Enthaftung begründende Folge haben würde, daß diejenigen Teilverbindlichkeiten, die erst nach dem Inkrafttreten des NHBG „entstehen" (?), als Neuverbindlichkeiten begriffen und damit der direkten Enthaftung gemäß §§ 26, 28 Abs. 3 (160) zugeführt werden könnten.[64] Die Entscheidung hängt davon ab, ob die aus dem Dauerschuldverhältnis periodisch „herauswachsenden" Teilverbindlichkeiten (Teilansprüche) als schon im Zeitpunkt der Begründung des Dauerschuldverhältnisses entstanden (und nur noch nicht fällig) anzusehen sind,[65] oder ob sie erst sukzessive **entstehen**.

31   Eine genauere **Stellungnahme** ist an dieser Stelle und in diesem Rahmen weder möglich noch notwendig. Im Gegensatz zu *Moll/Hottgenroth*[66] ist nämlich davon auszugehen, daß das Verständnis des Gesetzgebers und seine Antwort auf die gestellte Alternativfrage so eindeutig sind, daß für eine andere Gesetzesauslegung kein Raum mehr ist. Dafür spricht schon die ganz simple Ausgangserwägung, daß die gesamte Nachhaftungsdiskussion und die daraus hervorgegangene Enthaftungsrechtsprechung schon zu § 159 HGB aF auf der Prämisse beruhten, daß die nach Ausscheiden eines Gesellschafters (weiterhin) entstehenden Teilverbindlichkeiten gerade keine Neuverbindlichkeiten, für die der Ausgeschiedene dann ohnehin ebensowenig hätte einstehen müssen wie für solche Verbindlichkeiten, die erst nach seinem Ausscheiden neu begründet wurden, sondern eben deswegen Altverbindlichkeiten darstellen, weil sie (zugegebenermaßen bildlich gesprochen) aus einem bereits früher verbindlich gelegten Rechtsboden herauswachsen. Genau diese Prämisse liegt zweifellos auch dem – sonst ebenfalls überflüssigen – NHBG sowohl bei seiner Normalregelung als auch – erst recht – im Rahmen seiner Übergangsregelung zugrunde. Darüber kann sich der Gesetzesinterpret nicht hinwegsetzen, zumal es für die hL auch gute Gründe, wie etwa denjenigen gibt, daß sich der Vertragspartner auch und gerade bei der Begründung von Dauerschuldverhältnissen auf die Bonität, sei es der Gesellschafter, sei es – bei §§ 25, 28 – auf die Bonität des Einzelkaufmanns verläßt. Gesetzessystematisch wird dies schließlich noch durch die Erwägung bekräftigt, daß es auch der Sonderverjährung für das spezielle Dauerschuldverhältnis Arbeitsverhältnis in Art. 36, 37 Abs. 2 EGHGB gar nicht bedurft hätte, wenn es sich bei den nach der jeweiligen Statusveränderung fällig werdenden Teilverbindlichkeiten um Neuverbindlichkeiten handeln würde. Bei Dauerschuldverhältnissen ist daher bei der Abgrenzung zwischen Alt- und Neuverbindlichkeiten (= vor Inkrafttreten des Gesetzes „entstanden" iSv. Art. 35 S. 2, 37 Abs. 1 S. 2 EGHGB) nicht auf die einzelnen Teilverbindlichkeiten, sondern auf den **Zeitpunkt der Begründung des Dauerschuldverhältnisses selbst** abzustellen; auf die einzelnen Teilverbindlichkeiten kommt es dann nur im Zusammenhang mit dem für die Zuordnung maßgeblichen Fälligkeitszeitpunkt der genannten Vorschriften an. Dementsprechend tritt bei Fälligkeiten innerhalb des

---

[63] Mit Ausnahme der Arbeitsverhältnisse des Art. 37 Abs. 2, 3 EGHGB.
[64] Für letzteres (in bezug auf arbeitsrechtliche Ansprüche) neuerdings vehement *Moll/Hottgenroth* RdA 1994, 223 ff. mit weit. Nachw.

[65] So die hL. Repräsentativ Schlegelberger/ *K. Schmidt* § 128 RdNr. 51 mit weit. Nachw.
[66] RdA 1994, 223, 230 f.

4-Jahreszeitraums (Art. 35 S. 1 Ziff. 2, 37 Abs. 1 S. 1 Ziff. 2 EGHGB) mit Ablauf der 5-Jahresfrist Enthaftung ein, während bei späterer Fälligkeit gem. Art. 35 S. 2 EGHGB die alte Enthaftungsrechtsprechung zum Zuge kommt, und es bei Art. 37 Abs. 1 S. 2 EGHGB in Ermangelung einer solchen Rechtsprechung bei der Endloshaftung bleibt; sie wird lediglich durch die Verkürzung der Sonderverjährungsfrist auf 1 Jahr durch Art. 35 S. 2, 37 Abs. 1 S. 2 EGHGB „entschärft".

b) Die Sonderregelung für „Arbeitsverhältnisse". Eine (freilich außerordentlich pro- **32** blematische) Sonderregelung hat (nur) das spezielle Dauerschuldverhältnis „Arbeitsverhältnis" durch Art. 37 Abs. 2, 3 EGHGB (in Anlehnung an Art. 36 EGHGB) erfahren. Sie bezieht sich auf die Verbindlichkeiten des Abs. 1 S. 2, dh. auf Fälligkeiten nach Ablauf des 4-Jahreszeitraums von Abs. 1 S. 1 Ziff. 2. Auffällig ist, daß diese Sonderregelung offenbar nur für § 28, nicht aber auch für § 26 gelten soll (dazu RdNr. 39). Vor allem aber – darauf soll zuerst eingegangen werden – ist problematisch, was denn hier unter (noch dazu „fortbestehenden") Arbeitsverhältnissen zu verstehen ist.

aa) Insoweit stellt sich die – zentral wichtige – Frage, ob unter Verbindlichkeiten aus **33** fortbestehenden Arbeitsverhältnissen auch (im Zeitpunkt des Inkrafttretens des Gesetzes bereits bestehende) **Ruhegeldverbindlichkeiten** zu verstehen sind, oder ob darunter nur Verbindlichkeiten gegenüber noch aktiven Arbeitnehmern fallen.[67] Diese Frage ist bekannt; sie wird seit langem zu § 613 a BGB („Rechte und Pflichten aus den im Zeitpunkt des Übergangs bestehenden Arbeitsverhältnissen") diskutiert und dort von Rechtsprechung und hL dahingehend entschieden, daß nur die Arbeitsverhältnisse aktiver Arbeitnehmer gemeint seien; Verbindlichkeiten aus bereits bestehenden Ruhestandsverhältnissen werden von § 613 a BGB also nicht erfaßt.[68] Dies könnte für Gleichbehandlung sprechen, zumal der (freilich nirgends erläuterte) Begriff des **Fortbestehens** als Abgrenzung zum Ruhestandsverhältnis verstanden werden könnte.

Eine solche Auslegung hätte dann jedoch die kaum nachvollziehbare Konsequenz, daß **34** Enthaftung lediglich in bezug auf die Ansprüche solcher Arbeitnehmer eintreten könnte, die im maßgeblichen Veränderungszeitpunkt (Ausscheiden, Wechsel in der Gesellschafterstellung, Übertragung des Handelsgeschäfts) noch aktiv tätig waren, nicht dagegen in bezug auf die Ruhegeldansprüche bereits im Ruhestand befindlicher Arbeitnehmer. Dies wäre deswegen besonders befremdlich, weil gerade die **Nachhaftung für Ruhegeldansprüche** rechtstatsächlich im Mittelpunkt stand und als besonders drückend empfunden wurde. Angesichts dessen fragt man sich geradezu ratlos, was denn mit dem Begriff des „fortbestehenden Arbeitsverhältnisses" gemeint sein könnte, ob damit wirklich eine Einschränkung der Nachhaftungsbegrenzung auf die Ansprüche aktiver Arbeitnehmer beabsichtigt gewesen sein sollte.

In der Regierungsbegründung wird weder der Begriff des Arbeitsverhältnisses, noch gar **35** der des „fortbestehenden" erwähnt, geschweige denn problematisiert. Ruhegeldansprüche werden zwar durch Hinweis auf die Insolvenzsicherung gemäß § 7 Abs. 1, 2 BetrAVG angesprochen.[69] Es wird jedoch nicht klar, ob damit auch die Ruhegeldansprüche von (ehemaligen) Arbeitnehmern gemeint sind, die sich bereits im Zeitpunkt des Ausscheidens des Gesellschafters im Ruhestand befanden, oder nur die (künftigen) Ruhegeldansprüche derzeit noch aktiver Arbeitnehmer. Auch bei *Seibert,* der Ansprüche aus Versorgungszusagen bei seiner Erörterung der Übergangsregelungen immerhin erwähnt[70] wird dies nicht ganz deutlich, so daß nicht erkennbar ist, ob mit der Verwendung des Begriffs des „fortbestehenden Arbeitsverhältnisses" ein Ausschluß der Enthaftung für Ruhegeldansprüche

---

[67] So (ohne Problematisierung) *Reichold* NJW 1994, 1617, 1621 re.Sp.
[68] Vgl. Erman/*Hanau* § 613 a RdNr. 46; Staudinger/*Richardi* § 613 a RdNr. 29, 113; RGRK/*Ascheid* § 613 a RdNr. 24; MünchKommBGB/*Schaub* § 613 a RdNr. 6.

[69] BR-Drucks. 446/91 S. 22; zur Problematik des § 7 BetrAVG im Zusammenhang mit §§ 25, 28 HGB noch RdNr. 41 f.
[70] *Seibert* DB 1994, 461, 464 re. Sp.

verbunden sein sollte. Immerhin wird in der Regierungsbegründung schon im allgemeinen Teil deutlich ausgeführt, eine zeitliche Haftungsbegrenzung sei insbesondere auch für Leistungen der betrieblichen Altersversorgung geboten, weil die nach geltendem Recht weitergehenden Haftungsrisiken auch sozialpolitisch die unerwünschte Folge hätten, daß sich die Bereitschaft zur Gewährung betrieblicher Altersversorgung an Mitarbeiter von Personengesellschaften verringere.[71]

36   Der Auslegung scheinen dadurch enge Grenzen gezogen zu sein, daß der Begriff des (noch dazu „fortbestehenden") Arbeitsverhältnisses insbesondere auf dem Hintergrund der Diskussionen zu § 613 a BGB recht eindeutig, nämlich auf die Rechtsverhältnisse aktiver Arbeitnehmer, beschränkt zu sein scheint. Andererseits ist zu bedenken, daß eine so enge Auslegung keineswegs selbstverständlich ist, zumal auch Ruhegeldansprüche auf der Anspruchsgrundlage Arbeitsverhältnis beruhen. Dazu kommt, daß wir es mit einem (federführend vom Bundesministerium der Justiz betreuten) gesellschafts- bzw. handelsrechtlichen Gesetz zu tun haben, bei dem spezielle arbeitsrechtliche Differenzierungen nicht ohne weiteres vorausgesetzt werden dürfen. Schließlich liegt auch für ein natürliches Sprachverständnis die Subsumtion auch von Ruhegeldansprüchen unter Ansprüche aus Arbeitsverhältnissen nicht fern, zumal man – zugegebenermaßen eine „Eselsbrücke" – auch das Wort Fortbestehen in dem Sinne interpretieren kann, daß sich das Arbeitsverhältnis im Ruhestandsverhältnis fortsetzt.

37   All dies vermag, wie fast immer bei Wortlautinterpretationen, kaum Sicherheit zu bieten. Anders steht es dagegen mit der **teleologischen Auslegung**. Unter diesem Aspekt ist zu fragen, was denn Anlaß zu einer Differenzierung zwischen den Ansprüchen aktiver Arbeitnehmer und (Ruhegeld-) Ansprüchen von Pensionären gegeben haben könnte bzw. – vom Ergebnis her gesehen – was denn dafür sprechen könnte, die jeweils Nachhaftenden zwar von der Last der Haftung für Lohn-, nicht aber auch für Ruhegeldansprüche zu befreien. Die Antwort kann nur sein, daß sich dafür nicht die geringste Begründung finden läßt; insbesondere waren entsprechende Differenzierungen, soweit ersichtlich, bisher von niemandem erörtert, geschweige denn vorgeschlagen worden. Dazu kommt, daß gerade die **Notwendigkeit der Enthaftung in bezug auf Ruhegeldansprüche** ganz im Vordergrund der Nachhaftungsbegrenzungsdiskussion stand; die Ansprüche aktiver Arbeitnehmer, die schon wegen der Möglichkeit betriebsbedingter Kündigungen bei Insolvenz des Unternehmensträgers (sowie – darauf zielen Art. 36 Abs. 2, 37 Abs. 3 EGHGB[72] – angesichts der Absicherung durch §§ 141 a ff. AFG) ohnehin keine große Rolle spielen, traten daneben ganz zurück. Dazu kommt, daß eine (sofortige!) Enthaftung des bisherigen Einzelkaufmanns in bezug auf die Arbeitsverhältnisse aktiver Arbeitnehmer sowohl bei § 25, als auch bei § 28 bereits dadurch eintritt, daß darauf – wie bereits ausgeführt (RdNr. 7) – im Gegensatz zu den gesellschaftsrechtlichen Veränderungen (§ 160) § 613 a BGB mit der Folge anwendbar ist, daß die Regelung des Art. 37 Abs. 2, 3 EGHGB, wollte man sie auf die Ansprüche aktiver Arbeitnehmer beschränken, ins Leere gehen würde. Dies kann kein sinnvolles Auslegungsergebnis sein. ME spricht daher alles dafür, entgegen dem ersten, korrekturbedürftigen Eindruck den Begriff des fortbestehenden Arbeitsverhältnisses auch **auf Ruhegeldansprüche** bereits im Ruhestand befindlicher Arbeitnehmer zu **erstrecken** und damit auch insoweit eine Enthaftung für Altverbindlichkeiten zu bejahen.

38   Dementsprechend ist davon auszugehen, daß Art. 37 Abs. 2 S. 1 EGHGB **auch Ruhegeldverbindlichkeiten erfaßt** und diese damit der Enthaftung gemäß Art. 37 Abs. 1 EGHGB iVm. § 28 Abs. 3 zuführt. Dies bedeutet, daß jedenfalls bezüglich der nach Ablauf von 4 Jahren fällig werdenden Teilverbindlichkeiten (Art. 37 Abs. 2 S. 1 EGHGB iVm. Art. 37 Abs. 1 S. 2 EGHGB) nach Ablauf von insgesamt 5 Jahren vorbehaltlich gerichtlicher Geltendmachung vollständige Enthaftung eintritt. Damit gilt über Art. 37 Abs. 2 EGHGB für die Verbindlichkeiten des Art. 37 Abs. 1 S. 2 EGHGB im Ergebnis genau dieselbe Regelung, wie gem. Art. 37 Abs. 1 S. 1 EGHGB für die innerhalb des

---

[71] BT-Drucks. 12/1868 S. 7.   [72] BT-Drucks. 12/1868 S. 11 ff.

4-Jahreszeitraums fällig werdenden Verbindlichkeiten: Durchweg tritt – für Verbindlichkeiten aus Arbeitsverhältnissen im dargestellten Sinn – völlige Enthaftung gemäß § 28 Abs. 3 ein.

bb) Die Rechtsprechung des Art. 37 Abs. 2 S. 1 EGHGB ist dem Wortlaut nach auf den **39** Bereich des § 28 beschränkt; § 26 wird in auffälligem, erklärungsbedürftigem Gegensatz zu Art. 37 Abs. 1 EGHGB nicht mehr erwähnt. Dies würde nur dann Sinn machen, wenn sich die Regelungsprobleme, die Art. 37 Abs. 2 EGHGB im Auge hat, bei § 26 nicht stellen würden. Dies ist jedoch nicht der Fall: Der Schwerpunkt der Regelung des Art. 37 Abs. 2 EGHGB liegt (ebenso wie bei Art. 36 Abs. 1 EGHGB), wie bereits eingehend erörtert, bei der (Ent-) Haftung für Ansprüche aus betrieblicher Altersversorgung. Insofern ist das Enthaftungsbedürfnis des Veräußerers bei § 25 mindestens ebenso groß, wenn nicht größer (bei § 25 löst sich der bisherige Betreiber völlig vom Unternehmen, während er bei § 28 immerhin beteiligt bleibt), so daß die Versagung der Übergangsregelung des Art. 37 Abs. 2 EGHGB einen massiven Gleichheitsverstoß darstellen würde. Angesichts dessen kann und muß von einer **planwidrigen Lücke** ausgegangen und diese durch **entsprechende Anwendung des Art. 37 Abs. 2 EGHGB** auch im Bereich des § 26 geschlossen werden.

c) Art. 37 Abs. 3 EGHGB. Die Sonderregelung der Enthaftungsproblematik des Art. 37 **40** Abs. 2 EGHGB steht nach dem Gesetzeswortlaut unter dem Vorbehalt, daß die betroffenen Arbeitnehmer Ansprüche auf Konkursausfallgeld haben (Art. 37 Abs. 3 EGHGB. Diese Regelung geht deswegen gänzlich ins Leere, weil bei dieser schlichten Übernahme der dort sinnvollen und notwendigen Regelung des Art. 36 Abs. 2 EGHGB übersehen wurde, daß sich bei §§ 25, 28 im Gegensatz zu den gesellschaftsrechtlichen Statusveränderungen des § 160 die (sofortige) Enthaftung bereits aus § 613 a BGB ergibt,[73] so daß die Arbeitnehmer von vornherein auf Ansprüche gegen den neuen Arbeitgeber beschränkt sind.

d) Zur Sonderproblematik des Insolvenzschutzes (§ 7 BetrAVG). Anstelle des **41** Scheinproblems des Art. 37 Abs. 3 EGHGB stellt sich jedoch in bezug auf §§ 25, 28 im Bereich der Ruhegeldansprüche ein ähnliches, vom Gesetzgeber übersehenes, **gravierendes Problem**: Die von Art. 37 Abs. 2 EGHGB in bezug auf Ruhegeldverbindlichkeiten verfügte Enthaftung des bisherigen Einzelkaufmanns setzt nämlich gedanklich voraus, daß die Ruhegeldansprüche der von der Enthaftung betroffenen Arbeitnehmer beim neuen Unternehmensträger genauso sicher sind, wie beim bisherigen Einzelkaufmann. Dies setzt vor allem **Insolvenzschutz** gemäß § 7 BetrAVG voraus. Davon scheint der Gesetzgeber ausweislich der Regierungsbegründung, die auf § 7 BetrAVG ausdrücklich abstellt, ausgegangen zu sein. Dabei wurde jedoch bedauerlicherweise übersehen, daß das (bisher konsequent enthaftungsfeindliche) **BAG** in einer überaus problematischen (wohl auch § 25 entsprechend erfassenden) Rechtsprechung angenommen hat, die neue Gesellschaft könne bei § 28 nicht als Arbeitgeber iSv. § 7 BetrAVG angesehen werden, so daß insoweit kein Insolvenzschutz bestehe; der Pensionssicherungsverein habe nur bei Insolvenz des früheren Einzelkaufmanns, nicht aber bei Insolvenz der gemäß § 28 nach Auffassung des BAG nur mithaftenden Gesellschaft einzustehen.[74] Dies war zwar schon bisher außerordentlich zweifelhaft;[75] das BAG hat sich jedoch von der Kritik nicht beirren lassen.[76] Fraglich ist, was nun, nach Inkrafttreten des NHBG, gelten soll. Zwei, ganz unterschiedliche Alternativen sind denkbar:

Entweder bleibt es bei der Rechtsprechung des BAG; dann müßte die durch Art. 37 **42** Abs. 2 EGHGB verfügte Enthaftung des bisherigen Einzelkaufmanns in Analogie zu Art. 37 Abs. 3 EGHGB wieder zurückgenommen werden. Oder es wird angenommen, durch die gesetzliche Neuregelung, die stillschweigend von Arbeitgebereigenschaft und

---

[73] Anders nur dann, wenn man der entgegengesetzten, jedoch kaum vertretbaren Rechtsauffassung des BAG (dazu bereits RdNr. 7) zu § 28 HGB folgt.
[74] BAG AP BetrAVG § 7 Nr. 56.

[75] Vgl. dazu eingehend und zutreffend *Reichold* zu BAG AP BetrAVG § 7 Nr. 56.
[76] BAG AP BetrAVG § 7 Nr. 64.

damit Insolvenzsicherung auch bei der gemäß § 28 entstehenden Gesellschaft (sowie – konsequenterweise – beim Erwerber des § 25) ausgeht, sei die bisherige Rechtsprechung ebenso stillschweigend (und im Ergebnis zu Recht!) korrigiert worden. Letzteres könnte auf den ersten Blick als (allzu) kühn erscheinen, ist aber dennoch vorzugswürdig. Dies deswegen, weil der Gesetzgeber der Rechtsprechung des BAG durch die Ausdehnung der Enthaftungslösung auf § 28 zumindest für die Zukunft den Boden entzogen hat: Die unzweifelhafte und uneingeschränkte Enthaftung auch im Bereich des § 28 und die damit notwendigerweise verbundene Anerkennung der über bloße Mithaftung weit hinausgehenden Vertragsüberleitungsfunktion des § 28 (dazu § 28 RdNr. 29 iVm. § 25 RdNr. 80 ff.) **erzwingt die Anerkennung der Arbeitgebereigenschaft der Gesellschaft** auch iSv. § 7 BetrAVG und damit Zubilligung von Insolvenzschutz zumindest für den Zeitraum nach Inkrafttreten des NHBG. Dasselbe muß dann aber für die Übergangsregelung der Altverbindlichkeiten gemäß Art. 37 Abs. 2 EGHGB gelten: Wenn, wie eingehend begründet, diese Vorschrift auch auf Pensionsverpflichtungen anwendbar ist, muß dem Pensionär der Insolvenzschutz erhalten bleiben. Dies setzt die Anerkennung der Arbeitgebereigenschaft der bei § 28 entstehenden Personenhandelsgesellschaft iSv. § 7 BetrAVG auch im Übergangszeitpunkt voraus.[77]

43   **3. Haftung für Altverbindlichkeiten bei Wechsel des Unternehmensträgers vor Inkrafttreten des Gesetzes.** Wenn der Übergang des Handelsgeschäfts (§ 25) bzw. seine Einbringung in eine Personenhandelsgesellschaft (§ 28) schon **vor** Inkrafttreten des NHBG vollzogen wurde, bleibt es an sich bei der uneingeschränkten Geltung alten Rechts. Dies bedeutet für die §§ 25, 28 angesichts der bisherigen starren Rechtsprechung, daß irgendeine Enthaftung insoweit nicht anerkannt werden kann.

44   Eine bemerkenswerte Ausnahme findet sich jedoch auch insoweit in bezug auf Verbindlichkeiten aus fortbestehenden Arbeitsverhältnissen und damit – wie eingehend ausgeführt – insbesondere für Ruhegeldverbindlichkeiten in Art. 37 Abs. 2 S. 2 EGHGB: Auch für diese Altfälle wird Enthaftung konzediert, wobei die 5-Jahresfrist mit dem Tag des Inkrafttretens des Gesetzes zu laufen beginnt. Fraglich ist, welche Verbindlichkeiten unter diese Vergünstigung fallen. *Seibert* hat dazu (bzw. zur gleichlautenden Parallelvorschrift des Art. 36 Abs. 1 S. 2 EGHGB) ausgeführt, erfaßt seien – wie die Verweisung (über Art. 36 Abs. 1 S. 1 EGHGB) auf Art. 35 S. 2 EGHGB ergebe – **unterschiedslos** solche Ansprüche, die binnen 4 Jahre nach Inkrafttreten des Gesetzes wie auch später fällig werden.[78] Genau dies ist jedoch vom Wortlaut her deswegen mehr als zweifelhaft, weil eben Art. 37 Abs. 2 S. 2 EGHGB über Art. 37 Abs. 2 S. 1 EGHGB **nur** auf Art. 37 Abs. 1 S. 2 EGHGB (Fälligkeit später als 4 Jahre nach Inkrafttreten des Gesetzes) und nicht auch auf Art. 37 Abs. 1 S. 1 EGHGB (Fälligkeit innerhalb von 4 Jahren) verweist. Dies hat zur Folge, daß es im Falle des Unternehmensübergangs vor Inkrafttreten des Gesetzes bei Ansprüchen, die innerhalb des 4-Jahreszeitraums fällig werden, mangels ausdrücklicher Regelung bei bloßer Verjährung bleibt, wobei es im Bereich des § 28 sogar an jeglicher Sonderverjährung fehlt, während bezüglich späterer, dh. nach Ablauf von 4 Jahren fällig werdender Ansprüche über Art. 37 Abs. 2 S. 2, 37 Abs. 2 S. 1, 37 Abs. 1 S. 2 EGHGB Enthaftung gemäß § 28 Abs. 3 bejaht werden kann. Dies ist vom Ergebnis her akzeptabel, da der Zeitraum, in dem noch keine Enthaftung greift, mit 4 Jahren überschaubar ist.[79]

45   **4. Zusammenfassender Überblick.** Die Übergangsregelung läßt sich wie folgt schematisch zusammenfassen:

---

[77] Vorzugswürdig wäre es, diese Korrektur der Rechtsprechung der Gleichbehandlung wegen auch auf Altfälle zu erstrecken.

[78] DB 1994, 461, 464 re. Sp.

[79] Möglicherweise liegt hier allerdings ein Redaktionsversehen des Rechtsausschusses vor, da sich Art. 33 des Regierungsentwurfs, dem (durch rein redaktionelle Umstellungen und Kürzungen – BT-Drucks. 12/6569 S. 13 li. Sp.) sowohl Art. 36 EGHGB als auch Art. 37 Abs. 2, 3 EGHGB nachgebildet wurden, auf **alle** nach Inkrafttreten fällig werdende Verbindlichkeiten ohne zeitliche Differenzierung bezog.

1. In bezug auf **Altverbindlichkeiten** (gem. Art. 37 Abs. 1 S. 1 EGHGB: Verbindlich- **46** keiten, die vor Inkrafttreten des NHBG am 26. März 1994 „entstanden" sind) unterscheidet das Gesetz zwischen solchen Veränderungen, die erst nach Inkrafttreten des Gesetzes (3) und solchen, die bereits vorher vollzogen wurden (4).

2. Für **Dauerschuldverhältnisse** gilt, daß als Altverbindlichkeiten auch diejenigen Teil- **47** verbindlichkeiten anzusehen sind, die erst nach Inkrafttreten des Gesetzes fällig wurden.[80]

3. Bei Veränderungen **nach** Inkrafttreten des NHBG unterscheidet das Gesetz zwischen **48** Fälligkeiten vor Ablauf von 4 Jahren seit Eintragung der Statusänderung und späteren Fäl-ligkeiten:

a) Für Verbindlichkeiten (besser: Ansprüche), die **vor** Ablauf von 4 Jahren fällig werden, **49** gilt neues Recht; es tritt Enthaftung ein (Art. 37 Abs. 1 S. 1 EGHGB).

b) Für **später** fällig werdende Verbindlichkeiten ist gemäß Art. 37 Abs. 1 S. 2 EGHGB **50** das „bisher geltende Recht" anzuwenden: Da es im Bereich des Art. 37 Abs. 1 S. 2 EGHGB (§§ 26, 28 Abs. 3!) bisher keine Enthaftungsrechtsprechung, die auch dort als weitergeltendes Recht angesehen werden könnte, gab, wird dort nur die Sonderverjährung gem. § 26 aF verkürzt. Dasselbe sollte für § 28 gelten.[81] Im übrigen ändert sich an der Endloshaftung für Altverbindlichkeiten im Bereich der §§ 25 (26), 28 insoweit nichts.

c) Im Gegensatz zu allen sonstigen Dauerschuldverhältnissen haben (nur) diejenigen Ver- **51** bindlichkeiten aus **„fortbestehenden Arbeitsverhältnissen"**, die nach Ablauf von 4 Jahren fällig werden, eine Sonderregelung erfahren: Auch insoweit tritt Enthaftung nach den neuen Gesetzesvorschriften ein (Art. 37 Abs. 2 S. 1 EGHGB iVm. Art. 37 Abs. 1 S. 2 EGHGB).

aa) Unter Verbindlichkeiten aus „fortbestehenden Arbeitsverhältnissen" sind auch Ver- **52** bindlichkeiten aus bereits bestehenden **Ruhestandsverhältnissen** zu verstehen.[82]

bb) Die Sonderregelung des Art. 37 Abs. 2 S. 1 EGHGB betrifft nach dem Gesetzes- **53** wortlaut nur § 28 Abs. 3, nicht aber § 26. Diese planwidrige Lücke ist durch Analogie zu schließen.[83]

cc) Die Rückausnahme des Art. 37 Abs. 3 EGHGB geht ins Leere, weil bei §§ 25, 28 **54** eine völlige Enthaftung des alten Einzelkaufmanns/Arbeitgebers bereits gemäß § 613 a BGB eintritt.[84]

d) Im Bereich der §§ 25, 28 sind – entgegen der durch das NHBG stillschweigend kor- **55** rigierten Rechtsprechung des BAG – der Erwerber bzw. die entstandene Personenhandels-gesellschaft als neuer Arbeitgeber iSv. § 7 BetrAVG anzusehen, und zwar auch im Bereich der Übergangsregelungen.[85]

4. Bei Veränderungen **vor** Inkrafttreten des Gesetzes bleibt es – in Ermangelung von **56** Sondervorschriften – grundsätzlich beim bisher geltenden Recht und damit für Dauer-schuldverhältnisse bei der Endloshaftung.

Auch insoweit gilt jedoch gem. Art. 37 Abs. 3 S. 2 EGHGB eine Ausnahme (Enthaftung **57** nach neuem Recht) für Verbindlichkeiten aus „fortbestehenden Arbeitsverhältnissen". Sie bezieht sich jedoch nur auf Verbindlichkeiten, die später als 4 Jahren nach Inkrafttreten des Gesetzes fällig wurden.[86]

5. Soweit Betriebsrentenansprüche gem. § 69 KO während der Fristen des NHBG kapi- **58** talisiert werden, haften die betreffenden Personen nur für diejenigen Teilbeträge, die bis zur sonst eintretenden Enthaftung fällig geworden wären.[87]

---

[80] RdNr. 30 f.	[84] RdNr. 40.
[81] RdNr. 29.	[85] RdNr. 41 f.
[82] RdNr. 33 ff.	[86] RdNr. 44.
[83] RdNr. 39.	[87] RdNr. 19.

§ 27 [Haftung des Erben bei Geschäftsfortführung]

(1) Wird ein zu einem Nachlasse gehörendes Handelsgeschäft von dem Erben fortgeführt, so finden auf die Haftung des Erben für die früheren Geschäftsverbindlichkeiten die Vorschriften des § 25 entsprechende Anwendung.

(2) Die unbeschränkte Haftung nach § 25 Abs. 1 tritt nicht ein, wenn die Fortführung des Geschäfts vor dem Ablaufe von drei Monaten nach dem Zeitpunkt, in welchem der Erbe von dem Anfalle der Erbschaft Kenntnis erlangt hat, eingestellt wird. Auf den Lauf der Frist finden die für die Verjährung geltenden Vorschriften des § 206 des Bürgerlichen Gesetzbuchs entsprechende Anwendung. Ist bei dem Ablaufe der drei Monate das Recht zur Ausschlagung der Erbschaft noch nicht verloren, so endigt die Frist nicht vor dem Ablaufe der Ausschlagungsfrist.

Übersicht

Schrifttum: *Brandner,* Das einzelkaufmännische Unternehmen unter Testamentsvollstreckung, Festschrift für Stimpel, 1985, S. 991; *Ernst,* Haftung des Erben für neue Geschäftsverbindlichkeiten, 1994; *Fischer,* Fortführung eines Handelsgeschäfts durch eine Erbengemeinschaft, ZHR 144 (1980), 1; *Friedrich,* Die Haftung des endgültigen Erben und des „Zwischenerben" bei Fortführung eines einzelkaufmännischen Unternehmens, Berlin 1990; *Goldstein,* Die Miterbengemeinschaft als Organisationsform zur Fortführung des ererbten Handelsunternehmens eines Einzelkaufmanns, Diss. Köln 1972; *Hohensee,* Die unternehmenstragende Erbengemeinschaft, Baden-Baden 1994; *A. Hueck,* Schuldenhaftung bei Vererbung eines Handelsgeschäfts, ZHR 108 (1941), 1; *Hüffer,* Die Fortführung des Handelsgeschäfts in ungeteilter Erbengemeinschaft und das Problem des Minderjährigenschutzes – Überlegungen zu den Entscheidungen BGHZ 92, 259 und BVerfG WM 1986, 828, ZGR 1986, 603; *John,* Testamentsvollstreckung über ein einzelkaufmännisches Unternehmen, BB 1980, 757; *Laum/Dylla-Krebs,* Der Minderjährige mit beschränkter Haftung?, Festschrift für Vieregge, 1995, S. 513; *Lieb,* Zu den Grundgedanken der §§ 25 ff. HGB, Festschrift für Börner, 1992, S. 742; *Muscheler,* Die Haftungsordnung der Testamentsvollstreckung, Tübingen 1994; *Reuter,* Die handelsrechtliche Erbenhaftung, ZHR 135 (1971), 511; *K. Schmidt,* Die Erbengemeinschaft nach einem Einzelkaufmann, NJW 1985, 2785; *ders.,* Handelsrechtliche Erbenhaftung als Bestandteil des Unternehmensrechts, ZHR 157 (1993), 600; *Stahl,* Minderjährigenschutz im Gesellschaftsrecht und vormundschaftsgerichtliche Genehmigung, 1988; *Strothmann,* Einzelkaufmännisches Unternehmen und Erbenmehrheit im Spannungsfeld von Handels-, Gesellschafts-, Familien- und Erbrecht, ZIP 1985, 969; *Thiele,* Kindesvermögensschutz im Personalunternehmensrecht nach dem Beschluß des BVerfG vom 13. 5. 1986 – Bestandsaufnahme und Vorschlag einer Neuregelung, Diss. Köln 1992; *Welter,* Vertragliche Vereinbarungen im Rahmen einer Erbengemeinschaft, MittRhNotK 1986, 140; *Werther,* Der Ausschluß der handelsrechtlichen Erbenhaftung nach Fortführung des ererbten Handelsgeschäfts unter bisheriger Firma, Diss. Köln 1968; *M. Wolf,* Vermögensschutz für Minderjährige und handelsrechtliche Haftungsgrundsätze, AcP 187 (1987), 319.

I. Überblick

§ 27 ordnet für den Fall, daß der Inhaber eines Handelsgeschäfts **von Todes wegen** 1 wechselt, das Handelsgeschäft also kraft erbrechtlicher Universalsukzession auf den oder die Erben (-gemeinschaft – dazu RdNr. 61 ff.) übergeht, die „entsprechende Anwendung" des § 25 an. Aufgrund dessen haftet der Erbe für Geschäftsverbindlichkeiten des Erblassers nicht nur gemäß §§ 1967 ff. BGB, sondern auch auf handelsrechtlicher Grundlage mit der Folge, daß die erbrechtlichen Möglichkeiten der Haftungsbeschränkung insoweit entfallen, wenn der Eintritt der unbeschränkten Haftung nicht gemäß § 27 Abs. 2 vermieden wird. § 27 führt damit im Ergebnis zu einer deutlichen **Begrenzung der erbrechtlichen Haftungsbeschränkungsmöglichkeiten** für den Fall, daß zum Nachlaß ein Handelsgeschäft gehört. Für die **Forderungen** des Erblassers enthält § 27 dagegen – im Gegensatz zu §§ 25 Abs. 1 S. 2, 28 Abs. 1 S. 2 – keine eigene Regelung. Dies erklärt sich daraus, daß die Forderungen mit dem Tode des Erblassers zwangsläufig kraft Gesetzes auf den Erben übergehen und damit der Konflikt, den die §§ 25 Abs. 1 S. 2, 28 Abs. 1 S. 2 regeln wollen (Zurückbleiben der Forderungen beim früheren Unternehmensinhaber), im Bereich des § 27 gar nicht entstehen kann.

II. Entstehungsgeschichte

Im ADHGB gab es **keine,** dem § 27 **entsprechende Vorschrift**; die Probleme der Ver- 2 erbung von Handelsgeschäften waren im 19. Jahrhundert kaum Gegenstand von Rechtsprechung und wissenschaftlicher Diskussion.[1] § 21 des RJA-E I ordnete die Haftung des Erwerbers eines Handelsgeschäfts sowohl für den Fall des Erwerbs unter Lebenden als auch für den von Todes wegen an, allerdings schloß § 23 die Haftung für den Fall des Erwerbs von Todes wegen dann aus, wenn das Handelsgeschäft nur „einstweilen für Rechnung des Nachlasses fortgeführt" wurde. Weil dieser Begriff zu unbestimmt war,[2] wurde in § 25 des RJA-E II dafür eine Dreimonatsfrist vorgesehen. In der Reichstagsvorlage (§ 26) wurde die Vorschrift dann so formuliert, wie sie Gesetz wurde, nämlich als Verweisungsnorm, die

---

[1] Vgl. hierzu und allgemein zur Entstehungsgeschichte *Bolte* ZHR 51 (1902), 413, 415; *Friedrich* S. 67 ff.

[2] So auch die „Kommission Handel", *Schubert/Schmiedel/Krampe* II/1 S. 306.

eine Haftung positiv anordnet, und nicht nur als bloße, von engen Voraussetzungen abhängige Haftungsausschlußnorm.[3]

III. ratio

3   **1. Überblick.** Die **ratio** des § 27 ist zunächst ebenso dunkel wie diejenige des § 25, dem § 27 in (voreiliger) Parallele nachgebildet wurde,[4] obwohl die Sach- und Interessenlage durchaus unterschiedlich ist:[5] Während es nämlich bei der Haftungsanordnung des § 25 (vor allem) darum geht, die Möglichkeit des Gläubigerzugriffs auf Substanz und Ertrag des Unternehmens auch nach Inhaberwechsel aufrechtzuerhalten (§ 25 RdNr. 9), geht dieses Regelungsziel bei § 27 deswegen ins Leere, weil hier der Gläubigerzugriff schon kraft erbrechtlicher Universalsukzession gewährleistet ist.[6] Trotz (kraft Gesetzes aufgrund des Erbfalls eintretenden) Inhaberwechsels sind die Gläubiger deswegen nicht gefährdet, weil der Erbe kraft Gesetzes nicht nur Eigentümer der Aktiva, sondern auch Schuldner der Passiva wird (§§ 1967 ff. BGB). Die von der Denkschrift[7] angesprochene Einheit von Aktiva und Passiva wäre daher im Bereich des § 27 auch ohne diese Regelung bereits gewährleistet gewesen. Dementsprechend brauchte das Gesetz auch für Kontinuität bzw. die Respektierung darauf abzielender Kontinuitätserwartungen[8] nicht zu sorgen.

4   Wenig überzeugend ist es auch, den Sinn des § 27 in einer **Gleichstellung** der Haftung für Alt- und Neuverbindlichkeiten zu sehen[9] und sich dafür auf einen einheitlichen Rechtsgrundsatz zu berufen, der dem § 130 und – im Fall des § 28 – der Anwendbarkeit des § 128 auf die Altverbindlichkeiten des früheren Einzelkaufmanns zugrundeliegen soll. Dem steht schon entgegen, daß die Haftung gemäß §§ 130, 128 zwingend (und damit eigentlich ein überflüssiges Gläubigergeschenk) ist, während die Haftung aus § 27 für Altverbindlichkeiten (und solche **Neu**verbindlichkeiten, die während der Schwebezeit begründet wurden[10]) beschränkbar ist, so daß insoweit ein einheitliches Haftungskonzept gerade nicht besteht.[11]

5   Dennoch geht es auch hier zu weit, der Vorschrift einen vernünftigen Sinn abzusprechen:[12] Zwar erscheint es auf den ersten Blick ungereimt, daß das Gesetz neben der erbrechtlichen auch noch eine handelsrechtliche Haftungsregelung trifft. Bedeutung bekommt dieser zusätzliche Haftungsgrund aber dann, wenn man berücksichtigt, daß die handelsrechtliche Haftung zwar ausgeschlossen werden kann, daß der Gesetzgeber dafür aber mit Abs. 2 im Gegensatz zu den verschiedenen Haftungsbeschränkungsmöglichkeiten des BGB[13] eine kurze, feste Frist gesetzt hat, nach deren Ablauf die handelsrechtliche Haftung für die Geschäftsverbindlichkeiten des Erblassers nicht mehr beschränkt werden kann. Von daher bekommt § 27 (objektiv) den gut vertretbaren **Sinn, den Zeitraum,** in dem ein Handelsgeschäft noch mit latenten Haftungsbeschränkungsmöglichkeiten fortgeführt werden kann, **zeitlich deutlich zu begrenzen** und damit in Anerkennung allgemeiner han-

---

[3] *K. Schmidt* DB 1994, 515, 520 kehrt in seinen Vorschlägen zur Überarbeitung des Handelsgesetzbuches (§ 30) zu dem System einer Haftungsausschlußnorm zurück.

[4] Denkschrift zum Entwurf eines Handelsgesetzbuches und eines Einführungsgesetzes, Reichstagsvorlage, S. 36 = *Schubert/Schmiedel/Krampe* II/2 S. 979 = *Hahn/Mugdan* S. 219.

[5] Ebenso Staub/*Hüffer* RdNr. 3 f.; *Reuter* ZHR 135 (1971), 511, 513 f.; für Vergleichbarkeit mit § 25 dagegen BGHZ 32, 60, 62 = NJW 1960, 959; GroßKommHGB/*Würdinger* Anm. 4; *Werther* S. 30 ff.; vgl. auch *Hohensee* S. 247 ff.

[6] Dies betont auch *K. Schmidt* ZHR 157 (1993), 600, 603.

[7] Denkschrift (Fn. 4) S. 36 = *Schubert/Schmiedel/Krampe* II/2 S. 978 f. = *Hahn/Mugdan* S. 218 f.

[8] Siehe dazu oben § 25 RdNr. 12 ff., 61.

[9] So aber *K. Schmidt* HandelsR § 8 IV 1 c (265 f.); *ders.* ZHR 157 (1993), 600 ff.; dagegen Staub/*Hüffer* RdNr. 3 f.

[10] Dazu RdNr. 60.

[11] Es ist zwar richtig, aber nicht weiterführend, in § 27 schlicht eine Norm des Verkehrsschutzes zu sehen (so aber Staub/*Hüffer* RdNr. 4; Schlegelberger/*Hildebrandt/Steckhan* RdNr. 1)

[12] Auch insoweit sehr kritisch *Canaris* § 7 IV 2 a (122), V (126).

[13] *Ebenroth* Erbrecht, 1992, RdNr. 1087 ff.; *Lange/Kuchinke*, Lehrbuch des Erbrechts, 3. Aufl. 1989, § 48 III (943 f.); Staudinger/*Marotzke*, 12. Aufl. 1989, Vorbem. zu §§ 1967 bis 2017 RdNr. 5 bis 9 sowie Vorbem. zu §§ 1975 bis 1992; MünchKommBGB/*Siegmann* vor § 1967 RdNr. 1 bis 3.

delsrechtlicher Bedürfnisse durch Fristsetzung für eine zügige und zuverlässige Klärung zu sorgen.[14]

2. Begrenzung erbrechtlicher Haftungsbeschränkung. Dies läßt sich noch verdeutli- **6** chen: Wie richtig und wichtig diese Vorschrift jenseits aller zweifelhaften subjektiven Vorstellungen des Gesetzgebers und jenseits aller bisherigen Erklärungsversuche vielmehr objektiv ist, zeigt sich dann, wenn man berücksichtigt, daß die Bedeutung des § 27 weniger in der – neben § 1967 BGB weitgehend überflüssigen – Haftungs**anordnung** besteht, wie sie sich aus der Verweisung auf § 25 Abs. 1 zu ergeben scheint, als vielmehr in der Modifizierung, ja Beschneidung der erbrechtlichen Möglichkeiten der Haftungs**beschränkung** durch § 27 Abs. 2, der die Aufrechterhaltung der erbrechtlichen Haftungsbeschränkungsmöglichkeiten von der Einstellung der Fortführung des ererbten Handelsgeschäfts abhängig macht und damit im Umkehrschluß zugleich die ungemein wichtige Aussage enthält, daß das Unternehmen über den Dreimonatszeitraum des Abs. 2 hinaus nur dann fortgeführt werden darf, wenn es bei der **unbeschränkten** Haftung für (Geschäfts-) Altverbindlichkeiten bleibt. So gesehen enthält § 27 unter besonderer Berücksichtigung seines Abs. 2 die **zentrale Aussage**, daß aus handelsrechtlichen Gründen die Fortführung des Unternehmens über drei Monate hinaus nur dann möglich ist, wenn dafür die Unbeschränkbarkeit der Haftung auch für Altverbindlichkeiten in Kauf genommen wird.[15]

Diese ratio wird bestätigt, wenn man zu Kontrollzwecken überlegt, wie sich denn die **7** Sach- und Rechtslage darstellen würde, wenn es § 27 nicht geben würde bzw. wenn die erbrechtlichen Haftungsbeschränkungsmöglichkeiten dadurch erhalten blieben, daß der Erbe etwa – auf der Grundlage der hL[16] – eine § 25 Abs. 2 entsprechende Erklärung abgeben und ins Handelsregister eintragen lassen würde. Dann könnte der Erbe nämlich grundsätzlich das Unternehmen zunächst einmal unbefristet weiterführen und dann erst zu einem späteren Zeitpunkt – das Erbrecht enthält keine zeitlichen Beschränkungen – doch noch die (erbrechtliche) Haftungsbeschränkung herbeiführen und die Altgläubiger damit auf den Nachlaß verweisen, ohne daß – dies ist das Entscheidende – auch nur einigermaßen gewährleistet wäre, daß jedenfalls der Nachlaßbestandteil Handelsgeschäft nach Umfang bzw. Wert dem noch einigermaßen entspricht, was zum Zeitpunkt des Erbfalls bzw. nach Ablauf der Dreimonatsfrist (so lange müssen die Nachlaßgläubiger eine Unternehmensfortführung mit eventuell noch nachfolgender Haftungsbeschränkung notwendigerweise hinnehmen) vorhanden war.

Man könnte dem entgegenhalten, daß doch **§ 1978 BGB** für die Verantwortlichkeit des **8** Erben für seine bisherige Nachlaßverwaltung sorgen würde. Gerade die Reichweite dieser Vorschrift ist indessen in bezug auf die Fortführung eines Unternehmens **außerordentlich zweifelhaft:**[17] Weder kann sie die Gefahr der Nachlaßschmälerung durch (vom Erben unverschuldete) Verluste bannen, noch ist es überhaupt möglich, mit ihrer Hilfe all die vielfältigen und zahlreichen unternehmerischen Entscheidungen zu beurteilen, wie sie im Rahmen der Fortführung eines Handelsgeschäfts täglich anfallen. Darauf ist § 1978 **in keiner Weise zugeschnitten**; seine Funktionsfähigkeit beschränkt sich auf die wenigen, überschaubaren Handlungen, wie sie im Zuge der Verwaltung eines im wesentlichen statischen Nachlasses normalerweise anfallen. Dies zeigt, daß der Gesetzgeber die speziellen Probleme der Fortführung eines Handelsgeschäfts im Rahmen des Erbrechts nicht ausreichend geregelt hat und belegt damit die Notwendigkeit der Vorschrift des § 27. Noch etwas weitergehend wird man sagen können, daß die Fortführung eines ererbten Unternehmens über die Frist des § 27 Abs. 2 hinaus zu einer solch **unauflöslichen Vermögensvermischung** führen müßte, daß eine nachträgliche Vermögenssonderung und Haftungsbeschränkung damit kaum vereinbar ist.

---

[14] *Reuter* ZHR 135 (1971), 511, 520 ff; *Lieb*, Festschrift für Börner, 1992, S. 747, 760.
[15] Ähnlich *K. Schmidt* ZHR 157 (1993), 600.
[16] Siehe dazu unten RdNr. 50.

[17] Vgl. schon *Reuter* ZHR 135 (1971), 511, 514 ff., 520 ff. und im Anschluß daran *Lieb*, Festschrift für Börner, 1992, S. 747, 760; vgl. auch *Ernst* S. 55 ff., 67 ff.; aA *Canaris* § 7 IV 2 b (123).

9   Diese Aspekte rechtfertigen zugleich den vom Gesetzgeber durch § 27 bei Versäumung
der Frist des Absatzes 2 eröffneten Zugriff der (Geschäfts-) Altgläubiger auf das Eigenvermögen des Erben: Zum einen besteht mangels ausreichender Trennung zwischen Ge-
schäfts- und Eigenvermögen die auch durch § 1978 nicht ausreichend gebannte **Gefahr
der gläubigergefährdenden Vermögensvermischung**; zum anderen soll der Erbe durch
die persönliche Haftung auch im Interesse der Altgläubiger zu entsprechend vorsichtigem
Wirtschaften angehalten werden.[18]

10   § 27 ist freilich insofern eine unvollkommene Norm als sie die handelsrechtliche Haftung
auf Geschäftsverbindlichkeiten beschränkt[19] und damit dann erhebliche Schwierigkeiten
bereitet, wenn die erbrechtliche Haftung (für die Privatverbindlichkeiten) beschränkt wird,
die handelsrechtliche Haftung aber bereits unbeschränkbar geworden ist.[20]

11   **Zusammenfassend** kann daher zunächst festgestellt werden, daß das Erbrecht über ausreichende Vorkehrungen gegen eine Gläubigergefährdung durch Fortführung eines ererbten Unternehmens und anschließende Haftungsbeschränkung nicht verfügt.[21] Daraus ergibt
sich die **weitere Feststellung**, daß § 27 aus dieser Sicht der Gläubigersicherung mit der
Begrenzung der erbrechtlichen Haftungsbeschränkungsmöglichkeit durch § 27 Abs. 2 eine
notwendige und richtige Entscheidung trifft: § 27 hat den Sinn, die Fortführung eines
ererbten Unternehmens unter Aufrechterhaltung der Möglichkeit späterer (erbrechtlicher)
Haftungsbeschränkung auszuschließen: Die Möglichkeit der Haftungsbeschränkung kann
sich der Erbe nur dann erhalten, wenn er die Fortführung des Unternehmens (dazu genauer RdNr. 18 ff.) innerhalb der Frist des § 27 Abs. 2 einstellt. Anders ausgedrückt: Auf
unbeschränkte Zeit kann der Erbe das Unternehmen nur dann fortführen, wenn er dafür
die unbeschränkte Haftung für die Geschäftsverbindlichkeiten des Erblassers in Kauf
nimmt. Dies ist die eigentliche, vor allem unter Berücksichtigung des Absatzes 2 gewonnene Aussage des § 27.

IV. Voraussetzungen (Tatbestandsmerkmale)

12   Die durch § 27 Abs. 1 durch entsprechende Anwendung des § 25 verfügte handelsrechtliche Begrenzung der erbrechtlichen Haftungsbeschränkungsmöglichkeiten setzt nach dem
Gesetzeswortlaut die **Fortführung** (3) eines (zum Nachlaß gehörenden) **Handelsgeschäfts** (1) durch den **Erben** (2) unter der bisherigen **Firma** (4) voraus:

13   **1. Handelsgeschäft.** Erforderlich ist zunächst, daß der Erblasser ein **Handelsgeschäft**
betrieb. Darunter ist ein einzelkaufmännisches Unternehmen gemäß §§ 1 ff. zu verstehen;
bei §§ 2, 3 ist dementsprechend die Eintragung im Handelsregister erforderlich (zur evtl.
analogen Anwendung des § 27 RdNr. 47 f.). Gesellschaftsrechtliche Beteiligungen an
Personen- oder Kapitalgesellschaften werden vom Gesetz nicht erfaßt[22] (die Problematik
der Vererbung von Anteilen an Personenhandelsgesellschaften wird speziell geregelt durch
die §§ 138, 139 bzw. 177).

14   § 27 ist zwecks Erhaltung des Gläubigerzugriffs auf das Gesamthandsvermögen auch dann
(analog) anwendbar, wenn ein (an sich nur beschränkt haftender) Kommmanditist den
Gesellschaftsanteil des einzigen Komplementärs erbt, und dann (nach Vereinigung aller
Gesellschaftsanteile in seiner Hand) das Gesellschaftsunternehmen als Einzelkaufmann weiterführt.[23]

---

[18] Vgl. bezüglich der Verhaltenssteuerungsfunkti-
on der persönlichen Haftung *Wiedemann*, Gesellschaftsrecht I, § 10 III 1 a bb (536 ff.).
[19] Vgl. hierzu *Hohensee* S. 249 ff.
[20] Ähnliche Schwierigkeiten ergeben sich nach
Haftungsbeschränkung im Verhältnis zu den Neugläubigern in bezug auf deren Zugriffsmöglichkeiten
(auch) auf den Nachlaß. Dazu noch RdNr. 60.

[21] Ebenso *Reuter* ZHR 135 (1971), 511, 523.
[22] Staub/*Hüffer* RdNr. 5; *K. Schmidt* HandelsR
§ 8 IV 2 a (266).
[23] So zutreffend BGHZ 113, 132 = NJW 1991,
844; zu den daraus ergebenden schwierigen
Haftungsfragen vgl. *K. Schmidt* JZ 1991, 731; *Lieb*
ZGR 1991, 572; *Marotzke* ZHR 156 (1992), 17.

2. Erbenstellung. a) Tatbestandsmerkmal. Die Rechtsfolgen der §§ 27 Abs. 1, 25 **15** Abs. 1 treten nur dann ein, wenn das primäre Tatbestandsmerkmal der **Erbenstellung** (endgültig) gegeben ist. Dementsprechend entfällt jede (bürgerlichrechtliche und handelsrechtliche) Haftung, wenn der Erbe unter Beachtung der dafür allein maßgeblichen erbrechtlichen Vorschriften fristgemäß ausschlägt.[24] Die (dann nur vorübergehende) Fortführung des Handelsgeschäfts durch den Erben berührt das **Recht zur Ausschlagung** nicht;[25] dies gilt selbst dann, wenn die Fortführung länger als 3 Monate gedauert haben sollte, wenn nur das Recht zur Ausschlagung noch bestand (§ 27 Abs. 2 S. 3). Mit der Ausschlagung entfällt allerdings nur die Haftung für die eigentlichen Erblasserschulden; erhalten bleibt dagegen die Haftung des Ausschlagenden für diejenigen Verbindlichkeiten, die er bis zur Ausschlagung durch Geschäftsfortführung im eigenen Namen begründet hat, es sei denn, es sei insoweit eine Haftungsbeschränkung rechtsgeschäftlich vereinbart worden.[26] Allerdings hat dafür dann auch der **nächstberufene Erbe** gemäß § 27 einzustehen; die vom Ausschlagenden begründeten Verbindlichkeiten sind für ihn frühere Geschäftsverbindlichkeiten.[27] Im übrigen hat der **vorläufige Erbe** gegen den Nächstberufenen insoweit einen erbrechtlichen Ausgleichsanspruch gemäß § 1959 Abs. 1 BGB.[28] Die Rechtsstellung des Nächstberufenen ist selbständig zu beurteilen; insbesondere beginnt die Frist des § 27 Abs. 2 für ihn mit dem Anfall der Erbschaft erneut zu laufen.

b) Erbe im Sinne des § 27 sind auch **Vor- und Nacherbe**; für letzteren sind – bei Erfül- **16** lung der Voraussetzungen des § 27 – die vom Vorerben begründeten Verbindlichkeiten „frühere Geschäftsverbindlichkeiten".[29]

c) Unter § 27 fällt schließlich aufgrund einer analogen Anwendung des § 27 auch der **17** nur **vermeintliche Erbe**;[30] auch er hat infolgedessen für die Verbindlichkeiten des Erblassers einzustehen. Auch hier gilt im übrigen, daß die von ihm begründeten Verbindlichkeiten für den wahren Erben „frühere Geschäftsverbindlichkeiten" im Sinne von § 27 darstellen.

3. Fortführung des Handelsgeschäfts. a) Grundsätzliches Verständnis. Als weiteres **18** Tatbestandsmerkmal verlangt § 27 die **Fortführung des Handelsgeschäfts** durch den Erben. Dies wird ebenso wie bei § 25 als Fortsetzung der geschäftlichen Tradition des Erblassers verstanden.[31] Fraglich ist, ob diese Fortführung rein tatsächlich zu verstehen ist, oder ob dafür eine bewußte (Fortführungs-) Entscheidung erforderlich ist (diese Problematik wird bei der Fortführung eines ererbten Handelsgeschäfts durch eine Erbengemeinschaft noch deutlicher; dazu RdNr. 63). Da der Anfall des Handelsgeschäfts willensunabhängig, ex lege, erfolgt, und ein solches Handelsgeschäft, wie *K. Schmidt*[32] richtig sieht, nicht einfach von einem Tag auf den anderen verschwinden kann, hat der Erbe praktisch (zunächst) **gar keine Wahl;** er wird das Unternehmen vielmehr zwangsläufig zunächst einmal fortführen (lassen) und sich erst dann zwischen der Alternative der weiteren, endgültigen Fortführung und der Einstellung (gem. Abs. 2) entscheiden. Dies bedeutet, – und erklärt zugleich das aufschlußreiche Spannungsverhältnis zwischen Abs. 1 und Abs. 2 – daß die handelsrechtliche Haftung gem. Abs. 1 zunächst einmal willens**unabhängig** eintritt, dann aber gem. Abs. 2 (zu anderen Möglichkeiten der Haftungsvermeidung siehe RdNr. 49 ff.) durch

[24] Allgemeine Meinung, vgl. nur Heymann/ *Emmerich* RdNr. 16.

[25] Nach allgemeiner Meinung (vgl. statt aller: Staub/*Hüffer* RdNr. 19; Hildebrandt DFG 1938, 48, 50) ist in der Fortführung des Geschäftes mit der Firma keine Annahme der Erbschaft zu sehen. Dies ergibt sich eindeutig aus § 27 Abs. 2 S. 3. Dagegen kann nach verbreiteter Auffassung (Staub/*Hüffer* RdNr. 25; Düringer/Hachenburg/*Hoeniger* Anm. 7) in der Fortführung unter einer neuen Firma eine Annahme der Erbschaft zu sehen sein, sie braucht es aber nicht zu sein.

[26] Siehe dazu unten RdNr. 92.

[27] BGHZ 32, 60, 66 = NJW 1960, 959.

[28] Zu erwägen ist insoweit außerdem ebenso eine Haftungsbeschränkung auf den Nachlaß, wie sie unten (RdNr. 60) für Nachlaßerbenschulden bei rechtzeitiger Einstellung der Fortführung des Handelsgeschäfts vorgeschlagen wird.

[29] BGHZ 32, 60, 66 = NJW 1960, 959; Staub/ *Hüffer* RdNr. 9, 17.

[30] Zutreffend *Friedrich* S. 219 ff., 226 ff.; *K. Schmidt* ZHR 157 (1993), 600, 618 f.

[31] Staub/*Hüffer* RdNr. 5; Heymann/*Emmerich* RdNr. 8.

[32] *K. Schmidt* ZHR 157 (1993), 600, 609.

spätere Einstellung wieder beseitigt werden kann. Für eine solche Annahme spricht im übrigen auch der Wortlaut des Abs. 2, wenn er expressis verbis von der Einstellung **der** (auf Abs. 1 beruhenden) **Fortführung** des Handelsgeschäfts spricht. Ein solch weites Verständnis des § 27 Abs. 1, der die Haftung damit (zunächst) praktisch zwangsläufig begründet, bedingt allerdings eine entsprechend großzügige Handhabung der Möglichkeiten des Haftungsausschlusses gem. Abs. 2. Darauf wird zurückzukommen sein (RdNr. 51 ff.).

19　　**b) Fortführung durch Dritte. Nicht erforderlich** ist nach hL die **persönliche Fortführung**; die Fortführung durch gesetzliche oder rechtsgeschäftlich bestellte Vertreter steht gleich.[33] Dasselbe soll bei der Geschäftsfortführung durch Sequester gemäß § 106 KO oder Vergleichsverwalter gelten,[34] da deren Rechtsmacht ebenfalls vom Erben abgeleitet ist. Dem ist vom hier vertretenen Standpunkt aus mit der etwas anders ansetzenden Begründung zuzustimmen, daß die Fortführung durch die genannten Personen nicht als **Einstellung** der Fortführung durch den Erben angesehen werden kann.

20　　Dem Erben nicht zurechenbar ist dagegen die Fortführung des Unternehmens durch **Nachlaßkonkursverwalter,**[35] **Nachlaßverwalter**[36] oder **Nachlaßpfleger.**[37] Dies wird herkömmlich[38] damit begründet, daß diese Personen kraft Amtes[39] und damit ohne Ableitung aus der Rechtsstellung des Erben handelten.[40] Diese Begründung ist, wie sich gleich bei der Erörterung der Rechtsstellung des **Testamentsvollstreckers** zeigen wird, zweifelhaft; das zutreffende Ergebnis läßt sich aber damit rechtfertigen, daß die Tätigkeit der genannten Amtspersonen **auf Abwicklung ausgerichtet** und damit als **Einstellung** zu werten ist.

21　　Erforderlich ist, daß der Antrag auf Konkurseröffnung oder die Anordnung von Nachlaßverwaltung oder Nachlaßpflegschaft innerhalb der **Frist** des § 27 Abs. 2 gestellt wird.

22　　**c) Insbesondere: Fortführung durch Testamentsvollstrecker.** Undurchsichtig und heikel ist die Rechtslage dann, wenn der Erbe unter **Testamentsvollstreckung** steht, die (als Verwaltungsvollstreckung) auch das Handelsgeschäft umfaßt. Die Rechtsfrage geht dann dahin, ob auch die bestimmungsgemäße Fortführung des Handelsgeschäfts **durch den Testamentsvollstrecker** dem Erben mit der Folge zugerechnet werden kann, daß er gemäß § 27 Abs. 1 für die Altverbindlichkeiten einzustehen hat.

23　　**aa) Zulässigkeit der Testamentsvollstreckung als solche.** Diese Frage stellt sich freilich nur dann, wenn Testamentsvollstreckung an Handelsgeschäften **überhaupt zulässig** ist. Dies wird herrschend deswegen **verneint,**[41] weil der Testamentsvollstrecker (insoweit geht

---

[33] RGZ 132, 138, 144; BGHZ 30, 391, 395 = NJW 1959, 2114; BGHZ 35, 13, 19 = NJW 1961, 1304; Baumbach/*Hopt* RdNr. 3; Düringer/Hachenburg/*Hoeniger* Anm. 2; Heymann/*Emmerich* RdNr. 6; Schlegelberger/*Hildebrandt*/*Steckhan* RdNr. 5; *K. Schmidt* HandelsR § 8 IV 2 c (268); Staub/*Hüffer* RdNr. 7.

[34] BGHZ 35, 13, 17 f. = NJW 1961, 1304; Baumbach/*Hopt* RdNr. 3; Heymann/*Emmerich* RdNr. 6; Staub/*Hüffer* RdNr. 8.

[35] BGHZ 35, 13, 17 = NJW 1961, 1304; Baumbach/*Hopt* RdNr. 3; Heymann/*Emmerich* RdNr. 6; Staub/*Hüffer* RdNr. 8.

[36] RGZ 132, 138, 144; Düringer/Hachenburg/ *Hoeniger* Anm. 2; Heymann/*Emmerich* RdNr. 6; Schlegelberger/*Hildebrandt*/*Steckhan* RdNr. 4; Staub/*Hüffer* RdNr. 8.

[37] Düringer/Hachenburg/*Hoeniger* Anm. 2; Heymann/*Emmerich* RdNr. 6; Schlegelberger/*Hildebrandt*/*Steckhan* RdNr. 4; Staub/*Hüffer* RdNr. 8. Anderer Ansicht Baumbach/*Hopt* RdNr. 3 ohne Begründung; aA für Konkursverwalter, Nachlaßverwalter und Nachlaßpfleger *Ehrenberg*/*Pisko* II S. 257 Fn. 31, weil diese Personen im Namen des Erben handelten.

[38] Siehe nur BGHZ 35, 13, 17 = NJW 1961, 1304.

[39] Vgl. BGHZ 88, 331, 334 mit weit. Nachw. = NJW 1984, 739.

[40] Nach Staub/*Hüffer* RdNr. 8 ist entscheidend, ob ein Zurechnungstatbestand zu Lasten des Erben gegeben ist.

[41] RGZ 132, 138; BGHZ 12, 100, 102; 24, 106, 112 = NJW 1957, 1026; KG, JW 1937, 2599; *Brandner*, Festschrift für Stimpel, 1985, S. 991, 995 ff.; *A. Hueck* ZHR 108 (1941), 1, 30 f.; *K. Schmidt* HandelsR § 5 I d bb (95 ff.); Staub/ *Hüffer* vor § 22 RdNr. 74; § 27 RdNr. 47; Baumbach/*Hopt* § 1 RdNr. 23. AA: *F. Baur*, Festschrift für Dölle, 1963, S. 249 ff.; *Canaris* § 9 III 3 (154 f.); *Kipp*/*Coing*, Erbrecht, 14. Aufl. 1990, § 68 III 3 a (382); ausführlich *Muscheler* S. 389 ff.; *Christopeit*, Die Haftung des Erben für die neuen Gesellschaftsschulden bei der Verwaltungsvollstreckung eines einzelkaufmännischen Unternehmens, Diss. Tübingen 1960, S. 85 ff.; wohl LG Konstanz NJW-RR 1990, 716.

es zunächst nur um Neuverbindlichkeiten) weder den Erben persönlich verpflichten, noch aus den von ihm im Rahmen der Verwaltung eingegangenen Rechtsgeschäften selbst in Anspruch genommen werden kann, so daß die Haftung bei einer solchen Fortführung auf das Unternehmensvermögen beschränkt wäre. Dagegen wird zwar vorgebracht, daß eine solche Haftungsbeschränkung auch außerhalb des Bereichs der Kapitalgesellschaften (und ohne Sicherung von Kapitalaufbringung und Kapitalerhaltung!) dann unbedenklich sei, wenn die beschränkte Haftung etwa durch **ausreichende Firmierung ausreichend klargestellt** werde.[42] Dem kann nicht gefolgt werden, da Haftungsbeschränkung bei unternehmerischer Betätigung Gläubigersicherung voraussetzt; eine Risikoübernahme allein aus der Erkennbarkeit des Risikos abzuleiten, geht ebenso zu weit, wie die Auffassung,[43] die Möglichkeit der Haftungsbeschränkung sei geltendes Recht. Mit der herrschenden Auffassung ist daher die Zulässigkeit der Fortführung eines Handelsgeschäfts in (normaler) Verwaltungsvollstreckung und damit deren Zulässigkeit als solche zu verneinen. Fast ebenso bedenklich sind freilich die angebotenen **Ersatzlösungen** in Gestalt von **Vollmachts- und Treuhandlösung:**

bb) Bei Vollmachtslösung. Die **Vollmachtslösung,** die der BGH[44] immerhin einmal   **24** akzeptiert hat, dürfte daran scheitern, daß die dafür erforderliche unwiderrufliche und verdrängende Vollmacht des Erben mit privatrechtlichen Grundwertungen deswegen unvereinbar ist, weil es dem Erben nicht zugemutet werden kann, durch das von ihm nicht beeinflußbare Handeln des Testamentsvollstreckers, der nicht einmal selbst haftet, unbeschränkt verpflichtet zu werden.[45] Aus diesem Grunde bestehen auch erhebliche Bedenken, ob der Erblasser überhaupt die Rechtsmacht hat, die Vollmachtslösung durch Auflage oder Bedingung durchzusetzen.[46]

cc) Bei Treuhandlösung. Auf kaum überwindbare Schwierigkeiten stößt auch die sog.   **25** **Treuhandlösung,** bei der der Testamentsvollstrecker das Unternehmen im eigenen Namen fortführt.[47] Zwar wird er dadurch zwangsläufig selbst verpflichtet, so daß ihn die Gläubiger in Anspruch nehmen können, problematisch ist aber die Zuordnung des Unternehmensvermögens: Bei der – näherliegenden – bloßen **Ermächtigungstreuhand**[48] verbleibt es trotz der Fortführung des Handelsgeschäfts durch den Testamentsvollstrecker und seiner Eintragung im Handelsregister[49] mit der Folge beim Erben, daß die Gläubiger ausgerechnet darauf jedenfalls nicht unmittelbar zugreifen können,[50] während es bei der **Vollrechtstreuhand**[51] der – fernliegenden – Übertragung des Unternehmensvermögens auf den Testamentsvollstrecker bedarf. Wie wenig das Recht der Testamentsvollstreckung auf ein Han-

---

[42] *F. Baur,* Festschrift für Dölle, 1963, S. 249, 262 f.; *Canaris* § 9 II 3 (154 f.).

[43] *Canaris* § 9 II 3 (154 f.).

[44] BGHZ 12, 100, 103.

[45] Im Ergebnis ebenso MünchKommBGB/*Brandner* § 2205 RdNr. 21; *Brandner,* Festschrift für Stimpel, 1985, S. 991, 1002; *John* BB 1980, 757, 758; *Steindorff* ZHR 146 (1982), 520; *Nordemann* NJW 1963, 1139, 1140; *Schopp* Rpfleger 1978, 77, 79; kritisch auch *Muscheler* S. 342 ff.; tendenziell Erman/*M. Schmidt* § 2205 RdNr. 22; vgl. BGH WM 1969, 492, 493 zur Testamentsvollstreckung an einem OHG-Anteil; Staudinger/*Reimann* vor § 2197 RdNr. 74 hält die Nichtigkeit der Vollmacht im Einzelfall für möglich.

[46] Diese Rechtsmacht wird demgegenüber bejaht von BGHZ 12, 100, 103; BayObLGZ 1969, 138, 141; Palandt/*Edenhofer* § 2205 RdNr. 9; *Ebenroth* Erbrecht, 1992, RdNr. 693; *Haegele/Winkler,* Der Testamentsvollstrecker, 1979, RdNr. 314.

[47] Ausführlich gegen die Treuhandlösung neuestens *Muscheler* S. 295 ff., bes. 329 f.

[48] **Für die Zulässigkeit** der Ermächtigungstreuhand als Ersatzlösung: KG JFG 18, 276, 280 f.; Erman/*M. Schmidt* § 2205 RdNr. 23; Palandt/*Edenhofer* § 2205 RdNr. 8; Soergel/*Damrau* § 2205 RdNr. 21; MünchKommBGB/*Brandner* § 2205 RdNr. 22 (aufgegeben in Festschrift für Stimpel, 1985, S. 991, 1003 f.); **gegen die Zulässigkeit:** *John* BB 1980, 757, 759; *Brandner,* Festschrift für Stimpel, 1985, S. 991, 1003 f.

[49] Vgl. OLG Hamm NJW 1963, 1554; umstritten ist, ob ein Testamentsvollstreckervermerk einzutragen ist, daür LG Koblenz DB 1990, 726; *K. Schmidt* HandelsR § 5 I 1 d bb (97); *Muscheler* S. 418 ff.; dagegen Soergel/*Damrau* § 2205 RdNr. 20.

[50] Auf diesen Gesichtspunkt weist auch *Canaris* § 9 II 2 (154) hin.

[51] Kritisch bzgl. der Vollrechtstreuhand *Muscheler* S. 330 ff.; *K. Schmidt* HandelsR § 5 I 1 d bb (97); *Schopp* Rpfleger 1978, 77, 78.

delsgeschäft paßt, zeigt im übrigen auch die Streitfrage, ob der Erbe dem Testamentsvollstrecker für dessen Aufwendungsersatzansprüche nur mit dem Nachlaß[52] oder aber unbeschränkt[53] haftet. Letzterem stehen dieselben Bedenken entgegen wie bei der Vollmachtslösung.

26   All diese, vielfältig erörterten Zweifel belegen, daß **Erbrecht und Handelsrecht** auch an dieser Stelle **kaum miteinander zu vereinbaren** sind.[54] Dies kann jedoch deswegen hingenommen werden, weil dem Erblasser die Gestaltungsmöglichkeit offensteht, das Unternehmen auf eine GmbH zu übertragen und dort bezüglich der Verwaltungsrechte Testamentsvollstreckung anzuordnen.[55]

27   **dd) Anwendbarkeit des § 27 bei Testamentsvollstreckung.** Daß die Testamentsvollstreckung bezüglich eines Handelsgeschäfts auch im Rahmen von Vollmachts- und Treuhandlösung kaum überwindbare Probleme aufwirft, wird bestätigt, wenn man fragt, was sich daraus für die Haftung des Erben gemäß § 27, dh. nunmehr für **Alt**verbindlichkeiten, ergibt. Die hL differenziert: Die Fortführung im Rahmen der Vollmachtslösung soll dem Erben als eigene zurechenbar sein und dementsprechend zur Anwendbarkeit des § 27 führen;[56] für die Treuhandlösung wird dies dagegen verneint.[57] **Dies überzeugt nicht:**

28   Zunächst einmal dürfte der Unterschied zwischen den beiden Lösungen letztlich nur rechtstechnisch/konstruktiver Natur sein, da zum einen die Fortführung des Handelsgeschäfts dem Erben durch den Testamentsvollstrecker in beiden Fällen gleichermaßen willensunabhängig vom Erblasser aufgedrängt wird, andererseits aber die Fortführung durch den Testamentsvollstrecker wiederum in beiden Fällen **nur eine vorübergehende** ist: Sowohl bei der Vollmachts-, als auch bei der Treuhandlösung fällt das Handelsgeschäft nach Beendigung der Testamentsvollstreckung an den Erben zurück. Vollends unhaltbar sind Differenzierungen aus der Sicht der Altgläubiger; ihren Zugriff auf das vererbte Handelsgeschäft je nachdem, ob die eine oder andere Lösung gewählt wurde, unterschiedlich auszugestalten, geht nicht an. Vielmehr scheint gerade die Gläubigersicht dafür zu sprechen, § 27 in beiden Fällen **gleichermaßen anzuwenden**, wenn man denn – entgegen den bereits hervorgehobenen, aus der Sicht des § 27 nur noch bekräftigten Schwierigkeiten – eine Testamentsvollstreckung, in welcher Form auch immer, für zulässig hält.

29   **d) Anwendbarkeit auf Vor- und Nacherben.** Bei **Vor- und Nacherbschaft** liegen **zwei** Erbfälle vor, so daß § 27 sowohl auf den Vor- als auch auf den Nacherben anzuwenden ist;[58] die Haftung des letzteren umfaßt dabei auch die vom Vorerben im Wege seiner

---

[52] *Siebert*, Festschrift für A. Hueck, 1959, S. 321, 337 f.; Soergel/*Damrau* § 2205 RdNr. 34; *John* BB 1980, 757, S. 761; RGRK/*Kregel* § 2218 RdNr. 9; *Mittmann*, Die Fortführung eines Handelsgeschäfts durch einen Testamentsvollstrecker, Diss. Göttingen 1969, S. 89 ff.; differenzierend Erman/*M. Schmidt* § 2218 RdNr. 7; vgl. auch *Holzhauer*, Erbrechtliche Untersuchungen, 1973, S. 15 f.

[53] MünchKommBGB/*Brandner* § 2205 RdNr. 23; *Brandner*, Festschrift für Stimpel, 1985, S. 991, 1004 f.; Staudinger/*Reimann* § 2205 RdNr. 75; vor § 2197 RdNr. 71; *Lange/Kuchinke* (Fn. 13) § 29 V 7 b (483 Fn. 174); *Haegele/Winkler* RdNr. 291; wohl auch BGHZ 12, 100, 104.

[54] Wie hier Heymann/*Emmerich* § 1 RdNr. 31.

[55] Auf diese Gestaltungsalternative weist auch Staub/*Hüffer* vor § 22 RdNr. 74 aE hin; gegen ihre Zweckmäßigkeit *Muscheler* S. 399; zur Testamentsvollstreckung an einem GmbH-Anteil vgl. Soergel/*Damrau* § 2205 RdNr. 49 ff.

[56] Staub/*Hüffer* RdNr. 8, 47; Baumbach/*Hopt* RdNr. 3; Heymann/*Emmerich* RdNr. 6; *A. Hueck*

ZHR 108 (1941), 1, 28 f. bejaht eine Haftung des Testamentsvollstreckers bei der Treuhandlösung analog § 27. Der Testamentsvollstrecker habe allerdings eine Regreßmöglichkeit im Innenverhältnis.

[57] Staub/*Hüffer* RdNr. 89; *K. Schmidt* HandelsR § 8 IV 2 c (268); *ders.* ZHR 157 (1993), 600, 611; Baumbach/*Hopt* RdNr. 3; Düringer/Hachenburg/*Hoeniger* Anm. 2; Erman/*Schlüter* § 1967 RdNr. 13; Heymann/*Emmerich* RdNr. 6 aE; Schlegelberger/*Hildebrandt/Steckhan* RdNr. 4. Für den Fall der Fortführung des Handelsgeschäftes durch den Testamentsvollstrecker als solchen RGZ 132, 138, 144 und KG JW 1937, 2599 f. Für eine Haftung des Erben nach § 27 Abs. 1 auch im Fall der Treuhandlösung *Ehrenberg/Pisko* II S. 257 Fn. 31, weil der Testamentsvollstrecker im Namen des Erben handle.

[58] Heymann/*Emmerich* RdNr. 5 und Staub/*Hüffer* RdNr. 9, wobei *Hüffer* bezüglich des Vorerben von einer entsprechenden Anwendung spricht. Für den Nacherben auch BGHZ 32, 60, 62 = NJW 1960, 959.

Geschäftsfortführung begründeten Verbindlichkeiten[59] und zwar auch solche, die ordnungsgemäßer Verwaltung (vgl. § 1978 BGB – dazu auch RdNr. 40 f.) **nicht** entsprechen.[60]

e) Bei Vermächtnisanordnung. Problematisch ist die Rechtslage, wenn das ererbte 30 Handelsgeschäft Gegenstand eines **Vermächtnisses** ist. Auszugehen ist davon, daß der Erbe das Geschäft bis zur Erfüllung des Vermächtnisses notwendigerweise selbst fortführt (und damit die Voraussetzungen der Haftung gem. § 27 Abs. 1 erfüllt), so daß die anschließende Übertragung auf den Vermächtnisnehmer nur noch als **Einstellung** im Sinne von Abs. 2 begriffen werden kann.[61] Auf den Vermächtnisnehmer paßt § 27 deswegen nicht, weil er nicht Erbe ist und sich sein Erwerb infolgedessen nicht qua Universalsukzession, sondern rechtsgeschäftlich vollzieht.[62] Auf die Übertragung des ererbten Unternehmens vom Erben auf den Vermächtnisnehmer ist jedoch § 25 anwendbar.[63] Dies führt zu der Frage, ob Erbe und Vermächtnisnehmer in bezug auf die Geschäftsverbindlichkeiten des Erblassers einen Haftungsausschluß gemäß § 25 Abs. 2 vereinbaren können.[64] Problematisch ist dies deswegen, weil dann weder der Erbe, noch der Vermächtnisnehmer von den Nachlaßgläubigern in Anspruch genommen werden könnten, es sei denn, man bejahe (mit welcher Begründung?) für diesen Fall doch die Anwendbarkeit des § 27 Abs. 1 auf den Erben. ME handelt es sich dabei jedoch um ein Scheinproblem: Es ist kaum denkbar, daß der Vermächtnisnehmer einen Anspruch auf Übertragung eines schuldenfreien Handelsgeschäfts hat,[65] und von sich aus wird der Erbe einer Haftungsausschlußvereinbarung gemäß § 25 Abs. 2 kaum zustimmen!

f) Fortführung durch gesetzliche Vertreter. Bei der Fortführung eines ererbten Han- 31 delsgeschäfts durch **einen** minderjährigen Erben bzw. dann – in gesetzlicher Vertretungsmacht – durch dessen gesetzliche Vertreter im Namen des Erben sind die Einschränkungen zu beachten, die **das BVerfG**[66] im Zusammenhang mit der Beteiligung Minderjähriger an einer das Unternehmen fortführenden (unternehmenstragenden) Erbengemeinschaft gemacht hat (dazu RdNr. 99 ff.). Dementsprechend muß angenommen werden, daß auch der minderjährige Einzelerbe **nicht über den Nachlaß hinaus** verpflichtet werden kann.[67] Dies würde aber bis zur Volljährigkeit auf die Anerkennung eines Einzelkaufmanns mit beschränkter Haftung hinauslaufen, zumal sich eine (Ersatz-) Haftung des/der gesetzlichen Vertreter kaum begründen lassen dürfte. Dies geht zumindest de lege lata nicht an und sollte auch de lege ferenda nicht weiterverfolgt werden. Dementsprechend muß die Fortführung des Handelsgeschäfts **als unzulässig eingestellt** werden,[68] wenn nicht die Zustimmung des Vormundschaftsgerichts erreicht werden kann, oder eine Überführung etwa auf eine GmbH gelingt, bei der die Haftungsbeschränkung möglich ist und durch Kapitalsi-

---

[59] BGHZ 32, 60, 63 ff. = NJW 1960, 959 = LM Nr. 1 zu § 1967 BGB mit Anm. *Mattern; K. Schmidt* HandelsR § 8 IV 2 c (269); Baumbach/*Hopt* RdNr. 4; Schlegelberger/*Hildebrandt/Steckhan* RdNr. 5.

[60] BGHZ 32, 60, 66 f. = NJW 1960, 959; Staub/*Hüffer* RdNr. 17; Baumbach/*Hopt* RdNr. 4; Schlegelberger/*Hildebrandt/Steckhan* RdNr. 5.

[61] Ebenso GroßKommHGB/*Würdinger* Anm. 23. Nach Staub/*Hüffer* RdNr. 45 liegt in der Übertragung des Unternehmens auf den Vermächtnisnehmer nur dann eine Einstellung im Sinne von § 27 Abs. 2, wenn der Vermächtnisnehmer nach § 25 für die Altverbindlichkeiten haftet.

[62] Vgl. statt aller: Heymann/*Emmerich* RdNr. 5; Düringer/Hachenburg/*Hoeniger* Anm. 14; *Friedrich* S. 48.

[63] Allgemeine Meinung: Staub/*Hüffer* RdNr. 42; Düringer/Hachenburg/*Hoeniger* Anm. 14; Heymann/*Emmerich* RdNr. 5; Hopt/*Mössle*, Fall 6,

RdNr. 296; *Friedrich* S. 48; auch schon *Bolte* ZHR 51 (1902), 413, 423.

[64] Bejahend: Staub/*Hüffer* RdNr. 43; Düringer/Hachenburg/*Hoeniger* Anm. 14. Nach GroßKomm-HGB/*Würdinger* Anm. 23 kann der Erbe mit dem Vermächtnisnehmer vereinbaren, daß jener von früheren Geschäftsverbindlichkeiten zu tragen hat.

[65] Düringer/Hachenburg/*Hoeniger* Anm. 14 hält eine dahin gehende Verfügung des Erblassers für möglich.

[66] BVerfGE 72, 155 ff. = NJW 1986, 1859; vgl. dazu zunächst *K. Schmidt* HandelsR § 5 I 1 a (89 f.).

[67] Nach *M. Wolf* AcP 187 (1987), 319, 330 f.; Soergel/*Wolf* § 2032 RdNr. 9 aE ist die Haftung auf das vorhandene Minderjährigenvermögen beschränkt; vgl. dazu unten RdNr. 99 ff.

[68] So de lege ferenda auch *Thiele* bes. S. 219 ff.; *ders.* FamRZ 1992, 1001, 1003 ff., vgl. in seinem Gesetzgebungsvorschlag § 1645 a BGB.

cherung kompensiert wird. Im übrigen dürfte es trotz der Andeutungen des BVerfG zweifelhaft sein, ob sich das Haftungsrisiko des minderjährigen Erben durch Zustimmung des Vormundschaftsgerichts überhaupt relevant eingrenzen läßt.

32   **4. Firmenfortführung. a) Rechtsgrund- oder Rechtsfolgenverweisung?** Die hL[69] versteht § 27 Abs. 1 als **Rechtsgrundverweisung** auf § 25 (zunächst Abs. 1). Dementsprechend tritt auch die „unbeschränkte Haftung gemäß § 25 Abs. 1" nur ein, wenn der Erbe das Handelsgeschäft des Erblassers **unter dessen Firma** fortführt; dies eröffnet ihm die Möglichkeit, die Haftung gemäß §§ 27 Abs. 1, 25 Abs. 1 allein schon durch Annahme einer neuen Firma zu vermeiden. Überzeugende Gründe dafür, daß die Haftung von der Firmenfortführung abhängig sein und damit darauf beruhen soll, lassen sich freilich bei § 27 nach fast allgemeiner Auffassung nicht finden, ohne daß man es wagt, daraus de lege lata Konsequenzen zu ziehen.[70] § 27 Abs. 1 läßt sich jedoch ohne weiteres auch als bloße **Rechtsfolgenverweisung** verstehen;[71] der Wortlaut steht dem nicht entgegen. Eine solche Auslegung liegt dann um so näher, wenn man die Haftung auch und gerade bei § 27 nicht aus irgendwelchen Rechtsscheinserwägungen oder aus einer Verkehrserwartung ableitet (die sich bis zum Ablauf der Dreimonatsfrist des Abs. 2 ohnehin kaum wird bilden können), sondern – wie hier – aus objektiven Gläubigerschutzaspekten, die einer Fortführung des Handelsgeschäfts mit der zeitlich unbegrenzten Möglichkeit der (erbrechtlichen) Haftungsbeschränkung entgegenstehen. Eine unvertretbare Haftungsausweitung ist damit ebensowenig verbunden wie mit dem Verzicht auf die eigenständige Bedeutung der Fortführung des Unternehmens, da es dem Erben frei steht, die unbeschränkte handelsrechtliche Haftung gemäß Abs. 2 zu vermeiden.

33   **b) Die Auffassung der hL.** Wenn man dem (mit der hL) **nicht** folgt, stellen sich vor allem zwei Fragen, nämlich einmal danach, **welche Anforderungen** an die Vermeidung der Firmenfortführung zu stellen sind, sowie danach, **bis zu welchem Zeitpunkt** eine neue Firma angenommen werden muß:

34   **aa)** Das – nach hL haftungsbegründende – Merkmal der Firmenfortführung entfällt nur dann, wenn sich die neue Firma von der alten **deutlich und wesentlich unterscheidet**; ein bloßer Nachfolgezusatz reicht dafür ebenso wie bei § 25 nicht aus.[72] Schwierig ist die Annahme einer neuen Firma in den wahrscheinlich nicht seltenen Fällen der Identität zumindest des Nachnamens von Erblasser und Erbe, da § 18 dem Erben dann für die Firmierung nur wenig Spielraum läßt.[73] Ein sauberer Haftungsausschluß ist daher selbst auf der Grundlage der hL in diesen Fällen nicht ohne weiteres möglich.

35   **bb)** Außerordentlich streitig ist, ob die neue Firma **unverzüglich** gewählt werden muß, oder ob der Erbe damit auch bis zum Abschluß der Dreimonatsfrist des § 27 Abs. 2 warten kann. Die hL[74] verneint letzteres; eine im Vordringen begriffene Gegenmeinung[75] ist dage-

---

[69] *Canaris* § 7 IV 3 c (125); Staub/*Hüffer* RdNr. 10 f.; Baumbach/*Hopt* RdNr. 3; Düringer/ Hachenburg/*Hoeniger* Anm. 4; Heymann/*Emmerich* RdNr. 9; *P. Hofmann* Handelsrecht D VI 2 (122); *Hohensee* S. 247 ff.; *U. Hübner* Handelsrecht RdNr. 58; *Roth*, Handels- und Gesellschaftsrecht, § 25 3 (264); Schlegelberger/*Hildebrandt/Steckhan* RdNr. 6.

[70] Repräsentativ Staub/*Hüffer* RdNr. 10 f.

[71] *K. Schmidt* HandelsR § 8 IV 2 b (267); ders. ZHR 157 (1993), 600, 611 f., 615.; *Lieb*, Festschrift für Börner, 1992, S. 747, 760 f.

[72] Staub/*Hüffer* RdNr. 12; *K. Schmidt* HandelsR § 8 IV 2 b (267); Heymann/*Emmerich* RdNr. 9.

[73] Dazu Staub/*Hüffer* RdNr. 12. Noch schwieriger ist die Annahme einer neuen Firma, wenn Vorund Nachnahme identisch sind. Heymann/*Emmerich* RdNr. 9 nimmt in diesem Fall in der Regel Fir-

menfortführung an, während Düringer/Hachenburg/*Hoeniger* Anm. 7 in der Regel entgegengesetzt entscheiden.

[74] Staub/*Hüffer* RdNr. 26; Baumbach/*Hopt* RdNr. 5; Düringer/Hachenburg/*Hoeniger* Anm. 4, 11; Heymann/*Emmerich* RdNr. 10; *Hildebrandt* DFG 1938, 48, 49; *Hopt/Mössle* RdNr. 222; Schlegelberger/*Hildebrandt/Steckhan* RdNr. 9; *Werther* S. 51 f.

[75] RGZ 56, 196, 199 (obiter dictum); *Canaris* § 7 IV 3 c (125); ausführlich *Harms* Handelsrecht, 3. Aufl. 1983, S. 161 f.; *Wiedemann*, PdW Handelsrecht, Fall 127, S. 124; *Bolte* ZHR 51 (1902), 413, 447 f.; *Ehrenberg/Pisko* II S. 257; *Hohensee* S. 253; *A. Hueck* ZHR 108 (1941), 1, 16 ff.; *Stegemann*, Die Vererbung eines Handelsgeschäfts, 1903, S. 111 f. Wohl auch schon Denkschrift (Fn. 4) S. 38 = *Schubert/Schmiedel/Krampe* II/2, S. 980 = *Hahn/Mugdan* S. 220.

gen der Auffassung, der Haftungsausschluß könne auch noch dadurch bewirkt werden, daß der Erbe erst zum Ablauf der Frist eine neue Firma annimmt. Dafür spricht – auf der Grundlage der hL – nicht nur die der Regelung des § 27 zugrundeliegende, aufschlußreiche Formulierung der Denkschrift,[76] wonach § 27 Abs. 2 dem Erben Zeit gewähren solle, „sich über die endgültige Fortführung der Firma (!) schlüssig zu werden", sondern – mit *Canaris*[77] – auch, daß sich bis zum Ablauf der Dreimonatsfrist eine schutzwürdige sichere Verkehrserwartung der Eigenhaftung des Erben noch gar nicht gebildet haben kann;[78] bis dahin müssen die Gläubiger vielmehr noch damit rechnen, daß ihnen nur der Nachlaß zur Befriedigung zur Verfügung steht. Die Gegenmeinung will den Erben zwingen, den schwerwiegenden Schritt der Aufgabe der bisherigen, möglicherweise alteingeführten Firma bereits zu einem Zeitpunkt zu vollziehen, in dem er die wirtschaftliche Situation des ererbten Unternehmens noch gar nicht ausreichend überblicken kann. Dies ist ihm nicht zumutbar und daher kein sinnvolles Auslegungsergebnis, wenn man ihm – entgegen der hier vertretenen Auffassung – überhaupt die Möglichkeit einräumen will, seiner Haftung bereits durch Wahl einer neuen Firma zu entgehen.

c) Verhältnis des § 27 zu § 25 Abs. 3. Für diejenigen, die § 27 als Rechtsgrundverweisung auf den ganzen § 25 verstehen, ergibt sich eine weitere Möglichkeit handelsrechtlicher Haftungsbegründung aus der Verweisung des § 27 Abs. 1 (auch) auf § 25 Abs. 3.[79] Dementsprechend wird angenommen, auch im Bereich des § 27 könne es selbst bei Einstellung der Firmenfortführung zum Ausschluß der erbrechtlichen Haftungsbeschränkungsmöglichkeiten dann kommen, wenn ein besonderer Verpflichtungsgrund im Sinne von § 25 Abs. 3 vorliegen sollte (dazu bereits § 25 RdNr. 124 f.). **36**

V. Rechtsfolgen

1. Allgemeines. Die **Rechtsfolgen** der gesetzlichen Anordnung der §§ 27 Abs. 1/25 **37** Abs. 1 scheinen angesichts der Verweisung auf § 25 Abs. 1 in einer speziellen handelsrechtlichen Haftungsanordnung zu bestehen. Dies macht jedoch – wie bereits ausgeführt (RdNr. 3 ff.) – neben der bereits bestehenden erbrechtlichen Haftung gemäß §§ 1967 ff. BGB keinen rechten Sinn. Überzeugender ist es daher, die eigenständige Regelung des § 27 Abs. 1 als **Begrenzung** der erbrechtlichen Haftungsbeschränkungsmöglichkeiten zu verstehen:[80] Im Vordergrund steht daher weniger § 27 Abs. 1 als vielmehr § 27 **Abs. 2**, wonach die erbrechtlichen Haftungsbeschränkungsmöglichkeiten nur dann aufrechterhalten werden können, wenn die Fortführung des Geschäfts fristgemäß eingestellt wird. Ob man die dann unbeschränkbar verbleibende Haftung als eine handelsrechtliche versteht[81] oder ob man – wohl näherliegend – annimmt, es handle sich dabei um die, nur kraft handelsrechtlicher Anordnung unbeschränkbar gewordene erbrechtliche Haftung[82] ist gleichgültig.

2. Die „früheren Geschäftsverbindlichkeiten". a) Begriff. Der Begriff der „früheren **38** Geschäftsverbindlichkeiten" begrenzt den Kreis derjenigen Verbindlichkeiten, für die der Erbe dann, wenn er die handelsrechtliche Haftung nicht ausschließt, mit seinem Privatvermögen einstehen muß. Darunter ist zunächst dasselbe zu verstehen wie im Rahmen des § 25 Abs. 1; darauf kann daher verwiesen werden.[83]

b) § 1967 Abs. 2 BGB. *Hüffer*[84] meint, zum Kreis der früheren Geschäftsverbindlichkei- **39** ten gehörten auch diejenigen, „die den Erben als solchen" treffen im Sinne von § 1967

[76] Denkschrift (Fn. 4) S. 38 = *Schubert/Schmiedel/Krampe* II/2, S. 980 = *Hahn/Mugdan* S. 220.
[77] *Canaris* § 7 IV 3 c (125).
[78] AA *Werther* S. 58 f.
[79] So *Staub/Hüffer* RdNr. 24; *Baumbach/Hopt* RdNr. 9, *Heymann/Emmerich* RdNr. 10.
[80] Ebenso *Staub/Hüffer* RdNr. 13; *Heymann/Emmerich* RdNr. 11. Unklar BGHZ 32, 60, 62 = NJW 1960, 959 und *Schlegelberger/Hildebrandt/Steckhan* RdNr. 7. AA *Friedrich* S. 101 ff.; *P. Hofmann* Handelsrecht D VI 2 (120 f.).
[81] So dezidiert *K. Schmidt* ZHR 157 (1993), 600 ff.
[82] *Staub/Hüffer* § 27 RdNr. 13.
[83] Siehe oben § 25 RdNr. 90 ff.
[84] *Staub/Hüffer* RdNr. 17; zustimmend *Heymann/Emmerich* RdNr. 14 f.

Abs. 2 BGB. Dies trifft mE nicht zu: Insbesondere die in § 1967 Abs. 2 BGB genannten Verbindlichkeiten aus „Pflichtteilsrechten, Vermächtnissen und Auflagen" haben mit dem ererbten Handelsgeschäft nichts zu tun, so daß sich eine handelsrechtliche Haftung nicht begründen läßt.[85] Auch die Entscheidung BGHZ 32, 60 ff., auf die sich *Hüffer*[86] irrtümlich beruft, gibt **dafür** nichts her. Der BGH hat dort lediglich für den Sonderfall von Vor- und Nacherbschaft die zu enge Auffassung des Berufungsgerichts, frühere Geschäftsverbindlichkeiten müßten bereits im Zeitpunkt des (ersten) Erbfalls entstanden sein, (zutreffend) zurückgewiesen und angenommen, für den Nacherben seien auch die vom Vorerben begründeten Nachlaßerbenschulden frühere Geschäftsverbindlichkeiten.[87]

40   c) **Nachlaßerbenschulden.** Vorsicht ist in diesem Zusammenhang auch bezüglich des Begriffs der **Nachlaßerbenschulden** geboten.[88] Damit werden diejenigen Verbindlichkeiten gemeint, die **vom Erben** in Fortführung des Handelsgeschäfts (ggf. bis zur Einstellung gemäß § 27 Abs. 2) begründet werden. Insoweit ist zunächst einmal unstreitig, daß der Erbe aus solchen, der Fortführung des Handelsgeschäfts dienenden Verbindlichkeiten selbst verpflichtet wird,[89] soweit ihm nicht (im Einzelfall) die Beschränkung der Haftung auf den Nachlaß rechtsgeschäftlich gelungen sein sollte.[90] Darüber hinaus nimmt die heute hL[91] an, daß für diese Neuverbindlichkeiten auch der Nachlaß in Anspruch genommen werden kann. Dies wird dann bedeutsam, wenn der Erbe später die (erbrechtliche) Haftungsbeschränkung herbeiführen sollte; denn dann eröffnet die Annahme, auch die in Fortführung des Unternehmens (neu) begründeten Verbindlichkeiten seien als „frühere Geschäftsverbindlichkeiten" anzusehen, den Neugläubigern die Möglichkeit, (auch) am Nachlaßkonkurs etc. teilzunehmen. Dasselbe gilt dann, wenn es um den (späteren, eigenen) Anfall der Erbschaft an (nach Ausschlagung) Nächstberufene oder im Fall der Vorerbschaft um den Anfall an den Nacherben geht: Auch insoweit sind die vom vorläufigen oder Vorerben begründeten Nachlaßerbenschulden frühere Geschäftsverbindlichkeiten.

41   Die wohl hL[92] bejaht die Möglichkeit des Zugriffs auf den Nachlaß freilich nur für solche Nachlaßerbenschulden, die im Rahmen **ordnungsgemäßer Nachlaßverwaltung** im Sinne von § 1978 BGB begründet wurden. Diese Einschränkung macht indessen im Rahmen der Fortführung eines Handelsgeschäfts wenig Sinn, da es hier kaum einmal möglich sein wird, die Eingehung unternehmensbezogener Verbindlichkeiten als nicht ordnungsgemäß anzusehen. Dem steht vielmehr – wie *Reuter*[93] eindringlich dargelegt hat – der weite unternehmerische Ermessensspielraum des Erben entgegen. Berücksichtigt man dies, muß man zu der Erkenntnis kommen, daß diejenigen Verbindlichkeiten, die im Rahmen der Fortführung eines Handelsgeschäfts begründet werden, in aller Regel auch gegen den Nachlaß gerichtet werden können.[94] Dies ist freilich deswegen nicht unproblematisch, weil sich dann die Altgläubiger den Nachlaß mit den Neugläubigern sozusagen „teilen" müssen, obwohl letztere den Erben mit seinem Privatvermögen in Anspruch nehmen können. Darin könnte eine (zu korrigierende?) Schlechterstellung der Altgläubiger zu sehen sein, wenn man von der Vorstellung ausgehen würde, der Nachlaß müsse den Altgläubigern

[85] Ebenso *Friedrich* S. 123 ff.
[86] Staub/*Hüffer* RdNr. 17.
[87] BGHZ 32, 60, 66 f = NJW 1960, 959.
[88] Vgl. dazu MünchKommBGB/*Siegmann* § 1967 RdNr. 26 ff.; Palandt/*Edenhofer* § 1967 RdNr. 8 ff.
[89] RGZ 146, 343, 345; Staub/*Hüffer* RdNr. 18; *K. Schmidt* HandelsR § 8 IV 1 a (264); Düringer/Hachenburg/*Hoeniger* Anm. 8; Heymann/*Emmerich* RdNr. 15. Siehe auch schon OLG Hamburg SeuffA Bd. 65 (1910), Nr. 135, S. 257; KG JW 1937, 2599; *Hildebrandt* DFG 1938, 48, 49.
[90] Grundlegend hierzu RGZ 146, 343, 345 f., allerdings sehr weitgehend in der Annahme einer Haftungsbeschränkung. Bedenklich weit auch BGH WM 1968, 798 und Baumbach/*Hopt* RdNr. 5.

[91] RGZ 90, 91, 95; 146, 343, 345; BGHZ 32, 60, 64 = NJW 1960, 959; *Kipp/Coing* (Fn. 41) § 93 II 3 (527); *Lange/Kuchinke* (Fn. 13) § 49 IV 2 b (957); MünchKommBGB/*Siegmann* § 1967 RdNr. 27.
[92] RGZ 90, 91, 95; 146, 343, 345; BGHZ 32, 60, 64 = NJW 1960, 959; *Kipp/Coing* (Fn. 41) § 93 II 3 (527); MünchKommBGB/*Siegmann* § 1967 RdNr. 27; Palandt/*Edenhofer* § 1967 RdNr. 9.; ausführlich *Ernst* S. 70 ff.; aA: *Goldstein* S. 69 f.; *Friedrich* S. 135 ff.
[93] *Reuter* ZHR 135 (1971), 511, 521 f.
[94] Ebenso *Reuter* ZHR 135 (1971), 511, 522.

reserviert bleiben. Dies ist freilich deswegen kaum realisierbar, weil sich der Nachlaß hier nicht in einer statischen Haftungsmasse erschöpft, sondern ein Unternehmen (und ein Unternehmensvermögen) umfaßt, das nicht nur als Nachlaßbestandteil den Altgläubigern zur Verfügung steht, sondern zugleich ein Haftungskapital zugunsten der (Neu-) Gläubiger des weitergeführten (!) Unternehmens bildet und daher auch diesen nicht entzogen werden darf. Der Doppelzugriff von Alt- und Neugläubigern auf den Nachlaß (im letzten Fall vermittelt durch den Begriff der Nachlaßerbenschulden) auch nach (bürgerlichrechtlicher) Haftungsbeschränkung ist so gesehen in der Sache angelegt und kaum vermeidbar.

Diejenigen, die dieses Ergebnis bezweifeln, haben einen Ausweg mit Hilfe der Vorstel- **42** lung versucht, das Unternehmen scheide zumindest nach einer gewissen Zeit dann aus dem Nachlaß aus, wenn der Erbe durch persönliche Leistung und Risikofreude maßgeblich das Erscheinungsbild des Unternehmens umgestaltet habe und infolgedessen der Bezug des Handelsgeschäfts zum Nachlaß immer weniger erkennbar werde.[95] Daraus würde dann folgen, daß die vom Erben nach der „Aussonderung" begründeten Geschäftsverbindlichkeiten als Nachlaßverbindlichkeiten mit der Folge nicht mehr anzusehen wären, daß die Neugläubiger etwa am Nachlaßkonkurs nicht mehr teilnehmen könnten, sondern auf das Privatvermögen des Erben beschränkt wären.

Solche fein gesponnenen Versuche stoßen indessen auf kaum überwindliche Realisie- **43** rungshürden:[96] Schwierigkeiten bereitet zunächst schon die Bestimmung des Zeitpunkts, in dem sich die Aussonderung vollziehen soll.[97] Noch schwieriger (und aufschlußreicher!) ist die Behandlung des Unternehmensvermögens: Wenn man nämlich mit der Vorstellung einer „Aussonderung" des Unternehmens ernst machen wollte, würde sich daran sofort die Frage anschließen, ob damit auch die Gegenstände des Unternehmens**vermögens** aus dem Nachlaß ausscheiden und damit den Nachlaßgläubigern verlorengehen sollen.[98] Auch diese Frage ist kaum lösbar, weil jede denkbare Antwort zu gravierenden Benachteiligungen der einen oder anderen Gläubigergruppe führen müßte: Verneint man die Nachlaßzugehörigkeit des Unternehmensvermögens, schadet man den Altgläubigern;[99] bejaht man sie,[100] können die Neugläubiger auf den Nachlaß nicht mehr zugreifen. Beides geht infolgedessen nicht an, zumal auch die Hilfsvorstellung, nach einiger Zeit würden die Unternehmensgegenstände (ohnehin doch nur des Umlaufvermögens!) im Eigenvermögen des Erben stehen, so daß ihre Nachlaßzugehörigkeit zu Recht verneint werden könne, deswegen nur eine Scheinlösung darstellt, weil der Erwerb in aller Regel mit Mitteln des Unternehmens erfolgt sein wird, die zum Nachlaß gehörten.

Übrig bleibt daher wohl nur die Feststellung, daß die **Teilnahme der Neugläubiger an** **44** **Nachlaßverwaltung und** vor allem **Nachlaßkonkurs nicht zu verhindern** ist. Letztlich erscheint dies auch durchaus akzeptabel, da zum einen nicht nur die Nachteile (die Begründung weiterer Verbindlichkeiten), sondern auch die Vorteile aus der fortgeführten Geschäftstätigkeit dem Nachlaß zugute kommen, und weil zum anderen – insoweit dürfte das Problem überbewertet sein – eine erst geraume Zeit nach Anfall der Erbschaft (und damit nach Verlust der handelsrechtlichen Beschränkungsmöglichkeiten) herbeigeführte bürgerlichrechtliche Haftungsbeschränkung eine seltene Ausnahme sein wird.

Schließlich dürfte auch ein weiteres Gleichbehandlungsproblem überbewertet worden **45** sein: Zwar stehen sich die Geschäftsaltgläubiger (ebenso wie die Geschäftsneugläubiger) nach (nur) bürgerlichrechtlicher Haftungsbeschränkung im Vergleich mit dem Privatgläu-

---

[95] OLG Braunschweig OLGE 19, 231, 232; *Jaeger/Weber* KO, 8. Aufl. 1964, § 214 RdNr. 29; *Kuhn/Uhlenbruck* KO § 214 RdNr. 4; *Kilger/Schmidt* KO § 214 Anm. 2; *Ernst* S. 81 ff. (Ausscheiden schon mit Ablauf der Drei-Monats-Frist); dazu eingehend *Friedrich* S. 135 ff., insbes. S. 144 ff.; *Hohensee* S. 42 ff.

[96] Ebenso *Hohensee* S. 41 ff.

[97] Vgl. auch dazu *Friedrich* S. 147 ff.

[98] So *Reuter* ZHR 135 (1971), 511, 516 f.; *Ernst* S. 107.

[99] Ob ihnen dann wenigstens durch Wertersatzansprüche (dazu *Ernst* S. 109 f.) geholfen werden könnte, ist zweifelhaft.

[100] So OLG Braunschweig OLGE 19, 231, 232; *Jaeger/Weber* (Fn. 95) § 214 RdNr. 29; Münch-KommBGB/*Siegmann* § 1985 RdNr. 5.

biger deswegen besser, weil ihnen neben dem Nachlaß auch noch der Erbe persönlich haftet, aber dies ist als Konsequenz der unzulänglich durchgeführten gesetzgeberischen Konzeption hinzunehmen, die sich auf eine **Besserstellung der Geschäftsaltgläubiger** festgelegt hat. Ein Verstoß gegen den Gleichheitssatz dürfte darin (wohl) nicht liegen, und Korrekturversuche, wie etwa die Annahme, die Geschäftsgläubiger dürften am Nachlaß nur partizipieren, soweit die persönliche Haftung nicht ausreiche, scheitern bereits daran, daß der Erbe, der von (Alt- oder Neu-) Gläubigern erfolgreich in Anspruch genommen wurde, seinerseits Aufwendungsersatzansprüche gemäß § 1978 Abs. 3 BGB hat, die noch dazu aufgrund der Regelung des § 224 Abs. 1 Ziff. 1 KO als Masseschulden vorrangig zu befriedigen sind. Dies bedeutet für den Erben, daß er zwar von den Gläubigern von Nachlaßerbenschulden auch noch nach Konkurseröffnung in Anspruch genommen werden kann, daß er sich dann aber zu Lasten der übrigen Nachlaßgläubiger am Nachlaß schadlos halten kann.

46　**3. Rechtslage während des Laufs der Frist.** Während des Laufs der Frist des § 27 Abs. 2 (ggf. unter Beachtung des § 27 Abs. 2 S. 3), wenn der Erbe also die unbeschränkbare Haftung für die Geschäftsverbindlichkeiten des Erblassers noch vermeiden kann, muß er die Möglichkeit haben, den Zugriff der Gläubiger des Erblassers noch aufzuhalten; dementsprechend stehen ihm insoweit die **erbrechtlichen Einreden** der §§ 2014, 2015 BGB sowie das Recht zu, sich entsprechend § 780 ZPO die beschränkte Erbenhaftung vorzubehalten.[101]

VI. Analoge Anwendung?

47　Ebenso wie bei den §§ 25, 28 (dazu § 25 RdNr. 28 ff, § 28 RdNr. 8 ff.) stellt sich auch bei § 27 die Frage, ob diese Vorschrift, ihrem Wortlaut entsprechend, nur auf Handelsgeschäfte, also nur dann anwendbar ist, wenn der Erblasser (Voll-) Kaufmann war,[102] oder ob sie auch auf minder- und nichtkaufmännische Tätigkeiten erstreckt werden kann.[103] Letzteres ist deswegen **zu bejahen**, weil § 27 **keine typisch handelsrechtliche Besonderheit** darstellt, sondern allein auf den spezifischen Schwierigkeiten beruht, die sich aus der Fortführung jeglicher unternehmerischen Tätigkeit und aus der damit verbundenen Problematik zeitlich unbegrenzter Nachlaßseparierung ergeben. Naheliegend ist eine analoge Anwendung des § 27 insbesondere dann, wenn man auf das Merkmal der Firmenfortführung verzichtet, § 27 also, wie hier vertreten (RdNr. 32), als Rechtsfolgenverweisung versteht. Aber selbst dann, wenn man dem mit der hL nicht folgen wollte, bleibt dennoch Raum für eine analoge Anwendung, weil das Merkmal der Firmenfortführung für die Rechtsfolge des § 27 jedenfalls nicht konstitutiv ist. Ebenso steht nichts entgegen, § 27 auch auf nichtgewerbliche (freiberufliche) unternehmerische Tätigkeiten zu erstrecken;[104] die Differenzierung zwischen gewerblicher und freiberuflicher Tätigkeit ist aus der Sicht des § 27 irrelevant.

48　Eine im Vordringen begriffene Lehre,[105] die die generelle Anwendung des § 27 auf minder- oder gar nichtkaufmännische Unternehmen ablehnt, will davon wenigstens im Bereich der §§ 2, 3 dann eine Ausnahme machen, wenn das ererbte Geschäft durch Erfüllung der Voraussetzungen der §§ 2, 3 hätte eingetragen werden müssen. Dies entbehrt der kla-

---

[101] Allgemeine Meinung: Düringer/Hachenburg/ *Hoeniger* Anm. 11; Heymann/*Emmerich* RdNr. 25; Schlegelberger/*Hildebrandt/Steckhan* RdNr. 12; *K. Schmidt* HandelsR § 8 IV 3 b (272); *ders.* ZHR 157 (1993), 600, 613; Staub/*Hüffer* RdNr. 32; *Hildebrandt* DFG 1938, 48, 50.

[102] So Düringer/Hachenburg/*Hoeniger* Anm. 2; *Bolte* ZHR 51 (1902), 413, 432 f.

[103] Dafür *K. Schmidt* HandelsR § 8 IV 2 a (266).

[104] Einschränkend Heymann/*Emmerich* RdNr. 4, wonach die analoge Anwendung auf minderkauf-

männische, nicht eingetragene sollkaufmännische und „andere Geschäfte in geeigneten Fällen" nicht ausgeschlossen ist und entscheidendes Kriterium sein soll, ob eine Firma oder eine firmenähnliche Bezeichnung geführt wird. Für analoge Anwendung auf minderkaufmännische und nicht eingetragene sollkaufmännische Unternehmen, wenn der Name oder die Geschäftsbezeichnung fortgeführt wird: Staub/*Hüffer* RdNr. 5, 11 iVm. § 25 RdNr. 86.

[105] Baumbach/*Hopt* RdNr. 1 iVm. § 25 RdNr. 2; BGHZ 18, 248, 250 = NJW 1955, 1916 für § 25.

ren Begründung und mißachtet die konstitutive Wirkung der Eintragung bei §§ 2, 3. Konsequent sind daher nur die Beschränkung des § 27 auf „echte" Handelsgeschäfte einerseits oder die umfassende analoge Anwendung auf **alle** Unternehmen andererseits.

VII. Haftungsausschluß

1. Grundsätzliches. Die durch §§ 27 Abs. 1, 25 Abs. 1 begründete handelsrechtliche **49** Haftung entfällt dann, wenn der Erbe von der Möglichkeit des Absatzes 2 Gebrauch macht, dh. die Fortführung des Handelsgewerbes binnen drei Monaten einstellt. Diese Einstellung betrifft jedoch nur die zusätzliche handelsrechtliche Haftung; die **bürgerlichrechtliche** (erbrechtliche) **bleibt** davon **unberührt.** Dies bedeutet insbesondere, daß die erbrechtliche persönliche Haftung des Erben andauert; sie kann nur auf den dafür vorgesehenen erbrechtlichen Wegen auf den Nachlaß beschränkt werden. So gesehen wird durch das Vorgehen des Erben gemäß § 27 Abs. 2 eine Haftungsbeschränkung noch gar nicht herbeigeführt; der Erbe erhält sich gemäß Abs. 2 lediglich die **Möglichkeit** erbrechtlicher Haftungsbeschränkung auch für die Geschäftsverbindlichkeiten des Abs. 1.[106]

2. Haftungsausschluß gemäß § 25 Abs. 2? Die hL[107] steht auf dem Standpunkt, aus der **50** umfassenden Verweisung des § 27 Abs. 1 auf den ganzen § 25 sowie aus der Anordnung nur „entsprechender" Anwendung ergebe sich über § 27 Abs. 2 hinaus die Möglichkeit, die Haftung gemäß § 27 Abs. 1 bereits dadurch abzuwehren, daß „entsprechend" § 25 Abs. 2 eine **einseitige** Haftungsausschlußerklärung ins Handelsregister eingetragen und bekanntgemacht bzw. vom Erben den Geschäftsgläubigern mitgeteilt wird.[108] **Dem kann nicht gefolgt werden.**[109] Zunächst einmal ist die Auffassung, die dem Erben (auch) den Weg über § 25 Abs. 2 eröffnen will, deswegen noch nicht einmal sonderlich hilfreich, weil die (unter Umständen bonitätsschädigende!) entsprechende Erklärung des Erben nach allgemeiner Auffassung[110] **unverzüglich** und damit vor Prüfung der wirtschaftlichen Situation des Unternehmens, die § 27 Abs. 2 gerade ermöglichen will, abgegeben werden muß. Zum zweiten würde die Möglichkeit, eine gesetzliche Haftungsanordnung durch einfache, einseitige Willenserklärung abwehren zu können, eine ausgesprochene Anomalie darstellen. Drittens steht die Nonchalance, mit der auf diese Weise ein Haftungsausschluß zugestanden wird, in erstaunlichem Gegensatz zur Auslegungsstrenge, wie sie von der hL in bezug auf das Tatbestandsmerkmal Einstellung der Geschäftsfortführung bei § 27 Abs. 2 sonst geübt wird: Wenn insoweit – durchaus vertretbar – Lockerungen angebracht sein sollten, dann sollte ihnen direkt bei § 27 Abs. 2 und nicht erst über § 25 Abs. 2 Rechnung getragen werden.[111] Viertens ist zu berücksichtigen, daß § 27 Abs. 2 im Vergleich mit § 25 Abs. 2 zweifellos die **speziellere** Norm darstellt, neben der für § 25 Abs. 2 nach allgemeinen methodischen Grundsätzen gar kein Raum ist. Vor allem aber würde die Anwendbar-

---

[106] So auch *Friedrich* S. 54.
[107] KG JFG 22, 70 = DR 1940, 2007; *Canaris* § 7 IV 3 d (125) f.; *Staub/Hüffer* RdNr. 22; *Baumbach/Hopt* RdNr. 8; *Heymann/Emmerich* RdNr. 17; *A. Hueck* ZHR 108 (1941), 1, 7 ff.; *Barella* DB 1951, 676; *Bolte* ZHR 51 (1902), 413, 457 ff.; *Brox,* Handels- und Wertpapierrecht, RdNr. 187; *v. Gierke/Sandrock* § 16 II 3 (225); *Groschuf* DR 1940, 2009; *P. Hofmann* Handelsrecht D VI 2 (121 f.); U. *Hübner* Handelsrecht RdNr. 58; *Nolte,* Festschrift für Nipperdey, 1965, S. 667, 682 ff.; *Säcker* ZGR 1973, 261, 265 Fn. 17; *Werther* S. 87 ff.; *Wiedemann,* PdW Handelsrecht Fall 127, S. 124; *Wieland* I S. 287; nach *Staub/Hüffer* RdNr. 23 beschränkt sich die Wirkung einer Erklärung nach § 25 Abs. 2 im Rahmen von § 27 darauf, eine § 25 Abs. 1 entsprechende Haftung auszuschließen; ebenso *Brox,* Handels- und Wertpapierrecht, RdNr. 187.

[108] Nach einer dritten Auffassung (*Düringer/Hachenburg/Hoeniger* Anm. 6) ist § 25 dann analog anwendbar, wenn eine entsprechende Anordnung im Testament oder Erbvertrag enthalten ist.
[109] *K. Schmidt* HandelsR § 8 IV 3 a (270 f.); *ders.* ZHR 157 (1993), 600, 615; *Reuter* ZHR 135 (1971), 511, 524 ff.; *Harms* (Fn. 75) S. 163 f.; *Hohensee* S. 253 ff.; *Schlegelberger/Hildebrandt/Steckhan* RdNr. 14; *Lieb,* Festschrift für Börner, 1992, S. 747, 761; ebenso schon *Müller-Erzbach,* A II 2 (83); *Hildebrandt* DFG 1938, 48, 51; *Goldmann,* Festgabe für Wilke, 1900, S. 119, 124 ff.; *Kretzschmar* ZBlFrG 17 (1916/17), 1, 6.
[110] Vgl. nur *Staub/Hüffer* RdNr. 23.
[111] So auch *K. Schmidt* ZHR 157 (1993), 600, 615.

keit des § 25 Abs. 2 genau das ermöglichen, was – nach der hier vertretenen ratio – § 27 (Abs. 2) gerade **verhindern** will, nämlich die Fortführung des Unternehmens mit der stets gegebenen, weil zeitlich unbegrenzten Möglichkeit der (erbrechtlichen) Haftungsbeschränkung. Dies geht wegen der damit verbundenen Gläubigergefährdung nicht an.

51 **3. Haftungsausschluß gemäß § 27 Abs. 2.** Außerordentlich streitig ist die Auslegung der eigentlichen Haftungsausschlußregelung des § 27 Abs. 2.[112] Hier stellt sich insbesondere die Frage, ob – so die hL[113] – der Begriff der Einstellung wirklich nur bei **Liquidation** des ererbten Unternehmens erfüllt ist, oder ob es für § 27 Abs. 2 ausreicht, wenn der Erbe das Unternehmen **veräußert**[114] (oder gar nur verpachtet[115]).

52 **a) Veräußerung.** An der hL stört schon vom Ergebnis her, daß die bei **Liquidation** erzielbaren Vermögenswerte unter Umständen erheblich unter den Fortführungswerten liegen werden, so daß die hL noch nicht einmal den Interessen der Gläubiger, geschweige denn denen des Erben gerecht wird. Vor allem aber gehen die Anforderungen der hL an den Begriff der Einstellung über das hinaus, was unter Gläubigerschutzaspekten erforderlich ist: Dieser Gläubigerschutz erfordert lediglich eine Begrenzung des Zeitraums, in dem der Erbe ein Unternehmen mit der Möglichkeit, seine Haftung doch noch auf den Nachlaß beschränken zu können, fortführen darf, weil bei darüberhinausgehenden Zeiträumen eine Nachlaßsonderung jedenfalls im Bereich des Unternehmensvermögens kaum noch möglich ist (RdNr. 41). Dementsprechend reicht unter Gläubigerschutzaspekten für den Begriff der Einstellung jede Rechtshandlung des Erben aus, die diese Gefahr der kaum noch rückgängig zu machenden Vermengung von Privat- und Unternehmensvermögen ausreichend bannt. Dies ist bei **Veräußerungen** ganz sicher der Fall, zumal der Gegenwert des Unternehmensvermögens dann den Gläubigern nach Veräußerung als Nachlaßbestandteil (§ 2019 Abs. 1 BGB) zur Verfügung steht. Mit dem Wortlaut des Gesetzes ist dies sogar noch besser vereinbar als die hL, weil das Gesetz nicht die Einstellung des **Handelsgeschäfts**, sondern die Einstellung von dessen **Fortführung** (und zwar – im Kontext des Abs. 1 – durch den Erben) verlangt. Dafür **reicht** die **Veräußerung ohne weiteres aus**.

53 **b) Verpachtung.** Problematisch ist die **Verpachtung**: Angesichts des auch damit verbundenen Wechsels des Unternehmensträgers ist zwar die Gefahr der Vermengung von Privat- und Unternehmensvermögen im wesentlichen gebannt. Auch als Einstellung der Fortführung (durch den Erben) könnte man die Verpachtung infolgedessen ansehen. Bedenklich ist, daß sich der Erbe bei der Verpachtung nicht vollständig vom ererbten Unternehmen löst. Dazu kommt die Erschwerung des Gläubigerzugriffs auf die verpachtete Unternehmenssubstanz, die den Wegfall der Eigenhaftung des Erben besonders problematisch macht. Kompensierend könnte hier allenfalls § 25 bzw. – soweit anwendbar – § 28 wirken, soweit dadurch der Zugriff der Geschäftsaltgläubiger (auch) auf den Pächter eröffnet wird. Eine endgültige Entscheidung setzt die Einbeziehung der weiteren, nachfolgenden Konstellation voraus.

[112] Zum Teil wird eine Parallele zwischen § 27 Abs. 2 und § 139 angenommen: BGHZ 113, 132, 135 = NJW 1991, 844; *K. Schmidt* ZGR 1989, 445, 448; *ders.* JZ 1991, 733, 734; *ders.* ZHR 157 (1993), 600, 609.

[113] RGZ 56, 196, 199; Staub/*Hüffer* RdNr. 29; Baumbach/*Hopt* RdNr. 1; GroßKommHGB/*Würdinger* Anm. 10; Schlegelberger/*Hildebrandt/Steckhan* RdNr. 9; *Hildebrandt* DFG 1938, 48, 49; *Werther* S. 43 ff., 62.

[114] So *Canaris* § 7 IV 3 b (124); *K. Schmidt* NJW 1985, 2785, 2790; *ders.* HandelsR § 8 IV 3 b (272 ff.); *ders.* DB 1994, 515, 520; Düringer/Hachenburg/*Hoeniger* Anm. 11; *Hohensee* S. 256 f.; *Roth*, Handels- und Gesellschaftsrecht, § 25 3 (264); *Wiedemann*, PdW Handelsrecht, Fall 127, S. 123 f.; *Wieland* Handelsrecht I 1921, S. 288; *Bolte* ZHR 51

(1902), 413, 447 f.; *Stegemann* (Fn. 75) S. 112 f.; *Lieb*, Festschrift für Börner, 1992, S. 747, 761. Nach einer dritten Auffassung (*A. Hueck* ZHR 108 (1941), 1, 20 ff.; *Harms* (Fn. 75) S. 162; *P. Hofmann* Handelsrecht D VI 2 (122) reicht eine Veräußerung ohne Firma aus, eine mit Firma dagegen nicht. Die Differenzierung überzeugt schon deshalb nicht, weil auf dem Boden der Auffassung, die eine Firmenfortführung verlangt, es zum Haftungsausschluß ausreichen muß, wenn die Firma binnen der Dreimonatsfrist geändert wird (s.o. RdNr. 35). Der eigentliche Einstellungsakt läge demnach nicht in der Veräußerung, sondern in der Firmenänderung.

[115] So *Bolte* ZHR 52 (1902), 413, 449 und *Stegemann* (Fn. 75) S. 113. Nach *A. Hueck* ZHR 108 (1941), 1, 22 reicht eine Verpachtung ohne Firma aus.

c) **Einbringung des Unternehmens in eine Gesellschaft.** Noch weitergehend vertritt 54 *Karsten Schmidt*[116] die Auffassung, für den Haftungsausschluß gemäß § 27 Abs. 2 reiche die Einbringung des Unternehmens **in eine Personen- oder Kapitalgesellschaft** (mit entsprechender Beteiligung des Erben) aus, da auch damit ein Wechsel der Unternehmensträgerschaft verbunden sei, der auch – so ist aus hiesiger Sicht zu ergänzen – für eine Vermögensseparierung sorgt. Dazu kommt die Erhaltung des Gläubigerzugriffs auf die Unternehmenssubstanz mit Hilfe des § 28, der für die Haftung der Gesellschaft gegenüber den Geschäftsaltgläubigern sorgt (dazu § 28 RdNr. 5 ff.).

Einen aufschlußreichen Prüfstein für diese Konzeption bildet jedoch noch die Frage, was 55 denn zum Nachlaß gehört, wenn in diesem Fall die erbrechtliche Haftungsbeschränkung herbeigeführt wird. Die Antwort kann nur lauten, **Nachlaßbestandteil** sei in einem solchen Fall die **gesellschaftsrechtliche Beteiligung des Erben**, in die auch die Geschäftsaltgläubiger notfalls vollstrecken könnten und müßten. Dabei gehen ihnen dann jedoch die Neugläubiger der Gesellschaft deswegen vor, weil dem pfändenden Gläubiger nur der Wert des durch Gesellschaftsverbindlichkeiten ggf. geschmälerten Anteils zur Verfügung steht.[117] Daraus ergibt sich eine weitreichende Gefährdung der Interessen der Altgläubiger durch solche neubegründeten Verbindlichkeiten. Daraus folgt, daß die Einbringung des ererbten Handelsgeschäfts in eine Gesellschaft als Einstellung der Fortführung unter teleologischen Aspekten **nicht** angesehen werden kann; dasselbe gilt für den zuvor erörterten Fall der Verpachtung. Damit ist zugleich und erst recht klargestellt, daß die Einbringung des ererbten Handelsgeschäfts in eine bereits bestehende Gesellschaft die Voraussetzungen des § 27 Abs. 2 nicht erfüllen kann.

d) **Liquidation.** Soweit das Handelsgeschäft vom Erben **liquidiert** wird, ist unter Einstel- 56 lung der Fortführung des Geschäfts die Aufgabe der werbenden geschäftlichen Tätigkeit zu verstehen.[118] Dies bedeutet, daß die Liquidation nicht innerhalb des Dreimonatszeitraums beendet sein muß.[119] Alles andere würde zu einer nicht vertretbaren Verkürzung der Überlegungsfrist des Erben führen.

e) **Herausgabe des Geschäfts.** Als Einstellung ist schließlich auch die **Herausgabe des** 57 **Geschäfts an Nachlaß-, Konkurs-, Vergleichsverwalter** anzusehen, wie sie etwa im Zuge erbrechtlicher Haftungsbeschränkung denkbar ist.

f) **Eingliederung in eigenes Unternehmen.** Als **Einstellung** kann es **nicht** angesehen 58 werden, wenn der Erbe das Handelsgeschäft nicht als selbständiges Unternehmen fortführt, sondern etwa **in ein eigenes, bereits bestehendes Unternehmen eingliedert.** Dies reicht unter teleologischen Aspekten wiederum schon deswegen nicht aus, weil damit zwangsläufig eine Vermögensvermengung einhergeht, die eine spätere (erbrechtliche) Nachlaßsonderung kaum noch erlaubt. Infolgedessen bleibt die handelsrechtliche Haftung gemäß § 27 Abs. 1 in diesem Fall uneingeschränkt bestehen. § 25, für den de lege lata etwas anderes gilt,[120] und § 27 unterscheiden sich in der Notwendigkeit (unbeschränkter) handelsrechtlicher Haftung in diesem Punkt erheblich.

g) **Frist.** Die **Frist** von 3 Monaten beginnt in dem Zeitpunkt zu laufen, in dem der Erbe 59 vom Anfall der Erbschaft Kenntnis erlangt hat (§ 27 Abs. 2 S. 1). Ist der Erbe geschäftsunfähig oder in der Geschäftsfähigkeit beschränkt, und hat er keinen gesetzlichen Vertreter, so ist die Ablaufhemmung des § 206 BGB mit der Maßgabe zu berücksichtigen, daß die dortige Frist von 6 Monaten durch die Dreimonatsfrist des § 27 Abs. 2 zu ersetzen ist (§ 27 Abs. 2 S. 2). Bei der Bestimmung des Endes der Frist ist außerdem zu berücksichtigen, daß wegen des unter Umständen späteren Beginns der erbrechtlichen Ausschlagungsfrist (vgl.

---

[116] *K. Schmidt* NJW 1985, 2785, 2790; *ders.* HandelsR § 8 IV 3 a (273); *ders.* ZHR 157 (1993), 600, 614; vgl. dazu auch Staub/*Hüffer* RdNr. 28.
[117] Dazu eingehend § 28 RdNr. 3.
[118] Staub/*Hüffer* RdNr. 26.

[119] Staub/*Hüffer* RdNr. 27; Heymann/*Emmerich* RdNr. 21; *K. Schmidt* NJW 1985, 2785, 790; *Werther* S. 73 ff.; aA GroßKommHGB/*Würdinger* Anm. 11; RGRK-HGB/*Gadow*, 1. Aufl. 1940, Anm. 11.
[120] Dazu § 25 RdNr. 59 f.

§ 1944 Abs. 2 BGB: Danach ist insbesondere auch Kenntnis des Berufungsgrundes erforderlich) die Möglichkeit der Ausschlagung unter Umständen auch noch nach Ablauf von 3 Monaten besteht. Für diesen Fall bestimmt § 27 Abs. 2 S. 3, daß dann die Dreimonatsfrist des § 27 Abs. 2 erst mit Ablauf der Ausschlagungsfrist endet.[121]

60   **4. Haftungsbeschränkung für Nachlaßerbenschulden.** Die – durch § 27 Abs. 2 aufrechterhaltenen – Möglichkeiten erbrechtlicher Haftungsbeschränkung betreffen nach hL[122] nur die „echten" früheren Geschäftsverbindlichkeiten des Erblassers, nicht die Nachlaßerbenschulden (RdNr. 40). Für diese soll der Erbe vielmehr unbeschadet der Möglichkeit der Geltendmachung von konkursrechtlich privilegierten Aufwendungsersatzansprüchen (§§ 1978 Abs. 3 BGB, 224 Abs. 1 Ziff. 1 KO – dazu RdNr. 45) auch nach Haftungsbeschränkung auf den Nachlaß **unbeschränkt** haften, soweit er die Haftung nicht gegenüber dem jeweiligen Gläubiger **rechtsgeschäftlich** ausschließen konnte (die Rechtsprechung ist insoweit allerdings recht großzügig[123]). Darin liegt ein gewisser Widerspruch zu § 139 Abs. 4 HGB, da diese Vorschrift demjenigen Erben, der „nur" einen Gesellschaftsanteil geerbt und infolgedessen qua erbrechtlicher Nachfolgeklausel (persönlich haftender) Gesellschafter geworden ist, die Haftungsbeschränkung auch für die Nachlaßerbenschulden erhält, wenn er später durch Kündigung ausscheidet oder Kommanditist wird. Zu fragen ist, ob darin eine planwidrige Lücke gesehen werden kann, die dann eine **analoge Anwendung des § 139 Abs. 4** rechtfertigen könnte.[124] Dafür müßte eine ausreichende Rechtsähnlichkeit der beiden Sachverhaltsgestaltungen bestehen. Sie könnte deswegen zweifelhaft sein, weil es bei § 139 Abs. 4 nur um die Haftung des oder der Erben geht, während die Haftung der Gesellschaft und eventueller weiterer Gesellschafter davon unberührt bleibt. Der Haftung der Gesellschaft entspricht jedoch die auch bei § 27 fortbestehende Haftung mit dem Nachlaß und die Haftung eventueller übriger Gesellschafter ist kaum unabdingbare Voraussetzung, da § 139 Abs. 4 etwa auch beim Ausscheiden des einzigen Komplementärs und der anschließenden Auflösung der Gesellschaft eingreift.[125] ME sollte § 139 Abs. 4 dem Erben daher auch im Bereich des § 27 für diejenigen Verbindlichkeiten, die er innerhalb der Dreimonatsfrist des § 27 Abs. 2 begründet hat, zugute kommen, wenn er die Fortführung des Unternehmens anschließend einstellt.

VIII. Fortführung durch Erbengemeinschaft

61   **1. Vorbemerkung.** § 27 bereitet dann besondere Schwierigkeiten, wenn nicht nur **ein** Erbe, sondern **mehrere** Erben und damit eine **Erbengemeinschaft** vorhanden sind, in deren Gesamthandsvermögen sich das Handelsgeschäft dann befindet.[126] Daraus ergeben sich Probleme sowohl in bezug auf das Tatbestandsmerkmal der Fortführung in Abs. 1 als auch – erst recht – bezüglich des Haftungsausschlusses gemäß Abs. 2. Vor allem aber stellen sich umfangreiche und schwierige Rechtsfragen bei (zulässiger?) Fortführung über den Dreimonatszeitraum des Abs. 2 hinaus.

---

[121] Dazu auch: Staub/*Hüffer* RdNr. 30, 31; Schlegelberger/*Hildebrandt*/*Steckhan* RdNr. 10; Heymann/*Emmerich* RdNr. 20, 21.
[122] Staub/*Hüffer* RdNr. 33; Heymann/*Emmerich* RdNr. 23; Baumbach/*Hopt* RdNr. 5; Erman/*Schlüter* § 1967 RdNr. 12; *Bartholomeyczik* DGW 1938, 321.
[123] RGZ 146, 343, 346; BGH BB 1968, 769.
[124] **Dafür:** *Harms* (Fn. 75) S. 165 f., 168; *Hohensee* S. 241 ff.; im Ergebnis ebenso *K. Schmidt* ZHR 157 (1993), 600, 613 f.; *Harms* zitiert für seine Auffassung BGH BB 1968, 769 f. Dies ist zweifelhaft, weil der BGH in der Urteilsbegründung nicht ausdrücklich darauf hinweist, die Vereinbarung sei binnen der Dreimonatsfrist erfolgt. Vgl. auch *Hüffer* ZGR 1986, 603, 636, wonach § 27 Abs. 2 der Gedanke

entnommen werden kann, daß eine unbeschränkbare persönliche Haftung für solche Verbindlichkeiten nicht geboten ist, die vor dem Ablauf der Überlegungsfrist begründet werden. Ausdrücklich **abgelehnt** wird die Analogie von Erman/*Schlüter* § 1967 RdNr. 12; *Ernst* S. 61 ff; *Bartholomeyczik* DGW 1938, 321.
[125] Staub/*Ulmer* § 139 RdNr. 99; Heymann/*Emmerich* § 139 RdNr. 37.
[126] Eine Sonderrechtsnachfolge wird bei § 27 im Gegensatz zu § 139 kaum erwogen, vgl. dazu *Hohensee* S. 21 ff.; auch Parallelen zur qualifizierten Nachfolgeklausel des Gesellschaftsrechts werden bisher nicht diskutiert, vgl. aber *Hohensee* S. 165 Fn. 232.

2. Fortführung und Einstellung. a) Fortführung. Der BGH hat dazu in einer frühen 62 Grundsatzentscheidung die Auffassung vertreten, bei (rein tatsächlicher) Fortführung des Handelsgeschäfts durch nur einen (oder – dem gleichzustellen – durch einige, aber nicht alle) Miterben könne von einer Fortführung des Geschäfts durch alle Erben nur gesprochen werden, wenn die anderen dazu – ausdrücklich oder konkludent – ihre **Zustimmung** gegeben hätten.[127] Nur dann, so ist der BGH zu verstehen, könnten die Haftungsfolgen des § 27 auch die übrigen Miterben erfassen.

In der Literatur[128] wird – genauer – darüber diskutiert, ob die Fortführung nur einen 63 Realakt darstelle, oder ob es eines darauf gerichteten Fortführungs**beschlusses** bedürfe, wobei sich dann im letzteren Fall die Zusatzfrage stellt, ob der Fortführungsbeschluß der Einstimmigkeit bedarf[129] oder aber auch mit Mehrheit gefaßt werden kann;[130] letzteres wird wegen der Schutzbedürftigkeit des einzelnen Erben als bedenklich angesehen.[131]

Diese Probleme stellen sich freilich nur dann, wenn man in der Fortführung des Han- 64 delsgeschäfts nach dem Tode des Erblassers ein eigenständiges Tatbestandsmerkmal sieht. Dies ist jedoch, wie bereits ausgeführt (siehe oben RdNr. 18), durchaus zweifelhaft, weil der Anfall der Erbschaft (und damit des Handelsgeschäfts) automatisch, willensunabhängig, erfolgt, und weil es – vor allem – für die Fortführung jedenfalls zunächst gar keine Alternative gibt: Ein lebendes Unternehmen muß zunächst einmal rein tatsächlich fortgeführt werden; jede Art von Unterbrechung der Geschäftstätigkeit für welchen (Überlegungs-) Zeitraum auch immer bis zur Fassung eines „Fortsetzungsbeschlusses" ist mit der Realität unvereinbar. Dementsprechend wird auch eine Erbenmehrheit, eine Erbengemeinschaft, automatisch/zwingend Unternehmensträger, so daß sich ihre Willensbildung nur noch auf die Frage der **weiteren** Fortführung, damit aber zugleich auf die Frage der **Einstellung** (der Fortführung) beziehen kann. Nicht die Fortführung als solche, sondern erst die Einstellung der zunächst ebenso selbstverständlichen wie unvermeidlichen Fortführung nach Anfall der Erbschaft ist daher der eigentliche (spätere) Beschlußgegenstand.

Zu fragen ist freilich, ob die Annahme einer solchen **willensunabhängigen Fortführung** 65 durch sämtliche Miterben deren Haftungsrisiken zu sehr erhöht. Dies ist dann nicht der Fall, wenn dem einzelnen Miterben zuverlässig die Möglichkeit eröffnet wird, die Einstellung der Fortführung des Handelsgeschäfts erreichen zu können und wenn man – wie bereits ausgeführt (RdNr. 60) – auf die während des Fortführungszeitraums begründeten Verbindlichkeiten **§ 139 Abs. 4 analog** anwendet. Infolgedessen erscheint es nicht erforderlich, mit Schutzerwägungen schon zu Beginn der Fortführung unmittelbar nach Anfall der Erbschaft anzusetzen und in diesem Zeitpunkt bereits die Zustimmung aller Miterben zu verlangen. Im Gegenteil erscheint es sogar auch vom Ergebnis her gut vertretbar, widerstrebenden Erben die (vorläufige) Fortführung im Interesse aller zuzumuten, damit – dem Sinn der Frist des § 27 Abs. 2 entsprechend – erst einmal ausreichend gründliche Überlegungen angestellt werden können.

b) Einstellung der Fortführung. Wenn man davon ausgeht, daß das ererbte Handelsge- 66 schäft nach Anfall der Erbschaft zunächst quasi automatisch von allen Miterben und damit der Erbengemeinschaft willensunabhängig fortgeführt wird, wird die Frage umso dringlicher, welchen Anforderungen die – haftungsausschließende – **Einstellung** genügen muß. Dabei ist angesichts der mit der Fortführung verbundenen Haftungsrisiken sowohl im Bereich der Alt- als auch der Neuverbindlichkeiten zu beachten, daß jedenfalls eine **Fort-**

---

[127] BGHZ 30, 391, 395= NJW 1959, 2114; bestätigt in BGHZ 32, 60, 67 = NJW 1960, 959 – dieselbe Sache, ein anderer Senat! Ebenso BGHZ 35, 13, 19 = NJW 1961, 1304; *A. Hueck* ZHR 108 (1941), 1, 23 ff.; *Hüffer* ZGR 1986, 603, 613, 625; *Hohensee* S. 176 f.; *Johannsen* FamRZ 1980, 1074, 1075 f.; *M. Wolf* AcP 181 (1981), 480, 483; Heymann/*Emmerich* RdNr. 7.

[128] *K. Schmidt* NJW 1985, 2785, 2790 f., siehe besonders bei Fn. 105 auf S. 2791; *ders.* ZHR 157 (1993), 600, 610 f.
[129] Wie Fn. 127.
[130] So *Heintzenberg*, Die Einzelunternehmung im Erbgang, 1957, S. 23.
[131] Vgl. *Hohensee* S. 176 und S. 153 ff. allgemein zur Schutzbedürftigkeit der Erben.

führung über den Zeitraum des Abs. 2 hinaus **nur mit Zustimmung aller Miterben** erfolgen darf. Daraus folgt im Gegenschluß, daß jedem einzelnen Miterben rechtssicher die Möglichkeit gewährleistet sein muß, die Einstellung der Fortführung bewirken zu können. Problematisch ist freilich, wie diesem Postulat verfahrenstechnisch Rechnung getragen werden kann.

67   In der Personengesellschaft könnte die Mitgliedschaft einseitig durch Kündigung (§§ 723 BGB, 132 HGB) beendet werden. Da die unternehmenstragende Erbengemeinschaft jedoch, wie hier zu unterstellen, nicht gesellschaftsrechtlich verfaßt ist (RdNr. 75 ff.) und das ererbte Handelsgeschäft vor allem von der Erbengemeinschaft selbst und nicht von einem danebenstehenden selbständigen Personenverband fortgeführt wird, ist ein isoliertes Ausscheiden des/der nicht mehr fortführungswilligen Miterben nur in bezug auf die Fortführung des Handelsgeschäfts nicht möglich; erforderlich wäre vielmehr ein Ausscheiden aus der Erbengemeinschaft als solcher. Dafür gibt es jedoch im Erbrecht keine Grundlage; das Recht der Miterbengemeinschaft kennt vielmehr nur das Auseinandersetzungsverlangen des § 2042 BGB.[132] Die Miterben darauf zu verweisen, ist freilich deswegen problematisch, weil dann die Miterbengemeinschaft als Ganzes auseinandergesetzt werden müßte, obwohl es auch dem nicht mehr fortführungswilligen Miterben möglicherweise nur um die Beendigung der unternehmerischen Tätigkeit im Rahmen des ererbten Handelsgeschäfts geht. Dafür bietet sich die Möglichkeit der **(gegenständlichen) Teilauseinandersetzung** an.[133] Auch dann bleiben freilich noch insofern Zweifel, als unsicher ist, ob bereits das Auseinandersetzungs**verlangen** als solches als „Einstellung" iSv. § 27 Abs. 2 angesehen werden kann. Angesichts dessen sind die Miterben darauf zu verweisen, die (Teil-) Auseinandersetzung bezüglich des ererbten Handelsgeschäfts innerhalb der Frist des § 27 Abs. 2 **zu vollziehen**, dh. das ererbte Handelsgeschäft entweder bis zum Ablauf der Dreimonatsfrist zu liquidieren,[134] zu veräußern oder aber auf eine zu diesem Zweck zwischen den fortführungswilligen Miterben gegründete Gesellschaft zu überführen. Ein entsprechender (erbrechtlicher) Anspruch steht jedem Miterben zu.

68   c) **Fristbestimmung.** Zu klären ist noch, ob die Frist des § 27 Abs. 2 für alle Miterben **einheitlich oder für jeden getrennt** läuft. Die wohl hL[135] meint auf der Grundlage der Auffassung, daß die Entscheidung nur einheitlich erfolgen könne, auch der Fristenlauf könne nur ein einheitlicher sein. Dem ist zuzustimmen, weil es bei der Entscheidung über die Einstellung der Fortführung des Handelsgeschäfts um eine Angelegenheit der ganzen Erbengemeinschaft geht. Wenn man hier durch gesonderten Fristenlauf auf einzelne Erben abstellen wollte, würden die Interessen und der Überlegungszeitraum der anderen bedenklich beeinträchtigt. Sinnvoller ist es daher, den Ablauf der Frist einheitlich für alle Erben nach der Person desjenigen zu bestimmen, für den die Frist am längsten läuft. Bis zu diesem Zeitpunkt kann daher jeder Erbe die Teilauseinandersetzung selbst dann noch verlangen, wenn für ihn die Frist bereits abgelaufen gewesen wäre.

69   3. **Endgültige Fortführung (Zulässigkeit). a) Überblick.** Wenn die Erben die Fortführung des Handelsgeschäfts nicht innerhalb der Frist des Abs. 2 einstellen, das ererbte Handelsgeschäft also weiterhin gemeinsam betreiben wollen, stellt sich die außerordentlich schwierige Frage, ob dies dann durch die (sog. unternehmenstragende) Erbengemeinschaft als solche erfolgen kann, oder ob es einer **gesellschaftsrechtlichen Qualifizierung** bedarf.[136] Sie ist vor einiger Zeit vom 2. Zivilsenat des BGH[137] (in fast brüsker Abwendung von Vorstellungen seines früheren Vorsitzenden[138]) lapidar mit einem Hinweis[139] auf eine

---

132 Vgl. dazu *Hohensee* S. 214 f., 235 f., 238 f.

133 Dazu   MünchKommBGB/*Dütz*   § 2042 RdNr. 14 ff.

134 Dh., die werbende Tätigkeit einzustellen (RdNr. 55).

135 Staub/*Hüffer* RdNr. 39 f.; GroßKommHGB/ *Würdinger* Anm. 18; RGRK/*Gadow*, HGB, 1. Aufl., Anm. 18; differenzierend *Hohensee* S. 261.

136 Vgl. besonders *Canaris* § 9 I (144 ff.); *Hüffer* ZGR 1986, 603 ff.; *K. Schmidt* NJW 1985, 2785 ff.; *M. Wolf* AcP 181 (1981), 480 ff.

137 BGHZ 92, 259 ff = NJW 1985, 136.

138 *Fischer* ZHR 144 (1980), 1, 12 ff.

139 BGHZ 92, 259, 262 = NJW 1985, 136.

mehr als 100jährige Gerichtspraxis[140] im Sinne der **Zulässigkeit einer Fortführung durch die Erbengemeinschaft** beantwortet worden, und die wohl hL[141] ist dem, wenn auch mit vielen Varianten und Modifizierungen, gefolgt.

Dies ist nach wie vor äußerst zweifelhaft. Insbesondere gibt es keinerlei Beleg für die **70** These, der Gesetzgeber habe (auch) für den Fall, daß ein Handelsgeschäft zum Nachlaß gehöre, die Organisationsform Erbengemeinschaft neben die Organisationstypen des Gesellschaftsrechts gestellt, die Erbengemeinschaft sei insoweit nicht nur geduldete Organisationsform, sondern die einzig nach der Privatrechtsordnung vorgesehene. Erst recht gilt dies für die Behauptung, das Gesetz sehe zwingend als einzige Organisationsform für eine Mehrheit von Erben die Gemeinschaft gemäß §§ 2032 ff. BGB vor.[142] Letzteres ist vielmehr schon deswegen offensichtlich unrichtig, weil das Gesetz den Fall, daß zum gesamthänderisch gebundenen Vermögen einer Miterbengemeinschaft ein Handelsgeschäft gehört, an keiner Stelle ausdrücklich regelt, und auch § 27, auf den sich der BGH[143] in diesem Zusammenhang ausdrücklich berufen hat, den Sonderfall des Vorhandenseins mehrerer Erben gerade nicht anspricht, sondern sogar ausdrücklich den Singular verwendet. Insbesondere läßt die erbrechtliche Ausgestaltung der Miterbengemeinschaft jegliches Anzeichen dafür vermissen, daß die Besonderheiten unternehmerischen Handelns im Rahmen einer Erbengemeinschaft auch nur ins Blickfeld geraten wären. Dazu kommt, daß die Eignung des geltenden Rechts für die Fortführung eines Unternehmens in Erbengemeinschaft praktisch allgemein,[144] also auch von den Vertretern der hL, bezweifelt und damit die Behauptung, das Gesetz vermöge auch diesen Fall ausreichend zu erfassen, selbst widerlegt wird. Hinzuweisen ist in diesem Zusammenhang auch auf die auffällige Merkwürdigkeit, daß der Erbengemeinschaft bei § 139 ganz herrschend die Fähigkeit, **Gesellschafter** werden zu können, abgesprochen,[145] die Fähigkeit, selbst **Unternehmensträger** zu sein, dagegen ohne weiteres bejaht wird.

Verfehlt ist es auch, diese Problematik in Zusammenhang mit der **Privatautonomie** zu **71** bringen:[146] Schon der Anfall der Erbschaft erfolgt von Gesetzes wegen und hat mit privatautonomer Gestaltung (der Erben) nichts zu tun; und auch die Frage, nach welchen Regeln das unternehmerische Handeln der Erbengemeinschaft beurteilt werden soll, welche Rechtsformen dafür zur Verfügung stehen, wird – vom Gesetz – **heteronom** beantwortet. Die Frage danach, ob es bei den Regeln des Erbrechts bleibt, oder ob und ggf. in welchem Umfang gesellschaftsrechtliche Anleihen erforderlich sind, hat daher mit der privatautonomen Gestaltungsfreiheit der Erben nichts zu tun. Im Gegenteil: Die eigentlichen Probleme ergeben sich daraus, daß die Erben von der angesichts der unstreitigen Unzulänglichkeit des Erbrechts gebotenen Notwendigkeit eigener privatautonomer Gestaltung aus welchen Gründen auch immer gerade keinen Gebrauch gemacht haben.

Die Zulässigkeit der Fortführung eines ererbten Unternehmens durch eine Erbenge- **72** meinschaft wird umgekehrt damit gerechtfertigt, daß auch das Recht der OHG deswegen

---

[140] ROHGE 11 (1874), 101 (Fortführung für knapp einen Monat); ROHGE 23 (1878), 166; RGZ 10, 101; 35, 17, 19; 132, 138, 143 f. (1. Entscheidung zum HGB, aber ohne Begründung und nur obiter dictum; BGH NJW 1951, 311, 312 = BGHZ 1, 65 (dort ist der hier interessierende Teil allerdings nicht abgedruckt); BGHZ 17, 299, 301 f. = NJW 1955, 1227; BGHZ 30, 391, 394 f. = NJW 1959, 2114; BGHZ 32, 60, 67 = NJW 1960, 959; BGHZ 92, 259, 262 ff. = NJW 1985, 136.

[141] *Hüffer* ZGR 1986, 603, 609 ff.; Staub/*Hüffer* vor § 22 RdNr. 73; *M. Wolf* AcP 181 (1981), 480, 482 ff.; Soergel/*M. Wolf* § 2032 RdNr. 5; *K. Schmidt* NJW 1985, 2785, 2787 f.; ders. HandelsR § 5 I 3 b (103 ff.); ausführlich *Hohensee* S. 36 ff., 156 ff., bes. 171 ff.; *Canaris* § 9 I 1 (144 ff.); Baumbach/*Hopt* § 1 RdNr. 21; Erman/*Schlüter* § 2032 RdNr. 4; Jauernig/*Stürner* § 2032

Anm. 4 a; *Kipp/Coing* (Fn. 15) § 114 IV 8 (618); MünchKommBGB/*Dütz* § 2032 RdNr. 44 f.; Staub/*Ulmer* § 105 RdNr. 55; Nachweise zur **Gegenauffassung** in Fn. 153.

[142] *Strothmann* ZIP 1985, 969, 972 li.Sp.

[143] BGHZ 92, 259, 263 = NJW 1985, 136; wohl ebenso *Muscheler* S. 409 f.; ähnlich *Hohensee* S. 37.

[144] *Hüffer* ZGR 1986, 603, 605, 610; *K. Schmidt* NJW 1985, 2785, 2786; *M. Wolf* AcP 181 (1981), 480, 489; vgl. dazu *Hohensee* S. 123 ff. mit weit. Nachw.

[145] Vgl. statt aller BGHZ 22, 186, 192 = NJW 1957, 180; MünchKommBGB/*Ulmer* § 705 RdNr. 69; nach *Hohensee* S. 139 ff., 151 ff. stellt die unterschiedliche Behandlung beider Fragen keinen Widerspruch, sondern die zwangsläufige Folge der unterschiedlichen Interessenlage dar.

[146] Vgl. demgegenüber aber *Hohensee* S. 36 f.

nicht passe, weil bei der Erbengemeinschaft ein **besonderes Bedürfnis nach Minderheiten- und Individualschutz** bestehe, dem zwar das Erbrecht, nicht aber die ganz überwiegend auf Verkehrsbedürfnisse zugeschnittenen Regeln des Rechts der OHG Rechnung tragen könnten.[147] Abgeleitet wird ein solches Bedürfnis insbesondere aus der Behauptung, den Miterben müsse eine **längere** Überlegungsfrist zur Verfügung gestellt werden als durch § 27 Abs. 2;[148] deswegen dürften sie nicht unmittelbar nach Ablauf der Frist den strengen Regeln des Handelsrechts unterworfen werden; es bestehe vielmehr ein schutzwürdiges Interesse an der Fortdauer einer „schwerfälligen" Organisationsform. Insbesondere – darauf wird zurückzukommen sein – widersprächen Einzelgeschäftsführungsbefugnisse und Einzelvertretungsmacht den schutzwürdigen Interessen der Erben.[149]

73   Dieser Ansatz ist wenig überzeugend, weil er auf eine zeitlich nicht limitierte Fortführung des Handelsgeschäfts ohne Respektierung handelsrechtlicher Notwendigkeiten hinausläuft. Insbesondere die hier vertretene Auffassung, ein fortführungsunwilliger Miterbe könne die Liquidation bzw. die Ausgliederung des Unternehmens aus dem Nachlaß erzwingen, gibt jedem Miterben die Möglichkeit, als Bedingung der Fortführung eine seinen Wünschen entsprechende Ausgestaltung etwa der Vertretungsverhältnisse zu erreichen. Dies reicht zur Befriedigung seines Schutzbedürfnisses aus.

74   **b) Prämissen.** Es ist daher davon auszugehen, daß das geltende Recht in bezug auf die unternehmenstragende Erbengemeinschaft eine große und empfindliche **Regelungslücke** enthält; die Notwendigkeit der Klärung zahlreicher Einzelfragen, die sich im Rahmen einer solchen Unternehmensfortführung durch eine Miterbengemeinschaft stellen (dazu RdNr. 79 ff.), belegt dies deutlich. Die Erforderlichkeit einer **Lückenfüllung durch Rechtsfortbildung** kann daher ebensowenig bestritten werden wie im verwandten Bereich des § 139 (Sonderrechtsnachfolge bei Vererbung eines Gesellschaftsanteils an mehrere Erben[150]), wobei es angesichts der dortigen, ebenso kühnen und weitreichenden wie (im wesentlichen) zutreffenden Rechtsfortbildung mehr als erstaunlich ist, daß sich Rechtsprechung und Literatur im Bereich des § 27 der Rechtsfortbildung bisher so weitgehend verweigert haben.

75   Immerhin finden sich im neueren Schrifttum im Anschluß an die aufrüttelnde Entscheidung BGHZ 92, 259 ff. (dazu RdNr. 99 ff.) einige recht beachtliche, wenn auch im einzelnen unterschiedlich weitgehende **Rechtsfortbildungsvorschläge,**[151] die zumindest Konsens darüber signalisieren, daß die Problematik der unternehmenstragenden Erbengemeinschaft nicht ohne erhebliche Anleihen bei der Organisations- und Haftungsverfassung des Handelsgesellschaftsrechts bewältigt werden kann. Fraglich ist daher lediglich, auf welche Weise und in welchem Umfang die notwendige Rechtsfortbildung bewerkstelligt und gerechtfertigt werden kann:

76   Am weitesten würde die **unmittelbare Anwendung des Rechts der OHG** gehen,[152] indem man entweder im Hinblick auf das Betreiben eines Handelsgewerbes von einer Art

---

147 *Hohensee* S. 156 ff., bes. 159 ff., 171 ff.
148 *Hohensee* S. 160; *Leonhardt*, Die Erbengemeinschaft als Inhaberin eines Handelsgeschäfts, Diss. München 1963, S. 13.
149 *Hohensee* S. 160 ff.
150 Vgl. dazu BGHZ 22, 186, 192 = NJW 1957, 180; BGHZ 68, 225, 237 = NJW 1977, 1339; BGHZ 108, 187, 192 = NJW 1989, 3152; *Wiedemann*, Die Übertragung und Vererbung von Mitgliedschaftsrechten bei Handelsgesellschaften, 1965, S. 196 ff.; Schlegelberger/*K. Schmidt* § 139 RdNr. 17, 20 ff.
151 *K. Schmidt* NJW 1985, 2785; *M. Wolf* AcP 181 (1981), 480; *Hüffer* ZGR 1986, 603 ff.; ausführlich *Hohensee* S. 181 ff.

152 So   GroßKommHGB/*Fischer*   § 105 Anm. 65 ff.; *ders.* ZHR 144 (1980), 1, 12 ff.; *Armbruster*, Die Erbengemeinschaft als Rechtsform zum Betriebe eines vollkaufmännischen Handelsgeschäfts, Diss. Tübingen 1965, S. 12 f., 52 f., 62, 96, 102 ff.; *Ernst* S. 119 ff.; *Sobich*, Erbengemeinschaft und Handelsgeschäft – zur Zulässigkeit der Geschäftsfortführung, Diss. Kiel 1974, S. 78 ff., 116, 127; *Stahl* S. 98 ff.; sympathisierend *Buchwald* BB 1962, 1405, 1407; aus der älteren Literatur: *Kayser* Gruchot 19 (1875), 749, 751 f.; *Binder*, Rechtsstellung der Erben III, S. 88 Fn. 144; *Cohn* LZ 1927, Sp. 499, 501; *Legers* JW 1926, 552; *Lion* JW 1925, 2105; *ders.* LZ 1925, Sp. 842, 844 ff.

von formwechselnder Umwandlung ausgeht,[153] oder aber – näherliegend – im einverständlichen Fortführen des ererbten Handelsgeschäfts nicht nur ein bloßes Faktum, sondern den **Abschluß eines Gesellschaftsvertrages** sieht, der dann zwanglos den Weg ins Recht der OHG eröffnen könnte;[154] auch die dinglich/vermögensrechtlichen Schwierigkeiten ließen sich dann lösen, wenn man sich auf die konstruktive Möglichkeit besinnen würde, daß die Gegenstände des Unternehmens der OHG zunächst nur zur Nutzung zur Verfügung gestellt werden.[155]

Solche Vorschläge sind trotz überwindbarer Schwierigkeiten bisher durchweg als zu **77** weitgehend verworfen worden. Sie können und sollen daher in diesem Rahmen nicht weiterverfolgt werden, da es weniger einschneidend und trotzdem ausreichend sein dürfte, das Handeln der unternehmenstragenden Erbengemeinschaft den Regeln der OHG **im Einzelfall lückenfüllend** zu unterwerfen, soweit dem nicht – wiederum im Einzelfall zu überprüfen – schutzwürdige Erbeninteressen unabdingbar entgegenstehen. Dementsprechend ist bei jeder, sich bei unternehmerischem Handeln der Erbengemeinschaft stellenden Frage zu prüfen und zu entscheiden, ob sich ausreichend klare Rechtsfolgeanordnungen bereits aus dem Erbrecht ergeben, oder ob eine **Analogie** zu den jeweils einschlägigen Einzelnormen des HGB erforderlich und möglich ist.[156] Dies gilt es im einzelnen zu untersuchen.

Zusammenfassend ist (zögernd) davon auszugehen, daß zwar die Erbengemeinschaft als **78** solche Unternehmensträger sein und daher ein ererbtes Unternehmen bis zur zeitlich (leider) nicht limitierten Auseinandersetzung fortführen kann, daß diese Konzession aber weitreichende Anpassungen und Annäherungen an das Recht der OHG voraussetzt und erzwingt.

4. Einzelheiten. a) Vorbemerkung. Bei der Fortführung eines Handelsgeschäfts durch **79** eine (dann unternehmenstragende) Erbengemeinschaft stellen sich wegen des Fehlens entsprechender Detailregelungen im darauf nicht zugeschnittenen Recht der Erbengemeinschaft des BGB eine Fülle offener Fragen, die beantwortet werden **müssen**, wenn der Erbengemeinschaft, wie es der (zweifelhaften) hL entspricht (RdNr. 69 ff.), wirklich erlaubt werden soll, mit „ihrem" Unternehmen am Rechts- und Handelsverkehr teilzunehmen. Dieses Lückenproblem kann, wie sich zeigen wird, häufig nur durch **Analogien zum sachnahen Recht der OHG** gelöst werden. Die nachfolgenden Ausführungen stellen daher insoweit ein **Rechtsfortbildungsprogramm** dar, mit Hilfe dessen die unternehmenstragende Erbengemeinschaft sozusagen „verkehrsfähig" gemacht werden soll. Dabei wird man schon deswegen relativ weit gehen können, weil es sich bei der unternehmenstragenden Erbengemeinschaft nach endgültigem, die Einstellung gemäß § 27 Abs. 2 ausschließendem Fortführungsbeschluß ohnehin um ein Gebilde handelt, das aufgrund übereinstimmender Willensbildung ein **Handelsgewerbe** betreibt und daher der OHG zumindest sehr nahe steht. Insbesondere, dies ist wichtig, steht die unternehmenstragende Erbengemeinschaft wegen des Betreibens eines Handelsgewerbes der OHG (noch) näher als die sog. Mitunternehmer-BGB-Gesellschaft, bei der auch eine gewisse (freilich weniger weitgehende) Anlehnung an das Recht der Personenhandelsgesellschaften zu beobachten ist.[157]

---

[153] MünchKommBGB/*Dütz* § 2042 RdNr. 34; Staudinger/*Werner* § 2042 RdNr. 29; *Schönknecht,* Die Aufrechterhaltung der gesamthänderischen Bindung als Auseinandersetzung der Miterbengemeinschaft, Diss. Marburg 1987, S. 53 ff.; *Ganßmüller* DNotZ 1955, 172 ff.; dagegen ausführlich *Hohensee* S. 167 ff., 278 ff.

[154] *Lieb,* Die Ehegattenmitarbeit im Spannungsfeld zwischen Rechtsgeschäft, Bereicherungsausgleich und gesetzlichem Güterstand, 1970, S. 10 ff., 39.

[155] Vgl. dazu statt aller Staub/*Ulmer* § 105 RdNr. 279 iVm. RdNr. 231; Heymann/*Emmerich* § 105 RdNr. 22.

[156] Ebenso *Hohensee* S. 156 ff., 172 f., 181 ff.

[157] BGHZ 32, 307, 316 ff. = NJW 1960, 1664 (analoge Anwendung von § 142 HGB); 117, 168 ff. = NJW 1992, 1615 (analoge Anwendung von § 159 Abs. 1 HGB); *K. Schmidt* HandelsR § 5 II (107 ff.); *ders.* GesR (1423 ff., 1443 ff.); *Wiedemann/Frey* DB 1989, 1809, 1810 f.; kritisch *Zöllner,* Festschrift für Gernhuber, 1993, S. 563 ff.

80 Gegen einen solchen Ansatz hat freilich *Canaris*[158] eingewandt, es lägen Besonderheiten der Interessenlage vor, aufgrund derer die Dominanz erbrechtlicher Würdigung näher läge; insbesondere – daraus wird dann die Möglichkeit, wenn nicht Notwendigkeit einer Haftungsbeschränkung abgeleitet (dazu RdNr. 90 ff.) – sei zu befürchten, daß den Erben die Gefahren für ihr persönliches Vermögen nicht ausreichend bewußt seien, weniger jedenfalls als bei § 139. Es ist jedoch nicht einzusehen, weshalb die Erben trotz Betreibens eines Handelsgewerbes auf diese Weise privilegiert werden, weshalb sie in einem solchen Maße schutzbedürftig sein sollen. Insbesondere – darauf wird zurückzukommen sein – läßt sich mE eine **haftungsrechtliche** Privilegierung der Erben nicht halten; damit entfällt ohnehin der Kern der angestrebten Besserstellung.

81 **b) Firmierung und Eintragung im Handelsregister; Kaufmannseigenschaft. aa)** Die unternehmenstragende Erbengemeinschaft betreibt als neuer, gemäß § 31 eintragungspflichtiger[159] Inhaber das bisherige (wie zu unterstellen eingetragene) Handelsgeschäft des Erblassers weiter. Sie kann daher entweder die Firma des Erblassers weiterführen (§ 22) oder aber (unwahrscheinlich) eine eigene, neue Firma annehmen.[160] Im letzteren Fall soll nicht § 19, sondern § 18 zur Anwendung kommen und ein kennzeichnender **Zusatz** (etwa: „In Erbengemeinschaft") erforderlich sein.[161] Ein solcher Zusatz sollte mE wegen der sonst gegebenen Gefahr der Täuschung des Rechtsverkehrs trotz weitgehender Annäherung an das Recht der OHG auch für den Fall der Fortführung der Firma des Erblassers erforderlich sein.[162]

82 **bb)** Konsequenz des Betreibens eines Handelsgewerbes unter einer Firma ist für den Unternehmensträger Erbengemeinschaft die **Zubilligung der Kaufmannseigenschaft**[163] mit der selbstverständlichen Folge der Anwendbarkeit des Handelsrechts auf alle Geschäfte im Rahmen der Fortführung des Unternehmens. Der Kaufmannseigenschaft der **einzelnen Erben** bedarf es ebensowenig[164] wie bezüglich der Gesellschafter von OHG und KG.[165]

83 **c) Teilrechtsfähigkeit.** Die Firmenfähigkeit der unternehmenstragenden Erbengemeinschaft eröffnet unmittelbar den Zugang zur **analogen Anwendung des § 124:** Wie bereits angesprochen hat die neuere Rechtsentwicklung[166] selbst der Mitunternehmer-BGB-Gesellschaft in Annäherung an die OHG unter Anerkennung der rechtlichen Verselbständigung der Gesamthand als Gruppe eine Art von Teilrechtsfähigkeit zugesprochen; das einheitliche Auftreten insbesondere in Aktiv- und Passivprozessen wird dort freilich durch das Fehlen einer Firma beeinträchtigt. Nachdem die unternehmenstragende Erbengemeinschaft firmenfähig ist, steht der entsprechenden, Rechtsklarheit verbürgenden Anwendung des § 124 nichts entgegen.[167]

84 **d) Geschäftsführungsbefugnis, Vertretungsmacht. aa)** Einen Prüfstein der jeweiligen Konzeption stellt (neben der Haftungsproblematik) die Frage dar, nach welchem Rege-

---

[158] *Canaris* § 9 I 1 c (146 f.).

[159] *Hüffer* ZGR 1986, 603, 624 f.; *Goldstein* S. 45.

[160] KG JFG 5, 209, 210 f.; BGH NJW 1951, 311, 312; *Hüffer* ZGR 1986, 603, 621; *M. Wolf* AcP 181 (1981), 480, 494; *Hohensee* S. 211 ff.; *Canaris* § 9 I 2 a (148); kritisch bezüglich der Neuannahme einer Firma nur Baumbach/*Hopt* § 22 RdNr. 2.

[161] KG JFG 5, 209, 211 f.; JW 1938, 3117, 3118 = HRR 1938, Nr. 1540; *Hüffer* ZGR 1986, 603, 622; *Hohensee* S. 213.

[162] Ebenso *Hohensee* S. 213; wohl auch *Hägele* Rpfleger 1956, 182, 184; aA: *Hüffer* ZGR 1986, 603, 621; *Tröster* DB 1961, 765 Fn. 7.

[163] KG JFG 5, 209, 211; *Hohensee* S. 210; *Strothmann* ZIP 1985, 969, 974; Erman/*Schlüter* § 2032 RdNr. 4; Staub/*Brüggemann* § 1 RdNr. 51; Palandt/*Edenhofer* § 2032 RdNr. 6; Soergel/*M. Wolf*

§ 2032 RdNr. 7; Staudinger/*Werner* § 2032 RdNr. 18.

[164] So aber *Hüffer* ZGR 1986, 603, 624 f.; GroßKommHGB/*Fischer* § 105 Anm. 65 a; *Goldstein* S. 43.

[165] Siehe dazu Heymann/*Emmerich* § 1 RdNr. 15; Staub/*Brüggemann* § 1 RdNr. 32, 35 ff. (Kommanditist); Staub/*Ulmer* § 105 RdNr. 74 ff.; *Flume* Personengesellschaft § 4 II (59); *Wiedemann*, Gesellschaftsrecht I, § 2 I 2 a (97); *Canaris* § 2 II 2 (23); *Lieb* DB 1967, 759.

[166] Siehe dazu oben RdNr. 79.

[167] Ebenso *K. Schmidt* NJW 1985, 2785, 2789; *Hohensee* S. 187 ff.; *Lange/Kuchinke* (Fn. 13) § 5 IV (93) Fn. 182; aA: BGHZ 30, 391, 397 = NJW 1959, 2114; *Hüffer* ZGR 1986, 603, 618 ff.; *M. Wolf* AcP 181 (1981), 480, 492 f.; *Muscheler* S. 413 f.

lungskomplex **Geschäftsführungsbefugnis und Vertretungsmacht** zu beurteilen sind. Das Erbrecht bietet dafür die §§ 2038 ff. BGB an, aufgrund derer die Fortführung des Handelsgeschäfts als **Nachlaßverwaltung** zu betrachten ist und dementsprechend gemeinsam erfolgt,[168] während das handelsrechtliche Modell zu §§ 114 ff., 125 ff. führen müßte[169] (wobei die nur analoge Anwendung unter Umständen Modifizierungen erlauben könnte).

Die Entscheidung hängt davon ab, ob man eine, durch **§§ 2038 ff. BGB** eher gewährleistete **Schutzbedürftigkeit der Erben** anerkennen oder aber mehr auf die **Bedürfnisse des Handelsverkehrs**, insbesondere auf das Schutzbedürfnis Dritter, abstellen will. ME ist, wie bereits ausgeführt (RdNr. 69 ff., bes. 79), letzteres deutlich vorzugswürdig. Den Anhängern der §§ 2038 ff. BGB ist zudem entgegenzuhalten, daß diese Vorschriften noch nicht einmal ausreichend zwischen Innen- und Außenverhältnis, zwischen Geschäftsführungsbefugnis und Vertretungsmacht, unterscheiden (daran zeigt sich besonders deutlich, daß diese Vorschriften auf das gemeinsame Betreiben eines Unternehmens nicht zugeschnitten sind); zudem ist reichlich unklar, wo die Grenze zwischen Verwaltungsmaßnahmen, die einstimmig beschlossen werden müssen, und solchen, bei denen Mehrheitsentscheidungen zulässig sind, eigentlich verläuft. Der ergänzende Hinweis[170] auf die Möglichkeit, Vertretungsprobleme mit Hilfe von Scheinvollmacht und Scheingenehmigung beheben zu können, belegt nur die damit offen eingestandene Unzulänglichkeit der §§ 2038 ff., ohne die Unsicherheiten über die Wirksamkeit von Vertretungshandlungen wirklich ausräumen zu können. Sie sind mit dem Betreiben eines Handelsgewerbes unvereinbar, so daß die Anwendung der genannten handelsrechtlichen Vorschriften die sinnvollere Lösung darstellt. Einem eventuellen Schutzbedürfnis der Erben kann dadurch ausreichend Rechnung getragen werden, daß sie – eintragungsfähig und eintragungspflichtig[171] – Regelungen etwa gemäß **§ 125 Abs. 2** treffen können.

Besonders umstritten ist die Anwendbarkeit des **§ 126 Abs. 2** auf die unternehmenstragende Erbengemeinschaft.[172] Sie wird vor allem mit dem Argument bekämpft, im Gegensatz zu Gesellschaftern, die sich freiwillig zum Betreiben eines Handelsgewerbes zusammenschließen würden, könnten die Interessendivergenzen zwischen Erben, die kraft Gesetzes Mitglieder einer Erbengemeinschaft geworden seien, wesentlich größer, das gegenseitige Vertrauen entsprechend geringer sein.[173] Dies mag sein, ist aber wiederum Ausfluß der von der Gegenmeinung angestrebten Privilegierung der Erbengemeinschaft über die Frist des § 27 Abs. 2 hinaus. Dies wäre allenfalls dann akzeptabel, wenn es für die Fortführung nach erbrechtlichen Regeln eine weitere feste zeitliche Grenze geben würde, bis zu deren Ablauf die aus der Anwendung des Erbrechts resultierenden Unsicherheiten hingenommen werden könnten. Eine solche Frist gibt es jedoch gerade nicht;[174] die Fortführung des Handelsgeschäfts nach den (untauglichen) erbrechtlichen Regeln soll vielmehr zeitlich unbefristet sein. Dies kann das Handelsrecht nicht akzeptieren.

Daß die Beschränkbarkeit der Vertretungsmacht als problematisch empfunden wird, zeigt im übrigen auch der Versuch von *Hüffer*,[175] der zwar von der Geltung des Erbrechts ausgeht, auf etwa erteilte Vollmachten der Erben untereinander aber § 54 Abs. 3 anwenden will.[176] Im übrigen ist zu dem Vorschlag von *Hüffer* zu sagen, daß § 54 nur die Bevoll-

---

168 So BFH NJW 1988, 1343, 1344; *Canaris* § 9 I 2 b (148); *M. Wolf* AcP 181 (1981), 480, 495 ff.; *Hohensee* 215 f., 217 f.; *Muscheler* S. 409; *Strothmann* ZIP 1985, 969, 974 f.; *Welter* MittRhNotK 1986, 140, 144.
169 So *K. Schmidt* NJW 1985, 2785, 2789; Baumbach/*Hopt* § 1 RdNr. 22.
170 *Canaris* § 9 I 2 c (150).
171 Ebenso *K. Schmidt* NJW 1985, 2785, 2789; für die Eintragungsfähigkeit bei anderem Ausgangspunkt Staub/*Ulmer* § 105 RdNr. 55; Soergel/*M. Wolf* § 2038 RdNr. 8; *ders.* AcP 181 (1981), 480, 501; vgl. auch *Hohensee* S. 220 f.

172 Nachweise in Fn. 158 f.; gegen die Anwendung von § 126 Abs. 2 HGB auch *Muscheler* S. 415.
173 Vgl. hierzu *Hohensee* S. 160 f., 218.
174 Vgl. hierzu *Hohensee* S. 172.
175 ZGR 1986, 603, 629 f.
176 Der Einwand von *Canaris* § 9 I 2 c (150), die Heranziehung des § 54 verbiete sich schon deswegen, weil das Tatbestandsmerkmal „gewöhnlich" nicht erfüllt sei, trifft deswegen nicht zu, weil dieses Tatbestandsmerkmal nur auf den Kreis der von § 54 umfaßten Geschäfte bezieht, aber nichts darüber aussagt, ob eine Handlungsvollmacht im Sinne des Gesetzes vorliegt

mächtigung abhängig Beschäftigter betrifft und daher auf die Vertretungsmacht der Mitglieder des Unternehmensträgers nicht paßt. Möglich erscheint sogar eher ein Umkehrschluß: Wenn der Verkehr beim Betreiben eines Handelsgewerbes schon bei Handlungsbevollmächtigten nicht ohne weiteres mit Vertretungsmachtsbeschränkungen zu rechnen hat, so doch erst recht nicht bei handelnden Mitgliedern des Unternehmensträgers. Schließlich korrespondiert die Anwendbarkeit der §§ 125 ff. auf die unternehmenstragende Erbengemeinschaft auch noch mit der haftungsrechtlichen Rechtslage (dazu RdNr. 90 ff.). Aus ihr ergibt sich im übrigen auch, daß das **Haftungsmodell der Akzessorietätstheorie**[177] auch auf die unternehmenstragende Erbengemeinschaft paßt; die Vorstellung, die persönliche Mitverpflichtung der Erben sei von der Erteilung entsprechender Vollmachten abhängig (Doppelverpflichtungstheorie[178]), ist mit dem Betreiben eines Handelsgewerbes wiederum unvereinbar.

88   **bb)** Wenig erörtert wird die Frage nach der Anwendbarkeit der §§ 117, 127 bei der Entziehung von Geschäftsführungsbefugnis und Vertretungsmacht. *Canaris*[179] meint, sie hätten einen solch spezifisch OHG-rechtlichen Charakter, daß sie als Analogiebasis nicht taugten.[180] Diese Begründung ist vom hier vertretenen Standpunkt aus problematisch; im Ergebnis ist *Canaris* aber zuzustimmen: Zum einen geht es dabei primär um Fragen des Innenverhältnisses, für dessen Gestaltung die bisher in den Vordergrund gestellten Verkehrsschutzaspekte wenig hergeben. Vor allem aber sollten Probleme im Bereich von Geschäftsführungsbefugnis und Vertretungsmacht Anlaß geben, die unternehmenstragende Erbengemeinschaft (endlich) in eine ordnungsgemäße gesellschaftsrechtliche Form zu überführen und die erforderliche Neuregelung dort zu treffen, während die analoge Anwendung der §§ 117, 127 nur zur Perpetuierung der Existenz der unternehmenstragenden Erbengemeinschaft führen würde.[181]

89   **cc)** Daß die unternehmenstragende Erbengemeinschaft **Prokura** erteilen kann, ist trotz ihrer erbrechtlichen Prägung auch für die hL selbstverständlich.[182] Streitig ist, ob einem **Miterben** Prokura erteilt werden kann. Entgegen einer frühen (überholten?) Entscheidung[183] ist dies mit der ganz hL[184] zu bejahen.

90   **e) Haftung für Neuverbindlichkeiten. aa)** Daß die Neugläubiger, deren Forderungen durch die Fortführung des Handelsgeschäfts durch die unternehmenstragende Erbengemeinschaft begründet wurden, aufgrund des weit verstandenen Begriffs der Nachlaßerbenverbindlichkeit Nachlaßgläubiger sind und infolgedessen trotz persönlicher Haftung der Erben etwa am Nachlaßkonkurs teilnehmen können, wurde bereits ausgeführt (RdNr. 40 ff.). Hier geht es jetzt um die zusätzliche, zentrale, Frage, ob die Miterben die Haftung auf diesen Nachlaß **beschränken können, oder aber zwingend persönlich haften**, soweit nicht eine – selbst bei § 128 zulässige – Haftungsbeschränkung durch Vereinbarung mit den Gläubigern im Einzelfall (dazu RdNr. 92) gelingt. Die Meinungen sind geteilt, wobei auch hier die Befürworter[185] einer erbrechtlichen Betrachtungsweise die Möglichkeit der Haftungsbeschränkung tendenziell bejahen,[186] während der handelsrechtli-

[177] Vgl. hierzu *Flume* Personengesellschaft § 16 IV 3 (325 ff.); *K. Schmidt* GesR § 60 III 2 (1497 ff.); *Wiedemann*, Gesellschaftsrecht I, § 5 IV 1 c (284).

[178] BGHZ 74, 240, 241 = NJW 1979, 1821; BGHZ 79, 374, 377; WM 1992, 1964, 1966 f.; MünchKommBGB/*Ulmer* § 714 RdNr. 23 ff.

[179] *Canaris* § 9 I 3 b (152).

[180] Im Ergebnis ebenso RG JW 1926, 552 f.; *Buchwald* BB 1962, 1405, 1406, (Fn. 8).

[181] *Hohensee* S. 264.

[182] Vgl. nur BGHZ 30, 391, 397 f. = NJW 1959, 2114; KG JFG 20, 286, 287; *Beuthien*, Festschrift für Fischer, 1979, S. 1 ff.; Soergel/*M. Wolf* § 2032 RdNr. 10.

[183] BGHZ 30, 391, 397 f.; ebenso RGRK/*Kregel* § 2032 RdNr. 9; Palandt/*Edenhofer* § 2032 RdNr. 6; *Ebenroth* Erbrecht, 1992, RdNr. 854.

[184] *Beuthien*, Festschrift für Fischer, 1979, S. 1 ff.; MünchKommBGB/*Dütz* § 2032 RdNr. 47; Soergel/*M. Wolf* § 2032 RdNr. 10; *Canaris* § 9 I 4 (152); *Hohensee* S. 222 f.

[185] *Hüffer* ZGR 1986, 603, 634 ff.; *M. Wolf* AcP 181 (1981), 480, 503 ff.; *Canaris* § 9 I 2 c (148); Baumbach/*Hopt* § 1 RdNr. 22; *Westermann* Handbuch RdNr. 123; *Muscheler* S. 414; *Strothmann* ZIP 1985, 969, 975; *Welter* MittRhNotK 1986, 140, 144; *Goldstein* S. 67.

[186] Ausnahme *Hohensee* S. 227 ff.

che Ansatzpunkt fast notwendigerweise zu § 128 führt.[187] Dementsprechend ist auch vom hier vertretenen Standpunkt aus die Anwendbarkeit des § 128 die deutlich näherliegende Möglichkeit.

Prononciert verteidigt wird die Möglichkeit der Haftungsbeschränkung allerdings von **91** *Canaris*.[188] Sie folgt für ihn bereits aus der Zulassung der Erbengemeinschaft als Unternehmensträger. Dies ist jedoch deswegen nicht überzeugend, weil *Canaris* dabei ohne weiteres von der gerade zweifelhaften Prämisse ausgeht, die für die normale Erbengemeinschaft unstreitige Möglichkeit der Haftungsbeschränkung auf den Nachlaß gelte auch dann, wenn es sich um die Haftung im Bereich der unternehmenstragenden Erbengemeinschaft handelt. Noch weniger überzeugt es, wenn *Canaris* seine These von der Zulässigkeit der Haftungsbeschränkung auch bei handelsgewerblicher Betätigung ausgerechnet auf eine Parallele zur GmbH & Co. zu stützen versucht.[189] Dem steht entgegen, daß dieses, schon für sich fragwürdige, auf problematischer Typenvermischung beruhende, wenn auch heute vom Gesetzgeber letztlich resignierend anerkannte Konstrukt schwerlich seinerseits als typenprägend anerkannt werden kann. Auch die **Erkennbarkeit** einer (erwünschten!) Haftungsbeschränkung reicht für deren Begründung nicht aus.[190] Abschließend ist daher daran festzuhalten, daß die Miterben für die Verbindlichkeiten der unternehmenstragenden Erbengemeinschaft analog § 128 unbeschränkt einzustehen haben.

bb) Diese unbeschränkte Haftung entfällt nur dann, wenn es den Miterben gelingt, die **92** Haftung durch rechtsgeschäftliche Einzelabrede auf den Nachlaß zu beschränken.[191] So unstreitig diese Möglichkeit theoretisch ist,[192] so zweifelhaft ist, welche **Anforderungen an eine** ausreichende **Haftungsbeschränkungsvereinbarung** zu stellen sind. Das RG[193] hat es dafür in einer sehr großzügigen Entscheidung (auf dem Boden der erbrechtlichen Betrachtungsweise) genügen lassen, daß der handelnde Erbe „erklärt oder deutlich macht, im Namen oder in Vertretung des Nachlasses oder für den Nachlaß handeln zu wollen". Dem kann vom hier vertretenen Standpunkt aus schwerlich gefolgt werden, da damit die Anwendbarkeit des § 128 letztlich unterlaufen würde. Insbesondere ist es unzulässig, allein aus dem Auftreten für eine Erbengemeinschaft haftungsbeschränkende Schlüsse zu Lasten des Gläubigers zu ziehen.[194]

cc) Zu klären bleibt, ob die Miterben auch für etwaige gesetzlich (insbesondere delik- **93** tisch) begründete Verbindlichkeiten der unternehmenstragenden Erbengemeinschaft persönlich einzustehen haben. Unproblematisch ist insoweit die Haftung mit dem Nachlaß; sie folgt aus dem heute zu recht herrschend[195] gewordenen weiten Verständnis des § 31 BGB.[196]

Die persönliche Haftung der Miterben hängt zunächst wiederum davon ab, ob man dem **94** Modell der **Doppelverpflichtungs-,** oder aber dem der **Akzessorietätstheorie** folgt. Letzteres wurde im Zusammenhang mit der Frage, wie die Verpflichtung der Erben im rechts-

[187] So *K. Schmidt* NJW 1985, 2785, 2790 f.; *Palandt/Edenhofer* § 2032 RdNr. 6; *AK/F. Pardey* § 2042 Anm. 28 aE Nicht ausschließlich die analoge Anwendung von § 128 HGB *Staub/Ulmer* § 105 RdNr. 55 und *John* JZ 1985, 246.

[188] *Canaris* § 9 I 2 c (148 ff.).

[189] *Canaris* § 9 I 2 c (149); ebenso *Muscheler* S. 414.

[190] AA *Canaris* § 9 I 2 c (149); *Muscheler* S. 414.

[191] Vgl. hierzu *Hohensee* S. 107 ff.; 239 f.

[192] Siehe statt aller RGZ 146, 343, 346; MünchKommBGB/*Siegmann* § 1967 RdNr. 33; *Hüffer* ZGR 1986, 603, 630.

[193] RGZ 146, 343, 346.

[194] Wie hier *Hüffer* ZGR 1986, 603, 630; *M. Wolf* AcP 181 (1981), 480, 497 f.; *Welter* MittRhNotK 1986, 140, 144; aA: BGH BB 1968, 769, 770.

[195] Für die analoge Anwendung auf die BGB-Gesellschaft: *Erman/H.P. Westermann* § 705 RdNr. 64; MünchKommBGB/*Ulmer* § 705 RdNr. 218; *K. Schmidt* GesR § 60 II 4 (1492 ff.); *Soergel/Hadding* § 718 RdNr. 22 f.; *Wiedemann/Frey* DB 1989, 1809, 1810. AA noch BGHZ 45, 311 = NJW 1966, 1807.

[196] *K. Schmidt* NJW 1985, 2785, 2789; *M. Wolf* AcP 181 (1981), 480, 505; *Soergel/M. Wolf* § 2032 RdNr. 9; § 2038 RdNr. 1, 25. Ebenso allgemein für die Erbengemeinschaft *Martinek*, Die Organhaftung nach § 31 BGB als allgemeines Prinzip der Haftung von Personenverbänden für ihre Repräsentanten, Dissertation Hamburg 1978, S. 117 ff., insb. S. 123 f., einschr. *Erman/Schlüter* § 2032 RdNr. 5; *Tröster* DB 1961, 765, 767 und OLG München HRR 1939, Nr. 365 aE (für eine nicht unternehmenstragende Erbengemeinschaft).

geschäftlichen Bereich zu erklären sei, bereits bejaht (RdNr. 90 f.). Dies **ermöglicht** zumindest die Bejahung auch der persönlichen Haftung; **zwingend** ist dies allerdings **nicht.** Trotzdem besteht kein Anlaß zu zweifelhaften Konzessionen; der typisch handelsrechtlichen unbeschränkten Haftung auch für gesetzlich begründete Verbindlichkeiten gebührt der Vorzug.[197]

95   **f) Anteilsübertragung.** Ein eigener Anteil am **Handelsgeschäft** steht keinem Miterben zu (§ 2033 Abs. 2 BGB); das Handelsgeschäft ist vielmehr auch bei der Existenz einer unternehmenstragenden Erbengemeinschaft nach wie vor **Bestandteil des ungeteilten Nachlasses,** so daß isolierte Verfügungen schon aus diesem Grunde ausscheiden.[198] In Betracht kommt nur eine Verfügung über den Anteil am Nachlaß als solchem; sie ist gemäß § 2033 Abs. 1 BGB ohne Zustimmung der Miterben möglich. Dies ist deswegen problematisch, weil der Erwerber damit zugleich Mitglied der unternehmenstragenden Erbengemeinschaft werden würde.[199] Dies ist mit dem Grundgedanken gemeinschaftlicher Zweckverfolgung – eine solche liegt trotz des auf Abwicklung gerichteten Charakters der Erbengemeinschaft bei Fortführung eines Handelsgeschäfts vor – unvereinbar. Personelle Veränderungen bedürfen dort zweifellos der Zustimmung der anderen Beteiligten. Aus diesem Grunde ist eine Anteilsübertragung im Fortführungszeitraum allenfalls mit **Zustimmung** der Miterben möglich.[200]

96   Man wird aber darüber hinaus fragen müssen, ob eine Anteilsübertragung in einem solchen Fall **überhaupt zulässig** ist. Bedenken ergeben sich daraus, daß eine weitere Perpetuierung der unternehmenstragenden Erbengemeinschaft eintritt, wenn man – über § 2033 Abs. 1 BGB – personelle Veränderungen im Kreis der das Handelsgeschäft Fortführenden zuläßt. Dies sollte vermieden und die Erben infolgedessen auf den Weg der Auseinandersetzung verwiesen werden, wenn ein Miterbe (auch) aus einer unternehmenstragenden Erbengemeinschaft ausscheiden will. § 2033 Abs. 1 ist daher teleologisch auf die (sozusagen statischen) Fälle zu reduzieren, in denen der Nachlaß nur aus Vermögensgegenständen besteht, die keiner weitergehenden Zweckverfolgung gewidmet sind. Nur dann ist eine Personenauswechslung akzeptabel.

97   **g) Auseinandersetzung.** Aus denselben Gründen ist auch am **Recht auf jederzeitige Auseinandersetzung** (§ 2042 BGB) festzuhalten.[201] Eine Anknüpfung an der unternehmenstragenden Erbengemeinschaft selbst wie etwa durch analoge Anwendung der §§ 723 BGB oder 132 HGB[202] würde verkennen, daß es nicht nur um das Handelsgeschäft und damit um die insoweit unternehmenstragende Erbengemeinschaft, sondern um die Auseinandersetzung **des ganzen Nachlasses** geht. Diese Auseinandersetzung mit Rücksicht auf die Belange des Handelsgeschäfts durch die Notwendigkeit der Einhaltung von Fristen, wie sie sich etwa aus § 132 ergeben würden, noch hinauszuschieben, geht nicht an. Auch insoweit gilt vielmehr, daß alles vermieden werden muß, was den unerwünschten Zwischenzustand der unternehmenstragenden Erbengemeinschaft noch verlängern würde.[203]

98   **h) Fragen des Innenverhältnisses.** Wie bereits ausgeführt, ist die Anlehnung an das Recht der OHG im wesentlichen nur **im Außenverhältnis** erforderlich; im Verhältnis der Miterben zueinander mag es beim Erbrecht sein Bewenden haben. Dies gilt insbesondere für die Problembereiche **Aufwendungsersatz**[204] und **Wettbewerbsverbot;**[205] auch beson-

---

[197] *Hohensee* S. 235 ff.; aA *Muscheler* S. 415.

[198] *Hohensee* S. 269.

[199] *Canaris* § 9 I 3 a (151); *Strothmann* ZIP 1985, 969, 975.

[200] *Canaris* § 9 I 3 a (151); *Hohensee* S. 269 f.; bei der normalen erbrechtlichen Rechtslage belassen es *Goldstein* S. 80 f.; *Welter* MittRhNotK 1986, 140, 144.

[201] So auch *Hohensee* S. 214 f.; im Ergebnis ebenso *M. Wolf* AcP 181 (1981), 480, 508; *Buchwald* BB 1962, 1405, 1406, Fn. 8.

[202] So *Canaris* § 9 I 3 b (152).

[203] *Hohensee* S. 214.

[204] Ebenso *Hüffer* ZGR 1986, 603, 625 f.; MünchKommBGB/*Dütz* § 2032 RdNr. 45; Staudinger/*Werner* § 2032 RdNr. 18; *Goldstein* S. 111 ff.; aA: BGHZ 17, 299, 302 = NJW 1955, 1227; Erman/*Schlüter* § 2032 RdNr. 4; Jauernig/*Stürner* § 2032 Anm. 4 a.

[205] RG JW 1926, 552, 553; *Goldstein* S. 85; aA *Canaris* § 9 I 3 b (152); *Strothmann* ZIP 1985, 969, 975.

dere **Treuepflichten** oder **Informationsansprüche** brauchen aus der Tatsache der Fortführung eines Unternehmens durch die Erbengemeinschaft nicht abgeleitet zu werden.[206] Die Erben haben es vielmehr stets in der Hand, sich diese Rechtspositionen durch Gründung einer Personenhandelsgesellschaft zu sichern.

5. Beteiligung Minderjähriger. Besondere, bis heute auch nicht annähernd gelöste **99** Probleme bereitet die Minderjährigkeit von Erben eines Handelsgeschäfts.[207] Sie wurden „entdeckt" aus Anlaß der bereits erwähnten spektakulären, wenn nicht skandalösen Entscheidung BGHZ 92, 259.[208] Dort hatte der BGH minderjährige Angehörige einer Erbengemeinschaft, die ein Unternehmen gemäß § 27 fortgeführt hatte, zur Zahlung aufgrund von Schuldanerkenntnissen in beträchtlicher Höhe (ca. 850.000,00) verurteilt, die die Mutter der Minderjährigen bei der Fortführung des Unternehmens (auch) im Namen der Minderjährigen abgegeben hatte. Dabei hatte der Senat insbesondere eine analoge Anwendung des § 1822 Nr. 3 BGB auf die Fortführung des ererbten Unternehmens abgelehnt.[209] Diese Entscheidung wurde vom BVerfG nach Verfassungsbeschwerde mit der Begründung aufgehoben, es sei mit Art. 2 Abs. 1 iVm. Art. 1 Abs. 1 GG und damit mit dem allgemeinen Persönlichkeitsrecht unvereinbar, daß die Eltern im Zusammenhang mit der Fortführung eines zu einem Nachlaß gehörenden Handelsgeschäfts ohne vormundschaftsgerichtliche Genehmigung Verbindlichkeiten zu Lasten ihrer minderjährigen Kinder eingehen könnten, die über deren Haftung mit dem ererbten Vermögen hinausgingen.[210] Daraufhin hat der BGH den Rechtsstreit bis zu einer gesetzlichen Neuregelung (insbesondere des § 1629 BGB) ausgesetzt.[211] Für die demnach erforderliche Neuregelung liegen eine Reihe von Anregungen vor,[212] auch ein Diskussionsentwurf aus dem BMJ ist vor kurzem bekannt geworden;[213] welche Lösung schließlich verwirklicht werden wird, ist aber noch ganz

[206] *M. Wolf* AcP 181 (1981), 480, 511; *Goldstein* S. 53, 85; *Welter* MittRhNotK 1986, 140, 145; aA: *Strothmann* ZIP 1985, 969, 975; *Leonhardt* (Fn. 48) S. 72 ff.

[207] Vgl. *Laum/Dylla-Krebs,* Festschrift für Vieregge, 1995, S. 512 ff.; *Damrau* NJW 1985, 2236; *Fehnemann* JZ 1986, 1055; *John* JZ 1985, 246; *Pardey* FamRZ 1988, 460; *K. Schmidt* BB 1986, 1238; *Thiele* bes. S. 165 ff.; *ders.* FamRZ 1992 , 1001; *M. Wolf* AcP 187 (1987), 319; allgemein zum Minderjährigenschutz im Handels- und Gesellschaftsrecht *K. Schmidt* JuS 1990, 517 ff.

[208] BGHZ 92, 259, 266 ff. = NJW 1985, 136.

[209] BGHZ 92, 259, 266 ff. = NJW 1985, 136. **Zustimmend:** *Hüffer* ZGR 1986, 603, 639; *K. Schmidt* NJW 1985, 2785, 2791; *Canaris* § 9 I 2 d (151). **Ablehnend:** Jauernig/*Schlechtriem* § 1822 Anm. 3 c; Jauernig/*Stürner* § 2032 Anm. 4 a. Für die Anwendung der auf das Innenverhältnis beschränkten, die Wirksamkeit von Rechtshandlungen nicht berührenden Sollvorschriften der §§ 1645, 1823 BGB: *K. Schmidt* NJW 1985, 138, 139; *ders.* NJW 1985, 2785, 2791 f; Baumbach/*Hopt* § 1 RdNr. 22; *Strothmann* ZIP 1985, 969, 973. Die Rechtsfolge der Anwendung dieser Normen ist ein Schadensersatzanspruch im Innenverhältnis und ein besserer Präventivschutz. Gegen die Analogie zu den §§ 1645, 1823 BGB *Damrau* NJW 1985, 2236 f. **De lege ferenda für das Erfordernis einer vormundschaftsgerichtlichen Genehmigung:** *Hüffer* ZGR 1986, 603, 651 ff.; *A. Schmidt,* Die Auswirkungen der Entscheidung des BVerfG v. 13.5.1986 (BVerfGE 72, 155) auf den Minderjährigenschutz im Recht der Personengesellschaften, 1990, S. 29 ff.,

48; *Laum/Dylla-Krebs,* Festschrift für Vieregge, 1995, S. 512 ff.; *Reuter* AcP 192 (1992), 108, 140 ff., nach denen die Haftung bis zur Erteilung der vormundschaftsgerichtlichen Genehmigung beschränkt ist, was er durch eine Handelndenhaftung des gesetzlichen Vertreters in Anlehnung an die Haftung des Geschäftsführers bei der Vor-Kapitalgesellschaft ausgleichen möchte. **Dagegen:** *M. Wolf* AcP 187 (1987), 319, 323 ff., 339 ff.; *K. Schmidt* BB 1986, 1238 ff., der von der technischen Unbrauchbarkeit dieses Schutzes spricht; *Gernhuber/Coester-Waltjen,* Lehrbuch des Familienrechts, 4. Aufl. 1994, § 57 VI 2 (879 f.).

[210] BVerfG 72, 155 ff.

[211] NJW-RR 1987, 450 = WM 1987, 27.

[212] *May,* Minderjährigkeit und Haftung. – Ein Gesetzentwurf nach dem Beschluß des Bundesverfassungsgerichts vom 13. Mai 1986 (Az.: 1 BVR 1542/84) –, Diss. Bonn 1991; *A. Schmidt* (Fn. 209); *Thiele,* Kindesvermögensschutz im Personalunternehmensrecht nach dem Beschluß des Bundesverfassungsgerichtes vom 13. 5. 1986. – Bestandsaufnahme und Vorschlag einer Neuregelung –, Diss. Köln 1992; *Laum/Dylla-Krebs,* Festschrift für Vieregge, 1995, S. 540 ff.

[213] Entwurf des Bundesjustizministeriums für ein Gesetz zur Beschränkung der Haftung Minderjähriger (Minderjährigenhaftungsbeschränkungsgesetz – MHbeG), wiedergegeben bei *Laum/Dylla-Krebs,* Festschrift für Vieregge, 1995, S. 523 ff. Vgl. auch den Gesetzesantrag der Freien und Hansestadt Hamburg BR-Drucks. 623/92 und dazu *Peschel-Gutzeit* FamRZ 1993, 1009 sowie *Laum/Dylla-Krebs* aaO.

offen, zumal dabei schwierigste Fragen nach den Voraussetzungen zulässiger Haftungsbeschränkung im Handelsverkehr mit bedacht werden müssen.

100   Dennoch müssen die Gerichte auch weiterhin de lege lata entscheiden; eine generelle **Aussetzung** entsprechender Verfahren nach dem (ohnehin zweifelhaften) Vorbild des BGH geht nicht an.[214] Die Prämisse dafür bildet die mit Gesetzeskraft versehene Feststellung des BVerfG, daß das Gebrauchmachen von der gesetzlichen Vertretungsmacht des § 1629 BGB im Rahmen der Fortführung eines Handelsgeschäfts jedenfalls nicht zu einer **Haftung über das ererbte Vermögen hinaus** führen dürfe. Dies ist als **partielle Beschränkung der Vertretungsmacht bei erwerbswirtschaftlicher Betätigung** im Namen des Kindes zu verstehen. Im Ergebnis stellt sich die unternehmenstragende Erbengemeinschaft damit als eine (Ab-) Art von (aufgrund Gesetzes entstandener) KG dar. Der minderjährige Erbe haftet für Verbindlichkeiten, die der/die gesetzlichen Vertreter im Rahmen der Fortführung des Handelsgeschäfts begründen, nur mit dem Nachlaß.[215] Dies ist eine ganz ungewöhnliche Konstellation, aufgrund der Entscheidung des BVerfG (und der bisherigen Säumnis des Gesetzgebers) aber derzeit hinzunehmen.

101   Aufgrund der (dunklen) Andeutungen des BVerfG käme auch eine Lösung in Betracht, die die Haftung des Minderjährigen nicht auf den Nachlaß, sondern – im Rahmen eines allgemeinen Überschuldungsschutzes – nur auf das (gesamte) Kindesvermögen beschränken würde.[216] Sie ist ohne Eingreifen des Gesetzgebers nicht zu verwirklichen und kann daher de lege lata außer Betracht bleiben.

102   Für die Realisierung dieses Sonderfalls einer beschränkten Erbenhaftung bietet sich eine Analogie zu § 780 Abs. 1 ZPO an.[217]

§ 28 [Eintritt in das Geschäft eines Einzelkaufmanns]

(1) Tritt jemand als persönlich haftender Gesellschafter oder als Kommanditist in das Geschäft eines Einzelkaufmanns ein, so haftet die Gesellschaft, auch wenn sie die frühere Firma nicht fortführt, für alle im Betriebe des Geschäfts entstandenen Verbindlichkeiten des früheren Geschäftsinhabers. Die in dem Betriebe begründeten Forderungen gelten den Schuldnern gegenüber als auf die Gesellschaft übergegangen.

(2) Eine abweichende Vereinbarung ist einem Dritten gegenüber nur wirksam, wenn sie in das Handelsregister eingetragen und bekanntgemacht oder von einem Gesellschafter dem Dritten mitgeteilt worden ist.

(3) Wird der frühere Geschäftsinhaber Kommanditist und haftet die Gesellschaft für die im Betrieb seines Geschäfts entstandenen Verbindlichkeiten, so ist für die Begrenzung seiner Haftung § 26 entsprechend mit der Maßgabe anzuwenden, daß die in § 26 Abs. 1 bestimmte Frist mit dem Ende des Tages beginnt, an dem die Gesellschaft in das Handelsregister eingetragen wird. Dies gilt auch, wenn er in der Gesellschaft oder einem ihr als Gesellschafter angehörenden Unternehmen geschäftsführend tätig wird. Seine Haftung als Kommanditist bleibt unberührt.

---

[214] So auch *Hüffer* ZGR 1986, 603, 644 ff.; Baumbach/*Hopt* § 1 RdNr. 22.

[215] Ebenso *K. Schmidt* BB 1986, 1238, 1243; Baumbach/*Hopt* § 1 RdNr. 22.

[216] Dazu eingehend *Wolf* AcP 187 (1987), 319, 327 ff.; Soergel/*Wolf* § 2032 RdNr. 9 aE; de lege ferenda *K. Schmidt* HandelsR BB 1986, 1238, 1244; *May* (Fn. 212) S. 28 ff.; *Gernhuber/Coester-Waltjen* (Fn. 209) § 57 VI, S. 879 f.; **dagegen** *Hüffer*, ZGR 1986, 603, 647 f.; *Reuter* AcP 192 (1992), 108,

133 ff.; *Laum/Dylla-Krebs*, Festschrift für Vieregge, 1995, S. 513 ff.; vgl. auch *Ebenroth* Erbrecht, 1992, RdNr. 856; noch weitergehend *A. Schmidt* S. 31 ff., wonach der Gesetzgeber kraft Verfassungsauftrages für einen wirksamen Schutz des Kindes gegen Vermögensverlust infolge der gesetzlichen Vertretung sorgen muß.

[217] *Hüffer* ZGR 1986, 603, 646; weitergehend – § 780 Abs. 2 – *M. Wolf* AcP 187 (1987), 319, 333 auf der Grundlage seines Lösungsvorschlags.

Übersicht

Schrifttum: *Commandeur,* Betriebs-, Firmen- und Vermögensübernahme – Eine Gesamtdarstellung der haftungsrechtlichen Probleme bei Einzelrechtsnachfolge, 1990; *Fenyves,* Erbenhaftung und Dauerschuldver-hältnis, 1982; *Gerlach,* Die Haftungsordnung der §§ 25, 28, 130 HGB, 1976; *Lieb,* Die Haftung für Altschul-den bei „Eintritt" eines Gesellschafters in ein nicht- oder minderkaufmännisches Unternehmen, Festschrift für Westermann, 1974, S. 309; *Säcker,* Die handelsrechtliche Haftung für Altschulden bei Übertragung und Vererbung von Handelsgeschäften, ZGR 1973, 261; *K. Schmidt,* Haftungsprobleme der „bürgerlich-rechtlichen Kommanditgesellschaft", DB 1973, 653, 703; *Schricker,* Probleme der Schuldenhaftung bei Über-nahme eines Handelsgeschäfts, ZGR 1972, 121; *Waskönig,* Rechtsgrund und Tragweite der §§ 25, 28 HGB, Diss. Bonn 1979.

I. Grundsätzliches

1. Regelungsgegenstand. Im Unterschied zu § 25 – dort scheidet der frühere Inhaber   1
völlig aus – betrifft § 28 den Fall, daß der **frühere Inhaber** (der „Einzelkaufmann") am
neuen Unternehmensträger, nach dem Gesetzeswortlaut[1] einer OHG oder KG, **weiterhin**
(als Gesellschafter) **beteiligt** ist; dabei bringt er sein bisheriges „Geschäft" im Wege der
Singularsukzession **als Einlage** in die Gesellschaft ein. § 28 betrifft also den Fall einer **Ge-
sellschaftsneugründung**[2] unter Beteiligung des bisherigen „Einzelkaufmanns". Diesen
Vorgang bezeichnet das Gesetz in höchst unglücklicher, ja irreführender Weise als „Eintritt" in das Geschäft eines Einzelkaufmanns, obwohl es einen solchen „Eintritt" rechtlich
überhaupt nicht gibt, sich dahinter vielmehr die skizzierte Gesellschaftsgründung unter
Einbringung des bisher betriebenen Unternehmens als Sacheinlage verbirgt. Geregelt wird
nur die Haftung der Gesellschaft selbst, nicht dagegen auch die Haftung der „Eintretenden"
(dazu RdNr. 30).

2. Systematische Einordnung. § 28 ist offensichtlich den §§ 25, 27 nachgebildet.[3] In   2
der Tat gibt es Gemeinsamkeiten in der zentralen Frage nach dem Schicksal unternehmensbezogener Verbindlichkeiten (und – weniger bedeutsam – Forderungen) bei Verände-

---

[1] Zu Erweiterungen RdNr. 5 f.
[2] Zur Einbringung eines Handelsgeschäfts in eine **bestehende** Gesellschaft siehe § 25 RdNr. 21 f.

[3] Der Gesetzgeber sah eine enge Verwandtschaft einerseits zu § 25, andererseits aber auch zu § 130, vgl. Denkschrift (RT-Vorl.) S. 38 f. = *Schubert/Schmiedel/Krampe* II/2, S. 980 f. Dazu bereits § 25 RdNr. 2, 12 ff.

rungen im Bereich des Unternehmensträgers. Ein deutlicher **Unterschied** besteht jedoch schon von den Voraussetzungen her insoweit, als es bei § 28 im Gegensatz zu § 25 **auf die Firmenfortführung nicht ankommt**: Die Gesellschaft haftet vielmehr für die Verbindlichkeiten des früheren Einzelkaufmanns auch dann, wenn sie eine eigene, neue Firma annimmt. Die bei § 25 durch die Firmenfortführung signalisierte Haftungskontinuität ergibt sich bei § 28 schon aus der fortbestehenden **personellen** Kontinuität, da der bisherige Einzelkaufmann am neuen Unternehmensträger beteiligt ist. Damit korrespondiert, daß die Haftungsanordnung des § 28 im Vergleich mit § 25 deswegen **dringlicher** ist, weil den Gläubigern bei § 25 im Vermögen des Veräußerers in der Regel zumindest ein gewisser Gegenwert für das veräußerte Unternehmen zur Verfügung stehen wird, während dies bei § 28 trotz des zum Privatvermögen gehörenden Gesellschaftsanteils deswegen **nicht** der Fall ist, weil – wie noch auszuführen sein wird – die Zwangsvollstreckung in diesen Gesellschaftsanteil bei weitem nicht dieselbe Sicherheit zu bieten vermag (dazu RdNr. 3). Dementsprechend erscheint auch die Möglichkeit des Haftungsausschlusses gemäß § 28 Abs. 2 in einem anderen Licht als diejenige des § 25 Abs. 2 (dazu RdNr. 35 ff.). Im übrigen ist § 28 ebenso wie § 25 insofern jedenfalls eine **nützliche** Norm, als sie die Übertragung des Unternehmens durch Haftungs- und Vertragskontinuität (zur Überleitungsfunktion RdNr. 29) deutlich erleichtert.

3   **3. Normzweck.** Die Versuche, die gesetzliche Haftungsanordnung mit Theorien zu erklären, sind bei § 28 ebenso zahlreich wie bei § 25,[4] aber letztlich **ebenso fruchtlos**.[5] Trotzdem besteht zur Resignation[6] kein Anlaß: Die Haftungsanordnung des § 28 bekommt vielmehr dann rein objektiv einen guten Sinn bzw. erweist sich sogar als **erforderlich,** wenn man die haftungs- und vollstreckungsrechtliche Lage bedenkt, die sich aus der – regelmäßig gegebenen – Überführung des Handelsgeschäfts in das Gesamthandsvermögen der neuen Gesellschaft ergibt:[7] Die (Alt-) Gläubiger des „Einzelkaufmanns" können nämlich in das ihnen bisher haftende Geschäftsvermögen nur dann vollstrecken, wenn sie einen gegen die Gesellschaft gerichteten Titel (§ 124 Abs. 2) erlangen können. Dies setzt aber die entsprechende Haftungsanordnung des Gesetzes voraus! Zwar steht den Altgläubigern auch die Möglichkeit der **Vollstreckung in den Gesellschaftsanteil** des früheren Einzelkaufmanns (§ 135) zur Verfügung. Dies würde jedoch zum einen angesichts der damit verbundenen Kündigungsnotwendigkeit zumindest zum Ausscheiden des früheren Einzelkaufmanns aus der eben gegründeten Gesellschaft führen und zum anderen den Gläubigern deswegen nicht einmal ausreichend Sicherheit bieten, weil als Auseinandersetzungsguthaben gemäß §§ 105 Abs. 2 HGB, 733 ff. BGB nur das zur Verfügung steht, was nach Befriedigung der (neuen!) Gesellschaftsgläubiger übrig bleibt. Angesichts dessen erscheint die **Haftungsanordnung** des § 28 Abs. 1 als **dringend erforderlich**.[8] Richtig ist allerdings, daß der Gesetzgeber diese Notwendigkeit so offenbar nicht gesehen hat; denn sonst hätte er den – voreilig dem § 25 Abs. 2 nachgebildeten[9] – Haftungsausschluß gemäß § 28 Abs. 2 nicht zugelassen (dazu RdNr. 35 ff.). Dies kann jedoch die richtige Erkenntnis nicht ver-

---

[4] Dazu bereits § 25 RdNr. 8 ff.

[5] Vgl. etwa *Schricker* ZGR 1972, 121, 126 ff.; *Säcker* ZGR 1973, 261, 279 ff.; *Lieb,* Festschrift für H. Westermann, 1974, S. 309; *Gerlach* S. 49 ff.; *Waskönig* S. 5 ff.; Staub/*Hüffer* RdNr. 3 ff.; *Axer,* Abstrakte Kausalität - ein Grundsatz des Handelsrechts, 1986, S. 173 ff.; *Pahl,* Haftungsrechtliche Folgen versäumter Handelsregistereintragung und Bekanntmachung, 1987, S. 241 ff.; *Canaris* § 7 III 2 (114 f.); *K. Schmidt* HandelsR § 8 I 2 b 3 (219 ff.). In der Rechtsprechung überwiegt das Abstellen auf den Vermögensübernahmegedanken, vgl. etwa RGZ 142, 98, 106; 164, 115, 120; BGH NJW 1966, 1917, 1918 f.

[6] So aber *R. Fischer* LM Nr. 3 aE; *Canaris* Vertrauenshaftung S. 187; vgl. auch BGH NJW 1961, 1765, 1766 f.

[7] Dazu bereits ausführlich *Lieb,* Festschrift für H. Westermann, 1974, S. 309, 315 ff.; zustimmend *Möschel,* Festschrift für Hefermehl, 1976, 171, 182 f.; *Fenyves* S. 73 f.; *Axer* (Fn. 5) S. 185 f.; sowie jetzt auch *Canaris* § 7 III 2 c (105); OLG Celle OLGZ 1981, 1 f. Ein entsprechender Ansatzpunkt findet sich auch schon in BGH NJW 1966, 1917, 1919.

[8] So auch schon *K. Schmidt* DB 1973, 703, 704.

[9] Vgl. Denkschrift (RT-Vorl.) S. 39 = *Schubert/Schmiedel/Krampe* II 2, S. 981.

hindern: Sinnwidrig ist der Haftungsausschluß gemäß § 28 Abs. 2, nicht die Haftungsanordnung des § 28 Abs. 1.[10]

Gegen diese Konzeption wurde eingewandt, daß ein Schuldner die Position seiner **4** Gläubiger doch auch sonst durch beliebige Aktionen (in den Grenzen des § 138 BGB und der Vorschriften über die Gläubiger- und Konkursanfechtung) verschlechtern könne und nicht einzusehen sei, warum für die Einbringung eines Unternehmens in eine Gesellschaft etwas anderes gelten solle.[11] Dies überzeugt deswegen nicht, weil es nicht angeht, den Regelvorgang der Einbringung haftenden Unternehmensvermögens in Gesamthandsvermögen mit Einzelfällen schädigender Gläubigerbenachteiligung gleichzusetzen. Es hat vielmehr seinen guten Sinn, wenn der Gesetzgeber mit § 28 eine Regelung geschaffen hat, die einer regelmäßig auftretenden, typischen Gläubigergefährdung von vornherein Rechnung trägt, und den Gläubiger nicht auf so zweifelhafte Wege wie denjenigen über § 138 BGB oder die Vorschriften über die Gläubiger- und Konkursanfechtung verweist. Dazu kommt, daß die Situation bei der Übertragung ganzer Unternehmen eine völlig andere ist als bei der Verschiebung einzelner Vermögensgegenstände im privaten Bereich.

4. Anwendungsbereich a) Einbringung in eine juristische Person. Die Haftungsan- **5** ordnung des § 28 ist ihrem Wortlaut nach auf die Fälle beschränkt, in denen durch die Einbringung des bisherigen einzelkaufmännischen Geschäfts eine OHG oder KG entsteht. Dies ist – wie bereits zu § 25 eingehend begründet (dort RdNr. 18 ff.) – zu eng: § 28 ist vielmehr auch dann anzuwenden, wenn das bisherige Handelsgeschäft **in eine juristische Person** eingebracht wird. Die hier vor allem für maßgeblich erachtete Gläubigergefährdung (RdNr. 3) ist hier wie dort die gleiche, insbesondere reicht für deren Bewältigung die – in vielem zweifelhafte – Heranziehung des § 419 BGB nicht aus.[12]

b) Einbringung in eine bestehende Gesellschaft. Darüber hinaus erscheint die entspre- **6** chende Anwendung des § 28 selbst dann als erforderlich, wenn ein Handelsgeschäft als Einlage in eine **bereits bestehende** Personengesellschaft eingebracht wird.[13] Die Sonderregelung des § 130 steht dem deswegen nicht entgegen, weil es dort nur um die persönliche Haftung des **neuen** Gesellschafters für Altverbindlichkeiten der Gesellschaft, bei der vorgeschlagenen Analogie dagegen um die ganz andere Frage geht, ob die Gesellschaft (und damit freilich auch deren Gesellschafter) für Altverbindlichkeiten ihres neuen Gesellschafters haften soll, die im Betrieb des eingebrachten Geschäfts vor Einbringung bereits begründet worden waren. So gesehen liegt § 28 der **ganz allgemeine**, umfassende und deswegen **verallgemeinerungsfähige Rechtsgedanke** zugrunde, den Gläubigern eines „Handelsgeschäfts" stets dann einen weiteren Schuldner zur Verfügung zu stellen, wenn der bisherige Schuldner und Geschäftsinhaber als Gesellschafter dieses Handelsgeschäft als Sacheinlage in eine Gesellschaft gleich welcher Rechtsform eingebracht hat und den

---

[10] So auch BGH NJW 1966, 1917, 1918 f.; *Lieb,* Festschrift für H. Westermann, 1974, S. 309, 322; *Axer* (Fn. 5) S. 186 ff.; *Deschler,* Handelsregisterpublizität und Verkehrsschutz, Diss. Tübingen 1977, S. 135; darüber hinaus fordern *K. Schmidt* HandelsR § 8 I 5 (232 f.), § 8 III 3 (263) und Staub/*Hüffer* RdNr. 6, § 25 RdNr. 31 auch die Streichung des § 28 Abs. 2. AA bezüglich der Notwendigkeit des § 28 Abs. 2 *Canaris* ZIP 1989, 1161, 1167; *Canaris* § 7 III 2 c (116 zu und in Fn. 62); *Gerlach* S. 56; *Säcker* ZGR 1973, 261, 280, der sogar eine Anpassung der §§ 130, 173 HGB an § 28 Abs. 2 empfiehlt.

[11] *Capelle/Canaris* 21. Aufl. 1989, § 7 III 1 a (103 f.). In der 22. Aufl. fehlt diese Passage.

[12] Vgl. dazu insbesondere zur Anwendbarkeit des § 419 BGB, BGH BB 1954, 700; BGH BB 1964, 8; BGH WM 1973, 896, 899; Baumbach/*Hopt*

RdNr. 8; MünchKommBGB/*Möschel* § 419 RdNr. 23; RGRK/*Weber* § 419 RdNr. 55; Soergel/*Zeiss* § 419 RdNr. 7; Staudinger/*Kaduk* § 419 RdNr. 35; Staub/*Hüffer* RdNr. 34; MünchKommBGB/*Ulmer,* § 718 RdNr. 25; *Wiedemann,* Gesellschaftsrecht I, § 5 II 2 a (261); *Lieb,* Festschrift für H. Westermann, 1974, S. 309, 317. Gegen die Anwendung des § 28 *Canaris* § 7 III 5 a (120).

[13] So auch *Gerlach* S. 60; GroßkommHGB/*Würdinger* Anm. 3, 9; Staub/*Hüffer* RdNr. 30, § 25 RdNr. 91 ff.; aA *Canaris* § 7 III 5 b (121); *Commandeur* S. 178; *Honsell/Harrer* ZIP 1983, 259, 263 Fn. 48; *Pahl* (Fn. 5) S. 251; Baumbach/*Hopt* RdNr. 2; *Düringer/Hachenburg/Hoeniger* Anm. 10; Heymann/*Emmerich* RdNr. 9; *K. Schmidt* HandelsR § 8 III 1 b cc (259), der aber aufgrund seiner extensiven Auslegung des § 25 zu vergleichbaren Rechtsfolgen gelangt. Dazu bereits § 25 RdNr. 18 ff.

Gläubigern daher ohne eine solche Analogie stets nur der Gesellschaftsanteil als restliches Zwangsvollstreckungsobjekt zur Verfügung stehen würde.

7   Dasselbe gilt für die Einbringung eines Handelsgeschäfts in eine **bereits bestehende Kapitalgesellschaft** (§ 25 RdNr. 21 f.).

8   **c) Anwendbarkeit auf Nichtkaufleute.**[14] **aa)** Heftig umstritten ist zunächst die Frage, ob § 28 auch dann anwendbar ist, wenn der „frühere Geschäftsinhaber" nur **Minderkaufmann** (§ 4 Abs. 1) oder – im Bereich der §§ 2, 3 – mangels Eintragung **gar kein Kaufmann** war, wohl aber der Gesellschaft Kaufmannseigenschaft zukommt, nach dem „Eintritt" also eine OHG oder KG vorliegt. Der BGH hat ersteres mit der (eingehenden und lesenswerten) Begründung bejaht, auch der Minderkaufmann sei Einzelkaufmann und § 28 werde von § 4 Abs. 1 deswegen nicht erfaßt, weil es sich dabei nicht um eine firmenrechtliche Vorschrift handle.[15] Die Anwendbarkeit des § 28 auch dann, wenn die gewerbliche Tätigkeit die Schwelle zum kaufmännischen Bereich noch nicht überschritten hat (§§ 2, 3), hat er dagegen verneint, weil § 28 nun einmal Kaufmannseigenschaft im Rechtssinne voraussetze.[16] Erst recht wird die Anwendbarkeit des § 28 dann verneint, wenn der entstandenen Gesellschaft die Kaufmannseigenschaft fehlt, also nur eine BGB-Gesellschaft vorliegt.

9   Die Auffassung des BGH und der hL entspricht dem Wortlaut des Gesetzes. Dessen Aussagekraft ist jedoch so gering, daß sachrichtige Ergebnisse damit allein nicht begründet werden können. Entscheidend muß vielmehr der objektive Zweck der Vorschrift sein. Wenn man ihn in der **Neutralisierung sonst** ebenso **unvermeidlicher** wie unvertretbarer **Vollstreckungserschwerungen** sieht (RdNr. 3), **entbehrt er** – entgegen dem Irrtum des historischen Gesetzgebers – **jeder handelsrechtlichen Besonderheit** (dazu paßt die Entbehrlichkeit des Merkmals der Firmenfortführung: § 28 regelt dann vielmehr ein Problem, das sich bei **jeder** Personengesellschaftsform allein schon deswegen stellt, weil dort überall bisher haftendes Vermögen in Gesamthandsvermögen überführt wird, dessen Weiterhaftung im Gläubigerinteresse unbhängig davon gewährleistet sein muß, ob es sich um eine BGB- oder eine Personenhandelsgesellschaft handelt.[17] Dementsprechend ist die Haftung analog § 28 auch unabhängig davon, ob eine gewerbliche oder eine sonstige unternehmerische Tätigkeit Gesellschaftsgegenstand ist.

10   So gesehen ist § 28 **falsch plaziert;** die Vorschrift gehört systematisch richtiger in den Bereich des allgemeinen Gesellschaftsrechts, also der §§ 705 ff. BGB (wie etwa auch – dort vom BGH zögernd anerkannt – § 142[18]). Diese dogmatischen Überlegungen sollten die **generelle Anwendbarkeit** des § 28 **unabhängig von der Kaufmannseigenschaft** des früheren Geschäftsinhabers und unabhängig davon, ob eine BGB-Gesellschaft oder eine Personenhandelsgesellschaft entsteht, rechtfertigen,[19] wobei den Besonderheiten der

---

[14] Zur Parallelproblematik § 25 RdNr. 28 ff.

[15] BGH NJW 1966, 1917; undeutlich BGH LM Nr. 3 a = BB 1960, 190 mit Anm. *Tiefenbacher;* RGZ 164, 115, 119 ff.; RG Recht 1924 Sp. 140, Nr. 404.

[16] BGHZ 31, 397, 400 = NJW 1960, 624 = LM Nr. 3 (*Fischer*). Dieser differenzierenden Rspr. stimmt die herrschende Lehre zu, vgl. Baumbach/*Hopt* RdNr. 2; Düringer/Hachenburg/*Hoeniger* Anm. 2; Schlegelberger/*Hildebrandt/Steckhan* RdNr. 3; *Straube/Schuhmacher* RdNr. 5 f.; *Krause* JZ 1960, 321; *Schricker* ZGR 1972, 121, 155. Darüber hinaus fordert *Gerlach* S. 60 die Gleichbehandlung des Sollkaufmanns mit dem Minderkaufmann, während *Fischer* aaO schon die Anwendung des § 28 auf Minderkaufleute zu weit geht.

[17] Ausführlich *Lieb,* Festschrift für H. Westermann, 1974, S. 309, 315 ff. Vgl. dazu auch BGH NJW 1966, 1917, wo der BGH zutreffend ausge-

führt hat, die Gläubiger von Kleingewerbetreibenden erschienen nicht weniger schutzbedürftig als die Gläubiger von Vollkaufleuten; dies gilt auch für nichtkaufmännische Gewerbetreibende, die ihr Unternehmen auf eine BGB-Gesellschaft überführen!

[18] Vgl. BGHZ 32, 307, 314 ff. mit zust. Anm. *Fischer* LM § 142 HGB Nr. 12 = NJW 1960, 1664, 1666 f.; BGH NJW 1966, 827 f.; Baumbach/*Hopt* § 142 RdNr. 2; Schlegelberger/*K. Schmidt* § 142 RdNr. 9; Staub/*Ulmer* § 142 RdNr. 5, 6; *ders.* einschränkend in MünchKommBGB § 730 RdNr. 48 und 50 ff.; Heymann/*Emmerich* § 142 RdNr. 2; Soergel/*Hadding* § 730 RdNr. 20.

[19] So auch *K. Schmidt* DB 1973, 703 ff.; *ders.* HandelsR § 8 III 1 a bb (255 ff.), der eine Analogie auch auf nicht gewerbetreibende Unternehmensträger bejaht; für eine auf minderkaufmännische oder zumindest gewerbliche Unternehmen beschränkte Erweiterung *Möschel,* Festschrift für Hefermehl,

BGB-Gesellschaft dadurch Rechnung zu tragen ist, daß die Haftung und Vollstreckung (gemäß § 736 ZPO, nicht § 124 Abs. 2 HGB!) auf das Gesellschaftsvermögen beschränkt und die persönliche Haftung des „Eintretenden" bei Entstehung nur einer BGB-Gesellschaft verneint wird,[20] da § 128 HGB auf BGB-Gesellschaften nicht anwendbar ist.[21]

Bedenken könnten sich daraus ergeben, daß die Verlautbarung **eines eventuellen Haftungsausschlusses** analog § 28 Abs. 2 bei BGB-Gesellschaften deswegen erschwert ist, weil Eintragungen ins Handelsregister nicht möglich sind und die bloße Mitteilung des Haftungsausschlusses wenig praktikabel ist.[22] Diesem Argument kommt jedoch deswegen nur wenig Gewicht zu, weil die Abdingbarkeit der gesetzlichen Haftungsanordnung im Gegensatz zu § 25, wo sie unentbehrlich erscheint (§ 25 RdNr. 29), angesichts der dortigen Notwendigkeit einer Haftungserstreckung bei § 28 ohnehin wenig Sinn macht (vgl. RdNr. 35 ff.). Es erscheint daher wenig sachgerecht, eine ergänzende Vorschrift, die selbst nach Auffassung des BGH auf einem Irrtum beruht,[23] zur Einschränkung des Geltungsbereichs einer notwendigen Haftungsanordnung heranzuziehen (im übrigen hat sich der BGH auch bei § 142 zu den erforderlichen Modifizierungen bei der Übertragung ins BGB-Gesellschaftsrecht bereit gefunden[24]). **11**

bb) Aus der gedanklichen Zuordnung des § 28 zum Recht der BGB-Gesellschaft folgt zugleich, daß es für die analoge Anwendung des § 28 auf das Betreiben eines **Gewerbes** nicht ankommt; von § 28 analog erfaßt wird dann vielmehr auch die Einbringung sonstiger Unternehmen[25] in BGB-Gesellschaften, insbesondere im freiberuflichen Bereich.[26] **12**

cc) In letzter Konsequenz ist die analoge Anwendung der Haftungsanordnung des § 28 auch dann zu bejahen, wenn es um die Einbringung von **sonstigen Unternehmen** in Kapitalgesellschaften geht. **13**

II. Tatbestandsmerkmale

1. (Handels-) Geschäft. § 28 setzt voraus, daß der bisherige Inhaber („Einzelkaufmann") das bisher von ihm betriebene Unternehmen („Handelsgeschäft") als Einlage mit dem Ziel der Fortführung in die neue Gesellschaft einbringt. Dementsprechend kann § 28 nur dann zur Anwendung kommen, wenn er zuvor ein solches Unternehmen betrieben und zumindest im wesentlichen als lebendes Ganzes in die Gesellschaft eingebracht hat. Die Voraussetzungen des § 28 sind daher nicht erfüllt, wenn der frühere Einzelkaufmann sein Unternehmen zuvor bereits (endgültig) aufgelöst hat und nunmehr etwa nur noch einige restliche Betriebsmittel auf die Gesellschaft überträgt.[27] Es muß also auch hier ein **derivati-** **14**

1976, S. 171, 182; *Axer* (Fn. 5) S. 186; *Waskönig* S. 174 ff.; Staub/*Hüffer* RdNr. 28; *Schultz/Timm,* Fälle aus Handels- und Gesellschaftsrecht, 2. Aufl. 1992, Fall 4, C II 2 (33); a. A. *Canaris* § 7 III 3 b (117).

[20] *Lieb,* Festschrift für H. Westermann, 1974, S. 309, 322 f.; Staub/*Hüffer* RdNr. 29; *K. Schmidt* DB 1973, 703, 704, der aber im Ergebnis eine persönliche Haftung des Eintretenden bejaht in HandelsR § 8 III 1 b bb (258) iVm. GesR § 60 III 2 (1343 ff.) (dazu die nächste Fn.).

[21] Vgl. nur BGHZ 74, 240, 242 f. = NJW 1979, 1821; BGH NJW 1987, 3124, 3125; *Habersack* JuS 1993, 1; MünchKommBGB/*Ulmer* § 714 RdNr. 24 ff.; Soergel/*Hadding* § 714 RdNr. 11; aA etwa *Flume* Personengesellschaft § 16 IV 3 (326 f.); *K. Schmidt* GesR § 60 III 2 (1343 ff.); *Wiedemann,* Gesellschaftsrecht I, § 5 IV 1 c (284).

[22] Darauf weisen hin *Canaris* § 7 III 3 b (117); Schlegelberger/*Hildebrandt/Steckhan* RdNr. 3 unter b; *Straube/Schuhmacher* RdNr. 6.

[23] BGH NJW 1966, 1917, 1918 f.

[24] Vgl. dazu BGH NJW 1960, 1664, 1666 f. (teilweise in BGHZ 32, 307 nicht abgedruckt); BGH LM BGB § 737 Nr. 2 = WM 1962, 880; ausführlich MünchKommBGB/*Ulmer* § 730 RdNr. 44 ff.

[25] Mit *K. Schmidt* (HandelsR § 4 I 2 b (67)) soll das Unternehmen durch folgende Merkmale gekennzeichnet sein: 1. Selbständigkeit, 2. anbietende und entgeltliche rechtsgeschäftliche Tätigkeit am Markt, 3. Planmäßigkeit und Ausrichtung auf Dauer.

[26] Zutreffend *K. Schmidt* HandelsR § 8 III 1 a bb (255 ff.); vgl. auch Fn. 19.

[27] Staub/*Hüffer* RdNr. 9; Heymann/*Emmerich* RdNr. 9, 19; ausreichend ist jedoch der Eintritt in ein ruhendes Unternehmen, das nicht mehr als einen Firmenmantel darstellt, BGH BB 1955, 877; BGH NJW 1961, 1765, 1766.

ver Erwerb der betriebsfähigen Wirtschaftseinheit vorliegen (dazu bereits eingehend § 25 RdNr. 40 ff.).

15   Wurden bisher mehrere Unternehmen betrieben, ist durch Auslegung festzustellen, welches Unternehmen in die Gesellschaft eingebracht wurde; auf die in diesem Unternehmen entstandenen Verbindlichkeiten ist die Haftung beschränkt.[28]

16   § 28 ist auch dann anzuwenden, wenn ein Gesellschafter **mehrere** von ihm betriebene Unternehmen einbringt, oder wenn **mehrere Gesellschafter** jeweils eines oder mehrere Unternehmen einbringen und diese in der neuen Gesellschaft vereinigen.[29]

17   **2. Fortführung.** Die Fortführung des eingebrachten Unternehmens wird vom Gesetzeswortlaut nicht ausdrücklich gefordert, ergibt sich aber aus der Notwendigkeit der Einbringung.[30] **Nicht erforderlich** ist dagegen, daß das Unternehmen **erkennbar und unterscheidbar** als Ganzes in der neuen Gesellschaft fortgeführt wird. Die entgegengesetzte Auffassung[31] beruht offenbar noch auf der Vorstellung, die gesetzliche Haftungsanordnung setze im Sinne einer subjektiven Schutzbedürftigkeit des Gläubigers erkennbare Identität zwischen Handelsgeschäft und Gesellschaftsunternehmen voraus. Dies ist jedoch nicht erforderlich; § 28 beruht vielmehr rein objektiv auf der Tatsache der Übernahme des Handelsgeschäfts durch einen neuen Rechtsträger, an dem der bisherige Einzelkaufmann beteiligt ist. Dementsprechend **schaden** auch **erhebliche Veränderungen**, wie sie beim „Eintritt" von Teilhabern und der damit meist verbundenen Geschäftsausweitung häufig vorkommen werden, **nicht**; dies gilt insbesondere für den Fall der Vereinigung mehrerer Unternehmen und der damit in der Regel verbundenen Umgestaltung; das Schutzbedürfnis der Gläubiger ist auch hier gegeben; dementsprechend haftet die Gesellschaft den Altgläubigern aller eingebrachten Unternehmen ohne Rücksicht darauf, welche organisatorischen Maßnahmen die Gesellschaft bezüglich der einzelnen Unternehmen trifft. Die beiläufig geäußerte Auffassung des RG, es sei möglich, daß aus der Verbindung ein neues Geschäft entstehe, in dem frühere Unternehmen aufgehen,[32] wird diesem Schutzinteresse der Gläubiger nicht gerecht.

18   § 28 setzt die (freilich häufige) Substanzübertragung ebensowenig zwingend voraus, wie § 25; insbesondere ist § 28 daher auch auf Fälle der bloßen **Betriebsaufspaltung** bzw. **Betriebspacht** anzuwenden.[33] Für die Betriebsaufspaltung durch Spaltung gem. den §§ 124 ff. UmwG sind die Haftungsregelungen der §§ 133, 134 UmwG zu beachten.

19   **3. Einzelkaufmann.** Der vom Gesetz verwendete Begriff des „Einzelkaufmanns" ist nicht (nur) im Sinne der §§ 1 ff. zu verstehen; er umfaßt vielmehr auch **juristische Personen**, wenn sie sich an der Gründung einer Personenhandelsgesellschaft beteiligen und das bisher von ihnen betriebene Unternehmen einbringen, aber auch Handelsgesellschaften, wenn diese ihr Unternehmen in eine neue Gesellschaft einbringen, an der nunmehr sie als Gesellschafter beteiligt sind.[34] Als Einzelkaufmann zu behandeln ist auch die **Erbenge-**

---

[28] BGHZ 31, 397, 399 = NJW 1960, 624 = LM Nr. 3 mit zustimmender Anm. *Fischer;* BGH NJW 1961, 1765; RG LZ 1907, 822.

[29] Zur Vereinigung siehe nur Staub/*Hüffer* RdNr. 15; *K. Schmidt* HandelsR § 8 III 1 b cc (259).

[30] Unstreitig, vgl. nur KG OLGE 21, 375; Baumbach/*Hopt* RdNr. 4; Heymann/*Emmerich* RdNr. 19; *Commandeur* S. 180.

[31] Düringer/Hachenburg/*Hoeniger* Anm. 5; ihnen folgend Heymann/*Emmerich* RdNr. 19, 21; ähnlich LG Hamburg MDR 1971, 929, 930; *Commandeur* S. 180; Schlegelberger/*Hildebrandt/Steckhan* RdNr. 2; wohl auch *Canaris* § 7 III 3 a (116 f.).

[32] RG Recht 1924 Sp. 140 Nr. 404.

[33] *Commandeur* S. 180 f.; Heymann/*Emmerich* RdNr. 22; Staub/*Hüffer* RdNr. 14; *K. Schmidt* Han-

delsR § 8 III 1 b cc (259); aA nur *Schricker* ZGR 1972, 121, 153 f. Fn. 128; dazu bereits § 25 RdNr. 26.

[34] So auch Heymann/*Emmerich* RdNr. 10; *K. Schmidt* HandelsR § 8 III 1 a aa (255); *Commandeur* S. 176; Staub/*Hüffer* RdNr. 11. AA Düringer/Hachenburg/*Hoeniger* Anm. 3; Schlegelberger/*Hildebrandt/Steckhan* RdNr. 4. Soweit sie dadurch ihre bisherige eigene Kaufmannseigenschaft verlieren sollten, führt dies zu der anderen Frage, ob etwa eine bloße BGB-Gesellschaft Komplementär oder Kommanditist sein kann; die herrschende Meinung lehnt dies ab vgl. etwa BGHZ 46, 291, 296 = NJW 1967, 826; BGH NJW-RR 1987, 416; (unentschieden allerdings BGH NJW-RR 1990, 798, 799); Staub/*Ulmer* § 105 RdNr. 96; Schlegelberger/*Martens* § 161 RdNr. 33 a; aA etwa Schlegelber-

meinschaft,[35] wenn man sie mit der herrschenden, freilich sehr zweifelhaften Lehre (dazu § 27 RdNr. 69 ff.) als Unternehmensträger anerkennt.

4. Die „Eintretenden". An die Person der „Eintretenden", also derjenigen, die zusam-　**20** men mit dem bisherigen Einzelkaufmann die neue Gesellschaft gründen, stellt das Gesetz keine besonderen Anforderungen; die Fähigkeit, Gesellschafter zu sein, richtet sich daher nach allgemeinen Grundsätzen. Gleichgültig ist auch, welche Rolle der bisherige Einzelkaufmann in der neuen Gesellschaft übernimmt, ob er also Komplementär oder Kommanditist wird. Insbesondere erfaßt § 28 damit (ganz selbstverständlich) auch die Gründung einer **GmbH & Co. KG**, in der der bisherige Einzelkaufmann Kommanditist und (meist) GmbH-Gesellschafter wird.

5. Die neue Gesellschaft. Nach dem Gesetzeswortlaut ist § 28 nur dann anwendbar,　**21** wenn eine (neue) OHG oder KG entsteht bzw. entstanden ist. Dies ist zu eng. Gleichzustellen ist nicht nur die Einbringung eines Unternehmens in eine neugegründete BGB-Gesellschaft sowie in eine Kapitalgesellschaft, sondern auch in bereits bestehende Gesellschaften jeder Art; die Rechtslage ist insoweit jeweils so ähnlich, daß eine Analogie geboten ist (dazu bereits eingehend RdNr. 8 ff.).

6. Entbehrlichkeit der Firmenfortführung. Im Gegensatz zu § 25 ist § 28 (auch) an-　**22** wendbar, wenn die Firma nicht fortgeführt wird. Die Kontinuität ergibt sich hier schon aus der weiteren (Gesellschafter-) Beteiligung des bisherigen Einzelkaufmanns.[36]

7. Haftung bei fehlerhafter Gesellschaftsgründung. Die Haftung gemäß § 25 wurde　**23** für den Fall der **Rechtsunwirksamkeit** des Übernahmevertrags unter Hinweis auf die Möglichkeit und die Reichweite der Rechtsscheinshaftung entgegen der hL verneint (§ 25 RdNr. 49 ff.). Fraglich ist, wie es insoweit mit § 28 steht. Auch hier nimmt die hL ohne große Skrupel an, die Haftung werde von einer eventuellen Fehlerhaftigkeit der Gesellschaftsgründung – dies ist bei § 28 der primäre Ansatz – ebensowenig berührt, wie die darauf aufbauende persönliche Haftung der „Eintretenden" gemäß §§ 128, 173.[37] Auch dem kann so **nicht zugestimmt** werden:

Zunächst einmal setzt die Haftungsanordnung des § 28 voraus, daß **überhaupt** eine **Ge-**　**24** **sellschaft entstanden** ist. Ist bereits dies zu verneinen, wie etwa bei besonders schwerwiegenden Nichtigkeitsgründen,[38] fehlt es bereits am Entstehen des Haftungsobjekts Gesellschaft.[39] Daran kann selbst irgendeine Rechtsscheinshaftung deswegen nichts ändern, weil bei nichtiger Gesellschaftsgründung gar kein Gesamthandsvermögen entstehen kann, und es deswegen an jeglichem Zugriffsobjekt für die Altgläubiger fehlt, während – wie gleich auszuführen – eine Haftung mit dem Privatvermögen der „Gesellschafter" ohnehin zu verneinen ist.

Fraglich ist, wie es mit **Gründungsmängeln** steht, die nur zur Auflösung der zunächst　**25** wirksam entstandenen Gesellschaft führen. Nach der anerkannten Lehre von der fehlerhaften Gesellschaft bleibt deren Entstehen davon unberührt; sie kann lediglich für die Zukunft aufgelöst werden.[40] Bereits daraus könnte die Anwendbarkeit auch des § 28 folgen. Zu

ger/*K. Schmidt* § 105 RdNr. 71; *Brodersen,* Die Beteiligung der BGB-Gesellschaft an den Personenhandelsgesellschaften, 1988 S. 115.

[35] So auch Staub/*Hüffer* RdNr. 11.

[36] Dazu schon oben RdNr. 2 und § 25 RdNr. 18.

[37] BGH NJW 1972, 1466, 1467; *K. Schmidt* HandelsR § 8 III 1 b cc (259 f.); *Wiesner,* Die Lehre von der fehlerhaften Gesellschaft, 1980, S. 151 ff.; *Baumbach/Hopt* RdNr. 3; *Schlegelberger/Hildebrandt/Steckhan* RdNr. 6; Staub/*Hüffer* RdNr. 12; kritisch *Canaris* § 7 III 3 c (118).

[38] BGHZ 17, 160 = NJW 1955, 1067; BGHZ 62, 234, 240 ff. = NJW 1974, 1201; BGHZ 75, 214 = NJW 1980, 638; BGHZ 97, 243, 259 = NJW

1987, 65; Staub/*Hüffer* § 105 RdNr. 345 ff.; *Wiesner* (Fn. 37) S. 130 ff.; eine fehlerhafte Gesellschaft bei allen Nichtigkeitsgründen ablehnend *Vetter,* Altschuldenhaftung auf fehlerhafter Vertragsgrundlage, 1995, S. 182 ff.; zur weitergehenden Anerkennung der fehlerhaften Gesellschaft trotz schwerster Mängel etwa Schlegelberger/*K. Schmidt* § 105 RdNr. 210 ff.

[39] Zumindest mißverständlich daher Staub/*Hüffer* RdNr. 12.

[40] Grundlegend RGZ 165, 193, 201 ff.; BGHZ 3, 285, 287 ff.; Staub/*Ulmer* § 105 RdNr. 327 ff.; Schlegelberger/*K. Schmidt* § 105 RdNr. 216 ff.; Heymann/*Emmerich* § 105 RdNr. 89 ff.; *Wiedemann,* Gesellschaftsrecht I, § 3 I 2 (147 ff.); Soergel/*Hadding* § 705 RdNr. 76 ff.

beachten ist jedoch, daß die Lehre von der fehlerhaften Gesellschaft (vor allem) auf den Interessen der **Neugläubiger** beruht, so daß ihre Anwendbarkeit auch auf **Altgläubiger** zumindest nicht selbstverständlich ist.[41] Die Lösung muß vielmehr aus der ratio des § 28 folgen. Dafür ist bedeutsam, daß – wie ausgeführt – die Altgläubiger durch Überführung der (ihnen bis dahin haftenden) Gegenstände, die zum eingebrachten Handelsgeschäft gehören, eine erhebliche **Vollstreckungserschwerung**, beruhend auf der Nachrangigkeit gegenüber Neugläubigern, hinnehmen müssen, die die Haftung der Gesellschaft und damit des Gesamthandsvermögens gemäß § 28 bedingt. Daran ändert auch die Fehlerhaftigkeit der Gesellschaftsgründung selbst bei späterer Rückabwicklung nichts, weil auch dabei die Neugläubiger vor den Altgläubigern zu befriedigen sind. Dies spricht entscheidend dafür, an der Haftung der Gesellschaft gemäß § 28 im Unterschied zum auch insoweit anders gelagerten Fall des § 25 festzuhalten. Dies ist auch deswegen ohne weiteres vertretbar, weil diese Haftung auf das Gesellschaftsvermögen begrenzt und damit überschaubar ist.

26   **Anders** sieht es dagegen mit § 128 und der darauf gegründeten **persönlichen Haftung** der neuen Gesellschafter auch mit ihrem Privatvermögen aus (RdNr. 30), die ohnehin ein wenig einsichtiges Gläubigergeschenk darstellt. Dieses Geschenk Altgläubigern auch dann zugute kommen zu lassen, wenn die Gesellschaftsgründung fehlerhaft und damit gar nicht bestandskräftig ist, läßt sich nicht rechtfertigen;[42] selbst eine, zu § 25 erörterte[43] Rechtsscheinshaftung (hier: Der Gesellschafter mit ihrem Privatvermögen) dürfte neben der Haftung der Gesellschaft selbst nicht erforderlich sein.

III. Rechtsfolgen

27   **1. Schuldbeitritt.** Die Haftungsanordnung des § 28 führt ebenso wie bei § 25 zu einem kraft Gesetzes eintretenden Schuldbeitritt, da die Haftung des bisherigen Einzelkaufmanns – vorbehaltlich von Verjährung und Enthaftung (RdNr. 41 ff.) – zunächst erhalten bleibt. Einzelkaufmann und Gesellschaft sind Gesamtschuldner.

28   **2. Haftung für Geschäftsverbindlichkeiten.** Die Mithaftung der Gesellschaft beschränkt sich ebenso wie bei § 25 auf solche Verbindlichkeiten, die mit dem **Geschäftsbetrieb** des eingebrachten Unternehmens zusammenhängen; eine Haftung für Privatverbindlichkeiten des früheren Einzelkaufmanns besteht daher nicht (vgl. dazu § 25 RdNr. 90 ff.).

29   **3. Vertragsüberleitung.** Ebenso wie § 25 ist auch § 28 als Vertragsüberleitungsnorm anzusehen: Die Gesellschaft tritt daher (zunächst kumulativ) in alle betriebsbezogenen Rechtsverhältnisse ein und setzt diese damit fort (dazu eingehend § 25 RdNr. 80 ff.; die dortigen Überlegungen gelten uneingeschränkt auch für § 28).

30   **4. Akzessorische Haftung.** Die Haftung der hinzugetretenen Gesellschafter ergibt sich entgegen der Auffassung mancher eindeutig **nicht** schon aus § 28,[44] wohl aber aus der – nach hL auch Altverbindlichkeiten umfassenden[45] – akzessorischen Haftung gemäß § 128 bzw. (dort betragsmäßig beschränkt) für die KG aus §§ 171 f. HGB.[46] Dies ist zwar nicht

---

[41] Ablehnend etwa *Canaris* § 7 III 3 c (118); *Straube/Schuhmacher* RdNr. 10.

[42] Im Ergebnis ebenso (nur Haftung der Gesellschaft) *Honsell/Harrer* ZIP 1983, 259; *Vetter,* Altschuldenhaftung auf fehlerhafter Vertragsgrundlage, 1995, S. 277 ff., 294, 295 ff., 301; *Commandeur* S. 179 f.; Heymann/*Emmerich* RdNr. 18.

[43] § 25 RdNr. 51 ff.

[44] Zumindest mißverständlich insoweit *Fischer* LM Nr. 3 Bl. 2; *Säcker* ZGR 1973, 261, 280 f.

[45] Zweifel daran bei *Lieb,* Festschrift für H. Westermann, 1974, S. 309, 311 f.; zust. jetzt *Canaris* § 7 III 4 a (119).

[46] Eine persönliche Haftung des Eintretenden sah auch der Gesetzgeber als selbstverständlich an, vgl. Denkschrift (RT-Vorl.) S. 38 f. = *Schubert/Schmiedel/Krampe* II 2 S. 981. Dies entspricht auch der ganz herrschenden Meinung, siehe nur BGH NJW 1966, 1917, 1918; NJW 1972, 1466, 1467; OLG Celle OLGZ 1981, 1; *Wiesner* (Fn. 37) S. 151 ff; Baumbach/*Hopt* RdNr. 5; Heymann/*Emmerich* RdNr. 31; Staub/*Hüffer* RdNr. 22; *Straube/Schuhmacher* RdNr. 13; *Honsell/Harrer* ZIP 1983, 259, 263; *Möschel,* Festschrift für Hefermehl, 1976, S. 171, 180 ff.; *Fenyves* S. 72 ff.; gegen deren primär systematische Argumentation *Waskönig* S. 149.

zwingend und vor allem letztlich ein Geschenk an die Gläubiger,[47] folgt aber aus der wohl erforderlichen Gleichbehandlung mit der (ihrerseits überzogenen) Haftungsanordnung des § 130.

In bezug auf die **Weiterhaftung des „früheren Geschäftsinhabers"** enthält § 28 keine 31 eigene Rechtsfolgenregelung; sie wird als selbstverständlich vorausgesetzt, ohne jedoch zugleich zwingend angeordnet zu werden. Infolgedessen erlischt die Haftung des früheren Inhabers dann, wenn eine **andere** Norm dies anordnet. Dies ist der Fall bei **§ 613 a BGB**, der (nur) für die dort genannten Verbindlichkeiten einen **Wechsel** des Vertragspartners und damit (bis auf die in § 613 a S. 2 BGB genannten Teilansprüche) eine sofortige Enthaftung des bisherigen Inhabers vorsieht.[48] Dem steht § 28 – entgegen der (unhaltbaren) Auffassung des BAG[49] – nicht entgegen. Daß, wie einzuräumen, § 613 a BGB und §§ 25, 28 HGB de lege lata nicht ausreichend aufeinander abgestimmt sind,[50] kann daran nichts ändern.

5. Eigener Schuldtitel. Die Haftung der Gesellschaft wird verwirklicht durch einen ge- 32 gen sie gerichteten **eigenen Schuldtitel** (§ 124 Abs. 2); die Mithaftung der Gesellschaft ist vom Gesetz gerade deswegen angeordnet worden, um dem Gläubiger auf diese Weise den unmittelbaren Zugriff auf das Gesellschafts- (Gesamthands-) Vermögen, in dem sich das frühere Unternehmen nunmehr befindet, zu ermöglichen. Daß die Gläubiger damit des-wegen sogar bessergestellt werden, weil ihnen qua Gesellschaftsvermögen auch die Beiträge der Eingetretenen haften, ist unvermeidlich.

6. Umschreibung des Titels. Ein bereits vorliegender, gegen den früheren Einzelkauf- 33 mann gerichteter rechtskräftiger Titel kann in analoger Anwendung des § 729 Abs. 2 ZPO gegen die Gesellschaft,[51] wegen § 129 HGB dagegen nicht gegen die persönlich haftenden anderen Gesellschafter **umgeschrieben werden.**[52]

IV. § 28 Abs. 1 S. 2

Gemäß § 28 Abs. 1 S. 2 können die Unternehmensschuldner dann, wenn – ausnahms- 34 weise – die im Betriebe des Handelsgeschäfts begründeten Forderungen nicht (rechtsge-schäftlich) in die Gesellschaft eingebracht worden sein sollten, mit befreiender Wirkung an die Gesellschaft leisten. Als „Forderungsübergang" kann dieser Vorgang dagegen entgegen verbreitet unscharfer Bezeichnung nicht angesehen werden (dazu bereits umfassend § 25 RdNr. 99 ff.).

V. § 28 Abs. 2

§ 28 Abs. 2 erlaubt die Abbedingung der Rechtsfolgenanordnung des § 28 Abs. 1 bei ge- 35 höriger Verlautbarung (dazu auch § 25 RdNr. 114 ff.). Dies beruht auf einer voreiligen und verfehlten Gleichstellung der §§ 25 und 28 unter Verkennung der Tatsache, daß die Haftungsanordnung des § 28 im Gegensatz zu der des § 25, wo es dem Gläuber zumutbar ist, sich an den Veräußerer (und damit an die in der Regel in seinem Vermögen befindli-che Gegenleistung des Erwerbers) zu halten, auf dringlichen Gläubigerschutzerwägungen beruht (RdNr. 3). § 28 Abs. 2 stellt daher eine **sinnwidrige Norm** dar, bei deren Erlaß die Haftungsverhältnisse ganz offensichtlich nicht ausreichend durchdacht wurden. Dies gilt

---

[47] Rechtspolitische Kritik an der persönlichen Haftung des Eintretenden bei *K. Schmidt* DB 1973, 703, 704; *Canaris* ZIP 1989, 1161, 1167.
[48] Siehe dazu bereits § 25 RdNr. 93.
[49] BAG AP BetrAVG § 7 Nr. 56, Bl. 5 mit inso-weit zust. Anm. von *Reichold* (Bl. 11) = EzA HGB § 28 Nr. 1, S. 11 mit ablehnender Anm. *Lieb.*
[50] *Lieb* GmbHR 1992, 561, 567; *ders.* Anm. zu BAG EzA § 28 Nr. 1 S. 20 f.
[51] OLG Naumburg LZ 1919, 1032; von BGH Rpfleger 1974, 260 mit Anm. *Eickmann* nicht end-

gültig entschieden; Baumbach/*Hopt* RdNr. 5; Heymann/*Emmerich* RdNr. 24; Staub/*Hüffer* RdNr. 21; Stein/Jonas/*Münzberg,* ZPO, 21. Aufl. 1995, § 729 RdNr. 8; *K. Schmidt* HandelsR § 8 I 7 a (236).
[52] So auch Staub/*Hüffer* RdNr. 23; *K. Schmidt* HandelsR § 8 I 7 a (236); aA OLG Kiel HRR 1931 Nr. 2081; Baumbach/*Hopt* RdNr. 5; Düringer/ Hachenburg/*Hoeniger* Anm. 7; Stein/Jonas/*Münz-berg* (Fn. 51) § 729 RdNr. 8.

insbesondere für den Fallbereich der sog. übertragenden **Selbst**sanierung, bei der ein Haftungsausschluß im Gegensatz zum Bereich der **übertragenden Sanierung ohne Beteiligung des bisherigen Einzelkaufmanns** eine durch nichts zu rechtfertigende Gläubigerbenachteiligung darstellen würde.[53]

36   Aus diesem Ansatz müßte sich eigentlich die Notwendigkeit und Möglichkeit einer teleologischen Reduktion des § 28 Abs. 2 „auf Null" ergeben. Obwohl die hL bei Analogie und Rechtsfortbildung zum Teil außerordentlich weit zu gehen bereit ist, scheinen indessen beim methodischen Gegenstück, der teleologischen Reduktion, dann erhebliche Bedenken zu bestehen, wenn es um die gänzliche Unanwendbarkeit einer sinnwidrigen Norm geht. In der Praxis wird sich das Problem freilich dadurch häufig erledigen, daß sich die Beteiligten des **bonitätsschädigenden Charakters** eines Haftungsausschlusses gemäß § 28 Abs. 2 ebenso bewußt sein werden wie der Möglichkeit der Altgläubiger, die eben entstandene Gesellschaft über § 135 (wenn auch mit zweifelhaftem wirtschaftlichem Ergebnis – RdNr. 3) gefährden zu können.

37   Die Problematik der Abdingbarkeit des § 28 Abs. 1 kann dadurch deutlich entschärft werden, wenn man als **minus** den **Ausschluß** der **persönlichen** Haftung der anderen Gesellschafter zuläßt.[54] Dies entspricht zwar nicht dem Wortlaut des Gesetzes, da sich dieser nur auf die (Gesellschafts-) Haftung gemäß § 28 Abs. 1 bezieht. Wenn man aber berücksichtigt, daß die Haftung gemäß § 128 nur kraft Akzessorietät als Folge der Gesellschaftshaftung eintritt und damit mit dieser notwendigerweise entfällt, erscheint es methodisch vertretbar, von dieser damit insgesamt möglichen Abbedingung nur teilweisen Gebrauch zu machen, dh. auf die persönliche Haftung zu beschränken, zumal die Notwendigkeit des Haftungsausschlusses von der Gegenmeinung gerade mit dieser persönlichen Haftung gerechtfertigt wird.[55]

38   Streitig ist, ob die Mitteilung des Haftungsausschlusses gemäß § 28 Abs. 2 schon vor der Gründung der Gesellschaft durch Abschluß des Gesellschaftsvertrages wirksam erfolgen kann.[56] Dies ist deswegen abzulehnen, weil die Gläubiger im unklaren darüber bleiben, ob ein solcher, zunächst nur **geplanter** Haftungsausschluß auch wirklich erfolgt ist.

VI. Konkurrenzen

39   **1. Anwendbarkeit des § 613 a BGB.** Auf die Einbringung eines Unternehmens in eine zu diesem Zweck neugegründete OHG oder KG findet **§ 613 a BGB** Anwendung.[57] Dies bedeutet, daß für Arbeitsverhältnisse (**nicht Ruhestandsverhältnisse**[58]) eine für den Erwerber[59] zwingende Vertragsüberleitung unter Ausscheiden und damit Enthaftung des früheren Arbeitgebers erfolgt. Diese, im Vergleich zu § 28 anders geartete und weiterreichende Rechtsfolge überlagert und verdrängt diejenige des § 28, so daß die gemäß § 613 a BGB eintretende Enthaftung auch zum Wegfall der Haftung des früheren Einzelkaufmanns

[53] Dazu *K. Schmidt*, in: Leipold (Hrsg.) Insolvenzrecht im Umbruch, 1991, S. 67 ff.; *ders.* ZIP 1989, 1025, 1028; *ders.* HandelsR § 8 I 5 b (232 f.); dagegen *Canaris* ZIP 1989, 1161, 1163 ff., insbes. 1167.

[54] OLGZ 1981, 1 f.; *Commandeur* S. 183 f.; *Eisenhardt* Gesellschaftsrecht, 6. Aufl. 1994, RdNr. 81; *Hadding* JuS 1968, 173, 174; *Heymann/Emmerich* RdNr. 36; *Straube/Schuhmacher* RdNr. 16; aA *Gerlach* S. 56; Schlegelberger/*Hildebrandt/Steckhan* RdNr. 12; *K. Schmidt* HandelsR § 8 III 3 b (263); kritisch auch Staub/*Hüffer* RdNr. 31.

[55] *Heymann/Emmerich* RdNr. 31. Diese Überlegung zeigt zugleich, daß die Erwägungen des Gesetzgebers in bezug auf die Haftungsregeln der §§ 28, 130, 128 sozusagen auf dem Kopf stehen: Nicht die Haftung gemäß § 130, sondern diejenige des § 28 müßte zwingend und dementsprechend nicht § 28, sondern § 130 abdingbar sein.

[56] Bejahend Düringer/Hachenburg/*Hoeniger* Anm. 9; Baumbach/*Hopt* RdNr. 6; *K. Schmidt* HandelsR § 8 III 3 a (262); ablehnend RGZ 102, 243, 245; OLG Königsberg OLGE 41, 195, 196; *Commandeur* S. 183; Heymann/*Emmerich* RdNr. 35; Schlegelberger/*Hildebrandt/Steckhan* RdNr. 13.

[57] So auch BAG AP BetrAVG § 7 Nr. 56 Bl. 5; MünchKommBGB/*Schaub* § 613 a RdNr. 19; Staudinger/*Richardi* § 613 a RdNr. 50.

[58] Siehe oben § 25 RdNr. 128 (Fn. 232).

[59] Den Arbeitnehmern steht nach der Rechtsprechung des BAG dagegen ein Widerspruchsrecht zu, vgl. BAG AP BGB § 613 a Nr. 1, 8, 10, 21, 37, 55; vgl. dazu auch EuGH DB 1993, 230; aus dem Schrifttum etwa Staudinger/*Richardi* § 613 a RdNr. 119 ff; MünchKommBGB/*Schaub* § 613 a RdNr. 41, beide mit weit. Nachw

führt (zur entgegenstehenden Auffassung des BAG bereits RdNr. 31). § 28 bleibt dagegen anwendbar, soweit § 613 a BGB keine Regelung trifft, nämlich insbesondere in bezug auf **Ruhestandsverhältnisse**. Auch insoweit kann sich nunmehr jedoch eine Enthaftung aus dem neu eingeführten § 28 Abs. 3 ergeben (vgl. dazu § 26 RdNr. 8, 32 ff.).

2. § 419 BGB. Auch andere Haftungsnormen werden von § 28 ebensowenig verdrängt   **40** wie von § 25 (vgl. dort RdNr. 126 ff.). Entgegen der ständigen Rechtsprechung[60] ist insbesondere § 419 BGB auf die Einbringung des gesamten Vermögens in eine Personengesellschaft anwendbar. Für die Verfechter eines personenrechtlichen Gesamthandsverständnisses ist diese Gleichbehandlung mit den juristischen Personen selbstverständlich,[61] aber auch bei Zugrundelegung eines nur vermögensrechtlichen Gesamthandsverständnisses ändert sich die Zuordnung des Vermögens mit der Folge, daß die Altgläubiger nicht mehr auf die ihnen zuvor haftenden Vermögensgegenstände zugreifen können.[62] Solange die Rechtsprechung eine Gegenleistung, wie etwa den für das Vermögen gezahlten Kaufpreis, unberücksichtigt läßt, muß dies erst recht für den Gesellschaftsanteil gelten, der den Altgläubigern des Einbringenden nur eine gegenüber den Neugläubigern nachrangige Befriedigungsmöglichkeit gewährt. Durch die Anwendung des § 419 BGB neben § 28 wird insbesondere die umstrittene Problematik der **übertragenden Selbstsanierung**[63] deutlich entschärft, da den Gläubigern der Zugriff auf das Gesellschaftsvermögen zwingend erhalten bleibt.

VII. § 28 Abs. 3

1. Verjährungs- und Enthaftungsprobleme ergeben sich auch bei der Konstellation des   **41** § 28 dann, wenn der ehemalige Einzelkaufmann in der neuen Gesellschaft Kommanditist wird und seine Haftung damit jedenfalls für Neuverbindlichkeiten auf die Einlage beschränkt ist. Für die (infolgedessen andauernde) persönliche Haftung für die (eigenen) Altverbindlichkeiten fehlte im Gegensatz zu § 26 aF bisher eine, auch nur die Verjährung erleichternde Vorschrift. Dies entsprach (zunächst) der Gesetzeslage bei § 159: Auch dort war eine Sonderverjährung (und später – **rechtsfortbildend** – Enthaftung) nur für ausscheidende Gesellschafter, nicht aber auch für solche vorgesehen, die sich nur auf eine Kommanditistenstellung zurückzogen. Diese Lücke hatte der BGH zwar schon früh durch eine Analogie zu § 159 geschlossen,[64] diese aber auf sozusagen „echte" Kommanditisten beschränkt, denjenigen Kommanditisten also versagt, die weiterhin (insbesondere als Gesellschafter-Geschäftsführer der Komplementär-GmbH in der GmbH & Co. KG) **geschäftsführend** tätig blieben. Dagegen wandte sich die ganz hM in der Literatur, die insbesondere unter Hinweis auf die Verjährungsregelungen des (alten) Umwandlungsgesetzes, die auch bei geschäftsleitender Tätigkeit zur Anwendung kamen, die Auffassung vertrat, die Sonderverjährung gemäß § 159 müsse auch geschäftsleitenden Kommanditisten zugute kommen.[65] Dem hatte sich die Bundesregierung angeschlossen[66] und daran auch gegen den Widerstand des Bundesrats[67] festgehalten (heute: § 160 Abs. 3 S. 2).

Diese damit erreichte Gleichbehandlung von ausscheidenden und nur in die Rechtsstel-   **42** lung eines Kommanditisten überwechselnden Gesellschaftern erzwang, nachdem die Ähnlichkeit der Problemlagen des Gesellschaftsrechts mit denjenigen der §§ 25 ff. erkannt

[60] BGH BB 1954, 700; BGH BB 1964, 8; BGH WM 1973, 896, 899; zust. MünchKommBGB/*Möschel* § 419 RdNr. 23; Baumbach/*Hopt* RdNr. 8.
[61] Staub/*Hüffer* RdNr. 34; MünchKommBGB/*Ulmer* § 718 RdNr. 25; Soergel/*Hadding* § 718 RdNr. 16.
[62] Ausführlicher *Huber,* Vermögensanteil, Kapitalanteil und Gesellschaftsanteil an Personengesellschaften des Handelsrechts, 1970, S. 108 f.; *Lieb,* Festschrift für H. Westermann, 1974, S. 309, 317 f.
[63] Vgl. Fn. 53 zu RdNr. 35.

[64] BGHZ 73, 217, 222; BGH NJW 1983, 2940, 2943.
[65] Schlegelberger/*K. Schmidt* § 159 RdNr. 19 ff.; *ders.* GesR § 45 I 3 b (1081 f.); *Lieb* ZGR 1985, 124, 137 ff.; *Wiesner* ZIP 1983, 1032, 1036 f.; *Koch* NJW 1984, 833, 838 f.; *Ulmer* BB 1983, 1865, 1868; *Ulmer/Timmann* ZIP 1992, 1, 6.
[66] BT-Drucks. 12/1868, Anlage 1, S. 9 l. Sp.
[67] BT-Drucks. 12/1868 (Stellungnahme des Bundesrates) und Anlage 3, S. 15/16 (Gegenäußerung der Bundesregierung zur Stellungnahme des Bundesrates).

worden war,[68] die dem entsprechende Gleichbehandlung von veräußerndem Einzelkaufmann (§§ 25, 26) und demjenigen, der am neuen Rechtsträger, der KG, als Kommanditist beteiligt bleibt. Den Anregungen der Literatur folgend hat daher der Rechtsausschuß des Bundestags die Regelung des § 26 durch § 28 Abs. 3 auf den Anwendungsbereich auch des § 28 **ausgedehnt**.[69] Dabei wurde konsequenterweise auch die Fortentwicklung der betreffenden Vorschriften von Sonderverjährungs- zu Enthaftungsregelungen (dazu ausführlich § 26 RdNr. 1 ff.) übernommen. § 28 Abs. 3 begründet daher für den ehemaligen Einzelkaufmann, der nur noch Kommanditist ist, einen Haftungsausschluß nach denselben Grundsätzen und in demselben Umfang, wie er jetzt in den §§ 160, 26 enthalten ist. Insbesondere – dies ist von zentraler Bedeutung für etwaige **Ruhegeldverpflichtungen** des Einzelkaufmanns – haftet der Betroffene damit nicht mehr für Teilansprüche aus Dauerschuldverhältnissen, die erst nach Ablauf der 5-Jahresfrist entstehen und fällig werden. Dies gilt gem. Abs. 3, S. 2 ebenso wie gem. § 160 Abs. 2, S. 2 auch dann, wenn der Einzelkaufmann geschäftsleitend tätig bleibt. In bezug auf Einzelheiten kann auf die Kommentierung der §§ 26 (insbesondere RdNr. 6 ff.), 160 verwiesen werden; hingewiesen sei auch hier auf die Möglichkeit, den Haftungsausschluß durch gerichtliche Geltendmachung zu vermeiden (§ 26 RdNr. 10 ff.).

43   **2. Kommanditistenhaftung.** Eine wichtige Einschränkung ergibt sich aus § 28 Abs. 3 S. 3, der § 160 Abs. 3 S. 3 nachgebildet ist. Nach diesen Vorschriften bleibt die Haftung des ehemaligen Einzelkaufmanns **als Kommanditist** unberührt. Dies kann nur so verstanden werden, daß gemäß § 28 Abs. 3 S. 1 mit Fristablauf nur die **unbeschränkte** Haftung im Rahmen des Dargestellten entfällt, nicht aber die (bestehenbleibende) eigentliche Kommanditistenhaftung. Dies bedeutet insbesondere, daß auch Altgläubiger den Kommanditisten in Höhe seiner Einlage auch nach Ablauf der 5-Jahresfrist etwa dann noch persönlich in Anspruch nehmen können, wenn seine persönliche Haftung gemäß § 172 Abs. 4 wieder aufgelebt sein sollte. Da das Gesetz auch keine Sonderverjährung enthält, kann sich der Kommanditist in solchen Fällen nur auf die allgemeinen Verjährungsregeln berufen (§§ 161 Abs. 2, 129 Abs. 1).

44   **3. Überleitungsproblematik.** Zur Überleitungsproblematik vgl. § 26 RdNr. 20 ff.

§ 29 [Anmeldung der Firma]

Jeder Kaufmann ist verpflichtet, seine Firma und den Ort seiner Handelsniederlassung bei dem Gericht, in dessen Bezirke sich die Niederlassung befindet, zur Eintragung in das Handelsregister anzumelden; er hat seine Firma zur Aufbewahrung bei dem Gerichte zu zeichnen.

Übersicht

---

[68] Vgl. nur *Lieb* (Fn. 49) S. 21 ff.   [69] BT-Drucks. 12/6569 S. 11.

1. Überblick. § 29 bezeichnet zwei „**einzutragende Tatsachen**" iSv. § 15 und begrün- 1
det als registerrechtliche Vorschrift **zwei öffentlich-rechtliche** Pflichten, diese im Handelsregister eintragen zu lassen: Jeder Kaufmann ist zunächst verpflichtet, seine Firma und den
Ort seiner Handelsniederlassung zur Eintragung in das Handelsregister **anzumelden.** Zum
anderen muß der Kaufmann seine Firma zur Aufbewahrung beim Gericht **zeichnen.** Beide
Pflichten sind voneinander unabhängig; die Eintragung kann daher nicht von der Erfüllung
der jeweils anderen Pflicht abhängig gemacht werden. Die Durchsetzung der Pflichterfüllung erfolgt ggf. durch Zwangsgeld gemäß § 14. Eine Eintragung von Amts wegen ist nicht
möglich. Die Nichterfüllung dieser Pflichten stellt weder eine Straftat, noch eine Ordnungswidrigkeit dar.

Neben den §§ 29 ff. ist stets die aufgrund von § 125 Abs. 3 FGG erlassene Handelsregi- 2
sterverfügung vom 12. 8. 1937 zu beachten, die als Rechtsverordnung gemäß Art. 123,
125 GG auch nach Inkrafttreten des Grundgesetzes fortgilt und Einzelheiten der Einrichtung und Führung des Handelsregisters regelt. Auf das Verfahren der Anmeldung sind
außer dem HGB und der HRV die §§ 125 ff. FGG anzuwenden. Der Anmeldung zum
Handelsregister entspricht in der Systematik des FGG der Antrag.

2. Normzweck. Die Anmeldepflicht gemäß Halbsatz 1 bezweckt die Offenlegung der 3
wesentlichen Merkmale der kaufmännischen Unternehmen im Allgemeininteresse. Der
Schutz einzelner Personen ist weder Haupt-, noch Nebenzweck. § 29 ist daher **kein
Schutzgesetz** im Sinne von § 823 Abs. 2 BGB.[1] Die Zeichnungspflicht nach Halbsatz 2
bezweckt, daß die Echtheit einer Unterschrift des Kaufmanns ohne Probleme überprüft
werden kann.[2]

3. Anwendungsbereich. § 29 gilt unmittelbar zunächst nur für die erstmalige Anmel- 4
dung der Hauptniederlassung eines vollkaufmännischen Handelsgewerbes nach § 1, das von
einer einzelnen natürlichen Person betrieben wird. Gemäß § 2 S. 2 gilt die Norm darüber
hinaus für Sollkaufleute. Entscheidet sich ein Land- oder Forstwirt, ein Unternehmen in
das Handelsregister eintragen zu lassen, wozu er gemäß § 3 Abs. 2 S. 1 nicht verpflichtet
ist, so richtet sich der Inhalt der Eintragung gemäß §§ 3 Abs. 2 S. 1, 2 S. 2 wiederum nach
§ 29. Für Minderkaufleute gilt § 29 nicht, weil diese gemäß § 4 Abs. 1 keine Firma führen.
Änderungen sind nicht gemäß § 29, sondern gemäß § 31 eintragungspflichtig.

Für **Zweigniederlassungen** gelten die §§ 13, 13 a, für Gesellschaften die §§ 106, 108, 5
162 HGB, § 2 EWIV-AG, §§ 36 ff. AktG, § 282 AktG, §§ 7 ff. GmbHG, §§ 30 ff. VAG,
für **sonstige juristische Personen** § 33 und für **Unternehmen der Öffentlichen** Hand
§ 36. **Genossenschaften** werden nach den §§ 10 ff. GenG nicht in das Handelsregister,
sondern in das Genossenschaftsregister eingetragen.

4. Die Person des Anmeldepflichtigen. Anmeldepflichtig ist der **Kaufmann.** Dies ist 6
derjenige, der das Unternehmen im eigenen Namen betreibt. Der Betreiber ist nicht notwendig identisch mit dem Eigentümer der zum Unternehmen gehörigen Sachen. Infolgedessen trifft die Anmeldepflicht bei der Unternehmenspacht nicht den Verpächter, sondern
den **Pächter,**[3] und beim Unternehmensnießbrauch nicht den Besteller, sondern den
Nießbraucher.[4] Dabei ist zu beachten, daß bei der Verpachtung eines eingetragenen Unternehmens und bei der Bestellung eines Nießbrauchs an einem eingetragenen Unternehmen nicht § 29, sondern § 31 einschlägig ist,[5] weil es sich nicht um die Neueintragung
eines einzelkaufmännischen Unternehmens, sondern um einen Fall des Inhaber**wechsels**
handelt. Bei juristischen Personen richtet sich die Anmeldepflicht gegen die Organe; gegen
diese ist dementsprechend ggf. auch das Zwangsgeld (§ 14) zu verhängen.

5. Inhalt der Anmeldung und Eintragung. Gemäß § 29 sind die **Firma** und der **Ort** 7
der Handelsniederlassung anzumelden. Weitere Angaben sind ebensowenig vorgeschrie-

[1] Allgemeine Meinung: RGZ 72, 408 ff.; Hey-
mann/*Emmerich* RdNr. 2; Staub/*Hüffer* RdNr. 1.
[2] Baumbach/*Hopt* RdNr. 3; Staub/*Hüffer* § 12
RdNr. 20 ff.

[3] OLG Köln NJW 1963, 541; Staub/*Hüffer*
RdNr. 3.
[4] Schlegelberger/*Hildebrandt/Steckhan* RdNr. 6.
[5] LG Nürnberg-Fürth BB 1976, 810.

ben wie ein bestimmter Wortlaut. Aus § 40 Nr. 3 HRV ergibt sich jedoch, daß der Kaufmann zusätzlich verpflichtet ist, Vorname, Familienname, Beruf und Wohnort anzugeben.[6] Die Eintragung erfolgt gemäß § 40 HRV in Abteilung A des Handelsregisters. Für jeden Einzelkaufmann wird gemäß § 13 HRV ein eigenes Registerblatt angelegt.

8   In Einzelfällen können darüber hinaus weitere Angaben notwendig sein. Führt beispielsweise der Kaufmann nach den §§ 22, 24 eine abgeleitete Firma, so muß sich deren Zulässigkeit aus dem Handelsregister ergeben. War der frühere Firmeninhaber eingetragen, so bestehen insofern keine Probleme, weil die Eintragung als Inhaberwechsel **auf demselben Registerblatt** erfolgt.[7] War der frühere Firmeninhaber pflichtwidrig nicht im Handelsregister eingetragen, so müssen die Umstände, aus denen sich die Zulässigkeit der Firmenfortführung ergibt, nach § 40 Nr. 5 Abs. 1 HRV in Spalte 5 des Registerblatts eingetragen werden. Der Kaufmann ist verpflichtet, bei der Anmeldung die entsprechenden Angaben zu machen. Recht weit geht das BayObLG,[8] wenn es für den Fall, daß der alte Firmenträger eine OHG war, verlangt, daß der Kaufmann den Zeitpunkt des Beginns der Gesellschaft angibt, weil diese Tatsache für die Sicherheit des Verkehrs wesentlich sei. Jedenfalls beruht die Entscheidung auf den Besonderheiten des Einzelfalles und ist nicht verallgemeinerungsfähig.

9   Obwohl den Kaufmann insofern keine (erzwingbare) Anmeldepflicht trifft, hat das Registergericht gemäß § 24 HRV darauf hinzuwirken, daß bei der Anmeldung auch der **Geschäftszweig**, soweit er sich nicht aus der Firma ergibt, und **die Lage der Geschäftsräume** angegeben werden. Diese Angaben werden zwar nicht in das Handelsregister eingetragen, aber nach § 34 HRV in die Bekanntmachung aufgenommen. Gemäß § 37 Abs. 1 S. 2 HRV werden sie auch der Industrie- und Handelskammer mitgeteilt.

10   Unter dem Ort der Handelsniederlassung ist die **Hauptniederlassung** zu verstehen. Sie befindet sich an dem Ort, an dem auf Dauer die Verwaltung des Unternehmens eingerichtet ist.[9] Die örtliche Lage der Betriebsstätten ist nicht entscheidend. Wenn kein besonderer Unternehmenssitz vorhanden ist, wie zB bei einem Reisegewerbe, ist der Wohnsitz des Kaufmanns (§ 7 BGB) als Ort der Handelsniederlassung anzusehen.[10]

11   Der Begriff des Ortes ist nicht mit demjenigen der politischen Gemeinde identisch. Was unter Ort zu verstehen ist, richtet sich vielmehr nach der **Verkehrsanschauung**.[11] Demzufolge kann eine politische Gemeinde mehrere Orte umfassen. Ausgeschlossen ist es dagegen, daß ein Ort mehrere politische Gemeinden umfaßt.

12   Ein bestimmter Wortlaut ist für die Anmeldung nicht vorgesehen; es genügt, wenn sich aus ihr eindeutig die anzumeldenden Tatsachen ergeben.[12] Die Form der Anmeldung richtet sich nach § 12.

13   **6. Zeitpunkt des Entstehens der Anmeldepflicht.** Die Eintragungspflicht nach § 29 entsteht nach dem Gesetzeswortlaut in dem Augenblick, in dem ein vollkaufmännisches Unternehmen entstanden ist. Darüber hinaus wird es bei Grundhandelsgewerben (§ 1) vielfach für ausreichend gehalten,[13] wenn das Unternehmen zwar noch keinen vollkaufmännischen Umfang erreicht hat, **darauf aber angelegt ist**. Hierfür spricht, daß es schwierig ist, den Zeitpunkt genau zu bestimmen, in dem das Unternehmen zu einem vollkaufmännischen wird. Außerdem besteht ein Informationsbedürfnis auch schon in der Anlaufphase des Unternehmens. Fraglich ist, ob insoweit der Anmeldezeitpunkt generell vorverlagert ist, oder ob es sich insoweit nur um eine eintragungs**fähige** Tatsache handelt. Gegen letzteres spricht, daß lediglich eintragungsfähige Tatsachen im System des Handelsrechts ein Fremdkörper sind. Aufschlußreich ist auch ein Vergleich mit der Rechtslage bei

---

6 Staub/*Hüffer* RdNr. 4.

7 Vgl. dazu § 31 RdNr. 8.

8 BayObLGZ 1978, 182, 185 f.

9 KG OLGE 27, 306; OLG Hamm BB 1958, 1001; Heymann/*Emmerich* RdNr. 8.

10 Staub/*Hüffer* RdNr. 4.

11 Staub/*Hüffer* RdNr. 4.

12 Heymann/*Emmerich* RdNr. 5.

13 KG OLGE 43, 203; Heymann/*Emmerich* RdNr. 3; Schlegelberger/*Hildebrandt/Steckhan* RdNr. 3.

der OHG: Nach allgemeiner Meinung[14] entsteht hier die Eintragungspflicht schon mit der Geschäftsaufnahme und zwar auch dann, wenn zu diesem Zeitpunkt noch kein vollkaufmännisches Gewerbe vorliegt. Berücksichtigt man dies und das Informationsbedürfnis des Rechtsverkehrs, so ist § 29 seiner ratio entsprechend dahingehend auszulegen, daß dann, wenn ein Unternehmen von vornherein auf einen vollkaufmännischen Betrieb angelegt ist, die Eintragungspflicht **schon im Zeitpunkt der Geschäftsaufnahme** entsteht. Entwickelt sich das Unternehmen entgegen den Erwartungen nicht zu einem vollkaufmännischen, ist die Eintragung gemäß § 142 FGG von Amts wegen zu löschen.[15] § 142 FGG ist auch dann anwendbar, wenn die Eintragung erst nachträglich unzulässig geworden ist.[16]

7. Zuständigkeit. Zuständig ist das **Amtgericht**, in dessen Bezirk sich die Hauptniederlassung befindet (§§ 8, 29 HGB, § 125 FGG). Funktionell zuständig ist nach § 3 Nr. 2 d iVm. § 17 RpflegerG der **Rechtspfleger**. § 4 Abs. 1 HRV ist durch das Rechtspflegergesetz gegenstandslos geworden.[17]   **14**

8. Prüfungspflicht. a) Materielle Prüfung. Die Anmeldung ist vom Registergericht in formeller und materieller Hinsicht zu prüfen.[18] Die materielle Prüfung erstreckt sich insbesondere auf die **Firmenfähigkeit** des Anmelders und die **Zulässigkeit der Firma**. Die Prüfungspflicht darf allerdings nicht so verstanden werden, daß das Registergericht bei jeder einzelnen Anmeldung in intensive Nachforschungen über deren Richtigkeit eintritt. Nur wenn konkrete Anhaltspunkte für die Unrichtigkeit der Anmeldung bestehen, findet eine genauere Prüfung statt.[19] Insofern steht dem Registergericht ein Beurteilungsspielraum zu.[20]   **15**

b) Firmenmißbrauchsverfahren. Kommt das Registergericht zu dem Ergebnis, daß die Firma unzulässig ist, so stellt sich die Frage, ob der Antrag auf Eintragung der Firma zurückzuweisen ist, oder ob ein gesondertes Firmenmißbrauchsverfahren gemäß § 37 Abs. 1 HGB iVm. § 140 FGG einzuleiten ist. Ein Firmengebrauch im Sinne von § 37 Abs. 1 ist schon in der Anmeldung der Firma zum Handelsregister zu sehen.[21] Somit liegen die Voraussetzungen des § 37 Abs. 1 vor. Würde nur die Anmeldung zurückgewiesen, so würde der weitere Gebrauch der unzulässigen Firma häufig nicht verhindert. Dies ist aber geboten. Daher wird das Registergericht in dem genannten Fall regelmäßig ein **Firmenmißbrauchsverfahren einleiten**, wobei allerdings das Registergericht ein Ermessen hat.[22] Um widersprüchliche Entscheidungen zu verhindern, ist das Anmeldeverfahren bis zur rechtskräftigen Entscheidung im Firmenmißbrauchsverfahren auszusetzen. Rechtsgrundlage der Aussetzung ist nicht § 127 FGG, da nicht mehrere Beteiligte vorhanden sind,[23] sondern der allgemeine Tatbestand der Aussetzung[24] in der freiwilligen Gerichtsbarkeit.[25]   **16**

c) Verhältnis zu § 29 Hs. 2. Das Registergericht kann eine Eintragung **nicht** von der nach § 29 Hs. 2 vorgeschriebenen Zeichnung der Firma abhängig machen. Vielmehr kann diese Verpflichtung nur selbständig nach den §§ 14 HGB, 132 ff. FGG durchgesetzt wer-   **17**

---

[14] RGZ 112, 280, 281; BGHZ 32, 307, 311; Staub/*Ulmer* § 106 RdNr. 7.

[15] KG OLGE 43, 203.

[16] RGZ 169, 147, 151 ff.; OLG Stuttgart, BB 1982, 1194 f. zu § 144 a FGG; *Keidel/Kuntze/Winkler,* Teil A, FGG, 13. Aufl. 1992, § 142 RdNr. 10 f.; Baumbach/Hopt § 8 RdNr. 13; *Wessel* BB 1982, 1195; aA: KGJ 48, 122, 124; JFG 12, 248 = JW 1935, 436 Nr. 2.

[17] Baumbach/Hopt (4) HRV 4 RdNr. 1; *Drischler,* Verfügung über die Führung und Einrichtung des Handelsregisters, 5. Aufl. 1983, § 4 Anm. 1.

[18] Heute allgemeine Ansicht: RGZ 127, 153, 156; Staub/*Hüffer* § 8 RdNr. 52 ff.; Heymann/*Sonnenschein/Weitemeyer* § 8 RdNr. 13 ff.; *Canaris* § 4 II 2 b (48).

[19] OLG Köln GmbHR 1990, 339, 400; Staub/*Hüffer* § 8 RdNr. 56; Schlegelberger/*Hildebrandt/Steckhan* § 8 RdNr. 23 a; *Roth,* Handels- und Gesellschaftsrecht § 2, 5 (26).

[20] Schlegelberger/*Hildebrandt/Steckhan* § 8 RdNr. 21.

[21] RGZ 22, 58 f.; Staub/*Hüffer* § 37 RdNr. 12.

[22] AA BayObLG DB 1988, 1487; Baumbach/*Hopt* RdNr. 1; vgl. auch § 37 RdNr. 39.

[23] Vgl. zu dieser Voraussetzung des § 127 FGG: *Keidel/Kuntze/Winkler* (Fn. 16) FGG § 127 RdNr. 32.

[24] Vgl. dazu *Jansen* FGG, 2. Aufl. 1970, § 127 RdNr. 2 Vorbem. vor § 8 RdNr. 39; *Keidel/Kuntze/Winkler* (Fn. 16) FGG § 12 RdNr. 64 ff.

[25] BayObLG DB 1988, 1487.

den.[26] Des weiteren darf es die Anmeldung nicht deshalb zurückweisen oder durch Zwischenverfügung beanstanden, um eine von ihm als erforderlich angesehene sonstige Anmeldung herbeizuführen.[27] Die Herstellung eines Abhängigkeitsverhältnisses ist weder nach § 26 S. 2 HRV, noch nach sonstigen Vorschriften gerechtfertigt.[28] Ein solches Vorgehen wäre auch unvereinbar mit der Tatsache, daß das Handelsregister im öffentlichen Interesse geführt wird und der Offenlegung der Rechtsverhältnisse der Unternehmen dient.

18   **9. Rechtsbehelfe.** Gegen die Ablehnung der beantragten Eintragung findet nach § 11 RPflG die **Rechtspflegererinnerung** statt. Wenn ausnahmsweise der Richter entschieden hat, ist nach § 19 FGG die einfache Beschwerde gegeben.

19   **10. Zeichnungspflicht (§ 29 Hs. 2). a)** Der Kaufmann hat seine **Firma** zur Aufbewahrung bei Gericht zu zeichnen. Demgegenüber verlangt das Gesetz die Zeichnung der **Unterschrift** nicht. Der Grund hierfür ist, daß insoweit wegen der Regelung des § 18 Abs. 1 ohnehin Identität gegeben sein wird. Parallelvorschriften zu § 29 Hs. 2 enthalten die §§ 53 Abs. 2, 108 Abs. 2, 148 Abs. 3 HGB, §§ 8 Abs. 5, 67 Abs. 5 GmbHG, §§ 37 Abs. 5, 266 Abs. 5 AktG, § 11 Abs. 4 GenG, § 3 Abs. 4, Abs. 5 EWIV-AG, § 31 Abs. 2 VAG. Für die Form der Zeichnung gilt § 12 HGB iVm. § 41 BeurkG. Abweichend von § 12 ist eine rechtsgeschäftliche Vertretung unzulässig.[29]

20   **b)** Unter Firmenzeichnung ist die **handschriftliche Darstellung des Firmennamens** zu verstehen, die den Erfordernissen einer Namensunterschrift genügen muß.[30] Die Darstellung der Firma mittels Stempels oder in Maschinenschrift genügt nicht. Die Firmenzeichnung muß nicht leserlich sein. Sie muß jedoch charakteristische Merkmale aufweisen, die Identitätskennzeichen sind, und in diesem Sinne einmalig sein.[31]

21   Die gezeichnete Firma muß mit der angemeldeten übereinstimmen. Unterschiede sind unbeachtlich, wenn die Differenz unwesentlich ist oder auf offenbarer Flüchtigkeit beruht.[32]

§ 30 [Unterscheidbarkeit]

(1) **Jede neue Firma muß sich von allen an demselben Ort oder in derselben Gemeinde bereits bestehenden und in das Handelsregister oder in das Genossenschaftsregister eingetragenen Firmen deutlich unterscheiden.**

(2) **Hat ein Kaufmann mit einem bereits eingetragenen Kaufmanne die gleichen Vornamen und den gleichen Familiennamen und will auch er sich dieser Namen als seiner Firma bedienen, so muß er der Firma einen Zusatz beifügen, durch den sie sich von der bereits eingetragenen Firma deutlich unterscheidet.**

(3) **Besteht an dem Orte oder in der Gemeinde, wo eine Zweigniederlassung errichtet wird, bereits eine gleiche eingetragene Firma, so muß der Firma für die Zweigniederlassung ein der Vorschrift des Absatzes 2 entsprechender Zusatz beigefügt werden.**

(4) **Durch die Landesregierungen kann bestimmt werden, daß benachbarte Orte oder Gemeinden als ein Ort oder als eine Gemeinde im Sinne dieser Vorschriften anzusehen sind.**

[26] *Beck* BB 1962, 1265; OLG Hamm OLGZ 1983, 257, 259 für § 108 Abs. 2.
[27] OLG Hamm OLGZ 1977, 438, 439 ff.
[28] OLG Hamm OLGZ 1977, 438, 439.
[29] Staub/*Hüffer* § 12 RdNr. 21.

[30] BayObLG NJW 1988, 2051.
[31] Vgl. allgemein zur Namensunterschrift BGH BB 1960, 305.
[32] Staub/*Hüffer* RdNr. 6.

I. Der Grundsatz der Firmenunterscheidbarkeit (Abs. 1)

1. Normzweck. § 30 schützt **vorrangig im öffentlichen Interesse** den Rechtsverkehr **1** vor der Verwendung verwechslungsfähiger Firmen und begründet zu diesem Zweck das (zwingende) Postulat der Firmenunterscheidbarkeit bzw. Firmenausschließlichkeit. Dieser Schutz kann zwar durch den räumlich beschränkten Ansatz des Gesetzes (RdNr. 4) nur teilweise verwirklicht werden; dies folgt indessen zwangsläufig daraus, daß der Registerrichter allenfalls seinen eigenen Bereich ausreichend zu überblicken vermag, und ist daher hinzunehmen.

Der **Schutz des Besserberechtigten** (des bereits Eingetragenen) ist allenfalls Nebenfolge **2** der Vorschrift, da er bei einer Verletzung des § 30 (nur) ein Klagerecht gem. § 37 Abs. 2 (RdNr. 33) hat. Der bereits Eingetragene ist auf diese Vorschrift sowie vor allem auf die speziellen Vorschriften der §§ 12 BGB, 15 MarkenG[1] verwiesen.

Für die **(Eintragungs-) Entscheidung des Registerrichters** ist allein § 30 maßgebend, **3** so daß eine Eintragung selbst dann zu erfolgen hat, wenn ein Verstoß gegen die anderen genannten Vorschriften vorliegen sollte; insbesondere bindet die positive Entscheidung des Registerrichters über die Eintragungsfähigkeit einer bestimmten Firma den Prozeßrichter in Verfahren gemäß §§ 12 BGB, 15 MarkenG nicht.

2. Geltungsbereich. a) Die räumliche Gewährleistung. Die – räumliche – Gewähr- **4** leistung der Firmenunterscheidbarkeit ist auf denselben Ort **oder** dieselbe Gemeinde beschränkt, sofern nicht gemäß § 30 Abs. 4 mehrere benachbarte Orte oder Gemeinden zu einem gemeinsamen Firmenbezirk zusammengefaßt worden sind. Der Begriff der Gemeinde richtet sich nach Kommunalrecht; derjenige des Ortes nach der Verkehrsauffassung. Eine Rangordnung besteht nicht; insbesondere ist nicht etwa die jeweils kleinere oder größere Einheit maßgebend; infolgedessen kann eine Gemeinde mehrere Orte, ein Ort aber auch mehrere Gemeinden umfassen; im ersteren Fall ist der Begriff der Gemeinde, im letzteren Fall derjenige des Ortes maßgeblich.

b) Nachträgliche Änderungen. Bei nachträglichen **Änderungen** der Orts- oder Gemeindegrenzen stellt sich die Frage, ob dadurch Änderungen der Firma der jeweils jüngeren Handelsgeschäfte erforderlich werden. Sie wird heute zutreffend verneint,[2] so daß auch die jüngeren Firmen Bestandsschutz genießen.

---

[1] § 15 MarkenG, BGBl. 1994 I S. 3082 (3087), ist an die Stelle des durch durch Art. 48 Nr. 1 des Gesetzes zur Reform des Markenrechts (BR-Drucks. 795/93 S. 87) aufgehobenen § 24 WZG und des durch Art. 25 desselben Gesetzes aufgehobenen § 16 UWG getreten.

[2] KG KGJ 16, 11, 14; Staub/*Hüffer* RdNr. 6; Baumbach/*Hopt* RdNr. 7; Heymann/*Emmerich* RdNr. 4; aA GroßkommHGB/*Würdinger* Anm. 6.

6   **3. Die in den Vergleich einzubeziehenden Firmen. a) Eingetragene Firmen.** § 30 gilt für **alle** in das Handels- oder Genossenschaftsregister[3] eingetragenen **Firmen** unabhängig von der Rechtsform des betriebenen Handelsgeschäfts. Die Streitfrage, ob auch das Vereinsregister zu berücksichtigen ist,[4] ist mangels planwidriger Regelungslücke zu verneinen: Wenn der Gesetzgeber bei der Ergänzung des § 30 um das Genossenschaftsregister die damals schon bekannte Streitfrage nicht aufgriff, ist dies als (zulässige) bewußte Entscheidung zu respektieren. In der Praxis dürfte diesem Problem ohnehin keine große Bedeutung zukommen.

7   **b) GmbH & Co. KG.** In den Firmenvergleich ist bei der **GmbH & Co. KG** an sich auch die Firma der Komplementär-GmbH mit einzubeziehen. Dies führt insbesondere dann zu Schwierigkeiten, wenn ein kennzeichnender Teil der Firma der Komplementär-GmbH (Verwaltungs-/Beteiligungsgesellschaft), der an sich gemäß § 19 Abs. 2 in die Firma der KG mit aufgenommen werden müßte, dort zu sachlicher Unrichtigkeit und damit zu Verstößen gegen das Prinzip der Firmenwahrheit führen würde.[5] § 19 Abs. 2 und § 30 stehen insoweit in einem gewissen Spannungsverhältnis. Die neuere Rechtsprechung tendiert dazu, die Anforderungen des § 19 Abs. 2 insoweit einzuschränken und damit die Anwendung des § 30 zu erleichtern (Einzelheiten bei § 19 RdNr. 48).

8   **c) „Bestehende" Firmen.** In den Firmenvergleich einzubeziehen sind **nur „bestehende"** Firmen, dh. grundsätzlich solche, die (noch) im Handelsregister eingetragen sind. Trotz noch nicht vollzogener Löschung soll jedoch die Eintragung verwechslungsfähiger Firmen vor Löschung dann zulässig sein, wenn unter der eingetragenen Firma überhaupt keine gewerbliche Tätigkeit mehr betrieben wird.[6] Anders wegen § 5 dagegen dann, wenn das eingetragene Unternehmen noch als Kleingewerbe weiterbetrieben wird.

9   **d) Unzulässige Firmen.** Vorrang kommt bis zur Löschung **auch unzulässigen (eingetragenen) Firmen** zu. Andernfalls müßte im Verfahren über die Eintragung jüngerer Firmen zugleich über die Zulässigkeit oder Unzulässigkeit der älteren Firma entschieden werden; dies geht nicht an.[7]

10   **e) Gelöschte Firmen.** Bereits **gelöschte Firmen bleiben außer Betracht**; der interessante Gedanke eines gewissen „Abstandsgebots"[8] läßt sich allenfalls de lege ferenda verwirklichen.

11   **f) „Neue" Firmen.** „Neu" ist eine Firma dann, wenn sie in diesem Handelsregister noch nicht eingetragen war. Auf den materiell-rechtlichen Entstehungszeitpunkt kommt es dabei nicht an. Gleichzustellen ist jede wesentliche Änderung einer bereits eingetragenen Firma.

12   **4. Die Anforderungen an die Unterscheidbarkeit. a) Auffassung des allgemeinen Verkehrs.** Im Gegensatz zur früheren Meinung, die nur auf die Sicht der beteiligten Handelskreise abstellen wollte, kommt es bei der Beurteilung der Unterscheidbarkeit nach heute hL zutreffend auf die **Auffassung des allgemeinen Verkehrs** an; dies ergibt sich aus dem Normzweck.

---

[3] Letzteres eingefügt aufgrund des Änderungsgesetzes vom 9.10.1973 (BGBl 1973 I S. 1451, 1463).
[4] Dafür: OLG Stuttgart OLGE 42 (1921), 211 f.; LG Limburg Rpfleger 1981, 23 f.; Heymann/ *Emmerich* RdNr. 6; dagegen: Staub/*Hüffer* RdNr. 7; Baumbach/*Hopt* RdNr. 3.
[5] Vgl. dazu Staub/*Hüffer* RdNr. 8, § 19 RdNr. 37 ff.
[6] RGZ 29, 66, 68 f.; KG JW 1933, 1030 m. Anm. Bondi; Heymann/*Emmerich* RdNr. 7; Staub/ *Hüffer* RdNr. 10.

[7] Ebenso Staub/*Hüffer* RdNr. 11; aA ROHGE 6, 2, 4, 6; KG JW 1933, 1030; GroßkommHGB/ *Würdinger* Anm. 4; Schlegelberger/*Hildebrandt/ Steckhan* RdNr. 4; Düringer/Hachenburg/*Hoeniger* Anm. 2; wieder anders OGH SZ 51 (1978), 540, 542 = NZ 1979, 43; Heymann/*Emmerich* RdNr. 7 a; kein Vorrang aber Pflichtaussetzung bis zur Klärung der Rechtmäßigkeit der Altfirma.
[8] So HansOLG Hamburg OLGZ 1987, 191, 192 f.; *Bokelmann,* Das Recht der Firmen- und Geschäftsbezeichnungen, 3. Aufl. 1986, RdNr. 98 f.

b) Firmenwortlaut. Maßgeblich ist **der volle, einzutragende Firmenwortlaut.** Der 13
Gegenmeinung, die (auch) auf verwechslungsfähige Firmenschlagworte abstellen will,[9]
kann deswegen nicht gefolgt werden, weil die Verwendung solcher Schlagworte nicht
generell zulässig ist (vgl. näher § 37 RdNr. 7 ff.). Dazu kommt, daß die Gegenmeinung
den Registerrichter zu Mutmaßungen darüber zwingt, welche Abkürzungen denn schlagwortartig verwendet werden könnten. Dies geht nicht an.

c) Gesamteindruck; konkretere Regeln. Der Beurteilung der Verwechslungsgefahr 14
zugrundezulegen ist der **Gesamteindruck**; insbesondere, aber nicht ausschließlich, das sog.
Klangbild.[10] Letztlich entscheidend sind allerdings die Umstände des Einzelfalles. Immerhin haben sich einige konkretere Regeln herausgebildet:

aa) Gesellschaftszusätze, ob zwingend oder freiwillig aufgenommen, ausgeschrieben 15
oder abgekürzt, begründen für sich allein keine ausreichende Unterscheidbarkeit, da sie
keine die Individualisierung bezweckenden Firmenbestandteile sind und an „dem Auge
und Ohre sich einprägenden Klangbilde" nicht teilnehmen.[11] Besondere Bedeutung hat
dies für die Firma der GmbH & Co. KG. Als Oberbegriff für die einzelnen Gesellschaftsty-
pen reicht auch der Zusatz „Handelsgesellschaft" nicht aus.[12] Dies gilt auch für Zusätze wie
„in Liquidation",[13] „im Vergleichsverfahren"[14] oder „Nachfolger".[15] Zu weit geht es aber,
die Unterscheidungskraft von Zusätzen wie „deutsch" oder „bayerisch" allgemein abzulehnen.[16] So wird man neben der „Deutsche Bank AG" auch eine „Bayerische Bank AG"
zulassen können.

bb) Die Unterscheidungskraft beigefügter **Ortsnamen** läßt sich nicht generell beurteilen. 16
Entscheidend ist die Aussagekraft der sonstigen Firmenbestandteile und die Bedeutung, die
der Verkehr einer Ortsbezeichnung bei einer derartigen Firma beimißt. Nicht genügen
wird die bloße Ortsangabe bei der **Personenfirma,** da der Ortsangabe neben dem Namen
kaum Kennzeichnungswirkung zukommt.[17] Bei **Sachfirmen** hingegen ist eine ausreichende Unterscheidungskraft im Einzelfall denkbar. So erfolgt zB die Individualisierung bei
Volksbanken in erster Linie aufgrund des beigefügten Ortszusatzes, da der Gattungsbegriff
„Volksbank" infolge der häufigen Verwendung wenig Kennzeichnungskraft aufweist.[18]
Nach dem OLG Stuttgart reicht eine Landschaftsbezeichnung wie „Filder" zur ausreichenden Unterscheidung von GmbH und GmbH & Co. KG aus, solange der Zusatz nicht nur
den Ort des gemeinsamen Sitzes bezeichnet.[19]

cc) Denkbar ist, daß die Verwechslungsgefahr durch mehrere kleine, für sich allein nicht 17
ausreichende Unterschiede ausgeschlossen wird. *Wessel* nennt als Beispiel eine „Schuster
Immobilien KG", die sich zwar noch nicht von einer „Immo Schuster Immobilien KG",
wohl aber von einer „Immo Schuster Immobilien **GmbH**" unterscheide.[20]

Die Beifügung von **Ordinalzahlen** (zB XY zweite Verwaltungs KG; XY dritte Verwal- 18
tungs KG) genügt den Erfordernissen des § 30 **nicht.**[21]

[9] RGZ 171, 321, 324; OGH EvBl. 1967, Nr. 304
= ÖJZ 1967, 436, 437; GesRZ 1972, 50 = NZ
1972, 121; Staub/*Hüffer* RdNr. 15.
[10] RGZ 104, 341, 342; BGHZ 46, 7, 12 = NJW
1966, 1813 m. Anm. *Jansen; Heymann/Emmerich*
RdNr. 14; Staub/*Hüffer* RdNr. 15, 17.
[11] RGZ 104, 341, 342 (zu § 22); BGHZ 46, 7,
12 = NJW 1966, 1813; BayObLGZ 1966, 337, 343;
OLG Frankfurt BB 1973, 676, 677; BayObLGZ
1979, 316, 318, OLG Hamburg KGJ 41, 267; heute
unstreitig, vgl. etwa Staub/*Hüffer* RdNr. 17; Hey-
mann/*Emmerich* RdNr. 17; Hachenburg/*Heinrich*
GmbHG § 4 RdNr. 87. AA teilweise die ältere
Rspr., etwa KGJ 26, A 215, 217; KGJ 51, 115, 120;
BayObLGZ 8 (1908), 401; 28 (1928), 726, 728
(Diese Entscheidungen stellten aber noch auf die
Sicht der Handelskreise als Beurteilungsmaßstab ab).

[12] BayObLGZ 1979, 316, 319 f.
[13] RGZ 29, 66, 68; KG JW 1933, 117, 118; LG
Hamburg BB 1952, 262.
[14] *Bokelmann* (Fn. 8) RdNr. 79.
[15] Staub/*Hüffer* RdNr. 17; Düringer/Hachen-
burg/*Hoeniger* Anm. 4; aA GroßKommHGB/*Würdinger*
Anm. 7.
[16] So aber Heymann/*Emmerich* RdNr. 17.
[17] Staub/*Hüffer* RdNr. 21; GroßKommHGB/
Würdinger Anm. 9.
[18] *Großfeld/Neumann* ZfG Bd. 30 (1980), 171.
[19] BB 1976, 1575 mit Anm. *Körner,* der die genannte Einschränkung jedoch ablehnt.
[20] *Wessel,* Die Firmengründung, 5. Aufl. 1987,
RdNr. 150; ähnlich *Bokelmann* (Fn. 8) RdNr. 81.
[21] AG Frankfurt Rpfleger 1980, 388 mit Anm.
Kreimer.

19　　**dd)** Bei **Personenfirmen** sollen unterschiedliche Vornamen bei gleichem Nachnamen hinreichend unterscheidungskräftig sein. Die Beifügung des Vornamens nur bei dem einen oder die Aufnahme eines zusätzlichen Vornamens reichen dabei aus („Johann Herm. H" und „Hermann H."[22]). Andererseits wird die Hinzufügung nur der Initialen als nicht genügend angesehen (Bsp. Hartmann & Schulze – Th. Hartmann & Schultze[23]).[24] An der deutlichen Unterscheidbarkeit fehlt es auch bei zwei klanggleichen Namen, da der Unterschied im mündlichen Verkehr nicht auffällt und selbst im schriftlichen Verkehr leicht übersehen wird.[25]

20　　**Bei Gleichnamigen** wird die Verwechslungsgefahr durch Hinzufügung des Unternehmensgegenstandes vermieden.[26] Dies wird jedoch dann nicht gelten können, wenn beide Unternehmen im gleichen Bereich tätig sind, zB bei „J. L." und „J. L. Lederwaren" beide mit Lederwaren handelnd.[27]

21　　Diese Grundsätze gelten nur für reine Personenfirmen. Bei **gemischten Firmen** kann der Eigenname dagegen seine Individualisierungseigenschaft ganz oder teilweise verlieren. Beispiel: „Brillen Be.Augenoptikermeister Ha. GmbH" unterscheidet sich trotz der unterschiedlichen Namen „Ha." und „Lü." nicht ausreichend von „Brillen Be. Augenoptikermeister Lü. GmbH".[28]

22　　**ee)** Bei den **Sachfirmen** hat der **Wortsinn** eine besondere Bedeutung. So wurden „Ostdt. Brennstoffvertrieb GmbH" und „Ostdt. Betriebsstoffgesellschaft mbH" als verwechslungsfähig angesehen, da Brennstoff nur eine besondere Art von Betriebsstoff im allgemeinen sei.[29] Wortbild und Wortklang können dagegen eher in den Hintergrund treten. So ist wegen des unterschiedlichen Sinns die Eintragung der „Bank für Gemeinwirtschaft" zu recht neben der „Bank für Getreidewirtschaft" zugelassen worden.[30]

23　　Einig ist man sich darüber, daß die **Anforderungen an die Unterscheidbarkeit bei Sachfirmen** höher sein können als an Personenfirmen, da die Auswahlmöglichkeit bei Sachbegriffen größer ist und klangähnlichen Sachbegriffen anders als klangähnlichen Namen häufig ein ähnlicher Sinngehalt zugeordnet wird.[31]

24　　**ff)** Für **verwechslungsfähig** wurden in der Rechtsprechung folgende Firmen gehalten: „HSB Hausbau GmbH" – „Hausbau Ulm GmbH",[32] „Rabattsparverein der vereinigten Geschäftsleute (Klebesystem) GmbH" – „Sparverein vereinigter Geschäftsleute zu Berlin GmbH",[33] „Vereinigte Beinwarenfabrik" – „Beinwarenfabrik",[34] „Nitro-Lack GmbH" – „Nitrola, Bayerische Nitro-Lack und Farben GmbH",[35] „Kur- und Fremdenverkehrsgesellschaft" – „Kur- und Verkehrsverein",[36] „XYZ Süd Wohnbau GmbH & Co. KG" – „XYZ Südwest Wohnbau GmbH & Co. KG".[37]

---

[22] OLG Hamburg OLGE 11, 20; siehe auch BayObLG DJZ 1921, 439.

[23] OLG Hamburg KGJ 38, A 311 f = RJA 10, 49.

[24] Anders noch RGZ 20, 71 für „C. H. Benecke & Co."und „Benecke & Co." zust. GroßKomm-HGB/*Würdinger* Anm. 7; ablehnend Staub/*Hüffer* RdNr. 18.

[25] OLG Hamburg KGJ 38, A 311 = RJA 10, 49 („Schulze" – „Schultze"); OLG Hamburg KGJ 41, 267 („Herz" – „Hertz"); Staub/*Hüffer* RdNr. 18; Heymann/*Emmerich* RdNr. 18; aA GroßKomm-HGB/*Würdinger* Anm. 7.

[26] OLG München LZ 1915, Sp. 569, 570 („Gebrüder M." – „Gebrüder M. Konfektionshaus"); KGJ 51, 120 („Jakob Levy" „Jakob Levy, Lederwaren"); KG JW 1926, 2001 („Gebr. L." – „Gebr. L., Blusen und Kleider"); enger jedoch Bokelmann (Fn. 8) RdNr. 81 unter Berufung auf Hachenburg/*Schilling* GmbHG (6. Aufl.) § 4 Anm. 27, die

die „Hermann Odebrecht" und „Hermann Odebrecht Schuhfabrik" für verwechslungsfähig halten.

[27] So auch Staub/*Hüffer* RdNr. 16; Heymann/*Emmerich* RdNr. 22; aA *Bondi* JW 1926, 2001, der den Berechtigten auf seine Rechte aus dem UWG verweist.

[28] OLG Frankfurt OLGZ 1981, 8, 9.

[29] RGZ 100, 45 f.

[30] LG Hamburg BB 1952, 477.

[31] RGZ 171, 321, 324; Heymann/*Emmerich* RdNr. 19; GroßKommHGB/*Würdinger* Anm. 7.

[32] BGH WM 1979, 922 f.

[33] RG Recht 1908 Beilageband Nr. 1058.

[34] RG JW 1922, 1200 Nr. 7.

[35] BayObLG JW 1927, 2434.

[36] LG Limburg v. 19. 12. 79, zit. bei *Wessel* (Fn. 20) RdNr. 151 Fn. 168.

[37] OLG Frankfurt/M BB 1975, Beil. Nr. 12 S. 20.

Dagegen wurden in der Rechtsprechung für **deutlich unterscheidbar** gehalten: 25
„Bauhütte Bauwohl mbH" – „Bauhütte Groß Hamburg AG",[38]
„Commerzbank in Lübeck" – „Lübecker Privatbank" – „Commerz- u. Privatbank Aktiengesellschaft, Filiale Lübeck",[39]
„U. Volksbank e.G." – „Volksbank K. von 1897 e.G.",[40]
„Western Store Inhaber X" – „Western Store Handelsgesellschaft mbH",[41]
„Johann K Mechanische Faßfabrik" – „Hans K Faßfabrik",[42]
„Frankfurter Gummiwarenfabrik" – „Vereinigte Berlin-Frankfurter Gummiwaren-Fabriken",[43]
„Aktiengesellschaft für Kohlensäure-Industrie" – „Berliner Kohlensäure-Industrie Gesellschaft mit beschränkter Haftung",[44]
„L.er Stahlbrunnen Gesellschaft mit beschränkter Haftung" – „L.er St. Georg Stahlquelle Gesellschaft mit beschränkter Haftung".[45]

II. Absatz 2

Absatz 2 stellt keine abweichenden Anforderungen an die Unterscheidbarkeit auf, son- 26
dern stellt nur klar, wie der **Konflikt zwischen § 18 Abs. 1 und dem Grundsatz der Firmenunterscheidbarkeit** gelöst werden kann. Da jeder Einzelkaufmann seinen Namen zur Firmenbildung verwenden und selbst bei mehreren Vornamen der gewünschte auch dann gewählt werden darf, wenn durch einen anderen die Gleichnamigkeit vermieden werden könnte, muß die Unterscheidbarkeit durch Zusätze bei der jüngeren Firma herbeigeführt werden.

Für die **Anforderungen an den unterscheidenden Zusatz** gelten die oben angeführten 27
Grundsätze über Personenfirmen. Insbesondere reicht die Angabe des Geschäftsgegenstandes regelmäßig aus. Zwei Namen sind im Sinne dieses Absatzes schon dann gleich, wenn sie sich nicht deutlich unterscheiden; auf genau gleiche Schreibweise kommt es daher nicht an.

III. Absatz 3

Absatz 3 erklärt sich daraus, daß der Gesetzgeber noch davon ausging, die **Zweignieder-** 28
lassung müsse die Firma der Hauptniederlassung führen. **Abs. 3** sollte den möglichen Konflikt zwischen diesem Grundsatz der Firmeneinheit und dem Grundsatz der Firmenunterscheidbarkeit lösen. Heute ist dagegen ganz überwiegend anerkannt, daß die Zweigniederlassung auch eine abweichende Firma führen darf, solange in ihr nur die Firma der Hauptniederlassung mit einem Zusatz enthalten ist, der den Betrieb als Zweigniederlassung erkennen läßt.[46] Der geschilderte Konflikt hat damit einiges von seiner Bedeutung verloren. Für die **Anforderungen an die Unterscheidbarkeit** gelten die oben dargelegten Grundsätze. Der Zusatz „Zweigniederlassung" allein reicht nicht aus.[47]

IV. Absatz 4

Die durch Absatz 4 eingeräumte Möglichkeit der Bildung **gemeinschaftlicher Firmen-** 29
bezirke ist in der Praxis von geringer Bedeutung. Eine Auflistung dieser Bezirke findet sich in der Anlage 5 zur HRV.[48]

---

[38] RG JW 1931, 1916; aA Staub/*Hüffer* RdNr. 19.
[39] RGZ 103, 388.
[40] LG Krefeld JZ 1981, 401 f, „U." und „K." sind geographische Zusätze.
[41] OLG München BB 1971, Beil. 9 S. 19.
[42] BayObLGZ 28 (1928), 505.
[43] OLG Frankfurt Recht 1908 Nr. 605; aA *Hüffer* RdNr. 19.
[44] KGJ 37, A 199.

[45] KGJ 41, A 114.
[46] RGZ 113, 213; 114, 318, 320 f.; BayObLGZ 1978, 62; Staub/*Hüffer* § 17 RdNr. 32 f.; Heymann/*Emmerich* § 17 RdNr. 28 f.; *Bokelmann* (Fn. 8) RdNr. 874 ff.; *Wessel* (Fn. 20) RdNr. 360.
[47] Heymann/*Emmerich* RdNr. 23; mit Beispiel Staub/*Hüffer* RdNr. 22.
[48] Abgedruckt in DJustiz 1937, 1251, 1270 und bei Schlegelberger/*Hildebrandt*/*Steckhan* RdNr. 4 f.

V. Verfahren

30   Die Einhaltung des Grundsatzes der Firmenunterscheidbarkeit wird in erster Linie durch das Registergericht gem. **§ 37 Abs. 1**, sekundär durch den zuvor eingetragenen Firmenberechtigten nach **§ 37 Abs. 2**, sichergestellt. Das Registergericht weist eine Anmeldung zurück, wenn die Firma gegen § 30 verstößt.[49] Den Gebrauch einer unzulässigen Firma kann es nach §§ 37 Abs. 1 HGB, 144, 132 ff FGG unterbinden. Eine widerrechtlich eingetragene Firma kann nach § 142 FGG von Amts wegen gelöscht werden. Für die Zweigniederlassung beschränkt § 13 Abs. 3 die Prüfungskompetenz des Gerichts der Zweigniederlassung zugunsten des Gerichts der Hauptniederlassung.[50]

§ 31 [Änderung der Firma; Erlöschen]

(1) Eine Änderung der Firma oder ihrer Inhaber sowie die Verlegung der Niederlassung an einen anderen Ort ist nach den Vorschriften des § 29 zur Eintragung in das Handelsregister anzumelden.

(2) Das gleiche gilt, wenn die Firma erlischt. Kann die Anmeldung des Erlöschens einer eingetragenen Firma durch die hierzu Verpflichteten nicht auf dem in § 14 bezeichneten Wege herbeigeführt werden, so hat das Gericht das Erlöschen von Amts wegen einzutragen.

Übersicht

1   **1. Überblick.** § 31 enthält die notwendige **Ergänzung zu § 29**. Änderungen der nach § 29 eintragungspflichtigen Tatsachen sind ebenfalls in das Handelsregister einzutragen. Nur so kann erreicht werden, daß das Handelsregister ständig korrekt über die Merkmale der kaufmännischen Unternehmen informiert. Der Normzweck von § 31 entspricht demnach dem des § 29. Für die Verlegung der Hauptniederlassung an einen anderen Ort gilt seit 1937 nicht mehr § 31, sondern § 13 c. Insofern ist der Wortlaut des § 31 überholt.

2   **2. Anwendungsbereich.** § 31 gilt primär für **kaufmännische Unternehmen**, die von einer natürlichen Person betrieben werden. Darüber hinaus ist die Vorschrift auf andere Unternehmensträger anwendbar, soweit keine Spezialvorschriften vorhanden sind.[1] Für Handelsgesellschaften folgt dies aus § 6, ansonsten unmittelbar aus § 31. Als Spezialvorschriften sind zu nennen: §§ 34, 107, 143, 148 Abs. 1 S. 2, § 162 Abs. 3 HGB, § 54 GmbHG iVm. § 3 GmbHG, § 181 AktG iVm. § 23 Abs. 3, Abs. 4 AktG, § 2 Abs. 3, Abs. 4 EWIV-AG, § 40 VAG sowie das Gesetz über die Auflösung und Löschung von Gesellschaften und Genossenschaften vom 9. 10. 1934.

---

[49] RGZ 75, 370, 371 f.   [1] KG OLGE 19, 376.
[50] Vgl. BayObLG DB 1995, 1456.

3. Eintragungspflichtige Tatsache. Das Gesetz unterscheidet zwischen **Änderungen** 3
der Firma oder ihrer Inhaber einerseits (§ 31 Abs. 1) und der **Löschung** der Firma (§ 31
Abs. 2) andererseits.

a) Änderung der Firma. Im Vordergrund der gesetzlichen Regelung steht die **Ände-** 4
rung der Firma durch den (das Unternehmen fortführenden) Inhaber selbst. Anmeldepflichtig ist jede Änderung, gleichgültig, worauf sie beruht. Die Änderung setzt sich aus der
Löschung der alten und der Eintragung der neuen Firma zusammen. Die Anmeldepflicht
besteht auch dann, wenn die frühere, bis dahin benutzte Firma nicht eingetragen war.[2] In
diesem Fall ist in Spalte 5 des Handelsregisters („sonstige Rechtsverhältnisse") zusätzlich die
alte Firma einzutragen.

Geändert werden kann nur eine zulässigerweise eingetragene Firma; fehlte es an der Zu- 5
lässigkeit oder wurde die Fortführung der Firma **später** unzulässig, ist eine Amtslöschung
gemäß § 142 FGG mit anschließender Firmenneubildung vorzunehmen.[3]

Die Firmenänderung muß vom Inhaber ausgehen. Für Veränderungsbegehren des Regi- 6
stergerichts steht nicht § 31, sondern § 37 Abs. 1 bzw. § 142 FGG zur Verfügung.[4]

An einer Firmenänderung fehlt es, wenn die Firma **nach Inhaberwechsel** (gemäß §§ 22, 7
24) fortgeführt wird. Eintragungspflichtig ist dann aber der Inhaberwechsel (RdNr. 8).
Wird die Firma nach Inhaberwechsel **nicht** fortgeführt, erlischt sie gemäß § 31 Abs. 2.[5]
Eintragungspflichtig ist dann (bereits gemäß § 29) der neue Inhaber des Unternehmens und
zwar unter Anlegung eines neuen Registerblatts (RdNr. 11).

b) Unternehmensveräußerung. Ein **Inhaberwechsel** liegt insbesondere bei Unterneh- 8
mensveräußerung (§§ 22, 25), aber auch im Fall der §§ 24, 28 vor. Letzteres ergibt sich
daraus, daß es sich bei § 28 entgegen dem mißglückten Gesetzeswortlaut um die Übertragung des Handelsgeschäfts auf einen neuen Unternehmensträger, die zu diesem Zweck
gegründete OHG oder KG, handelt (§ 25 RdNr. 18 ff., § 28 RdNr. 1). Die Eintragung
erfolgt in diesem Fall bei Firmenfortführung auf dem alten Registerblatt.[6] Dies beruht
darauf, daß nach dem (heute zweifelhaft gewordenen) System des HGB die Firma und
nicht der Unternehmensträger im Vordergrund des Registerrechts stehen. Dabei bleibt es
auch dann, wenn der neue Unternehmensträger die Firma **später** ändert.

Ein Inhaberwechsel liegt auch vor bei der **Rechtsnachfolge von Todes wegen** sowie 9
bei **Verpachtung** oder **Nießbrauchseinräumung**.[7] **Verneint** wird ein Inhaberwechsel
dagegen in den Fällen der Vormundschaft, der Nachlaßverwaltung, der Nachlaßpflegschaft
und der Testamentsvollstreckung[8] (anders dagegen bei der sog. Treuhandlösung, wenn sie
zulässig sein sollte[9]). Die Anmeldepflicht entsteht mit dem Vollzug des Inhaberwechsels.

c) Erlöschen der Firma. Die Firma **erlischt**, wenn das Unternehmen (nachhaltig) in 10
den minder- bzw. (nach § 2) in den nichtkaufmännischen Bereich absinkt sowie dann,
wenn das betriebene Unternehmen (endgültig) eingestellt wird.

Dasselbe gilt, wenn im Fall des **Inhaberwechsels** der neue Inhaber die Firma **nicht** fort- 11
führt und zwar dann mit der Folge, daß ein neues Registerblatt anzulegen ist. Davon macht
die hL dann eine (inkonsequente) Ausnahme, wenn im Fall des § 28 die Firma nicht fortgeführt wird: Die OHG oder KG wird vielmehr in der Regel als neuer Unternehmensträger auf dem alten Registerblatt eingetragen; § 41 HRV soll dem nicht entgegenstehen,

---

[2] RGZ 15, 33, 35; OLG Frankfurt OLGZ 1973,
20, 24; Staub/*Hüffer* RdNr. 6; Heymann/*Emmerich*
RdNr. 3.
[3] RGZ 169, 147, 151; KG NJW 1965, 254;
BayObLGZ 1975, 332; BayObLGZ 1978, 54,
57 ff.; Staub/*Hüffer* RdNr. 29; Heymann/*Emmerich*
RdNr. 8.
[4] OLG Hamm OLGZ 1979, 1, 2 ff. = DB 1979,
306 f.; Heymann/*Emmerich* RdNr. 5.
[5] KG OLGZ 1965, 315, 319 f.; BayObLGZ
1971, 163, 164 ff.

[6] OLG Oldenburg Rpfleger 1980, 473; OLG
Hamm OLGZ 1977, 438, 442 = DB 1977, 1253;
OLG Stuttgart OLGZ 1979, 385, 386; Staub/*Hüffer*
RdNr. 9; Heymann/*Emmerich* RdNr. 4 a.
[7] OLG Frankfurt OLGZ 1973, 20, 24 f. (Pacht);
Heymann/*Emmerich* RdNr. 6; Staub/*Hüffer*
RdNr. 13; *Straube/Schuhmacher* RdNr. 7 ff.
[8] Vgl. RGZ 132, 138, 140, 142 = JW 1931, 3073
m. Anm. *Bondi*; Staub/*Hüffer* RdNr. 13.
[9] Vgl. dazu § 27 RdNr. 25.

sondern nach hL lediglich die zusätzliche Möglichkeit der Anlegung eines neuen Registerblatts eröffnen.[10] Mit § 13 Abs. 1 ist dies nur schwer zu vereinbaren. Diese Art der Eintragung eröffnet allerdings die (modernere?) Möglichkeit, das Schicksal eines Unternehmens trotz Änderungen der Firma und der Inhaber auf ein- und demselben Registerblatt verfolgen zu können. Voreilig ist es freilich, wenn aus dieser formalen Handhabung weitreichende materielle Folgerungen, wie etwa die Unanwendbarkeit des § 176 Abs. 1 S. 1 bei bloßer Voreintragung des eingebrachten Handelsgeschäfts, gezogen werden.[11]

12   **4. Träger und Inhalt der Anmeldepflicht.** Grundsätzlich sind sowohl der alte als auch der neue Inhaber je für sich **anmeldepflichtig.**[12] Die Anmeldung des Erwerbers setzt jedoch das Vorliegen der **Einwilligung des Veräußerers** voraus.[13] Hat das Registergericht pflichtwidrig aufgrund einseitiger Anmeldung des Erwerbers einen Inhaberwechsel eingetragen, kann diese Eintragung gemäß §§ 142 ff. FGG gelöscht werden, solange ihre materielle Richtigkeit nicht eindeutig feststeht.[14] Im Fall des Unternehmenserwerbs von Todes wegen ist nur der Erbe eintragungspflichtig. Geht das Unternehmen nach dem Tod des Vorerben auf den Nacherben über, so sind die Erben des Vorerben **und** der Nacherbe eintragungspflichtig.[15]

13   Im **Konkurs** ist der Konkursverwalter anmeldepflichtig. Eine trotzdem auf Anmeldung des Gemeinschuldners erfolgte Löschung ist gemäß § 142 FGG von Amts wegen rückgängig zu machen.[16]

14   Die Firma muß sowohl im Fall der Firmenänderung als auch im Fall des Inhaberwechsels gemäß § 29 Hs. 2 neu gezeichnet werden.[17]

15   **5. Einzelprobleme. a) Anwendbarkeit auf andere als natürliche Personen.** Gemäß § 31 Abs. 2 ist das **Erlöschen der Firma** eintragungspflichtig. Diese Vorschrift ist auch auf andere Unternehmensträger als natürliche Personen anwendbar. Parallelvorschriften finden sich in § 157 HGB, § 273 AktG und § 47 Abs. 3 S. 1 VAG.

16   **b) Firma eines Bundestagsabgeordneten.** Die eingetragene **Firma eines Bundestagsabgeordneten** darf für die Dauer der Zugehörigkeit des Firmeninhabers zum Deutschen Bundestag auch dann nicht gelöscht werden, wenn eine kaufmännische Tätigkeit in diesem Zeitraum nicht mehr ausgeübt wird.[18]

17   **c) Tod des Unternehmensinhabers.** Stirbt der **Unternehmensinhaber** und war die Firma bereits vorher erloschen, ohne daß dies im Handelsregister eingetragen worden ist, so sind die Erben nicht zur Anmeldung des Erlöschens der Firma verpflichtet, da die Pflicht nicht in ihrer Person entstanden ist und als öffentlich-rechtliche Pflicht des Erblassers nicht auf sie übergeht.[19]

18   **d) Personenhandelsgesellschaften.** Auf **Personenhandelsgesellschaften** (OHG, KG, EWiV) ist § 31 Abs. 2 dann anwendbar, wenn die Firma nicht nach durchgeführter Liquidation (dann gilt § 157), sondern aus anderen Gründen erlischt. Dies ist insbesondere wiederum dann der Fall, wenn das Unternehmen in den minder- bzw. (bei § 2) in den nichtkaufmännischen Bereich absinkt,[20] bei einer anderen Art der Auseinandersetzung als

---

[10] OLG Hamm OLGZ 1977, 438, 442; Staub/ *Hüffer* RdNr. 9; Heymann/*Emmerich* RdNr. 4 a.

[11] Daraus folgt, daß die Annahme einer Haftungsbeschränkung bereits durch Einbringung des bisher eingetragenen Handelsgeschäfts, dh. noch vor Eintragung der KG selbst, außerordentlich zweifelhaft ist (vgl. nur Schlegelberger/*K. Schmidt* § 176 RdNr. 10; Staub/*Schilling* § 176 RdNr. 5).

[12] KG OLGE 43, 202.

[13] *Keidel/Schmatz/Stöber* Registerrecht, 5. Aufl. 1991, RdNr. 169.

[14] KG OLGE 43, 202; HRR 1934, Nr. 1041.

[15] KG HRR 1934, Nr. 1041.

[16] KG JW 1938, 747; BayObLGZ 1932, 154, 155; Heymann/*Emmerich* RdNr. 11, 4 a.

[17] Staub/*Hüffer* RdNr. 7.

[18] AG Hamburg MDR 1966, 243.

[19] KG JFG 3, 190; *Keidel/Schmatz/Stöber* Registerrecht (Fn. 13) RdNr. 172; aA Staub/*Hüffer* RdNr. 28, weil der Erbe nach § 1922 BGB auch in die öffentlich-rechtliche Pflichtenlage des Erblassers eintritt.

[20] AA Staub/*Hüffer* RdNr. 23 wonach die Firma erst mit ihrer Löschung im Handelsregister erlischt. Wie hier BayObLGZ 1967, 458, 465.

durch Liquidation, bei dauerndem Nichtgebrauch der Firma und bei Veräußerung des Unternehmens ohne Firmenfortführung.

e) Aktiengesellschaft. Auf die **Aktiengesellschaft** ist § 31 Abs. 2 nicht anwendbar. Für **19** sie findet sich in § 273 Abs. 1 AktG eine Spezialregelung.[21] Dasselbe gilt für die Kommanditgesellschaft auf Aktien und über § 47 Abs. 3 S. 1 VAG für den Versicherungsverein auf Gegenseitigkeit.

f) GmbH. Umstritten ist die Rechtslage bei der **GmbH.** Das GmbH-Gesetz bestimmt in **20** § 67 nur, daß die Liquidatoren zum Handelsregister anzumelden sind. Keine Regelungen finden sich darüber, wie nach Beendigung der Liquidation zu verfahren ist. Teilweise[22] wird in diesem Fall eine Eintragung nach § 31 Abs. 2 verlangt, teilweise[23] wird § 273 AktG analog angewendet. Im Ergebnis unterscheiden sich beide Auffassungen darin, daß nach § 31 Abs. 2 nur das Erlöschen **der Firma** angemeldet wird, während nach § 273 AktG das Erlöschen **der Gesellschaft** als solcher einzutragen ist. Die entsprechende Anwendung des § 273 AktG ist vorzugswürdig.

g) Durchsetzung der Löschungspflicht. Erfolgt grundsätzlich nach § 14. Nur aus- **21** nahmsweise kommt eine Amtslöschung gemäß § 31 Abs. 2 S. 2 iVm. § 141 FGG in Betracht.[24] Ein Ausnahmefall liegt vor, wenn ein Anmeldepflichtiger nicht vorhanden ist, wenn er nicht ermittelt werden kann (zB bei unbekanntem Aufenthaltsort oder bei dauerndem Aufenthalt im Ausland)[25] oder wenn das Ordnungsverfahren erfolglos geblieben ist,[26] zB wegen Vermögenslosigkeit des Betroffenen, oder wenn es wegen des Widerstands der Beteiligten nicht zum Ziel führt.[27]

h) Satzungsänderung. Bei Aktiengesellschaften und Gesellschaften mit beschränkter **22** Haftung stellen Firmenänderungen zugleich eine **Satzungsänderung** dar. Da diese bereits gemäß § 181 AktG, 54 GmbHG eintragungspflichtig sind, wird § 31 Abs. 1 dadurch verdrängt.

§ 32 [Konkurs]

Wird über das Vermögen eines Kaufmanns der Konkurs eröffnet, so ist dies von Amts wegen in das Handelsregister einzutragen. Das gleiche gilt von der Aufhebung des Eröffnungsbeschlusses sowie von der Einstellung und Aufhebung des Konkurses. Eine öffentliche Bekanntmachung der Eintragungen findet nicht statt. Die Vorschriften des § 15 bleiben außer Anwendung.

§ 32 nF[1]

(1) Wird über das Vermögen eines Kaufmanns das Insolvenzverfahren eröffnet, so ist dies von Amts wegen in das Handelsregister einzutragen. Das gleiche gilt für

1. die Aufhebung des Eröffnungsbeschlusses,

2. die Bestellung eines vorläufigen Insolvenzverwalters, wenn zusätzlich dem Schuldner ein allgemeines Verfügungsverbot auferlegt oder angeordnet wird, daß Verfügungen des Schuldners nur mit Zustimmung des vorläufigen Insolvenzverwalters wirksam sind, und die Aufhebung einer derartigen Sicherungsmaßnahme,

---

[21] Eintragung nach § 43 Nr. 6 k HRV in Spalte 6 der Abteilung B des Registers; HRV abgedruckt bei Baumbach/*Hopt* (4).

[22] KG OLGE 19, 376; *Lutter/Hommelhoff* GmbHG § 74 RdNr. 9; Baumbach/Hueck/*Schulze-Osterloh,* GmbHG § 74 RdNr. 4; Scholz/*Schmidt* GmbHG § 74 RdNr. 4.

[23] Baumbach/*Hopt* RdNr. 2; *Hachenburg/Ulmer* GmbHG § 60 RdNr. 14; Staub/*Hüffer* RdNr. 27;

wohl auch *Keidel/Schmatz/Stöber* Registerrecht (Fn. 13) RdNr. 1468.

[24] Vgl. zum Verfahren *Keidel/Kuntze/Winkler* FGG, Teil A, 13. Aufl. 1992, § 141 RdNr. 5.

[25] Staub/*Hüffer* RdNr. 28.

[26] Vgl. Staub/*Hüffer* RdNr. 28.

[27] KG RJA 14, 153; *Keidel/Kuntze/Winkler* (Fn. 24) § 141 RdNr. 5.

[1] Gilt ab 1. 1. 1999 (Art. 40, 110 EGInsO).

3. die Einstellung und die Aufhebung des Verfahrens und

4. die Überwachung der Erfüllung eines Insolvenzplans und die Aufhebung der Überwachung.

(2) Die Eintragungen werden nicht bekanntgemacht. Die Vorschriften des § 15 sind nicht anzuwenden.

1   **1. Einzutragende Tatsache.** Gemäß § 32 S. 1, 2 sind die **Konkurseröffnung, die Aufhebung des Eröffnungsbeschlusses, die Einstellung des Konkurses und die Aufhebung des Konkurses** in das Handelsregister einzutragen. Die Eintragung erfolgt von Amts wegen. Die genannten Vorgänge werden vom Konkursgericht öffentlich bekanntgemacht und dem Registergericht von der Geschäftsstelle des Konkursgerichts in beglaubigter Abschrift mitgeteilt (§§ 111, 112, 116, 163 Abs. 3, 190 Abs. 3, 205 Abs. 2 KO). Einzelheiten regelt die Anordnung über Mitteilungen in Zivilsachen vom 1. 10. 1967 in Abschnitt XII.[2] Die **Wiederaufnahme des Konkurses** wird dem Registergericht von der Geschäftsstelle des Konkursgerichts in gleicher Weise nach den §§ 198, 112 KO mitgeteilt. Demzufolge ist § 32 auf die Wiederaufnahme des Konkurses analog anzuwenden mit der Folge, daß auch diese Tatsache von Amts wegen einzutragen ist.[3] Anderenfalls wäre die Mitteilung ohne Sinn.[4] Dasselbe gilt aufgrund von § 6 Abs. 2 Nr. 4 GesO für die **Eröffnung der Gesamtvollstreckung** und aufgrund von § 19 Abs. 4 GesO für die **Einstellung der Gesamtvollstreckung.** Der **Unterbrechungsbeschluß** im Sinne von § 3 Abs. 1 GUG[5] ist nach § 3 Abs. 5 zwar öffentlich bekanntzumachen, mangels Rechtsgrundlage ist er aber nicht in das Handelsregister einzutragen. Parallelvorschriften zu § 32 finden sich in § 263 AktG, § 65 Abs. 1 GmbHG, § 102 GenG, §§ 23, 98 Abs. 3 VerglO. Gemäß § 19 Abs. 2 S. 2 HRV braucht die Eintragung nicht den Hinweis auf die gesetzliche Grundlage und keinen Vermerk „von Amts wegen eingetragen" zu enthalten.

2   § 32 gilt für **Einzelkaufleute,** über § 6 für **Handelsgesellschaften** (OHG, KG, GmbH und AG), über § 34 Abs. 5 für sonstige juristische Personen im Sinne von § 33 und über § 16 für Versicherungsvereine auf Gegenseitigkeit.

3   Für die **Eintragungen** ist nach § 29 Abs. 1 Nr. 3 HRV der Urkundsbeamte zuständig.

4   **2. Keine Bekanntmachung.** Gemäß § 32 S. 3 findet eine öffentliche Bekanntmachung der Eintragungen durch das Registergericht nicht statt. Darauf konnte verzichtet werden, weil die einzutragenden Tatsachen bereits **vom Konkursgericht bekanntgemacht** werden. Ist unter Verletzung von § 32 der Konkursvermerk durch das Registergericht veröffentlicht worden, so muß die Aufhebung gleichfalls publiziert werden.[6]

5   **3. Konkurrenzen.** Gemäß § 32 S. 4 ist **§ 15** nicht anwendbar. Die Rechtsfolgen der genannten Vorgänge richten sich ausschließlich nach der Konkursordnung, insbesondere nach den §§ 6 ff. KO. Ein Gutglaubensschutz nach § 15 wäre mit dem Zweck des Konkursverfahrens unvereinbar.[7]

6   Das Erlöschen der Firma ist auch dann nach **§ 31 Abs. 2** einzutragen, wenn es mit der Aufhebung des Konkursverfahrens nach § 163 KO zusammenfällt; denn die Aufhebung des Konkursverfahrens und das Erlöschen der Firma sind zwei zu trennende Rechtsvorgänge. Die Aufhebung des Konkurses hat nicht ohne weiteres und ausnahmslos das Erlöschen der Firma zur Folge.[8]

7   **4. Insolvenzrechtsreform.** Durch die aufgrund der Nr. **2 des Art. 40 EGInsO** ab 1. 1. 1999 **geltende Fassung des** § 32 wurde die Eintragungspflicht auf die Bestellung eines vorläufigen Insolvenzverwalters (§ 21 Abs. 2, 22 InsO) dann erweitert, wenn dem Schuld-

---

[2] Abgedruckt bei *Drischler,* Verfügung über die Führung und Einrichtung des Handelsregisters, 5. Aufl. 1983, Anhang III, S. 106 ff.

[3] Staub/*Hüffer* RdNr. 2.

[4] Schlegelberger/*Hildebrandt/Steckhan* RdNr. 2.

[5] Gesetz über die Unterbrechung von Gesamtvollstreckungsverfahren abgedr. Schönfelder-DDR Ord. Nr. 255 a.

[6] LG Köln Rpfleger 1974, 266; Staub/*Hüffer* RdNr. 6.

[7] Staub/*Hüffer* RdNr. 7.

[8] KG JW 1938, 1825.

ner ein allgemeines Verfügungsverbot auferlegt oder seine Verfügungen nur mit Zustimmung des vorläufigen Insolvenzverwalters wirksam sind (§ 21 Abs. 2 Ziff. 2 InsO). Dasselbe gilt für die Überwachung der Erfüllung eines Insolvenzplans (§ 217 ff., 260 InsO) und deren Aufhebung (§ 268 InsO).

§ 33 [Juristische Person]

(1) **Eine juristische Person, deren Eintragung in das Handelsregister mit Rücksicht auf den Gegenstand oder auf die Art und den Umfang ihres Gewerbebetriebes zu erfolgen hat, ist von sämtlichen Mitgliedern des Vorstandes zur Eintragung anzumelden.**

(2) **Der Anmeldung sind die Satzung der juristischen Person und die Urkunden über die Bestellung des Vorstandes in Urschrift oder in öffentlich beglaubigter Abschrift beizufügen. Bei der Eintragung sind die Firma und der Sitz der juristischen Person, der Gegenstand des Unternehmens und die Mitglieder des Vorstandes anzugeben. Besondere Bestimmungen der Satzung über die Befugnis des Vorstandes zur Vertretung der juristischen Person oder über die Zeitdauer des Unternehmens sind gleichfalls einzutragen.**

(3) **Die Errichtung einer Zweigniederlassung ist durch den Vorstand unter Beifügung einer öffentlich beglaubigten Abschrift der Satzung anzumelden.**

Übersicht

1. Überblick. § 33 betrifft das Betreiben eines Handelsgewerbes durch solche **juristische** 1 **Personen** (des privaten, aber auch ggf. des öffentlichen Rechts), **die nicht**, wie zB AG (§ 3 AktG) und GmbH (§ 13 Abs. 3 GmbHG), **Formkaufleute sind**, so daß ihre Eintragung im Handelsregister nach den §§ 1 ff. davon abhängt, ob das von ihnen betriebene Gewerbe nach Art und Umfang einen in kaufmännischer Weise eingerichteten Geschäftsbetrieb erfordert (§§ 1, 4 Abs. 1/§§ 2, 3). Auch für sie wird (wohl nur klarstellend) die Eintragungspflicht begründet und in Einzelheiten geregelt,[1] damit das Handelsregister auch insoweit vollständig Auskunft zu geben vermag.

2. Anwendungsbereich. a) Beispiele. Von § 33 erfaßt werden: **Wirtschaftliche Verei-** 2 **ne** im Sinne von § 22 BGB, **Idealvereine** nach § 21 BGB soweit sie aufgrund des sogenannten Nebenzweckprivilegs[2] ein vollkaufmännisches Unternehmen betreiben können,

---

[1] Zur Entstehungsgeschichte der gegenwärtigen Fassung Schlegelberger/Hildebrandt/Steckhan RdNr. 1.
[2] RGZ 83, 231 (237); 133, 170 (176); 154, 343 (354); BGHZ 15, 315 (319) = NJW 1955, 422; BGHZ 85, 84 (93 f.) = NJW 1983, 569 („ADAC"); Hüffer Gesellschaftsrecht § 3, 2 b (14); Kübler Gesellschaftsrecht § 10 II 3 a (110), § 33 I 1 d (401);

K. Schmidt GesR § 23 III 3 d (561 ff.); ders. Verbandszweck und Rechtsfähigkeit im Vereinsrecht, 1984, S. 183 ff. Das Nebenzweckprivileg wird abgelehnt von: Nitschke, Die körperschaftlich strukturierte Personengesellschaft, 1970, S. 123 ff.; Sack ZGR 1974, 179, 193 ff.

privatrechtliche **Stiftungen** soweit sie Träger eines Unternehmens sein können,[3] **öffent-lich-rechtliche Anstalten, öffentlich-rechtliche Stiftungen** und **Körperschaften des öffentlichen Rechts** mit Ausnahme der Gebietskörperschaften, da für diese § 36 eine Spezialregelung enthält. Früher galt die Vorschrift darüber hinaus für Kolonialgesellschaften[4] und bergrechtliche Gewerkschaften.[5]

3   **b) Keine Anwendbarkeit. Nicht erfaßt** werden: Gebietskörperschaften (§ 36), AG, KGaA, GmbH, eG, VVaG, die Bundesbank[6] nach § 29 Abs. 3 BBankG, die Landeszentralbanken, wie sich aus § 29 Abs. 3 in Verbindung mit § 8 BBankG ergibt, die Bundesbahn und die Bundespost,[7] weil deren unternehmerische Teile nunmehr Aktiengesellschaften sind (Deutsche Post AG, Deutsche Postbank AG, Deutsche Telekom AG, Deutsche Bahn AG) und nichtrechtsfähige Vereine, weil diese nicht Träger eines vollkaufmännischen Unternehmens sein können. Insofern greift der gesellschaftsrechtliche Rechtsformzwang ein, so daß unabhängig vom Willen der Beteiligten eine OHG vorliegt.[8]

4   **c) Ausländische juristische Personen.** Problematisch ist, inwiefern § 33 auf **ausländische** juristische Personen anwendbar ist.[9] Die Abgrenzung zwischen inländischen und ausländischen juristischen Personen richtet sich nach der sog. **Sitztheorie.** Danach ist für die Qualifikation entscheidend, wo sich der effektive (tatsächliche) Verwaltungssitz der Gesellschaft befindet.[10] Aus dieser Abgrenzung ergibt sich, daß sich das Problem der Eintragung ausländischer Gesellschaften in das deutsche Handelsregister auf die Frage der Eintragung von **Zweigniederlassungen** reduziert. Geht es nämlich um eine Hauptniederlassung, so handelt es sich gar nicht um eine ausländische, sondern um eine deutsche juristische Person.

5   Bezüglich der **Zweigniederlassungen ausländischer Aktiengesellschaften** findet sich eine Sonderregelung in § 44 AktG. Für die **Zweigniederlassungen anderer ausländischer juristischer Personen,** also insbesondere für Gesellschaften, die der deutschen GmbH entsprechen, gilt § 13 b.[11] Über § 13 Abs. 3 ergibt sich, daß die Anmeldung einer solchen Zweigniederlassung im wesentlichen wie die einer vergleichbaren inländischen Hauptniederlassung eines Handelsunternehmens vorzunehmen und zu prüfen ist.[12] Zu beachten ist hierbei, daß das schlichte Tätigwerden auf dem deutschen Markt nicht zu einer Eintragungspflicht führt. Dasselbe gilt grundsätzlich für die Beteiligung an einer Gesellschaft.[13]

6   § 33 kann infolgedessen auf ausländische juristische Personen überhaupt nur dann anwendbar sein, wenn die juristische Person hauptsächlich **im Ausland tätig** ist, es sich hierbei um eine nichtwirtschaftliche Tätigkeit handelt und sie ausschließlich in Deutschland ein

---

[3] Vgl. dazu Erman/*H.P. Westermann* vor § 80 RdNr. 8 ff.; MünchKommBGB/*Reuter* vor § 80 RdNr. 22 ff.

[4] Dies betont die Denkschrift S. 41 = *Schubert/ Schmiedel/Krampe* II/2 S. 983 unter Verweisung auf §§ 8 ff. des Gesetzes betreffend die Rechtsverhältnisse der deutschen Schutzgebiete.

[5] Die bergrechtliche Gewerkschaft ist durch die §§ 163 bis 165 des Bundesberggesetzes vom 13. 8. 1980 (BGBl. 1980 I S. 1310) abgeschafft worden; vgl. auch Art. 5 EGHGB.

[6] Die Bundesbank ist nach § 2 S. 1 BBankG eine bundesunmittelbare juristische Person des öffentlichen Rechts.

[7] Vgl. §§ 1 ff. Deutsche Bahn Gründungsgesetz BGBl. 1993 I S. 2386; §§ 1 ff. Postumwandlungsgesetz BGBl. 1994 I S. 2340.

[8] BGHZ 22, 240, 244 = NJW 1957, 218; Schlegelberger/*Hildebrand/Steckhan* RdNr. 2.

[9] Für die Anwendung von § 33 auf ausländische juristische Personen: Heymann/*Emmerich* RdNr. 3;

Staub/*Hüffer* RdNr. 3; BayObLGZ 1986, 61, 72 = DB 1986, 1325, 1328: Obiter dictum in einer Entscheidung zu ausländischen Kapitalgesellschaft & Co.

[10] BGHZ 51, 27, 28 = NJW 1969, 188; BGHZ 53, 181, 183 = NJW 1970, 998; BGHZ 78, 318, 334 = NJW 1981, 522; BGHZ 97, 269 = NJW 1986, 2194. Die Sitztheorie ist vereinbar mit Art. 58 EWG-Vertrag, vgl. dazu die „Daily-Mail-Entscheidung" des EuGH NJW 1989, 2186 = DB 1989, 269 und *Sack* JuS 1990, 352, 354 ff.

[11] Vgl. zust. BayObLG WM 1986, 1557 = DB 1986, 2530; Hachenburg/*Ulmer*, GmbHG § 12 RdNr. 39; *Lutter/Hommelhoff*, GmbHG § 12 RdNr. 12; Rowedder/*Rittner* GmbHG § 12 RdNr. 39. Demgegenüber zumindest mißverständlich Schlegelberger/*Hildebrandt/Steckhan* RdNr. 2.

[12] BayObLG WM 1986, 1557.

[13] Vgl. aber unten RdNr. 7, wonach § 33 analog anzuwenden ist, wenn eine ausländische Kapitalgesellschaft der einzige Komplementär einer deutschen Kommanditgesellschaft ist.

Handelsgewerbe betreibt. Dieser Fall wird praktisch kaum vorkommen. Theoretisch denkbar ist er bei ausländischen Idealvereinen und ausländischen Stiftungen.

d) Analoge Anwendung. § 33 ist **analog** anzuwenden, wenn eine ausländische Kapital- **7** gesellschaft der einzige Komplementär einer deutschen Kommanditgesellschaft ist, also im Fall der sog. ausländischen Kapitalgesellschaft & Co. KG.[14] Um die erforderliche Publizität zu gewährleisten, sind in diesem Fall über die nach §§ 106 Abs. 2 Nr. 1, 162 Abs. 1 erforderlichen Eintragungen (Firma und Sitz der ausländischen Gesellschaft) hinaus analog § 33 auch der Gegenstand des Unternehmens der ausländischen Gesellschaft, die vertretungsberechtigten Personen und besondere Bestimmungen über die Befugnis zur Vertretung einzutragen.[15]

3. Träger der Anmeldpflicht. Die Anmeldung ist nach Abs. 1 von sämtlichen Mitglie- **8** dern **des Vorstands** vorzunehmen. Demnach trifft die Anmeldpflicht auch diejenigen Mitglieder des Vorstands, die nicht vertretungsberechtigt sind. Demgegenüber sind die Mitglieder anderer Organe nicht zur Anmeldung verpflichtet.[16] Eine **gleichzeitige** Anmeldung durch alle Vorstandsmitglieder ist nicht erforderlich.

Die **Durchsetzung der Anmeldpflicht** richtet sich ggf. nach § 14. Die Ordnungsver- **9** fügung ist nicht gegen die juristische Person als solche, sondern persönlich gegen die einzelnen Mitglieder des Vorstands zu richten.[17] Dies ergibt sich schon daraus, daß aufgrund des eindeutigen Wortlauts Schuldner der Anmeldpflicht des § 33 Abs. 1 nicht die juristische Person als solche, sondern jedes einzelne Vorstandsmitglied ist.[18] Hieraus ergibt sich des weiteren, daß die Ordnungsverfügung nur gegen diejenigen Vorstandsmitglieder zu richten ist, die die Anmeldpflicht noch nicht erfüllt haben.[19]

4. Einzelheiten. a) Anmeldung. Bei der Anmeldung sind gemäß § 32 Abs. 2 S. 2 die **10** Firma, der Sitz und die Mitglieder des Vorstands der juristischen Person sowie der Gegenstand des Unternehmens anzugeben. Der Anmeldung sind nach § 33 Abs. 2 S. 1 die Satzung und die Urkunden über die Bestellung des Vorstands beizufügen. Die Beifügung der Satzung ist entbehrlich, wenn die juristische Person gar keine Satzung besitzt.[20] Besondere Bestimmungen der Satzung über die Befugnisse des Vorstands zur Vertretung der juristischen Person und über die Zeitdauer des Unternehmens sind nach § 33 Abs. 2 S. 3 in das Handelsregister einzutragen. Die Vorstandsmitglieder müssen bei der Anmeldung nicht auf solche Bestimmungen hinweisen. Vielmehr obliegt es dem Registergericht, die Satzung nach solchen Bestimmungen durchzusehen.[21]

b) Aus **§ 40 Nr. 3 HRV** ergibt sich, daß darüber hinaus Beruf und Wohnort der Vor- **11** standsmitglieder anzugeben und einzutragen sind.

c) Firmenbildung. Problematisch ist die Firmenbildung der juristischen Personen im **12** Sinne von § 33. Ausdrückliche Vorschriften existieren nicht. **Drei Alternativen** stehen zur Verfügung: Der Name der juristischen Person, die Namen der Gesellschafter, sofern solche vorhanden sind (Stiftung) und drittens eine Sachfirma. Da kein Anhaltspunkt für eine Heranziehung der firmenrechtlichen Vorschriften des Aktiengesetzes oder des GmbH-Gesetzes besteht, ist auf die allgemeinen Vorschriften des HGB (§§ 17 ff.), zurückzugreifen. Hieraus

---

[14] Vgl. zur Zulässigkeit dieser Gestaltungsform BayObLGZ 1986, 61, 65 ff.; OLG Saarbrücken JZ 1989, 904 = RIW 1990, 799; Heymann/*Emmerich* § 105 RdNr. 43; aA: MünchKommBGB/*Ebenroth* Nach Art. 10 EGBGB RdNr. 274.

[15] BayObLGZ 1986, 61, 72; *Hüffer* WuB II N. §§ 161 ff. HGB 1.86; dagegen *Großfeld/Strotmann* IPRax 1990, 298, 300.

[16] RG JW 1910, 617 Nr. 9 für die Aufsichtsratsmitglieder einer GmbH; Heymann/*Emmerich* RdNr. 5.

[17] KG OLGE 12, 410, 411 f.; Staub/*Hüffer* RdNr. 7, § 14 RdNr. 17; Heymann/*Emmerich* RdNr. 5.

[18] KG OLGE 12, 410, 412; AA: Staub/*Hüffer* RdNr. 7.

[19] KG OLGE 12, 410, 411 f.; Staub/*Hüffer* RdNr. 7.

[20] Denkschrift S. 42 = *Schubert/Schmiedel/Krampe* II/2 S. 983; Heymann/*Emmerich* RdNr. 6.

[21] Staub/*Hüffer* RdNr. 11 aE.

ergibt sich zunächst, daß eine **Sachfirma grundsätzlich unzulässig** ist.[22] Es verbleiben die Möglichkeiten der Firmenbildung nach § 18 und nach § 19. Aufgrund des Grades der Verselbständigung einer juristischen Person ist es sachgerecht, diese einem Einzelkaufmann gleichzustellen. Allein dies ist auch praktikabel: Bei einem großen Idealverein beispielsweise wäre eine Firmenbildung nach § 19 nicht durchführbar. Demnach ist § 18 Abs. 1 mit der Folge anzuwenden, daß die Firma der juristischen Person grundsätzlich ihrem Namen entspricht.[23] Daneben sind die §§ 18 Abs. 2, 22, 30 anwendbar.[24]

13   **d) Sitz.** Unter Sitz der juristischen Person ist grundsätzlich der satzungsgemäße Sitz zu verstehen; bei ausländischen juristischen Personen ist dagegen der tatsächliche Verwaltungssitz maßgebend, wenn er vom satzungsgemäßen abweicht.

14   **e) Unternehmensgegenstand.** Der Unternehmensgegenstand ist so bestimmt anzugeben, daß der Schwerpunkt der Geschäftstätigkeit für die beteiligten Wirtschaftskreise hinreichend erkennbar wird.[25] Es gilt dasselbe wie bei § 23 Abs. 3 Nr. 2 AktG und § 3 Abs. 1 Nr. 2 GmbHG.

15   **f) Zuständigkeit.** Bezüglich der Zuständigkeit gilt uneingeschränkt § 29[26] (vgl. dazu § 29 RdNr. 14). Allerdings werden sich im Fall des § 33 häufiger rechtliche Schwierigkeiten ergeben, so daß der Rechtspfleger die ihm übertragene Sache nach § 5 Abs. 1 Nr. 2 RpflG dem Richter vorzulegen hat.

16   **g) Zweigniederlassungen.** Für Zweigniederlassungen der juristischen Personen im Sinne von § 33 gelten zunächst die §§ 13 ff. uneingeschränkt. § 33 Abs. 3 regelt lediglich die Vertretung der juristischen Person bei der Anmeldung der Zweigniederlassung zum Handelsregister.[27] Die Zweigniederlassung ist im Gegensatz zur Hauptniederlassung nicht von „sämtlichen Mitgliedern des Vorstandes", sondern durch „den Vorstand" anzumelden. Dies bedeutet, daß die normale Vertretungsregelung gilt.[28] Die Regelung entspricht § 42 Abs. 1 AktG und § 78 GmbHG (iVm. § 12 GmbHG). Ist **unechte** Gesamtvertretungsmacht vereinbart, so soll sich diese Vertretungsmöglichkeit auch auf die Anmeldung der Zweigniederlassung erstrecken, dh. ein Vorstandsmitglied soll gemeinsam mit einem Prokuristen die Anmeldung vornehmen können,[29] weil sie bei vereinbarter unechter Gesamtvertretungsmacht ein gesetzliches Vertretungsorgan darstellen und der Umfang der Vertretungsmacht sich nach den Befugnissen des Vorstandsmitglieds richten soll[30] (zu den erheblichen Bedenken gegen diese hM vgl. § 48 RdNr. 90 ff.)

17   **h)** Die §§ **5, 15** sind auf die Eintragungen nach § 33 anwendbar.[31]

§ 34 [Anmeldung und Eintragung von Änderungen]

(1) Jede Änderung der nach § 33 Abs. 3 einzutragenden Tatsachen oder der Satzung, die Auflösung der juristischen Person, falls sie nicht die Folge der Eröffnung des Konkurses ist, sowie die Personen der Liquidatoren und die besonderen Bestimmungen über ihre Vertretungsbefugnis sind zur Eintragung in das Handelsregister anzumelden.

[22] AA: RGZ 62, 7, 9 f.; KGJ 17, 4, 5; KG HRR 1932, Nr. 253; Heymann/*Emmerich* RdNr. 8; Staub/*Hüffer* RdNr. 10.

[23] Ebenso   Schlegelberger/*Hildebrandt/Steckhan* RdNr. 4.

[24] Staub/*Hüffer* RdNr. 10; Heymann/*Emmerich* RdNr. 8. Zu der Anwendung von § 22 auf juristische Personen im Sinne von § 33 vgl. KG HRR 1932, Nr. 253.

[25] BGH BB 1981, 450 = WM 1981, 163 insoweit nicht in BGHZ 78, 311 = NJW 1981, 682;

Hachenburg/*Ulmer* GmbHG § 3 RdNr. 21; Lutter/*Hommelhoff*, GmbHG § 3 RdNr. 9.

[26] OLG Dresden OLGE 27, 304.

[27] Staub/*Hüffer* RdNr. 16.

[28] KG JW 1937, 890 zu § 234 HGB aF; Heymann/*Emmerich* RdNr. 11.

[29] KG JW 1937, 890; Staub/*Hüffer* RdNr. 16.

[30] KG JW 1937, 890; *K. Schmidt* GesR § 48 II 3 c (1160).

[31] Schlegelberger/*Hildebrandt/Steckhan* RdNr. 6.

(2) Bei der Eintragung einer Änderung der Satzung genügt, soweit nicht die Änderung die in § 33 Abs. 3 bezeichneten Angaben betrifft, die Bezugnahme auf die bei dem Gericht eingereichten Urkunden über die Änderung.

(3) Die Anmeldung hat durch den Vorstand oder, sofern die Eintragung erst nach der Anmeldung der ersten Liquidatoren geschehen soll, durch die Liquidatoren zu erfolgen.

(4) Die Eintragung gerichtlich bestellter Vorstandsmitglieder oder Liquidatoren geschieht von Amts wegen.

(5) Im Falle des Konkurses finden die Vorschriften des § 32 Anwendung.

§ 34 nF[1]

(1) Jede Änderung der nach § 33 Abs. 2 S. 2 und 3 einzutragenden Tatsachen oder der Satzung, die Auflösung der juristischen Person, falls sie nicht die Folge der Eröffnung des Insolvenzverfahrens ist, sowie die Personen der Liquidatoren und die besonderen Bestimmungen über ihre Vertretungsbefugnis sind zur Eintragung in das Handelsregister anzumelden.

(2) Bei der Eintragung einer Änderung der Satzung genügt, soweit nicht die Änderung die in § 33 Abs. 2 S. 2 und 3 bezeichneten Angaben betrifft, die Bezugnahme auf die bei dem Gericht eingereichten Urkunden über die Änderung.

(3) Die Anmeldung hat durch den Vorstand oder, sofern die Eintragung erst nach der Anmeldung der ersten Liquidatoren geschehen soll, durch die Liquidatoren zu erfolgen.

(4) Die Eintragung gerichtlich bestellter Vorstandsmitglieder oder Liquidatoren geschieht von Amts wegen.

(5) Im Falle des Insolvenzverfahrens finden die Vorschriften des § 32 Anwendung.

1. Überblick. § 34 normiert **weitere Anmeldepflichten bezüglich der juristischen** **1** **Personen** im Sinne von § 33. Die Norm entspricht § 31. Der Zweck der Vorschrift stimmt mit demjenigen der §§ 29, 31, 33 überein. Bei der Änderung des § 33 im Jahre 1937 ist eine Anpassung des § 34 übersehen worden, so daß jetzt in § 34 Abs. 1 und 2 anstelle von § 33 Abs. 3 § 33 Abs. 2 zu lesen ist. In der aufgrund des EGInsO ab 1. 1. 1999 geltenden Fassung ist dies jetzt klargestellt worden. § 34 gilt über den Anwendungsbereich von § 33 hinaus nach § 16 VAG auch für den Versicherungsverein auf Gegenseitigkeit, weil das VAG Spezialvorschriften nur für die Satzungsänderung (§ 40) und für die Auflösung (§§ 45 ff.) enthält.[2] § 15 ist auf Eintragungen nach § 34 anwendbar.[3]

2. Einzutragende Tatsachen. Gemäß **§ 34 Abs. 1** ist zunächst jede **Änderung** der nach **2** § 33 Abs. 2 eintragungspflichtigen Tatsachen zum Handelsregister anzumelden, dh. Änderungen der Firma, des Sitzes, des Unternehmensgegenstands, der Besetzung des Vorstands, Änderungen der Bestimmungen über die Vertretungsbefugnis des Vorstands oder über die Zeitdauer des Unternehmens sowie Änderungen des Namens, des Berufs oder des Wohnorts eines Vorstandsmitglieds.[4] Darüber hinaus sind als Satzungsänderungen in das Handelsregister einzutragen die Auflösung der juristischen Person, die Personen der Liquidatoren und besondere Bestimmungen über die Vertretungsbefugnis der Liquidatoren. Nach Abs. 2 gelten Erleichterungen bei der Eintragung von Satzungsänderungen, soweit nicht die Änderung die in § 33 Abs. 2 bezeichneten Angaben betrifft.

3. Anmeldepflichtige. Abs. 3 regelt, wer die Anmeldungen vorzunehmen hat. Die Re- **3** gelung entspricht § 33 Abs. 3. Die Anmeldung hat „durch den Vorstand" zu erfolgen, so daß die normalen Vertretungsregelungen gelten. Bei dem Wechsel eines vertretungsbe-

---

[1] Gemäß Art. 40 Ziff. 3, 110 EGInsO ab 1. 1. 1999 geltende Fassung.
[2] Staub/*Hüffer* RdNr. 1.
[3] Heymann/*Emmerich* RdNr. 5.

[4] Vgl. bezüglich einer bloßen Änderung der Personalien eines Vorstandsmitgliedes: Heymann/*Emmerich* RdNr. 2; Staub/*Hüffer* RdNr. 2.

rechtigten Vorstandsmitglieds wirkt nicht das ausgeschiedene, sondern das neue Mitglied bei der Anmeldung mit.[5]

4   **4. Gerichtlich bestellte Vorstandsmitglieder und Liquidatoren, Konkurs.** Werden **Vorstandsmitglieder oder Liquidatoren gerichtlich bestellt,** was zB beim Verein nach den §§ 29, 48 BGB möglich ist,[6] werden diese nach Abs. 4 **von Amts wegen** in das Handelsregister eingetragen. Wird die juristische Person durch Konkurseröffnung aufgelöst, ist die Auflösung nicht nach Abs. 1, sondern nach Abs. 5 iVm. § 32, also von Amts wegen, einzutragen.

5   **5. Verhältnis zu § 31 Abs. 2.** § 31 Abs. 2 ist ergänzend **neben § 34** anwendbar.[7] Dies wird relevant, wenn die Firma erlischt, während die juristische Person als solche fortbesteht. Wenn beispielsweise ein Idealverein, der aufgrund des Nebenzweckprivilegs ein vollkaufmännisches Unternehmen betreibt, dieses Unternehmen einstellt oder ohne Firma verkauft, ist das Erlöschen der Firma nach § 31 Abs. 2 einzutragen. Danach bestehen keine Eintragungspflichten mehr.[8] Wird die juristische Person später aufgelöst, ist dies nicht mehr in das Handelsregister einzutragen.

§ 35 [Unterschriftszeichnung]

Die Mitglieder des Vorstandes und die Liquidatoren einer juristischen Person haben ihre Unterschrift zur Aufbewahrung bei dem Gerichte zu zeichnen.

1   Die Zeichnungspflicht des § 35 bezweckt, die **Überprüfung der Echtheit** einer Unterschrift zu ermöglichen. Insofern stimmt sie mit § 29 S. 2 und den dort genannten Parallelvorschriften überein. Im Gegensatz zu § 29 S. 2 ist jedoch nicht die gezeichnete Firma, sondern die Namensunterschrift beim Gericht zu hinterlegen. Insofern entspricht die Vorschrift § 37 Abs. 5 AktG und § 8 Abs. 5 GmbHG. Im übrigen sind auch hier die §§ 12, 14 anwendbar.

§ 36 [Unternehmen öffentlicher Körperschaften]

Ein Unternehmen des *Reichs*, eines *Bundesstaats* oder eines inländischen Kommunalverbandes braucht nicht in das Handelsregister eingetragen zu werden. Erfolgt die Anmeldung, so ist die Eintragung auf die Angabe der Firma sowie des Sitzes und des Gegenstandes des Unternehmens zu beschränken.

Übersicht

1   **1. Überblick.** § 36 **befreit** die dort genannten Rechtssubjekte des öffentlichen Rechts trotz Betreibens eines Handelsgewerbes **von der** an sich aus § 33 folgenden **Pflicht** zur Eintragung ins Handelsregister. Wie sich aus Satz 2 ergibt, **bleibt** die **Eintragung** jedoch

---

[5] KGJ 45, 329; Staub/*Hüffer* RdNr. 6.
[6] Für die Aktiengesellschaft vgl. §§ 85, 265 Abs. 3 AktG.
[7] KG JW 1936, 1542 = HRR 1936, Nr. 812.
[8] KG (Fn. 7); Heymann/*Emmerich* RdNr. 3.

zulässig; sie steht lediglich im Ermessen der öffentlichen Hand. Bei den Unternehmen des § 36 handelt es sich infolgedessen um eine weitere Gruppe von **Kannkaufleuten** (dazu noch RdNr. 12).

2. Normzweck. Nach der Denkschrift[1] und der bis heute hM[2] soll auf die Eintragungspflicht verzichtet werden können, weil die notwendige **Publizität der Rechtsverhältnisse** bei staatlichen Unternehmen schon **auf andere Weise gewährleistet** sei. Dies überzeugt nicht. Zwar ist es richtig, daß die Verhältnisse der öffentlichen Hand in der Regel auch auf andere Weise ermittelt werden können. Dies allein legitimiert jedoch keine Privilegierung. Beteiligt die öffentliche Hand sich am Wirtschaftsverkehr, so sollte sie vielmehr grundsätzlich dieselben Pflichten haben wie jedes andere Rechtssubjekt. Die Eintragung in das Handelsregister ist auch sinnvoll, weil den interessierten Kreisen dadurch die Möglichkeit eröffnet wird, sich schnell und einfach zu informieren. Mangels überzeugenden Normzwecks ist § 36 daher **als rechtspolitisch verfehlt** zu betrachten und infolgedessen **restriktiv auszulegen**. 2

3. Anwendungsbereich. § 36 gilt nach seinem Wortlaut für Unternehmen des Reichs, eines Bundesstaats oder eines inländischen Kommunalverbands. Eindeutig ist insofern zunächst, daß die Begriffe des Reichs und des Bundesstaats durch die des **Bundes** und des **Bundeslandes** zu ersetzen sind. Unter einem **inländischen Kommunalverband** sind die Kreise, die Gemeinden sowie solche Zweckverbände zu verstehen, an denen ausschließlich Gebietskörperschaften beteiligt sind.[3] 3

Die Vorschrift betrifft nur solche handelsgewerblichen Betriebe, die von den privilegierten Rechtssubjekten der öffentlichen Hand selbst und unmittelbar, dh. ohne Zwischenschaltung juristischer Personen des öffentlichen oder gar des privaten Rechts (in Gestalt sog. Eigenbetriebe oder Regieunternehmen), betrieben werden. Dies folgt daraus, daß die öffentliche Hand nur dann von der Eintragungspflicht des § 33, die § 36 suspendiert, betroffen sein kann, wenn sie selbst **Unternehmensträger** ist. Werden Unternehmen der genannten Rechtssubjekte dagegen von anderen Rechtsträgern betrieben, an denen die öffentliche Hand lediglich (selbst zu 100 %) **beteiligt** ist, so entfällt die Privilegierung des § 36. 4

Dies wird auf der Grundlage einer zu **Sparkassen** ergangenen Grundsatzentscheidung des RG[4] bestritten; § 36 soll auch dann zur Anwendung kommen, wenn juristische Personen oder Anstalten des öffentlichen Rechts mit Gebietskörperschaften **besonders eng verbunden** seien.[5] Dieser Auffassung ist nicht zu folgen.[6] Die Entscheidung des RG, auf der sie beruht, ist mit der heutigen Stellung und Bedeutung der Sparkassen und ihrer in vielem deutlich größeren Distanz zu ihren Gewährträgern nicht mehr vereinbar. An der Grundauffassung, daß selbständige Unternehmen der öffentlichen Hand von der Eintragungspflicht nicht befreit sind, ist daher auch in bezug auf Sparkassen festzuhalten. Dies folgt auch aus dem bereits erwähnten Postulat restriktiver Auslegung (RdNr. 2). 5

Unstreitig nicht anwendbar ist § 36 selbst bei 100 %iger Beteiligung der öffentlichen Hand dann, wenn ein Unternehmen von einer **juristischen Person des Privatrechts**, zB einer AG, betrieben wird.[7] Insoweit unterliegt vielmehr auch die öffentliche Hand voll dem (Privat-/) Handelsrecht. 6

Insbesondere bei unternehmerischer Betätigung von Gebietskörperschaften kann im Einzelfall fraglich sein, ob ein **Gewerbe** vorliegt.[8] Dies wurde früher insbesondere unter dem 7

[1] Denkschrift S. 42 = *Schubert/Schmiedel/Krampe* II/2 S. 983.

[2] RGZ 152, 307, 312; 166, 334, 339; OLG Hamm OLGZ 1981, 2, 3.

[3] Staub/*Hüffer* RdNr. 5.

[4] RGZ 166, 334, 337 ff.

[5] OLG Hamm OLGZ 1981, 2, 3; Baumbach/*Hopt* RdNr. 1; *Sprengel* ZHR 119 (1956), 1, 9 f.

[6] Ebenso Heymann/*Emmerich* RdNr. 4; Staub/*Hüffer* RdNr. 6; zweifelnd *ders.* RdNr. 8 für den Sonderfall der Sparkassen.

[7] Staub/*Hüffer* RdNr. 6; Schlegelberger/*Hildebrandt/Steckhan* RdNr. 1; Heymann/*Emmerich* RdNr. 5.

[8] Vgl. hierzu Staub/*Hüffer* RdNr. 3; Schlegelberger/*Hildebrandt/Steckhan* RdNr. 2.

Aspekt der – heute zumindest zurückgedrängten – Gewinnerzielungsabsicht diskutiert (dazu § 1 RdNr. 23).

8   **4. Einzelheiten. a) Vorliegen eines Handelsgewerbes.** Die Befreiung von der Eintragungspflicht ändert wegen der dort ohnehin nur deklaratorischen Wirkung der Eintragung dann nichts am **Vorliegen eines Handelsgewerbes** und damit an der Kaufmannseigenschaft der öffentlichen Hand, wenn ein (vollkaufmännisches) **Grundhandelsgewerbe** betrieben wird. Im Bereich der §§ 2, 3 kann sich die öffentliche Hand dagegen durch die ihr freigestellte Nichteintragung der Geltung des Handelsrechts für die von ihr betriebenen Unternehmen entziehen.

9   **b) Nichtvornahme der Eintragung.** Hat sich die öffentliche Hand **gegen die Eintragung entschieden,** so entfällt auch die **Eintragungspflichtigkeit in bezug auf Folgeeintragungen,** wie Änderungen oder Erlöschen der Firma, Eröffnung von Konkurs oder Vergleich etc. Streitig ist dies allerdings in bezug auf die gemäß § 53 eintragungspflichtige **Prokuraerteilung.** Hier fragt es sich, ob sich die Befreiung von der Eintragungspflicht des § 36 auch auf **diese** Eintragungspflicht bezieht, die öffentliche Hand also generell von sekundären Eintragungspflichten befreit ist.[9] Angesichts der zweifelhaften ratio der Vorschrift sollte dies verneint werden und die öffentliche Hand infolgedessen zur Eintragung verpflichtet sein, wenn es um Rechtsakte geht, die nach allgemeinem Handelsrecht eintragungspflichtig sind. Anderenfalls ist ein nicht eingetragenes Unternehmen i.S.d. § 36 nicht prokurafähig.[10]

10   **c) Vornahme der Eintragung.** Entscheidet sich die öffentliche Hand **für die Eintragung,** ist nach § 36 S. 2 nur die Firma (RdNr. 12), der Sitz und der Unternehmensgegenstand einzutragen. **Weitere Eintragungen** sind grundsätzlich **unzulässig.** Insbesondere die vertretungsberechtigten Personen sind nicht einzutragen.[11] Dies folgt aus dem eindeutigen Wortlaut der Norm. Im übrigen sind die allgemeinen Vorschriften anzuwenden (vgl. insbesondere die §§ 33, 29, 12, 34[12] und 31 Abs. 2[13]). Eintragungspflichtig sind dann auch **Änderungen der eingetragenen Rechtstatsachen** (zur Löschung vgl. RdNr. 13).

11   Soweit Eintragungspflicht besteht, ist auch **§ 15** anwendbar.[14] Bezüglich der Vertretungsmacht von Vorstandsmitgliedern ist dies allerdings praktisch nicht relevant, weil nach § 36 Abs. 2 die vertretungsberechtigten Personen nicht in das Handelsregister einzutragen sind (RdNr. 10). Demgegenüber kann § 15 etwa bei Erteilung bzw. Widerruf einer **Prokura** zur Anwendung kommen. Soweit nach freiwilliger Eintragung ergänzende Eintragungspflichten bestehen, ist § 14 auf die öffentliche Hand nicht anwendbar.[15] Ein Zwangsgeldverfahren kann gegen sie nicht eingeleitet werden; anzurufen ist vielmehr – soweit vorhanden – die Aufsichtsbehörde.[16]

12   **d) Pflicht zur Firmenwahl.** Entscheiden sich die in § 36 genannten Rechtssubjekte für die Eintragung, so sind sie verpflichtet, eine **Firma** zu wählen; diese kann von ihrem Namen abweichen und wird es in der Regel tun.[17] Anwendbar ist auch § 35, so daß die vertretungsberechtigten Personen verpflichtet sind, ihre Unterschrift zur Aufbewahrung bei dem Gericht zu zeichnen.[18] Trotz Registereintragung ist das Unternehmen an die die öffentliche Verwaltung bindenden Grundsätze, vor allem an Art. 3 GG, gebunden.[19]

---

[9] Schlegelberger/*Hildebrandt/Steckhan* RdNr. 3; aA Heymann/*Emmerich* RdNr. 7; *Straube/Schuhmacher* RdNr. 7.

[10] Staub/*Hüffer* RdNr. 9; GroßkommHGB/*Würdinger* Anm. 3; vgl. auch § 48 RdNr. 7.

[11] OLG Hamm OLGZ 1981, 2, 4 ff.

[12] BayObLG JFG 1, 188; Schlegelberger/*Hildebrandt/Steckhan* RdNr. 4.

[13] Schlegelberger/*Hildebrandt/Steckhan* RdNr. 9.

[14] Wie hier BayObLG JFG 1, 188, 190; Schlegelberger/*Hildebrandt/Steckhan* RdNr. 6.

[15] Staub/*Hüffer* RdNr. 15; Schlegelberger/*Hildebrandt/Steckhan* RdNr. 7.

[16] Schlegelberger/*Hildebrandt/Steckhan* RdNr. 7.

[17] KG JFG 1, 184; BayObLG JFG 1, 188; Schlegelberger/*Hildebrandt-Steckhan* RdNr. 5.

[18] AA   Schlegelberger/*Hildebrandt/Steckhan* RdNr. 5 aE.

[19] BGHZ 52, 325 ff. = NJW 1969, 2195; Staub/*Hüffer* RdNr. 2 aE.

5. Löschungsrecht. Ist das Unternehmen freiwillig in das Handelsregister eingetragen 13 worden, so stellt sich die **Frage, ob die Gebietskörperschaft das Recht hat, die Eintragung nach Belieben wieder löschen zu lassen.** Dafür könnte angesichts des Fehlens einer dem § 3 Abs. 2 S. 2 entsprechenden Vorschrift ein Umkehrschluß sprechen. Entgegen der hM,[20] aber mit der älteren Rechtsprechung,[21] ist jedoch zunächst für Unternehmen, die ein Grundhandelsgewerbe betreiben, ein solches Recht abzulehnen. Erst recht ist so für Unternehmen im Bereich der §§ 2, 3 zu entscheiden.[22] § 3 Abs. 2 S. 2 ist insoweit als allgemeine Regel für Kannkaufleute zu verstehen. Für eine unterschiedliche Behandlung der Kannkaufleute nach § 3 und § 36 ist jedenfalls kein rechtfertigender Grund ersichtlich.

§ 37 [Unzulässiger Firmengebrauch]

(1) **Wer eine nach den Vorschriften dieses Abschnitts ihm nicht zustehende Firma gebraucht, ist von dem Registergerichte zur Unterlassung des Gebrauchs der Firma durch Festsetzung von Ordnungsgeld anzuhalten.**

(2) **Wer in seinen Rechten dadurch verletzt wird, daß ein anderer eine Firma unbefugt gebraucht, kann von diesem die Unterlassung des Gebrauchs der Firma verlangen. Ein nach sonstigen Vorschriften begründeter Anspruch auf Schadensersatz bleibt unberührt.**

Übersicht

[20] RGZ 152, 307, 312 ff.; Staub/*Hüffer* RdNr. 18; Schlegelberger/*Hildebrandt/Steckhan* RdNr. 8; Düringer/Hachenburg/*Hoeniger* Anm. 4; Baumbach/*Hopt* RdNr. 2; *Straube/Schuhmacher* RdNr. 9.
[21] OLG Jena OLGE 1, 172, 173 ff.; KG OLGE 10, 234, 235 f.; ebenso Heymann/*Emmerich* RdNr. 17; GroßkommHGB/*Würdinger* Anm. 4.

[22] (Wohl) RGZ 152, 307, 312 ff.; Heymann/*Emmerich* RdNr. 17; *v. Gierke/Sandrock* § 8 V 3 (133); *Straube/Schuhmacher* RdNr. 9; aA Baumbach/*Hopt* RdNr. 2; Staub/*Hüffer* RdNr. 18; Schlegelberger/*Hildebrandt/Steckhan* RdNr. 8.

Schrifttum: *Bokelmann,* Das Recht der Firmen- und Geschäftsbezeichnungen, 3. Aufl. 1986; *ders.,* Der Gebrauch von Geschäftsbezeichnungen mit Inhaberzusatz durch Nichtkaufleute und Minderkaufleute, NJW 1987, 1683; *Frey,* Verwendung einer schutzfähigen Geschäftsbezeichnung als unberechtigter Firmenmißbrauch? DB 1993, 2169; *v. Gamm,* Die Unterlassungsklage gegen Firmenmißbrauch, Festschrift für Stimpel, 1985, S. 1007; *Knaak,* Firma und Firmenschutz, 1986; *W. H. Roth,* Unzulässiger firmenmäßiger Gebrauch einer zulässig geführten Geschäftsbezeichnung, ZGR 1992, 632; *K. Schmidt,* Das Verbot der „firmenähnlichen Geschäftsbezeichnung“: Geltendes Handelsrecht oder gesetzwidrige Erfindung? DB 1987, 1181; *ders.,* Replik: Das geltende Handelsrecht kennt kein Verbot der „firmenähnlichen Geschäftsbezeichnung“, DB 1987, 1674; *Ullmann,* Die Verwendung von Marke, Geschäftsbezeichnung und Firma im geschäftlichen Verkehr, insbesondere des Franchising, NJW 1994, 1255; *Wessel,* Nochmals: Das Verbot der firmenähnlichen Geschäftsbezeichnung: Geltendes Handelsrecht oder gesetzwidrige Erfindung? DB 1987, 1673; *Zwernemann,* Der Name der Gesellschaft des bürgerlichen Rechts, BB 1987, 774.

I. Grundlagen

1   Die Norm will die Einhaltung der Regelungen über die Firmierung in den §§ 17 ff. sicherstellen und dient damit der **öffentlichen Ordnung**. Im Mittelpunkt steht dabei nicht die korrekte Firmierung **im Handelsregister**, die bereits im Rahmen des Eintragungsverfahrens (§ 30) und durch die Festsetzung von Zwangsgeldern gemäß § 14 zur Durchsetzung der Anmeldung eintragungspflichtiger Änderungen erzwungen werden kann, sondern primär die Firmierung **im Geschäftsverkehr**.

2   **Abs. 1** stellt in Verbindung mit den §§ 132 ff., 140 FGG zur Unterbindung unzulässiger Firmierungen ein **registerrechtliches Firmenmißbrauchsverfahren** mit der Festsetzung von Ordnungsgeld als Sanktion zur Verfügung. **Abs. 2** weist denjenigen, die durch unzulässige Firmierung in ihren Rechten verletzt werden, einen **Unterlassungsanspruch** zu und nutzt damit die Privatinitiative zur Durchsetzung der korrekten Firmierung. Zumindest im Ergebnis beinhaltet dies auch einen unmittelbaren Schutz der durch die unzulässige Firmierung in ihren Rechten Betroffenen, da ihnen eine Klagemöglichkeit zur Verfügung gestellt wird. Es handelt sich jedoch nicht um eine Norm, die primär die in ihren Rechten Verletzten schützt.[1] Dies ergibt sich bereits aus Absatz 2 Satz 2, der zeigt, daß neben dem Unterlassungsanspruch nicht automatisch auch ein Schadensersatzanspruch besteht (vgl. auch RdNr. 56). Die Durchsetzung korrekter Firmierung ist notwendig, da nur so die Informationsfunktion der Firma gewährleistet werden kann. Trotzdem sind beide Normteile rechtspolitisch nicht unproblematisch. Das registerrechtliche Firmenmißbrauchsverfahren des Abs. 1 erscheint außerhalb des Registerverkehrs als wenig effektiv, da eigenständige Ermittlungen das Registergericht überfordern und Mitteilungen über unzulässige Firmierungen in der Regel nur von nach Abs. 2 Klageberechtigten erfolgen werden. Der österreichische Gesetzgeber hat Abs. 1 1991 aufgehoben[2] und mit der Sanktionsregelung des § 14 in § 24 FGB zusammengefaßt.

3   Die Klagemöglichkeit des in seinen Rechten Verletzten ist anders als die Vorgängerregelung des Art. 27 Abs. 1 ADHGB nicht der einzige dem Verletzten zur Verfügung stehende Rechtsbehelf. Die **§§ 1, 3 UWG, § 12 BGB (analog), § 15 Abs. 4 Markengesetz**[3] bieten

---

[1] BGHZ 53, 65, 70 = NJW 1970, 704; BGH WM 1993, 1248, 1251; Staub/*Hüffer* RdNr. 2; Heymann/*Emmerich* RdNr. 2; aA *v. Gierke/Sandrock* § 17 V (256).

[2] BGBl. S. 59.

[3] Vereinigungsnorm zu § 24 Abs. 1 WZG und § 16 Abs. 1 UWG; Markengesetz BGBl. 1994 I S. 3082.

in ihrer Gesamtheit so umfassende Möglichkeiten für Unterlassungsklagen, daß § 37 Abs. 2 selbst in seiner heutigen rechtsfortbildend erweiterten Praktizierung – Erfassung auch rechtlicher Interessen wirtschaftlicher Art[4] – allenfalls in Randbereichen einen sonst nicht gegebenen Unterlassungsanspruch gewährt.[5] Trotzdem ist die **Beibehaltung des § 37 Abs. 2** auch **de lege ferenda** wünschenswert; denn es handelt sich um eine weitgehend rechtssichere Spezialnorm, die daher einfacher anzuwenden ist, als zB die nur durch Fallgruppen konkretisierten Generalnormen der §§ 1, 3 UWG oder der unbestimmte § 12 BGB.[6]

Aus heutiger Sicht erscheint die **Formulierung der Norm wenig glücklich.** So enthält   4 zB der Bezug zu den Vorschriften über die Firmierung des 3. Abschnitts (§§ 17 ff.) in Abs. 1 sprachlich nicht die an die Stelle des § 20 getretenen zahlreichen Vorschriften in anderen Gesetzen. Die aus dem ADHGB übernommene Abweichung zwischen Abs. 1 (nach den Vorschriften dieses Abschnitts ihm nicht zustehende Firma) und Abs. 2 (Firma unbefugt gebraucht) gibt Anlaß zu vom Gesetzgeber nicht gewollten Differenzierungsüberlegungen (vgl. RdNr. 41 ff.). Die Norm bringt, wie das gesamte gesetzliche Firmenrecht, nicht einmal einen Hinweis auf das schwierige Spannungsverhältnis zwischen unzulässiger Firmierung und der zulässigen Verwendung von **Geschäftsbezeichnungen** (näher RdNr. 14 f.) sowie auf die neuere Problematik der **Verwendung von Firmenschlagworten und Firmenabkürzungen** im Rahmen der Werbung (näher RdNr. 16 ff.). Das Gesetz enthält auch keine umfassende Regelung für den **Bestandsschutz** von Firmen, obwohl der Bestandsschutz ausweislich der §§ 22 HGB, Art. 22 Abs. 1 EGHGB für den Gesetzgeber ein wichtiges Anliegen war (näher RdNr. 26 ff.). Schließlich ist die Erweiterung des Abs. 2 auf die **Verletzung rechtlicher Interessen wirtschaftlicher Art** mit dem Wortlaut nur schwer zu vereinbaren (näher RdNr. 45 ff.).

II. Firmenmißbrauchsverfahren (Abs. 1)

1. Passivbeteiligter. a) Erfassung von Minderkaufleuten und Nichtkaufleuten. Das   5 Firmenmißbrauchsverfahren richtet sich nach hM[7] auch gegen Minderkaufleute und Nichtkaufleute. Obwohl es einleuchtet, daß die Informationsfunktion der Firma auch durch „Firmen" von Minder- und Nichtkaufleuten gefährdet werden kann, ist dies problematisch. Abs. 1 bezieht sich ausdrücklich auf die Regelungen der §§ 17 ff., die für die Minderkaufleute (§ 4 Abs. 1) gerade nicht gelten. Eine **einfache Analogie zu § 37** scheitert wertungsmäßig daran, daß die Anforderungen der §§ 17 ff. jedenfalls nicht allgemein auf Minderkaufleute passen.[8]

Ein in die §§ 17 ff. hineinzulesender Rechtssatz des Inhalts, Personen, die nicht Vollkauf-   6 leute sind, dürften nicht in einer **Form** auftreten, **die für die Firma eines Vollkaufmanns**

---

[4] BGHZ 53, 65, 70 = NJW 1970, 704 = LM Nr. 5 zu § 22 HGB m. Anm. *Stimpel;* BGH BB 1972, 982 (insoweit nicht in BGHZ 58, 322); BGH NJW 1991, 2023; zustimmend Heymann/*Emmerich* RdNr. 23; Baumbach/*Hopt* RdNr. 6; Staub/*Hüffer* RdNr. 28 f.; *Straube*/*Schumacher* RdNr. 14; für Österreich offengelassen durch OGH GesRZ 1978, 38 = ÖBl 1978, 11; ÖBl 1982, 42; vgl. näher RdNr. 46 f.

[5] Vgl. *K. Schmidt* HandelsR § 12 IV 2 a (383); Heymann/*Emmerich* RdNr. 2; Baumbach/*Hopt* RdNr. 6.

[6] Vgl. aber auch die Grundsatzkritik von *Canaris* § 11 IV (186) gegen die Einordnung des Firmenrechts einschließlich des § 37 in das Handelsrecht.

[7] KG KGJ 31 A 143, 144 f.; KGJ 38 A 158 f.; OLG Frankfurt BB 1975, 247 f.; OLG Stuttgart NJW 1987, 1709; OLG Hamm ZIP 1989, 1130, 1131; Staub/*Hüffer* RdNr. 4; Baumbach/*Hopt*

RdNr. 1; *Roth* in Koller/Roth/Morck RdNr. 2; *Straube*/*Schumacher* RdNr. 3; *von Gamm,* Festschrift für Stimpel, 1985, S. 1007, 1011; *Bokelmann* NJW 1987, 1683; **einschränkend** *K. Schmidt* DB 1987, 1181 f., 1674 f., da er weder die analoge Anwendbarkeit des § 18 ff. befürwortet, noch ein handelsrechtliches Verbot firmenähnlicher Geschäftsbezeichnung akzeptiert; noch einschränkender *Canaris* § 11 III 1, 2 (183 ff.): nur minder- und sollkaufmännische Unternehmen und nur soweit Bezeichnung unwahre Aussagen enthält oder eine Firma nach den §§ 22, 24 zulässig wäre; vgl. auch Heymann/*Emmerich* § 4 RdNr. 15a: § 3 UWG ausreichend; **entgegengesetzt** die allgemeine Ansicht für das ADHGB vgl. nur *Puchelt* ADHGB 3. Aufl. 1. Band 1882, Art. 10 (Vorläufer von § 4) Anm. 2; *von Hahn* ADHGB 4. Aufl. 1894, Art. 10 § 4.

[8] *K. Schmidt* HandelsR § 10 VII 3 a aa (327 f.).

gemäß den §§ 17 ff. zulässig ist, läßt sich ebenfalls nicht aufstellen.[9] Dies folgt bereits aus § 15 b Abs. 1 GewO, der für nicht firmenfähige Unternehmen die Angabe von Name und Vorname des Inhabers verlangt, was einer gemäß § 18 Abs. 1 zulässigen Firma entspricht.[10] Auch ein Hinweis auf die Art des betriebenen Geschäfts (möglicher Firmenbestandteil nach § 18 Abs. 2 S. 2) ist bei Freiberuflern, Handwerkern und Minderkaufleuten allgemein üblich und auch durch Art. 12 GG gedeckt.[11] Für die von der hM befürwortete rechtsfortbildende Ausdehnung des § 37 fehlt es auch an einem Rechtsfortbildungsbedürfnis. Denn die §§ 15 b Gewerbeordnung, §§ 1, 3 UWG, § 12 BGB (analog), § 15 Abs. 4 Markengesetz bieten für die Fälle, in denen zB die Geschäftsbezeichnung des Minderkaufmannes über die Größe des Geschäfts oder über die Vollkaufmannseigenschaft täuscht oder das Namensrecht von anderen verletzt wird, hinreichende Rechtsschutzmöglichkeiten.[12]

7   **b) Unzulässige Firmenähnlichkeit minderkaufmännischer Unternehmensbezeichnungen.** Unabhängig von der Frage der Erfassung von „Firmierungen" durch Minderoder Nichtkaufleute durch § 37 analog stellt sich ganz generell das Problem, wann eine Unternehmensbezeichnung eines Minderkaufmanns oder Nichtkaufmanns, weil auf eine Vollkaufmannseigenschaft hindeutend, irreführend und damit zumindest nach § 3 UWG unzulässig ist. Teilweise wurde in der Rechtsprechung eine Unzulässigkeit unter sehr geringen Voraussetzungen angenommen. **Beispiele für Unzulässigkeit:** „Baumann-Schuhe" im Werbeinserat;[13] Werbung unter der Bezeichnung „Taxendienst E.K. und Partner".[14] Auf der anderen Seite gibt es auch deutlich großzügigere Entscheidungen. **Beispiele für Zulässigkeit:** Fahrschule Merkur, Inhaber Alfons Schmidt;[15] Friedrich Müller, Fahrschule, Inhaber Kurt Meier.[16] Der im Vordringen begriffenen Tendenz zur Großzügigkeit ist zu folgen.[17]

8   Denn wenn der Gesetzgeber (§ 15 b GewO) ebenso wie bei § 18 ein **Auftreten unter Vor- und Zunamen** verlangt und die Kombination von Vor- und Zunamen mit der **Angabe des Geschäftsfeldes**, also eine weitere Variante einer zulässigen Firma, im Grundsatz ebenfalls bei Minder- und Nichtkaufleuten zulässig ist,[18] folgt hieraus, daß der Gesetzgeber Irrtümer über die Vollkaufmannseigenschaft in gewissen Grenzen bewußt in Kauf nimmt. Er nimmt sie in Kauf, soweit ein **berechtigtes Interesse seitens der Betreiber des nichtkaufmännischen Unternehmens und des Verkehrs** an entsprechender Unternehmensbezeichnung besteht und diesem Interesse nicht durch ein weniger irreführendes Auftreten genügt werden kann.

9   Ein berechtigtes Interesse besteht an der Angabe von **Vor- und Nachnamen** (§ 15 b GewO), des **Geschäftsgegenstandes, der Inhaberstellung** insbesondere bei einer alten Geschäftsbezeichnung (Beispiel: Bärenapotheke, Inhaber) und an der Zulassung von **Nachfolgezusätzen,** um den goodwill des alten Unternehmens weiter nutzen und auf die neue Inhaberstellung aufmerksam machen zu können.[19] Es muß bei einer Mehrzahl von Inhabern die gesellschaftsrechtlich verbunden sind, auch möglich sein, und zwar ohne Aufzäh-

---

[9] *Canaris* § 11 III 2 b, c (184 f.); *K. Schmidt* DB 1987, 1181, 1182; 1674 f.: kein handelsrechtliches Verbot firmenähnlicher Geschäftsbezeichnung; vgl. auch oben § 4 RdNr. 9 f.

[10] Zur Namensverwendung auch: *K. Schmidt* DB 1987, 1181, 1182; oben § 4 RdNr. 9; *Canaris* § 11 III 2 a (183 f.); aA die hM, vgl. zB *Zwernemann* BB 1987, 774, 775; *Wessel* DB 1987, 1673 f.; mit Replik von *K. Schmidt* DB 1987, 1674 f.

[11] Grundsätzlich auch OLG Karlsruhe DB 1991, 272 f.; *Staub/Hüffer* RdNr. 9; *K. Schmidt* DB 1987, 1181 f.; *W. H. Roth* ZGR 1992, 632, 633; *Ullmann* NJW 1994, 1255, 1258; *Bokelmann* NJW 1987, 1683;

[12] Ebenso *Heymann/Emmerich* § 4 RdNr. 15 a.

[13] OLG Hamm ZIP 1989, 1130, 1131.

[14] OLG Karlsruhe NJW-RR 1986, 582: Verwechslungsfähig und daher unzulässig wegen Verwechslungsmöglichkeit mit OHG, trotz Üblichkeit der Partnerbezeichnung bei Freiberuflern und Unüblichkeit bei Vollkaufleuten.

[15] OLG Karlsruhe DB 1991, 272.

[16] OLG Stuttgart NJW 1987, 1709 m. krit. Anm. *Wessel* BB 1987, 147 f.

[17] Vgl. auch *Bokelmann* NJW 1987, 1683, 1684; *ders.* oben § 4 RdNr. 9, 11 f.; *K. Schmidt* DB 1987, 1181 f., 1674 f.; *ders.* HandelsR § 12 I 2 (348 ff.); *Canaris* § 11 III 2 (183 ff.).

[18] Vgl. oben Fn. 11.

[19] Für eine Pflicht, Inhaber- oder Nachfolgezusatz zu führen *Canaris* § 11 III 2 d (185).

lung aller Partner, diese Verbundenheit anzuzeigen. Dies ist allerdings auf den bei vollkaufmännischen Unternehmen am wenigsten verbreiteten Begriff „**und Partner**" mit der geringsten Irreführungsgefahr zu beschränken. Bezeichnungen wie „& Co." sowie „& Cie." bleiben weiter unzulässig. Generell besteht kein berechtigtes Interesse an der Verwendung des **kaufmännischen &-Zeichens**, so daß hier die Gefahr einer Verwechslung zu Lasten des Minderkaufmanns geht.[20] An den **Bezeichnungen Vater und Sohn, Mutter und Tocher, Gebrüder, Geschwister** besteht ein schutzwürdiges Interesse zur Anzeige der familiären, im Geschäftsverkehr als Werbung geeigneten Verbundenheit der Betreiber.[21] Unzulässig sind dagegen alle irreführenden Angaben, die auch bei einem vollkaufmännischen Unternehmen unzulässig wären.

2. Gebrauch der Firma. a) Allgemeines. Für die Firma gilt die Legaldefinition des § 17   **10**
Abs. 1 (Name des Kaufmanns unter dem er im Handel seine Geschäfte betreibt). Der Gebrauch der Firma ist demnach die Benutzung des Namens des Kaufmanns (des Unternehmensinhabers) für Geschäfte im Handelsverkehr. Hierzu gehört unstreitig auch der **Registerverkehr**, und zwar nach zutreffender hM auch bereits der Eintragungsantrag,[22] da dieser keine bloße Anfrage beim Registergericht über die Zulässigkeit der Firma ist. Der praktische Mittelpunkt liegt allerdings beim **Gebrauch im Geschäftsverkehr**. Ein relevanter Gebrauch liegt nur bei Benutzung nach außen vor, so daß eine Benutzung nur innerhalb des Unternehmens nicht ausreicht. Ein Schreiben an (eigene) Handelsvertreter soll wegen der Selbständigkeit der Handelsvertreter bereits ein solcher Gebrauch nach außen sein.[23]

Ein Gebrauch **gegenüber dem ausländischen Handelsverkehr**, insbesondere bei Hand   **11**
lungen **im Ausland**, fällt nicht unter § 37,[24] da der deutsche Gesetzgeber keine Kompetenz besitzt, abschließende Firmierungsvorschriften für ein Auftreten im Ausland aufzustellen, die betreffenden Länder die Firmierung vielmehr eigenständig regeln können.

Die **Firma** muß **als eigene gebraucht** werden.[25] Die bloße Verwendung einer Firma auf   **12**
Warenetiketten fällt grundsätzlich nicht hierunter, da hiermit nur der Ursprung der Ware, nicht aber der Vertragspartner bestimmt wird. Wer daher zwar unter seiner Firma das Geschäft abschließt, aber die Waren unzulässig mit einer falschen Firma versieht, fällt nicht unter § 37, sondern (nur) unter die §§ 1, 3 UWG, § 12 BGB analog sowie insbesondere unter § 15 Markengesetz.[26]

Da § 37 auf ein Unterlassen gerichtet ist, bedarf es nach allgemeinen Grundsätzen einer   **13**
Wiederholungsgefahr, so daß ein einmaliges Handeln[27] ohne konkrete Anhaltspunkte für eine Möglichkeit der Wiederholung nicht ausreicht.[28] Von der hM.[29] wird dies dadurch erreicht, daß unter Gebrauch nur eine auf eine Wiederholung gerichtete Maßnahme verstanden wird. Angesichts des klaren Wortlauts und der Tatsache, daß die Notwendigkeit der Wiederholungsgefahr aus dem Anspruchsziel des Unterlassens folgt, erscheint es methodisch vorzugswürdig, die Wiederholungsgefahr als **selbständige** ungeschriebene **Voraussetzung** anzusehen.

---

[20] KG KGJ 31 A 143; Staub/*Hüffer* RdNr. 10; *Droste* DB 1967, 539 f.; großzügiger oben *Bokelmann* § 4 RdNr. 12.
[21] Grundsätzlich aA OLG Hamm BB 1960, 959; OLG Oldenburg Rpfleger 1958, 381; *Bokelmann* NJW 1987, 1683, 1684; Staub/*Hüffer* RdNr. 10; alle mit Ausnahme bei „Firmen" mit Handwerksangabe.
[22] BayOblGZ 1988, 128, 130 = NJW-RR 1989, 100; BayOblGZ 1989, 44, 50; Staub/*Hüffer* RdNr. 12; *Straube/Schuhmacher* RdNr. 5; aA *Winkler* DNotZ 1989, 245 ff.; *Keidel/Kuntze/Winkler*, Freiwillige Gerichtsbarkeit, 13. Aufl. 1992, § 140 RdNr. 7; *Bumiller/Winkler*, Freiwillige Gerichtsbarkeit, 5. Aufl. 1992, § 140 Anm. 1.
[23] OLG Celle OLGZ 1972, 220, 221.

[24] OLG Karlsruhe WRP 1985, 104, 105; Baumbach/*Hefermehl* Wettbewerbsrecht, 17. Aufl. 1993, § 16 UWG RdNr. 95; aA Staub/*Hüffer* RdNr. 11.
[25] BGH NJW 1991, 2023, 2024; Staub/*Hüffer* RdNr. 13; Heymann/*Emmerich* RdNr. 4.
[26] Vgl. RGZ 3, 165; 36, 13; Staub/*Hüffer* RdNr. 13.
[27] Zur Erfassung einer Unterlassung vgl. AG Elsfleth BB 1968, 310.
[28] KG HRR 1929, Nr. 21; OLG Hamburg Recht 1907 Nr. 3361; Staub/*Hüffer* RdNr. 11; Heymann/*Emmerich* RdNr. 4.
[29] Staub/*Hüffer* RdNr. 11; Heymann/*Emmerich* RdNr. 4.

14   **b) Firmengebrauch und sonstige nicht inhaberbezogene Bezeichnungen.** Der Gebrauch der Firma ist vom Gebrauch sonstiger Bezeichnungen abzugrenzen. Entsprechend
der Definition der Firma bedeutet dies, daß Bezeichnungen, die nicht den Namen des
Kaufmanns (des Inhabers des Unternehmens) im Handelsverkehr repräsentieren, von § 37
nicht erfaßt sind. Keine Abgrenzungsmöglichkeit ergibt sich insoweit aus dem Begriff der
geschäftlichen Bezeichnung iSd. Markengesetzes (vgl. §§ 5, 15, 1, 2 Markengesetz), da
diese Bezeichnung, genauer der Begriff des Unternehmenskennzeichens iSd. § 5 Abs. 2
Markengesetz, sowohl die Firma als auch andere Bezeichnungen des Unternehmens erfaßt.
Da die Firmierungsvorschriften letztlich der Information des Handelsverkehrs dienen, soll
es für die Einordnung darauf ankommen, ob der Verkehr eine Bezeichnung als Angabe des
Namens des Inhabers (Firma) auffaßt.[30] Es liegt daher kein Firmengebrauch vor, wenn es
sich nach der **Verkehrsanschauung** nur um eine Bezeichnung einer bestimmten Ware
oder Warengruppe, einer Betriebsstätte (schwierige Abgrenzung zur firmenrechtlich ver-
selbständigten Filiale) oder der Örtlichkeit des Unternehmens oder einer anderen Eigenschaft des Unternehmens handelt. Einfluß auf die Verkehrsauffassung hat dabei insbeson-
re, ob unter den jeweiligen Umständen eine Angabe der Firma angebracht ist und daher
erwartet werden darf.[31] Problematisch ist die Abgrenzung insbesondere dann, wenn die
verwendete Kennzeichnung, zB eine Marke im Sinne des Markengesetzes, zugleich in der
Firma enthalten ist und die Verkehrsanschauung daher mit ihr sowohl Vorstellungen über
das Produkt als auch den Namen des Inhabers verbindet.

15   Insbesondere in solchen Fällen, aber auch bei der Bezeichnung von Markenprodukten
zeigt sich ein Problem des Abstellens auf die **tatsächliche Verkehrsauffassung**. Die Verbraucher werden zu einem erheblichen Prozentsatz einen bekannten Markennamen ganz
generell zumindest als Kurzform der Firma des Herstellers verstehen. Die teilweise feinen
Unterschiede zwischen Firma, Firmenkurzform, Kennzeichen, Markenname etc. sind
ihnen meist unbekannt. Es erscheint daher überlegenswert, statt auf die tatsächliche Verkehrsauffassung normativ auf einen **aufgeklärten Empfänger oder**, wohl vorzugswürdig,
auf die tatsächlichen **Vorstellungen unter** den **Kaufleuten** abzustellen. In den Ergebnissen
entspricht dem die Praxis, IHK-Gutachten heranzuziehen; denn diese können generell
über die Wirkung auf aufgeklärte Handelskreise, nicht aber auf Verbraucher Auskunft
geben.

16   **c) Schlagwortartige Firmenkurzformen.** Besondere Probleme bereiten schlagwortartige Firmenkurzformen, die seit langem insbesondere in der **Werbung** und **bei mündlichen
Geschäftsabschlüssen** Verwendung finden. Es besteht weitgehend Übereinstimmung in
Rechtsprechung und Lehre im Bemühen, dem hier zutagetretenden Verkehrsbedürfnis
gerecht zu werden. Hierfür gibt es mehrere Lösungsansätze:

17   Ein erster Ansatz ist, **Firmenkurzformen** bzw. **Schlagwörter** zuzulassen, wenn sie **für
den Verkehr als solche erkennbar** sind, weil sie dann nicht als Firma anzusehen seien.[32]
Bedenklich an diesem Lösungsvorschlag ist, daß die Verkehrsauffassung nicht geprüft,
sondern behauptet wird. Vor allem wird die vom Gesetz allein als maßgeblich angesehene
Namensfunktion der Firma nicht dadurch eingeschränkt, daß es sich erkennbar um eine
Kurzform des Namens handelt. Eine Kurzform nicht als Name (Firma) anzusehen, ließe
sich nicht im Wege der Auslegung, sondern allenfalls mit Hilfe einer teleologischen Re-
duktion rechtfertigen. Hierfür gibt der Normzweck jedoch keine Veranlassung. Auch das
Verkehrsbedürfnis geht nicht auf eine Nichtanwendbarkeit des § 37 auf alle Kurzformen,
sondern nur auf die Zulässigkeit von nicht irreführenden Kurzformen der tatsächlichen
Firma für einen Bereich, in dem die vollständige Firma zu aufwendig wäre.

---

[30] Vgl. BGH NJW 1991, 2023, 2024; Bay-
ObLGZ 1960, 345, 351; KG JW 1926, 2930; KG
HRR 1932, Nr. 252; Heymann/*Emmerich* RdNr. 5;
Ullmann NJW 1994, 1255, 1258.
[31] BGH NJW 1991, 2023, 2024; OLG Celle
OLGZ 1972, 220, 221.

[32] Vgl. OLG Düsseldorf DB 1970, 923 f.; OLG
Hamburg BB 1973, 1456, 1457; OLG Stuttgart BB
1991, 993; BayObLG BB 1992, 943; Heymann/
Emmerich RdNr. 6 a; Baumbach/*Hopt* RdNr. 2.

Da die **Führung einer Firma außerhalb des Registers** vom Gesetz nicht verlangt wird, **18** müßte die hier abgelehnte Meinung, wäre sie konsequent, annehmen, man könne stets, also auch bei schriftlichen Vertragsabschlüssen, eine Kurzform statt der eingetragenen Firma verwenden, solange nur die Kurzform als solche erkennbar sei. Damit könnte die Kurzform die Firma nahezu vollständig verdrängen, womit die §§ 18 ff. ihre Bedeutung weitgehend verlören.

Ein zweiter ähnlicher Ansatz ist es, die **Werbung** generell **nicht als Gebrauch der Fir- 19 ma** anzusehen.[33] Auch die Werbung ist jedoch Teil des Geschäftsverkehrs, so daß eine Verwendung einer verkürzten Firma bzw. eines Firmenschlagworts vom Wortlaut des § 37 erfaßt ist.[34] Die Abgrenzung zwischen Werbung und Geschäftsverkehr kann auch nicht berücksichtigen, daß für eine verkürzte Firmierung auch bei mündlichen Geschäftsabschlüssen ein Bedürfnis besteht. Vor allem besteht kein Grund, im Werbeverkehr irreführende Bezeichnungen auch nur firmenrechtlich zuzulassen. Dies bedeutet jedoch nicht, daß Firmenabkürzungen und Schlagworte, die Namensfunktion haben bzw. einer Firma ähnlich sind, stets als unzulässiger Firmengebrauch nach § 37 angesehen werden müßten.[35]

Dem bestehenden Bedürfnis nach Zulassung von Firmenabkürzungen und Schlagwör- **20** tern kann rechtsfortbildend Rechnung getragen werden. Die **Rechtsfortbildung** rechtfertigt sich mit einem dringenden Bedürfnis des Rechtsverkehrs,[36] genauer des beteiligten Handelsverkehrs, an der Möglichkeit, **im Bereich der plakativen Werbung und in mündlichen Verhandlungen** auch die Firma wie alle sonstigen Informationen auf eine **plakative Kurzform** zu bringen. Beschränkt man die Zulässigkeit von Kurzformen bzw. Schlagwörtern auf diesen Bereich, und verlangt man zur Sicherung der Informationsfunktion weiter, daß die Kurzform aus der Langform abgeleitet sein muß und das Irreführungsverbot des § 18 Abs. 2 S. 1 eingehalten wird, so sind auch die Interessen der Geschäftspartner des verkürzt firmierenden Unternehmens gewahrt. Im Bereich der plakativen Werbung besteht hinsichtlich sämtlicher Angaben keine berechtigte Erwartung auf vollständige Information und damit auch nicht eine solche hinsichtlich des Namens des Inhabers (Firma). Die plakative Kurzform der Firma erfüllt jedoch das auch in diesem Bereich zu fordernde Mindestmaß an Information über die Firma. Außerhalb dieses Bereichs bleibt es bei der berechtigten Erwartung der vollständigen Firmierung.[37]

Es liegt auch kein nicht hinnehmbarer Eingriff in den **Grundsatz der Firmeneinheit 21** vor, der nur **eine** Firma für jedes Unternehmen zuläßt.[38] Denn zum einen bleibt es bei nur einer Firma, die nur unter spezifischen Umständen auch in Kurzform gebraucht werden darf. Die Kurzform ist auch im Gesetz insoweit angelegt, als zB § 35 a GmbHG den Rechtsformzusatz (GmbH) auch nur für Geschäftsbriefe verlangt. Vor allem aber ist der alternative Weg der Rechtsprechung, bestimmte Fälle ganz aus dem Firmenrecht auszuklammern, im Ergebnis ein sogar weitergehender Eingriff in den Grundsatz der Firmeneinheit.

Die hier vorgenommene Abgrenzung ähnelt derjenigen der Rechtsprechung, wenn diese **22** – inkonsequent – darauf abstellt, welche Angabe des Geschäftsinhabers angebracht ist.[39] Allerdings erfolgt nach dem hiesigen Konzept nur eine Reduzierung der Anforderungen im Bereich der plakativen Werbung/der mündlichen Verhandlung und kein völliger Ver-

---

[33] Vgl. KG JW 1930, 3777 m. zust. Anm. *Kirchberger;* Heymann/*Kötter* Anm. 2; Baumbach/*Hopt* RdNr. 2; *Roth* ZGR 1992, 632, 637 f.; *Frey* DB 1993, 2169, 2170.

[34] Ebenso Staub/*Hüffer* RdNr. 15; speziell zum Ladenschild als Werbung bereits *Lutz,* Protokolle zum ADHGB, 1858, S. 924.

[35] So aber Staub/*Hüffer* RdNr. 15; hiergegen zu Recht BGH NJW 1991, 2023, 2024.

[36] Zu dieser Kategorie vgl. *Larenz* Methodenlehre, 6. Aufl. 1991, 414 ff.

[37] Vgl. auch BGH NJW 1991, 2023, 2024; *Roth* ZGR 1992, 632, 638.

[38] Für diesen ungeschriebenen Grundsatz vgl. ROHGE 4, 253 ff.; RGZ 85, 397, 399; 99, 158 f.; 113, 213, 216; BGHZ 67, 166 = NJW 1976, 2163; BayObLG BB 1992, 943; Staub/*Hüffer* § 17 RdNr. 28 f.; Heymann/*Emmerich* § 17 RdNr. 23 ff.; *Canaris* § 11 I 4 b (180); Baumbach/*Hopt* § 37 RdNr. 2; aA *Wünsch* ZHR 129 (1967), 341, 345; *Kraft,* Die Führung mehrerer Firmen, 1966, S. 65.

[39] BGH NJW 1991, 2023, 2024.

zicht auf die firmenrechtlichen Vorgaben, womit hier der schonendere und damit vorzugswürdige rechtsfortbildende Eingriff in § 37 vorliegt.

23   d) **Rechtsprechungsfälle.**[40] Als firmenmäßiger Gebrauch wurden Anmeldungen[41] und Eintragungen[42] im Handelsregister angesehen. Auch Bezeichnungen, die als Namen des Inhabers zu verstehen sind, wenn sie in Warenprospekten,[43] beim Aufdruck auf Preislisten,[44] bei Inseraten,[45] auf Geschäftsbriefbögen,[46] bei Anmeldungen und Eintragungen in Adress- und Telefonbüchern,[47] auf Warenetiketten[48] oder an Geschäftsräumen[49] erfolgen, werden als Firmengebrauch eingeordnet. Nicht erfaßt sein sollen verkürzte Firmen bei Werbeanzeigen,[50] Zeitungsinseraten[51] und die Bezeichnung des Verlegers auf dem Titelblatt eines Buches.[52]

24   3. **„nach den Vorschriften des Abschnitts nicht zustehende Firma". a) Maßgebliche Normen.** § 37 Nr. 1 ermöglicht seinem Wortlaut nach (nur) ein Einschreiten bei Gebrauch einer Firma, die gegen die firmenrechtlichen Vorschriften des 3. Abschnittes des 1. Buches also die **§§ 17 ff., speziell die §§ 18, 19, 21 bis 24, 30** verstößt. Darüber hinaus ist die Regelung analog auf die Normen anzuwenden, die inhaltlich **an die Stelle** des aufgehobenen **§ 20** getreten sind. Dies sind § 4 GmbHG (GmbH), § 4 AktG (AG) §§ 4, 279 AktG (KGaA), § 3 GenG (Genossenschaft), § 18 Abs. 2 VAG (Versicherungsverein auf Gegenseitigkeit). **Firmenrechtliche Sondervorschriften** enthalten § 7 KAGG (Kapitalanlagegesellschaften), §§ 39 ff., 43 Abs. 1 2. Hs. KWG (Bank oder Sparkasse), § 22 Abs. 2 WGG (Gemeinnützige Wohnungsgesellschaften), § 32 Abs. 3 StBerG (Steuerberater), §§ 130 Abs. 2, 133 WiPO (Wirtschaftsprüfer) sowie zahlreiche Vorschriften des Umwandlungsgesetzes. Aus den §§ 17 ff. und der Namensfunktion der Firma ist ein von § 37 ebenfalls erfaßter Rechtssatz der Firmeneinheit (Zulässigkeit nur einer Firma für jedes Unternehmen) abzuleiten.[53] Entgegen der ganz h.M. läßt sich den §§ 17 ff. kein ungeschriebener, von § 37 erfaßter Rechtssatz entnehmen, daß Minderkaufleute und Nichtkaufleute eine firmenähnliche Bezeichnung nicht führen dürften (vgl. RdNr. 6). Die Vereinbarkeit der Firmierung mit anderen Normen, zB den §§ 1, 3 UWG, 12 BGB (analog), § 15 Markengesetz ist für das Registergericht unbeachtlich.[54]

25   b) **Bedeutung der Handelsregistereintragung.** Die Eintragung im Handelsregister ist für § 37 ohne Bedeutung. Weder beseitigt sie die Unzulässigkeit der Firma,[55] noch ist die Eintragung Voraussetzung, um gegen den Firmenmißbrauch vorgehen zu können.[56] Eine an sich zulässige Firmierung wird nicht durch die fehlende Eintragung unzulässig.[57] Die Eintragung ist in solchen Fällen vielmehr gemäß den §§ 14, 29 zu erzwingen. Keine Ausnahme hiervon ist der Grundsatz der Firmeneinheit, nach dem auch eine an sich mögliche Firmierung unzulässig ist, wenn sie von der eingetragenen Firma abweicht.[58] Denn der Grundsatz der Firmeneinheit erfaßt auch Fälle, in denen ohne Registereintragung zwei Firmen parallel verwendet werden. Auch eine Genehmigung zB durch den von einer

---

[40] Zum Gebrauch firmenähnlicher Bezeichnungen durch Nichtkaufleute vgl. RdNr. 5 f., 7 ff.

[41] RGZ 22, 58, 59 f.; BayObLGZ 1988, 128, 130 = NJW-RR 1989, 100; BayObLGZ 1989, 44, 50.

[42] KG RJA 14, 174, 175.

[43] BGH NJW 1991, 2023, 2024.

[44] RGZ 29, 57, 61.

[45] OLG Oldenburg BB 1964, 573; OLG Celle OLGZ 1972, 220, 221.

[46] BayObLG BB 1992, 943; aA OLG Düsseldorf DB 1970, 923.

[47] KG JW 1926, 2930; BayObLG BB 1960, 996; OLG Hamburg WRP 1977, 496, 497.

[48] OLG Hamburg BB 1973, 1456 f.

[49] RGZ 36, 13 f.; *Bokelmann* RdNr. 846; aA KG Recht 1928, Nr. 2272.

[50] OLG Bamberg DB 1973, 1989; OLG Stuttgart BB 1991, 993.

[51] OLG Düsseldorf DB 1970, 923; aA OLG Oldenburg BB 1964, 573.

[52] KG HRR 1932, Nr. 252: Sehr fraglich, da kein Bedürfnis für eine schlagwortartige Verkürzung besteht.

[53] Vgl. oben RdNr. 21; zur Privilegierung von Firmenkurzformen im Bereich plakativer Werbung vgl. RdNr. 16 ff., 20.

[54] Heymann/*Emmerich* RdNr. 11; *von Gamm,* Festschrift für Stimpel, 1985, S. 1007, 1008.

[55] RG JW 1903, 342; Staub/*Hüffer* RdNr. 6.

[56] RG JW 1933, 2897.

[57] Staub/*Hüffer* RdNr. 6.

[58] Vgl. LG Düsseldorf DB 1981, 686; Staub/*Hüffer* RdNr. 7; vgl. oben RdNr. 21.

Verwechslungsgefahr betroffenen Konkurrenten mit ähnlicher Firma (vgl. § 30 Abs. 1) ist unerheblich, da § 37 Abs. 1 nur dem öffentlichen Interesse dient.[59]

c) Maßgeblicher Zeitpunkt und Bestandsschutz für ursprünglich zulässige Altfirmen. Ob ein Firmengebrauch unzulässig ist, bemißt sich nach den zum Zeitpunkt des Eingreifens des Registergerichts bestehenden Verhältnissen. Es besteht daher grundsätzlich kein Unterschied zwischen einer bereits ursprünglich unzulässigen Firmierung und einer erst später durch **Änderung der tatsächlichen Verhältnisse des Unternehmens** unzulässig gewordenen Firmierung.[60]

Bei einer Änderung der Rechtslage durch **gesetzliche Änderungen** oder **richterliche Rechtsfortbildung** muß der Gesetzgeber bzw. Richter[61] entscheiden, ob die neue Rechtslage auch für Altfirmen gelten soll, oder ob insoweit der **Bestandsschutz** höherwertiger ist. Für die vor dem 1. 1. 1900 bestehenden Firmen hat der Gesetzgeber sich in Art. 22 Abs. 1 EGHGB für den Bestandsschutz entschieden. Hat der Gesetzgeber bzw. der rechtsfortbildende Richter es unterlassen, sich über die Gewährung von Bestandsschutz Gedanken zu machen, liegt eine zu füllende **Lücke** vor (näher unten RdNr. 29 aE).

Problematisch sind die Fälle, in denen eine Firmierung durch **sich ändernde Verkehrsanschauung** später unzulässig wird.[62] Die hM will dies im Rahmen eines – vom Wortlaut der Norm allerdings nicht gedeckten – **Ermessens des Registergerichts** für das Einschreiten berücksichtigen,[63] während *Hüffer*[64] den Bedeutungswandel als einen **Fall richterlicher Rechtsfortbildung** ansieht und damit dem entscheidenden Richter bei jedem Bedeutungswandel eine Entscheidung über den Bestandsschutz zubilligt.

Stellungnahme: Problematisch an der hM ist die Einordnung des Problems beim Eingriffsermessen; denn damit lassen sich Klagen nach § 37 Abs. 2 nicht bewältigen, obwohl auch dort das Bestandsinteresse zu berücksichtigen ist. Es handelt sich daher, wie auch von *Hüffer* vertreten, um ein Problem des materiellen Rechts. Allerdings stellen veränderte Anschauungen keine Rechtsfortbildung durch die Gerichte dar, es liegt vielmehr eine bereits **vom** ursprünglichen **Gesetzgeber angelegte Dynamik** vor, wenn das Gesetz letztlich auf die jeweils aktuelle Verkehrsanschauung abstellt. Da der ursprüngliche HGB-Gesetzgeber das Verhältnis zwischen Bestandsschutz für Altfirmen und der sich ändernden Verkehrsauffassung nicht bedacht hat, liegt eine **ursprüngliche**, zu füllende **Gesetzeslücke** vor. Entgegen der ganz hM erscheint es bedenklich, hier eine Einzelfallabwägung vorzunehmen. Ein möglicher Gewinn an Einzelfallgerechtigkeit wird mit einer kaum zumutbaren Rechtsunsicherheit erkauft. Vielmehr ist eine **Analogie zu Art. 22 Abs. 1 EGHGB** geboten, die durch die Grundwertung des § 22 HGB, der zum Schutze des Bestandsinteresses die Firmenwahrheit durchbricht, unterstützt wird. Gewährt der Gesetzgeber selbst bei den viel einschneidenderen Änderungen im Verhältnis vom ADHGB zum HGB dem Firmenbestandsinteresse ohne Einzelfallwertung den Vorrang, so besteht kein Grund, für die weniger einschneidenden Änderungen durch den Wechsel der Verkehrsauffassung, die der gleiche Gesetzgeber anlegte, zu einem anderen Ergebnis zu kommen.[65] Eine entsprechende Analogie ist sogar erwägenswert, wenn der moderne Gesetzgeber bei einer Änderung des Firmenrechts keine eigene Entscheidung hinsichtlich des Verhältnisses von Bestandsschutz zur Änderung des Firmenrechts treffen sollte.

[59] Vgl. RGZ 76, 263, 266; Heymann/*Emmerich* RdNr. 12.
[60] Staub/*Hüffer* RdNr. 5; Heymann/*Emmerich* RdNr. 13.
[61] Vgl. BGHZ 65, 103, 105 f. = NJW 1976, 48, wo die rechtsfortbildenden Richter für den GmbH & Co. KG-Zusatz wegen des geringeren Eingriffs in die bestehenden Firmen und erheblicher Gefahr der Irreführung sich generell gegen einen Bestandsschutz entschieden haben.

[62] Vgl. OLG München JFG 14, 475, 477; KG JFG 15, 54, 56 (jeweils für Firmenzusatz „Haus"); OLG Stuttgart NJW 1960, 1865 „Deutsches Lehrmittelinstitut"; KG NJW 1965, 254, 255 „Delbag".
[63] Vgl. vorige Fn. sowie Heymann/*Emmerich* RdNr. 15; Baumbach/*Hopt* RdNr. 3; *Jansen* NJW 1966, 1813, 1815.
[64] Staub/*Hüffer* RdNr. 19.
[65] Für den Regelfall ähnlich *Lindacher* BB 1977, 1676, 1681; *Bokelmann* RdNr. 833.

30   **d) Bestandsschutz bei bereits ursprünglich unzulässiger Firma?** Bei lang andauernder, unbeanstandeter, gleichwohl mit dem Gesetz nicht zu vereinbarende Firmierung stellt sich die Frage, ob insbesondere dann, wenn der Verstoß gegen die Firmierungsvorschriften gering ist, der gegen das Gesetz verstoßende Teil der Firmierung prägend und damit wirtschaftlich sehr wertvoll ist, und dem Inhaber die Unzulässigkeit nicht bekannt war, Bestandsschutz gewährt werden kann. Teilweise wird dies kategorisch abgelehnt.[66] Der BGH[67] hat dies bisher ständig offengelassen[68] und nur entschieden, daß bei Bösgläubigkeit des Inhabers[69] und bei erheblicher Irreführungsgefahr durch die derzeitige Firma[70] ein solcher Bestandsschutz nicht in Betracht komme und dieser insgesamt die Ausnahme sein müsse.[71] Die hM[72] will den Bestandsschutz dagegen im Rahmen eines von ihr für § 37 angenommenen Ermessens berücksichtigen und verlangt, daß die privaten Bestandsinteressen das öffentliche Interesse an korrekter Firmierung wesentlich übersteigen.

31   **Stellungnahme**: Eine Berücksichtigung im Rahmen einer Ermessensabwägung durch das Registergericht erscheint bedenklich. Zum einen widerspricht der Gesetzeswortlaut einem **Ermessen des Registergerichts**. Zum anderen besteht kein Grund, den Bestandsschutz, wenn er gewährt wird, nur auf Abs. 1 zu begrenzen. Auch für Abs. 2 bedarf es dann der Berücksichtigung des Bestandsschutzes. Dies geht nur, wenn dieser schon auf der Ebene der Zulässigkeit der Firmierung Berücksichtigung findet.

32   Eine Berücksichtigung des Bestandsschutzinteresses erscheint rechtsähnlich der privatrechtlichen **Erwirkung**[73] möglich. Hierfür bedarf es keiner generellen Anerkennung des Instituts der Erwirkung gegenüber dem Staat.[74] Die hier notwendige Rechtfortbildung rechtfertigt sich vielmehr mit der spezifischen Rechts- und Interessenlage beim Firmenrecht. Die Firma ist das zentrale, von außen erkennbare Merkmal für die Unternehmenskontinuität. Diese Möglichkeit, die Unternehmenskontinuität nach außen national und international zu dokumentieren, ist von hoher (volkswirtschaftlicher) Bedeutung.[75] Dem Gesetzgeber erschien die Firmenkontinuität so wertvoll, daß er in § 22 HGB ihretwegen den Grundsatz der Firmenwahrheit durchbrach und mit Art. 22 Abs. 1 EGHGB auf die Anpassung von Altfirmen an die neue Rechtslage ab dem 1. 1. 1900 verzichtete. Gerade wenn man berücksichtigt, daß die §§ 18 ff. keinen umfassenden Grundsatz der Firmenwahrheit aufstellen, erscheint die Möglichkeit eines Bestandschutzes in Form der Erwirkung geboten. Für den Bereich des ebenfalls die Drittinteressen schützenden § 3 UWG hat der BGH[76] bei jahrzehntelanger ungestörter Benutzung und relativ geringfügiger Irreführung einen schützenswerten Besitzstand anerkannt.

33   Unverzichtbare **Voraussetzungen** für einen Bestandsschutz sind eine länger andauernde unbeanstandete Firmierung[77] und das fehlende Bewußtsein der Unzulässigkeit seitens des

[66] Staub/*Hüffer* RdNr. 19.

[67] BGHZ 30, 288, 293 = NJW 1959, 2255; 44, 116, 118 = NJW 1965, 1915; vgl. auch BGH WM 1993, 1248, 1251 (zu § 37 Abs. 2).

[68] Bei BGH WM 1977, 24, 27 = GRUR 1977, 159, 161 „Ostfriesische Teegesellschaft" war das Berufungsgericht von einer Verwirkung des Anspruchs aus § 37 Abs. 2 ausgegangen. Der BGH nahm nur zur Verwirkung des Anspruchs aus § 3 UWG Stellung.

[69] BGHZ 44, 116, 118 = NJW 1965, 1915; vgl. auch BGHZ 30, 288, 293 = NJW 1959, 2255.

[70] Vgl. BGHZ 65, 103, 105 = NJW 1976, 48.

[71] Vgl. BGH WM 1993, 1248, 1251.

[72] KG NJW 1965, 254, 255; BayObLGZ 1986, 150, 154; Baumbach/*Hopt* RdNr. 3; *Keidel/Kuntze/Winkler* (Fn. 22) FGG § 140 RdNr. 2; *Bumiller/Winkler* (Fn. 22) FGG § 140 Anm. 3; *Jansen* NJW 1966, 1813, 1815; *Bassenge* Rpfleger 1974, 173, 175.

[73] Zu dieser *Singer,* Das Verbot widersprüchlichen Verhaltens, 1993, S. 223 ff.

[74] Für die Möglichkeit der Berücksichtigung von Vertrauensschutzgesichtspunkten vgl. nur § 48 insbesondere Abs. 4 VwVfG, dessen analoge Anwendung für die Eintragung einer Firma in das Handelsregister gar nicht so fern liegt.

[75] Erinnert sei an die Anstrengungen der BAYER AG zum Rückerwerb ihrer Firma und ihrer Warenzeichen für die USA.

[76] Vgl. BGH WM 1977, 24, 27 = GRUR 1977, 159, 161: Ostfriesische Teegesellschaft; BGH GRUR 1984, 457, 460: Deutsche Heilpraktikerschaft; BGH NJW 1994, 2030, 2031: Grand Manier.

[77] A maiore ad minus kommt wegen § 21 Abs. 1, Abs. 2 Markengesetz ein Zeitraum von unter 5 Jahren keinesfalls in Betracht. Aufgrund der Umstände erscheint sogar ein Mindestzeitraum von 10 Jahren angemessen, da hierdurch ein Recht gegenüber der Allgemeinheit begründet werden soll.

Inhabers.[78] Dem Bewußtsein sind dabei Fälle gleichzustellen, in denen der Inhaber sich der zwingenden Schlußfolgerung aus den ihm bekannten Tatsachen verschlossen hat. Sind diese Voraussetzungen erfüllt, ist das schutzwürdige Interesse an der Weiterführung der Firma gegen das Gewicht des Verstoßes gegen die Firmierungsvorschriften abzuwägen. Das schutzwürdige Interesse wird neben der Länge der bisherigen unbeanstandeten Firmierung vor allem durch die Bedeutung des unzulässigen Firmenteils für das Gesamtbild (den Wert) der Firma bestimmt. Die Schwere des Verstoßes gegen die Firmierungsvorschriften wird durch die Wahrscheinlichkeit der Irreführung des Verkehrs und vor allem die Bedeutung dieser Irreführung für den Verkehr bestimmt. Konsequenz der Bejahung eines Bestandsschutzes ist die Zulässigkeit der konkreten Firma und dementsprechend auch ihre Eintragungsfähigkeit.[79]

4. Verschulden. Für eine **Einleitung des Firmenmißbrauchsverfahrens** durch das   **34** Registergericht bedarf es keines Verschuldens des Inhabers.[80] Für eine **Festsetzung des Ordnungsgeldes** ist dagegen ein Verschulden erforderlich, da Ordnungsstrafen repressive strafrechtliche Elemente enthalten.[81]

5. Ermessen bei der Verfahrenseinleitung? Die ganz hM[82] gesteht dem Registergericht   **35** ein gebundenes Ermessen hinsichtlich der Einleitung eines Firmenmißbrauchsverfahrens zu. Dies ist **abzulehnen**.[83] Die hM widerspricht dem eindeutigen Wortlaut der Norm und läßt sich auch nicht rechtsfortbildend rechtfertigen. Auch sieht sie ein Bedarf für ein Ermessen ausschließlich im gesetzlich nicht geregelten **Bestandsschutz** von Firmen, die den Firmierungsnormen widersprechen. Diese Problematik läßt sich besser im Rahmen der Zulässigkeit der Firmierung bewältigen.[84] Dies gilt schon deshalb, weil der Ermessensansatz nicht auf § 37 Abs. 2 erstreckt werden kann, obwohl dort die gleiche Problematik besteht. Außerdem führt die hM zu einer durch nichts zu rechtfertigenden zusätzlichen Kategorie der dauerhaft unzulässigen, aber zugleich dauerhaft geduldeten Firmierung, während der hiesige Lösungsansatz bei der Alternative der zulässigen oder unzulässigen Firmierung bleibt. Für eine **Pflicht zum Einschreiten** spricht auch, daß sie für den hier anwendbaren § 132 FGG anerkannt ist.[85] Obwohl danach kein Ermessen besteht, sind Anträge, auch von nach § 37 Abs. 2 Klageberechtigten, als bloße Anregung aufzufassen.[86]

6. Ablauf des Firmenmißbrauchsverfahrens. Für den Ablauf des Firmenmißbrauchs-   **36** verfahrens gelten die §§ **140 iVm. 132 ff. FGG.** Danach besteht das von Amts wegen (vgl. oben RdNr. 35) einzuleitende Firmenmißbrauchsverfahren aus einer **Verbotsverfügung** unter gleichzeitiger **Androhung eines** höhenmäßig bestimmten **Ordnungsgeldes**[87] und der **Setzung einer** angemessenen **Frist** zur Rechtfertigung des verbotenen Firmengebrauchs (§ 140 Nr. 1 FGG iVm. § 132 FGG) und als zweitem Schritt einer **Ordnungsgeldfestsetzung** (§ 140 Nr. 2 FGG). Letztere darf nur erfolgen, wenn die Verbotsverfügung durch Fristablauf oder durch rechtskräftige Verwerfung des Einspruchs insgesamt rechts-

---

[78] Vgl. § 21 Abs. 1, 2 Markengesetz.
[79] AA Heymann/*Emmerich* RdNr. 14 ff., 17 gegen Eintragungsfähigkeit.
[80] RG JW 1903, 342; Staub/*Hüffer* RdNr. 16.
[81] Vgl. allgemein BVerfGE 20, 323, 332 = NJW 1967, 195; BVerfGE 58, 159 = NJW 1981, 2457; BVerfGE 84, 82 = NJW 1991, 3139; speziell zu § 37 vgl. KG OLGE 44, 181 f.; OLG Frankfurt BB 1980, 960; Staub/*Hüffer* RdNr. 22; *Keidel/Kuntze/Winkler* (Fn. 22) FGG § 140 RdNr. 17; Baumbach/*Hopt* RdNr. 3.
[82] Vgl. KG OLGZ 1965, 124, 130 f. = NJW 1965, 254; OLG Zweibrücken OLGZ 1972, 391, 395; OLG Köln BB 1977, 1671; BayObLGZ 1986, 150, 154; BayObLGZ 1989, 44, 50 = NJW-RR 1989, 867; Heymann/*Emmerich* RdNr. 15; Baumbach/*Hopt* RdNr. 3; aA nur Staub/*Hüffer* RdNr. 18.

[83] Ebenso Staub/*Hüffer* RdNr. 18.
[84] Vgl. ausführlich oben RdNr. 28 f., 30 ff.
[85] Vgl. OLG Hamm OLGZ 1989, 148, 150; *Bassenge* Rpfleger 1974, 173, 174; *Keidel/Kuntze/Winkler* (Fn. 22) FGG § 132 RdNr. 22.
[86] RGZ 132, 311, 314; BGHZ 53, 65, 70 = NJW 1970, 704; OLG Hamm ZIP 1983, 1198, 1202; Staub/*Hüffer* RdNr. 21; Heymann/*Emmerich* RdNr. 19.
[87] KG OLGE 12, 410, 412; *Keidel/Kuntze/Winkler* (Fn. 22) FGG § 132 RdNr. 26; nach BGH JR 1974, 200 ist auch eine Angabe „bis zu" zulässig, soweit die genannte Obergrenze ernsthaft in Betracht kommt.

kräftig geworden ist, und der Firmierende nach Bekanntgabe der Verbotsverfügung an ihn **schuldhaft**[88] gegen diese verstoßen hat.

37   Ziel des Firmenmißbrauchsverfahrens ist die Untersagung der Führung der unzulässigen Firma, nicht aber ein Zwang zur Führung einer bestimmten zulässigen.[89] Über die Konsequenzen der Unzulässigkeit eines Firmenbestandteils muß der Inhaber selbst entscheiden können. Hieraus folgt, daß das Registergericht stets die Firma als Ganzes in ihrer konkreten Form verbieten muß.[90] Der Betroffene kann aus den Gründen erkennen, welcher Firmenbestandteil unzulässig ist. Dementsprechend ist bei einer eingetragenen Firma eine Verfügung gem. §§ 140, 132 FGG, die die Löschung aufgibt, unzulässig.[91]

38   **7. Verhältnis von Mißbrauchsverfahren zu anderen Verfahren. a) Amtslöschung.** Bei einer eingetragenen unzulässigen Firma ist grundsätzlich sowohl ein Mißbrauchsverfahren als auch ein Amtslöschungsverfahren gemäß den §§ 142, 144 a FGG möglich.[92] Dieses Amtslöschungsverfahren kommt auch bei erst nachträglich unzulässig gewordener Firma in Betracht.[93] Das Mißbrauchsverfahren hat dabei den praktischen Vorteil, daß es milder ist und sich nicht nur gegen die unzulässige Firmierung im Register, sondern allgemein gegen die unzulässige Firmierung wendet, weshalb es sich grundsätzlich anbietet, mit ihm zu beginnen.[94]

39   **b) Eintragungsverfahren.** Nach zutreffender hM[95] liegt auch in der **Anmeldung** einer Firma ein Gebrauchmachen. Für diese praktisch sehr bedeutsame Konstellation ist das Bayrische Oberste Landesgericht[96] der Ansicht, das Eintragungsverfahren sei notwendig auszusetzen und gegen den Inhaber im Mißbrauchsverfahren vorzugehen. Von anderer Seite wird dies als unpraktisch angesehen und aufgrund der unterschiedlichen Zwecke der Verfahren abgelehnt.[97] In Übereinstimmung mit dem Verhältnis zum Firmenlöschungsverfahren ist auch hier ein Ermessen des Registergerichts zu bejahen. Häufig wird der Inhaber bei einer Ablehnung seines Antrags auf Eintragung der Firma einsichtig sein und seine Firma auch im allgemeinen Geschäftsverkehr ändern, so daß es eines Firmenmißbrauchsverfahrens nicht mehr bedarf.

40   **c) Klage nach Abs. 2.** Schon aufgrund der unterschiedlichen Beteiligten schließen sich das Firmenmißbrauchsverfahren und eine Klage nach Abs. 2 nicht aus. Bei einer laufenden Klage gem. Abs. 2 besteht jedoch gem. § 127 FGG die Möglichkeit, das Mißbrauchsverfahren auszusetzen.

III. Unterlassungsklage (Abs. 2)

41   **1. Verletzer (Passivbeteiligter).** Wie im Rahmen des Abs. 1 entgegen der hM[98] ausgeführt, scheiden **Minder-** und **Nichtkaufleute** als Verletzer und damit als passiv Beteiligte

---

[88] Vgl. oben RdNr. 34.

[89] Staub/*Hüffer* RdNr. 20;   Baumbach/*Hopt* RdNr. 3.

[90] Vgl. RGZ 132, 311 f.; KG HRR 1932, Nr. 252; KG NJW 1955, 1926 f. KG NJW 1965, 254, 255; Heymann/*Emmerich* RdNr. 18; Staub/*Hüffer* RdNr. 20; Baumbach/*Hefermehl* (Fn. 24), § 16 UWG RdNr. 94; Bokelmann RdNr. 857; aA Baumbach/*Hopt* RdNr. 3: Verfahren auf Unterlassung eines bestimmten Zusatzes möglich; ähnlich *von Gamm,* Festschrift für Stimpel, 1985, S. 1007, 1013 unter Berufung auf § 43 Abs. 2 KWG.

[91] Staub/*Hüffer* RdNr. 23.

[92] HM vgl. OLG Karlsruhe OLGE 42, 193; KG OLGZ 1965, 124, 127 = NJW 1965, 254; BayObLGZ 1989, 44, 50 = NJW-RR 1989, 867; Heymann/*Emmerich* RdNr. 23; Staub/*Hüffer* RdNr. 24; zur spezielleren Amtslöschung nach § 43 Abs. 2 KWG vgl. BayObLG BB 1983, 1494 f.

[93] RGZ 169, 147, 151 f.; BayObLGZ 1975, 332, 335; OLG Hamm OLGZ 1977, 53, 54; *Keidel/Kuntze/Winkler* (Fn. 22) FGG § 142 RdNr. 7.

[94] Ähnlich Baumbach/*Hopt* RdNr. 3; *Jansen* NJW 1966, 1813; Staub/*Hüffer* RdNr. 24; aA *Bokelmann* RdNr. 863.

[95] Vgl. oben RdNr. 10.

[96] BayObLGZ 1988, 128, 129 = NJW-RR 1989, 100.

[97] *Winkler* DNotZ 1989, 245, 246 ff. unter gleichzeitiger Ablehnung der Einordnung als Firmengebrauch.

[98] Staub/*Hüffer* RdNr. 20 iVm. RdNr. 8; *K. Schmidt* HandelsR § 12 IV 2 a (382); einschränkend aber *Canaris* § 11 III 1, 2 d (183, 185 f.): Nur soweit minder- oder sollkaufmännisch und soweit firmenähnliche Bezeichnung nicht im einzelnen zulässig.

aus. Denn weder ist eine unmittelbare Analogie durch Erstreckung der §§ 17 ff. auf Min- und Nichtkaufleute möglich, noch gibt es einen, den §§ 17 ff. zuzuordnenden allgemeinen Rechtssatz, daß alle firmenähnlichen Geschäftsbezeichnungen den Minder- und Nichtkaufleuten verwehrt sind.[99] Dies folgt schon daraus, daß § 15 b GewO sogar eine **firmenähnliche Bezeichnung** – die Zeichnung mit Vor- und Zunamen – (vgl. § 18 Abs. 1) gebietet (näher oben RdNr. 5 ff.). Einer isolierten Rechtsfortbildung allein für die Fälle, in denen durch spezifisch kaufmännisches, so nicht erforderliches,[100] Auftreten eine Gefahr der Irreführung besteht, bedarf es nicht, da die §§ 1, 3 UWG, § 15 Markengesetz und § 12 BGB (analog) hier hinreichenden Rechtsschutz gewährleisten.

2. Unbefugter Firmengebrauch. Das Merkmal des Firmengebrauchs ist wie in Abs. 1   **42**
zu verstehen (vgl. oben RdNr. 10 ff.). Auch die hier als selbständig eingeordnete Voraussetzung der **Wiederholungsgefahr** (vgl. oben RdNr. 13) ist daher zu verlangen. Nach **hM**[101] sind unbefugt iSd. Abs. 2 ausschließlich **Firmierungen, gegen die auch nach Abs. 1 eingeschritten werden kann.** Dies bedeutet, daß auch im Rahmen des Abs. 2 ausschließlich Verstöße gegen die §§ 18 ff., gegen Vorschriften die den aufgehobenen § 20 ersetzen, sowie gegen Rechtssätze, die aus den §§ 18 ff. abgeleitet sind (Grundsatz der Firmeneinheit) zu einem Vorgehen gegen den Firmierenden berechtigen (näher RdNr. 24). Dagegen nimmt eine Mindermeinung[102] an, daß im Rahmen des Abs. 2 auch eine Unzulässigkeit des Gebrauchs wegen Verstoßes gegen andere als die firmenrechtlichen Regelungen, insbesondere gegen die §§ 1, 3 UWG, 12 BGB (analog), 15 Markengesetz sowie vertragliche Abreden, zu berücksichtigen sei.

Der hM ist zuzustimmen. Der sprachliche Unterschied zwischen Abs. 2 und Abs. 1   **43**
bestand schon bei den Vorgängerregelungen der Art. 26 Abs. 2 und Art. 27 Abs. 1 ADHGB, ohne daß dem dort besondere Bedeutung zugemessen worden wäre.[103] Wie sich insbesondere auch aus der systematischen Stellung des Abs. 2 zu Abs. 1 am Ende des Firmenrechts ergibt, hat Abs. 2 die primäre Funktion, die Privatinitiative zur Durchsetzung der §§ 18 ff. zu nutzen.[104] Dementsprechend ist für die Unbefugtheit des Gebrauchs iSd. Abs. 2 allein das Firmenrecht maßgeblich. Aber auch bei Bejahung eines eigenständigen Schutzes der in ihren Rechten Verletzten bliebe es aus systematischen Gründen bei einer Beschränkung des Schutzes auf die gem. §§ 18 ff. unzulässigen Firmierungen.

Ein **Verstoß gegen** eine **vertragliche Abrede** fällt daher nicht unter Abs. 2. Umgekehrt   **44**
ändert aber auch ein **vertragliches Einverständnis** des Klägers nichts an der Unbefugtheit der Verwendung der Firma. Es ist vielmehr erst bei der Frage der Rechtsverletzung zu berücksichtigen.[105] Dies gilt auch für eine **Verwirkung** im Verhältnis vom Kläger zum Beklagten. Dagegen ist der **Bestandsschutz** Teil der Frage, ob eine Firma unbefugt gebraucht wird. Denn sowohl der generelle Bestandsschutz (vgl. § 22 HGB, Art. 22 EGHGB (analog), als auch ein individueller Bestandsschutz durch **Erwirkung** gegenüber der Allgemeinheit, beseitigt entgegen der hM die Unbefugtheit der Firmierung (näher oben RdNr. 27 ff.). Auch die Problematik der **Verwendung von Firmenabkürzungen und Schlagwörtern** ist bei Abs. 2 ebenso wie bei Abs. 1 zu lösen (vgl. dazu RdNr. 16 ff.). Wie auch bei Abs. 1 bedarf es **keines Verschuldens** des Firmierenden für einen Unterlassungsanspruch.[106]

**3. „Wer in seinen Rechten verletzt wird“. a) Nichtkaufmännische Personen als   45
Verletzte.** Die unbestimmte Bezeichnung „wer“ bedeutet, daß jede, auch nichtkaufmänni-

---

[99] Insoweit auch *Canaris* § 11 III (182 ff.); *K. Schmidt* HandelsR § 12 I 2 (349 ff.); *ders.* DB 1987, 1181, 1182 f.; *ders.* DB 1987, 1674, 1675.
[100] Zur Konkretisierung vgl. näher RdNr. 7 ff.
[101] RGZ 20, 71, 75; 29, 56, 61; RG JW 1910, 122; Staub/*Hüffer* RdNr. 26 f.; *von Gamm,* Festschrift für Stimpel, 1985, 1007, 1009; Heymann/*Emmerich* RdNr. 22; *Straube/Schuhmacher* RdNr. 13.

[102] Baumbach/*Hopt* RdNr. 5.
[103] Vgl. *Puchelt* (Fn. 7) ADHGB Art. 27 Anm. 3.
[104] Vgl. BGHZ 53, 65, 70 = NJW 1970, 704; *von Gamm,* Festschrift für Stimpel, 1985, 1007, 1009.
[105] Staub/*Hüffer* RdNr. 27; Heymann/*Emmerich* RdNr. 23 a.
[106] Staub/*Hüffer* RdNr. 32; *Bokelmann* RdNr. 867.

sche Person, bei der die Rechtsverletzung vorliegt, ein Klagerecht hat.[107] Sie bedeutet zugleich, daß die Rechtsverletzung nicht notwendig handelsrechtlicher Art sein muß, sondern auch das einer natürlichen Person zustehende private Namensrecht erfaßt ist.

46 **b) Unmittelbares rechtliches Interesse wirtschaftlicher Art.** Die Anforderungen an eine „Verletzung in seinen Rechten" haben sich im Laufe der Zeit geändert. Während früher, insbesondere in der Rechtsprechung des RG,[108] die Verletzung eines absoluten Rechts iSd. § 823 Abs. 1 BGB verlangt wurde, läßt heute die ganz hM[109] die unmittelbare Verletzung rechtlicher Interessen **wirtschaftlicher Art** ausreichen, womit insbesondere konkurrierende Unternehmen und nach § 13 UWG klageberechtigte Verbände einen Unterlassungsanspruch erhalten.

47 **Der heute hM ist zuzustimmen,** wenn auch die häufig genannte Begründung, eine solch weite Interpretation sei notwendig, weil § 37 Abs. 2 sonst neben den Möglichkeiten, aus §§ 1, 3 UWG, § 15 Abs. 4 Markengesetz[110] und § 1004 Abs. 1 BGB (analog) iVm. § 12 BGB (analog) vorzugehen, keine eigenständige Bedeutung habe,[111] nicht tragfähig ist. Denn auch eine starke Überschneidung des Inhalts von Normen ist für sich noch keine Rechtfertigung, den Anwendungsbereich einer Norm auszudehnen. Im übrigen führt die Erweiterung des Abs. 2 auf ein Klagerecht für alle, bei denen ein unmittelbares rechtliches Interesse wirtschaftlicher Art betroffen ist, zu einer Anpassung an die Rechtslage im Bereich des UWG und somit nicht zu einer Schaffung verschiedener Anwendungsbereiche.

48 Die hM rechtfertigt sich vielmehr mit dem **Zweck des Abs. 2,** für die Durchsetzung der Firmierungsvorschriften die private Initiative zu nutzen, ohne eine Popularklage zuzulassen.[112] Dieses Ziel wird bei einem rechtlichen Interesse wirtschaftlicher Art besser erreicht, als bei einer Beschränkung auf die Verletzung absoluter Rechte, da letzteres die Privatinitiative nur eingeschränkt nutzen könnte. Diese Erweiterung der Klageberechtigten entspricht dem heutigen Recht des UWG, welches ebenfalls die Privatinitiative zur Durchsetzung der Lauterkeit des Wettbewerbs nutzt.[113] Dies entspricht auch der Absicht des historischen Gesetzgebers, jedem, der in seinen „berechtigten Interessen" berührt ist, ein Klagerecht zu erteilen.[114] Die Rückkehr zur Formulierung des ADHGB beruhte nur auf der Befürchtung, es bedürfte sonst kumulativ eines berechtigten Interesses und einer Rechtsverletzung.[115]

49 **c) Konkretisierung der geschützten Rechtspositionen.** Als absolute Rechte von § 37 Abs. 2 erfaßt sind das subjektive **Firmenrecht** (Verletzung der örtlichen firmenrechtlichen Priorität iSd. § 30 Abs. 1);[116] der **bürgerlich-rechtliche Name** (Verletzung des § 12 BGB bei firmenrechtlicher Verwendung des dem Kläger gemäß den §§ 18 ff., aber nicht dem Beklagten zustehenden Namens);[117] ein dem Kläger zustehendes **Markenrecht,**[118] in welches durch eine gemäß §§ 18 ff. unzulässige Firmierung eingegriffen wird,[119] aber auch ein **Patentrecht.**[120] Das sog. **Recht am eingerichteten und ausgeübten Gewerbebetrieb** ist

---

[107] Staub/*Hüffer* RdNr. 35.
[108] RG JW 1902, 27; JW 1913, 435; JW 1932, 730; RGZ 114, 90, 94; 132, 311, 316; dem RG zuletzt noch folgend GroßkommHGB/*Würdinger* Anm. 17, 25.
[109] BGHZ 53, 65, 70 = NJW 1970, 704; BGH BB 1972, 982; BGH NJW 1991, 2023; Heymann/ *Emmerich* RdNr. 23; Baumbach/*Hopt* RdNr. 6; Staub/*Hüffer* RdNr. 28 f.; *Straube/Schuhmacher* RdNr. 14.
[110] Früher § 16 Abs. 1 UWG und § 24 Abs. 1 Warenzeichengesetz.
[111] Vgl. BGHZ 53, 65, 70 = NJW 1970, 704; *Straube/Schuhmacher* RdNr. 14; Baumbach/*Hefermehl* (Fn. 24) § 16 UWG RdNr. 95.
[112] Vgl. Heymann/*Emmerich* RdNr. 23; Düringer/Hachenburg/*Hoeniger* Anm. 8.

[113] Vgl. auch den Hinweis auf § 42 Abs. 2 VWGO durch *K. Schmidt* HandelsR § 12 IV 2 a (382) und Staub/*Hüffer* RdNr. 29.
[114] Denkschrift RJA E I S. 39 = *Schubert/Schmiedel/Krampe* II 1 S. 39; Denkschrift zur RT-Vorl. S. 42 = *Schubert/Schmiedel/Krampe* II 2 S. 984.
[115] Vgl. Protokolle Kommission Handel S. 56 f. = *Schubert/Schmiedel/Krampe* II 1 S. 310.
[116] Vgl. RG LZ 1932, Sp. 39; RG Recht 1924, Nr. 1319; RGZ 110, 422, 425 ff.; RGZ 171, 30, 34; Staub/*Hüffer* RdNr. 34.
[117] RGZ 56, 187, 190; RGZ 156, 363, 365 f.; Staub/*Hüffer* RdNr. 35.
[118] Früher Warenzeichenrecht.
[119] Staub/*Hüffer* RdNr. 36.
[120] Vgl. RGZ 3, 164, 167.

in den Grenzen, in denen man es anerkennt, ebenfalls ein solches absolutes Recht.[121] Ein Rückgriff auf dieses problematische Recht ist jedoch wegen der heute bejahten Klagemöglichkeit eines jeden, bei dem unmittelbar ein rechtliches Interesse wirtschaftlicher Art verletzt ist, nicht notwendig.[122]

Ein **rechtliches Interesse wirtschaftlicher Art** bedeutet zunächst, daß ein **rein ideelles** **50** **Interesse** des Klägers nicht ausreicht.[123] **Wirtschaftlicher Art** ist ein Interesse nicht nur, wenn der Kläger einen Nachteil erleidet.[124] Ausreichend ist vielmehr eine Mittelbarkeit des wirtschaftlichen Bezugs, wie sie auch bei den gemäß § 13 UWG klagebefugten Verbänden, die die wirtschaftlichen Interessen anderer bündeln, vorliegt.[125] Um **rechtliche Interessen** handelt es sich nur, wenn die Rechtsordnung an anderer Stelle einen rechtlichen Schutz dieser Interessen anordnet. Diese Voraussetzungen sind insbesondere bei den **Konkurrenten des Beklagten,**[126] bei den gemäß § 13 UWG klageberechtigten **Verbänden**[127] und, soweit man nicht bereits eine Verletzung von § 12 BGB annimmt, auch bei (nicht gleichnamigen) **Erben,** denen gemäß §§ 22 Abs. 1 bzw. 24 Abs. 1 ein Zustimmungsrecht zur Firmenfortführung zusteht,[128] erfüllt. **Gesellschafter** einer klageberechtigten Gesellschaft sind nicht bereits aufgrund dieser Stellung selbst klageberechtigt;[129] denn mit der Gesellschafterstellung ist ein rechtlich geschütztes Interesse nicht verbunden.

d) Einverständnis und Verwirkung des persönlichen Klageanspruchs. Eine **Gestat-** **51** **tung** der Firmierung durch den Kläger beseitigt (verhindert) seine Rechtsverletzung und steht damit seinem Unterlassungsanspruch entgegen.[130] Dies gilt auch dann, wenn der entsprechende Verstoß gegen die §§ 18 ff. als solcher nicht durch eine Gestattung beseitigt werden kann; denn das persönliche Klagerecht steht allgemein, auch wenn es dem Schutzinteresse Dritter und der Öffentlichkeit dient, zur Disposition des Klageberechtigten.[131] Den anderen, in ihren Rechtspositionen wirtschaftlicher Art Verletzten und dem Registergericht bleibt die Möglichkeit zum Eingreifen.

Dementsprechend muß es auch eine **Verwirkung des persönlichen Unterlassungsan-** **52** **spruchs** geben können; denn bei der Verwirkung handelt es sich um ein Vertrauensschutzinstitut, welches nur voraussetzt, daß eine Dispositionsbefugnis über das persönliche Recht (Klagebefugnis) besteht.[132] Die Voraussetzungen sollten sich an § 21 Abs. 1, Abs. 2 Markengesetz orientieren, der eine Verwirkung vorsieht, wenn der Anspruchsberechtigte trotz Kenntnis 5 Jahre lang nicht gegen die Benutzung der Marke vorgeht, und der Benutzer bei Beginn der Nutzung der Marke nicht bösgläubig war.

Von dieser Verwirkung des persönlichen Klageanspruchs ist streng die **Erwirkung** der **53** Zulässigkeit **der Firmierung gegenüber jedermann,** insbesondere auch gegenüber dem Registergericht, zu trennen. Diese ist, weil öffentliche Interessen und Drittinteressen berührt werden, nur unter erheblich strengeren Voraussetzungen möglich (vgl. näher RdNr. 32 f.). Ebenfalls von der Verwirkung des persönlichen Anpruchs deutlich zu unterscheiden, ist die **Verjährung** des Unterlassungsanspruchs, die gemäß § 195 BGB 30 Jahre

[121] RG JW 1910, 120, 122; RGZ 132, 311, 314; KG OLGE 30, 388.

[122] Staub/*Hüffer* RdNr. 37.

[123] Vgl. OGH GesRZ 1978, 38 = ÖBl 1978, 11; OGH ÖBl 1982, 42; Staub/*Hüffer* RdNr. 38; Heymann/*Emmerich* RdNr. 23; *Straube/Schuhmacher* RdNr. 15.

[124] So aber die Formulierung bei Staub/*Hüffer* RdNr. 38.

[125] Vgl. Baumbach/*Hopt* RdNr. 6.

[126] BGHZ 53, 65, 70 = NJW 1970, 704; NJW 1991, 2023; Staub/*Hüffer* RdNr. 38; Heymann/*Emmerich* RdNr. 23; *Straube/Schuhmacher* RdNr. 15.

[127] Staub/*Hüffer* RdNr. 30; Baumbach/*Hopt* RdNr. 6.

[128] OLG Hamm ZIP 1983, 1198, 1202; Baumbach/*Hopt* RdNr. 6.

[129] BGH BB 1972, 982; OGH GesRZ 1983, 36; 1985, 104, 105; Baumbach/*Hopt* RdNr. 6; *Bokelmann* RdNr. 868; Heymann/*Emmerich* RdNr. 23; Staub/*Hüffer* RdNr. 30.

[130] Heymann/*Emmerich* RdNr. 23 a; Staub/*Hüffer* RdNr. 31; Baumbach/*Hopt* RdNr. 6; *Straube/Schuhmacher* RdNr. 13; OGH SZ 48 (1975) Nr. 125.

[131] Ebenso Staub/*Hüffer* RdNr. 31.

[132] Im Ergebnis ebenso RGZ 167, 184, 190 f.; Staub/*Hüffer* RdNr. 33; Heymann/*Emmerich* RdNr. 23 a; offenlassend BGH WM 1993, 1248; sehr zurückhaltend Baumbach/*Hopt* RdNr. 6; *von Gamm,* Festschrift für Stimpel, 1985, S. 1007, 1013 f.

beträgt. Sie beginnt mit dem letzten Gebrauch der Firma und ist **ohne Bedeutung**,[133] da die Wiederholungsgefahr schon nach einem viel kürzeren Zeitraum zu verneinen ist.

54   4. **Unterlassungsanspruch und Vollstreckung.** Der Anspruch geht auf **Unterlassung der unzulässigen Firmierung in ihrer Gesamtheit**, in der konkreten Form, in der sie gebraucht wurde, also nicht nur auf Unterlassung bezüglich eines konkreten unzulässigen Teils.[134] Das Unterlassungsurteil deckt auch die anderen, im Kern der Unterlassungsverfügung liegenden Begehungsformen ab und wird gemäß § 890 ZPO vollstreckt. Bei einer (noch) nicht eingetragenen Firma besteht daher kein Rechtsschutzbedürfnis für eine zusätzliche Klage auf Unterlassung der Registeranmeldung der außerhalb des Registers gebrauchten Firma.[135] Eine einstweilige Verfügung auf Unterlassung ist möglich, wobei § 25 UWG auf sie nicht analog anwendbar ist.

55   Ist die Firma eingetragen, soll nach hM[136] neben der allgemeinen Unterlassungsklage auch eine **Klage auf Stellung eines Löschungsantrags** durch den Firmierenden mit der Folge des § 894 ZPO möglich sein. Dies ist **bedenklich**, weil in die Entscheidung des Firmierenden, wie er den rechtswidrigen Zustand beseitigen will, eingegriffen wird, ohne daß die Norm hierzu ihrem Wortlaut oder Zweck nach eine Ermächtigung liefert. Bei Zulässigkeit der Löschungsklage dürfte diese, wie die Unterlassungsklage, nur auf Löschung der gesamten Firma und nicht nur auf Löschung eines unzulässigen Firmenbestandteils gerichtet sein[137]

56   5. **Schadensersatzansprüche. Abs. 2 S. 2** bringt nicht nur die Selbstverständlichkeit zum Ausdruck, daß nach anderen Regelungen, insbesondere § 823 Abs. 1 BGB, § 15 Abs. 5 Markengesetz, bestehende Ansprüche nicht ausgeschlossen werden sollen.[138] Aus der Regelung folgt vielmehr auch, daß mit dem Unterlassungsanspruch auch bei schuldhaftem Verhalten des Firmierenden nicht notwendig ein Schadensersatzanspruch des nach Abs. 2 Klageberechtigten verbunden ist.[139] Dies ist eine Neuerung des HGB gegenüber Art. 27 Abs. 1 ADHGB, der den Unterlassungsanspruch noch mit dem Schadensersatzanspruch verband. Aus der Regelung folgt auch, daß § 37 Abs. 2 kein Schutzgesetz iSd. § 823 Abs. 2 BGB ist.

57   6. **Verhältnis zu anderen Unterlassungsansprüchen.** Der Unterlassungsanspruch aus Abs. 2 steht neben den Unterlassungsansprüchen aus **§ 1004 Abs. 1 BGB analog** iVm. §§ 823 Abs. 1, 12 BGB (analog), § 15 Abs. 4 Markengesetz, § 13 Abs. 2 UWG iVm. § 1 bzw. § 3 UWG. Die **Parallelität** erklärt sich zwar aus den unterschiedlichen Normzwecken, ist aber dennoch wenig glücklich, da die Rechtsbehelfe mit ihren teilweise sehr ähnlichen, aber dennoch nicht parallelen Voraussetzungen bei der Subsumtion erhebliche Schwierigkeiten bereiten. Eine gewisse Vereinfachung ist durch die Zusammenfassung von § 16 Abs. 1 UWG und § 24 Abs. 1 WZG zum neuen § 15 Abs. 4 Markengesetz erreicht worden. Danach ist eine Firma gemäß § 5 Abs. 2 S. 1 Markengesetz ein Unternehmenskennzeichen und als solches eine geschäftliche Bezeichnung iSd. § 5 Abs. 1 Markengesetz, die gemäß § 15 Abs. 1 Markengesetz ihrem Inhaber ein ausschließliches Recht gewährt und bei deren Verletzung gemäß § 15 Abs. 4 Markengesetz ein Unterlassungsanspruch und bei schuldhafter Verletzung gemäß § 15 Abs. 5 Markengesetz ein Schadensersatzanspruch besteht. Dabei soll nach der Vorstellung des Gesetzgebers grundsätzlich Kontinuität zur Auslegung des § 16 UWG bestehen.[140]

---

[133] Vgl. RGZ 49, 20 f.; Staub/*Hüffer* RdNr. 33.

[134] Heymann/*Emmerich* RdNr. 27; Baumbach/*Hefermehl* (Fn. 24) § 16 UWG RdNr. 95; vgl. näher oben RdNr. 37.

[135] AA Staub/*Hüffer* RdNr. 40; unklar Heymann/*Emmerich* RdNr. 26.

[136] BGH BB 1965, 1202; GRUR 1955, 487, 488; RGZ 3, 120, 3, 164, 168; 22, 58, 60; 37, 58 f.; Staub/*Hüffer* RdNr. 39; *Straube/Schuhmacher*

RdNr. 16; wohl auch Heymann/*Emmerich* RdNr. 26.

[137] KG JFG 28, A 216; aA *von Gamm*, Festschrift für Stimpel, 1985, 1007, 1013 unter Berufung auf neuere Urteile zum Warenzeichenrecht (BGH GRUR 1974, 162, 164; GRUR 1981, 60, 64).

[138] So aber Heymann/*Emmerich* RdNr. 28.

[139] Staub/*Hüffer* RdNr. 41.

[140] BR-Drucks. 795/93 S. 92, 97.

Die Überschneidungen zwischen § 37 Abs. 2 und § 3 UWG sind zwangsläufig, solange   **58**
§ 30 Abs. 1 sich nur auf die am selben Ort eingetragenen Firmen bezieht. Eine Parallelität
zwischen § 37 Abs. 2 und materiellen Firmenschutzvorschriften, insbesondere § 15 Abs. 4
Markengesetz, ist notwendig, weil § 37 Abs. 2 die **Durchsetzung der korrekten Firmierung**, nicht aber den **Schutz** einer Firmierung bezweckt.[141] Dies wird vor allem daran
deutlich, daß nicht nur die in ihrem Firmenrecht Betroffenen klageberechtigt sind.

Nicht notwendig ist die **Parallelität im materiellen Firmenschutz** zwischen § 15 Mar-   **59**
kengesetz und dem Schutz der Firma als Name iSd. § 12 BGB. De lege ferenda wäre eine
Konzentration des materiellen Firmenschutzes auf § 15 Markengesetz und eine Beschränkung des § 12 BGB auf die Namen der natürlichen Personen außerhalb ihrer Verwendung
als Firmenbestandteil wünschenswert, wie sie bereits dem BGB-Gesetzgeber vorschweb-
te.[142] De lege lata wird man jedoch wohl von der vom RG[143] entwickelten und seitdem
ständig praktizierten[144] Rechtsprechung, die § 12 BGB zur **abstrakten Grundnorm des
materiellen Firmenschutzes** ausgebaut hat, ausgehen müssen.[145] Die weite Interpretation
des § 12 BGB ist allerdings wohl noch nicht gewohnheitsrechtlich verfestigt.[146] Die sehr
langjährige und umfangreiche Praktizierung dieser Rechtsprechung und ihre Akzeptanz
durch den Gesetzgeber[147] sprechen aber für ihre Beibehaltung bis zu einer gesetzlichen
Neuregelung.[148]

Vierter Abschnitt. Handelsbücher

§ 38 bis 47 b *(aufgehoben durch Bilanzrichtlinien – Gesetz vom 19. 12. 1985, BGBl. I S. 2355)*

Fünfter Abschnitt. Prokura und Handlungsvollmacht

Vorbemerkungen

Übersicht

---

[141] Staub/*Hüffer* Anh. § 37 RdNr. 1; *K. Schmidt* HandelsR § 7 IV 1 (184); *von Gamm,* Festschrift für Stimpel, 1985, S. 1007, 1008.

[142] Denkschrift zum BGB in *Mugdan,* Die gesamten Materialien zum bürgerlichen Gesetzbuch, 1. Band Berlin 1899 S. 825; Protokolle in *Mugdan* I S. 593.

[143] RGZ 59, 284; 74, 114; 109, 213; 114, 90, 93; 117, 215, 218.

[144] Vgl. nur BGHZ 11, 214 = NJW 1954, 388; BGHZ 14, 155, 159 = NJW 1954, 1681; BGHZ 19, 23, 27 = NJW 1956, 591; NJW 1966, 343; NJW 1971, 1522 f.

[145] Dagegen de lege lata *Fabricius* JR 1972, 15, 17; *Klippel,* Der zivilrechtliche Schutz des Namens, 1985, S. 334 ff., 385 f.

[146] Dafür aber Soergel/*Heinrich* § 12 RdNr. 114; *Larenz* AT § 8 I Fn. 1 (125); *K. Schmidt* HandelsR § 7 IV 3 c (192).

[147] Vgl. insbesondere den Gesetzgeber des in Konkurrenz zu § 12 BGB tretenden Markengesetzes BR.-Drucks. 795/93 S. 109.

[148] Zur methodischen Rechtfertigung der Aufrechterhaltung einer ständigen Rechtsprechung trotz Bedenken gegen ihre Richtigkeit näher *Krebs* AcP 195 (1995), 171 ff.

Schrifttum: *Altmeppen,* Disponibilität des Rechtsscheins, 1993; *Bader,* Duldungs- und Anscheinsvollmacht, Diss. Regensburg 1978; *Ballerstedt,* Zur Haftung für culpa in contrahendo bei Geschäftsabschluß durch Stellvertreter, AcP 151 (1950/51), 501; *Bienert,* Anscheinsvollmacht und Duldungsvollmacht, 1975; *Bohnstedt,* Prokura, Handlungsvollmacht und Generalvollmacht MittRhNotK 1974, 579; *Bucher,* Organschaft, Prokura, Stellvertretung, Festschrift für Bürgi, 1971, S. 39; *Canaris,* Die Vertrauenshaftung im deutschen Privatrecht, 1971; *ders.,* Täterschaft und Teilnahme bei culpa in contrahendo, Festschrift für Giger, 1989, S. 91; *von Craushaar,* Die Bedeutung der Rechtsgeschäftslehre für die Problematik der Scheinvollmacht, AcP 174 (1974), 2; *Crezelius,* Zu den Rechtswirkungen der Anscheinsvollmacht, ZIP 1984, 791; *Derleder,* Das unternehmensbezogene Geschäft mit dem Geschäftspartner und dem Kunden, Festschrift Raisch, 1995, S. 25; *Eder,* „Generalvollmacht" bei der GmbH? GmbHR 1962, 225; *Fischer,* Der Mißbrauch der Vertretungsmacht, auch unter Berücksichtigung der Handelsgesellschaften, Festschrift für Schilling, 1973, S. 3; *Frotz,* Verkehrsschutz im Vertretungsrecht, 1972; *Geitzhaus,* Die Generalbevollmächtigung – Empfehlenswertes Instrument der Unternehmensführung? GmbHR 1989, 229 ff., 278 ff.; *Gernhuber,* Die verdrängende Vollmacht, JZ 1995, 381; *Geßler,* Zum Mißbrauch organschaftlicher Vertretungsmacht, Festschrift für von Caemmerer, 1978, 531; *K. Hofmann,* Der Prokurist, 6. Aufl. 1990; *Th. Honsell,* Die Besonderheiten der handelsrechtlichen Stellvertretung, JA 1984, 17; *Huber,* Betriebsführungsverträge zwischen selbständigen Unternehmen, ZHR 152 (1988), 1; *ders.,* Betriebsführungsverträge zwischen konzernverbundenen Unternehmen, ZHR 152 (1988), 123; *H. Hübner,* Die Prokura als formalisierter Vertrauensschutz, Festschrift für Klingmüller, 1974, 173; *U. Hübner,* Die Zulässigkeit der Generalvollmacht bei Kapitalgesellschaften, ZHR 143 (1979), 1; *Joussen,* Die Generalvollmacht im Handels- und Gesellschaftsrecht, WM 1994, 273; *Krause,* Schweigen im Rechtsverkehr, 1933; *Krebs,* Ungeschriebene Prinzipien der handelsrechtlichen Stellvertretung als Schranken der Rechtsfortbildung – speziell für Gesamtvertretungsmacht und Generalvollmacht, ZHR 159 (1995), 635; *Laband,* Die Stellvertretung bei dem Abschluß von Rechtsgeschäften nach dem Allgemeinen Deutschen Handelsgesetzbuch, ZHR 10 (1866), 183; *Lenel,* Stellvertretung und Vollmacht, JherJb. 36 (1896), 1; *Lieb,* Aufgedrängter Vertrauensschutz? Überlegungen zur Möglichkeit des Verzichts auf Rechtsscheinsschutz insbesondere bei der Anscheinsvollmacht, Festschrift für H. Hübner, 1984, S. 575; *Medicus,* Zur Eigenhaftung des GmbH-Geschäftsführers aus Verschulden bei Vertragsverhandlungen, Festschrift für Steindorff, 1990, 725; *Müller-Freienfels,* Die Vertretung beim Rechtsgeschäft, 1955; *Pawlowski,* Die gewillkürte Stellvertretung, JZ 1996, 125; *Peters,* Zur Geltungsgrundlage der Anscheinsvollmacht, AcP 179 (1979), 214; *Prölss,* Vertretung ohne Vertretungsmacht, JuS 1985, 577; *K. Schmidt,* Falsus-procurator-Haftung und Anscheinsvollmacht – Ein Versuch über Zivilrechtsdogmatik und Prozeßstrategie, Festschrift für Gernhuber, 1993, 435; *ders.,* Offene Stellvertretung, JuS 1987, 425; *ders.,* Bemerkungen und Vorschläge zur Überarbeitung des Handelsgesetzbuchs, DB 1994, 515; *Spitzbarth,* Vollmachten im modernen Management, 2. Aufl.

1989; *Steininger,* Die Haftung des Geschäftsführers und/oder des Gesellschafter-Geschäftsführers aus culpa in contrahendo bei wirtschaftlicher Bedrängnis der Gesellschaft mbH, 1986; *Stoll,* Der Mißbrauch der Vertretungsmacht, Festschrift für Lehmann, 1937, S. 115; *Stüsser,* Die Anfechtung der Vollmacht nach Bürgerlichem Recht und Handelsrecht, 1986; *Tietz,* Vertretungsmacht und Vertretungsbefugnis im Recht der BGB-Vollmacht und der Prokura, 1990.

I. Einführung

Die **Stellvertretung** ist im **Handelsverkehr** von erheblich größerer Bedeutung als im 1 allgemeinen Zivilrechtsverkehr. Während sich natürliche Personen im Privatbereich nur selten vertreten lassen, bildet die Stellvertretung im modernen arbeitsteiligen Handelsverkehr die Regel. Für die Teilnahme von Unternehmen, insbesondere Gesellschaften, am Markt ist sie unentbehrlich.[1] Dies zwingt dazu, **handelsrechtliche Besonderheiten** (Schnelligkeit und Leichtigkeit des Handelsverkehrs) und die Verkehrsinteressen (Verkehrsschutz) allgemein im Vertretungsrecht zu berücksichtigen und rechtfertigt die Existenz besonderer Vertretungsformen (Prokura und Handlungsvollmacht).

Der **Verkehrsschutz** wird bei der **Prokura**, was ihre Existenz anbelangt, durch § 15 und 2 was ihren Umfang angeht, durch die zwingende Festlegung eines sehr weiten Umfangs der Vertretungsmacht gewährleistet (§§ 49 Abs. 1, 50 Abs. 1). Bei der **Handlungsvollmacht** hingegen wird er durch eine dispositive Umfangsbeschreibung bei bestehender Vollmacht erreicht;[2] allerdings erfaßt der Verkehrsschutz für den „Ladenangestellten" auch die Existenz der Vollmacht selbst. Die allgemeinen Vertretungsregeln des BGB sind lückenfüllend anwendbar. Der Verkehrsschutz dient gerade auch der Schnelligkeit und Leichtigkeit des Verkehrs, da er aufwendige Überprüfungen hinsichtlich Umfang und teilweise auch Existenz der Vertretungsmacht erübrigt.

II. Historische Entwicklung und heutiger Meinungsstand

Die §§ 48 ff. sind Ergebnis einer **historischen Entwicklung**, die auch heute noch be- 3 deutsam ist: So stimmen die heutigen Regelungen häufig wörtlich mit den entsprechenden Regeln des ADHGB von 1861 überein und sind nur vor dem Hintergrund des damaligen Begriffs- bzw. Vorverständnisses zu verstehen. Oftmals wird selbst zur Auslegung von Passagen, die durch Einführung des HGB zum 1. 1. 1900 geändert worden sind, an das ADHGB angeknüpft. Schließlich läßt sich feststellen, daß das Vertretungsrecht des ADHGB von Prinzipien beherrscht wurde, die auch heute – allerdings nur partiell – beachtet werden. Hier stellt sich das grundsätzliche Problem, ob diese Prinzipien generell beachtet oder generell aufgegeben werden müssen (näher RdNr. 22 ff.).

1. Allgemeine Vollmacht. Das antike **römische Recht** kannte die gewillkürte direkte 4 Stellvertretung nicht. Doch handelten Sklaven kraft Gesetzes für ihre Herren und die der patria potestas Unterworfenen für den pater familias. Erst im **16./17. Jahrhundert** setzte sich die Zulässigkeit der aktiven Vertretung als ökonomische Notwendigkeit nach Abschaffung der Sklaverei und Intensivierung des Handels im wesentlichen durch, und im **17./18. Jahrhundert** entwickelte sich die (aktive und passive) Stellvertretung zu einem allgemeinen Rechtsinstitut. Dabei war die Vollmacht im zugrundeliegenden Rechtsverhältnis, dem **Mandatsvertrag**, enthalten.[3]

Auf diesem Stand der Rechtsentwicklung baute das **ADHGB** von 1861 auf,[4] dessen 5 Regelungen die heutigen §§ 48 ff. weitgehend prägen. Mangels eines in ganz Deutschland

---

[1] Staub/*Joost* RdNr. 1; *Spitzbarth* S. 15.
[2] AA die hM, die hier einen unmittelbaren Rechtsscheinschutz annimmt. Vgl. näher § 54 RdNr. 3, § 56 RdNr. 4.
[3] Vgl. näher *Coing,* Europäisches Privatrecht, Bd. 1, Älteres Gemeines Recht (1500–1800), 1985, S. 430.

[4] Zu seinem Verhältnis zu dem ihm vorangegangenen preußischen Entwurf von 1851 vgl. *von Hahn,* Kommentar zum ADHGB, 4. Aufl. 1894, Vorbem. vor Art. 41 § 1 ff.

geltenden allgemeinen Zivilrechts enthielt das ADHGB auch die heute im BGB enthaltenen Grundregeln der Stellvertretung wie zB deren Offenheit und die unmittelbare Fremdwirkung des Vertreterhandelns (Art. 52 ff. ADHGB). Es trennte die Regelungen über die Bevollmächtigung (5. Titel Art. 41 ff.) von denen über den – meist zugrundeliegenden – Dienstvertrag (6. Titel Art. 57 ff.). Damit löste es sich weitgehend von der früheren Vorstellung, die Vollmacht sei Teil des zugrundeliegenden Rechtsverhältnisses (des Mandatsvertrages).

6   Aber erst im Anschluß an die grundlegenden Ausführungen von *Laband* (1866)[5] setzte sich die weitgehende Trennung der Vollmacht als Rechtsgeschäft von dem zugrundeliegenden Rechtsverhältnis durch. Höhepunkt des Trennungsdenkens ist die heute **herrschende Vorstellung**, eine **abstrakte Vollmacht** ohne zugrundeliegendes Rechtsverhältnis sei **möglich**.[6] In **neuerer Zeit** wird die völlige Abstraktion von Vollmacht und zugrundeliegendem Rechtsverhältnis zu Recht bezweifelt (näher RdNr. 41 ff.).

7   Die 1861 noch nicht so deutliche Trennung von Grundverhältnis und Vollmacht spiegelt sich noch heute in Formulierungen wieder, die aus dem ADHGB übernommen worden sind: So zB in der Formulierung „ermächtigt" (an Stelle von bevollmächtigt, §§ 49 Abs. 1, 54 Abs. 1, 54 Abs. 2, 55 Abs. 4 und 56), dem Erfordernis des „Angestellt"-Seins in § 56 und den Regelungen zur „Übertragung" von Prokura und Handlungsvollmacht (§§ 58, 52 Abs. 2). Insbesondere der Wortlaut des § 58 ist nur aus der historischen Perspektive verständlich; denn es entspricht allgemeiner Ansicht, daß die echte Übertragung einer Vollmacht im Sinne einer Abtretung – anders als die Übertragung eines Auftrags, von dem wohl der historische Gesetzgeber ausging – auch mit Zustimmung des Inhabers unzulässig ist, obwohl § 58 eben diese Übertragung zuläßt (näher § 58 RdNr. 2).

8   **2. Zulässige Formen rechtsgeschäftlicher Vollmacht im Handelsverkehr.** Das ADHGB kannte drei Arten rechtsgeschäftlicher Vollmacht im Handelsverkehr: **Prokura** (Art. 41 ff.), **Handlungsvollmacht** (Art. 47 ff.) und **Vollmacht zu Handelsgeschäften** (Art. 298). Die 1861 in dieser Form neue Prokura knüpfte in ihrer Machtfülle und partiell auch in ihrer wirtschaftlichen Funktion an den Institutor (Administrator) an, der anstelle und auf Rechnung des Inhabers („alter ego"), grundsätzlich jedoch im eigenen Namen auftrat (indirekte Stellvertretung).[7]

9   Die ADHGB-Regeln zur **Prokura** entsprachen in allen wichtigen Fragen – insbesondere hinsichtlich Umfang und Unbeschränkbarkeit der Vertretungsmacht, Notwendigkeit der ausdrücklichen Erteilung (Art. 41 Abs. 2) und Möglichkeit des jederzeitigen Widerrufs (Art. 54 Abs. 1 1. Alt.) – denen des heutigen HGB. Daneben stand die **Handlungsvollmacht**, die eine General-, Art- oder Spezialhandlungsvollmacht sein konnte und auch sonst im wesentlichen der heutigen Handlungsvollmacht glich. Die Prokura wurde als eine besondere, teilweise eigenen Regelungen folgende Generalhandlungsvollmacht verstanden. Dies entsprach der Definition des Art. 30 des preußischen Entwurfs von 1850 und der allgemeinen Meinung.[8]

10   Der Prokura und der Handlungsvollmacht stand die **allgemeine Vollmacht im Handelsrecht** gegenüber (Art. 41 ff. gegenüber Art. 298). Bei ihr handelte es sich um die Vollmacht eines wirtschaftlich Selbständigen und außerhalb der Organisation des Unternehmens Stehenden,[9] wohingegen Prokurist und Handlungsbevollmächtigter als Teile des

---

[5] *Laband* ZHR 10 (1866), 183, 203 ff.; vgl. hierzu *Dölle,* Juristische Entdeckungen, 42. Deutscher Juristentag 1957, Band II, S. B 1 ff. (3).

[6] Soergel/*Leptien* § 167 RdNr. 1, § 168 RdNr. 18; Staudinger/*Dilcher* § 167 RdNr. 2, § 168 RdNr. 16; MünchKommBGB/*Schramm* § 168 RdNr. 2.

[7] Zu diesem Institut vgl. *Thöl,* Das Handelsrecht, 1. Band, 1841, S. 61 ff.; vgl. auch *Bucher,* Festschrift für Bürgi, 1971, S. 39, 43 ff.

[8] Vgl. *von Hahn* (Fn. 4) Vorbem. vor Art. 41 § 6; vgl. auch die parallelen Regelungen jeweils in einer Vorschrift in den Art. 52 bis 56 ADHGB.

[9] *Lutz,* Protokolle zum ADHGB, 1858, S. 4515, 4562; *Makower,* Kommentar zum ADHGB, 5. Aufl. 1873 Art. 298 Anm. 30 a; *von Hahn,* ADHGB 1. Aufl. 1863 (4. Aufl. 1894) Vorbem. vor Art. 41 § 14; *Puchelt* ADHGB 2. Bd. 3. Aufl. 1885 Art. 298 Anm. 1.

Unternehmens in einem Eingliederungsverhältnis zum Unternehmen standen,[10] was sich besonders deutlich bei der Handlungsvollmacht zeigte (Art. 47: „wenn ein Principal . . . in seinem Handelsgewerbe bestellt"), aber ebenso für die Prokura galt: So wurden die Inhaber jeweils als „Principal" bezeichnet, und es herrschte die Vorstellung, die Prokura sei eine Sonderform der Generalhandlungsvollmacht. Schließlich verstand sich die Zuordnung des Prokuristen zum Handelsgewerbe angesichts der kaum vorhandenen Trennung von Vollmacht und zugrundeliegendem Rechtsverhältnis schon aufgrund des Vollmachtsumfangs fast von selbst. Dieses System war zur damaligen Zeit abschließend; andere Arten von Vertretungsmacht existierten im Handelsverkehr nicht.

Der HGB-Gesetzgeber übernahm Art. 298 ADHGB nicht, sondern ging von der An- **11** wendbarkeit der Vollmachtsregeln des BGB aus. Aufgrund ihrer Selbständigkeit und trotz ständiger Betrauung, sowie daraus folgender rechtlicher Ähnlichkeit mit den im Subordinationsverhältnis stehenden Handlungsbevollmächtigten, waren die ständig beauftragten selbständigen Handelsvertreter im Sinne des § 84 zu Zeiten des ADHGB Vertreter im Sinne des Art. 298 (Handelsagenten).[11] Unter dem HGB wurden sie der Handlungsvollmacht zugeordnet (§ 55).

Bei Einführung des HGB wurden einige Formulierungen des ADHGB aufgegeben, die **12** die Eingliederung der Handlungsbevollmächtigten und Prokuristen in das vertretene Unternehmen anzeigten, ohne daß erkennbar wäre, daß der Gesetzgeber hierdurch den bisherigen Rechtszustand ändern wollte:[12] Aus „Principal" (Art. 41 Abs. 1, 2, 45 Abs. 1, 46 Abs. 1, 47 Abs. 1, 49, 52 Abs. 1, 2, 53, 54 Abs. 2, 56 Abs. 1, 2, 3) wurde – mit Ausnahme von § 55 Abs. 1 und 4 – „Inhaber"; für den Handlungsbevollmächtigten fiel die Formulierung „in seinem Handelsgewerbe bestellt" weg.

Seit 1900, vor allem seit 1945 hat sich die Struktur der Vertretungsarten deutlich verän- **13** dert. Die Zahl der Prokuren hat sich, insbesondere bei juristischen Personen, erheblich vermehrt. Zugleich ist die Prokura – infolge der Beschränkung der Befugnis im Innenverhältnis, der stärkeren Betonung der dem Prokuristen vorenthaltenen **Grundlagengeschäfte**, der Ausdehnung von Zahl und Arten der **Gesamtprokura**, sowie neuer Formen der **gemischten Gesamtvertretung** – als Vollmacht abgewertet worden, womit eine parallele **hierarchische Abwertung der Prokura** einherging. Die dadurch entstandene Lücke zwischen den Prokuristen und den Inhabern/gesetzlichen Vertretern wurde ua. durch – in dieser Form neue – **Generalbevollmächtigte** gefüllt,[13] unter denen man bis dahin alle Generalhandlungsbevollmächtigten verstanden hatte.[14] Die Generalvollmacht wurde zugleich für Verträge mit Außenstehenden, namentlich für Betriebsführungsverträge, eingeführt. Heute hält die h.M. diese Generalvollmachten für zulässig, solange keine gesetzliche Vertretungsmacht betroffen ist.[15] Prokura und Handlungsvollmacht werden wohl nur bei **Einordnung in das Unternehmen (Eingliederung)** praktiziert; dennoch wird teilweise auch eine Handlungsvollmacht an Außenstehende für zulässig erachtet.[16] Ob diese verdeckte rechtsfortbildende Aufgabe der Eingliederungsvoraussetzung für Prokura und Handlungsvollmacht und des abschließenden Charakters des Gesetzes für diese Vollmachtsart gerechtfertigt ist, ist sehr problematisch (vgl. unten RdNr. 22 ff.).

---

[10] Zusammenfassend *Trost,* Die Arten der Handlungsvollmacht, Diss. Leipzig 1933, S. 50 f.

[11] Vgl. *Lutz,* Protokolle zum ADHGB, 1858, S. 104 ff., 963; zu Überlegungen, die Vorschriften über Handlungsbevollmächtigte auf selbständige Handlungsagenten anzuwenden und zu den Unterschieden vgl. zusammenfassend *Trost* (Fn. 10) S. 52 ff.

[12] Für die Einordnung der Prokura als spezielle Handlungsvollmacht auch nach dem 1. 1. 1900 vgl. KG JW 1927, 2433; Staub/*Bondi,* 14. Aufl. 1932, § 48 Anm. 1.

[13] Vgl. zB die heute bei Großbanken übliche Hierarchiefolge: Vorstand, Generalbevollmächtigte, Bankdirektoren, Abteilungsdirektoren, Prokuristen.

[14] Vgl. zB Staub/*Bondi,* 14. Aufl. 1932, § 54 Anm. 1; *Patschovsky* DR 1943, 607; *Manigk,* Festschrift für Heymann Bd. II, 1931, S. 590, 655; *Wieland* Handelsrecht I, 1921, S. 346.

[15] Näher RdNr. 71, 73 ff., 78 ff.

[16] So Staub/*Joost* § 54 RdNr. 9 f.; GK-HGB/ *Nickel* § 54 RdNr. 2.

14   **3. Entwicklung von Umfang und Intensität des Verkehrsschutzes.** Angesichts der allgemeinen Vollmachtsregeln im BGB rechtfertigen sich die §§ 48 ff. vor allem mit dem **Schutzbedürfnis des Handelsverkehrs**. Die durch sie erreichte Verbesserung der Schnelligkeit und Sicherheit des Verkehrs sowie die Reduzierung von Vertragsabschlußkosten (Transaktionskostenminimierung) liegen jedoch auch im **Interesse des Vertretenen**.

15   Die Prokura ist starken Veränderungen unterworfen gewesen. Zwar wurde der Prokurist lange Zeit als **alter ego des Kaufmanns** beschrieben.[17] Jedoch sah man bereits unter dem ADHGB Vertretungshandlungen, die heute als **höchstpersönliche Handlungen** oder **Grundlagengeschäfte** eingeordnet werden, als nicht von der Prokura erfaßt an.[18] Unter dem HGB vermehrte sich deren Zahl stetig. Aber erst in jüngerer Zeit werden von der Vertretungsmacht ausgeschlossene Geschäfte systematisiert (näher § 49 RdNr. 8, 23 ff.).

16   Eine weitere (rechtsfortbildende) Einschränkung des Verkehrsschutzes erfolgte durch die Ausweitung des Tatbestandes des **Mißbrauchs der Vertretungsmacht**, der nach Ansicht der Rechtsprechung schon erfüllt sein soll, wenn der Vertreter vorsätzlich und ohne Genehmigungsaussicht, jedoch ohne Schädigungsabsicht die internen Geschäftsführungsgrenzen überschreitet.[19] Dieser Fall ist vom ADHGB und HGB bedacht, aber gerade nicht als ausreichend für eine Relativierung der rechtsgeschäftlichen Unbeschränkbarkeit der Prokura angesehen worden (näher RdNr. 64 ff.).

17   Der mit der Zahl der Prokuristen ansteigenden Gefährdung des Vertretenen wurde durch eine Ausweitung der **Gesamtvertretungsmacht** entgegenzuwirken versucht. Die gegenüber der Einzelprokura weniger gefährliche Gesamtprokura wurde von einer Randerscheinung zum Regelfall. Der Kreis möglicher Formen der Gesamtvertretung unter Beteiligung eines Prokuristen, namentlich die echte gemischte Gesamtvertretung zwischen einem echten Gesamtprokuristen und einem echten gesetzlichen Vertreter, ist – vereinzelt durch den Gesetzgeber, vielfach rechtsfortbildend durch die Rechtsprechung – erweitert worden. Durch die Zulassung der **halbseitigen Gesamtprokura** – der Gesamtprokurist ist nur zusammen mit einem Einzelprokuristen vertretungsberechtigt – und der **halbseitigen gemischten Gesamtvertretung** – der Prokurist ist nur mit einem einzelvertretungsberechtigten gesetzlichen Vertreter oder dem Inhaber vertretungsbefugt – wurden **Formen vertretungsrechtlich funktionsloser Prokura** zugelassen, für die jedenfalls im Bereich der aktiven Vertretungsmacht eine Gefährdung des Vertretenen ausgeschlossen ist. Diese Rechtsfortbildungen sind sehr bedenklich: Zum einen geben sie ohne Berechtigung tradierte Prinzipien des Vertretungsrechts auf (vgl. unten RdNr. 22 ff.); zum anderen gefährden sie die für den Verkehrsschutz unverzichtbare Rechtssicherheit, indem sie Unsicherheit über den Umfang der Prokura sowie darüber schaffen, welche Formen der gemischten Gesamtvertretung zulässig sind (näher § 48 RdNr. 73, 77).

18   Umgekehrt gibt es Bestrebungen, den Verkehrsschutz zu erweitern, indem mit Rechtsscheinsgrundsätzen die Notwendigkeit einer ausdrücklichen Prokuraerteilung überspielt wird. Dies geschieht bisher weniger durch die Bejahung einer Duldungs- oder Anscheinsprokura als durch die Annahme einer **Rechtsscheinsvollmacht im Umfang der Prokura**.[20] Auch diese Tendenz gefährdet die Rechtssicherheit und verändert ohne hinreichenden Grund die gesetzliche Balance zwischen dem Schutz des Kaufmanns vor den Gefährdungen der Prokura und dem Verkehrsschutz.

19   Etwas geringer sind die Veränderungen des Verkehrsschutzes im Bereich der **Handlungsvollmacht**. Bei Schaffung des HGB wurde der Verkehrsschutz gegenüber dem ADHGB erweitert, indem § 55 auf die ständig beauftragten **Handelsvertreter**, für die bis dahin keine gesetzlichen Verkehrsschutzregelungen bestanden, erstreckt wurde. Dagegen

---

[17] Vgl. oben RdNr. 8, so noch heute zB *Gierke/ Sandrock* § 22 I 2 (347).
[18] ZB Veräußerung des Unternehmens ROHGE 23, 28.

[19] Vgl. BGH NJW 1984, 1461, 1462; WM 1988, 704, 706; NJW 1990, 384, 385 (jeweils für gesetzliche Vertreter).
[20] Staub/*Joost* § 48 RdNr. 72; *Canaris* § 16 III 1 b, 2 (226 f.).

schränkte die Handelsvertreternovelle 1953 den Verkehrsschutz für Vertreter im Außendienst ein, indem die bis dahin für Fernreisende bestehende Vermutung[21] einer Inkasso- und Stundungsvollmacht aufgehoben und eine besondere Bevollmächtigung verlangt wurde.[22]

Anderseits wird erwogen, die §§ 54 ff. analog auch auf **nichtkaufmännische Unter-** 20 **nehmen** anzuwenden (vgl. § 54 RdNr. 8). Diese, aufgrund der rechtlichen Ähnlichkeit gebotene, Analogie dient der Rechtssicherheit, da sie die überholte Abgrenzung zwischen kaufmännischen und sonstigen Unternehmen entbehrlich macht. Überlegenswert ist auch eine Ausdehnung des Verkehrsschutzes durch analoge Anwendung des § 56 auf **alle Absatzgeschäfte** (näher § 56 RdNr. 24).

Von mehr rechtstechnischer Bedeutung ist die von der h.M. vorgenommene Qualifizie- 21 rung der Regelungen des Vollmachtsumfangs (§§ 54 ff.) als **widerlegliche Vermutung**, um sie so in das maßgeblich von *Canaris* geprägte Vertrauensschutzsystem einordnen zu können. Wortlaut und Systematik gebieten es dagegen, die Regelungen als **dispositive gesetzliche Umfangsbeschreibungen** zu interpretieren und folglich von einer Regelungskonzeption des abstrakten und nicht des konkreten Vertrauensschutzes auszugehen (näher § 54 RdNr. 4, § 56 RdNr. 4 ff.).

III. Tradierte Prinzipien der handelsrechtlichen Stellvertretung

1. Beschränkung auf organisatorisch eingegliederte Bevollmächtigte. Dem ADHGB 22 war deutlich zu entnehmen, daß Handlungsvollmacht und Prokura nur Vertreter erfassen sollten, die organisatorisch in das Unternehmen **eingegliedert** waren und meist in einem Subordinationsverhältnis zum Inhaber bzw. dem gesetzlichen Vertreter standen (oben RdNr. 10). Das zugrundeliegende Rechtsverhältnis konnte ein Dienstverhältnis, eine Geschäftsbesorgung, ein Auftrag, ein Gefälligkeitsverhältnis oder die Gesellschafterstellung im vertretenen Unternehmen sein.

Das HGB[23] enthält dieses (Eingliederungs-)Prinzip nach wie vor,[24] auch wenn es weni- 23 ger deutlich hervortritt. Für seine weitere Existenz sprechen zunächst der Umstand, daß der Gesetzgeber es nicht bewußt aufgegeben hat **(Kontinuitätsgedanke)** sowie der Begriff „angestellt" in § 56, der die organisatorische Eingliederung in den Laden voraussetzt. Des weiteren geht der Handelsverkehr selbst von der Eingliederung aus, was sich daran zeigt, daß sich die Rechtsprechung trotz der Häufigkeit von Prokura und Handlungsvollmacht nie mit der Prokuraerteilung an einen organisatorisch externen Vertreter befassen mußte.

Die §§ 48 ff. treffen einen **Interessenausgleich** zwischen dem Schutzbedürfnis des Ver- 24 kehrs und dem des Vertretenen. Dieser Interessenausgleich paßt nicht auf die Bevollmächtigung unternehmensfremder Vertreter, kann doch der Inhaber die Überschreitung von Befugnissen durch wirtschaftlich selbständige, nicht weisungsgebundene Personen kaum verhindern. Für diese Personen gilt auch nicht der Gedanke vom **Unternehmen als Zurechnungseinheit.** Fehlt die organisatorische Zugehörigkeit, sind dem Rechtsverkehr Rückfragen eher zumutbar; denn es handelt sich um relativ wenige Fälle, deren Vielschichtigkeit sich einer Standardisierung des Vollmachtsumfangs entzieht.

Der Existenz des Prinzips der Eingliederung des Vertreters widerspricht nicht, daß stän- 25 dig betraute **Handelsvertreter** von § 55 erfaßt werden. Trotz ihrer Selbständigkeit sind

[21] Nach hier vertretener Ansicht handelte es sich rechtstechnisch um eine dispositive gesetzliche Umfangsregelung, vgl. § 55 RdNr. 24; § 54 RdNr. 4.

[22] Zu den sonstigen Änderungen vgl. § 55 RdNr. 2.

[23] Zu den Änderungen gegenüber dem ADHGB vgl. oben RdNr. 12.

[24] Ausführlich *Krebs* ZHR 159 (1995), 635, 647 ff.; so für § 54 auch *K. Schmidt* HandelsR § 16 IV 1 a (491); Heymann/*Sonnenschein/Weitemeyer*

§ 54 RdNr. 4; Baumbach/*Hopt* § 54 RdNr. 1; vgl. auch die Kapitelüberschrift bei *P. Hofmann* Handelsrecht F II (131): Die unselbständigen Hilfspersonen mit Vertretungsmacht; aA Staub/*Joost* § 54 RdNr. 9 f.; vgl. auch OGH Österreich JBl. 1991, 733 (Vollmacht an Immobilienmakler); für die Prokura ergibt sich dieses Verständnis der hM aus der Aufzählung lediglich solcher Arten von Prokuristen, die diesen Anforderungen genügen (vgl. zB *K. Schmidt* HandelsR § 16 III 1 b (468 f.).

diese weitgehend auf die Organisation des Unternehmens angewiesen. Häufig bereitet ihre Abgrenzung zu Arbeitnehmern Probleme,[25] wie auch ihre teilweise Erfassung durch § 5 Abs. 3 ArbGG sowie die Möglichkeit belegen, Mindestleistungsbedingungen zugunsten sog. Einfirmenhandelsvertreter festzusetzen. Vor allem kann der Rechtsverkehr sie von außen kaum vom Handlungsgehilfen unterscheiden. Man kann in ständig beauftragten Handelsvertretern daher entweder aus Verkehrsschutzgründen geschaffene, eng begrenzte **Ausnahmen vom Prinzip** oder Vertreter sehen, die gerade noch die notwendige organisatorische Einordnung aufweisen. Dabei verdient Beachtung, daß allein in § 55 Abs. 1 und 4 der die Subordination des Vertreters ausdrückende Begriff „Principal" beibehalten worden ist. Selbst die Annahme eines Ausnahmefalls spräche für das Prinzip: Existierte es nicht, hätte es der durch Gesetzesänderung erfolgten Erstreckung des § 55 auf den (engen) Ausnahmefall nicht bedurft; das Gesetz hätte allgemeiner formuliert werden müssen.

26   Auch die grundsätzliche **Trennung** von **Vollmacht und zugrundeliegendem Rechtsverhältnis** steht der Existenz des Prinzips nicht entgegen:[26] Diese Trennung ist nicht absolut (§ 168 S. 1 BGB), sondern dient im wesentlichen dem Verkehrsschutz (näher RdNr. 40 ff.). Dieser ist gewahrt, da die organisatorische Eingliederung grundsätzlich von außen erkennbar ist. Zudem schließt die Unwirksamkeit einer Vollmacht einen Verkehrsschutz nicht aus (§ 15).

27   Die Beschränkung auf organisatorisch eingegliederte Bevollmächtigte wird ferner dadurch bestätigt, daß die **Anscheinsvollmacht** mit guten Gründen zT auf eben diese Fälle beschränkt und mit dem Risikozurechnungsgrund der nur in diesen Fällen vorhandenen internen Funktionsverteilung gerechtfertigt wird (vgl. RdNr. 54).

28   Die Voraussetzung der Eingliederung hat **praktische Konsequenzen**: Die Erteilung der Prokura oder Handlungsvollmacht an einen wirtschaftlich selbständigen Außenstehenden, zB den selbständigen Rechtsanwalt oder Makler, ist unzulässig. Da die organisatorische Integration in ein Unternehmen bei einer **juristischen Person** bzw. Personengesellschaft **als Bevollmächtigtem** nicht in gleichem Maße vorliegt, können diese schon deshalb nicht Prokurist oder Handlungsbevollmächtigter werden,[27] so daß das prokuraspezifische Vertrauen nur zusätzliches Begründungselement ist. Schließlich ist bei der sog. **Generalvollmacht** auch zwischen der Vollmacht aus dem Unternehmen heraus (Generalbevollmächtigter als leitender Angestellter) und der Generalvollmacht an einen wirtschaftlich Selbständigen (zB im Rahmen eines Unternehmensführungsvertrages) zu trennen. Auch soweit man die **Anscheinsvollmacht** – beschränkt auf das Handelsrecht – anerkennt, ist es stimmig, sie auf Vertreter zu beschränken, die aus dem Unternehmen heraus handeln (näher RdNr. 54).

29   **2. Numerus clausus der Vollmachtsarten für „aus dem Unternehmen heraus" handelnde Bevollmächtigte.** Mit der Notwendigkeit innerorganisatorischer Eingliederung der Vertreter ist die Frage eng verknüpft, ob ein numerus clausus der Vollmachtsarten für „aus dem Unternehmen heraus" handelnde Bevollmächtigte existiert. Unter dem **ADHGB** war dies der Fall: Seinerzeit gab es als Vollmachten für aus dem Handelsgewerbe heraus handelnde Personen allein die Handlungsvollmacht und – als deren Spezialfall – die Prokura (vgl. oben RdNr. 9). Alle anderen Vollmachten fielen unter Art. 298 ADHGB. Eine allgemeine zivilrechtliche Vollmacht war unbekannt. Dieses geschlossene System besteht auch heute noch;[28] allerdings sind die Vollmachten im Sinne des Art. 298 ADHGB nunmehr,

---

[25] Vgl. Staub/*Brüggemann* § 84 RdNr. 7 ff.
[26] So aber Staub/*Joost* § 54 RdNr. 10.
[27] AA aber die hM, die für die Handlungsvollmacht nur auf das Fehlen einer gesetzlichen Regelung, aus der sich die Notwendigkeit einer persönlichen Vertrauensbeziehung ergibt, abstellt. Vgl. Staub/*Joost* § 54 RdNr. 15; *K. Schmidt* HandelsR § 16 IV 1 a (490).

[28] *Krebs* ZHR 159 (1995), 635, 652 ff.; *Brüggemann* JA 1977, 500, 502, 503; grundsätzlich ebenso Staub/*Joost* § 48 RdNr. 71, der im Bereich der Gesamtvertretung und bei der Generalvollmacht diesen Grundsatz aber nicht beachtet; vgl. auch GroßkommHGB/*Würdinger* vor Vorbem. 1 zu §§ 48 ff.; aA *U. Hübner* ZHR 143 (1979), 1, 7; *Joussen* WM 1994, 273, 274; *Geitzhaus* GmbHR 1989, 229, 232 (alle ohne Begründung).

abgesehen von den ständig beauftragten Handelsvertretern (jetzt § 55), nicht mehr im HGB geregelt, sondern sog. einfache BGB-Vollmachten.

Die enumerative Zahl der Vollmachtsarten wird insbesondere vom **Wortlaut des § 54** **30** **Abs. 1** (ohne Erteilung der Prokura) belegt, der mit der Vollmacht für den Betrieb eines Handelsgewerbes, für bestimmte Arten und für einzelne Geschäfte alle Möglichkeiten des Vollmachtsumfangs abdeckt. Selbst wenn man die Bevollmächtigung zu einer einmaligen Handlung nicht § 54 Abs. 1 zurechnen wollte,[29] wären immerhin alle nicht auf rein einmalige Vertretungsakte beschränkte Vollmachten vom numerus clausus der Vollmachtsarten erfaßt. Das Prinzip wird weiterhin vom **Verkehrsschutzinteresse** gerechtfertigt: Nur wenn der Kreis der Vollmachtsarten überschaubar ist, ist der Handelsverkehr der Notwendigkeit umfangreicher Nachforschungen über Art und Besonderheiten der jeweiligen Vollmacht enthoben und ein effektiver Verkehrsschutz gewährleistet. Dem numerus clausus der Vollmachtsarten steht die Generalvollmacht für aus dem Unternehmen heraus handelnde Personen nicht entgegen. Denn richtiger Ansicht nach handelt es sich um eine (erweiterte) Handlungsvollmacht (näher RdNr. 81 ff.). Selbst wenn sich rechtsfortbildend die Generalvollmacht als eigenständige Kategorie rechtfertigen ließe, würde zwar der Kreis der möglichen Vollmachten erweitert, das Prinzip als solches aber nicht aufgehoben.

Konsequenzen: Der numerus clausus der Vollmachtsarten schränkt die Bedeutung der – **31** neuerdings stärker betonten (vgl. RdNr. 82) – **reinen BGB-Vollmacht** erheblich ein. Das Prinzip spricht gegen ein allgemeines Erfindungsrecht für neue Arten der **Gesamtvertretung**. Für den Bereich der einzutragenden Vertretungsmacht scheidet ein solches Recht schon aufgrund der grundsätzlich abschließenden Aufzählung eintragungspflichtiger Tatsachen für das Handelsregister aus.[30]

3. Der Funktionalitätsgrundsatz. Der – ungeschriebene – **Funktionalitätsgrundsatz** **32** besagt, daß jede handelsrechtliche Vollmacht eine vertretungsrechtliche Funktion haben muß, dh. eine ohne sie bis zu diesem Zeitpunkt nicht bestehende Vertretungsmöglichkeit eröffnen muß. Aus ihm folgt die Unzulässigkeit der halbseitigen sowie der halbseitigen unechten Gesamtprokura (gemischte Gesamtvertretung).[31] Die hM setzt diesen Grundsatz zumindest in Teilbereichen voraus, zB wenn sie die Unwirksamkeit der Bevollmächtigung eines einzelnen Gesamtprokuristen feststellt[32] oder annimmt, daß ein einzelvertretungsberechtigter gesetzlicher Vertreter nicht Prokurist[33] und ein Einzelprokurist nicht Handlungsbevollmächtigter werden kann.[34]

Der Grundsatz rechtfertigt sich vor dem Hintergrund der historischen Entwicklung der **33** Stellvertretung: Die – historisch betrachtet – nicht selbstverständliche Zulässigkeit der offenen direkten Stellvertretung beruht auf einem **Bedürfnis nach Vertretung** (oben RdNr. 4). Diesem dient eine Vertretungskonstruktion nur, wenn sie eine vertretungsrechtliche Funktion hat. Nur dann nimmt sie an der allgemeinen Rechtfertigung der Stellvertretung teil.

Entgegen verbreiteter Ansicht[35] wird die Vollmacht nicht allein von der **allgemeinen** **34** **Handlungsfreiheit** beherrscht, sondern maßgeblich durch den – im Handelsrecht beson-

---

[29] So zB *U. Hübner* Handelsrecht RdNr. 76; Staub/*Bondi*, 14. Aufl. 1932, § 54 Anm. 16.

[30] Zur grundsätzlichen Enumeration eintragungspflichtiger Tatsachen vgl. *K. Schmidt* HandelsR § 13 I 1 c (385); *Canaris* § 4 I 2 b (46); vgl. auch § 15 RdNr. 13.

[31] Näher § 48 RdNr. 74 ff.; ausführlich zu diesem Grundsatz *Krebs* ZHR 159 (1995), 635, 656 ff.

[32] KG JW 1938, 876; OLG Hamm DNotZ 1968, 445 f. m. Anm. *Braun;* OLG Stuttgart Rpfleger 1969, 245; OLG Frankfurt DB 1973, 1234 m. Anm. *Lüdtke-Handjery* DB 1973, 2502; Staub/*Joost* § 48 RdNr. 96; *Hornung* Rpfleger 1975, 384, 387.

[33] Staub/*Joost* § 48 RdNr. 30; Heymann/*Sonnenschein/Weitemeyer* § 48 RdNr. 10; Schlegelber-

ger/*Schröder* § 48 RdNr. 12; Straube/*Schinko* § 48 RdNr. 19; Baumbach/*Hopt* § 48 RdNr. 2; *Roth,* Handels- und Gesellschaftsrecht, § 27, 2 b (294); *K. Schmidt* HandelsR § 16 III 2 c (472); aA *Canaris* § 14 II 1 c (203).

[34] Vgl. Staub/*Joost* § 48 RdNr. 30, 45; Straube/*Schinko* § 54 RdNr. 3; Schlegelberger/*Schröder* § 54 RdNr. 2; Heymann/*Sonnenschein/Weitemeyer* § 54 RdNr. 13; Baumbach/*Hopt* § 54 RdNr. 7; GK-HGB/*Nickel* § 54 RdNr. 6.

[35] Vgl. Staub/*Joost* § 48 RdNr. 102; *Geitzhaus* GmbHR 1989, 229, 232; *Joussen* WM 1994, 273, 274.

ders gewichtigen – **Verkehrsschutz** geprägt. Diesem dient die Beschränkung auf funktionale Vertretungskonstruktionen ebenso wie der numerus clausus der Vollmachtsarten „aus dem Unternehmen heraus" handelnder Bevollmächtigter, wird doch auf diese Weise der Rechtsverkehr unnötiger Überlegungen über den Umfang der Vertretungsmacht oder deren Zulässigkeit enthoben. Der Verkehrsschutz selbst ist standardisiert, wie der Maßstab des Branchenüblichen (§§ 54 ff.) belegt.

35   Soweit die hM bei **Gesamtprokura** und **gemischter Gesamtvertretung** vom Funktionalitätsgrundsatz abweicht, begründet sie dies mit dem Interesse des Vertretenen, durch bestimmte nichtfunktionale Vollmachten interne Kompetenzverteilungen anzuzeigen.[36] Diese Begründung – die immerhin belegt, daß die Abweichung auch nach hM einer Legitimation bedarf – überzeugt nicht. Sie verwischt die gerade aus Verkehrsschutzgründen bestehende Trennung von Vertretungsmacht und zugrundeliegendem Rechtsverhältnis. Im übrigen lassen die bislang bekannt gewordenen Fälle keinen eindeutigen Schluß auf die interne Kompetenzverteilung oder eine sonstige Absicht zu (vgl. § 48 RdNr. 81).

36   **4. Verbot der Überschneidung von gesetzlicher und rechtsgeschäftlicher Vertretung in personeller Hinsicht.** Die von den §§ 48 ff. geregelte **gewillkürte rechtsgeschäftliche Vertretung** ist von der **gesetzlichen Vertretung** durch die Organe bzw. geschäftsführenden Gesellschafter zu unterscheiden: Letztere ist **notwendige Vertretung** und geht nicht nur im Umfang über die rechtsgeschäftliche Vertretung hinaus, sondern ist auch mit besonderen Pflichten verbunden. Ein gesetzlicher Vertreter darf nicht zugleich rechtsgeschäftlicher Vertreter sein und umgekehrt.[37] Bestimmte Vertretungshandlungen (Grundlagengeschäfte, höchstpersönliche Pflichten) sind zwingend ausschließlich den gesetzlichen Vertretern vorbehalten und selbst diese können bei Grundlagengeschäften nur nach einem Beschluß durch das zuständige Gesellschaftsorgan (Gesellschafterversammlung) handeln.

37   Einem gesetzlichen Gesamtvertreter kann daher nach zutreffender Ansicht des BGH[38] keine echte rechtsgeschäftliche (Unter-)Vollmacht erteilt werden. Problematisch ist, ob im Rahmen der echten gemischten Gesamtvertretung (§§ 125 Abs. 3 HGB, 78 Abs. 2 AktG, 25 Abs. 2 GenG) die Unterschiede zwischen gesetzlichem Vertreter und Prokuristen überwunden werden können. Die ganz hM[39] bejaht dies, indem sie dem Prokuristen **Vertretungsmacht im Umfang eines gesetzlichen Vertreters** zuweist, ohne ihn im übrigen – zB prozeß- oder organisationsrechtlich – als gesetzlichen Vertreter zu behandeln.

38   Entgegen der hM sollte jedoch das gesetzliche Konzept des Verbots der Überschneidung von gesetzlicher und rechtsgeschäftlicher Vertretung konsequent durchgehalten werden; seine Durchbrechung ist nicht gerechtfertigt. Das Verbot der Überschneidung ist vor allem notwendig, weil mit der gesetzlichen – anders als mit der rechtsgeschäftlichen – Vertretung sowohl innerorganisationsrechtlich als auch gegenüber der Allgemeinheit umfangreiche **gesetzliche Pflichten** verbunden sind, deren Verletzung durch Innen- und Außenhaftungen, teilweise auch durch das Ordnungswidrigkeitenrecht und im Extremfall auch durch das Strafrecht, sanktioniert werden. Diese Pflichten können dem – uU minderjährigen (§ 165 BGB) – rechtsgeschäftlichen Vertreter nicht zugemutet werden. Sie sind jedoch unverzichtbar, so daß dem rechtsgeschäftlichen Vertreter – dem Willen des Gesetzgebers[40] entsprechend – auch in der **gemischten Gesamtvertretung** keine gesetzliche Vertretungsmacht zukommen darf (dazu umfassend § 48 RdNr. 90 ff.). Die gebotene Beschränkung der Vertretungsmacht des gesetzlichen Vertreters in der gemischten Gesamtvertretung auf den Umfang der Prokura verstößt nicht ihrerseits gegen das Verbot der Überschnei-

---

[36] Vgl. BGHZ 62, 166, 171 ff. = NJW 1974, 1194; zustimmend zB Staub/*Joost* § 48 RdNr. 101.
[37] Näher *Krebs* ZHR 159 (1995), 635, 641 ff.
[38] BGHZ 64, 72, 75 = NJW 1975, 1117.
[39] Vgl. nur RGZ 134, 303, 305 ff.; BGHZ 13, 61, 64 = NJW 1954, 1158; 62, 166, 170 = NJW 1974, 1194; 99, 76, 81 = NJW 1987, 841; näher hierzu § 48 RdNr. 90 ff.

[40] Denkschrift zum RJA E I S. 79 f. = *Schubert/Schmiedel/Krampe* II 1 S. 79 f.; Protokolle S. 77–79 = *Schubert/Schmiedel/Krampe* II 1 S. 323 f.; Denkschrift zur RT-Vorl. S. 91 f. = *Schubert/Schmiedel/Krampe* II 2 S. 1025.

dung, da alle von der Prokura erfaßten Vertretungshandlungen von der gesetzlichen Vertretungsmacht erfaßt sind. Die verstärkte Pflichten- und Haftungsbindung des gesetzlichen Vertreters bleibt auch bei einem gemeinschaftlichen Handeln mit einem nicht gleichartig haftenden Prokuristen bestehen.

Umgekehrt verstößt die einem **gesetzlichen Gesamtvertreter** erteilte **(Einzel-) Prokura** **39** **oder Handlungsvollmacht** gegen das Verbot der Überschneidung von gesetzlicher und rechtsgeschäftlicher Vertretung in personeller Hinsicht, weil sich der gesetzliche Vertreter so seiner haftungsrechtlichen Verantwortung als gesetzlicher Vertreter zu entziehen droht. Im übrigen ist zu Recht darauf hingewiesen worden, daß eine solche Prokura in die Kompetenz des für die gesetzlichen Vertreter zuständigen Bestellungsorgans eingreift, das regelmäßig bewußt nur Gesamtvertretungsmacht erteilt hat.[41]

IV. Probleme des allgemeinen Vertretungsrechts

1. Vollmacht und zugrundeliegendes Rechtsverhältnis. a) Meinungsbild. Ein zentra- **40** les Problem des Vertretungsrechts stellt das Verhältnis der Vollmacht zum zugrundeliegenden Rechtsverhältnis dar. In der historischen Entwicklung sind Vollmacht und Grundgeschäft immer stärker voneinander getrennt worden (vgl. oben RdNr. 4 ff.). Nach heute hM ist die Vollmacht grundsätzlich abstrakt; Mängel des Grundgeschäfts sollen sie nicht unmittelbar berühren.[42] Eine Vollmacht wird selbst ohne Grundgeschäft für zulässig erachtet.[43] Entgegen einigen grundsätzlich kritischen Stimmen,[44] die sich jedoch meist nur zur Innenvollmacht äußern,[45] sollen Vollmacht und Grundgeschäft keine Einheit im Sinne von § 139 BGB bilden.[46]

b) Stellungnahme. Der Vollmacht hat – wie Sinn und Zweck sowie Entstehungsge- **41** schichte des Vertretungsrechts belegen – stets ein Rechtsverhältnis zugrundezulegen; eine **willentlich isolierte Vollmacht** ist unwirksam: Der Gesetzgeber des BGB ging davon aus, daß stets ein Grundgeschäft vorhanden ist.[47] § 168 S. 1 BGB setzt ein Rechtsverhältnis als selbstverständlich voraus. Der – auch von der hM bejahte – Tatbestand des Mißbrauchs der Vertretungsmacht erfordert ein Grundgeschäft. Auch darf kein Vertreter generell von der Sorgfaltshaftung gegenüber dem Vertretenen befreit sein (vgl. § 276 Abs. 2 BGB). Da Sorgfaltspflichten nicht an der Vollmacht selbst anknüpfen können – anderenfalls wäre die Vollmacht nicht lediglich rechtlich vorteilhaft und dürfte nicht durch einseitige empfangsbedürftige Willenserklärung erteilt werden können – knüpfen die Sorgfaltspflichten an dem zugrundeliegenden Rechtsverhältnis an. Sollte dieses unwirksam sein, läge der Vollmacht immerhin ein Schutzpflichtverhältnis (Sonderverbindung) ohne primäre Leistungspflichten zugrunde, aus dem sich Sorgfaltspflichten ergäben. Der Verkehr bedarf schließlich keiner isolierten Vollmacht, was sich daran zeigt, daß sich trotz der Vielzahl von Vertretungen in der Praxis ein solcher Fall nicht nachweisen läßt. Befürworter einer isolierten Vollmacht gehen denn auch häufig stillschweigend von einem zugrundeliegenden Rechtsverhältnis

[41] Staub/*Joost* § 48 RdNr. 43.

[42] Vgl. Soergel/*Leptien* vor § 164 RdNr. 45 f.; *Flume* Allgemeiner Teil, Rechtsgeschäft, § 50, 1 (840); *Larenz* AT § 31 I a (614 f.).

[43] Vgl. *Frotz* S. 331; Soergel/*Leptien* § 167 RdNr. 1; § 168 RdNr. 18; MünchKommBGB/ *Schramm* § 168 RdNr. 2; Staudinger/*Dilcher* § 167 RdNr. 2; § 168 RdNr. 16; *Roth* in Koller/Roth/Morck HGB vor § 48 RdNr. 9; die vielfach zitierte Entscheidung RGZ 69, 234 beschäftigt sich nicht mit einer isolierten Vollmacht, sondern mit dem Verkehrsschutz bei Mängeln im zugrundeliegenden Rechtsverhältnis.

[44] Vgl. Staub/*Joost* RdNr. 29, *Frotz* S. 328 ff., 397 ff.; *Müller-Freienfels*, Die Abstraktion der Vollmachtserteilung im 19. Jahrhundert in: Wissenschaft und Kodifikation des Privatrechts im 19. Jahrhundert, hrsg. von Coing/Wilhelm Bd. II, 1977, S. 144, 164 ff.; *Medicus*, Allgemeiner Teil des BGB, RdNr. 937.

[45] Allgemeiner allerdings Staub/*Joost* RdNr. 39 f.

[46] *Larenz* AT § 31 II (619); Soergel/*Leptien* vor § 164 RdNr. 46; aA *Flume*, Allgemeiner Teil, Rechtsgeschäft, § 32, 2 a (572).

[47] Protokolle der 2. Kommission zum BGB in *Mugdan*, Die gesamten Materialien zum BGB, 1. Bd. 1899, S. 742.

aus.[48] Aus der Erforderlichkeit eines Grundgeschäftes folgt, daß das der Prokura zugrunde-liegende Rechtsverhältnis den Tod des Inhabers des Handelsgeschäfts überdauert (§ 52 Abs. 3).

42   Problematisch ist auch das Maß der **Trennung (Abstraktion) von Vollmacht und zu-grundeliegendem Rechtsverhältnis**. Hinsichtlich ihrer Existenz ist die Vollmacht grund-sätzlich von der Existenz dieses Rechtsverhältnisses abhängig (vgl. § 168 S. 1 BGB). Dies entspricht auch der Notwendigkeit eines die Sorgfaltshaftung begründenden Verhältnisses (vgl. oben RdNr. 41). Allerdings wird diese Abhängigkeit aus Gründen des Verkehrsschut-zes – insbesondere bei einer Außenvollmacht – in erheblichem Umfang zugunsten Gut-gläubiger durchbrochen. Dies läßt aber die Einheit von Vollmacht und zugrundeliegendem Rechtsverhältnis zum Zeitpunkt des Entstehens unberührt.[49] Dies führt – zum Teil von § 168 S. 1 BGB geregelt und durch den Verkehrsschutz beinflußt – dazu, daß die Voll-macht vom Grundgeschäft, dieses aber nicht von ihr abhängig ist. Dementsprechend greift § 139 BGB als bloße Auslegungsregel nicht ein[50] **(Grundsatz einseitiger Abhängigkeit der Vollmacht vom zugrundeliegenden Rechtsverhältnis).**

43   Hinsichtlich ihres **Umfangs** ist die Vollmacht hingegen von dem zugrundeliegenden Rechtsverhältnis unabhängig (vgl. § 50 Abs. 1). Dem Geschäftsherrn steht es frei, eine Vollmacht – zB Prokura – zu erteilen, deren Umfang über die Befugnisse im Innenver-hältnis hinausgeht, bzw. bei festem gesetzlichem Vollmachtsumfang wie bei der Prokura die Innenbefugnisse enger auszugestalten (zu den Folgen für den Mißbrauch der Vertre-tungsmacht vgl. RdNr. 64, 68 ff.).

44   **2. Offenheitsprinzip – unternehmensbezogenes Geschäft.** Indem er eine Erklärung im Namen des Vertretenen verlangt, verkörpert § 164 Abs. 1 iVm. Abs. 2 BGB das Offen-heitsprinzip des Vertretungsrechts:[51] Es muß offengelegt werden, daß die Wirkungen der Vertretungshandlung nicht den Handelnden, sondern einen **individualisierten Vertrete-nen** treffen sollen. Dies erfordert nicht dessen namentliche Benennung;[52] es reicht aus, daß der Vertretene aus den Umständen eindeutig **bestimmbar** ist (zB Inhaber des Unterneh-mens). Gemäß **§ 95** ist es ausnahmsweise zulässig, dem Vertreter oder einem Dritten ver-traglich die spätere Bestimmung des Vertretenen zu überlassen.[53] Die §§ 51, 57 geben Beispiele für ein dem Offenheitsprinzip genügendes Auftreten bei schriftlichem Vertre-tungshandeln. Zulässig sind insbesondere die Vertretung andeutende Zusätze wie ppa. und i.V.

45   Das Offenheitsprinzip wird durch den **Auslegungsgrundsatz des unternehmensbezo-genen Geschäfts** eingeschränkt:[54] Danach sollen Rechtsgeschäfte, die im Rahmen eines (auch freiberuflichen) Unternehmens geschlossen werden, grundsätzlich auf ein Handeln im Namen des Unternehmensinhabers hinweisen,[55] und zwar auch, wenn der Vertrags-partner den Vertreter fälschlich für den Inhaber hält. Selbst bei Fälschung der Unterschrift des Inhabers oder seines gesetzlichen Vertreters soll Vertretungsrecht anwendbar sein.[56] Abgesehen von eindeutig privaten Angelegenheiten sind in den Geschäftsräumen eines Unternehmens abgeschlossene Geschäfte unternehmensbezogen (vgl. §§ 343 Abs. 2, 344

[48] Vgl. Soergel/*Leptien* § 168 RdNr. 18: § 168 S. 1 analog bei isolierter Vollmacht aufgrund nichti-gen Auftrags anwendbar; MünchKommBGB/ *Schramm* § 168 RdNr. 2: eine isolierte Vollmacht enthalte eine zugrundeliegende Zwecksetzung bzw. eine Zweckvereinbarung.
[49] RGZ 81, 49, 51 f.; RGZ 94, 147, 149; RGZ 97, 273, 275; WM 1964, 182, 183; offengelassen BGH NJW 1985, 730; Staub/*Joost* RdNr. 40.
[50] So aber zB Staub/*Joost* RdNr. 40.
[51] Vgl. näher MünchKommBGB/*Schramm* § 164 RdNr. 14 ff.; Soergel/*Leptien* vor § 164 RdNr. 25; § 164 RdNr. 12 ff.; *K. Schmidt* JuS 1987, 425.

[52] BGH LM BGB § 164 Nr. 10; RGZ 140, 335, 338.
[53] Vgl. BGH NJW 1989, 164, 166; *K. Schmidt* JuS 1987, 425, 431.
[54] Näher, mit anderer Akzentsetzung *K. Schmidt* HandelsR § 5 III 1 a (122).
[55] RG JW 1921, 1309, 1310; BGHZ 62, 216, 220 = NJW 1974, 1191; 64, 11, 15 = NJW 1975, 1166; 91, 148, 152 = NJW 1984, 2164; 92, 259, 268 = NJW 1985, 136; NJW 1992, 1380, 1382; BGH NJW 1995, 596 (nicht anwendbar, wenn Unternehmen selbst Vertragsgegenstand).
[56] BGHZ 45, 193, 195 = NJW 1966, 1069; OLG Düsseldorf DB 1992, 2080.

Lieb/Krebs

Abs. 1).[57] Bei Geschäften, die in privaten Räumen abgeschlossen werden, folgt die Unternehmensbezogenheit ggf. aus den Umständen: Besonders deutlich geschieht dies beim Auftreten unter einer Firma.[58] Soll ein unternehmensbezogenes Geschäft im Namen des Handelnden und nicht des Unternehmensinhabers geschlossen werden, muß dies für den Vertragspartner aus den Umständen erkennbar sein. Derjenige, der sich auf die ausnahmsweise fehlende Unternehmensbezogenheit beruft, trägt die Darlegungs- und Beweislast.[59] Auch bei einer Willenserklärung im eigenen Namen soll noch eine Unternehmensbezogenheit und damit die Verpflichtung des davon verschiedenen tatsächlichen Inhabers möglich sein, wenn auch der Handelnde die Unternehmensbezogenheit nachweisen müsse.[60]

3. Duldungsvollmacht und andere Fälle veranlaßten Vollmachtsrechtsscheins. Die   46
Duldungsvollmacht ist ein allgemeines, im Zivil- und im Handelsrecht gleichermaßen anerkanntes Institut. Ihr Verhältnis zur rechtsgeschäftlichen Vollmacht sowie die Abgrenzung zu anderen Formen veranlaßten Vollmachtsrechtsscheins und zur Anscheinsvollmacht stehen jedoch noch immer im Streit. Von ihm hängen die Tatbestandsvoraussetzungen der Duldungsvollmacht ab.[61]

Die Rechtsprechung faßt unter Duldungsvollmacht Fälle, in denen (1.) ein **Unbefugter**   47
wiederholt und für eine gewisse Dauer für den Geschäftsherrn als Vertreter aufgetreten,[62] (2.) der voll geschäftsfähige[63] **Geschäftsherr** dieses Verhalten kannte und nicht dagegen eingeschritten ist, obwohl ihm dies möglich gewesen wäre[64] und (3.) der **Geschäftspartner** das mehrfach unbeanstandet gebliebene Handeln des Vertreters gekannt und dies ohne Fahrlässigkeit[65] so verstanden hat und nach Treu und Glauben so verstehen durfte, daß der als Vertreter Auftretende zu dem fraglichen Geschäft bevollmächtigt gewesen ist.[66]

Die **Mindermeinung**, die auf die **Kenntnis der Duldung** abstellt[67] und in der Duldung   48
selbst den Rechtsscheinträger sieht, ist abzulehnen: Zum einen wird die Duldung als solche dem Rechtsverkehr praktisch nie bekannt sein; wegen des unbeanstandeten Auftretens des Handelnden wird er lediglich davon ausgehen, daß eine echte Vollmacht vorliegt. Derjenige, der aber weiß, daß das Handeln nur geduldet wird, weiß zugleich, daß eine Vollmacht gerade nicht besteht. Die Duldung kann daher nur Zurechnungsgesichtspunkt, nicht aber Rechtsscheinträger sein.

Die Duldungsvollmacht ist **keine Form rechtsgeschäftlicher Vollmacht**,[68] auch wenn   49
man mit dem BGH auf das Erfordernis des Erklärungsbewußtseins für die Wirksamkeit einer Willenserklärung verzichten würde.[69] Die Voraussetzung des mehrfachen Duldens läßt sich nicht mit der Rechtsgeschäftslehre vereinbaren. Darüber hinaus wird dem Vertragspartner die Duldung regelmäßig verborgen bleiben, weshalb nur eine Innenvollmacht in Betracht käme. Diese würde regelmäßig an der Bösgläubigkeit des – zumindest fahrlässigen – Vertreters scheitern. Selbst wenn man die einmalige Duldung für ausreichend hielte, schiede daher die Einordnung als rechtsgeschäftliche Erklärung regelmäßig aus.[70]

---

[57] Vgl. Staub/*Joost* RdNr. 9.

[58] Vgl. BGHZ 62, 216, 221 = NJW 1974, 1191; 64, 11, 14 = NJW 1975, 1166; NJW 1983, 1844.

[59] BGH NJW 1984, 1347, 1348; NJW 1990, 2678, 2679; Staub/*Joost* RdNr. 10.

[60] BGH WM 1994, 2233, hierzu *Tiedtke* GmbHR 1995, 336; vgl. auch LG Karlsruhe ZIP 1995, 1818, 1819.

[61] Vgl. grundlegend *Canaris* Vertrauenshaftung S. 32 ff., S. 189 ff.

[62] BGH LM BGB § 164 Nr. 9, 15, 34; BGH VersR 1971, 766.

[63] BGHZ 53, 210, 215 = NJW 1970, 806; BayObLG AnwBl. 1992, 234.

[64] BGH LM BGB § 164 Nr. 4; BGH NJW 1955, 985; NJW 1956, 460; NJW 1956, 1674; WM 1957,

926; LM Nr. 13, BGB § 164 Nr. 24; BGH NJW 1988, 1199, 1200.

[65] BGH LM BGB § 164 Nr. 15; BGH VersR 1971, 768.

[66] BGH LM BGB § 164 Nr. 13, 34; BGH VersR 1973, 612 mit weit. Nachw.

[67] Vgl. MünchKommBGB/*Schramm* § 167 RdNr. 36 mit Nachweisen.

[68] So aber *Flume*, Allgemeiner Teil, Rechtsgeschäft § 49, 3 (828 ff.); *Hopt* AcP 183 (1983), 608, 619 f.; Palandt/*Heinrichs* § 173 RdNr. 10.

[69] BGHZ 91, 324 ff. = NJW 1984, 2085; *Medicus*, Bürgerliches Recht, RdNr. 130; ablehnend *Canaris* NJW 1984, 2281 ff.

[70] Vgl. näher *Canaris* Vertrauenshaftung S. 39 ff.

50   Die Duldungsvollmacht ist folglich **Vollmacht wegen veranlaßten drittgerichteten Rechtsscheins.**[71] Sie zeichnet sich durch den Rechtsscheinsträger aus, der nicht in der Duldung, sondern in dem **(mehrfach) unbeanstandet gebliebenen Auftreten als Vertreter** liegt. Dieser Rechtsscheinsträger ist besonders schwach, weshalb es entgegen einiger Stimmen in der Literatur[72] stets der **mehrfachen** Duldung bedarf. Von der Duldungsvollmacht im engeren Sinne – bloßes Auftreten als Bevollmächtigter – unterscheidet sich graduell die **Veranlassung** deutlich **stärkerer Rechtsscheinsträger** (Duldungsvollmacht im weiteren Sinn) wie zB die Duldung der Benutzung von Firmenstempeln, Briefköpfen, Vertragsformularen oder Vollmachtsurkunden etc., die unter Umständen bereits beim ersten Mal die allgemeine Vertrauensschutzhaftung auslösen können.[73]

51   **Gesetzliche Anwendungsfälle eines veranlaßten Rechtsscheins** stellen – wenngleich sie unmittelbar nur das Vertrauen auf den Fortbestand einer bestimmten Rechtslage schützen[74] – die §§ 170, 171 Abs. 2, 172 Abs. 2 iVm. 173 dar. Nach hL soll dies auch für die §§ 54 bis 56 gelten, während sie nach hier vertretener Ansicht – ihrem Wortlaut und der Gesetzessystematik entsprechend – als dispositive, durch das Verkehrsschutzbedürfnis legitimierte gesetzliche Regelungen zu verstehen sind:[75] Der Rechtsverkehr wird in seinem Vertrauen auf die dispositiven Regelungen des Umfangs bzw. der Existenz der Vollmacht geschützt. Letztlich beruht der Vertrauensschutz aber auch hier auf Veranlassung, da die Tatbestände, an die die §§ 54 bis 56 anknüpfen, vom Vertretenen veranlaßt sind.

52   **4. Anscheinsvollmacht.** Die von der Rechtsprechung praktizierte **Anscheinsvollmacht**[76] entspricht in ihren Voraussetzungen und in ihrer Rechtsfolge (positiver Vertrauensschutz) der Duldungsvollmacht bis auf den entscheidenden Unterschied, daß der Vertretene das Auftreten des Handelnden als Vertreter nicht kennt und duldet, sondern es nur bei gebotener Sorgfalt **hätte erkennen und verhindern können**. Rechtsscheinsträger ist folglich auch hier das unbeanstandet gebliebene Auftreten des Handelnden als Vertreter.[77] Ein Rechtsschein, wonach der Vertretene das Auftreten kannte oder fahrlässig nicht kannte, ist weder erforderlich noch ausreichend:[78] Wer das Fehlen der Vollmacht kennt und eine nicht rechtsgeschäftliche Duldung annimmt, verdient keinen Schutz; lediglich das Vertrauen auf die Existenz der Vollmacht ist schutzwürdig.

53   Die Anscheinsvollmacht weist denselben **Zurechnungsgrund** wie die c.i.c. – **fahrlässige Unkenntnis** – auf. Dies unterscheidet sie von den Vertrauensschutznormen, die auf Erfüllung des positiven Interesses gerichtet sind. Die Anscheinsvollmacht kann daher nicht mit einer (Rechts-) Analogie zu anderen Rechtsscheinsregeln gerechtfertigt werden.[79] Da ihrer Existenz bzw. der Rechtsfolge des positiven Vertrauensschutzes unter Hinweis auf die c.i.c. stets widersprochen wurde,[80] scheidet auch eine gewohnheitsrechtliche Anerkennung aus.[81]

---

[71] HM RGZ 170, 82; BGH LM BGB § 167 Nr. 11; BGH NJW-RR 1990, 404; *Canaris* Vertrauenshaftung S. 42; *Larenz* AT § 33 I a (639 f.); MünchKommBGB/*Schramm* § 167 RdNr. 38; Soergel/*Leptien* § 167 RdNr. 17.

[72] Vgl. zB Staub/*Joost* RdNr. 23 Fn. 26; Palandt/*Heinrichs* § 173 RdNr. 11.

[73] Vgl. BayObLG AnwBl. 1992, 234; Staudinger/*Dilcher* § 167 RdNr. 35; Erman/*Brox* § 167 RdNr. 10; kritisch Soergel/*Leptien* § 167 RdNr. 20.

[74] Vgl. *Canaris* Vertrauenshaftung S. 134 ff.

[75] Vgl. § 54 RdNr. 10, § 55 RdNr. 14, § 56 RdNr. 10.

[76] Allgemein zur Anscheinsvollmacht vgl. BGH LM BGB § 167 Nr. 9, 10, 11, 17; BGH NJW 1991, 1225; BGH NJW 1990, 827; BGH NJW-RR 1988, 1299; BGHZ 65, 13 = NJW 1975, 2101; vgl. ausführlich MünchKommBGB/*Schramm* § 167 RdNr. 43 ff.; Soergel/*Leptien* § 167 RdNr. 19 ff.

[77] Undeutlich die Rechtsprechung, wonach der Vertragspartner aus dem Rechtsschein schließen können soll, der Geschäftsherr kenne und billige das Auftreten des Vertretenen: BGH NJW 1981, 1728; BGH VersR 1992, 99.

[78] Vgl. aber zB MünchKommBGB/*Schramm* § 167 RdNr. 73.

[79] AA wohl Soergel/*Leptien* § 167 RdNr. 17; *Spitzbarth* S. 18 (jeweils für Ableitung aus §§ 170–173); wie hier zB *Canaris* Vertrauenshaftung S. 49 f., 132 f.; *Frotz* S. 265 ff., 299 f., 345 ff.

[80] Vgl. *Flume,* Allgemeiner Teil, Rechtsgeschäft § 49, 4 (833 ff.); *Peters* AcP 179 (1979), 214 ff., 234.

[81] Vgl. MünchKommBGB/*Schramm* § 167 RdNr. 45 mit Nachw. älterer Gegenstimmen gegen die Rechtsprechung, der allerdings meint, die Anscheinsvollmacht sei dem dogmatischen Meinungsstreit auch ohne Begründung entzogen.

Lieb/Krebs

Rechtfertigen läßt sich die Anscheinsvollmacht einschließlich der Gewährung positiven   54
Vertrauensschutzes als gesetzesübersteigende Rechtsfortbildung nur für **Vertreter**, die **aus
einem Unternehmen heraus handeln** und in dessen Organisation eingebunden sind:[82]
Nahezu alle bislang bejahten Fälle der Anscheinsvollmacht entstammen diesem Bereich.
Nur für diesen Personenkreis gelten generell die Verkehrsschutzvorschriften der §§ 48 ff.
(vgl. oben RdNr. 22 ff.). Der Rechtsverkehr ist schließlich nur in diesen Fällen schützens-
wert, da er die interne Funktionsteilung regelmäßig nicht durchschauen kann.[83] Vor allem
aber ist die Haftung des Vertretenen gerechtfertigt, weil dieser den Handelnden bewußt in
sein Unternehmen eingegliedert hat (Veranlassung) und den wirtschaftlichen Nutzen aus
der arbeitsteiligen Organisation zieht. Zumindest dann, wenn der Vertretene zusätzlich
fahrlässig ist, er also bei pflichtgemäßer Sorgfalt das Auftreten als Vertreter erkennen und
verhindern konnte, ist eine Zurechnung daher möglich.[84] Die Gewährung des positiven
Interesses durch die Anscheinsvollmacht entspricht für den unternehmerischen Bereich
auch dem Bedürfnis nach schneller und reibungsloser Abwicklung des Geschäftsverkehrs.

Im Falle der **Verwendung von Firmenstempeln, Briefbögen, Formularen oder der**   55
Benutzung von Kommunikationsmitteln (Telefon-, Faxanschlüsse), die in der Regel nur
Bevollmächtigte benutzen dürfen, verstärkt sich der Rechtsscheinsträger **(Anscheinsvollmacht im weiteren Sinne)**. Unter Umständen reicht hier schon die erstmalige Handlung für eine Haftung nach den Grundsätzen der Anscheinsvollmacht aus. Zu beachten ist,
daß ein bloß verbales Verbot, einen bestimmten Rechtsscheinsträger zu nutzen, den Vertretenen regelmäßig nicht entlastet, er vielmehr aktiv sicherstellen muß, daß der Rechtsschein beseitigt wird (bzw. nicht entsteht).[85]

Entgegen der wohl hM[86] hat der Geschäftspartner die **Möglichkeit**, auf die Inanspruch-   56
nahme des Vertretenen zu verzichten und stattdessen die Inanspruchnahme des Vertreters
aus § 179 BGB **zu wählen**. Eine kumulative Haftung kommt nicht in Betracht.[87] Das
Wahlrecht entspricht der Interessenlage von Geschäftspartner und Vertretenem. Insbesondere besteht kein Grund, dem Geschäftspartner den Vertrauensschutz aufzudrängen. Auch
dient die Anscheinsvollmacht nur dem Interesse der Geschäftspartner und nicht dem Interesse des Vertreters oder der auf Rechtssicherheit bedachten Allgemeinheit.

5. Anfechtung der Vollmacht. Sowohl für die rechtsgeschäftlich erteilte als auch für   57
Duldungs- und Anscheinsvollmacht stellt sich die Frage, unter welchen Umständen die
Vollmacht bei Irrtum oder arglistiger Täuschung angefochten werden kann.

a) Anfechtung der Vollmachtserteilung. Nach ganz hM schließt die Möglichkeit des   58
Widerrufs einer Vollmacht (§ 168 S. 2, 3 BGB) die **Anfechtung der noch nicht betätigten Bevollmächtigung** nicht aus.[88] Die Anfechtung muß gegenüber dem erklärt werden,
dem gegenüber die Vollmacht erteilt worden ist (Innenvollmacht: Vertreter, Außenvoll-

---

[82] Vgl. *Krause* S. 148 f.; *Stüsser* S. 262 ff.; *Hopt*
AcP 183 (1983), 608, 696, 697; *Kohte*, Betrieb und
Unternehmen unter dem Leitbild des Organisati-
onsvertrages, 1987, S. 194 ff.; *Canaris* § 16 III 2 b
(227); *Canaris* Vertrauenshaftung S. 193, 195, der es
allerdings ausreichen läßt, daß der Handelnde von
außen als eingegliederter Vertreter erscheint; für
Beschränkung auf den kaufmännischen Verkehr
auch *Holzhammer*, Allgemeines Handelsrecht und
Wertpapierrecht, 5. Aufl. 1994, XI E 3.
[83] Vgl. *Canaris* Vertrauenshaftung S. 193; *Stüsser*
S. 262 ff.
[84] Die Praxisunterschiede zum reinen Organisati-
onsmangel im Sinne von *Canaris* erscheinen insbesondere bei einer Beweislast des Vertreters für ein
Fehlen des Verschuldens (so MünchKommBGB/
Schramm § 167 RdNr. 53) als gering.
[85] BGH NJW 1991, 1225 (Ausscheiden aus An-
waltskanzlei).

[86] BGHZ 86, 273 = NJW 1983, 1308; 61, 59, 68
= NJW 1973, 1691; *K. Schmidt*, Festschrift für
Gernhuber, 1993, . S. 435; Erman/*Brox* § 167
RdNr. 23; Staudinger/*Dilcher* § 167 RdNr. 44;
Gernhuber, Bürgerliches Recht, 3. Aufl. 1991, § 8 VI
4 (79); aA *Canaris* Vertrauenshaftung S. 520 f.; *Lieb*,
Festschrift für H. Hübner, 1984, S. 575; *Altmeppen*,
Disponibilität des Rechtsscheins, 1993, passim;
Pawlowski JZ 1996, 125, 131; vgl. auch § 56
RdNr. 45.
[87] Näher *K. Schmidt*, Festschrift für Gernhuber,
1993, S. 435, 443.
[88] Vgl. nur MünchKommBGB/*Schramm* § 167
RdNr. 82; *Flume* Allgemeiner Teil, Rechtsgeschäft,
§ 52, 5 a (867); Soergel/*Leptien* § 166 RdNr. 21;
Erman/*Brox* § 167 RdNr. 27; Staudinger/*Dilcher*
§ 167 RdNr. 77.

macht: Dritter).[89] Bei Anfechtung einer kundgegebenen Innenvollmacht bedarf es zudem der Mitteilung an den Dritten[90] (§ 171 Abs. 2 BGB).

59   Nach zutreffender hM kann die **Vollmachtserteilung** auch **nach Ausübung** wirksam angefochten werden.[91] Eine teleologische Reduktion des Anfechtungsrechts läßt sich nicht rechtfertigen. Problematisch ist aber, inwieweit die Anfechtung in ihren Rechtswirkungen zum Schutz des vertrauenden Vertragspartners einzuschränken ist.

60   Am geringsten ist das Verkehrsschutzbedürfnis bei der **reinen Innenvollmacht**, bei der der Dritte ein Geschäft allein aufgrund der Behauptung des Vertreters, er habe Vertretungsmacht, abschließt. Mangels Rechtsscheinsträgers scheidet eine Anwendung der Regeln über die Duldungsvollmacht aus. Vereinzelt werden eine die Vollmacht betreffende Botenschaft des Vertreters fingiert und die §§ 170 ff. BGB analog für anwendbar gehalten.[92] Nach zutreffender hM wird der Geschäftspartner nur in seinem **negativen Interesse geschützt**. *Canaris* bejaht (nur) einen Anspruch des Geschäftspartners **gegen den Vertreter** aus § 179 BGB, der gegen den Vertretenen einen Schadensersatzanspruch gemäß § 122 BGB haben soll.[93] Die hM gewährt dem Geschäftspartner hingegen einen **unmittelbaren Anspruch gegen den Vertretenen**: entweder durch rechtsfortbildende Postulierung einer Pflicht zur Anfechtung (auch) gegenüber dem Geschäftsgegner, wonach § 122 BGB unmittelbar anwendbar wäre,[94] oder – wohl eher zutreffend – durch analoge Anwendung des § 122 BGB.[95]

61   Problematisch ist der Umfang des Verkehrsschutzes in den Fällen der **Außenvollmacht** und der **durch öffentliche Bekanntmachung kundgegebenen Innenvollmacht**, in denen die Voraussetzungen einer Rechtsscheinsvollmacht erfüllt sind. Eine Harmonisierung könnte, was vorzugswürdig erscheint, durch die generelle **Gewährung positiven Rechtsscheinsschutzes**[96] oder dadurch erreicht werden, daß auch die Anfechtung der Duldungsvollmacht bei einem Irrtum über die Bedeutung des Duldens zugelassen wird.[97] *Canaris* befürwortet eine Kombination beider Lösungen, wenn er bei kundgemachter Innen- oder Außenvollmacht und bei der Duldungsvollmacht eine Anfechtung zuläßt, einen positiven, über § 122 BGB hinausgehenden Rechtsscheinsschutz aber (nur) für „Vollmachten, die zur Grundlage von Rechtsgeschäften mit einer unbestimmten Vielzahl von Personen bestimmt sind"[98] gewährt. Andere beschränken den positiven Rechtsscheinsschutz auf die nach außen kundgegebene Innenvollmacht, wollen dagegen bei der Außenvollmacht – inkonsequent – nur § 122 BGB anwenden.[99]

62   Die Anfechtbarkeit der Vollmachtserteilung wegen **arglistiger Täuschung** nach Ausübung des Vertretergeschäfts ist davon abhängig, ob der Geschäftspartner die Täuschung verübt oder gekannt hat oder hätte erkennen können (Außenvollmacht: § 123 Abs. 1, 2 BGB, Innenvollmacht: § 123 Abs. 2 S. 2 BGB).[100]

---

[89] RGRK/*Krüger-Nieland* § 143 RdNr. 22; MünchKommBGB/*Schramm* § 167 RdNr. 82; aA Soergel/*Hefermehl* § 143 RdNr. 10: wahlweise.

[90] MünchKommBGB/*Schramm* § 167 RdNr. 82 f.

[91] MünchKommBGB/*Schramm* § 167 RdNr. 83; Soergel/*Leptien* § 167 RdNr. 21; Staudinger/*Dilcher* § 167 RdNr. 79; RGRK/*Steffen* § 167 RdNr. 27; Palandt/*Heinrichs* § 167 RdNr. 3 a; aA AK/*Ott* § 167 RdNr. 15; Erman/*Brox* § 167 RdNr. 3; *Prölss* JuS 1985, 577, 582; *Eujen-Frank* JZ 1973, 232, 233 ff.; *Stüsser* S. 274 ff. (für handelsrechtliche Vollmachten).

[92] *Flume*, Allgemeiner Teil, Rechtsgeschäft, § 52, 5 c (871); dagegen zutreffend *Canaris* Vertrauenshaftung S. 546 Fn. 26.

[93] *Canaris* Vertrauenshaftung S. 545 f.

[94] *Flume*, Allgemeiner Teil, Rechtsgeschäft, § 52, 5 c (871); *Larenz* AT § 31 II (621 f.); *Medicus*, Allgemeiner Teil, RdNr. 945; *Müller-Freienfels* S. 403 ff.

[95] MünchKommBGB/*Schramm* § 167 RdNr. 85; Soergel/*Leptien* § 166 RdNr. 22; Palandt/*Heinrichs* § 167 RdNr. 3; RGRK/*Steffen* § 167 RdNr. 26; aA zB *Lüderitz* JuS 1976, 765, 770.

[96] So Staub/*Joost* vor § 48 RdNr. 18.

[97] Vgl. MünchKommBGB/*Schramm* § 167 RdNr. 41; *Canaris* § 16 V (228 f.); *Canaris* Vertrauenshaftung S. 43, 196; aA die hM: BGHZ 11, 1, 5 = NJW 1954, 105; Soergel/*Leptien* § 167 RdNr. 22; Erman/*Brox* § 167 RdNr. 20; RGRK/*Steffen* § 167 RdNr. 19; *H. Hübner*, Allgemeiner Teil des BGB, 2. Aufl. 1996, RdNr. 592.

[98] *Canaris* § 16 V (228 f.).

[99] So zB MünchKommBGB/*Schramm* § 167 RdNr. 84, 86.

[100] Vgl. MünchKommBGB/*Schramm* § 167 RdNr. 87; Staudinger/*Dilcher* § 167 RdNr. 80; Soergel/*Leptien* § 166 RdNr. 25.

b) Anfechtung des Verkehrsgeschäfts. Die Anfechtung des vom Vertreter geschlosse- 63
nen Verkehrsgeschäfts folgt den allgemeinen Regeln der §§ 119 ff. BGB. Dabei ist gem.
§ 166 Abs. 1 BGB grundsätzlich die Kenntnis/der Wille des Vertreters maßgeblich, wobei
der Vollmachtgeber sich gem. § 166 Abs. 2 S. 1 BGB dann, wenn der Vertreter nach
seinen Weisungen handelte, nicht auf die Unkenntnis/den Irrtum des Vertreters berufen
kann, soweit er selbst Kenntnis hatte. Ein **Irrtum** des Vertreters **über die vom Vertretenen gewünschten Vertragskonditionen** ist auch dann, wenn für den Verkehr erkennbar
ist, daß der Vertreter insoweit keine eigenständige Entscheidung treffen will, ein grundsätzlich unbeachtlicher Kalkulationsirrtum.[101]

6. Mißbrauch der Vertretungsmacht. a) Einführung. Neben der Gesamtvollmacht 64
bietet vor allem das rechtsfortbildend entwickelte Institut des Mißbrauchs der Vertretungsmacht dem Vertretenen Schutz vor einer Ausübung der Vollmacht gegen seinen Willen. Es
setzt ein unrechtmäßiges Verhalten des Vertreters, sowie die Zurechenbarkeit dieses Verhaltens gegenüber dem Vertragspartner voraus. Die Rechtfertigung des Instituts, das ein
Prüfstein für die Abhängigkeit bzw. Trennung von Vollmacht und zugrundeliegendem
Rechtsverhältnis ist, und seine Voraussetzungen im einzelnen sind nach wie vor umstritten.
Besonders problematisch ist seine Anwendung im Bereich der gesetzlich nicht beschränk-
baren Vollmachten, zB der im Umfang unbeschränkbaren Prokura.

b) Meinungsstand. Den **Ausgangspunkt** des Mißbrauchs der Vertretungsmacht bilden 65
Fälle, in denen der Vertreter den Vertretenen durch sein Handeln in bewußtem und ge-
wolltem Zusammenwirken mit dem Vertragspartner vorsätzlich schädigt (**Kollusion** im
engeren Sinne) oder der Vertragspartner zumindest in Kenntnis der **Schädigungsabsicht
des Vertreters** selbst mit Schädigungsabsicht handelt (Kollusion im weiteren Sinne).[102]
Diese Fälle werden bereits von den §§ 138 Abs. 1, 826 BGB erfaßt,[103] weshalb sie bisweilen dem Institut des Mißbrauchs der Vertretungsmacht nicht zugerechnet werden.[104]
Nach Ansicht des BGH[105] soll in solchen Fällen das Verkehrsgeschäft nichtig, also nicht
genehmigungsfähig sein. Da sie nicht nur eine bloße Überschreitung der internen Pflichtenbindung, sondern eine Schädigungsabsicht voraussetzen, sind diese Fälle auch unter dem
Gesichtspunkt der Trennung von Vollmacht und dem zugrundeliegenden Rechtsverhältnis
unproblematisch.

Schon das RG[106] hatte dem Vertragspartner die Berufung auf die bestehende Vollmacht 66
unter Hinweis auf die Grundsätze von **Treu und Glauben als unzulässige Rechtsausübung** auch versagt, wenn der Vertreter seine Vertretungsmacht bewußt mißbraucht hatte
und der Vertragspartner den Mißbrauch erkannt hatte oder hätte erkennen müssen. Heute
werden als **weitere Begründungsversuche** genannt: analoge Anwendung der §§ 177 ff.
BGB,[107] teleologische Reduktion der Vertretungsmacht[108] sowie Einwendungsdurchgriff
kraft Rechtsmißbrauchs.[109] Dabei ist das Rechtsinstitut stark ausgedehnt worden. Häufig
wird der Voraussetzung der **schädigenden Handlung** die bloße Überschreitung der
Innenbefugnisse durch den Vertreter gleichgestellt.[110] Teilweise wird zwar ein Schaden

---

[101] LG Bremen NJW 1991, 915; aA für Ablesen
eines Preisschildes LG Hamburg NJW-RR 1986,
156; näher zum Ganzen *Habersack* JuS 1992, 548.
[102] Vgl. RGZ 9, 148; 130, 142; 136, 356, 359;
BGH NJW 1954, 1159; NJW 1966, 1911; NJW
1989, 26.
[103] BGH NJW 1989, 26, 27; MünchKommBGB/
Schramm § 164 RdNr. 99.
[104] *Fischer,* Festschrift für Schilling, 1973, S. 3.
[105] BGH NJW 1989, 26.
[106] RGZ 71, 219, 222; 75, 299, 301; 83, 348,
353; 143, 196, 201; 145, 311, 314; 159, 363, 367 f.;
zur Entwicklung ausführlich *Frotz* S. 540 ff., 592 ff.;
vgl. auch *Honsell* JA 1984, 17, 20.

[107] *Enneccerus-Nipperdey,* Allgemeiner Teil II
§ 183 I, 5 (1125); *Flume,* Allgemeiner Teil, Rechtsgeschäft, § 45 II 3 (789); *K. Schmidt* AcP 174
(1974), 55, 59.
[108] *Prölss* JuS 1985, 577.
[109] So *Canaris* § 14 IV 2 (212); *Canaris,* Bankvertragsrecht, RdNr. 170; Soergel/*Leptien* § 177
RdNr. 15.
[110] BGH NJW 1984, 1461, 1462; WM 1988,
704, 706; OLG Dresden GmbHR 1995, 662; *Canaris* Bankvertragsrecht RdNr. 170; *Canaris* § 14 IV
1 c (211): jeweils GmbH-Geschäftsführer soweit
keine Aussicht auf Genehmigung für den Vertreter
und der Vertragspartner dies weiß; **ganz pauschal:**

vorausgesetzt, aber die **Pflichtwidrigkeit** in bezug auf die internen Pflichten in den Mittelpunkt gerückt.[111] Weiterhin ist streitig, ob es ausreicht, daß der Vertreter objektiv pflichtwidrig (nachteilig) gehandelt hat[112] oder ob er vorsätzlich pflichtwidrig zum Nachteil,[113] oder wenigstens fahrlässig pflichtwidrig gehandelt haben muß.[114] Für die **Zurechenbarkeit** des schädigenden Verhaltens des Vertreters **zum Geschäftspartner**, wird heute entweder grobe Fahrlässigkeit/Evidenz[115] verlangt, oder einfache Fahrlässigkeit[116] für ausreichend angesehen.

67   Tendenziell höhere Anforderungen werden bei **Außenvollmachten**[117] und **handelsrechtlichen Vollmachten**, insbesondere bei der dem Umfang nach unbeschränkten **Prokura**, sowie bei **unbeschränkbarer gesetzlicher Vertretungsmacht** gestellt. Dies gilt sowohl für das Erfordernis einer vorsätzlichen nachteiligen Handlung des Vertreters[118] als auch für das der groben Fahrlässigkeit (der objektiven Evidenz) auf Seiten des Dritten.[119]

68   **c) Stellungnahme.** Das Institut des Mißbrauchs der Vertretungsmacht kann – obwohl es in diesem Zusammenhang immer wieder genannt wird[120] – nicht damit gerechtfertigt werden, daß es bei fehlendem Verkehrsschutzbedürfnis die **Trennung von Vollmacht** und **zugrundeliegendem Rechtsverhältnis** zu Recht relativiere.[121] Denn diese Trennung besteht nicht nur im Verkehrsschutzinteresse, sondern auch im Interesse des Vertretenen. Die – als zulässig anerkannte – interne Begrenzung der Geschäftsführungsmacht setzt bei zwingend vorgeschriebenem Vollmachtsumfang notwendig voraus, daß Vollmacht und Rechtsverhältnis getrennt sind. Schließlich rührt eine Diskrepanz zwischen Vollmacht und Innenbefugnis allein daher, daß die Vollmacht bewußt weiter gefaßt wird als die Innenbefugnis, so daß insoweit **kein** erhebliches **Schutzbedürfnis des Vertretenen** besteht. Dies bedeutet zugleich, daß eine bloße Überschreitung der Innenbefugnisse für einen Mißbrauch der Vertretungsmacht nicht ausreichen darf, wenn der Vertreter im Interesse des Vertretenen handeln will.

69   Von den verschiedenen Begründungsansätzen verdient die Einordnung als **Zurechnungsdurchgriff kraft Rechtsmißbrauchs** den Vorzug: Ebenso wie der Einwendungsdurchgriff kraft Rechtsmißbrauchs im allgemeinen setzt auch der Mißbrauch der Vertre-

---

Tietz, Vertretungsmacht und Vertretungsbefugnis im Recht der HGH-Vollmacht und der Prokura, 1990, S. 170 ff.; *Klunzinger,* Grundzüge des Handelsrechts, 7. Aufl. 1993, § 8 I, 3 b (71); *Roth,* Handels- und Gesellschaftsrecht, § 26, 4 b (288 f.); GK-HGB/ *Nickel* § 50 RdNr. 3; *K. Schmidt* HandelsR § 16 III 4 b bb (486); vgl. auch *Fischer,* Festschrift für Schilling, 1973, S. 3, 16; **aA** BGH NJW 1990, 384, 385; *Stoll,* Festschrift für Lehmann, 1937, S. 115 ff.; *H.P. Westermann* JA 1981, 521, 523; MünchKommBGB/ *Schramm* § 164 RdNr. 103; Staub/*Joost* § 50 RdNr. 43; *Honsell* JA 1984, 17, 20 Fn. 46; Heymann/*Emmerich* § 126 RdNr. 24; Staudinger/*Dilcher* § 167 RdNr. 94, die alle die Notwendigkeit einer schädigenden Handlung fordern; noch anders *Schott* AcP 171 (1971), 385, 396 Verstoß gegen das Interesse des Vertretenen.

[111] Staub/*Joost* § 50 RdNr. 45; Heymann/*Sonnenschein/Weitemeyer* § 50 RdNr. 27.

[112] So   MünchKommBGB/*Schramm*   § 164 RdNr. 103.

[113] BGHZ 50, 112 = NJW 1968, 1379; BGH NJW 1990, 384, 385; Soergel/*Leptien* § 177 RdNr. 17; Staudinger/*Dilcher* § 167 RdNr. 95; RGRK/*Steffen* § 167 RdNr. 24; *Honsell* JA 1984, 17, 20 Fn. 46; grundsätzlich auch *Canaris* Bankvertragsrecht RdNr. 170; *Fischer,* Festschrift für Schilling, 1973, S. 3, 15 f., 20 f.; *H. Hübner,* Festschrift für Klingmüller, 1974, S. 173, 181 f.

[114] Vgl. die Deutung von BGH NJW 1966, 1911 durch Soergel/*Leptien* § 177 RdNr. 17; für grobe Fahrlässigkeit MünchKommBGB/*Schramm* § 164 RdNr. 105.

[115] *H. P. Westermann* JA 1981, 521 ff.; *Larenz* AT § 30 II a (594 f.); *Flume,* Allgemeiner Teil, Rechtsgeschäft § 45 II 3 (789); *Schott* AcP 171 (1971), 385, 397; *Medicus,* Bürgerliches Recht, RdNr. 116.

[116] RGZ 75, 299,; 131, 67, 71; 143, 196, 201; 145, 311, 314; BGH WM 1964, 87; MDR 1964, 592; Staub/*Joost* § 50 RdNr. 46.

[117] Vgl. *Canaris* Bankvertragsrecht RdNr. 170.

[118] Vgl. BGHZ 50, 112 = NJW 1968, 1379; BGH BB 1976, 852; BAG AP HGB § 126 Nr. 1; Baumbach/*Hopt* § 126 RdNr. 11; *Fischer,* Festschrift für Schilling, 1973, S. 3, 10, 20.

[119] BGH NJW 1994, 2082, 2083; WM 1992, 1362, 1363; noch weitergehender: nur Kollusion erfaßt *Goldschmit,* Handelsgesetzbuch, 1929, vor § 48 Anm. 3; für Notwendigkeit der Kenntnis des Dritten von der Pflichtwidrigkeit Heymann/*Sonnenschein/Weitemeyer* § 50 RdNr. 27.

[120] Vgl. *Frotz* S. 609, 615 ff., 621 ff.; MünchKommBGB/*Schramm* § 164 RdNr. 98, 102 a; Soergel/*Leptien* § 177 RdNr. 15; Staub/*Joost* § 50 RdNr. 38.

[121] Vgl. allgemein zur Trennung RdNr. 40 ff., 43.

tungsmacht einen **Schädigungsvorsatz des Vertreters** voraus.[122] Auch verwirklicht nur die vorsätzliche, nicht hingegen die fahrlässige Schädigung des Vertretenen das **besondere Risiko** der Einschaltung eines Vertreters:[123] Fahrlässig wird der Inhaber sein Unternehmen auch häufig selbst schädigen. Der Vertragspartner muß schließlich – mit Rücksicht auf Schnelligkeit und Leichtigkeit des Verkehrs jedenfalls im Bereich des Handelsrechts, insbesondere der Prokura – grobfahrlässig sein, was einer objektiven **Evidenz der Schädigungsabsicht** des Vertreters gleichkommen dürfte.[124] Bei willentlicher Überschreitung der Innenkompetenz ohne Aussicht auf Genehmigung durch den Vertretenen kann die Schädigungsabsicht des Vertreters zwar vermutet, auf sie kann jedoch nicht als Tatbestandsmerkmal verzichtet werden.[125] Ein Verzicht auf den Schädigungsvorsatz verstieße gegen die **Unbeschränkbarkeit der Prokura**; denn dann könnte die Unbeschränkbarkeit bereits dadurch umgangen werden, daß die Beschränkungen im Innenverhältnis den Geschäftspartnern mitgeteilt würden.[126] Konsequent wäre es allerdings, wenn sich die Befürworter einer weiten Anwendung des Mißbrauchs der Vertretungsmacht de lege ferenda für die Beschränkbarkeit der Prokura einsetzen würden.

Was die **Rechtsfolgen** des Mißbrauchs anbelangt, erscheint – in Übereinstimmung mit **70** der hL – anstelle der **Nichtigkeit** eine Analogie zu den **§§ 177 ff. BGB** gerechtfertigt, so daß dem Vertretenen die Möglichkeit der Genehmigung offensteht.[127] Entgegen der Ansicht des BGH[128] ist ein Mitverschulden des Vertretenen nicht gemäß **§ 254 BGB** zu berücksichtigen; denn im Vertretungsrecht gilt das sog. alles-oder-nichts-Prinzip, das keine Risikoteilung zuläßt.[129] Die **Darlegungs- und Beweislast** für das Vorliegen eines Mißbrauchs der Vertretungsmacht trägt der Vertretene.[130]

V. Die Generalvollmacht

1. Einführung. a) Begriff der Generalvollmacht. Besondere Probleme bereitet im **71** Rahmen der handelsrechtlichen Vollmachten die sog. Generalvollmacht. Sie ist nicht nur ein anderer Name für die normale **Generalhandlungsvollmacht** im Sinne des § 54 Abs. 1.[131] Vielmehr stellt sie eine Rechtsschöpfung der Praxis dar. Ihre Bezeichnung entlehnt sie aus dem privaten, nichthandelsrechtlichen Vertretungsrecht, das eine umfassende Vollmacht seit jeher als „Generalvollmacht" bezeichnet.[132]

b) Die beiden Arten der Generalvollmacht. Die Generalvollmacht wird im Handels- **72** recht in **zwei streng** von einander **zu trennenden Formen** praktiziert: In der einen Form

[122] Vgl. *Canaris* Bankvertragsrecht RdNr. 170.
[123] Vgl. *Canaris* Bankvertragsrecht RdNr. 170.
[124] Vgl. zuletzt auch BGH NJW 1994, 2082, 2083; WM 1992, 1362, 1363.
[125] So aber BGH NJW 1984, 1461, 1462; WM 1988, 704, 706; *Canaris* Bankvertragsrecht RdNr. 170; *Canaris* § 14 IV 1 c (211).
[126] Vgl. Ehrenbergs Hdb/*Titze*, 2. Band II. Abteilung 1918, S. 919; genau dies halten aber Heymann/ *Sonnenschein/Weitemeyer* § 50 RdNr. 27 für möglich.
[127] *K. Schmidt* HandelsR § 16 III 4 b aa (484); *Larenz* AT § 30 II a (594 f.); Soergel/*Leptien* § 177 RdNr. 15; RGRK/*Steffen* § 177 RdNr. 2; MünchKommBGB/*Schramm* § 164 RdNr. 102 a; Staub/*Joost* § 50 RdNr. 52; *Medicus*, Bürgerliches Recht, RdNr. 118.
[128] BGHZ 50, 112 = NJW 1968, 1379.
[129] *Larenz* AT § 30 II a (600); *K. Schmidt* HandelsR § 16 III 4 b aa (484); *Medicus*, Bürgerliches Recht, RdNr. 118; *U. Hübner* Handelsrecht RdNr. 72; *H. P. Westermann* JA 1981, 521, 526;

differenzierend Heidelberger Kommentar/*Ruß* § 50 RdNr. 2.
[130] *Baumgärtel/Laumen*, Handbuch der Beweislast Bd. 1, 2. Aufl. 1991, BGB, § 164 RdNr. 1; *Baumgärtel/Reinicke*, Handbuch der Beweislast, Bd. 4, 1988, HGB §§ 49, 50 RdNr. 3.
[131] Synonym gebraucht aber heute noch von *Hoffmann-Becking* in Münchener Handbuch des Gesellschaftsrechts, Aktiengesellschaft, 1988, § 30 RdNr. 3 (263); ebenso *Hofmann* Handelsrecht F II 2 a (140); GroßkommHGB/*Würdinger* § 54 Anm. 2.
[132] Vgl. § 173 ZPO und hierzu die Entwurf einer deutschen Civilprozeßordnung nebst Begründung von 1871 S. 297 zu § 159 des Entwurfs = *Dahlmanns* (Hrsg.) Neudrucke zivilprozessualer Kodifikationen und Entwürfe 1971, 553, wo eindeutig eine Gegenüberstellung von Prokura für den Bereich des Handelsrechts und Generalvollmacht für den Privatbereich vorgenommen wird; vgl. auch *Eder* GmbHR 1962, 225, der hieraus Zulässigkeitsbedenken ableitet.

wird die Generalvollmacht – häufig zusätzlich zur Prokura – dem Unternehmen eingegliederten und aus ihm heraus handelnden Personen verliehen und dient der Schaffung einer **hierarchischen Position unmittelbar unter den gesetzlichen Vertretern** und über den Prokuristen („leitende Angestellte").[133] Allein sie wird in Regelungen außerhalb des HGB erwähnt.[134] Von vorrangiger Bedeutung ist dabei die durch die Generalvollmacht ausgedrückte hierarchische Stellung;[135] die Übertragung der Vertretungsmacht bedeutet idR lediglich einen Vertrauensbeweis. Zu unterscheiden ist hiervon die **Generalvollmacht an hierarchisch nicht eingegliederte, wirtschaftlich selbständige unternehmensfremde Personen**, meist Gesellschaften zB im Rahmen eines Betriebsführungsvertrags (Managementvertrags).[136]

73 **2. Die Generalvollmacht an außerhalb des Unternehmens stehende Personen.** Die §§ 48 ff. sind auf Vollmachten beschränkt, die aus dem Unternehmen heraus handelnden, also organisatorisch eingegliederten Personen erteilt werden.[137] Die Generalvollmacht an außerhalb des Unternehmens stehende Personen wird daher nicht von diesen Vorschriften erfaßt,[138] sondern richtet sich nach denen des **BGB** (sog. **BGB-Vollmacht**).

74 Ihre **Erteilung** folgt allgemeinen Regeln. Jedes Unternehmen kann – durch den Inhaber, den gesetzlichen Vertreter und, soweit es der Umfang der Generalvollmacht zuläßt, durch Prokuristen – externen Personen Generalvollmacht erteilen.[139] Zulässig ist hier auch die Erteilung der Vollmacht an juristische Personen. Die Vollmachtserteilung kann **stillschweigend** geschehen; § 48 ist nicht analog anwendbar,[140] weil bei selbständigen Geschäftspartnern – anders als bei Mitarbeitern des Unternehmens – kaum die Gefahr einer unbeabsichtigten stillschweigenden Vollmachtserteilung besteht. Vor allem ist das Bedürfnis nach Rechtssicherheit, welches die Ausdrücklichkeit der Prokuraerteilung rechtfertigt, hier deutlich niedriger als bei der auf ein Höchstmaß an Rechtssicherheit und Rechtsklarheit ausgerichteten Prokura.

75 Die Generalvollmacht an externe Personen darf sich **nicht** auf **organschaftliche und höchstpersönliche Vertretungshandlungen** erstrecken,[141] die aufgrund ihrer herausragenden Bedeutung und haftungsrechtlichen Besonderheiten allein den Inhabern und gesetzlichen Vertretern vorbehalten sind. Für die Bestimmung dieser Handlungen gelten dieselben Maßstäbe wie bei der Abgrenzung der den gesetzlichen Vertretern gegenüber den Prokuristen vorbehaltenen Handlungen.[142] Daneben gibt es Handlungen, die zwar grundsätzlich der Vertretung zugänglich sind (zB Handelsregisteranmeldungen bei Grundlagenentscheidungen), deren Zulässigkeit jedoch auf Bevollmächtigungen im Einzelfall zu beschränken

[133] Vgl. *Joussen* WM 1994, 273, 275; *Spitzbarth* S. 112 f.; vgl. auch die bei Großbanken verbreitete Hierarchiefolge: Vorstand, Generalbevollmächtigter, Bankdirektoren, Abteilungsdirektoren, Prokuristen.

[134] Vgl. § 5 Abs. 3 Nr. 2 BetrVG 72 (Einordnung als leitende Angestellte); § 22 Abs. 2 Nr. 3 ArbGG, § 16 Abs. 4 Nr. 4 SGG (jeweils Schöffenfähigkeit); § 9 Nr. 1 ArbErlVO (leitende Angestellte, die keiner Arbeitserlaubnis bedürfen); §§ 29 Abs. 1 Nr. 4, 30 Abs. 1 Nr. 4 OWiG (Zurechenbarkeit des Verhaltens zum Unternehmen); früher auch § 1 Abs. 2 Nr. 1 AZO (Nichtanwendbarkeit der Arbeitszeitordnung auf Generalbevollmächtigte) und § 80 Abs. 1 S. 2 AktG 1937 (Darlehen an leitende Angestellte).

[135] Vgl. *Geitzhaus* GmbHR 1989, 229; KK/*Mertens* § 78 RdNr. 74; *Joussen* WM 1994, 273, 275; tendenziell auch *Spitzbarth* S. 111.

[136] Vgl. den Holiday-Inn-Fall BGH ZIP 1982, 578 ff.; vgl. auch OLG Naumburg GmbHRdSch 1994, 556 (Rechtsanwalt als selbständiger Abwickler

für die Treuhand); vgl. auch *Martinek,* Moderne Vertragstypen, Bd. II, 1992, § 20 IV 2 (300), § 20 IV 3 c (306); *Huber* ZHR 152 (1988), 1, 11 ff.; 123, 146.

[137] Vgl. oben RdNr. 22 ff. sowie *Krebs* ZHR 159 (1995), 635, 637 ff.

[138] Näher *Krebs* ZHR 159 (1995), 635, 651 f.

[139] Zur (unzulässigen) Erteilung einer Generalvollmacht durch die Treuhand als Gesellschafter vgl. ohne Problembewußtsein OLG Naumburg GmbHRdSch 1994, 556 = DZWiR 1994, 473 m. krit. Anm. *Pawlowski* DZWiR 1994, 474, 475.

[140] *Joussen* WM 1994, 273, 274; *Spitzbarth* BB 1962, 851, 853; aA *U. Hübner* ZHR 143 (1979), 1, 8.

[141] *Huber* ZHR 152 (1988), 1, 14 Fn. 42, 24 f.; *Loos* BB 1963, 615; Scholz/*Schneider* GmbHG § 35 RdNr. 17; generell für Generalvollmachten *K. Schmidt* HandelsR § 16 II 1 (466); *Eder* GmbHR 1962, 225; aA *Spitzbart* S. 115 ff., 120.

[142] Vgl. näher § 49 RdNr. 24 ff.

ist, um so die Verantwortlichkeit der Leitungsorgane zu gewährleisten.[143] Diese Beschränkungen der Vertretungsmacht sind unabhängig von den Grenzen der Übertragung von Geschäftsführungskompetenzen.[144]

Mit einer „Generalvollmacht" sind **organschaftliche Vertretungsbefugnisse** regelmäßig 76 nicht gewollt.[145] Angesichts des offenen Begriffs und des im Rahmen von Betriebsführungsverträgen uä. beschränkten Zwecks solcher Vollmachten ist im Gegenteil grundsätzlich davon auszugehen, daß nur eine rechtsgeschäftliche Generalvollmacht ohne Befugnis zu den ausschließlich der gesetzlichen Vertretung vorbehaltenen Handlungen erteilt worden ist.[146] Im Rahmen eines Betriebsführungsvertrags wird man eine Generalvollmacht sogar grundsätzlich dahin auslegen müssen, daß sie – ähnlich wie § 54 Abs. 1 – grundsätzlich nur die Geschäfte erfaßt, die die Führung eines Betriebes eines solchen Gewerbes gewöhnlich mit sich bringt.[147] Denn mit der Betriebsführung wird grundsätzlich nur das laufende Management übertragen. Anders als bei der Prokura besteht weder ein Verkehrsschutzbedürfnis, das die Annahme eines weiteren Umfangs rechtfertigen könnte, noch eine entsprechende Verkehrsauffassung, die gemäß § 157 BGB zu berücksichtigen wäre. Möglich ist es jedoch, die Generalvollmacht an eine wirtschaftlich selbständige Person so weit zu fassen, so daß sie sich auch auf **ungewöhnliche Geschäfte** irgendeines anderen Gewerbes erstreckt. Die Beschränkungen der §§ 49 Abs. 2, 54 Abs. 2 gelten dann nicht.

Für die **Beendigung** der Generalvollmacht gelten ebenfalls die Regeln des BGB. So ist 77 insbesondere ein **Widerruf** grundsätzlich jederzeit ohne einen besonderen Grund zulässig (§ 168 S. 2 BGB). Auf das Widerrufsrecht **aus wichtigem Grund** kann nicht verzichtet werden.[148] Die Beschränkung einer Vollmacht auf den Widerruf aus wichtigem Grund ist nach allgemeinen Grundsätzen unzulässig, wenn der Vertreter kein eigenes Interesse an der Vollmacht hat.[149] Eine Einschränkung der Widerruflichkeit einer Generalvollmacht wird im BGB grundsätzlich als unzulässig angesehen.[150] Der BGH[151] hat dagegen – allerdings ohne Problematisierung – eine zeitlich befristete unwiderrufliche Vollmacht zugelassen, sofern die Befristung nicht zu einer übermäßigen wirtschaftlichen Bindung führt.[152] Dem ist für die Betriebsführungsverträge zuzustimmen, soweit, wie meist, letztlich keine unbeschränkte Generalvollmacht vorliegt, sondern die Vollmacht durch die Aufgaben der laufenden Betriebsführung begrenzt wird. Besonders problematisch ist die Zulässigkeit von **Betriebsführungsverträgen mit dem herrschenden Unternehmen** iSd. Konzernrechts.[153] Eine Unzulässigkeit berührt jedoch grundsätzlich nicht die Wirksamkeit der Generalvollmacht.[154]

3. Generalvollmacht an hierarchisch eingegliederte Personen. Die praktisch wichtig- 78 ste, insbesondere bei Großunternehmen verbreitete Form der Generalvollmacht ist die Generalvollmacht an Personen, die in das Unternehmen eingegliedert sind und aus ihm

---

[143] Zur Konkretisierung vgl. § 49 RdNr. 9, 50; aA für Handelsregisteranmeldungen *U. Hübner* ZHR 143 (1979), 1, 22.

[144] Vgl. dazu näher BGH ZIP 1982, 578, 581 ff. (Holyday-Inn).

[145] AA BGH NJW 1977, 199 f.; wohl auch Rowedder/*Koppensteiner* GmbHG § 35 RdNr. 9; wie hier zu Recht OLG Naumburg GmbHR 1994, 556 m. Anm. *Pawlowski* DZWiR 1994, 474, 475.

[146] Vgl. *K. Schmidt* HandelsR § 16 II 1 b (466).

[147] Vgl. auch den Betriebsführungsvertrag im Fall Holiday-Inn, wiedergegeben bei BGH ZIP 1982, 578, 579.

[148] BGH WM 1969, 1009; Soergel/*Leptien* § 168 RdNr. 26; Staudinger/*Dilcher* § 168 RdNr. 14; *Larenz* AT § 31 III b (625).

[149] BGHZ 3, 354, 358 = NJW 1952, 178; BGH WM 1971, 956; Soergel/*Leptien* § 168 RdNr. 22; Staudinger/*Dilcher* § 168 RdNr. 8; zu den Anforderungen an das Interesse des Vertreters näher § 54 RdNr. 56.

[150] Staudinger/*Dilcher* § 168 RdNr. 9; Erman/*Brox* § 168 RdNr. 18.

[151] Vgl. BGH ZIP 1982, 578, 584 – Holiday-Inn.

[152] 50 Jahre übermäßig lang, 20 Jahre nicht.

[153] Näher *Huber* ZHR 152 (1988), 123, 128 ff.

[154] Im Ausgangspunkt anders, aber mit sehr ähnlichen Ergebnissen *Huber* ZHR 152 (1988), 123, 146 f.

heraus handeln. Nur auf diese meist unmittelbar unter den gesetzlichen Vertretern angesiedelten Personen beziehen sich gesetzliche Regelungen.[155]

79   **a) Zulässigkeit.** Die Zulässigkeit der Generalvollmacht an hierarchisch eingegliederte Personen wird, vor allem im Hinblick darauf, daß eine „Generalvollmacht" begrifflich angeblich auch Vertretungshandlungen einschließe, die **den gesetzlichen Vertretern** vorbehalten sind, bezweifelt, weil derartige Handlungen nicht Inhalt einer rechtsgeschäftlichen Vertretungsmacht sein dürften.[156] Jedoch ist nicht erkennbar, weshalb eine Unzulässigkeit der Vertretungsmacht für diese Handlungen der Zulässigkeit der Generalvollmacht generell entgegenstehen könnte. Zumindest dann, wenn eine solche Vollmacht ausdrücklich nicht die den gesetzlichen Vertretern vorbehaltenen Handlungen erfaßt, kann es insoweit kein Zulässigkeitsbedenken geben. Die **Einordnung** dieser Form **der Generalvollmacht an Unternehmensinterne** als BGB-Vollmacht,[157] Prokura, (qualifizierte) Generalhandlungsvollmacht[158] oder rechtsfortbildend geschaffene neue Art der handelsrechtlichen Vollmacht beeinflußt zwar die inhaltlichen Zulässigkeitsgrenzen, kann aber ebenfalls nicht zur generellen Unzulässigkeit der Vollmacht führen.

80   Es bestehen jedoch spezielle **Unzulässigkeitsgründe für Einzelfälle.** So kann weder dem Inhaber, noch einem gesetzlichen Vertreter Generalvollmacht erteilt werden.[159] Bei einzelvertretungsberechtigten gesetzlichen Vertretern besteht kein funktionales Bedürfnis für eine parallele Generalvollmacht (zum Funktionalitätsgebot vgl. RdNr. 32 ff.). Bei Gesamtvertretern wäre eine Generalvollmacht funktionswidrig, da es dem gesetzlichen Vertreter nicht zur Wahl stehen darf, ob er als gesetzlicher oder als rechtsgeschäftlicher Vertreter auftritt.[160] Erst recht gilt dies bei Erteilung der Generalvollmacht durch einen gesamtvertretungsberechtigten gesetzlichen Vertreter an den anderen.[161] Unzulässig ist eine Generalvollmacht an Aufsichtsratmitglieder, soweit auch eine Prokura und eine einfache Generalhandlungsvollmacht unzulässig sind (näher § 48 RdNr. 39).

81   **b) Einordnung in das gesetzliche Vollmachtssystem.** Richtiger Ansicht nach ist die Generalvollmacht an hierarchisch eingegliederte, aus dem Unternehmen heraus handelnde Personen **notwendig** eine **qualifizierte Art der Generalhandlungsvollmacht.**[162] Sie ist **keine Prokura:**[163] Sie fällt weder unter die Definition der Prokura, noch erfüllt sie die zwingende Voraussetzung einer ausdrücklichen Prokuraerteilung. Auch eine rechtsfortbildende Zuordnung zur Prokura läßt sich nicht rechtfertigen.

82   Eine einfache **BGB-Vollmacht** liegt ebenfalls **nicht** vor. Denn entgegen wohl hM[164] hält das Gesetz für handelsrechtliche Vollmachten an Unternehmenangehörige ausschließlich Prokura und Handlungsvollmacht bereit.[165] Dies folgt aus der Beschränkung der §§ 48 ff. auf **Vollmachten aus dem Unternehmen heraus.** Vor allem aber definiert **§ 54 Abs. 1** jede Vollmacht, die einem Unternehmensangehörigen erteilt wird und sich, ohne

---

155 Vgl. § 5 Abs. 3 Nr. 2 BetrVG 1972, § 22 Abs. 2 Nr. 3 ArbGG, § 16 Abs. 4 Nr. 4 SGG, § 9 Nr. 1 ArbErlVO; früher auch § 1 Abs. 2 Nr. 2 AZO, § 80 Abs. 1 S. 2 AktG 1937.
156 So BGH NJW 1977, 199 f.; vgl. auch KG NJW-RR 1992, 34.
157 *Spitzbarth* S. 112; Baumbach/*Hopt* vor § 48 RdNr. 2; Heymann/*Sonnenschein*/*Weitemeyer* § 54 RdNr. 16; für Österreich: *Holzhammer,* Allgemeines Handelsrecht und Wertpapierrecht, 5. Aufl. 1994, XI D 1.
158 So *K. Schmidt* HandelsR § 16 II 1 (466); wohl auch *Roth,* Handels- und Gesellschaftsrecht, § 28, 2 b (303).
159 Für die parallele Problematik der Unzulässigkeit einer Prokura vgl. § 48 RdNr. 29 ff.
160 Vgl. BGHZ 64, 72, 75 = NJW 1975, 1117; näher RdNr. 36 ff., § 48 RdNr. 31 f.

161 BGHZ 34, 27, 31 = NJW 1961, 506; vgl. schon RG JW 1912, 526, 527; vgl. auch § 48 RdNr. 99.
162 Näher *Krebs* ZHR 159 (1995), 635, 653 ff.; tendenziell ebenso BGH BB 1988, 92 f.; *K. Schmidt* HandelsR § 16 II 1 (466) (erweiterte Generalhandlungsvollmacht); *Roth,* Handels- und Gesellschaftsrecht, § 28, 2 b (303); so auch bereits *Patschovsky* DR 1943, 607.
163 So auch nicht *U. Hübner* ZHR 143 (1979), 1, 21, der lediglich annimmt, eine Prokura sei in der Generalvollmacht zugleich mit enthalten.
164 Vgl. *Geitzhaus* GmbHR 1989, 229, 232; *U. Hübner* ZHR 143 (1979), 1, 7; *Joussen* WM 1994, 273, 274; GK-HGB/*Nickel* vor § 48 RdNr. 29; wie hier *Brüggemann* JA 1977, 500, 502; vgl. auch GroßkommHGB/*Würdinger* vor §§ 48 ff. 1. Absatz.
165 Vgl. ausführlich RdNr. 29 ff.

Prokura zu sein, auf das Handelsgewerbe bezieht, als Handlungsvollmacht: Spezialvollmacht, Arthandlungsvollmacht und Vollmacht zum Betrieb des Handelsgewerbes (Generalhandlungsvollmacht) lassen insoweit **keine Lücke**. Allenfalls die zu einer einmaligen Handlung berechtigende reine Einzelvollmacht könnte unter Umständen als außerhalb der Spezialvollmacht des § 54 Abs. 1 liegende BGB-Vollmacht verstanden werden (teleologische Reduktion).[166] Aber auch dies würde nichts daran ändern, daß § 54 Abs. 1 schon seinem Wortlaut nach zumindest alle nicht völlig vereinzelten Vollmachten für aus dem Unternehmen heraus handelnde Vertreter erfaßt.

Die gleichzeitige **generelle Zulassung von BGB-Vollmachten neben den handels-** **83** **rechtlichen Vollmachten der §§ 48 ff.** ist nicht zu rechtfertigen. Im Gegenteil gebietet der mit den §§ 48 ff. bezweckte Verkehrsschutz (vgl. zB § 56), grundsätzlich keine BGB-Vollmachten für eine Vertretung des Unternehmens durch Unternehmensangehörige zuzulassen. Einzig die Generalvollmacht im Wege der Rechtsfortbildung hiervon auszunehmen, bedeutete einen Systembruch bei der Abgrenzung von handelsrechtlicher und BGB-Vollmacht. Demgegenüber entspräche sogar die Zulassung der Generalvollmacht als neue handelsrechtliche Vollmacht neben Prokura und Handlungsvollmacht, sofern sich überhaupt eine Rechtsfortbildung rechtfertigen ließe, eher noch dem System.

Der **Gesetzgeber** hat die **Generalvollmacht nicht** bereits an anderer Stelle **als eigen-** **84** **ständige handelsrechtliche Vollmachtsart zugelassen:**[167] § 5 Abs. 3 Nr. 2 BetrVG 72 stellt allein darauf ab, ob jemand nach Arbeitsvertrag und Stellung im Unternehmen Generalvollmacht hat und bezieht sich damit erkennbar auf die hierarchische Position des „Generalbevollmächtigten", ohne eine Entscheidung über eine eigenständige Vollmachtskategorie „Generalvollmacht" zu treffen. Letzeres gilt ebenso für die anderen Normen, die an der hierarchischen Stellung anknüpfen.[168] § 173 ZPO geht zwar von der Vollmacht aus, ist aber gerade nicht handelsrechtlich orientiert.[169]

Eine **richterrechtliche Erweiterung** des **gesetzlichen numerus clausus der handels-** **85** **rechtlichen Vollmachten** um eine „Generalvollmacht" läßt sich nicht mit einem dringenden Verkehrsinteresse (Existenz von Generalbevollmächtigten in der Praxis) rechtfertigen.[170] Das Bedürfnis nach der Generalvollmacht ist primär auf die hierarchische Position gerichtet und erfordert keine Generalvollmacht als eigenständige handelsrechtliche Vollmachtsart. Angesichts der Weite der Prokura und der Gestaltungsmöglichkeiten der Generalhandlungsvollmacht ergäbe sich allenfalls ein Bedürfnis nach einer Vertretung bei Handlungen, die den gesetzlichen Vertretern vorbehalten und auch Prokuristen verwehrt sind.[171] Gerade für diesen Bereich ist jedoch eine rechtsfortbildende Zulassung der Generalvollmacht unzulässig. Denn die ausschließliche Zuordnung dieser Handlungen zu den gesetzlichen Vertretern rechtfertigt sich mit ihrer besonderen Bedeutung für das Unternehmen, für die Geschäftspartner und die Allgemeinheit, die auch in besonderen Haftungsregelungen zum Ausdruck kommt. Insbesondere diese sind unverzichtbar: Ein Generalbevollmächtigter darf **nicht** als „**haftungsfreier Geschäftsführer**" agieren.

Auch andere über die Grenzen der Prokura hinausgehende Erweiterungen der Vertre- **86** tung sind nicht zu rechtfertigen. Die Gründe, die bei der Prokura zB gegen eine generelle Zulassung einer Vertretung bei Grundlagengeschäften und der zugehörigen Registeranmeldung sprechen, gelten für eine neue Vertretungsform entsprechend (vgl. auch die folgende RdNr.).

---

166 Vgl. § 54 RdNr. 14.
167 AA *Spitzbarth* S. 122.
168 Vgl. § 22 Abs. 2 Nr. 3 ArbGG, § 16 Abs. 4 S. 4 SGG, § 9 Abs. 1 ArberlVO; §§ 29 Abs. 1 Nr. 4, 30 Abs. 1 Nr. 4 OWiG; sowie früher § 1 Abs. 2 Nr. 1 AZO, § 80 Abs. 1 S. 2 AktG 37.
169 Vgl. die Gegenüberstellung von Prokura für den Bereich des Handelsrechts und die General-

vollmacht für den Privatbereich in dieser Norm. Eine andere Deutung kommt schon deshalb nicht in Betracht, weil es die handelsrechtliche Generalvollmacht noch nicht gab.
170 AA *Spitzbarth* S. 121.
171 Vgl. *Geitzhaus* GmbHR 1989, 229 ff.; *Spitzbarth* S. 115 ff.

87   **c) Umfang der Generalvollmacht.** Die Generalvollmacht an Unternehmenangehörige darf sich **nicht** auf **den gesetzlichen Vertretern vorbehaltene höchstpersönliche Handlungen und organschaftliche Vertretungsakte** erstrecken.[172] Für die organschaftlichen Handlungen ergibt sich dies aus einer besonderen Pflichtenbindung zum Schutz des Unternehmens und seiner Gläubiger sowie aus einer besonderen öffentlich-rechtlichen Pflichtenbindung, die für diese Handlungen erforderlich ist und die nur gesetzliche Vertreter und nicht Generalbevollmächtigte erfaßt. Die für die Unzulässigkeit organschaftlicher Vertretungsmacht für unternehmensangehörige Generalbevollmächtigte angeführten Gründe gelten gleichermaßen für wirtschaftlich selbständige Generalbevollmächtigte (zB im Rahmen eines Betriebsführungsvertrages) und Prokuristen. Auf die Abgrenzung im Bereich der Prokura wird Bezug genommen.[173] Generalbevollmächtigte können daher auch keine Prokura erteilen, keinen Konkursantrag stellen[174] und in Grundlagenangelegenheiten keine Anmeldungen zum Handelsregister tätigen.[175]

88   Der zulässige **Umfang der Generalvollmacht an Unternehmensangehörige** wird durch die **Einordnung als spezielle Generalhandlungsvollmacht** näher bestimmt: Ohne abweichende Vereinbarung hat die Generalhandlungsvollmacht den in § 54 Abs. 1 festgelegten Umfang, erfaßt also keine besonders gefährlichen (§ 54 Abs. 2), keine ungewöhnlichen und keine Geschäfte aus anderen Branchen. Von diesen Beschränkungen kann der Vertreter befreit werden (§ 54 Abs. 2), was bei der Generalvollmacht durch die Bezeichnung als solche geschieht.[176] Die Generalhandlungsvollmacht kann wohl auch mit einer umfassenderen, dem Umfang einer erweiterten Prokura (§ 49 Abs. 2) entsprechenden Vertretungsmacht ausgestattet werden.[177] Eine darüber hinausgehende Vertretungsmacht kann jedoch nicht erteilt werden.[178] § 49 Abs. 2 beschreibt ein Maximum an handelsrechtlicher Vertretungsmacht. Umfangsregeln, die zwar für die Prokura, nicht aber für die Generalhandlungsvollmacht eine Obergrenze beinhalten, widersprächen dem Stufenverhältnis von Prokura und der Handlungsvollmacht als „kleiner Prokura".

89   Vorbehaltlich von Einschränkungen hat die einem Unternehmensangehörigen erteilte Generalvollmacht den höchstzulässigen Umfang der Vertretungsmacht einer Generalhandlungsvollmacht. Dem entspricht die allgemein übliche und in § 5 Abs. 3 Nr. 2 BetrVG vorausgesetzte hierarchische Ansiedlung des Generalbevollmächtigten über dem Prokuristen, die bei der Vollmachtserteilung im Rahmen des Empfängerhorizontes berücksichtigt werden kann. Auch die Bezeichnung „Generalvollmacht" deutet auf eine weitestgehende Vollmacht hin, die auch die Befugnis zur Veräußerung und Belastung von Grundstücken beinhaltet. Aus der hierarchischen Stellung, also der grundsätzlich unternehmensbezogenen Kompetenz des Generalbevollmächtigten und der Einordnung als Handlungsvollmacht, folgt auch für die vom Einzelkaufmann erteilte Generalvollmacht, daß die Generalvoll-

---

[172] Vgl. BGHZ 34, 27, 31 = NJW 1961, 506; BGH NJW 1977, 199; WM 1978, 1047, 1048; KG NJW-RR 1992, 34 f.; *Eder* GmbHR 1962, 225, 227 f.; Heymann/*Sonnenschein/Weitemeyer* § 54 RdNr. 16; *K. Schmidt* HandelsR § 16 II 1 b (466); Baumbach/*Hopt* vor § 48 RdNr. 2; aA *Loos* BB 1963, 615, 617; *Spitzbarth* S. 111 ff., 120 f.; differenzierend *U. Hübner* ZHR 143 (1979), 1, 4; *Geitzhaus* GmbHR 1989, 229, 234.

[173] Vgl. § 49 RdNr. 23 ff.

[174] Vgl. bereits KG JR 1950, 343; Scholz/*Schmidt* GmbHG § 35 RdNr. 19; aA *U. Hübner* ZHR 143 (1979), 1, 4, 22; *Joussen* WM 1994, 273; *Geitzhaus* GmbHR 1989, 229, 233.

[175] KG KGJ 48 A 130; *Eder* GmbHR 1962, 225, 226; AA Staub/*Joost* § 49 RdNr. 48; *U. Hübner* ZHR 143 (1979), 1, 4; *Geitzhaus* GmbHR 1989, 229, 233.

[176] Vgl. *Flume,* Allgemeiner Teil, Juristische Person, § 10 II 2 c (367).

[177] So schon *von Hahn,* Kommentar zum ADHGB, 4. Aufl. 1894, Art. 47 § 8; *Puchelt,* Kommentar zum ADHGB, 3. Aufl. 1882, Art. 47 Anm. 8; *Lutter/Hommelhoff* GmbHG § 35 RdNr. 1; *K. Schmidt* HandelsR § 16 II 1 (466): für Generalvollmacht als erweiterte Generalhandlungsvollmacht; obiter dictum möglicherweise auch BGHZ 36, 292, 295 = NJW 1962, 738.

[178] AA ohne Konkretisierung BGHZ 36, 292, 295 = NJW 1962, 738 obiter dictum; *K. Schmidt* HandelsR § 16 II 1 b (466); *Roth,* Handels- und Gesellschaftsrecht, § 28, 2 b (303); *Eder* GmbHR 1962, 225; Schlegelberger/*Martens* § 116 RdNr. 34.

macht an Unternehmensangehörige eine Bevollmächtigung für Privatangelegenheiten nicht umfaßt. Eine entsprechende zusätzliche Vollmacht als BGB-Vollmacht ist zulässig.

Da es sich nicht um ein fest definiertes Institut handelt, ist die **Generalvollmacht mit** 90 **beliebigen Einschränkungen** erteilbar. Soweit der nach § 54 Abs. 1 bestehende Umfang eingeschränkt wird, ist § 54 Abs. 3 anwendbar. Im übrigen wird der Rechtsverkehr nur bei einer Außenvollmacht, im Rahmen der Auslegung gemäß § 157 BGB oder – bei einer kundgemachten Innenvollmacht – innerhalb des durch die Bekanntmachung erzeugten Rechtsscheins geschützt.

d) Erteilung und Erlöschen der Generalvollmacht. Auf die Generalvollmacht als spe- 91 zieller Generalhandlungsvollmacht finden hinsichtlich des Erteilungsberechtigten und der Person des Generalbevollmächtigten, der Erteilung, der Widerruflichkeit[179] und des Erlöschens sowie der Vereinbarkeit mit anderen Rechtspositionen **alle für die Generalhandlungsvollmacht geltenden Regelungen** Anwendung (näher § 54 RdNr. 46 ff.). Die Erteilung einer solchen Generalvollmacht an juristische Personen ist unzulässig; denn nur eine **natürliche Person** kann in ein Unternehmen hierarchisch eingeordnet sein und aus ihm heraus handeln. Die Generalvollmacht kann auch **stillschweigend** erteilt werden.[180] Dies führt zwar zu gewissen Spannungen mit der von § 48 Abs. 1 verlangten Ausdrücklichkeit der Prokuraerteilung. Diese beruhen jedoch auf der Entscheidung des Gesetzgebers, die Erteilung und Erweiterung der Generalhandlungsvollmacht auch stillschweigend zuzulassen. Außerdem läßt sich der Unterschied damit rechtfertigen, daß nur die Prokura (Eintragungspflicht, fester Umfang, Ausdrücklichkeit von Erteilung und Widerruf) auf ein Maximum an Rechtssicherheit ausgerichtet ist.

VI. Rechtsbeziehung Vertreter – Dritter

1. Grundsatz. Grundsätzlich treffen außerhalb des Deliktrechts allein den Vertretenen 92 die Rechtswirkungen der Verhandlungen zwischen dem Vertreter und dem Dritten (§ 278 BGB). Der Vertreter selbst hat daher grundsätzlich keine außerdeliktischen Pflichten gegenüber dem Dritten. Generelle Voraussetzung hierfür ist allerdings, daß der Vertreter im Rahmen seiner Vertretungsmacht handelt. Überschreitet er diese, ist er dem Dritten, soweit er voll geschäftsfähig ist, gemäß § 179 BGB zum Schadensersatz verpflichtet (zum Wahlrecht zwischen § 179 BGB und einem Vorgehen aus einer Anscheinsvollmacht vgl. RdNr. 56). Der Vertreter kann rechtsgeschäftlich auch persönliche Pflichten gegenüber dem Dritten übernehmen. Bei der Annahme einer stillschweigenden persönlichen Verpflichtung ist allerdings äußerste Zurückhaltung geboten, da grundsätzlich alle Erklärungen des Vertreters im Namen des Vertretenen und nicht im Namen des Vertreters abgegeben werden. Neben der rechtsgeschäftlichen Pflichtübernahme gibt es noch weitere – ungeschriebene – Fälle, in denen der Vertreter dem Dritten unmittelbar außerdeliktisch verantwortlich ist.

2. Rechtsschein unbeschränkter Haftung. Erweckt der Vertreter den Eindruck, der 93 Inhaber des Unternehmens hafte unbeschränkt, und veranlaßt dies den **Gutgläubigen** (nicht fahrlässigen) Dritten zu einer **Vermögensdisposition** (zB Vertragsschluß), so haftet der Vertreter für das Fehlen der unbeschränkten Haftung des Inhabers. Hauptanwendungsfall ist ein Auftreten unter einer **Firma ohne** einen für die GmbH in § 4 Abs. 2 GmbHG vorgeschriebenen, die **Haftungsbeschränkung offenbarenden Zusatz.**[181] Der Vertreter ist

[179] AA *U. Hübner* ZHR 143 (1979), 1, 8; *Spitzbarth* BB 1962, 851, 853.
[180] *Joussen* WM 1994, 273, 274, 279; *Spitzbarth* BB 1962, 851, 853; aA *U. Hübner* ZHR 143 (1979), 1, 8.
[181] BGHZ 62, 216, 222 f. = NJW 1974, 1191; BGHZ 64, 11, 16 ff. = NJW 1975, 1166; BGH

NJW 1981, 2569, 2570; WM 1990, 600, 602; NJW 1990, 2678; sehr bedenkliche Erstreckung dieses Grundsatzes auf ein Auftreten als GmbH, wenn in Wahrheit eine französische SaRL mit niedrigerem Mindeststammkapital vorliegt, durch LG Karlsruhe ZIP 1995, 1818, 1819 f.

allerdings **nicht** schon **bei mündlichen Geschäftsabschlüssen** zur Angabe der Haftungsbeschränkung verpflichtet,[182] da dies den Geschäftsverkehr unnötig in der allgemein üblichen Verwendung von mündlichen Firmenkurzbezeichnungen behindern würde. Dementsprechend verlangt das Gesetz (vgl. §§ 35 Abs. 3, 35 a GmbHG) die Pflichtangaben nur für **Geschäftsbriefe**. Wird der Eindruck der unbeschränkten Haftung erst nach Vertragsabschluß durch entsprechende schriftliche (auch Fax) Firmierung erweckt, kommt eine Haftung nur bei einer nachträglichen Vertrauensdisposition, zB einer unterlassenen Geltendmachung der fälligen Forderung, in Betracht. Die Haftung des Vertreters tritt nach Ansicht der Rechtsprechung kumulativ neben die des Inhabers des Unternehmens. Dem Vertreter soll bei Inanspruchnahme nur der Regreß gegen den Inhaber bleiben.[183] Dies ist problematisch, da nicht der Rechtsschein von zwei Haftenden, sondern eines unbeschränkt Haftenden erweckt wird. Daher wäre es konsequent, den Vertreter nur bei Insolvenz des Vertretenen, also subsidiär, haften zu lassen.

94 **3. c.i.c.-Eigenhaftung bei Inanspruchnahme von besonderem persönlichen Vertrauen.** Weitgehend anerkannt ist, daß der Vertreter für sein Verhandlungsverschulden neben dem Vertretenen persönlich aus c.i.c. haftet, wenn er ein besonderes persönliches Vertrauen in seine Person und Sorgfalt weckt.[184] Das gewährte und in Anspruch genommene Vertrauen begründet eine **Sonderverbindung zwischen Vertreter und Drittem**, innerhalb derer der Vertreter für Sorgfaltspflichtverletzungen persönlich einstehen muß.

95 Problematisch sind die Voraussetzungen der persönlichen Pflichtenübernahme. Insbesondere die schlagwortartige **Voraussetzung des persönlichen Vertrauen**s war in der Vergangenheit anfällig für eine Betrachtung allein aus Sicht des Geschäftspartners, was teilweise zu einer sehr weiten Ausdehnung dieser Haftungsgrundlage führte.[185] Die Rechtsprechung legt sich bis heute außerhalb bestimmter Fallgruppen nicht eindeutig fest, warum und wann ein persönliches Vertrauen eine Schutzpflicht des Vertreters soll begründen können. Einer solchen Begründung bedarf es aber, da auch ein Vertrauen in den Vertreter grundsätzlich einem Erfüllungsgehilfen gilt und damit ohne Vertreterhaftung dem Vertretenen zuzurechnen ist.

96 Unproblematisch wäre es, wenn man den **Rechtsschein eines Garantievertrages** seitens des Vertreters verlangen würde.[186] Es ist auch noch gut zu rechtfertigen, daß der Vertreter, der seine Vertreterrolle verläßt, sich ganz generell insoweit nicht auf seine Vertreterrolle und die Zurechnung zum Vertretenen berufen kann. In letzter Konsequenz würde dies allerdings bedeuten, daß in diesen Fällen entgegen der Rechtsprechung der Vertretene nicht haften dürfte, wenn der Vertreter außerhalb seiner Vertreterrolle einen eigenhändigen Sorgfaltsverstoß begeht. Zumindest ist zu fordern, daß der Vertreter bewußt ein **Vertrauen in sich** als natürliche Person **erzeugt** oder ein **bestehendes** außerrechtsgeschäftliches persönliches **Vertrauen** für den Abschluß des Vertretergeschäfts ausnutzt. Die neuere Rechtsprechung hat sich nach früher großzügiger Haftungsbejahung dieser hier vertretenen Linie in den Ergebnissen angenähert.[187]

97 Für ein persönliches **Vertrauen aufgrund Verwandtschafts- oder Bekanntschaftsverhältnisses** bedeutet dies, daß es nur dann persönliche Pflichten erzeugen kann, wenn es zumindest konkludent für eine Vertrauenswerbung für das Vertretergeschäft genutzt

---

[182] BGH NJW 1981, 2569, 2570.
[183] Vgl. BGH WM 1990, 600, 602 mit Nachweisen.
[184] Vgl. BGHZ 70, 337 = NJW 1978, 1374; WM 1981, 877; NJW-RR 1988, 615; NJW-RR 1989, 110; BGH NJW 1990, 389; OLG WBl 1994, 378; grundlegend für die Rechtfertigung *Ballerstedt* AcP 151 (1950/51), 501 ff., 521; vgl. auch Soergel/*Wiedemann* vor § 275 RdNr. 228; MünchKommBGB/*Emmerich* vor § 275 RdNr. 175 ff., 181.

[185] Vgl. BGHZ 14, 313, 318 = NJW 1954, 1925; BGH MDR 1959, 187; BGHZ 87, 27, 33 = NJW 1983, 1607; OLG Düsseldorf OLGZ 1978, 317.
[186] Vgl. BGH NJW 1993, 2933: Vorfeld eines Garantievertrages.
[187] Vgl. BGH NJW-RR 1988, 615, 616; NJW-RR 1989, 110, 111 f.; NJW-RR 1991, 1241, 1242; NJW-RR 1992, 650; vgl. auch *Medicus* GmbHR 1993, 533, 537; MünchKommBGB/*Emmerich* vor § 275 RdNr. 180 f.

wird.[188] Besteht noch kein persönliches Vertrauen in die Person des Vertreters, so bedeutet dies, daß ein Werben des Vertreters mit seinen besonderen Kenntnissen, Fähigkeiten oder seiner Seriosität grundsätzlich nur ein Werben mit der Qualität der Mitarbeiter des Vertretenen ist und daher nicht für eine persönliche Sorgfaltshaftung des Vertreters ausreicht, es sei denn der Vertreter betont gerade seine **Unparteilichkeit** im Verhältnis des Vertretenen zum Dritten.

Ein Unterfall ist die **c.i.c.-Eigenhaftung aufgrund besonderer beruflicher Stellung,**[189] **98** die nicht mit den Überlegungen zu einer ganz allgemeinen Berufshaftung zu verwechseln ist. Mit besonderen Berufen (Anwälte, Notare, Wirtschaftsprüfer, Sachverständige, Kunstauktionatoren, freie Makler) ist – teilweise auch aufgrund öffentlich-rechtlicher Vorgaben – generell ein Bild der **Unabhängigkeit,** zumindest der nicht rein einseitigen Tätigkeit, verbunden. Beruft sich ein Angehöriger eines solchen Berufs, der als Vertreter auftritt, auf diesen Beruf und damit konkludent auf seine **zumindest partielle Neutralität,** ist er persönlich für seine Sorgfaltspflichtverletzung in diesem Zusammenhang verantwortlich. Denn hiermit verläßt er das Lager des Vertretenen. Er ist dagegen nicht schon allein aufgrund seines Auftretens als Vertreter persönlich verantwortlich.[190] Besonders hoch sind die Anforderungen für eine Annahme, der Vertreter berufe sich auf seine berufliche Unabhängigkeit und begründe damit ein persönliches, eine Sorgfaltspflicht erzeugendes Vertrauen, wenn er zwar Angehöriger einer grundsätzlich zur Neutralität verpflichteten Berufsgruppe ist, aber als **abhängiger Angestellte**r (zB Syndikusanwalt) **des Vertretenen** tätig wird.

Ein für sich nicht ausreichendes **persönliches Vertrauen** kann **nicht** durch eine **Kombi-** **99** **nation mit** einem für sich ebenfalls nicht ausreichenden **wirtschaftlichen Eigeninteresse** (vgl. dazu RdNr. 101 ff.) eine Sorgfaltspflicht begründen.[191] Ebenso ist ein solches **wirtschaftliches Eigeninteresse kein Indiz** für ein besonderes persönliches Vertrauen.[192] Es ist eher Anlaß für ein Mißtrauen in die Sorgfalt des Vertreters.

Allgemein wird für die c.i.c. wegen besonderen persönlichen Vertrauens **Gutgläubigkeit** **100** **des Dritten** verlangt.[193] Soweit es um ein Vertrauen in die inhaltliche Richtigkeit der Erklärungen des Vertreters geht, ist dies einleuchtend. Da dies den Bereich der Sorgfaltspflichtverletzung betrifft, ist § 254 anwendbar. Nicht unproblematisch ist die Voraussetzung der Gutgläubigkeit, soweit es um die Entstehung der pflichtenerzeugenden Sonderverbindung geht, da für diese nicht der **Rechtsschein einer Garantieerklärung oder** ein anderer echter **Unterfall des Vertrauensschutzprinzips** verlangt wird und ein allgemeiner Grundsatz, daß Sonderverbindungen nur bei individuellem Vertrauen entstehen, nicht existiert. Insbesondere dann, wenn man konsequent den Vertretenen für einen Vertreter, der seine Vertreterposition verläßt, nicht haften lassen würde, dürfte es auf die Gutgläubigkeit hinsichtlich der Person des Haftenden nicht ankommen.

4. c.i.c.-Eigenhaftung wegen eines besonderen persönlichen Eigeninteresses. Ob- **101** wohl diese Rechtsfigur bereits vom RG[194] geschaffen und auch umfangreich praktiziert wurde, ist bis hinein in den BGH[195] nicht einmal die Existenz des Instituts anerkannt.[196]

[188] Vgl. BGH DB 1990, 2313, 2314; großzügiger noch BGHZ 87, 27, 33 = NJW 1983, 1607.
[189] Vgl. nur Soergel/*Wiedemann* vor § 275 RdNr. 228, 230; MünchKommBGB/*Emmerich* vor § 275 RdNr. 185.
[190] Vgl. BGH NJW 1989, 293 Anwalt; Baumbach/*Hopt* vor § 48 RdNr. 9.
[191] BGH DB 1992, 1131, 1132.
[192] So aber *Medicus,* Festschrift für Steindorff, 1990, S. 725, 737.
[193] Vgl. BGH WM 1987, 169, 179; WM 1978, 1092, 1093; WM 1981, 876, 878.
[194] RGZ 120, 249, 252; vgl. auch RGZ 132, 76, 81; 143, 219, 222; 159, 33, 35.
[195] Vgl. die Rechtsprechung des 2. Senats: BGH

NJW 1981, 2810; WM 1985, 384, 385; NJW 1986, 3193; NJW-RR 1992, 1061; ZIP 1993, 763, 765; NJW 1994, 2220.
[196] Aus der Lehre kritisch vgl. nur Hachenburg/*Ulmer* GmbHG § 64 RdNr. 72; Soergel/*Wiedemann* vor § 275 RdNr. 227; *Medicus,* Festschrift für Steindorff, 1990, S. 725, 732; *Grunewald* ZGR 1986, 580, 584 ff.; *Steininger,* Die Haftung des Geschäftsführers und/oder des Gesellschafters-Geschäftsführers aus culpa in contrahendo bei wirtschaftlicher Bedrängnis der Gesellschaft mbH, 1986, S. 76 f.; *Canaris* VersR 1965, 114, 118, anders inzwischen *ders.,* Festschrift für Giger, 1989, S. 91 ff., *ders.* JZ 1993, 649, 650; für Haftung zB auch *Flume* ZIP 1994, 337, 338.

102   Weitgehend akzeptierter **Ausgangspunkt** waren Fälle, in denen nicht der Vertretene, sondern an seiner Stelle nur der Vertreter das wirtschaftliche Interesse am Vertragsschluß hatte (**faktischer Rollentausch**).[197] Man spricht insoweit auch von einem **Vertreter in eigener Sache (procurator in rem suam)**. Diese Fälle lassen sich isoliert unter Durchgriffsgesichtspunkten rechtfertigen. Für die später erfolgte Ausdehnung der Verantwortlichkeit wegen wirtschaftlichen Eigeninteresses gibt es jedoch keine Rechtfertigung.

103   Zeitweise ließ die überwiegende Rechtsprechung ein schwer zu konkretisierendes unmittelbares Interesse des Vertreters ausreichen. Trotz § 13 Abs. 2 GmbHG sollte sogar die maßgebliche Beteiligung an einer GmbH (**Gesellschafter-Geschäftsführer**) hinreichend sein.[198] Selbst damals wurde allerdings das **Provisionsinteresse** eines Vertreters[199] und das **Interesse eines Prokuristen** am Gedeihen seiner Firma[200] nicht als ausreichend angesehen.

104   1985[201] wurde die Rechtsprechung im wesentlichen auf drei Fallgruppen begrenzt: a) Unbeschränkte Bürgschaft oder andere Form der persönlichen Haftung des Vertreters für die Verbindlichkeiten des Vertretenen;[202] b) eine Vertretertätigkeit, die unmittelbar auf die Beseitigung eines sonst vom Vertreter dem Vertretenen zu leistenden Schadensersatzes zielt;[203] c) bei Vertragsschluß bestehende Absicht des Vertreters, die Leistung des Vertragspartners rechtswidrig sich selbst zuzuführen.

105   Die erstgenannte Fallgruppe wurde 1994 vom 2. Senat[204] nach Anfrage bei den anderen Senaten[205] aufgegeben. Es ist zu wünschen, daß die Rechtsprechung konsequent zu den Voraussetzungen des RG zurückkehrt.[206] In allen anderen genannten Fällen besteht zwar möglicherweise aufgrund der Interessenlage eine höhere Wahrscheinlichkeit für eine Sorgfaltswidrigkeit des Vertreters. Doch dies ist für eine Begründung einer unmittelbaren außerdeliktischen Haftung des Vertreters nicht ausreichend.[207] Zudem lassen sich die wirklich problematischen Fälle mit § 826 BGB, einer durch Rechtsfortbildung begründeten und erweiterten[208] Haftung aus § 823 Abs. 2 BGB iVm. § 64 Abs. 1 GmbHG und der c.i.c. bei besonderem persönlichen Vertrauen bewältigen.

VII. Internationales Privatrecht

Schrifttum: *Basedow,* Das Vertretungsrecht im Spiegel konkurrierender Harmonisierungsentwürfe, RabelsZ 45 (1981), 196; *von Caemmerer,* Die Vollmacht für schuldrechtliche Geschäfte im deutschen internationalen Privatrecht RabelsZ 24 (1959), 201; *Ebenroth,* Kollisionsrechtliche Anknüpfung kaufmännischer Vollmachten, JZ 1983, 821; *Fischer,* Rechtsscheinhaftung im IPR, IPRax 1989, 215; *Lüderitz,* Prinzipien im internationalen Vertretungsrecht, Festschrift für Coing, 1982 II, S. 305; *Schäfer,* Das Vollmachtsstatut im deutschen IPR, RIW 1996, 189; *Spellenberg,* Geschäftsstatut und Vollmacht im internationalen Privatrecht, 1979; *Steding,* Die Anknüpfung der Vollmacht im IPR, ZVglRWiss. 86 (1987), 25.

106   Das deutsche internationale Privatrecht des EGBGB enthält **keine Regelungen** über die Anknüpfung von Vollmacht und Vertretungsmacht. Staatsvertragliche Regelungen existieren derzeit nicht.

---

[197] Vgl. RGZ 120, 249, 252 f.; 159, 33, 35; vgl. auch Soergel/*Wiedemann* vor § 275 RdNr. 220.

[198] Vgl. BGH NJW 1983, 676; DB 1984, 1136; BGHZ 87, 27, 33 f. = NJW 1983, 1607.

[199] BGHZ 56, 81, 84 = NJW 1971, 1309; vgl. auch BGH NJW 1990, 390.

[200] BGH NJW 1963, 2166, 2167; vgl. auch BGHZ 88, 67 = NJW 1983, 2696.

[201] BGH NJW 1986, 586, 587.

[202] Vgl. auch BGH NJW 1984, 2284; WM 1987, 1431, 1432; BGH ZIP 1988, 505, 507; OLG München WM 1992, 1607 (alles Gesellschafter-Geschäftsführer); ablehnend BGH NJW-RR 1989, 110 (normaler Vertreter).

[203] Vgl. auch OLG Zweibrücken WM 1992, 1604, 1607 Leistung des Dritten dient unmittelbar der Begleichung einer Schuld des Vertretenen gegenüber dem Vertreter.

[204] BGH NJW 1994, 2220 unter gleichzeitiger Ausdehnung des deliktischen Schutzes aus § 823 Abs. 2 BGB iVm. § 64 Abs. 1 GmbHG.

[205] Vgl. BGH ZIP 1993, 763, 765.

[206] Vgl. aber OLG München NJW 1994, 2900, 2901 wirtschaftliches Eigeninteresse bei Sicherungsabtretung der Forderung gegen den Dritten an den Vertreter, aufgehoben durch BGH GmbHR 1995, 446.

[207] Ähnlich Baumbach/*Hopt* vor § 48 RdNr. 10.

[208] BGH NJW 1994, 2220.

1. Meinungsstand. Die Rechtsprechung bestimmt seit langem das für die Vollmacht 107 geltende Recht selbständig, dh. unabhängig vom **Geschäftsstatut** des vom Vertreter vorzunehmenden Geschäfts und des zugrundeliegenden Rechtsverhältnisses. Als maßgeblich wird das Recht des Landes angesehen, in dem die Wirkungen der Vollmacht eintreten (**Wirkungsstatut**); dies ist regelmäßig das Land, in dem von der Vollmacht Gebrauch gemacht wird.[209] Abweichend hiervon werden die Maßgeblichkeit des **Sitzes (Aufenthaltsortes)** des Vollmachtgebers bzw. dessen Niederlassung,[210] die **kumulative Anknüpfung** an den Aufenthaltsort des Vollmachtgebers und das Wirkungsstatut,[211] bei ständigen Vertretern der **gewöhnliche Tätigkeitsort**,[212] die Anwendung des **Geschäftsstatuts**[213] sowie die Anwendung des **Rechts, unter dem der Vertreter auftritt**,[214] vorgeschlagen.

2. Stellungnahme. Die Vielfalt der alternativen Ansatzpunkte deutet darauf hin, daß 108 sachlogisch keiner der Alternativansatzpunkte eindeutig den Vorzug vor der Ansicht der Rechtsprechung verdient. In einem solchen Fall ist grundsätzlich der langjährigen, praktisch bewährten Ansicht zu folgen,[215] für die überdies das Verkehrsschutzinteresse des Geschäftsgegners und des eventuell betroffenen Publikums spricht. Für kaufmännische Bevollmächtigte soll das Verkehrsschutzinteresse beim gewichtigsten Alternativvorschlag – der Anknüpfung an den Aufenthaltsort des Vollmachtgebers bzw. der Niederlassung – dadurch berücksichtigt werden, daß diese Anknüpfung von der Kenntnis des Geschäftspartners abhängig gemacht und bei Unkenntnis das Wirkungsstatut herangezogen wird.[216] Dies ist jedoch dem Ansatz der Rechtsprechung nicht gleichwertig, weil es zu einer die Leichtigkeit und Sicherheit des internationalen Handelsverkehrs beeinträchtigenden zusätzlichen Beweisfrage führt.

3. Rechtswahl/Anwendungsbereich des Vollmachtsstatuts. Eine Rechtswahlverein- 109 barung zwischen dem Vertretenen und dem Geschäftspartner hinsichtlich des auf die Vollmacht anzuwendenden Rechts ist zulässig, aber nicht üblich.[217] Das Vollmachtsstatut bestimmt das anwendbare Recht ganz allgemein für die Vollmacht.[218] Bei Vertretung ohne Vertretungsmacht gilt grundsätzlich das Geschäftsstatut.[219]

§ 48 [Erteilung der Prokura; Gesamtprokura]

(1) Die Prokura kann nur von dem Inhaber des Handelsgeschäfts oder seinem gesetzlichen Vertreter und nur mittels ausdrücklicher Erklärung erteilt werden.

(2) Die Erteilung kann an mehrere Personen gemeinschaftlich erfolgen (Gesamtprokura).

---

[209] Vgl. RGZ 134, 67, 69; BGHZ 43, 21, 27 = NJW 1965, 487; 64, 183, 191 f. = NJW 1975, 1120; BGH NJW 1982, 2733 f.; NJW 1990, 3088; BFH RIW 1987, 624; zustimmend zB v. Caemmerer RabelsZ 24 (1959), 201; Erman/*Holoch* EGBGB Art. 37 RdNr. 13; Palandt/*Heldrich* EGBGB Anh. Art. 32 RdNr. 1 f.; *Schäfer* RIW 1996, 189, 192.

[210] *Müller* RIW 1979, 377, 382; *Ebenroth* JZ 1983, 821, 824 f.; für Prokuristen und Handlungsbevollmächtigte auch Staub/*Joost* vor § 48 RdNr. 54; für Prokuristen auch Baumbach/*Hopt* vor § 48 RdNr. 10.

[211] *Luther* RabelsZ 38 (1974), 421, 436 ff.

[212] LG Bielefeld IPRax 1990, 315; LG Hamburg RIW 1978, 124.

[213] *Spellenberg* S. 271; MünchKommBGB/*Spellenberg* EGBGB vor Art. 11 RdNr. 268.

[214] *Lüderitz*, Festschrift für Coing II, 1982, S. 305, 318 ff.

[215] Zur dogmatischen Rechtfertigung des Festhaltens an der Rechtsprechung näher *Krebs* AcP 195 (1995), 171 ff.

[216] Staub/*Joost* vor § 48 RdNr. 54; *Ebenroth* JZ 1983, 821, 824.

[217] Vgl. *Lüderitz*, Festschrift für Coing II, 1982, 305, 319; Staub/*Joost* vor § 48 RdNr. 53; Erman/*Hohloch* EGBGB Art. 37 RdNr. 15; *von Bar*, Internationales Privatrecht II, RdNr. 457, 586.

[218] Vgl. BGHZ 64, 183, 192 = NJW 1975, 1220; BGH NJW 1982, 2733; RG JW 1928, 2013; BGH JZ 1963, 157 f.; BGHZ 43, 21, 27 = NJW 1965, 487; BGH NJW-RR 1990, 250.

[219] Näher Erman/*Hohloch* EGBGB Art. 37 RdNr. 19; *von Bar*, Internationales Privatrecht, II RdNr. 593.

Übersicht

Schrifttum: *Beuthien,* Die Miterbenprokura, Festschrift für Fischer, 1979, S. 1; *Beuthien/Müller,* Gemischte Gesamtvertretung und unechte Gesamtprokura, DB 1995, 461; *Brox,* Erteilung, Widerruf und Niederlegung von Prokura und Handlungsvollmacht im neuen Aktienrecht, NJW 1967, 801; *Bucher,* Organschaft, Prokura, Stellvertretung, Festschrift für Bürgi, 1971, S. 39; *Frotz,* Verkehrsschutz im Vertretungsrecht, 1972; *Harrer,* Grenzen der Zulässigkeit einer „gemischten Gesamtprokura", RdW 1984, 34; *K. Hofmann,* Der Prokurist, 6. Aufl. 1990; *Th. Honsell,* Die Besonderheiten der handelsrechtlichen Stellvertretung, JA 1984, 17; *Hornung,* Einzelfragen aus dem novellierten Genossenschaftsrecht, Rpfleger 1975, 384; *H. Hübner,* Die Prokura als formalisierter Vertrauensschutz, Festschrift für Klingmüller, 1974, S. 173; *Kahler,* Die Rechtsfolgen von Verstößen gegen § 105 AktG, BB 1983, 1382; *Kötter,* Vom „alter ego" des Principals zur gemischten „halbseitigen" Gesamtprokura?, Festschrift für Hefermehl, 1976, S. 75; *Krebs,* Ungeschriebene Prinzipien der handelsrechtlichen Stellvertretung als Schranken der Rechtsfortbildung – speziell für Gesamtvertretungsmacht und Generalvollmacht, ZHR 159 (1995), 635; *Kunstreich,* Gesamtvertretung, Diss. Kiel 1992; *Lüdtke-Handjery,* Gebundene Prokura, DB 1973, 2502; *Münch,* Gesamtvertretung im Gesellschaftsrecht, Diss. Köln 1989; *Reinert,* Unechte Gesamtvertretung und unechte Gesamtprokura im Recht der Aktiengesellschaft,

1990; *Roquette*, Rechtsfragen zur unechten Gesamtvertretung im Rahmen der gesetzlichen Vertretung von Kapitalgesellschaften, Festschrift für Oppenhoff, 1985, S. 335; *K. Schmidt*, Die Prokura in Liquidation und Konkurs der Handelsgesellschaften, BB 1989, 229; *Spitzbarth*, Vollmachten im modernen Management, 2. Aufl. 1989; *Sprengel*, Die Vertretung öffentlich-rechtlicher Sparkassen durch Bevollmächtigte, ZHR 119 (1956), 1, 11 ff.; *Stötter*, Die personelle Beschränkung der Prokura, BB 1975, 767; *Stüsser*, Die Anfechtung der Vollmacht nach Bürgerlichem Recht und Handelsrecht, 1986; *Viehöfer-Eser*, Probleme der Vertretungsbefugnis bei der sog. unechten Gesamtprokura, BB 1984, 1326; *Walchshöfer*, Die Erteilung der Prokura und ihre Eintragung in das Handelsregister, Rpfleger 1975, 381; *Ziegler*, Prokura mit einem gesamtvertretungsberechtigten Geschäftsführer, Rpfleger 1984, 5.

I. Grundlagen

1. Inhalt und Rechtfertigung des Instituts der Prokura. Die Prokura ist eine **rechts-** **1** **geschäftliche,**[1] **handelsrechtliche Vollmacht** mit einem besonders weiten, **gesetzlich umschriebenen** (§ 49), **rechtsgeschäftlich** weitestgehend **nicht einschränkbaren** (§ 50 Abs. 1, Ausnahme § 50 Abs. 3: Filialprokura) **Umfang der Vertretungsmacht.** Hinsichtlich der Erteilung der Prokura wird der Rechtsverkehr durch die Pflicht zur Eintragung im Handelsregister (§ 53) und dem daran anknüpfenden Verkehrsschutz (§ 15) geschützt. Die Regelungen der Prokura dienen primär der **Sicherheit und Leichtigkeit des Rechtsverkehrs**, daneben aber auch dem Inhaber des Handelsgeschäfts, wie die Häufigkeit der Prokura beweist.[2]

Die Prokura wurde durch das ADHGB 1861 eingeführt (Art. 41 f. ADHGB). Sie knüpft **2** an ein älteres Institut, den sog. Institutor (Administrator) an, der das Handelsgeschäft anstelle des Inhabers leitete und diesen – meist allerdings als indirekter Stellvertreter – vertrat.[3] Das Bedürfnis nach einer umfassenden Vollmacht wie der Prokura entstand aus den ursprünglich sehr eingeschränkten Möglichkeiten, ein Unternehmen in Form einer **juristischen Person** mit gesetzlichen Vertretern zu organisieren: Ein Kaufmann, der nicht oder nicht in vollem Umfang tätig sein wollte, bedurfte daher eines rechtsgeschäftlich umfassend Bevollmächtigten. Hinzu kam die Gefahr, daß Geschäftspartner, weil ihnen eine Rücksprache mit dem Vertretenen wegen der **eingeschränkten Kommunikationsmöglichkeiten** erschwert war, bei Unsicherheiten hinsichtlich Existenz und Umfangs der Vollmacht vom Vertragsschluß Abstand nahmen. Somit diente die Prokura ursprünglich auch der **Erleichterung der Geschäftsaktivitäten des Kaufmanns.**

Diese Motive treten heute, da sich die juristischen Personen durchgesetzt und die Kom- **3** munikationsmöglichkeiten erheblich verbessert haben, in den Hintergrund. Dennoch hat sich die Zahl der Prokuristen, insbesondere in größeren Unternehmen, erheblich erhöht. Die Prokura ist mehr und mehr **Ausdruck eines hierarchischen Status'** des Mitarbeiters geworden. Ihr Ansehen erklärt sich aus der mit ihr verbundenen Vertretungsmacht und der historisch hervorragenden Stellung des Prokuristen, die in der (überholten) Bezeichnung des Prokuristen als „**alter ego des Inhabers**"[4] zum Ausdruck kommt. Dem Interesse der Inhaber, das Risiko einer Schädigung trotz wachsender Zahl der Prokuristen geringzuhalten, wird durch eine erweiterte Zulassung und extensive Ausnutzung der Gesamtvollmacht,[5] durch die „Ausweitung" der der Prokura entzogenen Grundlagenentscheidungen (vgl. § 49 RdNr. 8, 23) sowie durch eine weite, § 50 Abs. 1 partiell unterlaufende, erleichterte Annahme des Mißbrauchs der Vertretungsmacht genügt (vgl. vor § 48 RdNr. 64 ff.). Zumindest was den Mißbrauch der Vertretungsmacht und die Zulassung neuer Formen der

---

[1] Zur Abgrenzung zur organschaftlichen Vertretungsmacht vgl. vor § 48 RdNr. 36; zum Sonderproblem der gemischten Gesamtvertretung mit einem gesetzlichen Vertreter vgl. RdNr. 90 ff.

[2] Zur rechtstatsächlichen Häufigkeit der Prokura in ihren unterschiedlichen Erscheinungsformen vgl. *Kornblum* ua. GmbHR 1985, 7, 16 f.

[3] Zu diesem Institut vgl. *Thöl*, Das Handelsrecht, 1. Band, 1841, S. 61 ff.; vgl. auch *Bucher*, Festschrift für Bürgi, 1971, S. 39, 43 ff.

[4] So als erster *Thöl*, Das Handelsrecht, 6. Aufl. 1879, 1. Band S. 190.

[5] Vgl. den Aufsatztitel von *Kötter*, Festschrift für Hefermehl 1976, S. 75 „Vom alter Ego des Principals zur gemischten halbseitigen Gesamtprokura"; in Österreich ist die Einzelprokura nach dem Bankwesengesetz unzulässig.

Gesamtprokura bzw. gemischten Gesamtvertretung anbelangt (vgl. RdNr. 77 ff.), ist die festzustellende (schleichende) Rechtsfortbildung bedenklich.

4   **2. Inhalt und Zweck des § 48.** § 48 befaßt sich mit den Fragen, **welche Unternehmen prokurafähig** sind, durch **welche Person Prokura erteilt** und **wer Prokurist werden kann** und **wie Prokura erteilt wird**; er erlaubt die Erteilung der Prokura an mehrere Personen gemeinschaftlich als **Gesamtprokura.** Die Regeln sind knapp und für die Prokura im Kern unverzichtbar.[6] Sie dienen anders als die meisten übrigen Normen der §§ 48 ff. weitgehend den Inhaberinteressen.

II. Prokurafähige Unternehmen

5   **1. Handelsgeschäft.** Prokurafähig sind „Handelsgeschäfte". Dieser, noch dem ADHGB (Art. 41 Ab S. 1) entstammende Ausdruck ist inhaltlich identisch mit dem **Handelsgewerbe** im Sinne der §§ 1 ff. Ein Handelsgeschäft betreiben der **Istkaufmann** (§ 1 Abs. 2), sofern er **nicht Minderkaufmann** gemäß § 4 ist, der **eingetragene Sollkaufmann** (§ 2),[7] der **eingetragene Kannkaufmann** (§ 3 Abs. 2),[8] der **kraft Eintragung als Kaufmann Geltende** (§ 5)[9] die **Formkaufleute** iSd. § 6 Abs. 2 (Aktiengesellschaft, § 3 AktG; KGaA, §§ 278, 3 AktG; GmbH, § 13 GmbHG; VVaG, § 16 VAG iVm. §§ 48 ff. VAG; Genossenschaft, § 42 Abs. 1 GenG)[10] sowie OHG, KG und EWiV (gemäß § 1 EWiV Ausführungsgesetz iVm. § 6 Abs. 1) als **Handelsgesellschaften** (vgl. § 6 Abs. 1).

6   Ein gemäß § 36 in das Handelsregister eingetragenes **Unternehmen der öffentlichen Hand** ist ebenfalls prokurafähig. Die übrigen Rechtsformen sind nicht prokurafähig. Dies gilt insbesondere für die Partnerschaftsgesellschaft, auf die das HGB nur in Teilen und im übrigen das Recht der Gesellschaft bürgerlichen Rechts Anwendung findet. Gleiches gilt auch für die Innengesellschaft.[11] Sog. Scheinkaufleute, die sich als Kaufleute gerieren, können keine Prokura erteilen, da der Vertrauensschutz nicht zu ihren Gunsten wirkt.[12]

7   **2. Hindernisse für die Prokurafähigkeit des Vertretenen. a) Nichteintragung im Handelsregister.** Die Prokura ist nicht davon abhängig, daß ein kraft Gesetzes als Handelsgeschäft anzusehendes Unternehmen (vollkaufmännisches Grundhandelsgewerbe) in das Handelsregister eingetragen ist. Der ausschließlich über das Register gewährleistete Verkehrsschutz, der die Prokura maßgeblich rechtfertigt, erfordert jedoch die **jederzeitige Erzwingbarkeit der Eintragung** des Handelsgeschäfts und der Prokura. Folglich sind die nicht eingetragenen **Unternehmen der öffentlichen Hand,**[13] soweit man nicht eine isolierte Eintragungspflicht hinsichtlich der Prokura bejaht (dazu § 36 RdNr. 9), sowie **Vorgesellschaften** (Vor-GmbH und Vor-AG) mangels Erzwingbarkeit ihrer Eintragung nicht prokurafähig.[14] Die allgemein als Rechtfertigung für § 36 angeführte Erklärung, bei staatli-

---

[6] De lege ferenda auch *K. Schmidt* DB 1994, 515, 520, 521.

[7] Vgl. KG NJW 1959, 1086, 1087.

[8] Staub/*Joost* RdNr. 5; Heymann/*Sonnenschein/ Weitemeyer* RdNr. 7.

[9] Staub/*Joost* RdNr. 6, der entgegen der bisher hM auch nicht den Einwand des fehlenden Gewerbebetriebes zulassen will (aaO Fn. 5); aA Schlegelberger/*Schröder* RdNr. 3 der Bevollmächtigte habe nur praktisch die Stellung eines Prokuristen, sei aber kein Prokurist; vgl. auch § 5 RdNr. 4, 9.

[10] Allgemeine Prokurafähigkeit erst durch Gesetz vom 9. 10. 1983, BGBl. I S. 1451 mit der Besonderheit der Eintragung im Genossenschaftsregister erlangt; für Österreich ist strittig, ob für Genossenschaften eine Vollkaufmannseigenschaft notwendig ist (vgl. *Straube/Schinko* RdNr. 8).

[11] AA für Österreich soweit stille Gesellschafter Vollkaufleute sind *Straube/Schinko* RdNr. 5.

[12] Staub/*Joost* RdNr. 6; zum rechtsgeschäftlichen Umfang und zu den Rechtsscheinswirkungen einer als „Prokura" erteilten Vollmacht vgl. unten RdNr. 54.

[13] Gegen Prokurafähigkeit Staub/*Hüffer* § 36 RdNr. 9; anders GroßkommHGB/*Würdinger* § 36 Anm. 3; Heymann/*Emmerich* § 36 RdNr. 7, die eine Eintragungspflicht allein der Prokura annehmen; noch anders Staub/*Joost* RdNr. 24; *Sprengel* ZHR 119 (1956) 1, 11, die eine nichteintragungsfähige Prokura hier für zulässig halten.

[14] Früher *K. Schmidt* JZ 1973, 299, 304; *Schnorr-von Carolsfeld* DNotZ 1963, 404, 410 Fn. 29; im Ergebnis auch Schlegelberger/*Schröder* RdNr. 3 f.; aA, soweit die Vorgesellschaft ein vollkaufmännisches Unternehmen betreibt, die hM: Scholz/*K. Schmidt* GmbHG § 11 RdNr. 65; Staub/*Joost* RdNr. 10; Hachenburg/*Ulmer* GmbHG § 11 RdNr. 47; *Rittner,* Die werdende juristische Person, 1973, S. 359.

chen Unternehmen sei die Publizität auf andere Weise gesichert,[15] trifft jedenfalls für die Prokura nicht zu; die Prokura ist für das Auftreten im Rechtsverkehr auch nicht funktionell unverzichtbar. Im Falle von Vorgesellschaften ist die Prokura nicht einmal eintragungsfähig, da die Vorgesellschaft selbst nicht eingetragen ist. Daher ist entgegen der hM[16] selbst dann, wenn die Vor-GmbH ein ansonsten vollkaufmännisches Unternehmen betreibt, die Prokura aufgrund fehlender Eintragungsfähigkeit unzulässig.

b) Unternehmen mit Abwicklungs-/Sanierungszweck. Zahlreiche Sonderformen der　**8** Unternehmensverwaltung befassen sich mit der Abwicklung oder Sanierung des Unternehmens (Liquidationsgesellschaft, Unternehmen im Konkurs, im Vergleich, Unternehmen unter Nachlaßpflegschaft/Nachlaßverwaltung; die unternehmenstragende Erbengemeinschaft ist ein Grenzfall), was die Frage aufwirft, ob dieser Zweck einer Prokura entgegensteht.[17]

Am geringsten ist diese Problematik bei der **unternehmenstragenden Erbengemein-**　**9** **schaft**, wenn man mit der heute hM eine dauerhafte Existenz dieses Unternehmensträgers für zulässig hält.[18] Denn dann ist der Zweck dieses Unternehmensträgers nicht notwendig auf Abwicklung gerichtet, so daß keine Bedenken gegen die Annahme der Prokurafähigkeit der unternehmenstragenden Erbengemeinschaft bestehen.[19]

Problematischer ist die Prokurafähigkeit einer **Liquidationsgesellschaft**. Die einzige　**10** ausdrückliche Regelung (§ 210 Abs. 5 AktG 1937), die für die in Liquidation befindliche Aktiengesellschaft die Prokura ausschloß, wurde in Deutschland[20] vom Gesetzgeber mit der Absicht aufgehoben, die Prokurafähigkeit herzustellen.[21] Folglich wird heute für die Aktiengesellschaft[22] und für die GmbH[23] ganz herrschend die Prokurafähigkeit der Liquidationsgesellschaft bejaht; bei den Personengesellschaften hat sich diese Ansicht noch nicht vollständig durchgesetzt.[24] Der Auffassung, die die Prokurafähigkeit der Liquidationsgesellschaft allgemein bejaht,[25] ist zuzustimmen: Der Liquidationszweck schließt es nicht generell aus, auch noch neue Geschäfte abzuschließen (vgl. § 149 S. 1). Insbesondere bei größeren zu liquidierenden Gesellschaften bedarf es umfassend bevollmächtigter Vertreter zur Unterstützung der Liquidatoren und eines entsprechenden Verkehrsschutzes zugunsten der mit der Liquidationsgesellschaft Kontrahierenden. Auch wenn man mit der hM[26] annehmen würde, aus § 149 S. 2 ergebe sich, daß die Vertretungsmacht der Liquidatoren auf den Liquidationszweck beschränkt sei, würde daraus nicht die Unzulässigkeit der Prokura, sondern (allein) die **Beschränkung** der Prokura **auf den Liquidationszweck** folgen.[27]

[15] Vgl. § 36 RdNr. 2, dort auch zu rechtspolitschen Bedenken.

[16] AA Scholz/*K. Schmidt* GmbHG § 11 RdNr. 65; Hachenburg/*Ulmer* GmbHG § 11 RdNr. 47.

[17] Davon zu trennen ist der Eintritt eines solchen Zustandes als Erlöschensgrund für eine Altprokura vgl. § 52 RdNr. 28 ff.

[18] BGHZ 92, 259, 262 f. = NJW 1985, 136 mit weit. Nachw.; Staub/*Joost* RdNr. 7; *Hohensee,* Die unternehmenstragende Erbengemeinschaft, 1994, S. 172 f.; vgl. aber § 27 RdNr. 69 ff.

[19] Ganz hM, vgl. nur KG HRR 1939 Nr. 1472; OLG Stuttgart WM 1976, 700, 702; vgl. auch BGHZ 30, 391, 397 f. = NJW 1959, 2114; Staub/*Joost* RdNr. 7; vgl. auch § 27 RdNr. 89.

[20] Wegen der Weitergeltung in Österreich wird dort generell die Prokurafähigkeit von Liquidationsgesellschaften verneint vgl. HG Wien NZ 1966, 102; *Straube/Schinko* RdNr. 10.

[21] Vgl. die Regierungsbegründung bei *Kropff,* Aktiengesetz mit Begründung, 1965, S. 358 f.

[22] *Hüffer* in Geßler/Hefermehl, AktG § 269 RdNr. 21; GroßkommAktG/*Wiedemann* § 269 Anm. 5; v. *Godin-Wilhelmi* AktG § 269 Anm. 1.

[23] Rowedder/*Rasner* GmbHG § 68 RdNr. 4; *Lutter/Hommelhoff* GmbHG § 68 RdNr. 2; Scholz/ *K. Schmidt* GmbHG § 69 RdNr. 7; Nachweise zur früheren Gegenmeinung bei *K. Schmidt* BB 1989, 229, 233.

[24] Für Prokurafähigkeit: Schlegelberger/*Schröder* RdNr. 5; *K. Schmidt* HandelsR § 16 III 2 a (470); *ders.* BB 1989, 229 ff.; Staub/*Joost* RdNr. 13; Baumbach/*Hopt* RdNr. 1; Heymann/*Sonnenschein/ Weitemeyer* RdNr. 8; aA früher: ROHGE 13, 223, 225; RGZ 72, 119, 123; GroßkommHGB/ *Würdinger* RdNr. 3; GroßkommHGB/*Ulmer* § 131 RdNr. 130; *Hueck,* Recht der OHG, 4. Aufl. 1971, S. 501.

[25] Grundlegend *K. Schmidt* BB 1989, 229 ff.

[26] BGH NJW 1984, 982; Heymann/*Sonnenschein* § 149 RdNr. 12; Baumbach/*Hopt* § 149 RdNr. 7; aA *K. Schmidt* AcP 184 (1984), 529, 532 ff.; *ders.* BB 1989, 229, 231; *Lutter/Hommelhoff* GmbHG § 68 RdNr. 4.

[27] Staub/*Joost* RdNr. 14; Heymann/*Sonnenschein/Weitemeyer* RdNr. 8.

11   Auch **Nachlaßpflegschaft** und **Nachlaßverwaltung** haben einen beschränkten Zweck. Soweit mit ihnen zulässigerweise die Führung eines zum Nachlaß gehörenden Handelsgeschäfts verbunden ist,[28] ist die Prokurafähigkeit des Unternehmens ebenfalls zu bejahen.[29]

12   Entgegen der bisher hM[30] nimmt die neuere Literatur zutreffend an, daß der besondere Konkurszweck der Prokurafähigkeit eines im **Konkurs** befindlichen Unternehmens nicht entgegensteht.[31] Führt der Konkursverwalter das Unternehmen fort,[32] haben Konkursverwalter und Rechtsverkehr ein erhebliches Interesse an der umfassenden Vollmacht der Prokura (zur Beendigung einer bestehenden Prokura vgl. § 52 RdNr. 29). Der **Vergleich** (Fortsetzungsvergleich) ist mehr noch als der Konkurs auf eine dauerhafte Fortsetzung des Unternehmens ausgerichtet, so daß ein im Vergleich befindliches Unternehmen erst recht prokurafähig ist.

13   c) **Unternehmen unter Verwaltung/Apotheke.** Die Tatsache, daß **ein Handelsgeschäft unter Verwaltung** steht (Nachlaßpflegschaft, Nachlaßverwaltung, Konkursverwaltung, Testamentsvollstreckung), betrifft nicht die Prokurafähigkeit des Unternehmens, sondern die Frage, wer – der Verwalter oder der Gemeinschuldner und seine gesetzlichen Vertreter – Prokura erteilen kann (näher RdNr. 16 ff.).

14   Obwohl der Apothekenbetrieb als Handelsgewerbe eingeordnet wird (§ 1 Abs. 2 Nr. 1),[33] ist die **Apotheke** nicht prokurafähig: Die Erteilung einer Prokura mit entsprechender Innenbefugnis widerspräche § 7 S. 1 Apothekengesetz und der Apothekenbetriebsordnung, wonach der Apotheker die Apotheke persönlich in eigener Verantwortlichkeit zu leiten hat.[34] Die Unzulässigkeit erfaßt auch die Prokura ohne Innenbefugnisse, da kein anerkennenswerter Bedarf für die Zulässigkeit einer solchen Prokura besteht und eine Überprüfung, ob es sich tatsächlich nur um eine Prokura ohne Innenbefugnisse handelt, mit zumutbarem Aufwand nicht durchführbar ist.

III. Erteilungsberechtigte Person

15   **1. Grundsatz.** Zur Erteilung einer Prokura sind der **Inhaber** und seine **gesetzlichen Vertreter** berechtigt. Diese müssen nicht im Handelsregister eingetragen sein. Aufgrund allgemeiner Regeln sind weiterhin die **rechtsgeschäftliche Handlungsfähigkeit** und das **Fehlen eines besonderen Handlungs-/Vertretungsverbotes** erforderlich. Haben mehrere gesetzliche Vertreter nur gemeinschaftlich Vertretungsbefugnis, können sie auch nur gemeinschaftlich die Prokura erteilen. Ein rechtsgeschäftlicher Vertreter kann dagegen nie, auch nicht aufgrund Spezialvollmacht, Prokura erteilen.[35]

16   **2. Inhaber.** Inhaber ist der, **in dessen Namen** das Unternehmen betrieben wird. Ist der Inhaber selbst nicht handlungsfähig, weil es sich um eine Gesellschaft oder eine nicht geschäftsfähige natürliche Person handelt, so tritt für die Prokuraerteilung der gesetzliche

---

[28] Für Nachlaßpflegschaft vgl. Schlegelberger/*Schröder* RdNr. 7; MünchKommBGB/*Leipold* § 1960 RdNr. 52, MünchKommBGB/*Siegmann* § 1967 RdNr. 59 Fn. 93; für Nachlaßverwaltung vgl. Schlegelberger/*Schröder* RdNr. 7; MünchKommBGB/*Siegmann* § 1985 RdNr. 5.

[29] Schlegelberger/*Schröder* RdNr. 7; Staub/*Joost* RdNr. 22; *Walchshöfer* Rpfleger 1975, 381, 382; Heymann/*Sonnenschein/Weitemeyer* RdNr. 5; aA früher GroßkommentarHGB/*Würdinger* RdNr. 3.

[30] BGH WM 1958, 430, 431; *Obermüller* BB 1957, 412; *Grothus* DB 1960, 775; *Jäger* LZ 1916, 26; Heymann/*Sonnenschein/Weitemeyer* RdNr. 8; Baumbach/*Hopt* RdNr. 1; *Jäger/Henckel*, KO § 6 RdNr. 52 aE; *Eickmann* KTS 1986, 197.

[31] *K. Schmidt* NJW 1987, 1905, 1908; *ders.* BB 1989, 229, 230, 233; *Kilger-K. Schmidt* KO § 6

Anm. 1; *Canaris* § 14 II 1 a (203); *Walchshöfer* Rpfleger 1975, 381 f.; Schlegelberger/*Schröder* RdNr. 7; Staub/*Joost* RdNr. 17; Kuhn/*Uhlenbruck* KO § 23 RdNr. 7 b.

[32] Zur Zulässigkeit vgl. nur BGHZ 99, 151, 155 ff. = NJW 1987, 844.

[33] Vgl. BGH NJW 1983, 2085, 2086.

[34] OLG Celle Rpfleger 1988, 487 = NJW-RR 1989, 483 unter Offenlassung einer Ausnahme für eine als solche zulässige kurzfristige Vertretung durch einen anderen Apotheker; *R. Schiedermair*, Festschrift für Laufke, 1971, S. 263 Fn. 30; Staub/*Joost* RdNr. 8.

[35] Staub/*Joost* RdNr. 52, 56; *U. Hübner* ZHR 143 (1979), 1, 4; zur Sonderproblematik der gemischten Gesamtvertretung zwischen einem Prokuristen und einem gesetzlichen Vertreter vgl. RdNr. 90 ff.

Vertreter an die Stelle des Inhabers. Inhaber iSd. § 48 Abs. 1 ist daher nur der **handlungs-fähige Inhaber**.

Daher kommen als erteilungsberechtigte Inhaber grundsätzlich nur **handlungsfähige** **17** **natürliche Personen** in Betracht. Erteilungsberechtigter Inhaber ist vor allem der **Einzel-kaufmann**, aber auch eine natürliche Person als **Vollrechtstreuhänder**. Hielte man eine vollrechtstreuhänderische Testamentsvollstreckung für zulässig,[36] wäre auch der **Testa-mentsvollstrecker** Inhaber, der die Prokura erteilen kann.[37] In einem solchen Fall wäre zugleich der Erbe als Inhaber ausgeschlossen. Dies wäre anders bei einer Konzeption der Testamentsvollstreckung, bei der der Erbe den Testamentsvollstrecker **bevollmächtigt**.[38] Soweit man annimmt, daß ein gesetzlicher **Nachlaßverwalter** im eigenen Namen han-delt,[39] ist er, wenn er ein zum Nachlaß gehörendes Unternehmen fortführt, als zeitweiliger Inhaber iSd. § 48, anderenfalls als gesetzlicher Vertreter zur Prokuraerteilung befugt. Auch ein im eigenen Namen auftretender **Konkursverwalter** ist Inhaber iSd. §§ 48 ff. Zwar ist der Konkursverwalter nach der herrschenden Amtstreuhändertheorie[40] zwischen echtem Treuhänder (gleich Inhaber) und gesetzlicher Vertretung anzusiedeln. Im Sinne der §§ 48 ff. erscheint jedoch eine Behandlung als (zeitweiliger) Inhaber vorzugswürdig. Nicht nur fehlt es angesichts des Handelns im eigenen Namen an der zu fordernden Begründung, den Konkursverwalter nicht als zeitweiligen Inhaber iSd. §§ 48 ff. zu behandeln. Es ist auch angemessen, zwischen Konkursverwalter und Prokuristen das, nur zwischen Inhaber und Prokuristen notwendige, besondere Vertrauen zu verlangen, welches zB beim Inha-berwechsel zum Erlöschen der Prokura führt (vgl. näher § 52 RdNr. 30). Inhaber ist auch ein **Vorerbe** bis zum Eintritt der Nacherbschaft.

Die **unternehmenstragende Erbengemeinschaft** ist, weil teilrechtsfähig und gegen- **18** über den Erben verselbständigt, selbst Unternehmensträger.[41] Die Miterben sind infolge-dessen nicht als Inhaber zur Erteilung der Prokura berechtigt, sondern aufgrund ihrer Eigenschaft als gesetzliche Vertreter iSd. § 48 (vgl. RdNr. 24). Problematisch ist der Fall eines von einer **Gütergemeinschaft** betriebenen handelsrechtlichen Unternehmens: Obwohl nicht rechtsfähig, besteht doch ein Sondervermögen und wird der Betrieb des Unternehmens unter einer gemeinschaftlichen Firma mit dem Zusatz „in Gütergemein-schaft" für zulässig gehalten.[42] Nimmt man eine Inhaberschaft der Gütergemeinschaft an, so sind die Ehegatten als „gesetzliche Vertreter" zur Prokuraerteilung befugt; lehnt man die Rechtsträgerschaft der Gütergemeinschaft ab, sind sie als Inhaber zur Prokuraerteilung befugt.

Verliert eine natürliche Person als Inhaber, wie im Konkurs, ihre Verfügungsbefugnis, so **19** bedeutet dies bei Einsetzung eines im eigenen Namen handelnden Amtstreuhänders den zumindest zeitweisen Verlust der Inhaberstellung, in jedem Falle aber das Ende der Be-fugnis, Prokura zu erteilen. Im **Vergleich** wird der Inhaber durch den Vergleichsverwalter nur überwacht (§ 39 VerglO) und bleibt zur Prokuraerteilung befugt.[43]

---

[36] Zu den Bedenken vgl. § 27 RdNr. 23 ff.

[37] KG NJW 1959, 1086, 1088, MünchKomm-BGB/*Brandner* § 2205 RdNr. 22; Staub/*Joost* RdNr. 21; *Muscheler*, Die Haftungsordnung der Te-stamentsvollstreckung, 1994, S. 422.

[38] *Kruse* DB 1956, 885; Staub/*Joost* RdNr. 21; AA KG NJW 1959, 1086, 1088.

[39] Vgl. MünchKommBGB/*Siegmann* § 1985 RdNr. 2 mit Nachweisen

[40] RGZ 29, 29; BGHZ 24, 393, 396 = NJW 1957, 1361; 32, 114, 118 = NJW 1960, 1006; 49, 11, 16 = NJW 1968, 300; 88, 331, 333, 334 = NJW 1984, 739; zustimmend zB Kuhn/*Uhlenbruck* KO § 6 RdNr. 17 mit weit. Nachw. auch zu abwei-chenden Überlegungen in der Lehre; speziell zur

sog. neueren Vertretertheorie vgl. *Kilger*/*K. Schmidt* KO § 6 Anm. 2 b.

[41] *K. Schmidt* NJW 1985, 2785, 2788; *ders.* Han-delsR § 5 I 3 b (103 f.); *Hohensee* (Fn. 18) S. 172 f.; Soergel/*Wolff* § 2032 RdNr. 5 ff.; aA Miterben als Inhaber: BGHZ 30, 391, 396 = NJW 1959, 2114; KG HRR 1939, Nr. 1472; OLG Stuttgart WM 1976, 700, 702; Staub/*Joost* RdNr. 7; *Beuthien*, Festschrift für Fischer, 1979, S. 1, 5 f.

[42] BayObLG NJW-RR 1992, 33; *Gernhuber*/*Coester-Waltjen* Familienrecht, 4. Aufl. 1994, § 38 II 6 (593); Staudinger/*Thiele* § 1416 RdNr. 16; Staub/*Brüggemann* § 1 RdNr. 47 f.

[43] Schlegelberger/*Schröder* RdNr. 7; Staub/*Joost* RdNr. 18.

20   Der Inhaber muß **geschäftsfähig** sein. Bei **beschränkter Geschäftsfähigkeit** bedarf es, da die Vollmachtserteilung richtiger Ansicht nach ein einseitiges Geschäft ist,[44] der **vorherigen Einwilligung** des gesetzlichen Vertreters. Nach § 1822 Nr. 11 BGB ist zusätzlich die vormundschaftsgerichtliche Genehmigung erforderlich.

21   **3. Gesetzliche Vertreter.** Der Begriff des gesetzlichen Vertreters ist in einem weiten Sinne zu verstehen, so daß hierunter alle diejenigen fallen, die kraft Gesetzes, wenn auch teilweise aufgrund Bestellung, mit ihrer Vertretungsmacht im Namen des selbst zumindest nicht unbeschränkt handlungsfähigen Inhabers handeln.

22   Dies sind die **Eltern**, der **Vormund** als gesetzlicher Vertreter eines Minderjährigen, ein **Betreuer** für einen gemäß § 1903 Abs. 1 BGB unter Einwilligungsvorbehalt stehenden Erwachsenen, die **persönlich haftenden Gesellschafter** einer Kommanditgesellschaft, offenen Handelsgesellschaft und KGaA, die **Vorstandsmitglieder** von AG, VVaG und Genossenschaft, die **Geschäftsführer** von GmbH und EWiV. Gesetzliche Vertreter in diesem Sinne sind auch die **Liquidatoren**.

23   Gleiches gilt für den **Testamentsvollstrecker** nach der sog. Testamentsvollstreckerkonzeption, nach der er den Erben ohne rechtsgeschäftliche Bevollmächtigung kraft der angeordneten Testamentsvollstreckung vertreten können soll.[45] Auch ein **Nachlaßpfleger**, der zulässigerweise[46] ein zum Nachlaß gehörendes Unternehmen führt, ist als gesetzlicher Vertreter zur Prokuraerteilung befugt.[47]

24   Bejaht man die Inhaberstellung der **Erbengemeinschaft** (vgl. RdNr. 18), sind die Miterben als gesetzliche Vertreter iSd. § 48 anzusehen.[48] Unabhängig davon ist umstritten, ob jeder Miterbe Einzelvertretungsmacht für die Prokuraerteilung haben soll,[49] oder ob die Prokura zwar gemeinschaftlich erteilt wird, aber analog §§ 2038 Abs. 2, 745 BGB die Mehrheit auch gegen den Willen einzelner die Prokura erteilen kann,[50] oder ob stets ein gemeinschaftliches Handeln aller Miterben notwendig ist.[51] Das Gesetz, das eine unternehmenstragende Erbengemeinschaft nicht bedacht hat, ist insoweit lückenhaft. Wegen der Ähnlichkeit mit den Personengesellschaften und zum Schutze des Rechtsverkehrs, der an einer handlungsfähigen Miterbengemeinschaft interessiert ist, liegt es nahe, analog § 125 allgemein – und damit auch für den Widerruf der Prokura – eine Einzelvertretungsmacht zu bejahen (vgl. näher § 27 RdNr. 85 ff.).

25   Bedarf ein **gesetzlicher Vertreter** zur Erreichung seiner Handlungsfähigkeit selbst **eines gesetzlichen Vertreters**, so ist letzterer als gesetzlicher Vertreter des Inhabers im Sinne von § 48 anzusehen (zB Geschäftsführer der Komplementär-GmbH als gesetzlicher Vertreter der GmbH und damit gesetzlicher Vertreter der GmbH & Co. KG). Generalbevollmächtigte,[52] Prokuristen[53] und Vergleichsverwalter[54] sind keine gesetzlichen Vertreter und können daher keine Prokura erteilen.

---

[44] MünchKommBGB/*Gitter* § 111 RdNr. 5; Staudinger/*Dilcher* § 111 RdNr. 2; Soergel/*Hefermehl* § 111 RdNr. 2; RGRK/*Krüger-Nieland* § 111 RdNr. 3; aA *Larenz* AT § 31 II (621): genehmigungsfähiges einseitiges Geschäft; *Müller-Freienfels,* Die Vertretung beim Rechtsgeschäft, 1955, S. 243 ff.: zweiseitiges Geschäft.

[45] Vgl. KG KGJ 41 (1912) a 75, 76; LG Neisse LZ 1907, Sp. 236 f.; *Bondi* ZBH 1926, 311; *Düsterdieck* ZBH 1927, 112; *Dempewolf* DB 1955, 889; *ders.* DB 1956, 886 f.; Staub/*Joost* RdNr. 21.

[46] MünchKommBGB/*Leipold* § 1960 RdNr. 52, MünchKommBGB/*Siegmann* § 1967 RdNr. 59 Fn. 93.

[47] Staub/*Joost* RdNr. 22; Heymann/*Sonnenschein/Weitemeyer* RdNr. 5; Schlegelberger/*Schröder* RdNr. 7; *Walchshöfer* Rpfleger 1975, 381, 382; aA GroßkommHGB/*Würdinger* RdNr. 3.

[48] Heymann/*Sonnenschein/Weitemeyer* RdNr. 12.

[49] *K. Schmidt* NJW 1985, 2785, 2789: organschaftliche Einzelvertretung.

[50] OLG Stuttgart WM 1976, 700, 702.

[51] Staub/*Joost* RdNr. 57; näher § 27 RdNr. 84 ff.

[52] Vgl. vor § 48 RdNr. 81 ff., 87 ff.

[53] Zum Sonderproblem der gemischten Gesamtvertretung zwischen Prokuristen und gesetzlichem Vertreter vgl. RdNr. 90 ff.

[54] Staub/*Joost* RdNr. 18; Schlegelberger/*Schröder* RdNr. 7.

IV. Person des Prokuristen

1. Personen. Das Gesetz regelt nicht ausdrücklich, ob neben den natürlichen Personen **26** auch **juristische Personen** Prokurist werden können. Dies ist abzulehnen:[55] Das hohe Vertrauen, das der Inhaber aufgrund der umfassenden und unbeschränkbaren Vertretungsmacht in einen Prokuristen haben muß, ist nur bei einer natürlichen Person möglich. Die Zulassung juristischer Personen stände ferner in systematischem Widerspruch zu § 52 Abs. 2, der die Übertragung der Prokura verbietet. § 48 Abs. 1, wonach die Prokura nur unmittelbar durch den gesetzlichen Vertreter oder den Inhaber erteilt werden kann, könnte unterlaufen werden; denn es wäre Dritten, die die zum Prokuristen bestellte juristische Person kontrollieren, möglich, den gesetzlichen Vertreter auszutauschen, der für die juristische Person die Prokura ausübt. Wenn die Gegenansicht darauf verweist, daß juristische Personen sogar zum (umfassenderen) Generalbevollmächtigten bestellt werden können, vermag dies die Zulassung als Prokurist nicht zu rechtfertigen: Zum einen ist zweifelhaft, ob diese Ansicht zutreffend ist.[56] Vor allem wäre es aber unter systematischen Gesichtspunkten noch eher hinzunehmen, wenn Widersprüche zwischen zwei Vollmachtsarten bestünden, als durch Zulassung juristischer Personen als Prokuristen innerhalb der Prokuraregeln einen Widerspruch zu erzeugen.

Der Prokurist muß **aus dem Unternehmen heraus** handeln;[57] er muß als Teil des Un- **27** ternehmens erscheinen, was bei einem Anstellungsverhältnis, einer Gesellschafterstellung und einem familiär bedingten Gefälligkeitsverhältnis der Fall ist. Eine **juristische Person** kann diese Voraussetzung nicht erfüllen. Die Prokuraerteilung an einen organisatorisch nicht eingegliederten unternehmerisch selbständigen Anwalt oder Makler ist ebenfalls unzulässig.

2. Geschäftsfähigkeit. Die Bestellung eines **Geschäftsunfähigen** ist nicht nur wegen **28** § 105 BGB sinnlos, sondern unzulässig.[58] Denn mit ihm als Prokuristen würden die Interessen des Rechtsverkehrs, der die Geschäftsunfähigkeit möglicherweise nicht erkennen kann, erheblich gefährdet. In der **Geschäftsfähigkeit beschränkte Personen** können dagegen gemäß § 165 BGB grundsätzlich wirksam vertreten und daher Prokuristen sein.[59] Dies ist zwar für die Prokura deshalb nicht ganz unproblematisch, weil es Fälle gibt, in denen ein Prokurist aufgrund der Prokurastellung haftet (c.i.c.-Vertreterhaftung wegen in Anspruch genommenen Vertrauens und materiellen Eigeninteresses, vgl. vor § 48 RdNr. 94 ff., Haftung gem. § 69 AO iVm. §§ 35, 34 AO). Es erscheint jedoch möglich, diese Haftungen jeweils so zu begrenzen, daß sie nicht zu Lasten beschränkt Geschäftsfähiger wirken.

3. Personenverschiedenheit. a) Gesetzlicher Vertreter und Inhaber. Die Prokura ist **29** nach allgemeiner Ansicht grundsätzlich nicht mit der Stellung als gesetzlicher Vertreter oder Inhaber vereinbar.

aa) Gesetzlicher Vertreter. *Joost*[60] führt die Unvereinbarkeit der Prokura mit der Stel- **30** lung als organschaftlicher Vertreter bzw. Inhaber darauf zurück, daß die **Prokura funktionslos** wäre, sofern der Betreffende bereits eine originäre (Inhaber) oder organschaftliche Handlungsbefugnis besitzt bzw. eine organschaftliche Befugnis geschaffen werden kann.

---

[55] HM, OLG Wien HS 8082; Staub/*Joost* RdNr. 29; Baumbach/*Hopt* RdNr. 2; *Straube/ Schinko* RdNr. 18; Heymann/*Sonnenschein/Weitemeyer* RdNr. 13; Heidelberger Kommentar/*Ruß* RdNr. 3; *Bondi* ZBH 1929, 34, 35; *Müller-Freienfels,* Die Vertretung beim Rechtsgeschäft, 1955, S. 64 Fn. 61; *Canaris* § 14 II 1 c (203); aA Schlegelberger/*Schröder* RdNr. 4; GK-HGB/*Nickel* RdNr. 4; *Walchshöfer* Rpfleger 1975, 381, 382.

[56] Vgl. näher vor § 48 RdNr. 91.

[57] Die §§ 48 ff. betreffen nur Vollmachten aus dem Unternehmen heraus, vgl. ausführlich vor § 48 RdNr. 22 ff.

[58] Staub/*Joost* RdNr. 26; Heymann/*Sonnenschein/Weitemeyer* RdNr. 9; *Hesselmann* GmbHR 1960, 157; aA Schlegelberger/*Schröder* RdNr. 9.

[59] Staub/*Joost* RdNr. 27; Heymann/*Sonnenschein/ Weitemeyer* RdNr. 9; *v. Gierke/Sandrock* § 22 III 2 (351).

[60] Staub/*Joost* RdNr. 30.

Dem ist zuzustimmen. Prämisse ist allerdings, daß im Bereich der kaufmännischen Vertretung, insbesondere im Bereich der Prokura, ein allgemeiner Grundsatz besteht, wonach die Vertretungsmacht funktional sein muß und **keine Überschneidungen** zwischen verschiedenen Vertretungsmachten auftreten dürfen. Diese Prämisse ist zutreffend. Denn durch das Erfordernis der **vertretungsrechtlichen Funktionalität** jeder Vollmacht wird die Übersichtlichkeit über die vorhandenen Vertretungsverhältnisse gewahrt, was eine erhebliche Erleichterung des Handelsverkehrs darstellt.[61]

31   Die Unvereinbarkeit der Prokura mit der Stellung als Vertretungsorgan gründet des weiteren darauf, daß Vertretungsorganen **öffentlich-rechtliche und unternehmerische Pflichten** sowie Pflichten gegenüber Dritten obliegen, die für jede, in Ausübung der (gesetzlichen) Vertretungsmacht vorgenommene Tätigkeit gelten. Da derartige Pflichten häufig an die **gesetzliche Vertretungsmacht** anknüpfen, kann es nicht zulässig sein, daß sich ein gesetzlicher Vertreter dieser Pflichten dadurch entledigt, daß er zeitweise als rechtsgeschäftlicher Prokurist auftritt. Ähnliche Überlegungen stellt *Joost* an, wenn er in einer Reihe von Einzelfällen eine doppelte Kompetenz als gesetzlicher Vertreter und rechtsgeschäftlicher Prokurist nicht nur als funktionslos, sondern als **funktionswidrig** ansieht.[62] Eine solche doppelte Kompetenz besteht bei allen, die gemäß § 48 befugt sind, als gesetzliche Vertreter Prokura zu erteilen: Bei allen gesetzlichen Vertretern, einschließlich der geschäftsführenden Verwalter und gesetzlichen Vertreter einer natürlichen Person, ist eine Prokura daher funktionswidrig.

32   **Organmitglieder mit Einzelvertretungsmacht**[63] können ebenso wie Organmitglieder mit **Gesamtvertretungsmacht**[64] keine Prokura erlangen. Zwar wäre die Prokura bei letzteren nicht funktionslos, sie wäre aber **funktionswidrig**, weil auch das nur gesamtvertretungsberechtigte Organmitglied umfassend Organmitglied, jede Vertretungshandlung somit organschaftlichen Pflichten unterfällt. Folglich ist die Prokura auch bei einzelvertretungsberechtigten[65] und lediglich gesamtvertretungsberechtigten[66] persönlich haftenden Gesellschaftern ausgeschlossen. Denn auch der persönlich haftende Gesellschafter handelt stets als gesetzlicher Vertreter mit entsprechender interner und externer Verantwortung, so daß daneben für eine rein rechtsgeschäftliche Vertretung kein Raum bleibt. Von der Vertretung ausgeschlossenen persönlich haftenden Gesellschaftern[67] und Kommanditisten[68] kann dagegen Prokura erteilt werden, da eine Überschneidung mit der gesetzlichen Vertretung nicht in Betracht kommt.

33   Unabhängig davon, ob die **Miterben** Einzel- oder Gesamtvertretungsmacht haben, können sie, auch wenn man sie nicht als Inhaber ansieht, keine Prokuristen werden, da sie als Miterben bereits **gesetzliche** Vertreter sind.[69] Nur dem von der gesetzlichen Vertretung der Erbengemeinschaft **ausgeschlossenen** Miterben[70] könnte Prokura erteilt werden. Sähe

---

61 Näher vor § 48 RdNr. 32; zu Auswirkungen dieses ungeschriebenen Rechtssatzes auf die Gesamtvertretung vgl. unten RdNr. 74 ff., 88.

62 Staub/*Joost* RdNr. 49.

63 Staub/*Joost* RdNr. 45; Heymann/*Sonnenschein*/*Weitemeyer* RdNr. 10; Schlegelberger/*Schröder* RdNr. 12; Baumbach/*Hopt* RdNr. 7; *Straube*/*Schinko* RdNr. 19; *K. Schmidt* HandelsR § 16 III 2 c (472); aA *Canaris* § 14 II 1 c (203).

64 OLG Wien HS 9091; Staub/*Joost* RdNr. 46; Schlegelberger/*Schröder* RdNr. 12; Heymann/*Sonnenschein*/*Weitemeyer* RdNr. 10; *Straube*/*Schinko* RdNr. 19; GK-HGB/*Nickel* RdNr. 5; aA *Canaris* § 14 II 1 c (203); *K. Schmidt* HandelsR § 16 III 2 c (472).

65 Vgl. Staub/*Joost* RdNr. 42.

66 Ähnlich Staub/*Joost* RdNr. 43: Die Regelung der Vertretungsmacht müsse der Gesellschafterversammlung vorbehalten bleiben.

67 Vgl. BGHZ 30, 391, 397 = NJW 1959, 2114; *K. Schmidt* HandelsR § 16 III 2 c (472); Staub/*Joost* RdNr. 43; Heymann/*Sonnenschein*/*Weitemeyer* RdNr. 10; *Walchshöfer* Rpfleger 1975, 381, 382; kritisch Staub/*Joost* RdNr. 43.

68 BGHZ 17, 392, 394 = NJW 1955, 1394; OLG Karlsruhe BB 1973, 1551; Staub/*Joost* RdNr. 43; Schlegelberger/*Schröder* RdNr. 12; Schlegelberger/*Martens* § 170 RdNr. 12; *Walchshöfer* Rpfleger 1975, 381, 382.

69 Ebenso *K. Schmidt* NJW 1985, 2785, 2789; vgl. aber auch *ders.* HandelsR § 16 III 2 c (471).

70 Ein vertraglicher Verzicht auf Geschäftsführung und Vertretung müßte, das handelsrechtliche Modell der unternehmenstragenden Erbengemeinschaft zuende gedacht, möglich sein.

man die Miterben als Inhaber an, wäre die Erteilung der Prokura ebenfalls unzulässig.[71] Denn auch der (Mit-) Inhaber hat organisationsrechtliche und öffentlich-rechtliche Pflichten, denen er sich nicht durch Übernahme einer rechtsgeschäftlichen Vertretungsfunktion entziehen kann.

Die ganz hM[72] bejaht die Möglichkeit, daß der (einzelvertretungsberechtigte) **Geschäfts-** **34** **führer der Komplementär-GmbH Prokurist der GmbH & Co. KG** wird; gleiches gilt für eine GmbH & Co. OHG. Aus heutiger Sicht ist dies sehr bedenklich, denn inzwischen ist allgemein anerkannt, daß den Geschäftsführer der Komplementär-GmbH organisationsrechtliche Pflichten unmittelbar gegenüber der GmbH & Co. KG treffen.[73] Folglich darf er sich diesen Pflichten nicht dadurch entziehen können, daß er in die Rolle eines rechtsgeschäftlichen Vertreters der Kommanditgesellschaft wechselt. Im übrigen wäre diese Vertretungsmacht auch **funktionslos**, da der einzelvertretungsberechtigte Geschäftsführer die Kommanditgesellschaft ohnehin umfassend vertreten kann.[74] **Prokuristen der Komplementärgesellschaft** können dagegen Prokuristen der Kommanditgesellschaft werden, da sie richtiger Ansicht nach nicht an der gesetzlichen Vertretungsmacht der Komplementär-GmbH partizipieren[75] und bei ihnen keine vergleichbare Konfliktlage besteht.

Konkursverwalter sind iSd. § 48 entweder gesetzliche Vertreter oder vorzugswürdig – **35** weil im eigenen Namen handelnd – Inhaber; ihnen kann daher keine Prokura erteilt werden.[76] Führt ein **Testamentsvollstrecker** ein Unternehmen als gesetzlicher Vertreter fort, was bei der sog. Testamentsvollstreckerkonzeption anzunehmen ist,[77] so kann er nicht Prokurist werden. Denn auch er ist intern an Pflichten gebunden, die er nicht durch eine isolierte rechtsgeschäftliche Vollmacht umgehen kann.[78]

Auch der **gesetzliche Vertreter einer natürlichen Person** (Eltern, Vormund, Betreuer) **36** kann nicht Prokurist werden.[79] Ob das Schutzbedürfnis des Minderjährigen vor unbeschränkten Vollmachten dies erfordert,[80] ist fraglich. Zumindest aber darf sich auch der gesetzliche Vertreter einer natürlichen Person seiner besonderen internen Pflichtenbindung nicht durch den Wechsel in die Position eines rechtsgeschäftlichen Vertreters entziehen.

bb) Inhaber. Die erforderliche Personenverschiedenheit von Inhaber und Prokurist folgt **37** auch daraus, daß im Falle von Personenidentität **keine Vertretung eines anderen** vorläge, die die Prokura als Rechtsfigur aber notwendig voraussetzt.[81] Außerdem unterfällt auch der Inhaber wie der gesetzliche Vertreter besonderen organisationsrechtlichen und öffentlich-rechtlichen Pflichten, denen er sich nicht durch einen Wechsel in die Rolle des Prokuristen entziehen darf.

[71] Wohl hM KG KGJ 48 (1916) 127, 128 f.; KG JW 1939, 565 f. = HRR 1939 Nr. 313; KG HRR 1939, Nr. 1472; BGHZ 30, 391, 397 f. = NJW 1959, 2114; BGHZ 32, 60, 67 = NJW 1960, 959; Schlegelberger/*Schröder* RdNr. 12; Großkomm HGB/*Würdinger* Anm. 6; *Fischer* ZHR 144 (1980) 1, 9; *Walchshöfer* Rpfleger 1975, 381, 382; *Ebenroth* Erbrecht, 1992, RdNr. 854; aA *Beuthien*, Festschrift für Fischer, 1979, S. 1, 9 ff.; Staub/*Joost* RdNr. 34; *Canaris* § 9 I 4 (153); *Hüffer* ZGR 1986, 603, 630 ff.; MünchKommBGB/*Dütz* § 2032 RdNr. 47, die allerdings überwiegend die Miterben selbst nicht als Inhaber ansehen.

[72] OLG Hamburg GmbHR 1961, 128, 129 m. zust. Anm. *Hesselmann;* BayObLG WM 1970, 333 f.; OLG Hamm DB 1973, 567; OLG Hamm DB 1977, 1255, 1256; BayObLG DB 1980, 2232 f.; Schlegelberger/*Martens* § 161 RdNr. 112; Heymann/*Sonnenschein/Weitemeyer* RdNr. 10; aA Staub/*Joost* RdNr. 48 f.; GK-HGB/*Nickel* RdNr. 5 a; offengelassen von BGH Rpfleger 1977, 359.

[73] Vgl. BGHZ 75, 321 = NJW 1980, 589; 76, 320, 325 = NJW 1980, 1630; NJW 1982, 2869; BGHZ 100, 190, 193 = NJW 1987, 2008; näher

Krebs, Geschäftsführungshaftung bei der GmbH & Co. KG und das Prinzip der Haftung für sorgfaltswidrige Leitung, 1991, S. 26 f., 154 ff., 204 f.

[74] Insoweit ebenso Staub/*Joost* RdNr. 49.

[75] Im Ergebnis ebenso OLG Hamm DB 1973, 567; Staub/*Joost* RdNr. 49.

[76] Im Ergebnis ebenso Staub/*Joost* RdNr. 39; Schlegelberger/*Schröder* RdNr. 12; zur Einordnung als Inhaber vgl. oben RdNr. 17.

[77] Zu den erheblichen Zulässigkeitsbedenken vgl. § 27 RdNr. 23.

[78] AA Staub/*Joost* RdNr. 36.

[79] Ebenso Staub/*Joost* RdNr. 31; aA bei Mitwirkung eines Pflegers und Zustimmung des Vormundschaftsgerichts Schlegelberger/*Schröder* RdNr. 12; Großkomm HGB/*Würdinger* RdNr. 6.

[80] So Staub/*Joost* RdNr. 31.

[81] Vgl. BGHZ 30, 391, 397 f. = NJW 1959, 2114 zur Miterbenprokura bei Annahme der Inhaberstellung jedes einzelnen Miterben; Staub/*Joost* RdNr. 30; vgl. auch die plastische Formulierung des Kammergerichtes (KG KGJ 48 (1916) 127, 129), wonach „niemand Herr und Diener des Geschäfts in einer Person sein kann".

38   **Inhaber**, denen keine Prokura erteilt werden kann, sind zB der **Einzelkaufmann**, der **Vorerbe** bis zum Eintritt des Nacherbfalls; der **Nacherbe** ab Eintritt des Nacherbfalles,[82] der **Testamentsvollstrecker** nach dem Treuhandkonzept, weil er im eigenen Namen handelt[83] und der Konkursverwalter (vgl. oben RdNr. 17, 35). **Keine Inhaber** sind zB der **stille Gesellschafter**,[84] der **Mehrheitsgesellschafter** einer Kapitalgesellschaft[85] und der persönlich haftende Gesellschafter einer Personengesellschaft. Der **Gemeinschuldner im Konkurs** ist zwar kein handlungsbefugter Inhaber im Sinne des § 48, aber seine Prokura ist mit dem Zweck des Konkurses unvereinbar und daher unzulässig.[86] Für den, der mit der hM[87] die Miterben als Inhaber und nicht als gesetzliche Vertreter ansieht, ergäbe sich die Unzulässigkeit der **Miterbenprokura** aus der Inhaberstellung.

39   **b) Prokura und Aufsicht.** **Aufsichtsratsmitgliedern** kann keine Prokura erteilt werden (§ 105 Abs. 1 AktG).[88] Dies folgt aus der **Interessenkollision** zwischen einer Tätigkeit als Prokurist und als Aufsichtsführender über eben die gesetzlichen Vertreter, unter deren Aufsicht der Prokurist zu handeln hätte. Da es um bloße **Konfliktvermeidung** geht, ist diese Regelung nicht durchgängig zwingend.

40   So ist die Regelung des § 105 Abs. 1 AktG für freiwillige, aufgrund Gesellschaftsvertrags gebildete Aufsichtsräte dispositiv (§ 52 GmbHG). Für gemäß § 1 Abs. 1 MitbestG 1976 zu bildende Aufsichtsräte ist sie zwar zwingend (§ 6 Abs. 2 MitbestG), doch ist gemäß § 6 Abs. 2 S. 1 MitbestG die Wählbarkeit der Prokuristen als Arbeitnehmervertreter im Aufsichtsrat nur ausgeschlossen, wenn der Prokurist dem zur gesetzlichen Vertretung berufenen Organ **unmittelbar** unterstellt und zur Ausübung der Prokura für den gesamten Geschäftsbereich des Organs ermächtigt ist.[89]

41   Bei der **GmbH & Co. KG** ist problematisch, ob allein wegen der organisationsrechtlichen Trennung von KG und GmbH[90] ein Prokurist der KG Aufsichtsratsmitglied der GmbH sein darf.[91] Da grundsätzlich ein Interessenkonflikt zwischen dem Prokuristen der KG – als der Weisung des gesetzlichen Vertreters der GmbH Unterworfenen (Ausnahme: Komplementär-GmbH ohne Geschäftsführungskompetenz) – und dem den gesetzlichen Vertreter beaufsichtigenden Aufsichtsrat besteht, ist die Prokura bei der KG mit der Aufsichtsratsstellung bei der GmbH ebenso unvereinbar, als wenn es sich um ein- und dieselbe GmbH handelte.

42   Dem **Vergleichsverwalter** kann in Rechtsanalogie zu § 105 AktG keine Prokura erteilt werden.[92] Denn ihm obliegt die Überwachung der Geschäftsführung, die – weil primär gläubigerschützend – noch dringender von einer Interessenkollision freizuhalten ist als die Tätigkeit des Aufsichtsrats.

V. Prokuraerteilung

43   **1. Die Erteilungserklärung. a) Einseitig empfangsbedürftige Willenserklärung.** Die Erteilung der Prokura ist eine einseitig empfangsbedürftige Willenserklärung unmittelbar durch den Inhaber bzw. gesetzlichen Vertreter des Handelsgeschäfts.[93] Auf diese Erklärung

---

[82] BGHZ 32, 60, 67 = NJW 1960, 959.

[83] Vgl. Staub/*Joost* RdNr. 36.

[84] RGZ 142, 13, 16.

[85] *K. Schmidt* HandelsR § 16 III 2 c (471); Staub/*Joost* RdNr. 41; Heymann/*Sonnenschein/Weitemeyer* RdNr. 10.

[86] Vgl. Staub/*Joost* RdNr. 38; Schlegelberger/*Schröder* RdNr. 12.

[87] BGHZ 30, 391, 397 f. = NJW 1959, 2114; BGHZ 32, 60, 67 = NJW 1960, 959; Schlegelberger/*Schröder* RdNr. 12; GroßkommHGB/*Würdinger* RdNr. 6; *Walchshöfer* Rpfleger 1975, 381, 382; *Reinicke* MDR 1960, 28, 29.

[88] Zu den Rechtsfolgen einer gesetzeswidrigen Bestellung vgl. *Kahler* BB 1983, 1382 f.; *Brox* NJW 1967, 801, 802 ff.

[89] Vgl. auch *Brox* NJW 1967, 801.

[90] Vgl. dazu *Krebs* (Fn. 73) S. 31 ff.

[91] So für freiwillige und mitbestimmte Aufsichtsräte *Grüter* BB 1979, 243 f., 245 f.; Staub/*Joost* RdNr. 50.

[92] Vgl. auch Schlegelberger/*Schröder* RdNr. 12; Staub/*Joost* RdNr. 40 Fn. 64.

[93] Heymann/*Sonnenschein/Weitemeyer* RdNr. 16; Staub/*Joost* RdNr. 61; *Straube/Schinko* RdNr. 16; *Holzhammer,* Allgemeines Handelsrecht und Wertpapierrecht, 5. Aufl. 1994, X B.

sind grundsätzlich die allgemeinen Regeln anwendbar. Unvereinbar mit § 50 Abs. 1 sind jedoch **Bedingung** und **Befristung** der Prokura.[94]

Es bedarf nach der Konzeption des Gesetzes **keiner Annahmeerklärung** des Prokuri- **44** sten.[95] Er kann die Prokura auch nicht zurückweisen, da sie lediglich eine Rechtsmacht verleiht.[96] Rechtspolitisch ist dies allerdings nicht unproblematisch, da ein Fehlverhalten des Vertretenen eine Haftungsverpflichtung begründen kann (c.i.c.-Haftung wegen besonderen persönlichen Vertrauens oder wirtschaftlichen Eigeninteresses, Haftung gemäß § 69 AO iVm. §§ 35, 34 AO). De lege ferenda wäre daher zu erwägen, die einseitig empfangsbedürftige Willenserklärung durch ein zweiseitiges Rechtsgeschäft zu ersetzen. Da § 165 BGB von der reinen Vorteilhaftigkeit der Vertretungsmachterteilung ausgeht, wird die Prokura auch gegenüber einem beschränkt Geschäftsfähigen mit Zugang wirksam (§ 131 Abs. 2 BGB).

b) Erklärungsempfänger. Eine Vollmacht kann durch Erklärung gegenüber dem zu **45** Bevollmächtigenden (Innenvollmacht) oder gegenüber dem Dritten, gegenüber dem die Vertretung stattfinden soll (Außenvollmacht), erteilt werden (§§ 167 Abs. 1, 171 Abs. 1 2. Alt. BGB). Dem Prokuristen wird in der Regel **Innenvollmacht** erteilt.[97]

Die Erteilung der **Außenvollmacht** kann durch **Erklärung an die Öffentlichkeit** erfol- **46** gen (§§ 167 Abs. 1, 171 BGB). Zu Recht nimmt die hM[98] an, daß in dem **Eintragungsantrag beim Handelsregister** eine solche Erklärung liegen kann. Das Handelsregister repräsentiert die Öffentlichkeit, so daß bereits der Antrag ihm gegenüber und nicht erst die Bekanntmachung[99] die Erklärung darstellt. Unerheblich ist daher, daß die Bekanntmachung durch das Handelsregister und nicht den Kaufmann erfolgt.[100] Dem Ausdrücklichkeitsgebot (vgl. RdNr. 47) wird allerdings nur genügt, wenn gegenüber dem Register ausdrücklich klargestellt wird, daß der Eintragungsantrag nicht eine bereits bestehende Vollmacht deklariert, sondern durch ihn die Prokura erteilt wird.[101] Die Prokura kann durch Erklärung **gegenüber einem einzelnen Dritten** erteilt werden.[102] Dies stellt keine unzulässige Beschränkung der Wirkung der Prokura auf einen Einzelnen dar; vielmehr gilt die Prokura gegenüber allen als erteilt.

c) Ausdrücklichkeit der Erteilung. Die Prokura ist an keine besondere Form gebun- **47** den,[103] muß aber ausdrücklich erklärt werden. Dies dient der **Rechtssicherheit** und den **Interessen des Kaufmanns.** Ausdrücklich ist die Erteilung bereits dann, wenn der Wille, Prokura zu erteilen, eindeutig hervortritt; die Bezeichnung „Prokura" ist nicht zwingend erforderlich.[104] Die Notwendigkeit einer ausdrücklichen Prokuraerteilung schließt eine Bevollmächtigung durch **konkludente Erklärung** und insoweit auch eine **Duldungs-** und **Anscheinsprokura**[105] aus. Eine **Rechtsscheinsvollmacht** bleibt möglich, sofern (nur) ein anderer Mangel als das Fehlen der ausdrücklichen Erklärung besteht.[106]

[94] Vgl. Staub/*Joost* § 50 RdNr. 9 f.

[95] Staub/*Joost* RdNr. 61.

[96] *Strittig,* vgl. § 52 RdNr. 42.

[97] Vgl. Staub/*Joost* RdNr. 62; zur Prokuraerteilung durch letztwillige Verfügung vgl. Schlegelberger/*Schröder* RdNr. 13.

[98] RGZ 133, 229, 232; vgl. RGZ 134, 303, 304 f.; Heymann/*Sonnenschein/Weitemeyer* RdNr. 16; Schlegelberger/*Schröder* RdNr. 13; GroßkommHGB/*Würdinger* RdNr. 8; *Straube/Schinko* RdNr. 16.

[99] So aber zB Heymann/*Sonnenschein/Weitemeyer* RdNr. 17; *Gierke/Sandrock* § 22 III 4 (353); *Straube/Schinko* RdNr. 16.

[100] AA Staub/*Joost* RdNr. 63, der als mögliche Erklärung an die Öffentlichkeit erst die Bekanntmachung ansieht.

[101] Abweichend Staub/*Joost* RdNr. 63 mit generellen Bedenken gegen die Erfüllung des Ausdrücklichkeitsgebotes.

[102] Staub/*Joost* RdNr. 62; Schlegelberger/*Schröder* RdNr. 13; *Canaris* § 14 II 1 b (203); GroßkommHGB/*Würdinger* RdNr. 9; so auch schon vor Erlaß des ADHGB Preußisches Obertribunal Bd. 33 (1859) S. 28; AA *Honsell* JA 1984, 17, 18; *Gierke-Sandrock* § 22 III 3 (352); Heymann/*Sonnenschein/Weitemeyer* RdNr. 16.

[103] Heymann/*Sonnenschein/Weitemeyer* RdNr. 15; Staub/*Joost* RdNr. 64.

[104] Vgl. BGH WM 1956, 727, 728; *K. Schmidt* HandelsR § 16 III 2 e (473); vgl. Staub/*Joost* RdNr. 65; Beispiel: Ab heute zeichnen sie ppa. vgl. schon Art. 41 Abs. 2 2. Alt. ADHGB;

[105] Staub/*Joost* RdNr. 64; *K. Schmidt* HandelsR § 16 III 2 e (473); Heymann/*Sonnenschein/Weitemeyer* RdNr. 14; *Holzhammer,* Allgemeines Handelsrecht und Wertpapierrecht, 5. Aufl. 1994, X C 3.

[106] Vgl. unten RdNr. 54; Staub/*Joost* RdNr. 64; zu den Rechtsfolgen der Eintragung einer nicht bestehenden Prokura vgl. RdNr. 53.

48   **d) Wirksamwerden der Erklärung.** Die Prokuraerteilung wird mit dem Zugang beim Prokuristen (Innenvollmacht), wenn sie durch Mitteilung gegenüber einem einzelnen Dritten erteilt wird, durch Zugang bei diesem wirksam (§ 130 Abs. 1 S. 1 BGB). Bei Verlautbarung an die Öffentlichkeit ist die Möglichkeit der Kenntnisnahme ausreichend. Bei ausdrücklicher Prokuraerteilung durch Anmeldung zum Handelsregister (vgl. RdNr. 46) ist die Eintragung im Handelsregister, also nicht erst die Bekanntmachung,[107] maßgeblich. Im übrigen ist die Eintragung im Handelsregister deklaratorisch.

49   **2. Genehmigungserfordernisse. a) Gesellschaftsrechtliche Genehmigungserfordernisse.** Zur Bestellung eines Prokuristen bedarf es bei OHG und KG, sofern nicht Gefahr im Verzuge ist, der **internen Zustimmung** aller geschäftsführenden Gesellschafter (§§ 116 Abs. 3 S. 1, 161 Abs. 2). Bei der GmbH liegt die **interne Befugnis** für die Prokuraerteilung bei der Gesellschafterversammlung (§ 46 Nr. 7 GmbHG). Bei der Aktiengesellschaft kann durch Satzung oder Aufsichtsratsbeschluß dem Aufsichtsrat ein **internes Zustimmungsrecht** bei der Bestellung eingeräumt werden. Diese internen Zustimmungserfordernisse sind jedoch für die Prokuraerteilung nach außen ohne Bedeutung.[108] Folglich sind sie auch vom Registergericht nicht zu prüfen.[109]

50   **b) Beschränkt geschäftsfähiger Unternehmensinhaber.** Ist der Inhaber des Unternehmens beschränkt geschäftsfähig, zB minderjährig, bedarf sein gesetzlicher Vertreter zur Erteilung der Prokura der **Genehmigung des Vormundschaftsgerichts** (§ 1822 Nr. 11 BGB (Vormund), §§ 1915, 1822 Nr. 11 BGB (Pfleger), §§ 1643, 1705, 1822 Nr. 11 BGB (Eltern)). Ohne die Genehmigung, die nicht nachgeholt werden kann (§ 1831 BGB), weil die Erteilung ein einseitiges Geschäft ist, ist die Erteilung unwirksam.[110] Die fehlende Genehmigung wird durch die Eintragung nicht geheilt. Ein Schutz des Rechtsverkehrs findet auch bei Eintragung im Handelsregister nicht statt.[111] Das Genehmigungserfordernis gilt auch, wenn ein Minderjähriger zum selbständigen Betrieb eines Erwerbsgeschäfts ermächtigt ist (§ 112 Abs. 1 S. 1 und 2 BGB).

51   Das Genehmigungserfordernis besteht nach der derzeitigen Rechtslage nicht, wenn der beschränkt Geschäftsfähige **haftender Gesellschafter** ist.[112] Denn § 1822 Nr. 11 BGB bezieht sich nur auf Fälle, in denen der Minderjährige **Inhaber** des Unternehmens ist.[113] Ist ein Minderjähriger an einer ungeteilten Erbengemeinschaft beteiligt, bedürfte es einer Genehmigung, wenn man alle Erben als Inhaber ansieht;[114] betrachtet man richtigerweise die Erbengemeinschaft als Inhaber (vgl. RdNr. 18), besteht kein Genehmigungserfordernis.

VI. Rechtsfolgen von Mängeln der Prokuraerteilung

52   **1. Unwirksamkeit der Prokuraerteilung.** Eine Prokura wird nicht wirksam begründet, wenn sie **nicht vom** handlungsfähigen **Inhaber** bzw. gesetzlichen Vertreter oder für ein **nicht prokurafähiges Unternehmen** oder wenn sie von einer **Person** erteilt wird, die **nicht prokurafähig** ist oder eine Position innehat, die mit der Prokura nicht vereinbar ist. Die Prokuraerteilung ist auch unwirksam, wenn sie den Anforderungen an die **Erteilung**

---

[107] So aber Heymann/Sonnenschein/Weitemeyer RdNr. 17; Gierke/Sandrock § 22 III 4 (353); Straube/Schinko RdNr. 16; Staub/Joost RdNr. 63.
[108] RGZ 134, 303, 305 (Personengesellschaft); BGHZ 62, 166, 168 = NJW 1974, 1194 (GmbH); BGHZ 91, 334, 336 f. = NJW 1984, 2085 (GmbH); Grunsky BB 1973, 194, 195; Hesselmann GmbHR 1960, 157; Staub/Joost RdNr. 58 ff.
[109] BGHZ 62, 166, 169 = NJW 1974, 1194; Staub/Joost RdNr. 60.
[110] RGZ 127, 153, 158; Staub/Joost RdNr. 53.
[111] RGZ 127, 153, 158 f.; Staub/Joost RdNr. 53; Soergel/Damrau § 1822 RdNr. 42; vgl. auch § 15 RdNr. 28, 76.

[112] BGHZ 38, 26, 30 = NJW 1962, 2344; Staub/Joost RdNr. 54; zum Problem des anderweitigen Minderjährigenschutzes vor unbeschränkter Haftung in diesem Zusammenhang vgl. § 49 RdNr. 53.
[113] Vgl. allgemein zu §§ 1821 f. RGZ 54, 278; RGZ 125, 380; BGHZ 55, 5 = NJW 1971, 375; speziell zu § 1822 Nr. 11: Soergel/Damrau § 1822 RdNr. 42; MünchKommBGB/Schwab § 1822 RdNr. 68.
[114] Daher für Genehmigungserfordernis RGZ 127, 153, 157; Staub/Joost RdNr. 55.

nicht genügt. Bei unzulässiger **Bedingung** oder **Befristung** ist die Prokura selbst wirksam, während Bedingung bzw. Befristung unwirksam sind. Denn diese sind nicht § 48, sondern § 50 zuzuordnen. Ein anderes Ergebnis würde den von § 50 beabsichtigten Verkehrsschutz vereiteln. Dies gilt auch, wenn die Prokura gleich mit einer Vielzahl unzulässiger Beschränkungen versehen ist.[115]

2. Keine Heilung. Eine unwirksame Prokuraerteilung kann nicht geheilt werden. Die   53 **Eintragung** in das Handelsregister ist, wenn keine ausdrückliche Erteilung im Antrag auf Eintragung liegt,[116] rein **deklaratorisch.**[117] Eine Heilung kommt auch bei einer nachträglichen Genehmigung durch den Inhaber oder das Vormundschaftsgericht nicht in Betracht. Derartige „Genehmigungen" können jedoch eine dem Ausdrücklichkeitsgebot genügende Neuerteilung[118] bzw. – beim Vormundschaftsgericht – eine vorherige Zustimmung für eine Neuerteilung enthalten.[119]

3. Verkehrsschutz. Bei einer eingetragenen, aber unwirksamen oder unrichtig eingetra-   54 genen Prokura erfolgt der Verkehrsschutz durch § 15 Abs. 3, während beim Erlöschen der Prokura der Schutz über § 15 Abs. 1 gewährt wird. Die Gesellschaft wird bei erteilter und bekanntgemachter Prokura durch § 15 Abs. 2 geschützt. Daher kann zB die **Kündigung eines Arbeitnehmers** durch einen eingetragenen Einzelprokuristen nicht gemäß § 174 S. 1 BGB zurückgewiesen werden.[120] Bei fehlender ausdrücklicher Erteilung der Prokura kommt ein Verkehrsschutz durch **Anscheins- und Duldungsprokura** nicht in Betracht,[121] da dies mit dem Gebot der Rechtssicherheit und Rechtsklarheit, dem das Ausdrücklichkeitsgebot dient, nicht vereinbar ist. Möglich bleiben Duldungs- oder Anscheinshandlungsvollmacht. Dem Verkehrsschutz sind ebenfalls die Fälle der Prokuraerteilung durch einen **Kaufmann kraft Eintragung** (§ 5) zuzurechnen, wobei die Prokura wirksam ist, da der Inhaber als Kaufmann gilt. Soweit eine Person, die, ohne Kaufmann zu sein, als solcher auftritt, sich nach der sog. **Lehre vom Scheinkaufmann** als Kaufmann behandeln lassen muß, muß sie gegenüber Gutgläubigen eine von ihr ausdrücklich erteilte „Prokura" als Rechtsscheinsvollmacht mit dem Umfang der Prokura gegen sich gelten lassen.[122] Eine Rechtsscheinsvollmacht kommt bei einer unwirksamen Prokuraerteilung in Betracht, wenn die Prokura zwar ausdrücklich erteilt ist, sie aber aus anderen Gründen unwirksam ist.

4. Umdeutung. Als Rechtsgeschäft kann eine unwirksame Prokuraerteilung in eine **Ge-   55 neralhandlungsvollmacht** im Sinne des § 54 umgedeutet werden (§ 140 BGB),[123] soweit dem nicht der Grund der Unwirksamkeit entgegensteht (Beispiele: Prokuraerteilung für ein nicht prokurafähiges Unternehmen,[124] Erteilung der Prokura durch einen rechtsgeschäftlichen Vertreter, stillschweigende Prokuraerteilung, fehlende Genehmigung des Vormund-

---

[115] AA *Straube/Schinko* § 50 RdNr. 1: keine wirksame Prokuraerteilung; ebenso *Tietz*, Vertretungsmacht und Vertretungsbefugnis im Recht der BGB-Vollmacht und der Prokura 1990, S. 198 ff., für Bedingungen, die der Prokurist ausnahmslos einhalten muß.

[116] Vgl. dazu oben RdNr. 46.

[117] Vgl. RGZ 127, 153, 159 = JW 1930, 1382 m. Anm. *Pinner; Staub/Joost* RdNr. 67.

[118] Vgl. BGH WM 1956, 727, 728; Staub/Joost RdNr. 66.

[119] RGZ 127, 153, 159.

[120] Vgl. BAG AP BGB § 174 Nr. 9; zur alternativen Vorlage eines Handelsregisterauszuges gemäß § 9 Abs. 2 vgl. RGZ 133, 229, 233; Staub/Joost RdNr. 73.

[121] Vgl. zur Nichtanwendbarkeit: *H. Hübner*, Festschrift für Klingmüller, 1974, S. 173, 174; *Honsell* JA 1984, 17, 18; vgl. aber *Staub/Joost* RdNr. 72; *Canaris* § 16 III 1 b, 2 (226 f.) und *Roth*, Handels-

und Gesellschaftsrecht, § 27, 5 (300 f.), die eine Rechtsscheinsvollmacht im Umfang der Prokura sowohl bei Kenntnis als auch bei Kennenmüssen des Kaufmanns vom Auftreten als Prokurist bejahten.

[122] Staub/Joost RdNr. 6; *A. Hueck* Arch BürgR 43 (1919), 456; differenzierend *Canaris* § 6 II 5 b (79), § 14 II 1 a (202) Schutz bei Rechtsschein der Prokura nur bei Personen, die sich gemäß den §§ 2, 3 HGB hätten eintragen lassen können; richtiger Ansicht nach stellt sich in den Fällen, in denen der Scheinkaufmann sich nicht hätte eintragen lassen können, die Frage nach der Gutgläubigkeit des Rechtsverkehrs in besonderem Maße.

[123] Vgl. Staub/Joost RdNr. 70 f., auch zur Unzulässigkeit einer Umdeutung in eine bürgerlichrechtliche Vollmacht.

[124] RGZ 72, 119, 123 für Handelsgesellschaft in Liquidation; zur Prokurafähigkeit der Liquidationsgesellschaft vgl. RdNr. 10.

schaftsgerichts). Der Umfang der umgedeuteten Vollmacht ist grundsätzlich der einer Generalhandlungsvollmacht, wobei die Geschäfte, die einer besonderen Erteilung bedürfen (§ 54 Abs. 2), mit Ausnahme der Grundstücksgeschäfte, zu der auch die Prokura nicht berechtigt hätte, mitumfaßt sind, wenn die Prokura ausdrücklich erteilt wurde (vgl. § 54 RdNr. 36). Im Falle eines **Aufsichtsratsmitglieds** ist eine Umdeutung nicht möglich, da auch eine Generalhandlungsvollmacht unzulässig und die Arthandlungsvollmacht, in die dann umzudeuten wäre, regelmäßig nicht bestimmbar ist.

VII. Rechtsstellung des Prokuristen im übrigen

56   **1. Hierarchische Stellung des Prokuristen.** Die Prokura bezeichnet ausschließlich die **Vertretungsmacht nach außen.** Eine bestimmte Position innerhalb der Unternehmenshierarchie oder ein Mindestmaß an interner Geschäftsführungsbefugnis ist mit ihr rechtlich nicht verbunden.[125] In der **Praxis** ist sie hingegen auch Ausdruck einer hierarchischen Position.

57   Ursprünglich war der Prokurist realtypisch der hierarchische Stellvertreter des Einzelkaufmanns: sein **alter ego;** bei juristischen Personen war er auf der zweiten Führungsebene unmittelbar unter dem gesetzlichen Vertreter angesiedelt.[126] Im Laufe der Zeit ist die Prokura **abgewertet** worden. An die Stelle des Prokuristen ist der von der Wirtschaft neu geschaffene sog. **Generalbevollmächtigte** getreten. Der Prokurist ist bisweilen von der zweiten bis auf die fünfte Führungsebene abgestiegen.[127] Auch sind Generalbevollmächtigte, die diesen Status auch im Anstellungsverhältnis haben, **stets leitende Angestellte** im Sinne des § 5 Abs. 3 BetrVG idF vom 1. 1. 1989, während bei Prokuristen zusätzlich erforderlich ist, daß „die Prokura auch im Verhältnis zum Arbeitgeber nicht unbedeutend ist" (§ 5 Abs. 3 S. 2 Nr. 2 BetrVG 1972).[128] Kurz vor der, die Rechtsprechung insoweit bewußt korrigierenden, Gesetzesänderung hatte das Bundesarbeitsgericht noch weitergehend verlangt, daß im Innenverhältnis die unbeschränkte Befugnis bestehen müsse, die Befugnisse im Außenverhältnis auch auszuüben, was nach seiner Einschätzung nur für einen kleinen Teil der Prokuristen zutraf.[129]

58   **2. Das der Prokura zugrundeliegende Rechtsverhältnis.** Seit *Laband*[130] hat sich die **Trennung** zwischen Vertretung und zugrundeliegendem Rechtsverhältnis durchgesetzt (vgl. § 50 Abs. 1). Das zugrundeliegende Rechtsverhältnis ist in der Regel ein arbeitsrechtliches **Anstellungsverhältnis,** so daß der Prokurist Handlungsgehilfe im Sinne der §§ 59 ff. ist. Er kann jedoch auch aufgrund eines **Auftrags** (zB als Familienangehöriger des Inhabers), eines freien **Dienstvertrags** oder als Gesellschafter auf **gesellschaftsrechtlicher Grundlage** tätig sein. Letzteres ist nicht schon der Fall, wenn der Prokurist gesellschaftsvertraglich einen Anspruch auf die Prokura hat. In aller Regel wird – auch aus steuerlichen Gründen – selbst dann ein Anstellungsvertrag geschlossen, das unmittelbar das der Prokura zugrundeliegende Rechtsverhältnis darstellt. In jedem Fall muß der Prokurist „aus dem Unternehmen heraus" handeln (vgl. vor § 48 RdNr. 22 ff.).

59   Ist der **Prokurist,** wie meist, **Handlungsgehilfe,** unterliegt er grundsätzlich den allgemeinen **arbeitsrechtlichen Regelungen** wie dem arbeitsrechtlichen Direktionsrecht des Arbeitgebers und dem Kündigungsschutz. Sein Sozialschutz ist entsprechend eingeschränkt, wenn er leitender Angestellter ist (§ 5 Abs. 2 S. 2 Nr. 2, 3 BetrVG 1972): So fällt er dann zB nicht mehr in den normativen Anwendungsbereich eines Sozialplans, weshalb ihm

---

[125] Vgl. Staub/*Joost* RdNr. 143.
[126] Für noch realtypisch hält dies Staub/*Joost* RdNr. 143.
[127] Vgl. die bei Banken verbreitete Hierarchiefolge: Vorstand, Generalbevollmächtigte, Bankdirektoren, Abteilungsdirektoren, Prokuristen.
[128] Zu den Anforderungen an die interne hierarchische Stellung näher BAG DB 1995, 1333; *Wlotz-*

ke DB 1989, 111, 119; *Engels/Natter* BB 1989, Beilage 8 S. 1, 8.
[129] BAG AP BetrVG 1972 § 5 Nr. 37 = DB 1988, 2003 f.
[130] ZHR 10 (1866), 183, 203 ff.; vgl. näher vor § 48 RdNr. 40 ff.

dieser nur im Einzelfall aufgrund einer vertraglichen Erweiterung des Anwendungsbereichs zugute kommen kann.[131] Ist der Prokurist leitender Angestellter **und**[132] intern zur selbständigen Einstellung und Entlassung von Arbeitnehmern befugt, ist sein Kündigungsschutz gem. § 14 Abs. 2 KSchG insoweit eingeschränkt, als der Arbeitgeber die uneingeschränkte Möglichkeit eines Auflösungsantrages gemäß § 9 Abs. 1 S. 2 KSchG hat.[133] Als Handlungsgehilfe partizipiert der Prokurist auch an der rechtsfortbildend entwickelten arbeitsrechtlichen Haftungsprivilegierung.[134] Die Prokura selbst führt nicht zu einer gesteigerten Treuepflicht;[135] diese kann nur aus der internen Geschäftsführungsmacht und der internen Übernahme von Verantwortung folgen.[136] Für Prokuristen ist ein nachvertragliches Wettbewerbsverbot nur gegen Entschädigung verbindlich (§ 74 Abs. 2).[137] Die für Organmitglieder erhobenen Bedenken gegen die (analoge) Anwendbarkeit des § 74 Abs. 2[138] bestehen nicht.

3. Anspruch auf Erteilung der Prokura. a) Undurchsetzbarkeit eines Prokuraver- 60
sprechens. Aus einer vertraglichen Regelung im zugrundeliegenden Rechtsverhältnis (meist Dienstvertrag), in der dem Angestellten die Prokura zugesagt wird, kann nicht auf **Erteilung der Prokura** geklagt werden (zu den sonstigen Ansprüchen bei Nichterteilung der Prokura vgl. RdNr. 62 ff.).[139] Dies folgt aus der zwingenden Vorschrift des § 52 Abs. 1, wonach die **Prokura** „ohne Rücksicht auf das der Erteilung zugrundeliegende Rechtsverhältnis **jederzeit widerruflich**" ist. Jederzeitige Widerruflichkeit und Ausschluß eines Anspruchs auf Prokuraerteilung beruhen zum einen darauf, daß der Inhaber angesichts der Unbeschränkbarkeit der Prokura (§ 50 Abs. 1) vor einer Selbstentmündigung geschützt werden muß und zum anderen auf dem – angesichts der umfassenden Vertretungsmacht des Prokuristen unverzichtbaren – persönlichen Vertrauensverhältnis zwischen Inhaber und Prokurist.[140] Dies gilt auch, wenn zugunsten eines Dritten die Prokuraerteilung versprochen wird[141] oder wenn der Prokurist im Innenverhältnis keine Rechtsmacht haben soll.[142] Die Prokuraerteilung kann schließlich auch nicht über die Naturalrestitution mittels eines Schadensersatzanspruchs erzwungen werden.[143]

Mit der hM[144] ist bei einer **gesellschaftsvertraglichen Regelung**, mit der **zugunsten ei-** 61
nes Gesellschafters – in der Praxis meist eines geschäftsführenden Kommanditisten – ein **Anrecht** auf Prokura begründet wird, eine **Ausnahme** von dem ungeschriebenen Grundsatz der fehlenden Durchsetzbarkeit eines Prokuraversprechens zu machen. Diese Ausnahme rechtfertigt sich damit, daß der gesellschaftsvertragliche Anspruch sich nicht gegen die Gesellschaft, die analog § 52 Abs. 1 über die Prokura frei entscheiden können muß, sondern gegen die Mitgesellschafter auf Mitwirkung bei der Prokuraerteilung und damit auf einen internen Geschäftsführungsvorgang der Gesellschaft richtet. Ein solcher interner

---

[131] BAG WM 1979, 1130, 1132 ff.; Staub/*Joost* RdNr. 151.

[132] Der Begriff des leitenden Angestellten iSv. § 14 Abs. 2 KSchG ist enger als derjenige des § 5 Abs. 3 BetrVG 1972.

[133] Zur Auswirkung der Nichterfüllung oder des Widerrufs der Prokura auf eine Möglichkeit zur Kündigung aus § 626 BGB vgl. unten RdNr. 64.

[134] Zu dieser, speziell zur Aufgabe des Erfordernisses der gefahrgeneigten Arbeit, vgl. BAG NZA 1993, 547 ff.; BAGDB 1994, 2096 und BGH NZA 1994, 270 f.; *Richardi* NZA 1994, 241.

[135] Mißverständlich Staub/*Joost* RdNr. 145.

[136] Ebenso BAG AP Nr. 60 zu § 611 BGB „Haftung des Arbeitnehmers" m. Anm. *Schnorr von Carolsfeld*: Einzelprokurist als alleiniger „Geschäftsführer" eines Einzelkaufmanns.

[137] OLG Karlsruhe OLGZ 1987, 211, 213 ff. = BB 1986, 2365 Gesellschafterprokurist einer GmbH; Staub/*Joost* RdNr. 147.

[138] Vgl. BGHZ 91, 1, 3 ff. = NJW 1984, 2366.

[139] Vgl. RGZ 2, 30, 34; 27, 35, 37 ff.; BGHZ 17, 392, 394 = NJW 1955, 1394; BAG NJW 1987, 862, 863; Schlegelberger/*Schröder* § 49 RdNr. 18; *Heymann/Sonnenschein/Weitemeyer* § 48 RdNr. 3; Staub/*Joost* RdNr. 75; *Weimar* MDR 1974, 720; aA ohne Begründung *Grunsky* BB 1973, 194, 195.

[140] Vgl. BGHZ 17, 392, 394 = NJW 1955, 1394; Staub/*Joost* RdNr. 75; vgl. auch § 52 RdNr. 1 f.

[141] RGZ 27, 35, 37 ff.

[142] Vgl. BAG NJW 1987, 862 f.

[143] BAG NJW 1987, 862 f.; Staub/*Joost* RdNr. 83.

[144] RGZ 2, 30, 34 f.; RGZ 27, 35, 40 f.; RG Seufferts Archiv 94 (1940) Nr. 8; RGZ 163, 35, 36 ff.; BGHZ 17, 392, 394 ff. = NJW 1955, 1394; OLG Celle EWiR 1986, 79 m. Anm. *Weipert*; Staub/*Joost* RdNr. 77; *Heymann/Sonnenschein/Weitemeyer* RdNr. 4.

Vorgang ist von der Satzungsautonomie gedeckt, die es zB auch erlaubt hätte, dem entsprechenden Gesellschafter das alleinige Bestimmungsrecht über die Zahl und die Personen aller Prokuristen einzuräumen und ihn dabei von § 181 BGB zu befreien (vgl. auch § 52 RdNr. 4).

62 **b) Auswirkung auf die Vergütung des Prokuristen.** Die Nichterteilung der Prokura berührt den Vergütungsanspruch grundsätzlich nicht (§ 52 Abs. 1),[145] selbst wenn die Vergütung unter Zugrundelegung der Prokura festgesetzt wurde. Eine ausdrückliche vertragliche Verknüpfung eines Lohnbestandteils mit der Prokura verstößt nicht gegen § 52 Abs. 1,[146] muß aber die allgemeinen arbeitsrechtlichen Schranken einer einseitigen vertraglichen Inhaltsbestimmung beachten.

63 **c) Sonstige Ansprüche des Prokuristen bei Nichterteilung der versprochenen Prokura.** Entgegen einer Mindermeinung[147] gebietet es die freie Widerruflichkeit der Prokura (§ 52 Abs. 1), aus der die Undurchsetzbarkeit eines Prokuraversprechens abgeleitet wird (RdNr. 60) **nicht**, das **Prokuraversprechen** als gänzlich **unbeachtlich** bzw. die **Nichterfüllung** des Versprechens als gerechtfertigt anzusehen.[148] Aus der Trennung zwischen Prokura und zugrundeliegendem Rechtsverhältnis, die gerade in § 52 Abs. 1 bezüglich der Vergütung zum Ausdruck kommt, sowie aus dem beschränkten Zweck der freien Widerruflichkeit – nur Schutz der Entscheidungsfreiheit über die Person des Prokuristen – folgt vielmehr, daß nur die rechtliche Durchsetzbarkeit des Prokuraversprechens und ein wirtschaftlicher Druck, der die Durchsetzung der Erteilung faktisch ermöglichen würde, ausgeschlossen sind. Die Nichterfüllung des Prokuraversprechens kann daher grundsätzlich die Grundlage von andersartigen Ansprüchen sein.[149]

64 So ist das Recht des Arbeitnehmers, bei versprochener, aber nicht erteilter Prokura aus **wichtigem Grund fristlos** zu **kündigen** (§ 626 Abs. 1 BGB), anerkannt, wenn den Arbeitnehmer die Nichterteilung unzumutbar diskriminiert.[150] Dies ist begrifflich zu eng. Ein wichtiger Grund ist anzunehmen, wenn die Prokura unternehmenstypisch mit einer bestimmten Hierarchieposition verbunden ist, in der sich der Arbeitnehmer befindet. Im Falle der abredewidrigen grundlosen Nichterteilung sowie des grundlosen Entzugs der Prokura steht dem Arbeitnehmer des weiteren ein **Schadensersatzanspruch gemäß § 628 Abs. 2 BGB** zu.[151] Da insoweit Vertragsverletzungen vorliegen, kommen auch ohne Kündigung aus wichtigem Grund Schadensersatzansprüche wegen **pVV** in Betracht,[152] wobei allerdings nur selten ein Vermögensschaden gegeben sein wird.[153] Scheitert bereits der Abschluß des Anstellungsvertrags an der Nichteinlösung der Prokurazusage, können dem Arbeitnehmer Ansprüche wegen **c.i.c.** zustehen.[154] Hingegen scheiden **deliktische Ansprüche** regelmäßig mangels Verletzung eines Rechtsguts im Sinne des § 823 Abs. 1 BGB aus.[155]

65 **d) Verpflichtung zur Nichterteilung der Prokura.** Da die freie Widerruflichkeit (§ 52 Abs. 1) nur vor den Gefahren der Prokura schützen soll, ist die Verpflichtung, jemanden

---

[145] Staub/*Joost* RdNr. 79; *Weimar* MDR 1974, 720.

[146] BAG AP BertrAVG § 1 Nr. 12 Wartezeit m. Anm. *Blomeyer.*

[147] Staub/*Joost* RdNr. 84.

[148] Vgl. BAG AP BGB § 628 Nr. 5; BAG NJW 1987, 862 f.; ArbG Ludwigsburg BB 1973, 90; Heymann/*Sonnenschein/Weitemeyer* RdNr. 3; *Grunsky* BB 1973, 194, 195.

[149] Vgl. vorherige Fn.

[150] RAGE 3, 281, 283; BAG AP Nr. 5 zu § 628 BGB; offengelassen von BAG NJW 1987, 862 f.; für einen wichtigen Grund auch Staub/*Joost* RdNr. 80 f. unter Berufung darauf, daß für § 626 Abs. 1 BGB eine Rechtswidrigkeit nicht erforderliche ist.

[151] HM, RAGE 3, 281, 284 f.; BAG AP BGB § 628 Nr. 5; BAG AP KSchG 1969 § 4 Nr. 8 m. Anm. *Wolf;* Heymann/*Sonnenschein/Weitemeyer* RdNr. 3; aA Staub/*Joost* RdNr. 87.

[152] BAG AP KSchG 1969 § 4 Nr. 8 m. Anm. *Wolf; Grunsky* BB 1973, 194, 195; Schlegelberger/*Schröder* § 49 RdNr. 18; Heymann/*Sonnenschein/Weitemeyer* RdNr. 3; bei gesellschaftsvertraglicher Basis des Prokuraversprechens auch RGZ 2, 30, 35; RGZ 163, 35, 38; nur für diese Fälle Staub/*Joost* RdNr. 82, 84.

[153] BAG AP KSchG 1969 § 4 Nr. 8 unter D m. Anm. *Wolf;* insoweit ebenso Staub/*Joost* RdNr. 84.

[154] *Grunsky* BB 1973, 194, 195; aA Staub/*Joost* RdNr. 85.

[155] ArbG Ludwigsburg BB 1973, 90; Staub/*Joost* RdNr. 85.

nicht zum Prokuristen zu ernennen, ohne weiteres wirksam. Sie hat allerdings nur schuld-rechtliche Wirkung und steht wegen der Unbeschränkbarkeit der Vertretungsmacht der Wirksamkeit der dennoch erteilten Prokura nicht entgegen.[156]

4. Prozessrechtliche Stellung. Der Prokurist ist rechtsgeschäftlicher Vertreter und daher 66 als **Zeuge** und **nicht** als **Partei** zu vernehmen, selbst wenn er auch Gesellschafter ist.[157]

5. Verantwortlichkeit gegenüber der Allgemeinheit. Da der Prokurist kein gesetzli- 67 cher Vertreter ist, trifft ihn nicht die generelle Verantwortlichkeit für **Ordnungswidrigkei-ten** des Unternehmens gemäß § 130 Abs. 2 Nr. 1, 2 OWiG. Er ist nur verantwortlich, wenn er beauftragt ist, den Betrieb oder das Unternehmen ganz oder zum Teil zu leiten (§ 130 Abs. 2 Nr. 3 OWiG). Gleiches gilt für die Verletzung **strafrechtlicher** Pflichten durch das Unternehmen (§ 14 Abs. 2 StGB). Entgegen mißverständlicher Formulierung knüpfen auch die **steuerrechtlichen Pflichten** der §§ 35, 34 AO, bei deren mindestens grob fahrlässiger Verletzung der Prokurist gemäß § 69 AO haftet, nicht allein an die Vertre-terstellung an, sondern setzen eine interne Kompetenzzuweisung oder eine Überschreitung der internen Pflichtenbindung durch den Prokuristen voraus.[158]

6. Zivilrechtliche Außenhaftung. Für ein **persönliches deliktisches Handel**n (zB 68 §§ 823 Abs. 1, 823 Abs. 2, 826 BGB) haftet der Prokurist dem Geschädigten unmittelbar, auch wenn er für das Unternehmen oder sogar in dessen Interesse gehandelt hat.[159] Aller-dings kommt ein Befreiungsanspruch des Prokuristen gegen den Kaufmann nach arbeits-rechtlichen Grundsätzen in Betracht. Ist eine Straf- oder Ordnungswidrigkeitsnorm Schutzgesetz im Sinne des § 823 Abs. 2 BGB und ist der Prokurist gemäß §§ 14 Abs. 2 StGB, 9 OWiG verantwortlich, kann auch ein **Unterlassen** die Haftung begründen.[160] Dies gilt auch im Rahmen von § 826 BGB, nicht aber bei § 823 Abs. 1 BGB. Die – nicht überzeugenden[161] – Ausführungen des BGH im sog. Baustoffall[162] wären auf den Prokuri-sten nur übertragbar, wenn dieser intern eine besondere Verantwortung übernommen hätte.

Außerdeliktisch haftet der Prokurist Dritten grundsätzlich nicht, solange er nur als Ver- 69 treter handelt. Überschreitet er jedoch seine Vertretungsmacht (§ 179 BGB), erzeugt er ein besonderes persönliches Vertrauen in seine Person, oder hat er ein besonderes wirtschaftli-ches Eigeninteresse, kommt seine persönliche Einstandspflicht in Betracht (vgl. vor § 48 RdNr. 94 ff., 101 ff.). Der Prokurist einer Vorgesellschaft fällt nicht unter die Handeln-denhaftung der §§ 11 Abs. 2 GmbHG, 41 Abs. 1 S. 2 AktG (BGHZ 66, 359, 361 = NJW 1976, 1685).

VIII. Gesamtprokura

1. Grundlagen. a) Verhältnis zum allgemeinen Institut der Gesamtvertretung und 70 **Einordnung.** § 48 Abs. 2 läßt die Gesamtprokura zu, die einen Unterfall des allgemeinen Rechtsinstituts der Gesamtvertretung mit seinem Regelungsschwerpunkt bei der organ-schaftlichen Gesamtvertretung[163] darstellt. Die Gesamtprokura wird ganz allgemein defi-

[156] Vgl. OLG Koblenz GmbHR 1986, 430, 431 f.
[157] RGZ 102, 328, 331; Staub/*Joost* RdNr. 152; *Lepke* DB 1969, 1591 f. für Kommanditisten mit Prokura.
[158] BFH DB 1984, 2546 noch zur Vorgängerrege-lung des § 108 RAO; Staub/*Joost* RdNr. 153.
[159] Vgl. zB BGH DB 1966, 336 f. zu § 826; zur Nichtanwendung der arbeitsrechtlichen Haf-tungsprivilegierung im Außenverhältnis vgl. BGHZ 108, 305 ff. = NJW 1989, 3273.
[160] Zur Reichweite der generellen Gesamtver-antwortung bei Aufgabenverteilung vgl. BGHSt 37, 106 ff. (Erdal-Lederspray).
[161] Vgl. *Krebs/Dylla-Krebs* DB 1990, 1271; *Me-dicus*, Festschrift für Lorenz, 1991, S. 155, 160; *H.P.*

Westermann DNotZ 1991, 813, 816; *Dreher* ZGR 1992, 22, 33; *Lutter* ZHR 157 (1993), 464; differen-zierend *Grunewald* ZHR 157 (1993), 451; dem BGH grundsätzlich zustimmend *Brüggemeier* AcP 191 (1991), 33, 51 ff.; Scholz/*Schneider* GmbHG § 43 RdNr. 230; *von Bar*, Festschrift für Kitagawa, 1992, S. 279.
[162] BGHZ 109, 297 ff. = NJW 1990, 976 ff.; im wesentlichen folgend: OLG Köln BB 1993, 747 f.; enger: OLG Koblenz GmbHR 1992, 387.
[163] Vgl. insbesondere § 35 Abs. 2 S. 2 GmbHG; § 25 Abs. 1 GenG; § 78 Abs. 2 S. 1 AktG; § 125 Abs. 2 bis 4 HGB; § 150 HGB; § 26 Abs. 2 S. 1 BGB; § 1629 Abs. 1 S. BGB.

niert als Prokuraerteilung an mehrere Personen gemeinschaftlich. Folglich können grundsätzlich die **allgemeinen Regeln** zur Gesamtvertretung **lückenfüllend** herangezogen werden, weshalb es zB zur wirksamen Aktivvertretung grundsätzlich des gemeinschaftlichen Handelns der Gesamtprokuristen bedarf. Rechtsanalog zu den §§ 125 Abs. 2 S. 2, 150 Abs. 2 S. 1 HGB, 78 Abs. 4 AktG, 25 Abs. 3 GenG kann jedoch einem Gesamtprokuristen durch die anderen Gesamtvertreter **für bestimmte Geschäfte Einzelvertretungsmacht** erteilt werden (näher RdNr. 99). Rechtsanalog zu den §§ 28 Abs. 2, 1629 Abs. 1 S. 2 BGB, 125 Abs. 2 S. 3, 150 Abs. 2 S. 2 HGB, 35 Abs. 2 S. 3 GmbHG, 78 Abs. 2 S. 2 AktG, 25 Abs. 1 S. 3 GenG, 171 Abs. 3 ZPO sind die Gesamtprokuristen generell zur **Empfangnahme von Erklärungen** einzelvertretungsberechtigt.[164]

71 Die Gesamtprokura ist keine Durchbrechung des § 50 Abs. 1, denn sie beschränkt nicht den sachlichen Umfang der Prokura, sondern stellt nur ein besonderes personales Erfordernis an die Ausübung der Prokura (eine persönliche Beschränkung) dar.[165] Soweit es um die persönliche Beschränkung geht, unterfällt sie den allgemeinen Prokuraregeln, insbesondere dem Ausdrücklichkeitsgebot und der deklaratorischen Wirkung der Eintragung im Handelsregister.

72 **b) Normzweck – Bedeutung.** Die Gesamtprokura ist das zentrale Instrument zur **Verhinderung fehlerhafter und mißbräuchlicher Handlungen** der Prokuristen (Vieraugenprinzip). Sie dürfte angesichts des weiten und unbeschränkbaren Umfangs der Prokura in der Praxis den Regelfall bilden. Sie dient, was bei der Auslegung des § 48 Abs. 2 zu berücksichtigen ist, ausschließlich dem Interesse des Kaufmanns[166] und bedeutet daher einen wesentlichen Einschnitt in den – ansonsten in den §§ 48 ff. im Mittelpunkt stehenden – Verkehrsschutz. Mehr noch als der Ausschluß der Grundlagengeschäfte aus dem Umfang der Prokura ist die Gesamtprokura Grund dafür, daß die Bezeichnung des Prokuristen als „alter ego des Kaufmanns" heute unzutreffend ist.[167]

73 **2. Formen der Gesamtprokura. a) Echte Gesamtprokura.** Alleiniger Gegenstand von § 48 Abs. 2 ist die echte Gesamtprokura im weiteren Sinne, dh. die **gemeinschaftliche Vertretung durch mehrere Prokuristen**. Eine Unterform ist die **allseitige Gesamtprokura** (echte Gesamtprokura im engeren Sinne), bei der jeder Gesamtprokurist nur gemeinschaftlich mit allen anderen Gesamtprokuristen aktiv vertreten kann.[168] Unter einer **Gruppenprokura**[169] versteht man eine Prokura, bei der der Einzelne einer größeren Zahl von Gesamtprokuristen nur mit einem bestimmten anderen oder einer bestimmten Gruppe von Gesamtprokuristen handeln kann.

74 Problematisch erscheint die – ganz herrschend[170] bejahte – Zulässigkeit der **halbseitigen Gesamtprokura** zwischen einem Einzelprokuristen und einem Gesamtprokuristen, denn sie widerspricht dem **Funktionalitätsgebot**: Zwar kann der Gesamtprokurist nicht ohne den Einzelprokuristen, dieser kann aber jederzeit allein handeln. Die halbseitige Gesamtprokura erfüllt somit nicht die Funktion der Prokura, eine (zusätzliche) Vertretungsmöglichkeit im Umfang der Prokura zu schaffen.

---

[164] Vgl. näher RdNr. 102; zur Prokura mit einem gesamtvertretungsberechtigten Geschäftsführer siehe OLG Hamm BB 1983, 1303 m. krit. bzw. abl. Anm. *Bräutigam* BB 1983, 1629 und *Ziegler* Rpfleger 1984, 5.

[165] So schon *von Hahn,* Kommentar zum ADHGB, 4. Aufl. 1894, Art. 51 § 5 zur Vorgängerregelung; vgl. auch Staub/*Joost* RdNr. 94.

[166] Vgl. Staub/*Joost* RdNr. 89; *Kötter,* Festschrift für Hefermehl, 1976, S. 75 f.

[167] Vgl. hierzu, sowie zur historischen Entwicklung der Gesamtprokura *Kötter,* Festschrift für Hefermehl, 1976, S. 75 ff.

[168] Bei einer Vielzahl von Prokuristen kann diese Form der Gesamtprokura das Vieraugenprinzip nur

unvollkommen verwirklichen, da die Möglichkeit besteht, sich jeweils den Mitprokuristen herauszusuchen, der am ehesten zur zweiten Unterschrift bereit ist.

[169] Vgl. *Heymann*/*Sonnenschein*/*Weitemeyer* RdNr. 23; *Gierke*/*Sandrock* § 22 VII 2 b (359).

[170] BGHZ 62, 166, 170 ff. = NJW 1974, 1194; OLG Neustadt DNotZ 1963, 760 (LS); Staub/*Joost* RdNr. 101; *Heymann*/*Sonnenschein*/*Weitemeyer* RdNr. 24; *Canaris* § 14 III 4 c (209); kritisch: *Kötter,* Festschrift für Hefermehl, 1976, S. 75, 99; *Harrer* RdW 1984, 34, 36; *Reinert,* Unechte Gesamtvertretung und unechte Gesamtprokura im Recht der Aktiengesellschaft, 1990, 119 ff.

Das Funktionalitätserfordernis wird als zwingendes Prinzip der handelsrechtlichen Vollmacht stillschweigend vorausgesetzt (näher vor § 48 RdNr. 32 ff.), aber nicht konsequent beachtet. Mit ihm wird begründet, daß einem (einzelvertretungsberechtigten) gesetzlichen Vertreter nicht zusätzlich Prokura[171] und einem Einzelprokuristen nicht zusätzlich Handlungsvollmacht erteilt werden kann,[172] sowie daß die Bestellung eines allein lediglich passiv vertretungsberechtigten Gesamtprokuristen selbst bei beabsichtigter Bestellung eines weiteren Gesamtprokuristen unwirksam ist;[173] ebenso wird eine gemischte Gesamtvertretung zwischen einem Prokuristen und dem Inhaber von der hM für unzulässig gehalten.[174] **75**

Die Abweichung der halbseitigen Gesamtprokura vom Funktionalitätsgrundsatz wird damit gerechtfertigt, daß (immerhin) eine **passive Vertretungsmacht** entstehe.[175] Diese entspricht jedoch gerade nicht dem vom Gesetz als unbeschränkbar ausgestalteten Umfang der Prokura und wird auch von demselben Autor bei der Erteilung einer isolierten Gesamtprokura ohne zweiten Gesamtprokuristen nicht für ausreichend gehalten.[176] Zur Rechtfertigung der halbseitigen Gesamtprokura wird vor allem angeführt, daß der Vertretene ein **berechtigtes Interesse** an ihr haben könne, zB um eine interne Mitwirkungsbefugnis des Gesamtprokuristen für seinen Zuständigkeitsbereich anzuzeigen.[177] Dagegen ist einzuwenden, daß die Prokura vorrangig nicht den Interessen des Vertretenen, sondern dem Verkehrsschutz dient. Aufgrund der einschneidenden Wirkung der Gesamtvertretungsmacht für den Verkehrsschutz bedarf es im Verhältnis zum Rechtsverkehr einer besonderen Rechtfertigung für die Ausdehnung der Gesamtprokura. Wenn die hM im Ergebnis ein innerorganisatorisches Bedürfnis als Rechtfertigung für eine Vertretungskonstruktion ausreichen läßt, mißachtet sie die Trennung von Vertretung und zugrundeliegendem Rechtsverhältnis. Wie § 50 Abs. 1 aber zeigt, sollen für den Rechtsverkehr **innerorganisatorische Beschränkunge**n außer acht bleiben, so daß es nicht zulässig sein kann, allein deswegen unter **Durchbrechung des Funktionalitätserfordernisses** eine neue Vertretungsform zu schaffen. Im übrigen ist die genannte innerorganisatorische Funktion – der Bekanntmachung besonderer interner Mitwirkungsbefugnisse des Prokuristen – nicht notwendiger oder auch nur überwiegend wahrscheinlicher Zweck dieser Konstruktion: Zumindest ebenso großes Gewicht hat der Wunsch des Vertretenen nach einer ungefährlicheren Titularprokura (Prokura ohne effektive Vertretungsmacht). Der innerorganisatorische Zweck der Konstruktion ist somit für den Verkehr nicht ohne weiteres zu erkennen. **76**

b) Gemischte Gesamtvertretung (unechte Gesamtprokura). Als unechte Gesamtprokura (gemischte Gesamtvertretung) bezeichnet man die von § 48 Abs. 2 nicht geregelte Gesamtvertretung zwischen einem Prokuristen und einem Vertreter, dessen Vertretungsmacht auf einer anderen Grundlage beruht (zB gemeinschaftliche Vertretung mit einem gesetzlichen Vertreter). **77**

aa) Meinungsstand. Unbestritten zulässig ist die echte gemischte Gesamtvertretung zwischen einem **echten Gesamtprokuristen** und einem **echten gesetzlichen Gesamtvertreter**. Nach heute h.M. sind dabei zwei Fallgruppen (Klassen) der gemischten Vertretung zu unterscheiden: die **Bindung des gesetzlichen Vertreters an die Mitwirkung des Prokuristen**, die vom Gesetz in den §§ 125 Abs. 3 HGB, 78 Abs. 2 AktG und 25 Abs. 2 **78**

---

[171] HM: vgl. Staub/*Joost* RdNr. 30; Heymann/*Sonnenschein/Weitemeyer* RdNr. 10; Schlegelberger/*Schröder* RdNr. 12; *Straube/Schinko* RdNr. 19; Baumbach/*Hopt* RdNr. 2; aA *Canaris* § 14 II 1 c (203); *K. Schmidt* HandelsR § 16 III 2 c (470 f.).

[172] Staub/*Joost* § 54 RdNr. 17; *Straube/Schinko* § 54 RdNr. 3; Schlegelberger/*Schröder* § 54 RdNr. 2; Heymann/*Sonnenschein/Weitemeyer* § 54 RdNr. 13; GK-HGB/*Nickel* § 54 RdNr. 6; Baumbach/*Hopt* § 48 RdNr. 7. ·

[173] HM: KG JW 1938, 876; OLG Hamm DNotZ 1968, 445 f. mit Anm. *Braun;* OLG Stuttgart Rpfle-

ger 1969, 245; OLG Frankfurt DB 1973, 1234 m. Anm. *Lüdtke-Handjery* DB 1973, 2502; Staub/*Joost* RdNr. 96; vgl. aber auch BGHZ 62, 166, 173 f. = NJW 1974, 1194, wo aus registerökonomischen Gründen eine Eintragungsfähigkeit bejaht wurde.

[174] *Canaris* § 14 III 4 d (209); Schlegelberger/*Schröder* RdNr. 20; Heymann/*Sonnenschein/Weitemeyer* RdNr. 29; GK-HGB/*Nickel* RdNr. 15.

[175] Staub/*Joost* RdNr. 101.

[176] Staub/*Joost* RdNr. 96 mit weit. Nachw.

[177] BGHZ 62, 166, 171 f. = NJW 1974, 1194; Staub/*Joost* RdNr. 101 f.; *Canaris* § 14 III 4 c (209).

GenG geregelt sei, und die **Bindung des Prokuristen an die Mitwirkung des gesetzlichen Vertreters**,[178] die nicht geregelt, aber zulässig sei. Im erstgenannten Fall sollen Prokurist und gesetzlicher Vertreter die Gesellschaft im Umfang der Vertretungsmacht des gesetzlichen Vertreters,[179] im letztgenannten im Umfang der Prokura vertreten können.[180]

79 Der Prokurist müsse nicht als echter Prokurist allein oder mit einem anderen Prokuristen zusammen zur Ausübung der Prokura berechtigt sein: Zulässig sei die Beschränkung seiner Vertretungsmacht **ausschließlich** auf eine **gemischte Gesamtvertretung**.[181] Er sei in diesem Fall nicht Gesamtprokurist, sondern „Einzelprokurist mit Beschränkung".[182] Den gesetzlichen Vertreter von der gesetzlichen Vertretungsmacht auszuschließen und auf ein Handeln mit einem Prokuristen zu beschränken, soll dagegen unzulässig sein: Mangels gesetzlicher Vertretungsmacht sei er dann kein gesetzlicher Vertreter mehr, so daß es auch keine gemischte Gesamtvertretung geben könne.[183] Jede der möglichen Konstellationen der gemischten Gesamtvertretung zwischen Prokurist und gesetzlichem Vertreter soll im übrigen ebenso für den gesetzlichen Einzelvertreter wie für den gesetzlichen Gesamtvertreter und für den Prokuristen möglich sein.[184] Eine **halbseitige gemischte Gesamtvertretung**, bei der auf einer Seite ein einzelvertretungsberechtigter Vertreter steht, soll dementsprechend ebenfalls zulässig sein.[185]

80 Bei der **GmbH & Co. KG** soll die zulässige gemischte Gesamtvertretung zwischen dem Prokuristen der GmbH & Co. KG auf der einen und der GmbH als gesetzlichem Vertreter auf der anderen Seite bestehen.[186] Eine gemischte Gesamtvertretung zwischen dem Prokuristen der GmbH & Co. KG und dem gesetzlichen Vertreter der Komplementär-GmbH sei dagegen unzulässig.[187]

81 Eine Meinung hält sogar die **gemischte Gesamtvertretung zwischen Prokurist und Inhaber** dergestalt für möglich, daß der Prokurist an die Mitwirkung des Inhabers gebun-

---

[178] Für Unzulässigkeit letzterer aber *Kötter*, Festschrift für Hefermehl, 1976, S. 75, 95 ff., 100 f.; *Honsell* JA 1984, 17, 21; *Beuthien/Müller* DB 1995, 461 ff.

[179] RGZ 134, 303, 305 ff.; BGHZ 13, 61, 64 = NJW 1954, 1158; BGHZ 62, 166, 170 = NJW 1974, 1194; BGHZ 99, 76, 81 = NJW 1987, 841; *Staub/Joost* RdNr. 119; *Canaris* § 14 III 4 b (207); Heymann/ *Sonnenschein/Weitemeyer* RdNr. 32; Baumbach/*Hopt* § 49 RdNr. 3; *K. Schmidt* HandelsR § 16 III 3 c cc ccc (479); *Münch*, Gesamtvertretung im Gesellschaftsrecht, Diss. Köln 1989, S. 14 ff.; aA vor der RG-Entscheidung: OLG Celle OLGE 27 (1913) 315, 316 f.; später: OLG München HRR 1939 Nr. 839; HRR 1941 Nr. 37; wohl auch OLG Hamm NJW 1971, 1369, 1371; ausführlich *Reinert*, Unechte Gesamtprokura im Recht der Aktiengesellschaft, 1990, 39 ff.; sowie *Krebs* ZHR 159 (1995), 635, 645 ff.

[180] BGHZ 99, 76, 78 ff. = NJW 1987, 841; *Canaris* § 14 III 4 b (208); Baumbach/*Hopt* § 49 RdNr. 3; *Staub/Joost* RdNr. 119; *Hackbarth* JuS 1994, 496, 498; auch hier für Vertretungsmacht im Umfang organschaftlicher Vertreter *K. Schmidt* HandelsR § 16 III 3 c cc ccc (479); Heymann/*Sonnenschein/Weitemeyer* RdNr. 32; wohl auch *Roth*, Handels- und Gesellschaftsrecht, § 27, 4 (299).

[181] BGHZ 99, 76, 78 = NJW 1987, 841; *Staub/Joost* RdNr. 110; *Pabst* BB 1956, 1055, 1056; OGH Österreich EvBl. 1991/28; OLG Wien HS 9085; *Straube/Schinko* RdNr. 24; aA für Österreich früher *Wahle* ÖJZ 1948, 270 ihm folgend OGH

Österreich HS 1156, 3034; vgl. auch *Harrer* RdW 1984, 34 ff.; ausführlich gegen die hM *Reinert*, Unechte Gesamtvertretung und unechte Gesamtprokura, 1990, S. 119 ff.

[182] BayObLG WM 1970, 333; BayObLG NJW 1971, 810, 811; *Staub/Joost* RdNr. 103; *Spitzbarth* S. 76; *Beuthien/Müller* DB 1995, 461 ff. sehen dies als unvereinbar mit § 50 Abs. 1 an (dazu § 50 RdNr. 3).

[183] Vgl. *Staub/Joost* RdNr. 112; Heymann/ *Sonnenschein/Weitemeyer* RdNr. 28; *Pabst* BB 1956, 1055, 1056.

[184] Vgl. BGHZ 62, 166, 170 = NJW 1974, 1194; BGHZ 99, 76, 78 = NJW 1987, 841; OLG Stuttgart Rpfleger 1969, 245; OLG Hamm DB 1983, 1700, 1701; OLG Düsseldorf BB 1986, 2089; *Staub/Joost* RdNr. 109; *K. Schmidt* HandelsR § 16 III 3 c cc ccc (478); *Canaris* § 14 III 4 b (207).

[185] Vgl. BGHZ 62, 166, 170 = NJW 1974, 1194; BGHZ 99, 76, 79 =NJW 1987, 841; OLG Stuttgart Rpfleger 1969, 245; *Staub/Joost* RdNr. 111; GK-HGB/*Nickel* RdNr. 14; *Stötter* BB 1975, 767, 768; kritisch *Roth*, Handels- und Gesellschaftsrecht, § 27, 4 (299).

[186] Vgl. BayObLG WM 1970, 333; Schlegelberger/*Martens* § 161 RdNr. 112; *Germer* BaWüNotZ 1986, 54, 56; *Grüter* BB 1979, 243, 245; *Stötter* BB 1975, 767, 769; *Staub/Joost* RdNr. 108.

[187] BGH WM 1961, 321, 322; HansOLG Hamburg GmbHRdSch 1961, 128 m. Anm. *Kesselmann*; BayObLG WM 1970, 333 f.; BayObLG NJW 1994, 2965; *Germer* BaWüNotZ 1986, 54, 56; *Grüter* BB 1979, 243, 245; *Staub/Joost* RdNr. 108.

den ist.[188] Daß der „Inhaber" nicht sein eigener „Vertreter" sein könne, wird als rein begriffliches Bedenken abgetan.[189] Umgekehrt besteht Einigkeit darüber, daß sich der Inhaber nicht vertretungsrechtlich an den Prokuristen binden kann, auch nicht, indem er sich selbst zum Gesamtprokuristen bestellt.[190]

Eine gemischte Gesamtvertretung zwischen **Prokurist und Handlungsbevollmächtig-** 82 **tem** wird jedenfalls dann für unzulässig gehalten, wenn der Prokurist der Mitwirkung des Handlungsbevollmächtigten bedarf.[191] Die Rechtsprechung begründet dies damit, daß die Handlungsvollmacht hinter der Prokura zurückbleibe, die gemeinschaftliche Vertretungsmacht folglich nur den Umfang der Handlungsvollmacht haben könne, was gegen § 50 Abs. 1 (Unbeschränkbarkeit der Prokura) verstoße. Nach anderer Begründung[192] soll diese Form der Vertretung daran scheitern, daß die Handlungsvollmacht nicht eintragungsfähig ist.

Eine gemischte Gesamtvertretung mit einem **Vertreter mit sonstiger rechtsgeschäftli-** 83 **cher Vertretungsmacht** (BGB-Vollmacht) ist, wenn diese Vertretungsmacht nicht eintragungsfähig ist, nach allgemeiner Meinung unzulässig.[193] *Joost*[194] hält ausnahmsweise eine gemischte Gesamtvertretung zwischen dem Prokuristen und einem Hauptbevollmächtigten eines ausländischen Versicherungsunternehmens bzw. dem Geschäftsleiter der deutschen Zweigstelle eines ausländischen Kreditinstituts für möglich, da beide einzutragen sind (§§ 106 Abs. 3 S. 4 VAG, 53 Abs. 2 Nr. 1 KWG). Jedoch handelt es sich bei diesen Vollmachten nach richtiger Ansicht nicht um BGB-Vollmachten, sondern um Handlungsvollmachten iSd. § 54 mit einer Erweiterung nach § 54 Abs. 2;[195] denn jeder Vertreter, der aus dem Unternehmen heraus handelt, ist, sofern er nicht gesetzlicher Vertreter oder Prokurist ist, Handlungsbevollmächtigter (näher vor § 48 RdNr. 29 ff.).

bb) Stellungnahme. Entgegen der ganz hM ist de lege lata nur die **echte gemischte** 84 **Gesamtvertretung** als zusätzliche Vertretungsmacht zwischen dem echten Gesamtprokuristen (gemeinsame Ausübung mit anderen Gesamtprokuristen) und dem echten gesetzlichen Gesamtvertreter (gemeinsame Ausübung mit anderen gesetzlichen Gesamtvertretern) als zulässig anzuerkennen:[196] Nur sie ist vom Reichsoberhandelsgericht 1873 rechtsfortbildend geschaffen (ROHGE 8, 337, 340 f.) und vom Gesetzgeber zugelassen (§§ 125 Abs. 3 HGB, 78 Abs. 3 AktG, 25 Abs. 2 GenG[197]) und für eintragungspflichtig erklärt worden (§ 125 Abs. 4 HGB). Daß die in diesen Normen geregelte echte gemischte Gesamtvertretung eine **zusätzliche Vertretungsmacht** beinhaltet, folgt daraus, daß „Prokuristen" bzw. „gesetzliche Vertreter" vorausgesetzt werden und diese Bezeichnungen nur zutreffen, wenn beide als solche vertretungsbefugt sind.[198]

---

[188] OLG Hamm NJW 1971, 1369, 1370; LG Bremen NJW 1963, 2279; *Pabst* BB 1956, 1055, 1056; vgl. Staub/*Joost* RdNr. 104; aA OLG Frankfurt MDR 1973, 764 (unter zutreffender Berufung auf den Funktionalitätsgrundsatz); *Canaris* § 14 III 4 d (209); Schlegelberger/*Schröder* RdNr. 20; *Stötter* BB 1975, 767, 768; Heymann/*Sonnenschein/ Weitemeyer* RdNr. 29; *K. Schmidt* HandelsR § 16 III 3 c cc ccc (478); GK-HGB/*Nickel* RdNr. 15; *Beuthien/Müller* DB 1995, 461, 464.
[189] Vgl. Staub/*Joost* RdNr. 104, allerdings im Widerspruch zu *ders.* RdNr. 30, wenn er dieses Argument für die Unvereinbarkeit von Inhaberstellung und Prokuristenstellung heranzieht; wie hier Heymann/*Sonnenschein/Weitemeyer* RdNr. 29; zweifelnd *K. Schmidt* HandelsR § 16 III 3 c cc ddd (479).
[190] OLG Hamm NJW 1971, 1369, 1370; LG Bremen NJW 1963, 2279; vgl. KG KGJ 48 (1916), 125, 126 f.; Staub/*Joost* RdNr. 105.

[191] Vgl. BGH WM 1961, 321, 322; BB 1964, 151; KG HRR 1940, Nr. 614; OLG München HRR 1941, Nr. 37.
[192] Staub/*Joost* RdNr. 114.
[193] OLG Frankfurt Rpfleger 1976, 314 f.; Staub/*Joost* RdNr. 115.
[194] Staub/*Joost* RdNr. 116, 113.
[195] Vgl. *Bähre/Schneider,* KWG-Kommentar, 3. Aufl. 1986, § 53 Anm. 3; *Szagunn/Wohlschiess,* Gesetz über das Kreditwesen, 5. Aufl. 1990, § 53 RdNr. 10; Heymann/*Sonnenschein/Weitemeyer* § 54 RdNr. 3.
[196] Näher die folgenden RdNr. sowie *Krebs* ZHR 159 (1995), 635, 660 f.
[197] Für die GmbH folgt die Zulässigkeit aus einer Rechtsanalogie zu den genannten Vorschriften, vgl. auch BGHZ 99, 76, 78 = NJW 1987, 841.
[198] Heute nur noch für den gesetzlichen Vertreter allgemein anerkannt vgl. Staub/*Joost* RdNr. 112; Heymann/*Sonnenschein/Weitemeyer* RdNr. 28; *Straube/Schinko* RdNr. 24.

85   Was gesetzliche Vertreter anbelangt, hat der Gesetzgeber die **gemischte Gesamtvertretung lediglich für Gesamtvertreter** zugelassen. Dies ergibt sich für die Personengesellschaft aus § 125 Abs. 3 S. 1 („wenn nicht mehrere zusammen handeln"), der den ergänzenden Charakter der gemischten Gesamtvertretung im Vergleich zu einer Gesamtvertretung der gesetzlichen Vertreter hervorhebt.[199] Bei Aktiengesellschaft und Genossenschaft ist die Gesamtvertretung der gesetzliche Grundfall. Die gemischte Gesamtvertretung wird nur alternativ neben der Möglichkeit der Einzelvertretung zugelassen (vgl. § 78 Abs. 2 S. 1, Abs. 3 S. 1 AktG, 25 Abs. 1 S. 1, Abs. 2 S. 1 GenG). Daß der Gesetzgeber nicht nur von gesetzlichen Gesamtvertretern, sondern auch von Gesamtprokuristen als Beteiligten ausging, folgt im übrigen daraus, daß ihm die – vertretungsrechtlich funktionslose – halbseitige Gesamtvertretung zwischen Einzel- und Gesamtvertreter unbekannt war.

86   Alle anderen Arten der gemischten Gesamtvertretung stellen moderne Rechtsfortbildungen dar, deren Zulässigkeit davon abhängt, ob im Bereich der Prokura bzw. gesetzlichen Vertretungsmacht ein **Erfindungsrecht für neue Vollmachtsarten** besteht.[200] Allein aus der Tatsache, daß diese Arten der Vertretung eintragungspflichtig sind,[201] folgt, daß ihre Zulassung nicht bereits von der allgemeinen Handlungsfreiheit gedeckt wird, sondern einer rechtsfortbildenden – und daher besonders zu rechtfertigenden – Erweiterung des grundsätzlich enumerativen Kreises eintragungspflichtiger Tatsachen bedarf.[202] In keinem der von der hM für zulässig erachteten Fälle wird die Rechtsfortbildung jedoch hinreichend begründet.[203] Zu kritisieren ist inbesondere die – nicht legitimierte – Erfindung des **„Einzelprokuristen mit Beschränkung"**,[204] der nur zusammen mit einem gesetzlichen Vertreter handeln kann: einer Rechtsfigur, die dem Gesetz offensichtlich fremd ist.

87   Die Beschränkung auf wenige zugelassene Vertretungsarten entspricht für die Prokura und die gesetzliche Vertretungsmacht dem **Verkehrsschutz**, dem diese Vertretungsformen mit ihrer unbeschränkbaren Vertretungsmacht primär dienen. Auch bei einem Recht zur Erfindung neuer Vertretungskombinationen würden, wie die hM zeigt, notwendigerweise Zulässigkeitsgrenzen bestehen (vgl. RdNr. 79 ff.), die jedoch für den Rechtsverkehr nicht ohne weiteres erkennbar sind. Insbesondere bei einer nicht eingetragenen gemischten Vollmacht führt die hM dazu, daß der Rechtsverkehr umfassende Überlegungen zur rechtlichen Zulässigkeit der konkreten Vollmachtsart anstellen muß, während sich die nach hier vertretener Auffassung zulässigen Vollmachtsarten unmittelbar aus dem Gesetz ergeben. Unter Zugrundelegung der hM kann sich der Verkehr auch über den **Umfang der Vertretungsmacht** nicht sicher sein, soll es eine gemischte Gesamtvertretung doch sowohl im Umfang gesetzlicher Vertretung als auch im Umfang der Prokura geben (näher RdNr. 78).

88   Darüber hinaus bestehen zusätzliche **Bedenken** gegen einzelne Vollmachtskombinationen: So bedarf es einer **halbseitigen gemischten Gesamtvertretung** vertretungsrechtlich nicht, da keine echte aktive Vertretungsmacht geschaffen wird und für die handelsrechtliche Vertretung der Grundsatz besteht, daß eine Vertretung funktional im Sinne einer tatsächlichen Erweiterung der Vertretungsmöglichkeiten sein muß.[205] Bei der gemischten

[199] *Viehöfer/Eser* BB 1984, 1326, 1327 gegen OLG Hamm DB 1983, 1700.

[200] So die hM vgl. OGH Österreich EvBl. 1991/28 Staub/*Joost* RdNr. 102; vgl. aber auch *ders.* RdNr. 71; *Geitzhaus* GmbHR 1989, 229, 232; *Joussen* WM 1994, 273, 274; *Straube/Schinko* RdNr. 1.

[201] Vgl. auch die ausdrückliche Regelung in § 125 Abs. 4.

[202] Zur grundsätzlichen Enumeration vgl. *K. Schmidt* HandelsR § 13 I c (385 f.); *Canaris* § 4 I 2 b (46); speziell für die Schaffung neuer Vollmachtsarten *Kuttner* DR 1942, 1488; *Beuthien/Müller* DB 1995, 461, 464.

[203] Deutlich Staub/*Joost* RdNr. 102, der einräumt, daß es an einer überzeugenden dogmatischen Rechtfertigung fehlt und diese Vertretungsformen nicht durch § 48 Abs. 2 oder eine andere Norm gedeckt sind, der aber die Praxis dennoch für berechtigt hält, solche Vertretungsformen zu schaffen.

[204] BayObLG WM 1970, 333; BayObLG NJW 1971, 810 f.; OLG Hamm DNotZ 1968, 445, 446 m. Anm. *Braun*; OLG Frankfurt DB 1973, 1234 ff. m. Anm. *Lüdtke-Handjery* DB 1973, 2502; Staub/*Joost* RdNr. 103.

[205] Vgl. dazu näher RdNr. 74 ff.; sowie vor § 48 RdNr. 32 ff., ähnlich wie hier *Reinert*, Unechte Gesamtvertretung und unechte Gesamtprokura, 1990, S. 122 f.

Gesamtvertretung zwischen Inhaber und Gesamtprokuristen sowie gesetzlichem Vertreter mit Einzelvertretungsmacht und Gesamtprokuristen scheitert das – ohnehin abzulehnende[206] – für die Zulässigkeit der halbseitigen Gesamtvertretung angeführte Argument, man wolle ein internes Mitwirkungsrecht des Gesamtprokuristen dokumentieren,[207] überdies daran, daß dieses organisationsrechtlich unzulässig ist; denn damit würde ein Angestellter an der den Organen vorbehaltenen internen Geschäftsführung notwendig beteiligt.[208]

Die grundlegende Unterscheidung der hM zwischen der **Bindung des Prokuristen an** 89 **die Mitwirkung des gesetzlichen Vertreters** und der **Bindung des gesetzlichen Vertreters an die Mitwirkung des Prokuristen** war ursprünglich selbst nach Zulassung der halbseitigen gemischten Gesamtvertretung noch unbekannt.[209] Sie beruht wohl auf der Zulassung der halbseitigen Gesamtvertretung bei der Prokura und auf der – entgegen dem erklärten Willen des Gesetzgebers erfolgten, nicht zu rechtfertigenden[210] – Zuweisung von Vertretungsmacht im Umfang eines gesetzlichen Vertreters in den gesetzlich geregelten Fällen gemischter Gesamtvertretung durch das RG;[211] Hierdurch entstand ein Bedürfnis für eine alternative Kombination mit einer Vertretungsmacht nur im Umfang der Prokura.

cc) Umfang der Vertretungsmacht in gesetzlichen Fällen gemischter Gesamtvertre- 90 **tung.** Nicht ausdrücklich geregelt, aber von zentraler Bedeutung für die vom Gesetz zugelassene echte gemischte Gesamtvertretung und für die Zulässigkeit weiterer Formen der gemischten Gesamtvertretung ist der Umfang der Vertretungsmacht von gesetzlichem Vertreter und Prokuristen bei der **echten gemischten Gesamtvertretung.**

Das Reichsoberhandelsgericht,[212] das diese Art der Vertretung erstmals 1873 für zulässig 91 erklärte, und der HGB-Gesetzgeber[213] sahen es als so selbstverständlich an, daß bei dieser Art gemischter Gesamtvertretung die **Vertretungsmacht nur im Umfang der Prokura** besteht, daß es der HGB-Gesetzgeber für überflüssig ansah, dies auch noch ausdrücklich anzuordnen. Dagegen nimmt seit einer Grundsatzentscheidung des RG aus dem Jahre 1931 die ganz hM an, die gemischte Gesamtvertretung habe jedenfalls dann, wenn es um die Bindung des gesetzlichen Vertreters an die Mitwirkung des Prokuristen gehe,[214] den **Umfang gesetzlicher Vertretungsmacht.**[215] Dies schließt die Vertretungsmacht zur Prokuraerteilung ein.

Hiergegen bestehen derart schwerwiegende Bedenken, daß die hM trotz ihrer langen 92 Tradition und weiten Verbreitung in Rechtsprechung und Literatur de lege lata abzuleh-

---

[206] Vgl. oben RdNr. 76.
[207] Vgl. BGHZ 62, 166, 170 f. = NJW 1974, 1194; *Canaris* § 14 III 4 c (208); Staub/*Joost* RdNr. 111 iVm. RdNr. 101 f.
[208] So für die **Beschränkung des Inhabers** auch die hM: *Canaris* § 14 III 4 d (209); Schlegelberger/*Schröder* RdNr. 20; *Walchshöfer* Rpfleger 1975, 381, 383; Heymann/*Sonnenschein/Weitemeyer* RdNr. 29; *Stötter* BB 1975, 767, 768; tendenziell auch *K. Schmidt* HandelsR § 16 III c cc ccc (478); aA OLG Hamm NJW 1971, 1369, 1370; LG Bremen NJW 1963, 2279; *Pabst* BB 1956, 1055, 1056; Staub/*Joost* RdNr. 104; für **Zulässigkeit beim gesetzlichen Vertreter:** BGHZ 62, 166, 170 = NJW 1974, 1194; Staub/*Joost* RdNr. 111; *Stötter* BB 1975, 767, 768; kritisch hierzu: *Kötter*, Festschrift für Hefermehl, 1976, S. 75, 98 ff.; *Harrer* RdW 1985, 34, 36 ff.
[209] Vgl. OLG Dresden OLGE 28 (1913) 343, 344.
[210] Vgl. näher RdNr. 91 ff.
[211] RGZ 134, 303, 305 ff.
[212] ROHGE 8, 337, 340 f. (noch zum ADHGB).
[213] Denkschrift zum RJA E I S. 79 f. = Schubert/Schmiedel/Krampe II 1 S. 79 f.; Protokolle S. 77–79 = Schubert/Schmiedel/Krampe II 1 S. 323 f.; Denk-

schrift zur RT-Vorl. S. 91 f. = *Schubert/Schmiedel/Krampe* II 2 S. 1025.
[214] Weitergehend für alle Fälle der gemischten Gesamtvertretung zwischen gesetzlichem Vertreter und Prokurist *K. Schmidt* HandelsR § 16 III 3 c cc ccc (479); Heymann/*Sonnenschein/Weitemeyer* RdNr. 32.
[215] RGZ 134, 303, 305 ff.; BGHZ 13, 61, 64 = NJW 1954, 1158; BGHZ 62, 166, 170 = NJW 1974, 1194; BGHZ 99, 76, 81 = NJW 1987, 841; Staub/*Joost* RdNr. 119; Schlegelberger/*Schröder* RdNr. 7; Heymann/*Sonnenschein/Weitemeyer* RdNr. 32; Baumbach/*Hopt* § 49 RdNr. 3; *K. Schmidt* HandelsR § 16 III 3 c cc ccc (479); *Münch*, Gesamtvertretung im Gesellschaftsrecht, Diss. Köln 1989, S. 14 ff.; für Österreich: *Holzhammer*, Allgemeines Handelsrecht und Wertpapierrecht, 5. Aufl. 1994, X G; aA vor der RG-Entscheidung OLG Celle OLGE 27 (1913) 315, 316 f.; später OLG München HRR 1939 Nr. 839; HRR 1941 Nr. 37; wohl auch OLG Hamm NJW 1971, 1369 f.; ausführlich gegen die hM *Reinert*, Unechte Gesamtvertretung im Recht der Gesamtprokura im Recht der Aktiengesellschaft, 1990, S. 39 ff., sowie *Krebs* ZHR 159 (1995), 635, 645 ff.

nen ist, die Vertretungsmacht bei der gemischten Gesamtvertretung also nur den Umfang der Prokura hat.

93   Die hM widerspricht dem **Willen des historischen Gesetzgebers**[216] und läßt sich auch nicht mit der **Unbeschränkbarkeit der Vertretungsmacht** des gesetzlichen Vertreters begründen.[217] Zum einen regelt das Gesetz eben nicht den Umfang der Vertretungsmacht bei der gemischten Gesamtvertretung, sondern nur die Vertretungsmacht gesetzlicher Vertreter (zB § 126 Abs. 2). Der Prokurist ist im Rahmen der gemischten Gesamtvertretung nicht gesetzlicher Vertreter, weshalb er weder nach der ZPO,[218] noch nach anderen, auch strafrechtlichen Haftungsvorschriften oder arbeitsrechtlich[219] als gesetzlicher Vertreter behandelt werden kann. Außerdem kann auch nicht von der „Unbeschränkbarkeit" der Vertretungsmacht auf eine gesetzliche Regelung des Vollmachtsumfangs geschlossen werden, denn sie bezeichnet nur die Unzulässigkeit vertraglicher Beschränkungen des gesetzlichen Umfangs der Vertretungsmacht, nicht den gesetzlichen Umfang der Vertretungsmacht selbst (vgl. § 50 RdNr. 3).

94   Die gesetzliche Anordnung der Anwendbarkeit der allgemeinen Grundsätze zur Passivvertretung durch jeden gemischten Gesamtvertreter (§ 125 Abs. 3 S. 2), sowie die Möglichkeit, einen einzelnen von ihnen für bestimmte Arten von Geschäften zu bevollmächtigen, erlauben keinen Schluß auf die Anwendung der Regeln über die gesetzliche Vertretungsmacht;[220] denn hiermit werden lediglich Regelungen übernommen, die für jede Gesamtvertretung gelten, unabhängig davon, welchen Umfang sie sonst hat (vgl. RdNr. 70). Eher läßt sich aus dem Gesetz, das nur diese Regelungen auch auf die gemischte Gesamtvertretung für anwendbar erklärt, ableiten, daß die Anwendbarkeit der gesetzlichen Gesamtvertretungsregeln hinsichtlich des Umfangs der Vertretungsmacht keinesfalls selbstverständlich ist. Die Möglichkeit, die Prokura gemäß § 49 Abs. 2 zu erweitern, ist zumindest kein Argument für eine Vertretungsmacht im Umfang der gesetzlichen Vertretungsmacht.[221] Denn nahezu unstreitig ist grundsätzlich eine Ausgestaltung der rechtsgeschäftlichen Vollmacht und der Prokura derart, daß sie auch die Fälle exklusiv gesetzlicher Stellvertretung erfaßt, unzulässig (zur Generalvollmacht vor § 48 RdNr. 87).

95   Die **Ausübung der spezifischen gesetzlichen Vertretungsmachtkompetenzen** (Grundlagenentscheidungen, Konkursantrag, Gründungsbericht etc.) durch rechtsgeschäftliche Vertreter ist unzulässig. Denn an die gesetzliche Vertretung knüpfen besondere strafrechtliche (zB § 14 Abs. 1 StGB), öffentlich-rechtliche (zB § 34 AO) sowie allgemeine organisationsrechtliche Pflichten an. So bestehen spezifische Haftungen gegenüber dem eigenen Unternehmen (zB §§ 43 Abs. 2 GmbHG, 93 Abs. 2 AktG) und anderen Rechtsträgern (zB §§ 309 Abs. 2, 317 Abs. 3, 323 Abs. 1 S. 2 iVm. 309 Abs. 2 AktG; Haftung des gesetzlichen Vertreters der Komplementär-GmbH gegenüber der GmbH & Co. KG),[222] was bei der Prokura nicht vorstellbar ist. Diese Haftungen sind selbst gegenüber dem Unternehmensträger nicht im voraus verzichtbar. Sie sind dem Prokuristen, der minderjährig sein kann und der Prokuraerteilung nicht zustimmen muß (einseitige empfangsbedürftige Willenserklärung), auch nicht zumutbar.

96   Einen **Gesamtprokuristen als gesetzlichen Vertreter ohne Haftung** darf es auch bei der gemischten Gesamtvertretung nicht geben.[223] Der Umfang der Vertretungsmacht entsprechend der Prokura wird dadurch bestätigt, daß die Begründung der gesetzlichen Ver-

---

[216] Denkschrift zum RJA E I S. 79 f. = *Schubert/Schmiedel/Krampe* II 1 S. 79 f.; Protokolle S. 77–79 = *Schubert/Schmiedel/Krampe* II 1 S. 323 f.; Denkschrift zur RT-Vorl. S. 91 f. = *Schubert/Schmiedel/Krampe* II 2 S. 1025.
[217] So aber RGZ 134, 303, 305 f.
[218] So ausdrücklich selbst RGZ 134, 303, 304.
[219] OGH Österreich Evidenzblatt 1984/71.
[220] So aber RGZ 134, 303, 307.
[221] So aber RGZ 134, 303, 306.

[222] Zum dahinterstehenden Prinzip der Haftung für sorgfaltswidrige Leitung vgl. *Krebs,* Geschäftsführungshaftung bei der GmbH & Co. KG und das Prinzip der Haftung für sorgfaltswidrige Leitung, 1991, S. 154 ff., 232 ff.
[223] Vgl. BGHZ 64, 72, 75 = NJW 1975, 1117 wonach die Ermächtigung eines gesetzlichen Gesamtvertreters keine rechtsgeschäftliche Vollmacht begründe, weil ein gesetzlicher Vertreter nicht zugleich rechtsgeschäftliche Vollmacht haben könne.

tretungsmacht und die zusätzliche Zulassung halbseitiger Gesamtvertretung dazu geführt haben, daß es bei der gemischten Gesamtvertretung Vertretungsmacht sowohl im Umfang der Prokura als auch im Umfang gesetzlicher Vertretungsmacht, nach Wahl und von außen grundsätzlich nicht erkennbar, geben soll. Dies ist mit dem vom Gesetz in den §§ 48 ff. in den Mittelpunkt gerückten Verkehrsschutz nicht vereinbar.

Nach alledem kann im Fall der echten gemischten Gesamtvertretung zwischen einem **97** echten Gesamtprokuristen und einem echten gesetzlichen Gesamtvertreter Vertretungsmacht nur in dem Umfang bestehen, in dem sich die jeweiligen Gesamtvertretungsbefugnisse überschneiden.[224] Da die in der Vertretungsmacht des Prokuristen enthaltenen Handlungen in der des gesetzlichen Vertreters vollständig enthalten sind, hat die gemeinsame Vertretungsmacht (nur) den Umfang der Prokura.

3. Ausübung der Gesamtprokura/gemischten Gesamtvertretung. a) Aktive Voll- 98 machtsausübung. Die aktive Ausübung der Gesamtprokura bzw. gemischten Gesamtvertretung kann durch gleichzeitige Erklärungen am selben Ort, aber auch durch **Erklärungen an verschiedenen Orten und zu unterschiedlicher Zeit** ausgeübt werden.[225] Daher kann der Tätigkeit eines zunächst als Vertreter ohne Vertretungsmacht handelnden Gesamtvertreters **nachträglich zugestimmt** werden. Die §§ 180 S. 1, 182 bis 184 BGB finden analoge Anwendung.[226] Die Genehmigung kann auch stillschweigend erfolgen[227] und sowohl gegenüber dem anderen Vertragsteil als auch gegenüber dem Gesamtprokuristen[228] erklärt werden.[229] Die zu genehmigende Willenserklärung muß im Zeitpunkt der Genehmigung noch bestehen, da erst die Erklärung beider Gesamtvertreter eine wirksame Erklärung begründet. Bis dahin soll der erste Gesamtvertreter seine Erklärung noch widerrufen können.[230]

Eine **vorherige Zustimmung** (Ermächtigung) – der Sache nach die Erteilung von Ein- **99** zelvollmacht – ist in Rechtsanalogie zu den §§ 125 Abs. 2 S. 2 HGB, 78 Abs. 4 AktG, 25 Abs. 3 GenG zulässig,[231] zum Schutz des Vertretenen und zur Aufrechterhaltung der Natur der Gesamtvertretung allerdings nur für einzelne Geschäfte oder einzelne Arten von Geschäften zulässig.[232] Sie ist nicht eintragungsfähig.

Streitig ist, ob rechtstechnisch nur die **vorherige Zustimmung**[233] oder (auch) eine **echte 100 Bevollmächtigung** einer der beiden Gesamtvertreter möglich ist.[234] Die vom BGH für die Unzulässigkeit einer echten Bevollmächtigung beim gesetzlichen Vertreter angeführte Begründung – ein gesetzlicher Vertreter könne nicht auch eine rechtsgeschäftliche Vollmacht haben – erfaßt die Prokura nicht. Allerdings ist diese Art der Vollmachtserteilung für den Gesamtvertreter, dem Einzelvertretungsmacht erteilt wird, ein In-sich-Geschäft,[235] so daß es einer Befreiung vom Selbstkontrahierungsverbot des § 181 BGB bedarf, damit die Einzelvollmacht wirksam erteilt werden kann. Eine solche Vollmacht ist nach allgemeinen

---

[224] So für gemischte Gesamtvertretung zwischen Prokurist und Handlungsbevollmächtigten auch BGH WM 1961, 321, 322; BB 1964, 151; KG HRR 1940, Nr. 614; OLG München HRR 1941 Nr. 37.
[225] Staub/*Joost* RdNr. 122.
[226] MünchKommBGB/*Schramm* § 164 RdNr. 84; Staub/*Joost* RdNr. 123.
[227] RGZ 75, 419, 421 ff.; OLG München BB 1972, 113, 114.
[228] Zur Anwendbarkeit auch des § 174 BGB vgl. BAG NJW 1981, 2374 f.
[229] RGZ 81, 325, 327 ff.; RGZ 101, 342, 343; für Unzulässigkeit noch RGZ 40, 17, 18 f.; RGZ 61, 223, 224 ff.; RGZ 75, 419, 423.
[230] RGZ 81, 325, 329; BGH WM 1976, 1053, 1054; Staub/*Joost* RdNr. 125.
[231] BGHZ 64, 72, 75; Staub/*Joost* RdNr. 127, 122 f.

[232] BGHZ 34, 27, 31 = NJW 1961, 506; BGH WM 1978, 1047, 1048; BGH NJW-RR 1986, 778; für Zulässigkeit befristeter Generalvollmacht OLG Hamburg AG 1959, 286 m. abl. Anm. *Heim* AG 1959, 271 ff. (alle zur gesellschaftsrechtlichen Gesamtvertretung); Schlegelberger/*Schröder* RdNr. 23; Staub/*Joost* RdNr. 123, 128; für Unzulässigkeit einer Generalhandlungsvollmacht *Canaris* § 14 III 4 a (207).
[233] So BGHZ 64, 72, 75 = NJW 1975, 1117 für die gesetzliche Gesamtvertretung; vgl. auch MünchKommBGB/*Schramm* § 164 RdNr. 82; Soergel/*Leptien* § 164 RdNr. 28.
[234] Vgl. RGZ 106, 268, 269; Staub/*Joost* RdNr. 127.
[235] Staub/*Joost* RdNr. 128; aA früher RGZ 106, 268, 269; RGZ 102, 215, 221; vgl. zu § 125 Abs. 2 S. 2 auch BGHZ 64, 72, 74 ff. = NJW 1975, 1117.

Regeln widerruflich. Da es sich um eine besondere Vollmachtsart handelt, muß der Prokurist darauf hinweisen, daß er in Ausübung dieser Vollmacht handelt.[236]

101   Ist ein Rechtsgeschäft formbedürftig, bedürfen die Willenserklärungen aller beteiligten Gesamtvertreter dieser **Form**.[237] Handelt ein Gesamtprokurist unter Vertretung des anderen allein, ist zwar seine Willenserklärung, nicht aber die notwendige Spezialvollmacht bzw. die nachträgliche Genehmigung (vgl. §§ 167 Abs. 2, 182 Abs. 2 BGB) formbedürftig.[238]

102   **b) Passive Vertretung.** Das Gesetz ordnet für die gemischte Gesamtvertretung **passive Alleinvertretungsmacht** zur Empfangnahme von Willenserklärungen für jeden Gesamtvertreter an (§ 125 Abs. 3 S. 2 iVm. Abs. 2 S. 3 HGB, § 178 Abs. 3 S. 3 iVm. Abs. 2 S. 2 AktG, § 25 Abs. 2 S. 2 iVm. Abs. 1 S. 3 GenG). Hierbei handelt es sich, wie aus einer Rechtsanalogie zu den §§ 28 Abs. 2 BGB, 125 Abs. 2 S. 3, 150 Abs. 2 S. 2 HGB, 78 Abs. 2 S. 2 AktG, 25 Abs. 1 S. 3 GenG, 35 Abs. 2 S. 3 GmbHG folgt, um ein allgemeines Prinzip, das daher auch für diese Gesamtprokura gilt.[239] Das Gesetz regelt unmittelbar nur die Empfangnahme von Willenserklärungen. Es ist analog auf rechtsgeschäftsähnliche Erklärungen wie Mahnung, Mängelrügen etc. und auf die prozessuale Zustellung anwendbar. Der empfangende Prokurist muß am Abschluß des Rechtsgeschäfts, auf das sich die Willenserklärung des anderen Teil bezieht, nicht beteiligt gewesen sein.[240]

103   Löst das Schweigen auf eine Erklärung Rechtsfolgen aus (zB kaufmännisches Bestätigungsschreiben, §§ 663 BGB, 91 a HGB), kann die passive Vertretungsmacht den Kaufmann binden.[241] Denn aufgrund der passiven Vertretungsmacht des einzelnen Gesamtvertreters muß er die zugegangene Erklärung gegen sich gelten lassen und ist damit für die unterbliebene Antwort verantwortlich, auch wenn diese auf der Nichtweitergabe der Erklärung durch den Gesamtvertreter beruht.[242] Soweit es für eine Vertrauensschutzhaftung des Inhabers auf den Erhalt der Erklärung eines Dritten ankommt, gilt die gegenüber einem einzelnen Gesamtprokuristen abgegebene Erklärung als dem Inhaber zugegangen.[243] Von der Passivvertretungsmacht des Gesamtvertreters sind dagegen die **aktiven Erklärungen** des Gesamtvertreters im Zusammenhang mit der Entgegennahme der Willenserklärung des Dritten nicht gedeckt, sei es zB die Anerkennung einer Mängelrüge als berechtigt[244] oder die Bildung und Betätigung des Willens zur Annahme eines Vertragsangebotes in den Fällen des § 151 BGB.[245]

104   Die Gesamtprokuristen unterfallen dem **Selbstkontrahierungsverbot** des § 181 BGB mit den dort anerkannten Ausnahmen (Erfüllung einer Verbindlichkeit, Gestattung, lediglich vorteilhaftes oder neutrales Geschäft). Der Tatbestand des § 181 BGB ist bereits erfüllt, wenn ein Gesamtvertreter auf beiden Seiten beteiligt ist oder wenn beide Gesamtvertreter einen von ihnen für bestimmte Geschäfte zur Einzelvertretung bevollmächtigen (vgl. RdNr. 100).

105   Dem Vertretenen werden **Kenntnis und Kennenmüssen** bereits *eines* Gesamtvertreters zugerechnet (§ 166 BGB),[246] sei es, daß der Inhaber aufgrund eines Irrtums eines seiner Vertreter oder daß der Geschäftspartner wegen arglistiger Täuschung eines der Gesamtvertreter anfechten will.[247]

---

[236] Vgl. RGZ 106, 268, 269 m. Nachw.; Staub/*Joost* RdNr. 129.

[237] Vgl. RGZ 106, 268, 269; vgl. aber auch BAG NZA 1985, 429 mit einer Ausnahme in einem Sonderfall.

[238] RGZ 106, 268, 269; RGZ 118, 168, 170 f.; BGH WM 1976, 1063, 1054 (jeweils gesamtvertretungsberechtigte Geschäftsführer).

[239] BGHZ 62, 166, 173 = NJW 1974, 1194; OLG München BB 1972, 113, 114.

[240] OLG München BB 1972, 113, 114.

[241] OLG München BB 1972, 113, 114.

[242] Vgl. BGHZ 20, 149, 152 f. = NJW 1956, 869 zur Gesamtvertretung bei der gesetzlichen Vertretung einer Genossenschaft.

[243] Staub/*Joost* RdNr. 133.

[244] Vgl. Schlegelberger/*Schröder* RdNr. 25.

[245] Vgl. Staub/*Joost* RdNr. 131.

[246] BGHZ 62, 166, 173 = NJW 1974, 1194 (gemischte Gesamtvertretung); BGHZ 20, 149, 153 = NJW 1956, 869 (Gesamtvertretung gesetzlicher Vertreter); Staub/*Joost* RdNr. 134.

[247] Vgl. Staub/*Joost* RdNr. 134.

Die **Verhinderung eines Gesamtprokuristen** erweitert nicht die Vertretungsbefugnis **106** des anderen. Falls dieser nicht mit Hilfe eines dritten Gesamtprokuristen tätig werden kann, ist eine aktive Ausübung der Gesamtprokura solange ausgeschlossen.[248]

Insbesondere für Verhinderungsfälle kann ein Bedarf für eine **zusätzliche Einzelhand-** **107** **lungsvollmacht oder eine Gesamthandlungsvollmacht** mit einem anderen Handlungsbevollmächtigten bestehen. Deren Erteilung ist bei allen Formen der Handlungsvollmacht neben der Gesamtprokura zulässig.[249] Die Handlungsvollmacht kann stillschweigend erteilt werden. Hiervon ist aber nur bei Vorliegen besonderer Anhaltspunkte auszugehen.[250] Tritt ein Gesamtprokurist als Einzelprokurist auf, kann dies für sich keine Rechtsscheinsvollmacht begründen: Da die Erteilung der Prokura und Änderungen einer Gesamt- in eine Einzelprokura ausdrücklich erklärt werden müssen, scheidet eine Rechtsscheinsprokura aus.[251] Ein Vertrauen auf eine mögliche Einzelhandlungsvollmacht oder eine Ermächtigung durch den anderen Prokuristen kann nicht durch ein Auftreten als Einzelprokurist begründet werden. Möglich ist aber das Vorliegen anderer Rechtsscheinsträger für eine Einzelhandlungsvollmacht oder eine entsprechende Ermächtigung durch den Mitprokuristen.

IX. Darlegungs- und Beweislast

Derjenige, der sich auf die Erteilung der Prokura beruft, ist vorbehaltlich § 15 Abs. 2 **108** darlegungs- und beweispflichtig.[252] Obwohl die Gesamtprokura praktisch die Regel ist, geht das Gesetz von der Einzelprokura aus, so daß derjenige, der sich darauf beruft, die Prokura sei nur Gesamtprokura, die Darlegungs- und Beweislast trägt.

§ 49 [Umfang der Prokura]

(1) **Die Prokura ermächtigt zu allen Arten von gerichtlichen und außergerichtlichen Geschäften und Rechtshandlungen, die der Betrieb eines Handelsgewerbes mit sich bringt.**

(2) **Zur Veräußerung und Belastung von Grundstücken ist der Prokurist nur ermächtigt, wenn ihm diese Befugnis besonders erteilt ist.**

Übersicht

[248] Vgl. Staub/*Joost* RdNr. 137; vgl. aber auch BGH WM 1990, 1671 Treuwidrigkeit der Berufung des Vertretenen auf die Gesamtprokura.

[249] RGZ 48, 56, 57 ff. Erteilung einer Handlungsvollmacht an ein gesamtvertretungsberechtigtes Vorstandsmitglied; RGZ 90, 299, 300; BGH WM 1961, 321, 322; WM 1964, 151; LG Siegen Rpfleger 1986, 482.

[250] RGZ 90, 299, 300; BGH WM 1961, 321, 322; BGH WM 1964, 151; zu den Nachweisanforderungen für eine solche Vollmacht gegenüber dem Grundbuchamt LG Siegen Rpfleger 1986, 482.

[251] Staub/*Joost* RdNr. 141; vgl. auch BGH NJW 1988, 1199, 1200: gesamtvertretungsberechtigte Geschäftsführer.

[252] *Baumgärtel/Reinicke*, Handbuch der Beweislast Band 4, 1988, HGB §§ 49, 50 RdNr. 1.

Schrifttum: *Calmon,* Die rechtliche Stellung des Prokuristen im Immobiliarverkehr, 1907; *Joost,* Die Vertretungsmacht des Prokuristen für Anmeldungen zum Handelsregister, ZIP 1992, 463; *K. Hofmann,* Der Prokurist, 6. Aufl. 1990, S. 52; *Pabst,* Gesetzliche und gewillkürte Vertretung einer Handelsgesellschaft, BB 1956, 1055; *Spitzbarth,* Vollmachten im modernen Management. Handlungsvollmacht – Prokura – Generalvollmacht, 2. Aufl. 1989, S. 68; *Weimar,* Aufnahme von Krediten durch Vertreter nach dem HGB, MDR 1980, 993.

I. Grundlagen

1   **1. Normzweck.** Die Norm legt, ergänzt durch § 48 Abs. 2 und § 50 Abs. 3, im Interesse der **Sicherheit des Handelsverkehrs** den sehr weiten und – sieht man von § 48 Abs. 2 und § 50 Abs. 3 ab – zwingenden gesetzlichen Umfang der mit der Prokura verliehenen rechtsgeschäftlichen Vertretungsmacht fest. Über § 49 Abs. 2 hinausgehende Vollmachtserweiterungen sind als solche kein Bestandteil der Prokura. Die Vorschrift ist im Kern unverzichtbarer Bestandteil des Rechts der Prokura.[1]

2   **2. Abgrenzung von Handlungsvollmacht, Generalvollmacht und gesetzlicher Vertretung. a) Handlungsvollmacht.** Die Regelung des § 49 ist Vorbild für die Regelungen zum Vollmachtsumfang bei der Handlungsvollmacht in den §§ 54, 55, 56, was insbesondere in der Art der Umfangsbeschreibung – gesetzliche Umfangsbestimmung der rechtsgeschäftlichen Vollmacht – und der Trennung zwischen allgemeinen, von der Vollmacht umfaßten Geschäften (§§ 49 Abs. 1, 54 Abs. 1, 55 Abs. 1 iVm. 54 Abs. 1) und solchen Geschäften, für die es einer besonderen Vollmacht bedarf (§§ 49 Abs. 2, 54 Abs. 2, 55 Abs. 3), zum Ausdruck kommt.

3   Die Prokura unterscheidet sich von der Handlungsvollmacht zum einen dadurch, daß ihr Umfang zwingend festgelegt ist (§ 50 Abs. 1), und zum anderen dadurch, daß der gesetzli-

---

[1] Vgl. schon Art. 42 ADHGB; de lege ferenda *K. Schmidt* DB 1994, 515, 520.

che Umfang erheblich weiter ist.[2] Während die Generalhandlungsvollmacht lediglich die Geschäfte erfaßt, die ein solches Handelsgewerbe **gewöhnlich** mit sich bringt, bevollmächtigt die Prokura zum Abschluß **aller** (nicht nur der gewöhnlichen) **Geschäfte,** die der **Betrieb irgendeines** (nicht nur eines solchen) **Handelsgewerbes** mit sich bringt. Folglich bedarf der Prokurist einer besonderen Befugnis nur für die Veräußerung und Belastung von Grundstücken (§ 49 Abs. 2), der (General-) Handlungsbevollmächtigte hingegen auch für die Eingehung von Wechselverbindlichkeiten, für die Aufnahme von Darlehen und für die Prozeßführung (§ 54 Abs. 2).

b) Generalvollmacht. Die nicht geregelte Generalvollmacht, die nur im Bereich der **4** nichtorganisationsrechtlichen Tätigkeit zulässig ist (vgl. vor § 48 RdNr. 87), ist richtigerweise für aus dem Unternehmen heraus handelnde Vertreter eine gem. § 54 Abs. 2 erweiterte Generalhandlungsvollmacht, ist also weder außerhandelsrechtliche BGB-Vollmacht, noch eine Sonderform der Prokura und enthält auch nicht notwendig eine Prokura (näher vor § 48 RdNr. 81 f.).

c) Gesetzliche/organschaftliche Vertretungsmacht. Von der Vertretungsmacht der **5** gesetzlichen (organschaftlichen) Vertreter unterscheidet sich die Prokura grundlegend darin, daß sie trotz ihres gesetzlich umschriebenen, sehr weiten Umfangs eine gewillkürte **rechtsgeschäftliche** Vollmacht ist. Auswirkungen hat dies auf den **Umfang der Vollmacht,** denn nach allgemeiner Meinung gibt es einen Bereich, in dem ausschließlich der Inhaber bzw. die gesetzlichen Vertreter oder Mitglieder des Vertretungsorgans wirksam handeln können (Grundlagengeschäfte). Der Unterschied wird auch bei der **gemischten Gesamtvertretung** zwischen einem Prokuristen und einem gesetzlichen Vertreter (persönlich haftender Gesellschafter) bedeutsam (vgl. RdNr. 60).

3. Umfang der Prokura und die Grenzen der Vertretungsmacht. a) Gesetzlich nicht 6 erfaßte Vertretungshandlungen. Das Gesetz läßt unmittelbar nur wenige Vertretungshandlungen erkennen, zu denen die Prokura nicht bevollmächtigt. Dies sind vor allem die **Vertretung des Kaufmanns in privaten Angelegenheiten** (denn diese gehören nicht zum Betrieb eines Handelsgewerbes), die **Erteilung und Übertragung der Prokura** (§§ 48 Abs. 1, 52 Abs. 2), die **Veräußerung und Belastung von Grundstücken** (§ 49 Abs. 2) sowie einige **weitere,** auf den ersten Blick zusammenhangslose **Regelungen** wie zB das Konkursantragsrecht (§§ 103 Abs. 2 iVm. 208 Abs. 1 bzw. 210 Abs. 1 KO), der aktienrechtliche Gründungsbericht (§ 32 Abs. 1 AktG) und die Unterzeichnung des Jahresabschlusses (vgl. § 245 HGB).

b) Historische Entwicklung ungeschriebener Grenzen. Dies, sowie die Tatsache, daß **7** es – bevor sich Ende des 19. Jahrhunderts die Kapitalgesellschaft durchsetzte[3] – häufiger Inhaber von (Einzel-) Handelsgeschäften gab, die sich im wesentlichen auf die Kapitalhingabe beschränkten und den Prokuristen das Geschäft führen ließen, führte zur Bezeichnung des Prokuristen als **alter ego** des Kaufmanns. Der Umfang der Vertretungsmacht wurde von *Thöl*[4] in einem berühmten Beispiel dahingehend veranschaulicht, daß die Prokura so weit reiche, daß sich ein Weinhändler nach Rückkehr von einer Reise als Bankier wiederfinden könne. Inzwischen hat sich jedoch die Erkenntnis durchgesetzt, daß es auch **ungeschriebene Grenzen der Vertretungsmacht** geben müsse.[5] Die hiernach nicht erfaßten Geschäfte, zu denen aufgrund der damit verbundenen Änderung des Unternehmensgegenstandes (vgl. RdNr. 26) auch das Beispiel *Thöls* gehört, werden mit den Begriffen **Prinzipalgeschäft, Bereich der nur organschaftlichen Vertretung** und **Grundlagengeschäft** umschrieben, wobei die Konkretisierung bisher weitgehend fallweise erfolgt. Dabei ist die

---

[2] Zur Möglichkeit der Erweiterung einer Generalhandlungsvollmacht auf den Umfang einer Prokura vgl. § 54 RdNr. 15.

[3] GmbH-Gesetz von 1892 und Folgeentwicklung.

[4] Das Handelsrecht, 4. Aufl. 1879, Bd. 1, S. 181.

[5] Vgl. zur gleichlaufenden Veränderung der regelmäßigen hierarchischen Stellung der Prokuristen vor § 48 RdNr. 13.

Tendenz zu beobachten, den Umfang der Prokura einzuschränken. Dieser Umstand und die Entwicklung der Gesamtprokura[6] führen dazu, daß die Bezeichnung des Prokuristen als alter ego des Kaufmanns heute eher irreführend ist.

8   **c) Systematisierung der dem Inhaber und den gesetzlichen Vertretern vorbehaltenen (Vertretungs-) Handlungen. aa) Grundlagen-/Strukturgeschäfte.** Der Begriff des Grundlagengeschäfts deutet auf das **Gesellschaftsrecht** hin, in dem zwischen Geschäftsführung, Aufsicht und Grundlagen-/Strukturentscheidungen unterschieden wird.[7] Grundlagen-/Strukturentscheidungen sind zB im Aktienrecht grundsätzlich der Hauptversammlung zugewiesen; die Vertretungsmacht der gesetzlichen Vertreter steht unter dem Vorbehalt der Zustimmung der Hauptversammlung.[8] Es erscheint gerechtfertigt, auch die Prokuristen von der Vertretung in Grundlagen-/Strukturentscheidungen generell auszuschließen: Es ist nicht erkennbar, aus welchem Grund die Vertretungsmacht eines Prokuristen weiter reichen sollte als die der gesetzlichen Vertreter. Außerdem bringt der Betrieb eines Handelsgeschäfts Grundlagen- und Strukturentscheidungen auch nicht „mit sich" im Sinne von § 49 Abs. 1. Grundlagen- und Strukturentscheidungen betreffen die **Gründung**, die **Struktur**, den **Namen** und die **Beendigung der Inhaberstellung**, also Entscheidungen, die zu treffen der Inhaber bzw. der gesetzliche Vertreter des Unternehmens selbst in der Lage ist. Insoweit handelt es sich **nicht** um **Verkehrsgeschäfte**,[9] hinsichtlich derer der Prokurist den Unternehmensträger entlasten soll; der Inhaber bedarf hier auch keiner Entlastung. Hinzu kommt, daß die Grundlagen- und Strukturentscheidungen aufgrund ihrer **einschneidenden Wirkung** für das Unternehmen so bedeutsam (und gefährlich) sind, daß dem Prokuristen auch aus diesem Grunde keine Vertretungsmacht eingeräumt sein sollte. Grundlagen- und Strukturentscheidungen zeichnen sich vor allem dadurch aus, daß sie **(auch) eigennützig** sind:[10] Der Inhaber bzw. die Gesellschafter des Inhabers, wenn dieser eine Gesellschaft ist, oder die Repräsentanten der Gesellschafter (Aufsichtsrat, Beirat) dürfen bei ihren Entscheidungen auch ihre eigenen Interessen berücksichtigen. Darin liegt ein zentraler Unterschied zur rechtsgeschäftlichen Vertretung als Teil der Geschäftsführung. Während diese strikt dem Unternehmensinteresse verpflichtet ist, muß der Vertreter bei den auch eigennützigen Entscheidungen sein eigenes Interesse an die Stelle des Interesses des Vertretenen setzen. Für die Konkretisierung der Grundlagen- und Strukturentscheidungen kann auf die gesetzlichen Regelungen und Erkenntnisse des Aktienrechts zurückgegriffen werden. Wegen der weitreichenden Bedeutung von Registereintragungen (§ 15) ist auch die Anmeldung einer Grundlagenentscheidung beim Handelsregister der Grundlagenentscheidung selbst zuzuordnen und daher nicht von der Prokura erfaßt.[11] Auch die Prokuraerteilung ist als Quasi-Grundlagenentscheidung anzusehen.[12]

9   **bb) Eigenhändige gesetzliche Inhaber- und Organpflichten.** Einige wenige Regelungen schreiben ausdrücklich ein unmittelbares Handeln des Inhabers bzw. des organschaftlichen gesetzlichen Vertreters/geschäftsführenden Gesellschafters vor und schließen damit jede rechtsgeschäftliche Vertretung, also auch die durch den Prokuristen, aus. Hierzu gehören zB die **Konkursantragstellung** (§ 103 Abs. 2 KO), die **Unterzeichnung des Gründungsberichts** (§ 32 Abs. 1 AktG) und die **Unterzeichnung des Jahresabschlusses** (§ 245 HGB). Zu beachten ist, daß Regelungen, die (lediglich) die **persönliche Verantwortung des Inhabers** oder der **Organmitglieder** für die Erfüllung einer **gesetzlichen Pflicht** ver-

---

[6] Vgl. dazu § 48 RdNr. 78, 82 ff.

[7] Vgl. *Wiedemann* Gesellschaftsrecht § 6 III (323 ff.).

[8] Vgl. nur *Hefermehl* in: Geßler/Hefermehl AktG § 78 RdNr. 5, § 76 RdNr. 11.

[9] Vgl. *K. Schmidt* HandelsR § 16 III 3 a (475).

[10] Vgl. Staub/*Ulmer* § 105 RdNr. 219.

[11] Wie hier BGHZ 116, 190 = NJW 1992, 975; RG Recht 1923 Nr. 908; LG Berlin Rpfleger 1973, 173 f. m. abl. Anm. *Schweyer*; *Joost* ZIP 1992, 463,

464 f.; Schlegelberger/*Schröder* RdNr. 7; *Canaris* § 14 III 1 (206); enger (für Unzulässigkeit unabhängig vom Gegenstand der Eintragung) BayObLG WM 1982, 647, 648 f.; LG Koblenz Rpfleger 1973, 307 f. m. zust. Anm. *Schweyer*; Heymann/*Sonnenschein/Weitemeyer* RdNr. 12; Baumbach/*Hopt* RdNr. 2.

[12] Vgl. Heymann/*Sonnenschein/Weitemeyer* RdNr. 14; GK-HGB/*Nickel* RdNr. 5.

langen, als solche noch nicht die Vertretung ausschließen. Denn der Normzweck solcher Regelungen – über die persönliche Verantwortung des Inhabers/Organs die gesetzliche Pflicht durchzusetzen – ist nicht grundsätzlich gefährdet, wenn die Handlung selbst der Vertretung gleichwohl offensteht.[13] Bei einer solchen Regelung ist vielmehr entscheidend, ob über die persönliche Verantwortlichkeit des Inhabers/Organs hinausgehend auch eine **unmittelbare Handlung** dieser Person verlangt wird.[14]

cc) Veräußerung und Belastung von Grundstücken. In das entwickelte Schema, nach **10** dem lediglich Vertretungshandlungen über Grundlagen- und Strukturentscheidungen einschließlich entsprechender Ausführungshandlungen (Handelsregisteranmeldung) und die eigenhändigen gesetzlichen Inhaber- und Organpflichten nicht von der Prokura erfaßt werden, läßt sich § 49 Abs. 2 mit der Notwendigkeit einer besonderen Vollmacht für die Veräußerung und Belastung von Grundstücken nicht einordnen. Es handelt sich vielmehr um eine **Ausnahmeregelung**, die sich rechtspolitisch mit den regelmäßig betroffenen hohen Werten (Gefährdung des Vertretenen) und vor allem mit der nicht nur historisch, sondern immer noch (rechtliche und tatsächliche) **eingeschränkten Verkehrsfähigkeit von Grundstücken** als nicht vermehrbarem Wirtschaftsgut begründen läßt. Die historische Rechtfertigung dieser Regelung, es lägen keine Handelsgeschäfte im Sinne des § 1 Abs. 2 vor (RdNr. 36), ist dagegen nur vordergründig und verdeckt die eigentliche Intention des Gesetzes. Daß auch die Belastung von Grundstücken einer besonderen Ermächtigung bedarf, stellt eine das Veräußerungsverbot gegen Umgehung absichernde Annexregelung dar. Die Regelung ist daher auch de lege ferenda beizubehalten.[15]

II. Von der Prokura erfaßt (Abs. 1)

1. Prokura. § 49 Abs. 1 setzt eine Prokura voraus. Die Unterscheidung zwischen **Ein-** **11** **zel- und Gesamtprokura** ist hierfür ohne Bedeutung.[16] Auch eine **Niederlassungsproku-ra** fällt unter Abs. 1. Ihr Umfang wird allerdings durch die Beschränkung auf die Niederlassung modifiziert.[17]

2. „Ermächtigt". „Ermächtigt" im Sinne von § 49 Abs. 1 bedeutet **bevollmächtigt** im **12** Sinne von § 166 Abs. 2 BGB. Der Begriff wurde aus Art. 42 Abs. 1 ADHGB übernommen und ist Ausdruck der damals (1861) noch nicht deutlich[18] vollzogenen Trennung zwischen Vollmacht und zugrundeliegendem Rechtsverhältnis. Der Wortlaut des § 49 Abs. 1 sollte daher in „bevollmächtigt" geändert werden.[19] Die Norm erfaßt **nur Vertretungshandlungen**, keine rein tatsächlichen Handlungen.[20] **Vertretener** ist der Inhaber des Handelsgeschäfts. Bei einer Personengesellschaft (OHG, KG) ist dies die Gesellschaft und nicht die persönlich haftenden Gesellschafter. Die Gesellschafter, auch die persönlich haftenden, haben lediglich für die im Namen der Gesellschaft vorgenommenen Vertretungshandlungen einzustehen. Die Gesellschafter selbst zu vertreten, hat der Prokurist keine Vertretungsmacht.[21] Im Ergebnis gilt dies auch für die unternehmenstragende Erbengemeinschaft, da die Erben richtiger Ansicht nach analog § 128 verpflichtet werden:[22] Für diejenigen, die auch bei der unternehmenstragenden Gesellschaft bürgerlichen Rechts die Akzessorietätstheorie bejahen,[23] ergibt sich dies nahezu von selbst. Legt man mit der hM das Modell der Doppelverpflichtung zugrunde, so gilt dies, weil die Erbengemeinschaft, die

---

[13] Vgl. BGHZ 116, 190, 197 = NJW 1992, 975; Staub/*Hüffer* § 14 RdNr. 17; aA BayObLG DB 1992, 1262 (zu § 14 HGB).

[14] Zum Problem der Auslegung in diesem Bereich vgl. unten RdNr. 50.

[15] Ablehnend Staub/*Joost* RdNr. 28; für Beibehaltung des § 49 Abs. 2 *K. Schmidt* DB 1994, 515, 520.

[16] LAG München NZA 1987, 464; Staub/*Joost* RdNr. 5.

[17] Näher § 50 RdNr. 13.

[18] Vgl. grundlegend *Laband* ZHR 10 (1866), 183, 203 ff.

[19] So auch *K. Schmidt* DB 1994, 515, 520.

[20] Staub/*Joost* RdNr. 17.

[21] Staub/*Joost* RdNr. 3.

[22] Vgl. § 27 RdNr. 90 ff.

[23] Staub/*Ulmer* § 105 RdNr. 55; *K. Schmidt* NJW 1985, 2785, 2790 f.; *Hohensee*, Die unternehmenstragende Erbengemeinschaft, 1994, S. 228 ff.

ein vollkaufmännisches Unternehmen trägt, eine größere Affinität zu den Regelungen des HGB – und damit zu § 128 – aufweist als zu den §§ 705 ff. BGB.[24] Die analoge Anwendung des § 128 ist letztlich Konsequenz der rechtsfortbildenden Zulassung der unternehmenstragenden Erbengemeinschaft.

13   Wird der **Unternehmensinhaber** seinerseits nur **als Vertreter** einer anderen Person tätig, so vertritt der Prokurist neben dem Unternehmensträger auch den letztlich durch diesen Vertretenen (Beispiel: GmbH & Co. KG vertreten durch die Komplementär-GmbH, diese vertreten durch den Prokuristen[25]).

14   3. „**Zu allen Arten von gerichtlichen und außergerichtlichen Geschäften und Rechtshandlungen**". Diese Tatbestandsvoraussetzung ist eine verdeutlichende Umschreibung dafür, daß **jegliches Vertreterhandeln**, das sich nicht auf ein rein tatsächliches Handeln beschränkt, erfaßt ist.

15   4. „**Betrieb eines Handelsgewerbes**". a) **Grundsatz.** Der Umfang der Prokura wird im wesentlichen durch die Zugehörigkeit des Geschäfts zum „Betrieb eines Handelsgewerbes" bestimmt. Folglich wird der **Privatbereich** des Inhabers des Handelsgeschäftes **nicht** von der Prokura **erfaßt**. Gemäß § 344 ist das Vorliegen eines Handelsgeschäfts zu vermuten,[26] was jedoch nicht für Geschäfte gilt, bei denen die Vertretung gesetzlich ausgeschlossen ist.[27] Die Formulierung „**eines** Handelsgewerbes" belegt, wie auch die abweichende Formulierung des § 54 Abs. 1 zeigt („eines **derartigen** Handelsgewerbes"), die **branchenübergreifende Vertretungsmacht** des Prokuristen.[28] Der Prokurist hat, selbst wenn er über den Unternehmenszweck (Satzungsgegenstand) hinaus tätig wird, Vertretungsmacht (Ablehnung der ultra-vires-Lehre).[29] Diese ist nicht auf den **gewöhnlichen Betrieb** eines Handelsgeschäftes oder **typische Geschäfte** beschränkt; denn das Gesetz sieht eine solche Einschränkung nicht vor (vgl. demgegenüber §§ 164 S. 1, 116 Abs. 1).[30] Sie kennt keine Wertgrenzen. **Grenzen** stellen nur die Grundlagengeschäfte[31] und der Mißbrauch der Vertretungsmacht dar.[32]

16   b) **Rechtshandlungen. aa) Rechtsgeschäfte.** Der Prokurist ist umfassend zum Abschluß und zur Durchführung von **Rechtsgeschäften**, zur Wahrnehmung von Leistungsstörungsrechten und zur Geltendmachung von Sekundäransprüchen bevollmächtigt. Die Geschäfte, für die der Handlungsbevollmächtigte einer besonderen Vollmacht bedarf (§ 54 Abs. 2: Eingehung von Wechselverbindlichkeiten, Aufnahme von Darlehen), werden von der Prokura umfaßt.[33] Auch **Grundstücksgeschäfte**, soweit es sich nicht um die Veräußerung oder Belastung von Grundstücken handelt, sind von der Vertretungsmacht der Prokura gedeckt. **Beispiele** für erfaßte Geschäfte: Lebensversicherung zu eigenen Gunsten;[34] Globalzession;[35] Einlösung eines Firmenschecks auf dem Privatkonto.[36]

17   Die Prokura deckt auch die **Erteilung von Vollmachten**, auch aller Arten von Handlungs-, auch Generalhandlungsvollmachten,[37] nicht jedoch die Erteilung einer Prokura oder einer sog. Generalvollmacht. Der Prokurist kann das vollmachtslose Verhalten anderer Vertreter genehmigen.[38]

---

[24] Staub/*Joost* RdNr. 3; aA *Canaris* § 9 I 2 (147).

[25] Vgl. OLG Hamm NJW 1967, 2163; Staub/*Joost* RdNr. 4; *Germer* BaWüNotZ 1986, 54, 55; zu den Vollmachtsgrenzen in bezug auf Grundlagenfragen bei mehrstufiger Vertretung vgl. RdNr. 31.

[26] Zum Drittschutz bei Unerkennbarkeit der Privatbezogenheit vgl. BGH WM 1976, 424, 425.

[27] ZB Testamentserrichtung § 2264 BGB; Erbvertrag § 2274 BGB.

[28] Vgl. Heymann/*Sonnenschein/Weitemeyer* RdNr. 10; GK-HGB/*Nickel* RdNr. 1; Schlegelberger/*Schröder* RdNr. 6; Staub/*Joost* RdNr. 9.

[29] Vgl. *K. Schmidt* GesR § 8 V 2 (183).

[30] BGHZ 63, 32, 35 = NJW 1974, 1462 (Bau eines Hauses); Staub/*Joost* RdNr. 6.

[31] Vgl. RdNr. 23 ff.

[32] Heymann/*Sonnenschein/Weitemeyer* RdNr. 16; vgl. dazu auch vor § 48 RdNr. 64 ff.

[33] AA nur *Gericke* DB 1967, 1839 f., der contra legem nicht einmal die Kontoeröffnung als von der Prokura gedeckt ansieht; dagegen *Witte* DB 1968, 254; *Weimar* MDR 1980, 993.

[34] OLG Hamm BB 1956, 900.

[35] OLG Stuttgart WM 1976, 700, 702.

[36] LAG Hamm ZIP 1986, 1262, 1264.

[37] BGH DB 1952, 949 (LS) = LM HGB § 54 Nr. 1.

[38] BGH WM 1966, 491, 494; Staub/*Joost* RdNr. 11.

Auch die **arbeitsrechtliche Vertretung** des Unternehmens[39] gegenüber den Mitarbei- 18
tern – zB Abschluß, Durchführung und Beendigung eines Arbeitsvertrags durch Kündigung oder Aufhebungsvertrag, Zeugniserteilung sowie kollektivrechtliche Handlungen wie
Abgabe einer Gesamtzusage, Einführung von Kurzarbeit, Abschluß einer Betriebsvereinbarung, eines Sozialplans oder eines Unternehmenstarifvertrags – fällt unter die von der
Prokura erfaßten Geschäfte.[40]

Vertretungshandlungen, die sich auf die **Organisation des Unternehmens** beziehen, 19
werden, soweit es sich **nicht** um **Grundlagenentscheidungen** handelt, ebenfalls von der
Prokura abgedeckt. Hierzu gehören Betriebseinschränkungen, Stillegungen, Veräußerungen und der Erwerb einzelner Betriebe, die Einführung neuer Fertigungstechniken oder
Produktpaletten. Zu beachten ist, daß nur wenige Vorgänge im organisatorischen Bereich
eine Vertretungshandlung beinhalten und die Geschäftsführungskompetenz hier streng von
der Vertretungsmacht zu trennen ist. Die Vertretungsmacht ist **nicht auf den Privat-
rechtsverkehr beschränkt**, sondern erstreckt sich auch auf den öffentlichrechtlichen
(Stellung von Anträgen, Einlegung von Widersprüchen, Abgabe von Verpflichtungserklä-
rungen) und strafrechtlichen Bereich (Stellung von Strafanträgen bei Delikten gegen das
Unternehmen, Verfahrensanträge); letzterenfalls wird jedoch meist der Gerichtsverkehr und
nicht der allgemeine Rechtsverkehr betroffen sein.

bb) Gerichtliche Geschäfte. Soweit es sich um unternehmensbezogene Angelegenhei- 20
ten handelt, hat der Prokurist – für **alle Rechtszweige**[41] – Vertretungsmacht für **gerichtliche Geschäfte**. Er kann Prozeßvollmacht erteilen, Klage erheben,[42] Rechtsmittel einlegen,
einen Prozeßvergleich schließen etc. Versäumt er eine Rechtsmittelfrist, so wird dies dem
Kaufmann zugerechnet.[43] Auch die Handlungen der freiwilligen Gerichtsbarkeit sind
grundsätzlich von der Vertretungsmacht erfaßt.[44]

Wie sich aus dem Wortlaut des Gesetzes ergibt, besteht die gerichtliche Vertretungs- 21
macht für dieselben Angelegenheiten, für die der Prokurist **außergerichtlich Vertretungsmacht** hat. Es gelten daher grundsätzlich auch dieselben Schranken (keine Privatangelegenheiten, Grundlagengeschäfte, Grundstücksgeschäfte im Sinne des § 49 Abs. 2). Das
Prozeßrecht kennt daneben **Erweiterungen** der Vertretungsmacht. Insbesondere gilt die
passive Zustellungsvollmacht des § 173 ZPO für Prokuristen auch für Angelegenheiten, die
gemäß § 49 Abs. 2 nicht unter ihre Vertretungsmacht fallen.[45]

III. „Mit sich bringt"

Die Formulierung „mit sich bringt" bedeutet „mit sich bringen kann". Hierher gehören 22
also nicht nur alle Geschäfte des laufenden Betriebs, sondern auch alle **ungewöhnlichen
Geschäfte**, sofern sie nur zum Betrieb eines Handelsgeschäftes gehören. Die Gesetzesformulierung bildet aber auch den sprachlichen Ausgangspunkt für die Ausklammerung der
Grundlagen- und Strukturentscheidungen.

IV. Von der Prokura nicht erfaßt

1. Grundlagengeschäfte. a) Allgemeines. Grundlagen- und Strukturentscheidungen 23
bilden eine Kategorie des gesellschaftsrechtlichen Organisationsrechts,[46] die auch für das
Vertretungsrecht bedeutsam ist. Der Betrieb eines Handelsgewerbes bringt sie nicht „mit
sich" (§ 49 Abs. 1), so daß der Prokurist für sie keine Vertretungsmacht hat.[47] Dies recht-

---

[39] Vgl. auch Art. 42 Abs. 1 2. Hs. ADHGB, der
als selbstverständlich gestrichen wurde.
[40] Vgl. zB BAG WM 1976, 598, 599; Schlegel-
berger/*Schröder* RdNr. 8 m. Bsp.
[41] Vgl. aber für Strafanträge RGSt 15, 144; OLG
Dresden JW 1932, 2639.
[42] Vgl. Staub/*Joost* RdNr. 38; Heymann/*Sonnen-
schein/Weitemeyer* RdNr. 7.

[43] Vgl. OLG Hamm BB 1956, 900.
[44] BGHZ 116, 190, 193 = NJW 1992, 975.
[45] Stein/Jonas/*Roth* ZPO, 21. Aufl. 1994, § 173
RdNr. 5; *Thomas/Putzo* ZPO, 19. Aufl. 1995, § 173
RdNr. 2.
[46] Vgl. schon oben RdNr. 8.
[47] Ähnlich *K. Schmidt* HandelsR § 16 III 3 a
(475).

fertigt sich zum einen mit der besonderen strukturellen Bedeutung dieser Geschäfte und der Notwendigkeit einer auch eigennützigen Entscheidung des Inhabers/der Gesellschafter, die einer Vertretung kaum zugänglich ist. Für diese – relativ seltenen – Geschäfte bedürfen die Vertretenen auch keiner' Vertretung. Dem Rechtsverkehr ist für diesen abgegrenzten Bereich schließlich zumutbar, daß hier nur der Inhaber bzw. die gesetzlichen Vertreter für das Unternehmen auftreten können. Aufgrund ihrer Ableitung aus dem Organisationsrecht der Gesellschaften ist für die Konkretisierung der Grundlagen-/Strukturentscheidungen auf die gesellschaftsrechtliche Einordnung, insbesondere die des Aktienrechts, abzustellen. Von der Prokura nicht erfaßt sind dabei auch die Handelsregisteranmeldungen in bezug auf Grundlagenentscheidungen (vgl. RdNr. 31, 35). Dabei ist stets zu beachten, daß die Prokura als Vertretungsmachtsregelung für rein tatsächliche Handlungen ohne Bedeutung ist.[48]

24 **b) Konkretisierung der Grundlagen- und Strukturentscheidungen. aa) Überblick.** Satzungsänderungen sowie die sonstigen von § 119 Abs. 1 AktG genannten Entscheidungen sind Grundlagenentscheidungen im Sinne des Gesellschafts- und damit auch des Vertretungsrechts. Der Inhalt der Satzung bestimmt sich vor allem nach § 23 Abs. 2, Abs. 3 AktG. Als Satzungsänderungen gehören zu den Grundlagenentscheidungen zB Maßnahmen der Kapitalbeschaffung (§§ 182 ff. AktG) und -herabsetzung (§§ 222 ff. AktG), ein Auflösungsbeschluß (§ 262 Abs. 1, 2 AktG), die Bestellung der Abwickler (§ 265 Abs. 2 AktG), ein Fortsetzungsbeschluß (§ 274 AktG), der Abschluß von Unternehmensverträgen gemäß §§ 291 ff. AktG, eine Verschmelzung gemäß §§ 39 ff. UmwG, eine Spaltung gemäß §§ 123 ff. UmwG und ein Formwechsel gem. §§ 190 ff. UmwG sowie die Vermögensübertragung gemäß §§ 179 a AktG, 174 ff. UmwG.[49] Den Grundlagenentscheidungen sind auch die vertretungsrechtlichen Ausführungsakte zuzurechnen, weil anderenfalls das Selbstbestimmungsrecht der Inhaber durch die vertretungsrechtlichen Ausführungshandlungen gegenüber den Grundlagenentscheidungen entwertet würde. Dies betrifft namentlich schuldrechtliche Abreden und Handelsregisteranträge, aber auch prozessuale Handlungen.

25 Im Ergebnis entspricht dies weitgehend der **hM**, die sich allerdings nicht so deutlich am gesellschaftsrechtlichen Organisationsrecht orientiert. So werden zB **als Grundlagengeschäfte anerkannt:** Entscheidungen, die den Kreis und die Beteiligungsquote der Gesellschafter verändern,[50] Entscheidungen über die Abwicklung der Gesellschaft, die Veräußerung des Handelsgeschäfts,[51] Konkurs- und Vergleichsantragstellung,[52] Umwandlung der Rechtsform des Unternehmens, Änderung der Firma, wobei für einige dieser Entscheidungen ein Vertreterhandeln ohnehin nur hinsichtlich der Registeranmeldung möglich wäre. Dementsprechend ist bei Vorliegen einer Grundlagenentscheidung der Prokurist nicht zur Registeranmeldung befugt.[53]

26 **bb) Problematische Fälle.** Die **Änderung des Unternehmensgegenstandes** ist ein von der Prokura nicht erfaßtes Grundlagengeschäft.[54] Dem widerspricht nicht, daß außerhalb des Unternehmensgegenstandes vielfältige Geschäfte von der Prokura erfaßt werden („Betrieb eines Handelsgewerbes"); denn nur die Änderung des Unternehmensgegenstandes selbst berührt die Struktur des Unternehmens; zudem besteht hierbei auch kein

---

[48] Vgl. Staub/*Joost* RdNr. 17; Heymann/*Sonnenschein/Weitemeyer* RdNr. 8.

[49] Hierbei sind insbesondere die Übertragung des gesamten Gesellschaftsvermögens (§ 179 a AktG früher § 361 AktG) sowie die sich an die Holzmüller-Entscheidung – BGHZ 83, 122 = NJW 1982, 1703 – anknüpfenden Überlegungen zur Ausdehnung dieser Vorschrift zu beachten (vgl. zuletzt *Gross* AG 1994, 266).

[50] Zu Vollmachten bei Handelsregisteranmeldungen bei Publikumsgesellschaften *Gustavus* GmbHR 1978, 219.

[51] BGH BB 1965, 1373, 1374; für den hierauf gerichteten Kaufvertrag ROHGE 23 (1878), 28; vgl. auch BGH NJW 1995, 596.

[52] Schlegelberger/*Schröder* RdNr. 6.

[53] Vgl. BGHZ 116, 190 = NJW 1992, 975; *Joost* ZIP 1992, 463, 465.

[54] Staub/*Joost* RdNr. 18; aA *P. Hofmann* Handelsrecht F II 1 b (134).

anerkennenswertes Verkehrsschutzbedürfnis. Eine Änderung des Unternehmensgegenstandes stellt insbesondere die Änderung einer entsprechenden Satzungsbestimmung dar. Die faktische Änderung des Unternehmensgegenstandes – durch Abschluß von Geschäften einer anderen oder durch Nichtabschluß von Geschäften der eigenen Branche – ist keine den Unternehmensgegenstand berührende Vertretungshandlung und gerät daher nicht in Konflikt mit dem beschränkten Umfang der Prokura. Allerdings wird in diesen Fällen relativ häufig ein **Mißbrauch der Vertretungsmacht** vorliegen. Auch ein einzelkaufmännisches Geschäft hat einen **Unternehmensgegenstand,**[55] der allerdings nur selten präzise festgelegt ist. Da dem Unternehmensgegenstand, genauer: der Branche, erhebliche Bedeutung für den Umfang der Vollmacht gemäß §§ 54 ff. zukommt, kann dies relevant werden, wenn der Prokurist Erklärungen zum Unternehmensgegenstand abgibt. Folglich darf sich seine Vertretungsmacht nicht auf derartige Erklärungen erstrekken.

Die **Sitzverlegung** ist eine Grundlagenentscheidung und fällt daher, soweit ein Vertretungsakt erforderlich ist,[56] nicht unter die Vertretungsmacht des Prokuristen.[57] Dies gilt ebenso für rechtsgeschäftliche Erklärungen über eine Sitzverlegung, die für den Gerichtsstand von Bedeutung sein können. **Verkehrsgeschäfte** im Zuge der Verlegung sind dagegen von der Vertretungsmacht gedeckt.[58]

Die **Änderung der Firma** stellt – wie dadurch belegt wird, daß die Firma zum notwendigen Satzungsinhalt gehört (§ 23 Abs. 3 Nr. 1 AktG, § 3 Abs. 1 Nr. 1 GmbHG) – ebenfalls eine Grundlagenentscheidung dar.[59] Für den **Einzelkaufmann** darf nichts Abweichendes gelten, da ein Grund für eine umfassendere Vollmacht als bei den juristischen Personen nicht besteht.

Die **Errichtung einer Zweigniederlassung** ist hingegen kein Grundlagengeschäft,[60] obwohl die Prokura für eine solche Zweigniederlassung nur vom Inhaber oder vom gesetzlichen Vertreter erteilt werden kann. Gleiches muß für die **Aufhebung einer Zweigniederlassung** gelten.

Die Entscheidung über die **Liquidation des Unternehmens** ist wiederum eine Grundlagenentscheidung und wird daher nicht von der Prokura erfaßt. Da die Prokura nach zutreffender Ansicht[61] auch für die Liquidation bestehen bleibt, bevollmächtigt die Prokura zu den während der Liquidation anfallenden Vertretungshandlungen, soweit es nicht um ohnehin ausgeschlossene Handlungen, namentlich Grundlagenentscheidungen, geht. Folglich besitzt der Prokurist Vertretungsmacht für den Abschluß eines **Sozialplans** während der Liquidation.[62] Jedoch fragt es sich, ob der begrenzte Zweck der Liquidation es nicht gebietet, die Vertretungsmacht des Prokuristen ausnahmsweise auf die Geschäfte des zu liquidierenden Unternehmens zu beschränken.[63]

Wird der Prokurist für eine **Gesellschaft** tätig, die **gesetzliche Vertreterin einer zweiten Gesellschaft** ist (zB Prokurist der Komplementär-GmbH handelt für die GmbH & Co. KG), so stellt sich das Problem, ob Vorgänge, die für die zweite Gesellschaft Grundlagenentscheidungen darstellen, von der Vertretungsmacht des Prokuristen gedeckt sind. Die hM bejaht dies – insbesondere für Handelsregistereintragungen in Grundlagenentscheidungen – mit dem Argument, bezogen auf die Gesellschaft, zu der das Prokuraverhältnis

[55] AA *Canaris* § 14 III 1 (206).
[56] Vgl. §§ 3 Abs. 1 Nr. 1 GmbHG, 5 Abs. 1 AktG; zum Streit über nur tatsächliche oder vertragliche Sitzverlegung bei der Personengesellschaft vgl. nur Staub/*Ulmer* § 106 RdNr. 19 f.
[57] Staub/*Joost* RdNr. 19; *K. Schmidt* HandelsR § 16 III 3 a (475).
[58] Heymann/*Sonnenschein/Weitemeyer* RdNr. 9; Staub/*Joost* RdNr. 19.

[59] Heymann/*Sonnenschein/Weitemeyer* RdNr. 12; Schlegelberger/*Schröder* RdNr. 6.
[60] Ebenso Schlegelberger/*Schröder* RdNr. 6; Staub/*Joost* RdNr. 19.
[61] Staub/*Joost* RdNr. 22; Staub/*Hüffer* § 31 RdNr. 15; näher § 52 RdNr. 28; § 48 RdNr. 10.
[62] Ebenso Staub/*Joost* RdNr. 22; aA LAG München NZA 1987, 464 f.
[63] Vgl. Heymann/*Sonnenschein/Weitemeyer* § 48 RdNr. 8; *K. Schmidt* BB 1989, 229.

besteht, liege keine Grundlagenentscheidung vor.[64] Dies trifft zwar im Grundsatz zu,[65] vernachlässigt jedoch, daß für die letztlich vertretene Zweitgesellschaft eine Grundlagenentscheidung getroffen wird. Zum Schutz dieser Gesellschaft erscheint es daher vorzugswürdig, nur den gesetzlichen Vertretern der ersten Gesellschaft Vertretungsmacht zuzugestehen.

32   Die **Gründung einer Tochtergesellschaft**, der **Erwerb eines Handelsgeschäfts** und der **Erwerb einer Beteiligung** sind grundsätzlich von der Prokura mitumfaßt.[66]

33   Maßnahmen, die die **Struktur**/die **Organisation des Inhabers** des Handelsgeschäfts, insbesondere die **Aufnahme neuer Gesellschafter**, betreffen, werden **nicht** von der Vertretungsmacht der Prokura erfaßt.[67] Streitig ist die **Aufnahme stiller Gesellschafter**. Da es sich um eine kapitalmäßige, den Gewinn der bisherigen Gesellschafter schmälernde Beteiligung handelt und die stille Gesellschaft sogar Kontrollrechte verleiht (§ 233), ist entgegen der hM[68] die Aufnahme eines stillen Gesellschafters als Grundlagengeschäft einzuordnen.[69]

34   Auch die **Ausgabe von Genußrechten** dürfte ein Grundlagengeschäft darstellen, weil auch hier eine die Gesellschafterinteressen gefährdende Kapital- (Gewinn-) Beteiligung vorliegt;[70] überdies wird die Zugehörigkeit zu den Grundlagenentscheidungen durch die Erforderlichkeit belegt, einen Hauptversammlungsbeschluß herbeizuführen (§ 221 Abs. 3 iVm. Abs. 1 AktG). Wegen der generellen Zuordnung der Ausführungsakte zu den Grundlagenentscheidungen darf entgegen der hM[71] die Prokura auch nicht zur Geltendmachung von gesellschaftsrechtlichen Ansprüchen der das Unternehmen tragenden Gesellschaft gegenüber den Gesellschaftern bevollmächtigen.[72] Hier handelt es sich nicht um ein Verkehrsgeschäft, das der Betrieb des Handelsgewerbes mit sich bringt, sondern um eine organisationsrechtliche Angelegenheit.

35   **Anmeldungen zum Handelsregister** sind entgegen einer früher hM[73] nicht per se Grundlagengeschäfte und auch nicht höchstpersönliche Geschäfte. Vielmehr ist entscheidend, ob der materielle Vorgang eine Grundlagenentscheidung darstellt,[74] was allerdings bei fast allen Anmeldungen der Fall sein wird.[75] Handelt es sich um eine Grundlagenentscheidung, bedarf der Prokurist der besonderen Bevollmächtigung gem. § 12 Abs. 2.

36   **2. Grundstücksgeschäfte (§ 49 Abs. 2). a) Normzweck.** Die (Regel-) Prokura bevollmächtigt nicht zur **Veräußerung und Belastung von Grundstücken**; hierzu bedarf es vielmehr einer besonderen Vollmachtserteilung.[76] Der Gesetzgeber des ADHGB rechtfer-

---

[64] Vgl. BGHZ 116, 190 = NJW 1992, 975; *Joost* ZIP 1992, 463, 465; ganz generell für die GmbH & Co. KG OLG Hamm NJW 1967, 2163; Staub/*Joost* RdNr. 4, 15; Schlegelberger/*Martens* § 161 RdNr. 12; *Germer* BaWüNotZ 1986, 54, 55.

[65] Unter Zugrundelegung der Holzmüller-Entscheidung (BGHZ 83, 122 = NJW 1982, 1703) gibt es allerdings auch Entscheidungen im Rahmen einer Tochtergesellschaft, die für die Muttergesellschaft so bedeutend sind, daß sie auch dort als Grundlagenentscheidung anzusehen sind.

[66] OGH(Z) 1, 62, 64 f.; OLG Dresden RJA 15 (1918), 56; Staub/*Joost* RdNr. 20, 25; *P. Hofmann* Handelsrecht F II 1 b (133).

[67] Vgl. BGHZ 49, 117, 120 = NJW 1968, 398; Annahmeerklärung einer GmbH zur Übernahme einer Stammeinlage durch einen Gesellschafter nach einer Kapitalerhöhung; KG OLGE 24 (1912) 158 f.: Einberufung der Gesellschafterversammlung; Staub/*Joost* RdNr. 23.

[68] RGZ 153, 371, 373 f.; Großkomm HGB/*Würdinger* RdNr. 3, 5; Schlegelberger/*Schröder* RdNr. 6; Heymann/*Sonnenschein/Weitemeyer* RdNr. 9; mit Ausnahme der atypischen stillen Gesellschaft auch Schlegelberger/*K. Schmidt* § 335 (230 nF) RdNr. 95; *ders.* § 16 III 3 a (475).

[69] Ebenso Staub/*Joost* RdNr. 24.

[70] Vgl. *Wiedemann* Gesellschaftsrecht § 6 III 2 a (335); aA KK/*Lutter* § 221 RdNr. 38, 144 ff.; *Claussen*, Festschrift für Werner, 1984, S. 82 (für wirksame Verpflichtung der Gesellschaft, wenn der Vorstand Genußscheine ohne Zustimmung der Hauptversammlung ausgibt).

[71] ROHGE 7 (1873) 412, 416 f.; Staub/*Joost* RdNr. 26: Einforderung von Einlagen.

[72] Differenzierend aber Heymann/*Sonnenschein/Weitemeyer* RdNr. 9.

[73] BayObLG DB 1974, 1521 f.; BayObLG WM 1982, 647, 648 f.; KGJ 47 (1915) 242 f.; LG Koblenz Rechtspfleger 1973, 307 f.; Staub/*Joost* RdNr. 40.

[74] So zu Recht BGHZ 116, 190, 193 f. = NJW 1992, 975; OLG Köln MittRhNotK 1993, 250; *Canaris* § 14 III 1 (205 f.); *Joost* ZIP 1992, 463, 464 f.

[75] Zur Anmeldung für eine Grundlagenentscheidung einer anderen Gesellschaft vgl. RdNr. 31.

[76] Zur Eintragung einer solchen „Immobiliarklausel" in das Handelsregister siehe BayObLG Rpfleger 1971, 152; *Walchshöfer* Rpfleger 1975, 381, 384.

tigte dies nicht mit der Bedeutung dieser Geschäfte,[77] sondern damit, daß Geschäfte über Immobilien – wohl auch wegen der nur eingeschränkten Verkehrsfähigkeit von Immobilien – keine Handelsgeschäfte im Sinne des § 1 Abs. 2 seien.[78] Bei den Beratungen zum HGB wurde zunächst die Streichung dieser Einschränkung der Prokura vorgeschlagen.[79] Dieser Vorschlag wurde aber letztlich mit der Begründung verworfen, unter den Kaufleuten bestehe eine Abneigung gegen die Vermischung des Grundbesitzes mit dem Geschäftsbetrieb, und es komme häufig zu Meinungsverschiedenheiten zwischen dem Kaufmann und dem Prokuristen über die Zweckmäßigkeit von Grundstücksverfügungen.[80]

Die **Begründung** überzeugt nicht: § 49 erfaßt grundsätzlich alle Geschäfte und Rechts- **37** handlungen, die ein Handelsgewerbe mit sich bringt, und nicht nur die, die ein Geschäft im Sinne des § 1 Abs. 2 darstellen. So wird der Erwerb von Grundstücken – obwohl ebenfalls kein Geschäft im Sinne des § 1 Abs. 2 – von der allgemeinen Vertretungsmacht der Prokura erfaßt.[81] Selbst de lege ferenda sprechen dennoch die überzeugenderen Gründe für eine Beibehaltung des § 49 Abs. 2:[82] Er ist Ausdruck der Tatsache, daß **Grundstücke** ein **nicht vermehrbares Wirtschaftsgut** (Produktionsfaktor Boden) sind, das daher auch zu keiner Zeit in seiner rechtlichen und tatsächlichen Verkehrsfähigkeit den anderen Wirtschaftsgütern gleichstand. Dem Rechtsverkehr ist die geringere Verkehrsfähigkeit von Grundstücken seit jeher bewußt. Die zumeist äußerst eingeschränkte Möglichkeit einer Ersatzbeschaffung sowie der Umstand, daß insbesondere das Betriebsgrundstück oftmals den bedeutendsten Vermögenswert des Unternehmens darstellt, begründen die besondere **Schutzbedürftigkeit des Unternehmensinhabers** hinsichtlich der Veräußerung von Grundstücken. Daß auch die **Belastung von Grundstücken** von der Prokura nicht gedeckt wird, dient der Absicherung des Veräußerungsverbots.

b) Veräußerung von Grundstücken. aa) Grundstücke (des Kaufmanns). Unmittelbar **38** gilt § 49 Abs. 2 nur für **Grundstücke.** Auf **grundstücksgleiche Rechte** wie das Erbbaurecht und das Wohnungseigentum wird die Norm **analog** angewandt,[83] obwohl § 11 ErbbaurechtsVO von den sich auf Grundstücke beziehenden Normen nur die §§ 925, 927, 928, 313 BGB für anwendbar erklärt. Die analoge Anwendung des § 49 Abs. 2 ist berechtigt; denn Grundeigentum und grundstücksgleiche Rechte sind, was die eingeschränkte Verkehrsfähigkeit und den regelmäßig sehr bedeutenden Wert anbelangt, rechtlich ähnlich.

Sonstige dingliche Rechte an einem (fremden) Grundstück – Hypothek, Grund- **39** schuld, Reallast, Dienstbarkeit etc. – sind nicht wie ein Grundstück zu behandeln. Der Prokurist kann daher solche Rechte veräußern, dingliche Rechte verpfänden, Rangänderungen bewilligen und die Löschung von für den Kaufmann eingetragenen Rechten bewilligen,[84] sofern nicht – wie bei der Eigentümergrundschuld – eine Belastung des Grundstücks des Kaufmanns vorliegt[85] (näher RdNr. 47).

Auf **eingetragene Seeschiffe**[86] und **eingetragene Luftfahrzeuge**[87] ist § 49 Abs. 2 nicht **40** analog anwendbar. Soweit in diesen Bereichen die Grundstücksregelungen Anwendung finden, geschieht dies allein, um effektiver Sicherheiten bestellen zu können. Die rechtliche

---

[77] So aber KG HRR 1929, Nr. 1607.
[78] *Lutz,* Protokolle zum ADHGB, 1858, S. 77; dazu KG RJA 3 (1903) 231, 232.
[79] Denkschrift zum RJA E I, S. 45 = *Schubert/Schmiedel/Krampe* II 1 S. 45.
[80] Protokolle zum HGB S. 171 = *Schubert/Schmiedel/Krampe* II 1 S. 383.
[81] Vgl. Staub/*Joost* RdNr. 28, 32, der den Widerspruch zum historischen Normzweck sieht und daraus die Verfehltheit der Norm insgesamt ableitet.
[82] Für Beibehaltung auch *K. Schmidt* DB 1994, 515, 520; aA Staub/*Joost* RdNr. 28.
[83] Schlegelberger/*Schröder* RdNr. 12; Heymann/*Sonnenschein/Weitemeyer* RdNr. 18; Staub/*Joost* RdNr. 30.

[84] KG KGJ 37 (1909), 226, 229; BayObLG WM 1982, 647, 649.
[85] Heymann/*Sonnenschein/Weitemeyer* RdNr. 19; Baumbach/*Hopt* RdNr. 4; aA KG JW 1937, 1743, 1744; GroßkommHGB/*Würdinger* Anm. 7.
[86] LG Braunschweig NJW-RR 1987, 23 f.; Staub/*Joost* RdNr. 30; *Schaps/Abraham,* Das deutsche Seerecht, 3. Aufl. 1959, 1. Band, zu § 8 SchRG Anm. 16 S. 383 (ohne Stellungnahme in der 4. Aufl.).
[87] LG Braunschweig NJW-RR 1987, 23 f.; Staub/*Joost* RdNr. 30.

und faktische Verkehrsfähigkeit von Luftfahrzeugen und Seeschiffen ist – wegen der Möglichkeit der Ersatzherstellung – erheblich höher als die von Grundstücken, so daß es an der Rechtsähnlichkeit fehlt.

41 Eine **Bruchteilsbeteiligung an einem Grundstück** ist dem Eigentum an einem Grundstück gleichzustellen, die **Beteiligung an einer Gesellschaft, die Eigentümerin von Grundstücken ist**, hingegen nicht, weil dies – insbesondere bei einer Beteiligung an einer Aktiengesellschaft – zu einer nicht zu rechtfertigenden Einschränkung der allgemeinen Verkehrsfähigkeit von Anteilen führen und die Rechtsfähigkeit der Gesellschaft außer Acht lassen würde. Letzteres sollte auch für die Beteiligung an einer teilrechtsfähigen **Gesellschaft bürgerlichen Rechts** gelten.

42 § 49 Abs. 2 bezieht sich ausschließlich auf **Grundstücke des Kaufmanns;**[88] bezogen auf Grundstücke anderer Personen wird die Vertretungsmacht nicht eingeschränkt; denn § 49 Abs. 2 dient lediglich dem Schutz des Inhabers,[89] was auch der Umstand belegt, daß allein der Inhaber durch besondere Bevollmächtigung über diesen Schutz disponieren kann. § 49 Abs. 2 erfaßt weder den Fall der unrichtigen Grundbucheintragung zugunsten des Kaufmanns noch den des bloß wirtschaftlichen Eigentums des Kaufmanns (zB bei Verkaufskette ohne Übereignung).[90]

43 bb) **Veräußerung.** „Veräußerung" bezeichnet zunächst das **dingliche Verfügungsgeschäft**, mit dem das Eigentum übertragen wird.[91] Dieses ist anders als bei § 181 BGB auch dann nicht von der Vertretungsmacht gedeckt, wenn eine wirksame Verpflichtung zur Übereignung besteht. § 49 Abs. 2 gilt (analog) auch für das **obligatorische Geschäft**, das den Kaufmann schuldrechtlich zur Übereignung verpflichtet;[92] denn nur auf diese Weise kann der Ausschluß der Vertretungsmacht für das dingliche Geschäft effektiv durchgesetzt werden. Der Wortlaut des Gesetzes steht dem nicht entgegen; denn der Begriff der Veräußerung entstammt dem ADHGB, das weniger deutlich zwischen Verfügungs- und Verpflichtungsgeschäft unterschied. Für Verträge, die keinen Erfüllungsanspruch gewähren, gilt die Regelung nicht, da § 49 Abs. 2 nicht vor rein wirtschaftlichen Schäden schützt.[93]

44 Erfaßt werden auch die **Einräumung eines Miteigentumsanteils** und die **Einbringung des Grundstücks in eine Gesellschaft**; denn auch hierdurch wird dem Kaufmann das Grundstück zumindest partiell entzogen (Teilveräußerung).[94] Der **Erwerb** kann der Veräußerung hingegen auch nicht im Wege der Analogie gleichgestellt werden, da es an einem entsprechenden Schutzbedürfnis des Inhabers fehlt.[95] Der **Tausch von Grundstücken** beinhaltet den Verlust des derzeitigen Grundstücks und stellt daher einen Fall der Veräußerung dar.

45 c) **Belastung.** Belastungen im Sinne des § 49 Abs. 2 sind die **dinglichen Belastungen eines Grundstücks** des Kaufmanns durch Hypothek, Grundschuld, Reallast und Dienstbarkeit.[96] Ihnen sind die **hierauf gerichteten Verpflichtungsverträge** gleichzustellen.[97] Wegen ihrer weitreichenden Wirkung muß dies auch für die **Vormerkung** zur Sicherung eines solchen Anspruchs, für ein **Vorkaufsrecht** und die Bestellung eines **grundstücksgleichen Rechts** gelten.[98]

---

[88] Heymann/*Sonnenschein/Weitemeyer* RdNr. 20; Schlegelberger/*Schröder* RdNr. 12, 15; Düringer/Hachenburg/*Hoeninger* Anm. 5; aA LG Freiburg BaWüNotZ 1992, 58; Staub/*Joost* RdNr. 31.

[89] Heymann/*Sonnenschein/Weitemeyer* RdNr. 17; GK-HGB/*Nickel* RdNr. 7; Schlegelberger/*Schröder* RdNr. 15.

[90] AA Staub/*Joost* RdNr. 31.

[91] Staub/*Joost* RdNr. 30; Heymann/*Sonnenschein/Weitemeyer* RdNr. 18.

[92] OLG Rostock OLGE 21 (1910) 379 f.; Heymann/*Sonnenschein/Weitemeyer* RdNr. 18; GroßkommHGB/*Würdinger* Anm. 6; *K. Schmidt* HandelsR § 16 III 3 b (476).

[93] Zum Normzweck vgl. oben RdNr. 36 f.

[94] Vgl. Staub/*Joost* RdNr. 30.

[95] Vgl. KG KGJ 43 (1913), 162, 163 ff.; Heymann/*Sonnenschein/Weitemeyer* RdNr. 20; GK-HGB/*Nickel* RdNr. 8.

[96] Staub/*Joost* RdNr. 33; Schlegelberger/*Schröder* RdNr. 13; Heymann/*Sonnenschein/Weitemeyer* RdNr. 19.

[97] Staub/*Joost* RdNr. 33.

[98] Vgl. Staub/*Joost* RdNr. 33; Heymann/*Sonnenschein/Weitemeyer* RdNr. 19; *K. Hofmann* Prokurist 3.3.2.2, S. 59.

Keine Belastungen stellen jedoch nach allgemeiner Meinung sonstige schuldrechtliche **46**
Geschäfte dar, die sich zwar auf das Grundstück beziehen, aber unmittelbar nur den Kaufmann verpflichten und das Grundstück allenfalls wirtschaftlich belasten.[99] Die Nichtanwendung des § 49 Abs. 2 auf **Wohnungsmietverträge** ist nicht unproblematisch,[100] läßt
sich doch bei der Wohnungsmiete eine fortschreitende Verdinglichung in dem Sinne beobachten, daß das Vertragsverhältnis weitgehend unabhängig von der Person des Eigentü-
mers/Vertragspartners wird. Auch soll die Wohnungsmiete nach Auffassung des BVerfG
durch Art. 14 GG geschützt sein.[101]

Die **Übertragung** einer dem Kaufmann als Eigentümer zustehenden **Eigentümergrund-** **47**
schuld unter automatischer Umwandlung in eine Fremdgrundschuld ist eine (dingliche)
Belastung,[102] weil die Eigentümergrundschuld vorher nur konstruktiv, nicht aber wirtschaftlich eine Belastung darstellte. Entsprechendes gilt für die Übertragung von sonstigen
„Belastungen", die dem Kaufmann an eigenen Grundstücken zustehen.[103] Die **Bestellung**
der Eigentümergrundschuld ohne Übertragung ist dagegen, weil nur konstruktiv, aber
nicht wirtschaftlich eine Belastung, entgegen der hM von der Vertretungsmacht des Prokuristen gedeckt.[104]

Die sogenannte **Restkaufgeldhypothek** – zur Finanzierung des Kaufpreises wird das für **48**
den Kaufmann erworbene Grundstück mit einer Hypothek oder Grundschuld belastet –
wird nach heute ganz hM[105] nicht von § 49 Abs. 2 erfaßt, weil diese Art des Erwerbs dem
Erwerb eines bereits belasteten Grundstücks gleichkomme. Dem ist zuzustimmen, wenn
die Verpflichtung zur Bestellung der Hypothek/Grundschuld vor der Übereignung des
Grundstücks an den Kaufmann begründet wird.[106]

Die **Belastung** muß sich auf ein **Grundstück des Kaufmanns** beziehen; die Belastung **49**
fremder Grundstücke fällt nicht unter § 49 Abs. 2.[107] Allerdings hängt in solchen Fällen die
Vertretungsmacht des Prokuristen von der Vertretungsmacht des Kaufmanns sowie davon
ab, ob dieser seine Vertretungsmacht an den Prokuristen weitergeben darf.[108]

V. Gesetzliche Beschränkungen

1. Eigenhändige gesetzliche Inhaber-/Organpflichten. In einigen Fällen hat der Ge- **50**
setzgeber dem Inhaber bzw. dem gesetzlichen Vertreter nicht nur unmittelbare Pflichten
im Sinne einer haftungsrechtlichen Verantwortung auferlegt, sondern auch die persönliche
Ausführung angeordnet und damit diese Handlungen der Vertretungsmacht des Prokuristen entzogen.[109] Eindeutig sind im Aktienrecht insoweit die Regelungen zur Unterzeichnung des Gründungsberichts (§ 32 Abs. 1 AktG) und des Jahresabschlusses (§ 245
HGB) sowie zum Konkursantrag (§ 92 Abs. 2 AktG). Problematisch ist die Auslegung von
Regelungen, in denen – wie bei § 78 2. Hs. GmbHG und § 36 AktG – eine **Pflicht aller**
oder sämtlicher Organmitglieder angeordnet wird.[110] Dieser Formulierung dürfte lediglich zu entnehmen sein, daß eine organisatorische Gesamtverantwortung vorliegt, die

---

[99] ZB Miet-, Pachtverträge, Verträge im Rahmen
der Grundstücksverwaltung und selbst Geschäfte
zum Bau eines Hauses auf dem Grundstück; für
letzteres vgl. BGHZ 63, 32, 35 = NJW 1974, 1462;
vgl. auch Staub/*Joost* RdNr. 32.
[100] Vgl. – wenn auch iE aA – Heymann/*Sonnen-*
schein/Weitemeyer RdNr. 20.
[101] Vgl. BVerfG NJW 1993, 2035.
[102] Staub/*Joost*   RdNr. 34;   Baumbach/*Hopt*
RdNr. 4; Schlegelberger/*Schröder* RdNr. 13; Hey-
mann/*Sonnenschein/Weitemeyer* RdNr. 19; aA KG
JW 1937, 1743, 1744; Düringer/Hachenburg/
Hoeniger Anm. 6.
[103] Vgl.   Heymann/*Sonnenschein/Weitemeyer*
RdNr. 19.

[104] Vgl. Staub/*Joost* RdNr. 33; Heymann/*Sonnen-*
schein/Weitemeyer RdNr. 19; Düringer/Hachen-
burg/*Hoeniger* Anm. 6.
[105] KG HRR 1929 Nr. 1607; Heymann/*Sonnen-*
schein/Weitemeyer RdNr. 20; Schlegelberger/*Schröder*
RdNr. 14; *K. Schmidt* HandelsR § 16 III 3 b (476);
vgl. auch RGZ 108, 356, 359 ff.
[106] AA (Gleichzeitigkeit reicht aus) wohl GK-
HGB/*Nickel* RdNr. 8.
[107] Vgl. oben RdNr. 42.
[108] Vgl. Schlegelberger/*Schröder* RdNr. 15.
[109] Vgl. Staub/*Joost* § 50 RdNr. 28.
[110] Für Ausschluß der Vertretung Staub/*Hüffer*
§ 12 RdNr. 6; aA OLG Köln NJW 1987, 135; offengelassen von BGHZ 116, 190, 196 = NJW 1992,
975.

durch innerorganschaftliche Aufgabenzuweisungen nicht abgeändert werden kann; eine Aussage zur Vertretungsfähigkeit bei der Ausführung wird dabei nicht getroffen, so daß eine Vertretung durch Prokuristen möglich ist,[111] soweit keine Grundlagengeschäfte betroffen sind.[112] Die **Handelsregistereintragung** ist keine eigenhändige gesetzliche Inhaber/Organpflicht, wie man früher z.T. stillschweigend annahm, indem man die Prokuristen für verpflichtet hielt, unter der Firma zu zeichnen (§ 51).[113]

51   2. **Höchstpersönlichkeit nach allgemeinem Recht.** Auch außerhalb der speziellen Regelungen der Höchstpersönlichkeit bestimmter Pflichten des Inhaber bzw. gesetzlichen Vertreters gibt es Regelungen, die eine Stellvertretung nicht zulassen: zB Parteivernehmung im Prozeß (§ 445 ZPO) und Eidesleistung (§ 478 ZPO).[114]

52   3. **Allgemeine prozeßrechtliche Schranken.** Ist der **Kaufmann prozeßunfähig** und existiert auch kein gesetzlicher Vertreter, so kann der Prokurist den prozeßunfähigen Kaufmann nicht gemäß §§ 51 f. ZPO vertreten, weil er nicht gesetzlicher Vertreter ist.[115] Gleiches gilt bei einer Handelsgesellschaft, der es an einem organschaftlichen Vertreter fehlt.[116] Der **beschränkt geschäftsfähige**, zB minderjährige **Prokurist** kann mangels Prozeßfähigkeit (§ 52 ZPO) den Kaufmann nicht wirksam im Prozeß vertreten (§ 79 ZPO).[117]

53   4. **Beschränkungen zum Schutz Minderjähriger als Inhaber oder Gesellschafter.** Der **Prokurist eines minderjährigen** (Einzel-) **Kaufmanns** bedarf anders als der gesetzliche Vertreter gemäß §§ 1821 ff. BGB auch für die in diesen Vorschriften aufgezählten (gefährlichen) Geschäfte **keiner** Genehmigung des Vormundschaftsgerichts.[118] Dies ist mit dem verfassungsrechtlichen Schutz des Minderjährigen vereinbar,[119] weil der Minderjährige durch die Notwendigkeit vormundschaftlicher Genehmigung für die Prokuraerteilung (§ 1822 Nr. 11 BGB) und den Erwerb eines Handelsgeschäfts (§ 1822 Nr. 3 BGB) geschützt wird. Bei einem Erwerb der Beteiligung von Todes wegen sieht das BVerfG den aus Art. 2 Abs. 1 iVm. Art. 1 Abs. 1 GG abzuleitenden Mindestschutz des Selbstbestimmungsrechts des Minderjährigen aufgrund der Möglichkeit einer unbegrenzten Verpflichtung des Minderjährigen als nicht gewährleistet an. Das BVerfG postuliert dabei jedoch kein vormundschaftliches Genehmigungserfordernis,[120] sondern überläßt dem bisher schweigenden Gesetzgeber die Lösung. Das Problem des Schutzes Minderjähriger vor einer unbeschränkten Haftung ist nicht auf den Bereich der Prokura beschränkt. Wohl deshalb ist in äußerst zweifelhafter Weise beabsichtigt, dem Minderjährigen bei Erreichen der Volljährigkeit generell die – rückwirkende – Haftungsbeschränkung zu ermöglichen.[121]

54   5. **Insichgeschäft/Mißbrauch der Vertretungsmacht.** Die Vertretungsmacht des Prokuristen wird für Insichgeschäfte durch § 181 BGB[122] und auch durch die Regeln über den Mißbrauch der Vertretungsmacht beschränkt.[123]

111 Vgl. OLG Köln NJW 1987, 135; vgl. auch Düringer/Hachenburg/*Hachenburg* § 191 Anm. 4, § 195 Anm. 6.
112 Vgl. dazu RdNr. 23 ff.
113 Vgl. BayObLG DB 1982, 1262 f.; für die Anmeldung sollte dies unzulässig sein; aA zu Recht BGHZ 116, 190, 195 = NJW 1992, 975.
114 Vgl. Staub/*Joost* § 50 RdNr. 28.
115 RGZ 66, 240, 244; vgl. auch RGZ 102, 328, 331; Staub/*Joost* RdNr. 41.
116 RGZ 66, 240, 243 f. Staub/*Joost* RdNr. 41.
117 Staub/*Joost* RdNr. 42; aA Schlegelberger/*Schröder* RdNr. 7.
118 RGZ 106, 185, 186; OLG Hamm BB 1956, 900; Staub/*Joost* § 50 RdNr. 29.
119 Vgl. BVerfGE 72, 155 = NJW 1986, 1859, 1860 f.

120 So zu Recht Soergel/*Damrau* § 1822 RdNr. 13; *Hüffer* ZGR 1986, 603, 654; aA *K. Schmidt* BB 1986, 1238, 1241.
121 Vgl. den Regierungsentwurf des Minderjährigenhaftungsbeschränkungsgesetzes, ZIP 1996, 935 ff.; kritisch zu den vorangehenden Vorentwürfen *Laum/Dylla-Krebs,* Festschrift für Vieregge, 1995, S. 513 ff.; vgl. auch § 27 RdNr. 99 ff.
122 BGH NJW 1980, 1577; vgl. auch BayObLG BB 1980, 1487; OLG Hamm DB 1983, 982 (beide auch zur Eintragungspflicht der Befreiung vom Selbstkontrahierungsverbot); vgl. auch § 48 RdNr. 100.
123 Vgl. hierzu vor § 48 RdNr. 64 ff.

VI. Erweiterung der Prokura und zusätzliche selbständige Vollmachten

Die Prokura kann gemäß § 49 Abs. 2 auf die Veräußerung und Belastung von Grund- **55** stücken erweitert werden. Zusätzlich können selbständige Vollmachten erteilt werden.

1. Prokuraerweiterung gemäß § 49 Abs. 2. Die vom Gesetz vorgesehene besondere **56** generelle Befugnis zur Veräußerung und Belastung von Grundstücken stellt eine **prokuraimmanente Erweiterung** der Vertretungsmacht dar.[124] Dies hat zur Folge, daß die Erweiterung als Teil der Prokura in das Handelsregister einzutragen ist.[125] Die Eintragung ist deklaratorisch.[126] Daneben besteht die Möglichkeit einer als Handlungsvollmacht einzuordnenden Vollmacht für einen Einzelfall oder für bestimmte Arten von Grundstücksgeschäften.

Konsequenterweise sind auch die übrigen Regelungen der Prokura auf diese Prokuraer- **57** weiterung anzuwenden: So muß die besondere Befugnis entsprechend § 48 Abs. 1 **ausdrücklich** erteilt werden;[127] eine nicht ausdrücklich erteilte Prokuraerweiterung kann jedoch in eine wirksame Handlungsvollmacht umgedeutet werden.[128] Auch gelten die **Grundsätze über die Beendigung** der Prokura, den **Ausschluß der Übertragung** und die **Filialprokura**[129] für die besondere Befugnis im Sinne des § 49 Abs. 2.

Nach hM[130] kann die Befugnis im Sinne des § 49 Abs. 2 auch beschränkt **auf die Bela-** **58** **stungen oder die Veräußerung des Grundstücks** erteilt werden. Dies ist jedoch, obwohl ein praktisches Bedürfnis für die Beschränkung der Befugnis auf die Belastung bestehen kann,[131] abzulehnen: Die Teilungsmöglichkeit widerspricht der bloßen Hilfsfunktion des Belastungsverbots für das Veräußerungsverbot, weshalb die Befugnis nur einheitlich erteilt werden kann. Auch die Befugnis im Sinne des § 49 Abs. 2 kann – wie die Prokura selbst – nicht auf einen bestimmten Vorgang beschränkt werden.[132]

2. Besondere Vollmachten. a) Gemischte Gesamtvertretung mit gesetzlicher Ver- **59** **tretungsmacht?** Nach ganz hM[133] erweitert sich bei einer gemischten Gesamtvertretung zwischen einem Prokuristen und einem nur gesamtvertretungsberechtigten Organmitglied (zB gemäß § 125 Abs. 3) die Vollmacht auf den Umfang der **gesetzlichen Vertretungs-** **macht**, wenn der **Organvertreter an die Mitwirkung des Prokuristen gebunden** ist, nicht aber im umgekehrten Fall.[134] Diese Erweiterung wird als Ausübung der Vollmacht angesehen, so daß es zB keiner besonderen Bevollmächtigung für die Grundstücksveräußerung und Belastung bedarf.[135]

Dies widerspricht jedoch dem Willen des **historischen Gesetzgebers**, der die Beschrän- **60** kung auf den Umfang der Rechtsmacht des Prokuristen als so selbstverständlich betrachte-

---

[124] KG RJA 3 (1903) 231, 232 f.; BayObLG NJW 1971, 810; Staub/*Joost* RdNr. 35.

[125] KG RJA 3 (1903) 231, 232 f.; KG JW 1937, 1743, 1744; BayObLG NJW 1971, 810 f.; BayObLG DB 1980, 2232, 2233; LG Aachen DNotZ 1969, 562; Staub/*Joost* RdNr. 35; *Spitzbarth* S. 85 f.; *Walchshöfer* Rpfleger 1975, 381, 384.

[126] Vgl. Schlegelberger/*Schröder* RdNr. 11.

[127] Staub/*Joost* RdNr. 36; Heymann/*Sonnenschein/Weitemeyer* RdNr. 21; Schlegelberger/*Schröder* RdNr. 11; aA Großkomm HGB/*Würdinger* RdNr. 6; Baumbach/*Hopt* RdNr. 4; Düringer/Hachenburg/ *Hoeniger* § 49 Anm. 7; möglicherweise auch OLG Hamm NJW 1967, 2163.

[128] Vgl. Staub/*Joost* RdNr. 36; vgl. auch § 54 RdNr. 51.

[129] Vgl. KG JW 1937, 1743, 1744.

[130] Staub/*Joost* RdNr. 37; Heymann/*Sonnenschein/Weitemeyer* RdNr. 21.

[131] ZB für die regelmäßige Nutzung der Betriebsgrundstücke als Kreditsicherheit zur Verbilligung der vom Unternehmer aufgenommenen Darlehen.

[132] Ebenso Staub/*Joost* RdNr. 37; aA Heymann/ *Sonnenschein/Weitemeyer* RdNr. 21.

[133] RGZ 134, 303, 305, 307 f.; BGHZ 13, 61, 64 f. = NJW 1954, 1158; BGHZ 62, 166, 170 = NJW 1974, 1194; BayObLG NJW 1973, 2068; KG JW 1937, 890 m. Anm. *Groschuff;* KG NJW 1962, 1349, 1350; BayObLG WM 1982, 647, 648; *Stötter* BB 1975, 767, 768; Staub/*Joost* § 48 RdNr. 119; § 49 RdNr. 40, 44; aA OLG Hamm NJW 1971, 1369, 1370; *Kirberger* Rpfleger 1979, 48, 51; *Reinert,* Unechte Gesamtvertretung und unechte Gesamtprokura im Recht der Aktiengesellschaft 1990, S. 39 ff.; *Krebs* ZHR 159 (1995), 635, 645 ff.

[134] Vgl. Staub/*Joost* § 48 RdNr. 119.

[135] KG KGJ 43 (1913) 162, 165; AG Langen/ Hessen Rechtspfleger 1980, 288 m. Anm. *Lerch;* Staub/*Joost* RdNr. 29.

te, daß er darauf verzichtete, dies festzuschreiben.[136] Die hM ist auch mit dem Gesetz selbst nicht vereinbar, weil sie die **gesetzliche Regelung** des Umfangs der Vertretungsmacht des Prokuristen mißachtet: Bei der gemischten Gesamtvertretung wird der Prokurist als Prokurist bestellt und unterliegt daher sowohl bei der Bestellung – ausreichend ist beschränkte Geschäftsfähigkeit – als auch bei der Abberufung dem Recht der Prokura und nicht dem der Organe. Vor allem unterfällt er nicht der **funktional unentbehrlichen Organhaftung**, der alle gesetzlichen Organvertreter unterliegen und auf die nicht generell von vornherein verzichtet werden kann. Die hM ließe also den **Prokuristen als haftungsfreien Geschäftsführer** zu. Zudem gebietet es die Logik anzuerkennen, daß zwei Gesamtbevollmächtigte mit einem gesetzlich umschriebenen Vollmachtsumfang nur insoweit *gemeinsam* Vertretungsmacht haben können, als sich ihre jeweilige (Gesamt-)Vertretungsmacht überschneidet (vgl. ausführlich § 48 RdNr. 90 ff.).

61   **b) Zusätzliche selbständige Vollmachten.** Der Kaufmann kann dem **Gesamt- oder Filialprokuristen** eine in dieser Hinsicht nicht eingeschränkte zusätzliche Handlungsvollmacht erteilen.[137] Bei **Einzelprokuristen** ist eine Handlungsvollmacht nur zulässig, wenn sie entsprechend dem, den §§ 48 ff. innewohnenden Funktionalitätsgrundsatz (vgl. vor § 48 RdNr. 32 ff.) eine neue Vertretungsmöglichkeit schafft (zB Handlungsvollmacht zur Veräußerung von Grundstücken). Da das handelsrechtliche Vollmachtssystem abschließend ist,[138] sind rein bürgerlichrechtliche Vollmachten grundsätzlich nicht zulässig, soweit hier eine Handlungsvollmacht möglich ist: Der Prokurist kann aber zusätzlich zu Anmeldungen zum Handelsregister gemäß § 12 Abs. 2 bevollmächtigt werden, die von der Prokura nicht erfaßt werden, aber auch zu **einzelnen** Grundstücksverkäufen.[139] Entweder man ordnet dies – richtigerweise – als Spezialhandlungsvollmacht ein, oder es handelt sich – bei entsprechender Einschränkung des § 54 Abs. 1 – um eine dann zulässige BGB-Vollmacht.

62   Problematisch ist, ob dem Prokuristen für **Grundlagen- und Strukturentscheidungen**, die nicht von § 49 erfaßt werden,[140] durch eine zusätzliche Vollmacht Vertretungsmacht eingeräumt werden kann.[141] Durch eine im voraus erteilte abstrakt-generelle Vollmacht ist dies nicht möglich, würden doch die Gesellschaftsorgane hierdurch in ihrem Recht, auch eigennützig über Grundlagen- und Strukturentscheidungen zu entscheiden, gefährdet. Bei einer im Einzelfall, nach interner Entscheidung durch das zuständige Organ, erteilten Vollmacht bestehen diese Bedenken nicht im gleichen Maße. Jedoch besteht insoweit anders als bei Handelsregisteranmeldungen wohl kein Bedürfnis für die Zulassung der Vertretung.

63   Die Regeln über die Erteilung der Prokura sind nicht auf zusätzliche Vollmachten übertragbar; soweit sich nicht aus der Art der zusätzlichen Vollmacht besondere Formerfordernisse ergeben, kann sie gemäß § 167 BGB formlos erteilt werden.[142] Zusätzliche selbständige Vollmachten können nicht in das Handelsregister eingetragen werden.[143]

VII. Überschreitung der Vertretungsmacht

64   Überschreitet der Prokurist seine gesetzlich umschriebene Vertretungsmacht und ist sein Handeln auch nicht durch eine von der Prokura unabhängige Vollmacht bzw. eine entsprechende Duldungs- oder Anscheinsvollmacht gedeckt, so sind die allgemeinen Regeln über den Vertreter ohne Vertretungsmacht anwendbar (§§ 177 ff. BGB). Gemäß § 180

---

[136] Vgl. Denkschrift zum RJA E I S. 79 f. = *Schubert/Schmiedel/Krampe* II 1 S. 79 f.; Protokolle zum HGB S. 77–79 = *Schubert/Schmiedel/Krampe* II 1 S. 323 f.; Denkschrift zur RT-Vorl. S. 91 f. = *Schubert/Schmiedel/Krampe* II 2 S. 1025.
[137] *Staub/Joost* RdNr. 46; *Schlegelberger/Schröder* RdNr. 3.
[138] AA *Staub/Joost* RdNr. 48; vgl. eingehend vor § 48 RdNr. 32 ff.
[139] Ebenso *Staub/Joost* RdNr. 45.

[140] Vgl. oben RdNr. 8, 24.
[141] Zu Vollmachten für Handelsregisteranmeldungen bei Publikumsgesellschaften siehe *Gustavus* GmbHR 1978, 219.
[142] Vgl. BGHZ 49, 117, 120 = NJW 1968, 398; *Staub/Joost* RdNr. 49.
[143] BayObLG NJW 1971, 810 mit weit. Nachw.; *Staub/Joost* RdNr. 50; aA für die Generalvollmacht *U. Hübner* ZHR 143 (1979), 1, 8.

BGB ist ein einseitiges Geschäft unwirksam, während ein zweiseitiges gemäß § 177 BGB genehmigt werden kann. Die Regelung des § 91 a, wonach auch das Schweigen des Geschäftsherrn als Genehmigung gelten kann, ist nicht analog auf die Prokura übertragbar, weil sich diese Regelung mit den erheblichen Unsicherheiten hinsichtlich der Vollmachtsgrenzen der Handlungsbevollmächtigten rechtfertigt,[144] die so bei der Prokura nicht bestehen.

VIII. Beweislast

Der Dritte, der Rechte aus der Vertretungshandlung des Prokuristen herleiten will, muß, **65** wenn es sich um eine Handlung außerhalb des Regelungsumfangs der Prokura handelt, darlegen und beweisen, daß dem Prokuristen eine prokuraimmanente Befugnis gemäß § 49 Abs. 2 oder eine die Handlung abdeckende selbständige Vollmacht verliehen wurde.[145] Hierbei ist § 15 Abs. 2 zu beachten. Gleiches gilt, soweit dies ausnahmsweise Tatsachenfrage ist, auch für die Erfassung eines Geschäfts durch den Umfang der Prokura.

§ 50 [Beschränkung des Umfanges]

(1) Eine Beschränkung des Umfanges der Prokura ist Dritten gegenüber unwirksam.

(2) Dies gilt insbesondere von der Beschränkung, daß die Prokura nur für gewisse Geschäfte oder gewisse Arten von Geschäften oder nur unter gewissen Umständen oder für eine gewisse Zeit oder an einzelnen Orten ausgeübt werden soll.

(3) Eine Beschränkung der Prokura auf den Betrieb einer von mehreren Niederlassungen des Geschäftsinhabers ist Dritten gegenüber nur wirksam, wenn die Niederlassungen unter verschiedenen Firmen betrieben werden. Eine Verschiedenheit der Firmen im Sinne dieser Vorschrift wird auch dadurch begründet, daß für eine Zweigniederlassung der Firma ein Zusatz beigefügt wird, der sie als Firma der Zweigniederlassung bezeichnet.

Übersicht

Schrifttum: *Knieper/Jahrmarkt,* Zweigniederlassung, Zweigbüro, Filiale, Nebenbetrieb 1972; *Merz,* Vertretungsmacht und ihre Beschränkungen im Recht der juristischen Personen, der kaufmännischen und allgemeinen Stellvertretung, Festschrift für H. Westermann, 1974, 399; *Tietz,* Vertretungsmacht und Vertretungsbefugnis im Recht der BGB-Vollmacht und der Prokura, 1990; *Wunsch,* Filialprokura, 1908.

---

[144] Vgl. *Baumgärtel/Reinicke,* Handbuch der Beweislast, Band 4, 1988, HGB §§ 49, 50 RdNr. 1.

[145] *Baumgärtel/Reinicke,* Handbuch der Beweislast, Band 4, 1988, HGB §§ 49, 50 RdNr. 1.

I. Grundlagen

1   § 50 bildet mit § 49 eine Wirkungseinheit.[1] Er erklärt den aus § 49 folgenden **Umfang** der Prokura im Verhältnis **zu Dritten** für zwingend (Abs. 1, Abs. 2),[2] stellt also nicht auf Kenntnis oder gar bloße Erkennbarkeit von Beschränkungen ab. Rechtsfolge ist die Unwirksamkeit der Beschränkung und nicht der Prokuraerteilung (näher RdNr. 6). Dies dient der **Sicherheit und Leichtigkeit des Rechtsverkehrs**[3] und betont die Trennung zwischen Vertretung und zugrundeliegendem Rechtsverhältnis, welches frei regelbar bleibt.[4] Für denjenigen, der eine Prokura erteilt, birgt § 50 ein erhebliches Gefährdungspotential: Um dem entgegenzusteuern, bleiben dem Vertretenen nur die (unabdingbare) Möglichkeit des jederzeitigen Widerrufs (§ 52 Abs. 1) sowie die Erteilung einer bloßen Gesamtprokura (§ 48 Abs. 2) oder Niederlassungsprokura (§ 50 Abs. 3).

2   Die **Gefährdung des Vertretenen** wird heutzutage – da der starken Betonung der Rechtssicherheit durch das HGB generell kritischer begegnet wird und sich der Rang eines Prokuristen im Unternehmen grundlegend verändert hat (Inflation der Prokura) – stärker als früher empfunden. Insbesondere wirkt sich dies bei der **Annahme eines Rechtsmißbrauchs** aus, durch dessen großzügige Annahme § 50 Abs. 1 teilweise entwertet werden kann.[5] Selbst wenn man diese Entwicklung rechtspolitisch billigt, fragt es sich doch, ob der Mißbrauch der Vertretungsmacht das geeignete Instrument zur Lösung der Gefährdungsproblematik ist, oder ob nicht besser de lege ferenda eine weitere Einschränkung der Vertretungsmacht zugelassen werden sollte.[6] Abs. 2 hat keine eigenständige Bedeutung, weshalb er de lege ferenda gestrichen werden sollte.[7] Abs. 3 erklärt (ausnahmsweise) eine Beschränkung der Prokura auf eine von mehreren Niederlassungen (Niederlassungsprokura) für zulässig. Dies ist rechtstatsächlich von Bedeutung und – obwohl Abs. 3 die Vertretungsmacht weniger weit einschränkt, als der Wortlaut vermuten läßt – als nützliches Element der Risikobegrenzung auch de lege ferenda unverzichtbar.[8]

II. Unzulässige Umfangsbeschränkung (Abs. 1, 2)

3   **1. Beschränkung des Umfangs der Prokura.** Unter „Beschränkungen" fallen nur die rechtsgeschäftlicher Art,[9] nicht die, die sich aus dem Gesetz ergeben. Die Formulierung der Regelung bezieht sich auf § 49. Daher ist die Gesamtprokura (§ 48 Abs. 2) im Gegensatz zur Niederlassungsprokura keine Umfangsbeschränkung im Sinne des § 50 Abs. 1, sondern eine Ausgestaltung in personeller Hinsicht.[10]

4   **2. „Ist Dritten gegenüber".** Die Formulierung „ist Dritten gegenüber" besagt, daß im zugrundeliegenden Rechtsverhältnis zum Kaufmann Beschränkungen möglich bleiben und verdeutlicht die Trennung zwischen Vollmacht und zugrundeliegendem Rechtsverhältnis.[11] Erfaßt wird jedes Handeln des Prokuristen gegenüber einer vom Inhaber des Han-

---

[1] Vgl. Schlegelberger/*Schröder* RdNr. 1; Staub/*Joost* RdNr. 1.

[2] Vgl. auch die konstruktiv parallelen Regelungen der §§ 126 Abs. 2 HGB, 37 Abs. 2 GmbHG, 82 Abs. 1 AktG, 27 Abs. 2 GenG.

[3] Staub/*Joost* RdNr. 1; Baumbach/*Hopt* RdNr. 1.

[4] Schlegelberger/*Schröder* RdNr. 1; Staub/*Joost* RdNr. 2; *K. Schmidt* HandelsR § 16 III 3 c aa (476).

[5] Vgl. zB Heymann/*Sonnenschein/Weitemeyer* RdNr. 27, die einen Rechtsmißbrauch auch dann annehmen, wenn der Vertretene dem Prokuristen intern feste Handlungsgrenzen setzt, er diese den Geschäftspartnern mitteilt und der Prokurist die Grenzen überschreitet.

[6] Vgl. aber für Weiterentwicklung der Rechtsprechung zum Mißbrauch der Vertretungsmacht

K. Schmidt DB 1994, 515, 521; umfassend hierzu vor § 48 RdNr. 64 ff.

[7] Ebenso *K. Schmidt* DB 1994, 515, 521.

[8] Vgl. auch *K. Schmidt* DB 1994, 515, 521; aA Staub/*Joost* RdNr. 25.

[9] Heymann/*Sonnenschein/Weitemeyer* RdNr. 4; Schlegelberger/*Schröder* RdNr. 1.

[10] Vgl. ROHGE 8, 337, 340; RGZ 40, 17; BGHZ 62, 166, 170 = NJW 1974, 1194; BGH NJW-RR 1991, 357; Staub/*Joost* RdNr. 5; aA *Beuthien/Müller* DB 1995, 461, 462 ff.; zur Übertragbarkeit dieses Gedankens auf die Handlungsvollmacht vgl. § 54 RdNr. 22 f.

[11] Heymann/*Sonnenschein/Weitemeyer* RdNr. 3, 13; Schlegelberger/*Schröder* RdNr. 1.

delsgeschäfts verschiedenen Person. Selbst bei einer Vertretung gegenüber Organmitgliedern findet § 50 Anwendung.

3. „Unwirksam". Die Unwirksamkeit der vom Vertretenen gewillkürten Beschränkung 5 der Vertretungsmacht ist ausnahmslos: Die Vertretungsmacht kann weder durch **Handelsbrauch**, noch durch **AGB** oder **individuelle Vereinbarung** mit dem Geschäftspartner wirksam eingeschränkt werden.[12] Beschränkungen können daher auch nicht in das Handelsregister eingetragen werden;[13] dennoch erfolgte Eintragungen sind ohne Bedeutung.

Bisweilen wird erwogen, zumindest in engem Rahmen **Ausnahmen** zuzulassen (zB 6 Ausschluß des Rechts, bei kurzzeitiger Abwesenheit des Geschäftsherrn Mitarbeiter aus wichtigem Grund zu kündigen[14]). Wird der Ausschluß der Vertretungsmacht hinsichtlich bestimmter Gestaltungsrechte (zB Anfechtung, Kündigung, Rücktritt) mit dem Vertragspartner ausdrücklich vereinbart, wird vereinzelt eine teleologische Reduktion des § 50 Abs. 1 mit dem Argument befürwortet, der Dritte bedürfe keines Schutzes.[15] De lege lata ist derartigen Überlegungen zu widersprechen:[16] Der Wortlaut des Gesetzes ist eindeutig und zu respektieren; nach ihm schadet nicht einmal die Kenntnis der Beschränkung. Eine teleologische Reduktion ist unter Wahrung des die Rechtssicherheit abstrakt-generell verkehrsschützenden Charakters der Norm nicht möglich und daher abzulehnen. Erst recht mit § 50 Abs. 1 und dem von ihm beabsichtigten Verkehrsschutz sind Überlegungen unvereinbar, bei vorgenommenen Beschränkungen die Prokuraerteilung als unwirksam anzusehen.[17] Von der Unbeschränkbarkeit der Prokura sind jedoch, jedenfalls grundsätzlich, die Voraussetzungen des Mißbrauchs der Vertretungsmacht zu trennen.

4. Beispiele unwirksamer Einschränkungen (Abs. 2). Abs. 2 enthält (überflüssiger- 7 weise) einige Beispielsfälle unzulässiger Beschränkungen: Sie betreffen die **Art der Geschäfte**, **Art und Weise** der **Ausübung** sowie **Ort und Dauer der Prokura**. Nicht erwähnt, aber von § 50 Abs. 1 erfaßt, sind auch Beschränkungen des **Inhalts von Vertragsbedingungen** (Konditionen). Die Diskussion um eine Einschränkung des § 50 Abs. 1 hinsichtlich bestimmter Gestaltungsrechte bei kurzfristiger Abwesenheit des Geschäftsherrn (RdNr. 6), insbesondere der Kündigung aus wichtigem Grund, beinhaltet sowohl eine unzulässige Beschränkung auf gewisse Geschäfte als auch auf gewisse Umstände. Bei bestehender Prokura kann die Vollmacht nicht zeitlich beschränkt und ihre Ausübung nicht von Bedingungen abhängig gemacht werden. Entgegen verbreiteter Ansicht[18] enthält § 50 zur Bedingung oder Befristung der Prokura selbst keine Aussage. Dies ergibt sich aus dem Begriff „ausgeübt": Eine Bedingung oder Befristung des Beginns oder Endes der Prokura betrifft nicht die bloße Ausübung der Prokura. Die Bedingungs- und Befristungsfeindlichkeit der Prokura ergibt sich vielmehr aus dem hohen Bedürfnis nach Rechtssicherheit für dieses Institut (vgl. auch § 52 RdNr. 15).

III. Niederlassungsprokura

1. Erteilung der Niederlassungsprokura. a) Grundsatz. Die Erteilung einer Niederlas- 8 sungsprokura (Filialprokura) setzt voraus, daß das Unternehmen zumindest eine Haupt-

---

12 Staub/*Joost* RdNr. 4; Heymann/*Sonnenschein-Weitemeyer* RdNr. 2; vgl. aber *dieselben* RdNr. 27.

13 OLG Hamburg HansGZ 1927, 12.

14 So obiter dictum BAG WM 1976, 598, 599 f. = AP Nr. 8 zu § 626 BGB Ausschlußfrist m. Anm. *Nickel/Brause; Wenzel* MDR 1977, 985, 987; zur für den Fall relevanten Frage, auf welche Person für die Kenntnis im Sinne des § 626 Abs. 2 abzustellen ist vgl. Staub/*Joost* RdNr. 12.

15 GK-HGB/*Nickel* RdNr. 6.

16 Vgl. Heymann/*Sonnenschein/Weitemeyer* RdNr. 11; Staub/*Joost* RdNr. 4.

17 Anders bei zwingend gewollten Beschränkungen *Tietz*, Vertretungsmacht und Vertretungsbefugnis im Recht der BGB-Vollmacht und der Prokura, 1990, S. 198 ff.; ähnlich *Roth* in Koller/Roth/Morck HGB § 50 RdNr. 5.

18 Hinsichtl. Bedingung: Staub/*Joost* RdNr. 9; Schlegelberger/*Schröder* § 48 RdNr. 16; hinsichtl. Befristung: Staub/*Joost* RdNr. 10; Heymann/*Sonnenschein/Weitemeyer* RdNr. 9.

und eine sich firmenmäßig unterscheidende Zweigniederlassung hat,[19] wobei hierfür bereits ein Niederlassungszusatz ausreicht (Abs. 3 S. 2). Die Niederlassungsprokura kann auf die Hauptniederlassung beschränkt sein,[20] sowie für mehrere Niederlassungen erteilt werden.[21] Ihre Erteilung richtet sich nach den allgemeinen Regeln, weshalb die Beschränkung auf die Niederlassung ausdrücklich erfolgen muß.[22] Anderenfalls ist eine umfassende Prokura erteilt.[23] Die Anwendbarkeit der allgemeinen Regeln hat zur Folge, daß eine auf eine Niederlassung beschränkte Gesamtprokura erteilt werden kann.[24] Unzulässig ist eine Niederlassungsprokura neben einer Einzelprokura für das gesamte Unternehmen, da erstere lediglich eine Einschränkung der ansonsten umfassenden Prokura darstellt.[25]

9   **b) Niederlassung, Betriebsstätte, Unternehmen.** Die (Zweig-) Niederlassung ist von der bloßen Betriebsstätte und dem Unternehmen abzugrenzen. Sie muß räumlich von der Hauptniederlassung getrennt sein und anders als die Betriebsstätte auch im Rechtsverkehr auf Dauer angelegt selbständig auftreten, wobei hierfür die Verkehrsanschauung mit heranzuziehen ist.[26] Anders als das selbständige Unternehmen ist die Zweigniederlassung von der Hauptniederlassung organisatorisch abhängig.[27]

10   Unproblematisch ist die Abgrenzung von Unternehmen und Niederlassung, wenn Gesellschaften Inhaber des Handelsgeschäfts sind, kann doch eine Gesellschaft nicht Inhaber mehrerer Unternehmen sein. Problematisch ist die Abgrenzung hingegen beim **Einzelkaufmann**, da dieser nach hM[28] Inhaber mehrerer Unternehmen sein kann: Betreibt er **mehrere Unternehmen**, sind deren Prokuren schon dadurch getrennt; § 50 Abs. 3 ist nicht anwendbar.[29] Die organisatorische Abhängigkeit ist ein nur begrenzt brauchbares Kriterium für die Beantwortung der Frage, ob eine Niederlassung vorliegt.[30] Denn auch selbständige Unternehmen sind vom Einzelkaufmann abhängig, die Niederlassung kann als eigenes Profitcenter geführt werden und eine Organisationsstruktur oberhalb des Prokuristen fehlt bei Einzelkaufleuten häufig. Hier kann nur die **Firmierung** über die Einordnung als Niederlassung entscheiden. Denn anders als sonst wird man beim Einzelkaufmann nur bei einer das Abhängigkeitsverhältnis ausdrückenden Firma (insbesondere Zusatz) von einer Niederlassung ausgehen können, während eine gegenüber der Hauptniederlassung völlig selbständige Firma Ausdruck getrennter Unternehmen unter derselben Inhaberschaft ist.[31]

11   **c) Verschiedene Firmen.** Eine Verschiedenheit der Firmen im Sinne des § 50 Abs. 3 S. 2 liegt auch vor, wenn mehrere Zweigniederlassungen dieselbe von der Hauptniederlassung verschiedene Firma haben.[32] Problematisch ist allerdings, ob in diesem Fall für eine der Zweigniederlassungen allein eine Niederlassungsprokura erteilt werden kann, unterscheidet sich diese doch in ihrer Firma nicht hinreichend von den anderen Niederlassungen. Liegen nach der Verkehrsanschauung keine verschiedenen Firmen vor, oder ist nicht eindeutig, auf welche Niederlassung sich die Prokura beziehen soll (Ausdrücklichkeitsgebot), ist die Beschränkung unwirksam; es handelt sich dann um eine umfassende Prokura.[33]

---

[19] Vgl. KG OLGE 43 (1924), 282, 283; Heymann/*Sonnenschein*/*Weitemeyer* RdNr. 17 f.; Staub/*Joost* RdNr. 15 f.; *K. Schmidt* HandelsR § 16 III 3 c bb (476).

[20] BayObLG OLGE 42 (1922), 212; KG JW 1937, 1743, 1744.

[21] Schlegelberger/*Schröder* RdNr. 11; Staub/*Joost* RdNr. 18.

[22] Schlegelberger/*Schröder* RdNr. 16; *Knieper*/*Jahrmarkt* S. 110.

[23] Schlegelberger/*Schröder* RdNr. 16.

[24] Vgl. BayObLG OLGE 30 (1915), 389, 390; Heymann/*Sonnenschein*/*Weitemeyer* RdNr. 19; Schlegelberger/*Schröder* RdNr. 18.

[25] AA Schlegelberger/*Schröder* RdNr. 11.

[26] Staub/*Hüffer* vor § 13 RdNr. 10.

[27] Staub/*Joost* RdNr. 14; Staub/*Hüffer* vor § 13 RdNr. 12.

[28] Staub/*Hüffer* § 17 RdNr. 26; *Canaris* § 11 I 4 a (178).

[29] AA wohl *K. Schmidt* HandelsR § 12 II 2 a (360).

[30] So aber Staub/*Joost* RdNr. 14.

[31] Im Ergebnis ähnlich Heymann/*Sonnenschein*/*Weitemeyer* RdNr. 21; aA *Canaris* § 11 I 4 a (179), der mehrere Firmen auch bei einem Unternehmen eines Einzelkaufmanns zuläßt.

[32] AA wohl GroßkommHGB/*Würdinger* Anm. 4.

[33] KG OLGE 43 (1924), 282, 283; OLG Celle OLGE 27 (1913), 315, 316.

d) Eintragung im Handelsregister. Die Niederlassungsprokura wird im Handelsregister **12** der Niederlassung eingetragen, ist aber stets über das Gericht der Hauptniederlassung anzumelden(vgl. § 53 RdNr. 12).

2. Rechtsfolgen der Beschränkung. Aus der Beschränkung auf die Niederlassung folgt **13** nicht, daß Geschäfte vorliegen müßten, die der **Betrieb der konkreten Niederlassung mit sich bringt.**[34] Vielmehr bleibt es grundsätzlich bei der Vertretungsmacht für alle Arten von Geschäften, die der **Betrieb irgendeines Handelsgeschäfts mit sich bringt.**[35] Dem Geschäftsverkehr wäre nicht zumutbar, über den Geschäftsbereich der Niederlassung Erkundigungen einziehen zu müssen. Entgegen *Joost*[36] ist die Beschränkung auf die Niederlassung aber auch nicht völlig bedeutungslos und verzichtbar. Denn nach zutreffender hM beschränkt sich die Niederlassungsprokura auf **Geschäfte,** die **über die Niederlassung und auf deren Rechnung** abgewickelt werden.[37] Folglich bedarf es für die wirksame Vertretung der Zeichnung der Firma der Niederlassung durch den Niederlassungsprokuristen, zumindest aber eines Auftretens als Prokurist der Niederlassung;[38] solange die Niederlassung besteht, ist die Erfüllung (zunächst) von der Niederlassung zu verlangen.[39] Nur diese Interpretation gesteht § 50 Abs. 3 eigene Bedeutung zu und trägt dem Gebot anwendungsfreundlicher Auslegung sowie den Vorstellungen des historischen Gesetzgebers Rechnung.[40] Diese Beschränkung der Vertretungsmacht bewirkt auch, daß Vertretungserklärungen, die Rechtsverhältnisse einer anderen Niederlassung betreffen – zB Grundbucherklärungen hinsichtlich anderer als für die Niederlassung eingetragener Grundstücke, Kündigung von Arbeitsverhältnissen einer anderen Niederlassung – grundsätzlich nicht von der Vertretungsmacht gedeckt werden.[41]

Da die Niederlassungsprokura eine Beschränkung der Prokura darstellt, muß der Inha- **14** ber/gesetzliche Vertreter darlegen und beweisen, daß diese Beschränkung vorlag. Nach allgemeinen Grundsätzen muß der Dritte darlegen und beweisen, daß es sich um eine Handlung handelt, die von der Niederlassungsprokura gedeckt ist.[42]

3. Erlöschen der Niederlassungsprokura. Es gelten die allgemeinen Regeln für das **15** Erlöschen der Prokura. Ein Sonderrolle nimmt das Erlöschen der Niederlassungsprokura mit der Auflösung der Niederlassung, für die die Prokura erteilt wurde, ein.[43]

IV. Beschränkungen im Innenverhältnis

Im Innenverhältnis zum Vertretenen dürfen dem Prokuristen Beschränkungen jeglicher **16** Art auferlegt werden.[44] Der Prokurist hat keinen Anspruch auf ein Minimum an Geschäfts-

---

[34] Staub/*Joost* RdNr. 20.

[35] Ebenso Staub/*Joost* RdNr. 20; vgl. auch Protokolle zum HGB S. 172 = *Schubert/Schmiedel/Krampe* II 1, S. 384.

[36] Staub/*Joost* RdNr. 20 f., 24, 25; *K. Hofmann* Prokurist 4.3.2., S. 114; ähnlich für die Schweiz: *Merz,* Festschrift für H. Westermann, 1974, S. 399, 400.

[37] Vgl. BGHZ 104, 61, 63 = NJW 1988, 1840; BGHZ 2, 218 ff. = NJW 1951, 652 (mit Einschränkung für Banküberweisungen innerhalb eines Filialnetzes derselben Bank); *Knieper/Jahrmarkt* S. 112; GroßkommHGB/*Würdinger* RdNr. 4; Schlegelberger/*Schröder* RdNr. 17; Heymann/*Sonnenschein/Weitemeyer* RdNr. 20; für Österreich: *Holzhammer,* Allgemeines Handelsrecht und Wertpapierrecht 5. Aufl. 1994, X H.

[38] Schlegelberger/*Schröder* RdNr 14; Heymann/*Sonnenschein/Weitemeyer* RdNr. 20; aA Staub/*Joost* RdNr. 23.

[39] Ganz hM, Heymann/*Sonnenschein/Weitemeyer* RdNr. 20; Schlegelberger/*Schröder* RdNr. 15;

K. Hofmann Prokurist 4.3.2., S. 114; vgl. aber BGHZ 2, 218, 226 = NJW 1951, 652; aA Staub/*Joost* RdNr. 22.

[40] Schlegelberger/*Schröder* RdNr. 14; Heymann/*Sonnenschein/Weitemeyer* RdNr. 20; aA Staub/*Joost* RdNr. 23.

[41] BGHZ 104, 61, 63 = NJW 1988, 1840; OLG Stettin OLGE 3 (1901), 122; OGH Österreich HS 9090; Schlegelberger/*Schröder* RdNr. 17; Heymann/*Sonnenschein/Weitemeyer* RdNr. 20; Stein/*Jonas/Roth,* ZPO, 21. Aufl. 1994, § 173 RdNr. 5; Straube/*Schinko* RdNr. 4; aA Staub/*Joost* RdNr. 20; *K. Hofmann* Prokurist 4.3.2., S. 114.

[42] AA insoweit wohl Staub/*Joost* RdNr. 21; wie hier Schlegelberger/*Schröder* RdNr. 14; *Baumgärtel/Reinicke,* Handbuch der Beweislast, Band 4 1988, HGB §§ 49, 50 RdNr. 1.

[43] Vgl. dazu Schlegelberger/*Schröder* RdNr. 11; Heymann/*Sonnenschein/Weitemeyer* RdNr. 17.

[44] Vgl. RGZ 122, 143, 145; Staub/*Joost* RdNr. 2, 54; Schlegelberger/*Schröder* RdNr. 1.

führungsbefugnis; diese kann gänzlich fehlen, ohne daß sich an der durch die Prokura vermittelten Vertretungsmacht etwas ändern würde. Die Beschränkung der Geschäftsführungsbefugnis kann Inhalt des der Prokura meist zugrundeliegenden Anstellungsvertrages sein.[45] Diese Beschränkungen haben keine Auswirkungen auf den Umfang der Prokura als Vertretungsmacht (vgl. aber zum Mißbrauch der Vertretungsmacht vor § 48 RdNr. 63 ff.).

17   Vorbehaltlich abweichender vertraglicher Regelungen können dem Prokuristen einseitige Bindungen auferlegt und Weisungen erteilt werden (§§ 665, 675 BGB analog), während der Prokurist unter den Voraussetzungen des § 665 BGB berechtigt ist, von den Weisungen des Kaufmanns abzuweichen. Auch eine Notgeschäftsführung kommt in Betracht. Überschreitet der Prokurist seine Geschäftsführungskompetenz, stellt dies regelmäßig einen wichtigen Grund zur Beendigung des Anstellungsverhältnisses dar (§ 626 Abs. 1 BGB).[46] Sollte der Kaufmann infolge der Kompetenzüberschreitung einen Schaden erleiden, steht ihm bei einem Verschulden des Prokuristen ein Schadensersatzanspruch wegen pVV zu. Die arbeitsrechtlichen Haftungsprivilegien sind zu berücksichtigen.[47] Selbst eine vorsätzliche Kompetenzüberschreitung begründet keine Ansprüche aus § 678 BGB.[48] Eine nachträgliche Billigung des Verhaltens des Prokuristen hat zur Folge, daß an dieses Verhalten keine Sanktionen mehr geknüpft werden dürfen. Die Billigung kann auch stillschweigend erfolgen. Jedoch liegt sie nicht in der Erfüllung der Verpflichtung gegenüber dem Dritten, da der Kaufmann aufgrund der wirksamen Vertretung zur Erfüllung verpflichtet ist.[49]

§ 51 [Zeichnung des Prokuristen]

Der Prokurist hat in der Weise zu zeichnen, daß er der Firma seinen Namen mit einem die Prokura andeutenden Zusatze beifügt.

Schrifttum: *Beck,* Die Richtigkeit der Firmenzeichnung zur Aufbewahrung bei Gericht, BB 1962, 1265.

I. Normzweck und Bedeutung

1   Sinn dieser, auf Art. 44 Abs. 1 ADHGB zurückgehenden **reinen Ordnungsvorschrift**[1] ist es, auf eine Zeichnung hinzuwirken, die dem Handelsverkehr erkennbar macht, daß der Erklärende als Prokurist für den Inhaber handelt.[2] Sie gibt ein Beispiel für eine ordnungsgemäße Zeichnung (vgl. für den Handlungsbevollmächtigten § 57). Eine entsprechende Zeichnung ermöglicht einen Vergleich mit der gem. § 53 Abs. 2 hinterlegten Zeichnung, insbesondere der Handschrift. § 51 gilt für alle **schriftlichen Erklärungen** des Prokuristen.[3]

2   § 51 ist **keine Formvorschrift** und hat auch keine Auswirkungen auf andere Formvorschriften.[4] Daher bleibt auch ein Abweichen von der gemäß § 53 Abs. 2 hinterlegten Zeichnung von Firma und Namen folgenlos. Auch für die **Offenlegung des Handelns als**

---

[45] Staub/*Joost* RdNr. 55; GK-HGB/*Nickel* RdNr. 1.
[46] Vgl. Heymann/*Sonnenschein/Weitemeyer* RdNr. 14; Schlegelberger/*Schröder* RdNr. 7; *K. Hofmann* Prokurist 3.5.3., S. 73.
[47] Vgl. dazu im Anschluß an BAG GS NZA 1993, 547 ff. und BGH NZA 1994, 270 f. die Darstellung von *Richardi* NZA 1994, 241.
[48] Vgl. BGH ZIP 1988, 843, 844 f.; ZIP 1989, 1390, 1393 f.; anders früher RGZ 158, 302, 313 f.; MünchKommBGB/*Ulmer* § 708 RdNr. 8 bis 10 (alle zu geschäftsführenden Gesellschaftern).

[49] Staub/*Joost* RdNr. 58; Schlegelberger/*Schröder* RdNr. 7 f.
[1] Zu Art. 44 ADHGB: *Lutz,* Protokolle zum ADHGB, 1858, S. 953; ROHGE 18, 99, 100; zu § 51 HGB: RGZ 50, 51, 60; BGH NJW 1966, 1077; BAG NZA 1992, 449, 450, 452; Staub/*Joost* RdNr. 10; Heymann/*Sonnenschein/Weitemeyer* RdNr. 6; GK-HGB/*Nickel* § 2.
[2] Staub/*Joost* RdNr. 11; GK-Nickel RdNr. 2.
[3] Heymann/*Sonnenschein/Weitemeyer* RdNr. 8.
[4] Staub/*Joost* RdNr. 10; aA Heymann/*Sonnenschein/Weitemeyer* RdNr. 8: Formvorschrift im weiteren Sinne.

Vertreter gelten allein die allgemeinen Regeln (§ 164 BGB).[5] Erkennbar ist die Vertretung zB auch, wenn der Prokurist unterhalb des Firmenstempels mit seinem Namen eigenhändig oder ohne Vertretungszusatz[6] oder nur mit der vertretenen Firma ohne seinen eigenen Namen oder ohne einen Vertretungszusatz unterzeichnet.[7] Der fehlende Prokurazusatz eröffnet bei einer eingetragenen und bekanntgemachten Prokura auch nicht die Möglichkeit zur Zurückweisung eines einseitigen Rechtsgeschäftes (zB Kündigung) iSd. § 174 S. 1 BGB.[8] Auch ohne Nennung der vertretenen Firma kann sich die Vertretung aus sonstigen Umständen, zB aus dem Charakter als **unternehmensbezogenem Geschäft**, ergeben.[9] Da § 51 die für die Offenkundigkeit der Vertretung problematischen Fälle nicht regelt, sollte de lege lata entweder eine Erweiterung der Norm auf die problematischen Fälle oder eine ersatzlose Streichung des § 51 erwogen werden.[10]

II. Zeichnungsweise

1. Firma. Erforderlich ist die Angabe der vollständigen Firma[11] (bei § 50 Abs. 3 Niederlassungsfirma). Ob die Zeichnung der Firma **handschriftlich** erfolgen soll, ist § 51 nicht eindeutig zu entnehmen. Folgt man der – zutreffenden, allein dem Wortlaut entsprechenden – hM, wonach der Prokurist gemäß § 53 Abs. 2 nicht nur seine Namensunterschrift, sondern auch die eigenhändig geschriebene Firma beim Register zu hinterlegen hat,[12] so ist daraus zu schließen, daß der Gesetzgeber auch in § 51 davon ausging, im Geschäftsverkehr sei die Firma eigenhändig zu zeichnen.[13] Dem entsprechen auch die Unterschiede in der Formulierung der im übrigen parallelen Vorschriften der §§ 51 und 57: Nur § 51 erwähnt die Firma, und zwar im Zusammenhang mit der Art, wie gezeichnet werden soll. Daß die Firma in der heutigen Praxis nicht eigenhändig geschrieben zu werden pflegt, steht dem nicht entgegen, handelt es sich doch bei § 51 nur um eine empfehlende Ordnungsvorschrift. **3**

Zur Firma gehört zumindest bei Gesellschaften mit einem beschränkten Haftungsfonds (GmbH, GmbH & Co. KG, AG) der **Rechtsformzusatz**. Für eine Prokura bei Unternehmen im Konkurs und in der Liquidation bedarf es wegen der besonderen Gefahren auch eines eigenen **Konkurs- bzw. Liquidationshinweises**.[14] **4**

2. Name des Prokuristen, Gesamtprokura. Der Prokurist soll **handschriftlich** mit seinem **Familiennamen** zeichnen.[15] Daß unter „Name" lediglich der Familienname zu verstehen ist, belegt ein Rückschluß aus § 18 Abs. 1: Dieser erfordert nunmehr, anders als vor 1900, ausdrücklich die Führung eines Vornamens neben dem Familiennamen, während an anderer Stelle – zB in den §§ 19, 51, 53, 57 – lediglich der „Name" vorausgesetzt wird. **5**

Die besondere Regelung für die **Gesamtprokura** (Art. 44 Abs. 2 ADHGB) wurde – weil selbstverständlich – nicht ins HGB übernommen.[16] Dies zugrundegelegt, verlangt die vom Gesetzgeber angestrebte ideale Zeichnung nicht nur die Zeichnung eines jeden Gesamtprokuristen, sondern auch einen Hinweis auf die Gesamtprokura.[17] **6**

---

[5] Staub/*Joost* RdNr. 11; Schlegelberger/*Schröder* RdNr. 3 f.

[6] BGHZ 64, 11, 14 ff. = NJW 1975, 1166 (Wechsel).

[7] ROHGE 18, 99, 100 f.; RGZ 50, 51, 60; BGH NJW 1966, 1077; LG Berlin Rpfleger 1972, 421, 422; OLG Düsseldorf DB 1992, 2080 (Auftreten unter dem Namen des Kaufmanns unter Nachahmung seiner Unterschrift durch Handlungsbevollmächtigten).

[8] BAG AP BGB § 174 Nr. 9.

[9] Näher vor § 48 RdNr. 44 ff.

[10] Für Beibehaltung *K. Schmidt* DB 1994, 515, 520.

[11] Vgl. näher *Beck* BB 1962, 1265 f.

[12] Näher, auch zu Überlegungen de lege ferenda, diese Pflicht aufzuheben, § 53 RdNr. 19.

[13] *Puchelt,* Kommentar zum ADHGB, 3. Aufl. 1882 Art. 44 Anm. 2; Düringer/Hachenburg/*Hoeniger* Anm. 1; Straube/*Schinko* RdNr. 1; aA Staub/*Joost* RdNr. 3.

[14] Zu den haftungsrechtlichen Folgen des Fehlens dieser Zusätze vgl. *K. Schmidt* BB 1989, 229, 234.

[15] BGH NJW 1966, 1077; Heymann/*Sonnenschein/Weitemeyer* RdNr. 4.

[16] Vgl. Denkschrift zur RT-Vorlage S. 50 = *Schubert/Schmiedel/Krampe* II 2 S. 990; Düringer-Hachenburg/*Hoeniger* Anm. 1.

[17] AA Staub/*Joost* RdNr. 8.

7   **3. Vollmachtszusatz.** Der „Zusatz", der das Handeln als Prokurist klarstellen soll, ist gesetzlich nicht näher konkretisiert. Sieht man im Rahmen von § 53 Abs. 2 den Zusatz nicht als Teil der zu hinterlegenden Zeichnung an,[18] hat auch ein bei der Hinterlegung dennoch verwandter Zusatz für die nach Vorstellung des Gesetzgebers ideale Zeichnung gemäß § 51 keine Bedeutung.[19] Übliche Kurzform eines Zusatzes ist die Abkürzung **„ppa."**, die die ältere Form **„pp"**[20] verdrängt hat. Gebräuchliche Langformen sind **„als Prokurist"**, **„per Prokura"** und **„in Prokura"**.[21]

8   **4. Reihenfolge der Zeichnungselemente.** § 51 geht davon aus, daß die **Firma** vor oder über dem **Namen** und dem die Prokura kennzeichnenden **Zusatz** steht, wobei dieser üblicherweise unmittelbar vor dem Namen des Prokuristen aufgeführt ist.

III. Besondere Formvorschriften

9   Sonstige Formvorschriften werden durch § 51 nicht berührt. Bei **Rechtsmittelschriftsätzen** ist die Nennung des eigenen Namens des Vertreters erforderlich.[22] Nach hM[23] sollen bei **wertpapierrechtlichen Erklärungen** aus Gründen des Verkehrsschutzes für die Auslegung außer den aus der Urkunde selbst erkennbaren nur die Umstände heranzuziehen sein, die einem am Begebungsvertrag nicht beteiligten Dritten mutmaßlich bekannt oder ohne weiteres erkennbar sind. Dem ersten Nehmer, dem Vertragspartner des Begebungsvertrages, wird eine Berufung hierauf als Verstoß gegen Treu und Glauben verwehrt. Demgegenüber will *Joost,*[24] gestützt auf die moderne Erklärung der Entstehung der wertpapierrechtlichen Verpflichtung durch die Kombination von Begebungsvertrag und Vertrauensschutz, alle auch außerhalb der Urkunde liegenden Umstände für die Auslegung berücksichtigen und nur die gutgläubigen weiteren Nehmer nach den Grundsätzen des Vertrauensschutzes schützen. Dieser Streit ist vor allem dogmatischer Natur; sachliche Konsequenzen sind allenfalls für Grenzbereiche und die Beweislast vorstellbar. Der hM ist zuzustimmen: Der Wortlaut des Art. 17 WG sollte Vorrang vor einem bloßen Erklärungsmodell für die internationalen Einheitsgesetze für Wechsel und Scheck genießen.

§ 52 [Widerruflichkeit; Unübertragbarkeit; Tod des Inhabers]

(1) Die Prokura ist ohne Rücksicht auf das der Erteilung zugrunde liegende Rechtsverhältnis jederzeit widerruflich, unbeschadet des Anspruchs auf die vertragsmäßige Vergütung.

(2) Die Prokura ist nicht übertragbar.

(3) Die Prokura erlischt nicht durch den Tod des Inhabers des Handelsgeschäfts.

Übersicht

[18] Vgl. § 53 RdNr. 18.
[19] *Beck* BB 1962, 1265, 1266; Heymann/*Sonnenschein-Weitemeyer* RdNr. 5.
[20] Vgl. zB ROHGE 18, 99, 100 f.
[21] Vgl. Art. 18 Abs. 1 WechselG.
[22] BGH NJW 1966, 1077.
[23] BGHZ 64, 11, 14 = NJW 1975, 166 (Wechsel); BGHZ 65, 218, 219= NJW 1976, 329 (Scheck); BGH WM 1976, 1244, 1245; NJW 1979,

2141; WM 1981, 375; NJW 1994, 447, 448; *Zöllner,* Wertpapierrecht 14. Aufl. 1987, § 12 X (80); Baumbach/*Hefermehl,* Wechselgesetz und Scheckgesetz, 19. Aufl. 1995, Einleitung Wechselgesetz, RdNr. 56 f.; *Richardi,* Wertpapierrecht 1987, S. 123; *Pflug* ZHR 148 (1984), 1, 21 ff.
[24] Staub/*Joost* RdNr. 15; *ders.* WM 1977, 1394; vgl. auch *Hueck/Canaris,* Recht der Wertpapiere, 12. Aufl. 1986, § 6 VI 2 b (72).

Schrifttum: *Brox,* Erteilung, Widerruf und Niederlegung von Prokura und Handlungsvollmacht im neuen Aktienrecht, NJW 1967, 801; *Dempewolf,* Zum Verhältnis von Testamentsvollstreckung und Prokura nach dem Tode des Erblassers, DB 1955, 889; *Hopt,* Die Auswirkungen des Todes des Vollmachtsgebers auf die Vollmacht und das zugrundeliegende Rechtsverhältnis, ZHR 133 (1970), 305; *Köhler,* Fortbestand betrieblicher Vollmachten bei Betriebsübergang?, BB 1979, 912; *Kruse,* Zum Verhältnis von Testamentsvollstreckung und Prokura nach dem Tode des Erblassers, DB 1956, 885; *K. Schmidt,* Die Prokura in Liquidation und Konkurs der Handelsgesellschaften, BB 1989, 229.

I. Widerruf der Prokura (Abs. 1)

1. Normzweck und Bedeutung. Abs. 1 ordnet zum Schutz des Kaufmanns vor den   1
Gefahren der Prokura in Abweichung von § 168 Abs. 1 S. 2 BGB zwingend die jederzeitige Widerruflichkeit der Prokura an. Diese Regelung ist **Korrektiv zur Unbeschränkbarkeit der Vertretungsmacht** gemäß § 50[1] und soll eine Selbstentmündigung des Kaufmanns verhindern.[2] Die Vorschrift ist daneben auch Ausdruck des besonderen Vertrauens, das seitens des Inhabers mit der Prokura verbunden ist.[3] Dieser Aspekt rechtfertigt aus Gründen der Rechtssicherheit abstrakt die Widerruflichkeit. Eine konkrete Zerstörung des Vertrauensverhältnisses muß nicht bestehen. Wie § 50 und § 52 Abs. 3 ist auch § 52 Abs. 1 Ausdruck der **Trennung der Prokura vom zugrundeliegenden Rechtsverhältnis.** Insoweit besteht ein entscheidender Unterschied zu den gesetzlichen Vertretern von Gesellschaften, die notwendig Geschäftsführungskompetenz haben müssen, weshalb auch kein Wertungswiderspruch zu den §§ 84 Abs. 3 S. 2 AktG und 38 Abs. 2 GmbHG besteht. Nur in § 52 Abs. 1 nimmt das Gesetz ausdrücklich zum Verhältnis von kaufmännischer Vollmacht und zugrundeliegendem Rechtsverhältnis (meist Anstellung) Stellung und fixiert die grundsätzliche Trennung zwischen Vollmacht und zugrundeliegendem Rechtsverhältnis.[4]

2. Freie Widerruflichkeit. a) Ohne Rücksicht jederzeit widerruflich. Diese Formulie-   2
rung beinhaltet primär die freie Widerruflichkeit der Prokura. Der Widerruf bedarf weder eines objektiven, noch eines nachvollziehbaren subjektiven Grundes und schon gar nicht eines Fehlverhaltens des Prokuristen.[5] Dies folgt zum einen aus dem „jederzeit", das nicht nur rein zeitlich zu verstehen ist, und vor allem aus der fehlenden Berücksichtigungsfähigkeit des der Prokuraerteilung zugrundeliegenden Rechtsverhältnisses aufgrund des Trennungsgrundsatzes: Denn objektive Gründe könnten sich nicht aus der reinen Rechtsposition der Prokura, sondern nur aus dem zugrundeliegenden Rechtsverhältnis ergeben. Die

---

[1] Denkschrift zur RT-Vorlage S. 49 = *Schubert/Schmiedel/Krampe* II 2 S. 990; BAG NJW 1987, 862; *Graf von Westphalen* DStR 1993, 1186, 1188.

[2] Ähnlich BGHZ 17, 392, 394 = NJW 1955, 1394; Staub/*Joost* § 48 RdNr. 75.

[3] BGHZ 17, 392, 394 = NJW 1955, 1394; Staub/*Joost* § 48 RdNr. 75.

[4] Schlegelberger/*Schröder* RdNr. 3; vgl. näher vor § 48 RdNr. 40 ff.

[5] Staub/*Joost* RdNr. 4; Heymann/*Sonnenschein/Weitemeyer* RdNr. 3; *Straube/Schinko* RdNr. 1.

zwingende[6] Regelung des § 52 Abs. 1 ist als (notwendiges) Korrektiv zur unbeschränkbaren Vertretungsmacht (§ 50) verfassungsrechtlich unbedenklich.[7] Gegen die zwingende Wirkung verstoßen auch Abreden, die ein zeitlich verzögertes Wirksamwerden des Widerrufs vorsehen.[8]

3   **b) Ausnahme: Gesellschaftsrechtlich begründete Prokura?** Die hM[9] hält § 52 – wohl aufgrund teleologischer Reduktion – nicht für anwendbar, wenn einem geschäftsführungsberechtigten Kommanditisten im Gesellschaftsvertrag[10] mit Rücksicht auf seine Geschäftsführungsaufgabe[11] Prokura erteilt wird. Zulässig soll der Widerruf der Prokura in diesem Fall analog § 127 nur bei **Vorliegen eines „wichtigen Grundes"** sein.[12] Begründet wird dies damit, daß die Prokura in diesem Fall die Kehrseite der Geschäftsführungskompetenz darstelle und der Gesetzgeber lediglich das Abhängigkeitsverhältnis eines Dienstverpflichteten habe regeln wollen.[13] Zum Schutz des Rechtsverkehrs soll die Prokura allerdings im Außenverhältnis erlöschen und nur im Innenverhältnis ein Anspruch auf Wiedererteilung der Prokura bestehen.[14]

4   Dies überzeugt nur im **Ergebnis, aber nicht** in der **Konstruktion.**[15] Es ist bereits widersprüchlich, die Nichtanwendung des Abs. 1 auf das Innenverhältnis zu beschränken,[16] insbesondere da der Verkehrsschutz durch § 15 grundsätzlich hinreichend gewahrt wird. Zudem hat der Gesetzgeber[17] auch eigennützige Vollmachten, zB im Rahmen eines Pachtverhältnisses oder eines Nießbrauchs, bedacht, so daß die Eigennützigkeit der Vollmacht bei einem geschäftsführenden Kommanditisten eine teleologische Reduktion des Abs. 1 nicht rechtfertigen kann. Auch sonst gibt es keine Rechtfertigung für eine teleologische Reduktion. Ferner richtet sich das gesellschaftsvertragliche Recht auf Prokura nicht gegen die Gesellschaft, sondern die Mitgesellschafter.

5   Rechtfertigen läßt sich dagegen das Ergebnis der hM, einen **internen Wiedererteilungsanspruch** zu gewähren, wenn der Widerruf entgegen dem gesellschaftsvertraglichen Sonderrecht auf Prokura und ohne wichtigen Grund iSd. § 127 erfolgt. Denn der interne Wiedererteilungsanspruch kollidiert weder mit dem Wortlaut, noch dem Zweck der freien Widerruflichkeit. Die rein interne gesellschaftsvertragliche Regelung schränkt nicht die zu schützende Gesellschaft in ihrer Rechtsmacht ein, die Prokura zu widerrufen. Denn die Geschäftsführungsvorschriften über die Prokuraerteilung bzw. den Widerruf haben generell keine Auswirkungen auf die Vertretungsmacht.[18] Die gesellschaftsvertragliche Regelung nimmt lediglich Einfluß auf den internen Willensbildungsprozeß (die Geschäftsführungsentscheidung), der nicht Schutzobjekt der freien Widerruflichkeit ist. Der gesellschaftsvertragliche Anspruch auf Prokura ist insoweit nicht anders zu beurteilen als eine ebenfalls mögliche Übertragung der Geschäftsführungsentscheidung, wer Prokurist sein soll, auf einen Gesellschafter.

---

[6] ROHGE 23, 326 (zur Vorgängerregelung); Denkschrift zur RT-Vorl. S. 50 = *Schubert/Schmiedel/Krampe* II 2 S. 990.

[7] BAG NJW 1987, 862.

[8] Vgl. Staub/*Joost* RdNr. 24.

[9] BGHZ 17, 392, 394 f. = NJW 1955, 1394; Staub/*Joost* RdNr. 5; GK-HGB/*Nickel* RdNr. 2; Heymann/*Sonnenschein/Weitemeyer* RdNr. 4; nur im Ergebnis *Straube/Schinko* RdNr. 1. *Staab* BB 1959, 435, 436, will daraus ableiten, daß ein solcher Kommanditist haftungsrechtlich einem Komplementär gleichzustellen sei, gegen ihn zu Recht *Niethammer* BB 1959, 725, 726.

[10] Gegen diese Voraussetzung *Weipert* EWiR 1986, 79, 80.

[11] Für Ausdehnung auch auf nichtgeschäftsführungsbefugte Kommanditisten OLG Celle EWiR 1986, 79 m. abl. Anm. *Weipert*; ähnlich Heymann/*Sonnenschein/Weitemeyer* RdNr. 4: gesellschaftsvertraglich begründete Prokura ausreichend.

[12] RG Seufferts Archiv 94 (1940) Nr. 8; BGHZ 17, 392, 395 = NJW 1955, 1394; Heymann/*Sonnenschein/Weitemeyer* RdNr. 4; Staub/*Joost* RdNr. 5; *Canaris* § 14 II 2 b (204); *K. Schmidt* HandelsR § 16 III 5 b (488).

[13] BGHZ 17, 392, 394 = NJW 1955, 1394.

[14] BGHZ 17, 392, 396 = NJW 1955, 1394; OLG Saarbrücken JZ 1968, 386 m. krit. Anm. *Baur;* vgl. auch OGH Österreich HS 1159; HS 7088; GesRZ 1990, 161; Staub/*Joost* RdNr. 6; für Unwirksamkeit des Widerrufs aber *Canaris* § 14 II 2 b (204), der den Schutz des Rechtsverkehrs durch § 15 für ausreichend hält.

[15] Ebenfalls kritisch *Honsell* JA 1984, 17, 19 f.; *Düringer/Hachenburg/Hoeniger* Anm. 3.

[16] Insoweit ebenso *Canaris* § 14 II 2 b (204).

[17] Vgl. Denkschrift zur RT-Vorl.: S. 52 f. = *Schubert/Schmiedel/Krampe* II 2 S. 992 f.

[18] Vgl. § 48 RdNr. 49.

c) Mittelbare Beschränkung der Widerruflichkeit durch das zugrundeliegende 6
Rechtsverhältnis. Problematisch ist, inwieweit ein dem zugrundeliegenden Rechtsverhältnis innewohnender **wirtschaftlicher Druck**, nicht zu widerrufen, mit der freien Widerruflichkeit vereinbar ist. Gesetzlich geregelt ist, daß die freie Widerruflichkeit den Anspruch auf die **vertragliche Vergütung** nicht berührt. Dies ist bemerkenswert, da bei dem vom HGB vorausgesetzten Realtypus des Prokuristen die Ausübung der Prokura wesentlicher Teil der Dienstverpflichtung ist, der Vertretene also trotz Wegfalls eines Teils der Leistungspflicht den Angestellten unverändert vergüten muß. Nach ganz hM[19] steht die freie Widerruflichkeit einer **Kündigung des Dienstvertrages durch den Prokuristen** aus § 626 Abs. 1 BGB wegen des Entzugs der Prokura nicht entgegen. Bejaht wurden die Voraussetzungen des § 626 Abs. 1 BGB bisher allerdings nur bei einer unzumutbaren Diskriminierung.[20] Dies erscheint zu eng. Wenn die Prokura, wie in den meisten Unternehmen, Ausdruck einer bestimmten hierarchischen Position ist, sollte ein Prokuraentzug ohne Rechtfertigung in aller Regel einen wichtigen Grund im Sinne des § 626 Abs. 1 BGB darstellen[21] (vgl. auch § 48 RdNr. 64).

Die freie Widerruflichkeit der Prokura gebietet **nicht,** den **Widerruf** im Rahmen des 7 zugrundeliegenden Rechtsverhältnisses (meist Anstellungsvertrag) als **rechtmäßig** anzusehen.[22] Hier wirkt sich wiederum die Trennung zwischen Prokura und zugrundeliegendem Rechtsverhältnis aus. Daher steht mit der hM[23] Schadensersatzansprüchen aus **§ 628 Abs. 1 BGB** nichts entgegen, wenn der bisherige Prokurist – falls der Prokurawiderruf einen wichtigen Grund iSd. § 626 Abs. 1 BGB darstellt (vgl. RdNr. 6) – wegen des Widerrufs gem. § 626 Abs. 1 BGB kündigt. Wegen des in der Regel nur geringen Schadens ist der Schadensersatzanspruch auch unter dem Gesichtspunkt der effektiven Gewährleistung der Widerrufsmöglichkeit unbedenklich. Auch sonst kommen bei Verletzung eines Prokuraversprechens grundsätzlich Schadensersatzansprüche aus pVV in Betracht, auch wenn es meist an einem Schaden fehlen wird (vgl. näher § 48 RdNr. 64). Bedenklich sind allerdings **Vertragsstrafenversprechen,** da sie gezielt gegen den freien Widerruf gerichtet sind und daher grundsätzlich als Umgehung des Gebots der freien Widerruflichkeit anzusehen sind.[24]

3. Zuständigkeit. Zum Widerruf als dem actus contrarius zur Bestellung sind diejenigen 8 berechtigt, die im Widerrufzeitpunkt auch zur Erteilung einer Prokura befugt wären.[25] Zuständig sind daher der **Kaufmann,** sein **gesetzlicher Vertreter,**[26] sowie diesen **gleichgestellte Verwalter.**[27] Bei **Gesamtvertretung** bedarf es des gemeinschaftlichen Handelns der gemeinsam Vertretungsberechtigten.[28] § 116 Abs. 3 S. 2 betrifft grundsätzlich nur die Geschäftsführungsbefugnis.[29] Der Widerrufszuständige muß nicht bei der Erteilung der Prokura beteiligt gewesen sein.[30] § 1822 Nr. 11 BGB gilt nur für die Erteilung der Prokura, so daß der Widerruf stets ohne vormundschaftliche Genehmigung möglich ist.[31]

[19] RAGE 3 (1929), 281, 283 f.; BAG AP BGB § 628 Nr. 5 = BB 1971, 270; offengelassen in BAG NJW 1987, 862, 863; GK-HGB/*Nickel* RdNr. 8; Schlegelberger/*Schröder* RdNr. 11; Staub/*Joost* § 48 RdNr. 80.

[20] RAGE 3 (1929), 281, 283 f.; BAG AP BGB § 628 Nr. 5; Staub/*Joost* § 48 RdNr. 81.

[21] Vgl. MünchKommBGB/*Schwerdtner* § 626 RdNr. 144.

[22] Anders nur Staub/*Joost* § 48 RdNr. 80, 87.

[23] Vgl. RAGE 3 (1929), 281, 284 f.; BAG AP BGB § 628 Nr. 5; BAG AP KSchG 1969 § 4 Nr. 8 unter D; offengelassen von BAG NJW 1987, 862, 863; der Rechtsprechung folgend *Grunsky* BB 1973, 194, 195; aA nur Staub/*Joost* § 48 RdNr. 87; vgl. auch oben § 48 RdNr. 63 f.

[24] Auf wirtschaftlich untragbare Belastung stellen Schlegelberger/*Schröder* RdNr. 13 und *Straube/ Schinko* RdNr. 1 ab.

[25] Staub/*Joost* RdNr. 7; Heymann/*Sonnenschein/ Weitemeyer* RdNr. 5; GK-*Nickel* RdNr. 4.

[26] KG JW 1931, 2995, 2996 m. Anm. *Goldschmit;* Schlegelberger/*Schröder* RdNr. 4.

[27] KG NJW 1959, 1086, 1088 (Testamentsvollstrecker); Staub/*Joost* RdNr. 7; Heymann/*Sonnenschein/Weitemeyer* RdNr. 5.

[28] Staub/*Joost* RdNr. 10.

[29] Vgl. RG DR 1942, 1698, 1699; Heymann/ *Emmerich* § 116 RdNr. 18; Schlegelberger/*Martens* § 116 RdNr. 31

[30] Heymann/*Sonnenschein/Weitemeyer* RdNr. 5.

[31] GK-*Nickel* RdNr. 4; Heymann/*Sonnenschein/ Weitemeyer* RdNr. 5; Staub/*Joost* RdNr. 7.

9   Andere Personen, zB Prokuristen, aber auch **Generalbevollmächtigte,** sind nicht befugt, eine Prokura zu widerrufen.[32] Ihnen kann diese Befugnis auch nicht verliehen werden.

10   Für die **Miterbengemeinschaft** wird vertreten,[33] jeder Miterbe könne, weil er Mitinhaber sei, für sich persönlich als Vertretenen die Prokura widerrufen; wegen der Einheitlichkeit der Prokura erlösche damit die Prokura für die Gemeinschaft insgesamt. Diese Begründung berücksichtigt jedoch nicht angemessen die stetig fortschreitende rechtliche Verselbständigung der Erbengemeinschaft gegenüber den Erben. Sie gebietet, die Erbengemeinschaft als Inhaber zu behandeln[34] und damit die Vertretungsregeln der Erbengemeinschaft als maßgeblich für die Widerrufszuständigkeit anzusehen. Ein Widerrufsrecht jedes Einzelnen käme daher für die Miterbengemeinschaft nicht in Betracht, wenn man für die Vertretung der unternehmenstragenden Erbengemeinschaft die §§ 2038 ff. BGB als maßgeblich ansähe.[35] Allenfalls könnte im Rahmen des § 2038 BGB eine Rechtsanalogie zu § 116 Abs. 2 S. 3 erwogen werden. Befürwortet man aber zum Schutz des Rechtsverkehrs rechtsfortbildend generell die analoge Anwendung des § 125 auf die unternehmenstragende Erbengemeinschaft, dann besteht auch für den Widerruf der Prokura eine Einzelvertretungsmacht.[36]

11   Soweit, wie häufig bei Handelsgesellschaften und GmbHs, die Vertretungsmacht und die **interne Geschäftsführungskompetenz** divergieren, ist für die Wirksamkeit des Widerrufs allein die Vertretungsmacht entscheidend, so daß zB interne Zustimmungserfordernisse nach außen keine Wirkung entfalten.[37] Verweigert ein Gesamtvertretungsberechtigter unter Verstoß gegen seine Treuepflichten als geschäftsführender Gesellschafter bzw. Geschäftsführer seine Mitwirkung, so kann er klageweise auf Zustimmung zum Widerruf in Anspruch genommen werden.[38] Widerruft umgekehrt ein einzelvertretungsberechtigter gesetzlicher Vertreter unter Verletzung der Geschäftsführungskompetenz oder unter Verstoß gegen seine Treuepflichten, so kann er nach h.M. verurteilt werden, die Prokura neu zu erteilen.[39] Dies ist trotz der Möglichkeit, die Prokura sofort erneut zu widerrufen, nicht unsinnig, da in diesem Verfahren die interne Berechtigung zum Prokurawiderruf geklärt werden kann.

12   Bei gegenläufigen Erklärungen mehrerer einzelvertretungsberechtigter gesetzlicher Vertreter ist die Prokura wirksam widerrufen.[40] Die entgegenstehende Erklärung des zweiten gesetzlichen Vertreters kann, wenn sie dem Ausdrücklichkeitsgebot genügt (vgl. § 48 Abs. 1) eine Neuerteilung der Prokura enthalten. Ob diese Wiedererteilung bei weiter bestehender Divergenz eintragungsfähig ist, ist zweifelhaft;[41] denn zumindest bei mehrfacher Wiederholung dieses Vorgangs würde die Informationsfunktion des Handelsregisters gefährdet.

13   **4. Erklärung des Widerrufs.** Für die **Form der Erklärung des Widerrufs** ist auf die Regeln über die **Erteilung der Prokura** zurückzugreifen.[42] Entsprechend § 48 Abs. 1 erfordert der Widerruf zwar keine formbedürftige, aber – aus Gründen der Rechtssicherheit – eine **ausdrückliche Erklärung.**[43] Eine Kündigung des Anstellungsvertrages stellt

---

[32] Für Prokuristen KG JW 1931, 2995, 2996 m. Anm. *Goldschmit;* Schlegelberger/*Schröder* RdNr. 5.

[33] BGHZ 30, 391, 397 f. = NJW 1959, 2114; KG HRR 1937 Nr. 1, 368; KG DR 1939, 1949 = HRR 1939 Nr. 1472; Staub/*Joost* RdNr. 8; *Beuthien,* Festschrift für Fischer, 1979, S. 1, 5 f.

[34] Vgl. auch § 48 RdNr. 18.

[35] Vgl. BFH NJW 1988, 1343, 1344; *Canaris* § 9 I 2 b (148); *Hohensee,* Die unternehmenstragende Erbengemeinschaft, 1994, S. 218 f.; *Strothmann* ZIP 1985, 969, 974 f.; *M. Wolf* AcP 181 (1981), 480, 495 ff.; *Welter* MittRhNotK 1986, 140, 144.

[36] Näher § 27 RdNr. 84 f.; ebenso Baumbach/*Hopt* § 1 RdNr. 21; *K. Schmidt* NJW 1985, 2785, 2789.

[37] RGZ 163, 35, 38; *K. Hofmann* Prokurist, 6. Aufl. 1990, 5.1.2., S. 124.

[38] RGZ 163, 35, 38; Staub/*Joost* RdNr. 9.

[39] Vgl. nur RGZ 163, 35, 38 f.; Staub/*Joost* RdNr. 10.

[40] Vgl. Staub/*Joost* RdNr. 12.

[41] Verneinend BayObLG HRR 1928, Nr. 638; vgl. auch RGZ 163, 35, 39; OLG Hamm BB 1957, 448.

[42] GK-HGB/*Nickel* RdNr. 5; Staub/*Joost* RdNr. 13.

[43] Staub/*Joost* RdNr. 13; Heymann/*Sonnenschein/Weitemeyer* RdNr. 9; GK-HGB/*Nickel* RdNr. 5; *Straube/Schinko* RdNr. 3.

daher allein keinen Widerruf dar.[44] Davon unabhängig führt die Beendigung des Anstellungsverhältnisses zum Erlöschen der Prokura.[45]

Der Widerruf ist eine **einseitige empfangsbedürftige Erklärung.**[46] Gemäß § 167 Abs. 1 **14** iVm. § 168 S. 3 BGB kann er sowohl gegenüber dem Bevollmächtigten (Prokuristen) als auch gegenüber dem Dritten, dem gegenüber die Vertretung stattfinden soll, erfolgen. Eine wirksame Form des Widerrufs der Prokura ist die Verlautbarung gegenüber der Öffentlichkeit, insbesondere durch Antrag auf Löschung der Prokura im Handelsregister und entsprechende Bekanntmachung.[47] Zulässig ist aber auch eine andere Form der Veröffentlichung, wobei die Dritten durch § 15 Abs. 1 geschützt werden. Der Widerruf ist ebenso wie die Erteilung gegenüber einem einzelnen Dritten zulässig.[48] Insbesondere dann, wenn der Prokurist nicht erreichbar ist, ist ein Widerruf gegenüber dem Dritten, dem gegenüber die Ausübung der Prokura am wahrscheinlichsten ist (mit anschließender Anmeldung des Widerrufs beim Register), eine empfehlenswerte Möglichkeit, Gefahren aus dieser Prokura zu begegnen.

5. Inhaltliche Zulässigkeitsschranken. Der Widerruf ist **bedingungsfeindlich** und darf **15** **nicht befristet** werden.[49] Wohl nicht gegen dieses Bedingungsverbot, aber gegen den, den Rechtsverkehr schützenden § 52 Abs. 3 verstößt der in einer letztwilligen Verfügung enthaltene Widerruf.[50] Ein Widerruf, der an die für das zugrundeliegende Rechtsverhältnis geltende Kündigungsfrist gebunden wird, verletzt das Befristungsverbot.[51] Ein **teilweiser Widerruf** der Prokura ist unzulässig.[52] Auch die Beschränkung der für das gesamte Handelsgeschäft geltenden Prokura auf eine oder mehrere Niederlassungen scheidet aus.[53] Zulässig sind dagegen der Widerruf der selbständigen Bevollmächtigung gemäß § 49 Abs. 2 zur Veräußerung und Belastung von Grundstücken[54] sowie der eine Niederlassung betreffende Widerruf einer für mehrere Niederlassungen erteilten Prokura.[55] Nicht geregelt sind die Rechtsfolgen einer unzulässigen Bedingung, Befristung oder Beschränkung eines Widerrufs. Ein Abstellen auf den Einzelfall kommt aufgrund des hier sogar durch die Ausdrücklichkeit der Erklärung geschützten Rechtssicherheitsbedürfnisses nicht in Betracht. Nach allgemeinen Regeln führt eine unwirksame Bedingung zur Unwirksamkeit der gesamten Willenserklärung.[56] § 50 Abs. 2 ordnet für die unwirksame Beschränkung der Prokura jedoch die Wirksamkeit der Prokura an. Entsprechendes muß für die unzulässige Beschränkung bzw. Befristung und Bedingung des Widerrufs gelten, da sich der Rechtsverkehr nur so auf den ausdrücklich geäußerten Widerruf bzw. die Erteilung der Prokura verlassen kann, ohne weitere Prüfungen vornehmen zu müssen.[57]

6. Rechtsfolgen des Widerrufs. a) Erlöschen der Vollmacht. Ein Widerruf gegenüber **16** dem Prokuristen oder einem einzelnen Dritten wird **mit dem Zugang** bei diesen **wirksam.** Ein Widerruf durch **Verlautbarung** gegenüber der Öffentlichkeit wird nach richtiger Ansicht[58] nach mit der **Möglichkeit der Kenntnisnahme** wirksam. Mit der Wirksamkeit

---

[44] Vgl. Schlegelberger/*Schröder* RdNr. 3; GK-HGB/*Nickel* RdNr. 10.

[45] Vgl. unten RdNr. 36.

[46] Staub/*Joost* RdNr. 13; Heymann/*Sonnenschein/Weitemeyer* RdNr. 9; GK-HGB/*Nickel* RdNr. 5.

[47] Zur Vereinbarkeit mit dem Erfordernis einer ausdrücklichen Erklärung vgl. § 48 RdNr. 46.

[48] Vgl. Staub/*Joost* RdNr. 14; aA Heymann/*Sonnenschein/Weitemeyer* RdNr. 10; zur Erteilung vgl. § 48 RdNr. 47.

[49] Staub/*Joost* RdNr. 15; Heymann/*Sonnenschein/Weitemeyer* RdNr. 9.

[50] AA GK-HGB/*Nickel* RdNr. 5; Heymann/*Sonnenschein/Weitemeyer* RdNr. 9; Schlegelberger/*Schröder* RdNr. 8; *K. Hofmann* Prokurist (Fn. 37) 5.1.4. (126).

[51] Staub/*Joost* RdNr. 15.

[52] Staub/*Joost* RdNr. 17; nur im Ergebnis ebenso Heymann/*Sonnenschein/Weitemeyer* RdNr. 11.

[53] Staub/*Joost* RdNr. 17; Schlegelberger/*Schröder* RdNr. 7; Heymann/*Sonnenschein/Weitemeyer* RdNr. 11.

[54] Heymann/*Sonnenschein/Weitemeyer* RdNr. 11; Schlegelberger/*Schröder* RdNr. 6.

[55] Staub/*Joost* RdNr. 17; Heymann/*Sonnenschein/Weitemeyer* RdNr. 11.

[56] *Larenz* AT § 25 II (498); MünchKomm-BGB/*Westermann* § 158 RdNr. 37.

[57] Vgl. Heymann/*Sonnenschein/Weitemeyer* RdNr. 9.

[58] AA „Bekanntmachung" Staudinger/*Dilcher* § 171 RdNr. 4; RGRK/*Steffen* § 171 RdNr. 5; wieder anders: „Möglichkeit der Kenntnisnahme" MünchKommBGB/*Schramm* § 171 RdNr. 14; Soergel/*Leptien* § 171 RdNr. 5.

des Widerrufs erlischt die Prokura.[59] Ob eine parallele sonstige Vollmacht miterlöschen soll, ist Auslegungsfrage.[60] Würde der Wegfall eines Gesamtprokuristen zum Verbleiben einer isolierten, nicht aktiv ausübbaren **Gesamtprokura** führen, so erlischt auch diese,[61] da anderenfalls eine reine Titular-Gesamtprokura geschaffen werden könnte.

17   Der **Schutz gutgläubiger Dritter** erfolgt für das gemäß § 53 Abs. 3 eintragungspflichtige Erlöschen der Prokura ausschließlich durch § 15 Abs. 1. Solange das Erlöschen nicht eingetragen und bekanntgemacht ist, kann es einem Dritten nur entgegengehalten werden, wenn es diesem bekannt war. Dies gilt nach zutreffender Ansicht auch, wenn bereits die Prokuraerteilung nicht eingetragen war.[62]

18   **b) Zugrundeliegendes Rechtsverhältnis.** Widerruf und Erlöschen der Prokura berühren das zugrundeliegende Rechtsverhältnis (meist Anstellung) wegen der Trennung von Vollmacht und zugrundeliegendem Rechtsverhältnis nicht kraft Gesetzes. Dies zeigt sich schon daran, daß die Prokura ohne Rücksicht auf das zugrundeliegende Rechtsverhältnis widerrufbar ist und wird auf der Rechtsfolgenseite hinsichtlich des Vergütungsanspruchs noch einmal ausdrücklich klargestellt (zu Ansprüchen aus dem zugrundeliegenden Rechtsverhältnis bei Widerruf trotz Prokurazusage vgl. RdNr. 6 f.).

19   Es ist jedoch möglich, mit dem **Widerruf** zugleich auch das **zugrundeliegende Rechtsverhältnis** zu kündigen.[63] Ob dies gewollt ist, ist eine Frage der Auslegung. Die Wirksamkeit dieser **Kündigung** bemißt sich nach dem für das zugrundeliegende Rechtsverhältnis geltenden Recht. § 52 Abs. 1, wonach der **Vergütungsanspruch** durch den Widerruf nicht berührt wird, steht vertraglichen Abreden, die bestimmte Lohnbestandteile an den Bestand der Prokura knüpfen, nicht entgegen.[64] Diese unterliegen jedoch dem arbeitsrechtlichen Schutzinstrumentarium.

II. Unübertragbarkeit der Prokura (Abs. 2)

20   § 52 Abs. 2 weicht sowohl von der Vorgängerregelung des Art. 53 ADHGB als auch von der Parallelvorschrift des § 58 ab, die eine Übertragung mit Zustimmung des Vertretenen zulassen. § 52 Abs. 2 ist daher weniger selbstverständlich, als teilweise angenommen wird.[65]

21   Die Regelung ist nur sinnvoll, wenn man „**Übertragen**" nicht mit der hM **eng** im Sinne einer „**Abtretung**" der Vollmacht versteht, die zum Erlöschen der Vollmacht des bisherigen Prokuristen führt,[66] sondern **ganz weit** als jede Handlung, mit der der Prokurist einem Dritten Vollmacht im Umfang der Prokura verschafft, insbesondere auch durch die Erteilung einer **Untervollmacht:**[67] Die Übertragung im Sinne einer Abtretung ist schon nach allgemeinem Recht unzulässig,[68] da die Vollmacht kein subjektives Recht darstellt. Dies gilt unabhängig von einer Zustimmung des Vertretenen.[69] Wenn die Übertragung mit Zustimmung des Vertretenen gemäß § 58 (Handlungsvollmacht) und Art. 53 ADHGB (Prokura und Handlungsvollmacht) gleichwohl möglich ist bzw. war, kann sie sich nur auf die Untervollmacht beziehen. § 52 Abs. 2 vermeidet damit eine Interpretation des § 48, wonach der Inhaber bzw. gesetzliche Vertreter nur das Recht zur letzten Entscheidung

---

[59] Staub/*Joost* RdNr. 16;   GK-HGB/*Nickel* RdNr. 6.

[60] Vgl. für den Bankverkehr *Gericke* DB 1967, 1839.

[61] Staub/*Joost* RdNr. 18; Schlegelberger/*Schröder* RdNr. 6;   aA   Heymann/*Sonnenschein/Weitemeyer* RdNr. 12.

[62] Zu dieser Problematik der sog. Rosinentheorie vgl. § 15 RdNr. 20 ff.

[63] Heymann/*Sonnenschein/Weitemeyer* RdNr. 14; Schlegelberger/*Schröder* RdNr. 3;   Staub/*Joost* RdNr. 20.

[64] BAG AP BetrAVG § 1 Nr. 12 Wartezeit m. Anm. *Blomeyer.*

[65] Vgl. Staub/*Joost* RdNr. 64.

[66] Vgl. für die hM Schlegelberger/*Schröder* RdNr. 14; Heymann/*Sonnenschein/Weitemeyer* RdNr. 16; Staub/*Joost* RdNr. 64.

[67] Zur Parallelregelung für die Handlungsvollmacht vgl. § 58 RdNr. 4.

[68] Vgl. nur MünchKommBGB/*Schramm* § 167 RdNr. 70; Staub/*Joost* RdNr. 64.

[69] Vgl. Heymann/*Sonnenschein/Weitemeyer* RdNr. 16; Schlegelberger/*Schröder* RdNr. 14.

über die Prokuraerteilung haben muß.[70] Der Vergleich mit § 58, aber auch mit Art. 53 ADHGB zeigt, daß – entgegen der hM[71] – der Zweck der Regelung nicht im Schutz des Inhabers besteht, denn diesem wäre mit dem Zustimmungsvorbehalt (Art. 53 ADHGB, § 58) hinreichend gedient. Die Unzulässigkeit der Übertragung selbst **mit** Zustimmung des Inhabers rechtfertigt sich vielmehr mit dem **Interesse des Rechtsverkehrs**, Unsicherheiten über die Existenz der Prokura zu vermeiden.

III. Kein Erlöschen bei Tod des Inhabers (Abs. 3)

Der Tod des Vertretenen läßt die Prokura nicht erlöschen. Besondere Erlöschensgründe **22** bei Gelegenheit des Todes (Beispiel: der Prokurist beerbt den Inhaber) werden hierdurch nicht berührt.[72] Die Entstehung einer Erbengemeinschaft ist kein solcher Erlöschensgrund.[73] Das im Gegensatz zu § 672 BGB zwingende Weiterbestehen der Prokura über den Tod des Inhabers hinaus dient der **Sicherheit und Leichtigkeit des Handelsverkehrs**, indem gewährleistet wird, daß es auch nach dem Tode des Inhabers und trotz u.U. unklarer Erbfolge einen umfassend Bevollmächtigten gibt.[74] § 52 Abs. 3 hat zur Folge, daß der Prokurist unabhängig von der Eintragung der Prokura weiter bevollmächtigt bleibt.[75] Es bedarf keiner Neueintragung des eingetragenen Prokuristen.[76]

Der zwingende Charakter der Regelung steht der Wirksamkeit eines Widerrufs der Pro- **23** kura durch eine **Verfügung auf den Todesfall** entgegen.[77] Diese kann einem Widerruf unter Lebenden nicht gleichgestellt werden und fällt daher unmittelbar in den Anwendungsbereich des § 52 Abs. 3. Im **Innenverhältnis** sind dagegen Regelungen zulässig, die eine **Ausübung der Vertretungsmacht** nach dem Tod des Inhabers untersagen.[78] Gegen die Zulässigkeit einer **Vertragsstrafenbewehrung** bestehen Bedenken, da durch sie die zwingende Wirkung des § 52 Abs. 3 und die Gewährleistung eines umfassend Bevollmächtigten nach dem Tod des Inhabers unterlaufen würden. Abgesehen von eventuellen Schadensersatzverpflichtungen bleibt der Verstoß gegen ein internes Verbot daher ohne Folgen.

IV. Weitere Erlöschensgründe

§ 52 regelt in Abs. 1 und 3 nur einen geringen Teil der zahlreichen Gründe für das Erlö- **24** schen der Prokura.

1. Gründe in der Person des Kaufmanns. Erlöschensgründe, die in der Person des **25** Kaufmanns liegen, werden (noch) recht großzügig bejaht. Tendenziell scheinen jedoch der **Kontinuitätsgedanke** und die erhebliche rechtstatsächliche Abwertung der Position des Prokuristen nicht hinreichend berücksichtigt zu werden. Die Entwertung der Prokura und die Vervielfachung der Zahl der Prokuristen gebieten eine veränderte **Abwägung** zwischen den **Gefahren der Prokurakontinuität** und dem **Aufwand für die Neubevollmächtigung**.

a) Einstellung des Handelsgewerbes. Spätestens mit der **vollständigen Beendigung 26** **der Abwicklung** des Handelsgewerbes erlischt die Prokura.[79] Ein **Wechsel des** kaufmännischen **Unternehmensgegenstandes** steht dem nicht gleich.[80] Bei der **Niederlassungspro-**

[70] Vgl. Denkschrift zur RT-Vorlage S. 52 = *Schubert/Schmiedel/Krampe* II 2 S. 992.

[71] Staub/*Joost* RdNr. 2; GK-*Nickel* RdNr. 20.

[72] KG OLGE 34, (1917) 333: Prokurist Erbe des Inhabers; Staub/*Joost* RdNr. 38; zu weiteren Beispielen vgl. Heymann/*Sonnenschein/Weitemeyer* RdNr. 21.

[73] Vgl. § 48 RdNr. 9; *Gruß* DB 1955, 573.

[74] Vgl. *Roth*, Handels- und Gesellschaftsrecht, § 27, 2 b (295); *Hopt* ZHR 133 (1970), 305, 309; *Honsell* JA 1984, 17, 19; für Abschaffung de lege ferenda aber *K. Schmidt* DB 1994, 515, 520.

[75] Vgl. KG KGJ 48 (1916), 125, 126; Staub/*Joost* RdNr. 37.

[76] KG HRR 1939 Nr. 313.

[77] KG JW 1927, 2433; Schlegelberger/*Schröder* RdNr. 15.

[78] Staub/*Joost* RdNr. 36; Schlegelberger/*Schröder* RdNr. 16; GK-HGB/*Nickel* RdNr. 19.

[79] Heymann/*Sonnenschein/Weitemeyer* RdNr. 28.

[80] Vgl. Staub/*Joost* RdNr. 34.

kura (§ 50 Abs. 3) ist die Beendigung der Tätigkeit der Niederlassung maßgeblich, für die die Prokura bestellt ist.[81] Soweit eine Einstellung der Tätigkeit ohne Abwicklung möglich ist, führt diese zum Erlöschen der Prokura.[82] Der Einstellung der Tätigkeit ist gleichzustellen, wenn die Filiale, für die der Prokurist Prokura besitzt, oder das gesamte Unternehmen **auf einen anderen Rechtsträger übertragen** werden und der Prokurist wegen Widerspruchs (§ 613 a BGB) nicht zu dem neuen Inhaber wechselt, denn das noch bestehende Anstellungsverhältnis mit dem alten Inhaber kann nicht darüber hinweghelfen, daß die Filiale, auf die sich die Prokura bezog, übertragen wurde.[83] Die **Löschung im Handelsregister** ist deklaratorisch und läßt die Prokura nicht entfallen; zu prüfen ist aber, ob dies auf einem Vorgang beruht, der selbst die Prokura entfallen läßt (zB Vollbeendigung, Verlust der Kaufmannseigenschaft).[84] Fehlt es an der Löschung im Handelsregister, wird der Verkehr gemäß § 15 Abs. 1 geschützt.

27   **b) Absinken zum Minderkaufmann.** Ein mögliches Vorstadium der Einstellung des Handelsgewerbes ist dessen Absinken zum minderkaufmännischen Betrieb. Da der Minderkaufmann keine Prokura erteilen kann (§ 4), erlischt die Prokura, sofern die Firma nicht oder nicht mehr im Handelsregister eingetragen ist.[85] Ist sie eingetragen, ist der Inhaber gemäß § 5 weiter als Vollkaufmann zu behandeln; die Prokura bleibt bestehen.[86] Auf die Gutgläubigkeit des Verkehrs kommt es nicht an. Zwischen Löschung der Firma und Bekanntmachung der Löschung wird der Verkehr gemäß § 15 Abs. 1 geschützt.

28   **c) Auflösung einer Handelsgesellschaft.** Vor der Einstellung des Handelsgeschäfts steht das Liquidationsverfahren. Der beschränkte Abwicklungszweck der Liquidation schließt die Zulässigkeit der Prokura nicht aus, sondern führt, wenn man der hM hinsichtlich der durch den Liquidationszweck beschränkten Vertretungsmacht der Liquidatoren folgt, zu einer Beschränkung der Vertretungsmacht des Prokuristen entsprechend dem Liquidationszweck (vgl. näher § 48 RdNr. 10). Weder bei Kapital- noch bei Personenhandelsgesellschaften[87] erlischt daher die Prokura durch den Eintritt des Liquidationsstadiums.

29   **d) Konkurs und Vergleich.** Der **Konkurs** steht einer Prokura trotz seines besonderen Zwecks nicht entgegen (§ 48 RdNr. 12). Die Prokura erlischt dennoch mit dem Konkurs,[88] weil sie nicht an das Unternehmen, sondern an den Inhaber des Handelsgeschäfts gebunden ist und auf dessen Vertrauen in den Prokuristen fußt; mit der Konkurseröffnung geht die Verfügungsbefugnis des Inhabers aber auf den Konkursverwalter über.[89] Der Konkurs ähnelt insoweit einem Inhaberwechsel. Die Vertretungsmacht des Prokuristen bleibt auch nicht im Umfang einer Handlungsvollmacht bestehen. Der Gutglaubensschutz findet, da § 15 gemäß § 32 S. 4 KO nicht anwendbar ist, ausschließlich in den engen Grenzen der §§ 7, 8, 15 KO statt. Da das **Vergleichsverfahren** die Verfügungsbefugnis und damit die effektive Inhaberstellung unberührt läßt, erlischt die Prokura hier nicht automatisch.[90] Es bedarf eines Widerrufs oder zumindest der Kündigung des Anstellungsverhältnisses gemäß §§ 50, 51 VerglO, um über die Beendigung des Anstellungsverhältnisses gem. § 168 S. 1 BGB die Vollmacht zum Erlöschen zu bringen.

[81] Schlegelberger/*Schröder* RdNr. 18; Heymann/*Sonnenschein/Weitemeyer* RdNr. 28.
[82] OLG Karlsruhe NJW 1969, 1724 m. Anm. *Coring.*
[83] Zum Widerspruchsrecht vgl. EuGH NZA 1993, 169; *Joost* ZIP 1993, 178; der einfache Betriebsübergang nach § 613 a BGB beinhaltet einen Inhaberwechsel, vgl. dazu unten RdNr. 30.
[84] Vgl. Staub/*Joost* RdNr. 63.
[85] Staub/*Joost* RdNr. 33; Heymann/*Sonnenschein/Weitemeyer* RdNr. 24; *K. Schmidt* HandelsR § 16 III 5 d (489) (auch zur Umdeutung in eine Handlungsvollmacht).

[86] Vgl.   Heymann/*Sonnenschein/Weitemeyer* RdNr. 24; GK-HGB/*Nickel* RdNr. 14; aA ohne Begründung *Beater* JA 1991, 355, 356, 358.
[87] Staub/*Joost* RdNr. 49; aA RGZ 72, 119, 123 für Personengesellschaft unter Aufrechterhaltung als Handlungsvollmacht; näher § 48 RdNr. 10.
[88] BGH WM 1958, 430, 431; Staub/*Joost* RdNr. 51 f.;   Heymann/*Sonnenschein/Weitemeyer* RdNr. 26; *K. Schmidt* BB 1989, 229, 234; aA Kuhn/*Uhlenbruck,* KO § 23 RdNr. 7 b; Schlegelberger/*Schröder* RdNr. 20.
[89] Vgl. Staub/*Joost* RdNr. 50, 51.
[90] Heymann/*Sonnenschein/Weitemeyer* RdNr. 27; Staub/*Joost* RdNr. 54.

e) Unternehmensträger-/Inhaberwechsel. Die Prokura ist inhaber- und nicht unter- 30
nehmensbezogen.[91] Sie setzt ein besonderes Vertrauensverhältnis voraus. Ein Wechsel des
Unternehmensträgers/Inhabers läßt die Prokura daher grundsätzlich erlöschen.[92] Ein Inhaberwechsel führt nicht zu einem Übergang der Prokura, da der Betriebsübergang gemäß
§ 613 a BGB nur das Anstellungsverhältnis betrifft und das zugrundeliegende Rechtsverhältnis zwar notwendig, aber nicht hinreichend für die Prokura ist.[93] Auch kann die Prokura anders als die Handlungsvollmacht nicht vertraglich übergeleitet werden (§ 52 Abs. 2).
Eine Ausnahme bildet der Tod des Inhabers; sie ist auf das schützenswerte Interesse des
Rechtsverkehrs an der Existenz eines umfassend Bevollmächtigten nach dem Tod des
Kaufmanns zurückzuführen.

Formen des Wechsels des Unternehmensinhabers sind die Veräußerung des einzel- 31
kaufmännischen Unternehmens,[94] die übertragende Umwandlung, die Spaltung und die
Verschmelzung auf eine andere Gesellschaft,[95] aber zB auch der Beginn einer Testamentsvollstreckung nach dem sog. Treuhandmodell, bei dem der Testamentsvollstrecker das
Unternehmen im eigenen Namen weiterführt[96] (sofern man diese Art der Testamentsvollstreckung entgegen richtiger Ansicht für zulässig erachtet). Die Prokura erlischt nicht
schon mit dem zugrundeliegenden schuldrechtlichen Geschäft, sondern erst bei **Vollendung** des Inhaberwechsels.[97]

Eine bloße **Änderung der Rechtsform** – zB der Formwechsel gem. §§ 190 ff. UmwG 32
einer Gesellschaft unter Wahrung ihrer Identität im übrigen – oder gar nur der Firma ändert nicht die Identität des Unternehmensträgers und führt daher nicht zum Erlöschen der
Prokura.[98] Stellt das Gesetz dagegen keine Möglichkeit der bloß formwechselnden Umwandlung zur Verfügung, bedarf es also einer Singularsukzession, erlischt wegen der damit
verbundenen Diskontinuität auch die Prokura. Dies betrifft zB den Fall der „Umwandlung" einer Erbengemeinschaft in eine OHG.[99] Ein **Wechsel in der Person des gesetzlichen Vertreters** berührt die Inhaberstellung nicht und darf daher auch nicht zum Erlöschen der Prokura führen. Dies betrifft z.B. auch den Beginn der Testamentsvollstreckung
nach der Vollmachts- und der Testamentsvollstreckerkonzeption,[100] sofern man diese
Konstruktionen entgegen zutreffender Ansicht für zulässig hält,[101] da nach diesen Konzep-
tionen, anders als nach der Treuhandkonzeption, der Testamentsvollstrecker gesetzlicher
Vertreter und nicht Inhaber iSd. § 48 Abs. 1 ist.

Der **Gesellschafterwechsel** bei der juristischen Person berührt die Rechtsträgerschaft der 33
juristischen Person nicht und läßt daher auch die Prokura bestehen.[102] Ein Gesellschafterwechsel bei einer Personengesellschaft läßt die Prokura zumindest dann unberührt, wenn
nicht alle Gesellschafter ausgetauscht werden.[103] Bei der vollständigen Auswechslung aller
persönlich haftenden Gesellschafter der Personengesellschaft kommt es entscheidend darauf
an, inwieweit man eine Angleichung an die juristische Person befürwortet. Bejaht man mit
einer neueren Strömung die weitgehende Angleichung an die Rechtssubjektivität der

[91] Vgl. Staub/*Joost* RdNr. 55.
[92] HM, vgl. KG OLGE 11 (1905), 378, 379; KG
JW 1927, 2433; BayObLG BB 1971, 238, 239;
Staub/*Joost* RdNr. 55 f.; Heymann/*Sonnenschein/
Weitemeyer* RdNr. 29; aA aber Schlegelberger/
Schröder RdNr. 19; *Spitzbarth,* Vollmachten im modernen Management, 2. Aufl. 1989, S. 93.
[93] Staub/*Joost* RdNr. 56; vgl. auch Heymann/
Sonnenschein/Weitemeyer RdNr. 29; *Köhler* BB 1979,
912, 914.
[94] Vgl. KG JW 1927, 2433; BayObLG BB 1971,
238, 239.
[95] Vgl. OLG Hamm Rpfleger 1962, 351; Staub/
Joost RdNr. 60; differenzierend insoweit Heymann/
Sonnenschein/Weitemeyer RdNr. 31.

[96] Vgl. KG JW 1936, 1137, 1138; Staub/*Joost*
RdNr. 39.
[97] Staub/*Joost* RdNr. 55.
[98] Staub/*Joost* RdNr. 34, 60.
[99] BayObLG OLGE 34 (1917) 332 f.; Staub/*Joost*
RdNr. 59.
[100] Vgl. Staub/*Joost* RdNr. 39.
[101] Ebenso *Kruse* DB 1956, 885; aA *Dempewolf*
DB 1955, 889 und DB 1956, 886.
[102] LG Düsseldorf Rpfleger 1968, 228; Staub/
Joost RdNr. 58; Heymann/*Sonnenschein/Weitenauer*
RdNr. 30.
[103] Staub/*Joost* RdNr. 58; GK-HGB/*Nickel*
RdNr. 13; Heymann/*Sonnenschein/Weitemeye*r Rd-
Nr. 30.

juristischen Person, führt auch der Wechsel aller Gesellschafter nicht zum Erlöschen der Prokura.[104]

34   Problematisch ist der **Eintritt eines Gesellschafters** in ein einzelkaufmännisches Geschäft, durch den eine offene Handelsgesellschaft oder Kommanditgesellschaft entsteht. Jedenfalls dann, wenn der bisherige Einzelkaufmann Komplementär und der eintretende neue Gesellschafter Kommanditist wird, besteht eine gewisse Nähe zur bloßen formwechselnden Umwandlung, die nicht zum Erlöschen der Prokura führt.[105] Dennoch erlischt auch in diesem Fall in Übereinstimmung mit der hM[106] die Prokura. Denn die Einbringung eines einzelkaufmännischen Geschäfts in eine zu gründende Personengesellschaft ist eine Singularsukzession (vgl. § 28 RdNr. 1) und ist daher wegen der damit verbundenen teilweisen Diskontinuität ein Inhaberwechsel, der das Erlöschen der Prokura zur Folge hat.

35   **f) Geschäftsunfähigkeit.** Durch den Eintritt der Geschäftsunfähigkeit des Inhabers erlischt die Prokura nicht,[107] da Inhaberschaft und Vertrauensverhältnis nicht unmittelbar berührt werden und bis zur Bestellung eines gesetzlichen Vertreters – ebenso wie bei § 52 Abs. 3 – der Rechtsverkehr des Fortbestandes einer umfassenden Vollmacht bedarf. Das gilt ebenso für den Eintritt einer beschränkten Geschäftsfähigkeit des Inhabers.[108] Wird ein Minderjähriger Erbe oder Miterbe, bedarf es einer – bislang noch nicht gesetzlich geregelten – Beschränkung der Vertretungsmacht[109] oder einer separaten Haftungsbeschränkung.

36   **2. Beendigung des zugrundeliegenden Rechtsverhältnisses.** Erlischt das zugrundeliegende Rechtsverhältnis (meist ein Anstellungsvertrag), endet vorbehaltlich einer abweichenden Vereinbarung auch die Vollmacht (§ 168 S. 1 BGB).[110] Bei einer **Kündigung des Anstellungsverhältnisses** seitens des Vertretenen bedarf es daher nicht unbedingt eines ausdrücklichen Widerrufs. Der **Widerruf** der Prokura hat allerdings den großen Vorteil, daß er sofort wirksam ist, während anderenfalls erst die Kündigung wirksam werden muß. Auf den Erlöschensgrund kommt es nicht an. Ein Grund ist zB auch, daß das Anstellungsverhältnis ohne Widerspruch des Arbeitnehmers gemäß § 613 a BGB auf den neuen Arbeitgeber übergeht und im Verhältnis zum alten erlischt.[111] Die Prokura geht auch nicht auf den Erwerber über.[112] Erlischt das Anstellungsverhältnis aufgrund der Anfechtung nur ex nunc, erlischt auch die Prokura erst mit der Anfechtung, fällt also nicht rückwirkend weg.[113] Dies folgt aus § 168 S. 1 BGB; ein Bedürfnis, von dieser Regel abzuweichen, ist nicht erkennbar.[114]

37   **3. Gründe in Person und Rechtsstellung des Prokuristen.** Anders als nach dem BGB (§§ 168 S. 1, 673 S. 1), das nur im Zweifel vom Erlöschen der Vollmacht beim Tod des Bevollmächtigten ausgeht, erfordert das Vertrauensverhältnis zwischen Inhaber und Prokurist zwingend ein Erlöschen der Prokura mit dem **Tod des Prokuristen.**

38   Der Eintritt der **Geschäftsunfähigkeit des Prokuristen** führt, selbst wenn sie nur eine Zeitlang andauert, zum endgültigen Erlöschen der Prokura.[115] Bei nur zeitweiser Geschäftsunfähigkeit ist dies erheblich rechtssicherer als eine ausschließliche Berücksichtigung der Geschäftsunfähigkeit im Rahmen des § 105 BGB, da die nachträgliche Feststellung einer Störung der Geschäftsfähigkeit im konkreten Zeitpunkt sehr schwierig ist. Zugunsten des Verkehrs wirkt hinsichtlich der Prokurastellung § 15 Abs. 1, der jedoch nicht über eine

---

[104] Vgl. Staub/*Joost* RdNr. 58; aA Heymann/*Sonnenschein/Weitemeyer* RdNr. 30; GK-HGB/*Nickel* RdNr. 13.

[105] Vgl. Staub/*Joost* RdNr. 34, 60.

[106] Vgl. KG OLGE 11 (1905), 378, 379; KG JW 1927, 2433; BayObLGZ 1970, 317, 318 f.; Heymann/*Sonnenschein/Weitemeyer* RdNr. 32; Staub/*Joost* RdNr. 57; Soergel/*Leptien* § 168 RdNr. 3; aA Schlegelberger/*Schröder* § 52 RdNr. 19.

[107] Zur Geltung des § 1822 Nr. 11 BGB vgl. RGZ 88, 345, 350; 106, 185, 186.

[108] Vgl. Staub/*Joost* RdNr. 42.

[109] Vgl. Staub/*Joost* RdNr. 40; vgl. auch § 49 RdNr. 53.

[110] Für Österreich strittig vgl. *Holzhammer,* Allgemeines Handelsrecht und Wertpapierrecht, 5. Aufl. 1994, X F 1 m. Nachw.

[111] Vgl. Staub/*Joost* RdNr. 61.

[112] Vgl. oben RdNr. 30.

[113] BGH ZIP 1991, 1002 (Geschäftsführer); Staub/*Joost* RdNr. 30.

[114] AA aufgrund der Annahme einer anders gelagerten Begründungslast Staub/*Joost* RdNr. 30.

[115] Staub/*Joost* RdNr. 43.

fehlende Geschäftsfähigkeit hinweghilft.[116] Die Beschränkung der Geschäftsfähigkeit des Prokuristen ist entsprechend § 165 BGB für die Prokura unbeachtlich.

Konkurs oder Vergleich über das Vermögen des Prokuristen berühren den Bestand der Prokura nicht,[117] es sei denn, in ihrem Verlauf endet das zugrundeliegende Rechtsverhältnis. Daneben verbleibt die Möglichkeit des Widerrufs der Prokura. **39**

Erlangt der Prokurist eine **mit der Prokura unvereinbare Rechtsposition** (vgl. § 48 RdNr. 29 ff.) – wird er zB Inhaber, gesetzlicher Vertreter, Mitglied des zur gesetzlichen Vertretung berufenen Organs oder Aufsichtsrat des vertretenen Unternehmens (§ 105 Abs. 1 AktG, § 52 Abs. 1 GmbHG, § 6 Abs. 2 MitbestG 1976) –, erlischt die Prokura.[118] Entscheidend ist der Zeitpunkt, in dem die unvereinbare Rechtsstellung tatsächlich eintritt (zB Annahme der Bestellung zum Geschäftsführer). Die Vor- und Nacherbschaft führt für den Nacherben, der Prokurist ist, erst bei Anfall der Nacherbschaft zum Erlöschen der Prokura.[119] Der Rechtsverkehr wird in diesen Fällen durch § 15 Abs. 1 geschützt. **40**

4. Erlöschen bei Gesamtprokura. Erlischt die Gesamtprokura eines der Vertreter derart, daß der oder die verbleibenden auch zusammen nicht mehr aktiv vertretungsberechtigt sind, so erlöschen sämtliche betroffenen Gesamtprokuren, da anderenfalls eine funktionslose Titularprokura geschaffen werden könnte.[120] **41**

5. Niederlegung der Prokura. Verbreitet wird es für zulässig erachtet, daß der Prokurist die Prokura niederlegt.[121] Jedoch fehlt nach der gegenwärtigen Vertretungskonzeption eine Rechtfertigung für die Niederlegung, weil die Prokura nur eine Rechtsmacht vermittelt und nicht belastet.[122] Dies ist zwar nicht ganz zutreffend, weil mit der Ausübung der Vertretung Haftungsgefahren verbunden sind (fahrlässig fehlende Angabe der Haftungsbeschränkung des Vertretenen, fahrlässige Überschreitung der Vertretungsmacht, steuerrechtliche Pflichten gem. § 35 AO). Das Gesetz negiert diese Gefahren jedoch de lege lata, dürfte doch anderenfalls eine Prokuraerteilung an beschränkt Geschäftsfähige nicht zulässig sein und dürfte auch der Vertreter sonst nicht ohne seine Kenntnis durch Außenvollmacht bevollmächtigt werden können (vgl. § 167 Abs. 1 2. Alt. BGB). Folglich gibt es de lege lata weder ein Recht zur Niederlegung, noch zur Zurückweisung der Prokura.[123] Dies schließt allerdings nicht aus, daß der Prokurist aus dem der Prokura zugrundeliegenden Rechtsverhältnis auch einen Anspruch auf Widerruf der Prokura hat, so daß er auf diesem Wege die Beendigung der Vollmacht erzwingen kann. **42**

§ 53 [Anmeldung der Erteilung und des Erlöschens, Zeichnung des Prokuristen]

(1) Die Erteilung der Prokura ist von dem Inhaber des Handelsgeschäfts zur Eintragung in das Handelsregister anzumelden. Ist die Prokura als Gesamtprokura erteilt, so muß auch dies zur Eintragung angemeldet werden.

(2) Der Prokurist hat die Firma nebst seiner Namensunterschrift zur Aufbewahrung bei dem Gerichte zu zeichnen.

---

[116] Näher § 15 RdNr. 29 f.; vgl. BGH ZIP 1991, 1002, 1003 f. (Geschäftsführer).

[117] Staub/*Joost* RdNr. 53 f.

[118] Staub/*Joost* RdNr. 44; Schlegelberger/*Schröder* RdNr. 23; *K. Schmidt* HandelsR § 16 III 5 d (489); aA soweit ein Prokurist nicht zugleich Aufsichtsratsmitglied sein kann *Brox* NJW 1967, 801, 804 f., der eine Pflicht zur Niederlegung der Prokura befürwortet; näher zu diesen Fällen § 48 RdNr. 42.

[119] BGHZ 32, 60, 67 = NJW 1960, 959.

[120] KG KGJ 48 (1916), 125, 127; OGH Österreich HS 3033; Schlegelberger/*Schröder* RdNr. 7; Staub/*Joost* RdNr. 46; aA Heymann/*Sonnenschein/Weitemeyer* RdNr. 12; *Straube/Schinko* RdNr. 13 die

nach aktiver und passiver Vertretungsbefugnis differenzieren.

[121] Staub/*Joost* RdNr. 45; Baumbach/*Hopt* RdNr. 1; MünchKommBGB/*Schramm* § 167 RdNr. 70; *Larenz* AT § 31 III a (622 f.); *Medicus*, Allgemeiner Teil, RdNr. 943; *Grothus* DB 1960, 775, 777 f.

[122] Erman/*Brox* § 168 RdNr. 1; RGRK/*Steffen* § 168 RdNr. 1.

[123] Wie hier Heymann/*Sonnenschein/Weitemeyer* RdNr. 34; Schlegelberger/*Schröder* RdNr. 1; *Müller-Freienfels*, Die Vertretung beim Rechtsgeschäft, 1955, S. 46; offengelassen von Staudinger/*Dilcher* § 168 RdNr. 18.

(3) Das Erlöschen der Prokura ist in gleicher Weise wie die Erteilung zur Eintragung anzumelden.

Übersicht

Schrifttum: *Beck,* Die Richtigkeit der Firmenzeichnung zur Aufbewahrung bei Gericht, BB 1962, 1265; *Bondi,* Sind Veränderungen der im Handelsregister vermerkten Personalien (Namen, Stand, Wohnort) dort eingetragener natürlicher Personen ebenfalls in das Handelsregister einzutragen? JW 1928, 201; *Groß,* Die registermäßige Behandlung der Filialprokura, Rpfleger 1977, 153; *Joost,* Die Vertretungsmacht des Prokuristen für Anmeldungen zum Handelsregister, ZIP 1992, 463; *Michel,* Schreiben – wie das Gesetz es befiehlt! ZRP 1987, 353; *Schnorr von Carolsfeld,* Zur Frage der Pflicht der Einreichung der Zeichnung eines Prokuristen an das Registergericht bei Änderung der Firma einer Genossenschaft, ZfGen 1978, 179; *Walchshöfer,* Die Erteilung der Prokura und ihre Eintragung in das Handelsregister, Rpfleger 1975, 381.

I. Regelungsinhalt und Normzweck

1   § 53 begründet die **Pflicht zur Eintragung** der Prokura (Abs. 1) und ihres Erlöschens (Abs. 3) regelt den **Inhalt der Eintragung** (Abs. 1 S. 2, Abs. 2) und bestimmt den **Anmeldepflichtigen** (Abs. 1 S. 1). § 53 ist **Ordnungsnorm.**[1] Die Eintragung der Prokura und des Erlöschens sind deklaratorisch und heilen keine Mängel der entsprechenden Vorgänge.[2] Aus der Eintragungspflicht folgt der Schutz des gutgläubigen Rechtsverkehrs bei fehlender oder fehlerhafter Eintragung und Bekanntmachung durch § 15 Abs. 1 und 3.[3] Außerdem ist die Eintragungspflicht öffentlich-rechtlich durchsetzbar (Zwangsgeld gemäß § 14). Der Zweck der Eintragungspflicht besteht in der **Information und** dem **Schutz des Rechtsverkehrs.**[4] Die eigenhändige Zeichnung durch den Prokuristen zur Aufbewahrung bei Gericht (Abs. 2) soll dem Rechtsverkehr ermöglichen, die **Echtheit der Unterschrift des Prokuristen** zu prüfen.[5]

II. Anmeldepflicht (Abs. 1 und 3)

2   Die gesetzliche Regelung erfaßt nur die Erteilung der Prokura (unter Einschluß der Gesamtprokura) und das Erlöschen. Dies sind jedoch nicht alle eintragungspflichtigen Fälle, weshalb eine Neuregelung zu erwägen ist.[6]

3   **1. Erteilung der Prokura. a) Die Eintragungspflicht begründender Vorgang.** Anmeldepflichtig ist jede wirksam **erteilte** oder durch die Eintragung und Bekanntmachung

---

[1] Staub/*Joost* RdNr. 1; Heymann/*Sonnenschein*/*Weitemeyer* RdNr. 2.

[2] RGZ 134, 303, 307; BGH WM 1956, 727, 728; Heymann/*Sonnenschein*/*Weitemeyer* RdNr. 1; *K. Schmidt* HandelsR § 16 III 2 f. (474)

[3] BGH WM 1956, 727, 728; Staub/*Joost* RdNr. 1; *Canaris* § 14 II 3 (205); *K. Schmidt* HandelsR § 16 III 2 f. (474).

[4] Heymann/*Sonnenschein*/*Weitemeyer* RdNr. 2; GK-*Nickel* RdNr. 2.

[5] OLG Düsseldorf BB 1978, 728; Staub/*Joost* RdNr. 28.

[6] Vgl. den Vorschlag von *K. Schmidt* HandelsR DB 1994, 515, 521.

wirksam werdende **Prokura**, unabhängig davon, ob es sich um eine Einzel-, Niederlassungs-, Gesamtprokura oder unechte Gesamtprokura (gemischte Gesamtvertretung) handelt.[7] Eine eintragungspflichtige Erteilung der Prokura liegt auch in der Erneuerung einer erloschenen Prokura. Nach zutreffender hM kann eine Prokura ohne Eintragung des Unternehmens nicht erteilt werden.[8] Wäre man der Gegenansicht, gäbe es ausnahmsweise dann eine nichteintragungspflichtige Prokura, wenn die **Öffentliche Hand** sich nicht gemäß § 36 eintragen ließe, aber dennoch Prokura erteilte. Die Erweiterung einer Niederlassungsprokura auf eine **weitere Niederlassung** ist bezüglich dieser Niederlassung eine Erteilung der Prokura.[9]

Eine **Generalvollmacht** ist weder als solche eine – hinsichtlich der Eintragung – der   **4** Prokura notwendig gleichzustellende Vollmacht,[10] noch beinhaltet sie als minus stets eine eintragungspflichtige Prokura.[11] Es fehlt an der ausdrücklichen Prokuraerteilung. Der **Geschäftsleiter** der deutschen **Zweigniederlassung** eines **ausländischen Kreditinstitutes** ist gemäß § 53 Abs. 2 Nr. 1 S. 3 KWG und der **Hauptbevollmächtigte** der deutschen **Zweigniederlassung** eines **ausländischen Versicherungsunternehmens** ist gemäß § 106 Abs. 3 S. 4 VAG einzutragen.[12]

b) **Eintragungspflichtige Tatsachen.** Eintragungspflichtig sind die **Erteilung der Pro-**   **5** **kura als solche** und die **Person des Prokuristen**,[13] nicht jedoch die Art, wie die Prokura erteilt wurde, oder Einzelheiten des zugrundeliegenden Rechtsverhältnisses. Anzugeben sind alle zulässigen vertretungsrechtlichen Besonderheiten gegenüber der gesetzlichen Regelprokura.[14] Vorgeschrieben ist die Eintragungspflicht auch für die **Gesamtprokura** (Abs. 1 S. 2) und die echte gemischte Gesamtvertretung i.S.d. § 125 Abs. 3 S. 1 (§ 125 Abs. 4). Dies erfordert auch beim Erlöschen die Benennung der betroffenen Personen.[15] Für die gesetzlich nicht vorgesehenen Formen der gemischten Gesamtvertretung besteht rechtsanalog § 125 Abs. 4 eine Eintragungspflicht, wenn man diese Formen trotz der hier geäußerten Bedenken (vgl. § 48 RdNr. 82 ff.) mit der h.M. für zulässig hält.[16] Bei der **Niederlassungsprokura** sind die Niederlassungen anzugeben (§ 13 a), für die die Prokura gilt. Nach zutreffender Ansicht sind auch die **Erweiterung der Prokura** auf die Veräußerung und Belastung von Grundstücken gemäß § 49 Abs. 2[17] und die Befreiung vom Verbot des Selbstkontrahierens gemäß § 181 BGB[18] eintragungsfähig und -pflichtig. Auch insoweit besteht das die Eintragung rechtfertigende Verkehrsschutzbedürfnis. Insbesondere die Prokuraerweiterung gem. § 49 Abs. 2 erscheint jedenfalls heute als eine bloße Prokuramodalität, rechtlich ähnlich der Niederlassungs- oder Gesamtprokura.

c) **Zeitpunkt der Eintragungspflicht.** Die Eintragungspflicht wird durch die wirksame   **6** Prokuraerteilung begründet.[19] Wird die Prokura durch die Anmeldung zum Handelsregister erteilt, genügt Gleichzeitigkeit.[20] Bei einer **Gesamtprokura** ist zu beachten, daß sie nur funktionsfähig ist, wenn mindestens zwei Personen vorhanden sind, die diese Ge-

---

[7] BGHZ 62, 166 = NJW 1974, 1194; Heymann/ *Sonnenschein/Weitemeyer* RdNr. 5 ff.; Schlegelberger/*Schröder* RdNr. 2. Zur spezifischen Behandlung einer Filialprokura siehe *Groß* Rpfleger 1977, 153 ff.

[8] Vgl. § 48 RdNr. 7.

[9] Vgl. Heymann/*Sonnenschein/Weitemeyer* RdNr. 8.

[10] Staub/*Joost* RdNr. 4; *Flume,* Allgemeiner Teil, Juristische Person, § 10 II (367); aA *Canaris* § 4 I 2 b (46); *U. Hübner* ZHR 143 (1979), 1, 21.

[11] Staub/*Joost* RdNr. 4; *U. Hübner* ZHR 143 (1979), 1, 21; aA *Canaris* § 4 I 2 b (46).

[12] Vgl. Staub/*Joost* RdNr. 4; anders noch OLG Frankfurt, Rpfleger 1976, 314 f.

[13] Für Eintragungsfähigkeit auch der Berufsbezeichnung LG Augsburg NJW-RR 1989, 869.

[14] Staub/*Joost*   RdNr. 7;   GK-HGB/*Nickel* RdNr. 2.

[15] OLG Düsseldorf WM 1994, 1443.

[16] BayObLG NJW 1971, 810, 811; Staub/*Joost* RdNr. 7, 25; *K. Hofmann* Prokurist, 6. Aufl. 1990, 4.2.6., S. 111.

[17] KG RJA 3 (1903) 231, 232 f.; KG JW 1937, 1743, 1744; BayObLG NJW 1971, 810; BayObLG DB 1980, 2232, 2233; Staub/*Joost* RdNr. 22, 9; *K. Schmidt* HandelsR § 16 III 2 f. (474); aA *Canaris* § 4 I 2 b (46).

[18] BayObLG BB 1980, 1487; Heymann/*Sonnenschein/Weitemeyer* RdNr. 8; vgl. aber OLG Hamm DB 1983, 982.

[19] BGH DB 1956, 521; Heymann/*Sonnenschein/ Weitemeyer* RdNr. 1;   Schlegelberger/*Schröder* RdNr. 2.

[20] Schlegelberger/*Schröder* RdNr. 2; aA Staub/ *Joost* RdNr. 5.

samtprokura wirksam aktiv ausüben können.[21] Ist dies nicht der Fall, ist eine Eintragung (noch) nicht möglich. Eine **gemischte Gesamtvertretung** soll dagegen bereits funktionsfähig und eintragungspflichtig sein, wenn nur der weitere gesetzliche Vertreter, aber noch nicht der weitere Gesamtprokurist bestellt ist.[22]

7   **d) Person des Anmeldepflichtigen/Vertretungsbefugnis.** Anmeldepflichtig ist gemäß § 53 Abs. 1 S. 1 (vgl. § 53 Abs. 3 für das Erlöschen) der **Inhaber** des **Handelsgeschäfts**.[23] Dies ist eine Pflichtenzuweisung, die durch die Möglichkeit, gemäß § 14 ein Zwangsgeld festzusetzen, sanktioniert wird. Bei nichthandlungsfähigen natürlichen Personen und bei juristischen Personen trifft diese Pflicht den gesetzlichen Vertreter. Bei Personenhandelsgesellschaften sind entgegen dem Wortlaut des § 108 Abs. 1 hierzu nur die vertretungsberechtigten Gesellschafter verpflichtet.[24] Die Pflicht trifft dagegen **nicht** Prokuristen oder andere rechtsgeschäftliche Vertreter (zB Generalbevollmächtigte).[25] Dies müßte selbst dann gelten, wenn man mit der unzutreffenden, aber hM[26] bei einer **gemischten Gesamtvertretung**, bei der der gesetzliche Vertreter an die Mitwirkung des Prokuristen gebunden ist, dem Prokuristen Vertretungsmacht im Umfang der gesetzlichen Vertretungsmacht zubilligte: Die Zuweisung einer Anmeldepflicht würde das gesetzliche Grundverständnis der gewillkürten Vertretung, die gemäß § 165 BGB auch beschränkt Geschäftsfähigen ohne Genehmigung erteilt werden kann, zerstören. Denn dieses Grundverständnis setzt voraus, daß die Vollmacht als solche mit keinen Pflichten verbunden ist.

8   Von der Anmeldepflicht ist die **Vertretungs-** bzw. bei mehreren Inhabern die **Handlungsbefugnis** zu unterscheiden.[27] Diese richtet sich nach den allgemeinen Regeln. Dies bedeutet, daß der einzelne gesetzliche Vertreter oder Inhaber, der nur gemeinsam mit anderen handlungsbefugt ist, die Anmeldung nicht allein wirksam vornehmen kann; ihm bleibt nur die Möglichkeit, die anderen im Klagewege zur Erfüllung der Anmeldepflicht anzuhalten oder die Erteilung der Prokura dem Registergericht anzuzeigen, welches dann gemäß § 14 ein Zwangsgeld festsetzen kann.[28]

9   Auch eine **rechtsgeschäftliche Vertretung des Inhabers** ist zulässig.[29] Problematisch ist, ob die Prokura auch ohne eine besondere Bevollmächtigung in der Form des § 12 Abs. 2 hierzu bevollmächtigt. Früher wurde dies ganz herrschend abgelehnt, da eine Anmeldung zum Handelsregister keine Angelegenheit sei, die der Betrieb eines Handelsgewerbes im Sinne des § 49 Abs. 1 mit sich bringe.[30] Der BGH differenziert inzwischen danach, ob es sich um eine Anmeldung handelt, die die **Grundlagen des eigenen Handelsgeschäfts** betrifft oder nicht. Die Erfüllung von Anmeldepflichten, die den vom Prokuristen Vertretenen als Gesellschafter bei einer anderen Gesellschaft treffen, soll durch die Prokura gedeckt sein, weil es sich nicht um eine Grundlagenfrage für die von ihm vertretene Gesellschaft handle.[31] Die Erteilung der Prokura für das eigene Unternehmen dürfte dagegen im Sinne des BGH eine Grundlagenfrage sein, für die ein Prokurist keine Vertretungsmacht hat. Der Prokurist einer Komplementär-GmbH bliebe aber zB nach dem BGH-Verständnis bevollmächtigt, für die Kommanditgesellschaft eine Prokura anzumelden.[32] Der **beteiligungsspezifische Ansatz** des BGH überzeugt nicht. Die generell fehlende

---

[21] KG JW 1938, 876; OLG Stuttgart OLGZ 1969, 73; Staub/*Joost* RdNr. 5; Heymann/*Sonnenschein/Weitemeyer* RdNr. 6.

[22] BGHZ 62, 166, 173 f. = NJW 1974, 1194; Staub/*Joost* RdNr. 5; Heymann/*Sonnenschein/Weitemeyer* RdNr. 6.

[23] Zum Verhältnis von § 42 GenG, der die Prokuraregeln bei Genossenschaften für anwendbar erklärt, zur Formvorschrift des § 157 GenG vgl. *Hornung* Rpfleger 1975, 384, 387 f.

[24] RGZ 134, 303, 307; Staub/*Joost* RdNr. 15.

[25] KG RJA 17, 77; Heymann/*Sonnenschein/Weitemeyer* RdNr. 4; Schlegelberger/*Schröder* RdNr. 3.

[26] Vgl. ausführlich § 48 RdNr. 90 ff.; § 49 RdNr. 59.

[27] Vgl. BGHZ 116, 190, 197 = NJW 1992, 975.

[28] Staub/*Joost* RdNr. 14; Heymann/*Sonnenschein/Weitemeyer* RdNr. 3; eine solche Anzeige kann jedoch treuwidrig sein.

[29] Staub/*Joost* RdNr. 13; Schlegelberger/*Schröder* RdNr. 3.

[30] BayObLG DB 1982, 1262, 1263; Staub/*Joost* RdNr. 15.

[31] BGHZ 116, 190, 193 f. = NJW 1992, 975; zustimmend *Joost* ZIP 1992, 463, 465; vgl. auch OLG Köln MittRhNotK 1993, 250.

[32] BGHZ 116, 190, 193 f. = NJW 1992, 975.

Vertretungsmacht des Prokuristen für Grundlagengeschäfte rechtfertigt sich aus dem in abstracto höheren Schutzbedürfnis des Vertretenen bei solchen Geschäften,[33] was in der Formulierung „mit sich bringt" in § 49 nur ansatzweise zum Ausdruck kommt. Grundlagengeschäfte behalten aus Sicht des letztlich Vertretenen (hier zB der Kommanditgesellschaft) diesen Charakter auch dann, wenn sie selbst durch dessen gesetzlichen Vertreter (die Komplementär-GmbH) ausgeführt werden. Somit bedarf es auch in Beteiligungsfällen einer besonderen Bevollmächtigung im Sinne des § 12 Abs. 2.

e) Anmeldung. Die Anmeldung hat beim **Gericht des Sitzes bzw.**, soweit ein besonderer Sitz nicht besteht, bei dem **der Hauptniederlassung** zu erfolgen. Dies gilt gemäß § 13 a Abs. 1 auch für eine **Niederlassungsprokura.** Das Gericht der Hauptniederlassung teilt seine Eintragung von Amts wegen dem betroffenen Niederlassungsgericht mit, das die Eintragung ohne Prüfung übernimmt. Bei einer Niederlassungsprokura ist für jede betroffene Niederlassung ein Anmeldeexemplar einzureichen (§ 13 a Abs. 4). Die **Unterzeichnung** der Anmeldung muß eigenhändig durch den Verpflichteten bzw. seinen gemäß § 12 Abs. 2 bevollmächtigten Vertreter vorgenommen werden. Der Kaufmann kann sich statt seines natürlichen Namens der Firma bedienen.[34]

f) Prüfung der Anmeldung und Eintragung. Das Registergericht prüft die formale Ordnungsgemäßheit der Anmeldung. Einer besonderen materiellen Prüfung der Prokura bedarf es grundsätzlich nicht.[35] Eine Ausnahme gilt für besondere gesetzliche Wirksamkeitsvoraussetzungen, wie zB die Notwendigkeit einer vormundschaftlichen Genehmigung gemäß § 1822 Nr. 11 BGB, deren Vorliegen geprüft wird. Die Eintragung darf nicht verweigert werden, wenn die für die Niederlassungsprokura erforderliche Stückzahl der Anmeldungen nicht eingereicht wurde.[36] Gleiches gilt bei fehlender oder nicht ordnungsgemäßer Zeichnung durch den Prokuristen. Bei diesen Mängeln ist die Nachreichung durch Zwangsgeld zu erzwingen (§ 14 S. 1).[37] Es ist unabhängig von der fehlenden Voreintragung anderer Vorgänge einzutragen, soweit sich nicht ausnahmsweise durch die Eintragung ein unzutreffendes Bild der jetzigen Vertretungsverhältnisse ergäbe.[38]

Eingetragen werden alle anmeldepflichtigen sowie – soweit vorhanden – auch bloß eintragungsfähigen Informationen. Für die Gesamtprokura wird dies in Abs. 1 S. 2 ausdrücklich angeordnet. Bei der Niederlassungsprokura bedarf es im Register der Zweigniederlassung keines **Beschränkungsvermerks.**[39] Anders ist dies bei der Hauptniederlassung, weil sonst die auf die Hauptniederlassung beschränkte Prokura von einer unbeschränkten nicht unterschieden werden könnte.[40] Eine besondere Form der Eintragung wird für möglich gehalten, wenn eine Neuerteilung der Prokura in anderem Umfang unmittelbar auf ein gesetzliches Erlöschen, insbesondere aufgrund Inhaberwechsels, folgt und gemeinsam angemeldet wird: Verkürzend wird das **Bestehenbleiben der Prokura** eingetragen.[41]

2. Erlöschen der Prokura (Abs. 3). Auch das Erlöschen der Prokura ist als Gegenstück zur Erteilung eintragungspflichtig; die Ausführungen zur Erteilung gelten grundsätzlich entsprechend. Die möglichen **Erlöschensgründe** ergeben sich aus § 52 und allgemeinen Grundsätzen.[42] Die Eintragung des Erlöschens wird weder dadurch entbehrlich, daß bereits die **Eintragung der Erteilung** im Handelsregister **unterblieben,**[43] noch dadurch, daß

[33] Zum Ganzen näher § 49 RdNr. 8, 23.
[34] KG OLGE 40, (1920), 178; Staub/*Joost* RdNr. 17.
[35] OLG Frankfurt DB 1973, 1234; Staub/*Joost* RdNr. 18.
[36] Staub/*Joost* RdNr. 14; Heymann/*Sonnenschein/Weitemeyer* RdNr. 7.
[37] BayObLG Rpfleger 1970, 287 f.; Staub/*Joost* RdNr. 19, 28.
[38] Staub/*Joost* RdNr. 20.

[39] BGHZ 104, 61, 64 ff. = NJW 1988, 1840 = Rpfleger 1988, 315 f. m. Anm. *Ziegler*; aA OLG Köln DB 1977, 855; LG Berlin BB 1966, 797; LG Hof MittBayNot 1987, 49; LG Köln Rpfleger 1987, 375; *Walchshöfer* Rpfleger 1975, 381, 384.
[40] *Canaris* § 14 III 3 (206).
[41] BayObLGZ 1970, 317, 319; KG OLGE 11 (1905), 378, 379; zustimmend Staub/*Joost* RdNr. 23; Heymann/*Sonnenschein/Weitemeyer* RdNr. 14; GK-HGB/*Nickel* RdNr. 3.
[42] Vgl. § 52 RdNr. 24 ff.
[43] Vgl. § 15 RdNr. 20 ff.

zwischenzeitlich die **Prokura wieder erteilt** worden ist. Liegt ein eintragungspflichtiger Tatbestand vor, der kraft Gesetzes zum Erlöschen der Prokura führt, so wird der Anmeldepflicht bereits dann genügt, wenn der das Erlöschen der Prokura auslösende Tatbestand angemeldet wird (zB Erlöschen der Firma, neue alleinige Inhaberstellung des bisherigen Prokuristen, übertragende Umwandlung).[44]

14   **3. Änderungen.** Das Gesetz regelt nur Eintragung und Löschung der Prokura. Es können sich jedoch auch einzelne eintragungspflichtige Angaben zur Prokura verändern. So kann sich der Name des Prokuristen ändern oder eine Vollmachtserweiterung gemäß § 49 Abs. 2 wieder entzogen werden. Die Informationsaufgabe des Handelsregisters gebietet die Anmeldepflicht aller Änderungen einzutragender Tatsachen bei der Prokura.[45] Die **Namensänderung** ist eine echte Änderung, die nur als solche eingetragen werden kann. Die übrigen Fälle betreffen ein Erlöschen ggf. mit Neuerteilung. Aus Vereinfachungsgründen sollte auch die **„Änderung" einer Gesamtprokura in eine Einzelprokura** als solche eingetragen werden können. Eine **Berichtigung von Amts wegen** ist wegen der Fehlergefahr grundsätzlich abzulehnen,[46] soweit sie nicht rechtlich zwingende Folgen einer angemeldeten Änderung betrifft.

15   Anläßlich einer **Sitzverlegung** des Unternehmens oder der Hauptniederlassung in den Bezirk eines anderen Registergerichts sind von Amts wegen alle Eintragungen, auch die Prokuren, ohne Nachprüfung zu übertragen (§ 13 c Abs. 2 S. 4[47]).

16   **4. Sich widersprechende Anmeldungen.** Als besonderes Problem stellen sich widersprechende Anmeldungen von mehreren einzelvertretungsberechtigten gesetzlichen Vertretern dar. Hier wäre es möglich, entsprechend der Reihenfolge der Anträge – zB erst die Bevollmächtigung und dann das Erlöschen – einzutragen.[48] Bei dauerhaften Meinungsverschiedenheiten der gesetzlichen Vertreter führt dies jedoch binnen kurzer Zeit zu einer Vielzahl von Anmeldungen, die das Handelsregister überlasten und dessen Informationsfunktion vereiteln. Die Rechtsprechung[49] lehnt daher in derartigen Fällen jegliche Eintragung ab, so daß es bis zur internen Klärung zwischen den gesetzlichen Vertretern beim status quo ante verbleibt. Zum Schutz des Vertretenen ist alternativ zu erwägen, die bestehende Prokura zu löschen und so den für das vertretene Unternehmen sichersten Zustand herzustellen.

III. Zeichnung zur Aufbewahrung (Abs. 2)

17   **1. Grundsätzliches.** Die Verpflichtung des Prokuristen, die Firma und seine Namensunterschrift zur Aufbewahrung bei Gericht (Handelsregister) zu zeichnen, soll es dem Rechtsverkehr ermöglichen, die **Echtheit der Unterschrift** des Prokuristen zu prüfen. Angesichts der heutigen Kommunikationsmöglichkeiten ist eine Rückfrage beim vertretenen Unternehmen deutlich unkomplizierter als die Einsichtnahme in das Register, so daß der Bedarf für diese Regelung sehr zweifelhaft ist.[50] Dies erklärt die Tendenz zur Restriktion bei der Firmenzeichnung. Das Fehlen der Zeichnung ist kein Eintragungshindernis für die Prokura. Die Zeichnung kann jedoch erzwungen werden (§ 14).

---

[44] Vgl. OLG Hamm Rpfleger 1962, 351; OLG Karlsruhe NJW 1969, 1724 m. Anm. *Coring;* LG Düsseldorf MittRhNotK 1979, 134, 135; Staub/*Joost* RdNr. 11;   Heymann/*Sonnenschein/Weitemeyer* RdNr. 14.

[45] Vgl. Staub/*Bondi,* 14. Aufl. 1932, § 53 Einleitung; vgl. auch Heymann/*Sonnenschein/Weitemeyer* RdNr. 13; aA für die Namensänderung Staub/*Joost* RdNr. 12: nur Berücksichtigung von Amts wegen; für die Firmenänderung auch OLG Düsseldorf DB 1977, 2091.

[46] AA BayOblGZ 1920, 63, 64 f.; Staub/*Joost* RdNr. 12.

[47] OLG Köln Rpfleger 1988, 28; Staub/*Joost* RdNr. 6.

[48] Dafür Staub/*Joost* RdNr. 24.

[49] BayOblG HRR 1928 Nr. 638; OLG Hamm BB 1957, 448.

[50] Beck BB 1962, 1265; für Abschaffung de lege ferenda *K. Schmidt* DB 1994, 515, 521.

2. Zeichnung der Namensunterschrift. Name ist hier der **Familienname**;[51] ändert er   18
sich, bedarf es einer erneuten Zeichnung, weil nur so die Echtheitsüberprüfung möglich
bleibt.[52] Änderungen, die die Zeichnung nicht betreffen, erfordern keine neue Zeichnung.[53] Bei der **Gesamtprokura** hat jeder Prokurist seinen Namen zu zeichnen, wobei
dies nicht auf einem Blatt geschehen muß. Eines Hinweises auf die Gesamtprokura bedarf
es nicht. Entgegen der wohl hM[54] bedarf es nicht eines die **Prokura andeutenden Zusatzes**, erst recht keines handschriftlichen Zusatzes, weil dieser anders als Name und Firma
nicht beständig zu sein braucht.

3. Zeichnung der Firma. Die Zeichnung der Firma hat aufgrund des eindeutigen   19
Wortlauts **handschriftlich durch den Prokuristen** zu erfolgen.[55] Daß die Echtheitsüberprüfung hinsichtlich der Zeichnung der Firma durch die nur seltene handschriftliche
Zeichnung der Firma im Geschäftsverkehr stark an Bedeutung verloren hat, steht dem
nicht entgegen, weil es sich um eine formale Vorschrift handelt, und der Geschäftspartner
in Zweifelsfällen die handschriftliche Zeichnung der Firma verlangen kann. Angesichts der
heutigen Praxis und der Regelungen, die für Organe von Kapitalgesellschaften eine Zeichnung der Firma nicht vorsehen (§§ 39 Abs. 4 GmbHG, 81 Abs. 4, 11 Abs. 4 GmbHG), ist
diese Pflicht de lege ferenda jedoch entbehrlich.[56] Bei einer Niederlassungsprokura ist die
eigenständige Firma der Niederlassung zu zeichnen.[57] Eine Firmenänderung löst eine
Pflicht zur Neuzeichnung aus.[58]

IV. Prozessuales

1. Kosten. Der Geschäftswert bestimmt sich nach § 30 KostO. Dies gilt auch für eine   20
Beglaubigung der Zeichnung.[59] Bei der Schätzung ist der Einheitswert des Betriebsvermö-
gens zugrundezulegen.[60] Die Prokuraeintragung bzw. das Erlöschen ist kein eigenständiger
Gebührentatbestand, wenn die Änderung bei der Prokura nur die rechtliche Konsequenz
einer anderen gebührenpflichtigen Veränderung ist[61] (zB Verlegung der Niederlassung in
den Bezirk eines anderen Registergerichts, Erlöschen der Prokura aufgrund Erlöschens der
Firma). Der Geschäftswert der Niederlassungsprokura bemißt sich nach § 26 Abs. 8 S. 1
KostO.

2. Rechtsmittel. Gegen eine Eintragung in das Handelsregister ist wegen des hiervon   21
ausgehenden Verkehrsschutzes eine Beschwerde nicht möglich. Es ist ein Amtslöschungsverfahren zu betreiben.[62] Eine vollständige Nichteintragung des Beantragten ist dagegen
mit der Beschwerde anzugreifen. Bei einer teilweisen Nichteintragung gilt dies nur, soweit
diese selbständig ist (zB Vollmachtserweiterung nach § 49 Abs. 2).

---

[51] Für Zulässigkeit abgekürzter Zeichnung (nur Geburtsname) AG München MittBayNot 1991, 176.

[52] Heymann/*Sonnenschein/Weitemeyer* RdNr. 13; GK-HGB/*Nickel* RdNr. 5; Staub/*Bondi,* 14. Aufl. 1932, Anm. 2; aA KG OLGE 10 (1905), 331, 334 ff.; anders auch noch *Bondi* JW 1928, 201 ff.

[53] Näher Staub/*Joost* RdNr. 34.

[54] GK-HGB/*Nickel* RdNr. 4; Staub/*Joost* RdNr. 30; aA *Beck* BB 1962, 1265, 1266.

[55] KG KGJ 11 (1892) 37, 40 f.; KG RJA 6 (1906) 47 f.; OLG Frankfurt NJW 1974, 192; OLG Düsseldorf DB 1977, 2091; OLG Hamm DNotZ 1985, 172, 177; Heymann/*Sonnenschein/Weitemeyer* RdNr. 9; *Hornung* Rpfleger 1975, 384, 388; gegen handschriftliche Zeichnung: LG Frankfurt NJW 1973, 806 f. m. zust. Anm. *Hofmann* NJW 1973, 1845 f.; LG Hechingen NJW 1974, 1289 (gesetz-licher Vertreter); Staub/*Joost* RdNr. 29; *Straube/ Schinko* RdNr. 4; Schlegelberger/*Schröder* RdNr. 8;

Michel ZRP 1987, 353; GK-HGB/*Nickel* RdNr. 4; *Schnorr von Carolsfeld* ZfGen Bd. 28 (1980), 179, 180; *Walchshofer* Rpfleger 1975, 381, 384; zu Zeich-nungen, die vom gemeldeten Firmentext abweichen *Beck* BB 1962, 1265, 1266.

[56] Staub/*Joost* RdNr. 28; vgl. auch Bund-Länder-Arbeitsgruppe „Handelsrecht und Handelsregister" ZIP 1994 A 107 Nr. 309.

[57] Heymann/*Sonnenschein/Weitemeyer* RdNr. 10; Schlegelberger/*Schröder* RdNr. 8.

[58] Vgl. OLG Hamm DNotZ 1985, 172, 176 f. m. krit. Anm. *Kanzleiter;* Heymann/*Sonnenschein/Weite-meyer* RdNr. 12; Staub/*Joost* RdNr. 32; bei Prokura einer Kapitalgesellschaft OLG Düsseldorf DB 1977, 2091; aA OLG Düsseldorf BB 1978, 728.

[59] Staub/*Joost* RdNr. 26, 35.

[60] BayObLG DB 1983, 2568 und 2621 f.

[61] OLG Karlsruhe NJW 1969, 1724 m. Anm. *Coring.*

[62] BayObLG DB 1986, 1769.

§ 54 [Handlungsvollmacht]

(1) Ist jemand ohne Erteilung der Prokura zum Betrieb eines Handelsgewerbes oder zur Vornahme einer bestimmten zu einem Handelsgewerbe gehörigen Art von Geschäften oder zur Vornahme einzelner zu einem Handelsgewerbe gehöriger Geschäfte ermächtigt, so erstreckt sich die Vollmacht (Handlungsvollmacht) auf alle Geschäfte und Rechtshandlungen, die der Betrieb eines derartigen Handelsgewerbes oder die Vornahme derartiger Geschäfte gewöhnlich mit sich bringt.

(2) Zur Veräußerung oder Belastung von Grundstücken, zur Eingehung von Wechselverbindlichkeiten, zur Aufnahme von Darlehen und zur Prozeßführung ist der Handlungsbevollmächtigte nur ermächtigt, wenn ihm eine solche Befugnis besonders erteilt ist.

(3) Sonstige Beschränkungen der Handlungsvollmacht braucht ein Dritter nur dann gegen sich gelten zu lassen, wenn er sie kannte oder kennen mußte.

Übersicht

Schrifttum: *Altmeppen,* Disponibilität des Rechtsscheins, 1993; *Bohnstedt,* Prokura, Handlungsvollmacht und Generalvollmacht, MittRhNotK 1974, 579; *Bork,* Notiz zur Dogmatik des § 54 HGB, JA 1990, 249; *Brox,* Erteilung, Widerruf und Niederlegung von Prokura und Handlungsvollmacht im neuen Aktienrecht, NJW 1967, 801; *Brülle,* Der Rechtsschein bei den gesetzlichen Vollmachten des Privatrechts mit besonderer

Berücksichtigung des Handelsrechts, Diss. Breslau 1916; *Cassel,* Stillschweigende Bevollmächtigung und Scheinvollmacht im Handelsrecht, Diss. Marburg 1934; *Fabricius,* Stillschweigen als Willenserklärung, JuS 1966, 50; *Frotz,* Verkehrsschutz im Vertretungsrecht (1972), S. 343; *Th. Honsell,* Die Besonderheiten der handelsrechtlichen Stellvertretung, JA 1984, 17; *Köhler,* Fortbestand betrieblicher Vollmachten bei Betriebsübergang?, BB 1979, 912; *Lindacher,* Zur Vertretungsmachtbegrenzung durch formularmäßige Schriftform- und Bestätigungsvorbehaltsklauseln, JR 1982, 1; *Prehl,* Handlungsvollmacht kraft Rechtsscheins, Diss. Jena 1936; *v. Seeler,* Vollmacht und Scheinvollmacht, ArchBürgR 28 (1906) 1, 45; *Spitzbarth,* Vollmachten im modernen Management, Handlungsvollmacht – Prokura – Generalvollmacht, 2. Aufl. 1989, S. 33; *Sprengel,* Die Vertretung öffentlich rechtlicher Sparkassen durch Bevollmächtigte, ZHR 119 (1956) 1, 13; *Trost,* Die Arten der Handlungsvollmacht, Diss. Leipzig 1933; *Graf von Westphalen,* Die Handlungsvollmacht – Erteilung, Umfang, Mißbrauch und Erlöschen, DStR 1993, 1562; *Winter,* Handlungsvollmacht und patentgerichtliches Beschwerdeverfahren, GRUR 1978, 233.

I. Grundlagen

1. Regelungsinhalt. Die Norm befaßt sich, ebenso wie die §§ 55 bis 58, mit der **Handlungsvollmacht** als dem **Regelfall kaufmännischer Stellvertretung.** In Abs. 1 1. Hs. **definiert** sie die Handlungsvollmacht in ihren drei Abstufungen nach dem Umfang (Generalhandlungsvollmacht, Arthandlungsvollmacht, Spezialhandlungsvollmacht) und regelt daneben ausschließlich den **Umfang einer bestehenden Handlungsvollmacht.** Sie bildet das Gegenstück zu den Prokuravorschriften der §§ 49 und 50: Ihr Abs. 1 regelt – entsprechend § 49 Abs. 1 – abstrakt den generellen Umfang der Handlungsvollmacht, Abs. 2 verlangt – entsprechend § 49 Abs. 2 – für besonders gefährliche Geschäfte eine besondere Ermächtigung, und Abs. 3 beschäftigt sich – entsprechend § 50 – mit „**Beschränkungen**" des Umfangs der Prokura gegenüber dem Umfang nach § 54 Abs. 1, Abs. 2.

2. Normzweck. Allgemein[1] wird der **Zweck** der Norm darin gesehen, den Handelsverkehr zu sichern und zu erleichtern, indem ihm eine feste Grundlage für das Vertreterhandeln gegeben wird (**Verkehrsschutznorm**). Dies ist, verglichen mit den allgemein gültigen Vollmachtsregeln des BGB, zutreffend, stellt jedoch, wie insbesondere Abs. 2 zeigt, in gewisser Weise eine Verkürzung des Normzwecks dar, denn der Gesetzgeber berücksichtigt auch die **Interessen des Vertretenen.** Zweck des § 54 ist es daher, einen Ausgleich zwischen dem, sich aus dem Bedürfnis nach Schnelligkeit und Reibungslosigkeit des Geschäftsverkehrs ergebenden, hohen Verkehrsschutzbedürfnis einerseits und den Interessen des Vertretenen andererseits zu finden, dessen Schutz sich aus der allgemeinen Handlungsfreiheit (Art. 2 Abs. 1 GG) und vor allem mit den aus der Vertretungsmacht resultierenden Gefahren für den Vertretenen rechtfertigt. Der Vertretene kann diese Gefahren weniger gut über die Auswahl der Vertreter steuern als bei der Prokura, da die Zahl der Handlungsbevollmächtigten die der Prokuristen notwendigerweise deutlich übersteigt. Sein Schutzbedürfnis ist dementsprechend größer als bei der Prokura. Die rechtspolitische Berechtigung des § 54 wird zu Unrecht bestritten.[2]

3. Dogmatische Einordnung. a) Meinungsstand. Die Absätze 1 und 3 bedingen sich gegenseitig in ihrer dogmatischen Einordnung. Abs. 2 beschränkt Abs. 1 lediglich dem Umfang nach; seine Einordnung bereitet keine dogmatischen Probleme. Vereinfacht gibt es **zwei Grundansätze:**[3] Nach dem einen enthält § 54 Abs. 1 eine Vermutung über den Umfang der Vollmacht und § 54 Abs. 3 die komplementäre Regelung über den Gutglaubensschutz (Rechtsscheinsvorschrift) bei einem Abweichen dieser Vermutung vom tatsächlichen Umfang.[4] Nach dem zweiten Ansatz enthält Abs. 1 eine gesetzliche Regelung des Vollmachtsumfangs. Sollte sie dispositiv sein, so wäre Abs. 3 eine Verkehrsschutzregelung für den Fall des Abweichens vom gesetzlichen Umfang der Vertretungsmacht, die das

1

2

3

---

[1] Heymann/*Sonnenschein/Weitemeyer* RdNr. 3; *Canaris* § 15 I 1 (214); *K. Schmidt* HandelsR § 16 IV 4 (497); Staub/*Joost* RdNr. 1, 31; *Bork* JA 1990, 249, 251.
[2] Vgl. den Gesetzesvorschlag von *K. Schmidt* DB 1994, 515, 521.

[3] Zu den praktischen Auswirkungen vgl. *Bork* JA 1990, 249.
[4] HM Staub/*Joost* RdNr. 71; Heymann/*Sonnenschein/Weitemeyer* RdNr. 3, 37; *K. Schmidt* HandelsR § 16 IV 4 (498 f.); *Canaris* § 15 I 1, II 1, IV 1 (214, 217, 220); *Bork* JA 1990, 249, 251 f.

Vertrauen in den gesetzlichen Umfang schützt.[5] Sollte Abs. 1 hingegen zwingend sein, so stellte Abs. 3 eine Regelung über den Mißbrauch der Vertretungsmacht dar.[6]

4 **b) Stellungnahme.** Eindeutig vorzugswürdig erscheint die Ansicht, die **Abs. 1** als **dispositive gesetzliche Umfangsbeschreibung** der bestehenden Handlungsvollmacht versteht und dementsprechend **Abs. 3** als eine **Verkehrsschutzregelung** für den Fall begreift, daß der Vollmachtsgeber die Vollmacht in einem abweichenden geringeren Umfang erteilt.

5 **Wortlaut** und **Systematik** lassen nur diese dogmatische Einordnung zu. Der **Normzweck** steht ihr nicht entgegen, da der Verkehrsschutz regelungstechnisch nicht nur mittels einer widerleglichen Vermutung gewährleistet werden kann. Die Formulierung in Abs. 1 „so erstreckt sich die Vollmacht" enthält keine bloße Vermutung, sondern die gesetzliche Festlegung des Umfangs der Vertretungsmacht. Auch Abs. 2 („ermächtigt") und Abs. 3 („Beschränkungen") sind ihrem Wortlaut nach nur mit einer (dispositiven) gesetzlichen Beschreibung des Vertretungsumfangs in Abs. 1 vereinbar, ist doch die „Beschränkung" einer Vollmacht nur bei einem gesetzlichen Vollmachtsumfang möglich. Dieser Interpretation entspricht der systematische Vergleich zwischen der Handlungsvollmacht als „der kleinen Schwester der Prokura"[7] und dieser, denn § 54 folgt eindeutig der Regelungstechnik der §§ 49 und 50: § 49 Abs. 1 enthält eine gesetzliche Festlegung des Vollmachtsumfangs, die allerdings anders als bei § 54 Abs. 1 zwingend ist (§ 50 Abs. 1, 2).[8] Die hier befürwortete Einordnung als dispositive gesetzliche Vollmacht entspricht schließlich der Regelungstechnik des § 55 Abs. 2, 4 („bevollmächtigen sie nicht", „gelten als ermächtigt") und des § 56.[9]

II. Genereller Umfang der Handlungsvollmacht (Abs. 1)

6 **1. Gesetzliche Definition der Handlungsvollmacht.** Abs. 1 1. Hs. enthält eine gesetzliche Definition der Handlungsvollmacht. Elemente dieser Definition sind die **Abgrenzung zur Prokura**, die **Bezugnahme auf ein Handelsgewerbe** und die Unterteilung in die drei Arten **Generalhandlungsvollmacht**, **Arthandlungsvollmacht** und **Spezialhandlungsvollmacht**. Die Handlungsvollmacht wird in der Literatur auch definiert als jede Vollmacht außer der Prokura, die ein Kaufmann im Betrieb seines Handelsgewerbes erteile.[10] Diese Definition ist im Hinblick auf Bevollmächtigte, die nicht als Mitglied des Unternehmens handeln (vgl. RdNr. 10), und auf die analoge Anwendung auf **nichtkaufmännische Unternehmen** (vgl. RdNr. 8) nicht unproblematisch.

7 **2. Vertretener.** Jeder **Inhaber eines Handelsgeschäfts** kann Vertretener sein. Für die Genossenschaft als Formkaufmann wird dies ausdrücklich in § 42 Abs. 2 GenG bestätigt. Auch **Minderkaufleute** können eine Handlungsvollmacht erteilen (Rückschluß aus § 4 Abs. 1).[11] Der Inhaber eines **eingetragenen Unternehmens** kann sich gemäß § 5 nicht darauf berufen, daß das ausgeübte Gewerbe keinen kaufmännischen Umfang erreicht. Daher ist auch § 54 auf ein solches Unternehmen anwendbar.[12] Für **Vorgesellschaften** einer juristischen Person (Vor-GmbH, Vor-AG) ist die Handlungsvollmacht anerkannt,

[5] GroßkommHGB-*Würdinger* Anm. 7; *Brox* RdNr. 219; *Hopt/Mössle* RdNr. 415; *Hadding*, HGB-Klausur, 1980, S. 40 f.
[6] So wohl *Honsell* JA 1984, 17, 22 mit Fn. 64; noch anders Schlegelberger/*Schröder* RdNr. 20: Abs. 1 nur zwingend bezüglich nachträglicher Einschränkungen und für diesen Fall Abs. 3 als Regelung zum Mißbrauch der Vertretungsmacht, bei anderem Vollmachtsumfang von Anfang an kein Schutz des Verkehrs.
[7] *K. Schmidt* HandelsR § 16 IV 1 c (492); *Honsell* JA 1984, 17, 21.

[8] Ebenso schon für das ADHGB *v. Hahn*, Kommentar zum ADHGB, 4. Aufl. 1894, Art. 41 § 15.
[9] Vgl. § 56 RdNr. 5.
[10] Staub/*Joost* RdNr. 5; *K. Schmidt* HandelsR § 16 IV 1 a (490); *Gierke/Sandrock* § 23 I 1 (363); *Honsell* JA 1984, 17, 21; *Graf von Westphalen* DStR 1993, 1562.
[11] Staub/*Joost* RdNr. 11; Heymann/*Sonnenschein/Weitemeyer* RdNr. 12; *Straube/Schinko* RdNr. 2.
[12] Staub/*Joost* RdNr. 11; *Straube/Schinko* RdNr. 2;

wenn sie Träger eines (voll-)kaufmännischen Unternehmens sind.[13] Ein konsequentes Zuendedenken der Rechtsfortbildung zur Vorgesellschaft gebietet es demgegenüber, in analoger Anwendung des § 6 **jede** Vorgesellschaft als berechtigt anzusehen, Handlungsbevollmächtigte zu berufen. Ohne diese Konsequenz bliebe die Vorgesellschaft – wenn man § 54 nicht ohnehin auf alle nichtkaufmännischen Unternehmen für analog anwendbar hält – trotz Teilrechtsfähigkeit in ihrer Handlungsfähigkeit erheblich eingeschränkt.

§ 54 ist auf **nichtkaufmännische Unternehmen**, die Leistungen am Markt anbieten,   **8** **analog** anzuwenden.[14] Dem entspricht, daß das Gesetz in § 91 Abs. 1 für Handelsvertreter eines nichtkaufmännischen Unternehmens selbst ausdrücklich die Anwendbarkeit des § 55 und damit auch die des § 54 anordnet. Weitgehend anerkannt ist die analoge Anwendung des § 91 Abs. 1 auch für angestellte Bevollmächtigte im Außendienst.[15] Für eine Beschränkung auf den Fall des § 91 Abs. 1 besteht kein Grund: Der Rechtsverkehr ist, was den Umfang der Vertretungsmacht anbelangt, bei jeder unternehmerischen Tätigkeit am Markt gleichermaßen schutzbedürftig. Auch für Unternehmen in der **Liquidation**[16] und im **Konkurs** kann Handlungsvollmacht erteilt werden.[17]

3. Vertreter. Der Handlungsbevollmächtigte muß eine **andere Person als der Inhaber**   **9** sein, da nur dann Vertretung vorliegt.[18] Bei einer Gesellschaft bürgerlichen Rechts bzw. Erbengemeinschaft ist die Gesellschaft (Erbengemeinschaft) selbst Inhaber, nicht ihre Gesellschafter (Erben).[19] Eine natürliche Person muß, um Handlungsbevollmächtigte sein zu können, zumindest **beschränkt geschäftsfähig** sein (§ 165 BGB).[20]

Nach zutreffender Ansicht[21] ist die Handlungsvollmacht auf **Vertreter** zu beschränken,   **10** die „**von innen heraus**" als Mitglieder des Unternehmens handeln, wofür es einer Anstellung, einer mitgliedschaftlichen Verbundenheit oder einer einfachen familiären Verbundenheit mit dem Unternehmensträger bedarf. Aus dem Anwendungsbereich des § 54 heraus fällt daher die **Bevollmächtigung wirtschaftlich und organisatorisch Außenstehender**.[22] Diese Einschränkung knüpft an die Vorläuferregelung des § 54 (Art. 47 ADHGB) an, in der dies noch deutlicher zum Ausdruck kam.[23] Sie rechtfertigt sich mit der bei Außenstehenden eher lockeren Verbindung zwischen Vertreter und Vertretenem, die diesem einen Verkehrsschutz weniger zumutbar macht, und ist systemgerecht. Das handelsrechtliche Vertretungsrecht der §§ 48 ff. befaßt sich ausschließlich mit dieser Art von Vertretung:[24] So handeln Prokurist und organschaftliche gesetzliche Vertreter „von innen heraus", und auch die Erfassung selbständiger Handelsvertreter durch § 55 steht dem nicht entgegen, weil man diesen – anders als gewöhnlichen außenstehenden Vertretern – ihren Status als Außenstehende regelmäßig nicht ansieht und sie wegen ihrer ständigen Beauftragung ohnehin an der Grenze zu einem Handeln „von innen heraus" tätig werden.[25] § 55 kompensiert lediglich die ohne diese Norm bestehende Unsicherheit. Daß § 55 nur Handlungsgehilfen und Handelsvertreter erfaßt, spricht des weiteren dafür, daß andere von

---

[13] *Hachenburg/Ulmer* GmbHG § 11 RdNr. 47; *Scholz/K. Schmidt*, GmbHG § 11 RdNr. 65; *Baumann/Jula* JuS 1993, 659, 660.

[14] *K. Schmidt* HandelsR § 16 IV 2 a aa (493); ähnlich *Canaris* § 16 II (225); *Spitzbarth* S. 36; *Schäch*, Die kaufmannsähnlichen Personen als Ergänzung zum normierten Kaufmannsbegriff, 1989, S. 326; für Rechtsanwälte vgl. auch *Straube/Schinko* RdNr. 14; aA *Baumbach/Hopt* RdNr. 6 (aber ebenso weitgehende BGB-Vollmachten).

[15] Staub/*Joost* § 55 RdNr. 15.

[16] RGZ 72, 119, 123.

[17] Staub/*Joost* RdNr. 13; *Jaeger/Henckel* KO § 23 RdNr. 49; *Obermüller* BB 1957, 412; *Grothus* DB 1960, 775; *Kuhn/Uhlenbruck* KO § 23 RdNr. 7 b.

[18] Staub/*Joost* RdNr. 14.

[19] Vgl. näher § 48 RdNr. 18.

[20] Staub/*Joost* RdNr. 14; *Straube/Schinko* RdNr. 3; aA Schlegelberger/*Schröder* RdNr. 2.

[21] Vgl. *K. Schmidt* HandelsR § 16 IV 1 a (491); Heymann/*Sonnenschein/Weitemeyer* RdNr. 4; Baumbach/*Hopt* RdNr. 1; *Wieland*, Handelsrecht I, 1921, S. 370; *von Hahn* (Fn. 8) ADHGB Art. 47; aA Staub/*Joost* RdNr. 9 f.; GK-HGB/*Nickel* RdNr. 2; vgl. hierzu ausführlich vor § 48 RdNr. 22 ff. sowie *Krebs* ZHR 159 (1995), 635, 647 ff.

[22] Beispiele: Rechtsanwalt bei Prozeßvollmacht oder auch Makler.

[23] „Wenn ein Principal . . . in seinem Handelsgewerbe bestellt" näher vor § 48 RdNr. 10, 22.

[24] Zur allgemeinen Rechtfertigung dieses Grundsatzes vgl. vor § 48 RdNr. 22 ff. sowie *Krebs* ZHR 159 (1995) 635, 647 ff.

[25] *K. Schmidt* HandelsR § 16 IV 1 a (491); Heymann/*Sonnenschein/Weitemeyer* RdNr. 4.

außen kommende Personen auch nicht unter § 54 fallen. Die Beschränkung auf von innen heraus operierende Vertreter verletzt schließlich nicht die Trennung von Vertretung und zugrundeliegendem Rechtsverhältnis,[26] denn es wird an die nach außen hervortretende Selbständigkeit angeknüpft.

11   Eine Handlungsvollmacht – auch Generalhandlungsvollmacht – soll nach hM grundsätzlich auch **juristischen Personen** und sonstigen **Personenvereinigungen** erteilt werden können.[27] Die Unübertragbarkeit der Handlungsvollmacht ohne Zustimmung des Inhabers (§ 58) sowie die – mangels einer § 52 Abs. 1 vergleichbaren Regelung – bestehende Möglichkeit, die Widerruflichkeit einzuschränken, zeigen, daß der Gesetzgeber den Vertretenen hier im Verhältnis zur Prokura für weit weniger schutzbedürftig gegenüber dem Vertreterhandeln und weniger abhängig von einem persönlichen Vertrauen hielt. Dennoch ist der hM zu widersprechen. Eine Gesellschaft kann nicht, wie es erforderlich ist,[28] organisatorisch eingegliedert aus dem Unternehmen heraus handeln.

12   Die Erteilung einer **Generalhandlungsvollmacht** an ein **Aufsichtsratsmitglied** derselben Aktiengesellschaft ist gemäß § 105 Abs. 1 AktG unzulässig. Gleiches gilt gemäß § 52 GmbHG für Aufsichtsratsmitglieder einer GmbH, wobei dort allerdings eine abweichende Satzungsregelung zulässig ist. Art- und Spezialhandlungsvollmacht werden durch dieses Verbot nicht berührt.

13   Die Handlungsvollmacht ist nicht neben einer sie bereits vollständig umfassenden Vertretungsmacht (gesetzliche Vertretungsvollmacht, Prokura) zulässig. Die Handlungsvollmacht muß zumindest in einer Hinsicht (zB Einzel- statt Gesamtvertretung) eine Erweiterung der aktiven Vertretungsmacht enthalten,[29] um dem **Funktionalitätsgebot** zu genügen, das dem Schutz des Rechtsverkehrs dient und gesetzlich in der enumerativen Aufzählung derjenigen Vertreter seinen Ausdruck gefunden hat, die aus einem Unternehmen heraus handeln (gesetzliche Vertretung, Prokuristen, Handlungsbevollmächtigte).[30]

14   **4. Abgrenzung zu anderen Vollmachten.** § 54 Abs. 1 grenzt die Handlungsvollmacht ausdrücklich von der **Prokura** und durch die Bezugnahme auf das „Handelsgewerbe" außerdem von Vollmachten ab, die sich auf die **Privatsphäre** des Inhabers beziehen.[31] Außerdem sind von den §§ 48 ff. Vollmachten für Außenstehende (Makler, Rechtsanwälte, normale Vertragspartner) generell nicht erfaßt.[32] Teilweise wird vertreten,[33] daß ein **vereinzeltes**, einmaliges **Geschäft** (zB einmalige Kündigung) niemals Gegenstand einer Handlungsvollmacht sein könne. Diese Einschränkung des Wortlauts von § 54 Abs. 1 ist nicht erforderlich: Es reicht völlig aus, daß in einem solchen Fall § 54 keine Rechtswirkungen zeigt.

15   Probleme bereitet die Einordnung der, von der **Generalhandlungsvollmacht** zu unterscheidenden, gesetzlich nicht geregelten, sog. **Generalvollmacht**. Richtiger Ansicht nach sind zwei Arten von Generalvollmacht zu unterscheiden. Eine Generalvollmacht an eine organisatorisch nicht eingegliederte selbständige Person, zB an eine Gesellschaft im Rahmen eines Betriebsführungsvertrages, ist reine BGB-Vollmacht, also nicht von § 54 erfaßt.[34] Eine Generalvollmacht an eine hierarchisch eingegliederte, meist zwischen Prokuri-

---

[26] So aber Staub/*Joost* RdNr. 10.

[27] Staub/*Joost* RdNr. 15; Heymann/*Sonnenschein*/ *Weitemeyer* RdNr. 13; *K. Schmidt* HandelsR § 16 IV 1 a (490); aA Baumbach/*Hopt* RdNr. 7; *Bondi* ZBH 1929, 34 ff.; *Graf von Westphalen* DStR 1993, 1562; für nur ausnahmsweise Zulässigkeit: *Spitzbarth* S. 37.

[28] Vgl. RdNr. 10 und vor § 48 RdNr. 22 ff.

[29] Staub/*Joost* RdNr. 17; Heymann/*Sonnenschein*/ *Weitemeyer* RdNr. 13; Baumbach/*Hopt* RdNr. 7; *Straube*/*Schinko* RdNr. 3; Schlegelberger/*Schröder* RdNr. 2; GK-HGB/*Nickel* RdNr. 6.

[30] Vgl. näher zum Funktionalitätsgebot vor § 48 RdNr. 32 ff. sowie *Krebs* ZHR 159 (1995), 635, 656 ff.

[31] BGH WM 1976, 769: Handlungsvollmacht für Schecks.

[32] Vgl. vor § 48 RdNr. 22 ff.; § 54 RdNr. 10 f.

[33] *U. Hübner* Handelsrecht RdNr. 76; *Wieland* Handelsrecht I, 1921, § 32 3 I 1 a; *Staub/Bondi* HGB 14. Aufl. 1932 Anm. 16.

[34] Näher vor § 48 RdNr. 88 f.; *Krebs* ZHR 159 (1995), 635, 651 f.; vgl. aber auch *Huber* ZHR 152 (1988), 1, 14, 16 ff., der die Begriffe Generalvollmacht und Generalhandlungsvollmacht bei Betriebsführungsverträgen ohne klare Differenzierung verwendet.

sten und Geschäftsführer angesiedelte, Person ist dagegen Generalhandlungsvollmacht und zwar mangels abweichender Festsetzung des Umfangs mit der Erweiterung nach § 54 Abs. 2.[35]

5. Die Erscheinungsformen der Handlungsvollmacht. Die **Generalhandlungsvoll-** **16** **macht** bezieht sich – soweit nicht abweichend ausgestaltet – auf den gesamten Betrieb eines konkreten Handelsgewerbes, die **Arthandlungsvollmacht** auf eine bestimmte Art von Geschäften und die **Spezialhandlungsvollmacht** auf einzelne Rechtshandlungen oder einen konkreten Geschäftsabschluß. Ob die **Gesamthandlungsvollmacht** und die **Niederlassungsvollmacht** als Erscheinungsformen, die die Prokura gesetzlich (§§ 48 Abs. 2, 50 Abs. 3) besonders benennt, auch im Rahmen des § 54 als besondere Vollmachtsarten einzuordnen sind, berührt die zentrale Frage der Abgrenzung von Vollmachtsart im Sinne des Abs. 1 und Vollmachtsbegrenzung im Sinne des Abs. 3 des § 54.

a) Abgrenzung von Vollmachtsart und Beschränkung im Sinne des Abs. 3. Der **17** Vertretene bestimmt, ob er eine **Generalhandlungsvollmacht** bzw. ob und welche Art- oder Spezialhandlungsvollmacht er erteilt. Die Generalhandlungsvollmacht ist gesetzlich definiert. Abweichungen, die die Vollmacht einschränken, stellen folglich „Beschränkungen" im Sinne des Abs. 3 dar.

Bei **Art- und Spezialhandlungsvollmacht** ist die Abgrenzung zwischen Abs. 1 und **18** Abs. 3, die auch die Einordnung der **Gesamthandlungsvollmacht** und die **Niederlassungsvollmacht** betrifft und von zentraler Bedeutung für § 54 ist, problematisch: Könnte der Vertretene nach freiem Ermessen die Art der Vollmacht abgrenzen (zB Konkretisierung nach Art der Geschäfte, Zeitpunkt und Ort des Geschäftsabschlusses, Inhalt des Rechtsgeschäfts, Preislimit, Gesamtvertretung, Niederlassungsvollmacht), so hätte § 54 kaum mehr Bedeutung. Geschäfte und Rechtshandlungen, die die entsprechende Art der Vollmacht gewöhnlich mit sich bringt, ließen sich bei **individueller Bestimmung** der Art der Vollmacht nicht benennen, weil für eine konkrete individuelle Vollmacht keine allgemeine Übung besteht. Außerdem bedürfte der Vertretene keiner Beschränkungsmöglichkeiten, da er durch die extreme Konkretisierung der Vollmachtsart diese Einschränkungen sogar unabhängig vom Gutglaubensschutz durchsetzen könnte. Wäre – umgekehrt – die **Wahlmöglichkeit** des Vertretenen hinsichtlich der Vollmachtsart **stark eingeschränkt**, stiege die Bedeutung der gesetzlichen Umfangserstreckung nach § 54 Abs. 1 und 3.

b) Meinungsstand. Schröder[36] sieht einerseits nur **nachträgliche Beschränkungen** als **19** von Abs. 3 erfaßt an, will aber andererseits die Vollmachtsarten im Rahmen des § 54 Abs. 1 objektiv bestimmen. Nach ihm wäre davon auszugehen, daß **anfängliche individuelle Beschränkungen,** die an der objektiven Kategorie der Arthandlungsvollmacht nichts ändern können, vom Gesetz nicht geregelt werden. Andere[37] folgen ihm zumindest, was die Abgrenzung der **Vollmachtsarten nach objektiven Maßstäben** anbelangt. Wieder andere[38] äußern sich insbesondere zur Einordnung der **Gesamtvertretungsmacht,** die sie als Beschränkung im Sinne des Abs. 3 ansehen, gehen aber damit stillschweigend ebenfalls davon aus, daß die Vollmachtsarten objektiv abzugrenzen sind.

c) Stellungnahme. Eine **Sonderbedeutung nachträglicher Beschränkungen** ist weder **20** mit Abs. 1, noch mit Abs. 3 vereinbar. Allein dem Vertretenen die Entscheidung darüber zuzuweisen, ob eine Zuordnung zu Abs. 3 oder eine Konkretisierung der Art der Vollmacht vorliegt (zB durch Abstellen auf negative oder positive Formulierung), wäre willkürlich und würde dem Verkehrsschutzzweck der Vorschrift widersprechen. Nur abstrakt zu verlangen, es müsse sich um allgemein definierte Vollmachten handeln, wäre nicht

---

[35] Näher vor § 48 RdNr. 89; vgl. zur Abgrenzung auch KG NJW-RR 1992, 34.

[36] Schlegelberger/*Schröder* RdNr. 20, 29.

[37] OLG Düsseldorf DB 1992, 2080; GK-HGB/*Nickel* RdNr. 12; Heymann/*Sonnenschein/Weitemeyer* RdNr. 18, 25; *Roth,* Handels- und Ge-

sellschaftsrecht, § 28, 2 (287 f.): typisierte Form, die in der Organisation zu Tage tritt, fällt unter Abs. 1.

[38] *Canaris* § 15 I 3 e (216); Staub/*Joost* RdNr. 71, *derselbe* widersprüchlich RdNr. 34: individuelle Festlegung, RdNr. 46: Branchenüblichkeit.

justiziabel. Es muß vielmehr **objektive Grenzen** für die möglichen Vollmachtsarten geben. Auch die §§ 55, 56 knüpfen an Vollmachtsarten an, die objektiv begrenzt sind. Dabei handelt es sich um sehr allgemeine Vollmachtsarten. Wenn § 54 Abs. 1 für den Vollmachtsumfang auf die Geschäfte abstellt, die gewöhnlich mit einer solchen Vollmachtsart verbunden sind, bedeutet dies zugleich, daß auch die **Vollmachtsart üblich** sein muß, weil es sonst keine **gewöhnlich damit verbundenen Geschäfte** gäbe. Dem entspricht auch, daß der Rechtsverkehr regelmäßig nur wissen wird, welche der üblichen Vollmachtskategorien dem Vertreter zuzuordnen ist. Die Vollmachtskategorien müssen dabei so abstrakt wie die gesetzlichen Kategorien (§ 56: Ladenverkäufe, § 55: Abschlußvertreter außerhalb des Betriebes) sein. Andere Arthandlungsvollmachten wären zB Filialleiter ohne Prokura einer bestimmten Branche, Schalterangestellte einer Bank, Einkäufer, Kellner. Bei der **Spezialhandlungsvollmacht** ist ein entsprechender abstrakter Maßstab geboten.

21   **d) Sonderproblem: Niederlassungsvollmacht und Gesamtvertretungsmacht:** Die Begrenzung auf eine **Niederlassung** ist bei allen Arten der Handlungsvollmacht möglich[39] und führt zu einer echten inhaltlichen Beschränkung der Vertretungsmacht. Dies spricht für eine Einordnung als Beschränkung im Sinne des Abs. 3. Auch bei der Prokura wird die Niederlassungsvollmacht als Beschränkung (§ 50 Abs. 3) angesehen.

22   Die Erteilung als bloße **Gesamtvertretungsmacht** ist entgegen der hM,[40] und zwar unabhängig von ihrer Üblichkeit, keine Beschränkung der Handlungsvollmacht, sondern eine Frage ihrer Ausgestaltung. Deshalb werden **Geschäftspartner**, die mit einem Gesamtvertreter kontrahieren, ihn aber für einen Vertreter mit Einzelvertretungsmacht halten, **nicht durch § 54 Abs. 3 geschützt.** Die Nichtanwendung des Abs. 3 rechtfertigt sich damit, daß die Gesamtvertretungsmacht der Erteilung der Vollmacht näher als der Beschränkung steht. So knüpft die Beschränkung im Sinne des Abs. 3 an die Gewöhnlichkeit in Abs. 1 an, die sich mit bestimmten Geschäften, aber nicht mit rein personalen Grenzen der Vollmacht befaßt. Vor allem folgt aus § 48 Abs. 2, daß die Gesamtvertretung bei der Prokura keine Beschränkung im Sinne des § 50 ist.[41] Dann darf für die parallele Handlungsvollmacht die Gesamtvertretung auch nicht unter die § 50 entsprechende Regelung des § 54 Abs. 3 fallen.

23   Die **Gesamtvertretungsmacht** hat verschiedene Erscheinungsformen: **Echte** Gesamthandlungsvollmacht liegt vor, wenn auf allen Seiten nur Handlungsbevollmächtigte beteiligt sind. Werden nur Gesamthandlungsbevollmächtigte tätig, liegt eine **beidseitige echte** Gesamthandlungsvollmacht vor. Bei Bindung an die Mitwirkung eines Einzelhandlungsbevollmächtigten spricht man von einer **halbseitigen echten** Gesamthandlungsvollmacht. Verlangt man allerdings zutreffend,[42] daß eine handelsrechtliche Vertretungsmacht nicht funktionslos sein darf, so ist diese von der hM anerkannte Vertretungskonstruktion unzulässig.[43] Ein Gesamthandlungsbevollmächtigter kann zusätzlich auch eine weniger weitgehende Einzelhandlungsvollmacht haben.[44] Eine **gemischte Gesamtvertretung** mit einem Vertreter, der nicht Handlungsbevollmächtigter ist, soll grundsätzlich zulässig sein.[45] In Betracht käme hier die Vertretung gemeinsam mit einem Prokuristen oder einem organschaftlichen Vertreter. Gesamtprokurist und organschaftlicher Gesamtvertreter dürfen jedoch nach hM[46] nicht einseitig an die Mitwirkung eines Handlungsbevollmächtigten ge-

---

[39] RG LZ 1911, Sp. 221 f.

[40] *Canaris* § 15 I 3 (216); Staub/*Joost* RdNr. 71; nur im Ergebnis wie hier *Spitzbarth* S. 41, der ein Vertrauen auf eine Einzelvertretungsmacht stets als fahrlässig ansieht.

[41] Staub/*Joost* § 48 RdNr. 94.

[42] Näher vor § 48 RdNr. 32 ff. sowie *Krebs* ZHR 159 (1995), 635, 656 ff.

[43] Vgl. zur halbseitigen Gesamtprokura § 48 RdNr. 74.; *Krebs* ZHR 159 (1995), 635, 660 ff.

[44] BGH WM 1957, 1055, 1056; OLG Hamburg MDR 1961, 855, 856.

[45] BGH WM 1964, 151; WM 1961, 321, 322; LG Berlin JW 1937, 2835; Staub/*Joost* RdNr. 38; Heymann/*Sonnenschein/Weitemeyer* RdNr. 24.

[46] BGH WM 1961, 321, 322; BB 1964, 151; KG HRR 1940 Nr. 614; OLG München HRR 1941 Nr. 37; OLG Hamburg OLGE 46 (1928), 257.

bunden werden. Die pauschale Zulassung der gemischten Gesamtvertretung ist problematisch.[47]

6. Umfang der Vertretungsmacht nach Abs. 1. Die Umfangsbeschreibung nach   24
Abs. 1 orientiert sich an den Merkmalen: a) Geschäft, Rechtshandlung, b) Art des Handelsgewerbes, c) Üblichkeit, d) Art der Handlungsvollmacht.

a) Geschäft, Rechtshandlung. Die bewußt weite Formulierung „Geschäfte und   25
Rechtshandlungen" schließt lediglich rein tatsächliche Handlungen aus. Jede auf eine Rechtsfolge gerichtete Rechtshandlung ist erfaßt.

b) Art des Handelsgewerbes. Mit der Bezugnahme auf die Geschäfte „eines **derartigen**   26
Handelsgewerbes" grenzt der Gesetzgeber die (General-) Handlungsvollmacht gegenüber der Prokura ab, die Geschäfte **jedes** denkbaren Handelsgewerbes erfaßt (§ 49 Abs. 1). Für die Handlungsvollmacht ist es daher grundsätzlich notwendig, daß es sich um ein **der Branche** des Kaufmanns **zugehöriges Geschäft** handelt. Problematisch ist, ob die Generalhandlungsvollmacht auch weiter zB mit dem Umfang der Prokura erteilt werden kann,[48] was bei einer Bezeichnung als „Generalvollmacht" anzunehmen sein könnte. Die Branche bestimmt sich nach den allgemeinen Verkehrsanschauungen (zB Hypothekenbanken, Teppichgeschäfte, Gaststätten, Buchverlage). Zu beachten ist die Vermutung des § 344 Abs. 1. Die Formulierung „Betrieb des" ist nicht örtlich zu verstehen, begrenzt also nicht den Ort des Vertragsabschlusses. Sie schließt aber insbesondere die ihrer Eigenart nach nicht von rechtsgeschäftlichen Vertretern – auch nicht von Prokuristen – auszuführenden Handlungen aus (ausführlich § 49 RdNr. 23 ff., 50 ff.).

c) Üblichkeit. Im Gegensatz zur Prokura, die auch zu unüblichen Geschäften bevoll-   27
mächtigt, erstreckt sich die Handlungsvollmacht üblicherweise nur auf **gewöhnliche** Geschäfte und Rechtshandlungen. Hier ist eine Erweiterung auf den Umfang der Prokura wohl zulässig und bei einer „Generalvollmacht" aus dem Unternehmen heraus auch anzunehmen (näher vor § 48 RdNr. 89).

Nicht eindeutig geklärt ist, ob für die Üblichkeit nur auf die Branche oder auch konkret   28
auf örtliche Gewohnheiten oder gar (für Art- und Spezialhandlungsvollmacht) auf Gewohnheiten im konkreten Unternehmen abzustellen ist.[49] Vorzugswürdig erscheint, allein auf die **Branchenüblichkeit** abzustellen. So findet sich im Gesetz, das an die Branche anknüpft, schon kein Anhaltspunkt für die Berücksichtigung örtlicher Gewohnheiten. Eine Einschränkung der Vollmacht gegenüber dem Branchenüblichen kommt nicht in Betracht, weil dies mit dem abstrakten Verkehrsschutz unvereinbar wäre. Örtliche Gewohnheiten nur zum Anlaß für eine Erweiterung der üblichen Vollmacht zu nehmen, erscheint nicht erforderlich, weil es in dieser Hinsicht – anders als bei allgemeinen Handelsbräuchen (§ 346) – nur sehr selten örtliche Unterschiede geben wird. Es fehlt auch an einer Rechtfertigung dafür, dem Einzelunternehmer örtliche Gewohnheiten ausschließlich zu seinen Lasten (Erweiterung der Vertretungsmacht) zuzurechnen. Entsprechendes gilt für unternehmensbezogene Gewohnheiten, soweit sie nicht dem Kunden bekannt sind. Sind sie dem Kunden bekannt, reichen Duldungs- und Anscheinsvollmacht als allgemeine Schutzinstrumente für konkretes Vertrauen aus. Schließlich trägt die Anknüpfung allein an dem Merkmal der Branchenüblichkeit dem -hier besonders gewichtigen – Bedürfnis nach Rechtssicherheit Rechnung.[50]

---

[47] Zur gemischten Gesamtvertretung mit einem Prokuristen ausführlich § 48 RdNr. 77 ff.; *Krebs* ZHR 159 (1995), 635, 660 ff.

[48] Ablehnend *U. Hübner* ZHR 143 (1979), 1, 3.

[49] RG LZ 1911, Sp. 221 f. stellt bei Niederlassungsvollmacht auf das übliche in der Niederlassung des konkreten Kaufmanns ab; Staub/*Joost* RdNr. 46 geht von der Branchenüblichkeit aus, erweitert dies

aber im Anschluß an KG Seufferts Archiv 84 (1930) Nr. 127 um nur im konkreten Geschäft übliche Vorgänge; allein für Branchenüblichkeit: Heymann/*Sonnenschein/Weitemeyer* RdNr. 25; Schlegelberger/*Schröder* RdNr. 15.

[50] Vgl. auch § 54 Abs. 2 und § 55, die bewußt abstrakt generell formulieren.

29 **Branchenweite Bedeutung** kann zahlreichen, nicht abschließend aufzählbaren **Umständen** zukommen, wie Gegenstand[51] und äußere Umstände des Geschäfts[52] (zB Abschlußort, Kommunikationsmittel wie Fax oder Telefon), Üblichkeit der Aufgabentrennung[53] (in Großunternehmen ausgeprägter als in Kleinunternehmen), wirtschaftliche und finanzielle Tragweite, insbesondere im Verhältnis zur Größe des Unternehmens,[54] Ausmaß der Bindung des Vertretenen[55] (zB Vorvertrag). Die §§ 55 Abs. 2 bis Abs. 4 stellen eine gesetzgeberische Entscheidung für einen Spezialfall dar, beinhalten aber keine Aussage zur Üblichkeit, die im Rahmen des § 54 verwertbar wäre.[56]

30 **d) Art der Handlungsvollmacht.** Der Umfang der Handlungsvollmacht wird entscheidend durch die Art der Vollmacht bestimmt. Die **Generalhandlungsvollmacht** umfaßt, vorbehaltlich des § 54 Abs. 2, alle Geschäfte und Rechtshandlungen, die für ein Unternehmen dieser Branche üblich sind. Bei einer **Arthandlungsvollmacht** kommt es auf die konkrete Art der Geschäfte an, für die diese Vollmacht erteilt wurde und welche Rechtshandlungen gemäß der **Branchenüblichkeit** zu dieser Arthandlungsvollmacht gehören. Entsprechendes gilt bei einer **Spezialhandlungsvollmacht**, wobei hier meist nur Nebenabreden gewöhnlich sein werden. Zu beachten ist, daß die Arthandlungsvollmacht aus dem Kreis der üblichen Arthandlungsvollmachten stammen muß, so daß eine Modifizierung, soweit sie nicht üblich ist, immer unter § 54 Abs. 3 fällt.[57]

31 **e) Einzelfälle.** Gerichtsentscheidungen haben nur für die betroffene Vollmachtsart und Branche Bedeutung. Einer Übertragung auf andere Fälle können aber selbst bei gleicher Vollmachtsart und Branche Unterschiede in der konkret zu beurteilenden Rechtshandlung sowie zwischenzeitlich geänderte Gewohnheiten entgegenstehen.[58]

32 Als gewöhnlich iSv. § 54 Abs. 1 wurden **bejaht**: die Annahme von Zahlungen durch Kassenangestellte,[59] Zahlungen durch Scheck,[60] Errichtung weiterer Konten mit gleicher Zeichnungsbefugnis bei Bankvollmacht,[61] Gestaltung von Vertragsklauseln durch einen cif-Agenten,[62] Zusicherung einer verbindlichen Reparaturzeit bei Beschäftigten in der Reparaturannahme eines Großunternehmens,[63] Anmietung eines Wagens durch ein Transportunternehmen;[64] **im Ergebnis, nicht in der Begründung**: Entgegennahme von Festgeldern mit Zinsabrede durch Zweigstellenleiter einer Bank,[65] Abgabe eines abstrakten Schuldanerkenntnisses durch den zur wirtschaftlichen Baubetreuung Bevollmächtigten,[66] Erfinderbenennung.[67]

33 **Handlungsvollmacht** gemäß § 54 Abs. 1 wurde **verneint** für ein von einem Handlungsreisenden abgeschlossenes, der Steuerhinterziehung dienendes Geschäft,[68] Manipulationen zur kurzfristigen Kreditschöpfung durch Bankangestellte,[69] den Abschluß eines Automatenaufstellungsvertrages im Rahmen eines Gaststättengewerbes,[70] eine langjährige Ausschließlichkeitsbindung,[71] eine Zahlungsverpflichtungserklärung in ungewöhnlicher Art und

---

[51] RG JW 1904, 475, 476; OLG Celle BB 1983, 1495; Staub/*Joost* RdNr. 48.
[52] Staub/*Joost* RdNr. 48.
[53] Heymann/*Sonnenschein/Weitemeyer* RdNr. 25; *Gierke/Sandrock* § 23 IV 1 (370).
[54] RGZ 52, 89, 90; RG Recht 1923 Nr. 762; BGH DB 1978, 2118, 2119; Staub/*Joost* RdNr. 48; *Canaris* § 15 III 2 (219).
[55] OLG Düsseldorf DB 1988, 1063; Staub/*Joost* RdNr. 48.
[56] Vgl. Staub/*Joost* RdNr. 47.
[57] Vgl. oben RdNr. 17 ff.
[58] Deswegen werden nur Entscheidungen seit 1949 wiedergegeben, wegen älterer Entscheidungen vgl. Staub/*Joost* RdNr. 52 f.; für Österreich vgl. *Straube/Schinko* RdNr. 10.
[59] RGZ 119, 272, 278.

[60] Vgl. BGH WM 1976, 769; vgl. auch RG Recht 1926 Nr. 2409; für Wechsel vgl. unten RdNr. 38.
[61] BGH WM 1961, 321, 322.
[62] OLG Hamburg DB 1953, 169.
[63] BGH ZIP 1982, 588, 589 m. Anm. *Bunte*.
[64] OGH Köln VRS 2 (1950), Nr. 14, 33, 35.
[65] Vgl. BGH BB 1980, 1605 f.; dort Lösung über c.i.c. der Bank.
[66] OLG München NJW 1984, 63, 64.
[67] BPatG Blatt für Patent-, Muster- und Zeichenwesen 1975, 379, 380.
[68] BGH LM BGB § 177 Nr. 5 .
[69] Deckungslose Schecks mit Garantieerklärungen der Bank: BGH WM 1964, 224, 225.
[70] OLG Celle BB 1983, 1495; zu Recht kritisch *K. Schmidt* HandelsR § 16 IV 2 a ee (494); GK-HGB/*Nickel* RdNr. 11.
[71] OLG Düsseldorf DB 1988, 1063.

Form,[72] die Anmeldung zum Handelsregister durch einen Generalhandlungsbevollmächtigten[73] und für den Abschlußvertreter die Einziehung des kreditierten Kaufpreises.[74]

III. Erfordernis besonderer Erteilung (Abs. 2)

1. Grundsatz. Abs. 2 schränkt, dem Vorbild des § 49 Abs. 2 entsprechend, inhaltlich **34** aber über diesen hinausgehend, den Umfang der Vollmacht ein, um den Vertretenen vor einigen **besonders gefährlichen Geschäften** zu schützen.[75] Abs. 2 betrifft insbesondere auch die Fälle, in denen das Geschäft aufgrund Branchenüblichkeit an sich von § 54 Abs. 1 erfaßt wäre. Der Schutz ist nicht umfassend; die Gesetzesaufzählung ist aber **enumerativ**; eine Erweiterung im Wege der Analogie ist nicht zulässig.[76] § 54 Abs. 2 betrifft Verpflichtungsgeschäfte, Erfüllungsgeschäfte und bindende Vorverträge, die einen Erfüllungsanspruch auf Abschluß des Hauptvertrages gewähren.[77] Vorverträge, von denen (nur) der wirtschaftliche Druck ausgeht, einen entsprechenden Vertrag zu schließen, werden nicht erfaßt. Für sie wird jedoch auch nur selten Vollmacht bestehen (§ 54 Abs. 1). Weitere Schranke ist der Mißbrauch der Vertretungsmacht.[78]

Die besondere Bevollmächtigung kann – anders als bei § 49 Abs. 2 – **stillschweigend** **35** erteilt werden,[79] weil auch die Erteilung der Handlungsvollmacht stillschweigend möglich ist. Abs. 2 soll nur verhindern, daß die Vollmacht für solche Geschäfte allein mit der Üblichkeit begründet wird.[80] Die **besondere Bevollmächtigung** soll bereits **in der allgemeinen Bevollmächtigung** liegen können.[81] Dies gefährdet – zu großzügig praktiziert – den vom Gesetz durch § 54 Abs. 2 beabsichtigten Schutz des Kaufmanns. Die Annahme einer konkludenten Erweiterung ist unproblematisch nur möglich, wenn außerhalb der Erteilung eine besondere schlüssige Erklärung vorliegt. Zusammen mit der Handlungsvollmacht kann eine konkludente Erweiterung nur unter strengen Voraussetzungen angenommen werden. Zumindest bei der Auslegung der Erteilung der Handlungsvollmacht ist Zurückhaltung geboten, um § 54 Abs. 2 nicht auszuhöhlen.[82] Möglich ist auch eine **Duldungs- oder Anscheinsvollmacht** hinsichtlich der Gegenstände des Abs. 2.[83]

Problematisch ist, ob eine unwirksame Prokuraerteilung in eine Generalhandlungsvoll **36** macht **umgedeutet** werden kann, **die die Fälle des § 54 Abs. 2 außer der Veräußerung und Belastung von Grundstücken erfaßt**. Dies ist zu bejahen, wenn die Prokuraerteilung selbst ausdrücklich geschah, sonst aber abzulehnen.[84] Eine Generalvollmacht an eine Person, die in der Hierarchie über dem Prokuristen angesiedelt ist, enthält – wenn man sie wie hier als Generalhandlungsvollmacht einordnet – eine umfassende besondere Erteilung iSd Abs. 2.[85] Soweit eine besondere Befugnis erteilt ist, gilt für diese Art- oder Spezialhandlungsvollmacht wiederum § 54 Abs. 1,[86] wobei allerdings mit der Üblichkeit nicht die Erfassung eines anderen Falls des § 54 Abs. 2 begründet werden kann.

2. Veräußerung oder Belastung von Grundstücken. Die Herausnahme der Veräuße **37** rung oder Belastung von Grundstücken entspricht § 49 Abs. 2 (vgl. dazu § 49 RdNr. 10, 38 ff.). Hinzu kommt die Möglichkeit der Umdeutung einer als solche unwirksamen konkludenten Prokuraerweiterung nach § 49 Abs. 2.[87]

[72] BGH WM 1966, 491, 493.
[73] BGH WM 1969, 43.
[74] BGH WM 1976, 715.
[75] Staub/*Joost* RdNr. 55.
[76] Staub/*Joost* RdNr. 56.
[77] Staub/*Joost* RdNr. 57; Heymann/*Sonnenschein/ Weitemeyer* RdNr. 30; Schlegelberger/*Schröder* RdNr. 25; *Spitzbarth* S. 42.
[78] Vgl. näher vor § 48 RdNr. 63 ff.
[79] *Lutz* Protokolle zum ADHGB, 1858, S. 952; RGZ 76, 202, 203; RGZ 117, 164, 165; BGH WM 1961, 321, 322; BGH WM 1969, 43; BGH WM 1978, 1046, 1047; OLG München WM 1984, 834, 835.

[80] Staub/*Joost* RdNr. 57.
[81] Besonders weitgehend: BGH WM 1961, 321, 322 Erteilung einer Handlungsvollmacht für den Bankverkehr soll Aufnahme von Bankkrediten dekken; vgl. auch BGH WM 1969, 43.
[82] Vgl. Staub/*Joost* RdNr. 59.
[83] BGH WM 1978, 1046; Staub/*Joost* RdNr. 58.
[84] AA U. *Hübner* Handelsrecht RdNr. 78: generell keine Erweiterung nach Abs. 2.
[85] Vgl. RGZ 76, 202, 203; aA Schlegelberger/ *Schröder* RdNr. 25; *Straube/Schinko* RdNr. 16.
[86] Vgl. BGH WM 1961, 321, 322: übliche Bankdarlehen.
[87] Staub/*Joost* RdNr. 59.

38   **3. Wechselverbindlichkeiten.** Von Abs. 2 erfaßte Wechselverbindlichkeiten sind insbesondere die Wechselausstellung, das Akzept, die Wechselbürgschaft und das Wechselindossament nebst den zugrundeliegenden schuldrechtlichen Verpflichtungen.[88] Die Rechtsprechung hat eine stillschweigende besondere Bevollmächtigung bejaht, wenn der Kaufmann wissentlich längere Zeit hindurch die Wechselzeichnung nicht beanstandet oder wenn bei der Erteilung einer Generalhandlungsvollmacht erklärt wird, sie gelte für „überhaupt alle Rechtshandlungen ohne Ausnahme".[89] Nicht ausreichend ist die bloße Erteilung einer Generalhandlungsvollmacht,[90] die Überlassung der gesamten Geschäftsführung[91] oder eine Vollmacht zur Scheckbegebung.[92]

39   **4. Aufnahme von Darlehen.** Einer besonderen Bevollmächtigung bedarf die Aufnahme eines **Geld- oder Sachdarlehens**, auch bei Dispositionskrediten und (geduldeten) Kontoüberziehungen.[93] Angesichts der heutigen Üblichkeit von Darlehen ist dies rechtspolitisch nicht unbedenklich, de lege lata aber zu akzeptieren. Wohl wegen rechtspolitischer Bedenken hat der BGH die Verfügung eines zeichnungsberechtigten Handlungsbevollmächtigten mittels **Scheckziehung** nicht als Fall des Abs. 2 angesehen.[94] Allenfalls kann in einem Zeichnungsrecht die stillschweigende Erlaubnis zu geringfügigen Überziehungen im laufenden Verkehr gesehen werden.[95] Die zeitweise Überlassung der gesamten Geschäftsführung soll die Darlehensaufnahme im Sinne des Abs. 2 mit umfassen.[96]

40   **5. Prozeßführung.** Die Prozeßführung bedarf in allen Gerichtszweigen einschließlich der Schiedsgerichtsbarkeit[97] einer besonderen Vollmacht. Erfaßt sind alle rechtlich erheblichen Verfahrenshandlungen ab Einleitung des Verfahrens (zB Antrag auf Mahnbescheid), nicht aber Handlungen, die sich außergerichtlich auf den Streitgegenstand beziehen. Eine Vollmacht zum Abschluß von Vergleichen erfaßt nicht die Prozeßführung.[98] Der Bereich der freiwilligen Gerichtsbarkeit soll mangels kontradiktorischen Verfahrens keiner besonderen Vollmacht bedürfen, was insbesondere für das patentgerichtliche Verfahren gelten soll.[99]

IV. Beschränkung der Handlungsvollmacht und Gutglaubensschutz (Abs. 3)

41   **1. Beschränkung.** Versteht man, wie hier, § 54 Abs. 1 und 2 als Festlegung eines dispositiven gesetzlichen Umfanges einer rechtsgeschäftlichen Vollmacht,[100] so ist der Wortlaut „Beschränkung" zutreffend. Die hM, die Abs. 1 als Vermutung begreift, muß den Wortlaut dagegen als verfehlt ansehen.[101] Abs. 3 **schützt** das **Vertrauen** in den gesetzlichen Umfang der Handlungsvollmacht bzw. nach hM das Vertrauen in den vermuteten Umfang der Handlungsvollmacht. Die Norm erfaßt die Beschränkung gegenüber dem sich aus Abs. 1 iVm. Abs. 2 ergebenden Umfang einer tatsächlich bestehenden Vollmacht. Der Geschäftsherr ist im Umfang der Beschränkung frei, da der Verkehrsschutz durch die An-

---

[88] RG HRR 1928 Nr. 1211; OLG Rostock OLGE 21 (1910), 379 (schuldrechtliche Verpflichtung).

[89] Vgl. RGZ 76, 202, 203; Staub/*Joost* RdNr. 60.

[90] Vgl. RG JW 1901, 844; Staub/*Joost* RdNr. 61.

[91] RG Warneyer Rechtsprechung des Reichsgerichtes 18 (1926) Nr. 119; RG Warneyer Rechtsprechung des Reichsgerichtes 22 (1930) Nr. 18; OLG München OLGZ 1966, 25, 26; aA BGH WM 1969, 43.

[92] RG Recht 1926, Nr. 2409.

[93] Staub/*Joost* RdNr. 66; Heymann/*Sonnenschein*/*Weitemeyer* RdNr. 33; Schlegelberger/*Schröder* RdNr. 26.

[94] BGH NJW 1969, 694, 695; zustimmend Staub/*Joost* RdNr. 66; Heymann/*Sonnenschein*/*Weitemeyer* RdNr. 32.

[95] Vgl. BGH WM 1961, 321, 322; Staub/*Joost* RdNr. 60; Heymann/*Sonnenschein*/*Weitemeyer* RdNr. 33; Schlegelberger/*Schröder* RdNr. 25.

[96] BGH WM 1969, 43; bedenklich, vgl. vorherige RdNr.

[97] RG LZ 1918, Sp. 1144 f.

[98] RG LZ 1918, Sp. 1144 f.

[99] Allgemein Winter GRUR 1978, 233; Staub/*Joost* RdNr. 67 f; Heymann/*Sonnenschein*/*Weitemeyer* RdNr. 34 speziell für das patentgerichtliche Verfahren BPatGE 19, 156, 157 = BB 1977, 267; BPatG GRUR 1989, 664; anders LG Hildesheim BB 1960, 1076 für Anmeldungen zum Geschmacksmusterregister.

[100] Vgl. oben RdNr. 4.

[101] Vgl. Staub/*Joost* RdNr. 69; Heymann/*Sonnenschein*/*Weitemeyer* RdNr. 37.

forderungen an die Bösgläubigkeit gewährleistet ist[102] **Beschränkungen im Innenverhältnis (rechtliches Dürfe**n) fallen nicht unter Abs. 3, sofern sie nicht zugleich eine stillschweigende Beschränkung der Innenvollmacht (**rechtliches Können**) enthalten.[103] Ist der Handlungsbevollmächtigte, wie meist, Erklärungsadressat (Innenvollmacht), kommt es für die Auslegung gemäß §§ 133, 157 BGB und § 346 auf den Empfängerhorizont des Handlungsbevollmächtigten an. Ergibt die Auslegung, daß die interne Beschränkung nicht auch die Vollmacht erfaßt, bleibt ein **Mißbrauch der Vertretungsmacht** zu prüfen.[104]

Da die Anordnung einer **Gesamtvertretungsmacht** entgegen der hM § 54 Abs. 1 vorgelagert ist, fällt sie unabhängig von der Üblichkeit nicht unter § 54 Abs. 3 (näher RdNr. 22). Die **Beschränkung auf eine Niederlassung** ist dagegen, sofern sie nicht dem Üblichen im Sinne des Abs. 1 entspricht, eine Beschränkung im Sinne des Abs. 3 (vgl. RdNr. 21). Auch sonst ist zu beachten, daß sich die existierenden Arten der Vollmacht aus dem Üblichen ergeben, eine einschränkende Abweichung daher eine Einschränkung im Sinne des § 54 Abs. 3 ist (vgl. RdNr. 21). **42**

2. „Kannte oder kennen mußte". Obwohl der HGB-Gesetzgeber die Definition des § 122 Abs. 2 S. 2 BGB, die erst dem zweiten Entwurf des BGB entstammt, nicht bewußt zugrundelegte, sondern lediglich zum Ausdruck bringen wollte, daß der Dritte grundsätzlich „von dem Gewöhnlichen ausgehen" dürfe,[105] wird das **Kennenmüssen** heute allgemein im Sinne des § 122 Abs. 2 S. 2 BGB als **einfache Fahrlässigkeit** interpretiert.[106] Dies bedeutet für einen Kaufmann den strengeren Sorgfaltsmaßstab eines ordentlichen Kaufmanns (§ 347 Abs. 1). Um dem Verkehrsschutzbedürfnis zu genügen, wird der Maßstab der erforderlichen Sorgfalt in der Praxis aber dem angenähert, was im BGB unter **grobe Fahrlässigkeit** eingeordnet wird. So besteht Einigkeit darüber, daß den Geschäftspartner keine allgemeine Nachforschungspflicht trifft.[107] De lege ferenda sollte für den gesamten Gutglaubensschutz im kaufmännischen Vertretungsrecht die Übernahme des Maßstabes der groben Fahrlässigkeit erwogen werden.[108] Verallgemeinerungen hinsichtlich der Sorgfaltspflichten sind nur eingeschränkt möglich, da Besonderheiten des Einzelfalls eine erhebliche Rolle spielen.[109] **43**

Bei einem deutlich sichtbaren Anschlag in einem Ladenlokal bzw. in einer Schalterhalle[110] ist die Nichtbeachtung des Anschlages fahrlässig.[111] Gleiches soll bei einem Aufdruck auf einem Bestellschein gelten.[112] Das Studium rückseitiger oder hinter der Kasse aufgehängter AGB gehört dagegen grundsätzlich nicht zur verkehrserforderlichen Sorgfalt.[113] Ein Aushang, der die zur Quittierung befugten Angestellten benennt, ist nicht geeignet, auf das Fehlen sonstiger Befugnisse hinzuweisen, so daß es auf die Präsentation des Aushanges nicht ankommt.[114] **44**

3. Verkehrsschutz und Wahlrecht. Bei Gutgläubigkeit muß der Dritte die Beschränkung nicht gegen sich gelten lassen. Problematisch ist, ob er ein Wahlrecht hat. Verbreitet wird ein Wahlrecht des Dritten, sich nicht auf den Gutglaubensschutz berufen zu müssen, **45**

---

[102] AA OLG Düsseldorf DB 1992, 2080: Beschränkungen nur auf objektiv abgrenzbare Gegenstände zulässig.
[103] BGH ZIP 1982, 588, 589 m. Anm. *Bunte; Staub/Joost* RdNr. 73, 41 f.
[104] Zu den Voraussetzungen vgl. vor § 48 RdNr. 64 ff.
[105] Denkschrift zur RT-Vorlage S. 51 = *Schubert/Schmiedel/Krampe* II 2 S. 991.
[106] Vgl. Staub/*Joost* RdNr. 74; leise Zweifel nur bei *K. Schmidt* HandelsR § 16 IV 2 a ee (495).
[107] *K. Schmidt* HandelsR § 16 IV 2 a ee (495); vgl. Staub/*Joost* RdNr. 75.

[108] Vgl. bereits de lege lata für Österreich § 10 KSchG, wonach für Konsumenten – vereinfacht – der Maßstab der groben Fahrlässigkeit maßgeblich ist.
[109] Vgl. RGZ 118, 234, 240 f.; Staub/*Joost* RdNr. 75.
[110] Zur Parallelproblematik bei § 56 vgl. § 56 RdNr. 31.
[111] Vgl. BGH ZIP 1982, 588, 589 m. Anm. *Bunte;* OLG Düsseldorf DB 1992, 2080, 2081.
[112] RG Recht 1924 Nr. 658; RG HRR 1931 Nr. 529; krit. *Lenz* JR 1931, 150 f.
[113] Vgl. näher zu AGB insbesondere zu Schriftform- und Bestätigungsvorbehaltsklauseln *Lindacher* JR 1982, 1.
[114] Vgl. RGZ 118, 234, 240.

bejaht,[115] wobei streitig ist, ob der Dritte bei Gutgläubigkeit auch noch die Möglichkeit hat, gemäß § 179 BGB gegen den Vertreter vorzugehen.[116] Nach der hier vorgenommenen Einordnung des Abs. 1 als Regelung dispositiven gesetzlichen Umfangs und nicht als vermuteter Umfang der Vollmacht scheidet ein Wahlrecht aus, weil § 54 Abs. 1 hiernach keine Vertrauensvorschrift ist.

V. Erteilung der Handlungsvollmacht

46 § 54 knüpft an einer vorhandenen Handlungsvollmacht an, ohne deren Erteilung zu regeln.

47 **1. Rechtsgeschäftliche Erklärung. a) Erklärungsperson.** Die Handlungsvollmacht kann vom **Inhaber des Handelsgeschäfts**, seinem gesetzlichen Vertreter, dem Verwalter (zB Konkursverwalter) bzw., wenn es sich um eine Handelsgesellschaft handelt, von seinem organschaftlichen Vertreter, aber auch von jedem rechtsgeschäftlichen Vertreter, der entsprechende Vertretungsmacht besitzt, erteilt werden. **Prokuristen** besitzen stets die notwendige Vertretungsmacht.[117] Innenbeschränkungen, wie zB die Notwendigkeit eines Gesellschafterbeschlusses gemäß § 46 Nr. 7 GmbHG oder entsprechende Regelungen in der Satzung, haben keine Auswirkungen auf die Vertretungsmacht und die Vollmachtserteilung.[118] Die Erteilung der Handlungsvollmacht **für einen minderjährigen Inhaber** bedarf anders als die Prokuraerteilung keiner Genehmigung des Vormundschaftsgerichts. Die Vertretungsmacht von **Generalhandlungsbevollmächtigten** beinhaltet regelmäßig die Befugnis zur Erteilung von Art- und Spezialhandlungsvollmachten. Im übrigen kommt es auf die Üblichkeit an. Auch eine Bevollmächtigung durch einen Vertreter **ohne Vertretungsmacht** mit nachträglicher Genehmigung ist zulässig.

48 **b) Bevollmächtigung.** Die Bevollmächtigung geschieht durch **einseitige empfangsbedürftige Willenserklärung**, die einer Annahme durch den Handlungsbevollmächtigten nicht bedarf.[119] Der Regelfall ist eine Bevollmächtigung gegenüber dem zukünftigen Handlungsbevollmächtigten (**Innenvollmacht** im Sinne des § 167 Abs. 1 1. Fall BGB). Die Vollmacht kann aber auch durch **öffentliche Bekanntmachung** (§ 171 Abs. 1 BGB) und gegenüber dem Dritten, dem gegenüber die Vollmacht ausgeübt werden soll, erklärt werden (§ 167 Abs. 1 2. Fall BGB – **Außenvollmacht**).

49 Anders als die Prokura kann die Bevollmächtigung auch **stillschweigend** erfolgen.[120] Sie ist **weder eintragungspflichtig noch eintragungsfähig**. Eine Formvorschrift kann beim Vertretenen die Wirksamkeit einer konkludenten Erteilung ausschließen, da die Vollmachtserteilung in den Verkehrsschutz bei § 54 nicht einbezogen ist.[121] In der Rechtsprechung wird häufig, anknüpfend an die Stellung im Unternehmen, eine stillschweigende Bevollmächtigung bejaht, wobei die **Grenzziehung zur Anscheins- und Duldungsvollmacht** undeutlich ist.[122] Sie hängt zB auch davon ab, ob man in der Duldungsvollmacht eine rechtsgeschäftliche Vollmacht sieht.

50 **2. Duldungs- und Anscheinsvollmacht.** Die Handlungsvollmacht kann auch auf einer Duldungs- oder Anscheinsvollmacht beruhen, wobei die Abgrenzung gegenüber einer

---

[115] Staub/*Joost* RdNr. 77; *Altmeppen* S. 179; grds. für Vertrauensschutzregeln *Lieb,* Festschrift für H. Hübner, 1984, S. 575 ff.; grds. gegen ein Wahlrecht im Verhältnis von § 179 zu Vertrauensschutzregeln BGHZ 86, 273, 275 = NJW 1983, 1308; 61, 59, 68 = NJW 1973, 1691; *K. Schmidt,* Festschrift für Gernhuber, 1993, S. 435 ff.

[116] Dafür *Altmeppen* S. 179; aA Staub/*Joost* RdNr. 77 iVm. *ders.* § 56 RdNr. 46.

[117] BGH DB 1952, 949.

[118] RGZ 75, 164, 166 ff.; BGHZ 62, 166, 168 = NJW 1974, 1194; BGH WM 1978, 1047, 1048; BGH NJW 1988, 1199, 1200.

[119] Staub/*Joost* RdNr. 21; Heymann/*Sonnenschein/Weitemeyer* RdNr. 5.

[120] Vgl. nur RGZ 1, 8; RGZ 102, 295, 297; RGZ 118, 236; BGH NJW 1982, 1389, 1390; Staub/*Joost* RdNr. 23; GK-HGB/*Nickel* RdNr. 5; *Straube/Schinko* RdNr. 5

[121] RGZ 116, 247, 252 ff.: Ausschluß konkludenter Erteilung durch Satzung einer Sparkasse.

[122] Vgl. RGZ 50, 75, 76; 90, 299, 300; RGZ 102, 295; RGZ 118, 234, 240 f.; RG Recht 1923, Nr. 1026; RG LZ 1926, Sp. 925 f.; OLG München OLGE 36 (1918) 248 f.; vgl. auch übernächste Fn.

stillschweigenden Bevollmächtigung schwierig ist.[123] In Betracht kommen Duldungs- und Anscheinsvollmacht bei originär fehlender Vollmacht und für die Zeit nach Wegfall einer rechtsgeschäftlichen Vollmacht (vgl. aber auch § 173 BGB).[124]

3. Handlungsvollmacht durch Umdeutung. Eine Handlungsvollmacht kann durch **51** Umdeutung weitergehender, aber ursprünglich oder nachträglich unwirksamer Vollmachten entstehen.[125] Dies betrifft vor allem die Prokura. Unter Umständen kommt eine Umdeutung auch im Bereich der Handlungsvollmacht selbst in Betracht.

4. Einklagbarer Anspruch auf Erteilung. Ein einklagbarer Anspruch auf Erteilung ei- **52** ner Handlungsvollmacht kann sich aus einer entsprechenden Vereinbarung ergeben, da die Handlungsvollmacht, anders als die Prokura (§ 52 Abs. 1), nicht zwingend jederzeit widerruflich ist (§ 168 S. 2 BGB). Allerdings unterliegt ein solcher Anspruch auf Erteilung der Vollmacht den gleichen Zulässigkeitsschranken, wie der Ausschluß des Widerrufs der Vollmacht (vgl. näher RdNr. 56 f.).

5. Genehmigung vollmachtlosen Handelns. Bei vollmachtlosem Handeln ist gemäß **53** § 177 BGB eine Genehmigung möglich. Zu beachten ist, daß Geschäfte, die vollmachtslos von Handlungsgehilfen und Handelsvertretern geschlossen wurden, welche nur mit der Vermittlung von Geschäften betraut sind, bei Unkenntnis des Dritten von der fehlenden Vertretungsmacht als genehmigt gelten, wenn der Inhaber nicht unverzüglich nach Kenntnis des vollmachtlosen Vertreterhandelns widerspricht (§§ 75 h, 91 a).[126]

VI. Erlöschen der Vollmacht

1. Allgemeines. Das Erlöschen der Handlungsvollmacht ist im HGB nicht besonders **54** geregelt. Zentrale – wenn auch unvollständige – BGB-Vorschrift ist § 168 BGB. Die Rechtslage entspricht im wesentlichen der bei der Prokura (§ 52 RdNr. 8 ff.), so daß an dieser Stelle vor allem auf die Abweichungen hinzuweisen ist.

2. Grundverhältnis, Widerruf, Niederlegung. Gemäß § 168 S. 1 BGB erlischt die **55** Vollmacht automatisch mit dem **Erlöschen des zugrundeliegenden Rechtsverhältnisse**s (meist einer Anstellung). Der **Widerruf der Vollmacht** ist grundsätzlich jederzeit frei möglich (§ 168 S. 2 BGB). Er erfolgt in derselben Weise wie die Vollmachtserteilung. Der Widerruf kann auch in einer **außerordentlichen** – selbst einer unwirksamen – **Kündigung des Grundverhältnisses** enthalten sein. Eine **Niederlegung der Vollmacht** durch den Bevollmächtigten ist nicht möglich.[127]

Die freie Widerruflichkeit kann eingeschränkt werden.[128] Ein völliger Ausschluß ist un- **56** zulässig, da in Rechtsanalogie zur Zulässigkeit der Kündigung bei Dauerschuldverhältnissen die Möglichkeit eines Widerrufs aus wichtigem Grund unverzichtbar ist.[129] Der Begriff „unwiderrufliche Vollmacht" ist daher irreführend. Auch der bloße **Ausschluß des jeder-zeitigen Widerrufsrechts** ist zur Sicherung der Selbstbestimmung unzulässig, wenn die Vollmacht allein dem Interesse des Vertretenen dient.[130] Eine Handlungsvollmacht an kaufmännisches Personal dient in diesem Sinne grundsätzlich allein dem Interesse des Ver-tretenen, es sei denn, sie ist – wie allerdings häufig – mit einem bestimmten hierarchischen

---

123 Näher zu Duldungs- und Anscheinsvollmacht vor § 48 RdNr. 46 ff.
124 Vgl. RGZ 1, 8, 9; RGZ 100, 48, 49 f.; RGZ 117, 164, 165 f.; RGZ 119, 198, 203 f.; RGZ 133, 97, 100; RG Recht 1924, Nr. 1531; RG Warn Rechtsprechung des Reichsgerichtes 18 (1926) Nr. 119, Nr. 154; BGH WM 1969, 43; BGH WM 1969, 1301, 1302; BGH WM 1978, 1046.
125 Zur Erfassung von Vorgängen iSd. § 54 Abs. 2 in diesen Fällen vgl. RdNr. 37.
126 Zur Genehmigung durch Prokuristen vgl. BGH WM 1966, 491, 493 f.

127 Strittig, vgl. im einzelnen § 52 RdNr. 42.
128 AA nur Schlegelberger/*Schröder* RdNr. 8; *Spitzbarth* S. 52 jeweils in Analogie zu § 52 Abs. 1.
129 BGH WM 1969, 1009; Staub/*Joost* RdNr. 83; Heymann/*Sonnenschein/Weitemeyer* RdNr. 41; Soergel/*Leptien* § 168 RdNr. 26; Staudinger/*Dilcher* § 168 RdNr. 14; für Österreich: OGH JBl 1970, 618; aA *Flume*, Allgemeiner Teil, Rechtsgeschäft, § 53, 4 (881 f.).
130 BGHZ 3, 354, 358 = NJW 1952, 178; BGH WM 1971, 956; Soergel/*Leptien* § 168 RdNr. 22; Staudinger/*Dilcher* § 168 RdNr. 8.

Status fest verbunden, so daß sich der Widerruf als de facto-Eingriff in diesen Status darstellt. Nur im letzteren Fall wird der Meinungsstreit um die Konkretisierung der Zulässigkeitsgrenzen der sog. unwiderruflichen Vollmacht relevant.

57 Weder die Zulässigkeitsvoraussetzung mindestens gleichgewichtiger Interessen des Vertreters,[131] noch die Voraussetzung, die Vollmacht müsse der Erfüllung eines gegen den Vertretenen gerichteten Anspruch des Vertreters oder eines Dritten, für den der Vertreter handeln soll, dienen,[132] lassen sich rechtfertigen. Die Gleichwertigkeit der Interessen von Vertreter und Vertretenem hat allerdings grundsätzlich zur Folge, daß auch ohne besondere Abrede die jederzeitige Widerruflichkeit der Vollmacht ausgeschlossen ist.[133] In Rechtsanalogie zu § 52 Abs. 2 und den Regeln für gesetzliche Vertreter ist ein Ausschluß der jederzeitigen Widerruflichkeit für **umfassende Vollmachten** unzulässig. Erreicht also eine Vollmacht den Umfang einer Prokura, so kann die jederzeitige Widerruflichkeit nicht ausgeschlossen werden.[134] Nach zutreffender Meinung ist ein Ausschluß der jederzeitigen Widerruflichkeit nur durch Vertrag und nicht einseitig möglich.[135] Denn der Ausschluß der Widerruflichkeit gehört nicht zu den enumerativen Formen einseitiger Rechtsgestaltung. Er ist nicht bloße Inhaltsgestaltung der Vollmacht, sondern Teil des zugrundeliegenden Rechtsverhältnisses.

58 **3. Veränderungen in der Person des Kaufmanns.** Die **Vollbeendigung der kaufmännischen** (unternehmerischen) **Aktivitäten**, nicht jedoch die Eröffnung des Liquidationsverfahrens, führt zum Erlöschen der Vollmacht.[136] Ein **Absinken eines vollkaufmännischen Geschäfts** ist dagegen unerheblich, da jedes kaufmännische Unternehmen Handlungsvollmacht erteilen kann. Bejaht man wie hier die analoge Anwendbarkeit des § 54 auf nichtkaufmännische Unternehmen, bleibt die Vollmacht bestehen, solange ein Unternehmen besteht. Ansonsten stellt sich das Problem der Umdeutung in eine BGB-Vollmacht.[137] Der Tod des Inhabers führt, wenn nichts anderes vereinbart ist, nicht zum Erlöschen der Vollmacht.[138]

59 Mit der **Konkurseröffnung** über das Vermögen des Kaufmanns erlischt die Handlungsvollmacht.[139] Die Ziele des Konkursverfahrens erfordern ein zeitweises Ruhen jeglicher Vertretungshandlung. Der Konkursverwalter kann – auch stillschweigend – neue Vollmachten erteilen.[140]

60 Ein **Inhaberwechsel** führt anders als bei der Prokura nicht zum Erlöschen der Handlungsvollmacht, da diese nicht an die Person des Inhabers und sein persönliches Vertrauen gebunden ist.[141] Bei einer **Betriebs- und Unternehmensveräußerung**, bei der das Arbeitsverhältnis gemäß § 613 a BGB übergeht, sollte folgerichtig und entgegen der hM auch die Vollmacht übergehen, zumal diese, anders als die Prokura, gem. § 58 übertragungsfähig

---

[131] RG JW 1927, 1349; BGH WM 1971, 956; Soergel/*Leptien* § 168 RdNr. 22; MünchKomm-BGB/*Schramm* § 168 RdNr. 35; Staub/*Joost* § 54 RdNr. 28, 84.

[132] So *Flume*, Allgemeiner Teil, Rechtsgeschäft, § 53, 2, 3 (878 f.); AKBGB/*Ott* § 168 RdNr. 9.

[133] RG JW 1927, 1139; RG HRR 1934 Nr. 2; BGH WM 1965, 1006, 1007; BGH WM 1969, 1009; BGH WM 1985, 647; BGH NJW-RR 1991, 441; Erman/*Brox* § 168 RdNr. 17; *Larenz* AT § 31 III b (626).

[134] Ähnlich für die allgemeine Generalvollmacht die hM vgl. KG KGJ 47, 150; Staudinger/*Dilcher* § 168 RdNr. 9; Erman/*Brox* § 168 RdNr. 18; Soergel/*Leptien* § 168 RdNr. 25; *H. Hübner,* Allgemeiner Teil, 2. Aufl. 1996, RdNr. 1273.

[135] RGZ 62, 335, 337; RGZ 109, 331, 333; RG JW 1932, 1548; OLG Schleswig MDR 1963, 675; *Hopt* ZHR 133 (1970), 305, 317; Palandt/*Heinrichs* § 168 RdNr. 6; aA Staudinger/*Dilcher* § 168

RdNr. 11; Soergel/*Leptien* § 168 RdNr. 23; MünchKommBGB/*Schramm* § 168 RdNr. 31.

[136] RGZ 72, 119, 123; Staub/*Joost* RdNr. 89.

[137] Vgl. Staub/*Joost* RdNr. 87.

[138] §§ 168 S. 1 iVm. 672 S. 1, 675, 727 Abs. 1 BGB; Staub/*Joost* RdNr. 87; Heymann/*Sonnenschein/Weitemeyer* RdNr. 41; *Hopt* ZHR 133 (1970), 305, 311 ff.

[139] Vgl. RG LZ 1916, Sp. 22 (25 ff.); BGH WM 1958, 430, 431; Baumbach/*Hopt* § 52 RdNr. 5; *Jaeger/Henckel,* KO § 23 RdNr. 48; aA *K. Schmidt* BB 1989, 229, 233; Kuhn/*Uhlenbruck* KO § 23 RdNr. 7 b.

[140] Staub/*Joost* RdNr. 90; GK-HGB/*Nickel* RdNr. 19; Baumbach/*Hopt* RdNr. 21; *Obermüller* BB 1957, 412.

[141] AA die hM vgl. Staub/*Joost* RdNr. 91; GK-*Nickel* RdNr. 19; *Köhler* BB 1979, 912, 914 f.; wie hier *Spitzbarth* S. 54.

ist.[142] Die hM erreicht ähnliche Ergebnisse, wenn sie in der Belassung des Wirkungskreises eine stillschweigende Neuerteilung bzw. Rechtsscheinsvollmacht sieht.[143]

4. Veränderungen in der Person des Vertreters. Die Handlungsvollmacht erlischt mit **61** dem **Tod des Bevollmächtigten** und dem **Eintritt der Geschäftsunfähigkeit**[144] sowie dann, wenn der Bevollmächtigte Inhaber des Unternehmens wird. Eine Generalhandlungsvollmacht endet zudem, wenn der Bevollmächtigte Aufsichtsratmitglied wird.[145]

5. Verkehrsschutz bei Erlöschen. Erlischt die Handlungsvollmacht, kommt ein Ver- **62** kehrsschutz gutgläubiger Dritter nur im Rahmen der **§§ 170 bis 173 BGB** sowie der **Duldungs- und Anscheinsvollmacht** in Betracht. Insbesondere die Beschäftigung auf einer üblicherweise mit Handlungsvollmacht verbundenen Stelle wird als eine öffentliche Bekanntmachung im Sinne des § 171 BGB angesehen, so daß für einen Widerruf die §§ 171 Abs. 2, 173 BGB zu beachten sind. Daneben kommt auch eine Anscheinsvollmacht in Betracht.[146]

VII. Sonstiges

1. Innenverhältnis. Die Handlungsvollmacht ist grundsätzlich von dem ihr zugrundelie- **63** genden Rechtsverhältnis zu trennen.[147] Diese Trennung ist jedoch nicht vollständig. So endet das Vollmachtverhältnis grundsätzlich mit der Beendigung des zugrundeliegenden Rechtsverhältnisses. Im Innenverhältnis ist der Vertreter regelmäßig **Handlungsgehilfe** gemäß § 59, der aufgrund eines Anstellungsvertrages tätig wird. Die **Beschränkungen des Innenverhältnisses** sind auch bei weitergehender Vollmacht zu beachten. Sie lösen bei Verstoß eine entsprechende Haftung aus und berechtigten unter Umständen zur Kündigung des Grundverhältnisses.

2. Haftung gegenüber dem Rechtsverkehr. Der Kaufmann hat für Handlungen des **64** Handlungsbevollmächtigten gemäß den §§ 278, 831 BGB einzustehen.[148] § 31 BGB ist dagegen nicht anwendbar, da der Handlungsbevollmächtigte weder gesetzlicher noch verfassungsmäßig berufener Vertreter ist. Der BGH hält neben § 54 eine Haftung aus c.i.c. wegen unterlassener Aufklärung über die Beschränkung der Vertretungsmacht für möglich.[149] Dies ist abzulehnen. § 54 Abs. 3 gewährleistet einen abschließenden Verkehrsschutz hinsichtlich der Beschränkung der Handlungsvollmacht.

Der Handlungsbevollmächtigte selbst ist, soweit sein Handeln von der Vertretungsmacht **65** gedeckt ist (§ 179 BGB), grundsätzlich nicht verantwortlich. Für die Verletzung vorvertraglicher Pflichten (zB Aufklärung) haftet er nur persönlich, wenn er ein besonderes Vertrauen in seine Person erweckt oder – nach umstrittener Rechtsprechung – ein besonderes Eigeninteresse am Geschäft hat.[150] Unter Umständen kommt bei mindestens grober Fahrlässigkeit und entsprechender interner Aufgabenzuweisung auch eine Haftung wegen Verletzung persönlicher steuerrechtlicher Pflichten in Betracht (§ 69 AO iVm. §§ 34, 35 AO).[151]

3. Beweislast. Die Partei, die Rechte aus der Vollmacht herleiten will (der Dritte), muß **66** das Bestehen einer Handlungsvollmacht, die für das Geschäft notwendige Art der Handlungsvollmacht (General-, Art-, Spezialhandlungsvollmacht), die Zugehörigkeit der Handlung zum Gewöhnlichen im Sinne des § 54 Abs. 1 und ggf. eine notwendige besondere

---

[142] Ebenso MünchKommBGB/*Schramm* § 168 RdNr. 5; *Honsell* JA 1984, 17, 21; *Larenz* AT § 31 III a (625).

[143] Vgl. Staub/*Joost* RdNr. 91; *P. Hofmann* Handelsrecht F II 2 d (142); *Köhler* BB 1979, 912, 915.

[144] GK-HGB/*Nickel* RdNr. 19; vgl. § 52 RdNr. 37 ff.

[145] Näher zur Unvereinbarkeit der Positionen gem. § 105 Abs. 1 AktG vgl. § 48 RdNr. 39 ff.

[146] RG Recht 1923 Nr. 1026; Staub/*Joost* RdNr. 95.

[147] Vgl. näher vor § 48 RdNr. 40 ff.

[148] BGH WM 1966, 491, 495; Staub/*Joost* RdNr. 98, 82.

[149] BGH BB 1980, 1605 f.

[150] Zum Ganzen näher vor § 48 RdNr. 94 ff.

[151] Vgl. BFH/NV 1988, 139; *Koch/Scholz/ Hoffmann* Abgabenordnung, 4. Aufl. 1993, § 35 RdNr. 4.

Befugnis nach Abs. 2 beweisen. Der Kaufmann muß beweisen, daß er die Vollmacht gegenüber dem nach § 54 Abs. 1, Abs. 2 bestehenden Umfang eingeschränkt hat und daß der Dritte die Beschränkung kannte oder kennen mußte.[152]

§ 55 [Abschlußvertreter]

(1) Die Vorschriften des § 54 finden auch Anwendung auf Handlungsbevollmächtigte, die Handelsvertreter sind oder die als Handlungsgehilfen damit betraut sind, außerhalb des Betriebes des Prinzipals Geschäfte in dessen Namen abzuschließen.

(2) Die ihnen erteilte Vollmacht zum Abschluß von Geschäften bevollmächtigt sie nicht, abgeschlossene Verträge zu ändern, insbesondere Zahlungsfristen zu gewähren.

(3) Zur Annahme von Zahlungen sind sie nur berechtigt, wenn sie dazu bevollmächtigt sind.

(4) Sie gelten als ermächtigt, die Anzeige von Mängeln einer Ware, die Erklärung, daß eine Ware zur Verfügung gestellt werde, sowie ähnliche Erklärungen, durch die ein Dritter seine Rechte aus mangelhafter Leistung geltend macht oder sie vorbehält, entgegenzunehmen; sie können die dem Unternehmer (Prinzipal) zustehenden Rechte auf Sicherung des Beweises geltend machen.

Übersicht

Schrifttum: *Küstner*, Handbuch des gesamten Außendienstrechts, Bd. III: Das Recht des angestellten Geschäftsvermittlers im Waren- und Dienstleistungsbereich, 1985; *Wolf*, Der reisende Handlungsgehilfe und der Handelsvertreter als Bevollmächtigte. Geschichtliche Entwicklung von den Beratungen zum ADHGB bis zur Handelsvertreternovelle von 1953, Diss. Würzburg 1971.

I. Grundlagen

1   Die Norm regelt den Umfang einer erteilten Handlungsvollmacht für Mitarbeiter im **Außendienst.** Es handelt sich zumindest im Kern um eine **Konkretisierung des § 54** für

---

[152] *Staub/Joost* RdNr. 78 f.; *K. Schmidt* HandelsR § 16 IV 4 a (498 f.); *Baumgärtel/Reinicke*, Handbuch der Beweislast Bd. 4, 1988, HGB § 54 RdNr. 2, 3; *Graf von Westphalen* DStR 1993, 1562, 1564; für

Österreich: *Holzhammer*, Allgemeines Handelsrecht- und Wertpapierrecht, 5. Aufl. 1994, XI D 5. mN; aA für die Erteilung der Vollmacht *Bunte* ZIP 1982, 590, 591.

die spezielle Interessenlage bezüglich des Außendienstes,[1] die den Interessenkonflikt zwischen dem Schutzbedürfnis des Kaufmanns und dem des Rechtsverkehrs ausgleicht.

Als einzige Norm des kaufmännischen Vertretungsrechts ist § 55 zwischenzeitlich (1953) **2** modernen Bedürfnissen angepaßt worden, so daß eine Rechtseinheit mit Österreich insoweit nicht mehr besteht. **Art. 49 ADHGB** ordnete an, daß sog. **Fernreisende Inkassovollmacht** für die von ihnen abgeschlossenen Geschäfte sowie das **Recht zur Stundung** dieser Forderungen haben sollten und im übrigen der Vorläufer des heutigen § 54 (Art. 47 ADHGB) anwendbar sei. Vor Verabschiedung des **HGB** war die Beibehaltung von Inkassovollmacht und Stundungsvollmacht sehr umstritten.[2] Letztlich kam es aber nur zu einer Erweiterung des Verkehrsschutzes in bezug auf **Mängelrügen** als für den Kaufmann ungefährliche Passivvertretung (§ 55 Abs. 3 aF). Mit der sog. **Handelsvertreternovelle** von **1953** schaffte der Gesetzgeber die Inkassovollmacht und die Stundungsvollmacht ab, weil er angesichts der modernen Kommunikations- und Zahlungsmittel[3] keinen Bedarf für eine so weitgehende Regelvertretungsmacht mehr sah. Darüber hinaus führte er für diese Fälle und die **Änderung von Verträgen** die Notwendigkeit einer besonderen Bevollmächtigung ein (§ 55 Abs. 2, Abs. 3 nF). Erweitert wurde die Vollmacht um **Beweissicherungsrechte** des Unternehmers (§ 55 Abs. 4 2. Hs. nF). Da nach diesen Änderungen die Berechtigung für die materielle Trennung zwischen den sog. Fernreisenden und den Stadtreisenden entfallen war, erfaßt die Norm nun alle vertretungsberechtigten **Außendienstmitarbeiter**.[4] Sie wird durch die §§ 75 g, h sowie die §§ 91, 91 a und 92 iVm. §§ 43 ff. VVG ergänzt.

Rechtspolitisch ist die Norm umstritten. *K. Schmidt*[5] hält eine Zusammenfassung mit **3** § 54 für geboten und will dabei nur die Notwendigkeit einer besonderen Bevollmächtigung für Vertragsänderungen, Stundungen und Annahme von Zahlungen in eine neue, vereinigte Norm übernehmen. *Joost*[6] hält zumindest § 55 Abs. 1 für obsolet, weil deklaratorisch. Letzteres ist jedenfalls dann nicht zutreffend, wenn man, wie auch hier befürwortet, für eine Handlungsvollmacht ein Handeln aus dem Unternehmen heraus verlangt,[7] da bei Handelsvertretern die Erfüllung dieser Voraussetzung zumindest zweifelhaft ist.[8] Der Norm kommt somit zumindest **Klarstellungsfunktion** zu. Außerdem ist Abs. 1 notwendige **Definitionsnorm** für die Folgeabsätze.

II. Grundsätzliche Anwendbarkeit des § 54 (Abs. 1)

1. Vertreter. Vereinfacht erfaßt § 55 die Vertreter, die Mitarbeiter im **Außendienst 4** sind.[9] Im einzelnen bezieht sich die Norm jedoch nur auf **selbständige Handelsvertreter** und **unselbständige Handlungsgehilfen**, so daß bei sonstigen Mitarbeitern im Außendienst nur eine analoge Anwendung in Betracht kommt.[10]

a) Handelsvertreter. Handelsvertreter ist gemäß § 84 Abs. 1 S. 1, wer als **selbständiger 5 Gewerbetreibender** ständig damit betraut ist, für einen anderen Unternehmer Geschäfte zu vermitteln oder abzuschließen. Charakteristisch ist, daß der Handelsvertreter ständig mit der Vertretung betraut ist, was ihn insbesondere vom **Makler** (§ 93) unterscheidet. Die

---

[1] Zur Erfassung der Handelsvertreter vgl. RdNr. 5 f.
[2] Vgl. *Schubert/Schmiedel/Krampe,* Quellen zum HGB von 1897, Bd. 1, 1986, S. 360 u. 484; Bd. II 1, 1987, S. 47 f.
[3] BT-Drucks. 1/3856 S. 44; zum Ganzen: *Wolf,* Der reisende Handlungsgehilfe und der Handelsvertreter als Bevollmächtigte. Geschichtliche Entwicklung von den Beratungen zum ADHGB bis zur Handelsvertreternovelle von 1953, Diss. Würzburg 1971.
[4] Näher RdNr. 4 ff.
[5] DB 1994, 515, 521. Durch eine starke Erweiterung des § 56 auf alle Geschäfte innerhalb eines La-

dens soll die Notwendigkeit einer besonderen Bevollmächtigung für die Annahme von Zahlungen auf den Außendienst beschränkt bleiben.
[6] *Staub/Joost* RdNr. 5.
[7] *K. Schmidt* HandelsR § 16 IV 1 a (S. 491); näher § 54 RdNr. 10.
[8] Dagegen *K. Schmidt* HandelsR (Fn. 7), der aber in seinem Gesetzgebungsvorschlag (§ 34 Abs. 2 seines Entwurfs) de lege ferenda – inkonsequent – keine besondere Regelung vorsieht, DB 1994, 515, 521; näher RdNr. 14.
[9] *Staub/Joost* RdNr. 8; *Brox,* Handelsrecht und Wertpapierrecht, 11. Aufl. 1994, RdNr. 236.
[10] *v. Gierke/Sandrock* § 23 VII 1 (S. 372 f.).

Tätigkeit im Namen des Unternehmers unterscheidet ihn vom **Eigenhändler**, vom **Kommissionär** (§ 383) und vom **Kommissionsagenten**, die im eigenen Namen tätig werden. Auf Eigenhändler, Kommissionäre, Kommissionsagenten und Makler ist § 55 auch nicht analog anwendbar.[11]

6   Einen Sonderfall des Handelsvertreters stellt der **Versicherungsvertreter** dar (vgl. § 92 Abs. 1). Sofern die für „Versicherungsagenten" geltenden §§ 43 ff. VVG Besonderheiten vorsehen,[12] kommt eine Anwendung des § 55 nicht in Betracht. Ob § 55 wenigstens subsidiär Anwendung findet, ist streitig,[13] im Ergebnis aber abzulehnen. Die §§ 43, 45 bis 47 VVG enthalten eine eigenständige erschöpfende Regelung, die, wie die Unterschiede zu § 55 (Inkassovollmacht, Änderung von Vertragsbedingungen) und die § 54 Abs. 3 nachgebildete Regel des § 47 VVG zeigen, abschließend sind.

7   **b) Handlungsgehilfe.** Handlungsgehilfe ist gemäß § 59, wer zur Leistung kaufmännischer Dienste gegen Entgelt angestellt ist. Angestellt in diesem Sinne sind dabei insbesondere auch diejenigen, die nur deshalb, weil sie unselbständig sind, nicht zu den Handelsvertretern zählen (§ 84 Abs. 2).

8   **2. Vertretener.** Die Handlungsvollmacht bezieht sich unmittelbar nur auf Handelsgewerbe (§ 54 Abs. 1). Gleiches gilt speziell für Handlungsgehilfen (§ 59 S. 1). Unter den Wortlaut des § 55 fallen daher nur **Kaufleute** als Vertretene. § 91 Abs. 1 erweitert dies bei Handelsvertretern auf **Unternehmer, die nicht Kaufleute sind.** Für Handlungsgehilfen fehlt es an einer entsprechenden Regelung, doch ist auch hier § 55 analog auf Fälle anwendbar, in denen Handlungsgehilfen bei nichtkaufmännischen Unternehmern angestellt sind.[14] Dies gilt entweder, weil man, wie hier,[15] die Regeln der Handlungsvollmacht generell analog auch auf nichtkaufmännische Unternehmen für anwendbar hält oder aber zumindest auf im Außendienst tätige Vertreter, da der Geschäftsverkehr bei ihnen häufig den Status des Geschäftsherrn nicht erkennen kann.[16]

9   **3. Zugrundeliegende Vollmacht.** Wie § 54 setzt auch § 55 eine **tatsächlich bestehende Vollmacht**, sei es aufgrund rechtsgeschäftlicher Erteilung, sei es aufgrund Duldungs- oder Anscheinsvollmacht, voraus. Bei einer vor Geschäftsabschluß widerrufenen Vollmacht ist § 171 BGB zu beachten.[17] Diese zugrundeliegende Vollmacht kann eine **Generalhandlungsvollmacht** oder eine **Arthandlungsvollmacht** sein,[18] wobei eine Generalhandlungsvollmacht bei Abs. 2 und Abs. 3 Besonderheiten aufweist.[19] Wegen der notwendigen „ständigen Betrauung" ist eine **Spezialhandlungsvollmacht** nur schwer vorstellbar.[20]

10   Die Norm bezieht sich unmittelbar nur auf Vertreter mit **Abschlußvollmacht**. Für Handlungsgehilfen ergibt sich dies eindeutig aus dem Wortlaut des § 55 Abs. 1 und der nur auf § 55 Abs. 4 beschränkten Erstreckungsnorm des § 75 g für Vermittlungsgehilfen. Für Handelsvertreter folgt das Gleiche aus § 55 Abs. 2 sowie § 91 Abs. 2, der für Vermittlungsvertreter den Inhalt der Regelung des § 55 Abs. 4 für anwendbar erklärt.[21]

[11] Staub/*Joost* RdNr. 12; Heymann/*Sonnenschein/Weitemeyer* RdNr. 6; Baumbach/*Hopt* RdNr. 4.

[12] Zum Verhältnis der Begriffe *Kohlhosser* in Prölls/*Martin*, Versicherungsvertragsgesetz, 25. Aufl. 1992, § 43 Anm. 1.

[13] Dafür: Staub/*Joost* RdNr. 13; dagegen: *Kohlhosser* in Prölls/*Martin* Versicherungsvertragsgesetz (Fn. 12) § 43 Anm. 6; GK-HGB/*Nickel* RdNr. 4.; *Spitzbarth*, Vollmachten im modernen Management, 2. Aufl. 1989, S. 43.

[14] Staub/*Joost* RdNr. 15.

[15] § 54 RdNr. 8.

[16] So Staub/*Joost* RdNr. 15; a.A. Heymann/*Sonnenschein/Weitemeyer* RdNr. 7: § 91 Abs. 1 insoweit abschließend.

[17] Hierzu bereits OLG Dresden OLGE 35 (1917), 314, 315; Staub/*Joost* RdNr. 21.

[18] Staub/*Joost* RdNr. 25; Heymann/*Sonnenschein/Weitemeyer* RdNr. 9, jedoch mit dem Hinweis, daß eine Generalhandlungsvollmacht eher selten vorkommen wird; so auch *v. Gierke/Sandrock* § 23 VII 2 (373).

[19] Vgl. unten RdNr. 17, 21.

[20] Insofern wohl aM, die in Fn. 18 genannten.

[21] Vgl. auch die Gesetzesbegründung zu § 91: BT-Drucks. 1/3856 S. 43; für den Handelsvertreter im neueren streitig; wie hier Staub/*Joost* RdNr. 4 u. 24; Heymann/*Sonnenschein/Weitemeyer* RdNr. 4; Schlegelberger/*Schröder* RdNr. 4; aA Groß-KommHGB/*Würdinger* RdNr. 1, der § 55 auch auf den Vermittlungsvertreter anwenden will.

4. „außerhalb des Betriebes des Prinzipals". Die Norm bezieht sich nur auf Vertreter, **11** die eine **Vollmacht für Abschlüsse außerhalb des Betriebes** des Unternehmens haben. Wortlaut und Entstehungsgeschichte[22] befassen sich insoweit zwar nur mit den **Handlungsgehilfen.** Für den **Handelsvertreter** fehlt es aber wohl nur deshalb an einer ausdrücklichen Regelung, weil es zum traditionellen Bild eines selbständigen Handelsvertreters gehört, daß er außerhalb des Betriebes des Unternehmens tätig ist. Zumindest ist diese Voraussetzung wegen gleicher Interessenlage analog auf Handelsvertreter zu erstrecken.[23]

„Außerhalb des Betriebes" bedeutet im Rahmen des § 55 Abs. 1 **außerhalb der Ge- 12 schäftsräume** des Unternehmens, also Geschäfte im **Außendienst,**[24] für die die Vollmacht erteilt sein muß. Auf die Entfernung zu den Geschäftsräumen kommt es heute, da die Unterscheidung zwischen den sog. Fernreisenden und Stadtreisenden aufgegeben ist (RdNr. 2), nicht mehr an. Eine Vollmacht für Geschäftsabschlüsse in den Geschäftsräumen einer Zweigniederlassung betrifft Geschäfte im Innendienst und nicht im Außendienst,[25] so daß in diesen Fällen nur § 54 anwendbar ist.

Die Formulierung „außerhalb des Betriebes" bedeutet auch, daß die Vollmacht **im Au- 13 ßendienst ausgeübt** werden muß, um die Rechtsfolgen des § 55 nach sich zu ziehen. Die Gegenmeinung,[26] die bei Vollmacht innerhalb oder außerhalb des Betriebes die §§ 54, 55 derart kumulieren will, daß der Vertreter unabhängig vom Ort stets jede Vertretungsmacht hat, berücksichtigt nicht hinreichend die Spezialität des § 55. Auch die Rechtfertigung des § 55, der der besonderen Situation im Außendienst, insbesondere der fehlenden Überwachungsmöglichkeit durch den Unternehmer und dem Bedürfnis nach Verkehrsschutz bei Mängelanzeigen Rechnung trägt, verbietet eine Anwendung auf die **Geschäftsräume des Unternehmens,** in denen diese besonderen Umstände nicht vorliegen.

5. Rechtsfolge: Anwendbarkeit des § 54. Die Rechtsfolge des Abs. 1, die Anwendbar- **14** keit des § 54, ist hinsichtlich der **Handlungsgehilfen** deklaratorisch. Hinsichtlich der **Handelsvertreter** ist dies, wenn man wie hier für § 54 ein **Handeln aus dem Unternehmen heraus** verlangt,[27] zumindest nicht eindeutig. Denn ob allein die Tatsache, daß der Handelsvertreter ständig mit der Vertretung betraut ist, es erlaubt, von einem Handeln aus dem Unternehmen heraus zu sprechen, ist zumindest zweifelhaft.

III. Vertragsänderungen, insbesondere nachträgliche Zahlungsfristen (Abs. 2)

Trotz anderer Formulierung entspricht die Regelung der **Rechtstechnik** des § 54 **15 Abs. 2.** Vertragsänderungen, insbesondere die nachträgliche Einräumung von Zahlungsfristen, werden nicht vom gesetzlichen Umfang der Vollmacht der Vertreter im Außendienst im Sinne von Abs. 1 iVm. § 54 gedeckt.[28]

Vertreter im Außendienst bedürfen daher einer besonderen, stillschweigend erteilbaren **16** Vollmacht, die Teil der zugrundeliegenden Vollmacht zum Abschluß von Geschäften außerhalb des Betriebes sein kann. Eigenständige Bedeutung hat § 55 Abs. 2 nur, wenn sich ansonsten aus § 54 Abs. 1 ein anderer gesetzlicher Umfang ergäbe.[29] Die Regelung gilt unabhängig davon, wer den Vertrag geschlossen hat und ob der Vertreter bei Vertragsab-

[22] Vgl. BT-Drucks. 1/3856 S. 43.
[23] Staub/*Joost* RdNr. 16; Heymann/*Sonnenschein/Weitemeyer* RdNr. 6; aA Schlegelberger/*Schröder* RdNr. 4.
[24] Staub/*Joost* RdNr. 17; Heymann/*Sonnenschein/Weitemeyer* RdNr. 6.
[25] Staub/*Joost* RdNr. 18; Heymann/*Sonnenschein/Weitemeyer* RdNr. 6; insoweit wohl aA BGH BB 1980, 1605, wo die Inkassovollmacht eines Geschäftsstellenleiters einer Bank mit § 55 Abs. 3 in Zusammenhang gebracht wird.

[26] Staub/*Joost* RdNr. 19; wohl auch Heymann/*Sonnenschein/Weitemeyer* RdNr. 7.
[27] Vgl. § 54 RdNr. 10 f.; *K. Schmidt* HandelsR § 16 IV 1 a (491).
[28] Staub/*Joost* RdNr. 26; Heymann/*Sonnenschein/Weitemeyer* RdNr. 10; vgl. abweichend § 45 VVG für Vertragsänderungen durch Versicherungsagenten.
[29] So wohl Heymann/*Sonnenschein/Weitemeyer* RdNr. 9 f.; differenzierend Staub/*Joost* RdNr. 26.

schluß die Vertretungsmacht für eine entsprechende Regelung, die durch Änderung erreicht werden soll, gehabt hat.[30]

17   **Vertrauensschutz** hinsichtlich des Bestehens einer Vollmacht für nachträgliche Änderungen kommt nur im Falle ihres Wegfalls (§ 173 BGB) sowie im Rahmen von **Duldungs-** und **Anscheinsvollmacht** in Betracht.[31] Um dem Normzweck hinreichend Rechnung zu tragen, ist bei der Annahme einer konkludenten Vollmachtserweiterung oder einer Rechtsscheinsvollmacht Zurückhaltung geboten.[32] In der Erteilung einer Generalhandlungsvollmacht, die weit über die regelmäßig erteilte Arthandlungsvollmacht hinausgeht, liegt zugleich die Vollmacht für Vertragsänderungen.

18   **Vertragsänderung** ist jede ein- oder mehrseitige Rechtshandlung, die Auswirkungen auf Bestand und Pflichteninhalt des geschlossenen Vertrages hat.[33] Aus Gründen der Rechtssicherheit zählen hierzu auch **Vertragsänderungen zugunsten des Vertretenen** und **marginale Änderungen**. Auch Rechtshandlungen, die eine Änderung der Pflichten des sich bereits **in der Abwicklung befindlichen Vertrages** bewirken, stellen Vertragsänderungen dar. Auch die Annahme einer Leistung **an Erfüllung statt**[34] ist – ebenso wie die Annahme **erfüllungshalber** – wegen der damit verbundenen Stundung[35] eine Änderung.

19   **Nicht erfaßt** sind Handlungen, die – wie Mängelanzeigen gemäß §§ 377, 378 – nur Rechte erhalten oder – wie die Mahnung – lediglich neue zusätzliche gesetzliche Ansprüche ohne Änderung der vertraglichen Pflichten begründen.[36]

20   **(Nachträgliche) Zahlungsfristen** werden vom Gesetz nur beispielhaft genannt und haben keine eigene Bedeutung. Die Regelung hat keinen Einfluß auf die sich nach § 54 Abs. 1 richtende Vertretungsmacht für die **ursprüngliche**, bei Vertragsschluß erfolgende, **Vereinbarung von Zahlungsfristen**.[37]

IV. Annahme von Zahlungen (Abs. 3)

21   Wie Abs. 2, so stellt auch Abs. 3 eine § 54 Abs. 2 nachgebildete, **dispositive gesetzliche Umfangsbestimmung**[38] **einer vertraglichen Vollmacht** dar, so daß auf die entsprechenden Bemerkungen verwiesen werden kann.[39] Abs. 3 gilt grundsätzlich für alle Vertreter im Sinne des Abs. 1, allerdings ist bei Generalhandlungsbevollmächtigten von einer konkludenten Bevollmächtigung für das Inkasso auszugehen. Für Versicherungsagenten gilt der abweichende § 43 Nr. 4 VVG.

22   **Zahlung im engeren Sinn** ist nur die Übereignung von **Bargeld** zur Forderungsbegleichung. Aber auch die Hingabe eines **Barschecks** wird als Zahlung eingeordnet,[40] wobei bereits die Annahme erfüllungshalber bzw. an Erfüllung statt als Änderung des Vertrages nicht von der generellen Vertretungsmacht der Außendienstmitarbeiter abgedeckt wird.[41] Es empfiehlt sich, unter Zahlung **jede Leistung zur Forderungsbegleichung** durch Hingabe von Sachen oder Einräumung/Übereignung von Rechten zu verstehen: Nur so können moderne Zahlungsformen wie die mittels Scheck- oder Kreditkarte erfaßt werden, ohne eine rechtsunsichere und im Gesetz nicht vorgesehene Differenzierung vornehmen zu müssen.[42]

---

[30] Staub/*Joost* RdNr. 27; Heymann/*Sonnenschein/Weitemeyer* RdNr. 10; GK-*Nickel* RdNr. 5.

[31] Staub/*Joost* RdNr. 28; Heymann/*Sonnenschein/Weitemeyer* RdNr. 14.

[32] Vgl. Staub/*Joost* RdNr. 28, der eine eindeutige Vollmacht verlangt.

[33] Staub/*Joost* RdNr. 29; Heymann/*Sonnenschein/Weitemeyer* RdNr. 13; zB auch Fristsetzung und Ablehnungsandrohung im Sinne des § 326 BGB, wegen der automatischen Wirkung nach Ablauf der Frist.

[34] Vgl. Soergel/*Zeiss* § 364 RdNr. 1 f.

[35] Vgl. Soergel/*Zeiss* § 364 RdNr. 6 m. weit. Nachw.

[36] Vgl. Staub/*Joost* RdNr. 32; Heymann/*Sonnenschein/Weitemeyer* RdNr. 13.

[37] Staub/*Joost* RdNr. 31.

[38] Eine AGB-Klausel, die dies wiederholt, ist deklaratorisch und daher kontrollfrei (§ 8 AGBG; vgl. Staub/*Joost* RdNr. 34; OLG Hamm ZIP 1982, 594, 595 m. Anm. *Bunte* S. 590 ff.).

[39] Vgl. § 54 RdNr. 4.

[40] BGH WM 1976, 715, 716; Staub/*Joost* RdNr. 35.

[41] Siehe bereits oben RdNr. 18.

[42] Vgl. auch die Ausdehnung von Empfangnahmen auf Zahlungen bei § 56, so etwa Staub/*Joost* § 56 RdNr. 35.

Eine **stillschweigende**[43] **Inkassovollmacht** ist zB zu bejahen, wenn der Prinzipal dem 23
Vertreter **Quittungen** mitgibt (§ 370 BGB).[44] Verschafft sich der Vertreter Firmenquittungen auf andere Weise, kommt eine Anscheinsvollmacht[45] in Betracht. Ist in einem formularmäßigen Vertrag vereinbart, daß der Käufer einen Betrag anzahlt und der Restbetrag auf ein Konto des Kaufmanns überwiesen werden soll, so soll der Abschlußvertreter nach Ansicht des BGH[46] auch dann keine Inkassovollmacht haben, wenn er bei reinen Bargeschäften die Zahlung entgegennehmen darf. Ob sich dieses Ergebnis wirklich mit § 55 Abs. 3 rechtfertigen läßt, erscheint zweifelhaft. Bei einer Scheckzahlung an den Vertreter liegt die Annahme einer Vertragsänderung näher (§ 55 Abs. 2).

V. Entgegennahme von Mängelanzeigen und Geltendmachung von Beweissicherungsrechten für den Unternehmer (Abs. 4)

1. Grundsätzliches. Diese Regelung entspricht, ebenso wie die gleichartigen Regelungen in § 75 g für den **Vermittlungsgehilfen** und § 91 Abs. 2 für den **Vermittlungsvertreter,** rechtstechnisch denen des § 54 Abs. 1 und § 56. Nach hiesiger Ansicht handelt es sich daher um eine **dispositive Regelung des gesetzlichen Umfangs** einer gewillkürten Vollmacht, während die **hM**, ohne dies allerdings mit Wortlaut und Systematik vereinbaren zu können, eine **widerlegliche Vermutung** annimmt.[47]

Abs. 4 dient den **Interessen des Rechtsverkehrs**, vom Kaufmann verursachte Leistungsstörungen ungehindert geltend machen zu können, und berücksichtigt den bei passiver Vertretungsmacht und Beweissicherung nur geringen Eingriff in die Interessen des Kaufmanns.[48] Eine abweichende engere Festlegung des Vollmachtsumfangs durch den Vertretenen ist möglich, wobei der Geschäftspartner gemäß den §§ 55 Abs. 1, 54 Abs. 3 geschützt wird, wenn er die engere Vollmachtsfestsetzung weder kannte noch kennen mußte.[49] Dieser **Gutglaubensschutz** gilt auch für die Beweissicherungsrechte des Kaufmanns gemäß § 55 Abs. 4,[50] was in § 91 Abs. 2 S. 2 und § 75 g S. 2 ausdrücklich niedergelegt ist und sich damit rechtfertigt, daß eine insgesamt wirksame Beweissicherung im Interesse des Rechtsverkehrs liegen kann.[51] Zu unterscheiden ist zwischen der **Beschränkung der internen Befugnis** und der **Beschränkung der Vertretungsmacht**,[52] wenn auch beide miteinander verknüpft sein können. Das bei einer Innenvollmacht Gewollte ist aus dem Empfängerhorizont des Vertreters zu ermitteln.

Erfaßt werden generell alle Geschäfte zwischen dem vertretenen Kaufmann und dem 26
Dritten. Die Vollmacht beschränkt sich nicht auf die ursprünglich vom Vertreter selbst geschlossenen Geschäfte.[53] Dies gebietet der Verkehrsschutz, der wegen der hohen Fluktuation der Mitarbeiter im Außendienst sonst weitgehend leerliefe.

2. Entgegennahme von Mängelanzeigen und ähnliche Erklärungen (Abs. 4 1. Hs.). 27
a) Passivvertretungsmacht. Die Ermächtigung zur Entgegennahme von Mängelanzeigen und ähnlichen Erklärungen räumt dem Vertreter nur eine Passivvertretungsmacht ein, ermächtigt ihn aber nicht zu eigenen Erklärungen, sei es in bezug auf vom Geschäftspartner

[43] RG HRR 1931 Nr. 529 m. Anm. *Lenz* JR 1931, 150 f.; Staub/*Joost* RdNr. 33; Heymann/*Sonnenschein/Weitemeyer* RdNr. 15.
[44] Staub/*Joost* RdNr. 36; Heymann/*Sonnenschein/Weitemeyer* RdNr. 15; Baumbach/*Hopt* RdNr. 12; GK-*Nickel* RdNr. 5.
[45] ROHGE 13, 210, 211 f; RG HRR 1931 Nr. 529 m. Anm. *Lenz* JR 1931, 150 f.; vgl. auch BGH WM 1976, 715, 716; OLG Hamm ZIP 1982, 594, 595 m. Anm. *Bunte* S. 590 ff.; Staub/*Joost* RdNr. 33; Heymann/*Sonnenschein/Weitemeyer* RdNr. 15.
[46] BGH WM 1976, 715, 716; Staub/*Joost* RdNr. 34.
[47] Vgl. Staub/*Joost* RdNr. 41.

[48] Staub/*Joost* RdNr. 39.
[49] Vgl. die § 54 Abs. 3 nachgebildeten Regelungen in § 75 g S. 2, § 91 Abs. 2 S. 2; vgl. auch Staub/*Joost* RdNr. 43; Heymann/*Sonnenschein/Weitemeyer* RdNr. 22; Baumbach/*Hopt* RdNr. 14; GK-HGB/*Nickel* RdNr. 8; *Canaris* § 15 VIII (222); *v. Gierke/Sandrock* § 23 VII 2 (373).
[50] AA wohl Heymann/*Sonnenschein/Weitemeyer* RdNr. 23.
[51] Staub/*Joost* RdNr. 43.
[52] RAG HRR 1936, Nr. 1432, Nr. 1633; Heymann/*Sonnenschein/Weitemeyer* RdNr. 4.
[53] Vgl. Staub/*Joost* RdNr. 47; Heymann/*Sonnenschein/Weitemeyer* RdNr. 19; Baumbach/*Hopt* RdNr. 7.

angezeigte Mängel oder Gewährleistungsbegehren, sei es in bezug auf Mängelanzeigen oder ähnliche Erklärungen hinsichtlich Waren oder Leistungen, die der Kaufmann empfangen hat.[54] Die Vollmacht bestimmt sich insoweit ausschließlich nach § 54 und konkreten Vollmachtsabreden.

28   **b) Ermächtigung zur Entgegennahme.** „Ermächtigt" bedeutet nicht, daß es einer **Bereitschaft** des Handlungsbevollmächtigten **zum Empfang** bedürfte[55] oder der Vertreter den Empfang ablehnen könnte.[56] „Ermächtigt" ist gleichbedeutend mit **„bevollmächtigt".** Sprachlich handelt es sich um ein Relikt aus der Zeit des ADHGB, das noch nicht deutlich zwischen Vertretung und Geschäftsführung trennte (vor § 48 RdNr. 5 f.). Entsprechend den allgemeinen Regeln (§ 164 Abs. 3 BGB) kommt es nur auf den Zugang beim Vertretungsberechtigten an.[57]

29   **c) Ähnliche Erklärungen.** Zentral für § 55 Abs. 4 1. Hs. sind nicht die vom Gesetz aufgezählten Beispielsfälle, sondern die in der Formulierung **„ähnliche Erklärungen"** enthaltene Verallgemeinerung. Die Erklärung muß sich auf eine **„Leistung" des Geschäftsherrn an Dritte** (Unternehmer oder Private), nicht (auch) auf eine Leistung Dritter an den Prinzipal beziehen.[58]

30   Dem Begriff **„Leistung"** ist zu entnehmen, daß nicht nur Waren und damit Kaufverträge erfaßt sind, auch wenn diese, wie die Beispiele zeigen, im Mittelpunkt stehen. Des weiteren muß es sich um **Erklärungen** handeln, mit denen **Rechte aus mangelhafter Leistung** geltend gemacht oder vorbehalten werden. Mangel ist hier in einem weiten Sinne als nichtgehörige – zB auch die nicht rechtzeitige – Leistung zu verstehen.[59] Auch die **Verletzung einer Neben- (Schutz-) Pflicht**[60] ist ein Mangel im Sinne des § 55 Abs. 4 1. Hs. Zur Geltendmachung sind auch noch Handlungen im Rahmen einer etwaigen **Rückabwicklung** zu rechnen. Nicht erfaßt sind jedoch Handlungen im Rahmen des **Vertragsschlusses,**[61] der **ordnungsgemäßen Erfüllung** sowie einer **von Dritten verursachten Leistungsstörung.**

31   Neben dem gesetzlichen Beispielsfall der **Mängelanzeige** (vgl. §§ 377, 378, 391; vgl. auch §§ 478, 479 BGB) fallen hierunter zB Erklärungen bezüglich der Geltendmachung von Nachbesserung, Nachlieferung, Wandelung, Minderung, Schadensersatz, Mahnung, Fristsetzung, Androhung, Ablehnung (§ 326 BGB) und, soweit auf einer mangelhaften Leistung beruhend, auch Anfechtung, Rücktritt, Kündigung, Ausübung eines Zurückbehaltungs- oder Leistungsverweigerungsrechts.[62]

32   In seinen Grenzen unklar ist das gesetzliche Beispiel der **Empfangsvollmacht** hinsichtlich der Erklärung, daß eine **Ware zur Verfügung gestellt** wird. So wird teilweise vertreten, daß auch die **Inempfangnahme der Ware** abgedeckt sei,[63] was jedoch weder mit dem Wortlaut noch mit der Interessenlage vereinbar ist.[64] Die Entgegennahme der Ware als Erfüllung der Rücknahmepflicht ist nicht Ausübung rein passiver Vertretungsmacht und vom Risiko für den Vertretenen sogar eher dem Inkasso (§ 55 Abs. 3) ähnlich. Für die

[54] Vgl. Staub/*Joost* RdNr. 45; Heymann/*Sonnenschein/Weitemeyer* RdNr. 21; Baumbach/*Hopt* RdNr. 7; GK-HGB/*Nickel* RdNr. 6.
[55] So auch Staub/*Joost* RdNr. 46; Heymann/*Sonnenschein/Weitemeyer* RdNr. 20; aA GroßKomm-HGB/*Würdinger* RdNr. 6.
[56] So aber Schlegelberger/*Schröder* RdNr. 10, mit dem Hinweis, daß eine solche Ablehnung eindeutig erfolgen müsse.
[57] Staub/*Joost* RdNr. 46; Heymann/*Sonnenschein/Weitemeyer* RdNr. 20.
[58] Staub/*Joost* RdNr. 50.
[59] Staub/*Joost* RdNr. 50.
[60] ZB Beschädigung des Eigentums des Dritten bei Lieferung.

[61] Widerspruch gegen Bestätigungsschreiben: Staub/*Joost* RdNr. 52; GroßKommHGB/*Würdinger* Anm. 4.
[62] So BGH NJW 1985, 1333, 1335 für §§ 377, 378; darüberhinaus Staub/*Joost* RdNr. 48 für §§ 478, 479 BGB sowie die Beispiele in RdNr. 51; vgl. auch Heymann/*Sonnenschein/Weitemeyer* RdNr. 17; Schlegelberger/*Schröder* RdNr. 10; GroßKommHGB/*Würdinger* Anm. 6; Baumbach/*Hopt* RdNr. 9.
[63] Schlegelberger/*Schröder* RdNr. 10; unter bestimmten Bedingungen auch GroßKommHGB/*Würdinger* Anm. 5; für unverlangt zugesandte Waren wohl auch Sächs. OLG Bd. 28, (1907) 429, 431.
[64] Im Ergebnis auch Staub/*Joost* RdNr. 49; Heymann/*Sonnenschein/Weitemeyer* RdNr. 17; Baumbach/*Hopt* RdNr. 9.

Entgegennahme zurückgegebener Ware ist daher ausschließlich § 54 maßgeblich. Eine **Aufforderung zur Rücknahme** bei Ablehnung eines Vertragsschlusses über unverlangt zugesandte Ware soll unter § 55 Abs. 4 fallen.[65] Abgesehen davon, daß es hier grundsätzlich keiner Erklärung bedarf, paßt dieser Fall, der gerade keine Leistungsstörung zum Inhalt hat, nur schlecht unter § 55 Abs. 4.

3. Beweissicherung (Abs. 4 2. Hs.). Die nach § 55 Abs. 4 2. Hs zum dispositiven ge- 33 setzlichen Umfang der Vollmacht eines Außendienstmitarbeiters gehörende Ermächtigung zur Wahrnehmung der Beweissicherungsrechte des Unternehmers betrifft – anders als die Vollmacht nach § 55 Abs. 4 1. Hs. – die **aktive Vertretung**. Trotzdem handelt es sich hier um eine den 1. Hs. ergänzende Regelung, die folglich unter Berücksichtigung dieser **Ergänzungsfunktion** auszulegen ist. Dies ist insoweit anerkannt, als aus dem Zusammenhang mit § 55 Abs. 4 1. Hs. geschlossen wird, die Beweissicherung müsse im Zusammenhang mit einer mangelhaften Leistung (Leistungsstörung) stehen.[66]

Die Regelung bezieht sich daher auch nur auf **vom Prinzipal verursachte Leistungs-** 34 **störungen**.[67] Dem entspricht der generelle Zweck des § 55 Abs. 4, den Interessen des Rechtsverkehrs zu dienen: An einer festen Vertretung bei Beweissicherung zugunsten des Kaufmanns ist der Verkehr nicht interessiert. Eine andere Auslegung würde zu Wertungswidersprüchen führen, weil der Außendienstmitarbeiter auch im übrigen keine generelle Vertretungsmacht für **rechtssichernde Handlungen** zugunsten des Kaufmanns wie zB Mängelanzeigen hat. Die Beweissicherung zugunsten des Prinzipals fällt daher ausschließlich unter § 54.

Die Wahrnehmung der Beweissicherungsrechte des Unternehmers gilt sowohl für au- 35 ßergerichtliche als auch für gerichtliche Rechtshandlungen.[68] Hierunter fallen insbesondere Einleitung und Durchführung des **Beweissicherungsverfahrens** im Sinne der §§ 485 ff. ZPO sowie Einholung von **Sachverständigengutachten**.[69] Soweit es für die Rechtswirksamkeit eines Realaktes auf das Einverständnis ankommt, ist § 55 Abs. 4 1. Hs. anwendbar.[70]

VI. Sonstiges

1. Vertreter ohne Vertretungsmacht. Handelt der Außendienstmitarbeiter ohne Ver- 36 tretungsmacht, so finden die allgemeinen Regeln der §§ 177 ff. BGB Anwendung.[71] Zu beachten ist die Besonderheit, daß gemäß §§ 75 h, 91 a die **Genehmigung** des Kaufmanns als erteilt gilt, wenn dieser nicht unmittelbar, nachdem er durch den Vertreter oder den Dritten vom Geschäft erfahren hat, widerspricht, wobei der Dritte die fehlende Vertretungsmacht bei Vornahme der Rechtshandlung nicht kennen durfte.

2. Beweislast. Dem Dritten obliegt der Beweis, daß der Vertreter als Handelsvertreter 37 oder Handlungsgehilfe zum Abschluß von Geschäften außerhalb der Geschäftsräume des Unternehmens bevollmächtigt war.[72] Er hat ebenfalls zu beweisen, daß eine Änderungsvollmacht (Abs. 2) bzw. eine Inkassovollmacht (Abs. 3)[73] vorlag. Der Unternehmer trägt bei von § 55 Abs. 4 erfaßten Vorgängen die Beweislast dafür, daß die erteilte Vollmacht einen abweichenden engeren Umfang hatte und der Dritte dies wußte oder wissen mußte.[74]

---

[65] Sächs. OLG Bd. 28, (1907) 429, 431; Staub/*Joost* RdNr. 49.

[66] Staub/*Joost* RdNr. 53; Heymann/*Sonnenschein/ Weitemeyer* RdNr. 23.

[67] Ebenso Heymann/*Sonnenschein/Weitemeyer* RdNr. 23; aA Staub/*Joost* RdNr. 54, der jedoch nur geringe Bedeutung beimißt.

[68] Staub/*Joost* RdNr. 53; Heymann/*Sonnenschein/ Weitemeyer* RdNr. 23.

[69] Staub/*Joost* RdNr. 55; Heymann/*Sonnenschein/ Weitemeyer* RdNr. 23; GK-*Nickel* RdNr. 7.

[70] AA Staub/*Joost* RdNr. 55, weil nur auf Realakt abstellend.

[71] Staub/*Joost* RdNr. 22; Heymann/*Sonnenschein/ Weitemeyer* RdNr. 24; GK-HGB/*Nickel* RdNr. 8.

[72] Staub/*Joost* RdNr. 44.

[73] BGH WM 1976, 715, 716; Staub/*Joost* RdNr. 33.

[74] Zur Beweislast bei § 54 Abs. 3 vgl. die Ausführungen bei § 54 RdNr. 66.

§ 56 [Angestellte in Laden oder Warenlager]

Wer in einem Laden oder in einem offenen Warenlager angestellt ist, gilt als ermächtigt zu Verkäufen und Empfangnahmen, die in einem derartigen Laden oder
Warenlager gewöhnlich geschehen.

Übersicht

Schrifttum: *Bader,* Duldungs- und Anscheinsvollmacht, Diss. Regensburg 1979, S. 150 ff.; *Canaris,* Vertrauenshaftung im deutschen Privatrecht, 1971, S. 189 ff.; *Fabricius,* Stillschweigen als Willenerklärung, JuS
1966, 50; *Frotz,* Verkehrsschutz im Vertretungsrecht, 1972, S. 345 ff.; *Habersack,* Verkauf einer Grafik
aufgrund veralteter Preisliste, LG Bremen NJW 1991, 915, JuS 1992, 548; *Th. Honsell,* Die Besonderheiten
der handelsrechtlichen Stellvertretung, JA 1984, 17; *Krause,* Schweigen im Rechtsverkehr, 1933, S. 150 ff.;
Manigk, Stillschweigend bewirkte Vollmachten im Handelsrecht, Festschrift für Heymann Band 2, 1931, S
590; *Marks,* Die Scheinvollmacht im Handelsverkehr unter besonderer Berücksichtigung des § 56 HGB,
Diss. Marburg 1939; *Peters,* Zur Geltungsgrundlage der Anscheinsvollmacht, AcP 179 (1979), 214, 232 ff.;
Reimer Schmidt, Die Obliegenheiten, 1953, S. 153 ff.; *v. Seeler,* Vollmacht und Scheinvollmacht, ArchBürgR
28 (1906) 1, 47 ff.; *Stüsser,* Die Anfechtung der Vollmacht nach bürgerlichem Recht und Handelsrecht,
1986; *Wellspacher,* Das Vertrauen auf äußere Tatbestände im bürgerlichen Recht, 1906, S. 108 ff.

I. Grundlagen

1 **1. Normzweck.** § 56 entspricht bis auf zwei geringe Änderungen, die nach dem Willen
der Verfasser des HGB den Normzweck nicht berühren sollten,[1] dem Wortlaut des Art. 50
ADHGB. Zwecke der Vorschrift sind – weitgehend unabhängig von der streitigen dogmatischen Einordnung – der **Schutz des Rechtsverkehrs** gegenüber dem Risiko der
Vollmachtlosigkeit von „Angestellten" im Laden, sowie die Schaffung eines den Bedürfnissen des Handelsverkehrs nach Leichtigkeit und Sicherheit entsprechenden Rechtszustandes.[2] Der Schutz des Rechtsverkehrs rechtfertigt sich mit der typischerweise bei
„Angestellten" im Laden tatsächlich bestehenden Vertretungsmacht (**Typizität der Vertre-**

---

[1] Vgl. *Schubert/Schmiedel/Krampe,* Bd. I S. 232,   [2] Vgl.   Heymann/*Sonnenschein/Weitemeyer*
484; Bd. II 1 S. 48.   RdNr. 1; GroßkommHGB/*Würdinger* Einleitung
                                                        § 56; *K. Schmidt* HandelsR § 16 V 1 (501).

tungsmacht), die im Rechtsverkehr zu entsprechenden Vorstellungen führt und der Zurechenbarkeit der typisierten Stellung der „Angestellten" im Laden zu dessen Inhaber.[3] Es besteht ein besonderes Bedürfnis nach **Rechtssicherheit**, da der Ladenverkauf traditionell das bedeutendste Massengeschäft im kaufmännischen Geschäftsverkehr unter Einschaltung von Vertretern darstellt. Aus der fehlenden Nachforschungspflicht des Rechtsverkehrs folgen **Problemlosigkeit und Schnelligkeit des Erwerbs über den „Angestellten" im Laden**, die ökonomisch dem Ladeninhaber zugute kommen (Transaktionskostenminimierung) und die die wirtschaftlichen Risiken durch die Vertretungsmacht kompensieren, zumal der Ladeninhaber die Möglichkeit hat, den abgegrenzten Verkaufsraum „Laden" zu kontrollieren.

2. Systematische Einordnung. § 56 regelt eine **Arthandlungsvollmacht** im Sinne des   **2** **§ 54 Abs. 1 S. 1 2. Alt.**[4] Er geht über den Verkehrsschutz der §§ 54 f. hinaus, da er nicht nur den Umfang einer bestimmten Art Vollmacht, sondern **Erteilung und Umfang der Vollmacht** für den besonderen Tätigkeitsbereich des Ladens regelt. Trotz Fehlens einer § 54 Abs. 3 entsprechenden Regelung besteht zwischen § 56 und § 54 f. hinsichtlich des Erfordernisses der **Gutgläubigkeit des Rechtsverkehrs** kein grundsätzlicher Unterschied;[5] dieses Erfordernis war bereits für die Vorgängerregelung des Art. 50 ADHGB anerkannt.[6]

3. Dogmatische Erklärung. Große Unsicherheit herrscht hinsichtlich der näheren   **3** dogmatischen Erklärung der Bestimmung: *Joost*[7] nennt 13 Ansätze. Diese gehören, genau betrachtet, zu drei verschiedenen, trotz einer gewissen Abhängigkeit zu trennenden Fragestellungen:

a) Regelungstechnik. Zum einen geht es um die Einordnung der Gesetzesformulierung   **4** „gilt als ermächtigt" im Verhältnis zur rechtsgeschäftlich tatsächlich erteilten Vollmacht. Hier kommen fünf Deutungen in Betracht:

1. **Fiktion**, d.h. das Gesetz regelt Fälle einer rechtsgeschäftlich nicht bestehenden Vollmacht und ordnet für diese zwingend eine gesetzliche Vollmacht an;[8] 2. **Klarstellungsfunktion**, d.h. das Gesetz regelt nur Fälle, bei denen ohnehin rechtsgeschäftlich eine Vollmacht besteht;[9] 3. **unwiderlegliche Vermutung**, d.h. das Gesetz regelt sowohl Fälle rechtsgeschäftlich bestehender als auch nichtbestehender Vollmacht, wobei der gesetzlichen Vermutung der Vollmacht ihr Nichtbestehen nicht entgegengesetzt werden kann;[10] 4. **widerlegliche Vermutung** unter Schutz des guten Glaubens analog § 54 Abs. 3;[11] 5. **dispositive** gesetzlich begründete Vertretungsmacht,[12] dh. im Unterschied zu 1. bis 3. ist die Vertretungsmacht nicht der Disposition des Geschäftsherrn entzogen, und anders als bei 4. bedarf es einer abweichenden rechtsgeschäftlichen Bevollmächtigung oder eines völligen Ausschlusses der Vollmacht, um die gesetzliche Vertretungsmacht des § 56 Abs. 1 einzuschränken oder zu widerrufen, wobei der Gutglaubensschutz entweder über § 173 BGB (analog) oder § 54 Abs. 3 (analog) gewährleistet wird.

Stellungnahme: **Fiktion** und **unwiderlegliche Vermutung** scheiden als Erklärungsmo-   **5** delle aus, da sie nicht das nahezu allgemein akzeptierte Ergebnis erklären können, wonach

---

[3] Vgl. Staub/*Joost* RdNr. 1.

[4] Vgl. Baumbach/*Hopt* § 54 RdNr. 9; *K. Schmidt* HandelsR § 16 IV 1 c (492); *Straube/Schinko* RdNr. 1.

[5] Vgl. BGH NJW 1975, 2191; Staub/*Joost* RdNr. 44; Heymann/*Sonnenschein/Weitemeyer* RdNr. 20.

[6] Vgl. *v. Hahn*, Kommentar zum ADHGB, 4. Aufl. 1894, Art. 50 § 12 m. weit. Nachw.; zur dogmatischen Begründung dieser Voraussetzung vgl. unten RdNr. 32.

[7] Staub/*Joost* RdNr. 4.

[8] So *Frotz* S. 366 f.; *Weimar* JR 1979, 103; vgl. auch *Honsell* JA 1984, 17, 22, der eine nur durch den Mißbrauch der Vertretungsmacht begrenzte gesetzliche Vollmacht annimmt.

[9] *Flume*, Allgemeiner Teil, Rechtsgeschäft, § 49, 3 (829); Schlegelberger/*Schröder* RdNr. 1.

[10] *Kohte* JR 1990, 61, 63; Heidelberger Kommentar/*Ruß* RdNr. 1; für einen tatsächlich Vertrauenden auch *K. Schmidt* HandelsR § 16 V 2 a (502 f.).

[11] Vgl. RGZ 69, 307, 309; BGH NJW 1975, 2191; BGH NJW 1988, 2109; differenzierend auch Heymann/*Sonnenschein/Weitemeyer* RdNr. 19; *Canaris* § 16 I 1 (223); für Österreich: *Holzhammer*, Allgemeines Handelsrecht und Wertpapierrecht, 5. Aufl. 1994, XI E 1.

[12] Vgl. BGH NJW 1975, 642, 643; *Hadding* JuS 1976, 726, 730; *Weimar* MDR 1968, 901.

bei rechtsgeschäftlich eingeschränkter Vollmacht nur gutgläubige Geschäftspartner geschützt werden.[13] Die Annahme einer bloßen Klarstellung, daß die Anstellung im Laden eine **konkludente Vollmacht** enthalte, überdehnt die Rechtsgeschäftslehre[14] und widerspricht der Gesetzesgeschichte.[15] Die danach verbleibenden Erklärungsansätze der **widerleglichen Vermutung** und der **dispositiven gesetzlichen Vollmacht** unterscheiden sich nur geringfügig: Der letztgenannte erscheint vorzugswürdig, da nur er mit dem Wortlaut „gilt als ermächtigt", der sprachlich keine bloße Vermutung enthält, vereinbar ist. Dies entspricht auch der Regelungstechnik im gesamten 5. Abschnitt des HGB, was für § 50 allgemein anerkannt ist, aber auch für § 54 und § 55 gilt.[16] Auch die für den Gutglaubensschutz des Verkehrs herangezogenen §§ 173 BGB, 54 Abs. 3 gehen von einer Einschränkung oder Beseitigung einer bestehenden Vollmacht aus. Der hierin zum Ausdruck kommende Wechsel der Initiativlast[17] kann nur mit dem Verständnis als dispositive gesetzliche Vertretungsregelung erklärt werden.

6 **b) Rechtsgeschäftliche Erklärung oder Vertrauensschutznorm.** Weiteres Problem der dogmatischen Erklärung des § 56 ist die abstrakte Zuordnung der Norm als **rechtsgeschäftliche**[18] **Vertrauensschutznorm**[19] oder **zusammengesetzte Norm**,[20] von der nur ein Teil reiner Vertrauensschutz ist. Folgt man der obigen Deutung der Gesetzeskonstruktion als dispositiver gesetzlich begründeter Vertretungsmacht kommt nur letzteres allgemein in Betracht. Nur der gesetzlich gerade nicht geregelte Schutz des Kunden vor der Einschränkung der dispositiven gesetzlichen Vollmacht des § 56 folgt den Regeln des Vertrauensschutzes. Die Anordnung der dispositiven gesetzlichen Vollmacht selbst dient ganz allgemein dem Verkehrsschutz. So bedarf es hinsichtlich der Entstehung der dispositiven gesetzlichen Vertretungsmacht keines guten Glaubens des Kunden. Aber auch, wenn man die Regelung mit der hM als Vermutung deuten will, so stände der Einordnung der gesamten Norm als Vertrauensschutzvorschrift entgegen, daß die Norm auch bei Fällen der tatsächlich bestehenden Vollmacht eingreift.[21]

7 **c) Zurechnung.** Ein weiteres Problem bei der dogmatischen Erklärung ist der **Zurechnungsgrund**, der es rechtfertigt, zu Lasten des Geschäftsherrn eine dispositive gesetzliche Vollmacht zu statuieren oder im Sinne der hM zu vermuten. Erwogen werden neben der insoweit unproblematischen rechtsgeschäftlichen Erklärung,[22] die Verletzung einer Obliegenheit,[23] die Verletzung einer Aufsichtspflicht,[24] eine Verantwortlichkeit für mißverständliches Erklärungsverhalten innerhalb einer rechtlichen Sonderverbindung,[25] Verwirkung seitens des Vertretenen wegen der Schaffung des Anscheins einer Vollmacht.[26] Auswirkungen kann dieser Streit auf das Tatbestandsmerkmal „angestellt" und auf den räumlichen Bereich haben, für den die Vollmacht gilt.[27] Geht man von der Formulierung „angestellt" aus, so ist Zurechnungsgrund zunächst die willentliche Einräumung der Stellung im Laden des Vertretenen.[28] Diese und die Möglichkeit, die Vollmacht einzuschränken und auszuschließen, und die abstrakte Möglichkeit des Inhabers, alle Vorgänge zu überwachen, sowie der Verkehrsschutz des Geschäftspartners rechtfertigen die in § 56 vorgenommene Risiko-

---

[13] Vgl. nur BGH NJW 1975, 642, 643; LG Hamburg ZIP 1981, 746; LG Bremen NJW 1992, 915; Staub/*Joost* RdNr. 7; *K. Schmidt* HandelsR § 16 V 2 a (503 f.); konsequent anders *Honsell* JA 1984, 17, 23.

[14] So aber Schlegelberger/*Schröder* RdNr. 1.

[15] Vgl. Denkschrift zum RJA – E I S. 48 = *Schubert/Schmiedel/Krampe* II 1, S. 48.

[16] Vgl. näher § 54 RdNr. 4.

[17] Vgl. auch Staub/*Hüffer* § 25 RdNr. 29.

[18] Vgl. *Flume*, Allgemeiner Teil, Rechtsgeschäft, § 49, 3 (829); Schlegelberger/*Schröder* RdNr. 1.

[19] Vgl. BGH NJW 1975, 2191; BGH WM 1988, 1061, 1062 ff.; GK-HGB/*Nickel* RdNr. 1; *Canaris* § 16 I 1 (223).

[20] Staub/*Joost* RdNr. 7; *K. Schmidt* HandelsR § 16 V 2 a (503).

[21] Vgl. die gespaltenen Erklärungsversuche von *K. Schmidt* HandelsR § 16 V 2 a (503), und Staub/*Joost* RdNr. 7.

[22] Vgl. *Flume*, Allgemeiner Teil, Rechtsgeschäft, § 49, 3 (829); Schlegelberger/*Schröder* RdNr. 1.

[23] *Reimer Schmidt* S. 125.

[24] *Fabricius* JuS 1966, 50, 55 f.

[25] *Frotz* S. 386 ff., 397.

[26] *v. Gierke/Sandrock* § 23 VIII 2 (378).

[27] Vgl. dazu unten RdNr. 14, 19.

[28] Vgl. RGZ 108, 48, 49 f.; BGH NJW 1975, 2191; *Canaris* § 16 I 2 (224).

verteilung zu Lasten des Vertretenen. Eine nähere dogmatische Qualifizierung erscheint nicht notwendig.

II. Beteiligte

1. Vertretener. Vertretener kann jeder **Kaufmann** sein, auch ein Minderkaufmann.[29] **8** **Analog** ist § 56 auf den **Inhaber eines nichtkaufmännischen Unternehmens** anwendbar: Einer unmittelbaren Anwendung steht entgegen, daß die Handlungsvollmacht über das Handelsgewerbe definiert wird (§ 54) und § 56 als Spezialfall des § 54 zu verstehen ist. Die analoge Anwendung ist gerechtfertigt, weil, was Verkehrsschutzbedürfnis und Zumutbarkeit anbelangt, kein Unterschied zwischen kaufmännischen und nichtkaufmännischen Unternehmen besteht.[30] Indem § 56 allein an einen „Laden" bzw. ein „offenes Warenlager" anknüpft, ist seine analoge Anwendung den Instituten Duldungs- und Anscheinsvollmacht zudem im Hinblick auf die Rechtssicherheit überlegen. Auch ein Geschäftsunfähiger kann Vertretener sein.[31] Davon zu trennen sind die Anforderungen an eine Anstellung.[32]

2. Begünstigter Personenkreis. Der begünstigte Personenkreis wird nur mittelbar durch **9** den gesetzlichen Umfang der Vertretungsmacht und den Zweck des Verkehrsschutzes eingegrenzt: Danach ist zu verlangen, daß es sich um **Kunden** handelt,[33] wobei es keines Ausschlusses von Mitarbeitern des Vertretenen bedarf, die als Kunden auftreten (**Personalkauf**); denn mangelnde Gutgläubigkeit ist erst über § 54 Abs. 3 analog bzw. § 173 BGB analog zu berücksichtigen.[34] Entsprechendes gilt für **Gesellschafter**, wenn Ladeninhaber eine Gesellschaft ist. Darüber hinaus ist § 56 zumindest analog auch auf Fälle anwendbar, in denen der Ladenangestellte zwar für den Inhaber auftritt, aber der **Inhaber** insoweit **selbst Vertreter** ist und daher letztlich der vom Inhaber vertretene Dritte verpflichtet wird (zB Gebrauchtwagenverkauf im Agenturmodell,[35] Herstellergarantie). § 56 hilft dann über die fehlende Vollmacht im Verhältnis zwischen Ladenangestelltem und Ladeninhaber, nicht aber über eine fehlende Vollmacht im Verhältnis zwischen Ladeninhaber und letztlich vertretenem Dritten hinweg.

3. Vertreter. § 56 enthält keine Einschränkung des Kreises möglicher Vertreter. Aus **10** § 165 BGB folgt, daß eine natürliche Person als Vertreter **zumindest beschränkt geschäftsfähig** sein muß.[36] **Juristische Personen** können nicht Vertreter sein.[37] Es muß sich um einen aus dem Unternehmen heraus handelnden, organisatorisch eingegliederten Vertreter handeln.[38] Vertreter können auch leitende Angestellte sein.[39]

III. Zurechnungstatbestand „Anstellung"

Zurechnungstatbestand für die Vertretungsmacht ist die „Anstellung" in einem Laden **11** oder offenen Warenlager. Beide Voraussetzungen sind zu eng formuliert. Dies beruht auf der Regelungstechnik des ADHGB, die sich stark an konkreten Lebenssachverhalten ori-

---

[29] RGZ 69, 307, 308 f.; Heymann/*Sonnenschein/Weitemeyer* RdNr. 2; Schlegelberger/*Schröder* RdNr. 2.

[30] AA Staub/*Joost* RdNr. 8; Heymann/*Sonnenschein/Weitemeyer* RdNr. 2; Straube/*Schinko* RdNr. 1; wie hier im Ergebnis Schlegelberger/*Schröder* RdNr. 2; *K. Schmidt* HandelsR § 16 V 3 a (504); *Hopt* AcP 183 (1983), 608, 696.

[31] *K. Schmidt* HandelsR § 16 V 3 g (507), Staub/*Joost* RdNr. 9; Heymann/*Sonnenschein/Weitemeyer* RdNr. 17; aA *Frotz* S. 367.

[32] Vgl. *K. Schmidt* HandelsR § 16 V 3 g (507); dazu unten RdNr. 14 ff.

[33] (zum Großhandel vgl. unten RdNr. 23); gegen die weitere Einschränkung auf mit den Ver-

hältnissen nicht vertraute Kunden, zu Recht BGH NJW 1975, 2191; OLG Karlsruhe MDR 1980, 849, 850.

[34] Vgl. unten RdNr. 32.

[35] Ebenso BGH NJW 1975, 642, 643; OLG Düsseldorf WM 1973, 473, 474; gegen Einordnung als Verkauf Staub/*Joost* RdNr. 30.

[36] AG *Stolp* DR 1941, 277 m. Anm. *Lenz.*

[37] Str. allgemein zur Handlungsvollmacht Staub/*Joost* § 54 RdNr. 15; vgl. auch § 54 RdNr. 11 f.

[38] Näher § 54 RdNr. 10; zu § 56 *Fabricius* JuS 1966, 50, 55.

[39] OLG Karlsruhe MDR 1980, 849, 850 (Filialleiter); AG Berlin JW 1936, 1700; Staub/*Joost* RdNr. 13.

entierte und nur geringe Bemühungen unternahm, nach abstrakten Formulierungen zu suchen.

12   1. „**Im Laden oder offenen Warenlager**". Die Aufzählung „im Laden oder offenen Warenlager" bezeichnet die Orte, auf die sich die „Anstellung" beziehen muß. Sie wird heute **funktionell** verstanden: Die Örtlichkeit muß **dem Verkauf dienen**.[40] Aus der Nennung des offenen Warenlagers folgt, daß der Verkauf in diesem Verhältnis Nebenzweck sein darf; für andere Bereiche (Werkstatt, Büro) gilt dies nicht. Anerkannt ist, daß die Verkaufsörtlichkeit weder fest, noch dauerhaft, noch besonders eingerichtet sein muß,[41] und § 56 auch bei ausschließlicher Stammkundschaft Anwendung findet.[42] Zu verlangen ist aber wohl, daß entweder ein **abgegrenzter Raum oder** eine **Verkaufstheke** besteht.[43]

13   Einzelfälle: **Erfaßt**: Messestand, der auch von Verkäufern genutzt wird,[44] Musterzimmer, in dem die dort als Modell ausgestellten Möbel verkauft werden,[45] Großhandel mit nicht besonders eingerichtetem, aber praktiziertem Einzelhandel,[46] Verkaufsraum eines Kraftfahrzeughändlers.[47] **Nicht erfaßt**: Büroräume,[48] reine Lager,[49] Produktionsstätten,[50] Kassenraum einer Versicherung[51] (zur schwierigen Frage der Ausdehnung des § 56 auf andere Geschäfte als den Verkauf vgl. RdNr. 26).

14   2. „**Angestellt**". a) **Entwicklung des Verständnisses.** Die Formulierung „angestellt" bezog sich **ursprünglich** nur auf **Dienstverhältnisse**. Die dies konkretisierende Voraussetzung „Handlungsgehülfe" im preußischen Entwurf zum ADHGB wurde nicht Gesetz, weil Unsicherheit über den Umfang des erfaßten Personenkreises bestand, und es für unzumutbar gehalten wurde, daß sich der Kunde über die konkrete dienstvertragliche Stellung erkundigen müsse.[52] Nach der sich allmählich durchsetzenden Trennung von Vollmacht und zugrundeliegendem Rechtsverhältnis[53] fehlte die Rechtfertigung für ein dienstvertragliches Verständnis des „Angestellten". Demzufolge wurden bereits unter Art. 50 ADHGB mithelfende Familienangehörige als „angestellt" betrachtet.[54] Heute ist anerkannt, daß es auf das Innenverhältnis zwischen Vertreter und Vertretenem (Status, Entgeltlichkeit der Beschäftigung, besitzrechtliche Stellung) nicht ankommt; ausreichend ist es, wenn der Vertreter **mit Wissen und Wollen** des Vertretenen **in die Verkaufstätigkeit eingeschaltet** ist.[55]

15   b) **Einzelheiten.** Auf die **Dauer der Tätigkeit** (Aushilfskräfte) kommt es nicht an.[56] Eine bloß **fahrlässige Unkenntnis** der Tätigkeit des Vertreters ist hingegen kein hinreichender **Zurechnungsgrund**;[57] eine solche Auslegung der „Anstellung" überschritte die Wortlautgrenze des Gesetzes. Auch ist eine Analogie nicht gerechtfertigt, und zwar nicht einmal, wenn man § 56 mit der hM[58] für den Fall einer nicht erteilten Vollmacht als reine Vertrau-

---

[40] Vgl. RGZ 69, 307, 308; zum Problem des Großhandels vgl. unten RdNr. 23.
[41] RGZ 69, 307, 308 f.; GroßkommHGB/*Würdinger* Anm. 2; *K. Schmidt* HandelsR § 16 V 3 b (504).
[42] BGH NJW 1975, 2191; OLG Karlsruhe MDR 1980, 849, 850.
[43] Vgl. Heymann/*Sonnenschein/Weitemeyer* RdNr. 3; Schlegelberger/*Schröder* RdNr. 2.
[44] RGZ 69, 307, 308 f.; AG *Stolp* DR 1941, 277 m. Anm. *Lenz*.
[45] RG Recht 1923, Sp. 290 f.
[46] BGH NJW 1975, 2191.
[47] OLG Köln JMBl NW 1972, 189.
[48] KG JW 1924, Sp. 1181.
[49] Vgl. Heymann/*Sonnenschein/Weitemeyer* RdNr. 5.
[50] Vgl. KG JW 1924, Sp. 1181; Heymann/*Sonnenschein/Weitemeyer* RdNr. 4.
[51] Wie hier Staub/*Joost* RdNr. 19; aA LG Berlin VersR 1951, 170, 171.

[52] Vgl. die Nachweise bei *v. Hahn* (Fn. 6) ADHGB Art. 50 § 1.
[53] *Laband* ZHR 10 (1866), 183, 203 ff.; dazu vor § 48 RdNr. 6.
[54] Vgl. *Puchelt,* Kommentar zum ADHGB, 3. Aufl. 1882, Art. 50 Anm. 2.
[55] Vgl. RGZ 108, 48, 49 f.; BGH NJW 1975, 2191; sehr zurückhaltend BGH BB 1968, 1099, 1100 (Strafurteil); Staub/*Joost* RdNr. 11; Heymann/*Sonnenschein/Weitemeyer* RdNr. 6; Schlegelberger/*Schröder* RdNr. 2; GK-HGB/*Nickel* RdNr. 3; *K. Schmidt* HandelsR § 16 V 3 d (505); *Fabricius* JuS 1966, 50, 55.
[56] Heymann/*Sonnenschein/Weitemeyer* RdNr. 6; Schlegelberger/*Schröder* RdNr. 2.
[57] AA *v. Gierke/Sandrock* § 23 VIII 2 c (378); *v. Seeler* ArchBürgR 28 (1906), 1, 48 (für direkte Anwendung); *Westermann* JuS 1963, 1, 7 (für analoge Anwendung).
[58] Vgl. dazu oben RdNr. 6.

ensschutzregel auffaßte. Denn Rechtsscheinsvorschriften verlangen grundsätzlich einen veranlaßten Rechtsschein. Erforderlich ist somit Wissen und Wollen der zumindest auch verkaufsbezogenen Tätigkeit im Laden. Möglich bleibt eine Anscheinsvollmacht.[59] Reinigungskräfte sind nicht erfaßt, weil ihre Stellung keinen Anlaß bietet, Vorstellungen zu einer Vertretungsmacht zu entwickeln.[60] Der Inhaber muß sich nach den allgemeinen Regeln Wissen und Wollen derjenigen zurechnen lassen, die bevollmächtigt sind, jemanden mit einer Arthandlungsvollmacht im Umfang des § 56 anzustellen (gesetzliche Vertreter, Generalbevollmächtigte, Prokuristen, Generalhandlungsbevollmächtigte), sowie derjenigen, die zumindest wirksam einer Person eine verkaufsbezogene Tätigkeit im Laden zuweisen können. Diese die Anstellung vermittelnden Personen bedürfen lediglich der beschränkten Geschäftsfähigkeit (§ 165 BGB analog). Für Wissen und Wollen der verkaufsbezogenen Tätigkeit durch den Inhaber persönlich ist dagegen dessen volle Geschäftsfähigkeit erforderlich.[61] Dies entspricht einem allgemeinen Grundsatz des Verkehrsschutzes (vgl. § 15 RdNr. 28).

IV. Rechtsfolge: Vollmacht

1. „Gilt als ermächtigt". Die aus dem ADHGB übernommene Formulierung „ermächtigt" stammt aus einer Zeit, als zwischen Vollmacht und zugrundeliegendem Rechtsverhältnis noch nicht getrennt wurde und ist als „bevollmächtigt" zu verstehen.[62] „Gilt als" kann nur im Sinne einer dispositiven gesetzlichen Vollmacht verstanden werden. Mit der – herrschend vertretenen – Einordung der Rechtsfolge als (widerleglicher) Vermutung ist der Wortlaut kaum zu vereinbaren.[63]   **16**

2. Umfang der Vollmacht. a) Anwendbarkeit des § 54 (§ 55). Die gesetzliche Umschreibung des Vollmachtsumfangs erscheint unvollständig, weil Ort und Art der Vollmachtsausübung (nur unter Anwesenden?) sowie selbständige Nebenabreden (Finanzierungsvereinbarungen, wirtschaftlich mit dem Verkauf verbundene, rechtlich selbständige Verträge wie Garantieversprechen, Ankäufe etc., Umtausch verkaufter Ware) vom Gesetz zumindest nicht ausdrücklich geregelt werden. Die hM[64] versucht diese Probleme durch sehr weite Auslegungen und nicht immer ausgewiesene Rechtsfortbildungen zu lösen. Demgegenüber scheint für einen Teil dieser Fälle eine zumindest analoge Anwendung des § 54 (einschließlich Abs. 3) und ggf. des § 55 vorzugswürdig.[65] Unstreitig entspricht der **Umfang** der Vollmacht des § 56 einer **Arthandlungsvollmacht.** Geht man von einer tatsächlich bestehenden Vollmacht aus – sei es, daß man § 56, wie hier befürwortet, im Sinne einer dispositiven gesetzlichen Vollmacht versteht, sei es, daß man eine rechtsgeschäftliche an der Stellung anknüpfende Vollmacht annimmt[66] –, so ist § 54 unmittelbar anwendbar, sofern nicht § 56 im Einzelfall speziellere Regelungen enthält. Auch unter Zugrundelegung der hM, die § 56 bei fehlender Vollmacht allein als durch das Rechtsscheinsprinzip gerechtfertigte Vermutung versteht, ist zumindest die analoge Anwendung des § 54 gerechtfertigt, soweit § 56 eine in § 54 geregelte Frage nicht behandelt. Dies vermeidet eine Überdehnung des Wortlauts von § 56 bzw. die Notwendigkeit einer gesetzesübersteigenden Rechtsfortbildung und ermöglicht, von den Erfahrungen mit § 54   **17**

[59] Vgl. BGH NJW 1988, 2109, 2110; näher vor § 48 RdNr. 52.
[60] Vgl. RGZ 108, 48, 49 f.; Baumbach/*Hopt* RdNr. 3; vgl. aber BGH NJW 1988, 2109, 2110; einschränkend Staub/*Joost* RdNr. 14; *Honsell* JA 1984, 17, 22.
[61] Vgl. BGH NJW 1977, 622, 623; Baumbach/*Hopt* RdNr. 4; *K. Schmidt* HandelsR § 16 V 3 g (507); differenzierend Heymann/*Sonnenschein/Weitemeyer* RdNr. 17.
[62] Vgl. allerdings auch für die besitzrechtliche Empfangnahme von Sachen RdNr. 27.

[63] Vgl. näher oben RdNr. 5.
[64] Vgl. nur BGH NJW 1988, 2109; Staub/*Joost* RdNr. 30 mit 39; *K. Schmidt* HandelsR § 16 V 3 e (505).
[65] Vgl. auch Straube/*Schinko* RdNr. 1 – Sonderfall des § 54 Abs. 1; aA wohl BGH NJW 1988, 2109, 2110, wenn für einen Ladenangestellten die Prüfung der Existenz einer Arthandlungsvollmacht verlangt wird.
[66] Vgl. die Nachweise bei RdNr. 4.

Abs. 1 zu profitieren. Die Analogie steht schließlich im Einklang mit der von der hM[67] bejahten **Analogie zu § 54 Abs. 3**. Sie beinhaltet auch eine analoge Anwendung des § 54 Abs. 2 als Vollmachtsgrenze.[68]

18   **b) Ort der Vollmachtsausübung.** Anders als Art. 50 ADHGB, der durch ein „daselbst" den Laden als Ort der Vollmachtsausübung festlegte,[69] fehlt es heute an einer ausdrücklichen Regelung. Eine Ansicht[70] hält es für ausreichend, daß der Vertreter in **Ausübung seiner Funktion als Ladenangestellter** zB auch als Bote tätig wird und ersetzt damit die örtliche Beschränkung der Vollmachtsausübung durch einen lediglich funktionellen Bezug. Die hM[71] verlangt eine räumliche und zeitliche Verknüpfung der Vollmachtsausübung mit dem Laden: Dafür soll eine **Geschäftsanbahnung im Laden** mit einem sich **zeitlich und räumlich anschließenden Vertragsabschluß** ausreichen. Schließlich wird aber auch vertreten, daß **nur im Laden** bzw. im offenen Warenlager **abgeschlossene Geschäfte** von § 56 erfaßt werden.[72]

19   Für letztere Ansicht spricht, daß der Wegfall des Wortes „daselbst" ausweislich der Gesetzesbegründung[73] nicht im Zusammenhang mit einer bewußten inhaltlichen Abweichung von Art. 50 ADHGB stand; er ist vielmehr als rein sprachliche Modernisierung einer für selbstverständlich gehaltenen Voraussetzung zu verstehen. Für eine solche Interpretation spricht ferner, daß der Vertretene einen Vertreter außerhalb des Ladens erheblich schlechter kontrollieren kann, die Rechtsfolge des § 56 folglich bei Geschäften außerhalb des Hauses deutlich weniger zumutbar ist.[74] Wertungsmäßig liegt eine vom Regelfall des § 56 verschiedene Konstellation vor, weshalb § 56 auf den Vertragsabschluß im Laden beschränkt werden sollte. Für die hier vertretene Auffassung ist weiter anzuführen, daß Verkehrsschutzregeln wie § 56 regelmäßig an übliche Gestaltungen anknüpfen (Typizität der Vertretungsmacht): Zumeist ist der Ladenangestellte rechtsgeschäftlich zum Verkauf bevollmächtigt; außerhalb des Ladens abgeschlossene Geschäfte dürfte seine rechtsgeschäftliche Vollmacht aber in der Regel nicht erfassen, so daß der Grundsatz, für den Verkehrsschutz an das Übliche anzuknüpfen, bei Zugrundelegung der hM durchbrochen würde.

20   Andererseits ist nicht zu verkennen, daß es Fälle gibt, in denen es branchen- oder geschäftstypisch ist, daß Ladenangestellte, insbesondere nach vorheriger Geschäftsanbahnung im Laden, auch zum Geschäftsabschluß außer Haus bevollmächtigt sind (zB Verkauf von Orientteppichen nach Präsentation beim Kunden). Diese Fälle, denen die hM durch das geringere Erfordernis der Geschäftsanbahnung im Laden genügen will, können jedoch durch **Anwendung des § 54 Abs. 1** besser bewältigt werden: Nur bei Branchenüblichkeit erstreckt sich die spezielle Arthandlungsvollmacht des § 56 auch auf außerhalb des Ladens geschlossene Geschäfte (§ 54 Abs. 1).[75] Gegebenenfalls liegt auch ein Fall des § 55 Abs. 1 vor, mit der Folge der weiteren Konkretisierung der Vollmacht durch § 55 Abs. 2 bis 4.

21   **c) Art der Vollmachtsausübung.** § 56 regelt nicht ausdrücklich, ob die **Vollmacht** nur gegenüber Anwesenden oder auch **gegenüber Abwesenden** (Telefon, Fax, Brief) gilt. Die hM neigt dazu, zumindest telefonische Geschäftsabschlüsse zu erfassen,[76] obwohl diese Art der Vollmachtsausübung in der Praxis der Willenserklärung unter Anwesenden nicht völlig gleichsteht, es insbesondere für einige Branchen an der Verkehrstypizität einer entspre-

---

[67] Vgl. BGH NJW 1975, 642, 643; Baumbach/*Hopt* RdNr. 4; Schlegelberger/*Schröder* RdNr. 3; Heymann/*Sonnenschein/Weitemeyer* RdNr. 20.

[68] *Brox,* Handelsrecht und Wertpapierrecht, 11. Aufl. 1994, RdNr. 235.

[69] Vgl. *v. Hahn* (Fn. 6) ADHGB Art. 50 § 5; *Puchelt* (Fn. 54) ADHGB Art. 50 Anm. 6.

[70] *K. Schmidt* HandelsR § 16 V 3 c (505).

[71] Vgl. RGZ 108, 48, 49; LG Bochum MDR 1959, 130; vgl. auch BGH BB 1968, 1099, 1100; Schlegelberger/*Schröder* RdNr. 2; Heymann/*Sonnenschein/Weitemeyer* RdNr. 8; GroßkommHGB/*Würdinger* Anm. 3.

[72] Staub/*Joost* RdNr. 24.

[73] Vgl. Begründung zum Entwurf des RJA E I S. 48 = *Schubert/Schmiedel/Krampe* II 1, S. 48.

[74] So auch Staub/*Joost* RdNr. 24; *K. Schmidt* HandelsR § 16 V 3 c (505).

[75] Vgl. Baumbach/*Hopt* § 54 RdNr. 9 f.; Staub/*Joost* § 54 RdNr. 46.

[76] RG Seufferts Archiv 80 (1926) Nr. 48; Heymann/*Sonnenschein/Weitemeyer* RdNr. 8; Staub/*Joost* RdNr. 25.

chenden rechtsgeschäftlichen Vertretungsmacht fehlen dürfte, an die ein Verkehrsschutz aber regelmäßig anknüpft. Auch ist diese Art der Vollmachtsausübung für den Vertretenen gefährlicher. Dem ist entweder durch eine Erstreckung der **Gewöhnlichkeitsvoraussetzung** des § 56 auf die Art des Abschlusses oder – wohl vorzugswürdig – durch den Rückgriff auf die entsprechenden Voraussetzungen in § 54 Abs. 1 Rechnung zu tragen.

d) Verkäufe, die in einem derartigen Laden gewöhnlich geschehen. Primär umfaßt **22** § 56 Verkäufe, dh den Abschluß von **Kaufverträgen** im Sinne des § 433 BGB einschließlich aller **unselbständigen Nebenabreden**, auch soweit damit von der Dispositivität des Gesetzes Gebrauch gemacht wird.[77] Dies schließt zB eine Abweichung von § 320 BGB durch eine Ratenzahlungsvereinbarung und einen Preisrabatt ein.[78] Erfaßt werden auch Kaufverträge über nicht vorrätige Waren und größere Mengen[79] sowie **Verkäufe im Namen eines Dritten**,[80] für den der Ladeninhaber Vertretungsmacht hat. Die Grenze bildet die „Gewöhnlichkeit" im Sinne der Branchenüblichkeit des Geschäfts.[81] Der **Vertrieb von Standardsoftware** ist zumindest kaufähnlich,[82] so daß § 56 ihn erfaßt. Entsprechendes gilt für **Werklieferungsverträge**,[83] denn auf sie ist generell Kaufrecht anwendbar, und erhebliche Wertungsunterschiede bestehen nicht. Dies gilt auch für unvertretbare Werke, die ebenfalls Gegenstand von Kaufverträgen sind. Die Unterschiede im Gewährleistungsrecht sind für § 56 unerheblich, wie die Vertretungsmacht für Nebenbedingungen – zB Gewährleistungsrechte – belegt.

Die wohl hM[84] beschränkt § 56 auf den Einzelhandel, der jedoch Nebengeschäft eines **23** Großhandels sein dürfe. Dem liegt wohl die Vorstellung zugrunde, daß im Großhandel dem Kunden Nachforschungen hinsichtlich der Vertretungsmacht eher und dem Vertretenen die Rechtsfolgen des § 56 weniger zuzumuten seien. Zumindest bei **Großhandelsunternehmen**, die sich eines Ladengeschäftes für den Warenabsatz bedienen – insbesondere etwa bei Großhandelsmärkten – trifft dies jedoch nicht zu:[85] Dem Vertretenen ist es gegenüber kaufmännischen Kunden durchaus zumutbar, sein Risiko durch Kontrolle der im Laden „Angestellten" wirksam zu begrenzen. Insoweit bestehen auch keine erheblichen Unterschiede in der Üblichkeit rechtsgeschäftlicher Vollmacht, an die die zu schützende Verkehrserwartung anknüpft. Diese Auslegung vermeidet bei einem gemischten Groß- und Einzelhandel ansonsten notwendige Differenzierungen.

Das ADHGB war begrifflich dem Abstraktionsprinzip noch nicht verpflichtet, weshalb es **24** gerechtfertigt ist, unter dem Verkauf das gesamte Umsatz- (Absatz-) Geschäft einschließlich der **Übereignung** zu verstehen.[86] Damit verbunden ist die Frage, ob Geschäfte, die wirtschaftlich mit den Umsatzgeschäften verbunden sind, wie zB der **Umtausch** der verkauften Sache,[87] die **Inzahlungnahme** (zB Auto)[88] bzw. die Übernahme einer **Vermittlungstätigkeit** für den Verkauf einer gebrauchten Sache des Kunden als unselbständiges Gegenge-

---

[77] Vgl. OLG Köln JMBl NW 1972, 189 f.; RG Recht 1922 Nr. 25.

[78] Vgl. OLG Karlsruhe MDR 1980, 849, 850.

[79] Staub/*Bondi*, 14. Aufl 1932, Anm. 4.

[80] So für Gebrauchtwagenverkauf im Agenturmodell BGH NJW 1975, 642, 643; BGH NJW 1988, 2109; OLG Düsseldorf WM 1973, 473, 474; aA Staub/*Joost* RdNr. 30.

[81] RG Seufferts Archiv 80 (1926) Nr. 48 (mit überholten Vorstellungen zum Autoverkauf); *K. Schmidt* HandelsR § 16 V 3 e (506); Staub/*Joost* RdNr. 39; Heymann/*Sonnenschein/Weitemeyer* RdNr. 9; *v. Gierke/Sandrock* § 23 VIII 3 (379); Großkomm HGB/*Würdinger* Anm. 5.

[82] So zu Recht BGHZ 102, 135 = NJW 1988, 406; 109, 97 = NJW 1990, 320; 110, 130, 135 ff. = NJW 1990, 1290.

[83] Wie hier Baumbach/*Hopt* RdNr. 4; *K. Schmidt* HandelsR § 16 V 3 e (506); aA Heymann/*Sonnen-*

schein/*Weitemeyer* RdNr. 10; Staub/*Joost* RdNr. 34; obiter dictum auch BGH NJW 1988, 2109 f.

[84] BGH NJW 1975, 2191; Staub/*Bondi*, 14. Aufl. 1932, Anm. 5; GK-HGB/*Nickel* RdNr. 2; *K. Schmidt* HandelsR § 16 V 3 b (504).

[85] Ähnlich schon *Puchelt* (Fn. 54) ADHGB Art. 50 Anm. 4; *v. Hahn* (Fn. 6) ADHGB Art. 50 § 2; undeutlich Staub/*Joost* RdNr. 48, 24.

[86] Vgl. BGH NJW 1988, 2109 f.; Staub/*Joost* RdNr. 32; Heymann/*Sonnenschein/Weitemeyer* RdNr. 10; GK-HGB/*Nickel* RdNr. 4.

[87] Für Erfassung: *K. Schmidt* HandelsR § 16 V 3 e (506); Staub/*Joost* RdNr. 32; *Roth,* Handels- und Gesellschaftsrecht, § 28, 4 (305); wohl auch *Kohte* JR 1990, 61, 63; aA Heymann/*Sonnenschein/Weitemeyer* RdNr. 10.

[88] Befürwortend OGH Österreich HS 10.167; *Straube/Schinko* RdNr. 5; ablehnend *K. Schmidt* HandelsR § 16 V 3 e (506).

schäft (zB Agenturgeschäft beim Auto)[89] oder die Ausstellung einer **Quittung** von § 56 erfaßt werden. Aufgrund der erforderlichen wirtschaftlichen Interpretation des „Verkäufe"-Begriffs scheint dies möglich zu sein, wobei die Risikobegrenzung des Ladeninhabers durch die Beschränkung auf „Verkäufe", die in einem derartigen Laden gewöhnlich geschehen, gewährleistet wird. Bei engerer Auslegung der Verkäufe ergäbe sich dasselbe Ergebnis aus der Anwendung des § 54 Abs. 1 auf die besondere Arthandlungsvollmacht des § 56. Für den Umtausch dürfte wegen des nur mittelbaren Bezugs zum Umsatzgeschäft nicht § 56, sondern nur § 54 anwendbar sein, wobei aber üblicherweise nicht jeder Vertreter mit einer für Verkäufe bestehenden Arthandlungsvollmacht auch zu Umtäuschen bevollmächtigt ist. Erst recht gilt dies für sonstige Fälle der **Rückabwicklung** (Wandlung, Anfechtung, Rücktrittsvereinbarung), die keinesfalls dem Verkauf zugerechnet werden können.[90]

25   **e) Rechtsanaloge Anwendung auf alle Absatzverträge.** Fraglich ist, ob § 56 **rechts-analog** auf Absatzverträge angewandt werden darf, die selbst bei weiter Auslegung nicht den „Verkäufen" zugerechnet werden können. Diskutiert wird dies insbesondere für **Werk- und Leasingverträge.**[91] Es darf vermutet werden, daß die Mehrheit derer, die den Kunden in Vertriebsräumen (Läden) gegenüberstehen, zum Abschluß von Verträgen bevollmächtigt sind, die auf den Absatz der jeweils angebotenen Leistungen gerichtet sind, auch wenn es sich nicht um Verkäufe handelt. Folglich wird eine Verkehrsauffassung hinsichtlich der Existenz einer solchen Vollmacht bestehen, wie sie § 56 für Verkäufe schützt. Diese Ausdehnung des § 56 ist dem Vertretenen zuzumuten, da er die Einrichtung besonderer Vertriebsräume (Läden), die „Anstellung" und das konkrete Tätigwerden seiner Vertreter kontrollieren kann. Der Rechtsanalogie steht die gesetzgeberische Entscheidung, nur „Verkäufe" zu erfassen, nicht entgegen: Denn seit 1896 hat der Kaufvertrag viel von seiner dominierenden Funktion verloren; der Vertrieb von Dienstleistungen hat sich dem Verkauf stark angenähert.[92] Die Rechtsanalogie würde Abgrenzungsschwierigkeiten zwischen den Vertragsarten vermeiden und auch in der Entwicklung befindliche Vertragsarten erfassen können.

26   **f) Ankauf.** Auf den wirtschaftlich selbständigen Ankauf ist § 56 **weder direkt noch analog** anwendbar.[93] Er liegt nicht in demselben Maße im Interesse des Vertretenen wie das Absatzgeschäft und enthält ein Mehrfaches an Risiken, was dem Vertretenen eine solche Erweiterung unzumutbar macht. Auch über § 54 Abs. 1 läßt sich kein anderes Ergebnis erzielen, da der selbständige Ankauf nicht gewöhnlich mit der Arthandlungsvollmacht „Verkauf" verbunden ist.

27   **g) Empfangnahmen.** Im Mittelpunkt steht die **Empfangnahme des Kaufpreises,** wobei der Kaufvertrag auch von einem anderen Vertreter zu früherer Zeit abgeschlossen worden sein kann.[94] Dem weiten Wortlaut gemäß ist **jede Entgegennahme von Sachen oder Erklärungen im Laden mit Bezug zu den im Laden vorgenommenen Geschäften** gemeint. Hierzu gehört auch die Anlieferung neuer Waren.[95] Die fehlende Beschränkung auf die Empfangnahme bei der Durchführung und Rückabwicklung von Absatzgeschäften rechtfertigt sich mit den bei der Passivvertretung bzw. dem Besitzwechsel geringe-

---

[89] Staub/*Joost* RdNr. 30.

[90] Staub/*Joost* RdNr. 32; a.A. für Rücktrittsvereinbarungen *K. Schmidt* HandelsR § 16 V 3 e (506); *Roth,* Handels- und Gesellschaftsrecht, § 28, 4 (305).

[91] Für Geldwechsler vgl. früher *v. Hahn* (Fn. 6) ADHGB Art. 50 Fn. 1; für Werkverträge *K. Schmidt* HandelsR § 16 V 3 e (506); Baumbach/*Hopt* RdNr. 4; obiter dictum BGH NJW 1988, 2109 f.; für Leasingverträge *Kohte* JR 1990, 61, 62; für Versicherungsverträge LG Berlin VersR 1951, 170, 171 m. abl. Anm. *Behne;* generell ablehnend die hM, zB Heymann/*Sonnenschein/Weitemeyer* RdNr. 10; Staub/*Joost* RdNr. 34.

[92] De lege ferenda noch weiter *K. Schmidt* HandelsR DB 1994, 515, 521.

[93] BGH NJW 1988, 2109 = JR 1990, 59 m. Anm. *Kohte;* Staub/*Joost* RdNr. 33; *K. Schmidt* HandelsR § 16 V 3 e (506); *ders.* EWiR 1988, 1007 f.; *Canaris* § 16 I 2 (224); Heymann/*Sonnenschein/Weitemeyer* RdNr. 11.

[94] *Straube/Schinko* RdNr. 4; Heymann/*Sonnenschein/Weitemeyer* RdNr. 12; vgl. auch LG Bochum MDR 1959, 130.

[95] Staub/*Joost* RdNr. 36.

ren Risiken für den Vertretenen, wobei weitere Schranke das „gewöhnliche Geschäft" ist. Die Befugnis zur Entgegennahme von Sachen ist unabhängig von der sachenrechtlichen Stellung des Inempfangnehmenden.[96] Bei der Empfangnahme von Sachen treten die gleichen Wirkungen wie bei der Übergabe an den Inhaber ein.[97] Keine Empfangnahme sind aktive Willenserklärungen wie die Anerkennung einer Mängelrüge des Kunden.[98]

h) Gewöhnliches Geschäft. Das gewöhnliche Geschäft konkretisiert und beschränkt den **28** Umfang der von § 56 erfaßten Verkäufe und Empfangnahmen.[99] Anders als § 54 Abs. 1 ist es nicht Ansatzpunkt für eine Ausdehnung auf andere Geschäfte und wohl auch nicht auf andere Örtlichkeiten oder Umstände (Telefon) des Vertragsabschlusses.[100] Der Begriff „**derartiger Laden**" schließt sprachlich die Gewohnheiten des konkreten Ladens, aber wohl auch die der Läden eines bestimmten Ortes aus und meint eine **Gewöhnlichkeit nach dem Ladentyp (konkrete Branche)**.[101] Soweit die konkreten Gewohnheiten zu engeren Vollmachten führen würden, ergibt sich ihre Nichtberücksichtigung aus dem mit § 56 beabsichtigten abstrakten Verkehrsschutz, mit der Erkundigungspflichten nach den konkreten Gebräuchen vermieden werden sollen. Aber auch soweit unter Berücksichtigung der konkreten Umstände die Vollmacht weiterreicht, kann dies von § 56, der an die Verkehrstypizität anknüpft, nicht berücksichtigt werden.[102] Es bleibt in solchen Fällen nur die Anwendung der Grundsätze zur **Duldungs- und Anscheinsvollmacht.**

Beispiele für gewöhnliche Geschäfte: Abschluß des Kfz-Kaufvertrages im Laden des **29** Händlers,[103] Vermittlung von Kraftfahrzeugkaufverträgen zwischen zwei Kunden über einen Neuwagen durch die Niederlassung des Herstellers,[104] Zusicherung von Eigenschaften eines Gebrauchtwagens,[105] Gewährung eines Rabatts von 15 % durch den Filialleiter.[106]

V. Einschränkung, Beseitigung, Gutglaubensschutz

1. Abdingbarkeit und Gutglaubensschutz. a) Abdingbarkeit. Nach zu Recht ganz **30** hM kann die Vollmacht – vorbehaltlich des Gutglaubensschutzes – bezüglich einzelner Angestellter und Gruppen ausgeschlossen oder beschränkt werden. Dies folgt aus dem im Verhältnis zur Prokura geringeren Bedürfnis nach einer fest umrissenen Vollmacht und dem Interesse des Vertretenen, Existenz und Umfang der Vollmacht den Besonderheiten des Ladens und der persönlichen Zuverlässigkeit der Angestellten anzupassen. Unter Zugrundelegung des hier befürworteten Verständnisses der Norm als gesetzliche Vertretungsmacht hat der Vertretene die Vertretungsmacht einzuschränken;[107] begreift man die Norm hingegen als Vermutung, so müßte bereits das Schweigen des Vertretenen zur Verneinung einer Vollmacht ausreichen.[108]

Einschränkung und Ausschluß der Vollmacht bezüglich bestimmter Angestellter kön- **31** nen entgegen verbreiteter Meinung,[109] soweit die Interessen der Kunden am reibungslosen Geschäftsablauf durch die verbleibenden Vertretungsberechtigten hinreichend gewahrt sind, sowie vorbehaltlich des Gutglaubensschutzes, auch durch **AGB** vorgenommen wer-

---

[96] Staub/*Joost* RdNr. 37.

[97] Staub/*Joost* RdNr. 37; Heymann/*Sonnenschein/Weitemeyer* RdNr. 15.

[98] Staub/*Joost*   RdNr. 38;   *Straube/Schinko* RdNr. 5.

[99] BGH NJW 1988, 2109; Staub/*Joost* RdNr. 39.

[100] Vgl. oben RdNr. 18 ff.

[101] Vgl.   Heymann/*Sonnenschein/Weitemeyer* RdNr. 9; *K. Schmidt* HandelsR § 16 V 3 e (506).

[102] AA RG Seufferts Archiv 80 (1926) Nr. 48; Staub/*Joost* RdNr. 40; *Straube/Schinko* RdNr. 5.

[103] Vgl. OLG Köln JMBl NW 1972, 189; OLG Düsseldorf WM 1973, 473; *K. Schmidt* HandelsR § 16 V 4 (508 f.); Staub/*Joost* RdNr. 41; anders noch RG Seufferts Archiv 80 (1926) Nr. 48.

[104] BGH NJW 1975, 642, 643.

[105] OLG Köln JMBl NW 1972, 189.

[106] OLG Karlsruhe MDR 1980, 849, 850; für den Fall der Abschaffung des Rabattgesetzes wäre hier eine erhebliche Ausdehnung des Üblichen zu erwarten.

[107] Ähnlich die rechtsgeschäftlichen Erklärungsversuche für § 56.

[108] Vgl. Staub/*Joost* RdNr. 43.

[109] LG Hamburg ZIP 1981, 746; *Bunte* ZIP 1982, 591; Staub/*Joost* RdNr. 43; wie hier *Lindacher* JR 1982, 1, 2 f.

den. Dem entspricht die breite Akzeptanz von Schildern (AGB iSv. § 1 AGBG), die ausschließlich Kassierern Inkassovollmacht zuweisen.[110] Davon zu trennen ist die Beeinflussung des guten Glaubens durch AGB.[111] Die Einschränkung kann auch **stillschweigend** geschehen (zB Selbstbedienungsgeschäft mit Kassen am Ausgang;[112] nicht ausreichend: Preisaufdruck für Unzulässigkeit abweichender Preisgestaltung[113]). Umgekehrt kann eine ausdrückliche Erklärung durch ein entgegengesetztes tatsächliches Verhalten aufgehoben werden.[114]

32   **b) Gutglaubensschutz.** § 56 regelt den **Gutglaubensschutz** nicht ausdrücklich. Dennoch stimmt man weitgehend dahin überein, daß der Kunde einen Ausschluß oder eine Beschränkung der Vertretungsmacht gegenüber § 56 nur bei **Kenntnis oder Kennenmüssen** gegen sich gelten lassen muß, weil § 56 nur so seiner Verkehrsschutzfunktion genügen kann.[115] Konstruktiv folgt dieses Ergebnis entweder aus einer Analogie zu § 173 BGB[116] oder zu § 54 Abs. 3[117] oder nach hiesiger Ansicht unmittelbar aus **§ 54 Abs. 3**, weil die Vollmacht des § 56 gesetzliche Arthandlungsvollmacht im Sinne des § 54 ist, auf die, vorbehaltlich von Sonderregelungen des § 56, die allgemeinen Regelungen des § 54 anwendbar sind.[118]

33   „**Kennenmüssen**" im Sinne des § 54 Abs. 3 bedeutet nach hM, daß **jede Fahrlässigkeit** schadet (vgl. § 122 Abs. 2 BGB).[119] Jedoch werden an den Kunden keine zu hohen Anforderungen gestellt, insbesondere besteht **keine generelle Erkundigungspflicht**.[120] Auch **AGB** – zB Schilder wie „Zahlen nur an der Kasse",[121] „Verkauf nur gegen Barzahlung"[122] – können den guten Glauben zerstören. Dabei kommt es auf die Aufmachung und die Art an, wie sie den Kunden zugänglich gemacht werden: An der Wand angeschlagene, kleingedruckte AGB wird er nicht lesen müssen. Ohne besondere Bekanntmachung wird der Kunde auch nicht davon ausgehen müssen, daß sich angeschlagene Beschränkungen auch auf den Leiter des Ladens (Filialleiter) beziehen.[123]

34   Die Frage, ob der gutgläubige Kunde dann, wenn der Vertretene nicht genehmigt, zwischen der Inanspruchnahme des Vertretenen und der Inanspruchnahme des Vertreters (§ 179 BGB) **wählen** kann, ist bisher nur von dogmatischem Interesse. Für die hM stellt sie sich als Teil der grundsätzlicheren Frage nach der Dispositivität des Rechtsscheins: Vertreten werden der grundsätzliche **Ausschluß der Wahlmöglichkeit**,[124] die **Wahlmöglichkeit** bezüglich der Geltendmachung der Gutgläubigkeit, aber **ohne Anspruch aus § 179 BGB**,[125] und die **Wahlmöglichkeit mit einem Anspruch aus § 179 BGB** für den Fall, daß der Geschäftspartner sich nicht auf den Rechtsschein beruft.[126] Versteht man § 56 wie hier als dispositive gesetzliche Vollmacht zur Verwirklichung des abstrakten Verkehrsschut-

---

[110] OLG Karlsruhe MDR 1980, 849, 850; Staub/*Joost* RdNr. 45; Heidelberger Kommentar/*Ruß* RdNr. 5.

[111] Vgl. unten RdNr. 34.

[112] Vgl. LG Hamburg ZIP 1981, 746 (Warenhaus); Heymann/*Sonnenschein/Weitemeyer* RdNr. 20; *K. Schmidt* HandelsR § 16 V 3 f (507); auf den Einzelfall abstellend Staub/*Joost* RdNr. 45.

[113] Staub/*Joost* RdNr. 45.

[114] Beispiel Schilder wie „Feste Preise" und trotzdem praktizierte Rabattgewährung.

[115] AA nur *Bader* S. 154 ff. und *Honsell* JA 1984, 17, 20, die auf die problematischen Fälle allein die Regeln über den Mißbrauch der Vertretungsmacht anwenden wollen.

[116] *Frotz* S. 369 f.

[117] GK-HGB/*Nickel* RdNr. 5; *Straube/Schinko* RdNr. 6; Staub/*Joost* RdNr. 44 (§ 54 HGB und § 173 BGB); Heymann/*Sonnenschein/Weitemeyer* RdNr. 20; *K. Schmidt* HandelsR § 16 V 3 f (507).

[118] Vgl. oben RdNr. 17.

[119] Staub/*Joost* RdNr. 44; Heymann/*Sonnenschein/Weitemeyer* RdNr. 20; GK-HGB/*Nickel* RdNr. 5; für tendenzielle Annäherung an grobe Fahrlässigkeit *K. Schmidt* HandelsR § 16 V 3 f iVm. IV 2 a ee (507, 495).

[120] Heymann/*Sonnenschein/Weitemeyer* RdNr. 20; Staub/*Joost* RdNr. 44.

[121] OLG Karlsruhe MDR 1980, 849, 850; Baumbach/*Hopt* RdNr. 5.

[122] Staub/*Joost* RdNr. 45.

[123] Vgl. OLG Karlsruhe MDR 1980, 849, 850; Heymann/*Sonnenschein/Weitemeyer* RdNr. 20.

[124] *Hopt/Mössle* Handelsrecht RdNr. 455; *K. Schmidt* HandelsR § 16 V 3 h (507 f.), beide mit spezifischer Argumentation zu § 56.

[125] Staub/*Joost* RdNr. 46.

[126] *Altmeppen*, Disponibilität des Rechtsscheins, 1993, S. 177.

zes,[127] kann es ein Wahlrecht nicht geben, weil die Vollmacht selbst nicht Teil eines konkreten, einem Wahlrecht zugänglichen Vertrauensschutzes ist. Legt man hingegen die hM[128] zugrunde, die § 56 als widerlegliche Vermutung und somit als Vertrauensschutznorm begreift, wäre ein Wahlrecht zu bejahen, da sich niemand den konkreten Vertrauensschutz aufdrängen lassen muß.[129]

2. Anfechtbarkeit, Erlöschen der Vertretungsmacht. Die Rechtsfolge des § 56 ist einer Anfechtung durch den Vertretenen nicht zugänglich. Zu trennen ist davon die Anfechtung des abgeschlossenen Geschäfts selbst.[130]   **35**

Der Schutz des Rechtsverkehrs bei Erlöschen einer Vertretungsmacht nach § 56 ist durch analoge Anwendung des § 173 BGB zu gewährleisten. Dies betrifft insbesondere Fälle, in denen der bisher im Laden Angestellte sich gegen den Willen des Vertretenen weiter im Laden aufhält.[131]   **36**

VI. Darlegungs- und Beweislast

Der Kunde, der sich auf § 56 beruft, muß die Anspruchsvoraussetzungen, der Vertretene das Fehlen der Vertretungsmacht und die Bösgläubigkeit des Kunden darlegen und beweisen.[132]   **37**

VII. Duldungs- und Anscheinsvollmacht

Soweit § 56 weder direkt noch analog Anwendung findet, kommen Duldungs- bzw. Anscheinsvollmacht in Betracht.[133] Zu denken ist insbesondere an Fälle, in denen der Vertretene Tätigkeiten im Laden zwar nicht kennt, aber bei Beachtung der gebotenen Sorgfalt hätte erkennen und verhinden müssen. Der Anwendungsbereich der Duldungs- und Anscheinsvollmacht ist u.a. davon abhängig, ob, wie hier vorgeschlagen[134], § 56 rechtsanalog auch auf andere Absatzgeschäfte als den Verkauf Anwendung findet.   **38**

VIII. Zurechnung des Vertreterhandelns und Außenhaftung des Inhabers

§ 56 regelt nicht, unter welchen Voraussetzungen der Ladeninhaber für das Verhalten seiner Angestellten nach außen einzustehen hat. Die Zurechnung erfolgt über §§ 831, 823 (fehlerhafte Organisation), 278 BGB und, wenn der Inhaber eine Gesellschaft ist, über § 31 BGB.[135] Sehr problematisch ist dabei eine Anwendung der §§ 31, 278 BGB bei einer Vollmachtsüberschreitung.[136] Es liegt nahe, hier eine Spezialität des § 179 BGB und des Schutzzwecks der Vertretungsbeschränkung anzunehmen.   **39**

---

[127] Vgl. oben RdNr. 5 f.; vgl. auch *K. Schmidt* HandelsR § 16 V 3 h (507 f.): § 56 einheitliche Verkehrsschutznorm, die nicht nur Rechtsscheinsfälle erfaßt.

[128] Vgl. oben RdNr. 4, 6.

[129] Näher *Canaris* Vertrauenshaftung S. 520 f.; *Lieb,* Festschrift für H. Hübner, 1984, S. 575 ff.; aA BGHZ 86, 273, 275 = NJW 1983, 1308; BGHZ 61, 59, 68 f. = NJW 1973, 1691; *K. Schmidt,* Festschrift für Gernhuber, 1993, S. 435 ff.

[130] Speziell zur Frage, ob das fehlerhafte Ablesen einer Preisangabe oder die Benutzung einer falschen Preisliste ein Anfechtungsrecht gem. § 119 Abs. 1 BGB begründet LG Hamburg NJW-RR 1986, 156; LG Bremen NJW 1991, 915; *Habersack* JuS 1992, 548.

[131] Vgl. RG Recht 1923, Sp. 290 f.

[132] *Staub/Joost* RdNr. 49; *K. Schmidt* HandelsR § 16 V 2 b (504); *Baumgärtel/Reinicke,* Handbuch der Beweislast Bd. 4, 1988, HGB § 56 RdNr. 1.

[133] Vgl. vor § 48 RdNr. 46 ff.

[134] Vgl. oben RdNr. 25.

[135] Vgl. OLG Düsseldorf WM 1973, 473, 474 (unterlassene Aufklärung über Mängel); KG GRUR 1983, 676, 677 (Wettbewerbsverstoß des Kaufmanns aufgrund Angestelltenauskunft).

[136] Anwendung offengelassen durch BGH NJW 1988, 2109, 2110; ablehnend RGZ 160, 310, 313; *Canaris* JuS 1980, 332, 334 f.; für Anwendung: *Medicus,* Bürgerliches Recht, RdNr. 121; *Coing,* Festschrift für Fischer, 1979, S. 65, 78.

§ 57 [Zeichnung des Handlungsbevollmächtigten]

Der Handlungsbevollmächtigte hat sich bei der Zeichnung jedes eine Prokura andeutenden Zusatzes zu enthalten; er hat mit einem das Vollmachtsverhältnis ausdrückenden Zusatze zu zeichnen.

I. Grundlagen

1 § 57 ist – wie die Parallelvorschrift des § 51 für die Prokura – reine **Ordnungsvorschrift** (Sollbestimmung).[1] Sie gilt für **alle schriftlichen Erklärungen** von Handlungsbevollmächtigten iSd. §§ 54 bis 56 und bezweckt eine leichtere Erkennbarkeit des Handelns als Handlungsbevollmächtigter.[2]

2 Die Vorschrift entspricht wörtlich Art. 48 ADHGB. Ihre Formulierungen sind daher durch die Rechtslage vor Erlaß des ADHGB 1861 geprägt. Ursprünglich sollte der erste Halbsatz die begriffliche **Trennung zwischen** der – für das ADHGB neuen – **Prokura und der Handlungsvollmacht** unterstützen.[3] Rechtsfolgen eines „Verstoßes" können sich nur aus allgemeinen Regeln ergeben. Soweit die Handlungsvollmacht reicht, ist also eine Zeichnung als Prokurist unschädlich; bei Überschreitung der Vollmacht greift § 179 BGB ein.[4] Wegen der Notwendigkeit einer ausdrücklichen Prokuraerteilung folgt aus einer Duldung der Zeichnung als Prokurist keine „Duldungsprokura". Entgegen der hM[5] steht das dem Schutz des Vertretenen dienende Ausdrücklichkeitsgebot auch einer Rechtsscheinvollmacht mit dem Umfang der Prokura entgegen.

3 Der zweite Halbsatz erkannte die kaufmännische Übung an, das **Vertretungsverhältnis** (nur) durch einen **standardisierten Zusatz** anzuzeigen.[6] Dies ist inzwischen so selbstverständlich, daß der Wert dieser Ordnungsvorschrift zweifelhaft ist, zumal die eigentlich problematische Frage, wann trotz einer von § 57 abweichenden Zeichnung das Vertretungsverhältnis hinreichend offengelegt ist, nicht geregelt ist. So soll das Vertretungsrecht selbst dann anwendbar sein, wenn ein Handlungsbevollmächtigter unter dem Namen des Kaufmanns auftritt und dessen Unterschrift fälscht.[7] De lege ferenda sollte entweder eine Regelung der eigentlich problematischen **Offenkundigkeit der Vollmacht** versucht oder der zweite Halbsatz ersatzlos gestrichen werden.[8]

II. Zeichnungsweise

4 **1. Vollmachtszusatz und Vertretername.** Die häufigsten, eine Vollmacht ausdrückenden Zusätze sind die Abkürzungen „i.V." und „i.A.", die die älteren Formen wie „per", „pro", „für" und „AA" (aus Auftrag)[9] verdrängt haben. Daneben sind auch Langformen wie „im Auftrag", „in Vollmacht", „in Handlungsvollmacht" und vor allem „in Vertretung" gebräuchlich. Der Zusatz wird üblicherweise dem eigenhändig zu schreibenden (**Familien-) Namen** des Vertreters vorangestellt. Bei **Gesamtvertretung** soll jeder Vertreter eigenhändig mit seinem Namen zeichnen.

5 **2. Bezeichnung des Vertretenen.** Anders als bei der Prokura (§§ 51, 53 Abs. 2) wird die Bezeichnung des Vertretenen in der Regelung für den Handlungsbevollmächtigten nicht erwähnt. Daraus folgt, daß eine **eigenhändige Zeichnung der Firma nicht erfor-**

---

[1] So bereits für Art. 48 ADHGB: ROHGE 5, 263, 266 f.; ROHGE 12, 133, 134; RG JW 1894, 431; zu § 57: BGH NJW 1966, 1077.

[2] Staub/*Joost* RdNr. 1 f.; Heymann/*Sonnenschein-Weitemeyer* RdNr. 1.

[3] *von Hahn,* Kommentar zum ADHGB, 4. Aufl. 1894, Art. 48.

[4] Heymann/*Kötter* Anm. 2; Düringer/*Hachenburg-Hoeniger* Anm. 1; Schlegelberger/*Schröder* RdNr. 1.

[5] *Canaris* § 16 III 1 b (226); Schlegelberger/*Schröder* RdNr. 1; Staub/*Joost* RdNr. 10;

[6] *von Hahn* (Fn. 3) ADHGB, Art. 48.

[7] OLG Düsseldorf DB 1992, 2080.

[8] Für letzteres *K. Schmidt* DB 1994, 515, 521.

[9] Zu diesen älteren Abkürzungen *Puchelt,* Kommentar zum ADHGB, 3. Aufl. 1882, Art. 48 RdNr. 2.

derlich ist.[10] Dementsprechend erfolgt die Angabe des Vertretenen (seiner Firma) häufig nur im Briefkopf. Oftmals wird der Namen des Vertretenen aber auch unmittelbar über oder vor dem Vertretungszusatz und dem Vertreternamen angegeben. Bei einer auf eine **Niederlassung** beschränkten Handlungsvollmacht ist die Firma der Niederlassung zu bezeichnen.

3. Besondere Formbestimmungen. § 57 läßt die allgemeinen Formbestimmungen un- **6** berührt. So ist bei der **Einlegung eines Rechtsmittels** die Nennung des eigenen Namens des Handlungsbevollmächtigten für die Wirksamkeit erforderlich.[11] Bei **wertpapierrechtlichen Erklärungen** sind nach zutreffender hM[12] nur die aus der Urkunde – für Dritte – erkennbaren Umstände für die Offenkundigkeit des Handelns als Vertreter heranzuziehen.[13]

§ 58 [Unübertragbarkeit der Handlungsvollmacht]

Der Handlungsbevollmächtigte kann ohne die Zustimmung des Inhabers des Handelsgeschäfts seine Handlungsvollmacht auf einen anderen nicht übertragen.

Übersicht

Schrifttum: *P. Bydlinski,* Die Übertragung von Gestaltungsrechten, 1986, S. 254 ff.

I. Grundlagen

1. Regelungsinhalt. § 58 erklärt eine „Übertragung" der Handlungsvollmacht **ohne** **1** **Zustimmung** des Vertretenen für **unwirksam** und weicht damit von § 52 Abs. 2 ab, der die Übertragung der Prokura generell untersagt. Probleme bei der Auslegung der Vorschrift bereitet der Begriff „Übertragung".

a) ADHGB und HGB. § 58 entspricht für die Handlungsvollmacht Art. 53 ADHGB. **2** Da bei Erlaß des ADHGB 1861 die Trennung zwischen Vollmacht und zugrundeliegendem Rechtsverhältnis noch nicht deutlich vollzogen war,[1] zielte diese Regelung ursprünglich nicht vorrangig auf die Übertragung der Vollmacht, sondern – was die heutigen Interpretationsschwierigkeiten erklärt – auf die Übertragung des mit der Vollmacht „verbundenen" Mandatsvertrags,[2] der eine Form des Auftrags darstellte (**Substitution des Auftrags**). Hierauf deutet auch § 1010 S. 2 ABGB (Österreich) hin, der die Übertragung des Auftrags mit der Übertragung der Vollmacht vermischt.[3] Bei Erlaß des HGB blieb die Übertragung des Auftrags insoweit Bezugspunkt, als § 58 lediglich als Norm verstanden

---

[10] Staub/*Joost* RdNr. 3; Heymann/*Sonnenschein-Weitemeyer* RdNr. 3.
[11] BGH NJW 1966, 1077; Staub/*Joost* RdNr. 8.
[12] Vgl. BGHZ 64, 11, 14 = NJW 1975, 1166 (Wechsel); BGHZ 65, 218, 219 = NJW 1976, 329; BGH WM 1976, 1244; NJW 1979, 2141; WM 1981, 375; NJW 1994, 447, 448; *Zöllner* Wertpapierrecht 14. Aufl. 1987, § 12 X (80); *Richardi* Wertpapierrecht 1987, S. 123; *Pflug* ZHR 148 (1984) 1, 21 ff.; aA Staub/*Joost* RdNr. 8.

[13] Näher § 51 RdNr. 8.
[1] Vgl. auch § 56 „ermächtigt"; grundlegend für die Trennung *Laband* ZHR 10 (1866), 183, 203 ff.; vgl. auch vor § 48 RdNr. 5 ff.
[2] Näher zum Mandatsvertrag und seinem Verhältnis zur Stellvertretung: *Coing,* Europäisches Privatrecht Band II, 1989, S. 457 f., 487 f.
[3] Näher *Bydlinski* S. 259 f. mit weit. Nachw.

wurde, die die Regelung der Übertragung des Auftrags (§ 664 Abs. 1 S. 1 BGB) nach außen absichert.[4]

3   **b) Herrschende Meinung.** Nach hM bedeutet „Übertragung" **Substitution im Sinne einer Auswechslung des Bevollmächtigten;**[5] nur der vollständige Wechsel des Vollmachtsinhabers soll der Zustimmung des Inhabers des Handelsgeschäftes bedürfen. Die „**Untervollmacht**",[6] die den Umfang der gesamten Handlungsvollmacht hat, aber die **bisherige Vollmacht bestehen läßt,** soll nicht unmittelbar und – nach heute wohl überwiegender Ansicht[7] – auch nicht analog erfaßt sein.

4   **c) Stellungnahme.** Der hM ist zu widersprechen. § 58 erfaßt zumindest auch die **Untervollmacht,** die denselben Umfang wie die Vollmacht des Erstvertreters hat, dessen Vollmacht aber nicht schmälert.[8] Der Wortlaut des § 58 steht dieser Auslegung, die allein dem Sinn des Gesetzes entspricht (vgl. RdNr. 5), nicht entgegen. Die hM vermag das Gesetz nicht sinnvoll zu erklären: Eine unmittelbare „**Übertragung" im Sinne einer Auswechselung** des Rechtsinhabers kennt das Gesetz nur in Form der **Abtretung.** Die Abtretung einer Vollmacht ist jedoch stets – selbst mit Genehmigung – unzulässig,[9] weil die Vollmacht kein subjektives Recht darstellt. Die an Stelle der unzulässigen Abtretung angebotene Konstruktion zur „Übertragung" einer Handlungsvollmacht – die Erteilung einer **Ersatzvollmacht,** bei der der Erstvertreter einen Zweiten bevollmächtigt und anschließend auf seine Vollmacht verzichtet[10] – war bei Schaffung des HGB unbekannt und wird auch heute nicht praktiziert; für die Parallelvorschrift der Prokura (§ 52 Abs. 2) fehlt es denn auch an einem entsprechenden Deutungsversuch. Das für diese Konstruktion zentrale Element – der **Verzicht auf die Vollmacht** – ist dem Gesetz unbekannt und bislang nicht Gegenstand einer Gerichtsentscheidung geworden. Es besteht kein anerkennenswertes Bedürfnis für eine Verzichtsmöglichkeit;[11] denn die Vollmacht berechtigt nur, ohne zu belasten.[12] Die Existenz der Außenvollmacht, bei der der Bevollmächtigte seine Vollmacht nicht kennen muß, deutet ebenfalls darauf hin, daß das Gesetz den Vollmachtsverzicht ebenso wie die **Zurückweisung der Vollmacht** für unnötig hält. Selbst wenn man von der Zulässigkeit eines Verzichts auf die Vollmacht und damit von der Zulässigkeit der Ersatzvollmacht ausginge, gäbe eine Beschränkung der Norm auf diesen Fall keinen Sinn: Der einzige Unterschied zwischen der Ersatzvollmacht und der Untervollmacht[13] – der Vollmachtsverzicht des Erstvertreters – kann § 58 nicht tragen,[14] weil gerade dieser Verzicht unabhängig von der in § 58 verlangten Zustimmung des Vertretenen sein müßte.

---

[4] Denkschrift zur RT-Vorl. S. 52 = *Schubert/Schmiedel/Krampe* II 2 S. 992.

[5] Schlegelberger/*Schröder* RdNr. 1; *Straube/Schinko* RdNr. 2; Heymann/*Sonnenschein/Weitemeyer* RdNr. 2; Staub/*Joost* RdNr. 2; *Spitzbarth,* Vollmachten im modernen Management, 2. Aufl. 1989, S. 35; aA *K. Schmidt* HandelsR § 16 IV 2 a bb (493), der die Übertragung mit der Untervollmacht gleichsetzt. Im allgemeinen Schrifttum wird dagegen Substitution häufiger iS einer Untervollmacht verstanden: Staudinger/*Dilcher* § 167 RdNr. 60; *Rummel/Strasser,* Kommentar zum ABGB (Österreich), 1983, § 1010 RdNr. 2; vielleicht auch *Puchelt,* Kommentar zum ADHGB, 3. Aufl. 1882, Art. 53 iVm. Art. 42 Anm. 5.

[6] Näher zur Untervollmacht RdNr. 7 ff.

[7] Staub/*Joost* RdNr. 6; Heymann/*Sonnenschein/Weitemeyer* RdNr. 2; *Straube/Schinko* RdNr. 2; aA GK-HGB/*Nickel* RdNr. 2; Düringer/Hachenburg/*Hoeninger* Anm. 1; Schlegelberger/*Schröder* RdNr. 3.

[8] Für die Gleichsetzung von Übertragung und Untervollmacht MünchKommBGB/*Schramm* § 167 RdNr. 70; GroßkommHGB/*Würdinger* Anm. 2; vgl. auch Düringer/Hachenburg/*Hoeninger* § 52 Anm. 6,

undeutlich *ders.* § 58; widersprüchlich *Puchelt* (Fn. 5).

[9] Ganz hM, vgl. *Bydlinski* S. 257 ff.; MünchKommBGB/*Schramm* § 167 RdNr. 70; Staub/*Joost* RdNr. 2.

[10] Staub/*Joost* RdNr. 2; vgl. aber auch GroßkommHGB/*Würdinger* Anm. 2 Ersatzbevollmächtigung als Unterbevollmächtigung.

[11] AA die ganz hL nur *Larenz,* AT § 31 III a (623); *Flume,* Allgemeiner Teil, Rechtsgeschäft 3. Aufl., § 51, 3 (846); MünchKommBGB/*Schramm* § 168 RdNr. 8; Soergel/*Leptien* § 168 RdNr. 5; *Medicus,* Allgemeiner Teil, RdNr. 943; offengelassen von Staudinger/*Dilcher* § 168 RdNr. 18; wie hier: *Müller-Freienfels,* Die Vertretung beim Rechtsgeschäft, 1955, S. 46.

[12] Erman/*Brox* § 168 RdNr. 1; RGRK/*Steffen* § 168 RdNr. 1.

[13] Im Sinne einer nicht notwendig vom Fortbestand der Erstvollmacht abhängigen zweiten Vollmacht: vgl. MünchKommBGB/*Schramm* § 167 RdNr. 78.

[14] Vgl. MünchKommBGB/*Schramm* § 167 RdNr. 70.

2. Normzweck und Bedeutung. Die hM, die den Inhaber nur gegen die Substitution 5 der Vollmacht schützt, wäre nur zu rechtfertigen, wenn § 58 einen **substitutionsbezogenen Normzweck** hätte. Stattdessen stellt man aber entweder darauf ab, daß das **persönliche Vertrauen in den Bevollmächtigten** eine Zustimmung des Vertretenen für die „Vollmachtsübertragung" verlange,[15] oder der Norm wird – zutreffender – eine **Klarstellungsfunktion** hinsichtlich des gewöhnlichen Umfangs der Handlungsvollmacht[16] zugewiesen. Diese Klarstellungsfunktion harmoniert in idealer Weise mit der hier bejahten Erfassung einer Untervollmacht im Umfang der Erstvollmacht, liegt doch insoweit eine Klarstellung zu § 54 Abs. 1 vor.[17] Die praktische Bedeutung der Norm ist, weil nur klarstellend, gering. Bei Zugrundelegung der hM, die eine Substitution im Sinne einer Auswechslung des Bevollmächtigten als einzigen Anwendungsfall ansieht, wäre § 58 praktisch sinnlos. De lege ferenda sollte, trotz der hier angenommenen Klarstellungsfunktion seine Streichung erwogen werden.[18]

II. Übertragung seiner Handlungsvollmacht

§ 58 regelt ausschließlich die „Übertragung" der **gesamten** Handlungsvollmacht und er- 6 laubt keine Rückschlüsse auf die Zulässigkeit der „Übertragung" von **Teilen** der Handlungsvollmacht.[19] Die Norm erfaßt richtiger Ansicht nach zumindest die Einräumung einer **Untervollmacht** im Umfang der Handlungsvollmacht (vgl. RdNr. 4 f.).

Die Untervollmacht gibt es nach zutreffender Auffassung der Rechtsprechung in zwei 7 Formen:

a) als Regelfall in Form der – nur bei der **Vollmachtsbegründung** von der Erstvollmacht 8 abhängigen – Vollmacht, im Namen des Vertretenen auftreten zu dürfen,

b) als Ausnahme in Form des sog. **Vertreters des Vertreters**, wobei die Vollmacht in 9 ihrer Wirksamkeit vom **Weiterbestehen der Erstvollmacht** abhängt; konstruktiv handelt es sich bei der Ausübung der Vertretungsmacht in diesem Fall um die Vertretung des Inhabers des Unternehmens durch den Erstvertreter, dieser vertreten durch den Zweitvertreter, wobei dessen Handlungen unmittelbar für den Inhaber wirken. Die Zulässigkeit dieser Konstruktion ist im Bereich der gesetzlichen Vertretung seit langem anerkannt,[20] so daß entgegen der hL kein Grund besteht, dies für den Bereich der rechtsgeschäftlichen Vertretung abzulehnen.[21]

Die zweite Form der Untervollmacht ist für den Vertretenen weniger gefährlich, weil er 10 mit dem Widerruf der Vollmacht des Erstvertreters zugleich die Vollmacht des – ihm von der Person möglicherweise unbekannten – Zweitvertreters beseitigt. Dennoch handelt es sich um eine „Übertragung", so daß auch dieser Fall von § 58 erfaßt wird.

Für die **Erteilung (Übertragung) einer engeren (Teil-) Vollmacht** als der des (Erst-) 11 Handlungsbevollmächtigten sind die allgemeinen Regeln maßgeblich. Die Untervollmacht darf daher in keinem Punkt über den Rahmen der Vertretungsmacht nach § 54 hinausgehen. Maßgeblich für die Zulässigkeit einer solchen engeren Vollmacht ist, ob diese Unter-

---

[15] Zu Art. 53 ADHGB: RG JW 1891, 556 Nr. 15; Heymann/*Sonnenschein/Weitemeyer* RdNr. 1.
[16] Vgl. Denkschrift zum RJA-E I = *Schubert/Schmiedel/Krampe* II 1, S. 48; Staub/*Joost* RdNr. 3.; Heymann/*Sonnenschein/Weitemeyer* RdNr. 1.
[17] Vgl. aber auch Heymann/*Sonnenschein/Weitemeyer* RdNr. 8: Untervollmacht im Umfang der Handlungsvollmacht könne mit § 54 vereinbar sein.
[18] Ebenso *K. Schmidt* DB 1994, 515, 521.
[19] Zu Art. 53 ADHGB: RG JW 1891, 566 Nr. 15.

[20] ZB GmbH & Co. KG gesetzlich vertreten durch die Komplementär-GmbH diese vertreten durch ihren Geschäftsführer.
[21] Für Zulässigkeit: RGZ 108, 405, 407; BGHZ 32, 250, 253 = NJW 1960, 1565; BGH BB 1963, 1193; NJW 1977, 1535; GmbHRdsch 1979, 271; Düringer/Hachenburg/*Hoeninger* vor § 48 Anm. 39; *Müller-Freienfels* (Fn. 11) S. 28; Erman/*Brox* § 167 RdNr. 41; aA die hL: Staudinger/*Dilcher* § 167 RdNr. 62; Soergel/*Leptien* § 167 RdNr. 58; MünchKommBGB/*Schramm* § 167 RdNr. 73 f.; Palandt/*Heinrichs* § 167 RdNr. 12; *Siebenhaar* AcP 162 (1963), 354 ff.

vollmacht als gewöhnliches Geschäft im Sinne des § 54 Abs. 1 anzusehen ist.[22] Ein Gesichtspunkt hierfür ist, ob für die konkrete Vertretungsmacht ein Vertrauensverhältnis zwischen Vertretenem und Vertreter üblich ist;[23] bejahendenfalls ist eine Unterbevollmächtigung ohne Zustimmung nicht von § 54 gedeckt. Besondere Zurückhaltung ist ferner bei den – besonders gefährlichen – Geschäften geboten, für die selbst der Handlungsbevollmächtigte nur aufgrund einer ausdrücklichen Bevollmächtigung vertretungsbefugt ist (§ 54 Abs. 2).[24]

III. „Kann nicht ohne Zustimmung"

12   Fehlt die vorherige oder nachträgliche, auch schlüssig mögliche, Zustimmung des Inhabers/gesetzlichen Vertreters oder Prokuristen, ist das Geschäft nach den allgemeinen Regeln schwebend unwirksam (§§ 177 f. BGB). Wird die Genehmigung verweigert oder auf Aufforderung des anderen Teils nicht binnen zwei Wochen genehmigt, so wird das Geschäft endgültig unwirksam (§ 177 Abs. 2 BGB). Die Genehmigungsfiktion des § 91 a ist nicht analog anwendbar. Es gelten die Haftungsregeln des § 179 BGB für den Vertreter ohne Vertretungsmacht.

Sechster Abschnitt. Handlungsgehilfen und Handlungslehrlinge

Vorbemerkungen

1. Schrifttum zum Allgemeinen Arbeitsrecht. *Däubler,* Das Arbeitsrecht, Bd. 1, 14. Aufl. 1995; Bd. 2, 7. Aufl. 1990; *Däubler/Kittner/Klebe/Schneider,* BetrVG, 4. Aufl. 1994; *Dietz/Richardi,* BetrVG, 2 Bde., 6. Aufl. 1981/82; *Fitting/Kaiser/Heither/Engels,* BetrVG, 18. Aufl. 1996; *Galperin/Löwisch,* BetrVG, 2 Bde., 6. Aufl. 1982; *Gemeinschaftskommentar-BetrVG,* Bd. I, 5. Aufl. 1993; Bd. II, 5. Aufl. 1995; *Halbach/Mertens/Schwedes/Wlotzke,* Übersicht über das Recht der Arbeit, 5. Aufl. 1994; *Hanau/Adomeit,* Arbeitsrecht, 11. Aufl. 1994; *Hess/Schlochauer/Glaubitz,* BetrVG, 4. Aufl. 1993; *v. Hoyningen-Huene,* Betriebliches Arbeitsrecht, 3. Aufl. 1993; *v. Hoyningen-Huene,* Betriebsverfassungsrecht, 3. Aufl. 1993; *Hueck/Nipperdey,* Lehrbuch des Arbeitsrechts, 3 Bde., 7. Aufl. 1963/1970; *Löwisch,* Arbeitsrecht, 3. Aufl. 1991; *Löwisch,* Taschenkommentar zum Betriebsverfassungsgesetz, 3. Aufl. 1994; Münchener Handbuch zum Arbeitsrecht, 3 Bände, 1992/93; *Nikisch,* Arbeitsrecht, 3 Bde., 3. Aufl. 1959/1966; *Söllner,* Grundriß des Arbeitsrecht, 11. Aufl. 1994; *Zöllner/Loritz,* Arbeitsrecht, 4. Aufl. 1992.

2. Allgemeines Schrifttum zum Recht des Handlungsgehilfen. *Beug,* Die Handlungsgehilfen des hansischen Kaufmanns, 1907; *van der Borght,* Das Recht des Handlungsgehilfen, 1909; *Bundfuss,* Handlungs- und Gewerbegehilfen, 1938; *Feiler,* Die arbeitsrechtliche Stellung des Handlungsgehilfen unter besonderer Berücksichtigung der Gesetzesnovellen von 1969, 1982; *Frantzen,* Die neue arbeitsrechtliche Gesetzgebung in ihrer Bedeutung für den Handlungsgehilfen, 1930; *Horwitz,* Das Recht der Handlungsgehilfen und Handlungslehrlinge, 2. Aufl. 1905; *Ide,* Das kaufmännische Arbeits-, Angestellten- und Berufsausbildungsverhältnis, 1991; *Klein,* Leitende Angestellte im Außendienst von Großunternehmen, 1983; *Krall,* Die Einordnung der Handlungsgehilfen unter dem Geltungsbereich des neuen Arbeitsrechts, 1928; *Moers,* Der Handlungsgehilfe auf Provisionsbasis, 1976; *Ramrath,* Entwicklung des Rechts der Handlungsgehilfen von den Kodifikationen bis zum Entwurf eines Arbeitsvertragsgesetzes, in Festgabe für Otto Sandrock, 1995, S. 255; *Tibertius,* Der Arbeitsvertrag des kaufmännischen Angestellten in rechtlicher und soziologischer Darstellung unter besonderer Berücksichtigung des Tarif- und Schlichtungswesens, 1930, *Unbescheid,* Das Handlungsgehülfenverhältnis, 1909; *Wagner,* Die Besonderheiten beim Arbeitsverhältnis des Handlungsgehilfen, 1992; *Zitte,* Der Handlungsgehilfe, 1910.

---

[22] Anders mglw. Heymann/*Sonnenschein/Weitemeyer* RdNr. 6: Maßgeblichkeit der Umstände des Einzelfalles im Rahmen des § 54.

[23] Zu Art. 53 ADHGB RG JW 1891, 556 Nr. 15; OLG München WM 1984, 834, 835.

[24] Vgl. aber OLG München WM 1984, 834, 835 mit einer Ausnahme für den Fall, daß der Hauptbevollmächtigte die Ausführung des Geschäfts so steuert, daß der Unterbevollmächtigte keine selbständigen Risiken setzen kann.

I. Gegenstand der Regelung

1. Das kaufmännische Personal. Der sechste Abschnitt des ersten Buches des HGB **1**
(§§ 59 bis 83) behandelt nach der ursprünglichen Zielsetzung aus dem „Berufsrecht" des
Handelsstandes die kaufmännischen, unselbständigen Hilfspersonen, das kaufmännische
Personal, und regelt damit systemfremd im HGB **Arbeitsrecht.** Davon sind insbesondere –
wie die Überschrift zeigt – die Handlungsgehilfen und Handlungslehrlinge erfaßt. Trotz
dieser Einschränkung handelt es sich bei dem sechsten Abschnitt von vornherein um **eine**
lückenhafte Regelung, die nur einige handelsrechtliche Besonderheiten für das kaufmännische Personal aufgreift. Außerdem werden nicht alle Mitarbeiter des Kaufmanns
erfaßt, namentlich nicht die Arbeiter und technischen Angestellten oder freien Mitarbeiter,
wie § 83 deutlich zeigt. Auf der anderen Seite haben die Bestimmungen über die Handlungsgehilfen und Handlungslehrlinge Vorrang gegenüber den Bestimmungen der §§ 105,
113 bis 119 b sowie 120 a bis 139 aa GewO (vgl. § 154 Abs. 1 Nr. 2 GewO). Im übrigen
greifen die Regelungen der §§ 611 ff. BGB subsidiär ein (vgl. Art. 2 Abs. 1 EGHGB).

2. Änderungen und Einschränkungen. Davon abgesehen hat der sechste Abschnitt seit **2**
Erlaß des HGB verschiedene Änderungen und zusätzliche Einschränkungen erfahren müssen.[1] In neuerer Zeit wurden aufgrund des Gesetzes zur Änderung des Kündigungsrechts
und anderer arbeitsrechtlicher Vorschriften (1. Arbeitsrechtsbereinigungsgesetz) vom 14.
8.1969 (BGBl. I S. 1106) die Regelungen über die Kündigung des Handlungsgehilfen
(§§ 66 bis 72) gestrichen und diese Materie mit Wirkung vom 1. 9. 1969 dem Kündigungsrecht im BGB unterstellt (vgl. §§ 620 ff. BGB). Ebenfalls am 1. 9. 1969 ist das Berufsbildungsgesetz (BBiG) vom 14. 8. 1969 (BGBl. I S. 1112) in Kraft getreten, dessen
§ 106 Abs. 1 Nr. 1 BBiG die §§ 76 bis 82 zu den kaufmännischen Handlungslehrlingen
aufhob. Im übrigen hat das Beurkundungsgesetz vom 28. 8. 1969 (BGBl. I S. 1513) § 73

---

[1] Zur heute nicht mehr relevanten früheren   S. 255, 260 ff.; außerdem *Wagner* S. 19 f. – aus da-
Entwicklung der §§ 59 ff. siehe Heymann/*Henssler*   maliger Zeit: Ehrenbergs Hdb/*Titze,* Das kauf-
vor § 59 RdNr. 2 bis 6; *Ramrath,* FS Sandrock,   männische Hilfspersonal, 1918, S. 103 ff.

Abs. 2 gestrichen, das Gesetz über Konkursausfallgeld vom 17. 7. 1974 (BGBl. I S. 1481) den § 75 e aufgehoben, und das Strafrechtsreformergänzungsgesetz vom 28. 8. 1975 (BGBl. I S. 2289) § 63 Abs. 1 Satz 2 eingefügt. Mit Erlaß des EntgeltfortzahlungsG (Art. 53 des Pflegeversicherungsgesetzes) vom 26. 5.1994 (BGBl. I S. 1014) wurde § 63 aufgehoben.

3   **3. Heutiger Inhalt.** Damit enthält heute der sechste Abschnitt des HGB nur noch **wenige, bruchstückhafte Regelungen** über das Rechtsverhältnis zwischen dem Kaufmann und dem Handlungsgehilfen. Neben der allgemeinen Bestimmung des § 59 über die Dienstleistung und die Vergütung regeln die §§ 60 und 61 das gesetzliche Wettbewerbsverbot des Handlungsgehilfen während des bestehenden Handlungsgehilfenverhältnisses. § 62 trifft Bestimmungen über die Fürsorgepflicht des Arbeitgebers im Hinblick auf den Arbeitsschutz; diese Norm entspricht weitgehend dem § 618 BGB. Besonderheiten bei der Gehaltszahlung sind in § 64 geregelt, der von § 614 BGB abweicht. § 65 enthält eine Verweisung auf bestimmte Vorschriften des Handelsvertreterrechts, wenn der Handlungsgehilfe Provisionen erhalten soll. Der Zeugnisanspruch in § 73 entspricht weitgehend der Regelung des § 630 BGB. Schließlich betreffen die §§ 75 h, 82 a und 83 einige Besonderheiten für Vermittlungsgehilfen, Volontäre und andere Beschäftigte des Kaufmanns.

4   **4. Heutige Bedeutung.** Der sechste Abschnitt des HGB über die Handlungsgehilfen und Handlungslehrlinge hat heute stark an Bedeutung verloren.[2] Das liegt zum einen an den Vereinheitlichungstendenzen des Arbeitsrechts, die abgesehen vom 1. Arbeitsrechtsbereinigungsgesetz von 1969 insbesondere durch die zunehmende Bedeutung des Richterrechts intensiviert wurden. Darüber hinaus finden sogar gelegentlich die Sonderregelungen des HGB zugunsten allgemeiner arbeitsrechtlicher Bestimmungen keine Anwendung mehr.[3] Auf der anderen Seite haben aber die Regelungen über nachvertragliche Wettbewerbsverbote (§§ 74 ff.) auch heute erhebliche Bedeutung, weil sie auf alle Arbeitnehmer anwendbar sind.[4] Davon abgesehen werden die Inhalte von Arbeitsverhältnissen zunehmend stärker von Tarifverträgen und Betriebsvereinbarungen[5] gestaltet, so daß das gesamte gesetzliche Individualarbeitsrecht, also auch das Arbeitsrecht für die Handlungsgehilfen insoweit mehr in den Hintergrund tritt.

5   **5. Umfang der Erläuterungen.** Die Kommentierung des sechsten Abschnitts kann und will nicht das gesamte Arbeitsrecht des kaufmännischen Personals darstellen, sondern nur die im Gesetz noch vorhandenen **besonderen Regeln für das Handlungsgehilfenverhältnis** aufgreifen. Soweit hierzu auf allgemeine arbeitsrechtliche Grundlagen zurückgegriffen werden muß, werden diese nur knapp in den wesentlichen Linien mit weiterführenden Nachweisen erörtert. Der Schwerpunkt der Kommentierung liegt demgemäß im Rahmen des § 59 beim Inhalt des Arbeitsverhältnisses des Handlungsgehilfen, das durch einige Sonderregelungen in den §§ 60 ff. ergänzt wird. Daneben haben die Bestimmungen über das gesetzliche Wettbewerbsverbot während und nach Beendigung des Handlungsgehilfenverhältnisses besondere Bedeutung, was bei der Kommentierung entsprechend berücksichtigt wird. Das Kündigungsrecht des Handlungsgehilfen wird hier nicht behandelt, weil diese Materie nach Aufhebung der §§ 66 bis 72 dem allgemeinen Kündigungsrecht unterstellt ist.

II. Überschneidungen und Abgrenzungen

6   **1. Prokura und Handlungsvollmacht.** Die Vorschriften des sechsten Abschnitts **überschneiden** sich teilweise mit den Regelungen über die Prokura und Handlungsvollmacht (fünfter Abschnitt). Denn der Handlungsgehilfe kann gleichzeitig Prokurist oder Handlungsbevollmächtigter sein. Dabei ist aber zu beachten, daß Prokura und Handlungsvoll-

---

[2] *Ramrath,* FS Sandrock, S. 273; Staub/*Konzen/ Weber* RdNr. 1; MünchHdbArbR/*Winterfeld* § 176 RdNr. 2.

[3] ZB im Bereich des früheren § 63, dazu BAG AP BGB § 616 Nr. 49 mit zust. Anm. *Herschel.*

[4] BAG AP BGB § 616 Konkurrenzklausel Nr. 24.

[5] Dazu unten RdNr. 26 ff.

macht nur besondere Vertretungsbefugnisse darstellen, mithin also die Rechtsbeziehungen im Verhältnis zu Dritten betreffen. Diese Regelungen beziehen sich allein auf das sogenannte Außenverhältnis. Demgegenüber bezeichnet der Begriff des Handlungsgehilfen die Rechtsbeziehung zu dem Kaufmann. Daraus wird gelegentlich geschlossen, daß damit das sogenannte Innenverhältnis erfaßt werden soll.[6] Diese Formulierung ist aber mißverständlich, weil sie an die Unterscheidung von Vertretungsbefugnis und Geschäftsführungsbefugnis bei der Gesellschaft anknüpft (vgl. § 114 einerseits, § 125 andererseits). Der Begriff Innenverhältnis paßt nicht auf das Rechtsverhältnis zwischen dem Kaufmann und dem Handlungsgehilfen, weil es sich insoweit ebenfalls um eine Rechtsbeziehung im Außenverhältnis handelt. Das zeigt sich etwa daran, daß beim Abschluß eines Handlungsgehilfenvertrags durch eine OHG es nicht nur auf die Geschäftsführungsbefugnis, sondern entscheidend auf die Vertretungsbefugnis, also auf das Außenverhältnis, ankommt.

Freilich steckt an diesem Gedankengang insoweit etwas Richtiges, als das Rechtsver- **7** hältnis des Handlungsgehilfen sich auf den **Innenbereich des Handelsgewerbes** bezieht, und erst die Prokura oder Handlungsvollmacht den Handlungsgehilfen ermächtigt, nach außen, mit Dritten oder Kunden des Kaufmanns in eine Rechtsbeziehung zu treten. Andererseits gibt es auch Prokuristen und Handlungsbevollmächtigte, die keine Handlungsgehilfen sind, zB Kommanditisten (§§ 161, 170) oder Familienangehörige des Kaufmanns (§§ 1356, 1619 BGB).

2. **Handelsvertreter.** Auf der anderen Seite kann ein Handlungsgehilfe nach §§ 59 ff. **8** nicht Handelsvertreter gemäß § 84 Abs. 1 sein. Denn der Handlungsgehilfe ist eine unselbständige kaufmännische Hilfsperson, der Handelsvertreter dagegen selbständiger Kaufmann. Selbständiger Handelsvertreter und unselbständiger Handlungsgehilfe sind also rechtlich ein aliud. Das zeigt namentlich die Regelung des § 84 Abs. 2, der den unselbständigen Handelsvertreter als Angestellten bezeichnet und damit in den Bereich der §§ 59 ff. verweist. Dies wird auch an der Regelung des § 65 über den Provisionsangestellten deutlich, der als solcher gerade nicht Handelsvertreter ist.

III. Das System der arbeitsrechtlichen Gestaltungsfaktoren

1. **Kaufmännisches Individualarbeitsrecht.** Das Rechtsverhältnis zwischen dem Kauf- **9** mann und dem Handlungsgehilfen ist wegen der Unselbständigkeit des Handlungsgehilfen trotz der Regelung im HGB in Wahrheit dem Arbeitsrecht zuzuordnen; genauer ausgedrückt handelt es sich um besonderes kaufmännisches Individualarbeitsrecht. Daher sind die §§ 59 bis 83 nach heutigem Verständnis ein Fremdkörper im HGB, welches an sich das Recht der selbständigen Kaufleute und bestimmter Gesellschaften regelt, nicht aber der unselbständig Tätigen. Es liegt also ein Sonderarbeitsrecht für eine bestimmte Arbeitnehmergruppe vor, die heute meist **kaufmännische Angestellte** genannt werden. Von daher greifen für die Handlungsgehilfen zunächst die allgemeinen arbeitsrechtlichen Grundsätze ein, die durch die besonderen Regeln der §§ 59 bis 83 als leges speciales ergänzt werden (vgl. auch Art. 2 Abs. 1 EGHGB).

2. **Aufgabe des Arbeitsrechts** ist es, die Rechtsbeziehungen zwischen Arbeitgeber und **10** Arbeitnehmer zu regeln, also das Arbeitsverhältnis zwischen ihnen rechtlich zu ordnen und damit berechenbar zu machen. Da der Arbeitnehmer, also auch der kaufmännische Angestellte (Handlungsgehilfe), aber persönlich und wirtschaftlich vom Arbeitgeber abhängig ist, bedarf es zum Ausgleich seiner schwächeren Position eines besonderen Schutzes. Diesen Schutz will das Arbeitsrecht dadurch gewährleisten, daß der Arbeitgeber verpflichtet wird, bestimmte **Schutzregelungen zugunsten der Arbeitnehmer** zu beachten und einzuhalten. Diese betreffen zum einen den Inhalt des Arbeitsverhältnisses, wie Entgeltschutz, Persön-

---

[6] So früher Heymann/*Kötter* vor § 59 Anm. 2; heute ebenso *Karsten Schmidt* HandelsR § 16 VI 1 a (S. 368).

lichkeitsschutz, Gesundheitsschutz und Arbeitszeitschutz, zum anderen die Sicherheit des Arbeitsplatzes, den **Bestandsschutz.**

11 Der Schutz des Arbeitnehmers wird insbesondere durch zwingende Normen erreicht, die sich im **Individualarbeitsrecht,** dem **Arbeitsschutzrecht,** dem **kollektiven Arbeitsrecht** und dem **Arbeitsverfahrensrecht** finden. Diese Aufgliederung des Arbeitsrechts in vier Teilrechtsgebiete ist zwar aus dogmatisch-systematischen Gründen sinnvoll, in der Praxis sind die jeweiligen Probleme aber eng verzahnt, dh. bei der Lösung der konkreten Rechtsfrage muß stets das Zusammenspiel der jeweiligen Teilgebiete besonders beachtet werden. Als **Definition** für das Arbeitsrecht ergibt sich somit: Arbeitsrecht regelt die unselbständige, abhängige sowie weisungsgebundene Arbeit und versucht, die schwächere Position des Arbeitnehmers durch eine Vielzahl von Schutzregelungen gegenüber dem Arbeitgeber auszugleichen.

12 **3. Internationales Privat(Arbeits-)recht.**[7] Gelegentlich kann sich als Vorfrage stellen, ob überhaupt deutsches Arbeitsrecht anwendbar ist, was insbesondere in Fällen sogenannter **Auslandsberührung** Bedeutung erlangen kann. Solche Fragen können bei der Beschäftigung ausländischer Arbeitnehmer in der Bundesrepublik Deutschland wie auch bei der Beschäftigung deutscher Arbeitskräfte im Ausland auftauchen. Das wird namentlich bei multinationalen Konzernen bedeutsam, bei denen Versetzungen aus dem Ausland und ins Ausland vorkommen. Soweit Arbeitnehmer eines inländischen Unternehmens nur vorübergehend im Ausland tätig sind, bleibt es bei der Anwendung des deutschen Arbeitsrechts. Entsprechendes gilt für die vorübergehende Entsendung Arbeitnehmer ausländischer Arbeitgeber ins Inland, für die das ausländische Recht weiter gilt.

13 Die §§ 59 ff. finden keine Anwendung, wenn die Arbeitsvertragsparteien durch **Rechtswahl** gemäß Art. 27 Abs. 1 EGBGB die Anwendung einer anderen, ausländischen Rechtsordnung vereinbart haben.[8] Die Rechtswahl unterliegt lediglich den Beschränkungen des Art. 30 Abs. 1 EGBGB, wenn dem Handlungsgehilfen der Schutz entzogen wird, der ihm durch zwingende Bestimmungen des deutschen Rechts gewährt wird. Als derartige zwingende Bestimmungen werden zT die §§ 74 ff. angesehen.[9] Das dürfte wohl auch bei der früheren Entgeltfortzahlungsregelung des § 63 (jetzt § 3 EntgeltFZG) anzunehmen sein.[10]

14 Soweit keine ausdrückliche Rechtswahl erfolgt ist, muß durch **Auslegung** festgestellt werden, **welches Recht** angewendet werden soll. Dafür sieht Art. 30 Abs. 2 Nr. 1 und 2 EGBGB sogenannte **Regelanknüpfungen** vor, wonach das Arbeitsverhältnis dem Recht desjenigen Staates unterliegt, in dem der Arbeitnehmer seine Arbeitsverpflichtung erfüllt oder in dem sich die Niederlassung des Arbeitgebers befindet, sofern die Arbeit gewöhnlich nicht in ein und demselben Staat verrichtet wird. Wird demzufolge die Arbeit des Handlungsgehilfen in Deutschland verrichtet, sind regelmäßig die §§ 59 ff. anwendbar. Das gilt auch bei einem inländischen Unternehmen mit einem ausländischen Unternehmensträger, ebenso für ausländische Arbeitskräfte in inländischen Unternehmen.[11] Im übrigen kommen als Umstände, die nach der Ausnahmeklausel des Art. 30 Abs. 2 EGBGB wegen enger Verbindungen zu einem anderen Staat die Anwendung des Rechts dieses anderen Staates zur Folge haben können, insbesondere die Staatsangehörigkeit der Parteien, der Sitz des Arbeitgebers, die Vertragssprache, die Währung, in der die Vergütung bezahlt wird, der Ort des Vertragsschlusses und der Wohnsitz in Betracht.[12]

15 **4. Vielzahl von unterschiedlichen Rechtsquellen.** Im Gegensatz zu fast allen anderen Rechtsgebieten zeichnet sich das Arbeitsrecht dadurch aus, daß es eine Vielzahl von unter-

---

[7] Siehe dazu MünchHdbArbR/*Birk* § 19 m. weit. Nachw.; *Junker,* Arbeitsrecht im Konzern, 1992; *Schaub* § 6; *Zöllner/Loritz* Arbeitsrecht § 9 III.

[8] Dazu im einzelnen MünchHdbArbR/*Birk* § 19 RdNr. 3 ff.; Staub/*Konzen/Weber* RdNr. 455.

[9] Dazu MünchKommBGB/*Martiny* Art. 30 EGBGB RdNr. 62 m. weit. Nachw.

[10] So *Heilmann,* Das Arbeitsvertragsstatut, 1991, S. 124 f.

[11] BAG AP Internat. Privatrecht Arbeitsrecht Nr. 3 mit Anm. *Gamillscheg.*

[12] BAG NZA 1990, 841 = SAE 1990, 317 mit Anm. *Junker;* BAG NZA 1993, 743 = AR-Blattei ES 920 Nr. 3 mit Anm. *Franzen.*

schiedlichen Rechtsquellen oder Regelungsmechanismen gibt, die gestaltend auf das Arbeitsverhältnis einwirken.[13] Das hat zur Folge, daß für die Arbeitsbedingungen des Handlungsgehilfen sehr verschiedenartige Gestaltungsfaktoren anwendbar sein können. Man spricht in diesem Zusammenhang von dem **Pyramidenaufbau der arbeitsrechtlichen Gestaltungsfaktoren**[14] oder vom Stufenbau des Arbeitsrechts.[15] Diese sollen im folgenden nach Bedeutung und Stärke „von oben nach unten" in der Rangfolge dargestellt werden.

IV. Die einzelnen Rechtsquellen für Handlungsgehilfen

1. Europäisches Gemeinschaftsrecht. Die Rechtsbeziehung zwischen dem Kaufmann **16** und dem Handelsgehilfen werden zunächst durch den **EWG-Vertrag (EWGV)** beeinflußt, der nach Art. 227 Abs. 1 EWGV unmittelbar geltendes Recht in der Bundesrepublik Deutschland darstellt. Für das Arbeitsrecht sind hier insbesondere die Art. 117 ff. EWGV von Bedeutung, namentlich Art. 119 EWGV hinsichtlich des Gebots der Gleichbehandlung der Geschlechter beim Arbeitsentgelt, aber auch Art. 48 Abs. 2 EWGV bezüglich der Gleichbehandlungspflicht von Arbeitnehmern der EG-Mitgliedstaaten. Daneben erzeugen die **Verordnungen der Europäischen Union (EU)** gemäß Art. 189 Abs. 2 EWGV unmittelbar geltendes Recht;[16] hier sind die VO Nr. 1612/68 über die Freizügigkeit der Arbeitnehmer innerhalb der EU sowie die VO Nr. 1408/71 und 574/72 über die Anwendung der Systeme der sozialen Sicherheit auf Arbeitnehmer zu nennen.

Die **Richtlinien** der EU bedürfen demgegenüber zur Geltung in der Bundesrepublik **17** Deutschland gemäß Art. 189 Abs. 3 EWGV erst der Umsetzung durch den Gesetzgeber in verbindliches nationales Recht.[17] Für den Handlungsgehilfen haben insbesondere die Richtlinien 75/117 und 76/207 über die Gleichbehandlung von Männern und Frauen Bedeutung.[18] Diese sind auch durch das EG-Anpassungsgesetz vom 13. 8. 1980 (BGBl. I S. 1308) als §§ 611 a, 611 b und 612 Abs. 3 BGB in nationales Recht umgesetzt worden. Soweit die Umsetzung einer Richtlinie im nationalen Recht nicht oder nur mangelhaft erfolgt ist,[19] geht inzwischen die hM davon aus, daß auch Richtlinien nach Ablauf der Umsetzungsfrist unmittelbare Geltung für die Bürger in einem Mitgliedstaat erlangen können.[20] Dagegen sind Empfehlungen und Stellungnahmen der EG gemäß Art. 189 Abs. 5 EWGV in der Bundesrepublik nicht verbindlich; ebenfalls nicht Aktionsprogramme, Entschließungen oder gar nur Entwürfe für derartige Regelungen.[21]

2. Verfassung. An der Spitze der nationalen arbeitsrechtlichen Regelungen steht die **18** Verfassung. Das Grundgesetz (GG) enthält aber keinen eigenen Abschnitt über die Arbeits- und Sozialordnung. Vielmehr haben hier nur einige **Grundrechte** wichtige Auswirkungen auf das Arbeitsrecht.[22] Abgesehen von der Regelung über die Koalitionsfreiheit in Art. 9 Abs. 3 GG können die Grundrechte nach heute hM aber nicht unmittelbar auf das jeweilige Arbeitsverhältnis angewendet werden, sie haben also **keine unmittelbare Drittwir-**

---

[13] Vgl. dazu grundlegend *Adomeit,* Rechtsquellenfragen im Arbeitsrecht, 1969.

[14] *Zöllner/Loritz* § 6 I.

[15] Vgl. *Hanau/Adomeit* B 1 1; Staub/*Konzen/Weber* RdNr. 21 ff.

[16] Zur Übersicht *Birk,* Europäisches Arbeitsrecht, 1990; *Schulte,* Soziale Sicherheit in der EG, 2. Aufl. 1993; – dazu MünchHdbArbR/*Birk* § 18 RdNr. 85 ff.; Staub/*Konzen/Weber* RdNr. 33 ff.

[17] Dazu MünchHdbArb/*Birk* § 18 RdNr. 47 ff.; Staub/*Konzen/Weber* RdNr. 36.

[18] Abgedr. bei *Birk,* Europäisches Arbeitsrecht, 1990, S. 209 ff. und *Schulte,* Soziale Sicherheit in der EG, 2. Aufl. 1993, S. 413 ff.

[19] So für die vorgenannten Bestimmungen EuGH AP BGB § 611 a Nr. 1 und 2.

[20] Dazu *Daig/Schmidt* in v.d.Groeben/Thiesing/Ehlermann, EWG-Vertrag, 4. Aufl. 1991, Bd. 4, Art. 189 RdNr. 41 m. weit. Nachw.

[21] Zur Übersicht *Birk,* Europäisches Arbeitsrecht, 1990.

[22] Zum Überblick aus verfassungsrechtlicher Sicht *Söllner* NZA 1992, 721 ff.; *Söllner,* FS Kissel 1994, S. 1121 ff.; außerdem aus neuerer Zeit *Gamillscheg,* Die Grundrechte im Arbeitsrecht, 1989; *Kempf,* Grundrechte im Arbeitsverhältnis, 1988; *Ramm,* Grundrechte und Arbeitsrecht, JZ 1991, 1 ff.; MünchHdbArbR/*Richardi* § 10.

kung.[23] Vielmehr wirken die Grundrechte nur mittelbar als Ordnungsprinzipien und Wertungsmaßstäbe über die zivilrechtlichen Generalklauseln, zB §§ 138, 242, 315 BGB,[24] oder dienen zur verfassungskonformen Auslegung sonstiger arbeitsrechtlicher Bestimmungen. Davon abgesehen sind die Grundrechte ethische Grundprinzipien, die dem Gesetzgeber als Handlungsanleitung dienen, um sozial gerechte Gesetze für die Arbeitnehmer zu schaffen. In gleicher Weise wirkt das in Art. 20 Abs. 1 und 28 Abs. 1 Satz 1 GG zum Ausdruck gekommene **Sozialstaatsprinzip**, das ebenfalls nur einen Auftrag an den Gesetzgeber enthält. Unmittelbare Ansprüche können aber auch aus dem Sozialstaatsprinzip wegen seiner Unbestimmtheit nicht hergeleitet werden.[25]

19   Daher kann auch aus dem Grundgesetz (etwa aus Art. 12 GG) kein „**Recht auf Arbeit**" geltend gemacht werden. Zwar ist nach § 1 AFG dafür zu sorgen, daß ein hoher Beschäftigungsstand erzielt und aufrechterhalten wird; ein individueller Anspruch des einzelnen auf Zuweisung irgendeiner oder einer bestimmten Arbeit besteht aber nicht. Das sog. Recht auf Arbeit ist also nur ein „moralischer Anspruch", der nicht durchgesetzt werden kann, weil anderenfalls eine Verpflichtung der Arbeitgeber geschaffen werden müßte, Arbeitslose einzustellen.[26]

20   **3. Arbeitsrechtsgesetze.** Wie bereits oben (RdNr. 3) ausgeführt, enthält der sechste Abschnitt des HGB nur wenige, bruchstückhafte Regelungen über das Rechtsverhältnis zwischen dem Kaufmann und den Handlungsgehilfen. Es wird daher durch zahlreiche arbeitsrechtliche Gesetze und Verordnungen ergänzt. Diese gehören fast ausschließlich zum Bundesrecht, weil Arbeitsrecht Gegenstand der konkurrierenden Gesetzgebung gemäß Art. 74 Nr. 12 GG ist. Da der Bund von seinem Gesetzgebungsrecht vielfältig Gebrauch gemacht hat, hat Arbeitsrecht der Länder nur geringe praktische Bedeutung, zB bei den Sonderurlaubs- und Bildungsurlaubsgesetzen (**Nipperdey**, Nr. 135 ff.).

21   **a) Ergänzende Gesetze mit arbeitsrechtlichem Inhalt.** An ergänzenden Gesetzen mit arbeitsrechtlichem Inhalt sind zu nennen (alphabetisch):

– Arbeitsgerichtsgesetz (ArbGG),
– Gesetz über Arbeitnehmererfindungen (ArbNErfG),
– Gesetz über den Schutz des Arbeitsplatzes (ArbPlSchG),
– Gesetz über Betriebsärzte, Sicherheitsingenieure und andere Fachkräfte für Arbeitssicherheit (ASiG),
– Gesetz zur Regelung der gewerbsmäßigen Arbeitnehmerüberlassung (AÜG),
– Arbeitszeitgesetz (AZG),
– Berufbildungsgesetz (BBiG),
– Gesetz über arbeitsrechtliche Vorschriften zur Beschäftigungsförderung (BeschFG 1985),
– Gesetz zum Schutz der Beschäftigten vor sexueller Belästigung am Arbeitsplatz (BeschSchuG),
– Gesetz zur Verbesserung der betrieblichen Altersversorgung (BetrAVG),
– Betriebsverfassungsgesetz (BetrVG),
– Betriebsverfassungsgesetz 1952 (BetrVG 1952),
– Bürgerliches Gesetzbuch (§§ 611 bis 630 BGB),
– Gesetz über die Gewährung von Erziehungsgeld und Erziehungsurlaub (BErzGG),
– Mindesturlaubsgesetz für Arbeitnehmer (BUrlG),

---

[23] So BVerfG AP GG Art. 2 Nr. 28; jetzt auch BAG – GS AP BGB § 611 Beschäftigungspflicht Nr. 14; BAG AP BGB § 611 Persönlichkeitsrecht Nr. 27 mit Anm. *Brox;* Erman/*Hanau* § 611 RdNr. 165 ff.; MünchHdbArbR/*Richardi* § 10 RdNr. 10; Staub/*Konzen/Weber* RdNr. 25 ff. – *A.A* J. *Hager* JZ 1994, 373 ff.

[24] *Söllner,* Grundriß des Arbeitsrechts, § 5 III 2; *Zöllner/Loritz* Arbeitsrecht § 7 I.
[25] MünchKommBGB/*Söllner* § 611 RdNr. 176 m. weit. Nachw.
[26] Vgl. BAG NJW 1964, 1922; *Badura* Staatsrecht, 1986, C 89; MünchKommBGB/*Söllner* § 611 RdNr. 194 m. weit. Nachw.; *Zöllner/Loritz* § 7 II 9 m. weit. Nachw.

– Entgeltfortzahlungsgesetz (EFZG),
– Gesetz zum Schutz der arbeitenden Jugend (JArbSchG),
– Kündigungsschutzgesetz (KSchG),
– Gesetz über den Ladenschluß (LadSchlG),
– Gesetz über die Festsetzung von Mindestarbeitsbedingungen (MindArbG),
– Gesetz über die Mitbestimmung der Arbeitnehmer (MitbestG 1976),
– Gesetz über die Mitbestimmung der Arbeitnehmer in den Aufsichtsräten und Vorständen der Unternehmern des Bergbaus und der eisen- und stahlerzeugenden Industrie (MontMitbestG),
– Gesetz zur Ergänzung des Gesetzes über die Mitbestimmung der Arbeitnehmer in den Aufsichtsräten und Vorständen der Unternehmen des Bergbaus und der eisen- und stahlerzeugenden Industrie (MitbestErgG),
– Gesetz zum Schutz der erwerbstätigen Mutter (MuSchG),
– Gesetz über den Nachweis der für ein Arbeitsverhältnis geltenden wesentlichen Bestimmungen (NachwG),
– Gesetz zur Sicherung der Eingliederung Schwerbehinderter in Arbeit, Beruf und Gesellschaft (SchwbG),
– Tarifvertragsgesetz (TVG),
– 5. Gesetz zur Förderung der Vermögensbildung der Arbeitnehmer (5. VermBG).

b) Weitere gesetzliche Bestimmungen. Neben den besonderen arbeitsrechtlichen Ge- **22** setzen und Verordnungen können weitere gesetzliche Bestimmungen für das Rechtsverhältnis zwischen Kaufmann und Handlungsgehilfen relevant werden:
– Altersteilzeitgesetz (ATG),
– Gesetz zum Schutz vor Mißbrauch personenbezogener Daten bei der Datenverarbeitung (BDSG),
– Konkursordnung (KO),
– Reichsversicherungsordnung (RVO),
– Sozialgesetzbuch (SGB),
– Gesetz gegen den unlauteren Wettbewerb (UWG),
– Umwandlungsgesetz (UmwG),
– Vergleichsordnung (VerglO),
– Vorruhestandsgesetz (VRG).

c) Verordnungen. Für das Rechtsverhältnis des Handlungsgehilfen haben insbes. die **23** nachstehenden Verordnungen Bedeutung:
– Arbeitsstättenverordnung (ArbStVO),
– Arbeitsstoffverordnung (ArbstoffVO),
– Gefahrstoffverordnung (GefStoffV),
– Durchführungsverordnung zum Tarifvertragsgesetz (TVGDVO),
– Wahlordnung zum Betriebsverfassungsgesetz (BetrVGWO),
– Wahlordnungen zu den einzelnen Mitbestimmungsgesetzen.
Darüber hinaus bestehen zu vielen Gesetzen Ausführungsverordnungen (siehe dazu im einzelnen **Nipperdey**, Arbeitsrecht).

4. Gewohnheitsrecht. Wie auch sonst im deutschen Recht ist echtes Gewohnheitsrecht **24** mit Rechtsnormqualität (vgl. Art. 2 EGBGB) im Arbeitsrecht verhältnismäßig selten. Im arbeitsrechtlichen Schadensersatzrecht spielen die „positive Vertragsverletzung" und „culpa in contrahendo" eine Rolle. Davon abgesehen ist fraglich, ob es darüber hinaus im Arbeitsrecht wirkliches Gewohnheitsrecht gibt. Zu bejahen ist dies für den arbeitsrechtlichen **Gleichbehandlungsgrundsatz** (dazu unten § 59 RdNr. 282). Die Rechtsprechung zur mehrfach vorbehaltlosen Zahlung einer **Gratifikation** (dazu unten § 59 RdNr. 303) und zu den Rückzahlungsklauseln (dazu unten § 59 RdNr. 307) ist dagegen wohl nicht gewohnheitsrechtlich anerkannt[27] und stellt auch kein „betriebliches Gewohnheitsrecht" dar.[28] Ausdrücklich abgelehnt wurde jedenfalls von der Rechtsprechung ein angeblich bestehender gewohnheitsrechtlicher Grundsatz, daß der sog. Personaleinkauf gegen Vorzugspreise und unter Einräumung eines zinslosen Kredits entgegen § 115 Abs. 2 Satz 1 GewO gestattet sei.[29] Auch das Weisungsrecht des Arbeitgebers beruht nicht auf Gewohnheitsrecht,[30] sondern auf dem Arbeitsvertrag (dazu unten RdNr. 42). Vom Gewohnheitsrecht zu unterscheiden sind die Verkehrssitte (§§ 157, 242 BGB) und der Handelsbrauch (§ 346) sowie das **Richterrecht** (dazu unten RdNr. 47), die allesamt keine Rechtsnormqualität haben.

25   **5. Unfallverhütungsvorschriften (UVV).** Eine Rechtsquelle eigener Art stellen die Unfallverhütungsvorschriften der Berufsgenossenschaften als den Trägern der gesetzlichen Unfallversicherung dar. Sie werden aufgrund der §§ 708 ff. RVO erlassen und gelten mit Rechtsnormqualität unmittelbar und verbindlich für die betroffenen Arbeitgeber und Arbeitnehmer.[31]

26   **6. Tarifverträge.**[32] Erhebliche Bedeutung in der betrieblichen Praxis haben Tarifverträge als Rechtsquellen des kollektiven Arbeitsrechts, bei denen es sich um nichtstaatliches, autonomes Recht handelt. Tarifverträge werden aufgrund der Tarifautonomie (Art. 9 Abs. 3 GG) von Gewerkschaften mit einzelnen Arbeitgebern (Firmentarifverträge) oder Arbeitgebervereinigungen (Branchentarifverträge) abgeschlossen, § 2 Abs. 1 TVG. Tarifverträge enthalten Rechtsnormen, die den Inhalt, den Abschluß und die Beendigung von Arbeitsverhältnissen sowie betriebliche und betriebsverfassungsrechtliche Fragen ordnen können, § 1 Abs. 1 TVG. Zu unterscheiden sind Manteltarifverträge, die allgemeine Arbeitsbedingungen enthalten, sowie Lohn- und Gehaltstarifverträge, die das Arbeitsentgelt regeln, sowie sonstige Tarifverträge, zB über den Vorruhestand, das Berufsausbildungsverhältnis, Jahresabschlußprämien, Rationalisierungsmaßnahmen etc.

27   Tarifverträge **gelten** innerhalb ihres räumlichen, fachlichen und persönlichen Geltungsbereiches nur für die beiderseits Tarifgebundenen, §§ 3 Abs. 1, 4 Abs. 1 TVG. Allein die Rechtsnormen des Tarifvertrags über betriebliche und betriebsverfassungsrechtliche Fragen gelten für alle Betriebe, deren Arbeitgeber tarifgebunden sind, § 3 Abs. 2 TVG. Daneben kann nach § 5 TVG ein Tarifvertrag unter bestimmten Voraussetzungen von dem Bundes- oder Landesarbeitsminister für **allgemeinverbindlich** erklärt werden; durch diesen staatlichen Rechtsetzungsakt eigener Art[33] wird die Geltung des Tarifvertrags über die Tarifgebundenen hinaus auf alle Arbeitgeber und Arbeitnehmer des räumlichen, betrieblichen und persönlichen Geltungsbereiches des Tarifvertrags erstreckt, § 5 Abs. 4 TVG. Die Allgemeinverbindlicherklärung (AVE) von Tarifverträgen ist allerdings nicht sehr häufig, sondern erfolgt nur in besonders schutzbedürftigen Branchen, wie zB der Textil- und Bauindustrie oder im Einzelhandel. Die Lohn- und Gehaltstarifverträge, insbesondere in den wirtschaftlich bedeutsamen Branchen wie Metall und Chemie, werden aber in der Regel nicht für allgemeinverbindlich erklärt, weil hierfür kein öffentliches Interesse besteht.

28   Neben diesen gesetzlich geregelten Fällen der Geltung des Tarifvertrags spielt in der Praxis die vertraglich vereinbarte Anwendung des Tarifvertrags eine große Rolle (sog.

---

[27] So aber BAG AP BGB § 242 Ruhegehalt Nr. 90 mit abl. Anm. *Zöllner* = AR-Blattei Ruhegeld, Entsch. 36 mit abl. Anm. *Nikisch* = SAE 1963, 213 mit abl. Anm. *Heissmann;* wie hier *Adomeit* BB 1964, 599, 602; *Wlotzke* BABl. 1964, 49.

[28] So ausdrücklich BAG AP BGB § 242 Betriebliche Übung Nr. 5 und 11 mit Anm. *Seiter.*

[29] BAG AP GewO § 115 Nr. 4 mit Anm. *Weitnauer.*

[30] So aber *Böker,* Das Weisungsrecht des Arbeitgebers, 1971, S. 48 ff.

[31] Dazu die Kommentare zu §§ 708 ff. RVO, insbesondere *Lauterbach,* Gesetzliche Unfallversicherung, Band 3, 3. Aufl. 1987, § 708 Anm. 4.

[32] Vgl. dazu Kommentare zum TVG, insbesondere *Hagemeier/Kempen/Zachert/Zilius* TVG, 2. Aufl. 1990; *Löwisch/Rieble* TVG 1992; *Wiedemann/Stumpf* TVG, 5. Aufl. 1977; außerdem *Däubler* Tarifvertragsrecht, 3. Aufl. 1993; Staub/*Konzen/Weber* RdNr. 48 ff.

[33] So BVerfG AP TVG § 4 Nr. 15.

Bezugnahme auf den Tarifvertrag).[34] Diese zulässige Vereinbarung bewirkt, daß auch für die nichtorganisierten Arbeitgeber und Handlungsgehilfen die tariflichen Regelungen einschlägig werden. Häufig erfolgt die Bezugnahme auf den Tarifvertrag in Formularverträgen, wobei sich die Bezugnahme auch auf die jeweils geltenden Tarifverträge erstrecken kann (sog. dynamische Verweisung).[35] Welcher Tarifvertrag überhaupt einschlägig ist, kann durch Einsicht in das Tarifregister sowie der registrierten Tarifverträge festgestellt werden, das bei dem Bundesminister für Arbeit und Sozialordnung geführt wird (§ 6 TVG, § 16 DVO zum TV). Im übrigen kann auch bei den zuständigen Gewerkschaften und Arbeitgeberverbänden nachgefragt werden.

7. Betriebsvereinbarungen. Die Betriebsvereinbarung ist ein Vertrag zwischen Arbeit-   29 geber und Betriebsrat, der – abgesehen von den leitenden Angestellten (§ 5 Abs. 3 BetrVG) – für alle oder die in der Betriebsvereinbarung bezeichneten Arbeitnehmer des Betriebs unmittelbar und zwingend gilt, § 77 Abs. 4 BetrVG. Im Gegensatz zum Tarifvertrag hängt die Geltung einer Betriebsvereinbarung also nicht von der Organisationszugehörigkeit des Arbeitgebers oder Arbeitnehmers ab. Betriebsvereinbarungen kommen insbesondere dort in Betracht, wo im Betriebsverfassungsgesetz Mitbestimmungsrechte des Betriebsrats vorgesehen sind, zB im Rahmen der sozialen Angelegenheiten gemäß § 87 BetrVG. Allerdings dürfen Betriebsvereinbarungen keine Gegenstände regeln, die bereits Inhalt oder jedenfalls üblicher Inhalt eines Tarifvertrags sind, sog. Tarifvorrang (§ 77 Abs. 3 BetrVG). Häufig wird in größeren Betrieben eine „Arbeitsordnung" in Form einer Betriebsvereinbarung erlassen, in den Regeln über das Verhalten der Arbeitnehmer im Betrieb, über Beginn und Ende der Arbeitszeit und ähnliches enthalten sind.[36]

8. Allgemeine Arbeitsbedingungen.[37] Da viele Einzelprobleme im Arbeitsverhältnis   30 sinnvollerweise nur generell geregelt sein können, werden häufig auf individualrechtlicher Grundlage im Betrieb oder Unternehmen sog. allgemeine Arbeitsbedingungen (AAB) geschaffen, um eine möglichst einheitliche Rechtslage herzustellen (Ordnungsfunktion) und dadurch eine möglichst gleichmäßige Behandlung der Arbeitnehmer zu erreichen und auf diese Weise zum Betriebsfrieden beizutragen (Gleichbehandlungsfunktion). AAB bezeichnen **als Oberbegriff mehrere Erscheinungen:** Zum einen versteht man darunter arbeitsvertragliche Einheitsregelungen, also Formularverträge (Modellverträge), die für den jeweils abzuschließenden Einzelarbeitsvertrag verwendet werden. Zum anderen zählen zu den AAB verschiedene Arten von einseitigen, aber generellen Regelungen durch den Arbeitgeber, insbesondere Gesamtzusagen. Schließlich gehört dazu die betriebliche Übung, ein über längere Zeit geübtes Verhalten des Arbeitgebers, aufgrund dessen ein individualrechtlicher Anspruch auf bestimmte Leistungen für die Arbeitnehmer entstehen kann.

Anders als die allgemeinen Geschäftsbedingungen (AGB) dienen AAB wegen ihrer ten-   31 denziellen Gleichbehandlungsabsicht nicht nur dem Arbeitgeber und dem betrieblichen Ablauf, sondern auch den **Interessen der Belegschaft** und gleichzeitig dem einzelnen Arbeitnehmer, der diese Generalisierung von Bedingungen als gerechte Behandlung empfindet. Auch wenn das AGB-Gesetz gemäß § 23 Abs. 1 AGBG keine Anwendung bei Verträgen auf dem Gebiet des Arbeitsrechts findet,[38] unterliegen AAB dennoch einer arbeitsrechtlichen Rechts- und Inhaltskontrolle.[39]

---

[34] Ausführlich *v. Hoyningen-Huene* RdA 1974, 146 ff.; *Wiedemann/Stumpf* TVG, 5. Aufl. 1977, § 3 RdNr. 84 ff.

[35] Vgl. zur nur eingeschränkten Zulässigkeit der dynamischen Verweisung von Gesetzen auf Tarifverträge BVerfG NJW 1984, 1225.

[36] Muster für eine Arbeitsordnung in *Schaub*, Arbeitsrechtliche Formularsammlung und Arbeitsgerichtsverfahren, 6. Aufl. 1994, § 26 I, sowie Muster zu sonstigen Betriebsvereinbarungen in § 26 II bis § 28; – siehe im übrigen auch Staub/*Konzen/Weber* RdNr. 54 ff.

[37] Dazu   MünchHdbArbR/*Richardi*   § 12 RdNr. 33 ff.; Staub/*Konzen/Weber* RdNr. 69 ff.

[38] Dazu *v. Hoyningen-Huene* EWiR § 117 GewO 1/93.

[39] Dazu allgemein *Fastrich*, Richterliche Inhaltskontrolle im Privatrecht, 1992; *v. Hoyningen-Huene*, Die Billigkeit im Arbeitsrecht, 1978, S. 151 ff.; *Preis*, Grundfragen der Vertragsgestaltung im Arbeitsrecht, 1993; MünchHdbArbR/*Richardi* § 12 RdNr. 45, § 14 RdNr. 37 ff.

32 AAB nehmen innerhalb der arbeitsrechtlichen Rechtsquellen eine Sonderstellung ein, weil sie zwischen der arbeitsvertraglichen Einzelregelung und den kollektivrechtlichen Gesamtvereinbarungen stehen (sog. **Doppelnatur**). Einerseits haben sie nämlich generellen (oft mißverständlich genannt: „kollektiven") Charakter, da sie ihrer Natur nach und vom Zweck her für mehrere oder alle Arbeitnehmer des Betriebs gelten sollen, ohne dadurch schon normative Wirkung wie Betriebsvereinbarungen (§ 77 Abs. 4 Satz 1 BetrVG) und Tarifverträge (§ 4 Abs. 1 TVG) zu erhalten. Andererseits wirken sie sich stets auf der individualrechtlichen Ebene in jedem einzelnen Arbeitsverhältnis aus. Demzufolge werden insbesondere generell vorformulierte vertragliche Einheitsregelungen ebenso wie allgemeine Geschäftsbedingungen nur durch beiderseitige Willenserklärung in den Einzelarbeitsvertrag als dessen Bestandteil aufgenommen, wie das in § 2 AGBG für AGB ausdrücklich normiert ist. AAB gelten infolgedessen nur auf der **Ebene des Individualarbeitsrechts** für jedes einzelne Arbeitsverhältnis, dh jeder Arbeitnehmer wird unmittelbar davon nur über seinen Arbeitsvertrag in seinem Arbeitsverhältnis betroffen.[40]

33 **a) Arbeitsvertragliche Einheitsregelungen** sind in der Regel Formulararbeitsverträge bzw. Musterarbeitsverträge[41] bzw. inhaltlich gleichlautende Arbeitsvertragsbedingungen (vgl. sinngemäß § 1 Abs. 1 AGBG). Derartige arbeitsvertragliche Einheitsregelungen unterliegen einer richterlichen Inhaltskontrolle. Soweit arbeitsvertragliche Einheitsregelungen gegen zwingendes, höherrangiges Recht verstoßen, sind sie anhand dieses Maßstabs zu kontrollieren. Dagegen ist eine darüber hinausgehende Inhaltskontrolle nur anhand des generalisierenden Maßstabs von § 242 BGB zulässig.[42]

34 **b) Einseitige generelle Regelungen des Arbeitgebers**[43] beziehen sich auf bestimmte Gruppen von Arbeitnehmern oder den gesamten Betrieb. Dazu gehören vor allem generelle Weisungen oder Leistungsbestimmungen im Rahmen des Direktionsrechts (dazu unten RdNr. 42 ff.), etwa generelle Anordnungen hinsichtlich der Arbeitszeit, der Ordnung im Betrieb, von Torkontrollen uä. Abgesehen davon, daß derartige Regelungen meist der Mitbestimmung des Betriebsrats nach § 87 BetrVG und daher bereits einer betrieblichen Kontrolle unterliegen, ist eine richterliche Inhaltskontrolle wegen des generellen Charakters grundsätzlich nur nach § 242 BGB und dem Gleichbehandlungsgrundsatz (dazu § 59 RdNr. 150) möglich. Nur im Ausnahmefall wird auch eine Inhaltskontrolle nach § 315 BGB in Betracht kommen, weil diese Norm allein bei Einzelregelungen anwendbar ist.[44] Das BAG wendet dagegen in allen diesen Fällen § 315 BGB sehr großzügig an.[45]

35 **c) Gesamtzusage.** Einen Sonderfall der generellen einseitigen Leistungsbestimmung stellt die Gesamtzusage dar. Das ist nach hM eine einseitige Erklärung des Arbeitgebers gegenüber bestimmten oder allen Arbeitnehmern, meist hinsichtlich einer besonderen freiwilligen finanziellen Leistung in Form von Prämien, Zulagen, Gratifikationen oder insbesondere Ruhegeldzusagen, die stillschweigend von den betroffenen Arbeitnehmern angenommen wird. Derartige Gesamtzusagen sind ebenfalls Gestaltungsfaktoren des Indivi-

---

[40] MünchHdbArbR/*Richardi* § 12 RdNr. 35 ff.
[41] Zu ihnen *Schaub*, Arbeitsrechtliche Formularsammlung und Arbeitsgerichtsverfahren, 5. Aufl. 1990, §§ 2 bis 4.
[42] Vgl. *Becker* NJW 1973, 1913 ff.; *Canaris* RdA 1974, 18 ff.; *Gumpert* BB 1974, 139 ff.; *v. Hoyningen-Huene*, Die Billigkeit im Arbeitsrecht, 1978, S. 153 ff. m. weit. Nachw.; *Lieb/Westhoff* DB 1973, 69 ff.; *Preis*, Grundfragen der Vertragsgestaltung im Arbeitsrecht, 1993, S. 237 ff.; *Säcker*, Gruppenautonomie und Übermachtkontrolle im Arbeitsrecht, 1972, S. 224 ff.; *Zöllner* AcP 176 (1976), 221, 243 ff.; einschränkend *Westhoff*, Die Inhaltskontrolle von Arbeitsverträgen, 1975, S. 22 ff. – AA insbes. *Söllner*, Einseitige Leistungsbestimmungen im Ar-

beitsverhältnis, 1966, insbes. S. 32 ff. und MünchKommBGB/*Söllner* § 611 RdNr. 214, der die Inhaltskontrolle auf § 315 BGB stützen will.
[43] Dazu MünchHdbArbR/*Richardi* § 12 RdNr. 46 ff.
[44] Ebenso Staudinger/*Mayer-Maly* § 315 RdNr. 37 und 58; MünchHdbArbR/*Richardi* § 14 RdNr. 42; vgl. dazu *v. Hoyningen-Huene*, Die Billigkeit im Arbeitsrecht, 1978, S. 158 ff.; – *Söllner*, Einseitige Leistungsbestimmung im Arbeitsverhältnis, 1966, S. 32 ff., will dagegen auch in diesen Fällen stets § 315 BGB anwenden.
[45] Ausführlich *Preis*, Grundfragen der Vertragsgestaltung im Arbeitsrecht, 1993, S. 191 ff.

dualarbeitsrechts[46] und unterliegen daher wegen ihres generalisierenden Charakters ebenfalls der Inhaltskontrolle nach § 242 BGB. Diese Problematik wird namentlich bei Änderungen der Gesamtzusage relevant. Nach Auffassung des BAG ist allerdings eine allgemeine Billigkeitskontrolle namentlich bei Ruhegeldordnungen in besonderem Maße geboten, weil es mit der sozialen Gerechtigkeit nicht zu vereinbaren sei, daß ein Arbeitnehmer auf einen Betrieb angewendete Versorgungsordnung und auf die Beständigkeit seiner Alterssicherung vertraut und im vorgerückten Alter durch eine nachträgliche unerwartete und durch anderweitige Maßnahmen nicht mehr ausgleichbare Verschlechterung enttäuscht wird.[47]

d) Betriebliche Übung. Die betriebliche Übung[48] stellt kein betriebliches Gewohn- 36
heitsrecht dar, hat also keine unmittelbare und normative Wirkung auf die Einzelarbeitsverhältnisse.[49] Sie ist vielmehr Inhalt des Arbeitsvertrages der betroffenen Arbeitnehmer, die aus ihr individualrechtliche Ansprüche erlangen.[50] Die betriebliche Übung setzt ein langdauerndes, gleichmäßiges tatsächliches Verhalten des Arbeitgebers voraus, bei dem die Arbeitnehmer bestimmte Leistungen des Arbeitgebers entgegennehmen und dadurch ein rechtsgeschäftlicher Vertrauenstatbestand entsteht, daß der Arbeitgeber sich in Zukunft ebenso verhalten werde. Die betriebliche Übung greift auch für neu eintretende Arbeitnehmer ein,[51] selbst wenn sie die Voraussetzungen der betrieblichen Übung noch nicht erfüllen.[52] Allerdings kann sie bei neu eintretenden Arbeitnehmern vertraglich ausgeschlossen werden, was keinen Verstoß gegen den Grundsatz der Gleichbehandlung darstellt.[53] Der Arbeitgeber kann freilich das Entstehen einer Betriebsübung durch den klaren Ausschluß einer Bindung oder durch einen Vorbehalt für die Zukunft grundsätzlich ausschließen.[54] Eine bestehende betriebliche Übung kann aber nicht für die Zukunft einseitig durch Widerruf des Arbeitgebers beendet werden, sondern bedarf einer Kündigung oder eines Änderungs- bzw. Aufhebungsvertrages.[55] Die Ablösung einer betrieblichen Übung durch Betriebsvereinbarung war früher von der Rechtsprechung als möglich angesehen worden,[56] ist aber nach moderner Auffassung wegen des Günstigkeitsprinzips nur im eingeschränkten Umfang zulässig.[57]

Beispiele für eine betriebliche Übung sind: Die jahrelange Zahlung von Trennungsent- 37
schädigung,[58] eines Wechselschichtzuschlages[59] oder eines 13. Monatsgehalts[60] und die jahrzehntelang gewährte Versorgungszusage (vgl. auch § 1 Abs. 1 Satz 4 BetrAVG).[61] Wohl auch eine Betriebsübung stellt die dreimal vorbehaltlose Zahlung einer Gratifikation dar.[62] Bei der Gewährung zusätzlicher freier Tage oder Stunden aus besonderem Anlaß (zB Ro-

---

[46] MünchHdbArbR/*Richardi* § 12 RdNr. 39 f.; Staub/*Konzen/Weber* RdNr. 71; aA *Hilger,* Das betriebliche Ruhegeld, 1959, S. 51 ff., 61 ff.: Kollektivrechtlicher Gestaltungsfaktor.

[47] BAG AP BGB § 242 Ruhegehalt-Unterstützungskassen Nr. 1; BAG AP BGB § 242 Ruhegehalt Nr. 144 und 170; dazu ausführlich v. *Hoyningen-Huene,* Die Billigkeit im Arbeitsrecht, 1978, S. 212 ff.

[48] Vgl. *Backhaus* AuR 1983, 65 ff.; *Erman/Hanau* § 611 RdNr. 274 ff.; *Gamillscheg,* FS Hilger/Stumpf, 1983, S. 227 ff.; *Hromadka* NZA 1984, 241 ff.; *Hueck/Fastrich* ARBlattei, Betriebsübung I (1982); MünchHdbArbR/*Richardi* § 13; *Seiter,* Die Betriebsübung, 1967; Staub/*Konzen/Weber* RdNr. 73 ff.

[49] Vgl. BAG AP BGB § 242 Betriebliche Übung Nr. 5 und 11.

[50] BAG AP BGB § 242 Betriebliche Übung Nr. 10.

[51] BAG AP BGB § 242 Betriebliche Übung Nr. 2 und 32.

[52] BAG AP BGB § 242 Betriebliche Übung Nr. 6 und 10.

[53] BAG AP BGB § 242 Gleichbehandlung Nr. 30.

[54] BAG DB 1985, 1482.

[55] MünchHdbArbR/*Richardi* § 13 RdNr. 33 ff.

[56] BAG AP BGB § 242 Betriebliche Übung Nr. 10.

[57] BAG GS AP BetrVG 1972 § 77 Nr. 17; BAG aaO Nr. 43; MünchHdbArbR/*Richardi* § 13 RdNr. 34 ff.

[58] BAG AP TVArb Bundespost § 3 Nr. 1 mit Anm. *Scheuring.*

[59] BAG AP BGB § 242 Betriebliche Übung Nr. 12 mit Anm. *Scheuring.*

[60] BAG AP BetrAVG § 1 Betriebliche Übung mit Anm. *Hromadka.*

[61] BAG AP BGB § 242 Betriebliche Übung Nr. 8 und 10.

[62] BAG AP BGB § 611 Gratifikation Nr. 26; vgl. MünchKommBGB/*Söllner* § 611 RdNr. 217.

senmontag, Heiliger Abend) kann in der Regel nicht von dem Entstehen einer betrieblichen Übung ausgegangen werden.[63]

38 **Keine betriebliche Übung** entsteht, wenn der Arbeitgeber in fehlerhafter und irrtümlicher Anwendung von Tarifvorschriften Leistungen gewährt; diese fehlerhafte Rechtsanwendung kann korrigiert werden, wenn nicht besondere Anhaltspunkte für die unbefristete Weitergewährung der Vergünstigung vorliegen.[64] Ebensowenig entsteht eine betriebliche Übung, wenn der Arbeitgeber die Gehälter seiner außertariflichen Angestellten während mehrerer Jahre in Anlehnung an die Tarifentwicklung erhöht[65] oder übertarifliche Lohnzulagen auf eine Tariflohnerhöhung anrechnet, obwohl er die Zulage jahrelang vorbehaltlos zum Tariflohn gewährt hatte.[66]

39 **9. Arbeitsvertrag.** Anknüpfungspunkt für die Gestaltung des Arbeitsverhältnisses ist der Einzelarbeitsvertrag, der in § 59 Satz 1 als **Anstellung** bezeichnet wird. Aus dem Arbeitsvertrag leiten sich die Hauptleistungspflichten des Kaufmanns und des Handlungsgehilfen ab, nämlich die Dienstleistungs- und Vergütungsverpflichtung. Zu den arbeitsvertraglichen Regelungen gehören nicht nur der ursprüngliche Vertrag, sondern auch alle weiteren, zusätzlichen Vereinbarungen, die häufig später stillschweigend festgelegt werden. Davon abgesehen enthält der Arbeitsvertrag relativ wenige Regelungen, weil der größte Teil des Arbeitsverhältnisses bereits durch Gesetz, Tarifvertrag und Betriebsvereinbarung bestimmt ist. Bedeutsame arbeitsvertragliche Regelungen sind daher insbesondere die Bezugnahme auf den Tarifvertrag (dazu oben RdNr. 28) sowie Ergänzungen, Konkretisierungen und günstige Abweichungen von höherrangigem Recht. Denn der Arbeitsvertrag kann nur im Rahmen der vom objektiven Recht gezogenen Grenzen vereinbart werden.

40 Davon abgesehen enthält der Arbeitsvertrag hinsichtlich der Leistungsverpflichtung des Handlungsgehilfen nur eine **rahmenmäßige Festlegung,** die durch das Direktionsrecht (dazu unten RdNr. 42 ff.) näher konkretisiert wird. Aus all diesen Gründen hat der Arbeitsvertrag heute mehr die Funktion des Begründungsaktes für das Arbeitsverhältnis als die eines echten Gestaltungsmittels.[67] Gleichwohl ist der Arbeitsvertrag nach wie vor unverzichtbar, weil er vielfältige privatautonome Gestaltungsmöglichkeiten einräumt und seine besondere praktische Bedeutung als Ergänzung gegenüber generellen und kollektiven Regelungen hat, namentlich wenn er günstiger ist.[68]

41 Eine **Inhaltskontrolle** von Einzelarbeitsverträgen kann nur als Rechtskontrolle erfolgen; es darf also nur überprüft werden, ob der Arbeitsvertrag gegen höherrangiges zwingendes Recht verstößt. Im übrigen ist eine Billigkeitskontrolle des Arbeitsvertrages wegen der Vertragsfreiheit unzulässig.[69] Soweit allerdings die Arbeitsbedingungen auf anderen Gestaltungsfaktoren beruhen (allgemeine Arbeitsbedingungen einerseits, Direktionsrecht andererseits), sind die dort genannten Grundsätze der Inhaltskontrolle zu beachten.

42 **10. Weisungsrecht.** Die Rechtsgrundlage des Weisungsrechts des Arbeitgebers (Leitungsmacht, Direktionsrecht) findet sich nicht eigens im HGB. Lediglich einzelne Bestimmungen für andere Arbeitnehmergruppen legen das Weisungsrecht ausdrücklich fest (vgl. § 618 BGB, § 121 GewO, § 29 Abs. 1 SeemannsG). Nach hM ist Rechtsgrundlage des Direktionsrechts der Arbeitsvertrag bzw. das Arbeitsverhältnis selbst, auch wenn die Weisungsbefugnis – wie in der Regel – nicht ausdrücklich im Anstellungsvertrag erwähnt wird. Sie ergibt sich daraus, daß Inhalt des Arbeitsvertrags die entgeltliche Leistung weisungsge-

[63] BAG AP BGB § 242 Betriebliche Übung Nr. 1 und 9; BAG BB 1993, 1012.
[64] BAG AP BGB Betriebliche Übung Nr. 15, 16 und 19.
[65] BAG AP BGB § 242 Betriebliche Übung Nr. 22.
[66] BAG AP TVG § 4 Übertariflicher Lohn und Tariflohnerhöhung Nr. 15 = EzA TVG § 4 Tariflohnerhöhung Nr. 6 mit Anm. *v. Hoyningen-Huene.*

[67] Vgl. dazu insbesondere *Adomeit,* Rechtsquellenfragen im Arbeitsrecht, 1969, S. 92 ff.
[68] Dazu *Boemke* NZA 1993, 532 ff.; *Zöllner/Loritz* § 11 III 4.
[69] Dazu ausführlich *v. Hoyningen-Huene,* Die Billigkeit im Arbeitsrecht, 1978, S. 130 ff.; *MünchHdbArbR/Richardi* § 14 RdNr. 43; *Staub/Konzen/Weber* RdNr. 79 ff. – AA offenbar BAG AP HGB § 65 Nr. 6 mit Anm. *Herschel.*

bundener Arbeit darstellt.[70] Das Weisungsrecht des Arbeitgebers dient dazu, die „offengelassenen" Stellen des Arbeitsvertrags auszufüllen und damit den Arbeitsvertrag zu ergänzen und zu konkretisieren. Namentlich kann die nur rahmenmäßig umschriebene Leistungspflicht des Handlungsgehilfen (§ 59) nach Zeit, Ort und Art der Leistung näher bestimmt werden.[71]

Das Weisungsrecht des Arbeitgebers ist zunächst durch die höherrangigen Rechtsquellen **43** wie Gesetz, Tarifvertrag und Betriebsvereinbarung **eingeschränkt.** Außerdem reicht es nur innerhalb der Grenzen des Arbeitsvertrags. Im übrigen muß das Weisungsrecht nach billigem Ermessen gemäß § 315 BGB ausgeübt werden.[72] In diesem Rahmen ist durch Interessenabwägung festzustellen, ob die angeordnete Arbeit einerseits betrieblich erforderlich und andererseits dem Arbeitnehmer zumutbar ist. Das Weisungsrecht des Arbeitgebers unterliegt folglich einer Rechtskontrolle im Hinblick auf die Vereinbarkeit mit höherrangigem Recht und einer Inhaltskontrolle in Form der Billigkeitskontrolle gemäß § 315 Abs. 3 BGB.[73]

Vom Direktionsrecht zu unterscheiden sind arbeitsvertragliche oder tarifliche **Vorbehal- 44 te** und **Bestimmungsklauseln,** nach denen der Arbeitgeber zu bestimmten Regelungsbefugnissen ermächtigt wird.[74] **Beispiele** sind:

– Der Vorbehalt des Arbeitgebers, eine Abteilung des Arbeitnehmers als selbständig abzutrennen und diese einem anderen leitenden Arbeitnehmer zu unterstellen;[75]
– Bestimmungen im Arbeitsvertrag, wonach einer dauernden außerordentlichen Teuerung durch entsprechende Zulagen Rechnung getragen werden solle;[76]
– die im Arbeitsvertrag vorbehaltene Befugnis des Arbeitgebers, neben dem festgelegten regulären Arbeitslohn eine „Prämie" in angemessenen Zeitabständen zu ändern;[77]
– der Vorbehalt, bestimmte Ruhegeldzusagen zu ändern, anzurechnen oder zu erhöhen;[78]
– der Widerruf einer Vorarbeiterstellung auf Grund Tarifvertrags.[79]

Bei der Ausübung des Direktionsrechts muß der Arbeitgeber uU das **Mitbestimmungs- 45 recht des Betriebsrats,** insbesondere nach § 87 BetrVG beachten. Dabei können nicht nur sogenannte Kollektivmaßnahmen mitbestimmungspflichtig sein, sondern auch auf dem Direktionsrecht beruhende Einzelmaßnahmen, zB nach § 87 Abs. 1 Nr. 1 BetrVG die Verhängung einer Verwarnung oder Betriebsbuße,[80] die Festsetzung der zeitlichen Lage des Urlaubs für einzelne Arbeitnehmer, wenn zwischen Arbeitgeber und dem beteiligten Arbeitnehmer kein Einverständnis erzielt wird (§ 87 Abs. 1 Nr. 5 BetrVG), und nach § 87 Abs. 1 Nr. 9 BetrVG die Zuweisung und Kündigung von Werkswohnungen. Gelegentlich sehen auch Tarifverträge bei der Ausübung des Direktionsrechts die Mitbestimmung des Betriebsrats vor.[81]

11. Rechtsprechung, Richterrecht und Rechtsfortbildung. Die Rechtsprechung der **46** Arbeitsgerichte ist im Regelfall keine eigenständige Rechtsgrundlage, vielmehr wird nur durch Anwendung und Auslegung der einschlägigen arbeitsrechtlichen Gestaltungsfaktoren ein konkreter Einzelfall entschieden. Lediglich rechtskräftige Entscheidungen der Gerichte

---

[70] So schon RAG ARS 14, 236 mit Anm. *A. Hueck;* BAG AP BGB § 611 Direktionsrecht Nr. 17; *Adomeit* Rechtsquellenfragen S. 93, 99; *v. Hoyningen-Huene,* Die Billigkeit im Arbeitsrecht, 1978, S. 142; MünchHdbArbR/*Richardi* § 12 RdNr. 50.
[71] BAG AP BGB § 611 Direktionsrecht Nr. 26 mit Anm. *Löwisch;* BAG AP BGB § 611 Direktionsrecht Nr. 36.
[72] BAG AP BGB § 611 Direktionsrecht Nr. 36; dazu ausführlich *v. Hoyningen-Huene,* Die Billigkeit im Arbeitsrecht, 1978, S. 141 ff.; *Söllner,* Einseitige Leistungsbestimmung im Arbeitsverhältnis, 1966.
[73] Vgl. BAG AP BGB § 611 Direktionsrecht Nr. 24, 36, 38.

[74] Dazu *v. Hoyningen-Huene/Meier-Krenz* ZfA 1988, 293 ff., 295 ff.
[75] BAG AP ZPO § 767 Nr. 2; BAG AP BGB § 611 Arzt-Krankenhaus-Vertrag Nr. 3.
[76] ArbG Hannover BB 1973, 980.
[77] BAG AP BGB § 315 Nr. 10.
[78] BAG AP BGB § 315 Nr. 13; BAG AP BGB § 242 Ruhegehalt Nr. 174.
[79] BAG LPVG NW § 72 Nr. 6 mit Anm. *v. Hoyningen-Huene.*
[80] BAG AP BetrVG (1952) § 56 Betriebsbuße Nr. 1 mit Anm. *Dietz;* BAG BetrVG 1972 § 87 Betriebsbuße Nr. 1.
[81] Vgl. dazu BAG AP BGB § 611 Akkordlohn Nr. 11; BAG AP BGB § 319 Nr. 2.

für Arbeitssachen, die in Rechtsstreitigkeiten zwischen Tarifvertragsparteien aus dem Tarifvertrag oder über das Bestehen oder Nichtbestehen des Tarifvertrags ergangen sind, sind in
Rechtsstreitigkeiten zwischen tarifgebundenen Parteien sowie zwischen diesen und Dritten
für die Gerichte und Schiedsgerichte nach § 9 TVG bindend.

47   Da jedoch eine einheitliche Kodifikation des Arbeitsrechts fehlt, müssen neue Fragestellungen und Wertungswidersprüche von der Rechtsprechung durch Weiterentwicklung des
Rechts gelöst werden. In manchen Bereichen fehlen gesetzliche Regelungen überhaupt
(zB im Arbeitskampfrecht), so daß die Arbeitsgerichte an die Stelle des untätigen Gesetzgebers treten müssen.[82] Das **Richterrecht** ist zwar unter methodischen Gesichtspunkten keine
eigenständige Rechtsquelle, kommt ihr aber faktisch nahe.[83] Denn in der Praxis, auch von
den Instanzgerichten, werden die Rechtssätze des BAG weitgehend wie Gesetze beachtet.
Im einzelnen ist außerordentlich umstritten, inwieweit **richterliche Rechtsfortbildung,**
insbesondere im Arbeitsrecht zulässig ist.[84] Richterrecht kann faktisch zwingend, dispositiv
oder tarifdispositiv sein.[85]

48   **12. Verhältnis der Rechtsquellen zueinander.** Das Verhältnis der verschiedenen arbeitsrechtlichen Gestaltungsfaktoren bestimmt sich nach dem **Rangprinzip** und dem
Günstigkeitsprinzip. Das bedeutet, daß die ranghöhere Rechtsquelle als Mindestbe-
dingung von der rangniedrigeren Rechtsquelle nicht unterschritten werden darf, mithin
also die günstigste Regelung für den Handlungsgehilfen gilt, soweit sie den Mindestvoraussetzungen entspricht. Demzufolge steht das **Gesetzesrecht** im Rang unter der Verfassung,
diese unter dem Recht der EU. Das Gesetzesrecht hat aber Vorrang vor den Rechtsnormen in Tarifverträgen und Betriebsvereinbarungen. Allerdings gestatten einige Gesetzes-
normen die nachteilige Abweichung durch den Tarifvertrag (sog. tarifdispositives Gesetzesrecht), zB § 622 Abs. 4 Satz 1 BGB nF, § 13 Abs. 1 Satz 1 BUrlG, § 7 ArbZG. Soweit die
gesetzlichen Regelungen dispositiver Natur sind, ist auch die nachteilige Abweichung im
Arbeitsvertrag zulässig.

49   Gegenüber einer Betriebsvereinbarung besteht der Vorrang des **Tarifvertrags** gemäß
§ 77 Abs. 3 Satz 1 BetrVG. Allerdings kann der Tarifvertrag durch sog. Öffnungsklauseln
gemäß § 77 Abs. 3 Satz 2 BetrVG den Abschluß ergänzender Betriebsvereinbarungen zulassen. Davon abgesehen ist umstritten, ob im Verhältnis Tarifvertrag-Betriebsvereinbarung
auch das arbeitsrechtliche Günstigkeitsprinzip gilt. Nach wohl hA sind auch günstigere
Betriebsvereinbarungen gegenüber dem Tarifvertrag unwirksam.[86] In der Praxis kommen
freilich Verstöße gegen den Tarifvorrang in Betriebsvereinbarungen relativ häufig vor, die
jedoch selten gerichtlich geltend gemacht werden. Für das Verhältnis des Tarifvertrags zum
einzelnen Arbeitsvertrag gilt dagegen das Günstigkeitsprinzip gemäß § 4 Abs. 3 TVG.

50   Für das Verhältnis von **Betriebsvereinbarung** zum Einzelarbeitsvertrag fehlt eine dem
§ 4 Abs. 3 TVG entsprechende Regelung. Trotzdem wird nach überwiegender Auffassung
auch hier das Günstigkeitsprinzip angewendet. Das gilt in gleicher Weise im Verhältnis von
Betriebsvereinbarungen zu allgemeinen Arbeitsbedingungen.[87] Schließlich darf auch das
Weisungsrecht des Arbeitgebers gegenüber den vorrangigen Gestaltungsfaktoren keine
nachteiligen Abweichungen vornehmen.

---

[82] So ausdrücklich BAG GS AP GG Art. 9 Arbeitskampf Nr. 43.
[83] Vgl. *Larenz* Methodenlehre, 6. Aufl. 1991,
S. 430 ff.; Staub/*Konzen/Weber* RdNr. 46.
[84] Dazu ausführlich *v. Hoyningen-Huene* BB 1986,
2133 ff.

[85] Zu letzterem BAG AP BGB § 611 Gratifikation Nr. 54 mit Anm. *Biedenkopf; Vossen,* Tarifdispositives Richterrecht, 1974.
[86] BAG AP BetrVG 1972 § 77 Nr. 2; dazu
v. Hoyningen-Huene DB Beilage 1/84, S. 4.
[87] BAG GS DB 1987, 383.

v. Hoyningen-Huene

§ 59 [Handlungsgehilfe]

Wer in einem Handelsgewerbe zur Leistung kaufmännischer Dienste gegen Entgelt angestellt ist (Handlungsgehilfe), hat, soweit nicht besondere Vereinbarungen über die Art und den Umfang seiner Dienstleistungen oder über die ihm zukommende Vergütung getroffen sind, die dem Ortsgebrauch entsprechenden Dienste zu leisten sowie die dem Ortsgebrauch entsprechende Vergütung zu beanspruchen. In Ermangelung eines Ortsgebrauchs gelten die den Umständen nach angemessenen Leistungen als vereinbart.

Übersicht

v. Hoyningen-Huene 717

I. Bedeutung des § 59

1 **1. Entwicklung.** § 59 geht auf § 57 ADHGB zurück, das am 5. 6. 1869 Gesetz des Norddeutschen Bundes wurde.[1] Diese Vorschrift wurde am 1. 1. 1900 durch § 59 des HGB vom 10. 5. 1897 abgelöst.[2] § 59 ist wortgleich mit § 58 des Entwurfs eines HGB vom 22. 1. 1897 in der Fassung der dem Reichstag erarbeiteten Vorlage.[3] Der Wortlaut dieser Vorschrift ist seither praktisch unverändert geblieben. Es wurde lediglich der altertümliche Begriff Handlungsgehülfe durch den etwas moderneren Begriff Handlungsgehilfe ersetzt. Heute spricht man in der Praxis vom **kaufmännischen Angestellten**.

2 Im ADHGB war der Begriff des Handlungsgehilfen nicht näher bezeichnet. Um eine schärfere Abgrenzung des Berufsstandes der Handlungsgehilfen von anderen Beschäftigten zu erreichen, wurde **in § 59 gesetzlich bestimmt**, wer Handlungsgehilfe ist. Die gesetzlichen Merkmale, nämlich Anstellung in einem Handelsgewerbe zur Leistung kaufmännischer Dienste gegen Entgelt, waren aber schon zuvor in der Rechtsprechung und Wissenschaft zu § 57 ADHGB als maßgebend angesehen worden.[4]

3 In Abweichung zum früheren Recht enthält das HGB jedoch keine Begriffsbestimmung des Arbeitgebers, der als **Prinzipal** bezeichnet wurde. Die in Art. 41 Abs. 1 ADHGB enthaltene Definition des Prinzipals als dem Eigentümer einer Handelsniederlassung wurde aufgegeben, weil sie als zu ungenau und mit Rücksicht auf die Bestimmungen über Inhalt und Umfang der Prokura als entbehrlich galt.[5]

4 **2. Regelungsinhalt.** § 59 normiert nur das Rechtsverhältnis zwischen dem Arbeitgeber und dem Handlungsgehilfen (dazu vor § 59 RdNr. 6 f.). Die Vertretung des Arbeitgebers nach außen durch seine Angestellten ist in den §§ 48 bis 58 geregelt.

5 **3. Ergänzende Regelungen.** § 59 wird durch zahlreiche gesetzliche Regelungen ergänzt (dazu vor § 59 RdNr. 16 ff.). Für die Vorschriften in der GewO ist dabei zu beachten, daß nach § 154 Abs. 1 Nr. 2 GewO die §§ 105, 113 bis 119 b sowie die §§ 120 a bis 139 aa GewO auf Handlungsgehilfen keine Anwendung finden, obwohl Handlungsgehilfen als kaufmännische Arbeitnehmer an sich auch zu den gewerblichen Arbeitnehmern gehören.[6] An deren Stelle gelten vielmehr allein die §§ 59 ff.[7]

6 Die Regelung des § 59 wird aber nicht nur durch andere gesetzliche Bestimmungen ergänzt, sondern darüber hinaus auch durch **Tarifverträge** und **Betriebsvereinbarungen** (dazu vor § 59 RdNr. 26 ff., 29). Außerdem sind auch die im BetrVG geregelten Mitbestimmungsrechte des Betriebsrats zu beachten. Die sich daraus ergebenden Fragen werden bei der Kommentierung der Einzelprobleme jeweils miterörtert.

7 **4. Praktische Bedeutung des § 59.** Die praktische Bedeutung von § 59 ist als **eher gering** zu bewerten. Die in § 59 vorgenommene Definition des Handlungsgehilfen und die

---

[1] Das Allgemeine Deutsche Handelsgesetzbuch in der Fassung vom 5. Juni 1869, BGBl. des Norddeutschen Bundes, S. 404, abgedr. in *Schubert/Schmiedel/Krampe* Bd. I, S. 97, 109.
[2] RGBl. S. 219, abgedr. in *Schubert/Schmiedel/Krampe* S. 715, 729.
[3] Reichtagsdrucksache Nr. 632, abgedr. in *Schubert/Schmiedel/Krampe* S. 593, 605.

[4] Vgl. Denkschrift zum Entwurf eines HGB vom 22. 1. 1897 in der Fassung der dem Reichstag gemachten Vorlage, S. 60.
[5] Vgl. Denkschrift, S. 53; Düringer/Hachenburg/ *Hoeniger* Anm. 1.
[6] *Schaub* § 12 III 2.
[7] Vgl. die Übersicht bei RGRK/*Würdinger* Anm. 9.

v. Hoyningen-Huene

daraus resultierende Abgrenzung dieses Personenkreises von sonstigen Angestellten und Arbeitern führt nur in seltenen Fällen zu unterschiedlichen Rechtsfolgen.[8] Das beruht zum einem darauf, daß es für Arbeiter und sonstige Angestellte häufig die gleichen gesetzlichen Regelungen gibt wie für Handlungsgehilfen. So findet § 62 in § 618 BGB, § 73 in § 630 BGB seine Entsprechung. Wo anderweitige gesetzliche Regelungen fehlen, wie etwa beim Wettbewerbsverbot nach § 74, hat das BAG diese Vorschriften im Wege der Rechtsanalogie auf andere Personenkreise entsprechend angewendet.[9] Die früher bestehenden Unterschiede zwischen Handlungsgehilfen und Arbeitern bei den Kündigungsfristen von § 622 Abs. 2 Satz 2 aF BGB sind vom Bundesverfassungsgericht für verfassungswidrig erklärt[10] und seit dem 15. 10. 1993 in § 622 nF BGB vereinheitlicht worden. Die bestehenden Unterschiede im Bereich der Lohnfortzahlung (vgl. § 63 einerseits und § 1 Abs. 3 Nr. 2 LFG andererseits) sind mit dem Entgeltfortzahlungsgesetz vom 26. 5. 1994 ebenfalls vereinheitlicht worden. In diesen Entwicklungen zeigt sich eine allgemeine Tendenz zur rechtlichen Gleichstellung von Arbeitern und Angestellten, die auch die Bedeutung des § 59 weiterhin schwinden läßt.[11]

II. Der Kaufmann als Arbeitgeber

1. Bedeutung. Nach § 59 ist Handlungsgehilfe nur derjenige, der in einem Handelsgewerbe angestellt ist. Wer in einem Nichthandelsgewerbe kaufmännische Dienste leistet, ist nicht Handlungsgehilfe, sondern Gewerbegehilfe.[12] Die Leistung kaufmännischer Dienste allein macht danach einen Arbeitnehmer noch nicht zum Handlungsgehilfen. Erforderlich ist vielmehr, daß diese Dienste auch in einem Handelsgewerbe ausgeübt werden. **8**

2. Arbeitgeberbegriff. Arbeitgeber des Handlungsgehilfen ist der Inhaber des Handelsgewerbes, bei dem der Handlungsgehilfe angestellt ist. Das HGB verwendet aber nicht den Begriff Arbeitgeber, sondern das veraltete Wort **Prinzipal**. Dies macht in der Sache aber keinen Unterschied.[13] Der Arbeitgeber ist Gläubiger des Anspruchs auf Arbeitsleistung und zugleich Schuldner des Arbeitsentgelts.[14] **9**

Für den Begriff des Arbeitgebers kommt es nicht darauf an, ob er **natürliche** oder **juristische Person,** ob er Privatperson oder Person des öffentlichen Rechts ist.[15] Arbeitgeber eines Handlungsgehilfen kann daher auch eine AG oder GmbH sein. Wegen der rechtlichen Selbständigkeit, die den Personenhandelsgesellschaften oHG und KG in § 124 (iVm. § 161 Abs. 2) eingeräumt ist, sind auch diese Gesellschaften selbst Arbeitgeber des Handlungsgehilfen und nicht die einzelnen Gesellschafter.[16] Das gilt auch für die BGB-Gesellschaft als Arbeitgeber.[17] Haben allerdings juristische Personen des öffentlichen Rechts eine BGB-Gesellschaft gegründet, die ihrerseits Arbeitsverträge abgeschlossen hat, sollen in diesem Sonderfall die Gesellschafter Arbeitgeber sein, weil hier keine sog. unternehmenstragende Gesellschaft vorliegt.[18] **10**

a) Abstrakter und konkreter Arbeitgeberbegriff. Nach einer verbreiteten Auffassung ist aber nicht nur derjenige Arbeitgeber, dem – wie beim Einzelkaufmann – sowohl der Anspruch auf die Arbeitsleistung als auch die Weisungsbefugnis gegenüber dem Arbeitnehmer zusteht. In den Fällen, in denen Träger des Anspruchs auf Arbeitsleistung und **11**

---

[8] Dazu ausführlich *Wagner,* Die Besonderheiten beim Arbeitsverhältnis des Handlungsgehilfen, 1993.
[9] Vgl. BAG AP BGB § 611 Konkurrenzklausel Nr. 24 und 26 mit zust. Anm. *Wiedemann* und *Küchenhoff.*
[10] BVerfG NJW 1983, 617.
[11] Dazu ausführlich *Wank,* Arbeiter und Angestellte, 1992, mit Rezension *v. Hoyningen-Huene* NJW 1993, 1055.
[12] Vgl. RG JW 1906, 396; *Düringer/Hachenburg/Hoeniger* Anm. 2; *Heymann/Henssler* RdNr. 1.

[13] *Baumbach/Hopt* RdNr. 13.
[14] BAG AP BGB § 705 Nr. 1.
[15] *Hueck/Nipperdey* Arbeitsrecht I, S. 88; *Schaub* § 17 1; *Schirdewahn* AR-Blattei Arbeitgeber I, 1984, unter A III.
[16] Vgl. BAG NJW 1980, 1710; BSG AP HGB § 161 Nr. 1.
[17] BAG AP BGB § 705 Nr. 1.
[18] BAG AP BGB § 705 Nr. 4 mit Anm. *Karsten Schmidt.*

Träger der obersten Weisungsbefugnis zwei verschiedene Personen sind, wie insbesondere bei juristischen Personen, wo die Arbeitsleistung gegenüber der juristischen Person zu erbringen ist, während die Weisungsbefugnis dem Vorstand oder den Geschäftsführern der juristischen Person zusteht, unterscheidet diese Auffassung zwischen dem **„abstrakten"** und dem **„konkreten" Prinzipal**.[19] Abstrakter Prinzipal ist danach der aus dem Arbeitsvertrag Berechtigte, also beispielsweise die juristische Person Aktiengesellschaft. Der konkrete Prinzipal ist derjenige, der die Weisungsbefugnis wahrnimmt, also etwa das Vorstandsmitglied der AG.

12 Diese **Unterscheidung** ist jedoch **abzulehnen.**[20] Sie ist sachlich nicht geboten und trägt nur zur begrifflichen Verwirrung bei. Betrachtet man nämlich den Vorstand einer AG als Arbeitgeber, so müßte man bei einem Wechsel in der Person eines Vorstandsmitglieds von einem Arbeitgeberwechsel sprechen, ohne daran jedoch die üblichen Rechtsfolgen eines Arbeitgeberwechsels zu knüpfen.[21] Der Begriff des konkreten Arbeitgebers ist auch nicht erforderlich, weil mit ihm nur Selbstverständliches gesagt wird. Juristische Personen und Personenhandelsgesellschaften können als solche ihre Rechte nicht wahrnehmen.[22] Sie bedienen sich hierfür vielmehr ihrer gesetzlichen Vertreter wie Vorstand, Geschäftsführer oder vertretungsbefugter Gesellschafter.[23] Durch deren Handeln werden die Handelsgesellschaften als Arbeitgeber berechtigt und verpflichtet.[24] Die Organe juristischer Personen und die vertretungsberechtigten Geschäftsführer nehmen daher lediglich **Arbeitgeberfunktionen** wahr, ohne jedoch selbst Arbeitgeber zu sein. Das Handelsgewerbe als Arbeitgeber des Handlungsgehilfen ist bei den Handelsgesellschaften daher die Gesellschaft als solche.[25]

13 **b) Arbeitgeberbegriff in § 2 ArbGG.** Von diesem handelsrechtlichen Arbeitgeberbegriff zu trennen ist jedoch der Arbeitgeberbegriff in § 2 ArbGG. Im Sinne dieser Vorschrift sind auch die Gesellschafter einer oHG bzw. die Komplementäre einer KG Arbeitgeber. Weil sie gemäß § 128 (iVm. § 161 Abs. 2) für Ansprüche der Arbeitnehmer persönlich haften, sind auch bei Ansprüchen aus dem Arbeitsverhältnis, die gegen die Gesellschafter geltend gemacht werden, die Arbeitsgerichte zuständig.[26]

14 **c) Mehrere Arbeitgeber.** Davon zu unterscheiden ist der Fall, in dem der gesetzliche Vertreter der juristischen Person bzw. der vertretungsberechtigte Gesellschafter einer Personenhandelsgesellschaft mit dem Handlungsgehilfen ein **weiteres Dienstverhältnis neben dem Anstellungsverhältnis** zur Gesellschaft begründet. So etwa bei einer Sekretärin, die vormittags für die Gesellschaft tätig ist und nachmittags im gleichen Büro privat für den Geschäftsführer der Gesellschaft arbeitet. Hier ist der Geschäftsführer neben der Gesellschaft zweiter Arbeitgeber der Sekretärin. Dabei ist es nach den Umständen des Einzelfalles durchaus denkbar, daß hier nur ein „einheitliches Arbeitsverhältnis" vorliegt.[27] Wenn auf Arbeitgeberseite mehrere Personen vorhanden sind, liegt nämlich nach Auffassung des BAG dann ein einheitliches Arbeitsverhältnis vor, wenn die Beziehungen des Arbeitnehmers zu den Arbeitgebern selbst miteinander derart zusammenhängen, daß die Rechtsordnung ihre isolierte rechtliche Bewertung verbietet.[28] Das ist jedoch nur ausnahmsweise der Fall; in der Regel liegen zwei getrennte Arbeitsverhältnisse vor.

---

[19] So erstmals Ehrenbergs Hdb/*Tietze* 2. Band, 1918, S. 549 ff.; ebenso BSGE 18, 190, 196; *Birk,* Die arbeitsrechtliche Leitungsmacht, 1973, S. 141 f.; *Hueck/Nipperdey* Arbeitsrecht I, S. 89 f.; *Nikisch* Arbeitsrecht I, S. 145; MünchHdbArbR/*Richardi* § 29 RdNr. 10.; *Söllner* Arbeitsrecht § 3 III 1.
[20] Ebenso *Heinze* ZfA 1976, 183, 197 ff.; *Schirdewahn* AR-Blattei Arbeitgeber A IV; *Zöllner/Loritz* § 4 V 2.
[21] So zutreffend *Zöllner/Loritz* § 4 V 2.
[22] Vgl. *Hueck* Gesellschaftsrecht §§ 15 II 1 und 23 I.

[23] Zutreffend *Dietz/Richardi* BetrVG, § 1 RdNr. 28.
[24] Vgl. zur OHG *A. Hueck* OHG, 4. Aufl. 1971, S. 293.
[25] Ebenso BAG NJW 1980, 1710.
[26] Ebenso BAG NJW 1980, 1710.
[27] Vgl. hierzu BAG AP BGB § 611 Arbeitgebergruppe Nr. 1 mit krit. Anm. *Wiedemann.*
[28] BAG AP BGB § 611 Arbeitgebergruppe Nr. 1 unter I 2 der Gründe; dazu besonders krit. *Schwerdtner* ZIP 1982, 900 ff.

v. Hoyningen-Huene

3. Abgrenzung zu anderen Begriffen. Der Arbeitgeberbegriff ist von verschiedenen 15
anderen Begriffen abzugrenzen, die immer wieder im Zusammenhang mit dem Handelsgewerbe eine Rolle spielen.

a) Betrieb. Der Inhaber des Handelsgewerbes als Arbeitgeber des Handlungsgehilfen ist 16
nicht identisch mit dem Betrieb, in dem der Handlungsgehilfe tätig ist. Während der Arbeitgeber der Dienstberechtigte ist, versteht man unter einem Betrieb die organisatorische
Einheit, innerhalb derer ein Arbeitgeber allein oder in Gemeinschaft mit seinen Mitarbeitern mit Hilfe von sächlichen und immateriellen Mitteln bestimmte arbeitstechnische
Zwecke fortgesetzt verfolgt.[29] Anspruchsgegner des Handlungsgehilfen ist der Arbeitgeber
und nicht der Betrieb. Auch wenn der konkrete Betrieb, in dem der kaufmännische Angestellte tätig ist, keine handelsgewerbliche Zwecke verfolgt, ist der Angestellte trotzdem
Handlungsgehilfe, sofern der Arbeitgeber ein Handelsgewerbe betreibt. Der Betrieb ist
allerdings der Anknüpfungspunkt für zahlreiche gesetzliche Regelungen insbesondere im
Kündigungsrecht, Betriebsverfassungsrecht und Tarifrecht. Dort spielen auch die Begriffe
Nebenbetrieb (§ 4 Satz 2 BetrVG), **Betriebsabteilung** (§ 15 Abs. 5 KSchG) und **Betriebsteil** (§ 4 Satz 1 BetrVG, siehe auch § 613 a BGB) eine Rolle.[30] Zu dem Begriff „außerhalb
des Betriebs" vgl. § 55 RdNr. 11.

b) Unternehmen. Der Begriff des Arbeitgebers darf auch nicht mit dem **Unternehmen** 17
gleichgesetzt werden. Unter einem Unternehmen versteht man die organisatorische Einheit, die bestimmt wird durch den wirtschaftlichen oder ideellen Zweck, dem ein Betrieb
oder mehrere organisatorisch verbundene Betriebe desselben Unternehmens dienen.[31] Ein
Unternehmen wird von einem Unternehmer (Rechtsträger) geführt, der dann der Arbeitgeber des Handlungsgehilfen ist. In diesem Sinne ist das Handelsgewerbe des Kaufmanns
das Unternehmen.

Der **Unternehmensbegriff** ist zwar weiter als der Betriebsbegriff. Die Unterscheidung 18
von Unternehmen und Betrieb spielt aber dann keine Rolle, wenn ein Unternehmen nur
einen Betrieb hat. Sie wird jedoch relevant, wenn das Unternehmen aus mehreren Betrieben besteht (vgl. beispielsweise § 47 BetrVG für die Verpflichtung zur Errichtung eines
Gesamtbetriebsrats). Denkbar ist aber auch der umgekehrte Fall, daß mehrere Unternehmen Rechtsträger eines einheitlichen Betriebes sind (sog. Gemeinschaftsbetrieb).[32] Ein
Gemeinschaftsbetrieb liegt vor, wenn die Unternehmer einen gemeinsamen Betriebs-
zweck verfolgen und die Betriebsleitung vereinheitlichen. Hierzu bedarf es einer ausdrücklichen oder wenigstens stillschweigenden rechtlichen Leitungsvereinbarung, die sich aber
auch aus den näheren tatsächlichen Umständen des Einzelfalles ergeben kann.[33] Arbeitgeber des Handlungsgehilfen bleibt aber der Inhaber des Unternehmens, mit dem der Arbeitsvertrag geschlossen wurde,[34] eine Gleichbehandlung von Arbeitnehmern eines Ge-
meinschaftsbetriebs mehrerer Unternehmer ist nicht erforderlich.[35]

c) Konzern. Vom Arbeitgeber ist weiterhin der Konzern zu unterscheiden. Ein Konzern 19
ist nach § 18 Abs. 1 AktG die Zusammenfassung eines herrschenden mit einem oder mehreren abhängigen Unternehmen unter der einheitlichen Leitung des herrschenden Unternehmens, sog. **Unterordnungskonzern,** oder nach § 18 Abs. 2 AktG die Zusammenfassung mehrerer rechtlich selbständiger Unternehmen unter einheitlicher Leitung, ohne daß

---

[29] BAG AP BetrVG 1972 § 3 Nr. 1, 4, 5, 7 und
9; BAG AP BetrVG 1972 § 81 Nr. 1; AP BetrVG
1972 § 88 Nr. 1; AP BetrVG 1972 § 4 Nr. 2;
MünchHdbArbR/*Richardi* § 39 RdNr. 5 ff.; *Schaub*
§ 18 I 1.
[30] Zum Ganzen MünchHdbArbR/*Richardi* § 30
RdNr. 23 ff.
[31] MünchHdbArbR/*Richardi* § 30 RdNr. 18 ff.
[32] Dazu MünchHdbArbR/*Richardi* § 30 Rd-
Nr. 37 ff.

[33] St. Rspr., vgl. BAG AP BetrVG 1972 § 47
Nr. 1 = NJW 1976, 870; AP BetrVG 1972 § 1
Nr. 1 = DB 1978, 1133; AP KSchG 1969 § 1
Nr. 10; AP BetrVG 1972 § 80 Nr. 25 = DB 1987,
101; *v. Hoyningen-Huene* EWiR § 1 BetrVG 1/85,
727; Hueck/*v. Hoyningen-Huene* KSchG, 11. Aufl.
1992, § 23 RdNr. 10 ff.; MünchHdbArbR/*Richardi*
§ 30 RdNr. 39 f.
[34] So ausdr. BAG AP KSchG 1969 § 1 Nr. 10
unter A III 5 a der Gründe.
[35] BAG NZA 1993, 405.

das eine Unternehmen von dem anderen abhängig ist, sog. **Gleichordnungskonzern.** Der Konzern als solcher verfügt über keine eigene Rechtspersönlichkeit. Rechtssubjekte sind nur die einzelnen Konzernunternehmen.[36]

20 Wegen seiner fehlenden Rechtspersönlichkeit kann der Konzern nicht der Anknüpfungspunkt von Rechten und Pflichten sein. Auch ist der **Konzern kein Arbeitgeber.**[37] Durch die Zusammenfassung mehrerer Unternehmen zu einem Konzern wird weder dieser noch die leitende Konzernobergesellschaft Arbeitgeber der bei den übrigen konzerngebundenen Unternehmen beschäftigten Arbeitenehmer. Jedes einzelne der zum Konzern zusammengefaßten Unternehmen ist vielmehr Arbeitgeber der in dem Unternehmen beschäftigten Arbeitnehmer, wenn die Voraussetzungen der Begründung eines Arbeitsverhältnisses bei ihm vorliegen.

21 **d) Arbeitsgemeinschaft (ARGE).** Besonderheiten gelten bei der Freistellung eines Handlungsgehilfen zu einer Arbeitsgemeinschaft (ARGE). Eine solche ARGE wird im Baugewerbe häufig dann gegründet, wenn sich mehrere Unternehmen zur Erstellung größerer Bauprojekte wie U-Bahnen oder Flughäfen zusammenschließen, weil sie einzeln das Projekt nicht ausführen können.[38] Dieser Zusammenschluß der Bauunternehmen stellt in der Regel eine Gesellschaft bürgerlichen Rechts dar.[39] Die an der ARGE beteiligten Unternehmen stellen entsprechend ihrem Beteiligungsverhältnis Personal an die ARGE ab.[40]

22 Für die Dauer der Freistellung treten die abgeordneten Handlungsgehilfen nach vorheriger Zustimmung in ein **Anstellungsverhältnis zur ARGE.**[41] Das Arbeitsverhältnis mit seinem Stammarbeitgeber ruht in dieser Zeit.[42] Das bedeutet, daß das Anstellungsverhältnis zum Stammarbeitgeber in diesem Zeitraum nicht aufgehoben ist, sondern lediglich die Arbeits- und Entgeltzahlungspflichten vorübergehend suspendiert sind.[43] Der Handlungsgehilfe hat also in dieser Zeit **zwei Arbeitgeber:** einmal den Arbeitgeber seines Stammbetriebs und zum anderen die Gesellschaft bürgerlichen Rechts als Gesamthandsgemeinschaft. Nach Auffassung des BAG führt das bei betriebsbedingten Kündigungen im Stammbetrieb dazu, daß es an einem dringenden betrieblichen Erfordernis für die Kündigung des freigestellten Handlungsgehilfen fehlt und dieser daher auch nicht in die soziale Auswahl nach § 1 Abs. 3 KSchG einzubeziehen ist.[44]

23 **4. Kaufmann als Betreiber des Handelsgewerbes. a) Kaufmann.** Die Einstellung des Handlungsgehilfen muß in einem Handelsgewerbe erfolgen. Der Betreiber eines Handelsgewerbes wird dabei nach § 1 Abs. 1 als Kaufmann bezeichnet. Wann ein Gewerbebetrieb die Voraussetzungen eines Handelsgewerbes erfüllt, bestimmt sich nach § 1 Abs. 2. Diese Vorschrift wird ergänzt durch die §§ 2 bis 7. Wegen der Einzelfragen ist daher auf die Kommentierung zu diesen Vorschriften zu verweisen. Inwieweit **Gesellschaften** Kaufleute sind, richtet sich nach den einschlägigen Bestimmungen.

24 **b) Betriebsführungsgesellschaft.** Betriebsführungsgesellschaften sind regelmäßig nicht Arbeitgeber, sie üben nur das Weisungsrecht aus.[45] Durch Abschluß eines Betriebsführungsvertrags überträgt der Eigentümer des Handelsgewerbes die Führung des Betriebs

---

[36] MünchHdbArbR/*Richardi* § 31 RdNr. 2 ff.

[37] Ebenso im Grundsatz *Henssler,* Arbeitsvertrag im Konzern, S. 39; *Konzen* ZfA 1982, 259, 305 f.; *Martens* BAG-Festschrift, S. 367, 371; *E. Rehbinder* Konzernaußenrecht, 1969, S. 395 ff. und 447 ff.; MünchHdbArbR/*Richardi* § 31 RdNr. 1; *Windbichler,* Arbeitsrecht im Konzern, 1989, S. 68 f.

[38] Vgl. hierzu näher *Knigge* DB Beil. 4/1982; Erman/*Hanau* § 611 RdNr. 90.

[39] Vgl. MünchKommBGB/*Ulmer* Vor § 705 RdNr. 22 m. weit. Nachw.

[40] Vgl. § 12.1. ARGE-Mustervertrag.

[41] Vgl. § 9 Nr. 2.1. Bundesrahmentarifvertrag für das Baugewerbe vom 3. 1.1981 idF vom 26. 9. 1984.

[42] Vgl. BAG NZA 1987, 775 *Fahrenschon/Buchardt* ARGE-Kommentar, 2. Aufl. 1982, § 12 RdNr. 24; *Knigge* DB Beil. 4/1982, S. 4.

[43] Vgl. *Hueck/Nipperdey* Arbeitsrecht I, S. 215.

[44] BAG NZA 1987, 775.

[45] Zu abweichenden Vertragsgestaltungen siehe MünchHdbArbR / *Richardi* § 31 RdNr. 16.

einer sog. Betriebsführungsgesellschaft.[46] Die Betriebsführungsgesellschaft führt den Betrieb des Eigentümers im Namen und für Rechnung des Eigentümers. Beispielhaft für einen Betriebsführungsvertrag ist die Vertragsgestaltung in dem vom BGH entschiedenen „Holiday Inn – Fall":[47] Hier hatte eine KG der Holiday Inn-Hotelkette ihr Hotelgebäude nebst Betriebsmitteln zur Verfügung gestellt und sie ermächtigt, im Namen, für Rechnung und auf Kosten der KG den Hotelbetrieb zu führen. Die Holiday Inn-Kette war in diesem Fall die Betriebsführungsgesellschaft, während die KG als sogenannte Eigentümergesellschaft fungierte.[48]

Die **arbeitsrechtliche Besonderheit** bei Betriebsführungsverträgen besteht typischerweise darin, daß die Betriebsführungsgesellschaft das Direktionsrecht gegenüber den Beschäftigten ausübt, die Arbeitsverträge jedoch zwischen der Eigentümergesellschaft und den Arbeitnehmern abgeschlossen sind.[49] Man könnte nun daran denken, in der Übertragung des Direktionsrechts auf die Betriebsführungsgesellschaft einen Betriebsübergang nach § 613 a BGB zu sehen mit der Folge, daß die Betriebsführungsgesellschaft in die Arbeitgeberstellung der Eigentümergesellschaft eintritt. Das würde voraussetzen, daß die Betriebsführungsgesellschaft nach Abschluß des Betriebsführungsvertrags die gleiche Rechtsstellung wie die Eigentümergesellschaft erhält. Dies ist jedoch nicht der Fall. Die Betriebsführungsgesellschaft bekommt zwar die Betriebsmittel zur Verfügung gestellt und ist auch berechtigt das Direktionsrecht auszuüben. Sie übt das Direktionsrecht aber nicht im eigenen Namen aus, sondern im Namen der Eigentümergesellschaft. Die Betriebsführungsgesellschaft hat damit die gleiche Funktion wie jeder sonstige Generalbevollmächtigte des Arbeitgebers.[50] Das ist für einen Betriebsübergang nach § 613 a BGB nicht ausreichend[51] (dazu RdNr. 34).

25

Der Abschluß eines Betriebsführungsvertrags führt auch **nicht** zu einer **Aufspaltung der Arbeitgeberstellung**.[52] Die Eigentümergesellschaft als Arbeitgeber hat hier lediglich das Weisungsrecht auf die Betriebsführungsgesellschaft delegiert. Die Betriebsführungsgesellschaft nimmt damit Arbeitgeberfunktionen wahr, ohne selbst Arbeitgeber zu sein.[53] Nur die Eigentümergesellschaft ist Arbeitgeber des Handlungsgehilfen, nicht auch die Betriebsführungsgesellschaft.

26

5. Besondere Handelsgewerbe. a) Handelsgewerbe der öffentlichen Hand. Das Handelsgewerbe des Arbeitgebers muß nicht unbedingt in privatrechtlicher Rechtsform betrieben werden, es kann vielmehr auch öffentlichrechtlich organisiert sein. Erforderlich ist jedoch für das Vorliegen eines Handelsgewerbes, daß die Unternehmen der öffentlichen Hand auch mit der Absicht handeln, Gewinne zu erzielen.[54]

27

b) Sparkassen und Bundesbank. Als Handelsgewerbe der öffentlichen Hand, in denen Handlungsgehilfen angestellt sind, kommen insbesondere die öffentlichrechtlichen Sparkassen in Betracht. Erforderlich ist allerdings, daß die Sparkasse regelmäßig Überschüsse erzielen will, die nicht nur zur Bildung von Reserven verwendet werden sollen, und daß sich ihre Tätigkeit auch auf die Besorgung von eigentlichen Bankgeschäften erstreckt.[55] Das wird heute in der Regel anzunehmen sein.

28

[46] Siehe hierzu BGH NJW 1982, 1817; *U. Huber* ZHR 152 (1988), 1; *Veelken*, Der Betriebsführungsvertrag im deutschen und amerikanischen Aktien- und Konzernrecht, 1975 sowie *Henssler*, Der Arbeitsvertrag im Konzern, 1983, S. 67 ff.

[47] BGH NJW 1982, 1817.

[48] Vgl. zur Terminologie *Rüthers* BB 1977, 605.

[49] *Henssler*, Arbeitsvertrag im Konzern, S. 69; *U. Huber* ZHR 152 (1988), 1. 7 f.; *Hanau/Ulmer* MitbestG 1981 § 5 RdNr. 30; MünchHdbArbR/ *Richardi* § 31 RdNr. 14 f.

[50] So zutr. *U. Huber* ZHR 152 (1988), 1, 8.

[51] Vgl. *Rüthers* BB 1977, 605, 608.

[52] Vgl. dazu BAG AP GesamthafenbetriebsG § 1 Nr. 1; *Konzen* ZfA 1973, 263.

[53] *Henssler*, Arbeitsvertrag im Konzern, S. 69; *Rüthers* BB 1977, 605, 609.

[54] HM; vgl. BGHZ 36, 273, 276; 49, 258, 260; 53, 222, 223; 63, 32, 33; 66, 48, 49; 83, 382, 387; 95, 155, 158; Staub/*Brüggemann* § 1 RdNr. 9, 24; – gegen das Erfordernis der Gewinnerzielungsabsicht als Voraussetzung für das Vorliegen eines Handelsgewerbes aber *K. Schmidt* HandelsR § 9 IV 2 d m. weit. Nachw.

[55] So RGZ, 116, 227, 229; BGH BB 1952, 480; Baumbach/*Hopt* § 1 RdNr. 28; GK-HGB/*Nickel* § 1 RdNr. 28; Staub/*Brüggemann* § 1 RdNr. 12 m. weit. Nachw.

29   Neben den öffentlichrechtlich organisierten Sparkassen ist auch die **Bundesbank** Kaufmann, obwohl sie keine Gewinnabsicht hat. Die Kaufmannseigenschaft der Bundesbank ergibt sich aus einem Gegenschluß zu § 29 Abs. 3 BundesbankG, wonach die Vorschriften des HGB über die Eintragung in das Handelsregister auf die Deutsche Bundesbank nicht anzuwenden sind.[56] Die Regelung in § 29 Abs. 3 BundesbankG hätte nämlich keinen Sinn, wenn die Bundesbank nicht als Kaufmann anzusehen wäre. Die nichtbeamteten kaufmännischen Angestellten bei Sparkassen und der Deutschen Bundesbank sind daher Handlungsgehilfen.

30   **c) Kommunale Versorgungsbetriebe.** Handelsgewerbe können auch die kommunalen Versorgungsbetriebe sein.[57] Nach § 8 EigBetrVO ist deren Betriebsführung nämlich auf die Erzielung von Gewinnen angelegt, die so hoch sein sollen, daß die Bildung eines Rücklagenkapitals und die Verzinsung des in sie investierten Eigenkapitals gewährleistet ist. Bei kommunalen Versorgungsbetrieben beschäftigte kaufmännische Angestellte sind daher Handlungsgehilfen. Gleiches gilt auch für die kaufmännischen Angestellten in **sonstigen Handelsgewerben** der öffentlichen Hand wie etwa kommunaler Gaststätten.[58]

31   **d) Postunternehmen.** Mit dem Poststrukturgesetz von 1989[59] wurde die frühere Einheitsorganisation „Deutsche Bundespost" in drei Teilbereiche untergliedert, die als öffentliche Unternehmen mit den Bezeichnungen DBP Postdienst, DBP Postbank und DBP Telekom geführt wurden.[60] Das Postneuordnungsgesetz vom 14. 9. 1994[61] hat diese drei Teilbereiche in jeweils selbständige Aktiengesellschaften umgewandelt (Deutsche Post AG, Deutsche Postbank AG, Deutsche Telekom AG).[62] Diese Gesellschaften sind daher Kaufleute kraft Rechtsform (§ 3 AktG).[63] Dagegen ist die Vorschrift des § 452 Satz 2, wonach die Postverwaltungen nicht als Kaufleute iSd. Gesetzbuchs gelten, nicht mehr anwendbar.[64] Daran ändert auch nichts, daß § 452 Satz 2 (versehentlich?) durch die Postreform 1994 nicht aufgehoben worden ist. Infolgedessen sind die Personen, die in einem Anstellungsverhältnis kaufmännische Dienste leisten, Handlungsgehilfen gemäß § 59.

32   **e) Deutsche Bahn AG.** Anders als die Deutsche Bundespost hat die **Deutsche Bundesbahn** in den Fällen, in denen ein Grundhandelsgewerbe betrieben wird, seit jeher Kaufmannseigenschaft gemäß § 1 Abs. 2 Nr. 5.[65] Das gilt erst recht seit der Umwandlung in die **Deutsche Bahn AG** im Jahre 1994 (vgl. Art. 87 e GG).[66] Das bedeutet, daß die in Betrieben und Nebenbetrieben der Deutschen Bahn AG im Angestelltenverhältnis beschäftigten Arbeitnehmer Handlungsgehilfen sind, sofern sie kaufmännische Dienste verrichten.

33   **6. Arbeitgeberwechsel.** Von erheblichen Auswirkungen auf die Rechtsstellung des Handlungsgehilfen ist ein Arbeitgeberwechsel. Ein solcher Wechsel des Arbeitgebers kann sich in sehr **unterschiedlichen Formen** vollziehen. Der Wechsel eines Gesellschafters bei einer Personengesellschaft stellt aber keinen Arbeitgeberwechsel dar.[67]

34   **a) Betriebsübergang, § 613 a BGB.** Zunächst kommt die rechtsgeschäftliche Übertragung des Betriebs oder Betriebsteils, der sog. Betriebsübergang nach § 613 a BGB in Be-

---

[56] So *v. Spindler/Becker/Starke* BundesbankG § 2 RdNr. 4; Staub/*Brüggemann* § 1 RdNr. 13.

[57] Staub/*Brüggemann* § 1 RdNr. 11.

[58] Vgl. BGHZ 70, 134; Baumbach/*Hopt* § 1 RdNr. 24.

[59] 8. 6. 1989 BGBl. I S. 1026.

[60] Hierzu § 1 Abs. 2 PostVerfG.

[61] BGBl. 1994 I S. 2339.

[62] Hierzu Art. 3 § 1 des Gesetzes zur Umwandlung der Unternehmen der Deutschen Bundespost in die Rechtsform der Aktiengesellschaft (Postumwandlungsgesetz), BGBl. 1994 I S. 2339 ff.; zum Postneuordnungsgesetz und zum Postumwandlungsgesetz *Gramlich,* Von der Postreform zur Postneuordnung, NJW 1994, 2785.

[63] Siehe auch § 59 RdNr. 35.

[64] AA noch Baumbach/*Hopt* § 452 RdNr. 3, der aber noch die alte Rechtslage vor Erlaß des Postneuordnungsgesetzes darstellt.

[65] Vgl. BGHZ 95, 155, 160; Baumbach/*Hopt* § 1 RdNr. 24; Überbl. v. § 454 RdNr. 6; *Becker* NJW 1977, 1674; GK-HGB/*Nickel* § 1 RdNr. 2; *K. Schmidt* HandelsR § 9 IV 2 d; Staub/*Brüggemann* § 1 RdNr. 14.

[66] Vgl. Baumbach/*Hopt* Überbl. v. § 454 RdNr. 1 ff.

[67] BAG AP HGB § 128 Nr. 4; *Ulmer/Wiesner* ZHR 144 (1980), 393, 421.

tracht. Ein Betriebsübergang nach § 613 a BGB kann auch auf Grund einer Unternehmensspaltung gemäß § 123 UmwG (Spaltung, Abspaltung, Ausgliederung) vorliegen.[68] Der Betriebsübergang bewirkt, daß der neue Arbeitgeber in die Rechte und Pflichten aus den im Zeitpunkt des Übergangs bestehenden Arbeitsverhältnissen eintritt.[69] Ein Betriebsübergang wirkt sich auf die Rechtsstellung des Handlungsgehilfen daher dann aus, wenn der übernehmende Unternehmer kein Handelsgewerbe betreibt. In diesem Fall verlieren die kaufmännischen Angestellten ihren Status als Handlungsgehilfen vom Zeitpunkt des Betriebsübergangs an. Soweit gesetzliche Vorschriften an besondere Eigenschaften des Arbeitgebers anknüpfen, wie hier an das Betreiben eines Handelsgewerbes, kommt es auf den neuen Betriebsinhaber an.

Die **Umwandlung der Gesellschaft** kann im Einzelfall zu einem Arbeitgeberwechsel **35** führen.[70] Rechtsgrundlage für die Umwandlung der Gesellschaft ist seit 1. 1. 1995 das Umwandlungsgesetz vom 28. 10. 1994 (BGBl. I S. 3210).[71] In dem Umwandlungsvertrag müssen die Folgen der Umwandlung für die Arbeitnehmer enthalten sein (§§ 5 Abs. 1 Nr. 9, 126 Abs. 1 Nr. 11, 176 Abs. 1, 194 Abs. 1 Nr. 7 UmwG). Beim Formwechsel (§§ 1 Abs. 1 Nr. 4, 190 ff. UmwG) bleibt der Rechtsträger erhalten (§ 202 Abs. 1 Nr. 1 UmwG), so daß das Arbeitsverhältnis zwischen Kaufmann und Handlungsgehilfen unverändert bleibt. Bei den anderen Fällen der Umwandlung (Verschmelzung, Spaltung, Vermögensübertragung, § 1 Abs. 1 Nr. 1 bis 3 UmwG) ist gemäß § 324 UmwG die Regelung des § 613 a Abs. 1 BGB anwendbar.[72] Es kommt also bei den übertragenden Umwandlungen darauf an, ob im Verhältnis zum Handlungsgehilfen ein Arbeitgeberwechsel durch Wechsel des Rechtsträgers stattgefunden hat.

b) Firmenfortführung nach § 25. Von dem Betriebsübergang ist die Firmenfortführung **36** nach § 25 zu unterscheiden. Diese bewirkt nach hM keinen Wechsel in der Arbeitgeberstellung, sondern begründet lediglich eine zusätzliche Haftung des Erwerbers bei Firmenfortführung.[73] Zu Einzelheiten und abweichenden Auffassungen siehe die Kommentierung zu § 25.[74] Die Firmenfortführung als solche hat daher keinen Einfluß auf die Stellung des Handlungsgehilfen.

c) Vermögensübernahme, § 419 BGB. Ähnlich wie § 25 enthält die Vermögensüber- **37** nahme nach § 419 BGB lediglich eine Haftungsverpflichtung für den Übernehmer des Handelsgewerbes. Der Übergang der Arbeitsverhältnisse vollzieht sich auch hier nach § 613 a BGB und nicht nach der haftungsanordnenden Vorschrift des § 419 BGB. Diese hat lediglich die Wirkung eines Schuldbeitritts.[75] Bei einer Vermögensübernahme mit Betriebsübergang behalten kaufmännische Angestellte daher nur dann ihre Rechtsstellung als Handlungsgehilfen, wenn der Übernehmer ein Handelsgewerbe betreibt.

d) Tod des Einzelkaufmanns, § 1922 BGB. Im Falle des Todes des Einzelkaufmanns **38** treten dessen Erben gemäß § 1922 BGB im Wege der Gesamtrechtsnachfolge in die Stellung des Arbeitgebers ein.[76] Das Arbeitsverhältnis geht damit vom bisherigen Rechtsträger automatisch auf die Erben über. Ein rechtsgeschäftlicher Übertragungsakt ist nicht er-

---

[68] Zu den Einzelheiten *Wlotzke* DB 1995, 40 ff.

[69] Vgl. zu den Rechtsfolgen des Betriebsübergangs die Kommentare zu § 613 a BGB; *Schaub* § 118 m. weit. Nachw.

[70] Vgl. allgemein (zur früheren Rechtslage) *Hueck* Gesellschaftsrecht § 38; *K. Schmidt* Gesellschaftsrecht § 12 m. weit. Nachw.

[71] Siehe *Dörrie* WiB 1995, 1 ff.; *Lüttge* NJW 1995, 417 ff.; zu den arbeitsrechtlichen Aspekten des neuen Umwandlungsrechts: *Bauer/Lingemann* NZA 1994, 1057 ff. sowie *Berscheid*, FS Stahlhacke 1995, S. 25 ff.; *Kreßel* BB 1995, 925 ff.; *Wlotzke* DB 1995, 40 ff.

[72] Ebenso *Berscheid*, FS Stahlhacke 1995, S. 27; *Kreßel* BB 1995, 928.

[73] *Erman/Hanau* § 613 a RdNr. 74; *Commandeur*, Betriebs-, Firmen- und Vertragsübernahme, 1990, S. 121 f.; MünchKommBGB/*Schaub* § 613 a RdNr. 82 ff.; vgl. auch BAG AP BGB § 613 a Nr. 6 mit Anm. *W. Blomeyer*; AP HGB § 26 Nr. 1 mit Anm. *Hirte*.

[74] Vgl. auch die Nachweise bei Baumbach/*Hopt* § 25 RdNr. 1; kritisch *K. Schmidt* HandelsR § 8 I 4 c m. weit. Nachw.

[75] Vgl. Palandt/*Heinrichs* § 419 RdNr. 13.

[76] Vgl. MünchKommBGB/*Schaub* § 613 a RdNr. 101; *Zöllner/Loritz* Arbeitsrecht § 20 I.

forderlich. Nur in besonders gelagerten Ausnahmefällen, in denen die Dienstverpflichtung eng an die Person des Arbeitgebers gebunden war (wie etwa bei einem Privatsekretär), erlischt das Arbeitsverhältnis mit dem Tode des Arbeitgebers.[77]

39   **e) Konkurs.** Mit der Eröffnung des Konkurses ist kein Arbeitgeberwechsel verbunden. Die Konkurseröffnung über das Handelsgewerbe und die Bestellung eines Konkursverwalters zur Abwicklung des Konkursverfahrens führt nicht dazu, daß der Konkursverwalter Träger des Unternehmens und damit Arbeitgeber wird. Dies ist und bleibt vielmehr die in Konkurs gefallene Handelsgesellschaft bzw. der in Konkurs gefallene Einzelkaufmann. Der Konkursverwalter wird daher auch nicht Kaufmann.[78] Nach der herrschenden Amtstheorie tritt der Konkursverwalter als Amtstreuhänder materiellrechtlich und prozessual im eigenen Namen auf.[79] Arbeitgeber des Handlungsgehilfen bleibt daher bis zur Beendigung des Konkursverfahrens trotzdem der Gemeinschuldner. Der Konkursverwalter übt lediglich das Weisungsrecht aus. Für das ab 1. 1. 1999 geltende **Insolvenzverfahren** gilt Entsprechendes.[80]

40   **f) Zwangsverwaltung.** Auch im Falle der Zwangsverwaltung von Grundstücken des Handelsgewerbes ändert sich grundsätzlich nichts an der Arbeitgebereigenschaft des bisherigen Unternehmensträgers. Der Zwangsverwalter tritt grundsätzlich nicht in die Arbeitsverhältnisse ein.[81] Die Anordnung der Zwangsverwaltung bewirkt nach § 148 Abs. 1 ZVG nur die Beschlagnahme des Grundstücks nebst Zubehör. Die Zwangsverwaltung von Grundstücken wirkt sich daher grundsätzlich nicht auf das Anstellungsverhältnis zum Handlungsgehilfen aus. Nur wenn der Zwangsverwalter den Betrieb fortführen will, muß er nach § 613 a BGB in die Arbeitsverhältnisse eintreten.[82]

41   **7. Besonderheiten der Leiharbeit.** Bei Leiharbeitsverhältnissen ist grundsätzlich nur der **Verleiher Arbeitgeber.** Zur Bestimmung der arbeitsvertraglichen Beziehungen im Einzelfall ist zwischen der gewerbsmäßigen Arbeitnehmerüberlassung iSv. § 1 Abs. 1 AÜG (sog. unechte Leiharbeit) und der nichtgewerbsmäßigen Arbeitnehmerüberlassung (sog. echte Leiharbeit) zu unterscheiden.

42   **a) Gewerbsmäßige Arbeitnehmerüberlassung nach dem AÜG.** Unter **gewerbsmäßiger Arbeitnehmerüberlassung** ist jede nicht nur gelegentliche, sondern auf Dauer angelegte und auf die Erzielung unmittelbarer oder mittelbarer wirtschaftlicher Vorteile ausgerichtete selbständige Tätigkeit eines Verleihers zu verstehen, die darauf gerichtet ist, Arbeitnehmer Dritten (= Entleiher) zur Arbeitsleistung zu überlassen.[83] Arbeitsvertragliche Beziehungen bestehen dabei nach § 1 Abs. 1 AÜG grundsätzlich nur zwischen dem Verleiher und dem Leiharbeitnehmer (vgl. auch § 14 Abs. 1 AÜG). Der Entleiher übt lediglich das Weisungsrecht aus.[84] Kaufmännische Angestellte sind daher bei gewerbsmäßiger Arbeitnehmerüberlassung als Leiharbeitnehmer nur dann Handlungsgehilfen, wenn der Verleiher ein Handelsgewerbe betreibt. In Betracht kommt hierbei bei entsprechender Unternehmensgröße ein Handelsgewerbe nach § 2[85] oder ein Handelsgewerbe kraft Rechtsform bei Unternehmen, die in der Form einer GmbH[86] oder AG geführt werden.

---

[77] Vgl. *Schaub* § 45 II 1 und § 117 I 2; *Zöllner/Loritz* Arbeitsrecht § 20 I.

[78] Vgl. *Jaeger/Henckel* KO § 6 RdNr. 52; *K. Schmidt* HandelsR § 5 I 1 d aa.

[79] Vgl. zur Stellung des Konkursverwalters BGHZ 24, 393, 396; 32, 114, 118; 68, 16, 17; 88, 331, 334; sowie *Jaeernig*, Zwangsvollstreckungs- und Konkursrecht, 19. Aufl. 1990, § 44.

[80] Vgl. *Pick* NJW 1995, 992.

[81] BAG AP BGB § 613 a Nr. 19 mit Anm. *Vollkommer;* MünchKommBGB/*Schaub* § 613 a RdNr. 30; Staudinger/*Richardi* § 613 a RdNr. 90 ff.

[82] Vgl. BAG AP BGB § 613 a Nr. 19 unter II 4 der Gründe.

[83] Vgl. BAG SAE 1985, 71 mit lesenswerter Anm. *Wank;* BAG AP AÜG § 1 Nr. 2; *Becker/Wulfgram* AÜG § 1 RdNr. 24; *Schüren* AÜG, 1994, § 1 RdNr. 24 ff.

[84] Vgl. BAG AP AÜG § 10 Nr. 2; *Becker/Wulfgram* AÜG § 1 RdNr. 58; *Schüren* AÜG § 1 RdNr. 71 ff.

[85] Vgl. Staub/*Brüggemann* § 2 RdNr. 3.

[86] So die großen Zeitarbeitsunternehmen Adia Interim GmbH & Co oder Randstad Zeitarbeit GmbH.

Der Verleiher betreibt **illegale Arbeitnehmerüberlassung**, wenn er nicht Inhaber der 43
nach § 1 Abs. 1 AÜG erforderlichen Erlaubnis ist. Das hat nach § 9 Nr. 1 AÜG zur Folge,
daß der Vertrag zwischen dem Verleiher und dem Leiharbeitnehmer unwirksam ist. Die
Unwirksamkeit des Vertrages zwischen Verleiher und Leiharbeitnehmer führt nach § 10
Abs. 1 AÜG dazu, daß ein Arbeitsverhältnis zwischen dem Entleiher und dem Verleiher
für den Beginn der Tätigkeit vorgesehenen Zeitpunkt als zustande gekommen gilt.[87] Die
Wirkung dieser Fiktion besteht darin, daß trotz des Fehlens einer Willenserklärung zwi-
schem dem Entleiher und dem Leiharbeitnehmer die Rechtswirkungen eines Arbeitsverhältnisses zwischen ihnen eintreten, sofern der Verleiher nicht Inhaber der erforderlichen
Erlaubnis ist.[88] Der Inhalt des fingierten Arbeitsverhältnisses richtet sich nach den für den
Betrieb des Entleihers geltenden Vorschriften.[89] Dies kann dazu führen, daß auf den Leiharbeitnehmer die Vorschriften der §§ 59 ff. Anwendung finden, sofern der Entleiherbetrieb
ein Handelsgewerbe betreibt.

b) Echte Leiharbeit. Auf die echte Leiharbeit ist das AÜG nicht direkt anwendbar, 44
weil dort die Arbeitnehmerüberlassung nicht gewerbsmäßig erfolgt.[90] Ein echtes Leiharbeitsverhältnis liegt vor, wenn der Leiharbeitnehmer im Betrieb des Verleihers eingestellt
wird, dort regelmäßig seine Arbeitsleistung erbringt und nur in Ausnahmesituationen an
einen anderen Unternehmer unter Fortbestand des Arbeitsverhältnisses zur Leistung von
Arbeit nach dessen Weisung überlassen wird.[91]

Als ein Fall der echten Leiharbeit ist in § 1 Abs. 3 Nr. 2 AÜG die **konzerninterne Ar-** 45
beitnehmerüberlassung geregelt.[92] Danach ist die vorübergehende Abstellung eines Arbeitnehmers zu einem anderen konzernangehörigen Unternehmen (beispielsweise zwecks
Durchführung von Spezialarbeiten oder Kontrollaufgaben) keine gewerbsmäßige Arbeitnehmerüberlassung.[93] Eine derartige Überlassung von Handlungsgehilfen an konzernan-
gehörige Unternehmen kann daher nicht dazu führen, daß ein Arbeitsverhältnis zum Entleiher nach § 10 AÜG fingiert wird.

Bei konzernabhängigen **Personalführungsgesellschaften** (zu unterscheiden von Be- 46
triebsführungsgesellschaften, siehe oben RdNr. 24), deren Geschäftszweck darin besteht,
Arbeitnehmer in eigenem Namen einzustellen und auf Dauer an deren Konzern-
unternehmen zum Zwecke der Arbeitsleistung zur Verfügung zu stellen, greift § 1 Abs. 3
Nr. 2 AÜG nicht ein. Hier fehlt es an einer nur „vorübergehenden" Abstellung. § 1 Abs. 3
Nr. 2 AÜG setzt voraus, daß der Arbeitnehmer in der Regel nur vorübergehend anderen
Unternehmen zur Verfügung gestellt wird.[94] Für kaufmännische Angestellte einer solchen
Personalführungsgesellschaft hat dies zur Folge, daß das AÜG Anwendung findet und sie
daher nach § 10 AÜG als Angestellte des Entleihers gelten. Sie sind daher nur dann Hand-
lungsgehilfen, wenn der Entleiher ein Handelsgewerbe betreibt.

c) Drittbeschäftigungen aufgrund Dienst- oder Werkvertrags. Von der Arbeitneh- 47
merüberlassung sind Drittbeschäftigungen aufgrund eines Dienst- oder Werkvertrags zu
unterscheiden. Während bei der gewerbsmäßigen Arbeitnehmerüberlassung nach § 1
Abs. 1 AÜG Vertragsgegenstand das Überlassen von Arbeitnehmern zur Arbeitsleistung ist,
geht es bei sonstigen Drittbeschäftigungen um die Herstellung eines Werkes oder die Erbringung einer Dienstleistung unabhängig von der ausführenden Person.[95] Bei Dienst-

---

[87] Vgl. dazu BAG AP AÜG § 10 Nr. 2, 4, 5, 6
und 7.
[88] Vgl. *Becker/Wulfgramm* AÜG § 10 RdNr. 10;
Sandmann/Marschall AÜG § 1 Anm. 14; *Schüren*
AÜG § 10 RdNr. 18 ff.
[89] Vgl. *Sandmann/Marschall* AÜG § 1 Anm. 15; zu
den Folgen der Fiktion von § 10 siehe *Becker/
Wulfgramm* § 10 RdNr. 8 bis 38; *Schüren* AÜG § 10
RdNr. 69 ff.
[90] Zur entsprechenden Anwendung des § 14
AÜG siehe BAG AP AÜG § 14 Nr. 2.

[91] Vgl. *Becker/Wulfgramm* AÜG Einl. RdNr. 16;
Schüren AÜG § 1 RdNr. 302 ff.
[92] Vgl. hierzu *Becker/Wulfgramm* AÜG § 1
RdNr. 112 ff.; *Sandmann/Marschall* AÜG § 1
Anm. 80; *Schüren* AÜG § 1 RdNr. 726 ff.
[93] Dazu BAG AÜG § 1 Nr. 15.
[94] Vgl. *Becker/Wulfgramm* AÜG § 1 RdNr. 117;
Schüren AÜG § 1 RdNr. 761 ff.
[95] Vgl. *Becker/Wulfgramm* AÜG § 1 RdNr. 38 ff.;
v. Hoyningen-Huene BB 1985, 1669, 1671 ff. jeweils
m. weit. Nachw.; *Schüren* AÜG § 1 RdNr. 100 ff.

oder Werkverträgen organisiert der Unternehmer die zur Erreichung eines wirtschaftlichen Erfolges notwendigen Handlungen selbst, wobei er sich auch eines Erfüllungsgehilfen bedienen kann. Er bleibt für die Erfüllung der im Vertrag vorgesehenen Dienste oder die Herstellung des geschuldeten Werks verantwortlich. Bei der Arbeitnehmerüberlassung überläßt er dagegen dem Vertragspartner geeignete Arbeitskräfte, die dieser nach eigenen betrieblichen Erfordernissen in seinem Betrieb einsetzt.[96]

48   Die Abgrenzung zwischen Arbeitnehmerüberlassung und sonstigen Drittbeziehungen ist für die Bestimmung des Arbeitgebers von Bedeutung. Wird nämlich ein Dienst- oder Werkvertrag nur **zum Schein** abgeschlossen, so liegt in Wahrheit Arbeitnehmerüberlassung vor, für die regelmäßig keine Erlaubnis vorhanden ist. Bei illegaler Arbeitnehmerüberlassung durch Abschluß von Scheinwerk- oder Scheindienstverträgen wird dann gemäß § 10 Abs. 1 AÜG ein Arbeitsverhältnis zwischen dem Handlungsgehilfen und dem Entleiher fingiert (oben RdNr. 43).[97] Arbeitgeber ist dann der Entleiher und nicht das Unternehmen, das den Werk- oder Dienstvertrag ausführt. Dieser muß dann ein Handelsgewerbe betreiben, damit „entliehene" kaufmännische Angestellte die Stellung eines Handlungsgehilfen erlangen.

III. Handlungsgehilfe

49   Handlungsgehilfe ist nach § 59 Satz 1 derjenige, der in einem Handelsgewerbe zur Leistung kaufmännischer Dienste gegen Entgelt abgestellt ist. Die Bestimmung enthält damit eine **Legaldefinition** des Begriffs des Handlungsgehilfen. Wesentlich für den Handlungsgehilfen ist, daß er in einem Anstellungsverhältnis kaufmännische Dienste leistet. Der Handlungsgehilfe ist damit Arbeitnehmer. Als solcher und durch das Erfordernis der Leistung kaufmännischer Dienste läßt sich der Handlungsgehilfe von anderen Personengruppen abgrenzen.

50   **1. Unselbständige Tätigkeit.** Der Handlungsgehilfe ist **Arbeitnehmer,** weil er aufgrund eines privatrechtlichen Vertrags bei einem Arbeitgeber („in einem Handelsgewerbe") abhängige, unselbständige und weisungsgebundene Arbeit leistet. Er ist damit vom selbständigen Unternehmer abzugrenzen wie auch die Regelungen in § 84 Abs. 1 einerseits und § 84 Abs. 2 andererseits zeigen. Die Unterscheidung ist von erheblicher Bedeutung, weil grundsätzlich nur auf Arbeitnehmer die arbeitsrechtlichen Schutzgesetze, wie etwa KSchG oder MuSchG, anwendbar sind. Auch im Sozialversicherungsrecht ist die Unterscheidung von Bedeutung, weil grundsätzlich nur abhängig Beschäftigte sozialversicherungspflichtig sind.[98] Schließlich ist die Abgrenzung zwischen Arbeitnehmern und Selbständigen auch steuerrechtlich von Belang, da Selbständige ihr Einkommen selbst versteuern, während bei Arbeitnehmern der Arbeitgeber die Lohnsteuer einzubehalten und abzuführen hat (§ 38 EStG).

51   **a) Persönliche Abhängigkeit.** Handlungsgehilfen erbringen ihre Arbeitsleistung in persönlicher Abhängigkeit vom Arbeitgeber.[99] Die persönliche Abhängigkeit ist dabei in der Erbringung fremdgeplanter, fremdnütziger und von fremder Risikobereitschaft getragener Arbeit sowie in der Eingliederung in einen fremden Produktionsbereich begründet.[100] Ob die ausgeübte Tätigkeit in persönlicher Abhängigkeit verrichtet wird, ist anhand der Umstände des Einzelfalls durch eine Gesamtwürdigung der Tätigkeit zu ermitteln.[101]

[96] So BAG AP AÜG § 1 Nr. 2 mit Anm. *Hj. Weber* = NJW 1979, 2623; BAG AP AÜG § 10 Nr. 8.

[97] So auch BAG AP AÜG § 1 Nr. 2 = NJW 1979, 2636; BAG AP AÜG § 10 Nr. 5 = NJW 1984, 2912; *v. Hoyningen-Huene* BB 1985, 1669, 1674; *Schüren* AÜG § 10 RdNr. 64 ff.

[98] Vgl. §§ 2 Abs. 2 Nr. 1, 7 SGB IV; hierzu ausführlich *v. Hoyningen-Huene* BB 1987, 1730.

[99] Vgl. zur persönlichen Abhängigkeit BAG AP BGB § 611 Abhängigkeit Nr. 34, 38, 42, 44, 45;

BAG AP BGB § 611 Lehrer, Dozenten Nr. 32; BAG AP BGB § 620 Befristeter Arbeitsvertrag Nr. 65; Staub/*Konzen*/*Weber* Vor § 59 RdNr. 5 ff.

[100] *Schaub* § 8 II 3.

[101] Vgl. BVerfG NJW 1978, 365; BAGE 18, 87 = VersR 1966, 244; BAG AP § 92 Nr. 2; AP BGB § 611 Abhängigkeit Nr. 6, 10, 16, 18, 42, 43, 45; MünchKommBGB/*Söllner* § 611 RdNr. 131 ff.; *Schaub* § 8 I 1 sowie *v. Hoyningen-Huene* BB 1987, 1730 zur gleichgelagerten Problematik des sozialversicherungsrechtlichen Beschäftigungsverhältnisses.

v. Hoyningen-Huene

b) Weisungsgebundenheit. Ein wesentliches Merkmal persönlicher Abhängigkeit ist die 52
Weisungsgebundenheit des Handlungsgehilfen.[102] Können einem Mitarbeiter fachliche
Weisungen erteilt werden, so spricht dies regelmäßig für eine Tätigkeit in persönlicher
Abhängigkeit.[103] Selbständig ist demgegenüber, wer im wesentlichen frei seine Tätigkeit
gestalten und seine Arbeitszeit bestimmen kann, § 84 Abs. 1 Satz 2. Aus der Weisungsgebundenheit allein kann aber nicht notwendig auf eine unselbständige Tätigkeit geschlossen
werden.[104] Auch ein Selbständiger kann Weisungen erhalten,[105] die jedoch nur zur Auf-
tragskonkretisierung dienen.[106] Die Begrenzung der Selbständigkeit beruht dann nicht auf
Einzelanordnungen zur Ausführung, sondern auf generell-abstrakten Leitlinien, deren
Beachtung zur Erreichung des mit der Tätigkeit verbundenen Ziels notwendig ist.[107] Hat
der Weisungsberechtigte demgegenüber die Möglichkeit, während der Durchführung der
Aufgabe Einfluß auf Art, Zeit und Ausführung zu nehmen, so schließt dies das Merkmal
der Selbständigkeit in der Regel aus.[108]

c) Wirtschaftliche Abhängigkeit. Der Handlungsgehilfe ist vom Arbeitgeber regelmä- 53
ßig auch wirtschaftlich abhängig. Gleichwohl ist die wirtschaftliche Abhängigkeit kein
taugliches Kriterium für die Unterscheidung zwischen Arbeitnehmern und Selbständigen.[109] So sind Selbständige, die beispielsweise Zulieferarbeiten für ein anderes Unternehmen erbringen, von diesem Unternehmen häufig existentiell abhängig. Andererseits
ist die wirtschaftliche Abhängigkeit von **Teilzeitbeschäftigten,** deren Ehegatte über ein
auskömmliches Einkommen verfügt, eher gering einzuschätzen. Gleichwohl sind auch
teilzeitbeschäftigte Personen Arbeitnehmer, wenn sie sich in persönlicher Abhängigkeit zu
ihrem Arbeitgeber befinden.[110]

d) Fehlende Verfügungsmöglichkeit über Arbeitszeit und Arbeitskraft. Die persönli- 54
che Abhängigkeit zeigt sich insbesondere darin, daß der unselbständige Handlungsgehilfe
keine freie Verfügungsmöglichkeit über Arbeitszeit und Arbeitskraft hat. Während der
Selbständige selbst über die Verwertung seiner Arbeitskraft verfügt und damit frei ist, einen
Auftrag anzunehmen oder abzulehnen, kann der Arbeitgeber des Handlungsgehilfen über
dessen Arbeitszeit und Arbeitskraft verfügen.[111] Für die Dauer der vertraglichen Arbeitszeit
hat der Handlungsgehilfe die vereinbarten Arbeiten zu verrichten und den Weisungen des
Arbeitgebers Folge zu leisten.

e) Eingliederung in den Betrieb. Der unselbständig beschäftigte Handlungsgehilfe ist 55
grundsätzlich in einem fremden Betrieb eingegliedert. Er hat seine Arbeitsleistung im
Rahmen einer von Dritten bestimmten Arbeitsorganisation zu erbringen.[112] Die Eingliederung in den Betrieb ist nicht immer nur räumlich zu verstehen. Auch wer ausschließlich in
seiner eigenen Wohnung arbeitet, kann aufgrund der Einordnung in die betriebliche Organisation unselbständiger Handlungsgehilfe sein. So ist etwa eine Schadensbearbeiterin, die
in ihrer Wohnung Schadensabrechnungen nach genauen Anweisungen der Versicherungsgesellschaft und unter Benutzung bestimmter Formulare und Hilfsmittel vornimmt, die von

---

[102] Vgl. hierzu ausführlich *v. Hoyningen-Huene* BB
1987, 1730, 1731 f.
[103] BAG AP BGB § 611 Abhängigkeit Nr. 21 =
BB 1977, 1150.
[104] Ebenso *Zöllner/Loritz* Arbeitsrecht § 4 III
5 a aa.
[105] Vgl. §§ 645, 675 BGB.
[106] Dazu im einzelnen *v. Hoyningen-Huene* Anm.
zu BAG EzA BetrVG 1972 § 99 Nr. 102; jetzt auch
BAG EzA BetrVG 1972 § 99 Nr. 110.
[107] Vgl. etwa BSGE 51, 164, 165 f. = BB 1981,
2074 für den Bezirksleiter einer Bausparkasse, dessen
Selbständigkeit trotz gewisser Weisungsgebundenheit bejaht wurde.
[108] *v. Hoyningen-Huene* BB 1987, 1730, 1732;
BSG USK 7929.

[109] Ebenso *v. Hoyningen-Huene* BB 1987, 1730,
1733; *Schaub* § 8 II 4; MünchKommBGB/*Söllner*
§ 611 RdNr. 135.
[110] Vgl. BAG AP BUrlG § 1 Nr. 1; BAG AP
Feiertagslohnzahlungsgesetz § 1 Nr. 25; BAG AP
BGB § 620 Befristeter Arbeitsvertrag Nr. 21; BAG
AP BGB § 611 Lehrer, Dozenten Nr. 10; BAG SAE
1988, 71 mit abl. Anm. *Adomeit; Schaub* § 44 II 2
m. weit. Nachw.
[111] Vgl. BAG AP BGB § 611 Abhängigkeit
Nr. 18.
[112] BAG AP BGB § 611 Abhängigkeit Nr. 10,
21, 42, 45; *v. Hoyningen-Huene* BB 1987, 1730,
1731; *Söllner* Arbeitsrecht § 3 I 3 b.

der Versicherung gestellt waren, als unselbständige Handlungsgehilfin einzuordnen.[113] Abgrenzungsprobleme können hier insbesondere bei der Telearbeit entstehen (RdNr. 78).[114]

56 **f) Fehlendes unternehmerisches Risiko.** Wesentliches Indiz für eine unselbständige Tätigkeit ist das fehlende unternehmerische Risiko.[115] Der Selbständige trägt dagegen das eigene Unternehmerrisiko. Er ist vom Markt abhängig und kann demgemäß auch ohne Gewinn bleiben, falls keine Tätigkeit für ihn anfällt. Demgegenüber trägt der unselbständig beschäftigte Handlungsgehilfe kein Entgeltrisiko, weil das Entgelt – abgesehen von den Provisionsangestellten (§ 65) – nach der Arbeitszeit und nicht nach dem Arbeitsergebnis bezahlt wird.

57 **g) Weitere Abgrenzungsmerkmale.** Neben den genannten Indizien gibt es noch weitere Abgrenzungsmerkmale, die im Einzelfall zu berücksichtigen sind. So deutet die Gestellung von Arbeitsmaterial und die Fortzahlung der Vergütung bei Urlaub und Arbeitsunfähigkeit auf eine unselbständige Beschäftigung hin. Die Möglichkeit, zur Verrichtung der Tätigkeit Hilfskräfte und Vertreter einzusetzen, und die Vergütungsabrechnung durch Rechnungsstellung (mit Mehrwertsteuer) sprechen demgegenüber für eine selbständige Tätigkeit.[116]

58 **2. Abgrenzung zu Selbständigen.** Das Merkmal der unselbständigen Tätigkeit ermöglicht es, den Handlungsgehilfen von anderen selbständig tätigen Personen abzugrenzen.

59 **a) Handelsvertreter.** Zunächst ist der Handlungsgehilfe abzugrenzen vom Handelsvertreter. Der Handelsvertreter übt nach § 84 Abs. 1 eine selbständige Tätigkeit aus. Fehlt es an dieser Selbständigkeit, so gilt er, auch wenn er ständig damit betraut ist, für einen Unternehmer Geschäfte zu vermitteln oder in dessen Namen abzuschließen, nach § 84 Abs. 2 als Angestellter. Betreibt der Unternehmer, für den der Geschäftsmittler tätig ist, ein Handelsgewerbe, so erlangt er bei unselbständiger Tätigkeit nach § 84 Abs. 2 die Rechtsstellung eines Handlungsgehilfen. Ist hingegen der Unternehmer nicht kaufmännischer Gewerbetreibender, dann ist auch der angestellte Geschäftsmittler nicht Handlungsgehilfe iSv. § 59, sondern sonstiger Angestellter.[117]

60 **b) Freier Mitarbeiter.** Durch das Merkmal der unselbständigen Tätigkeit ist der Handlungsgehilfe auch gegenüber dem freien Mitarbeiter abzugrenzen.[118] Freie Mitarbeiter sind Personen, die ohne als Arbeitnehmer zu gelten, für bestimmte Auftraggeber im wesentlichen persönlich tätig sind.[119] Grundlage der vertraglichen Beziehungen zum Auftraggeber ist dabei regelmäßig ein Dienst- oder Werkvertrag. Ob ein Mitarbeiter in persönlicher Abhängigkeit oder als selbständiger freier Mitarbeiter für das Handelsgewerbe tätig wird, muß im Einzelfall unter Berücksichtigung aller maßgeblichen Umstände nach der Gesamtsituation beurteilt werden. Auf die Tätigkeitsbezeichnung der Parteien kommt es nicht an. Wichtiges Merkmal der persönlichen Abhängigkeit als Abgrenzungskriterium ist die Weisungsgebundenheit hinsichtlich Zeit, Ort und Dauer der Tätigkeit sowie ein mit der Tätigkeit möglicherweise verbundenes Unternehmerrisiko.[120] Indiz für die Selbständigkeit ist demgegenüber die Erbringung der Leistung mit eigenen Betriebsmitteln.[121]

61 **3. Beispiele unselbständiger Tätigkeit.** Die unselbständige Leistung kaufmännischer Dienste wurde von der Rechtsprechung in folgenden Fällen **bejaht:**

[113] Vgl. BSG USK 72115.

[114] Dazu de lege ferenda *Kappus* NZA 1987, 408.

[115] BAGE 18, 87, 102; *v. Hoyningen-Huene* BB 1987, 1730, 1732; Staub/*Brüggemann* § 84 RdNr. 10; *Wank*, Arbeitnehmer und Selbständige, 1988, insbes. S. 122 ff.

[116] Vgl. *v. Hoyningen-Huene* BB 1987, 1733 f. m. weit. Nachw.

[117] Vgl. BVerfG NJW 1978, 365; Staub/*Brüggemann* § 84 RdNr. 28; GK-HGB/*Haumann* § 84 RdNr. 14.

[118] Vgl. hierzu *Becker*, Die freie Mitarbeiter, 1982; *v. Hoyningen-Huene* BB 1987, 1730; *Rosenfelder*, Der arbeitsrechtliche Status des freien Mitarbeiters, 1982.

[119] *Rosenfelder*, Der arbeitsrechtliche Status des freien Mitarbeiters, 1982, S. 30.

[120] Vgl. BAG AP BGB § 611 Abhängigkeit Nr. 45; BAG AP BGB § 611 Lehrer, Dozenten Nr. 32; BAG AP § 84 Nr. 2.

[121] *Zöllner/Loritz* Arbeitsrecht § 4 III 2 a.

– Handelsagent (BAG AP § 90 a Nr. 1);
– Hausverwalter (RAG ARS 14, 33), verneint dagegen bei Kantinenverwalter der Bundeswehr (BAG AP BGB § 611 Abhängigkeit Nr. 37);
– Immobilienmakler, bei Eingliederung in Immobilienbüro (BGH AP § 84 Nr. 2);
– Propagandistin im Kaufhaus (BGH AP § 84 Nr. 3);
– Subdirektor einer Versicherung (BAG AP § 92 Nr. 1);
– Versicherungsvertreter (BAG AP § 92 Nr. 2, 3; BSG AP § 92 Nr. 4).

Die Unselbständigkeit der Leistung kaufmännischer Dienste wurde dagegen **verneint** bei   62
– Bezirksstellen-Lottoleiter (BSG AP BGB § 611 Abhängigkeit Nr. 27);
– Tankstellenbesitzer (BSG AP BGB § 611 Abhängigkeit Nr. 5).

4. Leistung kaufmännischer Dienste. Handlungsgehilfe ist nur, wer unselbständig tätig   63
ist und dabei kaufmännische Dienste verrichtet; anderenfalls finden gemäß § 83 die
§§ 59 ff. keine Anwendung. Kaufmännische Dienste sind überwiegend geistige, nicht
mechanische Tätigkeiten,[122] die notwendig und üblich sind, um den Warenumsatz erfolgreich und sachgerecht zu gestalten. Dazu gehören Dienste, die mit dem Einkauf und Verkauf, dem Kassenwesen, der Buchführung und verwandten Geschäften zu tun haben.[123]
Erforderlich sind kaufmännische Kenntnisse und Fähigkeiten, zumindest aber kaufmännische Übung.[124] Ob kaufmännische Dienste verrichtet werden, beurteilt sich nach der Verkehrsanschauung.[125]

a) Arbeitsvertragliche Verpflichtung. Für die rechtliche Qualifizierung einer Tätigkeit   64
als kaufmännisch ist nicht entscheidend, welche **Vorbildung** der Angestellte hat, insbesondere ob er eine kaufmännische Ausbildung abgeschlossen hat und wie die Parteien die
Tätigkeit bezeichnen.[126] Erforderlich ist vielmehr, daß die Leistung kaufmännischer Dienste dem Handlungsgehilfen **nach seinem Arbeitsvertrag obliegt.** Dabei kommt es nicht
nur auf das im Arbeitsvertrag vereinbarte Aufgabengebiet an, sondern auf die tatsächlich
ausgeübte Beschäftigung.[127]

b) Indizwirkung des Tarifvertrags. Für eine bestehende Verkehrsauffassung ist die   65
entsprechende Bewertung der Arbeiten in den einschlägigen **Tarifverträgen** ein entscheidendes Indiz.[128] Wird etwa in einem Tarifvertrag bestimmt, daß Arbeitnehmer, die an
einem rechnergesteuerten Textsystem tätig sind, den Gehaltstarifverträgen für kaufmännische Angestellten zuzuordnen sind, so ist dies ein wichtiges Anzeichen dafür, daß die Verkehrsanschauung diese Tätigkeit als kaufmännische Angestelltentätigkeit bewertet.[129]

Unbeachtlich für die Einordnung der Tätigkeit sind allerdings solche Tarifverträge, die   66
einem Arbeiter den Angestelltenstatus verleihen, obwohl er nach seiner ausgeübten Tätigkeit eindeutig Arbeiter ist. Denn die Tarifpartner können einen Arbeitnehmer, der als
Arbeiter anzusehen ist, nicht dadurch zum Angestellten im Rechtssinne machen, daß sie
ihn tarifvertraglich als Angestellten bezeichnen.[130]

c) Objektive Kriterien. Nicht erheblich ist auch, wie die Arbeitsvertragsparteien einen   67
Arbeitnehmer einordnen; entscheidend ist die objektive Rechtslage. Kommt man aufgrund
der objektiven Kriterien zu dem Ergebnis, daß ein Arbeitnehmer als Arbeiter einzustufen
ist, so kann ihm nicht durch vertragliche Vereinbarung mit Wirkung für die übrige
Rechtsordnung der Status eines Angestellten verliehen werden.[131] Eine solche Vereinba-

---

[122] BAG AP Nr. 2, 4, 5, 12.
[123] Vgl. BAG AP Nr. 23 mit Anm. *Gitter;* Staub/
Konzen/Weber RdNr. 14; MünchHdbArbR/*Winterfeld* § 176 RdNr. 5.
[124] BAG AP Nr. 4 mit Anm. *Hefermehl;* BAG AP
Nr. 15, 22.
[125] St. Rspr. vgl. BAG AP Nr. 1, 3, 5, 12, 24
mit Anm. *v. Hoyningen-Huene;* Baumbach/*Hopt*
RdNr. 25; *Schaub* Arbeitsrechtshandbuch § 13 II 1.
[126] BAG AP Nr. 3; GK-HGB/*Etzel* RdNr. 5.

[127] Vgl. BAG AP Nr. 12, 23 und BAG AP GewO
§ 133 Nr. 19.
[128] BAG AP Nr. 12, 23, 24; *v. Hoyningen-Huene*
Anm. zu BAG AP Nr. 24; *Schaub* § 13 II 1.
[129] So BAG AP Nr. 24 mit zust. Anm.
v. Hoyningen-Huene.
[130] So zutr. BAG AP Nr. 12; *Schaub* § 13 II 1.
[131] BAG AP TOA § 3 Nr. 48; *Schaub* § 13 II 3;
Zöllner/Loritz Arbeitsrecht § 5 II 3.

rung hat allenfalls Bindungswirkung im Verhältnis der Arbeitsvertragsparteien untereinander. Der Arbeitgeber ist danach verpflichtet, dem betreffenden Arbeitnehmer die bei ihm im Betrieb geltenden Vergünstigungen für Angestellte zuteil werden zu lassen.[132]

68   **d) Gemischte Tätigkeit.** Übt ein Arbeitnehmer eine gemischte Tätigkeit aus, zB kaufmännische und gewerbliche Arbeit bei einem Verkaufsfahrer, so kommt es nicht entscheidend auf den Zeit- und Energieaufwand für Einzelarbeiten für die Qualifizierung an. Für die rechtliche Einordnung ist vielmehr erheblich, welche der ausgeübten Tätigkeiten dem Arbeitsverhältnis in seiner Gesamtheit das kennzeichnende Gepräge gibt.[133] Ist das die kaufmännische Tätigkeit, so ist der Arbeitnehmer Handlungsgehilfe.

69   **5. Abgrenzung zu nichtkaufmännischen Personen.** Durch das Erfordernis der Leistung kaufmännischer Dienste lassen sich Handlungsgehilfen von sonstigen Arbeitnehmern abgrenzen. Zu unterscheiden ist einerseits zwischen Handlungsgehilfen und sonstigen Angestellten, andererseits zu Arbeitern.

70   **a) Sonstige Angestellte.** Durch die Erbringung kaufmännischer Dienste unterscheiden sich die Handlungsgehilfen von den sonstigen Angestellten. Hierzu zählen inbesondere die in § 133 Abs. 2 SGB VI aufgeführten Personengruppen, die neben den in § 133 Abs. 2 Nr. 4 SGB VI erwähnten Handlungsgehilfen Angestellte iSd. Sozialversicherung sind. Die Berufsgruppenbestimmung der Rentenversicherung der Angestellten ist für das Arbeitsrecht aber nur bindend, sofern in anderen Gesetzen, wie zB § 6 Abs. 2 BetrVG darauf verwiesen wird. Darüber hinaus gibt § 133 Abs. 2 SGB VI lediglich einen Anhaltspunkt zur Abgrenzung zwischen Arbeitern und Angestellten.[134]

71   Von den in § 133 Abs. 2 Nr. 2 SGB VI aufgeführten **technischen Angestellten** unterscheidet sich der Handlungsgehilfe dadurch, daß er kaufmännische Tätigkeiten verrichtet, während der technische Angestellte – wie etwa der Braumeister[135] – im betrieblich-technischen Bereich eines Betriebes leitende Funktionen wahrnimmt.[136] Von den übrigen in § 133 Abs. 2 SGB VI genannten Angestellten unterscheidet sich der Handlungsgehilfe dadurch, daß jene keine kaufmännischen Dienste leisten.

72   **b) Arbeiter.** Die kaufmännischen Angestellten sind weiter von den Arbeitern abzugrenzen. Arbeiter verrichten überwiegend körperliche Arbeit (Handarbeit), die Angestellten dagegen überwiegend geistige Arbeit.[137] Sowohl Handlungsgehilfen als auch Arbeiter gehören rechtssystematisch an sich zu den **gewerblichen Arbeitnehmern,** müssen aber unterschieden werden, weil auf Handlungsgehilfen nach § 154 Abs. 1 Nr. 2 GewO zahlreiche Vorschriften der Gewerbeordnung nicht anwendbar sind.[138] Für Arbeiter und technische Angestellte bleibt es demgegenüber bei den Vorschriften der Gewerbeordnung. Die rechtliche Zuordnung der Handlungsgehilfen zu den gewerblichen Arbeitnehmern entspricht aber **nicht** mehr der **Terminologie der Praxis.** Dort werden als gewerbliche Arbeitnehmer regelmäßig Arbeiter bezeichnet.[139]

73   Die **Unterscheidung zwischen Arbeitern und Handlungsgehilfen** ist auch heute noch von gewisser Bedeutung, weil verschiedene Gesetze, wie insbesondere § 6 BetrVG zwischen Arbeitern und Angestellten differenzieren (nicht mehr bei der Kündigung nach § 622 BGB nF). Das Erfordernis der Abgrenzung von Arbeitern und Angestellten darf aber nicht darüber hinwegtäuschen, daß die Unterscheidung zwischen diesen beiden Gruppen

---

[132] Ebenso MünchKommBGB/*Schwerdtner* § 622 RdNr. 6

[133] BAG AP Nr. 1, 2, 3, 5 und 12; BAG AP TVG Auslegung § 1 Nr. 118; *Farthmann*, Festschrift für Hilger/Stumpf, S. 177, 183; GK-HGB/*Etzel* RdNr. 6; Heymann/*Henssler* RdNr. 38; *Schaub* § 13 II 2.

[134] Ebenso BAG AP Nr. 12; MünchKommBGB/*Schwerdtner* § 622 RdNr. 5; Staudinger/*Neumann* § 622 RdNr. 5.

[135] Vgl. RGZ 37, 279.

[136] Vgl. zur Abgrenzung BAG AP GewO § 133 f Nr. 19 mit Anm. *Duden.*

[137] Dazu ausführlich *Wank,* Arbeiter und Angestellte, 1992; Beispiele bei Heymann/*Henssler* RdNr. 31.

[138] Ebenso *Schaub* § 12 III 2; *Söllner* Arbeitsrecht § 4 IV 2.

[139] Vgl. etwa die Bezeichnung der Tarifverträge in der Druckindustrie: MTV für gewerbliche Arbeitnehmer einerseits und MTV für kaufmännische und technische Angestellte andererseits.

einerseits durch die technische, andererseits aber auch durch die gesellschaftliche Entwicklung weitgehend überholt und überflüssig geworden ist und daher auch rechtlich möglichst bald abgeschafft werden sollte.[140] Die Beseitigung der Unterscheidung zwischen Arbeitern und Angestellten ist aber nicht Aufgabe der Rechtsprechung, sondern kommt allein dem Gesetzgeber zu.

c) Auszubildende. Der Handlungsgehilfe ist weiterhin abzugrenzen von den Auszubildenden. Auszubildender ist derjenige Arbeitnehmer, der auf Grund eines Berufsausbildungsvertrages systematisch mit einem geordneten Ausbildungsgang eine breit angelegte berufliche Grundausbildung und die für die Ausbildung einer qualifizierten beruflichen Tätigkeit notwendigen fachlichen Fähigkeiten und Kenntnisse vermittelt erhält (vgl. § 1 Abs. 2 BBiG). Auch der Auszubildende ist Arbeitnehmer; das ergibt sich aus § 3 Abs. 2 BBiG.[141] Anders als der kaufmännische Angestellte erbringt der Auszubildende aber keine kaufmännischen Dienste, sondern erlernt diese erst.   74

Vom Handlungsgehilfen und Auszubildenden ist ferner der **Volontär** zu unterscheiden. Volontär ist nach § 82 a eine Person, die, ohne als Lehrling angenommen zu sein, zum Zwecke ihrer Ausbildung unentgeltlich mit kaufmännischen Diensten beschäftigt ist. Volontäre unterscheiden sich von den Auszubildenden dadurch, daß sie ohne Lehrvertrag beschäftigt werden. Von den Handlungsgehilfen unterscheiden sie sich dadurch, daß sie nicht zur Leistung kaufmännischer Dienste angestellt sind, sondern zur Ausbildung mit kaufmännischen Diensten beschäftigt werden.   75

d) Familienangehörige. Auch Familienangehörige sind keine Handlungsgehilfen, sofern sie entsprechend ihrer familienrechtlichen Verpflichtungen im Handelsgewerbe mitarbeiten. Eine familienrechtliche Verpflichtung zur Mitarbeit kann sich für Ehegatten aus § 1360 BGB und für Kinder aus § 1619 BGB ergeben. In diesen Fällen liegt zwischen den Familienmitgliedern kein Arbeitsverhältnis vor.[142]   76

e) Hausgehilfen. Keine Handlungsgehilfen sind ferner die Hausgehilfen des Kaufmannes.[143] Auf diese Dienstverhältnisse kommen nur die Bestimmungen des BGB über den Dienstvertrag nach §§ 611 ff. BGB zur Anwendung, weil sie nicht im Handelsgewerbe tätig sind und keine kaufmännischen Dienste leisten.   77

f) Telearbeitnehmer. Handlungsgehilfe kann auch der Telearbeiter sein.[144] Bei der Telearbeit werden Arbeiten in die Wohnung des Telearbeiters verlagert, wobei jedoch eine kommunikationstechnische Anbindung des Arbeitsplatzes an das zentrale Büro vorhanden ist. Der Telearbeiter kann Selbständiger, Arbeitnehmer, Heimarbeiter oder arbeitnehmerähnliche Person sein. Leistet er **kaufmännische Dienste,** so ist er Handlungsgehilfe, sofern er die Arbeitsleistung in persönlicher Abhängigkeit erbringt.   78

Bei Arbeitsleistungen in einem Regional- oder Nachbarschaftsbüro wird dies regelmäßig zu bejahen sein. Problematischer ist dies allerdings, wenn der Telearbeiter **in eigener Wohnung** arbeitet. Eine Abhängigkeit in zeitlicher Hinsicht wird man dort dann annehmen können, wenn der Telearbeiter Abrufarbeit leistet, kurze Ankündigungs- und Erledigungsfristen bestehen und eine Bindung an den Zentralrechner erfolgt. Die persönliche   79

---

[140] Vgl. hierzu *Hanau* RdA 1988, 1, 2; *v. Hoyningen-Huene* Anm. zu BAG AP Nr. 24; *Kraushaar* AuR 1981, 74; *G. Müller* DB 1981, 796; *Wank*, Arbeiter und Angestellte, 1992.

[141] Ebenso *Schaub* § 16 II 2; *Zöllner/Loritz* § 5 IV 2 a.

[142] Siehe dazu Kommentare zu §§ 1356 und 1619 BGB sowie *Burckhardt*, Ausgleich für Mitarbeit eines Ehegatten im Beruf oder Geschäft des anderen 1971; *Fenn*, Die Mitarbeit in den Diensten Familienangehöriger 1970; *Lieb*, Die Ehegattenmitarbeit im Spannungsfeld zwischen Rechtsgeschäft, Bereicherungsausgleich und gesetzlichem Güterstand

1970. – Aus der Rechtsprechung BSG SGb 1994, 388 mit Anm. *v. Hoyningen-Huene.*

[143] *Düringer/Hachenburg/Hoeniger* Anm. 8.

[144] Vgl. hierzu *Fenski*, Außerbetriebliche Arbeitsverhältnisse. Heimarbeit und Telearbeit, 1994; *Kappus*, Rechtsfragen der Telearbeit, 1981; *Müllner*, Privatisierung des Arbeitsplatzes: Chancen, Risiken und rechtliche Gestaltbarkeit der Telearbeit, 1985; *Schaub* § 163 B; *Wedde*, Teilarbeit und Arbeitsrecht 1986 sowie *Herb* DB 1986, 1823; *Kappus* NJW 1984, 2384; *Kilian/Borsum/Hoffmeister* NZA 1987, 401; *Simon/Kuhne* BB 1987, 201.

Abhängigkeit ergibt sich dabei aus der Möglichkeit der technischen Überwachung und Kontrolle.[145]

80   **g) Vertretungsbefugte Gesellschafter und Organmitglieder.** Von den Handlungsgehilfen sind weiterhin die vertretungsbefugten Gesellschafter oder Organmitglieder von Handelsgesellschaften abzugrenzen. Diese sind nach h. Rspr. nicht Arbeitnehmer, doch können auch arbeitsrechtliche Vorschriften (zB § 622 BGB) auf sie angewendet werden. Ihre Tätigkeit beruht auf einem Dienstvertrag (§ 611 BGB) und nicht auf einem Arbeitsvertrag.[146] Sie sind daher auch nicht Handlungsgehilfen.

81   Möglich ist jedoch, daß das Anstellungsverhältnis eines Handlungsgehilfen einer GmbH nach dessen **Bestellung zum Geschäftsführer** als **ruhendes Arbeitsverhältnis** neben dem Dienstverhältnis sowie der darauf beruhenden Organstellung fortbesteht und von diesem überlagert wird.[147] Ob das ursprüngliche Arbeitsverhältnis fortbesteht, hängt von dem Willen der Parteien ab. Wird etwa der Handlungsgehilfe zum Geschäftsführer der GmbH berufen, ohne daß sich an den Vertragsbedingungen im übrigen etwas ändert, und fehlt es in einem solchen Fall an einer ausdrücklichen oder konkludenten Vereinbarung, so ist im Zweifel anzunehmen, daß der Handlungsgehilfe mit der Bestellung zum Vertretungsorgan sein bisheriges Anstellungsverhältnis mit dem erworbenen Bestandsschutz nicht aufgeben wollte. Etwas anderes wird dann anzunehmen sein, wenn der Handlungsgehilfe einen finanziellen Ausgleich durch eine höhere Vergütung erhält.[148] Das Anstellungsverhältnis endet dann mit der Bestellung zum Vertretungsorgan mit der Folge, daß der Betreffende von diesem Zeitpunkt an auch nicht mehr Handlungsgehilfe ist.

82   **h) Juristische Personen.** Juristische Personen können keine Handlungsgehilfen sein.[149] Nur natürliche Personen können Arbeitnehmer sein, da die Arbeitsleistung nach § 613 BGB höchstpersönlich zu erbringen ist. Nicht entscheidend ist hier das Merkmal der Abhängigkeit. Auch juristische Personen können voneinander abhängig sein, § 17 AktG. Sie können dann einen Konzern nach § 18 Abs. 1 AktG bilden.

83   **i) Franchise-Nehmer.** Durch den Franchisevertrag wird grundsätzlich kein Arbeitsverhältnis begründet.[150] Ein Franchisevertrag liegt vor, wenn ein Unternehmer (Franchise-Geber) einem anderen Unternehmer (Franchise-Nehmer) für dessen Betriebsführung zur Nutzung gegen Entgelt und Übernahme bestimmter Pflichten Handelswaren oder Handelsmarken, Warenzeichen, Geschäftsform, Vertriebsmethoden und Know-how sowie das Recht überläßt, bestimmte Waren oder Dienstleistungen zu vertreiben.[151] Der Franchise-Nehmer betreibt daher sein Geschäft im eigenen Namen und für eigene Rechnung und ist daher selbständiger Unternehmer.

84   Im Einzelfall können jedoch die Bindungen zwischen dem Franchise-Geber und dem Franchise-Nehmer so stark werden, daß der Franchise-Nehmer nicht mehr als selbständiger Unternehmer angesehen werden kann.[152] Wird der Franchise-Nehmer durch eine vertragliche Vereinbarung **vollständig in die Organisation des Franchise-Gebers einbezogen** und verliert er dadurch die Möglichkeit, seine Tätigkeit im wesentlichen frei zu gestalten

---

[145] Vgl. *v. Hoyningen-Huene* BB 1987, 1730, 1731; *Schaub* § 163 B II 3.

[146] BGHZ 10, 187, 191; 12, 1, 8; 36, 142, 143; BGH AP BGB § 197 Nr. 1; AP GmbHG § 3 Nr. 1; BGH NJW 1981, 1270; Baumbach/*Hopt* RdNr. 26.

[147] So BAG NZA 1987, 845 und BAG AP ArbGG 1979 § 5 Nr. 3 mit krit. Anm. *Martens* = NZA 1986, 792; *Hueck*/*v. Hoyningen-Huene* KSchG 11. Aufl. 1992, § 14 RdNr. 6.

[148] Vgl. BAG NZA 1987, 845 f unter II 2 a der Gründe; kritisch dazu *Martens* Anm. zu BAG AP ArbGG 1979 § 5 Nr. 3 und *Schwab* NZA 1987, 839.

[149] Ebenso GK-HGB/*Etzel* RdNr. 4; RGRK/*Würdinger* Anm. 2; Heymann/*Henssler* RdNr. 5; aA Schlegelberger/*Schröder* RdNr. 6.

[150] Ebenso BGH NJW 1985, 1894, 1895; BAG AP § 84 Nr. 1; LAG Düsseldorf NJW 1988, 725; OLG Schleswig NJW-RR 1987, 220, 221 ff.

[151] Vgl. zum Franchisevertrag *Martinek* Franchising 1987; *Skaupy* Franchising 1987; *Weber* JA 1983, 347.

[152] Sehr instruktiv der Fall LAG Düsseldorf NJW 1988, 725; dazu *Buschmann* AiB 1988, 51; *Weltrich* DB 1988, 806; vgl. als Gegensatz dazu OLG Schleswig NJW-RR 1987, 220.

(vgl. § 84 Abs. 1 Satz 2), so ist er Arbeitnehmer.[153] Betreibt der Franchise-Geber in diesem Fall ein Handelsgewerbe, so hat der Franchise-Nehmer regelmäßig die Rechtsstellung eines Handlungsgehilfen, da er kaufmännische Dienste verrichtet.

j) Arbeitnehmerähnliche Personen. Der Handlungsgehilfe ist weiterhin abzugrenzen **85** von den arbeitnehmerähnlichen Personen nach § 12 a TVG. Darunter versteht man Dienstleistende, die mangels persönlicher Abhängigkeit keine Arbeitnehmer, die aber wegen ihrer wirtschaftlichen Abhängigkeit wie Arbeitnehmer schutzbedürftig sind.[154] Hierher gehören insbesondere Heimarbeiter, Hausgewerbetreibende und Zwischenmeister sowie Handelsvertreter, vor allem Einfirmenvertreter (§ 92 a) mit geringem Einkommen.

k) Beamte. Keine Handlungsgehilfen sind Beamte. Beamte sind nicht Arbeitnehmer. Sie **86** erbringen ihre Leistungen in einem öffentlich-rechtlichen Dienst- und Treueverhältnis (vgl. Art. 33 GG), das den besonderen Regelungen des Beamtenrechts unterliegt. Die Abgrenzung von Handlungsgehilfen und Beamten ist von Bedeutung bei öffentlich-rechtlichen Handelsgewerben wie beispielsweise den Sparkassen und der Deutschen Bundesbank (RdNr. 52 ff.).

6. Verbotene Tätigkeiten. Aufgrund spezialgesetzlicher Regelungen dürfen bestimmte **87** Personengruppen nicht als Handlungsgehilfen tätig sein. So verbietet § 32 Abs. 3 BörsG dem **Kursmakler,** zu einem Kaufmann in dem Verhältnis eines Handlungsgehilfen zu stehen. Es handelt sich hierbei um ein gesetzliches Verbot iSv. § 134 BGB, das ein gleichwohl geschlossenes Anstellungsverhältnis nichtig macht.[155] Auf dieses Anstellungsverhältnis sind dann die Regeln über das fehlerhafte Arbeitsverhältnis anzuwenden.[156] Für das fehlerhafte Anstellungsverhältnis gelten die §§ 59 ff. dazu analog.

Mit der Tätigkeit als **Steuerberater oder Steuerbevollmächtigten** ist nach § 57 Abs. 4 **88** Nr. 2 StBerG grundsätzlich eine Tätigkeit als Arbeitnehmer und damit auch als Handlungsgehilfe unvereinbar. Ausnahmen von diesem Grundsatz gelten für bestimmte, in den §§ 58 und 59 StBerG im einzelnen festgelegte Tätigkeiten als Handlungsgehilfe bei Anwälten, Wirtschaftsprüfern, Lohnsteuervereinen, Steuerberaterkammern und ähnlichen Einrichtungen.

7. Sonderfälle. Für verschiedene Gruppen von Handlungsgehilfen sind besondere ge- **89** setzliche Bestimmungen zu beachten.

a) Minderjährige. Auch Minderjährige können Handlungsgehilfen sein. Hier sind je- **89 a** doch bei Abschluß des Arbeitsvertrags die allgemeinen bürgerlich-rechtlichen Vorschriften des Minderjährigenrechts nach §§ 104 ff. BGB zu beachten (vgl. auch unten RdNr. 129). Für die Beschäftigung der Minderjährigen als Handlungsgehilfen sind dann die Vorschriften des Jugendarbeitsschutzgesetzes zu beachten.

b) Frauen. Bei Frauen, die als Handlungsgehilfen in einem Handelsgewerbe angestellt **90** sind, sind die besonderen Schutzvorschriften, namentlich die §§ 611 a und b BGB (vgl. auch § 80 Abs. 1 Nr. 2 a BetrVG) sowie das MuSchG zu beachten.

c) Betriebsratsmitglieder. Ist ein Handlungsgehilfe zugleich Betriebsratsmitglied, so **91** verliert er dadurch nicht die Rechtsstellung als Handlungsgehilfe. Auch bei einer Freistellung von der beruflichen Tätigkeit nach § 38 BetrVG bleibt der kaufmännische Angestellte Handlungsgehilfe. Das freigestellte Betriebsratsmitglied ist nämlich nur von seiner Arbeitspflicht entbunden. Die arbeitsvertragliche Rechtsstellung des Freigestellten bleibt unverändert.[157]

---

[153] Ebenso LAG Düsseldorf NJW 1988, 725; *Schaub* § 36 V 2; *Wank* EWiR § 5 BetrVG 2/88 S. 219. – Siehe dazu auch BAG AP § 60 Nr. 9 und BAG § 84 Nr. 1 mit Anm. *Küstner.*

[154] Vgl. *Falkenberg,* AR-Blattei Arbeitnehmerähnliche Personen I, 1987; *Schaub* § 9 I 1 mit umfassenden Nachweisen.

[155] AA Schlegelberger/*Schröder* RdNr. 9 a.

[156] Dazu näher MünchHdbArbR/*Richardi* § 44.

[157] Vgl. GK-BetrVG/*Wiese,* 4. Aufl. 1987, § 38 RdNr. 51; *v. Hoyningen-Huene* BetrVR § 10 III b.

92   **d) Doppeltätigkeiten.** Ein kaufmännischer Angestellter bleibt auch dann Handlungsgehilfe, wenn er, etwa als Teilzeitbeschäftiger, in einem anderen Betrieb gleichzeitig eine nicht kaufmännische Tätigkeit ausführt. Bei solchen Doppeltätigkeiten kommt es auf die Rechtsnatur des jeweiligen Arbeitsverhältnisses an. Diese Arbeitsverhältnisse sind isoliert zu betrachten. Ist der Handlungsgehilfe daneben Datenschutzbeauftragter, gelten insoweit zusätzlich diese Sonderregelungen.[158]

93   **8. Beispiele für Handlungsgehilfen.** Als Handlungsgehilfen sind danach anzusehen:[159]
- Abonnenten- und Anzeigensammler, nicht aber, sofern sie nur von Haus zu Haus gehen (RAG ARS 29, 237)
- Apothekengehilfinnen (RAG ARS 23, 13)
- Akquisiteure (RAG 1, 268)
- Bezirksdirektoren einer Versicherung (AG München VersR 1952, 286)
- Buchhalter
- Bürovorsteher
- Croupiers und Aushilfscroupiers in Spielbanken (SozG Speyer AP AVG § 1 Nr. 5)
- Einkäufer
- Expedienten
- Fabrikdirektoren, soweit sie nicht nur eine technische Leitung innehaben
- Frachtkontrolleure (LAG Frankfurt RdA 1950, 198)
- Filialleiter (RAG ARS 34, 45; RAG 9, 284)
- Gaststättenleiter; nicht aber Bardame, Büfettier, Kellner und Koch
- Hotelleiter und Hotelsekretäre; nicht aber Hotelportier, Pförtner, Garderobenfrauen und Hausmeister
- Kalkulatoren
- Kassierer (AP Nr. 23); nicht aber Fahrkarten- und Eintrittskartenverkäufer, Straßenbahnschaffner oder Tankwarte
- Kontrolleure
- Lagerverwalter, soweit ihnen auch die Verwaltung und Abrechnung der Bestände obliegt; nicht aber Packer
- Prokuristen im Arbeitsverhältnis (vgl. § 5 Abs. 3 Satz 2 Nr. 2 BetrVG)
- Provisionsangestellte (§ 65), sofern sie nicht selbständige Handelsvertreter sind
- Schaufenster-Dekorateur (LAG Düsseldorf AP Nr. 15)
- Sekretärin, nicht aber Telefonistin (BAG AP Nr. 12 mit Anm. *Nikisch*)
- Stenotypistin in einem kaufmännischen Betrieb (LAG Düsseldorf BB 1959, 704)
- in der Steuerberatung tätige Angestellte einer Steuerberatungs-GmbH (BAG AP Nr. 4 mit Anm. *Hefermehl;* AP § 74 Nr. 18 mit Anm. *Zöllner*)
- Substituten in Warenhäusern
- Texterfasserin im Zeitungsverlag (BAG AP Nr. 24 mit Anm. *v. Hoyningen-Huene*)
- Verkäufer, sofern sie nicht nur rein mechanische einfache Tätigkeiten ausüben zB am Süßwarenstand in Bahnhofshalle (LSG Schleswig-Holstein AP Nr. 22) oder Bahnhofskiosken (BAG AP Nr. 3 mit Anm. *Nikisch*)
- Verkaufsfahrer, sofern sie dabei auch beratende und werbende Tätigkeiten ausüben (BAG AP Nr. 1 mit Anm. *Hefermehl*), nicht aber bloße Getränkeausfahrer, Kraftfahrer oder Boten
- Verkaufsingenieure mit kaufmännischer Haupttätigkeit (RAG JW 1939, 319), nicht aber Ingenieure mit ausschließlich technischen Tätigkeiten oder Werkmeister (vgl. § 133 Abs. 2 Nr. 2 SGB VI)
- Verlagsleiter

---

[158] Vgl. BAG BB 1994, 2070 = SAE 1995, 155 ff. mit Anm. *v. Hoyningen-Huene.*

[159] Vgl. auch die Beispiele bei Baumbach/*Hopt* RdNr. 30; GK-HGB/*Etzel* RdNr. 10; Staub/*Konzen/Weber* RdNr. 16.

– Versicherungsangestellte im Innendienst, auch wenn sie gelegentlich Geschäfte auf Provision vermitteln[160]
– Versicherungsvermittler, soweit sie nicht selbständige Versicherungsvertreter sind (BAG AP § 92 Nr. 1 und 2; BSG AP § 92 Nr. 4)
– Warenhauspropagandistin, sofern sie nicht selbständige Handelsvertreterin ist
– Werkstattschreiber (§ 133 Abs. 2 Nr. 2 SGB VI; RAG ARS 13, 190)
– mit Werbung befaßte Angestellte, nicht aber Mannequin.

IV. Anstellung

1. Begriff. Handlungsgehilfe ist nur, wer gegen Entgelt in einem Handelsgewerbe ange- **94** stellt ist. Der Begriff Anstellung ist unklar und in der arbeitsrechtlichen Terminologie nicht gebräuchlich. Die Anstellung bezeichnet allein **den privatrechtlichen, gegenseitigen Vertrag** zur Begründung eines schuldrechtlichen Dauerrechtsverhältnisses, durch das sich der Handlungsgehilfe zur Leistung von kaufmännischen Diensten und der Arbeitgeber zur Beschäftigung und Zahlung einer Vergütung verpflichten. Ihr entspricht terminologisch der Begriff Arbeitsvertrag. Zu dem weitergehenden Verständnis des Begriffes der Anstellung in § 56 vgl. dort RdNr. 13.

Von der Anstellung als dem Anstellungsvertrag ist das **Anstellungsverhältnis** zu unter- **95** scheiden. Ein Anstellungsverhältnis ist die Folge der Anstellung. Das Anstellungsverhältnis wird durch die Gesamtheit aller Arbeitsbedingungen und die tatsächliche Arbeitsaufnahme geprägt. Dem Anstellungsverhältnis entspricht der im Arbeitsrecht übliche Begriff des Arbeitsverhältnisses.

2. Vorbereitung der Anstellung. Der Inhaber eines Handelsgewerbes hat bei der Vor- **96** bereitung einer Anstellung bereits verschiedene gesetzliche Vorschriften zu beachten. So hat der Unternehmer nach § 106 Abs. 2 BetrVG den Wirtschaftsausschuß über die Unternehmensplanung sowie die sich daraus ergebenden Auswirkungen auf die **Personalplanung** zu unterrichten. Über die Personalplanung hat der Arbeitgeber den Betriebsrat nach § 92 Abs. 1 BetrVG rechtzeitig und umfassend zu informieren. Beabsichtigt der Arbeitgeber, einen Arbeitsplatz neu zu besetzen, so kann der Betriebsrat nach § 93 BetrVG verlangen, daß dieser Arbeitsplatz vor seiner Besetzung innerhalb des Betriebs **ausgeschrieben** wird. Über den Inhalt der Ausschreibung steht ihm aber kein Mitbestimmungsrecht zu.[161] Möchte der Arbeitgeber Richtlinien über die personelle Auswahl bei Einstellungen aufstellen, so bedarf er hierfür nach § 95 Abs. 1 BetrVG der Zustimmung des Betriebsrats. Freie Stellen sind uU gemäß § 9 AFG dem Arbeitsamt zu melden.

Bei der Suche nach geeigneten Arbeitskräften kann sich der Arbeitgeber an das **Arbeits-** **97** **amt** wenden, das bisher nach §§ 4 und 13 ff. AFG das Monopol zur Arbeitsvermittlung hatte; seit 1. 4. 1994 ist jedoch mit Erlaubnis der Bundesanstalt (§ 23 AFG) die Arbeitsvermittlung durch Private zulässig. Der Arbeitgeber kann auch entsprechende **Stellenanzeigen** in Zeitungen aufgeben. Dabei ist er nach § 611 b BGB zu einer geschlechtsneutralen Ausschreibung verpflichtet. Dadurch soll das Benachteiligungsverbot wegen des Geschlechts bereits vor der Begründung des Arbeitsverhältnisses wirksam werden. Der Betriebsrat hat über das Gebot der geschlechtsneutralen Ausschreibung nach § 80 Abs. 1 Nr. 1 und 2 a BetrVG zu wachen. Bei einem Verstoß gegen das Gebot der geschlechtsneutralen Stellenausschreibung können Schadensersatzansprüche der Bewerber(innen) in Betracht kommen, weil dies zumindest als formaler Verstoß gegen § 611 a Abs. 1 Satz 1 BGB anzusehen ist.[162]

3. Vertragsanbahnung. Mit der tatsächlichen Aufnahme eines vorbereitenden rechtsge- **98** schäftlichen Kontakts zwischen dem Arbeitgeber und dem Stellenbewerber entsteht zwi-

---

[160] BAGE 20, 123.
[161] So zutreffend BAG 27. 10. 1992, AR-Blattei ES 630 Nr. 54 mit Anm. *v. Hoyningen-Huene* m. weit. Nachw.

[162] Siehe dazu auch BVerfG NZA 1994, 745.

schen den Verhandlungsparteien ein gesetzliches Schuldverhältnis (Anbahnungsverhältnis).[163] Dieses begründet für die Beteiligten verschiedene Sorgfaltspflichten.[164] Das gesetzliche Schuldverhältnis entsteht allerdings nur, wenn der Bewerber auf Veranlassung des Arbeitgebers mit diesem in Kontakt tritt. Sendet ein Stellenbewerber dem Arbeitgeber, ohne von diesem dazu etwa durch eine Anzeige veranlaßt zu sein, Bewerbungsunterlagen zu, so entsteht kein gesetzliches Schuldverhältnis.[165]

99   **a) Bewerbung.** Die Aufnahme von Vertragsverhandlungen zwischen Arbeitgeber und Bewerber beginnt regelmäßig mit der schriftlichen Bewerbung des Stellensuchenden. Die Unterlagen, die dem Arbeitgeber vom Stellenbewerber zugestellt werden, sind vom Arbeitgeber vertraulich zu behandeln. Der Arbeitgeber ist nicht befugt, die Unterlagen an fremde Dritte weiterzureichen.[166]

100   **b) Vorstellung.** Befindet sich der Bewerber noch in einem anderen Arbeitsverhältnis, das aber bereits gekündigt worden ist, so hat der Bewerber gegenüber seinem bisherigen Arbeitgeber nach § 629 BGB einen Anspruch auf Gewährung von **Freizeit zur Vorstellung.** Der Kündigung steht dabei ein Aufhebungsvertrag mit Auslauffrist gleich.[167] Bei auflösend bedingten oder befristeten Arbeitsverhältnissen besteht ein Freistellungsanspruch ab dem Zeitpunkt, bei dem fiktiv die Kündigungsfrist zu laufen beginnen würde.[168]

101   Hat der Arbeitnehmer nach § 629 BGB einen Anspruch auf Freizeitgewährung zur Stellensuche, so hat der bisherige Arbeitgeber nach § 616 Abs. 1 BGB die **vereinbarte Vergütung fortzuzahlen.**[169] Der Anspruch aus § 629 BGB ist jedoch abdingbar.[170] Insbesondere kann durch Tarifvertrag bestimmt werden, daß nur die geleistete Arbeitszeit bezahlt wird und eine Bezahlung der Vorstellungszeit nicht besonders vorgesehen ist.[171] Hat der Arbeitnehmer während des Laufs der Kündigungsfrist Erholungsurlaub, so kann er einseitig diesen nicht nachträglich in einen Urlaub zur Stellensuche umwandeln.[172] Er hat freilich die Möglichkeit, den Anspruch auf Stellensuche während des Erholungsurlaubs geltend zu machen und so für die Dauer der Stellensuche eine Urlaubsgewährung zu erreichen.[173]

102   **c) Vorstellungskosten.** Fordert der Arbeitgeber einen Stellenbewerber zur Vorstellung auf, so hat der Bewerber unabhängig vom Zustandekommen des Arbeitsvertrags einen Anspruch auf Erstattung der Vorstellungskosten gemäß §§ 662, 670 BGB. Dazu gehören die notwendigen Auslagen für Fahrt und gegebenenfalls Übernachtung und Verpflegung sowie die Erstattung des Verdienstausfalls,[174] Die Aufforderung des Arbeitgebers zur Vorstellung ist dabei als Angebot eines Auftrags anzusehen, der vom Bewerber ausdrücklich oder durch konkludente Handlungen angenommen wird.[175] Will der Arbeitgeber den Anspruch des Bewerbers auf Ersatz der Vorstellungskosten ausschließen, so muß er dies bei der Aufforderung zur Vorstellung mitteilen. Dabei ist ein Ausschluß noch nicht anzunehmen, wenn dem Bewerber anheimgegeben wird, sich vorzustellen oder wenn er zur unverbindlichen Rücksprache aufgefordert wird.[176]

103   **d) Vorstellungsgespräch.** Kommt ein Bewerber in die nähere Auswahl, so wird er vom Arbeitgeber zu einem Vorstellungsgespräch eingeladen. Dieses Gespräch dient dem gegenseitigen Kennenlernen und der Information. Den Arbeitgeber treffen dabei Obhutspflich-

---

[163] Dazu BAG EzA BetrVG 1972 § 99 Nr. 108 mit Anm. *v. Hoyningen-Huene;* Staub/*Konzen*/*Weber* Vor § 59 RdNr. 99 ff.
[164] MünchHdbArbR/*Richardi* § 43.
[165] *Schaub* § 25 II 1.
[166] *Schaub* § 25 III 3.
[167] Vgl. Staudinger/*Preis* § 629 RdNr. 11.
[168] Vgl. *Schaub* § 26 I 1; Soergel/*Kraft* § 629 RdNr. 2.
[169] BAG AP BGB § 629 Nr. 1; BAG AP BGB § 616 Nr. 41.
[170] BAG AP BGB § 629 Nr. 1.
[171] BAG AP BGB § 616 Nr. 8, 41.

[172] Streitig; wie hier LAG Düsseldorf DB 1973, 676; *Schaub* § 26 I 3; aA MünchKommBGB/*Schwerdtner* § 629 RdNr. 8.
[173] BAG AP BGB § 611 Urlaubsrecht Nr. 14.
[174] BAG AP BGB § 196 Nr. 8 = DB 1977, 1193; *Becker-Schaffner* BlStSozArbR 1985, 161 m. weit. Nachw.; MünchHdbArbR/*Blomeyer* § 94 RdNr. 68; MünchHdbArbR/*Richardi* § 43 RdNr. 40.
[175] So zutr. *Hunold* AR-Blattei Vorstellungskosten I, 1978 unter C I.
[176] *Schaub* § 26 II 1.

ten zur Vermeidung von Schädigungen des Bewerbers. Er hat insbesondere auch gegenüber einem Bewerber Verkehrssicherungspflichten für die Wege zu den Geschäftsräumen, Umfang und Grenzen dieser Pflichten bestimmen sich nach § 242 BGB. Rechtsgrundlage für einen Schadensersatzanspruch bei Verletzung dieser Pflichten ist culpa in contrahendo (c.i.c.).[177] Gemäß § 249 Satz 1 BGB ist der Geschädigte so zu stellen, wie er gestanden hätte, wenn das schädigende Ereignis nicht eingetreten wäre. Für das Verschulden seiner Erfüllungsgehilfen hat der Arbeitgeber im Rahmen der Haftung aus c.i.c. nach § 278 BGB einzustehen.

e) Fragerecht des Arbeitgebers. Während des Vorstellungsgesprächs darf der Arbeitge- **104** ber nur arbeitsplatzbezogene Fragen stellen.[178] Die Beschränkung des Fragerechts des Arbeitgebers ergibt sich aus dem allgemeinen Persönlichkeitsrecht (Art. 2 Abs. 1 GG) des Arbeitnehmers.[179] Die Einschränkung des Fragerechts des Arbeitgebers betrifft nicht nur die mündlichen Fragen während des Einstellungsgesprächs, sondern auch die Fragen auf Personalfragebögen (§ 95 Abs. 1 BetrVG).

Die Bestimmung von Umfang und Grenzen des Fragerechts ist von Bedeutung, weil der **105** Stellenbewerber nur auf zulässige Fragen **wahrheitsgemäß antworten** muß. Beantwortet er eine zulässige Frage bewußt wahrheitswidrig oder unvollständig und konnte er dabei davon ausgehen, daß die verschwiegene Tatsache für die Entscheidung des Arbeitgebers zu seiner Einstellung von ausschlaggebender Bedeutung ist, so steht dem Arbeitgeber grundsätzlich das Recht zur Anfechtung des Arbeitsvertrages wegen arglistiger Täuschung (§ 123 BGB) zu.[180]

Folgende Fragen (alphabetisch) sind grundsätzlich **zulässig**: **106**

– **Beruflicher Werdegang** einschließlich Prüfungsnoten und etwaigen Wehrdienstzeiten;
– **Familienstand:** zulässig wegen betrieblicher Sozialleistungen, Urlaubserteilung, Kündigungsschutz u. a.;
– **Gehaltshöhe** beim letzten Arbeitgeber, es sei denn, die bisherige Vergütung hat für die neue Stelle keine Aussagekraft und der Bewerber hat sie auch nicht als Mindestvergütung gefordert;[181]
– **Krankheiten,** soweit sie auf die vorgesehene Arbeitsleistung Einfluß haben könnten;[182] unzulässig sind jedoch Fragen nach früheren Krankheiten, die ohne Zusammenhang zur vorgesehenen Tätigkeit sind, oder allgemein nach dem Gesundheitszustand;
– **Religions- und Parteizugehörigkeit:** nur bei konfessionellen oder parteipolitischen Einrichtungen; ansonsten grundsätzlich unzulässig;
– **Schwangerschaft:** nur zulässig, wenn ein Beschäftigungsverbot nach dem MuSchG besteht oder wenn Bewerberin von vornherein für den betreffenden Arbeitsplatz nicht geeignet ist; ansonsten[183] ist die Frage nach neuester Rechtsprechung grundsätzlich unzulässig;[184]
– **Schwerbehinderteneigenschaft** (§ 1 SchwbG) und Gleichstellung (§ 2 SchwbG) muß grundsätzlich wahrheitsgemäß mitgeteilt werden;[185]
– **Sicherheitsüberprüfungen** sind nach Auffassung der Rechtsprechung grundsätzlich zulässig. Die Weiterleitung von Fragebögen an den Verfassungsschutz verletzt danach nicht das Persönlichkeitsrecht;[186]

---

[177] *Zöllner/Loritz* § 11 I 5; *Wiedemann,* Festschrift für Herschel 1982, S. 468 ff.
[178] Vgl. dazu MünchHdbArbR/*Buchner* § 38; *Degener,* Das Fragerecht des Arbeitgebers gegenüber Bewerber, 1975; *Moritz* NZA 1987, 329; *Schaub* § 26 III; *Staub/Konzen/Weber* Vor § 59 RdNr. 101; *Zöllner,* Daten- und Informationsschutz im Arbeitsverhältnis, 1982, S. 32 ff.
[179] Vgl. BAG AP BGB § 123 Nr. 2.
[180] BAG AP BGB § 123 Nr. 2; BAG AP KSchG § 1 Verhaltensbedingte Kündigung Nr. 7.

[181] BAG AP BGB § 123 Nr. 25 = DB 1984, 298.
[182] BAG AP BGB § 123 Nr. 26 = NJW 1985, 645.
[183] BAG NZA 1993, 933 bei Tätigkeit im Laboratorium mit Infektionsgefahr.
[184] BAG NZA 1993, 257.
[185] BAG AP BGB § 123 Nr. 19, 26, 30; NZA 1994, 407.
[186] BAG AP BGB § 123 Nr. 30.

- **Vermögensverhältnisse** einschließlich Lohnpfändungen sind von Angestellten, die sich für besondere Vertrauenspositionen bewerben (Filialleiter, Bankkassierer ect.), mitzuteilen, nicht dagegen von Arbeitern und Angestellten des unteren und mittleren Verantwortungsbereichs;[187]
- **Vorstrafen:** Die Frage nach Vorstrafen ist nur zulässig bei besonderem Zusammenhang mit der zu besetzenden Arbeitsstelle;[188] so ist etwa zulässig die Frage an einen Kassierer nach vermögensrechtlichen Vorstrafen oder an einen Kraftfahrer nach Verkehrsdelikten; nur in diesen Fällen darf deshalb ein polizeiliches Führungszeugnis verlangt werden;
- **Wehrdienst** u. ä. muß wahrheitsgemäß mitgeteilt werden;
- **Wettbewerbsverbote** muß der Bewerber angeben.

107   **Unzulässig** sind Fragen nach:

- **Gewerkschaftszugehörigkeit,** es sei denn, daß die Einstellung bei der Gewerkschaft selbst begehrt wird;
- **Heirat** oder nichtehelicher Lebenspartner;
- **Parteizugehörigkeit** oder politische Einstellungen, es sei denn, daß gerade dort die Beschäftigung erfolgen soll;
- **Private Hobbys,** zB bestimmte Sportarten.

108   **f) Mitteilungspflichten des Stellenbewerbers.** Während der Vertragsverhandlungen treffen den Stellenbewerber zahlreiche Mitteilungspflichten. So ist der Bewerber gehalten, den Arbeitgeber auch ohne besondere Frage darüber zu unterrichten, daß er wegen einer bereits vorliegenden Krankheit außerstande ist, die angestrebte Tätigkeit zum vereinbarten Arbeitsbeginn aufzunehmen.[189] Gleiches gilt für das Vorliegen einer Schwangerschaft, wenn für Schwangere bei der angestrebten Tätigkeit ein Beschäftigungsverbot besteht.[190] Bei einer Bewerbung als LKW-Fahrer (zB als Verkaufsfahrer) muß der Bewerber den Arbeitgeber von sich aus darauf hinweisen, daß er schon mehr als 10 Jahre nicht mehr als LKW-Fahrer tätig war.[191] Ebenso muß ein Bewerber von sich aus eine Behinderung dem Arbeitgeber mitteilen, wenn er wegen der Behinderung nicht in der Lage ist, die verlangten Arbeiten zu verrichten.[192] Bei geringfügig beschäftigten Handlungsgehilfen (§ 8 SGB IV, 590.– DM monatlich im Jahre 1996) muß eine weitere geringfügige Beschäftigung wegen der entstehenden Sozialversicherungspflicht von sich aus angegeben werden.[193] Dagegen braucht ein Stellenbewerber nur dann den Arbeitgeber über laufende Strafverfahren zu unterrichten, wenn für ihn erkennbar ist, daß es dem Arbeitgeber auf die uneingeschränkte Integrität dieses Bewerbers ankommt.[194]

109   **g) Offenbarungspflichten des Arbeitgebers.** Mitteilungspflichten treffen aber nicht nur den Arbeitnehmer. Auch der Arbeitgeber hat gegenüber dem Bewerber Offenbarungspflichten. Er muß den Stellenbewerber über die Unfall- und Gesundheitsgefahren, denen dieser bei der Beschäftigung ausgesetzt ist, unterrichten (vgl. § 81 Abs. 1 Satz 2 BetrVG). Weiterhin ist der Arbeitgeber verpflichtet, den Arbeitnehmer über wirtschaftliche Schwierigkeiten, die den Lohnanspruch des Arbeitnehmers gefährden, zu unterrichten.[195] Auch darf der Arbeitgeber bei Abschluß des Arbeitsvertrags im Arbeitnehmer keine Erwartungen wecken, die er nicht erfüllen kann (zB Aufstiegschancen).

110   **h) Eignungsuntersuchungen.** Eignungsuntersuchungen sind nach dem Grundsatz der Verhältnismäßigkeit nur zulässig, wenn sie zur Besetzung besonders bedeutsamer Arbeitsplätze nach vorheriger Aufklärung des Stellenbewerbers und dessen Zustimmung durchge-

---

[187] *Schaub* § 26 III 3.
[188] BAG AP BGB § 123 Nr. 2.
[189] BAG AP BGB § 276 Verschulden bei Vertragsschluß Nr. 6.
[190] BAG DB 1989, 585.
[191] BAG AP BGB § 611 Haftung des Arbeitnehmers Nr. 74 mit Anm. *Wussow* = SAE 1975, 226 mit Anm. *Birk.*

[192] BAG AP BGB § 123 Nr. 30 = NJW 1987, 398.
[193] BAG AP BGB § 611 Doppelarbeitsverhältnis Nr. 3; MünchHdbArbR/*Blomeyer* § 53 RdNr. 8 und 28.
[194] Vgl. LAG Bremen DB 1955, 130.
[195] Vgl. BAG AP BGB § 276 Verschulden bei Vertragsschluß Nr. 10.

v. Hoyningen-Huene

führt werden. **Psychologische Eignungstests** haben sich auf Fragen zu beschränken, die für den Vertrag von Bedeutung sind. Beachtet der Arbeitgeber diese Beschränkungen bei Intelligenz- und Kreativtests, so stellt die Verwendung der Testergebnisse keinen Verstoß gegen Art. 1 Abs. 1 GG dar.[196] UU kann der Arbeitgeber sogar verpflichtet sein, einen psychologischen Test durchzuführen, sei es zum Schutze Dritter oder sei es, um etwaige Überlastungen des Arbeitnehmers zu vermeiden.[197]

Graphologische Gutachten darf der Arbeitgeber nur bei Einwilligung des Bewerbers **111** einholen. Dies ergibt sich aus Art. 1 Abs. 1 und Art. 2 Abs. 1 GG. Legt der Bewerber auf Verlangen des Arbeitgebers einen handschriftlichen Lebenslauf vor, so kann hierin nach Auffassung des BAG eine konkludente Einwilligung in ein graphologisches Gutachten vorliegen.[198] Wird ohne Einwilligung ein graphologisches Gutachten erstellt, so kann der Bewerber im Einzelfall einen Anspruch auf Schmerzensgeld (§§ 823, 847 BGB) haben.[199]

Werksärztliche Untersuchungen (Einstellungsuntersuchungen, vgl. auch § 3 Abs. 1 **112** Nr. 2 ASiG) sind nur nach vorheriger Einwilligung des Stellenbewerbers zulässig, weil auch durch sie in das Persönlichkeitsrecht des Bewerbers eingegriffen wird. In der Einwilligung zur Untersuchung ist gleichzeitig die konkludente Entbindung des Arztes von der ärztlichen Schweigepflicht enthalten.[200] Der Arzt darf aber lediglich Informationen, welche die Eignung des Bewerbers für die vorgesehene Stelle betreffen, weitergeben; er ist dagegen nicht berechtigt, dem Arbeitgeber das vollständige Ergebnis seiner Untersuchung mitzuteilen.[201] Gentechnische Analysen hat der Arbeitnehmer grundsätzlich nicht zu dulden.[202] Die Kosten der Untersuchung hat regelmäßig der Arbeitgeber zu tragen (§ 670 BGB).

i) Auskünfte bei Dritten. Der Arbeitgeber ist berechtigt, über den Bewerber bei Dritten **113** Auskünfte einzuholen.[203] Der Dritte, in der Regel der frühere Arbeitgeber, ist jedoch nicht verpflichtet, sondern nur berechtigt, Auskünfte über den Arbeitnehmer zu erteilen.[204] Die Auskünfte, zu denen der Arbeitgeber berechtigt ist, betreffen aber nur Leistung und Verhalten des Handlungsgehilfen während des Anstellungsverhältnisses. Die Überlassung von Teilen der Personalakte an Dritte ist jedoch von diesem Auskunftsrecht nicht mehr gedeckt.[205]

Der **bisherige Arbeitgeber** kann sich aber gegenüber seinem Handlungsgehilfen ver- **114** pflichten, Auskunftsverlangen dritter Personen nicht nachzukommen.[206] Erteilt der Arbeitgeber zulässigerweise Auskunft, so hat er seinen Handlungsgehilfen auf Verlangen über den Inhalt der Auskunft zu unterrichten.[207] Damit soll dem Handlungsgehilfen die Möglichkeit eingeräumt werden, etwaige unrichtige Auskünfte richtigzustellen. Fehlerhafte Auskünfte verpflichten zum Schadensersatz mit den Beweiserleichterungen nach §§ 252 BGB, 287 ZPO.[208]

j) Abbruch der Vertragsverhandlungen. Der Abbruch der Vertragsverhandlungen **115** führt grundsätzlich nicht zur Begründung eines Schadensersatzanspruchs.[209] Ausnahmsweise kommt jedoch eine Schadensersatzpflicht des Arbeitgebers aus culpa in contrahendo (c.i.c.)

[196] BAG AP GG Art. 1 Nr. 1; siehe auch BVerwG NJW 1964, 607; dazu ausführlich *v. Hoyningen-Huene* DB Beilage 10/1991.

[197] Vgl. *v. Hoyningen-Huene* DB-Beilage 10/1991 S. 5 f.

[198] BAG AP BGB § 123 Nr. 24 = NJW 1984, 446.

[199] Vgl. BGH LM BGB § 847 Nr. 18; BAG AP BGB § 847 Nr. 13 = NJW 1979, 2532; 1980, 358.

[200] Vgl. *Schaub* § 24 II 7.

[201] Ebenso *Schaub* § 24 II 7.

[202] Vgl. hierzu *Diekgräf* BB 1991, 1854; *Schaub* § 24 II 10 m. weit. Nachw.; *Wiese* RdA 1986, 120; *Wiese,* Genetische Analysen und Rechtsordnung, 1994.

[203] Vgl. hierzu MünchHdbArbR/*Buchner* § 38 RdNr. 192 ff.

[204] BAG AP BGB § 630 Nr. 1 = NJW 1958, 1061; AP BGB § 611 Persönlichkeitsrecht = NJW 1986, 341, 342; *Schulz* NZA 1990, 717.

[205] So BAG AP BGB § 611 Persönlichkeitsrecht Nr. 8 unter II 2 der Gründe.

[206] Ebenso MünchKommBGB/*Schwerdtner* § 630 RdNr. 49; *Schaub* § 147, 3.

[207] BAG AP BGB § 630 Nr. 2.

[208] Zu den sog. Berufsfortkommensschäden *v. Hoyningen-Huene/Boemke* NJW 1994, 1757.

[209] BGH NJW 1967, 2199; 1975, 53.

in Betracht, wenn dieser schuldhaft ein Vertrauen auf das Zustandekommen eines Vertrags erweckt hat und dadurch den Bewerber veranlaßt hat, eine sichere Stelle zu kündigen, und sich die Verhandlungsparteien über den Inhalt des abzuschließenden Vertrages weitgehend einig waren, der Abschluß also nur noch eine bloße Formsache war.[210] Zu ersetzen ist hier der Schaden, den der Bewerber durch den Verlust des alten Arbeitsplatzes erleidet.[211]

116   **k) Mitwirkungsrechte des Betriebsrats.** Bereits bei der Vertragsanbahnung bestehen Mitwirkungsrechte des Betriebsrats (Personalrats).[212] Nach § 99 Abs. 1 Satz 1 BetrVG hat der Arbeitgeber den Betriebsrat über Neueinstellungen zu unterrichten. Er hat dabei dem Betriebsrat die erforderlichen Bewerbungsunterlagen vorzulegen; das sind sämtliche vom Bewerber zur Person gemachten Angaben sowie die beigebrachten Unterlagen (Zeugnisse, Lebenslauf etc.), nicht aber der Arbeitsvertrag.[213] Erforderlich sind die Unterlagen, die der Betriebsrat benötigt, um sachliche und betriebsbezogene Entscheidungen zu fällen, die also für sein Widerspruchsrecht nach § 99 Abs. 2 BetrVG oder für seine Überwachungsaufgaben nach § 80 BetrVG von Bedeutung sein können. Nach richtiger Auffassung sind dabei die Unterlagen aller Bewerber miteinzubeziehen, damit der Betriebsrat interessengerecht abwägen kann; es genügt daher nicht die Vorlage der Unterlagen nur derjenigen Bewerber, die vom Arbeitgeber in die engere Wahl gezogen worden sind.[214] Entsprechendes gilt für die Mitwirkung der Personalvertretung nach § 75 Abs. 1 BPersVG.

117   **4. Vertragsschluß.** Die Anstellung ist ein privatrechtlicher **gegenseitiger Vertrag.** Sie kommt durch zwei korrespondierende Willenserklärungen, Angebot und Annahme (§§ 145 ff. BGB), zustande. Auf den Vertragsschluß sind die allgemeinen bürgerlich-rechtlichen Vorschriften anwendbar. Dies gilt auch dann, wenn der Arbeitgeber eine juristische Person des öffentlichen Rechts ist (zB Städte, Sparkassen), weil die Anstellung auch in diesem Fall privatrechtlicher Natur ist.

118   **a) Grundsatz der Vertragsfreiheit.** Für die Anstellung gilt der Grundsatz der Vertragsfreiheit.[215] Sowohl dem Arbeitgeber als auch dem Handlungsgehilfen steht es daher frei, einen Anstellungsvertrag zu schließen. Es gibt kein „Recht auf Arbeit", aus dem sich ein Anspruch auf Abschluß eines Anstellungsvertrags mit einem bestimmten Arbeitgeber ableiten ließe.[216]

119   **b) Einschränkungen für den Arbeitgeber.** Der Grundsatz der Vertragsfreiheit wird für den Arbeitgeber jedoch verschiedentlich durch gesetzliche oder kollektivvertragliche Regelungen eingeschränkt. So sehen zahlreiche Tarifverträge und § 21 Abs. 6 SchwbG eine Wiedereinstellungspflicht nach Arbeitskämpfen vor, die das Arbeitsverhältnis mit lösender Wirkung beendet haben. Ausnahmsweise gibt es auch eine Wiedereinstellungsverpflichtung gegenüber zu Unrecht gekündigten Personen nach den Grundsätzen der Vertrauenshaftung oder aus nachvertraglicher Fürsorgepflicht.[217] Nach Ausspruch einer ordentlichen Kündigung besteht nach § 102 Abs. 5 BetrVG eine Weiterbeschäftigungsverpflichtung für den Arbeitgeber, wenn der Betriebsrat der Arbeitgeberkündigung nach § 102 Abs. 3 BetrVG widersprochen hat.[218]

---

[210] Vgl. BAG AP BGB § 276 Verschulden bei Vertragsschluß Nr. 4, 9, 10; BGH NJW 1975, 1774; DB 1977, 1548.
[211] BAG AP BGB § 276 Verschulden bei Vertragsschluß Nr. 9.
[212] Zum Ganzen *v. Hoyningen-Huene* BetrVR § 14 III.
[213] BAG EzA BetrVG 1972 § 99 Nr. 69 mit Anm. *v. Hoyningen-Huene.*
[214] Ebenso BAG AP BetrVG 1972 § 99 Nr. 1, 7; BAG AP BetrVG 1972 § 118 Nr. 18; BVerwGE 61, 325; *v. Hoyningen-Huene* BetrVR § 14 III 3; *Fitting/Auffarth/Kaiser/Heither* BetrVG § 99 RdNr. 31 m. weit. Nachw.; *Reiserer* BB 1992, 2499.

[215] Dazu neuestens *Boemke* NZA 1993, 532; Staub/*Konzen/Weber* Vor § 59 RdNr. 85.
[216] BAG NJW 1964, 1921, 1922; *Zöllner/Loritz* Arbeitsrecht § 7 II 9; zum „Recht auf Arbeit" näher *Reuter* RdA 1978, 344; *Schwerdtner* ZfA 1977, 47; *Wank,* Das Recht auf Arbeit, 1980.
[217] BAG AP BGB § 611 Einstellungsanspruch Nr. 1; BAG AP KSchG 1969 § 1 Soziale Auswahl Nr. 2 mit Anm. *Wank.*
[218] Dazu BAG AP BetrVG 1972 § 102 Weiterbeschäftigung Nr. 7; *Fitting/Auffarth/Kaiser/Heither* BetrVG § 102 RdNr. 56 ff.; *Dietz/Richardi* BetrVG § 102 RdNr. 205 ff.; *v. Hoyningen-Huene* BetrVR § 14 IV 6.

Nach Auffassung des Großen Senats des BAG soll darüber hinaus auch dann ein **allge-** 120 **meiner Weiterbeschäftigungsanspruch** des Arbeitnehmers bestehen, wenn der Arbeitnehmer in der ersten Instanz des Kündigungsschutzprozesses obsiegt hat und keine berechtigten Interessen des Arbeitgebers einer Weiterbeschäftigung des Arbeitnehmers entgegenstehen.[219] Ein **Auszubildender** ist nach Beendigung des Berufsausbildungsverhältnisses weiterzubeschäftigen, wenn er Mitglied der Jugendvertretung des Betriebsrats war und innerhalb der letzten 3 Monate vor Beendigung des Berufsausbildungsverhältnisses vom Arbeitgeber schriftlich die Weiterbeschäftigung verlangt hat (§ 78 a Abs. 2 BetrVG). Im übrigen besteht aber grundsätzlich keine Übernahmeverpflichtung von Auszubildenden (vgl. auch § 1 Abs. 1 Satz 1 Nr. 2 BeschFG 1985);[220] allenfalls kann sich eine derartige Pflicht aus einer Grundrechtsverletzung ergeben.[221]

Nach § 99 Abs. 2 BetrVG hat der **Betriebsrat** unter bestimmten Voraussetzungen die 121 Möglichkeit, der Einstellung von Arbeitnehmern zu widersprechen und diese dadurch im Ergebnis zu verhindern.[222] Bei einem **Betriebsübergang** nach § 613 a BGB (RdNr. 34) wird demgegenüber die Abschlußfreiheit des übernehmenden Arbeitgebers nicht berührt, da durch den Betriebsübergang keine neuen Arbeitsverhältnisse begründet werden, sondern lediglich bereits bestehende Arbeitsverhältnisse vom Betriebserwerber übernommen werden.[223]

c) Einschränkungen auf seiten des Handlungsgehilfen. Bei Abschluß des Anstellungs- 122 vertrags gilt außerdem der Grundsatz der **Freiheit der Partnerwahl.**[224] Diese Freiheit besteht **für den Handlungsgehilfen** grundsätzlich uneingeschränkt. Mittelbar wird die Abschlußfreiheit des Handlungsgehilfen freilich dadurch eingeschränkt, daß ein Arbeitsloser, der Leistungen aus der Arbeitslosenversicherung in Anspruch nimmt, bereit sein muß, jede ihm von der Arbeitsvermittlung nachgewiesene zumutbare Beschäftigung anzunehmen (§ 103 Abs. 1 AFG). Lehnt der Arbeitslose eine zumutbare Beschäftigung ab, so wird ihm das Arbeitslosengeld für eine Dauer von 8 Wochen gesperrt (vgl. § 119 Abs. 1 Nr. 2 AFG).

Auf **seiten des Arbeitgebers** ist die Partnerfreiheit nur geringfügig eingeschränkt. Zwar 123 verpflichtet § 5 Abs. 1 SchwbG den Arbeitgeber, der über mindestens 16 Arbeitsplätze verfügt, auf wenigstens 6% der Arbeitsplätze **Schwerbehinderte** zu beschäftigen. Gleichwohl resultiert aber daraus kein Einstellungsanspruch eines Schwerbehinderten (vgl. auch § 30 SchwbG), weil der Arbeitgeber für jeden unbesetzten Pflichtplatz lediglich nach § 11 SchwbG eine Ausgleichsabgabe in Höhe von derzeit DM 200,– zu entrichten hat. Auch das Gebot des § 611 a Abs. 1 Satz 1 BGB, bei der Begründung des Arbeitsverhältnisses Personen nicht wegen des Geschlechts zu benachteiligen, gewährt bei Verstößen **dem diskriminierten Bewerber** keinen Einstellungsanspruch (§ 611 a Abs. 3 BGB), sondern lediglich nach § 611 a Abs. 2 BGB einen Schadensersatzanspruch bis zu drei Monatsverdiensten (zur Haftungsobergrenze siehe § 61 b Abs. 2 ArbGG). Dagegen wird bei **illegaler Arbeitnehmerüberlassung** gemäß § 10 Abs. 1 AÜG ein Arbeitsverhältnis beim Entleiher begründet.

Beschäftigungsverbote führen regelmäßig nicht zu einem vertraglichen Abschlußverbot, 124 sondern nur zu einem tatsächlichen Beschäftigungsverbot,[225] zB die Beschäftigung von Nicht-EU-Ausländern ohne Arbeitserlaubnis nach § 19 AFG,[226] die Beschäftigung eines

---

[219] So BAG GS AP BGB § 611 Beschäftigungspflicht Nr. 14 = EzA § 611 BGB Beschäftigungspflicht Nr. 9 mit Anm. *Gamillscheg* = SAE 1986, 37 mit Anm. *Lieb* = AR-Blattei Beschäftigungspflicht Entsch. 15 mit Anm. *Buchner* = BB 1986, 1978 mit Anm. *Gumpert; Hueck/v. Hoyningen-Huene*, KSchG, 11. Aufl. 1992, § 4 RdNr. 94 ff. m. weit. Nachw.; zu den Folgen dieser Entscheidung *v. Hoyningen-Huene* BB 1988, 264 m. weit. Nachw.
[220] BAG AP BBiG § 17 Nr. 2 mit Anm. *Herschel*.

[221] So BVerfG NJW 1992, 2409 (unter Aufhebung der vorgenannten BAG-Entsch.); dagegen zu Recht *Boemke* NJW 1993, 2083.
[222] Vgl. hierzu *v. Hoyningen-Huene* BetrVR § 14 III 2 a; *Fitting/Auffarth/Kaiser/Heither* BetrVG § 99 RdNr. 40 ff. und 64 f.; zu einer trotzdem erfolgten Einstellung RdNr. 124.
[223] BAG AP BGB § 611 a Nr. 12; MünchHdb-ArbR/*Buchner* § 36 RdNr. 56.
[224] *Boemke* NZA 1993, 532, 534.
[225] Dazu Erman/*Hanau* § 611 RdNr. 256.
[226] BAG AP AFG § 19 Nr. 2 bis 4.

Lehrers ohne schulaufsichtliche Genehmigung,[227] die Beschäftigung entgegen § 18 BSeuchenG[228] und die Einstellung eines Arbeitnehmers ohne ordnungsgemäße Zustimmung des Betriebsrats,[229] zumindest wenn der Betriebsrat nach § 101 Satz 1 BetrVG die Beschäftigung untersagen ließ.[230]

125 **d) Grundsatz der Formfreiheit.** Der Abschluß des Anstellungsvertrags bedarf grundsätzlich keiner bestimmten Form. Das auf Grund der EG-Richtlinie vom 14. 10. 1991 (91/533/EWG, ABl. EG Nr. L 288/32) am 21. 7. 1995 in Kraft getretene **Nachweisgesetz** (BGBl. 1995 I S. 946)[231] schreibt dem Arbeitgeber jedoch vor, bis spätestens einen Monat nach dem vereinbarten Beginn des Arbeitsverhältnisses eine schriftliche, von ihm unterzeichnete Niederschrift über die wesentlichen Vertragsbedingungen an den Arbeitnehmer auszuhändigen. Damit wird eine erhöhte Transparenz der Arbeitsbedingungen bezweckt. Ein Verstoß gegen die Nachweispflicht führt wegen des deklaratorischen Charakters der Niederschrift jedoch nicht zur Nichtigkeit des Arbeitsvertrags nach § 125 BGB. Dem Arbeitnehmer verbleibt vielmehr nur die Möglichkeit, auf eine Niederschrift der Arbeitsbedingungen zu klagen. Weitere gesetzliche Formvorschriften enthalten § 4 BBiG und § 11 Abs. 1 AÜG: Nach § 4 BBiG ist eine schriftliche Niederschrift über den wesentlichen Inhalt des Ausbildungsvertrags anzufertigen; nach § 11 Abs. 1 AÜG ist der wesentliche Inhalt des Arbeitsvertrages mit Leiharbeitnehmern in einer Urkunde aufzunehmen.

126 Der Grundsatz der Formfreiheit ist in der Praxis jedoch dadurch eingeschränkt, daß zahlreiche **Tarifverträge** für den Arbeitsvertrag die Schriftform vorschreiben.[232] Dabei ist stets zu prüfen, ob das Schriftformerfordernis konstitutive oder nur deklaratorische Bedeutung hat. Nur ein Verstoß gegen konstitutive Schriftformerfordernisse macht eine vereinbarte Regelung nichtig (§ 125 Satz 1 BGB). IdR ist allerdings zum Schutz des Arbeitnehmers davon auszugehen, daß eine tarifvertragliche Formvorschrift nur Beweiszwecke verfolgt und bloß deklaratorischer Natur ist. Dann besteht lediglich ein Anspruch des Arbeitnehmers auf schriftliche Niederlegung des Arbeitsvertrags.[233]

127 **e) Stellvertretung.** Sowohl Arbeitgeber als auch Handlungsgehilfe können sich beim Abschluß der Anstellung durch Stellvertreter gemäß §§ 164 ff. BGB vertreten lassen. Wird das Handelsgewerbe von einer juristischen Person betrieben (zB GmbH, AG), ist die Vertretung durch Organmitglieder oder sonstige Personen zwingend erforderlich (§§ 78 AktG, 35 GmbHG; vgl. auch § 5 Abs. 2 Nr. 1 BetrVG), da die juristische Person als solche nicht handeln kann.

128 Ein Vertreter des Arbeitgebers kann allerdings nicht im Namen des Arbeitgebers mit sich selbst einen Anstellungsvertrag abschließen. Auch im Arbeitsrecht gilt insoweit das **Verbot von Insichgeschäften** nach § 181 BGB.[234] Danach ist ein Selbstkontrahieren beim Abschluß des Anstellungsvertrags grundsätzlich nur dann zulässig, wenn es dem Vertreter besonders gestattet ist. Eine gesetzliche Zulassung von Insichgeschäften findet sich in § 3 Abs. 3 BBiG. Demzufolge können Eltern als Ausbildende mit ihren Kindern einen Berufsausbildungsvertrag als Vertreter abschließen, ohne gegen das Verbot von Insichgeschäften nach § 181 BGB zu verstoßen.[235]

129 **f) Geschäftsunfähige und beschränkt geschäftsfähige Arbeitgeber.** Auch ein minderjähriger Arbeitgeber kann einen Anstellungsvertrag mit einem Handlungsgehilfen schließen. Hat er jedoch noch nicht das 7. Lebensjahr vollendet oder ist er aus anderen Gründen nach § 104 BGB geschäftsunfähig, so muß er sich beim Abschluß des Anstellungsvertrags

---

[227] BAG AP BGB § 611 Lehrer, Dozenten Nr. 18 mit Anm. *v. Hoyningen-Huene.*
[228] BAG AP BSeuchenG § 18 Nr. 1 und 2.
[229] BAG AP GG Art. 33 Abs. 2 Nr. 9 mit Anm. *Misera.*
[230] Dazu *v. Hoyningen-Huene* BetrVR § 14 III 8.
[231] Hierzu *Grünberger* NJW 1995, 2809; *Krauß* WiB 1995, 819 ff.; *Schiefer* DB 1995, 1910; *Stückemann* BB 1995, 1846.

[232] Vgl. hierzu BAG AP TVG § 4 Nr. 1; BAG AP BAT § 4 Nr. 1, 2, 5; BAG AP TVG § 4 Formvorschriften Nr. 2; BAG AP § 74 Nr. 46.
[233] *Zöllner/Loritz* Arbeitsrecht § 35 I 2 a; MünchHdbArbR/*Richardi* § 41 RdNr. 30 f.; vgl. zur konstitutiven Bedeutung des Schriftformerfordernisses für Kündigungen BAG AP BGB § 125 Nr. 8.
[234] Vgl. dazu Kommentare zu § 181 BGB.
[235] Vgl. dazu *Schaub* § 174 II 1.

v. Hoyningen-Huene

durch seinen gesetzlichen Vertreter vertreten lassen. Ein von einem geschäftsunfähigen Arbeitgeber geschlossener Vertrag ist nichtig (§ 105 Abs. 1 BGB), und zwar auch dann, wenn die Anstellung durch Arbeitsaufnahme in Vollzug gesetzt worden ist. Es gelten dann die Grundsätze des fehlerhaften Arbeitsverhältnisses.[236] Die Übernahme von Arbeitsverhältnissen nach § 613 a BGB (RdNr. 34) durch einen geschäftsunfähigen Arbeitgeber soll aber nach Auffassung des BAG möglich sein.[237]

Beschränkt geschäftsfähige Arbeitgeber, also Minderjährige nach Vollendung des **130** 7. Lebensjahres bis zur Vollendung des 18. Lebensjahres (§ 106 BGB), müssen sich ebenfalls grundsätzlich bei Abschluß des Anstellungsvertrags durch den gesetzlichen Vertreter vertreten lassen. Es besteht hier jedoch nach § 112 BGB die Möglichkeit, daß der gesetzliche Vertreter mit Genehmigung des Vormundschaftsgerichts den Minderjährigen zum selbständigen Betrieb eines Erwerbsgeschäftes ermächtigt. Das hat dann zur Folge, daß der Minderjährige für solche Geschäfte unbeschränkt geschäftsfähig ist, welche der Geschäftsbetrieb mit sich bringt. Dazu gehört auch der Abschluß von Anstellungsverträgen. Von der Ermächtigung ausgenommen sind nach § 112 Abs. 1 Satz 2 BGB allerdings solche Rechtsgeschäfte, zu denen auch der Vertreter der Genehmigung des Vormundschaftsgerichts bedarf (siehe dazu §§ 1821 ff. BGB). Wird der Anstellungsvertrag von einem beschränkt geschäftsfähigen Arbeitgeber abgeschlossen, so ist dieser nicht nichtig, sondern nach § 108 BGB schwebend unwirksam. Er wird erst dann endgültig nichtig, wenn der gesetzliche Vertreter die Zustimmung verweigert.

g) Geschäftsunfähige und beschränkt geschäftsfähige Handlungsgehilfen. Geschäfts- 131 unfähige Handlungsgehilfen müssen sich beim Vertragsschluß durch ihren gesetzlichen Vertreter vertreten lassen, sonst ist die Anstellung nichtig (§ 105 Abs. 1 BGB). **Beschränkt geschäftsfähige Handlungsgehilfen** (§ 106 BGB) bedürfen zum Abschluß des Anstellungsvertrags der Zustimmung ihres gesetzlichen Vertreters. Ermächtigt der gesetzliche Vertreter einen Minderjährigen in Arbeit zu treten, ist der Minderjährige nach § 113 Abs. 1 BGB für solche Rechtsgeschäfte unbeschränkt geschäftsfähig, welche die Eingehung oder Aufhebung des Arbeitsverhältnisses der gestatteten Art oder die Erfüllung der sich aus einem solchen Verhältnis ergebenden Verpflichtungen betreffen. Die Ermächtigung kann dabei ausdrücklich oder auch konkludent durch schlüssiges Verhalten erfolgen. Ausgenommen von der Ermächtigung sind dabei nur solche Verträge, zu denen der Vertreter der Genehmigung des Vormundschaftsgerichtes bedarf (§§ 1643, 1822 Nr. 7 BGB).[238]

h) Ausländische Handlungsgehilfen. Ausländische Handlungsgehilfen bedürfen zur **132** Ausübung einer Beschäftigung nach § 19 Abs. 1 AFG einer Erlaubnis der Bundesanstalt für Arbeit, soweit in zwischenstaatlichen Vereinbarungen nichts anderes bestimmt ist.[239] Die Arbeitserlaubnis ist grundsätzlich vom ausländischen Handlungsgehilfen zu beantragen; der Arbeitgeber kann sie aber auch beantragen.[240]

Eine wichtige Ausnahme vom Grundsatz der Erlaubnispflichtigkeit der Beschäftigung **133** ausländischer Handlungsgehilfen gilt für **Arbeitnehmer der Mitgliedstaaten der EU.** Diese bedürfen auf Grund der Freizügigkeit innerhalb der EU generell keiner Arbeitserlaubnis (§ 19 Abs. 3 AFG iVm. EWG-VO Nr. 1612/68). Dabei ist jedoch zu beachten, daß nach § 15 b AufenthaltsG-EWG das Recht der Freizügigkeit Arbeitnehmern aus Staaten, die nach dem 30. 12. 1980 der Gemeinschaft beigetreten sind, nur insoweit zusteht, als es ihnen im Rahmen des Vertragswerkes über den Beitritt zugestanden wird.[241]

---

[236] Siehe dazu *v. Hoyningen-Huene* AR-Blattei Tatsächliches Arbeitsverhältnis 1980; MünchHdb-ArbR/*Richardi* § 44 RdNr. 56 ff.
[237] BAG AP BGB § 613 a Nr. 44 = EWiR BGB § 613 a Nr. 15/85 mit abl. Kurzkomm. *v. Hoyningen-Huene.*
[238] Vgl. zu den Einzelheiten Kommentare zu § 113 BGB.

[239] Vgl. hierzu *Becker/Braasch,* Recht der ausländischen Arbeitnehmer, 3. Aufl. 1986; *Hanau* BAG-Festschrift S. 169; *Kretz* AR-Blattei SD Nr. 330 (1992) RdNr. 48 ff.
[240] BAG AP AVAVG § 35 Nr. 4.
[241] Vgl. zu weiteren Ausnahmen von der Erlaubnispflicht *Schaub* § 27 II; *Kretz* AR-Blattei SD 330 (1992) RdNr. 51 ff.

134   Schließt ein **ausländischer Handlungsgehilfe ohne Arbeitserlaubnis** einen Anstellungsvertrag mit einem Arbeitgeber ab, so verstößt er damit gegen § 19 AFG. Da diese Vorschrift jedoch nach der neueren Rechtsprechung lediglich ein Beschäftigungsverbot enthält
und nicht etwa ein Genehmigungserfordernis für den Anstellungsvertrag, ist die Anstellung
nicht nach § 134 BGB nichtig. Es ist dem Arbeitgeber lediglich verboten, den Handlungsgehilfen tatsächlich zu beschäftigen.[242]

135   **i) Kündigung vor Dienstantritt.** Der Anstellungsvertrag kann auch bereits vor dem
vorgesehenen Dienstantritt gekündigt werden, sofern die Parteien keine abweichende
Vereinbarung getroffen haben.[243] Ob für eine vor dem vereinbarten Vertragsbeginn ausgesprochene ordentliche Kündigung die Kündigungsfrist bereits mit Zugang der Kündigung
oder erst mit dem vereinbarten Tag des Beginns des Arbeitsverhältnisses anläuft, hängt in
erster Linie von den zwischen den Parteien betroffenen Vereinbarungen ab. Besteht keine
eindeutige Vereinbarung, so ist im Wege der ergänzenden Vertragsauslegung der muß-
maßliche Parteiwille zu ermitteln (§ 157 BGB). Dabei bieten insbesondere die Länge der
Kündigungsfrist oder die Art der vorgesehenen Beschäftigung Anhaltspunkte dafür, ob ein
Interesse an einer zumindest vorübergehenden Realisierung des Anstellungsverhältnisses
besteht. Ein solches Interesse fehlt in der Regel, wenn die Parteien die kürzeste zulässige
Kündigungsfrist vereinbart haben, und insbesondere wenn das Anstellungsverhältnis nur
der Erprobung dienen soll. In diesen Fällen ist davon auszugehen, daß die Kündigungsfrist
bereits mit dem Zugang der Kündigung anläuft.[244]

136   **j) Mängel der Anstellung.** Der Anstellungsvertrag kann ebenso wie andere Rechtsgeschäfte von Anfang an nichtig sein, zB wegen fehlender Geschäftsfähigkeit (§§ 104 ff.
BGB, vgl. RdNr. 89 a, 129), Verstoß gegen ein gesetzliches Verbot (§ 134 BGB) oder
wegen Sittenwidrigkeit (§ 138 BGB). Unter bestimmten Voraussetzungen kann auch der
Anstellungsvertrag gemäß §§ 119, 123 BGB angefochten werden (dazu RdNr. 156 ff.).
War der Anstellungsvertrag bereits durch Arbeitsaufnahme in Vollzug gesetzt worden, so
entsteht ein **fehlerhaftes Anstellungsverhältnis**, das nicht mehr rückwirkend, sondern nur
noch mit Wirkung für die Zukunft beseitigt werden kann.[245] Das bedeutet, daß für die
zurückliegende Zeit alle arbeitsrechtlichen Vorschriften anwendbar bleiben.

137   **5. Arten der Anstellung.** Aufgrund der Gestaltungsfreiheit (§ 305 BGB) gibt es verschiedenste Arten der Anstellung. Man kann dabei folgende Typen unterscheiden:

138   **a) Befristete und unbefristete Anstellung.** Nach der Laufzeit ist zwischen einer **Anstellung unbestimmter Dauer** (§ 620 Abs. 2 BGB) und einer für einen bestimmten Zeitraum
befristeten Anstellung zu unterscheiden (§ 620 Abs. 1 BGB). Befristete Anstellungen sind
freilich nur dann zulässig, wenn durch sie der bestehende Kündigungsschutz nicht umgangen wird. Nach der st. Rspr. des BAG ist dazu ein sachlicher Grund erforderlich.[246] Ein
solcher **sachlicher Grund** ist nach § 21 BErzGG die Befristung eines Arbeitsvertrags zur
„Vertretung" (= Ersatz) eines Arbeitnehmers während des Erziehungsurlaubs. Davon abgesehen sind befristete Anstellungen insbesondere zulässig, wenn sie auf ausdrücklichen
Wunsch des Handlungsgehilfen abgeschlossen werden,[247] zur Erprobung des Handlungs-

---

[242] Vgl. BAG AP AFG § 19 Nr. 2, 4. – AA noch
BAG AP AVAVG § 35 Nr. 4; – zu Gehaltsansprüchen bei verweigerter Beschäftigung LAG Düsseldorf AR-Blattei Ausländische Arbeitnehmer Entsch.
18.
[243] Vgl. BAG NJW 1965, 171; 1980, 1015; 1987,
148.
[244] Ebenso BAG NJW 1987, 148 mit ausführlicher Darstellung des Meinungsstands.
[245] BAG AP § 63 Nr. 32 mit Anm. *Mayer-Maly;*
v. Hoyningen-Huene AR-Blattei, Arbeitsvertrag-

Arbeitsverhältnis VI (1980); Staub/*Konzen/Weber*
Vor § 59 RdNr. 110.
[246] Grundlegend hierzu BAG GS AP BGB § 620
Befristeter Arbeitsvertrag Nr. 16 = NJW 1961, 798;
eine umfassende Übersicht über die Rechtsprechung
zur Befristung findet sich bei Schaub § 39 II und
Hueck/v. Hoyningen-Huene KSchG, 11. Aufl. 1992,
§ 1 RdNr. 554 ff.; MünchHdbArbR/*Wank* § 133.
[247] Vgl. BAG AP BGB § 620 Befristeter Arbeitsvertrag Nr. 38, 88, 91.

gehilfen dienen und die Dauer der Erprobung in der Regel sechs Monate nicht überschreitet[248] oder nur vorübergehende Aufgaben wahrgenommen werden sollen.[249]

Eine Erleichterung für die Zulassung befristeter Anstellungen hat vorerst bis zum 31. Dezember 2000 **§ 1 BeschFG 1985** geschaffen. Danach kann eine Anstellung einmalig bis zur Dauer von 18 Monaten befristet werden, wenn der Handlungsgehilfe neu eingestellt wird oder der Arbeitnehmer im unmittelbaren Anschluß an die Berufsausbildung nur vorübergehend beschäftigt werden kann, weil kein Arbeitsplatz für einen unbefristet einzustellenden Handlungsgehilfen zur Verfügung steht.[250] **139**

b) Vollzeit- und Teilzeitanstellungen. Nach der Dauer der Arbeitszeit ist zwischen Vollzeit- und Teilzeitanstellungen zu unterscheiden. Zu den Teilzeitanstellungsverhältnissen ist das Job-Sharing und die bedarfsabhängige variable Arbeitszeit (BAVAZ, verfehlte Bezeichnung KAPOVAZ) zu rechnen. Eine gesetzliche Regelung haben derartige Arbeitsverhältnisse in den §§ 2 ff. BeschFG 1985 erfahren.[251] **140**

c) Gruppenarbeitsverhältnisse und mittelbare Arbeitsverhältnisse. Neben dieser Einteilung der Anstellungen nach Dauer und zeitlichem Umfang kann man Anstellungsverhältnisse auch nach der Art der Erbringung der Arbeitsleitung einordnen. So gibt es Gruppenarbeitsverhältnisse, in denen eine Mehrheit von Handlungsgehilfen die Leistungen aus dem Anstellungsverhältnis gemeinsam erbringt.[252] Weiterhin liegt ein mittelbares Arbeitsverhältnis vor, wenn jemand von einem Mittelsmann, der seinerseits Arbeitnehmer eines Dritten ist, beschäftigt wird und die Arbeit mit Wissen des Dritten unmittelbar für diesen geleistet wird, ohne daß ein unmittelbarer Anstellungsvertrag zwischen dem Dritten und dem Handlungsgehilfen zustande kommt.[253] Das mittelbare Arbeitsverhältnis ähnelt dem **Leiharbeitsverhältnis,** stellt aber keine gewerbsmäßige Arbeitnehmerüberlassung dar, da der Mittelsmann nicht Unternehmer, sondern Arbeitnehmer ist (vgl. RdNr. 41 ff.). **141**

d) Heimarbeiter. Kein Anstellungsverhältnis liegt vor, wenn jemand als Heimarbeiter für ein Handelsgewerbe tätig ist. Heimarbeiter sind nicht Arbeitnehmer, sondern selbständige Unternehmer. Sie genießen jedoch durch die Einbeziehung in den Schutzbereich arbeitsrechtlicher Normen und durch das Heimarbeitsgesetz (HAG) auch einen gewissen Schutz.[254] **142**

6. Inhalt der Anstellung. Durch die Anstellung werden die Rechtsbeziehungen zwischen dem Handlungsgehilfen und dem Arbeitgeber geregelt. Inhalt der Anstellung ist dabei die nähere Ausgestaltung der Hauptpflichten, also einerseits der Arbeitspflicht des Handlungsgehilfen (dazu unten RdNr. 162 ff.) und andererseits der Vergütungspflicht des Arbeitgebers (dazu unten RdNr. 269). **143**

a) Grundsatz der Gestaltungsfreiheit. Für die inhaltliche Ausgestaltung der Anstellung gilt an sich der Grundsatz der Gestaltungsfreiheit (vgl. auch § 105 GewO, oben RdNr. 118).[255] Die Gestaltungsfreiheit ist freilich durch zahlreiche Vorschriften eingeschränkt. Das Grundgesetz, viele Gesetze, Tarifverträge und Betriebsvereinbarungen enthalten Mindestarbeitsbedingungen, von denen nur zugunsten des Handlungsgehilfen abgewichen werden kann (vgl. Vor § 59 RdNr. 49 f.). Im Falle der Kollision von vertraglichen **144**

---

[248] BAG AP BGB § 620 Befristeter Arbeitsvertrag Nr. 71, 74.

[249] Beispielsweise Saisonarbeit, Aushilfsarbeiten beim Ausverkauf oder bei Inventur, Schwangerschaftsvertretung – vgl. BAG AP BGB § 620 Befristeter Arbeitsvertrag Nr. 2, 5, 17, 19, 29, 76, 77, 87, 97; BAG AP BGB § 620 Saisonarbeit Nr. 1 mit Anm. *Löwisch / Kaiser.*

[250] Zum BeschFG vgl. *v. Hoyningen-Huene* NJW 1985, 1801; *Otto* NJW 1985, 1807.

[251] Vgl. hierzu *v. Hoyningen-Huene* NJW 1985, 1801; *Schaub* § 44; MünchHdbArbR/*Schüren* §§ 157 ff.; – zu den Folgen für die Sozialversicherung vgl. *v. Hoyningen-Huene,* Folgen der Veränderung der Arbeitswelt auf die soziale Sicherung, 1985.

[252] Vgl. hierzu *Schaub* § 181.

[253] BAG AP BGB § 611 Mittelbares Arbeitsverhältnis Nr. 2.

[254] MünchHdbArbR/*Heenen* § 231.

[255] Dazu *Boemke* NZA 1993, 532, 535 ff.

Vereinbarungen mit den einseitig zwingenden normativen Regelungen gilt das sog. **Günstigkeitsprinzip**, dh. die Regelung, die für den Handlungsgehilfen günstiger ist.[256]

145   **b) Konkretisierung durch Weisungsrecht.** Der Inhalt der Anstellung wird konkretisiert durch das Weisungsrecht des Arbeitgebers (vgl. Vor § 59 RdNr. 42 ff.). Grundlage hierfür ist der Anstellungsvertrag, weil Inhalt der Anstellung die Leistung weisungsgebundener Arbeit ist.[257] Nach § 315 BGB darf das Weisungsrecht nur nach billigem Ermessen ausgeübt werden.[258] Im Rahmen des billigen Ermessens hat der Arbeitgeber die Arbeitsleistung nach Art, Ort und Zeit näher zu bestimmen. Durch Ausübung seines Direktionsrechts kann der Arbeitgeber nicht den Inhalt der Anstellung verändern; das Direktionsrecht dient nur der Konkretisierung.

146   **7. Inhaltskontrolle.** Der Inhalt der Anstellung kann grundsätzlich von den Gerichten überprüft werden. Umstritten ist freilich der Umfang der gerichtlichen Inhaltskontrolle.[259]

146 a   **a) Rechts- und Billigkeitskontrolle.** Herkömmlicherweise wird hier zwischen Rechts- und Billigkeitskontrolle unterschieden:

146 b   **Rechtskontrolle** bedeutet Richtigkeitskontrolle, wobei Maßstab der Richtigkeit das Recht ist.[260] Derartige Maßstäbe sind die Bestimmungen der §§ 134, 138, 242 BGB, weiterhin der Grundsatz der Gleichbehandlung, das Prinzip der Treue- und Fürsorgepflicht sowie das Verbot der Gesetzesumgehung. An diesen Maßstäben hat der Richter eine vertragliche Regelung zu prüfen und auf ihre Richtigkeit im Verhältnis zum Recht zu messen.

147   Bei der **Billigkeitskontrolle** hingegen mißt der Richter die Richtigkeit der vertraglichen Regelung nicht mehr am vorgegebenen Recht, weil dieses dazu nichts mehr aussagt, sondern allein am Maßstab der Billigkeit. Der Richter muß hier in das individuelle Vertragsverhältnis eingreifen; er übt also richterliche Vertragshilfe aus.[261] Durch die richterliche Kontrolle mittels Billigkeit wird damit der Gestaltungsraum der Vertragsparteien beseitigt, weil sie keine Wahlmöglichkeit zu anderen, nämlich unbilligen Regelung haben. Eine richterliche Billigkeitskontrolle ist demzufolge nur dann berechtigt und zulässig, wenn das Gericht auf Grund eines Gesetzes oder einer durch zulässige Rechtsfortbildung geschaffenen Rechtsnorm überhaupt zur Billigkeitskontrolle ermächtigt ist. Fehlt eine derartige Ermächtigungsnorm, so ist eine Billigkeitskontrolle rechtlich unzulässig.[262]

148   **b) Inhaltskontrolle beim echten Einzelvertrag.** Beim echten Einzelvertrag, dh. bei der von beiden Partnern individuell ausgehandelten Anstellung, beschränkt sich die Inhaltskontrolle der Anstellung auf eine Rechtskontrolle.[263] Die gegenteilige Auffassung des BAG, wonach auch der echte Einzelvertrag einer gerichtlichen Billigkeitskontrolle unterzogen werden müsse, kann nicht überzeugen.[264] Es fehlt hierfür an einer Rechtsgrundlage. § 75 Abs. 1 BetrVG scheidet als Ermächtigung aus, weil diese Vorschrift nur die Überwachungsaufgaben von Arbeitgeber und Betriebsrat regelt, jedoch keine Ermächtigung des Richters zur Umgestaltung von einzelnen Arbeitsverträgen enthält.[265] Die §§ 315 ff. BGB können für eine Billigkeitskontrolle nicht herangezogen werden, weil es beim echt ausgehandelten Einzelarbeitsvertrag an einem noch regelungsbedürftigen Umstand fehlt.[266]

---

[256] Vgl. hierzu Vor § 59 Anm. IV 12; außerdem *Adomeit* NJW 1984, 26; *Belling,* Das Günstigkeitsprinzip im Arbeitsrecht, 1984.
[257] Vgl. BAG AP BGB § 611 Direktionsrecht Nr. 17; *Adomeit* Rechtsquellenfragen, S. 93, 99; *v. Hoyningen-Huene,* Die Billigkeit im Arbeitsrecht, 1978, S. 142.
[258] *v. Hoyningen-Huene,* Die Billigkeit im Arbeitsrecht, S. 144 m. weit. Nachw.
[259] Dazu ausführlich *Fastrich,* Richterliche Inhaltskontrolle im Privatrecht, 1993; *Preis,* Grundfragen der Vertragsgestaltung im Arbeitsrecht, 1993.

[260] *v. Hoyningen-Huene,* Billigkeit im Arbeitsrecht, 1978, S. 129.
[261] *Herschel* RdA 1975, 338; *Kreutz* ZfA 1975, 66.
[262] *v. Hoyningen-Huene,* Billigkeit im Arbeitsrecht, S. 130.
[263] Hierzu ausführlich *v. Hoyningen-Huene,* Billigkeit im Arbeitsrecht, S. 130 ff.
[264] BAG AP § 65 Nr. 6 mit krit. Anm. *Herschel.*
[265] Zutreffend *Kreutz* GK-BetrVG, 4. Aufl. 1990, § 75 RdNr. 30.
[266] Hierzu *v. Hoyningen-Huene,* Billigkeit im Arbeitsrecht, S. 133 f. m. weit. Nachw.

Eine richterliche Billigkeitskontrolle des echten Einzelvertrags widerspricht auch dem **149** **Grundsatz der Privatautonomie.** Durch die §§ 134, 138, 242 BGB und durch die Vielzahl der arbeitsrechtlichen Schutzgesetze wird der Arbeitnehmer ausreichend geschützt. Geringfügige Beeinträchtigungen bzw. Unbilligkeiten muß der mündige Bürger selbst verantworten. Er handelt insoweit auf eigenes Risiko.[267]

c) Inhaltskontrolle allgemeiner Arbeitsbedingungen. Vom echt ausgehandelten Einzel- **150** vertrag zu unterscheiden sind **allgemeine Arbeitsbedingungen** (Vor § 59 RdNr. 30 ff.), zu denen auch vorformulierte Anstellungsverträge gehören. Derartige Formularverträge unterliegen ebenfalls einer Inhaltskontrolle, die zunächst überwiegend auf § 242 BGB gestützt wurde.[268] Daneben wird von der Rechtsprechung eine **Billigkeitskontrolle** allgemeiner Arbeitsbedingungen auch direkt oder analog aus § 315 BGB hergeleitet und damit der Maßstab der Billigkeit auf ausdrücklicher gesetzlicher Grundlage herangezogen.[269]

Diese Rechtsprechung ist jedoch **abzulehnen.** Sie widerspricht dem Sinn von § 315 **151** BGB. Diese Vorschrift will nur den einzelnen Vertragspartner schützen. Allgemeine Arbeitsbedingungen hingegen zielen ihrer Natur nach nicht auf den einzelnen Vertragspartner, sondern sollen und wollen eine generelle Regelung für alle in Frage kommenden Rechtsverhältnisse erreichen. Generalisierende, von vornherein nicht auf den Einzelfall zugeschnittene Vertragsbedingungen können von § 315 BGB nicht erfaßt werden, weil er nur für Einzelverträge einschlägig ist. Auch eine analoge Anwendung dieser Vorschrift als Grundlage einer Billigkeitskontrolle scheidet aus, weil § 315 BGB voraussetzt, daß die Leistung noch unbestimmt ist. Gerade dies ist aber bei vertraglichen Einheitsregelungen nicht der Fall. Bei Vertragsschluß steht bereits fest, welche Leistung zu erbringen ist.[270] Im Ergebnis kommen daher für eine Inhaltskontrolle von allgemeinen Arbeitsbedingungen nur generalisierende Kriterien in Betracht, wie zB § 242 BGB und der Grundsatz der Gleichbehandlung. Über § 315 BGB kann jedenfalls für diesen Bereich keine Inhaltskontrolle erfolgen.[271]

8. Dauer der Anstellung. Die Anstellung dauert von dem vereinbarten Termin der Ar- **152** beitsaufnahme bis zum vereinbarten Ende bei befristeten Anstellungen (§ 620 Abs. 1 BGB) oder bis zur einseitigen oder einvernehmlichen Beendigung der Anstellung.

a) Beginn. Die Anstellung **beginnt** zu dem vereinbarten Termin der Arbeitsaufnahme. **153** Erfolgt die Anstellung als schuldrechtlicher Vertrag vor dem vereinbarten Termin der Arbeitsaufnahme, so entstehen die Rechte und Pflichten aus der Anstellung erst zum Zeitpunkt des vereinbarten Beschäftigungsbeginns. Die Wirkung der Anstellung ist hier iSv. § 163 BGB durch einen Anfangstermin bestimmt.

Leistet der kaufmännische Angestellte seine Dienste, **ohne daß ein rechtswirksamer** **154** **Anstellungsvertrag** vorliegt, so ist er noch nicht Handlungsgehilfe und hat deshalb auch nicht die Rechte und Pflichten eines solchen. Es handelt sich dann um eine fehlerhafte Anstellung.[272] Der Anstellungsvertrag ist damit wesentliches Erfordernis für die Begründung eines Anstellungsverhältnisses. Ein Anstellungsvertrag wird freilich nur in seltenen Fällen fehlen, da die Anstellung nicht unbedingt schriftlich erfolgen muß, sondern auch konkludent vereinbart werden kann.

b) Ende. Ist in der Anstellung kein Ende vereinbart (§ 620 Abs. 2 BGB), so bedarf es zur **155** Beendigung eines ausdrücklichen Rechtsgeschäfts. Möglich ist zum einen die einvernehm-

---

[267] *M. Wolf,* Rechtsgeschäftliche Entscheidungsfreiheit, 1970, S. 102; *Weitnauer,* Der Schutz des Schwächeren im Zivilrecht, 1975, S. 15; neuestens *Boemke* NZA 1993, 535 ff.
[268] Dazu MünchHdbArbR/*Richardi* § 14 RdNr. 54 ff.
[269] BAG AP BGB § 611 Fleischbeschauer – Dienstverhältnis Nr. 8, 9; BAG AP BGB § 611 Akkordlohn Nr. 20; BAG AP MTB II § 38 Nr. 4; BAG AP BGB § 242 Ruhegehalt Nr. 170.

[270] *v. Hoyningen-Huene,* Billigkeit im Arbeitsrecht, S. 155 f.
[271] Ebenso MünchHdbArbR/*Richardi* § 14 RdNr. 42; aA MünchKommBGB/*Söllner* § 315 RdNr. 32.
[272] Dazu MünchHdbArbR/*Richardi* § 44 RdNr. 56 ff.

liche vertragliche Aufhebung der Anstellung durch einen Aufhebungsvertrag.[273] In vielen Fällen wird das Anstellungsverhältnis freilich durch Kündigung beendet (§ 620 Abs. 2 BGB). Die Kündigung ist ein einseitiges Rechtsgeschäft, dessen Wirksamkeit sich nach den Regelungen des Allgemeinen Teils des BGB bestimmt. Die Kündigungsfreiheit des Arbeitgebers ist durch verschiedene Kündigungsschutzvorschriften eingeschränkt. Die wichtigsten finden sich im KSchG, SchwbG und MuSchG.[274] Die Kündigungsfreiheit des Handlungsgehilfen ist demgegenüber nicht eingeschränkt. Er kann jederzeit unter Einhaltung der Kündigungsfristen von § 622 BGB kündigen. Die verlängerten Kündigungsfristen bei längerer Betriebszugehörigkeit gelten dabei nach der Neuregelung des § 622 Abs. 2 BGB nur für die arbeitgeberseitige Kündigung.[275]

156   Die Anstellung kann außerdem durch **Anfechtung** beendet werden (selten). Auch die Anfechtung ist einseitiges Rechtsgeschäft und unterliegt damit den Vorschriften des Allgemeinen Teils des BGB. Eine Anfechtung nach § 119 Abs. 2 BGB wegen **Irrtums** über eine **verkehrswesentliche Eigenschaft** wurde für zulässig gehalten bei einer epileptischen Erkrankung eines Steuergehilfen, weil diesem wegen seines Leidens nicht nur vorübergehend die notwendige Fähigkeit gefehlt hat, die vertraglich übernommenen Arbeiten auszuführen.[276] Die Schwerbehinderung ist nur dann verkehrswesentliche Eigenschaft iSv. § 119 Abs. 2 BGB, wenn der Behinderte die vorgesehene Arbeit wegen seiner Behinderung nicht ausüben kann.[277]

157   Die Anfechtung wegen Irrtums über eine verkehrswesentliche Eigenschaft hat nach § 121 Abs. 1 BGB **unverzüglich** zu erfolgen. Unverzüglich heißt nach Auffassung des BAG spätestens innerhalb von zwei Wochen nach Kenntnis der für die Anfechtung maßgebenden Tatsachen (§ 626 Abs. 2 BGB analog).[278] Keine verkehrswesentlichen Eigenschaften sind die Gewerkschaftszugehörigkeit und die Schwangerschaft. Letztere ist nur ein vorübergehender Zustand.[279] Die bewußt wahrheitswidrige Beantwortung einer ausnahmsweise zulässigen Frage (dazu oben RdNr. 106) nach der Schwangerschaft berechtigt allerdings den Arbeitgeber wegen **arglistiger Täuschung** nach § 123 BGB den Anstellungsvertrag anzufechten.[280] Auch die Abgabe eines nicht eigenhändig geschriebenen Lebenslaufs kann den Arbeitgeber zu einer Anfechtung wegen arglistiger Täuschung berechtigen.[281]

158   Wird die Anfechtung erklärt, nachdem das Arbeitsverhältnis bereits vollzogen worden ist, so wird dieses durch die Anfechtung grundsätzlich mit **ex nunc-Wirkung** beendet.[282] Das gilt jedoch dann nicht, wenn das Anstellungsverhältnis etwa durch eine Kündigung zwischenzeitlich wieder außer Funktion gesetzt worden ist. In diesem Fall wirkt die Anfechtung auf den Zeitpunkt der Außerfunktionsetzung des Anstellungsvertrags zurück.[283]

159   Das Anstellungsverhältnis wird schließlich auch durch den **Tod des Handlungsgehilfen** beendet. Da der Handlungsgehilfe nach § 613 BGB verpflichtet ist, seine Dienste höchstpersönlich zu erbringen, endet die Anstellung automatisch mit dem Tod des Handlungsgehilfen (nicht dagegen beim Tod des Arbeitgebers).

[273] Vgl. hierzu *Bauer,* Arbeitsrechtliche Aufhebungsverträge, 4. Aufl. 1995; *Ernst,* Aufhebungsverträge zur Beendigung von Arbeitsverhältnissen, 1993; Staudinger/*Neumann* Vor § 620 RdNr. 11 ff.
[274] Vgl. hierzu insbesondere die Kommentare von *Herschel/Löwisch* KSchG, 6. Aufl. 1984,; *v. Hoyningen-Huene,* Kündigungsvorschriften im Arbeitsrecht, 2. Aufl. 1994; *Hueck/v. Hoyningen-Huene* KSchG, 11. Aufl. 1992; Gemeinschaftskommentar zum Kündigungsrecht, 4. Aufl. 1985; *Kittner/Trittin* Kündigungsschutzrecht 2. Aufl. 1994; – zum SchwbG: *Neumann/Pahlen* SchwbG, 8. Aufl. 1992; – zum MuSchG: *Bulla/Buchner* MuSchG, 5. Aufl. 1981.
[275] Zur früheren Rechtsprechung BAG AP BGB § 622 Nr. 11 mit zust. Anm. *Canaris* = NJW 1972, 1070.

[276] BAG AP BGB § 119 Nr. 3 mit Anm. *Küchenhoff.*
[277] BAG AP BGB § 123 Nr. 26; BAG NZA 1994, 407.
[278] BAG AP BGB § 119 Nr. 4 mit krit. Anm. *Mühl* = DB 1980, 769.
[279] BAG AP BGB § 123 Nr. 15 mit Anm. *Larenz.*
[280] BAG BB 1993, 1362; siehe auch oben RdNr. 108.
[281] BAG AP BGB § 123 Nr. 24 mit Anm. *Brox* = DB 1983, 2780.
[282] St. Rspr., vgl. BAG AP BGB § 123 Nr. 2, 15, 19; BAG AP § 60 Nr. 4; BAG AP § 63 Nr. 32; dazu *Erman/Hanau* § 611 RdNr. 266 ff.; MünchHdb-ArbR/*Richardi* § 44 RdNr. 56 ff.
[283] BAG AP BGB § 123 Nr. 24.

c) Unterbrechungen. Der Bestand des Anstellungsverhältnisses wird durch tatsächliche Unterbrechungen nicht beeinflußt. Erholungsurlaub und Krankheit, auch Berufs- und Erwerbsunfähigkeit, beeinflussen den Bestand der Anstellung nicht. Während Arbeitskämpfen (Streik oder Aussperrung), unbezahlter Freistellung von der Arbeit[284] oder Wehrdienst (§ 1 ArbPlSchG) bleibt das Anstellungsverhältnis bestehen, lediglich die beiden Hauptleistungspflichten Arbeit und Entgeltzahlung ruhen.   **160**

Alle **sonstigen Vorgänge** haben zunächst überhaupt keinen Einfluß auf das Bestehen des Anstellungsverhältnisses; vielmehr ist in diesen Fällen zur Beendigung eine Kündigung oder ein Aufhebungsvertrag erforderlich. Das gilt insbesondere beim Konkurs des Arbeitgebers, beim Erreichen einer bestimmten Altersgrenze des Handlungsgehilfen,[285] beim Betriebsübergang bzw. Arbeitgeberwechsel (vgl. § 613 a BGB), bei Unmöglichkeit der Arbeitsleistung (zB verkürzte Wehrdienstpflicht eines türkischen Arbeitnehmers oder Abbrennen der Betriebsgebäude, Produktionsstillstand durch Rohstoffmangel, Streik und Aussperrung) oder beim Ablauf der Arbeitserlaubnis von Ausländern (vgl. § 19 AFG, dazu RdNr. 132).   **161**

V. Leistung der Dienste

1. Überblick. Nach § 59 Satz 1 hat der Handlungsgehilfe kaufmännische Dienste zu leisten. Art und Umfang seiner Dienstleistungen richten sich zunächst nach den getroffenen Vereinbarungen. Fehlen solche vertragliche Regelungen, so haben die Dienstleistungen dem Ortsgebrauch zu entsprechen. Ist auch ein Ortsgebrauch nicht feststellbar, so werden nach Satz 2 die den Umständen nach angemessenen Leistungen als vereinbart fingiert.   **162**

Die Regelung der Hauptleistungspflichten für Handlungsgehilfen in § 59 ist gegenüber der allgemeinen Regelung der arbeitsvertraglichen Pflichten in § 611 BGB **lex specialis** (§ 2 Abs. 1 EGHGB). § 59 enthält dabei, anders als § 611 BGB, Regelungen für den Fall, daß keine besondere Vereinbarung über Art und Umfang der Dienstleistung getroffen worden ist. Die Dienstleistungspflicht bestimmt sich in diesem Fall für Handlungsgehilfen nach dem Ortsgebrauch, während § 611 BGB hierfür unmittelbar keine Regelung enthält. Bei anderen Arbeitnehmern bestimmt sich der Inhalt der Arbeitspflicht dann gemäß §§ 157, 242 BGB nach der Verkehrssitte,[286] was aber letztlich auf das gleiche hinausläuft.   **163**

Der Handlungsgehilfe hat ebenso wie andere Arbeitnehmer seine **Dienstleistung höchstpersönlich zu erbringen.** Dies folgt aus § 613 Satz 1 BGB, wonach der zur Dienstleistung Verpflichtete die Dienste im Zweifel in Person zu erbringen hat. Der Handlungsgehilfe ist daher grundsätzlich weder berechtigt noch verpflichtet, zur Erledigung der ihm obliegenden Dienstleistung einen Vertreter zu stellen.   **164**

2. Inhalt der Dienstleistungspflicht. Art und Umfang der Arbeitspflicht ergibt sich regelmäßig aus dem Anstellungsvertrag. Üblich ist eine Berufsbezeichnung, zB kaufmännischer Angestellter, Buchhalterin etc. In diesem Fall muß aus dem Berufsbild entnommen werden, welche Dienste zu leisten sind. Regelmäßig geht aus dem Anstellungsvertrag aber nicht hervor, wie Quantität und Qualität der Dienstleistung zu bestimmen sind. Die vertragliche Vereinbarung ist also meist nur rahmenmäßig bestimmt, so daß der Inhalt der Dienstleistungspflicht im Einzelfall konkretisiert werden muß.   **165**

a) Konkretisierung durch Weisungsrecht. Die Konkretisierung von Art und Umfang der zu erbringenden Dienstleistungen erfolgt durch Ausübung des Weisungsrechts des Arbeitgebers (auch Direktionsrecht oder Leitungsmacht genannt, vgl. Vor § 59 RdNr. 42 ff.). Grundlage hierfür ist der Anstellungsvertrag. Die konkreten Weisungen haben dabei nach   **166**

---

[284] Dazu *v. Hoyningen-Huene* NJW 1981, 713.
[285] BAG AP KSchG (1951) § 1 Personenbedingte Kündigung Nr. 1, wonach gemäß § 41 Abs. 4 Satz 1 SGB VI die Erreichung des 65. Lebensjahres allein kein Kündigungsgrund ist.

[286] Vgl. MünchKommBGB/*Söllner* § 611 Rd-Nr. 363.

§ 315 BGB dem billigen Ermessen zu entprechen.[287] Durch Ausübung des Weisungsrechts können freilich nur die vereinbarten Dienstpflichten konkretisiert werden; neue oder abweichende arbeitsvertragliche Pflichten können dagegen nicht begründet werden.

167   **b) Sog. Konkretisierung durch dauernde Übung.** Eine vertragliche Festlegung der Dienstpflicht kann allerdings dadurch eintreten, daß ein Handlungsgehilfe **längere Zeit** eine bestimmte Arbeit verrichtet hat und sich aus weiteren Umständen ergibt, daß der Handlungsgehilfe auch in Zukunft nur noch diese Dienste zu erbringen hat (mißverständlich sog. Konkretisierung).[288] Diese Fälle sind aber sehr selten. Solche weiteren Indizien können etwa Beförderungen, betriebsinterne Weiterbildungen oder verbindliche Zusagen des Arbeitgebers sein.[289] Dagegen sind **Stellenbeschreibungen**, Arbeitsplatzbeschreibungen oder Funktionsbeschreibungen, soweit sie nicht als Teil des Anstellungsvertrags vereinbart sind, regelmäßig nur schriftlich formulierte, generelle Weisungen, die folglich auch im Rahmen des § 315 BGB wieder geändert werden können.[290]

168   **c) Verpflichtung zu Nebenarbeiten.** Neben den vereinbarten Dienstpflichten hat der Handlungsgehilfe auch Nebenarbeiten zu verrichten, die mit der Erledigung der ihm übertragenen kaufmännischen Dienste notwendig verbunden sind. So muß etwa ein Verkäufer nach der Beratung eines Kunden auch, sofern hierfür keine anderen Arbeitskräfte vorhanden sind, die verkauften Waren verpacken, obwohl dies nicht unmittelbar zur Leistung kaufmännischer Dienste gehört.

169   **d) Umfang der Dienstleistungspflicht.** Der Handlungsgehilfe schuldet die vertraglich vereinbarte Tätigkeit, zB als „Verkäufer". Soweit das BAG in älteren Entscheidungen angenommen hat, der Arbeitgeber könne vom Arbeitnehmer nur eine „individuelle Normalleistung" verlangen,[291] bedarf dies der Präzisierung. Auch wenn der Arbeitnehmer nach § 613 BGB verpflichtet ist, die Arbeitsleistung in Person zu erbringen, folgt hieraus nicht, daß Qualität und Quantität der Arbeitsleistung rein subjektiv nach den Fähigkeiten des Arbeitnehmers zu bestimmen sind. Der Arbeitgeber hat vielmehr, sofern arbeitsvertraglich nichts Abweichendes vereinbart ist, bei verständiger Auslegung des Anstellungsvertrages nach § 157 BGB einen Anspruch auf eine **objektive Normalleistung** des Handlungsgehilfen und nicht nur darauf, daß er die Arbeitsleistung im Rahmen des persönlichen Leistungsvermögens unter angemessener Anspannung seiner Kräfte und Fähigkeiten erbringt.[292] Dies ergibt sich aus einer Wertung des (an sich hier nicht direkt anwendbaren) § 243 BGB, wonach der Gattungsschuldner Sachen mittlerer Art und Güte zu leisten hat, und aus dem Fahrlässigkeitsbegriff des § 276 Abs. 1 Satz 2 BGB, der nicht einen individuellen, sondern einen objektiven Sorgfaltsmaßstab anlegt.[293] Der Anspruch auf eine objektive Normalleistung ergibt sich zudem im Handelsgehilfenrecht aus dem Wortlaut des § 59, wonach der Handlungsgehilfe die „dem Ortsgebrauch entsprechenden Dienste" (RdNr. 170) oder in Ermangelung eines Ortsgebrauchs „angemessene Leistungen" (RdNr. 171) zu erbringen hat.

170   **e) Dem Ortsgebrauch entsprechende Dienste.** Ist keine vertragliche Vereinbarung über Art und Umfang der zu erbringenden Dienstleistung getroffen worden, so hat der Handlungsgehilfe gemäß § 59 Satz 1 die **dem Ortsgebrauch entsprechenden Dienste** zu

[287] Vgl. hierzu v. *Hoyningen-Huene*, Die Billigkeit im Arbeitsrecht, S. 141 ff. m. weit. Nachw.; Staub/ *Konzen/Weber* Vor § 59 RdNr. 117 ff.; zu Besonderheiten bei Notfällen s. Heymann/*Henssler* RdNr. 59.

[288] Vgl. BAG AP BGB § 611 Direktionsrecht Nr. 2 mit Anm. *A. Hueck* unter 3; AP BGB § 242 Gleichbehandlung Nr. 5; AP BGB § 615 Nr. 10; *Schaub* § 45 IV 1 a E; neuestens *Klempt*, FS Stahlhacke 1995, S. 261 ff.

[289] Vgl. BAG AP BGB § 611 Direktionsrecht Nr. 17.

[290] BAG AP BetrVG 1972 § 95 Nr. 2 und 3; § 87 Lohngestaltung Nr. 21.

[291] Vgl. BAG AP GewO § 123 Nr. 27 mit zust. Anm. *Canaris*; BAG AP MuSchG 1968 § 11 Nr. 3 mit Anm. *Fenn* = SAE 1972, 45 mit Anm. *Adomeit*; MünchHdbArbR/*Blomeyer* § 46 RdNr. 54 ff.; Staub/*Konzen/Weber* Vor § 59 RdNr. 126 ff.

[292] So auch BAG (Fn. 291) sowie MünchHdbArbR/*Blomeyer* § 46 RdNr. 56; Staudinger/*Richardi* § 611 RdNr. 290.

[293] MünchKommBGB/*Hanau* § 276 RdNr. 78.

v. Hoyningen-Huene

erbringen. Für die Bestimmung der dem Ortsgebrauch entsprechenden Dienste ist auf die Auffassung des Handelsverkehrs an Ort der Tätigkeit des Handlungsgehilfen zurückzugreifen. Geeignete Grundlagen hierfür sind in Zweifelfragen Auskünfte bei der zuständigen Handelskammer.[294]

f) Angemessene Dienstleistungen, § 59 Satz 2. Läßt sich zur Bestimmung der **171** Dienstpflichten ein Ortsgebrauch nicht feststellen, so hat der Handlungsgehilfe nach § 59 Satz 2 angemessene Dienstleistungen zu erbringen. Die Pflicht zur Erbringung angemessener Leistungen wird für diesen Fall dann in Satz 2 als vereinbart **fingiert**. Der Begriff der Angemessenheit ist dabei von dem des billigen Ermessens nach § 315 BGB zu unterscheiden.[295] Das bedeutet, daß beim Fehlen einer Vereinbarung über Art und Umfang der zu erbringenden Dienstleistung die Leistungsbestimmung nicht einseitig durch den Arbeitgeber nach § 315 BGB erfolgen kann. Denn soweit die Parteien bei Vertragsschluß keine vom Gesetz abweichende Regelung treffen, unterstellen sie die Ausgestaltung des Vertragsverhältnisses normalerweise den gesetzlichen Regelungen, die hier in Satz 2 zur Bestimmung der Leistungspflicht den Begriff der Angemessenheit und nicht den des billigen Ermessens verwenden.[296]

3. Beschränkungen der Dienstleistungspflicht. Eine Beschränkung der Dienstpflichten **172** ergibt sich aus verschiedenen spezialgesetzlichen Beschäftigungsverboten.

a) Beschäftigungsverbote für Schwangere. Werdende Mütter dürfen nach § 3 Abs. 1 **173** MuSchG nicht beschäftigt werden, soweit nach ärztlichem Zeugnis Leben oder Gesundheit von Mutter und Kind bei Fortdauer der Beschäftigung gefährdet ist.[297] In den letzten sechs Wochen vor der Entbindung besteht ein grundsätzliches Beschäftigungsverbot nach § 3 Abs. 2 MuSchG, auf das die Schwangere freilich verzichten kann.[298] Demgegenüber ist auf das Beschäftigungsverbot des § 6 MuSchG für Wöchnerinnen bis zum Ablauf von acht Wochen nach der Entbindung kein Verzicht möglich.[299] Werdende Mütter dürfen nach § 4 Abs. 1 MuSchG weiterhin nicht mit Arbeiten beschäftigt werden, bei denen sie schädlichen Einwirkungen von gesundheitsgefährdenden Stoffen oder Strahlen ausgesetzt sind; Bildschirmarbeitsplätze sind nach Auffassung des BAG von dieser Bestimmung nicht generell erfaßt.[300]

b) Weitere Beschäftigungsverbote. Weitere Beschäftigungsverbote finden sich im Gesetz **174** zum Schutz der arbeitenden Jugend (JArbSchG). Nach § 5 JArbSchG ist die Beschäftigung von Kindern grundsätzlich verboten. In den §§ 22 bis 25 JArbSchG befinden sich außerdem eine Vielzahl von absoluten Beschäftigungsverboten für Jugendliche.[301] Die früher in § 16 AZO für bestimmte weibliche Arbeitnehmer geregelten Beschäftigungsverbote sind inzwischen durch das neue ArbZG abgeschafft worden; sie betrafen zudem in erster Linie Arbeiterinnen und waren daher für Handlungsgehilfinnen nur von geringer Bedeutung. Zu weiteren Beschäftigungsverboten siehe oben RdNr. 124.

4. Kontrolle der Dienstleistungen. Der Arbeitgeber hat grundsätzlich das Recht, die **175** Arbeitsleistung und das Verhalten der Handlungsgehilfen zu kontrollieren.[302] Die Kontrollen können unmittelbar durch den Arbeitgeber oder Vorgesetzten erfolgen oder aber durch technische Kontrolleinrichtungen. Jegliche Kontrollen müssen aber das allgemeine Persön-

---

[294] Ebenso RGRK/*Würdinger* Anm. 16.

[295] Vgl. hierzu *v. Hoyningen-Huene*, Billigkeit im Arbeitsrecht, S. 96 ff.

[296] *v. Hoyningen-Huene*, Billigkeit im Arbeitsrecht, S. 56.

[297] Vgl. hierzu *Bulla/Buchner* MuSchG, 5. Aufl. 1981, § 3 RdNr. 8 ff. m. weit. Nachw.

[298] Vgl. *Bulla/Buchner* MuSchG § 3 RdNr. 34 ff.

[299] BAG AP MuSchG 1968 § 13 Nr. 1; BAG AP § 63 Nr. 20 mit Anm. *A. Hueck; Bulla/Buchner* MuSchG § 6 RdNr. 6.

[300] BAG AP BetrVG 1972 § 87 Überwachung Nr. 7 mit Anm. *Richardi* unter C III 3.

[301] Vgl. hierzu die Kommentare zum JArbSchG von *Molitor/Vollmer/Germelmann* und *Zmarzlik* m. weit. Nachw.

[302] *v. Hoyningen-Huene* BB 1992, 2138, 2144; *ders.*, FS Kissel 1994, S. 401 f.

lichkeitsrecht (Art. 2 GG) beachten und unterliegen uU dem Mitbestimmungsrecht des Betriebsrats nach § 87 Abs. 1 Nr. 6 BetrVG.[303]

176   **a) Unmittelbare Aufsicht durch Vorgesetzte.** Die Kontrolle der Handlungsgehilfen durch persönliche Aufsicht des Arbeitgebers oder der Vorgesetzten ist rechtlich unproblematisch. Soweit sich beispielsweise der Vorgesetzte neben den Handlungsgehilfen stellt und aufpaßt, ob dieser richtig arbeitet, ist eine derartige Überwachung und Kontrolle auf Grund des Weisungsrechts zulässig. Das gilt auch dann, wenn der Vorgesetzte eine Uhr oder Stoppuhr verwendet, um die Arbeitsleistung zu messen.[304] Auch der Einsatz von Privatdetektiven ist möglich.[305]

177   **b) Technische Einrichtungen.** Verwendet der Arbeitgeber zur Kontrolle der Handlungsgehilfen allerdings technische Einrichtungen, die dazu geeignet sind, Leistungen und Verhalten der Handlungsgehilfen zu überwachen, so hat der Betriebsrat nach § 87 Abs. 1 Nr. 6 BetrVG ein Mitbestimmungsrecht. Denn der Handlungsgehilfe soll nicht ohne Wissen und Zustimmung des Betriebsrats anonym und automatisch ständig durch den Arbeitgeber überwacht werden.[306] Das Mitbestimmungsrecht des Betriebsrats nach § 87 Abs. 1 Nr. 6 BetrVG hat zur Folge, daß der Arbeitgeber technische Überwachungseinrichtungen nur verwenden darf, wenn der Betriebsrat zugestimmt hat. Es genügt dabei, daß die Einrichtung auf Grund ihrer technischen Gegebenheiten und ihres konkreten Einsatzes objektiv zur Überwachung der Handlungsgehilfen geeignet ist; unerheblich ist, ob dies nur ein Nebeneffekt der technischen Einrichtung ist oder ob die erfaßten Daten vom Arbeitgeber ausgewertet werden.[307]

178   Von dem Mitbestimmungsrecht werden **beispielsweise** Fernsehkameras,[308] Multimomentkameras,[309] gesetzlich nicht vorgeschriebene, zusätzlich eingebaute Fahrtenschreiber[310] und automatische Zählwerke erfaßt.[311] Auch mittels Bildschirmarbeitsplätzen,[312] Personalcomputern[313] u. ä. Geräten[314] lassen sich vielfältige Kontrollen durchführen, insbesondere durch Personalinformationssysteme,[315] die allesamt der Mitbestimmung des Betriebsrats unterliegen. Keine technischen Einrichtungen sind demgegenüber Zeitpläne, auf denen die Handlungsgehilfen die für die einzelnen Dienstleistungen aufgewendeten Arbeitsstunden aufzuschreiben (Selbstnotierungen) haben.[316]

179   Die Verwendung von **automatischen Kontrolleinrichtungen**, beispielsweise auch Einrichtungen zur automatischen Erfassung von Telefongesprächen,[317] der Einsatz von Personalinformationssystemen durch moderne Computer-Software[318] oder die Überwachung von Verkäufern durch verdeckte Kameras,[319] machen den Handlungsgehilfen im Hinblick auf sein Recht auf informationelle Selbstbestimmung[320] und auf Datenschutz besonders

---

[303] Dazu v. *Hoyningen-Huene* BetrVR § 12 II 6.

[304] Vgl. BAG NZA 1995, 313 f.; LAG Schleswig-Holstein BB 1985, 1791; *Fitting/Auffarth/Kaiser/Heither* BetrVG § 87 RdNr. 69 ff.

[305] Dazu BAG AP BetrVG 1972 § 87 Überwachung Nr. 21.

[306] Vgl. grundlegend BAG AP BetrVG 1972 § 87 Überwachung Nr. 2 mit Anm. *Hinz; Dietz/Richardi* BetrVG § 87 RdNr. 324 f.

[307] Vgl. BAG AP BetrVG 1972 § 87 Überwachung Nr. 1, 2, 3, 7; *Dietz/Richardi* BetrVG § 87 RdNr. 327; GK-*Wiese* BetrVG § 87 RdNr. 355 ff.

[308] BAG AP BetrVG 1972 § 87 Überwachung Nr. 4 mit Anm. *Moritz.*

[309] BAG AP BetrVG 1972 § 87 Überwachung Nr. 1 mit Anm. *Wiese.*

[310] BAG AP BetrVG 1972 § 87 Überwachung Nr. 3 mit Anm. *Moritz.*

[311] Vgl. BAG AP BetrVG 1972 § 87 Überwachung Nr. 13 mit Anm. *Kraft.*

[312] BAG AP BetrVG 1972 § 87 Überwachung Nr. 7 mit Anm. *Richardi;* Nr. 12.

[313] BAG AP BetrVG 1972 § 87 Überwachung Nr. 5.

[314] Vgl. hierzu BAG AP BetrVG 1972 § 87 Überwachung Nr. 9 mit Anm. *Richardi;* Nr. 11.

[315] Vgl. BAG AP BetrVG 1972 § 87 Überwachung Nr. 14 mit Anm. *Kraft.*

[316] BAG AP BetrVG 1972 § 87 Ordnung des Betriebes Nr. 3 mit Anm. *Herschel.*

[317] BAG AP BetrVG 1972 § 87 Überwachung Nr. 15; siehe hierzu auch *Hilger* DB 1986, 911; *Schulin/Babl* NZA 1986, 46; *Wohlgemuth/Mostert* AuR 1986, 138.

[318] BAG AP BetrVG 1972 § 87 Überwachung Nr. 14.

[319] BAG AP BGB § 611 Persönlichkeitsrecht Nr. 23.

[320] BVerfG NJW 1984, 419.

v. Hoyningen-Huene

schutzbedürftig.[321] Daher kann der Handlungsgehilfe wegen Verletzung des Persönlichkeitsrechts entsprechend §§ 12, 862, 1004 BGB einen Beseitigungs- und Unterlassungsanspruch geltend machen, sofern nicht überwiegend schutzwürdige Interessen des Arbeitgebers die Maßnahme erfordern.[322]

5. Ort der Dienstleistung. a) Grundsatz: Geschäftslokal des Arbeitgebers. Der **180** Handlungsgehilfe hat seine Dienstleistungen an dem **vertraglich vereinbarten Ort** zu erbringen. Fehlt eine entsprechende ausdrückliche Vereinbarung im Anstellungsvertrag, so ist nach § 269 Abs. 1 BGB der Ort der Leistung nach den Umständen oder der Natur des Dienstverhältnisses zu bestimmen. Danach ist Leistungsort für den Handlungsgehilfen grundsätzlich das **Geschäftslokal des Arbeitgebers**.[323] Danach bestimmt sich auch die sog. **Betriebszugehörigkeit**, die für viele arbeitsrechtliche Folgefragen (KSchG, BetrVG, MitbestG) bedeutsam ist.[324] Die Zuweisung des konkreten Arbeitsplatzes innerhalb des Geschäftslokals erfolgt durch Ausübung des Weisungsrechts seitens des Arbeitgebers. Für verschiedene Gruppen von Handlungsgehilfen gelten jedoch Besonderheiten. Insoweit ist jeweils auf die „Weisungszuständigkeit" abzustellen.[325]

b) Sonderfälle. Leiharbeitnehmer (RdNr. 41 ff.), die Handlungsgehilfen des Verleiher- **181** betriebs sind, haben die Arbeitsleistung nicht im Geschäftslokal des Verleiherbetriebs zu erbringen, sondern im Betrieb des Entleihers. Da Leiharbeitnehmer immer nur für kürzere Zeit bei einem Entleiher beschäftigt sind (maximal derzeit 9 Monate, §§ 3 Abs. 1 Nr. 6, 16 Abs. 1 Nr. 9 AÜG), liegt es in der Natur der Sache, daß sich der Ort der Dienstleistung bei ihnen auch häufig verändert. Handlungsgehilfen, die als **Telearbeitnehmer** (RdNr. 78)[326] angestellt sind, haben ihre Dienstleistung regelmäßig zu Hause zu erbringen. Auch hier ist der Ort der Dienstleistung daher nicht das Geschäftslokal des Arbeitgebers, sondern der Ort, an dem der Handlungsgehilfe sein Bildschirmgerät installiert hat.

Bei Handlungsgehilfen im **Außendienst** („angestellte Handelsvertreter", Verkaufsfahrer **182** u. ä.), die einen wechselnden Einsatzort haben, bleibt dagegen das Geschäftslokal Ausgangspunkt für die zu erbringenden Dienstleistungen; das spielt insbesondere für die Betriebszugehörigkeit eine Rolle. Bei Handlungsgehilfen im **Baugewerbe**, die zu einer Bauarbeitsgemeinschaft (ARGE) abgestellt sind (RdNr. 21), ist Ort der zu erbringenden Dienstleistung für die Dauer der Abstellung der Sitz der ARGE und nicht der Sitz des Stammarbeitgebers.[327]

6. Arbeitszeitregelungen.[328] Die Arbeitszeit des Handlungsgehilfen ist im HGB nicht **183** geregelt. Gesetzliche Bestimmungen über die Arbeitszeit finden sich im Arbeitszeitgesetz vom 6. 6. 1994 (BGBl. I S. 1170 – ArbZG) hinsichtlich der Höchstarbeitszeiten. Die Vorschriften des ArbZG werden freilich in der Praxis häufig von den besonders wichtigen tarifvertraglichen Regelungen überlagert (RdNr. 186), die vorwiegend die Dauer der regelmäßigen Arbeitszeit (zB 35-Stunden-Woche) bestimmen. Die tarifvertraglichen Regelungen werden ihrerseits wiederum häufig auf betrieblicher Ebene durch Betriebsvereinbarungen im Hinblick auf die Lage der Arbeitszeit ergänzt (vgl. § 87 Abs. 1 Nr. 2 und 3 BetrVG; RdNr. 188). Auswirkungen auf die Arbeitszeit wird künftig auch die Arbeitszeitrichtlinie der EU vom 23. 11. 1993 (Abl. EG Nr. L 307/18 vom 13. 12. 1993) haben, die bisher nur teilweise im ArbZG umgesetzt worden ist.[329]

---

[321] Vgl. hierzu *Däubler,* Gläserne Belegschaften, 3. Aufl. 1993; *Wiese* ZfA 1971, 273 ff.; *Fitting/Auffarth/Kaiser/Heither* BetrVG § 75 RdNr. 21 bis 22 d.

[322] Vgl. hierzu BAG AP BGB § 611 Persönlichkeitsrecht Nr. 5, 7 und 23.

[323] *Schaub* § 45 III 1; Staub/*Konzen/Weber* Vor § 59 RdNr. 134.

[324] Dazu MünchHdbArbR/*Richardi* § 30 RdNr. 44 ff.; *v. Hoyningen-Huene,* FS Stahlhacke 1995, S. 173, 179 ff.

[325] *v. Hoyningen-Huene,* FS Stahlhacke 1995, S. 173, 179 ff.; siehe auch BAG AR-Blattei ES 1700 Nr. 23 mit Anm. *Franzen.*

[326] Dazu MünchHdbArbR/*Heenen* § 232; MünchHdbArbR/*Richardi* § 23 RdNr. 79 ff.; *Schaub* § 163 B.

[327] § 9 BRTV, dazu *v. Hoyningen-Huene/Boemke,* Die Versetzung, 1991, S. 52 ff.; siehe auch BAG KSchG 1969 § 1 Soziale Auswahl Nr. 15.

[328] Staub/*Konzen/Weber* Vor § 59 RdNr. 129 ff.

[329] Dazu *Lörcher* AuR 1994, 49.

184   **a) Die gesetzliche Regelung des ArbZG.** Nach § 2 Abs. 1 ArbZG gilt als Arbeitszeit nur die **Zeit vom Beginn bis zum Ende der Arbeit ohne die Ruhepausen** (§ 4 ArbZG). Außerdem zählen Ruhezeiten (§ 5 ArbZG) nicht zur Arbeitszeit.[330] Das ArbZG geht nach wie vor von einer 48-Stunden-Woche aus, nämlich von der 6-Tage-Woche, an der jeweils normalerweise 8 Stunden gearbeitet werden muß (§ 3 ArbZG). Eine andere Verteilung der Arbeitszeit auf die einzelnen Wochentage ist im Rahmen des § 3 Satz 2 ArbZG zulässig, wenn grundsätzlich nicht mehr als 10 Stunden pro Tag gearbeitet und innerhalb von sechs Kalendermonaten oder innerhalb von 24 Wochen im Durchschnitt acht Stunden werktäglich nicht überschritten werden.

185   Nur in **Notfällen** und **außerordentlichen Fällen**, die unabhängig vom Willen der Betroffenen eintreten und deren Folgen nicht auf andere Weise zu beseitigen sind, besonders wenn Rohstoffe oder Lebensmittel zu verderben oder Arbeitsergebnisse zu mißlingen drohen, darf die tägliche Arbeitszeit von **10 Stunden überschritten** werden (§ 14 Abs. 1 ArbZG).[331] Dasselbe gilt, wenn eine verhältnismäßig geringe Zahl von Handlungsgehilfen an einzelnen Tagen mit Arbeiten beschäftigt wird, deren Nichterledigung das Ergebnis der Arbeit gefährden oder einen unverhältnismäßigen wirtschaftlichen Schaden zur Folge haben würde (§ 14 Abs. 2 Nr. 1 ArbZG) oder bei unaufschiebbaren Vor- und Abschlußarbeiten (§ 14 Abs. 2 Nr. 2 ArbZG), und wenn dem Arbeitgeber andere Vorkehrungen nicht zugemutet werden können.

186   **b) Tarifvertragliche Regelungen.** Die Arbeitszeitregelungen des ArbZG werden in der Praxis durch zahlreiche Tarifverträge ergänzt. Die tarifvertraglichen Bestimmungen weichen dabei vom gesetzlichen Modell der 48-Stunden-Woche bei 6 Arbeitstagen pro Woche in der Regel ab. In den meisten Branchen gilt die 40-Stunden-Woche und 5-Tage-Woche. Manche Tarifverträge, wie zB in der Metallindustrie, haben bereits die 35-Stunden-Woche eingeführt.[332] Im übrigen können Tarifverträge oder Betriebsvereinbarungen auf Grund eines Tarifvertrags gemäß § 7 ArbZG von den sonst zwingenden Grenzen des ArbZG abweichen.

187   Tarifliche Arbeitzeitregelungen gelten für das Anstellungsverhältnis gemäß §§ 3, 4 Abs. 1 TVG grundsätzlich nur bei **beiderseitiger Tarifbindung** (vgl. oben Vor § 59 RdNr. 27), da sie die Hauptleistungspflichten des Handlungsgehilfen betreffen.[333] Sie sind daher Inhaltsnormen und nicht Betriebsnormen iSv. § 3 Abs. 2 TVG.[334] Für nicht tarifgebundene und außertarifliche Handlungsgehilfen gilt die tarifliche Arbeitszeitregelung nur bei **Bezugnahme auf den Tarifvertrag** im Anstellungsvertrag (vgl. oben Vor § 59 RdNr. 28) oder, bei fehlender einzelvertraglicher Regelung, im Wege ergänzender Vertragsauslegung als betriebsübliche Arbeitszeit.

188   **c) Betriebliche Vereinbarungen.** In Betrieben mit Betriebsrat muß der Arbeitgeber nach § 87 Abs. 1 Nr. 2 BetrVG gemeinsam mit dem Betriebsrat **Beginn und Ende der täglichen Arbeitszeit** einschließlich der Pausen sowie die Verteilung der Arbeitszeit auf die einzelnen Wochentage durch Betriebsvereinbarungen regeln. Das Mitbestimmungsrecht bezieht sich nach zutreffender hM nur auf die Regelung der Lage der Arbeitszeit, nicht aber auch auf die Dauer der Arbeitszeit.[335]

189   Mitbestimmungspflichtig ist danach auch die Einführung der sog. **gleitenden Arbeitszeit**, bei der die Arbeitnehmer eine bestimmte Kernzeit einhalten müssen, vor und nach diesem Zeitraum aber „gleiten" können, dh. innerhalb des Gleitzeitrahmens anfangen und

[330] Vgl. *Denecke/Neumann* AZO, 11. Aufl. 1991, § 2 RdNr. 13.
[331] Vgl. hierzu BAG AP AZO § 14 Nr. 1; OLG Bremen BB 1955, 225; LAG Hamm DB 1956, 428.
[332] Vgl. § 7 MTV Metallindustrie Nordwürttemberg/Nordbaden vom 1. 4. 1990.
[333] Vgl. BAG AP KSchG 1969 § 2 Nr. 6.
[334] HM; *Wiedemann/Stumpf*, TVG, 5. Aufl. 1977, § 1 RdNr. 152 m. weit. Nachw.

[335] So ausdrücklich BAG DB 1988, 341, 344; ähnlich bereits BAG AP BetrVG 1972 § 87 Arbeitszeit Nr 2; AP TVAL II § 9 Nr. 4; offengelassen von BAG AP BetrVG 1972 § 87 Arbeitszeit Nr. 22 = BB 1987, 827; wie hier *Dietz/Richardi* BetrVG § 87 RdNr. 205; *Galperin/Löwisch* BetrVG § 87 RdNr. 84 ff.; *v. Hoyningen-Huene* BetrVR § 12 II 2; – aA *Fitting/Auffarth/Kaiser/Heither* BetrVG § 87 RdNr. 44.

enden dürfen.[336] Nach Auffassung des BAG besteht ein Mitbestimmungsrecht des Betriebsrats nach § 87 Abs. 1 Nr. 2 BetrVG auch dann, wenn durch die zeitliche Lage der Arbeitszeit die **Ladenöffnungszeiten** in Geschäften beeinflußt werden, obwohl der Arbeitgeber an sich die Ladenöffnungszeiten im Rahmen des Ladenschlußgesetzes allein festlegen könnte.[337] Der Mitbestimmung des Betriebsrats unterliegt nach der Rechtsprechung des BAG auch die Aufstellung von Arbeitszeitrahmenbedingungen für Teilzeithandlungsgehilfen.[338] Ob durch erzwingbare **Betriebsvereinbarungen** auf Grund tarifvertraglicher Ermächtigung die Dauer der Arbeitszeit für einzelne Arbeitnehmer unterschiedlich festgelegt werden darf, ist heftig umstritten, wird aber vom BAG als zulässig angesehen.[339]

d) Einzelvertragliche Vereinbarungen. Angesichts der häufig sehr weitgehenden normativen Regelung der Arbeitszeit bleibt für eine einzelvertragliche Vereinbarung der Arbeitszeit im Anstellungsvertrag grundsätzlich nur dann Raum, wenn keine Tarifbindung besteht. Schwierigkeiten bereiten arbeitsvertragliche Vereinbarungen, die eine längere als die tariflich vereinbarte Arbeitszeit vorsehen. Eine solche Vereinbarung wäre bei Tarifbindung gemäß § 4 Abs. 3 TVG nur wirksam, wenn sie eine für den Handlungsgehilfen günstigere als die tarifliche Regelung darstellen würde. Die Entscheidung über die Günstigkeit hat dabei jeweils auf Grund der konkreten Umstände wie Alter, Gesundheit, Belastung am Arbeitsplatz für den einzelnen Handlungsgehilfen zu erfolgen, wobei eine objektive Beurteilung vorzunehmen ist.[340] Nach verbreiteter Auffassung wird dabei nur die längere Arbeitszeit als solche betrachtet und als ungünstiger definiert.[341] Nimmt man jedoch wegen der synallagmatischen Verknüpfung die entsprechend höhere Entlohnung einschließlich etwaiger Überstundenzuschläge hinzu, so wäre die Verlängerung der Arbeitszeit **günstigkeitsneutral**. In diesem Fall sollte man der individuellen Selbstbestimmungsmöglichkeit (Privatautonomie) den Vorrang lassen.[342] Eine einzelvertraglich vereinbarte Verlängerung der tariflich geregelten wöchentlichen Arbeitszeit wäre damit zulässig.[343]

Ist die Lage der Arbeitszeit durch **Betriebsvereinbarung** auf Grund § 87 Abs. 1 Nr. 2 BetrVG geregelt, stellt sich ebenfalls das Problem, inwieweit hiervon durch den Anstellungsvertrag oder entsprechende einzelvertragliche Vereinbarungen abgewichen werden darf. Wegen der unmittelbaren und zwingenden Wirkung der Betriebsvereinbarung (§ 77 Abs. 4 Satz 1 BetrVG), müßte die Unwirksamkeit entgegenstehender einzelvertraglicher Regelungen angenommen werden. Doch wird man in diesen Fällen wie beim Tarifvertrag den Vorrang der individuellen Selbstbestimmung einräumen müssen, so daß die kollektiv wirkende Betriebsvereinbarung zurücktreten müßte.[344] Abweichende einzelvertragliche Abreden über die Lage der Arbeitszeit sind also trotz bestehender Betriebsvereinbarung möglich.

e) Arbeitsbereitschaft. Zur Arbeitszeit im Sinne des ArbZG zählen nicht nur die Zeiten tatsächlicher Dienstleistung, sondern auch die Arbeitsbereitschaft. Darunter wird die wache

---

[336] Ebenso *Fitting/Auffahrt/Kaiser/Heither* BetrVG § 87 RdNr. 46; *v. Hoyningen-Huene* BetrVR § 12 II 2.

[337] BAG AP BetrVG 1972 § 87 Arbeitszeit Nr. 8; die dagegen eingelegte Verfassungsbeschwerde ist vom Bundesverfassungsgericht wegen fehlender Aussicht auf Erfolg nicht angenommen worden, vgl. BVerfG AP BetrVG 1972 § 87 Arbeitszeit Nr. 15 – krit. hierzu *Richardi* Anm. zu BAG EzA BetrVG § 87 Arbeitszeit Nr. 13.

[338] Vgl. BAG DB 1988, 431; 1986, 1729; 1986, 2131; ebenso *Dietz/Richardi* BetrVG § 87 RdNr. 204; ablehnend *Schwerdtner* DB 1983, 2763.

[339] BAG BetrVG 1972 § 77 Nr. 23 mit abl. Anm. *v. Hoyningen-Huene;* dazu *v. Hoyningen-Huene/Meier-Krenz* ZfA 1988, 293 ff.; MünchHdbArbR/*Blomeyer* § 46 RdNr. 110 m. weit. Nachw.

[340] Vgl. *Hagemeier/Kempen/Zachert/Zilius* TVG § 4 RdNr. 163; *Wiedemann/Stumpf* TVG RdNr. 237 ff.

[341] *Schaub* § 204 IV 2 c, offengelassen bei § 204 IV b; LAG Baden-Württemberg DB 1989, 2028.

[342] So auch BAG GS AP BetrVG 1972 § 77 Nr. 46 zum Wahlrecht des Arbeitnehmers bei der Beendigung des Arbeitsverhältnisses aus Altersgründen.

[343] Ebenso MünchHdbArbR/*Blomeyer* § 46 RdNr. 108 f. m. weit. Nachw.; *v. Hoyningen-Huene* NZA 1985, 9, 14; *Joost* ZfA 1984, 184; – aA *Schaub* § 204 VI 2 c.

[344] So wohl auch BAG NZA 1993, 89.

Achtsamkeit im Zustand der Entspannung verstanden.[345] Es handelt sich um eine Arbeitsleistung, bei der der Wechsel zwischen vollem Arbeitseinsatz und bloßer Bereitschaft nicht festgelegt ist. So leistet ein Handlungsgehilfe als Verkäufer Vollarbeit, solange er bedient, auf- und einräumt oder abrechnet. Sitzt er aber (etwa zeitungslesend) in einer Ecke, während er auf Kundschaft wartet, liegt Arbeitsbereitschaft vor.[346]

193   **f) Bereitschaftsdienst.** Von der Arbeitsbereitschaft ist der Bereitschaftsdienst zu unterscheiden. Er liegt vor, wenn sich der Handlungsgehilfe an einem vom Arbeitgeber bestimmten Ort aufhalten muß, um auf Anforderung hin unverzüglich mit der Arbeit beginnen zu können. Im Gegensatz zur Arbeitsbereitschaft muß sich der Handlungsgehilfe beim Bereitschaftsdienst nicht im Zustand wacher Achtsamkeit befinden.[347] Der Bereitschaftsdienst zählt nicht zur Arbeitszeit iSd. ArbZG (vgl. auch § 5 Abs. 3 ArbZG); dieser ist gegenüber der eigentlichen Arbeitsleistung eine andersartige Leistung, die pauschal abgegolten werden kann.[348]

194   **g) Rufbereitschaft.** Starke Ähnlichkeit mit dem Bereitschaftsdienst hat die Rufbereitschaft. Hier kann der Handlungsgehilfe seinen Aufenthaltsort selbst wählen und auch verändern. Er muß dabei jedoch in der Lage bleiben, auf Abruf die Arbeit aufzunehmen.[349] Die Rufbereitschaft unterscheidet sich damit vom Bereitschaftsdienst dadurch, daß sich der Handlungsgehilfe an einem vom Arbeitgeber bestimmten Ort aufzuhalten hat, während er bei der Rufbereitschaft in der Wahl seines Aufenthaltsorts frei ist.[350] Auch die Rufbereitschaft zählt nicht zur Arbeitszeit iSd. ArbZG; ihre Vergütung richtet sich ebenso wie die des Bereitschaftsdienstes nach arbeitsvertraglichen bzw. tarifvertraglichen Vereinbarungen.

195   **h) Wegezeit.** Zur Arbeitszeit iSd. ArbZG gehört ebenfalls nicht die **Wegezeit**, die der Handlungsgehilfe braucht, um von seiner Wohnung zum Handelsgewerbe und wieder zurück zu gelangen.[351] Anders ist dies freilich dann, wenn der Handlungsgehilfe etwa als angestellter Versicherungsvertreter direkt von seiner Wohnung zu einem Kunden fährt, um diesen zu beraten. In diesem Fall zählt die Wegezeit zu dem Kunden bereits als Arbeitszeit, wobei sich der Handlungsgehilfe freilich die Zeit anrechnen lassen muß, die er dadurch erspart, daß er nicht erst zum Sitz seines Handelsgewerbes zu kommen braucht.

196   **i) Reisezeit.** Keine Arbeitszeit iSd. ArbZG ist die Reisezeit bei **Dienstreisen**, dh Fahrten an einen anderen Ort, um dort Dienstgeschäfte zu erledigen. Dies gilt auch für Fahrten in einem vom Arbeitgeber zur Verfügung gestellten Pkw.[352] Etwas anderes gilt nur dann, wenn auf der Reise tatsächlich Dienste verrichtet werden, wie etwa die Bearbeitung von Akten während der Bahnfahrt. Diese Zeit ist dann nach § 2 Abs. 1 Satz 1 ArbZG Arbeitszeit. Auch bei einem Verkaufsfahrer gehört die Fahrzeit zur Arbeitszeit.

197   **j) Überstunden und Mehrarbeit.** Arbeitet der Handlungsgehilfe länger als die in der Anstellung vereinbarte oder tariflich geregelte Arbeitszeit, so leistet er Überstunden.[353] Früher war von Überstunden die sog. Mehrarbeit nach § 15 AZO aF zu unterscheiden.

---

[345] Vgl. BAG AP AZO § 7 Nr. 5 und 8; AP AZO § 12 Nr. 6; BAG AP AZO § 13 Nr. 2 und 3; BAG AP BAT § 15 Nr. 1; BAG AP BAT § 35 Nr. 2; MünchHdbArbR/*Anzinger* § 210 RdNr. 24 ff.; MünchHdbArbR/*Blomeyer* § 46 RdNr. 93.

[346] Zutreffend *Denecke/Neumann* AZO, 11. Aufl. 1991, § 7 RdNr. 26.

[347] Vgl. BAG AP AZO § 7 Nr. 5; AP AZO § 12 Nr. 6; AP BAT § 17 Nr. 12; MünchHdbArbR/*Anzinger* § 210 RdNr. 28 ff.; MünchHdbArbR/*Blomeyer* § 46 RdNr. 94.

[348] Vgl. BAG AP BAT § 17 Nr. 5; GK-Teilzeitarbeitsrecht *Mikosch* Art. 1 § 4 RdNr. 40; *Schaub* § 45 VI 3.

[349] Vgl. BAG AP AZO § 7 Nr. 3; MünchHdbArbR/*Anzinger* § 210 RdNr. 31; MünchHdbArbR/*Blomeyer* § 46 RdNr. 95.

[350] Vgl. zur Abgrenzung zuletzt BVerwG BB 1988, 1046; BAG AP BGB § 611 Arbeitsbereitschaft Nr. 2; BAG BB 1987, 478.

[351] Vgl. BAG AP BGB § 611 Wegezeit Nr. 1, 2; MünchHdbArbR/*Anzinger* § 210 RdNr. 33 ff.; MünchHdbArbR/*Blomeyer* § 46 RdNr. 96 ff.

[352] BAG AP BAT § 17 Nr. 1, 3; MünchHdbArbR/*Anzinger* § 210 RdNr. 37; *Denecke/Neumann* AZO, 11. Aufl. 1991, § 2 RdNr. 10.

[353] Vgl. BAG AP AZO § 7 Nr. 5; AP MTB II § 48 Nr. 1; MünchHdbArbR/*Anzinger* § 210 RdNr. 40 ff.; MünchHdbArbR/*Blomeyer* § 46 RdNr. 118.

Diese gesetzliche Regelung zum finanziellen Ausgleich von Mehrarbeit als der über die gesetzliche Arbeitszeit hinausgehende Arbeitszeit[354] ist aber im jetzigen ArbZG nicht mehr aufgenommen worden, so daß diese ursprüngliche Unterscheidung heute gegenstandslos ist. Ob Überstunden in Form von Freizeit oder Entgelt auszugleichen sind, muß der Überstundenregelung bzw. der entsprechenden Betriebsvereinbarung oder dem einschlägigen Tarifvertrag entnommen werden.[355] Das gleiche gilt für die Verpflichtung zur Zahlung etwaiger Überstundenzuschläge. Für Betriebsratsmitglieder gilt bei betriebsbedingten Überstunden § 37 Abs. 3 BetrVG.

Soll in einem Betrieb, für den ein Betriebsrat besteht, eine **kollektive Überstundenregelung** geschaffen werden, so unterliegt dies nach § 87 Abs. 1 Nr. 3 BetrVG der Mitbestimmung des Betriebsrats. Ein mitbestimmungspflichtiger Tatbestand hinsichtlich der Verlängerung der betrieblichen Arbeitszeit liegt aber nur vor, wenn es sich wenigstens um eine Gruppe handelt; das ist der Fall, wenn mehrere Handlungsgehilfen voneinander abhängig arbeiten müssen oder wenn für die Zukunft einzelne Arbeitnehmer eine Vielzahl von Überstunden zu leisten haben.[356] Überstunden im Einzelfall, zB für die Chefsekretärin, sind dagegen mitbestimmungsfrei. Nach Auffassung des BAG sollen aber auch Überstunden für einzelne Arbeitnehmer der Mitbestimmung nach § 87 Abs. 1 Nr. 3 BetrVG unterliegen, wenn der Arbeitgeber die Auswahl unter mehreren Arbeitnehmern hat.[357]

Der Handlungsgehilfe ist nur unter bestimmten Voraussetzungen verpflichtet, Überstunden zu leisten. Die **individualrechtliche Verpflichtung** kann sich zum einen aus dem Anstellungsvertrag ergeben, ansonsten ist Rechtsgrundlage die Treuepflicht des Handlungsgehilfen.[358] Daneben können auch Tarifverträge dem Arbeitgeber das Recht vorbehalten, Überstunden anzuordnen.[359] Überstunden müssen aber nur dann geleistet werden, wenn sie einerseits dringend betrieblich erforderlich und andererseits dem Arbeitnehmer zumutbar sind; AT-Angestellten und leitenden Angestellten obliegen dabei höhere Pflichten als den übrigen Handlungsgehilfen.[360] Bei der Ausübung des Weisungsrechts für die Anordnung von Überstunden muß der Arbeitgeber daher gemäß § 315 BGB eine umfassende Interessenabwägung zwischen seinen Belangen und denen des Handlungsgehilfen vornehmen.[361]

k) Kurzarbeit. In Zeiten wirtschaftlicher Rezession bei Beschäftigungsmangel oder Arbeitsmangel kann auch die vorübergehende Einführung von Kurzarbeit erforderlich sein. Da die Einführung von Kurzarbeit die im Anstellungsvertrag geregelten Pflichten berührt, bedarf es für die Einführung der Kurzarbeit einer **besonderen Rechtsgrundlage**. Die Ermächtigung zur Einführung von Kurzarbeit kann normativ in Tarifverträgen oder Betriebsvereinbarungen enthalten sein;[362] eine bloße Regelungsabrede zwischen Arbeitgeber und Betriebsrat reicht dagegen nicht aus.[363] Daneben kann auch im Anstellungsvertrag ein entsprechender Vorbehalt aufgenommen werden. Fehlen solche Rechtsgrundlagen, so bedarf es zur Einführung von Kurzarbeit individualrechtlich grundsätzlich einer Änderungskündigung nach § 2 KSchG. Unter den besonderen Voraussetzungen der §§ 18 und 19 KSchG kann das Landesarbeitsamt bei Massenentlassungen den Arbeitgeber auch ermächtigen, Kurzarbeit einzuführen. Diese Ermächtigung ermöglicht dem Arbeitgeber die Einführung von Kurzarbeit auch ohne Kündigung der Arbeitsverträge.[364] Durch die bloße Ausübung des Weisungsrechts kann keine Kurzarbeit eingeführt werden, weil damit nicht der Inhalt der Arbeitspflichten konkretisiert, sondern neu festgelegt wird.

[354] MünchHdbArbR/*Anzinger* § 210 RdNr. 41 ff., § 211 RdNr. 78.
[355] Vgl. dazu BAG NZA 1993, 1088.
[356] BAG DB 1981, 946.
[357] BAG AP BetrVG 1972 § 87 Arbeitszeit Nr. 18; ablehnend *v. Hoyningen-Huene* BetrVR § 12 II 3 a.
[358] MünchHdbArbR/*Blomeyer* § 46 RdNr. 119.
[359] Vgl. *Gaul,* Das Arbeitsrecht im Betrieb I, D III 143.

[360] BAG BB 1967, 79.
[361] Vgl. *v. Hoyningen-Huene,* Billigkeit im Arbeitsrecht, S. 144 f.
[362] Vgl. § 8.2 MTV Metallindustrie Nordwürttemberg/Nordbaden vom 1. 4. 1988.
[363] BAG BGB § 615 Kurzarbeit Nr. 4.
[364] Vgl. hierzu *Hueck/v. Hoyningen-Huene* KSchG § 19 RdNr. 16 m. weit. Nachw.

201   Neben diesen individualvertraglichen Voraussetzungen bedarf es zur Einführung von Kurzarbeit in Betrieben mit Betriebsrat nach § 87 Abs. 1 Nr. 3 BetrVG der **Mitbestimmung des Betriebsrats**. Voraussetzung ist freilich auch hier, wie bei der Einführung von Überstunden, daß ein kollektiver Tatbestand vorliegt und nicht nur für einen einzelnen Handlungsgehilfen Kurzarbeit eingeführt werden soll.[365] Problematisch ist unter betriebsverfassungsrechtlichen Gesichtspunkten dabei die **Einführung arbeitskampfbedingter Kurzarbeit**. Nach Auffassung des BAG unterliegt die Entscheidung, ob Kurzarbeit eingeführt werden soll, im Arbeitskampf nicht der Mitbestimmung des Betriebsrats. Nur soweit es sich um die Modalitäten der Arbeitszeitverkürzung handelt, bleibt das Mitbestimmungsrecht des Betriebsrats bestehen.[366]

202   Die Einführung von Kurzarbeit ist vom Arbeitgeber beim zuständigen Arbeitsamt nach §§ 64, 72 AFG anzuzeigen. Die Anzeige ist Voraussetzung für die Gewährung von **Kurzarbeitergeld**. Durch die Gewährung von Kurzarbeitergeld durch die Bundesanstalt für Arbeit sollen den Handlungsgehilfen Arbeitsplätze gesichert und dem Betrieb die eingearbeiteten Arbeitnehmer erhalten werden. Das Kurzarbeitergeld bemißt sich nach dem Arbeitsentgelt, das der Handlungsgehilfe ohne den Arbeitsausfall in der Arbeitsstunde erreicht hätte, und nach der Zahl der Arbeitsstunden, die der Handlungsgehilfe am Ausfalltag innerhalb der Arbeitszeit geleistet hätte (§ 68 Abs. 1 AFG). Es beträgt für Handlungsgehilfen, die mindestens 1 Kind haben 67 %, für die übrigen Handlungsgehilfen 60 % des um die gesetzlichen Abzüge, die bei Handlungsgehilfen gewöhnlich anfallen, verminderten Arbeitsentgelts (§ 68 Abs. 4 AFG).[367]

203   **l) Sonn- und Feiertagsarbeit.** An Sonn- und Feiertagen besteht nach § 9 ArbZG ein grundsätzliches Beschäftigungsverbot für Handlungsgehilfen.[368] § 10 ArbZG sieht allerdings eine Vielzahl von Ausnahmen vor. 15 Sonntage im Jahr müssen gleichwohl beschäftigungsfrei bleiben, § 11 Abs. 1 ArbZG; außerdem sind Ersatzruhetage zu gewähren, § 11 Abs. 3 ArbZG. Darüber hinaus sind abweichende Regelungen in einem Tarifvertrag oder auf Grund eines Tarifvertrags in einer Betriebsvereinbarung gemäß § 12 ArbZG möglich. Außerdem können die Aufsichtsbehörden Ausnahmen nach § 13 Abs. 3 ArbZG zulassen, namentlich in Handelsgewerben an bis zu 10 Sonn- und Feiertagen im Jahr, an denen besondere Verhältnisse einen erweiterten Geschäftsverkehr erforderlich machen (§ 13 Abs. 3 Nr. 2 a ArbZG).

204   **7. Besitzverhältnisse an den Sachen des Arbeitgebers.** Der Handlungsgehilfe ist, soweit er die tatsächliche Gewalt über eine Sache für den Arbeitgeber ausübt, nicht Besitzer, sondern nach § 855 BGB **Besitzdiener**. Da der Handlungsgehilfe nur Besitzdiener ist, gilt auch nicht er, sondern der Arbeitgeber als Finder iSd. §§ 965 ff. BGB, wenn er im Rahmen seiner Arbeitspflicht einen Gegenstand findet und an sich nimmt. Findet also etwa ein als Verkäufer beschäftigter Handlungsgehilfe beim Aufräumen der Waren einen Ring, so erlangt der Arbeitgeber Besitz an dem Ring und nicht der Handlungsgehilfe.[369] Daher kann auch nur der Arbeitgeber unter den Voraussetzungen des § 973 BGB Eigentum an dem gefundenen Gegenstand erwerben. Beim praktisch sehr seltenen Schatzfund gilt der Handlungsgehilfe dann als Entdecker des Schatzes iSv. § 984 BGB, wenn er außerhalb einer gezielten Schatzsuche aber dennoch im Rahmen seiner für den Arbeitgeber ausgeführten Tätigkeit einen Schatz findet.[370]

205   Gehört zu den Tätigkeiten des Handlungsgehilfen auch die **Verarbeitung oder Umbildung** eines oder mehrerer Stoffe zu einer neuen beweglichen Sache, so erwirbt entgegen

---

[365] Vgl. hierzu *v. Hoyningen-Huene* BetrVR § 12 II 3.

[366] Vgl. BAG AP GG Art. 9 Arbeitskampf Nr. 70, 71 mit Anm. *Richardi*.

[367] Vgl. den Überblick bei *Schaub* § 47 IV.

[368] Zu den Einzelheiten MünchHdbArbR/*Anzinger* § 213; *Schaub* § 159.

[369] Vgl. BGHZ 8, 130; *Baur* Sachenrecht §§ 7 C 1 und 53 g II 2; MünchHdbArbR/*Blomeyer* § 51 RdNr. 29 ff.; *Schaub* § 114.

[370] Vgl. hierzu den spektakulären Fall BGH NJW 1988, 1204.

§ 950 BGB nicht der Handlungsgehilfe das Eigentum an der neu hergestellten Sache, sondern der Arbeitgeber.[371]

8. Erfindungen. Die rechtliche Behandlung von Erfindungen des Handlungsgehil- **206** fen richtet sich nach dem Arbeitnehmererfindungsgesetz (**ArbNErfG**).[372] Das Gesetz unterscheidet: Diensterfindungen, dh Erfindungen, die während der Dauer eines Dienstverhältnisses gemacht wurden und aus der dem Handlungsgehilfen obliegenden Dienste entstanden sind oder maßgeblich auf Erfahrungen oder Arbeiten im Betrieb beruhen (§ 4 Abs. 2 ArbNEerfG); freie Erfindungen, worunter nach § 4 Abs. 3 ArbNErfG alle sonstigen Erfindungen von Handlungsgehilfen fallen, und technische Verbesserungsvorschläge, dh Vorschläge für technische Neuerungen, die nicht patent- oder gebrauchsmusterfähig sind (§ 3 ArbNErfG).[373] Derartige Erfindungen kann der Arbeitgeber gegen eine Vergütung in Anspruch nehmen; verzichtet er darauf, so wird die Erfindung frei mit der Folge, daß der Handlungsgehilfe über sie verfügen kann. Über freie Erfindungen hat der Handlungsgehilfe den Arbeitgeber unverzüglich zu unterrichten und ihm ein Benutzungsrecht gegen angemessene Vergütung anzubieten (§§ 18 und 19 ArbNErfG). Verwertet der Arbeitgeber technische Verbesserungsvorschläge des Handlungsgehilfen, so hat dieser gegen den Arbeitgeber einen Anspruch auf angemessene Vergütung nach § 20 ArbNErfG.

9. Rechtsfolgen bei Schlechterfüllung. Erfüllt der Handlungsgehilfe seine Verpflich- **207** tungen aus dem Anstellungsvertrag nicht oder nur unzureichend, stellt sich die Frage, wie der Arbeitgeber auf die Einhaltung der Dienstpflichten dringen und welche Sanktionen er ergreifen kann. Abgesehen von Provisonsangestellten (§ 65), die eine erfolgsabhängige Arbeitsvergütung und folglich bei einer Minderleistung automatisch weniger erhalten, ist eine Reduzierung des Gehalts bei schlechter Dienstleistung in der Regel nicht möglich. Dem Arbeitgeber bleibt vielmehr neben dem Erfüllungsanspruch regelmäßig nur die Abmahnung, mit welcher der Handlungsgehilfe aufgefordert wird, künftig wieder besser zu arbeiten, andernfalls er mit einer Kündigung zu rechnen habe. Außerdem kann ein Schadensersatzanspruch des Arbeitgebers in Betracht kommen, wenn dem Arbeitgeber ein Schaden entstanden ist. Schließlich ist auch bei entsprechender Vereinbarung eine Vertragsstrafe oder Betriebsbuße möglich.[374]

a) Durchsetzung der Leistungspflicht. Erfüllt der Handlungsgehilfe seine Dienstleis- **208** tungspflichten nicht, so kann der Arbeitgeber gegen ihn auf Erfüllung der Dienstleistung klagen.[375] Der Arbeitgeber kann aus einem obsiegenden **Urteil nicht vollstrecken.** Da die Dienstleistungspflicht nach § 613 BGB eine höchstpersönliche Pflicht des Handlungsgehilfen ist, sie also nicht von Dritten vorgenommen werden kann, handelt es sich bei der Dienstleistung um eine unvertretbare Handlung. Die Zwangsvollstreckung aus Urteilen zur Vornahme von unvertretbaren Handlungen ist nach § 888 Abs. 2 ZPO ausgeschlossen, wenn die Verurteilung zur Leistung von Diensten aus einem Dienstvertrag erfolgt.[376] Dem Arbeitgeber bleibt die Möglichkeit, die Klage auf Dienstleistung mit einem Antrag auf Entschädigung nach § 61 Abs. 2 ArbGG zu verbinden. In diesem Fall erhält der Arbeit-

---

[371] Vgl. Palandt/*Bassenge* § 950 RdNr. 9; MünchKommBGB/*Quack* § 950 RdNr. 30; MünchHdbArbR/*Sack* § 98 RdNr. 2 ff.; Staub/*Konzen/Weber* Vor § 59 RdNr. 281.

[372] Vgl. zu den Einzelheiten *Vollmer/Gaul* ArbNErfG 2. Aufl. 1983; *Buchner* GRUR 1985, 1 m. weit. Nachw.; MünchHdbArbR/*Sack* § 99; *Schaub* § 115.

[373] Vgl. zur Abgrenzung der verschiedenen Erfindungstypen BGHZ 93, 82, 85 ff.; zu sonstigen Fällen MünchHdbArbR/*Sack* § 100.

[374] Zu den verschiedenen Sicherungsmöglichkeiten *v. Hoyningen-Huene* BB 1992, 2138 ff.; *Preis*, Grundfragen der Vertragsgestaltung im Arbeitsrecht, 1993, S. 457 ff. – außerdem *v. Hoyningen-Huene*, FS Kissel 1994, S. 387, 403 ff.

[375] Vgl. BAG AP BGB § 620 Befristeter Arbeitsvertrag Nr. 27; MünchHdbArbR/*Blomeyer* § 48 RdNr. 1; Staub/*Konzen/Weber* Vor § 59 RdNr. 141.

[376] Vgl. *Thomas/Putzo* ZPO, 18. Aufl. 1993, § 888 RdNr. 4; MünchHdbArbR/*Blomeyer* § 48 RdNr. 2.

geber bei verweigerter Dienstleistung jedenfalls eine vom Arbeitsgericht nach freiem Ermessen (§ 287 ZPO) festgesetzte Entschädigung.[377]

209   **b) Abmahnung.** Erfüllt ein Handlungsgehilfe seine Dienstpflichten nur unzureichend, kann der Arbeitgeber eine Abmahnung aussprechen.[378] Durch die Abmahnung soll der Handlungsgehilfe an seine Dienstverpflichtung erinnert werden und die Möglichkeit zur Besserung erhalten. Die Abmahnung muß das mißbilligte Verhalten klar kennzeichnen; sie muß die Aufforderung enthalten, dieses Verhalten zu ändern und die Rechtsfolgen für den Fall der Beibehaltung des vertragswidrigen Verhaltens genau androhen, insbesondere durch eine Kündigung.[379] Eine Abmahnung gegenüber Handlungsgehilfen kann durch Zeitablauf wirkungslos werden; dies läßt sich jedoch nicht anhand einer Regelfrist, sondern nur aufgrund der Umstände des Einzelfalls beurteilen.[380] Die Abmahnung unterliegt nicht der Mitbestimmung des Betriebsrats nach § 87 Abs. 1 Nr. 1 BetrVG.[381] Der Handlungsgehilfe kann in entsprechender Anwendung der §§ 242, 1004 BGB verlangen, daß ungerechtfertigte Abmahnungen aus der Personalakte entfernt werden.[382] Erst wenn der Handlungsgehilfe nach mehrfacher Abmahnung weiterhin seinen Dienstpflichten nicht ordnungsgemäß nachgekommen ist, kann der Arbeitgeber eine **verhaltensbedingte Kündigung** aussprechen. Dies ergibt sich aus dem Grundsatz der Verhältnismäßigkeit.[383]

210   **c) Vertragsstrafe.** Nach § 339 BGB kann eine Vertragsstrafe für den Fall vereinbart werden, daß der Schuldner eine Verbindlichkeit nicht oder nicht in gehöriger Weise erfüllt.[384] Das BAG hat in ständiger Rechtsprechung anerkannt, daß gegen derartige einzelvertragliche Strafabreden zwischen den Parteien eines Anstellungsvertrags keine rechtlichen Bedenken bestehen, wenn der Arbeitgeber mit ihnen die Einhaltung der vertraglichen Vereinbarungen durch den Handlungsgehilfen sichern will.[385] Vertragsstrafenabreden können auch in formularmäßigen Anstellungsverträgen getroffen werden. Dementsprechend hat das BAG eine Vereinbarung für zulässig gehalten, nach der eine Handlungsgehilfin eine Vertragsstrafe in Höhe eines Bruttomonatsgehalts für den Fall zu zahlen hatte, daß sie das Dienstverhältnis nicht antritt, es unter Vertragsbruch auflöst oder den Arbeitgeber durch schuldhaft vertragswidriges Verhalten zur fristlosen Kündigung des Dienstverhältnisses veranlaßt.[386]

211   **d) Betriebsbuße.** Bei Schlechterfüllung der Dienstpflichten kommt schließlich auch eine Betriebsbuße in Betracht. Die Betriebsbuße ist von der Vertragsstrafe dadurch zu unterscheiden, daß letztere der Sicherung schuldrechtlicher Ansprüche des Arbeitgebers aus dem Dienstverhältnis dient, während die Betriebsbuße Strafcharakter hat und als Disziplinarmaßnahme die kollektive Ordnung und Sicherung aufrechterhalten soll.[387] Als Betriebsbußen kommen nicht nur Geldzahlungen in Betracht, sondern auch Verwarnungen und Verweise, die ihrerseits wiederum von der Abmahnung abzugrenzen sind.

212   Nach Auffassung des BAG liegt eine **mitbestimmungspflichtige Betriebsbuße** vor, wenn die Erklärung des Arbeitgebers über die Geltendmachung seines Gläubigerrechts auf vertragsgemäßes Verhalten des Handlungsgehilfen einschließlich der Anordnung indivi-

---

[377] Vgl. hierzu *Grunsky* ArbGG § 61 RdNr. 8 ff.; MünchHdbArbR/*Blomeyer* § 48 RdNr. 11 f.; *Stoffels*, Der Vertragsbruch des Arbeitnehmers, 1994, S. 58 ff.

[378] Vgl. zur Abmahnung *v. Hoyningen-Huene* RdA 1990, 193 ff. m. weit. Nachw.; *Hueck/v. Hoyningen-Huene*, KSchG 11. Aufl. 1992, § 1 RdNr. 280 ff.

[379] Vgl. BAG AP BetrVG 1972 § 87 Betriebsbuße Nr. 3; AP KSchG 1969 § 1 Verhaltensbedingte Kündigung Nr. 3.

[380] BAG AP KSchG 1969 § 1 Verhaltensbedingte Kündigung Nr. 17 mit Anm. *Conze*.

[381] BAG AP BetrVG 1972 § 87 Nr. 2.

[382] Vgl. BAG AP BGB § 611 Fürsorgepflicht Nr. 96, 93, 64.

[383] Vgl. BAG BGB § 626 Nr. 57, 62; AP KSchG § 1 Verhaltensbedingte Kündigung Nr. 9 mit Anm. *Boden*; AP KSchG 1969 § 1 Verhaltensbedingte Kündigung Nr. 3.

[384] Vgl. hierzu *Becker-Schaffner* BlStSozArbR 1979, 324; *Bötticher* ZfA 1970, 29; *Popp* NZA 1988, 455; *Preis*, Grundfragen der Vertragsgestaltung im Arbeitsrecht, 1993, S. 466 ff.

[385] Vgl. BAG AP § 67 Nr. 2; AP BGB § 611 Entwicklungshelfer Nr. 2; AP BGB § 339 Nr. 9, 12.

[386] BAG AP BGB § 339 Nr. 9 mit Anm. *Brox* = SAE 1985, 151 mit Anm. *Koller*; BAG AP BGB § 339 Nr. 14.

[387] Vgl. BAG AP BetrVG 1972 § 87 Betriebsbuße Nr. 1 mit Anm. *Konzen*.

dualrechtlicher Konsequenzen für den Wiederholungsfall hinausgeht und Strafcharakter annimmt, wenn also das beanstandete Verhalten geahndet werden soll.[388] Die Verhängung einer Betriebsbuße setzt in jedem Fall eine Bußordnung voraus, die ihrerseits nach § 87 Abs. 1 Nr. 1 BetrVG der Mitbestimmung des Betriebsrats unterliegt.[389] Die Verhängung von Betriebsbußen widerspricht freilich dem modernen, demokratischen Verständnis vom Arbeitsrecht und ist auch verfassungsrechtlich nicht unbedenklich.[390]

e) Gehaltsminderung. Erfüllt der Handlungsgehilfe seine Dienstleistungspflichten nur   213 unzureichend, so steht dem Arbeitgeber grundsätzlich kein Recht zur Gehaltsminderung zu. Dies ergibt sich bereits daraus, daß die §§ 611 ff. BGB im Unterschied zum Kaufrecht, Mietrecht oder Werkvertragsrecht kein Gewährleistungsrecht vorsehen. Nach einer vereinzelt gebliebenen Entscheidung des BAG kann dem Arbeitgeber allerdings ein Gehaltsminderungsrecht zustehen, wenn eine werdende Mutter mit ihrer Dienstleistung bewußt zurückhält.[391] Der Handlungsgehilfe kann bei Schlechterfüllung aber schadensersatzpflichtig werden (dazu RdNr. 215 ff.).

10. Haftung des Handlungsgehilfen bei Schlechtleistung. Bei schlechter Dienstlei-   214 stung des Handlungsgehilfen kann dem Arbeitgeber neben Abmahnungen, Kündigungen, Vertragsstrafen und Betriebsbußen auch noch ein Schadensersatzanspruch zustehen, falls ihm ein nachweisbarer Schaden entstanden ist.

a) Schadensersatz bei zu vertretender Nichterfüllung. Bei zu vertretender Nichterfül-   215 lung der Dienstleistungspflichten steht dem Arbeitgeber ein Schadensersatzanspruch nach § 325 BGB zu.[392] In der Praxis kommen Schadensersatzansprüche erst dann in Betracht, wenn der Handlungsgehilfe einen über die zu langsame Dienstleistung hinausgehenden Schaden anrichtet oder Ausschuß produziert.

b) Haftungseinschränkung bei Folgeschäden. Hat der Handlungsgehilfe darüber hin-   216 ausgehende Schäden angerichtet, zB Beschädigung einer Maschine, haftet er an sich nach den allgemeinen Grundsätzen, also aufgrund positiver Vertragsverletzung bzw. § 823 BGB. Diese allgemeinen Haftungsgrundsätze finden aber bestimmte **Einschränkungen**. Bis vor kurzem galt dies nach hM jedenfalls dann, wenn sog. **gefahrgeneigte Arbeit** vorlag. Grundgedanke hierfür war, daß die Haftung nach den allgemeinen Vorschriften in derartigen Fällen für den Handlungsgehilfen eine unbillige Härte bedeuten würde, wenn nämlich der Arbeitnehmer bei verschuldeten Folgeschäden außerhalb der eigentlichen Arbeitsverpflichtung vollen Schadensersatz leisten müßte.[393] Gefahrgeneigte Arbeit liegt vor, wenn die Eigenart der vom Arbeitnehmer zu leistenden Arbeit es mit großer Wahrscheinlichkeit mit sich bringt, daß auch dem sorgfältigen Handlungsgehilfen gelegentlich Fehler unterlaufen, die für sich allein betrachtet zwar jedesmal vermeidbar wären, mit denen aber angesichts der menschlichen Unzulänglichkeiten als mit einem typischen Abirren der Dienstleistung erfahrungsgemäß zu rechnen ist.[394] Dies hat insbesondere dann zu gelten, wenn die Gefahr besteht, daß der durch ein solches Versehen verursachte Schaden sehr groß ist und in keinem Verhältnis zum Arbeitseinkommen des Handlungsgehilfen steht.[395]

Die Haftungseinschränkungen bei gefahrgeneigter Arbeit finden nach allgemeiner An-   217 sicht **keine Anwendung,** wenn zugunsten des Handlungsgehilfen eine **Haftpflichtversi-**

---

[388] BAG AP BetrVG 1972 § 87 Betriebsbuße Nr. 2 mit Anm. *Pfarr* = DB 1979, 1511; AP BetrVG 1972 § 87 Betriebsbuße Nr. 5 mit Anm. *Herschel.*

[389] BAG AP BetrVG 1972 § 87 Betriebsbuße Nr. 2, 3 mit Anm. *Pfarr* und *Herschel.*

[390] Dazu *v. Hoyningen-Huene* RdA 1990, 193, 203 ff.; bedenklich daher BAG AP BetrVG 1972 Betriebsbuße § 87 Nr. 12.

[391] Vgl. BAG AP MuSchG 1968 § 11 Nr. 3 = BB 1970, 1481.

[392] Vgl. hierzu MünchHdbArbR/*Blomeyer* § 55 RdNr. 32 ff.; *v. Hoyningen-Huene* in M. Rehbinder, Die Haftung des Arbeitnehmers, 1981, S. 27; *Popp*

NZA 1988, 455; *Schaub* § 51 III 5 a; Staub/*Konzen*/*Weber* Vor § 59 RdNr. 144 ff.

[393] Vgl. *Dütz* NJW 1986, 1779, 1780; *Gamillscheg*/*Hanau,* Die Haftung des Arbeitnehmers, 2. Aufl. 1974, S. 59 ff.; *v. Hoyningen-Huene* BB 1989, 1889 ff.; Staub/*Konzen*/*Weber* Vor § 59 RdNr. 270 ff.

[394] Grundlegend hierzu BAG GS AP RVO §§ 898, 899 Nr. 4; AP BGB § 611 Haftung des Arbeitnehmers Nr. 78 mit Anm. *Mühl.*

[395] BAG AP BGB § 611 Haftung des Arbeitnehmers Nr. 78; *v. Hoyningen-Huene* BB 1989, 1889 ff.

cherung besteht.[396] In einem solchen Fall hat die Versicherung für den angerichteten Schaden einzustehen, so daß eine Haftungseinschränkung des Handlungsgehilfen nicht erforderlich ist. Die Versicherung kann sich hier nicht auf die Haftungseinschränkung berufen, weil das abweichend von der gesetzlichen Regelung zum Schutz des Arbeitnehmers entwickelte Haftungsprivileg wegen einer bestehenden Haftpflichtversicherung überflüssig wird.[397]

218   Das **Erfordernis der Gefahrgeneigtheit der Arbeit** als Voraussetzung für eine Haftungsbeschränkung des Arbeitnehmers ist inzwischen von der gesamten Rechtsprechung **aufgegeben** worden. Der gemeinsame Senat der Obersten Gerichtshöfe des Bundes hat auf den Vorlagebeschluß des Großen Senats des BAG, dem sich der BGH angeschlossen hat, nunmehr festgestellt, daß die von der Rechtsprechung entwickelten Grundsätze der Beschränkung der Arbeitnehmerhaftung nicht mehr das Vorliegen von gefahrgeneigter Arbeit voraussetzen.[398] In gleicher Weise hat der Große Senat des BAG entschieden.[399] Die Gefahrgeneigtheit der Arbeit ist weiterhin für die Gewichtung der Abwägungsfaktoren – des Verschuldens auf der einen und des Betriebsrisikos auf der anderen Seite – im Rahmen einer Abwägung nach § 254 BGB von Bedeutung.[400] Dieser Abkehr von der Voraussetzung der Gefahrgeneigtheit der Arbeit für die Haftungsbeschränkung des Arbeitnehmers wird sich vermutlich die Rechtslehre anschließen.

219   c) **Beschränkung der Haftung nach dem Grad des Verschuldens.** Hat der Handlungsgehilfe einen Schaden verursacht, so ist man sich im Ergebnis einig, daß seine Haftung eingeschränkt werden und ein **innerbetrieblicher Schadensausgleich** stattfinden muß. Die Einschränkung der Haftung erfolgt dabei in der Weise, daß die Rechtsfolgen nach dem **Ausmaß des Verschuldens abgestuft** werden. Dabei hat die Rechtsprechung des BAG zunächst eine Dreiteilung vorgenommen:

- Bei Vorsatz und grober Fahrlässigkeit haftet der Handlungsgehilfe grundsätzlich voll (nach allgemeinen Grundsätzen);
- bei leichtester Fahrlässigkeit haftet der Handlungsgehilfe überhaupt nicht;
- bei den dazwischenliegenden Fällen der leichten und normalen (mittleren) Fahrlässigkeit erfolgt eine Schadensteilung zwischen Arbeitgeber und Handlungsgehilfen, mit der Folge, daß die Haftung des Handlungsgehilfen gemindert ist.[401]

220   Der 7. Senat des BAG ist im Jahre 1983 von dieser Rechtsprechung vorübergehend abgewichen. Er hat die **bisherige Dreiteilung** mit einer Schadensteilung für den Bereich der mittleren Fahrlässigkeit **aufgegeben** und die Auffassung vertreten, daß der Handlungsgehilfe nur dann zu haften habe, wenn er den Schaden vorsätzlich oder grob fahrlässig herbeigeführt habe. In allen anderen Fällen scheide eine Haftung des Handlungsgehilfen aus.[402] Diese Rechtsprechung des 7. Senats des BAG wurde wiederum im Jahre 1987 durch eine Entscheidung des nunmehr für diese Fragen zuständigen 8. Senats des BAG abgeändert, der zu der früheren Dreiteilung der Haftung zurückkehrte.[403]

221   Die von der Rechtsprechung entwickelte typisierte Haftungsbeschränkung nach dem dreigeteilten System der abgestuften Fahrlässigkeit ist als **unzulässige Rechtsfortbildung** abzulehnen. Die Haftungsbeschränkung des Arbeitnehmers beruht vielmehr auf dem vom Arbeitgeber veranlaßten Betriebsrisiko, das der Arbeitnehmer im Interesse des Arbeitgebers

---

[396] Vgl. BAG AP BGB § 611 Haftung des Arbeitnehmers Nr. 30, 36, 38; BGH AP BGB § 611 Haftung des Arbeitnehmers Nr. 68 mit insoweit zust. Anm. *Weitnauer*.

[397] So zutreffend BGH AP BGB § 611 Haftung des Arbeitnehmers Nr. 68 unter III 3; ebenso *Gick* JuS 1980, 400; *v. Hoyningen-Huene* in: M. Rehbinder, Die Haftung des Arbeitnehmers, 1981, S. 40.

[398] GS OGB DB 1994, 428; so schon *v. Hoyningen-Huene* BB 1989, 1893 m. weit. Nachw.

[399] BAG GS BB 1994, 2205.

[400] OGB DB 1994, 428; dazu *Boemke* WiB 1994, 208.

[401] Vgl. BAG AP BGB § 611 Haftung des Arbeitnehmers Nr. 8, 14, 23, 26, 33, 61.

[402] BAG AP BGB § 611 Haftung des Arbeitnehmers Nr. 82 = NJW 1983, 1693; AP BGB § 611 Haftung des Arbeitnehmers Nr. 84 = NJW 1984, 2488.

[403] BAG NZA 1988, 579; zur Entwicklung der Rechtsprechung siehe *v. Hoyningen-Huene* BB 1989, 1889 ff.

v. Hoyningen-Huene

wahrnimmt und trägt. Denn der Arbeitgeber setzt die Gefahrenquellen, denen der Handlungsgehilfe ausgesetzt ist, damit er die vom Arbeitgeber vorgeschriebene Arbeitsaufgabe erfüllen kann. Hinzu kommt, daß die Handlungsgehilfen den Schadensgefahren nicht durch selbstverantwortliche Gestaltung der Arbeit ausweichen können, da sie von den Weisungen des Arbeitgebers abhängen (vgl. § 81 BetrVG). Der Arbeitgeber hingegen kann die Risiken von Schäden durch Versicherungen und demzufolge höhere Preise auf die Kunden abwälzen. Daraus rechtfertigt sich die **analoge Anwendung des § 254 BGB**, der zur einer Schadensteilung aufgrund einer Interessenabwägung nach Billigkeitsgesichtspunkten im Einzelfall führt. Das bedeutet, daß der Arbeitnehmer grundsätzlich für jeden schuldhaft verursachten Schaden des Arbeitgebers zu haften hat. Unter Berücksichtigung der Rechtsfolgen des § 254 BGB ist jedoch im Einzelfall der Haftungumfang je nach Intensität des vom Arbeitgeber gesetzten Betriebsrisikos und des beiderseitigen Verschuldens aufzuteilen.[404]

d) Freistellungsanspruch bei Schädigung Dritter. Hat der Handlungsgehilfe in Aus-   222
übung seiner Beschäftigung einen Dritten geschädigt oder verletzt, haftet einerseits der Arbeitgeber über § 278 oder § 831 BGB. Andererseits kommt daneben grundsätzlich die eigene Haftung des Handlungsgehilfen im Außenverhältnis gegenüber dem Dritten nach allgemeinen Deliktsrecht (§§ 823 ff. BGB) in Betracht. Die Haftungsbeschränkung des Handlungsgehilfen greift gegenüber dem Dritten nicht ein, da diese nur zwischen den Parteien des Anstellungsvertrages wirkt.[405]

In diesen Fällen hat der Handlungsgehilfe gegenüber dem Arbeitgeber im Innenver-   223
hältnis hinsichtlich des Schadensersatzanspruches des Dritten einen **Freistellungsanspruch** in der Höhe, in der ihm bei Schädigung des Arbeitgebers eine Haftungsminderung zugebilligt werden würde. Rechtsgrundlage hierfür sind die §§ 675, 670 BGB; die Aufwendung liegt in der Belastung mit dem Schadensersatz.[406] Hat der Handlungsgehilfe den Anspruch des Dritten bereits erfüllt, so steht ihm gegen den Arbeitgeber ein entsprechender Erstattungsanspruch zu. Der Freistellungsanspruch kann an den Dritten abgetreten und von diesem gepfändet werden; er verwandelt sich durch die Übertragung an den Dritten in einen Zahlungsanspruch, so daß dieser gegenüber dem Arbeitgeber anspruchsberechtigt wird.[407] Kann sich der Arbeitgeber gegenüber dem Dritten auf eine vertragliche oder gesetzliche Haftungsbeschränkung berufen, so kommt diese auch dem Handlungsgehilfen zugute.[408]

e) Schädigung von Arbeitskollegen. Besonderheiten ergeben sich, wenn der Hand-   224
lungsgehilfe einen in demselben Betrieb beschäftigten Arbeitskollegen bei einer betrieblichen Tätigkeit schädigt. Hier ist zu unterscheiden zwischen Sach- und Personenschäden. Bei **Sachschäden**, zB bei Beschädigung des Autos eines Arbeitskollegen, wird dieser wie ein sonstiger Dritter behandelt, dh der Handlungsgehilfe ist grundsätzlich zum Schadensersatz verpflichtet, hat aber im Falle der Haftungseinschränkung (oben RdNr. 216) einen entsprechenden Freistellungsanspruch gegen den Arbeitgeber.[409] Bei **Personenschäden** des Arbeitskollegen gelten hingegen die sozialversicherungsrechtlichen Bestimmungen der §§ 636, 637 RVO, die grundsätzlich die Haftung des Handlungsgehilfen und des Arbeitgebers ausschließen. Statt eines Schadensersatzanspruchs von diesen Personen erhält der geschädigte Arbeitskollege Sozialversicherungsleistungen von der zuständigen Berufsgenossenschaft (§§ 537 Nr. 2, 547 ff. RVO).[410]

[404] v. *Hoyningen-Huene* BB 1989, 1895 f.; – ähnlich jetzt auch BAG GS BB 1994, 2205, 2206.
[405] BGH NJW 1989, 3273; MünchHdbArbR/ *Blomeyer* § 58.
[406] Vgl. BAG AP BGB § 611 Haftung des Arbeitnehmers Nr. 19, 35, 37; BGHZ 66, 1; MünchHdbArbR/*Blomeyer* § 58 RdNr. 4 ff.; Jauernig/*Vollkommer* § 670 Anm. 3 b.

[407] Vgl. BAG AP BGB § 611 Haftung des Arbeitnehmers Nr. 37, 45; *Gamillscheg/Hanau*, Haftung des Arbeitnehmers, 2. Aufl. 1974, S. 91 ff.
[408] Vgl. BGH NJW 1962, 388; BGHZ 49, 278.
[409] Vgl. *Gamillscheg/Hanau*, Haftung des Arbeitnehmers, 2. Aufl. 1974, S. 155 ff.; *Gick* JuS 1980, 399; v. *Hoyningen-Huene* in M. Rehbinder, Die Haftung des Arbeitnehmers, 1981, S. 39.
[410] Vgl. zu den Einzelheiten dieser Regelung MünchHdbArbR/*Blomeyer* § 59.

225   **f) Mankohaftung.** Ein besonderes haftungsrechtliches Problem bei Handlungsgehilfen stellt die Haftung für Kassenfehlbeträge dar, die unter dem Stichwort Mankohaftung diskutiert wird.[411] Bei der Verwaltung von Kassenbeständen handelt es sich nicht um eine gefahrgeneigte Arbeit, so daß die dafür entwickelten Rechtsgrundsätze hier nicht angewendet werden können,[412] sondern die allgemeinen Haftungsgrundsätze gelten. Für diese muß aber nach der neuen Rechtsprechung zur Haftungseinschränkung (siehe oben RdNr. 218) ebenfalls eine Haftungserleichterung für den Handlungsgehilfen in Betracht kommen. Eine Haftungsverschärfung, nach der dem Handlungsgehilfen das Risiko für die Fehlbestände übertragen werden darf, bedarf wenigstens eines angemessenen wirtschaftlichen Ausgleichs in Form eines sog. Mankogeldes. Eine solche Mankovereinbarung kann aber trotz Zahlung eines Mankogeldes sittenwidrig und damit nichtig sein (§ 138 BGB), wenn der verantwortliche Arbeitnehmer keine ausreichende Überwachungsmöglichkeit hatte.[413]

226   **g) Eigenschäden des Handlungsgehilfen.** Erleidet der Handlungsgehilfe bei betrieblicher Tätigkeit einen Sach- oder sonstigen Vermögensschaden (Eigenschäden) und haftet der Arbeitgeber mangels Verletzung seiner Schutzpflichten für diesen nicht, kommt eine Haftung des Arbeitgebers nach inzwischen gefestigter Rechtsprechung und Literatur dennoch in Betracht, wenn der Schaden im Betätigungsbereich des Arbeitgebers entstanden ist. Die Haftungsverpflichtung des Arbeitgebers greift dann ein, wenn der Schaden so außerordentlich ist, daß er durch das Arbeitsentgelt nicht als abgegolten anzusehen ist, wenn er darüber hinaus nicht dem Lebensbereich des Arbeitnehmers zuzurechnen ist und von diesem auch nicht verschuldet wurde, wobei gegebenenfalls gemäß § 254 BGB eine Schadensteilung in Betracht kommt.[414] Als Rechtsgrundlage für die Haftungsverpflichtung des Arbeitgebers bei derartigen Eigenschäden des Arbeitnehmers wird überwiegend § 670 BGB (Aufwendungsersatz) angesehen.[415]

227   **11. Wegfall der Dienstleistungspflicht.** Der Handlungsgehilfe ist grundsätzlich nach § 59 verpflichtet, während der Arbeitszeit seine vereinbarten Dienste zu erbringen. Dieser Grundsatz erfährt aber zahlreiche Ausnahmen:[416]

228   **a) Arbeitsfreie Tage.** Auf Grund Tarifvertrags, einer Betriebsvereinbarung oder des Anstellungsvertrags bzw. auf Grund betrieblicher Übung kann von vornherein ein Anspruch auf arbeitsfreie Tage bestehen. Das gilt zB für den Rosenmontag, Faschingsdienstag, „Wäldchestag" oder Heiligabend. Ob allerdings eine derartige betriebliche Übung besteht, muß im Einzelfall ermittelt werden. Bei jährlicher erneuter Anordnung solcher freien Tage wird eine betriebliche Übung zutreffend verneint.[417]

229   **b) Annahmeverzug.** Die Dienstleistungspflichten des Handlungsgehilfen ruhen, wenn der Arbeitgeber in Annahmeverzug gerät. Voraussetzung hierfür ist, daß der Arbeitgeber nach § 293 BGB die ihm vom Handlungsgehilfen tatsächlich (§ 294 BGB) oder wörtlich (§ 295 BGB) angebotene Dienstleistung nicht annimmt und der Handlungsgehilfe zum Zeitpunkt des Angebots imstande ist, die Dienstleistung zu bewirken (§ 297 BGB).[418] Nach § 615 BGB behält der Handlungsgehilfe während des Annahmeverzugs grundsätzlich seinen Vergütungsanspruch (dazu RdNr. 354).

---

[411] Vgl. hierzu ausführlich *Jung,* Mankohaftung aus dem Arbeitsvertrag, 1986; MünchHdbArbR/ *Blomeyer* § 57 RdNr. 72 ff.

[412] Vgl. BAG AP BGB § 611 Haftung des Arbeitnehmers Nr. 8, 77.

[413] BAG AP BGB § 611 Haftung des Arbeitnehmers Nr. 4, 54 jeweils mit Anm. *G. Hueck;* BAG AP BGB § 626 Nr. 67; *v. Hoyningen-Huene* in M. Rehbinder, Die Haftung des Arbeitnehmers, 1981, S. 40 f.

[414] Dazu   MünchHdbArbR/*Blomeyer*   § 94 RdNr. 50 ff.

[415] Vgl. etwa BAG AP BGB § 611 Gefährdungshaftung des Arbeitgebers Nr. 6 mit Anm. *Brox* = SAE 1982, 49 mit Anm. *v. Hoyningen-Huene.*

[416] Davon zu unterscheiden ist der Wegfall der Vergütungspflicht, dazu unten RdNr. 360 ff.

[417] BAG NZA 1993, 475; BB 1993, 2161; NZA 1994, 694 = EWiR BGB § 242 1/94 mit Kurzkomm. *v. Hoyningen-Huene;* BAG BB 1994, 2493.

[418] Vgl. hierzu MünchHdbArbR/*Boewer* § 76; *Nierwetberg* BB 1982, 995; *Rückert* ZfA 1983, 1; *v.Stebut* RdA 1985, 66.

c) Unmöglichkeit, Arbeitsunfähigkeit. Der Handlungsgehilfe wird von seiner Dienst- 230
leistungspflicht weiterhin nach § 275 BGB frei, wenn ihm die Erbringung der Dienstleistung subjektiv oder objektiv nachträglich unmöglich wird, zB bei Arbeitsunfähigkeit (vgl.
unten RdNr. 349 ff.). Ist die Erfüllung der Pflichten aus dem Anstellungsvertrag von Anfang an unmöglich, so ist der Anstellungsvertrag unwirksam (§ 306 BGB). Dies ist freilich
nur dann der Fall, wenn niemand die Dienstleistung erbringen kann, also nicht bereits
dann, wenn der Handlungsgehilfe beispielsweise wegen eines weiteren Dienstverhältnisses
an der Erbringung der einen Dienstleistung gehindert ist.[419]

d) Stellensuche. Der Handlungsgehilfe ist nach der Kündigung gemäß § 629 BGB von 231
der Dienstleistungspflicht für die Zeit befreit, die er zur Stellensuche benötigt (oben
RdNr. 100 f.).

e) Mutterschutz, Erziehungsurlaub. Die Dienstleistungspflichten schwangerer Hand- 232
lungsgehilfinnen ruhen während der Schutzfristen nach den §§ 3 ff. MuSchG (oben
RdNr. 173). Das gleiche gilt für die Dauer des Erziehungsurlaubs nach §§ 15 ff. BErzGG.

f) Erholungsurlaub. Die Dienstleistungspflichten sind weiterhin für die Dauer des ge- 233
setzlichen Erholungsurlaubs ausgesetzt.[420] Nach § 1 BUrlG hat jeder Handlungsgehilfe in
jedem Kalenderjahr Anspruch auf bezahlten (dazu unten RdNr. 352) Erholungsurlaub. Der
gesetzliche Mindesturlaub beträgt ab 1. 1. 1995 im Kalenderjahr 24 Werktage, also 4 Wochen. In der Praxis ist der Urlaubsanspruch freilich meist höher, weil viele Tarifverträge 30
Arbeitstage = 6 Wochen Urlaubsanspruch vorsehen. Schwerbehinderte haben darüber
hinaus noch 5 Arbeitstage Anspruch auf Zusatzurlaub nach § 47 SchwbG. Manche Betriebe sehen auch für langjährige Mitarbeiter zusätzlichen bezahlten Sonderurlaub vor.

Im Normalfall wird der **volle Urlaubsanspruch** erst nach sechsmonatigem Bestehen des 234
Dienstverhältnisses gemäß § 4 BUrlG erworben. Vor Ablauf dieses Zeitraums hat der
Handlungsgehilfe in der Regel überhaupt noch keinen Urlaubsanspruch (anders bei abweichenden Tarifverträgen, vgl. § 13 Abs. 1 BUrlG). Nur unter bestimmten Voraussetzungen
kann er bereits vorzeitig einen Teilurlaubsanspruch geltend machen (vgl. § 5 BUrlG). Der
Urlaub muß nach § 7 Abs. 3 BUrlG grundsätzlich im laufenden Kalenderjahr gewährt und
genommen werden. Eine Übertragung des Urlaubs auf das nächste Kalenderjahr ist nur aus
dringenden Gründen statthaft; im Fall der Übertragung muß der Urlaub in den ersten drei
Monaten des folgenden Kalenderjahres gewährt und genommen werden, § 7 Abs. 3 Satz 1
BUrlG; nicht genommener Urlaub des Vorjahres entfällt sonst ersatzlos.[421]

Will der Arbeitgeber für seinen Betrieb **allgemeine Urlaubsgrundsätze** oder einen Ur- 235
laubsplan aufstellen, so hat der Betriebsrat nach § 87 Abs. 1 Nr. 5 BetrVG hierbei ein **Mit-**
bestimmungsrecht. Dies gilt namentlich für die Vereinbarung von Betriebsferien.[422] Daneben kann der Betriebsrat bei der Festsetzung der zeitlichen Lage des Urlaubs für einzelne
Arbeitnehmer nur dann mitbestimmen, wenn zwischen dem Arbeitgeber und den beteiligten Arbeitnehmern kein Einverständnis erzielt wird.

g) Hausarbeitstag. Nach früherem Recht hatten Handlungsgehilfen in einigen Bundes- 236
ländern unter bestimmten Voraussetzungen einen Anspruch auf einen Hausarbeitstag.[423]
Diese Ansprüche sind aber seit dem 1. 7. 1994 (BGBl. I S. 1170) durch Art. 19 des Arbeits-
zeitrechtsgesetzes aufgehoben worden.

h) Unbezahlte Freistellung. Vom bezahlten Erholungsurlaub nach dem BUrlG ist die 237
unbezahlte Freistellung (sog. unbezahlter Urlaub) zu unterscheiden.[424] Hierauf hat der

---

[419] Vgl. BAG AP BGB § 138 Nr. 24 = BABl.
1963, 419 mit Anm. *Wlotzke* = SAE 1963, 61 mit
Anm. *Beitzke* = BB 1963, 38.
[420] Vgl. hierzu die Kommentare von *Dersch/Neu-
mann* BUrlG 7. Aufl. 1990; GK-BUrlG 5. Aufl.
1992; *Leinemann/Linck* BUrlG 1995 sowie *Klischan/
Schlebusch* DB 1986, 1017; MünchHdbArbR/*Leinemann* § 87.

[421] BAG AP BUrlG § 3 Rechtsmißbrauch Nr. 11
mit abl. Anm. *Boldt; MünchHdbArbR/Leinemann*
§ 87 RdNr. 77.
[422] Vgl. hierzu BAG AP BetrVG 1972 § 87 Urlaub Nr. 2 mit Anm. *Boldt.*
[423] Dazu *Schaub* § 165 IV.
[424] Vgl. hierzu *v. Hoyningen-Huene* NJW 1981,
713 ff. m. weit. Nachw.

Handlungsgehilfe im Gegensatz zum bezahlten Erholungsurlaub in der Regel keinen Rechtsanspruch. Jedoch gewähren Arbeitgeber des öfteren eine unbezahlte Freistellung, wenn beispielsweise ausländische Handlungsgehilfen eine weite Heimreise antreten wollen und der bezahlte Erholungsurlaub hierfür nicht ausreicht. Der Arbeitgeber hat nach der Rechtsprechung des BAG türkische Handlungsgehilfen für die Dauer des zweimonatigen Grundwehrdienstes auf Antrag von der Erbringung ihrer Arbeitsleistung zu befreien, wenn diese für den geordneten Betriebsablauf nicht von erheblicher Bedeutung sind und der Arbeitgeber durch den Arbeitsausfall nicht in eine unbehebbare Zwangslage gebracht wird.[425] In diesen Fällen ist eine umfassende Interessenabwägung zwischen den Belangen des Betriebs und den Interessen des Handlungsgehilfen vorzunehmen.[426] Für die Dauer der Freistellung ruht entsprechend § 323 BGB auch der Anspruch des Handlungsgehilfen auf Entgelt (vgl. RdNr. 352).

238   **i) Pausen.** Die Dienstleistungspflichten des Handlungsgehilfen ruhen weiterhin während der Pausen. Darunter sind nach § 4 ArbZG die im voraus festgelegten Zeiten der Arbeitsunterbrechung zu verstehen, die der Erholung der Handlungsgehilfen und der Einnahme von Mahlzeiten dienen.[427] Pausen zählen nicht zur Arbeitszeit; nicht genommene Pausen lösen keinen Abgeltungsanspruch für den Arbeitgeber aus.[428] Die zeitliche Festlegung der Pausen unterliegt der Mitbestimmung des Betriebsrats nach § 87 Abs. 1 Nr. 2 BetrVG.

239   **j) Besuch der Sprechstunde des Betriebsrats.** Macht der Handlungsgehilfe während der Arbeitszeit nach §§ 82 und 84 BetrVG von seinem Anhörungs- und Beschwerderecht gegenüber dem Arbeitgeber Gebrauch, so ruhen in dieser Zeit seine Dienstleistungspflichten. Das gleiche gilt, wenn der Handlungsgehilfe die Sprechstunden des Betriebsrats aufsucht (§ 39 Abs. 3 BetrVG), etwa um Beschwerden nach § 85 BetrVG vorzutragen.[429] Die Dienstleistungspflichten des Handlungsgehilfen ruhen ferner bei der Teilnahme an einer Betriebsversammlung gemäß § 44 BetrVG sowie an betrieblichen Bildungsmaßnahmen des Arbeitgebers nach § 98 BetrVG.

240   **k) Betriebsratsmitglieder.** Die Dienstleistungspflichten von Betriebsratsmitgliedern ruhen nach § 37 Abs. 2 BetrVG, wenn und soweit es nach Umfang und Art des Betriebs zur ordnungsgemäßen Durchführung der Betriebsratsaufgaben, zB Betriebsratssitzungen (§ 30 Satz 1 BetrVG), Abhalten von Sprechstunden (§ 39 Abs. 1 Satz 1 BetrVG), erforderlich ist.[430] Zur Vergütungspflicht in diesen Fällen RdNr. 356 f. Dies gilt entsprechend für die Teilnahme von Betriebsratsmitgliedern an Schulungs- und Bildungsveranstaltungen, soweit diese Kenntnisse vermitteln, die für die Arbeit des Betriebsrats erforderlich sind, § 37 Abs. 6 BetrVG.[431] Darüber hinaus haben Betriebsratsmitglieder einen Anspruch auf bezahlte Freistellung zur Teilnahme an geeigneten Schulungs- und Bildungsveranstaltungen nach § 37 Abs. 7 BetrVG. Nach § 38 BetrVG freigestellte Betriebsratsmitglieder sind für die Dauer ihrer Amtszeit von den Dienstleistungspflichten vollständig befreit.[432]

241   **l) Wehrdienst.** Die Dienstleistungspflichten von Handlungsgehilfen ruhen weiterhin für die Dauer des Grundwehrdienstes oder einer **Wehrübung,** § 1 ArbPlSchG. Entsprechendes gilt für den Zivildienst.

242   **m) Zurückbehaltungsrecht.** Unter besonderen Umständen ruhen die Dienstleistungspflichten des Handlungsgehilfen auch dann, wenn ihm ein **Recht zur Arbeitsverweigerung** oder ein **Zurückbehaltungsrecht** zusteht.[433] So hat das BAG einem Arbeitnehmer

---

[425] Vgl. hierzu BAG AP KSchG 1969 § 1 Verhaltensbedingte Kündigung Nr. 7 mit Anm. *Ortlepp;* im Ergebnis ebenso, aber mit etwas anderer Begründung BAG AP BGB § 123 Nr. 23 mit krit. Anm. *Kramer* = SAE 1983, 265 mit Anm. *Misera.*

[426] Vgl. hierzu *v. Hoyningen-Huene* NJW 1981, 713, 716.

[427] Vgl. MünchHdbArbR/*Anzinger* § 210 RdNr. 19 ff.

[428] BAG AP AZO § 12 Nr. 9.

[429] Vgl. *Fitting/Auffarth/Kaiser/Heither* BetrVG § 39 RdNr. 20 m. weit. Nachw.

[430] Vgl. hierzu *v. Hoyningen-Huene* BetrVR § 10 II.

[431] Vgl. hierzu BAG SAE 1987, 103 mit Anm. *v. Hoyningen-Huene.*

[432] *v. Hoyningen-Huene* BetrVR § 10 III.

[433] Vgl. hierzu *Otto* AR-Blattei Zurückbehaltungsrecht 1981 unter B II; *Söllner* ZfA 1973, 1.

ein Leistungsverweigerungsrecht eingeräumt, wenn er durch die zugewiesene Arbeit in einen vermeidbaren Gewissenskonflikt kommt.[434] Ein Zurückbehaltungsrecht wurde von der Rechtsprechung bejaht, wenn der Arbeitgeber mit der Vergütungszahlung in Verzug gerät oder eine unberechtigte Lohnkürzung ankündigt.[435] Auch bei einem Verstoß des Arbeitgebers gegen Arbeitnehmerschutzvorschriften nach § 62 ist der Handlungsgehilfe nicht gehalten, seine Dienstleistungspflicht zu erfüllen,[436] zB bei einem asbestbelasteten Arbeitsplatz.[437] Üben mehrere Handlungsgehilfen gemeinsam ein bestehendes Zurückbehaltungsrecht aus, so liegt hierin keine Maßnahme des Arbeitskampfes; Kampfziel ist nämlich nicht die Durchsetzung einer zukünftigen Regelung, sondern die Verfolgung von Rechtsansprüchen.[438]

12. Änderung der Leistungspflichten. Eine Änderung der im Anstellungsvertrag festge- 243 legten Leistungspflichten des Handlungsgehilfen ist durch einseitige Anordnung des Arbeitgebers nicht möglich. Dieser kann vielmehr nur im Rahmen des Arbeitsvertrags aufgrund Direktionsrechts die Arbeitspflicht konkretisieren und zuweisen, nicht aber abändern. Die Zuweisung einer anderen Tätigkeit ist nur dann möglich, wenn sie sich im Rahmen des Arbeitsvertrags bewegt[439] oder durch eine Versetzungsklausel zulässig ist.[440] Übersteigt die gewünschte Änderung der Leistungspflichten die Grenzen des Arbeitsvertrags, muß der Arbeitgeber individualrechtlich eine Änderungskündigung (§ 2 KSchG) aussprechen oder eine einvernehmliche Änderung mit dem Arbeitnehmer herbeiführen.[441] Auch wenn der Handlungsgehilfe mit einer Änderung der Leistungspflichten einverstanden ist, kann die Mitbestimmung des Betriebsrats erforderlich sein, wenn es sich um eine Versetzung iSd. §§ 95 Abs. 3, 99 BetrVG handelt.[442] Eine Versetzung ohne Zustimmung des Betriebsrats ist nach Auffassung des BAG unwirksam.[443]

VI. Nebenpflichten des Handlungsgehilfen

1. Übersicht. Der Handlungsgehilfe ist nach § 59 nicht nur verpflichtet, die vereinbarten 244 Dienste zu erfüllen. Aus der Anstellung heraus ergeben sich für ihn auch **zahlreiche Nebenpflichten.** So hat der Handlungsgehilfe ganz allgemein seine Arbeitsleistungen ordnungsgemäß zu erbringen, ohne dadurch freilich verpflichtet zu sein, auch sein Privatleben ausschließlich auf die Arbeit auszurichten. Er muß nicht etwa aufs Skifahren verzichten, nur weil damit möglicherweise ein Beinbruch oder eine daraus folgende Arbeitsunfähigkeit verbunden sein könnte. Aber andererseits treffen den Handlungsgehilfen Mitteilungs- und Anzeigepflichten. Der Handlungsgehife müßte also etwa auftretende Unregelmäßigkeiten im Betriebsablauf oder drohende Schäden unaufgefordert melden.

Ob man diese Pflichten des Handlungsgehilfen mit dem schillernden Begriff der „Treue- 245 pflicht" belegen soll, erscheint sehr zweifelhaft.[444] Richtiger erscheint es, diese Pflichten in Anlehnung an die allgemeine Zivilrechtsdogmatik als **Nebenpflichten** zu bezeichnen.

---

[434] BAG AP BGB § 611 Direktionsrecht Nr. 27 mit Anm. *Brox* = AuR 1985, 368; 1986, 379 mit Anm. *Preuß* = NJW 1986, 85.

[435] BAG AP BGB § 273 Nr. 3 = AR-Blattei Zurückbehaltungsrecht Entsch. 1 mit Anm. *Otto* = SAE 1987, 23 mit Anm. *Hirschberg* = NJW 1985, 2494.

[436] Vgl. MünchHdbArbR/*Blomeyer* § 47 RdNr. 51 ff.; *Schaub* § 50, 6.

[437] BAG BB 1994, 1011.

[438] Vgl. BAG AP GG Art. 9 Arbeitskampf Nr. 32, 58; MünchHdbArbR/*Blomeyer* § 47 RdNr. 63; *Schaub* § 192 IV 2.

[439] BAG AP BGB § 611 Direktionsrecht Nr. 26.

[440] Dazu v. *Hoyningen-Huene/Boemke*, Die Versetzung 1991, S. 89 ff.

[441] Ausführlich v. *Hoyningen-Huene/Boemke*, Die Versetzung 1991, S. 73 ff.

[442] Ausführlich v. *Hoyningen-Huene* NZA 1993, 145 ff.

[443] BAG NZA 1994, 615 = AR-Blattei ES 1700 Nr. 21 mit insoweit abl. Anm. v. *Hoyningen-Huene;* BAG AP BetrVG 1972 Nr. 102 mit abl. Anm. v. *Hoyningen-Huene.*

[444] Ebenso MünchHdbArbR/*Blomeyer* § 49; siehe *Erman/Hanau* § 611 RdNr. 482 ff.; *Söllner* Arbeitsrecht § 29 II; *Schwerdtner*, Fürsorgetheorie und Entgelttheorie, 1970, S. 79 ff.; Staub/*Konzen/Weber* Vor § 59 RdNr. 147 ff.

246   **2. Rechtsgrundlage.** Die Nebenpflichten des Handlungsgehilfen leiten sich entweder aus **besonderen gesetzlichen Regelungen** oder aus dem allgemeinen Grundsatz von **Treu und Glauben** (§ 242 BGB) ab.[445]

247   **a) Ausdrückliche gesetzliche Regelungen.** Nebenpflichten des Handlungsgehilfen sind in einer Reihe von Vorschriften ausdrücklich geregelt: § 12 UWG enthält das Verbot, Schmiergelder anzunehmen,[446] § 17 UWG das Verbot, Geschäftsgeheimnisse weiterzugeben,[447] § 79 BetrVG die Verpflichtung von Betriebsratsmitgliedern zur Verschwiegenheit,[448] und §§ 60, 61 bestimmen ein ausdrückliches Wettbewerbsverbot für Handlungsgehilfen.[449] Bei Erfindungen ist der Handlungsgehilfe nach dem Arbeitnehmererfindungsgesetz verpflichtet, diese dem Arbeitgeber anzuzeigen (vgl. RdNr. 206). Daneben können durch Tarifvertrag, Betriebsvereinbarung oder Anstellungsvertrag Nebenpflichten festgelegt werden.

248   **b) Treu und Glauben.** Soweit die Nebenpflichten nicht ausdrücklich geregelt sind, ergeben sie sich aus dem Grundsatz von Treu und Glauben (§ 242 BGB). Danach hat der Handlungsgehilfe seine Verpflichtungen aus dem Anstellungsverhältnis so zu erfüllen, seine Rechte so auszulegen und die im Zusammenhang mit dem Anstellungsverhältnis stehenden Interessen des Arbeitgebers so zu wahren, wie dies von ihm unter Berücksichtigung seiner Stellung im Betrieb, seiner eigenen Interessen und der Interessen der anderen Handlungsgehilfen nach Treu und Glauben billigerweise verlangt werden kann.[450]

249   **3. Beginn und Ende der Nebenpflichten.** Die Nebenpflichten des Handlungsgehilfen entstehen mit dem **Abschluß des Anstellungsvertrags.** Soweit die tatsächliche Arbeitsaufnahme erst nach Abschluß des Vertrags erfolgen soll, ist der Handlungsgehilfe daher auch in der Zwischenzeit verpflichtet, über ihm bekannt gewordene Betriebs- oder Geschäftsgeheimnisse Verschwiegenheit zu bewahren.[451] Die Nebenpflichten dauern grundsätzlich nicht über die **Beendigung des Dienstverhältnisses** hinaus an, soweit nicht eine Nachwirkung stattfindet (zB Geheimhaltungspflichten).

250   Für den als Vertreter des Arbeitgebers tätigen Handlungsgehilfen sind hier freilich **Einschränkungen** zu machen. So darf der Handlungsgehilfe, der während des bestehenden Dienstverhältnisses einen Kundenauftrag so weit vorbereitet hat, daß die endgültige Auftragserteilung nur noch eine Formsache ist und dann vor Erteilung dieses Auftrags ausscheidet, nicht nach seinem Ausscheiden die endgültige Auftragserteilung an seinen früheren Arbeitgeber vereiteln. Dem steht die durch das Anstellungsverhältnis begründete und über dessen Ende fortwirkende Treupflicht gegenüber dem früheren Arbeitgeber entgegen.[452] Dies gilt freilich nicht, wenn das Verhalten des ausgeschiedenen Handlungsgehilfen zur Verwirklichung seiner eigenen berechtigten Belange, insbesondere seines weiteren beruflichen Fortkommens, erforderlich ist und dieses Verhalten nicht eine verwerfliche Schädigung des früheren Arbeitgebers darstellt.

251   **4. Beispiele wichtiger Nebenpflichten.** Aus dem Grundsatz von Treu und Glauben wurden durch die Rechtsprechung zahlreiche Nebenpflichten entwickelt. Im einzelnen (alphabetisch):

252   **Abwerbung:** Will sich ein Handlungsgehilfe selbständig machen, so darf er nicht versuchen, einen bisherigen Arbeitskollegen für seinen neuen Betrieb abzuwerben. Dagegen

---

[445] So nunmehr auch BAG AP BetrVG 1972 § 103 Nr. 1; *Söllner* Arbeitsrecht § 29 II.
[446] Vgl. hierzu BGH AP UWG § 12 Nr. 1 sowie Baumbach/*Hefermehl* Wettbewerbsrecht § 12 UWG.
[447] BGH AP UWG § 17 Nr. 1, 6; Baumbach/ *Hefermehl* Wettbewerbsrecht § 17 UWG.
[448] BAG EzA BetrVG 1972 § 79 Nr. 1 mit Anm. *v. Hoyningen-Huene.*

[449] BAG NZA 1988, 502 sowie Kommentierung zu §§ 60, 61.
[450] MünchHdbArbR/*Blomeyer* § 49 RdNr. 16 ff.; *Schaub* § 53 I 1 in Anlehnung an § 7 Abs. 1 des Entwurfs eines Arbeitsgesetzbuches.
[451] *Schaub* § 54 2 a.
[452] BAG AP BGB § 242 Nachvertragliche Treuepflicht Nr. 4.

stellt es noch keine Verletzung der Treuepflicht dar, wenn er seinem Kollegen lediglich von dem beabsichtigten Stellenwechsel erzählt.[453]

Der Handlungsgehilfe hat auf **Alkohol** zu verzichten, wenn dies zum Vollzug der Arbeit 253 unumgänglich notwendig ist.[454] Die Anordnung eines Alkoholverbots durch den Arbeitgeber kann der Mitbestimmung des Betriebsrats nach § 87 Abs. 1 Nr. 1 BetrVG unterliegen.[455] Dabei ist der Arbeitgeber durchaus in der Lage, die Maßstäbe aus Gründen eines erwünschten Schutzes vor Betriebsunfällen abweichend von der Straßenverkehrsordnung strenger festzulegen.[456]

Der Handlungsgehilfe ist verpflichtet, **Störungen** und **Schäden** in seinem Arbeitsbereich 254 **anzuzeigen**.[457] Gehen Schädigungen von einem anderen Handlungsgehilfen aus, wie zB bei Diebstählen etc., so besteht nur bei Personenschäden oder sonstigen schweren Schäden eine Anzeigepflicht. Damit soll einem Denunziantentum begegnet werden.[458]

Es bestehen grundsätzlich keine **außerdienstlichen Rücksichtspflichten** des Handlungs- 255 gehilfen gegenüber dem Arbeitgeber; die Grenze stellt die Kreditgefährdung nach § 824 BGB dar. Der Handlungsgehilfe ist nicht zu einer besonderen Ehrerbietung gegenüber seinem Arbeitgeber verpflichtet.[459]

Behördliche Verfahren darf der Handlungsgehilfe nur dann einleiten, wenn sie not- 256 wendig sind, um eine gesetzmäßige Behandlung im Betrieb durchzusetzen.[460] Nach Auffassung der Rechtsprechung ist der Handlungsgehilfe im allgemeinen nicht berechtigt, bei strafbaren Handlungen des Arbeitgebers, durch die er selbst nicht betroffen ist, Strafanzeige zu erstatten.[461] Anders ist es freilich dann, wenn sich die strafbare Handlung gegen den Handlungsgehilfen selbst gerichtet hat oder eine schwere Straftat vorliegt. In § 66 Abs. 3 BPersVG ist für den Bereich des öffentlichen Dienstes eine Mitteilungspflicht bei Mißständen ausdrücklich normiert.

Reisenden obliegt die Pflicht zur **Berichterstattung**. Die Berichte müssen sich auf alle 257 erheblichen Punkte erstrecken, insbesondere auch auf Fragen der Zahlungsfähigkeit von Kunden. Geschäfte mit Kunden, deren Unsicherheit ihm bekannt ist, darf der Handlungsgehilfe nicht eingehen oder vorschlagen. Hat die Tätigkeit des Handlungsgehilfen eine Geschäftsbesorgung zum Gegenstand, so tritt zur Berichtspflicht auch eine Rechenschaftspflicht nach den §§ 675, 666 BGB. Hierzu gehört auch nach § 259 BGB die Pflicht zur Zusammenstellung von Einnahmen und Ausgaben und die Vorlage der Belege (vgl. auch § 86 Abs. 2 für Handelsvertreter).

Der Handlungsgehilfe ist zur **Einhaltung von Sicherheitsvorschriften** verpflichtet. 258 Dierzu zählen die Vorschriften des Arbeitssicherheitsgesetzes, die einschlägigen Unfallverhütungsvorschriften und die nach § 87 Abs. 1 Nr. 7 BetrVG erlassenen Betriebsvereinbarungen, deren Einhaltung neben dem Arbeitgeber auch der Betriebsrat überwacht (§ 80 Abs. 1 Nr. 1 BetrVG).

Zu einer bestimmten **Kleidung** oder **Haartracht** ist der Handlungsgehilfe grundsätzlich 259 nicht verpflichtet. Der Handlungsgehilfe hat eine allgemein übliche Kleidung zu tragen. Nur soweit Sicherheitsbedenken, hygienische Gründe oder besondere betriebliche Belange bestehen, kann der Arbeitgeber eine bestimmte Kleidung oder Haartracht verlangen. So hat sich ein Handlungsgehilfe in einem Modegeschäft oder einer Bank mit Kundenkontakt sorgfältig zu kleiden. Bloße subjektive Anschauungen des Arbeitgebers zu einer bestimm-

[453] MünchHdbArbR/*Blomeyer* § 51 RdNr. 96 ff.; *Schaub* § 53 II 2.

[454] MünchHdbArbR/*Blomeyer* § 51 RdNr. 5.

[455] BAG AP BPersVG § 75 Nr. 20; *Dietz/Richardi* BetrVG § 87 RdNr. 145.

[456] LAG München BB 1976, 465; *Galperin/Löwisch* § 87 RdNr. 59 a; *v. Hoyningen-Huene* DB 1995, 142 ff.

[457] MünchHdbArbR/*Blomeyer* § 52 RdNr. 3 ff.

[458] BAG AP BGB § 626 Nr. 66; Heymann/*Henssler* RdNr. 70.

[459] MünchHdbArbR/*Blomeyer* § 51 RdNr. 101; *Schaub* § 55 I 3. – **AA** Schlegelberger/*Schröder* RdNr. 39 aE; zu Meinungsäußerungen vgl. RdNr. 260.

[460] Dazu MünchHdbArbR/*Blomeyer* § 51 RdNr. 51 ff.

[461] BAG § 70 Nr. 2; LAG Baden-Württemberg EzA KSchG § 1 Verhaltensbedingte Kündigung Nr. 8 mit abl. Anm. *Weiss*; siehe auch *Denck* DB 1980, 2132.

ten Kleidung oder Haartracht sind freilich unbeachtlich.[462] Generelle Regeln über Kleidung im Betrieb bedürfen nach § 87 Abs. 1 Nr. 1 BetrVG der Mitbestimmung des Betriebsrats.[463]

260   Die **Meinungsfreiheit** (Art. 5 GG) des Handlungsgehilfen ist aufgrund der Treuepflicht eingeschränkt. Meinungsäußerungen haben zu unterbleiben, wenn sie zu einer schweren und ernstlichen Gefährdung der übrigen Handlungsgehilfen im Betrieb oder der Zwecke und Interessen des Arbeitgebers führen würden.[464] Die Interessen des Handlungsgehilfen und die des Betriebs müssen dabei im Einzelfall gegeneinander abgewogen werden. Diese Grundsätze gelten auch für die Zulässigkeit des Tragens politischer Plaketten im Betrieb.[465] Betriebsratsmitgliedern ist gemäß § 74 Abs. 2 Satz 3 BetrVG•jede parteipolitische Betätigung untersagt.[466]

261   **Nebentätigkeiten** des Handlungsgehilfen sind nur zulässig, soweit der Handlungsgehilfe nicht im Handelszweige seines Arbeitgebers Geschäfte macht. Nach § 60 darf der Handlungsgehilfe ohne Einwilligung seines Arbeitgebers nämlich weder ein Handelsgewerbe betreiben noch in dem Handelszweige des Arbeitgebers für eigene oder fremde Rechnung Geschäfte machen (dazu Kommentierung zu § 60). Anderweitige Nebentätigkeiten sind wegen der verfassungsrechtlich durch Art. 12 GG garantierten Berufsfreiheit zulässig, soweit nicht gegen berechtigte Interessen des Arbeitgebers verstoßen wird. **Nebentätigkeitsverbote** in Anstellungsverträgen sind insoweit nur wirksam, wie der Arbeitgeber daran ein berechtigtes Interesse hat.[467] Pflichten zur Anzeige von Nebentätigkeiten bestehen grundsätzlich nicht,[468] soweit nicht Tarifverträge derartiges zulässigerweise vorsehen (zB § 11 BAT).

262   **Nebenbeschäftigungen während der Arbeitszeit** wie Radiohören, Essen, Trinken, Gewerkschaftswerbung, Flugblätterverteilen oder private Unterhaltungen mit Arbeitskollegen, sind grundsätzlich unzulässig. Dies ergibt sich daraus, daß Inhalt der Anstellung die Leistung der Dienste ist und daß daneben andere Tätigkeiten grundsätzlich nicht in Betracht kommen.[469] Ausgenommen von diesem Grundsatz sind lediglich solche Tätigkeiten, die notwendigerweise neben der Erbringung der Arbeitsleistung anfallen (Atmen) oder einem natürlichen Bedürfnis entspringen (Gang zur Toilette). Jede Regelung, die arbeitsbegleitende Tätigkeiten gestattet oder untersagt, stellt sich damit als Konkretisierung der Art und Weise der Arbeitserbringung und damit als Regelung des Arbeitsverhaltens dar.[470] Aus diesem Grunde unterliegen entsprechende Anordnungen des Arbeitgebers auch nicht der Mitbestimmung des Betriebsrats nach § 87 Abs. 1 Nr. 1 BetrVG.[471]

263   **Unzulässig** ist auch die **Verteilung gewerkschaftlicher Werbe- und Informationsschriften** oder Betätigung als gewerkschaftlicher Vertrauensmann während der Arbeitszeit. Da Werbetätigkeit nicht zum Kernbereich der koalitionsmäßigen Betätigung gehört, ist sie nicht durch Art. 9 Abs. 3 GG geschützt. Darauf, ob durch eine solche Werbetätigkeit Arbeitsabläufe gestört werden, kommt es nicht an.[472]

[462] ArbG Essen BB 1966, 861; ArbG Bayreuth BB 1972, 175; *Wiese* UFITA 1972, 145 ff.; *Hanau/Adomeit* Arbeitsrecht B II 2.

[463] Dazu BAG AP BetrVG 1972 § 87 Ordnung des Betriebes Nr. 15; BAG EzA BetrVG 1972 § 87 Betriebliche Ordnung Nr. 20 mit Anm. *v. Hoyningen-Huene.*

[464] BAG AP BGB § 134 Nr. 2.

[465] BAG BB 1983, 2257; *Buchner* ZfA 1982, 49; *v. Hoyningen-Huene/Hofmann* BB 1984, 1050; *Mummenhof* DB 1981, 2539; *Söllner*, FS für Herschel, 1983, S. 389.

[466] Vgl. hierzu ausführlich *R. Hofmann*, Verbot der parteipolitischen Betätigung im Betrieb, 1984.

[467] BAG AP BGB § 626 Nr. 60, 68; BAG AP § 60 HGB Nr. 4 unter I 3 c der Gründe; zum Ganzen MünchHdbArbR/*Blomeyer* § 53.

[468] Enger MünchHdbArbR/*Blomeyer* § 53 Rd-Nr. 8.

[469] BAG AP BetrVG 1972 § 87 Ordnung des Betriebes Nr. 10 mit Anm. *v. Hoyningen-Huene.*

[470] BAG AP BetrVG 1972 § 87 Ordnung des Betriebes Nr. 10 mit Anm. *v. Hoyningen-Huene;* zum Radiohören *Hromadka* DB 1986, 1573 ff.

[471] AA BAG AP BetrVG 1972 § 87 Ordnung des Betriebes Nr. 10 mit insoweit abl. Anm. *v. Hoyningen-Huene* m. weit. Nachw.

[472] So BAG AR-Blattei Vereinigungsfreiheit Entsch. 11 mit Anm. *v. Hoyningen-Huene/Hofmann;* ähnlich BAG AR-Blattei Vereinigungsfreiheit Entsch. 13 mit Anm. *v. Hoyningen-Huene;* BAG AR-Blattei ES 20 Nr. 23 mit Anm. *v. Hoyningen-Huene;* enger BVerfG BB 1996, 590.

Handlungsgehilfen haben auch **Notarbeiten während des Arbeitskampfes** durchzufüh-   **264**
ren; dies ist Teil der Treuepflicht aus dem Anstellungsverhältnis.[473] Zu den Erhaltungsar-
beiten, die während eines Arbeitskampfs ausgeführt werden, gehören Arbeiten zum Schutz
des Betriebs, zur Erhaltung der Betriebsanlagen sowie zur Sicherung empfindlicher Rohstoffe und Fertigwaren (Lebensmittel).[474]

An die **Presse** oder an die **Öffentlichkeit** darf sich der Handlungsgehilfe wegen angebli-   **265**
cher Mißstände im Betrieb nur dann wenden, wenn er alle geeigneten Möglichkeiten
innerhalb des Betriebs zur Abwendung dieser Mißstände ausgeschöpft hat.[475] Gegebenenfalls hat der Handlungsgehilfe den Betriebsrat nach § 85 BetrVG zu unterrichten.[476]

Dem Handlungsgehilfen kann durch ein **Rauchverbot** des Arbeitgebers verboten wer-   **266**
den, während der Arbeitszeit zu rauchen.[477] Ein solches Rauchverbot kann zur Verhütung
von Brandgefahr, Intensivierung der Arbeitsleistung, Vermeidung der Verunreinigung von
Arbeitserzeugnissen und der Verhinderung von Belästigungen der Mitarbeiter angeordnet
werden (vgl. auch RdNr. 409). Es unterliegt nach § 87 Abs. 1 Nr. 1 BetrVG der Mitbestimmung des Betriebsrats, sofern es nicht auf gesetzlichen Bestimmungen beruht.[478] In
Kantinen ist ein bestimmter Bereich für Nichtraucher zu reservieren. Dies ergibt sich aus
der in § 62 Abs. 1 normierten Fürsorgepflicht des Arbeitgebers.[479]

Grundsätzlich   sind dem Handlungsgehilfen **private Telefongespräche** verboten. Im   **267**
Anstellungsvertrag kann freilich etwas anderes vereinbart oder durch betriebliche Übung
gestattet sein. Der Handlungsgehilfe muß daher die Unterbrechung privater Telefongespräche mittels Aufschaltanlage des Arbeitgebers hinnehmen, wenn dies angemessene Zeit
zuvor durch einen Summton angekündigt wird.[480] Umstritten ist die Zulässigkeit des Ein-
baus von Abhöreinrichtungen.[481] Die Erfassung von Daten über die von Handlungsgehilfen geführten Telefongesprächen unterliegt der Mitbestimmung des Betriebsrats nach § 87
Abs. 1 Nr. 6 BetrVG. Nach Auffassung des BAG bestehen auch gegen die Erfassung der
Zielnummer des Angerufenen keine datenschutzrechtlichen Bedenken.[482] Rechtsgrundlage
nach § 4 BDSG 1990 für den Eingriff in die Rechte des Arbeitnehmers kann dabei auch
eine Betriebsvereinbarung sein.[483]

5. Rechtsfolgen bei Verstößen gegen Nebenpflichten. Verstößt der Handlungsgehilfe   **268**
gegen die ihm obliegenden Nebenpflichten, so treffen ihn grundsätzlich die gleichen Folgen wie bei einem **Verstoß gegen die Arbeitspflicht** (vgl. RdNr. 207 ff.). Das bedeutet,
daß der Arbeitgeber die Möglichkeit hat, den Handlungsgehilfen abzumahnen und ihm
gegebenenfalls verhaltensbedingt zu kündigen.[484] Daneben kann er bei Vorliegen der entsprechenden Voraussetzungen eine Betriebsbuße festsetzen oder Schadensersatz fordern
(vgl. RdNr. 211, 215). Bei Schmiergeldempfang und bei verbotenem Wettbewerb besteht
auch ein Anspruch auf Herausgabe des erlangten Gewinns und ein Eintrittsrecht in die
abgeschlossenen Geschäfte, §§ 687 Abs. 2 Satz 1, 681, 667 BGB; § 61 Abs. 1. Wegen der
Einzelheiten vgl. Kommentierung zu § 61.

---

[473] BAG GS AP GG Art. 9 Arbeitskampf Nr. 43;
Brox/Rüthers Arbeitskampfrecht RdNr. 291; *Söllner*
Arbeitsrecht § 13 II 2.
[474] BAG AP GG Art. 9 Arbeitskampf Nr. 74 =
NJW 1982, 2835; *Büchner,* Die Streikarbeit in der
Arbeitskampfordnung, 1987; *Hirschberg* RdA 1986,
355 m. weit. Nachw.
[475] MünchHdbArbR/*Blomeyer* § 51 RdNr. 51 ff.
[476] *Schaub* § 53 II 8.
[477] BVerwG NJW 1985, 876; MünchHdbArbR/
Blomeyer § 51 RdNr. 9 ff.; *Schaub* § 55 II 2 b.
[478] *Fitting/Auffarth/Kaiser/Heither* BetrVG § 87
RdNr. 34.
[479] Wegen der Einzelheiten siehe Kommentierung zu § 62.

[480] BAG AP BGB § 611 Persönlichkeitsrecht
Nr. 1; *Färber/Kappes* BB 1986, 520; *Schulin/Babel*
NZA 1986, 46.
[481] Verneinend *Wiese* ZfA 1971, 287; *Schaub* § 55
II 4; bejahend LAG Baden-Württemberg AP BGB
§ 611 Persönlichkeitsrecht Nr. 2; MünchHdbArbR/
Blomeyer § 95 RdNr. 10.
[482] BAG AP BetrVG 1972 § 87 Überwachung
Nr. 15.
[483] BAG AP BetrVG 1972 § 87 Überwachung
Nr. 15 unter B II 3 b aa der Gründe; *Fit-
ting/Auffarth/Kaiser/Heither* BetrVG § 83 RdNr. 28;
Simitis/Dammann/Mallmann/Reh BDSG 1981 § 3
RdNr. 5 m. weit. Nachw.
[484] Vgl. zB BAG AR-Blattei ES 20 Nr. 23 mit
Anm. *v. Hoyningen-Huene.*

VII. Vergütungsanspruch des Handlungsgehilfen

269   **1. Überblick.** Nach § 59 muß der Handlungsgehilfe gegen **Entgelt** angestellt sein. Leistet ein kaufmännischer Angestellter unentgeltlich kaufmännische Dienste, so kann er zwar Arbeitnehmer, aber nicht Handlungsgehilfe sein. Denn die Beschäftigung gegen Entgelt ist nicht konstitutives Merkmal für Arbeitnehmer (vgl. § 612 Abs. 1 BGB),[485] wohl aber für Handlungsgehilfen nach § 59. Ist über das Entgelt keine Vereinbarung getroffen worden, also auch nicht ausdrücklich die Unentgeltlichkeit der Beschäftigung vereinbart worden, so hat der Handlungsgehilfe gemäß § 59 Satz 1 aE die dem Ortsgebrauch entsprechende Vergütung zu beanspruchen, hilfsweise die angemessene Vergütung (Satz 2).

270   Die **Höhe des Entgelts** richtet sich grundsätzlich nach der im Anstellungsvertrag getroffenen Vereinbarung zwischen Arbeitgeber und Handlungsgehilfen. Einen vorgegebenen „gerechten Lohn"[486] für die geleisteten Dienste gibt es nicht. Arbeitgeber und Handlungsgehilfe haben vielmehr den Preis für die Dienstleistung auszuhandeln. Dabei haben sie freilich verschiedene vorrangige Vergütungsregelungen zu beachten.

271   **2. Vorrangige normative Vergütungsregelungen.** Entgeltvereinbarungen zwischen Arbeitgeber und Handlungsgehilfen haben sich in den Grenzen der **gesetzlichen Bestimmungen** zu halten. Diese geben aber nur einen äußeren Rahmen vor.

272   **a) Lohnwucher und Mindestlohn.** Eine Grenze für Entgeltvereinbarungen stellt zunächst § 138 BGB dar, wonach in den Fällen des Lohnwuchers die Vergütungsvereinbarung nichtig ist.[487] Weitergehende gesetzliche Regelungen, welche die Höhe des Entgelts festlegen, gibt es nicht. Es gibt insbesondere **kein Mindestlohngesetz**, wie etwa in den USA, Japan oder Frankreich. Von der Möglichkeit, nach dem Gesetz über die Festlegung von Mindestarbeitsbedingungen von 1952 (BGBl. I S. 17) durch Rechtsverordnung einen Mindestlohn festzusetzen, wurde bisher noch kein Gebrauch gemacht. Der Grund hierfür liegt darin, daß es ein umfangreiches Netz von Tarifverträgen gibt, welche die Entgeltfragen angemessen regeln. Nach **Art. 4 Abs. 1 Nr. 1 der Europäischen Sozialcharta** (BGBl. 1964 II S. 1262) über ein gerechtes Arbeitsentgelt haben die Mitgliedstaaten der EU dafür zu sorgen, daß das Recht der Arbeitnehmer auf ein Arbeitsentgelt anerkannt wird, welches ausreicht, um ihnen und ihren Familien einen angemessenen Lebensstandard zu sichern. Die innerstaatliche Wirkung der Sozialcharta ist allerdings umstritten;[488] außerdem läßt sich die Höhe eines gerechten Arbeitsentgelts nur schwer ermitteln (siehe auch RdNr. 270).

273   **b) Lohngleichheit, § 612 Abs. 3 BGB.** Weiterhin darf bei der Vergütung für gleiche oder gleichwertige Dienste nach § 612 Abs. 3 BGB nicht wegen des Geschlechts des Handlungsgehilfen eine geringere Vergütung vereinbart werden als bei einem Handlungsgehilfen des anderen Geschlechts. Es gilt der Grundsatz der Lohngleichheit für Mann und Frau. § 612 Abs. 3 BGB geht zurück auf Art. 119 EWG-Vertrag, der die Unterzeichnerstaaten verpflichtet hat, den Grundsatz der Lohngleichheit in ihre Rechtsordnungen einzuführen und aufrechtzuerhalten. Vor Inkrafttreten des § 612 Abs. 3 BGB war der Grundsatz der Lohngleichheit bereits in der Rechtsprechung des BAG anerkannt.[489] Er wurde seinerzeit aus Art. 3 Abs. 2 GG hergeleitet.[490] Daneben werden in § 75 Abs. 1 BetrVG Arbeitgeber und Betriebsrat verpflichtet, darüber zu wachen, daß eine unterschiedliche Behandlung wegen des Geschlechts unterbleibt.

---

[485] Ebenso *v. Hoyningen-Huene* Anm. zu BAG AP BGB § 612 Nr. 29 unter 2 d; *Hueck/Nipperdey* Arbeitsrecht I S. 48.

[486] Vgl. dazu MünchHdbArbR/*Hanau* § 61 RdNr. 3; *Mayer-Maly,* FS für Demelius, 1973, S. 139 ff.

[487] BAG AP BGB § 138 Nr. 2; LAG Bremen AP BGB § 138 Nr. 33 (Stundenlohn von DM 1,04 1977 sittenwidrig); LAG Düsseldorf DB 1978, 165 (Bruttomonatsgehalt für Büroangestellte von

DM 550.- sittenwidrig); LAG Rheinland-Pfalz NZA 1986, 293; MünchHdbArbR/*Hanau* § 61 RdNr. 4 ff.

[488] Offen gelassen von BVerfG NJW 1982, 815, 817.

[489] BAG AP GG Art. 3 Nr. 3, 6, 16, 17, 18, 68, 69, 70.

[490] BAG AP BGB § 242 Gleichbehandlung Nr. 39 m. weit. Nachw.

An den Grundsatz der Lohngleichheit von Mann und Frau ist der Arbeitgeber bei allen **Grundvergütungen, Zulagen,** wie Erschwernis- und Leistungszulagen,[491] Sachbezügen und Sondervergütungen wie Gratifikationen,[492] Prämien und Ruhegeldern,[493] familienbezogene Leistungen, Ehefrauenzulagen,[494] allgemeinen Lohn- und Gehaltserhöhungen gebunden.[495] Nachtschicht- und Wechseldienstzulagen brauchen dann nicht an Frauen gezahlt zu werden, wenn diese keine Nachtschicht oder keinen Wechseldienst leisten.[496] Arbeitsmarktzulagen, die gezahlt werden, weil sonst männliche Arbeitnehmer nicht angeworben werden können, sind nach Auffassung des BAG zulässig.[497] Höhere Löhne für Männer auf Grund der muskelmäßigen Anstrengung sind zulässig,[498] was bei Handlungsgehilfen aber kaum einschlägig sein dürfte. 274

Der Grundsatz der Lohngleichheit von Mann und Frau gilt auch bei der **betrieblichen Altersversorgung**. Danach ist als unzulässige Frauenbenachteiligung der Ausschluß von Teilzeitbeschäftigten unzulässig, wenn hiervon überwiegend Frauen betroffen werden und für den Ausschluß sonst kein sachlicher Grund vorhanden ist.[499] 275

c) **Teilzeitarbeitnehmer.** Nach § 2 Abs. 1 BeschFG darf der Arbeitgeber einen teilzeitbeschäftigten Handlungsgehilfen nicht wegen der Teilzeitarbeit gegenüber vollzeitbeschäftigten Arbeitnehmern unterschiedlich behandeln (siehe auch RdNr. 140). Daraus leiten die Rechtsprechung und hM ab, daß auch vertragliche Vergütungsvereinbarungen bei Teilzeitbeschäftigten nach den Grundsätzen der Gleichbehandlung erfolgen müssen.[500] Danach müssen teilzeitbeschäftigte Handlungsgehilfen grundsätzlich die proportional gleiche Arbeitsvergütung erhalten wie Vollzeitbeschäftigte. Diese Auffassung ist allerdings problematisch, weil der Gesetzgeber in § 2 Abs. 1 BeschFG ausdrücklich von der „Behandlung" von Arbeitnehmern spricht, was nur die einseitige Gewährung von Leistungen betreffen kann; denn andere Gleichbehandlungsregelungen erwähnen ausdrücklich die Vereinbarungen (zB §§ 611 a Abs. 1 Satz 1, 612 Abs. 3 BGB). Richtigerweise müßte daher mit teilzeitbeschäftigten Handlungsgehilfen eine unterproportionale Vergütungsvereinbarung zulässig sein.[501] Ein Anspruch auf Überstundenzuschläge (RdNr. 298) besteht für Teilzeitbeschäftigte nicht.[502] 276

d) **Tarifvertragliche Regelungen.** Sind sowohl Arbeitgeber als auch der Handlungsgehilfe tarifgebunden, so richtet sich die Mindesthöhe des Entgelts nach dem einschlägigen Tarifvertrag (vgl. Vor § 59 RdNr. 26). Von der tarifvertraglichen Entgeltregelung darf gemäß § 4 Abs. 3 TVG nur zugunsten des Handlungsgehilfen abgewichen werden. Das bedeutet, daß einzelvertraglich mit dem Handlungsgehilfen nur ein höheres Entgelt vereinbart werden kann, als tarifvertraglich festgelegt ist. 277

In der Praxis gilt die tarifliche Vergütung häufig auch für nicht tarifgebundene Handlungsgehilfen, da im Anstellungsvertrag oft auf den jeweils geltenden Tarifvertrag **Bezug genommen** wird (vgl. Vor § 59 RdNr. 28).[503] Durch die Bezugnahme im Anstellungsvertrag auf den Tarifvertrag ist auf das Anstellungsverhältnis das Tarifrecht in gleicher Weise anzuwenden, wie wenn zwischen Arbeitgeber und Handlungsgehilfen eine Tarifbindung bestünde.[504] 278

---

[491] BAG AP GG Art. 3 Nr. 117; AP BGB § 242 Gleichbehandlung Nr. 53 = NJW 1983, 190.

[492] BAG AP GG Art. 3 Nr. 68; AP BGB § 242 Gleichbehandlung Nr. 39.

[493] EG-Richtlinie 378/86 vom 24. 7. 1986.

[494] BAG AP GG Art. 3 Nr. 136 = SAE 1986, 161 mit Anm. *Scholz* = BB 1986, 1985.

[495] BAG GG Art. 3 Nr. 4, 7, 16, 87; AP BGB § 242 Gleichbehandlung Nr. 36, 37, 38, 39, 40.

[496] Ebenso LAG Rheinland-Pfalz EzA GG Art. 3 Nr. 7.

[497] BAG AP BGB § 242 Gleichbehandlung Nr. 53 = NJW 1983, 190.

[498] EuGH AP EWG-Vertrag Art. 119 Nr. 13.

[499] EuGH AP EWG-Vertrag Art. 119 Nr. 2; BAG AP EWG-Vertrag Art. 119 Nr. 3.

[500] BAG AP BeschFG 1985 § 2 Nr. 2; MünchHdbArbR/*Schüren* § 157 RdNr. 62 m. weit. Nachw.

[501] So schon *v. Hoyningen-Huene* NJW 1985, 1803.

[502] EuGH BB 1995, 153.

[503] Dazu *v. Hoyningen-Huene* RdA 1974, 138; *Wiedemann/Stumpf* TVG § 3 RdNr. 84 ff.

[504] *Schaub* § 208 III 5.

279   **e) Betriebsvereinbarungen.** Neben den tarifvertraglichen Vereinbarungen kann auf betrieblicher Ebene durch Betriebsvereinbarungen (dazu Vor § 59 RdNr. 29) zwischen Arbeitgeber und Betriebsrat nach § 87 Abs. 1 Nr. 10 und 11 BetrVG eine normative Vergütungsregelung festgelegt werden. Regelungsgegenstand von Betriebsvereinbarungen nach § 87 Abs. 1 Nr. 10 und 11 BetrVG sind aber nur generelle Lohngrundsätze, nicht jedoch Einzelregelungen.[505] Derartige Betriebsvereinbarungen sind auch nicht durch den Tarifvorrang in § 77 Abs. 3 BetrVG ausgeschlossen, weil nach der jetzt herrschenden Vorrangtheorie im Bereich der Mitbestimmung nach § 87 Abs. 1 Nr. 10 BetrVG auch Betriebsvereinbarungen trotz § 77 Abs. 3 BetrVG zulässig sind.[506]

280   Von Bedeutung ist die **Mitbestimmung nach § 87 Abs. 1 Nr. 10 BetrVG** insbesondere bei der Gewährung übertariflicher Zulagen und Regelungen für außertarifliche Angestellte (sog. AT-Angestellte).[507] Die Mitbestimmung nach **§ 87 Abs. 1 Nr. 11 BetrVG** bezieht sich auf alle Entgeltformen, bei denen eine Leistung des Handlungsgehilfen gemessen, mit einer Bezugsleistung verglichen wird und sich die Höhe der Vergütung nach dem Verhältnis der Leistung des Handlungsgehilfen zur Bezugsleistung ergibt.[508] Das gilt insbesondere für Prämien und Provisionen (§ 65).[509] Hieran fehlt es aber bei der reinen Abschlußprovision.[510]

281   Von den durch Betriebsvereinbarung getroffenen Vergütungsregelungen sind **einzelvertragliche Abweichungen** zugunsten des einzelnen Handlungsgehilfen zulässig.[511] Das hat namentlich zur Folge, daß einzelvertraglich nicht geringere übertarifliche Zulagen vereinbart werden können, als durch Betriebsvereinbarung für die übrigen Arbeitnehmer vorgesehen sind.

282   **3. Grundsatz der gleichmäßigen Behandlung.** Bei der Zahlung des Arbeitsentgelts hat der Arbeitgeber unter bestimmten Voraussetzungen den Grundsatz der gleichmäßigen Behandlung zu beachten.[512] Das bedeutet, daß der Arbeitgeber bei der Gewährung freiwilliger Leistungen durch allgemeine Arbeitsbedingungen (Formulararbeitsvertrag, betriebliche Übung, Gesamtzusage; vgl. Vor § 59 RdNr. 30 ff.) einzelne Handlungsgehilfen gegenüber anderen, die sich in vergleichbarer Lage befinden, nicht willkürlich, dh aufgrund sachfremder Erwägungen, schlechter stellen darf, zB Arbeiter und Angestellte.[513] Zulässig sind aber sachgerechte Differenzierungen, zB der Ausschluß von Sonderleistungen gegenüber gekündigten Arbeitnehmern.[514]

283   **a) Erfordernis einer generellen Regelung.** Voraussetzung für die Anwendung des Gleichbehandlungsgrundsatzes ist zunächst eine vergleichbare Lage mehrerer Handlungsgehilfen. Erforderlich ist weiterhin, daß die Vergütungsregelung auf einer generellen Grundlage beruht, die über die individuell ausgehandelte Entgeltvereinbarung hinausgeht. Der Gleichbehandlungsgrundsatz findet daher **keine Anwendung**, wenn Arbeitgeber und

---

[505] v. Hoyningen-Huene BetrVR § 12 II 10 und 11.
[506] BAG GS AP BetrVG 1972 § 87 Lohngestaltung Nr. 51 unter C 1 4; v. Hoyningen-Huene BetrVR § 12 I 2 b.
[507] BAG DB 1986, 914 unter Aufgabe der früheren Rechtsprechung in SAE 1985, 290 mit abl. Anm. v. Hoyningen-Huene. Vgl. auch BAG DB 1987, 1096; 1988, 556.
[508] BAG AP BetrVG 1972 § 87 Provision Nr. 2 mit Anm. Schulze-Osterloh = EzA BetrVG 1972 § 87 Leistungslohn Nr. 4 mit Anm. Gaul = SAE 1982, 113 mit Anm. Löwisch = BB 1982, 1050; Fitting/Auffarth/Kaiser/Heither BetrVG § 87 RdNr. 140.
[509] BAG AP BetrVG 1972 § 87 Provision Nr. 6; BAG AP BetrVG 1972 § 87 Prämie Nr. 8; BAG AP BetrVG 1972 § 87 Lohngestaltung Nr. 37.
[510] BAG AP BetrVG 1972 § 87 Provision Nr. 4 mit Anm. Hanau = SAE 1985, 120 mit Anm. Meisel

= NZA 1984, 296; unter Aufgabe der früheren Rechtsprechung BAG AP BetrVG 1972 § 87 Provision Nr. 1.
[511] BAG GS NZA 1987, 775; BAG AP BGB § 242 Nr. 102 Gleichbehandlung Nr. 102; Fitting/Auffarth/Kaiser/Heither BetrVG § 77 RdNr. 40 ff.
[512] BAG AP GG Art. 3 Nr. 117; AP BGB § 242 Gleichbehandlung Nr. 3, 4, 15, 37, 39, 54; grundlegend G. Hueck, Der Grundsatz der gleichmäßigen Behandlung im Privatrecht, 1958; Mayer-Maly, AR-Blattei Gleichbehandlung im Arbeitsverhältnis I, 1975; MünchHdbArbR/Richardi § 14 RdNr. 6 ff.; Schaub § 112; ders. NZA 1984, 73.
[513] Vgl. BAG AP BGB § 242 Nr. 68 Gleichbehandlung.
[514] BAG AP BGB § 611 Gratifikation Nr. 137 und 138.

Handlungsgehilfe die Entgeltfragen einzelvertraglich umfassend ausgehandelt haben.[515] Es gilt der Grundsatz: **Einzelvertrag bricht Gleichbehandlung,** soweit nicht zwingende gesetzliche oder tarifliche Gleichbehandlungsgebote bestehen (zB § 612 Abs. 3 BGB für Männer und Frauen).[516]

b) Betriebs- oder Unternehmensbezug. Ob der Gleichbehandlungsgrundsatz nur be- **284** triebs- oder auch unternehmensbezogen ist, wird von der Rechtsprechung unterschiedlich beantwortet.[517] Nicht anwendbar ist der Gleichbehandlungsgrundsatz jedenfalls im Konzern.[518]

c) Verbot der Schlechterstellung. Der Gleichbehandlungsgrundsatz verbietet lediglich **285** eine Schlechterstellung einzelner Handlungsgehilfen, er verhindert dagegen nicht eine Begünstigung bestimmter Handlungsgehilfen.[519] Der Arbeitgeber ist grundsätzlich nicht verpflichtet, zwischen **tarifgebundenen und nichttarifgebundenen Handlungsgehilfen** eine Gleichbehandlung vorzunehmen.[520] Dagegen hat der Arbeitgeber einseitig festgelegte, außer- und übertarifliche Leistungen nach dem Grundsatz der gleichmäßigen Behandlung tarif- wie nichttarifgebundenen Handlungsgehilfen in gleichem Umfang zu gewähren. Eine Unterscheidung nach Gewerkschaftszugehörigkeit wäre hier eine sachfremde Erwägung.

d) Rechtsfolgen bei Verstößen gegen den Gleichbehandlungsgrundsatz. Verstößt der **286** Arbeitgeber gegen den Grundsatz der gleichmäßigen Behandlung, so ist die Maßnahme nach § 134 BGB **unwirksam.** Das hat regelmäßig zur Folge, daß die von der Grundregel ausgenommene Gruppe in diese einbezogen wird und damit die **gleichen Ansprüche** erlangt wie die andere Gruppe.[521] Dieser Grundsatz gilt freilich nach der Rechtsprechung nicht uneingeschränkt. Es finden sich auch Entscheidungen, nach denen bei einem Verstoß gegen den Grundsatz der Gleichbehandlung die Gesamtregelung unwirksam ist.[522] Eine **Gehaltserhöhung** kann regelmäßig dann aufgrund des Gleichbehandlungsgrundsatzes verlangt werden, wenn der Arbeitgeber zu einem bestimmten Zeitpunkt die Gehälter der tariflichen oder außertariflichen Handlungsgehilfen allgemein erhöht (sog. Lohnwelle). Mit linearen Gehaltserhöhungen sollen im allgemeinen die Preissteigerungen ausgeglichen werden und nicht individuelle Leistungen honoriert werden.[523]

4. Die Vereinbarung der Vergütung. Das HGB regelt nicht die Art der Vergütung, die **287** der Handlungsgehilfe nach § 59 beanspruchen kann. Es herrscht hier **weitgehend Vertragsfreiheit** mit sehr vielfältigen Gestaltungsmöglichkeiten.

a) Monatliches Festgehalt. Soweit nicht bestimmte, zB tarifvertragliche Verpflichtungen **288** zur Regelung des Arbeitsentgelts bestehen, sind Arbeitgeber und Handlungsgehilfe **grundsätzlich frei, Art und Höhe des Entgelts** zu vereinbaren.[524] Im Regelfall wird ein tarifliches Gehalt zugrunde gelegt und eine übertarifliche Zulage gewährt. Es kann aber von vornherein ein bestimmtes Gesamtgehalt vereinbart werden. Möglich sind insbesondere erfolgsbezogene Vergütungsbestandteile (§ 65). Die Vereinbarung der Vergütung im Einzelfall unterliegt nicht der Mitbestimmung des Betriebsrats.[525]

---

[515] BAG AP MTL II § 21 Nr. 2 = NZA 1985, 126.

[516] MünchHdbArbR/*Richardi* § 14 RdNr. 32 ff.; siehe auch oben RdNr. 273.

[517] Für einen Betriebsbezug BAG AP BGB § 242 Gleichbehandlung Nr. 54; für einen Unternehmensbezug BAG AP TVG § 1 Auslegung Nr. 117; BAG AP TVG § 1 Tarifverträge: Seniorität Nr. 6 mit Anm. *v. Hoyningen-Huene*; MünchHdbArbR/*Richardi* § 14 RdNr. 9; siehe auch BAG AP BGB § 242 Ruhegehalt Nr. 10.

[518] BAG EzA BGB § 242 Gleichbehandlung Nr. 44 = DB 1987, 693.

[519] BGH AP BGB § 242 Gleichbehandlung Nr. 35; BAG AP BGB § 242 Gleichbehandlung Nr. 4 und 5; AP KSchG 1969 § 2 Nr. 3 = NJW 1982, 2637.

[520] BAG AP TVG § 4 Nr. 7; dagegen aber BAG AP GG Art. 9 Nr. 13 und BVerfG AP EStG § 34 a Nr. 4.

[521] *Dütz* Arbeitsrecht RdNr. 50

[522] BAG AP BetrAVG § 1 Gleichbehandlung Nr. 18 = DB 1993, 169; *Zöllner/Loritz* Arbeitsrecht § 17 V 1.

[523] BAG AP BGB § 242 Gleichbehandlung Nr. 15, 32, 36, 40, 42, 44, 47, 51; BAG EzA § 242 BGB Gleichbehandlung Nr. 43 = NJW 1987, 1285.

[524] Zur Vergütung allgemein siehe MünchHdbArbR/*Hanau* § 60; Staudinger/*Richardi* § 611 RdNr. 531 ff.; *Schaub* §§ 66 ff.

[525] BAG AP BetrVG 1972 § 99 Nr. 74.

289   **b) Bruttovergütung.** Die Entgeltvereinbarung zwischen Arbeitgeber und Handlungsgehilfen bezieht sich regelmäßig auf die Bruttovergütung.[526] Das bedeutet, daß der Arbeitgeber von dem vereinbarten Entgelt die gesetzlichen Steuern und Arbeitnehmeranteile zur Sozialversicherung abziehen darf und muß.[527] Die Vereinbarung eines **Nettogehalts** bedarf einer ausdrücklichen Vereinbarung, die vom Handlungsgehilfen im Bestreitensfall zu beweisen ist.[528] Der Arbeitgeber hat bei einer Nettoentgeltvereinbarung zu dem vereinbarten Nettolohn die gesetzlichen Abzüge wie Lohnsteuer, Kirchensteuer und Arbeitnehmeranteil zur Sozialversicherung zusätzlich zu übernehmen.[529] Er darf daher bei einer Nettoentgeltvereinbarung die entsprechenden Beträge von der vereinbarten Vergütung nicht mehr abziehen.

290   **c) Sachleistungen.** Die Vergütung des Handlungsgehilfen muß freilich nicht unbedingt durch Zahlung einer Geldleistung erfolgen. Daneben oder stattdessen können auch Sachleistungen erbracht werden.[530] Das sog. Truckverbot des § 115 GewO, dh das Verbot, den Beschäftigten unter Anrechnung auf den Lohn Waren aus der eigenen Produktion zu geben, gilt dabei nicht für Handlungsgehilfen. Dies ergibt sich aus § 154 Abs. 1 Nr. 2 GewO, nach dem u. a. die Bestimmungen der §§ 113 bis 119 b GewO auf Handlungsgehilfen keine Anwendung finden. Stehen dem Handlungsgehilfen als Vergütung Naturalleistungen zu, so sind, sofern es sich dabei um nur der Gattung nach bestimmte Sachen handelt, **Sachen mittlerer Art und Güte** zu leisten, § 243 BGB. Können die vereinbarte Sachbezüge nicht gewährt werden, so ist an ihrer Stelle der Betrag zu leisten, der dem Wert der Sachleistung entspricht.

291   Sachleistungen sind **beispielsweise** die Gewährung von Deputaten in der Landwirtschaft, Kohlen im Bergbau[531] sowie die Überlassung von Wohnungen und Kraftfahrzeugen zur privaten Nutzung. Eine Naturalvergütung kann auch die Aufnahme des Handlungsgehilfen in die häusliche Gemeinschaft sein, also die Gewährung von Kost und Logis. Dabei ist zu beachten, daß dem Arbeitgeber in diesen Fällen nach § 62 Abs. 2 besondere Fürsorgepflichten obliegen. Zu den Sachleistungen zählt schließlich auch die Bereitstellung kostenloser Werksbusse für den Weg zur Arbeit.[532]

292   **Keine Naturalvergütung** ist dagegen die Berechtigung des Handlungsgehilfen, an betrieblichen Sozialeinrichtungen teilzunehmen. Zu den betrieblichen Sozialeinrichtungen zählen regelmäßig die Kantinenverpflegung, die Überlassung spezieller Dienst- oder Arbeitskleidung sowie die Überlassung einer Werkswohnung gegen Entgelt,[533] die der Mitbestimmung des Betriebsrats nach § 87 Abs. 1 Nr. 8 und 9 BetrVG unterliegen.

293   **d) Provisionen.** Statt eines festen Gehalts, das entweder in Geld oder in Form von Sachleistungen gewährt wird, können der Arbeitgeber und der Handlungsgehilfe nach § 65 auch vereinbaren, daß als Vergütung eine Provision bezahlt werden soll.[534] Die Höhe des Gehalts ist dann ganz oder teilweise abhängig von dem Wert der Geschäfte, die vom Handlungsgehilfen für den Arbeitgeber geschlossen oder vermittelt worden sind.

294   **e) Prämien und Tantiemen.** Zur Erhöhung der Vergütung kann der Arbeitgeber dem Handlungsgehilfen auch Prämien bezahlen.[535] Prämien werden zusätzlich zum Gehalt für einen bestimmten Erfolg bezahlt, so etwa bei Qualitäts-, Ersparnis- und Verkaufsprämien. Deren generelle Regelung unterliegt der Mitbestimmung des Betriebsrats nach § 87 Abs. 1 Nr. 10 und 11 BetrVG.

295   Eine besondere Prämienform stellt die sog. **Anwesenheitsprämie** dar. Anwesenheitsprämien sind Sondervergütungen, die dem Handlungsgehilfen über die Grundvergütung

---

[526] BAG AP BGB § 611 Lohngleichheit Nr. 13 (für Arbeiter).
[527] Dazu MünchHdbArbR/*Hanau* § 62.
[528] BAG AP BGB § 670 Nr. 15, 19.
[529] BAG AP BGB § 123 Nr. 27; LAG München DB 1980, 886; LAG Niedersachsen BB 1985, 272.
[530] Dazu MünchHdbArbR/*Hanau* § 68; *Schaub* § 68.

[531] Dazu BAG AP BetrVG 1972 § 77 Nr. 4 mit Anm. *Hanau.*
[532] BAG DB 1985, 1482.
[533] *Schaub* § 68 I 2.
[534] Wegen der Einzelheiten Kommentierung zu § 65.
[535] Hierzu *Schaub* § 65.

hinaus zugesagt sind, sofern er während eines bestimmten Zeitraums tatsächlich und ununterbrochen arbeitet.[536] Sie belohnt das tatsächliche Erscheinen am Arbeitsplatz mit einer Sonderleistung, um dem unberechtigten Fernbleiben (zB „Blauer Montag") entgegenzuwirken. Nach früherer Auffassung der Rechtsprechung ist die Anwesenheitsprämie Teil des Arbeitsentgelts und daher auch bei der Berechnung der Entgeltfortzahlung im Krankheitsfall zu gewähren.[537] Nach der neuesten Rechtsprechung des BAG ist jetzt bei Fehltagen eine Kürzung der Anwesenheitsprämie um 1/30 zulässig, wenn dies entsprechend vereinbart worden ist.[538]

Gelegentlich werden an Handlungsgehilfen auch **Tantiemen** (Gewinnbeteiligungen) **296** ausbezahlt.[539] Tantiemen sind eine Erfolgsvergütung, die einzelnen Handlungsgehilfen gewährt wird, um sie am Geschäftsergebnis zu interessieren. Von ihr zu unterscheiden ist die an die gesamte Belegschaft zur Anerkennung ihrer Dienste gezahlte Jahresabschlußvergütung, durch die eine stärkere Verbundenheit der Handlungsgehilfen zu dem Unternehmen erreicht werden soll. Die Tantieme wird in der Regel in Prozenten des jährlichen Reingewinns ausbezahlt.[540]

f) Freiwillige Zulagen und Zuschläge. Neben dem vertraglich oder tariflich festgeleg- **297** ten Gehalt werden häufig freiwillige Zulagen und Zuschläge aller Art gewährt, die oft auch unspezifisch als Gratifikationen bezeichnet werden (dazu unten RdNr. 303).[541] Zur Zahlung dieser Zulagen und Zuschläge besteht an sich keine rechtliche Verpflichtung (anders bei tariflichen Zulagen, zB Überstundenzuschlag), sie werden aber als Anreiz zur besseren Arbeitsleistung und zum Verbleiben im Betrieb erbracht. Die Zulagen sind danach zu unterscheiden, ob der Arbeitgeber mit ihnen besondere Leistungen des Handlungsgehilfen vergüten will, sonstige Zwecke verfolgt oder ob er mit ihnen lediglich das tariflich festgelegte Grundgehalt erhöhen möchte. Freiwillige Zulagen können insbesondere auch danach eingeteilt werden, ob sie die bisherige Betriebstreue belohnen (vergangenheitsorientiert) oder ob sie die zukünftige Bindung an den Betrieb sichern wollen (zukunftsorientiert).

Zu den Zuschlägen, mit denen eine **besondere Leistung** des Handlungsgehilfen vergütet **298** werden soll, zählen zunächst die Zulagen für ungünstige Arbeitszeiten, wie Nachtarbeitszuschläge, Schichtzuschläge, Sonn- und Feiertagszuschläge sowie Zuschläge für Mehrarbeit und Überstunden.[542] Zu diesen Zulagen für besondere Leistungen zählen auch Erschwerniszulagen, die etwa für die weite Entfernung der Arbeitsstelle vom Wohnsitz gewährt werden können.[543] Diese Entfernungszulagen sind freilich von den sog. Aufwandsentschädigungen und Auslösungen zu unterscheiden.[544] Schließlich kann eine Zulage auch für eine besonders gute Arbeitsleistung des Handlungsgehilfen gewährt werden.

Neben diesen Zulagen, mit denen besondere Zwecke verfolgt werden, gibt es auch **all-** **299** **gemeine Zulagen**, die lediglich die tarifliche Vergütung erhöhen sollen. Hierzu zählen neben allgemeinen Teuerungszulagen, Zulagen für Ehegatten, Kinder, höheres Lebensalter, Beihilfen bei Krankheit und Mutterschaft, Zuschüsse zur Krankenversicherung und die Erstattung eines Teils der Kontoführungsgebühren.[545] Häufig sind diese Zulagen aber bereits in Tarifverträgen geregelt.

---

[536] *Blanke/Diederich* AuR 1991, 321 ff.; *v. Hoyningen-Huene* BB 1992, 2138, 2142 f.; *Schaub* § 79; *Schwarz* AR-Blattei Anwesenheitsprämie, 1976.

[537] Zuletzt BAG AP BGB § 611 Anwesenheitsprämie Nr. 15 mit Anm. *Mayer-Maly*. – Kritisch *v. Hoyningen-Huene* BB 1992, 2143.

[538] BAG BB 1995, 312.

[539] Hierzu MünchHdbArbR/*Hanau* § 66 RdNr. 86 ff.; *Schaub* § 77.

[540] Zu den Einzelheiten *Lipke*, Gratifikation, Tantiemen, Sonderzulagen HzA Gruppe 3, S. 148 ff.

[541] Dazu allgemein *Schaub* § 78; *Knevels/Wagner*, Gratifikationen, Anwesenheits- und Treueprämien, Tantiemen, 3. Aufl. 1992.

[542] Zum Begriff Mehrarbeit und Überarbeit siehe RdNr. 197 ff. – Ob Überstunden überhaupt vergütet werden sollen, vgl. BAG NZA 1994, 1035.

[543] *Schaub* § 69 VI.

[544] Hierzu BAG AP AZO § 12 Nr. 6.

[545] Zur Mitbestimmung des Betriebsrats bei der Abgeltung der Kontenführungskosten nach § 87 Abs. 1 Nr. 4 BetrVG vgl. BAG AP BetrVG 1972 § 87 Auszahlung Nr. 1 mit Anm. *Wiedemann/Moll* = SAE 1978, 139 mit Anm. *Peterek* = EzA BetrVG 1972 § 87 Lohn und Arbeitsentgelt Nr. 6 mit Anm. *Klinkhammer* = BB 1977, 1199; Nr. 2 = AuR 1983, 60, 93 mit Anm. *Herschel* = BB 1983, 60.

300   Die **Unterscheidung** von solchen allgemeinen übertariflichen Zulagen und den Zulagen, die einer besonderen Zweckbestimmung unterworfen sind, ist von Bedeutung für die sog. **Anrechnung auf Tariflohnerhöhungen.** Zulagen, die einer besonderen Zweckbestimmung unterworfen sind, können ohne besondere vertragliche Vereinbarung grundsätzlich nicht auf Tariflohnerhöhungen angerechnet werden.[546] Demgegenüber sind nach hM übertarifliche Zulagen, mit denen nicht besondere Leistungen vergütet werden sollen, auf Tariflohnerhöhungen anrechnungsfähig.[547] Bei Tariflohnerhöhungen verringert sich der übertarifliche Lohnbestandteil automatisch um den Betrag der Tariflohnerhöhung, so daß in Wahrheit eine selbständige **Aufsaugung** der übertariflichen Lohnbestandteile erfolgt (vgl. RdNr. 342 ff.).[548]

301   Die Grundsätze über die Gewährung von Zulagen, gleichviel ob mit ihnen ein bestimmter Zweck verfolgt wird oder ob sie nur der allgemeinen Erhöhung des tariflich festgelegten Entgelts dienen, unterliegen nach § 87 Abs. 1 Nr. 10 BetrVG der **Mitbestimmung des Betriebsrats.** Die Gewährung von Zulagen im Einzelfall ist dagegen mitbestimmungsfrei.[549]

302   Wenn sich der Arbeitgeber zur Gewährung von Zulagen entschlossen hat, darf er nicht willkürlich einzelne Handlungsgehilfen davon ausnehmen; er muß vielmehr den **Gleichbehandlungsgrundsatz** beachten (RdNr. 282 ff.). In diesem Fall könnten also übergangene Handlungsgehilfen allein aus diesem Grunde einen Zahlungsanspruch geltend machen.

303   **g) Gratifikationen.** Außer laufenden Zulagen werden zur Erhöhung der Vergütung häufig einzelne Gratifikationen bezahlt. Darunter versteht man einzelne Sonderzuwendungen mit Entgeltcharakter, die der Arbeitgeber aus bestimmten Anlässen gewährt. Hierzu zählen Weihnachtsgratifikationen, Urlaubsgeld und Gaben zu Geschäfts- oder Dienstjubiläen. Sie sind Anerkennung für geleistete Dienste und Anreiz für weitere Dienstleistungen.[550] Von der Gratifikation zu unterscheiden ist das sog. **13. Monatsgehalt** oder sonstige in das Vergütungsgefüge eingebaute Sonderzuwendungen, durch die allein Leistungen in der Vergangenheit abgegolten werden sollen.

304   Ob mit einer **Zuwendung** nur **vergangene Dienste** abgegolten werden sollen oder sowohl vergangene als auch **künftige Betriebstreue belohnt** werden soll, ist durch **Auslegung** zu ermitteln. Soll allein die bewiesene Betriebstreue belohnt werden, so kommt dies regelmäßig darin zum Ausdruck, daß der Anspruch erst entsteht, wenn der Handlungsgehilfe innerhalb des Bezugszeitraumes eine bestimmte Zeitdauer dem Betrieb angehört hat und zu einem bestimmten Stichtag noch Handlungsgehilfe ist, oder daß die Zuwendung nur anteilig zur monatlichen Betriebszugehörigkeit bezahlt wird. Die Belohnung der zukünftigen Betriebstreue wird regelmäßig dadurch erreicht, daß Voraussetzung für die Leistung ist, daß der Handlungsgehilfe am Ende des Bezugszeitraumes in einem ungekündigten Anstellungsverhältnis steht oder daß er auch noch nach dem Bezugszeitraum bis zu einem bestimmten Stichtag des folgenden Jahres dem Betrieb angehört. Wird demgegenüber eine Leistung zugesagt, ohne weitere Voraussetzungen des Anspruchs zu benennen, so ist im Zweifel davon auszugehen, daß lediglich eine zusätzliche Vergütung für geleistete Arbeit innerhalb des Bezugszeitraumes bezweckt wird.[551]

---

[546] BAG EzA TVG § 4 Lohnerhöhung Nr. 4, 5 mit Anm. *v. Hoyningen-Huene.*

[547] BAG AP TVG § 4 Übertariflicher Lohn und Tariflohnerhöhung Nr. 8 mit Anm. *G. Hueck;* Nr. 9 mit Anm. *G. Hueck;* Nr. 10 mit Anm. *Wiedemann;* Nr. 11 mit Anm. *Wiedemann;* Nr. 12; Nr. 13 mit Anm. *Herschel;* Nr. 15; EzA § 4 Tariflohnerhöhung Nr. 6 mit Anm. *v. Hoyningen-Huene.*

[548] Hierzu ausführlich *v. Hoyningen-Huene* Anm. zu BAG EzA TVG § 4 Tariflohnerhöhung Nr. 6;

Wiedemann/Stumpf TVG § 4 RdNr. 253 ff.; *Ziepke* BB 1981, 61.

[549] Dazu grundlegend BAG GS AP BetrVG 1972 § 87 Lohngestaltung Nr. 51.

[550] BAG AP BGB § 611 Gratifikation Nr. 1 mit Anm. *A. Hueck;* Nr. 81 mit Anm. *Buchner;* Nr. 84 mit Anm. *Schwerdtner;* Nr. 92, 93, 98; Nr. 100 mit gem. Anm. *Herschel;* Nr. 122, 123.

[551] So zutreffend *Schaub* § 78 I 3.

Als **Rechtsgrundlage der Gratifikation** kommen tarifvertragliche Regelungen, Be- **305**
triebsvereinbarungen, einzelvertragliche Vereinbarungen, Gesamtzusagen sowie betriebliche Übung in Betracht.[552] Kraft betrieblicher Übung entsteht ein Gratifikationsanspruch
dann, wenn der Arbeitgeber eine Gratifikation dreimal vorbehaltlos zahlt und hierdurch die
Handlungsgehilfen darauf vertrauen, daß der Arbeitgeber auch künftig die Gratifikation
gewähren wird.[553]

Die **Einschränkung** oder **Rücknahme** von Gratifikationen ist daher nur möglich, wenn **306**
sich der Arbeitgeber bei der Gewährung ausdrücklich den Widerruf vorbehalten und er
erklärt hat, daß für die Zukunft keine Rechtsverpflichtung entstehen soll. In diesem Fall
entsteht auch bei dreimaliger Gewährung kein Rechtsanspruch.[554] Die Geltendmachung
des Widerrufsvorbehalts unterliegt dabei entgegen der hM grundsätzlich keiner Billigkeitskontrolle; denn die Billigkeit kann für sich allein keinen Rechtsanspruch erzeugen.[555] Fehlt
ein **Widerrufsvorbehalt**, so kann sich der Arbeitgeber von der Zahlungsverpflichtung für
eine Gratifikation nur einvernehmlich oder durch Änderungskündigung befreien.

h) Rückzahlungsklauseln bei Gratifikationen. In der Praxis werden Gratifikationszah- **307**
lungen häufig mit sog. Rückzahlungsklauseln verbunden.[556] Diese bedeuten, daß der
Handlungsgehilfe die gewährte Gratifikation zurückbezahlen muß, wenn er nach Erhalt der
Gratifikation aus dem Anstellungsverhältnis ausscheidet. Mit solchen Rückzahlungsklauseln
soll gewährleistet werden, daß der Handlungsgehilfe nicht sofort nach Erhalt der Gratifikation aus dem Betrieb ausscheidet. Denn durch die Gratifikation soll ja gerade die bisherige
und künftige Betriebstreue belohnt werden.

Rückzahlungsklauseln sind zulässig, soweit sie den Handlungsgehilfen **nicht übermäßig** **308**
lang an das Arbeitsverhältnis **binden**. Dazu hat das BAG im einzelnen folgende Regeln
aufgestellt:[557] Eine Gratifikation bis zu 200.– DM darf niemals mit einer Rückzahlungsklausel verbunden werden.[558] Darüber hinausgehende Gratifikationen bis zur Höhe eines Monatsgehalts können mit einer Betriebsbindung von 3 Monaten, Gratifikationen bis zur
Höhe von 2 Monatsgehältern mit einer Bindung von 6 Monaten kombiniert werden.
Erhält also beispielsweise ein Handlungsgehilfe eine Weihnachtsgratifikation in Höhe von
einem Monatsgehalt, so kann eine Rückzahlungsverpflichtung festgelegt werden, falls der
Handlungsgehilfe bis zum 31. März des Folgejahres ausscheidet.[559] Ein Handlungsgehilfe
mit gesetzlicher Kündigungsfrist von 4 Wochen zum Fünfzehnten oder Monatsende nach
§ 622 Abs. 1 BGB kann daher regelmäßig bis zum 30. 4. des Folgejahres an den Betrieb
gebunden werden.[560]

Setzt sich eine Gratifikation aus einem **tarifvertraglich** geregelten und einem darüber **309**
hinaus **freiwillig** gewährten Entgelt zusammen, so ist bei der Beurteilung der zulässigen
Dauer der Bindungsfrist nicht von der Gesamtsumme, sondern allein von dem freiwillig
gezahlten Gratifikationsteil auszugehen.[561] Hat der Arbeitgeber die Gratifikationszahlung
nicht mit einer Rückzahlungsklausel versehen, so kann er auch beim Ausscheiden des
Handlungsgehilfen vor Ablauf der von der Rechtsprechung entwickelten Fristen keine
Rückzahlung verlangen.

Nach Auffassung des BAG können für **tariflich geregelte Rückzahlungsvorbehalte** **310**
weitergehende Bindungsfristen festgelegt werden; diese gelten auch dann, wenn der Tarif-

[552] MünchKomm-BGB/*Söllner* § 611 RdNr. 319.
[553] BAG AP BGB § 611 Gratifikation Nr. 3; 5,
jeweils mit Anm. *A. Hueck*; Nr. 26 mit Anm. *Isele*;
zuletzt Nr. 99 mit Anm. *Herschel*; MünchKomm-
BGB/*Söllner* § 611 RdNr. 217 f.
[554] BAG AP BGB § 611 Gratifikation Nr. 4 mit
Anm. *A. Hueck*.
[555] *v. Hoyningen-Huene*, Die Billigkeit im Arbeitsrecht, S. 207; aA BAG AP BGB § 611 Gratifikation Nr. 26; MünchKomm-BGB/*Söllner* § 611
RdNr. 217.

[556] Dazu MünchHdbArbR/*Hanau* § 67 Rd-
Nr. 43 ff.; *Schaub* § 78 V.
[557] Grundlegend BAG AP BGB § 611 Gratifikation Nr. 22 mit Anm. *Nikisch* = SAE 1962, 177 mit
Anm. *Molitor* = AR-Blattei Gratifikation Entsch. 12
mit Anm. *Gros* = NJW 1962, 1537.
[558] BAG AP BGB § 611 Gratifikation Nr. 108 =
NJW 1983, 67.
[559] BAG NZA 1993, 935.
[560] BAG AP BGB § 611 Gratifikation Nr. 22, 23,
25, 99.
[561] LAG Düsseldorf BB 1973, 1357.

vertrag nur kraft Bezugnahme im Anstellungsvertrag auf das Anstellungsverhältnis Anwendung findet.[562] Werden die Bindungsfristen von dem Handlungsgehilfen nicht eingehalten, so muß er die Gratifikation vollständig zurückzahlen, ohne daß ihm ein Sockelbetrag von DM 200.– verbleibt.[563]

311   **i) Ausbildungs- und Umzugskosten.** Neben der Rückzahlung von Gratifikationen spielen in der Praxis auch Vereinbarungen über eine Rückzahlung von Ausbildungs- und Umzugskosten eine große Rolle.[564] Solche Rückzahlungsvereinbarungen sehen vor, daß der Handlungsgehilfe Zuschüsse des Arbeitgebers zu Ausbildungs- und Schulungsmaßnahmen oder zu den bei der Einstellung oder Beförderung gewährten Umzugskosten ganz oder teilweise zurückzubezahlen hat, wenn er innerhalb einer bestimmten Frist nach Abschluß der Ausbildung bzw. nach der Einstellung aus dem Betrieb ausscheidet.

312   Diese Vereinbarungen sind grundsätzlich zulässig, soweit dadurch nicht die Freiheit der **Arbeitsplatzwahl unangemessen beeinträchtigt** wird.[565] Die Angemessenheit beurteilt sich zum einen nach dem geldwerten Vorteil, den die Ausbildung bzw. die Umzugskostenbeihilfe für den Handlungsgehilfen bedeutet, andererseits nach der Länge der Bindung und der Höhe der vom Arbeitgeber getragenen Aufwendungen. Demzufolge kann beispielsweise bei einer Fortbildungsdauer von bis zu 2 Monaten ohne Verpflichtung zur Arbeitsleistung im Regelfall höchstens eine einjährige Bindung vereinbart werden.[566]

313   **j) Vermögenswirksame Leistungen.** Zu der Grundvergütung und den sonstigen Zulagen und Zuschlägen werden häufig auch vermögenswirksame Leistungen erbracht. Grundlage hierfür ist das 5. Vermögensbildungsgesetz.[567]

314   **k) Aufwendungsersatz.** Der Handlungsgehilfe hat gegen den Arbeitgeber in verschiedenen Fällen Aufwendungsersatzansprüche. Diese unterscheiden sich vom Gehalt dadurch, daß sie keine Gegenleistung für erbrachte Dienste darstellen.[568] Rechtsgrundlage für den Aufwendungsersatzanspruch ist § 670 BGB analog.[569] Danach sind Aufwendungen dann ersatzfähig, wenn sie im Rahmen eines Dienstverhältnisses entstehen und durch die Vergütung nicht abgegolten werden. Vorbehaltlich einer gegenteiligen Vereinbarung können damit freilich nicht persönliche Aufwendungen des Handlungsgehilfen wie Kosten für Arbeitskleidung, Verpflegungskosten, Fahrtkosten und Umzugskosten geltend gemacht werden.[570]

315   Zu den ersetzbaren Aufwendungen des Handlungsgehilfen gehören **beispielsweise** Fahrt- und Reisekosten, die dem Handlungsgehilfen im Interesse des Arbeitgebers entstehen. Hierzu rechnen insbesondere Fahrten vom Hauptgeschäftssitz eines Betriebes zu auswärtigen Arbeitsstätten.[571] Erleidet der Handlungsgehilfe bei derartigen betrieblich veranlaßten Fahrten Schäden am eigenen Pkw, so ist der Arbeitgeber ebenfalls zum Ersatz verpflichtet.[572] Auch Umzugskosten, die aufgrund einer dienstlichen Versetzung entstehen, können erstattungsfähig sein.[573]

316   Der Umfang erstattungsfähiger Aufwendungen ist häufig in **Tarifverträgen** geregelt. So ist etwa für Handlungsgehilfen des öffentlichen Dienstes in den §§ 42 und 44 BAT der

---

[562] BAG AP BGB § 611 Gratifikation Nr. 54 mit Anm. *Biedenkopf;* Nr. 57 mit Anm. *A. Hueck.*

[563] BAG AP BGB § 611 Gratifikation Nr. 36.

[564] Vgl. hierzu auch *Blomeyer/Buchner,* Rückzahlungsklauseln im Arbeitsrecht, 1969; *Borrmann,* AR-Blattei Rückzahlungsklauseln, 1984; *Schaub* § 176 V; *Söllner* AuR 1981, 97 ff.; *Thiele* RdA 1969, 265 ff.

[565] Hierzu BAG AP GG Art. 12 Nr. 25, 29, 45, 50; AP BGB § 611 Ausbildungsbeihilfe Nr. 1, 2, 4, 9; – verneint bei BAG AP GG Art. 12 Nr. 26; AP BGB § 611 Ausbildungsbeihilfe Nr. 3, 6, 8, 17.

[566] BAG BB 1994, 433 = AP BGB § 611 Ausbildungsbeihilfe Nr. 17.

[567] *Schoen* BB 1987, 894; *Giloy* Vermögensbildungsgesetz Stand 1985; *Schaub* § 83 V bis X.

[568] BAG DB 1979, 797.

[569] BAG GS AP BGB § 611 Gefährdungshaftung des Arbeitgebers Nr. 2 mit Anm. *Isele* = NJW 1962, 411; BAG DB 1973, 1509; *Hueck/Nipperdey* Arbeitsrecht I S. 387.

[570] Zutreffend MünchKommBGB/*Söllner* § 611 RdNr. 331; *Hueck/Nipperdey* Arbeitsrecht I S. 388.

[571] MünchKommBGB/*Söllner* § 611 RdNr. 336; *Schaub* § 85 3.

[572] BAG SAE 1982, 49 mit Anm. *v. Hoyningen-Huene.*

[573] BAG DB 1973, 1509.

Umfang erstattungsfähiger Aufwendungen festgelegt. Ist eine solche tarifliche Regelung erschöpfend, kommt ein weitergehender Anspruch aus § 670 BGB nicht in Betracht.[574]

Aufwendungen, die einem im **Betriebsrat tätigen Handlungsgehilfen** entstehen, hat **317** der Arbeitgeber nach § 40 Abs. 1 BetrVG zu ersetzen, soweit sie zur ordnungsgemäßen Erfüllung der Betriebsratsaufgaben notwendig waren.[575] Zu den zu ersetzenden Kosten der Betriebsratsmitglieder gehören die von ihnen gemachten Aufwendungen wie beispielsweise Fahrtkosten, Telefonauslagen und ähnliches.[576] Zu den erstattungspflichtigen Aufwendungen zählen daneben insbesondere auch die Kosten für Schulungen gemäß § 37 Abs. 6 und 7 BetrVG.[577]

l) **Erläuterung der Vergütung, § 82 Abs. 2 BetrVG.** Der Handlungsgehilfe kann nach **318** § 82 Abs. 2 BetrVG verlangen, daß ihm die Berechnung und Zusammensetzung seines Arbeitsentgelts erläutert werden.[578] Die Auskunftspflicht des Arbeitgebers erfaßt auch die Grundsätze, nach denen freiwillige Nebenleistungen gewährt werden. Bei der Geltendmachung des Erläuterungsanspruchs muß der Handlungsgehilfe keine besonderen Verständnisschwierigkeiten darlegen.

5. Stillschweigende Vergütungsfestsetzung. Wurde zwischen den Parteien des Anstel- **319** lungsvertrags keine besondere Entgeltvereinbarung getroffen und läßt sich auch mangels Tarifbindung aus dem einschlägigen Tarifvertrag eine Vergütungsregelung nicht entnehmen, so hat der Handlungsgehilfe nach § 59 Satz 1 die dem **Ortsgebrauch entsprechende Vergütung** zu beanspruchen. Fehlt es an einem Ortsgebrauch, so gilt die den Umständen nach angemessene Leistung gemäß § 59 Satz 2 als vereinbart. Diese Regelung findet ihre Entsprechung in § 612 Abs. 2 BGB für die sonstigen Arbeitnehmer.

Die dem **Ortsgebrauch entsprechende Vergütung** bemißt sich nach dem, was am Ort **320** der Tätigkeit in ähnlichen Gewerben und Berufen für entsprechende Arbeit unter Berücksichtigung der Ausbildung, des Lebensalters, des Familienstandes oder der Kinderzahl bezahlt zu werden pflegt.[579] Wegen des Diskriminierungsverbots aus Art. 3 GG darf bei der Bestimmung der ortsüblichen Vergütung nicht auf das Geschlecht abgestellt werden.[580] Die Höhe der ortsüblichen Vergütung wird im Regelfall der **tariflichen Vergütung** entsprechen.[581] Aufgrund der besonderen Lage kann es freilich auch denkbar sein, daß in bestimmten Regionen übertarifliche Gehälter bezahlt werden, so daß die dem Ortsgebrauch entsprechende Vergütung in diesen Fällen über der tariflichen Vergütung liegt. Es ist freilich auch möglich, daß die ortsübliche Vergütung unter dem Tarifentgelt liegt, sofern in einem bestimmten Gebiet eine untertarifliche Bezahlung wegen fehlender Tarifbindung zulässig und üblich ist.[582]

6. Eingruppierung. Die Höhe der Vergütung, die der Handlungsgehilfe vom Arbeitge- **321** ber zu beanspruchen hat, richtet sich häufig nach einer Vergütungsordnung. Namentlich Tarifverträge enthalten nach dem Schwierigkeitsgrad der zu verrichtenden Tätigkeit gestaffelte **Vergütungsgruppen.** Die Höhe der Vergütung des Handlungsgehilfen richtet sich aber nicht nur bei tariflichen Vergütungsregelungen nach der Zuordnung der Tätigkeit zu einer bestimmten Vergütungsgruppe, sondern auch dann, wenn der Arbeitgeber für seinen Betrieb eine betriebliche Vergütungsordnung festgelegt hat. Die Aufstellung einer solchen

[574] So BAG DB 1975, 506.
[575] BAG AP BetrVG 1972 § 37 Nr. 6; AP BetrVG 1972 § 13 Nr. 1; *Dietz/Richardi* § 40 RdNr. 8, 39; *Fitting/Auffarth/Kaiser/Heither* BetrVG § 40 RdNr. 20 ff.
[576] *v. Hoyningen-Huene* BetrVR § 9 VI.
[577] St. Rspr. vgl. BAG AP BetrVG 1972 § 40 Nr. 2, 5, 7; AP BetrVG 1972 Nr. 33, 35; *Fitting/Auffarth/Kaiser/Heither* BetrVG § 40 Rd-Nr. 28 ff.; zur Erstattungsfähigkeit der Kosten für eine Schulungsveranstaltung eines Ersatzmitgliedes des Betriebsrats BAG SAE 1987, 103 mit Anm.

v. Hoyningen-Huene; zu den Kosten der Kantineneinführung durch den Betriebsrat siehe BAG AR-Blattei Betriebsverfassung VII Entsch. 4 mit Anm. *v. Hoyningen-Huene.*
[578] Vgl. hierzu *Fitting/Auffarth/Kaiser/Heither* BetrVG § 82 RdNr. 5 ff.
[579] MünchKommBGB/*Schaub* § 612 RdNr. 218.
[580] BAG AP GG Art. 3 Nr. 68, 69, 70, 110, 111.
[581] LAG Düsseldorf DB 1978, 165.
[582] MünchKommBGB/*Schaub* § 612 RdNr. 220; *Wiedemann/Stumpf* TVG 5. Aufl. § 3 RdNr. 124; außerdem allg. *v. Hoyningen-Huene* NZA 1995, 969.

Vergütungsordnung ist nach § 87 Abs. 1 Nr. 10 BetrVG mitbestimmungspflichtig.[583] Sie kommt insbesondere für AT-Angestellte in Betracht, für die der Tarifvertrag nicht anwendbar ist.[584]

322   **a) Begriff.** Unter Eingruppierung ist die erste **Festsetzung** der für die Vergütung des Handlungsgehilfen **maßgeblichen Gehaltsgruppe**, die Einreihung in die maßgebliche Vergütungsgruppe zu verstehen. Im Geltungsbereich von Tarifverträgen richtet sich die Eingruppierung nach der dort vorgesehenen Gruppeneinteilung,[585] bei nicht nach Tarifvertrag vergüteten Handlungsgehilfen nach der betrieblichen Vergütungsordnung.[586] Die **Eingruppierung** bestimmt sich nach der Art der vom Handlungsgehilfen geleisteten Dienste.[587] Das hat zur Folge, daß der Handlungsgehilfe durch die Ausübung einer bestimmten Tätigkeit entsprechend der dafür vorgesehenen Vergütungsgruppe zu vergüten ist.

323   **b) Bedeutung.** Die Eingruppierung hat lediglich deklaratorische Bedeutung für den Vergütungsanspruch des Handlungsgehilfen.[588] Sie ist rechtlich als Subsumtion unter die vorgegebene Vergütungsordnung zu verstehen, stellt also bloße Rechtsanwendung dar.[589] Sie knüpft an die vom Arbeitgeber übertragene Tätigkeit an, aus der dann automatisch die für diese Tätigkeit maßgebliche Bewertungsgruppe zu ermitteln ist. In der Bewertungsgruppe, die der überwiegend auszuübenden Tätigkeit des Handlungsgehilfen zuzuordnen ist, ist er einzugruppieren. Nach dieser Bewertungsgruppe richtet sich seine Vergütung. Ein formeller Eingruppierungsakt des Arbeitgebers ist zwar der Regelfall, ist aber rechtlich hierfür nicht erforderlich.[590]

324   Bei den **Rechtsfolgen fehlerhafter Eingruppierung** ist zu unterscheiden zwischen zu niedriger und zu hoher Eingruppierung. Eine einklagbare Pflicht des Arbeitgebers zur Eingruppierung ist abzulehnen.[591]

325   **c) Rechtsfolgen zu niedriger Eingruppierung.** Zu niedrig eingruppierte Handlungsgehilfen haben einen Entgeltanspruch in Höhe des Gehalts der Vergütungsgruppe, in die sie richtigerweise einzugruppieren wären.

326   Bei beiderseits **tarifgebundenen** Arbeitsvertragsparteien ergibt sich dies unmittelbar aus § 4 Abs. 1 TVG, bei Allgemeinverbindlicherklärung des Tarifvertrags aus § 5 Abs. 4 TVG, weil dann dem Handlungsgehilfen das Entgelt der tariflichen Vergütungsgruppe zusteht, welche der ausgeübten Tätigkeit entspricht.[592] Das gilt auch unabhängig davon, ob die tarifwidrige Eingruppierung irrtümlich oder bewußt und gewollt gewählt worden ist. Auch eine eventuell vom Betriebsrat erteilte Zustimmung zur unrichtigen Eingruppierung steht dem nicht entgegen, da auch diese an der nur deklaratorischen Wirkung der Eingruppierungsentscheidung nichts ändert und tarifliche Ansprüche nicht beseitigen kann.[593]

327   Bei **nicht beiderseits tarifgebundenen Parteien** des Anstellungsvertrags muß differenziert werden zwischen einer irrtümlich falschen Eingruppierung und einer bewußt falschen Eingruppierung. Wird in dem Anstellungsvertrag auf den jeweils geltenden Tarifvertrag Bezug genommen, so gelten die Tarifnormen nämlich nicht nach § 4 Abs. 1 TVG unmittelbar und zwingend für die Vertragsparteien, sie werden vielmehr nur durch die Bezug-

[583] Vgl. hierzu BAG AP BetrVG 1972 § 87 Lohngestaltung Nr. 7 mit Anm. *Heckelmann* = SAE 1983, 12 mit Anm. *Löwisch/Röder* = DB 1982, 1274; BAG EzA BetrVG 1972 § 99 Nr. 55.
[584] BAG AP BetrVG 1972 § 87 Lohngestaltung Nr. 61.
[585] BAG AP BAT § 74 Nr. 1; *Dietz/Richardi* BetrVG § 99 RdNr. 48 ff.
[586] BAG AP BetrVG 1972 § 99 Nr. 32.
[587] BAG AP TVG § 1 Tarifverträge: BAV AV Nr. 6; AP BAT §§ 22, 23 Nr. 54.

[588] *Buchner*, AR-Blattei, Tarifliche Eingruppierung I, 1983 unter I 1 b a; *v. Hoyningen-Huene* JuS 1986, 139, 141.
[589] BAG AP BetrVG 1972 § 99 Nr. 83; BAG BB 1994, 2490.
[590] So ausdrücklich BAG AP TVG § 1 Tarifverträge Brauereien Nr. 2.
[591] **AA** BAG SAE 1992, 169 mit abl. Anm. *v. Hoyningen-Huene*
[592] BAG AP BAT §§ 22, 23 Lehrer Nr. 12.
[593] *Buchner*, AR-Blattei Tarifliche Eingruppierung, 1983, IV 1 a aa.

nahme auf den Tarifvertrag nach hM als Vertragsrecht verbindlich (vgl. Vor § 59 RdNr. 28).[594]

Wird ein Handlungsgehilfe, in dessen Anstellungsvertrag auf einen Tarifvertrag Bezug 328 genommen worden ist, **irrtümlich** in eine falsche Vergütungsgruppe eingruppiert, so kommt ihm gleichwohl die den tariflichen Merkmalen seiner Tätigkeit entsprechende Vergütung zu. Dies ergibt sich aus dem rechtsgeschäftlichen Willen der Vertragsparteien, wonach sich die Vergütung nach der einschlägigen Vergütungsgruppe des Tarifvertrags richten soll.

Wird zwischen Arbeitgeber und Handlungsgehilfen demgegenüber **bewußt** eine unzu- 329 treffende Eingruppierung vereinbart, so richtet sich die Vergütung nach der zwischen den Vertragsparteien bestimmten (unrichtigen) Vergütungsgruppe. Da die tarifliche Vergütungsordnung durch die Bezugnahme auf den Tarifvertrag Teil des Anstellungsvertrags geworden ist, steht es den Anstellungsvertragsparteien auch frei, unabhängig von den tariflichen Vergütungsmerkmalen eine für den Handlungsgehilfen ungünstigere Eingruppierung zu wählen.[595]

d) Rechtsfolgen zu hoher Eingruppierungen. Bei einer zu hohen Eingruppierung ist 330 ebenfalls danach zu unterscheiden, ob die erhöhte Eingruppierung gewollt oder irrtümlich erfolgt ist. Wird zwischen dem Arbeitgeber und dem Handlungsgehilfen **einvernehmlich eine höhere Eingruppierung**, als im Tarifvertrag vorgesehen ist, vereinbart, so liegt darin regelmäßig die Vereinbarung einer übertariflichen Bezahlung. Eine solche übertarifliche Vergütung ist wirksam, da nach § 4 Abs. 3 TVG von den Regelungen des Tarifvertrags zugunsten des Handlungsgehilfen abgewichen werden darf.[596]

Anders ist demgegenüber zu entscheiden, wenn keine Tarifbindung besteht und der 331 Handlungsgehilfe nur **irrtümlich zu hoch eingruppiert** wird. Ebenso wie bei der irrtümlich zu niedrigen Eingruppierung bestehen hier nur Ansprüche auf Bezahlung nach derjenigen Tätigkeit, die der einschlägigen Vergütungsgruppe entspricht. Bei der Eingruppierung wird nämlich lediglich die vorgegebene Regelung des Tarifvertrags vollzogen; es handelt sich dabei um einen Akt der Rechtsanwendung von nur deklaratorischer Bedeutung, nicht aber um eine den Tarifvertrag abändernde einzelvertragliche Vereinbarung.[597]

e) Anspruch auf Korrektur der Eingruppierung. Ist der Handelsgehilfe irrtümlich un- 332 zutreffend eingruppiert worden, oder ändert sich die tarifliche Vergütungsgruppenordnung, so ist der Handlungsgehilfe umzugruppieren, also in eine neue Vergütungsgruppe zu überführen.[598] Eine Änderungskündigung ist in diesen Fällen nicht erforderlich.

f) Rückzahlungsanspruch bei zu hoher Eingruppierung. Wird der Handlungsgehilfe 333 irrtümlich nach einer für ihn günstigeren Vergütungsgruppe bezahlt, so steht dem Arbeitgeber ein Rückzahlungsanspruch zu. Im Wege der Leistungskondiktion nach § 812 Abs. 1 Satz 1 Alt. 1 BGB kann der Arbeitgeber vom Handlungsgehilfen die Rückzahlung der ausgezahlten, tariflich aber nicht geschuldeten Vergütung verlangen.[599] Ein Bereicherungsanspruch kommt aber nur bei irrtümlicher Falscheingruppierung in Betracht; bei der bewußten Höhergruppierung besteht eine vertragliche Verpflichtung des Arbeitgebers, die Rechtsgrund für die Bezahlung ist.

Der Rückzahlungsanspruch ist jedoch nach § 818 Abs. 3 BGB **ausgeschlossen**, wenn 334 der Handlungsgehilfe **nicht mehr bereichert** ist. Das ist regelmäßig bei Handlungsgehilfen der unteren und mittleren Einkommensgruppe, die irrtümlich eine geringfügig (bis etwa 10%) erhöhte Vergütung erhalten haben, anzunehmen. Denn in diesen Fällen spricht der

[594] *Wiedemann/Stumpf* TVG § 3 RdNr. 91.
[595] Ebenso *Buchner,* AR-Blattei Tarifliche Eingruppierung, 1983, IV 2 b.
[596] *v. Hoyningen-Huene* JuS 1986, 140.
[597] Ebenso BAG DB 1982, 2521; BVerwGE 50, 186, 189; *v. Hoyningen-Huene* JuS 1986, 139, 141; *Wiedemann/Stumpf* TVG § 4 RdNr. 116. – AA noch BAG BB 1962, 136.

[598] BAG AP BetrVG 1972 Nr. 101 mit Anm. *v. Hoyningen-Huene.*
[599] BAG AP BGB § 195 Nr. 5. – Vgl. auch BAG AP BGB § 394 Nr. 5, wo der Rückzahlungsanspruch aus der arbeitsvertraglichen Treuepflicht hergeleitet wurde.

v. Hoyningen-Huene

Beweis des ersten Anscheins dafür, daß diese Überbezahlung zur Verbesserung des Lebensunterhalts des Handlungsgehilfen und seiner Familie verwendet worden ist, ohne daß sonst nötige Ausgaben erspart wurden.[600] Sog. Besserverdienende, die vom BAG bei ca. 120.000.– Bruttoverdienst angesiedelt werden, sollen sich auf eine derartige Beweislasterleichterung nicht berufen können.[601]

335   **g) Mitbestimmung des Betriebsrats.** Die Eingruppierung unterliegt nach § 99 Abs. 1 BetrVG der Mitbestimmung des Betriebsrats. Auch die Eingruppierung von AT-Angestellten in betriebliche Gehaltsgruppen ist mitbestimmungspflichtig.[602] Mitbestimmungsfrei ist dagegen die vertragliche Vereinbarung übertariflicher und außertariflicher Arbeitsentgelte im Einzelfall.[603] Das Mitbestimmungsrecht des Betriebsrats nach § 99 Abs. 1 BetrVG erstreckt sich bei Eingruppierungen nur auf eine **Richtigkeitskontrolle.** Hat der Arbeitgeber eine Eingruppierung ohne die Zustimmung des Betriebsrats vorgenommen, so kann der Betriebsrat nach § 101 BetrVG nicht auf die Aufhebung der Eingruppierung, sondern nur die nachträgliche Einholung seiner Zustimmung und bei Verweigerung der Zustimmung die Durchführung des Zustimmungsersetzungsverfahrens verlangen.[604] Bei tariflich richtiger Eingruppierung steht dem Handlungsgehilfen auch bei fehlender Zustimmung des Betriebsrats die tarifvertragliche Vergütung zu.[605] **Korrigierende Rückgruppierungen** eines Handlungsgehilfen unterliegen ebenfalls der Mitbestimmung des Betriebsrats,[606] ebenso Umgruppierungen auf Grund eines geänderten Tarifvertrags trotz gleichbleibender Entgelthöhe.[607]

336   **7. Einblicksrecht des Betriebsrats in Gehaltslisten.** Nach § 80 Abs. 2 BetrVG ist der Betriebsausschuß (§ 27 BetrVG) oder ein nach § 28 BetrVG gebildeter weiterer Ausschuß berechtigt, in die **Listen über die Bruttolöhne und Gehälter Einblick** zu nehmen. In kleineren Betrieben unter 300 Arbeitnehmern, in denen keine Ausschüsse gebildet werden können, nimmt das Einblicksrecht der Betriebsratsvorsitzende wahr.[608] Hierfür bedarf es nicht der Darlegung eines besonderen Anlasses oder Zwecks.[609] Das Recht zur Einsichtnahme erstreckt sich auf alle Arten des Entgelts, also die Tarifentlohnung, übertarifliche Zulagen sowie die außertarifliche Vergütung für AT-Angestellte;[610] das gilt allerdings nicht für die Gehälter der leitenden Angestellten (§ 5 Abs. 3 Satz 1 BetrVG).[611] Das Einsichtsrecht des Betriebsrats in die Gehaltslisten dient insbesondere der Prüfung, ob die Tarifverträge und die Grundsätze des § 75 Abs. 1 BetrVG, namentlich die Gleichbehandlung, vom Arbeitgeber eingehalten werden.

337   Die Einblicksbefugnis in die Listen besteht **unabhängig vom Einverständnis** des Handlungsgehilfen, dessen Individualsphäre hier zugunsten der Kontrollmöglichkeiten durch den Betriebsrat zurücktritt.[612] Die Daten, die den zur Einsicht befugten Betriebsratsmitgliedern bei der Einsicht in die Bruttogehaltslisten bekannt werden, sind von diesen geheimzuhalten, § 79 BetrVG. Sie dürfen nicht an die Gewerkschaft weitergegeben werden. Ein Verstoß gegen die Verschwiegenheitspflicht ist nach § 120 Abs. 1 Nr. 1 BetrVG mit Strafe bedroht. Der Arbeitgeber hat gegen den Betriebsrat bei einem Verstoß gegen die Verschwiegenheitspflicht Unterlassungsansprüche.[613]

---

[600] LAG Hamm BB 1975, 230; *v. Hoyningen-Huene* JuS 1986, 139, 142.
[601] BAG DB 1994, 1039.
[602] *Dietz/Richardi* BetrVG § 99 RdNr. 48; *Fitting/Auffarth/Kaiser/Heither* BetrVG § 99 RdNr. 14 a; *Galperin/Löwisch* BetrVG § 99 RdNr. 30.
[603] BAG AP BetrVG 1972 § 118 Nr. 27.
[604] BAG AP BetrVG 1972 § 101 Nr. 6 mit Anm. *Löwisch* = SAE 1984, 59 mit Anm. *Kraft;* EzA BetrVG 1972 § 99 Nr. 55; BAG SAE 1992, 169 mit Anm. *v. Hoyningen-Huene.*
[605] BAG AP BAT §§ 22, 23 Nr. 54; AP BAT § 24 Nr. 3; AP BAT 1975 §§ 22, 23 Nr. 8.
[606] BAG NZA 1993, 469.

[607] BAG AP BetrVG 1972 Nr. 101 mit Anm. *v. Hoyningen-Huene.*
[608] BAG AP BetrVG 1972 § 80 Nr. 2.
[609] BAG DB 1982, 855.
[610] BAG AP BetrVG 1972 § 80 Nr. 15, 16; *Dietz/Richardi* BetrVG § 80 RdNr. 64; *Fitting/Auffarth/Kaiser/Heither* BetrVG § 80 RdNr. 42; *v. Hoyningen-Huene* BetrVR § 11 IV 2.
[611] BAG AP BetrVG 1972 § 80 Nr. 8.
[612] BAG AP BetrVG 1972 § 80 Nr. 3, 15; *Kraft* ZfA 1983, 171, 188.
[613] BAG EzA BetrVG 1972 § 79 Nr. 1 mit Anm. *v. Hoyningen-Huene.*

8. Vergütungsänderungen. Die im Anstellungsvertrag vereinbarte Vergütung steht 338
während der Dauer des Anstellungsverhältnisses grundsätzlich fest. Die einseitige Änderung
der Vergütung ist nur unter bestimmten Voraussetzungen möglich. Diese richten sich nach
dem Rechtsgrund des Vergütungsanspruchs. Unproblematisch ist dagegen die einvernehmliche Änderung der Vergütung.[614]

a) Veränderung der vertraglich vereinbarten Vergütung. Beruht der Vergütungsan- 339
spruch des Handlungsgehilfen unmittelbar auf einer Vereinbarung im **Anstellungsvertrag**,
so ist eine Veränderung der Vergütung nur einvernehmlich oder durch Ausspruch einer
Änderungskündigung möglich.[615] Die Änderungskündigung muß dabei nach § 2 KSchG
sozial gerechtfertigt sein, soweit das KSchG Anwendung findet (vgl. §§ 1, 23 KSchG).[616]

Auch **übertarifliche Zulagen**, die vom Arbeitgeber freiwillig durch Gesamtzusage oder 340
einzelvertraglich gewährt werden, können gegen den Willen des Handlungsgehilfen
grundsätzlich nur im Wege der Änderungskündigung nach § 2 KSchG eingeschränkt werden. Eine sog. ablösende oder verbösernde Betriebsvereinbarung zur Kürzung von Leistungen aufgrund betrieblicher Übung oder Gesamtzusage ist grundsätzlich nicht möglich.[617]
Nur wenn sich der Arbeitgeber bei Gewährung der übertariflichen Zulage ausdrücklich
einen Widerruf vorbehalten hat, kann er die übertariflichen Zulagen einseitig widerrufen,
wobei der Widerruf nach Auffassung des BAG nur in den Grenzen des billigen Ermessens
möglich ist.[618] Wurden generelle einseitige Leistungen unter Vorbehalt gewährt, so ist eine
ablösende Betriebsvereinbarung zur Kürzung oder Streichung der Sozialleistungen zulässig.[619]

b) Veränderung der tariflichen Vergütung. Tarifliche Vergütungsansprüche bestim- 341
men sich nach dem bisher geltenden Tarifvertrag. Wird nach Ablauf der Gültigkeitsdauer
des Tarifvertrags in einem neuen Tarifvertrag eine andere Vergütung von den Tarifpart-
nern vereinbart, so richtet sich der Vergütungsanspruch wegen der unmittelbaren und
zwingenden Wirkung der §§ 4 Abs. 1, 5 Abs. 4 TVG künftig nach diesem neuen Lohn-
oder Gehaltstarifvertrag.

c) Anrechnung übertariflicher Zulagen auf Tariflohnerhöhungen. Übertarifliche 342
Zulagen, die keiner besonderen Zweckbestimmung unterworfen sind, können auf Tariflohnerhöhungen grundsätzlich angerechnet werden (vgl. dazu RdNr. 300). Dies gilt auch,
wenn kein ausdrücklicher Anrechnungsvorbehalt vereinbart ist.[620] Der Arbeitgeber ist
nämlich nur verpflichtet, die vereinbarte Vergütung, also eine bestimmte Bruttoendsumme
zu gewähren. Dabei ist es unerheblich, auf welchen rechtlichen Gestaltungsfaktoren die
einzelnen Lohnbestandteile beruhen. Durch eine Tariflohnerhöhung verschiebt sich lediglich die Rechtsgrundlage des Vergütungsanspruchs zugunsten des unabdingbaren Tarif-
lohnbestandteils, so daß sich dementsprechend der übertarifliche Vergütungsrest verringert.
Dies ist eine Konsequenz des Grundsatzes, daß Tarifnormen nicht unmittelbar in arbeitsvertragliche Vereinbarungen eingreifen, sondern nur dann das Arbeitsverhältnis zwingend

---

[614] Dazu *Wank* in Hromadka, Änderung von Arbeitsbedingungen, 1989, S. 35 ff.
[615] *Herschel/Löwisch* KSchG § 2 RdNr. 36 f.;
KR/*Rost* § 2 KSchG RdNr. 107 ff. m. weit.
Nachw.
[616] Dazu ausführlich *Hueck/v. Hoyningen-Huene*
KSchG 11. Aufl. 1992, Kommentierung zu § 2;
Schaub in Hromadka, Änderung von Arbeitsbedingungen, 1989, S. 73 ff.
[617] BAG AP BetrVG 1972 § 77 Nr. 17 und 25,
dort auch zur Zulässigkeit der sog. umstrukturieren-
den Betriebsvereinbarung; krit. dazu *v. Hoyningen-
Huene* BetrVR § 11 II 5 e; s. auch *Leinemann* in
Hromadka, Änderung von Arbeitsbedingungen,
1989, S. 145 ff.

[618] Vgl. hierzu BAG AP BGB § 611 Lohnzu-
schläge Nr. 5 mit Anm. *Bötticher* = AR-Blattei Lohn
XVI Entsch. 3 mit Anm. *Söllner* = SAE 1968, 42 mit
Anm. *Knevels*; Nr. 6 mit Anm. *Herschel* = AR-
Blattei Lohn XVI Entsch. 12 mit Anm. *Söllner* =
SAE 1974, 20 mit Anm. *Knevels*; kritisch hierzu
v. Hoyningen-Huene, Die Billigkeit im Arbeitsrecht,
S. 204 ff.; *Kreutz* ZfA 1973, 321, 353 f.
[619] BAG GS AP BetrVG 1972 § 77 Nr. 17.
[620] BAG DB 1982, 1223, 1224; BAG EzA TVG
§ 4 Tariflohnerhöhung Nr. 6 mit Anm. *v. Hoyningen-Huene*.

gestalten, wenn die arbeitsvertragliche Regelung für den Arbeitnehmer günstiger ist (§ 4 Abs. 3 TVG).

343 Der übertarifliche Lohnbestandteil verringert sich damit bei Tariflohnerhöhungen mangels gegenteiliger vertraglicher Vereinbarungen automatisch um den Betrag der Tariflohnerhöhung. In Wahrheit findet daher gar keine Anrechnung, etwa in Form einer Erklärung, eines Widerrufs oder gar einer Kündigung statt, sondern eine automatische **Aufsaugung** der übertariflichen Lohnbestandteile.[621]

344 Ob bei der sog. Anrechnung von übertariflichem Entgelt auf die Tariflohnerhöhung ein **Mitbestimmungsrecht** nach § 87 Abs. 1 Nr. 10 BetrVG besteht, hängt von dem Umfang der Kürzung ab. Mitbestimmungsfrei ist die vollständige „Anrechnung" der Tariflohnerhöhung, die volle Effektivlohnerhöhung und die prozentual gleichmäßige Anrechnung, soweit dadurch das Verhältnis der bisher gezahlten Zulagen zueinander nicht verändert wird. Dagegen sind alle übrigen „Anrechnungen" mitbestimmungspflichtig, insbesondere die differenzierte Anrechnung bei verschiedenen Arbeitnehmern oder die prozentual gleichmäßige Anrechnung bzw. Anrechnung mit Festbeträgen.[622] Mitbestimmungsfrei ist demgegenüber nur die Anrechnung von übertariflichen Zulagen in wirklichen Einzelfällen.[623]

345 **d) Kündigung freiwilliger Betriebsvereinbarungen.** Werden Vergütungsleistungen in Form einer freiwilligen Betriebsvereinbarung gewährt, können diese, soweit nichts anderes vereinbart ist, nach § 77 Abs. 5 BetrVG gekündigt werden. Eine Nachwirkung entsteht in diesem Falle nicht.[624] Will der Arbeitgeber dagegen lediglich die bisher nach der Betriebsvereinbarung gewährten Leistungen einschränken, nicht aber vollständig beseitigen, ist dies nur mit Einverständnis des Betriebsrats möglich.[625]

346 **e) Versetzung und Umgruppierung.** Der Vergütungsanspruch des Handlungsgehilfen kann sich auch bei einer Versetzung auf einen anderen Arbeitsplatz verändern, wenn damit gleichzeitig eine Umgruppierung verbunden ist. Unter Umgruppierung ist jede Änderung der Einreihung in die tarifliche oder betriebliche Vergütungsgruppenordnung zu verstehen, unabhängig davon, ob der Handlungsgehilfe wirtschaftlich besser oder schlechter gestellt wird.[626] Die Umgruppierung ist nach § 99 BetrVG mitbestimmungspflichtig. Ein Verstoß gegen das Mitbestimmungsrecht des Betriebsrats bleibt allerdings individualrechtlich ohne Auswirkungen; der Arbeitnehmer erhält also nur diejenige Vergütung, die dem neuen zugewiesenen Arbeitsplatz entspricht.[627] Allerdings kann der Betriebsrat verlangen, daß die unterlassene Mitbestimmung zur Umgruppierung nachgeholt wird (vgl. RdNr. 335).

347 **f) Vorübergehende Zuweisung einer höherwertigen Tätigkeit.** Die vorübergehende Zuweisung einer höherwertigen Tätigkeit löst grundsätzlich keinen höheren Vergütungsanspruch aus. Etwas anderes kann nur bei entsprechender Vereinbarung oder aufgrund Tarifvertrags gelten. So sieht beispielsweise § 24 BAT für den öffentlichen Dienst vor, daß Angestellte, die vorübergehend eine andere Tätigkeit ausüben, welche den Tätigkeitsmerkmalen einer höheren als ihrer Vergütungsgruppe entspricht, und die diese mindestens einen Monat ausüben, für den Kalendermonat, in dem sie mit der ihnen übertragenen Tätigkeit begonnen haben, und für jeden folgenden vollen Kalendermonat dieser Tätigkeit eine persönliche Zulage erhalten. Ob eine Tätigkeit nur vorübergehend iSv. § 24 Abs. 1 BAT übertragen worden ist, bestimmt sich nach dem bei der Übertragung der Tätigkeit aus-

[621] So auch bereits BAG AP TVG § 4 Übertariflicher Lohn und Tariflohnerhöhung Nr. 7 mit Anm. G. *Hueck*; BAG BB 1988, 702; *v. Hoyningen-Huene* Anm. zu BAG EzA TVG § 4 Tariflohnerhöhung Nr. 6 m. weit. Nachw.
[622] BAG GS AP BetrVG 1972 § 87 Lohngestaltung Nr. 51; BAG BB 1993, 360.
[623] BAG BB 1993, 137. Zum Ganzen *v. Hoyningen-Huene* BetrVR § 12 II Nr. 10 e.

[624] BAG AP Nr. 77 BetrVG 1972 Nr. 5 Nachwirkung; AP BetrVG 1972 § 77 Nr. 55; *v. Hoyningen-Huene* BetrVR § 11 III 8 b.
[625] Zu den Einzelheiten BAG NZA 1994, 572.
[626] *Fitting/Auffarth/Kaiser/Heither* BetrVG § 99 RdNr. 16; *v. Hoyningen-Huene* BetrVR § 14 III 2 b und c.
[627] BAG AP BetrVG 1972 § 99 Nr. 50; BAG AR-Blattei ES 1700 Nr. 21 mit Anm. *v. Hoyningen-Huene*.

v. Hoyningen-Huene

drücklich oder stillschweigend zum Ausdruck gebrachten Willen des Arbeitgebers.[628] Die Höhe der zu gewährenden Zulage bemißt sich nach dem Unterschied zwischen der Vergütung, die dem Angestellten zustehen würde, wenn er in der höheren Vergütungsgruppe eingruppiert wäre, und der Vergütung der Vergütungsgruppe, in der er eingruppiert ist (§ 24 Abs. 3 BAT).

9. Vergütung ohne Arbeitsleistung. Grundsätzlich hat der Handlungsgehilfe nur Anspruch auf Arbeitsentgelt, wenn er auch tatsächlich arbeitet. Das folgt aus dem in § 323 BGB enthaltenen Grundsatz: „Ohne Arbeit kein Lohn." Dieser Grundsatz erfährt jedoch zahlreiche Ausnahmen. **348**

a) Verhinderungsgründe, § 616 BGB. Nach § 616 BGB behält der Handlungsgehilfe seinen Vergütungsanspruch, wenn er für eine verhältnismäßig nicht erhebliche Zeit durch einen **in seiner Person liegenden Grund ohne sein Verschulden an der Dienstleistung verhindert** wird.[629] Der Grund der Leistungsverhinderung muß in der Person oder in den persönlichen Verhältnissen des Handlungsgehilfen liegen. Ein solcher Fall liegt nicht vor, wenn von einem objektiven Leistungshindernis alle oder eine Vielzahl von Arbeitnehmern betroffen werden, wie zB bei Verkehrsstörungen, Glatteis, Schneekatastrophen,[630] Streik in Verkehrsbetrieben, Verkehrseinstellungen wegen Smog-Alarm[631] u. ä. In diesen Fällen trifft den Handlungsgehilfen zwar kein Verschulden, einen Gehaltsanspruch hat er aber nicht, weil der Grund nicht ausschließlich in seiner Person liegt. **349**

Subjektive, persönliche Leistungshindernisse, die als Voraussetzung für den Entgeltfortzahlungsanspruch in Betracht kommen, sind **beispielsweise**: Heirat,[632] Geburten und Todesfälle naher Angehöriger,[633] goldene Hochzeit der Eltern,[634] schwerwiegende Erkrankungen naher Angehöriger,[635] Umzug,[636] Ladung zu Behörden oder Gerichten,[637] Ausübung öffentlicher Ehrenämter oder unverschuldeter Verkehrsunfall. **350**

Neben diesen allgemeinen Verhinderungsründen ist besonders der **Krankheitsfall** zu erwähnen. Freilich führt nicht jede Krankheit bereits zur Arbeitsverhinderung, wie zB eine leichte Erkältung, Schnupfen oder Kopfschmerz. Vielmehr muß die Krankheit eine gewisse Intensität erreicht haben, so daß es dem Handlungsgehilfen unzumutbar ist, der Arbeitsverpflichtung nachzukommen. Der Entgeltfortzahlungsanspruch bei **Arbeitsunfähigkeit** infolge Krankheit ist jetzt in §§ 3 ff. EntgeltFZG geregelt (früher § 63). **351**

b) Erholungsurlaub. Der Vergütungsanspruch bleibt auch während des Erholungsurlaubs bestehen (dazu oben RdNr. 233 ff.).[638] Es handelt sich hierbei um einen Anspruch auf bezahlte Freistellung (§ 1 BUrlG) von den Arbeitspflichten. Die Höhe des Urlaubsentgelts muß nicht unbedingt dem laufenden Arbeitsentgelt entsprechen. Vielmehr bemißt sich das Urlaubsentgelt gemäß § 11 BUrlG nach dem durchschnittlichen Arbeitsverdienst, **352**

---

[628] BAG DB 1988, 1121 m. weit. Nachw.

[629] Hierzu allgemein *Brill* AR-Blattei Arbeitsausfall IV, 1973; *Moll* RdA 1980, 138 ff.

[630] BAG AP BGB § 616 Nr. 58 = SAE 1983, 171 mit Anm. *Misera* = EzA BGB § 616 Nr. 23 mit Anm. *Peterek* = AR-Blattei Arbeitsausfall IV Entsch. 22 mit Anm. *Herschel* = BB 1983, 314, Nr. 59 mit Anm. *Herschel* = EzA BGB § 616 Nr. 22 mit Anm. *Peterek* = BB 1983, 901.

[631] Dazu *Ehmann* NJW 1987, 401; *Richardi* NJW 1987, 1231; *Rosendahl* DB 1987, 98.

[632] BAG AP BGB § 616 Nr. 34 = DB 1962, 575; Nr. 61 mit Anm. *Mayer-Maly* = SAE 1984, 277 mit Anm. *Dorndorf* = NJW 1983, 2600.

[633] BAG AP BGB § 616 Nr. 38 = DB 1964, 664; Nr. 44 mit Anm. *Küchenhoff* = SAE 1973, 29 mit Anm. *Grasmann* = DB 1975, 1179.

[634] BAG AP BGB § 616 Nr. 43 mit Anm. *Schnorr v. Carolsfeld* = NJW 1974, 663.

[635] BAG AP BGB § 611 Nr. 47 = SAE 1978, 149 mit Anm. *Glaubitz* = AR-Blattei Arbeitsausfall IV Entsch. 15 mit Anm. *Herschel* = BB 1977, 1651, 1761 mit Anm. *Händel.*

[636] LAG Stuttgart DB 1958, 140; stark einschränkend BAG AP BGB § 616 Nr. 23 mit Anm. *A. Hueck* = SAE 1961, 29 mit Anm. *Gangloff* = BABl. 1960, 649 mit Anm. *Wlotzke* = BB 1960, 664.

[637] LAG Hamm BB 1972, 177; BAG AP MTB II § 48 Nr. 1; verneint bei Vorfahrt zum TÜV wegen des Zusammenhangs mit privater Lebensführung, vgl. BAG AP BGB § 616 Nr. 30 mit Anm. *A. Hueck* = BB 1961, 253.

[638] Siehe außerdem *Dersch/Neumann* BUrlG, 7. Aufl. 1990; *GK/BUrlG,* 5. Aufl. 1992; *Leinemann/Linck* BUrlG 1995; MünchHdbArbR/*Leinemann* §§ 86 ff.

das der Handlungsgehilfe in den letzten dreizehn Wochen vor dem Beginn des Urlaubs erhalten hat. Nach § 13 Abs. 1 BUrlG können aber statt des gesetzlich vorgesehenen Referenzprinzips auch das Lohnausfallprinzip eingeführt werden. Vom bezahlten Erholungsurlaub ist der **unbezahlte Urlaub** zu unterscheiden, auf den der Handlungsgehilfe grundsätzlich keinen Rechtsanspruch hat.[639] Während des unbezahlten Urlaubs ruhen sowohl die Arbeitspflichten als auch die Vergütungspflichten (vgl. RdNr. 237).

353   c) **Gesetzlicher Feiertag.** Für die Arbeitszeit, die infolge eines gesetzlichen Feiertags ausfällt, ist vom Arbeitgeber dem Handlungsgehilfen das Gehalt zu bezahlen, das er ohne den Arbeitsausfall erhalten hätte, § 2 EntgeltFZG (bisher § 1 FeiertagsLZG).[640]

354   d) **Annahmeverzug.** Der Handlungsgehilfe behält nach § 615 BGB seinen Anspruch auf Gehaltszahlung auch dann, wenn sich der Arbeitgeber in Annahmeverzug befindet (oben RdNr. 229).[641] Der Arbeitgeber gerät nach § 293 BGB in Annahmeverzug, wenn er die ihm vom Handlungsgehilfen am rechten Ort, zur rechten Zeit und in der rechten Weise angebotene mögliche Arbeitsleistung nicht annimmt.[642] Im Falle des Annahmeverzugs wird der Handlungsgehilfe von der Verpflichtung der Arbeitsleistung für die Dauer des Verzugs frei. § 615 BGB gewährt freilich keinen eigenen Anspruch, sondern erhält lediglich den bereits bestehenden Vergütungsanspruch aufrecht.[643] Der Arbeitgeber hat danach die Vergütung weiterzubezahlen, die der Handlungsgehilfe verdient hätte, wenn er gearbeitet hätte.

355   e) **Unmöglichkeit.** Wird dem Handlungsgehilfen die Dienstleistung unmöglich, so wird der Handlungsgehilfe gemäß § 275 BGB von der Arbeitspflicht frei (oben RdNr. 230). Der Arbeitgeber ist jedoch nach § 324 BGB verpflichtet, die Vergütung fortzuzahlen, wenn er die Unmöglichkeit zu vertreten hat, zB einseitige Anordnung einer Betriebsruhe,[644] Abbrennen des Betriebs durch Verschulden des Arbeitgebers.[645]

356   f) **Wahrnehmung von Betriebsratsaufgaben.** Handlungsgehilfen, die Mitglieder des Betriebsrats sind, behalten nach § 37 Abs. 2 BetrVG ihren Vergütungsanspruch, wenn sie durch die Wahrnehmung von Betriebsratsaufgaben an der Erbringung ihrer Arbeitsleistung verhindert sind (dazu RdNr. 240).[646] Anspruchsgrundlage für den Gehaltszahlungsanspruch bei berechtigter Arbeitsversäumnis ist freilich nicht § 37 Abs. 2 BetrVG, sondern allein der Arbeitsvertrag iVm. § 59.[647] Deshalb sind nach dem Lohnausfallprinzip insbesondere auch die bei der Arbeitsleistung anfallenden Nebenbezüge wie Erschwerniszulagen, Zuschläge für Mehr-, Nacht- oder Sonntagsarbeit und auch allgemeine Zuwendungen wie zB Weihnachtsgeld, Urlaubsgeld und vermögenswirksame Leistungen zu bezahlen.[648]

357   Das gleiche gilt, wenn Betriebsratsmitglieder, die aus betriebsbedingten (nicht betriebsratsbedingten) Gründen ihre **Betriebsratstätigkeit außerhalb der Arbeitszeit** durchführen, nach § 37 Abs. 3 BetrVG in entsprechendem Umfang von ihren Arbeitspflichten befreit werden.[649] Nach § 38 BetrVG **freigestellte Betriebsratsmitglieder** haben nach § 38

---

[639] Hierzu v. *Hoyningen-Huene* NJW 1981, 713.

[640] Zu den Einzelheiten MünchHdbArbR/*Boewer* § 79; *Färber/Klischan* Feiertagslohnfortzahlungsgesetz 1985; *Klischan* DB 1987, 331; *Schaub* § 104.

[641] Hierzu Kommentare zu § 615 BGB; außerdem MünchHdbArbR/*Boewer* § 76; *Rückert* ZfA 1983, 1 ff.; *Schaub* § 48 und § 95; *v.Stebut* RdA 1985, 66.

[642] BAG AP BGB § 615 Nr. 34, 35 mit gem. Anm. *Konzen* = SAE 1986, 9 mit Anm. *Wolf/Neumeier* = EzA BGB § 615 Nr. 43 mit Anm. *Kraft* und Nr. 44 mit Anm. *v. Maydell* = NJW 1985, 935 und 2662.

[643] MünchKommBGB/*Schaub* § 615 RdNr. 38; *Palandt/Putzo* § 615 RdNr. 3.

[644] BAG AP BGB § 324 Nr. 1.

[645] BAG AP BGB § 324 Nr. 2 mit Anm. *A. Hueck.*

[646] *Dietz/Richardi* BetrVG § 37 RdNr. 27 ff.; *Fitting/Auffarth/Kaiser/Heither* BetrVG § 37 RdNr. 34 ff.; v. *Hoyningen-Huene* BetrVR § 10 II.

[647] Zutreffend *Fitting/Auffarth/Kaiser/Heither* BetrVG § 37 RdNr. 35; v. *Hoyningen-Huene* BetrVR § 10 II a.

[648] BAG AP BetrVG § 37 Nr. 5 (Sonntagsarbeit); LAG Niedersachsen EzA BetrVG 1972 § 37 Nr. 68 (Nachtarbeitszuschlag); LAG Düsseldorf DB 1974, 1966; *Dietz/Richardi* BetrVG § 37 RdNr. 27; *Galperin/Löwisch* BetrVG § 37 RdNr. 36 f.; *Fitting/Auffarth/Kaiser/Heither* BetrVG § 37 RdNr. 35 f.; anders bei betriebsratsbedingten „Überstunden", dazu BAG BB 1994, 1215.

[649] *Dietz/Richardi* BetrVG § 37 RdNr. 35 ff.

Abs. 3 BetrVG für den Zeitraum der Freistellung einen Anspruch auf das Gehalt, das sie erhalten würden, wenn sie nicht freigestellt worden wären, sondern ihre berufliche Tätigkeit ausgeübt hätten.[650]

g) Besuch der Sprechstunde des Betriebsrats. Besuchen Handlungsgehilfen während 358 der Arbeitszeit die Sprechstunde des Betriebsrats, so ist der Arbeitgeber nach § 39 Abs. 3 BetrVG nicht berechtigt, daß Arbeitsentgelt der Handlungsgehilfen für die Dauer der Besuchszeit zu mindern. Den Handlungsgehilfen entsteht daher beim Besuch von Sprechstunden kein Verlust an Arbeitsentgelt. Auch etwaige Zuschläge sind weiterzubezahlen.[651] Das gleiche gilt, wenn der Arbeitnehmer sich mit einer Beschwerde an den Betriebsrat nach § 85 BetrVG wendet.[652]

h) Anhörung des Handlungsgehilfen und Beschwerde. Will der Handlungsgehilfe sein 359 Anhörungs- und Erörterungsrecht nach § 82 BetrVG beim Arbeitgeber wahrnehmen, so kann er dies während der Arbeitszeit tun (dazu RdNr. 239); infolgedessen bleibt sein Vergütungsanspruch auch hier bestehen.[653] Das gilt in gleicher Weise, wenn der Handlungsgehilfe **Einsicht in die Personalakten** gemäß § 83 BetrVG nimmt oder sich nach § 84 BetrVG bei den zuständigen Stellen des Betriebs beschwert.[654] Auch eine Beschwerde wegen sexueller Belästigung (§ 3 BeschSchuG) darf nicht zu Nachteilen des Handlungsgehilfen führen, § 4 Abs. 3 BeschSchuG.[655]

10. Wegfall der Vergütung. Wird dem Handlungsgehilfen nach der Begründung des 360 Anstellungsverhältnisses die Dienstleitung ganz oder teilweise unmöglich (§ 275 BGB), ohne daß ihn oder den Arbeitgeber hierbei ein Verschulden trifft (oben RdNr. 230), so verliert er nach § 323 BGB den Anspruch auf die Gegenleistung, also die Arbeitsvergütung.[656] Es gilt der Grundsatz „**Ohne Arbeit kein Lohn"**.[657]

a) Unverschuldete Unmöglichkeit. Der Anspruch des Handlungsgehilfen auf Zahlung 361 der vereinbarten Vergütung entfällt demzufolge nach § 323 BGB in den Fällen der **unbezahlten Freistellung** von den Dienstpflichten (oben RdNr. 237, 352), **Wehrdienst** (§ 1 ArbPlSchG, oben RdNr. 241)[658] und dem unentschuldigten Fernbleiben von der Arbeit, sofern nicht die Voraussetzungen des § 3 EntgeltFZG vorliegen. Daneben ruht der Vergütungsanspruch des Handlungsgehilfen, wenn er von **Arbeitskampfmaßnahmen** (Streik und Aussperrung) unmittelbar betroffen ist.[659] Denn während des Arbeitskampfes bleibt das Dienstverhältnis bestehen, es ruhen jedoch die Hauptleistungspflichten von Arbeitgeber und Handlungsgehilfen.

Die Anwendung von § 323 BGB auf alle Fälle der **unverschuldeten Unmöglichkeit** der 362 Erbringung der Arbeitsleistung wurde aber schon bald nach Inkrafttreten des BGB als unzureichend angesehen. Als problematisch haben sich insbesondere Fälle erwiesen, in denen die Arbeitsleistung ohne Verschulden der beiden Arbeitsvertragsparteien unmöglich wurde, weil die Fabrik abgebrannt oder keine Energie vorhanden war.[660] Es geht hier letztlich um die Frage, wer das Risiko einer Arbeitsverhinderung zu tragen hat.

---

[650] Hierzu *Fitting/Auffarth/Kaiser/Heither* BetrVG § 38 RdNr. 44 f.; *v. Hoyningen-Huene* BetrVR § 10 III.

[651] *Dietz/Richardi* BetrVG § 39 RdNr. 25; *Fitting/Auffarth/Kaiser/Heither* BetrVG § 39 RdNr. 21; *Galperin/Löwisch* BetrVG § 39 RdNr. 16.

[652] Siehe dazu MünchHdbArbR/*v. Hoyningen-Huene* § 295 RdNr. 25 ff.

[653] So zutreffend GK-BetrVG/*Wiese* § 82 RdNr. 3.

[654] *Dietz/Richardi* BetrVG § 83 RdNr. 16.

[655] Vgl. dazu auch schon *v. Hoyningen-Huene* BB 1991, 2215 ff.

[656] Hierzu ausführlich MünchHdbArbR/*Boewer* § 78 RdNr. 1; *Rückert* ZfA 1983, 1; *v. Stebut* RdA 1985, 66.

[657] Dazu *Söllner* AcP 167 (1967), 132 ff.

[658] Zum Sonderfall des Wehrdienstes eines türkischen Arbeitnehmers BAG AP BGB § 123 Nr. 23 mit Anm. *Kramer* = SAE 1983, 272 mit Anm. *Misera.*

[659] Zu den Fernwirkungen von Arbeitskämpfen vgl. RdNr. 365.

[660] Hierzu grundlegend die „Kieler Straßenbahnentscheidung" RGZ 106, 272, 275.

363   **b) Betriebsrisikolehre.** Davon ausgehend wurde in Rechtsprechung[661] und Lehre[662] die sog. Betriebsrisikolehre entwickelt. Sie besagt, daß der Arbeitgeber das Entgelt weiter zu bezahlen hat, wenn die Arbeit aus Gründen unterbleibt, die in seinem Einflußbereich liegen. Auf ein Verschulden des Arbeitgebers an der Unmöglichkeit der Erbringung der Arbeitsleistung kommt es hierbei nicht an. Dementsprechend hat der Arbeitgeber bei Unterbrechungen wie Stromausfall, Maschinenstörungen, Erkrankungen von Mitarbeitern, Betriebsbränden usw. seinen Handlungsgehilfen die Vergütung auch dann fortzuzahlen, wenn er diese Unterbrechungen nicht zu vertreten hat. Dagegen braucht der Arbeitgeber die durch Einführung der Sommerzeit ausgefallene Stunde nicht nacharbeiten zu lassen und zu vergüten.[663]

364   **c) Sphärentheorie und Arbeitskampfrisikolehre.** Unter Zugrundelegung der Betriebsrisikolehre kann der Arbeitgeber die Vergütung der Handlungsgehilfen jedoch dann verweigern, wenn die Störung in der **Sphäre der Arbeitnehmer** ihren Ursprung hat. Zur Sphäre der Arbeitnehmer wurden von der Rechtsprechung zunächst die Betriebsstörungen gerechnet, die auf Streiks im Inland zurückgingen, auch wenn diese Streiks ganz andere Branchen betrafen oder rechtswidrig waren.[664]

365   Dieser Grundsatz wurde vom BAG in zwei Entscheidungen aus dem Jahre 1980 modifiziert.[665] Es hat hier die sog. **Arbeitskampfrisikolehre** entwickelt. Danach führen Betriebsstörungen wegen Streiks in anderen Betrieben nicht generell zu einem Verlust des Entgeltsanspruchs der Handlungsgehilfen, sondern nur dann, wenn die Fernwirkungen eines Streiks in einem anderen Betrieb das Kräfteverhältnis der kämpfenden Parteien beeinflussen können. Das hat nach Auffassung des BAG zur Konsequenz, daß Handlungsgehilfen für die Dauer der Störung dann keinen Vergütungsanspruch haben, wenn die für den mittelbar betroffenen Betrieb zuständigen Verbände mit den unmittelbar kämpfenden Verbänden identisch oder doch organisatorisch eng verbunden sind. Ob die Betriebsstörung dabei auf einem rechtmäßigen Streik oder einer rechtmäßigen Abwehraussperrung beruht, ist unerheblich.[666] Inwieweit in diesen Fällen ein Anspruch auf Arbeitslosengeld (Kurzarbeitergeld) besteht, richtet sich nach § 116 AFG.

366   **11. Der Gehaltsschutz.** Die Gehaltsansprüche des Handlungsgehilfen sind durch zahlreiche Regelungen außerhalb des HGB besonders geschützt. Grund hierfür ist die sozialpolitische Entscheidung, dem Handlungsgehilfen möglichst die Existenzgrundlage zu erhalten **(Unterhaltsfunktion)**, da anderenfalls der Handlungsgehilfe und seine Familie alsbald der Sozialhilfe zur Last fallen würden.[667]

367   **a) Pfändungsschutzvorschriften.** Der Schutz des Vergütungsanspruchs des Handlungsgehilfen vor Zugriffen von Gläubigern des Handlungsgehilfen kommt besonders deutlich

---

[661] BAG AP BGB § 615 Betriebsrisiko Nr. 2 mit Anm. *A. Hueck;* 13 mit Anm. *A. Hueck;* 15 mit Anm. *Nikisch;* 31 = SAE 1983, 240 mit Anm. *Denck* = BB 1983, 1413.

[662] Hierzu *Biedenkopf,* Die Betriebsrisikolehre als Beispiel richterlicher Rechtsfortbildung, 1971; *Bletz* JR 1985, 228; MünchHdbArbR/*Boewer* § 77; *Ehmann,* Betriebsrisikolehre und Kurzarbeit, 1979; *Jahnke* ZfA 1984, 69 ff.; *Gagel* BB 1984, 2006; *Rückert* ZfA 1983, 1 ff.; *Schaub* § 101 m. weit. Nachw.

[663] BAG DB 1986, 1780.

[664] BAG AP BGB § 615 Betriebsrisiko Nr. 3 mit Anm. *A. Hueck* = SAE 1957, 181 mit Anm. *Kauffmann* = AuR 1958, 283 mit Anm. *Frey* = BB 1957, 965; Nr. 4 mit Anm. *A. Hueck* = DB 1958, 572 mit Anm. *Natzel.*

[665] BAG AP GG Art. 9 Arbeitskampf Nr. 70, 71 mit gem. Anm. *Richardi* = AR-Blattei Arbeitskampf I Entsch. 18, 19 mit gem. Anm. *Hanau* = SAE 1981, 197, 205 mit Anm. *Konzen* = DB 1981, 321, 327, 578 mit gem. Anm. *Seiter* = EzA BGB § 615 Betriebsrisiko Nr. 7, 8 mit gem. Anm. *Dütz* und gem. Anm. *Ehmann/Schnauder;* in der Tendenz ähnlich bereits BAG AP BGB § 615 Betriebsrisiko Nr. 30 mit Anm. *Seiter* = AR-Blattei Arbeitskampf I Entsch. 10 mit Anm. *Herschel* = SAE 1976, 249 mit Anm. *Löwisch* = BB 1976, 511.

[666] Hierzu auch *Brox/Rüthers* Arbeitskampfrecht, 1982, RdNr. 173; *Däubler* (Hrsg.) Arbeitskampfrecht, 2. Aufl. 1987, RdNr. 623 ff.; *Kalb* Arbeitskampfrecht, 1986, RdNr. 296 ff.; *Picker* JZ 1979, 285.

[667] *Hueck/Nipperdey* Arbeitsrecht I, S. 355; *Schaub* § 86. – Insgesamt zur Sicherung der Entgeltzahlung *v. Hoyningen-Huene* BB 1992, 2138 ff.

zum Ausdruck in den Pfändungsschutzvorschriften der §§ 850 bis 850 k ZPO.[668] Die Pfändungsschutzvorschriften sind im öffentlichen Interesse erlassene, soziale Schutzbestimmungen und daher unabdingbar.[669]

b) Abtretung der Gehaltsansprüche. Der Vergütungsanspruch des Handlungsgehilfen **368** kann nach § 400 BGB nur abgetreten werden, soweit er auch pfändbar ist.[670] Das bedeutet, daß der Teil des Vergütungsanspruches, der dem Pfändungsschutz der §§ 850 bis 850 k ZPO unterliegt, nicht abgetreten werden darf. Bis zu dieser Höhe kann der Gehaltsanspruch des Handlungsgehilfen nach § 1274 Abs. 2 BGB auch nicht **verpfändet** werden.

Die **Abtretung künftiger Gehaltsansprüche** kann durch Tarifvertrag und Betriebsver- **369** einbarung ausgeschlossen werden.[671] Durch solche Abtretungsverbote soll der Handlungsgehilfe gegen unbedachte Verfügungen, aber auch der Arbeitgeber gegen Belastungen in der Lohnbuchhaltung geschützt werden.[672] Auch ein einzelvertraglich zwischen Arbeitgeber und Handlungsgehilfen vereinbartes Abtretungsverbot ist nach § 399 BGB möglich. Soweit kein Abtretungsverbot vereinbart worden ist, kann der Handlungsgehilfe auch eine **Vorausabtretung** seiner Gehaltsansprüche vornehmen;[673] die Vergütungsansprüche gegenüber dem Arbeitgeber müssen dabei aber hinreichend bestimmt sein.[674]

c) Einschränkung der Aufrechnungsmöglichkeit. Der Arbeitgeber kann nach § 394 **370** BGB gegen die Gehaltsforderung des Handlungsgehilfen nicht aufrechnen,[675] soweit der Gehaltsanspruch des Handlungsgehilfen nach den §§ 850 bis 850 k ZPO unpfändbar ist. Das bedeutet, daß der Arbeitgeber, auch wenn ihm Gegenansprüche zustehen, mit denen er gegen die Gehaltsforderung des Handlungsgehilfen aufrechnen könnte, stets den unpfändbaren Teil des Vergütungsanspruches auszubezahlen hat.

Eine **Ausnahme** gilt freilich dann, wenn der Arbeitgeber mit einem Schadensersatzan- **371** spruch aufrechnet, der aus einer vorsätzlichen unerlaubten Handlung des Handlungsgehilfen resultiert.[676] Bei einem Schadensersatzanspruch aus einer vorsätzlichen Vertragsverletzung ist die Schwere des dem Arbeitgeber zugefügten Nachteils gegenüber dem durch § 394 BGB bezweckten Lohnschutz abzuwägen.[677]

d) Zurückbehaltungsrecht. Der Arbeitgeber kann grundsätzlich gegenüber dem Ge- **372** haltsanspruch des Handlungsgehilfen ein Zurückbehaltungsrecht ausüben. Das Zurückbehaltungsrecht aus § 273 BGB setzt dabei einen fälligen Gegenanspruch aus demselben rechtlichen Verhältnis voraus.[678] Da die Ausübung des Zurückbehaltungsrechts auf denselben wirtschaftlichen Erfolg wie die Aufrechnung hinausläuft, ist sie ausgeschlossen, soweit auch eine Aufrechnung unzulässig wäre.[679] Bei der Ausübung des Zurückbehaltungsrechts ist daher § 394 BGB entsprechend anwendbar.

[668] *Jauernig* Zwangsvollstreckungsrecht, 19. Aufl. 1990, § 33 I; *Stöber* Forderungspfändung, 8. Aufl. 1987 sowie Kommentare zur ZPO.
[669] *Thomas/Putzo* ZPO, 18. Aufl. 1993, § 850 RdNr. 2.
[670] Zu den Einschränkungen MünchKommBGB/ *Roth* § 400 RdNr. 4 f.
[671] BAG AP BGB § 399 Nr. 1 mit Anm. *A. Hueck* = AuR 1958 mit Anm. *Diekhoff* = AR-Blattei Lohnsicherung III Entsch. 1 mit Anm. *Herschel* = BB 1958, 448; Nr. 4 mit Anm. *Larenz* = BABl. 1961, 118 mit Anm. *Wlotzke* = SAE 1961, 59 mit Anm. *Knevels* = BB 1960, 1202; Nr. 8 mit Anm. *Baumgärtel* = SAE 1967, 611 mit Anm. *Westhaus* = BB 1966, 942; *Denck* AuR 1979, 109; *Wiedemann/Stumpf* TVG Einl. RdNr. 211.
[672] *Schaub* § 87 I 2.
[673] Hierzu MünchKommBGB/*Roth* § 398 RdNr. 60 ff. m. weit. Nachw.

[674] Dazu BAG AP BGB § 398 Nr. 3; BGH NJW 1965, 2197; 1978, 1050.
[675] MünchKommBGB/*v. Feldmann* § 394 RdNr. 3; *Sommer* AR-Blattei, Aufrechnung im Arbeitsverhältnis I, 1978; *Schaub* § 87 II.
[676] MünchKommBGB/*v. Feldmann* § 394 RdNr. 8 ff.
[677] BAG AP BGB § 394 Nr. 5 mit Anm. *A. Hueck* = SAE 1960, 136 mit Anm. *Larenz* = BABl. 1960, 455 mit Anm. *Wlotzke* = BB 1960, 593; Nr. 9 mit Anm. *Bötticher* = SAE 1965, 89 mit Anm. *Mayer-Maly* = BABl. 1966, 205 mit Anm. *Schwedes* = BB 1964, 1340; MünchKommBGB/ *Söllner* § 611 RdNr. 236.
[678] Hierzu MünchKommBGB/*Keller* § 273 RdNr. 8 ff.; *Schaub* § 87 III.
[679] BAG AP BGB § 394 Nr. 11 mit Anm. *Erman* = BB 1968, 250; BGH NJW 1984, 128; 129; MünchKommBGB/*v. Feldmann* § 394 RdNr. 4.

373   Bei Beendigung des Arbeitsverhältnisses steht dem Arbeitgeber an den **Arbeitspapieren kein Zurückbehaltungsrecht** zu.[680] Zu den Arbeitspapieren zählen die Versicherungs- und Lohnsteuerkarte, Urlaubsbescheinigungen nach § 6 Abs. 2 BUrlG, Arbeitsbescheinigungen nach § 133 AFG und anderes mehr.

374   **e) Konkurs.** Die Gehaltsansprüche des Handlungsgehilfen sind auch im Konkurs des Arbeitgebers besonders geschützt. So zählen nach § 59 Abs. 1 Nr. 3 a KO die noch offenen Gehaltsansprüche der Handlungsgehilfen aus den letzten sechs Monaten vor Eröffnung des Konkurses zu den nach § 57 KO vorweg zu berichtigenden Masseschulden. Rückständige Gehaltsforderungen für das letzte Jahr vor der Eröffnung des Konkurses sind nach § 61 Abs. 1 Nr. 1 a KO als vorrangige Konkursforderungen zu berichtigen. Handlungsgehilfen, die bei Zahlungsunfähigkeit ihres Arbeitgebers für die letzten drei Monate vor Eröffnung des Konkursverfahrens noch Ansprüche auf Gehalt haben, steht nach § 141 a ff. AFG **Konkursausfallgeld** zu.[681]

375   **f) Betriebsübergang.** Bei einem Betriebsübergang (oben RdNr. 34) haftet der bisherige Arbeitgeber neben dem neuen Inhaber des Betriebs gemäß § 613 a Abs. 2 BGB für Vergütungsansprüche des Handlungsgehilfen, die vor der Zeit des Übergangs entstanden sind und vor Ablauf von einem Jahr nach diesem Zeitpunkt fällig werden, als Gesamtschuldner.[682] Daneben kommen als weitere Haftungsgrundlagen für den neuen Betriebsinhaber bei Vermögensübernahme § 419 BGB und beim Erwerb eines Handelsgeschäfts mit gleichzeitiger Fortführung der bisherigen Firma § 25 in Betracht (oben RdNr. 36 f.).

376   **12. Einreden und Einwendungen gegen den Vergütungsanspruch.** Gegen den Vergütungsanspruch des Handlungsgehilfen kann der Arbeitgeber die allgemeinen bürgerlich-rechtlichen Einwendungen und Einreden erheben.[683]

377   **a) Verjährung.** Der Vergütungsanspruch des Handlungsgehilfen unterliegt der Einrede der Verjährung. Die **Verjährungsfrist** beträgt zwei Jahre, beginnend mit dem Ende des Jahres, in dem die Vergütung fällig geworden ist, § 196 Nr. 8 iVm. § 201 BGB. Der Verjährung unterliegen alle Bezüge, die ein Entgelt für geleistete Dienste darstellen. Hierzu zählen insbesondere auch Ansprüche auf Gewinnanteile und Provisionen.[684] Sowohl im Anstellungsvertrag als auch im Tarifvertrag können kürzere Verjährungsfristen vereinbart werden.

378   **b) Verzicht.** Der Handlungsgehilfe kann auf seinen Vergütungsanspruch durch Abschluß eines Erlaßvertrags mit dem Arbeitgeber nach § 397 Abs. 1 BGB grundsätzlich verzichten. Dabei ist freilich zu beachten, daß ein Verzicht auf entstandene tarifvertragliche Gehaltsansprüche nach § 4 Abs. 4 Satz 1 TVG nur in einem von den Tarifvertragsparteien gebilligten Vergleich möglich ist.[685] Dies gilt auch für allgemeinverbindlich erklärte Tarifverträge[686] und richtigerweise auch dann, wenn der Tarifvertrag durch einzelvertragliche Bezugnahme Anwendung findet.[687]

379   **c) Verwirkung.** Der Handlungsgehilfe kann seinen Vergütungsanspruch grundsätzlich auch verwirken. Dies ist freilich nur in besonderen Ausnahmefällen anzunehmen.[688] Soweit

---

[680] BAG AP BGB § 611 Urlaubskarten Nr. 2 mit Anm. *Larenz* = NJW 1959, 453; LAG Frankfurt DB 1984, 2200; MünchKommBGB/*Keller* § 273 RdNr. 55; *Schaub* § 87 III 2.

[681] Hierzu näher *Schaub* § 94 sowie Kommentare zu §§ 141 a ff. AFG, insbes. *v. Hoyningen-Huene*, Kündigungsvorschriften im Arbeitsverhältnis, 2. Aufl. 1994.

[682] MünchKommBGB/*Schaub* § 613 a RdNr. 57 ff. – Zur Haftung für Versorgungsansprüche vgl. BAG NZA 1988, 501.

[683] Ausführlich *H. Roth*, Die Einrede des Bürgerlichen Rechts, 1988; *Schaub* § 73.

[684] BAG AP § 88 Nr. 1 mit Anm. *Naendrup* = SAE 1973, 45 mit Anm. *Herschel* = BB 1972, 1056.

[685] Hierzu *Wiedemann/Stumpf* TVG § 4 RdNr. 322 ff.

[686] *Wiedemann/Stumpf* TVG § 4 RdNr. 333.

[687] *v. Hoyningen-Huene* RdA 1974, 138, 150; *Schnorr* AuR 1963, 193, 196; im Ergebnis auch *Wiedemann/Stumpf* TVG § 4 RdNr. 335; – aA *Hueck/Nipperdey* Arbeitsrecht II/1 S. 485.

[688] Hierzu BAG NJW 1955, 159; BB 1959, 117; 1968, 210; DB 1970, 787; MünchKommBGB/*Roth* § 242 RdNr. 328 und 368.

v. Hoyningen-Huene

der Vergütungsanspruch des Handlungsgehilfen auf einem Tarifvertrag beruht, ist eine Verwirkung nach § 4 Abs. 4 Satz 2 TVG ausgeschlossen.

d) Tarifvertragliche Ausschlußfrist. Für die Geltendmachung des Gehaltsanspruchs des 380 Handlungsgehilfen kann eine tarifvertragliche Ausschlußfrist vorgesehen werden.[689] Solche Ausschlußfristen nach § 4 Abs. 4 Satz 3 TVG sind in der Praxis sehr häufig. Die Versäumung der Ausschlußfrist bringt den Anspruch zum Erlöschen, begründet also nicht nur wie die Verjährung eine Einrede.[690] Aus diesem Grunde sind tarifvertragliche Ausschlußfristen im Gegensatz zu Einreden auch von Amts wegen zu beachten.[691] Mit Gehaltsansprüchen, die durch Ablauf einer Ausschlußfrist erloschen sind, kann auch nicht mehr aufgerechnet werden. § 390 Satz 2 BGB, nach dem die Aufrechnung mit verjährten Forderungen unter bestimmten Umständen möglich ist, findet auf Gehaltsansprüche, die durch Versäumung der tariflichen Ausschlußfrist erloschen sind, keine Anwendung.[692]

VIII. Nebenpflichten des Arbeitgebers

1. Überblick. Der Arbeitgeber schuldet dem Handlungsgehilfen nicht nur das Entgelt; 381 ihn treffen vielmehr darüber hinaus eine Anzahl weiterer Schutz-, Obhuts- und Auskunftspflichten, die herkömmlicherweise unter dem Begriff **Fürsorgepflicht** zusammengefaßt werden.[693] Der **Begriff** geht zurück auf die Rechtsprechung des RAG, das durch den Fürsorgegedanken dem einzelnen Arbeitnehmer über Gesetz und Tarifvertrag hinaus sozialen Schutz hat angedeihen lassen.[694] Mit dem Begriff der Fürsorge lassen sich aber die dem Arbeitgeber auferlegten Rechtspflichten nur unzureichend kennzeichnen. Bei den nach überkommenem Sprachgebrauch als Fürsorgepflichten bezeichneten Rechtspflichten handelt es sich heute entweder um gesetzlich ausdrücklich normierte oder aus § 242 BGB ableitbare Pflichten, die besser entsprechend der allgemeinen Zivilrechtsdogmatik als **Nebenpflichten** bezeichnet werden sollten.[695]

Der **Grund** für diese Nebenpflichten besteht darin, daß sich der Handlungsgehilfe durch 382 die Eingliederung in den Betrieb in den **vom Arbeitgeber gestalteten Gefahren- und Einwirkungsbereich** begibt, dem er sich nicht entziehen kann. In diesem Ausgeliefertsein an Umstände, Handlungen und Entwicklungen, für die der Arbeitgeber verantwortlich ist, steckt die Wurzel für die meisten Nebenpflichten des Arbeitgebers im Arbeitsverhältnis.[696]

Der **Schutz von Leib und Leben** des Handlungsgehilfen ist in § 62 Abs. 1 besonders 383 geregelt und wird daher in den Erläuterungen zu § 62 im einzelnen dargestellt. Gegenstand der nachfolgenden Erläuterungen sind deshalb nur die Nebenpflichten des Arbeitgebers, die nicht aus § 62 abgeleitet werden können.

2. Rechtsgrundlage. Die Nebenpflichten des Arbeitgebers können ganz verschiedene 384 Rechtsgrundlagen haben. Nebenpflichten folgen zum Teil aus gesetzlichen Vorschriften oder Rechtsverordnungen und Unfallverhütungsvorschriften. Daneben können auch in Tarifverträgen, Betriebsvereinbarungen und Einzelarbeitsverträgen ausdrücklich bestimmte Nebenpflichten geregelt sein. Soweit Nebenpflichten keine konkrete Regelung erfahren

---

[689] MünchHdbArbR/*Hanau* § 73 RdNr. 9 ff.; *Schaub* § 205. – Zum Beginn der Ausschlußfrist beim Betriebsübergang (oben RdNr. 34, 420) siehe BAG BB 1995, 521.
[690] MünchKommBGB/*Söllner* § 611 RdNr. 314.
[691] BAG AP BGB § 611 Haftung des Arbeitnehmers Nr. 56; AP AZO § 15 Nr. 9; AP BGB § 611 Lohnanspruch Nr. 10.
[692] BAG AP BGB § 390 Nr. 2, 3, 4; GmS OGB AP BGB § 390 Nr. 5 mit Anm. *Wiedemann/Stumpf* = SAE 1975, 58 mit Anm. *Misera; Wiedemann/Stumpf* TVG § 4 RdNr. 416.

[693] MünchHdbArbR/*Blomeyer* § 92 RdNr. 11 ff.; MünchKommBGB/*Söllner* § 611 RdNr. 377; *Schaub* § 108 I 1.
[694] *Kahn-Freund,* Das soziale Ideal des Reichsarbeitsgerichts, wieder abgedruckt bei *Ramm,* Arbeitsrecht und Politik, 1966, 149, 194 ff.; zur Entwicklung MünchHdbArbR/*Blomeyer* § 92 RdNr. 3 ff.
[695] Ebenso nun auch BAG AP BGB § 611 Fürsorgepflicht Nr. 96 mit Anm. *Echterhölter* = SAE 1986, 200 mit Anm. *Beitzke* = BB 1986, 943; *Söllner* Arbeitsrecht § 31 II.
[696] Zutreffend *Zöllner/Loritz* Arbeitsrecht § 16.

haben, ergibt sich ihr Inhalt aus dem in § 242 BGB normierten Grundsatz von Treu und Glauben, der bei Arbeitsverhältnissen eine besonders starke Ausgestaltung erfahren hat.[697]

385   **3. Beginn und Ende der Nebenpflichten.**[698] Nebenpflichten des Arbeitgebers gegenüber dem Handlungsgehilfen bestehen grundsätzlich nur dann, wenn ein wirksamer Anstellungsvertrag geschlossen worden ist. Dies ergibt sich daraus, daß § 242 BGB, der Rechtsgrundlage der nicht konkret geregelten Fürsorgepflichten des Arbeitgebers ist, ein wirksames Schuldverhältnis voraussetzt.[699] Daneben bestehen aber auch im fehlerhaften, sog. faktischen Arbeitsverhältnis (RdNr. 136) Nebenpflichten des Arbeitgebers, soweit diese jedenfalls im Zusammenhang mit der Erbringung der Arbeitsleistung stehen.

386   Vor der Begründung des Anstellungsverhältnisses obliegen dem Arbeitgeber freilich auch gewisse Pflichten gegenüber Stellenbewerbern. Diese **vorvertraglichen Schutzpflichten** beruhen auf einem Vertrauensverhältnis zwischen Bewerber und Arbeitgeber (oben RdNr. 98). Bei Verletzung dieser Pflichten gelten die Grundsätze der culpa in contrahendo (c. i. c.).

387   Auch **nach Beendigung des Anstellungsverhältnisses** ergeben sich für den Arbeitgeber verschiedene Nebenpflichten. Dabei ist zu unterscheiden zwischen den Nebenpflichten, die sich während der Weiterbeschäftigung nach rechtswirksamer Kündigung, und denen, die sich nach der endgültigen Beendigung und dem Ausscheiden des Handlungsgehilfen aus dem Betrieb des Arbeitgebers ergeben. Für die Zeit der Weiterbeschäftigung des Handlungsgehilfen während des Kündigungsschutzprozesses nach § 102 Abs. 5 BetrVG bzw. nach Geltendmachung des allgemeinen Weiterbeschäftigungsanspruchs[700] entsteht zwischen den Parteien des Anstellungsverhältnisses ein gesetzliches Schuldverhältnis, für das die gleichen Rechte und Pflichten gelten wie für ein gekündigtes Anstellungsverhältnis.[701] Rechtsgrundlage für die nachwirkenden Nebenpflichten des Arbeitgebers ist, soweit keine spezialgesetzlichen Regelungen wie etwa das BetrAVG oder §§ 629 BGB, 73 HGB vorliegen, wiederum § 242 BGB.

388   **4. Abdingbarkeit.** Die Fürsorgepflicht des Arbeitgebers gegenüber dem Handlungsgehilfen kann als solche **nicht abbedungen werden**, da sie notwendiger Bestandteil des Anstellungsverhältnisses ist. Es ist freilich möglich, einzelne aus § 242 BGB abgeleitete Nebenpflichten abweichend zu regeln.[702] Dabei ist zu beachten, daß die gesetzlichen Schutzpflichten aus § 62 gemäß § 62 Abs. 4 nicht im voraus durch Vertrag aufgehoben oder beschränkt werden können (dazu Kommentierung von § 62).

389   **5. Rechtsfolgen bei Verletzung der Nebenpflichten.** Verletzt der Arbeitgeber seine Nebenpflichten aus dem Anstellungsvertrag und erwächst dem Handlungsgehilfen daraus ein Schaden, so ist der Arbeitgeber grundsätzlich zum Schadensersatz verpflichtet.[703] Der Umfang des Schadensersatzanspruches richtet sich dabei nach den allgemeinen Regeln der §§ 249 ff. BGB.

390   Eine Einschränkung erfährt dieser Grundsatz bei der **Haftung für Personenschäden aus Arbeitsunfällen.** Nach § 636 RVO haftet der Arbeitgeber in diesen Fällen nur bei Vorsatz, oder wenn der Arbeitsunfall bei der Teilnahme am allgemeinen Verkehr eingetreten ist; im übrigen ist seine Haftung ausgeschlossen. In diesen Fällen genießt der Handlungsgehilfe stattdessen Unfallversicherungsschutz nach den §§ 539 ff. RVO. Weitergehende Ansprüche des Handlungsgehilfen, seiner Angehörigen und Hinterbliebenen aus anderen Rechtsgrün-

---

[697] MünchHdbArbR/*Blomeyer* § 92 RdNr. 22.
[698] Hierzu *Zöllner*, Die vorvertragliche und die nachwirkende Treue- und Fürsorgepflicht, in: Tomandl (Hrsg.), Treue- und Fürsorgepflicht im Arbeitsverhältnis, 1975, 91 ff.; MünchHdbArbR/ *Blomeyer* § 92 RdNr. 18 ff.
[699] *Schaub* § 108 I 3.
[700] Hierzu BAG GS AP BGB § 611 Beschäftigungspflicht Nr. 14.

[701] Dazu kritisch *v. Hoyningen-Huene* BB 1988, 264 ff.; *Hueck/v. Hoyningen-Huene* KSchG § 4 RdNr. 94 ff.; MünchHdbArbR/*Wank* § 118.
[702] Ebenso MünchHdbArbR/*Blomeyer* § 92 Rd-Nr. 21; *Schaub* § 108 I 5.
[703] Dazu MünchHdbArbR/*Blomeyer* § 92 Rd-Nr. 23 ff.

den (Vertrag, Delikt, Schmerzensgeld) sind hierdurch bei Personenschäden des Handlungsgehilfen ausgeschlossen.[704]

6. Die Nebenpflichten im einzelnen. Die nachfolgend im einzelnen aufgelisteten Nebenpflichten (alphabetisch) wurden teilweise wegen des besonderen Sachzusammenhangs bereits an anderer Stelle ausführlicher behandelt. Auf diese Erläuterungen wird jeweils gesondert Bezug genommen. **391**

a) Arbeitsschutz und Arbeitssicherheit. Der Arbeitgeber hat zahlreiche Arbeitsschutz- und Arbeitssicherheitsvorschriften zu beachten.[705] Es geht dabei zum einen um den Schutz des Handlungsgehilfen vor Gefahren für Leben und Gesundheit (dazu § 62) und zum anderen auch um eine menschengerechte Gestaltung des Arbeitsplatzes.[706] Die Pflicht zur menschengerechten Arbeitsplatzgestaltung hat in den §§ 90, 91 BetrVG eine gesetzliche Ausgestaltung gefunden.[707] **392**

b) Nachvertragliche Nebenpflichten. Zahlreiche Nebenpflichten treffen den Arbeitgeber bei Beendigung des Anstellungsverhältnisses. Nach § 629 BGB ist der Arbeitgeber verpflichtet, dem Handlungsgehilfen angemessene Zeit zum Aufsuchen eines neuen Dienstverhältnisses zu gewähren (oben RdNr. 101). Auf Verlangen des Handlungsgehilfen hat er diesem nach § 73 ein **Zeugnis** über Art und Dauer der Beschäftigung zu erteilen (siehe dort). **393**

Der Arbeitgeber hat dem Handlungsgehilfen nach Beendigung des Arbeitsverhältnisses weiterhin unverzüglich die **Arbeitspapiere** einschließlich einer Arbeitsbescheinigung nach § 133 AFG auszuhändigen. Dabei steht dem Arbeitgeber wegen noch offener Forderungen gegenüber dem Handlungsgehilfen kein Zurückbehaltungsrecht zu (oben RdNr. 372 f.). **394**

Beim Ausscheiden älterer Handlungsgehilfen aus dem Anstellungsverhältnis kann der Arbeitgeber verpflichtet sein, diesen ein **betriebliches Ruhegeld** zu gewähren, wenn die entsprechenden Voraussetzungen nach der betrieblichen Ruhegeldvereinbarung bzw. dem BetrAVG vorliegen.[708] **395**

Schließlich kann der Arbeitgeber aus nachwirkender Fürsorgepflicht **zur Wiedereinstellung** eines zunächst wirksam gekündigten Handlungsgehilfen verpflichtet sein, wenn sich im nachhinein herausstellt, daß der vermeintliche Kündigungsgrund nicht vorlag.[709] Gesetzlich geregelt ist der Wiedereinstellungsanspruch für Schwerbehinderte in § 21 Abs. 6 SchwbG, denen lediglich aus Anlaß eines Streiks oder einer Aussperrung fristlos gekündigt worden ist. Darüber hinaus hält das BAG den Arbeitgeber bei der lösenden Aussperrung für verpflichtet, die ausgesperrten Arbeitnehmer wiedereinzustellen, soweit die Arbeitsplätze noch vorhanden sind.[710] **396**

c) Beschäftigungspflicht. Den Arbeitgeber trifft eine Beschäftigungspflicht gegenüber dem Handlungsgehilfen. Diese Verpflichtung besteht aber nur dann, wenn ein wirksames Anstellungsverhältnis begründet worden ist.[711] Die Beschäftigungspflicht ist abzuleiten aus den §§ 611, 242 BGB iVm. Art. 1 und 2 GG.[712] Aus dem daraus resultierenden Beschäfti- **397**

---

[704] MünchHdbArbR/*Blomeyer* § 94 RdNr. 29.

[705] Vgl. hierzu die Zusammenstellung in *Nippderdey* II Arbeitssicherheit (Loseblattsammlung).

[706] *Zöllner/Loritz* Arbeitsrecht § 2 VIII; *ders.* RdA 1973, 212; *Hanau* in: Fürstenberg u. a., Menschengerechte Gestaltung der Arbeit, 1983.

[707] Vgl. hierzu v. *Hoyningen-Huene* BetrVR § 13 II.

[708] Hierzu die Kommentare zum BetrAVG inbes. von *Blomeyer/Otto* BetrAVG 1984; *Höfer/Abt* BetrAVG 2. Aufl. 1984 sowie MünchHdbArbR/*Ahrend/Förster* §§ 101 ff.

[709] BAG AP KSchG 1969 § 1 Soziale Auswahl Nr. 2 mit Anm. *Wank* = SAE 1985, 302 mit Anm. *Mummenhoff* = AR-Blattei Einstellung Entsch. 14 mit Anm. *Herschel* = BB 1985, 57; AP BGB § 611 Einstellungsanspruch Nr. 1 mit Anm. *Natzel* = SAE 1978, 120 mit Anm. *Sieg* = BB 1978, 257.

[710] BAG AP GG Art. 9 Arbeitskampf Nr. 44; siehe dazu auch *Seiter*, Streikrecht und Aussperrungsrecht, 1975, S. 357 ff.; MünchHdbArbR/*Berkowsky* § 130 RdNr. 85 ff., § 134 RdNr. 120 ff.; MünchHdbArbR/*Wank* § 118 RdNr. 118.

[711] Vgl. BAG DB 1984, 622.

[712] BAG GS BGB § 611 Beschäftigungspflicht Nr. 14 = SAE 1986, 37 mit Anm. *Lieb* = EzA BGB § 611 Beschäftigungspflicht Nr. 9 mit Anm. *Gamillscheg* = AR-Blattei Beschäftigungspflicht Entsch. 15 mit Anm. *Buchner* = DB 1985, 2197 mit Anm. *Bengelsdorf* DB 1986, 186 = NJW 1985, 2968; siehe hierzu auch bereits BAG AP BGB § 611 Beschäftigungspflicht Nr. 2 mit Anm. *A. Hueck* = SAE 1956, 145 mit Anm. *Pieper* = BABl. 1957, 11 mit Anm. *Trieschmann* = AuR 1957, 217 mit Anm. *Frey* = NJW 1956, 359.

gungsanspruch des Handlungsgehilfen hat der Große Senat des BAG unter bestimmten weiteren Voraussetzungen einen allgemeinen Weiterbeschäftigungsanspruch für die Dauer des Kündigungsrechtsstreits abgeleitet.[713]

398   **d) Datenschutz.** Zu den Nebenpflichten des Arbeitgebers gehört es weiterhin, für einen ausreichenden Datenschutz zu sorgen.[714] Aufgabe des Datenschutzes ist es, dem Mißbrauch personenbezogener Daten bei ihrer Speicherung, Übermittlung, Veränderung und Löschung entgegenzuwirken und dadurch schutzwürdige Belange des Betroffenen zu schützen, § 1 BDSG. Auf betrieblicher Ebene wird der Datenschutz verstärkt durch die Tätigkeit eines nach §§ 36, 37 BDSG zu bestellenden Datenschutzbeauftragten und durch die in § 80 Abs. 1 Nr. 1 BetrVG festgelegten Kompetenz des Betriebsrats, die Einhaltung des BDSG zu überwachen.[715] Soweit der Arbeitgeber technische Einrichtungen einführt oder anwendet, die dazu bestimmt sind, das Verhalten und die Leistung der Arbeitnehmer zu überwachen, hat der Betriebsrat nach § 87 Abs. 1 Nr. 6 BetrVG ein Mitbestimmungsrecht (RdNr. 177).[716]

399   **e) Gehaltsfortzahlung.** Bei unverschuldeten Unglücksfällen ist der Arbeitgeber zur Gehaltsfortzahlung verpflichtet. Es handelt sich hierbei um eine gesetzliche Nebenpflicht nach § 3 EntgeltFZG, die früher in § 63 geregelt war (oben RdNr. 351 f.).

400   **f) Grundsatz der Gleichbehandlung.** Bei Maßnahmen und Entscheidungen, die über einzelne Dienstverhältnisse hinausreichen, muß der Arbeitgeber den Grundsatz der Gleichbehandlung beachten (RdNr. 282 ff.).[717] Der Grundsatz der gleichmäßigen Behandlung bedeutet freilich nicht, daß alle Handlungsgehilfen stets gleich zu behandeln sind.[718] Nur was sachlich gleich ist, muß gleich behandelt werden. Es handelt sich daher genau genommen nicht um ein Gebot gleichmäßiger Behandlung, sondern vielmehr um ein Verbot unsachlicher Differenzierung.[719]

401   **g) Informations- und Aufklärungspflichten.** Den Arbeitgeber treffen gegenüber dem Handlungsgehilfen zahlreiche Informations- und Aufklärungspflichten.[720] So hat der Arbeitgeber nach § 81 Abs. 1 Satz 1 BetrVG den Handlungsgehilfen über dessen Aufgabe und Verantwortung sowie über die Art seiner Tätigkeit und ihre Einordnung in den Ablauf des Betriebs zu unterrichten. Er hat ihn weiterhin vor Beginn der Beschäftigung über die Unfall- und Gesundheitsgefahren, denen der Handlungsgehilfe bei der Beschäftigung ausgesetzt ist, sowie über die Maßnahmen und Einrichtungen zur Abwehr dieser Gefahren zu belehren.[721] Weitere Aufklärungspflichten bestehen bezüglich der Möglichkeiten einer betrieblichen Altersversorgung,[722] der Möglichkeit des Verzichts auf eine Gehaltserhöhung, um im Genuß der Krankenversicherung zu bleiben,[723] sowie der Steuerpflicht.[724]

402   Zur Fürsorgepflicht des Arbeitgebers gehört es dagegen **nicht**, den Handlungsgehilfen darauf aufmerksam zu machen, daß bei eigener Kündigung das Arbeitslosengeld gesperrt

---

[713] Hierzu BAG GS AP BGB § 611 Beschäftigungspflicht Nr. 14; dazu krit. *v. Hoyningen-Huene* BB 1988, 264 m. weit. Nachw.

[714] Hierzu   MünchHdbArbR/*Blomeyer*   § 97; *Däubler*, Gläserne Belegschaften?, 3. Aufl. 1993; *Herschel* BB 1982, 2128; *Kroll*, Datenschutz im Arbeitsverhältnis, 1981; *Sproll* ZfA 1982, 652; *ders.* ZIP 1984, 23; *Zöllner*, Daten- und Informationsschutz im Arbeitsverhältnis, 2. Aufl. 1983.

[715] Vgl. zum Verhältnis Datenüberwachung durch Betriebsrat und Datenschutzbeauftragten *v. Hoyningen-Huene* NZA Beil. 1/85, S. 19 m. weit. Nachw.

[716] *v. Hoyningen-Huene* BetrVR § 12 II 6.

[717] Grundlegend hierzu *G. Hueck,* Der Grundsatz der gleichmäßigen Behandlung im Privatrecht, 1958; *Mayer-Maly* AR-Blattei Gleichbehandlung im Arbeitsverhältnis (1975); MünchHdbArbR/*Richardi* § 14; *Schaub* § 112.

[718] Siehe zur Gleichbehandlung bei der Vergütung bereits oben RdNr. 316 ff.

[719] So zutreffend *Zöllner/Loritz* Arbeitsrecht § 17 IV 1.

[720] *v. Hoyningen-Huene* BetrVR § 13 III 1.

[721] Zu den Einzelheiten *Bächle* DB 1973, 1400; *Dietz/Richardi* BetrVG § 81 RdNr. 2 ff.; *Fitting/Auffarth/Kaiser/Heither* BetrVG § 81 RdNr. 7 ff.; m. weit. Nachw.; MünchHdbArbR/*v. Hoyningen-Huene* § 295 RdNr. 8 ff.

[722] BAG AP BGB § 242 Ruhegehalt Nr. 106, 128; AP BGB § 242 Ruhegehalt-Pensionskassen Nr. 3-5; AP BetrAVG § 1 Zusatzversorgungskassen Nr. 6; AuR 1986, 156.

[723] BAG AP BAT § 70 Nr. 2 mit Anm. *Gaul.*

[724] BAG AP BGB § 611 Nettolohn Nr. 2.

wird.[725] Beim Abschluß von Aufhebungsverträgen können allerdings aufgrund der Fürsorgepflicht bestimmte Informationspflichten hinsichtlich der Rechtsfolgen bestehen.[726] Davon abgesehen hat der Arbeitgeber vielfältige betriebliche Bekanntmachungspflichten in Form von Aushängen und Verzeichnissen.[727]

h) Lohnsteuer und Sozialabgaben. Der Arbeitgeber ist verpflichtet, die auf die Dienst- **403** vergütung entfallende Lohnsteuer und die entsprechenden Sozialabgaben an die zuständigen Stellen **abzuführen** (dazu § 64 RdNr. 8).

i) Obhuts- und Verwahrungspflichten. Den Arbeitgeber treffen Obhuts- und Verwah- **404** rungspflichten für bestimmte eingebrachte Sachen des Handlungsgehilfen, soweit dieser nicht selbst Vorsorge treffen kann.[728] Dabei ist nach der Art der eingebrachten Sachen zu differenzieren.[729] Für **persönlich unentbehrliche Sachen** des Handlungsgehilfen, wie beispielsweise Straßen- und Arbeitskleidung,[730] Fahrkarten, angemessener Geldbetrag, Uhr etc., muß der Arbeitgeber geeignete Verwahrungsmöglichkeiten schaffen; er hat also beispielsweise Schränke oder Kleiderspinde aufzustellen. Das gleiche gilt **für unmittelbar arbeitsdienliche Sachen** des Handlungsgehilfen, die in engem Zusammenhang mit der Erbringung der Arbeitsleistung stehen, wie beispielsweise Tabellen für die Lohnbuchhaltung oder Fachbücher. Auch hierfür hat der Arbeitgeber für Aufbewahrungsmöglichkeiten zu sorgen.[731]

An die Obhuts- und Verwahrungspflichten für nur **mittelbar arbeitsdienliche Sachen** **405** sind geringere Anforderungen zu stellen. So hat der Arbeitgeber zwar gundsätzlich für Unterstellungsmöglichkeiten für Fahrräder[732] und Mopeds oder Mofas zu sorgen. Einen Parkplatz für Kraftwagen der Handlungsgehilfen hat der Arbeitgeber aber nur dann zur Verfügung zu stellen, wenn er dadurch nicht übermäßig und unverhältnismäßig belastet wird.[733] Stellt der Arbeitgeber einen Parkplatz zur Verfügung, so treffen ihn freilich auch die üblichen Verkehrssicherungspflichten.[734] Die Aufstellung allgemeiner Regelungen unterliegt der Mitbestimmung des Betriebsrats nach § 87 Abs. 1 Nr. 1 BetrVG, die häufig in einer „Betriebsordnung" oder „Arbeitsordnung" zusammengefaßt werden.[735]

j) Persönlichkeitsrecht. Im Rahmen seiner Fürsorgepflicht hat der Arbeitgeber auch das **406** Persönlichkeitsrecht der angestellten Handlungsgehilfen zu schützen. Positivrechtlich ausgestaltet worden ist diese Verpflichtung in § 75 Abs. 2 BetrVG. Daneben wirkt der grundgesetzlich verbürgte Persönlichkeitsschutz über die Generalklausel des § 242 BGB mittelbar auf das Arbeitsverhältnis ein. Eine Konkretisierung dieses verfassungsrechtlich gewährleisteten allgemeinen Persönlichkeitsrechts ist das Recht auf informationelle Selbstbestimmung.[736] Die Verpflichtung des Arbeitgebers, das Recht auf informationelle Selbstbestimmung des Handlungsgehilfen zu achten, hat große Bedeutung für die Zulässigkeit der Datenerhebung und Datenspeicherung, insbesondere bei der Mitbestimmung des Betriebsrats nach § 87 Abs. 1 Nr. 6 BetrVG (dazu auch RdNr. 177).[737]

k) Personalakten. Der Arbeitgeber hat Personalakten ordnungsgemäß zu führen. Unter **407** Personalakten ist die Sammlung von Urkunden und Vorgängen zu verstehen, welche die persönlichen und dienstlichen Verhältnisse des Handlungsgehilfen betreffen und in einem inneren Zusammenhang mit dem Anstellungsverhältnis stehen.[738] Zur Personalakte ge-

---

[725] LAG Frankfurt LAGE BGB § 119 Nr. 4.
[726] Dazu MünchHdbArbR/*Wank* § 112 RdNr. 11 ff. m. weit. Nachw.
[727] *Pulte* AR-Blattei SD 300 (1992).
[728] BAG AP BGB § 611 Gefährdungshaftung Nr. 2; AP BGB § 611 Fürsorgepflicht Nr. 26, 36, 58, 75; AP BGB § 618 Nr. 7; AP BGB § 324 Nr. 2.
[729] Vgl. MünchHdbArbR/*Blomeyer* § 94 RdNr. 31 ff.; *Schaub* § 108 IV 2; *Kramer*, Arbeitsvertragliche Verbindlichkeiten neben Lohnzahlung und Dienstleistung, 1975, S. 69 ff.
[730] BAG AP BGB § 611 Fürsorgepflicht Nr. 75.

[731] Zum Ganzen MünchHdbArbR/*Blomeyer* § 94 RdNr. 34 ff.
[732] BAG DB 1969, 2282.
[733] BAG AP BGB § 618 Nr. 7, 9.
[734] BGH VersR 1968, 399 (ausreichende Beleuchtung); BGH NJW 1966, 202 (Streupflicht).
[735] Dazu v. *Hoyningen-Huene* BetrVR § 12 II 1.
[736] BVerfGE 65, 1 = NJW 1984, 419.
[737] BAG DB 1987, 1048.
[738] Vgl. BAG AuR 1981, 124 mit Anm. *Herschel*; MünchHdbArbR/*Blomeyer* § 96; MünchHdbArbR/ v. *Hoyningen-Huene* § 295 RdNr. 38.

hören Unterlagen des Werkschutzes, ärztliche Gutachten, bei Bewerbungen entstandene Unterlagen, Abmahnungen, mitbestimmungspflichtige Verwarnungen und Betriebsbußen.

408   Der Handlungsgehilfe kann die Personalakten nach § 83 Abs. 1 BetrVG ohne besonderen Anlaß **einsehen.**[739] Zur Einsichtnahme kann der Handlungsgehilfe ein Mitglied des Betriebsrats hinzuziehen.[740] Der Handlungsgehilfe kann in entsprechender Anwendung von § 1004 BGB die Entfernung unbegründeter Abmahnungen und mißbilligender Äußerungen aus der Personalakte verlangen, wenn daraus für die berufliche Entwicklung Nachteile erwachsen können.[741] Im übrigen hat der Handlungsgehilfe gemäß § 83 Abs. 2 BetrVG einen Anspruch auf Aufnahme einer Gegendarstellung zum Inhalt der Personalakte.

409   **l) Rauchverbot.** Ob der Arbeitgeber auch verpflichtet ist, zum Schutz der nichtrauchenden Handlungsgehilfen ein Rauchverbot zu erlassen, ist umstritten.[742] Angesichts der heute nachgewiesenen Gefahren, die vom Passivrauchen für die Gesundheit der Handlungsgehilfen ausgehen, wird man den Arbeitgeber in Großraumbüros im Einzelfall für verpflichtet halten können, Rauchverbote zum Schutz der nichtrauchenden Handlungsgehilfen zu erlassen.[743] Zur Wahrung des Persönlichkeitsrechts muß der Arbeitgeber dann aber den Rauchern die Möglichkeit geben, in Pausen in hierfür besonders bestimmten Räumen rauchen zu können; eine derartige Regelung unterliegt nach § 87 Abs. 1 Nr. 1 BetrVG der Mitbestimmung des Betriebsrats (vgl. RdNr. 266).

410   **m) Urlaubsgewährung.** Zu den gesetzlich geregelten Nebenpflichten des Arbeitgebers zählt auch die Gewährung von Urlaub (RdNr. 233 ff.).

411   **n) Versicherungsschutz.** Den Arbeitgeber trifft auch die Pflicht, seinen Handlungsgehilfen bei Ausübung ihrer Tätigkeit ausreichenden Versicherungsschutz zu gewähren.[744] Dies gilt insbesondere dann, wenn es sich um gefährliche Tätigkeiten handelt, bei denen auch bei leichter Unachtsamkeit ein hoher Schaden entstehen kann (RdNr. 216 ff.). Kommt der Arbeitgeber dieser Verpflichtung zur ausreichenden Versicherung seiner Angestellten nicht nach, so ist ihm dieses Versäumnis bei einem Schadensersatzanspruch gegen den Handlungsgehilfen schadensmindernd zuzurechnen (Rechtsgedanke von § 254 BGB).[745]

IX. Streitigkeiten zwischen Arbeitgeber und Handlungsgehilfen

412   Streitigkeiten zwischen dem Arbeitgeber und Handlungsgehilfen können auf verschiedenste Art und Weise ausgetragen und bewältigt werden. Zunächst bietet sich eine **innerbetriebliche Streitschlichtung** an,[746] wobei der Betriebsrat gegebenenfalls hinzuziehen ist. Daneben oder anschließend kommt die gerichtliche Klärung in Betracht.

413   **1. Außergerichtliche Streitschlichtung.** Arbeitgeber und Handlungsgehilfe sind aus der Fürsorgepflicht bzw. Treuepflicht heraus dazu verpflichtet, zu versuchen, Streitigkeiten zunächst außergerichtlich in einem Schlichtungsgespräch beizulegen.[747]

414   **a) Beschwerderecht beim Arbeitgeber.** Jeder Handlungsgehilfe hat nach § 84 Abs. 1 BetrVG das Recht, sich bei den **zuständigen Stellen des Betriebs zu beschweren,** wenn er sich vom Arbeitgeber oder von Arbeitnehmern des Betriebes benachteiligt oder unge-

[739] MünchHdbArbR/*v. Hoyningen-Huene*   § 295 RdNr. 41.

[740] Vgl. hierzu MünchHdbArbR/*v. Hoyningen-Huene* § 295 RdNr. 43.

[741] BAG AP BGB § 611 Fürsorgepflicht Nr. 84 = SAE 1978, 269 mit Anm. *Sieg* = EzA BGB § 611 Fürsorgepflicht Nr. 23 mit Anm. *Buchner* = AR-Blattei Betriebsbußen Entsch. 9 mit Anm. *Herschel* = BB 1978, 1167; AP BGB § 611 Fürsorgepflicht Nr. 93 mit Anm. *Echterhölter* = SAE 1986, 197 mit Anm. *Misera* = DB 1986, 594; BAG BB 1992, 2295; *v. Hoyningen-Huene* RdA 1990, 193, 209.

[742] Hierzu BVerwG DB 1984, 2308; *Mummenhoff* RdA 1976, 364; *Löwisch* DB 1979 Beil. 1.

[743] LAG Hamm LAGE § 618 BGB Nr. 3; MünchHdbArbR/*Blomeyer* § 94 RdNr. 12.

[744] Siehe dazu MünchHdbArbR/*Blomeyer* § 57 RdNr. 57; *v. Hoyningen-Huene* BB 1989, 1896.

[745] BAG NZA 1988, 584.

[746] Dazu *v. Hoyningen-Huene* NZA 1987, 577.

[747] *v. Hoyningen-Huene* NZA 1987, 577.

recht behandelt oder in sonstiger Weise beeinträchtigt fühlt.[748] In der Regel ist für die Beschwerde der unmittelbare Dienstvorgesetzte, bei Beschwerden über diesen dessen Vorgesetzter zuständig.[749] Das Beschwerderecht des Handlungsgehilfen folgt bereits aus der arbeitsvertraglichen Fürsorgepflicht.[750] Bei sexuellen Belästigungen ist das BeschSchuG einschlägig.[751]

Die eigentliche **Bedeutung von § 84 BetrVG** besteht in der Regelung des Be- 415
schwerdeverfahrens und der Möglichkeit, ein Betriebsratsmitglied zur Unterstützung hinzuzuziehen. Voraussetzung der Beschwerdemöglichkeit ist lediglich, daß sich der Beschwerdegrund aus dem Arbeitsverhältnis ergibt oder dieses jedenfalls berühren muß.[752] Hält der Arbeitgeber die Beschwerde für begründet, so hat er ihr abzuhelfen; in jedem Falle aber hat er nach § 84 Abs. 2 BetrVG den Handlungsgehilfen innerhalb angemessener Frist über ihre Behandlung zu bescheiden.

b) Beschwerde beim Betriebsrat. Neben der Möglichkeit der Beschwerde gegenüber 416
dem Arbeitgeber hat der Handlungsgehilfe nach § 85 BetrVG auch die Möglichkeit, beim Betriebsrat Beschwerden vorzubringen, der dann beim Arbeitgeber nach § 85 Abs. 1 BetrVG auf Abhilfe hinzuwirken hat. Die Beschwerde beim Betriebsrat setzt nicht voraus, daß sich der Handlungsgehilfe zunächst an den Arbeitgeber bzw. seinen Vorgesetzten nach § 84 BetrVG gewandt hat.[753] Wird aber eine Beschwerde unmittelbar beim Betriebsrat eingelegt, so zeigt dies häufig ein gestörtes Vertrauensverhältnis des Handlungsgehilfen zum Arbeitgeber bzw. zu seinen Vorgesetzten an.[754] Eine Beschwerde beim Betriebsrat ist auch dann noch möglich, wenn die unmittelbare Beschwerde des Handlungsgehilfen nach § 84 BetrVG nicht erfolgreich war.[755] Gesetzlich geregelter Fall einer Konfliktlösung durch den Betriebsrat ist § 87 Abs. 1 Nr. 5 BetrVG über die Festsetzung der zeitlichen Lage des Urlaubs, wenn zwischen dem Arbeitgeber und dem Handlungsgehilfen kein Einverständnis erzielt wird.

Kommt es im Falle des § 85 BetrVG zwischen Arbeitgeber und Betriebsrat zu keiner 417
Einigung über die Berechtigung der Beschwerde, so kann der Betriebsrat – nicht aber der Arbeitgeber oder der betroffene Handlungsgehilfe – nach § 85 Abs. 2 Satz 1 BetrVG die **Einigungsstelle** anrufen.[756] Der Betriebsrat bedarf dazu nicht der Zustimmung des Handlungsgehilfen, da dieser seine Beschwerde jederzeit zurücknehmen kann.[757]

c) Gesetzlich angeordnetes Schiedsverfahren. Kommt es zwischen Arbeitgeber und 418
Handlungsgehilfen über eine Streitigkeit zu keiner außergerichtlichen Einigung, so ist in bestimmten Fällen dem gerichtlichen Verfahren noch ein gesetzlich angeordnetes Schiedsverfahren vorgeschaltet. So können beispielsweise Klagen, die auf das **Arbeitnehmererfindungsgesetz** gestützt sind, erst dann erhoben werden, wenn ein Verfahren bei einer nach § 37 ArbNErfG iVm. 1. DVO eingerichteten Schiedsstelle vorausgegangen ist. Ausnahmen hierzu sind in § 37 ArbNErfG geregelt.[758] Zur Beilegung von Streitigkeiten zwischen Ausbilder und Auszubildenden aus dem bestehenden **Berufsausbildungsverhältnis** ist in § 111 Abs. 2 ArbGG ein außergerichtliches Schlichtungsverfahren vorgesehen.[759] Nach

[748] Vgl. *Hinrichs* ArbRdGgnw 18 (1980), 35 ff.; MünchHdbArbR/*v. Hoyningen-Huene* § 295 Rd-Nr. 17 ff.

[749] GK-BetrVG/*Wiese* § 84 RdNr. 7.

[750] *Dietz/Richardi* BetrVG § 87 RdNr. 2; GK-BetrVG/*Wiese* § 84 RdNr. 2.

[751] Dazu schon *v. Hoyningen-Huene* BB 1991, 2215 ff.

[752] *Dietz/Richardi* BetrVG § 84 RdNr. 5; GK-BetrVG/*Wiese* § 84 RdNr. 5; siehe dazu auch ArbG Mannheim BB 1979, 833.

[753] *Dietz/Richardi* BetrVG § 85 RdNr. 6; GK-BetrVG/*Wiese* § 85 RdNr. 1; MünchHdbArbR/*v. Hoyningen-Huene* § 295 RdNr. 25 ff.

[754] *v. Hoyningen-Huene* BetrVR § 13 III 3 b.

[755] *Dietz/Richardi* BetrVG § 85 RdNr. 6.

[756] MünchHdbArbR/*v. Hoyningen-Huene* § 295 RdNr. 31 ff.; *Möller*, Zuständigkeit und Entscheidungsbefugnis der Einigungsstelle im Beschwerdeverfahren nach § 85 BetrVG, Diss. Mainz 1975; *Wiese*, Festschrift für G. Müller, 1981, S. 625.

[757] Vgl. *Dietz/Richardi* BetrVG § 85 RdNr. 14; *Fitting/Auffarth/Kaiser/Heither* BetrVG § 85 RdNr. 3; GK-BetrVG/*Wiese* § 85 RdNr. 5.

[758] Vgl. hierzu MünchHdbArbR/*Sack* § 99 RdNr. 144 ff.; *Schaub* § 115 VII.

[759] *Grunsky* ArbGG § 111 RdNr. 3 ff.; KR/*M. Wolf* Grunds. RdNr. 589 ff.

§ 111 Abs. 2 Satz 5 ArbGG hat einer Klage in diesen Fällen immer die Verhandlung vor dem Ausschuß voranzugehen.

419   Neben diesen besonders geregelten Fällen können Schiedsgerichte in Arbeitsachen nur **ausnahmsweise** an der Stelle von Arbeitsgerichten entscheiden.[760] Dies ergibt sich aus § 4 ArbGG, wonach in den Fällen des § 2 Abs. 1 und 2 die Arbeitsgerichtsbarkeit nur nach Maßgabe der §§ 101 bis 110 ArbGG **ausgeschlossen** werden kann.

420   **d) Einigungsstelle.** Bei Streitigkeiten zwischen **Arbeitgeber und Betriebsrat** entscheidet nach § 76 BetrVG die Einigungsstelle, soweit nicht unmittelbar die Anrufung des Arbeitsgerichts erforderlich ist (zB § 99 Abs. 4 BetrVG). Die Einigungsstelle wird nach § 76 Abs. 1 BetrVG freilich nur zur Beilegung von Meinungsverschiedenheiten zwischen Arbeitgeber und Betriebsrat tätig. Sie kann daher grundsätzlich nicht bei Meinungsverschiedenheiten zwischen dem Handlungsgehilfen und dem Arbeitgeber angerufen werden; eine Ausnahme von diesem Grundsatz ergibt sich allerdings aus § 85 Abs. 2 Satz 1 BetrVG, wonach die Einigungsstelle bei einem Streit zwischen Arbeitgeber und Betriebsrat über die Berechtigung einer Beschwerde des Handlungsgehilfen vom Betriebsrat zur Entscheidung angerufen werden kann. Denn in diesem Fall geht es letztendlich um die Entscheidung einer Meinungsverschiedenheit zwischen Arbeitgeber und Handlungsgehilfen, über die sich der Handlungsgehilfe beim Betriebsrat nach § 85 Abs. 1 BetrVG beschwert hat.

421   **2. Gerichtliches Verfahren.** Haben die außergerichtlichen Schlichtungsversuche eine Streitigkeit zwischen dem Arbeitgeber und dem Handlungsgehilfen nicht beenden können, so steht dem Beteiligten nach § 2 ArbGG der Weg zu den Arbeitsgerichten offen. Die Arbeitsgerichte entscheiden in diesen Fällen nach §§ 2 Abs. 5, 46 ff. ArbGG im Urteilsverfahren, für das – soweit das ArbGG nichts anderes bestimmt – die Vorschriften der Zivilprozeßordnung über das Verfahren vor den Amtsgerichten entsprechend gelten. In besonders dringenden Sachen kann im Wege der einstweiligen Verfügung nach den §§ 935 ff. ZPO auch eine vorläufige Streitentscheidung herbeigeführt werden.

---

§ 60 [Gesetzliches Wettbewerbsverbot]

(1) Der Handlungsgehilfe darf ohne Einwilligung des Prinzipals weder ein Handelsgewerbe betreiben noch in dem Handelszweige des Prinzipals für eigene oder fremde Rechnung Geschäfte machen.

(2) Die Einwilligung zum Betrieb eines Handelsgewerbes gilt als erteilt, wenn dem Prinzipal bei der Anstellung des Gehilfen bekannt ist, daß er das Gewerbe betreibt, und der Prinzipal die Aufgabe des Betriebs nicht ausdrücklich vereinbart.

Schrifttum: *Bauer/Diller*, Wettbewerbsverbote 1995; *Bossmann*, Die Auswirkungen des Betriebsübergangs nach § 613 a BGB auf die Wettbewerbsverbote der Arbeitnehmer, 1993; *Buchner*, Das Wettbewerbsverbot während der Dauer des Arbeitsverhältnisses, AR-Blattei SD 1830.2 (1994); *Gaul*, Die Kennzeichnung des unerlaubten Wettbewerbs bei arbeitsrechtlichen Wettbewerbsbeschränkungen, BB 1984, 346 ff.; *Glöckner*, Nebentätigkeitsverbote im Individualarbeitsrecht, 1993; *Grunsky*, Wettbewerbsverbote für Arbeitnehmer, 2. Aufl. 1987; *Hohn*, Wettbewerbsverbot mit Arbeitnehmern und Handelsvertretern, DB 1971, 94 ff.; *Kempen/Kreuder*, Nebentätigkeit und arbeitsrechtliches Wettbewerbsverbot bei verkürzter Arbeitszeit, AuR 1994, 218 ff.; *Kunz*, Betriebs- und Geschäftsgeheimnisse und Wettbewerbsverbot während der Dauer und nach Beendigung des Anstellungsverhältnisses, DB 1993, 2482 ff.; *Röhsler/Bormann*, Wettbewerbsbeschränkungen für Arbeitnehmer und Handelsvertreter, 1981; *Weisemann/Schrader*, Wettbewerbsverbote während der Dauer und nach Beendigung eines Arbeitsverhältnisses, DB 1980, Beil. 4.

---

[760] Vgl. *K. Schreiber* ZfA 1983, 31.

I. Bedeutung

1. Überblick. § 60 regelt für Handlungsgehilfen ein **Wettbewerbsverbot.** Das Wettbe- **1** werbsverbot aus § 60 trifft den Handlungsgehilfen aber nur für die Dauer der Anstellung (dazu näher unten RdNr. 12 ff.). Es ist daher von dem nachvertraglichen Wettbewerbsverbot der §§ 74 ff. zu unterscheiden. Das Wettbewerbsverbot aus § 60 gilt anders als das nachvertragliche Wettbewerbsverbot unabhängig davon, ob dem Handlungsgehilfen im Hinblick auf die Wettbewerbsbeschränkung eine Karenzentschädigung versprochen oder gezahlt wird. Das Verbot aus § 60 gilt kraft Gesetzes, ohne daß es, wie bei §§ 74 ff., einer entsprechenden Parteivereinbarung bedarf.

2. Zweck. Die Regelung in § 60 ist eine gesetzliche Konkretisierung der dem Hand- **2** lungsgehilfen ohnehin obliegenden vertraglichen Nebenpflicht zur Unterlassung von Wettbewerb.[1] Das Wettbewerbsverbot bezweckt, den Unternehmer vor **Konkurrenz durch die eigenen Angestellten in derselben Branche zu schützen.** [2] Zweck der Regelung des § 60 ist es hingegen nicht, den Arbeitgeber davor zu schützen, daß sich der Handlungsgehilfe in einer anderen Tätigkeit verausgabt und so seine vertraglichen Verpflichtungen aus dem Anstellungsverhältnis nicht mehr vollwertig erfüllen kann.[3]

Die Beschränkung des Wettbewerbsverbots auf eine Konkurrenztätigkeit in der Branche **3** des Arbeitgebers ergibt sich aus einer **verfassungskonformen Auslegung** von § 60 im Lichte der durch Art. 12 GG garantierten Berufsfreiheit.[4] Danach besteht für den Arbeitgeber lediglich dann ein schutzwürdiges Interesse an einem Wettbewerbsverbot, wenn der Handlungsgehilfe in der gleichen Branche wie er tätig wird. Es ist demgegenüber keine

---

[1] BAG AP BGB § 611 Treuepflicht Nr. 7 mit Anm. *Canaris*; MünchHdbArbR/*Blomeyer* § 50 RdNr. 4; *Röhsler/Borrmann* Wettbewerbsbeschränkungen S. 26.
[2] So ausdrücklich BAG AP Nr. 4; bestätigt in AP Nr. 10 = AR-Blattei Wettbewerbsverbot Entsch. 136 mit Anm. *Buchner* = BB 1984, 406; Staub/ *Konzen/Weber* RdNr. 1.

[3] So zutreffend BAG AP Nr. 4.
[4] Ebenso BAG AP Nr. 4 und 10; MünchHdb-ArbR/*Blomeyer* § 50 RdNr. 3; *Buchner*, AR-Blattei ES 1830.2 RdNr. 21; *Glöckner* S. 42 f.; *Grunsky* Wettbewerbsverbote S. 10 f.; *Röhsler/Borrmann* Wettbewerbsbeschränkungen S. 29; *Schaub* § 57 II 1; Staub/*Konzen/Weber* RdNr. 7 f.

Frage des Wettbewerbsverbots, wenn ein Handlungsgehilfe in seiner Freizeit Nebentätigkeiten ausübt, die ihn derart beanspruchen, daß er zu einer ordnungsgemäßen Erfüllung
seiner arbeitsvertraglichen Pflichten nicht mehr in der Lage ist (dazu RdNr. 47 ff.). Eine
solche Beeinträchtigung der Arbeitsleistung kann sich nämlich nicht nur aus einer gewerblichen Nebentätigkeit ergeben, sondern auch aus einem anstrengenden Hobby oder intensiv betriebenem Sport. Ist ein Handlungsgehilfe aufgrund solcher Freizeitbeschäftigungen
nicht in der Lage, seine Arbeitsleistung ordnungsgemäß zu erfüllen, so verletzt er seine
Pflicht zur Erbringung der vereinbarten Dienstleistungen (dazu § 59 RdNr. 207). Der
Arbeitgeber kann hiergegen arbeitsrechtlich nur mit Abmahnungen bzw. verhaltensbedingten Kündigungen vorgehen.

4   **3. Abdingbarkeit.** Die Regelung des § 60 ist abdingbar; es kann daher sowohl vereinbart werden, daß der Handlungsgehilfe eine sonst nach § 60 verbotene Tätigkeit frei ausüben dürfe als auch insbesondere, daß ihm eine weitere Tätigkeit, die nicht unter § 60
fallen würde, während des Bestehens des Anstellungsverhältnisses verboten sein soll.[5] Eine
Erweiterung des Wettbewerbsverbots ist jedoch wegen der verfassungsrechtlich durch
Art. 12 GG gewährleisteten Berufsfreiheit nur insoweit möglich, als sie durch ein berechtigtes Interesse des Arbeitgebers gerechtfertigt ist.[6]

5   Wettbewerbsverbote können auch in **kollektivvertraglichen Vereinbarungen** geregelt
sein. Eine über § 60 hinausgehende Wettbewerbsbeschränkung des Handlungsgehilfen ist
wegen der Bindung der Tarifvertragsparteien an Art. 12 GG freilich nur insoweit möglich,
als berechtigte Interessen des Arbeitgebers hierdurch geschützt werden.[7] Das gleiche gilt
auch für Betriebsvereinbarungen, da auch die Betriebspartner die Grundrechte beachten
müssen.[8]

6   **4. Verhältnis zu § 61.** § 60 regelt die Voraussetzungen für ein Wettbewerbsverbot. Ergibt sich danach, daß ein Handlungsgehilfe verbotenerweise Wettbewerb betreibt, so stehen dem Arbeitgeber die in § 61 genannten Ansprüche zu. Die §§ 60 und 61 sind daher
stets im Zusammenhang zu sehen. § 60 ist gewissermaßen der **Tatbestand**, während § 61
bestimmte **Rechtsfolgen** regelt.

II. Voraussetzungen

7   **1. Persönliche. a) Handlungsgehilfen.** Nach der ausdrücklichen Regelung des § 60 gilt
das dort normierte Wettbewerbsverbot nur für Handlungsgehilfen. Handlungsgehilfen sind
nach der Legaldefinition des § 59 Personen, die in einem Handelsgewerbe zur Leistung
kaufmännischer Dienste angestellt sind (dazu näher § 59 RdNr. 49 ff.).

8   **b) Sonstige Arbeitnehmer.** Nach Auffassung des BAG enthält das in § 60 geregelte
Wettbewerbsverbot freilich einen **allgemeinen Rechtsgedanken**, der seine Grundlage in
der Treuepflicht des Arbeitnehmers hat.[9] Hieraus hat die Rechtsprechung in Einklang mit
der hL abgeleitet, daß auch für die sonstigen Arbeitnehmer für die Dauer des Arbeitsverhältnisses ein Wettbewerbsverbot gilt.[10] Rechtsgrundlage für das Wettbewerbsverbot son-

---

[5] Ebenso *Buchner* AR-Blattei SD 1830.2
RdNr. 63 f.; *Röhsler/Borrmann* Wettbewerbsbeschränkungen S. 35 ff.
[6] Vgl. hierzu BAG AP BGB § 626 Nr. 68 mit
Anm. *Löwisch/Röder*; MünchHdbArbR/*Blomeyer*
§ 50 RdNr. 52; *Buchner*, AR-Blattei, Wettbewerbsverbot II, unter B I 2; *Röhsler/Borrmann* Wettbewerbsbeschränkungen S. 37.
[7] Vgl. hierzu *Wiedemann/Stumpf* TVG, 5. Aufl.
1977, Einl. RdNr. 83; *Röhsler/Borrmann* Wett-
werbsbeschränkungen S. 39 f.
[8] Enger *Röhsler/Borrmann* Wettbewerbsbeschränkungen S. 40, nach denen eine über § 60 hinausge-

hende Wettbewerbsbeschränkung im allgemeinen
unzulässig sein soll.
[9] Vgl. AP BGB § 611 Treuepflicht Nr. 7 mit
Anm. *Canaris*.
[10] Vgl. BAG AP BGB § 242 Auskunftspflicht
Nr. 13 mit Anm. *Lüderitz* = BB 1971, 86; AP Nr. 8
mit Anm. *Beuthien/Janzen* = RdA 1975, 266; *Buchner*, AR-Blattei SD 1830.2 RdNr. 155; ebenso
Grunsky Wettbewerbsverbote S. 2 f.; MünchHdb-
ArbR/*Blomeyer* § 50 RdNr. 45; MünchKomm-
BGB/*Söllner* § 611 RdNr. 407; *Zöllner/Loritz* Arbeitsrecht § 13 II 4.

stiger Arbeitnehmer sind die auf § 242 BGB beruhenden vertraglichen Nebenpflichten,[11] wohingegen für Handlungsgehilfen Rechtsgrundlage des Wettbewerbsverbots § 60 ist.

Eine **analoge Anwendung** der §§ 60, 61 auf die Arbeitsverhältnisse sonstiger Arbeit- 9 nehmer wird von der Mindermeinung mit Hinweis auf die fehlende Lücke in der gesetzlichen Regelung abgelehnt, da der regelungsbedürftige Sachverhalt durch die Generalklausel des § 242 BGB erfaßt sei.[12] Mag dies auch vom rechtsdogmatischen Standpunkt durchaus vertretbar sein, so erscheint es doch sachgerechter, die gesetzliche Konkretisierung des allgemeinen Grundsatzes von Treu und Glauben in Form der §§ 60, 61 im Wege der teleologischen Extension auch für sonstige Arbeitnehmer heranzuziehen.

Im Rahmen eines **Leiharbeitsverhältnisses** wirkt das Wettbewerbsverbot zwischen dem 10 (Verleih-)Arbeitgeber und dem Handlungsgehilfen bzw. Arbeitnehmer.[13] Nach einer vereinzelten Entscheidung soll ein Leiharbeitnehmer auch gegenüber dem Entleiher gehalten sein, keinen Wettbewerb zu betreiben.[14]

c) Nichtabhängig Beschäftigte. § 60 findet keine Anwendung auf Personen, die in 11 **keinem Arbeitsverhältnis**, sondern in einem nicht dem Arbeitsrecht unterliegenden Dienstverhältnis stehen. Nicht von § 60 erfaßt sind damit namentlich die gesetzlichen Vertreter von Handelsgesellschaften, Prokuristen und Handlungsbevollmächtigte, soweit diese nicht gleichzeitig als Handlungsgehilfen angestellt sind. Auch Auszubildende unterliegen nicht dem Wettbewerbsverbot nach § 60, da sie keine Handlungsgehilfen sind (vgl. dazu § 59 RdNr. 74 f.). Sie sind jedoch nach § 9 Nr. 6 BBiG verpflichtet, über Betriebs- und Geschäftsgeheimnisse Stillschweigen zu bewahren. Das Wettbewerbsverbot aus § 60 ist auch nicht anwendbar auf Handelsvertreter, da auch zu diesen kein Arbeitsverhältnis besteht.[15]

2. Zeitlicher Anwendungsbereich. Das Verbot des § 60 gilt nur für den, der Hand- 12 lungsgehilfe ist, also nur für die Dauer des Anstellungsverhältnisses. Hierbei kommt es allein auf den rechtlichen, nicht dagegen auf den tatsächlichen Bestand des Anstellungsverhältnisses an.[16]

a) Beginn des Verbots. Das Wettbewerbsverbot beginnt damit mit dem vereinbarten 13 **Termin der Arbeitsaufnahme.** Erfolgt der Abschluß des Anstellungsvertrags vor dem Termin der Arbeitsaufnahme, so entsteht das Wettbewerbsverbot erst zu dem im Anstellungsvertrag vereinbarten Zeitpunkt der Beschäftigungsaufnahme. Die Wirkung der Anstellung ist in diesem Falle iSv. § 163 BGB durch einen Anfangstermin bestimmt.[17]

Das Wettbewerbsverbot gilt daher grundsätzlich auch dann, wenn der Handlungsgehilfe 14 entgegen der vertraglichen Vereinbarung zum festgesetzten Anfangstermin seinen **Dienst nicht antritt** oder wenn er das Anstellungsverhältnis gekündigt hat, ohne daß die Kündigung wegen fehlender Einhaltung der Kündigungsfrist bereits wirksam ist. Das Verbot des § 60 gilt hier bis zur rechtlichen Beendigung des Anstellungsverhältnisses.

Weigert sich umgekehrt der **Arbeitgeber**, die **Dienste** des Handlungsgehilfen zum ver- 15 einbarten Termin **entgegenzunehmen**, so bleibt grundsätzlich das Wettbewerbsverbot bestehen. Der Arbeitgeber handelt in diesem Fall freilich arglistig, wenn er den Handlungsgehilfen bei einem Verstoß gegen das Wettbewerbsverbot aus § 61 in Anspruch nimmt. Vielmehr ist der Handlungsgehilfe bei Annahmeverzug des Arbeitgebers (§ 615 BGB) gehalten, seine Arbeitskraft anderweitig zu verwerten, um der Anrechnung eines fiktiven Einkommens wegen böswilligen Unterlassens einer Erwerbstätigkeit zu entgehen.[18]

---

[11] Ebenso *Buchner*, AR-Blattei, Wettbewerbsverbot I unter B I 1.
[12] *Glöckner* S. 32 f.; *Wagner* S. 51 ff. jeweils m. weit. Nachw.
[13] Siehe dazu *Schüren* AÜG 1994 § 9 RdNr. 150 u. Einl. RdNr. 418 ff.
[14] LAG Berlin DB 1981, 1095; Staub/*Konzen*/*Weber* RdNr. 9.
[15] Vgl. BGH LM § 61 Nr. 1.

[16] Vgl. BGH AP Nr. 1; MünchHdbArbR/*Blomeyer* § 50 RdNr. 7; *Buchner*, AR-Blattei SD 1830.2 RdNr. 66; *Glöckner* S. 33; *Grunsky* Wettbewerbsverbote S. 21; *Röhsler/Bormann* Wettbewerbseinschränkungen S. 41; *Schaub* § 57 I 2.
[17] Vgl. zum Beginn der Anstellung allgemein: Kommentierung zu § 59 RdNr. 153 f.
[18] MünchHdbArbR/*Blomeyer* § 50 RdNr. 8.

16   **b) Freigestellte Handlungsgehilfen.** Das Wettbewerbsverbot aus § 60 wird durch eine Freistellung (Suspendierung) von den Dienstleistungen nicht aufgehoben.[19] Handlungsgehilfen unterliegen daher für die Zeitdauer von Arbeitskämpfen, Krankheit, Erholungsurlaub, Mutterschutz, Wehrübungen und sonstigen Freistellungen uneingeschränkt dem Wettbewerbsverbot aus § 60.[20] Dieser Grundsatz erfährt freilich eine Einschränkung, wenn der Handlungsgehilfe mit dem Zusatz freigestellt worden ist, seine Arbeitskraft für die Dauer der Freistellung anderweitig verwerten zu dürfen. Mit Abschluß einer solchen Vereinbarung wird regelmäßig das gesetzliche Wettbewerbsverbot aus § 60 abbedungen sein.[21]

17   Im Fall der **Teilzeitarbeit** nimmt der Arbeitgeber die Arbeitskraft des Arbeitnehmers von vornherein nur teilweise in Anspruch. Umgekehrt hat der Arbeitnehmer ein (durch Art. 12 GG geschütztes) Interesse an der vollen wirtschaftlichen Verwertung seiner Arbeitskraft. Sofern er nicht noch einen anderen Beruf hat, würde der teilzeitbeschäftigte Arbeitnehmer durch das Wettbewerbsverbot an einer weiteren zeitlichen Ausschöpfung seiner Erwerbsfähigkeit gehindert. Um diese Konsequenz zu vermeiden, muß für Teilzeitbeschäftigte der Umfang des Wettbewerbsverbots angemessen reduziert werden.[22] Erhalten bleibt dem Arbeitgeber in jedem Fall der Schutz vor sittenwidriger Konkurrenz nach § 826 BGB.

18   Soweit es zu betriebsbedingten **Arbeitszeitreduzierungen** (Kurzarbeit, vgl. § 87 Abs. 1 Nr. 3 BetrVG, §§ 63 ff. AFG) kommt – etwa um Entlassungen zu vermeiden – , die zu drastischen Einkommenseinbußen führen, haben die Beschäftigten Anspruch auf Einwilligung des Arbeitgebers in die Ausübung auch von konkurrierenden Nebentätigkeiten.[23]

19   **c) Ende des Verbots.** Das Wettbewerbsverbot endet mit der rechtlichen Beendigung des Anstellungsverhältnisses. Das Anstellungsverhältnis ist rechtlich erst mit Ablauf der Kündigungsfrist und nicht schon bereits mit einer möglicherweise zuvor erfolgten Freistellung von den Arbeitspflichten (Suspendierung) beendet.[24] Wird das Anstellungsverhältnis einvernehmlich durch einen Aufhebungsvertrag beendet, so endet das Wettbewerbsverbot mit dem vertraglich vereinbarten Ende des Arbeitsverhältnisses. Nach Beendigung des Anstellungsverhältnisses besteht freier Wettbewerb.[25]

20   **d) Zeit des Kündigungsschutzprozesses.** Problematisch ist die Behandlung des Wettbewerbsverbots, wenn der Arbeitgeber das Dienstverhältnis durch Kündigung beendet hat und der Handlungsgehilfe gegen die Kündigung **Kündigungsschutzklage** erhoben hat. Erst mit der rechtskräftigen Entscheidung steht hier nämlich fest, ob das Arbeitsverhältnis durch die Kündigung beendet wurde oder ununterbrochen fortbestand.[26] Für das Wettbewerbsverbot, das an den rechtlichen Bestand des Dienstverhältnisses anknüpft, hat dies zur Folge, daß der Handlungsgehilfe erst im nachhinein erfährt, ob er für die Dauer des Kündigungsschutzprozesses einem Wettbewerbsverbot unterlag oder nicht.

21   Zur Lösung dieser Frage ist auf die **gesetzlichen Wertungen** der §§ 615 Satz 2 BGB und 11 KSchG zurückzugreifen. Nach diesen beiden Vorschriften ist der Handlungsgehilfe, der sich gegen eine Kündigung mit einer Kündigungsschutzklage zur Wehr setzt und über die Kündigungsfrist hinaus nicht weiterbeschäftigt wird, verpflichtet, zumutbare andere Dienstleistungen auszuüben. Tut er dies nicht, so wird ihm der Wert desjenigen angerechnet, was er zumutbarerweise hätte erwerben können. Dabei ist unerheblich, ob der Erwerb aufgrund einer abhängigen oder einer selbständigen Tätigkeit erzielt wird.[27] Diese beiden Vorschriften verpflichten daher den Handlungsgehilfen, während des schwebenden Kündi-

---

[19] BAG AP Nr. 9 mit Anm. *Schröder* = AR-Blattei Wettbewerbsverbot Entsch. 125 mit Anm. *Buchner* = BB 1979, 325; *Buchner*, AR-Blattei SD 1830.2 RdNr. 68 ff.; MünchHdbArbR/*Blomeyer* § 50 RdNr. 11; *Schaub* § 57 I 2.
[20] Ebenso *Grunsky* Wettbewerbsverbote S. 23.
[21] Ebenso *Grunsky* Wettbewerbsverbote S. 22 f.
[22] *Kempen/Kreuder* AuR 1994, 218 ff. mit Hinweis auf die vergleichbare Interessenlage beim nachvertraglichen Wettbewerbsverbot.

[23] *Kempen/Kreuder* AuR 1994, 220.
[24] BAG AP Nr. 9 mit Anm. *Schröder;* Staub/*Konzen/Weber* RdNr. 26, 28.
[25] *Baumbach/Hopt* RdNr. 5.
[26] *Hueck/v. Hoyningen-Huene* KSchG § 4 RdNr. 81, 86.
[27] Vgl. MünchKommBGB/*Schaub* § 615 RdNr. 55; *Hueck/v. Hoyningen-Huene* KSchG § 11 RdNr. 12.

gungsschutzprozesses einer Beschäftigung nachzugehen, wenn er nicht im Betrieb des Arbeitgebers weiterbeschäftigt wird. Es muß dem Handlungsgehilfen daher auch möglich sein, durch selbständige Tätigkeit in Konkurrenz zu seinem Arbeitgeber zu treten. Das bedeutet, daß das Wettbewerbsverbot des § 60 während eines Kündigungsschutzprozesses dann nicht gilt, wenn der Handlungsgehilfe vom Arbeitgeber nicht weiterbeschäftigt wird.[28]

Beschäftigt der Arbeitgeber demgegenüber den **Handlungsgehilfen** für die Dauer des **22** Kündigungsverfahrens weiter, so unterliegt der Handlungsgehilfe dem Wettbewerbsverbot aus § 60. In diesem Fall besteht für den Handlungsgehilfen kein schutzwürdiges Interesse an einer Aufhebung des Wettbewerbsverbots. Es spielt in diesem Zusammenhang keine Rolle, ob die Weiterbeschäftigung durch den Arbeitgeber freiwillig erfolgt oder gerichtlich erzwungen worden ist.[29] Erfolgt die Weiterbeschäftigung nach § 102 Abs. 5 BetrVG oder auf der Grundlage des richterrechtlich geschaffenen Weiterbeschäftigungsanspruchs,[30] so ist Rechtsgrund für die Weiterbeschäftigung das hierbei bestehende gesetzliche Schuldverhältnis zwischen Arbeitgeber und Handlungsgehilfen.[31] Dieses gesetzliche Schuldverhältnis ist dem Anstellungsverhältnis als Rechtsgrund für das Wettbewerbsverbot aus § 60 im Ergebnis gleichzustellen.[32]

e) Ruhestandsverhältnis. Das Wettbewerbsverbot aus § 60 gilt **nicht** für Handlungsge- **23** hilfen, die sich im Ruhestand befinden und vom Arbeitgeber noch ein Ruhegehalt beziehen. Das Ruhestandsverhältnis ist insoweit nicht dem Anstellungsverhältnis gleichzusetzen. Es steht dem Arbeitgeber allerdings frei, das Ruhegehalt vertraglich mit einem Wettbewerbsverbot zu verknüpfen, das sich in diesem Fall nach den §§ 74 ff. richtet.[33] Rechtsgrundlage eines solchen Wettbewerbsverbots ist dann allerdings die Ruhegehaltsvereinbarung und nicht § 60.

3. Fehlende Einwilligung. Das Wettbewerbsverbot gilt nur dann, wenn der Arbeitgeber **24** für die Wettbewerbstätigkeit keine Einwilligung erteilt hat.

a) Rechtsnatur der Einwilligung. Die Einwilligung ist eine **Willenserklärung** des Ar- **25** beitsgebers, die grundsätzlich auch formfrei erteilt werden kann. Auf die Einwilligung finden daher die Vorschriften des BGB über die Wirksamkeit und Anfechtbarkeit von Willenserklärungen Anwendung.[34] Die Einwilligung des Arbeitgebers kann daher sowohl zeitlich als auch sachlich beschränkt sein. Der Widerruf einer einmal erteilten Einwilligung ist nur möglich, wenn sich der Arbeitgeber bei Erteilung der Einwilligung einen Widerruf ausdrücklich vorbehalten hat.[35] Eine unwiderruflich erklärte Einwilligung ist nur im Wege einer Änderungskündigung nach § 2 KSchG oder durch einvernehmliche Änderungsvereinbarung zu beseitigen.

b) Einwilligung durch konkludentes Handeln. Eine Einwilligung kann auch in einem **26** konkludenten Verhalten des Arbeitgebers gesehen werden, wie beispielsweise in der Duldung einer Konkurrenztätigkeit über längere Zeit, ohne dagegen einzuschreiten. Entscheidend ist hier, ob der Handlungsgehilfe das Schweigen des Arbeitgebers nach §§ 133, 157 BGB als Einwilligung in diese Konkurrenzgeschäfte auffassen durfte.[36] Aus der Ermahnung

---

[28] Ebenso im Ergebnis MünchHdbArbR/*Blomeyer* § 50 RdNr. 9; *Grunsky* Wettbewerbsverbot S. 25. – AA Staub/*Konzen*/*Weber* RdNr. 29, nach denen Bestand des Wettbewerbsverbots auch während eines schwebenden Kündigungsschutzprozesses von der Wirksamkeit der Kündigung abhängen soll.

[29] Vgl. *Grunsky* Wettbewerbsverbote S. 24.

[30] Vgl. dazu BAG (GS) AP BGB § 611 Beschäftigungspflicht Nr. 14 sowie AP BGB § 611 Weiterbeschäftigung Nr. 1 mit Anm. *v.Hoyningen-Huene*.

[31] Vgl. hierzu *v. Hoyningen-Huene* BB 1988, 256.

[32] So auch *Glöckner* S. 35; aA MünchHdbArbR/*Blomeyer* § 50 RdNr. 12.

[33] Dazu BAG BB 1994, 1078 = AP BGB § 611 Konkurrenzklausel Nr. 40 mit Anm. *Reinfeld*; auch § 74 RdNr. 14.

[34] Vgl. *Buchner* AR-Blattei SD 1830.2 RdNr. 90; *Grunsky* Wettbewerbsverbote S. 28; Staub/*Konzen*/*Weber* RdNr. 22.

[35] Vgl. RGZ 38, 20; Baumbach/*Hopt* RdNr. 6; Heymann/*Henssler* RdNr. 21; *Schaub* § 57 III 2; – einschränkend *Grunsky* Wettbewerbsverbote S. 31.

[36] So zutreffend *Buchner* AR-Blattei SD 1830.2 RdNr. 91 f.

des Arbeitgebers an den Handlungsgehilfen, nicht während der Arbeitszeit für ein Konkurrenzunternehmen tätig zu sein, kann allerdings keine Einwilligung herausgelesen werden, daß der Handlungsgehilfe außerhalb der Arbeitszeit zum Arbeitgeber in Konkurrenz treten darf.[37] Ist eine Genehmigung nur für ein einziges Geschäft erteilt worden, so liegt hierin regelmäßig keine generelle Einwilligung zur Konkurrenztätigkeit.[38]

27   **c) Beweislast.** Der Handlungsgehilfe ist für das Vorliegen der Einwilligung beweispflichtig, da es sich hierbei um einen Rechtfertigungsgrund für ein bestimmtes Verhalten handelt, das an sich verboten ist.[39]

28   **d) Fiktion des Abs. 2.** Ist dem Arbeitgeber bei der Anstellung des Handlungsgehilfen bekannt, daß dieser ein Gewerbe betreibt, und vereinbart der Arbeitgeber mit dem Handlungsgehilfen nicht ausdrücklich die Aufgabe des Betriebs, so gilt nach Abs. 2 die Einwilligung zum Betrieb des Handelsgewerbes als erteilt. Voraussetzung für diese Fiktion ist, daß der Arbeitgeber positiv von dem Betrieb des Handelsgewerbes Kenntnis hat. Ein bloßes Kennenmüssen, dh. fahrlässige Unkenntnis, genügt nicht. Die **Beweislast** hierfür trägt der Handlungsgehilfe.[40]

29   Die Fiktion des **Abs. 2 gilt nur für den Betrieb eines Handelsgewerbes** durch den Handlungsgehilfen (Abs. 1 Alt. 1). Hat der Handlungsgehilfe vor seiner Anstellung einzelne Geschäfte im Handelszweige des Unternehmens gemacht, ohne aber ein Handelsgewerbe zu betreiben (Abs. 1 Alt. 2), so kommt die Fiktion des Abs. 2 nicht zur Anwendung.[41] Die Beschränkung der Einwilligungsfiktion auf das Betreiben eines Handelsgewerbes ergibt sich aus dem eindeutigen Wortlaut von Abs. 2, wonach nur die Einwilligung zum Betrieb eines Handelsgewerbes als erteilt gilt.

III. Inhalt

30   Das Wettbewerbsverbot nach Abs. 1 umfaßt **zwei Tatbestände:** Dem Handlungsgehilfen ist es sowohl verboten, ohne Einwilligung seines Arbeitgebers ein Handelsgewerbe zu betreiben als auch in dem Handelszweige des Arbeitgebers für eigene oder fremde Rechnung Geschäfte zu machen.

31   **1. Verbot, Handelsgewerbe zu betreiben.** Nach Abs. 1 Alt. 1 ist dem Handlungsgehilfen das Betreiben eines Handelsgewerbes ohne Einwilligung des Arbeitgebers verboten. Nach dem Wortlaut des Gesetzes ist dem Handlungsgehilfen das Betreiben eines Handelsgewerbes schlechthin verboten, unabhängig davon, ob es der Branche des Arbeitgebers zuzurechnen ist.

32   **a) Verfassungskonforme Einschränkung.** Ein derart weitgehendes Wettbewerbsverbot ist jedoch mit dem Schutzzweck der Vorschrift und dem verfassungsrechtlich durch Art. 12 GG verbürgten Grundrecht auf Berufsfreiheit nicht vereinbar (vgl. bereits RdNr. 3). Es ist daher heute allgemein anerkannt, daß Abs. 1 Alt. 1 verfassungskonform einengend auszulegen ist. Der Betrieb eines Handelsgewerbes ohne Einwilligung des Arbeitgebers kann dem Handlungsgehilfen nur dann verwehrt sein, wenn dies den Arbeitgeber schädigen kann, dh. wenn der Handlungsgehilfe ein Handelsgewerbe im Handelszweig des Arbeitgebers betreibt, so daß dieses Handelsgewerbe für den Arbeitgeber wettbewerbsmäßig eine Gefahr bedeutet.[42] Anders formuliert heißt das, daß dem Handlungsgehilfen alle anderweitigen Betätigungen offenstehen, die nicht im Geschäftszweig des Arbeitgebers liegen.

---

[37] BAG AP Nr. 6; RGZ 109, 55.
[38] Ebenso MünchHdbArbR/*Blomeyer* § 50 RdNr. 24; *Grunsky* Wettbewerbsverbote S. 30; *Schaub* § 57 III 3.
[39] BAG AP BGB § 611 Treuepflicht Nr. 8 = SAE 1977, 226 mit Anm. *Baumgärtel* = NJW 1977, 646; MünchHdbArbR/*Blomeyer* § 50 RdNr. 27; Staub/*Konzen/Weber* RdNr. 22.
[40] *Buchner* AR-Blattei SD 1830. 2 RdNr. 93; *Grunsky* Wettbewerbsverbote S. 29.

[41] Ebenso *Buchner* AR-Blattei SD 1830.2 RdNr. 94; MünchHdbArbR/*Blomeyer* § 50 RdNr. 26; RGRK/*Würdinger* Anm. 4; *Schaub* § 57 III 2; Staub/*Konzen/Weber* RdNr. 24. – AA Baumbach/*Hopt* RdNr. 6; GK-HGB/*Etzel* RdNr. 8; zweifelnd *Grunsky* Wettbewerbsverbote S. 29.
[42] So ausdrücklich BAG AP Nr. 4 unter I 3 der Gründe; ebenso AP Nr. 7 und 10; Baumbach/*Hopt* § 60 RdNr. 1; MünchHdbArbR/*Blomeyer* § 50

b) Handelsgewerbe. Dem Handlungsgehilfen ist es verboten, ein Handelsgewerbe zu 33 betreiben. Wann ein Handelsgewerbe betrieben wird, richtet sich nach den allgemeinen Voraussetzungen der §§ 1 bis 7. Wegen der Einzelfragen ist daher auf die Kommentierung zu diesen Vorschriften zu verweisen.

c) Betreiben. Durch § 60 ist dem Handlungsgehilfen das **Betreiben** eines Handelsge- 34 werbes verboten. Gleichgültig ist, ob das Handelsgewerbe vom Handlungsgehilfen für eigene oder für fremde Rechnung betrieben wird, wem der Ertrag der Geschäfte zufließen soll und wem die Mittel gehören, mit denen der Betrieb geführt wird. Durch das Vorschieben eines Strohmannes oder das Betreiben des Gewerbes durch Treuhänder kann sich der Handlungsgehilfe nicht von dem Verbot des § 60 befreien.[43]

Dem Handlungsgehilfen ist nach § 60 auch untersagt, als **persönlich haftender Gesell-** 35 **schafter einer OHG** oder KG in derselben Branche tätig zu werden. Die Tätigkeit als **leitendes Organ einer juristischen Person** steht dem Betreiben eines Handelsgewerbes iSv. Abs. 1 gleich.[44] Das Wettbewerbsverbot erstreckt sich in diesem Fall auch auf die Gesellschaft, da diese keine weitergehenden Rechte für sich beanspruchen kann als ihr persönlich haftender Gesellschafter.[45]

Eine nur **kapitalmäßige Beteiligung** an einem anderen Unternehmen, etwa als Kom- 36 manditist, stiller Gesellschafter oder Aktionär ist dem Handlungsgehilfen durch § 60 grundsätzlich nicht verboten.[46] Denn in diesem Falle hat der Handlungsgehilfe auf die Entscheidungen des Konkurrenzunternehmens keinen Einfluß, so daß er auch kein Handelsgewerbe betreibt. Auch die neuere Rechtsprechung des BGH zur Haftung im qualifizierten faktischen Konzern[47] nimmt ein Beherrschen eines Unternehmens erst dann an, wenn ein Mehrheitsgesellschafter dessen Geschäfte als Geschäftsführer führt. In der finanziellen Beteiligung an einem anderen Unternehmen kann jedoch ein „Geschäftemachen" iSv. Abs. 1 Alt. 2 liegen (unten RdNr. 41).[48]

d) Vorbereitung des künftigen Handelsgewerbes. Ein Handlungsgehilfe, der sich selb- 37 ständig machen will, darf sein künftiges eigenes Handelsgewerbe schon vor Beendigung seines Anstellungsverhältnisses vorbereiten.[49] Zur Vorbereitung eines eigenen Handelsgewerbes zählen namentlich die Anmietung von Geschäftsräumen,[50] die Anwerbung von Mitarbeitern,[51] Vorstellungsgespräche bei Konkurrenzunternehmen,[52] der Erwerb von Waren oder das Betreiben einer Berufszulassung.[53]

Dementsprechend kann beispielsweise das Betreiben eines **eigenen Handelsgewerbes als** 38 **Handelsvertreter** so lange nicht angenommen werden, als nicht eine Tätigkeit entfaltet wird, die unmittelbar auf die Vermittlung von sofort oder auch später abzuwickelnden Geschäften oder auf den Abschluß derartiger Geschäfte im Namen des anderen Unternehmers gerichtet ist.[54] Eine zulässige Vorbereitungshandlung und noch nicht das Betreiben eines Handelsgewerbes ist ferner der **Abschluß eines GmbH-Vertrags** und die Eintragung der GmbH in das Handelsregister, wenn die Gesellschaft ihren Geschäftsbetrieb noch nicht

---

RdNr. 16; *Buchner* AR-Blattei SD 1830.2 RdNr. 21 f.; Wettbewerbsbeschränkungen S. 30 – aA Schlegelberger/*Schröder* RdNr. 5.
[43] Ebenso Baumbach/*Hopt* RdNr. 1; *Buchner* AR-Blattei SD 1830.2 RdNr. 25; *Röhsler/Bormann* Wettbewerbsbeschränkungen S. 30; Staub/*Konzen/ Weber* RdNr. 11.
[44] BAG AP § 61 Nr. 1 mit Anm. *Hefermehl;* MünchHdbArbR/*Blomeyer* § 50 RdNr. 18; Staub/ *Konzen/Weber* RdNr. 12.
[45] Vgl. BGH GmbHR 1951, 173; *Schaub* § 57 II 1.
[46] Vgl. *Grunsky* Wettbewerbsverbote S. 15; Heymann/*Henssler* RdNr. 13; Staub/*Konzen/Weber* RdNr. 12.

[47] BGHZ 115, 186 – Video = NJW 1991, 3142; NJW 1993, 1200; siehe auch BAG NZA 1994, 931.
[48] MünchHdbArbR/*Blomeyer* § 50 RdNr. 22; ebenso *Röhsler/Bormann* Wettbewerbsbeschränkungen S. 30 f.
[49] Vgl. *Buchner,* AR-Blattei SD 1830.2 RdNr. 34; *Grunsky* Wettbewerbsverbote S. 16 ff.; *Röhsler/ Bormann* Wettbewerbsbeschränkungen S. 31; *Schaub* § 57 II 1; Staub/*Konzen/Weber* RdNr. 13.
[50] BAG AP Nr. 3.
[51] BAG AP Nr. 6; LAG Kiel AP Nr. 2.
[52] *Grunsky* Wettbewerbsverbote S. 17.
[53] BAG BB 1958, 877.
[54] BAG AP Nr. 3.

aufgenommen hat.[55] Auch der Abschluß eines **Franchisevertrags** durch den Handlungsgehilfen mit dem Franchisegeber ist bloße Vorbereitungshandlung.[56]

39 Durch § 60 ist es dem Handlungsgehilfen jedoch untersagt, Kunden des Arbeitgebers für eigene Zwecke **abzuwerben**.[57] Es ist dem Handlungsgehilfen auch nicht erlaubt, während seines Anstellungsverhältnisses einen vertragsbrüchig gewordenen Kollegen zur Aufnahme einer konkurrierenden Tätigkeit zu unterstützen.[58] Verboten ist dem Handlungsgehilfen weiterhin die Werbung für sein künftiges Handelsgewerbe, weil dadurch die geschäftlichen Interessen des Arbeitgebers in erheblichem Umfang beeinträchtigt werden.[59]

40 **2. Verbot des Geschäftemachens.** Nach Abs. 1 Alt. 2 ist es dem Handlungsgehilfen verboten, im Handelszweige seines Arbeitgebers für eigene oder fremde Rechnung Geschäfte zu machen. Im Gegensatz zur Alt. 1 von Abs. 1 ist hier das Verbot der Konkurrenztätigkeit ausdrücklich und zutreffend auf den Handelszweig des Arbeitgebers beschränkt.

41 **a) Begriff des Geschäftemachens.** Der Begriff des Geschäftemachens wird von der Rechtsprechung **sehr weit gefaßt**. Unter Geschäftemachen wird dabei jede, wenn auch nur spekulative, auf Gewinn gerichtete Teilnahme am Geschäftsverkehr verstanden, die nicht nur zur Befriedigung der eigenen privaten Bedürfnisse des Handlungsgehilfen erfolgt.[60] Voraussetzung ist freilich auch hier, daß Arbeitgeber und Handlungsgehilfe als Wettbewerber auftreten. Daran fehlt es, wenn der Handlungsgehilfe zwar im Handelszweig des Arbeitgebers tätig wird, seine Tätigkeit aber darauf beschränkt, dem Arbeitgeber als Anbieter entgegenzutreten.[61]

42 Abs. 1 Alt. 2 soll den Arbeitgeber schon vor einer **bloßen Gefährdung seiner Geschäftsinteressen** durch den Handlungsgehilfen schützen. Es kommt deshalb entscheidend auf die Zielrichtung der geschäftlichen Tätigkeit des Handlungsgehilfen an und nicht auf deren Erfolg und deren Intensität.[62] Vom Geschäftemachen erfaßt ist daher auch das bloße Vorbereiten der Vermittlung und des Abschlusses von Geschäften.[63] Der Grund hierfür liegt darin, daß durch ein Geschäft in dem Handelszweig des Arbeitgebers dessen Interessen in der Regel unmittelbar berührt, zumindest aber gefährdet sind.[64]

43 **b) Handelszweig des Arbeitgebers.** Dem Handlungsgehilfen ist es verboten, in dem Handelszweige des Arbeitgebers Geschäfte zu machen. Erfaßt werden damit nur Geschäfte in dem Bereich, in dem der Arbeitgeber (das Unternehmen) des Handlungsgehilfen tätig ist. Das Wettbewerbsverbot bezieht sich nicht auf den Tätigkeitsbereich eines Konzerns.[65] Die Ausdehnung des Unternehmensbegriffs durch die Rechtsprechung zum qualifizierten faktischen Konzern[66] orientiert sich allein an Fragen der Haftung, während es bei der Frage der Reichweite des Wettbewerbsverbots auf die rechtliche Organisation des Arbeitgebers ankommt.[67] Beispielsweise genießt eine ausgegliederte Tochtergesellschaft für die von ihr übernommenen Bereiche keinen Wettbewerbsschutz gegenüber den Mitarbeitern der Konzernmutter.[68] Die organisatorische Einbindung des Arbeitgebers in einen Konzern

---

[55] BAG AP Nr. 7; ebenso LAG Kiel AP Nr. 2 für die Anmeldung einer OHG zum Handelsregister.
[56] BAG AP Nr. 9.
[57] BAG AP Nr. 5; LAG Hamm DB 1971, 2415.
[58] BAG AP Nr. 8.
[59] Ebenso *Röhsler/Bormann* Wettbewerbsbeschränkungen S. 32; Staub/*Konzen/Weber* RdNr. 17.
[60] Vgl. BAG AP Nr. 1, 3, 5; Staub/*Konzen/Weber* RdNr. 18.
[61] So BAG AP Nr. 10 unter B II 2 c der Gründe; ebenso *Grunsky* Wettbewerbsverbote S. 7; *Schaub* § 57 II 2.
[62] So BAG AP Nr. 3.

[63] Vgl. BAG AP Nr. 3, 5, 6; AP § 61 Nr. 1; *Röhsler/Bormann* Wettbewerbsbeschränkungen S. 33; *Schaub* § 57 II 2.
[64] Vgl. BAG AP Nr. 6.
[65] *Glöckner* S. 41; *Grunsky* Wettbewerbsverbote S. 8; *Windbichler,* Arbeitsrecht im Konzern, 1989, S. 127 f.
[66] BGHZ 115, 186 – Video = NJW 1991, 3142; BGH NJW 1993, 1200.
[67] Skeptisch zur Ausdehnung des konzernrechtlichen Unternehmensbegriffs auf Treuepflichten schon *K. Schmidt* HandelsR § 16 VI 2 b; zum Stand des Konzernhaftungsrechts bei der GmbH, ZIP 1991, 1325, 1326.
[68] So schon BAG AP § 74 a Nr. 2.

kann nicht zu einer Ausweitung der Pflichten der Handlungsgehilfen führen,[69] sie bleiben vielmehr arbeitgeberbezogen, zumal umgekehrt – etwa im Rahmen von § 1 KSchG – die Mitarbeiter aus der Konzernbindung keine Vorteile für sich ableiten können.[70]

Das Wettbewerbsverbot aus § 60 besteht auch dann, wenn der Arbeitgeber die Ge- **44** schäftsart erst nach der Anstellung des Gehilfen in seinen Betrieb aufgenommen hat. Durch eine **Geschäftserweiterung** des Unternehmens können daher die geschäftlichen Betätigungsfelder der außerhalb des Dienstverhältnisses tätigen Handlungsgehilfen nachträglich eingeschränkt werden.[71] Die Tätigkeit des Arbeitnehmers bleibt allerdings trotz der Geschäftserweiterung durch den Unternehmer zulässig, wenn die Änderung des Tätigkeitsbereichs des Arbeitgebers außerhalb der vorhersehbaren Entwicklung liegt, etwa bei Aufnahme eines völlig neuen, mit dem bisherigen nicht in Zusammenhang stehenden Geschäftszweigs. Hier ist das Vertrauen des Arbeitnehmers auf Zulässigkeit der bisher ausgeübten Tätigkeit schutzwürdig.[72]

c) **Beispiele.** Nach Abs. 1 Alt. 2 ist beispielsweise verboten das Vorführen bei Kunden **45** zum Zwecke der späteren Vermittlung eines Geschäftsabschlusses,[73] das Anbieten von Diensten und Leistungen gegenüber Dritten im Marktbereich des Arbeitgebers,[74] der Versuch, dem Arbeitgeber Geschäftsverbindungen abzuwerben,[75] der Eintritt in eine GmbH als Gesellschafter, die im Handelszweig des Arbeitgebers Konkurrenzgeschäfte tätigt,[76] die Vermittlungstätigkeit eines Handlungsreisenden für andere Firmen über längere Zeit,[77] die Gewährung von Darlehen und sonstigen Geldmitteln zur Stärkung konkurrierender Dritter[78] sowie die Unterstützung vertragsbrüchiger Kollegen bei der Konkurrenztätigkeit.[79]

Von dem Wettbewerbsverbot in § 60 **nicht erfaßt** werden demgegenüber sonstige **46** Dienstleistungen, die in keinem direkten Zusammenhang zum Warenumsatz stehen, wie etwa Buchführungs-, Schreib- oder Verpackungsarbeiten. In diesen Fällen tritt der Handlungsgehilfe nicht in ein Wettbewerbsverhältnis zum Arbeitgeber, weil diesen Tätigkeiten der dem Geschäftemachen immanente spekulative Charakter fehlt.[80] Kein Geschäftemachen liegt weiterhin dann vor, wenn es dem Handlungsgehilfen bei seinen Geschäften darum geht, seinen Arbeitgeber zu schädigen, indem er über dessen Vermögen verfügt.[81] Hier fehlt es an einem Geschäftemachen, weil der Handlungsgehilfe nicht als Wettbewerber seines Arbeitgebers auftritt, also nicht zu seinem eigenen Vorteil die Marktchancen wie sein Arbeitgeber ausnutzt.

3. **Sonstige Nebentätigkeiten.** Zu den sonstigen Nebentätigkeiten eines Handlungs- **47** gehilfen zählen alle Beschäftigungen, denen er außerhalb des Arbeitsverhältnisses mit dem Arbeitgeber nachgeht, soweit es sich nicht um wettbewerbswidrige Konkurrenztätigkeiten handelt (dazu RdNr. 3). In Betracht kommen dabei sowohl berufliche Nebentätigkeiten als auch alle Arten von Freizeitbeschäftigungen. Eine **berufliche Nebentätigkeit** genießt grundrechtlichen Schutz nach Art. 12 Abs. 1 Satz 1 GG (Berufsfreiheit).[82] Dabei kann der Handlungsgehilfe im Rahmen eines Arbeits-, Werk- oder Dienstvertrags oder auch selbständig tätig werden. In Betracht kommen beispielsweise literarische, journalistische oder

---

[69] *Windbichler*, Arbeitsrecht im Konzern, 1989, S. 128; – differenzierend *Henssler*, Der Arbeitsvertrag im Konzern, 1983, S. 174 ff.
[70] *Hueck/v. Hoyningen-Huene* KSchG § 1 RdNr. 392.
[71] Vgl. MünchHdbArbR/*Blomeyer* § 50 RdNr. 17; *Buchner* AR-Blattei SD 1830. 2 RdNr. 41; Heymann/*Henssler* RdNr. 16; *Schaub* § 57 II 2. – AA Staub/*Konzen/Weber* RdNr. 8.
[72] *Buchner*, AR-Blattei SD 1830.2 RdNr. 42.
[73] Vgl. BAG AP Nr. 5; LAG Frankfurt BB 1970, 709.
[74] BAG AP BGB § 611 Treuepflichten Nr. 8.
[75] BAG AP Nr. 3.

[76] BAG AP § 61 Nr. 1.
[77] LAG Baden-Württemberg BB 1969, 835.
[78] RG JW 1906, 736; 1937, 2654; LAG Düsseldorf BB 1949, 468; 1950, 535.
[79] BAG AP Nr. 8.
[80] Vgl. BAG AP § 61 Nr. 1; *Buchner* AR-Blattei SD 1830.2 RdNr. 51; *Röhsler/Borrmann* Wettbewerbsbeschränkungen S. 33; *Schaub* § 57 II 2; Staub/*Konzen/Weber* RdNr. 20.
[81] Vgl. BAG DB 1988, 508 = EWiR § 60 1/88, 279 mit Anm. *v. Hoyningen-Huene.*
[82] BVerfG AP GG Art. 12 Nr. 37; BAG AP Nr. 4; MünchHdbArbR/*Blomeyer* § 53 RdNr. 3 m. weit. Nachw.

wissenschaftliche Arbeiten, Vortragsveranstaltungen, die Tätigkeit als Vertreter für Versicherungen, künstlerische Tätigkeit etc.

48   **Nichtberufliche Nebentätigkeiten** sind im Grundsatz durch das Recht auf freie Entfaltung der Persönlichkeit geschützt (Art. 2 Abs. 1 GG). Zu nennen sind hier alle Arten von Freizeitbeschäftigungen wie zB politische und sonstige Ehrenämter, sportliche Betätigungen sowie jedes andere Hobby. Die Grenzen der Zulässigkeit von Nebentätigkeiten werden dann erreicht, wenn sie mit der Arbeitspflicht kollidieren.[83] Als gesetzliche Grenze greift neben dem Wettbewerbsverbot das Arbeitszeitschutzrecht nach §§ 3 ff. ArbZG und § 8 BUrlG (bei Kollision mit dem Zweck des Urlaubs) ein. Weitere Beschränkungen der Nebentätigkeitsfreiheit ergeben sich aus der arbeitsvertraglichen Pflicht zur Rücksichtnahme auf den Arbeitgeber.[84] Der Handlungsgehilfe hat alle Nebentätigkeiten zu unterlassen, die seine Fähigkeit zur Erbringung der Arbeitsleistung herabsetzen oder stören können, sofern eine konkrete Gefahr einer Beeinträchtigung der Arbeitsleistung besteht.[85]

49   Bei der Beurteilung der Zulässigkeit von allgemein als **gefährlich angesehenen Freizeitaktivitäten** kommt es jeweils auf die Verhältnisse im einzelnen Fall an. Bei einem entsprechend geübten und ausgerüsteten Hobbysportler sind daher weder Boxen, Karate, Drachenfliegen, Fallschirmspringen, free-climbing usw. zu beanstanden.[86] Umgekehrt verletzt derjenige seine Rücksichtspflicht, der die besonderen Anforderungen an Konstitution, Training und Ausrüstung bei anspruchsvollen Freizeitbeschäftigungen in der Weise mißachtet, daß ihm keine vernünftige Erfolgschance bleibt. Das gilt beispielsweise für schwierige Klettertouren im Gebirge durch Ungeübte oder mit völlig unzureichender Ausrüstung sowie für eine Ralleyteilnahme durch Fahranfänger.[87]

50   Ist ein Handlungsgehilfe auf Grund von **Überbeanspruchungen** seiner Körper- und Geisteskräfte durch die Nebentätigkeit nicht in der Lage, seine Arbeitspflicht ordnungsgemäß zu erfüllen, so verletzt er seine Pflicht zur Erbringung der vereinbarten Dienstleistungen gemäß § 59 (vgl. § 59 RdNr. 169). Bei hinreichendem Gewicht der Beeinträchtigung kann der Arbeitgeber hiergegen mit Abmahnungen bzw. der verhaltensbedingten Kündigung vorgehen. Sofern der Arbeitgeber dagegen für − an sich pflichtwidrige − Nebentätigkeiten seine Einwilligung erteilt oder etwa einen Spitzensportler auch nach mehrfachen Verletzungen durch zusätzliche Freizeitgewährung zum Training aktiv unterstützt, kann er sich nicht mehr auf vertragswidriges Verhalten des Handlungsgehilfen berufen, um daran weitere Rechtsfolgen anzuknüpfen.

51   **4. Auswirkungen beim Betriebsübergang.** Da sich die Reichweite des gesetzlichen Wettbewerbsverbots nach dem Umfang des Geschäftsfeldes des Arbeitgebers richtet, kommt es beim Betriebsübergang vor allem darauf an, inwieweit sich der Handelszweig des bisherigen Betriebsinhabers mit dem denjenigen des Erwerbers deckt. Dabei sind folgende Fälle zu unterscheiden: Fortführender, eingliedernder und ausgliedernder Betriebsübergang.

52   Beim **fortführenden Betriebsübergang** findet lediglich ein Wechsel des Betriebsinhabers statt, ohne daß es auf der Arbeitgeberseite im Zuge des Betriebsübergangs zu Veränderungen des Geschäftszweigs kommt. In diesen Fällen bewirkt der Betriebsübergang keinerlei Veränderungen des Umfangs des Wettbewerbsverbots.[88]

53   Eine andere Situation ergibt sich, wenn der Erwerber den übernommenen Betrieb nicht unverändert weiterführt, sondern gleichzeitig in eine bereits bestehende Betriebsorganisation **eingliedert.** Sofern sich dadurch das Tätigkeitsfeld des Arbeitgebers ausweitet, wächst auch der Umfang des Wettbewerbsverbots. Ein vom Handlungsgehilfen betriebenes Han-

---

[83] BAG AP Nr. 4 unter I 3 d der Gründe.
[84] MünchHdbArbR/*Blomeyer* § 53 RdNr. 5.
[85] BAG AP Nr. 4; MünchHdbArbR/*Blomeyer* § 53 RdNr. 5; großzügiger *Glöckner* S. 84, der insoweit eine unmittelbare Beeinträchtigung der Arbeitgeberinteressen verlangt; strenger dagegen die Verhaltensanforderungen im öffentlichen Dienst − hier genügt bereits ein vernünftiger Grund für die An-

nahme, daß eine Beeinträchtigung der Arbeitskraft eintreten werde, BVerwG 30. 6. 1976 ZBR 77, 27.
[86] Vgl. dazu die Rechtsprechung des BAG zum Lohnfortzahlungsrecht, BAG AP zu § 1 LohnFZG; siehe auch *Glöckner* S. 82 ff.
[87] *Glöckner* S. 85 m. weit. Nachw.
[88] Vgl. im einzelnen *Bossmann* S. 52 ff.

delsgewerbe muß deshalb aufgegeben werden, wenn es infolge des Betriebsübergangs vom Schutzbereich des Wettbewerbsverbots erfaßt wird. Ausnahmsweise ist der Handlungsgehilfe vor einer derartigen Erweiterung des Wettbewerbsverbots geschützt, wenn er begründetes Vertrauen in den Fortbestand seines Gewerbes entwickeln durfte.[89] Dazu reicht aber eine allgemeine Nebentätigkeitserlaubnis nicht aus, vielmehr muß die Erlaubnis bereits die Einwilligung in eine Konkurrenztätigkeit umfassen.[90] Die gleichen Grundsätze gelten, wenn anläßlich des Betriebsübergangs der übernommene und ein bereits bestehender Betrieb zu einem neuen Betrieb zusammengelegt werden.

Wird der Betriebsübergang durch **Ausgliederung** des Betriebs bzw. eines Betriebsteils **54** verwirklicht und schränkt sich das Geschäftsfeld des Arbeitgebers dadurch ein, reduziert sich entsprechend der Umfang des Wettbewerbsverbots für die Handlungsgehilfen. Ein bei dem Veräußerer verbleibender Geschäftszweig ist dann nicht mehr durch das Wettbewerbsverbot geschützt.[91]

5. Umwandlung des Rechtsträgers. Bei der Umwandlung des Rechtsträgers nach § 1 **55** Abs. 1 UmwG[92] (vgl. § 59 RdNr. 35 ff.) ist zwischen den möglichen Arten einer Umwandlung zu unterscheiden. Bei der formwechselnden Umwandlung (§§ 1 Abs. 1 Nr. 4, 190 ff. UmwG) bleibt der Rechtsträger erhalten (§ 202 Abs. 1 Nr. 1 UmwG), so daß die Identität des Unternehmens nicht berührt wird. Deshalb gilt das gesetzliche Wettbewerbsverbot unverändert weiter. Bei der verschmelzenden Umwandlung erweitert sich das Tätigkeitsfeld des Arbeitgebers, so daß auch im gleichen Umfang das Wettbewerbsverbot wächst. Demgegenüber schränkt sich bei der Spaltung das Geschäftsfeld des Arbeitgebers ein, so daß sich in entsprechendem Umfang auch das Wettbewerbsverbot für den Handlungsgehilfen reduziert. Ein in einen anderen Unternehmensträger abgespaltener Geschäftszweig ist dann nicht mehr durch das Wettbewerbsverbot geschützt.

IV. Rechtsfolgen

Ein Verstoß gegen das Wettbewerbsverbot führt nicht zur Unwirksamkeit des verbots- **56** widrigen Geschäfts, dieses ist vielmehr voll wirksam, da § 60 kein Verbotsgesetz iSv. § 134 BGB.[93] Bei einem Verstoß des Handlungsgehilfen gegen § 60 steht dem Arbeitgeber nach § 61 jedoch ein **Schadensersatzanspruch** gegen den Handlungsgehilfen zu (siehe dort). Daneben hat er aber auch noch weitere Ansprüche und Rechte.

1. Kündigung. Der Verstoß gegen das Wettbewerbsverbot aus § 60 stellt regelmäßig ei- **57** nen wichtigen Grund zur **außerordentlichen Kündigung** nach § 626 Abs. 1 BGB dar.[94] Dies hatte § 72 aF, der durch das 1. Arbeitsrechtsbereinigungsgesetz vom 14. 8. 1969 aufgehoben wurde, noch ausdrücklich bestimmt. Nach der Neufassung des § 626 BGB ist freilich auch bei Wettbewerbsverstößen eine Abwägung der Interessen beider Vertragsparteien im Einzelfall vorzunehmen. Toleriert der Arbeitgeber über längere Zeit eine Konkurrenztätigkeit, so rechtfertigt diese regelmäßig keine fristlose Kündigung.[95]

In sonstigen Fällen kommt eine **ordentliche verhaltensbedingte Kündigung** nach § 1 **58** Abs. 2 Satz 1 KSchG in Betracht.[96] Hier gelten die allgemeinen Grundsätze des Kündigungsrechts. Im übrigen ist bei jeder verhaltensbedingten Kündigung (ordentlich oder

[89] Für einen großzügigeren Bestandsschutz Heymann/*Henssler* RdNr. 16. – Differenzierend nach der Vorhersehbarkeit der Unternehmerentscheidung *Buchner*, AR-Blattei SD 1830.2 RdNr. 42.

[90] *Bossmann* S. 54 ff.

[91] *Bossmann* S. 70 ff.

[92] Zum neuen Umwandlungsgesetz vom 28. 10. 1994 (BGBl. I S. 3210) siehe *Dörrie* WiB 1995, 1 ff.; *Lüttge* NJW 1995, 417 ff.; *Wlotzke* DB 1995, 40 ff.

[93] MünchHdbArbR/*Blomeyer* § 50 RdNr. 28; *Schaub* § 57 IV 1; vgl. dazu näher die Kommentierung zu § 61.

[94] Vgl. MünchHdbArbR/*Blomeyer* § 50 RdNr. 43; KR/*Hillebrecht*, 3. Aufl. 1989, § 626 BGB RdNr. 61; MünchKommBGB/*Schwerdtner* § 626 RdNr. 86.

[95] Ebenso *Buchner* AR-Blattei SD 1830.2 RdNr. 142.

[96] *Hueck/v. Hoyningen-Huene* KSchG § 1 RdNr. 348.

außerordentlich)[97] zunächst grundsätzlich eine **Abmahnung** gegenüber dem Handlungsgehilfen erforderlich (dazu § 59 RdNr. 209), nur bei schwerwiegenden Verstößen gegen das Wettbewerbsverbot kommt auch eine Kündigung ohne Abmahnung in Betracht.[98]

59 **2. Unterlassungsanspruch.** Neben der Kündigung hat der Arbeitgeber die Möglichkeit, den Handlungsgehilfen bei Verstößen gegen das Wettbewerbsverbot aus § 60 auf Unterlassung zu verklagen.[99] In besonders dringenden Fällen hat der Arbeitgeber auch die Möglichkeit, im Wege der einstweiligen Verfügung Unterlassung des Wettbewerbs zu erwirken.[100]

60 **3. Keine Gehaltskürzung.** Weder für die Vergangenheit noch für die Zukunft eröffnet ein Verstoß gegen das Wettbewerbsverbot die Möglichkeit von Gehaltskürzungen, da der vertragliche Entgeltanspruch durch den Wettbewerbsverstoß nicht beeinträchtigt wird.[101] Eine derartige Sanktion bedürfte als Vertragsstrafe einer besonderen Vereinbarung.[102]

61 **4. Schadensersatz bei fristloser Kündigung durch den Arbeitgeber.** Bei einer fristlosen Kündigung des Handlungsgehilfen durch den Arbeitgeber endet das Wettbewerbsverbot mit dem Zugang der Kündigung. Beruht die Kündigung auf einem vertragswidrigen Verhalten des Handlungsgehilfen, so steht dem Arbeitgeber freilich nach § 628 Abs. 2 BGB ein **Schadensersatzanspruch** zu. Dieser Anspruch umfaßt auch den Ersatz des Schadens, der dem Arbeitgeber durch den Wegfall des Wettbewerbsverbots und damit durch den Verlust seiner Ansprüche aus § 61 entsteht.[103] Da der Handlungsgehilfe jederzeit unter Einhaltung der Kündigungsfristen kündigen kann, beschränkt sich seine Ersatzpflicht auf Wettbewerbsverstöße in dem Zeitraum, innerhalb dessen der Handlungsgehilfe das Anstellungsverhältnis seinerseits nicht durch Kündigung hätte aufheben können.[104]

§ 61 [Verletzung des Wettbewerbsverbots]

(1) **Verletzt der Handlungsgehilfe die ihm nach § 60 obliegende Verpflichtung, so kann der Prinzipal Schadensersatz fordern; er kann statt dessen verlangen, daß der Handlungsgehilfe die für eigene Rechnung gemachten Geschäfte als für Rechnung des Prinzipals eingegangen gelten lasse und die aus Geschäften für fremde Rechnung bezogene Vergütung herausgebe oder seinen Anspruch auf die Vergütung abtrete.**

(2) **Die Ansprüche verjähren in drei Monaten von dem Zeitpunkt an, in welchem der Prinzipal Kenntnis von dem Abschlusse des Geschäfts erlangt; sie verjähren ohne Rücksicht auf diese Kenntnis in fünf Jahren von dem Abschlusse des Geschäfts an.**

Schrifttum: *Glöckner,* Nebentätigkeitsverbote im Individualarbeitsrecht, 1993; *Grunsky,* Wettbewerbsverbote für Arbeitnehmer, 2. Aufl. 1987; *Röhsler/Bormann,* Wettbewerbsbeschränkungen für Arbeitnehmer und Handelsvertreter, 1981. – Siehe außerdem Schrifttumsnachweise bei § 60.

[97] BAG BB 1994, 1148.
[98] MünchHdbArbR/*Blomeyer* § 50 RdNr. 43; *Stahlhacke/Preis,* Kündigung und Kündigungsschutz im Arbeitsverhältnis, 6. Aufl. 1995, RdNr. 714; zur ausnahmsweisen Entbehrlichkeit siehe *Glöckner* S. 196; *Hueck/v. Hoyningen-Huene* KSchG § 1 RdNr. 285 f.
[99] BAG AP BGB § 611 Treuepflicht Nr. 7 mit Anm. *Canaris* = DB 1970, 497; MünchHdbArbR/*Blomeyer* § 50 RdNr. 42 m. weit. Nachw.
[100] LAG Baden-Württemberg BB 1968, 708; LAG Düsseldorf DB 1972, 878; MünchHdbArbR/*Blomeyer* § 50 RdNr. 42; *Grunsky* Wettbewerbsverbote S. 38; *Heinze* RdA 1986, 273, 280 f.; *Röhsler/Bormann* Wettbewerbsbeschränkungen S. 54.

[101] BGH BB 1988, 88; MünchHdbArbR/*Blomeyer* § 50 RdNr. 44.
[102] Siehe BAG NJW 1981, 1799 = AP BGB § 339 Nr. 7 mit Anm. *Lindacher.*
[103] BAG AP BGB § 628 Nr. 8 mit krit. Anm. *Lieb* = SAE 1976, 216 mit zust. Anm. *Hadding* = BB 1975, 1112; *Buchner* AR-Blattei SD 1830. 2 RdNr. 145; MünchKommBGB/*Schwerdtner* § 628 RdNr. 20. – Kritisch *Röhsler/Bormann* Wettbewerbsbeschränkungen S. 44 f.
[104] Ebenso BAG AP § 75 Nr. 6 unter III 2 c der Gründe; *Buchner* AR-Blattei SD 1830.2 RdNr. 146; *Grunsky* Wettbewerbsverbote S. 26; Staudinger/*Preis* BGB § 628 RdNr. 44.

I. Bedeutung

1. Überblick. Bei Verstößen des Handlungsgehilfen gegen das Wettbewerbsverbot aus **1** § 60 sieht das Gesetz in § 61 Abs. 1 ausdrücklich zwei Rechtsfolgen vor: Nach der 1. Alternative von Abs. 1 hat der Arbeitgeber einen Schadensersatzanspruch, nach der 2. Alternative von Abs. 1 hat er das Recht, in die wettbewerbswidrig abgeschlossenen Geschäfte des Handlungsgehilfen einzutreten.

2. Zweck. § 61 begründet für den Arbeitgeber ein **Wahlrecht.** Es steht ihm frei, Scha- **2** densersatz zu fordern oder in die Geschäfte des Handlungsgehilfen einzutreten. Wenn er sich freilich einmal für eine der beiden Möglichkeiten entschieden hat, so ist die getroffene Wahl unwiderruflich.[1] Abs. 1 begründet für den Arbeitgeber kein Wahlschuldverhältnis im Sinne von § 262 BGB. Der Handlungsgehilfe hat daher nicht die Möglichkeit, den Arbeitgeber nach § 264 Abs. 2 BGB unter Bestimmung einer angemessenen Frist zur Vornahme der Wahl aufzufordern.[2]

Nach der Auffassung des **BAG** besteht das Wahlrecht aus § 61 nur für die **gesamte ver-** **3** **tragswidrige Tätigkeit.**[3] Der Arbeitgeber hat daher nicht die Möglichkeit, in einzelne Geschäfte einzutreten und im übrigen Schadensersatz zu fordern. Für eine derartige Einschränkung des Wahlrechts zu Lasten des Arbeitgebers besteht aber nur dann Veranlassung, wenn die verschiedenen Geschäfte des Handlungsgehilfen miteinander in Zusammenhang stehen. Hat der Handlungsgehilfe jedoch mehrere voneinander unabhängige Geschäfte abgeschlossen, so besteht kein Grund, dem Arbeitgeber für die einzelnen Geschäfte das Wahlrecht zu nehmen. Hat also beispielsweise der Angestellte eines Maklers verbotswidrig zwei verschiedenen Käufern zwei verschiedene Objekte nachgewiesen, so ist es dem Makler möglich, bezüglich des einen Objekts Schadensersatz zu verlangen und beim anderen Objekt sein Eintrittsrecht auszuüben.[4]

---

[1] Vgl. *Buchner* AR-Blattei SD 1830.2 RdNr. 109; GK-HGB/*Etzel* RdNr. 3; *Grunsky* Wettbewerbsverbote S. 33; MünchHdbArbR/*Blomeyer* § 50 RdNr. 29; *Röhsler/Bormann* Wettbewerbsbeschränkungen S. 50.
[2] Ebenso GK-HGB/*Etzel* RdNr. 3; MünchHdbArbR/*Blomeyer* § 50 RdNr. 29; *Röhsler/Bormann*
Wettbewerbsbeschränkungen S. 50; Staub/*Konzen/ Weber* RdNr. 5.
[3] BAG AP Nr. 1.
[4] Ebenso *Grunsky* Wettbewerbsverbote S. 34; Heymann/*Henssler* RdNr. 13; aA MünchHdbArbR/*Blomeyer* § 50 RdNr. 34.

II. Allgemeine Anspruchsvoraussetzungen

4   **1. Persönlicher Geltungsbereich.** Ob die Ansprüche aus § 61 dem Arbeitgeber nur gegenüber Handlungsgehilfen oder auch sonstigen Arbeitnehmern zustehen, ist umstritten. Die Rechtsprechung neigt offenbar dazu, § 61 wörtlich auszulegen und so einen Anwendungsbereich **auf Handlungsgehilfen zu beschränken**.[5] Von Arbeitnehmern, die nicht Handlungsgehilfen sind, kann der Arbeitgeber danach bei Verstößen gegen das Wettbewerbsverbot Schadensersatz nur nach den Grundsätzen der positiven Vertragsverletzung und Herausgabe des durch die vertragswidrige Handlungsweise Erlangten nur wegen unerlaubter Eigengeschäftsführung nach § 687 Abs. 2 BGB verlangen.[6]

5   Dies kann freilich nicht überzeugen. Nachdem das BAG für den Bereich der vertraglichen Wettbewerbsverbote **§ 60 analog auf alle Arbeitnehmer** anwendet und daneben auch die Regelungen des nachvertraglichen Wettbewerbsverbots aus den §§ 74 ff. insgesamt auf alle nichtkaufmännischen Arbeitnehmer übertragen hat, ist es nicht gerechtfertigt, die Vorschrift des § 61 nur auf Handlungsgehilfen anzuwenden. Es liegt vielmehr nahe, § 61, ebenso wie die Regelung der nachvertraglichen Wettbewerbsverbote, analog auf alle auch nichtkaufmännischen Arbeitnehmer anzuwenden.[7]

6   Eine solche Analogie ist auch deshalb geboten, weil der Herausgabeanspruch aus **§ 687 Abs. 2 BGB weitergehende Voraussetzungen** hat als das Eintrittsrecht nach § 61 Abs. 1 Alt. 2. § 687 Abs. 2 BGB setzt nämlich voraus, daß der Arbeitnehmer wußte, daß er zu Konkurrenzgeschäften nicht berechtigt war. Fahrlässige Unkenntnis genügt hier nicht, es ist vielmehr eine positive Kenntnis vom Verbot der Konkurrenztätigkeit erforderlich.[8] Demgegenüber besteht auch bei fahrlässiger Unkenntnis vom Verbot des Geschäftsmachens ein Eintrittsrecht des Arbeitgebers in die verbotswidrigerweise abgeschlossenen Geschäfte nach § 61 Abs. 1.[9] Angesichts dieser unterschiedlichen Anforderungen an einen Herausgabeanspruch nach § 61 und § 687 BGB und der auch im übrigen erfolgten weitgehenden Gleichstellung von Handlungsgehilfen und sonstigen Arbeitnehmern auf dem Gebiet der Wettbewerbsverbote ist eine analoge Anwendung von § 61 auf sonstige Arbeitnehmer geboten.[10]

7   **2. Verstoß gegen Verbot aus § 60.** Die Ansprüche aus Abs. 1 stehen dem Arbeitgeber nur dann zu, wenn der Handlungsgehilfe das Wettbewerbsverbot aus § 60 verletzt hat. § 61 gilt also sowohl für den Fall, daß der Handlungsgehilfe verbotswidrig ein Handelsgewerbe betreibt, wie für den Fall, daß er im Handelszweig des Unternehmers Geschäfte für eigene oder fremde Rechnung macht.

8   **3. Verschulden.** Dem Arbeitgeber stehen die Ansprüche aus § 61 nur dann zu, wenn ein **schuldhafter Verstoß (§ 276 BGB)** gegen das Verbot aus § 60 vorliegt.[11] Da die Rechtsfolgen des § 61 nur bei Treuepflichtverletzungen aus § 60 eintreten, können sie, auch wenn § 61 dies nicht ausdrücklich ausweist, nur dann anerkannt werden, wenn die Treuepflichten mindestens fahrlässig verletzt wurden. Analog § 282 BGB muß der Handlungsgehilfe beweisen, daß er den Verbotsverstoß nicht zu vertreten hat.

III. Ansprüche des Arbeitgebers aus § 61

9   **1. Schadensersatz. a) Anspruchsgegner.** Nach der 1. Alt. von Abs. 1 kann der Arbeitgeber vom Handlungsgehilfen Schadensersatz fordern. Anspruchsgegner des Arbeitgebers ist der Handlungsgehilfe; gegen den Geschäftspartner des Handlungsgehilfen stehen dem

[5] Vgl. LAG Berlin BB 1970, 1215; siehe auch BAG AP BGB § 242 Auskunftspflicht Nr. 13 mit Anm. *Lüderitz* = BB 1971, 86.
[6] Siehe *Wagner* S. 65 f.
[7] Ebenso *Buchner* AR-Blattei SD 1830.2 RdNr. 170; *Röhsler/Borrmann* Wettbewerbsbeschränkungen S. 65; *Schaub* § 57 V 4; Staub/*Konzen/Weber* RdNr. 21 f.

[8] Palandt/*Thomas* § 687 RdNr. 2.
[9] *Buchner* AR-Blattei SD 1830.2 RdNr. 105.
[10] Für eine restriktive Anwendung des § 61 Abs. 1 Halbs. 2 auf vorsätzliches Handeln dagegen *Wagner* S. 76 f.
[11] Ebenso *Buchner* AR-Blattei SD 1830.2 RdNr. 96; Heymann/*Henssler* RdNr. 4; Münch-HdbArbR/*Blomeyer* § 50 RdNr. 31.

Arbeitgeber keine Schadensersatzansprüche aus § 61 zu. Nur ausnahmsweise können auch gegen den Dritten Schadensersatzansprüche begründet sein, wenn er durch sein Zusammenwirken mit dem Handlungsgehilfen bewußt auf eine sittenwidrige Schädigung des Unternehmers ausgegangen ist (§ 826 BGB, § 1 UWG).[12]

b) Umfang. Der Umfang des **Schadensersatzanspruchs** richtet sich nach den §§ 249 ff. **10** BGB. Das bedeutet, daß der Arbeitgeber nicht nur Ersatz des ihm tatsächlich entstandenen Schadens verlangen kann, sondern nach § 252 BGB auch Erstattung des ihm **entgangenen Gewinns.** Als entgangenen Gewinn kann der Arbeitgeber den Betrag beanspruchen, den er erzielt hätte, wenn er das Handelsgewerbe des Handlungsgehilfen selbst betrieben oder das Geschäft selbst abgeschlossen hätte. Dieser Gewinn ist freilich nicht unbedingt deckungsgleich mit dem Gewinn, den der Handlungsgehilfe erzielt hat.[13] So ist es durchaus denkbar, daß der Gewinn, den der Arbeitgeber erzielt hätte, höher als der vom Handlungsgehilfen erzielte Gewinn gewesen wäre. In diesem Fall kann der Arbeitgeber diesen höheren Gewinn verlangen. Hat dagegen der Handlungsgehilfe auf Grund besonderer Beziehungen zu seinem Geschäftspartner einen höheren Gewinn erzielt, als der Arbeitgeber hypothetisch erzielt hätte, so kann der Arbeitgeber nur den von ihm erzielten Gewinn ersetzt verlangen, nicht aber den darüberhinausgehenden Gewinn, den der Handlungsgehilfe tatsächlich erzielt hat.

Neben dem entgangenen Gewinn kann der Arbeitgeber vom Handlungsgehilfen nach **11** § 249 BGB auch Ersatz der **Kosten** verlangen, die ihm zur **Aufdeckung von Art und Umfang der Pflichtverletzung** entstanden sind. Hierzu zählen namentlich Gehaltsaufwendungen, die der Arbeitgeber für andere Arbeitnehmer erbracht hat. Dabei ist es unerheblich, ob der Arbeitgeber neues Personal einstellt oder die genannten Arbeiten durch ohnehin vorhandene Mitarbeiter erledigt werden.[14] Die dem Arbeitgeber durch die Erhebung einer Auskunftsklage entstehenden Kosten kann er dagegen grundsätzlich nicht verlangen; § 12 a Abs. 1 ArbGG schließt eine Kostenerstattung für arbeitsgerichtliche Prozesse erster Instanz aus, mit der Folge, daß diese grundsätzlich auch nicht Gegenstand eines materiell-rechtlichen Erstattungsanspruchs sein können.[15]

Werden durch den Wettbewerbsverstoß auch Betriebsgeheimnisse des Arbeitgebers ver- **12** letzt, so kann der Arbeitgeber den entstandenen Schaden im Wege der „Lizenzanalogie" berechnen, also **Lizenzgebühren** verlangen, die bei einer Lizenzvergabe erzielt worden wären.[16] Dies hat für den Arbeitgeber den Vorteil, daß er nicht konkret nachweisen muß, daß ihm durch die Konkurrenztätigkeit seines Handlungsgehilfen ein Gewinn entgangen ist.

c) Darlegungs- und Beweislast. Die Darlegungs- und Beweislast für den entstandenen **13** Schaden trägt der Arbeitgeber. Er muß mithin nachweisen, daß er selbst die verbotenen Geschäfte abgeschlossen hätte, wäre ihm der Handlungsgehilfe nicht zuvorgekommen. Im Hinblick auf den entgangenen Gewinn kommt dem Arbeitgeber freilich die Beweiserleichterung des § 252 Satz 2 BGB zustatten.

2. Eintrittsrecht. Nach der Alt. 2 von Abs. 1 kann der Arbeitgeber anstelle von Scha- **14** densersatz verlangen, daß der Handlungsgehilfe die für eigene Rechnung gemachten Geschäfte als für Rechnung des Arbeitgebers eingegangen gelten läßt und die aus dem Geschäft für fremde Rechnung bezogene Vergütung herausgibt oder seinen Anspruch auf die Vergütung abtritt. Soweit diese Befugnis üblicherweise als „Eintrittsrecht" des Arbeitgebers bezeichnet wird, ist dies freilich irreführend, weil der Arbeitgeber nicht selbst Vertragspart-

---

[12] Baumbach/*Hopt* RdNr. 2; *Buchner* AR-Blattei SD 1830.2 RdNr. 101; MünchHdbArbR/*Blomeyer* § 50 RdNr. 32.
[13] *Röhsler/Borrmann* Wettbewerbsbeschränkungen S. 51 f.; *Schaub* § 57 IV 2.

[14] BAG AP § 5 Nr. 60; *Grunsky* Wettbewerbsverbote S. 32; MünchHdbArbR/*Blomeyer* § 50 RdNr. 31.
[15] BAG AP ArbGG 1953 § 61 Kosten Nr. 13; *Grunsky* ArbGG § 12 a RdNr. 3.
[16] BAG AP BGB § 611 Betriebsgeheimnis Nr. 4 mit Anm. *Hubmann* = NZA 1986, 781.

ner mit dem Geschäftspartner des Handlungsgehilfen wird.[17] Der Arbeitgeber hat lediglich einen Anspruch gegen den Handlungsgehilfen auf Abführung des wirtschaftlichen Erfolgs aus den von ihm eingegangenen Geschäften.[18] Da der Begriff „Eintrittsrecht" jedoch inzwischen in Rechtsprechung und Literatur zur fest eingeführten Terminologie gehört, soll an ihm auch hier festgehalten werden.

15   **a) Geschäfte für eigene Rechnung.** Bei Geschäften für eigene Rechnung muß der Handlungsgehilfe den Gewinn aus den Geschäften an den Unternehmer abführen. Durch die Ausübung des Eintrittsrechts erhält der Arbeitgeber den Gewinn, den der Handlungsgehilfe aus dem Geschäft erzielt hat. Der Arbeitgeber kann hier auch dann keinen höheren Gewinn verlangen, wenn er nachweist, daß er selbst einen höheren Gewinn erzielt hätte. Diese Möglichkeit steht ihm nur bei der Geltendmachung eines Schadensersatzanspruchs offen.[19] Der Vorteil des Eintrittsrechts gegenüber dem Schadensersatzanspruch gegen den Handlungsgehilfen besteht freilich darin, daß der Arbeitgeber nicht nachzuweisen braucht, daß er den Gewinn, den der Handlungsgehilfe aus dem wettbewerbswidrig abgeschlossenen Geschäft erzielt hat, ebenfalls erzielt hätte. Das Eintrittsrecht kann daher als eine „pauschale Schadensregelung" bezeichnet werden.[20]

16   Das Eintrittsrecht des Arbeigebers besteht auch dann, wenn es sich um ein **Geschäft im Handelszweige des Arbeitgebers handelt, das dieser nicht hätte abschließen können**, weil er beispielsweise zu dem Geschäftspartner des Handlungsgehilfen keine Verbindungen gehabt hatte. Der Handlungsgehilfe kann der Ausübung des Eintrittsrechts daher nicht damit begegnen, daß er nachweist, der Dritte hätte das Geschäft mit dem Unternehmer niemals abgeschlossen.

17   Der Arbeitgeber kann nur den erzielten **Nettogewinn** verlangen; Auslagen und Aufwendungen des Handlungsgehilfen sind vorher abzusetzen.[21] Ist das Geschäft seitens des Vertragspartners des Handlungsgehilfen noch nicht erfüllt, so kann der Arbeitgeber vom Handlungsgehilfen nur gegen Ersatz aller Aufwendungen die Abtretung der Forderung verlangen. Die in seinem Besitz befindlichen zum Beweis der Forderung dienenden Urkunden hat der Handlungsgehilfe herauszugeben (§ 402 BGB).[22] Der Handlungsgehilfe kann grundsätzlich für seine Tätigkeit keine besondere Vergütung verlangen, es sei denn, er hätte auch sonst – wie etwa als Provisionsvertreter – eine Vergütung zu beanspruchen.[23]

18   **b) Beitritt in konkurrierende Gesellschaft.** Als problematisch erweist sich die Ausübung des Eintrittsrechts dann, wenn der Handlungsgehilfe einer mit dem Arbeitgeber konkurrierenden Gesellschaft beitritt. Ein solcher Eintritt als Gesellschafter in ein Konkurrenzunternehmen stellt ein für eigene Rechnung gemachtes, verbotenes Geschäft dar.[24] Der Arbeitgeber kann in diesen Fällen nicht verlangen, anstelle des Handlungsgehilfen als Gesellschafter in die konkurrierende Gesellschaft einzutreten. Das wäre mit dem Wesen einer Gesellschaft und den Rechten der übrigen Gesellschafter nicht vereinbar, weil ihnen auf diesem Wege ein gesetzlicher Gesellschafterwechsel aufgezwungen würde.[25]

19   Nach Auffassung des BAG kann der Arbeitgeber in diesen Fällen aber auch nicht die **Herausgabe des Gewinnanteils** des Handlungsgehilfen an der Gesellschaft verlangen.[26] Die Verwirklichung des Eintrittsrechts durch Herausgabe des Gewinnanteils stelle eine so wesentliche Umgestaltung der Rechtsbeziehungen zwischen dem Handlungsgehilfen und der Gesellschaft dar, die in dieser Form von Abs. 1 nicht mehr gedeckt werde. Dies ist indes nicht überzeugend. Wie das BAG nämlich selbst feststellt, ist hier das verbotswidrige

---

[17] Zutreffend *Buchner* AR-Blattei SD 1830.2 RdNr. 103.
[18] MünchHdbArbR/*Blomeyer* § 50 RdNr. 33.
[19] *Buchner* AR-Blattei SD 1830.2 RdNr. 108.
[20] So BAG AP Nr. 1.
[21] *Grunsky* Wettbewerbsverbote S. 37; *Röhsler/Borrmann* Wettbewerbsbeschränkungen S. 53.
[22] Heymann/*Henssler* RdNr. 9.
[23] *Schaub* § 57 IV 3.

[24] BAG AP Nr. 1 mit Anm. *Hefermehl* = BB 1962, 638.
[25] Allgemeine Ansicht: Vgl. BAG AP Nr. 1; *Buchner* AR-Blattei SD 1830.2 RdNr. 111, 115; *Grunsky* Wettbewerbsverbote S. 35; Heymann/*Henssler* RdNr. 14; Staub/*Konzen/Weber* RdNr. 14.
[26] Vgl. BAG AP Nr. 1; *Buchner* AR-Blattei SD 1830.2 RdNr. 116; MünchHdbArbR/*Blomeyer* § 50 RdNr. 36.

v. Hoyningen-Huene

Geschäft der Beitritt in die Gesellschaft. Für diesen Beitritt erhält der Handlungsgehilfe als Gegenleistung einen Anspruch auf Gewinnbeteiligung. Diesen Gewinn kann der Arbeitgeber vom Handlungsgehilfen herausverlangen, ohne daß dies zu einer Beeinträchtigung der übrigen Gesellschafter führt.[27] Denn für die Gesellschaft ist es unerheblich, ob der Handlungsgehilfe den Gewinn aus einer Gesellschafterbeteiligung behalten darf oder ihn an seinen Arbeitgeber abführen muß.

Diese Auffassung entspricht im übrigen auch der **Rechtsprechung des BGH zum** 20 **gleichlautenden § 113 Abs. 1**, der die Rechtsfolgen der Verletzung von Wettbewerbsverboten von Gesellschaften der OHG betrifft.[28] Auch danach kann die Gesellschaft zwar nicht verlangen, an Stelle des wettbewerbswidrig handelnden Gesellschafters in die andere Gesellschaft einzutreten; sie kann aber durch Ausübung des Eintrittsrechts nach § 113 Abs. 1 verlangen, daß der wettbewerbswidrig handelnde Gesellschafter ihr die Gewinne, die er durch die Beteiligung an der anderen Gesellschaft erzielt hat, abführt.

Dies gilt auch dann, wenn der Handlungsgehilfe eine **Einmanngesellschaft** gegründet 21 hat. Auch hier ist es nicht möglich, daß der Arbeitgeber in die Gesellschafterstellung einrückt.[29] Die Ausübung des Eintrittsrechts nach § 61 führt nämlich nicht dazu, daß der Arbeitgeber in unmittelbare Rechtsbeziehungen zu Dritten tritt.[30] Der Arbeitgeber kann in jedem Fall nur verlangen, daß der wettbewerbswidrig handelnde Handlungsgehilfe ihm die Gewinne aus den abgeschlossenen Geschäften abführt.

c) Geschäfte für fremde Rechnung. Bei Geschäften für fremde Rechnung hat der 22 Handlungsgehilfe die von ihm bezogene Vergütung an den Unternehmer abzuführen oder den Anspruch auf die noch nicht gezahlte Vergütung an ihn abzutreten.

d) Betreiben eines Handelsgewerbes. Betreibt der **Handlungsgehilfe verbotswidrig** 23 ein Handelsgewerbe, so kann der Arbeitgeber grundsätzlich ebenfalls Eintritt in die einzelnen Geschäfte verlangen, die innerhalb dieses Handelsgewerbes abgeschlossen wurden. Das Eintrittsrecht besteht jedoch nicht für alle in dem Handelsgewerbe abgeschlossenen Geschäfte, sondern nur für diejenigen, die in dem gleichen Handelszweige wie dem des Arbeitgebers abgeschlossen wurden. Denn aus der Fassung des § 61 ist zu entnehmen, daß der Gesetzgeber bei der Regelung des Eintritts in erster Linie an das Geschäftemachen gedacht hat und nicht auch an den Betrieb des Handelsgewerbes. Das Eintrittsrecht setzt daher gedanklich das Vorliegen bestimmter Geschäfte voraus, die aber nach § 60 nur dann verboten sind, wenn sie in dem Handelszweig des Arbeitgebers vorgenommen wurden. Aus diesem Grund ist dem Arbeitgeber auch nur insoweit ein Eintrittsrecht zuzubilligen. Dem Arbeitgeber steht daher hinsichtlich solcher Geschäfte kein Eintrittsrecht zu, die der Handlungsgehilfe zwar im Rahmen des Betreibens eines wettbewerbswidrigen Handelsgewerbes abgeschlossen hat, die aber nicht konkret den Handelszweig des Arbeitgebers berühren.

3. Auskunftsanspruch. Der Handlungsgehilfe ist seinem Arbeitgeber gegenüber **zur** 24 **Auskunft** über die von ihm abgeschlossenen Geschäfte **verpflichtet**, wenn er durch sein Verhalten begründeten Anlaß zu der Annahme eines Verstoßes gegen das Wettbewerbsverbot gegeben hat.[31] Rechtsgrundlage für den Auskunftsanspruch des Arbeitgebers ist der Anstellungsvertrag iVm. § 242 BGB. Danach besteht eine Auskunftspflicht bei solchen Rechtsverhältnissen, deren Wesen es mit sich bringt, daß der Anspruchsberechtigte in entschuldbarer Weise über Bestehen und Umfang seines Rechts im Ungewissen ist, während der Verpflichtete unschwer Auskunft erteilen kann.[32] Der Auskunftsanspruch des

---

[27] Ebenso *Buchner* AR-Blattei SD 1830.2 RdNr. 117, 117 a; *Grunsky* Wettbewerbsverbote S. 36; Heymann/*Henssler* RdNr. 14.
[28] Vgl. BGHZ 38, 306, 310 f.
[29] AA *Grunsky* Wettbewerbsverbote S. 36.
[30] *Schaub* § 57 IV 3.

[31] Vgl. BAG AP BGB § 242 Auskunftspflicht Nr. 12 mit Anm. *Lüderitz* = SAE 1968, 40 mit Anm. *Reinhardt* = BB 1967, 839; AP BGB § 242 Auskunftspflicht Nr. 13 mit Anm. *Lüderitz* = BB 1971, 86; AP BGB § 611 Treuepflicht Nr. 8 = SAE 1977, 226 mit Anm. *Baumgärtel* = BB 1977, 296.
[32] Hierzu allgemein Palandt/*Heinrichs* § 261 RdNr. 8.

Arbeitgebers ist begründet, wenn der Handlungsgehilfe erheblichen Anlaß gegeben hat, zu vermuten, er habe seine Vertragspflichten verletzt.[33]

25   Ergibt sich aus der Auskunft des Handlungsgehilfen, daß er wettbewerbswidrige Geschäfte getätigt hat, so kann der Arbeitgeber über die vom Handlungsgehilfen getätigten Geschäfte auch **Rechnungslegung** nach § 259 BGB verlangen.[34] Bei Wettbewerbsverstößen kann der Arbeitgeber daher im Wege der **Stufenklage gemäß § 254 ZPO** gegen den Arbeitgeber seine Rechte aus § 61 durchsetzen.

IV. Verjährung (Abs. 2)

26   Nach Abs. 2 unterliegen sowohl der Schadensersatzanspruch als auch die Geltendmachung des Eintrittsrechts einer **kurzen Verjährung**. Diese beträgt drei Monate von dem Zeitpunkt an, in welchem der Arbeitgeber Kenntnis von dem Abschluß des Geschäfts erlangt hat und ohne Rücksicht auf diese Kenntnis in fünf Jahren von dem Abschlusses des Geschäfts.

27   **1. Sachlicher Geltungsbereich. a) Wettbewerbsverstöße aus § 60.** Nach dem Wortlaut des Abs. 2 unterliegen nur Ansprüche wegen wettbewerbswidrigen Geschäftemachens, nicht auch wegen Betreibens eines Handelsgewerbes der kurzen Verjährung. Die Beschränkung der kurzen Verjährungsfrist auf die Alt. 2 von Abs. 1 beruht freilich auf einem Redaktionsversehen des Gesetzgebers.[35] Eine wortgetreue Auslegung von Abs. 2 wäre nicht sachgerecht, sie wird daher auch nirgends vertreten. Bereits in der Rechtsprechung des Reichsgerichts wurden die **beiden Tatbestände des § 60** Abs. 1 in der Verjährungsfrage im Rahmen von Abs. 2 gleichbehandelt.[36] Der Verjährung nach Abs. 2 unterliegen damit sowohl Ansprüche wegen verbotenen Geschäftemachens als auch wegen wettbewerbswidrigen Betreibens eines Handelsgewerbes nach Abs. 1.

28   **b) Konkurrierende Ansprüche.** Die kurze Verjährungsfrist aus Abs. 2 gilt aber nicht nur für die Ansprüche aus Abs. 1, sondern darüber hinaus auch für die konkurrierenden Schadensersatzansprüche aus unerlaubter Handlung (§§ 823, 826 BGB), § 1 UWG und positiver Vertragsverletzung[37] sowie für den **Herausgabeanspruch** nach § 687 Abs. 2 BGB.[38]

29   **c) Unterlassungsansprüche.** Nach Auffassung des BAG gilt die kurze Verjährungsfrist nicht für Unterlassungsansprüche des Arbeitgebers.[39] Dies kann freilich nicht überzeugen.[40] Der Zweck der kurzen Verjährungsfrist, den Arbeitgeber zu veranlassen, seine Ansprüche möglichst rasch geltend zu machen, gilt auch gerade für Unterlassungsansprüche.[41] Denn anderenfalls käme man zu dem unerträglichen Ergebnis, daß der Arbeitgeber noch nach Jahren vom Handlungsgehilfen Unterlassung verlangen könnte, obwohl er während der ganzen Zeit Kenntnis von dessen verbotener Tätigkeit gehabt hat.[42] Würde man Unterlassungsansprüche nicht der kurzen Verjährung aus Abs. 2 unterwerfen, entstünden schließlich auch große Abgrenzungsschwierigkeiten. Der Arbeitgeber, der den Unterlassungsanspruch erst nach längerer Zeit geltend macht, müßte sich nämlich uU entgegenhalten lassen, er habe in die Tätigkeit des Handlungsgehilfen stillschweigend eingewilligt und diese

---

[33] BAG AP § 60 Nr. 6; zu weit BAG AP BGB § 242 Auskunftspflicht Nr. 12, wonach schon eine „recht geringe Wahrscheinlichkeit", die Vertragspflicht verletzt zu haben, einen Auskunftsanspruch des Arbeitgebers rechtfertigen soll.

[34] BAG AP BGB § 242 Nr. 13; AP BGB § 611 Treuepflicht Nr. 8.

[35] So zutreffend BAG AP § 60 Nr. 4; zweifelnd *Wagner* S. 83.

[36] Vgl. RGZ 63, 252, 253.

[37] Vgl. BAG AP Nr. 2 = BB 1986, 1296, wo dies freilich für § 826 BGB offengelassen worden ist; AP § 60 Nr. 6; *Röhsler/Borrmann* Wettbewerbsbeschränkungen S. 61; *Schaub* § 57 IV 6. – AA LAG Baden-

Württemberg LAGE Nr. 1; – differenzierend zum Auskunftsanspruch *Wagner* S. 82.

[38] Heymann/*Henssler* RdNr. 17; MünchHdbArbR/*Blomeyer* § 50 RdNr. 39; – aA BAG AP BGB § 687 Nr. 3.

[39] BAG AP § 60 Nr. 8 mit insoweit abl. Anm. *Beuthien/Janzen*; zust. *Wagner* S. 82.

[40] Ebenso Baumbach/*Hopt* RdNr. 4; HK-HGB/*Ruß* Wettbewerbsverbot S. 43; *Grunsky* Wettbewerbsverbot S. 43; Heymann/*Henssler* RdNr. 17; MünchHdbArbR/*Blomeyer* § 50 RdNr. 39; Staub/*Konzen/Weber* RdNr. 20.

[41] Zutreffend bereits RGZ 63, 252 ff.

[42] So schon RGZ 63, 252, 255.

nicht nur einstweilen geduldet.[43] Ist der Arbeitgeber daher nicht bereit, das wettbewerbswidrige Tätigwerden seines Handlungsgehilfen zu dulden, so hat er ihn innerhalb von drei Monaten nach Kenntnis des wettbewerbswidrigen Verhaltens auf Unterlassung zu verklagen, anderenfalls kann der Handlungsgehilfe gegen eine entsprechende Klage die Einrede der Verjährung erheben. Ausgenommen von der kurzen Verjährung nach Abs. 2 sind Ansprüche, deren Entstehung nicht auf dem Wettbewerbsverstoß beruht.[44] Dies ist zB dann der Fall, wenn der Handlungsgehilfe pflichtwidrig über das Vermögen des Prinzipals verfügt.[45]

2. Persönlicher Geltungsbereich. Das BAG hat den persönlichen Geltungsbereich von   **30**
Abs. 2 auf **Handlungsgehilfen beschränkt** und Ansprüche des Arbeitgebers gegen sonstige wettbewerbswidrig handelnde Arbeitnehmer nicht der kurzen Verjährung unterworfen.[46] Diese Unterscheidung von Handlungsgehilfen und sonstigen Arbeitnehmern kann jedoch im Hinblick auf die ansonsten von der Rechtsprechung durch Rechtsfortbildung vorgenommene Gleichstellung von Handlungsgehilfen und sonstigen Arbeitnehmern nicht überzeugen, sie erscheint vielmehr im Hinblick darauf geradezu willkürlich.[47] Es spricht nichts dafür, dem Arbeitgeber nur gegenüber wettbewerbswidrig handelnden Handlungsgehilfen die Pflicht aufzuerlegen, besonders schnell seine Rechte geltend zu machen und ihm gegenüber sonstigen Arbeitnehmern eine lange Überlegungsfrist zuzubilligen.[48] Auch der Hinweis des BAG, der Gerechtigkeitsgehalt von Abs. 2 sei „nicht sonderlich eindrucksvoll", kann die Differenzierung zwischen Handlungsgehilfen und sonstigen Arbeitnehmern nicht rechtfertigen, da die Interessenlage des Arbeitgebers gegenüber wettbewerbswidrigen Handlungsgehilfen und sonstigen Arbeitnehmern gleich ist.[49]

Schließlich ist auch zu berücksichtigen, daß die kurze Verjährungsfrist in Abs. 2 nicht   **31**
etwa eine verunglückte Einzelregelung ist, sondern daß in **§ 113 Abs. 3 HGB und in § 88 Abs. 3 AktG** für wettbewerbswidrig handelnde Gesellschafter, Vorstandsmitglieder und Aufsichtsratsmitglieder ebenfalls die kurze Verjährungsfrist von drei Monaten gilt.[50] Hierin kommt die Grundwertung des Gesetzgebers zum Ausdruck, daß sich der Dienstberechtigte bei Verstößen gegen Wettbewerbsverbote innerhalb kurzer Frist darüber klar werden muß, ob er gegen die betreffenden Personen vorgeht oder nicht.[51] Eine derartige gesetzliche Wertung ist von der Rechtsprechung auch dann zu beachten, wenn diese hierin keinen sonderlich eindrucksvollen Gerechtigkeitsgehalt erblickt.[52]

3. Beginn der Verjährung. a) Geschäftemachen. Die kurze Verjährungsfrist von drei   **32**
Monaten beginnt beim wettbewerbswidrigen Geschäftemachen nur dann zu laufen, wenn der Arbeitgeber **positive Kenntnis vom Abschluß** des Geschäfts hat. Fahrlässige Unkenntnis genügt nicht. In diesem Fall verjähren die Rechte erst fünf Jahre nach Abschluß der wettbewerbswidrigen Geschäfte. Nicht erforderlich ist, daß der Arbeitgeber den genauen Inhalt des Geschäfts kennt. Hat der Handlungsgehilfe verbotswidrigerweise mehrere Geschäfte abgeschlossen, so verjähren jeweils die Geschäfte, deren Abschluß länger als drei Monate zurückliegt.[53] Der Kenntnis des Arbeitgebers ist die Kenntnis seiner gesetzlichen Vertreter oder der Personen zuzurechnen, die zur Aufsicht über den Handlungsgehilfen bevollmächtigt sind.[54] Ausnahmsweise ist nach der Rechtsprechung des BAG auch die

[43] Vgl. *Grunsky* Wettbewerbsverbote S. 44.
[44] MünchHdbArbR/*Blomeyer* § 50 RdNr. 39.
[45] BAG DB 1988, 508 = EWiR § 60 HGB 1/88 mit Anm. *v. Hoyningen-Huene.*
[46] BAG AP § 60 Nr. 8 mit insoweit abl. Anm. *Beuthien/Janzen.*
[47] So zutreffend *Buchner* AR-Blattei SD 1830.2 RdNr. 178; – detailliert zur analogen Anwendung siehe *Wagner* S. 84 ff.
[48] So bereits RGZ 63, 252, 255; ebenso *Grunsky* Wettbewerbsverbote S. 43.
[49] Vgl. *Röhsler/Borrmann* Wettbewerbsbeschränkungen S. 66; kritisch auch *Wagner* S. 89.

[50] Vgl. *Wagner* S. 90.
[51] So auch MünchHdbArbR/*Blomeyer* § 50 RdNr. 50.
[52] So zutreffend *Beuthien/Janzen* Anm. zu BAG AP § 60 Nr. 8.
[53] *Grunsky* Wettbewerbsverbote S. 41; *Schaub* § 57 IV 6.
[54] *Buchner* AR-Blattei SD 1830.2 RdNr. 127; *Röhsler/Borrmann* Wettbewerbsbeschränkungen S. 60; – einschränkend Heymann/*Henssler* RdNr. 20.

Kenntnis eines sonstigen Dritten zurechenbar, wenn diesen Stellung im Betrieb nach den Umständen des Einzelfalls erwarten läßt, er werde den Kündigungsberechtigten von dem Kündigungssachverhalt unterrichten.[55] Auf eine erst später erlangte Kenntnis darf sich der Unternehmer dann nicht berufen, wenn dies darauf beruht, daß die Organisation des Betriebs zu einer Verzögerung des Fristbeginns führt, obwohl eine andere Organisation sachgemäß und zumutbar wäre.[56]

33　　**b) Betreiben eines Handelsgewerbes.** Betreibt der Handlungsgehilfe wettbewerbswidrig ein Handelsgewerbe in der Branche des Arbeitgebers, so beginnt die Verjährung mit dem Zeitpunkt zu laufen, zu dem der Arbeitgeber von dem Betrieb des Handelsgewerbes **Kenntnis erlangt** hat. Für den Beginn der Verjährung ist nicht erforderlich, daß der Arbeitgeber Kenntnis von einzelnen Geschäften in diesem Handelsgewerbe erlangt.[57] Dies ist damit zu rechtfertigen, daß der Arbeitgeber gegen seinen Handlungsgehilfen im Wege der Stufenklage vorgehen kann und so erfährt, in welchem Umfang dieser wettbewerbswidrig aufgetreten ist.

34　　**4. Fünf-Jahres-Frist.** Ohne Rücksicht auf die Kenntnis des Geschäftsabschlusses verjähren die Ansprüche in fünf Jahren seit dem Geschäftsabschluß. Betreibt der Handlungsgehilfe also seit mehr als fünf Jahren verbotswidrig ein Handelsgewerbe, so entfallen der Schadensersatzanspruch, das Eintrittsrecht und alle konkurrierenden Ansprüche hinsichtlich aller der in dem Betrieb des Handelsgewerbes vorgenommenen Geschäfte, einschließlich der Geschäfte, die erst in den letzten fünf Jahren vorgenommen worden sind. Die Ansprüche des Arbeitgeber knüpfen hier nämlich nicht an den einzelnen Geschäftsabschluß an, sondern an das verbotswidrige Betreiben eines Handelsgewerbes.

35　　Schließt der Handlungsgehilfe dagegen nur **einzelne verbotene Geschäfte** ab, ohne dabei gleichzeitig ein Handelsgewerbe zu betreiben, so sind nur Ansprüche wegen solcher Geschäfte, die vor mehr als fünf Jahren vorgenommen worden sind, verjährt. Für die übrigen Ansprüche gilt die kurze Verjährungsfrist von drei Monaten.

36　　**5. Berechnung der Verjährungsfrist.** Die Berechnung der Verjährungsfrist erfolgt nach den §§ 187 ff. BGB. Die Verjährungsfrist wird unterbrochen, wenn der Arbeitgeber im Wege der Stufenklage Auskunftsansprüche zusammen mit einem noch unbezifferten Hauptantrag geltend macht.[58]

§ 62 [Fürsorgepflicht des Arbeitgebers]

(1) Der Prinzipal ist verpflichtet, die Geschäftsräume und die für den Geschäftsbetrieb bestimmten Vorrichtungen und Gerätschaften so einzurichten und zu unterhalten, auch den Geschäftsbetrieb und die Arbeitszeit so zu regeln, daß der Handlungsgehilfe gegen eine Gefährdung seiner Gesundheit, soweit die Natur des Betriebs es gestattet, geschützt und die Aufrechterhaltung der guten Sitten und des Anstandes gesichert ist.

(2) Ist der Handlungsgehilfe in die häusliche Gemeinschaft aufgenommen, so hat der Prinzipal in Ansehung des Wohn- und Schlafraums, der Verpflegung sowie der Arbeits- und Erholungszeit diejenigen Einrichtungen und Anordnungen zu treffen, welche mit Rücksicht auf die Gesundheit, die Sittlichkeit und die Religion des Handlungsgehilfen erforderlich sind.

---

[55] BAGE 29, 158 = NJW 1978, 723 = AP BGB § 626 Ausschlußfrist Nr. 11 mit Anm. *Wiedemann/Strohn* = SAE 1978, 278 mit zust. Anm. *v. Hoyningen-Huene*, im Anschluß an BAG AP BGB § 626 Ausschlußfrist Nr. 1 und 3.

[56] BAGE 29, 158.

[57] RGZ 63, 252, 255 f.; Staub/*Konzen/Weber* RdNr. 18. – Auf die einzelnen Geschäfte stellen dagegen ab: Heymann/*Henssler* RdNr. 21; MünchHdbArbR/*Blomeyer* § 50 RdNr. 41.

[58] Vgl. hierzu näher BAG AP Nr. 2.

(3) **Erfüllt der Prinzipal die ihm in Ansehung des Lebens und der Gesundheit des Handlungsgehilfen obliegenden Verpflichtungen nicht, so finden auf seine Verpflichtung zum Schadensersatze die für unerlaubte Handlungen geltenden Vorschriften der §§ 842 bis 846 des Bürgerlichen Gesetzbuchs entsprechende Anwendung.**

(4) **Die dem Prinzipal hiernach obliegenden Verpflichtungen können nicht im voraus durch Vertrag aufgehoben oder beschränkt werden.**

Schrifttum: *Becker-Schaffner,* Ist der Arbeitgeber verpflichtet, die vom Arbeitnehmer in den Betrieb eingebrachten Sachen zu versichern?, VersR 1972, 322; MünchHdbArbR/*W. Blomeyer* § 94; *Bulla,* Die Sorgepflicht des Arbeitgebers um eingebrachtes Arbeitnehmereigentum, RdA 1950, 88; *Butz,* Sorgepflicht des Arbeitgebers für Fahrzeuge der Arbeitnehmer, DB 1958, 80; *Denck,* Arbeitsschutz und Anzeigerecht des Arbeitnehmers, DB 1980, 2132; *Denecke,* Haftung des Arbeitgebers bei Verlust oder Beschädigung von Sachen des Arbeitnehmers, BB 1950, 27; *Deppe/Kannengiesser/Kickhut,* Arbeitsschutzsystem, Band I – V, 1980; *Ehmann,* Arbeitsschutz und Mitbestimmung bei neuen Technologien 1981; *Eich,* Aids und Arbeitsrecht, NZA 1987, Beil. 2, S. 10; *Frey,* Versicherungspflicht für eingebrachte Arbeitnehmersachen, AuR 1953, 340; *Fuchs,* Die gesicherten arbeitswissenschaftlichen Erkenntnisse 1984; *Führich,* Die Einordnung des Arbeitsschutzrechts in das öffentliche oder private Recht und die internationalrechtlichen Folgen dieser Einordnung, Diss. Würzburg 1979; *Galperin,* Die Einwirkung öffentlich-rechtlicher Arbeitsschutznormen auf das Arbeitsverhältnis, BB 1963, 739; *Groß,* Arbeitsschutz und Arbeitsverhältnis, AuR 1955, 75; *Gumpert,* Haftung des Arbeitgebers für eingebrachte Sachen der Arbeitnehmer, BB 1957, 114; *Haesen,* Zu Aids-Problematik im Arbeitsrecht und öffentlichen Dienstrecht, RdA 1988, 158; *Hahn,* Anwendung von § 618 BGB auf Arbeitsverhältnisse im weiteren Sinne, Gruchot 45 1901, S. 213; *Herschel,* Arbeitsschutz im sozialen Rechtsstaat, BABl. 1955, 571; *ders.,* Die rechtliche Bedeutung schutzgesetzlicher Vorschriften im Arbeitsrecht, RdA 1964, 7, 44; *ders.,* Staatsentlastende Tätigkeiten im Arbeitsschutz, FS Nipperdey II 1965, S. 221; *ders.,* Arbeitsschutz vor neuen Aufgaben, BB 1967, 929; *ders.,* Zur Dogmatik des Arbeitsschutzrechts, RdA 1978, 69; *Herzberg,* Die Verantwortung für Arbeitsschutz und Unfallverhütung im Betrieb, 1984; *Hofbauer,* Der öffentlich-rechtliche Gefahrenschutz für Arbeitnehmer, Diss. Würzburg 1976; *Hohn,* Haftung des Arbeitgebers für eingebrachte Sachen des Arbeitnehmers, BB 1960, 1291; *A. Hueck/Fikentscher,* Die Einwirkung von Arbeitsschutznormen auf das Arbeitsverhältnis, ArbSch 1957, 63; *v. Kamptz,* Besteht eine Fürsorgepflicht des Arbeitgebers für mitgebrachte Personenkraftwagen der Arbeitnehmer?, DB 1960, 412; *Kastel,* Die rechtliche Natur des Arbeitsschutzes, FS H. Brunner 1914, S. 163; *Klack,* Aids und die Folgen für das Arbeitsrecht, BB 1987, 1382; *Klöpfer/Veit,* Grundstrukturen des technischen Arbeitsschutzrechts, NZA 1990, 121; *Kreßel,* Parkplätze für Betriebsangehörige, RdA 1992, 169; *Leisner,* Arbeitsschutz im öffentlichen Dienst, 1991; *Lichtenberg/Schücking,* Stand der arbeitsrechtlichen Diskussion zu HIV-Infektion und AIDS-Erkrankung, NZA 1990, 41; *Lewer,* Die Haftung des Werkbestellers nach Dienstleistungsrecht gemäß den §§ 618, 619 BGB, JZ 1983, 336; *Löwisch,* Arbeitsrechtliche Fragen von Aids-Erkrankung und Aids-Infektion, DB 1987, 939; *Märtins,* Arbeitsschutz und Unfallverhütung im öffentlichen Dienst, ZTR 1992, 223, 267; *Monjau,* Die Sorgepflicht des Arbeitgebers für das Eigentum des Arbeitnehmers, DB 1972, 1435; *Möx,* Außerbetriebliche Beschwerde bei Gesundheitsgefährdung am Arbeitsplatz, AiB 1992, 382; *Neumann-Duesberg,* Das Verhältnis von „Verkehrssicherungs- und Fürsorgepflicht" des Arbeitgebers und die „Teilnahme am allgemeinen Verkehr", VersR 1968, 1; *Nipperdey,* Die privatrechtliche Bedeutung des Arbeitsschutzrechts, FG 50 Jahre RG IV 1929, S. 203; *Richardi,* Arbeitsrechtliche Probleme bei Einstellung und Entlassung Aids-Infizierter Arbeitnehmer, NZA 1988, 73; *Schäcker,* Das Mitbringen von Fahrrädern und motorgetriebenen Fahrzeugen zur Arbeitsstätte, BB 1962, 641; *Schwarz,* Öffentliches und privates Recht in der arbeitsrechtlichen Systembildung 1973; *Stevens-Bartol,* Arbeitsvertragsrecht ohne Umweltschutz?, AuR 1992, 262; *Terpitz,* Zum Recht des Arbeitsschutzes, WM 1982, 682; *Thomschke,* Der Betriebsschutz im Arbeits- und Sozialrecht Diss. Würzburg 1976; *Vogt,* Die Haftung des Arbeitgebers für in den Betrieb eingebrachte Verkehrsmittel des Arbeitnehmers, BB 1955, 514; *Wank/Börgmann,* Deutsches und europäisches Arbeitsschutzrecht 1992; *Weychard,* Zur Sorgfaltspflicht des Arbeitgebers für eingebrachte Sachen des Arbeitnehmers, AuR 1966, 330; *Wiese,* Der Schutz von Leben und Gesundheit sowie eingebrachter Sachen von Mitgliedern der Schiffsbesatzung (§ 3 Abs. 2 BeschG) und mitfahrenden Familienangehörigen gegenüber dem Arbeitgeber, in Bartelsberger/Krause/Lorenz/Wiese, Probleme des Binnenschiffahrtsrechts, 1975, S. 83; *Wlotzke,* Zur Aufgabe einer Neuordnung des Arbeitsschutzrechts, FS Herschel 1982, S. 504; *ders.,* Öffentlich-rechtliche Arbeitsschutznormen und privatrechtliche Rechte und Pflichten des einzelnen Arbeitnehmers, FS Hilger/Stumpf 1983, S. 723; *ders.,* Technischer Arbeitsschutz im Spannungsverhältnis von Arbeits- und Wirtschaftsrecht, RdA 1992, 85.

I. Bedeutung und Anwendungsbereich

1   **1. Zweck der Regelung. a) Teilausprägung der Fürsorgepflicht.** Abs. 1 und Abs. 2 konkretisieren inhaltlich einen Teilbereich der dem Arbeitgeber (Prinzipal) gegenüber dem Handlungsgehilfen obliegenden Nebenpflichten. Für den Fall der Verletzung dieser Pflichten ordnet Abs. 3 über die allgemeinen vertraglichen Ersatzansprüche hinausgehende Rechtsfolgen an. Insgesamt ist § 62 eine gesetzliche Teilregelung der allgemeinen Fürsorgepflicht des Arbeitgebers.[1]

2   **b) Rechtsnatur der Pflicht.** Ob die in § 62 geregelten Pflichten des Arbeitgebers lediglich privatrechtlicher Natur sind[2] oder zugleich dem allgemeinen sozialen Interesse dienen und daher auch öffentlich-rechtliche Bedeutung haben,[3] kann dahinstehen. Für die praktische Rechtsanwendung ist die unterschiedliche Qualifizierung der Rechtsnatur ohne Bedeutung.[4]

3   **2. Ergänzende Bestimmungen, Verhältnis zu anderen Normen.** § 62 verdrängt als **lex specialis** die inhaltlich im wesentlichen entsprechenden, allgemeinen Bestimmungen der §§ 618, 619 BGB. § 62 geht über § 618 Abs. 1 BGB inhaltlich insofern hinaus, als diese Vorschrift ausdrücklich auch der Aufrechterhaltung der guten Sitten und des Anstands dient (dazu unten RdNr. 18).

4   Die dem Arbeitgeber obliegenden Pflichten werden durch zahlreiche Bestimmungen des **öffentlich-rechtlichen Arbeitsschutzrechts** überlagert und, soweit es sich nicht lediglich

---

[1] Heymann/*Henssler* RdNr. 1; MünchKomm-BGB/*Lorenz* § 618 RdNr. 1.
[2] So Soergel/*Kraft* § 618 RdNr. 32.

[3] So die hM: RGZ 87 82, 84; RG WarnRspr. 1909, 348 f.; Schlegelberger/*Schröder* RdNr. 1; Heymann/*Henssler* RdNr. 1.
[4] Vgl. Soergel/*Kraft* § 618 RdNr. 32.

um Organisations- oder Ordnungsvorschriften handelt, zugleich inhaltlich konkretisiert.[5] Zu nennen sind insbesondere folgende Gesetze und Vorschriften:

– Arbeitssicherheitsgesetz, Gesetz über Betriebsärzte, Sicherheitsingenieure und andere Fachkräfte für Arbeitssicherheit vom 12. 12. 1973 (BGBl. I S. 1885), geändert durch JArbSchG vom 12. 4. 1976 (BGBl. I S. 965) – Nipperdey II Nr. 100

– Arbeitsstättenverordnung vom 20. 3. 1975 (BGBl. I S. 729), zuletzt geändert durch VO vom 1. 8. 1983 (BGBl. I S. 1057) – Nipperdey II Nr. 200[6]

– Arbeitszeitgesetz vom 6. 6. 1994 (BGBl. I S. 1170) – Nipperdey I Nr. 350

– Gefahrstoffverordnung in der Fassung der Bekanntmachung vom 26. 10. 1993 (BGBl. I S. 1782) – Nipperdey II Nr. 430

– Gerätesicherheitsgesetz in der Bekanntmachung der Neufassung vom 23. 10. 1992 (BGBl. I S. 1793), zuletzt geändert durch Gesetz vom 27. 12. 1993 (BGBl. I S. 2378) – Nipperdey II Nr. 300

– Ladenschlußgesetz vom 28. 11. 1956 (BGBl. I S. 875), zuletzt geändert durch Gesetz vom 6. 6. 1994 (BGBl. I S. 1170) – Nipperdey I Nr. 357[7]

– Mutterschutzgesetz in der Fassung vom 18. 4. 1968 (BGBl. I S. 315), zuletzt geändert durch Gesetz vom 6. 6. 1994 (BGBl. I S. 1170) – Nipperdey I Nr. 400[8]

– Strahlenschutzverordnung

– Unfallverhütungsvorschriften der Berufsgenossenschaften

– EG-Richtlinien zum Arbeitsschutz[9].

Durch **Tarifvertrag** oder **Betriebsvereinbarung** können dem Arbeitgeber über diese **5** gesetzlichen Anforderungen hinausgehende Pflichten auferlegt, diese jedoch nicht eingeschränkt werden (vgl. Abs. 4 , dazu unten RdNr. 52 ff.).

Die **Überwachung** der nach Abs. 1 erforderlichen Maßnahmen obliegt den **Gewerbe-** **6** **aufsichtsbehörden** (§ 139 g GewO). Diese können den Arbeitgeber gegebenenfalls anweisen, bestimmte Maßnahmen vorzunehmen. Daneben hat der Arbeitgeber auch den **Betriebsrat** zu beteiligen. Dieser wirkt bei Fragen des Arbeitsschutzes mit (§ 89 BetrVG) und überwacht nach § 80 Abs. 1 Satz 1 BetrVG die Einhaltung der Schutzvorschriften. Hinsichtlich der Lage der Arbeitszeit sowie der Regelungen der Unfallverhütung und des Gesundheitsschutzes steht ihm nach § 87 Abs. 1 Nr. 2 und 7 BetrVG ein **Mitbestimmungsrecht** zu.

Abs. 1 wird für bestimmte Beschäftigtengruppen durch **Sonderregelungen** verdrängt, **7** wie zB § 12 HAG, §§ 28 f. JArbSchG; §§ 2 ff. MuSchG. Abs. 3 findet wegen § 636 RVO bei **Arbeitsunfällen** nur dann Anwendung, wenn der Arbeitgeber den Unfall vorsätzlich herbeigeführt oder sich dieser bei der Teilnahme am allgemeinen Verkehr ereignet hat.

II. Fürsorgepflicht, Absatz 1

1. Persönlicher Anwendungsbereich. Nach seinem Wortlaut beschränkt sich die **8** Schutzpflicht des Abs. 1 auf die als **Handlungsgehilfen** angestellten Arbeitnehmer. Darüber hinaus sind jedoch auch die **Familienangehörigen** des Handlungsgehilfen in den Schutzbereich einzubeziehen, die sich berechtigt in den Geschäftsräumen aufhalten.[10] Auch die auf Grund eines **Leiharbeitsverhältnisses** als Handlungsgehilfen beschäftigten Arbeitnehmer werden von Abs. 1 erfaßt.[11] Hingegen bedarf es einer Erstreckung auf nicht als Handlungs-

---

[5] BAG AP BGB § 618 Nr. 17 mit Anm. *Herschel.* Ausführlich zum öffentlich-rechtlichen Arbeitsschutz MünchKommBGB/*Lorenz* § 618 RdNr. 10 ff; MünchHdbArbR/*Wlotzke* §§ 199 bis 202; Staub/*Konzen/Weber* RdNr. 2.

[6] Vgl. hierzu *Eberstein/Meyer* Arbeitsstättenrecht, Handkommentar, Stand 1994. *Nötheils,* Arbeitsstätten, Kommentar Stand Juli 1994.

[7] Dazu *Denecke/Neumann,* AZO, Ladenschlußgesetz 11. Aufl. 1991.

[8] Dazu *Bulla/Buchner,* MuSchG-Kommentar, 5. Aufl. 1981.

[9] Ausführlich hierzu *v. Hoyningen-Huene/Compensis* NZS 1993, 233 ff.; Staudinger/*Oetker* § 618 RdNr. 27 ff.

[10] RGZ 159, 283, 285; Soergel/*Kraft* § 618 RdNr. 10.

[11] Vgl. Staudinger/*Oetker* § 618 RdNr. 56.

gehilfen beschäftige Arbeitnehmer wegen der im wesentlichen inhaltsgleichen allgemeinen Bestimmung in § 618 BGB nicht.[12]

9   **2. Pflichtenbereich.** Die dem Arbeitgeber obliegenden Sorgfaltspflichten beziehen sich sachlich auf die Geschäftsräume, die für den Geschäftsbetrieb bestimmten Vorrichtungen und Gerätschaften, den Geschäftsbetrieb selbst sowie die Arbeitszeit. Hinsichtlich der Geschäftsräume und Gerätschaften treffen den Arbeitgeber die Fürsorgepflichten unabhängig davon, ob diese in seinem Eigentum stehen oder nicht. Die Fürsorgepflichten knüpfen allein daran an, daß er Räume oder Gerätschaften zur Ausübung seines Betriebs verwendet.[13] Ebenfalls unerheblich ist es, ob den Arbeitgeber eine Verpflichtung trifft, bestimmte Räumlichkeiten oder Gerätschaften zur Verfügung zu stellen. Die Fürsorgepflicht knüpft allein daran an, daß der Handlungsgehilfe im Rahmen der Erbringung seiner Dienstleistung berechtigterweise **tatsächlich in Kontakt mit Räumen und Gerätschaften kommt**. Entsprechend dem mit § 62 bezweckten Schutz des Arbeitnehmers ist auch im übrigen eine **weite Auslegung** geboten.[14]

10   **a) Geschäftsräume. aa) Grundsatz.** Geschäftsraum im Sinne von Abs. 1 ist nicht nur die in einem Gebäude liegende besondere Arbeitsstelle des Handlungsgehilfen. Hierunter ist vielmehr jede betriebszugehörige Örtlichkeit zu verstehen, die der Handlungsgehilfe im Zusammenhang mit der Erfüllung seiner Dienstpflichten und im Einvernehmen mit dem Arbeitgeber aufsucht.[15] Diesen weiten Begriff legt auch § 2 ArbStättVO zugrunde.

11   **bb) Beispiele.** Unter dem Begriff der Geschäftsräume fallen daher **insbesondere** Arbeitsplätze auf dem Betriebsgelände im Freien, Arbeitsräume in Gebäuden, Baustellen,[16] Bereitschaftsräume, Böden, Fahrstühle,[17] Garderoben, Gebäude, Gebäudeteile, Grundstücke, Kantinen, Keller, Lagerräume, Maschinenräume, Nebenräume, Pausenräume, Ruheräume, Sanitärräume, Sanitätsräume, Treppen, Verkaufsstände, Wege und Zugänge, soweit diese vom Arbeitgeber zur Verfügung gestellt werden.

12   **cc) Abgrenzungen.** Von der Schutzpflicht nach § 62 werden diejenigen Zugänge zur Arbeitsstätte **nicht** erfaßt, deren Unterhaltung nicht Sache des Arbeitgebers ist. Ob dies der Fall ist, muß nach der Verkehrssitte beurteilt werden.[18] So ist der Arbeitgeber nicht für die dem **allgemeinen öffentlichen Verkehr** gewidmeten Wege verantwortlich, welche der Arbeitnehmer auf dem Weg zu seiner Arbeitsstelle benutzt.[19] Kommt der Arbeitnehmer auf dem Gehweg vor dem Betriebsgelände des Arbeitgebers wegen Schneeglätte zu Fall, so hat der Arbeitgeber nicht nach § 62, sondern allein nach deliktischen Regeln einzustehen, wenn ihm die Streupflicht oblag, soweit nicht ohnehin nach § 636 RVO die Unfallversicherung eintritt. Betreibt der Arbeitgeber sein Geschäft in einer gemieteten Etage eines Bürohauses, dann ist er weder für die zu seinem Geschäft führenden Treppen noch die Fahrstühle verantwortlich. Er ist gegenüber den bei ihm angestellten Handlungsgehilfen nur verpflichtet, als Mieter seinen Instandhaltungsanspruch gegen den Vermieter geltend zu machen.[20] Demgegenüber treffen ihn die Sorgfaltspflichten nach § 62 für die Zugangswege, die sich auf dem Betriebsgelände befinden.[21] Die Schutzpflicht nach § 62 erstreckt sich auch nicht auf diejenigen Räume und Örtlichkeiten, deren Betreten dem Handlungsgehilfen **verboten** ist.[22]

13   **b) Vorrichtungen und Gerätschaften. aa) Grundsatz.** Zu den für den Geschäftsbetrieb bestimmten Vorrichtungen und Gerätschaften zählen die Gegenstände, welche zur Erbringung der von dem Handlungsgehilfen geschuldeten Dienste erforderlich sind.[23]

---

12 GK-HGB/*Etzel* RdNr. 1.

13 GroßKommHGB/*Würdinger* Anm. 2.

14 Vgl. BGHZ 25, 365, 371.

15 GK-HGB/*Etzel* RdNr. 5; Heymann/*Henssler* RdNr. 8; Erman/*Hanau* § 618 RdNr. 7; Soergel/ *Kraft* § 618 RdNr. 10.

16 BGHZ 25, 365, 371.

17 RG JW 1920, 377 ff.

18 GroßKommHGB/*Würdinger* Anm. 3.

19 RG Gruchot 42, 928, 931 f.

20 GroßKommHGB/*Würdinger* Anm. 3.

21 RG JW 1906, 460; Gruchot 62, 111 ff.

22 RG Gruchot 53, 966, 968 = WarnRspr. 1909 Nr. 205; Soergel/*Kraft* § 618 RdNr. 10.

23 Heymann/*Henssler* RdNr. 9; Erman/*Hanau* § 618 RdNr. 8; MünchKommBGB/*Lorenz* § 618 RdNr. 30.

Auch insoweit knüpft die Schutzpflicht nur daran an, daß der Handlungsgehilfe bei der Arbeitsleistung mit den Gerätschaften berechtigterweise in Berührung kommt. Die Eigentumsverhältnisse sind ebenso unerheblich[24] wie der Umstand, ob der Arbeitgeber diese beschaffen muß bzw. beschaffen hat oder ob sie vom Handlungsgehilfen gestellt worden sind.[25]

bb) Beispiele. Gerätschaften und Einrichtungen sind **insbesondere** Arbeitsgeräte, Aufzüge, Bänke, Beförderungsmittel,[26] Beleuchtungen,[27] Fußbänke, Heizungen, Leitern, Lüftungen, Maschinen, zu verarbeitendes Material, Schutzkleidung, Schutzvorrichtungen, Stühle, Tische, Trittbretter, Werkzeuge. Da § 62 den Arbeitgeber verpflichtet, die Sicherheit der Arbeitnehmer bei der Ausübung ihrer Tätigkeit zu gewährleisten, ist die Vorschrift auch auf jene Gegenstände anzuwenden, die sich in den Geschäftsräumen befinden, ohne dem Geschäftsbetrieb zu dienen, wie zB besondere Waren.[28] **14**

c) Geschäftsbetrieb. Zur Reglung des Geschäftsbetriebs gehören die zur Organisation des Arbeitsablaufs erforderlichen Maßnahmen.[29] Diese können sowohl den personellen Bereich betreffen (Arbeitseinteilung, Arbeitsplatz- und Aufgabenzuweisung) als auch die organisatorische Ausgestaltung des Arbeitsplatzes (Ausstattung der Geschäftsräume mit technischen Hilfsmitteln, Verteilung der Arbeitsgeräte, Bereitstellung von Sitzgelegenheiten). **15**

d) Arbeitszeit. Der Begriff der Arbeitszeit umfaßt sowohl die Dauer als auch die Lage der vom Handlungsgehilfen zu erbringenden Dienstleistungen (dazu § 59 RdNr. 183 ff.). Bei der Regelung der Arbeitszeit ist der Arbeitgeber erheblich durch gesetzliche und außergesetzliche Bestimmungen eingeschränkt. So wird die **Dauer** der Arbeitszeit vorrangig durch einzel- bzw. tarifvertragliche Regelungen bestimmt, wobei insbesondere das ArbZG und das JArbSchG zu beachten sind. Die **Lage** der Arbeitszeit wird neben den Bestimmungen in Einzel- und Tarifvertrag in erster Linie durch Betriebsvereinbarung (§ 87 Abs. 1 Nr. 2 und 3 BetrVG) festgelegt. Diese haben die gesetzlichen Anforderungen, insbesondere das ArbZG, des JArbSchG, des LadenSchlußG sowie des MuSchG zu beachten (vgl. dazu schon oben RdNr. 4). Im übrigen kann der Arbeitgeber Einzelheiten der Arbeitszeit kraft seines Weisungsrechts regeln. **16**

3. Schutzgüter. a) Gesundheit. Die Sorgfaltspflichten des Arbeitgebers dienen zunächst dem Schutz des Handlungsgehilfen vor Gefahren für seine Gesundheit. Der Begriff der Gesundheit ist hier nicht umfassend im Sinne der WHO zu verstehen, welche auf ein allgemeines Wohlbefinden in geistiger und sozialer Hinsicht abzielt. Gesundheit im Sinne von § 62 meint lediglich die **physische Integrität** bzw. **Nicht-Krankheit im physiologischen Sinne**.[30] Soweit allerdings nach öffentlich-rechtlichen Arbeitsschutzvorschriften unterhalb der Erkrankungsschwelle liegende Beeinträchtigungen verhindert werden sollen, ist der Arbeitgeber dem Handlungsgehilfen auch nach § 62 zur Einhaltung dieser Vorschriften verpflichtet.[31] So verbietet etwa § 5 ArbStättVO nicht nur gesundheitsschädliche Luftverhältnisse am Arbeitsplatz, sondern gebietet gesundheitlich zuträgliche Atemluft. So darf der Arbeitgeber den Handlungsgehilfen nicht im asbestverseuchten Raum arbeiten lassen.[32] **17**

b) Gute Sitten und Anstand. Die Pflichten des Arbeitgebers dienen weiterhin der Aufrechterhaltung der guten Sitten und des Anstands. Maßgebend hierfür ist das Anstandsgefühl aller billig und gerecht Denkenden. Dieses steht nicht ein für allemal fest, sondern ist **18**

---

[24] GK-HGB/*Etzel* RdNr. 6.
[25] Soergel/*Kraft* § 618 RdNr. 19.
[26] GroßKommHGB/*Würdinger* Anm. 4.
[27] RG LZ 1918, 1076 f.
[28] AA GroßKommHGB/*Würdinger* Anm. 4.
[29] GK-HGB/*Etzel* RdNr. 7; Schlegelberger/*Schröder* RdNr. 6; Staub/*Konzen/Weber* RdNr. 11.

[30] *Scholz* DB 1979 Beil. 10/79, S. 7; Erman/*Hanau* § 618 RdNr. 11; MünchKommBGB/*Lorenz* § 618 RdNr. 48.
[31] Vgl. dazu BAG AP BGB § 618 Nr. 17 mit Anm. *Herschel.*
[32] Siehe BAG AP BGB § 273 Nr. 4 mit Anm. *Wank.*

dem Wandel der Zeiten und Anschauungen unterworfen. Maßgebend ist die Anschauung der Allgemeinheit, wobei ein durchschnittlicher Maßstab anzuwenden ist.[33]

19   **c) Nicht sonstige Rechtsgüter.** § 62 dient dagegen nicht dem Schutz sonstiger Rechtsgüter des Arbeitnehmers, wie zB Eigentum oder Vermögen.[34] Schutzpflichten des Arbeitgebers können sich insoweit jedoch aus der allgemeinen Fürsorgepflicht ergeben (vgl. dazu schon oben § 59 RdNr. 392).

20   **4. Durchführung der Fürsorgepflichten. a) Grundsatz.** Die Erfüllung der dem Arbeitgeber obliegenden Fürsorgepflicht richtet sich zunächst nach den Bestimmungen des **öffentlich-rechtlichen Arbeitsschutzrechts.** Stellt dieses Spezialregelungen zur Verfügung, so konkretisieren diese den Inhalt der dem Arbeitgeber obliegenden Pflichten (vgl. hierzu schon oben RdNr. 3 ff.). Der Arbeitnehmer kann vom Arbeitgeber grundsätzlich nicht weniger, aber auch nicht mehr verlangen, als in diesen Vorschriften zu seinem Schutz vorgesehen ist.[35] Da diese Normen von einem durchschnittlichen Gesundheitszustand des Arbeitnehmers ausgehen, können besonders **schutzbedürftige Personen** darüber hinausgehende Maßnahmen verlangen.[36] Der Arbeitgeber ist auch dann zu weitergehenden Maßnahmen verpflichtet, wenn diese durch Einzelvertrag, Betriebsvereinbarung oder Tarifvertrag geregelt sind.

21   Fehlen spezielle Regelungen im Arbeitsschutzrecht, so kann der Handlungsgehilfe diejenigen Schutzvorkehrungen verlangen, die nach dem **Stand der Technik**[37] erforderlich sind.[38] Was erforderlich ist, muß im Einzelfall – auch wenn anerkannte Regeln der Technik nicht bestehen – nach der **Verkehrsanschauung** beurteilt werden. Im Rahmen dieser Abwägung sind besonders die Schwere und der Grad der dem Handlungsgehilfen drohenden Gefahren sowie die Zumutbarkeit der Vornahme bestimmter Schutzmaßnahmen für den Dienstpflichtigen zu berücksichtigen. Hierbei kann § 91 BetrVG als Richtmaßstab dienen.[39]

22   Die Sorgfaltspflichten treffen den Arbeitgeber auch und besonders dann, wenn die **Natur des Betriebs eine Gefährdung** des Handlungsgehilfen mit sich bringt.[40] Der Handlungsgehilfe kann hier zwar nicht die Abstellung der aus der Natur des Betriebs folgenden Gefahren verlangen. Der Arbeitgeber hat den Handlungsgehilfen aber über die bestehenden Gefahren zu informieren und angemessene Schutzmaßnahmen zu treffen, um den Eintritt eines Schadensfalls nach Möglichkeit zu verhindern oder den Umfang der Schäden möglichst zu begrenzen[41] (vgl. auch unten RdNr. 26). Insbesondere sind einschlägige Spezialgesetze zu beachten, zB in einem Sprengstoffbetrieb das SprengstoffG.

23   Soweit sich allerdings eine aus der Natur des Betriebs folgende **Gefahr realisiert,** der nicht durch geeignete Informations- und Schutzmaßnahmen entgegengetreten werden kann, ist der Arbeitgeber dem Handlungsgehilfen **nicht nach § 62 verantwortlich:** Betreut eine Krankenschwester in einem Privathaushalt eine geistesgestörte, bettlägerige Person, dann haftet der Arbeitgeber nicht, wenn die Krankenschwester durch die zu betreuende Person verletzt wird;[42] der Betreiber eines Delikatessengeschäfts ist dem Handlungsgehilfen

---

[33] BAG NJW 1976, 1958; BGHZ 10, 228, 232. – Ausführlich v. Hoyningen-Huene Billigkeit S. 108 ff. mit zahlr. Nachw.

[34] Allgemeine Meinung: BAG AP BGB § 611 – Fürsorgepflicht – Nr. 26 unter I 2 mit Anm. A. Hueck; Heymann/Henssler RdNr. 1; GK-HGB/Etzel RdNr. 4; Erman/Hanau § 618 BGB RdNr. 1; MünchKommBGB/Lorenz § 618 BGB RdNr. 3.

[35] Allgemeine Meinung: BAG AP BGB § 618 Nr. 17; Richardi NZA 1988, 73, 78; Erman/Hanau § 618 BGB RdNr. 12; MünchHdbArbR/Wlotzke § 202 RdNr. 20. – Grundlegend Herschel RdA 1964, 7 ff., 44 ff.; Galperin BB 1963, 739 ff.

[36] MünchKommBGB/Lorenz § 618 RdNr. 49.

[37] Zur Ermittlung des jeweiligen Stands der Technik ausführlich Nicklisch NJW 1984, 481 ff. und BB 1983, 261 ff.

[38] Erman/Hanau § 618 BGB RdNr. 12; MünchKommBGB/Lorenz § 618 RdNr. 48; Soergel/Kraft § 618 BGB RdNr. 7.

[39] Erman/Hanau § 618 BGB RdNr. 12.

[40] Schlegelberger/Schröder RdNr. 10.

[41] RGZ 138 37; Richardi NZA 1988, 73, 78; GroßKommHGB/Würdinger Anm. 4.

[42] AA RG JW 1933, 2603 f. mit abl. Anm. Oppermann.

nicht für Schäden verantwortlich, die infolge der für die Konservierung der Waren erforderlichen, herabgesetzten Raumtemperatur eintreten.[43]

Bei der Durchführung der Schutzmaßnahmen hat der Arbeitgeber ein etwaiges **Mitbe-** **24** **stimmungsrecht des Betriebsrats** nach § 87 Abs. 1 Nr. 7 BetrVG zu beachten. Danach kann er erforderliche Schutzmaßnahmen ohne Mitwirkung des Betriebsrats nur dann durchführen, wenn diese auf einen bestimmten Einzelfall zugeschnitten sind[44] oder der Arbeitgeber lediglich zwingende Normen des Arbeitsschutzrechts vollzieht, ohne daß ihm ein Regelungsspielraum verbleibt.[45] Zur Auswirkung des Mitbestimmungsrechts auf den Erfüllungsanspruch des Arbeitnehmers vgl. unten RdNr. 49.

b) **Beispiele.** Im einzelnen können folgende **Pflichten des Arbeitgebers** bestehen: **25**

aa) **Informationspflichten.** Den Arbeitgeber treffen Informationspflichten hinsichtlich **26** der Unfall- und Gesundheitsgefahren, denen der Arbeitnehmer bei der Beschäftigung ausgesetzt ist. Er hat den Handlungsgehilfen auch über Maßnahmen und Einrichtungen zur Abwendung dieser Gefahren zu belehren. Dies folgt unmittelbar aus § 81 BetrVG.[46] Diese Pflichten sind darüber hinaus spezialgesetzlich geregelt, vgl. insbesondere § 20 GefStoffV, § 6 Abs. 1 Nr. 5 StörfallVO, § 708 RVO iVm. den Unfallverhütungsvorschriften der BGen. Soweit keine Spezialregelungen eingreifen, hat der Arbeitgeber den Handlungsgehilfen auf die allgemeinen und besonderen Gefahren der Dienstleistung hinzuweisen[47] und ihn darüber zu belehren, wie diesen Gefahren vorgebeugt werden kann. Hierzu gehören sowohl sachkundige Arbeitsanweisungen bei gefährlicher Tätigkeit[48] als auch Hinweise über den Bestand und die Verwendung von Schutzvorrichtungen.[49] Nach § 708 Abs. 2 Satz 2 RVO muß der Arbeitgeber die Arbeitnehmer über den Inhalt der Unfallverhütungsvorschriften unterrichten. Wie er dies zweckmäßig vornimmt, ist ihm anheimgestellt, in der Regel ist aber ein Aushang am Schwarzen Brett empfehlenswert.[50]

bb) **Organisationspflichten.** Den Arbeitgeber treffen auch Organisationspflichten, die **27** zT in Sondervorschriften geregelt sind, vgl. zB §§ 19, 22, 26 GefStoffV, §§ 34 ff. ArbStätt-VO. Der Arbeitgeber hat durch die Organisation seines Geschäftsbetriebs den Gefahren für die Gesundheit des Handlungsgehilfen entgegenzuwirken und für die Aufrechterhaltung des Anstands und der guten Sitten Sorge zu tragen. So hat der Arbeitgeber den Handlungsgehilfen vor gesundheitsgefährdender Überlastung zu bewahren und ihm gegebenenfalls außerhalb der gesetzlichen oder betrieblich (vgl. § 87 Abs. 1 Nr. 2 BetrVG) vorgesehenen Ruhezeiten Erholung zu gewähren;[51] der Arbeitgeber darf dem Handlungsgehilfen nicht Arbeiten übertragen, die zwar einem gesunden Menschen zugemutet werden können, von dem Handlungsgehilfen aber aufgrund seiner allgemeinen oder besonderen Konstitution nicht ohne Gesundheitsschäden durchgeführt werden können;[52] der Arbeitgeber hat vor durch die Arbeit bedingten gesundheitsschädlichen Einwirkungen zu bewahren, zB vor schädlicher Staubeinwirkung;[53] der Arbeitgeber hat den Handlungsgehilfen vor der Ansteckung durch erkrankte Arbeitskollegen zu schützen.[54] Zum Schutz der Arbeitnehmer kann der Arbeitgeber unter bestimmten Voraussetzungen auch Rauchverbote erlassen.[55]

---

[43] RG LZ 1912, 453.
[44] BAG AP BetrVG 1972 § 87 – Arbeitssicherheit – Nr. 1 unter II 3; *Denck* ZfA 1976, 447, 453 u. 458; GK-BetrVG *Wiese*, § 87 RdNr. 511.
[45] BAG AP BetrVG 1972 § 87 – Arbeitssicherheit – Nr. 3 unter II 1 b; *Denck* ZfA 1976, 447, 453; GK-BetrVG/*Wiese* § 87 RdNr. 515.
[46] *Dietz/Richardi* BetrVG, vor § 81 RdNr. 5; GK-BetrVG *Wiese* vor § 81 RdNr. 22.
[47] RG JW 1913, 372; 1920, 377 f.; Gruchot 62, 616, 619.
[48] *Erman/Hanau* § 618 BGB RdNr. 9; Münch-KommBGB/*Lorenz* § 618 RdNr. 31.
[49] GK-BetrVG *Wiese* § 81 RdNr. 12.
[50] *Lauterbach* Unfallversicherung § 708 RVO RdNr. 18.
[51] BAG AP BGB § 618 Nr. 5 mit Anm. *A. Hueck;* Soergel/*Kraft* § 618 RdNr. 18.
[52] RAG ARS 4 257, 259 f.; 15 144, 146 f. mit Anm. *A. Hueck;* 28 126, 132 f.
[53] RAG ARS 4 257, 259 f.
[54] RG Gruchot 62, 616 ff.; RGZ 90, 103 f.; *Richardi* NZA 1988, 73, 78.
[55] MünchHdbArbR/*Blomeyer* § 51 RdNr. 9 ff. m. weit. Nachw.

28   **cc) Überwachungspflichten.** Dem Arbeitgeber obliegen weiterhin Überwachungspflichten, vgl. zB § 18 GefStoffV, § 24 Abs. 2 Nr. 2 SprengstoffG. Er hat gefährliche Tätigkeiten zu überwachen und die Einhaltung von Schutzmaßnahmen zu kontrollieren.[56] Unter bestimmten Voraussetzungen sind nach §§ 2 ff. ASiG, 719 RVO Betriebsärzte und Sicherheitsbeauftragte zu bestellen.

29   **dd) Verkehrssicherungspflichten.** Schließlich treffen den Arbeitgeber im Rahmen des Abs. 1 auch allgemeine Verkehrssicherungspflichten gegenüber dem Handlungsgehilfen. So müssen die von ihm verwandten Maschinen den jeweils geltenden gesetzlichen Bestimmungen[57] oder Unfallverhütungsvorschriften entsprechen.[58] Er hat die von ihm neu angeschafften Maschinen hierauf zu kontrollieren[59] und diese regelmäßig zu warten.[60] Der Arbeitgeber muß weiterhin die gesetzlich vorgeschriebenen oder erforderlichen Schutzausrüstungen bereitstellen[61] und geeignete Sicherungsvorschriften erlassen.[62]

III. Besonderheiten bei häuslicher Gemeinschaft, Absatz 2

30   Sinn des Abs. 2 ist es, die dem Arbeitgeber nach Abs. 1 hinsichtlich des Geschäftsbetriebs obliegenden Pflichten auch auf Wohnung und Verpflegung des Handlungsgehilfen auszudehnen, wenn der Arbeitgeber diesen in die häusliche Gemeinschaft aufgenommen hat.[63]

31   **1. Begriff der häuslichen Gemeinschaft.** Entsprechend dem Schutzzweck des Abs. 2 sind die besonderen Pflichten nicht nur dann begründet, wenn der Handlungsgehilfe mit dem Arbeitgeber unter einem Dach lebt und von ihm beköstigt wird. Vielmehr greift die Vorschrift auch dann ein, wenn der Arbeitgeber dem Handlungsgehilfen das Zusammenleben in einer Gemeinschaft mit anderen Arbeitnehmern, zB in einem Wohnheim oder einer Gemeinschaftsunterkunft, bietet, ohne selbst hieran teilzuhaben.[64] Bei einer Unterbringung in einer Werkswohnung gilt nicht Abs. 2, sondern Mietrecht.[65]

32   **2. Pflichtenbereich.** Durch Abs. 2 werden die dem Arbeitgeber obliegenden Verpflichtungen auf den Wohn- und Schlafraum, also die von ihm zur Verfügung gestellte Unterkunft, sowie die Verpflegung erstreckt. Sie beziehen sich damit auch auf den privaten Lebensbereich des Handlungshilfen. Hinsichtlich der Arbeits- und Erholungzeit ergeben sich die Pflicht des Arbeitgebers schon aus Abs. 1.

33   **3. Schutzgüter.** Soweit nach Abs. 2 die Gesundheit und die Sittlichkeit geschützt werden sollen, ergeben sich keine Erweiterungen zu Abs. 1. Der Schutz der Religion verpflichtet den Arbeitgeber jedoch zusätzlich auf religiöse Besonderheiten, zB auch im Bereich der Verpflegung, Rücksicht zu nehmen.

34   **4. Durchführung der Fürsorgepflichten.** Hinsichtlich der Durchführung der Fürsorgepflicht ergeben sich gegenüber Abs. 1 keine Besonderheiten. Sie richtet sich, soweit keine ausdrücklichen gesetzlichen Regelungen bestehen,[66] nach der Verkehrssitte. Der Arbeitgeber hat dabei dafür Sorge zu tragen, daß die von ihm gestellte Kost gesundheitlich einwandfrei ist und der Religion des Arbeitnehmers Rechnung trägt.[67] Darüber hinaus hat der Arbeitgeber dem Arbeitnehmer auch die Ausübung seiner religiösen Pflichten zu ermöglichen.

[56] RG LZ 1910, 681.

[57] Ausführlich hierzu inbesondere unter Berücksichtigung der EU-Richtlinien *v. Hoyningen-Huene/Compensis* NZS 1993, 233 ff.

[58] BGH NJW 1970, 1546, 1548.

[59] BGH NJW 1970, 1546, 1548.

[60] Erman/*Hanau* § 618 RdNr. 8.

[61] BAG AP BGB § 618 Nr. 17, 19.

[62] GroßKommHGB/*Würdinger* Anm. 4.

[63] BAG AP BGB § 618 Nr. 1 zu II.

[64] BAG AP BGB § 618 Nr. 2 zu II; LAG Hamburg DB 1954, 629; Baumbach/*Hopt* RdNr. 4; Erman/*Hanau* § 617 BGB RdNr. 6; MünchKomm-BGB/*Lorenz* § 618 RdNr. 50; Soergel/*Kraft* § 618 RdNr. 20; Staudinger/*Oetker* § 618 RdNr. 153 ff. – Einschränkend Heymann/*Henssler* RdNr. 15. – AA LAG Stuttgart BB 1954, 629; GK-HGB/*Etzel* RdNr. 10.

[65] Baumbach/*Hopt* RdNr 4.

[66] Vgl. zB § 120 c GewO für Gemeinschaftsunterkünfte

[67] Erman/*Hanau* § 618 RdNr. 13.

IV. Rechtsfolgen der Pflichtverletzung, Absatz 3

1. Bedeutung der Regelung. Abs. 3 regelt weder den Rechtsgrund noch abschließend **35** die Rechtsfolgen einer Verletzung der dem Arbeitgeber nach Abs. 1 und 2 obliegenden Pflichten. Die Pflicht des Arbeitgebers zum Ersatz des durch die Pflichtverletzung entstandenen Schadens richtet sich nach den Grundsätzen über die **positive Forderungsverletzung**.[68] Daneben bestehende weitergehende Rechte des Arbeitnehmers bleiben unberührt.

2. Ausdrücklich geregelter Schadensersatzanspruch. a) Rechtsnatur. Abs. 3 erweitert **36** lediglich durch die Verweisung auf das Deliktsrechts den Umfang eines Schadensersatzanspruchs des Handlungsgehilfen. Abs. 3 ist daher eine **Rechtsfolgen-, nicht aber** eine **Rechtsgrundverweisung.** Auch soweit wegen einer Pflichtverletzung iVm. Abs. 3 Ansprüche nach §§ 842 bis 846 BGB geltend gemacht werden, sind diese **vertraglicher Natur.**[69]

b) Verschuldensabhängigkeit. Wegen ihrer vertraglichen Grundlage sind die Schadens- **37** ersatzansprüche des Handlungsgehilfen verschuldensabhängig;[70] § 62 statuiert keine Gefährdungshaftung des Arbeitgebers.[71] Dieser hat nach § 276 BGB nur für Vorsatz und Fahrlässigkeit einzustehen.[72]

Für **Erfüllungsgehilfen** haftet der Arbeitgeber nach **§ 278 BGB,** ohne den Entlastungs- **38** beweis nach § 831 BGB führen zu dürfen.[73] Dabei kann als Erfüllungsgehilfe nur angesehen werden, wer nach seiner Stellung im Betrieb oder kraft besonderer Anweisung für den Gefahrenschutz verantwortlich ist.[74] Überträgt also ein weisungsbefugter Angestellter des Arbeitgebers einem Handlungsgehilfen Tätigkeiten, denen dieser erkennbar nicht gewachsen ist oder die mit vermeidbaren Gefahren verbunden sind, so hat der Arbeitgeber für das Verschulden seines Angestellten gegenüber dem Handlungsgehilfen nach § 278 BGB einzustehen.[75] Überträgt der Arbeitgeber die Installation oder Wartung von Maschinen bzw. sonstigen Anlagen einem freien Unternehmer und kommt durch dessen Verschulden ein Handlungsgehilfe zu Schaden, dann ist der Arbeitgeber diesem nach § 278 BGB verantwortlich.[76]

Der Arbeitgeber **haftet jedoch nicht** für das Verschulden eines Arbeitnehmers, der nicht **39** für den Gefahrenschutz verantwortlich ist. Wird der Handlungsgehilfe bei einer gefährlichen Tätigkeit durch das Verschulden eines zu demselben Zwecke **Mitangestellten** verletzt, so haftet der Arbeitgeber nicht über § 278 BGB.[77] Der Arbeitgeber haftet in solchen Fällen nur für eigenes Verschulden, zB mangelnde Beaufsichtigung, unzureichende Information über die Gefahren, Übertragung gefährlicher Arbeiten auf einen ungeeigneten Arbeitnehmer.[78]

Der Arbeitgeber wird auch nicht dadurch entlastet, daß die zum Schutz der Arbeitneh- **40** mer erkennbar unzureichenden Regelungen unter Wahrung der Mitbestimmungsrechte des **Betriebsrats** oder gar auf dessen Anregung zustande gekommen sind.[79] Der Betriebsrat

[68] Baumbach/*Hopt* RdNr. 5; MünchKommBGB/ *Lorenz* § 618 RdNr. 69; Staudinger/*Oetker* § 618 RdNr. 181 ff.
[69] RGZ 127 218, 224; GroßKommHGB/*Würdinger* Anm. 11; Soergel/*Kraft* § 618 RdNr. 23; Staub/ *Konzen*/*Weber* RdNr. 27.
[70] GroßKommHGB/*Würdinger* Anm. 11; Soergel/*Kraft* § 618 RdNr. 24.
[71] BAG AP BGB § 611 – Gefährdungshaftung - Nr. 2; Staudinger/*Oetker* § 618 RdNr. 184.
[72] GroßKommHGB/*Würdinger* Anm. 11; Soergel/*Kraft* § 618 BGB RdNr. 24. – Unklar Heymann/*Henssler* RdNr. 17, demzufolge ein „strenger Maßstab" gelten soll.

[73] RGZ 77 408, 409 f.; 127 218, 224; GK-HGB/ *Etzel* RdNr. 18; Heymann/*Henssler* RdNr. 18; MünchKommBGB/*Lorenz* § 618 RdNr. 70
[74] Erman/*Hanau* § 618 RdNr. 16; Soergel/*Kraft* § 618 RdNr. 26.
[75] Vgl. RGZ 77 408 ff.
[76] RGZ 127 218, 224.
[77] RGZ 106 293 f.; GroßKommHGB/*Würdinger* Anm. 11.
[78] Staudinger/*Oetker* § 618 RdNr. 189.
[79] Schlegelberger/*Schröder* RdNr. 3; Heymann/ *Henssler* RdNr. 17

ist nämlich nicht Stellvertreter des Arbeitnehmers[80] und bei seinem Handeln an die geltenden Gesetze gebunden.

41   Der Anspruch auf Schadensersatz kann durch mitwirkendes Verschulden des Arbeitnehmers gemindert werden (§ 254 BGB). Das **Mitverschulden** des Handlungsgehilfen muß sich nicht unmittelbar auf den Eintritt des Schadens beziehen. Ein Mitverschulden kann auch darin liegen, daß der Handlungsgehilfe den Arbeitgeber auf Gefahrenquellen oder eigene Unzulänglichkeiten[81] nicht aufmerksam macht. Hierbei ist jedoch zu beachten, daß die Übernahme einer gefährlichen Tätigkeit an sich dem Handlungsgehilfen noch nicht zum Mitverschulden gereicht.[82] Etwas anderes gilt aber dann, wenn er eine Tätigkeit übernimmt, der er gesundheitlich, körperlich oder geistig nicht gewachsen ist und er dieses erkennen muß.[83] Auch obliegt es zunächst dem Arbeitgeber, für eine, soweit es die Natur des Betriebs gestattet, gefahrenfreie Tätigkeit zu sorgen. Liegen daher bereits bei Übernahme der Tätigkeit durch den Handlungsgehilfen Mängel im Gefahrenschutz vor, die für den Arbeitgeber erkennbar waren, so trifft den Handlungsgehilfen regelmäßig kein Mitverschulden, wenn ihm hieraus Schäden entstehen, ohne daß er dem Arbeitgeber die Mängel angezeigt oder auf deren Beseitigung gedrungen hat.[84]

42   **c) Inhalt.** Der **Umfang** der dem Handlungsgehilfen zu ersetzenden Schäden richtet sich in erster Linie nach §§ 249 ff. BGB.[85] Der Handlungsgehilfe ist danach so zu stellen, wie er ohne das schädigende Ereignis gestanden hätte. Soweit es dem Handlungsgehilfen durch das schädigende Ereignis unmöglich wird, die zugesagte Naturalleistungen entgegenzunehmen, tritt an deren Stelle ein Anspruch auf Geldentschädigung.[86]

43   Neben diesen allgemeinen vertraglichen Schadensersatzansprüchen kann der Handlungsgehilfe zusätzlich die Ansprüche aus **§§ 842 bis 846 BGB** geltend machen. Diese Verweisung in Abs. 3 hat im wesentlichen folgende Bedeutung: Der Handlungsgehilfe kann Ersatz der Nachteile verlangen, die aus dem schädigenden Ereignis für sein Erwerb oder sein Fortkommen entstehen (§ 842 BGB). Er kann bei verminderter Erwerbsunfähigkeit oder bei durch den Unfall verursachten erhöhten Bedürfnissen eine Geldrente und bei wichtigen Grunde eine Kapitalabfindung verlagen (§ 843 BGB). Nach § 844 BGB können Dritte die Beerdigungskosten bei Tötung des Handlungsgehilfen verlangen sowie den Unterhalt, den der verstorbene Handlungsgehilfe kraft Gesetzes zu leisten hatte. Dritter, denen der Handlungsgehilfe kraft Gesetzes dienstverpflichtet war, können für die ihnen entgehenden Dienste Ersatz durch Errichtung einer Geldrente, bei wichtigen Grunde auch durch Kapitalabfindung verlangen (§ 845). Ein **Schmerzensgeldanspruch** nach § 847 BGB steht dem Handlungsgehilfen nur zu, wenn den Arbeitgeber zusätzlich eine deliktische Haftung trifft.[87]

44   **d) Verjährung, Ausschlußfrist.** Als vertraglicher Anspruch unterliegt der Schadensersatzanspruch des Handlungsgehilfen, auch soweit Ansprüche nach §§ 842 bis 846 BGB geltend gemacht werden, der regelmäßigen **Verjährungsfrist des § 195 BGB**. Die dreijährige Verjährungsfrist des § 852 BGB ist nicht einschlägig.[88] Soweit tarifliche Ausschlußfristen den Anspruch wegen Verletzung der Sorgfaltspflichten nach Abs. 1 und 2 erfassen, muß eine Forderung innerhalb dieser Fristen geltend gemacht werden. Abs. 4 steht solchen Vereinbarungen nicht entgegen.[89]

[80] Ausführlich MünchHdbArbR/*v. Hoyningen-Huene* § 289 RdNr. 13 ff.
[81] RG JW 1904, 290 f.
[82] Soergel/*Kraft* § 618 RdNr. 27.
[83] BAG AP BGB § 618 Nr. 15 zu IV, Nr. 16 zu II 4.
[84] RG Recht 1911 Nr. 1922; 1912 Nr. 1290; RAG ARS 4 257, 216; Soergel/*Kraft* § 618 RdNr. 27.

[85] GK-HGB/*Etzel* RdNr. 17; MünchKomm-BGB/*Lorenz* § 618 RdNr. 75.
[86] GroßKommHGB/*Würdinger* Anm. 10.
[87] GroßKommHGB/*Würdinger* Anm. 12; Münch-KommBGB/*Lorenz* § 618 RdNr. 76; Soergel/*Kraft* § 618 RdNr. 25.
[88] Heymann/*Henssler* RdNr. 21; GroßKommHGB/*Würdinger* Anm. 12; Soergel/*Kraft* § 618 RdNr. 23.
[89] Ebenso Baumbach/*Hopt* RdNr. 7.

e) Arbeitsunfälle. Die Schadensersatzpflicht wegen Verletzung der dem Arbeitgeber **45** nach § 62 obliegenden Schutzpflichten wird **regelmäßig durch die gesetzliche Unfall-versicherung verdrängt.** Nach § 636 RVO haftet der Arbeitgeber dem Handlungsgehilfen für durch Arbeitsunfälle verursachte **Personenschäden** nur dann, wenn er den Unfall vor-sätzlich herbeigeführt hat oder dieser bei der Teilnahme am allgemeinen Verkehr eingetre-ten ist.[90]

f) Gerichtliche Zuständigkeit, Konkurs. Bestehen **Streitigkeiten** über Grund oder **46** Höhe eines Anspruchs wegen Verletzung der Pflichten aus § 62, so sind nach § 2 Abs. 1 Nr. 3 a ArbGG die Arbeitsgerichte zuständig. Im Konkurs ist der Anspruch einfache Kon-kursforderung im Range des § 61 Abs. 1 Nr. 6 KO.

3. Deliktische Ansprüche. Neben dem vertraglichen Anspruch können auch Scha- **47** densersatzansprüche nach §§ 823 ff. BGB bestehen, wenn die Pflichtverletzung zugleich den Tatbestand einer unerlaubten Handlung erfüllt. Dabei ist zu beachten, daß § 62 **kein Schutzgesetz** iSv. § 823 Abs. 2 BGB ist.[91] Andernfalls wäre die Verweisung in Abs. 3 auf die §§ 842 bis 846 BGB überflüssig.[92]

4. Erfüllungsanspruch, Zurückbehaltungsrecht. Der Handlungsgehilfe kann die zu **48** seinem Schutz nach Abs. 1 und Abs. 2 erforderlichen Maßnahmen gegenüber dem Arbeit-geber einklagen.[93] Dies gilt unabhängig davon, ob den Arbeitgeber an dem vorschriftswid-rigen Zustand ein Verschulden trifft. Praktisch ist dieser Anspruch aber bedeutungslos, weil sich schon der Betriebsrat nach §§ 80 Abs. 1 Nr. 1, 89 BetrVG für die Beachtung dieser Vorschriften einzusetzen hat und die Gewerbeaufsichtsbehörden die Einhaltung ebenfalls zu überwachen haben (§ 139 b GewO) und gegebenenfalls die erforderlichen Maßnahmen anordnen können (§ 139 g GewO).

Problematisch ist der Einfluß eines etwa bestehenden **Mitbestimmungsrechts des Be- 49 triebsrats**[94] auf den Erfüllungsanspruch des Handlungsgehilfen. Da in diesem Fall die Mitwirkung des Betriebsrats Voraussetzung für die Wirksamkeit der erforderlichen Maß-nahme ist,[95] ist dem Arbeitgeber eine einseitige Durchführung rechtlich nicht möglich. Ein unmittelbarer Anspruch auf Einhaltung von Schutzmaßnahmen scheidet aus. Ob der Handlungsgehilfe den Arbeitgeber klageweise dazu zwingen kann, mit dem Betriebsrat eine Einigung zu suchen, ist umstritten,[96] muß aber richtigerweise abgelehnt werden,[97] weil schon im Ergebnis der Betriebsrat nicht zu einer bestimmten Regelung gezwungen werden kann. Regelmäßig wird der Arbeitnehmer auf Schadensersatzansprüche bzw. ein Leistungsverweigerungsrecht zu verweisen sein.[98]

Kommt der Arbeitgeber seinen Pflichten nicht nach, kann der Arbeitnehmer nach **§ 273 50 BGB** die **Leistung verweigern.**[99] Bei weniger gravierenden Verstößen muß der Hand-lungsgehilfe allerdings zunächst den Arbeitgeber abmahnen,[100] damit dieser einen pflicht-

---

[90] Vgl. i. e. *Baumer/Fischer/Salzmann,* Die gesetz-liche Unfallversicherung, Kommentar, Stand No-vember 1994, *Lauterbach* Unfallversicherung, Kom-mentar, Stand September 1992, jeweils zu § 636 RVO.

[91] HM: GroßKommHGB/*Würdinger* Anm. 12; Heymann/*Henssler* RdNr. 22; Erman/*Hanau* § 618 RdNr. 20; MünchKommBGB/*Lorenz* § 618 Rd-Nr. 76; Soergel/*Kraft* § 618 RdNr. 6; Soergel/ *Zeuner* § 823 RdNr. 271. – AA RG JW 1907, 829, 830; RAG ARS 25 115, 116 mit abl. Anm. *A. Hueck; Herschel* RdA 1978, 69, 72; GK-HGB/*Etzel* RdNr. 25; MünchKommBGB/*Mertens* § 823 RdNr. 167.

[92] Zutreffend *A. Hueck* Anm. zu RAG ARS 25, 115 ff.

[93] Allg. Meinung: *Söllner* ZfA 1973, 1, 17; Groß-KommHGB/*Würdinger* Anm. 10; Soergel/*Kraft* § 618 RdNr. 21.

[94] Dazu oben RdNr. 24.

[95] Vgl. ausführlich *v. Hoyningen-Huene* DB 1987, 1426 ff.

[96] Befürwortend *Löwisch* AuR 1972, 359, 362 f.; *Boewer* RdA 1972, 72, 78 Fn. 57; *Fitting/Auffarth/ Kaiser/Heither* § 75 RdNr. 21 a. – Kritisch *Blomeyer* GS Dietz, S. 147, 169 f.

[97] Ausführlich, aber zT abweichend zur Problem-atik *Boemke* ZfA 1992, 473, 484.

[98] Vgl. zu dieser Problematik auch *v. Hoyningen-Huene* Betriebsverfassungsrecht § 4 III 3.

[99] Allgemeine Meinung: BAG AP BGB § 618 Nr. 28; BAG NZA 1994, 610, 611 f. (Asbestbe-lastung); *Söllner* ZfA 1973, 1, 15 ff.; GroßKomm-HGB/*Würdinger* Anm. 10; MünchKommBGB/ *Lorenz* § 618 RdNr. 67.

[100] Vgl. grundlegend zur Abmahnung *v. Hoynin-gen-Huene* RdA 1990, 193 ff.

gemäßen Zustand herbeiführen kann. In Annahmeverzug mit der Folge des § 615 BGB kommt der Arbeitgeber nur dann, wenn der Handlungsgehilfe bei der Arbeitsverweigerung konkret auf die verletzte Pflicht hinweist und erkennen läßt, er werde die Arbeit wieder aufnehmen, sobald der Arbeitgeber seine Vertragspflichten erfüllt.[101]

51   **5. Kündigungsrecht.** Bei schwerwiegenden Verstößen des Arbeitgebers gegen seine Pflichten steht dem Handlungsgehilfen das Recht zur außerordentlichen Kündigung zu, wenn ihm die weitere Arbeitsleistung nicht zumutbar ist (§ 626 BGB).[102] Allerdings setzt auch das Recht zur außerordentlichen Kündigung nach hM regelmäßig eine Abmahnung des Arbeitgebers durch den Arbeitnehmer voraus.[103] Das Recht des Arbeitnehmers wegen des Pflichtenverstoßes ordentlich zu kündigen, besteht uneingeschränkt.

V. Unabdingbarkeit, Absatz 4

52   Die Verpflichtungen des Arbeitgebers nach Abs. 1 bis Abs. 3 sind gemäß Abs. 4 **zwingendes Recht.** Sie können im voraus weder einzelvertraglich noch durch Tarifvertrag oder Betriebsvereinbarung wirksam abbedungen werden. Dies gilt sowohl für den Inhalt der Schutzpflichten als auch die aus der Verletzung der Fürsorgepflicht resultierenden Schadensersatzansprüche.[104] Ist der Arbeitgeber verpflichtet, dem Handlungsgehilfen Schutzkleidung zu stellen, so hat er auch deren Kosten zu tragen. Wegen Abs. 4 kann eine abweichende Kostenregelung auch nicht in Tarifvertrag oder Betriebsvereinbarung getroffen werden. Eine Kostenbeteiligung des Arbeitnehmers ist nur zulässig, soweit der Arbeitgeber ihm über seine gesetzliche Verpflichtung hinaus Vorteile bei der Benutzung oder Verwendung der Schutzkleidung anbietet und der Arbeitnehmer von diesem Angebot freiwillig Gebrauch macht, zB die Kleidung auch in der Freizeit trägt.[105]

53   Hiervon **unberührt** bleiben allerdings **gesetzliche Vorschriften,** die den Inhalt der Schutzpflichten konkretisieren (dazu oben RdNr. 4 und RdNr. 20) oder nach denen ein Schadensersatzanspruch nur unter bestimmten Voraussetzungen geltend gemacht werden kann (zB § 636 RVO, dazu oben RdNr. 45). Abs. 4 steht auch nicht **tariflichen Ausschlußfristen** entgegen. Diese schließen den Anspruch weder aus noch verändern sie ihn inhaltlich, sondern betreffen allein seine Geltendmachung.[106]

54   **Nach Eintritt** des Schadensfalls unterliegt der Schadensersatzanspruch des Handlungsgehilfen der **Parteidisposition.**[107] Das folgt aus dem ausdrücklichen Wortlaut und dem Regelungszweck des Abs. 4,[108] die sich auf die Prävention beschränkt. Die Beteiligten können einen Erlaßvertrag schließen oder sich vergleichen. Auch kann der Handlungsgehilfe einseitig auf die Geltendmachung von Schadensersatzansprüchen verzichten.

VI. Beweislast

55   Der **Handlungsgehilfe** hat zunächst den **objektiven Tatbestand** einer Pflichtverletzung sowie die **Kausalität** zwischen Pflichtverletzung und Schaden darzulegen und gegebenenfalls zu beweisen. Er muß jedoch nicht den vollen Beweis führen, sondern nur Mängel nachweisen, die nach dem gewöhnlichen Verlauf der Dinge geeignet waren, den später

---

[101] BAG AP BGB § 615 Nr. 28; *Söllner* ZfA 1973, 1, 17.

[102] GroßKommHGB/*Würdinger* Anm. 10; GK-*Etzel* RdNr. 31; Heymann/*Henssler* RdNr. 24.

[103] Vgl. *v. Hoyningen-Huene* RdA 1990, 193, 197.

[104] GK-HGB/*Etzel* RdNr. 31.

[105] BAG AP BGB § 618 Nr. 17 mit Anm. *Herschel* und Nr. 18 mit Anm. *Lorenz*; Erman/*Hanau* § 619 RdNr. 1. – Allgemein zur grundsätzlichen Unzulässigkeit einer Kostenbeteiligung des Arbeit-

nehmers an der Einführung einer einheitlichen Arbeitskleidung, wenn dies allein im Interesse des Arbeitgebers liegt BAG NZA 1993, 711 ff.

[106] So BAG AP BGB § 611 – Urlaubsrecht – Nr. 81 zum Urlaubsanspruch.

[107] GroßKommHGB/*Würdinger* Anm. 16; GK-HGB/*Etzel* RdNr. 33; Baumbach/*Hopt* RdNr. 7; Staub/*Konzen/Weber* RdNr. 29.

[108] Heymann/*Henssler* RdNr. 26.

eingetretenen Schaden hervorzurufen.[109] Ist dem Handlungsgehilfen dieser Nachweis gelungen, dann muß nun der Arbeitgeber seinerseits beweisen, daß der Schaden nicht auf der Pflichtverletzung beruht, also eine andere Schadensursache gegeben ist, oder der Mangel auch bei Beobachtung der im Verkehr erforderlichen Sorgfalt nicht hätte erkannt werden können.[110] Es tritt nämlich zugunsten des Arbeitnehmers eine echte Beweislastumkehr ein, weil den Arbeitgeber die erfolgsbezogene Pflicht trifft, Räume, Gerätschaften und Vorrichtungen so zur Verfügung zu stellen, daß durch sie kein Verletzungsrisiko entsteht. Hat er diese Pflicht nachweislich verletzt, dann ist es nach dem Grundgedanken des § 282 BGB gerechtfertigt, dem Arbeitgeber den vollen Gegenbeweis führen zu lassen, daß der Schaden auf eine andere Ursache zurückgeht.[111] Es reicht nicht aus, wenn der Arbeitgeber lediglich eine andere ernsthaft in Frage kommende Schadensursache aufzeigt.[112]

Dem **Arbeitgeber** obliegt der Nachweis, daß er **nicht schuldhaft** gehandelt hat.[113] Auch **56** ein etwaiges **Mitverschulden des Handlungsgehilfen** hat entsprechend allgemeinen Grundsätzen[114] der Arbeitgeber zu beweisen.[115]

§ 63 *(aufgehoben)*

§ 64 [Gehaltszahlung]

Die Zahlung des dem Handlungsgehilfen zukommenden Gehalts hat am Schlusse jedes Monats zu erfolgen. Eine Vereinbarung, nach der die Zahlung des Gehalts später erfolgen soll, ist nichtig.

Schrifttum: MünchHdbArbR/*Hanau* § 63 RdNr. 1 ff.; *Linck,* Die Lohnzahlung, AR-Blattei SD 1160.1, 1992; *Söllner,* „Ohne Arbeit kein Lohn", AcP 167 (1967), 132.

Übersicht

---

[109] BAG AP BGB § 618 Nr. 1 mit Anm. *A. Hueck* und Nr. 16 mit Anm. *Sieg;* RGZ 130 357, 359; 138 37, 39; BGHZ 27 79, 84; Erman/*Hanau* § 618 RdNr. 19; GK-HGB/*Etzel* RdNr. 16; MünchKommBGB/*Lorenz* § 618 RdNr. 74.

[110] BAG AP BGB § 618 Nr. 1 mit Anm. *A. Hueck;* RGZ 130 357, 359; 138 37, 39; BGHZ 27 79, 84; Baumbach/*Hopt* RdNr. 5; Erman/*Hanau* § 618 RdNr. 19; Palandt/*Putzo* § 618 RdNr. 8.

[111] *Baumgärtel* Handbuch Band 1, § 618 BGB RdNr. 2.

[112] So aber BAG AP BGB § 611 – Gefährdungshaftung des Arbeitgebers – Nr. 2; Soergel/*Kraft* § 618 RdNr. 29.

[113] Allgemeine Meinung: BAG AP BGB § 618 Nr. 1, 16; BGHZ 27 79, 85; Heymann/*Henssler* RdNr. 19; Erman/*Hanau* § 618 RdNr. 19. – AA noch RG JW 1912, 529, 530; GroßKommHGB/*Würdinger* Anm. 2.

[114] Vgl. nur *v. Hoyningen-Huene* EWiR § 89 a HGB 1/90, 167, 168.

[115] Allgemeine Meinung: BAG AP BGB § 618 Nr. 16; RG Recht 1920 Nr. 866; GroßKomm-HGB/*Würdinger* Anm. 3; Erman/*Hanau* § 618 RdNr. 20.

I. Normzweck

1   § 64 regelt abweichend von §§ 271, 614 BGB die **Fälligkeit** des Gehaltsanspruchs des Handlungsgehilfen. Zwar statuiert die Regelung wie die allgemeine Bestimmung des § 614 BGB die **Vorleistungspflicht des Handlungsgehilfen**.[1] Abweichend von § 614 Satz 2 BGB sind aber längere Gehaltsabschnitte als ein Monat unzulässig. Der Handlungsgehilfe soll mit einer festen laufenden Mindesteinnahme rechnen können.

2   Die Bestimmung ist von der Überleitung des Bundesrechts auf das **Beitrittsgebiet** durch den Einigungsvertrag nach Anlage 1 zum Einigungsvertrag, Kapitel VIII, Sachgebiet A, Abschnitt III Nr. 2 ausgenommen. In den neuen Bundesländern findet die Vorschrift daher keine Anwendung; es bleibt dort bei der allgemeinen Regel des § 614 BGB.[2]

II. Gehalt

3   Entsprechend dem Regelzweck sind **Gehalt** iSv. § 64 neben **den festen laufenden Geldbezügen**[3] auch die garantierten Mindestprovisionen, -prämien und -gewinnbeteiligungen.[4] Im übrigen werden Provisionen (wegen deren Fälligkeit vgl. § 65 RdNr. 20), Gewinnbeteiligungen und Prämien ebensowenig von der Fälligkeitsregelung des § 64 erfaßt[5] wie sonstige Einkünfte oder Sachbezüge.

III. Zahlungsverpflichtung

4   **1. Fälligkeit.** Der Gehaltsanspruch des Handlungsgehilfen wird nach Satz 1 am **Schluß eines jeden Monats** fällig (zur Zulässigkeit abweichender Vereinbarungen, vgl. unten RdNr. 12 f.). Mit Monat ist nicht notwendig der Kalendermonat gemeint.[6] Die Monatsfrist ist vielmehr nach dem vereinbarten Beginn der Dienstleistung bzw. dem letzten Fälligkeitszeitpunkt zu berechnen.[7] Beginnt das Arbeitsverhältnis nicht am ersten eines Kalendermonats, kann vereinbart werden, dem Handlungsgehilfen am Schluß dieses Kalendermonats ein der verkürzten Arbeitsleistung entsprechendes anteiliges Gehalt und die folgenden Gehälter jeweils am Schluß des Kalendermonats zu zahlen. Dies verstößt nicht gegen § 64, weil dadurch lediglich der Zeitpunkt der ersten Fälligkeit vorverlegt wird.[8] Fällt der Monatsschluß auf einen Samstag, Sonn- oder staatlich anerkannten Feiertag, dann braucht die Zahlung erst am nächsten Werktag zu erfolgen (§ 193 BGB). Endet das Arbeitsverhältnis vor Monatsschluß, ist nach § 614 Satz 1 BGB das Gehalt bei **Beendigung** des Arbeitsverhältnisses fällig.[9]

5   **2. Sonstige Modalitäten.** Soweit keine besonderen Vereinbarungen über die Art und Weise der Zahlung bestehen, hat der Arbeitgeber dem Handlungsgehilfen das Gehalt grundsätzlich **bar auszuzahlen**.[10] Im Hinblick auf die Einheitlichkeit des Leistungsorts bei Arbeitsverhältnissen ist in diesem Fall der Leistungsort für die Gehaltszahlungspflicht die Niederlassung des Arbeitgebers, in welcher der Handlungsgehilfe beschäftigt wird.[11] Allerdings ist heute weitgehend durch Einzelvertrag, Betriebsvereinbarung oder Tarifvertrag die

---

[1] Ausf. *Wagner* Besonderheiten S. 46 ff.
[2] Siehe RGRK/*Hilger* § 614 RdNr. 21; Staub/*Konzen/Weber* RdNr. 1.
[3] Baumbach/*Hopt* RdNr. 1; GK-HGB/*Etzel* RdNr. 2; Heymann/*Henssler* RdNr. 2; Staudinger/*Richardi* § 614 RdNr. 43; Staub/*Konzen/Weber* RdNr. 2.
[4] GK-HGB/*Etzel* RdNr. 2; Heymann/*Henssler* RdNr. 2.
[5] Baumbach/*Hopt* RdNr. 1; GK-HGB/*Etzel* RdNr. 3; Heymann/*Henssler* RdNr. 2; Staudinger/*Richardi* § 614 RdNr. 43; Staub/*Konzen/Weber* RdNr. 2.

[6] Baumbach/*Hopt* RdNr. 1.
[7] Heymann/*Henssler* RdNr. 3; ungenau GK-HGB/*Etzel* RdNr. 4.
[8] GK-HGB/*Etzel* RdNr. 4; Heymann/*Henssler* RdNr. 3; Staub/*Konzen/Weber* RdNr. 4.
[9] Baumbach/*Hopt* RdNr. 1; GK-HGB/*Etzel* RdNr. 8; Heymann/*Henssler* RdNr. 4.
[10] *Linck*, AR-Blattei SD 1160.1 RdNr. 11. – AA Baumbach/*Hopt* RdNr. 1.
[11] GK-HGB/*Etzel* RdNr. 7; Heymann/*Henssler* RdNr. 6; *Linck*, AR-Blattei SD 1160.1 RdNr. 67 ff.

bargeldlose Lohnzahlung vereinbart. Der Arbeitgeber muß dann das Gehalt auf seine Gefahr und Kosten auf ein Konto des Handlungsgehilfen überweisen (vgl. § 270 Abs. 1 BGB). In diesem Fall bleibt allerdings der Leistungsort unverändert (§ 270 Abs. 4 BGB), so daß die Zahlung noch rechtzeitig erfolgt, wenn der Arbeitgeber am Monatsschluß seiner Bank den Überweisungsauftrag erteilt und das Gehalt daher erst im Laufe des folgenden Monats auf dem Konto dem Handlungsgehilfen eintrifft.[12]

3. Mitbestimmungsrecht. In Betrieben mit Betriebsrat unterliegen, soweit keine zwin- **6** genden gesetzlichen oder tarifvertraglichen Regelungen bestehen, **Zeit, Ort** und **Art der Auszahlung** der Arbeitsentgelte der Mitbestimmung (§ 87 Abs. 1 Nr. 4 BetrVG). Der Betriebsrat hat daher insbesondere die Frage mitzubestimmen, ob der Lohn in bar auszuzahlen oder bargeldlos zu überweisen ist,[13] und ob der Arbeitgeber die hiermit verbundenen Gebühren für das Gehaltskonto des Arbeitnehmers tragen soll.[14] Allerdings kann der Arbeitgeber nicht gegen seinen Willen durch Spruch der Einigungsstelle verpflichtet werden, die Arbeitnehmer unter Lohnfortzahlung monatlich eine Stunde von der Arbeit freizustellen, zum Ausgleich des mit der bargeldlosen Auszahlung verbundenen Aufwands, es sei denn, die bargeldlose Auszahlung führt notwendigerweise zur Inanspruchnahme von Freizeit.[15]

Darüber hinaus unterliegen auch die **Zeitabschnitte der Entgeltzahlung**, zB der Über- **7** gang von der wöchentlichen zu der monatlichen Auszahlung, aber auch der Zeitpunkt der einzelnen Entgeltzahlung, dem Mitbestimmungsrecht des Betriebsrats. Allerdings ist auch in einer Betriebsvereinbarung eine von § 64 abweichende Vereinbarung zu Lasten des Handlungsgehilfen unzulässig.[16]

4. Steuerschuldner im materiellen Sinn des Einkommensteuergesetzes ist sowohl bei ei- **8** ner Nettolohn- als auch bei einer Bruttolohnvereinbarung nicht der Arbeitgeber, sondern nach § 38 Abs. 2 EStG der Handlungsgehilfe.[17] Unabhängig davon ist der Arbeitgeber verpflichtet, nach §§ 38 Abs. 3, 39 b Abs. 2 Satz 6 EStG die Lohnsteuer einzubehalten und an das Finanzamt abzuführen.

Bei **teilzeitbeschäftigten** Handlungsgehilfen, die dem Pauschallohnsteuerverfahren nach **9** § 40 a EStG unterliegen, ist der Arbeitgeber gemäß § 40 Abs. 3 Satz 2 EStG Steuerschuldner der pauschalen Lohnsteuer. Die Übernahme der Steuerschuld gegenüber dem Finanzamt bedeutet aber nicht, daß der Arbeitgeber auch im arbeitsrechtlichen Innenverhältnis die Lohnsteuer tragen muß.[18] Es gibt keinen Grundsatz, daß der Arbeitgeber dem Handlungsgehilfen die Lohnsteuer abnehmen muß, wenn er sich für das Pauschallohnsteuerverfahren entscheidet. Das hat zur Folge, daß der Arbeitgeber vom vereinbarten Entgelt den pauschalierten Lohnsteuersatz nach § 40 EStG abziehen und an das Finanzamt abführen kann.[19]

5. Sozialversicherungsbeiträge. Vom vereinbarten Entgelt hat der Arbeitgeber die So- **10** zialversicherungsbeiträge **abzuziehen**, sofern ein beitragspflichtiges Beschäftigungsverhältnis vorliegt,[20] und an die sog. Einzugsstelle (das ist die jeweilige zuständige Krankenkasse des Handlungsgehilfen) nach §§ 28 d ff. SGB IV zu zahlen. Der Arbeitgeber ist Beitragsschuldner auch der Sozialversicherungsanteile, die auf den Handlungsgehilfen entfallen.[21] Der

---

[12] GK-HGB/*Etzel* RdNr. 7; MünchKommBGB/ *Keller* § 270 RdNr. 16.
[13] GK-BetrVG/*Wiese* § 87 RdNr. 301.
[14] BAG AP BetrVG 1972 § 87 Auszahlung Nr. 1 mit Anm. *Wiedemann/Moll.*
[15] BAG AP BetrVG 1972 § 87 Auszahlung Nr. 12.
[16] GK-HGB/*Etzel* RdNr. 9.
[17] Vgl. *Schmidt/Drenseck* EStG, 14. Aufl. 1995, § 38 Anm. 2, § 39 b Anm. 5.
[18] BAG AP EStG § 40 a Nr. 1; BAG NZA 1988, 157.

[19] So ausdrücklich BAG NZA 1988, 157; *Westhoff* DB 1987, 534.
[20] Vgl. hierzu den Überblick bei *Schaub* § 71 II und *Schulin* Sozialversicherungsrecht 5. Aufl. 1993 RdNr. 119 ff.; zu den Besonderheiten bei Teilzeitbeschäftigten mit schwankendem Arbeitsentgelt *v. Hoyningen-Huene,* Veränderungen in der Arbeitswelt und soziale Sicherung, Schriftenreihe des deutschen Sozialrechtsverbandes Band XXVIII, 1985, S. 62, 73 ff.
[21] *Schulin* Sozialrecht 5. Aufl. 1993 RdNr. 206.

Handlungsgehilfe hat nur eine öffentlich-rechtliche Duldungspflicht, den Beitragsabzug zu dulden.[22]

11   Nicht sozialversicherungspflichtig sind **geringfügige Beschäftigungen**.[23] Eine solche liegt nach § 8 Abs. 1 SGB IV vor, wenn die Beschäftigung regelmäßig weniger als 15 Stunden in der Woche ausgeübt wird und das Arbeitsentgelt regelmäßig im Monat 1/7 der monatlichen Bezugsgröße nach § 18 SGB IV, bzw. bei höherem Arbeitsentgelt 1/6 des Gesamteinkommens nicht übersteigt (1996: 590.– DM monatlich). Übt ein Handlungsgehilfe **mehrere geringfügige Beschäftigungen** aus, so sind diese nach § 8 Abs. 2 SGB IV zusammenzurechnen mit der Folge, daß eine geringfügige Beschäftigung nicht mehr vorliegt, sobald nach Addition der beiden Beschäftigungen die Voraussetzungen von § 8 Abs. 1 SGB IV entfallen; in diesen Fällen müssen also wieder die Sozialversicherungsbeiträge abgeführt werden.

IV. Unabdingbarkeit, Satz 2

12   Die Regelungen über den Fälligkeitszeitpunkt sind, soweit sie das laufende feste Gehalt betreffen, nach Satz 2 **zugunsten des Handlungsgehilfen zwingendes Recht**. Der Fälligkeitszeitpunkt darf nicht, auch nicht teilweise über die in Satz 1 genannte Zeit hinaus verlegt werden. Insbesondere ist es unzulässig, die Fälligkeit von Gehaltsansprüchen davon abhängig zu machen, daß ein Kunde seine Schulden begleicht, für den der Handlungsgehilfe im Auftrag des Arbeitgebers gearbeitet hat.[24] Demgegenüber kann durch Tarifvertrag, Betriebsvereinbarung oder Einzelarbeitsvertrag die Fälligkeit der Vergütung zeitlich vorverlegt, also insbesondere bestimmt werden, daß das Gehalt im voraus oder zur Monatsmitte zu zahlen ist.[25] Auch hinsichtlich der sonstigen, nicht von Satz 1 erfaßten Einkünfte (dazu oben RdNr. 3) kann ein späterer Fälligkeitszeitpunkt vereinbart werden.

13   Das Verbot schließt aber eine Stundung nach Fälligkeit des Gehaltsanspruchs nicht aus.[26] Demgegenüber ist eine **Stundung vor Fälligkeit unwirksam**, da sie im Ergebnis auf eine Umgehung des Satz 1 hinausläuft.

V. Rechtsfolgen eines Verstoßes

14   **1. Inhaltlich unzulässige Vereinbarung.** Ist entgegen Satz 1 ein späterer Fälligkeitszeitpunkt als der Monatsschluß vereinbart, so ist diese Abrede nichtig. Sie wird durch die **gesetzliche Regelung** des Satz 1 ersetzt. Der Anstellungsvertrag als solcher bleibt wirksam, weil es sich um eine Schutzvorschrift zugunsten des Handlungsgehilfen handelt.

15   **2. Verspätete Zahlung.** Zahlt der Arbeitgeber am Monatsschluß das Gehalt des Handlungsgehilfen nicht, kommt er ohne weiteres in **Schuldnerverzug**, da die Leistungszeit kalendermäßig bestimmt ist (§ 284 Abs. 2 BGB). Er muß ab diesem Zeitpunkt dem Handlungsgehilfen den Verzugsschaden ersetzen (§ 286 BGB) und Verzugszinsen zahlen (§ 288 BGB). Darüber hinaus steht dem Handlungsgehilfen, soweit es sich nicht um unbedeutende Spitzenbeträge handelt, ein **Zurückbehaltungsrecht** an seiner Arbeitsleistung zu (vgl. hierzu § 59 RdNr. 242). Der Arbeitgeber kommt in Annahmeverzug (§ 298 BGB) und ist zur Gehaltsfortzahlung nach § 615 BGB verpflichtet, ohne eine Nachleistung fordern zu können.

§ 65 [Provision]

Ist bedungen, daß der Handlungsgehilfe für Geschäfte, die von ihm geschlossen oder vermittelt werden, Provision erhalten solle, so sind die für die Handelsvertreter geltenden Vorschriften des § 87 Abs. 1 und 3 sowie der §§ 87 a bis 87 c anzuwenden.

[22] *Schaub* § 71 II 2 a.
[23] Hierzu *Gitter* Sozialrecht, 3. Aufl. 1992, § 7 II 1.
[24] LAG Frankfurt AP Nr. 1.
[25] Staudinger/*Richardi* § 614 RdNr. 43.
[26] Staudinger/*Richardi* § 614 RdNr. 43.

Schrifttum: *Becker-Schaffner,* Die Rechtsprechung zur Gewinnbeteiligung, AuR 1991, 304; Münch-HdbArbR/*Kreßel* § 66 RdNr. 1 ff.; *Heinze,* Die Mitbestimmungsrechte des Betriebsrats bei Provisionsentlohnung, NZA 1986, 1; *Heuking,* Provisionen als Entgelt iSv. § 87 Abs. 1 Nr. 11 BetrVG, DB 1982, 279; *Hoffmann,* Aktuelle Fragen zum Provisionsanspruch der Angestellten im Versicherungsaußendienst, DB 1977, 770; *Lieb,* Zur Problematik der Provisionsfortzahlung im Urlaubs-, Krankheits- und Feiertagsfall, DB 1976, 2207; *Löwisch,* Die Mitbestimmung des Betriebsrats bei Provisionsregelungen für kaufmännische Angestellte, ZHR 139 (1975), 362; *Moritz,* Mitbestimmung des Betriebsrats bei Leistungsvergütung – insbesondere bei Provisionsregelungen, AuR 1983, 97; *Seifert,* Der Angestellte mit Provisionsbezahlung, DB 1979, 2034; *Stötter/Lindner/Karrer,* Die Provision und ihre Abrechnung, 2. Aufl. 1980; *Westhoff,* Die Fortzahlung der Provision bei Krankheit, Urlaub und in anderen Fällen der Arbeitsverhinderung, NZA 1986, Beil. 3. – Vgl. auch das Schrifttum zu §§ 87 bis 87 c.

Übersicht

I. Bedeutung

1. Normzweck und Anwendungsbereich. Die Vorschrift ist neu gefaßt durch Art. 2 **1** Nr. 3 des Gesetzes zur Änderung des Handelsgesetzbuches (Recht der Handelsvertreter) vom 6. 8. 1953 (BGBl. I S. 771). Ziel der Gesetzesänderung war es, den **Provisionsanspruch** des abhängig beschäftigten Handlungsgehilfen dem des selbständigen Handelsvertreters **anzugleichen.** Die Bestimmung gilt für alle Handlungsgehilfen, deren Vergütung ganz oder – neben einem Gehaltsfixum – zum Teil in einer Provision aus den von ihnen geschlossenen oder vermittelten Geschäften besteht.

Vereinbart der Arbeitgeber mit **anderen Arbeitnehmern** eine Provision für Vermittlung **2** solcher Geschäfte, findet § 65 entsprechende Anwendung.[1] Dies entspricht der Gesetzesintention, den Provisionsanspruch des abhängig Beschäftigten dem des Selbständigen anzugleichen.

2. Sachlicher Umfang der Verweisung. Durch die Verweisung auf §§ 87 Abs. 1 und 3, **3** 87 a bis c wird der Provisionsanspruch in den wichtigsten Beziehungen, nämlich hinsichtlich der **Voraussetzungen,** der **Fälligkeit,** der **Höhe** und der **Abrechnung,** dem des Handelsvertreters gleichgestellt. Bei der Anwendung dieser Vorschriften auf den Handlungsgehilfen sind jedoch die **Unterschiede** in der rechtlichen und wirtschaftlichen Stellung des Handelsvertreters einerseits und des Arbeitnehmers andererseits zu beachten.[2] Dieses kann dazu führen, die Vertragsfreiheit bei der Vereinbarung von Provisionsbedingungen für Handlungsgehilfen einzuschränken (dazu RdNr. 24 f.).

Unanwendbar sind die Vorschriften über die Ausstattung mit Unterlagen und Mittei- **4** lungspflichten (§ 86 a), die Bezirksprovision (§ 87 Abs. 2), die Inkassoprovision (§ 87 Abs. 4), die Verjährung (§ 88) und den Ausgleichsanspruch (§ 89 b). Insoweit bleibt es aber

---

[1] GK-HGB/*Etzel* RdNr. 1; Heymann/*Henssler* RdNr. 7; Staub/*Konzen/Weber* RdNr. 5; *Wagner* Besonderheiten S. 49.

[2] BAG AP Nr. 6; *v. Hoyningen-Huene* Billigkeit S. 181 f.

den Beteiligten unbenommen, im Rahmen der Vertragsfreiheit hierüber Vereinbarungen zu treffen. Darüber hinaus besteht zu Lasten des Arbeitgebers eine arbeitsvertragliche Nebenpflicht, den Handlungsgehilfen vor leerlaufenden Vermittlungsbemühungen zu bewahren.[3] Teilt der Arbeitgeber dem Handlungsgehilfen nicht unverzüglich mit, ob er ein vom Handlungsgehilfen angestrebtes Geschäft zu schließen bereit ist oder nicht, macht er sich aus dem Gesichtspunkt der positiven Forderungsverletzung schadensersatzpflichtig. Der Handlungsgehilfe kann dann von ihm den Vertrauensschaden ersetzt verlangen, also nutzlose Aufwendungen und gegebenenfalls auch den durch Unterlassen anderweitiger Bemühungen entgangenen Gewinn.

II. Tatbestandsvoraussetzungen des Provisionsanspruchs

5   **1. Provisionsvereinbarung. a) Vereinbarung.** Voraussetzung des Provisionsanspruchs ist zunächst eine Provisionsvereinbarung zwischen Arbeitgeber und Handlungsgehilfen, also die Abrede über ein **erfolgsbezogenes** Entgelt. Im Gegensatz zur Tantieme orientiert sich die Provision nicht am Gewinn, sondern am Umsatz. Soweit eine solche Umsatzvergütung vereinbart ist, handelt es sich um eine Provision, gleichgültig ob sie als solche bezeichnet wird oder als „Leistungsprämie", „Bonus", „Umsatzbonus" o. ä.[4]

6   Bei der Provision wird die Vergütung stets nach dem Wert der auf die **Tätigkeit des Handlungsgehilfen zurückzuführenden Geschäfte** bemessen. Die Provision ist daher insbesondere von der Umsatzbeteiligung und dem Prämienlohn zu unterscheiden. Die Umsatzbeteiligung ist wie die Provision erfolgsbezogene Vergütung, bezieht sich aber auf den Umsatz des gesamten Unternehmens in einem bestimmten Zeitabschnitt.[5] Die Prämie ist anders als die Provision nicht erfolgsbezogen,[6] sondern leistungsbezogen, weil der Lohn auf Grund der Quantität und Qualität der vom Arbeitnehmer erbrachten Leistungen bestimmt wird. Abzugrenzen ist die Provision auch von sonstigen Sondervergütungen, die an besondere Leistungen bzw. Aufwendungen des Arbeitnehmers oder an sonstige Umstände anknüpfen.[7]

7   Die Provisionsabrede muß nicht ausdrücklich getroffen werden, sondern kann sich auch **aus den Umständen** des jeweiligen Einzelfalls, insbesondere der Üblichkeit (vgl. § 59 Satz 1) ergeben. Die Vereinbarung eines Festgehalts spricht regelmäßig gegen einen Provisionsanspruch.[8] Auch die Übertragung von Tätigkeiten iSv. § 65, also der Abschluß und die Vermittlung von Geschäften durch den Handlungsgehilfen für den Arbeitgeber, läßt für sich allein noch nicht auf eine Provisionsvereinbarung schließen.

8   **b) Gesetzlicher Umfang.** Ist zwischen Arbeitgeber und Handlungsgehilfen eine Provision vereinbart, der Umfang der provisionspflichtigen Geschäfte aber nicht festgelegt, dann kann der Handlungsgehilfe nur für die auf seine Tätigkeit zurückzuführenden Geschäfte eine Provision verlangen (§ 87 Abs. 1 und Abs. 3). Eine Bezirks- oder Inkassoprovision (§ 87 Abs. 2 und Abs. 4) steht ihm gesetzlich nicht zu. Ein solcher Provisionsanspruch des Handlungsgehilfen bedarf einer entsprechenden Abrede mit dem Arbeitgeber.[9] Ob eine Bezirksprovision im Einzelfall vereinbart ist, muß im Wege der Auslegung ermittelt werden. Die Zuweisung eines bestimmten Verkaufsbezirks führt für sich allein genommen noch nicht zur Anwendbarkeit des § 87 Abs. 2.[10] Sie kann aber in Verbindung mit weiteren Umständen Anhaltspunkt für eine entsprechende Abrede sein.[11]

9   Ist dem Handlungsgehilfen vertraglich ein bestimmter Verkaufsbezirk zugewiesen, hat sich der Arbeitgeber aber eine **Bezirksänderung** vorbehalten, so darf eine Änderung nur

[3] Heymann/*Henssler* RdNr. 13.
[4] BAG AP Nr. 3, 4.
[5] MünchHdbArbR/*Kreßel* § 62 RdNr. 86; vgl. auch BAG AP § 87 a Nr. 4.
[6] Vgl. hierzu BAG AP BetrVG 1972 § 87 Provision Nr. 4; MünchHdbArbR/*Kreßel* § 66 RdNr. 87. – AA Staudinger/*Richardi* § 611 RdNr. 577 f.

[7] Vgl. hierzu MünchHdbArbR/*Kreßel* § 65 RdNr. 187 ff.; Staudinger/*Richardi* § 611 RdNr. 584 ff.
[8] Heymann/*Henssler* RdNr. 6.
[9] BAG AP Nr. 3.
[10] Heymann/*Henssler* RdNr. 14.
[11] BAG AP Nr. 3.

unter Berücksichtigung billigen Ermessens (§ 315 BGB) erfolgen. Ohne Änderungsvorbehalt bedarf es zum Entzug des Verkaufsbezirks einer Änderungskündigung. Betraut der Arbeitgeber den Handlungsgehilfen vorübergehend mit der Vertretung eines verhinderten Kollegen, muß er dem Handlungsgehilfen dadurch entgehende Provisionen abgelten.[12]

Dem Handlungsgehilfen steht grundsätzlich ein Provisionsanspruch nur für die zugunsten **10** seines Arbeitgebers vermittelten oder abgeschlossenen Geschäfte zu. Unter besonderen Umständen können aber auch die **zugunsten eines Dritten** getätigten Geschäfte von der Provisionsabrede erfaßt werden, so wenn der Handlungsgehilfe auf Wunsch seines Arbeitgebers auch für andere Unternehmen arbeitet, die mit diesem in einem Konzern verbunden sind. Hier kann der Handlungsgehilfe im Zweifel darauf vertrauen, daß diese Tätigkeit bei der Berechnung seiner Provision insoweit berücksichtigt wird, wie sie zum Erfolg geführt hat.[13]

c) **Wirksamkeit.** Die Provisionsvereinbarung muß mit **höherrangigem Recht** vereinbar **11** sein. Soweit **Tarifbindung** besteht, muß das monatliche Fixum des Handlungsgehilfen mindestens dem Tarifgehalt entsprechen. Dabei ist es allerdings gleichgültig, ob dieser Mindestbetrag durch ein monatliches Grundgehalt, eine Garantieprovision oder eine Kombination von beiden sichergestellt wird.[14] Bleibt der Garantiebetrag hinter dem tariflichen Grundbetrag zurück, so ist der Arbeitgeber verpflichtet, mindestens das monatliche Tarifgehalt auszuzahlen (zu Anrechnung von Provisionen auf das Grundgehalt vgl. RdNr. 18). Soweit keine Tarifbindung besteht, kann die Provisionsvereinbarung unter Umständen gegen die guten Sitten verstoßen (**§ 138 Abs. 1 BGB**). Dies ist der Fall, wenn es dem Handlungsgehilfen nicht möglich ist, durch den vollen Einsatz seiner Arbeitskraft in den Genuß eines ausreichenden Einkommens zu gelangen.[15] Daher ist eine Vertragsgestaltung unwirksam, nach der ein Arbeitnehmer wegen der Erfolgsabhängigkeit aus von ihm nicht beeinflußbaren Gründen kein Entgelt erhalten soll, obwohl er seinen vertraglichen Pflichten ordnungsgemäß nachgekommen ist.[16] An die Stelle der Provisionsvereinbarung tritt die übliche Vergütung iSv. § 59.

2. **Geschäftsabschluß. a) Während des Anstellungsverhältnisses.** Dem Handlungsge- **12** hilfen steht der Provisionsanspruch für die während des Anstellungsverhältnisses von ihm abgeschlossenen oder vermittelten Geschäfte zu. Soweit er das Geschäft lediglich vermittelt hat, ist für den Provisionsanspruch nicht Voraussetzung, daß lediglich die Bemühungen des Handlungsgehilfen zum Vertragsabschluß geführt haben. Auch wenn es hierzu zusätzlicher Bemühungen des Arbeitgebers oder eines von diesem hinzugezogenen Dritten bedurfte, kann der Handlungsgehilfe die Provision verlangen. Es reicht aus, wenn er das Zustandekommen des Geschäfts **mitveranlaßt** hat.[17] Dem Handlungsgehilfen steht aber der Provisionsanspruch trotz Vermittlung oder Abschluß dann nicht zu, wenn ein ausgeschiedener Handlungsgehilfe oder Handelsvertreter nach § 87 Abs. 3 die Provision verlangen kann.

b) **Nach Abschluß des Anstellungsverhältnisses.** Auch für die erst **nach Beendigung** **13** des Anstellungsverhältnisses abgeschlossenen Geschäfte steht dem ausgeschiedenen Handlungsgehilfen ein Provisionsanspruch zu, wenn er das Geschäft angebahnt hat und dieses innerhalb einer angemessenen Frist nach Beendigung des Anstellungsverhältnisses abgeschlossen worden ist (§ 87 Abs. 3). Wegen der Abdingbarkeit dieser Regelung vgl. unten RdNr. 24 f.

c) **Provisionsanspruch ohne Geschäftsausführung.** In entsprechender Anwendung von **14** § 87 a Abs. 3 bleibt der Provisionsanspruch des Handlungsgehilfen auch dann erhalten, wenn das von ihm vermittelte oder durch ihn abgeschlossene Geschäft vom Unternehmer nicht durchgeführt wird. Nur wenn die Ausführung des Geschäfts aus vom Unternehmer

[12] BAG AP § 63 Nr. 13.
[13] BAG AP Nr. 10.
[14] BAG AP TVG § 1 Tarifverträge: Einzelhandel – Nr. 14.

[15] LAG Berlin AP Nr. 14; Staub/*Konzen/Weber* RdNr. 9.
[16] LAG Hamm ZIP 1990, 880, 883 ff. = EWiR § 138 BGB 9/90, S. 645 f. (*Wank*).
[17] BAG AP Nr. 5.

nicht zu vertretenen Gründen unmöglich geworden oder die Ausführung diesem nicht zuzumuten ist, geht der Provisionsanspruch verloren. So behält der Handlungsgehilfe seinen Provisionsanspruch auch dann, wenn die Ausführung wegen einer Unternehmensveräußerung unterbleibt.[18]

15   **d) Provisionsanspruch und Entgeltzahlung ohne Arbeit.** Soweit der Arbeitgeber zur Entgeltzahlung ohne Arbeit verpflichtet ist, gehören zum fortzuzahlenden Gehalt auch die Provisionen.[19] Vgl. wegen der Entgeltfortzahlung bei Arbeitsverhinderung durch Krankheit § 3 EntgeltFZG. Im Fall des bezahlten **Erholungsurlaubs** (dazu § 59 RdNr. 233 ff.) ist auf die vom Handlungsgehilfen in den letzten 13 Wochen vor dem Beginn des Urlaubs durchschnittliche erzielte Provision abzustellen (§ 11 Abs. 1 BUrlG). Bei einem sehr unregelmäßigen Provisionsverdienst kann im Einzelfall auch ein längerer Berechnungszeitraum zugrunde gelegt werden.[20] Provisionen aus vor dem Urlaub abgeschlossenen Geschäften, die erst während des Urlaubs fällig werden, mindern das Urlaubsentgelt nicht.[21] Hierbei handelt es sich nämlich um Einnahmen, die auf einer tatsächlichen Arbeitsleistung des Klägers während einer Zeit beruhen, zu der er seine vertragsmäßigen Leistungen erbracht hat.

16   Auch bei der Entgeltfortzahlung an gesetzlichen Wochenfeiertagen (§ 2 EntgeltFZG) ist der Provisionsausfall des Handlungsgehilfen pauschal abzugelten. Es muß nicht im einzelnen festgestellt werden, welche Provisionen ihm an dem **Feiertag** entgangen sind. Der Anspruch besteht auch dann, wenn der Handlungsgehilfe den feiertagsbedingten Provisionsausfall durch Vor- und Nacharbeit ausgleichen kann.[22] Zur Berechnung des Provisionsausfalls ist in erster Linie auf Bestimmungen in Tarifverträgen, Betriebsvereinbarungen oder Einzelverträgen abzustellen.[23] Soweit einschlägige Regelungen nicht vorhanden sind, ist der Provisionsausfall nach § 287 ZPO zu schätzen. Hierfür kann das Provisionsaufkommen des Monats, in den der Feiertag fällt, als Berechnungsgrundlage dienen.[24]

III. Inhalt des Anspruchs

17   **1. Höhe.** Die Höhe der Provision richtet sich in erster Linie nach der Vereinbarung, wobei tarifvertragliche Bestimmungen zu beachten sind (vgl. oben RdNr. 11). Soweit weder einzel- noch tarifvertragliche Regelungen bestehen, bestimmt sich die Höhe der Provision nach der Üblichkeit.

18   Ist dem Handlungsgehilfen eine **Mindestprovision** zugesagt, können unterhalb der Provisionsgarantie liegende Verdienste eines Monats im Zweifel nicht mit den Verdienstspitzen anderer Monate verrechnet werden.[25]

19   Im Rahmen des § 87 a Abs. 2 ist der Handlungsgehilfe verpflichtet, **empfangene Provisionen zurückzugewähren**. Zweifelhaft ist aber, ob dieser Rückzahlungsanspruch des Arbeitgebers mit bestehenden Provisionsansprüchen des Handlungsgehilfen verrechnet werden kann.[26] Dies ist in erster Linie der Parteiabrede zu entnehmen. Besteht eine solche nicht, dann ist eine Verrechnung zumindest insoweit unzulässig, wie ein dem Handlungsgehilfen zugesagtes Gehaltsfixum unterschritten würde.[27] Ist kein Gehaltsfixum vereinbart, dann ist entsprechend § 394 BGB eine Verechnung nur insoweit unzulässig, wie die zugunsten des Arbeitnehmers bestehenden Pfändungsfreigrenzen (§§ 850 ff. ZPO) unterschritten würden. Im übrigen vgl. zur Höhe der Provision § 87 b.

20   **2. Fälligkeit.** Wegen der Fälligkeit der Provision vgl. § 87 a Abs. 4 iVm. § 87 c.

---

[18] BAG AP Nr. 4.
[19] BAG AP § 63 Nr. 39; Heymann/*Henssler* RdNr. 17.
[20] BAG AP BGB § 611 Urlaubsrecht Nr. 48: drei Jahre; BAG AP BUrlG § 11 Nr. 12: 12 Monate.
[21] BAG AP BGB § 611 Urlaubsrecht Nr. 48.
[22] BAG AP FeiertagsLohnzahlungsG § 1 Nr. 32.

[23] BAG AP FeiertagsLohnzahlungsG § 1 Nr. 28.
[24] BAG AP FeiertagsLohnzahlungsG § 1 Nr. 32.
[25] BAG AP Nr. 8 mit Anm. *Schulze-Osterloh*.
[26] Vgl. zu diesem Problem BAG AP Nr. 9 mit Anm. *Herschel*.
[27] MünchHdbArbR/*Kreßel* § 66 RdNr. 57.

3. Abrechnung. Wegen der Abrechnung und der Ansprüche des Handlungsgehilfen auf   21
Erteilung eines Buchauszugs, auf Mitteilung wesentlicher Umstände und auf Einsichtnahme in die Bücher des Unternehmers vgl. § 87 c. Gerät der Arbeitgeber gegenüber seinem
auf Provisionsbasis tätigen Handlungsgehilfen sowohl mit der Abrechnung als auch mit der
Zahlung der Provision in Verzug, so hat der Arbeitgeber die durch die Heranziehung eines
Buchprüfers zur Ermittlung der Provision entstehenden Kosten als Verzugsschaden zu
ersetzen.[28] Der Anspruch auf Abrechnung unterliegt tariflichen Ausschlußfristen.[29]

4. Verjährung. Der Anspruch des Handlungsgehilfen auf Provision verjährt nach § 196   22
Abs. 1 Nr. 8, 9 iVm. § 201 BGB innerhalb von **zwei Jahren,** gerechnet ab Schluß des
Kalenderjahres, in dem der Anspruch entstanden ist. Die vierjährige Verjährungsfrist des
§ 88 findet auf Handlungsgehilfen keine Anwendung.[30] Die Geltendmachung des Anspruchs auf Abrechnung unterbricht die Verjährung nicht. Dem Handlungsgehilfen steht es
jedoch offen, im Wege der Stufenklage vorzugehen.[31]

Auch eine **tarifliche Ausschlußfrist** wird hinsichtlich des Provisionsanspruchs durch die   23
Geltendmachung des Abrechnungsanspruchs nicht gewahrt. Allerdings darf sich der Arbeitgeber nach st. Rspr. des BAG nach Treu und Glauben (§ 242 BGB) nicht auf eine Verkürzung oder Versäumung der Ausschlußfrist berufen, solange er schuldhaft eine Abrechnung
verzögert, ohne die der Arbeitnehmer seine Ansprüche nicht erkennen und erheben
kann.[32] In diesen Fällen wird der Lauf einer Verfallfrist für Zahlungsansprüche durch die
Nichterteilung einer Abrechnung solange gehemmt, wie die fehlende Abrechnung noch
verlangt werden kann. Voraussetzung für die Hemmung ist aber stets, daß der Arbeitnehmer die Abrechnung für die Geltendmachung seiner Ansprüche benötigt.[33] Dies ist für den
Provisionsanspruch stets der Fall, weil § 87 c iVm. § 65 dem Handlungsgehilfen zum
Zwecke der Realisierung dieses Anspruchs einen unabdingbaren Anspruch auf Abrechnung
gewährt. Hat der Arbeitgeber die Provisionsforderung des Handlungsgehilfen durch Abrechnung vorbehaltlos ausgewiesen, dann braucht der Handlungsgehilfe zur Wahrung der
Ausschlußfrist die Provisionsforderung nur dann geltend zu machen, wenn zur Wahrung
der Ausschlußfrist Klageerhebung erforderlich ist. Reicht zur Fristwahrung bloße schriftliche Geltendmachung aus, dann wird dies nach dem Sinn und Zweck der Ausschlußfrist
durch die eigene schriftliche Abrechnung des Arbeitgebers erfüllt, und zwar auch dann,
wenn der Arbeitgeber die Abrechnung später widerruft.[34]

IV. Abdingbarkeit

Die Vorschriften über den Provisionsanspruch ohne Geschäftsausführung (§ 87 a Abs. 3),   24
die Fälligkeit des Provisionsanspruchs (§ 87 a Abs. 4) sowie die Bestimmungen über die
Abrechnung (§ 87 c Abs. 5) sind wie beim Handelsvertreter unabdingbar. Darüber hinaus
sind der Parteidisposition **engere Grenzen als im Recht der Handelsvertreter** gesetzt,
weil den Besonderheiten der abhängigen Beschäftigung der Handlungsgehilfen Rechnung
getragen werden muß. So ist § 87 Abs. 3 beim Handelsvertreter auch ohne sachlichen
Grund abdingbar.[35] Der Ausschluß der Überhangprovision des provisionsberechtigten
Handlungsgehilfen erfordert aber eine finanzielle Kompensation iSd. handelsvertreterrechtlichen Ausgleichsanspruchs nach § 89 b;[36] anderenfalls ist der Ausschluß unwirksam.

Allerdings kann der Arbeitgeber auch ohne sachlichen Grund eine Provisionsvereinba   25
rung **befristen** oder **bei entsprechendem Vorbehalt widerrufen,** wenn die Provision
neben das Tarifgehalt tritt und lediglich 15 % der Gesamtvergütung ausmacht.[37]

[28] BAG AP Nr. 3.
[29] BAG DB 1985, 2154, 2155.
[30] BAG BB 1972, 1056; Staub/*Konzen/Weber*
RdNr. 15.
[31] BAG DB 1971, 1563.
[32] BAG AP TVG § 4 Ausschlußfrist Nr. 27, 37,
41, 89 94. – Zustimmend *Langer,* Gesetzliche und

vereinbarte Ausschlußfristen im Arbeitsrecht, 1993,
RdNr. 161; *Stahlhacke* BB 1967, 1437, 1438.
[33] BAG AP TVG § 4 Ausschlußfrist Nr. 89, 94.
[34] BAG AP TVG § 4 Ausschlußfrist Nr. 124.
[35] AA BAG AP Nr. 2 mit Anm. *Hefermehl* Nr. 6
mit Anm. *Herschel;* Nr. 7 mit Anm. *Fenn.*
[36] v. *Hoyningen-Huene* Billigkeit S. 182.
[37] BAG BB 1994, 432 f.

V. Mitbestimmung des Betriebsrats

26 Nach **§ 87 Abs. 1 Nr. 10 BetrVG** unterliegen Fragen der betrieblichen Lohngestaltung dem Mitbestimmungsrecht des Betriebsrats. Der Betriebsrat hat darüber mitzubestimmen, ob überhaupt ein Provisionssystem eingeführt und ob daneben auch ein Lohnfixum gezahlt werden soll.[38] Das Mitbestimmungsrecht des Betriebsrats erstreckt sich ferner auf die Arten der Provisionen, das Verhältnis der Provision zum Lohnfixum (Anrechenbarkeit), das Verhältnis der Provisionen zueinander, die Festsetzung der Bezugsgrößen, zB ob bei Erreichung einer bestimmten Provisionshöhe diese und/oder andere Provisionen progressiv oder degressiv beeinflußt werden, ob also auch eine Provision ganz oder teilweise wegfällt, sowie schließlich die abstrakte Staffelung der Provisionssätze.[39] Die Ein- und Zuteilung des Verkaufsgebiets ist allerdings mitbestimmungsfrei.[40]

27 Demgegenüber steht dem Betriebsrat **kein** Mitbestimmungsrecht nach **§ 87 Abs. 1 Nr. 11 BetrVG** zu. Ein leistungsbezogenes Entgelt im Sinne dieser Vorschrift setzt eine Vergütungsform voraus, bei der eine „Leistung" des Arbeitnehmers gemessen und mit einer Bezugsleistung verglichen wird, um die Höhe der Vergütung in irgendeiner Weise nach dem Verhältnis der Leistung des Arbeitnehmers zur Bezugsleistung zu bemessen. Reine Abschlußprovisionen sind kein solches vergleichbares leistungsbezogenes Entgelt, weil es an einer Bezugsleistung fehlt.[41] Ist ein Provisionssystem derart ausgestaltet, daß mit jedem Abschluß eines bestimmten Geschäfts auch eine bestimmte Zahl von Provisionspunkten verdient wird, der einheitlich mit einem bestimmten DM-Betrag zu vergüten ist, so unterliegt die Festlegung der Punktwertzahl für jedes Geschäft der Mitbestimmung des Betriebsrats nach § 87 Abs. 1 Nr. 10 BetrVG. Die Bestimmung des DM-Betrages je Provisionspunkt ist mitbestimmungsfrei.[42]

§§ 66 bis 72 *(aufgehoben)*

§ 73 [Anspruch auf Zeugnis]

Bei der Beendigung des Dienstverhältnisses kann der Handlungsgehilfe ein schriftliches Zeugnis über die Art und Dauer der Beschäftigung fordern. Das Zeugnis ist auf Verlangen des Handlungsgehilfen auch auf die Führung und die Leistungen auszudehnen.

Schrifttum: *Becker-Schaffner,* Die Rechtsprechung zum Zeugnisrecht, BB 1989, 2105; *Bendix,* Drei Fragen aus dem Zeugnisrecht, ArchBürgR 28 (1906), 10, 94; *Bernold,* Die Zeugnispflicht des Arbeitgebers, Diss. Zürich 1983; *Brill,* Angabe der Betriebsratstätigkeit im Zeugnis, BB 1981, 616; *Brombach,* Die Zeugnispflicht des Arbeitgebers, BlStSozArbR 1947, 9; *Dachrodt,* Zeugnisse lesen und verstehen, 1984; *Dersch,* Grundsätzliches über eine künftige Neuregelung der Zeugnisaufstellung im Arbeitsrecht, DAR 1936, 67; *Diekhoff,* Pflicht und Recht des Arbeitgebers zur Auskunftserteilung, BB 1961, 573; *Dockhorn,* Das Zeugnis, AuR 1961, 106; *Gleisberg,* Der Schadensausgleich zwischen Arbeitgebern wegen eines unwahren Arbeitszeugnisses, DB 1979, 1227; *Grobe,* Der Inhalt des Arbeitszeugnisses, BlStSozArbR 1967, 265; *Grimm,* Das Zeugnis, 1993, AR-Blattei SD 1850 RdNr. 1 ff.; *Grohe,* Der Inhalt des Arbeitszeugnisses, BlStSozArbR 1967, 265; *Göldner,* Grundlagen des Zeugnisrechts, 1989; *dies.,* Die Problematik der Zeugniserteilung im Arbeitsrecht, ZfA 1991, 225; *Hoffmann,* Die Zeugnisberichtigung, Diss. Köln 1966; *ders.,* Die Berichtigung von Arbeitszeugnissen, BlStSozArbR 1969, 318; *Hohn,* Über den Inhalt von Zeugnissen, BB 1961, 1273; *H. Honsell,* Probleme der Haftung für Ausdruck und Gutachten, JuS 1976, 621; *Huber,* Das Arbeitszeugnis in Recht und Praxis, 1991; *A. Hueck,* Der Widerruf eines unrichtigen Zeugnisses, BB 1961, 251; *Kaador,* Arbeitszeugnis

---

[38] BAG AP BetrVG 1972 § 87 Provision Nr. 1 mit Anm. *Schulze-Osterloh.*

[39] BAG AP BetrVG 1972 § 87 Provision Nr. 1; BAG AR-Blattei: Betriebsverfassung XIV B Entsch. 78 mit Anm. *v. Hoyningen-Huene;* vgl. zum Ganzen auch *v. Hoyningen-Huene* BetrVR, § 12 II 10.

[40] BAG NZA 1992, 178.

[41] BAG AP BetrVG 1972 § 87 Provision Nr. 4 mit Anm. *Hanau; v. Hoyningen-Huene* BetrVR § 12 II 11.

[42] BAG AP BetrVG 1972 § 87 Provision Nr. 4.

richtig lesen − richtig formulieren, 1981; *Kölsch,* Die Haftung des Arbeitgebers bei nicht ordnungsgemäßer Zeugniserteilung, NZA 1985, 382; *Kroeber-Keneth,* Bedeutung der Menschenbeurteilung im Betrieb, der Wert von Zeugnis und Vorgesetzten-Urteil, DB 1948, 537; *Krummel,* Zeugnis und Auskunft im Arbeitsrecht, Diss. Bielefeld 1983; *Lammel,* Zur Auskunftshaftung, AcP 179 (1979), 337; *Liedtke,* Der Anspruch auf ein qualifiziertes Arbeitszeugnis, NZA 1988, 270; *Ludwig,* Vorläufiges Zeugnis für Arbeitnehmer in ungekündigter Stellung, DB 1961, 2163; *ders.,* Vorläufiges Zeugnis für Arbeitnehmer im ungekündigten Arbeitsverhältnis, DB 1967, 2163; *Monjau,* Das Zeugnis im Arbeitsrecht, DB 1966, 264, 300, 340; *ders.,* Das Zeugnis, 2. Aufl. 1969; *Neumann,* Das Arbeitszeugnis − Hinweise für die betriebliche Praxis, BB 1951, 226; *Neumann-Duesberg,* Falsches Zeugnis und § 826 BGB, JR 1956, 411; *Palme,* Das Arbeitszeugnis in der neueren Rechtsprechung, BlStSozArbR 1971, 328, 1979, 261; *Reichel,* Dienstzeugnis und Auskunftserteilung, DB 1955, 21; *Rewolle,* Zeugnis und Auskunft über Arbeitnehmer, DB 1951, 306; *Rick,* Zwangsvollstreckung von Zeugnisansprüchen, DB 1958, 1361; *Schleßmann,* Das Arbeitszeugnis, 13. Aufl. 1993; *ders.,* Geheimzeichnen und Merkmale bei Arbeitszeugnissen, BB 1975, 329; *ders.,* Das Arbeitszeugnis, BB 1988, 1320; *K. H. Schmid,* Leistungsbeurteilungen in Arbeitszeugnissen und ihre rechtliche Problematik, DB 1982, 111; *ders.,* Rechtsprobleme bei der Einholung von Auskünften über Bewerber, DB 1983, 769; *ders.,* Aussagen über Führungsleistungen in Arbeitszeugnissen und ihre rechtliche Problematik, DB 1986, 1334; *ders.,* Zur Interpretation von Zeugnisinhalten, DB 1988, 2253; *K. Schmidt,* Zum Zeugnisanspruch des Arbeitnehmers im Konkurs einer Handelsgesellschaft, DB 1991, 1939; *Schweres,* Zwischen Wahrheit und Wohlwollen, BB 1986, 1527; *Schröder,* Auskünfte über den ausgeschiedenen Arbeitnehmer, NZA 1990, 717; *ders.,* Zur Auskunftserteilung unter Arbeitgebern über Arbeitnehmer, NZA 1990, 717; *ders.,* Alles über Arbeitszeugnisse, 4. Aufl. 1995; *Siek,* Rechtsprobleme beim Widerruf eines Arbeitszeugnisses, RdA 1951, 413; *Tilger,* Das Zwischenzeugnis, AuR 1958, 79; *Trinkhaus,* Die Auskunft des Arbeitgebers und ihre Grenzen, RdA 1961, 221; *van Venrooy,* Das Dienstzeugnis, 1984; *Wächter,* Das Zeugnis und die Auskunft über den Arbeitnehmer, BlStSozArbR 1954, 301; MünchHdbArbR/*Wank* § 124; *Weuster,* Zeugnisgestaltung und Zeugnissprache zwischen Informationsfunktion und Werbefunktion, BB 1992, 58; *Zeitelmann,* Schadensersatzpflicht bei wahrheitswidrigen Zeugnissen, GmbHR 1955, 78. − Vgl. auch die Kommentierungen zu § 630 BGB.

Übersicht

I. Bedeutung

1 **1. Normzweck.** Das Zeugnis gibt Auskunft über die Art und Dauer der ausgeübten Beschäftigung sowie auf Verlangen des Handlungsgehilfen auch über dessen persönliche und fachliche Qualifikation. Es dient somit dem **beruflichen Fortkommen** des Handlungsgehilfen,[1] weil er an Hand des Zeugnisses bei einer neuen Bewerbung seine Qualifikation nachweisen kann. Zweck dieser Vorschrift ist es daher, dem Handlungsgehilfen durch den Anspruch auf das Zeugnis den Zugang zu einer neuen Beschäftigung zu ermöglichen. Ob es darüber hinaus der Unterrichtung des an einer Einstellung des Bewerbers interessierten Dritten dient, ist strittig.[2] Da § 73 nur ein Anspruch des Dienstpflichtigen gegen den Dienstberechtigten statuiert, ist ein über das berufliche Fortkommen des Handlungsgehilfen hinausgehender Zweck nicht anzuerkennen.[3]

2 **2. Verhältnis zu sonstigen Vorschriften.** § 73 ist eine Sondervorschrift für Handlungsgehilfen im Verhältnis zur allgemeinen Bestimmung des § 630 BGB.[4] Im Unterschied zu dieser Vorschrift kann der Handlungsgehilfe unabhängig von der Dauer des Dienstverhältnisses ein Zeugnis verlangen. Vorrang vor § 73 hat seinerseits § 8 BBiG, der den Zeugnisanspruch für Auszubildende normiert. Für gewerbliche Arbeitnehmer ergibt sich dieser Anspruch aus § 113 GewO.

3 **3. Sonstige Arbeitspapiere.** Neben dem Zeugnis hat der Arbeitgeber dem Arbeitnehmer bei Beendigung des Arbeitsverhältnisses auch die sonstigen Arbeitspapiere auszuhändigen (vgl. § 59 RdNr. 394). Hierzu gehören u.a. die Lohnsteuerkarte nebst Lohnsteuerbescheinigung (§ 41 b Abs. 1 EStG), die Urlaubsbescheinigung nach § 6 Abs. 2 BUrlG, etwaige bei der Einstellung übergebene Zeugnisse sowie eine Arbeitsbescheinigung nach § 133 Abs. 1 AFG. Die **Arbeitsbescheinigung** nach § 133 Abs. 1 AFG dient nicht dem beruflichen Fortkommen des Arbeitnehmers, sondern dem Nachweis der Tatsachen, die für die Entscheidung über den Anspruch auf Arbeitslosengeld erheblich sein können.

4 Für Arbeitspapiere betreffende **Rechtsstreitigkeiten** sind grundsätzlich die Arbeitsgerichte zuständig (§ 2 Abs. 1 Nr. 3 e ArbGG). Das gilt auch für die Erteilung einer Arbeitsbescheinigung nach § 133 Abs. 1 AFG; deren Berichtigung ist allerdings gem. § 51 SGG vor den Sozialgerichten durchzusetzen.[5]

II. Form und Inhalt des Zeugnisses

5 **1. Form.** Das Zeugnis ist **schriftlich** (über die Schriftform vgl. § 126 BGB) in einer seiner Bedeutung entsprechenden Form auszustellen. Es ist insbesondere lesbar und auf einwandfreiem Papier möglichst maschinenschriftlich zu fertigen. Verwendet der Arbeitgeber im Geschäftsverkehr Firmenpapier, ist das Zeugnis auf diesem auszustellen.[6]

6 **Nachträgliche Änderungen** oder Verbesserungen sind wegen etwaiger Zweifel an der Ordnungsmäßigkeit unzulässig. Werden Änderungen oder Ergänzungen erforderlich, ist das Zeugnis neu zu schreiben.[7] Bei der Erteilung eines qualifizierten Zeugnisses ist die Verwendung von Formblättern unzulässig, weil dadurch das Zeugnis der persönlichen Note entkleidet wird.

---

[1] BAG AP BGB § 630 Nr. 1; Erman/*Hanau* § 630 RdNr. 2; MünchHdbArbR/*Wank* § 124 RdNr. 1; MünchKommBGB/*Schwerdtner* § 630 RdNr. 1; Staudinger/*Preis* § 630 RdNr. 2.
[2] Befürwortend BGH AP BGB § 630 Nr. 10; Erman/*Hanau* § 630 RdNr. 2; *Kölsch* NZA 1985, 382; *Schleßmann* BB 1988, 1320 f.
[3] So auch *Krummel* Zeugnis S. 24 ff.; MünchKommBGB/*Schwerdtner* § 630 RdNr. 1; *van Venrooy* Dienstzeugnis S. 21 ff.

[4] Wegen der Abweichungen gegenüber § 630 BGB vgl. *Wagner* Besonderheiten S. 127 ff.
[5] BAG NZA 1989, 321; BAG NZA 1992, 996; BSG NZA 1991, 696 – AA früher BAG AP BGB § 138 Nr. 34 zu IV der Gründe = NJW 1976, 1958, 1960.
[6] BAG NZA 1993, 697.
[7] MünchKommBGB/*Schwerdtner* § 630 RdNr. 19; MünchHdbArbR/*Wank* § 124 RdNr. 14.

v. Hoyningen-Huene

Als Datum muß auf dem einfachen Zeugnis das **Ausstellungsdatum** angegeben werden. 7
Eine Rückdatierung kann auch bei verspäteter Ausstellung nicht verlangt werden.[8] Die
Parteien können sich jedoch einvernehmlich über das Ausstellungsdatum einigen.[9] Auch
bei einer nachträglichen Änderung des Zeugnisses erhält das berichtigte Zeugnis das ursprüngliche Datum.[10]

Das Zeugnis ist vom Arbeitgeber oder einer sonstigen zur Ausstellung berechtigten Per- 8
son (vgl. RdNr. 42 f.) eigenhändig zu **unterschreiben**. Die Unterschrift muß mit Tinte
oder Tintenkuli bzw. Kugelschreiber, nicht mit Bleistift oder Kopierstift geleistet werden.
Der Firmenstempel ohne Beifügung einer Unterschrift genügt nicht.

2. Inhalt. a) Überblick. Beim Arbeitszeugnis sind **zwei Arten zu unterscheiden**, näm- 9
lich das einfache Zeugnis und das qualifizierte Zeugnis. Das einfache Zeugnis macht lediglich Aussagen über Art und Dauer des Arbeitsverhältnisses. Eine Bewertung der Arbeitsleistung erfolgt nicht. Das qualifizierte Zeugnis erstreckt sich zusätzlich auf Leistung und
Führung des Arbeitnehmers im Dienst.[11]

b) Einfaches Zeugnis. Beim einfachen Zeugnis sind lediglich die **Art und Dauer der** 10
Beschäftigung zu bestätigen. Aus dem Zeugnis muß die Person des Arbeitnehmers zweifelsfrei hervorgehen. Daher ist neben Namen, Vornamen und Beruf zur näheren Identi-
fizierung regelmäßig auch das Geburtsdatum des Handlungsgehilfen im Zeugnis anzugeben.[12] Ebenso ist im Zeugnis der Arbeitgeber genau zu bezeichnen.

Die **Art der Tätigkeit** des Handlungsgehilfen ist so vollständig und genau zu beschrei- 11
ben, daß sich künftige Arbeitgeber ein klares Bild machen können.[13] Hierbei kommt es
nicht darauf an, ob die einzelne Tätigkeit nach Umfang und Art besonders bedeutungsvoll
waren. Ausschlaggebend ist, ob ihr Umfang und ihre Bedeutung ausreichen, um sie im
Falle einer Bewerbung des Arbeitnehmers für den Arbeitgeber interessant erscheinen zu
lassen. Unwesentliches darf also verschwiegen werden, nicht aber Aufgaben und Tätigkeiten, die ein Urteil über die Kenntnisse und die Leistungsfähigkeit des Arbeitnehmers erlauben.[14] Erfüllt der Handlungsgehilfe in einem Arbeitsverhältnis nacheinander verschiedene Funktionen, sind diese in einem Zeugnis aufzuzählen, nicht etwa mehrere Zeugnisse
auszustellen.[15]

Die **Dauer der Beschäftigung** ist nach dem Kalender anzugeben, also mit dem Anfangs- 12
und Endtermin. Maßgeblich ist der rechtliche Bestand des Arbeitsverhältnisses, bei fehlerhaftem Arbeitsverhältnis die tatsächliche Dauer. **Unterbrechungen**, zB infolge von Krankheit oder Urlaub, bleiben unberücksichtigt,[16] und zwar unabhängig von ihrer Dauer.[17]

Nur auf Wunsch des Arbeitnehmers ist im einfachen Zeugnis der **Beendigungstatbe-** 13
stand anzugeben. Wird in einem Prozeßvergleich die einverständliche Aufhebung festgelegt, so ist auf Wunsch des Arbeitnehmers auf den Aufhebungsvertrag, nicht aber auf den

---

[8] LAG Hamm DB 1969, 886; MünchKomm-
BGB/*Schwerdtner* § 630 RdNr. 6; Staudinger/*Preis*
§ 630 RdNr. 29.
[9] LAG Frankfurt DB 1955, 484; Staudinger/*Preis*
§ 630 RdNr. 29. – AA MünchKommBGB/
Schwerdtner § 630 RdNr. 6.
[10] BAG AP BGB § 630 Nr. 19 mit Anm. *van*
Venrooy; LAG Baden-Württemberg DB 1968, 1319;
ArbG Karlsruhe BB 1986, 461; Erman/*Hanau*
RdNr. 7; MünchKommBGB/*Schwerdtner* § 630
RdNr. 6.
[11] v. *Hoyningen-Huene,* Betriebliches Arbeitsrecht,
3. Aufl. 1993, S. 125.
[12] GK-HGB/*Etzel* RdNr. 13; MünchHdbArbR/
Wank § 124 RdNr. 16. – AA Erman/*Hanau* § 630
RdNr. 7; MünchKommBGB/*Schwerdtner* § 630
RdNr. 6.

[13] BAG AP BGB § 630 Nr. 11 mit Anm. *Schleß-*
mann zu I 2 b der Gründe; GK-HGB/*Etzel*
RdNr. 13; Staub/*Konzen/Weber* RdNr. 16.
[14] BAG AP BGB § 630 Nr. 11 mit Anm. *Schleß-*
mann; GK-HGB/*Etzel* RdNr. 13.
[15] LAG Frankfurt AP BGB § 630 Nr. 5; Hey-
mann/*Henssler* RdNr. 11; Staub/*Konzen/Weber*
RdNr. 16.
[16] BGHZ 49 30, 33; *Krummel* S. 124; GK-HGB/
Etzel RdNr. 13; Heymann/*Henssler* RdNr. 12; Er-
man/*Hanau* § 630 RdNr. 7; Staub/*Konzen/Weber*
RdNr. 17.
[17] *Krummel* S. 124; MünchKommBGB/*Schwerdt-*
ner § 630 RdNr. 6. – AA für längere Unterbrechungen *Schleßmann* BB 1988, 1320, 1322; Erman/
Hanau § 630 RdNr. 7; Staub/*Konzen/Weber* Rd-
Nr. 17; MünchHdbArbR/*Wank* § 124 RdNr. 18.

Prozeßvergleich hinzuweisen.[18] Nicht zu erwähnen ist im einfachen Arbeitszeugnis eine Wettbewerbsabrede[19] oder eine Betriebsratstätigkeit[20] (hierzu auch RdNr. 28 f.). Dies gilt selbst dann, wenn der Handlungsgehilfe zur Wahrnehmung seiner Betriebsratstätigkeit freigestellt worden ist.[21] Insoweit kann für die Arbeitsverhinderung durch Betriebsratstätigkeit nichts anderes gelten als für Arbeitsverhinderung aus sonstigen Gründen.

14   **c) Qualifiziertes Zeugnis.** Auf Verlangen des Handlungsgehilfen ist ein qualifiziertes Zeugnis auszustellen, das Angaben über Leistung und Führung enthält. Mit dem Sinn des qualifizierten Zeugnisses, ein Gesamtbild über das Verhalten des Arbeitnehmers zu vermitteln, ist es nicht vereinbar, Angaben ausschließlich auf die Leistung oder die Führung zu beschränken.[22]

15   **aa) Allgemeines.** Bei der Abfassung im einzelnen ist zu berücksichtigen, daß das Zeugnis in erster Linie dem Handlungsgehilfen als Unterlage für eine Bewerbung dienen soll. Mittelbar kommt dem Zeugnis auch die Aufgabe zu, einen Dritten zu unterrichten, der die Einstellung des Zeugnisinhabers erwägt.[23] Der Arbeitgeber hat daher bei der Formulierung des Zeugnisses darauf zu achten, das Fortkommen des Arbeitnehmers nicht unnötig zu erschweren.[24] Andererseits kann Aussagekraft und Verwertbarkeit des Zeugnisses nur erreicht werden, wenn dieses wahr ist. Der Arbeitgeber muß daher **alle wesentlichen Tatsachen und Beurteilungen** in das Zeugnis aufnehmen, soweit ein künftiger Arbeitgeber hieran ein berechtigtes und verständiges Interesse haben kann.[25] Soweit persönliches Verhalten oder Leistungen das Gesamtbild des Arbeitnehmers prägen, hat der Arbeitgeber diese im Zeugnis zu erwähnen, unabhängig davon, ob dies dem Handlungsgehilfen günstig oder ungünstig ist.[26]

16   Hinsichtlich der **Formulierung** des Zeugnisses steht dem Arbeitgeber ein **Beurteilungsspielraum** zu.[27] Es ist grundsätzlich in sein Ermessen gestellt, welche Tatsachenvorfälle er in das Zeugnis aufnimmt, welche Folgerungen und Werturteile er daraus zieht und wie die Gesamtdarstellung erfolgt. Die Wahl der Worte bestimmt der Arbeitgeber ebenso wie die Abfolge.[28] Der Arbeitnehmer hat keinen Anspruch auf eine bestimmte Formulierung oder einen bestimmten Wortlaut.

17   Der Beurteilungsspielraum des Arbeitgebers wird durch die **Wahrheitspflicht** begrenzt. Der Arbeitgeber ist daher verpflichtet, alle wesentliche Tatsachen, unabhängig davon, ob sie für den Dienstpflichtigen günstig oder ungünstig sind, zu dokumentieren. Es dürfen nur Tatsachen, nicht aber bloße Behauptungen, Annahmen oder Verdächtigungen Berücksichtigung finden.[29] Daher darf eine subjektive Wertung nicht auf Vorurteilen beruhen oder durch eine Voreingenommenheit beeinflußt sein. Vielmehr kann verlangt werden, ein objektiv richtiges Urteil zu fällen. Soweit daher eine negative Beurteilung nicht von den Tatsachen getragen wird, ist eine solche Bewertung unzulässig. Namentlich darf sich der Arbeitgeber nicht von anläßlich des Ausscheidens des Arbeitnehmers entstandenen Un-

---

[18] LAG Baden-Württemberg DB 1967, 48; 1968, 1390; MünchKommBGB/*Schwerdtner* § 630 RdNr. 6; Staudinger/*Preis* § 630 RdNr. 35.

[19] LAG Hamm BB 1962, 638, 639; Erman/*Hanau* § 630 RdNr. 7

[20] LAG Frankfurt DB 1978, 167; LAG Hamm DB 1976, 1112; Erman/*Hanau* § 630 RdNr. 7; MünchKommBGB/*Schwerdtner* § 630 RdNr. 6.

[21] Vgl. hierzu ausführlich, zT abweichend *Brill,* BB 1981, 616, 618 f.; sowie unten RdNr. 27 f.

[22] LAG Düsseldorf LAGE § 630 BGB Nr. 10; Heymann/*Henssler* RdNr. 14; MünchKommBGB/ *Schwerdtner* § 630 RdNr. 7; Staudinger/*Preis* § 630 RdNr. 39.

[23] BAG AP Nr. 1.

[24] BGH AP BGB § 826 Nr. 10; Baumbach/*Hopt* RdNr. 5; GK-HGB/*Etzel* RdNr. 15, Staudinger/ *Preis* § 630 RdNr. 44.

[25] BAG AP Nr. 1; BGH AP BGB § 826 Nr. 10; *Schleßmann* BB 1988, 1320, 1321, Baumbach/*Hopt* RdNr. 5; Heymann/*Henssler* RdNr. 13.

[26] Staudinger/*Preis* § 630 RdNr. 41.

[27] BAG AP BGB § 630 Nr. 11 mit Anm. *Schleßmann* zu I 1 a der Gründe; LAG Düsseldorf DB 1985, 2692; GK-HGB/*Etzel* RdNr. 20; Erman/ *Hanau* § 630 RdNr. 9; MünchKommBGB/ *Schwerdtner* § 630 RdNr. 14; Staudinger/*Preis* § 630 RdNr. 50 ff.; kritisch zur vorherrschenden Formulierungspraxis MünchHdbArbR/*Wank* § 124 RdNr. 27.

[28] Staudinger/*Preis* § 630 RdNr. 42.

[29] LAG Hamm LAGE BGB § 630 Nr. 16.

stimmigkeiten leiten lassen, wenn der Arbeitnehmer ordentlich gearbeitet hat und der Vorgang weder Fähigkeiten noch Leistungen kennzeichnet.[30]

Der Arbeitgeber ist in seiner Entscheidung darüber frei, welche positven oder negativen **18** Leistungen oder Eigenschaften des Handlungsgehilfen er mehr **hervorheben** will als andere. Allerdings muß das Zeugnis nicht nur inhaltlich richtig sein; es darf auch **nichts auslassen**, was der Leser eines Zeugnisses erwartet. Entspricht es daher der Verkehrssitte, bei bestimmten Berufsgruppen Eigenschaften hervorzuheben, so sind diese auch im Zeugnis darzutun, wenn sie auf den Handlungsgehilfen zutreffen.[31]

Das Zeugnis ist **individuell** auf den Handlungsgehilfen abzustellen.[32] Hierzu steht die **19** Verwendung von, wenn auch detaillierten, Formularen im Widerspruch.

bb) Leistung. Bei der Beurteilung der Leistung ist zu erläutern, wie der Handlungsgehil- **20** fe die ihm nach dem Vertrag obliegenden Aufgaben erfüllt hat.[33] Im Laufe der Zeit haben sich für die Leistungsbeurteilung bestimmte Kurzformeln herausgebildet.[34] Solche Umschreibungen werden aber keineswegs einheitlich verwendet und beruhen auch nicht auf einem Geheimcode, wie gelegentlich behauptet wird. Vielmehr haben sich bestimmte Ausdrucksweisen herausgebildet, damit negative Aussagen nicht allzu kraß erscheinen und sich als Fortkommenserschwerung auswirken.[35]

Die Leistungsbeurteilung wird im wesentlichen durch zwei Faktoren geprägt. Zum einen **21** durch den **Leistungsfaktor**, mit dem der Arbeitgeber den Grad seiner Zufriedenheit hinsichtlich der vom Handlungsgehilfen erbrachten Leistungen zum Ausdruck bringt. Zum anderen durch den **Zeitfaktor**, mit dem der Arbeitgeber die von ihm geäußerte Zufriedenheit uneingeschränkt oder aber nur unter zeitlichen Einschränkungen bzw. Vorbehalten attestiert.

Auch hinsichtlich der Leistungsbewertung steht dem Arbeitgeber ein **Beurteilungsspiel- 22 raum** zu. Selbst wenn eine Arbeitsleistung stets ohne Beanstandung geblieben ist, hat der Handlungsgehilfe keinen Anspruch auf eine Bewertung der Leistung als „sehr gut".[36] Für eine sehr gute Leistung kann der Arbeitgeber darüber hinausgehende, besonders auszeichnende Umstände, zB schnellere Erledigung der Arbeit als üblich, verlangen.[37] Andererseits ist der Arbeitgeber nur dann berechtigt, die Leistungen des Handlungsgehilfen als unterdurchschnittlich zu bezeichnen, wenn er dieses durch Tatsachen belegen kann.[38] Bei der Bewertung der Leistung kann der Handlungsgehilfe ein Durchschnittsprädikat erwarten, wenn bei langjähriger Tätigkeit nur wenige Fälle minderwertiger Leistung vorgekommen sind.[39]

Eine **sehr gute Leistung** wird im Zeugnis durch den Zeitfaktor „stets" o. ä. sowie eine **23** besonders hohe Zufriedenheit mit der Arbeitsleistung zum Ausdruck gebracht. Gängige Formulierungen hierfür sind „wir waren stets mit seinen Leistungen außerordentlich zufrieden" oder „er hat die ihm übertragenen Arbeiten stets zu unserer vollsten Zufriedenheit erledigt".[40] Die zweite Formulierung ist zwar sprachlich falsch, in der betrieblichen Praxis aber stark verbreitet. Eine **überdurchschnittliche, gute Arbeitsleistung** wird „stets zu unserer vollen Zufriedenheit" bewertet.[41] Bei einer **durchschnittlichen**, befriedigenden Arbeitsleistung wird dem Handlungsgehilfen bescheinigt, die ihm „übertragenen Arbeiten zur vollen Zufriedenheit erledigt" zu haben.[42] Dies gilt namentlich dann, wenn die Tätigkeit zwar ohne jegliche Beanstandung, aber auch ohne jedwedes Lob geblieben ist.[43] Weiter

---

[30] LAG Hamm LAGE BGB § 630 Nr. 16.
[31] BAG AP BGB § 630 Nr. 6; Erman/*Hanau* § 630 RdNr. 10.
[32] Erman/*Hanau* § 630 RdNr. 10.
[33] Erman/*Hanau* § 630 RdNr. 11.
[34] Ausführlich *Schmid* DB 1982, 1111 ff.
[35] *v. Hoyningen-Huene*, Betriebliches Arbeitsrecht, S. 126.
[36] LAG Düsseldorf DB 1985, 2692.

[37] Erman/*Hanau* § 630 RdN1. 11.
[38] Stahlhacke/*Bleistein* § 113 GewO Anm. I 4 b.
[39] Soergel/*Kraft* § 630 RdNr. 8.
[40] Vgl. ausführlich LAG Hamm LAGE BGB § 630 Nr. 16; Staudinger/*Preis* § 630 RdNr. 51.
[41] LAG Düsseldorf DB 1980, 546.
[42] BAG AP BGB § 630 Nr. 11.
[43] Ähnlich LAG Hamm LAGE § 630 BGB Nr. 16.

gebräuchlich sind ferner für **ausreichende** Leistungen „zu unserer Zufriedenheit"[44] und für **mangelhafte** Leistungen „im großen und ganzen zu unserer Zufriedenheit".[45] Wird dem Handlungsgehilfen bescheinigt, er habe die ihm „übertragenen Aufgaben mit großem Fleiß und Interesse durchgeführt", so wird hierdurch mittelbar erklärt, daß sich der Handlungsgehilfe zwar um die erfolgreiche Erledigung seiner Aufgaben bemüht, im Ergebnis aber nichts geleistet oder eine schlechte Leistung erbracht habe.[46]

24   **cc) Führung.** Angaben zur Führung betreffen das **dienstliche Verhalten** des Arbeitnehmers.[47] Hierunter fällt sowohl das Sozialverhalten gegenüber Vorgesetzten und Kollegen als auch die Art und Weise der Erfüllung vertraglicher Pflichten. Die außerdienstliche Führung hat hierbei grundsätzlich außer Betracht zu bleiben.[48] Dies gilt auch für Straftaten, die mit dem Dienst in keinem Zusammenhang stehen, selbst wenn sie zur Entlassung führten.[49] Die dienstliche Führung ist jedoch dann betroffen, wenn sich das Verhalten auch auf den Arbeitsbereich auswirkt. Daher ist der Arbeitgeber berechtigt, Alkohol-/Drogenmißbrauch bzw. -sucht im Zeugnis zu erwähnen, wenn der Handlungsgehilfe Suchtmittel während des Dienstes konsumiert hat oder vor dem Dienst konsumierte Suchtmittel sich auf die Arbeitsleistung oder das sonstige Verhalten im Betrieb ausgewirkt haben.[50] Auch Straftaten im Dienst sowie die vertragswidrige Nutzung dienstlich anvertrauter Gegenstände[51] dürfen im Zeugnis erwähnt werden. Gleiches gilt für sittliche Verfehlungen eines Heimerziehers gegenüber seinen Pfleglingen.[52] Allerdings muß der Handlungsgehilfe wegen dieser Straftaten verurteilt oder diese müssen beweisbar sein. Der bloße Tatverdacht berechtigt noch nicht zu Angaben im Zeugnis.[53]

25   Der Arbeitgeber ist nur dann verpflichtet, die Führung des Handlungsgehilfen als **einwandfrei** zu bezeichnen, wenn diese frei von Beanstandungen jeder Art gewesen ist.[54] Bezeichnet der Arbeitgeber die Führung als „im ganzen gut" oder „nicht immer befriedigend" so liegt hierin eine Abwertung, die durch entsprechende Tatsachen als richtig belegt werden muß.

26   **dd) Einzelfälle, alphabetisch. (1) Beendigungsgrund.** Die **Art der Beendigung** des Arbeitsverhältnisses, also ob dieses durch Kündigung seitens des Arbeitgebers oder des Arbeitnehmers oder durch einverständliche Aufhebung beendet wurde, ist **nur auf Verlangen** des Arbeitnehmers in das Arbeitszeugnis aufzunehmen.[55] Darüber hinaus sind auch die Beendigungsgründe, wie zB lang andauernde Krankheit, in das Zeugnis aufzunehmen, wenn der Arbeitnehmer dies verlangt und es seinem Interesse dient.

27   Demgegenüber ist der Arbeitgeber grundsätzlich nicht berechtigt, einseitig die **Entlassungsgründe** im Arbeitszeugnis zu erwähnen.[56] Die Entlassungsgründe können nur bei der Leistungs- oder Führungsbeurteilung erwähnt werden, wenn sie für das Gesamtbild wichtig sind und es sich nicht lediglich um einmalige, geringfügige Vorfälle handelt.[57] Ausnahmsweise ist der Arbeitgeber jedoch auch ohne ausdrückliches Verlangen des Handlungsgehilfen verpflichtet, die Entlassungsgründe im Zeugnis anzugeben, wenn dieses dem berufli-

[44] LAG Frankfurt DB 1988, 1071.
[45] *Schmid* DB 1982, 1111, 1113.
[46] BAG AP BGB § 630 Nr. 12.
[47] Erman/*Hanau*   § 630   RdNr. 12;   MünchKommBGB/*Schwerdtner* § 630 RdNr. 10; Staub/*Konzen/Weber* RdNr. 22.
[48] Erman/*Hanau*   § 630   RdNr. 12;   MünchKommBGB/*Schwerdtner* § 630 RdNr. 10; Staudinger/*Preis* § 630 RdNr. 45, 47.
[49] Staudinger/*Preis* § 630 RdNr. 45, 47.
[50] MünchKommBGB/*Schwerdtner* § 630 RdNr. 10; Staudinger/*Preis* § 630 RdNr. 48.
[51] BAG AP TVAL II § 48 Nr. 2 mit Anm. *Beitzke*: Vertragswidrige Benutzung eines Dienstfahrzeugs zur privaten nächtlichen Trunkenheitsfahrt.
[52] BAG AP BGB § 630 Nr. 10.

[53] GK-HGB/*Etzel*   RdNr. 17;   Soergel/*Kraft* § 630   RdNr. 8;   MünchHdbArbR/*Wank* § 124 RdNr. 29. – AA BAG AP BGB § 630 Nr. 10; Stahlhacke/*Bleistein* § 113 GewO Anm. I 4 b.
[54] BAG AP TVAL II § 48 Nr. 2 mit Anm. *Beitzke.*
[55] BAG AP Nr. 1; LAG Düsseldorf NZA 1988, 399, 400; *Schleßmann* DB 1988, 1320, 1322 und 1323; Soergel/*Kraft* § 630 RdNr. 8.
[56] AA   MünchKommBGB/*Schwerdtner*   § 630 RdNr. 15; *Stahlhacke/Bleistein* § 133 GewO Anm. I 4 b.
[57] So im Ergebnis auch BAG AP Nr. 1,; *Schleßmann* BB 1988, 1320, 1323; GK-HGB/*Etzel* RdNr. 16; Soergel/*Kraft* RdNr. 8; Staudinger/*Preis* § 630 RdNr. 35.

chen Fortkommen des Handlungsgehilfen dienlich erscheint. So ist im Zeugnis aufzunehmen, daß das Arbeitsverhältnis im beiderseitigem Einvernehmen endete, wenn anderenfalls zB wegen des Endtermins des Arbeitsverhältnisses, der Verdacht einer außerordentlichen Kündigung naheliegen würde.[58] Ebenso hat der Arbeitgeber das Vorliegen
einer betriebsbedingten Kündigung im Zeugnis dazutun, um im Interesse der weiteren
Berufschancen des Handlungsgehilfen nicht den Eindruck entstehen zu lassen, die Beendigung des Arbeitsverhältnisses sei durch Gründe erfolgt, die in der Person oder im Verhalten
des Handlungsgehilfen liegen.[59]

(2) Betriebsratstätigkeit. Da eine Betriebsratstätigkeit[60] des Handlungsgehilfen weder **28**
mit seiner Arbeitsleistung noch seiner Führung im Betrieb in Zusammenhang steht, darf
diese grundsätzlich nur auf seinen Wunsch in das Zeugnis aufgenommen werden.[61] Zur
Erwähnung der Betriebsratstätigkeit gegen den Willen des Arbeitnehmers ist der Arbeitgeber dann berechtigt, wenn er aufgrund längerer Freistellung nicht mehr in der Lage ist,
Leistung und Führung des Arbeitnehmers bei seiner beruflichen Tätigkeit zu bewerten.[62]
Dies kommt dann in Betracht, wenn der Handlungsgehilfe für seine Betriebsratstätigkeit
auf längere Zeit von der Arbeit vollkommen freigestellt war.[63]

Einen **Anspruch auf Erwähnung** der Betriebstätigkeit hat der Handlungsgehilfe nur **29**
dann, wenn er hieran ein berechtigtes Interesse dartut oder das Zeugnis ohne die Angabe
unvollständig wäre.

(3) Ehrlichkeit. Besondere Attribute, wie zB Ehrlichkeit, sind dem Handlungsgehilfen **30**
im Zeugnis nur dann zu bescheinigen, wenn nach der Verkehrsauffassung durch das Auslassen solcher Kennzeichnungen auf das Gegenteil geschlossen würde. So ist zB Verkäuferinnen[64] im Zeugnis die Ehrlichkeit zu bescheinigen, wenn der Arbeitgeber das Gegenteil
nicht nachweisen oder keine dringenden Verdachtsgründe angeben kann.[65]

(4) Fehlzeiten. Längere Fehlzeiten und Krankheiten des Handlungsgehilfen sind grund- **31**
sätzlich nicht im Zeugnis zu erwähnen, da diese Tatsachen weder die Beurteilung von
Führung noch von Leistungen betrifft.[66] Eine Ausnahme ist dann zu machen, wenn die
Fehlzeiten oder etwa ein kritischer Gesundheitszustand des Handlungsgehilfen für die
Gesamtbeurteilung oder die Leistungsfähigkeit von Bedeutung sind.[67]

(5) Straftaten. Straftaten dürfen nur dann im Zeugnis erwähnt werden, wenn sie mit der **32**
dienstlichen Tätigkeit im Zusammenhang stehen (vgl. RdNr. 24). Allerdings darf nicht
jede im Dienst begangene Straftat in das Zeugnis aufgenommen werden. Dies ist beispielsweise unzulässig bei geringfügigen Verfehlungen, die einen einmaligen Ausrutscher darstellen und das Gesamtbild des Handlungsgehilfen nicht prägen.[68] Hierbei kann auch dem
Zeitablauf eine Bedeutung zukommen.[69] Im Einzelfall kann es daher unzulässig sein, eine

---

[58] LAG Baden-Württemberg DB 1968, 1319,
Staudinger/*Preis* § 630 RdNr. 35.
[59] *Schleßmann* BB 1988, 320, 323.
[60] Hierzu eingehend *Brill* 1981, 616 ff.
[61] LAG Hamm DB 1979, 1112; LAG Frankfurt
AuR 1978, 315; ArbG Kassel DB 1976, 1487; ArbG
Ludwigshafen DB 1987, 1364; *Becker-Schaffner*
BB 1989, 2105, 2107; Soergel/*Kraft* § 36 BGB
RdNr. 8; Staudinger/*Preis* § 630 RdNr. 32; *Stahl-
hacke/Bleistein* § 113 GewO Anm. I 4 b; Münch-
HdbArbR/*Wank* § 124 RdNr. 30. – AA *Krummel*
S. 145 ff.   MünchKommBGB/*Schwerdtner* § 630
RdNr. 16. – Vgl. zur Unzulässigkeit einer Erwäh-
nung der Personalratstätigkeit in einer dienstlichen
Regelbeurteilung BAG NZA 1993, 222 ff.
[62] LAG Frankfurt AuR 1978, 315; LAG Hamm
DB 1976, 1112; ArbG Kassel DB 1976, 1487; ArbG
Ludwigshafen BB 1987, 1364; Heymann/*Henssler*
RdNr. 17; Staudinger/*Preis* § 630 RdNr. 32.

[63] ArbG Kassel DB 1976, 1487, wonach eine
3 1/2jährige Freistellung noch nicht ausreichen soll
(zweifelhaft).
[64] *Brill* BB 1981, 616, 618 f.; Staudinger/*Preis*
§ 630 RdNr. 48; Staub/*Konzen/Weber* RdNr. 22.
[65] Ebenso für Haushaltsgehilfinnen, aber anders
für Tankwarte LAG Frankfurt DB 1962, 1215.
[66] ArbG Frankfurt DB 1991, 2448; *Krummel*
S. 149.
[67] ArbG Hagen BB 1969, 676 mit abl. Anm.
Wolf; Staudinger/*Preis* § 630 BGB RdNr. 47.;
MünchHdbArbR/*Wank* § 124 RdNr. 29. – AA
Schleßmann BB 1988, 1320, 1323.
[68] MünchKommBGB/*Schwerdtner* § 630 RdNr.
15.
[69] *Schleßmann* BB 1988, 1320, 1323; *Stahlhacke/
Bleistein* § 113 GewO Anm. I 4 b; Staub/*Konzen/
Weber* RdNr. 22.

nicht ganz geringfügige Straftat im Zeugnis zu erwähnen, wenn der Vorfall bereits mehrere Jahre zurückliegt und sich nicht wiederholt hat.

33   **(6) Vertragsverletzungen.** Gleiche Grundsätze gelten für Vertragsverletzungen. Danach dürfen auch kleinere Pflichtwidrigkeiten, wie zB dauernde Unpünktlichkeit oder mehrfaches unberechtigtes Verlassen des Arbeitsplatzes, in das Zeugnis aufgenommen werden, soweit sie das gesamte Bild des Handlungsgehilfen prägen.[70] Einmalige Vertragsverletzungen dürfen dann erwähnt werden, wenn ihnen für die Gesamtbeurteilung besonderer Ausschlag zukommt, wie zB der Bruch des Arbeitsvertrages.[71] Auch **Abmahnungen** sind nicht in das Zeugnis aufzunehmen. Dies soll nur Aufschluß über das Verhalten des Arbeitnehmers geben, nicht aber die Reaktionen des Arbeitgebers hierauf schildern.

34   **(7) Wettbewerbsverbot.** Nicht aufzunehmen ist hingegen ein Wettbewerbsverbot,[72] weil dieses nicht geeignet ist, die Führung oder Leistung des Handlungsgehilfen im Dienst zu kennzeichnen.

III. Zeugnisanspruch

35   **1. Entstehung des Anspruchs.** Der Anspruch auf das Zeugnis entsteht bei Beendigung des Dienstverhältnisses auf ein entsprechendes Verlangen des Handlungsgehilfen.

36   **a) Beendigung des Dienstverhältnisses.** Da der Handlungsgehilfe kraft Gesetzes unselbständig tätig ist (vgl. § 59) kann der Streit zu § 630 BGB dahinstehen, ob die Zeugnispflicht **für jeden Dienstvertrag** gilt.[73] Im Gegensatz zu § 630 BGB ist der Zeugnisanspruch auch nicht auf ein dauerndes Arbeitsverhältnis beschränkt.[74] Vielmehr hat der Handlungsgehilfe auch dann einen Zeugnisanspruch gegen den Unternehmer, wenn seine Tätigkeit nur kurzfristig und nicht auf Dauer angelegt war.

37   Der Anspruch des Handlungsgehilfen auf das Zeugnis **entsteht bei Beendigung** des Dienstverhältnisses. Damit ist nicht der Zeitpunkt der tatsächlichen oder rechtlichen Beendigung des Dienstverhältnisses gemeint. Entsprechend dem Zweck des Zeugnisses, dem Handlungsgehilfen sein berufliches Fortkommen zu erleichtern, muß ihm der Anspruch ab dem Zeitpunkt zustehen, in dem die Auflösung des Dienstverhältnisses angebahnt wird. Schon vom diesem Zeitpunkt an besteht für ihn ein berechtigtes Interesse, einen neuen Dienstherrn zu suchen (vgl. § 629 BGB). Dementsprechend kann der Handlungsgehilfe das Zeugnis vom Zeitpunkt der Kündigung an verlangen.[75]

38   Bei **einer außerordentlichen Kündigung** ist daher das Zeugnis auf Verlangen des Handlungsgehilfen sofort iSv. unverzüglich zu erteilen.[76] Im Falle der ordentlichen Kündigung besteht der Anspruch ab dem Zeitpunkt des Ausspruchs der Kündigung,[77] nicht erst mit dem Beginn der spätest möglichen Kündigungsfrist.[78] Im Falle der **einverständlichen Vertragsauflösung** ist der Zeitpunkt der Einigung maßgeblich.[79] Bei einem **befristeten**

[70] Staudinger/*Preis* § 630 RdNr. 46.

[71] LAG Hamm, AR.-Blattei, Arbeitsvertragsbruch, Entsch. 25; MünchKommBGB/*Schwerdtner* § 630 RdNr. 10. – AA LAG Köln BB 1990, 856.

[72] MünchKommBGB/*Schwerdtner* § 630 RdNr. 16; Soergel/*Kraft* § 630 RdNr. 8; *Stahlhacke/Bleistein* § 113 GewO Anm. I 4 b; *Stahlhacke/Preis* § 630 BGB RdNr. 32.

[73] So Soergel/*Kraft* § 630 RdNr. 1. – AA Erman/*Hanau* § 630 RdNr. 3; MünchKommBGB/*Schwerdtner* § 630 RdNr. 3; Staudinger/*Preis* § 630 RdNr. 3.

[74] Dazu MünchKommBGB/*Schwerdtner* § 630 RdNr. 4; Staudinger/*Preis* § 630 RdNr. 6; *Wagner* Besonderheiten S. 130 ff.

[75] Erman/*Hanau* § 630 RdNr. 6; MünchKomm-BGB/*Schwerdtner* § 630 RdNr. 23; Staub/*Konzen/Weber* RdNr. 5; *Preis* S. 78 ff.; zur Fälligkeit des Zeugnisanspruchs, bei Erhebung einer Kündigungsschutzklage und bei einer Weiterbeschäftigung des Arbeitnehmers nach Ablauf der Kündigungsfrist gemäß § 102 Abs. 5 BetrVG siehe MünchHdbArbR/*Wank* § 124 RdNr. 12, 13.

[76] *Krummel* S. 85: Angemessen ist eine Frist zwischen zwei und vier Tagen; MünchKommBGB/*Schwerdtner* § 630 RdNr. 22.

[77] Erman/*Hanau* § 630 RdNr. 6; MünchKomm-BGB/*Schwerdtner* § 630 RdNr. 22 f.; *Krummel* S. 81 f.; Staudinger/*Preis* § 630 RdNr. 13.

[78] So aber Heymann/*Henssler* RdNr. 4; Soergel/*Kraft* § 630 RdNr. 2.

[79] Staudinger/*Preis* § 630 RdNr. 18.

v. Hoyningen-Huene

Vertragsverhältnis entsteht der Zeugnisanspruch angemessene Zeit vor Beendigung.[80] Insoweit kann man sich an den Fristen orientieren, die zu beachten gewesen wären, wenn es zur Vertragsauflösung einer ordentlichen Kündigung bedurft hätte.[81]

Da sich die für die Beurteilung maßgebenden Verhältnisse bis zur tatsächlichen Beendi- **39** gung des Dienstverhältnisses noch ändern könnten, ist der Arbeitgeber berechtigt, das Zeugnis als **vorläufiges Zeugnis** zu bezeichnen.[82] Hiergegen ist eine Bezeichnung als Zwischenzeugnis abzulehnen, weil hier Verwechslungsgefahr mit dem echten Zwischenzeugnis besteht. Der Anspruch auf ein endgültiges Zeugnis entsteht allerdings spätestens mit dem tatsächlichen Ausscheiden des Handlungsgehilfen oder mit Ablauf der Kündigungsfrist, und zwar auch dann, wenn die Parteien im Kündigungsschutzprozeß über die Rechtmäßigkeit der Kündigung streiten.[83] Es können sich dann keine neuen Gesichtspunkte zur Beurteilung der Führung und Leistung des Arbeitnehmers mehr ergeben.

b) Verlangen des Dienstpflichtigen. Der Anspruch auf das Zeugnis setzt ein ent- **40** sprechendes Verlangen des Handlungsgehilfen voraus.[84] Allerdings ist der Anspruch nicht schon mit dem Verlangen fällig. Dem Arbeitgeber muß vielmehr eine angemessene Frist verbleiben, um die zur Erstellung des Zeugnisses erforderlichen Informationen einzuholen und dieses selbst auszufertigen. In größeren Firmen, in denen Rücksprachen zwischen Personalabteilung und den unmittelbaren Vorgesetzten notwendig sind, ist die Frist naturgemäß größer als in Kleinbetrieben.[85]

c) Zwischenzeugnis. Dem Handlungsghilfen kann auch schon vor bevorstehender Ver- **41** tragsbeendigung ein Anspruch auf ein Zwischenzeugnis zustehen. Dies gilt zunächst bei einzel- oder tarifvertraglicher Regelung.[86] Darüber hinaus ist dem Handlungsgehilfen auch dann ein solcher Anspruch zu gewähren, wenn er an der Ausstellung eines Zwischenzeugnisses ein **berechtigtes Interesse** hat.[87] Dies läßt sich aus § 629 BGB, § 73 HGB herleiten, die nur eine besondere gesetzliche Ausprägung der allgemeinen Pflicht des Arbeitgebers sind, das berufliche Fortkommen des Arbeitnehmers nicht zu erschweren. Ein solches berechtigtes Interesse besteht, wenn zwischen Arbeitgeber und Handlungsgehilfen eine Vertragsauflösung für den Fall in Aussicht genommen worden ist, daß der Handlungsgehilfe eine neue Stelle findet.[88] Ein Anspruch auf ein Zwischenzeugnis besteht auch dann, wenn dieses für Fortbildungskurse oder für den Besuch von Fach- und Hochschulen erforderlich ist.[89]

2. Verpflichteter. Der Anspruch auf Erteilung des Zeugnisses richtet sich gegen den **42** Prinzipal, bei juristischen Personen gegen deren gesetzliche Vertreter. Verstirbt der Arbeitgeber, geht die Verbindlichkeit auf dessen Erben über, die sich an Hand der für sie erreichbaren Erkenntnisquellen die erforderlichen Informationen verschaffen müssen.[90] Im Fall des Konkurses bleibt der **Arbeitgeber** (= Gemeinschuldner) persönlich zur Zeugniserteilung verpflichtet, wenn der Arbeitnehmer vor Konkurseröffnung ausgeschieden war und den Anspruch auf das Zeugnis geltend gemacht hat.[91] Scheidet der Arbeitnehmer erst nach der

---

[80] MünchKommBGB/*Schwerdtner* § 630 RdNr. 24.

[81] Staudinger/*Preis* § 630 RdNr. 18; vgl. MünchHdbArbR/*Wank* § 124 RdNr. 10.

[82] Heymann/*Henssler* RdNr. 5; MünchKommBGB/*Schwerdtner* § 630 RdNr. 24; Staub/*Konzen/Weber* RdNr. 6. – AA Staudinger/*Preis* § 630 RdNr. 13;

[83] BAG AP BGB § 630 Nr. 16 mit Anm. *van Venrooy*.

[84] Vgl. LAG Düsseldorf DB 1956, 848.

[85] *Stahlhacke/Bleistein* § 113 GewO Anm. I 1.

[86] Vgl. zB § 61 Abs. 2 BAT: Anspruch auf Zwischenzeugnis „aus triftigen Gründen"; dazu BAG NZA 1993, 1031.

[87] *Krummel* S. 100, MünchKommBGB/*Schwerdtner* § 630 RdNr. 30; Staudinger/*Preis* § 630 RdNr. 19 f.

[88] MünchKommBGB/*Schwerdtner* § 630 RdNr. 30.

[89] MünchKommBGB/*Schwerdtner* § 630 RdNr. 30.

[90] ArbG Münster BB 1990, 2266.

[91] BAG AP BGB § 630 Nr. 18; MünchHdbArbR/*Wank* § 124 RdNr. 6. – AA *K. Schmidt* DB 1991, 1930.

Konkurseröffnung aus, muß der Konkursverwalter das Zeugnis ausstellen, und zwar unabhängig davon, wie lange das Arbeitsverhältnis noch fortgesetzt wird.[92] Mit der Konkurseröffnung tritt der Konkursverwalter in die Rechtsstellung des Gemeinschuldners ein und hat dessen Rechte auszuüben sowie Pflichten zu erfüllen.[93]

43   Der Arbeitgeber kann die Zeugniserteilung auch durch einen **Bevollmächtigten** vornehmen lassen, der dieses in Vertretung zu erstellen und zu unterzeichnen hat.[94] Es muß sich allerdings um eine in dem Betrieb angestellte Person handeln,[95] die dem Handlungsgehilfen vorgesetzt war.[96] Dies gilt sowohl für das qualifizierte als auch das einfache Zeugnis.[97] Dies folgt allerdings nicht daraus, daß eine Beurteilung durch gleichstehende oder untergeordnete eine gegen Treu und Glauben verstoßende Geringschätzung bedeuten würde.[98] Vielmehr kann nur ein übergeordneter Arbeitnehmer eine qualifizierte Bewertung vornehmen[99] und (beim einfachen Zeugnis) die vom Arbeitnehmer ausgeführte Tätigkeit angemessen beschreiben.

44   **3. Erlöschen des Anspruchs. a) Erfüllung.** Der Zeugnisanspruch erlischt wie jeder andere schuldrechtliche Anspruch mit seiner Erfüllung. Erfüllungswirkung hat aber nur ein vom Arbeitgeber ausgestelltes ordnungsgemäßes Zeugnis. Ist das Zeugnis inhaltlich unrichtig, steht dem Handlungsgehilfen weiterhin der Zeugnisanspruch zu.[100] Darüber hinaus muß das Zeugnis der Art nach dem vom Handlungsgehilfen Beantragten entsprechen. Hat er das Verlangen gestellt, das Zeugnis auf Leistung und Führung auszudehnen, kann der Arbeitgeber nicht mit einem einfachen Zeugnis erfüllen. Begehrt der Handlungsgehilfe umgekehrt nur ein Zeugnis, ohne zum Ausdruck zu bringen, daß es sich auf die Führung und Leistung erstrecken soll, kann er ein qualifiziertes Zeugnis zurückweisen.[101]

45   Hat der Arbeitgeber dem Handlungsgehilfen wunschgemäß ein einfaches Zeugnis ausgestellt, kann dieser **anschließend noch ein qualifiziertes Zeugnis** verlangen.[102] Dies folgt schon daraus, daß sich die Notwendigkeit eines qualifizierten Zeugnisses erst später herausstellen kann. Dies gilt auch beim Übergang vom qualifizierten zum einfachen Zeugnis.[103] Hierfür sprechen schon praktische Gesichtspunkte. Soweit die Angaben über Leistung und Führung dem Handlungsgehilfen bei der Stellensuche nicht nützlich erscheinen, kann er ein Interesse daran haben, einem lästigen Zeugnisprozeß auszuweichen und sich mit einem einfachem Zeugnis zum Nachweis seiner Beschäftigungszeiten zufriedenzugeben. Da dem Handlungsgehilfen jedoch nur der Anspruch auf ein einziges Zeugnis zusteht, hat er das zunächst erteilte an den Arbeitgeber herauszugeben.[104]

46   Bei einem Verlust des Zeugnisses kann der Handlungsgehilfe auf seine Kosten vom Arbeitgeber eine **Zweitausfertigung** verlangen, soweit eine solche dem Arbeitgeber noch zumutbar und möglich ist.[105]

---

[92] AA MünchKommBGB/*Schwerdtner* § 630 RdNr. 20 mit Fn. 75; Staudinger/*Preis* § 630 RdNr. 24.

[93] BAG AP BGB § 630 Nr. 18; *K. Schmidt* DB 1991, 1930 ff.

[94] LAG Düsseldorf DB 1969, 534, 535; *Krummel* S. 66 ff.; Staudinger/*Preis* § 630 RdNr. 22.

[95] Daher unzulässig die Zeugniserteilung durch einen Rechtsanwalt: Staudinger/*Preis* § 630 RdNr. 22; *Krummel* S. 67; MünchKommBGB/ *Schwerdtner* § 630 RdNr. 21; MünchHdbArbR/ *Wank* § 124 RdNr. 6.

[96] Staudinger/*Preis* § 630 RdNr. 22.

[97] AA Hinsichtlich des einfachen Zeugnisses *Krummel* S. 70; MünchKommBGB/*Schwerdtner* § 630 RdNr. 21.

[98] So aber Staudinger/*Preis* § 630 RdNr. 22.

[99] So auch *Krummel* S. 70; MünchKommBGB/ *Schwerdtner* § 630 RdNr. 21.

[100] *Stahlhacke/Bleistein* § 113 GewO Anm. I 3 b.

[101] GK-HGB/*Etzel* RdNr. 5. – AA Staudinger/ *Preis* § 630 RdNr. 37.

[102] Baumbach/*Hopt* RdNr. 1; Heymann/*Henssler* RdNr. 19; MünchKommBGB/*Schwerdtner* § 630 RdNr. 32; Staudinger/*Preis* § 630 RdNr. 54; *Schleßmann* BB 1988, 1320, 1323; *van Venrooy* Dienstzeugnis S. 87 – Einschränkend RAG ARS 2 67. – AA GK-HGB/*Etzel* RdNr. 5.

[103] *Schleßmann* BB 1988, 1320, 1323 f.; Baumbach/*Hopt* RdNr. 1; Heymann/*Henssler* RdNr. 20; MünchKommBGB/*Schwerdtner* § 630 RdNr. 32. – AA GK-HGB/*Etzel* RdNr. 5; Staudinger/*Preis* § 630 RdNr. 54; *van Venrooy* Dienstzeugnis S. 89 f.

[104] Heymann/*Henssler* RdNr. 21. – Differenzierend *Schleßmann* BB 1988, 1320, 1323 f.

[105] *Krummel* S. 89; Erman/*Hanau* § 630 RdNr. 13; *Stahlhacke/Bleistein* § 113 GewO Anm. 1 III b.

b) Verzicht. Der Handlungsgehilfe kann zwar **nicht im voraus,**[106] aber **nachträglich** 47
auf die Erteilung eines Zeugnisses verzichten.[107] Nach Beendigung des Dienstverhältnisses
entfällt die soziale Abhängigkeit des Handlungsgehilfen und damit seine Schutzbedürftigkeit, so daß ihm ab diesem Zeitpunkt die Disposition über den Zeugnisanspruch
zusteht. Allerdings bedarf es insoweit einer eindeutigen Verzichtserklärung des Handlungsgehilfen. Einer allgemeinen Ausgleichsquittung ist in der Regel ein solcher Verzicht nicht
zu entnehmen.[108]

c) Tarifliche Ausschlußfristen. Auch der Zeugnisanspruch wird von tariflichen Aus- 48
schlußfristen erfaßt, sofern diese nicht auf die Geltendmachung bestimmter Ansprüche
beschränkt sind.[109] Die Frist läuft ab dem Tag der tatsächlichen Beendigung des Arbeitsverhältnisses. Hat der Arbeitgeber ein inhaltlich unrichtiges Zeungis ausgestellt, soll nach
Auffassung des BAG ab Kenntnis des Handlungsgehilfen vom Zeugnisinhalt die tarifliche
Ausschlußfrist für einen Berichtigungsanspruch zu laufen beginnen.[110] Dieser Auffassung
kann nicht gefolgt werden, weil es sich bei dem Berichtigungsanspruch in Wahrheit um
den ursprünglichen Erfüllungsanspruch handelt. Insoweit hat der Handlungsgehilfe aber die
tarifliche Ausschlußfrist durch sein rechtzeitiges Zeugnisverlangen gewahrt. Es können allenfalls die Grundsätze zur Verwirkung Anwendung finden.

d) Verwirkung. Wie jeder andere schuldrechtliche Anspruch unterliegt auch der Zeug- 49
nisanspruch der allgemeinen Verwirkung.[111] Verwirkung tritt nur ein, wenn der Zeugnisanspruch nicht angemessene Zeit nach Beendigung des Dienstverhältnisses geltend gemacht
worden ist und der Arbeitgeber sich hierauf eingerichtet hat, so daß ihm die Erfüllung des
Zeugnisanspruchs nach Treu und Glauben nicht mehr zuzumuten ist. Entscheidend sind
die Umstände des Einzelfalls, wie zB Größe des Betriebs, Stellung des Beschäftigten, Dauer
der Betriebszugehörigkeit. Der Anspruch auf ein qualifiziertes Zeugnis verwirkt regelmäßig
schneller als der auf ein einfaches Zeugnis. Dem Arbeitgeber ist es eher möglich, die für die
reine Beschreibung der Tätigkeit erforderlichen Informationen aufzubewahren als diejenigen, die zur Beurteilung der Leistung und Führung notwendig sind.[112]

e) Sonstige Erlöschensgründe. Der Zeugnisanspruch erlischt nach § 275 BGB infolge 50
Unmöglichkeit, wenn der Arbeitgeber die zur Erteilung des Zeugnisses erforderlichen
Kenntnisse nicht mehr besitzt und sich auch nicht mehr beschaffen kann.[113] Gleiches gilt
im Falle des **Todes des Arbeitgebers,** wenn die Erben weder die erforderlichen Informationen besitzen noch sich verschaffen können.[114] Allerdings wird im Regelfalle die Erteilung eines einfaches Zeugnisses möglich sein. Die Beweislast dafür, daß darüber hinaus die
Erteilung eines qualifizierten Zeugnisses wegen fehlender Kenntnis nicht mehr möglich ist,
trägt nach § 282 BGB der Arbeitgeber bzw. dessen Rechtsnachfolger.

4. Einreden. a) Zurückbehaltungsrecht, § 273 BGB. Wegen der Bedeutung des Zeug- 51
nisses für das Fortkommen des Handlungsgehilfen steht dem Arbeitgeber gegenüber dem

---

106 So aber RAG ARS 8 45, 49 mit abl. Anm.
A. Hueck.
107 RAG ARS 17, 494, 467 mit Anm. *A. Hueck;*
ArbG Berlin DB 1969, 90 f.; *Baumbach/Hopt*
RdNr. 1. GK-HGB/*Etzel* RdNr. 8; *Heymann/
Henssler* RdNr. 3; *Erman/Hanau* § 630 RdNr. 14;
Soergel/Kraft § 630 RdNr. 1; *Staub/Konzen/Weber* RdNr. 27;
MünchHdbArbR/*Wank* § 124 RdNr. 39. – AA
Stahlhacke/Bleistein § 113 GewO Anm. 1 III a. –
Offengelassen in BAG AP BGB § 630 Nr. 9 mit
Anm. *Küchenhoff.*
108 BAG AP BGB § 630 Nr. 9 mit Anm. *Küchen-
hoff.*
109 BAG AP BAT § 70 Nr. 10; LAG Hamm BB
1977, 1704; *Schleßmann* BB 1988, 1320, 1324;
Baumbach/Hopt RdNr. 1; GK-HGB/*Etzel*

RdNr. 9; *Erman/Hanau* § 630 RdNr. 15. – AA
MünchKommBGB/*Schwerdtner* § 630 RdNr. 45;
MünchHdbArbR/*Wank* § 124 RdNr. 36.
110 BAG AP BAT § 70 Nr. 10.
111 BAG AP BGB § 630 Nr. 17; *Heymann/
Henssler* RdNr. 28; *Schleßmann* BB 1988, 1320,
1324; *Erman/Hanau* § 630 RdNr. 14; *Staudinger/
Preis* § 630 RdNr. 42; *Staub/Konzen/Weber*
RdNr. 28.
112 *Schleßmann* BB 1988, 1320, 1324; *Heymann/
Henssler* RdNr. 28.
113 BAG AP BGB § 630 Nr. 17; *Heymann/
Henssler* RdNr. 29; GK-HGB/*Etzel* RdNr. 9; Er-
man/*Hanau* § 630 RdNr. 13; MünchKommBGB/
Schwerdtner § 630 RdNr. 46.
114 BAG DB 1986, 1340 f.; ArbG Münster BB
1990, 2266.

Zeugnisanspruch grundsätzlich kein Zurückbehaltungsrecht (§ 273 BGB) zu.[115] Eine Ausnahme ist jedoch dann anzuerkennen, wenn durch die Zurückbehaltung die Rückgabe eines bereits ausgestellten Zeugnisses erzwungen werden soll,[116] der Handlungsgehilfe also ein endgültiges Zeugnis begehrt, nachdem ihm schon ein vorläufiges ausgestellt worden war, oder der Handlungsgehilfe vom einfachen zum qualifizierten Zeugnis übergeht bzw. umgekehrt.

52   **b) Verjährung.** Der Zeugnisanspruch verjährt innerhalb der Frist des **§ 195 BGB**, also mit Ablauf von 30 Jahren.[117] Praktisch wird er aber meist sehr viel früher verwirkt sein.

53   **5. Unabdingbarkeit.** Wegen der besonderen Bedeutung des Arbeitszeugnisses für das berufliche Fortkommen des Arbeitnehmers sind die Zeugnisbestimmungen zwingendes Recht.[118] Sie können weder einzel- noch tarifvertraglich abbedungen werden. Dem steht aber einer nachträglicher Verzicht des Arbeitnehmer auf das Zeugnis nicht entgegen (vgl. oben RdNr. 47).

54   **6. Beschwerderecht, §§ 84 f. BetrVG.** Der Handlungsgehilfe hat nach § 84 Abs. 1 BetrVG die Möglichkeit, sich **beim Arbeitgeber** zu beschweren, wenn er das Zeugnis für fehlerhaft hält. Er kann hierzu ein Mitglied des Betriebsrats hinzuziehen. Der Arbeitgeber hat ihn über die Behandlung der Beschwerde zu bescheiden. Hilft der Arbeitgeber der Beschwerde nicht ab, kann sich der Arbeitnehmer gemäß § 85 Abs. 1 BetrVG während der Arbeitszeit (§ 39 Abs. 3 BetrVG) auch beim Betriebsrat beschweren; erachtet der Betriebsrat diese für begründet, so kann trotzdem nicht gemäß § 85 Abs. 2 BetrVG die Einigungsstelle angerufen werden. Dieses Verfahren ist nach § 85 Abs. 2 Satz 3 BetrVG ausgeschlossen, weil dem Handlungsgehilfen ein Rechtsanspruch auf ein ordnungsgemäßes Zeugnis zusteht.

55   **7. Berichtigung, Widerruf. a) Berichtigung.** Enthält das Zeugnis unrichtige Tatsachen oder Werturteile, die einer objektiven Grundlage entbehren, kann der Handlungsgehilfe vom Arbeitgeber Berichtigung des Zeugnisses verlangen.[119] Zwar kennt das Gesetz keinen Zeugnis-Berichtigungsanspruch; verlangt der Arbeitnehmer aber ein anders gefaßtes Zeugnis, so macht er in Wahrheit seinen ursprünglichen Erfüllungsanspruch auf Erteilung eines richtigen Zeugnisses geltend.[120] Soweit das Begehren berechtigt ist, braucht sich der Handlungsgehilfe nicht mit einer bloßen Verbesserung der Urkunde begnügen. Ihm steht ein Anspruch auf ein neues Zeugnis zu.[121] Der Arbeitgeber ist nur gegen Rückgabe des alten Zeugnisses zur Aushändigung des neuen verpflichtet.[122]

56   Auch der Berichtigungsanspruch unterliegt der **Verwirkung**.[123] Die Unrichtigkeit des Zeugnisses muß daher in angemessener Zeit gerügt werden. Insoweit gelten die oben allgemein zur Verwirkung dargelegten Grundsätze (vgl. RdNr. 49).

57   **b) Beweislast.** Beim Streit um die Richtigkeit der der Zeugniserteilung und der darin enthaltenen Bewertung zugrundeliegenden Tatsachen ist der **Arbeitgeber beweispflichtig.**[124] Wendet sich der Arbeitnehmer gegen das Zeugnis, macht er nur seinen ursprüng-

---

[115] GK-HGB/*Etzel* RdNr. 7; Heymann/*Henssler* RdNr. 31; Erman/*Hanau* § 630 RdNr. 18; MünchKommBGB/*Schwerdtner* § 630 RdNr. 25; Staudinger/*Preis* § 630 RdNr. 55.

[116] Heymann/*Henssler* RdNr. 31.

[117] GK-HGB/*Etzel* RdNr. 9; Heymann/*Henssler* RdNr. 28; MünchKommBGB/*Schwerdtner* § 630 RdNr. 45; Staudinger/*Preis* § 630 RdNr. 52.

[118] MünchKommBGB/*Schwerdtner* § 630 RdNr. 45; Staudinger/*Preis* § 630 RdNr. 7.

[119] *Schleßmann* BB 1988, 1320, 1324; Baumbach/*Hopt* RdNr. 7; GK-HGB/*Etzel* RdNr. 21 f.; Heymann/*Henssler* RdNr. 22 f.; MünchHdbArbR/*Wank* § 124 RdNr. 34. – AA LAG Hamm LAGE BGB § 630 Nr. 16.

[120] BAG AP Nr. 1; BAG AP BAT § 70 Nr. 10; *Schleßmann* BB 1988, 1324.

[121] Heymann/*Henssler* RdNr. 22; Staudinger/*Preis* § 630 RdNr. 27.

[122] GK-HGB/*Etzel* RdNr. 23.

[123] BAG AP BGB § 630 Nr. 8; Staudinger/*Preis* § 630 RdNr. 66.

[124] BAG AP Nr. 1 mit abl. Anm. *A. Hueck*; *Schleßmann* BB 1988, 1320, 1324; Baumbach/*Hopt* RdNr. 7; GK-HGB/*Etzel* RdNr. 21; Heymann/*Henssler* RdNr. 23; MünchKommBGB/*Schwerdtner* § 630 RdNr. 36; *van Venrooy* Dienstzeugnis S. 119 ff.; Staub/*Konzen/Weber* RdNr. 30; MünchHdbArbR/*Wank* § 124 RdNr. 46. – Ebenso zur Auskunft *v. Hoyningen-Huene/Boemke* NJW

v. Hoyningen-Huene

lichen Erfüllungsanspruch auf Erteilung eines richtigen Zeugnisses geltend. Soweit der Arbeitgeber diesen Anspruch bestreitet, wendet er ordnungsgemäße Erfüllung ein, für die er als Schuldner die Beweislast trägt. Will der Arbeitnehmer allerdings eine überdurchschnittliche Beurteilung, dann muß er selbst Tatsachen darlegen und gegebenenfalls unter Beweis stellen, die eine solche Beurteilung rechtfertigen.[125]

Die Beweislast kehrt sich nur dann um, wenn der Handlungsgehilfe das ihm vom Arbeit- **58** geber angebotene Zeugnis als Erfüllung angenommen hat (**§ 363 BGB**). Sie erfordert keine rechtsgeschäftliche Erklärung des Handlungsgehilfen, sondern nur ein Verhalten, aus dem sich entnehmen läßt, daß dieser das Zeugnis als im wesentlichen ordnungsgemäße Erfüllung gelten lassen will.[126] Dies ist zB der Fall, wenn der Handlungsgehilfe das Zeugnis zunächst zur Stellensuche verwendet, ehe er dessen inhaltliche Unrichtigkeit geltend macht.[127]

c) **Widerruf.** Das erteilte Zeugnis ist nicht anfechtbar, da es nur eine Wissens-, keine **59** Willenserklärung darstellt. Es kann aber vom Aussteller im Fall der Unrichtigkeit widerrufen werden.[128] Dies gilt zumindest dann, wenn das unrichtige Zeugnis irrtümlich erteilt worden ist. Hat der Arbeitgeber das Zeugnis bewußt wahrheitswidrig ausgestellt, so muß er sich an diesem festhalten lassen.[129] Ein Widerrufsrecht ist nur in den Fällen anzuerkennen, in denen der Gebrauch des Zeugnisses gegen die guten Sitten verstoßen würde. Ist der Arbeitgeber zum Widerruf berechtigt, so kann er vom Handlungsgehilfen **Zug um Zug** gegen Erteilung eines neuen Zeugnisses die Rückgabe des bisherigen Zeugnisses verlangen.

IV. Auskunftspflichten und -rechte

1. Auskunftspflicht auf Wunsch des Arbeitnehmers. Über die Erteilung des Zeugnis- **60** ses hinaus ist der Arbeitgeber verpflichtet, einem Auskunftsersuchen seines bisherigen Arbeitnehmers nachzukommen, soweit dies für ihn nicht mit besonderer Mühewaltung verbunden ist.[130] Es handelt sich hierbei um eine aus Treu und Glauben (§ 242 BGB) folgende Nachwirkung aus dem Arbeitsverhältnis.[131] Die Auskunft braucht sich nur auf solche Punkte zu beziehen, die nicht im Zeugnis behandelt worden sind. Den Umfang der jeweiligen Auskunft bestimmt der Handlungsgehilfe. Auch bei einer mündlichen Auskunft ist der Arbeitgeber zu einer vollständigen, gerechten und nach objektiven Grundsätzen getroffenen Beurteilung verpflichtet.

2. Auskunftsrecht bei berechtigtem Interesse Dritter. Auch ohne Zustimmung des **61** Arbeitnehmers ist der Arbeitgeber berechtigt, aber nicht verpflichtet, Dritten Auskünfte über den Arbeitnehmer zu erteilen, die hieran ein berechtigtes Interesse haben.[132] Hierzu bedarf es nicht des zweifelhaften Rückgriffs auf angebliche Grundsätze der Sozialpartnerschaft, wonach Angehörige sowohl der Arbeitgeberschaft als auch der Arbeitnehmerschaft das Recht hätten, andere Angehörige der gleichen Gruppe bei der Wahrung ihrer Belange zu unterstützen.[133] Vielmehr wird dieses Recht dem Arbeitgeber schon durch die allgemeine Handlungsfreiheit gewährt. Dem Persönlichkeitsrecht des Arbeitnehmers ist hinrei-

1994, 1757, 1761. – AA HansOLG Recht 1902, 482; KG OLG 12 418, 419; KG OLG 33 334; *Stahlhacke/Bleistein* § 113 GewO Anm. V.

[125] LAG Hamm LAGE BGB § 630 Nr. 16; Staudinger/*Preis* § 630 RdNr. 71.

[126] Palandt/*Heinrichs* § 363 RdNr. 2.

[127] *Schleßmann* BB 1988, 1320, 1324.

[128] Heymann/*Henssler* RdNr. 24 f.; MünchKommBGB/*Schwerdtner* § 630 RdNr. 33; Soergel/*Kraft* § 630 RdNr. 12; Staudinger/*Preis* § 630 RdNr. 60.

[129] GK-HGB/*Etzel* RdNr. 25; MünchKommBGB/*Schwerdtner* § 630 RdNr. 33; Staudinger/*Preis* § 630 RdNr. 61; Stahlhacke/Bleistein § 113 GewO Anm. IV 2.

[130] BAG AP BGB § 630 Nr. 1, 10; GK-HGB/*Etzel* RdNr. 29; Erman/*Hanau* § 630 RdNr. 20; MünchKommBGB/*Schwerdtner* § 630 RdNr. 51.

[131] *v. Hoyningen-Huene/Boemke* NJW 1994, 1757, 1761.

[132] BAG AP BGB § 630 Nr. 1, 10; LAG Hamburg DB 1985, 284, 285; Baumbach/*Hopt* RdNr. 8; GK-HGB/*Etzel* RdNr. 30; *Stahlhacke/Bleistein* § 113 GewO VII 1. – Ablehnend MünchKommBGB/*Schwerdtner* § 630 RdNr. 48 f.

[133] So aber BAG AP BGB § 630 Nr. 1 mit Anm. *A. Hueck.*

chend dadurch Rechnung getragen, daß Auskünfte nur gegenüber solchen Personen erteilt werden dürfen, die hieran ein berechtigtes Interesse haben.

62   Ein **berechtigtes Interesse** ist regelmäßig nur dann anzuerkennen, wenn der Dritte den Handlungsgehilfen einzustellen beabsichtigt.[134] Der Arbeitgeber kann sich aber gegenüber dem Arbeitnehmer vertraglich verpflichten, keine oder nur bestimmte[135] Auskünfte über ihn an Dritte zu erteilen. Eine solche Vereinbarung ist nach dem Grundsatz der Vertragsfreiheit zulässig und wirksam.[136] Auf Verlangen des Handlungsgehilfen ist der Arbeitgeber verpflichtet, die Auskunft bekannt zu geben, die er an anderer Stelle über ihn erteilt hat.[137] Für seine Auskünfte haftet der Arbeitgeber in gleicher Weise wie für ein Zeugnis[138] (vgl. hierzu unten RdNr. 63 ff.).

V. Haftung

63   **1. Gegenüber dem Handlungsgehilfen.** Bei schuldhafter Verletzung der Zeugnispflicht haftet der Arbeitgeber dem Handlungsgehilfen nach **vertraglichen Grundsätzen.** Schadensersatzansprüche wegen Schuldnerverzugs (§ 286 BGB) stehen dem Handlungsgehilfen zu, wenn der Arbeitgeber das Zeugnis verspätet erteilt oder einem berechtigten Berichtigungsverlangen des Handlungsgehilfen nicht nachkommt.[139] Schadensersatzansprüche aus positiver Forderungsverletzung stehen dem Arbeitnehmer dann zu, wenn er das unrichtige Zeugnis einem neuen Arbeitgeber vorlegt und dieser ihn wegen der ungünstigen Beurteilung ablehnt.[140] Ein **Mitverschulden** des Handlungsgehilfen ist nach § 254 BGB anspruchsmindernd zu berücksichtigen. Ein solches kommt regelmäßig nur dann in Betracht, wenn der Handlungsgehilfe ein erkennbar unrichtiges Zeugnis nicht beanstandet, sondern dieses bei Bewerbungen verwendet.

64   Ein **Schadensersatzanspruch** kommt dann in Betracht, wenn der Abschluß eines neuen Arbeitsvertrags wegen der rechtswidrigen Verweigerung des Zeugnisses durch den bisherigen Arbeitgeber bzw. die schuldhafte unrichtige Ausstellung eines Zeugnisses nicht oder zu schlechteren Bedingungen zustande kommt. Der Handlungsgehilfe ist im Streitfalle dafür darlegungs- und beweispflichtig, daß er aufgrund dieses Umstands eine schlechtere oder gar keine Arbeitsstelle erhalten hat.[141] Hierbei kommt ihm die **Beweiserleichterung gemäß §§ 252 Satz 2 BGB, 287 ZPO** zugute,[142] die auch für die Frage der Kausalität zwischen dem konkreten Haftungsgrund und der Schadensfolge gilt.[143] Es gibt allerdings keinen Erfahrungssatz, wonach das Fehlen oder die Ausstellung eines unrichtigen Zeugnisses die Ursache für eine fehlgeschlagene Bewerbung ist.[144] Allerdings spricht der Anscheinsbeweis für einen Schaden, wenn der Handlungsgehilfe eine Arbeitsmarktlage nachweist, derzufolge in der fraglichen Zeit und Berufsgruppe ein Angestellter, der sich bei zahlreichen Arbeitgebern unter Vorlage eines ordentlichen Zeugnisses und angemessenen Bedingungen bewirbt, spätestens innerhalb eines gewissen Zeitraums eingestellt worden wäre.[145] Steht die haftungsbegründende Kausalität fest, dann ist wegen der Schadenshöhe ebenfalls die Beweiserleichterung des **§ 252 Satz 2 BGB** anzuwenden.[146]

---

[134] LAG Hamburg DB 1985, 284, 285.
[135] Zu einem solchen Fall LAG Hamburg DB 1985, 284, 285.
[136] GK-HGB/*Etzel* RdNr. 30; MünchKommBGB/*Schwerdtner* § 630 RdNr. 50. – AA Für den öffentlichen Dienst BAG AP GG Art. 35 Nr. 1.
[137] BAG AP BGB § 630 Nr. 2; Baumbach/*Hopt* RdNr. 8; GK-HGB/*Etzel* RdNr. 31.
[138] LAG Hamburg DB 1985, 284 f.; Soergel/*Kraft* § 630 BGB RdNr. 16.
[139] *Kölsch* NZA 1985, 382, 383; *Krummel* S. 165 f.
[140] *Kölsch* NZA 1985, 382, 383; *Krummel* S. 166.
[141] BAG AP Nr. 6 mit Anm. *Brecher;* BAG AP BGB § 630 Nr. 12; Heymann/*Henssler* RdNr. 32;

MünchKommBGB/*Schwerdtner* § 630 RdNr. 38 f.; *Kölsch* NZA 1985, 382, 384.
[142] BAG AP BGB § 630 Nr. 12; Heymann/*Henssler* RdNr. 32; Erman/*Hanau* § 630 RdNr. 19; *Kölsch* NZA 1985, 332, 384. – Ausführlich v. *Hoyningen-Huene/Boemke* NJW 1994, 1757 ff.
[143] Vgl. nur *Zöller/Stephan* § 287 ZPO RdNr. 3.
[144] BAG AP Nr. 6; v. *Hoyningen-Huene/Boemke* NJW 1994, 1757, 1762: MünchKommBGB/*Schwerdtner* § 630 RdNr. 38.
[145] Vgl. ausf. v. *Hoyningen-Huene/Boemke* NJW 1994, 1757, 1762 f.
[146] Heymann/*Henssler* RdNr. 32.

2. Gegenüber Dritten. Nach **§ 826 BGB** kann auch ein Dritter, insbesondere ein neuer 65
Arbeitgeber, von dem zeugniserteilenden Arbeitgeber Schadensersatz verlangen, wenn das
Zeugnis unrichtig war.[147] Der Vorsatz muß sich sowohl auf die Unrichtigkeit des Zeugnis-
ses als auch auf die Möglichkeit schädlicher Folgen beziehen. Wie auch sonst bei § 826
BGB reicht **bedingter Vorsatz**, nicht aber Fahrlässigkeit aus. Dagegen ist nicht das
Bewußtsein des Arbeitgebers erforderlich, sittenwidrig zu handeln; die Ausstellung des
falschen Zeugnisses muß lediglich objektiv gegen die guten Sitten verstoßen. Hat der
Arbeitgeber die begründete Hoffnung, ein Vorfall sei einmalig und werde sich nicht wiederholen, dann entfällt eine Haftung gegenüber Dritten wegen Nichterwähnung des Vorfalls im Zeugnis. Ist dies nicht der Fall, können auch unterlassene Angaben zur Haftung
nach § 826 BGB führen.[148] Voraussetzung für einen Schadensersatzanspruch ist, daß die
günstige Beurteilung des Handlungsgehilfen im Zeugnis zumindest mitursächlich für die
Einstellung war.

Umstritten ist, ob daneben eine Haftung des Arbeitgebers **nach vertraglichen Grund-** 66
sätzen in Betracht kommt. Der BGH[149] hat eine solche Haftung aus vertragsähnlicher
Sonderbeziehung in begrenztem Umfang anerkannt, weil der Aussteller nach den Anschauungen des Verkehrs gegenüber demjenigen, den das Zeugnis später angehe, weil er es
als künftiger Arbeitgeber in seinen Einstellungsentschluß einbeziehe, einen nach Treu und
Glauben unerläßliche Mindestgewähr für die Richtigkeit übernehme.[150] Der Arbeitgeber
soll damit zwar nicht für jede fahrlässige Ausstellung eines unrichtigen Zeugnisses haften;[151]
er sei aber verpflichtet, wenn ihm nachträglich Unrichtigkeiten bewußt werden, welche
die Verläßlichkeit des Zeugnisses in ihrem Kern berührten, einen Dritten, der auf das
Zeugnis vertraut und dem schwerer Schaden droht, umgehend zu warnen.

Dieser **Rechtsprechung** ist entgegen abweichender Auffassung[152] **zuzustimmen**, weil 67
das Zeugnis seiner Natur nach auch für Dritte geeignet und bestimmt ist. Diese Drittbezo-
genheit verpflichtet den Aussteller gegenüber jedem, der an dem Inhalt des Zeugnisses ein
Interesse haben kann.[153]

Eine **vertragliche Haftung** kann sich naturgemäß auch bei unmittelbarer Auskunfsertei- 68
lung an Dritte ergeben. Dies ist dann der Fall, wenn die Gesamtumstände den Rückschluß
zulassen, daß beide Teile nach dem objektiven Inhalt ihrer Erklärungen die Auskunft entgegen § 676 BGB zum Gegenstand vertraglicher Rechte und Pflichten gemacht haben. Ein
wichtiges Indiz hierfür ist, daß die Auskunft für den Empfänger erkennbar von erheblicher
Bedeutung ist und er sie zur Grundlage wesentlicher Entschlüsse machen will.[154]

VI. Gerichtliche Durchsetzung

1. Zuständigkeit. Für die Ansprüche des **Arbeitnehmers** gegen den Arbeitgeber, die im 69
Zusammenhang mit dem Zeugnis stehen, sei es auf dessen Erteilung, Berichtigung oder
Schadensersatz, sind nach § 2 Abs. 1 Nr. 3 e ArbGG die Arbeitsgerichte zuständig. Macht
hingegen ein **Dritter** wegen eines fehlerhaften Zeugnisses oder fehlerhafter Auskunft Schadensersatzansprüche gegen den Arbeitgeber geltend, so bleibt es bei der Zuständigkeit der
ordentlichen Gerichte.

[147] BGH AP BGB § 826 Nr. 10, 16; GK-HGB/
Etzel RdNr. 39; OLG Hamburg NJW 1956, 348;
Heymann/*Henssler* RdNr. 33; MünchKommBGB/
Schwerdtner § 630 RdNr. 40; Staub/*Konzen/Weber*
RdNr. 37.
[148] Staudinger/*Preis* § 630 RdNr. 81.
[149] BGH AP BGB § 630 Nr. 13.
[150] So schon *Neumann-Duesberg* NJW 1956, 916.
Zustimmend Baumbach/*Hopt* RdNr. 10; GK-
HGB/*Etzel* RdNr. 40; Erman/*Hanau* § 630
RdNr. 19; Palandt/*Putzo* § 630 RdNr. 5; Stahl-
hacke/*Bleistein* § 113 GewO Anm. VI 2.

[151] So ausdrücklich BGH AP BGB § 630 Nr. 13
zu B II 3 e der Gründe.
[152] Vgl. z. B. *Kölsch* NZA 1985, 382, 384 f.;
v. Bar Anm. zu BGH JZ 1979, 728 ff.; *Loewenheim*
JZ 1980, 469 ff.; MünchKommBGB/*Schwerdtner*
§ 630 RdNr. 140 ff; Staub/*Konzen/Weber* Rd-
Nr. 38; *van Venrooy* Dienstzeugnis S. 212 ff.
[153] Vgl. zur Auskunftshaftung gegenüber Dritten
v. Hoyningen-Huene NJW 1975, 962, 964.
[154] Vgl. BGH NJW 1979, 1595, 1596; BGH
NJW 1991, 352.

70   **2. Klage.** Weigert sich der Arbeitgeber, ein Zeugnis auszustellen, so ist der Klageantrag allgemein auf die Erteilung eines einfachen oder qualifizierten Zeugnisses zu richten.[155] Geht der Streit hingegen um den Inhalt eines qualifizierten oder auch einfachen Zeugnisses bzw. macht der Handlungsgehilfe einen Berichtigungsanspruch geltend, dann ist er befugt, in den Klageantrag den genauen Wortlaut aufzunehmen, den das Zeugnis haben soll.[156] Das Zeugnis ist nämlich ein einheitliches Ganzes, so daß seine Teile nicht ohne Gefahr der Sinnentstellung auseinandergerissen werden können. Dem Gericht muß die Befugnis eingeräumt werden, das gesamte Zeugnis zu überprüfen und gegenfalls neu zu formulieren.

71   **3. Vollstreckung.** Die Vollstreckung erfolgt nach § 888 ZPO durch Androhung von Zwangsgeld oder Zwangshaft. Es handelt sich um eine unvertretbare Handlung und nicht um eine Willenserklärung. § 894 ZPO findet daher keine Anwendung.[157] Ist der Arbeitgeber nur schlechthin zur Erteilung eines (einfachen oder qualifizierten) Zeugnisses verurteilt worden, dann kann in der Zwangsvollstreckung nur nachgeprüft werden, ob der Arbeitgeber überhaupt der Verpflichtung nachgekommen ist, also ein Zeugnis erteilt hat, das nach Form und Inhalt den Anforderungen eines ordnungsgemäßen Zeugnisses genügt. Die inhaltliche Richtigkeit ist hingegen nur in einem Berichtigungsverfahren nachprüfbar.[158]

§ 74 [Vertragliches Wettbewerbsverbot; bezahlte Karenz]

(1) Eine Vereinbarung zwischen dem Prinzipal und dem Handlungsgehilfen, die den Gehilfen für die Zeit nach Beendigung des Dienstverhältnisses in seiner gewerblichen Tätigkeit beschränkt (Wettbewerbverbot), bedarf der Schriftform und der Aushändigung einer vom Prinzipal unterzeichneten, die vereinbarten Bestimmungen enthaltenden Urkunde an den Gehilfen.

(2) Das Wettbewerbverbot ist nur verbindlich, wenn sich der Prinzipal verpflichtet, für die Dauer des Verbots eine Entschädigung zu zahlen, die für jedes Jahr des Verbots mindestens die Hälfte der von dem Handlungsgehilfen zuletzt bezogenen vertragsmäßigen Leistungen erreicht.

Schrifttum: *Achterberg,* Das nachvertragliche Wettbewerbsverbot in verfassungsrechtlicher Sicht, JZ 1975, 713; *ders.,* Schlußwort (zu *Schwabe,* Vertragswidrigkeit von Wettbewerbsverboten?), JZ 1976, 440; *Bauer,* Wettbewerbsverbote und Kündigung von Arbeitsverhältnissen, DB 1979, 500; *ders.,* Kein Widerspruchsrecht des Arbeitnehmers bei Betriebsübergang, NZA 1990, 881; *ders.,* Aktuelle Probleme des nachvertraglichen Wettbewerbsverbots, NZA 1991, Beil. 3, S. 29; *ders.,* Nachvertragliches Wettbewerbsverbot in: Arbeitsrechtliche Aufhebungsverträge, 4. Aufl. 1995, S. 185 ff.; *Bauer/Diller,* Wettbewerbsverbote, 1995; *dies.,* Indirekte Wettbewerbsverbote, BB 1995, 426; *Bauer/Hahn,* Anrechnung und Erstattung von Arbeitslosengeld bei nachvertraglichen Wettbewerbsverboten, DB 1991, 2591; *Becker-Schaffner,* Die Nutzung von Firmenfahrzeugen bei Beendigung des Arbeitsverhältnisses, DB 1993, 2078; *Beise,* Die Pflicht des Arbeitgebers zur Erstattung von Arbeitslosengeld bei nachvertraglicher Wettbewerbsabrede, DB 1987, 1251; *ders.,* Erstattung von Arbeitslosengeld bei nachvertraglicher Wettbewerbsabrede, DB 1990, 1037; *Bellstedt,* Vertragliches Wettbewerbsverbot des GmbH-Geschäftsführers nach seinem Ausscheiden, GmbHR 1976, 236; *Bengelsdorf,* Auskunft und Nachweis über anderweitiges Einkommen bei Wettbewerbsverbot, BB 1979, 1150; *ders.,* Karenzentschädigung und Studium, BB 1983, 905; *ders.,* Der Anspruch auf Karenzentschädigung, Entstehung, Verjährung, Verfall, DB 1985, 1585; *ders.,* Berücksichtigung von Vergütungen für Arbeitnehmererfindungen und Verbesserungsvorschläge bei der Karenzentschädigung gemäß § 74 Abs. 2 HGB, DB 1989, 1024; *ders.,* Das örtlich zuständige Gericht bei Streitigkeiten aus einem nachvertraglichen Wettbewerbsverbot, DB 1992,

---

[155] MünchKommBGB/*Schwerdtner* § 630 RdNr. 47; Staudinger/*Preis* § 630 RdNr. 67.

[156] LAG Düsseldorf DB 1985, 2692; Erman/*Hanau* § 630 RdNr. 21; MünchKommBGB/*Schwerdner* § 630 RdNr. 35; Staudinger/*Preis* § 630 RdNr. 69; BAG AP Nr. 1 mit Anm. *A. Hueck.*

[157] LAG Düsseldorf AP ZPO § 888 Nr. 1; Soergel/*Kraft* § 630 RdNr. 5; Staudinger/*Preis*

§ 630 RdNr. 72; *Stahlhacke/Bleistein* § 113 GewO Anm. V.

[158] LAG Düsseldorf DB 1973, 1853; LAGE § 630 BGB Nr. 10; LAG Frankfurt DB 1981, 648; NZA 1990, 192; LAG Hamburg DB 1969, 887; MünchKommBGB/*Schwerdtner* § 630 RdNr. 47; Staudinger/*Preis* § 630 RdNr. 72; *Stahlhacke/Bleistein* § 113 GewO Anm. V.

1340; *Bohn,* Konkurrenztätigkeit während des Ruhestandes, DB 1967, 641; *Bohnenberg,* Das nachvertragliche Wettbewerbsverbot des Handlungsgehilfen im Konkurs- und Vergleichsverfahren, KTS 1969, 129; *Bossmann,* Die Auswirkungen des Betriebsübergangs nach § 613 a BGB auf die Wettbewerbsverbote der Arbeitnehmer, 1993; *Brinkmann,* Die Verfallklausel des § 75 Abs. 3 HGB in Wettbewerbsabreden mit Handlungsgehilfen, RdA 1970, 39; *Bruckner,* Nachvertragliche Wettbewerbsverbote zwischen Rechtsanwälten, 1987; *Brune,* Bedingte Wettbewerbsverbote für Arbeitnehmer, 1989; *Buchner,* Wettbewerbsverbot, 1981; *ders.,* Das Wettbewerbsverbot nach Beendigung des Arbeitsverhältnisses, Wettbewerbsverbot III, AR-Blattei SD 1830.3, 1995; *Büsken,* Mandantenschutzklausel und Mandantenübernahmeklausel, MDR 1985, 898; *Chung,* Wettbewerbsregelungen im Tarifvertrag, 1987; *Ditzger,* Das Wettbewerbsverbot der Handlungsgehilfen und der gewerblichen Betriebsbeamten, 1932; *Dombrowski/Zettelmeyer,* Die Wertermittlung der Nutzungsvorteile von Firmenwagen im Rahmen der Karenzentschädigung nach § 74 Abs. 2 HGB, NZA 1995, 155; *Donath,* Das gesetzliche Konkurrenzverbot für den Handlungsgehilfen, 1909; *Durchlaub,* Inhalt und Umfang der Auskunftspflicht des früheren Arbeitnehmers bei Karenzentschädigung, BB 1976, 232; *Fischer,* Vorstellungen zur gesetzlichen Neuregelung des vertraglichen Wettbewerbsverbots, DB 1971, 1255; *Fritz,* Bedingte arbeitsrechtliche Wettbewerbsfreiheit, 1965; *Gamerschlag,* Nachvertragliches Wettbewerbsverbot und Karenzentschädigung, NJW 1989, 2870; *Gamillscheg,* Gedanken zur Neuregelung der Wettbewerbsvereinbarung, RdA 1975, 13; *B. Gaul,* Neues zum nachvertraglichen Wettbewerbsverbot, DB 1995, 874; *D. Gaul,* Auswirkungen des rechtsgeschäftlich begründeten Betriebsübergangs auf nachwirkende Wettbewerbsvereinbarungen und Geheimhaltungspflichten, NZA 1989, 697; *ders.,* Die Abgrenzung nachvertraglicher Geheimhaltungspflichten gegenüber vertraglichen Wettbewerbsbeschränkungen, ZIP 1988, 689; *ders.,* Wechselbeziehungen zwischen betrieblicher Altersversorgung und Wettbewerbsverbot, BB 1980, 57; *ders.,* Die Kennzeichnung des unlauteren Wettbewerbs bei arbeitsrechtlichen Wettbewerbsbeschränkungen, BB 1984, 346; *ders.;* Die Wettbewerbsbeschränkungen des Geschäftsführers der GmbH innerhalb und im Anschluß an den stillschweigend verlängerten Vertrag, GmbHR 1991, 144; *Götz,* Nachvertraglicher Wettbewerb und Ruhegeld, FS Schiedermair, 1976, S. 203; *Grüll/Janert,* Wettbewerbsvereinbarungen mit Arbeitnehmern und Handelsvertretern, 5. Aufl., 1993; *dies.,* Die Konkurrenzklausel, 5. Aufl. 1993; *Grunsky,* Wettbewerbsverbote für Arbeitnehmer, 2. Aufl. 1987; *ders.,* Voraussetzungen einer Entschädigungszusage nach § 74 Abs. 2 HGB, NZA 1988, 713; *ders.,* Das bedingte Wettbewerbsverbot, Festschrift 25 Jahre BAG, 1979, S. 153; *ders.,* Das nachvertragliche Wettbewerbsverbot (§§ 74 ff. HGB) als gegenseitiger Vertrag, FS Söllner 1990, S. 41; *Gruss,* Nochmals: Rechtsfragen zum Dienstfahrzeug, DB 1994, 71; *Günther,* Wettbewerbsverbote ohne Karenzentschädigung in Verträgen mit technischen Angestellten; NJW 1960, 946; *Güntner,* Die Verbindlichkeitsvoraussetzungen des vertraglichen Wettbewerbsverbots, AuR 1964, 8; *Gumpert,* Analoge Anwendung der Bestimmungen über Wettbewerbsvereinbarungen mit Handlungsgehilfen auf andere Arbeitsverhältnisse, BB 1970, 178; *ders.,* Was ist auf die Karenzentschädigung bei Wettbewerbsverbarungen mit Arbeitnehmern anzurechnen?, BB 1970, 890; *ders.,* Gutachten D zum 59. DJT 1992, §§ 92 ff.; *Herschel,* Allgemeinverbindlichkeit von Wettbewerbsregeln, DB 1978, 1017; *Hoffmann-Becking,* Nachvertragliche Wettbewerbsverbote für Vorstandsmitglieder und Geschäftsführer, FS Quack, 1991, S. 274; *Hofmann,* Wettbewerbsabreden mit technischen Angestellten, NJW 1969, 1985; *Hohn,* Wettbewerbsverbote mit Arbeitern und Handelsvertretern, DB 1971, 94; *ders.,* Wettbewerbsverbot für Arbeitnehmer und Handelsvertreter, 2. Aufl. 1968; *ders.,* Karenzregelung für wettbewerbsgebundene Arbeitnehmer, DB 1970, 2372; *Hoppe,* Der Begriff der Böswilligkeit in § 74 c HGB, RdA 1966, 51; *v. Hoyningen-Huene,* Fehlerhafte Betriebsvereinbarungen und ihre Auswirkung auf Arbeitnehmer, DB 1984, Beil. 1 S. 1 ff.; *Ivens,* Das Konkurrenzverbot des GmbH-Gesellschafters, 1987; *Janert,* Das arbeitsvertragliche Wettbewerbsverbot in: Der leitende Angestellte, 1985, S. 12 ff., 26 ff.; *Kopp,* Fehler in nachvertraglichen Wettbewerbsverboten mit Arbeitnehmern, BB 1977, 1406; *Kracht,* Wettbewerbsverbot für Arbeitnehmer im Konzern bei Kooperationen, BB 1970, 584; *Küstner/v.Manteuffel,* Wettbewerbsverbote ohne Entschädigungspflicht des Unternehmers?, BB 1987, 413; *Kunz,* Betriebs- und Geschäftsgeheimnisse und Wettbewerbsverbot während der Dauer und nach Beendigung des Anstellungsverhältnisses, DB 1993, 2482; *Lahusen,* Aktuelle Rechtsprechung zum nachvertraglichen Wettbewerbsverbot, NZA 1985, 802; *Löwe,* Der Interessenausgleich zwischen Arbeitgeber und Arbeitnehmer beim nachvertraglichen Wettbewerbsverbot, 1987; *Menkens,* „Beurlaubung" des Handlungsgehilfen im Falle der Vorbereitung zur Errichtung eines eigenen Handelsgewerbes, DB 1970, 1592; *Michalski/Römermann,* Wettbewerbsbeschränkungen zwischen Rechtsanwälten, ZIP 1994, 433; *Mössner,* Rückzahlung der Karenzentschädigung, RdA 1969, 111; *Molkenburg,* Pflicht zur Geheimniswahrung nach Ende des Arbeitsverhältnisses?, BB 1990, 1196; *Monjau,* Die unterschiedlichen Regelungen der Wettbewerbsabreden, RdA 1968, 208; *ders.,* Die Wettbewerbsverbote, ArbRdGgw, 1969, Band 7, S. 75 ff.; *Moritz,* Der synallagmatische Charakter des Wettbewerbsverbots, AuR 1975, 360; *Nägele,* Wettbewerbsabrede beim Betriebsinhaberwechsel, BB 1989, 1480; *Nägele/Schmidt,* Das Dienstfahrzeug, BB 1993, 1797; *Plagemann,* Anrechnung von Arbeitslosengeld auf die Karenzentschädigung des GmbH-Geschäftsführers, ZIP 1991, 1121; *Plett/Welling,* Wirksamkeitsvoraussetzungen des nachvertraglichen Wettbewerbsverbotes, DB 1986, 2282; *Pulte,* Wettbewerbsvereinbarungen, BB 1982, 1183; *Reimann,* Konkurrenzverbote für Bierverkaufsfahrer, DB 1970, 929; *Reinfeld,* Verschwiegenheitspflicht und Wettbewerbsschutz im Arbeitsrecht, 1989; *ders.,* Das nachvertragliche Wettbewerbsverbot im Arbeits- und Wirtschaftsrecht, 1993; *Röhsler/Bormann,* Wettbewerbsbeschränkungen für Arbeitnehmer und Handelsvertreter, 1981; *Schaefer,* Das Wettbewerbsverbot der technischen Angestellten und sonstigen Arbeitnehmer, 1973; *Schaub,* Einschränkung der Wettbewerbsfähigkeit eines Ruhegeldberechtigten, BB 1972, 223; *Schroeder,* Die Nutzungsentschädigung des Arbeitnehmers wegen Entzugs des Firmenwagens nach unwirksamer Kündigung, NZA 1994, 342; *Schütze,* Zur Anrechnung anderweitigen

Arbeitseinkommens auf die Karenzentschädigung, DB 1971, 918; *Schwabe,* Verfassungswidrigkeit von Wettbewerbsverboten; JZ 1976, 439; *Schwedes,* Vertragliche Wettbewerbsbeschränkungen für die Zeit nach der Beendigung des Arbeitsverhältnisses, 1990; *Sieg,* Optionen im Arbeits- und Versicherungsvertragsrecht, VersR 1985, 401; *Sina,* Zum nachvertraglichen Wettbewerbsverbot für Vorstandsmitglieder und GmbH-Geschäftsführer, DB 1985, 902; *Stefan,* Bedingte Wettbewerbsverbote und Karenzzahlungsansprüche von Ruheständlern, BB 1980, 685; MünchHdbArbR/*Wank* § 126; *ders.,* Arbeiter und Angestellte, 1992, S. 387 ff.; *Weiland,* Durchsetzbarkeit vertraglicher Abwerbungsverbote, BB 1976, 1179; *Weisemann/Schrader,* Wettbewerbsverbote während der Dauer und nach Beendigung eines Arbeitsverhältnisses, DB 1980, Beil. 4; *Welslau,* Wettbewerbsverbote in HzA Gruppe 1 RdNr. 2181 ff., Stand Juni 1992; *Wernicke,* Die Rückführung überlanger Wettbewerbsverbote in der BGH-Rechtsprechung, BB 1990, 2209; *Westhoff,* Wirtschaftliche und verfassungsrechtliche Legitimität von Wettbewerbsverboten, RdA 1976, 353; *Westerfelhaus,* Ermittlung der Karenzentschädigung bei der Gründung eines Gewerbebetriebes durch den Berechtigten, DB 1975, 1185; *Winterstein,* Nachvertragliches Wettbewerbsverbot und Karenzentschädigung, NJW 1989, 1463 ff.

Übersicht

I. Vorbemerkungen zu §§ 74 bis 75 h

1. Bedeutung. a) Normzweck. Der Arbeitnehmer kann **nach Beendigung des Arbeitsverhältnisses** anders als zur Zeit während des Bestehens des Arbeitsverhältnisses (§§ 60, 61) grundsätzlich zu seinem ehemaligen Arbeitgeber in **Konkurrenz** treten.[1] Daran wird er auch durch die nachvertragliche Treuepflicht nicht gehindert, die nur treuwidrige Verhaltensweisen des Arbeitnehmers unter dem Gesichtspunkt der sich aus § 242 BGB ergebenden Anstands- und Treuepflicht eine Grenze zieht.[2] Tätigkeiten des Arbeitnehmers, die den Wettbewerbsinteressen des früheren Arbeitgebers zuwiderlaufen, wie zB die Eingehung eines Arbeitsverhältnisses bei einem Konkurrenten des alten Arbeitgebers, werden dadurch nicht berührt.   **1**

Will der Arbeitgeber sich vor Wettbewerb nach Beendigung des Arbeitsverhältnisses schützen, so kann und muß er mit dem Handlungsgehilfen ein **vertragliches Wettbewerbsverbot** vereinbaren.[3] Da ein solches Wettbewerbsverbot aber den in der Regel schwächeren Handlungsgehilfen in der Ausübung seiner Berufsfreiheit nicht unerheblich einschränken kann, sehen die §§ 74 ff. zugunsten des Handlungsgehilfen eine Reihe gesetzlicher Beschränkungen und Anforderungen an die Wettbewerbsabrede vor.[4]   **2**

b) Entwicklung und Grundgedanke. Der Schutz des Handlungsgehilfen gegenüber vertraglichen Wettbewerbsverboten für die Zeit nach Beendigung des Dienstvertrages wurde durch die gesetzliche **Neuregelung** der §§ 74, 75 aus dem Jahre **1914**[5] wesentlich erweitert. Ursprünglich hatte sich das HGB damit begnügt, für das vereinbarte nachvertragliche Wettbewerbsverbot eine zeitliche Höchstdauer von drei Jahren festzulegen (§ 74 a aF) und eine Wettbewerbsabrede für unzulässig zu erklären, welche die Erwerbsfreiheit des Handlungsgehilfen unbillig beschränkt.   **3**

Erst die Neuregelung aus dem Jahre 1914 brachte eine wichtige Ausdehnung des Schutzes für den Handlungsgehilfen: Die sogenannte **bezahlte Karenz** (§ 74 Abs. 2). Die Wirksamkeit eines Wettbewerbsverbots ist seitdem grundsätzlich von der Zusage einer Entschädigungszahlung abhängig. § 74 Abs. 2 ist das Ergebnis einer Abwägung zwischen den berechtigten geschäftlichen Interessen des Arbeitgebers, daß die in seinem Betrieb erlangten Kenntnisse und geschäftlichen Beziehungen nicht zu seinem Schaden ausgenützt werden, und den berechtigten Interessen des Arbeitnehmers, nach Beendigung seines Dienstverhältnisses seine Arbeitskraft frei nutzen zu können.[6]   **4**

Wettbewerbsabreden nach den §§ 74 ff. sind auch heute noch zulässig, soweit sie die durch §§ 1 GWB, 1 UmwG, 823, 826 BGB gezogenen Grenzen beachten. Sie stellen insbesondere **keine unzulässige Beschränkung der Grundrechte** zur freien Entfaltung der Persönlichkeit und zur freien Wahl des Arbeitsplatzes dar.[7] Allerdings sind **einzelne Rege-**   **5**

---

[1] BAG AP BGB § 611 Konkurrenzklausel Nr. 40 mit Anm. *Reinfeld* = BB 1994, 1078 = NZA 1994, 502; BAG AP BGB § 611 Betriebsgeheimnisse Nr. 5; Staub/*Konzen/Weber* Vor § 74 RdNr. 1; *Wagner* Besonderheiten S. 93.

[2] BAG AP BGB § 611 Betriebsgeheimnis Nr. 5; *Buchner* Wettbewerbsverbot, 1981, S. 17 f.; *Gaul* ZIP 1988, 689; *Grunsky* Wettbewerbsverbote S. 46; HzA/*Weslau* Gruppe 1 RdNr. 2183.

[3] BAG AP § 611 BGB Betriebsgeheimnis Nr. 5 = AR-Blattei (D) Geheimnisschutz im Arbeitsrecht, E 7 mit zust. Anm. *Röder; Winterstein* NJW 1989, 1463. Ein Muster für eine Wettbewerbsvereinbarung findet sich in HzA/*Weslau* Gruppe 1 RdNr. 2320, 2321 und *Bauer/Diller* Wettbewerbsverbote S. 271 ff. Zu tarifvertraglichen Regelungen über Wettbewerbsverbote siehe *Bauer/Diller* Wettbewerbsverbote RdNr. 15 ff.

[4] Staub/*Konzen/Weber* Vor § 74 RdNr. 4; allg. zur Entwicklung *Bauer/Diller* Wettbewerbsverbote RdNr. 1 ff.

[5] Gesetz zur Änderung der §§ 74, 75, 76 Abs. 1 vom 10. 7. 1914, RGBl. I S. 209 ff.; § 75 e Abs. 2 Satz 2 beruht auf der Einfügung des § 850 f Abs. 1 Nr. 2 ZPO durch das Gesetz vom 24.10.1934, RGBl. I S. 1070, 1072; § 75 wurde durch § 69 Abs. 5 AOG vom 20. 1. 1934, RGBl. I S. 45, 56 geändert.

[6] BGHZ 91, 1, 4; BAG AP BGB § 611 Konkurrenzklausel Nr. 40 mit Anm. *Reinfeld* = NZA 1994, 502.

[7] So ganz überwiegende Ansicht in Rechtsprechung und Literatur, vgl. nur BAG AP GG Art. 12 Nr. 20 mit zust. Anm. *Hefermehl* = BABl. 1960, 455 mit Anm. *Wlotzke* = AR-Blattei, Wettbewerbsverbot, Entsch. 11 mit zust. Anm. *Gros* = SAE 1960,

lungen für verfassungswidrig erklärt worden, so § 75 Abs. 3,[8] die in §§ 74 a Abs. 2 Satz 1 und 75 b Satz 2[9] festgesetzten Verdienstgrenzen, sowie § 75 b Satz 1.[10] § 75 e, der die Entschädigung als bevorrechtigte Konkursforderung und die Unpfändbarkeit betraf, wurde mit Gesetz vom 17. 7. 1974[11] aufgehoben (vgl. heute §§ 59 Abs. 1 Nr. 3 b, 61 Abs. 1 Nr. 1 b KO; 141 a bis n AFG).

6   **2. Anwendungsbereich. a) Zeitlicher Anwendungsbereich.** Die §§ 74 ff. gelten nur für Wettbewerbsabreden für die **Zeit nach Beendigung des Dienstverhältnisses**. Dabei ist unerheblich, worauf die Beendigung des Dienstverhältnisses beruht (auf wirksamer Kündigung, Zeitablauf, Eintritt einer auflösenden Bedingung, vertraglicher Aufhebung des Dienstvertrages etc.). Vertragliche Vereinbarungen, die lediglich das gesetzliche Wettbewerbsverbot der §§ 60, 61 während der Dauer des Dienstverhältnisses erweitern oder beschränken wollen, fallen nicht unter die Regelungen der §§ 74 ff.[12] Die Wirksamkeit einer derartigen Wettbewerbsabrede hängt nicht davon ab, daß der Arbeitgeber die Zahlung einer Entschädigung zusagt. § 74 Abs. 2 ist insoweit auch nicht entsprechend anwendbar.[13]

7   Maßgeblicher Zeitpunkt für das Inkrafttreten der Wettbewerbsbeschränkung ist die **rechtliche Beendigung** des Dienstverhältnisses und nicht die faktische Einstellung der Dienste.[14] Bis dahin kann weder der Unternehmer Ansprüche aus der Wettbewerbsabrede nach den §§ 74 ff. noch der Handlungsgehilfe Ansprüche auf die gemäß § 74 Abs. 2 festzusetzende Entschädigung erheben. Dies gilt insbesondere für den Fall der fristlosen, unberechtigten Kündigung durch den Arbeitgeber und bei der Weiterbeschäftigung des Arbeitnehmers im Anschluß an eine Kündigung aufgrund eines erst- oder zweitinstanzlichen Urteils.[15] In diesen Fällen wirkt das gesetzliche Verbot des § 60 Abs. 1 fort.

8   **b) Persönlicher Geltungsbereich.** Die §§ 74 ff. gelten nach ihrem Wortlaut unmittelbar zwar nur für Handlungsgehilfen (§ 75), sind aber nach heute überwiegender Ansicht grundsätzlich **auf alle Arbeitnehmer anwendbar**.[16] Diese analoge Anwendung der §§ 74 ff. auf die nicht kaufmännischen Angestellten gebietet das gleichliegende Schutzbedürfnis aller Arbeitnehmer vor übermäßigen Einschränkungen der Berufsausübungsfreiheit. Wettbewerbsabreden gelten aus diesem Grund auch für Heimarbeiter und arbeitnehmerähnliche Personen.[17] Letztere sind zwar auf Grund eines Wettbewerbsverbots keine Arbeitnehmer. Wirtschaftlich sind sie aber vom Arbeitgeber abhängig und daher vergleichbar einem Arbeitnehmer schutzbedürftig.

---

182 mit Anm. *A. Hueck; Buchner* Wettbewerbsverbot S. 18 ff. m. weit. Nachw.; HzA/*Welslau* Gruppe 1 RdNr. 2191; *Achterberg* JZ 1975, 713; JZ 1976, 440.

[8] BAG AP § 75 Nr. 6 mit Anm. *Beitzke* = BB 1977, 847 mit zust. Anm. *Gumpert* = AR-Blattei, Wettbewerbsverbot, Entsch. 120 mit krit. Anm. *Buchner* = SAE 1977, 241 mit zust. Anm. *Pestalozza*.

[9] BAG AP § 75 b Nr. 14 mit zust. Anm. *Beitzke* = AR-Blattei, Wettbewerbsverbot, Entsch. 116 mit i. Erg. zust. Anm. *Buchner* = SAE 1977, 128 mit zust. Anm. *Canaris* = AuR 1976, 156 mit abl. Anm. *Moritz*.

[10] BAG AP § 75 b Nr. 15 mit zust. Anm. *Reuter* = AR-Blattei, Wettbewerbsverbot, Entsch. 128 mit zust. Anm. *Buchner* = SAE 1981, 232 mit Anm. *Leipold*.

[11] BGBl. 1974 I S. 1481.

[12] AllgM; vgl. Baumbach/*Hopt* § 60 RdNr. 1.

[13] *Grunsky* Wettbewerbsverbote S. 27.

[14] Heymann/*Henssler* RdNr. 17; Baumbach/*Hopt* § 60 RdNr. 4.

[15] BAG BB 1970, 214; *Bauer/Diller* Wettbewerbsverbote RdNr. 8; Heymann/*Henssler* § 60 RdNr. 8.

[16] St. Rspr. AP BGB § 611 Konkurrenzklausel Nr. 24 mit zust. Anm. *Wiedemann/Steinberg* = BB 1970, 35, 178 mit zust. Anm. *Gumpert* = DB 1970, 63, 396 mit Anm. *Meilicke* = AR-Blattei, Wettbewerbsverbot, Entsch. 71 mit zust. Anm. *Diederichsen* = SAE 1971, 106 mit Anm. *Canaris;* BAG NJW 1990, 1870 = BAG AP Nr. 59; OLG Karlsruhe WM 1986, 1473 für Arbeitnehmer mit Prokura; – Zum Schrifttum vgl. *Bauer/Diller* Wettbewerbsverbote RdNr. 42 ff.; *Buchner* Wettbewerbsverbot S. 27 m. weit. Nachw.; MünchHdbArbR/*Wank* § 126 RdNr. 5; Staub/*Konzen/Weber* Vor § 74 RdNr. 17; – ausf. *Wagner* Besonderheiten, S. 94 ff. Zu Wettbewerbsverboten mit freien Mitarbeitern ausführlich *Bauer/Diller* Wettbewerbsverbote RdNr. 703 ff. Zum nachvertraglichen Wettbewerbsverbot bei außertariflichen Angestellten siehe *Blanke,* Außertarifliche Angestellte, 1995, S. 112 ff.

[17] So GK-HGB/*Etzel* § 74 bis 75 d RdNr. 2; *Grunsky,* Wettbewerbsverbote, S. 55.

v. Hoyningen-Huene

Der Schutz der §§ 74 ff. kommt **nicht** in Betracht, soweit eine Tätigkeit nicht im Rah-   9
men eines Arbeitsverhältnisses erbracht wird. Dies gilt vor allem für **freie Mitarbeiter**.[18]
Für **Organmitglieder bei juristischen Personen**, zB GmbH-Geschäftsführer,[19] finden die
§§ 74 ff. ebenfalls keine Anwendung,[20] da diese Arbeitgeberfunktionen ausüben. Dies gilt
nach zutreffender Ansicht auch für arbeitnehmerähnliche Geschäftsführer.[21] Eine Anwendung der §§ 74 ff. ist hier nicht erforderlich. Zwar steht auch der Geschäftsführer im Verhältnis zur Gesellschaft in einem Anstellungsverhältnis, das ihn wie einen Arbeitnehmer
verpflichtet, seine Arbeitskraft hauptberuflich zur Verfügung zu stellen. Die Schutzbedürftigkeit des Geschäftsführers ist aber im Vergleich zu den Angestellten erheblich geringer, da
Stellung und Wirkungsmöglichkeiten des Geschäftsführers von wesentlicher Bedeutung
sind.

Da Wettbewerbsabreden mit **Auszubildenden, Volontären** (vgl. hierzu § 82 a) und   10
gleichgestellten Personen (vgl. § 19 BBiG) nach Maßgabe des § 5 BBiG unzulässig sind,
kommen die §§ 74 ff. nicht zur Anwendung.[22] Ebensowenig können nach § 74 a Abs. 2
Satz 2 Wettbewerbsabreden mit **Minderjährigen** getroffen werden. Dies gilt auch bei einer
Einwilligung des gesetzlichen Vertreters (§ 107 BGB) oder bei einer Ermächtigung des
Minderjährigen im Rahmen des § 113 BGB.[23]

c) Sachlicher Geltungsbereich. aa) Mandantenschutzklausel. Die §§ 74 ff. gelten   11
analog für sogenannte Mandantenschutzklauseln.[24] Solche Vereinbarungen, die zwischen
Angehörigen sogenannter freier Berufe (zB Rechtsanwalt, Wirtschaftsprüfer, Steuerberater)
und ihren Angestellten getroffen werden, enthalten das Verbot, nach dem Ausscheiden
Mandanten des (früheren) Arbeitgebers als Selbständiger oder als Angestellter in einem
anderen Arbeitsverhältnis weiter zu betreuen.[25] Bei der Verwendung einer Mandantenschutzklausel gegenüber einem angestellten Rechtsanwalt ist jedoch § 3 Abs. 2
BRAO zu beachten.[26]

Ebenso sind Vereinbarungen unzulässig, die ein **allgemeines Wettbewerbsverbot** ent-   12
halten und die Mitarbeitern der freien Berufe für die Zeit nach Beendigung des Dienstverhältnisses die Ausübung ihres Berufs völlig untersagen. Ein Wettbewerbsverbot diesen
Inhalts verstößt gegen Art. 12 GG, da die Berufsfreiheit des betroffenen Angestellten unverhältnismäßig eingeschränkt wird,[27] und ist deshalb nach § 134 BGB nichtig. Dagegen ist
die Vereinbarung eines Abwerbungsverbots, wonach dem Angestellten lediglich verwehrt
ist, sich aktiv um die Mitnahme früherer Mandate zu bemühen, sogar entschädigungslos
zulässig. Denn diese Verbote bestehen auch schon kraft Standesrechts.[28]

---

[18] Zur Abgrenzung freier Mitarbeiter – arbeitnehmerähnliche Personen, vgl. *Grunsky*, Wettbewerbsverbote, S. 55.

[19] Vgl. Staub/*Konzen/Weber* Vor § 74
RdNr. 20 f. m. weit. Nachw.

[20] BGHZ 91, 1; OLG Hamm ZIP 1988, 1254;
G. Hueck in: Baumbach/*Hueck*, GmbH-Gesetz,
15. Aufl. 1988, § 13 RdNr. 29; HzA/*Welslau* Grup-
pe 1 RdNr. 2200 ff.; *Sina* DB 1985, 902; Staub/
Konzen/Weber Vor § 74 RdNr. 19; – vgl. auch
BGH NJW 1992, 1892; BGH BB 1991, 1640; OLG
Rostock NJW-RR 1995, 173; ausführlich *Bauer/
Diller* Wettbewerbsverbote RdNr. 703 ff.

[21] BGHZ 91, 1, 4; *G. Hueck* in: Baumbach/
Hueck § 35 RdNr. 107; Baumbach/*Hopt* RdNr. 3;
Heymann/*Henssler* RdNr. 28; aA OLG Köln NJW-
RR 1991, 1316; vgl. OLG Hamm, GmbHR 1988,
344 = EWiR 1988, 1097 mit krit. Kurzkomm.
Baums; GK-HGB/*Etzel* §§ 74 bis 75 d RdNr. 2.

[22] OLG Koblenz NJW-RR 1993, 611 = BB
1993, 387, 388; Heymann/*Henssler* vor § 74

RdNr. 6; HzA/*Welslau* Gruppe RdNr. 2198;
Staub/*Konzen/Weber* Vor § 74 RdNr. 18.

[23] BAG AP § 90 a Nr. 1 mit zust. Anm. *Hefermehl*
= BABl. 1966, 230 mit Anm. *Schwedes*.

[24] Ausführlich hierzu *Bauer/Diller* Wettbewerbsverbote RdNr. 147 ff.; GK-HGB/*Etzel* RdNr. 9,
10; Staub/*Konzen/Weber* Vor § 74 RdNr. 23.

[25] BAG AP BGB § 611 Konkurrenzklausel
Nr. 35 = EzA BGB § 611 Konkurrenzklausel Nr. 1
mit Anm. *Kraft/Raab*; LAG München DB 1987,
1444; LAG Baden-Württemberg BB 1985, 1534.

[26] BAG AnwBl. 1986, 339; MünchHdbArbR/
Wank § 126 RdNr. 11.

[27] Vgl. BGH AP GG Art. 12 Nr. 57 = EWiR
1986, 1065 mit zust. Kurzkomm. *Bunte*; LAG München DB 1987, 1444; GK-HGB/*Etzel* RdNr. 10.

[28] BAG AP BGB § 611 Konkurrenzklausel
Nr. 25 mit Anm. *Küchenhoff* = SAE 1972, 97 mit
Anm. *Martens*.

13   **bb) Befristete Verträge.** Ein Wettbewerbsverbot kann grundsätzlich auch mit einem befristet[29] oder **auf Probe[30] eingestellten Arbeitnehmer** vereinbart werden und auch für den Fall, daß das Arbeitsverhältnis während der Probezeit oder mit deren Ablauf beendet wird.[31] Das Wettbewerbsverbot kann aber auch wirksam von der Bedingung abhängig gemacht werden, daß das Arbeitsverhältnis nicht vor Ablauf der Probezeit gekündigt wird.[32]

14   **cc) Ruhestandsverhältnis.** Die Wettbewerbsabrede tritt grundsätzlich mit dem Eintritt des Arbeitnehmers in den Ruhestand nicht außer Kraft.[33] Ein solcher Arbeitnehmer im Ruhestand hat einen Anspruch auf Karenzentschädigung als Gegenleistung für unterlassenen Wettbewerb.[34] Das gilt ebenso, wenn der Arbeitnehmer eine Betriebsrente bezieht.[35] Die Parteien können jedoch eine Anrechnung der Betriebsrente auf die Karenzentschädigung[36] oder eine auflösend bedingte Wettbewerbsabrede vereinbaren, die endet, wenn der Arbeitnehmer als Pensionär in den Ruhestand eintritt.[37] Für eine solche Bedingung müssen allerdings Anhaltspunkte in der Wettbewerbsabrede vorhanden sein, wenn sie nicht ausdrücklich vereinbart ist.

II. Die Wettbewerbsabrede (Abs. 1)

15   **1. Zustandekommen der Vereinbarung. a) Allgemeine Vertragslehren.** Auf die Vereinbarung zwischen Arbeitgeber und Arbeitnehmer über die Beschränkung des nachvertraglichen Wettbewerbs finden die allgemeinen Vertragslehren Anwendung.[38] Hierbei spielt es keine Rolle, ob die Wettbewerbsabrede in einer gesonderten Vereinbarung fixiert wird oder ob sie Bestandteil des Arbeitsvertrags ist. Grundvoraussetzung einer wirksamen Wettbewerbsabrede ist demnach das Vorliegen zweier übereinstimmender Willenserklärungen. In der Zustimmung des Arbeitnehmers zur vorzeitigen Beendigung des Arbeitsverhältnisses unter erheblicher Aufstockung der Versorgungsbezüge liegt jedoch noch nicht die Vereinbarung eines Wettbewerbsverbots.[39]

16   **b) Wettbewerbsabreden und Arbeitsvertrag.** Ist die Wettbewerbsabrede **nichtig** oder anfechtbar, so hat dieser rechtliche Mangel gundsätzlich **keinen Einfluß auf die Wirksamkeit des Arbeitsverhältnisses.**[40] Der Arbeitvertrag hat Bestand. Nur ausnahmsweise, wenn besondere Umstände vorliegen, die darauf schließen lassen, daß die nachvertragliche Wettbewerbsenthaltung Voraussetzung für den Abschluß des Arbeitsvertrags war, wird nach der Auslegungsregel des § 139 BGB die Unwirksamkeit des Arbeitsvertrags anzunehmen sein. Diese Auslegung kommt aber nur für Wettbewerbsabreden in Betracht, die bereits mit Abschluß des Arbeitsvertrags geschlossen wurden.

17   Für die umgekehrte Frage, ob die **Wettbewerbsabrede von der Gültigkeit des Arbeitsvertrages abhängig** ist, bedarf es einer Differenzierung danach, ob das Arbeitsverhältnis bereits in Vollzug gesetzt worden ist oder nicht.[41] Ein Wettbewerbsverbot erlangt in

---

[29] Heymann/*Henssler* RdNr. 3.

[30] BAG AP BGB § 123 Nr. 25 mit Anm. *Mühl* = AR-Blattei, Wettbewerbsverbot, Entsch. 137 mit Anm. *Buchner* = SAE 1984, 173 mit abl. Anm. *Misera* = EzA BGB § 123 Nr. 23 mit Anm. *Wank.*

[31] BAG AP Nr. 25 mit zust. Anm. *Simitis* = SAE 1971, 235 mit Anm. *Migsch;* AP BGB § 628 Nr. 6 mit zust. Anm. *Canaris* = AR-Blattei, Kündigung VIII, Entsch. 28 mit Anm. *Herschel* = SAE 1972, 165 mit zust. Anm. *Bernert.*

[32] BAG AP BGB § 620 Probearbeitsverhältnis Nr. 16 = NJW 1983, 135.

[33] BAG AP Nr. 46 mit zust. Anm. *Beitzke;* AP Nr. 61 mit zust. Anm. *van Venrooy* = AiB 1991, 211 mit Anm. *Maier; Bauer/Diller* Wettbewerbsverbote RdNr. 59; *Buchner* Wettbewerbsverbot S. 123; *Gaul* BB 1980, 57; *Grunsky* S. 147; aA Schlegelberger/*Schröder* RdNr. 3 a.

[34] BAG AP § 74 Nr. 61; – vgl. BAG AP BGB § 611 Konkurrenzklausel Nr. 40 mit Anm. *Reinfeld; Blomeyer/Otto,* BetrAVG, 1984, Einl. R 258.

[35] BAG AP BGB § 611 Konkurrenzklausel Nr. 30; BAG AP Nr. 46 mit zust. Anm. *Beitzke.*

[36] BAG AP BGB § 611 Konkurrenzklausel Nr. 30 mit Anm. *Beitzke.*

[37] BAG AP Nr. 46.

[38] Hierzu *Buchner* Wettbewerbsverbot S. 47; HzA/*Welslau* Gruppe 1 RdNr. 2189; BAG AP Nr. 42 mit Anm. *Beitzke;* zur Auslegung von Wettbewerbsabreden Staub/*Konzen/Weber* RdNr. 2 ff.

[39] BAG NZA 1994, 502.

[40] Staub/*Konzen/Weber* RdNr. 18.

[41] Vgl. hierzu *Buchner* Wettbewerbsverbot S. 48; Staub/*Konzen/Weber* RdNr. 19 f.

der Regel keine Bedeutung, wenn der unwirksam abgeschlossene **Arbeitsvertrag** tatsächlich **nicht vollzogen** wird.[42] Das Wettbewerbsverbot ist in diesem Fall entbehrlich, da der Arbeitnehmer normalerweise noch keine Kenntnisse und Erfahrungen in dem Betrieb machen konnte, die er in das Unternehmen eines Wettbewerbers mitnehmen könnte. Eine vertragliche Wettbewerbsklausel erlangt deshalb keine Bedeutung, wenn der Arbeitnehmer unter Verletzung des Arbeitsvertrags die Tätigkeit nicht aufnimmt, sondern sein Arbeitsverhältnis in einem Konkurrenzunternehmen fortsetzt.[43] Etwas anderes gilt nur, wenn der Arbeitnehmer bereits vor der tatsächlichen Eingliederung in den Betrieb im Rahmen einer Einweisung wichtige Informationen über betriebliche Belange erhalten hat, die über die notwendigen Informationen zur Anwerbung eines Mitarbeiters erheblich hinausgehen. Beispiele sind hierfür Einzelheiten über die wirtschaftliche Lage des Betriebs, Betriebsergebnisse, Personalausstattung, geschäftliche Strategien etc.

War der Arbeitnehmer jedoch bereits in den Betrieb eingegliedert worden, war das **Arbeitsverhältnis** also schon **vollzogen** (sog. faktisches Arbeitsverhältnis), wird zu Recht die Wirksamkeit der Wettbewerbsabrede unabhängig von der Gültigkeit des Arbeitsvertrags bejaht.[44] Mit der Eingliederung in den Betrieb hat der Arbeitnehmer Gelegenheit erhalten, wettbewerblich bedeutsame Kenntnisse zu erlangen. Trotz Unwirksamkeit des Arbeitsvertrags besteht somit ein Interesse des Arbeitgebers an Geheimhaltung.   **18**

c) **Wettbewerbsabrede als Gegenstand kollektiver Regelungen.** Die **Regelung eines Wettbewerbsverbots** für die Zeit nach Beendigung des Arbeitsverhältnisses kann auch **mittels einer Betriebsvereinbarung**[45] oder eines **Tarifvertrages**[46] erfolgen. Bei einem Wettbewerbsverbot im Rahmen einer Betriebsvereinbarung sind die Grenzen der §§ 74 ff. zu beachten. Denn anders als dem Tarifvertrag ist der Betriebsvereinbarung ein Abweichen von gesetzlich oder richterrechtlich gezogenen inhaltlichen Grenzen verwehrt.[47] Dagegen sind die an sich zwingenden Vorschriften der §§ 74 ff. für einen Tarifvertrag nur im beschränkten Umfang verbindlich. Wegen der bei Tarifverträgen bestehenden Richtigkeitsgewähr sind nur gewisse Mindestanforderungen, wie der Grundsatz der Entschädigungspflicht und die zeitliche, räumliche und sachliche Begrenzung des Wettbewerbsverbots unabdingbar.[48]   **19**

2. **Zeitpunkt der Vereinbarung. a) Vor Beendigung des Arbeitsverhältnisses.** Die §§ 74 ff. gelten für alle Vereinbarungen, die vor Beendigung des Arbeitsverhältnisses abgeschlossen werden. Nachvertragliche Wettbewerbsabreden können somit schon vor Ab-   **20**

[42] BAG AP BGB § 123 Nr. 25 mit Anm. *Mühl* = AR-Blattei, Wettbewerbsverbot, Entsch. 137 mit zust. Anm. *Buchner* = SAE 1984, 173 mit abl. Anm. *Misera* = EzA BGB § 123 Nr. 23 mit Anm. *Wank;* BAG AP Nr. 54 = EWiR 1992, 1005 mit zust. Kurzkomm. *Griebeling; Buchner* Wettbewerbsverbot S. 48; GK-HGB/*Etzel* §§ 74 bis 75 d RdNr. 4 a, 24; Heymann/*Henssler* RdNr. 2.

[43] HzA/*Welslau* Gruppe 1 RdNr. 2209.

[44] HM; vgl. BAG AP Nr. 54; LAG Köln LAGE Nr. 4; *Buchner* Wettbewerbsverbot S. 48; GK-HGB/*Etzel,* §§ 74 bis 75 d RdNr. 24; Heymann/ *Henssler* RdNr. 2; – aA Schlegelberger/*Schröder* RdNr. 10 c.

[45] *Buchner* Wettbewerbsverbot S. 40; GK-BetrVG/*Kreutz* § 77 RdNr. 291; *v. Hoyningen-Huene* DB 1984 Beil. 1, S. 5.

[46] BAG AP Nr. 28 mit zust. Anm. *Canaris* = AR-Blattei, Tarifvertrag VI, Entsch. 17 mit Anm. *Buchner;* AP Nr. 30 mit Anm. *Thiele/Weschenfelder; Buchner* Wettbewerbsverbot S. 42; *Grunsky* Wettbewerbsverbote S. 132; Schaub § 58 I 6; Staub/ *Konzen/Weber* Vor § 74 RdNr. 4; *Wagner* Besonderheiten S. 107 ff.

[47] BAG AP BGB § 611 Gratifikation Nr. 63 mit zust. Anm. *Gamillscheg* = SAE 1968, 121 mit Anm. *Küchenhoff; Buchner* Wettbewerbsverbot S. 41; *Dietz/Richardi* BetrVG § 77 RdNr. 58.

[48] BAG AP Nr. 28 mit zust. Anm. *Canaris; ders.,* GS für Dietz, 1973, S. 199, 203 f., 221 f. – i. Erg. *Coester,* Vorrangprinzip des Tarifvertrages, 1974, S. 194 ff.; *Grunsky* Wettbewerbsverbote S. 133; – aA *Lieb* RdA 1972, 129, 137; *Löwe,* Der Interessenausgleich zwischen Arbeitgeber und Arbeitnehmer beim nachvertraglichen Wettbewerbsverbot, 1988, S. 137 ff., 152, 153; *Vossen,* Tarifdispositives Richterrecht, 1974, S. 139 nach denen die §§ 74 ff. auch für Wettbewerbsverbote in Tarifverträgen zwingend gelten; – krit. *Buchner,* Wettbewerbsverbot S. 34 ff.; einen guten Überblick über den Meinungsstand gibt *Wagner* Besonderheiten S. 107 ff.; *Grunsky* Wettbewerbsverbote S. 133; krit. *Buchner* Wettbewerbsverbot S. 34 ff.; zum Problem des tarifdispositiven Rechts *Richardi,* Kollektivgewalt und Individualwille, 1968.

schluß des Arbeitsvertrags durch Vorvertrag,[49] zugleich mit dem Arbeitsvertrag, während des Arbeitsverhältnisses und auch noch nach der Kündigung, aber vor Dienstende abgeschlossen werden.[50]

21   **b) Nach Beendigung des Arbeitsverhältnisses.** Wettbewerbsverbote, die nach Ablauf der Kündigungsfrist, nach wirksamen Ausspruch einer fristlosen Kündigung oder nach vertraglicher Aufhebung des Arbeitsvertrags vereinbart werden, fallen nicht unter §§ 74 ff. Da der Arbeitnehmer nach Beendigung des Arbeitsverhältnisses nicht mehr in einem persönlichen Abhängigkeitsverhältnis zum Arbeitgeber steht, bedarf er des Schutzes durch die Bestimmungen der §§ 74 ff. zu diesem Zeitpunkt nicht mehr.[51] Die Wirksamkeit einer Wettbewerbsabrede hängt zu diesem Zeitpunkt somit nicht mehr von der Zusage einer Entschädigungszahlung ab.[52]

22   Erfolgt die Vereinbarung der Wettbewerbsabrede dagegen bereits **im Zusammenhang mit der Beendigung des Arbeitsverhältnisses,** bleiben die §§ 74 ff. nach zutreffender Ansicht anwendbar, da der Arbeitnehmer zum Abschlußzeitpunkt noch in einem Arbeitsverhältnis steht und seine Schutzbedürftigkeit bis zur rechtlichen Beendigung des Arbeitsverhältnisses fortbesteht.[53] Dies gilt vor allem für die Vereinbarung einer Wettbewerbsabrede zugleich mit der einvernehmlichen Aufhebung des Arbeitsvertrags,[54] auch im Rahmen eines Prozeßvergleichs.[55] Entschädigungslos zulässig ist aber eine im Rahmen eines Prozeßvergleichs getroffene Wettbewerbsabrede, wenn das Arbeitsverhältnis rückwirkend beendet wird.[56]

23   **3. Inhalt der Wettbewerbsabrede. a) Umfang der Wettbewerbsbeschränkung.** Der Umfang der Wettbewerbsbeschränkung ist von Arbeitgeber und Arbeitnehmer in der Wettbewerbsabrede grundsätzlich frei bestimmbar, da eine gesetzliche Beschränkung wie beim Handelsvertreter fehlt (§ 90 a Abs. 1 Satz 2 Hs. 2). Grenzen ergeben sich aber aus § 74 a (vgl. hierzu die Kommentierung zu § 74 a). Das Wettbewerbsverbot muß dem Arbeitnehmer nicht jede gewerbliche Tätigkeit unmöglich machen. Es kann auch sachlich, zeitlich oder örtlich begrenzt werden,[57] sofern die Tätigkeit des Arbeitnehmers nicht lediglich in wirtschaftlich unbedeutender Weise behindert wird oder Tätigkeiten untersagt werden, die noch keinen Wettbewerb darstellen (zB Vorbereitungsmaßnahmen für die Eröffnung eines eigenen Betriebs nach Ablauf der Laufzeit).[58]

24   Die Wettbewerbsabrede kann sich auf selbständige und/oder nichtselbständige Tätigkeiten oder auf die Aufnahme von Geschäftskontakten zu Kunden des alten Arbeitgebers erstrecken.[59] Das Verbot kann sowohl **tätigkeits-**[60] als auch **unternehmensbezogen** gestaltet sein.[61] Während das tätigkeitsbezogene Wettbewerbsverbot bestimmte, in der Vereinbarung näher präzisierte Arbeiten verbietet, wird durch das umfassendere unternehmensbezo-

---

[49] BAG AP GewO § 133 f Nr. 22; *Heymann/ Henssler* RdNr. 7; HzA/*Welslau* Gruppe 1 RdNr. 2208.

[50] *Bauer/Diller* Wettbewerbsverbote RdNr. 47 ff.; Baumbach/*Hopt* RdNr. 4; *Grunsky* Wettbewerbsverbote S. 54; Staub/*Konzen/Weber* RdNr. 15.

[51] *Schaub*   § 58 II 7;   Staub/*Konzen/Weber* RdNr. 16.

[52] BAG AP Nr. 23 mit zust. Anm. *Weitnauer;* 24 mit zust. Anm. *Diederichsen =* SAE 1969, 38 mit Anm. *Schnorr   v. Carolsfeld;* Baumbach/*Hopt* RdNr. 5.

[53] BAG WiB 1995, 27 mit zust. Anm. *Krauß;* Baumbach/*Hopt*   RdNr. 4; *Heymann/Henssler* RdNr. 6; *Schaub* § 58 II 7; aA RGZ 67, 333; 101, 278.

[54] BAG WiB 1995, 27 mit zust. Anm. *Krauß; Bauer/Diller*   Wettbewerbsverbote   RdNr. 52 ff.; Baumbach/*Hopt*   RdNr. 4; *Heymann/Henssler* RdNr. 6.

[55] *Bauer/Diller* Wettbewerbsverbote RdNr. 52 ff.; *Grunsky* Wettbewerbsverbote S. 58.

[56] BAG AP Nr. 23 mit Anm. *Weitnauer; Heymann/Henssler* RdNr. 5.

[57] Baumbach/*Hopt* RdNr. 6; zum Inhalt von Wettbewerbsabreden siehe auch *Bauer/Diller* Wettbewerbsverbote RdNr. 114 ff.

[58] *Grunsky* Wettbewerbsverbote S. 120.

[59] BAG AP BGB § 611 Nr. 5 = NJW 1988, 1686; BAG AP Nr. 10 mit zust. Anm. *Hefermehl =* BABl. 1960, 312 mit Anm. *Wlotzke =* AR-Blattei, Wettbewerbsverbot, Entsch. 9 mit zust. Anm. *Gros.*

[60] BAG AP Nr. 63 mit krit. Anm. *van Venrooy =* SAE 1967, 284 mit Anm. *Hofmann;* Staub/*Konzen/Weber* RdNr. 13.

[61] BAG AP GewO § 133 f Nr. 24 mit zust. Anm. *Simitis.*

gene Wettbewerbsverbot allgemein die Tätigkeit in einem Konkurrenzunternehmen unter-
sagt.[62] Allerdings reicht die bloße Kapitalbeteiligung an anderen Unternehmen nicht aus.[63]
Möglich ist ebenso die Beschränkung auf bestimmte Geschäftsbereiche (zB Produktion,
Vertrieb), bestimmte Absatzmärkte oder einen fest umgrenzten Kundenkreis.[64]

Für die Anwendbarkeit der §§ 74 ff. spielt es keine Rolle, ob die **Beschränkung direkt**   **25**
erfolgt oder ob sie **mittelbar** wirkt. Eine mittelbare Beschränkung der Wettbewerbstätigkeit erfolgt beispielsweise durch Wettbewerbsabreden, welche die Konkurrenztätigkeit des
Arbeitnehmers unter den Genehmigungsvorbehalt des Arbeitgebers stellen.[65] Das gleiche
gilt für Rückzahlungsklauseln, nach denen der Arbeitnehmer im Fall der wettbewerbswidrigen Tätigkeit die bereits bezogene Vergütung zurückzahlen muß.[66] Denn damit wird der
Arbeitnehmer einem starken wirtschaftlichen Druck dahingehend ausgesetzt, sich während
eines bestimmten Zeitraums nach Vertragsende einer Konkurrenztätigkeit zu enthalten. Er
bedarf deshalb des Schutzes der §§ 74 ff. Dies gilt auch für die Vereinbarung in einem
Auflösungsvertrag, in der der Arbeitgeber die Zahlung einer Abfindung nur unter der
Voraussetzung verspricht, daß der Arbeitnehmer keine Tätigkeit bei einem Wettbewerber
aufnimmt.[67]

b) Abgrenzung zu anderen Wettbewerbsbeschränkungen. Nicht unter die Regelun-   **26**
gen der §§ 74 ff. fallen die nachvertraglichen **Geheimhaltungspflichten**, die den Arbeitnehmer auch ohne Vereinbarung eines vertraglichen Wettbewerbsverbots zur Verschwiegenheit verpflichten.[68] Dies gilt vor allem für den **Verrat von Betriebsgeheimnissen**,[69]
was für Betriebsratsmitglieder in §§ 79, 120 BetrVG geregelt ist.[70] Die entschädigungslose
Schweigepflicht des Arbeitnehmers, die sich auf geschäftsbetriebsbezogene Tatsachen erstreckt, ergibt sich bereits aus der allgemeinen Treuepflicht des Arbeitnehmers gegenüber
dem Arbeitgeber[71] und wirkt auch nach Beendigung des Arbeitsverhältnisses fort.[72] Die
§§ 74 ff. greifen erst ein, wenn die Geheimhaltungsverpflichtung praktisch dazu führt, daß
der Arbeitnehmer jedwede Wettbewerbstätigkeit unterlassen muß. Dies ist zB der Fall,
wenn die Anschriften der Kunden des alten Arbeitgebers nicht nutzbar gemacht werden
dürfen, und es sich um einen wirtschaftlich bedeutenden Teil potentieller Kunden handelt.[73] Die §§ 74 ff. gelten dagegen nicht für die vertragliche Vereinbarung von Sanktionen, die bei Verstößen gegen Vorschriften des UWG (§ 17) oder des bürgerlichen Deliktsrechts wirksam werden sollen.[74]

c) Auslegung der Wettbewerbsabrede. Ihrem Inhalt nach **unklar gefaßte Wettbe-**   **27**
werbsabreden sind gemäß §§ 133, 157 BGB nach Treu und Glauben unter Berücksichtigung der Verkehrssitte und dem wirklichen oder mutmaßlichen Willen der Parteien auszulegen. Besteht ein übereinstimmender Wille der Parteien über den Inhalt der Wettbewerbsabrede, hat das gemeinsam Gewollte Vorrang vor dem Wortlaut der Erklärung.[75]
Wird ein Wettbewerbsverbot auf bestimmte Erzeugnisse oder Produktionszweige beschränkt, so wird im Zweifel damit dem Arbeitnehmer nur die Tätigkeit im Konkurrenz-

[62] BAG AP GewO § 133 f Nr. 19 mit Anm.
Duden; HzA/ Welslau Gruppe 1 RdNr. 2252.
[63] *Heymann/ Henssler* RdNr. 11.
[64] *Buchner* Wettbewerbsverbot S. 66.
[65] BAGE 22, 324.
[66] BAG NJW 1973, 144 zu § 90 a; *Heymann/ Henssler* RdNr. 13.
[67] LAG Bremen NZA 1994, 889.
[68] BAG NZA 1994, 502; *Kunz* DB 1993, 2482, 2485 ff.; *Staub/ Konzen/ Weber* RdNr. 12.
[69] *MünchHdbArbR/ Wank* § 126 RdNr. 2.
[70] Vgl. dazu BAG EzA BetrVG 1972 § 79 Nr. 1 mit zust. Anm. *v. Hoyningen-Huene.*
[71] Vgl. hierzu § 59.

[72] BAG AP BGB § 611 Betriebsgeheimnis Nr. 5 = AR-Blattei, Geheimschutz im Arbeitsrecht, Entsch. 7 mit Anm. *Röder* = AuR 1988, 388 mit Anm. *Eisemann;* BAG AP BGB § 611 Nr. 1; *Gaul* ZIP 1988, 689.
[73] BAG AP BGB § 611 Betriebsgeheimnis Nr. 5 = AR-Blattei, Geheimschutz im Arbeitsrecht, Entsch. 7 mit zust. Anm. *Röder* = AuR 1989, 388 mit krit. Anm. *Eisemann;* zur Abgrenzung von Schweigepflicht und Wettbewerbsverbot ausführlich *Gaul* ZIP 1988, 689; *Grunsky* Wettbewerbsverbote S. 47; *Grumpert* BB 1982, 1795.
[74] *Heymann/ Henssler* RdNr. 14.
[75] BAG AP BGB § 133 Nr. 29 mit zust. Anm. *Mayer-Maly* = SAE 1966, 65 mit Anm. *Neumann-Duesberg.*

betrieb verboten, soweit er dort mit der Herstellung oder dem Vertrieb der geschützten Artikel befaßt ist.[76] Etwas anderes gilt, wenn der Arbeitnehmer durch seine leitende Funktion in der Lage ist, außerhalb seines engen Aufgabenbereichs seine durch Wettbewerbsverbot geschützten Kenntnisse dem neuen Arbeitgeber zur Verfügung zu stellen.[77]

28   Schwierigkeiten bei der Überwachung des Wettbewerbsverbots rechtfertigen keine Ausdehnung des Verbots im Wege der Auslegung.[78] Ob ein Verbot, als Arbeitnehmer im Konkurrenzbetrieb tätig zu werden, im Zweifel auch eine selbständige konkurrierende Tätigkeit ausschließt, kann nur im Einzelfall und nach den Grundsätzen der **ergänzenden Vertragsauslegung** ermittelt werden.[79] Im übrigen ist der Umfang des Verbots, ob unternehmens- oder tätigkeitsbezogen, nicht schematisch, sondern nach den tatsächlichen Gegebenheiten zu beurteilen.[80]

29   Vereinbaren die Arbeitsvertragsparteien ein **tätigkeitsbezogenes Wettbewerbsverbot**, so ist im Zweifel davon auszugehen, daß es nur dann Gültigkeit erlangen soll, wenn der Arbeitnehmer seine Tätigkeit aufgenommen hat. Wird das Arbeitsverhältnis vor der Arbeitsaufnahme gekündigt und der Arbeitnehmer für die Dauer der Kündigungsfrist von der Arbeit freigestellt, besteht regelmäßig kein Anspruch auf Karenzentschädigung.[81]

30   Ein Wettbewerbsverbot, das sich vor der deutschen Wiedervereinigung auf das **frühere Bundesgebiet** bezog, kann im Wege der ergänzenden Vertragsauslegung auf das gesamte Gebiet der heutigen Bundesrepublik Deutschland erstreckt werden.[82]

31   **d) Laufzeit.** Die Laufzeit des Wettbewerbsverbots beginnt grundsätzlich mit der rechtlichen Beendigung des Arbeitsverhältnisses und endet spätestens nach zwei Jahren (§ 74 a Abs. 1 Satz 3). Darüber hinausgehend wird unwiderleglich eine unbillige Erschwerung des Fortkommens vermutet. Die Wettbewerbsabrede ist dann insoweit unverbindlich, als sie die Obergrenze überschreitet.[83] Da die Grenze von **zwei Jahren** eine Höchstgrenze darstellt, kann im Einzelfall schon bei einer zeitlich kürzeren Bindung eine Unbilligkeit vorliegen.[84]

32   Ausnahmsweise ist für den **Beginn der Laufzeit** die tatsächliche Beendigung des Arbeitsverhältnisses maßgebend. Hat der Arbeitgeber zu Unrecht fristlos gekündigt und schließen die Parteien nach der gerichtlichen Feststellung der Rechtswidrigkeit der Kündigung einen Aufhebungsvertrag, läuft die Frist von der tatsächlichen Beendigung des Arbeitsverhältnisses an, da anderenfalls der Arbeitgeber aus seiner unwirksamen Maßnahme Vorteile in Form einer Verlängerung der Wettbewerbsbindung ziehen würde.[85] Das gleiche gilt bei einem Kündigungsschutzprozeß, in dessen Verlauf der Arbeitnehmer weiterbeschäftigt wird, da ansonsten infolge langer Prozeßdauer uU gar kein Wettbewerbsverbot mehr greifen würde.[86] Ein abweichender späterer Anfangstermin oder eine zeitliche Befristung muß von den Parteien im Rahmen der Wettbewerbsabrede bestimmt werden.

III. Form (Abs. 1)

33   **1. Schriftform. a) Eigenhändige Unterschrift.** Die Wettbewerbsabrede bedarf nach Abs. 1 der Schriftform (§ 126 BGB).[87] Danach müssen entweder Arbeitgeber und Arbeitnehmer auf derselben Urkunde (§ 126 Abs. 2 Satz 1 BGB) oder jeder von beiden auf der für den anderen bestimmten Urkunde (§ 126 Abs. 2 Satz 2 BGB) eigenhändig durch

---

[76] BAG AP GewO § 133 f Nr. 17 mit zust. Anm. *Grüll.*
[77] BAG AP GewO § 133 f Nr. 24 mit zust. Anm. *Simitis.*
[78] BAG AP GewO § 133 Nr. 17 mit zust. Anm. *Grüll.*
[79] *Buchner* Wettbewerbsverbot S. 68; grundsätzlich verneinend LAG Hamburg BB 1969, 362; zur Auslegung von Wettbewerbsabreden allgemein vgl. Staub/*Konzen/Weber* RdNr. 2 ff.
[80] BAG AP GewO § 133 f Nr. 24 mit Anm. *Simitis;* LAG Baden-Württemberg NZA 1986, 641;

Baumbach/*Hopt* RdNr. 7; *Buchner* Anm. zu BAG AR-Blattei, Wettbewerbsverbot, Entsch. 155.
[81] BAG AP Nr. 63 mit krit. Anm. *van Venrooy.*
[82] LAG Berlin EWiR 1991, 797 mit zust. Kurzkomm. *Lepke.*
[83] BAG AP GewO § 133 f Nr. 18 = SAE 1968, 125 mit Anm. *Diederichsen;* Staub/*Konzen/Weber* RdNr. 8; kritisch *Reinfeld* AuA 1993, 143.
[84] *Schaub* § 58 III 10.
[85] *Schaub* § 58 III 10.
[86] HzA/*Welslau* Gruppe 1 RdNr. 2243.
[87] Staub/*Konzen/Weber* RdNr. 23.

Namensunterschrift unterzeichnen. Der bloße Briefwechsel genügt nicht, da § 127 Satz 2 BGB nicht für die gesetzlich vorgesehene Schriftform gilt. Die Schriftform kann durch notarielle Beurkundung ersetzt werden (§ 126 Abs. 3 BGB). Eine spätere einvernehmliche Aufhebung des wirksam vereinbarten Wettbewerbsverbots unterliegt dagegen nicht dem Formzwang des Abs. 1, sondern kann mündlich erfolgen.[88]

34 Der Schriftform ist genüge getan, wenn die Wettbewerbsabrede fest mit dem Arbeitsvertrag zu einer **Gesamturkunde** verbunden ist und in dem Arbeitsvertrag auf die Wettbewerbsklausel verwiesen wird.[89] Dagegen reicht nicht aus, wenn in dem von beiden Parteien unterschriebenen Anstellungsvertrag auf eine gesonderte Niederschrift über das Wettbewerbsverbot verwiesen wird und dieses Schriftstück vom Arbeitgeber nicht unterschrieben ist.[90] Dies gilt auch dann, wenn die Anlage als wesentlicher Vertragsbestandteil bezeichnet wird.[91]

35 Die Aufnahme des Wettbewerbsverbots in eine **Betriebsvereinbarung** oder einen **Tarifvertrag** ersetzt nach zutreffender Ansicht die Schriftform nur, wenn Betriebsvereinbarung bzw. Tarifvertrag dem Arbeitnehmer ausgehändigt werden.[92] Die Einhaltung der Schriftform ist von demjenigen zu beweisen, der sich auf die Wettbewerbsabrede beruft.[93]

36 **b) Umfang des Formzwangs. In der Urkunde müssen** das Wettbewerbsverbot, mögliche Nebenabreden und insbesondere die vereinbarte Entschädigungspflicht des Arbeitgebers **festgehalten werden**. Hinsichtlich Entstehung und Höhe der Entschädigungspflicht genügt eine Verweisung auf §§ 74 ff.[94] Die Parteien können darüber hinaus **vertragliche Änderungen** des Wettbewerbsverbots dem Schriftformzwang unterwerfen. In diesem Fall sind ausnahmsweise mündliche Änderungsvereinbarungen dann wirksam, wenn die Parteien die Maßgeblichkeit der mündlichen Vereinbarung übereinstimmend gewollt haben.[95]

37 **2. Aushändigung der Urkunde. a) Aushändigung.** Die vom Arbeitgeber oder gemeinsam unterzeichnete Urkunde muß dem Arbeitnehmer ausgehändigt werden. Nur im Fall der notariellen Beurkundung ersetzt die Ausfertigung der Niederschrift die Aushändigung der Urkunde (§ 47 BeurkG).[96] Unterbleibt die Aushändigung, wird das Wettbewerbsverbot nicht wirksam.

38 **b) Angemessene Frist.** Die Aushändigung der Urkunde muß nach zutreffender hM innerhalb angemessener Frist erfolgen.[97] Verzögert der Arbeitgeber die Aushändigung unangemessen, hängt es von den Reaktion des Arbeitnehmers ab, ob dem Formerfordernis des Abs. 1 noch Genüge getan ist: Nimmt der Arbeitnehmer die verspätet ausgehändigte Urkunde an, ist der Formmangel geheilt und die Form somit gewahrt.[98] Verweigert der Arbeitnehmer aber die Annahme, ist die Wettbewerbsabrede wegen Formmangels nichtig.

39 **c) Annahmeverweigerung durch den Arbeitnehmer.** Verhindert der Arbeitnehmer die fristgemäß angebotene Aushändigung der Urkunde (Annahmeverweigerung, Angabe falscher Adresse), so gilt die Aushändigung als erfolgt.[99] Im Streitfall trägt der Arbeitgeber die **Beweislast** für die Aushändigung der Urkunde.[100]

---

[88] BAG Nr. 57 = NJW 1989, 2149 = EWiR 1989, 691 mit zust. Kurzkomm. *Grunsky.* Zur Form von Wettbewerbsverboten vgl. auch *Bauer/Diller* Wettbewerbsverbote RdNr. 87 ff.

[89] BAG AP Nr. 46 mit zust. Anm. *Beitzke* = NJW 1986, 152.

[90] LAG Köln EzA Nr. 43.

[91] LAG Hamm DB 1974, 1532.

[92] *Baumbach/Hopt* RdNr. 18; GK-HGB/*Etzel* §§ 74 bis 75 d, RdNr. 21 a; – aA *Buchner* Wettbewerbsverbot S. 50.

[93] HzA/*Welslau* Gruppe 1 RdNr. 2211.

[94] BAG AP Nr. 35 = BB 1975, 1481 mit zust. Anm. *Schäfer;* Heymann/*Henssler* RdNr. 24; differenzierender *Grunsky* Wettbewerbsverbote S. 64; ablehnend *Buchner* Wettbewerbsverbot S. 77.

[95] BAG AP Nr. 57 = NJW 1989, 2149 = EWiR 1989, 691 mit zust. Kurzkomm. *Grunsky* in Anschluß an BGH NJW 1975, 1653.

[96] *Heymann/Henssler* RdNr. 20; *Schaub* § 58 II 2.

[97] *Baumbach/Hopt* RdNr. 18; *Buchner* Wettbewerbsverbot S. 51; Heymann/*Henssler* RdNr. 21 (§ 147 BGB analog); enger: *Schaub* § 58 II 2; enger: *Grunsky* Wettbewerbsverbote S. 62.

[98] *Buchner* Wettbewerbsverbot S. 51; kritisch *Grunsky* Wettbewerbsverbote S. 62.

[99] *Baumbach/Hopt* RdNr. 18; *Buchner* Wettbewerbsverbot S. 52; Staub/*Konzen/Weber* RdNr. 24.

[100] BAG AP BGB § 626 Nr. 97 mit zust. Anm. *Baumgärtl; Grunsky* Wettbewerbsverbote S. 62; HzA/*Welslau* Gruppe 1 RdNr. 2212.

40   **3. Formfehler.** Die Verletzung der Schriftform oder die fehlende Aushändigung der Urkunde führt zur **Nichtigkeit** der Wettbewerbsabrede (§ 125 Satz 1 BGB)[101] – zur Auswirkung auf das Arbeitsverhältnis vgl. oben RdNr. 16. Die Berufung auf den Formmangel ist regelmäßig nicht treuwidrig.[102] Eine Ausnahme gilt nur dann, wenn der Arbeitgeber sich auf einen Formmangel beruft, den er selbst verschuldet hat.[103]

IV. Karenzentschädigung (Abs. 2)

41   **1. Karenzentschädigung als Wirksamkeitsvoraussetzung.** Die Wettbewerbsabrede ist gemäß Abs. 2 nur verbindlich, wenn gleichzeitig eine **Karenzentschädigungsabrede** getroffen wird, nach welcher der Arbeitgeber verpflichtet ist, eine **Mindestentschädigung** für jedes Jahr des Verbots in Höhe der Hälfte des letzten Verdienstes des Arbeitnehmers zu gewähren.[104] Diese Entschädigungspflicht soll sicherstellen, daß der Arbeitnehmer einen finanziellen Ausgleich für die im Interesse des Arbeitgebers vereinbarte Wettbewerbsenthaltung erhält.[105] Die Rechtswirksamkeit der Wettbewerbsabrede ist deshalb davon abhängig, daß der Arbeitgeber eine dem Abs. 2 entsprechende Karenzentschädigung zusagt.[106]

42   **a) Die Entschädigungszusage.** Die Entschädigungszusage des Arbeitgebers muß gleichzeitig mit der Wettbewerbsvereinbarung erfolgen. Obwohl nach dem Wortlaut des Abs. 2 die Zahlungspflicht in der Person des Arbeitgebers begründet sein muß, genügt ausnahmsweise auch die Entschädigungszusage des Konzerns oder eines anderen Betriebs des Unternehmens.[107]

43   Die Pflicht zur Karenzentschädigung ist **unabhängig vom Umfang der Tätigkeitsbeschränkung**[108] und wird auch nicht durch eine anderweitig gesicherte Versorgung des Arbeitnehmers berührt.[109] Denn die Pflicht zur Unterlassung von Wettbewerb und die Entschädigungszahlung stehen sich als gegenseitig verpflichtende Leistungen gegenüber.[110] Eine für den Verlust des Arbeitsplatzes zugesagte Abfindung ist deshalb keine Karenzentschädigung.[111] Die Abfindung ist eine Entschädigung für den Verlust des Arbeitsplatzes,[112] und stellt damit keine Gegenleistung des Arbeitgebers für die nachvertragliche Wettbewerbsenthaltung des Arbeitnehmers dar.

44   Der Anspruch auf Zahlung der Karenzentschädigung besteht – von dem Sonderfall des § 74 c Abs. 1 Satz 3 (Verbüßung einer Freiheitsstrafe) abgesehen – **unabhängig davon, ob der Arbeitnehmer tatsächlich in der Lage ist, Konkurrenz zu machen.**[113] Der Zahlungsanspruch entfällt somit nicht, wenn der Arbeitnehmer infolge einer Erkrankung dauerhaft nicht in der Lage ist, Wettbewerb zu betreiben.[114] Denn das Wettbewerbsverbot verpflichtet den Arbeitnehmer nicht zu positivem Handeln, sondern begründet lediglich eine Unterlassungspflicht.

45   Die Leistung der Wettbewerbsenthaltung kann der Arbeitnehmer also auch erbringen, wenn eine Wettbewerbsmöglichkeit für ihn nicht oder nicht mehr besteht. Lediglich beim Tod des Arbeitnehmers erlischt das Wettbewerbsverbot. Die Pflicht des Arbeitnehmers

---

[101] Staub/*Konzen/Weber* RdNr. 26.

[102] BAG AP Nr. 2 mit zust. Anm. *Larenz* = AR-Blattei, Wettbewerbsverbot, Entsch. 5 mit Anm. *Gros* = SAE 1958, 14 mit Anm. *Walter*.

[103] RAG RAGE 14, 148; Baumbach/*Hopt* RdNr. 19; *Buchner* Wettbewerbsverbot S. 52.

[104] OLG Koblenz NJW-RR 1993, 611 = BB 1993, 387; Staub/*Konzen/Weber* RdNr. 27, 33.

[105] *Bengelsdorf* DB 1989, 1024.

[106] Allgemeine Auffassung, siehe etwa *Buchner* Wettbewerbsverbot S. 77.

[107] *Schaub* § 58 V 1; weiter noch *Grunsky* Wettbewerbsverbote S. 63; HzA/*Welslau* Gruppe 1 RdNr. 2214: jeder solvente Dritte.

[108] Heymann/*Henssler* RdNr. 30; *Grunsky* Wettbewerbsverbote S. 65.

[109] BAG AP BGB § 242 Ruhegehalt Nr. 172 mit krit. Anm. *Grunsky*.

[110] Heymann/*Henssler* RdNr. 27; *Krauß* WiB 1995, 27; zu den Leistungsstörungen vgl. unten RdNr. 55 ff.

[111] BAG WiB 1995, 27 mit Anm. *Krauß* = DB 1995, 50.

[112] *Hueck/v. Hoyningen-Huene* KSchG, 11. Aufl. 1992, § 10 RdNr. 21.

[113] BAG AP § 74 c Nr. 4 mit Anm. *Küchenhoff/Reinhardt* = SAE 1975, 207 mit i. E. zust. Anm. *Streckel*; Heymann/*Henssler* § 74 c RdNr. 18; *Schaub* § 58 II 5.

[114] BAG AP § 74 c Nr. 4; aA *Grunsky* Wettbewerbsverbote S. 119.

zum Unterlassen von Wettbewerb geht als höchstpersönliche Verpflichtung (§ 613 BGB) nicht auf den Erben über.[115] Hinsichtlich der **Höhe der Entschädigung** kann die Entschädigungszusage auf **Abs. 2** verweisen.[116] Hierin liegt im Zweifel eine Verweisung auf die gesetzliche Mindesthöhe.

b) Höhe der Entschädigung. Die Höhe der Entschädigung muß mindestens die Hälfte **46** der „**vertragsmäßigen Leistungen**" des Arbeitnehmers betragen.[117] Daher genügt die laufende Zahlung von Teilbeträgen während des Arbeitsverhältnisses nicht, da hierdurch die gesetzlich vorgeschriebene Mindestkarenzenschädigung nicht gewährleistet ist.[118] Ausgangspunkt für die Bestimmung der „zuletzt bezogenen vertragsmäßigen Leistungen" iSd. Abs. 2 ist alles, was der Arbeitnehmer in der fraglichen Zeit als Gegenleistung für seine Arbeitsleistung erhalten hat.[119] Für die Bemessung der Entschädigung ist dabei unerheblich, mit welchen Zahlungen der Arbeitnehmer auch in Zukunft sicher hätte rechnen können. Vielmehr ist nur entscheidend, was der Arbeitnehmer als Gegenleistung für seine Arbeitsleistung zu dem maßgeblichen Zeitpunkt tatsächlich erhalten hat bzw. hätte erhalten müssen.[120] Auf Fragen der Entstehung und Fälligkeit kommt es hierbei nicht an.[121]

Neben dem eigentlichen Entgelt **gehören zu den vertragsmäßigen Leistungen auch** **47** **sonstige Einkommensbestandteile** wie Leistungszulagen (zB beim Akkord), das 13. Monatsgehalt, Weihnachtsgratifikationen, Provisionen, Tantiemen, Gewinn- und Umsatzbeteiligungen[122] sowie Naturalleistungen (Dienstwagen, Werkdienstwohnung).[123] Nicht erforderlich ist, daß der Arbeitnehmer einen Rechtsanspruch auf die Leistungen hatte. Es genügt die faktische Gewährung.[124] Dagegen **bleibt** ein **Auslagenersatz** wie etwa Spesen **außer Betracht**, da diese Zahlungen nicht die Arbeitsleistung vergüten, sondern im Zusammenhang mit der Arbeitsleistung entstandene Unkosten ersetzen (vgl. § 74 b Abs. 3).[125] Auch freiwillige Beiträge des Arbeitgebers zur Lebensversicherung und zur freiwilligen Krankenversicherung müssen nach ihrer Zweckbestimmung von der Vergütung für die geleistete Arbeit unterschieden werden.[126] Näheres zur Berechnung der Karenzentschädigung vgl. § 74 b.

c) Verjährung. Die Ansprüche auf Karenzentschädigung gemäß § 74 sind Ansprüche auf **48** andere Dienstbezüge iSd. § 196 Abs. 1 Nr. 8 BGB und unterliegen der zweijährigen **Verjährung** des § 196 BGB.

2. Rechtsfolgen bei mangelhafter Karenzentschädigung. a) Unverbindlichkeit bei **49** **fehlender Entschädigungszusage.** Fehlt die Entschädigungszusage in der Wettbewerbsabrede völlig, können sich weder Arbeitgeber noch Arbeitnehmer auf die Vereinbarung berufen. Der Arbeitnehmer ist in seiner Konkurrenztätigkeit frei. Er kann aber auch dann, wenn er dem Wettbewerbsverbot nachgekommen ist, vom Arbeitgeber keine Entschädigungszahlung verlangen. Die Unverbindlichkeit der Klausel kommt in diesem Fall praktisch ihrer Nichtigkeit gleich.[127]

[115] *Grunsky* Wettbewerbsverbote S. 119; Heymann/*Henssler* RdNr. 38; MünchKommBGB/*Leipold*, 2. Aufl. 1989, § 1922 RdNr. 23.
[116] BAG AP Nr. 35 = BB 1975, 1481 mit zust. Anm. *Schäfer*.
[117] GK-HGB/*Etzel* §§ 74 bis 75 d RdNr. 42; Staub/*Konzen/Weber* RdNr. 31; zur Rechnung vgl. *Gamerschlag* NJW 1989, 2870; LAG Frankfurt DB 1991, 709; zur Berechnung der Karenzentschädigung siehe auch *Bauer/Diller* Wettbewerbsverbote RdNr. 238 ff.
[118] BAG AP Nr. 38 mit i. Erg. zust. Anm. *Stumpf*.
[119] *Buchner* Wettbewerbsverbot S. 91; *Grüll* Wettbewerbsverbote S. 48.
[120] *Buchner* Wettbewerbsverbot S. 91.
[121] BAG AP Nr. 59 = NJW 1990, 1870 = AR-Blattei ES 1830 Nr. 165 mit Anm. *Buchner* = EWiR

1990, 703 mit zust. Kurzkomm. *Griebeling;* unter Aufgabe von BAG AP Nr. 20.
[122] BAG AP Nr. 59 = AR-Blattei ES 1830 Nr. 165 Anm. *Buchner* = EWiR 1990, 703 mit Kurzkomm. *Griebeling*.
[123] Einhellige Ansicht, vgl. nur *Buchner* Wettbewerbsverbot S. 91; *Grunsky* Wettbewerbsverbote S. 68; zur Wertermittlung des Nutzungsvorteils von Firmenwagen siehe *Dombrowski/Zettelmeyer* NZA 1995, 155 ff.
[124] BAG AP Nr. 40 mit zust. Anm. *Brackmann*.
[125] *Buchner* Wettbewerbsverbot S. 91.
[126] BAG AP Nr. 40.
[127] Ganz überwiegende Ansicht, vgl. BAG AP BGB § 611 Konkurrenzklausel Nr. 24 mit Anm. *Wiedemann/Steinberg* = DB 1970, 35, 178 mit Anm. *Gumpert* = BB 1970, 63, 396 mit Anm. *Meilicke* =

50   **b) Unverbindlichkeit bei ungenügender Entschädigungszusage.** Enthält die Wettbewerbsabrede dagegen eine Entschädigungszusage, **die** jedoch den **Mindestbetrag** des Abs. 2 **nicht erreicht**, so **ist** das Wettbewerbsverbot nicht unwirksam, sondern nur **unverbindlich.**[128]

51   **aa) Wahlrecht des Arbeitnehmers.** Der Handelsvertreter hat dann ein Wahlrecht, ob er die Abrede gelten lassen will oder nicht. Die Wahl muß im Interesse des Arbeitgebers grundsätzlich **zu Beginn der Karenzzeit** ausgeübt werden;[129] sie ist unwiderruflich.[130] Ausnahmsweise kann die Ausübung des Wahlrechts hinausgeschoben werden, wenn und solange über die Wirksamkeit der Beendigung des Arbeitsverhältnisses oder über die Wirksamkeit der Wettbewerbsabrede ein Rechtsstreit geführt wird.[131] In diesem Fall kann bei einem vorläufigen Unterlassen des Wettbewerbs die Wahl auch erst nach dem Urteil vorgenommen werden. Löst der Arbeitnehmer sich dann von dem Wettbewerbsverbot, hat er bis dahin einen zeitanteiligen Anspruch auf Karenzentschädigung.[132] Die Ausübung des Wahlrechts durch den Arbeitnehmer kann nicht dadurch beschränkt werden, daß ihm bereits während des Arbeitsverhältnisses Vorschußleistungen auf die Karenzentschädigung gezahlt werden, welche unterhalb der Mindestgrenze der gesetzlichen Entschädigung bleiben. In einem solchen Fall kann der Arbeitgeber nicht verlangen, daß der Arbeitnehmer die bezogenen Teilleistungen zurückzahlt, wenn er sich auf die Unverbindlichkeit der Wettbewerbsabrede beruft. Andernfalls wäre das Wahlrecht des Arbeitnehmers zur Vermeidung der Rückzahlungspflicht einseitig beschränkt.[133]

52   Für die **Inanspruchnahme der Karenzentschädigung** bedarf es **keiner Erklärung** durch den Arbeitnehmer.[134] Es genügt, wenn der Arbeitnehmer sich zu Beginn der Karenzzeit etwa durch die Aufnahme einer nicht wettbewerbswidrigen Tätigkeit konkludent für das Wettbewerbsverbot entscheidet. Um dem Interesse des Arbeitgebers an Rechtssicherheit gerecht zu werden, hat der Arbeitgeber allerdings in Anlehnung an § 264 Abs. 2 Satz 1 BGB die Möglichkeit, den wahlberechtigten Arbeitnehmer unter Bestimmung einer angemessen Frist zur Vornahme der Wahl aufzufordern. Mit Ablauf der Frist geht das Wahlrecht auf den Arbeitgeber über (§ 264 Abs. 2 Satz 2 BGB).[135]

53   **bb) Unverbindlichkeit oder Einhaltung der Wettbewerbsabrede.** Macht der Arbeitnehmer die Unverbindlichkeit der Wettbewerbsabrede geltend, kann er in Wettbewerb zu dem bisherigen Arbeitgeber treten.[136] Entscheidet sich der Arbeitnehmer für die Einhaltung des Wettbewerbsverbots, hat er nicht nur einen Anspruch auf die vereinbarte, sondern auf die gesetzliche Mindestvergütung,[137] weil Abs. 2 die Mindestentschädigung zwingend vorschreibt. Der Arbeitgeber kann dann umgekehrt Unterlassung des Wettbewerbs verlangen.

AR-Blattei, Wettbewerbsverbot, Entsch. 71 mit Anm. *Diederichsen* = SAE 1971, 106 mit Anm. *Canaris*; BAG DB 1995, 50 m. weit. Nachw.; GK-HGB/*Etzel* §§ 74 bis 75 d RdNr. 34; kritisch *Buchner* Wettbewerbsverbot S. 79; *Grunsky* Wettbewerbsverbote S. 102.

[128] BAG AP Nr. 59 = AR-Blattei ES 1830 Nr. 165 mit Anm. *Buchner* = EWiR 1990, 703 mit Kurzkomm. *Griebeling*; Staub/*Konzen*/*Weber* RdNr. 33.

[129] BAG AP Nr. 37; Staub/*Konzen*/*Weber* RdNr. 33, 34.

[130] BAG AP Nr. 42 mit zust. Anm. *Beitzke*.

[131] BAG AP Nr. 53 mit abl. Anm. *Hadding*/ *Hammen.*

[132] BAG AP Nr. 37.

[133] BAG AP Nr. 38 mit Anm. *Stumpf*.

[134] BAG AP Nr. 60 = JZ 1991, 880 mit krit. Anm. *Wertheimer* = EWiR 1991, 271 mit Kurz-

komm. *Steinmeyer* = AiB 1991, 131 mit Anm. *Mayer*; LAG Hamm DB 1981, 1243; Abweichung zu BAG AP Nr. 51 mit Anm. *Küstner* und BAG AP Nr. 53 mit abl. Anm. *Hadding*/*Hammen* = EWiR 1987, 907 mit Kurzkomm. *Grunsky*.

[135] BAG AP Nr. 60; *Grunsky* Wettbewerbsverbote S. 104.

[136] So bereits BAG AP Nr. 1 mit zust. Anm. *A. Hueck* = BABl. 1957, 748 mit Anm. *Trieschmann* = AR-Blattei, Wettbewerbsverbot, Entsch. 3 mit Anm. *Gros* = BlfSt 1957, 173 mit Anm. *König.*

[137] Offen gelassen von BAG AP Nr. 59 = AR-Blattei ES 1830 Nr. 165 mit krit. Anm. *Buchner* = EWiR 1990, 703 mit Kurzkomm. *Griebeling*; aA BAG AP Nr. 10 mit Anm. *Hefermehl* = BABl. 1960, 312 mit Anm. *Wlotzke* = AR-Blattei, Wettbewerbsverbot, Entsch. 9 mit Anm. *Gros* und Nr. 19 mit zust. Anm. *Herschel*; Heymann/*Honsell* RdNr. 34.

3. Bedingte Wettbewerbsverbote. Bei dem sogenannten bedingten Wettbewerbsver- **54**
bot[138] behält sich der Arbeitgeber vor, die Wettbewerbsabrede geltend zu machen und den
Arbeitnehmer auf Unterlassung von Wettbewerb in Anspruch zu nehmen. Vor Eintritt der
Bedingung besteht kein Wettbewerbsverbot und damit auch keine Entschädigungspflicht
des Arbeitgebers. Damit wird die Entschädigung unter die Bedingung der Geltendmachung
der Wettbewerbsabrede durch den Arbeitgeber gestellt. Dies führt zur Unverbindlichkeit
der Wettbewerbsabrede.[139] Auch hier hat der Arbeitnehmer eine Wahlmöglichkeit, ob er
die Wettbewerbsabrede gelten lassen will oder nicht (vgl. RdNr. 51).[140]

V. Ansprüche bei Verletzung der Wettbewerbsabrede

1. Ansprüche des Arbeitgebers. a) Unterlassen der wettbewerbswidrigen Tätigkeit. **55**
Verstößt der Arbeitnehmer während der Laufzeit des Wettbewerbsverbots gegen die ihm
durch die Vereinbarung auferlegten Beschränkungen, so kann der Arbeitgeber gegen den
Arbeitnehmer auf Unterlassung oder ggf. auf Beseitigung der fortbestehenden Störungen
(zB Schließung eines dem Wettbewerbsverbot zuwiderlaufenden Betriebs)[141] klagen. Zuständig sind die Gerichte für Arbeitssachen (§ 2 Abs. 1 Nr. 3 c ArbGG).

Um dem Arbeitgeber die Beurteilung zu ermöglichen, ob Verstöße gegen die Wett- **56**
bewerbsabrede vorliegen oder drohen, hat der Arbeitgeber gegen den bisherigen Arbeitnehmer ein **Auskunftsrecht** (vgl. auch § 74 c Abs. 2).[142] Der Anspruch auf Auskunft besteht
auch ohne ausdrückliche Vereinbarung und kann im Wege der Stufenklage (§ 254 ZPO)
mit dem Erfüllungsanspruch geltend gemacht werden.[143] Zu den notwendigen Angaben
des Arbeitnehmers gehören dabei je nach Umfang des Wettbewerbsverbots der Name des
neuen Arbeitgebers, die Art der Betätigung, wenn der neue Arbeitgeber ein Konkurrent
des bisherigen Arbeitgebers ist[144] u. ä.

Nach Ablauf der Karenzzeit kann der Arbeitgeber auch noch in der Revisionsinstanz **57**
von der Leistungsklage zur **Klage auf Feststellung** übergehen, daß der Arbeitnehmer
während der Karenzzeit zur Wettbewerbsunterlassung verpflichtet gewesen ist.[145] Für die
geänderte Klage besteht wegen möglicher Schadensersatz- oder Vertragsstrafenansprüche
des Arbeitgebers regelmäßig ein Feststellungsinteresse gemäß § 256 ZPO.[146]

Muß der Arbeitgeber auf Grund besonderer Umstände befürchten, daß der ehemalige **58**
Arbeitnehmer das Wettbewerbsverbot nicht einhält, so kann der Arbeitgeber gegen den
ausgeschiedenen Arbeitnehmer auch im Wege der **vorbeugenden Unterlassungsklage**
vorgehen.[147] In besonderen Eilfällen kann der Arbeitgeber den Erlaß einer einstweiligen
Verfügung (§ 935 ZPO) beantragen.[148] Handelt der Arbeitnehmer dem auf Unterlassung
lautenden Urteil zuwider, so kann der Arbeitgeber gemäß § 890 ZPO Ordnungsgeld bzw.
-haft beantragen.

[138] Vgl. hierzu ausführlich Staub/*Konzen/Weber*
RdNr. 35 ff.
[139] BAG AP Nr. 60 = EWiR 1991, 271 mit
Kurzkomm. *Steinmeyer* = AiB 1991, 131 mit Anm.
Mayer = JZ 1991, 880 mit Anm. *Wertheimer;
Buchner* Wettbewerbsverbot S. 54 ff.; Heymann/
Henssler § 75 a RdNr. 9; HzA/*Weslau* Gruppe 1
RdNr. 2217 ff.; vgl. auch *Bauer/Diller* Wettbe-
werbsverbote RdNr. 315 ff.
[140] BAG AP Nr. 36 = BB 1978, 612 mit Anm.
Marienhagen = AR-Blattei, Wettbewerbsverbot,
Entsch. 123 mit Anm. *Buchner* = SAE 1978, 108 mit
krit. Anm. *Canaris.*
[141] Baumbach/*Hopt* RdNr. 10; Staub/*Konzen/
Weber* RdNr. 43; vgl. *Bauer/Diller* Wettbewerbsver-
bote RdNr. 594 ff.

[142] BAG AP BGB § 242 Auskunftspflicht Nr. 12
mit zust. Anm. *Lüderitz* = SAE 1968, 40 mit
krit. Anm. *Reinhardt;* BAG AP Nr. 24 mit Anm.
Diederichsen = SAE 1969, 38 mit Anm. *Schnorr
v. Carolsfeld; Bauer/Diller* Wettbewerbsverbote
RdNr. 589 ff.; *Buchner* Wettbewerbsverbot S. 121;
Heymann/*Henssler* RdNr. 41.
[143] *Buchner* Wettbewerbsverbot S. 122.
[144] Vgl. BAG AP BGB § 242 Auskunftspflicht
Nr. 12.
[145] BAG Nr. 22 mit Anm. *Weitnauer* = SAE
1969, 43 mit zust. Anm. *Rüthers.*
[146] BAG AP Nr. 22 mit Anm. *Weitnauer.*
[147] LAG Baden-Württemberg NZA 1986, 641
(LS).
[148] LAG Baden Württemberg BB 1967, 1426;
Grunsky Wettbewerbsverbote S. 126.

59 **b) Sekundäransprüche.** Die Rechtsfolgen von **Nichterfüllung und Verzug** bestimmen sich – von dem Sonderfall einer zu Lasten des Arbeitnehmers vereinbarten Vertragsstrafe (§ 75 c) abgesehen – nach den Vorschriften der **§§ 320 ff. BGB.**[149] Denn die Pflicht des Arbeitgebers zur Zahlung der Karenzentschädigung steht im Gegenseitigkeitsverhältnis zur Unterlassungspflicht des Arbeitnehmers.

60 **aa) Verschulden des Arbeitnehmers.** Der Arbeitgeber kann, solange der Arbeitnehmer gegen das Wettbewerbsverbot verstößt, die fällige Entschädigung gemäß § 320 BGB zurückhalten.[150] **Bei schuldhafter Verletzung des Wettbewerbsverbots** wird der Arbeitgeber gemäß § 325 Abs. 1 Satz 3, 323 Abs. 1 BGB für die Dauer der Verletzungshandlung sogar von der Zahlungspflicht frei. Denn der Verstoß gegen die Wettbewerbsabrede macht die Unterlassungspflicht für die fragliche Zeit unmöglich. Bereits gezahlte Beträge kann der Arbeitgeber daher gemäß §§ 325 Abs. 1 Satz 3, 323 Abs. 3, 812 BGB zurückfordern, soweit sie die Zeit der Zuwiderhandlung betreffen.[151]

61 Wenn der Arbeitgeber nach dem Wettbewerbsverstoß an der weiteren Erfüllung der Wettbewerbsabrede kein Interesse mehr hat, kann er auch gemäß § 325 Abs. 1 Satz 1 BGB bzw. gemäß § 326 BGB nach Fristsetzung und Ablehnungsandrohung von der Wettbewerbsabrede insgesamt zurücktreten.[152] Das gleiche gilt bei endgültiger Erfüllungsverweigerung durch den Arbeitnehmer.[153] Macht der Arbeitgeber von seinem **Rücktrittsrecht** keinen Gebrauch, bleibt er zur Zahlung der Entschädigung weiter verpflichtet, sobald der Arbeitnehmer der Wettbewerbsabrede wieder gerecht wird.[154]

62 Statt des Rücktritts kann der Arbeitgeber auch **Schadensersatz wegen Nichterfüllung** verlangen.[155] Der Schadensersatzanspruch erstreckt sich dabei insbesondere auf den Ersatz des entgangenen Gewinns (§ 252 BGB). Anders als beim gesetzlichen Wettbewerbsverbot während des Bestehens des Arbeitsverhältnisses (§ 61 Abs. 1) kann der Arbeitgeber aber nicht in die eigenen Konkurrenzgeschäfte des Arbeitnehmers eintreten.

63 **bb) Ohne Verschulden des Arbeitnehmers.** Trifft den Arbeitnehmer bei dem Wettbewerbsverstoß kein Verschulden, wird der Arbeitgeber gleichwohl gemäß § 323 Abs. 1 BGB für die Zeit des Wettbewerbsverstoßes von der Zahlungspflicht frei.[156] Hält der Arbeitnehmer anschließend das Wettbewerbsverbot wieder ein, lebt der Anspruch auf Zahlung der Karenzentschädigung wieder auf.[157]

64 **cc) Widerruf der Ruhegeldzusage.** Bei einem Wettbewerbsverstoß des im Ruhestand befindlichen Handlungsgehilfen kann der Arbeitgeber die Ruhegeldzusage grundsätzlich nicht widerrufen.[158] Nur in Ausnahmefällen kann die Berufung des Handlungsgehilfen auf die Versorgungszusage rechtsmißbräuchlich sein.[159] Im übrigen ist der Arbeitgeber auf Schadensersatzansprüche oder auf Einstellung der Karenzentschädigung angewiesen.

65 **2. Ansprüche des Arbeitnehmers. a) Zahlung der Karenzentschädigung.** Hält der Arbeitnehmer das Wettbewerbsverbot ein und zahlt der Arbeitgeber am gesetzlichen (§ 74 b Abs. 1) oder vereinbarten Fälligkeitstermin die Karenzentschädigung nicht, kommt der Arbeitgeber gemäß § 284 Abs. 2 BGB ohne Mahnung in Verzug.[160] Neben dem Erfül-

---

[149] Einhellige Ansicht, BAG AP Nr. 24 mit zust. Anm. *Diederichsen* = SAE 1969, 38 mit Anm. *Schnorr v. Carolsfeld;* BAG AP Nr. 42 mit zust. Anm. *Beitzke;* BAG AP Nr. 49 mit Anm. *Beitzke* = AR-Blattei, Wettbewerbsverbot, Entsch. 146 mit Anm. *Buchner;* Staub/*Konzen/Weber* RdNr. 44.
[150] Heymann/*Henssler* RdNr. 52.
[151] BAG Nr. 24 mit zust. Anm. *Diederichsen* = SAE 1969, 38 mit Anm. *Schnorr v. Carolsfeld.*
[152] *Buchner* Wettbewerbsverbot S. 119.
[153] Heymann/*Henssler* RdNr. 47.
[154] BAG Nr. 49 mit zust. Anm. *Beitzke* = AR-Blattei, Wettbewerbsverbot, Entsch. 146 mit Anm. *Buchner.*

[155] Heymann/*Henssler* RdNr. 44, 46; Baumbach/*Hopt* RdNr. 11.
[156] Heymann/*Henssler* RdNr. 49.
[157] BAG AP 49 mit zust. Anm. *Beitzke* = AR-Blattei, Wettbewerbsverbot, Entsch. 146 mit Anm. *Buchner.*
[158] BAG AP BGB § 242 Ruhegehalt Nr. 172 mit Anm. *Grunsky;* HzA/*Welslau* Gruppe 1 RdNr. 2314; MünchHdbArbR/*Wank* § 126 RdNr. 68.
[159] BAG AP BetrAVG § 1 Treuebruch Nr. 1 = SAE 1982, 250 mit Anm. *Richardi* = EzA BGB § 242 Ruhegeld Nr. 82 mit Anm. *Birk.*
[160] *Buchner* Wettbewerbsverbot S. 122; GK-HGB/*Etzel* §§ 74 bis 75 d RdNr. 103.

lungsanspruch kann der Arbeitnehmer nach § 286 Abs. 1 BGB außerdem den Verzögerungsschaden und gemäß § 288 BGB die Verzugszinsen geltend machen.

b) Sekundäransprüche. Bei Nichtzahlung oder verspäteter Zahlung steht dem unter- **66** lassungspflichtigen Arbeitnehmer nicht die Einrede des nichterfüllten Vertrages (§ 320 BGB) zu.[161] Die Zulassung des Wettbewerbs würde die geschuldete Leistung, die Unterlassung von Wettbewerb, nicht nur vorübergehend zurückhalten, sondern zumindest zeitweilig unmöglich machen.[162] Der Arbeitnehmer darf also trotz Zahlungsverzug des Arbeitgebers keinen Wettbewerb treiben.

Will sich der Arbeitnehmer bei ausbleibender oder verspäteter Zahlung von der Wett- **67** bewerbsabrede lösen, muß er vielmehr nach Maßgabe des § 326 BGB von der Wettbewerbsvereinbarung **zurücktreten.**[163] Alternativ kann der Arbeitnehmer auch **Schadenersatz wegen Nichterfüllung** verlangen. War die Wettbewerbsabrede bereits teilweise durchgeführt worden, beseitigt der Rücktritt allerdings nur die Rechte und Pflichten aus der Wettbewerbsabrede für die Zukunft. Der Anspruch auf Karenzentschädigung für die Vergangenheit bleibt also bestehen.[164]

VI. Beendigung und Übertragung der Wettbewerbsabrede

1. Vertragliche Aufhebung. Die Wettbewerbsabrede kann von den Parteien **jederzeit** **68** einvernehmlich aufgehoben werden.[165] Wird lediglich das Arbeitsverhältnis einvernehmlich beendet, hat dies wegen der Trennung von Arbeitsvertrag und Wettbewerbsabrede in der Regel keinen Einfluß auf die Wirksamkeit des Wettbewerbsverbots.[166] Etwas anderes gilt nur, wenn sich die Aufhebung des Arbeitverhältnisses auch auf das Wettbewerbsverbot bezieht, was durch Auslegung der Aufhebungsvereinbarung ermittelt werden muß. Das Wettbewerbsverbot tritt im Zweifelsfall nicht mit der Aufhebung des Arbeitsverhältnisses durch Eintritt in den **Ruhestand** außer Kraft. Dies gilt auch dann, wenn der Arbeitnehmer Ruhegeld bezieht.[167]

Die Parteien können bei der Vertragsaufhebung durch ausdrückliche Erklärung oder **69** durch stillschweigende Einigung zugleich den etwa bestehenden Schriftformzwang aufheben.[168] Auch das **Schriftformerfordernis** des § 75 a gilt nicht für die vertragliche Aufhebung der Wettbewerbsabrede.[169] Zum **Verzicht** des Arbeitgebers und zur Kündigung der Wettbewerbsvereinbarung vgl. §§ 75 a, 75.

2. Wettbewerbsverbot und Betriebsveräußerung. Die Rechte aus dem Wettbewerbs- **70** verbot dienen dem Schutz des von dem Unternehmer betriebenen Handelsgewerbes. Sie sind deshalb nach Maßgabe des § 399 BGB nur an den Geschäftsnachfolger übertragbar.[170] Geht ein Betrieb im Wege der **Universalsukzession** (zB Erbfolge) auf einen neuen Arbeitgeber über, so tritt dieser neben den Rechten und Pflichten aus dem Arbeitsverhältnis auch in das Wettbewerbsverbot ein.[171]

a) Umwandlung des Rechtsträgers. Bei der Umwandlung des Rechtsträgers nach § 1 **71** Abs. 1 UmwG[172] (vgl. § 59 RdNr. 35) ist zwischen den möglichen Arten einer Um-

---

[161] BAG AP Nr. 42 mit Anm. *Beitzke; Buchner* Wettbewerbsverbot S. 122; GK-HGB/*Etzel* §§ 74 bis 75 d RdNr. 103; Heymann/*Henssler* RdNr. 52.

[162] BAG AP Nr. 42 mit Anm. *Beitzke.*

[163] BAG AP Nr. 42 mit Anm. *Beitzke.*

[164] BAG AP Nr. 42 mit Anm. *Beitzke*; GK-HGB/*Etzel* §§ 74 bis 75 d RdNr. 104.

[165] BAG AP Nr. 57 = EWiR 1989, 691 mit Kurzkomm. *Grunsky; Buchner* Wettbewerbsverbot S. 101; *Grunsky* Wettbewerbsverbote S. 115.

[166] *Buchner* Wettbewerbsverbot S. 101; *Grunsky* Wettbewerbsverbote S. 116; vgl. hierzu auch die Ausführungen zu § 74; siehe auch BAG AP § 74 c Nr. 4 mit Anm. *Küchenhoff/Reinhardt* = SAE 1975, 207 mit Anm. *Streckel.*

[167] BAG AP Nr. 46 mit Anm. *Beitzke* = NJW 1986, 152.

[168] BAG AP Nr. 57 = EWiR 1989, 691 mit Kurzkomm. *Grunsky; HzA/Welslau* Gruppe 1 RdNr. 2274.

[169] *Buchner* Wettbewerbsverbot S. 101.

[170] Palandt/*Heinrichs* § 399 RdNr. 4.

[171] GK-HGB/*Etzel* §§ 74 bis 75 d RdNr. 65; *Schaub* § 58 II 4.

[172] Zum neuen Umwandlungsgesetz vom 28. 10. 1994 (BGBl. I S. 3210) siehe *Dörrie* WiB 1995, 1 ff.; *Lüttge* NJW 1995, 417 ff.; *Wlotzke* DB 1995, 40 ff. zu den arbeitsrechtlichen Aspekten des neuen Umwandlungsrechts.

wandlung zu unterscheiden. Bei der **formwechselnden Umwandlung** (§§ 1 Abs. 1 Nr. 4, 190 ff. UmwG) bleibt der Rechtsträger erhalten (§ 202 Abs. 1 Nr. 1 UmwG), so daß die Identität des Unternehmens nicht berührt wird. Deshalb gilt das Wettbewerbsverbot weiter im Verhältnis zwischen Unternehmen und Arbeitnehmer. Bei den anderen Fällen der Umwandlung (Verschmelzung, Spaltung, Vermögensübertragung, § 1 Abs. 1 Nr. 1 – 3 UmwG) ist gemäß § 324 UmwG die Regelung des § 613 a Abs. 1 BGB anwendbar. Es kommt also bei der übertragenden Umwandlung darauf an, ob im Verhältnis zum Handlungsgehilfen ein Arbeitgeberwechsel durch Wechsel des Rechtsträgers stattgefunden hat. Ist dies der Fall, gilt das Wettbewerbsverbot im Verhältnis zum neuen Arbeitgeber.[173]

72 Erfolgt der **Betriebsübergang** dagegen rechtsgeschäftlich **gemäß § 613 a BGB**, muß differenziert werden, ob der Arbeitnehmer zum Zeitpunkt der Veräußerung noch dem Unternehmen angehört, oder ob er bereits ausgeschieden ist.[174]

73 **b) Betriebsveräußerung vor Beendigung des Arbeitsverhältnisses.** Bei **noch bestehendem Arbeitsverhältnis** gehen die Rechte und Pflichten aus der Wettbewerbsabrede gemäß § 613 a Abs. 1 Satz 1 BGB zunächst automatisch auf den Erwerber über.[175] Keine Rolle spielt dabei, ob das Arbeitsverhältnis bereits gekündigt ist.[176] Auch ist es unerheblich, ob die Wettbewerbsvereinbarung bereits Bestandteil des Arbeitsvertrags war oder ob sie gesondert abgeschlossen wurde. Die Wettbewerbsabrede ist jedenfalls iSd. § 613 a BGB Bestandteil des Arbeitsverhältnisses geworden.[177] Das Wettbewerbsverbot gegenüber dem bisherigen Arbeitgeber erlischt,[178] so daß der veräußernde Arbeitgeber keine Rechte mehr aus dem Wettbewerbsverbot herleiten kann.[179]

74 Der **Umfang des Wettbewerbsverbots** zwischen Arbeitnehmer und neuem Arbeitgeber richtet sich zunächst nach der bisherigen vertraglichen Vereinbarung. Das Wettbewerbsverbot kann sich jedoch inhaltlich erweitern (zB der Veräußerer hat nur Pkw vertrieben, während der Erwerber Fahrzeuge aller Art vertreibt) oder umgekehrt auch beschränken.[180] Denn für den konkreten Inhalt des Wettbewerbsverbots ist letztlich der Zeitpunkt der Beendigung des Arbeitsverhältnisses und damit der Tätigkeitsbereich des Erwerbers entscheidend.[181] Soll das Wettbewerbsverbot allerdings auf andere Geschäftszweige ausgedehnt werden, bedarf es einer inhaltlichen Anpassung der Wettbewerbsvereinbarung.[182]

75 Darüber hinaus setzt der Übergang des Wettbewerbsverbots auf den **Erwerber** voraus, daß dieser ein **berechtigtes geschäftliches Interesse** an der Einhaltung des Verbots hat (§ 74 a Abs. 1 Satz 1).[183] Fehlt es daran, so ist das Wettbewerbsverbot zwischen Betriebserwerber und Arbeitnehmer unverbindlich. Lag dagegen umgekehrt in der Person des Veräußeres kein schutzwürdiges Interesse vor, während es beim Erwerber nun gegeben ist,

[173] Zu den Voraussetzungen und Folgen eines solchen Arbeitgeberwechsels nach § 613 a BGB siehe *Wlotzke* DB 1995, 40 ff.

[174] Umfassend zu den Auswirkungen des Betriebsübergangs nach § 613 a BGB auf die Wettbewerbsverbote der Arbeitnehmer *Bossmann* in der gleichnamigen Dissertation Bielefeld 1993, S. 144 ff.; vgl. Schaub/*Konzen/Weber* RdNr. 22.

[175] Ganz überwiegender Ansicht vgl. *Bossmann* S. 155, 156 m. weit. Nachw.; *Buchner* Wettbewerbsverbot S. 108; GK-HGB/*Etzel* §§ 74 bis 75 d RdNr. 65; *Gaul* NZA 1989, 697, 699; *Grunsky* Wettbewerbsverbote S. 139 = SAE 1974, 5 mit Anm. *Birk*; Heymann/*Henssler* RdNr. 36; MünchHdbArbR/*Wank* § 126 RdNr. 40; MünchKommBGB/*Schaub* § 613 a RdNr. 7; *Nägele* BB 1989, 1480; *Seiter* Betriebsinhaberwechsel, 1980, S. 79; Staudinger/*Richardi* § 613 a RdNr. 154; vgl. BAG DB 1980, 1495; zur alten Rechtslage vgl. BAG AP Nr. 31.

[176] *Bossmann* S. 156; *Buchner* Wettbewerbsverbot S. 109; Staudinger/*Richardi* § 613 a RdNr. 110.

[177] *Bossmann* S. 147 ff.; *Grunsky* Wettbewerbsverbote S. 139; aA wohl MünchKommBGB/*Schaub* § 613 a RdNr. 7: Analogie.

[178] *Buchner* Wettbewerbsverbot S. 112; GK-HGB/*Etzel* §§ 74 bis 75 d RdNr. 65; *Grunsky* Wettbewerbsverbote S. 141; MünchHdbArbR/*Wank* § 126 RdNr. 41; *Seiter* Betriebsinhaberwechsel S. 80.

[179] *Bossmann* S. 156 m. weit. Nachw.

[180] Vgl. hierzu ausführlich *Bossmann* S. 234 ff.

[181] *Grunsky* Wettbewerbsverbote S. 141, 6.

[182] Heymann/*Henssler* RdNr. 36; Baumbach/*Hopt* RdNr. 9.

[183] BAG AP § 74 a Nr. 1 mit zust. Anm. *Grüll* = SAE 1964, 208 mit Anm. *Schnor v. Carolsfeld*; ausführlich *Bossmann* S. 260 ff.; *Gaul* NZA 1989, 697; *Grunsky* Wettbewerbsverbote S. 140; Heymann/*Henssler* § 74 a RdNr. 8; MünchHdbArbR/*Wank* § 126 RdNr. 40; *Schaub* § 58 II 4.

wird das bis dahin unverbindliche Wettbewerbsverbot zum Zeitpunkt der Übertragung voll wirksam.[184]

Widerspricht der Arbeitnehmer der Betriebsveräußerung, bleibt das Arbeitsverhältnis **76** nach hM mit dem bisherigen Betriebsinhaber bestehen.[185] Dies führt dazu, daß auch eine im Zeitpunkt der Betriebsübergabe bestehende Wettbewerbsabrede mit dem Betriebsveräußerer vom Grundsatz her weiterhin Geltung entfaltet, wenn nicht im Zusammenhang mit dem Betriebsübergang beim Betriebsveräußerer das Interesse an Wettbewerbsenthaltung (§ 74 a) entfallen ist.[186]

c) Betriebsveräußerung nach Ausscheiden des Arbeitnehmers. Ist der Arbeitnehmer **77** bereits vor der Betriebsveräußerung ausgeschieden, ist § 613 a BGB weder direkt[187] noch analog[188] anwendbar. Denn die Übernahmeregelung des § 613 a BGB setzt ein bestehendes Arbeitsverhältnis voraus.[189] Allerdings kann die Wettbewerbsvereinbarung von dem Betriebserwerber durch Vertrag übernommen werden. Diese Verfügung über das Schuldverhältnis kann als „dreiseitiger Vertrag" abgeschlossen werden oder durch Vertrag zwischen Betriebsveräußerer und Betriebserwerber unter Zustimmung des Arbeitnehmers.[190]

3. Konkurs des Arbeitgebers. a) Konkurseröffnung vor Ausscheiden des Arbeit- **78** **nehmers.** Die Konkurseröffnung über das Vermögen des Arbeitgebers berührt das **bestehende Arbeitsverhältnis** und die Wettbewerbsvereinbarung grundsätzlich nicht.[191] Allerdings gewährt § 22 KO dem Arbeitnehmer (Abs. 1) und dem Konkursverwalter (Abs. 2) ein Kündigungsrecht. Die neue Insolvenzordnung,[192] die zum 1. 1. 1999 in Kraft treten wird,[193] gewährt in § 113 InsO dem jeweils anderen Teil ein Recht zur ordentlichen Kündigung mit einer Kündigungsfrist von drei Monaten zum Monatsende.

Kündigt der Arbeitnehmer das Arbeitsverhältnis, so bleibt die Wettbewerbsabrede **79** grundsätzlich wirksam. Jedoch gewährt § 17 KO (ab 1. 1. 1999: § 103 InsO) dem **Konkursverwalter** ein **Wahlrecht** zwischen beiderseitiger **Erfüllung** und Ablehnung der Wettbewerbsabrede. Wählt der Konkursverwalter Erfüllung, bleibt der Arbeitnehmer an das Wettbewerbsverbot gebunden.[194] Der Entschädigungsanspruch gehört dann gemäß § 59 Abs. 1 Nr. 2 KO (ab 1. 1. 1999: § 55 Abs. 1 Nr. 2 InsO) zur Masseschuld.[195] Reicht die Masse voraussichtlich nicht aus, kann der Arbeitnehmer die Wettbewerbsvereinbarung außerordentlich kündigen.[196]

Lehnt der Konkursverwalter die Erfüllung ab, wird der Arbeitnehmer von der Verpflich- **80** tung zur Unterlassung frei.[197] Er hat **Schadensersatzansprüche** wegen Wegfalls der Karenz (§ 22 Abs. 2 KO), die er als einfache Konkursforderung gemäß § 26 KO geltend machen kann.[198] Das gleiche gilt nach § 103 Abs. 2 der neuen InsO. **Kündigt der Konkursverwal-**

---

[184] *Grunsky* Wettbewerbsverbote S. 140.

[185] St. Rspr. vgl. BAG AP BGB § 613 a Nr. 55 mit Anm. *Lüke;* – aA neuerdings EuGH NZA 1990, 885; – zu den Folgen für § 613 a BGB vgl. *Bauer* NZA 1990, 881.

[186] Überwiegende Ansicht *Buchner* Wettbewerbsverbot S. 111; *Gaul* NZA 1989, 697; MünchKommBGB/*Schaub* § 613 a RdNr. 7; *Schaub* § 58 II 4; Staudinger/*Richardi* § 613 a RdNr. 119.

[187] Einhellige Ansicht vgl. *Bossmann* S. 168 ff.; 198 f.

[188] GK-HGB/*Etzel* §§ 74 bis 75 d RdNr. 66; Heymann/*Henssler* § 74 RdNr. 37; *v. Hoyningen-Huene/Windbichler* RdA 1977, 329, 334; *Schaub* § 58 2 4; – aA *Bossmann* S. 200 ff., 229 ff.; zum Meinungsstand vgl. *Bossmann* S. 164 ff.; *Buchner* Wettbewerbsverbot S. 114; *Grunsky* Wettbewerbsverbote S. 143; MünchHdbArbR/*Wank* § 126 RdNr. 43.

[189] *v. Hoyningen-Huene/Windbichler* RdA 1977, 329, 334.

[190] GK-HGB/*Etzel* §§ 74 bis 75 d RdNr. 66.

[191] MünchHdbArbR/*Wank* § 126 RdNr. 57; vgl. Staub/*Konzen/Weber* § 74 b RdNr. 19.

[192] 5. Oktober 1994 BGBl. I S. 865.

[193] Einen Überblick über die neue Insolvenzordnung gibt *Pick* NJW 1995, 992 ff.

[194] HzA/*Weslau* Gruppe 1 RdNr. 2302; *Kilger/Schmidt* KO 16. Aufl. 1993, § 17 Anm. 2 a.

[195] *Buchner* Wettbewerbsverbot S. 116; *Grunsky* Wettbewerbsverbote S. 136; Baumbach/*Hopt* RdNr. 4.

[196] *Grunsky* Wettbewerbsverbote S. 136; *Jäger/Henckel* KO, 9. Aufl. 1980, § 17 RdNr. 222; Kuhn/Uhlenbruck KO, 11. Aufl. 1994, § 22 RdNr. 26.

[197] *Kilger/Schmidt* KO § 17 Anm. 2 a.

[198] *Buchner* Wettbewerbsverbot S. 117; Baumbach/*Hopt* § 75 RdNr. 4.

ter das Arbeitsverhältnis, so gilt zugunsten des Arbeitnehmers die Regel des § 75 Abs. 2 HGB[199] (vgl. hierzu die Kommentierung bei § 75).

81   **b) Konkurseröffnung nach Ausscheiden des Arbeitnehmers.** Erfolgt die Konkurseröffnung erst nach Ausscheiden des Arbeitnehmers, so muß differenziert werden: Die rückständigen Raten sind für die letzten sechs Monate vor Konkurseröffnung gemäß § 59 Abs. 1 Nr. 3 b KO als Masseschulden vorab aus der Masse zu zahlen und für das letzte Jahr gemäß § 61 Nr. 1 b KO bevorzugt zu befriedigen.[200] Für die erst nach Konkurseröffnung fälligen Karenzentschädigungszahlungen ist dagegen ebenfalls wie bei der Konkurseröffnung vor Ausscheiden des Arbeitnehmers § 17 KO (ab 1. 1. 1999: § 103 InsO) anwendbar.[201]

§ 74 a [Unverbindliches oder nichtiges Verbot]

(1) Das Wettbewerbverbot ist insoweit unverbindlich, als es nicht zum Schutze eines berechtigten geschäftlichen Interesses des Prinzipals dient. Es ist ferner unverbindlich, soweit es unter Berücksichtigung der gewährten Entschädigung nach Ort, Zeit oder Gegenstand eine unbillige Erschwerung des Fortkommens des Gehilfen enthält. Das Verbot kann nicht auf einen Zeitraum von mehr als zwei Jahren von der Beendigung des Dienstverhältnisses an erstreckt werden.

(2) Das Verbot ist nichtig, wenn die dem Gehilfen zustehenden jährlichen vertragsmäßigen Leistungen den Betrag von *fünfzehnhundert* Deutsche Mark nicht übersteigen. Das gleiche gilt, wenn der Gehilfe zur Zeit des Abschlusses minderjährig ist oder wenn sich der Prinzipal die Erfüllung auf Ehrenwort oder unter ähnlichen Versicherungen versprechen läßt. Nichtig ist auch die Vereinbarung, durch die ein Dritter an Stelle des Gehilfen die Verpflichtung übernimmt, daß sich der Gehilfe nach der Beendigung des Dienstverhältnisses in seiner gewerblichen Tätigkeit beschränken werde.

(3) Unberührt bleiben die Vorschriften des § 138 des Bürgerlichen Gesetzbuchs über die Nichtigkeit von Rechtsgeschäften, die gegen die guten Sitten verstoßen.

Schrifttum: Vgl. die zu § 74 aufgeführte Literatur.

Übersicht

[199] *Buchner* Wettbewerbsverbot S. 116.
[200] HzA/*Weslau* Gruppe 1 RdNr. 2304.

[201] *Buchner* Wettbewerbsverbot S. 116; *Grunsky* Wettbewerbsverbote S. 135, *Jäger/Henckel* KO, § 17 RdNr. 215 ff.; Kuhn/*Uhlenbruck* KO, § 22 RdNr. 26.

I. Unverbindliche Wettbewerbsabreden

Neben dem in der Praxis wichtigen Fall der unzureichenden Entschädigungspflicht (§ 74 **1** Abs. 2) enthält Abs. 1 weitere **Unverbindlichkeitsgründe** für eine Wettbewerbsabrede.[1] Während aber im ersteren Fall (§ 74 Abs. 2) die gesamte Wettbewerbsabrede unverbindlich ist, können die in Abs. 1 angeführten Gründe zu einer teilweisen Aufrechterhaltung der Vereinbarung führen („insoweit"). Mehrere Unverbindlichkeitsgründe können nebeneinander bestehen und jeweils für sich betrachtet zur teilweisen Unverbindlichkeit führen. Durch ihre Verbindung kann jedoch die Unverbindlichkeit der Wettbewerbsabrede insgesamt eintreten.

Wie allgemein die Vorschriften über die Wettbewerbsklauseln, gilt auch § 74 a **zugun-** **2** **sten anderer Arbeitnehmer** entsprechend[2] (siehe dazu im einzelnen § 74 RdNr. 8). Im folgenden wird daher anstelle der gesetzlichen Parteibezeichnungen Prinzipal/Handlungsgehilfe verallgemeinernd von Arbeitgeber und Arbeitnehmer gesprochen.

1. Unverbindlichkeitsgründe. a) Fehlen eines berechtigten Interesses des Arbeitge- 3 bers (Abs. 1 Satz 1). Eine Wettbewerbsklausel ist unverbindlich, soweit kein berechtigtes geschäftliches Interesse des Arbeitgebers besteht. Denn der Arbeitgeber soll durch die Wettbewerbsklausel nur vor solchen geschäftlichen Nachteilen geschützt werden, die sich aus einer späteren Konkurrenztätigkeit des Arbeitnehmers ergeben können. An diesem in die Zukunft gerichteten übergeordneten Schutzziel haben sich alle Wettbewerbsvereinbarungen auszurichten. Wettbewerbsverbote sind deshalb unverbindlich soweit sie weder die Weitergabe geschäftlicher Geheimnisse noch den Einbruch in den Kunden- oder Lieferantenstamm verhindern wollen.[3] Dies gilt für Abreden, die lediglich bezwecken, den Arbeitnehmer an den Betrieb zu binden[4] oder eine Abwerbung durch ein Konkurrenzunternehmen zu erschweren, ohne daß die Gefahr der Weitergabe von Geschäftsgeheimnissen oder des Einbruchs in den Kundenstamm zu besorgen ist.[5] Anhaltspunkt für eine solche Zielrichtung kann die geringe zeitliche Begrenzung des Wettbewerbsverbots sein.[6]

aa) Beurteilungszeitpunkt. Wegen dieses Schutzzieles muß auch das berechtigte Inter- **4** esse in dem Zeitpunkt (noch) bestehen, in welchem sich der Arbeitgeber auf die Wettbewerbsabrede beruft.[7] Daher kann eine ursprünglich verbindliche Wettbewerbsabrede im Laufe der Zeit unverbindlich werden, da für diese Beurteilung immer der Zeitpunkt der Geltendmachung entscheidend ist. Ein typischer Fall für den nachträglichen Wegfall der Verbindlichkeit ist die Geschäftsveräußerung durch den Arbeitgeber. Allerdings kann die Wettbewerbsabrede weiterhin verbindlich bleiben, wenn der Betriebsübernehmer gleichermaßen ein berechtigtes geschäftliches Interesse am Konkurrenzschutz hat[8] (im einzelnen § 74 RdNr. 70 ff.).

bb) Interessengefährdung. Da die Wettbewerbsklausel den Arbeitgeber vor Nachteilen **5** schützen soll, die ihm aus einer möglichen Konkurrenztätigkeit des Arbeitnehmers erwachsen können, muß sich dieser Zweck im Inhalt der durch die Abrede verbotenen Tätigkeit widerspiegeln. Es muß daher ein **Zusammenhang zwischen dem Verbot** einerseits

---

[1] Staub/*Konzen/Weber* Vor § 74 RdNr. 10.
[2] Vgl. nur BAG AP BGB § 611 Konkurrenzklausel Nr. 24 mit zust. Anm. *Wiedemann/Steinberg* = BB 1970, 35, 178 mit Anm. *Gumpert* = DB 1970, 63, 396 mit Anm. *Meilicke* = AR-Blattei, Wettbewerbsverbot, Entsch. 71 mit zust. Anm. *Diederichsen* = SAE 1971, 106 mit Anm. *Canaris;* speziell BAG AP BGB § 611 Konkurrenzklausel Nr. 22 = SAE 1969, 148 mit Anm. *Nitschke;* Baumbach/*Hopt* § 74 RdNr. 3; Heymann/*Henssler* RdNr. 3; *Wagner* Besonderheiten S. 93 ff.

[3] BAG EzA § 74 Nr. 57; BAG AP GewO § 133 f Nr. 21 mit zust. Anm. *Simitis* = SAE 1970, 43 mit zust. Anm. *Weitnauer.*
[4] BAG AP GewO § 133 f Nr. 21 .
[5] BAG EzA § 74 Nr. 57; BAG AP Nr. 2 mit krit. Anm. *Duden* = SAE 1967, 200 mit krit. Anm. *Schnorr v. Carolsfeld.*
[6] BAG AP GewO § 133 f Nr. 21.
[7] BAG AP § 74 Nr. 18; Staub/*Konzen/Weber* RdNr. 5.
[8] Dazu BAG AP Nr. 1 mit zust. Anm. *Grüll* = SAE 1964, 208 mit Anm. *Schnorr v. Carolsfeld.*

sowie der bisherigen Funktion des Arbeitnehmers andererseits bestehen.[9] Das Verbot muß sich deshalb auf spezifische Gefahren beziehen, die aus dieser Funktion erwachsen können und an deren Vermeidung der Arbeitgeber ein geschäftliches Interesse hat (Interessengefährdung). Üblicherweise wird dieser Zusammenhang von solchen Klauseln erfüllt, mittels denen der Arbeitnehmer an der späteren Verwertung der beim Arbeitgeber erworbenen Kenntnisse, Fertigkeiten, Erfahrungen und Kundenkontakte bei einem anderen (hieran interessierten) Arbeitgeber gehindert werden soll.[10]

6   Daher ist insgesamt ein berechtigtes Interesse des Arbeitgebers auch nur für den **konkreten Bereich** anzuerkennen, in dem der Arbeitnehmer an seinem bisherigen Arbeitsplatz für den Arbeitgeber gearbeitet hat. Eine Ausnahme gilt nur für solche Arbeitnehmer, die aufgrund des spezifischen Inhalts ihrer Tätigkeit notwendig über den Arbeitplatz hinausreichende Kenntnisse und Kontakte bekommen. Dies gilt insbesondere für **leitende Angestellte**, die aufgrund ihrer Stellung im Unternehmen Zugang auch zu solchen betrieblichen Vorgängen haben, die nicht direkt zu ihrem Aufgabenbereich gehören.[11]

7   Da die mögliche **Interessengefährdung** bezogen auf den Arbeitgeber und seinen Geschäftsbetrieb **individualisierbar** sein muß, ist eine Abrede unverbindlich, wenn das in ihr vereinbarte Verbot keine Beziehung zur früheren Tätigkeit hat, sondern allgemein die Möglichkeit von Konkurrenz beschränken will.[12] Gleiches gilt für solche Klauseln, deren Verbot sich über den Geschäftszweig des Arbeitnehmers hinaus erstreckt.[13]

8   Aus der Notwendigkeit der geschäftlichen Individualisierbarkeit folgt zugleich, daß es sich um ein **eigenes Interesse** des Arbeitgebers handeln muß.[14] Wettbewerbsabreden zugunsten Dritter können daher nicht verbindlich verabredet werden. Die Abgrenzung zur unzulässigen Wettbewerbsabrede zugunsten Dritter bereitet jedoch dann Schwierigkeiten, wenn der Arbeitgeber über **mehrere Geschäftsbetriebe** verfügt.[15] Hier wird man danach zu unterscheiden haben, ob die Geschäftsinhalte der mehreren Betriebe einander weitgehend angenähert sind oder aber sich auf verschiedene Erwerbszweige beziehen. Während im letzteren Fall formal von einer Drittbeziehung auszugehen ist, kann im ersteren Fall ein Konkurrenzverbot auch auf die zur Unternehmensgruppe des Arbeitgebers gehörenden anderen Betriebe bezogen werden. Die rein organisatorische Aufspaltung kann hier das berechtigte Schutzinteresse des Arbeitgebers nicht berühren.[16] Gleiches muß auch bei einer **nachträglichen Betriebs- bzw. Unternehmensaufspaltung** gelten. Daher bleibt die Wirksamkeit einer Konkurrenzklausel unberührt, wenn der Betriebsteil, in dem der Arbeitnehmer beschäftigt ist, bei maßgeblicher Beteiligung des Arbeitgebers an der neuen Rechtsperson verselbständigt wird.[17]

9   **b) Unbillige Erschwerung des Fortkommens (Abs. 1 Satz 2).** Die Wettbewerbsabrede soll zwar einerseits den Arbeitgeber vor Nachteilen schützen, die sich aus einer Konkurrenztätigkeit des Arbeitnehmers an einem anderen Arbeitsplatz ergeben können. Andererseits soll der Arbeitnehmer in seinem beruflichen Fortkommen nicht in dem Maß eingeschränkt werden, daß ein Ausgleich durch die Karrenzentschädigung nicht möglich

---

[9] Heymann/*Henssler* RdNr. 5;   HzA/*Welslau* Gruppe 1 RdNr. 2234.

[10] BAG AP Nr. 4 mit zust. Anm. *Hofmann* = SAE 1971, 65 mit Anm. *Herschel*; AP GewO § 133 f Nr. 16 = BABl. 1966, 230 mit Anm. *Schwedes*; AP BGB § 611 Konkurrenzklausel Nr. 22 = SAE 1969, 148 mit krit. Anm. *Nitschke*; OLG Düsseldorf DB 1990, 1960; *Buchner* Wettbewerbsverbot S. 68 f.; *Grunsky* Wettbewerbsverbot S. 93; MünchHdbArbR/*Wank* § 126 RdNr. 21; *Schaub* § 58 III 9.

[11] BAG AP GewO § 133 f Nr. 21 mit Anm. *Simitis* = SAE 1970, 43 mit Anm. *Weitnauer*; *Buchner* Wettbewerbsverbot S. 69 f; *Grunsky* Wettbewerbsverbote S. 93; *Schaub* § 58 III 9.

[12] BAG BB 1966, 1025; vgl. auch BAG AP Nr. 1 mit Anm. *Grüll* = SAE 1964, 208 mit Anm. *Schnorr v. Carolsfeld* (allgemeines Konkurrenzverbot im Rahmen einer illegalen Tätigkeit).

[13] Baumbach/*Hopt* RdNr. 1.

[14] HzA/*Welslau* Gruppe 1 RdNr. 2235.

[15] Dazu *Buchner* Wettbewerbsverbot S. 67; *Schaub* § 58 II 4; Staub/*Konzen/Weber* RdNr. 6; speziell zum berechtigten Interesse bei Konzernen und Kooperationen *Kracht* BB 1970, 584.

[16] Vgl. Heymann/*Henssler* RdNr. 7.

[17] Dazu BAG AP GewO § 133 f Nr. 19 mit Anm. *Duden* = SAE 1967, 284 mit zust. Anm. *Hofmann*.

ist. Deshalb ist ein Wettbewerbsverbot unverbindlich, soweit es eine unbillige Erschwerung des Fortkommens des Arbeitnehmers enthält (Abs. 1 Satz 2). Die Wettbewerbsabrede hat deshalb auf der einen Seite zu berücksichtigen, daß die Einschränkung des Arbeitnehmers angemessen durch die vereinbarte Entschädigungsleistung auszugleichen ist.[18] Auf der anderen Seite sind jedoch auch die Interessen des Arbeitgebers am Schutz vor Wettbewerb einzubeziehen.[19]

Wenngleich in die **Billigkeitsabwägung**[20] die Interessen des Arbeitgebers miteinzube- **10** ziehen sind, so sind im Ausgangspunkt die Interessen des Arbeitnehmers an der Verhinderung einer unzumutbaren Erschwerung seines Fortkommens selbständig zu prüfen. Daher kann eine Wettbewerbsvereinbarung auch bei einem ganz erheblichen Interesse des Arbeitgebers bereits als unbillig einzustufen sein, sofern bereits vor einer möglichen Abwägung mit dem Arbeitgeberinteresse eine unbillige Fortkommenserschwerung für den Arbeitnehmer zu bejahen ist.[21]

Die Frage der unbilligen Erschwerung des Fortkommens muß im Einzelfall unter **Be-** **11** **rücksichtigung aller** in Betracht kommenden **Umstände** geprüft werden.[22] Hierbei ist das Alter des Arbeitnehmers, die Höhe der Entschädigung, die Stellung im Betrieb, der Umfang des Wettbewerbsverbots und die Mobilität der Berufsgruppenangehörigen zu berücksichtigen.[23] So kann beispielsweise eine Ausdehnung der Wettbewerbsabrede auf das Gebiet der gesamten Bundesrepublik nur in Ausnahmefällen bei Arbeitnehmern in herausragenden Positionen in Betracht kommen.

Das **Ergebnis der Interessenabwägung** wird im jeweiligen Einzelfall unterschiedlich **12** sein. Auch kann es, weil in die Billigkeitsabwägung die Interessen des Arbeitgebers miteinzubeziehen sind, Überschneidungen mit dem Unverbindlichkeitsgrund nach Abs. 1 Satz 1 (Fehlen eines berechtigten Interesses des Arbeitgebers) geben. So kann zB eine überregionale Wettbewerbsabrede deshalb unverbindlich sein, weil in diesem Umfang kein berechtigtes Schutzinteresse des Arbeitgebers besteht. Sie kann aber auch den Tatbestand der unbilligen Erschwerung des Fortkommens erfüllen, weil die Entschädigungsvereinbarung außer Verhältnis zum Ausmaß der Einschränkungen des Arbeitnehmers steht. Je höher die zugesagte Karenzentschädigung ist, umso mehr kann es dem Arbeitnehmer zugemutet werden, sich an das Wettbewerbsverbot zu halten. Im Zweifel wird eine **großzügige Entschädigung** eine örtliche, zeitliche und gegenständlich weitgehende Einschränkung der Handlungsfreiheit des Arbeitnehmers rechtfertigen können.[24]

Maßgeblicher Zeitpunkt für die Beurteilung der Verbindlichkeit unter dem Gesichts- **13** punkt der Fortkommenserschwerung ist der Zeitpunkt, in dem der Arbeitnehmer die Konkurrenztätigkeit aufnehmen will. Auf den Zeitpunkt des Abschlusses des Wettbewerbsverbots kommt es nicht an. Daher kann im Laufe der Zeit ein ursprünglich unbedenkliches Verbot unverbindlich werden, weil erst aufgrund der eingetretenen Veränderung der wirtschaftlichen Verhältnisse und der Arbeitsmarktlage die Einhaltung des Konkurrenzverbots zu einer unbilligen Fortkommenserschwerung führen würde.[25]

c) Überschreitung der gesetzlichen Höchstlaufzeit (Abs. 1 Satz 3). Eine Wettbe- **14** werbsabrede, die die gesetzliche Höchstlaufzeit von 2 Jahren überschreitet, ist ebenfalls

[18] BAGE 3, 296; BAG AP GewO § 133 f Nr. 19.
[19] Zutr. *Heymann/Henssler* RdNr. 11.
[20] Zur Billigkeitsabwägung *v. Hoyningen-Huene* Billigkeit S. 113 ff.
[21] Ähnlich *Grunsky* Wettbewerbsverbote S. 98 f.; wohl auch *Buchner* Wettbewerbsverbot S. 71; HzA/*Welslau* Gruppe 1 RdNr. 2238; – eine Übersicht über einzelne Umstände findet sich bei *v. Hoyningen-Huene* Billigkeit S. 119 f.

[22] Zu den Anwendungsgrundsätzen für die Billigkeit siehe ausführlich *v. Hoyningen-Huene* Billigkeit S. 113 ff.
[23] HzA/*Welslau* Gruppe 1 RdNr. 2238.
[24] BAG AP GewO § 133 f Nr. 19 mit Anm. *Duden* = SAE 1967, 284 mit Anm. *Hofmann*; *Buchner* Wettbewerbsverbot S. 71 f.; *Grunsky* Wettbewerbsverbote S. 96; MünchHdbArbR/*Wank* § 126 RdNr. 22; *Schaub* § 58 III 10.
[25] *Grunsky* Wettbewerbsverbote S. 97.

unwirksam (Abs. 1 Satz 3).[26] Der Unverbindlichkeitsgrund des Abs. 1 Satz 3 ist genaugenommen eine gesetzliche Konkretisierung des Unverbindlichkeitsgrundes nach Abs. 1 Satz 2. Bei Überschreiten der Höchstlaufzeit von zwei Jahren wird **unwiderlegbar vermutet,** daß eine unbillige Erschwerung des Fortkommens des Arbeitnehmers gegeben ist.[27] Dies bedeutet umgekehrt, daß im Einzelfall freilich auch bereits bei einer kürzeren Frist ein Fall der Unverbindlichkeit nach Abs. 1 Satz 2 angenommen werden kann.[28]

15   Die Zweijahresfrist berechnet sich ab Beendigung des Arbeitsverhältnisses. Dabei kommt es allein auf die **rechtliche Beendigung** an, nicht auf das tatsächliche Ausscheiden.

16   Zwar sind die §§ 74 ff. auf freie Mitarbeitsverhältnisse nicht anwendbar (siehe dazu § 74 RdNr. 9). Schließt sich jedoch an ein Arbeitsverhältnis mit Wettbewerbsabrede ein **freies Mitarbeitsverhältnis** an, beginnt nach der Rechtsprechung des BAG die Zweijahresfrist erst ab diesem Zeitpunkt zu laufen.[29] Dem ist zuzustimmen, da durch die freie Mitarbeitertätigkeit eine Gefährdung des Arbeitgebers durch Konkurrenzhandlungen hinausgeschoben wird.

17   Im Unterschied zu den Unverbindlichkeitsgründen nach Abs. 1 Satz 1 und 2 führt eine Überschreitung der gesetzlichen Höchstdauer von zwei Jahren **nicht** zur **vollständigen Unverbindlichkeit** der Wettbewerbsabrede; vielmehr ist diese, sofern nicht andere Unverbindlichkeitgründe hinzutreten, bis zur gesetzlichen Grenze zwei Jahre lang verbindlich.[30] Daher handelt es sich, wie auch der von Abs. 1 Satz 1 und 2 abweichende Regelungswortlaut zeigt, bei Abs. 1 Satz 3 nicht um einen Unverbindlichkeitsgrund im eigentlichen Sinne. Denn die Unverbindlichkeit der Wettbewerbsabrede tritt erst nach zwei Jahren ein. Bis dahin ist die Wettbewerbsabrede verbindlich.

18   **2. Rechtsfolgen der Unverbindlichkeit. a) Wahlrecht des Handlungsgehilfen (Arbeitnehmers).** Die gesetzlichen Voraussetzungen für die Wirksamkeit eines Wettbewerbsverbots dienen überwiegend dem Schutz des Arbeitnehmers. Daher kann sich nur der Arbeitnehmer auf die Unverbindlichkeit der Wettbewerbsabrede berufen. Dem Arbeitnehmer steht es aber frei, sich auf die Unverbindlichkeit zu berufen; ihm kommt insoweit ein Wahlrecht zu.[31] Die Ausübung des Wahlrechts muß bei Inkrafttreten der Wettbewerbsabrede erfolgen und ist unwiderruflich.[32]

19   **aa) Erfüllung.** Der Arbeitgeber ist ebenso wie der Arbeitnehmer an die Wettbewerbsabrede gebunden, wenn der Arbeitnehmer die Unverbindlichkeit nicht geltend macht, sondern Erfüllung verlangt. Der Arbeitnehmer ist dann zur Einhaltung des vereinbarten Konkurrenzverbots verpflichtet, der Arbeitgeber zur Zahlung der Karenzentschädigung. Der Arbeitnehmer muß die Erfüllung nicht erklären. Vielmehr genügt es, daß er sich zu Beginn der Karenzzeit endgültig für das Wettbewerbsverbot entscheidet und seiner Unterlassungsverpflichtung nachkommt.[33]

---

[26] Dazu BAG AP BGB § 611 Nr. 24 Konkurrenzklausel mit Anm. zust. *Wiedemann/Steinberg* = BB 1970, 35, 178 mit Anm. *Gumpert* = BB 1970, 63, 396 mit Anm. *Meilicke* = AR-Blattei, Wettbewerbsverbot, Entsch. 71 mit Anm. *Diedrichsen* = SAE 1971, 106 mit Anm. *Canaris*; AP GewO § 133 f Nr. 18 = SAE 1968, 125 mit Anm. *Diedrichsen*; AP BGB § 123 Nr. 25; Staub/*Konzen/Weber* RdNr. 13.

[27] Zutr. *Grunsky* Wettbewerbsverbote S. 98.

[28] *Buchner* Wettbewerbsverbot S. 73; *Grunsky* Wettbewerbsverbote S. 98; *Schaub* § 58 III 10.

[29] BAG AP Nr. 4 mit zust. Anm. *Hofmann* = SAE 1971, 65 mit Anm. *Herschel*; Baumbach/*Hopt* RdNr. 4; *Grunsky* Wettbewerbsverbote S. 99; zweifelnd Heymann/*Henssler* RdNr. 14.

[30] RGZ 101, 376; BAG AP GewO § 133 f Nr. 18 = SAE 1968, 125 mit Anm. *Diedrichsen;* AP § 74 Nr. 25 mit Anm. *Simitis* = SAE 1971, 235 mit Anm. *Migsch;* AP BGB § 123 Nr. 25 ; BAG BB 1984, 535; Baumbach/*Hopt* RdNr. 4; *Grunsky* Wettbewerbsverbote S. 98; Heymann/*Henssler* RdNr. 14.

[31] Siehe hierzu auch *Buchner* Wettbewerbsverbot S. 76; *Grunsky* Wettbewerbsverbote S. 101. Zu den Rechtsfolgen der Unverbindlichkeit siehe auch *Bauer/Diller* Wettbewerbsverbote RdNr. 71 ff.

[32] BAG AP § 74 Nr. 42 mit zust. Anm. *Beitzke*.

[33] BAG AP § 74 Nr. 60 = EWiR 1991, 271 mit Kurzkomm. *Steinmeyer* = AiB 1991, 131 mit Anm. *Mayer* = JZ 1991, 880 mit krit. Anm. *Wertheimer;* anders noch BAG AP Nr. 51 mit Anm. *Küstner/ v. Manteuffel* und Nr. 53 mit Anm. *Hadding/Hammen* zu § 74.

bb) Berechtigte Zuwiderhandlung. Der **Arbeitnehmer** kann sich aber auch auf die 20 **Unverbindlichkeit berufen.** In diesem Fall ist er grundsätzlich berechtigt, Wettbewerbshandlungen entgegen der Abrede vorzunehmen. Im Unterschied zur unzureichenden Entschädigungsverpflichtung (§ 74 Abs. 1) ist der Arbeitnehmer in den Fällen der Unverbindlichkeit gemäß Abs. 1 jedoch nicht vollständig zur Zuwiderhandlung berechtigt. Denn die Wettbewerbsabrede ist jeweils nur insoweit unverbindlich, als sie nicht von einem berechtigten Interesse des Arbeitgebers gedeckt ist, den Arbeitnehmer unbillig im Fortkommen beschwert oder die gesetzliche Höchstlaufzeit von zwei Jahren überschreitet. Im Rahmen der jeweiligen **Teilverbindlichkeit** ist der Arbeitnehmer somit an das Konkurrenzverbot auch dann gebunden, wenn er nicht Erfüllung wählt (sog. geltungserhaltende Reduktion).[34] Hingegen ist ein völliges Freiwerden von der Verpflichtung nur in solchen Fällen denkbar, in denen das Interesse des Arbeitgebers zum Zeitpunkt des Inkrafttretens der Abrede entfallen ist.[35]

b) Anspruch auf die Gegenleistung. Nicht geregelt sind in § 74 a die **Rechtsfolgen für** 21 **den Entschädigungsanspruch** bei (Teil-)Unverbindlichkeit der Wettbewerbsabrede. Entscheidet sich der Arbeitnehmer für **Erfüllung,** so kann er zweifellos die Gegenleistung im vereinbarten Umfang geltend machen.[36] Denn seine Entscheidung hat die ursprünglich unverbindliche Abrede de facto vollständig verbindlich gemacht. Dabei bleibt es jeweils bei der Höhe der vereinbarten Entschädigung. Eine automatische Erhöhung als Ausgleich für eine unbillige Erschwerung des Fortkommens kommt dagegen nicht in Betracht. Darin läge eine einseitige Abänderung einer zweiseitigen Vereinbarung durch den Arbeitnehmer.[37]

Beruft sich der Arbeitnehmer auf die Unverbindlichkeit der Abrede, entfällt sein Ent- 22 schädigungsanspruch, wenn vollständige Unverbindlichkeit vorliegt. Im Falle der **Teilunverbindlichkeit** bleibt sein Anspruch auf die vereinbarte Entschädigung vollständig bestehen. Der Fortbestand des Entschädigungsanspruchs im vollem Umfang soll als Ausgleich unterschiedlicher Risikoverteilung dienen. Denn der Arbeitnehmer trägt das Risiko einer Fehleinschätzung über den Umfang der Verbindlichkeit der Abrede.[38] Demgegenüber hat der Arbeitgeber den Vorteil, trotz des bestehenden Unverbindlichkeitsgrundes nach Abs. 1 vom Arbeitnehmer die teilweise Unterlassung von Wettbewerbshandlungen verlangen zu können.[39]

c) Prozessuale Geltendmachung der Unverbindlichkeit. Weil sich der Umfang der 23 (Teil-)Unverbindlichkeit der Wettbewerbsabrede oftmals schwer ermitteln läßt, kann der Arbeitnehmer über diese Frage **Feststellungsklage** erheben.[40] Das erforderliche Feststellungsinteresse (§ 256 Abs. 1 ZPO) ist insbesondere im Fall des Abs. 1 Satz 2 gegeben, da die „unbillige Erschwerung des Fortkommens" ein unbestimmter Rechtsbegriff ist.

Der Arbeitnehmer kann jedoch bei durch ihn festgestellter (Teil-)Unverbindlichkeit 24 auch ohne eine gerichtliche Feststellung der Abrede zuwiderhandeln. Denn ihm steht bei Unverbindlichkeit der Wettbewerbsabrede ein **Wahlrecht zwischen Erfüllung und Zuwiderhandlung** zu (vgl. § 74 RdNr. 51).[41] Die Entscheidung muß der Arbeitnehmer grundsätzlich mit Inkrafttreten des Wettbewerbsverbots treffen. Bei dieser direkten Vorgehensweise geht der Arbeitnehmer allerdings das Risiko ein, daß er Grund und Umfang der

---

[34] BAG AP § 74 Nr. 22 mit Anm. *Weitnauer* = SAE 1969, 43 mit zust. Anm. *Rüthers; Buchner* Wettbewerbsverbot S. 74; *Grunsky* Wettbewerbsverbote S. 97.

[35] Vgl. dazu auch Heymann/*Henssler* RdNr. 16, 18.

[36] BAG AP Nr. 3 mit Anm. *Hofmann* = SAE 1969, 269 mit Anm. *Rittner.*

[37] Im Erg. zutr. Heymann/*Henssler* RdNr. 19.

[38] Zur gerichtlichen Feststellung des Umfangs der Verbindlichkeit der Wettbewerbsabrede und der daraus folgenden Zulässigkeit von Zuwiderhandlungen siehe unten RdNr. 23 f.

[39] Siehe auch Heymann/*Henssler* RdNr. 20.

[40] Vgl. RGZ 77, 401 [402] und RGRK/ *Würdinger* Anm. 4.

[41] BAG AP Nr. 36 zu § 74 = BB 1978, 612 mit Anm. *Marienhagen* = AR-Blattei, Wettbewerbsverbot, Entsch. 123 mit Anm. *Buchner* = SAE 1978, 180 mit Anm. *Canaris* und Nr. 37 zu § 74.

Unverbindlichkeit verkennt. In einem vom Arbeitgeber gegen eine Zuwiderhandlung der Arbeitnehmers eingeleiteten Rechtsstreit kann dann zu seinen Lasten eine abweichende Feststellung erfolgen.[42]

II. Nichtige Wettbewerbsabreden

25   **1. Nichtigkeitsgründe.** Abs. 2 enthält **vier Tatbestände**, deren Erfüllung zur Unwirksamkeit der Wettbewerbsabrede führt. Es handelt sich hierbei um Nichtigkeitsgründe,[43] die – entgegen dem Wortlaut des Abs. 3 – gegenüber der allgemeinen Vorschrift des § 138 BGB leges speciales[44] bilden (vgl. RdNr. 33).

26   **a) Geringbesoldung (Abs. 2 Satz 1).** Nach Abs. 2 Satz 1 sind Wettbewerbsabreden unwirksam, wenn die vertragsmäßige Vergütung des Arbeitnehmers jährlich 1500,-- DM nicht übersteigt. Wettbewerbsabreden mit geringbesoldeten Arbeitnehmern sind danach generell nichtig, gleichgültig welchen Inhalt die Beschränkungen haben und welchen Umfang eine vereinbarte Entschädigungsleistung hat. Zweck der Regelung ist, den Geringbesoldeten generell vor beschränkenden Wettbewerbsverboten zu schützen.

27   Allerdings ist die im Gesetz genannte **Einkommensgrenze** heute **nicht mehr realistisch** und daher anpassungsbedürftig. In der bisherigen Praxis wird sich darüber durch ein kompliziertes Berechnungssystem hinweggeholfen. Berechnungsindikatoren sind dabei u. a. der Lebenshaltungsindex aufgrund Verordnung vom 23. 10. 1923 (RGBl. I S. 990) sowie der des Statistischen Bundesamtes.[45] Die **Anpassungsbedürftigkeit** der Einkommensgrenze des Abs. 2 Satz 1 einerseits und der fehlende Vollzug einer gesetzlichen Anpassung andererseits machen deutlich, daß hier die Problematik ähnlich wie im Fall des § 75 b Satz 2 liegt. Das BAG hat die Regelung des § 75 b Satz 2 für verfassungswidrig, weil unjustitiabel erklärt.[46] Eine verfassungskonforme Auslegung und Anpassung der Verdienstgrenze hat das BAG abgelehnt. Vielmehr verletze § 75 b Satz 2 das Verfassungsgebot hinreichender Bestimmtheit; die maßgebliche Verdienstgrenze müsse in schwieriger, aus dem Gesetz unmittelbar nicht ableitbarer Weise ermittelt werden. In Hinblick auf die von der hM in komplizierter Weise errechnete, aktuell angepaßte Verdienstgrenze der Geringbesoldung gelten die **verfassungsrechtlichen Bedenken** auch für § 74 a Abs. 2 Satz 1.[47]

28   Im Ergebnis hat daher der erste Nichtigkeitstatbestand des Abs. 2 nur noch **theoretische Bedeutung**. Jedoch besteht das Interesse des Geringbesoldeten an einem Schutz vor Wettbewerbsbeschränkungen fort. Diesem Interesse kann dadurch genüge getan werden, daß es in die Abwägung im Rahmen der Unverbindlichkeitsgründe eingeht. Daher kann eine Wettbewerbsklausel, die mit einem nach heutigen Verhältnissen einkommensschwachen Arbeitnehmer abgeschlossen wird, unter dem Gesichtspunkt der „unbilligen Erschwerung des Fortkommens" (Abs. 1 Satz 2) unverbindlich sein. Besonders zu berücksichtigen ist dabei auch die Höhe der Entschädigung. So kann eine niedrige, im Hinblick auf § 74 Abs. 2 aber noch ausreichende Entschädigung unter dem Gesichtspunkt der Geringbesoldung zur Unverbindlichkeit gem. § 74 a Abs. 1 Satz 2 führen.[48]

29   **b) Minderjährigkeit des Arbeitnehmers (Abs. 2 Satz 2 Alt. 1).** Abs. 2 Satz 2 Alt. 1, wonach Wettbewerbsabreden mit Minderjährigen unwirksam sind, ist eine Sonderregelung gegenüber den §§ 106 bis 113 BGB. Daher ist auch die mit Einwilligung des gesetzlichen Vertreters (§ 106 BGB) oder aufgrund einer Ermächtigung gemäß § 113 BGB getroffene

---

[42] Dazu BAG § 74 Nr. 22 mit Anm. *Weitnauer* = SAE 1969, 43 mit Anm. *Rüthers*.

[43] Hierzu Staub/*Konzen*/*Weber* Vor § 74 RdNr. 9.

[44] BAG AP § 74 Nr. 22; Baumbach/*Hopt* RdNr. 8; Heymann/*Henssler* RdNr. 32; *Schaub* § 58 III 8.

[45] Siehe dazu Heymann/*Henssler* RdNr. 23; vgl. hierzu auch BAG § 74 Nr. 17 wonach die Einkommengrenze 1973 bei 5.000.– DM lag.

[46] BAG § 74 Nr. 10 mit Anm. *Hefermehl* = BABl. 1960, 312 mit Anm. *Wlotzke* = AR-Blattei, Wettbewerbsverbot, Entsch. 9 mit Anm. *Gros* und § 74 Nr. 14 mit Anm. *Hefermehl* = SAE 1961, 224 mit Anm. *G. Hueck*.

[47] HzA/*Welslau* Gruppe 1 RdNr. 2195; Münch-HdbArbR/*Wank* § 126 RdNr. 59 hält die Vorschrift des Abs. 2 Satz 1 für verfassungswidrig; Staub/*Konzen*/*Weber* RdNr. 17.

[48] Vgl. auch Heymann/*Henssler* RdNr. 24.

v. Hoyningen-Huene

Abrede generell nichtig.[49] Wegen der Nichtigkeit von Anfang an, kann auch der inzwischen volljährig gewordene Arbeitnehmer die Wettbewerbsabrede nicht durch **Genehmigung** nachträglich wirksam machen (vgl. § 108 Abs. 3 BGB). Eine solche Genehmigung kann jedoch als Bestätigung der Vereinbarung (§ 141 BGB) und damit als erneute Vornahme ausgelegt werden.[50] Hierbei ist jedoch erneut das Formerfordernis des § 74 Abs. 1 zu beachten.[51]

c) **Versprechen auf Ehrenwort (Abs. 2 Satz 2 Alt 2).** Wettbewerbsabreden, die unter **30** dem Ehrenwort (eidlich oder auch unter einer eidesstattlichen Versicherung)[52] des Arbeitnehmers getroffen worden sind, sind ebenfalls nichtig **(Abs. 2 Satz 2 Alt. 2).** Damit will der Gesetzgeber verhindern, daß die Ehre in vermögensrechtlichen Beziehungen zugunsten anderer verwendet wird.[53] Nicht von dieser Vorschrift erfaßt werden jedoch die Fälle, in denen der Arbeitnehmer außerhalb der schriftlichen Abrede unaufgefordert oder nachträglich sein Ehrenwort erklärt.[54] Es fehlt an der besonderen Drucksituation, wenn der Arbeitnehmer freiwillig sein Ehrenwort zusätzlich zur bereits getroffenen Abrede erklärt.

d) **Abrede zwischen Unternehmer und Dritten (Abs. 2 Satz 3).** Abs. 2 Satz 3 will den **31** Arbeitnehmer davor schützen, daß gesetzliche Mindestanforderungen für **Wettbewerbsvereinbarungen** dadurch umgangen werden, daß der Arbeitgeber sie mit einem Dritten abschließt.[55] Solche Wettbewerbsabreden sind daher nichtig. Erfaßt werden auch solche Vereinbarungen, in denen sich ein Dritter zu einer bloßen Einflußnahme auf den Arbeitnehmer verpflichtet, damit dieser künftigen Wettbewerb unterläßt.[56] Abs. 2 Satz 3 betrifft jedoch nur **selbständige Wettbewerbsabreden** zwischen Arbeitgeber und Dritten. Besteht eine Wettbewerbsklausel zwischen Arbeitgeber und Arbeitnehmer, so kann diese durch das Versprechen eines Dritten wirksam bestärkt werden. Da der Arbeitnehmer vorab für sich selbst entschieden hat, besteht in diesem Fall keine besondere Gefährdung seiner Interessen.

2. Rechtsfolgen. Im Unterschied zu den Unverbindlichkeitsgründen des Abs. 1, bei de- **32** nen zwischen vollständiger und teilweiser Unverbindlichkeit zu differenzieren ist, führen sämtliche Nichtigkeitsgründe des Abs. 2 **zur vollständigen Unwirksamkeit** der Wettbewerbsklausel. Deshalb können beiderseits keine Rechte aus der Wettbewerbsabrede hergeleitet werden. Das nichtige Wettbewerbsverbot führt aber nicht nach § 139 BGB zur Gesamtnichtigkeit des Arbeitsvertrags.[57] Umgekehrt bleibt auch die Wettbewerbsabrede von dem nichtigen Arbeitsverhältnis unberührt, es sei denn, dieses ist noch nicht in Vollzug gesetzt worden und der Arbeitnehmer hat noch keine Betriebsgeheimnisse erfahren.

III. Sittenwidrige Wettbewerbsabreden

Von den Nichtigkeitsgründen gemäß Abs. 2 bleibt die **Nichtigkeit** der Wettbewerbs- **33** klausel **gemäß § 138 BGB** unberührt (Abs. 3). Für die Beurteilung der Sittenwidrigkeit einer Abrede kommt es auf die Auffassung der beteiligten Kreise und die Verhältnisse im Zeitpunkt der Abrede an.[58] Sittenwidrigkeit liegt regelmäßig dann vor, wenn die Wettbewerbsabrede zu einer Knebelung des Arbeitnehmers in seiner beruflichen Bewegungsfreiheit führt. Das gilt insbesondere dann, wenn dem Arbeitnehmer dadurch die Berufsausübung weitgehend unmöglich gemacht wird.[59]

---

[49] HzA/*Welslau* Gruppe 1 RdNr. 2197.
[50] HzA/*Welslau* Gruppe 1 RdNr. 2197.
[51] Vgl. Schlegelberger/*Schröder* RdNr. 7.
[52] Vgl. RGZ 78, 260; Staub/*Konzen/Weber* RdNr. 21.
[53] RGZ 78, 260; vgl. *v. Hoyningen-Huene* BB 1992, 2138, 2142 zum vergleichbaren Fall des Gelöbnisses von Arbeitnehmern im öffentlichen Dienst.

[54] Heymann/*Henssler* RdNr. 28; für den nachträglichen Fall nach Beratung befürwortend Baumbach/*Hopt* RdNr. 6.
[55] Staub/*Konzen/Weber* RdNr. 22.
[56] Baumbach/*Hopt* RdNr. 7; Heymann/*Henssler* RdNr. 29.
[57] *Schaub* § 58 II 5; HzA/*Welslau* Gruppe 1 RdNr. 2250.
[58] Heymann/*Henssler* RdNr. 31.
[59] LAG München VersR 1987, 218.

34   Die Tatbestände der §§ 74 Abs. 2 sowie 74 a Abs. 1 und 2 sind entgegen dem Gesetzeswortlaut des Abs. 3 **leges speciales** gegenüber § 138 BGB.[60] Diese Konkurrenzproblematik hat aber nur Bedeutung im Verhältnis zu den Unverbindlichkeitsgründen des Abs. 1. Da der Arbeitnehmer bei Unverbindlichkeit der Wettbewerbsabrede die Erfüllung wählen kann, soll ihm dieses Wahlrecht nicht genommen werden, wenn zugleich der Tatbestand der Sittenwidrigkeit erfüllt ist.[61] § 138 BGB tritt somit gegenüber Abs. 1 und Abs. 2 zurück.

§ 74 b [Zahlung und Berechnung der Entschädigung]

(1) **Die nach § 74 Abs. 2 dem Handlungsgehilfen zu gewährende Entschädigung ist am Schlusse jedes Monats zu zahlen.**

(2) **Soweit die dem Gehilfen zustehenden vertragsmäßigen Leistungen in einer Provision oder in anderen wechselnden Bezügen bestehen, sind sie bei der Berechnung der Entschädigung nach dem Durchschnitt der letzten drei Jahre in Ansatz zu bringen. Hat die für die Bezüge bei der Beendigung des Dienstverhältnisses maßgebende Vertragsbestimmung noch nicht drei Jahre bestanden, so erfolgt der Ansatz nach dem Durchschnitt des Zeitraums, für den die Bestimmung in Kraft war.**

(3) **Soweit Bezüge zum Ersatze besonderer Auslagen dienen sollen, die infolge der Dienstleistung entstehen, bleiben sie außer Ansatz.**

Schrifttum: Vgl. die zu § 74 aufgeführte Literatur.

Übersicht

I. Grundsätzlicher Regelungsinhalt

1   § 74 b regelt nur Zahlung und Berechnung der Karenzentschädigung. Das Bestehen des Anspruchs, dh. die Erfüllung der Voraussetzungen des § 74, ist vorausgesetzt. Abs. 1 betrifft die **Fälligkeit** der Entschädigung, Abs. 2 regelt die Besonderheiten der **Berechnung** des Karenzentgelts, wenn dem Arbeitnehmer während des Arbeitsverhältnisses wechselnde Bezüge zugestanden haben. Abs. 1 hat seine Entsprechung in der Regelung des § 64 über die Gehaltszahlung des Handlungsgehilfen.

II. Zahlung der Karenzentschädigung (Abs. 1)

2   **1. Fälligkeit.** Dem Handlungsgehilfen ist die Karenzentschädigung **am Schluß jedes Monats** auszuzahlen (Abs. 1). Ist die Karenzentschädigung nach Jahren bemessen, so ist sie monatlich mit je einem Zwölftel zu zahlen. Das gilt auch dann, wenn der Handlungsgehilfe wechselnde Bezüge, Provisionen und Tantiemen bezogen hat. Die Ratenzahlung be-

---

[60] BAG AP § 74 Nr. 22 mit Anm. *Weitnauer* = SAE 1969, 43 mit zust. Anm. *Rüthers;* Heymann/ *Henssler* RdNr. 32. *Schaub* § 58 III 8; Staub/*Konzen/ Weber* RdNr. 23.

[61] Zutr. Heymann/*Henssler* RdNr. 32.

ginnt mit dem Monat nach Beendigung des Dienstverhältnisses.[1] Endet das Dienstverhältnis zum Monatsende, ist Zahlungsbeginn am Ende des Folgemonats.

Abweichende Vereinbarungen über **längere Zahlungstermine** oder Aufschub der Fäl- 3 ligkeit der Karenzzahlung sind **unzulässig** (vgl. auch § 64 Satz 2).[2] Dies folgt zwingend aus Abs. 1. Ebensowenig kann eine Entschädigungszahlung pro rata schon während des Arbeitsverhältnisses gewährt werden.[3] Im Unterschied zu den Fällen des § 74 Abs. 2 und § 74 a Abs. 2 führt die Unwirksamkeit einer solchen Zahlungsvereinbarung aber nicht zur Ungültigkeit der Gesamtvereinbarung über das Wettbewerbsverbot.

Jedoch läßt § 75 d Satz 1 Abweichungen von Abs. 1 zugunsten des Arbeitnehmers zu. 4 Eine **Vereinbarung kürzerer Zeitabschnitte** zur Auszahlung der Entschädigung läuft daher der Vorschrift nicht zuwider. Auch kann ein Auszahlungstermin während der Dauer des Dienstverhältnisses vereinbart werden. Gleichfalls wirksam ist eine Vereinbarung, wonach die gesamte Karenzentschädigung in einem Betrag bei Beendigung des Dienstverhältnisses fällig wird.[4] Ob in diesem Fall eine Abzinsung zulässig ist, ist hingegen zweifelhaft.[5] Schon unter dem Gesichtspunkt des Umgehungsverbots des § 75 d Satz 2 dürfte die Maximalgrenze einer zulässigen Abzinsung aber bei einem Restbetrag in Höhe der Mindestentschädigung nach § 74 Abs. 2 bestehen.

2. Durchsetzung und Verjährung des Zahlungsanspruchs. Bei Geltung tariflicher 5 **Ausschlußfristen** bezieht sich die Verfallklausel im Zweifel nur auf den jeweils fälligen monatlichen Anspruch, nicht auf das Stammrecht; die Ausschlußfrist ist also ab Fälligkeit der Einzelraten zu berechnen.[6] Dies gilt regelmäßig auch dann, wenn nach dem Tarifvertrag für sonstige Ansprüche die Ausschlußfrist ab Beendigung des Arbeitsverhältnisses zu laufen beginnt.[7]

Der Anspruch ist undurchsetzbar, wenn der Arbeitnehmer nach Beendigung des Arbeits- 6 verhältnisses in einer **Ausgleichsquittung** ausdrücklich auf die Karenzentschädigung verzichtet.[8] Eine Ausgleichquittung, die mit der üblichen pauschalen Schlußformel endet, daß dem Arbeitnehmer im Zweifel keine weiteren Ansprüche aus dem Arbeitsverhältnis sowie dessen Beendigung zustehen, enthält im Zweifel keinen Verzicht auf die Wettbewerbsverbotsentschädigung.[9]

Da der Leistungszeitpunkt für die monatliche Entschädigung kalendermäßig bestimmt ist, 7 kommt der Arbeitgeber bei Nichtzahlung mit Ablauf des Monats auch ohne Mahnung in **Verzug** (§ 284 Abs. 2 Satz 1 BGB).[10] Der Arbeitnehmer hat dann Anspruch auf Ersatz eines etwaigen entstandenen Verzögerungsschadens; er kann jedoch nicht unter Berufung auf die Einrede des § 320 BGB Wettbewerb betreiben.[11] Unter den Voraussetzungen des § 326 Abs. 1 BGB hat er jedoch ein Recht zum Rücktritt[12] bzw. kann Schadenersatz wegen Nichterfüllung verlangen.

Als **Erfüllungsort** für die Zahlung der Karenzentschädigung gilt in Ermangelung einer 8 abweichenden Vereinbarung gemäß § 269 BGB der Ort der Niederlassung des Arbeitgebers.

Der Anspruch auf die monatliche Karenzentschädigung unterliegt als Anspruch auf ande- 9 re Dienstbezüge der kurzen zweijährigen **Verjährung** gemäß §§ 196 Abs. 1 Nr. 8, 201

---

[1] *Bauer/Diller* Wettbewerbsverbote RdNr. 501 f.; *Baumbach/Hopt* RdNr. 2; GK-HGB/*Etzel* §§ 74 bis 75 d RdNr. 103; Staub/*Konzen/Weber* RdNr. 8.

[2] HzA/*Welslau* Gruppe 1 RdNr. 2229; Staub/*Konzen/Weber* RdNr. 9.

[3] BAG AP § 74 Nr. 38 mit zust. Anm. *Stumpf.*

[4] Vgl. BAG AP GewO § 133 f Nr. 19 mit Anm. *Duden* = SAE 1967, 284 mit Anm. *Hofmann;* Staub/*Konzen/Weber* RdNr. 10.

[5] *Schaub* § 58 V 2.

[6] BAG AP TVG § 4 Ausschlußfrist Nr. 87; Heymann/*Henssler* RdNr. 11; *Schaub* § 58 V 2;

Staub/*Konzen/Weber* RdNr. 12; ablehnend HzA/ *Welslau* Gruppe 1 RdNr. 2229.

[7] BAG AP TVG § 4 Ausschlußfristen Nr. 41 mit zust. Anm. *G. Hueck* = SAE 1970, 57 mit Anm. *Hofmann* und AP TVG § 4 Anschlußfristen Nr. 87; *Schaub* § 58 V 2.

[8] LAG Düsseldorf DB 1974, 1915.

[9] BAG AP § 74 Nr. 39 mit zust. Anm. *Stumpf;* *Baumbach/Hopt* RdNr. 1; *Schaub* § 58 V 2.

[10] Staub/*Konzen/Weber* RdNr. 13.

[11] BAG AP § 74 Nr. 42 mit Anm. *Beitzke.*

[12] RGZ 79, 311; *Baumbach/Hopt* RdNr. 1.

BGB.[13] Auch in der Zwangsvollstreckung (Pfändungsschutz nach § 850 Abs. 3 a ZPO) und im Konkurs (Konkursvorrecht nach §§ 59, 61 Nr. 1 b KO) wird der Entschädigungsanspruch wie ein Anspruch auf Dienstvergütung behandelt.[14]

III. Berechnung der Karenzentschädigung (Abs. 2 und 3)

10   **1. Berechnungsgrundlagen.** Die Karenzentschädigung darf nicht unter der Mindestgrenze des § 74 Abs. 2 liegen. Für ihre Berechnung sind **sämtliche Einkommensbestandteile** zu berücksichtigen, auch soweit es sich um widerrufliche Zulagen handelt.[15] In Ansatz zu bringen sind insbesondere: Gehalt, Leistungszulagen (zB Umsatzprämie), Provisionen, Gratifikationen und ähnliche Sonderleistungen,[16] über reinen Unkostenersatz hinausgehende feste Reisespesen[17] sowie Sachleistungen.[18] Dabei ist unerheblich, ob der Arbeitnehmer einen Anspruch auf die Leistung hatte; auch eine freiwillige Sonderleistung des Arbeitgebers ist mitzuberechnen.[19] Naturalleistungen, wie Kost und Wohnung, sind ebenfalls zu berücksichtigen, wobei sie mit ihrem letzten Wert einzubeziehen sind.[20]

11   Hingegen bleiben Vergütungsbestandteile, die erst nach Beendigung des Arbeitsverhältnisses fällig werden (zB Gewinnbeteiligungen), **außer Ansatz.**[21] Das gleiche gilt für die Arbeitgeberanteile zur gesetzlichen Kranken- und Rentenversicherung, die vom Arbeitgeber freiwillig ausgezahlten Beiträge zu einer ersetzenden Lebensversicherung[22] und das Übergangsgeld nach § 18 AVG (jetzt § 20 SGB VI) als Leistung der Rehabilitation.[23] Auch der Krankenversicherungszuschuß nach § 257 SGB V (ehemals § 405 RVO) bleibt als nicht zu den vertragsmäßigen Bezügen gehörend unberücksichtigt.[24] Ebenso sind Vergütungen für Sonderleistungen im Arbeitsverhältnis (zB für Arbeitnehmererfindungen und Verbesserungsvorschläge) von der Berechnung auszunehmen, da sie nicht für die Arbeitsleistung selbst gewährt werden.[25]

12   Da die „**zuletzt bezogenen vertraglichen Leistungen**" (§ 74 Abs. 2) maßgeblich sind, ist unerheblich, was der Arbeitnehmer im selben Arbeitsverhältnis zu einem früheren Zeitpunkt verdient hat. Scheidet er als Teilzeitarbeitnehmer aus, kommt es nur auf den **Teilzeitverdienst** an, auch wenn der Arbeitnehmer lange Zeit zuvor beim Arbeitgeber vollzeitbeschäftigt war. Im umgekehrten Fall ist allein der Vollzeitverdienst maßgeblich.[26] Entsprechend kommt es auch allgemein nicht darauf an, wie sich der Verdienst bei Fortbe-

[13] BAG AP § 74 Nr. 44 mit zust. Anm. *Beitzke;* Baumbach/*Hopt* RdNr. 2; *Buchner* Wettbewerbsverbot S. 99; Staub/*Brüggemann* RdNr. 1; *Grüll* S. 57; Röhsler/*Borrmann* S. 98.

[14] Vgl. Baumbach/*Hopt* RdNr. 2; *Schaub* § 58 V 2.

[15] BAG AP § 74 Nr. 19 mit zust. Anm. *Herschel; Bauer/Diller* Wettbewerbsverbote RdNr. 238 ff.; Staub/*Konzen/Weber* RdNr. 15.

[16] BAG AP § 74 Nr. 30 mit zust. Anm. *Thiele/ Weschenfelder* und AP § 74 Nr. 34 mit zust. Anm. *Schröder* = AR-Blattei, Wettbewerbsverbot, Entsch. 106 mit krit. Anm. *Herschel;* unter teilw. Aufgabe von BAG AP GewO § 133 f Nr. 23 mit Anm. *Hofmann* = AR-Blattei, Wettbewerbsverbot, Entsch. 70 mit Anm. *Diedrichsen* = SAE 1970, 181 mit Anm. *Pleyer;* einschränkend BAG AP Nr. 1 = SAE 1977, 174 mit Anm. *Beitzke* (anteilmäßig 13. Gehalt).

[17] BAG AP § 74 Nr. 44 mit krit. Anm. *Beitzke.*

[18] BAG AP § 74 Nr. 59 = AR-Blattei ES 1830 Nr. 165 mit Anm. *Buchner* = EWiR 1990, 703 mit

Anm. *Griebeling;* MünchHdbArbR/*Wank* § 126 RdNr. 33.

[19] BAG AP § 74 Nr. 30 mit Anm. *Thiele/Weschenfelder;* BAG AP § 74 Nr. 34 mit Anm. *Schröder* = AR-Blattei, Wettbewerbsverbot, Entsch. 106 mit Anm. *Buchner* = SAE 1974, 243 mit Anm. *Herschel; Buchner* Wettbewerbsverbote S. 91; *Grunsky* Wettbewerbsverbote S. 68.

[20] Heymann/*Henssler* RdNr. 3; *Schaub* § 58 V 2.

[21] BAG AP § 74 Nr. 20.

[22] BAG AP § 74 Nr. 40 mit Anm. *Brackmann;* Staub/*Konzen/Weber* RdNr. 14.

[23] BAG AP § 74 c Nr. 15 = DB 1990, 889; Staub/*Konzen/Weber* RdNr. 14.

[24] BAG AP § 74 Nr. 40 mit zust. Anm. *Brackmann;* Baumbach/*Hopt* RdNr. 3; GK-HGB/*Etzel* §§ 74 bis 75 d RdNr. 43; *Schaub* § 58 V 3; Staub/ *Konzen/Weber* RdNr. 14.

[25] *Bengelsdorf* DB 1989, 1024; *Schaub* § 58 V 3.

[26] Vgl. *Grunsky* Wettbewerbsverbote S. 68.

stehen des Arbeitsverhältnisses weiterentwickelt hätte.[27] Insbesondere bleiben zwischenzeitliche Tariferhöhungen unberücksichtigt.[28]

Nach Abs. 3 sind **Auslagen**, die dem Arbeitnehmer ersetzt wurden, ausdrücklich aus der 13 Berechnung der Karenzentschädigung ausgenommen. Dies gilt jedoch nur für solche Auslagen, die als reiner Unkostenersatz gezahlt werden (zB Fahrtkosten, Verpflegungsgeld, Teuerungszuschläge bei Auslandtätigkeit und Trennungsentschädigung bei auswärtiger Tätigkeit). Hingegen haben Spesen Vergütungscharakter, soweit sie als **pauschale Zahlungen** nicht nur dem Auslagenersatz dienen.[29] Solche festen Reisespesen sind bei der Berechnung der Karenzentschädigung als vertragsmäßige Leistung iSd. § 74 Abs. 2 HGB und zwar in Höhe des als Vergütung anzusehenden Anteils in Ansatz zu bringen.[30]

2. Berechnung im einzelnen. a) Feste Bezüge. Für die Berechnung der Karenzent- 14 schädigung bei ursprünglich festen Bezügen enthält § 74 b keine ausdrückliche Regelung. Sie ergibt sich jedoch mittelbar aus Abs. 1 (monatlicher Zahlungszeitraum) iVm. § 74 Abs. 2 (Mindesthöhe). Hieraus folgt, daß die im letzten Bezugszeitraum vor Vertragsbeendigung fällig gewordene feste Vergütung – je nachdem, ob es sich um Monats-, Wochen- oder Tagesbezüge handelt – durch Multiplikationen mit 12, 52, 365 auf ein Jahr hochzurechnen ist. 1/24 des ermittelten Betrages ergibt die **Mindestentschädigung** (§ 74 Abs. 2) für die monatlich zu zahlende Rate (§ 74 b Abs. 1).[31]

b) Wechselnde Bezüge. Für die Berechnung der Karenzentschädigung bei wechselnden 15 Bezügen aus dem Arbeitsverhältnis enthält Abs. 2 eine ausdrückliche Regelung. Zu solchen wechselnden Bezügen zählen Provisionen, Tantiemen und sonstige von äußeren Umständen abhängige Leistungen.[32] Gewinnbeteiligungen sind auch dann zu berücksichtigen, wenn sie erst nach Beendigung des Arbeitsverhältnisses fällig bzw. ausgezahlt werden.[33] Solche Bezüge stehen dem Arbeitnehmer ohnehin unabhängig von Wettbewerbsverbotsvereinbarungen vollständig nach Beendigung des Arbeitsverhältnisses zu.[34]

Für die Berechnung der Karenzentschädigung ist nach Abs. 2 Satz 1 auf den Durch- 16 schnitt der **Bezüge während der letzten drei Jahre** abzustellen. Dabei kommt es nur darauf an, was der Arbeitnehmer für diesen Zeitraum zu erhalten hat, auch wenn die tatsächliche Auszahlung erst nach Beendigung des Arbeitsverhältnisses erfolgt.[35] Bei kürzerer Vertragsdauer als drei Jahre ist der jeweilige Vertragszeitraum maßgeblich (Abs. 2 Satz 2). Für den zu zahlenden Monatsbetrag ist wie bei festen Bezügen der Jahresdurchschnitt zugrundezulegen.

3. Kontrollfunktion des Abs. 1 und 2. Die Berechnungsregelung nach Abs. 1 und 2 ist 17 kein zwingender Maßstab. Abweichungen hiervon machen die Entschädigungsvereinbarung nicht uneingeschränkt unwirksam. Vielmehr können Karenzentschädigungen der Höhe nach an sich frei vereinbart werden. Sie müssen sich jedoch immer am Mindestmaß des § 74 Abs. 2 orientieren. Durch die Berechnung nach Abs. 1 und Abs. 2 ist deshalb zugleich ein **Kontrollmaßstab** für die Verbindlichkeit einer frei vereinbarten Entschädi-

---

[27] BAG AP § 74 Nr. 34 mit Anm. *Schröder* = AR-Blattei, Wettbewerbsverbot, Entsch. 106 mit Anm. *Buchner* = SAE 1974, 243 mit Anm. *Herschel*; BAG AP Nr. 1 = SAE 1977, 174 mit Anm. *Beitzke*; *Buchner* Wettbewerbsverbot S. 91; *Grunsky* Wettbewerbsverbote S. 69; Staub/*Konzen/Weber* Rd-Nr. 14.
[28] *Buchner* Wettbewerbsverbot S. 92; *Grunsky* · Wettbewerbsverbote S. 69; *Schaub* § 58 V 3.
[29] Staub/*Konzen/Weber* RdNr. 17.
[30] BAG § 74 Nr. 44 mit Anm. *Beitzke*; BAG AP LohnFG § 2 Nr. 14 (für sog. Nahauslösungen); GK-HGB/*Etzel* §§ 74 bis 75 d RdNr. 43; Heymann/*Henssler* RdNr. 7; *Schaub* § 58 V 3.

[31] Vgl. Baumbach/*Hopt* RdNr. 3; Heymann/*Henssler* RdNr. 2; *Schaub* § 58 V 2; Berechnungsschema bei HzA/*Welslau* Gruppe 1 RdNr. 2322.
[32] BAG AP § 74 Nr. 19 mit Anm. *Herschel* und AP § 74 Nr. 30 mit Anm. *Thiele/Weschenfelder*; Staub/*Konzen/Weber* RdNr. 16.
[33] BAG AP § 74 Nr. 59 = AR-Blattei ES 1830 Nr. 165 mit Anm. *Buchner* = EWiR 1990, 703 mit Anm. *Griebeling* unter Aufgabe von BAG AP § 74 Nr. 20.
[34] Vgl. auch Heymann/*Henssler* RdNr. 5.
[35] BAG AP § 74 Nr. 34 mit Anm. *Schröder* = AR-Blattei, Wettbewerbsverbot, Entsch. 106 mit Anm. *Buchner* = SAE 1974, 243 mit Anm. *Herschel*; GK-HGB/*Etzel* § 74 RdNr. 44.

gung gegeben. Sie ist nur dann verbindlich, wenn sie mindestens die Hälfte der nach Abs. 1 bzw. Abs. 2 errechneten Beträge ergibt.[36]

§ 74 c [Anrechnung anderweitigen Erwerbs]

(1) Der Handlungsgehilfe muß sich auf die fällige Entschädigung anrechnen lassen, was er während des Zeitraums, für den die Entschädigung gezahlt wird, durch anderweite Verwertung seiner Arbeitskraft erwirbt oder zu erwerben böswillig unterläßt, soweit die Entschädigung unter Hinzurechnung dieses Betrags den Betrag der zuletzt von ihm bezogenen vertragsmäßigen Leistungen um mehr als ein Zehntel übersteigen würde. Ist der Gehilfe durch das Wettbewerbverbot gezwungen worden, seinen Wohnsitz zu verlegen, so tritt an die Stelle des Betrags von einem Zehntel der Betrag von einem Viertel. Für die Dauer der Verbüßung einer Freiheitsstrafe kann der Gehilfe eine Entschädigung nicht verlangen.

(2) Der Gehilfe ist verpflichtet, dem Prinzipal auf Erfordern über die Höhe seines Erwerbs Auskunft zu erteilen.

Schrifttum: Vgl. die zu § 74 aufgeführte Literatur; *Bauer/Hahn,* Anrechnung und Erstattung von Arbeitslosengeld bei nachvertraglichen Wettbewerbsverboten, DB 1991, 2591; *Beise,* Die Pflicht des Arbeitgebers zur Erstattung von Arbeitslosengeld bei nachvertraglicher Wettbewerbsabrede, DB 1987, 1251; *Bengelsdorf,* Karenzentschädigung und Studium, BB 1983, 905; *ders.,* Auskunft und Nachweis über anderweitige Einkommen bei Wettbewerbsverbot, BB 1979, 1150; *Gumpert,* Was ist auf die Karenzentschädigung bei Wettbewerbsvereinbarungen mit Arbeitnehmern anzurechnen?, BB 1970, 890; *Hoppe,* Der Begriff der Böswilligkeit in § 74 c HGB, RdA 1966, 51; *Schütze,* Zur Anrechnung anderweitigen Arbeitseinkommens auf die Karenzentschädigung, DB 1991, 918; *Westerfelhaus,* Ermittlung der Karenzentschädigung bei der Gründung eines Gewerbebetriebes durch den Berechtigten, DB 1975, 1185.

Übersicht

I. Zweck der Regelung

1 § 74 c stellt eine deutliche **Einschränkung der Pflicht zur** Zahlung einer **Karenzentschädigung** dar. Im Einzelfall kann die Anrechnung anderweitigen Erwerbs aufgrund dieser Regelung dazu führen, daß die Zahlungspflicht vollständig entfällt. Die Anrechnungsvoraussetzungen sind durch § 74 c begrenzt. Abweichende Vereinbarungen zu Lasten des Arbeitnehmers[1] sind gemäß § 75 d unwirksam. Hingegen kann durch Vereinbarung

---

[36] Zutr. Heymann/*Henssler* RdNr. 6; zu den Rechtsfolgen einer unverbindlichen Entschädigungsvereinbarung siehe § 74 RdNr. 49 ff.

[1] Zur entsprechenden Anwendung des § 74 c auf Arbeitnehmer siehe BAG AP Nr. 3 mit Anm. *Reuter.*

eine Anrechnung anderweitigen Erwerbs ausgeschlossen werden. Diese Vereinbarung muß entgegen der Ansicht des BAG[2] nicht ausdrücklich getroffen werden. Denn es liegt kein Grund vor, von den allgemeinen Anforderungen der Rechtsgeschäftslehre abzuweichen, wonach ausreicht, daß der beiderseitige rechtsgeschäftliche Wille der Vertragsbeteiligten aus dem Gesamtverhalten erkennbar ist.[3] Vereinbaren die Parteien beispielsweise, daß die Entschädigung für die ganze Dauer des Wettbewerbsverbots in einem Betrag im voraus zu zahlen ist, muß mangels gegenteiliger ausdrücklicher Abrede angenommen werden, daß der Arbeitnehmer die Entschädigung ohne Rücksicht auf etwaige sonst nach § 74 c anrechenbarer Einnahmen erhalten soll.[4]

Die Regelung des § 74 c will eine „**Übersicherung**" des Arbeitnehmers verhindern.   **2** Denn die Karenzentschädigung dient allein dem Zweck, Einkommensverluste des Arbeitnehmers auszugleichen, die ihm bei einer anderweitigen Verwertung seiner Arbeitskraft aufgrund der Einhaltung des Wettbewerbsverbots entstehen. In Situationen, in denen die Notwendigkeit eines Ausgleichs verringert ist oder sogar entfällt, ist daher eine Einschränkung oder ein Wegfall der Entschädigungspflicht geboten. Denn es besteht kein Grund, einem Arbeitnehmer, dessen neuer Verdienst sein früheres Einkommen erreicht oder übersteigt, eine Vergütung für die Wettbewerbsenthaltung zu gewähren.[5] – Dem § 74 c **vergleichbare Regelungen** finden sich in **§ 615 Satz 2 BGB**[6] **und § 11 KSchG.**[7]

II. Anrechnung anderweitigen Erwerbs (Abs. 1 Satz 1 und 2)

1. Tatsächlicher Erwerb. Gemäß § 75 c Abs. 1 Satz 1 Alt. 1 sind – nach Maßgabe der   **3** gesetzlichen Beitragsgrenzen (zum Anrechnungsmodus siehe RdNr. 20 ff.) – auf die Entschädigungsleistung grundsätzlich solche Einkünfte anzurechnen, die der Arbeitnehmer durch **anderweitige Verwertung seiner Arbeitskraft** während des Entschädigungszeitraumes erzielt.

a) Anrechenbares Einkommen. Anzurechnen ist in erster Linie das aus einem **neuen**   **4** Arbeitsverhältnis vergütete **Arbeitseinkommen**. Wie bei der Berechnung der Karenzentschädigung selbst (vgl. § 74 b RdNr. 10 ff.) zählen zum Anrechnungsgegenstand neben der Grundvergütung sowohl feste Zulagen und Gratifikationen als auch wechselnde Bezüge (Provisionen, Tantiemen).[8] Auch auf freiwilliger Basis gewährte Vergütungsbestandteile sind zu berücksichtigen.[9] Ersparte Aufwendungen sind dem anzurechnenden Arbeitseinkommen hinzuzuzählen, wenn sie in unmittelbarem Zusammenhang mit dem früheren Arbeitsverhältnis stehen und jetzt nicht mehr anfallen (zB Fahrtkosten zur Arbeitsstelle, Kosten für Arbeitskleidung usw., vgl. § 74 b Abs. 3).[10]

Unberücksichtigt bleiben hingegen ersparte Aufwendungen durch Verwendung der Arbeitskraft im Bereich der privaten Lebenführung (zB Haus- und Gartenarbeiten). Denn   **5** hierbei handelt es sich nicht um Erwerbstätigkeit iSd. § 74 c.[11] Ebensowenig anrechenbar sind Einnahmen, die auch bei Fortsetzung des alten Arbeitsverhältnisses angefallen wären, insbesondere Einnahmen aus Nebentätigkeit.[12] Das gleiche gilt für Einnahmen aus der Privatsphäre, wie beispielsweise Miet- und Kapitalerträge[13] sowie Sozialleistungen.

---

[2] BAG AP Nr. 3.
[3] *Buchner* in Anm. zu BAG AR-Blattei, Wettbewerbsverbot, Entsch. 122; *Reuter* in Anm. zu BAG AP Nr. 3.
[4] LAG Hamm DB 1992, 1784.
[5] Entstehungsgeschichtlich zum Zweck des § 74 c *Bengelsdorf* BB 1983, 905, 906.
[6] Hierzu Palandt/*Putzo* § 615 RdNr. 18 ff.; Staudinger/*Richardi* § 615 RdNr. 133 ff.
[7] Hierzu *Hueck/v. Hoyningen-Huene* KSchG, § 11 m. weit. Nachw.
[8] BAG AP § 74 Nr. 34 mit zust. Anm. *Schröder* = AR-Blattei, Wettbewerbsverbot, Entsch. 106 mit

zust. Anm. *Buchner* = SAE 1974, 253 mit krit. Anm. *Herschel.*
[9] BAG AP § 74 Nr. 34; Staub/*Konzen/Weber* RdNr. 4.
[10] GK-HGB/*Etzel* §§ 74 bis 75 d RdNr. 99; *Röhsler/Borrmann* S. 93.
[11] GK-HGB/*Etzel* §§ 74 bis 75 d RdNr. 99; *Röhsler/Borrmann* S. 94.
[12] BAG AP GewO § 133 f Nr. 23 mit Anm. *Hofmann* = AR-Blattei, Wettbewerbsverbot, Entsch. 70 mit Anm. *Diedrichsen* = SAE 1970, 181 mit Anm. *Pleyer.*
[13] BAG AP § 74 Nr. 20.

6   **b) Einzelfälle. aa) Selbständige Tätigkeit.** Da es für die Anrechnung auf den Erwerb durch Verwertung der Arbeitskraft des Arbeitnehmers ankommt, sind auch Einkommen aus selbständiger Tätigkeit miteinzubeziehen.[14] Gleichgestellt sind selbständige Tätigkeiten mit beabsichtigt unangemessen niedrigem Einkommen. Hier findet eine Kombination der Anrechnung erzielten Erwerbs mit böswillig unterlassenem Erwerb (§ 74 a Abs. 1 Satz 1 Alt. 2 – dazu RdNr. 15 ff.) statt.

7   **bb) Gewinnbeteiligungen, Kapitalerträge. Nicht** aus der Verwertung von Arbeitskraft bezogen sind hingegen Kapitalerträge und Gewinnbeteiligungen. Sie werden deshalb nicht angerechnet.[15] Begründet der Arbeitnehmer ein eigenes Unternehmen, können Erwerb durch Einsatz von Arbeitskraft und Kapitalisierung zusammentreffen. In diesem Fall ist die Differenzierung nach anrechenbarem und unanrechenbarem Erwerb schwierig.[16] Ob hier allein aus Praktikabilitätsgründen das gesamte steuerpflichtige Einkommen aus Unternehmenstätigkeit anzurechnen ist,[17] erscheint nach dem Gesetzeswortlaut zweifelhaft. Richtiger Ansatz dürfte vielmehr die nach steuerrechtlichen Grundsätzen zu ermittelnde Leistung des Unternehmers für sein Unternehmen sein.[18] Denn insoweit besteht eine Parallele zum anrechenbaren Einkommen aus selbständiger Tätigkeit.

8   **cc) Gesellschaftsbeteiligungen.** Gleichermaßen ist zu differenzieren, wenn der dem Wettbewerbsverbot unterliegende Arbeitnehmer später als **Gesellschafter** oder **Geschäftsführer** ein Gehalt bezieht. Auch hier ist nur das aus dem Arbeitskrafteinsatz bezogene Gehalt anrechenbar, während Gewinnbeteiligungen außer Ansatz bleiben.[19]

9   **dd) Leistungen aus der Sozialversicherung.** Eine Wechselwirkung besteht bei Leistungen aus der Sozialversicherung. Zwar kann sich die Zahlung der Karenzentschädigung als sozialversicherungspflichtiges Einkommen auf die Sozialleistungen auswirken. Sozialleistungen selbst werden jedoch grundsätzlich nicht aus der aktuellen Verwertung von Arbeitskraft bezogen, sondern haben ihren selbständigen Rechtsgrund im Erwerb von Ansprüchen oder Anwartschaften aus der gesetzlichen Sozialversicherung. Als solche sind Sozialleistungen daher nach dem Wortlaut des Abs. 1 Satz 1 **nicht anrechenbar.**

10   Entsprechend ist **die Anrechenbarkeit von Altersruhegeld**[20] aus der gesetzlichen Rentenversicherung verneint worden. Ob eine Betriebsrente anzurechnen ist, hat das BAG bislang offen gelassen.[21] Eine Anrechnung ist aber abzulehnen, da die Betriebsrente nur die frühere Arbeitsleistung vergütet.[22] Auch das nach § 59 AFG gezahlte **Übergangsgeld** ist **nicht** auf die Karenzentschädigung **anrechenbar.**[23] Das Übergangsgeld hat – im Unterschied zum Arbeitslosengeld[24] – keine Lohnersatzfunktion und steht deshalb Arbeitseinkommen nicht gleich.[25] Eine entsprechende Anwendung des § 128 a AFG (insbes. Abs. 1 Satz 3)[26] scheidet deshalb aus, weil der Bezieher von Übergangsgeld im Unterschied zum Arbeitslosengeldempfänger dem Arbeitsmarkt nicht zur Verfügung steht. Denn das Übergangsgeld wird Versicherten gewährt, die infolge der Teilnahme an einer Rehabilitationsmaßnahme keiner ganztätigen Erwerbstätigkeit nachgehen können (§ 59 Abs. 1 AFG).

---

[14] BAG AP Nr. 7.
[15] BAG AP § 74 Nr. 20; *Buchner* Wettbewerbsverbot S. 94; HzA/*Welslau* Gruppe 1 RdNr. 2266.
[16] Dazu *Westerfelhaus* DB 1975, 1185.
[17] So Heymann/*Henssler* RdNr. 4.
[18] Ebenso *Schaub* § 58 V 4.
[19] BAG AP § 74 Nr. 20.
[20] BAG AP § 74 Nr. 14 mit zust. Anm. *Hefermehl* = SAE 1961, 224 mit Anm. *G. Hueck;* BAG AP § 74 Nr. 46 mit zust. Anm. *Beitzke* = NJW 1986, 152; GK-HGB/*Etzel* §§ 74 bis 75 d RdNr. 96; *Röhsler/Bormann* S. 93; Heymann/*Henssler* RdNr. 5; HzA/*Welslau* Gruppe 1 RdNr. 2312; Staub/*Konzen/Weber* RdNr. 8; zweifelnd *Schaub* § 58 V 4.
[21] BAG AP § 74 Nr. 46 mit Anm. *Beitzke.*

[22] *Beitzke* in Anm. zu BAG AP § 74 Nr. 46; *Grunsky* Wettbewerbsverbote S. 150; HzA/*Welslau* Gruppe 1 RdNr. 2312.
[23] BAG AP Nr. 15 = AR-Blattei, Wettbewerbsverbot, Entsch. 159 mit krit. Anm. *Buchner* = EWiR 1990, 485 mit zust. Kurzkomm. *Dalichau;* zur alten Regelung des § 17 AVG BSG NZA 1990, 906; ArbG Mannheim DB 1976, 107; aA ArbG Ludwigshafen DB 1976, 1162.
[24] BAG AP Nr. 3 mit Anm. *Reuter.*
[25] BAG AP Nr. 15 = AR-Blattei, Wettbewerbsverbot, Entsch. 159 mit krit. Anm. *Buchner* = EWiR 1990, 485 mit Kurzkomm. *Dalichau.*
[26] Für Arbeitslosengeld vgl. dazu noch die Folgenote.

ee) Arbeitslosengeld. Die früher umstrittene Frage der Anrechnung von Arbeits- **11** losengeld aus der gesetzlichen Arbeitslosenversicherung hat der Gesetzgeber mit der Einführung des **§ 128 a Abs. 1 Satz 3 AFG** geregelt.[27] Danach muß sich der Arbeitnehmer Arbeitslosengeld, das der Arbeitgeber erstattet, auf die Entschädigung für die Wettbewerbsbeschränkung anrechnen lassen.[28] Dies entspricht der Parallelregelung in § 11 Nr. 3 KSchG.[29] § 128 a Abs. 1 Satz 3 AFG gestattet aber nur die Anrechnung des von der Bundesanstalt für Arbeit an den Arbeitnehmer ausgezahlten Arbeitslosengeldes. Dagegen kann die Karenzentschädigung nicht um den vom Arbeitgeber an die Bundesanstalt für Arbeit gezahlten Beitrag gekürzt werden.[30] Dieser ist wegen den zusätzlich gezahlten Sozialversicherungsbeiträgen höher als das an den Arbeitnehmer ausgezahlte Arbeitslosengeld. Mit der Beseitigung der Regelungslücke in § 128 a Abs. 1 Satz 3 AFG wird das Arbeitslosengeld grundsätzlich kraft Gesetzes dem durch anderweitigen Einsatz der Arbeitskraft bezogenen Einkommen iSd. Abs. 1 gleichgestellt. Dann muß der Arbeitgeber vor der Doppelbelastung durch die Erstattung des Arbeitslosengeldes an die Bundesanstalt für Arbeit und durch die Zahlung einer Karenzentschädigung an den Arbeitnehmer geschützt werden.[31] Dies gilt allerdings **nur, soweit** es sich um Arbeitslosengeld handelt, das vom Arbeitgeber **tatsächlich erstattet wird.**

Der **Umfang der Erstattungspflicht** ergibt sich aus § 128 a Abs. 1 Satz 1 AFG. Die Er- **12** stattungspflicht des Arbeitgebers besteht insoweit, als der Arbeitnehmer durch eine Wettbewerbsvereinbarung in seiner beruflichen Tätigkeit als Arbeitnehmer beschränkt ist. Umstritten ist, ob es sich dabei um eine generalisierende, dh. in jedem Fall eines vertraglichen Wettbewerbsverbotes geltende Regelung handelt,[32] oder aber, ob zwischen der Arbeitslosigkeit und der Wettbewerbsbeschränkung Kausalität bestehen muß, dh. daß gerade das Wettbewerbsverbot zu einer Verzögerung der Arbeitsaufnahme durch den Arbeitslosen geführt hat.[33] In Hinblick auf den Zweck der Regelung ist der ersteren Auffassung zuzustimmen. Denn die Vorschrift knüpft daran an, daß die im Interesse des bisherigen Arbeitgebers getroffenen Wettbewerbsverbote die Wiedereingliederung des Arbeitslosen grundsätzlich erschweren. Die Gemeinschaft der Beitragszahler soll nicht mit diesem Risiko belastet werden.[34] Zur Durchsetzung dieses Zwecks muß es daher genügen, wenn der Arbeitnehmer infolge der Abrede nach Beendigung des Arbeitverhältnisses für die Ausübung bestimmter Tätigkeiten nicht oder nicht voll zur Verfügung steht und daher die Vermittlung in zumutbare Tätigkeiten tatsächlich und objektiv erschwert wird.[35]

Folge ist, daß Wettbewerbsverbote, welche die Vermittlung des Arbeitslosen objektiv **13** erschweren, eine Verpflichtung des bisherigen Arbeitgebers zur Erstattung des Arbeitslosengeldes nach § 128 a Abs. 1 Satz 1 AFG auslöst. Ein **Kausalitätsnachweis zwischen Vermittlungserschwerung und Wettbewerbsbeschränkung** ist **nicht erforderlich.** In Höhe des Erstattungsbetrags muß der Arbeitnehmer sich das bezogene Arbeitslosengeld

[27] BAG AP § 74 c Nr. 11 mit Anm. *Beitzke* = AR-Blattei, Wettbewerbsverbot, Entsch. 145 mit Anm. *Buchner* = SAE 1987, 144 mit Anm. *Hadding/Hammen;* AP Nr. 17 = DB 1991, 451, 2591 mit Anm. *Bauer/Hahn* = EWiR 1990, 1221 mit Kurzkomm. *Gagel;* BGH AP § 554 a ZPO Nr. 12 = DB 1991, 1508; MünchHdbArbR/*Wank* § 126 RdNr. 38; Staub/*Konzen/Weber* § 74 b RdNr. 2 ff., § 74 c RdNr. 7; vgl. auch *Bauer/Diller* Wettbewerbsverbote RdNr. 784 ff.

[28] Zur Anrechnung von Arbeitslosengeld auf die Karenzentschädigung des GmbH-Geschäftsführers vgl. BGH ZIP 1991, 797; kritisch *Plagemann* ZIP 1991, 1121; zur Erstattungspflicht des Arbeitgebers gegenüber der Bundesanstalt für Arbeit siehe BAG ZIP 1993, 782.

[29] Hierzu *Hueck/v. Hoyningen-Huene* KSchG § 11 RdNr. 19; KR/*Becker* 3. Aufl. 1989, § 11 KSchG RdNr. 43 ff.

[30] BAG AP Nr. 17 = EWiR 1990, 1221 mit Kurzkomm. *Gagel* = DB 1991, 451; aA *Bauer/Hahn* DB 1991, 2591.

[31] BAG AP § 75 c Nr. 11 mit Anm. *Beitzke* = AR-Blattei, Wettbewerbsverbot, Entsch. 145 mit Anm. *Buchner* = SAE 1987, 144 mit Anm. *Hadding/Hammen;* HzA/*Weslau* Gruppe 1 RdNr. 2307.

[32] So BSG NZA 1990, 906, 908; *Hennig/Kühl/Heuer/Henke,* AFG, Stand Dez. 1993, § 128 a RdNr. 8.

[33] So *Beise* DB 1987, 1251; DB 1990, 1037, 1039; im Ergebnis auch LAG Rheinland-Pfalz NZA 1987, 212, 213.

[34] Vgl. BT-Drs. 9/846 S. 46.

[35] GK-AFG *Hess* § 128 a RdNr. 7.

gemäß § 128 a Abs. 1 Satz 3 AFG auf die Karenzentschädigung anrechnen lassen. Ein Erstattungsanspruch entfällt jedoch, wenn die Wettbewerbsabrede auf die Vermittelbarkeit des Arbeitslosen offensichtlich keine Auswirkungen hat, etwa wenn mit einem Kfz-Meister eine Wettbewerbsabrede nur für den Bereich der Turbolader-Nachrüstung vereinbart wurde.[36] Das gleiche gilt, wenn der Arbeitgeber erklärt, er werde von seinen Rechten aus dem Wettbewerbsabrede keinen Gebrauch machen.[37]

14   **ff) Nebentätigkeit.** Für Nebentätigkeiten ist zu unterscheiden. Nebentätigkeiten, die bereits während des Arbeitsverhältnisses ausgeübt wurden, sind nicht anrechenbar. Zwar beruhen sie auf der Verwertung von Arbeitskraft; es besteht aber kein innerer Zusammenhang zwischen Karenz und Erwerb.[38] Hingegen sind alle im Laufe der Karenzfrist aufgenommenen Nebentätigkeiten anzurechnen, auch wenn sie bereits während des Arbeitsverhältnisses hätten ausgeübt werden können. Denn in diesem Fall liegt grundsätzlich eine anderweitige Verwertung der Arbeitskraft vor.[39]

15   **2. Fiktiv anrechenbarer Erwerb.** Ebenso wie den tatsächlichen Erwerb muß sich der Arbeitnehmer gemäß Abs. 1 Satz 1 Alt. 2 auch den **böswillig unterlassenen Erwerb** anrechnen lassen.

16   **a) Begriff des böswillig unterlassenen Erwerbs.** Für den Begriff der Böswilligkeit ist auf die gleichen Grundsätze abzustellen, wie beim Merkmal der Böswilligkeit beim Annahmeverzug des Arbeitgebers (§ 615 Satz 2 BGB) und bei der Anrechnung auf entgangenen Zwischenverdienst nach § 11 Nr. 2 KSchG.[40] Ein böswillig unterlassener Erwerb liegt folglich dann vor, wenn der Arbeitnehmer während der Karenzzeit in Kenntnis der objektiven Umstände, nämlich Arbeitsmöglichkeit, Zumutbarkeit der Arbeit und Nachteilsfolge für den Arbeitgeber, vorsätzlich untätig bleibt oder sich in Hinblick auf die Zahlungspflicht des Arbeitgebers vorsätzlich mit einer geringeren Vergütung zufrieden gibt.[41] Die rechtliche Problematik dieser Alternative liegt daher vor allem in der **Zumutbarkeit der Erwerbstätigkeit**, die sich nach Treu und Glauben beurteilt,[42] und im Nachweis des vorsätzlichen Unterlassens einer angemessen vergüteten Erwerbstätigkeit.

17   Ein **böswilliges Unterlassen** einer angemessenen Erwerbstätigkeit liegt nach diesen Grundsätzen dann **nicht** vor, wenn die Entscheidung des Arbeitnehmers vernünftigen Überlegungen entspricht. So muß beispielsweise der Arbeitnehmer bei der Aufnahme einer neuen Tätigkeit nicht sein Interesse an einem angemessenen beruflichen Fortkommen zurückstellen.[43] Auch braucht der Arbeitnehmer nach einer Eigenkündigung nicht unbedingt ein Weiterbeschäftigungsangebot des Arbeitgebers anzunehmen.[44] Gleiches gilt, wenn das Arbeitsverhältnis nicht durch Kündigung, sondern aus Altersgründen endet.[45]

18   **b) Einzelfälle.** Von der Rechtsprechung sind vornehmlich solche Fälle entschieden worden, in denen eine Anrechnung böswillig unterlassenen Erwerbs im Ergebnis abgelehnt

[36] LSG Rheinland-Pfalz NZA 1987, 212.
[37] BSG SozR 4100, § 128 a AFG Nr. 3; HzA/*Welslau* Gruppe 1 RdNr. 2309.
[38] BAG AP GewO § 133 f Nr. 23 (wissenschaftliche Nebentätigkeit) mit Anm. *Hofmann* = AR-Blattei, Wettbewerbsverbot, Entsch. 70 mit Anm. *Diedrichsen* = SAE 1970, 181 mit zust. Anm. *Pleyer; Heymann/Henssler* RdNr. 7; ebenso für ein zweites Arbeitsverhältnis *Gumpert* BB 1970, 890; GK-HGB/*Etzel* §§ 74 bis 75 d RdNr. 96.
[39] Heymann/*Henssler* RdNr. 8; aA offenbar Baumbach/*Hopt* RdNr. 1; *Bengelsdorf* BB 1979, 1150.
[40] BAG AP Nr. 1 mit Anm. *A. Hueck* = RdA 1967, 151 mit Anm. *Mössner* = RdA 1969, 111; *Hueck/v. Hoyningen-Huene* KSchG § 11 RdNr. 13 ff.
[41] BAG AP Nr. 1 mit zust. Anm. *A. Hueck* = RdA 1967, 151 mit abl. Anm. *Mössner* = RdA 1969, 111; vgl. BAG AP Nr. 4 mit Anm. *Küchen-*

hoff/Reinhardt = SAE 1975, 207 mit Anm. *Streckel* und Heymann/*Henssler* RdNr. 9; Staub/*Konzen/Weber* RdNr. 9.
[42] BAG AP Nr. 7; vgl. auch BAG Nr. 4 mit Anm. *Küchenhoff/Reinhardt* = SAE 1975, 207 mit Anm. *Streckel;* Heymann/*Henssler* RdNr. 9; Staub/*Konzen/Weber* RdNr. 10.
[43] BAG AP Nr. 4 mit Anm. *Küchenhoff/Reinhardt* = SAE 1975, 207 mit Anm. *Streckel;* BAG AP § 74 Nr. 61 mit Anm. *van Venrooy;* aA LAG Hessen LAGE § 74 Nr. 10.
[44] BAG AP Nr. 1 mit Anm. *A. Hueck* = RdA 1967, 159 mit Anm. *Mössner* = RdA 1969, 111; Baumbach/*Hopt* RdNr. 1; GK-HGB/*Etzel* §§ 74 bis 75 d RdNr. 100.
[45] BAG AP § 74 Nr. 61 mit Anm. *van Venrooy* = AiB 1991, 211 mit Anm. *Maier.*

worden ist. Eine Böswilligkeit wurde im Einzelfall **verneint für** die Aufnahme eines Studiums während der Karenzzeit.[46] Zugunsten des studienwilligen Arbeitnehmers sei dabei der sich aus Art. 12 Abs. 1 GG ergebende Spielraum für eine freie Entscheidung bei der Wahl oder Planung einer neuen Tätigkeit und seine individuellen Interessen an einem besseren beruflichen Fortkommen zu berücksichtigen; andererseits brauche der Arbeitgeber nach den Redlichkeitsmaßstäben des § 242 BGB nicht damit zu rechnen, daß auf Kosten der Karenzentschädigung ein schulisch Minderbegabter studiert oder ein studium generale oder ein sinn- und planloses Studium betrieben wird.[47] Es muß sich im Ergebnis daher um ein **berufsförderndes Studium** handeln.

Nicht als Böswilligkeit eingestuft, weil mit dem Grundsatz von Treu und Glauben nach **19** § 242 BGB vereinbar, wurden auch die Fälle des **Unterlassens vorübergehender berufsfremder Tätigkeit**[48] und die Aufnahme einer selbständigen Tätigkeit, bei der vorübergehend geringere Einkünfte als bei abhängiger Tätigkeit[49] bzw. bei Bezug von Arbeitslosengeld erzielt wurden.[50] Ebensowenig unterläßt ein Arbeitnehmer, dessen Arbeitsverhältnis nach dem Arbeitsvertrag mit Vollendung des 63. Lebensjahres endet, böswillig anderweitigen Erwerb, wenn er sich nicht mehr um eine weitere Beschäftigung bemüht. Dies gilt auch, wenn das Arbeitsverhältnis durch Aufhebungsvertrag gemäß § 41 Abs. 4 SGB VI beendet wird.[51] Auch muß der Arbeitnehmer nicht ein Weiterbeschäftigungsangebot des Arbeitgebers annehmen.[52]

III. Anrechnungsgrenzen

1. Allgemeine Anrechnungsgrenzen. Eine Anrechnung des anderweitigen bzw. fikti- **20** ven Erwerbs erfolgt keineswegs zwingend im vollen Umfang. Vielmehr schreibt Abs. 1 Satz 1 und 2 bestimmte Anrechnungsgrenzen vor. Grundsätzlich (zur Ausnahme bei Wohnsitzwechsel vgl. RdNr. 21) erfolgt eine Anrechnung nur, soweit die Summe aus anzurechnendem Erwerb und Entschädigung mehr als **110%** der bisherigen vertragsmäßigen Leistungen beträgt (Abs. 1 Satz 1 aE). Eine Anrechnung erfolgt also nur ab einem Betrag von 110% aufwärts.

Die Anrechnungsgrenzen seien an folgendem **Rechenbeispiel** erläutert:

(a) Bisherige vertragsgemäße Leistungen: 4 000,– DM

(b) 110% aus (a) = Anrechnungsgrenze: 4 400,– DM

(c) Vereinbarte Karenzentschädigung 2 000,– DM

(d) Aktueller monatlicher Erwerb 3 500,– DM

(2 000,– DM + 3 500,– DM) ./. 4 400,– = Anrechnungsbetrag

5 500 DM ./. 4 400,– DM = 1 100,– DM = Anrechnungsbetrag

Im Beispielsfall muß sich daher der Arbeitnehmer 1 100,– DM auf die Entschädigungsleistung anrechnen lassen. Der Arbeitnehmer hat demnach einen verminderten Anspruch auf Karenzentschädigung in Höhe von DM 900,–.

2. Anrechnungsgrenze bei Wohnsitzwechsel des Arbeitnehmers. Die Grenze einer **21** Anrechnung des anderweitigen Erwerbs erhöht sich gemäß Abs. 1 Satz 2 auf **125%**, wenn der Arbeitnehmer infolge des Wettbewerbsverbots einen Wohnsitzwechsel vornehmen

[46] BAG AP Nr. 4 mit Anm. *Küchenhoff/Reinhardt* = SAE 1975, 207 mit Anm. *Streckel* und Nr. 5 mit Anm. *Reinhardt; Grunsky* Wettbewerbsverbote S. 87; *Schaub* § 58 V 4; *Staub/Konzen/Weber* RdNr. 11; aA *Bengelsdorf* BB 1989, 905.
[47] BAG AP Nr. 4 und 5; im Ergebnis auch Baumbach/*Hopt* RdNr. 2; eingehend zur Problematik *Bengelsdorf* BB 1983, 905 (im Ergebnis aber ablehnend).
[48] LAG Baden-Württemberg BB 1966, 943.

[49] BAG AP Nr. 7; vgl. auch LAG Nürnberg LAGE Nr. 2; GK-HGB/*Etzel* §§ 74 bis 75 d RdNr. 100.
[50] BAG AP Nr. 13 mit zust. Anm. *Küstner/v. Manteuffel* = AR-Blattei, Wettbewerbsverbot, Entsch. 155 mit zust. Anm. *Buchner*.
[51] Vgl. *v. Hoyningen-Huene* BB 1994, 640; *Boemke* JuS 1994, 461.
[52] BAG AP Nr. 61 mit Anm. *van Venrooy* = AiB 1991, 211 mit Anm. *Maier*.

mußte. Ein solcher **Zwang zum Wohnsitzwechsel** besteht dann, wenn der Arbeitnehmer wegen des Wettbewerbsverbots eine neue Arbeitsstelle außerhalb seines bisherigen Wohnorts antreten muß, weil er nur dort eine seiner bisherigen Tätigkeit entsprechenden Arbeitsstelle findet.[53] Dagegen fehlt es an einem erzwungenem Wohnsitzwechsel, wenn der Arbeitnehmer am bisherigen Wohnort eine entsprechende Arbeitsstelle hätte finden können.[54] Die Beweislast hinsichtlich der Ursächlichkeit des Wettbewerbsverbotes für den Wohnsitzwechsel trifft den Arbeitnehmer.[55] Tritt der Arbeitnehmer wegen des Wettbewerbsverbots eine auswärtige Stelle an, die nach sachlichen und vernünftigen Erwägungen mit einem Umzug verbunden sein muß, hat er auch schon vor dem tatsächlich vollzogenen Umzug einen Anspruch auf Berücksichtigung der erhöhten Freigrenze, wenn sich diese aus Gründen verzögert, die er nicht zu vertreten hat.[56]

22   Im obigen **Beispielsfall** ergibt sich dann folgender Anrechnungsbetrag:

(a) Bisherige vertragsgemäße Leistungen: 4 000,– DM

(b) 125% aus (a) = Anrechnungsgrenze: 5 000,– DM

(c) Vereinbarte Karenzentschädigung   2 000,– DM

(d) Aktueller monatlicher Erwerb   3 500,– DM

(2 000,– DM + 3 500,– DM) ./. 5 000,– DM = Anrechnungsbetrag

5 500,– DM ./. 5 000,– DM = 500,– DM   = Anrechnungsbetrag

Im Beispielsfall muß sich daher der den Wohnsitz wechselnde Arbeitnehmer 500,– DM auf die Entschädigungsleistung anrechnen lassen. Er hat also einen Anspruch auf Karenzentschädigung in Höhe von DM 1 500,–.

23   Die **erhöhte Anrechnungsgrenze** von 125% **bleibt außer Betracht**, wenn kein wirklicher Wohnsitzwechsel stattfindet; insbesondere ein Umzug innerhalb derselben politischen Gemeinde genügt nicht.[57] Dagegen gilt die erhöhte Anrechnungsgrenze, wenn der Handlungsgehilfe nicht seinen Wohnsitz wechselt, sondern nur einen Zweitwohnsitz begründet. Denn auch hier muß der Arbeitnehmer wegen des Wettbewerbsverbots eine neue Arbeitsstelle außerhalb seines bisherigen Wohnorts antreten, weil er nur dort eine seiner bisherigen Tätigkeit entsprechenden Arbeitsstelle findet.[58] Zudem entsprechen die wirtschaftlichen Nachteile beim Wohnsitzwechsel der Begründung eines Zweitwohnsitzes.

24   **3. Anrechnungseinzelheiten.** Die Anrechnung des anderweitigen bzw. böswillig unterlassenen Erwerbs erfolgt bei **Einkünften aus unselbständiger Tätigkeit** auf jede fällige Monatsrate der Entschädigung.[59] Maßgeblich ist im Gegensatz zu der Anrechnung bei § 615 Satz 2 BGB und § 11 KSchG[60] nicht der **Erwerb** während der gesamten Karenzzeit, sondern während **des jeweiligen Monats**, für den die Entschädigung gezahlt wird (arg.: § 74 b Abs. 1).[61] Einmalzahlungen, die sich auf das Jahr oder einen anderen größeren Zeitraum beziehen (Jahresgratifikationen u. ä. Sonderzuwendungen), müssen für ihre Anrechenbarkeit auf Monatszeiträume umgerechnet werden, während denen überhaupt ein Erwerb erzielt wird.[62] Es sind daher immer monatliche Durchschnittsbeträge auf die jeweilige Monatsentschädigung anzurechnen. Dagegen darf der während der gesamten Karenzzeit erzielte Erwerb nicht als Grundlage für die Berechnung des monatlichen Erwerbs

[53] BAG AP Nr. 2 = SAE 1975, 20 mit zust. Anm. *Hadding*; Staub/*Konzen/Weber* RdNr. 13; BAG WiB 1995, 634 mit Anm. *Krauß*.

[54] BAG AP Nr. 9.

[55] HzA/*Welslau* Gruppe 1 RdNr. 2261; zu den Anforderungen an die Darlegungs- und Beweislast siehe BAG WiB 1995, 634 mit Anm. *Krauß*.

[56] BAG AP Nr. 14.

[57] Heymann/*Henssler* RdNr. 12.

[58] BAG AP Nr. 2.

[59] BAG AP § 74 Nr. 34 mit Anm. *Schröder* = AR-Blattei, Wettbewerbsverbot, Entsch. 106 mit

zust. Anm. *Buchner* = SAE 1974, 253 mit Anm. *Herschel*.

[60] BAG NZA 1994, 116.

[61] BAG AP § 74 Nr. 34 mit krit. Anm. *Schröder*; BAG AP GewO § 133 f Nr. 23 mit zust. Anm. *Hofmann* = AR-Blattei, Wettbewerbsverbot, Entsch. 70 mit Anm. *Diedrichsen* = SAE 1970, 181 mit zust. Anm. *Pleyer*; BAG AP Nr. 1 mit Anm. *A. Hueck* unter Aufgabe von BAG AP Nr. 1; *Mäuner* RdA 1969, 111.

[62] BAG AP § 74 Nr. 34.

herangezogen werden.[63] Dies hat deutliche Auswirkungen auf den Umfang der Karenzentschädigung, wenn während der Anfangszeit des geltenden Wettbewerbsverbots kein, später aber ein besonders hoher Verdienst erzielt wird.

Da die Höhe der Karenzentschädigung von der Vergütung in einem früheren Bezugszeitraum abhängt (vgl. § 74 Abs. 2: „zuletzt bezogenen vertraglichen Leistungen"), wirken sich **zwischenzeitliche Tariferhöhungen** nicht aus. Hingegen sind sie, da es auf den aktuellen Erwerb durch Einsatz von Arbeitskraft ankommt (Abs. 1 Satz 1), beim anrechenbaren Einkommen zu berücksichtigen.[64] Dies führt dazu, daß sich die Karenzentschädigung zunehmend durch Aufsaugung verringert, weil der Entschädigungsbetrag entsprechend der allgemeinen Lohn- und Gehaltsentwicklung anwächst. Gleichwohl kommt eine Anpassung der Karenzentschädigung nicht in Betracht.[65] Sie widerspräche auch dem Zweck der Karenzentschädigung, wonach Einkommenverluste ausgeglichen werden sollen, die dem Arbeitnehmer durch anderweitige Verwertung seiner Arbeitskraft aufgrund der Einhaltung des Wettbewerbsverbots entstehen. Denn die Tariferhöhungen mindern infolge der Erhöhung des aktuellen Verdienstes schrittweise die Notwendigkeit, einen Ausgleich wegen der Wettbewerbsbeschränkung zu schaffen. 25

Schwierigkeiten bereitet die Anrechnung von **Einkünften aus selbständiger Tätigkeit.**[66] Zutreffend dürfte sein, hier das kalenderjährlich ermittelte steuerpflichtige Einkommen bzw. den zu versteuernden Betriebsgewinn auf die Monate der Tätigkeit umzulegen und diesen monatlichen Durchschnittsbetrag auf die monatliche Entschädigung anzurechnen.[67] 26

IV. Befreiung von der Entschädigungspflicht (Abs. 1 Satz 3)

Hat der Arbeitnehmer während der Karenzzeit eine **Freiheitsstrafe** zu verbüßen, entfällt die Entschädigungspflicht des Arbeitgebers. Die Entschädigungspflicht entfällt nur für die Dauer der Haft (Abs. 1 Satz 3). Gelangt der Arbeitnehmer noch vor Ablauf der Karenzzeit wieder in Freiheit, kann er ab diesem Zeitpunkt durch die Wettbewerbsabrede wieder in seinem beruflichen Fortkommen beschränkt werden. 27

Abs. 1 Satz 3 ist eine **Ausnahmeregelung. Für andere Hinderungsgründe** (zB Erkrankung) ist sie **nicht entsprechend anwendbar,**[68] da durch eine entsprechende Anwendung die strengen Voraussetzungen des Abs. 1 Satz 1 umgangen werden könnten. Für die Berücksichtigung anderer Gründe im Rahmen der Entschädigungspflicht müssen die Voraussetzungen des Abs. 1 Satz 1 (böswilliges Unterlassen anderweitigen Erwerbs) vorliegen, was bei krankheits- oder altersbedingter Hinderung am Erwerb gerade nicht der Fall ist.[69] 28

V. Auskunftspflicht des Arbeitnehmers (Abs. 2)

1. Entstehung und Durchsetzung des Auskunftsanspruchs. Der Arbeitgeber kann Einkünfte des Arbeitnehmers nur dann auf die Entschädigungsleistung anrechnen, wenn er hiervon Kenntnis hat. Der Arbeitgeber ist deshalb nach Abs. 2 verpflichtet, dem Arbeitgeber auf dessen Anfordern über die Höhe seines Erwerbs Auskunft zu erteilen.[70] Die Entstehung dieses selbständigen Auskunftsanspruchs **setzt** jedoch **voraus,** daß die Situation der Anrechenbarkeit nach Abs. 1 eingetreten ist bzw. eintreten kann. Deshalb besteht der Anspruch nicht vor Beendigung des Dienstverhältnisses und Inkrafttreten der Wettbe- 29

[63] BAG AP § 74 Nr. 34; BAG AP GewO § 133 f Nr. 23; *Grüll* S. 53; *Grunsky* Wettbewerbsverbot S. 82; Heymann/*Henssler* RdNr. 14; *Schaub* § 58 V 4 aE.

[64] *Schaub* § 58 V 3.

[65] ArbG Lübeck BB 1976, 1320 mit Anm. *Bengelsdorf.*

[66] BAG AP § 74 Nr. 34 mit Anm. *Schröder* = AR-Blattei, Wettbewerbsverbot, Entsch. 106 mit

Anm. *Buchner* = SAE 1974, 253 mit Anm. *Herschel;* GK-HGB/*Etzel* §§ 74 bis 75 d RdNr. 97.

[67] So Heymann/*Henssler* RdNr. 15.

[68] Ebenso Heymann/*Henssler* RdNr. 18; *Schaub* § 58 II 5; Staub/*Konzen/Weber* RdNr. 15.

[69] BAG AP § 75 a Nr. 3; *Bengelsdorf* BB 1979, 1150; Heymann/*Henssler* RdNr. 18.

[70] BAG NJW 1994, 2041.

werbsabrede.[71] Er wird auf Verlangen des Arbeitgebers fällig. Umgekehrt erlischt der Anspruch mit dem Zeitpunkt, in dem der Arbeitgeber auf eine Anrechnung verzichtet bzw. die gesamte Karenzentschädigung im voraus bezahlt.[72] Der Anspruch ist selbständig einklagbar[73] und gemäß § 888 ZPO vollstreckbar.[74]

30   Dem **Arbeitnehmer** steht bezüglich seiner Auskunftspflicht kein Zurückbehaltungsrecht zu, da er insoweit gegenüber dem Arbeitgeber **vorleistungspflichtig** ist.[75] Entsprechend hat der Arbeitgeber ein Leistungsverweigerungsrecht, solange der Arbeitnehmer die Auskunft nicht erteilt;[76] der Arbeitgeber kommt durch eine solche Verweigerung der Karenzzeit im Ergebnis nicht in Verzug.[77]

31   Umstritten ist indes die **Rechtsgrundlage für das Recht** des Arbeitgebers **zur Zahlungsverweigerung**. Das BAG sieht die Rechtsgrundlage in § 320 BGB[78] und geht dabei zu Unrecht von einem Gegenseitigkeitsverhältnis zwischen Karenzzahlungspflicht und Pflicht zur Auskunftserteilung aus.[79] Der Auskunftsanspruch ist vielmehr ein selbständiger gesetzlicher Nebenanspruch;[80] denn es fehlt an der erforderlichen engen Verknüpfung im Synallagma. Der Bestand des Entschädigungsanspruchs ist als solcher nicht von der Erfüllung der Auskunftspflicht abhängig. Die Entschädigung ist mangels Auskunftserteilung durch den Arbeitnehmer lediglich nicht berechenbar. Dieses vorübergehende Leistungshindernis hinsichtlich der Pflicht des Arbeitgebers, eine Karenzentschädigung an den Arbeitnehmer zu zahlen, ist bei einer Auskunftsverweigerung des Arbeitnehmers nicht vom Arbeitgeber zu vertreten, so daß der Arbeitgeber nach § 285 BGB nicht in Schuldnerverzug kommt.[81] Der Arbeitgeber hat ein Leistungsverweigerungsrecht nach § 273 Abs. 1 BGB, das mit dem Zeitpunkt der Auskunftserteilung entfällt; ab diesem Zeitpunkt ist der Umfang des Entschädigungsanspruchs berechenbar und die Entschädigungspflicht erfüllbar.

32   **2. Inhalt des Auskunftsanspruchs.** Der Arbeitnehmer muß wahrheitsgemäße Angaben über den tatsächlichen Erwerb machen. Die zugrunde liegenden Tatsachen müssen in dem Umfang vorgetragen werden, daß eine **Nachprüfbarkeit durch den Arbeitgeber** möglich ist,[82] bei unselbständiger Arbeit zB durch Benennung des neuen Arbeitgebers, bei Selbständigen durch Vorlage der Einkommensteuerbescheide.[83] Eine Einsicht in die Bilanz nebst Gewinn- und Verlustrechnung oder die Vorlage einzelner Buchungsunterlagen ist hingegen nicht erforderlich.[84] Gegebenenfalls müssen Belege beigebracht werden.[85] Der Auskunftsanspruch bezieht sich hingegen nicht auf Tatsachen zum böswillig unterlassenen Erwerb; insoweit ist vielmehr der Arbeitgeber im Prozeß beweispflichtig.[86]

[71] BAG AP § 75 a Nr. 3; *Bengelsdorf* BB 1979, 1150; *Heymann/Henssler* RdNr. 19.

[72] BAG AP § 74 Nr. 24 mit Anm. *Diedrichsen* = SAE 1969, 38 mit krit. Anm. *Schnorr v. Carolsfeld*.

[73] LAG Hamm DB 1974, 972; *Baumbach/Hopt* RdNr. 6; *Heymann/Henssler* RdNr. 21; aA *Buchner* Wettbewerbsverbot S. 98; *Grunsky* Wettbewerbsverbote S. 88 (nicht klagbare Obliegenheit).

[74] *Heymann/Henssler* RdNr. 21; *Schaub* § 58 V 5.

[75] BAG AP Nr. 6 mit Anm. *Moritz* = BB 1975, 653; 1976, 232 mit Anm. *Durchlaub*; BAG AP GewO § 133 f Nr. 23 mit Anm. *Hofmann* = AR-Blattei, Wettbewerbsverbot, Entsch. 70 mit Anm. *Diedrichsen* = SAE 1970, 181 mit Anm. *Pleyer*; GK-HGB/*Etzel* § 74 bis 75 d RdNr. 102; *Heymann/Henssler* RdNr. 20; *Schaub* § 58 V 5; *Staub/Konzen/Weber* RdNr. 18.

[76] BAG AP Nr. 8 mit Anm. *Herschel* = AR-Blattei, Wettbewerbsverbot, Entsch. 122 mit Anm. *Buchner*; BAG NJW 1994, 2041, 2042.

[77] BAG AP GewO § 133 f Nr. 23 = AR-Blattei, Wettbewerbsverbot, Entsch. 122 mit Anm. *Buchner*.

[78] BAG AP Nr. 8 mit Anm. *Herschel* = AR-Blattei, Wettbewerbsverbot, Entsch. 122 mit Anm. *Buchner*.

[79] Ebenso ablehnend *Heymann/Henssler* RdNr. 20.

[80] *Herschel* Anm. zu BAG AP § 74 c Nr. 9 ordnet die Auskunfts„pflicht" entgegen dem Gesetzeswortlaut („ist verpflichtet") als bloße Obliegenheit ein; ebenso *Grunsky* Wettbewerbsverbote S. 88.

[81] Vgl. auch *Herschel* Anm. zu BAG AP Nr. 8.

[82] Vgl. BAG NJW 1994, 2041, 2043.

[83] BAG AP Nr. 6 mit Anm. *Moritz* = BB 1975, 653; 1976, 232 mit Anm. *Durchlaub*; *Baumbach/Hopt* RdNr. 6; GK-HGB/*Etzel* §§ 74 bis 75 d; RdNr. 102; *Grüll* S. 55; *Schaub* § 58 VI 5; aA *Bengelsdorf* BB 1979, 1150 (Bescheinigung des Finanzamtes oder eines Wirtschaftsprüfers).

[84] BAG AP Nr. 6 mit Anm. *Moritz* = BB 1975, 653; 1976, 232 mit Anm. *Durchlaub*; LAG Nürnberg LAGE Nr. 2; GK-HGB/*Etzel* §§ 74 bis 75 d RdNr. 102.

[85] BAG AP Nr. 8 mit Anm. *Herschel* = AR-Blattei, Wettbewerbsverbot, Entsch. 122 mit Anm. *Buchner*; *Grüll* S. 55; *Grunsky* Wettbewerbsverbote S. 88.

[86] BAG AP Nr. 1 mit Anm. *A. Hueck* = RdA 1967, 159; 1969, 111 mit Anm. *Mössner*.

§ 75 [Unwirksamwerden des Wettbewerbsverbots]

(1) Löst der Gehilfe das Dienstverhältnis gemäß den Vorschriften der §§ 70 und 71 wegen vertragswidrigen Verhaltens des Prinzipals auf, so wird das Wettbewerbverbot unwirksam, wenn der Gehilfe vor Ablauf eines Monats nach der Kündigung schriftlich erklärt, daß er sich an die Vereinbarung nicht gebunden erachte.

(2) In gleicher Weise wird das Wettbewerbverbot unwirksam, wenn der Prinzipal das Dienstverhältnis kündigt, es sei denn, daß für die Kündigung ein erheblicher Anlaß in der Person des Gehilfen vorliegt oder daß sich der Prinzipal bei der Kündigung bereit erklärt, während der Dauer der Beschränkung dem Gehilfen die vollen zuletzt von ihm bezogenen vertragsmäßigen Leistungen zu gewähren. Im letzteren Falle finden die Vorschriften des § 74 b entsprechend Anwendung.

(3) Löst der Prinzipal das Dienstverhältnis gemäß den Vorschriften der §§ 70 und 72 wegen vertragswidrigen Verhaltens des Gehilfen auf, so hat der Gehilfe keinen Anspruch auf die Entschädigung.

Schrifttum: Vgl. Literaturhinweise zu § 74.

Übersicht

I. Bedeutung des § 75

Die Norm regelt die **Auswirkungen der Beendigung des Arbeitsverhältnisses** durch **1** außerordentliche Kündigung einer der beiden Parteien oder durch arbeitgeberseitige ordentliche Kündigung auf die Wettbewerbsabrede.[1] Unter den Voraussetzungen des § 75 kann sich der Arbeitnehmer nach Beendigung des Arbeitsverhältnisses von einer wirksamen Wettbewerbsvereinbarung nachträglich lösen. Die Tatbestände eröffnen somit ein auf Widerruf der Wettbewerbsabrede gerichtetes Gestaltungsrecht, dessen Ausübung dem Arbeitnehmer bei Vorliegen der Voraussetzungen zur Wahl frei steht. § 75 enthält zugleich Einschränkungen dieses Widerrufsrechts zugunsten des Arbeitgebers. Über die gesetzlichen Tatbestandsvoraussetzungen hinaus ist jeweils erforderlich, daß eine wirksame Wettbewerbsvereinbarung vorliegt. Bei Unverbindlichkeit der Konkurrenzklausel (vgl. § 74 a Abs. 1) besteht ein erweitertes Wahlrecht zwischen der Auslösung der Unverbindlichkeitsfolgen (vgl. § 74 a RdNr. 18 ff.) und dem Widerruf der Vereinbarung nach § 75. Abs. 3, der bei einer arbeitgeberseitigen außerordentlichen Kündigung wegen vertragswidrigen Verhaltens des Arbeitnehmers einen Entschädigungsanspruch des Arbeitnehmers trotz

---

[1] *Bauer/Diller* Wettbewerbsverbote RdNr. 410 ff.; HzA/*Welslau* Gruppe 1 RdNr. 2279.

Fortbestehen des Wettbewerbsverbots versagte, wurde vom BAG wegen Verstoßes gegen Art. 3 GG für nichtig erklärt (dazu unten RdNr. 17).

II. Widerrufsrecht des Arbeitnehmers

2   **1. Voraussetzungen des Widerrufs. a) Kündigung des Arbeitnehmers (Abs. 1).** Nach dem Wortlaut des Abs. 1 muß der Arbeitnehmer das Arbeitsverhältnis wegen vertragswidrigen Verhaltens des Arbeitgebers gemäß den Vorschriften der §§ 70 und 71[2] gelöst haben. Seit der Aufhebung der §§ 70 und 71 ist lückenausfüllend § 626 BGB heranzuziehen. Es muß sich daher grundsätzlich um eine außerordentliche Kündigung des Arbeitnehmers handeln **(Abs. 1).** Voraussetzung des Widerrufsrechts ist die Wirksamkeit der Kündigung. Eine unwirksame Kündigung kann auch bei Einverständnis des Arbeitgebers mit dem Ausscheiden des Arbeitnehmers das Widerrufsrecht nicht auslösen[3] (zur Anwendung des § 75 auf Aufhebungsverträge vgl. RdNr. 20). Ebensowenig berechtigt die ordentliche Kündigung des Arbeitnehmers zum Widerruf der Wettbewerbsabrede.[4]

3   **aa) Kündigungsgrund.** Als Kündigungsgrund genügt nicht jeder Grund im Sinne des § 626 Abs. 1 BGB. Vielmehr muß der außerordentliche Kündigungsgrund stets in einem **vertragswidriges Verhalten des Arbeitgebers** bestehen.[5] Gründe, die in der Person des Arbeitgebers liegen, scheiden daher aus. Ist ein außerordentlicher Kündigungsgrund wegen vertragswidrigen Verhaltens des Arbeitgebers gegeben, ist Abs. 1 auch dann anwendbar, wenn der Arbeitnehmer nur fristgemäß kündigt. Der Arbeitnehmer, der einen außerordentlichen Kündigungsgrund hat, aber dennoch das schwächere Mittel der fristgemäßen Kündigung wählt, soll nicht schlechter gestellt sein und sich gleichermaßen von der Wettbewerbsvereinbarung lösen können.[6] Anderenfalls würde die Wettbewerbsbeschränkung eine unbillige und untragbare Einschränkung der Kündigungsfreiheit bewirken.[7] Der Zusammenhang zwischen der fristgemäßen Kündigung und dem vertragswidrigen Verhalten muß jedoch für den Arbeitgeber erkennbar sein.[8] Auch muß die fristgemäße Kündigung innerhalb der Zweiwochenfrist des § 626 Abs. 2 BGB ausgesprochen werden. Andernfalls entfällt der Kündigungsgrund, und das Widerrufsrecht nach § 75 Abs. 1 gelangt nicht zur Entstehung.[9]

4   Die strenge Voraussetzung eines im Verhalten des Arbeitgebers liegenden außerordentlichen Kündigungsgrundes führt dazu, daß das Widerrufsrecht **nicht bei** anderen besonderen Fällen der Kündigung durch den Arbeitnehmer entsteht.[10] Insbesondere läßt eine **Kündigung des Arbeitnehmers gemäß § 22 Abs. 1 KO** (§ 113 Abs. 1 InsO)[11] die Wettbewerbsabrede im Konkursfall unberührt.[12]

5   **bb) Verschulden des Arbeitgebers.** Umstritten ist, ob als ungeschriebene Tatbestandsvoraussetzung für die Entstehung des Widerrufsrechts der Arbeitgeber sein vertragswidriges Verhalten verschuldet haben muß.[13] In der Praxis wird sich die Problematik freilich eher selten stellen, weil im Regelfall die Vertragswidrigkeit des Arbeitgebers ohnehin auf einem Verschulden beruht. Für eine Verschuldensabhängigkeit spricht, daß die dem aufgehobe-

[2] Arbeitsrechtsbereinigungsgesetz vom 14. 8. 1969 (BGBl. I S. 1106).

[3] BAG AP Nr. 3 mit zust. Anm. *G. Hueck* = SAE 1966, 177 mit krit. Anm. *Brecher; Grunsky* Wettbewerbsverbote S. 110.

[4] MünchHdbArbR/*Wank* § 126 RdNr. 52.

[5] MünchHdbArbR/*Wank* § 126 RdNr. 53, 54; *Staub/Konzen/Weber* RdNr. 4.

[6] BAG AP Nr. 3 mit Anm. *G. Hueck* = SAE 1966, 177 mit Anm. *Brecher;* Baumbach/*Hopt* RdNr. 1; GK-HGB/*Etzel* §§ 74 bis 75 d RdNr. 73; Heymann/*Henssler* RdNr. 8.

[7] BAG AP Nr. 3 mit Anm. *G. Hueck* = SAE 1966, 177 mit Anm. *Brecher; Krasshöfer-Pidde,* HAS § 9 E, RdNr. 198.

[8] BAG AP § 74 Nr. 21 mit zust. Anm. *Hofmann* = SAE 1969, 1 mit Anm. *Simitis.*

[9] *Bauer* DB 1979, 500; Heymann/*Henssler* RdNr. 8; *Krasshöfer-Pidde,* HAS § 9 E, RdNr. 195.

[10] Schlegelberger/*Schröder* RdNr. 9.

[11] Die neue Insolvenzordnung (BGBl. 1994 I S. 2866 ff.) gilt ab dem 1. 1. 1999: einen Überblick über die neue Insolvenzordnung gibt *Pick* NJW 1995, 992 ff.

[12] Baumbach/*Hopt* RdNr. 4; Heymann/*Henssler* RdNr. 9.

[13] Bejahend Heymann/*Henssler* RdNr. 7; RGRK/ *Würdinger* Anm. 3; verneinend Schlegelberger/ *Schröder* RdNr. 2 a.

nen § 70 Abs. 2 entsprechende Parallelvorschrift des § 628 Abs. 2 BGB als vertragswidriges Verhalten eine schuldhaftes Verhalten erfordert.[14] Andererseits handelt es sich hierbei um eine Schadensersatzregelung, die (wie notwendig das gesamte Schadensersatzrecht) auf dem Verschuldensprinzip beruht. Hingegen geht es bei § 75 Abs. 1 nur um die Loslösung von einer vertraglichen Vereinbarung. Hierfür muß auch ein **nicht schuldhaftes vertragswidriges Verhalten** genügen, soweit es dem Ausmaß nach einen außerordentlichen Kündigungsgrund darstellt. Eben diese letztere Einschränkung verhindert bereits, daß ein Widerruf der Wettbewerbsabrede bei jedem vertragswidrigen Verhalten des Arbeitgebers ausgesprochen werden kann.

Auch spricht das durch Abs. 1 geschützte Interesse des Arbeitnehmers für eine **Verschul-** 6 **densunabhängigkeit.** Denn mit dem Widerrufsrecht soll verhindert werden, daß der Arbeitnehmer sich wegen der (die Arbeitsplatzsuche erschwerenden) Beschränkungen durch die Konkurrenzklausel an ein Arbeitsverhältnis gebunden hält, das er ohne die Konkurrenzklausel durch Kündigung gem. § 626 Abs. 2 BGB beenden würde. Die außerordentliche Kündigung als solche ist aber vom Verschulden des Arbeitgebers unabhängig. Bei Auslegung des Abs. 1 als verschuldensabhängigen Tatbestands würde also die außerordentliche Kündigung von Arbeitsverhältnissen mit Wettbewerbsklauseln über die gesetzlichen Grenzen hinaus erschweren.

b) Kündigung des Arbeitgerbers (Abs. 2). Das Widerrufsrecht des Arbeitnehmers be- 7 steht auch, wenn der Arbeitgeber kündigt (Abs. 2). Im Unterschied zur Arbeitnehmerkündigung (Abs. 1) genügt eine ordentliche Kündigung[15] sowie eine außerordentliche, die nicht auf einem vertragswidrigen Verhalten des Arbeitnehmers beruht.[16] Dem Arbeitnehmer soll bei Auflösung des Arbeitsverhältnisses durch den Arbeitgeber in jedem Fall[17] freigestellt werden, seine Entscheidung über den Abschluß der Wettbewerbsabrede zu revidieren.[18] Entsprechend ist auch ein vertraglicher Ausschluß des Widerrufsrechts bei Kündigung durch den Arbeitgeber unwirksam (vgl. § 75 d).[19]

2. Ausübung des Widerrufsrechts. a) Erklärung. Die Ausübung des Widerrufsrechts 8 erfolgt durch **empfangsbedürftige Willenserklärung** (§ 130 BGB).[20] In der Erklärung muß klar und zweifelsfrei zum Ausdruck kommen, daß der Arbeitnehmer sich von den Pflichten aus dem Wettbewerbsverbot entbinden und selbst keine Karenzentschädigung in Anspruch nehmen will.[21] Daher genügt für einen Widerruf nach Abs. 1 nicht die bloße außerordentliche Kündigung des Arbeitsverhältnisses.[22] Er kann freilich mit einem Kündigungsschreiben verbunden werden.

b) Form. Der Widerruf muß gemäß Abs. 1 schriftlich erklärt werden. Ein nur münd- 9 licher Widerruf der Wettbewerbsabrede kann jedoch als Angebot zum Abschluß eines Aufhebungsvertrags ausgelegt werden,[23] dessen Annahme dem Arbeitgeber jedoch freisteht.

c) Frist. Der Widerruf muß innerhalb eines Monats nach Ausspruch der Kündigung er- 10 klärt werden (Abs. 1). Die **Monatsfrist** beginnt mit Zugang der Kündigung zu laufen. Da es nur auf den formellen Zugang der Kündigungserklärung ankommt, ist für den Fristlauf

---

[14] Allgemeine Meinung zu § 628 BGB Abs. 2; vgl. BAG AP BGB § 628 Nr. 2, Nr. 5 und Nr. 6; MünchKommBGB/*Schwerdtner* § 628 RdNr. 14; Palandt/*Heinrichs* § 628 RdNr. 6; Soergel/*Kraft* § 628 RdNr. 6.

[15] BAG AP Nr. 1 mit Anm. *Grüll* = BB 1963, 1483 mit Anm. *Gumpert* = SAE 1964, 88 mit Anm. *G. Hueck.*

[16] HzA/*Welslau* Gruppe 1 RdNr. 2282.

[17] Zu den besonderen Ausnahmen nach § 75 Abs. 2 siehe noch RdNr. 13 ff.

[18] Vgl. BAG AP Nr. 1 mit Anm. *Grüll* = BB 1963 1483 mit Anm. *Gumpert* = SAE 1964, 88 mit Anm. *G. Hueck.*

[19] BAG AP Nr. 8 (zum Ausschluß bei ordentlicher Kündigung) mit zust. Anm. *Stumpf* = SAE 1983, 84 mit i. Erg. zust. Anm. *Koller;* AP BGB § 611 Nr. 31 Konkurrenzklausel; BAG AP Nr. 8 mit zust. Anm. *Stumpf* = SAE 1983, 184 mit Anm. *Koller; Grunsky* Wettbewerbsverbote S. 112.

[20] Heymann/*Henssler* RdNr. 10; GK-HGB/*Etzel* RdNr. 74; *Schaub* § 58 VII 3.

[21] Vgl. BAG AP Nr. 7 = AR-Blattei, Wettbewerbsverbot, Entsch. 124 mit Anm. *Buchner.*

[22] Vgl. Schlegelberger/*Schröder* RdNr. 3 b.

[23] Zutr. Heymann/*Henssler* RdNr. 11.

unerheblich, ob die Kündigung wirksam ist. Daher wird die Monatsfrist auch nicht durch einen Rechtsstreit über die Wirksamkeit der Kündigung gehemmt.[24] Wird in dem Kündigungsrechtsstreit ein Aufhebungsvertrag geschlossen, kommt es für den Fristlauf nicht auf den Vergleichschluß an; maßgeblich ist vielmehr der Fristlauf in Anschluß an die zugegangene Kündigungserklärung.[25]

11   Der **Lauf der Widerrufsfrist ab Zugang der Kündigungerklärung** führt im gesetzlichen Fall des Abs. 1 (außerordentliche Kündigung) dazu, daß der Arbeitnehmer sich innerhalb eines Monats nach Inkrafttreten des Wettbewerbsverbots entscheiden kann, ob er sich hieran für die Zukunft binden will oder nicht. Anders ist es bei der fristgemäßen Kündigung aus wichtigem Grund, auf die Abs. 1 gleichermaßen anzuwenden ist (vgl. RdNr. 3). Hier tritt die Beendigung des Arbeitsverhältnisses und damit das Inkrafttreten der Wettbewerbsvereinbarung in der Regel erst nach Ablauf der Widerrufsfrist ein.

12   **3. Rechtsfolgen des Widerrufs.** Ein frist- und formgerechter Widerruf durch den Arbeitnehmer führt zur **Unwirksamkeit der Wettbewerbsabrede** insgesamt. Mit Zugang der Widerrufserklärung wird der Arbeitnehmer von seiner Karenzpflicht entbunden, und die Entschädigungspflicht des Arbeitgebers entfällt.

III. Einschränkung des Widerrufsrechts des Arbeitnehmers

13   Kündigt der Arbeitgeber das Arbeitsverhältnis, so steht dem Arbeitnehmer in **zwei Ausnahmefällen** ein Widerrufsrecht nicht zu. Diese Ausnahmen beruhen im Ergebnis auf Billigkeitserwägungen. Die Konkurrenzklausel bleibt daher in diesen Fällen wirksam bestehen.

14   **1. Erheblicher Anlaß für Kündigung (Abs. 2 Satz 1 Alt. 1).** Hat der Arbeitnehmer selbst einen erheblichen Anlaß für die ordentliche oder außerordentliche Kündigung durch den Arbeitgeber gesetzt, entfällt sein Widerrufsrecht gemäß Abs. 2 Satz 1 Alt. 1. Der Anlaß in der Person des Arbeitnehmers braucht keinen wichtigen Grund iSd. § 626 BGB darzustellen.[26] Vielmehr genügt jeder Grund, der eine **personen- oder verhaltensbedingte Kündigung** im Sinne des § 1 Abs. 2 Satz 1 KSchG rechtfertigen würde.[27] Anderenfalls würde das Wettbewerbsverbot die kündigungsrechtlich zulässige Auflösung des Arbeitsverhältnisses individuell erschweren. Hingegen genügt eine betriebsdedingte Kündigung nicht, es sei denn, sie erfolgt mit dem Ziel, dem Arbeitnehmer eine anders begründete peinliche Kündigung zu ersparen.[28] (vgl. auch RdNr. 3). Für den Arbeitnehmer muß allerdings erkennbar sein, daß ein Zusammenhang zwischen dem sein Widerrufsrecht beseitigenden Anlaß und der Kündigung besteht.[29] Der Arbeitnehmer trägt im Prozeß die **Beweislast** für das Vorliegen eines erheblichen Anlasses.[30]

15   **2. Fortentrichtung der vertragsmäßigen Leistungen (Abs. 2 Satz 1 Alt. 2).** Sagt der Arbeitgeber bei der Kündigung dem Arbeitnehmer die Fortentrichtung der vertragsmäßigen Leistungen für die gesamte Karenzzeit zu, kann der Arbeitnehmer die Wettbewerbsvereinbarung ebenfalls nicht widerrufen. Da die zugesagten Vertragsleistungen während der Karenzzeit Bestandteil der (erweiterten) Karenzentschädigung sind, ist auf sie anderweitiges Einkommen iSv. § 74 c anzurechnen.[31]

---

[24] BAG AP Nr. 4 mit Anm. *Lindacher* = SAE 1974, 73 mit zust. Anm. *Beitzke;* GK-HGB/*Etzel* §§ 74 bis 75 d RdNr. 74; Heymann/*Henssler* RdNr. 12; *Krasshöfer-Pidde,* HAS § 9 E, RdNr. 187; *Schaub* § 58 V 5.

[25] BAG AP Nr. 4 mit insoweit zust. Anm. *Lindacher.*

[26] Heymann/*Henssler* RdNr. 16; HzA/*Welslau* Gruppe 1 RdNr. 2284.

[27] Heymann/*Henssler* RdNr. 16; *Krasshöfer-Pidde,* HAS § 9 E, RdNr. 191; *Schaub* § 58 VII 4; – aA

Buchner Wettbewerbsverbot S. 150; *Grunsky* Wettbewerbsverbote S. 111 (Anlaß muß über den normalen Kündigungsgrund hinausgehen); HzA/*Welslau* Gruppe 1 RdNr. 2284.

[28] Zutr. *Grunsky* Wettbewerbsverbote S. 112.

[29] Schlegelberger/*Schröder* RdNr. 6 a.

[30] GK-HGB/*Etzel* §§ 74 bis 75 d RdNr. 77.

[31] Baumbach/*Hopt* RdNr. 3; GK-HGB/*Etzel* §§ 74 bis 75 d RdNr. 78; *Krasshöfer-Pidde,* HAS § 9 E, RdNr. 190; vgl. auch *Bauer* DB 1979, 500, 501.

Die **Zusage des Arbeitgebers** ist eine einseitige empfangsbedürftige Willenserklärung. **16**
Sie muß für die erforderlichen Abwägungen des Arbeitnehmers inhaltlich klarstellen, daß
der Arbeitgeber zur Aufrechterhaltung des Wettbewerbsverbots bereit ist, anstelle der
Karenzentschädigung die vertragsgemäßen Bezüge in voller Höhe fortzuzahlen. Im Unterschied zum Widerrufsrecht des Arbeitnehmers ist die Zusage des Arbeitgebers weder form-
noch fristgebunden. Sie muß spätestens gleichzeitig mit der Arbeitnehmerkündigung ausgesprochen werden.[32] Andernfalls steht dem Arbeitnehmer das Widerrufsrecht unbeschränkt
zu. Eine zu einem späteren Zeitpunkt erklärte Zusage des Arbeitgebers kann als Angebot
ausgelegt werden, das Konkurrenzverbot gegen Fortentrichtung der vertragsgemäßen
Leistungen aufrechtzuerhalten.[33] In diesem Fall hat der Arbeitnehmer die Wahl, die Konkurrenzklausel endgültig durch Widerruf unwirksam zu machen oder sich auf die Zusage-
vereinbarung einzulassen.

IV. Widerrufsrecht des Arbeitgebers

1. Ursprüngliche Rechtslage (Abs. 3). Nach Abs. 3 konnte der Arbeitgeber bei Kün- **17**
digung infolge vertragswidrigem Verhaltens des Arbeitnehmers das Wettbewerbsverbot
aufrechterhalten, ohne zur Gegenleistung (Karenzentschädigung) verpflichtet zu sein. Diese
Regelung wurde vom BAG für **verfassungswidrig** erklärt.[34] Dabei beruhte die Argumentation auf einem Vergleich zwischen Abs. 3 und Abs. 1. Das BAG sah darin eine gegen
Art. 3 GG verstoßende Ungleichbehandlung. Bei vertragswidrigem Verhalten des jeweils
anderen Teils käme dem Arbeitnehmer nur ein die Wettbewerbsabrede generell aufheben-
des Widerrufsrecht zu, während der Arbeitgeber die aus ihr folgenden Rechte ohne Gegenleistung in Anspruch nehmen könne.[35] Das BAG hat die vorkonstitutionelle Regelung
deshalb für nichtig erklärt. Entsprechend ist Abs. 3 von den neuen Bundesländern nicht
übernommen worden.[36]

2. Ausfüllung der Regelungslücke. Aus der Begründung des BAG folgt, daß die Rege- **18**
lungslücke durch **entsprechende Anwendung des Abs. 1** auszufüllen ist.[37] Der Arbeitgeber kann deshalb unter den gleichen Voraussetzungen (vgl. RdNr. 2 ff.) wie der Arbeitnehmer das Arbeitsverhältnis kündigen und binnen Monatsfrist die Wettbewerbsabrede
widerrufen.[38] Grundsätzlich muß eine auf einem vertragswidrigen Verhalten beruhende außerordentliche Kündigung ausgesprochen worden sein. Wie beim Arbeitnehmer (vgl.
RdNr. 3) genügt eine befristete außerordentliche Kündigung.[39] Ausnahmsweise besteht
eine Widerrufsrecht bei einer ordentlichen Kündigung, wenn für den Arbeitnehmer klar
ist, daß diese Form der Vertragsbeendigung Ersatz für eine fristlose Kündigung sein soll.[40]
Der Arbeitgeber kann sich also entscheiden, ob er sich vollständig von der Wettbewerbsvereinbarung lösen oder diese gegen Aufrechterhalten der Entschädigungspflicht bestehen
lassen will.[41]

---

[32] RGZ 59, 125; Baumbach/*Hopt* RdNr. 3; GK-
HGB/*Etzel* §§ 74 bis 75 d RdNr. 78; *Röhs-
ler/Bormann* S. 121.

[33] Schlegelberger/*Schröder* RdNr. 6 b.

[34] BAG AP Nr. 6 mit zust. Anm. *Beitzke* = BB
1977, 847 mit zust. Anm. *Gumpert* = AR-Blattei,
Wettbewerbsverbot, Entsch. 120 mit krit. Anm.
Buchner = SAE 1977, 241 mit i. Erg. zust. Anm.
Pestalozza; Staub/*Konzen/Weber* RdNr. 15 f.

[35] Kritisch *Buchner* Wettbewerbsverbot S. 106 f.,
der in der Nichtigerklärung des Abs. 3 eine (nicht
interessengerechte) Besserstellung des Arbeitnehmers
sieht; vgl. hierzu auch *Gumpert* BB 1977, 849;
Grunsky Wettbewerbsverbote S. 111.

[36] Anlage I zum Einigungsvertrag v. 31. 8. 1990,
BGBl. II S. 959 *Schaub* § 58 V 4.

[37] BAG AP Nr. 6; BAG AP § 75 a Nr. 4 = NJW
1987, 2768; Baumbach/*Hopt* RdNr. 2; *Grunsky*

Wettbewerbsverbote S. 114; HzA/*Welslau* Gruppe 1
RdNr. 2288; *Krasshöfer-Pidde*, HAS § 9 E,
RdNr. 183; *Schaub* § 58 V 5; Staub/*Konzen/Weber*
RdNr. 17.

[38] BAG AP Nr. 6 mit Anm. *Beitzke* = BB 1977,
847 mit Anm. *Gumpert* = AR-Blattei, Wettbewerbsverbot, Entsch. 120 mit Anm. *Buchner* = SAE
1977, 241 mit Anm. *Pestalozza*.

[39] BAG AP Nr. 2 mit Anm. *Grüll* = BB 1964,
219 mit Anm. *Gumpert* = SAE 1964, 173 mit Anm.
Beitzke.

[40] BAG BB 1968, 379; BB 1970, 1050; Baum-
bach/*Hopt* RdNr. 2; *Grüll* S. 64; *Grunsky* Wettbewerbsverbote S. 115.

[41] BAG AP § 75 a Nr. 4 = NJW 1987, 2768;
Baumbach/*Hopt* RdNr. 2; Heymann/*Henssler*
RdNr. 20.

19 Dabei muß der Widerruf gleichermaßen wie der des Arbeitnehmers **eindeutig zu erkennen geben,** daß der Arbeitgeber keine Karenzentschädigung zahlen will und daß der Arbeitnehmer mit sofortiger Wirkung vom Wettbewerbsverbot befreit werden soll. Bei Zweifeln liegt keine wirksame Widerrufserklärung vor.[42] Unberührt von diesen Erfordernissen bleibt ein bei vorausgegangener ordentlicher Kündigung erklärter **Verzicht** auf das Wettbewerbsverbot; hier entfällt die Entschädigungspflicht des Arbeitgebers ohne weitere Erklärung.[43]

V. Widerruf bei einvernehmlicher Aufhebung des Arbeitsvertrags

20 **1. Herrschende Auffassung.** Obgleich § 75 nur die Widerrufsmöglichkeiten bei Kündigung des Arbeitsverhältnisses regelt, wird die Vorschrift nach hM[44] auch bei Abschluß eines einvernehmlichen **Aufhebungsvertrags** angewandt, sofern der Aufhebungsvertrag an Stelle einer außerordentlichen Kündigung abgeschlossen wurde.[45] Der zur außerordentlichen Kündigung Berechtigte dürfe nämlich durch die Bereitschaft, das mildere Mittel des Aufhebungsvertrags zu wählen, nicht schlechter gestellt werden.[46]

21 **Rechtsfolge** des Aufhebungsvertrags wäre demnach, daß der an sich Kündigungsberechtigte entsprechend § 75 Abs. 1 innerhalb eines Monats nach Abschluß des Aufhebungsvertrags die Wettbewerbsabrede widerrufen kann. Hat der Arbeitnehmer die Aufhebung infolge vertragswidrigen Verhaltens veranlaßt, entfällt nach Auffassung der hM sein Widerrufsrecht entsprechend Abs. 2 Satz 1 Alt. 1;[47] auch könne das Widerrufsrecht des Arbeitnehmers durch eine Vereinbarung im Aufhebungsvertrag über die Fortzahlung der Vertragsbezüge abgewendet werden (Abs. 2 Satz 1 Alt. 2 analog).[48]

22 **2. Ablehnende Stellungnahme.** Eine **entsprechende Anwendung des § 75 auf Fälle des Aufhebungsvertrags** bei Vorliegen der Voraussetzungen einer außerordentlichen Kündigung ist abzulehnen. Die Interessenlage ist mit dem gesetzlich geregelten Fall nicht vergleichbar. Diese wird in der Regel so gestaltet sein, daß beide Seiten des Arbeitsverhältnisses eine einvernehmliche Beendigung vorziehen. Beide Beteiligten sind also willens und bereit, durch Verhandlungen die Bedingungen der Vertragsbeendigung im einzelnen abzuklären und auszuhandeln. Daher kann ein Widerruf der Wettbewerbsabrede zum Bestandteil des Aufhebungsvertrags gemacht werden.[49] Der an sich Kündigungsberechtigte, gleichgültig ob es sich um Arbeitgeber oder Arbeitnehmer handelt, bedarf nicht des durch § 75 gewährten Schutzes. Denn er verfügt mit der Möglichkeit einer außerordentlichen Kündigung über ein Druckmittel, um eine einvernehmliche Regelung über die Aufhebung oder Aufrechterhaltung der Wettbewerbsabrede im Aufhebungsvertrag durchzusetzen.[50] Daher besteht auch kein Bedürfnis, den Schutz des § 75 Abs. 1 bzw. § 75 Abs. 2 Satz 1 über den Regelungswortlaut hinaus auf Aufhebungsverträge auszudehnen. Es besteht keine für die Analogie notwendige Regelungslücke.[51]

---

[42] BAG AP Nr. 7 = AR-Blattei, Wettbewerbsverbot, Entsch. 124 mit Anm. *Buchner.*
[43] BAG AP § 75 a Nr. 4 = NJW 1987, 2768; Baumbach/*Hopt* RdNr. 2; Heymann/*Henssler* RdNr. 20.
[44] Vgl. nur BAG AP BGB § 611 Nr. 1 Konkurrenzklausel; AP § 74 Nr. 2 und AP Nr. 3, AP Nr. 21 und Nr. 25; HzA/*Welslau* Gruppe 1 RdNr. 2285; *Schaub* § 58 V m. weit. Nachw.; Staub/*Konzen/Weber* RdNr. 8.
[45] Heymann/*Henssler* RdNr. 21.
[46] BAG AP Nr. 2 mit zust. Anm. *Grüll* = BB 1964, 219 mit Anm. *Gumpert* = SAE 1964, 173 mit

Anm. *Beitzke;* BAG AP Nr. 3 mit zust. Anm. *G. Hueck* = SAE 1966, 177 mit krit. Anm. *Brecher;* BAG AP § 74 Nr. 25 mit Anm. *Simitis* = SAE 1971, 235 mit Anm. *Migsch; Krasshöfer-Pidde,* HAS § 9 E, RdNr. 197.
[47] Baumbach/*Hopt* RdNr. 6.
[48] Baumbach/*Hopt* RdNr. 6.
[49] Vgl. auch *Buchner* Wettbewerbsverbot S. 101; *Grüll* S. 65; *Grunsky* S. 116.
[50] Von Baumbach/*Hopt* RdNr. 7 lediglich „empfohlen".
[51] Ähnlich Heymann/*Henssler* RdNr. 22.

§ 75 a [Verzicht des Prinzipals auf Wettbewerbsverbot]

Der Prinzipal kann vor der Beendigung des Dienstverhältnisses durch schriftliche Erklärung auf das Wettbewerbverbot mit der Wirkung verzichten, daß er mit dem Ablauf eines Jahres seit der Erklärung von der Verpflichtung zur Zahlung der Entschädigung frei wird.

Schrifttum: Vgl. Literaturhinweise zu § 74.

Übersicht

I. Verzicht vor Beendigung des Arbeitsverhältnisses

Der Arbeitgeber kann vor Beendigung des Arbeitsverhältnisses nachträglich auf die Geltung des Wettbewerbsverbots verzichten. Bei dem Verzicht handelt es sich um ein einseitiges Gestaltungsrecht, dem sich der Arbeitnehmer bei Vorliegen der förmlichen Voraussetzungen (trotz seines Gegenanspruchs auf die Karenzentschädigung) nicht entziehen kann. Die Regelung des § 75 a[1] stellt das **Gegenstück zum Widerrufsrecht des Arbeitnehmers** nach § 75 dar. Trotz der unterschiedlichen Voraussetzungen sind sowohl das Widerrufsrecht nach § 75 als auch die Verzichtsmöglichkeit nach § 75 a darauf gerichtet, Arbeitnehmer bzw. Arbeitgeber bei Veränderung der Umstände ein Überdenken der Wettbewerbsvereinbarung zu ermöglichen. Speziell der Verzicht ermöglicht es dem Arbeitgeber, bei Wegfall des berechtigten geschäftlichen Interesses an der Wettbewerbsregelung (vgl. § 74 a Abs. 1, § 74 a RdNr. 3), die – den Arbeitnehmer begünstigenden – Rechtsfolgen einer unverbindlichen Wettbewerbsklausel (hierzu § 74 a RdNr. 18 ff.) abzuwenden.[2] **1**

1. Ausübung des Verzichts. a) Inhalt und Form des Verzichtserklärung. Die Ausübung des Verzichts erfolgt durch **einseitige, empfangsbedürftige Erklärung** gegenüber dem Arbeitnehmer (§ 130 BGB). Die Verzichtserklärung muß die Wettbewerbsabrede insgesamt betreffen; ein teilweiser Verzicht wird von § 75 a nicht erfaßt und kann nur im Wege beiderseitiger Vereinbarung (einvernehmliche Teilaufhebung) erfolgen.[3] Auch eine einseitige Herabsetzung der Verbotsdauer mittels des Verzichts ist nicht möglich.[4] **2**

Die Verzichtserklärung bedarf der **Schriftform**. Die Erklärung muß inhaltlich so klar gefaßt sein, daß für den Arbeitnehmer die völlige Freistellung von der Karenzpflicht bei gleichzeitigem Wegfall seines Entschädigungsanspruchs eindeutig ist.[5] Die bloße Weigerung zur Zahlung der Karenzentschädigung genügt hierfür nicht.[6] Auch liegt noch kein wirksamer Verzicht iSd. § 75 a vor, solange sich der Arbeitgeber noch Rechte aus der Wettbewerbsabrede vorbehält.[7] Ein Verzicht liegt im Zweifel auch nicht in der Ausgleichs- **3**

---

[1] Hierzu allgemein *Bauer/Diller* Wettbewerbsverbote RdNr. 371 ff.; zur entsprechenden Anwendung auf nichtkaufmännische Arbeitnehmer OLG Hamm ZIP 1991, 1169 (bei Geschäftsführern); Staub/ *Konzen/Weber* RdNr. 3.

[2] Vgl. BAG AP Nr. 3.

[3] Staub/*Konzen/Weber* RdNr. 4; aA Schlegelberger/*Schröder* RdNr. 4.

[4] Vgl. *Schaub* § 58 VII 2 (zum zeitlich eingeschränkten Verzicht).

[5] BAG AP § 75 Nr. 7.

[6] Vgl. *Krasshöfer-Pidde*, HAS § 9 E, RdNr. 188.

[7] BAG AP § 75 Nr. 7 = Wettbewerbsverbot Entsch. 124 mit Anm. *Buchner*; GK-HGB/*Etzel* §§ 74 bis 75 d RdNr. 68.

quittung, die mit der Feststellung endet, daß dem Arbeitnehmer keine weiteren Ansprüche aus dem Arbeitsverhältnis sowie dessen Beendigung zustehen.[8]

4   Wegen des Eindeutigkeitserfordernisses kann auch **die bloße Kündigung nicht zugleich** als **Verzichtserklärung** ausgelegt werden. Insbesondere liegt in einer Änderungskündigung mit dem Angebot zum Abschluß eines neuen Arbeitsvertrags ohne Wettbewerbsverbot weder eine Lossageerklärung iSd. § 75 a, noch kann sie in eine solche umgedeutet werden.[9]

5   **b) Zeitpunkt der Verzichtserklärung.** Ein wirksamer Verzicht kann nur nach Zustandekommen des Wettbewerbsverbots und **bis zur Beendigung des Arbeitsverhältnisses** ausgesprochen werden. Durch diese zeitliche Einschränkung soll verhindert werden, daß der Arbeitgeber seine Entscheidung über den Verzicht von der beruflichen Entwicklung des Arbeitnehmers (mehr oder weniger große Konkurrenzgefahr am neuen Arbeitsplatz) abhängig macht. Zugleich soll der Arbeitnehmer spätestens zum Zeitpunkt der Beendigung des Arbeitsverhältnisses Klarheit über den Bestand des Konkurrenzverbots haben.[10]

6   Hieraus folgt, daß ein **gleichzeitig mit der Kündigung erklärter Verzicht** (noch) genügt.[11] Ebenso ausreichend ist eine Verzichtserklärung, die zeitgleich mit dem Abschluß eines **Aufhebungsvertrages** erfolgt; dies gilt auch dann, wenn eine rückwirkende Auflösung des Arbeitsverhältnisses vereinbart wird.[12] Auch kann der Arbeitgeber zwischen dem Ausspruch einer ordentlichen Kündigung und dem Ablauf der Kündigungsfrist auf die Wettbewerbsabrede verzichten.[13]

7   Ein erst **nach Auflösung des Arbeitsverhältnisses** vom Arbeitgeber **ausgesprochener Verzicht** ist hingegen wirkungslos. Da § 75 a eine zwingende Regelung darstellt, ist eine Vereinbarung, wonach der Verzicht auch nach Beendigung des Arbeitsverhältnisses ausgesprochen werden kann, unwirksam (§ 75 d).[14] Ein verspäteter Verzicht kann jedoch als Angebot zum Abschluß eines Aufhebungsvertrags über das Wettbewerbsverbot ausgelegt werden, dessen Annahme dem Arbeitnehmer freisteht.[15]

8   **2. Rechtsfolgen des Verzichts. a) Für den Arbeitnehmer.** Ein wirksamer Verzicht nach § 75a **befreit den Arbeitnehmer** vollständig und mit sofortiger Wirkung[16] von seiner Verpflichtung zur Einhaltung des Wettbewerbsverbots. Die Unterlassungspflicht gelangt insgesamt nicht zur Entstehung. Der nur auf einen Teil der **Wettbewerbsabrede** bezogene Verzicht ist dagegen unwirksam und entfaltet keinerlei Rechtsfolgen (vgl. RdNr. 2).

9   **b) Für den Arbeitgeber.** Die Rechtsfolge des Verzichts ist für den Arbeitgeber zeitlich hinausgeschoben. Er wird **erst mit Ablauf eines Jahres** nach Abgabe der Verzichtserklärung von seiner Verpflichtung zur Zahlung der Karenzentschädigung befreit. Dies führt bei einem gleichzeitig mit der Kündigung erklärten Verzicht dazu, daß der Arbeitnehmer die Entschädigung für ein Jahr in Anspruch nehmen kann, obgleich er selbst keiner Karenzpflicht mehr unterliegt. Das Gesetz gewährt dem Arbeitnehmer hierdurch einen zeitlichen Spielraum, um sich auf die neue Lage einzustellen.[17] Will der Arbeitgeber dieses Auseinanderfallen der beiderseitigen Pflichten vermeiden, muß er mindestens ein Jahr vor Beendigung des Arbeitsverhältnisses auf die Wettbewerbsabrede verzichten.[18] Kündigt der Arbeitgeber im Anschluß an einen Verzicht auf die Einhaltung des Wettbewerbsverbots berechtigt außerordentlich, so verliert der Arbeitnehmer den Anspruch auf Karenzent-

[8] BAG AP § 74 Nr. 39 mit Anm. *Stumpf.*
[9] BAG AP § 74 Nr. 49 mit Anm. *Beitzke* = AR-Blattei, Wettbewerbsverbot, Entsch. 146 mit Anm. *Buchner;* GK-HGB/*Etzel* §§ 74 bis 75 d RdNr. 68; *Krasshöfer-Pidde,* HAS § 9 E, RdNr. 189.
[10] BAG AP Nr. 2; *Bauer* DB 1979, 500; Heymann/*Henssler* RdNr. 3.
[11] BAG AP Nr. 4 = EWiR 1987, 695 mit Kurzkomm. *Schaub; Grunsky* Wettbewerbsverbote S. 107.
[12] *Grunsky* Wettbewerbsverbote S. 107.
[13] *Grunsky* Wettbewerbsverbote S. 107.

[14] BAG AP § 74 Nr. 53 mit Anm. *Hadding/ Hammen;* AP Nr. 4 = EWiR 1987, 695 mit Kurzkomm. *Schaub; Grunsky* Wettbewerbsverbote S. 108.
[15] Heymann/*Henssler* RdNr. 3.
[16] BAG AP Nr. 4 = EWiR 1987, 695 mit Kurzkomm. *Schaub;* Baumbach/*Hopt* RdNr. 1; GK-HGB/*Etzel* §§ 74 bis 75 d RdNr. 71; Staub/ *Konzen/Weber* RdNr. 8.
[17] Heymann/*Henssler* RdNr. 5.
[18] BAG AP § 74 Nr. 61 mit Anm. *van Venrooy* = AiB 1991, 211 mit Anm. *Maier.*

schädigung, ohne daß der Arbeitgeber eine weitere Erklärung zum Wettbewerbsverbot abzugeben braucht (§ 75 Abs. 1 analog).[19]

II. Mit dem Verzicht zusammenhängende Vereinbarungen

1. Überblick. Inhalt und Rechtsfolgen des Verzichts auf die Wettbewerbsabrede sind in **10** dem gesetzlichen Leitbild des § 74 a festgelegt. Für den Arbeitnehmer nachteilige Abweichungen von Inhalt und Zweck dieses Leitbilds sind regelmäßig unwirksam (vgl. § 75 d). Umgekehrt ist jede Abrede, die sich zum Vorteil des Arbeitnehmers auswirkt, zulässig. Daher kann im Rahmen einer Wettbewerbsabrede von vornherein (auch konkludent) vereinbart werden, daß ein Verzicht des Arbeitgebers auf das Wettbewerbsverbot ausgeschlossen ist.[20] Fehlt es an einem vereinbarten **Ausschluß des Verzichtsrechts,** kann das Verzichtsrecht nach Treu und Glauben (venire contra factum proprium) entfallen,[21] wenn der Arbeitgeber den Anschein erweckt, er werde davon keinen Gebrauch machen.

Die **vertraglichen Gestaltungs- und Umgehungsmöglichkeiten** zugunsten des Arbeit- **11** gebers sind vielfältig. Von den rechtlich problematischen, die gesetzliche Verzichtsregelung zum Nachteil des Arbeitnehmers ergänzenden oder erweiternden Vereinbarungen sind insbesondere folgende zu nennen:

2. Auskunftsvereinbarungen. Nicht selten wird bereits in der Wettbewerbsabrede eine **12** **Auskunftspflicht des Arbeitnehmers** vereinbart. Danach schuldet der Arbeitnehmer (spätestens) im Zeitraum zwischen Kündigung und Beendigung des Arbeitsverhältnisses Auskunft über künftige Tätigkeiten. Die Auskunftspflicht dient dem Interesse des Arbeitgebers, noch vor Beendigung des Arbeitsverhältnisses eine konkrete Entscheidungsgrundlage dafür zu schaffen, ob er auf die Wettbewerbsabrede verzichten oder aber diese aufrechterhalten will. Denn droht nach erteilter Auskunft kein Wettbewerb des Arbeitnehmers in einem Konkurrenzunternehmen, kann durch einen Verzicht nach § 75 a ein erheblicher Teil der Karenzentschädigung eingespart werden. Demgegenüber entsteht die gesetzliche Auskunftspflicht gem. § 74 c Abs. 2 erst nach Beendigung des Arbeitsverhältnisses und Inkrafttreten der Wettbewerbsklausel.

a) Auskunft des Arbeitnehmers. § 75 a eröffnet dem Arbeitgeber nur deshalb eine Ver- **13** zichtsmöglichkeit auf die Wettbewerbsklausel, weil sich nachträglich ergeben kann, daß ein berechtigtes wirtschaftliches Interesse für ein Wettbewerbsverbot nicht mehr besteht (vgl. auch RdNr. 1). Die Gewißheit, daß der Arbeitnehmer in Zukunft keine verbotene Tätigkeit ausüben wird, soll hingegen nicht Grundlage der Entscheidung über den Verzicht nach § 75 a sein. Durch die Auskunft des Arbeitnehmers verschafft sich der Arbeitgeber daher einen nicht von § 75 a erfaßten Vorteil. Sein Verzichtsrecht wird hierdurch unangemessen erleichtert. Deshalb sind solche vereinbarten Auskunftspflichten unwirksam.[22] Hat der Arbeitnehmer trotz der Unwirksamkeit der Auskunftsvereinbarung die Auskunft dennoch erteilt, kann der **Verzicht** des Arbeitgebers auf das Wettbewerbsverbot **nach § 242 BGB unwirksam** sein (Verstoß gegen das Verbot des venire contra factum proprium).[23]

b) Auskunft des Arbeitgebers. Da der Arbeitgeber bis zum letzten Tag des Bestands des **14** Arbeitsverhältnisses sein Verzichtsrecht uneingeschränkt ausüben kann, ist auch eine die

---

[19] BAG AP Nr. 4 = EWiR 1987, 695 mit Kurzkomm. *Schaub.*
[20] GK-HGB/*Etzel* §§ 74 bis 75 d RdNr. 69; Heymann/*Henssler* RdNr. 6; *Schaub* § 58 V 2; Staub/*Konzen/Weber* RdNr. 11; vgl. auch BAG AP Nr. 3.
[21] BAG AP Nr. 3; *Krasshöfer-Pidde,* HAS § 9 E, RdNr. 190.
[22] BAG AP § 74 a Nr. 3 und Nr. 3 mit Anm. *Hofmann* = AR-Blattei, Wettbewerbsverbot, Entsch.

66 mit Anm. *Diederichsen/Görg* = SAE 1969, 269 mit Anm. *Rittner; Grunsky* Wettbewerbsverbote S. 109; Heymann/*Henssler* RdNr. 11; *Schaub* § 58 VII 2.
[23] BAG AP § 74 a Nr. 3 mit Anm. *Hofmann* = AR-Blattei, Wettbewerbsverbot, Entsch. 66 mit Anm. *Diederichsen/Görg* = SAE 1969, 269 mit Anm. *Rittner; Grüll* S. 67; *Grunsky* Wettbewerbsverbote S. 109.

Auskunftspflicht des Arbeitgebers betreffende Vereinbarung unwirksam. Insbesondere ist der Arbeitgeber nicht verpflichtet, auf Aufforderung des Arbeitnehmers vor dem letztmöglichen Zeitpunkt des Verzichts nach § 75 a zu erklären, ob er an dem Wettbewerbsverbot festhalten will.[24] Denn hierdurch würde die gesetzliche (Überlegungs-)Frist des § 75 a einseitig zugunsten des Arbeitnehmers verkürzt.[25]

15   **3. Bedingte Wettbewerbsverbote.** Bedingte Wettbewerbsverbote verstoßen gegen den Grundsatz der bezahlten Karenz (§ 74 Abs. 2) und sind bereits aus diesem Grund **unwirksam.**[26] Zugleich sind bedingte Wettbewerbsverbote wegen Umgehung des §.75 a nichtig.[27] Denn bei solchen Wettbewerbsverboten behält sich der Arbeitgeber die Entscheidung über ihr späteres Inkrafttreten vor. Ihre Nichtgeltung nach Beendigung des Arbeitsverhältnisses läge somit allein in der Hand des Arbeitgebers, ohne daß die Voraussetzungen des § 75 a erfüllt sein müssen.[28]

16   Rechtsfolge solcher bedingter Wettbewerbsverbote ist ein **Wahlrecht des Arbeitnehmers** über die Geltung oder Nichtgeltung des Wettbewerbsverbotes, das er zu Beginn der Karenzzeit (Ende des Arbeitsverhältnisses) ausüben muß.[29] Entscheidet er sich für die Einhaltung des Wettbewerbsverbots und kommt er seinen Unterlassungspflichten nach, hat er einen Anspruch auf Karenzentschädigung. Dagegen entfällt bei einer Wettbewerbstätigkeit sein Entschädigungsanspruch. Im Ergebnis wird damit aber nur der Begünstigte des bedingten Wettbewerbsverbotes ausgetauscht. Hatte ursprünglich der Arbeitgeber durch das bedingte Wettbewerbsverbot ein Wahlrecht, ob das Verbot gelten solle, so steht es nunmehr dem Arbeitnehmer zu.[30]

§ 75 b [Ausnahme von der Entschädigungspflicht]

Ist der Gehilfe für eine Tätigkeit außerhalb Europas angenommen, so ist die Verbindlichkeit des Wettbewerbverbots nicht davon abhängig, daß sich der Prinzipal zur Zahlung der in § 74 Abs. 2 vorgesehenen Entschädigung verpflichtet. Das gleiche gilt, wenn die dem Gehilfen zustehenden vertragsmäßigen Leistungen den Betrag *von achttausend Deutsche Mark* für das Jahr übersteigen; auf die Berechnung des Betrags der Leistungen finden die Vorschriften des § 74 b Abs. 2 und 3 entsprechende Anwendung.

Schrifttum: Vgl. Literaturhinweise zu § 74.

---

[24] BAG AP Nr. 3; GK-HGB/*Etzel* §§ 74 bis 75 d RdNr. 72.

[25] *Krasshöfer-Pidde*, HAS § 9 E, RdNr. 189.

[26] Vgl. nur BAG AP § 74 Nr. 26 mit Anm. *Buchner*; Nr. 27 mit Anm. *P. Hofmann* = SAE 1972, 161 mit Anm. *Mayer-Maly*; Nr. 33 mit Anm. *Dorndorf*; Nr. 36 = RdA 1978, 124, 132; RdA 1980, 685 mit Anm. *Stephan* = BB 1978, 612 mit Anm. *Marienhagen* = AR-Blattei, Wettbewerbsverbot, Entsch. 123 mit Anm. *Buchner* = SAE 1978, 180 mit Anm. *Canaris*; Nr. 42 mit Anm. *Beitzke*; Nr. 51 mit Anm. *Küstner/v.Manteuffel*; Nr. 53 mit Anm. *Hadding/Hammen* und zuletzt Nr. 60 = EWiR 1991, 271 mit Kurzkomm. *Steinmeyer* = AiB 1991, 131 mit Anm. *Mayer* = JZ 1991, 880 mit Anm. *Wertheimer*; Baumbach/*Hopt* RdNr. 2; *Buchner* Wettbewerbsverbot S. 54 ff; *Grüll* S. 29 f; *Grunsky* Wettbewerbsverbote S. 74 f.; ders., FS 25 Jahre Bundesarbeitsgericht, 1979, S. 153 ff; *Schaub* § 58 II 9; Staub/*Konzen*/*Weber* RdNr. 35 ff.

[27] Vgl. hierzu BAG AP § 74 Nr. 50 ; VersR 1986, 1223; AP § 74 Nr. 51 mit Anm. *Küstner/v. Manteuffel*; Baumbach/*Hopt* RdNr. 2.

[28] Vgl. BAG AP Nr. 1 = AR-Blattei, Wettbewerbsverbot, Entsch. 2 mit Anm. *Gros* = SAE 1956, 148 mit Anm. *Haussmann*.

[29] Vgl. zuletzt BAG AP § 74 Nr. 51, 53 und 60; zust. Baumbach/*Hopt* RdNr. 2; *Grüll* S. 30 f; Heymann/*Henssler* RdNr. 9; HzA/*Welslau* Gruppe 1 RdNr. 2218; *Schaub* § 58 II 9; aA Staub/*Konzen*/*Weber* RdNr. 39.

[30] AA *Grunsky* Wettbewerbsverbote S. 77 f.; ders., FS 25 Jahre Bundesarbeitsgericht, S. 153 ff. wonach das bedingte Wettbewerbsverbot uneingeschränkt unwirksam und wie eine nach § 74 Abs. 2 unverbindliche Abrede zu behandeln ist. Nach *Buchner* Wettbewerbsverbot S. 85 f. entsteht beim unverbindlichen Verbot ein gesetzlicher Entschädigungsanspruch in entsprechender Anwendung des § 90 a.

I. Wettbewerbsverbot mit außerhalb Europas tätigen Arbeitnehmern

1. Ursprüngliche Rechtslage. § 75 b Satz 1 sah ursprünglich eine Ausnahme vom **1**
Grundsatz der Entschädigungspflicht gemäß § 74 Abs. 2 vor. Danach konnten Wettbewerbsverbote mit außerhalb Europas tätigen Arbeitnehmern ohne Vereinbarung einer Karenzentschädigung wirksam abgeschlossen werden. Die Regelung wurde auch bei Arbeitsverträgen mit ausländischen Arbeitgebern angewandt, sofern vertraglich deutsches Recht vereinbart worden war.[1] Als Zweck dieser Ausnahmeregelung wurde die Förderung der Exportwirtschaft angesehen.[2]

2. Verfassungswidrigkeit der Regelung. § 75 b Satz 1 wurde jedoch vom Bundesarbeitsgericht mit Urteil vom 16. 10. 1980 für verfassungswidrig und nichtig erklärt.[3] Zur **2**
Begründung wurde vorgetragen, daß der ursprüngliche Zweck der Regelung, die Exportwirtschaft zu fördern, es nicht rechtfertigen könne, den aus Art. 12 Abs. 1 Satz 1 GG folgenden Grundsatz der bezahlten Karenz zu durchbrechen.

Das Bundesarbeitsgericht hat zur Anpassung bereits abgeschossener Wettbewerbsvereinbarungen eine **Übergangsfrist bis zum 31. 12. 1981** eingeräumt. Bis zu diesem Zeitpunkt **3**
konnten entschädigungslose Wettbewerbsverbote durch nachträgliche Entschädigungsvereinbarungen wirksam gemacht werden.

II. Wettbewerbsverbot mit Hochbesoldeten

1. Ursprüngliche Rechtslage. § 75 b Satz 2 sah zugleich eine Ausnahme von der Entschädigungspflicht gemäß § 74 Abs. 2 für hochbesoldete Arbeitnehmer vor. Zu den Hoch- **4**
besoldeten zählten alle Arbeitnehmer, deren Einkommen die in § 75 b Satz 2 angeführte jährliche Verdienstgrenze überstieg.

2. Verfassungswidrigkeit der Regelung. Das Bundesarbeitsgericht hat zunächst die im **5**
Gesetz genannte Verdienstgrenze für verfassungswidrig angesehen.[4] Im Jahre 1975 hat das Bundesarbeitsgericht die Regelung des § 75 b Satz 2 insgesamt für verfassungswidrig erklärt und sie auch nicht im Wege verfassungskonformer Auslegung teilweise aufrechterhalten.[5] Die Vorschrift verletze das Verfassungsgebot hinreichender Bestimmtheit. Denn die angeführte Verdienstgrenze müsse auf schwierigem, aus dem Gesetz nicht unmittelbar ableitbarem Wege ermittelt werden.

Seit dieser Entscheidung sind Wettbewerbsabreden unabhängig vom Verdienst des beteiligten Arbeitnehmers nicht mehr entschädigungslos zulässig. Für entschädigungslose **6**
Wettbewerbsabreden mit ursprünglich Hochbesoldeten wurde für ihre Anpassung eine **Übergangsfrist bis zum 31. 12. 1970** eingeräumt.

§ 75 c [Vertragsstrafe]

(1) Hat der Handlungsgehilfe für den Fall, daß er die in der Vereinbarung übernommene Verpflichtung nicht erfüllt, eine Strafe versprochen, so kann der Prinzipal Ansprüche nur nach Maßgabe der Vorschriften des § 340 des Bürgerlichen Gesetzbuchs geltend machen. Die Vorschriften des Bürgerlichen Gesetzbuchs über die Herabsetzung einer unverhältnismäßig hohen Vertragsstrafe bleiben unberührt.

---

[1] Vgl. BAG BB 1967, 416.
[2] Zu den Einzelheiten siehe Schlegelberger/ *Schröder* RdNr. 2, 3.
[3] BAG AP Nr. 15 mit Anm. *Reuter* = AR-Blattei, Wettbewerbsverbot, Entsch. 128 mit Anm. *Buchner* = SAE 1980, 232 mit Anm. *Leipold*; Staub/*Konzen*/*Weber* RdNr. 3.
[4] BAG AP Nr. 10 mit Anm. *Beitzke* = BB 1970, 259, 301, 309 mit Anm. *Gumpert* = AR-Blattei,

Wettbewerbsverbot, Entsch. 72 mit Anm. *Diederichsen* = SAE 1971, 1 mit Anm. *Kraft* = AuR 1970, 157; 1971, 214 mit Anm. *Dorndorf*.
[5] BAG AP Nr. 14 mit Anm. *Beitzke* = AR-Blattei, Wettbewerbsverbot, Entsch. 116 mit Anm. *Buchner* = SAE 1977, 128 mit Anm. *Canaris* = AuR 1976, 91, 156 mit Anm. *Moritz*.

(2) Ist die Verbindlichkeit der Vereinbarung nicht davon abhängig, daß sich der Prinzipal zur Zahlung einer Entschädigung an den Gehilfen verpflichtet, so kann der Prinzipal, wenn sich der Gehilfe einer Vertragsstrafe der in Absatz 1 bezeichneten Art unterworfen hat, nur die verwirkte Strafe verlangen; der Anspruch auf Erfüllung oder auf Ersatz eines weiteren Schadens ist ausgeschlossen.

Schrifttum: Vgl. Literaturhinweise zu § 74; Kommentarliteratur zu §§ 340, 343 BGB.

I. Vertragsstrafe bei entschädigungspflichtigen Wettbewerbsabreden (Abs. 1)

1   **1. Wirksame Vereinbarung der Vertragsstrafe.** Die Vereinbarung einer Vertragsstrafe ist wie bei anderen Leistungsabreden grundsätzlich **zulässig**. Sie ist ein Druckmittel zur Durchsetzung des Wettbewerbsverbots und verstärkt den Erfüllungszwang für den Handlungsgehilfen. Darüber hinaus werden Vertragsstrafen in der Praxis auch deshalb neben der Wettbewerbsabrede vereinbart, weil der aus der Zuwiderhandlung folgende Schaden des Arbeitgebers häufig schwer nachweisbar ist.[1] Der Arbeitnehmer wird insofern geschützt, als die Rechte des Arbeitgebers auf diejenigen des Vertragsstrafengläubigers bei Nichterfüllung (§ 340 BGB) beschränkt sind (vgl. RdNr. 6). Ein vertraglicher Ausschluß dieser Beschränkung ist gemäß § 75 d unwirksam (vgl. aber noch RdNr. 9).

2   Als Bestandteil der Wettbewerbsabrede bedarf die Vertragsstrafe wie die Abrede selbst für ihre Wirksamkeit der **Schriftform**.[2] Dies gilt auch bei nachträglicher Vereinbarung der Vertragsstrafe.[3] Außerdem ist die Wirksamkeit der Vertragsstrafenvereinbarung davon abhängig, daß die Wettbewerbsvereinbarung selbst wirksam und verbindlich ist.[4] Andernfalls könnten über den Weg der Vertragsstrafe auch unwirksame oder unverbindliche Wettbewerbsverbote durchgesetzt werden.

3   **2. Verwirkung der Vertragsstrafe. a) Verwirkungstatbestand.** Im Vertragsstrafenversprechen können die Einzelheiten des Verwirkungstatbestands ausdrücklich festgelegt werden. Zulässig ist zB die Vereinbarung, daß die Vertragsstrafe für jeden Fall der Zuwiderhandlung bzw. bei Dauerverstößen für jeden Monat neu verwirkt sein soll.[5] Fehlt es an einer ausdrücklichen vertraglichen Regelung des Verwirkungstatbestands, ist durch Auslegung zu ermitteln (§§ 133, 157, 242 BGB), bei welchem Verstoß gegen die Wettbewerbsabrede die versprochene Vertragsstrafe verwirkt ist.[6]

4   Im **Unterschied zu rein zivilrechtlichen Abreden** (vgl. § 339 S. 2 BGB) muß nicht bereits jede Zuwiderhandlung gegen das Wettbewerbsverbot zu einer Verwirkung der

---

[1] Vgl. *Grunsky* Wettbewerbsverbote S. 130; Staub/*Konzen/Weber* RdNr. 1.
[2] GK-HGB/*Etzel*, §§ 74 bis 75 d RdNr. 85; *Schaub* § 58 VIII 1; Staub/*Konzen/Weber* RdNr. 2.
[3] Heymann/*Henssler* RdNr. 1.
[4] Vgl. auch den Rechtsgedanken des § 344 BGB.

[5] BAG AP § 75 Nr. 1 mit Anm. *Grüll* = BB 1963, 1483 mit Anm. *Gumpert* = SAE 1964, 88 mit Anm. *G. Hueck.*
[6] Vgl. BAG AP Nr. 1 mit Anm. *H. P. Westermann* = SAE 1972, 154 mit Anm. *Beuthien*; LAG Mannheim BB 1973, 40 mit krit. Anm. *Trinkner.*

Vertragsstrafe führen. Vielmehr ist durch Auslegung der Abrede zu ermitteln, ob der jeweilige Verstoß die Vertragsstrafe begründen soll. Bei der Auslegung sind insbesondere die Höhe der vereinbarten Vertragsstrafe sowie die Bedeutung des Interesses des Arbeitgebers an der Einhaltung des Wettbewerbsverbotes (Indiz: Höhe der Karenzentschädigung[7]) heranzuziehen.[8] Je höher die Strafe ist, umso mehr spricht dafür, daß im Zweifel ein geringfügiger, kurzfristiger oder einmaliger Wettbewerbsverstoß zur Verwirkung der Vertragsstrafe nicht ausreicht. Jedoch kann ein einmaliger Verstoß die Vertragsstrafenschuld auslösen, wenn das Interesse des Arbeitgebers durch Preisgabe von Betriebsgeheimnissen erheblich verletzt wird.[9]

b) Teilverwirkung. Bei einem einmaligen Verstoß kann auch eine Teilverwirkung in 5
Betracht kommen, mit der Folge, daß nur ein Teil der vereinbarten Vertragshilfe zu zahlen ist.[10] In der Abrede kann auch vereinbart werden, daß die Vertragsstrafe für jeden Fall der Zuwiderhandlung zu zahlen ist; die Auslegung kann dann ergeben, daß die Strafe nur für denjenigen Monat zu zahlen ist, in dem eine Zuwiderhandlung erfolgt ist.[11]

3. Rechtsfolgen bei Zuwiderhandlung. Abs. 1 Satz 1 verweist für die Rechtsfolgen eines Verstoßes gegen das Wettbewerbsverbot auf § 340 BGB. Aus **§ 340 Abs. 1 BGB** folgt 6
somit, daß der Arbeitgeber die verwirkte Strafe nur anstelle der Erfüllung verlangen kann; der Erfüllungsanspruch (Einhaltung des Wettbewerbsverbots) ist bei Geltendmachung der Vertragsstrafe also ausgeschlossen. § 341 Abs. 1 BGB, wonach der Anspruch auf die Vertragsstrafe und auf Erfüllung nebeneinander bestehen, ist im Rahmen des § 75 c nicht anwendbar.

a) Wahlrecht des Arbeitgebers (Abs. 1 Satz 2 iVm. § 340 BGB). Der Arbeitgeber 7
muß daher bei einem Verstoß gegen die Wettbewerbsabrede grundsätzlich **zwischen** dem **Recht auf Erfüllung und dem Anspruch auf die verwirkte Vertragsstrafe** wählen.[12]
Die Rechtsfolge ist im einzelnen unterschiedlich, je nachdem, ob die Strafe durch eine Zuwiderhandlung insgesamt oder aber für jeden einzelnen Fall des Verstoßes verwirkt ist. Wählt der Arbeitgeber im ersteren Fall die Vertragsstrafe, muß er den Wettbewerbsverstoß hinnehmen und sein Anspruch auf Unterlassung von Wettbewerb erlischt für die Zukunft (§ 340 Abs. 1 Satz 2 BGB).[13] Wählt er Erfüllung, entsteht bei wiederholter Verletzung sein Wahlrecht zwischen Vertragsstrafe und Erfüllungsanspruch von neuem.[14] Ergibt die Auslegung der Vertragsstrafenvereinbarung, daß die Strafe für jeden Fall der Zuwiderhandlung verwirkt ist, läßt die Entscheidung des Arbeitgebers für die Vertragsstrafe den Unterlassungsanspruch für die Zukunft dagegen unberührt.[15]

b) Schadensersatz wegen Nichterfüllung. Entscheidet sich der Arbeitgeber im Falle 8
eines Wettbewerbsverstoßes für die Geltendmachung der Vertragsstrafe, kann er damit zugleich Schadensersatzansprüche wegen Nichterfüllung verbinden. Die verwirkte Vertragsstrafe kann er als Mindestschaden verlangen (§ 340 Abs. 2 Satz 1 BGB). Die Geltendmachung eines weiteren Schadens ist jedoch nicht ausgeschlossen (§ 340 Abs. 2 Satz 2 BGB).[16] Verlangt der Arbeitgeber die Vertragsstrafe als Mindestschaden, verliert er wie bei unmittelbarer Geltendmachung der Vertragsstrafe grundsätzlich den Erfüllungsanspruch. Anders aber in den Fällen, in denen eine Vertragsstrafe für jeden Fall der Zuwiderhandlung gegen

---

[7] Baumbach/*Hopt* RdNr. 3.

[8] Vgl. Heymann/*Henssler* § 75 d RdNr. 2; *Trinkner* Anm. zu LAG Mannheim BB 1973, 41.

[9] BAG AP Nr. 1 mit Anm. *Westermann* = SAE 1972, 154 mit Anm. *Beuthien.*

[10] BAG AP BGB § 340 Nr. 2 mit Anm. *Diederichsen* = SAE 1972, 93 mit Anm. *Beitzke.*

[11] BAG AP § 75 Nr. 1 mit Anm. *Grüll* = BB 1963, 1483 mit Anm. *Gumpert* = SAE 1964, 88 mit Anm. *G. Hueck.*

[12] Staub/*Konzen*/*Weber* RdNr. 5.

[13] BAG AP § 74 a Nr. 4 mit Anm. *Hofmann* = SAE 1971, 65 mit Anm. *Herschel.*

[14] Baumbach/*Hopt* RdNr. 3.

[15] BAG AP § 75 Nr. 4 mit Anm. *Lindacher* = SAE 1974, 73 mit Anm. *Beitzke;* BAG AP BGB § 340 Nr. 2 mit Anm. *Diederichsen* = SAE 1972, 93 mit Anm. *Beitzke; Buchner* Wettbewerbsverbot S. 120; *Grunsky* S. 130; *Schaub* § 58 VIII 2.

[16] Vgl. BAG § 74 a Nr. 4 mit Anm. *Hofmann* = SAE 1971, 65 mit Anm. *Herschel.*

das Wettbewerbsverbot vereinbart ist: Hier kann neben dem Schadensersatzanspruch für einen Verstoß weiterhin Erfüllung des Karenzverbots für die Zukunft verlangt werden.

9   **4. Beschränkungen zugunsten des Arbeitnehmers.** Die Rechtsfolgen des § 75 c sind zu Lasten des Arbeitnehmers nicht beschränkbar (§ 75 d); hingegen sind Beschränkungen zugunsten des Arbeitnehmers jederzeit möglich. So kann das Wahlrecht des § 340 Abs. 1 BGB für den Erfüllungsanspruch ausgeschlossen und die Rechtsfolge des Wettbewerbsverstoßes auf die Geltendmachung der Vertragsstrafe beschränkt werden. Auch die Geltendmachung eines weiteren Schadens (§ 340 Abs. 2 Satz 2 BGB) kann beschränkt oder ganz ausgeschlossen werden.[17] Wirksam ist auch die Vereinbarung, daß der Arbeitnehmer durch Entrichtung der Vertragsstrafe den Erfüllungsanspruch des Arbeitgebers zum Erlöschen bringt.[18]

10   **5. Höhe und Herabsetzung der Vertragsstrafe. a) Höhe.** Die Höhe der Vertragsstrafe muß sich nicht an der Höhe der Karenzentschädigung orientieren. Insbesondere muß nicht in jedem Fall ein angemessenes Verhältnis zwischen Vertragsstrafe und Karenzentschädigung bestehen.[19] Vielmehr kann die vereinbarte Vertragsstrafe umso höher sein, je bedeutender die Folgen eines Wettbewerbsverstoßes für den Arbeitgeber sind (vgl. § 343 Abs. 1 Satz 2 BGB). Im Einzelfall kann deshalb die Vertragsstrafe unter Umständen die vereinbarte Karenzentschädigung überschreiten.[20]

11   **b) Herabsetzung (Abs. 1 Satz 2 iVm. § 343 BGB).** Der Arbeitnehmer kann gemäß Abs. 1 Satz 2 iVm. § 343 Abs. 1 Satz 1 BGB die Herabsetzung einer unverhältnismäßig hohen Vertragsstrafe beantragen. Die Herabsetzung ist jedoch ausgeschlossen, wenn der Arbeitnehmer die Vertragsstrafe bereits entrichtet hat (§ 343 Abs. 1 Satz 3 BGB). Für die Beurteilung der **Verhältnismäßigkeit**[21] einer vereinbarten **Vertragsstrafe** ist eine Abwägung zwischen Arbeitgeber- und Arbeitnehmerinteressen erforderlich. Dabei ist jedes berechtigte Interesse des Arbeitgebers zu berücksichtigen (§ 343 Abs. 1 Satz 2 BGB). Maßgebliche Kriterien sind auch die für die Auslegung des Vertragsstrafenversprechens heranzuziehenden Gesichtspunkte sowie die Abwägungskriterien, die bei der Verbindlichkeitsprüfung der Karenzentschädigung (§ 74 a Abs. 1; siehe § 74 a RdNrn. 31 ff.) in Betracht kommen.[22] Zu beachten sind insbesondere der Umfang des beim Arbeitgeber entstehenden Schadens, Schwere und Dauer der Zuwiderhandlung, die wirtschaftlichen Verhältnisse sowie das Maß der Fortkommenserschwerung für den Arbeitnehmer. Allerdings kommt es auf ein angemessenes Verhältnis zwischen Karenzentschädigung und Vertragsstrafe nicht an.[23]

12   § 343 Abs. 1 Satz 1 BGB ermöglicht **nur die gerichtliche Herabsetzung** einer vereinbarten Vertragsstrafe; die Höhe der Vertragsstrafe kann nicht von vornherein in das Ermessen des Gerichts gestellt werden.[24] Denn der durch die Vertragsstrafe erhöhte Druck zur Einhaltung des Wettbewerbsverbotes muß für die Arbeitnehmer berechenbar sein.

II. Vertragsstrafe bei entschädigungslosen Wettbewerbsabreden (Abs. 2)

13   Nach Abs. 2 kann der Arbeitgeber nur die Vertragsstrafe, nicht aber wahlweise Erfüllung bzw. ergänzend Ersatz des weiteren Schadens verlangen, wenn die Wettbewerbsabrede unabhängig von einer Entschädigungsleistung des Arbeitgebers erfolgt.[25] Die Regelung ist

---

[17] Baumbach/*Hopt* RdNr. 5; Heymann/*Henssler* RdNr. 6.

[18] RGZ 70, 442; Heymann/*Henssler* RdNr. 6; wohl auch Baumbach/*Hopt* RdNr. 5.

[19] BAG AP Nr. 1 mit Anm. *Westermann* = SAE 1972, 154 mit Anm. *Beuthien.*

[20] BAG AP Nr. 1 mit Anm. *Westermann* = SAE 1972, 154 mit Anm. *Beuthien.*

[21] Zum Begriff der Verhältnismäßigkeit vgl. *v. Hoyningen-Huene* Billigkeit S. 99 ff.

[22] Vgl. BAG AP § 74 a Nr. 1 mit Anm. *Grüll* = SAE 1964, 208 mit Anm. *Schnorr v. Carolsfeld;* Heymann/*Henssler* RdNr. 7; Staub/*Konzen/Weber* RdNr. 14.

[23] BAG AP Nr. 1 mit Anm. *Westermann* = SAE 1972, 154 mit Anm. *Beuthien.*

[24] BAG AP BGB § 339 Nr. 7 mit Anm. *Lindacher;* BGH BB 1978, 12 mit abl. Anm. *Lindacher* BB 1978, 270.

[25] Vgl. hierzu BAG AP § 74 a Nr. 4.

jedoch praktisch überflüssig geworden. Denn die in § 75 b vorgesehenen Ausnahmen von der Entschädigungspflicht sind verfassungswidrig (vgl. § 75 b RdNr. 2).

§ 75 d [Abweichende Vereinbarungen]

Auf eine Vereinbarung, durch die von den Vorschriften der §§ 74 bis 75 c zum Nachteil des Handlungsgehilfen abgewichen wird, kann sich der Prinzipal nicht berufen. Das gilt auch von Vereinbarungen, die bezwecken, die gesetzlichen Vorschriften über das Mindestmaß der Entschädigung durch Verrechnungen oder auf sonstige Weise zu umgehen.

Schrifttum: Vgl. die Literaturhinweise zu § 74; *Canaris,* Tarifdispositive Normen und richterliche Rechtsfortbildung, FS für Dietz 1973, S. 199 ff.; *Herschel,* Tarifdispositives Recht, BB 1978, 1017; *Käppler,* Voraussetzungen und Grenzen tarifdispositiven Richterrechts, RdA 1972, 129; *Lieb,* Kritische Gedanken zum tarifdispositiven Richterrecht, 1974; *Vossen,* Tarifdispositives Richterrecht 1974.

Übersicht

I. Schutz des Arbeitnehmers vor nachteiligen Abreden (Satz 1)

1. Zweck. Die §§ 74 bis 75 c enthalten Regelungen zum Schutz des Arbeitnehmers, die **1** an das ungleichgewichtige Kräfteverhältnis zwischen Arbeitgeber und Arbeitnehmer anknüpfen. Sie schreiben zum Ausgleich dieses Kräfteungleichgewichts der Arbeitsvertragsparteien Einschränkungen für den zulässigen Inhalt von Wettbewerbsvereinbarungen vor. Der bezweckte **Schutz des Arbeitnehmers** ginge jedoch ins Leere, wenn diese Schutzvorschriften kein zwingendes Recht wären. Entsprechend ist eine Abweichung von den §§ 74 bis 75 c zu Lasten des Arbeitnehmers gemäß Satz 1 ausgeschlossen.

Das ausgleichsbedürftige Kräfteungleichgewicht der Arbeitsvertragsparteien besteht je- **2** doch nur während eines bestehenden Arbeitsverhältnisses. Vor Beginn und nach Beendigung des Arbeitsverhältnisses steht der Arbeitnehmer in keinem Abhängigkeitsverhältnis, und seine rechtliche Abschlußfreiheit für Wettbewerbsabreden ist auch nicht tatsächlich eingeschränkt. Daher sind die Schutzvorschriften der §§ 74 ff. zwingendes Recht **nur für** solche **Wettbewerbsvereinbarungen, die während des Bestehens des Arbeitsverhältnisses getroffen** werden.[1]

2. Nachteilige Abreden. Das Abweichungsverbot des Satz 1 erfaßt nur die für den Ar- **3** beitnehmer nachteiligen Abreden. Wann eine solche nachteilige Abrede vorliegt, beurteilt sich jeweils nach Inhalt und Zweck der einzelnen in den §§ 74 bis 75 c enthaltenen Schutzbestimmungen. Dabei ist jede Abweichung von der einzelnen Schutzbestimmung für sich zu beurteilen. Insbesondere kann eine vom Schutzzweck nachteilig abweichende Vereinbarung nicht dadurch ausgeglichen werden, daß die Wettbewerbsabrede in anderer Hinsicht für den Arbeitnehmer besonders vorteilhaft (zB durch eine die Mindestentschädigung nach § 74 Abs. 2 weit übersteigende Entschädigung) ist.[2] Für den Arbeitnehmer **günstige Abreden** oder günstigkeitsneutrale Regelungen werden vom Abweichungs-

---

[1] Heymann/*Henssler* RdNr. 1; Staub/*Konzen*/ *Weber* RdNr. 4.   [2] Heymann/*Henssler* RdNr. 2.

verbot des Satz 1 nicht erfaßt.[3] Deshalb können die Vertragsparteien von den § 74 bis 75 c zugunsten des Arbeitnehmers abweichen.

4   **3. Rechtsfolgen beim Verstoß gegen Satz 1.** Eine von den §§ 74 bis 75 c zum Nachteil des Arbeitnehmers abweichende **Vereinbarung ist unverbindlich** (vgl. auch § 74 a Abs. 2). Jedoch kann sich nur der Arbeitnehmer, nicht aber der Arbeitgeber auf die Unverbindlichkeit berufen.[4] Der Arbeitnehmer hat ein Wahlrecht, ob er die Vereinbarung gelten lassen oder die Unverbindlichkeit durchgreifen lassen will (vgl. § 74 RdNr. 51).

5   Betrifft die Unverbindlichkeit die **Wettbewerbsabrede** als solche, so bleibt sie **insgesamt wirkungslos**. Ist hingegen nur eine einzelne Nebenabrede wirkungslos, so tritt an ihre Stelle die gesetzliche (Schutz-)Regelung.[5] Denn das Abweichungsverbot nach Satz 1 kann nicht dazu führen, daß eine völlige Regelungslücke entsteht.

6   Nicht erfaßt von der Unverbindlichkeitsfolge des Satz 1 werden nachteilig abweichende Vereinbarungen, die zugleich den Tatbestand einer Nichtigkeitsregelung (zB § 74 a Abs. 2) erfüllen. Solche Abreden sind **nichtig** und die Entscheidung über ihre Verbindlichkeit stellt sich für den Arbeitnehmer nicht.

II. Umgehungsverbot (Satz 2)

7   Abreden, die für sich zwar nicht gegen das Abweichungsverbot zum Nachteil des Arbeitnehmers verstoßen, die jedoch dazu dienen, die Vorschriften über die gesetzliche Mindestentschädigung (§§ 74 Abs. 2, 74 b, 74 c, 75 Abs. 2) zu umgehen, sind gemäß Satz 2 gleichermaßen **unverbindlich**.

III. Abweichungen durch Tarifvertrag

8   Ein nachvertragliches Wettbewerbsverbot kann auch aufgrund Tarifvertrags[6] vereinbart werden.[7] Außerdem können die Tarifvertragsparteien ein einzelvertraglich vereinbartes Wettbewerbsverbot inhaltlich konkreter ausgestalten. Hiervon wurde ursprünglich zum Schutz der Arbeitnehmer Gebrauch gemacht, denen die Einhaltung gewisser Mindestbedingungen (insbesondere die Zahlung einer Karenzentschädigung) garantiert werden sollte. Die Notwendigkeit solcher **tarifvertraglicher Wettbewerbsverbote** hat sich heute jedoch weitgehend durch die entsprechende Anwendung der §§ 74 ff. auf alle Arbeitnehmer erübrigt.[8]

9   Weiterhin stellt sich jedoch die Frage, ob in tarifvertraglichen Wettbewerbsverboten von den Vorschriften der §§ 74 ff. **zu Lasten der Arbeitnehmer abgewichen** werden kann oder ob auch insoweit § 75 d entgegen steht.[9] Das BAG hat in seiner älteren Rechtsprechung eher befürwortend erwogen, die §§ 74 ff. als tarifdispositives Gesetzesrecht[10] einzustufen. Allerdings hat es die Einhaltung gewisser Mindesterfordernisse (Prinzip der Entschädigungspflicht sowie zeitliche, räumliche und sachliche Begrenzung des Wettbewerbsverbotes) für zwingend erachtet.[11] Diese Einstufung der §§ 74 ff. als weitgehend tarifdispositives Recht widerspricht aber der späteren Rechtsprechung des BAG in Zusammen-

---

[3] Staub/*Konzen*/*Weber* RdNr. 3.

[4] BAG AP § 75 Nr. 8 mit Anm. *Stumpf* = SAE 1983, 84 mit Anm. *Koller*.

[5] Vgl. Heymann/*Henssler* RdNr. 4.

[6] Beispiel: § 6 des Manteltarifvertrags für akademisch gebildete Angestellte in der chemischen Industrie, Stand Juli 1990.

[7] *Buchner* S. 42 ff; *Grüll* S. 21; *Grunsky* Wettbewerbsverbote S. 132; *Schaub* § 58 I 6; *Wagner* S. 106; vgl. die bei *Chung* vorgenommene Zusammenstellung der geltenden Tarifverträge mit Wettbewerbsregelungen, S. 8 ff. und 208 ff.; gegen eine Allgemeinverbindlicherklärung *Herschel* BB 1978, 1017.

[8] *Grunsky* Wettbewerbsverbote S. 132; *Wagner* S. 94 ff.

[9] Hierzu ausführlich: *Wagner* S. 107 ff. m. weit. Nachw. und der Darstellung des Streitstandes.

[10] Zum tarifdispositiven Recht vgl. *Herschel* DB 1971, 2114; *Wiedemann*/*Stumpf* TVG, Einl. RdNr. 106 ff.

[11] BAG AP § 74 Nr. 28 mit zust. Anm. *Canaris* = AR-Blattei, Tarifvertrag VI, Entsch. 17 mit abl. Anm. *Buchner*; und Nr. 30 zu § 74 mit Anm. *Thiele*/*Weschenfelder*; *Grunsky* Wettbewerbsverbote S. 133; *Schaub* § 58 I 6; vgl. auch Staub/*Konzen*/*Weber* RdNr. 5.

hang mit anderen, der Regelung des § 75 d vergleichbaren Vorschriften.[12] Auszugehen ist bei der Problematik von dem Grundsatz, daß nach § 1 TVG die Tarifvertragsparteien zwar Rechtsnormen setzen, hierbei aber nicht von zwingenden gesetzlichen Regelungen zum Nachteil des Arbeitnehmers abweichen können. Eine Ausnahme gilt nur dann, wenn eine solche tarifvertragliche Abweichung ausdrücklich durch das Gesetz gestattet wird. Solche Tariföffnungsklauseln sind zB enthalten in § 13 Abs. 1 BUrlG, § 622 Abs. 4 BGB, § 4 Abs. 4 EntgeltFZG und § 7 AZG. Fehlt es bei dem jeweiligen gesetzlichen Abdingungsverbot jedoch an einer Öffnungsklausel zugunsten des Tarifvertrags, so bleibt es beim **Vorrang des Gesetzes**.[13]

Dem Gesetzgeber ist diese Rechtslage bekannt. Da eine Tariföffnungsklausel auch nicht   **10** nachträglich dem § 75 d zugefügt worden ist, ist vom zwingenden Charakter der §§ 74 ff. auszugehen.[14] Tarifverträge können daher **Abweichungen** von diesen Schutzvorschriften **nur** insoweit vorsehen, **soweit die tarifliche Regelung den jeweiligen Schutzzweck nicht umgeht.** Dies dürfte insbesondere für solche tarifliche Wettbewerbsvereinbarungen gelten, die lediglich der Konkretisierung der §§ 74 ff., insbesondere der in ihnen enthaltenen unbestimmten Rechtsbegriffe (zB berechtigtes geschäftliches Interesse des Arbeitgebers, § 74 a Abs. 1 Satz 1) dienen.[15]

Ebensowenig können **Betriebsvereinbarungen** von den zwingenden Regelungen der   **11** §§ 74 ff. zum Nachteil der Arbeitnehmer abweichen.[16] Dies folgt bereits auf Grund der fehlenden Regelungsmacht der Parteien, von den §§ 74 ff. abzuweichen.[17] Bei allgemeinen Arbeitsbedingungen in Formularverträgen oder einzelvertraglichen Absprachen ergibt sich das Abweichungsverbot bereits aus § 75 d und dessen analoger Anwendung.[18]

§ 75 e *(aufgehoben)*

§ 75 f [Sperrabrede unter Arbeitgebern]

Im Falle einer Vereinbarung, durch die sich ein Prinzipal einem anderen Prinzipal gegenüber verpflichtet, einen Handlungsgehilfen, der bei diesem im Dienst ist oder gewesen ist, nicht oder nur unter bestimmten Voraussetzungen anzustellen, steht beiden Teilen der Rücktritt frei. Aus der Vereinbarung findet weder Klage noch Einrede statt.

Schrifttum: Vgl. die Literaturhinweise zu § 74; *Salje,* Individualarbeitsrecht und Kartellverbot, ZfA 1991, 653; *Weiland,* Zur Durchsetzbarkeit vertraglicher Abwerbungsverbote, BB 1976, 1179.

[12] BAG AP § 63 Nr. 38 mit zust. Anm. *Meisel* = AR-Blattei, Krankheit des Arbeitnehmers, Entsch. 172 mit Anm. *Buchner;* AP GewO § 133 c Nr. 25 mit zust. Anm. *A. Hueck* = BB 1963, 486 mit Anm. *Ohlgardt* BB 1964, 259 = BABl. 1964, 619 mit Anm. *Wlotzke* = SAE 1964, 123 mit Anm. *Gotzen;* AP BGB § 616 Nr. 62 mit zust. Anm. *Trieschmann* = AR-Blattei, Krankheit des Arbeitnehmers, Entsch. 165 mit Anm. *Echterhölter.*
[13] BAG AP BGB § 616 Nr. 62; AP § 63 Nr. 38; *Wagner* S. 114.
[14] Im Ergebnis ebenso Heymann/*Henssler* RdNr. 7; *Wagner* S. 114; – aA aber *Buchner* Wettbewerbsverbot S. 33 ff. insbes. S. 37, der zwischen gewerblichen Angestellten (§§ 74 ff. gelten unmit-

telbar und zwingend) und sonstigen Arbeitnehmern (§§ 74 ff. gelten kraft richterlicher Rechtsfortbildung nur entsprechend und können deshalb tarifdispositiv sein) unterscheiden will.
[15] Heymann/*Henssler* RdNr. 7; Zur Abgrenzung zwischen tarifvertraglicher Ausfüllung unbestimmter Rechtsbegriffe und tarifdispositivem Recht vgl. *Wiedemann/Stumpf* TVG RdNr. 112.
[16] *Wagner* S. 114.
[17] Vgl. *Grunsky* Wettbewerbsverbote S. 134; aA *Buchner* Wettbewerbsverbot S. 41, 42 auf Grund der Mittelstellung zwischen Tarifvertrag und Arbeitsvertrag.
[18] *Wagner* S. 115.

Übersicht

I. Geheime Wettbewerbsklauseln (Sperrabreden)

1   **1. Begriff.** Die §§ 74 bis 75 d betreffen unmittelbar Wettbewerbsabreden zwischen Arbeitgeber und Arbeitnehmer. Möglich sind jedoch auch **Absprachen zwischen Arbeitgebern, welche die Anstellung von Arbeitnehmern** eines Arbeitgebers **für andere Arbeitgeber sperren.** Die Vereinbarungen gehen dahin, einen Arbeitnehmer des anderen Arbeitgebers gar nicht bzw. nur unter bestimmten Voraussetzungen (zB Zustimmung des alten Arbeitgebers) einzustellen.[1] Der Arbeitnehmer wird selbst nicht in die Vereinbarung miteinbezogen, sie bleibt ihm auch zumeist unbekannt. Solche Abreden werden von § 75 f erfaßt und als geheime Wettbewerbsklauseln oder Sperrabreden bezeichnet. In der Praxis sind solche Absprachen insbesondere zwischen Kaufhausunternehmen bekannt geworden; so wird zB vereinbart, daß Verkäuferinnen nicht ohne Beteiligung des bisherigen Unternehmens oder nur zum gleichen Gehalt neu eingestellt werden.

2   **2. Schutzzweck.** § 75 f ergänzt die §§ 74 bis 75 d. Durch diese Schutzvorschriften soll im wesentlichen verhindert werden, daß der Arbeitnehmer durch Wettbewerbsklauseln in seinem beruflichen Fortkommen unangemessen behindert wird. Entsprechend muß die Wirksamkeit und Durchsetzbarkeit von Sperrabreden zwischen Arbeitgebern eingeschränkt sein, damit durch solche Vereinbarungen der Schutzzweck der §§ 74 bis 75 d nicht indirekt ausgehöhlt wird. § 75 f dient damit im weitesten Sinne der freien Wahl des Arbeitsplatzes durch den Arbeitnehmer (Art. 12 Abs. 1 GG).[2]

3   **3. Anwendungsbereich. a) Persönlicher Anwendungsbereich.** Wie die §§ 74 bis 75 d entsprechend auf alle Arbeitnehmer anzuwenden sind (vgl. § 74 RdNr. 8), findet § 75 f (insbes. in Hinblick auf seine Zielsetzung) analoge Anwendung auch auf Sperrklauseln zwischen nichtkaufmännischen Arbeitgebern.[3] § 75 f gilt darüber hinaus nicht nur für Vereinbarungen zwischen Arbeitgebern, sondern auch zwischen Verbänden.[4] Erfaßt werden zugleich verdeckte Wettbewerbsvereinbarungen zwischen Verleihern und Entleihern, mittels denen Leiharbeitsunternehmen den Wechsel der Personals zum Entleiher verhindern wollen.[5] Auch Sperrklauseln, von denen hochbesoldete Arbeitnehmer iSd. § 75 b Satz 2 (zur Verfassungswidrigkeit dieser Regelung vgl. § 75 b RdNr. 5) betroffen sind, fallen in den persönlichen Anwendungsbereich des § 75 f.[6]

4   **b) Sachlicher Anwendungsbereich.** § 75 f betrifft grundsätzlich nur Absprachen, wonach ein möglicher künftiger Arbeitgeber den Arbeitnehmer des Vertragspartners nicht oder nur unter bestimmten Voraussetzungen einstellen kann. Die Regelung ist aber **entsprechend** auf Sperrabreden **anzuwenden,** durch die sich ein Dritter dem Arbeitgeber gegenüber verpflichtet, dessen Angestellte nach ihrem Ausscheiden nicht als selbständige Unternehmer zu beschäftigen.[7]

---

[1] Vgl. BGH AP Nr. 1.
[2] GK-HGB/*Etzel* RdNr. 1.
[3] BGH NJW 1974, 1282; BGH AP Nr. 2; Baumbach/*Hopt* RdNr. 1; GK-HGB/*Etzel* RdNr. 1; Heymann/*Henssler* RdNr. 3.

[4] BGH AP Nr. 1; Staub/*Konzen/Weber* RdNr. 2.
[5] BGH AP Nr. 1; Baumbach/*Hopt* RdNr. 1; GK-HGB/*Etzel* RdNr. 1.
[6] BGH AP Nr. 2.
[7] BGH AP Nr. 2.

Umstritten ist, ob § 75 f auch auf Vereinbarungen anzuwenden ist, in denen sich die Ar- 5
beitgeber lediglich zur Unterlassung von Abwerbung[8] verpflichten. Eine Anwendung des
§ 75 f auch auf Abwerbungsverbote widerspräche jedoch dem Regelungszweck. Denn es
soll hierdurch verhindert werden, daß der durch die §§ 74 bis 75 d gewährte besondere
Schutz des Arbeitnehmers bei Wettbewerbsverboten (Vermeidung einer unzumutbaren
Erschwerung des beruflichen Fortkommens des Arbeitnehmers) durch Sperrabreden zwischen Arbeitgebern indirekt ausgehöhlt wird. Durch **Abwerbungsverbote**, die lediglich
ein Initiativwerden des Arbeitgebers betreffen, ist hingegen der Arbeitnehmer in seiner
Entscheidungsfreiheit und Initiative zum Arbeitsplatzwechsel **nicht** beschränkt.[9]

II. Rechtsfolgen von Sperrabreden

1. Grundsätzliche Unverbindlichkeit. Die Zulässigkeit von geheimen Wettbewerbs- 6
klauseln zwischen Arbeitgebern ist gesetzlich durch § 75 f nicht ausgeschlossen. Solche
Sperrabreden sind aber grundsätzlich insofern unverbindlich, als beide Parteien von der
Vereinbarung jederzeit und ohne Angabe von Gründen[10] zurücktreten können. Das **Rücktrittsrecht** kann nicht vertraglich ausgeschlossen werden.[11] Es besteht weder ein Erfüllungszwang, noch kann der Rücktritt Schadensersatzansprüche auslösen (siehe aber noch
RdNr. 9 f.) Die Erfüllung der Vereinbarung kann auch nicht mittelbar durch ein Vertrags-
strafeversprechen erzwungen werden.[12]

Auch wenn die Erfüllung der Sperrabrede gegenüber der anderen Partei nicht durchsetz- 7
bar ist, kann die Sperrabrede jedoch von beiden Seiten jederzeit **freiwillig erfüllt** werden.[13]
Für den mittelbar betroffenen Arbeitnehmer besteht weder ein Unterlassungsanspruch,
noch kann er die Ausübung der Rücktrittsrechts verlangen.[14] Entsprechend dem fehlenden
Erfüllungszwang kann eine Sperrabrede weder durch Klage durchgesetzt noch als Einrede
geltend gemacht werden (Satz 2).

2. Nichtigkeit. § 75 f findet auf **nichtige** und damit unwirksame **Sperrabreden keine** 8
Anwendung. Nichtigkeit gemäß § 138 BGB kann insbesondere dann vorliegen, wenn die
Sperrabrede nicht auf einem berechtigten Interesse des Arbeitgebers iSd. § 74 a Abs. 1
beruht, sondern anderen Zwecken dient (zB Einschränkung der Personalfluktuation, Wahrung des Lohn- oder Gehaltsniveaus).[15] Denn durch solche Sperrabreden würde eine unerläßliche Voraussetzung für die Verbindlichkeit der Wettbewerbsvereinbarung umgangen.[16]
Eine Sperrabrede ist auch dann gemäß § 138 BGB nichtig, wenn sie zwischen mehreren
Arbeitgebern so umfassend geschlossen ist, daß für den Arbeitnehmer praktisch das Recht
auf freie Wahl des Arbeitsplatzes beseitigt ist (Art. 12 Abs. 1 Satz 1 GG).[17] Dies ist insbesondere dann der Fall, wenn an der Sperrabrede die weitaus überwiegende Zahl der Arbeitgeber beteiligt ist, die bei einem Arbeitsplatzwechsel des Arbeitnehmers für seinen
Beruf in Betracht kommen.[18]

3. Schadensersatzansprüche. a) Beteiligte Arbeitgeber. Da bei Sperrabreden kein Er- 9
füllungszwang besteht und sie jederzeit widerrufbar sind, folgen aus ihrer Nichteinhaltung
durch einen Arbeitgeber auch keine vertraglichen Schadensersatzansprüche (vgl.
RdNr. 6).[19] Ein Schadensersatz- bzw. Unterlassungsanspruch kann sich uU aber aus Delikt
(§ 826 BGB) ergeben.[20] Dazu zählen die Fälle, in denen ein an der Sperrabrede beteiligter

---

[8] Allgemein zum vertraglichen Abwerbungsver-
bot *Weiland* BB 1976, 1179.

[9] Ebenso Heymann/*Henssler* RdNr. 4; offenlassen
BGH AP Nr. 1.

[10] GK-HGB/*Etzel* RdNr. 4; Baumbach/*Hopt*
RdNr. 2.

[11] Heymann/*Henssler* RdNr. 6.

[12] BGH NJW 1978, 1282; Baumbach/*Hopt*
RdNr. 2; Heymann/*Henssler* RdNr. 6; *Schaub* § 58
X 3.

[13] Staub/*Konzen/Weber* RdNr. 5.

[14] Heymann/*Henssler* RdNr. 7.

[15] Heymann/*Henssler* RdNr. 5; *Schaub* § 58 X 2.

[16] *Schaub* (§ 58 X 2) stuft weitergehend solche
Abreden gar als besonderes und damit unzulässiges
Arbeitskampfmittel ein (zweifelhaft).

[17] Baumbach/*Hopt* RdNr. 2; Heymann/*Henssler*
RdNr. 5.

[18] GK-HGB/*Etzel* RdNr. 3.

[19] Offenlassend BGH AP Nr. 1.

[20] Staub/*Konzen/Weber* RdNr. 7.

Arbeitgeber einen Arbeitnehmer des Vertragspartners im Wege rechtswidriger Abwerbung zum Vertragsbruch verleitet:[21] zB durch unwahre Behauptung des bevorstehenden geschäftlichen Zusammenbruchs des aktuellen Arbeitgebers, durch Überreden zum überraschenden Ausscheiden aus dem Arbeitsverhältnis ohne Einhaltung von Kündigungsfristen, oder durch Verleiten zur Preisgabe von Geschäftsgeheimnissen gegen hohes Entgelt.[22]

10   **b) Betroffener Arbeitnehmer.** Die grundsätzliche Widerruflichkeit und Undurchsetzbarkeit von Sperrabreden muß von beiden Vertragspartnern anerkannt werden. Entsprechend kann ein rechtswidriger Druck eines Arbeitgebers, der auf Einhaltung einer (uU sogar nichtigen) Sperrabrede gerichtet ist und den Wechsel seines Arbeitnehmers zum Vertragspartner verhindern will, sittenwidrig sein. Dem hiervon betroffenen Arbeitnehmer, der an sich keine Rechte auf Nichteinhaltung der Sperrabrede hat (vgl. RdNr. 7), kann in diesem Fall ein **Schadensersatzanspruch** gem. § 826 BGB zustehen.[23] Schadensersatzansprüche des Arbeitnehmers aus § 826 BGB können darüber hinaus auch dann bestehen, wenn die Sperrabrede selbst sittenwidrig und damit gemäß § 138 BGB nichtig (vgl. RdNr. 8) ist.[24] Daneben kommen auch Ansprüche aus positiver Vertragsverletzung des Arbeitsvertrags (Verstoß des Arbeitgebers gegen die Fürsorgepflicht) in Betracht.[25]

§ 75 g [Vermittlungsgehilfe]

§ 55 Abs. 4 gilt auch für einen Handlungsgehilfen, der damit betraut ist, außerhalb des Betriebes des Prinzipals für diesen Geschäfte zu vermitteln. Eine Beschränkung dieser Rechte braucht ein Dritter gegen sich nur gelten zu lassen, wenn er sie kannte oder kennen mußte.

Übersicht

I. Bedeutung

1   § 75 g wurde durch Gesetz vom 6. 8. 1953 neu in das Handlungsgehilfenrecht aufgenommen. Die Vorschrift dient ebenso wie der entsprechend gefaßte § 91 Abs. 2 dem Verkehrsschutz.[1] Die Regelung begründet für den im Außendienst tätigen Vermittlungsgehilfen im Verhältnis zum Dritten eine beschränkte **passive Vertretungsmacht** zur Entgegennahme von Mängelanzeigen und eine noch engere **aktive Vertretungsmacht** zur Geltendmachung der dem Arbeitgeber (Unternehmer) zustehenden Beweissicherungsrechte.[2] Im Interesse der Rechtssicherheit soll sich der Geschäftsgegner insoweit auf die Kompetenz des vermittelnden Handlungsgehilfen verlassen dürfen.

2   Der **gutgläubige Dritte** ist deshalb gegen eine Beschränkung dieser Ermächtigung durch Rechtsgeschäft zwischen Unternehmer und Handlungsgehilfe oder durch einseitige Maßnahmen des Unternehmers geschützt (Satz 2). Er braucht die Beschränkung grundsätzlich

---

[21] Zutr. GK-HGB/*Etzel* RdNr. 6; Heymann/*Henssler* RdNr. 8;

[22] GK-HGB/*Etzel* RdNr. 6.

[23] Baumbach/*Hopt* RdNr. 2; Heymann/*Henssler* RdNr. 9.

[24] GK-HGB/*Etzel* RdNr. 7.

[25] Vgl. auch Heymann/*Henssler* RdNr. 9.

[1] *Küstner/v.Manteuffel* III RdNr. 106.

[2] Heymann/*Henssler* RdNr. 1; Staub/*Konzen/ Weber* Vor §§ 75 g, h RdNr. 1.

nicht gegen sich gelten zu lassen, da ihm die Ausgestaltung des sog. Innenverhältnisses zwischen Arbeitgeber und Vermittlungsgehilfen regelmäßig nicht erkennbar und eine Nachforschung nicht zumutbar ist.

II. Der Vermittlungsgehilfe

Von der Regelung des § 75 g werden nur **Vermittlungsgehilfen** umfaßt.[3] Darunter fallen alle Handlungsgehilfen (§ 59), die für den Unternehmer außerhalb des Betriebs Geschäfte vermitteln. **3**

1. Handlungsgehilfe. § 75 g bezieht sich nur auf Handlungsgehilfen iSd. § 59 (vgl. dazu die Erläuterungen zu § 59 RdNr. 49 ff.), nicht dagegen auf nichtkaufmännische Arbeitnehmer (dazu § 59 RdNr. 69 ff.). Hinsichtlich letzterer verbleibt es bei den allgemeinen Vorschriften. Eine analoge Anwendung auf nichtkaufmännische Arbeitnehmer ist abzulehnen,[4] da § 75 g als Sondervorschrift des Handelsrechts nicht auf andere Rechtsverhältnisse ausgedehnt werden kann. Die Vertretungsmacht solcher Arbeitnehmer kann sich aber aus den Grundsätzen über die Anscheins- und Duldungsvollmacht ergeben. Ebensowenig werden Gehilfen von Nichtkaufleuten von § 75 g erfaßt. Hat der Unternehmer nicht die Rechtsstellung eines Kaufmanns, so finden auf die Rechte und Pflichten des Geschäftsvermittlers die Vorschriften des allgemeinen Dienstvertragsrechts des BGB einschließlich ergänzender arbeitsrechtlicher Vorschriften Anwendung. Denn im Gegensatz zum Handelsvertreterverhältnis fehlt es an einer dem § 91 Abs. 1 entsprechenden Sonderregelung für den Handlungsgehilfen. **4**

2. Vermittlung von Geschäften. Aufgabe des Handlungsgehilfen muß die Vermittlung von Geschäften für den Unternehmer sein. Eine Vermittlungtätigkeit liegt vor, wenn der Handelsvertreter den Abschluß von Geschäften durch Einwirkung auf den Dritten fördert, dh. den Geschäftsabschluß vorbereitet, ermöglicht oder herbeiführt.[5] Dabei ist die **Förderung eines konkreten Geschäftsabschlusses** durch den Handlungsgehilfen notwendig (zum Begriff der Vermittlung vgl. § 84 RdNr. 55 ff.). § 75 g gilt nicht für Handlungsgehilfen, die Geschäfte nicht nur vermitteln, sondern selbst abschließen sollen und die deshalb mit entsprechender Abschlußvollmacht ausgestattet sind. Für diese Personengruppe greift § 55 Abs. 4 unmittelbar ein. **5**

3. Vermittlung außerhalb des Betriebs. Die Vorschrift gilt nur für Handlungsgehilfen, die außerhalb des Betriebs tätig werden.[6] Außerhalb des Betriebs vermittelt der Handlungsgehilfe, wenn sich sein örtlicher Tätigkeitsbereich über die Geschäftsräume des Betriebs hinaus erstreckt,[7] wobei aber die Geschäftsräume einer Zweigniederlassung zum Betrieb gehören. Soweit die Vermittlung außerhalb der Geschäftsräume erfolgt, ist der Ort des Geschäftsabschlusses unerheblich. Deshalb ist eine Tätigkeit in einer anderen Stadt nicht erforderlich. Die frühere Unterscheidung zwischen Stadtreisenden und Fernreisenden (§ 55 aF) ist nach der Neufassung des § 55 und der Einfügung des § 75 g überholt. **6**

Die Vermittlung außerhalb des Betriebs muß **Inhalt des Auftrags** sein. Es reicht nicht aus, daß sich die Vermittlungstätigkeit nur tatsächlich außerhalb des Betriebs abspielt, es sei denn, daß der Unternehmer dies weiß und stillschweigend duldet und damit eine solche Tätigkeit des Handlungsgehilfen genehmigt. Andererseits ist aber § 75 g auch dann anwendbar, wenn der zur Vermittlung außerhalb des Betriebs bestellte Handlungsgehilfe ein einzelnes Geschäft tatsächlich in den Räumen des Unternehmens vermittelt.[8]

---

[3] Staub/*Konzen/Weber* Vor §§ 75 g, h RdNr. 2.
[4] Ebenso Heymann/*Henssler* RdNr. 4.
[5] BGH NJW 1983, 42.
[6] Staub/*Konzen/Weber* RdNr. 2; - zum Betriebsbegriff vgl. *Joost*, Betrieb und Unternehmen als Grundbegriffe im Arbeitsrecht, 1988, wonach der

Betriebsbegriff nicht einheitlich sein soll, sondern von der jeweiligen Norm abhängt; dagegen v. Hoyningen-Huene, FS Stahlhacke, 1995, S. 173, 179 ff.
[7] Heymann/*Henssler* RdNr. 6.
[8] Heymann/*Sonnenschein/Weitemeyer* § 55 RdNr. 7.

III. Vertretungsmacht des Vermittlungsgehilfen

7   **1. Umfang der Vertretungsmacht.** § 75 g verweist hinsichtlich des Umfangs der Vertretungsmacht auf § 55 Abs. 4. Demnach gilt der Vermittlungsgehilfe als ermächtigt, die Anzeige von Mängeln einer Ware, die Erklärung, daß eine Ware zur Verfügung gestellt werde, sowie ähnliche Erklärungen, durch die ein Dritter seine Rechte aus mangelhafter Leistung geltend macht oder sich vorbehält, entgegenzunehmen. Er kann seinerseits die dem Unternehmer zustehenden Rechte auf Sicherung des Beweises geltend machten.

8   Die Vertretungsmacht erstreckt sich zum einen auf die **Entgegennahme von Erklärungen** des Vertragspartners im Zusammenhang mit mangelhaften Leistungen des Unternehmers und zum anderen auf die **Geltendmachung von Rechten** des Unternehmers zur Beweissicherung, wobei es nicht darauf ankommt, ob der betreffende Gehilfe das bemängelte Geschäft selbst vermittelt hat.[9] Im übrigen kann auf die Kommentierung zu § 55 Abs. 4 verwiesen werden.

9   **2. Beschränkung der Vertretungsmacht.** Die Rechte aus § 75 g iVm. § 55 Abs. 4 stehen dem Vermittlungsgehilfen kraft Gesetzes zu. Der Unternehmer kann aber durch einseitige Erklärung dem Vermittlungsgehilfen die gesetzlich eingeräumten Befugnisse entziehen. Eine Beschränkung dieser Rechte braucht ein **Dritter** nach Satz 2 jedoch nur **gegen sich gelten zu lassen**, wenn er die Beschränkung kannte oder kennen mußte. Die Vertretungsmacht, die dem Vermittlungsgehilfen im Rahmen des Satzes 1 zukommt, kann zwar im sog. Innenverhältnis zwischen Arbeitgeber und Vermittlungsgehilfe vertraglich eingeschränkt oder ausgeschlossen werden.

10   Im **Außenverhältnis**, also im Verhältnis zwischen Kaufmann und Drittem, wirkt die Beschränkung aber nur, wenn der Dritte sie kannte oder kennen mußte. Dies entspricht der für den Abschlußvertreter geltenden Regelung des § 54 Abs. 3 iVm. § 55 Abs. 1. Der Rechtsverkehr soll sich auf einen Umfang der Vertretungsmacht nach dem gesetzlichen Rahmen verlassen dürfen. Dritte sind nur dann nicht schutzbedürftig, wenn sie die Beschränkung positiv kannten oder wenn sie die Beschränkung kennen mußten, dh. wenn sie ihnen infolge von Fahrlässigkeit verborgen geblieben ist (§ 122 Abs. 2 BGB). Die Kenntnis bzw. das Kennenmüssen müssen gegeben sein, bevor der Dritte die nach § 75 g iVm. § 55 Abs. 4 möglichen Erklärungen dem Vermittlungsgehilfen gegenüber abgibt.

§ 75 h [Unkenntnis des Mangels der Vertretungsmacht]

(1) Hat ein Handlungsgehilfe, der nur mit der Vermittlung von Geschäften außerhalb des Betriebes des Prinzipals betraut ist, ein Geschäft im Namen des Prinzipals abgeschlossen, und war dem Dritten der Mangel der Vertretungsmacht nicht bekannt, so gilt das Geschäft als von dem Prinzipal genehmigt, wenn dieser dem Dritten gegenüber nicht unverzüglich das Geschäft ablehnt, nachdem er von dem Handlungsgehilfen oder dem Dritten über Abschluß und wesentlichen Inhalt benachrichtigt worden ist.

(2) Das gleiche gilt, wenn ein Handlungsgehilfe, der mit dem Abschluß von Geschäften betraut ist, ein Geschäft im Namen des Prinzipals abgeschlossen hat, zu dessen Abschluß er nicht bevollmächtigt ist.

[9] Jetzt auch Baumbach/*Hopt* § 91 RdNr. 2.

Übersicht

I. Bedeutung

Die Vorschrift regelt, inwieweit der Unternehmer an Verträge gebunden ist, die der von **1** ihm beauftragte Handlungsgehilfe im Namen des Unternehmers, aber ohne dessen Vertretungsmacht abschließt. Der Gesetzgeber unterscheidet dabei zwischen dem **Vermittlungsgehilfen**, dem jede Vollmacht zum Abschluß von Geschäften fehlt (**Abs. 1**) und dem Handlungsgehilfen, der zwar Abschlußvollmacht besitzt, diese aber überschreitet (**Abs. 2**).

§ 75 h bezieht sich nur auf Handlungsgehilfen und entspricht inhaltlich dem § 91 a, der **2** die gleiche Materie für das Handelsvertreterrecht regelt.[1] In Abweichung von § 177 BGB wird durch § 75 h ein besonderer **handelsrechtlicher Vertrauenstatbestand** geschaffen. Aus Verkehrsschutzgründen soll der Dritte, der mit dem Handlungsgehilfen ohne Vertretungsmacht einen Vertrag geschlossen hat, darauf vertrauen dürfen, daß der Vertrag als genehmigt gilt, wenn der Prinzipal das Geschäft nach Benachrichtigung über den Vertragsschluß nicht unverzüglich ablehnt. Damit gilt im Gegensatz zu § 177 Abs. 2 Satz 2 BGB das bloße Schweigen als Genehmigung. § 75 h beinhaltet einen Anwendungsfall des allgemeinen handelsrechtlichen Grundsatzes, wonach Schweigen ohne Rücksicht auf den Willen des Erklärungspflichtigen als Zustimmung gilt (vgl. § 362), wenn Geschäftssitte und Treu und Glauben die Erklärung einer ablehnenden Antwort erfordern.[2]

II. Vertragsschluß durch Vermittlungsgehilfen (Abs. 1)

1. Begriff des Vermittlungsgehilfen. Abs. 1 gilt nur für Geschäfte des Vermittlungs- **3** gehilfen. Darunter sind Handlungsgehilfen (vgl. § 59) zu verstehen, die vom Unternehmer zur Vermittlung von Geschäften, nicht aber zu deren Abschluß, beschäftigt werden, wobei die Vermittlung außerhalb des Betriebs zu erfolgen hat.[3] Eine Vermittlungstätigkeit liegt vor, wenn der Handlungsgehilfe den **Abschluß von Geschäften** durch Einwirkung auf den Dritten **fördert**, dh. den Geschäftsabschluß vorbereitet, ermöglicht oder herbeiführt (vgl. § 84 RdNr. 13; § 86 RdNr. 23 ff.). Zum Abschluß von Verträgen für den Unternehmer ist der Vermittlungsgehilfe dagegen nicht befugt, da ihm eine Abschlußvollmacht fehlt.

2. Handeln ohne Vertretungsmacht. Schließt der Vermittlungsgehilfe dennoch Verträ- **4** ge mit Dritten ab, handelt er als Vertreter ohne Vertretungsmacht. **Kein Vertragsschluß** liegt jedoch vor, wenn der Vermittlungsgehilfe lediglich ein Angebot des Dritten als Empfangsvertreter oder Bote entgegengenommen hat, ohne seinerseits namens des Unternehmers die Annahme dieses Angebots zu erklären. Gleiches gilt für den Fall, daß der Vermitt-

---

[1] Vgl. Ausführungen zu § 91 a.
[2] Staub/*Brüggemann* § 91 a RdNr. 4; Staub/*Konzen/Weber* RdNr. 2.

[3] Heymann/*Henssler* RdNr. 3.

lungsgehilfe das Angebot zwar namens des Unternehmers angenommen hat, sich dabei aber für den Dritten klar erkennbar die Genehmigung des Unternehmers vorbehalten hat (Abschluß unter Vorbehalt).

5   3. **Unkenntnis des Dritten.** Dem Dritten darf zum Zeitpunkt des Geschäftsabschlusses mit dem Vermittlungsgehilfen die fehlende Abschlußvollmacht des Handlungsgehilfen nicht bekannt gewesen sein. Die Unkenntnis des Dritten begründet seine Schutzbedürftigkeit. Deshalb schadet dem Dritten nur **positive Kenntnis**, dagegen reicht boßes Kennenmüssen, auch grobe Fahrlässigkeit nicht aus.[4] Schließt der Vermittlungsgehilfe ein Geschäft unter Vorbehalt der Genehmigung durch den Unternehmer ab, ist positive Kenntnis des Dritten gegeben.[5] Hat der Dritte Kenntnis von dem Fehlen der Vertretungsmacht und schließt er trotzdem im Vertrauen auf die **Genehmigung** des Unternehmers den Vertrag ab, greift Abs. 1 nicht ein, jedoch kann der Vertrag nach § 177 BGB genehmigt werden.

6   4. **Benachrichtigung des Unternehmers.** Abs. 1 setzt weiter voraus, daß der Unternehmer von dem Vermittlungsgehilfen oder dem Dritten über den Abschluß und den wesentlichen Inhalt des Geschäfts benachrichtigt worden ist. Dritter ist hier der Vertragspartner. Die Benachrichtigung muß jedoch **nicht persönlich** erfolgen, sowohl auf seiten des Dritten als auch auf seiten des Unternehmers können Vertreter oder Boten dazwischengeschaltet werden.[6] Die Benachrichtigung durch sonstige Personen oder die Kenntniserlangung durch eigene Maßnahmen des Unternehmers reicht dagegen nicht aus.[7] Die Benachrichtigung muß den wesentlichen **Inhalt** des Geschäfts umfassen. Wesentlich ist alles, was nach der Lage des Falles für die Entschließung des Unternehmers bedeutsam sein kann, insbesondere Leistung und Gegenleistung, uU auch relevante Einzelpunkte des Geschäfts wie Lieferfrist, Qualitätsanforderungen, Garantien, Haftungsausschlüsse.[8] Eine unvollständige Benachrichtigung löst die Rechtsfolgen des § 75h nicht aus. Wird der Unternehmer von derartigen Abreden erst später benachrichtigt, tritt die Genehmigungsfiktion ein, wenn er weiterhin schweigt.[9] Die Benachrichtigung kann **formlos** erfolgen. Für den Zugang gelten die allgemeinen Regeln (§ 130 BGB).

7   5. **Schweigen des Unternehmers.** Die Genehmigungsfiktion des Abs. 1 tritt nicht ein, wenn der Unternehmer das Geschäft unverzüglich ablehnt.

   a) Form und Inhalt der Ablehnung. Die Ablehnung kann formlos und ohne Gründe, aber nur dem Dritten, dh. dem Vertragspartner gegenüber erklärt werden. Sie wird wirksam, wenn sie dem Dritten zugeht (§ 130 BGB). Zur Übermittlung der Erklärung kann sich der Unternehmer eines Vertreters oder eines Boten bedienen. Dies kann auch der Vermittlungsgehilfe sein.

8   **b) Unverzüglich.** Die Ablehnung muß unverzüglich erfolgen, dh. ohne schuldhaftes Zögern (§ 121 Abs. 1 Satz 1 BGB). Der Unternehmer muß sich demnach nicht sofort entscheiden, vielmehr wird ihm eine angemessene Überlegungsfrist zugebilligt. Er soll die Gelegenheit haben, über die Person, Leistungsfähigkeit und Kreditwürdigkeit des Dritten Erkundigungen einzuziehen. In der Regel ist eine Frist von zwei Wochen als Obergrenze ausreichend.[10] Insoweit ist eine Orientierung an der Zwei-Wochen-Frist des § 177 Abs. 2 Satz 2 BGB zulässig.[11] Jedoch verbietet der handelsrechtliche Vertrauenstatbestand eine starre analoge Anwendung des § 177 Abs. 2 Satz 2 BGB.[12] Entscheidend für die Fristbestimmung sind immer die Umstände des Einzelfalls.

9   **c) Anfechtbarkeit der Ablehnung.** Als rechtlich gestaltender Akt ist die Ablehnung der Genehmigung **unwiderruflich.**[13] Da die Ablehnung eine einseitige empfangsbedürftige

---

[4] Baumbach/*Hopt* § 91 a RdNr. 3.
[5] Heymann/*Sonnenschein/Weitemeyer* § 91 a RdNr. 7.
[6] Heymann/*Sonnenschein/Weitemeyer* § 91 a RdNr. 8.
[7] Baumbach/*Hopt* § 91 a RdNr. 5.
[8] Baumbach/*Hopt* § 91 a RdNr. 6.

[9] Staub/*Brüggemann* § 91 a RdNr. 8.
[10] Baumbach/*Hopt* § 91 a RdNr. 9; Staub/*Konzen/Weber* RdNr. 5.
[11] Staub/*Brüggemann* § 91 a RdNr. 10.
[12] Baumbach/*Hopt* § 91 a RdNr. 9; vgl. Heymann/*Henssler* RdNr. 4.
[13] BGHZ 13, 179, 187.

Willenserklärung beinhaltet, unterliegt sie den allgemeinen Vorschriften über die **Anfechtbarkeit** nach § 119 BGB.[14] Mit der Anfechtung der Ablehnungserklärung wird diese beseitigt und der ursprüngliche Schwebezustand tritt wieder ein. Der Anfechtende kann nunmehr genehmigen oder die Genehmigungsfiktion durch Schweigen herbeiführen. Teilweise ist bereits in der Anfechtung der Ablehnung zugleich die Genehmigung zu sehen. Ob dies der Fall ist, muß durch Auslegung ermittelt werden. Die Anfechtbarkeit der Ablehnung kann nicht mit der Begründung verneint werden, der Dritte dürfe auf die Versagung der Genehmigung und damit auf die Beendigung des Schwebezustands **vertrauen**.[15] Der Gesetzgeber hat bei Vorliegen eines Anfechtungsgrundes gerade den Interessen des Anfechtenden Vorrang vor den Interessen des Vertragsgegners eingeräumt.

Das **unbewußte Unterlassen der Ablehnungserklärung** und damit das Herbeiführen **10** der Genehmigungsfiktion ist nicht anfechtbar, da es insoweit an einer Willenserklärung fehlt. Dagegen ist die bewußte Nichtabgabe der Ablehnungserklärung durch den Unternehmer mit dem Ziel, das Geschäft für sich bindend zu machen, als Willenserklärung zu qualifizieren, die nach den allgemeinen Regeln angefochten werden kann.

III. Genehmigungsfiktion

1. Geschäftsschluß zwischen Unternehmer und Drittem. Das Geschäft gilt als vom **11** Unternehmer genehmigt, wenn dieser nicht unverzüglich nach der Benachrichtigung dem Dritten gegenüber ablehnt. Der Unternehmer kann deshalb nicht mit dem Einwand gehört werden, durch das Stillschweigen habe keine Genehmigung erklärt werden sollen.

Die Genehmigung hat zur Folge, daß das **Geschäft** mit dem vom Vermittlungsgehilfen **12** vereinbarten Inhalt **in vollem Umfang für und gegen den Unternehmer wirkt.** Dieser ist auch an solche Abreden innerhalb des abgeschlossenen Geschäfts gebunden, die er nicht kannte, soweit sie nicht zum wesentlichen Inhalt des Geschäfts gehören. Außerdem muß sich der Unternehmer alle Umstände, die dem Vermittlungsgehilfen bekannt sind oder bekannt sein müssen und im Rahmen der Verhandlungen liegen bzw. vereinbart sind, gegen sich gelten lassen.[16]

2. Rechtsstellung des Vermittlungsgehilfen. Bei einer entsprechenden Vereinbarung **13** (§ 65) entsteht dem Vermittlungsgehilfen für die Vermittlung des Geschäfts ein **Provisionsanspruch.** Daß der Vermittlungsgehilfe ohne Vertretungsmacht gehandelt hat, ist für den Provisionsanspruch ohne Bedeutung, weil das Geschäft erst durch das Schweigen des Unternehmers zustande gekommen ist und dieses Verhalten dem Vertreter nicht zugerechnet werden kann.[17]

Der Unternehmer kann grundsätzlich keine **Schadensersatzansprüche** aus positiver **14** Forderungsverletzung gegen den Vermittlungsgehilfen geltend machen, weil die Wirksamkeit des Geschäfts auf eigenem Verhalten des Unternehmers beruht.[18] Der Vertrag zwischen ihm und dem Dritten ist erst durch sein Schweigen zustande gekommen. Allerdings kann sich aus den gesamten Umständen des Einzelfalls eine andere Beurteilung ergeben.

3. Verhältnis des § 75 h zu den §§ 177 ff. BGB. Sowohl § 75 h Abs. 1 als auch die **15** Vorschriften der §§ 177 ff. BGB regeln die Vertretung ohne Vertretungsmacht. Im Gegensatz zu § 177 Abs. 2 Satz 2 BGB gilt jedoch im Handelsrecht das **Schweigen** des Unternehmers, nachdem er vom Dritten zu einer Erklärung über das vollmachtlose Handeln des Vermittlungsgehilfen aufgefordert wurde, **als Genehmigung.**

§ 75 h Abs. 1 verdrängt jedoch nicht die allgemeinen Vorschriften der §§ 177 ff. BGB. **16** Beide Vorschriften sind **nebeneinander anwendbar.** Der Dritte hat demzufolge zwei

---

[14] Baumbach/*Hopt* § 91 a RdNr. 7; Heymann/ *Sonnenschein/Weitemeyer* § 91 a RdNr. 10, 12.
[15] So Staub/*Brüggemann* § 91 a RdNr. 17.
[16] Heymann/*Sonnenschein/Weitemeyer* § 91 a Rd-Nr. 12.

[17] Staub/*Brüggemann* § 91 a RdNr. 14.
[18] Heymann/*Sonnenschein/Weitemeyer* § 91 a Rd-Nr. 12.

Möglichkeiten, den Schwebezustand hinsichtlich des Geschäftsabschlusses zu beenden. Er kann nach § 177 Abs. 2 BGB den Vertragsgegner auffordern, sich über die Genehmigung zu erklären, oder er kann den Unternehmer nach § 75h Abs. 1 benachrichtigen.[19] Je nachdem welcher Regelung sich der Dritte bedient, führt das Schweigen des Unternehmers zum Geschäftsabschluß oder nicht.

17   Das **Widerrufsrecht des Dritten** aus **§ 178 BGB** wird ebensowenig ausgeschlossen. Bis zur erfolgten Genehmigung des Abschlusses kann der Dritte widerrufen. Dabei ist es unerheblich, ob die Genehmigung nach § 177 BGB erfolgt oder nach § 75 h fingiert wird. Bei **Ablehnung der Genehmigung** haftet der Vertreter dem Dritten nach § 179 Abs. 1 BGB unabhängig davon, ob der Unternehmer die Genehmigung nach § 177 BGB oder nach § 75h abgelehnt hat.

IV. Vertragsschluß durch den Handlungsgehilfen mit Abschlußvollmacht (Abs. 2)

18   Gemäß Abs. 2 gilt die Regelung des Abs. 1 auch, wenn der Handlungsgehilfe seine **Abschlußvollmacht** überschreitet, da der Dritte in gleicher Weise wie beim Vertragsschluß durch einen vollmachtlosen Vermittlungsgehilfen schutzbedürftig ist. Die Vorschrift des Abs. 2 entspricht dem für das Handelsvertreterrecht geltenden § 91a Abs. 2.

19   Der **Anwendungsbereich** des Abs. 2 ist gering, da sich die rechtsgeschäftliche Verpflichtung des Unternehmers bei vorangegangener Vollmachterteilung regelmäßig schon aus den §§ 55 iVm. 54 ergibt. Danach erstreckt sich die Handlungsvollmacht auf alle Geschäfte und Rechtshandlungen, die der Betrieb eines Handelsgewerbes oder die Vornahme derartiger Geschäfte gewöhnlich mit sich bringt. Eine Überschreitung der Vollmacht durch den Handlungsgehilfen und damit eine Genehmigung nach Abs. 2 ist nur möglich bei „ungewöhnlichen Geschäften" iSd. § 54 Abs. 1 oder bei Abschluß eines „gewöhnlichen Geschäfts" iSd. § 54 HGB, soweit dieses von der Abschlußermächtigung ausgenommen war (§ 54 Abs. 3) und der Dritte die Beschränkung der Vollmacht kennen mußte.

20   Abs. 2 ist weiterhin nicht anwendbar, wenn der Handlungsgehilfe eine **unbeschränkte Abschlußvollmacht** hat und nur im sog. Innenverhältnis zu dem Unternehmer bestimmten Einschränkungen unterworfen ist. Mißachtet der Handlungsgehilfe bei Geschäftsabschluß die sich aus dem Innenverhältnis ergebenden Weisungen, überschreitet er aber nicht die Grenzen der sich aus § 54 ergebenden Außenvollmacht, wirkt das Geschäft unabhängig von Abs. 2 bereits nach § 164 Abs. 1 BGB für und gegen den Unternehmer.

§ 76 bis 82 *(aufgehoben)*

§ 82 a [Wettbewerbsverbot des Volontärs]

Auf Wettbewerbsverbote gegenüber Personen, die ohne als Lehrling angenommen zu sein, zum Zwecke ihrer Ausbildung unentgeltlich mit kaufmännischen Diensten beschäftigt werden (Volontäre), finden die für Handlungsgehilfen geltenden Vorschriften insoweit Anwendung, als sie nicht auf das dem Gehilfen zustehende Entgelt Bezug nehmen.

Schrifttum: *Fredebeul,* Das neue Berufsbildungsgesetz, BB 1969, 1145; *Monjau,* Das neue Berufsbildungsgesetz, DB 1969, 841; *Schmidt,* Der Volontär nach dem Berufsbildungsgesetz, DB 1971, 622.

---

[19] Staub/*Brüggemann* § 91 a RdNr. 21; Heymann/*Sonnenschein/Weitemeyer* § 91 a RdNr. 5.

I. Regelungsgehalt des § 82 a

1. Begriff des Volontärs. § 82 a ist anwendbar auf Volontäre. Volontäre sind nach die- **1**
ser Regelung Personen, die, ohne als Lehrlinge angenommen zu sein, zum Zwecke ihrer
Ausbildung unentgeltlich mit kaufmännischen Diensten beschäftigt werden. Die drei wesentlichen Merkmale des Volontärs sind danach: Der Volontär ist zur Ausbildung beschäftigt, **ohne** in einem **Lehrlings(ausbildungs-)verhältnis** zu stehen; er leistet **kaufmännische
Dienste** zum Zwecke seiner Ausbildung, und er leistet die Dienste **unentgeltlich**.

2. Wettbewerbsverbot gegenüber dem Volontär. § 82 a verbietet Wettbewerbsverbo- **2**
te gegenüber Volontären nicht. Vielmehr sind auf Wettbewerbsvereinbarungen mit Volontären die §§ 74 ff. insoweit **entsprechend anwendbar**, als das Gesetz dort nicht auf ein
Entgelt Bezug nimmt. Entsprechend sind Wettbewerbsabreden mit Volontären entschädigungslos zulässig. Ansonsten sind sie nach den allgemeinen Regeln zu beurteilen; zB besteht für sie Schriftformzwang (§ 74 Abs. 1), ihre Höchstdauer ist gem. § 74 a Abs. 1 auf
zwei Jahre begrenzt, für den Widerruf der Vereinbarung gilt § 75 usw.

II. Verhältnis zum Berufbildungsgesetz

Seit dem Inkrafttreten des Berufsbildungsgesetzes (BBiG) zum 1. 9. 1969 ist die **Bedeu- 3
tung des § 82 a problematisch** geworden. Denn gemäß § 19 BBiG sind die besonderen
Regeln der §§ 3 bis 18 BBiG auch auf Personen anzuwenden, „die eingestellt werden, um
berufliche Kenntnisse, Fertigkeiten oder Erfahrungen zu erwerben, ohne daß es sich um
eine Berufsausbildung im Sinne des Gesetzes handelt." Zugleich bestimmt § 106 Abs. 1
BBiG, daß alle dem BBiG entgegenstehenden Vorschriften außer Kraft treten.

1. Auslegung des § 19 BBiG. Bei Anwendung des § 19 BBiG auf den Volontär iSd. **4**
§ 82 a wären Wettbewerbsverbote gegenüber Volontären **generell unwirksam**. Denn nach
der entsprechend anwendbaren Regelung des § 5 Abs. 1 BBiG sind alle Vereinbarungen
nichtig, die den Auszubildenden (entsprechend: den Volontär) für die Zeit nach Beendigung des Berufsausbildungsverhältnisses (entsprechend: des Volontariats) in der Ausübung seiner beruflichen Tätigkeit beschränken. Die dazu im sachlichen Gegensatz stehende Vorschrift des § 82 a, wonach nachvertragliche Wettbewerbsverbote gegenüber Volontären
zugelassen sind, wäre gemäß § 106 Abs. 1 BBiG demgegenüber nicht mehr anwendbar.

Insbesondere in Hinblick auf diese Rechtsfolge ist **umstritten**, ob § 19 BBiG überhaupt **5**
den Volontär iSd. § 82 a erfaßt.[1] Die Anwendung des § 19 BBiG ist indes zu **bejahen**.
Denn die Regelung stellt im wesentlichen zwei Voraussetzungen auf: Die erfaßte Person
darf zum einen weder in einem Arbeitsverhältnis noch in einem Berufsausbildungsverhältnis stehen; zum anderen muß die Einstellung dem Erwerb beruflicher Kenntnisse
dienen. Der Volontär iSd. § 82 leistet seine kaufmännischen Dienste unentgeltlich und
steht deshalb nicht in einem Arbeitsverhältnis. Die Ausbildung des Volontärs ist aber auch

---

[1] Befürwortend Baumbach/*Hopt* RdNr. 1; *Frede-*   RdNr. 12; *Monjau* DB 1969, 1847; *Schaub* § 16 III
beul BB 1969, 1146; *Herkert*, Berufsbildungsgesetz,   2; *E. Schmidt* BB 1971, 622; Staub/*Konzen/Weber*
Kommentar Stand Juli 1994, § 19 RdNr. 8; Hey-   RdNr. 3; – ablehnend *Hueck/Nipperdey* Grundriß, 5.
mann/*Henssler* RdNr. 2 ff.; Gedeon/*Spiertz*, Be-   Aufl., § 9 IV.
rufsbildungsrecht, Kommentar Stand Mai 1994, § 19

keine Berufsausbildung iSd. BBiG, da ihm nicht Kenntnisse in einem geordneten Ausbildungsgang innerhalb eines anerkannten Ausbildungsberufs vermittelt werden. Entsprechend ist das zugrundeliegende Rechtsverhältnis kein Ausbildungsverhältnis. Gleichwohl dient das Volontariat – auch nach der Voraussetzung des § 82 a – beruflichen Ausbildungszwecken und damit dem Erwerb beruflicher Kenntnisse.[2]

6   **2. Wirkungen für § 82 a.** Mit der Anwendung des § 19 BBiG ist die Bedeutung des § 82 a für den Volontär **stark eingeschränkt.** Nunmehr gilt in erster Linie Berufsbildungsrecht, während das Arbeitsvertragsrecht in der besonderen Ausgestaltung des Rechts des Handlungsgehilfen nur noch in zweiter Linie Anwendung findet.

7   **a) Geltung von Berufsbildungsrecht.** Von den besonderen **Vorschriften des BBiG** sind auf den Volontär insbesondere anzuwenden:[3] § 3 (Vertragsabschluß); § 4 (Vertragsniederschrift; verzichtbar); § 5 (nichtige Vereinbarungen); §§ 6 bis 8 (Pflichten des Ausbilders; mit Einschränkung der Regelungen über gegliederte Berufsausbildung, Ausbildungsmittel, Berichtsheftführung); § 9 (Pflichten des Auszubildenen); § 13 (Probezeit; abkürzbar); §§ 14, 15 (Beendigung); § 17 (Weiterarbeit nach Beendigung des Ausbildungsverhältnisses) und § 18 (Unabdingbarkeit des Gesetzes).

8   **b) Geltung von Arbeitsvertragsrecht.** Neben den speziellen Vorschriften des BBiG ist gemäß §§ 19, 3 Abs. 2 BBiG Arbeitsvertragsrecht anzuwenden, soweit es sich nicht auf das Arbeitsentgelt und die Dienstpflicht[4] bezieht und die Regeln für das Arbeitsverhältnis nicht dem BBiG zuwiderlaufen.[5] Hieraus folgt, daß die Vorschriften für das nachvertragliche Wettbewerbsverbot für den Volontär nicht gelten (arg.: § 5 Abs. 1 BBiG); hingegen unterliegt der kaufmännische Volontär weiterhin dem gesetzlichen Wettbewerbsverbot gemäß §§ 60, 61.[6] Im Ergebnis ist somit § 82 a durch Inkrafttreten des BBiG **gegenstandslos** geworden.[7]

§ 83 [Andere Arbeitnehmer]

Hinsichtlich der Personen, welche in dem Betrieb eines Handelsgewerbes andere als kaufmännische Dienste leisten, bewendet es bei den für das Arbeitsverhältnis dieser Personen geltenden Vorschriften.

I. Bedeutung der Vorschrift

1   Die Vorschriften des 6. Abschnitts gelten für Handlungsgehilfen, kaufmännische Auszubildende und Volontäre. Nach der **ursprünglichen Konzeption** sollte es sich hierbei um eine ausschließliche und **abschließende Sonderregelung** für diese Arbeitnehmergruppen handeln. Tatsächlich enthält dieser Abschnitt in seiner geltenden Fassung nur noch wenige, bruchstückhafte Regelungen über das Rechtsverhältnis zwischen dem Kaufmann und dem Handlungsgehilfen. Sie werden durch zahlreiche arbeitsrechtliche Gesetze und Verordnungen ergänzt (vgl. dazu oben vor § 59 RdNr. 16 ff.). Teilweise finden diese Vorschriften auch auf andere Arbeitnehmer Anwendung (vgl. insoweit die Erläuterungen zu den einzelnen Vorschriften).

II. Anwendbare Normen bei sonstigen Dienstverhältnissen

2   Welche Vorschriften auf das Arbeitverhältnis eines Arbeitnehmers Anwendung finden, bestimmt sich nach dem Inhalt des einzelnen Arbeitsverhältnisses und nach der Art **der**

---

[2] Ebenso Baumbach/Hopt RdNr. 1; Heymann/Henssler RdNr. 5; Fredebeul BB 1969, 1146; Schaub § 16 III 2; E. Schmidt BB 1971, 622.
[3] Vgl. auch Baumbach/Hopt RdNr. 2.
[4] Vgl. Baumbach/Hopt RdNr. 3.

[5] Heymann/Henssler RdNr. 6.
[6] Baumbach/Hopt RdNr. 3; Heymann/Henssler RdNr. 6.
[7] Baumbach/Hopt RdNr. 4; Heymann/Henssler RdNr. 3; wohl auch Schaub § 16 III 2.

obliegenden Tätigkeit. Hat ein Arbeitsverhältnis nicht die Leistung kaufmännischer Dienste zum Gegenstand (zum Begriff des Handlungsgehilfen vgl. § 59 RdNr. 49 ff.) gilt **allgemeines Arbeitsrecht**, soweit nicht Sondervorschriften bestehen. Diese können an die Person (zB Mutterschutzgesetz, Jugendarbeitsschutzgesetz) oder die Art des Arbeitsverhältnisses (vgl. für Auszubildende §§ 3 ff. BBiG; für gewerbliche Arbeitnehmer §§ 105 ff. GewO; für Arbeitnehmer in der Schiffahrt §§ 23 ff. SeemannsG, §§ 21 ff. BinnSchG, §§ 521 ff. HGB) anknüpfen.

Siebenter Abschnitt. Handelsvertreter

Vorbemerkung

Schrifttum: *Alff,* Handelsvertreterrecht, 2. Aufl. 1983; *Ankele,* Auf dem Weg zu einem harmonisierten Handelsvertreterrecht in der Europäischen Gemeinschaft, RdA 1982, 157 ff.; *ders.,* Harmonisiertes Handelsvertreterrecht für die Europäische Gemeinschaft, DB 1987, 659 ff.; *ders.,* Das deutsche Handelsvertreterrecht nach der Umsetzung der EG-Richtlinie, DB 1989, 2211 ff.; *Bachmann,* Das neue Recht des Handelsvertreters, 1978; *Bangert,* Der selbständige und unselbständige Versicherungsvertreter, 1983; *Brüggemann,* Das Handelsvertreterrecht im Schnittpunkt personenbezogener und unternehmensbezogener Strukturelemente, ZHR 131, 1968, 1 ff.; *v.Brunn,* Der Einfluß des neuen Handelsvertreterrechtes auf bestehende Verträge, BB 1953, 921 ff.; *ders.,* Neues Handelsvertreterrecht und bestehende Verträge, BB 1953, 1041 ff.; *ders.,* Weitere Zweifelsfragen zum neuen Recht der Handelsvertreter, NJW 1954, 56 ff.; *ders.,* Reform des Rechts der Handelsvertreter, 1953; *ders.,* Zum Recht des Eigenhändlers, Festschrift 150 Jahre Carl Heymanns Verlag, 1965, S. 327 ff.; *Buchwald,* Neues Handelsvertreterrecht und bestehende Verträge, BB 1953, 1041 ff.; *Bullinger,* Grundzüge des Handelsvertreterrechts, Jura 1979, 459 ff.; *Capelle,* Zum neuen Handelsvertreterrecht, JZ 1954, 726 ff.; *v.Damm,* Die Besteuerung der Handelsvertreter, 1988; *ders.,* Die neuere Rechtsprechung des BGH zum Handelsvertreterrecht, NJW 1979, 2489 ff.; *Detzer/Reichert,* Verträge mit ausländischen Handelsvertretern, 2. Aufl. 1991; *Detzer/Thamm,* Verträge mit ausländischen Vertragshändlern, 1991; *Dichtl/Raffée/Nidetzky,* Die Kommunikation zwischen Handelsvertretung und vertretener Unternehmung, 1985; *Duden,* Handelsvertretergesetz, 8. Aufl. 1977; *Eberstein,* Der Handelsvertretervertrag, 7. Aufl. 1991; *Eckert,* Das neue Recht der Handelsvertreter – Die Umsetzung der EG-Richtlinie in deutsches Recht, NZA 1990, 384 ff.; *Emde,* Die Handelsvertreter-GmbH, 1994; *Evans-v.Krbek,* Die analoge Anwendung der Vorschriften des Handelsvertreterrechts auf den Vertragshändler, 1976; *Finke,* Die Rechtsprechung des Bundesgerichtshofs zum Handelsvertreterrechtrecht, WM 1969, 1122 ff. und WM 1972, 1110 ff.; *Franta,* Das neue Handelsvertreterrecht, MDR 1953, 530 ff.; *Froehlich/Wagner,* Der Handelsvertretervertrag, 1953; *Füssel* Handelsvertreterrecht, 1975; *Giefers,* Das Recht des Handelsvertreters, 1965; *v.Gierke,* Das neue Recht der Handelsvertreter, ZHR 117 (1955), 138 ff.; *Glaser,* Zusammenstellung der zum neuen Handels- und Versicherungsvertreterrecht ergangenen Gerichtsentscheidungen, Teil I, DB 1957, Beil. Nr. 2; Teil II, DB 1960, Beil. Nr. 4; Teil III, DB 1962, Beil. Nr. 4; *Gros,* Die Handelsvertreter, AR-Blattei, Handelsgewerbe III, 1953; *Haumann,* Das Handelsvertreterrecht in Europa, 6. Aufl. 1987; *Höck,* Der Unternehmer und sein Handelsvertreter, 1987; *Hohn,* Verträge mit Angestellten im Außendienst, 8. Aufl. 1992; *Hopt,* Handelsvertreterrecht, 1992; *Hunold,* Arbeitsrecht im Außendienst, 1993; *Josten/Lohmüller/Beuster,* Handels- und Versicherungsvertreter, 2. Aufl. 1970; *Knapp,* Das neue Recht des Handelsvertreters, 1974; *Knapp/Ankele* Handelsvertreterrecht, 1987; *Kränzlin,* Das Handelsvertreterrecht im deutsch-amerikanischen Wirtschaftsverkehr, 1983; *Küstner,* Der Handelsvertreter, 2. Aufl. 1977; *ders.,* Verträge mit Handelsvertretern, 8. Aufl. 1992; *Küstner/v.Manteuffel,* Probleme des Handelsvertreterrechts, ZIP 1988, 63 ff.; *Küstner/v.Manteuffel/Evers,* Handbuch des gesamten Außendienstrechts, Band I, Das Recht des Handelsvertreters (ohne Ausgleichsrecht), 2. Aufl. 1992; Band II, Der Ausgleichsanspruch des Handelsvertreters, 6. Aufl. 1995; Band III, Das Recht des angestellten Geschäftsmittlers im Waren- und Dienstleistungsbereich, 1985; *dies.,* Das neue Recht des Handelsvertreters, 1990; *dies.,* Die Änderungen des Handelsvertreterrechts aufgrund der EG-Harmonisierungsrichtlinie vom 18.12.1986, BB 1990, 291 ff.; *dies.,* Verträge mit Handelsvertretern, 8. Aufl. 1992; *Kuther,* Die neuen Handelsvertretervorschriften im HGB, NJW 1990, 304 f.; *Maier/Meyer-Marsilius/Regul,* Der Handelsvertreter in den Ländern der EWG und der EFTA, 1976; *Matthießen,* Arbeits- und handelsvertreterrechtliche Ansätze eines Franchisenehmerschutzes, ZIP 1988, 1089; *Meeser,* Das neue Recht des Handelsvertreters: Vergütung, Ausgleichsanspruch, Wettbewerbsabrede, 1991; *Meyer* Handelsvertreterrecht, 1978; *Pieper,* Höchstrichterliche Rechtsprechung zum Handelsvertreterrecht, 1987; *Recken,* Die Rechtsprechung des Bundesgerichtshofs zum Handelsvertreterrecht, WM 1975, 262 ff.; *Renz,* Das Rechtsverhältnis zwischen dem Vertragshändler und seinem Lieferanten, Diss. jur. Heidelberg 1966; *Reinicke/Reinicke,* Auslegungsfragen zum neuen Recht der Handelsvertreter, NJW 1953, 1609 ff.; *Schröder,* Recht der Handelsvertreter, 5. Aufl. 1973; *K. Schmidt,*

Handelsrecht, 4. Aufl. 1994; *Schmidt-Rimpler,* Der Handlungsagent, Ehrenbergs Handbuch, Band 5, 1926; *Schober,* Der Handelsvertreter-Vertrag, 2. Aufl. 1964; *Schuler,* Ausgleichsanspruch des Eigenhändlers?, NJW, 1959, 649; *Semler,* Handelsvertreter- und Vertragshändlerrecht, 1988; *ders.,* Aktuelle Fragen im Recht der Vertragshändler, DB 1985, 2493; *Skaupy* Franchising, 2. Aufl. 1995; *Stötter,* Das Recht der Handelsvertreter, Versicherungsvertreter, Bausparkassenvertreter, Tankstellenvertreter, 3. Aufl. 1985; *Stumpf,* Der Vertragshändler-Vertrag, 2. Aufl. 1979; ders., Internationales Handelsvertreterrecht 1. Teil, Verträge mit ausländischen Handelsvertretern, 6. Aufl. 1987; 2. Teil, Ausländisches Handelsvertreterrecht, 4. Aufl. 1986; *Ulmer,* Der Vertragshändler, 1969; *Voss,* Handelsvertreter-Handbuch, 3. Aufl. 1977; *Westphal,* Neues Handelsvertreterrecht, 1991; *v.Westphalen,* Handelsvertreterrecht und AGB-Gesetz, DB 1984, 2385 ff. und 2392 ff.; *M.Wolf,* Die neuere Rechtsprechung des Bundesgerichtshofs zum Handelsvertreterrecht, WM 1982, 30 ff., und WM 1986, Sonderbeil. Nr. 5.

Übersicht

I. Systeme des Waren- und Dienstleistungsvertriebs

1   **1. Überblick.** Der Handelsvertreter gehört in die Gruppe der Umsatzmittler, die für einen, in der Regel kaufmännischen Unternehmer am Markt tätig werden und den Absatz fördern. Dabei tritt der Handelsvertreter nach außen im Namen des Unternehmers auf, indem er für diesen unmittelbar Geschäfte abschließt oder zumindest vermittelt. Neben dem Handelsvertreter gibt es aber noch **andere selbständige Hilfspersonen,** die der Unternehmer zur Förderung seines Absatzes ein- oder zwischenschaltet.

2   **Gesetzlich geregelt** ist insoweit der Handelsmakler (§§ 93 ff.), der auf Grund besonderen Auftrags im Einzelfall die Vermittlung von Verträgen für den Unternehmer übernimmt, sowie der Kommissionär (§§ 383 ff.), der Geschäfte im eigenen Namen, aber für Rechnung des Unternehmers abschließt. Nicht vom Gesetzgeber in Betracht gezogen ist der als Zwischenhändler eingeschaltete **Eigen- oder Vertragshändler,** der vom Unternehmer Waren kauft und im eigenen Namen für eigene Rechnung weiterverkauft (unten RdNr. 15). Daneben haben sich in der Praxis weitere Formen der Absatzmittlung herausgebildet, von denen zur Zeit das **Franchising** besondere Bedeutung einnimmt (unten RdNr. 17).

3   Die **Abgrenzung** des Handelsvertreters von den sonstigen Absatzmittlern erlangt für die Rechtsfolgenseite besondere Bedeutung. Entsprechend der besonderen Ausgestaltung des Vertragsverhältnisses sind im Einzelfall die hierauf anwendbaren Rechtsvorschriften zu bestimmen. Dabei soll im vorliegenden Zusammenhang die Frage nach den Merkmalen und nach der rechtlichen Einordnung der einzelnen Absatzmittlerverhältnisse sowie die Frage nach der analogen Anwendung von Handelsvertreterrecht im Vordergrund stehen.

2. Direktvertrieb. Dabei sei besonders darauf hingewiesen, daß sich handelsrechtliche 4 Fragen nicht beim sogenannten Direktvertrieb ergeben, wenn also der Unternehmer seine Leistungen selbst oder nur unter Einschaltung unselbständiger Hilfspersonen vermarktet. Hier bestehen nur unmittelbare Rechtsbeziehungen des Unternehmers zu dem Kunden sowie arbeitsrechtliche Beziehungen zu den unselbständigen Hilfspersonen.

3. Handelsmakler (§§ 93 ff.). a) Begriff. Nach der Legaldefinition des § 93 ist Han- 5 delsmakler, wer für andere Personen, ohne von ihnen auf Grund eines Vertragsverhältnisses ständig damit betraut zu sein, die Vermittlung von Verträgen über Anschaffung oder Veräußerung von Waren oder Wertpapieren, über Versicherungen, Güterbeförderungen, Schiffsmiete oder sonstige Gegenstände des Handelsverkehrs übernimmt.[1]

b) Rechtsnatur und Vertragsinhalt. Wie der Zivilmakler (§ 652 BGB) **vermittelt** der 6 Handelsmakler **Vertragsabschlüsse gegen Maklerlohn.** Mangels abweichender Vereinbarung ist er aber in seiner Entscheidung frei, ob er eine Vermittlungstätigkeit entfalten will (siehe unten § 93 RdNr. 64 f.). Der Handelsmakler schließt die Verträge weder selbst noch im eigenen Namen ab, sondern führt nur die Parteien des Geschäfts zusammen.

c) Abgrenzungen. Der Handelsmakler **unterscheidet** sich vom Handelsvertreter da- 7 durch, daß er nicht ständig von demselben Auftraggeber (= Unternehmer – zum Begriff des Unternehmers iSv. § 84 siehe unten § 84 RdNr. 63 ff.) betraut ist.[2] Während das Handelsvertreterverhältnis also durch eine auf Dauer angelegte, beiderseitige Bindung gekennzeichnet wird, ist der Handelsmakler für seinen Auftraggeber von Fall zu Fall tätig. Der Maklervertrag ist also auf einzelne Objekte bezogen. Dies schließt es allerdings nicht aus, daß der Handelsmakler in ständiger Geschäftsverbindung zu seinem Auftraggeber stehen kann. Er bleibt rechtlich gleichwohl Handelsmakler und ist nicht Handelsvertreter, solange die dauernde Geschäftsverbindung nicht zu einem ständigen Tätigwerden hinsichtlich einer unbestimmten Vielzahl von Geschäften verpflichtet, sondern wegen jeden Geschäfts ein neuer Auftrag erteilt werden muß.[3] Zur Abgrenzung des Handelsmaklers vom Kommissionsagenten siehe unten RdNr. 10.

d) Analoge Anwendung von Handelsvertreterrecht. Die Regelungen des Handelsver- 8 treterrechts finden auf das Vertragsverhältnis des Handelsmaklers grundsätzlich **keine analoge Anwendung.** Dies gilt namentlich auch für die Bestimmungen über den Provisionsanspruch in §§ 87 bis 87 c (wegen der Einzelheiten siehe unten § 93 RdNr. 28 ff.).

4. Kommissionär und Kommissionsagent (§§ 383 ff.). a) Begriff. Der **Kommissionär** 9 ist als selbständiger Gewerbetreibender damit betraut, Waren oder Wertpapiere für Rechnung eines anderen im eigenen Namen zu kaufen oder zu verkaufen (vgl. § 383). Ist er vertraglich ständig mit solchen Abschlüssen im eigenen Namen für fremde Rechnung betraut, dann ist er Kommissionsagent. Der Kommissionsagent verhält sich zum Kommissionär wie der Handelsvertreter zum Handelsmakler.

b) Rechtsnatur und Vertragsinhalt. Der **Kommissionsagent** verbindet daher Züge des 10 Kommissionärs mit Zügen des Handelsvertreters.[4] Wie der Kommissionär übernimmt der Kommissionsagent den Ankauf oder Verkauf von Waren oder Wertpapieren im eigenen Namen, aber auf eigene Rechnung. Wie der Handelsvertreter, anders als der Kommis-

---

[1] Wegen der Einzelheiten sowie des Schrifttums zum Handelsmakler siehe unten Vorbem. zu §§ 93 ff. und § 93 RdNr. 29 ff.

[2] Abweichend Baumbach/*Hopt* § 84 RdNr. 20, der die Unterscheidung phänomenologisch an Hand des Alters und der Reisegewohnheiten treffen will.

[3] BGH NJW 1992, 2818, 2819 f. (Abgrenzung Handelsvertreter/Handelsmakler mit Alleinauftrag); OLG Stuttgart BB 1959, 537 (Abgrenzung Handelsvertreter/Rahmenvertrag eines Handelsmaklers); *K. Schmidt* Handelsrecht § 26 I 1 e, S. 724; Staub/*Brüggemann* Vor § 84 RdNr. 38.

[4] *Wank,* Handbuch des Vertriebsrechts, § 7 RdNr. 72; sowie unten § 89b Fn. 96.

sionär, wird er nicht auf Grund eines gesonderten Einzelauftrags tätig, sondern steht zu seinem Auftraggeber in einem Dauerschuldverhältnis. Der Vertrag des Kommissionsagenten ist ein Dienstvertrag iSv. §§ 611 ff. BGB, der eine in §§ 383 ff. speziell geregelte Geschäftsbesorgung (§ 675 BGB) zum Gegenstand hat.[5]

11   **c) Abgrenzungen.** Der **Kommissionsagentenvertrag** steht als Typus zwischen Kommissions- und Handelsvertretervertrag.[6] Die Abgrenzung zum Kommissionär besteht darin, daß der Kommissionär nur auf Grund eines Einzelauftrags tätig wird, während der Kommissionsagent verpflichtet ist, ständig für seinen Auftraggeber tätig zu werden, insbesondere ein Kommissionslager zu unterhalten und den Vertrieb für ein bestimmtes Gebiet zu übernehmen.[7] Er unterscheidet sich vom Handelsvertreter und damit auch vom Handelsmakler dadurch, daß er nicht lediglich Geschäft für, dh. im Namen seines Auftraggebers vermittelt, sondern im eigenen Namen tätigt.[8]

12   **d) Analoge Anwendung von Handelsvertreterrecht.** Der Kommissionsagent steht wie der Handelsvertreter zu seinem Auftraggeber in einem **Dauerschuldverhältnis,** das ihn zum Tätigwerden im Interesse und für Rechnung seines Auftraggebers verpflichtet. Daher können die Regelungen des Handelsvertreterrechts auf das Vertragsverhältnis des Kommissionsagenten analoge Anwendung finden, soweit nicht in §§ 383 ff. vorrangige Regelungen für die Durchführung der Geschäftsbesorgung normiert sind.[9] Wegen der Analogiefähigkeit im einzelnen wird auf die Kommentierung zu den jeweiligen Vorschriften verwiesen.

13   **5. Vertragshändler.**[10] **a) Begriff.** Nach der grundlegenden Definition von *Ulmer* ist der Vertragshändler „ein Kaufmann, dessen Unternehmen in die Vertriebsorganisation eines Herstellers von Markenwaren in der Weise eingegliedert ist, daß er es durch Vertrag mit dem Hersteller oder einem von diesem eingesetzten Zwischenhändler ständig übernimmt, im eigenen Namen und auf eigene Rechnung die Vertragswaren im Vertragsgebiet zu vertreiben und ihren Absatz zu fördern, die Funktionen und Risiken seiner Handelstätigkeit hieran auszurichten und im Geschäftsverkehr das Herstellerzeichen neben der eigenen Firma herauszustellen".[11]

14   **b) Rechtsnatur und Vertragsinhalt.** Der Vertragshändler ist nach dem Vertragsinhalt verpflichtet, sich für den Warenabsatz und für die Marke des Herstellers einzusetzen. Dabei kauft er vom Hersteller Ware und verkauft diese im eigenen Namen und auf eigene Rechnung weiter. Darüber hinaus treffen ihn im Regelfalle noch weitergehende Förderungspflichten, wie zB der Kundendienst und das Unterhalten eines Ersatzteillagers bei technischen Erzeugnissen.[12] Bei dem Vertragshändlervertrag handelt es sich um einen Dienstvertrag, der eine Geschäftsbesorgung zum Gegenstand hat.[13] Es finden daher die §§ 675, 611 ff. BGB Anwendung.

[5] Zum Versteigerer *v. Hoyningen-Huene* NJW 1975, 1473, 1475 f. – Ausführlich siehe unten § 383.
[6] Baumbach/*Hopt* § 383 RdNr. 2; Staub/*Koller* § 383 RdNr. 33.
[7] Staub/*Koller* § 383 RdNr. 33.
[8] *K. Schmidt* Handelsrecht § 31 III 2 a, S. 875; Staub/*Koller* § 383 RdNr. 33. – Wegen der Abgrenzung vom Vertragshändler siehe unten RdNr. 15.
[9] Vgl. allgemein, z. T. abweichend zur analogen Anwendung des Handelsvertreterrechts auf den Kommissionsagenten Baumbach/*Hopt* § 84 RdNr. 19; *Evans-v.Krbek*, Die analoge Anwendung des Handelsvertreterrechts, S. 118 ff.; Heymann/*Herrmann* § 383 RdNr. 5; Staub/*Koller* § 383 RdNr. 34.

[10] Zum Überblick über das Recht des Vertragshändlers vgl. *Evans-v.Krbek*, Die analoge Anwendung der Vorschriften des Handelsvertreterrechts auf den Vertragshändler (ca. 1976); *Renz*, Das Rechtsverhältnis zwischen dem Vertragshändler und seinem Lieferanten, Diss. jur. Heidelberg 1966; *Stumpf*, Der Vertragshändlervertrag, 2. Aufl. 1979; *Ulmer*, Der Vertragshändler, 1969.
[11] *Ulmer*, Der Vertragshändler, S. 206. – Vgl. zum Begriff des Vertragshändlers auch BGHZ 29, 83, 87 f.; 34, 282, 287 f.; 54, 383, 340 f.; *K. Schmidt* Handelsrecht § 28 II 2 a, S. 768 f.
[12] Ausführlich zum Inhalt von Vertragshändlerverträgen *Ulmer*, Der Vertragshändler S. 107 ff.
[13] Ausführlich *Ulmer*, Der Vertragshändler, S. 251 ff.

c) Abgrenzungen. Vom Handelsvertreter unterscheidet sich der Eigen- oder Vertrags- **15** händler dadurch, daß er im eigenen Namen und auf eigene Rechnung tätig wird.[14] Demgegenüber wird der Handelsvertreter nur im Interesse des von ihm vertretenen Unternehmers tätig, für den er Geschäfte vermittelt oder in dessen Namen er Geschäfte abschließt. Der Handelsvertreter handelt somit immer auf Rechnung des Unternehmers. Der rechtliche **Unterschied zum Kommissionsagenten** besteht darin, daß der Kommissionsagent zwar auch im eigenen Namen handelt, aber für Rechnung eines anderen.[15] Trotz der rechtlich eindeutigen Unterscheidung kann die Abgrenzung im Einzelfall auf Grund der tatsächlichen Ausgestaltung des Vertragsverhältnisses Schwierigkeiten bereiten.[16]

d) Analoge Anwendung von Handelsvertreterrecht. Der Vertragshändler ist häufig **16** ähnlich wie ein Handelsvertreter in die **Absatzorganisation des Herstellers** eingebunden und in seiner Tätigkeit bestimmten Weisungen des Herstellers unterworfen. Daher kommt eine analoge Anwendung von Regelungen des Handelsvertreterrechts auch auf den Vertragshändler in Betracht.[17] Analogiefähig sind zumindest die Vorschriften, die an die Struktur des Handelvertretervertrags als dauernder Geschäftsbesorgung anknüpfen.[18] Demgegenüber ist die Analogiefähigkeit derjenigen Vorschriften zu verneinen, die sich auf die Funktion des Handelsvertreters und die Art des ihm gewährten Entgelts beziehen.[19] Wegen der Analogiefähigkeit der Schutzvorschriften ist darauf abzustellen, ob der Vertragshändler allgemein oder im Einzelfall als schutzbedürftig iSd. Handelvertreterrechts angesehen werden kann.[20] Wegen der Analogiefähigkeit im einzelnen wird auf die Kommentierung zu den jeweiligen Vorschriften verwiesen.

6. Franchisenehmer.[21] a) Begriff. Beim Franchising[22] gestattet ein Unternehmer (Fran- **17** chise-Geber) einem anderen Unternehmer (Franchise-Nehmer) gegen Vergütung eine Gesamtheit von Rechten an gewerblichem oder geistigem Eigentum selbst zu verwerten, zB Warenzeichen, Handelsnamen, Ladenschilder, Gebrauchsmuster, Geschmacksmuster, Urheberrechte, Know How oder Patente, die zum Zwecke des Weiterverkaufs von Waren oder Erbringung von Dienstleistungen an Endverbraucher genutzt werden. Das Franchising ist also eine Form der **vertikalen Absatzkooperation,** bei welcher der Franchise-Geber zahlreiche Franchise-Nehmer ständig damit betraut, unter einer von ihm festgelegten einheitlichen Geschäftsbezeichnung Waren oder Leistungen am Markt anzubieten.[23]

b) Rechtsnatur und Vertragsinhalt. Der Franchisevertrag verpflichtet den Franchise- **18** Geber, dem Franchise-Nehmer Waren und/oder Dienstleistungen einschließlich Schutzrechten und gesammelter Erfahrungen (Know How) zur Verwertung im selbständig geführten Gewerbebetrieb zu überlassen, ihn laufend zu unterstützen und gegebenenfalls auch das Personal zu schulen. Der Franchise-Geber erhält dafür ein Entgelt, das häufig neben einem Festbetrag als „Einstandsgebühr" eine jährliche „Franchise-Gebühr" vorsieht, die nach dem Umsatz des Franchise-Nehmers bemessen wird. Darüber hinaus bestehen regel-

[14] Heymann/*Sonnenschein/Weitemeyer* RdNr. 12; *Ulmer,* Vertragshändler S. 207.

[15] *K. Schmidt* Handelsrecht § 31 III 2 b, S. 876; Staub/*Koller* § 383 RdNr. 50.

[16] Vgl. hierzu im einzelnen *K. Schmidt* Handelsrecht § 31 III 2 b, S. 876 ff.

[17] Vgl. im einzelnen Baumbach/*Hopt* § 84 RdNr. 11 f.; *Evans-v.Krbek,* Die analoge Anwendung des Handelsvertreterrechts auf den Vertragshändler (ca. 1976); *Renz* Rechtsverhältnis S. 27 ff.; *K. Schmidt* Handelsvertreterrecht § 28 III 9, S. 779 ff.; Staub/*Brüggemann* RdNr. 11 ff.; *Ulmer,* Der Vertragshändler, S. 392 ff.

[18] *Ulmer,* Der Vertragshändler, S. 397 f.

[19] *Ulmer,* Der Vertragshändler, S. 397.

[20] *Ulmer,* Der Vertragshändler, S. 398 f.

[21] Literatur zum Franchising: *Behr,* Der Franchisevertrag, 1976; *Ekkenga,* Die Inhaltskontrolle von Franchise-Verträgen, 1991; *Forkel,* Der Franchisevertrag als Lizenz am Immaterialgutunternehmen, ZHR 153 (1989), 511 ff.; *Martinek* Franchising (1987); *ders.,* Moderne Vertragstypen, Band II: Franchising-Know-How-Verträge, Management-und Consultingverträge, 1992; *ders.,* Franchising und Handelsrecht, ZIP 1988, 1362 ff.; *Skaupy* Franchising, 1987.

[22] Zur Abgrenzung des Subordinations-Franchising vom Partnerschafts-Franchising ausführlich *Martinek,* Moderne Vertragstypen II, S. 65 ff.

[23] Zum Begriff des Franchising vgl. im einzelnen *Skaupy* Franchising S. 5 ff.; *K. Schmidt* Handelsrecht § 28 III a, S. 772 ff.; *Wank,* Handbuch des Vertriebsrechts, § 7 RdNr. 79 ff.

mäßig Kontrollrechte, um die Einheit des Waren- und Leistungsvertriebs zu gewähr-leisten.[24] Der Franchisevertrag ist **gesetzlich nicht normiert** und läßt sich auch keinem gesetzlich geregelten Vertragstypus zuordnen. Es handelt sich hierbei um einen gemischt typischen Vertrag, durch den ein Dauerschuldverhältnis mit überwiegenden Dienstleistung-selementen (Geschäftsbesorgungen iSv. § 675 BGB) zustande kommt.[25]

19   **c) Abgrenzungen.** Die **Abgrenzung** des Franchising von sonstigen Formen der Absatz-kooperation kann im Einzelfall schwierig sein, weil das Franchising zum einen in erster Linie ein Begriff der Betriebspraxis und kein Rechtsbegriff ist. Zum anderen sind viele Franchise-Systeme aus Fachhändler-, Kommissionsagenten- und Handelsvertretersystemen hervorgegangen.[26] Vom Handelsvertreter unterscheidet sich der Franchise-Nehmer da-durch, daß er im eigenen Namen und für eigene Rechnung tätig wird, während der Han-delsvertreter nur für Rechnung und im Namen des von ihm vertretenen Unternehmens Geschäfte abschließt oder vermittelt.[27] Damit ist zugleich auch der **Unterschied zum Kommissionsagenten** dargelegt, der zwar wie der Franchise-Nehmer im eigenen Namen handelt, anders als dieser jedoch für Rechnung seines Auftraggebers.

20   Besonders problematisch ist die **Abgrenzung des Franchise-Nehmers vom Vertrags-händler,** weil beide Dauerschuldverhältnisse in ihrer Ausgestaltung stark angenähert sind.[28] Ob das eine oder das andere Rechtsverhältnis vorliegt, hängt davon ab, wie stark der Ab-satzmittler in die Absatzorganisation des Herstellers eingebunden ist. Je stärker dem Ab-satzmittler die Einzelheiten des Vertriebs vorgeschrieben sind, zB hinsichtlich Marke, Na-men und Kennzeichnungsrecht des vertretenen Unternehmens, und je weitergehend die Überwachungs- und Weisungsrechte des Herstellers sind, desto eher ist von einer Franchi-se-Vereinbarung auszugehen. Letztlich spielt diese Abgrenzung aber keine so erhebliche Rolle, weil weder der Typus des Vertragshändlers noch der des Franchise-Nehmers recht-lich geregelt ist, so daß die jeweiligen Rechtsfolgen stets von der Ausgestaltung des einzel-nen Vertragsverhältnisses abhängig sind.

21   **d) Analoge Anwendung von Handelsvertreterrecht.** Der Franchise-Nehmer ist beim Franchising **vergleichbar dem Vertragshändler** in das Absatzmittlungssystem des Unter-nehmers eingebunden. Daher kommt hier vergleichbar den zum Vertragshändler entwik-kelten Grundsätzen eine analoge Anwendung des Handelsvertreterrechts in Betracht.[29]

22   **7. Sonstige Absatzmittlungsformen.** Über die hier dargestellten Absatzmittlungsformen hinaus gibt es noch weitere, ganz unterschiedliche Möglichkeiten, durch die Einschaltung Dritter den Waren- oder Dienstleistungsabsatz zu fördern. Hingewiesen sei zB auf die freiwilligen Ketten und die Genossenschaften der Händler, die sich als Einkaufs- oder Ver-kaufsgemeinschaften zusammengefunden haben. Auf die näheren Einzelheiten kann an dieser Stelle nicht eingegangen werden, weil es sich hierbei um allgemeine Fragen des Vertriebsrechts handelt, die mit dem Handelsvertreterrecht in keinem spezifischen Zusam-menhang stehen.

---

[24] Zum Vertragsinhalt im einzelnen siehe BGH NJW 1985, 1894 f.; zur Rechtsfigur des Franchising: *Köhler* NJW 1990, 1689 m. weit. Nachw.; *Martinek,* Moderne Vertragstypen II, S. 35 ff.; *K. Schmidt* Handelsrecht § 28 II 3 c, S. 776 f.; *Skaupy* Fran-chising, 2. Aufl. 1995; *ders.,* Zu den Begriffen „Franchise", „Franchisevereinbarungen" und „Fran-chising", NJW 1992, 1785; *Weltrich,* Zur Abgren-zung von Franchise- und Arbeitsvertrag, DB 1988, 806.
[25] Vgl. im einzelnen *Martinek,* Moderne Vertrags-typen II, S. 35 ff.; *K. Schmidt* Handelsrecht § 28 II 3 c.

[26] *Martinek,* Moderne Vertragstypen II, S. 30 ff.; *K. Schmidt* Handelsrecht § 28 II 3 a, S. 774.
[27] *Skaupy* Franchising S. 11 ff.
[28] *K. Schmidt* Handelsrecht § 28 II 3 c, S. 776; *Skaupy* Franchising S. 10 f.; *Wank,* Handbuch des Vertriebsrechts, § 7 RdNr. 92.
[29] Zum Überblick über die analoge Anwendung des Handelsvertreterrechts auf das Franchise-Verhältnis siehe *Martinek,* Moderne Vertragstypen II, S. 105 ff.; *ders.,* Aktuelle Fragen des Vertriebsrechts, RdNr. 113 ff.; *Mathießen* ZIP 1988, 1089, 1094 ff.; *K. Schmidt* Handelsrecht § 28 III, S. 779 ff.

II. Wettbewerbsbeschränkungen und Kartellrecht

1. Grundsatz. Die Bindung selbständiger Absatzmittler an den Unternehmer hat prinzi- 23
piell eine wettbewerbsbeschränkende Wirkung. Für den Handelsvertreter ergibt sich das
schon aus dem gesetzlichen Wettbewerbsverbot in §§ 86 Abs. 1 Hs. 2, 90 a, für andere
Absatzmittler aus dem jeweiligen Geschäftsbesorgungsvertrag. Gesetzliche und vertraglich
begründete Wettbewerbsbeschränkungen sind immer auf Verstöße gegen das Kartellrecht
zu prüfen.[30] Vorrang genießt dabei das europäische Kartellrecht, das daher im folgenden
den Regelungen des deutschen GWB vorangestellt wird. Allgemein ist die kartellrechtliche
Beurteilung der wettbewerbseinschränkenden Bindungen von Absatzmittlern[31] durch die
Erkenntnis geprägt, daß Wettbewerbsbeschränkungen um so eher tolerabel sind, je mehr
der Unternehmer das wirtschaftliche Risiko der Tätigkeit der Absatzmittler trägt.

2. Europarechtliche Kartellverbote (Art. 85 EGV). Der Vertrag zur Gründung der 24
Europäischen Gemeinschaft (EGV) enthält in Art. 85 ff. unter dem Titel „Wettbewerbsregeln" umfassende Kartellverbote. Dem Kartellverbot in Art. 85 EGV und dem Verbot
des Mißbrauchs marktbeherrschender Stellungen nach Art. 86 EGV entsprechen die inhaltlich identischen Art. 53, 54 des Abkommens über den europäischen Wirtschaftsraum
(EWR-Abk.), so daß der räumliche Anwendungsbereich der Vorschriften die gesamte EU-
und EFTA-Staaten umfaßt. Art. 85, 86 EGV erfassen auch nationale Sachverhalte, denn das
Erfordernis der Eignung zur Beeinträchtigung des zwischenstaatlichen Handels (sog. Zwi-
schenstaatsklausel) wird außerordentlich weit verstanden.[32] Nach der Rechtsprechung des
europäischen Gerichtshofs genießen Art. 85 und 86 EGV **Vorrang** vor dem nationalen
Recht.[33] Einzel- oder Gruppenfreistellungen nach Art. 85 Abs. 3 EGV gehen etwaigen
widersprechenden Entscheidungen nationaler Kartellbehörden vor. Dieser Vorrang gilt
nicht für Negativ-Atteste gemäß Art. 2 der Verordnung (EWG) Nr. 17/62 (sog. Kartell-
verordnung) und die sog. „Comfort letters" der Kommission.[34]

Im Regelfall sind Wettbewerbsverbote und Ausschließlichkeitsbindungen von **Handels-** 25
vertretern und Kommissionsagenten europarechtlich zulässig.[35] Dies gilt nicht, wenn die
Absatzmittler wegen fehlender Eingliederung in die Vertriebsorganisation des Unternehmers wirtschaftlich einem Eigenhändler gleichstehen.[36] Inwieweit Handelsvertretern und
Kommissionsagenten ein Verbot der Weitergabe von Provisionsanteilen an ihre Abnehmer
auferlegt werden darf, ist noch umstritten.[37] Klarheit wird möglicherweise die geplante
Neufassung der Bekanntmachung über Alleinvertriebsverträge mit Handelsvertretern vom
24. 12. 1962 (ABl. EG 1962 L 2921/62) bringen. Wettbewerbsbeschränkende Bindungen
von **Vertragshändlern** sind grundsätzlich an Art. 85 EGV zu messen, für die Kraftfahrzeugbranche hat die Kommission die Gruppenfreistellungsverordnung Nr. 123/85 erlassen.[38] Beim Handel mit Luxusgütern werden selektive Vertriebssysteme in der Regel tole-

---

[30] BGH NJW 1984, 2101; EuGHE 1975, 1663
(LS 6. a).
[31] Zu ihrer Unternehmereigenschaft: *Immenga/
Mestmäcker* GWB 2. Aufl. 1992 § 1 RdNr. 73 ff. –
allgemein: *K. Schmidt* Handelsrecht 4. Aufl. 1994,
S. 741 ff.; 769 ff., 777 ff.; *Immenga/Mestmäcker/
Emmerich* § 15 RdNr. 23 ff.; *Klosterfelde/Metzlaff* in
Langen/Bunte, Kommentar zum deutschen und
europäischen Kartellrecht, 7. Aufl. 1994, § 15
RdNr. 62 ff.
[32] Siehe ausführlich *Emmerich* Kartellrecht, 7.
Aufl. 1994, § 33 5.
[33] Grundlegend EuGHE 1969, 1 = NJW 1969,
1000; ähnlich BGH NJW 1983, 519.

[34] Näher dazu *Emmerich* (Fn. 32) § 33 6 m. weit.
Nachw.
[35] EuGHE 1966, 321 = NJW 1966, 1585
(„Grundig/Consten"); E 1966, 457; 1975, 1663;
siehe auch die Bekanntmachung der Kommission
über Alleinvertriebsverträge mit Handelsvertretern,
ABl. EG 1962 L 2921/62; weiterführend *Ulmer/Ha-
bersack*, Zur Beurteilung des Handelsvertreter- und
Kommissionsagenturvertriebs nach Art. 85 AbS. 1
EGV, ZHR 159 (1995), 109, 125 ff.
[36] EuGHE 1987, 3801 („Flämisches Reisebüro");
Emmerich (Fn. 32) § 34 6. b m. weit. Nachw.
[37] Vgl. EuGHE 1987, 3801; *Ulmer/Habersack*
(Fn. 35) ZHR 159 (1995), 109, 131.
[38] ABl. EG 1985 L 15/16.

riert.[39] Die kartellrechtliche Zulässigkeit von Franchiseverträgen richtet sich nach der Gruppenfreistellungsverordnung Nr. 4087/88.[40]

26　　**3. Preis- und Konditionenbindung (§ 15 GWB).** Das Verbot von Preis- und Konditionenbindungen in § 15 GWB schützt die Freiheit der Unternehmen in der Gestaltung ihrer Verträge mit Dritten, also beispielsweise die Freiheit des Händlers gegenüber dem liefernden Hersteller, zu welchen Bedingungen er die Ware bzw. Dienstleistung an seine Abnehmer weitergeben will. Dabei erfaßt § 15 GWB nicht nur die Gestaltung der Endpreise, sondern sämtliche preisbildenden Faktoren, etwa die Festlegung eines Kalkulationsschemas, von Gewinnspannen, Rabatten, Skonti, Frachtsätzen usw., daneben auch Vorgaben hinsichtlich der Gestaltung der Verträge mit den Abnehmern, beispielsweise für Gewährleistungsrechte.[41] Auch sogenannte Depotsysteme, wie sie vor allem bei Kosmetika und Röstkaffee verbreitet sind, dienen in erster Linie dem Zweck, den Preiswettbewerb der Einzelhändler auszuschalten. Unabhängig von der Einordnung dieser Verträge in der Übergangszone zwischen Kommissionsvertrag und Franchise-Vertrag verstoßen sie gegen § 15 GWB.[42]

27　　§ 15 GWB findet keine Anwendung, wenn das gebundene Unternehmen Verträge mit Dritten nicht im eigenen Namen und für eigene Rechnung, sondern im Namen und/oder für Rechnung des bindenden Unternehmens abschließt. Daher fallen die Bindungen von **Handelsvertretern** und **Kommissionären** einschließlich der **Kommissionsagenten** nicht unter das Verbot nach § 15 GWB.[43] Das Geschäftsrisiko der Verträge, die von den genannten Absatzmittlern auf fremde Rechnung abgeschlossen werden, trägt der Unternehmer. Wirtschaftlich sinnvoll ist dies nur, weil der Unternehmer kraft seines Weisungsrechts den Vertrieb durch die Absatzmittler steuern kann.

28　　Eine bloße **formalrechtliche Gestaltung der vertraglichen Bindung** als Handelsvertreter- oder Kommissionärsvertrag reicht zur Freistellung von § 15 GWB nicht aus. Der gewählte Vertragstyp muß vielmehr die tatsächlichen wirtschaftlichen Verhältnisse widerspiegeln.[44] Sofern Handelsvertreter maßgeblich am Absatz-, Lager- oder Kreditrisiko beteiligt werden, ist dies nicht der Fall, mit der Folge, daß § 15 GWB uneingeschränkt Anwendung findet.[45] An der Privilegierung der Handelsvertreter nehmen nach hA **Vertragshändler** nicht teil,[46] ebensowenig **Franchisenehmer,** obwohl bei ihnen die Einheitlichkeit des Auftretens nach außen Ansatzpunkte dafür liefert, sie hinsichtlich von Preisbindungen aus dem Anwendungsbereich von § 15 GWB auszugliedern.[47]

29　　**4. Ausschließlichkeitsbindung (§ 18 GWB).** Die kartellrechtliche Kontrolle nach § 18 GWB richtet sich gegen Ausschließlichkeitsbindungen, insbesondere ausschließliche Bezugs- und Vertriebsvereinbarungen, außerdem gegen Verwendungsbindungen, also Beschränkungen eines Unternehmers (Händlers) bei der Verwendung der von einem anderen Unternehmer (Hersteller) bezogenen Waren, ferner gegen Vertriebsbindungen, die die Abgabe von bezogenen Waren an Dritte beschränken, und schließlich gegen Koppelungsgeschäfte, durch die sachlich oder handelsüblich nicht zusammengehörige Waren oder gewerbliche Leistungen in der Weise gekoppelt werden, daß sie nicht einzeln bezogen werden können. Verträge nach § 18 GWB bedürfen nach § 34 GWB der **Schriftform,** andernfalls sind sie nach § 125 BGB nichtig. Kartellrechtliche Verträge, die von § 18 GWB

---

[39] Siehe dazu *Emmerich* (Fn. 32) § 34 8. b.

[40] ABl. EG 1988 L 359/46; siehe dazu *Beuthien/ Schwarz*, Kooperationsgruppen des Handels und Franchisesysteme in Europa, 1993; *Weltrich*, Franchising im EG-Kartellrecht, 1992.

[41] Siehe im einzelnen Immenga/Mestmäcker/ *Emmerich* (Fn. 31) § 15 RdNr. 11 ff.

[42] Siehe im einzelnen *Straub* in: Gemeinschaftskommentar GWB und Europäisches Kartellrecht, 4. Aufl. 1980 ff.

[43] BGHZ 97, 317 („EH-Partner" bzw. Telefunken) = NJW 1986, 2954 (Anm. *Schwark*) = BB 1986, 1391 (Anm. *Markert*) = WuW 1987, 464 (Anm. *Baur*) = GRUR 1986, 754 (Anm. *Klawitter*).

[44] Grds. BGHZ 97, 317 („EH-Partner", siehe Fn. 43).

[45] Baumbach/*Hopt* § 86 RdNr. 35.

[46] Immenga/Mestmäcker/*Emmerich* (Fn. 31) § 15 RdNr. 34; offen gelassen vom BGH WuW/E 1402.

[47] So *Bechtold* Kartellgesetz 1993, § 15 RdNr. 9; aA LG München I NJW 1985, 1906.

erfaßt werden, sind wirksam (im Unterschied zu solchen nach § 15 GWB). Sie unterliegen nur einer Mißbrauchskontrolle durch die Kartellbehörden, die derartige Verträge – allerdings nur mit Wirkung für die Zukunft – für unwirksam erklären können.[48]

Ausschließlichkeitsbindungen in **Handelsvertreter-** oder **Kommissionärsverträgen** fal- 30 len nach wohl hM tatbestandlich nicht unter § 18 GWB, soweit sich die wettbewerbsbeschränkenden Vereinbarungen aus dem Wesen des Vertrags ergeben (sog. Immanenztheorie).[49] So ist etwa der Handelsvertreter nach § 86 Abs. 1 Hs. 2 verpflichtet, die Interessen des Unternehmers wahrzunehmen und sich dabei einer Konkurrenztätigkeit zu enthalten. Jegliche vertragliche Wettbewerbsverbote, die über die dem Handelsvertretervertrag wesenseigene und zur sachgerechten Interessenwahrung notwendige Bindung hinausgehen, unterliegen aber der Kontrolle nach § 18 GWB.[50] **Eigenhändler** und **Franchisenehmer** werden dagegen ausnahmslos von § 18 GWB erfaßt, auch wenn sie in die Vertriebsorganisation eines Herstellers eingegliedert sind.[51]

5. Wettbewerbsbeschränkungen nach Vertragsende. Nachvertragliche Wettbewerbs- 31 verbote für Handelsvertreter sind nur dann mit dem Kartellrecht vereinbar, wenn sie sich im Rahmen von § 90 a halten.[52] Das gleiche gilt für andere Absatzmittler, auf deren Vertrag mit dem Unternehmer § 90 a Anwendung findet.[53]

6. Sonstiges. Zusätzliche Kontrollmöglichkeiten der Kartellbehörden ergeben sich aus 32 § 22 GWB gegenüber dem wettbewerbswidrigen Mißbrauch einer marktbeherrschenden Stellung und aus § 26 GWB bei einer Behinderung oder Diskriminierung von Wettbewerbern.[54] Soweit die vertraglichen Bindungen von selbständigen Absatzmittlern zu einem gemeinsamen Zweck begründet werden, kommt auch eine Kontrolle nach § 1 GWB in Betracht, die rechtssystematisch der Anwendung von §§ 15, 18 GWB vorgeht.[55]

§ 84 [Begriff des Handelsvertreters]

(1) Handelsvertreter ist, wer als selbständiger Gewerbetreibender ständig damit betraut ist, für einen anderen Unternehmer (Unternehmer) Geschäfte zu vermitteln oder in dessen Namen abzuschließen. Selbständig ist, wer im wesentlichen frei seine Tätigkeit gestalten und seine Arbeitszeit bestimmen kann.

(2) Wer, ohne selbständig im Sinne des Absatzes 1 zu sein, ständig damit betraut ist, für einen Unternehmer Geschäfte zu vermitteln oder in dessen Namen abzuschließen, gilt als Angestellter.

(3) Der Unternehmer kann auch ein Handelsvertreter sein.

Schrifttum: *Bogs,* Die Beurteilung der Selbständigkeit von Handelsvertretern als Methodenfrage der Sozialversicherungspflicht, VersR 1977, 197 ff.; *Haumann,* Der Handelsvertreter als Arbeitgeber, 1959; *v. Hoyningen-Huene,* Der „freie Mitarbeiter" im Sozialversicherungsrecht, BB 1987, 1730 ff.; *G. Hueck,* Arbeitnehmer und freie Mitarbeiter, DB 1955, 834 ff.; *Lange,* Der Tankstellenhalter als Handelsvertreter, DAR 1958, 8 ff.; *Ludwig,* Auf welche Handelsvertreter ist das Bundesurlaubsgesetz anwendbar?, DB 1966, 1972 ff.; *Martin,* Offene Handelsgesellschaft und Kommanditgesellschaften als Versicherungsvertreter, VersR 1967, 824 ff.; *Melcher,* Die Anwendung des Handelsvertreterrechts auf Kapitalanlageberater, BB 1981,

[48] Immenga/Mestmäcker/*Emmerich* (Fn. 31) § 18 RdNr. 229.

[49] BGHZ 52, 173; Baumbach/*Hopt* § 86 RdNr. 36; *Bechtold* (Fn. 47); § 18 RdNr. 8; strenger Immenga/Mestmäcker/*Emmerich* (Fn. 31) § 18 RdNr. 50, der dies allein in der Interessenabwägung berücksichtigen will.

[50] BGHZ 112, 218 (TUI); *Hensen,* Die kartellrechtliche Mißbrauchskontrolle und das Wettbewerbsverbot des Handelsvertreters, 1973; *Rittner,*

Das Wettbewerbsverbot des Handelsvertreters und § 18 GWB, DB 1980, 2587 ff. m. weit. Nachw.

[51] KG WuW/E OLG 2247, 2257; *Emmerich* (Fn. 32) § 14 c.

[52] *Immenga/Mestmäcker* (Fn. 31) § 1 RdNr. 371.

[53] Siehe dazu § 90 a RdNr. 8, 9.

[54] Beispiel: Nichtbelieferung mit Ersatzteilen, BGH BB 1980, 1575.

[55] Siehe dazu *Emmerich* (Fn. 32) § 5 5. d.

2101 ff.; *Müller*, Rechtliche Einordnung des Sammelbestellers, NJW 1963, 895 ff.; *Neflin*, Der Industrie-propagandist in handels- und steuerrechtlicher Sicht, DB 1961, 833 ff.; *Ordemann*, Zur Abgrenzung zwischen Handelsvertreter und Angestellten, BB 1963, 498 ff.; *Rehbinder*, Der Tankstellenvertrag im Blickpunkt der Rechtstatsachenforschung (1971); *Rewolle*, Die Abgrenzung des Begriffs „Handelsvertreter" zum Arbeitnehmer und die Zuständigkeit der Gerichte, DB 1954, 214 ff.; *Scholl*, Versicherungsvertreter– selbständig oder unselbständig?, BB 1959, 810 ff.; *Schröder*, Zum Recht der Anzeigenvertreter, DB 1970, 1625 ff.; *ders.*, Handelsvertretervertrag auf bestimmte Zeit, Festschrift für Hefermehl (1976), S. 113 ff.; *Stötter*, Abgrenzung zwischen Handelsvertretern und Handlungsreisenden, DB 1978, 429 ff.; *Stolterfoth*, Die Selbständigkeit des Handelsvertreters (1973); *Tiefenbacher*, Rechtsprobleme der Handelsvertreter-Firma, BB 1981, 85 ff.; *Trappe*, Selbständig oder nicht selbständig, BB 1957, 1224 ff.; *Trinkhaus*, Arbeitsrechtliche Probleme des Handelsvertreterrechts, RdA 1958, 11 ff.

Übersicht

A. Gegenstand und Bedeutung der Regelung

I. Entwicklung

Noch das **ADHGB von 1860** enthielt nur Regelungen des Rechts der Handelsmakler als **1** amtlich bestellte Vermittler von Handelsgeschäften (Art. 66 ff.), während die Tätigkeit des Handelsvertreters nach allgemeinen Dienst- oder Werkvertragsrecht beurteilt wurde. **Die besondere Regelung** des Handelsvertreterrechts geht zurück auf das **HGB vom 10. 5. 1897** (RGBl. S. 219), bei der allerdings der wirtschaftlichen und sozialen Sicherung des Handelsvertreters wegen dessen Selbständigkeit keine besondere Beachtung geschenkt wurde.

Ziel der **grundlegenden Reform** durch das **Gesetz** zur Änderung des HGB (Recht der **2** Handelsvertreter) **vom 6. 8. 1953** (BGBl. I S. 771) war infolgedessen, die Rechtsstellung des Handelsvertreters zu stärken. Neben der Einführung zwingender Schutzvorschriften sowie des Ausgleichsanspruchs nach § 89 b wurde der Begriff des Handelsvertreters in § 84 Abs. 1 neu bestimmt und in Abs. 2 dem „unselbständigen Handelsvertreter" der Angestelltenstatus zugewiesen.

Das auf Grund der **EG-Richtlinie** zur Koordinierung des Handelsvertreterrechts vom **3** 18. 12. 1986 (ABl. EG 31. 12. 1986 Nr. L 382/17) erlassene Gesetz vom 23. 10. 1989 (BGBl. I S. 1910)[1] hat den Schutz des Handelsvertreters weiter verbessert, insbesondere die Kündigungsfristen in § 89 verlängert.

II. Zweck

§ 84 steckt mit der Bestimmung des Begriffs des Handelsvertreters den Anwendungsbe- **4** reich der §§ 85 bis 92 c ab. Wie Abs. 2 ausdrücklich klarstellt, findet Handelsvertreterrecht nur auf die selbständigen Umsatzmittler eines Unternehmens Anwendung. Der Vorschrift

---

[1] Hierzu *Ankele* DB 1989, 2211 ff.; *Eckert* NZA 1990, 384 ff.; *Küstner/v.Manteuffel* BB 1990, 291 ff.; *Kuther* NJW 1990, 304 f.

kommt daher im 7. Abschnitt des 1. Buches zentrale Bedeutung zu, weil sie **Weichenstel-lungsfunktion** für die Abgrenzung und Anwendbarkeit von **Handelsvertreter- oder Ar-beitsrecht** hat. Ist der Handelsvertreter als Selbständiger für einen anderen Unternehmer tätig, findet das Recht der Handelsvertreter Anwendung. Insoweit ist es unschädlich, wenn der andere Unternehmer ebenfalls ein Handelsvertreter ist (Abs. 3). Wer allerdings als „unselbständiger Handelsvertreter" Aufgaben wahrnimmt, der gilt nach Abs. 2 als Ange-stellter. Insoweit finden dann nicht die §§ 85 bis 92 c Anwendung, sondern das Recht der Handlungsgehilfen (§§ 59 ff.) und ergänzend allgemeines Arbeitsrecht.

III. Ergänzende Regelungen

5   Das Recht der Handelsvertreter ist nicht abschließend in §§ 85 bis 92 c normiert. Soweit diese Vorschriften keine speziellen Bestimmungen beinhalten, ist **hinsichtlich des Grund-verhältnisses** auf § 675 BGB iVm. §§ 611 ff., 665 bis 670,[2] 672 bis 674 BGB zurückzugrei-fen.[3] Soweit der Handelsvertreter zum unmittelbaren Abschluß von Geschäften beauf-tragt ist, sind die Regelungen über die **Vollmacht** (§§ 54 f. HGB, 164 ff. BGB) zu beach-ten.

B. Begriff und Arten des Handelsvertreters

I. Begriff

6   Abs. 1 Satz 1 gibt eine **Legaldefinition** des Begriffs des Handelsvertreters. Diese handels-rechtliche Begriffsbestimmung gilt auch in anderen Rechtsgebieten.[4] Bei dem Begriff des Handelsvertreters handelt es sich allerdings **nicht** um eine **gesetzliche Berufsbezeichnung**. Sie kann grundsätzlich auch von Personen geführt werden, die nach § 84 nicht Handels-vertreter sind,[5] zB von angestellten Reisenden oder auch von Personen, die nicht mit der Umsatzmittlung für andere betraut sind. Nur soweit die Bezeichnung als Handelsvertreter im geschäftlichen Verkehr zur Irreführung geeignet ist oder gegen die guten Sitten ver-stößt, kann der Nichthandelsvertreter nach §§ 1, 3 UWG auf Unterlassung in Anspruch genommen werden.

II. Arten

7   Entsprechend der Vielgestaltigkeit des Wirtschaftslebens gibt es in der Praxis **kein ein-heitliches Bild** des Handelsvertreters. Vielmehr ergeben sich im Einzelfall unterschiedliche Ausgestaltungen, die sowohl mit der Art der vermittelten Geschäfte als auch den der Vermittlung zugrunde liegenden Rechtsbeziehungen im Zusammenhang stehen.

8   **1. Abgrenzung nach der Art der Tätigkeit. a) Warenvertreter.** Den **Grundtypus des Handelsvertreters,** auf den die gesetzlichen Vorschriften der §§ 84 ff. im wesentlichen zugeschnitten sind, bildet der Warenvertreter. Die Tätigkeit des Warenvertreters ist darauf ausgerichtet, die Erzeugnisse der von ihm vertretenen Unternehmen zu verkaufen und durch Werbung neuer Kunden laufende Geschäftsbeziehungen zwischen den vertretenen Unternehmen und dem Abnehmer herzustellen oder bestehende Geschäftsverbindungen zu erweitern.

9   **b) Versicherungsvertreter.** Ausdrücklich gesetzlich geregelt ist der Versicherungsver-treter, der nach **§ 92** Versicherungsverträge zu vermitteln oder abzuschließen hat. Im Ge-gensatz zum Warenvertreter ist die Tätigkeit des Versicherungsvertreters regelmäßig auf die

[2] BGH BB 1993, 1105.
[3] Ausführlich *Staub/Brüggemann* RdNr. 31 ff.
[4] Vgl. zum Steuerrecht BFH BStBl. 1959 III S. 357, 358, zu § 4 Ziff. 17 UStG in der bis zum 1.

1. 1961 gültigen Fassung; zum Versicherungsrecht OLG Köln VersR 1984, 634 zu § 4 Abs. 1 f ARB.
[5] *Baumbach/Hopt* RdNr. 6.

Vermittlung oder den Abschluß langfristiger Verträge ausgerichtet. Die Tätigkeit zielt insoweit auf einen einmaligen Umsatz ab, während sich an die von dem Warenvertreter vermittelten Geschäfte oftmals weitere Geschäfte der gleichen Art anknüpfen. Diesem Unterschied hat der Gesetzgeber in § 92 Abs. 3 und 4 durch die unterschiedliche Ausgestaltung der Provisionsregelungen Rechnung getragen (vgl. im einzelnen Kommentierung zu § 92).

c) Bausparkassenvertreter. Der Bausparkassenvertreter steht durch die Verweisung in **10** § 92 Abs. 5 den Versicherungsvertretern gleich.

d) Anzeigenvertreter. Der Anzeigenvertreter[6] hat im Gegensatz zum Warenvertreter **11** nicht die Aufgabe, den Absatz eines körperlichen Produkts des von ihm vertretenen Unternehmens zu fördern. Seine Tätigkeit ist darauf ausgerichtet, Inserenten für einen Werbeträger zu finden. Wie bei den Versicherungsvertretern handelt es sich hierbei meist um den Abschluß langfristiger Sukzessivleistungsverträge.

e) Sonstige Tätigkeiten. Ein abschließender Überblick über die **einzelnen Arten der** **12** **Handelsvertretertätigkeit** kann an dieser Stelle nicht gegeben werden, weil diese abhängig sind von den vom Handelsvertreter vermittelten Geschäften. Wegen weiterer Beispielsfälle siehe daher unten RdNr. 59, 61.

2. Abgrenzung nach der rechtlichen Stellung. a) Vermittlungs- und Abschlußver- **13 treter.** Hinsichtlich des Inhalts der Aufgabe ist der Vermittlungs- vom Abschlußvertreter zu unterscheiden. Der **Vermittlungsvertreter**, in der Praxis weitaus überwiegend, ist verpflichtet, den Abschluß von Verträgen zwischen dem von ihm vertretenen Unternehmer und Dritten als Kunden in die Wege zu leiten. Demgegenüber ist der **Abschlußvertreter** zum Abschluß von Geschäften im Namen und für Rechnung des vertretenen Unternehmers befugt.

b) Ein- und Mehrfirmenvertreter. Bei der rechtlichen Beurteilung ist zu berücksichti- **14** gen, ob der Handelsvertreter nur einen Unternehmer **(Einfirmenvertreter)** oder gleichzeitig verschiedene Unternehmer mit sich ergänzenden Angeboten (**Mehrfirmenvertreter**) vertritt. Bei einem Einfirmenvertreter ist stets besonders sorgfältig zu prüfen, ob nicht eine Einbindung in die betriebliche Organisation des Unternehmens vorliegt (vgl. unten RdNr. 37 ff.), die zur Anwendung des Abs. 2 führt. Darüber hinaus kann der Bundesminister der Justiz nach **§ 92 a** für den Einfirmenvertreter Mindestarbeitsbedingungen festlegen.

c) Bezirksvertreter. Dem Bezirksvertreter ist vertraglich ein bestimmter Bezirk oder ein **15** bestimmter Kundenkreis für seine Vermittlungtätigkeit zugewiesen. Nach **§ 87 Abs. 2** **Satz 1** steht ihm in diesen Fällen nicht nur ein Provisionsanspruch für die von ihm vermittelten Geschäfte, sondern auch für die ohne seine Mitwirkung mit Personen seines Bezirks oder seines Kundenkreises während des Vertragsverhältnisses abgeschlossenen Geschäfte zu.

d) Alleinvertreter. Vom Bezirksvertreter zu unterscheiden ist der Alleinvertreter. Al- **16** leinvertretung ist dann gegeben, wenn nur der Handelsvertreter berechtigt ist, in den ihm zugewiesenen Bezirken Geschäfte für den vertretenen Unternehmer zu vermitteln bzw. abzuschließen. Die Alleinvertretung geht insoweit über die Bezirksvertretung hinaus, als letztere kein Ausschließlichkeitsrecht in dem zugewiesenen Bezirk begründet.

e) Untervertreter. Der Handelsvertreter kann sich zur Erfüllung seiner Verpflichtungen, **17** soweit nichts anderes vereinbart ist, weiterer Personen zu seiner Vertretung bedienen (Untervertreter, **Abs. 3**). Dabei ist die **echte Untervertretung,** bei welcher der Handelsvertreter im eigenen Namen den Vertrag mit dem Untervertreter abschließt, von dem **unechten Untervertreterverhältnis** zu unterscheiden. Bei diesen wird der Untervertreter nicht für den Handelsvertreter, sondern direkt für das von dem Handelsvertreter vertretene Unternehmen tätig (unten RdNr. 93 f.).

---

[6] Hierzu *Schröder* DB 1970, 1625 ff.

18   **f) Generalvertreter.** Keinen fest umrissenen Inhalt hat der Begriff des sogenannten Generalvertreters. Es handelt sich hierbei nicht um einen terminus technicus im handelsrechtlichen Sinne, vielmehr wird diese Bezeichnung in den verschiedensten Bedeutungen verwendet. Sie wird im Einzelfall gebraucht, um einen Eigenhändler mit Alleinvertriebsrecht zu bezeichnen. Sie findet aber ebenso Verwendung für den Bezirksvertreter iSd. § 87 Abs. 2, für den Kommissionsagenten und schließlich auch für den Handelsvertreter als Unternehmer iSd. § 84 Abs. 3.[7] Welche rechtliche Stellung einem Generalvertreter im Einzelfall zukommen soll, ist auf Grund der jeweiligen konkreten Rechtsbeziehungen des Einzelfalls zu beurteilen. Ohne weitere Anhaltspunkte folgt aus der Bezeichnung als Generalvertreter jedenfalls noch nicht, daß dem Warenmittler ein Alleinvertriebs- oder Vertretungsrecht zustehen soll.[8]

Zum Handelsvertreter im **Nebenberuf** siehe Kommentierung zu **§ 92 b.**

III. Minderjährige und juristische Personen als Handelsvertreter

19   **1. Minderjährige als Handelsvertreter.** Auch Minderjährige, die das siebente Lebensjahr vollendet haben (§ 106 BGB), können Handelsvertreter sein. Zum Abschluß des Handelsvertretervertrags ist jedoch die **Einwilligung des gesetzlichen Vertreters** erforderlich (§ 107 BGB). Hierbei ist zu unterscheiden, ob der gesetzliche Vertreter den Minderjährigen zur Aufnahme einer selbständigen Tätigkeit oder einer Handelsvertretertätigkeit im Angestelltenverhältnis ermächtigt. Willigt der gesetzliche Vertreter in eine **angestellte Handelsvertretertätigkeit** ein, dann findet allein **§ 113 BGB** Anwendung.[9] Von der Ermächtigung sind nur diejenigen Rechtsgeschäfte gedeckt, welche die Eingehung, Aufhebung und Erfüllung eines Handelsvertreterverhältnisses betreffen, insbesondere auch der Wechsel des Unternehmers. Die Ermächtigung kann jederzeit von dem gesetzlichen Vertreter zurückgenommen oder eingeschränkt werden, ohne daß es hierzu der Genehmigung des Vormundschaftsgerichts bedarf (§ 113 Abs. 2 BGB).[10] Demgegenüber findet auf die **selbständige Handelsvertretertätigkeit** neben § 113 BGB auch **§ 112 BGB** Anwendung. Danach kann die Ermächtigung von dem gesetzlichen Vertreter nur mit Genehmigung des Vormundschaftsgerichts erteilt oder zurückgenommen werden (§ 112 Abs. 1 und 2 BGB). Darüber hinaus erstreckt sich die Ermächtigung auf alle Rechtsgeschäfte, welche der Geschäftsbetrieb eines selbständigen Handelsvertreters mit sich bringt.

20   Die **Wirksamkeit eines** von einem minderjährigen (selbständigen) Handelsvertreter eingegangenen **Wettbewerbsverbots** beurteilt sich ausschließlich nach den allgemeinen Vorschriften des Bürgerlichen Rechts (§§ 106 ff. BGB). §§ 74 a Abs. 2 Satz 2 HGB, 133 f Abs. 2 GewO finden keine entsprechende Anwendung.[11] Eine bloße **Vermittlertätigkeit** kann auch ein **Geschäftsunfähiger** entfalten, weil bei dieser keine eigene Willenserklärung abgegeben wird. Eine Abschlußvertretung durch einen Geschäftsunfähigen ist jedoch rechtlich unmöglich, weil dieser auch für einen anderen keine wirksamen Willenserklärungen abgeben kann (§ 105 Abs. 1 BGB).

21   **2. Juristische Personen und Personenvereinigungen als Handelsvertreter.** Auch **juristische Personen**, zB AG, GmbH, e.V., eG, können Handelsvertreter sein.[12] Diese sind stets selbständig iSv. Abs. 1.[13] Sollen durch den Handelsvertretervertrag mit der juristischen

---

[7] BGH NJW 1970, 1040; *Küstner/v. Manteuffel* I RdNr. 107.

[8] BGH NJW 1970, 1040.

[9] BAG AP § 90a Nr. 1 mit Anm. *Hefermehl.*

[10] MünchKommBGB/*Gitter* § 113 RdNr. 23.

[11] BAG AP § 90 a Nr. 1 mit Anm. *Hefermehl* – AA LAG Baden-Württemberg BB 1963, 1193 f. (als Vorinstanz).

[12] Baumbach/*Hopt* RdNr. 8; Heymann/*Sonnenschein/Weitemeyer* RdNr. 6; BFH BStBl. 1959 III

S. 357, 358; LG Münster BB 1982, 1748. – Ausführlich *Emde*, Handelsvertreter-GmbH, S. 16 ff.

[13] Im Ergebnis auch *Emde*, Handelsvertreter-GmbH, S. 87 ff., demzufolge auf einen mit einer juristischen Person abgeschlossenen Vermittlungsvertrag bei Vorliegen der sonstigen Tatbestandsvoraussetzungen des § 84 Abs. 1 Handelsvertreterrecht auch dann anzuwenden ist, wenn nach dem Vertragsinhalt die Voraussetzungen einer Selbständigkeit iSv. § 84 Abs. 1 Satz 2 nicht gegeben sind.

Person allerdings persönliche Pflichten für deren Organe begründet werden, dann kann im Einzelfall in Wahrheit ein Vertragsverhältnis zwischen dem Unternehmer und dem Organ der juristischen Person begründet sein.[14] Insoweit wäre dann jeweils eigenständig zu prüfen, ob nach der Vertragsgestaltung und -durchführung Selbständigkeit gegeben ist oder ein Anstellungsverhältnis vorliegt.

Handelsvertreter können auch nichtrechtsfähige, aber **im eigenen Namen** handelnde **22** **Personengemeinschaften**, zB oHG, KG, sein.[15] Handelt es sich um Kleingewerbe (§ 4 Abs. 1), dann sind die Mitglieder selbst Handelsvertreter und Vertragspartner des vertretenen Unternehmers (§ 431 BGB). Betreibt die Personengemeinschaft ein Vollhandelsgewerbe, dann wird diese durch den Betrieb des Handelsvertretergewerbes unter gemeinschaftlicher Firma oHG (§ 105) und ist dann selbst Handelsvertreter.[16] Diese ist stets selbständig iSv. Abs. 1 Satz 2,[17] weil nur natürlichen Personen die Arbeitnehmereigenschaft zukommen kann.[18]

IV. Selbständige und „unselbständige" Handelsvertreter

§ 84 trifft in Abs. 1 und 2 die Unterscheidung zwischen selbständigen und „unselb- **23** ständigen" Handelsvertretern. Die **Unterscheidung** ist deshalb von besonderer Bedeutung, weil sich hieran die Bestimmung der auf das Vertragsverhältnis anwendbaren gesetzlichen Regelungen knüpft. Insoweit ist die Abgrenzung maßgebend für die sich aus dem Vertragsverhältnis ergebenden Rechtsfolgen. Dabei ist zu beachten, daß nach der gesetzlichen Definition der Handelsvertreter stets selbständig ist. In der Praxis werden dann häufig auch kaufmännische Hilfspersonen als „Handelsvertreter" bezeichnet, die nach der Vertragsausgestaltung unselbständig iSv. Abs. 2 sind und auf deren Vertragsverhältnis somit Arbeitsrecht Anwendung findet. Die hier gebrauchte Terminologie vom „unselbständigen" oder „angestellten" Handelsvertreter hat daher Signalfunktion weil mit der Vertragsbezeichnung noch nicht über die rechtliche Einordnung des Vertragsverhältnisses entschieden ist (ausführlich dazu unten RdNr. 116 ff.).

Während das auf den „angestellten Handelsvertreter" (Abs. 2) anwendbare Recht der **24** Handlungsgehilfen bzw. **allgemeine Arbeitsrecht** zahlreiche materielle Schutzvorschriften enthält, betreffen die zwingenden Vorschriften im **Handelsvertreterrecht** vorwiegend Fragen der ordnungsgemäßen Abwicklung der Geschäftsbeziehung, wie Schriftform, Informationspflicht, Fälligkeit und Berechnung der Provision sowie besondere Kündigungsvorschriften.

C. Abgrenzung Selbständiger/Unselbständiger

Die Abgrenzung des selbständigen vom „unselbständigen" Handelsvertreter hat wegen **25** der Weichenstellungsfunktion für die Anwendung von Handelsvertreter- oder Arbeitsrecht zentrale Bedeutung. Dabei ist die Unterscheidung des Selbständigen vom Unselbständigen nicht nur von materiell-rechtlicher, sondern auch von prozessualer Relevanz, da mit der Zuordnung in der Regel zugleich über den Rechtsweg zu den ordentlichen Gerichten oder den Arbeitsgerichten (Ausnahme § 5 Abs. 3 ArbGG, vgl. dazu § 92 a RdNr. 5) entschieden wird. Die Abgrenzung des selbständigen vom „unselbständigen" Handelsvertreter ist keine spezifische Fragestellung aus dem Recht des Handelsvertreters, sondern eine **allgemeine Abgrenzungsproblematik**, die generell für den Anwendungsbereich des Arbeits-

---

[14] Vgl. LAG Düsseldorf NJW 1988, 725, 727.
[15] LG Essen MdR 1982, 852; Baumbach/*Hopt* RdNr. 8; GK-HGB/*Haumann* RdNr. 1; Heymann/ *Sonnenschein/Weitemeyer* RdNr. 6.

[16] Baumbach/*Hopt* RdNr. 9; GK-HGB/*Haumann* RdNr. 1.
[17] *Stolterfoht* Selbständigkeit S. 259 f.
[18] Siehe dazu Erman/*Hanau* § 611 RdNr. 108; *Hueck/Nipperdey*, Arbeitsrecht I, § 30 I, S. 172.

rechts, aber auch für die Rechtsfolgenbestimmung in anderen Rechtsgebieten, wie zB dem Sozialversicherungsrecht[19] oder dem Steuerrecht,[20] Bedeutung erlangt.

I. Abgrenzungsmerkmal (Abs. 1 Satz 2)

26   Nach der Legaldefinition des Abs. 1 Satz 2 ist selbständig, wer im wesentlichen **frei** seine **Tätigkeit gestalten** und seine **Arbeitszeit bestimmen** kann. § 84 Abs. 1 Satz 2 enthält insoweit ein typisches Abgrenzungsmerkmal und über den unmittelbaren Anwendungsbereich hinaus eine gesetzgeberische Wertung. Mit dieser gesetzlichen Begriffsbestimmung werden allerdings **keine eindeutigen Unterscheidungsmerkmale** an die Hand gegeben, die eine stets zutreffende Subsumtion in Theorie oder Praxis ermöglichen. In Rechtsprechung[21] und Literatur[22] sind daher zahlreiche – unterschiedliche – Ansätze entwickelt worden, um eine praktikable Abgrenzung im Einzelfall zu ermöglichen.

27   **1. Meinungsstand. a) Persönliche Abhängigkeit.** Das **BAG** sieht in st Rspr.[23] als ausschlaggebendes Abgrenzungsmerkmal die persönliche Abhängigkeit des Dienstleistungsverpflichteten von dem Dienstleistungsnehmer an, die sich aus der Eingliederung in die fremde Arbeitsorganisation ergebe, wonach der Dienstverpflichtete dem (arbeitsrechtlichen) Weisungsrecht unterliegt.[24] Diese persönliche Abhängigkeit sei allerdings kein ein für alle Male feststehender Begriff, sondern ein relatives Kriterium. Es komme daher auf das Gesamtbild des in Frage stehenden Rechtsverhältnisses an.[25] Unter Berücksichtigung einer Vielzahl von Tatbestandsmerkmalen könne daher über die persönliche Abhängigkeit im Einzelfall nur unter einer Gesamtwürdigung aller Umstände entschieden werden.[26]

28   **b) Unternehmerrisiko.** Demgegenüber wird von einer neueren Auffassung in der Literatur[27] und der Rechtsprechung des **BSG**[28] das entscheidende Abgrenzungsmerkmal in der Verteilung von Unternehmerrisiken und -chancen gesehen. Der Selbständige übernehme das Unternehmerrisiko, dem entsprechende Unternehmerchancen gegenüberstehen. Demgegenüber stelle der Arbeitnehmer seine Arbeitskraft den Zwecken des Unternehmers zur Verfügung, verzichte also auf die Unternehmerchancen. Sein Berufs- und Existenzrisiko würde weitgehend von anderen getragen, so daß er auch nicht das Unternehmerrisiko zu tragen bräuchte. Allerdings soll auch das Unternehmerrisiko keine feststehende Größe sein, sondern jeweils an Hand der bereits in der Rechtsprechung entwickelten Untermerkmale beurteilt werden.

29   **c) Soziale Schutzbedürftigkeit.** Schließlich wird von einer anderen Auffassung in der Literatur das Merkmal der persönlichen Abhängigkeit mit dem der sozialen Schutzbedürftigkeit kombiniert.[29] Das Arbeitsrecht knüpfe seine Rechtsfolgen an die soziale Schutzbe-

---

[19] Hierzu *v. Hoyningen-Huene* BB 1987, 1730 ff.

[20] BVerfG NJW 1978, 365.

[21] Vgl. nur die Nachweise in AP BGB § 611 Abhängigkeit Nr. 1 bis 50; zuletzt BAG NZA 1994, 1132.

[22] Grundlegend nunmehr *Wank*, Arbeitnehmer und Selbständige, 1988. – Vgl. aus neuer Zeit auch *Heuberger*, Sachliche Abhängigkeit als Kriterium des Arbeitsverhältnisses, 1982; *Hilger* RdA 1989, 1 ff.; *Matthiesen* ZIP 1988, 1089 ff.; *Rosenfelder*, Der arbeitsrechtliche Status des freien Mitarbeiters, 1982.

[23] AP BGB § 611 – Abhängigkeit – Nr. 42, Nr. 44, Nr. 45; zuletzt BAG NZA 1994, 1132. – Ebenso LAG Bremen, AP BGB § 611 Abhängigkeit Nr. 50; LAG Hamm LAGE § 611 BGB Arbeitnehmerbegriff Nr. 13.

[24] Zustimmend aus der Lit. Baumbach/*Hopt* RdNr. 35; Erman/*Hanau* § 611 BGB RdNr. 56; *Fitting* § 5 BetrVG RdNr. 16; *Hanau/Adomeit* E 2,

S. 144 f.; GK-HGB/*Haumann* RdNr. 9; *Hueck/Nipperdey* I, § 9 III 3, S. 41 ff.; *G. Hueck* RdA 1969, 216 ff.; *Konzen* ZfA 1978, 451, 496 ff.; – Zur Terminologie kritisch, in der Sache aber ebenso *Hilger* RdA 1989, 1 ff.; KR/*M. Wolf* Grunds., S. 59 ff.

[25] BGH BB 1975, 1409; Baumbach/*Hopt* RdNr. 36; Heymann/*Sonnenschein/Weitemeyer* RdNr. 9; *Hueck* RdA 1969, 216, 219 f.

[26] BVerfG NJW 1978, 365; GK-HGB/*Haumann* RdNr. 14; Heymann/*Sonnenschein/Weitemeyer* RdNr. 9; *G. Hueck* RdA 1969, 216, 220.

[27] *Wank*, Arbeitnehmer und Selbständige, S. 122 ff.; *Lieb* RdA 1977, 210, 215 f.; *Matthießen* ZIP 1988, 1089, 1092. – Ähnlich *Träger*, Die Reichweite des arbeitsrechtlichen Sozialschutzes, 1981, S. 173 ff.

[28] AP BGB § 611 Abhängigkeit Nr. 27 und 29; BSG SGb 1994, 388 mit Anm. *v. Hoyningen-Huene*.

[29] *Beuthien* RdA 1978, 2 ff.

dürftigkeit der von ihm erfaßten Personen an. Deswegen müsse auch bei der Abgrenzung des Selbständigen vom Unselbständigen neben der persönlichen Abhängigkeit auch die soziale Schutzbedürftigkeit berücksichtigt werden.

2. Gestaltungsfreiheit. Den Abgrenzungsversuchen in Rechtsprechung und Literatur ist **30** insofern beizupflichten, als der Begriff des Arbeitnehmers und damit die Abgrenzung der Unselbständigen von den Selbständigen nicht ontologisch vorgegeben ist. Die Rechtsfigur des Arbeitnehmers ist kein einheitlicher Begriff mit feststehenden Tatbestandsmerkmalen, unter den sich sowohl die Putzfrau, der Arbeiter am Fließband, der Spezialist am Schaltbrett einer modernen Computeranlage, der Chefarzt, der Justitiar, der Künstler oder das Mannequin fassen lassen.[30] Es gibt keine abstrakten, für alle Arten von Arbeitnehmern schlechthin geltenden Kriterien.[31] Die Abgrenzung zwischen Selbständigen und Unselbständigen ist durch eine **Gesamtwürdigung** der Umstände des Einzelfalles **typologisch** vorzunehmen.[32] Die für den Arbeitnehmer typischen Merkmale haben die Bedeutung von Kennzeichen und Indizien, um die Einordnung zu dem Typus des Unselbständigen zu tragen. Die Merkmale sind abstufbar und bis zu einem gewissen Grade gegeneinander austauschbar.

Diese Feststellung enthebt allerdings nicht der Aufgabe, das Interpretationsziel zu bestimmen, an Hand dessen die Unterscheidung zwischen Selbständigen und Unselbständigen **31** zu treffen ist. Dieses ist für die Abgrenzung des (selbständigen) Handelsvertreters von den unselbständigen Umatzmittlern in Abs. 1 Satz 2 gesetzlich festgelegt. Wesentlich ist die freie Gestaltung der Tätigkeit und der Arbeitszeit. **Leitfunktion** hat somit die vertraglich geregelte **Gestaltungsfreiheit** für die zu leistende Tätigkeit. Damit wird zwar terminologisch, nicht aber der Sache nach von der ständigen Rechtsprechung des BAG und der hL abgewichen, für die eine persönliche Abhängigkeit entscheidend ist. Wesentlich ist auch hiernach die freie Gestaltung von Art und Zeit der Tätigkeit.

Demgegenüber kann durch das **Merkmal der sozialen Schutzbedürftigkeit** die Abgrenzung **nicht verbessert** werden. Insoweit handelt es sich um eine petitio principii, da **32** mit der Abgrenzung zwischen Selbständigen und Unselbständigen gerade darüber entschieden wird, ob der soziale Schutz des Arbeitsrechts eingreifen soll oder es bei den allgemeinen Regelungen über die Handelsvertretertätigkeit verbleibt. Soweit die Abgrenzung an Hand der Lehre vom Unternehmerrisiko getroffen werden soll, setzt sich diese über den eindeutigen Gesetzeswortlaut hinweg. Außerhalb des Evidenzbereichs ist das Kriterium des Unternehmerrisikos auch nicht geeignet, zur angemessenen Lösung der Problemfälle beizutragen.[33]

II. Beurteilungsgrundlage

Für die Beurteilung der Selbständigkeit ist weder isoliert auf die von den Parteien gewählte Einordnung des Vertrags[34] oder die von diesen gewählte Bezeichnung als Angestell- **33** ter bzw. Handelsvertreter noch die tatsächliche Durchführung des Vertrags abzuheben. Dies folgt einerseits daraus, daß die Parteien nicht durch eine formale Etikettierung über die Anwendbarkeit zwingender Schutznormen des Handelsvertreter- bzw. allgemeinen Arbeitsrechts disponieren können.[35] Andererseits ist es aber auch nicht zulässig, durch eine

30 *Hilger* RdA 1989, 1, 2.
31 BAG AP BGB § 611 Abhängigkeit Nr. 26.
32 BAG AP BGB § 611 Abhängigkeit Nr. 34 mit Anm. *G. Küchenhoff, Otto* und *Wank; Herschel* Anm. zu BAG AP BGB § 611 Abhängigkeit Nr. 42 und 43; *Hilger* RdA 1989, 1, 2; *Martens* RdA 1979, 347, 348; *Otto* Anm. zu BAG AP BGB § 611 Abhängigkeit Nr. 34 bis 36 zu I 3 a; *Rosenfelder* Status, S. 111 f.; MünchKommBGB/*Söllner* § 611 RdNr. 130; *Wank,* Arbeitnehmer und Selbständige, S. 126. – Kritisch *Heuberger,* Sachliche Abhängigkeit, S. 127 ff.; *Stolterfoth* Selbständigkeit S. 167 ff.

33 Zur Kritik vgl. *Rosenfelder* Status S. 159 ff. – Siehe auch *v. Hoyningen-Huene* BB 1987, 1730, 1732 f., wonach dem Unternehmerrisiko für die Abgrenzung eine Indizfunktion zukommt, ohne selbst entscheidende Leitfunktion für die Abgrenzung zu haben.
34 So aber *Stolterfoth* Selbständigkeit S. 189 ff.
35 LAG Berlin AP BGB § 611 Abhängigkeit Nr. 50 unter I 2 der Gründe; Heymann/*Sonnenschein/Weitemeyer* RdNr. 9; *Rosenfelder* Status S. 122 ff.; *Wank,* Arbeitnehmer und Selbständige, S. 104 ff.

von der vertraglichen Gestaltung abweichende tatsächliche Durchführung den Schutz arbeitsrechtlicher Vorschriften zu erschleichen. Entscheidend ist daher das **Gesamtbild** der Verhältnisse **unter Würdigung sowohl der vertraglichen Gestaltung als auch der tatsächlichen Handhabung** des Vertrags.[36]

34   Die **Einordnung** ist dann unproblematisch, wenn sowohl die Vertragsgestaltung als auch die tatsächliche Durchführung für eine selbständige bzw. unselbständige Tätigkeit sprechen. Spricht die tatsächliche Gestaltung einer Tätigkeit gleichermaßen für eine abhängige Beschäftigung wie für eine selbständige Tätigkeit, so ist für die Beurteilung der in den vertraglichen Vereinbarungen zum Ausdruck kommende Wille der Vertragspartner maßgebend.[37] Umgekehrt kann dann, wenn der Vertrag sowohl in dem einen als auch in dem anderen Sinne auszulegen ist, auf Grund der tatsächlichen Handhabung die Entscheidung darüber getroffen werden, ob eine selbständige oder unselbständige Tätigkeit vorliegt.[38]

35   Weichen Vertragsgestaltung und Vertragsdurchführung voneinander ab, ist die Beurteilung danach zu treffen, wie das Rechtsverhältnis nach objektiven Maßstäben praktiziert worden ist.[39] Regelmäßig hat daher die **tatsächliche Vertragsdurchführung Vorrang vor der Vertragsgestaltung**.[40] Diese läßt einen Rückschluß darauf zu, daß der im Vertragstext zum Ausdruck gekommene Wille nicht dem tatsächlichen Willen der Parteien über die sich aus dem Rechtsverhältnis ergebenden Rechte und Pflichten entspricht[41] oder dh. zumindest durch die tatsächliche Handhabung eine andere Einordung konkludent vereinbart worden ist.[42] Läßt sich an Hand dieser Kriterien eine abschließende Beurteilung nicht treffen, dann muß darauf abgestellt werden, von welcher der beiden Arten von Erwerbstätigkeiten das Berufsleben der in Betracht kommenden Personen geprägt ist.[43]

III. Beurteilungskriterien

36   Bei der Entscheidung über die Frage der Selbständigkeit im Einzelfall ist auf eine Reihe von Kriterien zurückzugreifen, die für eine Einordnung Bedeutung gewinnen können. Allerdings ist auch hier zu beachten, daß keines dieser Merkmale zwingend vorliegen muß, um von abhängiger oder selbständiger Tätigkeit sprechen zu können. Demzufolge gibt es ambivalente Merkmale, die sowohl bei Selbständigen als auch bei Arbeitnehmern gefunden werden können. Ausschlaggebend ist folglich stets eine **Gesamtschau** unter Berücksichtigung der Ausprägung im konkreten Fall.

37   **1. Eingliederung in den Betrieb.** Anhaltspunkt für die Gestaltungsfreiheit ist insbesondere die organisatorische Eingliederung in den Betrieb des Unternehmers.[44] Der nicht selbständig Beschäftigte ist grundsätzlich in einem fremden Betrieb eingegliedert und hat

36 BAG AP Nr. 1 mit Anm. *Küstner;* BAG AP BGB § 611 Abhängigkeit Nr. 42, Nr. 43, Nr. 44; LAG Berlin AP BGB § 611 Abhängigkeit Nr. 50; BGH AP Nr. 2, AP Nr. 3 = NJW 1982, 1757; BGHZ 59, 87, 91; BGH DB 1975, 1409, 1410; Baumbach/*Hopt* RdNr. 36; Heymann/*Sonnenschein/Weitemeyer* RdNr. 9; *Rosenfelder* Status S. 118 ff., 190 ff.; *Wank,* Arbeitnehmer und Selbständige, S. 102 ff.
37 BAG AP BGB § 611 – Abhängigkeit – Nr. 12 mit Anm. *Lieb* = SAE 1874, 248 ff. mit Anm. *Mayer-Maly* ; BSG AP BGB § 611 Abhängigkeit Nr. 29 und 30; *Heuberger,* Sachliche Abhängigkeit, S. 190 ff.; *v. Hoyningen-Huene* BB 1987, 1734. – Kritisch *Hilger* RdA 1989, 1, 6 f.
38 BAG AP BGB § 611 Abhängigkeit Nr. 21 mit Anm. *Beuthien/Wehler; Wank,* Arbeitnehmer und Selbständige, S. 111.

39 BAG AP § 88 Nr. 1 mit Anm. *Naendrup* = SAE 1973, 45 ff mit Anm. *Herschel;* BAG AP BGB § 611 Abhängigkeit Nr. 34, Nr. 42, Nr. 50.
40 BSG BGB § 611 Abhängigkeit Nr. 29; *v. Hoyningen-Huene* BB 1987, 1730, 1734.
41 BAG AP BGB § 611 – Abhängigkeit – Nr. 21; mit Anm. *Beuthien/Wehler; Rosenfelder* Status S. 134 ff.; *Wank,* Arbeitnehmer und Selbständige, S. 111.
42 *Rosenfelder* Status S. 125 ff.; *Wank,* Arbeitnehmer und Selbständige, S. 111.
43 BSG AP BGB § 611 Abhängigkeit Nr. 30; *v. Hoyningen-Huene* BB 1987, 1730, 1734.
44 BAG AP § 611 Abhängigkeit Nr. 11, Nr. 37, Nr. 38 mit Anm. *Stumpf,* Nr. 42; LAG Berlin AP BGB § 611 Abhängigkeit Nr. 50; BAG NZA 1994, 1132, 133; BSG AP BGB § 611 Abhängigkeit Nr. 27, Nr. 30; *Hilger* RdA 1989, 1, 3; *v. Hoyningen-Huene* BB 1987, 1730 f.; *Wank,* Arbeitnehmer und Selbständige, S. 154 ff.

fremdbestimmte Arbeit persönlich zu verrichten (§ 613 BGB). Die Eingliederung in einen fremden Wirtschaftsbetrieb steht im Gegensatz zur selbständigen Erwerbstätigkeit, weil dem Beschäftigten damit die Möglichkeit genommen wird, die von ihm zu verrichtende Tätigkeit frei zu gestalten.

Die Eingliederung in den Betrieb ist **nicht** immer **nur räumlich** zu verstehen. Auch wer   38
ausschließlich in seiner eigenen Wohnung oder außerhalb des Betriebs des Unternehmers arbeitet, kann auf Grund der Einordnung in die betriebliche Organisation Arbeitnehmer und damit Unselbständiger sein. Entscheidend ist auch in diesem Zusammenhang die **Verfügungsmöglichkeit über Arbeitszeit und Arbeitskraft.** Die Gestaltungsfreiheit kommt darin zum Ausdruck, daß der Unternehmer keinen Arbeitsplan, keine Mindestarbeitszeit und kein bestimmtes Arbeitspensum vorschreiben kann.[45] Diese Freiheiten sollen Recht des Handelsvertreters sein, selbst wenn seine Arbeitszeit weitgehend von den Wünschen der Kunden bestimmt wird.

So wird die **Selbständigkeit** nicht berührt, wenn der Handelsvertreter Bürozeiten ein-   39
halten oder zu bestimmten Zeiten telefonisch erreichbar sein muß, wenn dies in seinem eigenen Interesse liegt oder wenn er im Hinblick auf die Berichtspflicht aus § 86 Abs. 2 zu regelmäßigen Zeiten im Büro des Unternehmers sich einzufinden bzw. laufende Meldungen über vermittelte Versicherungsverträge, monatliche Kassenabrechnung sowie monatliche formularmäßige Meldungen über seine Tätigkeit abzugeben hat.[46] **Gegen die Selbständigkeit** spricht jedoch, wenn der Unternehmer den Handelsvertreter jederzeit kurzfristig in den Innendienst berufen kann[47] oder der Handelsvertreter seine gesamte Arbeitskraft in den Dienst des Unternehmers stellen muß.[48] Deutliches Indiz für abhängige Tätigkeit ist es auch, wenn die Korrespondenz des Handelsvertreters auf Firmenpapier des Unternehmens unterzeichnet wird.[49] Ebenso führt eine hohe Inanspruchnahme der Arbeitskraft des Vertreters, seine Pflicht, Arbeitsunfähigkeitszeiten nachzuweisen, Schulungsveranstaltungen des Arbeitgebers zu besuchen und in kurzen Zeitabständen regelmäßig über seine Berufstätigkeit zu berichten, zu einer Eingliederung in den Betrieb des Unternehmers.[50]

2. Weisungsgebundenheit. Ein wesentliches Merkmal fehlender Gestaltungsfreiheit bei   40
der Arbeit ist das Weisungsrecht des Arbeitgebers, dem die Weisungsgebundenheit des Arbeitnehmers entspricht.[51] Insoweit kommt es allerdings **nicht** auf ein **fachliches, ergebnisorientiertes Weisungsrecht** an, da auch beim freien Dienstvertrag der Dienstnehmer die Art und den Inhalt der vom Dienstleistungsverpflichteten zu erbringenden Leistung bestimmt. Maßgeblich ist vielmehr das **personenbezogene und ablauforientierte Weisungsrecht hinsichtlich der Umstände, unter denen die Leistung erbracht wird.**[52] Die fehlende Gestaltungsfreiheit zeigt sich insbesondere darin, daß der Arbeitgeber befugt ist, Ort und Zeit der Arbeitsleistung zu bestimmen sowie die arbeitsbegleitenden Verhaltensregeln aufzustellen.

Bei abhängiger Beschäftigung ist die Arbeitszeit regelmäßig **fremdbestimmt** und ver-   41
bunden mit der Pflicht zum regelmäßigen Erscheinen. Demgegenüber ist Indiz für eine selbständige Tätigkeit die Möglichkeit, die Arbeitszeit frei einzuteilen (vgl. zur Arbeitszeit schon oben RdNr. 26). Bei abhängiger Beschäftigung ist die Arbeitsstätte regelmäßig

---

[45] BVerfG NJW 1978, 365.
[46] BAG AP § 92 Nr. 2 = SAE 1966, 221 ff. mit Anm. *G. Hueck* = AR-Blattei, Handelsgewerbe III, Entsch. 89 mit Anm. *Gros.* ·
[47] OLG Düsseldorf WM 1985, 524, 526.
[48] BAG AP BGB § 611 Abhängigkeit Nr. 35 mit Anm. *Otto* (I) und *Wank* (II).
[49] BAG AP § 92 Nr. 2 = SAE 1966, 221 ff. mit Anm. *G. Hueck* = AR-Blattei, Handelsgewerbe III, Entsch. 89 mit Anm. *Gros.*
[50] LAG Hamm LAGE § 611 BGB Arbeitnehmerbegriff Nr. 13.

[51] BAG AP BGB § 611 Abhängigkeit Nr. 45; LAG Berlin AP BGB § 611 Abhängigkeit Nr. 50; *Baumbach/Hopt* RdNr. 38; *Erman/Hanau* BGB RdNr. 58; *Heymann/Sonnenschein/Weitemeyer* RdNr. 11; *v. Hoyningen-Huene* BB 1987, 1730, 1731 f.; *MünchKommBGB/Söllner* § 611 RdNr. 133; *Wank*, Arbeitnehmer und Selbständige, S. 145 ff.
[52] *v. Hoyningen-Huene* BB 1987, 1730, 1731; *ders.* Anm. zu BAG EzA BetrVG 1972 § 99 Nr. 102; *Wank*, Arbeitnehmer und Selbständige, S. 149.

fremdbestimmt, also meist im fremden Betrieb. Kann der Beschäftigte die Arbeitsstätte selbst wählen, so spricht dies für eine selbständige Tätigkeit. Freilich sind hier Ausnahmen möglich. Die Selbständigkeit kann durch Weisungen über Art und Umfang der Kundenbesuche sowie die Reiseroute berührt werden.[53] Eine abhängige Tätigkeit ist danach gegeben, wenn der Handelsvertreter bestimmte Tourenpläne einzuhalten, die Kunden in bestimmten Zeitabständen zu besuchen oder zu bestimmten Zeiten an bestimmten Orten anwesend zu sein hat.[54] Kann der Handelsvertreter hingegen frei entscheiden, welchen Kunden er in dem ihm zugewiesenen Bereich wann besuchen will, spricht dies für eine selbständige Tätigkeit.[55]

42   **3. Mehrfachvertretung.** Bei der Beurteilung der Gestaltungsfreiheit kann auch berücksichtigt werden, ob dem Handelsvertreter die Möglichkeit der Mehrfachvertretung gegeben ist. Wer von mehreren Unternehmen betraut ist, kann in der Regel als selbständig beurteilt werden.[56] Daneben ist ein Nebenbeschäftigungsverbot Indiz für die Unselbständigkeit des Handelsvertreters. Dieses verstärkt nicht nur die wirtschaftliche Abhängigkeit von dem Unternehmer, sondern sichert diesem auch die Möglichkeit der tatsächlichen Einflußnahme auf die Arbeitsleistungen.[57] Allerdings läßt sich aus einem Nebentätigkeitsverbot nicht zwingend auf die Unselbständigkeit schließen, da das Gesetz selbst in § 92 a von der Möglichkeit ausgeht, dem selbständigen Handelsvertreter die Tätigkeit für weitere Unternehmen zu untersagen.[58]

43   **4. Einsatz von Erfüllungsgehilfen.** Für die Eigenschaft als Selbständiger spricht regelmäßig, wenn der Beschäftigte seinerseits Hilfskräfte für sich arbeiten und die ihm vertraglich obliegenden Leistungen durch Erfüllungsgehilfen erbringen lassen kann.[59] Das Recht zum Einsatz von Erfüllungsgehilfen ist nämlich unmittelbarer Ausdruck der Freiheit, die eigene Tätigkeit selbstverantwortlich zu gestalten. Ein Handelsvertreter ist daher als selbständig anzusehen, wenn für ihn zwar eine bestimmte Arbeitszeit vorgeschrieben ist, es aber in seinem freien Ermessen steht, die Tätigkeit selbst wahrzunehmen oder durch Personal zu erledigen. Insoweit kann er seine Arbeitszeit und die seiner Mitarbeiter im Rahmen der gesetzlichen Bestimmungen selbst festsetzen und den Einsatz im Innen- oder Außendienst selbst regeln.[60] Indiz für die Unselbständigkeit ist es hingegen, wenn der Handlungsgehilfe seine Tätigkeit persönlich erbringen muß (vgl. § 613 BGB) und im Urlaub oder bei sonstiger Abwesenheit die laufenden Geschäfte durch Mitarbeiter des Unternehmers wahrgenommen werden.[61]

44   **5. Unternehmerrisiko.** Der abhängig Beschäftigte trägt grundsätzlich kein Entgeltrisiko, weil das Entgelt nach der Arbeitszeit, nicht aber nach dem Arbeitsergebnis bezahlt wird (Ausnahme Provision nach § 65). Demgegenüber trägt der Selbständige das eigene Unternehmerrisiko; er ist also vom Markt abhängig und kann demgemäß auch ohne Gewinn bleiben, falls keine Tätigkeit für ihn anfällt. Ein unternehmerisches Risiko ist **wesentliches Indiz** für eine selbständige Tätigkeit.[62] Aber auch das Bestehen eines Unternehmerrisikos ist nicht schlechthin entscheidend, sondern nur im Rahmen der Würdigung des Gesamt-

---

[53] BAG AP § 90 a Nr. 1; OLG Stuttgart BB 1970, 1112; Heymann/*Sonnenschein* RdNr. 11.

[54] OLG Stuttgart BB 1970, 1112.

[55] ArbG München EzA BAG § 611 Arbeitnehmerbegriff Nr. 33.

[56] Begr. zu § 84 Abs. 2, BT-Drs. 1/3856, S. 17; BAG AP BGB § 611 Abhängigkeit Nr. 44; Baumbach/*Hopt* RdNr. 36; Heymann/*Sonnenschein*/ *Weitemeyer* RdNr. 13; Staub/*Brüggemann* RdNr. 11. Der Einfirmenvertreter kann aber ebenfalls Handelsvertreter sein, so ArbG Lübeck BB 1996, 177.

[57] BGH AP Nr. 2.

[58] BAG AP § 92 Nr. 2 = SAE 1966, 221 ff. mit Anm. *G. Hueck* = AR-Blattei, Handelsgewerbe III, Entsch. 89 mit Anm. *Gros*.

[59] BAG AP Nr. 1 mit Anm. *Küstner*; BGH AP Nr. 3; Staub/*Brüggemann* RdNr. 11; *Wank*, Arbeitnehmer und Selbständige, S. 162 f.

[60] BAG AP Nr. 1; BGH AP Nr. 3.

[61] BAG AP Nr. 2.

[62] BVerwG NJW 1978, 365; BAG AP BGB § 611 Abhängigkeit Nr. 37; BAG AP BGB § 611 Ärzte, Gehaltsanspruch Nr. 24 mit Anm. *Molitor*; BSG AP BGB § 611 Abhängigkeit Nr. 27 und 29; Heymann/*Sonnenschein*/*Weitemeyer* RdNr. 16; *Küstner*/*v. Manteuffel* I RdNr. 16; *Wank*, Arbeitnehmer und Selbständige, S. 122 ff., 261 ff.

v. Hoyningen-Huene

bildes zu beachten. Außerdem kann die Belastung mit Risiken nur dann für Selbständigkeit sprechen, wenn dem Unternehmerrisiko eine größere Freiheit bei der Gestaltung und der Bestimmung des Umfangs des Einsatzes der eigenen Arbeitskraft gegenübersteht. Wird ein Erwerbstätiger, der im übrigen nach der Gestaltung des Vertragsverhältnisses als Arbeitnehmer einzustufen wäre, mit zusätzlichen Risiken belastet, so vermag dies noch keine Selbständigkeit zu begründen,[63] sondern geradezu die Anwendbarkeit arbeitsrechtlicher Schutznormen erfordern.

6. Wirtschaftliche Abhängigkeit. Weder Maßstab noch im Grenzbereich Ausgren- **45** zungskriterium ist die wirschaftliche Abhängigkeit für die Abgrenzung von Selbständigen und Unselbständigen.[64] Die wirtschaftliche Abhängigkeit ist zwar charakteristisches Merkmal der abhängigen Beschäftigung, sie kann aber auch beim selbständig Tätigen vorhanden sein.[65] Läßt somit die wirtschaftliche Abhängigkeit eine zwingende Unterscheidung nicht zu, kann umgekehrt aus der **wirtschaftlichen Unabhängigkeit** regelmäßig auf die **Selbständigkeit** geschlossen werden. Wirtschaftliche Unabhängigkeit läßt regelmäßig den für die Gestaltungsfreiheit nötigen Spielraum.

7. Formale Kriterien. Auch formalen Kriterien kann im Rahmen der Gesamtabwägung **46** bei der Abgrenzung zwischen Selbständigkeit und Unselbständigkeit Bedeutung zukommen. Läßt die vertragliche Vereinbarung oder die tatsächliche Durchführung eine eindeutige Einordnung zu, können formale Kriterien im Rahmen der Gesamtabwägung eher vernachlässigt werden. Lassen diese aber noch Zweifelfragen offen, dann kann an Hand der formalen Kriterien darauf geschlossen werden, ob nach den vertraglichen Vereinbarungen eine selbständige oder unselbständige Tätigkeit gewollt war.

Für eine selbständige Tätigkeit sprechen **reine Provisionszahlungen** ohne festes Ent- **47** gelt,[66] ein Honorar nebst Umsatzsteuer für die erbrachten Leistungen nach festen Gebührenvorschriften, wie etwa bei Architekten, Steuerberatern, Rechtsanwälten oder Ärzten;[67] eine kaufmännische Buchführung;[68] Eintragung einer Firma in das Handelsregister;[69] eigene Geschäftsräume;[70] eigene Unternehmensorganisation;[71] eine Gewerbeanmeldung;[72] Zahlung von Umsatz- und Gewerbesteuer;[73] Zahlung von Beiträgen an die IHK.[74] Demgegenüber deutet auf eine unselbständige Tätigkeit hin die **Abführung von Lohnsteuer und Sozialversicherungsbeiträgen** durch den Unternehmer;[75] die Gewährung von Erholungsurlaub durch den Unternehmer an den Beschäftigten;[76] die Übergabe von Arbeitspapieren, insbesondere der Lohnsteuerkarte, durch den Beschäftigten an den Unternehmer.[77]

[63] v. Hoyningen-Huene BB 1987, 1739, 1733; Heuberger, Sachliche Abhängigkeit, S. 60 f. – Vgl. auch BGH AP Nr. 2 unter II 2.
[64] BAG AP BGB § 611 Abhängigkeit Nr. 6 mit Anm. Schnorr, Nr. 42, Nr. 45; LAG Berlin AP BGB § 611 Abhängigkeit Nr. 50; BAG AP BGB § 611 Lehrer, Dozenten Nr. 32; Erman/Hanau § 611 RdNr. 56; GK-HGB/Haumann RdNr. 9; Heymann/Sonnenschein/Weitemeyer RdNr. 8; Hilger RdA 1989, 1, 5 f.; v. Hoyningen-Huene BB 1987, 1730, 1733; Rosenfelder Status S. 170; MünchKommBGB/Söllner § 611 RdNr. 135; Staub/Brüggemann RdNr. 15. – AA Beuthien RdA 1979, 2, 5; Ranke AuR 1979, 9, 15 ff.; Wank, Arbeitnehmer und Selbständige, S. 125 ff.
[65] Hilger RdA 1989, 1, 5 f.; v. Hoyningen-Huene BB 1987, 1730, 1733.
[66] BGH AP Nr. 3 = NJW 1982, 1757, 1758; LAG Berlin AP BGB § 611 Abhängigkeit Nr. 50; LAG Berlin AP BGB § 611 Abhängigkeit Nr. 44; v. Hoyningen-Huene BB 1987, 1730, 1733. – Vgl. auch Heuberger, Sachliche Abhängigkeit, S. 189, der zutreffend darauf hinweist, daß eine Beschäftigung

auf Provisionsbasis dann noch keine Selbständigkeit begründen kann, wenn dieser Vertragsform Elemente gegenüberstehen, die eine weitgehende Einschränkung der Gestaltungsfreiheit bewirken.
[67] v. Hoyningen-Huene BB 1987, 1730, 1733; BGH AP Nr. 3 = NJW 1982, 1757, 1758.
[68] BGH AP Nr. 3 = NJW 1982, 1757, 1758; Baumbach/Hopt RdNr. 36.
[69] GK-HGB/Haumann RdNr. 9; Heymann/Sonnenschein/Weitemeyer RdNr. 17.
[70] BAG AP Nr. 1.
[71] Wank, Arbeitnehmer und Selbständige, S. 163 f.
[72] BGH AP Nr. 3 = NJW 1982, 1757, 1758.
[73] GK-HGB/Haumann RdNr. 9; Heymann/Sonnenschein/Weitemeyer RdNr. 17.
[74] RAG WarnRspr. 1936 Nr. 179.
[75] OLG Düsseldorf WM 1985, 524, 546.
[76] LAG Berlin AP BGB § 611 Abhängigkeit Nr. 44; v. Hoyningen-Huene BB 1987, 1730, 1733.
[77] LAG Berlin AP BGB § 611 Abhängigkeit Nr. 44.

IV. Zusammenfassung

48   Die Abgrenzung von selbständiger und unselbständiger Tätigkeit richtet sich nach dem **Grad der Gestaltungsfreiheit**. Die selbständige Tätigkeit ist dadurch gekennzeichnet, daß der Beschäftigte im wesentlichen seine Tätigkeit und Arbeitszeit frei gestalten kann (Abs. 1 Satz 2). Im Einzelfall ist dieses unter Berücksichtigung aller **maßgeblichen Umstände nach der Gesamtsituation** zu beurteilen. Entscheidend ist hierfür sowohl auf die Vertragsgestaltung als auch die tatsächliche Vertragsdurchführung abzuheben. Trotz entgegenstehender Bezeichnung liegt daher eine abhängige Beschäftigung vor, wenn auf Grund verschiedener Indizien eine Eingliederung in einen fremden Betrieb und damit die Gebundenheit hinsichtlich Tätigkeit und Arbeitszeit festgestellt werden kann. Bedeutsames Abgrenzungskriterium ist dabei die für Arbeitnehmer typische Weisungsgebundenheit hinsichtlich Zeit, Ort und Dauer der Tätigkeit (Abs. 1 Satz 2). Bei Diensten höherer Art tritt die Weisungsgebundenheit in den Hintergrund. Hier kommt es in erster Linie darauf an, ob der Mitarbeiter durch Beteiligung an Verlust und Gewinn ein Unternehmerrisiko trägt.

D. Der selbständige Handelsvertreter

I. Begriff des Handelsvertreters

49   **1. Selbständigkeit.** Selbständig ist ein Handelsvertreter nach Abs. 1 Satz 1, wenn er im wesentlichen frei seine Tätigkeit gestalten und seine Arbeitszeit bestimmen kann (wegen der Einzelheiten vgl. oben RdNr. 25 ff.). Dieses Kriterium für die Abgrenzung des selbständigen Handelsvertreters vom angestellten Handlungsgehilfen erlangt nur Bedeutung für natürliche Personen, nicht aber für juristische Personen und Personengemeinschaften. Letztere sind stets selbständig iSv. Abs. 1 Satz 2, weil die Arbeitnehmereigenschaft nur natürlichen Personen zukommen kann (siehe oben RdNr. 21 f.). Daher ist eine Handelsvertreter-GmbH auch dann selbständiger Handelsvertreter iSv. §§ 84 ff., wenn das Vertragsverhältnis als abhängiges Unternehmen iSv. § 17 Abs. 1 AktG zum herrschenden Unternehmen besteht.[78]

50   **2. Gewerbe/Kaufmannseigenschaft. a) Gewerbsmäßige Tätigkeit.** Voraussetzung für die Handelsvertretereigenschaft ist neben der Selbständigkeit die gewerbsmäßige Tätigkeit. Diese verlangt die **Ausübung einer berufsmäßigen Tätigkeit am Markt mit der Absicht dauernder Gewinnerzielung**[79] (zu den Einzelheiten vgl. Erläuterung zu § 1). Die Tätigkeit muß also auf Dauer angelegt (zum entsprechenden Tatbestandsmerkmal „ständig" vgl. unten RdNr. 52 ff.) und darf nicht auf gelegentliche Geschäfte beschränkt sein. Die unentgeltliche Tätigkeit im Einzelfall schließt die Absicht dauernder Gewinnerzielung nicht aus. Die Vermittlung oder der Abschluß von Geschäften für einen anderen ist auch dann kein freier Beruf, wenn im Einzelfall die wissenschaftliche oder geistige Leistung der Vermittlers[80] ausschlaggebend war. Nach § 1 Abs. 2 Nr. 7 handelt es sich hierbei kraft Gesetzes um gewerbliche Tätigkeit. Daher ist auch die hochqualifizierte Beratungstätigkeit eines Ärztepropagandisten, die auf wissenschaftlicher Grundlage beruht, als gewerblich zu beurteilen.[81]

51   **b) Kaufmann kraft Gewerbetriebs.** Nach § 1 Abs. 2 Nr. 7 ist der Handelsvertreter Kaufmann kraft Gewerbetriebs. Ob er **Voll-** (§ 1) oder **Minderkaufmann** (§ 4) ist, richtet sich nach dem Umfang seiner Tätigkeit. Hierbei kann insbesondere auf die Provisionseinnahmen, den Warenumsatz, den Kundenkreis, die Zahl der vertretenen Unternehmen

---

[78] Näher siehe *Emde*, Handelsvertreter-GmbH, S. 87 ff.

[79] BAG AP § 161 Nr. 9 mit Anm. *Hirte*; BGHZ 74, 273, 276 f.; BGHZ 95, 155, 157.

[80] Zu diesem Kriterium für die Abgrenzung der gewerblichen Tätigkeit vom freien Beruf vgl. Heymann/*Emmerich* § 1 RdNr. 19.

[81] *Neflin* DB 1961, 833.

sowie auf die Anzahl und den Wert der Geschäftsvorgänge abgestellt werden[82] (vgl. im einzelnen Kommentierung zu § 4).

3. Ständige Betrauung. Der Handelsvertreter muß mit seiner Tätigkeit durch den Unternehmer ständig betraut sein.

a) Betrauung. Der rechtlich farblose Ausdruck des „Betrauens" wurde vom Gesetzgeber verwandt, um der Beurteilung der Rechtsnatur des Vertragsverhältnisses zwischen Handelsvertreter und Unternehmer nicht vorzugreifen.[83] Inzwischen entspricht es allgemeiner Auffassung, daß der Handelsvertretertätigkeit ein **Dienstvertrag** zugrunde liegt, der eine **Geschäftsbesorgung** zum Gegenstand hat (§§ 611 ff., 675 BGB). Der Begriff „betraut" ist daher gleichbedeutend mit beauftragt iSv. § 675 BGB.[84]

b) Ständigkeit. Die Ständigkeit muß sich nicht auf das Tätigwerden, sondern den Inhalt des Vertrags beziehen.[85] Gegenstand muß also ein **Dauerschuldverhältnis** sein, demzufolge der Betraute eine unbestimmte Vielzahl von Geschäften für den Unternehmer abschließen oder vermitteln soll.[86] Eine bestimmte Zeitdauer oder gar ein langfristiger bzw. auf unbestimmte Zeit geschlossener Vertrag ist hierfür nicht erforderlich. Im Einzelfall genügt die Betrauung für eine Saison, eine Kampagne oder die Dauer einer Messe bzw. Ausstellung, wenn der Betraute zu der Vermittlung bzw. dem Abschluß einer unbestimmten Vielzahl von Geschäften verpflichtet ist.[87] Sollte er dagegen nur bestimmte einzelnen Geschäfte vermitteln oder nur gelegentlich für den Unternehmer tätig werden, liegt ein Handelsvertretervertrag nicht vor. Dies gilt auch dann, wenn die Vermittlung dieser Geschäfte eine längere Tätigkeit des Beauftragten erforderlich macht.[88]

4. Geschäftsvermittlung/-abschluß für andere Unternehmer. a) Geschäftsvermittlung. Eine **Vermittlungstätigkeit** wird entfaltet, wenn der Handelsvertreter den Abschluß von Geschäften **durch Einwirkung auf den Dritten fördert,** dh. den Geschäftsabschluß vorbereitet, ermöglicht oder herbeiführt.[89] Mitursächlichkeit genügt, wenn der Handelsvertreter die von ihm vertraglich geforderte Tätigkeit entfaltet hat.[90] Daher ist es unschädlich, wenn nicht allein die Bemühung des Handelsvertreters, sondern erst zusätzliche Anstrengungen des Unternehmers oder eines von diesem Beauftragten zum Geschäftsabschluß geführt haben, zB wenn der Handelsvertreter nur die zum Vertragsschluß führenden Verhandlungen veranlaßt hat[91] oder durch Werbemaßnahmen des Unternehmers der Dritte veranlaßt worden ist, an den Handelsvertreter heranzutreten.[92]

Der Handelsvertreter vermittelt nur dann, wenn er mittelbar oder unmittelbar auf den Dritten einwirkt, um einen Geschäftsabschluß herbeizuführen.[93] Hierzu bedarf es keines persönlichen Auftretens gegenüber dem Dritten. Es genügt, wenn der Handelsvertreter **Untervertreter** leitet und beaufsichtigt, die gegenüber dem Dritten eine Vermittlungstätigkeit entfalten.[94] Insoweit ist auch ein mehrfach gestuftes Vertreterverhältnis denkbar, bei dem die vom (General-) Handelsvertreter geleiteten und beaufsichtigten Vertreter ihrerseits Untervertreter einsetzen, die erst den Kontakt zu Dritten zwecks Förderung von Geschäftsabschlüssen herstellen.

Eine Vermittlungstätigkeit wird hingegen nicht entfaltet, wenn der Beauftragte dem Unternehmer **lediglich Personen benennt,** die zu einem Vertragsabschluß bereit oder an

---

[82] GK-HGB/*Haumann* RdNr. 8.
[83] Begr. z. Reg.-E. eines Gesetzes zur Änderung des HGB (Recht der Handelsvertreter), BT-Drs. 1/3856, S. 15.
[84] Baumbach/*Hopt* RdNr. 41.
[85] Begr. z. Reg.-E. eines Gesetzes zur Änderung des HGB (Recht der Handelsvertreter), BT-Drs. 1/3856 S. 16; Heymann/*Sonnenschein/Weitemeyer* RdNr. 38.
[86] OLG Nürnberg NJW 1957, 1720; OLG Bamberg BB 1965, 1167.
[87] OLG Nürnberg NJW 1957, 1720.
[88] OLG Nürnberg NJW 1957, 1720.
[89] BGH AP Nr. 4 unter II 2; Baumbach/*Hopt* RdNr. 22; Heymann/*Sonnenschein/Weitemeyer* RdNr. 19.
[90] BAG AP § 87 Nr. 2; BGH AP Nr. 3.
[91] BAG AP § 65 Nr. 5.
[92] BGH AP Nr. 3.
[93] Begr. z. Reg.-E. eines Gesetzes zur Änderung des HGB (Recht der Handelsvertreter), BT-Drs. 1/3856, S. 15.
[94] BGHZ 56, 290, 293; BGHZ 59, 87, 93.

einem solchen interessiert sind.[95] Es reicht ebenfalls nicht aus, wenn der Handelsvertreter nur auf den Unternehmer einwirkt, damit dieser das Angebot eines nicht von ihm vermittelten Kunden annimmt.

58 Ein Vermitteln erfordert weiterhin die **Förderung eines konkreten Geschäftsabschlusses** durch den Handelsvertreter.[96] Es reicht nicht aus, wenn der Beauftragte für einen Unternehmer oder dessen Produkte nur allgemein wirbt oder Kaufanreize hervorruft, ohne einen konkreten Geschäftsabschluß anzustreben.[97] Die bloße Kontaktpflege und Betreuung fällt ebensowenig unter eine Vermittlungstätigkeit iSv. § 84 wie die Herstellung allgemeiner Geschäftsbeziehungen zwischen dem Unternehmer und einem Dritten.[98] Daher sind die Ärztepropagandisten der Arzneimittelhersteller keine Handelsvertreter, wenn sie lediglich Ärzte auf Heilmittel hinweisen,[99] weil es hier zumindest der Förderung eines konkreten Geschäftsabschlusses ermangelt. Vermittlungstätigkeit wird jedoch entfaltet, wenn Apotheken unmittelbar für den Bezug von Arzneimitteln geworben werden.[100]

59 Soweit der Handelsvertreter den Abschluß eines konkreten Geschäfts fördert, kommt es nicht darauf an, ob es hierzu eines **besonderen, werbenden Aufwands** bedarf oder die Vermittlung keine besondere Mühe erfordert. Es genügt, wenn die Tätigkeit des Beauftragten sich darauf beschränkt, die abschlußbereiten Parteien zusammenzubringen,[101] zB den Kaufgegenstand in seinen Geschäftsräumen oder an seinem Verkaufsstand bereitzuhalten.[102] In der Rechtsprechung sind daher beispielsweise als Handelvertreter anerkannt: Der Pächter einer Selbstbedienungs-Tankstelle;[103] der Leiter einer Lotto-Annahmestelle;[104] der Betreiber einer Vorverkaufsstelle,[105] eines Reisebüros,[106] eines Verkaufsstands für Markenartikel in einem Kaufhaus.[107] Ebenfalls als Vermittlungstätigkeiten sind anerkannt die Mitwirkung beim An- und Verkauf von Immobilien,[108] die Transportvermittlung,[109] die Anlageberatung,[110] die Kreditvermittlung.[111]

60 **b) Geschäftsabschluß.** Das Gesetz stellt neben die Vermittlung den Abschluß von Geschäften im Namen des Unternehmers. Im Grunde ist dies nur ein Unterfall der Vermittlung,[112] bei welcher der Handelsvertreter an dem Austausch der zum Geschäftsabschluß führenden rechtsgeschäftlichen Erklärungen unmittelbar beteiligt ist. Es gelten die Ausführungen zur Vermittlung (vgl. oben RdNr. 55 ff.) entsprechend. Daher liegt ein Geschäftsabschluß durch den Handelsvertreter auch dann vor, wenn sein im Namen des Unternehmers abgegebenes Angebot vom Kunden unmittelbar gegenüber dem Unternehmer angenommen wird. Zum unmittelbaren Geschäftsabschluß ist der Handelsvertreter im Zweifel aber nicht berechtigt. Es bedarf hierzu eines entsprechenden Auftrags nebst Vollmacht. Zur Vollmacht vgl. unten RdNr. 78 f.

61 **c) Art der Geschäfte.** Die Art der Geschäfte, die durch den Handelsvertreter vermittelt oder abgeschlossen werden können, ist im Gesetz nicht näher definiert. Der Gesetzgeber hat bewußt davon Abstand genommen, die Handelsvertretertätigkeit auf Handelsgeschäfte

[95] Begr. z. Reg.-E. eines Gesetzes zur Änderung des HGB (Recht der Handelsvertreter), BT-Drs. 1/3856 S. 15.
[96] *Küstner/v. Manteuffel* I RdNr. 21.
[97] LG Bielefeld BB 1975, 7, 8.
[98] BGH AP Nr. 4 zu II 2.
[99] LG Dortmund DB 1971, 524; Baumbach/*Hopt* RdNr. 23; Heymann/*Sonnenschein/Weitemeyer* RdNr. 20; *Küstner/v. Manteuffel* I RdNr. 67; Staub/*Brüggemann* RdNr. 23. – AA *Neflin* DB 1961, 833 f.
[100] BGH NJW 1984, 2695.
[101] BGHZ 43, 108, 112.
[102] BGH AP Nr. 3.
[103] BGHZ 42, 244, 245; BGHZ 52, 171, 174; *Küstner/v. Manteuffel* II RdNr. 51 Fn. 13 m. weit. Nachw. – AA *M. Rehbinder*, Der Tankstel-

lenvertrag im Blickfeld der Rechtstatsachenforschung, 1971, S. 17 ff.
[104] BGHZ 43, 108, 112 f.; BGHZ 59, 87; *Küstner/v. Manteuffel* I RdNr. 117.
[105] BGH NJW-RR 1986, 709, 710.
[106] BGHZ 62, 71, 73; BGHZ 82, 219, 221; *Küstner/v. Manteuffel* I RdNr. 116.
[107] BGH AP Nr. 3.
[108] BGH BB 1982, 1876 f.
[109] OLG Hamm 1968, 1017.
[110] *Küstner/v. Manteuffel* II RdNr. 51 Fn. 13; *Melcher* BB 1981, 2101, 2103 f.
[111] *Küstner/v. Manteuffel* II RdNr. 51 Fn. 13.
[112] LG Dortmund DB 1971, 524; Baumbach/*Hopt* RdNr. 24.

und Rechtsgeschäfte über bewegliche Sachen, Rechte oder Arbeiten zu beschränken.[113] Die Vermittlungs- oder Abschlußtätigkeit des Handelsvertreters kann sich daher auf alle Arten von Geschäften beziehen, die im Rahmen der gewerblichen Tätigkeit des Unternehmers vorkommen können. Neben der Mitwirkung bei Kaufverträgen über Gegenstände jeder Art kann daher die Vermittlung oder der Abschluß sonstiger Verträge Gegenstand der Handelsvertretertätigkeit sein, wie zB Werkverträge, Dienstverträge, Miet- oder Pachtverträge, Lizenzverträge, Grundstücksverträge, Verwaltungsverträge, Versicherungsverträge, Bausparverträge, Beleihungsverträge, Darlehensverträge, Beförderungsverträge, Verträge auf Übernahme von Anzeigen, Beteiligungsverträge (vgl. i. ü. auch oben RdNr. 59). Möglich ist auch die Vermittlung und der Abschluß von Handelsvertreterverträgen.

Der **Umfang des Geschäfts** oder die Qualität der geschuldeten Dienste spielt keine **62** Rolle.[114] Unerheblich ist daher, ob sich die Mitwirkung auf ein Grundhandelsgeschäft bezieht. Es muß sich aber um Geschäfte handeln, die der Betrieb des Unternehmers im allgemeinen mit sich bringt. Hierzu gehören nicht Abwicklungsmaßnahmen angesichts eines drohenden Konkurses[115] oder Vergleichsverträge bei der Abwicklung früher abgeschlossener Geschäfte.[116]

d) Anderer Unternehmer. aa) Begriff des Unternehmers. Nach der früheren Fassung **63** des § 84 mußte der Handlungsagent „für das Handelsgewerbe eines Anderen", also für einen Kaufmann tätig werden. Mit der Neufassung durch das Änderungsgesetz von 1953 ist diese Beschränkung aufgegeben worden, um den Geltungsbereich des Handelsvertreterrechts zu erweitern.[117] Der Handelsvertreter muß **für einen anderen Unternehmer** tätig werden. Der Begriff „Unternehmer" iSd. Vorschrift ist daher weit auszulegen.[118] Er umfaßt jeden Gewerbetreibenden[119] sowie Unternehmer ohne Gewerbe.[120] Der Auftraggeber kann Kaufmann, muß es aber nicht sein (wegen des Vertragsinhalts siehe unten RdNr. 75 ff.). Wer für einen Künstler oder eine Tanzschule Aufträge vermittelt[121] ist daher ebenso Handelsvertreter wie derjenige, welcher für einen freiberuflich tätigen Schriftsteller Werke verbreitet.[122]

Die **Rechtsform**, in der das Unternehmen betrieben wird, ist **unerheblich**. Neben na- **64** türlichen und juristischen Personen privaten Rechts kommen auch Körperschaften oder Anstalten des öffentlichen Rechts in Betracht. Entscheidend ist nur die Beteiligung des Unternehmens am Rechtsverkehr mit Hilfe des Privatrechts.[123]

bb) Handelsvertreter als Unternehmer. Unternehmer iSv. § 84 ist nur derjenige, der **65** sich für den Betrieb seines Unternehmens eines Vermittlers bedient.[124] Solange die Tätigkeiten in der **Privatsphäre** verbleiben, zB bei der Beschaffung von Kunstwerken für eine private Sammlung, findet Handelsvertreterrecht keine Anwendung. Gibt sich der Auftraggeber allerdings fälschlich als Unternehmer aus, so ist im Innenverhältnis Handelsvertreterrecht anzuwenden.[125] Zur Frage, ob Handelsvertreterrecht auch dann anwendbar ist, wenn der Unternehmer Nichtkaufmann ist, vgl. unten RdNr. 80.

cc) Drei-Personen-Verhältnis. Die Tätigkeit des Handelsvertreters erfolgt in einem **66** Drei-Personen-Verhältnis. Ebenso wie es sich bei Handelsvertreter und dem Unternehmer um unterschiedliche Personen handeln muß, dürfen Handelsvertreter und Kunde nicht identisch sein.[126] Dies folgt unmittelbar aus dem Begriff der Vermittlung (vgl. auch § 93).

---

[113] Begr. z. Reg.-E. eines Gesetzes zur Änderung des HGB (Recht der Handelsvertreter), BT-Drs. 1/3856 S. 15.
[114] BGH NJW-RR 1986, 709, 710.
[115] RGZ 140, 80, 82.
[116] KG OLG Rspr. 14, 347.
[117] Begr. z. Reg.-E. eines Gesetzes zur Änderung des HGB (Recht der Handelsvertreter), BT-Drs. 1/3856 S. 16.
[118] BGHZ 43, 108, 109.
[119] BGH BB 1982, 1876.

[120] Baumbach/*Hopt* RdNr. 27.
[121] LG Göttingen BB 1956, 226.
[122] Baumbach/*Hopt* RdNr. 27.
[123] BGHZ 43, 108, 111.
[124] Begr. z. Reg.-E. eines Gesetzes zur Änderung des HGB (Recht der Handelsvertreter), BT-Drs. 1/3856 S. 16; Heymann/*Sonnenschein/Weitemeyer* RdNr. 25.
[125] Heymann/*Sonnenschein/Weitemeyer* RdNr. 25.
[126] Heymann/*Sonnenschein* RdNr. 28; *Küstner/ v. Manteuffel* I RdNr. 822 ff.

II. Vertretervertrag

67   **1. Rechtsnatur.** Das Handelsvertreterverhältnis ist kein eigenständiges Vertragsgebilde, sondern ein Dienstvertrag, der eine Geschäftsbesorgung zum Gegenstand hat.[127] Die Erfolgsbezogenheit der Vergütung macht den Handelsvertretervertrag nicht zum Werkvertrag. Der Handelsvertreter schuldet nämlich **nicht** den **Vermittlungserfolg** als solchen, sondern allein die **Vermittlungsbemühungen**. Soweit das Handelsrecht nicht Sonderregelungen enthält, sind deshalb die §§ 611 ff. BGB und über § 675 BGB die Bestimmungen des Auftragsrechts anwendbar. Hinsichtlich der im Gegenseitigkeitsverhältnis stehenden Rechte und Pflichten greifen die §§ 320 ff. BGB ein.

68   Vom Handelsvertretervertrag sind die allein auf **familienrechtlicher Grundlage** erfolgenden Tätigkeiten zu unterscheiden. Daher sind der Ehegatte oder das Kind des Unternehmers, die nach § 1353 BGB bzw. § 1619 BGB im Unternehmen tätig werden, auch dann nicht Handelsvertreter, wenn ihre Aufgabenstellung der in Abs. 1 Satz 1 niedergelegten entspricht. Allerdings kann der Unternehmer auch mit seinem Ehegatten oder seinem Kind ein Handelsvertreterverhältnis eingehen. Dieses kann ausdrücklich geschehen, ist aber auch dann anzunehmen, wenn Ehegatte oder Kind in einem über die gesetzlichen Pflichten hinausgehenden Umfang für den Unternehmer als Handelsvertreter tätig sind.[128]

69   **2. Vertragsabschluß.** Der Abschluß des Handelsvertretervertrags bedarf keiner besonderen Form. Er kann auch **mündlich** geschlossen werden oder durch **schlüssiges Verhalten** zustande kommen.[129] Von einem konkludenten Vertragsschluß ist in der Regel auszugehen, wenn der Vertrag von den Parteien tatsächlich durchgeführt wird.[130] Dies gilt selbst dann, wenn der Unternehmer die Dienste des Handelsvertreters erstmalig in Anspruch nimmt, soweit er durch sein ganzes Verhalten zu erkennen gibt, er werde dies auch in Zukunft für eine unbestimmte Zahl von Geschäften ständig tun.[131] Anhaltspunkt hierfür kann die Zuweisung eines bestimmten Verkaufsgebiets, die Einladung zu Vertreterversammlungen, die Übersendung von Vertreterrundschreiben oder Informationen sowie die individuelle Mitteilung von Angeboten aus dem Vertreterbezirk sein.[132]

70   Die **Wirksamkeit** des Handelsvertretervertrags richtet sich nach den allgemeinen Bestimmungen. Insbesondere kann der Vertrag von beiden Seiten bei einem Irrtum über wesentliche Eigenschaften der Person oder der Sache angefochten werden (§ 119 BGB), zB bei einem Irrtum des Handelsvertreters über die Vertrauenswürdigkeit des Unternehmers[133] oder Eigenschaften des zu vermittelnden Gegenstandes,[134] vom Unternehmer, wenn ihm Vorstrafen des Handelsvertreters, die für die persönliche Beurteilung wesentlich sind, erst später bekannt geworden sind.[135]

71   **Nichtigkeit** des Handelsvertretervertrags kann nach §§ 125 Abs. 2, 134, 138 BGB gegeben sein, wenn eine rechtsgeschäftlich bestimmte Form nicht eingehalten worden ist, gegen ein gesetzliches Verbot verstoßen worden ist, zB der Handelsvertretervertrag zur Umgehung kartellrechtlicher Bindungsverbote geschlossen worden ist,[136] oder der Vertrag gegen die guten Sitten verstößt. Letzteres kann unter besonderen Umständen dann der Fall sein, wenn dem Handelsvertreter zu geringe Verdienstmöglichkeiten belassen werden[137]

---

[127] BAG AP § 90 a Nr. 1 mit Anm. *Hefermehl,* AP § 92 Nr. 2 = SAE 1966, 221 ff. mit Anm. *G. Hueck* = AR-Blattei, Handelsgewerbe III, Entsch. 89 mit Anm. *Gros;* BGH NJW 1970, 2294, 2295; *P. Ulmer,* Der Vertragshändler, S. 289; Heymann/*Sonnenschein/Weitemeyer* RdNr. 32; Staub/*Brüggemann* RdNr. 31.

[128] Zu Einzelheiten vgl. MünchKommBGB/*Hinz* § 1619 RdNr. 34; MünchKommBGB/*Wacke* § 1356 RdNr. 23 f.

[129] BGHZ 62, 71, 74; BGH NJW 1983, 1727, 1728; BGH WM 1987, 293; Heymann/*Sonnen-*

schein/*Weitemeyer* RdNr. 33; *Küstner/v.Manteuffel* I RdNr. 298 ff.

[130] BGH NJW 1983, 1727, 1728.
[131] BGHZ 62, 71, 74.
[132] BGH WM 1987, 293, 294.
[133] RG WarnRspr. 1918 bis 20 Nr. 185.
[134] RG LZ 1932, 753, 754 f.
[135] RAGE 15, 49, 50 f.
[136] Siehe dazu Vor § 84 RdNr. 23 ff.
[137] BGH DB 1981, 2274 f.

oder der Vertrag mit einer Verpflichtung des Handelsvertreters gekoppelt wird, die von ihm zu vermittelnde Ware selbst in einen bestimmen Mindestumfang zu beziehen.[138] In diesem Fall ist nicht der gesamte Vertrag nichtig. Die unzulässigen Bestimmungen werden durch die Regelungen des dispositiven Rechts, zB § 87 b Abs. 1 ersetzt. Ist der Handelsvertretervertrag auf die Täuschung der Kunden angelegt, kann dieser sittenwidrig und damit insgesamt nichtig sein.[139]

Die Vertragsfreiheit findet ihre **Grenzen** in den zwingenden Normen des Handelsvertreterrechts sowie den allgemeinen gesetzlichen Schranken. Bei nicht individuell ausgehandelten, sondern von einer Seite gestellten Verträgen ist insbesondere **§ 9 AGBG** zu beachten. Demgegenüber finden die Klauselverbote der §§ 10 und 11 AGBG wegen der Kaufmannseigenschaft des Handelsvertreters (§ 1 Abs. 2 Nr. 7) nach § 24 AGBG keine unmittelbare Anwendung. Dies gilt auch dann, wenn der Handelsvertreter erst durch den Vertragsschluß zum Kaufmann wird.[140] Allerdings kann auch im kaufmännischen Verkehr ein Verstoß gegen eines der Verbote der §§ 10 f. AGBG einen wesentlichen Anhaltspunkt für die Klauselunwirksamkeit sein.[141] An die Stelle der unwirksamen Bestimmungen tritt nach § 6 Abs. 2 AGBG die gesetzliche Regelung.[142] **72**

Die Vertragsfreiheit wird **nicht durch den allgemeinen Gleichbehandlungsgrundsatz**[143] **eingeschränkt**. Dieser findet grundsätzlich nur im Rahmen eines Gemeinschaftsverhältnisses Anwendung.[144] Ein solches besteht aber zwischen dem Unternehmer einerseits und dessen Handelsvertretern andererseits nicht. Der Unternehmer kann daher die vertraglichen Rechte und Pflichten der für ihn tätigen Handelsvertreter unterschiedlich regeln. Er kann insbesondere einzelne Handelsvertreter von Vergünstigungen, zB Provisionsanhebungen, ausschließen, die anderen gewährt werden.[145] Hat der Unternehmer aber in der Vergangenheit Vergünstigungen grundsätzlich sämtlichen Handelsvertretern gewährt, kann das Vertrauen eines einzelnen Handelsvertreters darauf, in der Zukunft nicht ohne sachlichen Grund von allgemeinen Vergünstigungen. ausgenommen zu werden, schützwürdig sein und ein Anspruch auf Gleichbehandlung entstehen.[146] **73**

Nach einer in der Rechtsprechung vertretenen Ansicht unterliegt zwar nicht der Abschluß des Handelsvertretervertrags, wohl aber die Einweisung des Handelsvertreter in sein Arbeitsgebiet der **Zustimmung des Betriebsrats** nach § 99 Abs. 1 BetrVG, wenn der Handelsvertreter in die Organisation des Unternehmers eingegliedert und fachlich weisungsgebunden ist.[147] Diese Auffassung überzeugt jedoch nicht, weil das gesamte BetrVG sich nur mit dem Arbeitsrecht, nicht jedoch mit sonstigen Rechtsgebieten beschäftigt. Daher setzt die Mitbestimmung nach § 99 BetrVG voraus, daß vom Arbeitgeber ein Arbeitnehmer eingestellt wird. Die Beschäftigungsaufnahme durch sonstige Personen, insbesondere Selbständige, ist betriebsverfassungsrechtlich unerheblich.[148] **74**

---

138 OLG Stuttgart NJW 1957, 1281.
139 OLG Stuttgart DB 1985, 900 ff.: Werbung für einen Idealverein mit dem Versprechen, der Mitgliederbeitrag werde „für eine gute Sache" verwendet, obwohl dieser zu einem erheblichen Teil in die Taschen des gewerbsmäßigen Handelsvertreters fließt.
140 *Brandner* in Ulmer/Brandner/Hensen § 24 AGBG RdNr. 15. – AA OLG Koblenz NJW 1987, 74; Baumbach/*Hopt* RdNr. 8.
141 *Boemke-Albrecht*, Rechtsfolgen unangemessener Bestimmungen in allgemeinen Geschäftsbedingungen 1989, S. 44 f.; *v. Hoyningen-Huene*, Die Inhaltskontrolle nach § 9 AGBG, RdNr. 305 f. – Zur Anwendung des § 138 BGB vgl. schon oben § 84 RdNr. 71.
142 Zu den Einzelheiten vgl. *Boemke-Albrecht* (Fn. 141) insb. S. 125 ff.

143 Ausführlich hierzu *G. Hueck*, Der Grundsatz der gleichmäßigen Behandlung im Privatrecht 1958.
144 *G. Hueck* (Fn. 143) S. 170.
145 BGH BB 1971, 584; Baumbach/*Hopt* RdNr. 10; *Küstner/v. Manteuffel* I RdNr. 353.
146 BGH BB 1971, 584; Baumbach/*Hopt* RdNr. 10. – Zum „angestellten Handelsvertreter" siehe BAG AP BetrAVG § 1 Gleichbehandlung Nr. 11.
147 LAG Düsseldorf LAGE § 99 BetrVG 1972 Nr. 46; BAG, AR-Blattei ES 530.14.3 Nr. 151. – Ebenso allgemein zur Einstellung freier Mitarbeiter BAG, AP Nr. 35 zu § 99 BetrVG 1972 mit Anm. *Streckel*; MünchHdbArbR/*Matthes* § 344 RdNr. 31.
148 *v. Hoyningen-Huene* Anm. zu BAG 9. 7. 1991, EzA § 99 BetrVG 1972 Nr. 102 unter 2.

75   **3. Vertragsinhalt.** Grundlage sämtlicher Pflichten des Handelsvertreters ist der mit dem Unternehmer geschlossene Vertrag. Für diesen gilt der Grundsatz der **Vertragsfreiheit.** Die Parteien können also die gegenseitigen Rechte und Pflichten grundsätzlich frei ausgestalten.

76   **a) Hauptleistungspflicht.** Die Hauptpflicht **des Handelsvertreters** besteht darin, sich um die Vermittlung oder den Abschluß einer unbestimmten Vielzahl von Geschäften für den Unternehmer zu bemühen. Es handelt sich insoweit um eine echte Pflicht zum Tätigwerden, nicht um eine bloße Berechtigung. Ein Handelsvertretervertrag liegt daher nicht vor, wenn es im Belieben des Beauftragten steht, ob er tätig werden will oder nicht.[149] Die Hauptpflicht **des Unternehmers** besteht in der Zahlung der vereinbarten Vergütung. Diese ist regelmäßig eine Provision, kann aber auch in anderer Form, zB in fester Besoldung, erfolgen (wegen der Einzelheiten vgl. Erläuterungen zu § 87).

77   **b) Nebenpflichten.** Auf Grund des Handelsvertreterverhältnisses bestehen für beide Seiten zahlreiche Nebenpflichten, die z. T. gesetzlich geregelt sind, so für den **Handelsvertreter** in § 86, für den **Unternehmer** in §§ 86 a ff., sich im übrigen aus den allgemeinen Grundsätzen des Dienstvertrags- und Auftragsrecht ergeben. Besonders bedeutsam ist die in § 86 Abs. 1 geregelte Pflicht des Handelsvertreters, die Interessen des Unternehmers wahrzunehmen (vgl. hierzu Erläuterungen zu § 86). Für den Unternehmer ist besonders bedeutsam die Förderungspflicht nach § 86 a (vgl. hierzu Erläuterungen zu § 86 a).

78   **c) Vollmacht.** Der Inhalt der dem Handelsvertreter erteilten Vollmacht ergibt sich zunächst aus den vertraglichen Bestimmungen. Ist hierzu nichts Ausdrückliches bestimmt, dann ist der **Vermittlungsvertreter** als ermächtigt anzusehen, als Empfangsvertreter des Unternehmers die **Vertragsangebote** Dritter **entgegenzunehmen.**[150]

79   Demgegenüber kann der **Abschlußvertreter** mit Wirkung für und gegen den Unternehmer die zum Geschäftsabschluß erforderlichen Willenserklärungen selbständig abgeben. Der gesetzliche Inhalt der Vollmacht richtet sich dann nach §§ 54 f. Wegen der Überschreitung der Vollmacht vgl. unten RdNr. 87 ff. und Erl. zu § 91 a.

80   **d) Nichtkaufmann als Unternehmer.** Auf die Rechtsbeziehungen zwischen dem Handelsvertreter und dem Unternehmer findet neben dem Handelsvertreterrecht auch das sonstige Handelsrecht uneingeschränkte Anwendung, wenn der Unternehmer Kaufmann ist. Ob dieses auch im Verhältnis des Handelsvertreters zu einem Nichtkaufmann als Unternehmer gilt, ist umstritten,[151] richtigerweise aber abzulehnen. Durch § 84 werden nur die Vorschriften des Handelsvertreterrechts (§§ 85 ff.) auf das Verhältnis zwischen Handelsvertreter und Unternehmer unabhängig von der Kaufmanneigenschaft des Unternehmers für anwendbar erklärt. Eine darüber hinausgehende Anordnung der **Geltung von Handelsrecht** ist dieser Norm nicht zu entnehmen. Nicht anwendbar sind in diesem Fall die Regelungen über das kaufmännische Zurückbehaltungsrecht (§§ 369 ff.), die Geltung von Handelsbräuchen (§ 346) sowie über die Zuständigkeit der Kammer für Handelssachen (§§ 93 ff. GVG).

81   **4. Leistungsstörungen.** Hierfür gelten die allgemeinen Bestimmungen über Verzug, Unmöglichkeit und positive Forderungsverletzung. Wegen der Unmöglichkeit der Ausführung des abgeschlossenen Geschäfts vgl. § 87 a Abs. 3 mit Erläuterungen.

82   **5. Beendigung. a) Zeitablauf, § 620 BGB.** Ist der Handelsvertretervertrag auf **bestimmte Zeit** geschlossen, so endet er mit dem Ablauf der vereinbarten Vertragsdauer (**§ 620 Abs. 1 BGB**). Einer zusätzlichen auf den Eintritt der Vertragsbeendigung gerichteten Willenserklärung bedarf es nicht. Setzt der Handelsvertreter nach Vertragsablauf seine

---

[149] BGH BB 1972, 11; BGH BB 1982, 1876, 1877; OLG Bamberg BB 1965, 1167, 1168; Heymann/*Sonnenschein* RdNr. 36; Staub/*Brüggemann* RdNr. 20.

[150] BGHZ 82, 219, 221; Baumbach/*Hopt* RdNr. 22; Heymann/*Sonnenschein/Weitemeyer* RdNr. 19; Staub/*Brüggemann* RdNr. 24.

[151] Befürwortend *Küstner/v.Manteuffel* I RdNr. 249 ff. – Ablehnend Baumbach/*Hopt* RdNr. 28; Staub/*Brüggemann* RdNr. 17; Heymann/*Sonnenschein/Weitemeyer* RdNr. 29.

Tätigkeit mit Wissen des Unternehmers fort, so gilt das Vertragsverhältnis allerdings nach **§ 625 BGB** auf unbestimmte Zeit verlängert, wenn der Unternehmer dem nicht unverzüglich widerspricht.

b) Kündigung, §§ 89, 89 a HGB. Ist der Vertrag auf **unbestimmte Zeit** geschlossen **83** worden oder ist der auf eine bestimmte Zeit abgeschlossene Vertrag mit einer Verlängerungsklausel versehen, bedarf es zur Vertragsbeendigung des Ausspruchs einer **Kündigung.** Die Fristen für eine ordentliche Kündigung richten sich nach **§ 89,** für Handelsvertreter im Nebenberuf nach **§ 92 b Abs. 1.** Wegen der außerordentlichen Kündigung vgl. **§ 89 a.**

c) Aufhebungsvertrag. Eine weitere Möglichkeit zur Beendigung des Handelsvertre- **84** terverhältnisses ist der Aufhebungsvertrag. Er stellt sozusagen das Gegenteil vom Abschluß des Handelsvertretervertrags dar. Der Aufhebungsvertrag ist jederzeit zulässig, da er auf dem gegenseitigen Einverständnis von Unternehmer und Handelsvertreter beruht.

d) Andere Beendigungsgründe. Wegen sonstiger Beendigungsgründe s. u. § 89 **85** RdNr. 7 ff.

III. Rechtsverhältnis zu Dritten

1. Allgemeines. Im Rahmen des Handelsvertreterverhältnisses bestehen unmittelbare **86** Vertragsbeziehungen nur zwischen dem Unternehmer und dem Handelsvertreter sowie, wenn es zum Geschäftsabschluß kommt, zwischen dem Unternehmer und dem Kunden.[152] Unabhängig davon, ob der Handelsvertreter das Geschäft lediglich anbahnt oder im Namen des Unternehmers mit dem Kunden abschließt, tritt er **nicht in unmittelbare Rechtsbeziehung zum Kunden.** Er ist kein neutraler Mittler, sondern nimmt lediglich die Interessen für den Unternehmer wahr.

2. Haftung des Handelsvertreters gegenüber Dritten. Trotz fehlender vertraglicher **87** Beziehungen zum Kunden können sich aus dem Verhalten des Handelsvertreters **gesetzliche Ansprüche** des Kunden ergeben. Schließt der Handelsvertreter im Namen des Unternehmers einen Vertrag mit dem Kunden ab, der nicht von seiner Vertretungsmacht gedeckt wird, so haftet er als **Vertreter ohne Vertretungsmacht** (§ 179 BGB), wenn der Unternehmer das Geschäft nicht genehmigt (wegen der Einzelheiten vgl. Erläuterungen zu § 91 a).

Darüber hinaus kommt eine Haftung des Handelsvertreters gegenüber dem Dritten nach **88** den Grundsätzen über **Verschulden bei Vertragsschluß** in Betracht. Dieses ist zum einen dann der Fall, wenn der Dritte mit erhöhtem Vertrauen die besondere Sachkunde des Handelsvertreters in Anspruch genommen hat.[153] Hierzu reicht allerdings der bloße Hinweis des Handelsvertreters auf seine Sachkunde nicht aus. Vielmehr muß er bei dem Kunden berechtigterweise den Eindruck erweckt haben, er stehe mit seinem Wissen und Können für die ordnungsgemäße Durchführung des Vertrags ein.[154] Zum anderen ist eine Haftung des Handelsvertreters dann in Betracht zu ziehen, wenn er die Vertragsverhandlungen im eigenen Interesse maßgeblich führt und aus dem Geschäftsabschluß einen besonderen persönlichen Nutzen erstrebt.[155] Hierfür ist allerdings das bloße Provisionsinteresse nicht ausreichend.[156]

Schließlich kann der Handelsvertreter gegenüber dem Geschäftsgegner und anderen **89** Dritten wegen **deliktischen Verhaltens** nach §§ 823 ff. BGB (§ 263 StGB) haften, so zB wenn er den Vertragsabschluß mittels Betrugs herbeigeführt hat.[157]

3. Haftung des Unternehmers für den Handelsvertreter. Gegenüber dem Kunden hat **90** der Unternehmer für das Verhalten des Handelsvertreters nach **§ 278 BGB** einzustehen.[158]

---

[152] Baumbach/*Hopt* RdNr. 52; GK-HGB/*Haumann* RdNr. 11; Staub/*Brüggemann* RdNr. 39.
[153] BGH BB 1971, 543; BGH WM 1984, 127, 128; OLG Düsseldorf VersR 1970, 126.
[154] BGH WM 1984, 927, 928; BGHZ 88, 67, 69 f.

[155] BGH BB 1971, 543; OLG Düsseldorf VersR 1970, 926.
[156] BGH BB 1971, 543. – AA OLG Düsseldorf VersR 1970, 926.
[157] OLG Köln BB 1965, 768 f.
[158] BGHZ 82, 219, 224.

Dies gilt auch für das vorvertragliche Verhalten des Handelsvertreters, unabhängig davon, ob es zum Vertragsschluß kommt. Eine deliktische Haftung nach § 831 BGB wird wegen der Selbständigkeit des Handelsvertreters nur in besonderen Ausnahmefällen in Betracht kommen. Die deliktische Haftung ist auf Tätigkeiten zu beschränken, bei denen der Handelsvertreter den Weisungen des Unternehmers unterworfen ist.[159]

91 Beruht der Vertragsabschluß auf einer **arglistigen Täuschung** des Handelsvertreters, dann ist der Kunde gegenüber dem Unternehmer nach § 123 BGB zur Anfechtung des vom Handelsvertreter vermittelten oder abgeschlossenen Vertrags berechtigt. Der Handelsvertreter ist aus der Sicht des Unternehmers nicht „Dritter" iSd. § 123 Abs. 2 BGB.[160] Nach § 166 Abs. 1 BGB muß der Unternehmer Umstände, die seinem Handelsvertreter bekannt sind oder bekannt sein müssen, im allgemeinen gegen sich gelten lassen. Dies ist auch dann anzunehmen, wenn der Handelsvertreter nur mit der Vermittlung von Geschäften betraut und ihm keine Abschlußvollmacht erteilt worden war.[161] Etwas anderes gilt entsprechend den Grundsätzen über den **Mißbrauch der Vertretungsmacht** dann, wenn der Handelsvertreter dem Unternehmer unbekannte Tatsachen nennt und der Geschäftsgegner weiß oder sich sagen muß, der Vollmachtgeber hätte bei Kenntnis der Tatsachen nicht abgeschlossen.[162]

IV. Untervertreter (Abs. 3)

92 **1. Zweck.** Nach Abs. 3 kann der Unternehmer auch ein Handelsvertreter sein. Die Vorschrift stellt insoweit klar, daß bei der Einstellung eines selbständigen Untervertreters durch einen Handelsvertreter **zwischen beiden (ebenfalls) ein Handelsvertreterverhältnis** besteht. Darüber hinaus hat die Vorschrift in den Fällen eigenständige Bedeutung, in denen der Untervertreter nicht unmittelbar für den Handelsvertreter tätig wird, sondern im Auftrag des Handelsvertreters eine diesem obliegende Abschluß- oder Vermittlungtätigkeit für das Handelsgewerbe des Unternehmers (als Auftraggeber des Hautpvertreters) erbringt. Tatsächlich übernimmt der Untervertreter damit nicht die Vermittlung oder den Abschluß von Rechtsgeschäften für den Handelsvertreter, sondern für den Unternehmer, für den der Handelsvertreter tätig ist.[163] Diese Tätigkeit des Untervertreters ist jedoch mit der geschäftsabschließenden oder vermittelnden Handelsvertretertätigkeit iSd. Abs. 1 tatsächlich und wirtschaftlich in Hinsicht ihrer Zielsetzung so eng verknüpft, daß es sachlich gerechtfertigt ist, auch auf sie die Vorschriften des Handelsvertreterrechts anzuwenden.[164]

93 **2. Unechte Untervertretung.** Hier kommt der Untervertretervertrag unmittelbar **zwischen** dem **Unternehmer und dem Untervertreter** zustande. Es handelt sich insoweit nicht um einen Anwendungsfall des Abs. 3. Vielmehr findet **Abs. 1** unmittelbare Anwendung. Provisionspflichtig gegenüber dem Untervertreter ist allein der Unternehmer.

94 Die Aufgabe des Hauptvertreters beschränkt sich darauf, die **Untervertreter zu führen und zu beaufsichtigen.**[165] Er steht allerdings nicht in unmittelbaren rechtlichen Beziehungen zu den Untervertretern. Seine Weisungs- und Leitungsbefugnisse leitet er aus dem Vertragsverhältnis mit dem Unternehmer ab. Dies gilt auch dann, wenn er berechtigt ist, im Namen des Unternehmers eigenständig Untervertreter einzustellen. Der Vermittlungserfolg der Untervertreter wird dem Handelsvertreter als eigener mitzugerechnet, da auch seine Führungs- und Beaufsichtungtätigkeit als mitursächlich hierfür angesehen wird.[166] An dem Vermittlungserfolg wird er meist durch sogenannte Superprovisionen

---

[159] BGH BB 1979, 1734: Haftung des Unternehmers für geschäftsschädigende Äußerungen über Wettbewerber durch einen Handelsvertreter.
[160] OLG Hamburg BB 1959, 612.
[161] BGH BB 1957, 729; BGH NJW 1965, 1174 f.; Palandt/*Heinrichs* § 166 RdNr. 3; Münch-KommBGB/*Schramm* § 166 RdNr. 23.
[162] RGZ 134, 67, 71 f.

[163] Begr. z. Reg.-E. eines Gesetzes zur Änderung des HGB (Recht der Handelsvertreter) BT-Drs. 1/3856 S. 17; BGHZ 91, 370, 373.
[164] BGHZ 91, 370, 373; OLG Düsseldorf NJW-RR 1993, 1188.
[165] Heymann/*Sonnenschein/Weitemeyer* RdNr. 41; Staub/*Brüggemann* RdNr. 30.
[166] BGHZ 56, 290, 293; BGHZ 59, 8, 91 ff.

(dazu § 87 RdNr. 14) beteiligt oder ihm die Berechtigung eingeräumt, eine „Provisionsspitze" von den bei ihm durchlaufenden Untervertreterprovisionen als eigene Vergütung einzubehalten.

3. Echte Untervertretung. a) Rechtsbeziehungen. In diesem Fall bestehen unmittel- 95
bare vertragliche Beziehungen nur zwischen dem Unternehmer und dem Handelsvertreter
einerseits sowie dem Handelsvertreter und dem Untervertreter andererseits. Es handelt sich
insoweit um ein **mehrstufiges Handelsvertreterverhältnis**, bei dem der Handelsvertreter
als Vertragspartner des Unternehmers gleichzeitig Unternehmer im Verhältnis zum Untervertreter ist. Hierbei wird dem Handelsvertreter gegenüber den Unternehmer die Tätigkeit des Untervertreters rechtlich zugerechnet (§ 278 BGB). Andererseits ist gegenüber
dem Untervertreter allein der Handelsvertreter, nicht aber der Unternehmer provisionspflichtig.

b) Berechtigung. Eine andere Frage ist, ob der Handelsvertreter im Verhältnis zu sei- 96
nem eigenen Unternehmer **Untervertreter beschäftigen darf.** Nach § 613 BGB hat der
Dienstverpflichtete zwar im Zweifel in Person zu leisten; aus der selbständigen Stellung des
Handelsvertreters folgt jedoch die Berechtigung, sich zur Erfüllung der obliegenden Aufgaben Hilfskräfte zu bedienen. Der Handelsvertreter kann daher in seinem Betrieb Handlungsgehilfen beschäftigen, um ihnen die Erledigung der ihm von dem Unternehmer
übertragenen Arbeiten anzuvertrauen. Entsprechendes muß für die Mithilfe anderer selbständiger Gewerbetreibender gelten. Der Handelsvertreter ist daher grundsätzlich auch
befugt, sich der Mithilfe anderer Handelsvertreter zu bedienen. An ihn erteilte Abschlußvollmacht darf der Handelsvertreter dann als **Untervollmacht** an die Untervertreter weitergeben.

Diese Grundsätze finden dann keine Anwendung, wenn der Unternehmer mit dem 97
Handelsvertreter **vereinbart** hat, dieser dürfe **keine Untervertreter** hinzuziehen, jedenfalls
keine Untervollmachten erteilen. Die Berechtigung zur Untervertretung ist weiter dann
ausgeschlossen, wenn allgemein oder im Einzelfall die Hinzuziehung eines Untervertreters
den Interessen des Unternehmers widerspricht.

4. Haftung des Handelsvertreters gegenüber dem Unternehmer. Ist der Handelsver- 98
treter zur Einschaltung von Untervertretern berechtigt, haftet er gegenüber dem Unternehmer für deren Verschulden nach § 278 BGB.[167] Darüber hinaus kommt ein eigenes
Verschulden des Handelsvertreters dann in Betracht, wenn er den Untervertreter nicht
sorgfältig ausgewählt oder ordnungsgemäß überwacht hat.

Ist nach dem Vertrag zwischen Unternehmer und Handelsvertreter Untervertretung aus- 99
geschlossen (oben RdNr. 97), so verletzt der Handelsvertreter bereits durch die **Hinzuziehung eines Untervertreters** seine vertraglichen Pflichten schuldhaft. Er ist dem Unternehmer dann für den hieraus entstehenden Schaden unabhängig davon ersatzpflichtig,
ob im Einzelfall ein Verschulden des Untervertreters gegeben ist.

V. Gerichtsverfahren, Konkurs

1. Zuständigkeiten. Für Rechtsstreitigkeiten aus dem Handelsvertreterverhältnis ist 100
grundsätzlich die Zuständigkeit der **ordentlichen Zivilgerichte** gegeben. Ausnahmsweise
ist für sogenannte arbeitnehmerähnliche Handelsvertreter § 92 a unter den Vorausset-
gen des § 5 Abs. 3 ArbGG der Rechtsweg zu den Arbeitsgerichten eröffnet (wegen der
Einzelheiten siehe § 92 a RdNr. 5). Soweit sachlich die Landgerichte zuständig sind, ist der
Rechtsstreit vor der Kammer für Handelssachen (§§ 93 ff. GVG) zu verhandeln, wenn der
Unternehmer Kaufmann ist und dies der Kläger in der Klageschrift (§ 96 GVG) oder der
Beklagte (§ 98 GVG) beantragt.

Die **örtliche Zuständigkeit** bestimmt sich gemäß §§ 12 ff. ZPO nach dem allgemeinen 101
Gerichtsstand bzw. gemäß § 29 ZPO nach dem Gerichtsstand des Erfüllungsorts. Dabei ist

---

[167] BGHZ 59, 87, 92; OLG Hamm MDR 1959, 1016.

zu beachten, daß beim Handelsvertreterverhältnis mangels abweichender Vereinbarung grundsätzlich nicht davon ausgegangen werden kann, daß ein einheitlicher Erfüllungsort für die beiderseitigen Leistungen besteht.[168] Vielmehr ist gemäß § 269 Abs. 1 BGB im Zweifel der Wohnort des Schuldners der Erfüllungsort.

102   **2. Konkurs des Unternehmers.** Hinsichtlich der Stellung der **Provisionsforderung im Konkurs** ist zu unterscheiden: Geht der Konkursverwalter mit dem Handelsvertreter ein neues Vertragsverhältnis ein, dann sind die Provisionsforderungen aus den auf Grund dieses Vertragsverhältnisses vermittelten oder abgeschlossenen Geschäfte **Masseforderungen** (§ 59 Abs. 1 Nr. 1 KO; ab 1. 1. 1999: § 55 Abs. 1 Nr. 1 InsO). Gleiches gilt für Provisionsansprüche aus Notgeschäftsführung oder berechtigter bzw. nachträglich genehmigter Geschäftsführung ohne Auftrag. Ebenfalls Masseforderungen nach § 59 Abs. 1 Nr. 1 KO (ab 1. 1. 1999: § 55 Abs. 1 Nr. 1 InsO) sind die Provisionsansprüche aus den Geschäften, die der Handelsvertreter zwar vor Konkurseröffnung vermittelt hat, die aber erst nach Konkurseröffnung vom Konkursverwalter mit dem Dritten abgeschlossen worden sind.[169]

103   **Einfache Konkursforderungen** nach § 61 Abs. 1 Nr. 6 KO sind hingegen die Provisionsansprüche für Geschäfte, die vom Handelsvertreter vor Konkurseröffnung vermittelt und vom Unternehmer bereits vor Konkurseröffnung abgeschlossen und durchgeführt worden sind. Ausnahmen gelten gemäß § 59 Abs. 1 Nr. 3 c und § 61 Abs. 1 Nr. 1 c für Provisionsforderungen der von § 92 a HGB erfaßten Handelsvertreter.

104   Problematisch ist die Einordung der Provisionsansprüche für **Geschäfte**, die vor Konkurseröffnung vermittelt und abgeschlossen, aber **noch nicht durchgeführt** worden sind. Lehnt der Konkursverwalter die Erfüllung des Vetrags gemäß § 17 KO ab, dann hängt nach § 87 a Abs. 3 der Provisionsanspruch des Handelsvertreters davon ab, ob der Unternehmer die Unmöglichkeit zu vertreten hat. Dies ist immer dann der Fall, wenn der Konkurs vom Unternehmer verschuldet worden ist. Der Handelsvertreter behält dann seinen Provisionsanspruch als einfache Konkursforderung. Wählt der Konkursverwalter Erfüllung, wandelt sich die Provisionsanforderung des Handelsvertreters nicht in einen Masseanspruch gemäß § 59 Abs. 1 Nr. 1 KO um,[170] sondern ist im Rang des § 61 Abs. 1 Nr. 6 KO zu befriedigen.[171] Der Provisionsanspruch beruht nicht auf einem Geschäft oder einer Handlung des Konkursverwalters, sondern ist bereits durch den Vertragsschluß zwischen Unternehmer und Kunden aufschiebend bedingt durch die Durchführung des Geschäfts entstanden.

VI. Internationales Privatrecht

105   **1. Allgemeines.** Handelsvertreterverhältnisse mit Auslandsberührungen können in verschiedenen Konstellationen vorkommen. Zu denken ist an den Auslandsvertreter eines deutschen Unternehmens, den im Inland tätigen ausländischen Handelsvertreter sowie den inländischen Handelsvertreter eines ausländischen Unternehmens. Die Anwendbarkeit der Rechtsordnung richtet sich hierbei nach Art. 27 f. EGBGB.

106   **2. Vertragsstatut kraft Rechtswahl. a) Ausdrückliche Parteivereinbarung.** Die maßgebliche Rechtsordnung richtet sich in erster Linie nach der Parteivereinbarung **(Art. 27 Abs. 1 EGBGB).** Dabei kann von den Parteien grundsätzlich frei bestimmt werden, ob deutsches oder ausländisches Recht Anwendung findet. Dies gilt auch dann, wenn durch die Vereinbarung ausländischen Rechts **zwingende Schutznormen** der §§ 85 ff. ausgeschaltet werden,[172] soweit nicht die besonderen Voraussetzungen des Art. 27 Abs. 3 EGBGB vorliegen. Der Anwendbarkeit ausländischen Rechts werden in diesen Fällen nur durch die Grundsätze des ordre public (Art. 6 EGBGB) Grenzen gesetzt. Die Vereinbarung ausländischen Rechts wird auch nicht dadurch ausgeschlossen, daß der zu beurteilende

---

[168] BGH NJW 1980, 966 f.
[169] Staub/*Brüggemann* § 87 b RdNr. 18.
[170] So aber *Küstner/v.Manteuffel* I RdNr. 1337.

[171] BGH NJW 1990, 1665; Heymann/*Sonnenschein/Weitemeyer* § 87 RdNr. 30; Staub/*Brüggemann* § 87 b RdNr. 19.
[172] Staub/*Brüggemann* vor § 84 RdNr. 43.

Sachverhalt keinen Anknüpfungspunkt zu dieser Rechtsordnung aufweist.[173] So kann zB zwischen dem selbständigen Tochterunternehmen eines ausländischen Konzerns und dem deutschen Handelsvertreter, der ausschließlich auf deutschem Gebiet tätig werden soll, die für den ausländischen Mutterkonzern maßgebliche Rechtsordnung für anwendbar erklärt werden. In diesem Sonderfall werden allerdings nach Art. 27 Abs. 3 EGBGB von der Rechtswahl nicht die **zwingenden Bestimmungen** des **deutschen Handelsvertreterrechts** berührt, weil der Sachverhalt keine Bezugspunkte zu dem in Bezug genommenen Recht anführt.

b) Konkludente Rechtswahl. Die Rechtswahl muß **nicht ausdrücklich** getroffen wer- 107 den. Sie kann nach Art. 27 Abs. 1 Satz 2 EGBGB **konkludent** erklärt werden, sofern sich mit hinreichender Sicherheit aus den Bestimmungen des Vertrags oder aus den Umständen des Falles ein entsprechender Parteiwille ergibt. Hierfür reichen nicht vage Anhaltspunkte aus, die Rechtswahl muß mit Bestimmtheit aus konkreten Umständen folgen. Insbesondere kommen hierfür folgende Kriterien in Betracht:

aa) Gerichtsstandsvereinbarung. Die Vereinbarung eines einheitlichen Gerichtsstands 108 deutet auf die **Geltung des Rechts am Sitz des vereinbarten Gerichts** hin.[174] Die Partei-en gehen regelmäßig davon aus, das als zuständig vereinbarte Gericht werde am besten sein eigenes Recht anwenden können. Nicht ausreichend ist allerdings ein formularmäßiger Gerichtsstandsvermerk auf einer Rechnung (Fakturengerichtsstand)[175] oder eine Gerichts-standsvereinbarung, die von den Parteien lediglich im Hinblick auf die Klärung einer be-stimmten Frage getroffen wurde.[176] Zu beachten ist allerdings, daß eine solche Gerichts-standsvereinbarung vor dem Entstehen der Streitigkeiten grundsätzlich nur geschlossen werden kann, wenn beide Parteien Vollkaufleute sind (§ 38 Abs. 1 ZPO) oder eine der Parteien keinen allgemeinen Gerichtsstand im Inland hat (§ 38 Abs. 2 ZPO).

bb) AGB-Verwendung. Auch die Verwendung von AGB kann auf eine stillschwei- 109 gende Rechtswahl hindeuten. Regelmäßig sind diese im Hinblick auf eine bestimmte Rechtsordnung entworfen worden, so daß mit der Verwendung der AGBs auch diese Rechtsordnung in Bezug genommen worden ist.[177] Entsprechendes gilt für die Verwen-dung von Formularen, die auf eine bestimmte Rechtsordnung aufbauen.[178]

cc) Prozeßverhalten. Schließlich kann auch auf das Prozeßverhalten der Parteien abge- 110 stellt werden, wenn diese im Rechtsstreit übereinstimmend von der Anwendung einer bestimmten Rechtsordnung ausgehen.[179] Die Einigkeit der Parteien kann auf eine ur-sprüngliche Rechtswahl oder eine nachträgliche Vereinbarung hindeuten, wenn beide Parteien das Erklärungsbewußtsein für eine Rechtswahl hatten.

3. Vertragsstatut kraft objektiver Anknüpfung. Läßt sich den Parteivereinbarungen 111 weder eine ausdrückliche noch eine stillschweigende Rechtswahl entnehmen, dann unter-liegt der Vertrag nach **Art. 28 Abs. 1 Satz 1 EGBGB** dem Recht des Staates, mit dem er die engsten Verbindungen aufweist. Der frühere Meinungsstreit, ob insoweit an die **Nie-derlassung** des Handelsvertreters oder aber den Sitz des Unternehmers anzuknüpfen ist,[180] ist nunmehr durch Art. 28 Abs. 2 Satz 2 EGBGB entschieden. Danach wird die engste

---

[173] Denkschrift zum EVU, BT-Drs. 10/503 S. 22; MünchKommBGB/*Martiny* Art. 27 EGBGB Rd-Nr. 16; *Palandt/Heldrich* Art. 27 EGBGB Anm. 20. – AA *Kindler* RIW 1987, 660, 661.
[174] BGH JZ 1976, 607, 608 mit Anm. *Mummen-hoff* = RIW 1976, 447, 448; OLG Hamburg RIW 1986, 462, 463; MünchKommBGB/*Martiny* Art. 27 EGBGB RdNr. 47.
[175] BGH DB 1969, 195; *Zöller/Vollkommer* § 38 ZPO RdNr. 22.
[176] OLG Düsseldorf WM 1971, 968, 970.
[177] BGH JZ 1976, 607, 608 mit Anm. *Mummen-hoff* = RIW 1976, 447, 448; OLG Schleswig NJW-

RR 1988, 283, 284; MünchKommBGB/*Martiny* Art. 27 EGBGB RdNr. 50.
[178] BGH JZ 1963, 167; OLG Hamburg RIW 1968, 462, 463.
[179] BGHZ 53, 189, 193; BGH NJW 1988, 1592; BAG NJW-RR 1988, 482, 483; MünchKomm-BGB/*Martiny* Art. 27 EGBGB RdNr. 51. – Aus-führlich *Buchta*, Die nachträgliche Bestimmung des Schuldstatus durch Prozeßverhalten im deutschen, österreichischen und schweizerischen IPR, 1986. – Kritisch *Schack* NJW 1984, 2736 ff.
[180] Vgl. hierzu ausführlich Staub/*Brüggemann* vor § 84 RdNr. 46 ff.

Verbindung zu dem Staat vermutet, in dem sich die Niederlassung befindet, **von der aus der Handelsvertreter tätig** wird. Etwas anderes gilt nur dann, wenn sich aus den Gesamtumständen ergibt, daß der Vertrag engere Verbindungen mit einem Staat aufweist (Art. 28 Abs. 5 EGBGB).

112   Wird also ein inländischer Handelsvertreter für einen **ausländischen Unternehmer** tätig, dann untersteht das Handelsvertreterverhältnis deutschem Recht. Bedient sich hingegen ein deutsches Unternehmen eines **ausländischen Handelsvertreters**, dann ist daß Recht maßgeblich, das am Sitz der Niederlassung des Handelsvertreters gilt.

113   Diese Grundsätze finden auch dann Anwendung, wenn Tätigkeitsgebiet und Niederlassung des Handelsvertreters in **zwei verschiedenen Staaten** liegen.[181] Das Recht des Sitzes des Unternehmers ist allerdings dann maßgeblich, wenn der Handelsvertreter zwar offiziell seine Niederlassung im Ausland hat, er seine Vermittlungstätigkeit aber ausschließlich in dem Staat entfaltet, in dem der Unternehmer ansässig ist.

114   **4. Vollmacht.** Ist dem Handelsvertreter Abschlußvollmacht erteilt worden, dann beurteilt sich die Wirksamkeit der Vollmachtserteilung nicht nach dem Recht, das auf das von ihm für den Unternehmer vermittelte Rechtsgeschäft Anwendung findet, sondern nach dem am Sitz seiner Niederlassung geltenden Recht.[182] Nach diesem Vollmachtstatut beurteilt sich sowohl die Wirksamkeit der Vollmacht als auch die Rechtswirkungen für den vollmachtslosen Vertreter.[183] Hingegen entscheidet sich nach dem Geschäftsstatut, also dem Recht, welches das vom Vertreter abgeschlossene Geschäft beherrscht, sowohl die Zulässigkeit einer Stellvertretung überhaupt[184] als auch die Rechtswirkungen für den Vertretenen bei einem Vertragsschluß ohne Vertretungsmacht.[185]

E. Der „unselbständige Handelsvertreter"

115   Angestellter nach Abs. 2 ist nur derjenige, dessen Tätigkeit alle Tatbestandsmerkmale der Handelsvertreterstellung aufweist, mit Ausnahme der Selbständigkeit. Insoweit stellt die Bestimmung klar, daß im Bereich der ständigen Geschäftsvermittlung nur die **Alternative** zwischen der Tätigkeit als selbständiger Handelsvertreter und der als angestellter Geschäftsvermittler besteht. Solange der mit der ständigen Geschäftsvermittlung für den Unternehmer Betraute nicht selbständig ist, kommt diesem auch dann Angestelltenstatus zu, wenn er im Vertrag als Handelsvertreter, Verkaufsbetreuer, Firmenrepräsentant, freier Mitarbeiter o. ä. bezeichnet wird.[186] Dies ergibt sich auch ohne ausdrückliche gesetzliche Anordnung[187] schon aus dem arbeitsrechtlichen Rechtsformzwang.[188]

I. „Angestellter Handelsvertreter"

116   Ebenso wie der Selbständige muß auch der „angestellte Handelsvertreter" ständig damit betraut sein, für einen Unternehmer Geschäfte zu vermitteln oder in dessen Namen abzuschließen. Im Gegensatz zu jenem ist der angestellte Handelsvertreter aber **unselbständig** und damit Arbeitnehmer im Sinne arbeitsrechtlicher Vorschriften.

---

[181] *Kindler* RIW 1987, 660, 663 f.; *Sura* DB 1981, 1269, 1271; MünchKommBGB/*Martiny* Art. 28 EGBGB RdNr. 157.
[182] BGH JZ 1963, 167, 168 mit Anm. *Lüderitz*; LG Hamburg RIW 1978, 124, 125; Palandt/*Heldrich* Anh. zu Art. 32 EGBGB Anm. 1. – AA *Ebenroth* JZ 1983, 821, 824: Recht am Ort der Niederlassung des Vertretenen; Soergel/*Lüderitz* vor Art. 7 RdNr. 302: Recht, unter dem der Vertreter erkennbar auftritt.
[183] Palandt/*Heldrich* Anh. zu Art. 32 EGBGB RdNr. 2; Soergel/*Lüderitz* vor Art. 7 EGBGB RdNr. 303, 306.

[184] Palandt/*Heldrich* Anh. zu Art. 32 EGBGB RdNr. 2; Soergel/*Lüderitz* vor Art. 7 EGBGB RdNr. 304.
[185] BGH JZ 1963, 167, 168 mit Anm. *Lüderitz*; OLG Celle WM 1984, 494, 500.
[186] BGH AP Nr. 2.
[187] *Dersch* RdA 1957, 114, 115; *Trinkhaus* RdA 1958, 11, 13.
[188] Hierzu *Wank*, Arbeitnehmer und Selbständige, 1988, S. 102 ff.

v. Hoyningen-Huene

1. Anstellungsverhältnis. Der entscheidende Unterschied zwischen selbständigen und 117
„angestellten Handelsvertretern" besteht folglich in der Grundlage ihres Tätigwerdens.
Während der angestellte Handelsvertreter auf Grund eines Arbeitsvertrags tätig wird, tritt
der Handelsvertreter iSv. Abs. 1 als selbständiger Unternehmer auf. Zur Abgrenzung von
Selbständigen und Unselbständigen vgl. RdNr. 25 ff.

2. Ständige Betrauung. Auch der „angestellte Handelsvertreter" muß mit seiner Tätig- 118
keit ständig betraut, diese also auf Dauer angelegt sein (vgl. oben RdNr. 52 ff.). Ebensowenig wie beim selbständigen Handelsvertreter ist hierfür eine gewisse zeitliche Mindest-
dauer erforderlich. Vielmehr ist nur Voraussetzung, daß sich die Verpflichtung zur Geschäftsvermittlung auf eine unbestimmte Vielzahl von Geschäften bezieht und nicht auf
bestimmte Einzelfälle beschränkt ist.

Hierbei kommt dem Tatbestandsmerkmal der ständigen Betrauung jedoch wesentlich 119
geringere Bedeutung zu als im Recht der Handelsvertreter. Wird jemand als Angestellter
nicht ständig, sondern nur **gelegentlich** mit der Geschäftsvermittlung betraut, berührt
dieses den Angestelltenstatuts nicht. Das Beschäftigungsverhältnis richtet sich auch dann
nach den gleichen allgemeinen gesetzlichen oder vertraglichen Bestimmungen. Demgegenüber findet auf den selbständigen Mitarbeiter, der nicht ständig mit der Geschäftsleitung
betraut ist, das Recht der Handelsmakler (§§ 93 ff.) Anwendung.

3. Geschäftsvermittlung/-abschluß für Unternehmer. Besonderheiten hinsichtlich der 120
vom „angestellten Handelsvertreter" auszuübenden Vermittlungs- und Abschlußtätigkeit
bestehen gegenüber dem selbständigen Handelsvertreter nicht. Insoweit wird auf die
RdNr. 55 ff. Bezug genommen.

4. Anwendbare Bestimmungen. Auf den angestellten Handelsvertreter finden **nicht** die 121
§§ 85 ff. Anwendung, **sondern arbeitsrechtliche Vorschriften.** Welche Normen im
einzelnen gelten, richtet sich u. a. nach der Rechtsstellung des Arbeitgebers. Ist dieser
Kaufmann, so hat der Angestellte alle Rechte und Pflichten eines Handlungsgehilfen. Die
Vermittlung und der Abschluß von Geschäften stellt die Leistung kaufmännischer Dienste
dar. Über die Rechte und Pflichten des **Handlungsgehilfen** vgl. Erl. zu § 59. Hat der
Arbeitgeber nicht die Rechtsstellung eines Kaufmanns, so finden auf die Rechte und
Pflichten des Angestellten die Vorschriften des **allgemeinen Dienstvertrags** und des **BGB**
einschließlich ergänzender arbeitsrechtlicher Vorschriften Anwendung. Ist eine Provisionsabrede getroffen, sind gemäß § 65 die Vorschriften des § 87 Abs. 1 und 3 sowie der §§ 87
a bis c über das Entstehen, die Berechnung und Fälligkeit des Provisionsanspruchs entsprechend anwendbar.[189] Insoweit handelt es sich nur um die Normierung allgemeiner
Rechtsgrundsätze.[190] Demgegenüber scheidet eine analoge Anwendung der §§ 75 g und
h aus.[191] Die Risikoverteilung zu Lasten des Arbeitgebers knüpft in diesen Fällen gerade an
dessen Stellung als Kaufmann im Geschäftsverkehr an.

Unabhängig von der rechtlichen Stellung des Arbeitgebers gelten für (sämtliche) 122
„angestellte Handelsvertreter" die **arbeitsrechtlichen Schutzvorschriften** (vgl. oben Vor
§ 59 RdNr. 20 ff.). Dabei ist insbesondere im Anwendungsbereich des KSchG das Recht
des Arbeitgebers zur ordentlichen Kündigung eingeschränkt. Demgegenüber bedarf die
Kündigung eines Handelsvertreters keiner besonderen sozialen Rechtfertigung (vgl. § 89).
Der „angestellte Handelsvertreter" hat einen gesetzlichen Anspruch auf Entgeltfortzahlung
bei unverschuldeter Arbeitsverhinderung (vgl. § 3 EFZG), bezahlten Erholungsurlaub (vgl.
§§ 1, 3 BUrlG) sowie Entgeltfortzahlung an Feiertagen (vgl. § 2 EFZG). Ist eine Provisionsabrede getroffen, dann gehört auch die Provision zum fortzuzahlenden Entgelt (vgl.
oben zu § 65 RdNr. 5 ff.).

---

[189] Vgl. BAG AP HGB § 65 Nr. 6 mit Anm. *Herschel.*
[190] *Küstner* III RdNr. 20; Staub/*Brüggemann* RdNr. 28.
[191] Heymann/*Henssler* § 75 g RdNr. 4; *Küstner* III RdNr. 20. – AA Staub/*Brüggemann* RdNr. 28.

123   Hingegen kann der selbständige Handelsvertreter mangels abweichender vertraglicher Vereinbarung nur für die von ihm **vermittelten Geschäfte Provision** verlangen (vgl. §§ 87 ff.). Für Zeiten der Arbeitsverhinderung muß er eigene Vorsorge treffen. Bei der Betriebsveräußerung setzt sich das Beschäftigungsverhältnis der angestellten Handelsvertreter automatisch mit dem Betriebserwerber fort (§ 613 a BGB). Demgegenüber findet § 613 a BGB auf den selbständigen Handelsvertreter keine Anwendung. Es liegt kein abhängiges Arbeitsverhältnis vor.

124   Besteht in dem Betrieb, dem der „angestellte Handelsvertreter" angehört, ein **Betriebsrat**, hat der Arbeitgeber (Unternehmer) dessen Mitwirkungsrechte zu beachten. Insbesondere hat der Betriebsrat bei der Einstellung und Eingruppierung des „angestellten Handelsvertreters" nach § 99 Abs. 1 BetrVG mitzuwirken. Darüber hinaus unterliegt die allgemeine betriebliche Lohngestaltung nach § 87 Abs. 1 Nr. 10 BetrVG der Mitbestimmung (vgl. im einzelnen oben § 65 RdNr. 26 f. m.weit. Nachw.). Demgegenüber kann der Unternehmer seine vertraglichen Beziehungen zum selbständigen Handelsvertreter ohne Mitwirkung des Betriebsrats regeln. Eine Mitbestimmung des Betriebsrats ist selbst dann ausgeschlossen, wenn ein selbständiger Beschäftigter in dem Betrieb tätig wird.[192]

125   Die Rechte und Pflichten des „angestellten Handelsvertreters" regeln sich nach **tarifrechtlichen Bestimmungen**, soweit beiderseitige Tarifbindung besteht (dazu oben Vor § 59 RdNr. 26 ff.). Zwar erklärt § 12 a Abs. 4 TVG die Vorschriften des TVG auf Handelsvertreter iSv. § 84 für unanwendbar. Aus dem Regelungszusammenhang ergibt sich aber, daß damit ausschließlich die selbständigen arbeitnehmerähnlichen Handelsvertreter, nicht dagegen die „angestellten Handelsvertreter" dem Anwendungsbereich des Gesetzes entzogen sein sollen.[193] Für die selbständigen Handelsvertreter findet Tarifrecht dagegen keine Anwendung.

II. Anstellungsvertrag

126   **1. Rechtsnatur.** Den Beziehungen zwischen Arbeitgeber und „angestelltem" Handelsvertreter liegt ein **gegenseitiger (Austausch-) Vertrag** zugrunde, bei dem die Arbeitspflicht einerseits und die Pflicht zur Entgeltzahlung andererseits im Synallagma stehen. Im Gegensatz zum Vertragsverhältnis nach Abs. 1 liegt aber kein freier Dienstvertrag, sondern ein Arbeitsvertrag vor, was für Rechtsfolgen aus der Vertragsbeziehung entscheidende Bedeutung hat (vgl. schon oben RdNr. 23 f.).

127   **2. Vertragsschluß.** Es gilt der Grundsatz der **Vertragsfreiheit**. Den Beteiligten steht es frei, ob überhaupt und mit wem eine Vertragsbindung eingegangen werden soll. Ein besonderes Formerfordernis für den Vertragsschluß ist gesetzlich nicht vorgeschrieben (vgl. aber § 2 NachwG, dazu oben § 59 RdNr. 125 f.), kann aber durch Tarifvertrag vorgesehen werden.

128   Auch hinsichtlich des Vertragsinhalts besteht grundsätzlich **Gestaltungsfreiheit**. Jedoch dürfen die individualrechtlichen Regelungen nicht zum Nachteil des Arbeitnehmers von (einseitig) zwingendem Gesetzesrecht, tarifvertraglichen Vorschriften oder Betriebsvereinbarungen abweichen. Ob im Einzelfall eine nachteilige Vereinbarung vorliegt, bedarf stets sorgfältiger Prüfung. Besteht Tarifbindung (vgl. Vor § 59 RdNr. 26 ff.) und ist in dem einschlägigen Tarifvertrag ein monatliches Mindestfixum festgelegt, dann wird einer solchen Tarifnorm auch dann entsprochen, wenn sich das Fixum aus einem (niedrigeren) Grundgehalt und einer garantierten Verkaufsprämie zusammensetzt[194] oder gar nur durch eine Garantieprovision erreicht wird. Nach Sinn und Zweck der tariflichen Vorschrift soll dem Arbeitnehmer ein monatlicher Mindestbetrag garantiert sein. Wie die Parteien diesen

---

[192] BAG AP AÜG § 14 Nr. 5.
[193] Zur Verfassungsmäßigkeit dieser Vorschrift vgl. *Pauly*, Tarifautonomie für Handelsvertreter? (1992); *Wiedemann/Stumpf* § 12 a TVG RdNr. 18 ff.

[194] BAG AP TVG § 1 – Tarifverträge: Einzelhandel – Nr. 14.

bezeichnen, ob als Grundgehalt, Grundbetrag zuzüglich garantierter Prämie oder als Garantieprovision, ist rechtlich unerheblich.

3. Vertragsinhalt. Hinsichtlich der den Parteien obliegenden Leistungspflichten ergeben 129 sich keine Unterschiede zu dem Vertragsverhältnis des Unternehmers mit einem selbständigen Handelsvertreter. Die Hauptpflicht des „unselbständigen Handelsvertreters" besteht in der Vermittlung bzw. dem Abschluß von Geschäften im Namen und auf Rechnung des Arbeitgebers. Dessen Hauptpflicht besteht in der Zahlung des vereinbarten Entgelts.

4. Beendigung. a) Überblick. Das Vertragsverhältnis kann durch Kündigung, Abschluß 130 eines Aufhebungsvertrags, Fristablauf oder Tod des „angestellten Handelsvertreters" beendet werden.[195] Bezüglich des Aufhebungsvertrags und des Tods des Vermittlungspflichtigen bestehen keine Unterschiede zur Beendigung des Vertragsverhältnisses mit einem selbständigen Handelsvertreter (vgl. hierzu § 89 RdNr. 13 f., 18 ff.). Demgegenüber ergeben sich Besonderheiten hinsichtlich der ordentlichen Kündigung und der Zulässigkeit einer Befristung des Vertrags, da auf das Arbeitsverhältnis des „angestellten Handelsvertreter" die Kündigungsschutzbestimmungen (dazu sogleich RdNr. 133 f.) Anwendung finden.

Wegen der Möglichkeit, durch eine **Befristung** des Arbeitsverhältnisses den Kündi- 131 gungsschutz zu umgehen, bedarf die Befristung von Arbeitsverträgen eines **sachlichen Grundes.**[196] Ob ein sachlicher Grund vorliegt, bestimmt sich nach objektiven Kriterien aus der Natur der Arbeit oder des Arbeitsplatzes. Beispiele für zulässige Befristungen sind: Saisonarbeit,[197] Probearbeitsverhältnis,[198] Aushilfstätigkeiten, zB bei Urlaub, Krankheit, Mutterschaft, Erziehungsurlaub (§ 21 BErzGG) oder Wehrdienst.[199] Dagegen sind längere Befristungen unzulässig, wenn das wirtschaftliche Risiko des Arbeitgebers auf den Arbeitnehmer verlagert wird. Infolgedessen rechtfertigen die nicht absehbare Auftragslage eines Unternehmens oder allgemeine wirtschaftliche Erwägungen keine Befristung.

Darüber hinaus ist auch ohne sachlichen Grund nach § 1 **BeschFG** die einmalige Befri- 132 stung eines Arbeitsvertrags bis zur Dauer von 18 Monaten zulässig, wenn der Arbeitnehmer entweder neu eingestellt wird oder im unmittelbaren Anschluß an die Berufsausbildung nur vorübergehend weiterbeschäftigt werden kann, weil kein Arbeitsplatz für einen unbefristet einzustellenden Arbeitnehmer zur Verfügung steht.

b) Ordentliche Kündigung. Die Kündigung des Arbeitsvertrags mit dem „angestellten 133 Handelsvertreter" richtet sich grundsätzlich nach §§ 622 ff. BGB. Danach beträgt die gesetzliche Grundkündigungsfrist vier Wochen zum Fünfzehnten oder zum Ende eines Kalendermonats (§ 622 **Abs.** 1 BGB). Die Kündigungsfrist verlängert sich bei langbeschäftigten Angestellten nach § 622 **Abs.** 2 BGB auf bis zu sieben Monaten zum Ende eines Kalendermonats.

Im Gegensatz zur ordentlichen Kündigung des Vertrags mit einem selbständigen Han- 134 delsvertreter bedarf die ordentliche Kündigung des „angestellten Handelsvertreters" im Anwendungsbereich des KSchG (§ 23 KSchG) der sozialen Rechtfertigung nach § 1 **KSchG.** Danach ist die Kündigung sozial ungerechtfertigt und unzulässig, wenn sie nicht durch Gründe, die in der Person oder durch dringende betriebliche Erfordernisse, die einer Weiterbeschäftigung des Arbeitnehmers in diesem Betrieb entgegenstehen, bedingt ist.

---

[195] *Küstner/v. Manteuffel* III, RdNr. 412.
[196] Grundlegend BAG (GS) AP BGB § 620 – Befristeter Arbeitsvertrag – Nr. 16 = SAE 1961, 125 ff. mit Anm. *Bötticher* = AR-Blattei, Arbeitsvertrag – Arbeitsverhältnis VIII, Entsch. 3 mit Anm. *Molitor.* – Vgl. auch BAG AP BGB § 620 – Befristeter Arbeitsvertrag – Nr. 88 m. weit. Nachw.; Nr. 114; Hueck/v. Hoyningen-Huene KSchG § 1 RdNr. 554 ff.; MünchKommBGB/*Schwerdtner* § 620 RdNr. 16 ff.; Staudinger/*Neumann* § 620 RdNr. 15 f.; KR/*M. Wolf* Grundsätze S. 179 ff.

[197] BAG AP BGB § 620 – Saisonarbeit – Nr. 1 mit Anm. *Löwisch/Kaiser* = SAE 1986, 75 ff. mit Anm. *Eich.*
[198] BAG AP BGB § 620 – Befristeter Arbeitsvertrag – Nr. 45 = EzA § 620 BGB Nr. 34 mit Anm. *Bunge* = AR-Blattei, Probearbeitsverhältnis, Entsch. 17 mit Anm. *Falkenberg.*
[199] BAG AP BGB § 620 – Befristeter Arbeitsvertrag – Nr. 97 = SAE 1987, 309 ff. mit Anm. *Kreutz.*

135   Soweit ein **Betriebsrat** gebildet ist, hat der Arbeitgeber diesen vor der Kündigung zu hören und ihm die Gründe mitzuteilen. Eine ohne Anhörung des Betriebsrats ausgesprochene Kündigung ist unwirksam (§ 102 Abs. 1 BetrVG). Widerspricht der Betriebsrat der ordentlichen Kündigung ordnungsgemäß, dann hat der Arbeitgeber auf Antrag den „angestellten Handelsvertreter" zunächst weiterzubeschäftigen, wenn dieser Kündigungsschutzklage erhoben hat (§ 102 Abs. 5 BetrVG). Erfolgt die Kündigung aus verhaltensbedingten Gründen, hat der Arbeitgeber grundsätzlich das pflichtwidrige Verhalten abzumahnen, ehe er eine Kündigung ausspricht.[200]

136   **c) Außerordentliche Kündigung.** Auch das Vertragsverhältnis mit dem „angestellten Handelsvertreter" kann nach § 626 BGB außerordentlich **aus wichtigem Grund** ohne Einhaltung einer Kündigungsfrist gekündigt werden. Diese setzt voraus, daß dem Arbeitgeber (oder beim Ausspruch durch den Handlungsgehilfen diesem) ein weiteres Festhalten am Arbeitsvertrag bis zum Ablauf der Kündigungsfrist oder bis zur vereinbarten Beendigung des Dienstverhältnisses nicht zugemutet werden kann. Hierfür ist eine umfassende Interessenabwägung oder Berücksichtigung aller Umstände des Einzelfalles erforderlich. Die Kündigung muß innerhalb von zwei Wochen gerechnet ab dem Zeitpunkt erklärt werden, in dem der Kündigungsberechtigte von dem für die Kündigung maßgebenden Tatsachen Kenntnis erlangt hat (§ 626 Abs. 2 BGB). Innerhalb dieser Frist hat der Arbeitgeber auch das Anhörungsverfahren beim Betriebsrat nach § 102 BetrVG durchzuführen.

III. Rechtsverhältnisse zu Dritten

137   Die rechtlichen Beziehungen zu Dritten gestalten sich grundsätzlich nicht abweichend gegenüber denen des selbständigen Handelsvertreters. Hier wie dort bestehen vertragliche Beziehungen nur zwischen dem Arbeitgeber und dem (angestellten oder selbständigen) Handelsvertreter einerseits sowie dem Arbeitgeber und dem Dritten andererseits. **Haftet** der „angestellte Handelsvertreter" gegenüber dem Dritten wegen eines eigenen Fehlverhaltens, dann steht ihm u. U. gegenüber dem Arbeitgeber im Innenverhältnis in der Höhe ein Freistellungsanspruch hinsichtlich des Schadensersatzanspruches des Dritten zu, in der ihm bei Schädigung des Arbeitgebers eine Haftungsminderung zugebilligt werden würde (wegen der Einzelheiten vgl. § 59 RdNr. 222 f.).

IV. Gehaltsschutz, Streitigkeiten

138   Wegen des Gehaltsschutzes vgl. § 59 RdNr. 366 ff.
Wegen der Streitigkeiten vgl. § 59 RdNr. 412 ff.

V. Internationales Privatrecht

139   Bei Fällen mit Auslandsberührung bestimmt sich die für das Anstellungsverhältnis maßgebliche Rechtsordnung in erster Linie nach der **Parteivereinbarung** (Rechtswahlfreiheit). Haben die Parteien hierüber keine Regelung getroffen, so ist nach **Art. 30 Abs. 2 EGBGB** das Recht des Staates anzuwenden, in dem der „angestellte Handelsvertreter" gewöhnlich seine Arbeit zum Zwecke der Vertragserfüllung verrichtet. Dies ist der Staat, in dem er seine Vermittlungstätigkeit entfaltet. Wird ein in der Bundesrepublik wohnhafter Arbeitnehmer von einem ausländischen Unternehmer als Reisender für einen größeren in der Bundesrepublik gelegenen Bezirk angestellt, dann gilt mangels anderer Rechtswahl deutsches Recht.[201]

140   Darüber hinaus hat die Entscheidungsregelung des Art. 30 Abs. 2 EGBGB insofern Bedeutung, als die Rechtswahl nicht dazu führen darf, den „angestellten Handelsvertreter" den **zwingenden Schutzvorschriften** dieses Rechts zu entziehen (Art. 30 Abs. 1 EGBGB).

---

[200] Grundlegend *v. Hoyningen-Huene*, Die Abmahnung im Arbeitsrecht, RdA 1990, 193 ff.

[201] Vgl. BAG AP Brüsseler Übereinkommen Art. 5 Nr. 1 mit Anm. *Schröder*.

Die Rechtswahl wird also insofern nicht begrenzt. Vielmehr wird nur verhindert, daß die auf Grund objektiver Anknüpfung maßgeblichen zwingenden arbeitsrechtlichen Vorschriften ausgeschaltet oder umgangen werden[202]

§ 85 [Vertragsurkunde]

Jeder Teil kann verlangen, daß der Inhalt des Vertrages sowie spätere Vereinbarungen zu dem Vertrag in eine vom anderen Teil unterzeichnete Urkunde aufgenommen werden. Dieser Anspruch kann nicht ausgeschlossen werden.

Schrifttum: Siehe Vor § 84

Übersicht

I. Bedeutung

Die Vorschrift ist durch das Änderungsgesetz von 1953 (Recht der Handelsvertreter) in **1** das HGB **eingefügt** worden. Sie bezweckt, den Parteien den Nachweis des Vertragsinhalts zu erleichtern, weil bei den über längere Zeit andauernden Vertragsverhältnissen leicht Unklarheiten über den vereinbarten Inhalt entstehen können.[1] Die Bestimmung findet auf den Vertragshändler (Vor § 84 RdNr. 13 ff.)[2] und auf den Franchise-Nehmer (Vor § 84 RdNr. 17 ff.)[3] analoge Anwendung.

II. Inhalt und Form der Vertragsurkunde

1. Inhalt. In die Urkunde sind sämtliche Vereinbarungen der Parteien aufzunehmen, die **2** Inhalt des Vertrags geworden sind. Hierzu gehört insbesondere die Festlegung der Aufgaben des Handelsvertreters, zB Art und Umfang der von ihm zu vermittelnden oder abzuschließenden Geschäfte, Inhalt und etwaige Beschränkungen einer erteilten Abschlußvollmacht, die Umgrenzung eines ihm zugewiesenen Bezirks, Abreden über den Provisionsanspruch, Regelungen über Dauer des Vertrags und Kündigungsmöglichkeiten, Wettbewerbsabreden.

---

[202] Zu den Einzelheiten *A. Junker*, Internationales Arbeitsrecht im Konzern, 1992.
[1] Begründung zum Reg.-E., BT-Drs. 1/3856 S. 18.

[2] *Renz* S. 61 f.; Staub/*Brüggemann* Vor § 84 RdNr. 14; *Ulmer*, Der Vertragshändler, S. 397 Fn. 14. – **AA** *Schuler* NJW 1959, 649, 652.
[3] *Matthießen* ZIP 1988, 1089, 1095.

3   **Nicht** in die Urkunde aufgenommen werden müssen Regelungen, die sich unmittelbar aus dem Gesetz ergeben. Soweit die gesetzlichen Bestimmungen gelten, genügt ein pauschaler Hinweis auf diese,[4] ist aber an sich nicht erforderlich.

4   Wegen des Urkundenanspruchs nach **Vertragsänderungen** siehe unten RdNr. 11.

5   **2. Form.** Die Vertragsurkunde bedarf der Schriftform iSv. **§ 126 BGB**. Sie muß aber nur vom Anspruchsgegner, nicht von dem Vertragsteil unterzeichnet werden, der die Urkundsausstellung verlangt. Allerdings kann auch der Antragsgegner seinerseits nach § 85 Ausstellung eine Vertragsurkunde begehren. In diesem Fall ist der andere Teil ebenfalls zur Mitunterzeichnung verpflichtet.[5]

6   Ein **kaufmännisches Bestätigungsschreiben** über den Inhalt der getroffenen Vereinbarung entspricht grundsätzlich den Anforderungen an eine Vertragsurkunde im Sinne dieser Vorschrift. Gibt das Schreiben den Vertragsinhalt nicht zutreffend wieder, kann es nach den Grundsätzen über ein kaufmännisches Bestätigungsschreiben konstitutive Wirkung haben, soweit der andere Teil dem Bestätigungsschreiben nicht widerspricht.[6]

7   Die Vorschrift begründet nur einen Anspruch auf Urkundenausstellung, **keinen gesetzlichen Formzwang.** Der Abschluß eines Handelsvertretervertrags ist grundsätzlich formfrei (§ 84 RdNr. 69). Die Parteien können allerdings den Vertragsabschluß oder zumindest Vertragsänderungen von der Einhaltung einer bestimmten Form abhängig machen. In diesem Fall bedarf der Vertragsschluß bzw. eine Vertragsänderung zur Wirksamkeit der Wahrung der vereinbarten Form (§ 127 BGB).

8   **3. Wirkung.** Die Urkunde hat regelmäßig keine konstitutive, sondern nur deklaratorische Bedeutung. Sie dient **Beweiszwecken**.[7] Wird sie vom Anspruchsteller vorbehaltlos angenommen, hat sie die widerlegbare Vermutung der Richtigkeit und Vollständigkeit für sich.[8] Gibt die Urkunde den Vertragsinhalt nach Auffassung des Anspruchstellers nicht zutreffend wieder, muß dieser die Annahme ablehnen. Andernfalls kann je nach Lage des Einzelfalls in der widerspruchslosen Annahme eine konkludente Zustimmung zu einer Vertragsänderung liegen.[9]

9   **4. Rechtsnatur.** Die Ausstellung der Vertragsurkunde ist vergleichbar der Erteilung einer Quittung iSv. § 368 BGB kein Rechtsgeschäft. Sie ist das bloße Bekenntnis, zwischen den Parteien sei ein Handelsvertreterverhältnis mit dem in der Urkunde niedergelegten Inhalt zustande gekommen. Sie ist daher eine reine Wissenserklärung.[10]

III. Anspruch auf Vertragsurkunde

10   **1. Entstehung des Anspruchs. a) Handelsvertreterverhältnis.** Der Anspruch entsteht **mit Abschluß** des Handelsvertretervertrags. Ab diesem Zeitpunkt kann jeder Vertragsteil die Ausstellung einer Urkunde über den Vertragsinhalt verlangen.

11   **b) Vertragsänderung.** Der Anspruch entsteht bei jeder Vertragsänderung neu.[11] Er ist in diesem Fall grundsätzlich auf die schriftliche Fixierung der geänderten Bedingungen beschränkt. Der ursprüngliche Vertragsinhalt muß nicht in die Urkunde über die Vertragsänderung aufgenommen werden.[12] Soweit allerdings Zweifel über den Vertragsinhalt entstehen können, aber auch bei umfangreichen Änderungen kann der Anspruchsteller die Aufnahme des gesamten Vertragsinhalts in eine einheitliche Urkunde verlangen.[13]

12   **2. Geltendmachung.** Der Anspruch wird erst fällig, wenn der Antragsteller die Ausstellung einer Vertragsurkunde von dem anderen Teil begehrt. Dieses Begehren ist eine

---

[4] Heymann/*Sonnenschein/Weitemeyer* RdNr. 6; Staub/*Brüggemann* RdNr. 6.

[5] Heymann/*Sonnenschein/Weitemeyer* RdNr. 7.

[6] Staub/*Brüggemann* RdNr. 6.

[7] OLG München VersR 1957, 87.

[8] LAG Bremen DB 1960, 1212.

[9] Heymann/*Sonnenschein/Weitemeyer* RdNr. 9.

[10] So zur Quittung auch RGZ 108 50, 55; Jauernig/*Schlechtriem* § 368 Anm. 1; Palandt/*Heinrichs* § 368 RdNr. 2.

[11] Baumbach/*Hopt* RdNr. 6; Heymann/*Sonnenschein/Weitemeyer* RdNr. 6.

[12] Staub/*Brüggemann* RdNr. 6.

[13] Heymann/*Sonnenschein/Weitemeyer* RdNr. 6.

rechtsgeschäftsähnliche Handlung, die erst mit Zugang beim Antragsgegner wirksam wird (§ 130 Abs. 1 Satz 1 BGB).

3. Anspruchsberechtigter. Anspruchberechtigt sind beide Parteien des Handelsvertretervertrags, sowohl der Unternehmer als auch der Handelsvertreter. Unerheblich ist, ob es **13** sich um einen normalen Handelsvertreter, einen Untervertreter (§ 84 Abs. 3), einen Einfirmenvertreter (§ 92 a) oder einen Handelsvertreter im Nebenberuf (§ 92 b) handelt.[14] Der Anspruch steht auch juristischen Personen und Personengesellschaften, die Handelsvertreter sind, zu.

Beim **Tod des Unternehmers** geht der Anspruch auf dessen Erben über. Dies gilt auch **14** für den Tod des Handelsvertreters. Zwar erlischt dann im Zweifel das Vertragsverhältnis (§ 673 BGB), der Zweck der Bestimmung, Beweisschwierigkeiten bei der Vertragsabwicklung zu vermeiden, rechtfertigt es aber, auch in diesem Fall beiden Seiten den Anspruch einzuräumen.[15]

4. Anspruchsverpflichteter. Schuldner des Anspruchs auf Urkundenausstellung ist der **15** andere Teil des Handelsvertretervertrags. Dies richtet sich im Einzelfall danach, ob der Unternehmer oder der Handelsvertreter die Urkundsausstellung begehrt. Stirbt der Verpflichtete, so richtet sich der Urkundsanspruch gegen dessen Erben.

5. Anspruchsinhalt. Der Anspruch ist auf **Unterzeichnung** der Urkunde durch den anderen **16** Teil gerichtet. Der Antragsgegner genügt daher seiner Pflicht, wenn er eine vom Antragsteller oder einen Dritten erstellte Urkunde, die den Vertragsinhalt zutreffend wiedergibt, unterzeichnet (zur Form vgl. schon oben RdNr. 4 ff.). Er ist jedoch nicht verpflichtet, die Urkunde selbst aufzusetzen.[16] Im Fall der Vertragsänderung (RdNr. 11) beschränkt sich der Anspruch auf diese, kann aber auch durch Unterzeichnung einer kompletten Neufassung erfüllt werden.

6. Erlöschen des Anspruchs. a) Erfüllung. Der Anspruch auf Ausstellung einer Vertragsurkunde **17** erlischt durch Erfüllung, wenn der Antragsgegner dem Antragsteller ein den Anforderungen des § 85 genügendes Schriftstück aushändigt (§ 362 Abs. 1 BGB).

b) Beendigung des Vertragsverhältnisses. Der Anspruch auf Urkundenausstellung erlischt **18** nicht automatisch mit der Beendigung des Vertragsverhältnisses. Er bleibt bis zur vollständigen Abwicklung des Vertragsverhältnisses bestehen.[17] Der mit dem Urkundenanspruch verfolgte Zweck der Beweiserleichterung kann nämlich auch noch nach Ablauf der Kündigungsfristen zum Tragen kommen, zB wegen Provisionen (§ 87), Ausgleichszahlungen (§ 89 b) oder etwaiger Wettbewerbsabreden (§ 90 a).

c) Verzicht. Während der Dauer des Vertragsverhältnisses kann auf den Anspruch nicht **19** verzichtet werden. Ein solcher Verzicht stünde im Widerspruch zum Zweck des Satzes 2, der zum Schutz des Handelsvertreters, aber auch des Unternehmers die Unabdingbarkeit anordnet (dazu noch unten RdNr. 22). Nach Ablauf der Kündigungsfristen kann während der Vertragsabwicklung auf den Anspruch verzichtet werden, weil in diesem Zeitraum kein besonderes Schutzbedürfnis für eine der Seiten besteht.

d) Verwirkung. Da ein ausdrücklicher Verzicht während der Vertragslaufzeit ausgeschlossen **20** ist, muß gleiches auch für die Verwirkung gelten. Im Abwicklungsstadium kann Verwirkung ausnahmsweise eintreten, wenn der Antragsgegner berechtigterweise darauf vertrauen durfte, der andere Teil werde den Urkundenanspruch nicht mehr geltend machen, und er im Vertrauen hierauf Handlungen vorgenommen hat, die ihm die Urkundenausstellung nunmehr unzumutbar erscheinen lassen.

7. Verjährung. Der Anspruch auf die Vertragsurkunde verjährt gemäß § 88 in vier Jahren **21** ab Schluß des Kalenderjahres, in dem er geltend gemacht worden ist. Demgegenüber

---

[14] Heymann/*Sonnenschein/Weitemeyer* RdNr. 2.
[15] Heymann/*Sonnenschein/Weitemeyer* RdNr. 5.
[16] AA Heymann/*Sonnenschein/Weitemeyer* RdNr. 6.

[17] HM: Baumbach/*Hopt* RdNr. 345; Heymann/*Sonnenschein/Weitemeyer* RdNr. 4; Staub/*Brüggemann* RdNr. 6. – AA Küstner/*v. Manteuffel* I RdNr. 345.

stellt die hM für den Verjährungsbeginn auf den Schluß des Jahres ab, in dem der Vertrag endet, weil sich der Anspruch bis zu diesem Zeitpunkt immer wieder erneuere.[18] Dem kann nicht gefolgt werden, weil der Urkundenanspruch ein einheitlicher Anspruch ist, der mit Vertragsschluß entsteht, mit seiner Geltendmachung fällig wird und fortbesteht. Für eine ständige Erneuerung des Anspruchs bleibt daneben kein Raum.

22   **8. Unabdingbarkeit (Satz 2).** Zum Schutz des Handelsvertreters, aber auch des Unternehmers und im Interesse der Rechtssicherheit kann der Anspruch auf schriftliche Festlegung des Vertragsinhalts nicht ausgeschlossen werden.[19] Unter dieses Verbot fallen alle Vereinbarungen, durch die der Anspruch inhaltlich oder zeitlich beschränkt wird, zB an bestimmte Voraussetzungen oder Termine gebunden wird.

IV. Folgen der Nichterfüllung

23   **1. Gerichtliche Durchsetzung.** Der Anspruch auf die Vertragsurkunde ist **einklagbar**. Der Antrag muß auf Unterzeichnung und Aushändigung einer vom Kläger vorzulegenden, den Vertragsinhalt wiedergebenden Urkunde lauten. Bestreitet der Anspruchsverpflichtete das Zustandekommen eines Vertrags mit dem behaupteten Inhalt, so obliegt die Beweislast dem Kläger. Gelingt dem Kläger nicht der Nachweis aller von ihm als Vertragsinhalt behaupteten Vereinbarungen, so sind nur die nachgewiesenen Vereinbarungen als Urkundeninhalt im erkennenden Teil des Urteils festzulegen. Im übrigen ist die Klage abzuweisen.

24   Das **rechtskräftige Urteil** ersetzt in entsprechender Anwendung von § 894 ZPO die Unterzeichnung der Vertragsurkunde und bedarf daher grundsätzlich keiner gesonderten Vollstreckung, etwa nach § 888 ZPO.[20] Zwar handelt es sich bei der Unterzeichnung der Urkunde um eine bloße Wissenserklärung, keine Willenserklärung (s. RdNr. 8), der Kläger hat aber an der tatsächlichen Unterzeichnung der Urkunde kein Interesse, weil sich der Vertragsinhalt aus dem in Rechtskraft erwachsenden Urteilstenor ergibt. Dadurch wird ohne weiteres der Zweck des § 85 erreicht, den Vertragspartnern jederzeit die Klarstellung des Vertragsinhalts zu ermöglichen.[21]

25   **2. Außerordentliches Kündigungsrecht.** Kommt der Anspruchsgegener dem Begehren auf Ausstellung einer Vertragsurkunde nicht nach, kann der Antragsteller auf Unterzeichnung und Aushändigung einer Vertragsurkunde klagen, die den Vertragsinhalt vollständig und richtig wieder gibt (RdNr. 23 f.). Daneben kann der Antragsteller den Handelsvertretervertrag auch nach § 89 a fristlos kündigen und Schadensersatz verlangen.[22] Anerkennenswerte Gründe gegen die schriftliche Festlegung des Vertragsinhalts lassen sich kaum denken, so daß die Weigerung das gegenseitige Vertrauen untergräbt.

§ 86 [Pflichten des Handelsvertreters]

(1) Der Handelsvertreter hat sich um die Vermittlung oder den Abschluß von Geschäften zu bemühen; er hat hierbei das Interesse des Unternehmers wahrzunehmen.

(2) Er hat dem Unternehmer die erforderlichen Nachrichten zu geben, namentlich ihm von jeder Geschäftsvermittlung und von jedem Geschäftsabschluß unverzüglich Mitteilung zu machen.

(3) Er hat seine Pflichten mit der Sorgfalt eines ordentlichen Kaufmanns wahrzunehmen.

(4) Von den Absätzen 1 und 2 abweichende Vereinbarungen sind unwirksam.

---

[18] Baumbach/*Hopt* RdNr. 345; Staub/*Brüggemann* RdNr. 6.

[19] Begr. zum Reg.-E., BT-Drs. 1/3856 S. 18.

[20] *Küstner/v. Manteuffel* I RdNr. 350. – AA Baumbach/*Hopt* RdNr. 9; GK-HGB/*Haumann* RdNr. 3; Heymann/*Sonnenschein/Weitemeyer* RdNr. 8.

[21] So zur Erteilung einer Quittung auch RGZ 48, 398, 400; MünchKommBGB/*Heinrichs* § 368 RdNr. 9; Soergel/*Zeiss* § 368 RdNr. 2.

[22] OLG München VersR 1957, 97.

Schrifttum: *Baden,* Ausschließlichkeitsbindungen von Absatzmittlern in Handels- und Kartellrecht, 1986; *Baur,* Handelsvertretersystem und § 15 GWB, BB 1985, 1821 ff.; *Birkhahn,* Wettbewerbsverbot für Handelsvertreter ohne vertragliche Vereinbarung?, BB 1961, 1351 ff.; *ders.,* Das Wettbewerbsverbot für Handelsvertreter, BB 1962, 1108 ff.; *v. Brunn,* Unzulässige Verhandlungen über die Nachfolge eines Handelsvertreters vor Kündigung seines Vertrages?, DB 1964, 1841 ff.; *ders.,* Das Wettbewerbsverbot im Handelsvertreterrecht beim Fehlen einer Vereinbarung, AcP 163 (1964), 487 ff.; *Cramer,* Die Wettbewerbsabrede von Handelsvertretern und ihre kartellrechtliche Beurteilung, 1972; *Ebenroth,* Absatzmittlungsverträge im Spannungsverhältnis von Kartell- und Zivilrecht, 1980; *Ebenroth/Obermann,* Zweitvertretungsanspruch in Absatzmittlungsverhältnissen aus § 26 Abs. 2 GWB?, DB 1981, 892 ff.; *Gallus,* Wettbewerbsbeschränkungen im Recht des Handelsvertreters, 1971; *Ganal,* Die Handels- und kartellrechtliche Beurteilung von Agentursystemen, 1986; *Grüll,* Wettbewerbsvereinbarungen mit Arbeitnehmern und Handelsvertretern, 3. Aufl. 1980; *Hensen,* Die kartellrechtliche Mißbrauchskontrolle und das Wettbewerbsverbot des Handelsvertreters, 1973; *Höft,* Wettbewerbsverbot des Handelsvertreters und geschäftliche Dispositionsfreiheit des vertretenen Unternehmers, VersR 1969, 875 ff.; *Hohn,* Wettbewerbsverbote für Arbeitnehmer und Handelsvertreter, DB 1967, 1852 ff., 1895 ff.; *ders.,* Wettbewerbsverbote mit Arbeitnehmern und Handelsvertretern, DB 1971, 94 ff.; *Koeble,* Die kartellrechtliche Beurteilung von Preis- und Ausschließlichkeitsbindungen in Handelsvertreter- und Vertragshändlerverträgen, 1973; *Kreis,* Ausschließlichkeitsbindungen in Tankstellenverträgen, BB 1967, 942 ff.; *Leo,* Das Wettbewerbsverbot für Handelsvertreter, BB 1962, 1106 ff.; *ders.,* Das Wettbewerbsverbot des Handelsvertreters im Lichte des § 18 GWB, WRP 1969, 85 ff.; *Maier,* Das gesetzliche Wettbewerbsverbot für Handelsvertreter, BB 1979, 500 ff.; *Möschl,* Absatzmittler und vertikale Preisbindung, BB 1985, 1477 ff.; *Oehler,* „Umgekehrte" Preisbindung zwischen Unternehmer und Handelsvertreter im Agenturvertriebssystem?, BB 1987, 765 ff.; *Ordemann,* Die Berichtspflicht des Handelsvertreters, DB 1963, 1565 ff.; *Pfeffer,* Die Neuordnung der Vertragshändlerverträge in der Automobilbranche, NJW 1985, 1241 ff.; *Rasch,* Ausschließlichkeitsbindungen im Handelsvertreterrecht, WUW 1958, 208 ff.; *Riesenkampff,* Die Ausschließlichkeitsbindung des Tankstellenhalters für Treib- und Schmierstoffe, BB 1968, 732 ff.; *ders.,* Die „derivativen" Wettbewerbsverbote und Wettbewerbsbeschränkungen unter Berücksichtigung des Kommissions- und des Agenturvertrags, BB 1984, 2026 ff.; *Rittner,* Handelsvertreterverhältnis und Preisbindungsverbot, DB 1985, 253 ff.; *ders.,* Das Wettbewerbsverbot des Handelsvertreters und § 18 GWB, DB 1989, 2587 ff.; *ders.,* Die Wettbewerbsverbote der Handelsvertreter und § 18 GWB, ZHR 135 (1971), 289 ff.; *Roehsler/Bormann,* Wettbewerbsbeschränkungen für Arbeitnehmer und Handelsvertreter, 1981; *Steindorff,* Vereitelte Ansprüche und Wettbewerbsverbote des Handelsvertreters, ZHR 130 (1967), 82 ff.; *Vollmer,* Die wettbewerbsrechtliche Zulässigkeit von Preisbindungen bei Absatzmittlungsverhältnissen, DB 1984, 226 ff.

Übersicht

I. Bedeutung

1　　Der **Regelungsgegenstand** der Vorschrift war in der ursprünglichen Fassung des HGB im wesentlichen in § 84 enthalten. Abs. 1 bis Abs. 3 der Vorschrift wurden durch das ÄndG 1953 (Recht der Handelsvertreter) eingefügt. Damit sollte das Bemühen um Geschäftsvermittlung und -abschluß als wesentliche Hauptpflicht des Handelsvertreters, die zuvor aus dem dienstvertraglichen Charakter abgeleitet worden war, ausdrücklich normiert werden. Darüber hinaus dient die Neufassung der Klarstellung, daß der Handelsvertreter die Interessen des Unternehmers wahrnimmt und nicht neutraler Makler zwischen diesem und der Kundschaft ist.[1]

2　　**Abs. 4** wurde neu eingeführt durch das Durchführungsgesetz zur **EG-Richtlinie** zur Koordinierung des Rechts der Handelsvertreter vom 23.10.1989 (dazu oben § 84 RdNr. 3).[2] Von geplanten, weitergehenden Änderungen der Vorschrift durch Streichung des Abs. 3 und Ergänzung des Abs. 1 um die Verpflichtung des Handelsvertreters, sachgerechten Weisungen des Unternehmers Folge zu leisten,[3] wurde Abstand genommen.

3　　Die Bestimmung enthält somit eine nicht abschließende Regelung der **wesentlichen Pflichten des Handelsvertreters** mit den Hauptpflichten zur Geschäftsvermittlung, zum Geschäftsabschluß und zur Interessenwahrung sowie der Nebenpflicht zur Benachrichtigung.[4] Ergänzend zu dieser handelsrechtlichen Vorschrift greifen die allgemeinen bürgerlich-rechtlichen Regelungen über den Dienstvertrag (§§ 611 ff. BGB) und iVm. § 675 BGB die des Auftragsrechts (§§ 662 ff.) ein.[5] Die Bestimmung ist auf Vertragshändler (Vor § 84 RdNr. 13 ff.)[6] sowie auf Franchise-Nehmer (Vor § 84 RdNr. 17)[7] und Kommissionsagenten[8] entsprechend anzuwenden.

II. Handelsvertreterverhältnis

4　　**1. Voraussetzungen.** Soweit die Parteien keine besonderen Vereinbarungen getroffen haben oder getroffene Vereinbarungen unwirksam sind, richtet sich der **Inhalt des Vertrags** nach den §§ 84 ff., ergänzend nach den §§ 611 ff., 662 ff. BGB (vgl. oben RdNr. 3 und § 84 RdNr. 67 f.).

5　　**2. Verpflichteter.** Die Pflichten aus dem Handelsvertretervertrag treffen den Handelsvertreter als natürliche oder juristische Person. Bei Personengesellschaften ist zunächst die oHG oder KG als solche verpflichtet (§§ 124 Abs. 1, 161 Abs. 2). Gleichzeitig haften aber auch deren Gesellschafter nach § 128 als Gesamtschuldner.[9] Sie sind nicht etwa bloße Erfüllungsgehilfen.

6　　Bei einer **Handelsvertreter-GmbH** oder gegebenenfalls auch **-AG** treffen die Pflichten aus dem Handelsvertreterverhältnis die juristische Person als solche. Daher werden die Gesellschafter einer Handelsvertreter-GmbH nicht aus dem Handelsvertreterverhältnis der GmbH selbst verpflichtet. Dies folgt aus § 13 Abs. 1 und 2 GmbHG (vgl. entsprechend zur AG § 1 Abs. 1 AktG), wonach die Gesellschaft als eigene Rechtspersönlichkeit selbständig Rechte und Pflichten erwerben kann und nur mit ihrem Gesellschaftsvermögen haftet.[10] Für die Erstreckung dieser Verpflichtungen auf die Gesellschaft bedarf es eines entspre-

[1] Begr. zum RegE., BT-Drs. 1/3856 S. 18 f.
[2] Hierzu *Ankele* DB 1989, 2211 ff.; *Eckert* NZA 1990, 384 ff.; *Küstner/v. Manteuffel* BB 1990, 291 ff.; *Kuther* NJW 1990, 304 f.
[3] So noch RegE,. BT-Drs. 11/3077.
[4] *Heymann/Sonnenschein/Weitemeyer* RdNr. 1. – Kritisch zu dieser Vorschrift *Staub/Brüggemann* RdNr. 1.
[5] Wegen der Rechtsnatur des Handelsvertretervertrags vgl. schon oben § 84 RdNr. 67 f.
[6] BGH NJW 1984, 2101, 2102; *Baumbach/Hopt* § 84 RdNr. 11; *Heymann/Sonnenschein/Weitemeyer*

RdNr. 3; *K. Schmidt* Handelsrecht § 28 III 1 b bb, S. 781; *Staub/Brüggemann* Vor § 84 RdNr. 15; *Ulmer*, Der Vertragshändler, S. 398, 422 ff. – AA *Renz* S. 62; *Schulz* NJW 1959, 649, 652.
[7] *K. Schmidt* Handelsrecht § 28 III 1 b bb, S. 781.
[8] *Staub/Koller* § 383 RdNr. 38.
[9] *Heymann/Sonnenschein/Weitemeyer* RdNr. 3; *Martin* VersR 1967, 824, 827
[10] Vgl. allgemein *Lutter/Hommelhoff*, GmbH-Gesetz, 14. Aufl. 1995, § 13 RdNr. 9 f.; *Scholz/Emmerich*, GmbH-Gesetz, 8. Aufl. 1993, § 13 RdNr. 55 ff.

chenden rechtsgeschäftlichen Verpflichtungstatbestandes, an dem der verpflichtete Gesellschafter selbst oder ein bevollmächtigter Vertreter beteiligt sein muß.[11]

Auch die **Mitglieder der Vertretungsorgane** (Vorstand, Geschäftsführer) werden grundsätzlich nicht persönlich gegenüber dem Unternehmer verpflichtet, weil nach allgemeinen Grundsätzen aus Rechtsgeschäften mit der Gesellschaft ausschließlich diese selbst, nicht aber ihre Organe berechtigt und verpflichtet werden.[12] Zu einer Verpflichtung der Organmitglieder bedarf es ebenfalls einer Vereinbarung, durch welche die Pflichten aus dem Handelsvertreterverhältnis insgesamt oder in bestimmter Hinsicht auf diese erstreckt werden. Allerdings führt auch ohne eine solche Vereinbarung im Verhältnis zum Unternehmer eine Verletzung der Pflichten der Handelsvertretergesellschaft aus § 86 durch ihre Geschäftsführungsorgane zu einer Einstandspflicht der Gesellschaft selbst über § 31 BGB. Im Verhältnis zur Handelsvertretergesellschaft verletzt das betreffende Organmitglied hierdurch seine Pflichten aus der Organanstellung und ist u. U. nach §§ 93 Abs. 2 AktG, 43 Abs. 2 GmbHG schadensersatzpflichtig. **7**

Der Handelsvertreter ist nach § 613 Satz 1 BGB im Zweifel zur **persönlichen Dienstleistung** verpflichtet. Juristische Personen handeln daher durch ihre Organe. Mangels abweichender Vereinbarung darf der Handelsvertreter sich jedoch zur Erfüllung der ihm obliegenden Aufgaben eigener Hilfskräfte sowie der Mithilfe anderer selbständiger Gewerbetreibender bedienen (vgl. oben § 84 RdNr. 92 ff.). Für deren Verschulden haftet er dem Unternehmer nach § 278 BGB (vgl. oben § 84 RdNr. 98 f.). **8**

3. Berechtigter. Gläubiger der dem Handelsvertreter obliegenden Pflichten ist der Unternehmer, mit dem der Handelsvertretervertrag geschlossen worden ist. Dieser kann seinen Anspruch gegen den Handelsvertreter nicht auf Dritte übertragen, soweit sich nichts anderes aus den Umständen des Einzelfalles ergibt (§ 613 Satz 2 BGB). **9**

Der Anspruch gegen den Handelsvertreter geht auch im Fall einer **Betriebsveräußerung** nicht automatisch auf den Erwerber über.[13] § 613 a BGB findet keine entsprechende Anwendung, weil diese Vorschrift nur eine Lücke im Kündigungsschutzsystem für Arbeitnehmer schließen soll.[14] Wegen seiner Selbständigkeit bedarf es für den Handelsvertreter keines über die §§ 89 f. hinausgehenden Schutzes. Wegen § 25 und Vorgängen nach dem Umwandlungsgesetz siehe unten § 89 RdNr. 27 f.). **10**

4. Dauer der Pflichten. Die Pflichten des Handelsvertreters aus dem Vertragsverhältnis bestehen während der Dauer der vertraglichen Beziehung.[15] Durch ausdrückliche Vereinbarung, aber auch aus der Natur der Verpflichtung kann sich eine nachvertragliche Wirkung ergeben, zB bei einem nachvertraglichen Wettbewerbsverbot (§ 90 a) oder einer Vereinbarung, keine Kunden oder Mitarbeiter des Unternehmers abzuwerben.[16] Ohne ausdrückliche Abrede ist dem Handelsvertreter nachvertraglicher Wettbewerb nicht untersagt. Auf Grund der **Nachwirkung** der Vertragsbeziehungen ist er jedoch verpflichtet, im Geschäftsverkehr darauf hinzuweisen, daß vertragliche Beziehungen seinerseits zum Unternehmer nicht mehr bestehen.[17] Demgegenüber ist es ihm nicht untersagt, sich bei seiner Wettbewerbstätigkeit auf den Unternehmer zu konzentrieren und dessen Methoden in breitem Rahmen kritiklos zu übernehmen.[18] Grenzen werden nur dadurch gesetzt, daß der Handelsvertreter Geschäfts- und Betriebsgeheimnisse des Unternehmers nicht verwerten darf (§ 90). **11**

[11] Vgl. allgemein *Emde*, Handelsvertreter-GmbH, S. 171 ff.; *Lutter/Hommelhoff* GmbHG § 13 RdNr. 10, 24; Scholz/*Emmerich* GmbHG § 13 RdNr. 60.

[12] Siehe allgemein *Jäger*, Der Anstellungsvertrag des GmbH- Geschäftsführers, 2. Aufl. 1992, S. 54 ff.; *Lutter/Hommelhoff* GmbHG § 43 RdNr. 24; Scholz/*Schneider* GmbHG § 43 RdNr. 218 ff.; *Sudhoff*, Rechte und Pflichten des Geschäftsführers einer GmbH und einer GmbH und Co, 14. Aufl. 1994, S. 144 ff.

[13] BGH NJW 1963, 100, 101; *Küstner/v. Manteuffel* II RdNr. 151 ff.

[14] Staudinger/*Richardi* § 613 RdNr. 9 ff.

[15] OLG Düsseldorf DB 1969, 2077; Heymann/*Sonnenschein/Weitemeyer* RdNr. 4

[16] BGH BB 1983, 2136, 2137.

[17] LG Düsseldorf WRP 1969, 462, 463.

[18] **AA** LG Düsseldorf WRP 1969, 462, 463.

12 Unter besonderen Umständen können auch aus einer **vorvertraglichen Beziehung** Pflichten entstehen. Werden dem Handelsvertreter im Rahmen von Vertragsverhandlungen Geschäfts- oder Betriebsgeheimnisse bekannt, ist er in entsprechender Anwendung von § 90 auch dann zur Geheimhaltung verpflichtet, wenn es nicht zum Vertragsschluß kommt.[19]

13 **5. Weisungsgebundenheit (§ 665 BGB). a) Umfang.** Der Unternehmer ist berechtigt, die dem Handelsvertreter obliegenden Pflichten durch Weisungen zu konkretisieren. Dieses folgt mittelbar aus § 665 BGB, soweit der Umfang des Weisungsrechts nicht vertraglich festgelegt ist. Vergleichbar dem Direktionsrecht des Arbeitgebers (oben Vor § 59 RdNr. 42 ff.)[20] darf der Unternehmer aber nur bereits bestehende Pflichten des Handelsvertreters präzisieren. Er ist grundsätzlich nicht berechtigt, per Weisungsrecht den Umfang der Tätigkeit des Handelsvertreters zu verändern oder diesem zusätzliche Pflichten aufzuerlegen. Hierzu bedarf es einer entsprechenden Vertragsänderung, soweit sich der Unternehmer nicht vertraglich ein einseitiges Bestimmungsrecht vorbehalten hat.[21]

14 Die rechtliche Selbständigkeit des Handelsvertreters steht seiner Weisungsgebundenheit nicht entgegen, setzt ihr aber **Grenzen**. Die Weisungen dürfen nicht die Selbständigkeit des Handelsvertreters in ihrem Kerngehalt beeinträchtigen.[22] Ist eine solche Beeinträchtigung gegeben, muß unterschieden werden: Hat sich der Unternehmer ein derartiges, nämlich arbeitsrechtliches Weisungsrecht vertraglich vorbehalten, dann ist der Handelsvertreter entgegen der Parteibezeichnung nicht selbständiger Gewerbetreibender, sondern angestellter Arbeitnehmer (§ 84 Abs. 2; dazu oben § 84 RdNr. 119 ff.).[23] Dagegen sind ohne vertraglichen Vorbehalt Weisungen, die in den Kernbereich der Selbständigkeit eingreifen, unverbindlich.

15 Auf Weisungen des Unternehmers an den Handelsvertreter findet **§ 15 GWB** keine Anwendung.[24] Dies folgt daraus, daß der Handelsvertreter die Geschäfte im Namen und im Interesse des Unternehmers abschließt.

16 **b) Bindung.** Der Handelsvertreter ist an solche Weisungen hinsichtlich seiner Tätigkeit gebunden, die ihn nicht in seiner Selbständigkeit beeinträchtigen. **Abweichen** darf er nach § 655 BGB nur, wenn er den Umständen nach annehmen darf, der Unternehmer würde bei Kenntnis der Sachlage die Abweichung billigen. In diesem Fall hat der Handelsvertreter vor der Abweichung zunächst dem Unternehmer Anzeige zu machen und dessen Entschließung abzuwarten, wenn nicht mit dem Aufschub Gefahr verbunden ist. Weisungen, zu denen der Unternehmer nach dem Vertrag nicht berechtigt war oder die den Handelsvertreter in seiner Selbständigkeit beeinträchtigen, sind für ihn unverbindlich. Er hat den Unternehmer jedoch davon zu verständigen, daß und warum er der Weisung nicht Folge leistet. Andernfalls kann er dem Unternehmer auf das negative Interesse haftbar sein.[25]

17 **c) Einzelfälle.** Die Weisungen des Unternehmers können sich auf die **gesamte Tätigkeit** des Handelsvertreters beziehen. Der Unternehmer kann den Handelsvertreter insbesondere anweisen, Absatzbemühungen gegenüber einem bestimmten Abnehmerkreis vorzunehmen[26] oder Geschäftsabschlüsse bzw. Vermittlungstätigkeit gegenüber bestimmten Personen insgesamt zu unterlassen bzw. Lieferungen nur gegen Barzahlung vorzunehmen.[27] Dies gilt selbst dann, wenn hierdurch das Interesse des Handelsvertreters an Provisionszahlungen beeinträchtigt wird.

---

[19] Staub/*Brüggemann* RdNr. 29.

[20] Vgl. ausführlich zum Direktionsrecht *v. Hoyningen-Huene/Boemke*, Die Versetzung, 1991, S. 83 ff.

[21] Staub/*Brüggemann* § 89 RdNr. 17.

[22] BGH NJW 1966, 882, 883; OLG Nürnberg DR 1974, 144; SG München VersR 1963, 921, 922.

[23] Zu dieser Abgrenzung *v. Hoyningen-Huene* BB 1987, 1730 ff.; *v. Hoyningen-Huene* Anm. zu EzA § 99 BetrVG 1972 Nr. 102.

[24] BGHZ 51, 163, 168; OLG Düsseldorf WM 1991, 913, 914. – Ausführlich *Rittner* DB 1985, 2543 ff.; zum Kartellrecht siehe auch Vor § 84 RdNr. 23 ff.

[25] Staub/*Brüggemann* RdNr. 23.

[26] BGH DB 1981, 1772.

[27] BGH BB 1960, 574; OLG Stuttgart BB 1960, 956; OLG Nürnberg MDR 1974, 144.

Die Weisungen können sich weiterhin auf die **Geschäftsbedingungen** beziehen, zu de- 18
nen der Handelsvertreter den Abschluß zu vermitteln hat,[28] sowie auf die technische Gestaltung und Durchführung seiner Tätigkeit,[29] zB die Verwendung von Auftragsformularen
anordnen bzw. die Erhebung einer Kreditkartengebühr über die festgesetzten Preise hinaus
untersagen.[30] Anweisungen können sich auch auf die Art der **Werbung** des Handelsvertreters für die Produkte des Unternehmers beziehen.[31]

Bei berechtigtem Interesse des Unternehmers können sich Weisungen auch auf den 19
Umfang der **Berichterstattungspflicht** beziehen. Gehen die Umsätze des Handelsvertreters
auffällig zurück, kann der Unternehmer Berichte in dichterer und **regelmäßigerer** Folge
verlangen, zB wöchentlich, um beurteilen zu können, ob die Ursache in einer nachlassen-
den Tätigkeit des Handelsvertreters oder in einer sich kontinuierlich verschlechternden
Marktlage zu suchen ist.[32]

Über diese generellen Weisungen hinaus kann der Unternehmer dem Handelsvertreter 20
unter besonderen Voraussetzungen auch hinsichtlich **bestimmter Geschäftsabschlüsse**
konkrete Weisungen erteilen. Dies gilt wegen der Schwierigkeit der Materie und der
Langfristigkeit der zu übernehmenden Risiken insbesondere für die Tätigkeit von Versicherungsvertretern.[33]

Hingegen ist der Unternehmer nicht berechtigt, dem Handelsvertreter durch Weisung 21
Sollvorgaben für einen zu erzielenden Mindestumsatz aufzuerlegen[34] oder ihn zu verpflichten, soviele Abschlüsse hereinzuholen, wie ihm bei größter Anstrengung möglich
wäre.[35]

6. Erfüllungsort. Der Erfüllungsort bestimmt sich in erster Linie nach der Parteiverein- 22
barung. Geben weder diese noch die Umstände des Einzelfalls etwas besonderes her, so ist
Erfüllungsort der Ort, an dem der Handelsvertreter bei Begründung des Handelsvertreterverhältnisses seine **Niederlassung** hat (§ 269 Abs. 2 BGB). Besteht keine Niederlassung des
Handelsvertreters, kommt es auf den geschäftlichen Mittelpunkt an.[36] Dieses beurteilt sich
danach, wo der Handelsvertreter seine Geschäftsräume unterhält, wohin seine Geschäftsbriefe gehen, in welchem Ort er seine Reisen antritt und an welchen Ort er wieder zurückkehrt.[37] Der Erfüllungsort ist maßgeblich für die Feststellung von **Handelsbräuchen**
und den **Gerichtsstand** nach § 29 ZPO.[38]

III. Hauptpflichten des Handelsvertreters (Abs. 1)

1. Geschäftsvermittlung/-abschluß (Hs. 1). a) Vermittlung. Die Geschäftsvermittlung 23
und der Geschäftsabschluß sind die eigentlichen, im Synallagma stehenden Pflichten des
Handelsvertreters.[39] Zur Vermittlung gehören alle Tätigkeiten, die geeignet sind, den späteren Abschluß eines Geschäfts zwischen dem Dritten und dem Unternehmer vorzuberei-
ten und herbeizuführen. Ziel der Vermittlung ist es, den Dritten zu einem Geschäftsabschluß geneigt zu machen. Hierzu rechnet sowohl die Pflege des Altkundenstammes als
auch das Erschließen neuer Kundenschichten durch Kontaktaufnahme.[40]

Welche Geschäfte der Handelsvertreter zu vermitteln hat, bestimmt sich in erster Linie 24
nach dem Vertrag. Ist dort keine genaue Bestimmung getroffen, erstreckt sich die **Vermittlungspflicht** im Zweifel auf das gesamte Leistungs- oder Lieferspektrum des Unterneh-

---

[28] OLG Stuttgart BB 1960, 956; OLG Nürnberg
MDR 1974, 144.

[29] OLG Nürnberg MDR 1974, 144.

[30] OLG Düsseldorf WM 1991, 913, 914 ff.

[31] OLG Stuttgart BB 1960, 956; SG München
VersR 1963, 921, 922.

[32] BGH NJW 1966, 882, 883 = BB 1966, 265. –
Vgl. auch BGH NJW 1988, 287 = WM 1988, 33,
34.

[33] SG Köln VersR 1962, 1150, 1151.

[34] OLG Nürnberg DB 1964, 866; OLG Karlsruhe
DB 1972, 572.

[35] OLG Celle NdsRpfl 1959, 109.

[36] Heymann/*Sonnenschein/Weitemeyer* RdNr. 6.

[37] Staub/*Brüggemann* RdNr. 2.

[38] Heymann/*Sonnenschein/Weitemeyer* RdNr. 6;
Staub/*Brüggemann* RdNr. 2.

[39] BGHZ 30 98, 102.

[40] Heymann/*Sonnenschein/Weitemeyer* RdNr. 8;
Staub/*Brüggemann* RdNr. 8.

mers.[41] Dies gilt auch für ein erst nach Abschluß des Handelsvertretervertrags eingeführtes Warensortiment, soweit der Artikel nicht zu einer völlig anderen Branche gehört. Dem Handelsvertreter kann in diesem Fall sogar zugemutet werden, sich um einen neuen Abnehmerkreis zu bemühen.[42] Ohne entsprechende Vereinbarung ist der Handelsvertreter allerdings dann nicht zur Vermittlung der neu aufgenommenen Waren verpflichtet, wenn es sich um Waren handelt, die er bereits für einen anderen Unternehmer vertreibt (siehe dazu auch unten RdNr. 36).

25   Der **Umfang** der Vermittlungspflicht bestimmt sich in erster Linie nach dem Vertrag. Sind dem Handelsvertreter zum Zwecke der Geschäftsvermittlung bestimmte Pflichten ausdrücklich auferlegt, zB Kundenbesuche in bestimmten Zeitintervallen, hat er diesen nachzukommen. Im übrigen ist er verpflichtet, sich mit der Sorgfalt eines ordentlichen Kaufmanns (Abs. 3) darum zu bemühen, Geschäfte für den Unternehmer zu vermitteln. Danach ist der Handelsvertreter insbesondere verpflichtet, Angebote Dritter zum Geschäftsabschluß mit dem Unternehmer in Empfang zu nehmen und weiterzuleiten. Er ist insoweit Empfangsvertreter des Unternehmers. Hierzu gehört es auch, erkannte Marktlücken zugunsten des Unternehmers nutzbar zu machen.[43] Keinesfalls darf er den ihm zugewiesenen Bezirk vernachlässigen oder gegenüber anderen Tätigkeiten hintansetzen.[44] Andererseits ist der Handelsvertreter aber auch nicht gehalten, soviele Abschlüsse hereinzuholen, wie es ihm bei größter Anstrengung möglich wäre.[45]

26   Regelmäßig können an einen **Einfirmenvertreter** (§ 92 a) höhere Anforderungen als an sonstige Handelsvertreter gestellt werden. Ein Einfirmenvertreter hat sich grundsätzlich voll seiner Vertretung zu widmen. Ansonsten muß es der Unternehmer hinnehmen, daß der Handelsvertreter noch andere Vertretungen übernimmt oder sonstigen Erwerbstätigkeiten nachgeht. In diesem Fall wird nur eine Tätigkeit im Maß der persönlichen Einsatzmöglichkeiten geschuldet.

27   **b) Abschluß.** Ist dem Handelsvertreter auch der **Geschäftsabschluß übertragen**, muß er diesen nicht nur vorbereiten, sondern er hat im Namen des Unternehmers mit dem Interessenten den Vertragsabschluß selbst vorzunehmen. Ob der Handelsvertreter neben der Vermittlung auch zum Geschäftsabschluß verpflichtet ist, richtet sich nach den vertraglichen Bestimmungen. Voraussetzung ist die Erteilung einer Abschlußvollmacht (§ 54), aus der sich Art und Umfang der von ihm abzuschließenden Geschäfte ergeben. Die Vollmacht kann schon bei Vertragsschluß, aber auch erst nachträglich erteilt werden.

28   Für Gegenstand und Intensität der **Abschlußpflicht** gelten die Ausführungen zur Geschäftsvermittlung entsprechend (RdNr. 23 ff.). Der Handelsvertreter ist insbesondere verpflichtet, konkreten Hinweisen des Unternehmers auf Interessenten für einen Geschäftsabschluß nachzugehen. Kommt der Handelsvertreter dem nicht nach, dann verwirkt er den Anspruch auf die Bezirksprovision (§ 87 Abs. 2), wenn der Unternehmer daraufhin unmittelbar abschließt.[46]

29   **2. Interessenwahrung (Hs. 2). a) Grundsatz.** Der Handelsvertreter ist nach **Abs. 1 Hs. 2** verpflichtet, die Interessen des Unternehmers wahrzunehmen. Im Grundsatz läßt sich hieraus folgern, daß der Handelsvertreter alles zu tun hat, was im Interesse des Unternehmers erforderlich ist, und alles zu unterlassen, was dessen Interessen widerspricht.[47] Gegenüber dem Interesse des Unternehmers muß der Handelsvertreter sein eigenes Interesse, zB an möglichst hoher Provisionszahlung, und das Interesse Dritter, insbesondere des Geschäftsgegners, zurückstellen.[48]

30   Der Handelsvertreter hat das **Gewerbe des Unternehmers** dadurch zu **fördern**, daß er alles zu einer erfolgreichen Vermittlungs- oder Abschlußtätigkeit Erforderliche veranlaßt.

[41] Heymann/*Sonnenschein/Weitemeyer* RdNr. 9; Staub/*Brüggemann* RdNr. 7.
[42] BGH DB 1981, 1772.
[43] OLG Celle BB 1970, 228.
[44] OLG München BB 1957, 714.

[45] OLG Celle NDdsRpfl 1959, 109.
[46] OLG Hamm NJW 1959, 677.
[47] BGHZ 42 59, 61; BGH DB 1988, 751; OLG Koblenz BB 1973, 866
[48] OLG Koblenz BB 1973, 866.

U. U. kann die Interessenwahrungspflicht sogar dazu führen, daß der Handelsvertreter von einer Geschäftsvermittlung oder einem Geschäftsabschluß Abstand nimmt. Dies gilt, wenn der Unternehmer wegen Lieferschwierigkeiten oder aus anderen Gründen, zB Preisgestaltung, Liefertermin, Gewährleistungen, an dem Geschäft kein Interesse hat. Auch der Geschäftsabschluß mit kreditunwürdigen Geschäftspartnern hat zu unterbleiben.

Die Interessenwahrungspflicht ist nicht auf die Zeit bis zum Geschäftsabschluß begrenzt. **31** Der Handelsvertreter hat auch **während der Geschäftsabwicklung** die Interessen des Unternehmers wahrzunehmen. Sogar nach endgültiger Abwicklung eines Einzelgeschäfts ist der Handelsvertreter im Rahmen der Altkundenpflege zur Interessenwahrung verpflichtet.[49]

Der Handelsvertreter nimmt **einseitig** die Interessen des Unternehmers wahr.[50] Er kann **32** daher nicht zugleich für den geworbenen Kunden als Markler tätig werden.[51]

b) Wettbewerbsverbot. aa) Allgemeines. Der Handelsvertreter hat sich während der **33** Dauer des Handelsvertreterverhältnisses **Konkurrenztätigkeiten** zu enthalten.[52] Dies folgt aus der Interessenwahrungspflicht und gilt daher, anders als im nachvertraglichen Bereich, auch ohne ausdrückliche Vereinbarung.

Von diesem gesetzlichen Wettbewerbsverbot wird **jede Tätigkeit** erfaßt, die geeignet ist, **34** die Interessen des Unternehmers zu beeinträchtigen. Gleichgültig ist, ob der Handelsvertreter als Unternehmer auf eigene Rechnung und im eigenen Namen tätig wird oder zugunsten eines anderen Unternehmers Vermittlungtätigkeiten entfaltet. Insoweit sind dem Handelsvertreter auch Hilfs- und Mittlerdienste untersagt. Hierzu rechnen die Zurverfügungstellung von Geschäfts- oder Lagerräumen, die Beratung von anderen Unternehmern, die Zulieferung an konkurrierende Hersteller, das Abwerben anderer Handelsvertreter, das Vorschieben anderer Personen, etwa der Ehefrau oder eines anderen sog. Strohmannes.[53]

Gegenständlich bezieht sich das Wettbewerbsverbot nicht auf sämtliche Artikel und Lei- **35** stungen des Unternehmers. Es ist vielmehr **auf die Geschäfte beschränkt**, die der Handelsvertreter nach dem Vertrag zu vermitteln oder abzuschließen hat. Dabei ist für die Konkurrenzsituation nicht die Identität der angebotenen Leistungen erforderlich. Es genügt, wenn diese dem gleichen Gattungsspektrum angehören, also nach Art, Qualität und Preis vergleichbar sind.[54] Ausnahmsweise ist mangels Interessengefährdung der **Vertrieb von Konkurrenzartikeln** zulässig, wenn der Vertragspartner ein bestimmtes Sortiment verschiedener Hersteller auf Lager halten muß, ohne daß der Handelsvertreter auf den Anteil des jeweiligen Herstellers Einfluß nehmen kann.[55] Eine Konkurrenzlage entfällt auch dann, wenn sich das Warenangebot an verschiedene Käuferkreise richtet, die nicht ohne weiteres austauschbar sind.[56] Der Vertrieb von Konkurrenzprodukten kann u. U. auch wegen einer Interessen- und Pflichtenkollision zulässig sein.[57]

Die Konkurrenzsituation kann auch **nachträglich** ohne Mitwirkung des Handelsvertre- **36** ters entstehen, zB wenn einer der von ihm vertretenen Unternehmer sein Sortiment ausweitet. In diesem Fall hat der Handelsvertreter das Unternehmen, dessen Produkte zeitlich früher auf dem Markt waren, von diesem Tatbestand zu informieren und mit dem anderen Unternehmer eine Klärung und Regelung im Interesse aller Beteiligten herbeizuführen. Notfalls muß er das Vertragsverhältnis mit demjenigen Unternehmer kündigen, dessen Erzeugnisse sich dem des anderen Unternehmers angeglichen haben.[58]

[49] OLG Koblenz BB 1973, 866.
[50] BGH BB 1979, 242.
[51] BGH NJW 1974, 137.
[52] BGHZ 42 59, 61; 52 171, 177; BGH NJW 1984, 2101, 2102; OLG Hamm DB 1988, 781; *Maier* BB 1979, 500; *Röhsler/Borrmann*, Wettbewerbsbeschränkungen für Arbeitnehmer und Handelsvertreter, 1981, S. 148 ff.
[53] OLG Hamm NJW-RR 1987, 1114 = DB 1988, 751.
[54] OLG Celle BB 1970, 228.

[55] *Maier* BB 1979, 500, 501. – Vgl. zum Wettbewerbsverbot für Reisebüros BGH DB 1990, 2585.
[56] *Maier* BB 1979, 500, 501; Heymann/*Sonnenschein/Weitemeyer* RdNr. 17.
[57] Vgl. zum Vertrieb von Schmierölen einer Konkurrenzfirma durch einen Tankstellenpächter und Automobilvertragshändler BGH BB 1968, 60 f.; BGHZ 52, 171, 179 f.
[58] *Küstner/v. Manteuffel* I RdNr. 469 ff.; Staub/*Brüggemann* RdNr. 40.

37　　Das Wettbewerbsverbot beschränkt sich **räumlich** auf die Grenzen des dem Handelsvertreter zur Bearbeitung übertragenen Gebietes bzw. des ihm zugewiesenen Kundenkreises.[59] Außerhalb dieses Bereichs besteht für ihn keine Vermittlungs- und Abschlußpflicht, so daß insoweit auch keine Interessenkollisionen entstehen können.

38　　Eine Konkurrenztätigkeit des Handelsvertreters liegt dann nicht vor, wenn er zwar für zwei miteinander konkurrierende Unternehemen tätig ist, nicht aber für sich **überschneidende Produktionsprogramme**. Besteht das Produktionsprogramm eines Unternehmens aus den Artikeln A, B und C, das des Wettbewerbers aus den Artikeln B, C und D, dann liegt keine unzulässige Konkurrenztätigkeit vor, wenn der Handelsvertreter für das eine Unternehmen nur den Artikel A und für das andere nur den Artikel D verkauft. Beide Produktionsprogramme überschneiden sich insoweit nicht.[60]

39　　Ist die vom Handelsvertreter ausgeübte weitere Tätigkeit **wettbewerbsneutral**, bedarf er hierzu keiner Erlaubnis des Unternehmers. Als selbständiger Kaufmann ist er in seiner wirtschaftlichen Betätigung grundsätzlich nicht beschränkt.[61] Sofern allerdings die Möglichkeit einer Beeinträchtigung der Unternehmerinteressen besteht, ist der Handelsvertreter nach Treu und Glauben verpflichtet, den Unternehmer von der Übernahme einer weiteren Tätigkeit zu informieren.[62]

40　　**bb) Erlaubte Zweitvertretung.** Eine Konkurrenztätigkeit ist dem Handelsvertreter gestattet, soweit der **Unternehmer** mit dieser **einverstanden** ist. Ihm steht jedoch kein Anspruch auf das Einverständnis des Unternehmers deswegen zu, weil dieser anderen Handelsvertretern eine Zweitvertretung gestattet hat. Denn der Gleichbehandlungsgrundsatz findet im Handelsvertreterrecht keine Anwendung (s. o. § 84 RdNr. 73). In einem solchen Fall ist aber bei gleicher Wettbewerbssituation besonders sorgfältig zu prüfen, ob die Interessen des Unternehmers durch die Wettbewerbtätigkeit überhaupt beeinträchtigt werden.[63]

41　　**cc) Vertragliches Wettbewerbsverbot.** Vertraglich können die Pflichten aus dem gesetzlichen Wettbewerbsverbot konkretisiert oder dem Handelsvertreter **darüber hinausgehende Wettbewerbsbeschränkungen** auferlegt werden. So kann dem Handelsvertreter eine wettbewerbsneutrale Tätigkeit untersagt oder an die Erlaubnis des Unternehmers gebunden werden. Geht ein Wettbewerbsverbot über die dem Handelsvertretervertrag wesenseigene und zur sachgerechten Interessenwahrnehmung notwendige Bindung hinaus, unterliegt diese Regelung der Überprüfung gemäß § 18 GWB.[64]

42　　**dd) Rechtsfolgen eines Verstoßes.** Wegen der mit einem Verstoß des Handelsvertreters gegen das Wettbewerbsverbot verbundenen Erschütterung des Vertrauensverhältnisses ist der Unternehmer zur **fristlosen Kündigung** des Vertragsverhältnisses nach § 89 a berechtigt.[65] Die Kündigung verstößt allerdings gegen Treu und Glauben, wenn dem Unternehmer bei Abschluß des Handelsvertretervertrages die Konkurrenztätigkeit bekannt war oder er diese über einen längeren Zeitraum ohne Beanstandung hingenommen hat.[66]

43　　Der Unternehmer kann nach § 325 BGB neben der Kündigung **Ersatz des** aus dem Wettbewerbsverbot entstandenen **Schadens** verlangen. Gemäß § 249 BGB ist der Unternehmer so zu stellen, als habe der Handelsvertreter den Wettbewerbsverstoß nicht begangen. Regelmäßig wird er den Gewinn ersetzt verlangen können, den er gehabt hätte, wenn der Handelsvertreter nicht mit Artikeln der Konkurrenz Geschäfte gemacht hätte.[67] Bei wettbewerbsneutraler Tätigkeit ist darauf abzuheben, welche Geschäfte der Handelsvertre-

[59] *Maier* BB 1979, 500, 501; *Röhsler/Borrmann* Wettbewerbsbeschränkungen, S. 152. – AA BGH MDR 1977, 289; *Heymann/Sonnenschein/Weitemeyer* RdNr. 17.
[60] *Küstner/v. Manteuffel* I RdNr. 444.
[61] Staub/*Brüggemann* RdNr. 35. – AA OLG Düsseldorf BB 1969, 330.
[62] GK-HGB/*Haumann* RdNr. 15.

[63] BGH NJW 1984, 2201, 2202.
[64] Siehe dazu Vor § 84 RdNr. 29 f.
[65] BGHZ 42 59, 61, BGH NJW 1984, 2101, 2102; OLG Düsseldorf BB 1969, 330; *Küstner/v. Manteuffel* I RdNr. 487 ff. m. weit. Nachw.; Staub/*Brüggemann* RdNr. 42.
[66] *Küstner/v. Manteuffel* I RdNr. 489.
[67] Staub/*Brüggemann* RdNr. 42.

ter in dieser Zeit zugunsten des Unternehmers hätte abschließen oder vermitteln können, wenn er die Zweittätigkeit unterlassen hätte. Beweispflichtig ist der Unternehmer, dem allerdings die Beweiserleichterungen des § 287 ZPO zugute kommen. Über das Ausmaß der wettbewerbswidrigen Geschäfte ist der Handelsvertreter auskunftspflichtig.[68]

Demgegenüber steht dem Unternehmer weder ein **Eintrittsrecht** in die verbotswidrig   **44** getätigten Geschäfte noch ein Anspruch auf **Herausgabe** der Provision und des Abtretungsprovisionsanspruchs zu. §§ 61, 113 finden auf den Handelsvertreter keine analoge Anwendung.[69] Ist das Wettbewerbsverbot durch eine **Vertragsstrafe** gesichert, kann der Unternehmer die verwirkte Strafe als Mindestbetrag seines Schadens verlangen. Die Geltendmachung eines weiteren Schadens ist nicht ausgeschlossen (§ 340 Abs. 2 BGB). Es ist jedoch unzulässig, neben der Vertragsstrafe den vollen Schadensersatz geltend zu machen.[70] Die Vertragsstrafe ist schon dann verwirkt, wenn der Handelsvertreter sich einer Konkurrenzfirma gegenüber erbietet, für deren Fabrikate zu werben. Zu einer tatsächlichen Werbung muß es nicht kommen.[71]

c) **Marktbeobachtungspflicht.** Zur Interessenwahrung gehört auch die Markt-   **45** beobachtung und **Kundenpflege** durch den Handelsvertreter. Demgegenüber gehören weder Marktpflege noch allgemeine Werbung zu seinen Pflichten.[72] Dieses sind Aufgaben, die dem Unternehmer obliegen.

d) **Interessenwahrungspflicht des Untervertreters.** Der echte Untervertreter[73] ist aus-   **46** schließlich zur Wahrung der Interessen des Handelsvertreters verpflichtet. Die Interessen des Unternehmers, mit dem der Handelsvertreter in vertraglicher Beziehung steht, hat er nicht wahrzunehmen. Sie haben für den Inhalt der Pflichten des Untervertreters allerdings mittelbare Bedeutung. Die Interessen des Handelsvertreters werden indirekt durch die des Unternehmers mitbestimmt, weil er nach Abs. 1 Hs. 2 dessen Interessen wahrzunehmen hat. Der Untervertreter **verletzt seine Pflichten** gegenüber dem Handelsvertreter, wenn er mit dem Unternehmer eine Absprache trifft, derzufolge ihm nach Kündigung des Untervertretervertrages die Vertretung des Handelsvertreters auf ihn übertragen wird.[74]

3. **Vertragliche Vereinbarungen.** Die Parteien können über die gesetzlichen Bestim-   **47** mungen hinaus vertragliche Vereinbarungen über die Hauptpflicht des Handelsvertreters treffen. In Betracht kommen insbesondere Abreden betreffend die Einziehung der von dem Kunden zu zahlenden Gelder (vgl. § 87 Abs. 4), die Unterhaltung von Auslieferungslagern, die allgemeine Werbung für den Unternehmer, die Erzielung eines bestimmten Mindestumsatzes.

IV. Nebenpflichten

1. **Benachrichtigungspflicht (Abs. 2). a) Umfang.** Nach Abs. 2 hat der Handelsvertre-   **48** ter dem Unternehmer die erforderlichen Nachrichten zu geben. Was erforderlich ist, bestimmt sich nach dem objektiv zu ermittelnden Interesse des Unternehmers, das der Handelsvertreter wahrzunehmen verpflichtet ist.[75] Dieses hängt allgemein von dem Umfang und der Bedeutung der dem Handelsvertreter übertragenen Geschäfte ab. Im Einzelfall ist für die Mitteilungspflicht der Wert des Geschäfts und die Dringlichkeit des Anlasses von Bedeutung.

Abs. 2 Hs. 2 konkretisiert die Pflicht dahingehend, daß von jeder Geschäftsvermittlung   **49** und von jedem Geschäftsabschluß **unverzüglich Mitteilung** zu machen ist. Bei größeren

---

[68] *Küstner/v. Manteuffel* I RdNr. 497; Staub/ *Brüggemann* RdNr. 42.

[69] BAG NJW 1964, 817 f.; *Küstner/v. Manteuffel* I RdNr. 496; Staub/*Brüggemann* RdNr. 42.

[70] BGHZ 63 256, 259. – AA *Küstner/v. Manteuffel* I RdNr. 498.

[71] OLG Nürnberg BB 1961, 64 f.

[72] Baumbach/*Hopt* RdNr. 13; Staub/*Brüggemann* RdNr. 5

[73] Zur Unterscheidung zwischen echter und unechter Untervertretung vgl. oben § 84 RdNr. 93 ff.

[74] BGHZ 42 59, 61 f.; Baumbach/*Hopt* RdNr. 25.

[75] BGH NJW 1966, 882, 883; *Küstner/v. Manteuffel* I RdNr. 505; GK-HGB/*Haumann* RdNr. 7.

Geschäften kann je nach Einzelfall ein **Zwischenbericht** über den Stand laufender Vermittlungsbemühungen erforderlich sein.[76] Der Handelsvertreter ist nach § 666 BGB insbesondere verpflichtet, dem Unternehmer über den Stand der jeweiligen Bemühungen und über die Aussicht auf Abschlüsse zu berichten (vgl. unten RdNr. 53).[77] Er muß hingegen nicht dem Unternehmer Mitteilung von jedem einzelnen Kundenbesuch machen oder diesen über seine besonderen Arbeits- und Werbemethoden informieren.[78]

50   Der **Umfang der Mitteilungspflicht** erstreckt sich auf Einzelheiten von Kundenwünschen,[79] die Vertragsverletzung durch Kunden,[80] Informationen über die Kreditwürdigkeit von Kunden (dazu ausführlich unten RdNr. 59 ff.), aus der Marktbeobachtung gewonnene Erkenntnisse, wie Berichte über Konkurrenzangebote, Anregungen für die Produktion, spezielle Beobachtungen aus den Kundenbesuchen,[81] die allgemeine Absatzlage und die Geschmacksrichtung des Publikums,[82] die Aufnahme von Konkurrenztätigkeiten,[83] selbst wenn diese erst für die Zeit nach Beendigung des Vertragsverhältnisses geplant ist, Erkrankungen oder sonstige Verhinderungen des Handelsvertreters.[84]

51   **b) Form.** Die Form der Berichterstattung richtet sich nach den vertraglichen Abreden. Sind solche nicht getroffen, kann der Unternehmer dem Handelsvertreter diesbezüglich Weisungen erteilen, soweit hierdurch dessen Selbständigkeit nicht berührt wird (vgl. RdNr. 13 f.). Insbesondere kann der Unternehmer den Handelsvertreter anweisen, für Mitteilungen über Geschäftsvermittlungen und -abschlüsse Vordrucke zu verwenden.[85]

52   **c) Berichtsintervalle.** Die **Häufigkeit der Berichterstattung** richtet sich nach den vertraglichen Abreden, die allerdings der Selbständigkeit des Handelsvertreters Rechnung tragen müssen. Soweit vertragliche Bestimmungen nicht bestehen, kommt es auf die Verhältnisse des Einzelfalles an. Der Handelsvertreter ist nicht schlechthin verpflichtet, regelmäßig Informationen zu geben, zB Tages- oder Wochenberichte zu erstatten,[86] soweit dieses nicht durch ein berechtigtes Interesse des Unternehmers gefordert wird (vgl. oben RdNr. 19). Jedoch ist der Handelsvertreter bei wichtigen Informationen zu unverzüglicher Berichterstattung verpflichtet; im übrigen müssen diese so zeitig kommen, daß sie vom Unternehmer noch verwertet werden können.

53   **2. Rechenschaftspflicht (§ 666 BGB).** Gemäß § 666 BGB ist der Handelsvertreter verpflichtet, Rechenschaft abzulegen. Gemeint ist damit die Bekanntgabe der mit der Tätigkeit für den Unternehmer verbundenen Einnahmen und Ausgaben in verständlicher, übersichtlicher, eine Nachprüfung ermöglichender Form iSv. § 259 Abs. 1 BGB. Da zwischen Handelsvertreter und Unternehmer ein Dauerschuldverhältnis besteht, ist der Handelsvertreter nicht nach jedem einzelnen Geschäftsabschluß zur Rechenschaft verpflichtet, sondern periodisch nach festen Zeiträumen.[87] Maßgeblich sind in erster Linie hierfür die Parteivereinbarungen. Bestehen solche nicht, so hat der Handelsvertreter analog § 87 c Abs. 1 Satz 1 Hs. 1 monatlich abzurechnen. Zur vollständigen Rechenschaftslegung gehört die Vorlage von Belegen, soweit üblich und vorhanden.

54   **3. Aufbewahrungs- und Herausgabepflichten (§ 667 BGB). a) Aufbewahrungspflicht.** Der Handelsvertreter ist nach Treu und Glauben verpflichtet, die ihm vom Unternehmer gemäß § 86 a Abs. 1 zur Ausübung seiner Tätigkeit anvertrauten Gegenstände ordnungsgemäß zu verwahren. Hierzu rechnen insbesondere Muster, Zeichnungen, Preislisten, Werbedrucksachen, Geschäftsbedingungen. Der Handelsvertreter ist hiernach zB **verpflichtet**, das Kopieren der **Muster** durch Dritte zu verhindern.[88] Auch hat er dafür

[76] Staub/*Brüggemann* RdNr. 15.

[77] OLG Köln BB 1971, 543; *Küstner/v. Manteuffel* I RdNr. 506.

[78] OLG Köln BB 1971, 543.

[79] OLG Köln BB 1971, 543.

[80] BGH BB 1979, 242.

[81] GK-HGB/*Haumann* RdNr. 8.

[82] *Küstner/v. Manteuffel* I RdNr. 501.

[83] BGH LM § 89 a Nr. 11.

[84] Heymann/*Sonnenschein/Weitemeyer* RdNr. 22.

[85] BAG AP § 92 Nr. 2 unter II 3 b = SAE 1966, 221, 223 mit Anm. *G. Hueck* = AR-Blattei, Handelsgewerbe III, Entsch. 89 m. Anm. *Gros*.

[86] GK-HGB/*Haumann* RdNr. 10; Staub/*Brüggemann* RdNr. 18.

[87] MünchKommBGB/*Seiler* § 666 RdNr. 11.

[88] Staub/*Brüggemann* RdNr. 25.

Sorge zu tragen, daß Dritte nicht Kenntnis von Geschäftsgeheimnissen erlangen. Ob und gegen welche Gefahr der Handelsvertreter ihm übergebene Muster zu versichern hat, richtet sich nach Handelsbrauch.[89] Im Zweifel ist dies Aufgabe des Unternehmers als Eigentümer der Muster.[90]

b) Herausgabepflicht. Der Handelsvertreter hat weiterhin nach § 667 BGB dem Unternehmer alles herauszugeben, was er zur Ausführung des Auftrags erhält[91] und was er aus seiner Tätigkeit für den Unternehmer erlangt. Hierzu rechnen auch Kreditkartengebühren, die der Handelsvertreter weisungswidrig erhoben hat.[92] Hinsichtlich des **Zeitpunkts** der Herausgabe der ihm vom Unternehmer überlassenen Gegenstände ist zu unterscheiden: Was nur zur Bearbeitung eines bestimmten Geschäfts überlassen worden ist, muß nach Erledigung dieses Einzelgeschäfts zurückgegeben werden. Was aber für eine Vielzahl von Geschäften dem Handelsvertreter ausgehändigt ist (zB allgemeine Preislisten, Werbematerial), ist grundsätzlich erst nach Beendigung des Handelsvertreterverhältnisses zurückzugeben.

Was der Handelsvertreter aus der Vermittlung oder dem Abschluß eines einzelnen Geschäfts **von Dritten erlangt** hat, muß er alsbald nach der Vermittlung bzw. dem Abschluß dieses Geschäfts an den Unternehmer herausgeben und diesem Rechnung legen. Hierzu zählen insbesondere vom Kunden einkassierte Gelder (§ 87 Abs. 4) bzw. vom Versicherungskunden einkassierte Prämien (§ 43 Nr. 4 VVG). Weiterhin fallen hierunter Muster der von dem Handelsvertreter für den Unternehmer eingekauften Waren, der Schriftwechsel mit Vertragspartnern während der Vorbereitung des Abschlusses, das Bestellschreiben des Dritten, erfüllungshalber hingegebene Wechsel und Schecks, ihm übergebene Traditionpapiere, Protokolle über ein vom Handelsvertreter beantragtes Beweissicherungsverfahren, die vom Gericht an ihn zugestellt worden sind. Schmiergelder darf der Handelsvertreter weder vom Geschäftsgegner noch von Dritten annehmen (§ 12 Abs. 2 UWG). Ihm gleichwohl ausbezahlte Schmiergelder hat er an den Unternehmer herauszugeben.[93]

4. Pflicht zur Verschwiegenheit. Die nachvertragliche Verschwiegenheitspflicht des Handelsvertreters beurteilt sich nach § 90. Ab Beendigung des Vertragsverhältnisses darf der Handelsvertreter Geschäfts- und Betriebsgeheimnisse nicht verwerten und anderen mitteilen, die im anvertraut oder als solche durch seine Tätigkeit für den Unternehmer bekannt geworden sind. Diese Geheimhaltungspflicht trifft den Handelsvertreter aber auch schon **während des Vertragsverhältnisses** in noch stärkerem und strengerem Maße. Darüber hinaus hat der Handelsvertreter auch über alle sonstigen Umstände Stillschweigen zu bewahren, deren Veröffentlichung für den Unternehmer nachteilig sein könnte.[94] So darf der Handelsvertreter Dritten nicht Kunden preisgeben, die nicht ohne weiteres kraft ihrer Branche dem allgemein zugänglichen potentiellen Abnehmerkreis zuzurechnen sind. Dies gilt auch dann, wenn er die Beziehung zu den Kunden selbst hergestellt hat.[95]

V. Sorgfaltsmaßstab (Abs. 3)

1. Grundsatz. Der Handelsvertreter hat die ihm obliegenden Pflichten mit der Sorgfalt eines **ordentlichen Kaufmanns** wahrzunehmen. Die Vorschrift bestimmt nur den Sorgfaltsmaßstab, nicht den Inhalt der Pflichten.[96] Sie entspricht § 347 Abs. 1 und ist deswegen überflüssig.[97] Für die Anwendung des Sorgfaltsmaßstabs des Abs. 3 ist es gleichgültig, ob es sich um **Haupt- oder Nebenpflichten** handelt. An den Handelsvertreter sind dabei umso

---

[89] Staub/*Brüggemann* RdNr. 25.
[90] AA LG Hannover MDR 1994, 1028 f.; GK-HGB/*Haumann* RdNr. 13.
[91] BGH BB 1993, 1105.
[92] OLG Düsseldorf WM 1992, 913, 915.
[93] Baumbach/*Hopt* RdNr. 23; Heymann/*Sonnenschein/Weitemeyer* RdNr. 24; Staub/*Brüggemann* RdNr. 26.

[94] Heymann/*Sonnenschein/Weitemeyer* RdNr. 20; Staub/*Brüggemann* RdNr. 31.
[95] Staub/*Brüggemann* RdNr. 30.
[96] Begr. zum RegE., BT-Drs. 1/3856 S. 19.
[97] Vgl. RegE., BT-Drs. 11/3077 S. 7.

höhere Anforderungen zu stellen, je bedeutender die Angelegenheit ist, in der er handelt.[98] Besteht zwischen den Parteien über die Beobachtung der erforderlichen Sorgfalt Streit, dann trägt der Handelsvertreter die **Beweislast**.[99]

59   **2. Einzelfälle. a) Kreditwürdigkeit.** Zu den Pflichten eines ordentlichen Kaufmanns gehört es insbesondere, vor dem Geschäftsabschluß oder einer Geschäftsvermittlung die Kreditwürdigkeit des Geschäftspartners zu überprüfen.[100] Zusicherungen über die Kreditwürdigkeit darf der Handelsvertreter nur geben, wenn sichere Beweise hierfür vorliegen.[101] Erhält der Handelsvertreter Mitteilungen über die Kreditunwürdigkeit eines Geschäftspartners, hat er den Unternehmer hiervon unverzüglich zu benachrichtigen.[102] Dies gilt auch dann, wenn der Handelsvertreter die Mitteilung erst nach Geschäftsabschluß erhält und er von deren Richtigkeit nicht überzeugt ist.[103]

60   Die **Ermittlungspflicht** des Handelsvertreters ist auf die Umstände beschränkt, die er ohne Kosten und Schwierigkeiten über die Kreditwürdigkeit des Kunden in Erfahrung bringen kann. Er ist nicht verpflichtet, auf eigene Kosten **Kreditauskünfte** einzuholen.[104] Stand der zahlungsunfähig gewordene Kunde zB auch mit anderen vom Handelsvertreter vertretenen Unternehmen in geschäftlichen Beziehungen und hatte er stets sofort bezahlt, dann darf der Handelsvertreter auf ausreichende Zahlungsfähigkeit schließen.[105]

61   Für die unbedingte **Richtigkeit seiner Beurteilungen** der Vertrauens- und Kreditwürdigkeit des Geschäftspartners hat der Handelsvertreter gegenüber dem Unternehmer nicht einzustehen.[106] Erfüllt der Kunde trotz sorgfältiger Prüfung der Kreditwürdigkeit durch den Handelsvertreter seine Verpflichtung nicht, so hat der Unternehmer als Vertragspartner den daraus entstehenden Schaden zu tragen.[107] Die **Bonitätsprüfung** ist nicht ausschließlich Sache des Handelsvertreters, sondern obliegt auch dem Unternehmer. Dieser muß sich daher die Vernachlässigung der eigenen Prüfungspflicht schadensmindernd entgegenhalten lassen (§ 254 Abs. 1 BGB).

62   **b) Prüfungspflichten.** Im gleichen Umfang ist der Handelsvertreter zur Prüfung verpflichtet, ob der Kunde seinen zur Vertragserfüllung unerläßlichen **öffentlich-rechtlichen Voraussetzungen** genügt.[108] Soweit konkrete Verdachtsmomente vorliegen hat er sich daher zu erkundigen, ob der Geschäftspartner ihm etwa obliegenden öffentlich-rechtlichen Pflichten nachgekommen ist oder sonstige öffentlich-rechtliche Zulassungsvoraussetzungen erfüllt hat, zB im Besitz einer erforderlichen Erlaubnis oder **Konzession** ist.

c) Führung von Handelsbüchern. Der Handelsvertreter hat nach §§ 238 ff. Handelsbücher zu führen. Er darf daher eine Abrechnung gegenüber dem Unternehmer nicht mit der Begründung verweigern, dieser enthalte ihm Belege vor, wenn er bei ordnungsgemäßer Buchführung die zur Abrechnung notwendige Kenntnis gehabt hätte.[109]

64   **d) Aufbewahrungspflichten.** Der Handelsvertreter hat schließlich ihm vom Unternehmer überlassene **Waren und Musterkollektionen** mit der Sorgfalt eines ordentlichen Kaufmanns aufzubewahren.[110] An seine Sorgfaltspflicht sind um so größere Anforderungen zu stellen, je höher der Wert der ihm anvertrauten Waren ist. Gegen diese Sorgfaltspflichten verstößt der Handelsvertreter, wenn er eine ihm überlassene Schmuckkollektion im Wert von ca. 65 000.– DM über die Mittagszeit in einem Fahrzeug ohne besondere Sicherungsvorkehrungen beläßt, das auf einem unbewachten Parkplatz in der Nähe einer Fuß-

---

[98] BGH BB 1993, 1105.
[99] OLG Karlsruhe DB 1969, 741, 742; Heymann/*Sonnenschein*/*Weitemeyer* RdNr. 5.
[100] RGZ 18 112; Staub/*Brüggemann* RdNr. 12.
[101] LG Heidelberg BB 1959, 942.
[102] RGZ 18 112; BGH BB 1969, 1196.
[103] BGH BB 1969, 1196.
[104] *Küstner/v. Manteuffel* I RdNr. 417; Staub/*Brüggemann* RdNr. 12.

[105] *Küstner/v. Manteuffel* I RdNr. 415.
[106] GK-BGB/*Haumann* RdNr. 12.
[107] Begr. zum RegE, BT-Drs. 1/3856 S. 20.
[108] AA OLG Hamm BB 1968, 1017; Staub/*Brüggemann* RdNr. 12.
[109] OLG Köln BB 1971, 760.
[110] BGH BB 1993, 1105.

gängerzone abgestellt ist, und sich für ca. 40 Minuten vom Fahrzeug entfernt.[111] Er darf die ihm anvertrauten Gegenstände weder selbst verbrauchen noch auf eigene Rechnung an Dritte veräußern.[112] Läßt er die Aufbewahrung durch Dritte durchführen, steht er dem Unternehmer für deren Verhalten nach § 278 BGB ein.[113]

VI. Unabdingbarkeit (Abs. 4)

Die dem Handelsvertreter nach Abs. 1 und 2 obliegenden Pflichten und der nach Abs. 3 **65** zugrunde zu legende Sorgfaltsmaßstab sind **zwingendes Recht** (Abs. 4). Von diesen Bestimmungen kann weder zu Lasten noch zugunsten des Handelsvertreters abgewichen werden.[114] Die Parteien bleiben aber trotz Abs. 4 berechtigt, den Inhalt der Pflichten im einzelnen durch **vertragliche Regelungen** zu konkretisieren. Sie können insbesondere einvernehmlich festlegen, was unter dem Begriff der „erforderlichen Nachrichten" zu verstehen und wie der Handelsvertreter seine Interessenwahrungspflicht nachzukommen hat.[115] Zulässig bleibt weiterhin die inhaltliche Regelung des Umfangs des vom Handelsvertreter zu beachtenden Wettbewerbsverbots.

Zeitlicher Geltungsbereich: Die zwingende Ausgestaltung der Pflichten des Handels- **66** vertreters gilt zunächst nicht für die vor dem 1. 1. 1990 begründeten Vertragsverhältnisse. Insoweit bleibt es bis zum 31. 12. 1993 beim geltenden Recht (Art. 29 EGHGB). Soweit diese Verträge Regelungen enthalten, die nach geltendem Recht nicht getroffen werden können, werden diese am 1. 1. 1994 unwirksam. An ihre Stelle tritt die gesetzliche Regelung, sofern nicht die Vertragspartner eine neue Vereinbarung innerhalb des geänderten gesetzlichen Rahmens treffen.

VII. Rechtsfolgen einer Pflichtverletzung

1. Erfüllungsanspruch. Verletzt der Handelsvertreter Pflichten, aus dem Handelsvertre- **67** tervertrag kommt in erster Linie ein Erfüllungsanspruch des Unternehmers in Betracht. Dies gilt für die Pflicht zur Geschäftsvermittlung und zum Geschäftsabschluß ebenso wie für die Interessenwahrungspflicht sowie die Nebenpflichten aus dem Handelsvertreterverhältnis. Der Anspruch ist gegebenenfalls im Wege der Zwangsvollstreckung durchzusetzen. Dies kommt auch für das Wettbewerbsverbot in Betracht (vgl. § 890 ZPO), nicht aber für den Anspruch auf Geschäftsvermittlung und –abschluß (vgl. § 888 Abs. 2 ZPO).

2. Schadensersatz. Anstelle bzw. neben dem Erfüllungsanspruch kann ein Schadenser- **68** satzanspruch des Unternehmers bestehen. Dieser steht ihm bei der Verletzung von Hauptpflichten aus §§ 325, 326 BGB zu.[116] Bei der Verletzung von Nebenpflichten kommen Ansprüche auf Schadensersatz aus positiver Forderungsverletzung in Betracht. Ein Mitverschulden des Unternehmers kann sich hierbei nach § 254 BGB anspruchsmindernd auswirken.

3. Recht zur außerordentlichen Kündigung. Je nach Gewicht des Verstoßes und **69** Schwere des Verschuldens des Handelvertreters kann der Unternehmer auf Grund des Pflichtenverstoßes zur fristlosen Kündigung des Vertrags berechtigt sein. Wegen der Einzelheiten vgl. Anm. zu § 89 a.

4. Beweislast. Der Unternehmer trägt die Beweislast für pflichtwidriges Verhalten des **70** Handelsvertreters und einen hieraus entstandenen Schaden.[117] Wegen Entstehung und Höhe des Schadens kommen dem Unternehmer die Beweiserleichterung des § 287 ZPO zugute. Steht die Pflichtverletzung des Handelsvertreters und ein hieraus entstandener

---

[111] BGH BB 1993, 1195 f.
[112] *Küstner/v. Manteuffel* I RdNr. 586.
[113] OLG Celle BB 1958, 894.
[114] *Ankele* DB 1989, 2211; GK-HGB/*Haumann* RdNr. 19; *Küstner/v. Manteuffel* BB 1990, 291, 294.
[115] *Ankele* DB 1989, 2211; *Küstner/v. Manteuffel* BB 1990, 291, 294.
[116] BGH BB 1985, 823, 824.
[117] Heymann/*Sonnenschein/Weitemeyer* RdNr. 25; Staub/*Brüggemann* RdNr. 4.

Schaden fest, kann sich der Handelsvertreter **exkulpieren**.[118] Er hat darzulegen und gegebenenfalls zu beweisen, daß ihn kein Verschulden trifft, er also die Sorgfalt eines ordentlichen Kaufmanns beobachtet hat.[119]

§ 86 a [Pflichten des Unternehmers]

(1) Der Unternehmer hat dem Handelsvertreter die zur Ausübung seiner Tätigkeit erforderlichen Unterlagen, wie Muster, Zeichnungen, Preislisten, Werbedrucksachen, Geschäftsbedingungen, zur Verfügung zu stellen.

(2) Der Unternehmer hat dem Handelsvertreter die erforderlichen Nachrichten zu geben. Er hat ihm unverzüglich die Annahme oder Ablehnung eines vom Handelsvertreter vermittelten oder ohne Vertretungsmacht abgeschlossenen Geschäfts und die Nichtausführung eines von ihm vermittelten oder abgeschlossenen Geschäfts mitzuteilen. Er hat ihn unverzüglich zu unterrrichten, wenn er Geschäfte voraussichtlich nur in erheblich geringerem Umfange abschließen kann oder will, als der Handelsvertreter unter gewöhnlichen Umständen erwarten konnte.

(3) Von den Absätzen 1 und 2 abweichende Vereinbarungen sind unwirksam.

Schrifttum: *v. Brunn*, Unzulässige Verhandlungen über die Nachfolge eines Handelsvertreters vor Kündigung seines Vertrages?, DB 1964, 1841 ff.; *Höft*, Wettbewerbsverbot des Handelsvertreters und geschäftliche Dispositionsfreiheit des vertretenen Unternehmens, VersR 1969, 875 ff.; *Küstner*, Verstoßen „Rennlisten" gegen datenschutzrechtliche Bestimmungen?, BB 1984, 1906 ff.

Übersicht

[118] Dazu auch *v. Hoyningen-Huene/Boemke* NJW 1994, 1757 ff.

[119] *Heymann/Sonnenschein/Weitemeyer* RdNr. 25; *Staub/Brüggemann* RdNr. 4.

I. Bedeutung

Die Bestimmung ist durch ÄndG 1953 (Recht der Handelsvertreter - BGBl. I S. 771) **1**
neu eingefügt und durch das Durchführungsgesetz zur EG-Richtlinie zur Koordinierung
des Rechts der Handelsvertreter vom 23.10.1989 (BGBl. I S. 1910) inhaltlich **geringfügig**
verändert worden. Sinn und Zweck der Regelung ist es, neben der in §§ 87 ff. geregelten
Hauptpflicht zur Provisionszahlung die Unterstützungs- und Benachrichtigungspflichten als
besonders wichtige Nebenpflichten des Unternehmers durch ausdrückliche gesetzliche Regelung hervorzuheben. Die Regelung ist **nicht abschließend**. Weitergehende Nebenpflichten können sich aus den allgemeinen Vorschriften des Dienstvertrags (§§ 611 ff.
BGB) und des Auftragsrechts (§§ 662 ff. BGB iVm. § 675 BGB)[1] ergeben. Die Bestimmung ist auf Vertragshändler[2] sowie auf den Franchise-Nehmer[3] und den Kommissionsagenten analog anzuwenden.

II. Zurverfügungstellung von Unterlagen (Abs. 1)

1. Sinn und Zweck der Regelung. Nach Abs. 1 hat der Unternehmer dem Handels- **2**
vertreter die zur Ausübung seiner Tätigkeit erforderlichen Unterlagen zur Verfügung zu
stellen. Dem Handelsvertreter wird damit ein einklagbarer Anspruch gegen den Unternehmer auf Übergabe derjenigen Unterlagen gewährt, die er zu seiner Tätigkeit benötigt.
Die Bestimmung ist konkrete Ausprägung der allgemeinen Rechtspflicht des Unternehmers, den Handelsvertreter bei seiner Arbeit zu unterstützen und dessen Tätigkeit nicht
vertragswidrig zu beeinträchtigen oder gar zu vereiteln.[4]

2. Erforderliche Unterlagen. Die Überlassungspflicht nach Abs. 1 betrifft sämtliche Ge- **3**
genstände, die notwendig sind, damit der Handelsvertreter die Ware oder Leistung bei der
Kundschaft anpreisen kann.[5] Welche Unterlagen im einzelnen hierzu rechnen, ist unter
Berücksichtigung der betreffenden Branche, der Unternehmensgröße und der konkreten
Aufgabenstellung des Handelsvertreters zu bestimmen.

Die **Aufzählung** der „Muster, Zeichnungen, Preislisten, Werbedrucksachen, Geschäfts- **4**
bedingungen" in Abs. 1 ist nur **beispielhaft**, nicht aber erschöpfend. Ist der Handelsvertreter für eine erfolgreiche Tätigkeit auf weitere Unterlagen angewiesen, die der Unternehmer hat oder sich verschaffen kann, so sind auch diese bereitzustellen. Soll der Handelsvertreter zB einen bisher vom Unternehmer selbst oder einem anderen Handelsvertreter betreuten Bezirk übernehmen, hat ihm der Unternehmer auch etwa vorhandene Kundenlisten zur Verfügung zu stellen.[6]

3. Leistungszeit und Leistungsort. a) Leistungszeit. Die Unterlagen sind dem Han- **5**
delsvertreter so **rechtzeitig** zur Verfügung zu stellen, daß er sie im Rahmen seiner Tätigkeit für den Abschluß oder die Vermittlung von Geschäften verwenden kann. Daher müssen ihm allgemeine Unterlagen, zB Preislisten, Geschäftsbedingungen, Muster, spätestens
zu dem Zeitpunkt überlassen werden, für den die Aufnahme seiner Handelsvertretertätigkeit vorgesehen ist. Handelt es sich hingegen um spezielle Unterlagen, die nur für ein
ganz bestimmtes Geschäft benötigt werden, dann sind ihm diese bei der Aufnahme der
hierauf gerichteten Tätigkeit zu überlassen.

b) Leistungsort. Der Leistungsort richtet sich in erster Linie nach der Parteivereinba- **6**
rung. Wurde eine solche nicht getroffen, dann hat der Unternehmer die Unterlagen auf

---

[1] Zur Rechtsnatur des Handelsvertretervertrags
vgl. schon oben § 84 RdNr. 69 f.
[2] BGH NJW 1958, 1138; Baumbach/*Hopt* § 84
RdNr. 11; *K. Schmidt* Handelsrecht § 28 III 1 b bb,
S. 781; Staub/*Brüggemann* Vor § 84 RdNr. 16; *Ul-*
mer, Der Vertragshändler, S. 398, 431 ff. – AA *Renz*
S. 63 ff.

[3] *Matthießen* ZIP 1988, 1089, 1095.
[4] Begr. z. Reg.-E., BT-Drs. 1/3856, S. 19.
[5] Heymann/*Sonnenschein/Weitemeyer* RdNr. 3.
[6] Staub/*Brüggemann* RdNr. 2.

seine Kosten an den Ort zu übermitteln, an dem der Handelsvertreter seine gewerbliche Niederlassung hat oder von dem aus dieser seine Handelsvertretertätigkeit entfaltet.[7]

7   **4. Eigentums- und Besitzverhältnisse.** Die dem Handelsvertreter überlassenen Unterlagen bleiben grundsätzlich Eigentum des Unternehmers. Der Handelsvertreter wird allerdings unmittelbarer Besitzer der Unterlagen, nicht bloßer Besitzdiener.[8] Er hat die Unterlagen sorgfältig zu verwahren und zurückzugeben, wenn diese für seine Tätigkeit nicht mehr benötigt werden, spätestens aber nach Abschluß des Handelsvertreterverhältnisses (vgl. oben § 86 RdNr. 58 f.).

8   Die Parteien können vereinbaren, daß der Handelsvertreter die ihm zur Verfügung gestellten **Muster käuflich bzw. unentgeltlich übernehmen** darf oder gar käuflich übernehmen muß. Zu den wesentlichen Bestandteilen einer solchen Vereinbarung gehört insbesondere die Festlegung des Kaufpreises. Darüber hinaus kann auch bestimmt werden, ob der Unternehmer die von dem Handelsvertreter gekauften Muster bei der Beendigung des Vertreterverhältnisses oder dann, wenn die Unterlagen überholt sind, zurückkaufen muß.

9   **5. Rechtsfolgen von Pflichtverletzungen.** Stellt der Unternehmer die für die Tätigkeit des Handelsvertreters erforderlichen Unterlagen nicht oder nicht rechtzeitig zur Verfügung, kann der Handelsvertreter auf Erfüllung klagen. Darüber hinaus kommt der Unternehmer im Hinblick auf die durch den Handelsvertreter zu leistenden Dienste in Annahmeverzug, so daß der Handelsvertreter gemäß § 615 BGB seinen Vergütungsanspruch behält, ohne zur Nachleistung verpflichtet zu sein. Ein vertragliches Fixum ist in der vereinbarten Höhe zu zahlen, erfolgsbezogene Bestandteile sind gemäß § 287 Abs. 2 ZPO zu schätzen.[9] In besonders schwerwiegenden Fällen steht dem Handelsvertreter das Recht zu, das Vertragsverhältnis fristlos zu kündigen (§ 89 a).

III. Benachrichtungspflichten (Abs. 2)

10   **1. Allgemein erforderliche Nachrichten (Satz 1). a) Sinn und Zweck der Regelung.** Nach Abs. 2 Satz 1 hat der Unternehmer dem Handelsvertreter ganz allgemein die erforderlichen Nachrichten zukommen zu lassen. Auch diese Benachrichtungspflicht ist Ausdruck der allgemeinen Rechtspflicht des Unternehmers, den Handelsvertreter bei seiner Arbeit zu unterstützen und nicht dessen Tätigwerden zu beeinträchtigen (siehe oben RdNr. 2). Dem Handelsvertreter sollen daher einerseits die Informationen gegeben werden, auf die er zur sachgemäßen Erfüllung seiner Aufgaben angewiesen ist. Andererseits soll der Handelsvertreter aber auch davor bewahrt werden, Zeit und Kosten in die Vermittlung von Geschäften zu investieren, die der Unternehmer von vornherein nicht bereit ist abzuschließen.

11   **b) Begriff der „erforderlichen Nachrichten".** Erforderlich sind sämtliche für die Tätigkeit des Handelsvertreters bedeutsamen Nachrichten.[10] Hierzu rechnen zum einen die **Informationen**, derer der Handelsvertreter bedarf, um seinen Vertragspflichten für den Unternehmer optimal nachkommen zu können, zB Informationen über potentielle neue Kunden, Fertigungssituationen, Kapazitätsauslastungen, beabsichtigte Änderungen in der Produktion bezüglich der Preise oder Lieferbedingungen.[11] Zum anderen zählen aber auch Nachrichten hierher, deren der Handelsvertreter bedarf, um weitere Aktivitäten im Hinblick auf solche Geschäfte zu vermeiden, zu deren Abschluß der Unternehmer von vornherein nicht bereit ist. Für einen Handelsvertreter ist es zB wichtig zu wissen, welche Auf-

---

[7] Baumbach/*Hopt* RdNr. 6; Heymann/*Sonnenschein/Weitemeyer* RdNr. 5.

[8] Heymann/*Sonnenschein/Weitemeyer* RdNr. 6. – Anders für den Handlungsgehilfen RGZ 74, 248 ff.

[9] AA Staub/*Brüggemann* RdNr. 10, der § 642 BGB analog anwenden will.

[10] Begr. z. Reg.-E., BT-Drs. 1/3856 S. 19; Baumbach/*Hopt* RdNr. 8; Heymann/*Sonnenschein/Weitemeyer* RdNr. 7.

[11] *Küstner/v. Manteuffel* I RdNr. 609.

träge der Unternehmer jeweils zu übernehmen in der Lage ist und mit welchen Kunden er keine Geschäftsbeziehungen (mehr) pflegen will.[12]

Ob eine Nachricht **erforderlich** ist, bestimmt sich danach, ob die Nachricht sich objektiv auf den Tätigkeitserfolg auswirken kann. Dabei ist von einem weiten Verständnis auszugehen, weil der Erfolg einer Handelsvertretertätigkeit im wesentlichen von einer umfassenden Unterrichtung über solche Umstände abhängt, die mit seiner Verkaufstätigkeit im Zusammenhang stehen.[13] Im Einzelfall kann jedoch eine Abwägung des Mitteilungsinteresses des Handelsvertreters gegenüber einem Geheimhaltungsbedürfnis des Unternehmers erforderlich sein.[14] **12**

c) Einzelfälle. aa) Allgemeine Informationen. Zu den erforderlichen Nachrichten zählen zB Änderungen des Herstellungsprogramms, erweiterte oder eingeschränkte bzw. verbesserte oder verschlechterte Liefermöglichkeiten, Teilnahme an Ausstellungen und Messen, Prämierungen und Preise für die zu vertreibenden Produkte. Demgegenüber ist der Unternehmer grundsätzlich nicht verpflichtet, dem Handelsvertreter über eine wirtschaftlich schwierige **Lage des Unternehmens** Kenntnis zu geben, und zwar auch dann nicht, wenn nicht ausgeschlossen werden kann, daß sie zu einem Konkurs- oder einem Vergleichsverfahren führen könnte.[15] Im Einzelfall kann etwas anderes gelten, wenn der Unternehmer beim Handelsvertreter ein besonderes Vertrauen hinsichtlich der Stabilität des Unternehmens geweckt und ihn dadurch zum Vertragsschluß[16] veranlaßt oder von einer Kündigung des Handelsvertretervertrags abgehalten hat. **13**

bb) Beendigung des Handelsvertreterverhältnisses. Der Unternehmer hat den Handelsvertreter auch rechtzeitig von einer beabsichtigten Beendigung des Vertreterverhältnisses zu unterrichten. Bei unbefristeten Vertreterverhältnissen reicht insoweit grundsätzlich die Einhaltung der gesetzlichen oder vertraglichen Kündigungsfristen aus. Will der Unternehmer von der Verlängerung eines befristeten Handelsvertreterverhältnisses Abstand nehmen, trifft ihn zumindest dann eine Unterrichtungspflicht, wenn die Verträge in der Vergangenheit bereits mehrfach verlängert worden sind; hinsichtlich des Benachrichtigungszeitpunkts findet § 89 entsprechende Anwendung.[17] Um dem Handelsvertreter Gelegenheit zur **vorausschauenden Disposition** zu geben, hat der Unternehmer ihn auch rechtzeitig davon zu unterrichten, wenn er von einem im Vertrag eingeräumten Vorbehalt auf Verkleinerung des zugewiesenen Bezirks, Umschichtung des Bezirks, Herabsetzung des Provisionssatzes uä. Gebrauch machen will. Wegen **Betriebsstillegungen** und -veräußerungen, Einschränkungen der Verkaufsmöglichkeiten sowie qualitativen Minderlieferungen siehe unten RdNr. 32 ff. **14**

2. Annahme, Ablehnung oder Nichtausführung eines Geschäfts (Satz 2). a) Sinn und Zweck der Regelung. Der Unternehmer hat dem Handelsvertreter unverzüglich die Annahme oder Ablehnung eines vom Handelsvertreter vermittelten oder ohne Vertretungsmacht abgeschlossenen Geschäfts und die Nichtausführung eines von ihm vermittelten oder abgeschlossenen Geschäfts mitzuteilen. Diese Informationen sind für den Handelsvertreter von besonderer Bedeutung, weil der Provisionsanspruch erst mit Abschluß des Geschäfts (§ 87 Abs. 1), aufschiebend bedingt durch dessen Ausführung (§ 87a), entsteht.[18] Die Informationen sind aber auch für die zukünftigen Planungen des Handelsvertreters wichtig. Dieser muß wissen, welche Kunden er nicht mehr oder nur noch eingeschränkt in seine Bemühungen einzubeziehen hat, zB weil diese sich wiederholt als unzuverlässig erwiesen haben (vgl. § 87a Abs. 2) oder weil der Unternehmer mehrfach Geschäftsabschlüsse mit ihnen abgelehnt hat. **15**

b) Entscheidungsfreiheit des Unternehmers. Die Benachrichtigungspflicht nach Abs. 2 Satz 2 schränkt nicht die unternehmerische Entscheidungsfreiheit ein, sondern setzt diese **16**

[12] Begr. z. Reg.-E., BT-Drs. 1/3856 S. 19.
[13] *Küstner/v. Manteuffel* I RdNr. 610.
[14] Heymann/*Sonnenschein/Weitemeyer* RdNr. 8.
[15] BGH BB 1960, 606.

[16] Siehe dazu BAG AP GmbHG § 13 Nr. 1 unter II 2 B mit Anm. *Mertens.*
[17] Staub/*Brüggemann* RdNr. 10.
[18] Begr. z. Reg.-E., BT-Drs. 1/3856 S. 19.

gerade voraus. Der Handelsvertreter ist zwar zur Geschäftsvermittlung verpflichtet, hat aber seinerseits keinen Rechtsanspruch darauf, daß der Unternehmer die Geschäfte abschließt, die der Handelsvertreter vermittelt hat oder vermitteln könnte. Es unterliegt vielmehr der freien unternehmerischen Entscheidung, ob der Unternehmer die ihm angetragenen Geschäfte abschließen will oder nicht. Vernünftige oder gar einleuchtende Gründe für seine Ablehnung muß der Unternehmer nicht nennen. Der Unternehmer ist Herr seines Gewerbebetriebs und kann diesen nach eigenem Ermessen führen.

17   Allerdings hat der Unternehmer durch den **Abschluß des Handelsvertretervertrags mitveranlaßt**, daß der Handelsvertreter in seinem Interesse wirtschaftlich tätig wird und hierauf Zeit und Kosten verwendet. Zwischen dem Unternehmer und dem Handelsvertreter besteht eine Verbindung von mehr oder weniger längerer Dauer, für deren Ausgestaltung der Handelsvertreter teilweise recht hohe Aufwendungen zur Einführung des von ihm vertretenen Unternehmers erbringt. Diese Aufwendungen an Zeit und Geld werden von dem Handelsvertreter in der Erwartung gemacht, daß diese dann auch zu entsprechenden Geschäftsabschlüssen mit dem von ihm bearbeiteten Kundenkreise führen und ihm damit einen entsprechenden Verdienst erbringen. Auf diese Leistung des Handelsvertreters an Arbeit und Geld muß der Unternehmer unbeschadet seiner eigenen kaufmännischen Entschließungsfreiheit nach Treu und Glauben (§ 242 BGB) **Rücksicht nehmen.**[19] Aus diesen Grund trifft den Unternehmer bei seinen Entschließungen die Pflicht, auch auf die Belange des Handelsvertreters gebührend Rücksicht zu nehmen. Der Unternehmer kann daher zwar nicht zum Geschäftsabschluß gezwungen werden, er wird aber dem Handelsvertreter gegenüber schadensersatzpflichtig, wenn er aus bloßer Willkür oder gar in der Absicht, den Handelsvertreter zu schädigen, den Abschluß vom Handelsvertreter **vermittelter Geschäfte ablehnt.**[20] Der Unternehmer hat daher dem Handelsvertreter über die Gründe für seine Ablehnung insoweit Aufschluß zu geben, daß dieser erkennen kann, ob die Ablehnung aus reiner Willkür oder mit Schädigungsabsicht vorgenommen wurde.

18   **Willkürlich ist eine Ablehnung** jedenfalls dann nicht, wenn der Unternehmer aus beachtlichen Gründen zu der Ablehnung veranlaßt worden ist. Solche beachtlichen Gründe können etwa in der Überlastung seines Betriebs, in Materialknappheit oder in der Unsicherheit des Geschäftspartners, den der Handelsvertreter angeboten hat, bestehen. Willkür ist auch dann nicht gegeben, wenn der Unternehmer lediglich subjektive Zweifel in dieser Richtung hat und nach den ihm bekannten Umständen auch haben durfte. Willkür ist hingegen gegeben, wenn der Unternehmer lediglich deshalb ablehnt, um dem Handelsvertreter die weitere Tätigkeit zu verleiden oder wenn der Unternehmer das Geschäft zwar für seine Person ablehnt, aber durch ein Unternehmen, das er beherrscht und dessen wirtschaftliches Interesse er teilt, gleichwohl ausführen läßt.[21]

19   c) **Vermittelte Geschäfte.** Die Mitteilungspflicht bezieht sich zunächst auf die **Annahme oder Ablehnung** eines vom Handelsvertreter vermittelten Geschäfts. Es muß sich also um Geschäfte handeln, hinsichtlich derer der Handelsvertreter eine eigene, unmittelbare Vermittlungstätigkeit[22] entfaltet hat. Die Benachrichtigungspflicht bezieht sich daher zum einen nicht auf Abschlußvertreter, weil diese den Abschluß selbst verbindlich tätigen. Eine Benachrichtigung ist zum anderen auch hinsichtlich der Ablehnung oder Annahme solcher Geschäfte nicht erforderlich, hinsichtlich derer dem Handelsvertreter auch ohne Vermittlungstätigkeit ein Provisionsanspruch zustehen würde, wie dies zB bei Bezirksgeschäften (§ 87 Abs. 2 Satz 1) oder bei Geschäften der Fall ist, die mit Dritten zustandekommen, die der Handelsvertreter als Kunden für Geschäfte der gleichen Art früher einmal geworben hat (§ 87 Abs. 1 Satz 1 Alt. 2).[23]

---

[19] BGHZ 26, 161, 164 f.
[20] BGH BB 1960, 1221, 1222; Baumbach/*Hopt* RdNr. 14; *Küstner/v. Manteuffel* I RdNr. 677 f.; Staub/*Brüggemann* RdNr. 20 f.
[21] BGH NJW 1981, 1785, 1786.

[22] Zum Begriff der Vermittlungstätigkeit siehe oben § 84 RdNr. 55 ff.
[23] Staub/*Brüggemann* RdNr. 6. – AA *Küstner/ v. Manteuffel* I RdNr. 620.

d) Ohne Vertretungsmacht abgeschlossene Geschäfte. Der Unternehmer hat weiter- 20
hin dem Handelsvertreter die Annahme oder Ablehnung eines von diesem ohne Vertretungsmacht abgeschlossenen Geschäfts mitzuteilen (wegen der Rechtsstellung des Dritten
siehe unten RdNr. 25). Erfaßt wird hiervon sowohl der Vermittlungsvertreter, der nicht
nur vermittelt, sondern ohne Vollmacht abgeschlossen hat (§ 91a Abs. 1), als auch der Abschlußvertreter, der bei Abschluß des Geschäfts seine Vollmacht überschritten hat (§ 91a
Abs. 2). Der Handelsvertreter soll insbesondere über die Beendigung des durch den Abschluß eines Geschäfts als Vertreter ohne Vertretungsmacht eintretenden Schwebezustandes
(vgl. § 91a) vergewissert werden und sich im Falle der Ablehnung auf die Inanspruchnahme durch den Kunden nach § 179 BGB einstellen können.

e) Nichtausführung eines Geschäfts. Schließlich hat der Unternehmer dem Handels- 21
vertreter auch die Nichtausführung eines von ihm vermittelten oder abgeschlossenen Geschäfts mitzuteilen. Diese zusätzliche Mitteilungspflicht ist durch das Durchführungsgesetz
zur EG-Richtlinie zur Koordinierung des Rechts der Handelsvertreter neu aufgenommen
worden. Sie gilt zunächst nur für Neuverträge, also für solche Handelsvertreterverträge, die
nach dem 31. 12.1989 neu abgeschlossen wurden. Für Altverträge kann eine Anwendung
dieser Bestimmung zwischen den Parteien ausdrücklich vereinbart werden. Wird eine
solche Anpassung nicht vorgenommen, gilt die Neuregelung für Altverträge erst ab dem
1. 1.1994.[24] Durch die Mitteilung soll der Handelsvertreter davon in Kenntnis gesetzt
werden, daß zwar ein provisionspflichtiges Geschäft abgeschlossen wurde, der Provisionsanspruch aber infolge der Nichtausführung des Geschäfts nicht zur Entstehung gelangt.[25]

Aufgrund dieses Sinn und Zwecks der Regelung besteht die Mitteilungspflicht nicht nur 22
bei vollständiger Nichtausführung, sondern auch dann, wenn das Geschäft nur **teilweise
nicht zur Ausführung** gelangt. Damit der Handelsvertreter beurteilen kann, ob sein Provisionsanspruch gleichwohl nach § 87a Abs. 3 erhalten bleibt, hat der Unternehmer ihm
auch die Gründe mitzuteilen, aus denen das Geschäft ganz oder teilweise nicht ausgeführt
werden kann.[26]

f) Zeitpunkt der Benachrichtigung. Der Unternehmer muß den Handelsvertreter **un-** 23
verzüglich, also ohne schuldhaftes Zögern (§ 121 BGB), von der Nichtausführung eines
Geschäfts bzw. der Annahme oder Ablehnung eines vermittelten oder ohne Vertretungsmacht abgeschlossenen Geschäfts **informieren**. Hierdurch wird allerdings keine Pflicht des
Unternehmers zu einer unverzüglichen Entscheidung begründet. Kann sich der Unternehmer aber nicht zu der alsbaldigen Annahme des Geschäfts entschließen, hat er hierüber
dem Handelsvertreter eine Zwischennachricht zu geben.[27] Dem Handelsvertreter soll hierdurch die Möglichkeit gegeben werden, sich gegebenenfalls persönlich einzuschalten und
etwaige Bedenken oder Hemmnisse, die dem Geschäftsabschluß entgegenstehen, auszuräumen.

g) Rechtsfolgen im Außenverhältnis. Die Mitteilung nach Abs. 2 berührt zunächst nur 24
das **Innenverhältnis** zwischen dem Unternehmer und dem Handelsvertreter. Diesem gegenüber, nicht dem Dritten gegenüber, mit dem der Handelsvertreter das Geschäft vermittelt oder ohne Vollmacht abgeschlossen hat, ist der Unternehmer zur Mitteilung über
Annahme und Ablehnung verpflichtet. Die Benachrichtigung des Handelsvertreters bringt
weder das Geschäft mit dem Dritten zustande, noch schließt sie einen Geschäftsabschluß
mit dem Dritten aus. Im einzelnen gilt folgendes:

Bei reiner **Vermittlungstätigkeit** (§ 86 RdNr. 23 ff.) des Handelsvertreters kommt das 25
Geschäft nicht dadurch zustande, daß der Unternehmer dem Handelsvertreter mitteilt, er
nehme das Geschäft an. Vielmehr wird das **Geschäft erst wirksam** durch die Einigung
zwischen Unternehmer und Drittem. Bei einem von dem Handelsvertreter als **Vertreter
ohne Vertretungsmacht** vorgenommenen Geschäftsabschluß gilt für das Verhältnis zum

---

[24] *Küstner/v. Manteuffel* BB 1990, 291, 292.
[25] Begr. z. Reg.-E., BT-Drs. 1/3077 S. 7; *Eckert*
NZA 1990, 384.

[26] *Küstner/v. Manteuffel* I RdNr. 626.
[27] *Heymann/Sonnenschein/Weitemeyer* RdNr. 10;
Staub/Brüggemann RdNr. 5.

Dritten die Vorschrift des § 91a. Die Benachrichtigung nach Abs. 2 Satz 2 berührt ebenso wie im Falle der bloßen Vermittlung zunächst nur das Innenverhältnis zwischen Unternehmer und Handelsvertreter. So schließt die Erklärung der Annahme des Geschäfts etwaige Schadensersatzansprüche des Unternehmers gegen den Handelsvertreter wegen einer in dem Handeln ohne Vertretungsmacht liegenden Vertragsverletzung aus. Auch kann in dieser Mitteilung an den Handelsvertreter zugleich eine **Genehmigung** des ohne Vertretungsmacht abgeschlossenen Vertrags **nach § 177 BGB** liegen. Eine solche Genehmigung kann nämlich nicht nur gegenüber dem Dritten, sondern auch dem Handelsvertreter gegenüber erklärt werden. Nur die Ablehnungserklärung muß dem Dritten gegenüber abgegeben werden, um die unwiderlegliche Vermutung der Genehmigung nach § 91a auszuschließen.

26   **3. Geschäftsabschluß in erheblich geringerem Umfang (Satz 3). a) Sinn und Zweck der Regelung.** Nach Abs. 2 Satz 3 hat der Unternehmer den Handelsvertreter schließlich unverzüglich zu unterrichten, wenn er Geschäfte voraussichtlich nur in erheblich geringerem Umfang abschließen kann oder will, als der Handelsvertreter unter gewöhnlichen Umständen erwarten konnte. Die Vorschrift ist auf den Vermittlungsvertreter zugeschnitten und betrifft die allgemeine, zukünftige Geschäftsentwicklung des Unternehmers, nicht ein bestimmtes Einzelgeschäft. Sie ist konkrete Ausprägung der allgemeinen Pflicht des Unternehmers, den Handelsvertreter nicht zu unnötigen und wirtschaftlich erfolglosen Bemühungen zu veranlassen. Dem Handelsvertreter soll durch die Benachrichtigung die Möglichkeit gegeben werden, angesichts veränderter geschäftlicher Dispositionen des Unternehmers seine künftigen Verdienstmöglichkeiten zu prüfen und über sein weiteres Verhalten zu entscheiden.[28] Namentlich kann der Handelsvertreter seinen künftigen Arbeitseinsatz dem verringerten Geschäftsumfang anpassen, insbesondere aber auch erwägen, ob eine Anpassung des Vertretervertrags an die veränderten Umstände, äußerstenfalls sogar eine Beendigung durch Kündigung in Betracht zu ziehen ist.

27   **b) Entscheidungsfreiheit des Unternehmers.** Die Benachrichtungspflicht schränkt wiederum nicht die Freiheit des Unternehmers ein, seinen Betrieb so einzurichten und gegebenenfalls umzugestalten, wie es ihm wirtschaftlich oder persönlich vernünftig und sinnvoll erscheint.[29] Dieser darf sogar Maßnahmen treffen, die den Tätigkeitsspielraum des Handelsvertreters einengen oder gar zum Erliegen bringen. Der Unternehmer ist gegenüber dem Handelsvertreter nicht verpflichtet, eine unrentabel werdende Produktion oder eine nicht mehr nutzbringend absetzbare Produktion weiter fortzusetzen.[30] Aus vernünftigen wirtschaftlichen Gründen sind Betriebsveräußerungen, Betriebsstillegungen oder Produktionseinschränkungen im Verhältnis zum Handelsvertreter stets zulässig. Eine Pflichtverletzung ist gegenüber dem Handelsvertreter hierin nur dann zu sehen, wenn sich der Unternehmer über dessen schutzwürdige Belange willkürlich oder ohne vertretbaren Grund hinwegsetzt.[31]

28   **c) Begriff des erheblich geringeren Umfangs.** Die **Benachrichtigungspflicht** besteht nur dann, wenn der Umfang der **Geschäftsabschlüsse erheblich vermindert** werden soll. Bezugspunkt ist hierbei seit dem Inkrafttreten des Durchführungsgesetzes zur EG-Richtlinie zur Koordinierung des Rechts der Handelsvertreter am 1. 1.1990[32] der Geschäftsumfang, den der Handelsvertreter unter gewöhnlichen Umständen erwarten konnte. Dies bedeutet in der Sache keine Abweichung zur früheren Gesetzeslage, wonach auf den nach den Umständen zu erwartenden Geschäftsumfang abzuheben war. Auch nach der neuen Rechtslage ist nicht die subjektive Erwartung des Handelsvertreters maßgeblich,[33] sondern

---

[28] BGHZ 43, 39, 44; Heymann/*Sonnenschein*/ *Weitemeyer* RdNr. 11; Staub/*Brüggemann* RdNr. 8.
[29] BGHZ 49, 39, 42.
[30] BGH NJW 1959, 1964 f.
[31] BGHZ 49, 39, 42.

[32] Wegen der Übergangsregelung für Altverträge bis zum Ablauf des Jahres 1993 vgl. Art. 29 EGHGB.
[33] Unklar allerdings Begr. z. Reg.-E., BT-Drs. 11/3077, S. 7.

v. Hoyningen-Huene

allein das, was der Handelsvertreter unter Berücksichtigung der ihm bekannten Umstände redlicherweise erwarten durfte. Maßgebend ist also der Umfang, der nach der ganzen Vertragsgestaltung und der aus ihr ersichtlichen Zielsetzung für die Tätigkeit des Handelsvertreters unter objektiver Würdigung dieser Gesamtumstände zu erwarten ist. Dabei ist auch ein berechtigtes Vertrauen auf die Fortsetzung des bisherigen Geschäftsumfangs zu berücksichtigen. Demgegenüber bleiben subjektive Erwartungen und Hoffnungen des Handelsvertreters unberücksichtigt, die in den konkreten Umständen keine Grundlage finden.

Die Mitteilungspflicht besteht nur bei einer **erheblichen**, nicht aber bei nur geringfügigen **Verringerungen des Geschäftsumfangs**. Die Erheblichkeit des Rückgangs ist im Einzelfall im Verhältnis zum bisherigen Geschäftsumfang zu bestimmen. Dabei werden zu erwartende Minderungen um 10 % oder auch um 20 % als verkehrsübliche Schwankungen die Benachrichtungspflicht nicht auslösen. Demgegenüber ist im Regelfalle eine Verringerung des Geschäftsumfangs um mehr als 25 % eine signifikante Veränderung, bei der ein berechtigtes Interesse des Handelsvertreters besteht, seine weiteren Dispositionen zu überdenken, so daß der Unternehmer insoweit die entsprechenden Mitteilungen machen muß. Unerheblich ist hierbei, ob der Geschäftsrückgang auf die Geschäftspolitik des Unternehmers oder die objektive Geschäftslage zurückzuführen ist.   **29**

d) Zeitpunkt der Benachrichtigung. Die Pflicht zur Unterrichtung des Handelsvertreters besteht schon dann, wenn die Verringerung des Geschäftsumfangs abzusehen ist und nicht erst nach dem tatsächlichen Eintritt der Verringerung. Welches der späteste Zeitpunkt für die Mitteilung ist, läßt sich nicht allgemein, sondern nur unter Berücksichtigung der Umstände des Einzelfalls festlegen. Dabei sind etwaige berechtigte Interessen des Unternehmers an möglichst langer Geheimhaltung gegen die berechtigten Interessen des Handelsvertreters an einer möglichst frühzeitigen Unterrichtung zwecks Bemühung um eine andere Tätigkeit gegeneinander abzuwägen.[34] Die Anzeige muß jedenfalls so rechtzeitig erstattet werden, daß der Handelsvertreter hieraus die nötigen Konsequenzen für seine Tätigkeit ziehen kann.   **30**

e) Entfallen der Benachrichtigungspflicht. Die Benachrichtungspflicht entfällt, wenn der Handelsverteter nach den Umständen selbst auch ohne Benachrichtung mit einer erheblichen Einschränkung der Abschlüsse rechnen muß.[35] Ob diese Voraussetzung vorliegt, ist an Hand der konkreten Umstände des Einzelfalls zu beurteilen. Sind dem Handelsvertreter Tatsachen bekannt, die zu einem Geschäftsrückgang führen, wie zB allgemeiner Geschäftsrückgang in der gesamten Branche, Prodiktionsausfälle beim Unternehmer durch Brand, Streik, Konkurs eines Zuliefererbetriebs, dann müssen diese ihm nicht erst mitgeteilt werden. Grundsätzlich wird jedoch ein strenger Maßstab an die Benachrichtungspflicht des Unternehmers zu legen sein. In allen Zweifelsfällen muß und sollte der Unternehmer im Interesse einer vertrauensvollen Zusammenarbeit den Handelsvertreter von beabsichtigten Beschränkungen benachrichtigen.   **31**

f) Einzelfälle. aa) Betriebsstillegung. Der Unternehmer muß den Handelsvertreter rechtzeitig über eine beabsichtigte Betriebsstillegung informieren, weil hierdurch dem Handelsvertreter die Vermittlung weiterer Geschäfte unmöglich gemacht wird.[36] Die Information hat spätestens dann zu erfolgen, wenn die Stillegung beschlossen ist. Zeichnet sich die Betriebsstillegung bereits zu einem früheren Zeitpunkt ab, ist das Unternehmen zB zahlungsunfähig oder überschuldet, dann besteht die Informationspflicht uU. schon zu einem früheren Zeitpunkt. Allerdings besteht in einem solchen Fall dann keine Pflicht zur vorzeitigen Mitteilung, wenn dadurch etwa Sanierungsversuche gefährdet werden könnten.[37]   **32**

---

34 BGH NJW 1974, 795.
35 Begr. z. Reg.-E., BT-Drs. 1/3856, S. 20; Baumbach/*Hopt* RdNr. 12; Heymann/*Sonnenschein/Weitemeyer* RdNr. 16.

36 BGH NJW 1974, 795.
37 Heymann/*Sonnenschein/Weitemeyer* RdNr. 14.

33   **bb) Betriebsveräußerung.** Der Unternehmer hat den Handelsvertreter auch über eine geplante Betriebsveräußerung zu informieren. Im Rahmen der Betriebsveräußerung geht nämlich das Handelsvertreterverhältnis nicht kraft Gesetzes auf den Betriebserwerber über (§ 89 RdNr. 27). Auch können Betriebsveräußerer und Betriebserwerber nicht mit Wirkung für und gegen den Handelsvertreter einen Übergang des Handelsvertreterverhältnisses vereinbaren. Zur Übertragung des Handelsvertretervertrags auf einen anderen Unternehmer bedarf es vielmehr der Zustimmung des Handelsvertreters.[38]

34   **cc) Betriebseinschränkung.** Mitteilungspflichten treffen den Unternehmer auch bei Betriebseinschränkungen, die sich auf die Vermittlungsmöglichkeiten des Handelsvertreters signifikant auswirken können. Der Unternehmer muß den Handelsvertreter darauf hinweisen, wenn er mit Kunden aus dem gesamten Gebiet, das er diesem zur Bearbeitung überlassen hat, keine Geschäfte mehr abzuschließen beabsichtigt.[39] Die Pflicht zur Mitteilung kann den Unternehmer auch dann treffen, wenn sich der Entschluß des Unternehmers nur auf einzelne oder bestimmte Kunden des Handelsvertreters bezieht. Voraussetzung für die Benachrichtigungspflicht ist in diesem Fall allerdings, daß der Handelsvertreter laufend mit diesen Kunden Geschäfte vermittelt hat und diese Geschäfte einen nicht unerheblichen Teil der Gesamttätigkeit des Handelsvertreters darstellen.

35   **dd) Änderungen im Vertriebssystem.** Der Unternehmer hat den Handelsvertreter auch über Umstellungen des Vertriebs zu informieren, wenn sich hierdurch die Vermittlungsmöglichkeiten des Handelsvertreters deutlich einschränken. Hiervon ist zB auszugehen, wenn der Unternehmer aus Rationalisierungsgründen beabsichtigt, in der Zukunft nahezu vollständig nur noch einen Großabnehmer zu beliefern, weil der Handelsvertreter hierdurch mit einer erheblichen Einschränkung seiner Vermittlungsmöglichkeiten zu rechnen hat.[40]

36   **ee) Qualitative Minderlieferungen.** Den quantitativen Einschränkungen von der Interessenlage her gleich liegen die Fälle, in denen der Unternehmer bei gleichbleibendem Geschäftsumfang nur noch zu veränderten Bedingungen (zB längere Lieferfristen[41]) oder in veränderter Beschaffenheit der Ware (herabgesetzte Qualität) liefern will und sich diese Veränderung auf den Umfang der von dem Handelsvertreter vermittelten Geschäfte auswirken kann.[42]

37   **4. Rechtsfolgen von Pflichtverletzungen.** Eine Verletzung der Benachrichtigungspflicht durch den Unternehmer löst regelmäßig nur Ansprüche des Handelsvertreters auf **Schadensersatz** aus. Dabei kann der Handelsvertreter grundsätzlich Ersatz derjenigen Aufwendungen verlangen, die er gerade aufgrund unterbliebener oder unzureichender Information getätigt hat. Informiert der Unternehmer den Handelsvertreter zB nicht darüber, daß er mit bestimmten Kunden keine weiteren Geschäfte mehr tätigen will, muß er dem Handelsvertreter diejenigen Kosten ersetzen, die dieser in die Vermittlung weiterer Geschäfte mit dem bestimmten Kunden investiert hat.

38   Daneben kann der Handelsvertreter als Schadensersatz gemäß § 252 BGB auch **entgangenen Gewinn** ersetzt verlangen. Dies ist zum einen denkbar, wenn der Handelsvertreter aufgrund unzureichender Information nutzlose Anstrengungen unternommen und es deswegen unterlassen hat, Geschäftsvermittlungen zugunsten des Unternehmers mit anderen Kunden zu tätigen. Informiert der Unternehmer über eine Geschäftsbeschränkung nicht rechtzeitig, dann kann der Handelsvertreter zum anderen einen Schadensersatzanspruch nach § 252 BGB auch darauf stützen, daß er bei rechtzeitiger Mitteilung den bestehenden Vertrag gekündigt und mit einem anderen Unternehmen einen neuen Handelsvertreter-

---

[38] BGH NJW 1963 100, 101; *Küstner/v. Manteuffel* I RdNr. 615.
[39] BGH NJW-RR 1987, 873 = DB 1987, 1297, 1298.
[40] BGHZ 49, 39, 44 f.

[41] Allgemein zur Informationspflicht bei Lieferschwierigkeiten BGH WM 1988, 1234, 1235.
[42] BGHZ 26, 161, 167; Baumbach/*Hopt* RdNr. 11; Staub/*Brüggemann* RdNr. 8. – AA Heymann/*Sonnenschein/Weitemeyer* RdNr. 13.

vertrag geschlossen hätte.[43] Ausnahmsweise kommt als Schadensersatzanspruch die entgangene Provision in Betracht, wenn bei zutreffender und ausreichender Information des Handelsvertreters das Geschäft als dann durch weitere Vermittlungsbemühungen zu den gleichen oder anderen Bedingungen abgeschlossen und ausgeführt worden wäre.[44]

Bei schwerwiegenden, insbesondere nachhaltigen Verletzungen der Informationspflicht **39** steht dem Handelsvertreter das Recht zu, das Handelsvertreterverhältnis **fristlos zu kündigen** (§ 89a).

Die **Beweislast** für die Voraussetzungen des Schadensersatzanspruchs und des Kündi- **40** gungsrechts treffen grundsätzlich den Handelsvertreter. Soweit es bei der Verletzung von Benachrichtigungspflichten um das Vertretenmüssen des Unternehmers geht, hat dieser sich gemäß § 282 BGB zu entlasten.

IV. Unabdingbarkeit (Abs. 3)

Durch das Durchführungsgesetz zur EG-Richtlinie zur Koordinierung des Rechts der **41** Handelsvertreter ist Abs. 3 neu eingefügt worden. Nach der früheren Rechtslage war lediglich der Anspruch auf Unterrichtung über einen geringeren Geschäftsumfang nach Abs. 2 Satz 3 unabdingbar. Nunmehr können bei nach dem 31. 12. 1989 geschlossenen Verträgen sämtliche in Abs. 1 und Abs. 2 geregelten Pflichten des Unternehmers vertraglich **weder eingeschränkt noch erweitert** werden. Der Gesetzgeber trägt damit dem Grundgedanken Rechnung, daß der Handelsvertreter zwar grundsätzlich das Risiko für das Zustandekommen der von ihm vermittelten Geschäfte selbst trägt, der Unternehmer den Handelsvertreter aber auch nicht zu unnötigen, mit finanziellen Lasten verbundenen wirtschaftlichen Bemühungen veranlassen soll.

Die Parteien können allerdings **durch vertragliche Vereinbarung** den Inhalt der Pflich- **42** ten nach Abs. 2 und 3 **konkretisieren.** Sie können namentlich bestimmen, welche Unterlagen nach Abs. 1 zur Verfügung zu stellen und welche Nachrichten nach Abs. 2 Satz 1 zu geben sind. Sie können ebenfalls festlegen, wann eine Mitteilung bzw. Unterrichtung iSv. Abs. 2 Satz 2 und 3 unverzüglich ist. Allerdings wird durch solche Vereinbarungen nur ein **Mindeststandard** zugunsten des Handelsvertreters festgelegt. Werden von der Konkretisierung Unterlagen oder Nachrichten nicht erfaßt, die erforderlich iSv. Abs. 1 und 2 Satz 1 sind, steht dem Handelsvertreter der Anspruch hierauf unmittelbar aus der gesetzlichen Bestimmung zu. Ist eine Mitteilung bzw. Unterrichtung nach Abs. 2 Satz 2 oder 3 zwar innerhalb der vertraglich konkretisierten Frist erfolgt, hat der Unternehmer hierbei aber schuldhaft gezögert und daher nicht im Sinne von § 121 Abs. 1 Satz 1 BGB unverzüglich gehandelt, dann liegt ein Verstoß gegen Abs. 2 Satz 2 und 3 vor, da die Pflichten hieraus, einschließlich der hierfür bestimmten Frist, unabdingbar sind. Jedoch kann die vertragliche Konkretisierung Bedeutung für die Frage erlangen, ob der Unternehmer schuldhaft gehandelt und sich damit schadensersatzpflichtig gemacht hat.

V. Sonstige Pflichten

1. Wettbewerbsverbot. Aufgrund des Handelsvertretervertrags wendet der Handelsver- **43** treter Zeit und Kosten auf, um die wirtschaftlichen Interessen des Unternehmers zu fördern. Den Unternehmer trifft insoweit zwar keine Pflicht zum Abschluß der vom Handelvertreter vermittelten Geschäfte, ihn trifft aber nach Treu und Glauben (§ 242 BGB) die Nebenpflicht, die Vermittlungsbemühungen des Handelsvertreters nicht zu erschweren oder wirtschaftlich zu entwerten. Als konkrete Ausprägung dieser Nebenpflicht ist es dem Unternehmer untersagt, selbst oder durch dritte Personen Wettbewerb zu machen.[45] Dem Unternehmer sind zwar Direktgeschäfte im Bezirk bzw. mit dem Kundenkreis des Han-

---

[43] BGH NJW-RR 1988, 1060 f. = WM 1988, 1234, 1235.
[44] Staub/*Brüggemann* RdNr. 17.

[45] LG Frankfurt BB 1969, 1326; Baumbach/*Hopt* RdNr. 17; Heymann/*Sonnenschein/Weitemeyer* RdNr. 18; Staub/*Brüggemann* RdNr. 11.

delsvertreters grundsätzlich nicht verboten;[46] er darf aber nicht systematisch durch eigene Abschlußtätigkeit die Vermittlungsarbeit des Handelsvertreters lahmlegen.[47] Dies gilt auch dann, wenn dem Handelsvertreter die Provision aus solchen Direktgeschäften zusteht (§ 87 Abs. 2), weil dem Handelsvertreter durch die Betreuung des Bezirks Gelegenheit gegeben werden soll, geschaffene Beziehungen zum Vorteil künftiger erhöhter Provisionschancen auszubauen.

44   Dem Unternehmer ist es insbesondere **untersagt, Stammkunden des Handelsvertreters abzuwerben**, indem er sie zum Direktbezug bei sich oder einem Eigenhändler (Vor § 84 RdNr. 13 ff.) veranlaßt.[48] Auch wenn der Handelsvertreter keinen Gebietsschutz genießt, darf der Unternehmer weder selbst noch durch andere Handelsvertreter Waren zu einem niedrigeren Preis anbieten.[49] Solange das Handelsvertreterverhältnis noch ungekündigt ist, darf der Unternehmer grundsätzlich auch nicht **Untervertreter** (§ 84 Abs. 3) des Handelsvertreters abwerben.[50] Soweit der Unternehmer unzulässigen Wettbewerb betreibt, steht dem Handelsvertreter insoweit ein Auskunftsanspruch zu.[51]

45   **2. Verschwiegenheitspflicht.** Ebenso wie den Handelsvertreter (vgl. § 86 RdNr. 57) trifft auch den Unternehmer eine Pflicht zur Verschwiegenheit. Der Unternehmer darf sich daher weder abfällig über den Handelsvertreter gegenüber Dritten äußern,[52] noch vertrauliche Kundenberichte des Handelsvertreters, in denen dieser sich kritisch oder ungünstig über Kunden äußert, diesen zugänglich machen.[53] Der Handelsvertreter hat nämlich im Rahmen seiner Benachrichtigungspflicht auch ungünstige Tatsachen über den Kunden mitzuteilen (vgl. § 86 RdNr. 48 f., 59 ff.), seine wirtschaftliche Existenz beruht aber auf einem guten Verhältnis zu seinen Kunden.

46   **3. Allgemeine Unterstützungspflicht (§ 242 BGB).** Den Unternehmer trifft darüber hinaus die allgemeine Rechtspflicht, die Tätigkeit des Handelsvertreters zu unterstützen und jedenfalls alles zu unterlassen, was dessen Tätigkeit und den Erfolg dieser Tätigkeit beeinträchtigen kann.[54] So darf der Unternehmer dem Handelsvertreter die in dessen Interesse eingeräumten Vollmachten nicht beliebig entziehen. Ist ein Handelsvertreter mit Inkassovollmacht berechtigt, sich wegen seiner Provisionen durch Einbehaltung aus den eingezogenen Geldern zu befriedigen, darf ihm diese Vollmacht nicht ohne zwingenden Grund entzogen werden.[55] Darüber hinaus können den Unternehmer auch vor- oder nachvertragliche Pflichten treffen. So muß er den Handelsvertreter schon vor Vertragsabschluß über seine Arbeitsmöglichkeiten zutreffend informieren[56] und darf ihn nach Beendigung des Handelsvertreterverhältnisses nicht in seiner weiteren Tätigkeit behindern.[57]

47   **4. Rechtsfolgen von Pflichtverletzungen.** Auch die Verletzung sonstiger, in § 86a nicht unmittelbar geregelter Pflichten, kann sowohl Erfüllungs- als auch Schadensersatzansprüche auslösen und bei besonders schwerwiegenden Verstößen ein Recht zur fristlosen Kündigung durch den Handelsvertreter begründen (§ 89a). So steht dem Handelsvertreter bei Wettbewerbsverstößen des Unternehmers ein Unterlassungsanspruch zu, wenn Wiederholungsgefahr besteht. Daneben kann der Handelsvertreter aber auch Schadensersatz für die durch den Wettbewerbsverstoß entgangenen Provisionsansprüche verlangen.

---

[46] Wegen des Alleinvertreters siehe aber oben § 84 RdNr. 16.
[47] Baumbach/*Hopt* RdNr. 17; Staub/*Brüggemann* RdNr. 11.
[48] BGH BB 1959, 27.
[49] BGHZ 97, 317, 327 f.; OLG Bremen NJW 1967, 254, 255.
[50] BGHZ 42, 59, 62; BGH BB 1982, 1626.
[51] BGH BB 1957, 452.

[52] Heymann/*Sonnenschein/Weitemeyer* RdNr. 19; Staub/*Brüggemann* RdNr. 13.
[53] LG Freiburg BB 1966, 999.
[54] Baumbach/*Hopt* RdNr. 15; Heymann/*Sonnenschein/Weitemeyer* RdNr. 17; *Küstner/v. Manteuffel* I RdNr. 639.
[55] OLG Celle DB 1961, 369.
[56] OLG Nürnberg BB 1956, 352.
[57] Heymann/*Sonnenschein/Weitemeyer* RdNr. 17.

§ 86 b [Delkredereprovision]

(1) Verpflichtet sich ein Handelsvertreter, für die Erfüllung der Verbindlichkeit aus einem Geschäft einzustehen, so kann er eine besondere Vergütung (Delkredereprovison) beanspruchen; der Anspruch kann im voraus nicht ausgeschlossen werden. Die Verpflichtung kann nur für ein bestimmtes Geschäft oder für solche Geschäfte mit bestimmten Dritten übernommen werden, die der Handelsvertreter vermittelt oder abschließt. Die Übernahme bedarf der Schriftform.

(2) Der Anspruch auf die Delkredereprovision entsteht mit dem Abschluß des Geschäfts.

(3) Absatz 1 gilt nicht, wenn der Unternehmer oder der Dritte seine Niederlassung oder beim Fehlen einer solchen seinen Wohnsitz im Ausland hat. Er gilt ferner nicht für Geschäfte, zu deren Abschluß und Ausführung der Handelsvertreter unbeschränkt bevollmächtigt ist.

Schrifttum: *Castan,* Rechtsfragen des Handelsvertreter – Delcredere, BB 1957, 1124 ff.; *Masing,* Die Delcrederevereinbarung gemäß § 86 b Abs. 3 HGB, BB 1995, 2589 ff.

Übersicht

I. Bedeutung

Zu den Pflichten des Handelsvertreters gehört es zwar, die Zahlungsfähigkeit eines Kun- **1** den, zu dem er in geschäftliche Verbindungen tritt, zu prüfen; er hat aber gegenüber dem Unternehmer grundsätzlich **nicht für die Erfüllung der Verbindlichkeiten** des Kunden aus einem von ihm vermittelten Geschäft einzustehen. Erfüllt der Kunde seine Verpflichtungen nicht, so hat der Unternehmer als Vertragspartner zunächst den daraus entstehenden Schaden zu tragen.[1] Der Unternehmer kann nur ausnahmsweise dann vom Handelsvertreter seinen Schaden ersetzt verlangen, wenn dieser die Kreditwürdigkeit des Kunden nicht gehörig geprüft oder den Unternehmer über bestehende Bedenken nicht pflichtgemäß unterrichtet hat (siehe dazu § 86 RdNr. 48, 59 ff.).

Die Parteien können jedoch gemäß § 86 b **vertraglich eine Einstandspflicht** des Han- **2** delsvertreters für die Erfüllung der Verbindlichkeit durch den Kunden **vereinbaren.** Da

---

[1] Begr. z. Reg.-E. BT-Drs. 1/3856 S. 20.

eine solche Verpflichtung für den Handelsvertreter mit erheblichen Risiken verbunden sein kann und diese Verpflichtung weit über die allgemeine Interessenwahrnehmungspflicht hinausgeht, stellt diese Vorschrift gewisse Mindestvoraussetzungen im Hinblick auf Inhalt und Form einer solchen Vereinbarung zum Schutze des Handelsvertreters auf.

3 § 86 b ist durch das **ÄndG 1953** (Recht der Handelsvertreter) neu **eingefügt** worden. Da hier eine über den allgemeinen Provisionsanspruch hinausgehende besondere Vergütung geregelt wird, hätte sie systematisch im Anschluß an die Bestimmung des § 87 a als § 87 b in das Gesetz gestellt werden müssen, zumal mangels abweichender Vereinbarungen für Berechnung und Abrechnung der Delkredereprovision §§ 87 b und 87 c entsprechende Anwendung zu finden haben. Die Bestimmung ist weder auf den Vertragshändler[2] noch den Franchise-Nehmer[3] oder den Kommissionsagenten analog anzuwenden.

II. Begriff und Rechtsnatur des Delkredere

4 **1. Begriff.** Die Vorschrift regelt die Fälle, in denen der Handelsvertreter sich verpflichtet, für die Erfüllung der Verbindlichkeit aus einem Kundengeschäft einzustehen. Die Übernahme dieser Einstandspflicht wird im Gesetz mit dem altertümlichen, aus dem italienischen stammenden Ausdruck der Handelssprache Delcredere (in der amtlichen Schreibweise: Delkredere) bezeichnet.

5 **2. Rechtsnatur.** Die Übernahme des Delkredere ist, wie der Vergleich mit dem Wortlaut des § 765 Abs. 1 BGB zeigt, rechtlich Bürgschaft.[4] Auf die Vereinbarung findet daher subsidiär Bürgschaftsrecht (§§ 765 ff. BGB) Anwendung. Ist der Handelsvertreter Vollkaufmann, dann ist nach § 349 Satz 1 die Einrede der Vorausklage (§ 771 BGB) ausgeschlossen.

6 Umstritten ist, ob § 86 b zumindest **entsprechende Anwendung** auf sonstige Vereinbarungen mit schuldsichernder Wirkung, wie zB den Garantievertrag oder den Schuldbeitritt findet.[5] Für eine unmittelbare Anwendung dieser Bestimmung auf sonstige schuldsichernde Vereinbarungen bleibt angesichts des klaren Wortlauts des Abs. 1 kein Raum.[6] Mit der Bestimmung soll jedoch sichergestellt werden, daß eine Übernahme von Schadensrisiken aus dem vermittelten Geschäft, die nach der gesetzlichen Wertung den Unternehmer treffen sollen, nur unter eingeschränkten Voraussetzungen durch Vertrag vom Handelsvertreter übernommen werden können. Nach diesem Sinn und Zweck der Regelung ist eine analoge Anwendung auf den Garantievertrag, den Schuldbeitritt und sonstige schuldsichernde Vereinbarungen geboten.

III. Begründung der Einstandspflicht (Abs. 1)

7 **1. Vereinbarung zwischen Handelsvertreter und Unternehmer.** Für die Begründung der Einstandspflicht bedarf es einer Vereinbarung zwischen Handelsvertreter und Unternehmer. Diese unterliegt den allgemeinen Regeln und kommt durch eine entsprechende Einigung von Handelsvertreter und Unternehmer zustande. Der Wille des Handelsvertreters muß hierbei erkennbar darauf gerichtet sein, für die Erfüllung der Verbindlichkeit des Kunden einstehen zu wollen. Hierfür reichen bloße, unverbindliche Kreditauskünfte ebensowenig aus, wie Mitteilungen über die Kreditwürdigkeit des Kunden im Rahmen der allgemeinen Informationen. Berichtet der Handelsvertreter zB an den Unternehmer, eine bestimmte Firma sei gut und er übernehme für diese Firma die volle Verantwortung, so ist, wenn nicht ganz besondere Umstände hinzutreten, darin regelmäßig nicht ein Antrag auf Übernahme der Delkrederehaftung zu sehen.[7] Auch der Unternehmer muß, wenn er eine

---

[2] *Renz* S. 66; *Ulmer,* Der Vertragshändler, S. 397 f.
[3] *Matthießen* ZIP 1988, 1089, 1095.
[4] RGZ 107, 194, 195; Baumbach/*Hopt* RdNr. 6; *Küstner/v. Manteuffel* I RdNr. 546; Staub/*Brüggemann* RdNr. 3. – AA Heymann/*Sonnenschein/Weitemeyer* RdNr. 4.

[5] Befürwortend Baumbach/*Hopt* RdNr. 6; Heymann/*Sonnenschein/Weitemeyer* RdNr. 4. – Ablehnend Staub/*Brüggemann* RdNr. 3.
[6] Zutreffend Baumbach/*Hopt,* Heymann/*Sonnenschein/Weitemeyer,* Staub/*Brüggemann,* jeweils aaO.
[7] OLG München JW 1930, 1424.

Delkrederevereinbarung treffen will, dies **klar zum Ausdruck** bringen. Vor allem im Rahmen späterer Vertragsänderungen sind an die Eindeutigkeit der Erklärung besondere Anforderungen zu stellen, wenn die Haftung früher nicht vereinbart war.[8]

Die Übernahme der Einstandspflicht setzt weiter **die Rechtswirksamkeit** der Delkre- **8** derevereinbarung voraus. Hierbei sind insbesondere die Beschränkungen des Abs. 1 Satz 2 sowie das Schriftformerfordernis des Abs. 1 Satz 3 zu beachten. Aber auch aus sonstigen, allgemeinen Gründen kann nach Lage des Einzelfalls die rechtsgeschäftliche Übernahme der Delkrederehaftung nichtig sein. Dies gilt namentlich für Vereinbarungen, die unter Ausnutzung der wirtschaftlichen Überlegenheit zustande gekommen sind und bei denen der Handelsvertreter ein Risiko übernommen hat, das in auffälligem Mißverhältnis zu der Delkredereprovision steht (§ 138 Abs. 2 BGB),[9] zB wenn es sich bei dem Handelsvertreter um einen Beauftragten handelt, der aus seiner Tätigkeit für den Unternehmer nur geringe Einnahmen erzielen kann, denengegenüber die auf Druck des Unternehmers übernomme Belastung mit der Delkrederehaftung aber trotz des Anspruchs auf die Delkredereprovision übermäßig groß ist.[10]

2. Kundenverbindlichkeit (Abs. 1 Satz 2). Der Handelsvertreter kann die Ein- **9** standspflicht nur für ein bestimmtes Geschäft oder für solche Geschäfte mit bestimmten Dritten übernehmen, die er selbst vermittelt oder abschließt. Durch dieses Bestimmtheitsgebot soll der Handelsvertreter davor geschützt werden, nicht für eine unbestimmte Vielzahl von Geschäften die Delkrederehaftung zu übernehmen.

a) Bestimmtes Kundengeschäft (Abs. 1 Satz 2 Alt. 1). Nach Abs. 1 Satz 2 Alt. 1 **10** (**konkretes Delkredere**) kann die Einstandspflicht nur für **ein bestimmtes** Geschäft übernommen werden. Die Verbindlichkeit, für die der Handelsvertreter die Einstandspflicht übernimmt, muß eindeutig bezeichnet werden. Zur näheren Individualisierung kommen hier in Betracht: Art und Umfang der zu liefernden Ware oder der zu erbringenden Leistung, Name des Kunden, Auftragsnummer, Datum und Rechungsbetrag. Es muß also in der Haftungsübernahmeerklärung ganz eindeutig klargestellt sein, für welches Geschäft die Haftung übernommen wird.

Die Haftung kann auch für solche Geschäfte übernommen werden, die **noch nicht ab-** **11** **geschlossen** sind. In diesem Fall muß das Geschäft aber nach seinen wesentlichen Merkmalen schon so bestimmbar sein, daß es Gegenstand einer individuellen Haftungsvereinbarung sein kann.[11] Soweit in diesen Fällen der Rechnungsbetrag noch nicht endgültig feststeht, kann die Haftung auch auf einen bestimmten oder bestimmbaren Betrag begrenzt werden.

Der Beschränkung zulässiger Vereinbarungen auf ein bestimmtes Geschäft steht es nicht **12** entgegen, wenn innerhalb einer Vereinbarung die Haftung **für mehrere bestimmte Geschäfte gleichzeitig** übernommen wird. Die Beschränkung der Delkrederehaftung auf „ein bestimmtes Geschäft" soll den Handelsvertreter nur davor bewahren, die Einstandspflicht für eine unbestimmte Vielzahl von Geschäften zu übernehmen. Er soll aufgrund der Beschränkung auf ein bestimmtes Geschäft sein Risiko überblicken können. Diesem Gesetzeszweck wird hinreichend Rechnung getragen, wenn der Handelsvertreter zwar die Haftung für mehrere Geschäfte übernimmt, jedes einzelne dieser Geschäfte aber eindeutig und bestimmt bezeichnet ist.[12]

Die Delkrederehaftung ist im Rahmen der 1. Alternative nicht auf solche Geschäfte be- **13** schränkt, die der Handelsvertreter selbst vermittelt oder abgeschlossen hat. Diese Einschränkung bezieht sich nur auf die 2. Alternative. Die Einstandspflicht des Handelsvertreters kann daher auch für **bestimmte Bezirksgeschäfte**, für Geschäfte eines anderen Han-

---

[8] Vgl. OLG Karlsruhe VersR 1973, 857.

[9] Wegen der Anpassung unangemessener Provisionen s. unten RdNr. 32.

[10] LG Heidelberg BB 1958, 7.

[11] Heymann/*Sonnenschein/Weitemeyer* RdNr. 7; *Küstner/v. Manteuffel* I RdNr. 551 f.; Staub/*Brüggemann* RdNr. 9.

[12] Heymann/*Sonnenschein/Weitemeyer* RdNr. 7; Staub/*Brüggemann* RdNr. 9.

delsvertreters, zB eines Rechtsvorgängers, und sogar für Eigengeschäfte des Unternehmers übernommen werden.[13]

14   **b) Geschäfte mit einem bestimmten Kunden (Abs. 1 Satz 2 Alt. 2).** Nach Abs. 1 Satz 2 Alt. 2 kann der Handelsvertreter die Haftung für die Erfüllung der Verbindlichkeit aus einer **unbestimmten Vielzahl von Geschäften** übernehmen, sofern es sich um Geschäfte mit einem bestimmten Dritten handelt, die der Handelsvertreter vermittelt oder abschließt. Das Bestimmtheitsgebot bezieht sich hier nicht auf das vermittelte Geschäft, sondern die Person des Geschäftspartners. Zusätzliche Voraussetzung für die Wirksamkeit der Übernahme der Einstandspflicht ist hier, daß der Handelsvertreter die Geschäfte selbst vermittelt oder abgeschlossen hat. Der Handelsvertreter hat es in diesen Fällen nämlich selbst in der Hand, die Bonität des Kunden zu prüfen und gegebenenfalls eine Vermittlung oder einen Abschluß zu unterlassen und damit zugleich zu verhindern, daß seine Einstandspflicht begründet wird.[14]

15   Vom Handelsvertreter vermittelt oder abgeschlossen sind in diesem Sinne auch solche Geschäfte, die von einem Angestellten des Handelsvertreters oder von einem durch den Handelsvertreter bestellten **Untervertreter** (§ 84 Abs. 3) vermittelt oder abgeschlossen sind.[15] Die Vorschrift findet jedoch keine Anwendung auf den Bezirksvertreter hinsichtlich solcher Geschäfte, die zwar für ihn unter dem Gesichtspunkt der Bezirksvertretung provisionspflichtig sind, die er aber weder selbst noch durch einen von ihm Beauftragten vermittelt oder abgeschlossen hat.

16   Auch bei der 2. Alternative kann der Handelsvertreter gleichzeitig die Haftung für die Erfüllung der Verbindlichkeiten aus den vom ihm vermittelten oder abgeschlossenen Geschäften mit **mehreren bestimmten Dritten** übernehmen. Die entsprechende Vereinbarung kann in eine einzige nach Abs. 1 Satz 3 errichtete Urkunde aufgenommen werden. Diese mehreren Dritten müssen namentlich nur genau bestimmt sein.

17   **3. Schriftform (Abs. 1 Satz 3).** Die Übernahme der Einstandspflicht bedarf nach Abs. 1 Satz 3 der Schriftform. Ähnlich der Regelung des § 766 Satz 1 BGB bezieht sich das Schriftformerfordernis nur auf die Übernahmeerklärung des Handelsvertreters, dem hierdurch die besondere Gefährlichkeit der Vereinbarung vor Augen geführt werden soll.[16] Die schriftliche Übernahmeerklärung muß also nach § 126 Abs. 1 von dem Handelsvertreter eigenhändig durch Namensunterschrift oder mittels notariell beglaubigten Handzeichens unterzeichnet werden. Abs. 1 Satz 3 verdrängt als lex specialis § 350, so daß die gesetzliche Schriftform auch dann gewahrt werden muß, wenn der Handelsvertreter Vollkaufmann ist. Demgegenüber kann die entsprechende Willenserklärung des Unternehmers formlos abgegeben werden.

18   Da auf die Delkrederehaftung die Vorschriften über das Bürgschaftsrecht (§§ 765 ff. BGB) entsprechend Anwendung finden, kann eine **formunwirksame Delkredereübernahme geheilt** werden, wenn der Handelsvertreter eine Verbindlichkeit, hinsichtlich derer er die Einstandspflicht übernommen hat, dem Unternehmer gegenüber erfüllt (§ 766 Satz 2 BGB).

19   **4. Einwendungen des Handelsvertreters.** Der Handelsvertreter haftet dem Unternehmer in Höhe des Bestands der Forderung gegen den Kunden. Daher ist trotz wirksamer Übernahme der Einstandspflicht eine Haftung des Handelsvertreters ausgeschlossen, wenn das Geschäft mit dem Dritten überhaupt nicht zustande gekommen, nichtig oder mit Rückwirkung durch Anfechtung vernichtet worden ist. Es fehlt in diesen Fällen an einer wirksamen Verbindlichkeit, für die der Handelsvertreter einstehen könnte.

20   Der Handelsvertreter kann dem Unternehmer auch die **Einreden aus §§ 768, 770 BGB** entgegenhalten. Ihm steht, soweit vertraglich nichts anderes vereinbart worden ist, auch die

---

[13] Heymann/*Sonnenschein/Weitemeyer*   RdNr. 8;   [15] Heymann/*Sonnenschein/Weitemeyer*   RdNr. 9;
Staub/*Brüggemann* RdNr. 9.   Staub/*Brüggemann* RdNr. 10.
[14] Heymann/*Sonnenschein/Weitemeyer* RdNr. 9.   [16] Begr. z. RegE, DT-Drs. 1/3856 S. 20.

998   *v. Hoyningen-Huene*

Einrede der Vorausklage nach §§ 771 ff. BGB zu. Auch wenn der Handelsvertreter Vollkaufmann und daher die Einrede der Vorausklage grundsätzlich nach § 349 ausgeschlossen ist, besteht nach Treu und Glauben aus dem Handelsvertreterverhältnis heraus die Verpflichtung des Unternehmers, zunächst eine Befriedigung beim Kunden zu versuchen, bevor er sich an den Handelsvertreter hält.[17] Der Unternehmer braucht in diesen Fällen allerdings nicht unbedingt seine gegen den Dritten bestehende Forderung einzuklagen und die Zwangsvollstreckung bis zur Ableistung des Offenbarungseides durchzuführen. Ob und inwieweit der Unternehmer gegen den Dritten zunächst vorgehen muß, richtet sich nach den Umständen des einzelnen Falles, insbesondere den Aussichten einer Inanspruchnahme des Dritten.

5. Haftungsumfang. Der Handelsvertreter haftet aufgrund des übernommenen Delkredere nicht nur wegen des Anspruchs des Unternehmers auf Erfüllung des Geschäfts gegen den Dritten, sondern auch wegen der Ansprüche des Unternehmers, die diesem für den Fall der Nichtdurchführung des Geschäfts gegen den Dritten zustehen. Namentlich erfaßt die Haftung Ansprüche auf Schadensersatz wegen Nichterfüllung, Ansprüche aus Verzug und Sachmängelgewährleistung sowie Schadensersatzansprüche aus positiver Forderungsverletzung oder culpa in contrahendo (vgl. auch § 767 Abs. 1 Satz 2 BGB).[18] Ist die gesicherte Hauptverbindlichkeit durch Anfechtung des Kunden vernichtet worden, dann erstreckt sich die Delkrederehaftung auch auf Schadensersatzansprüche wegen des negativen Interesses nach § 122 BGB. Ob darüber hinaus Bereicherungsansprüche, die dem Unternehmer gegen den Kunden wegen bereits erbrachter Leistungen zustehen, erfaßt werden, ist eine Frage der Auslegung der Haftungsvereinbarung.[19] 21

6. Rechtsfolgen unwirksamer Vereinbarungen. Ist eine wirksame Haftungsvereinbarung nicht geschlossen worden, zB das Schriftformerfordernis des Abs. 1 Satz 3 nicht gewahrt, wird eine Einstandspflicht des Handelsvertreters nicht begründet. In diesem Fall entsteht aber auch der Anspruch des Handelsvertreters auf die Delkredereprovision nicht (vgl. unten RdNr. 25 ff.). 22

Ausnahmsweise kommt eine bloße **Teilnichtigkeit** der Delkrederevereinbarung gemäß § 139 BGB in Betracht, wenn der Handelsvertreter die Einstandspflicht für Geschäfte mit einem bestimmten Dritten übernommen hat, ohne seine Haftung auf die von ihm vermittelten oder abgeschlossenen Geschäfte zu beschränken. In diesem Fall ist die Vereinbarung nur insoweit unwirksam, als es um die Haftung aus solchen Geschäften geht, die der Handelsvertreter nicht vermittelt oder abgeschlossen hat. 23

IV. Der Provisionsanspruch

1. Entstehung des Anspruchs (Abs. 2). a) Wirksame Haftungsvereinbarung. Voraussetzung für die Entstehung des Provisionsanspruchs ist zunächst eine wirksame Haftungsvereinbarung zwischen Unternehmer und Handelsvertreter. Der unabdingbare Provisionsanspruch nach § 86 b entsteht nur, wenn der Handelsvertreter die Einstandspflicht für eine Verbindlichkeit des Kunden aus Geschäften iSv. Abs. 1 Satz 2 gegenüber dem Unternehmer übernommen hat. Die Bestimmung findet hingegen keine Anwendung, wenn der Handelsvertreter sich für Verbindlichkeiten des Dritten verbürgt, die zwar wirtschaftlich in Zusammenhang mit Geschäften nach Abs. 1 Satz 2 stehen, nicht aber gegenüber dem Unternehmer eingegangen worden sind. Vermittelt der Handelsvertreter zB einen Lieferungsvertrag zwischen dem Dritten und dem Unternehmer sowie gleichzeitig einen Finanzierungsvertrag zwischen dem Dritten und einem Kreditinstitut wegen der Verbindlichkeiten des Dritten aus dem Lieferungsvertrag, dann steht ihm gegen den Unternehmer kein Anspruch auf Delkredereprovision zu, wenn er gegenüber dem Kreditinstitut für die Kre- 24

---

[17] Baumbach/*Hopt* RdNr. 8; *Castan* BB 1957, 1124, 1125; Heymann/*Sonnenschein/Weitemeyer* RdNr. 12; Staub/*Brüggemann* RdNr. 5.

[18] Baumbach/*Hopt* RdNr. 7; *Castan* BB 1957, 1124, 1125; Heymann/*Sonnenschein/Weitemeyer* RdNr. 3.

[19] Siehe dazu Erman/*Seiler* § 765 RdNr. 7.

ditverbindlichkeit des Dritten, etwa durch Mitunterzeichnung von Wechseln, die Einstandspflicht übernimmt.[20]

25   § 86 b findet auch dann **keine Anwendung**, wenn sich der Handelsvertreter dem Dritten gegenüber verpflichtet hat, für die Erfüllung der Verbindlichkeiten des Unternehmers einzustehen. Ob in einem solchen Fall der Handelsvertreter von dem Unternehmer oder dem Dritten für die Übernahme der Haftung eine Vergütung verlangen, richtet sich nach den insoweit zwischen ihm und dem Unternehmer bzw. dem Dritten getroffenen Abreden.

26   Grundlage für den Provisionsanspruch kann nur eine **wirksame Haftungsvereinbarung** sein. Daher entfällt der Provisionsanspruch auch dann, wenn die Haftungsvereinbarung unwirksam, zB sittenwidrig bzw. angefochten worden ist oder der Handelsvertreter Haftungsverpflichtungen für andere als in Abs. 1 Satz 2 bezeichnete Geschäfte übernommen hat. Wurde eine wirksame Haftungsvereinbarung getroffen, kann der Unternehmer nicht nachträglich dem Handelsvertreter dadurch den Provisionsanspruch entziehen, daß er einseitig auf die Geltendmachung der Haftung verzichtet, obwohl der Kunde nicht erfüllt hat. Hierzu bedürfte es nach § 397 BGB eines Erlaßvertrages, der beiderseitiges Einvernehmen voraussetzt.[21]

27   Ob eine **vertragliche Aufhebung** der Haftungsvereinbarung bereits entstandene Provisionsansprüche erfaßt, richtet sich nach dem Parteiwillen. Ohne besondere Anhaltspunkte ist hinsichtlich der Wirkung des Aufhebungsvertrages zu differenzieren: War die Verpflichtung nur für ein bestimmtes Geschäft übernommen (Abs. 1 Satz 2 Alt. 1), wird mit dem Abschluß des Aufhebungsvertrags auch der Provisionsanspruch hinfällig. Bezog sich hingegen die Haftungsvereinbarung auf Geschäfte mit bestimmten Dritten iSv. Abs. 1 Satz 2 Alt. 2, dann werden im Zweifel von einem Aufhebungsvertrag bereits entstandene Provisionsansprüche nicht erfaßt.

28   **b) Wirksame Kundenverbindlichkeit.** Weiter setzt der Provisionsanspruch voraus, daß eine wirksame Kundenverbindlichkeit entstanden ist. Ist das Geschäft, für das die Einstandspflicht übernommen wurde, nicht zustande gekommen oder unwirksam, besteht kein Provisionsanspruch. Wird das Geschäft wirksam angefochten, entfällt damit auch rückwirkend die Provision. Umstritten ist, ob der Provisionsanspruch auch dann nachträglich entfällt, wenn das Geschäft durch **Rücktritt** aufgrund Gesetzes (§ 326 BGB) oder vertraglichen Vorbehalts mit Wirkung für die Zukunft in ein Rückabwicklungsschuldverhältnis umgewandelt wird.[22] Richtigerweise berührt der Rücktritt den Provisionsanspruch des Handelsvertreters nicht, weil dieser schon mit der Haftungsbereitschaft während der Dauer des Vertrags seine Leistung erbracht hat und deshalb nachträgliche Veränderungen sich nicht mehr auf den Provisionsanspruch auswirken können. Daher berührt auch der Eintritt einer auflösenden Bedingung (vgl. § 158 Abs. 2 BGB) oder der Abschluß eines Aufhebungsvertrags zwischen dem Unternehmer und dem Dritten den Provisionsanspruch nicht.

29   Da der Anspruch auf die Delkredereprovision an den Abschluß des Geschäfts anknüpft, ist er auch unabhängig davon, ob das **Geschäft tatsächlich durchgeführt** wird. Entfällt aufgrund einer Vertragsverletzung des Unternehmers die Verbindlichkeit des Dritten und kommt daher die Delkrederehaftung des Handelsvertreters nicht zum Zuge, hat der Handelsvertreter gleichwohl einen Anspruch auf die Delkredereprovision.

30   **2. Höhe und Fälligkeit der Provision. a) Höhe.** Die Höhe der Provision richtet sich in erster Linie nach der **Parteivereinbarung**. Bei der Festlegung der Provisionshöhe ist dem Umfang des Risikos Rechnung zu tragen, das sich aus der Übernahme der Delkrederehaftung für den Handelsvertreter ergibt. Haben die Parteien keine Provisionsvereinbarung getroffen, bemißt sich die Höhe der Provision in entsprechender Anwendung von § 87 b

---

[20] *v. Brunn* NJW 1954, 56, 57.
[21] Heymann/*Sonnenschein*/*Weitemeyer* RdNr. 14.
– Unklar *Castan* BB 1957, 1124, 1127.

[22] Für Bestehenbleiben des Provisionsanspruchs Heymann/*Sonnenschein*/*Weitemeyer* RdNr. 15. – Dagegen Baumbach/*Hopt* RdNr. 11, Staub/*Brüggemann* RdNr. 13.

Abs. 1 nach den üblichen Sätzen.[23] Auch wenn die Provisionsvereinbarung unangemessen niedrig ist, führt dies nicht etwa zur Nichtigkeit der Haftungsvereinbarung, sondern es wird dann der übliche Satz geschuldet.

Soweit weder eine wirksame Provisionsvereinbarung besteht noch ein üblicher Satz zu **31** ermitteln ist, finden auf die Bestimmung der Provisionshöhe §§ 315 ff. BGB Anwendung.[24] Im Zweifel ist danach der Handelsvertreter gemäß § 316 BGB berechtigt, die Provisionshöhe **einseitig nach billigem Ermessen** zu bestimmen. Entspricht die Bestimmung nicht billigem Ermessen, wird die Provisionshöhe gemäß § 315 Abs. 3 Satz 2 BGB durch Urteil festgelegt. Bei der Überprüfung der Billigkeit ist zu berücksichtigen, daß es zu den Pflichten des Handelsvertreters gehört, im Interesse des Unternehmers die Kreditwürdigkeit und Zahlungsfähigkeit des Dritten zu prüfen. Er kann daher eine besonders hohe Delkredereprovision nicht mit der Begründung verlangen, der Dritte sei nicht sicher gewesen.

b) Fälligkeit. Die Fälligkeit des Provisionsanspruchs richtet sich nach der Parteivereinba- **32** rung. Ist eine besondere Fälligkeitsregelung nicht getroffen, dann wird der Provisionsanspruch zugleich mit seiner Entstehung fällig (§ 271 BGB).[25] §§ 87a Abs. 4, 87c Abs. 1 finden keine entsprechende Anwendung, weil diese Bestimmungen nur auf laufende Provisionen, nicht aber auf nur in einzelnen Fällen entstehende Delkredereprovisionen zugeschnitten sind.[26]

3. Unabdingbarkeit (Abs. 1 Satz 1 Hs. 2). Der Anspruch auf die Delkredereprovision **33** kann nach Abs. 1 Satz 1 Hs. 2 nicht im voraus ausgeschlossen werden. Entgegenstehende Abreden sind unwirksam, hindern also den Handelsvertreter nicht, den nach der gesetzlichen Vorschrift begründeten Anspruch geltend zu machen. Der Anspruch auf die Delkredereprovision steht dem Handelsvertreter bei wirksamer Übernahme der Delkrederehaftung kraft Gesetzes zu; es bedarf weder einer Vereinbarung, nach der diese Provision gezahlt werden soll, noch der Festlegung der Provisionshöhe durch vertragliche Abrede.

Der Provisionsanspruch kann **im voraus nicht ausgeschlossen werden**. Auf ihn kann **34** aber nach seiner Entstehung durch Erlaß- oder Verzichtsvertrag verzichtet werden, weil der Handelsvertreter in diesem Falle nicht mehr schutzwürdig ist. Ein unzulässiger Ausschluß im voraus ist dann gegeben, wenn der Handelsvertreter zeitlich vor der Entstehung des Anspruchs auf diesen verzichten soll.[27] Bei einer Haftungsübernahme für zukünftige Geschäfte kann der Provisionsausschluß daher nicht vor dem Zeitpunkt vereinbart werden, in dem das Geschäft wirksam zustande gekommen ist. Übernimmt der Handelsvertreter die Haftung für bereits früher abgeschlossene Geschäfte, entsteht der Provisionsanspruch grundsätzlich zugleich mit der Haftungsübernahme. In diesen Fällen kann zugleich mit der Einstandspflicht der Provisionsausschluß vereinbart werden.[28] Dies folgt aus dem eindeutigen Gesetzeswortlaut, wonach der Provisionsanspruch nur „im voraus" nicht ausgeschlossen werden kann, während hier Entstehung und Ausschluß des Provisionsanspruchs zeitlich zusammenfallen.

Der Unabdingbarkeitsgrundsatz bezieht sich nur auf die **Entstehung des Provisionsan-** **35** **spruchs** als solchen. Daher ist nicht nur eine nachträgliche Verzichtsvereinbarung zulässig, sondern es kann auch die Fälligkeit abweichend von der sich aus Abs. 2 iVm. § 271 BGB ergebenden Regelung festgelegt werden. So könnte zB wirksam vereinbart werden, daß der Anspruch auf Delkredereprovision im gleichen Zeitpunkt fällig wird, wie gemäß §§ 87a Abs. 4, 87c die übrigen Provisionsansprüche aus dem Vertragsverhältnis.

[23] Baumbach/*Hopt* RdNr. 10; Heymann/*Sonnenschein/Weitemeyer* RdNr. 17; *Küstner/v. Manteuffel* I RdNr. 566. – AA Staub/*Brüggemann* RdNr. 11, 14, demzufolge § 354 Anwendung finden soll.

[24] Ausführlich zur Billigkeit *v. Hoyningen-Huene*, Die Billigkeit im Arbeitsrecht, 1978.

[25] Baumbach/*Hopt* RdNr. 11; Heymann/*Sonnenschein/Weitemeyer* RdNr. 16.

[26] *G. und D. Reinicke* NJW 1953, 1609, 1612.

[27] Heymann/*Sonnenschein/Weitemeyer* RdNr. 18; Staub/*Brüggemann* RdNr. 16.

[28] *Küstner/v. Manteuffel* I RdNr. 568 ff.; Staub/*Brüggemann* RdNr. 16. – AA Heymann/*Sonnenschein/Weitemeyer* RdNr. 18.

V. Ausnahmetatbestände

36 **1. Sachlicher Grund und gegenständliche Reichweite der Ausnahmen. a) Sachlicher Grund.** Abs. 1 und Abs. 2 sollen den Handelsvertreter davor schützen, von Unternehmern unter Ausnutzung ihrer wirtschaftlichen Überlegenheit gezwungen zu werden, für unbestimmte Geschäfte oder ganz allgemein das Delkredere zu übernehmen. Dies rechtfertigt es, Ausnahmen von Abs. 1 und Abs. 2 dann zuzulassen, wenn entweder typischerweise auf seiten des Unternehmers ein besonderes wirtschaftliches Bedürfnis dafür besteht, mit dem Handelsvertreter einen unbeschränkten Delkrederevertrag zu schließen, oder aber die Stellung des Handelsvertreters so gestaltet ist, daß ihm auch hinsichtlich des zu übernehmenden Risikos eine weitgehende, von ihm selbst zu bestimmende Freiheit zugestanden ist, in dem Abschluß und Ausführung des Geschäfts in seiner Hand liegen.[29] Daher nimmt Abs. 3 Auslandsvertreter und Handelsvertreter mit Generalvollmacht von der Anwendung des Abs. 1 aus, weil solche Handelsvertreter in einem sehr viel geringeren Umfang schutzbedürftig sind.

37 **b) Gegenständliche Reichweite.** Die Nichtanwendung des Abs. 1 auf Auslandsvertreter und Handelsvertreter mit Generalvollmacht bedeutet zunächst, daß für vollkaufmännische, aber auch minderkaufmännische[30] Handelsvertreter die Übernahme des Delkredere nicht der Schriftform bedarf. Darüber hinaus ist das Delkredere auch nicht auf Geschäfte nach Abs. 1 Satz 2 beschränkt, sondern kann auch für Geschäfte mit noch nicht bestimmten Dritten und auch für solche Geschäfte übernommen werden, die nicht der Handelsvertreter selbst oder sein Untervertreter abgeschlossen hat. Schließlich ist es in diesen Fällen auch zulässig, den Anspruch auf Delkredereprovision abzubedingen. Mit einer solchen Vereinbarung ist regelmäßig auch ein Provisionsanspruch aus § 354 ausgeschlossen.

38 **2. Auslandsvertreter (Abs. 3 Satz 1).** Abs. 1 findet zunächst dann keine Anwendung, wenn der Unternehmer oder der Dritte seine Niederlassung oder beim Fehlen einer solchen seinen Wohnsitz im Ausland hat (Abs. 3 Satz 1). In derartigen Fällen kann der Unternehmer häufig die Bonität seines Kunden nicht selbst prüfen und muß sich daher besonders auf die Angaben seines Handelsvertreters verlassen. Üblicherweise übernimmt daher der Handelsvertreter das Delkredere als eine normale Vertragspflicht, so daß allgemein keine besondere Provision für die Übernahme des Delkredere gezahlt wird, sondern dieses bei der Festsetzung der Provisionshöhe berücksichtigt wird.[31]

39 Der Ausnahmetatbestand greift dann ein, wenn der **Unternehmer oder der Dritte im Ausland** seine Niederlassung bzw. seinen Wohnsitz hat, und zwar auch dann, wenn diese im Gebiet der EU liegen (vgl. die abweichende Regelung des § 92 c Abs. 1).[32] Der Ort der Niederlassung (des Wohnsitzes) des Handelsvertreters spielt in diesem Zusammenhang keine Rolle. Er gewinnt aber Bedeutung für die Frage, ob der Handelsvertretervertrag überhaupt deutschem Recht untersteht (vgl. § 84 RdNr. 109 ff.). Sitzen Unternehmer und Handelsvertreter im Ausland, so wird in aller Regel der zwischen ihnen geschlossene Handelsvertretervertrag überhaupt nicht deutschem Recht unterstehen, und bereits deshalb wird auch Abs. 1 unanwendbar sein. Sitzt der Handelsvertreter im Ausland, der Unternehmer im Inland, der Dritte im Ausland, so findet nach Abs. 3 der Abs. 1 keine Anwendung. Gleiches gilt, wenn der Handelsvertreter und der Unternehmer im Inland, der Dritte im Ausland sitzt. Sitzen hingegen Unternehmer und Dritter im Inland, der Handelsvertreter aber im Ausland, so kommt Abs. 3 nicht zum Zuge, so daß es bei der Anwendung des Abs. 1 verbleibt, wenn der Handelsvertretervertrag deutschem Recht untersteht.

40 **3. Unbeschränkte Bevollmächtigung (Abs. 3 Satz 2).** Abs. 1 ist weiterhin in vollem Umfange unanwendbar, wenn es sich um Geschäfte handelt, zu deren Abschluß und Aus-

---

29 BGH BB 1982, 2008, 2009.
30 Vgl. *Masing* BB 1995, 2589.
31 Begr. z. Reg.-E., BT-Drs. 1/3856 S. 21.

32 Hierzu kritisch de lege ferenda *Masing* BB 1995, 2589.

führung der Handelsvertreter unbeschränkt bevollmächtigt ist (Abs. 3 Satz 2). Die Bestimmung kann auf Vermittlungsvertreter keine Anwendung finden, sondern gilt **nur für** diejenigen **Abschlußvertreter** (§ 84 RdNr. 13), die zusätzlich zur Ausführung des Geschäfts unbeschränkt bevollmächtigt sind. Unerheblich ist hierbei, ob der Absatz der gesamten Produktion, eine bestimmte Art von Geschäften oder gar nur ein einzelnes Geschäft betroffen ist. Auch eine Alleinbevollmächtigung ist nicht erforderlich.[33] Unbeschränkt heißt hier allein, daß der Handelsvertreter frei darüber entscheiden kann, ob und mit wem er ein Geschäft abschließt, wem er hierbei Kredit gewährt sowie zu welchem Zeitpunkt und in welcher Art das Geschäft zur Ausführung gelangen soll.[34]

Die Ausnahmevorschrift des Abs. 3 Satz 2 greift daher für **Tankstelleninhaber** ein, die **41** als Handelsvertreter frei darüber entscheiden können, mit welchen Kunden sie Kreditgeschäfte über die Lieferung von Waren abschließen, die sie sodann aus den von ihnen verwalteten Beständen erfüllen. Dies gilt selbst dann, wenn sie die von dem Geschäftsherrn vorgeschriebenen Preise und Geschäftsbedingungen einhalten müssen.[35] Der Ausnahmetatbestand findet auch auf **Reisebüros** Anwendung, die für Luftverkehrsgesellschaften Flugscheine verkaufen, soweit es der freien, wenn auch von der allgemeinen Wirtschaftslage beeinflußten Entscheidung des Agenten unterliegt, wie er mit den Kunden im Einzelfall abschließt, ob gegen Bargeld oder auf Kredit, weil der Agent damit wirtschaftlich und rechtlich in der Lage ist, sein Risiko zu bestimmen, dh. im Einzelfall ein solches überhaupt einzugehen oder in welcher Art auch immer zu beschränken.[36]

Für die Anwendbarkeit des Abs. 3 Satz 2 kommt es nicht darauf an, daß der Handelsvertreter dem Unternehmer im Einzelfall **wirtschaftlich überlegen** ist und von der Vollmacht zur Ausführung tatsächlich Gebrauch macht. Daher ist es unschädlich, wenn der Handelsvertreter die Übersendung der Waren an die Kunden dem Unternehmer überläßt.[37]

§ 87 [Provisionspflichtige Geschäfte]

(1) Der Handelsvertreter hat Anspruch auf Provision für alle während des Vertragsverhältnisses abgeschlossenen Geschäfte, die auf seine Tätigkeit zurückzuführen sind oder mit Dritten abgeschlossen werden, die er als Kunden für Geschäfte der gleichen Art geworben hat. Ein Anspruch auf Provision besteht für ihn nicht, wenn und soweit die Provision nach Absatz 3 dem ausgeschiedenen Handelsvertreter zusteht.

(2) Ist dem Handelsvertreter ein bestimmter Bezirk oder ein bestimmter Kundenkreis zugewiesen, so hat er Anspruch auf Provision auch für die Geschäfte, die ohne seine Mitwirkung mit Personen seines Bezirkes oder seines Kundenkreises während des Vertragsverhältnisses abgeschlossen sind. Dies gilt nicht, wenn und soweit die Provision nach Absatz 3 dem ausgeschiedenen Handelsvertreter zusteht.

(3) Für ein Geschäft, das erst nach Beendigung des Vertragsverhältnisses abgeschlossen ist, hat der Handelsvertreter Anspruch auf Provision nur, wenn

1. er das Geschäft vermittelt hat oder es eingeleitet und so vorbereitet hat, daß der Abschluß überwiegend auf seine Tätigkeit zurückzuführen ist, und das Geschäft innerhalb einer angemessenen Frist nach Beendigung des Vertragsverhältnisses abgeschlossen worden ist oder

2. vor Beendigung des Vertragsverhältnisses das Angebot des Dritten zum Abschluß eines Geschäfts, für das der Handelsvertreter nach Absatz 1 Satz 1 oder Absatz 2

---

[33] Baumbach/*Hopt* RdNr. 14; Heymann/*Sonnenschein/Weitemeyer* RdNr. 20.
[34] LG Essen BB 1961, 425; Baumbach/*Hopt* RdNr. 14; Heymann/*Sonnenschein/Weitemeyer* RdNr. 20.

[35] LG Essen BB 1961, 425.
[36] BGH BB 1982, 2008, 2009.
[37] BGH BB 1966, 1322.

Satz 1 Anspruch auf Provision hat, dem Handelsvertreter oder dem Unternehmer zugegangen ist.

Der Anspruch auf Provision nach Satz 1 steht dem nachfolgenden Handelsvertreter anteilig zu, wenn wegen besonderer Umstände eine Teilung der Provision der Billigkeit entspricht.

(4) Neben dem Anspruch auf Provision für abgeschlossene Geschäfte hat der Handelsvertreter Anspruch auf Inkassoprovision für die von ihm auftragsgemäß eingezogenen Beträge.

Schrifttum: *Ahle,* Provision und Ausgleichsanspruch des Handelsvertreters bei Einsatz eines Nachfolgers, DB 1964, 611 ff.; *v.Blomberg,* Rückzahlungsklauseln in Provisionsgarantievereinbarungen, VersR 1968, 328 ff.; *Denny/Wastl,* Zur Durchsetzbarkeit von Vertreterprovisionen der ehemaligen KOKO-Betriebe – veranschaulicht anhand des Beispiels der Firma Günther Forgber, DtZ 1993, 75; *Hoffstadt,* Rechtsstellung des Handelsvertreters im Konkurs des vertretenen Unternehmens, DB 1983, 645 ff.; *Hohn,* Wirtschaftliche Anspruchsfaktoren beim Ausscheiden des Handelsvertreters, BB 1974, 521 ff.; *Holling,* Aktivierung von Provisionsansprüchen und Aufwendungen für schwebende Rechtsgeschäfte der Handelsvertreter, DB 1954, 521 ff.; *ders.,* Die rechtliche Stellung des Handelsvertreters im Konkurs des von ihm vertretenen Unternehmens, DB 1957, 349 f.; *Knütel,* Die Provisionsteilung bei Mitwirkung mehrerer Makler oder Handelsvertreter, ZHR 144 (1980), 289 ff.; *Koch,* Der Kundenschutz des Vermittlers, DB 1957, 85 ff.; *H.Krüger,* Der Anspruch mehrerer Handelsvertreter auf Provison, DB 1964, 1399 ff.; *Lieb,* Zur Problematik der Provisionsfortzahlung im Urlaubs-, Krankheits- und Feiertagsfall, DB 1976, 2207 ff.; *H.J. Maier,* Der Provisionsanspruch des Handelsvertreters bei Bestellungen von verbundenen Unternehmen oder Zweigniederlassungen, BB 1970, 1327 ff.; *Peterek,* Zur Bedeutung und zum Umfang allgemeiner Kundenschutzvereinbarungen, BB 1966, 351 ff.; *Roellecke,* Pfändung von Handelsvertreterprovisionen, BB 1957, 1158 ff.; *Schnitzler,* Prosision für Eigengeschäfte des Handelsvertreters, DB 1965, 463 f.; *Schröder,* Kundenschutz und Ausgleichsanspruch des Handelsvertreters, BB 1962, 738 ff.; *ders.,* Außerbezirkliche Geschäfte des Handelsvertreters, DB 1963, 541 ff.; *ders.,* Gesetzlicher und vertraglicher Provisionsanspruch des Handelsvertreters, BB 1963, 567 ff.; *Schweizer/Heldrich,* Überhangprovision des Handelsvertreters für sogenannte gestorbene Geschäfte, WRP 1976, 25 ff.; *Silber,* Zur Aktivierung der Forderungen von Handelsvertretern und Maklern, BB 1956, 916 ff.; *Stötter/Lindner/Karrer,* Die Provision und ihre Abrechnung, 2. Aufl. 1980; *Theis,* Wann muß der Handelsvertreter seine Provisionsforderungen aktivieren?, DB 1958, 542 ff.; *Wessel,* Provisionsanspruch des Bezirksvertreters bei Sitzverlegung eines Kunden in einen anderen Bezirk, BB 1962, 473 f.; *Westphal,* Provisionskollisionen durch Zusammenwirken mehrerer Handelsvertreter für einen Geschäftsabschluß, BB 1991, 2027 ff.

Übersicht

I. Bedeutung

1. Entstehungsgeschichte. In der ursprünglichen Fassung des HGB war der Provisions- **1** anspruch des Handelsvertreters in den §§ 88 f. nur rudimentär normiert. Eine tiefgreifende Änderung brachte insoweit erst das Änderungsgesetz 1953. Die Bestimmung des § 87 wurde neu gefaßt und regelt nunmehr die provisionspflichtigen Geschäfte des Handelsvertreters. Die §§ 87 a bis d wurden neu eingefügt und bestimmen die Entstehung, die Höhe und die Abrechnung des Provisionsanspruchs sowie den Aufwendungsersatz des Handelsvertreters. Weitere wichtige Änderungen des Abs. 3 wurden durch das Gesetz zur Durchführung der EG-Richtlinie zur Koordinierung des Rechts der Handelsvertreter eingefügt (dazu RdNr. 102).

2. Zweck der Regelung. Die Bestimmung regelt, für welche Geschäfte der Unterneh- **2** mer mangels abweichender Vereinbarung an den Handelsvertreter Provision zu zahlen hat. Zweck der Vorschrift ist es, den Kreis der provisionspflichtigen Geschäfte eindeutig zu bestimmen. Durch die jetzige Gesetzesfassung konnten eine Reihe von Zweifelsfragen ausgeräumt werden, die angesichts der allgemeinen Fassung des § 88 aF früher bestanden hatten.[1]

3. Ergänzende Bestimmungen und Verhältnis zu anderen Normen. a) Ergänzende **3** **Bestimmungen.** Die Bestimmung steht an der Spitze der Vorschriften der §§ 87 bis 87d, welche die Vergütung des Handelsvertreters regeln. § 87 bestimmt die Tatbestandsvoraussetzungen, aufgrund derer der Provisionsanspruch, aufschiebend bedingt durch die Ausführung des Geschäfts, entsteht. § 87a normiert, wann die nach § 87 erworbene Provisionsanwartschaft zum Vollrecht erstarkt. § 87a Abs. 4 bestimmt die Fälligkeit, § 87b die

---

[1] Vgl. Begr. z. Reg.-E., BT-Drs. 1/3856 S. 21 ff.

Höhe und § 87c die Abrechnung der Provision. Schließlich regelt § 87d die Frage, ob der Handelsvertreter neben der Provision Aufwendungsersatz verlangen kann.

4   **Sonderregelungen** gelten nach § 92 Abs. 3 und Abs. 5 **für Versicherungs- und Bausparkassenvertreter**. Diese haben grundsätzlich nur Anspruch auf Provisionen für solche Geschäfte, die auf ihre Tätigkeit zurückzuführen sind. Ein Provisionsanspruch für Nachbestellungen und Folgeaufträge besteht mangels ausdrücklicher abweichender Vereinbarung ebensowenig wie ein Anspruch auf Bezirks- oder Kundenprovision (vgl. unten RdNr. 71).

5   **b) Verhältnis zu anderen Normen.** Die **Abschlußprovision** stellt die **Vergütung des Handelsvertreters** für die von ihm nach dem Handelsvertretervertrag geschuldeten Leistungen dar. Erbringt der Handelsvertreter darüber hinausgehende Leistungen, so können ihm unmittelbar kraft Gesetzes zusätzliche Vergütungsansprüche zustehen, wie zB die Delkredereprovision (§ 86b) oder die Inkassoprovision (§ 87 Abs. 4).

6   Neben der Abschluß- und Vermittlungsprovision nach § 87 können sich **zusätzliche Provisionsansprüche** des Handelsvertreters aus § 354 ergeben. Voraussetzung ist, daß der Handelsvertreter für und im Interesse des Unternehmers Geschäfte besorgt oder Dienste leistet, zu denen er dem Unternehmer gegenüber berechtigt, aber nicht nach dem Handelsvertreterverhältnis verpflichtet ist. Der zusätzliche Vergütungsanspruch des Handelsvertreters nach § 354 kommt zB in Betracht, wenn der Handelsvertreter als Verkaufsvertreter Verhandlungen zur Abwehr von Rügen des Käufers in einem über das normale Maß hinausgehenden Umfange führt.[2] Auch wenn der Verkaufsvertreter nicht unmittelbar ein Geschäft, sondern nur einen Bezugsvertrag vermittelt oder abschließt, kann sich aus § 354 ein Provisionsanspruch für solche Geschäfte ergeben, die im Rahmen des Bezugsvertrags erst nach Beendigung des Handelsvertreterverhältnisses zustandekommen.[3] Eine Provisionsberechtigung nach § 354 besteht aber nicht, wenn der Handelsvertreter seine Zuständigkeit eigenmächtig überschreitet, zB außerhalb des ihm zugewiesenen Bezirks Abschlüsse tätigt.[4]

7   **Ob** die von dem Handelsvertreter geleisteten Dienste oder die Geschäftsbesorgung **provisionspflichtig** nach § 354 oder bereits durch die sonstigen Leistungen des Unternehmers abgegolten sind, ist unter Berücksichtigung der Ausgestaltung des Handelsvertretervertrags, der Umstände des Einzelfalles sowie der Verkehrssitte zu entscheiden.

8   **4. Abweichende Vereinbarungen.** Der Kreis der provisionspflichtigen Geschäfte kann abweichend von § 87 durch Parteivereinbarung bestimmt werden (siehe im einzelnen unten RdNr. 63 ff., 99 ff., 115). Solche vertraglichen Regelungen sind vielfach sogar empfehlenswert, zB im Hinblick auf den Provisionsanspruch, wenn für den Abschluß eines Geschäfts die Tätigkeit mehrerer Handelsvertreter ursächlich geworden ist (siehe dazu unten RdNr. 51 ff.). Von den gesetzlichen Bestimmungen abweichende Vereinbarungen, auch zum Nachteil des Handelsvertreters, müssen nicht ausdrücklich, sondern können auch stillschweigend getroffen werden.[5] Aber auch in diesem Fall bedarf es einer einvernehmlichen Regelung zwischen Handelsvertretern und Unternehmer. Erklärt eine Partei einseitig eine Vertragsänderung, ist dies grundsätzlich auch dann unbeachtlich, wenn der andere Teil hierzu schweigt, soweit nicht ausnahmsweise die Voraussetzungen für ein kaufmännisches Bestätigungsschreiben gegeben sind.[6]

9   Im Gegensatz zur Parteidispositivität können die Bestimmungen des § 87 **nicht durch einen entgegenstehenden Handelsbrauch** ausgeschlossen werden, weil durch diese Regelung ein gerechter Interessenausgleich und ein besonderer Schutz des Handelsvertreters sichergestellt werden soll.[7]

---

[2] BGH BB 1962, 1345.
[3] BGH NJW 1958, 180.
[4] Staub/*Brüggemann* RdNr. 7.
[5] BGH BB 1961, 497.
[6] OLG Nürnberg BB 1957, 560 f.; Heymann/*Sonnenschein/Weitemeyer* RdNr. 4.

[7] OLG Celle BB 1961, 1341; Heymann/*Sonnenschein/Weitemeyer* RdNr. 4. – Kritisch Baumbach/*Hopt* RdNr. 48. – Wegen weiterer Einzelheiten siehe unten RdNr. 63 ff.

5. Analoge Anwendung. Die §§ 87 bis 87c finden gemäß § 65 auf den Handlungsgehil- 10
fen und nach hM auf den Kommissionsagenten entsprechende Anwendung,[8] soweit die
Regelungen nicht gerade darauf abstellen, daß der Unternehmer selbst das
„Ausführungsgeschäft" abschließt. Demgegenüber ist eine analoge Anwendung auf den
Vertragshändler[9] und auf den Franchise-Nehmer[10] grundsätzlich ausgeschlossen; allerdings
wird eine analoge Anwendung von § 87 Abs. 2 und Abs. 3 diskutiert (siehe dazu unten
RdNr. 72).

II. Die Provision

1. Begriff und Rechtsnatur. a) Begriff. Das übliche Entgelt des Handelsvertreters ist 11
die Provision (Abs. 1 Satz 1). Dabei versteht man unter Provision allgemein eine Vergütung für geleistete Dienste oder Geschäftsbesorgungen, die nach einem im Einzelfall bestimmten Prozentsatz vom Wert des ausgeführten Geschäfts oder der geleisteten Dienste
bemessen wird.

b) Rechtsnatur. Im Rahmen des Handelsvertreterverhältnisses ist die Provision die Ge- 12
genleistung des Unternehmers, also die Vergütung des Handelsvertreters. Obwohl der
Handelsvertreter nicht einen Vermittlungserfolg, sondern nur Vermittlungsbemühungen
schuldet (vgl. § 84 RdNr. 76), ist die Provision als Vergütung des Handelsvertreters nicht
leistungs-, sondern **erfolgsorientiert**. Die Bemühungen des Handelsvertreters werden
nämlich nur dann vergütet, wenn sie zum Abschluß eines Geschäfts führen. Bleibt sein
Arbeitseinsatz ohne Erfolg, erhält er selbst bei größter Anstrengung keine Provision. Umgekehrt wird ein Erfolg ohne Rücksicht auf die zugrunde liegende Anstrengung vergütet.[11]
Die Provision ist daher nicht Leistungs-, sondern Erfolgsvergütung.[12] Die Provision ist die
Hauptleistungspflicht des Unternehmers und steht daher im **Synallagma** des Handelsvertreterverhältnisses.

2. Gegenstand des Provisionsanspruchs und Abgrenzungen. a) Gegenstand. Die 13
Provision ist die Gegenleistung des Unternehmers für die Hauptpflicht des Handelsvertreters. Insoweit bleibt es den Beteiligten vorbehalten, einerseits **vertraglich** näher zu regeln,
welche Leistungen durch die Provision abgegolten werden sollen. Sie können insbesondere vereinbaren, daß mit der Provision nicht nur die erfolgreiche Geschäftsvermittlung, sondern zB die Geschäftsabwicklung durch den Handelsvertreter oder ein Inkasso (dazu unten
RdNr. 116 ff.) abgegolten sein soll. Andererseits kann im Vertrag auch geregelt werden,
daß die Provision bereits mit dem **Nachweis einer Abschlußgelegenheit** verdient ist.
Haben die Parteien aber nichts anderes vereinbart, dann ist nach Abs. 1 Satz 1 Gegenstand
der Provision allein die erfolgreiche Geschäftsvermittlung durch den Handelsvertreter.

b) Zusatz- oder Sondervergütungen. Neben der Vermittlungs- und Abschlußprovision 14
können dem Handelsvertreter für darüber hinausgehende, besondere Zusatzleistungen
Zusatz- oder Sonderprovisionen zustehen. Gesetzlich geregelte Fälle sind zB die Delkredereprovision nach § 86b und die Inkassoprovision nach Abs. 4. Darüber hinausgehend
kann vertraglich vereinbart werden, daß der Handelsvertreter besondere Aufgaben wie zB
die Bestandspflege, die Lagerhaltung oder Auslieferung übernimmt und hierfür zusätzliche
Provisionen erhält. Im Regelfalle ist diese Vergütung nicht erfolgs-, sondern tätigkeitsbezogen.[13] Dagegen vergüten sogenannte **Superprovisionen** eine werbende Tätigkeit des Han-

---

[8] Staub/*Koller* § 383 RdNr. 39.
[9] Baumbach/*Hopt* § 84 RdNr. 11; Staub/*Brüggemann* RdNr. 20; *Ulmer,* Der Vertragshändler, S. 397.
[10] *Matthießen* ZIP 1988, 1089, 1095.
[11] Heymann/*Sonnenschein/Weitemeyer* RdNr. 6.
[12] Baumbach/*Hopt* RdNr. 2; Heymann/*Sonnen-
schein/Weitemeyer* RdNr. 6; *Stötter/Lindner/Karrer,*
Die Provision und ihre Abrechnung, 2. Aufl. 1980,

S. 3. – Ebenso zur Abschlußprovision von „angestellten Handelsvertretern" BAG AP § 87 BetrVG
1972 Provision Nr. 4 mit Anm. *Hanau* = SAE 1985,
120, 121 ff. mit zust. Anm. *Meisel* = EzA BetrVG
1972 § 87 – Leistungslohn- Nr. 10 mit zust. Anm.
Otto; *v. Hoyningen-Huene* Betriebsverfassungsrecht,
§ 12 II 11.
[13] Heymann/*Sonnenschein/Weitemeyer* RdNr. 7.

delsvertreters[14] und fallen damit nicht unter die Gruppe der Zusatz- oder Sonderprovisionen. Superprovisionen werden dem Handelsvertreter gezahlt, wenn dieser zwar nicht unmittelbar am Geschäftsabschluß beteiligt war, seine Tätigkeit aber dennoch als miturächlich für das Zustandekommen des Geschäfts anzusehen ist.[15] Beispiele hierfür sind die Beteiligung des Hauptvertreters am Vermittlungserfolg der ihm unterstellten Untervertreter[16] und die Provisionsbeteiligung des Bezirksvertreters[17] für im Bezirk abgeschlossene Geschäfte. Ob im Einzelfall eine erfolgsbezogene Superprovision oder eine tätigkeitsbezogene Verwaltungsprovision vorliegt,[18] ist durch Auslegung der Provisionsvereinbarung zu ermitteln.

15 Die **Abgrenzung** der Zusatzprovisionen von der Abschluß- und Vermittlungsprovision ist für den Ausgleichsanspruch nach § 89b von Bedeutung. Regelmäßig sind nur die erfolgsbezogenen, nicht aber die tätigkeitsbezogenen Provisionen nach dieser Bestimmung ausgleichspflichtig.[19]

16 **3. Sonstige Vergütungsformen.** Die Provision ist die gesetzlich geregelte, regelmäßige Art der Vergütung des Handelsvertreters. Im Rahmen der Vertragsfreiheit steht es jedoch den Parteien frei, als Gegenleistung für die vom Handelsvertreter geschuldeten Bemühungen eine andere Form der Vergütung zu vereinbaren. In Betracht kommt insoweit namentlich eine **feste Vergütung** oder auch eine am Gesamtumsatz oder Gewinn des vertretenen Unternehmens orientierte Umsatz- bzw. Gewinnbeteiligung **(Tantieme).** Auf diese Formen der Vergütung sind die §§ 87 bis 87d nicht anwendbar. Die genannten Vergütungsformen werden in der Praxis häufig **untereinander gekoppelt.** Vielfach wird dem Handelsvertreter zB für die zum Zwecke der Geschäftsvermittlung getätigten Aufwendungen ein Fixum gezahlt und daneben erfolgsabhängige Provisionen oder Gewinn- bzw. Umsatzbeteiligungen gewährt.

17 Das **Fixum** darf nicht mit der Provisionsgarantie verwechselt werden. Aufgrund der **Provisionsgarantie** steht dem Handelsvertreter zwar eine Mindestvergütung zu, diese Mindestvergütung wird aber nicht neben den Provisionen gezahlt, sondern etwa erworbene Provisionsansprüche sind zunächst auf die Provisionsgarantie zu verrechnen. Steht dem Handelsvertreter nach den vertraglichen Abreden eine Mindestvergütung zu, so handelt es sich im Zweifel um eine solche Provisionsgarantie, nicht um ein Fixum.[20]

18 Auch beim **Provisionsvorschuß** handelt es sich um keine sonstige Vergütungsform, sondern um die Vereinbarung einer von § 87a abweichenden begrenzten Vorleistungspflicht des Unternehmers. Dieser hat auf die zu erwartenden Provisionsansprüche des Handelsvertreters einen Vorschuß zu zahlen. Decken die vom Handelsvertreter aufgrund seiner Tätigkeit erworbenen Provisionen den Provisionsvorschuß nicht, muß der Handelsvertreter den Differenzbetrag, anders als bei der Provisionsgarantie, an den Unternehmer zurückzahlen.[21]

III. Vermittlungs- und Abschlußprovision (Abs. 1)

19 **1. Allgemeines.** Nach Abs. 1 steht dem Handelsvertreter ein Provisionsanspruch für die während des Vertragsverhältnisses abgeschlossenen Geschäfte zu, die auf seine Tätigkeit zurückzuführen oder mit einem Dritten abgeschlossen worden sind, die er als Kunden für Geschäfte der gleichen Art geworben hat (Satz 1). Die Bestimmung steckt damit den Kreis derjenigen Geschäfte ab, für die der Handelsvertreter aufgrund seines Tätigwerdens einen Vergütungsanspruch erwirbt.

[14] BGH BB 1989, 1075 = BGH EWiR 1989, 693 mit Anm. v. Hoyningen-Huene; BGHZ 59, 125; zur Abgrenzung der Superprovision zum Aufwendungsersatz siehe § 89b RdNr. 93.
[15] Vgl. BGHZ 59, 125; BGH BB 1989, 1075; Küstner/v. Manteuffel I RdNr. 139, 1059; II RdNr. 42, 264, 315 f., 378 ff.

[16] Küstner/v. Manteuffel I RdNr. 139; II RdNr. 315 f.
[17] Zum Bezirksvertreter siehe unten RdNr. 68 ff.
[18] Dies hat Auswirkungen auf die Ausgleichspflicht, hierzu § 89b RdNr. 91 ff.
[19] Wegen der Einzelheiten vgl. unten § 89b.
[20] OLG Nürnberg BB 1964, 866.
[21] Küstner/v. Manteuffel I RdNr. 709.

Voraussetzung für die Entstehung des Provisionsanspruchs nach Abs. 1 ist allerdings, daß **20** zwischen dem Handelsvertreter und dem Unternehmer ein **wirksames Handelsvertreterverhältnis** begründet wurde. Ist der Handelsvertretervertrag nichtig oder ist aus sonstigen Gründen kein wirksames Handelsvertreterverhältnis begründet worden, steht dem Handelsvertreter nach dieser Vorschrift kein Provisionsanspruch zu. Dies gilt nicht nur für Geschäfte, die der Handelsvertreter in Kenntnis der Unwirksamkeit des Handelsvertreterverhältnisses abschließt, sondern auch für Geschäfte, die er in der Vergangenheit in Unkenntnis der Unwirksamkeit abgeschlossen oder vermittelt hat. Die im Arbeitsrecht entwickelten Grundsätze zum fehlerhaften Arbeitsverhältnis,[22] wonach die Unwirksamkeit eines bereits in Vollzug gesetzten Arbeitsverhältnisses nicht mehr mit rückwirkender Kraft, sondern nur noch für die Zukunft geltend gemacht werden kann,[23] können keine Geltung beanspruchen (vgl. § 89 RdNr. 17, § 89b RdNr. 33). Das bloße Tätigwerden des Handelsvertreters ersetzt nicht ein wirksames Grundverhältnis, aus dem allein ein Provisionsanspruch nach § 87 hergeleitet werden könnte.

Ist das Handelsvertreterverhältnis **unwirksam**, dann läßt sich im Regelfalle jedoch ein **21** Provisionsanspruch des Handelsvertreters aus § 354 herleiten. Sollten dessen Voraussetzungen ausnahmsweise einmal nicht vorliegen, dann können sich gleichwohl Herausgabeansprüche des Handelsvertreters aus § 812 BGB ergeben, soweit der Unternehmer durch sein Tätigwerden ungerechtfertigt bereichert worden ist.

2. Geschäftsabschluß während des Vertragsverhältnisses (Satz 1). a) Geschäftsab **22** **schluß. aa) Begriff des Geschäfts.** Provisionspflichtig sind nur Geschäfte, die während der Vertragszeit abgeschlossen worden sind. Dabei ist für die Art der provisionspflichtigen Geschäfte nach Abs. 1 Satz 1 der Inhalt des Handelsvertreterverhältnisses maßgeblich. Da der Provisionsanspruch auf dem Handelsvertreterverhältnis beruht, ist der Anspruch nur für den Abschluß solcher Geschäfte gegeben, mit deren Vermittlung oder Abschluß der Handelsvertreter nach dem **Inhalt des Handelsvertretervertrages** und den darin gesetzten Aufgaben betraut war. Handelt es sich hingegen um Geschäfte, mit deren Vermittlung oder Abschluß der Handelsvertreter nicht beauftragt war, so begründet der Abschluß keinen Provisionsanspruch. Diese Geschäfte liegen außerhalb seiner Vertragsverpflichtung.[24] Dies gilt auch dann, wenn der Unternehmer Waren verschiedener Art vertreibt, der Handelsvertreter aber nur mit dem Absatz einer dieser Warenarten betraut ist, gleichwohl aber Waren der anderen Art absetzt.

Aufgabe des Handelsvertreters ist die Geschäftsvermittlung oder der Geschäftsabschluß mit **23** Dritten. Daher sind **Eigengeschäfte** des Handelsvertreters grundsätzlich nicht provisionspflichtige Geschäfte iSv. Abs. 1.[25] Ein Provisionsanspruch kann bei Eigengeschäften nur dann entstehen, wenn dies vertraglich vereinbart wurde oder ein dahingehender Handelsbrauch besteht. Erhält der Handelsvertreter allerdings für Eigengeschäfte besondere Vergünstigungen, dann besteht daneben ein Provisionsanspruch grundsätzlich nicht.

Problematisch sind die Fälle, in denen das vom Handelsvertreter vermittelte Geschäft **24** nicht mit dem Unternehmer, sondern einem mit diesem verbundenen **dritten Unternehmen** zustande kommt. In diesem Fall steht dem Handelsvertreter gleichwohl der Provisionsanspruch gegen den Unternehmer zu, wenn dieser zwar nicht selbst, aber durch ein von ihm beherrschtes drittes Unternehmen abschließen läßt.[26] Entsprechendes gilt, wenn ein den Unternehmer beherrschendes anderes Unternehmen (wirtschaftliche Einheit) das

[22] Dazu ausführlich *v. Hoyningen-Huene,* AR-Blattei: Arbeitsvertrag-Arbeitsverhältnis VI, Tatsächliches Arbeitsverhältnis (1980).

[23] Vgl. nur MünchHdbArbR/*Richardi* § 44 RdNr.58 ff.

[24] Baumbach/*Hopt* RdNr. 7; Heymann/*Sonnenschein/Weitemeyer* RdNr. 9; *Küstner/v. Manteuffel* I RdNr. 742.

[25] Baumbach/*Hopt* RdNr. 15; Heymann/*Sonnenschein/Weitemeyer* RdNr. 11; *Küstner/v. Manteuffel* I RdNr. 824 ff.; Staub/*Brüggemann* RdNr. 13. – AA OLG Hamburg OLGE 36, 258 f. (es sei denn, der Handelsvertreter erhält für Eigengeschäfte besondere Vergünstigungen); *Schnitzler* DB 1965, 463 f.

[26] BGH NJW 1981, 1785; BGH BB 1987, 1417.

vermittelte Geschäft abschließt,[27] und zwar auch dann, wenn keine Umgehungsabsicht vorliegt. Allerdings genügt nicht schon jede Unternehmensverbindung, zB auch nicht die bloße Zugehörigkeit zum gleichen Konzern.[28] So soll kein Provisionsanspruch entstehen, wenn das Geschäft mit einem vermittelten Kunden nicht durch den Unternehmer selbst, sondern eine personenidentische Schwestergesellschaft mit gleichem Produktionsprogramm abgeschlossen wird, die aber in Produktion und Vertrieb selbständig handelt.[29]

25   **bb) Abschluß des Geschäfts.** Weitere Voraussetzung für den Provisionsanspruch ist, daß das Geschäft abgeschlossen ist. Voraussetzung hierfür ist ein nach den allgemeinen Regeln wirksamer Vertragsschluß zwischen dem Unternehmer und dem Geschäftspartner. Ein Provisionsanspruch wird daher nicht erworben, wenn das Geschäft von vornherein nichtig oder nachträglich mit Rückwirkung, zB durch Anfechtung vernichtet worden ist. Bei bloß teilweiser Nichtigkeit (vgl. § 139 BGB) besteht ein Provisionsanspruch nur für den gültig bleibenden Teil des Geschäfts.[30]

26   Ein wirksamer Geschäftsabschluß iSv. Abs. 1 Satz 1 liegt auch bei Verträgen vor, die nur unter einer **aufschiebenden Bedingung** abgeschlossen worden sind. Diese sind grundsätzlich provisionspflichtig, und zwar ohne Rücksicht darauf, zu welchem Zeitpunkt die aufschiebende Bedingung eintritt.[31] Allerdings ist hier der Provisionsanspruch im doppelter Hinsicht aufschiebend bedingt: Einmal vom Eintritt der dem Geschäft selbst anhaftenden aufschiebenden Bedingung, zum anderen von der weiteren aufschiebenden Bedingung der Ausführung des Geschäfts (§ 87a).

27   Bei **Geschäftsabschluß unter auflösender Bedingung** ist der **Entstehungsgrund** für die Provision zunächst gegeben und wird gemäß § 87a mit der Ausführung des Geschäfts fällig. Mit Eintritt der auflösenden Bedingung tritt gemäß § 158 Abs. 2 BGB der frühere Rechtszustand wieder ein. In diesem Fall entfällt der Provisionsanspruch des Handelsvertreters, soweit der Unternehmer den Eintritt der Bedingung nicht wider Treu und Glauben herbeigeführt hat (§ 162 Abs. 2 BGB).[32] Für das Geschäft bereits empfangene Provisionen muß der Handelsvertreter nach den Grundsätzen über die ungerechtfertigte Bereicherung herausgeben.

28   **b) Abschluß während des Vertragsverhältnisses.** Provisionspflichtig sind nur solche Geschäfte, die während des Vertragsverhältnisses abgeschlossen worden sind. Hierfür ist maßgeblich, ob der Abschlußtatbestand in die Vertragszeit fällt. Die während des Laufs einer Kündigungsfrist abgeschlossenen Geschäfte sind provisionspflichtig. Entscheidend ist insoweit nicht, wann der Kündigungsgrund eingetreten ist, sondern in welchem Zeitpunkt die Kündigung wirksam wird.[33] Bei **bedingt abgeschlossenen Geschäften** kommt es daher nicht darauf an, wann die Bedingung eingetreten ist.[34] Unerheblich ist auch, zu welchem Zeitpunkt das Geschäft zur Ausführung gelangt.[35]

29   Bedarf ein abgeschlossenes Geschäft zu seiner Wirksamkeit der **Genehmigung** einer Behörde oder eines Dritten, dann ist selbst bei einer Genehmigung nach Vertragsende ein Provisionsanspruch gegeben, wenn - wie im Regelfalle - die Genehmigung der Behörde[36] oder des Dritten (§ 184 Abs. 1 BGB) zurückwirkt.[37] In diesem Falle wird nämlich aufgrund der Rückwirkung ein bereits zum Zeitpunkt des Abschlusses und damit während des Be-

[27] BGH WM 1987, 546; *v.Hoyningen-Huene* EWiR 1987, 380.

[28] Baumbach/*Hopt* RdNr. 14.

[29] LG Münster MDR 1983, 673; Baumbach/ *Hopt* RdNr. 14; Heymann/*Sonnenschein/Weitemeyer* RdNr. 11.

[30] Staub/*Brüggemann* RdNr. 9. – Bei Verstoß gegen Preisvorschriften ist für den Provisionsanspruch der gesetzlich zugelassene Preis ohne Rücksicht darauf maßgeblich, was wirklich gezahlt worden ist: OLG Düsseldorf MDR 1957, 168.

[31] Baumbach/*Hopt* RdNr. 7; *Küstner/v. Manteuffel* I RdNr. 831; Staub/*Brüggemann* RdNr. 10.

[32] Baumbach/*Hopt* RdNr. 7; *Küstner/v. Manteuffel* I RdNr. 834; Staub/*Brüggemann* RdNr. 10.

[33] *v.Gamm* NJW 1979, 2489, 2492.

[34] Baumbach/*Hopt* RdNr. 38; Heymann/*Sonnenschein/Weitemeyer* RdNr. 12; Staub/*Brüggemann* RdNr. 12.

[35] Baumbach/*Hopt* RdNr. 38; Heymann/*Sonnenschein/Weitemeyer* RdNr. 12.

[36] Vgl. Palandt/*Heinrichs* Einf. v. § 182 RdNr. 6.

[37] AA Schlegelberger/*Schröder* RdNr. 10; Staub/ *Brüggemann* RdNr. 9.

v. Hoyningen-Huene

stehens des Vertragsverhältnisses wirksames Geschäft fingiert, so daß die Voraussetzungen für den Provisionsanspruch gegeben sind. Nur soweit der Genehmigung (Zustimmung) lediglich Wirkung für die Zukunft zukommt, war während des Bestehens des Handelsvertreterverhältnisses noch kein wirksamer Abschlußtatbestand gegeben, so daß ein Provisionsanspruch nicht entsteht. Aus dem gleichen Grund scheidet bei den formunwirksamen Rechtsgeschäften, die erst nach Beendigung des Handelsvertreterverhältnisses durch Erfüllung geheilt oder bestätigt werden, ein Provisionanspruch aus.[38] Während der Dauer des Vertragsverhältnisses war nämlich kein wirksamer provisionspflichtiger Geschäftsabschluß gegeben.

3. Provisionspflichtige Geschäfte (Satz 1). a) Vermittlung durch den Handelsvertre- 30 **ter.** Der Provisionsanspruch entsteht nur für den Abschluß solcher Geschäfte, die auf eine Tätigkeit des Handelsvertreters zurückzuführen sind oder die mit Dritten abgeschlossen werden, die der Handelsvertreter als Kunden für Geschäfte der gleichen Art geworben hat.

aa) Vermittlungstätigkeit. Auf die **Tätigkeit des Handelsvertreters** zurückzuführen 31 sind alle Geschäftsabschlüsse, die durch eine Tätigkeit des Handelsvertreters veranlaßt worden sind. Die Tätigkeit des Handelsvertreters muß danach **kausal** für das Zustandekommen des Geschäfts in dem Sinne gewesen sein, daß das Geschäft ohne die Mitwirkung des Handelsvertreters nicht oder zumindest nicht in der abgeschlossenen Form zustande gekommen wäre. Daher ist nicht erforderlich, daß für den Geschäftsabschluß allein und ausschließlich die Tätigkeit des Handelsvertreters ausschlaggebend war. Grundsätzlich genügt jede Mitursächlichkeit der Tätigkeit des Handelsvertreters, wenn sie das Zustandekommen gerade dieses Geschäfts im Ergebnis gefördert und dadurch mitbewirkt hat.[39] Der Handelsvertreter muß das Geschäft nicht selbst vermittelt oder abgeschlossen haben.[40]

Die **Mitursächlichkeit** iSv. Abs. 1 Satz 1 Alt. 1 ist immer dann gegeben, wenn der Han- 32 delsvertreter als Abschlußvertreter das Geschäft mit dem Dritten selbst abgeschlossen hat. In diesem Fall ist der Geschäftsabschluß unmittelbar auf das Vertreterhandeln zurückzuführen. Der Provisionsanspruch entsteht daher auch dann, wenn der Dritte bereits fest zum Geschäftsabschluß entschlossen war und ohne das Tätigwerden des Handelsvertreters unmittelbar mit dem Unternehmer abgeschlossen hätte.

Mitursächlichkeit des Vermittlungsvertreters ist zunächst dann gegeben, wenn er die für 33 den Geschäftsabschluß erforderlichen Willenserklärungen von Unternehmer und/oder Kunden übermittelt hat.[41] Aber auch **ohne Übermittlung der Willenserklärungen** kann eine Mitursächlichkeit des Vermittlungsvertreters für den Geschäftsabschluß gegeben sein, wenn der Handelsvertreter das Zustandekommen des Geschäfts im Ergebnis **gefördert** und dadurch mitbewirkt hat. Dabei entsteht der Provisionsanspruch auch dann, wenn der Unternehmer von der Mitursächlichkeit des Handelsvertreters keine Kenntnis hatte.[42] Entscheidend ist immer, daß die Tätigkeit des Handelsvertreters nicht hinweggedacht werden kann, ohne das Zustandekommen des konkreten Abschlusses in Zweifel zu ziehen.

Unschädlich ist es daher, wenn **nicht allein die Bemühungen** des Handelsvertreters, 34 sondern erst zusätzliche Anstrengungen des Unternehmers oder eines von ihm beauftragten Dritten zu dem Geschäftsabschluß geführt haben. Dies gilt selbst dann, wenn der Geschäftsabschluß überwiegend auf das Tätigwerden des Unternehmers zurückzuführen ist, soweit nur eine Mitursächlichkeit der Tätigkeit des Handelsvertreters bestehen bleibt.[43]

bb) Mitursächlichkeit. Ob eine Mitursächlichkeit der Tätigkeit des Handelsvertreters 35 für den Geschäftsabschluß gegeben ist, kann jeweils nur im konkreten **Einzelfall** festgestellt werden. Allgemein läßt sich jedoch sagen, daß von dem Handelsvertreter für den Erwerb der Provisionsanwartschaft nicht mehr an Mitwirkungshandlungen erwartet werden kann, als er nach dem Handelsvertreterverhältnis verpflichtet ist. Hat der Handelsvertreter es nach

[38] AA Staub/*Brüggemann* RdNr. 9.
[39] Allg. Auffassung: *Küstner/v. Manteuffel* I RdNr. 724; Staub/*Brüggemann* RdNr. 15.
[40] LAG Hamm BB 1993, 2236.

[41] Baumbach/*Hopt* RdNr. 11.
[42] OLG Nürnberg BB 1959, 391; Baumbach/*Hopt* RdNr. 11; Staub/*Brüggemann* RdNr. 15.
[43] BAG DB 1971, 779.

dem Vertragsverhältnis nur übernommen, ihm vom Unternehmer benannte Kunden zu beraten, dann hat er die Provisionsanwartschaft erworben, wenn die vom ihm beratenen Kunden einen Kaufvertrag mit dem Unternehmer abschließen. Der Unternehmer kann hiergegen nicht einwenden, daß die Interessenten bereits vor der Beratung zum Kaufabschluß entschlossen waren oder es zusätzlicher, weiterer Anstrengungen seinerseits bedurfte, um die Interessenten zum Abschluß des Kaufvertrags zu bewegen.[44]

36   Andererseits wird die Entstehung des Provisionsanspruchs nicht dadurch ausgeschlossen, daß die **Vermittlungstätigkeit hinter dem zurückbleibt**, was nach dem Handelsvertretervertrag vom Handelsvertreter an Vermittlungsbemühungen geschuldet war. Ist sein Beitrag mitursächlich für den Geschäftsabschluß gewesen, dann entsteht nach Abs. 1 Satz 1 Alt. 1 die Provisionsanwartschaft. **Beispiel:** Ist der Handelsvertreter nach dem Vertrag verpflichtet Kunden ausfindig zu machen, zu beraten und bei Interesse mit diesen unmittelbar im Namen des Unternehmers Geschäfte abzuschließen, dann wird die Provisionsanwartschaft auch dann erworben, wenn der Handelsvertreter nur einen ihm vom Unternehmer benannten Kunden berät und dieser Kunde dann unmittelbar mit dem Unternehmer aufgrund der Beratung abschließt. Je nach Lage des Falles kann der Unternehmer allerdings Schadensersatzansprüche wegen zusätzlicher Aufwendungen aufgrund einer Verletzung der Pflichten aus dem Handelsvertretervertrag geltend machen.

37   **cc) Weiterempfehlung durch Dritte.** Besondere Schwierigkeiten bereiten diejenigen Fälle, in denen der Kunde aufgrund einer vom Handelsvertreter herbeigeführten Weiterempfehlung eines Dritten unmittelbar mit dem Unternehmer abschließt. In diesem Falle ist die Mitursächlichkeit besonders sorgfältig zu prüfen. So genügt es nicht schon, wenn andere mit dem Kunden verbundene Unternehmen[45] oder sonst zusammenarbeitende Unternehmen bestellen, oder der Kunde das Produkt lediglich weiterempfiehlt, weil er mit diesem zufrieden ist.[46] Demgegenüber kann jedoch im Einzelfall ein Provisionsanspruch gegeben sein, wenn der Kunde zwar nicht selbst mit dem Unternehmer abschließt, aber selbständigen Zweigniederlassungen empfiehlt, die Waren unmittelbar bei dem Unternehmer zu beziehen.[47]

38   **dd) Einzelfälle.** Mitursächlichkeit und damit ein provisionspflichtiger Geschäftsabschluß ist in folgenden Fällen angenommen worden: Unmittelbare Bestellung eines Kunden bei dem Unternehmer, wenn sich der Kunde als Ausstellungsbesucher aufgrund einer von dem Handelsvertreter veranstalteten Ausstellung der Erzeugnisse des Unternehmers mit dem Unternehmer in Verbindung gesetzt hat;[48] unmittelbarer Abschluß des Unternehmers mit einem Kunden, den der Handelsvertreter ausfindig gemacht und vor dem Geschäftsabschluß ausführlich beraten hat;[49] Abschluß eines Kaufvertrags zwischen dem Unternehmer und einem Kunden, den der Unternehmer zwar ausfindig gemacht hat, der Handelsvertreter aber aufgrund des Handelsvertretervertrags zuvor ausführlich beraten und über das Kaufobjekt konkret informiert hat;[50] Direktauftrag des Kunden an den Unternehmer aufgrund eines vom Handelsvertreter vermittelten oder unmittelbar abgeschlossenen Musterkaufs.[51]

39   Demgegenüber wurden als **nicht mitursächliche** Beiträge und daher nicht provisionspflichtige Geschäftsabschlüsse angesehen: Bloße Schreibhilfe des Handelsvertreters, zB Ausfüllen eines Formulars;[52] Übersetzungshilfe durch den Handelsvertreter;[53] bloßer Nachweis einer Gelegenheit zum Vertragsabschluß für den Unternehmer.[54]

40   **b) Nachbestellungen. aa) Grundgedanke und Begriff.** Dem Handelsvertreter steht auch ohne Tätigwerden ein Provisionsanspruch für solche Geschäfte zu, die der Unter-

---

[44] BAG DB 1971, 779.
[45] Dazu OLG Celle BB 1970, 51 f.
[46] Baumbach/*Hopt* RdNr. 14.
[47] BGH NJW 1960, 433.
[48] *Küstner/v. Manteuffel* I RdNr. 728; Staub/*Brüggemann* RdNr. 16.

[49] BAG DB 1969, 266.
[50] BAG DB 1971, 779.
[51] OLG Düsseldorf DB 1956, 376.
[52] OLG Köln DB 1971, 327.
[53] LAG Baden-Württemberg DB 1959, 236.
[54] LAG Hamm DB 1959, 236.

nehmer mit Dritten abschließt, die der Handelsvertreter als **Kunden für Geschäfte der gleichen Art** geworben hat. Dem Handelsvertreter wird damit ein provisionsrechtlicher Kundenschutz für alle Kunden eingeräumt, zu denen er Geschäftsbeziehungen zum Unternehmer hergestellt hat. Dem liegt der Gedanke zugrunde, daß diese Geschäfte zumeist wenigstens mittelbar auf die Tätigkeit des Handelsvertreters zurückzuführen sind, als er den Kunden mit **Nachbestellung** für den Unternehmer geworben hat. Die Mitursächlichkeit bei Nachbestellungen wird daher kraft Gesetzes unwiderleglich vermutet.[55] Aufgrund der unwiderleglichen Vermutung ist dem Unternehmer der Nachweis abgeschnitten, daß die Bestellungen nicht auf die frühere Tätigkeit des Handelsvertreters zurückzuführen sind.[56] Sind die Nachbestellungen allerdings durch erneute Tätigkeit des Handelsvertreters veranlaßt, dann ergibt sich der Provisionsanspruch bereits aus Abs. 1 Satz 1 Alt. 1. Dies kann von Bedeutung sein, wenn vertraglich der Provisionsanspruch für Nachbestellungen ausgeschlossen oder hierfür eine niedrigere Provision festgesetzt ist.[57]

Der Provisionsanspruch für Nachbestellungen besteht allerdings kraft Gesetzes **nicht für** **41** **Versicherungs- und Bausparkassenvertreter**. Diese können Provision nur für Geschäfte verlangen, die direkt auf ihre Tätigkeit zurückzuführen sind (§ 92 Abs. 3 und 5).

Als Nachbestellung ist ein Geschäftsabschluß nur dann provisionspflichtig, wenn der **42** Handelsvertreter den Geschäftspartner als Kunden für **Geschäfte der gleichen Art** geworben hat. Das Gesetz vermutet insoweit unwiderleglich, daß der Abschluß gleichartiger Geschäfte durch den Kunden auf die Werbung durch den Handelsvertreter zurückzuführen ist. Damit ist nach dem Gesetz weder ein Provisionsanspruch nach Satz 1 Alt. 2 generell bei Altkunden ausgeschlossen, noch ist jedes von einem durch den Handelsvertreter neu angeworbene Kunden getätigte Geschäft als Nachbestellung provisionspflichtig. Ausschlaggebend ist allein, ob der Handelsvertreter den Kunden für Geschäfte der abgeschlossenen Art geworben hat.

bb) Altkunden. Für Altkunden, die bereits mit dem Unternehmer in Geschäftskontakt **43** standen, gilt für die Provisionspflicht von Nachbestellungen folgendes: Einlaufende Nachbestellungen von Altkunden, die der Handelsvertreter bereits übernommen hat, sind nicht nach Satz 1 Alt. 2 provisionspflichtig. Hat der Handelsvertreter sich allerdings für eine solche Nachbestellung aktiv eingesetzt, steht ihm ein Provisionsanspruch nach Abs. 1 Satz 1 Alt. 1 zu. Hieran anschließende Nachbestellungen sind dann nach Abs. 1 Satz 2 Alt. 2 nur provisionspflichtig, wenn sie auf den vorausgegangenen eigenen Einsatz des Handelsvertreters zurückzuführen sind.[58]

Hatte der Altkunde mit dem Unternehmer zwar schon Geschäfte der gleichen Art abge- **44** schlossen, war die Geschäftsverbindung aber zwischenzeitlich abgebrochen oder zum Erliegen gekommen, dann kann der Handelsvertreter **diesen Kunden** dem Unternehmer iSv. Abs. 1 Satz 1 Alt. 2 **neu zuführen**. Der Handelsvertreter erwirbt dann für das erste Geschäft eine Provisionsanwartschaft aus Abs. 1 Satz 1 Alt. 1 und Provisionsanwartschaften für alle späteren Nachbestellungen, die sich aus dieser durch den Handelsvertreter reaktivierten Geschäftsbeziehung ergeben.[59] Analog § 89b Abs. 1 Satz 2 steht es der Werbung eines neuen Kunden gleich, wenn der Handelsvertreter die Geschäftsverbindung mit einem Kunden so wesentlich erweitert hat, daß dies wirtschaftlich der Werbung eines neuen Kunden entspricht.[60] Dabei setzt die **Erweiterung der bestehenden Geschäftsbeziehung** nicht voraus, daß der Altkunde für zusätzliche Geschäfte einer anderen als der bisher abgeschlossenen Art geworben wird. Es genügt, wenn der Altkunde Nachbestellungen in einem quantitativ größeren Umfang aufgibt als vor dem Tätigwerden des Handelsvertreters. In

[55] Heymann/*Sonnenschein/Weitemeyer* RdNr. 19; Baumbach/*Hopt* RdNr. 17; Staub/*Brüggemann* RdNr. 24.
[56] BGH BB 1960, 1354, 1355; Baumbach/ *Hopt* RdNr. 17; Heymann/*Sonnenschein/Weitemeyer* RdNr. 19.
[57] Staub/*Brüggemann* RdNr. 25.

[58] Staub/*Brüggemann* RdNr. 26.
[59] *Küstner/v. Manteuffel* I RdNr. 748; Staub/*Brüggemann* RdNr. 26.
[60] Heymann/*Sonnenschein/Weitemeyer* RdNr. 19; *Küstner/v. Manteuffel* I RdNr. 749; Staub/*Brüggemann* RdNr. 26.

einem solchen Fall sind sämtliche nach dem Tätigwerden des Handelsvertreters vorgenommenen Nachbestellungen provisionspflichtig.[61]

45 Schließlich fallen auch Geschäfte mit alten Kunden des Unternehmers unter Abs. 1 Satz 1 Alt. 2, wenn diese Altkunden bisher nur Geschäfte anderer Art mit dem Unternehmer abgeschlossen hatten und der Handelsvertreter sie nunmehr als Kunden für **Geschäfte einer neuen Art** wirbt. Provisionspflichtig sind in einem solchen Falle alle späteren Geschäfte der neuen Art, für die der Handelsvertreter den Kunden geworben hat. Nachbestellungen, die sich auf Geschäfte beziehen, für die der Handelsvertreter den Kunden nicht geworben hat, sind nicht provisionspflichtig.

46 cc) **Neu geworbene Kunden.** Hat der Handelsvertreter für das Unternehmen Kunden neu geworben, sind gleichwohl nicht sämtliche Geschäfte, die der Kunde daraufhin mit dem Unternehmer abschließt, provisionspflichtig. Eine Nachbestellung iSv. Abs. 1 Satz 1 Alt. 2 ist nur gegeben, wenn es sich um ein Geschäft der Art handelt, für das der Handelsvertreter den Kunden dem Unternehmer neu zugeführt hat. Für den Unternehmer neu geworben sind auch solche Kunden, die vor der Begründung des Handelsvertreterverhältnisses bereits in Geschäftsverbindung mit dem Handelsvertreter, nicht aber mit dem Unternehmer standen. Der eigene Kundenstamm des Handelsvertreters wird daher ab dem Zeitpunkt geschützt, in dem der Handelsvertreter seine eigenen Altkunden als neue Kunden dem Unternehmer zuführt.

47 dd) **Geschäfte der gleichen Art.** Provisionspflichtig sind allerdings nur Nachbestellungen für Geschäfte der gleichen Art. Gemeint sind damit solche Geschäfte, für die der Handelsvertreter den Kunden neu geworben hat. Der Begriff der Geschäfte gleicher Art kann nicht allgemein bestimmt werden, sondern ist nach der Verkehrsanschauung in den beteiligten Wirtschaftskreisen festzulegen.[62] Für die Gleichartigkeit ist nicht notwendig, daß sich die Geschäfte auf den gleichen Artikel beziehen. Es genügt, wenn sie sich innerhalb des vom Handelsvertreter vertriebenen Sortiments bewegen.[63] Gleichartigkeit ist daher zB gegeben, wenn ein Kraftfahrzeugvertreter einen Kunden als Neuwagenkäufer geworben hat und dieser sich alsdann alljährlich das neueste Modell derselben Marke bei demselben Händler kauft.

48 Im Einzelfall kann der Begriff des gleichartigen Geschäfts **weit zu verstehen** sein. Bezieht zB ein Einzelhändler auf Vermittlung des Handelsvertreters sämtliche Nahrungsmittel bei einem Nahrungsmittelgroßhändler, dann handelt es sich auch dann um eine provisionspflichtige Nachbestellung, wenn der Einzelhändler ein neu in das Sortiment aufgenommenes Nahrungsmittel bei dem Nahrungsmittelgroßhändler bezieht. Hier hat der Handelsvertreter den Einzelhändler allgemein für den Kauf von Nahrungsmitteln beim Nahrungsmittelgroßhändler geworben, so daß unter die von ihm vermittelte Art von Geschäften auch neu aufgenommene Nahrungsmittel fallen. Allerdings lassen sich allgemein gültige Richtlinien nicht aufstellen. Entscheidend müssen immer die **Umstände des Einzelfalls** bleiben.

49 c) **Beweislast.** Den Handelsvertreter trifft die Darlegungs- und Beweislast für sämtliche den Provisionsanspruch begründende Tatbestandsmerkmale. Danach obliegt es dem Handelsvertreter, darzulegen und gegebenenfalls zu beweisen, daß zur Zeit des Abschlusses des Geschäftes ein Handelsvertreterverhältnis bestanden hat und daß es zu einem Geschäftsabschluß zwischen dem Unternehmer und einem Dritten gekommen ist. Schließlich liegt die Darlegungs- und Beweislast dafür beim Handelsvertreter, daß das Geschäft auf seine Tätigkeit zurückzuführen ist oder daß es sich um ein Geschäft mit einem Dritten handelt, den er als Kunden für Geschäfte der gleichen Art geworben hat.

---

[61] Einschränkend allerdings Staub/*Brüggemann* RdNr. 26.
[62] Begr. z. Reg.-E., BT-Drs. 1/3856 S. 22; Heymann/*Sonnenschein/Weitemeyer* RdNr. 19; Staub/*Brüggemann* RdNr. 27.
[63] Heymann/*Sonnenschein/Weitemeyer* RdNr. 19; Staub/*Brüggemann* RdNr. 27.

Für die Beweisführungspflicht des Handelsvertreters hinsichtlich seiner **Mitursächlich-** 50 **keit** für den Abschluß eines Geschäfts gelten die Grundsätze des **Anscheinsbeweises**. Danach muß der Handelsvertreter nur darlegen und gegebenenfalls beweisen, daß er sich in Richtung auf den Geschäftsabschluß mit dem Kunden betätigt hat und daß das Geschäft auch zustandegekommen ist. Steht ein solcher Sachverhalt fest, dann ist es Sache des Unternehmers den Gegenbeweis dafür zu führen, daß die Tätigkeit des Handelsvertreters den späteren Geschäftsabschluß weder veranlaßt noch auch nur mitveranlaßt hat.

4. Beteiligung mehrerer Handelsvertreter am Geschäftsabschluß. Für den Abschluß 51 eines Geschäfts kann die Tätigkeit mehrerer Handelsvertreter ursächlich sein. In einem solchen Fall ist fraglich, ob jeder einzelne Handelsvertreter den vollen Provisionsanspruch erwirbt oder ob zwischen den Handelsvertretern eine Provisionsteilung zu erfolgen hat.[64]

a) Tätigwerden nacheinander (Satz 2). Gesetzlich geregelt ist in Abs. 1 Satz 2 und 52 Abs. 3 nur der Fall, in dem ein Handelsvertreter Anspruch auf Provision für erst nach Beendigung des Vertragsverhältnisses abgeschlossene Geschäfte hat, für deren Zustandekommen auch sein Nachfolger nach Abs. 1 Satz 1 Alt. 1 mitursächlich geworden ist. Werden die Handelsvertreter in diesem Sinne nacheinander tätig, steht nach Abs. 1 Satz 2 und Abs. 3 Satz 1 der Anspruch auf Provision grundsätzlich nur dem ausgeschiedenen Handelsvertreter zu. Sein Nachfolger geht demzufolge grundsätzlich leer aus, auch wenn er an dem Abschluß des Geschäfts mitgewirkt hat. Nur ausnahmsweise findet nach Abs. 3 Satz 2 eine Provisionsteilung statt, wenn wegen besonderer Umstände eine solche Teilung der Billigkeit entspricht (wegen der Einzelheiten siehe RdNr. 112 ff.).

b) Tätigwerden nebeneinander. Umstritten ist demgegenüber die Rechtslage, wenn 53 mehrere Handelsvertreter berechtigterweise nebeneinander tätig und für den Abschluß des Geschäfts mitursächlich geworden sind. Nach der früher wohl hM sollte auch in diesen Fällen eine Provisionsteilung stattfinden.[65] Demgegenüber will die im Vordringen befindliche Auffassung im Regelfalle jedem Handelsvertreter einen vollen Provisionsanspruch gegen den Unternehmer zugestehen.[66]

Bei der Problemlösung ist zunächst zu beachten, daß sich eine **Provisionskollision** nur 54 ergeben kann, wenn die beteiligten Handelsvertreter zum Vermittlungserfolg **in zulässiger Weise beigetragen** und daher nach der allgemeinen Regelung des Abs. 1 Satz 1 einen Provisionsanspruch erworben haben.[67] Ist es zB einem Handelsvertreter untersagt, sich um bestimmte Kunden zu bemühen, erwirbt er keinen Provisionsanspruch, wenn aufgrund seiner Bemühungen mit diesen Kunden ein Geschäft zustande kommt. Auch ein Bezirksvertreter, dem eine Tätigkeit außerhalb des ihm zugewiesenen Bezirks untersagt ist, kann keinen Provisionsanspruch erwerben, wenn er mit außerbezirklichen Kunden Geschäfte vermittelt.[68]

Sind unter Berücksichtigung dieser Grundsätze mehrere Handelsvertreter befugtermaßen 55 für einen Geschäftsabschluß ursächlich geworden, richtet sich im Einzelfall der Provisionsanspruch zunächst nicht nach den gesetzlichen Bestimmungen, sondern nach der **vertraglichen Abrede**. Der Unternehmer kann durch Vereinbarungen mit seinen Handelsvertretern der Gefahr einer Provisionskollision vorbeugen (siehe unten RdNr. 67). Namentlich kann geregelt werden, ob und in welcher Höhe Provisionsansprüche entstehen, wenn mehrere Handelsvertreter für den Geschäftsabschluß mitursächlich geworden sind.[69] Hat der Unternehmer mit den für den Geschäftsabschluß ursächlich gewordenen Handels-

---

[64] Ausführlich zum Problem *H. Krüger* DB 1964, 1399 ff.

[65] *Knütel* ZHR 144(1980), 289 ff.; *Küstner/v. Manteuffel* I RdNr. 775 ff.

[66] LAG Hamm BB 1993, 2236; Baumbach/*Hopt* RdNr. 21; Heymann/*Sonnenschein/Weitemeyer* RdNr. 20; *H. Krüger* DB 1964, 1399 ff.; Staub/*Brüggemann* RdNr. 20; *Westphal* BB 1991, 2027 ff.

[67] Staub/*Brüggemann* RdNr. 19; *Westphal* BB 1991, 2027.

[68] *G. Schröder* DB 1963, 541, 542; *Westphal* BB 1991, 2027

[69] Vgl. hierzu *Küstner/v. Manteuffel* I RdNr. 796; Staub/*Brüggemann* RdNr. 20.

vertretern eine dahingehende Vereinbarung getroffen, richtet sich nach dieser vertraglichen Abrede, wem in welcher Höhe ein Provisionsanspruch zusteht. In einer solchen Vereinbarung kann zB festgelegt werden, daß nach dem Überwiegensprinzip nur demjenigen Handelsvertreter ein Provisionsanspruch zusteht, der den Geschäftsabschluß maßgeblich herbeigeführt hat. Es kann aber auch eine Provisionsteilung, zB nach Tatbeiträgen oder zu gleichen Anteilen, festgelegt und insbesondere festgeschrieben werden, wer über die Höhe des Provisionsteils entscheidet.

56 Eine solche vertragliche Abrede über Provisionsteilungen muß nicht ausdrücklich getroffen werden, sondern ist auch stillschweigend möglich. Allerdings sind an eine solche **stillschweigende Teilungsabrede** besonders strenge Anforderungen zu stellen. Sie kann zB angenommen werden, wenn der Unternehmer die einzelnen Handelsvertreter von vornherein und für diese klar erkennbar in einem Vertriebssystem mit einer Mehrzahl von Handelsvertretern so einsetzt, daß mitursächliche Beiträge vom System her angelegt sind.[70] Demgegenüber bestehen für eine stillschweigende Teilungsabrede dann keine Anhaltspunkte, wenn mehrere Handelsvertreter sich unabhängig voneinander, ohne Kenntnis vom Tätigwerden des anderen um denselben Kunden bemühen.

57 Besteht weder eine ausdrückliche noch eine stillschweigende Teilungsabrede, dann hat in Fällen der **Mitursächlichkeit jeder** ursächlich tätig gewordene Handelsvertreter **den vollen Provisionsanspruch**. Dies ergibt sich zwingend aus Abs. 1 Satz 1. Für eine Provisionsteilung besteht keine dogmatische Grundlage.[71] Insbesondere kann sie auch nicht auf einen Schutz des Unternehmers vor Mehrfachzahlungen gestützt werden, weil dieser die Möglichkeit hat, eine von der geltenden Gesetzeslage abweichende Regelung zu vereinbaren.

58 **5. Sonderfälle. a) Dauerschuldverhältnisse.** Auch bei Dauerschuldverhältnissen kommt es entscheidend auf den Zeitpunkt des Vertragsabschlusses an. Steht dem Handelsvertreter ein Anspruch auf Folgeprovisionen bei Fortsetzung des Dauerschuldverhältnisses zu und haben Unternehmer und Kunde untereinander vereinbart, daß sich das Vertragsverhältnis automatisch um ein weiteres Jahr verlängert, wenn es nicht von einer Seite gekündigt wird, dann kann der Handelsvertreter Folgeprovisionen auch bei Vertragsverlängerungen verlangen, die sich auf einen Zeitraum nach Beendigung des Handelsvertreterverhältnisses beziehen.[72]

59 **b) Sukzessivlieferungsverträge.** Hat sich der Kunde in einem Sukzessivlieferungsvertrag verpflichtet, über einen längeren Zeitraum hinweg eine bestimmte Warenmenge vom Unternehmer zu beziehen, dann sind damit die Rechte und Pflichten aus dem Geschäft verbindlich festgelegt und dieses damit iSv. Abs. 1 Satz 1 abgeschlossen. Der Handelsvertreter erwirbt mit dem Abschluß des Sukzessivlieferungsvertrags eine Provisionsanwartschaft auch hinsichtlich derjenigen Teile des Geschäfts, die erst nach Beendigung des Handelsvertreterverhältnisses zur Ausführung gelangen.[73] Dies gilt unabhängig davon, ob der Termin der Ausführung bereits im Vertrag festgelegt oder eine Lieferung jeweils auf Abruf vereinbart worden ist. Auch wenn die Teillieferungen zeitlich erst weit nach Beendigung des Vertreterverhältnisses erfolgen, stehen dem Handelsvertreter hierfür Provisionen zu, weil das maßgebliche Geschäft noch während des Vertragsverhältnisses geschlossen wurde. Namentlich in diesen Fällen besteht wegen des Interesses an einer möglichst raschen Abwicklung des Handelsvertreterverhältnisses in der Praxis ein besonderes Bedürfnis, die nachvertragliche Entstehung von Provisionsansprüchen durch vertragliche Vereinbarung auszuschließen.

60 Der Sukzessivlieferungsvertrag ist vom **Bezugs- oder Rahmenvertrag** abzugrenzen, der sich nicht auf ein konkretes Geschäft bezieht, sondern nur generell dem Kunden Bezugs-

---

[70] Baumbach/*Hopt* RdNr. 21.
[71] Ausführlich Staub/*Brüggemann* RdNr. 20.
[72] OLG Düsseldorf DB 1977, 817; Baumbach/*Hopt* RdNr. 38.

[73] Baumbach/*Hopt* RdNr. 38; *Küstner/v. Manteuffel* I RdNr. 843 f.; Staub/*Brüggemann* RdNr. 12.

v. Hoyningen-Huene

rechte einräumt oder diesen verpflicht, in der Zukunft Geschäfte bestimmter Art nur noch mit dem Unternehmer abzuschließen. Diese Rahmen- oder Bezugsverträge begründen noch kein Umsatzgeschäft, sondern stellen lediglich eine Bindung oder Berechtigung des Kunden dar, seinen zukünftigen Bedarf bei dem Unternehmer zu decken.[74] Das einzelne Geschäft wird jeweils erst durch den Einzelabschluß getätigt, so daß für den Handelsvertreter nur insoweit Provisionsanwartschaften entstehen, als der Geschäftsabschluß vor der Vertragsbeendigung liegt.[75] Für die Abgrenzung im Einzelfall ist maßgeblich, ob sich der Kunde bereits in dem während des Bestehens des Handelsvertreterverhältnisses abgeschlossenen Vertrag zur Durchführung des konkreten Geschäfts verpflichtet hatte. Hat ein Verlagsvertreter zB einen Kunden für ein Loseblattwerk mit der Verpflichtung gewonnen, bis auf weiteres Ergänzungslieferungen zu beziehen, dann handelt es sich hierbei um einen bezüglich der Ergänzungslieferungen provisionspflichtigen Sukzessivlieferungsvertrag. Bereits mit Abschluß des Vertrags ist nämlich der Kunde die Verpflichtung eingegangen, sämtliche Ergänzungslieferungen zu beziehen, soweit er das Vertragsverhältnis nicht aufkündigt.[76]

Entsprechendes gilt, wenn ein Versicherungsvertreter sogenannte **Aufbauversicherun-** 61 **gen** vermittelt, bei denen sich die Versicherungssumme in regelmäßigen Zeitabständen erhöht, soweit der Versicherungsnehmer nicht widerspricht. In diesen Fällen gehen die Erhöhungen auf die Vermittlungstätigkeit bei Abschluß des Versicherungsvertrags zurück und sind daher nach Abs. 1 Satz 1 Alt. 1 provisionspflichtig. Die Erhöhungen sind nämlich bereits mit dem Vertragsabschluß vereinbart worden. Der Versicherungsnehmer hat nur die Möglichkeit, die Erhöhung durch Ausübung eines einseitigen Gestaltungsrechts in Form des Widerrufs zu verhindern.[77]

c) **Vorverträge.** Demgegenüber begründet ein Vorvertrag noch keinen Geschäftsab- 62 schluß iSv. Abs. 1 Satz 1, soweit der Handelsvertreter nicht gerade mit der Vermittlung von Vorverträgen betraut worden ist. Zwar liegt hier schon eine echte Verpflichtung des Kunden zum Abschluß eines Hauptvertrags vor, das Umsatzgeschäft ist aber noch nicht in der Weise festgelegt, wie es nach dem Inhalt des Handelsvertreterverhältnisses und der darin festgelegten Tätigkeitspflicht des Handelsvertreters vorausgesetzt worden ist.[78]

6. **Abweichende Vereinbarungen.** Die gesetzlichen Bestimmungen über die provisi- 63 onspflichtigen Geschäfte sind insgesamt **dispositiv.** Die Parteien können also innerhalb der allgemeinen Grenzen (§§ 134, 138 BGB) abweichende Vereinbarungen treffen. Soweit allgemeine Geschäftsbedingungen verwendet werden, findet die besondere Inhaltskontrolle nach dem AGBG statt.

Im Interesse einer schnellen Abwicklung des Handelsvertreterverhältnisses und zur Ver- 64 meidung von Streitigkeiten **empfiehlt es sich** vielfach, den **Kreis der provisionspflichti-gen Geschäfte enger** als nach der gesetzlichen Bestimmung zu ziehen. So kann vereinbart werden, daß nur die während der Dauer des Vertreterverhältnisses ausgeführten Geschäfte provisionspflichtig sein sollen.[79] Eine solche Vereinbarung ist auch in allgemeinen Geschäftsbedingungen zulässig, weil der Handelsvertreter für die hierdurch entstehenden Provisionsverluste nach § 89b ausgleichsrechtlich entschädigt wird.[80] Führt der Unternehmer allerdings bewußt und entgegen der mit dem Dritten vereinbarten Bedingungen das Geschäft erst nach Abschluß des Handelsvertreterverhältnisses aus, um der Provisionspflicht zu entgehen, dann greift der Ausschluß des Provisionsanspruchs wegen § 87a Abs. 3 Satz 1 und Abs. 5 nicht durch. Der Unternehmer bleibt zur Provisionszahlung verpflichtet. Demgegenüber greift der Provisionsausschluß auch in den Fällen ein, in denen der Handelsvertreter sich aus wichtigem, vom Unternehmer zu vertretenden Grunde vom Ver-

---

[74] BGH NJW 1958, 180.
[75] BGH NJW 1958, 180; Baumbach/*Hopt* RdNr. 38; *Küstner/v. Manteuffel* I RdNr. 846; Staub/*Brüggemann* RdNr. 11.
[76] Vgl. zum Problem *Küstner/v. Manteuffel* I RdNr. 845.

[77] BAG AP Nr. 5 mit Anm. *Herschel.*
[78] Staub/*Brüggemann* RdNr. 11.
[79] BGHZ 33, 92, 94.
[80] Vgl. auch hierzu *Küstner/v. Manteuffel* I RdNr. 339.

tragsverhältnis löst. In diesem Fall wird der Verlust des Provisionsanspruchs durch den Schadensersatzanspruch nach § 89a Abs. 2 kompensiert.

65　　　Der Anspruch auf **Abschlußprovision** kann weiter auf solche Geschäfte **beschränkt** werden, die ausschließlich auf die Tätigkeit des Handelsvertreters zurückzuführen sind. Mit dem Vorliegen derartiger Vereinbarungen entfällt ein Provisionsanspruch für solche Geschäfte, die der Handelsvertreter durch seine Tätigkeiten nur mitverursacht hat. Ebenso kann der Provisionsanspruch auf die Geschäfte beschränkt werden, die überwiegend auf die Tätigkeit des Handelsvertreters zurückzuführen sind. Abweichende Vereinbarungen können sich insoweit auch auf die Provisionshöhe beziehen.

66　　　Häufig beziehen sich abweichende Vereinbarungen auch auf die **Nachbestellungen**. Insoweit kann vertraglich vereinbart werden, daß der Provisionsanspruch für gleichartige Geschäfte mit Kunden, die der Handelsvertreter als Kunden für Geschäfte dieser Art geworben hat, insgesamt ausgeschlossen oder der Höhe nach beschränkt wird.

67　　　Von besonderer Bedeutung sind vertragliche Regelungen über den Provisionsanspruch, wenn mehrere Handelsvertreter an dem Zustandekommen des Geschäfts beteiligt sind oder aus sonstigen rechtlichen Gesichtspunkten **mehrere Handelsvertreterprovisionsansprüche** haben könnten. Mangels abweichender vertraglicher Regelung hat in einem solchen Fall jeder der beteiligten Handelsvertreter den Anspruch auf die volle, ihm nach dem Vertrage zustehende Provision (siehe oben RdNr. 51 ff.). Es empfiehlt sich daher, für solche Fallgestaltungen in dem Handelsvertretervertrag besondere Provisionssätze festzulegen oder eine Verteilung der anfallenden Provisionen auf die verschiedenen Handelsvertreter vorzusehen.

IV. Bezirks- und Kundenprovision (Abs. 2)

68　　　**1. Allgemeines. a) Grundgedanken der Regelung.** Ist dem Handelsvertreter ein bestimmter Bezirk oder ein bestimmter Kundenkreis zugewiesen, so hat er Anspruch auf Provision auch für solche Geschäfte, die ohne seine Mitwirkung mit Personen seines Bezirks oder seines Kundenkreises während des Vertragsverhältnisses abgeschlossen worden sind (sog. Bezirksvertreter). Vergleichbar der Provision für Nachbestellungen (Abs. 1 Satz 1 Alt. 2) handelt es sich auch bei der Bezirksprovision um eine **tätigkeitsunabhängige Provision**. Dem Bezirksvertreter wird mit der Bezirksprovision über die durch seine Bemühungen im Einzelfall verdiente Provision hinaus eine weitere Vergütung für seine Gesamttätigkeit gewährt. Die Bezirksprovision rechtfertigt sich aus dem Gedanken, daß dem Bezirksvertreter die Wahrnehmung der Belange des Unternehmers in dem betreffenden Bezirk ganz allgemein übertragen ist. Ihn trifft hieraus die Verpflichtung, dem zugewiesenen Bereich eine besondere und kontinuierliche vertreterische Pflege angedeihen zu lassen. Vielfach ist mit der Einräumung der Bezirksvertretung vertraglich die Verpflichtung verbunden, eine Betätigung außerhalb des zugewiesenen Arbeitsfeldes zu unterlassen. Die Bezirksvertretung ist somit eine wirtschaftliche Gegenleistung für die Gesamtheit der von dem Handelsvertreter dem Unternehmer vertraglich geschuldeten Bemühungen.[81]

69　　　Der Bezirksvertreter erhält die Bezirksprovision wegen seiner **Bemühungen um den ihm zugewiesenen Kundenkreis**. Umgekehrt bemüht sich der Bezirksvertreter um die Kunden gerade deswegen besonders intensiv, weil er auch für einen Geschäftsabschluß ohne direkte Mitwirkung eine Provision verdient. Die Bezirksprovision ist daher eine synallagmatische Hauptleistungspflicht des Unternehmers, auf welche die §§ 323 ff. BGB unmittelbar anwendbar sind.[82]

70　　　**b) Verhältnis zu Abs. 1.** Die Regelung des Abs. 2 über die Bezirksprovision schließt **Provisionsansprüche nach Abs. 1** nicht aus, sondern **ergänzt** diese Bestimmungen. Ist ein Geschäft bereits auf die Tätigkeit des Bezirksvertreters zurückzuführen oder gibt der Kunde eine provisionspflichtige Nachbestellung auf, dann gebührt dem Bezirksvertreter bereits

---

[81] BGHZ 41, 292, 295; *Küstner/v. Manteuffel* I RdNr. 766; Staub/*Brüggemann* RdNr. 30.　　[82] Staub/*Brüggemann* RdNr. 32.

　　　　　v. Hoyningen-Huene

aufgrund seiner Tätigkeit als Handelsvertreter die Provision nach Abs. 1 Satz 1. Eine Heranziehung des Abs. 2 zur Begründung des Provisionsanspruchs ist in einem solchen Falle nicht erforderlich. Eine zusätzliche Provision neben der Tätigkeitsprovision wird nach Abs. 2 grundsätzlich nicht gewährt. Die Unterscheidung ist zunächst von Bedeutung, wenn für die Bezirksprovision als solche vertraglich andere Bedingungen festgesetzt sind, zB ein niedrigerer Provisionssatz vereinbart wurde. Darüber hinaus gewinnt die Unterscheidung zwischen Tätigkeits- und Bezirksprovision Bedeutung für den Ausgleichsanspruch nach § 89b. Die Bezirksprovision ist als solche nicht Ausgleichsgrundlage, sondern wird allenfalls bei der Ermittlung des Ausgleichshöchstbetrags nach § 89b Abs. 2 berücksichtigt.

c) Versicherungs- und Bausparkassenvertreter (§ 92 Abs. 3 Satz 2 und Abs. 5). Die **71** Regelungen über die Bezirksprovision nach Abs. 2 **gelten nicht** für Versicherungs- und Bausparkassenvertreter (§ 92 Abs. 3 Satz 2 und Abs. 5). In der Versicherungswirtschaft hat die Zuweisung eines bestimmten Bezirks nämlich regelmäßig nicht die Bedeutung, daß der Versicherungsvertreter auch Provisionen für ohne seine Mitwirkung abgeschlossene Geschäfte erhalten soll.[83]

d) Vertragshändler, Franchise-Nehmer, Kommissionsagent. Die Regelung des Abs. 2 **72** über die Bezirksprovision findet keine analoge Anwendung auf den Vertragshändler[84] und auf den Franchise-Nehmer.[85] Demgegenüber findet die Regelung auf den Kommissionsagenten entsprechende Anwendung.[86]

2. Begründung. a) Vereinbarung. Die Bezirks- oder Kundenvertretung wird dem **73** Handelsvertreter durch eine Vereinbarung mit dem Unternehmer übertragen. Die Vereinbarung hat zum Gegenstand, daß der Handelsvertreter die Kundenpflege in einem bestimmten Bezirk oder für einen bestimmten Kundenkreis übernimmt und er als Gegenleistung hierfür auch Provisionsansprüche aus solchen Geschäften innerhalb des Bezirks oder mit dem betreffenden Kundenkreis erhält, die ohne seine Mitwirkung abgeschlossen worden sind. Eine solche Abrede muß nicht ausdrücklich getroffen, sondern kann auch konkludent vereinbart werden.

Von einer Bezirksvertretung ist danach auszugehen, wenn der Handelsvertreter im Ver- **74** trag selbst ausdrücklich **als Bezirksvertreter bezeichnet** worden ist. Für die Vereinbarung einer Bezirksvertretung genügt im Regelfalle aber auch die **Zusicherung von Kundenschutz**, das Versprechen von Provisionen auch für solche Geschäfte, die innerhalb eines bestimmten Bezirks von Dritten getätigt wurden[87] oder eine Klausel, wonach alle „direkten und indirekten" oder „unmittelbaren und mittelbaren" Geschäfte innerhalb eines bestimmten Bereichs provisionspflichtig sind.[88]

Ist dem Handelsvertreter hingegen nur ein **bestimmtes Tätigkeitsgebiet** zugewiesen **75** worden, dann hängt es von den Umständen des Einzelfalles ab, ob diese Zuweisung zugleich eine Bezirksvertretung begründet. Hiervon ist auszugehen, wenn mit der Zuweisung zugleich die Pflicht verbunden ist, sich intensiv um den Kundenkreis in diesem Bezirk zu kümmern und die Beziehungen weiter zu pflegen. Wird dem Handelsvertreter hingegen ohne weitergehende Verpflichtungen nur die Vertretung für ein bestimmtes Gebiet übertragen, dann liegt hierin regelmäßig nur die Begrenzung des Wirkungskreises des Handelsvertreters, ohne daß hierdurch eine Bezirksvertretung zustande kommt.[89]

Nach verbreiteter Auffassung kann die Bezirksvertretung nicht durch **einseitige Zuwei- 76 sung eines Bezirks** oder Kundenkreises seitens des Unternehmers an den Handelsvertreter begründet werden. Dies ist insoweit zutreffend, als es für die Begründung der Bezirksver-

---

[83] Begr. z. Reg.-E., BT-Drs. 1/3856, S. 23.
[84] BGH NJW 1984, 2411; *K. Schmidt* Handelsrecht § 28 III 1 b bb, S. 781; Staub/*Brüggemann* Vor § 84 RdNr. 20. – AA *Ulmer,* Der Vertragshändler, S. 397, 429 Fn. 96.
[85] *K. Schmidt* Handelsrecht § 28 III 1 b bb, S. 781.

[86] RG JW 1917, 156; Baumbach/*Hopt* RdNr. 19.
[87] BGH WM 1982, 635.
[88] BGH DB 1956, 95.
[89] BGH WM 1982, 635 (Vertriebsvereinbarung für Deutschland); OLG Düsseldorf DB 1968, 611 (Übertragung des Postleitzahlbezirks 22c).

tretung dogmatisch einer vertraglichen Grundlage, also einer Vereinbarung zwischen Unternehmer und Handelsvertreter bedarf. Allerdings wird regelmäßig die einseitige Zuweisung durch den Unternehmer an den Handelsvertreter als Angebot zur Begründung einer Bezirksvertreterstellung ausgelegt werden können, die der Handelsvertreter durch entsprechende, intensivere Bemühungen oder auch nur durch das Einstreichen oder die Inrechnungstellung von Bezirksprovisionen konkludent annehmen kann.

77   **b) Änderungen.** Ist Bezirksvertretung vereinbart, dann kann der Unternehmer grundsätzlich **nicht einseitig** dem Handelsvertreter **einen anderen Bezirk zuteilen** oder sonstige Beschränkungen der Bezirksvertretung vornehmen. Vielmehr bedarf es zu einer solchen Änderung grundsätzlich einer entsprechenden Vereinbarung zwischen Handelsvertreter und Unternehmer, eventuell durch eine Änderungskündigung. Zu einer einseitigen Änderung des Bezirksvertreterverhältnisses ohne Zustimmung des Handelsvertreters ist der Unternehmer nur berechtigt, wenn er sich ein entsprechendes Gestaltungsrecht im zugrundeliegenden Vertrag vorbehält. Die Änderung der Bezirkszuweisung aufgrund dieses Weisungsrechts unterliegt dann aber einer Billigkeitskontrolle gemäß § 315 BGB. Sie ist bei „angestellten Handelsvertretern" grundsätzlich nicht mitbestimmungspflichtig.[90]

78   Eine Vereinbarung bei einer Änderung des Bezirksvertreterverhältnisses muß nicht unbedingt ausdrücklich getroffen werden, obwohl dies im Interesse der Rechtssicherheit zu empfehlen ist. Die **Änderungsvereinbarung** kann auch **konkludent** erfolgen. Allerdings reichen auch hier einseitige Mitteilungen, auf die der andere Teil nicht reagiert, grundsätzlich nicht aus. Hat zB ein Unternehmer seinem Bezirksvertreter schriftlich mitgeteilt, er werde ihm für Direktgeschäfte mit einem bestimmten Kunden seines Bezirks keine Provisionen mehr zahlen, da der Vertreter diesen Kunden nicht mehr besuche, so gilt das Schweigen des Vertreters nicht als Zustimmung. Eine wirksame Änderung des Bezirksvertreterverhältnisses kommt hierdurch nicht zustande.[91]

79   Der Unternehmer ist jedoch befugt, unter Beobachtung der Kündigungsfristen das Handelsvertreterverhältnis insgesamt aufzukündigen und gleichzeitig die Fortsetzung des Verhältnisses zu geänderten Bedingungen anzubieten (**Änderungskündigung**). Kommt es dabei nicht zu einer Einigung zwischen Unternehmer und Handelsvertreter über die Fortsetzung des Verhältnisses unter geänderten Bedingungen, so findet das Vertragsverhältnis sein Ende. Unzulässig ist demgegenüber grundsätzlich eine sogenannte Teilkündigung einzelner vertraglicher Abreden, soweit diese nicht ausdrücklich im Vertrag vorgesehen ist.[92] Der Unternehmer kann daher insbesondere nicht durch Teilkündigung bestimmte Bezirksteile der Zuständigkeit des Handelsvertreters entziehen und das Handelsvertreterverhältnis im übrigen fortsetzen. Die Kündigung muß sich mangels abweichender vertraglicher Vereinbarung stets auf das gesamte Vertragsverhältnis beziehen.

80   **c) Abgrenzung zur Alleinvertretung.** Vom Bezirksvertreter zu unterscheiden ist der Alleinvertreter. Während bei der Bezirksvertretung dem Handelsvertreter nur Provisionsansprüche aus sämtlichen in dem ihm zugewiesenen Bezirk abgeschlossenen Geschäfte zustehen, steht dem Alleinvertreter das ausschließliche Recht zu, sich in einem bestimmten Bezirk oder in einem bestimmten Kundenkreis für den Unternehmer zu betätigen.[93] Im Gegensatz zur Bezirksvertretung darf der Unternehmer nicht selbst oder durch Beauftragte im Bezirk tätig werden. Ein Direktabschluß des Unternehmers verstößt daher bei der Alleinvertretung gegen dessen Vertragspflichten aus dem Handelsvertreterverhältnis. Der Alleinvertreter ist in einem solchen Falle berechtigt, Schadensersatz, zB wegen des ihm hierdurch entgangenen Gewinns, zu verlangen.[94] Je nach Schwere des Verstoßes kann er auch das Vertragsverhältnis fristlos nach § 89a kündigen.[95] Bei Bezirks- oder Kunden-

[90] BAG NZA 1992, 178 ff.
[91] OLG Nürnberg BB 1957, 560.
[92] Vgl. ausführlich *Küstner/v. Manteuffel* I RdNr. 1570 ff. mit zahlr. Nachw.

[93] Baumbach/*Hopt* RdNr. 24; Staub/*Brüggemann* RdNr. 35.
[94] BGH BB 1975, 1409.
[95] Baumbach/*Hopt* RdNr. 24.

v. Hoyningen-Huene

kreisschutz steht dem Bezirksvertreter bei Direktabschlüssen des Unternehmers dagegen lediglich ein Anspruch auf Bezirksprovision zu.

Bezirks- und Alleinvertretung schließen sich nicht gegenseitig aus, sondern können 81 auch **kombiniert** auftreten. Was im Einzelfalle gegeben ist, richtet sich nach der vertraglichen Vereinbarung. Dabei sind an die Einräumung der Alleinvertretung strenge Anforderungen zu stellen. Es bedarf hierbei eindeutiger Abreden zwischen dem Unternehmer und dem Handelsvertreter, daß letzterer ausschließlich berechtigt sein soll, in einem bestimmten Gebiet tätig zu werden. Im Regelfall reicht hierfür die Bezeichnung des Handelsvertreters als „Generalvertreter" für ein bestimmtes Gebiet nicht aus.[96]

3. Provisionspflichtige Geschäfte. a) Art der Geschäfte. Dem Bezirksvertreter stehen 82 Provisionsansprüche für solche Geschäfte zu, die ohne seine Mitwirkung mit Personen seines Bezirks oder seines Kundenkreises während des Vertragsverhältnisses abgeschlossen sind, soweit der Provisionsanspruch nicht nach Abs. 3 einem ausgeschiedenen Handelvertreter zusteht. Die Provisionspflicht beschränkt sich dabei auf Geschäfte der Art, auf die sich die **Vermittlungs- oder Abschlußpflicht des Bezirksvertreters** erstreckt. Dies folgt daraus, daß Grundlage des Anspruchs auf die Bezirksprovision das Handelsvertreterverhältnis ist. Der Anspruch auf Bezirksprovision unterscheidet sich daher von dem allgemeinen Provisionsanspruch nach Abs. 1 nur insofern, als die Mitwirkung des Bezirksvertreters beim Geschäftsabschluß nicht Voraussetzung für das Entstehen des Provisionsanspruchs ist. Ist es zB Aufgabe des Bezirksvertreters Kaufverträge über Lastkraftwagen zu vermitteln, dann steht ihm kein Anspruch auf Bezirksprovision zu, wenn der Unternehmer an seine Gläubiger Lastkraftwagen zur Abgeltung von Zahlungsansprüchen liefert, um den Konkurs oder die sonstige Einstellung seines Betriebs zu vermeiden.[97]

b) Zugehörigkeit zum Bezirks- oder Kundenkreis. Weitere Voraussetzung für die 83 Entstehung des Anspruchs auf Bezirksprovision ist, daß das Geschäft mit einer Person geschlossen wird, die zum Bezirk oder zum Kundenkreis des Bezirksvertreters gehört. Personen des Bezirks sind grundsätzlich solche, die ihre geschäftliche Niederlassung im Bezirk des Handelsvertreters haben. Das ergibt sich aus dem Sinn der Bezirksprovision. Deren Zubilligung beruht darauf, daß dem Bezirksvertreter die Wahrnehmung der Belange des Unternehmers gegenüber dem in seinem Bezirk ansässigen Kunden allgemein übertragen ist, wobei die Bezirksprovision die wirtschaftliche Gegenleistung für die vom Vertreter in seinem Bezirk dem Unternehmer geschuldeten allgemeinen Bemühungen darstellt.[98] Unerheblich sind demgegenüber Leistungs- und Erfolgsort des vereinbarten Geschäfts[99] sowie der Ort des Geschäftsabschlusses.[100]

Soll zB im Auftrage eines bezirkszugehörigen Kunden die Ware an einen Empfänger au- 84 ßerhalb des Bezirks geliefert werden, so entsteht aus einem solchen Geschäft der Anspruch auf Bezirksprovision.[101] Dieser entsteht auch dann, wenn ein außerhalb des Bezirks sitzender Fabrikant im Namen und für Rechnung eines bezirkszugehörigen Kunden Aufträge über Rohmaterialien erteilt, die er für den bezirksangehörigen Kunden bearbeiten bzw. verarbeiten und ihm dann liefern will.[102] Umgekehrt entsteht **kein Anspruch** auf Bezirksprovision, wenn sich der Kunde zwar z. Zt. des Geschäftsabschlusses vorübergehend, etwa auf einer Reise oder anläßlich einer Messe, in dem Bezirk aufgehalten bzw. den Geschäftsabschluß an der innerhalb des Bezirks liegenden Niederlassung des Unternehmers vorgenommen hat, die geschäftliche Niederlassung des Kunden aber nicht in dem Bezirk des Handelsvertreters liegt. Provisionsansprüche entstehen auch dann nicht, wenn

---

[96] BGH NJW 1970, 1040.
[97] RGZ 140, 80, 82.
[98] BGH DB 1976, 2152; Baumbach/*Hopt* RdNr. 26; Staub/*Brüggemann* RdNr. 38.
[99] BGH NJW 1958, 180; Baumbach/*Hopt* RdNr. 26; Staub/*Brüggemann* RdNr. 38.

[100] Begr. z. Reg.-E. BT-Drs. 1/3856 S. 22 f.; Baumbach/*Hopt* RdNr. 26; Heymann/*Sonnenschein/Weitemeyer* RdNr. 25; Staub/*Brüggemann* RdNr. 38.
[101] BGH NJW 1958, 180. – Vgl. auch OLG Celle DB 1956, 61.
[102] LG Bochum BB 1958, 895.

ein außerbezirklicher Kunde des Unternehmers Ware in der Absicht bezieht, diese alsbald an einen im Bezirk des Handelsvertreters ansässigen Interessenten weiter zu veräußern.[103]

85   **Welcher Bezirk oder Kundenkreis** dem Handelsvertreter zugewiesen ist, muß im Einzelfall im Wege der Vertragsauslegung unter Berücksichtigung der Verkehrssitte bestimmt werden. Ist dem Handelsvertreter zB im Jahr 1977 die Bezirksvertretung für das Inland zugewiesen worden, dann beschränkt sich die Bezirksvertretung auch nach der Wiedervereinigung grundsätzlich auf das Gebiet der alten Bundesländer. Für die Erstreckung auf das Beitrittsgebiet bedarf es einer gesonderten Vereinbarung.[104]

86   **c) Geschäftsabschluß während des Vertragsverhältnisses.** Weitere Voraussetzung für die Entstehung des Bezirksprovisionsanspruch ist, daß das Geschäft während der Dauer des Vertragsverhältnisses abgeschlossen worden ist. Über Abs. 1 hinausgehend muß zum Zeitpunkt des Geschäftsabschlusses nicht nur das Handelsvertreterverhältnis bestehen, sondern dem Handelsvertreter auch eine Bezirksvertreterstellung eingeräumt worden sein. Wird zunächst nur ein Handelsvertreterverhältnis begründet, die Zuweisung des Bezirks aber erst später vorgenommen, so sind provisionspflichtig nach Abs. 2 nicht die vor der Zuweisung des Bezirks vorgenommenen Geschäfte, sondern nur die erst im Anschluß hieran abgeschlossenen Geschäfte. Wird die Bezirkszuweisung aufgehoben, bleibt das Handelsvertreterverhältnis im übrigen aber bestehen, dann besteht kein Provisionsanspruch nach Abs. 2 für solche Geschäfte, die erst im Anschluß an die Beendigung der Bezirksvertreterstellung abgeschlossen worden sind.

87   **d) Nicht Mitwirkung.** Der Anspruch auf Bezirksprovision ist nicht von einer Mitwirkung des Bezirksvertreters bei dem Abschluß des Geschäfts mit bezirksangehörigen Kunden abhängig. Die Bezirksprovision ist nämlich Entgelt für die Gesamtbemühungen des Vertreters, nicht für bestimmte Leistungen im Hinblick auf einen konkreten Geschäftsabschluß. Insoweit kommt es daher auch nicht darauf an, aus welchem Grund das Geschäft nicht vom Handelsvertreter selbst vermittelt oder abgeschlossen wurde. Der Anspruch auf Bezirksprovision entsteht folglich auch für solche Geschäfte, die zu einem Zeitpunkt abgeschlossen worden sind, in dem der Handelsvertreter selbst arbeitsunfähig gewesen ist.[105] Stellt der Handelsvertreter nach einer unberechtigten fristlosen Kündigung durch den Unternehmer seine Tätigkeit ein, kann er gleichwohl den Bezirksprovisionsanspruch für solche Geschäfte geltend machen, die vor dem nächsten ordentlichen Kündigungstermin abgeschlosen worden sind. Da es sich insoweit um einen vertraglichen Erfüllungsanspruch handelt, scheidet eine Minderung dieser Ansprüche unter dem Gesichtspunkt der Ersparnis oder der Möglichkeit anderweitigen Erwerbs (§ 615 Satz 2 BGB) oder aus dem Gesichtspunkt der Vorteilsausgleichung aus.[106]

88   **4. Beteiligung mehrerer Handelsvertreter am Geschäftsabschluß. a) Tätigwerden nacheinander (Satz 2).** Der Anspruch auf Bezirksprovision entsteht für während des Bestands des Bezirksvertreterverhältnisses abgeschlossene Geschäfte insoweit nicht, als die Provision nach Abs. 3 einem ausgeschiedenen Handelsvertreter zusteht (Abs. 2 Satz 2). Insoweit gilt für das Verhältnis von nacheinander tätigwerdenden Handelsvertretern bei der Bezirksprovision dasselbe wie allgemein nach Abs. 1 Satz 2 bei der Tätigkeitsprovision (vgl. RdNr. 52). Wenn und soweit die Provision dem Vorgänger zusteht, hat der Nachfolger keinen Provisionsanspruch.

89   **b) Tätigwerden nebeneinander.** Werden mehrere Handelsvertreter nebeneinander tätig, dann stellt sich ebenso wie bei Abschluß- und Vermittlungsvertretern nach Abs. 1 das Problem einer **Provisionskonkurrenz** (dazu RdNr. 53 ff.). Soweit keine abweichenden vertraglichen Vereinbarungen bestehen, fehlt es auch für den Anspruch des Bezirksver-

---

[103] BGH BB 1960, 956.
[104] LAG Düsseldorf ZIP 1992, 647.
[105] BGH 41, 292, 295; Baumbach/*Hopt* RdNr. 31.
[106] BGH BB 1992, 1192 f.; Baumbach/*Hopt* RdNr. 31.

treters auf Bezirksprovision an einer Rechtsgrundlage, den Provisionsanspruch nur deshalb zu kürzen, weil im Hinblick auf das provisionspflichtige Geschäft einem anderen Handelsvertreter nach Abs. 1 oder Abs. 2 ebenfalls ein Provisionsanspruch zusteht. Schließt zB ein Handelsvertreter mit einem zum Bezirk des Bezirksvertreters zugehörigen Kunden berechtigterweise ein Geschäft für den Unternehmer ab, so steht diesem Handelsvertreter nach Abs. 1 Satz 1 ein Provisionsanspruch zu. Für den Bezirksvertreter ergibt sich in diesem Fall der Provisionsanspruch aus Abs. 2. Eine anteilige Kürzung der Provisionsansprüche oder ein Ausschluß des Provisionsanspruchs für einen der Handelsvertreter bedarf im Regelfall einer besonderen vertraglichen Abrede.[107]

5. Sonderfälle. a) Geschäfte mit Haupt- und Zweigniederlassungen. Hat ein Unter- **90** nehmen sowohl Haupt- als auch Zweigniederlassungen, dann wird aus den von der Zweigniederlassung abgeschlossenen Geschäften mangels eigener Rechtspersönlichkeit immer nur die Hauptniederlassung berechtigt und verpflichtet. Formaljuristisch würde somit ein Provisionsanspruch immer nur für den Bezirksvertreter entstehen, der für den Bezirk der Hauptniederlassung zuständig ist. Damit wird man allerdings dem Sinn und Zweck des Abs. 2 nicht gerecht. Vielmehr kommt es darauf an, ob die Hauptniederlassung oder die Zweigniederlassung in selbständiger Entscheidungsbefugnis das Geschäft abgeschlossen hat.[108] Tritt die Zweigniederlassung aufgrund ihrer Entscheidungsfreiheit und Selbständigkeit nach außen als Besteller auf, erwirbt der für den Sitz der Zweigniederlassung zuständige Bezirksvertreter einen Provisionsanspruch, während der für den Sitz der Hauptniederlassung zuständige Bezirksvertreter leer ausgeht.[109] Umgekehrt steht dem für die Hauptniederlassung zuständigen Bezirksvertreter der Anspruch auf Bezirksprovision zu, wenn die Hauptniederlassung den Auftrag erteilt, und zwar auch dann, wenn die Lieferung an eine bezirksfremde Zweigniederlassung erfolgen soll.[110]

Im Einzelfall kann die Beurteilung, ob eine hinreichende rechtliche Selbständigkeit und **91** weitgehende **Entscheidungsfreiheit der Filialen** gegeben ist, schwierig sein.[111] Ermächtigt die Zentrale durch Stammorder die Filiale, selbständige Bestellungen aufzugeben, dann ist im Regelfall der Filiale hierdurch eine hinreichende Entscheidungsfreiheit eingeräumt. Bestellungen der Filiale lösen deshalb Provisionsansprüche des für diesen Bezirk zuständigen Bezirksvertreters aus, nicht aber für den Bezirksvertreter, der für den Bezirk der Zentrale zuständig ist.[112]

Entsprechende Grundsätze gelten auch dann, wenn ein Einzelkaufmann **zwei Unternehmen** betreibt, deren Sitze sich in verschiedenen Vertreterbezirken befinden. Für den Anspruch auf Bezirksprovision ist nicht ausschlaggebend, wohin die bestellte Ware geliefert werden soll. Maßgeblich ist in der Regel der Sitz des Unternehmens, in dessen Namen die Bestellung aufgegeben worden ist.[113]

b) Sitzverlegung eines Bezirkskunden. Probleme hinsichtlich der Provisionspflichtig- **92** keit von Geschäften können auch dann auftreten, wenn ein Bezirkskunde seinen Sitz in einen anderen Vertretungsbezirk verlegt. Für den bisher zuständigen Bezirksvertreter besteht ein Provisionsanspruch für die vor der Sitzverlegung zustande gekommenen Geschäfte mit diesem Kunden. Für die nach der Sitzverlegung abgeschlossenen Geschäfte steht ein Anspruch auf Bezirksprovision nach Abs. 2 nur dem Handelsvertreter zu, in dessen Bezirk der Kunde seinen Sitz verlegt hat. Hat der bisher zuständige Bezirksvertreter den Kunden allerdings für Geschäfte der nach der Sitzverlegung abgeschlossenen Art geworben, dann handelt es sich um Nachbestellungen iSv. Abs. 1 Satz 1 Alt. 2 mit einem entsprechenden

---

[107] Wegen weiterer Einzelheiten vgl. RdNr. 55.
[108] BGH BB 1957, 9; BGH BB 1978, 1137; Baumbach/Hopt RdNr. 27; Küstner/v. Manteuffel I RdNr. 799; Maier BB 1970, 1327, 1328; .
[109] BGH BB 1957, 9; Küstner/v. Manteuffel I RdNr. 800.
[110] Maier BB 1970, 1327, 1328.
[111] Vgl. dazu BGH BB 1978, 1136, 1137.
[112] Küstner/v. Manteuffel I RdNr. 800. – AA Staub/Brüggemann RdNr. 39. – Vgl. auch OLG Stuttgart BB 1960, 753 f.
[113] BGH BB 1976, 1530 f.

Provisionsanspruch.[114] Dies ergibt sich daraus, daß der Provisionsanspruch nach Abs. 1 Satz 1 Alt. 2 nicht von der Bezirkszugehörigkeit des Kunden abhängig ist.

93   **c) Messegeschäfte.** Bei Messegeschäften steht der Anspruch auf Bezirksprovision nicht dem Handelsvertreter zu, in dessen Bezirk die Messe stattgefunden hat. Ausschlaggebend ist auch hier die Bezirkszugehörigkeit des Kunden, so daß der Anspruch auf Bezirksprovision dem Handelsvertreter zusteht, in dessen Bezirk der Kunde seinen Wohnsitz oder seine gewerbliche Niederlassung hat. Fraglich kann sein, ob daneben ein Anspruch auf Tätigkeitsprovision nach Abs. 1 Satz 1 Alt. 1 für den Handelsvertreter besteht, der das Geschäft mit dem Kunden tatsächlich abgeschlossen hat. Auf Messen arbeiten nämlich Handelsvertreter häufig in einem **Team** in der Art und Weise zusammen, daß der Vertreter, der gerade frei ist, den jeweiligen Interessenten ohne Rücksicht auf seine Bezirkszugehörigkeit bedient. Ein solcher Provisionsanspruch für den das Geschäft vermittelnden Handelsvertreter muß allerdings in der Regel schon deswegen ausscheiden, weil er durch Vermittlung von Geschäften mit nicht bezirkszugehörigen Kunden gegenüber dem Unternehmer seine eingeräumten Befugnisse überschreitet.[115]

94   Rechtsdogmatisch ist die **Teamvereinbarung** als Abrede zwischen den Handelsvertretern darüber anzusehen, daß sie gegenüber nicht bezirkszugehörigen Kunden als Erfüllungsgehilfen des Bezirksvertreters tätig werden, dessen Bezirk der Kunde angehört. Daher kann der Bezirksvertreter bei späteren Nachbestellungen eines' auf der Messe geworbenen Kunden auch dann den Provisionsanspruch nach Abs. 1 Satz 1 Alt. 2 geltend machen, wenn er das Messegeschäft mit diesem Kunden nicht persönlich abgeschlossen hat. Das Handeln des tätigwerdenden Handelsvertreters ist ihm nach § 278 BGB als eigenes zuzurechnen.[116]

95   **d) Belegschaftsverkauf.** Ein Anspruch auf Bezirksprovision entsteht nicht, wenn der Unternehmer an unternehmensangehörige **Arbeitnehmer Waren für deren eigenen Gebrauch** zu Sonderkonditionen abgibt.[117] Es handelt sich hierbei nämlich um selbständige Annexgeschäfte im Rahmen des Arbeitsverhältnisses, zu deren Vermittlung der Handelsvertreter gerade nicht beauftragt ist. Gibt der Unternehmer allerdings an Betriebsangehörige Warenmengen ab, welche die Grenzen des Eigenbedarfs überschreiten, dann handelt es sich hierbei um ein Umsatzgeschäft, aus dem der Bezirksvertreter einen vollen Provisionsanspruch erwirbt.

96   **e) Untätigkeit des Handelsvertreters.** Die Bezirksprovision ist wirtschaftliche Gegenleistung des Unternehmers für die Wahrnehmung seiner Belange durch den Bezirksvertreter in dem diesem zugewiesenen Bezirk. Erfüllt der Bezirksvertreter diese Verpflichtung zum Tätigwerden für den Unternehmer nicht, so ist fraglich, ob er gleichwohl Provision für die ohne seine Mitwirkung geschlossenen Geschäfte mit bezirkszugehörigen Personen verlangen kann. Da der Anspruch auf Bezirksprovision nach Abs. 2 ein Tätigwerden des Bezirksvertreters nicht voraussetzt, läßt dessen Untätigkeit grundsätzlich den Anspruch auf die Bezirksprovision unberührt.[118] Dies gilt insbesondere dann, wenn der Unternehmer dem Handelsvertreter durch sein eigenes Verhalten die Tätigkeit unmöglich gemacht hat.[119] Der Handelsvertreter behält dann nach § 324 Abs. 1 BGB den Anspruch auf seine Gegenleistung.[120] Richtigerweise umfaßt der Anspruch auf die Gegenleistung nach § 324 Abs. 1 BGB nicht nur diejenigen Provisionen, die sich bei normaler Be-

---

[114] *G. Schröder* DB 1963, 541; Staub/*Brüggemann* RdNr. 39. – AA *Küstner/v. Manteuffel* I RdNr. 813 ff.; *Wessel* BB 1962, 473, 474. – Für Provisionsteilung Baumbach/*Hopt* RdNr. 35.

[115] Gegen einen Provisionsanspruch auch *Küstner/ v. Manteuffel* I RdNr. 819.

[116] KG BB 1969, 1062; *Küstner/v. Manteuffel* I RdNr. 817 ff.

[117] Staub/*Brüggemann* RdNr. 36.

[118] Baumbach/*Hopt* RdNr. 32; *Küstner/v. Manteuffel* I RdNr. 771 ff.

[119] OLG Düsseldorf NJW 1959, 52.

[120] Unklar Staub/*Brüggemann* RdNr. 32, der dem Handelsvertreter einen in § 324 BGB nicht geregelten Schadensersatzanspruch zugestehen will.

treuungsarbeit im Bezirk ergeben hätten. Auch außergewöhnliche Steigerungen durch einen zwischenzeitlich eingesetzten neuen Bezirksvertreter oder eigene Bemühungen des Unternehmers müssen nach dem Grundgedanken des Abs. 2 berücksichtigt werden.[121] Der Anspruch auf die Bezirksprovision ist nämlich gerade davon unabhängig, daß der Handelsvertreter irgendwelche Initiative entfaltet hat und entsteht auch dann, wenn das Geschäft allein auf das Tätigwerden des Unternehmers oder eines Dritten zurückzuführen ist.

Auch soweit der **Bezirksvertreter schuldhaft untätig** bleibt, läßt dies den Anspruch auf **97** die Bezirksprovision nicht entfallen. Der Unternehmer kann allerdings in einem solchen Fall mit Schadensersatzansprüchen aus §§ 325, 326 BGB für die ihm entgangenen Geschäfte und für seine Kosten und Aufwendungen, die ihm der Handelsvertreter hätte ersparen sollen, aufrechnen und gegebenenfalls das Vertragsverhältnis außerordentlich kündigen (§ 89a).[122] Den Anspruch auf die Bezirksprovision verliert der Handelsvertreter nur ausnahmsweise nach Treu und Glauben (§ 242 BGB), wenn der Bezirksvertreter eine Tätigkeit für den Unternehmer in einer gegen Treu und Glauben verstoßenden Weise unterlassen hat. Hierfür reicht es nicht aus, wenn die allgemeine Bezirksvertretertätigkeit des Handelsvertreters den berechtigten Anforderungen des Unternehmers nicht genügt, dieser zB die Kunden seltener als vertraglich vereinbart besucht.[123] Auch eine vorübergehende Verhinderung durch Wehrdienst läßt den Anspruch auf Bezirksprovision nicht entfallen.[124] Demgegenüber entfällt der Anspruch auf Bezirksprovision, wenn der Unternehmer ein Tätigwerden des Bezirksvertreters im Hinblick auf ein bestimmtes Geschäft wünscht und dieser ohne ersichtlichen Grund sich weigert, dem Wunsche des Unternehmers nachzukommen.[125]

f) Erkrankung des Handelsvertreters. Die vorstehend allgemein entwickelten Grund- **98** sätze finden auch dann Anwendung, wenn der Bezirksvertreter aus krankheitsbedingten Gründen an der Ausübung jeglicher Tätigkeit gehindert ist. Solange das Vertragsverhältnis besteht, sind ihm auch Bezirksprovisionen gemäß den vertraglichen Vereinbarungen zu zahlen.[126] Dies gilt nicht nur bei vorübergehender, sondern auch bei dauernder Arbeitsunfähigkeit. Entgegen einer in Rechtsprechung[127] und Literatur[128] vertretenen Auffassung führt die dauernde Arbeitsunfähigkeit nicht zu einer Beendigung des Handelsvertreterverhältnisses nach § 275 BGB. Diese Norm befreit den Schuldner nämlich nur von seiner Leistungspflicht, ohne den Bestand des Schuldverhältnisses im übrigen zu berühren.[129] Der Handelsvertreter behält auch bei dauernder Arbeitsunfähigkeit bis zur Beendigung des Vertragsverhältnisses durch Kündigung oder einvernehmlichen Beendigungsvertrag den Anspruch auf Bezirksprovision, weil die während der Verhinderungszeit zustande gekommenen Geschäfte noch auf die zuvor ausgeübte allgemeine Bezirksbetreuung zurückgeführt werden können.

6. Abweichende Vereinbarungen. Auch die gesetzlichen Regelungen über die Bezirks- **99** sprovision sind in den allgemeinen Grenzen dispositiv. Insbesondere kann daher vereinbart werden, daß Provisionen für solche Geschäfte, die ohne Mitwirkung des Handelsvertreters zustande gekommen sind, nur mit einem **niedrigeren Satz** zu verprovisionieren sind. Wird der Anspruch auf Bezirksprovision ganz ausgeschlossen, handelt es sich rechtlich nicht mehr um Bezirksvertretung. Vielmehr bedeutet dann die Bezirksvereinbarung nur eine Beschränkung des Tätigkeitskreises des Handelsvertreters.

Vertraglich kann auch die **Art der provisionspflichtigen Geschäfte** eingeschränkt wer- **100** den. Es kann zB vereinbart werden, daß Direktverkäufe „an oder über" bestimmte Kunden

[121] AA OLG Düsseldorf NJW 1959, 52.
[122] Baumbach/*Hopt* RdNr. 32. – Vgl. auch Staub/*Brüggemann* RdNr. 32.
[123] OLG Stuttgart BB 1970, 1112 f.
[124] RGZ 109, 254, 257.
[125] OLG Hamm NJW 1959, 677; Staub/*Brüggemann* RdNr. 32.

[126] BGHZ 41, 292, 295 f.
[127] LG Berlin NJW 1969, 513 ff. mit zust. Anm. *Weiß.*
[128] *Küstner/v. Manteufel* I RdNr. 774 f.
[129] So schon zutreffend *Titze*, Die Unmöglichkeit der Leistung nach deutschem bürgerlichen Recht, 1900, S. 111 f.

des dem Handelsvertreter zugewiesenen Bezirks nicht verprovisioniert werden sollen, die ohne Mitwirkung des Bezirksvertreters abgeschlossen werden.

101   Wie bei der Provisionskonkurrenz **mehrerer Handelsvertreter** nach Abs. 1 empfiehlt sich auch bei Bezirksvertretern, Regelungen darüber zu treffen, wem Provisionsansprüche zustehen sollen, wenn mehrere Vertreter nebeneinander oder nacheinander tätig werden und so einen Provisionsanspruch erwerben (dazu schon oben RdNr. 51 ff.).

V. Provision für Abschlüsse nach Vertragsende (Abs. 3)

102   **1. Zweck der Regelung.** Unter den besonderen Voraussetzungen des Abs. 3 entsteht ein Provisionsanspruch des Handelsvertreters auch für Geschäfte, die erst nach Beendigung des Vertragsverhältnisses abgeschlossen worden sind. Die Vorschrift will eine **Benachteili-gung** desjenigen Handelsvertreters **verhindern**, der erhebliche Mühen in die Vermittlung eines Geschäfts investiert hat, das erst nach Beendigung seines Vertreterverhältnisses abge-schlossen worden ist.[130] Die Bestimmung geht zurück auf das Änderungsgesetz 1953. Sie hat erhebliche Änderungen durch das Gesetz zur Durchführung der EG-Richtlinie zur Koordinierung des Rechts der Handelsvertreter erfahren. Zum einen bleibt dem ausge-schiedenen Handelsvertreter danach der Provisionsanspruch immer dann erhalten, wenn das Angebot des Dritten zum Abschluß eines Geschäfts vor Beendigung des Vertragsver-hältnisses dem Handelsvertreter oder dem Unternehmer zugegangen ist (Abs. 3 Satz 1 Nr. 2).

103   Zum anderen wurde erstmals unter bestimmten Voraussetzungen die Möglichkeit einer **Provisionsteilung** zwischen ausgeschiedenem Handelsvertreter und Nachfolger vorgesehen (Abs. 3 Satz 2). Die Möglichkeit einer Provisionsteilung beruht auf der Erwägung, daß es in besonderen Fällen ungerechtfertigt sein kann, den Provisionsanspruch des Vertreternach-folgers in vollem Umfange auszuschließen, wenn der Geschäftsabschluß letztlich auch auf sein Tätigwerden mit zurückzuführen ist.[131] Abs. 3 Satz 1 und 2 sind auf den Vertragshänd-ler[132] und den Franchise-Nehmer[133] entsprechend anwendbar; auf den Kommissi-onsagenten kann Abs. 3 Nr. 1 mit der Maßgabe Anwendung finden, daß dem Provisions-anspruch die Vertragsbeendigung nicht entgegensteht, wenn der Kommissionsagent die auf den Abschluß des Geschäfts in seinem Namen gerichtete Willenserklärung bereits vor Beendigung des Vertragsverhältnisses abgegeben, der Dritte allerdings dieses Angebot noch nicht angenommen hatte.

104   **2. Voraussetzungen des Provisionsanspruchs (Satz 1). a) Zugang des Vertragsange-bots des Dritten vor Vertragsende (Nr. 2).** Nach der durch das Gesetz zur Durchfüh-rung der EG-Richtlinie zur Koordinierung des Rechts der Handelsvertreter neu eingefüg-ten Bestimmung des Abs. 3 Satz 1 Nr. 2 entsteht für den ausgeschiedenen Handelsvertreter der Provisionsanspruch für erst nach Beendigung des Vertragsverhältnisses zustande ge-kommene Geschäfte dann, wenn das Angebot des Dritten zum Abschluß eines Geschäfts vor Beendigung des Vertragsverhältnisses dem Handelsvertreter oder dem Unternehmer bereits zugegangen war. Für die Entstehung des Provisionsanspruchs ist weder eine über-wiegende Verursachung des Geschäftsabschlusses noch eine Vermittlungstätigkeit durch den Handelsvertreter Voraussetzung, so daß auch der Bezirksvertreter geschützt wird.[134] Hierdurch soll verhindert werden, daß der Unternehmer die Provisionspflicht vermeidet, indem er die Annahme des Kundenangebots bis nach der Beendigung des Handelsvertre-terverhältnisses hinausschiebt.[135]

---

[130] Begr. z. Reg-E., BT-Drs. 1/3856 S. 23 f.; *Küstner/v. Manteuffel* I RdNr. 850. – Wegen des Verhältnisses zum Ausgleichsanspruch s. u. § 89 b RdNr. 86.

[131] *Küstner/v. Manteuffel* BB 1990, 291, 295.

[132] Baumbach/*Hopt* § 84 RdNr. 11; Staub/*Brüg-gemann* Vor § 84 RdNr. 25; *Ulmer,* Der Vertrags-händler, S. 488 f.

[133] *Matthießen* ZIP 1988, 1089, 1095.

[134] Baumbach/*Hopt* RdNr. 44; *Küstner/v. Man-teuffel* BB 1990, 291, 295.

[135] *Eckert* NZA 1990, 384, 385; *Küstner/v. Man-teuffel* BB 1990, 291, 295.

Anders als für die Entstehung des Provisionsanspruchs nach Abs. 3 Satz 1 Nr. 1 ist eine **105** **zeitliche Grenze** für den Geschäftsabschluß in Abs. 3 Satz 1 Nr. 2 **nicht vorgesehen.** Der Provisionsanspruch entsteht auch dann, wenn der Unternehmer das Angebot erst erhebliche Zeit nach Beendigung des Vertreterverhältnisses annimmt. Unerheblich ist es auch, wenn der Unternehmer das Angebot nur mit geringfügigen Veränderungen annimmt.[136] Zwar handelt es sich rechtsdogmatisch insoweit um eine geänderte Annahme, die gemäß § 150 Abs. 2 BGB als neuer Antrag gilt, der seinerseits zunächst vom Geschäftspartner angenommen werden muß; entscheidend muß aber auch hier der Sinn und Zweck der Regelung sein. Der Unternehmer soll nicht die Möglichkeit haben, durch geringfügige Änderungen der Enstehung des Provisionsanspruchs zu entgehen. Daher reicht es aus, wenn in dem vor Beendigung des Vertragsverhältnisses abgegebenen Angebot des Kunden die wesentlichen Regelungen des später zustandegekommenen Geschäfts bereits beinhaltet waren.

b) Tätigwerden des Handelsvertreters (Nr. 1). Hat der Kunde zum Zeitpunkt der Be- **106** endigung des Vertreterverhältnisses das Vertragsangebot noch nicht abgegeben, dann entsteht bei einem **späteren Geschäftsabschluß** der Provisionsanspruch des Handelsvertreters nur unter besonderen sachlichen und zeitlichen Voraussetzungen. Der Handelsvertreter muß zum einen noch vor der Vertragsbeendigung das Geschäft vermittelt oder soweit eingeleitet und vorbereitet haben, daß der Abschluß **überwiegend auf seine Tätigkeit zurückzuführen** ist. Zum anderen muß das Geschäft innerhalb einer angemessenen Frist nach der Vertragsbeendigung abgeschlossen worden sein.

aa) Sachliche Voraussetzungen. Von einer **Vermittlung iSv. Nr. 1** kann nur dann **107** ausgegangen werden, wenn die Vertragsbedingungen im wesentlichen festliegen und zum rechtswirksamen Zustandekommen des abschlußreifen Geschäfts nur noch die abschließenden Erklärungen des Unternehmers oder des Geschäftspartners ausstehen. Dabei wird der Fall, daß der Kunde sein Angebot bereits bindend abgegeben hat, schon von Nr. 2 erfaßt. Die 1. Alt. der Nr. 1 hat daher praktisch wenig Bedeutung.[137]

Praxisrelevanter, rechtlich aber auch schwieriger zu beurteilen sind die Fallgestaltungen, **108** in denen der Handelsvertreter das **Geschäft nur eingeleitet und vorbereitet** hat. Wie für den Provisionsanspruch nach Abs. 1 Satz 1 genügt auch hier jedwede Einleitungs- oder Vorbereitungshandlung, die für den späteren Geschäftsabschluß ursächlich geworden ist. Im Gegensatz zu Abs. 1 Satz 1 begründet der Geschäftsabschluß nach Beendigung des Vertreterverhältnisses aber nur dann einen Provisionsanspruch für den Handelsvertreter, wenn der Abschluß überwiegend auf seine Tätigkeit zurückzuführen ist. Gleiche Mitverursachung im Verhältnis zu anderen Beteiligten, insbesondere im Verhältnis zum Unternehmer, reicht hierfür nicht aus.[138]

Ob der Geschäftsabschluß **überwiegend auf die Tätigkeit** des ausgeschiedenen Han- **109** delsvertreters zurückzuführen ist, muß durch vergleichende Gegenüberstellung der verschiedenen Gründe, die zu dem Geschäftsabschluß geführt haben, ermittelt werden. Entscheidend ist, ob die Bemühungen des ausgeschiedenen Handelsvertreters oder die Tätigkeit des Unternehmers oder seiner Beauftragten in stärkerem Maße den Geschäftsabschluß verursacht haben. Ein überwiegendes Tätigwerden des Handelsvertreters ist zB für Fallgestaltungen anerkannt worden, in denen der Handelsvertreter verschiedene Stoffmuster an den Kunden verkauft hatte und der Kunde später, nach Erprobung der aus den Mustern gefertigten Waren, größere Stoffmengen orderte.[139] Auch wenn der Handelsvertreter zunächst nur einen Bezugs- bzw. Rahmenvertrag vermitteln konnte, kommt für die innerhalb angemessener Zeit nach Ende des Handelsvertreterverhältnisses im Rahmen des Bezugsvertrages aufgegebenen Einzelbestellungen ein Provisionsanspruch nach Abs. 3 Satz 1 Nr. 1 in Betracht.[140]

---

[136] Baumbach/*Hopt* RdNr. 45; *Küstner/v. Manteuffel* BB 1990, 291, 295.
[137] Ebenso Baumbach/*Hopt* RdNr. 140.
[138] *Küstner/v. Manteuffel* I RdNr. 859.
[139] BGH DB 1957, 1086.
[140] Baumbach/*Hopt* RdNr. 41; Staub/*Brüggemann* RdNr. 45.

110   Abs. 3 Satz 1 Nr. 1 läßt Provisionsansprüche für Geschäftsabschlüsse nach Ende des Vertreterverhältnisses nur bei überwiegender Tätigkeit des Handelsvertreters entstehen. Die Bestimmung findet daher auf den **Bezirksvertreter** keine Anwendung.

111   **bb) Zeitlicher Zusammenhang.** Auch wenn der Handelsvertreter überwiegend tätig geworden ist, entsteht der Provisionsanspruch nur, wenn der Geschäftsabschluß **innerhalb angemessener Zeit** nach Beendigung des Handelsvertreterverhältnisses erfolgt. Diese Begrenzung beruht auf Zweckmäßigkeitserwägungen und soll zu einer raschen Abwicklung des Vertragsverhältnisses beitragen.[141] Die Frist beginnt daher erst mit Beendigung des Vertragsverhältnisses und nicht schon mit dem Ende der das einzelne Geschäft vermittelnden oder vorbereitenden Tätigkeit des Handelsvertreters.[142] Welche Frist angemessen ist, bestimmt sich im Einzelfall nach Art, Inhalt und Bedeutung des abgeschlossenen Geschäfts unter Berücksichtigung der Verkehrssitte. Je länger die Vorbereitung des einzelnen Geschäfts bestimmter Art zu dauern pflegt, desto länger muß die Provisionspflicht nach Vertragsende dauern.

So darf der Abschluß über **Saisonware** nicht später als das Erscheinen der Muster für die neue Saison erfolgen. Bei sofort lieferbarer **Stapelware** wird die Frist kürzer zu bemessen sein, als bei der Lieferung einer Maschine mit **Spezialanfertigung**. Für die Auftragserteilung zur Erstellung einer Berechnungsanlage ist sogar ein Zeitraum von zwei Jahren nach Beendigung des Vertreterverhältnisses als angemessen erachtet worden.[143]

112   **3. Provisionsteilung (Satz 2).** Liegen die Voraussetzungen für die Entstehung des Provisionsanspruchs nach Abs. 3 Satz 1 vor, dann erwirbt der Handelsvertreter grundsätzlich den **vollen Provisionsanspruch.** Dies gilt auch dann, wenn der Unternehmer selbst oder sein Personal für den Geschäftsabschluß mitursächlich waren. Nach dem durch das Gesetz zur Durchführung der EG-Richtlinie zur Koordinierung des Rechts der Handelsvertreter neu eingefügten Satz 2 kommt allerdings eine **Provisionsteilung** mit dem Nachfolger des Handelsvertreters in Betracht, wenn wegen besonderer Umstände eine Teilung der Provision der Billigkeit entspricht. Solche besonderen Umstände liegen nur vor, wenn der Nachfolger sich für den Geschäftsabschluß eingesetzt und somit zum Zustandekommen des Geschäfts mitursächlich beigetragen hat.[144]

113   Allerdings führt nicht jede Mitwirkung des Nachfolgers zur Provisionsteilung. Die Mitwirkung muß so erheblich sein, daß es der **Billigkeit** widerspräche, wenn der Nachfolger trotz seines Einsatzes leer ausginge. Dabei ist die Generalklausel Billigkeit ein unbestimmter Rechtsbegriff und normativer Begriff, der zwar selbst keine Wertung enthält, aber eine Richtlinienfunktion hat.[145] Durch den Maßstab der Billigkeit soll im jeweiligen Einzelfall ein den beteiligten Parteien gerecht werdender Ausgleich gefunden werden, bei dem die Eigenart des Sachverhalts wesentlich zu berücksichtigen ist.[146] Die Billigkeitsprüfung hat unter Berücksichtigung aller Umstände des Einzelfalls stattzufinden, wobei als Abwägungskriterien nicht nur die vertragsbezogenen,[147] sondern auch vertragsfremde Umstände heranzuziehen sind.[148] Unberücksichtigt bleiben nur sachfremde Gesichtspunkte.

114   Obwohl die Billigkeitsprüfung eine **Einzelfallabwägung** erfordert, lassen sich doch einige allgemeine **Richtlinien** aufstellen: Bei nur geringer Mitwirkung des Nachfolgers und klar überwiegender Mitwirkung des ausgeschiedenen Handelsvertreters bleibt es bei der Grundregel des Abs. 3 Satz 1. Dem ausgeschiedenen Handelsvertreter steht in voller Höhe der Provisionsanspruch zu, weil die Einzelfallgerechtigkeit bei geringfügigen Beträgen eine Provisionsteilung nicht erfordert.[149] Demgegenüber erfordert die Billigkeit eine Provisionsteilung, wenn der Handelsvertreter dem Unternehmer zwar ein Angebot des Kunden

141 Begr. z. Reg.-E., BT-Drs. 1/3856, S. 24.
142 Heymann/*Sonnenschein/Weitemeyer* RdNr. 16; Baumbach/*Hopt* RdNr. 43; Staub/*Brüggemann* RdNr. 48. – AA *Küstner/v. Manteuffel* I RdNr. 864.
143 Baumbach/*Hopt* RdNr. 43; *v.Gamm* NJW 1979, 2489, 2492.
144 Baumbach/*Hopt* RdNr. 46.

145 *v. Hoyningen-Huene* Billigkeit S. 30 ff.
146 *v. Hoyningen-Huene* Billigkeit S. 32.
147 So aber OLG Karlsruhe BB 1957, 561.
148 BGHZ 18, 149 ff.; BGHZ 23, 90, 99; *v. Hoyningen-Huene* Billigkeit S. 117.
149 AA Baumbach/*Hopt* RdNr. 46.

vermittelt hat, aber noch wesentliche regelungsbedürftige Punkte offengeblieben waren, um deren Klärung sich der nachfolgende Handelsvertreter bemühen mußte.[150]

4. Abweichende Vereinbarungen. Auch die Regelung des Abs. 3 ist insgesamt dispositiv.[151] Die Vertragspartner können also den Provisionsanspruch für Abschlüsse nach Vertragsende insgesamt ausschließen oder insoweit geringere Provisionssätze vereinbaren. Soweit ein solcher Ausschluß nicht vereinbart wird, empfiehlt es sich, den Angemessenheitsbegriff des Gesetzes im Interesse der Rechtssicherheit durch eine genau begrenzte Frist zu ersetzen. Es kann also vereinbart werden, daß nachvertragliche Geschäftsabschlüsse nur dann provisionspflichtig sind, wenn sie innerhalb eines bestimmten Zeitraums nach der Vertragsbeendigung zustande kommen.[152]   115

VI. Inkassoprovision (Abs. 4)

Nach Abs. 4 steht dem Handelsvertreter neben dem Anspruch auf Abschlußprovision ein Anspruch auf Inkassoprovision für die von ihm auftragsgemäß eingezogenen Beträge zu. Der Einzug des von dem Dritten zu zahlenden Entgelts gehört nämlich nicht zu den Aufgaben eines Handelsvertreters. Vielmehr bedarf es hierzu eines **besonderen Inkassoauftrags** (§ 55 Abs. 3). Übernimmt der Handelsvertreter das Inkasso, so steht ihm für die von ihm auftragsgemäß eingezogenen Beträge eine besondere Vergütung zu.[153]   116

Der Anspruch auf Inkassoprovision entsteht nur insoweit, als der Handelsvertreter mit der Einziehung der Beträge **beauftragt** war. Zieht er Beträge eigenmächtig ein, entsteht weder ein Provisionsanspruch nach Abs. 4 noch ein Anspruch aus § 354.[154] Allerdings hat der Unternehmer die Möglichkeit, die Einziehung nachträglich zu genehmigen und damit einen Provisionsanspruch nach Abs. 4 auszulösen. Jedoch liegt in der Geltendmachung des Anspruchs auf Abführung unbefugt eingezogener Beträge regelmäßig nicht die Genehmigung der auftragslosen Geschäftsführung, weil der Unternehmer insoweit nur seine Rechte aus §§ 681, 667 BGB geltend macht. Mit Beendigung des Handelsvertreterverhältnisses endet im Zweifel auch ein von dem Unternehmer erteilter Inkassoauftrag, so daß der Handelsvertreter für später eingezogene Beträge keine Inkassoprovision mehr verlangen kann.[155]   117

Der Anspruch auf Inkassoprovision entsteht auch bei der Einziehung von Beträgen aus solchen Geschäften, aus denen dem Handelsvertreter **kein Provisionsanspruch** nach Abs. 1 oder Abs. 2 zusteht. Es ist daher nicht Voraussetzung, daß der Handelsvertreter das Geschäft selbst vermittelt oder abgeschlossen hat oder er für das Geschäft Bezirksprovision beanspruchen kann. Die Höhe der Inkassoprovision wird mangels entsprechender Vereinbarung oder entsprechenden Handelsbrauchs nach § 87b bestimmt. Der Anspruch ist fällig, sobald der Handelsvertreter die Beträge eingezogen hat. Bei Einziehung von Teilbeträgen ist zunächst nur eine Provision nach Maßgabe der eingezogenen Teilbeträge fällig.   118

VII. Zwangsvollstreckung und Konkurs

1. Zwangsvollstreckung. Der Provisionsanspruch des Handelsvertreters ist Arbeitseinkommen iSv. § 850 Abs. 1 ZPO und unterliegt daher den besonderen Pfändungsschutzvorschriften der §§ 850 ff. ZPO,[156] soweit die Handelsvertretertätigkeit den Handelsvertreter vollständig oder zu einem wesentlichen Teil in Anspruch nimmt. Die Selbständigkeit des Handelsvertretertätigkeit steht dem Pfändungsschutz nicht entgegen, weil nach § 850 Abs. 2 ZPO auch Einkommen aus selbständigen Dienstverhältnissen Arbeitseinkommen im   119

150 *Küstner/v. Manteuffel* I RdNr. 873.
151 Begr. z. Reg.-E., BT-Drs. 11/3077 S. 8.
152 *Küstner/v. Manteuffel* I RdNr. 866.
153 Begr. z. Reg.-E., BT-Drs. 1/3856 S. 24.
154 Heymann/*Sonnenschein/Weitemeyer* RdNr. 27.
155 Staub/*Brüggemann* RdNr. 51.

156 BAG AP Nr. 3 zu § 850 ZPO mit zust. Anm. *Pohle*; OLG Hamm BB 1972, 855; Baumbach/Lauterbach/*Hartmann* § 850 RdNr. 11; Heymann/*Sonnenschein/Weitemeyer* RdNr. 28; *Küstner/v. Manteuffel* I RdNr. 1301 ff.

Sinne der **Pfändungsschutzvorschriften** sind. Ob die Handelsvertretertätigkeit die Erwerbstätigkeit vollständig oder zu einem wesentlichen Teil in Anspruch nimmt, ist bei Mehrfirmenvertretern nicht isoliert für jedes Vertreterverhältnis gesondert zu betrachten. Vielmehr handelt es sich auch bei verschiedenen Handelsvertreterverhältnissen zu mehreren Unternehmern um eine einheitliche Erwerbstätigkeit, die deshalb auch iSd. Pfändungsschutzvorschriften einheitlich zu behandeln und demgemäß einer Gesamtbetrachtung zu unterwerfen ist.[157]

120   **Nicht der Pfändung unterworfen** sind nach § 850a Nr. 3 ZPO insbesondere Aufwandsentschädigungen, die der Handelsvertreter vom Unternehmer als Ersatz oder Entschädigung für Auslagen oder Aufwendungen erhält, die ihm aus Anlaß seiner Vertretertätigkeit entstehen, zB für die Benutzung eines Pkws, auswärtige Übernachtungen oder Mehraufwendungen für Beköstigung und Kleidung.[158]

121   Soweit die Provisionsansprüche des Handelsvertreters nach §§ 850 ff. ZPO der Pfändung unterliegen, erstreckt sich das **Pfandrecht** gemäß § 832 ZPO auch auf die nach der Pfändung fällig werdenden Beträge. Problematisch kann eine solche Vorauspfändung sein, wenn der Handelsvertreter zum Inkasso berechtigt ist und aufgrund besonderer Abrede mit dem Unternehmer von den kassierten Geldern jeweils nur den Teilbetrag weiterleiten muß, der nach Deckung der ihm zustehenden Provisionen verbleibt. Nach ganz überwiegender, in der Begründung nicht ganz einheitlicher Auffassung, setzt sich eine solche Verrechnungsabrede gegen eine spätere Pfändung nicht durch. Der Handelsvertreter muß also die eingezogenen Gelder ohne Abzug seiner Provision an den Unternehmer auskehren. Der Unternehmer ist in Höhe des pfändbaren Teils der Provision von seiner Zahlungspflicht gegenüber dem Handelsvertreter frei und muß diesen Betrag als Drittschuldner an den Pfändungsgläubiger auszahlen.[159]

122   **2. Konkurs. a) Des Handelsvertreters.** Die Eröffnung des Konkursverfahrens über das Vermögen des Handelsvertreters berührt den Bestand des Handelsvertreterverhältnisses grundsätzlich nicht. Der Unternehmer kann allerdings aufgrund der Konkurseröffnung das Handelsvertreterverhältnis aus wichtigem Grunde fristlos kündigen[160] (vgl. auch § 89 RdNr. 25). In die Konkursmasse gemäß § 1 KO fallen nach zutreffender Auffassung nicht sämtliche Provisionsansprüche, die auf einer vor Konkurseröffnung erfolgen Tätigkeit beruhen,[161] sondern nur solche Provisionsansprüche bzw. Provisionsanwartschaften, denen vor der Konkurseröffnung provisionspflichtig abgeschlossene Geschäfte zugrunde liegen[162] (anders ab 1. 1. 1999: § 35 InsO, wonach auch das während des Insolvenzverfahrens erlangte Vermögen in die Insolvenzmasse fällt).

123   **b) Des Unternehmers.** Im Konkurs des Unternehmers sind die Provisionsansprüche des Handelsvertreters im allgemeinen **einfache Konkursforderungen.** Dies gilt insbesondere auch dann, wenn der Konkursverwalter sich gegenüber dem Kunden nach § 17 KO (ab 1. 1. 1999: § 103 InsO) für die Erfüllung des vor Konkurseröffnung vom Unternehmer als Gemeinschuldner abgeschlossenen Geschäfts entscheidet.[163] Ausschlaggebend ist, daß die Provisionsanwartschaft bereits vor Konkurseröffnung als aufschiebend bedingt entstanden war. Nur wenn der Konkursverwalter das vom Handelsvertreter vermittelte Geschäft selbst nach Konkurseröffnung abschließt, entsteht der Provisionsanspruch als Masseanspruch gemäß § 59 Abs. 1 Nr. 1 KO (ab 1. 1. 1999: § 55 Abs. 1 Nr. 1 InsO).[164]

---

[157] Baumbach/*Hopt* RdNr. 50; *Küstner/v. Manteuffel* I RdNr. 1304.

[158] OLG Hamm BB 1956, 668.

[159] Baumbach/Lauterbach/*Hartmann* § 829 RdNr. 57; Heymann/*Sonnenschein/Weitemeyer* RdNr. 28; Baumbach/*Hopt* RdNr. 50; *Küstner/v. Manteuffel* I RdNr. 1311 ff.; Staub/*Brüggemann* § 87 b RdNr. 15. – AA LG Bochum BB 1957, 1158 f. mit zust. Anm. *Röllecke.*

[160] *Küstner/v. Manteuffel* I RdNr. 1344 m. w. N.

[161] So aber Heymann/*Sonnenschein/Weitemeyer* RdNr. 29.

[162] Zutreffend *Küstner/v. Manteuffel* I RdNr. 1346 ff.

[163] BGH NJW 1990, 1665; Heymann/*Sonnenschein/Weitemeyer* RdNr. 30; Baumbach/*Hopt* RdNr. 51. – AA *Küstner/v. Manteuffel* I RdNr. 1333 ff.

[164] *Küstner/v. Manteuffel* I RdNr. 1327.

Für den **Einfirmenvertreter** iSv. § 92a gilt das Konkursvorrecht der §§ 59 Abs. 1 **124** Nr. 3c, 61 Abs. 1 Nr. 1 c KO.

§ 87a [Fälligkeit der Provision]

(1) Der Handelsvertreter hat Anspruch auf Provision, sobald und soweit der Unternehmer das Geschäft ausgeführt hat. Eine abweichende Vereinbarung kann getroffen werden, jedoch hat der Handelsvertreter mit der Ausführung des Geschäfts durch den Unternehmer Anspruch auf einen angemessenen Vorschuß, der spätestens am letzten Tag des folgenden Monats fällig ist. Unabhängig von einer Vereinbarung hat jedoch der Handelsvertreter Anspruch auf Provision, sobald und soweit der Dritte das Geschäft ausgeführt hat.

(2) Steht fest, daß der Dritte nicht leistet, so entfällt der Anspruch auf Provision; bereits empfangene Beträge sind zurückzugewähren.

(3) Der Handelsvertreter hat auch dann einen Anspruch auf Provision, wenn feststeht, daß der Unternehmer das Geschäft ganz oder teilweise nicht oder nicht so ausführt, wie es abgeschlossen worden ist. Der Anspruch entfällt im Falle der Nichtausführung, wenn und soweit diese auf Umständen beruht, die vom Unternehmer nicht zu vertreten sind.

(4) Der Anspruch auf Provision wird am letzten Tag des Monats fällig, in dem nach § 87 c Abs. 1 über den Anspruch abzurechnen ist.

(5) Von Absatz 2 erster Halbsatz, Absätze 3 und 4 abweichende, für den Handelsvertreter nachteilige Vereinbarungen sind unwirksam.

Schrifttum: *Altmeppen,* Provisionsansprüche bei Vertragsauflösung, 1987; *Bonvie,* Der Provisionsanspruch des ausscheidenden Versicherungsvertreters bei stornogefährdeten Verträgen, VersR 1986, 119 ff.; *Glaser,* Vergütungsfragen des Handelsvertreterrechts, DB 1965, 297 ff.; *Hans,* Die Provision des Handelsvertreters - insbesondere des Versicherungsvertreters bei Nichtausführung des vermittelten Geschäfts, BB 1957, 1060 ff.; *Hoffstadt,* Rechtsstellung des Handelsvertreters im Konkurs des vertretenen Unternehmens, DB 1983, 645 f.; *Holling,* Der Provisionsanspruch des Handelsvertreters bei Nichtausführung eines abgeschlossenen Geschäfts durch das vertretene Unternehmen, DB 1960, 79 f.; *Kempfler,* Der Provisionsanspruch bei Werk- und Werklieferungsverträgen, NJW 1963, 524 ff.; *Killinger,* Die Provisionsschuld des Geschäftsherrn gegenüber seinem Handelsvertreter, BB 1981, 1925 ff.; *Knorr,* „Nacharbeit" des Handelsvertreters, DB 1975, 111 f.; *Rewolle,* Die Provision des Handelsvertreters nach Rücktritt vom Vertrag nach dem Abzahlungsgesetz, DB 1964, 467 ff.; *Roemer,* Die Realisierung des Handelsvertreterprovisionsanspruchs, Diss. München 1981; *Schröder,* Gesetzlicher und vertraglicher Provisionsanspruch des Handelsvertreters, BB 1963, 567 ff.; *Sieg,* Der Bereicherungsanspruch des Versicherers gegen seinen Vermittler, VersR 1993, 1198 ff.; *Sundermann,* Die Provision des Versicherungsvertreters bei Nichtausführung des vermittelten Geschäfts, BB 1958, 542 ff.; *M. Wolf/Ungeheuer,* Provision des Handelsvertreters bei Kündigung nach § 649 BGB, NJW 1994, 1497 ff.

Übersicht

I. Bedeutung

1   **1. Entstehungsgeschichte.** Die Bestimmung geht inhaltlich zurück auf § 88 der ursprünglichen Fassung des HGB. Sie wurde durch das ÄndG 1953 neu eingefügt und sollte insbesondere klarstellen, daß der Provisionsanspruch zwar schon mit dem Geschäftsabschluß entsteht, allerdings aufschiebend bedingt durch die Geschäftsausführung durch den Unternehmer oder den Dritten. Darüber hinaus wurde daran festgehalten, daß die Provision eine Erfolgsvergütung darstellt.[1]

2   **Weitergehende Änderungen** hat die Bestimmung durch das Durchführungsgesetz zur **EG-Richtlinie** zur Koordinierung des Rechts der Handelsvertreter erfahren. Insbesondere wurde Abs. 3 Satz 2 dahingehend geändert, daß bei Nichtausführung des Geschäfts durch den Unternehmer der Provisionsanspruch nur entfällt, wenn dies auf vom Unternehmer nicht zu vertretenden Umständen beruht. Nach der früheren Rechtslage entfiel der Provisionsanspruch bereits, soweit die Ausführung dem Unternehmer unzumutbar war, und zwar auch dann, wenn die Unzumutbarkeit auf vom Unternehmer zu vertretenden Gründen beruhte.[2] Darüber hinaus sind die Bestimmungen durch Neufassung des Abs. 5 in weitem Umfang zugunsten des Handelsvertreters einseitig zwingend ausgestaltet worden.

3   **2. Zweck.** Während § 87 bestimmt, welche Geschäfte provisionspflichtig sind, regelt § 87a, wann die durch § 87 begründete, aufschiebend bedingte Provisionsanwartschaft zum Vollrecht erstarkt, wann also der Provisionsanspruch entsteht. Die Bestimmung normiert also nicht nur die Fälligkeit oder Liquidierbarkeit des Provisionsanspruchs,[3] sondern ist die maßgebliche **Norm für die Anspruchsentstehung.**

4   Dabei hält die Bestimmung am **Grundsatz** der **Erfolgsabhängigkeit** der Handelsvertretervergütung fest. Nicht schon der Abschluß des Geschäfts, sondern erst dessen Ausführung bringt den Provisionsanspruch zur Entstehung. Dazu trägt die Vorschrift den berechtigten Interessen von Unternehmer und Handelsvertreter in zweierlei Hinsicht Rechnung: Der bereits entstandene Provisionsanspruch entfällt, wenn der Dritte nicht leistet und daher das Geschäft im Ergebnis doch scheitert (Abs. 2). Der Provisionsanspruch entsteht trotz Nichtausführung, wenn diese vom Unternehmer zu vertreten ist (Abs. 3); der Unternehmer soll sich also durch Nichtausführung der Provisionspflicht nicht entziehen können.

5   **3. Anwendungsbereich.** Die Bestimmung gilt für die in § 87 Abs. 1 bis Abs. 3 geregelten Erfolgsvergütungen, also sowohl für die Tätigkeitsprovision nach Abs. 1 Satz 1 Alt. 1 und Abs. 3 als auch für Folgeprovisionen nach Abs. 1 Satz 1 Alt. 2 und für Bezirksprovisionen nach Abs. 2. Demgegenüber findet die Bestimmung keine Anwendung auf Verwal-

---

[1] Begr. z. Reg.-E., BT-Drs. 1/3856 S. 24 f.
[2] *Eggert* NZA 1990, 384, 385; *Küstner/v. Manteuffel* BB 1990, 291, 296.

[3] BGH NJW 1980, 1665; Baumbach/*Hopt* RdNr. 1. – AA K. *Schmidt* Handelsrecht § 27 IV 2 b, S. 748; Staub/*Brüggemann* RdNr. 1.

tungsprovisionen (Inkasso-, Lagerhaltungs-, Bestandspflegeprovision) sowie für die Del-kredere-Provision (§ 86 b). Diese Provisionen werden für konkrete Tätigkeiten des Handelsvertreters gewährt, die von der Ausführung des Geschäfts durch den Kunden unabhängig sind. Sie entstehen daher unter den gesetzlich oder vertraglich festgelegten Modalitäten.[4] Die Regelung findet auf den Handlungsgehilfen (§ 65) und Kommissionsagenten analoge Anwendung,[5] nicht aber auf den Vertragshändler oder den Franchise-Nehmer.[6]

II. Provisionsanspruch bei Geschäftsausführung (Abs. 1)

1. Grundsatz. Abs. 1 Satz 1 und Satz 3 regelt den Grundtatbestand für die Entstehung **6** des Provisionsanspruchs. Danach entsteht der Provisionsanspruch, wenn das gemäß § 87 provisionspflichtige Geschäft entweder vom Unternehmer (Abs. 1 Satz 1) oder aber von dem Dritten (Abs. 1 Satz 3) ausgeführt worden ist. Der Provisionsanspruch ist danach in seiner Entstehung von der Durchführung des Geschäfts durch einen der Geschäftspartner abhängig.[7]

2. Geschäftsausführung. a) Begriff. Der Begriff der Ausführung des Geschäfts läßt sich **7** aus einem systematischen Vergleich mit dem in § 87 geregelten Geschäftsabschluß erschließen. Während § 87 für die Provisionsanwartschaft auf das rechtliche Zustandekommen des Vertrags abstellt, bedeutet die Ausführung, daß der **Vertrag vollzogen** wird, also der Unternehmer oder der Dritte die ihm nach dem Grundverhältnis obliegende Leistung erbringt.[8] Maßgeblich ist insoweit die Vornahme der Leistungshandlung, nicht der Eintritt des Leistungserfolgs.

Wann die **Leistungshandlung erbracht** ist, hängt von der Art des Geschäfts und den jeweiligen vertraglichen Vereinbarungen ab. Hat der Unternehmer sich zu einer Werkleistung **8** verpflichtet, ist von ihm das Geschäft bereits mit der Herstellung des Werks, nicht erst mit der Abnahme durch den Besteller (§ 640 Abs. 1 BGB) ausgeführt. Wurde ein Versendungskauf vereinbart, entsteht der Provisionsanspruch des Handelsvertreters bereits mit Aufgabe der Kaufsache zum Versand durch den Unternehmer und nicht erst, wenn die Ware bei dem Kunden eintrifft. Beim Verkauf unter Eigentumsvorbehalt (§ 455 BGB) ist das Geschäft bereits mit Übergabe der Kaufsache an den Käufer und der Übereignung unter der aufschiebenden Bedingung vollständiger Kaufpreiszahlung, nicht erst mit Bedingungseintritt ausgeführt.

Keine Ausführung liegt vor, wenn der Dritte eine nicht vertragsgemäße Leistung des **9** Unternehmers zurückweist, zB als mangelhaft, als Teilleistung (§ 266 BGB) oder mangels Bewirkbarkeit. Nimmt der Dritte hingegen eine nicht vertragsgemäße Leistung an, ist damit das Geschäft ausgeführt. Allerdings kann in einem solchen Falle der Provisionsanspruch nachträglich nach Abs. 2 wieder entfallen, wenn der Dritte die Erbringung der von ihm geschuldeten Leistung verweigert. Ob dem Handelsvertreter in einem solchen Falle trotz Nichtleistung des Dritten ein Provisionsanspruch zusteht, richtet sich dann nach Abs. 3.

b) Teilleistungen. Führt der Unternehmer bzw. der Dritte das Geschäft zunächst nicht **10** vollständig, sondern nur teilweise aus, dann entsteht ein anteiliger Provisionsanspruch in dem Umfange, wie es dem Verhältnis der teilweisen zur vollen Ausführung entspricht.[9] Dabei ist es für die Entstehung des Provisionsanspruchs unerheblich, ob der ausführende Teil zu einer Teilleistung berechtigt war (§ 266 BGB), solange der andere Teil die Annahme nicht verweigert. In Höhe des noch nicht geleisteten Teils bleibt es bei der Provisionsanwartschaft aus § 87, die erst mit der vollständigen Ausführung des Geschäfts zum Provisionsanspruch erstarkt.

---

[4] Staub/*Brüggemann* RdNr. 3.
[5] LG Wuppertal NJW 1966, 1129; Baumbach/ *Hopt* § 84 RdNr. 19.
[6] Siehe dazu bereits oben § 87 RdNr. 10.
[7] AA *Killinger* BB 1981, 1925.

[8] Heymann/*Sonnenschein/Weitemeyer* RdNr. 3; Baumbach/*Hopt* RdNr. 5.
[9] Baumbach/*Hopt* RdNr. 5; Heymann/*Sonnenschein/Weitemeyer* RdNr. 4; *Küstner/v. Manteuffel* I RdNr. 910.

11   Wird das Geschäft über die Teilleistung hinaus **nicht mehr ausgeführt**, bleibt der bereits entstandene Anspruch auf Teilprovision zunächst bestehen. Nimmt der Dritte allerdings die nur teilweise Leistung durch den Unternehmer zum Anlaß, sich vom Vertrag zu lösen und seine Leistung zu verweigern, entfällt der Provisionsanspruch des Handelsvertreters gemäß Abs. 2. Ob der Unternehmer gleichwohl zur Provisionsleistung verpflichtet bleibt, richtet sich dann nach Abs. 3.

12   **c) Ersatzleistungen, Erfüllungssurrogate.** Der Ausführung des Geschäfts durch den Kunden steht es gleich, wenn **ein anderer** für diesen **erfüllt**, gleichgültig ob dies freiwillig (§§ 267 f. BGB) oder aus eigener Verpflichtung heraus (§ 765 BGB) geschieht.[10]

13   Der Provisionsanspruch entsteht auch dann, wenn der Dritte das Geschäft zwar nicht ausführt, der Unternehmer aber infolge der Nichtausführung eine rechtlich vollwertige **Ersatzleistung** erhält, mit der sein wirtschaftliches Interesse an dem Geschäft befriedigt wird. Gelangt das Geschäft nicht zur Ausführung, erhält aber der Unternehmer Schadenersatz wegen Nichterfüllung,[11] Ersatzleistungen durch eine Versicherung[12] oder das stellvertretende commodum nach § 281 BGB,[13] so kommt dem Vertreter die Provision zu; bei teilweisem Schadensersatz oder im Fall der Unterversicherung mindert sich die Provision entsprechend.[14] Demgegenüber ist der Provisionsanspruch nicht verdient, wenn dem Unternehmer bloß die Verzugsschäden ersetzt werden, aber kein Schadensersatz wegen Nichterfüllung geleistet wird.[15]

14   Der Erfüllung stehen die **Erfüllungssurrogate** gleich, weil sie die Verbindlichkeit des Dritten tilgen und rechtlich zu einer Befriedigung des Unternehmerinteresses führen. Zu nennen sind in diesem Zusammenhang namentlich Aufrechnung durch den Kunden (§ 389 BGB), Hinterlegung (§ 378 BGB) und Selbsthilfeverkauf durch den Dritten bei Annahmeverzug des Unternehmers (§ 373 Abs. 2 und 3 HGB).

15   Auch die Entgegennahme einer Leistung an **Erfüllungs Statt** (§ 364 Abs. 1 BGB) begründet den vollen Provisionsanspruch und zwar selbst dann, wenn die an Erfüllung Statt vorgenommene Leistung wertmäßig hinter der geschuldeten zurückbleibt.[16] Nimmt der Unternehmer nämlich die andere Leistung als vollwertig hin, muß er dies auch im Verhältnis zum Handelsvertreter gegen sich gelten lassen. Eine Kürzung der Provision kommt auch dann nicht in Betracht, wenn dem Unternehmer durch die Verwertung der an Erfüllungs Statt entgegengenommenen Leistung zusätzlich Kosten entstehen.[17]

16   Demgegenüber ist das Geschäft bei einer Leistung **erfüllungshalber** noch nicht ausgeführt. Der Provisionsanspruch entsteht erst, wenn der Unternehmer aus der erfüllungshalber hingegebenen Leistung Befriedigung erlangt. Zahlt der Dritte zB durch Hingabe eines Wechsels oder Schecks, ist das Geschäft von ihm erst mit der Einlösung ausgeführt.[18]

17   Unter besonderen Voraussetzungen kann auch die Ausführung eines **Ersatzgeschäftes mit einem anderen Vertragspartner** der Ausführung des Geschäfts durch den Dritten iSv Abs. 1 Satz 3 gleichstehen. Der Leistung des Kunden steht es nach Treu und Glauben gleich, wenn ein anderer Vertragspartner wegen seines Interesses, die Ausführung des mit dem Dritten abgeschlossenen Geschäftes zu verhindern, sich erbietet, den Unternehmer für das nicht ausgeführte Geschäft dadurch schadlos zu stellen, daß er die bereits produzierte Ware anstelle des Dritten abnimmt, mit dem vereinbarten Preis vergütet und er dem Unternehmer darüber hinaus auch die sonstigen ihm aus der Nichtausführung des Geschäftes entstehenden Nachteile ersetzt.[19] In einem solchen Fall ist der mit dem ur-

[10] Staub/*Brüggemann* RdNr. 5.
[11] BGH DB 1957, 185; BGH NJW-RR 1991, 156, 158; OLG Frankfurt NJW-RR 1991, 674, 677.
[12] OLG Frankfurt NJW-RR 1991, 674, 677; Baumbach/*Hopt* RdNr. 11.
[13] Baumbach/*Hopt* RdNr. 11.

[14] Baumbach/*Hopt* RdNr. 11; Staub/*Brüggemann* RdNr. 5.
[15] BGH DB 1957, 185 f.
[16] BGHZ 85, 134, 138 f.; Baumbach/*Hopt* RdNr. 11; Staub/*Brüggemann* RdNr. 5.
[17] RGZ 121, 125, 126 f.
[18] *Küstner/v. Manteuffel* I RdNr. 907.
[19] OLG Frankfurt NJW-RR 1991, 674, 677.

sprünglichen Geschäft verfolgte wirtschaftliche Erfolg für den Unternehmer nämlich eingetreten.

d) Rückabwicklung. Auf den Provisionsanspruch des Handelsvertreters hat es keinen **18** Einfluß, wenn die Parteien das Geschäft nach seiner Durchführung auf freiwilliger Basis ganz oder teilweise rückabwickeln.[20] Dies gilt insbesondere dann, wenn der Unternehmer an den Kunden vereinbarungsgemäß ausgelieferte, von diesem aber nicht mehr benötigte Ware aus Kulanz zurücknimmt und dem Kunden den Gesamt- oder einen Teilbetrag rückvergütet. Dem durch die Ausführung des Geschäfts entstandenen Provisionsanspruch kann der Unternehmer nicht nachträglich durch Vereinbarungen mit dem Dritten wieder die Basis entziehen. Anders ist die Rechtslage nur, soweit die vermittelten Verträge mit den Kunden von vornherein die Zusage des Unternehmers enthalten haben, nicht benötigte Materialreste gegen volle Vergütung des Kaufpreises zurückzunehmen. Die Leistungspflicht der Kunden ist in diesem Falle von vornherein teilweise auflösend bedingt, so daß bei einer Materialrücknahme die entsprechenden Provisionsanteile zurückgefordert werden können.[21]

3. Sonderfälle. a) Sukzessivlieferungsverträge. Bei den Sukzessivlieferungsverträgen **19** verpflichtet sich eine Partei, über einen längeren Zeitraum hinweg eine bestimmte Warenmenge von der anderen Partei zu beziehen. Mit dem Abschluß sind die Rechte und Pflichten aus dem Geschäft verbindlich festgelegt, damit ist die Provisionsanwartschaft nach § 87 Abs. 1 entstanden (s. o. § 87 RdNr. 59 f.). Bei einzelnen Lieferungen oder Zahlungen im Rahmen des Sukzessivlieferungsvertrags handelt es sich um Teilleistungen, zu denen die Vertragspartei jeweils berechtigt ist, und die daher einen entsprechenden Provisionsanspruch des Handelsvertreters nach Abs. 1 begründen.

b) Gebrauchsüberlassungs- und Nutzungsverträge. Bei Gebrauchsüberlassungs- und **20** Nutzungsverträgen erwirbt der Handelsvertreter mit Abschluß des Geschäfts eine aufschiebend bedingte Provisionsanwartschaft. Sowohl bei Verträgen von bestimmter als auch unbestimmter Dauer wird das Geschäft insgesamt mit der Gebrauchsüberlassung ausgeführt. Der Provisionsanspruch nach Abs. 1 Satz 1 entsteht bereits in diesem Zeitpunkt und nicht erst mit Ende der Nutzung bei Vertragsende.[22] Wegen der vorzeitigen Beendigung des Dauerrechtsverhältnisses siehe unten § 87 b RdNr. 40 ff.

c) Untervertretung. Bei der Unterhandelsvertretung (dazu oben § 84 RdNr. 92 ff.) ist **21** für die Frage, ob ein vom Untervertreter vermitteltes Geschäft ausgeführt ist, allein auf die Ausführung des vermittelten Geschäfts durch den Unternehmer als Auftraggeber des Haupthandelsvertreters abzustellen.[23] Seine Bemühungen beschränken sich nämlich darauf, dem Hauptvertreter bei der Erfüllung der von diesem gegenüber dem Unternehmer übernommenen Vertretungsaufgabe zuzuarbeiten. Der Untervertreter ist daher an dem Risiko beteiligt, das der Hauptvertreter hinsichtlich seines Provisionsanspruchs trägt. Der Provisionsanspruch des Untervertreters ist daher dann als nach Abs. 1 gerechtfertigt anzusehen, wenn seine Bemühungen zu einer erfolgreichen Anbahnung und Abwicklung der Vertragsbeziehungen zwischen dem Unternehmer (Auftraggeber des Hauptvertreters) und dessen Kunden geführt haben.

d) Kündigung. Kündigt der Besteller einen vom Handelsvertreter dem Unternehmer **22** vermittelten Werkvertrag, verliert der Handelsvertreter den Provisionsanspruch nicht, weil der Besteller nach § 649 BGB zur Werklohnzahlung nach der Maßgabe verpflichtet bleibt, daß der Unternehmer sich Ersparnisse anrechnen lassen muß.[24] Mit der Zahlung des Bestellers wird der Provisionsanspruch des Handelsvertreters gemäß Abs. 1 Satz 3 unbedingt.

---

[20] Zum Rücktrittsrecht siehe unten RdNr. 31, 54.

[21] BGH NJW-RR 1991, 155, 156.

[22] Baumbach/*Hopt* RdNr. 5.

[23] BGHZ 91, 370, 371 f.; OLG Düsseldorf NJW-RR 1993, 1188, 1189.

[24] BGH NJW 1984, 1455; OLG Koblenz MDR 1993, 1187; OLG Koblenz NJW-RR 1994, 295, 296; OLG Köln NJW-RR 1994, 226, 227.

23   **4. Abweichende Vereinbarungen (Satz 2 und 3).** Durch Parteivereinbarung können zugunsten des Handelsvertreters abweichende Vereinbarungen hinsichtlich des Zeitpunkts der Entstehung des Provisionsanspruchs getroffen werden. Namentlich ist es möglich, einen früheren Zeitpunkt als den der Ausführung des Geschäfts zu vereinbaren. Zugunsten des Handelsvertreters kann insbesondere vereinbart werden, daß dieser bereits bei einer nur teilweisen Ausführung durch den Unternehmer oder den Dritten die volle Provision erhalten soll. Derartige Vereinbarungen werden insbesondere dann in Frage kommen, wenn es sich um Geschäfte handelt, die in Teillieferung und Teilleistung abzuwickeln sind und deren Abwicklung sich voraussichtlich über längere Zeit erstrecken wird.

24   **Unabdingbar** ist demgegenüber, daß dem Handelsvertreter der Anspruch auf Provision spätestens zusteht, sobald und soweit der Dritte das Geschäft ausgeführt hat (Abs. 1 Satz 3). Der Provisionsanspruch entsteht also spätestens in dem Zeitpunkt, in dem der Dritte seine Leistung erbringt.

25   Hingegen kann von Abs. 1 Satz 1 durch die Parteien abgewichen, insbesondere vereinbart werden, daß der Provisionsanspruch nicht bereits mit der **Ausführung des Geschäfts** durch den Unternehmer, sondern erst mit der Ausführung des Geschäfts durch den Dritten entsteht. Allerdings hat, wenn eine solche Vereinbarung getroffen wird, der Handelsvertreter mit der Ausführung des Geschäfts durch den Unternehmer einen unabdingbaren Anspruch auf einen angemessenen **Vorschuß**, der spätestens am letzten Tag des folgenden Monats fällig ist (Abs. 1 Satz 2). Die angemessene Höhe ist dabei nach den Umständen des Einzelfalls zu beurteilen und hängt namentlich von dem voraussichtlichen Zeitpunkt der Gegenleistung des Dritten ab.[25] Die Höhe des Vorschusses kann durch Vertrag genauer bestimmt werden, zB in Form eines bestimmten Prozentsatzes,[26] wobei allerdings die Grenzen der Angemessenheit zu beachten sind. Wird keine Vereinbarung getroffen, kann der Handelsvertreter nach § 316 BGB die Höhe des Vorschusses nach billigem Ermessen bestimmen (§ 315 BGB).

III. Wegfall des Provisionsanspruchs (Abs. 2)

26   **1. Anwendungsbereich.** Nach **Abs. 2 Hs. 1** entfällt der Anspruch auf Provision, wenn feststeht, daß der **Dritte nicht leistet**. Voraussetzung für die Anwendung dieser Bestimmung ist also, daß der Provisionsanspruch bereits als unbedingter entstanden ist.

27   Abs. 2 greift daher nur in den Fällen des Abs. 1 Satz 1 ein, wenn der Unternehmer das Geschäft bereits ausgeführt hat.[27] **Typisch** für Abs. 2 sind die Fälle, in denen der Unternehmer die Ware geliefert hat, während der Kunde nicht zahlen kann oder will. Rechtsdogmatisch regelt Abs. 2 eine **auflösende Bedingung** für den Provisionsanspruch. Der Provisionsanspruch steht unter der aufschiebenden Bedingung der Ausführung des Geschäfts durch den Unternehmer und unter der auflösenden Bedingung des Feststehens der Nichtleistung durch den Dritten.[28]

28   **Nicht anwendbar** ist Abs. 2 dagegen dann, wenn noch vor der Leistung des Unternehmers der Dritte seine eigene Leistung verweigert oder sich von dem Geschäft lossagt. In diesen Fällen ist der Provisionsanspruch noch nicht als unbedingter entstanden, so daß für die Anwendung des Abs. 2 kein Raum bleibt. Vielmehr sind diese Fälle ausschließlich nach Abs. 3 zu lösen.[29] Danach ist für die Entstehung des Provisionsanspruchs allein ausschlaggebend, ob der Unternehmer die Nichtausführung zu vertreten hat.

[25] Baumbach/*Hopt* RdNr. 9; Heymann/*Sonnenschein*/*Weitemeyer* RdNr. 22.
[26] *Schröder* BB 1963, 567, 570.
[27] BGH BB 1961, 147; BGH DB 1983, 2135; OLG Düsseldorf NJW-RR 1993, 1188, 1189; Baumbach/*Hopt* RdNr. 13; Staub/*Brüggemann* RdNr. 14.

[28] BGH NJW 1990, 1665; Baumbach/*Hopt* RdNr. 1.
[29] BGH BB 1961, 147; Baumbach/*Hopt* RdNr. 13; Heymann/*Sonnenschein*/*Weitemeyer* RdNr. 14; Staub/*Brüggemann* RdNr. 14.

2. Nichtleistung des Dritten. a) Begriff. Der Provisionsanspruch geht nicht bereits 29 dann unter, wenn der Dritte zunächst nicht leistet; vielmehr kommt es nach dem ausdrücklichen Gesetzeswortlaut darauf an, daß positiv die Nichtleistung durch den Dritten festgestellt werden kann. Es muß also feststehen, daß der Dritte weder geleistet hat noch in Zukunft leisten wird.

Maßgeblich ist allein die **Tatsache der Nichtleistung.** Diese ist dann gegeben, wenn der 30 Dritte seine Leistungspflicht aus dem von dem Handelsvertreter für den Unternehmer vermittelten oder abgeschlossenen Geschäft nicht erfüllt. Es kommt nur auf diese Tatsache der Nichtleistung an, unerheblich sind die Gründe, weshalb der Dritte seine Leistung nicht erbringt.

Nichtleistung des Dritten tritt insbesondere dann ein, wenn die von diesem geschuldete 31 **Leistung objektiv oder subjektiv unmöglich** wird (§§ 275, 323 BGB). Allerdings bleibt in einem solchen Falle ausnahmsweise der Provisionsanspruch erhalten, wenn der Unternehmer das stellvertretende commodum nach § 281 BGB herausverlangt. Als weitere Gründe für das Entfallen einer Leistungspflicht und damit das Feststehen der Nichtleistung kommt die Ausübung eines vertraglich vorbehaltenen oder gesetzlich bestehenden **Rücktrittsrechts** in Betracht. Macht der Dritte nach Vorleistung des Unternehmers Wandelungsrechte geltend, entfällt damit auch seine Leistungspflicht, so daß der Provisionsanspruch nach Abs. 2 untergeht. Die Provisionspflicht des Unternehmers richtet sich in diesem Falle allein nach Abs. 3.[30]

Keine Nichtleistung des Dritten liegt hingegen vor, wenn dieser als Besteller einen 32 Werk- oder Werklieferungsvertrag nach § 649 Satz 1 BGB **kündigt.** Der Unternehmer behält nämlich dann nach § 649 Satz 2 BGB den Anspruch auf die vereinbarte Vergütung und muß sich nur ersparte Aufwendungen anrechnen lassen.[31]

b) Feststellung der Nichtausführung. Die Feststellung, daß der Dritte nicht leistet, muß 33 nach **objektiven Grundsätzen** getroffen sein. Die subjektive Meinung des Unternehmers, der Dritte werde nicht leisten, reicht nicht aus. Unproblematisch sind dabei die Fälle, in denen der Dritte seine Leistung aus Rechtsgründen nicht mehr erbringen muß oder tatsächlich **nicht mehr erbringen kann.**

Schwieriger zu beurteilen sind solche Fallgestaltungen, in denen der Dritte die von ihm 34 geschuldete Leistung **nicht erbringen will.** Hier gilt der Grundsatz, daß die bloße Erfüllungsverweigerung des Kunden den Provisionsanspruch nicht ausschließt, solange es dem Unternehmer möglich und zuzumuten ist, die Leistung des Dritten zu erzwingen.[32] Im Regelfalle ist der Unternehmer verpflichtet, seine Rechte zunächst einzuklagen. Von Klage und Vollstreckung darf nur unter ganz besonderen Voraussetzungen abgesehen werden, zB wenn es um lediglich geringfügige Beträge geht oder eine Vollstreckung aussichtslos ist.[33]

c) Beispiele. Feststehen der Nichtleistung des Dritten und damit Untergang des Provi- 35 sionsanspruchs nach Abs. 2 wird angenommen, wenn

– der Dritte auf absehbare Zeit zahlungsunfähig ist,[34] nicht aber bei bloßer Annahme der Zahlungsunfähigkeit durch den Unternehmer;[35]
– der Unternehmer bei kleineren Geschäften, zB Zeitschriftenabonnements, seine Ansprüche gegen zahlreiche, nicht abnahme- und zahlungswillige Kunden durchsetzen müßte;[36]

[30] *Hans* BB 1957, 1060, 1061. – Unklar *Staub/ Brüggemann* RdNr. 15.
[31] BGH WM 1984, 270, 271.
[32] BGH BB 1961, 147. – Der Provisionsanspruch des Handelsvertreters gegen den Unternehmer aus § 87 a ist ein Schaden i.S.d. §§ 325, 326 BGB, den der Unternehmer gegenüber dem zahlungs- bzw. abnahmeunwilligen Kunden geltend machen kann. So OLG Frankfurt NJW 1982, 2564; aA AG Haldensleben NJW-RR 1995, 1245.

[33] *Baumbach/Hopt* RdNr. 15; *Hans* BB 1957, 1060, 1061; *Heymann/Sonnenschein/Weitemeyer* RdNr. 15; *Kempfler* NJW 1963, 524, 525; *Staub/ Brüggemann* RdNr. 16. – AA *Sundermann* BB 1958, 542, 543.
[34] OLG Düsseldorf NJW-RR 1993, 1188, 1190; *Heymann/Sonnenschein/Weitemeyer* RdNr. 5; *Baumbach/Hopt* RdNr. 15.
[35] OLG Celle NJW 1972, 879.
[36] BGH DB 1983, 2135, 2136.

– der Unternehmer, zB eine Bausparkasse oder ein Versicherungsunternehmen, einen
 Prozeß nicht führt, um den Ruf eines rücksichtslosen Prozessierers zu vermeiden;[37]
– der Dritte seine Zahlungspflicht unter solchen Umständen bestreitet, daß dem Unternehmer angesichts des unsicheren Prozeßausgangs die Einklagung nicht zuzumuten ist,[38]
 zB wegen Beweisschwierigkeiten oder auch ungeklärter Rechtsfragen.[39]

36 Demgegenüber führt der bloße **Wunsch des Kunden**, einen Auftrag zu streichen, noch
nicht dazu, daß die gerichtliche Geltendmachung dem Unternehmer unzumutbar wird.[40]
Etwas anderes kann allerdings dann gelten, wenn es sich um einen wichtigen, ständigen
Geschäftspartner handelt, der droht, andernfalls die Geschäftsverbindung abzubrechen.[41]

37 **3. Rückgewährung empfangener Beträge (Abs. 2 Hs. 2).** Entfällt der Provisionsanspruch wegen Nichtleistung des Dritten, sind bereits empfangene Beträge nach Abs. 2 Hs.
2 zurückzugewähren. Es handelt sich hierbei um einen vertraglichen Anspruch aus einem
Rückabwicklungsschuldverhältnis, auf den §§ 346 ff. BGB analoge Anwendung finden.[42]
Der Anspruch entfällt also unabhängig von § 820 BGB nicht durch Wegfall der Bereicherung. Er ist ab Fälligkeit nach §§ 353, 354 Abs. 2 zu verzinsen.[43]

38 **4. Abweichende Vereinbarungen (Abs. 5).** Abs. 2 Hs. 1 ist zugunsten des Handelsvertreters einseitig zwingend (Abs. 5). Von der Bestimmung, daß der Provisionsanspruch des
Handelsvertreters erst entfällt, wenn feststeht, daß der Dritte nicht leistet, können nur
Abreden zu Lasten des Unternehmers getroffen werden. Demgegenüber ist es unzulässig,
diesen Zeitpunkt zu Lasten des Handelsvertreters vorzuverlegen. Auch früher in der Praxis
häufig getroffene Vereinbarungen, wonach die Voraussetzungen für den Wegfall des Provisionsanspruchs im Hinblick auf bereits ordnungsgemäß ausgeführte Geschäfte, nämlich
„Feststehen der Nichtleistung" des Dritten, so geregelt wurde, daß der Provisionsanspruch
schon beim geringsten Anhaltspunkt bezüglich einer Nichtleistung des Dritten entfallen
sollte, sind nach geltendem Recht unzulässig.

IV. Provisionsanspruch bei nicht vertragsgemäßer Geschäftsausführung (Abs. 3)

39 **1. Grundgedanke.** Nach Abs. 3 hat der Handelsvertreter auch dann einen Provisionsanspruch, wenn feststeht, daß der Unternehmer das Geschäft ganz oder teilweise nicht bzw.
nicht so ausführt, wie es abgeschlossen worden ist, es sei denn, die Nichtausführung ist auf
vom Unternehmer nicht zu vertretende Umstände zurückzuführen. Der Handelsvertreter
soll seine Provisionsanwartschaft nicht dadurch verlieren, daß die Ausführung des Geschäfts
durch den Unternehmer ohne sachlichen Grund unterbleibt.[44] Die Bestimmung konkretisiert insoweit den allgemeinen **Rechtsgedanken des § 162 Abs. 1 BGB.**[45]

40 **2. Entstehung des Provisionsanspruchs (Satz 1). a) Nichtausführung durch den
Unternehmer (Alt. 1).** Nach Satz 1 Alt. 1 hängt die Entstehung des Provisionsanspruchs
von der Feststellung ab, daß der Unternehmer das Geschäft ganz oder teilweise nicht ausführt. Die Anwendung dieser Bestimmung setzt daher voraus, daß überhaupt eine Leistungspflicht des Unternehmers bestanden hat, zunächst also ein wirksames Geschäft zustande gekommen war. Ist das Geschäft **nichtig**, dh. mit Wirkung ex tunc vernichtet worden (§ 142 Abs. 1 BGB) oder wegen Dissenses überhaupt nicht zustandegekommen, dann
besteht von vornherein keine Provisionsanwartschaft des Handelsvertreters. Abs. 3 findet in

[37] OLG Frankfurt DB 1983, 1591, 1592.
[38] OLG Düsseldorf NJW-RR 1993, 1188, 1190.
[39] Baumbach/*Hopt* RdNr. 15.
[40] BGH DB 1961, 147.
[41] BGH DB 1959, 864, 865.
[42] Begr. z. Reg.-E., BT-Drs. 1/3856, S. 26; BGH
BB 1963, 8; Baumbach/*Hopt* RdNr. 19; Heymann/
Sonnenschein/Weitemeyer RdNr. 17. – AA *Küstner/
v. Manteuffel* I RdNr. 1127, die einen Bereicherungsanspruch annehmen.

[43] BGH BB 1963, 8; Heymann/*Sonnenschein/
Weitemeyer* RdNr. 17; Staub/*Brüggemann* RdNr. 17.
[44] Staub/*Brüggemann* RdNr. 20; OLG München
BB 1995, 1559, wonach der Provisionsanspruch
nicht entfällt, wenn die Nichtausführung des Geschäfts darauf beruht, daß für die im Ausland gefer-
tigte Ware keine Ausfuhrquoten mehr vorhanden
sind.
[45] *Altmeppen* S. 51 f.

v. Hoyningen-Huene

diesen Fällen keine Anwendung.[46] Demgegenüber entsteht der Provisionsanspruch nach Abs. 3 Satz 1 grundsätzlich dann, wenn die Leistungspflicht des Unternehmers lediglich mit Wirkung ex nunc, zB durch die Ausübung eines gesetzlichen oder vertraglichen Rücktrittsrechts, entfallen ist.[47]

Nichtausführung des Geschäfts ist gegeben, wenn der Unternehmer die ihm obliegen-　**41** de vertragliche Leistung insgesamt unterläßt; eine **teilweise Nichtausführung** liegt vor, wenn der Unternehmer die ihm obliegenden Leistungen nur z. T. erbringt. Unerheblich für die Anwendung des Abs. 3 Satz 1 sind die Gründe, aus denen heraus der Unternehmer das wirksame Geschäft ganz oder teilweise nicht ausführt.[48] Der Provisionsanspruch besteht vorbehaltlich der Regelung des Abs. 3 Satz 2 nicht nur dann, wenn der Unternehmer sich einseitig entschließt, die Ausführung des Geschäfts zu unterlassen, sondern auch dann, wenn der Unternehmer auf das Angebot des Kunden eingeht, das Geschäft rückgängig zu machen.[49] Unterbleibt die Ausführung durch den Unternehmer mangels Wirtschaftlichkeit des Geschäfts, findet Abs. 3 Satz 1 ebenfalls Anwendung.[50] Weiterhin gehören hierhin Fälle, in denen der Dritte aufgrund vom Unternehmer zu vertretender Umstände von der Durchführung des Geschäfts Abstand nimmt und der Unternehmer daraufhin die Erbringung der eigenen Leistung ebenfalls unterläßt.

b) Abweichende Ausführung durch den Unternehmer (Alt. 2). Nach Abs. 3 Satz 1　**42** Alt. 2 hat der Handelsvertreter Anspruch auf Provision auch dann, wenn der Unternehmer das Geschäft **nicht so ausführt**, wie es abgeschlossen worden ist. Eine solche vertragswidrige Ausführung liegt vor, wenn der Unternehmer die Leistung nicht in der Art und Weise und zu der Zeit erbringt, wie er sie dem Vertrage mit dem Dritten nach hätte erbringen müssen. Erfaßt werden die Fälle, in denen der Unternehmer unvollständig, mangelhaft, verspätet oder etwas anderes leistet, als er dem Vertrage mit dem Dritten nach schuldet.[51] Inhalt und Umfang der vertragsmäßigen Leistung bestimmen sich nach dem vom Handelsvertreter vermittelten Geschäft, das die Provisionsanwartschaft nach § 87 Abs. 1 entstehen läßt.[52] **Spätere Änderungen** der vereinbarten Vertragsbedingungen berühren den Provisionsanspruch des Handelsvertreters nicht. Dies gilt nicht nur für den Fall des vertraglichen Hinausschiebens der Leistungstermine, sondern auch hinsichtlich der Änderung sonstiger Vertragsbedingungen, soweit nicht Abs. 3 Satz 2 eingreift.

Im Falle der **Lieferungsverzögerung** erwirbt der Handelsvertreter den Provisionsan-　**43** spruch zu dem Zeitpunkt, zu dem der Unternehmer nach den getroffenen Abreden hätte liefern müssen. Ob der Dritte die Verspätung hinnimmt, ohne Ansprüche hieraus herzuleiten, oder sich sogar mit der Verzögerung einverstanden erklärt,[53] ist für die Erstarkung der Anwartschaft zum unbedingten Provisionsanspruch unerheblich. Etwas anderes gilt nur dann, wenn die Lieferungsverzögerung von dem Unternehmer nicht zu vertreten ist.[54] Nach Abs. 3 soll nämlich nur verhindert werden, daß der Unternehmer die Entstehung des unbedingten Provisionsanspruchs vereitelt. Allerdings gehen Lieferschwierigkeiten bei den Vorlieferanten des Unternehmers zu dessen Lasten,[55] ebenso Lieferungsverzögerungen durch zu hohen Auftragsbestand des Unternehmers.[56]

Bei einer **mangelhaften Lieferung** durch den Unternehmer ist zu unterscheiden: Weist　**44** der Dritte die Lieferung von vornherein zurück, so liegt insoweit **noch gar keine Ausführung** vor. Ob ein Provisionsanspruch wegen Nichtausführung besteht, hängt davon ab, ob eine Leistung noch möglich ist.

[46] Baumbach/*Hopt* RdNr. 21; Heymann/*Sonnenschein/Weitemeyer* RdNr. 6. – Differenzierend für die Anfechtung *Altmeppen* S. 50 ff.

[47] AA *Küstner/v. Manteuffel* I RdNr. 1136.

[48] OLG Frankfurt NJW-RR 1990, 356; Baumbach/*Hopt* RdNr. 21; Heymann/*Sonnenschein/Weitemeyer* RdNr. 6.

[49] Baumbach/*Hopt* RdNr. 21; Heymann/*Sonnenschein/Weitemeyer* RdNr. 6.

[50] Heymann/*Sonnenschein/Weitemeyer* RdNr. 6.

[51] Heymann/*Sonnenschein/Weitemeyer* RdNr. 9; Staub/*Brüggemann* RdNr. 22.

[52] Heymann/*Sonnenschein/Weitemeyer* RdNr. 9; Staub/*Brüggemann* RdNr. 23.

[53] BGH HVuHM 1960, 367.

[54] *Küstner/v. Manteuffel* I RdNr. 1170. – AA BGHZ 33, 92, 95 f.

[55] LAG Düsseldorf DB 1960, 813.

[56] LAG Bremen DB 1960, 1212.

45   Hat der Dritte die mangelhafte Leistung **entgegengenommen**, ist damit der Provisionsanspruch zunächst nach Abs. 1 Satz 1 entstanden. Verlangt der Dritte aber **nunmehr Wandelung** und wird diese durchgeführt, dann stehen die Parteien so, als ob das Geschäft nicht
abgewickelt worden wäre. Der Provisionsanspruch bleibt aber nach Abs. 3 Satz 1 bestehen,
weil nunmehr die Nichtleistung feststeht. Verlangt der Dritte Minderung, dann bleibt der
Provsionsanspruch für den dem Unternehmer verbleibenden Teil der Gegenleistung des
Dritten nach Abs. 1 Satz 1 und 3 bestehen. Im Ausmaß der Reduzierung ergibt sich die
Provision aus Abs. 3 Satz 1, so daß auch hier der Handelsvertreter die volle Provision behält. Verlangt der Dritte Schadensersatz wegen Nichterfüllung, dann ist die Leistung des
Unternehmers nur noch Rechungsposten in der Schadensabrechnung. Die Leistung kann
nicht mehr erbracht werden, so daß sich der Provisionsanspruch nach Abs. 3 Satz 1 bestimmt.[57]

46   **c) Feststellung der Nichtausführung.** Der Provisionsanspruch entsteht nur dann, wenn
die Nicht- oder Andersausführung durch den Unternehmer feststeht. Es muß sich hier um
eine endgültige, nach objektiven Kriterien zu beurteilende Tatsache handeln.[58] Hiervon
kann namentlich ausgegangen werden, wenn die Leistung dem Unternehmer objektiv
unmöglich geworden ist, die Parteien einen Aufhebungsvertrag geschlossen oder sich auf
eine Nichtdurchführung geeinigt haben oder vertragliche bzw. gesetzliche Rücktrittsrechte
ausgeübt wurden. Nichtausführung steht aber auch dann fest, wenn sich der Unternehmer
weigert, seine Leistung zu erbringen und es der Dritte dabei bewenden läßt. Mangels eigener Rechtsbeziehung zu dem Handelsvertreter trifft den Dritten in diesen Fällen keine Obliegenheit, zunächst die Leistung des Unternehmers klagweise geltend zu machen.[59]

47   **3. Entfallen des Provisionsanspruchs (Satz 2). a) Anwendungsbereich.** Nach Abs. 3
Satz 2 entfällt im Falle der Nichtausführung der Provisionsanspruch, wenn und soweit die
Nichtausführung auf Umständen beruht, die vom Unternehmer nicht zu vertreten sind.
Diese Vorschrift ist neu gefaßt worden durch das Gesetz zur Durchführung der EG-
Richtlinie zur Koordinierung des Rechts der Handelsvertreter; nach der früheren Rechts-
lage entfiel der Provisionsanspruch auch bei Unzumutbarkeit der Ausführung durch den
Unternehmer, selbst dann, wenn sich die Unzumutbarkeit aus vom Unternehmer zu ver-
tretenen Umständen ergab.

48   Der Wegfall des Provisionsanspruchs nach Abs. 3 Satz 2 beschränkt sich auf die Fälle des
Abs. 3 Satz 1, in denen also **weder der Unternehmer noch der Dritte** seine Leistung
erbracht hat. Hat der Dritte seine Leistung erbracht, obwohl feststeht, daß der Unternehmer das Geschäft nicht ausführen wird, ergibt sich der Provisionsanspruch bereits aus
Abs. 1 Satz 3.[60] Hat dagegen der Unternehmer seine Leistung ordnungsgemäß erbracht,
dann besteht der Provisionsanspruch nach Abs. 1 Satz 1. Der Provisionsanspruch kann dann
nur ausnahmsweise nachträglich entfallen, wenn feststeht, daß der Dritte nicht leistet
(Abs. 2).

49   Problematisch sind die Fallgestaltungen, in denen feststeht, daß sowohl der Dritte als
auch der Unternehmer, also **beide**, nicht leisten. Nach vereinzelter Auffassung soll hier der
Provisionsanspruch des Handelsvertreters wegen der Nichtleistung des Dritten generell
gemäß Abs. 2 entfallen.[61] Diese Meinung verkennt aber, daß Abs. 2 sich nicht nur auf die
Provisionsanwartschaft bezieht, sondern einen unbedingten Provisionsanspruch voraussetzt,
daher nur in denjenigen Fallgestaltungen greift, in denen der Unternehmer bereits seine
Leistung ausgeführt hat. Richtigerweise ist darauf abzustellen, ob die Nichtleistung des
Dritten auf **vom Unternehmer zu vertretenden Gründen beruht**. Soweit dies der Fall ist,
besteht nach dem Rechtsgedanken des Abs. 3, wonach der Unternehmer nicht aus zu
vertretenden Gründen durch eine Nichtleistung die Erstarkung der Provsionsanwartschaft
zum Provisionsanspruch verhindern soll, ein Provisionsanspruch des Handelsvertreters.

---

[57] Baumbach/*Hopt* RdNr. 18, 22; Staub/*Brüggemann* RdNr. 25.

[58] Heymann/*Sonnenschein*/*Weitemeyer* RdNr. 10.

[59] Baumbach/*Hopt* RdNr. 22.

[60] Staub/*Brüggemann* RdNr. 22.

[61] *Küstner*/v. *Manteuffel* I RdNr. 1146.

Unterbleibt die Leistung des Dritten aus Gründen, die mit dem Verhalten des Unter- 50
nehmers in keinem Zusammenhang stehen, würde nach Abs. 2 selbst im Falle einer vor-
weggenommenen Leistung durch den Unternehmer der nach Abs. 1 Satz 1 unbedingt
gewordene Provisionsanspruch des Handelsvertreters gemäß Abs. 2 entfallen. Der Handelsvertreter kann in diesen Fällen bezüglich der Provisionsanwartschaft nicht besser stehen, als
wenn noch keine Leistung erfolgt ist. Daher entsteht dann kein Provisionsanspruch, wenn
die Leistung des Dritten aus Gründen unterbleibt, die mit der Nichtleistung oder der
Nicht-so-Leistung des Unternehmers in keinem Zusammenhang stehen.[62]

Nach dem Wortlaut des **Abs. 3 Satz 2** entfällt der Provisionsanspruch nur im Falle der 51
vom Unternehmer nicht zu vertretenden **Nichtausführung**. Ausdrücklich werden damit
die Fälle der Andersausführung nicht erfaßt. Gleichwohl wird man auf diese Fallgestaltungen die Bestimmung entsprechend anwenden können. Nach dem Rechtsgedanken des
Abs. 3 soll nämlich nur verhindert werden, daß der Unternehmer in zu vertretender Weise
die Erstarkung der Provisionsanwartschaft zum Provisionsanspruch verhindert.[63]

b) Nichtvertretenmüssen durch den Unternehmer. Das Vertretenmüssen des Unter- 52
nehmers bezieht sich nicht auf Pflichtverletzungen im engeren Sinn. Es besteht kein einklagbarer Anspruch des Handelsvertreters gegen den Unternehmer auf Ausführung des
Geschäfts. Vielmehr begründet § 87 Abs. 3 Satz 2 eine Obliegenheit des Unternehmers.[64]
Führt dieser das Geschäft aus von ihm zu vertretenden Gründen nicht aus, macht er sich
nicht schadensersatzpflichtig.[65] Vielmehr erstarkt die Provisionsanwartschaft zu einem unbedingten Provisionsanspruch.

Der Begriff des Vertretenmüssens umfaßt zunächst wie im allgemeinen bürgerlichen 53
Recht eigenes **Verschulden** (§ 276 BGB) und Verschulden von Erfüllungsgehilfen (§ 278
BGB) sowie Einstehenmüssen bei Gattungsschulden (§ 279 BGB). Darüber hinaus hat der
Unternehmer aber auch solche Umstände zu vertreten, die in seine **Risikosphäre** fallen.[66]
In die **Risikosphäre des Unternehmers** fallen nicht nur sein Tun und Unterlassen, sondern auch alle sonstigen in seiner Person und im Betriebe seines Handelsgewerbes liegenden Umstände. Etwas anderes kann nur gelten, wenn die seine Person oder seinen Betrieb
betreffenden Umstände sich für ihn als Zufall darstellen, wie etwa unvorhersehbare Betriebsstörungen oder unvorhersehbare plötzliche staatliche Zwangsmaßnahmen.[67] Die Entscheidung, ob Nichtvertretenmüssen für den Unternehmer vorliegt, ist nach den jeweiligen
Umständen des Einzelfalles zu treffen.[68]

c) Einzelfälle. aa) Vertretenmüssen. Als eine auf vom Unternehmer **zu vertretenden** 54
Umständen beruhende Nichtausführung ist **beispielsweise** anerkannt worden:

– Eine Nichtausführung wegen Rohstoffmangels,[69] Arbeitskräftemangels,[70] wegen Ar-
  beitsüberlastung,[71] Lieferschwierigkeiten bei Vorlieferanten;[72]
– Lieferschwierigkeiten infolge eines hohen Auftragsstands des Unternehmers;[73]
– berechtige Abnahmeverweigerung, insbesondere Rücktritt des Kunden wegen vertragswidrigen Verhaltens des Unternehmers;[74]
– Auftragsstornierung auf Wunsch bzw. im Einvernehmen mit dem Kunden.[75] Nichtver-
  treten kann u. U. allerdings gegeben sein, wenn es sich um einen guten, wichtigen

[62] Staub/*Brüggemann* RdNr. 21.
[63] *Küstner/v. Manteuffel* I RdNr. 1170.
[64] *Bonvie* VersR 1986, 119, 121; OLG Frankfurt
VersR 1981, 480.
[65] So aber LAG Hamm VersR 1991, 1054.
[66] OLG Frankfurt NJW-RR 1991, 674, 676;
Holling DB 1960, 79; Staub/*Brüggemann* RdNr. 1.
[67] OLG Frankfurt NJW-RR 1991, 674, 676.
[68] Baumbach/*Hopt* RdNr. 26.

[69] BGH BB 1959, 864, 865. – AA Bei zufallsbe-
dingten Rohstoffmangel LAG Stuttgart DB 1950,
674.
[70] BGH DB 1959, 940.
[71] RGZ 74, 167, 168 f.
[72] BGH DB 1959, 940; LAG Düsseldorf BB
1960, 1075.
[73] LAG Bremen DB 1960, 1212.
[74] BGHZ 58, 140, 142 ff.; BGH BB 1961, 147. –
Ausführlich zum Rücktritt *Altmeppen* S. 81 ff.
[75] BGH BB 1961, 147.

Kunden handelt, der im Falle der Nichtstornierung mit dem Abbruch der Geschäftsbe-
ziehungen droht;[76]
– Unterlassen der gerichtlichen Geltendmachung von Ansprüchen gegen den Kunden
(dazu schon oben RdNr. 35, 36);
– Nichtausführung aufgrund des Konkurses des Unternehmers;[77]
– unterlassene Geltendmachung von Ansprüchen im Konkursverfahren;[78]
– Nichteinräumen der Möglichkeit zur Nacharbeit für den Handelsvertreter, wenn es
Schwierigkeiten bei der Ausführung des Geschäfts mit dem Kunden gibt;[79]
– Vertretenmüssen des Inhabers eines Zeitschriftenverlags, der Zeitschriften an einen ande-
ren Verleger verkauft und es sich dadurch unmöglich macht, die vom Handelsvertreter
gewonnenen und von ihm bereits angenommenen Anzeigenaufträge durchzuführen.[80]

55   **bb) Nichtvertretenmüssen** ist angenommen worden:
– bei Nichtausführung aufgrund nachträglicher behördlicher Beschränkungen;[81]
– bei unterlassener gerichtlicher Geltendmachung von Ansprüchen gegen zahlreiche nicht
abnahme- und zahlungswillige Kunden;[82]
– zufällige Vernichtung der Produktionsstätte des Unternehmers;[83]
– Zahlungsunfähigkeit oder berechtigter Insolvenzverdacht bezüglich des Kunden;[84]
– Kündigung eines Versicherungsvertrags durch den Versicherer als Unternehmer wegen
Mißverhältnisses zwischen Versicherungsprämie und versichertem Risiko.[85]

56   **4. Abweichende Vereinbarungen (Abs. 5).** Zum Nachteil des Handelsvertreters von
Abs. 3 abweichende Vereinbarungen sind unwirksam (Abs. 5). Insbesondere kann nicht
über die Fälle des Abs. 3 Satz 2 hinaus der Provisionsanspruch des Handelsvertreters ausgeschlossen oder eingeschränkt werden, wenn der Unternehmer das Geschäft nicht oder
nicht vertragsgemäß ausführt. Unwirksam sind insbesondere Vereinbarungen, wonach die
Provision in jedem Falle erst bei Lieferung und Zahlung anfallen soll.[86] Vertragsbestim-
mungen, denen zufolge bei einer Vertragsänderung mit dem Dritten vor Auslieferung der
Ware nur ein hälftiger Provisionsanspruch entstehen soll, verstoßen ebenfalls gegen Abs. 3
und sind daher nichtig.[87] Mit Abs. 3 unvereinbar sind auch Bestimmungen über die Übernahme von Gerichtskosten durch den Handelsvertreter für das Vorgehen des Unternehmers gegen den Kunden bei Abnahmeverzug.[88]

57   Einem **nachträglichen Erlaßvertrag** zwischen Handelsvertreter und Unternehmer über
bereits unbedingt entstandene Provisionsansprüche steht Abs. 5 nicht entgegen. Dies gilt
unabhängig davon, ob die Ansprüche im Erlaßvertrag einzelnen aufgeführt oder ob sie
darin nur generell bezeichnet sind.[89] Auch rein klarstellende Klauseln, die nicht den Ri-
sikobereich des Unternehmers zu Lasten des Handelsvertreters einschränken, bleiben möglich.[90] So kann insbesondere geregelt werden, unter welchen Voraussetzungen der Unternehmer einen leistungsunwilligen Kunden gerichtlich in Anspruch nehmen muß oder

[76] BGH BB 1959, 864, 865; BGH MDR 1961,
312; BAG AP Nr. 2 mit zust. Anm. *Herschel* = SAE
1967, 203, 204 f. mit krit. Anm. *Rittner*.
[77] Baumbach/*Hopt* RdNr. 26. – AA RGZ 63, 69,
170 f. im Falle unverschuldeten Konkurses.
[78] BGH WM 1991, 196, 199.
[79] Zum Umfang der Nacharbeitspflicht BAG
NJW 1968, 518 ff.; BGH DB 1983, 2135, 2136
(bloße Stornogefahrmitteilung ohne konkrete Informationen begründet Vertretenmüssen); OLG Frankfurt VersR 1981, 480; OLG Frankfurt DB 1983,
1591, 1592 (kein Vertretenmüssen, wenn der Unternehmer einen Prozesses vermeidet, um nicht in
den Ruf zu geraten, ein rücksichtsloser Prozessierer
zu sein); OLG Frankfurt VersR 1986, 461 f.; OLG
Koblenz VersR 1982, 267, 268; OLG München
VersR 1992, 183 (Abhängigkeit der Nochbearbei-
tungspflicht von der Höhe des Provisionsanspruchs);

OLG Schleswig MDR 1984, 760 (keine Stornogefahrmitteilung bei ausgeschiedenem Handelsvertreter). – Allgemein *Knorr* BB 1975, 111 f.
[80] BAG BB 1967, 501.
[81] LAG Düsseldorf BB 1960, 1075. – AA OLG
Frankfurt NJW-RR 1991, 674, 676.
[82] BGH BB 1971, 1430 f. = AP Nr. 3 mit krit.
Anm. *Herschel*.
[83] OLG Hamburg LZ 1915, 455 f.
[84] OLG Frankfurt NJW-RR 1991, 674, 677;
OLG Köln NJW-RR 1994, 226, 227; OLG Dresden OLGE 22, 1 f.
[85] OLG Köln VersR 1974, 287.
[86] LAG Düsseldorf BB 1960, 1075.
[87] OLG Karlsruhe BB 1980, 226.
[88] OLG Karlsruhe BB 1974, 904.
[89] BGH BB 1961, 147.
[90] Baumbach/*Hopt* RdNr. 33.

inwieweit dem Handelsvertreter Gelegenheit zur Nachbearbeitung gegeben werden muß.[91] Allerdings darf hierbei die Risikoverteilung nach Abs. 3 Satz 2 nicht angetastet werden.

5. Beweislast. Nach Abs. 3 Satz 1 hat der Handelsvertreter darzulegen und gegebenen- **58** falls zu beweisen, daß ein provisionspflichtiges Geschäft zustandegekommen ist, der Unternehmer dieses aber entgegen der von ihm übernommenen Vertragspflicht ganz oder teilweise nicht oder nicht gehörig ausgeführt hat. Der Unternehmer trägt demgegenüber die Darlegungs- und Beweislast dafür, daß die Nicht- oder die nicht gehörige Ausführung des Geschäfts auf Umständen beruht, die von ihm nicht zu vertreten sind.[92]

Im Einzelfall können dem Unternehmer **Beweiserleichterungen** oder tatsächliche Vermutungen zugute kommen. So trifft den Unternehmer bei dem Vertrieb von Massengütern des täglichen Bedarfs mit geringem Wert grundsätzlich keine Pflicht, Ansprüche gegen zahlreiche nicht abnahme- und zahlungswillige Kunden gerichtlich geltend zu machen.[93]

V. Fälligkeit des Provisionsanspruchs (Abs. 4)

1. Fälligkeitszeitpunkt. Nach Abs. 4 wird der Anspruch auf Provision am letzten Tag **59** des Monats fällig, in dem nach § 87c Abs. 1 über den Anspruch abzurechnen ist. Der Abrechnungszeitraum beträgt nach § 87c Abs. 1 im Zweifel einen Monat, kann aber vertraglich auf höchstens drei Monate erstreckt werden. Die **Abrechnung** hat spätestens bis zum Ende des dem Abrechnungszeitraums folgenden Monats zu erfolgen (§ 87c Abs. 1 Satz 2). Dies bedeutet, daß nicht jedem einzelnen Anspruch ein eigener Abrechnungszeitraum mit einem eigenen Zeitpunkt der Fälligkeit zukommt; vielmehr werden alle in den Abrechnungszeitraum fallenden Ansprüche gemeinsam fällig. So wird zB ein im Laufe des Monats Januar nach Abs. 1 bis Abs. 3 endgültig entstandener Provisionsanspruch bei monatlicher Abrechnung Ende Februar, bei quartalsmäßiger Abrechnung Ende April fällig. Zum Abrechnungszeitraum wird der Anspruch auch dann fällig, wenn der Unternehmer entgegen der Abrechnungspflicht die Abrechnung unterläßt. Der Unternehmer kann also nicht durch gesetz- oder vertragswidrige Verzögerung der Abrechnung die Fälligkeit hinausschieben.

Mit der **Provisionszahlungspflicht** kommt der Unternehmer erst durch Mahnung nach **60** Fälligkeit in Verzug (§ 284 Abs. 1 BGB), nicht aber bereits nach § 284 Abs. 2 BGB mit dem letzten Tag des Monats, in dem die Abrechnung zu erfolgen hat. Es handelt sich hierbei nicht um eine nach dem Kalender bestimmte Leistungszeit, weil der Fälligkeitszeitpunkt an ein ungewisses künftiges Ereignis, nämlich die Ausführung des Geschäfts bzw. das Feststehen der Nichtausführung, anknüpft. Dieser Zeitpunkt, von dem die Fälligkeit abhängt, läßt sich nicht kalendermäßig bestimmen.[94]

2. Abweichende Vereinbarungen. Nach Abs. 5 ist die Fälligkeitsregelung des Abs. 4 **61** zugunsten des Handelsvertreters zwingend. Es kann also nicht zum Nachteil des Handelsvertreters ein späterer Fälligkeitszeitpunkt festgelegt werden. Mittelbar können die Parteien allerdings auf den Fälligkeitszeitpunkt Einfluß nehmen, da sie gemäß § 87c Abs. 1 Satz 1 Hs. 2 berechtigt sind, den Abrechnungszeitraum auf bis zu drei Monate zu erstrecken. Zulässig wäre danach zB eine Vereinbarung, wonach die **Abrechnung quartalsweise** zum 15. des dem Quartalsende folgenden Monats zu erfolgen hat und Zahlung 10 Tage nach Abrechnung erfolgen soll.[95] Unzulässig wäre es demgegenüber, die Fälligkeit unabhängig vom Abrechungszeitraum jeweils drei Monate nach Entstehen des Anspruchs eintreten zu lassen, weil die Abrechnung auch die am letzten Tage der Abrechnungsperiode entstandenen Ansprüche zu umfassen hat.[96] Unzulässig ist es auch, zugesagte Provisionsteile erst zu

---

[91] Baumbach/*Hopt* RdNr. 33.
[92] BGH BB 1989, 1077.
[93] BGH BB 1971, 1430 = AP Nr. 3 mit krit. Anm. *Herschel*.

[94] BGH BB 1962, 543; OLG Oldenburg NJW 1959, 888.
[95] Baumbach/*Hopt* RdNr. 34.
[96] Staub/*Brüggemann* RdNr. 40.

einem späteren Zeitpunkt als Einmalzahlung fällig werden zu lassen, auch wenn dies in die Form einer Pensionszusage gekleidet wird.[97]

VI. Abweichende Vereinbarungen (Abs. 5)

62   Von den Vorschriften der Abs. 1 bis 4 können **zugunsten des Handelsvertreters** in den allgemeinen Grenzen abweichende Vereinbarungen getroffen werden. Demgegenüber sind vertragliche Regelungen **zu Lasten des Handelsvertreters** nur eingeschränkt zulässig.[98] Die Regelung des § 87a stellt in weitem Umfang einseitig zwingendes Recht zugunsten des Handelsvertreters dar bzw. knüpft die Wirksamkeit von Vereinbarungen zu Lasten des Handelsvertreters an kompensatorische Maßnahmen. Allerdings kommt § 87a nur zur Anwendung, soweit der Unternehmer dem Handelsvertreter für seine Bemühungen Provision schuldet. Im Rahmen der Vertragsfreiheit steht es den Parteien allerdings frei, als Gegenleistung z. T. oder insgesamt andere Formen der Vergütung zu vereinbaren (siehe oben § 87 RdNr. 16 ff.). Abs. 5 steht solchen Vereinbarungen nicht entgegen.

63   **Zwingend** ist namentlich der **Anspruch auf Provision**, sobald und soweit der Dritte das Geschäft ausgeführt hat (Abs. 1 Satz 3)[99] sowie das Entstehen des Provisionsanspruchs bei Feststehen der Nichtausführung, soweit dies nicht auf Umständen beruht, die vom Unternehmer nicht zu vertreten sind (Abs. 3, dazu RdNr. 55). Auch der Fälligkeitszeitpunkt des Abs. 4 kann zum Nachteil des Handelsvertreters nicht hinausgeschoben werden (dazu RdNr. 61). Demgegenüber kann abweichend von Abs. 1 Satz 1 bestimmt werden, daß der Provisionsanspruch nicht schon mit der Ausführung des Geschäfts durch den Unternehmer als unbedingter entstehen soll. In diesem Fall hat jedoch der Handelsvertreter einen unabdingbaren Anspruch auf einen angemessen Vorschuß (Abs. 1 Satz 2; dazu RdNr. 23 ff.).

§ 87b [Höhe der Provision]

(1) Ist die Höhe der Provision nicht bestimmt, so ist der übliche Satz als vereinbart anzusehen.

(2) Die Provision ist von dem Entgelt zu berechnen, das der Dritte oder der Unternehmer zu leisten hat. Nachlässe bei Barzahlung sind nicht abzuziehen; dasselbe gilt für Nebenkosten, namentlich für Fracht, Verpackung, Zoll, Steuern, es sei denn, daß die Nebenkosten dem Dritten besonders in Rechnung gestellt sind. Die Umsatzsteuer, die lediglich auf Grund der steuerrechtlichen Vorschriften in der Rechnung gesondert ausgewiesen ist, gilt nicht als besonders in Rechnung gestellt.

(3) Bei Gebrauchsüberlassungs- und Nutzungsverträgen von bestimmter Dauer ist die Provision vom Entgelt für die Vertragsdauer zu berechnen. Bei unbestimmter Dauer ist die Provision vom Entgelt bis zu dem Zeitpunkt zu berechnen, zu dem erstmals von dem Dritten gekündigt werden kann; der Handelsvertreter hat Anspruch auf weitere entsprechend berechnete Provisionen, wenn der Vertrag fortbesteht.

Schrifttum: *Habscheid,* Das Ausgleichsrecht des Handelsvertreters, FS Schmidt-Rimpler, 1957, S. 335 ff.; *Heckmann,* Die Exportabgabe nach dem Absicherungsgesetz und der Provisionsanspruch des ausländischen Handelsvertreters, DB 1969, 990 ff.; *Klinger,* Zur Bemessung und Gestaltung der Vertreterprovision, DB 1957, 974 ff.; *Kottke,* Die Mehrwertsteuer des Handelsvertreters, BB 1968, 1076 ff.; *Schröder,* Gesetzlicher und vertraglicher Provisionsanspruch des Handelsvertreters, BB 1963, 567 ff.

---

[97] LAG Hamm BB 1985, 464.   [99] Nähere Einzelheiten siehe oben RdNr. 23 ff.
[98] Vgl. OLG München BB 1995, 1559.

I. Bedeutung

1. Entstehungsgeschichte. Die Vorschrift geht zurück auf § 88 Abs. 3 der ursprüngli- **1** chen Fassung des HGB. Dort war allerdings nur bestimmt, daß mangels einer Vereinbarung die übliche Provision zu entrichten sei. Die heutige Fassung beruht im wesentlichen auf dem ÄndG 1953. Lediglich Abs. 2 Satz 3, wonach die Umsatzsteuer zum Entgelt gehört, ist durch § 31 Abs. 2 des Umsatzsteuergesetzes vom 29. 5.1967 (BGBl. I S. 545) später eingefügt worden.

2. Zweck. Die Bestimmung will klarstellen, wie beim Fehlen einer abweichenden Ver- **2** einbarung die Höhe des Provisionssatzes zu bestimmen und die Provision selbst zu berechnen ist. Da die Vorschrift insgesamt dispositiv ist (dazu RdNr. 45), finden die gesetzlich geregelten Grundsätze über Höhe und Berechnung der Provision nur Anwendung, wenn die Parteien vertraglich keine besondere Vereinbarung getroffen haben.

3. Anwendungsbereich. Die Bestimmung gilt für alle Arten von Provisionen. Sie regelt **3** nicht nur die Bestimmung der Abschluß- und Vermittlungsprovision. Vielmehr ist sie auch maßgeblich für alle sonstigen Arten von Provisionen, die dem Handelsvertreter zustehen, wie zB Delkredereprovisionen nach § 86 b, Inkassoprovisionen nach § 87 Abs. 4 oder Leitungsprovisionen (dazu § 87 RdNr. 14).

II. Provisionshöhe (Abs. 1)

Nach Abs. 1 bestimmt sich zunächst die **Höhe** des Provisionssatzes. **4**

1. Vertragliche Vereinbarung. Die Höhe des Provisionssatzes bestimmt sich in aller Regel und in erster Linie nach der vertraglichen Vereinbarung. Eine vertragliche Abrede über die Provisionshöhe muß nicht **ausdrücklich**, sondern kann auch **stillschweigend** getroffen werden. Eine derartige stillschweigend geschlossene Vereinbarung kann sich daraus ergeben, daß längere Zeit hindurch für gleichartige Geschäfte ein bestimmter Provisionssatz gezahlt wird und nach dem Verhalten beider Parteien in der Vergangenheit davon auszugehen ist, daß die Provisionshöhe für solche Geschäfte auch für die Zukunft beibehalten werden soll. In einem solchen Falle gilt der bisher gezahlte Provisionssatz als stillschweigend vereinbart. Der Handelsvertreter hat einen Anspruch auf Provision in dieser

Höhe auch dann, wenn die übliche Provision niedriger ist, kann aber andererseits auch nicht die übliche Provision verlangen, wenn diese höher ist als die vereinbarte Provision.

5   Die Parteien müssen die Höhe des Provisionssatzes nicht unmittelbar einvernehmlich regeln, sondern können einem Vertragsteil oder einem Dritten ein **einseitiges Bestimmungsrecht** einräumen. Die Bestimmung hat in diesem Fall mangels abweichender Vereinbarung nach billigem Ermessen zu erfolgen (§§ 315, 317 BGB).

6   Die Parteien können sich auch darauf beschränken, die Provisionshöhe nur **teilweise**, zB für Geschäfte einer bestimmten Art zu regeln. Eine solche Vereinbarung besagt allerdings im Regelfalle nicht, daß der Handelsvertreter für andere Geschäfte überhaupt keine Provision erhalten soll; dies ist nur anzunehmen, wenn die vertragliche Bestimmung insoweit eindeutig ist. Andernfalls kann der Handelsvertreter die für die bestimmten Geschäfte vereinbarte Provision verlangen, für andere Geschäfte im Rahmen der ihm obliegenden Aufgaben die übliche Provision nach Abs. 1.

7   Die im Vertrag bestimmten Provisionssätze können grundsätzlich **nicht nachträglich einseitig** durch den Unternehmer oder den Handelsvertreter **geändert** werden; hierzu bedarf es vielmehr grundsätzlich einer Änderungsvereinbarung. Allerdings kann vertraglich dem Unternehmer oder dem Handelsvertreter das Recht eingeräumt werden, die Provisionssätze einseitig zu ändern.[1] Die nach den vertraglichen Vereinbarungen zulässige einseitige Festsetzung der Höhe des Provisionssatzes durch Unternehmer oder Handelsvertreter muß der Billigkeit entsprechen und ist insoweit gemäß § 315 BGB gerichtlich nachprüfbar.

8   **2. Hoheitliche Bestimmung.** Die Höhe des Provisionssatzes kann aufgrund einer entsprechenden Rechtsgrundlage hoheitlich bestimmt werden. Ist dies geschehen, sind weder vertragliche Vereinbarungen zulässig noch kann auf den üblichen Satz abgestellt werden. Beispielsweise sind in der Kraftfahrversicherung die Entgelte für Versicherungsvermittler in den §§ 31 ff. der Verordnung über die Tarife in der Kraftfahrzeug-Haftpflichtversicherung vom 5.12.1984 (BGBl. I S. 1437) im einzelnen gesetzlich bestimmt.

9   **3. Übliches Entgelt.** Ist die Höhe des Provisionssatzes weder gesetzlich noch vertraglich bestimmt, ist nach Abs. 1 das übliche Entgelt als vereinbart anzusehen. Der übliche Provisionssatz ist auch dann zugrunde zu legen, wenn die vertragliche Vereinbarung unwirksam ist, zB eine sog. Hungerprovision vereinbart wurde.

10   Die Üblichkeit richtet sich nach den **Gepflogenheiten** des betreffenden Geschäftszweiges und des Ortes, an dem der Handelsvertreter seine Niederlassung hat.[2] Zur Feststellung der üblichen Provision ist zunächst genau Art und Inhalt des Geschäftes festzustellen. Danach ist zu ermitteln, welchen Provisionssatz andere Unternehmer dieses Geschäftszweiges für die Vermittlung und den Abschluß derartiger Geschäfte zahlen. Hingegen kommt es nicht darauf an, was der auftraggebende Unternehmer anderen Handelsvertretern mit gleichen oder ähnlichen Aufgaben zugesteht.[3] Hat der Unternehmer mit der Mehrzahl seiner Handelsvertreter Vereinbarungen über die Höhe des Provisionssatzes getroffen, so können andere Handelsvertreter gleichwohl **nicht** unter Berufung auf den **Gleichbehandlungsgrundsatz** ebenfalls die Anwendung eines entsprechenden Provisionssatzes verlangen. Das folgt aus dem Grundsatz des Vorranges der Vertragsfreiheit vor der Gleichbehandlungspflicht.

11   Auch wenn ein Provisionssatz **vereinbart** ist, kann der Unternehmer ausnahmsweise gleichwohl zur Zahlung der **üblichen Provision** verpflichtet sein. Ein solcher **Ausnahmefall** kann bei solchen Geschäften angenommen werden, die soweit aus dem Rahmen des Handelsvertretervertrages und des Fertigungsprogrammes des Unternehmers fallen, daß nach Treu und Glauben für solche Geschäfte die vereinbarte Provision nicht anwendbar erscheint. In solchen Fällen ist dann statt der vereinbarten Provision die übliche Provision zu zahlen. Bei der Ermittlung darf dann nicht auf die in dem betreffenden Geschäftszweig

---

[1] LG Frankfurt BB 1969, 1326.
[2] BGH BB 1961, 424; Baumbach/*Hopt* RdNr. 2;
Staub/*Brüggemann* RdNr. 4.

[3] *Küstner/v. Manteuffel* I RdNr. 969.

für normale Geschäfte üblichen Provisionssätze abgestellt werden, es ist vielmehr die für Geschäfte solcher besonderen Art in dem betreffenden Wirtschaftszweig übliche Provision zu ermitteln und zu zahlen.[4]

Ist eine **übliche Provision nicht ohne weiteres**, auch nicht durch Vertragsauslegung nach § 157 BGB, **zu ermitteln**, kann die Feststellung gegebenenfalls durch Sachverständige erfolgen (§§ 402 ff. ZPO). In diesem Zusammenhang kommt zB eine gutachterliche Stellungnahme der Industrie- und Handelskammer oder eines Handelsvertreter- oder Unternehmerverbandes in Betracht.[5] **12**

4. Bestimmung nach billigem Ermessen (§§ 315 f. BGB). Ist bei Fehlen einer vertraglichen oder hoheitlichen Festlegung der übliche Provisionssatz nicht festzustellen, finden die Grundsätze der §§ 315 f. BGB Anwendung. In einem solchen Falle ist der Handelsvertreter berechtigt, nach § 316 BGB die Höhe des Provisionssatzes zu bestimmen. Diese Bestimmung ist nach billigem Ermessen zu treffen. Entspricht sie nicht billigem Ermessen, so wird die Bestimmung durch Urteil getroffen.[6] **13**

5. Beweislast. Behauptet der Handelsvertreter, eine bestimmte Vergütung sei vereinbart worden, trifft ihn im Bestreitensfalle die Beweislast dafür, daß eine entsprechende Abrede getroffen worden ist.[7] Verlangt der Handelsvertreter demgegenüber den üblichen Provisionssatz, dann muß er ebenfalls beweisen, daß eine vom Unternehmer behauptete bestimmte Höhe nicht vereinbart ist.[8] Gelingt ihm dieser Beweis nicht, so steht dem Handelsvertreter Provision nur in der vom Unternehmer als vereinbart behaupteten Höhe zu. **14**

III. Allgemeine Berechnungsgrundsätze (Abs. 2)

1. Berechnungsgrundlagen (Satz 1). a) Grundsatz. Regelmäßig bestimmt sich die Provisionshöhe als Erfolgsvergütung des Handelsvertreters nach dem provisionspflichtigen Umsatz. Überwiegend wird dabei auf den dem Kunden in Rechnung gestellten Rechnungsbetrag als Provisionsbemessungsgrundlage abgestellt. Die Parteien können allerdings auch eine andere Bezugsgröße als Bemessungsgrundlage vereinbaren, zB auf den erzielten Gewichtsumsatz (X DM Provision pro verkaufte Tonne) oder auf die verkaufte Stückzahl des Produkts (X DM Provision für jede verkaufte Produktionseinheit) abstellen.[9] Eine solche Handhabung hat in ausgleichsrechtlicher Hinsicht den Vorteil, daß eine Intensivierung einer Kundenbeziehung viel leichter feststellbar ist als bei der Zugrundelegung des Rechnungsbetrages für die Provisionsberechnung. Es muß dann nämlich nicht differenziert werden, inwieweit eine Steigerung des Kundenumsatzes in Wirklichkeit auf Preissteigerungen beruht und inwieweit sie auf die Vermittlungstätigkeit des Handelsvertreters zurückzuführen ist.[10] **15**

Haben die Parteien keine besondere Vereinbarung getroffen, dann ist nach Abs. 2 Satz 1 die Provision von dem Entgelt zu berechnen, das der Dritte oder der Unternehmer zu leisten hat: Bei Verkäufen des Unternehmers ist Berechnungsgrundlage der von dem Dritten, bei Einkäufen des Unternehmers der von diesem zu zahlende **Kaufpreis**. Bei Versicherungsverträgen, bei denen der Unternehmer als Versicherer auftritt, ist die Prämie maßgeblich, die der Dritte als Versicherungsnehmer zu zahlen hat. **16**

Die Regelung bezieht sich nicht nur auf Fälle, in denen der Dritte oder der Unternehmer **Geldleistungen** zu erbringen hat. Handelt es sich um einen Tausch (§ 515 BGB) oder ein Kompensationsgeschäft, dann sind die Sachleistungen nach den üblichen und angemessenen Preisen in Geld umzurechnen. Bei Verschiedenwertigkeit der Sachleistungen ist der **17**

[4] BGH BB 1961, 424.
[5] *Küstner/v. Manteuffel* I RdNr. 970.
[6] BGH BB 1961, 424.
[7] So zu § 632 BGB BGHZ 80, 257, 259.
[8] RG Warn Rspr. 16 (1924) Nr.135; LAG Bremen DB 1960, 1212; Baumbach/*Hopt* RdNr. 2. –

Ebenso zu § 632 BGB BGHZ 80, 257, 258; BGH NJW 1983, 1782.
[9] Baumbach/*Hopt* RdNr. 18; Heymann/*Sonnenschein/Weitemeyer* RdNr. 17; *Küstner/v. Manteuffel* I RdNr. 972.
[10] *Küstner/v. Manteuffel* I RdNr. 973.

Geldwert der Leistung des Dritten entscheidend, weil es dem Unternehmer auf diese ankommt.[11]

18   **b) Volles Entgelt.** Maßgebend ist stets das volle Entgelt, das der Dritte nach dem von dem Handelsvertreter abgeschlossenen oder vermittelten Vertrag dem Unternehmer zu leisten hat. Besteht das Entgelt des Dritten in Wertpapieren, die zu einem festgelegten Preis berechnet werden, so vermindert sich die Provision des Handelsvertreters nicht dadurch, daß der Unternehmer beim Weiterverkauf einen geringeren Erlös erzielt.[12] Auf den Provisionsanspruch des Handelsvertreters hat es auch keinen Einfluß, wenn der Unternehmer die Forderung gegen einen Kunden unter ihrem Nennwert veräußert, selbst wenn dieser den Kunden für zahlungsunfähig halten durfte.[13] Auch bei der Annahme einer Leistung an Erfüllungs Statt (§ 364 Abs. 1 BGB) ist für die Provisionshöhe das vereinbarte Entgelt maßgeblich, unabhängig davon, ob die an Erfüllungs Statt erbrachte Leistung hinter dem ursprünglich vereinbarten Wert zurückbleibt oder diesen übersteigt.[14] Besteht das Entgelt in Devisen, dann ist der Umrechnungskurs zum Zeitpunkt des Eingangs beim Unternehmer für die Provisionsberechnung ausschlaggebend.[15]

19   Auf das vom Kunden zu zahlende Entgelt ist auch dann abzustellen, wenn der Unternehmer einen Teil dieses Betrages an einen **Lieferanten** abführen muß. Ist nichts anderes vereinbart, dann ist bei einem einheitlichen Auftrag über eine aus mehreren Teilen zusammengesetzte Sache (zB Omnibus bestehend aus Fahrgestell und Aufbau) die Provision auch dann nach dem vollen dem Käufer in Rechnung gestellten Betrag über die Gesamtsache zu berechnen, wenn der Unternehmer sich einen Teil der Sache (zB das Fahrgestell) anderweitig beschafft und dort als Käufer bezahlt hat.[16]

20   Zum Entgelt iSv. Abs. 2 Satz 1 rechnen nicht nur die von dem Dritten zu zahlenden Geldbeträge, sondern **auch geldwerte Nebenleistungen**, wie zB Preisnachlässe auf Lieferungen des Dritten. Derartige Nebenvorteile hat der Unternehmer dem Handelsvertreter mitzuteilen und bei der Provisionsabrechnung zu berücksichtigen.[17]

21   **c) Rechtswirksam vereinbartes Entgelt.** Maßgebend ist nur das auf Grund des vom Handelsvertreter vermittelten oder abgeschlossenen Geschäfts rechtswirksam mit dem Dritten vereinbarte Entgelt. War der Preis nach bestehenden Preisvorschriften unzulässig überhöht, so ist die Provision nur nach dem gesetzlich zulässigen Preis zu berechnen. Dies gilt auch dann, wenn der Kunde den überhöhten Preis tatsächlich gezahlt hat.[18] Nach Abs. 2 Satz 1 ist nicht ausschlaggebend, was der Dritte tatsächlich leistet, sondern in welcher Höhe eine rechtliche Verpflichtung besteht.

22   **d) Vertragsänderungen nach Geschäftsabschluß.** Für die Provisionsberechnung unberücksichtigt bleiben auch vertragsändernde Vereinbarungen zwischen dem Unternehmer und dem Dritten nach Geschäftsabschluß. Soweit in einer solchen nachträglichen Vereinbarung die Nichtausführung des ursprünglich geschlossenen Geschäfts liegt, bestimmen sich die Folgen für den Provisionsanspruch des Handelsvertreters nach den Grundsätzen des § 87a Abs. 2 und Abs. 3. Im Rahmen des § 87b sind allein die nach dem Inhalt des geschlossenen Geschäfts geschuldeten Entgelte maßgebend. In diesem Rahmen ist es daher auch unerheblich, ob der Dritte das von ihm geschuldete Entgelt tatsächlich leistet.

23   **2. Nachlässe (Satz 1 Hs. 1).** Vom bei der Provisionsberechnung zugrunde zu legenden Entgelt sind nach Abs. 2 Satz 2 Hs. 1 Nachlässe **bei Barzahlung** nicht abzuziehen. Die Abzugsfähigkeit von Skonto oder Barzahlungrabatt würde den Handelsvertreter dafür bestrafen, daß er einen besonders zahlungsfreudigen Kunden vermittelt hat.[19] Auch bei der Ver-

[11] Baumbach/*Hopt* RdNr. 4; Staub/*Brüggemann* RdNr. 5. – Teilweise abweichend Heymann/*Sonnenschein/Weitemeyer* RdNr. 7.

[12] RGZ 121, 125, 126 f.

[13] OLG Celle NJW 1972, 879.

[14] Baumbach/*Hopt* RdNr. 6; Staub/*Brüggemann* RdNr. 5. – Z.T. abweichend Heymann/*Sonnenschein/Weitemeyer* RdNr. 8.

[15] Baumbach/*Hopt* RdNr. 4; Staub/*Brüggemann* RdNr. 5.

[16] OLG Braunschweig BB 1956, 226.

[17] Baumbach/*Hopt* RdNr. 7.

[18] OLG Düsseldorf MDR 1957, 168 f.; Baumbach/*Hopt* RdNr. 5; Heymann/*Sonnenschein/Weitemeyer* RdNr. 8; Staub/*Brüggemann* RdNr. 5.

[19] Begr. z. Reg.-E., BT-Drs. 1/3856 S. 28.

einbarung einer Provision nach dem „Netto-Rechnungsbetrag" sind Nachlässe bei der Provisionsberechnung nicht abzuziehen, die dem Kunden bei Barzahlung am Lieferungstage oder binnen bestimmter Frist gewährt werden.[20]

Sonstige Nachlässe, die der Unternehmer von Anfang an mit dem Dritten vereinbart **24** hat, sind zu berücksichtigen und mindern das geschuldete Entgelt und damit in der Regel auch die Provision nach Abs. 2 Satz 1.[21] Dies gilt zB für Mengen-, Treue-, Aktionsrabatte, Jahresumsatzbonus. Insoweit gibt das Gesetz für einen Ausschluß der Kürzung keine Grundlage, weil die Provisionen bei der Preisgestaltung bereits berücksichtigt worden sind und die verminderten Preise die geschuldete Leistung darstellen, nach der sich die Provision berechnet.

Nicht abzuziehen vom Entgelt, nach dem die Provision zu berechnen ist, sind hingegen **25** **Nachlässe**, die zwischen Unternehmer und Dritten erst **nach Geschäftsabschluß** vereinbart worden sind.[22] Gewährt der Unternehmer zB dem Dritten nachträglich einen Sonderrabatt, kann die Höhe des Provisionsanspruchs des Handelsvertreters hierdurch nicht mehr beeinträchtigt werden.[23] Gleiches gilt, wenn der Unternehmer einem Kunden ohne vorherige Absprache zum Jahresende mit Rücksicht auf den erzielten hohen Jahresumsatz einen nachträglichen Umsatzrabatt einräumt.[24]

Die Grundsätze gelten auch, wenn sich die **Nachlässe zugunsten des Unternehmers** **26** auswirken, weil sie mittelbar die Höhe des Provisionsanspruchs mindern. Soll sich zB die Höhe des Provisionsanspruchs nach der Parteivereinbarung aus der Differenz von Verkaufs- und Einkaufswert ermitteln, dann sind bei der Ermittlung des Einkaufswerts dem Unternehmer eingeräumte Sonderrabatte zu berücksichtigen. Hingegen mindern Skonti den Einkaufswert nicht, weil sie lediglich einen Anreiz für den Unternehmer bilden sollen, besonders schnell zu zahlen.[25]

3. Nebenkosten (Satz 2 Hs. 2). Bei der Provisionsberechnung dürfen nach Abs. 2 **27** Satz Hs. 2 solche vom Unternehmer zu tragenden Nebenkosten nicht abgezogen werden, die durch das Entgelt mit abgegolten sind. Diese mindern also nicht das Entgelt, von dem die Provision zu berechnen ist. Die im Gesetz aufgezählten Nebenkosten Fracht, Verpackung, Zölle und Steuern[26] sind nur Beispiele. Unter die Regelung fallen auch sonstige Nebenkosten, insbesondere die für die Versicherung des Gutes und die für die Beschaffung der erforderlichen Versendungspapiere sowie Abnahme-, Montage- und Inbetriebsetzungskosten.

Ausnahmsweise **mindern** derartige Nebenkosten das der Provisionsberechnung zugrunde **28** zu legende Entgelt, wenn sie dem Dritten **besonders in Rechnung** gestellt sind. Das Gesetz geht insoweit von der Vermutung aus, daß diese Nebenkosten besondere Aufwendungen des Unternehmers für den Kunden darstellen.[27] Zu beachten ist aber, daß die bloße Inrechnungstellung allein den Abzug vom Rechnungsbetrag nicht begründet; erforderlich ist vielmehr, daß die Nebenkosten nach dem vermittelten Geschäft auch besonders in Rechnung gestellt werden dürfen. Ist frachtfreie Lieferung an den Dritten zu einem bestimmten Preis vereinbart, so kann der Unternehmer nicht die Provision des Handelsvertreters dadurch kürzen, daß er in der dem Dritten erteilten Gesamtabrechnung den Gesamtpreis in Preis für die Ware und in Frachtkosten aufgliedert. Eine nachträgliche Aufteilung des ursprünglich einheitlich vereinbarten Entgelts kann daher den Provisionsanspruch nicht mehr schmälern.[28]

---

[20] OLG Düsseldorf DB 1955, 578.
[21] Baumbach/*Hopt* RdNr. 8; Heymann/*Sonnenschein/Weitemeyer* RdNr. 9; Staub/*Brüggemann* RdNr. 6.
[22] OLG Braunschweig BB 1956, 226; Heymann/*Sonnenschein/Weitemeyer* RdNr. 9; *Küstner/v. Manteuffel* I RdNr. 982 ff.
[23] OLG Braunschweig BB 1956, 226.

[24] *Küstner/v. Manteuffel* I RdNr. 984.
[25] OLG München NJW-RR 1994, 103.
[26] Zur Sonderumsatzsteuer vgl. *Heckmann* DB 1969, 990.
[27] Begr. z. Reg.-E., BT-Drs. 1/3856 S. 28.
[28] Baumbach/*Hopt* RdNr. 11; Heymann/*Sonnenschein/Weitemeyer* RdNr. 10.

29   Umgekehrt müssen bei der Provisionsberechnung solche Nebenkosten unberücksichtigt bleiben, die für Leistungen entstehen, die vom Unternehmer **erst nach Geschäftsabschluß** übernommen werden. Dies gilt unabhängig davon, ob die Nebenkosten gesondert in Rechnung gestellt werden oder aber in der Rechnung als Preiserhöhung erscheinen. Sie zählen nicht zu dem Entgelt, nach dem sich die Provision bestimmt.[29] Die Grundsätze über die Abziehbarkeit der Nebenkosten gelten in gleicher Weise in den Fällen, in denen der Provisionsbemessung die Rechnung des Dritten zugrunde gelegt wird, auch wenn das Gesetz nur die Rechnungstellung durch den Unternehmer erwähnt.[30]

30   **4. Umsatzsteuer (Satz 3).** Die lediglich aufgrund der steuerrechtlichen Vorschriften in der Rechnung gesondert ausgewiesene Umsatzsteuer[31] gilt nach Abs. 2 Satz 3 nicht als besonders in Rechnung gestellt. Trotz des gesonderten Ausweises gehört danach die Umsatzsteuer zum Entgelt und damit zur Bemessungsgrundlage für die Provision, weil der Handelsvertreter durch die im Mehrwertsteuersystem begründete Trennung der Steuer vom Entgelt keine Nachteile erleiden soll.[32] In der Praxis werden insoweit allerdings vielfach abweichende Vereinbarungen getroffen.[33]

IV. Berechnungsgrundlagen bei Dauerschuldverhältnissen (Abs. 3)

31   **1. Anwendungsbereich.** Abs. 3 regelt mangels abweichender Vereinbarung die Provisionsberechnung bei vom Handelsvertreter vermittelten Gebrauchsüberlassungs- und Nutzungsverträgen. Hier können sich Besonderheiten daraus ergeben, daß nicht ein einmaliges Entgelt für eine bestimmte Leistung geschuldet wird, sondern wiederkehrende Rechte und Pflichten bestehen, deren Umfang zum Zeitpunkt des Vertragsschluß noch nicht endgültig feststehen.

32   Abs. 3 trifft insoweit **Sonderregelungen** hinsichtlich der Berechnungsgrundlage für die Provisionsbestimmung. Für die Entstehung bzw. den Wegfall des Provisionsanspruchs, die Berücksichtigung von Skontoabzügen, Nebenkosten usw., die Provisionsabrechnung und -fälligkeit gelten die allgemeinen Vorschriften.[34]

33   Der Begriff der **Gebrauchüberlassungs- und Nutzungsverträge** ist weit auszulegen. Entsprechend dem Sinn und Zweck des Abs. 3 werden sämtliche Schuldverhältnisse erfaßt, bei denen ein nach festen Zeitabschnitten vorausbestimmtes Entgelt geschuldet wird.[35] Neben den Miet- und Pachtverträgen werden auch Dienst-, Versicherungs-, Filmverleih-, Patentlizenz- und Grundstücknutzungsverträge erfaßt. Hingegen gilt Abs. 3 nicht für Dauerverträge mit variablem, ergebnisbezogenem Entgelt wie zB bei Bezugsverträgen, Lizenzverträgen mit Stück- oder Umsatzlizenz, Autorenverträgen oder Lieferabonnements.[36] Die Provision ist in diesen Fällen besonders nach dem Entgelt für jeden vergütungspflichtigen Vorgang zu berechnen.

34   **2. Verträge von bestimmter Dauer (Satz 1).** Wird der Vertrag auf bestimmte Dauer geschlossen, ist die Provision nach Abs. 3 Satz 1 vom Entgelt für die Vertragsdauer zu berechnen. Ein Vertrag mit bestimmter Dauer liegt vor, wenn das Ende des Vertragsverhältnisses kalendermäßig oder in sonstiger Form eindeutig bestimmt ist, zB durch die Angabe einer bestimmten Zeitdauer oder eines bestimmten Zeitraums. Verträge bis zu einem bestimmten Zeitpunkt, die aber mit einer auflösenden Bedingung geschlossen sind oder bei denen eine Partei unter gewissen Voraussetzungen ein vorzeitiges Kündigungsrecht oder ein Rücktrittsrecht hat, fallen ebenfalls unter Abs. 3 Satz 1.

[29] BGH HVR Nr. 250; Baumbach/*Hopt* RdNr. 11; Heymann/*Sonnenschein/Weitemeyer* RdNr. 10.

[30] BGH HVR Nr. 250; Heymann/*Sonnenschein/Weitemeyer* RdNr. 10.

[31] Wegen der Sonderumsatzsteuer in Form von Exportabgaben vgl. *Heckmann* DB 1969, 990.

[32] *Kottke* BB 1968, 1076, 1077.

[33] Zu den Einzelheiten vgl. *Küstner/v. Manteuffel* I RdNr. 1015 ff.

[34] *Küstner/v. Manteuffel* I RdNr. 1036.

[35] Baumbach/*Hopt* RdNr. 13; *Küstner/v. Manteuffel* I RdNr. 1037.

[36] Baumbach/*Hopt* RdNr. 13; *Küstner/v. Manteuffel* I RdNr. 1037.

Ein Vertrag ist auch dann auf bestimmte Dauer geschlossen, wenn einer der Parteien das 35
Recht eingeräumt ist, durch einseitige Erklärung das Schuldverhältnis zu verlängern
(**Verlängerungsoption**), oder vorgesehen ist, daß sich der Vertrag automatisch verlängert,
wenn er nicht durch besondere Erklärung zu dem vorgesehenen Endtermin aufgelöst wird
(**Verlängerungsklausel**).[37] Nur die fest vereinbarte Vertragszeit entscheidet in diesen Fällen.
Wird das Schuldverhältnis automatisch oder durch Erklärung verlängert, richtet sich für die
Zukunft der Provisionsanspruch danach, ob das Schuldverhältnis auf bestimmte oder un-
bestimmte Zeit verlängert wurde. Bei einer Verlängerung auf bestimmte Zeit regelt sich
die Provision nach Abs. 3 Satz 1, wird auf unbestimmte Zeit verlängert, gilt nunmehr
Abs. 3 Satz 2.

Die Provision bemißt sich bei Verträgen auf bestimmte Dauer nach dem **Entgelt** für die 36
gesamte Vertragszeit. Es handelt sich hierbei um eine sogenannte **Einmalprovision**. Für die
Entstehung des Provisionsanspruchs ist nach § 87 a die Ausführung des Geschäfts maßgeblich, die bereits mit der Überlassung des Gebrauchs und nicht erst mit dem Ablauf der Vertragszeit vollendet ist.[38] Keine Rolle spielt es, zu welchem Zeitpunkt das Entgelt, aus dem
sich die Provision errechnet, geschuldet wird. Es kommt also nicht darauf an, ob es in einer
Summe bei Vertragsbeginn oder bei Vertragsbeendigung oder in bestimmten zeitlichen
Abständen während der Laufzeit des Vertrags zu entrichten ist.[39] Die Provision ist bei Verträgen auf bestimmte Dauer auch dann vom Entgelt für die ganze Vertragsdauer zu berechnen, wenn das Handelsvertreterverhältnis **früher** als das Gebrauchsüberlassungs- oder
Nutzungsverhältnis **endigt**.

3. Verträge von unbestimmter Dauer (Satz 2). Bei Verträgen auf unbestimmte Dauer, 37
bei denen also der Zeitpunkt der Beendigung des Vertragsverhältnisses nicht festliegt, erhält
der Handelsvertreter zunächst nur eine **Erstprovision**. Diese ist nach dem Entgelt zu berechnen, das von dem Unternehmer oder dem Dritten bis zu dem Zeitpunkt zu zahlen ist,
zu dem erstmals von dem Dritten gekündigt werden kann. Der Zeitpunkt, zu dem der
Unternehmer erstmals kündigen kann, ist unerheblich, und zwar auch dann, wenn der
Unternehmer Schuldner des Entgeltes ist. Ob der Dritte von der ihm zustehenden **Kündigungsbefugnis** tatsächlich Gebrauch macht und in wie starkem Maße die Ausübung der
Kündigungsbefugnis durch den Dritten wahrscheinlich ist, spielt keine Rolle. Hat der
Dritte aber von vornherein auf eine bestimmte Kündigungsbefugnis ganz oder auf be-
stimmte Zeit verzichtet, so entscheidet der Zeitpunkt, der nunmehr als der frühest mögliche Kündigungszeitpunkt in Betracht kommt.

Wird von der Kündigungsbefugnis durch den Dritten ordnungsgemäß Gebrauch ge- 38
macht und dadurch der Vertrag beendet, so hat es bei der Erstprovision sein Bewenden.
Wird von einer Kündigungsbefugnis kein Gebrauch gemacht oder wird die Kündigung
nicht gehörig (zB verspätet oder nicht in der vereinbarten Form) vorgenommen und besteht deshalb das Schuldverhältnis fort, so erhält der Handelsvertreter **weitere Provision**,
die entsprechend zu berechnen ist. Sie berechnet sich nach dem Entgelt bis zu dem Zeitpunkt, zu dem nunmehr erstmals von dem Dritten gekündigt werden kann. Kann zu jedem beliebigen Termin, einerlei ob mit Frist und mit welcher, gekündigt werden, so ergibt
sich ein einziger, mit dem Vertragsablauf ständig **wachsender Provisionsanspruch**. Die
zeitliche Gliederung ergibt sich dann nur aus den nach § 87c Abs. 1 maßgebenden Ab-
rechnungszeiträumen.[40]

Problematisch sind die Fälle, in denen der Dritte gekündigt hat, diese **Kündigung** aber 39
im Einvernehmen mit dem Unternehmer **wieder zurückgenommen** wurde, der Dritte
also schließlich doch am Vertrage festhält. Soweit die Kündigung auf Verlangen des Handelsvertreters zurückgenommen worden ist, ergeben sich dann keine Schwierigkeiten,

[37] BGH NJW 1975, 387; Heymann/*Sonnenschein/
Weitemeyer* RdNr. 13; Baumbach/*Hopt* RdNr. 14. –
AA *Küstner/v. Manteuffel* I RdNr. 1042.
[38] Staub/*Brüggemann* RdNr. 9.

[39] Heymann/*Sonnenschein/Weitemeyer* RdNr. 14;
Küstner/v. Manteuffel I RdNr. 1043; Staub/*Brüggemann* RdNr. 9.
[40] Baumbach/*Hopt* RdNr. 15; Heymann/*Sonnen-
schein/Weitemeyer* RdNr. 15.

wenn der Handelsvertreter im Zeitpunkt seines Eingreifens noch als Handelsvertreter für den Unternehmer tätig war. Er erhält dann nach § 87 Abs. 1 in jedem Fall Provision. Ist die Kündigung aber nicht auf Veranlassung des Handelsvertreters oder aber nach Beendigung des Handelsvertreterverhältnisses zurückgenommen worden, dann ist der Fortbestand des Vertragsverhältnisses mit dem Dritten nicht mehr auf den für den Handelsvertreter provisionspflichtigen ursprünglichen Vertragsabschluß zurückzuführen. Rechtstechnisch kann die Kündigung als einseitiges Gestaltungsrecht nämlich nach ihrem Zugang nicht mehr zurückgenommen werden, so daß eine Fortsetzung des Gebrauchsüberlassungs- oder Nutzungsverhältnisses nur im Wege eines **neuen Vertragsabschlusses** möglich ist. Es fehlt daher an einem Geschäftsabschluß während der Dauer des Handelsvertreterverhältnisses, der grundsätzlich allein als Grundlage eines Provisionsanspruchs in Betracht kommt.[41]

40   **4. Vorzeitige Beendigung des Dauerschuldverhältnisses.** Die Provisionspflicht bei vorzeitigem Ende eines auf bestimmte oder unbestimmte Zeit geschlossenen Dauerschuldverhältnisses ist nicht in Abs. 3 geregelt. Diese Bestimmung stellt nur die Grundsätze für die Berechnung der Provision auf, besagt aber nicht, wann der Handelsvertreter bei einem Gebrauchsüberlassungs- oder Nutzungsverhältnis die Provision verdient hat. Insoweit sind die §§ 87, 87a maßgeblich.[42] Auch hier kommt der Gedanke zum Tragen, daß der Unternehmer nicht durch sein Verhalten treuwidrig die Entstehung des Provisionsanspruchs des Handelsvertreters vereiteln oder den Wegfall des einmal entstandenen Provisionsanspruchs herbeiführen soll. Daher entfällt bei vorzeitiger Beendigung des Dauerschuldverhältnisses der Provisionsanspruch des Handelsvertreters nur dann, wenn der Unternehmer diese nicht zu vertreten hat.[43]

41   Kündigt der Unternehmer oder tritt er zurück, so behält der Handelsvertreter grundsätzlich den **Anspruch auf die Provision** und braucht eine gezahlte Provision nicht zurückzuzahlen, es sei denn, es liegt ein nicht vom Unternehmer zu vertretender wichtiger Grund für den Rücktritt oder die Kündigung vor. Kündigt der Dritte oder tritt er zurück, ist der Handelsvertreter zur **anteiligen Rückzahlung** der Provision gehalten, es sei denn, die Ausübung des Gestaltungsrechts ist auf vom Unternehmer zu vertretende Gründe zurückzuführen.

42   Diese Grundsätze gelten sowohl bei einer vorzeitigen Beendigung eines auf bestimmte als auch eines auf unbestimmte Zeit geschlossenen Dauerschuldverhältnisses. Wird hingegen ein auf unbestimmte Zeit geschlossenes Dauerschuldverhältnis **fristgerecht gekündigt**, dann erhält der Handelsvertreter mangels abweichender Vereinbarung Provision nicht über den jeweils begonnenen Nutzungsabschnitt hinaus. Dies gilt sowohl für eine fristgerechte Kündigung durch den Unternehmer als auch den Dritten, gleich aus welchem Grund. Nur soweit das unbefristete Dauerschuldverhältnis vorzeitig aufgelöst wird, hängt der Fortbestand des Provisionsanspruchs für die Restlaufzeit von den Voraussetzungen des § 87a Abs. 3 ab.[44]

43   **5. Beendigung des Handelsvertreterverhältnisses. a) Dauerschuldverhältnisse mit bestimmter Dauer.** Bei Verträgen mit bestimmter Dauer bleibt dem Handelsvertreter die **Provision für die gesamte Zeit des Dauerschuldverhältnisses** erhalten, auch wenn das Handelsvertreterverhältnisses früher als das Gebrauchsüberlassungs- oder Nutzungsverhältnis endet. Für die Entstehung des Provisionsanspruchs ist nämlich nach allgemeinen Grundsätzen nur erforderlich, daß das Handelsvertreterverhältnis zum Zeitpunkt des Geschäftsabschlusses bestand. Der Provisionsanspruch entsteht mangels abweichender Vereinbarung für sämtliche Geschäfte, die während der Vertragsverhältnisses abgeschlossen worden sind, unabhängig davon, zu welchem Zeitpunkt die Durchführung erfolgt. Es ist aber nicht erforderlich, daß das Geschäft noch während der Dauer des Handelsvertreterver-

[41] Staub/*Brüggemann* RdNr. 12.
[42] Ebenso Baumbach/*Hopt* RdNr. 16.
[43] Baumbach/*Hopt* RdNr. 16. – AA Staub/*Brüggemann* RdNr. 10, demzufolge mit vorzeitgem Ende

des Dauerschuldverhältnisses die Provisionsberechtigung für die Restlaufzeit entfallen soll.
[44] Baumbach/*Hopt* RdNr. 16.

hältnisses ausgeführt wird. Die Parteien können jedoch insoweit **abweichende Regelungen** treffen, insbesondere vereinbaren, daß die Provision nur von dem Entgelt zu berechnen ist, das noch während der Dauer des Handelsvertreterverhältnisses fällig wird.

b) Dauerschuldverhältnisse mit unbestimmter Dauer. Demgegenüber ist die Rechtslage in den Fällen umstritten, in denen das Handelsvertreterverhältnis beendet wird, während das vom **Handelsvertreter vermittelte Rechtsverhältnis zwischen dem Unternehmer und dem Dritten fortbesteht** auf unbestimmte Dauer. Nach einer in der Literatur vertretenen Auffassung soll der Provisionsanspruch nach Beendigung des Handelsvertreterverhältnisses nur noch bis zu dem Zeitpunkt fortbestehen, zu dem erstmals von dem Dritten das Dauerrechtsverhältnis hätte gekündigt werden können. Über diesen Zeitpunkt hinaus fortgesetzte Rechtsverhältnisse seien provisionsrechtlich so zu behandeln, als ob das zugrunde liegende Geschäft erst nach Beendigung des Handelsvertreterverhältnisses zustandegekommen sei.[45] Hierbei wird jedoch nicht genügend berücksichtigt, daß die Fortsetzung eines auf unbestimmte Zeit geschlossenen Schuldverhältnisses über die einzelnen Kündigungstermine hinaus nicht auf einem Neuabschluß beruht, sondern ein und dasselbe Vertragsverhältnis fortbesteht. Die Zerlegung in einzelne Nutzungsabschnitte hat nur rechtstechnische Bedeutung, um eine zeitnahe Berechnung der Provision des Handelsvertreters zu ermöglichen. Für die **Provisionsberechnung** ist aber der Wert des Geschäftes maßgeblich, das der Handelsvertreter vermittelt hat. Bei einem Dauerrechtsverhältnis mit unbestimmter Dauer ist dies nicht nur der Zeitraum bis zum ersten Kündigungstermin für den Dritten nach Beendigung des Handelsvertreterverhältnisses, sondern die gesamte tatsächliche Vertragsdauer.[46] Will der Unternehmer verhindern, daß der Handelsvertreter auch für diese Zeiträume nach Beendigung des Handelsvertreterverhältnisses Provision einstreicht, muß er mit diesem entsprechende Provisionsverzichtsklauseln vereinbaren.

V. Abweichende Vereinbarungen

Alle Bestimmungen des § 87b sind im Rahmen der durch die allgemeinen Vorschriften, **45** insbes. §§ 134, 138 BGB, gezogenen Grenzen **dispositiv**. Die Parteien können also durch ausdrückliche oder stillschweigende Abrede von den gesetzlichen Bestimmungen abweichende Regelungen über Höhe, Berechnungsweise und Berechnungsmaßstab der Provision treffen.[47] In diesem Rahmen ist es den Parteien insbesondere möglich, die Höhe des Provisionssatzes nach § 87b Abs. 1 frei zu vereinbaren, soweit die Höhe des Provisionssatzes nicht durch hoheitliche Bestimmung festgelegt ist (dazu oben RdNr. 8) oder der Wuchertatbestand (§ 138 BGB) erfüllt wird.

Abweichend von Abs. 2 kann festgelegt werden, daß die Provison nicht nach dem **ge-** **46** **schuldeten Entgelt zu berechnen** ist. Es ist zB möglich, einen Festbetrag als Provision zu vereinbaren oder bei Inzahlungnahme gebrauchter Sachen Provision nur auf den Barpreis zu gewähren.[48] Anstelle des Entgelts kann aber auch auf die Stückzahl, das Gewicht oder das Volumen einer verkauften Ware abgestellt oder diese Werte bei der Berechnung der Provision mit dem Entgelt kombiniert werden.[49] Ebenso kann geregelt werden, daß Nachlässe bei Barzahlung abzuziehen sind, ebenso Nebenkosten, auch dann, wenn sie nicht besonders in Rechnung gestellt sind. Abweichend von Abs. 2 Satz 3 kann vereinbart werden, daß Provision auf Umsatzsteuer nicht zu zahlen ist.[50]

Auch bei **Dauerschuldverhältnissen** können die Parteien von **Abs. 3** abweichende Re- **47** gelungen treffen.[51] So kann bei Dauerverträgen auf bestimmte Zeit lediglich ein Teil des

---

[45] Baumbach/*Hopt* RdNr. 17; Staub/*Brüggemann* RdNr. 11.

[46] Ebenso OLG Düsseldorf DB 1977, 817; LAG Hamm DB 1984, 674, 675; Heymann/*Sonnenschein/Weitemeyer* RdNr. 16; *Küstner/v. Manteuffel* I RdNr. 1048 ff.

[47] LAG Berlin DB 1964, 189.

[48] BAG BB 1966, 386 = AP Nr. 1 mit zust. Anm. *Herschel*; LAG Baden-Württemberg BB 1965, 788.

[49] Baumbach/*Hopt* RdNr. 18; Heymann/*Sonnenschein/Weitemeyer* RdNr. 17.

[50] BAG BB 1983, 197.

[51] BGHZ 30, 98, 107.

Entgelts für die gesamt Laufzeit der Provisionspflicht unterworfen werden. Bei Verträgen auf unbestimmte Zeit können sich die Parteien auf eine einmalige Provision beschränken, die nach einer bestimmten Zeitdauer bemessen wird und in ihrer Höhe unabhängig ist von der weiteren Vertragsdauer.[52] Schließlich können die Parteien, insbesondere bei Verträge auf unbestimmte Dauer, die Folgeprovision aus nach Beendigung des Vertreterverhältnisses fällig werdenden Leistungen des Dritten ausschließen.

§ 87 c [Abrechnung über die Provision]

(1) Der Unternehmer hat über die Provision, auf die der Handelsvertreter Anspruch hat, monatlich abzurechnen; der Abrechnungszeitraum kann auf höchstens drei Monate erstreckt werden. Die Abrechnung hat unverzüglich, spätestens bis zum Ende des nächsten Monats, zu erfolgen.

(2) Der Handelsvertreter kann bei der Abrechnung einen Buchauszug über alle Geschäfte verlangen, für die ihm nach § 87 Provision gebührt.

(3) Der Handelsvertreter kann außerdem Mitteilung über alle Umstände verlangen, die für den Provisionsanspruch, seine Fälligkeit und seine Berechnung wesentlich sind.

(4) Wird der Buchauszug verweigert oder bestehen begründete Zweifel an der Richtigkeit oder Vollständigkeit der Abrechnung oder des Buchauszuges, so kann der Handelsvertreter verlangen, daß nach Wahl des Unternehmers entweder ihm oder einem von ihm zu bestimmenden Wirtschaftsprüfer oder vereidigten Buchsachverständigen Einsicht in die Geschäftsbücher oder die sonstigen Urkunden so weit gewährt wird, wie dies zur Feststellung der Richtigkeit oder Vollständigkeit der Abrechnung oder des Buchauszuges erforderlich ist.

(5) Diese Rechte des Handelsvertreters können nicht ausgeschlossen oder beschränkt werden.

Schrifttum: *Höft,* Buchauszug, Bucheinsicht und Auskunft nach § 87c HGB, HVuHM 1973, 904 ff.; *Holling,* Der Anspruch des Handelsvertreters auf einen Buchauszug, DB 1959, 687 f.; *Knorr,* Kosten der Abrechnungs- und Auskunftspflicht des Unternehmers gegenüber dem Handelsvertreter, BB 1972, 989 f.; *Küstner,* Die Provisionsabrechnungspflicht des Unternehmers nach § 87c HGB, HVuHM 1967, 144 ff.; *ders.,* Einzelprobleme zur Prosionsabrechnungspflicht nach § 87c Abs. 1 HGB, HVuHM 1967, 196 ff. und 774 ff.; *Mayer-Wegelin,* Anspruch des Handelsvertreters auf einen „Buchauszug", BB 1954, 883 ff.; *Schröder,* Anspruch des Handelsvertreters auf einen Auszug, BB 1955, 181 f.; *ders.,* Abrechnungszeitraum für neben Festgehalt gezahlte Provisionen, BB 1963, 651; *Seetzen,* Die Kontrollrechte des Handelsvertreters nach § 87c HGB und ihre Durchsetzung, WM 1985, 213 ff.; *Stötter,* Einzelfragen der Provisionsabrechnung zwischen Unternehmer und Handelsvertreter, DB 1970, 1473 ff.; *ders.,* Die Provisionsabrechnung nach § 87c Abs. 1 HGB (iVm. den anderen Hilfsansprüchen nach Abs. 2 - 4) und der Abschluß eines Schuldanerkenntnisvertrages, DB 1983, 867 ff.; *Stötter/Lindner/Karrer,* Die Provision und ihre Abrechnung, 2. Aufl. 1980; *Wolff,* Auskunftsrecht des Handelsvertreters zur Berechnung des Ausgleichsanspruchs, BB 1978, 1246 ff.

Übersicht

[52] BGHZ 30, 98, 107.

I. Bedeutung

1. Entstehungsgeschichte. Die Bestimmung geht zurück auf §§ 88 Abs. 4, 91 in der **1** ursprünglichen Fassung des HGB. Danach sollten die Provisionen am Schluß eines jeden Kalenderhalbjahres abgerechnet werden und der Handelsvertreter berechtigt sein, einen Buchauszug über die durch seine Tätigkeit zustande gekommene Geschäfte zu fordern. Ihre heutige Fassung erhielt die Vorschrift durch das ÄndG 1953. Hierbei wurden insbesondere die allgemein als zu lang empfundene Abrechnungsfrist verkürzt und die Kontrollrechte des Handelsvertreters erheblich erweitert.[1]

2. Inhalt und Zweck der Regelung. Die Vorschrift normiert zunächst die Abrech- **2** nungpflicht des Unternehmers über die Provisionsansprüche des Handelsvertreters, indem konkrete gesetzliche Regelungen über den Abrechnungszeitraum und den Abrechnungszeitpunkt getroffen werden. Dem Handelsvertreter werden bezüglich der erteilten Abrechnung mit dem Anspruch auf Erteilung eines Buchauszugs, dem Auskunftsanspruch nach Abs. 3 sowie dem Einsichtsrecht nach Abs. 4 unabdingbare Kontrollrechte (Abs. 5) eingeräumt.

Die Bestimmung will im Interesse des Handelsvertreters eine **möglichst zeitnahe Ab- 3 rechnung** des Provisionsanspruchs sicherstellen, da gemäß § 87a Abs. 4 die Fälligkeit des Provisionsanspruchs an die Abrechnung geknüpft ist. Darüber hinaus soll sich der Handelsvertreter aufgrund der umfangreichen Kontrollrechte zuverlässig Gewißheit darüber verschaffen können, ob der Unternehmer seiner Hauptleistungspflicht aus dem Handelsvertreterverhältnis, nämlich der Pflicht zur Provisionszahlung, ordnungsgemäß nachgekommen ist.[2]

3. Verhältnis zum Provisionsanspruch und zu sonstigen Vorschriften. a) Verhältnis 4 zum Provisionsanspruch. Die Ansprüche aus § 87c sollen dem Handelsvertreter die

[1] Siehe Begr. z. Reg.-E., BT-Drs. 1/3856 S. 28 ff.   [2] BGH LM Nr. 3.

Durchsetzung des Provisionsanspruchs ermöglichen und erleichtern. Im Verhältnis zum Provisionsanspruch handelt es sich um **unselbständige Hilfsrechte**, die weder selbständig abtretbar[3] noch verpfändbar oder pfändbar sind. Als Hilfsrechte gehen sie mit der Abtretung des Provisionsanspruchs auf den Zessionar über.[4] Als Hilfsrechte werden die Ansprüche aus § 87c gegenstandslos, wenn feststeht, daß der Provisionsanspruch gar nicht entstanden, erloschen oder nicht mehr durchsetzbar ist.[5] Auch schließt die Anerkennung des Provisionsanspruchs nach erfolgter Abrechnung die weiteren Kontrollrechte aus.[6]

5   Bei den Ansprüchen aus § 87c handelt es sich nicht um Nebenleistungen iSd. Verjährungsvorschrift des § 224 BGB, weil sie nicht vom Provisionsanspruch abhängen, sondern erst dessen Geltendmachung vorbereiten helfen sollen. Die Ansprüche unterliegen daher gegenüber dem Provisionsanspruch einer **selbständigen Verjährungsfrist**. Dies ist weniger im Verhältnis zum Provisionsanspruch bedeutsam, weil mit dessen Verjährung zugleich die Hilfsrechte gegenstandslos werden. Bedeutung erlangt aber die Selbständigkeit der Verjährungsfrist im Verhältnis der Hilfsrechte untereinander. Eine einheitliche Verjährung dieser Hilfsansprüche kann nicht angenommen werden, weil sie von unterschiedlichen Voraussetzungen abhängig sind und die Verjährung nicht beginnen kann, solange der jeweilige Hilfsanspruch weder entstanden noch fällig geworden ist.

6   **Beispiel**: Verlangt der Handelsvertreter zur Überprüfung einer Provisionsabrechnung, die unrichtig oder unvollständig erscheint, zunächst die Erteilung eines Buchauszugs und setzt er diesen Anspruch im Klagewege durch, so beginnt die Verjährung des Anspruchs auf Gewährung von Bucheinsicht nach § 88 erst mit dem Schluß des Jahres, in dem der Handelsvertreter den Buchauszug erhalten hat, nicht schon mit dem Schluß des Jahres, in dem der Provisionsanspruch abgerechnet worden ist.[7]

7   **b) Verhältnis zu sonstigen Vorschriften.** Neben den gesetzlich geregelten Kontrollrechten steht dem Handelsvertreter als ultima ratio das Recht zu, in entsprechender Anwendung der §§ 259, 260 BGB vom Unternehmer die **Abgabe einer eidesstattlichen Versicherung** über die Richtigkeit des ihm erteilten Buchauszuges zu fordern. Allerdings kann der Handelsvertreter erst dann die Abgabe einer eidesstattlichen Versicherung verlangen, wenn ihm keine besseren und leichteren Möglichkeiten mehr offenstehen, sich über die Richtigkeit der Abrechnung Gewissheit zu verschaffen. Hat der Unternehmer einen Buchauszug erteilt, ist er erst dann zur Abgabe einer eidesstattlichen Versicherung verpflichtet, wenn die in Abs. 4 eröffnete Möglichkeit zur Nachprüfung des Buchauszuges erfolglos erschöpft ist, wenn also zB auch die Bucheinsicht keine Klarheit gebracht hat oder wenn Bücher, die eingesehen werden könnten, nicht vorhanden sind.[8]

8   Nach herrschender Auffassung sollen die Kontrollmöglichkeiten des § 87c eine **abschließende Regelung** darstellen und darüber hinausgehende Erkundigungsrechte dem Handelsvertreter nicht zustehen.[9] Dem ist jedoch nicht beizupflichten, weil § 87c eine im Interesse des Handelsvertreters geschaffene Schutzregelung ist. Sie soll daher gerade nicht die Rechte des Handelsvertreters beschneiden, die ihm aufgrund allgemeiner Vorschriften zustehen. Daher kann der Handelsvertreter auch auf sonstigem Wege, zB durch eigene Nachforschungen oder Erkundigungen, die Richtigkeit der ihm erteilten Abrechnung überprüfen.

9   Allerdings hat der Handelsvertreter hierbei zu beachten, daß er schützenswerte Interessen und **Rechte des Unternehmers** nicht verletzen, insbesondere nicht in dessen nach § 823 Abs. 1 BGB geschütztes Recht am Gewerbebetrieb eingreifen darf. Ein solcher Eingriff liegt zB vor, wenn der Handelsvertreter im Wege des öffentlichen Aufrufs Personen zu

---

[3] LAG Bremen BB 1955, 97.
[4] Zum Übergang von Hilfsrecht, vgl. Jauernig/*Stürner* § 401 Anm. 2 b.
[5] BGH NJW 1979, 764 = AP Nr. 15; BGH NJW 1982, 235, 236; BAG NJW 1973, 1343 = AP Nr. 3 mit Anm. *Grunsky*.

[6] Baumbach/*Hopt* RdNr. 19, 29; Heymann/*Sonnenschein/Weitemeyer* RdNr. 10; Staub/*Brüggemann* RdNr. 5.
[7] BGH NJW 1979, 764 f. = AP Nr. 15.
[8] BGHZ 32, 302, 305.
[9] *Küstner/v. Manteuffel* I RdNr. 1360; Staub/*Brüggemann* RdNr. 3.

ermitteln sucht, die bei dem Unternehmer irgendwelche Waren gekauft haben, um sich auf diese Weise Beweismittel wegen vermeintlicher Provisionsansprüche zu verschaffen. Ein solcher Aufruf ist nämlich geeignet, Mißtrauen von ehemaligen oder auch künftigen Kunden des Unternehmers gegen die Lauterkeit dessen Geschäftsgebarens zu wecken und so den wirklichen oder jedenfalls möglichen Kundenstamm und damit den Umsatz zu verringern.[10]

4. Anwendungsbereich. Der Anwendungsbereich des § 87c erfaßt neben dem Handlungsgehilfen (§ 65) nur den Provisionsvertreter,[11] insoweit aber unabhängig davon, ob es sich um Vermittlungs-, Inkasso- (§ 87 Abs. 4),[12] Delkredere- (§ 86 b) oder sonstige Provisionen handelt. Bei einer Umsatzbeteiligung steht dem Vertreter ein Anspruch auf Rechnungslegung entsprechend den §§ 666, 675, 259 BGB zu.[13] Auf Handelsvertreter, die nur gegen Fixum arbeiten, findet die Vorschrift keine Anwendung. Erhält der Handelsvertreter neben einer Provision auch ein Fixum, so hat er die Ansprüche aus § 87c nur hinsichtlich der Provision.   **10**

II. Abrechnung der Provision (Abs. 1)

1. Begriff und Zweck der Abrechnung. Die Abrechnung ist eine vollständige, klare und übersichtliche Aufstellung der Geschäfte, aus denen dem Handelsvertreter nach Auffassung des Unternehmers Provisionsansprüche zustehen und wie sich diese Provisionsansprüche zusammensetzen und errechnen.[14] Die Abrechnung soll den Handelsvertreter in die Lage versetzen, unter Vergleich mit seinen eigenen Unterlagen zu prüfen, ob sämtliche Provisionen, auf die er nach §§ 87, 87a Anspruch hat, lückenlos erfaßt und damit zur Grundlage für die ihm zu erbringenden Zahlungen gemacht worden sind.[15]   **11**

2. Inhalt der Abrechnung. In die Abrechnung sind geordnet und übersichtlich diejenigen in dem Abrechnungszeitraum entstandenen Provisionen vollständig aufzunehmen, die der Unternehmer anerkennen und erfüllen soll.[16] Ist der Unternehmer der Auffassung, der Handelsvertreter habe während des Abrechnungszeitraums keine Provision verdient, genügt er seiner Abrechnungspflicht durch die Mitteilung, ein Provisionsanspruch sei nicht entstanden.[17]   **12**

Dabei muß die Abrechnung so gestaltet werden, daß der Handelsvertreter die provisionspflichtigen Geschäfte identifizieren und die **Berechnung der Provision** überprüfen kann. Daher ist in der Abrechnung anzugeben, welche Geschäfte in dem Abrechnungszeitraum durchgeführt worden sind, welches der Provisionswert (Warenpreis) ist und welchen Provisionsbetrag der Handelsvertreter zu fordern hat.[18] Die Einzelprovisionen sind weiterhin zu addieren und etwaige Provisionsvorschüsse abzuziehen.[19] Abzusetzen sind ebenfalls früher ausgezahlte Provisionen, die inzwischen, zB nach § 87a Abs. 2, wieder entfallen sind.[20]   **13**

Die Abrechnung muß inhaltlich **diejenigen Provisionen umfassen**, auf die der Handelsvertreter **Anspruch** hat. Hierzu rechnen neben den Abschluß- und Vermittlungsprovisionen, die durch beiderseitige Durchführung des Geschäfts unbedingt entstanden sind,[21] auch die nach § 87a Abs. 3 provisionspflichtigen Geschäfte (hierzu oben § 87a RdNr. 39 ff.). Umstritten ist, ob die Abrechnung nicht nur die unbedingt entstandenen,   **14**

---

[10] OLG Düsseldorf DB 1956, 664.
[11] Heymann/*Sonnenschein/Weitemeyer* RdNr. 1; Staub/*Brüggemann* RdNr. 1.
[12] OLG München VersR 1966, 235, 236.
[13] OLG Karlsruhe BB 1966, 1169.
[14] BGH WM 1990, 710, 771; Baumbach/ *Hopt* RdNr. 3; Heymann/*Sonnenschein/Weitemeyer* RdNr. 3.
[15] BGH BB 1961, 424, 425; BGH ZIP 1989, 707, 708.

[16] BGH WM 1981, 991, 993; BGH WM 1990, 719, 711.
[17] BGH WM 1990, 710, 711.
[18] *Stötter/Lindner/Karrer* S. 89.
[19] BGH WM 1990, 710 f.
[20] OLG München VersR 1966, 235, 236; *Seetzen* WM 1985, 213; *Stötter* DB 1970, 1473.
[21] Hierzu ausführlich *Küstner/v. Manteuffel* I RdNr. 1379 ff.

sondern auch die nur **bedingt entstandenen Provisionsansprüche** des Handelsvertreters umfassen muß.[22]

15   Für die Problemlösung ist davon auszugehen, daß die Abrechnung **die fälligen und zahlbaren Provisionsansprüche** des Handelsvertreters erfassen soll. Daher sind solche Provisionsansprüche zu berücksichtigen, die auf Grund der Ausführung des Geschäfts durch den Unternehmer nach § 87a Abs. 1 Satz 1 auflösend bedingt durch das Feststehen der Nichtleistung des Dritten (§ 87a Abs. 2) entstanden sind. Nach der Wertung des § 87a Abs. 1 Satz 1 hat sich der Handelsvertreter diese Provisionsansprüche, wenn auch auflösend bedingt, bereits verdient, so daß sie insoweit auch in die Abrechnung einzustellen sind.

16   Demgegenüber müssen bloße **Provisionsanwartschaften**, die durch den Geschäfsabschluß entstanden sind, vor der Geschäftsdurchführung nicht abgerechnet werden. Über diesen aufschiebend bedingten Provisionsanspruch wird der Handelsvertreter bereits durch die Mitteilung des Unternehmers nach § 86a Abs. 2 informiert. Es liegt insoweit eine bloße Provisionsanwartschaft vor, die sich gegenüber dem in Abs. 1 vorausgesetzten Provisionsanspruch als Minus darstellt.

17   Die Abrechnung muß weiter Inkasso-, Delkredere- und **sonstige Provisionen** des Handelsvertreters, die keine handelsvertretertypischen Vergütungsbestandteile sind, enthalten.[23] Auch Provisionsvorschüsse sind zu berücksichtigen, unabhängig davon, ob es sich um gesetzliche iSd. § 87a Abs. 1 Satz 2 oder vertragliche handelt.[24]

18   Entstehen **Provisionsansprüche erst nach Vertragsende**, weil entweder das Geschäft erst zu diesem Zeitpunkt durchgeführt worden ist oder das Geschäft zwar erst nach Beendigung des Handelsvertreterverhältnisses abgeschlossen wurde, aber nach § 87 Abs. 3 provisionspflichtig ist, müssen diese gleichwohl unaufgefordert und in periodischer Fortsetzung vom Unternehmer solange abgerechnet werden, bis alle Provisionsanwartschaften der bezeichneten Art abgewickelt sind.[25] Provisionen, die bereits gesondert abgerechnet worden sind, müssen in der Gesamtabrechnung nicht berücksichtigt werden.[26]

19   Der Unternehmer muß nur diejenigen Provisionsansprüche aufnehmen, die er **annehmen und erfüllen** will. Hält der Handelsvertreter die erteilte Provisionsabrechnung für unzutreffend, dann kann er grundsätzlich nicht die Aufstellung einer neuen, seinen Vorstellungen entsprechenden Abrechnung verlangen.[27] Vielmehr muß der Handelsvertreter sogleich den Differenzbetrag zwischen der vom Unternehmer anerkannten und von ihm beanspruchten Provision im Wege der Leistungsklage geltend machen.[28]

20   **3. Form der Abrechnung.** Obwohl gesetzlich nicht ausdrücklich normiert, ist die Abrechnung schriftlich zu erteilen.[29] Die Angaben müssen in eine geordnete und übersichtliche Zusammenstellung so aufgenommen werden, daß der Handelsvertreter die einzelnen Geschäfte identifizieren und die Berechnung der Provision nach Bemessungsgrundlage und zugrunde gelegtem Provisionssatz überprüfen kann.[30] In der Abrechnung müssen insbesondere die einzelnen nach § 87 provisionspflichtigen Geschäfte, die Namen der Kunden und die Geschäftswerte, wenn von diesen die Höhe der Provision abhängt, aufgeführt werden. Der Unternehmer kann sich nicht darauf beschränken, Rechnungsdurchschriften zu übersenden und zu Zwecken der Abrechnung hierauf zu verweisen.

21   **4. Rechtsnatur der Abrechnung.** Die Abrechnung ist zunächst einmal Erfüllungshandlung des Unternehmers im Hinblick auf seine Pflichten nach Abs. 1 Satz 1. Darüber hinaus ist die Abrechnung auch rechtsgeschäftliche Willenserklärung, nämlich ein Antrag des Unternehmers auf **Abschluß eines abstrakten Schuldanerkenntnisses** (§ 781 BGB), die

[22] Befürwortend Baumbach/*Hopt* RdNr. 3; *Küstner/v. Manteuffel* I RdNr. 1380 ff. – Ablehnend LAG Nürnberg BB 1966, 265; Heymann/*Sonnenschein/Weitemeyer* RdNr. 4; *Holling* BB 1959, 687; Staub/*Brüggemann* RdNr. 10; *Stötter* DB 1983, 867, 868.

[23] *Küstner/v. Manteuffel* I RdNr. 1393.

[24] *Stötter/Lindner/Karrer* S. 90.

[25] Heymann/*Sonnenschein/Weitemeyer* RdNr. 4; Staub/*Brüggemann* RdNr. 9.

[26] Staub/*Brüggemann* RdNr. 9.

[27] So aber OLG München, BB 1964, 698 f.

[28] BGH WM 1980, 710, 711.

[29] Staub/*Brüggemann* RdNr. 9.

[30] Baumbach/*Hopt* RdNr. 3; Heymann/*Sonnenschein/Weitemeyer* RdNr. 3.

gemäß § 782 BGB nicht der Schriftform bedarf und vom Handelsvertreter angenommen werden kann, indem er die Abrechnung als richtig anerkennt.[31] Mit dem Zustandekommen des Schuldanerkenntnisses ist nicht nur der Unternehmer zunächst in Höhe des anerkannten Betrages verpflichtet, sondern für den Handelsvertreter entfallen auch die in Abs. 2 bis 4 geregelten weiteren **Kontrollrechte**. Diese sollen nämlich nur dem Handelsvertreter ermöglichen, die Richtigkeit der Abrechnung zu überprüfen, so daß sie gegenstandslos werden, wenn der Handelsvertreter die Abrechnung anerkannt hat. Daher ist für das Anerkenntnis der Abrechnung eine eindeutige Willenserklärung des Handelsvertreters zu fordern. Hat der Handelsvertreter das Anerkenntnis nicht ausdrücklich erklärt, kann allein aus dem Umstand, daß er über mehrere Jahre hinweg keine Beanstandungen gegen die Abrechnungen des Unternehmers erhoben hat, in der Regel kein stillschweigend erklärtes Einverständnis mit den Abrechnungen gesehen werden.[32]

Stellt sich nach Anerkennung der **Provisionsabrechnung** heraus, daß diese **unrichtig** ist, **22** weil irrtümlich nicht bestehende Posten einbezogen oder bestehende Posten ausgelassen worden sind, so kommen auch nach Erstellung der Abrechnung noch **Bereicherungsansprüche** in Betracht. Jeder Vertragsteil kann das erteilte Schuldanerkenntnis aus ungerechtfertigter Bereicherung zurückfordern, soweit er die Unrichtigkeit des Schuldanerkenntnisses und damit den fehlenden Rechtsgrund nachweist.[33]

5. Abrechnungspflicht. a) Grundsatz. Die Abrechnung über die Provision hat vom **23** Unternehmer auch ohne ausdrückliche Aufforderung des Handelsvertreters zu erfolgen. Die Abrechnungspflicht wird nicht dadurch ausgeschlossen, daß der Handelsvertreter die Provisionsansprüche auf Grund seiner eigenen Unterlagen feststellen könnte.[34] Auch wenn der Handelsvertreter seinerseits falsche Angaben über sein Inkasso gemacht und Beträge nicht abgeführt hat, bleibt der Unternehmer zu ordnungsgemäßer Abrechnung verpflichtet.[35]

Da für die **Erteilung der Abrechnung** nach § 87c Abs. 1 Satz 2 eine Zeit kalendermäßig **24** bestimmt ist, kommt der Unternehmer auch ohne Mahnung des Handelsvertreters in **Schuldnerverzug**, wenn er nicht zu dem gesetzlichen oder dem vertraglich vereinbarten Termin abrechnet. Unterbleibt die Abrechnung allerdings infolge eines Umstandes, den der Unternehmer nicht zu vertreten hat, ist gemäß § 285 BGB Verzug ausgeschlossen. Dies ist zB insoweit der Fall, wie der Unternehmer nur deswegen nicht abrechnen kann, weil der Handelsvertreter die Mitteilungen nach § 86 Abs. 2 unterlassen hat.[36]

b) Zurückbehaltungsrecht. Ein Zurückbehaltungsrecht hinsichtlich der Abrechnung **25** steht dem Unternehmer auch dann nicht zu, wenn er seinerseits Ansprüche gegen den Handelsvertreter, zB auf Schadensersatz aus einer von diesem begangenen Vertragsverletzung oder unerlaubten Handlung, hat.[37] Ein solches Recht könnte er allenfalls gegenüber dem Provisionsanspruch geltend machen. Die Abrechnung und auch die weiteren Kontrollrechte aus § 87c sollen aber gerade erst klären, in welchem Umfange solche Provisionsansprüche gegeben sind.[38]

6. Abrechnungszeitraum. Der Zeitraum, den die Abrechnung umfaßt, beträgt nach **26** Abs. 1 Satz 1 Hs. 1 grundsätzlich **einen Monat**. Gemeint ist damit im Zweifel der Kalendermonat. In die Abrechnung sind sämtliche Provisionsansprüche aufzunehmen, die innerhalb dieses Zeitraums entstanden sind.

Die **Parteien können den Abrechnungszeitraum** nach Abs. 1 Satz 1 Hs. 2 **auf bis zu** **27** **drei Monate verlängern.** Sie sind dabei weder an den Kalendermonat noch an das Kalendervierteljahr gebunden, sondern können einen anderweitigen, bis zu drei Monate langen

---

[31] BGH WM 1990, 710, 711; Baumbach/*Hopt* RdNr. 4; *Küstner/v. Manteuffel* I RdNr. 1395.

[32] BGH AP Nr. 18 Leitsatz 1.

[33] Baumbach/*Hopt* RdNr. 4; *Küstner/v. Manteuffel* I RdNr. 1396.

[34] BGH LM Nr. 3 unter III 3a.; Baumbach/*Hopt* RdNr. 4; *Seetzen* WM 1985, 213.

[35] BGH BB 1961, 424, 425.

[36] Baumbach/*Hopt* RdNr. 5.

[37] RGZ 102, 110, 111.

[38] Staub/*Brüggemann* RdNr. 6.

Zeitraum festlegen (Beispiel: Abrechnungsstichtage 15. 1., 15. 4., 15. 7. und 15. 10. jeden Jahres).[39] Haben die Parteien einen längeren als den gesetzlich zulässigen Abrechnungszeitraum von drei Monaten vereinbart, dann ist die Vereinbarung nicht insgesamt unwirksam. Vielmehr wird der Abrechnungszeitraum auf das gesetzliche Höchstmaß von drei Monaten reduziert (geltungserhaltende Reduktion).[40]

28   **7. Abrechnungszeitpunkt. a) Während des Vertreterverhältnisses.** Nach Abs. 1 Satz 2 hat der Unternehmer **unverzüglich**, dh. ohne schuldhaftes Zögern (§ 121 Abs. 1 BGB) nach Ende des Abrechnungszeitraums abzurechnen, spätestens aber bis zum Ende des nächsten Monats. Der Unternehmer muß daher sobald wie möglich abrechnen und darf nicht willkürlich den Abrechnungszeitpunkt auf das Monatsende hinausschieben.[41] Das Monatsende ist nur der späteste Abrechnungszeitpunkt, zu dem der Abrechnungsanspruch ohne weiteres fällig wird und der Schuldner wegen der kalendermäßigen Bestimmtheit (§ 284 Abs. 2 BGB) ohne Mahnung in Verzug kommt.[42]

29   Fällt der Abrechnungszeitraum nicht mit Kalendermonaten zusammen, dann darf der Unternehmer mit der Abrechnung nicht bis zum Ende des darauffolgenden Kalendermonats warten.[43] Vielmehr hat die Abrechnung spätestens **binnen eines Monats** nach Ablauf des Abrechnungszeitraums zu erfolgen.[44] Dies folgt daraus, daß nach dem Gesetz höchstens ein Monat zwischen dem Ende des Abrechnungszeitraums und der Vornahme der Abrechnung liegen soll. Die **Fristberechnung** richtet sich nach §§ 187 Abs. 1, 188 Abs. 1 und Abs. 3 BGB. Beispiel: Läuft bei monatlicher Abrechnungsweise der Abrechnungszeitraum jeweils vom 15. eines Monats bis zum 15. des Folgemonats, dann sind die im Zeitraum vom 15. Januar bis 15. Februar entstandenen Provisionsansprüche spätestens bis zum 15. März abzurechnen. Bei dreimonatiger Abrechnungsweise gilt Entsprechendes, so daß für die vom 15. Januar bis 15. April entstandenen Provisionsansprüche spätestens bis zum 15. Mai die Abrechnung erfolgt sein muß.[45]

30   **b) Nach Beendigung des Vertreterverhältnisses.** Nach Beendigung des Vertreterverhältnisses ist über die schon erwachsenen Provsionsansprüche unabhängig vom Abrechnungszeitraum unverzüglich abzurechnen und der errechnete Provisionsbetrag auszuzahlen.[46] Dies ergibt sich aus allgemeinem Dienstvertragsrecht, wonach bei Beendigung des Vertragsverhältnisses unverzüglich die beiderseitigen Verpflichtungen abzuwickeln sind (vgl. § 614 BGB). Nach Vertragsbeendigung entstehende Provisionsansprüche sind ebenfalls unverzüglich nach ihrer Entstehung abzurechnen.[47] Eine Schlußabrechnung sieht das Gesetz nicht vor, kann aber vereinbart werden.

31   **8. Untergang des Abrechnungsanspruchs. a) Erfüllung.** Der Abrechnungsanspruch geht durch Erfüllung nach § 362 Abs. 1 BGB unter, wenn der Unternehmer gegenüber dem Handelsvertreter die diesem zustehenden Provisionsansprüche abgerechnet hat. Der Unternehmer braucht hierbei nur diejenigen Provisionsansprüche aufzunehmen, die er anerkennen und erfüllen will. Bereits damit tritt die Erfüllungswirkung nach § 362 Abs. 1 BGB ein. Hält der Handelsvertreter die ihm zugegangene Provisionsabrechnung nicht für richtig, so kann er nicht die Aufstellung einer neuen, seinen Vorstellungen entsprechenden Abrechnung verlangen, sondern kann nur im Wege der Leistungsklage den Provisionsanspruch selbst einklagen. Soweit er sich dazu nicht im Stande sieht, weil er nicht über

---

[39] Baumbach/*Hopt* RdNr. 8; Heymann/*Sonnenschein/Weitemeyer* RdNr. 6.

[40] Heymann/*Sonnenschein/Weitemeyer* RdNr. 6; *Küstner/v. Manteuffel* I RdNr. 1364; Staub/*Brüggemann* RdNr. 7.

[41] Heymann/*Sonnenschein/Weitemeyer* RdNr. 7; *Schröder*, DB 1963, 651.

[42] *Küstner/v. Manteuffel* I RdNr. 1369.

[43] So aber Staub/*Brüggemann* RdNr. 8.

[44] Baumbach/*Hopt* RdNr. 9; Heymann/*Sonnenschein/Weitemeyer* RdNr. 7; *Küstner/v. Manteuffel* I RdNr. 1368 f.

[45] *Küstner/v. Manteuffel* I RdNr. 1368.

[46] BGH NJW 1981, 457; Baumbach/*Hopt* RdNr. 10; Heymann/*Sonnenschein/Weitemeyer* RdNr. 7; *Küstner/v. Manteuffel* I RdNr. 1420 ff.

[47] *Küstner/v. Manteuffel* I RdNr. 1423. – AA Baumbach/*Hopt* RdNr. 10, der sich für eine Abrechnung zu den Abrechnungs- und Fälligkeitsterminen des Vertrags ausspricht.

sämtliche für die Provisionsberechnung maßgeblichen Umstände unterrichtet ist, kann er die Hilfsansprüche aus Abs. 2 bis 4 geltend machen.[48]

b) Verzicht. Der Handelsvertreter kann für zurückliegende Zeitabschnitte auch während **32** des bestehenden Vertragsverhältnisses auf eine Abrechnung verzichten. Abs. 5 steht nur einer Abbedingung des Abrechnungsanspruchs für die Zukunft entgegen. Allerdings sind auch im Hinblick auf einen sich auf die Vergangenheit beziehenden Verzicht strenge Maßstäbe anzulegen, so daß in der bloßen widerspruchslosen Hinnahme der erteilten Abrechnung ein solcher Verzicht nicht zu sehen ist.[49] Wegen Abs. 5 ist auch eine Vertragsbestimmung, nach der eine Provisionsabrechnung bei untätigem Verhalten des Vertreters als genehmigt gelten soll, unwirksam.[50]

c) Nichtbestehen von Provisionsansprüchen. Der Anspruch auf Abrechnung entfällt **33** weiter dann, wenn der Unternehmer alle dem Handelsvertreter gebührenden und fälligen **Provisionen unstreitig** bereits an diesen entrichtet hat. Der Anspruch auf Abrechnung ist ein Nebenanspruch zum Hauptanspruch auf Provisionszahlung. Er ist gegenstandslos, wenn feststeht, daß ein Provisionsanspruch nicht mehr besteht. Denn dem Handelsvertreter soll durch die Erteilung der Abrechnung nur die Möglichkeit einer Nachprüfung verschafft werden, ob er die ihm gebührenden und fälligen Provisionen vollständig erhalten und was er noch zu bekommen hat.

9. Durchsetzbarkeit des Abrechnungsanspruchs. a) Klageverfahren. Nimmt der Un- **34** ternehmer die ihm obliegende Abrechnung nicht vor, muß der Handelsvertreter auf Erteilung der Provisionsabrechnung nach Abs. 1 Klage erheben. Wegen des Bestimmtheitserfordernisses des § 253 Abs. 2 Nr. 2 ZPO sind der Abrechnungszeitraum und die sonst erforderlichen Angaben in den Klageantrag aufzunehmen.[51] Die Klage auf Erteilung der Provisionsabrechnung wird zweckmäßigerweise als **Stufenklage** mit einer Klage auf Zahlung der aus der Provisionsabrechnung sich ergebenden Provisionen verbunden (§ 254 ZPO).[52] Daneben kommt auch eine Klage auf Buchauszug (Abs. 2) sowie Auskunftserteilung (Abs. 3) in Betracht. Demgegenüber wäre eine unmittelbare Klage auf Bucheinsicht nach Abs. 4 ohne Erfolg (unbegründet), weil dieser Anspruch nur besteht, wenn der Unternehmer einen bei der Abrechnung verlangten Buchauszug nicht erteilt hat oder wenn begründete Zweifel an der Richtigkeit oder Vollständigkeit der erteilten Abrechnung oder des vorgelegten Buchauszuges bestehen.[53]

Hat der Unternehmer eine Abrechnung erteilt, ist diese aber unvollständig, zB weil be- **35** stimmte, zur Abrechnung gehörende Angaben oder ein Teil der provisions- und abrechnungspflichtigen Geschäfte fehlen, zB mit bestimmten Kunden, aus einem bestimmten Teilbezirk oder aus einem bestimmten Zeitraum, dann kann der Handelsvertreter **Ergänzung der unvollständigen Abrechnung** verlangen.[54]

Hat der Unternehmer eine Abrechnung erteilt, aber nach Auffassung des Handelsvertre- **36** ters einzelne provisions- und abrechnungspflichtige Geschäfte nicht berücksichtigt, dann kann der Handelsvertreter nicht die Aufstellung einer neuen, seinen Vorstellungen entsprechenden Abrechnung verlangen. Er muß vielmehr den **Differenzbetrag** zwischen der vom Prinzipal anerkannten und der von ihm beanspruchten Provision im Wege der Leistungsklage geltend machen, wozu ihm die Kontrollrechte nach Abs. 2 und 3 zur Verfügung stehen.[55] Nur wenn die Abrechnung in einer für den Handelsvertreter gänzlich unbrauchbaren Art und Weise erteilt worden ist, kann der Unternehmer zur Erteilung einer neuen Abrechnung verurteilt werden.[56]

b) Zwangsvollstreckung. Die Vollstreckung eines auf Abrechnung lautenden Urteils **37** erfolgt grundsätzlich nach § 887 ZPO; denn in der Regel kann die Abrechnung durch

[48] BGH WM 1990, 710, 711.
[49] BGH BB 1961, 424, 425.
[50] BGH AP Nr. 1; BAG AP Nr. 3 mit krit. Anm. *Grunsky*; *Stötter* DB 1983, 867. 869 f.
[51] *Seetzen* WM 1985, 213.

[52] *Küstner/v. Manteuffel* I RdNr. 1428.
[53] *Küstner/v. Manteuffel* I RdNr. 1426.
[54] *Seetzen* WM 1985, 213, 214.
[55] BGH WM 1990, 710, 711.
[56] *Seetzen* WM 1985, 213, 214.

einen Dritten an Hand der Bücher des Unternehmers vorgenommen werden.[57] Zu diesem Zwecke kann der Handelsvertreter Erteilung eines Buchauszuges und, wenn dieser verweigert wird oder begründete Zweifel an seiner Richtigkeit bestehen, Bucheinsicht durch einen von ihm zu bestimmenden Wirtschaftsprüfer oder vereidigten Buchsachverständigen verlangen (Abs. 4); durch eine andere Person kann aber auch bei der Zwangsvollstreckung nach § 887 ZPO der Buchauszug nicht erstellt werden. Für die hierdurch entstehenden Kosten ist der Unternehmer vorschußpflichtig (§ 887 Abs. 2 ZPO). Scheidet eine Ersatzvornahme nach § 887 ZPO ausnahmsweise aus, zB weil der Unternehmer seine Unterlagen und Bücher nicht zur Verfügung stellt oder keine oder nur unvollständige Bücher geführt hat, ist nach § 888 ZPO zu vollstrecken.[58] Unter Umständen kommt eine Vollstreckung nach **888 ZPO** auch bei Buchführung auf EDV (§ 239 Abs. 4) in Betracht, wenn wegen der Besonderheiten des Rechnungssystems oder des Programms ein Buchauszug durch einen Außenstehenden einen unverhältnismäßig hohen Aufwand erfordert.[59]

III. Buchauszug (Abs. 2)

38   **1. Begriff und Zweck.** Der Buchauszug ist eine Zusammenstellung aller Angaben aus den Geschäftsbüchern und Geschäftspapieren des Unternehmers, die für die Berechnung, Höhe und Fälligkeit der Provision des Handelsvertreters bedeutsam sein können.[60] Der Buchauszug bezweckt, dem Handelsvertreter über seine Provisionsansprüche Klarheit zu verschaffen und ihm eine Nachprüfung der vom Unternehmer erteilten oder noch zu erteilenden Provisionsabrechnung auf Richtigkeit und Vollständigkeit hin zu ermöglichen.[61]

39   **2. Inhalt.** Der Buchauszug muß nach Abs. 2 **alle Geschäfte** erfassen, für die dem Handelsvertreter nach § 87 Provision gebührt. Insoweit ist der Buchauszug weitergehend als die Abrechnung. Er umfaßt nicht nur Provisionsansprüche, die nach § 87a Abs. 1 oder Abs. 3 infolge der Ausführung oder des Feststehens der Nichtausführung des Geschäfts unbedingt geworden sind. Vielmehr sind auch die nach § 87 Abs. 1 oder Abs. 3 lediglich aufschiebend bedingten Provisionsansprüche in den Buchauszug aufzunehmen.[62] Es werden also auch Geschäfte erfaßt, die erst abgeschlossen, aber noch nicht ausgeführt sind. Die Erteilung des Buchauszugs soll nämlich nicht die Entscheidung vorwegnehmen, ob ein bestimmtes Geschäft auch provisionspflichtig ist oder nicht. Nur die zweifelsfrei nicht provisionspflichtigen Geschäfte können bei der Erteilung des Buchauszuges unberücksichtigt bleiben.[63]

40   Die **provisionspflichtigen Geschäfte** sind in dem Buchauszug vollständig, klar und übersichtlich darzustellen. Der Buchauszug hat für sämtliche provisionspflichtigen Geschäfte die für die Berechnung, Höhe und Fälligkeit der Provision wesentlichen Angaben zu enthalten.[64] Er muß im Zeitpunkt seiner Aufstellung zum einen eine bis ins einzelne gehende Bestandsaufnahme der Kundenbeziehung des Unternehmers beinhalten, soweit diese die Provisionsansprüche des Handelsvertreters berührt und zum anderen die vertragliche Beziehung zwischen Unternehmer und Handelsvertreter darstellen.[65] Neben der genauen Anschrift der Vertragspartner sind zB Gegenstand und Menge der Lieferung, Lie-

---

[57] OLG Celle NJW 1962, 1969; OLG Düsseldorf BB 1964, 191; OLG Hamburg MDR 1955, 43 f.; OLG Nürnberg BB 1971, 491; Baumbach/*Hopt* RdNr. 12; Heymann/*Sonnenschein/Weitemeyer* RdNr. 12; *Küstner/v. Manteuffel* I RdNr. 1432 ff. – AA OLG München BB 1960, 188; OLG Neustadt NJW 1965, 257; Staub/*Brüggemann* RdNr. 20.
[58] Baumbach/*Hopt* RdNr. 12; *Seetzen* WM 1985, 213, 214; OLG Celle NJW 1962, 1968.
[59] OLG Hamm NJW-RR 1994, 489, 490.

[60] BGH NJW 1981, 457; BGH WM 1982, 152, 153; Heymann/*Sonnenschein/Weitemeyer* RdNr. 9; *Stötter* DB 1970, 1473, 1476.
[61] BGH NJW 1981, 457; BGH WM 1982, 152, 153; BGH WM 1989, 1073, 1074.
[62] BGH WM 1989, 1073, 1074; Baumbach/*Hopt* RdNr. 13; Heymann/*Sonnenschein/Weitemeyer* RdNr. 9.
[63] BGH WM 1989, 1073, 1074.
[64] OLG Koblenz NJW 1994, 358, 359.
[65] BGH WM 1989, 1073, 1074.

ferdatum, Netto- und Bruttopreise, Rückgaben und Nichtausführung von Geschäften sowie deren Gründe anzugeben.[66]

Der Buchauszug muß nur solche Angaben enthalten, die sich aus den **Büchern des Un- 41 ternehmers** ergeben.[67] Was sich nicht aus diesen Büchern ergibt, kann und braucht auch nicht in den Buchauszug aufgenommen zu werden.[68] Reichen die Eintragungen in den Büchern des Unternehmers nicht aus, dem Handelsvertreter vollständigen Aufschluß zu geben, so kann der Handelsvertreter den zusätzlichen Auskunftsanspruch nach § 87c Abs. 3 geltend machen und Bucheinsicht (Abs. 4) fordern.

3. Geltendmachung des Anspruchs. a) Verlangen des Handelsvertreters. Anders als 42 die Abrechnung schuldet der Unternehmer den Buchauszug erst auf formloses Verlangen des Handelsvertreters. Dieser braucht sein Begehren nicht weiter zu begründen. Zweifel an der Richtigkeit oder Vollständigkeit der Provisionsabrechnung sind nicht Voraussetzung für den Anspruch auf den Buchauszug.[69]

b) Zeitpunkt. Nach dem Gesetzeswortlaut kann der Handelsvertreter den Buchauszug 43 **bei der Abrechnung** verlangen. Damit wird klargestellt, daß kein Anspruch auf den Auszug besteht, solange der Unternehmer nicht abgerechnet hat. Der Buchauszug soll nämlich dem Handelsvertreter nur die Kontrolle ermöglichen, ob die Abrechnung seiner Ansprüche zutreffend erfolgt ist.[70] Damit wird jedoch nur der frühestmögliche Zeitpunkt festgelegt, zu dem der Buchauszug verlangt werden kann.

Hingegen bedeutet die Fassung, daß der Handelsvertreter den Buchauszug „bei der Ab- 44 rechnung" verlangen könne, **keine zeitliche Begrenzung** des Anspruchs auf Erteilung eines Buchauszugs.[71] Der Anspruch auf den Buchauszug kann vom Handelsvertreter vielmehr solange geltend gemacht werden, wie er und der Unternehmer sich über die Provisionsabrechnungen noch nicht geeinigt haben.[72] Dabei ist die jahrelange widerspruchslose Hinnahme der Provisionsabrechnungen des Unternehmers nicht als ein sich ständig wiederholendes negatives Schuldanerkenntnis des Handelsvertreters auszulegen, daß ihm Ansprüche auf Erteilung eines Buchauszugs und auf Zahlung weiterer Provision nicht zustehen.[73] Der Buchauszug kann daher auch für weiter zurückliegende Zeiträume geltend gemacht werden. Der Darlegung eines berechtigten Interesses bedarf es hierfür entgegen verbreiteter Auffassung nicht. Nach der gesetzlichen Wertung ist der Handelsvertreter nämlich solange zur Überprüfung der Abrechnung berechtigt, wie noch Provisionsansprüche durchgesetzt werden können und er sich mit der Abrechnung noch nicht einverstanden erklärt hat. Die zeitlichen Grenzen des Anspruchs auf den Buchauszug ergeben sich aus den Verjährungsvorschriften sowie den Grundsätzen über die unzulässige Rechtsausübung.[74]

c) Kosten des Buchauszugs. Die Kosten des Buchauszugs sind vom Unternehmer zu 45 tragen.[75] Erfüllungsort ist in der Regel der Sitz oder die Niederlassung des Unternehmers.[76]

4. Rechte bei Unvollständigkeit des Buchauszugs. Hat der Unternehmer einen, wenn 46 auch unvollständigen oder lückenhaften Buchauszug erteilt, steht dem Handelsvertreter kein Anspruch auf einen vollständigen neuen Buchauszug zu. Vielmehr kann er nur unter gewissen Voraussetzungen **Ergänzung** verlangen, zB wenn Angaben über bestimmte Teil-

---

[66] BGH WM 1989, 1073, 1074; BGH WM 1982, 152, 153; Baumbach/*Hopt* RdNr. 15; *Küstner/v. Manteuffel* I RdNr. 1447; *Stötter* DB 1970, 1473, 1476.
[67] BGH WM 1982, 152, 153; BGH WM 1989, 1073, 1074; *Küstner/v. Manteuffel* I RdNr. 1451.
[68] OLG Celle NJW 1962, 1968.
[69] BGH WM 1982, 152, 153.
[70] Baumbach/*Hopt* RdNr. 18; Heymann/*Sonnenschein/Weitemeyer* RdNr. 10.
[71] BGH BB 1961, 424; BAG AP Nr. 18 unter I 3 a; Baumbach/*Hopt* RdNr. 18.

[72] BGH BB 1961, 424; BGH WM 1982, 152, 153; BGH NJW 1980, 457; Heymann/*Sonnenschein/Weitemeyer* RdNr. 10.
[73] BGH BB 1996, 176 unter Aufgabe von BGH LM Nr. 5
[74] BGH LM Nr. 3 unter III 3 c bb; aA OLG Karlsruhe VersR 1974, 384; Baumbach/*Hopt* RdNr. 18; Heymann/*Sonnenschein/Weitemeyer* RdNr. 10.
[75] Baumbach/*Hopt* RdNr. 15; Heymann/*Sonnenschein/Weitemeyer* RdNr. 11.
[76] OLG Düsseldorf NJW 1974, 2185, 2186 f.

bezirke oder Zeiträume fehlen. Im übrigen ist der Handelsvertreter auf den Auskunftsanspruch nach Abs. 3 und die Bucheinsicht nach Abs. 4 angewiesen. Nach erfolgloser Einsicht oder mangels einsehbarer Bücher besteht Anspruch auf Abgabe einer eidesstattlichen Versicherung (§§ 259, 260 BGB).[77]

47   Nur ausnahmsweise steht dem Handelsvertreter das Recht auf **Erteilung eines neuen Buchauszugs** zu, wenn nämlich die vorgelegte Aufstellung zwar vom Unternehmer als Buchauszug bezeichnet worden ist, diese aber von Rechts wegen nicht einmal mehr als unvollständiger Buchauszug angesehen werden kann. Hiervon ist zB auszugehen, wenn das vom Unternehmer dem Handelsvertreter zur Verfügung gestellte Verzeichnis so schwere Mängel aufweist und so unzulänglich ist, daß es für den Handelsvertreter ganz unbrauchbar ist.[78]

48   **5. Untergang des Anspruchs.** Der Anspruch auf Erteilung des Buchauszugs geht nach § 362 Abs. 1 BGB durch **Erfüllung** unter, wenn der Unternehmer gegenüber dem Handelsvertreter die Aufstellung der provisionspflichtigen Geschäfte mit den erforderlichen Angaben vorgenommen hat. Dabei können die periodischen Provisionsabrechnungen gleichzeitig als Buchauszug iSd. Abs. 2 zu werten sein, wenn der Unternehmer mit ihrer Überlassung dem Handelsvertreter zusätzlich alle Angaben macht, die für einen ordnungsgemäßen Buchauszug erforderlich sind.[79] Jeweils monatlich in dieser Art vom Unternehmer angefertigte und dem Handelsvertreter überlassene Buchauszüge stellen in ihrer Zusammenfassung den vollständigen Buchauszug über die gesamte Laufzeit eines Handelsvertreterverhältnisses dar.[80] Die Übersendung von Rechnungskopien samt Tippstreifen mit Endzifferaddition reicht hierfür allerdings nicht aus.[81]

49   Der Anspruch auf Erteilung des Buchauszuges entfällt weiterhin, wenn der Handelsvertreter die **Abrechnung** des Unternehmers **wirksam anerkannt** hat.[82] Der Buchauszug kann nämlich dann seinen Zweck, der Kontrolle der Abrechnung zu dienen, nicht mehr erfüllen. Entsprechendes gilt, wenn unstreitig sämtliche Provisionsansprüche erfüllt bzw. aus sonstigen Gründen weggefallen sind oder nicht mehr geltend gemacht werden können.[83] Wegen der **Verjährung** des Abrechnungsanspruchs siehe oben RdNr. 5 f.

50   **6. Durchsetzbarkeit des Anspruchs. a) Klageverfahren.** Verweigert der Unternehmer die Erteilung des Buchauszugs, kann der Handelsvertreter den Anspruch im Klagewege durchsetzen und zugleich gemäß § 254 ZPO (**Stufenklage**) auf Zahlung der nach Abrechnung geschuldeten Provision klagen.[84] Hat der Unternehmer allerdings bereits einen, wenn auch unvollständigen oder lückenhaften Buchauszug erteilt, kann der Handelsvertreter nur Ergänzung, nicht aber einen vollständig neuen Buchauszug verlangen. Anspruch aus Erteilung eines neuen Buchauszugs besteht in diesen Fällen nur, wenn die Aufstellung des Unternehmers so schwere Mängel aufweist, daß diese völlig unbrauchbar ist (vgl. oben RdNr. 46 f.).

51   Besteht zwischen den Parteien Streit darüber, ob eine bestimmte Art oder ein **bestimmter Kreis von Geschäften provisionspflichtig** ist, darf im Verfahren über die Erteilung des Buchauszugs diese Frage nicht offenbleiben. Verlangt zB ein Bezirksvertreter Erteilung eines Buchauszugs und besteht Streit darüber, ob Geschäfte mit einem bestimmten Kundenkreis innerhalb des Bezirks vertraglich von der Provisionspflicht ausgeschlossen sind, kann dies bei der Verurteilung zur Erteilung eines Buchauszugs nicht offengelassen und der Entscheidung im Zahlungsprozeß überlassen werden. Das Urteil muß den Kreis der provisionspflichtigen Geschäfte, über den ein Buchauszug zu erteilen ist, selbst klar abgrenzen.[85]

---

[77] BGH AP Nr. 1; OLG Frankfurt NJW-RR 1995, 351.
[78] BGH AP Nr. 1.
[79] *Holling* BB 1959, 687.
[80] BGH WM 1991, 196, 200.
[81] BGH WM 1982, 152, 153.

[82] *Schröder* BB 1955, 181.
[83] Siehe dazu schon oben bezüglich des Abrechnungsanspruchs RdNr. 32 f.
[84] Baumbach/*Hopt* RdNr. 11, 24; *Holling* BB 1959, 687, 688.
[85] OLG Hamburg MDR 1968, 673.

Allerdings erstreckt sich die Rechtskraft des Urteils im Verfahren über Erteilung des Buchauszuges nicht auf den Grund und die Höhe der Provisionsansprüche.[86]

b) Zwangsvollstreckung. Die Zwangsvollstreckung richtet sich wie beim Abrech- **52** nungsurteil nach § 887 ZPO.[87] Analog Abs. 4 ist mit der Ersatzvornahme ein vom Handelsvertreter zu bestimmender Wirtschaftsprüfer oder vereidigter Buchsachverständiger zu beauftragen.[88]

c) Verhältnis zum Recht auf Bucheinsicht. Der Handelsvertreter kann an Stelle der **53** Klage auf Buchauszug seine Kontrollrechte auch durch Bucheinsicht nach Abs. 4 verfolgen. Die Möglichkeit der Bucheinsicht schließt allerdings nicht die klagweise Geltendmachung des Anspruchs auf Buchauszug aus.[89]

IV. Auskunftsanspruch (Abs. 3)

1. Zweck. Abrechnung und schriftlicher Buchauszug lassen uU Fragen hinsichtlich der **54** Entstehung, der Fälligkeit und der Berechnung eines aufgeführten oder nicht erwähnten Provisionsanspruchs offen. Daher räumt Abs. 3 dem Handelsvertreter das Recht ein, über alle seine Provisionsansprüche betreffenden Umstände Mitteilungen von dem Unternehmer verlangen zu können. In seiner praktischen Bedeutung **ergänzt also der Auskunftsanspruch** nach Abs. 3 den Anspruch auf den Buchauszug.[90] Er gibt dem Handelsvertreter die Möglichkeit, auch solche für die Berechnung des Provisonsanspruchs erhebliche Umstände zu erfahren, die sich nicht aus den Büchern des Unternehmers ergeben. Der Auskunftsanspruch dient somit der Erleichterung der Nachprüfung der Provisionsabrechnung.[91]

2. Inhalt und Grenzen. a) Inhalt. Inhaltlich erfaßt der Auskunftsanspruch **sämtliche** **55** **Umstände,** die für die Entstehung, die Berechnung und die Fälligkeit des Provisionsanspruchs von Bedeutung sind und sich nicht aus den Büchern des Unternehmers ergeben. Wieso diese Umstände aus dem Büchern nicht ersichtlich sind, ist unerheblich. Dies kann darauf beruhen, daß der Unternehmer keine Buchführung eingerichtet hat oder diese nur unvollständig, mangelhaft oder verschleiert unterhält.[92]

Sofern diese Umstände Entstehung, Fälligkeit und Berechnung der Provision beeinflussen, **56** werden von der Auskunftspflicht insbesondere **Mitteilungen über das Zustandekommen** von provisionspflichtigen Geschäften, der Name des Dritten, die Zahlungsbedingungen, die Höhe der vereinbarten Leistungen, deren Entrichtung, die Mitteilung über die Ausführung des Geschäfts umfaßt. Bei nichtausgeführten Geschäften sind die Gründe für eine solche Nichtausführung anzugeben, damit der Handelsvertreter prüfen kann, ob ihm trotz der Nichtausführung Provisionsansprüche nach § 87a Abs. 3 zustehen. Dies gilt namentlich dann, wenn der Unternehmer sich darauf beruft, die Nichtausführung des Geschäfts sei von ihm nicht zu vertreten (§ 87a Abs. 3). Hat der Kunde bereits gelieferte Ware nicht angenommen, zur Verfügung gestellt oder zurückgegeben, so ist auch dies unter Mitteilung der von dem Kunden für sein Verhalten gegebenen Begründung zu berichten.[93] Weiterhin gehören zur Auskunftspflicht Preisnachlässe, Nebenkosten (§ 87b Abs. 2) und bei Dauerverträgen (§ 87b Abs. 3) auch Kündigungsfristen.[94]

b) Grenzen. Der Auskunftsanspruch **ergänzt** den Anspruch auf Buchauszug nach Abs. 2 **57** und greift nur ein, wenn trotz Abrechnung und Buchauszug **noch Unklarheiten** über Entstehung, Berechnung, Fälligkeit und Höhe des Provisionsanspruchs bestehen, die sich

[86] Heymann/*Sonnenschein/Weitemeyer* RdNr. 12.

[87] OLG Koblenz NJW-RR 1994, 358 f.; siehe dazu oben RdNr. 37.

[88] OLG Koblenz NJW-RR 1994, 358 f.; siehe auch dazu schon oben RdNr. 37.

[89] OLG Koblenz NJW-RR 1994, 358 f.; Baumbach/*Hopt* RdNr. 22.

[90] OLG Hamm DB 1967, 592, 593.

[91] *Küstner/v. Manteuffel* I RdNr. 1470.

[92] Heymann/*Sonnenschein/Weitemeyer* RdNr. 14; *Seetzen* WM 1985, 213, 219.

[93] OLG Hamburg MDR 1955, 43.

[94] Baumbach/*Hopt* RdNr. 23; Heymann/*Sonnenschein/Weitemeyer* RdNr. 14.

nicht aus dem bloßen Inhalt der Geschäftsbücher klären lassen.[95] Mitteilungen kann der Handelsvertreter also nur insoweit verlangen, als sich die für den Provisionsanspruch wesentlichen Umstände nicht aus der Abrechnung und dem Buchauszug ergeben.[96] Insoweit können also nur über den Inhalt der Geschäftsbücher hinausgehende Informationen verlangt werden. Für ein Begehren auf Vervollständigung eines Buchauszugs bietet Abs. 3 keine Anspruchsgrundlage.[97]

58   Im Einzelfall kann der Handelsvertreter auch bei einem vollständigen Buchauszug **ergänzende Mitteilungen** nach Abs. 3 verlangen. Dies setzt voraus, daß einerseits der Buchauszug so umfänglich ist, daß eine Sichtung dem Handelsvertreter nur mit unverhältnismäßigem Aufwand möglich ist und andererseits der Unternehmer die zusätzlichen Informationen ohne unzumutbaren Aufwand beschaffen kann. Daher ist der Unternehmer bei einem Buchauszug von 3000 Seiten verpflichtet, dem Handelsvertreter eine rechnergestützte Zusammenstellung für zwei bestimmte Stichtage auszuhändigen, wenn diese Informationen elektronisch gespeichert und daher ohne besonderen Aufwand reproduzierbar sind.[98]

59   Nur die Umstände, die für den Provisionsanspruch, seine Fälligkeit und seine **Berechnung wesentlich** sind, hat der Unternehmer mitzuteilen. Der Handelsvertreter hat also kein uneingeschränktes Auskunftsrecht dem Unternehmer gegenüber, kann insbesondere nicht über Abs. 3 unumschränkten Einblick in die Interna des Gewerbebetriebs des Unternehmers verlangen. Im Streitfall hat der Handelsvertreter darzulegen und zu beweisen, inwieweit die Umstände, deren Mitteilung er verlangt, für seinen Provisionsanspruch, dessen Fälligkeit oder dessen Berechnung wesentlich sind.

60   Der Anspruch ist **nicht mehr gegeben**, wenn unstreitig alle Provisionsansprüche des Handelsvertreters **bereits erfüllt** sind oder wenn diesen Ansprüchen Einreden gegenüberstehen, die deren Geltendmachung dauernd ausschließen. Entsprechendes gilt, wenn der Handelsvertreter die Abrechnung des Unternehmers anerkannt hat (vgl. schon oben RdNr. 48 f.). Solange aber Streit über das Bestehen derartiger Ansprüche besteht, ist auch der Anspruch nach Abs. 3 gegeben.

61   **3. Geltendmachung.** Die Auskünfte nach Abs. 3 sind **nur auf Verlangen** des Handelsvertreters zu erteilen. Da es sich nicht um eine allgemeine Rechenschaftspflicht des Unternehmers handelt, muß der Handelsvertreter genau angeben, über welche Umstände er Auskunft haben will. Im Streitfalle muß er weiter darlegen und beweisen, inwieweit diese Umstände für seinen Provisionsanspruch wesentlich sind. Da der Auskunftsanspruch den Buchauszug ergänzt, kann Auskunft erst verlangt werden, wenn ein Buchauszug erteilt ist und weiterhin Unklarheiten über das Bestehen von Provisionsansprüchen verbleiben.

62   **4. Durchsetzbarkeit des Anspruchs. a) Klageverfahren.** Der Auskunftsanspruch kann klageweise geltend gemacht werden. Da nach Abs. 3 keine allgemeine Rechenschaftspflicht besteht, muß der Handelsvertreter in der **Klageschrift** im einzelnen angeben, welche Umstände der Unternehmer mitteilen soll.[99] Im Hinblick auf das Erfordernis der Bestimmtheit des Klageantrags (§ 253 Abs. 2 Nr. 2 ZPO) reicht eine ganz allgemein gehaltene Umschreibung nicht aus, vielmehr muß die Mitteilung ganz bestimmter einzelner Umstände gefordert werden.[100]

63   Nach allgemeiner Auffassung kann der Handelsvertreter die **Ansprüche** auf Erteilung einer Abrechnung, eines Buchauszuges und auf Auskunftserteilung in einer Klage **nebeneinander** geltend machen. Es soll insoweit kein Kumulierungsverbot bestehen.[101] Dies ist allerdings weder dogmatisch haltbar noch praktikabel, weil der Auskunftsanspruch lediglich den Buchauszug im Hinblick auf die für den Provisionsanspruch wesentlichen Umstände

[95] OLG Hamm DB 1967, 592, 593.
[96] Baumbach/*Hopt* RdNr. 23.
[97] BGH AP Nr. 1.
[98] OLG Hamm NJW-RR 1994, 489, 490.
[99] Baumbach/*Hopt* RdNr. 24; Heymann/*Sonnenschein/Weitemeyer* RdNr. 15; *Seetzen* WM 1985, 213, 219.

[100] Baumbach/*Hopt* RdNr. 24; *Küstner/v. Manteuffel* I RdNr. 1473; *Stötter/Lindner/Karrer* S. 105, 122. – AA Heymann/*Sonnenschein/Weitemeyer* RdNr. 15.
[101] OLG Köln BB 1972, 467, 468; Heymann/*Sonnenschein/Weitemeyer* RdNr. 15; *Küstner/v. Manteuffel* I RdNr. 1473; Staub/*Brüggemann* RdNr. 2.

ergänzen soll. Ein Auskunftsanspruch besteht daher nur insoweit, wie die für die Ermittlung des Provisionsanspruchs bedeutsamen Umstände sich nicht bereits aus der Abrechnung oder dem Buchauszug entnehmen lassen. Erst wenn diese erteilt sind, kann über das Ob und den Umfang des Auskunftsanspruchs entschieden werden. Der Handelsvertreter kann analog § 254 ZPO im Wege der **Stufenklage** vorgehen und den Anspruch auf Auskunft mit dem Abrechnungs- und Buchauszugsanspruch verbinden. Die Konkretisierung des Auskunftsanspruchs muß sich der Handelsvertreter allerdings vorbehalten, bis die Abrechnung erteilt und der Buchauszug vorgelegt worden ist.

b) Zwangsvollstreckung. Die Zwangsvollstreckung des Auskunftsanspruchs richtet sich, **64** soweit es sich hierbei um eine vertretbare Handlung handelt, nach § 887 ZPO. Da die Auskunft allerdings Umstände betrifft, die sich nicht aus den Geschäftsbüchern des Unternehmers entnehmen lassen, wird es sich im Regelfalle um eine unvertretbare Handlung handeln, die nach § 888 ZPO zu vollstrecken ist.[102]

c) Eidesstattliche Versicherung. Bei begründeten Zweifeln, ob die Auskunft mit der **65** erforderlichen Sorgfalt erteilt worden ist, kann der Handelsvertreter in entsprechender Anwendung der §§ 259, 260 BGB vom Unternehmer die Abgabe einer eidesstattlichen Versicherung verlangen.[103]

V. Bucheinsicht (Abs. 4)

1. Zweck. Nach Abs. 4 kann der Handelsvertreter Einsicht in die Geschäftsbücher oder **66** die sonstigen Urkunden verlangen, wenn der Buchauszug (Abs. 2) verweigert wird oder begründete Zweifel an der Richtigkeit oder Vollständigkeit der Abrechnung (Abs. 1) oder des Buchauszugs (Abs. 2) bestehen. Die Bucheinsicht dient der **Nachprüfung** von unterlassenen oder zweifelhaften Angaben, die für den Handelsvertreter zur Berechnung seines Provisionsanspruchs wesentlich sind.[104] Die Bucheinsicht soll dem Handelsvertreter bei Zweifeln also die Kontrolle ermöglichen, ob alle ihm zustehenden Provisionen und sonstigen Vergütungen lückenlos erfaßt sind.

2. Voraussetzungen und Grenzen. a) Voraussetzungen. Der Anspruch auf Buch- **67** einsicht besteht, wenn der Buchauszug verweigert wird oder begründete **Zweifel an der Richtigkeit** oder Vollständigkeit der Abrechnung oder des Buchauszugs bestehen. Die Bestimmung geht weiter als die allgemeine Regelung des § 810 BGB, die ein rechtliches Interesse an der Einsicht voraussetzt. Das für § 810 BGB erforderliche rechtliche Interesse wird nur bei durchschnittlichen oder durchgängigen Unzuverlässigkeiten angenommen, während vereinzelte, eine Ausnahme bildende Unrichtigkeiten nicht genügen.[105] Demgegenüber ist nach Abs. 4 schon dann Bucheinsicht zu gewähren, wenn nur in einem Punkte Zweifel an der Richtigkeit der Abrechnung bestehen.[106] Solche begründeten Zweifel sind zB bei Kürzungen der Rechnungssummen durch den Unternehmer ohne Angabe von Gründen gegeben.[107]

Der Anspruch auf Bucheinsicht erfordert **objektive, begründete Zweifel** an der Rich- **68** tigkeit oder Vollständigkeit von Abrechnung bzw. Buchauszug. Die bloße subjektive Meinung des Handelsvertreters bzw. allgemeine Behauptungen oder Vermutungen ohne näheren Anhalt, Abrechnung oder Buchauszug seien unrichtig oder unvollständig, genügen nicht.[108] Der Handelsvertreter muß vielmehr eine Sachlage darlegen und gegebenenfalls beweisen, nach der für einen unbefangenen Dritten die Richtigkeit oder Vollständigkeit der Abrechnung bzw. des Buchauszugs zweifelhaft ist.[109]

---

[102] Vgl. *Seetzen* WM 1985, 213, 219.
[103] Staub/*Brüggemann* RdNr. 22.
[104] Begr. z. Reg.-E., BT-Drs. 1/3856, S. 29.
[105] RGZ 87, 10, 16.

[106] Begr. z. Reg.-E., BT-Drs. 1/3856, S. 29; OLG Celle BB 1962, 2; Baumbach/*Hopt* RdNr. 25.
[107] OLG Düsseldorf DB 1971, 1857.
[108] *Schröder* BB 1955, 181, 182.
[109] Begr. z. Reg.-E., BT-Drs. 1/3856, S. 29.

69   **b) Grenzen.** Der Anspruch auf Bucheinsicht **erlischt**, wenn Provisionsansprüche nicht mehr bestehen oder ihnen Einreden entgegenstehen, die deren Geltendmachung dauernd ausschließen.[110] Dies gilt entsprechend, wenn sich Handelsvertreter und Unternehmer über die Abrechnung geeinigt haben.[111]

70   Demgegenüber **entfällt** das Einsichtsrecht **nicht** deswegen, weil der Unternehmer das Handelsvertreterverhältnis wegen schuldhaften Verhaltens des Handelsvertreters fristlos gekündigt hat.[112] Daher ist die Bucheinsicht auch nicht für die Zeit ausgeschlossen, in welcher der Handelsvertreter seine Vertragspflichten schuldhaft nicht wahrnimmt.[113]

71   **3. Inhalt.** Inhaltlich geht der Anspruch dahin, daß der Unternehmer **Einsichtnahme in seine Geschäftsbücher** und sonstigen Unterlagen gewährt, soweit dies zur Feststellung der Richtigkeit oder Vollständigkeit der Abrechnung oder des Buchauszugs erforderlich ist. Über den ausdrücklichen Gesetzeswortlaut hinaus steht dem Handelsvertreter allerdings für den Fall der Verweigerung des Buchauszugs die Einsichtnahme auch insoweit zu, als dies zur Aufstellung des Buchauszugs erforderlich ist.

72   Das Einsichtsrecht besteht allerdings **nicht uneingeschränkt**. Vielmehr kann der Handelsvertreter nur Einsicht insoweit verlangen, als dies zur Feststellung der Richtigkeit oder Vollständigkeit der Abrechnung bzw. des Buchauszugs erforderlich ist.[114]

73   Der Anspruch auf Einsichtnahme beschränkt sich nicht nur auf die Geschäftsbücher, sondern erfaßt alle **sonstigen Urkunden**, die für die Feststellung der Richtigkeit oder Vollständigkeit der Abrechnung oder des Buchauszugs wesentliche Feststellungen enthalten.[115] Insbesondere kann danach auch Einsichtnahme in mit Kunden errichtete schriftliche Vertragsurkunden und den einschlägigen Schriftwechsel mit diesen verlangt werden. Auch Einsichtnahme in Schriftwechsel mit Außenstehenden, der sich im Besitz des Unternehmers befindet, kann danach verlangt werden, wenn eine solche Einsichtnahme zur Aufstellung des Buchauszugs bzw. zur Prüfung von Richtigkeit und Vollständigkeit von Abrechnung und Buchauszug erforderlich ist. Als sonstige Urkunden kommen weiter in Betracht Verträge, Korrespondenzen, Lieferungs- und Zahlungsbelege.[116]

74   **4. Ausübung des Einsichtsrechts.** Der Unternehmer kann wählen, ob er die Einsicht dem **Handelsvertreter selbst** oder einem (zur Verschwiegenheit verpflichteten) **Wirtschaftsprüfer** bzw. **vereidigten Buchsachverständigen** gewährt. Bei einer Einsichtnahme durch den Handelsvertreter besteht nämlich die Gefahr, daß dieser auch von dem nicht den Provisionsanspruch betreffenden Inhalt der Bücher Kenntnis erlangt und er die so erlangten Kenntnisse für sich verwertet. Deshalb ist dem Unternehmer die Möglichkeit eingeräumt worden, anstelle des Handelsvertreters einem zur Verschwiegenheit verpflichteten Dritten die Einsichtnahme zu gewähren.[117] Die Bestimmung des Unternehmers, ob der Handelsvertreter oder ein Wirtschaftsprüfer bzw. Buchsachverständiger einsehen soll, erfolgt durch Erklärung des Unternehmers dem Handelsvertreter gegenüber (§ 315 Abs. 2 BGB analog). Wird die Bestimmung verzögert, so geht das Wahlrecht nach Fristsetzung und fruchtlosem Fristablauf gemäß § 264 Abs. 2 BGB auf den Handelsvertreter über.[118]

75   Hat der Unternehmer sich für die Einsichtnahme durch den Handelsvertreter entschieden, kann dieser bei der Ausübung des Einsichtsrechts einen Wirtschaftsprüfer oder Buchsachverständigen **zuziehen**. Das in Abs. 4 vorgesehene Wahlrecht soll dem Unternehmer lediglich ermöglichen, die Bucheinsicht einem Wirtschaftsprüfer oder Buchsachverständigen einzuräumen, wenn Zweifel an der Zuverlässigkeit oder Verschwiegenheit

[110] OLG Düsseldorf NJW 1965, 2351.
[111] Baumbach/*Hopt* RdNr. 26.
[112] BGH LM Nr. 3.
[113] Baumbach/*Hopt* RdNr. 26. – AA OLG Celle BB 1962, 2.
[114] Begr. z. Reg.-E., BT-Drs. 1/3856, S. 29; OLG München NJW 1964, 2257; Heymann/ *Sonnenschein/Weitemeyer* RdNr. 17; Staub/*Brüggemann* RdNr. 23.

[115] Begr. z. Reg.-E., BT-Drs. 1/3856, S. 29.
[116] Baumbach/*Hopt* RdNr. 25; Heymann/*Sonnenschein/Weitemeyer* RdNr. 17.
[117] Begr. z. Reg.-E., BT-Drs. 1/3856, S. 29.
[118] *Küstner/v. Manteuffel* I RdNr. 1467; Staub/ *Brüggemann* RdNr. 23.

des Handelsvertreters bestehen. Wählt der Unternehmer jedoch die Bucheinsicht durch den Handelsvertreter, so kann diesem nicht verwehrt werden, sich bei der Bucheinsicht sachverständiger Hilfe zu bedienen.[119]

Entscheidet sich der Unternehmer für die Einsichtnahme durch einen Wirtschaftsprüfer 76 oder Buchsachverständigen, steht dem Handelsvertreter das Recht zu, die **betreffende Person auszuwählen**. Der Unternehmer kann dieses Bestimmungsrecht des Handelsvertreters nicht auf eine der beiden Berufsgruppen begrenzen. Sein Interesse ist darauf beschränkt, daß eine zur Verschwiegenheit verpflichtete Person mit der Bucheinsicht betraut wird. Die Wahl ist durch den Handelsvertreter nach billigem Ermessen (§ 315 BGB) zu treffen.

Bei der Einsichtnahme können **Abschriften** oder **Auszüge** aus den Büchern des Unter- 77 nehmers gefertigt werden, soweit diese für den Nachweis der dem Handelsvertreter zuste- henden Ansprüche erforderlich sind. Die so gewonnenen Unterlagen sind vertraulich zu behandeln. **Ort der Einsichtnahme** ist das Geschäftslokal des Unternehmers. Weder der Handelsvertreter noch der Wirtschaftsprüfer (Buchsachverständige) können verlangen, daß ihnen die Bücher zur Einsichtnahme an einem anderen Ort überlassen werden.

5. Kostentragung. Als Vertragspartner des Wirtschaftsprüfers oder des vereidigten 78 Buchsachverständigen trägt die Kosten der Bucheinsicht zunächst der Handelsvertreter.[120] Der Handelsvertreter kann aber vom Unternehmer die Kosten als Schadensersatz wegen Verletzung der Abrechnungspflicht erstattet verlangen, wenn der Unternehmer überhaupt nicht abgerechnet hat oder sich auf Grund der Bucheinsicht die Unrichtigkeit der Abrech- nung oder des Auszugs ergibt.[121] War dem Handelsvertreter die Bucheinsicht gestattet, dann verstößt dieser mit der Beiziehung eines Wirtschaftsprüfers oder Buchsachverständi- gen nur dann gegen seine Schadensminderungspflicht, wenn die Bucheinsicht nach Gele- genheit, Umfang und Schwierigkeit keine über die Fähigkeiten des Handelsvertreters hin- ausgehenden zumutbaren Anforderungen stellt.[122]

6. Durchsetzbarkeit des Anspruchs. a) Klageverfahren. Der Handelsvertreter kann 79 den Anspruch auf Bucheinsicht im Klagewege geltend machen. Da er Bucheinsicht nur insoweit begehren kann, als dies zur Feststellung der Richtigkeit oder Vollständigkeit der Abrechnung bzw. des Buchauszugs erforderlich ist, muß er den Umfang der begehrten Bucheinsicht im Klageantrag genau angeben.[123]

Zugleich mit der Bucheinsicht kann der Handelsvertreter im Wege der **Stufenklage** 80 (§ 254 ZPO) die Provisionszahlung verlangen. Dabei ist er bis zum Erlaß der Entscheidung über seinen Anspruch auf Bucheinsicht von der Verpflichtung befreit, einen bestimmten Leistungsantrag zu stellen. Ist die Entscheidung ergangen, so hat er zunächst seinen An- spruch auf Bucheinsicht zu verwirklichen und im weiteren Verlauf des Rechtsstreits die von ihm verlangte Leistung beziffert anzugeben. Konkretisiert er seinen Antrag nicht, wird seine Klage unzulässig.[124]

Demgegenüber kann der Handelsvertreter **nicht gleichzeitig** auf Erteilung eines **Buch-** 81 **auszugs und Bucheinsicht** klagen. Verweigert nämlich der Unternehmer den Buchaus- zug, erstrebt aber der Handelsvertreter gleichwohl mit der Klage dessen Erteilung, so be- steht kein Bedürfnis hierneben Bucheinsicht zu gewähren, da beide Anträge zu demselben Ziel führen sollen. Umgekehrt benötigt der Handelsvertreter den Buchauszug nicht, wenn er die Bucheinsicht begehrt.[125]

[119] KG DB 1971, 1204; *Knorr* BB 1972, 989, 990.
[120] BGH LM Nr. 1; BGHZ 32, 302, 306; Baum- bach/*Hopt* RdNr. 27; Staub/*Brüggemann* RdNr. 24. – Weitergehend *Knorr* BB 1972, 989 f.
[121] BGH LM Nr. 1; BGHZ 32, 302, 306; KG DB 1971, 1204; Heymann/*Sonnenschein/Weitemeyer* RdNr. 18; Staub/*Brüggemann* RdNr. 24.

[122] KG DB 1971, 1204.
[123] *Seetzen* WM 1985, 213, 218; *Stötter/Lindner/ Karrer* S. 107 f.
[124] OLG Düsseldorf NJW 1965, 2352.
[125] BGHZ 56, 293, 297; Heymann/*Sonnenschein/ Weitemeyer* RdNr. 19.

82   **b) Zwangsvollstreckung.** Die Zwangsvollstreckung erfolgt in entsprechender Anwendung von § 883 ZPO durch den Gerichtsvollzieher.[126]

83   **c) Einstweilige Verfügung.** Ist zu besorgen, daß zeitlicher Aufschub oder die Durchführung des Hauptsacheverfahrens den Erfolg der Einsicht gefährdet, kommt auch eine einstweilige Verfügung (§§ 935, 940 ZPO) in Betracht.[127]

VI. Unabdingbarkeit (Abs. 5)

84   Sämtliche dem Handelsvertreter in dieser Bestimmung gewährten Rechte auf Abrechnung, Buchauszug, Auskünfte und Einsicht sind unabdingbar (Abs. 5). Sie können durch einzelvertragliche Vereinbarungen weder ausgeschlossen noch beschränkt, sonden **nur erweitert** werden.

85   Zulässig ist jedoch nach allgemeinen Regelungen ein Verzicht auf bereits entstandene Rechte aus § 87c.[128] An einen solchen **Verzicht** sind jedoch strenge Anforderungen zu stellen. Regelmäßig bedarf es hierzu einer ausdrücklichen Vereinbarung zwischen Handelsvertreter und Unternehmer, bloße Untätigkeit des Handelsvertreters reicht im allgemeinen nicht aus.[129] Auch eine Vereinbarung, wonach eine Abrechnung mangels Widerspruchs innerhalb einer bestimmten Frist durch den Handelsvertreter als genehmigt gilt, verstößt gegen Abs. 5 und ist daher unwirksam.[130] Abs. 5 steht aber nicht tarifvertraglichen Ausschlußfristen entgegen.[131]

86   Die Parteien können allerdings im Rahmen des Abs. 1 über den **Abrechnungszeitraum** disponieren. Übersteigt der vereinbarte Abrechnungszeitraum die Dauer von drei Monaten, gilt nicht die gesetzliche Monatsfrist, sondern im Wege der geltungserhaltenden Reduktion die gesetzliche Höchstfrist von drei Monaten (vgl. RdNr. 26 f.).[132] Da die Kontrollrechte gemäß Abs. 2 bis Abs. 4 **Hilfsrechte** bezüglich des Provisionsanspruchs sind, enden sie mit einer Einigung zwischen Handelsvertreter und Unternehmer über die Höhe der Provision bzw. einer Einigung über die Abrechnung.

§ 87 d [Ersatz von Aufwendungen]

Der Handelsvertreter kann den Ersatz seiner im regelmäßigen Geschäftsbetrieb entstandenen Aufwendungen nur verlangen, wenn dies handelsüblich ist.

Schrifttum: *Schröder,* Unkostentragung nach Handelsvertreterrecht, DB 1956, 417 ff. und 441 ff.; *Steindorff,* Wertersatz für Schäden als Aufwendungsersatz im Arbeits- und Handelsrecht, FS Dölle I 1963, S. 273 ff.

Übersicht

[126] Ganz hM: Baumbach/Lauterbach/*Hartmann* ZPO, § 883 RdNr. 15, § 887 RdNr. 21; *Seetzen* WM 1985, 213, 218; *Zöller/Stöber* ZPO § 883 RdNr. 2. – Ausführlich OLG Frankfurt NJW-RR 1992, 171 m. weit. Nachw. zum Einsichtsrecht gemäß § 51 a Abs. 1 GmbHG. – AA Baumbach/*Hopt* RdNr. 12, 28; Heymann/*Sonnenschein/Weitemeyer* RdNr. 19; Vollstreckung nach § 887 ZPO.

[127] Baumbach/*Hopt* RdNr. 28.

[128] OLG Nürnberg BB 1966, 877; Baumbach/ *Hopt* RdNr. 29. – AA Heymann/*Sonnenschein/Weitemeyer* RdNr. 20; Staub/*Brüggemann* RdNr. 25.

[129] BGH LM Nr. 3. – Zu einem Sonderfall siehe BGH LM Nr. 5.

[130] BGH AP Nr. 1; BAG AP Nr. 3; BAG AP Nr. 18.

[131] BAG AP Nr. 18.

[132] *Schröder* DB 1963, 651.

I. Bedeutung

1. Entstehungsgeschichte. Die Bestimmung geht zurück auf § 90 der ursprünglichen **1** Fassung des HGB, wonach „für die im regelmäßigen Geschäftsbetrieb entstandenen Kosten und Auslagen der Handelsvertreter in Ermangelung einer entgegenstehenden Vereinbarung oder eines abweichenden Handelsgebrauchs Ersatz nicht verlangen" konnte. Die heutige Fassung beruht auf dem ÄndG 1953. Trotz der sprachlichen Umformulierung war eine Änderung in der Sache damit nicht beabsichtigt.[1]

2. Inhalt der Regelung. Die Vorschrift regelt inhaltlich den Ersatz der im regelmäßigen **2** Geschäftsbetrieb entstandenen Aufwendungen des Handelsvertreters. Abweichend vom allgemeinen Aufwendungsersatzanspruch beim Geschäftsbesorgungsvertrag nach §§ 675, 670 BGB kann der Handelsvertreter den Ersatz dieser Aufwendungen vom Unternehmer nur verlangen, wenn dies handelsüblich ist. Da die Regelung dispositiv ist, können die Parteien hiervon abweichende Vereinbarungen treffen.

3. Zweck der Regelung. Mit dieser Regelung wird der Handelsvertreter den sonstigen **3** Kaufleuten gleichgestellt, die ebenfalls die regelmäßigen Kosten ihrer Geschäftstätigkeit selbst aufbringen müssen.[2] Diese Kosten werden nämlich durch die Vergütung, den Provisionsanspruch des Handelsvertreters, abgedeckt.

4. Anwendungsbereich. a) Persönlicher Anwendungsbereich. Die Vorschrift gilt für **4** alle Handelsvertreter einschließlich der Versicherungs- und Bausparkassenvertreter sowie der Handelsvertreter im Nebenberuf. Erfaßt werden sowohl die Vermittlungs- als auch die Abschlußvertreter. Insbesondere gilt die Bestimmung auch für den Bezirksvertreter. Entsprechende Anwendung findet die Bestimmung auf solche **Eigenhändler**[3] und **Kommissionsagenten,**[4] die im Hinblick auf eine für längere Zeit berechnete Interessenverknüpfung starke Ähnlichkeiten in wirtschaftlicher und rechtlicher Hinsicht mit einem Handelsvertreter haben.

b) Sachlicher Anwendungsbereich. Sachlich werden allerdings nur Aufwendungen für **5** **solche Tätigkeiten** erfaßt, die der Handelsvertreter nach dem zugrunde liegenden Handelsvertreterverhältnis schuldet. Überträgt der Unternehmer im Einzelfall dem Handelsvertreter einen Auftrag, der nicht vom bestehenden Handelsvertreterverhältnis abgedeckt wird, findet die Vorschrift keine Anwendung. Für solche Fälle gilt § 670 BGB, wonach der Beauftragte vom Auftraggeber Ersatz für solche Aufwendungen zum Zwecke der Ausführung des Auftrags verlangen kann, die er den Umständen nach für erforderlich halten durfte, und zwar auch dann, wenn die Aufwendungen im regelmäßigen Geschäftsbetrieb des Beauftragten entstanden sind.

Handelt der Handelsvertreter **außerhalb des vereinbarten Tätigkeitsbereichs** ohne **6** Auftrag, aber im Interesse des Unternehmers, kann ein Anspruch auf Aufwendungsersatz nach § 670 iVm. § 683 BGB gemäß den Regeln der Geschäftsführung ohne Auftrag be-

---

[1] Begr. z. Reg.-E., BT-Drs. 1/3856 S. 30.
[2] Begr. z. Reg.-E., BT-Drs. 1/3856 S. 30.

[3] *Renz* S. 70; Staub/*Brüggemann* Vor § 84 RdNr. 21; *Ulmer,* Der Vertragshändler, S. 397 f., 415 f.
[4] Staub/*Koller* § 383 RdNr. 37.

gründet sein. In solchen Fällen kommt für den Einsatz der persönlichen Arbeitskraft eine Vergütung nach § 354 in Betracht.

7   **5. Verhältnis zu sonstigen Vorschriften.** Die Vorschrift schließt den Ersatz der im regelmäßigen Geschäftsbetrieb des Handelsvertreters entstandenen Aufwendungen aus und geht damit als lex specialis den allgemeineren Bestimmungen der §§ 675, 670 BGB vor. Soweit es jedoch um Aufwendungen geht, die nicht im regelmäßigen Geschäftsbetrieb entstanden sind, bleibt es bei der allgemeinen Regelung der §§ 675, 670 BGB. Wird der Handelsvertreter im Interesse des Unternehmens ohne Auftrag tätig, dann gelten die §§ 670, 683 BGB.

II. Aufwendungsersatz

8   **1. Begriff der Aufwendung.** Unter Aufwendungen versteht man im allgemeinen Vermögensopfer, die der Beauftragte zum Zwecke der Ausführung des Auftrags freiwillig oder auf Weisung des Auftraggebers macht bzw. die sich als notwendige Folge aus der Ausführung des Auftrags ergeben.[5] Zu den Aufwendungen im allgemeinen zählen nach verbreiteter, allerdings nicht unumstrittener Auffassung auch Zufallsschäden und sonstige unfreiwillige Vermögensopfer, die der Beauftragte bei Ausführung des Auftrags erleidet.[6] Im vorliegenden Zusammenhang ist jedoch zu beachten, daß Zufallsschäden und andere unfreiwillige Vermögensopfer des Handelsvertreters bei der Ausführung des Auftrags grundsätzlich nicht im regelmäßigen Geschäftsbetrieb entstehen und daher von vornherein nicht in den Anwendungsbereich dieser Vorschrift fallen.

9   **2. Aufwendungen im regelmäßigen Geschäftsbetrieb. a) Begriff.** Von der Ersatzpflicht sind nicht sämtliche Aufwendungen ausgenommen, sondern nur solche, die regelmäßig mit der Tätigkeit des betreffenden Handelsvertreters verbunden sind. Was insoweit zum regelmäßigen Geschäftsbetrieb gehört, ist nach den im jeweiligen Handelsvertretervertrag festgelegten Aufgaben zu ermitteln. Je weiter danach der Pflichtenkreis des Handelsvertreters geht, desto weiter ist auch der Kreis derjenigen Aufwendungen gezogen, die nach dieser Bestimmung von einer Ersatzpflicht ausgenommen sind.

10   Ob es sich um im regelmäßigen Geschäftsbetrieb entstandene Aufwendungen handelt, kann daher nicht generell beantwortet werden, sondern ist im **konkreten Einzelfall** aufgrund des Handelsvertretervertrags und der darin konkret übernommenen Pflichten zu entscheiden.[7] Ist zB bereits im Handelsvertretervertrag festgelegt, daß der Handelsvertreter zur Erledigung der ihm nach dem Vertrage übertragenen Aufgaben ein Auslieferungslager zu unterhalten hat, so gehören die hierdurch entstehenden Kosten (Miete, Beleuchtung, Beheizung, Bewachung usw.) zu den regelmäßigen Aufwendungen dieses Handelsvertreters, sind also grundsätzlich nicht besonders ersattungsfähig. Braucht der Handelsvertreter nach dem Vertrage kein Auslieferungslager zu unterhalten, so handelt es sich nicht um im regelmäßigen Geschäftsbetrieb entstandene Aufwendungen, wenn er gleichwohl auf Wunsch des Unternehmers ein Auslieferungslager einrichtet.

11   **b) Beispiele.** Trotz der Abhängigkeit der Einordnung vom Einzelfall lassen sich Beispiele für Aufwendungen anführen, die im allgemeinen unter den Anwendungsbereich dieser Vorschrift fallen bzw. die im allgemeinen nicht zum regelmäßigen Geschäftsbetrieb gehören und daher unter den Voraussetzungen der §§ 670, 675 BGB ersatzfähig sind:[8]

12   **aa) Vom Anwendungsbereich der Bestimmung erfaßte Aufwendungen.** Zu den Aufwendungen im regelmäßigen Geschäftsbetrieb, für die kein Anspruch auf Aufwen-

---

[5] BGH NJW 1973, 46; BGH NJW 1989, 1284, 1285; Baumbach/*Hopt* RdNr. 3; Heymann/*Sonnenschein/Weitemeyer* RdNr. 3; Palandt/*Thomas* § 670 RdNr. 2.
[6] BGH NJW 1985, 269; BGHZ 92, 270, 271. – Kritisch zB Erman/*Hauß* § 670 RdNr. 7 f.

[7] Heymann/*Sonnenschein/Weitemeyer* RdNr. 4; Staub/*Brüggemann* RdNr. 3.
[8] Vgl. zum Nachfolgenden auch die Übersichten bei Heymann/*Sonnenschein/Weitemeyer* RdNr. 5; Baumbach/*Hopt* RdNr. 4; *Küstner/v. Manteuffel* I RdNr. 1503 ff.; Staub/*Brüggemann* RdNr. 3 f.

dungsersatz besteht, gehören grundsätzlich die allgemeinen Kosten des **eigenen Geschäftsbetriebs** des Handelsvertreters wie zB Kosten für eigenes Personal, Miete für Geschäftsräume, Post- und Fernsprechgebühren,[9] Anschaffung und Unterhaltung eines Geschäftsfahrzeugs, Reisekosten, Kosten der üblichen Repräsentation.

bb) Nicht erfaßte Aufwendungen. Soweit keine abweichenden Vereinbarungen getrof **13** fen worden sind, gehören hingegen nachstehende Aufwendungen **nicht zum regelmäßigen Geschäftsbetrieb,** so daß unter den Voraussetzungen der §§ 670, 675 BGB ein Aufwendungsersatzanspruch in Betracht kommt: Unterhaltung eines Auslieferungslagers, Auslieferung von Ware,[10] Bereitstellung eines Kundendienstes, allgemeine Werbemaßnahmen, Erstellung von Marktanalysen, Produkt- und Kundenpflege, Versendung von Offerten, Verzeichnissen und Mustern,[11] Aufbewahrung von für den Unternehmer bestimmten Waren, Teilnahme an Vertreterkonferenzen, Messen oder Verkaufsausstellungen,[12] Erwirkung von Einfuhr- und Ausfuhrbewilligungen.[13] Allerdings ist zu beachten, daß im Einzelfall die soeben aufgeführten Tätigkeiten Aufwendungen im regelmäßigen Geschäftsbetrieb darstellen können, wenn der Handelsvertreter im Handelsvertretervertrag entsprechende Verpflichtungen übernommen hat.

c) Erstattungsfähigkeit. aa) Grundsatz: Kein Aufwendungsersatz. Für die im regel **14** mäßigen Geschäftsbetrieb entstandenen Aufwendungen im soeben dargelegten Sinne stellt § 87 d den Grundsatz auf, daß diese mangels Handelsüblichkeit oder abweichender Vereinbarung nicht erstattungsfähig sind. Solche Aufwendungen sind für den Handelsvertreter mit seiner Provision abgegolten.

bb) Aufwendungsersatz kraft Handelsüblichkeit. Ausnahmsweise ist der Unternehmer **15** zum Ersatz der im regelmäßigen Geschäftsbetrieb entstandenen Aufwendungen nach § 670 BGB verpflichtet, wenn die Erstattung solcher Aufwendungen handelsüblich ist. Ob dies der Fall ist, muß aus den Gepflogenheiten in dem betreffenden Wirtschaftszweig ermittelt werden. Ausschlaggebend sind insoweit die Gewohnheiten und Gebräuche der jeweiligen Branche, es kommt nicht auf den Geschäftsbetrieb des jeweiligen Handelsvertreters an.

Von **Handelsüblichkeit** kann ausgegangen werden, wenn alle Unternehmer oder doch **16** die überwiegende Mehrzahl der Unternehmer in dem betreffenden Wirtschaftszweig die im regelmäßigen Geschäftsbetrieb des Handelsvertreters entstandenen Kosten neben der Provision besonders erstatten. Die Beweislast für das Bestehen einer solchen Handelsüblichkeit trifft den Handelsvertreter. Notfalls kann eine Auskunft bei der Industrie- und Handelskammer oder den beteiligten Wirtschaftsverbänden eingeholt werden. Besteht danach Anspruch auf **Aufwendungsersatz,** kann der Handelsvertreter nach § 669 BGB **Vorschuß** verlangen und die Erledigung des ihm übertragenen und mit den Aufwendungen verbundenen Geschäfts bis zum Eingang der Vorschußzahlung zurückstellen.

cc) Aufwendungsersatz kraft Vereinbarung. Die im regelmäßigen Geschäftsbetrieb **17** entstandenen Aufwendungen des Handelsvertreters sind ferner dann zu ersetzen, wenn die Parteien eine von § 87 d abweichende Vereinbarung getroffen haben. Die Parteien können dabei vereinbaren, daß erforderliche oder nützliche Aufwendungen auf konkreten Nachweis zu erstatten sind. Eine solche Vereinbarung kann auch stillschweigend getroffen werden. So hat das LAG Bremen den Unternehmer für verpflichtet gehalten, vom Handelsvertreter getätigte Aufwendungen für Werbungszwecke zu erstatten, wenn er deren Durchführung über einen längeren Zeitraum geduldet hat.[14]

In der Praxis häufiger ist allerdings die Zahlung einer monatlichen **Spesen- bzw. Ko 18 stenpauschale** durch den Unternehmer an den Handelsvertreter. Es handelt sich insoweit um einen Pauschbetrag für Auslagen, ohne daß es des jeweiligen Nachweises bedarf, daß Auslagen in entsprechender Höhe tatsächlich angefallen sind.[15] Ein solches Kostenfixum ist

---

[9] Begr. z. Reg.-E., BT-Drs. 1/3856, S. 30.
[10] LAG Bremen DB 1960, 1212.
[11] RGZ 109, 254, 258.
[12] *Küstner/v. Manteuffel* I RdNr. 1507 ff.

[13] RGZ 109, 254, 258.
[14] LAG Bremen DB 1955, 535.
[15] LAG Baden-Württenberg DB 1959, 656.

daher auch dann zu zahlen, wenn die Vermittlungsbemühungen des Handelsvertreters nicht zu dem vom Unternehmer gewünschten Erfolg geführt haben.[16] Allerdings entfällt der Anspruch auf Zahlung der Pauschale, wenn der Handelsvertreter in treuwidriger Weise überhaupt nicht für den Unternehmer tätig geworden ist[17] oder der Handelsvertreter infolge Freistellung bzw. längerer Krankheit am Tätigwerden gehindert war.[18]

19   **3. Sonstige Aufwendungen.** Aufwendungen, die nicht im regelmäßigen Geschäftsbetrieb entstanden sind, hat der Unternehmer nach § 670 BGB zu erstatten, wenn der Handelsvertreter die Aufwendung zum Zweck der Ausführung des ihm erteilten Auftrags gemacht hat und sie insoweit für erforderlich halten durfte. Hiernach hat der Unternehmer insbesondere solche Aufwendungen zu erstatten, die der Handelsvertreter auf seine **Weisung** hin gemacht hat. Hat der Unternehmer den Handelsvertreter zu bestimmten, außerhalb des regelmäßigen Geschäftsbetriebs liegenden Maßnahmen angehalten, sind diejenigen Aufwendungen erstattungsfähig, die der Handelsvertreter für erforderlich halten durfte. Inwieweit der Handelsvertreter Aufwendungen, die nicht auf ausdrückliche Weisung des Unternehmers erfolgt sind, für erforderlich halten durfte, hängt von den Umständen des Einzelfalls ab. Dies hat der Handelsvertreter aus der Interessenlage des Unternehmers zu beurteilen; im Zweifel hat er vorher Rückfrage bei diesem zu halten. Dies gilt insbesondere dann, wenn es sich um nicht unerhebliche Kosten handelt. Übernimmt der Handelsvertreter eine **zusätzliche Aufgabe**, ohne hierzu vom Unternehmer beauftragt zu sein, hängt der **Ersatzanspruch** nach § 683 Satz 1 BGB davon ab, ob die Geschäftsführung dem Interesse und dem wirklichen oder mutmaßlichen Willen des Unternehmers entsprochen hat.

§ 88 [Verjährung der Ansprüche]

Die Ansprüche aus dem Vertragsverhältnis verjähren in vier Jahren, beginnend mit dem Schluß des Jahres, in dem sie fällig geworden sind.

Schrifttum: *Stötter,* Der Verjährungseinwand gegen Handelsvertreter-Provisionsansprüche, NJW 1978, 799 f.; *Trinkhaus,* Zur Verjährung nach neuem Recht der Handelsvertreter, BB 1955, 1062 f.

Übersicht

I. Bedeutung

1   **1. Entstehungsgeschichte.** Die ursprüngliche Fassung des HGB enthielt keine besondere Regelung für die Verjährung von Ansprüchen aus dem Handelsvertreterverhältnis. Vielmehr galten insoweit die allgemeinen Verjährungsvorschriften des bürgerlichen Rechts

---

[16] OLG Braunschweig BB 1956, 226.   [18] LAG Baden-Württemberg DB 1959, 656.
[17] OLG Braunschweig BB 1956, 226.

(§§ 194 ff. BGB). Die Bestimmung wurde mit dem ÄndG 1953 neu in das HGB aufgenommen.

2. Inhalt und Zweck der Regelung. Die Bestimmung unterwirft sämtliche Ansprüche **2** aus dem Handelsvertreterverhältnis einer vierjährigen Verjährungsfrist, die mit dem Schluß des Jahres beginnt, in denen die Ansprüche fällig geworden sind. Hiermit sollte eine einheitliche Verjährungsregelung für alle vertraglichen Ansprüche aus dem Handelsvertreterverhältnis geschaffen werden. Vor Inkrafttreten dieser Bestimmung galten nach den allgemeinen bürgerlich-rechtlichen Verjährungsvorschriften für die einzelnen Ansprüche der Parteien unterschiedliche Verjährungsfristen von 2, 4 oder 30 Jahren, deren Dauer zudem noch davon abhing, ob der Unternehmer Kaufmann war oder nicht (vgl. §§ 195, 196 Abs. 1 Nr. 1 und Abs. 2, § 196 Abs. 1 Nr. 7 und 8 BGB).[1]

3. Ergänzende Regelungen. a) Verjährungsregelung. Die Bestimmung regelt nur **3** Dauer und Beginn der Verjährungsfrist. Im übrigen finden die allgemeinen Verjährungsvorschriften des bürgerlichen Rechts Anwendung (§§ 194 ff. BGB). Dies gilt insbesondere für die Bestimmungen über die Hemmung (§§ 202 ff. BGB), die Unterbrechung (§§ 208 ff. BGB) sowie die Wirkung der Verjährung (§ 222 Abs. 1 BGB). Die Verjährung kann durch vertragliche Vereinbarung weder ausgeschlossen noch erschwert, insbesondere die Verjährungsfrist nicht verlängert werden. Erleichterungen der Verjährung, insbesondere die Abkürzung der Verjährungsfrist, sind hingegen zulässig (§ 225 BGB, dazu RdNr. 16 f.).

b) Verwirkung des Anspruchs. Schon vor Ablauf der Verjährung kann die Durchset- **4** zung eines Anspruchs nach § 242 BGB verwirkt sein, wenn dem Schuldner die Erfüllung des Anspruchs aufgrund des Verhaltens des Gläubigers unzumutbar geworden ist.[2] Der Geltendmachung des Anspruchs steht dann die Einrede der unzulässigen Rechtsausübung (§ 242 BGB) entgegen. Hierzu reicht es allerdings nicht aus, daß sich der Gläubiger nur untätig verhalten hat. Es müssen vielmehr besondere Umstände gegeben sein, aufgrund derer die spätere Rechtsausübung als mit dem eigenen Verhalten des Gläubigers in Widerspruch stehend und deshalb unzulässig erscheint. Voraussetzung dafür ist, daß der Gläubiger des Anspruchs sich so verhält, daß der Schuldner daraus entnehmen muß, der Gläubiger wolle den Anspruch nicht oder nicht mehr geltend machen und der Schuldner sich in seinem Verhalten so darauf einstellt, daß die spätere Erfüllung des Anspruchs für ihn unzumutbar ist.

II. Anwendungsbereich der Vorschrift

1. Persönlicher Anwendungsbereich. Die Bestimmung erfaßt Ansprüche aus dem **5** Handelsvertreterverhältnis, unabhängig davon, ob die Ansprüche dem Handelsvertreter oder dem Unternehmer zustehen. Auf sonstige Vertragstypen findet die Bestimmung weder unmittelbare noch entsprechende Anwendung.[3] So fallen weder (Handels-)Makler[4] noch angestellte Handelsvertreter[5] in den Anwendungsbereich dieser Vorschrift. Auch eine analoge Anwendung auf Vertragshändler,[6] Franchise-Nehmer[7] oder Kommissionsagenten[8] scheidet aus.

2. Sachlicher Anwendungsbereich. Von der Bestimmung erfaßt werden sämtliche **6** Ansprüche aus dem Handelsvertreterverhältnis.

a) Sämtliche Ansprüche. Der vierjährigen Verjährungsfrist unterliegen sämtliche **vertraglichen Ansprüche**. Hierzu zählen nicht nur die unmittelbar in §§ 84 ff. über die vertragliche Rechtsstellung des Handelsvertreters normierten Ansprüche. Vielmehr werden

---

[1] Begr. z. Reg.-E., BT-Drs. 1/3856 S. 30.
[2] Baumbach/*Hopt* RdNr. 6; Heymann/*Sonnenschein/Weitemeyer* RdNr. 6.
[3] BGH BB 1972, 11 f.
[4] BGH BB 1972, 11 f.
[5] BAG BB 1972, 1056 = AP Nr. 1 mit Anm. *Naendrup* = SAE 1973, 45, 46 mit zust. Anm. Her-

schel; *Trinkhaus* BB 1955, 1062: Verjährung nach § 196 Abs. 1 Nr. 8 BGB.
[6] *Renz* S. 71.
[7] AA *Martinek*, Aktuelle Fragen des Vertriebsrechts, RdNr. 248.
[8] BGHZ 79, 89, 97 f.; Baumbach/*Hopt* § 84 RdNr. 19; Staub/*Koller* § 383 RdNr. 38.

auch solche Forderungen erfaßt, die durch den Handelsvertretervertrag selbst begründet sind oder zumindest auf vertragliche Abreden zurückgehen, die in einem so engen Zusammenhang mit dem Handelsvertretervertrag stehen, daß sie praktisch als dessen Bestandteil angesehen werden können.[9] Im einzelnen fallen in den Anwendungsbereich dieser Bestimmung:[10]

7 – **Provisionsansprüche aller Art**, unabhängig davon, ob es sich um gesetzlich geregelte Ansprüche auf Vermittlungs-, Abschluß-, Bezirks-, Delkredere- bzw. Inkassoprovision handelt oder ob die Parteien für weitere Aufgaben und Leistungen besondere Provisionen vereinbart haben.[11] Erfaßt wird auch der Saldoanspruch des Handelsvertreters aus einem Kontokorrentverhältnis, das der Vertreter und der Unternehmer zur Abrechnung der Provision gebildet haben.[12] Die Verjährungsfrist beginnt grundsätzlich unabhängig davon zu laufen, ob der Handelsvertreter die ihm zustehende Forderung gekannt hat oder nicht.[13] Aus dem Gesichtspunkt des Schadensersatzes muß der Unternehmer allerdings Provisionsansprüche dann als unverjährt gegen sich gelten lassen, wenn er den Handelsvertreter über deren Bestehen arglistig getäuscht hat;[14]

8 – **Rückzahlungsansprüche** wegen zu viel gezahlter Vorschüsse[15] und Ansprüche auf Rückgewähr empfangener Beträge wegen Feststehens der Nichtleistung des Dritten gemäß § 87a Abs. 2 Hs. 2.[16] Als Bereicherungsanspruch der dreißigjährigen Verjährungsfrist des § 195 BGB unterliegen allerdings Rückforderungsrechte des Unternehmers wegen irrtümlicher überhöhter Provisionszahlungen;[17]

9 – Ansprüche auf **feste Bezüge;**[18]

– **Schadensersatzansprüche** wegen Pflichtverletzungen aus dem Handelsvertreterverhältnis;[19]

– die **Hilfsansprüche** aus § 87c auf Abrechnung, Buchauszug, Auskunft und Bucheinsicht;

– **Aufwendungsersatzansprüche** nach § 87d;[20]

– **Ausgleichsansprüche** nach § 89b;[21]

– Ansprüche aus den Handelsvertretervertrag **ergänzenden Vereinbarungen**[22] wie Ansprüche wegen der Finanzierung eines Geschäftsfahrzeugs des Handelsvertreters durch den Unternehmer[23] oder die Übernahme einer Bürgschaft durch den Handelsvertreter zur Sicherung eines Darlehens, das der Unternehmer auf Empfehlung des Handelsvertreters an einen von dessen Untervertretern gegeben hat;[24]

– **Zeugnisansprüche** (§ 630 BGB).[25]

10 **b) Aus dem Handelsvertreterverhältnis.** Erfaßt werden nur die Ansprüche aus dem Handelsvertreterverhältnis. Demgegenüber bleiben für gesetzliche Ansprüche aus sonstigem Rechtsgrund, insbesondere für deliktische Ansprüche, die besonderen Verjährungsregelungen des bürgerlichen Rechts unberührt. Dies gilt auch, soweit diese Ansprüche mit einer vertraglichen Haftung konkurrieren.[26]

---

[9] OLG Koblenz DB 1988, 497; Staub/*Brüggemann* RdNr. 2.

[10] Siehe auch die Übersichten bei Baumbach/ *Hopt* RdNr. 1 ff; Heymann/*Sonnenschein*/*Weitemeyer* RdNr. 3.

[11] Heymann/*Sonnenschein*/*Weitemeyer* RdNr. 3.

[12] ArbG Rheine BB 1966, 98.

[13] OLG Nürnberg VersR 1982, 1099, 1100.

[14] BGH BB 1977, 414.

[15] OLG Karlsruhe DB 1970, 679.

[16] OLG Karlsruhe DB 1970, 679; OLG Koblenz DB 1988, 497.

[17] OLG Koblenz DB 1988, 497.

[18] *Trinkhaus* BB 1955, 1062, 1063.

[19] BGH WM 1982, 635, 636.

[20] Vgl. BGH NJW 1959, 1077.

[21] BGH NJW 1984, 2102, 2103.

[22] KG DB 1971, 1520.

[23] OLG Karlsruhe DB 1970, 679.

[24] KG DB 1971, 1520.

[25] *Trinkhaus* BB 1955, 1062, 1063.

[26] Baumbach/*Hopt* RdNr. 3; Heymann/*Sonnenschein*/*Weitemeyer* RdNr. 2.

III. Dauer und Beginn der Verjährung

1. Verjährungsfrist. Die Verjährungsfrist beträgt für sämtliche Ansprüche aus dem Han- **11** delsvertreterverhältnis **vier Jahre**. Dadurch wird die Rechtslage vereinfacht und verein- heitlicht, so daß den Parteien die Überwachung einer drohenden Verjährung zahlreicher Ansprüche erleichtert wird.[27]

2. Verjährungsbeginn. Die Verjährung beginnt mit dem Schluß des Jahres, in dem die **12** Ansprüche fällig geworden sind. Ausschlaggebend ist insoweit nicht die Entstehung, son- dern die Fälligkeit des Anspruchs. Wann diese eintritt, bestimmt sich nach den Vorschriften des Handelsvertreterrechts und den allgemeinen Bestimmungen. Dies ist insbesondere bei Provisionsansprüchen zu beachten, die nicht bereits mit ihrer Entstehung fällig werden, sondern nach § 87a Abs. 4 erst am letzten Tage des Monats, in dem nach § 87c Abs. 1 über den Anspruch abzurechnen ist.

Beispiel: Das provisionspflichtige Geschäft wird am 1. 11. 1993 abgeschlossen und am **13** 15. 11. 1993 durchgeführt. Die Parteien haben vertraglich als Abrechnungszeitraum das Kalendervierteljahr vereinbart. Der Provisionsanspruch ist damit am 15. 11. 1993 entstan- den, da der Abrechnungszeitraum aber vom 1. 10. bis zum 31. 12. 1993 geht, ist er nach §§ 87a Abs. 4, 87c Abs. 1 Satz 2 erst am 31. 1. 1994 fällig geworden. Die Verjährung des Provisionsanspruchs tritt daher mit Ablauf des 31. 12. 1998, nicht schon mit Ablauf des 31. 12. 1997 ein.

Unterbrechung und Hemmung der Verjährung richten sich nach den allgemeinen Vorschriften der §§ 202 ff., 208 ff. BGB.

3. Verjährungseinrede als unzulässige Rechtsausübung. Die Erhebung der Verjäh- **15** rungseinrede kann sich ausnahmsweise als unzulässige Rechtsausübung darstellen.[28] Dies kommt im Regelfalle allerdings nur bei einer vertraglichen Verkürzung der Verjährungsfrist in Betracht und setzt ein besonderes, arglistiges Verhalten des Schuldners voraus. Zu den- ken wäre an den Ausschluß der Verjährungseinrede wegen unzulässiger Rechtsausübung zB bei einer bewußten Falschabrechnung der Provision durch den Unternehmer,[29] nicht aber bei einfachen Abrechnungsfehlern, die durch bloße Nachprüfung festgestellt werden können.[30] Nach zutreffender Auffassung ist die Verjährungseinrede auch dann nicht ausge- schlossen, wenn der Unternehmer aufgrund einer unzutreffenden Auslegung des Handels- vertretervertrages bestimmte Provisionen nicht abgerechnet oder zu Unrecht einbehalten hat.[31] Macht der Handelsvertreter bestimmte Ansprüche deswegen nicht geltend, weil sie durch eine Klausel im Handelsvertretervertrag scheinbar abbedungen sind und ihm die erforderliche Rechtskenntnis fehlt, um die Unwirksamkeit dieser Klausel zu erkennen, kann der Unternehmer gleichwohl die Einrede der Verjährung erheben.[32] Als selbständiger Kaufmann trägt der Handelsvertreter das Risiko einer unzutreffenden Rechtsauslegung des Handelsvertretervertrags selbst.

IV. Abweichende Vereinbarungen

Die Bestimmung ist **dispositiv**. Die Parteien können deshalb im Rahmen der durch die **16** allgemeinen Bestimmungen (§§ 225, 242 BGB, 9 AGBG) gezogenen Grenzen abweichen- de Vereinbarungen treffen. Gemäß § 225 BGB kann die Verjährung daher durch Rechts- geschäft weder ausgeschlossen noch erschwert, jedoch erleichtert, insbesondere die Verjäh- rungsfrist abgekürzt werden. Hierbei ist allerdings zu beachten, daß die Vorschrift zwin- gend sicherstellen will, daß der Handelsvertreter hinsichtlich der Verjährung nicht

---

[27] Begr. z. Reg.-E., BT-Drs. 1/3856 S. 30; Hey-mann/*Sonnenschein/Weitemeyer* RdNr. 5.

[28] Dazu auch *Stötter* NJW 1978, 799 f.

[29] OLG Karlsruhe VersR 1973, 857, 860 mit Anm. *Höft*.

[30] OLG Karlsruhe BB 1973, 1600 = BB 1974, 713 f.

[31] AA OLG Karlsruhe VersR 1973, 857, 860 mit insoweit krit. Anm. *Höft*; Baumbach/*Hopt* RdNr. 7.

[32] AA OLG Karlsruhe BB 1974, 905; Staub/ *Brüggemann* RdNr. 3.

schlechter gestellt wird als der Unternehmer. Daher widerspricht eine **einseitige Abkür-**
zung der Verjährungsfrist des § 88 zu Lasten des Handelsvertreters dem dort festgelegten
Grundsatz der Gleichbehandlung der beiderseitigen Ansprüche und ist deswegen unwirksam.[33]

17   Bei einer abgekürzten Verjährungsfrist ist jedoch zu beachten, daß die Rechtsprechung
vielfach die Erhebung der Verjährungseinrede als **unzulässige Rechtsausübung** beurteilt
hat (dazu oben RdNr. 15). Keine Bedenken bestehen jedoch gegen die Vereinbarung
beidseitig sehr kurzer Verjährungsfristen (6 Monate), wenn für den Beginn des Laufs der
abgekürzten Frist die Kenntnis von der Anspruchsentstehung Voraussetzung ist.[34]

§ 88a [Zurückbehaltungsrecht]

(1) Der Handelsvertreter kann nicht im voraus auf gesetzliche Zurückbehaltungs-
rechte verzichten.

(2) Nach Beendigung des Vertragsverhältnisses hat der Handelsvertreter ein nach
allgemeinen Vorschriften bestehendes Zurückbehaltungsrecht an ihm zur Verfügung
gestellten Unterlagen (§ 86a Abs. 1) nur wegen seiner fälligen Ansprüche auf Provi-
son und Ersatz von Aufwendungen.

Schrifttum: *E. Schneider,* Aufrechnungsverbot und unabdingbares Zurückbehaltungsrecht nach § 88a
HGB, DB 1969, 1229 f.; *Schnitzler,* Gerichtsstandsvereinbarung und Zurückbehaltungsrecht des Handelsvertreters, DB 1966, 569 ff.; *Schwab,* Das Zurückbehaltungsrecht des Handelsvertreters, Diss. München 1960.

Übersicht

I. Bedeutung

1   **1. Entstehungsgeschichte.** In der ursprünglichen Fassung des HGB war keine besondere Regelung über Zurückbehaltungsrechte im Handelsvertreterverhältnis enthalten. Vielmehr galten insoweit die allgemeinen, zu §§ 273 f. BGB, 369 ff. HGB entwickelten
Grundsätze. Die Bestimmung wurde mit dem ÄndG 1953 neu in das HGB aufgenommen.

2   **2. Inhalt und Zweck der Regelung.** Die Bestimmung will unter Berücksichtigung der
Besonderheiten des Handelsvertreterverhältnisses eine angemessene Regelung hinsichtlich
des Verzichts auf und die Geltendmachung von Zurückbehaltungsrechten durch den Handelsvertreter treffen. Dabei schließt Abs. 1 einen vorherigen Verzicht des Handelsvertreters
auf gesetzliche Zurückbehaltungsrechte aus. Hierdurch soll seine Rechtsstellung gegenüber

---

[33] BGHZ 75, 218, 220 f.   [34] BGH MDR 1991, 215.

einem wirtschaftlich überlegenen Unternehmer gestärkt werden, weil dem Handelsvertreter die Zurückbehaltungsrechte als einzige rechtliche Mittel zur Sicherung seiner Ansprüche gegen den Unternehmer zur Verfügung stehen.[1]

Abs. 2 beschränkt ein nach allgemeinen Vorschriften bestehendes Zurückbehaltungsrecht **3** an den dem Handelsvertreter zur Verfügung gestellten **Unterlagen** (§ 86a Abs. 1) nach Beendigung des Vertragsverhältnisses auf fällige Ansprüche auf Provisionen und Ersatz von Aufwendungen. Damit soll die Rechtsstellung des Unternehmers verbessert werden, der gerade nach Beendigung des Vertreterverhältnisses auf diese Unterlagen für einen etwaigen Nachfolger angewiesen ist und erheblich geschädigt werden könnte, wenn das Zurückbehaltungsrecht wegen jedweder Ansprüche bestünde. Das Zurückbehaltungsrecht wird daher auf die für die Existenz des Handelsvertreters wichtigsten Ansprüche beschränkt, deren Berechtigung sich im allgemeinen leicht klären läßt und hinsichtlich derer der Unternehmer die Zurückbehaltung durch Sicherheitsleistung (§ 369 Abs. 4 HGB, § 273 Abs. 3 BGB) abwenden kann.[2]

3. Ergänzende Regelungen. Die Bestimmung begründet nicht etwa gesetzliche Zu- **4** rückbehaltungsrechte des Handelsvertreters neu. Die Vorschrift setzt vielmehr voraus, daß dem Handelsvertreter Zurückbehaltungsrechte auf Grund allgemeiner gesetzlicher Vorschriften zustehen.

a) §§ 273 f. BGB. Ein **gesetzliches Zurückbehaltungsrecht** kann dem Handelsvertreter **5** als Schuldner aus dem Handelsvertreterverhältnis gemäß § 273 BGB zustehen, wenn er seinerseits aus dem Handelsvertreterverhältnis einen fälligen Gegenanspruch gegen den Unternehmer hat. Hierunter fallen zB Ansprüche auf Provisionen, Vorschüsse, Aufwendungsersatz und Schadensersatz aus dem Handelsvertreterverhältnis. Das Zurückbehaltungsrecht ist im Einzelfall ausgeschlossen, sofern sich dies aus dem Schuldverhältnis ergibt. Daher kann der Handelsvertreter zB nicht mit der Erfüllung der ihm obliegenden Berichtspflichten wegen ihm zustehender fälliger Ansprüche gegen den Unternehmer zurückhalten, weil die Geltendmachung eines Zurückbehaltungsrechts insoweit mit dem Wesen des Handelsvertreterverhältnisses und der Treuepflicht des Handelsvertreters in Widerspruch stünde.[3]

Die **Geltendmachung des Zurückbehaltungsrechts** hat zur Folge, daß dem Handels- **6** vertreter zunächst ein Leistungsverweigerungsrecht zusteht. Der Unternehmer kann jedoch die Ausübung des Zurückbehaltungsrechts durch Sicherheitsleistung abwenden (§ 273 Abs. 3 BGB). Klagt der Unternehmer die Leistung ein, dann kann der Handelsvertreter auf Grund des Zurückbehaltungsrechts nur zur Leistung Zug um Zug verurteilt werden (§ 274 BGB).

b) §§ 369 ff. HGB. Unter den Voraussetzungen des § 369 steht dem Handelsvertreter **7** ein **kaufmännisches Zurückbehaltungsrecht** wegen fälliger Forderungen aus einem beiderseitigen Handelsgeschäft zu. Voraussetzung ist insoweit, daß der Unternehmer selbst Kaufmann ist.[4] Das Zurückbehaltungsrecht kommt trotz § 369 Abs. 3 insbesondere hinsichtlich der vom Inkassovertreter zugunsten des Unternehmers von Dritten eingezogenen Geldern in Betracht.[5] Das kaufmännische Zurückbehaltungsrecht gewährt dem Handelsvertreter nicht nur ein Leistungsverweigerungsrecht, sondern unter den besonderen Voraussetzungen des § 371 auch ein Befriedigungsrecht.

4. Analoge Anwendung. Die Regelung findet analoge Anwendung auf den Kommissi- **8** onsagenten sowie solche Vertragshändler und Franchise-Nehmer, die allgemein oder im Einzelfall auf Grund der konkreten Ausgestaltung der Vertragsbeziehung vergleichbar wie ein Handelsvertreter schutzbedürftig sind.[6]

---

[1] Begr. z. Reg.-E., BT-Drs. 1/3856 S. 30.
[2] Begr. z. Reg.-E., BT-Drs. 1/3856 S. 31.
[3] RGZ 102, 111.
[4] Baumbach/*Hopt* Anm. 1a; Heymann/*Sonnenschein/Weitemeyer* RdNr. 3.
[5] Baumbach/*Hopt* RdNr. 1. – AA Staub/*Brüggemann* RdNr. 7.
[6] *Renz* S. 72 f.; *Ulmer,* Der Vertragshändler, S. 397 ff.

II. Unabdingbarkeit gesetzlicher Zurückbehaltungsrechte (Abs. 1)

9   **1. Regelungsinhalt.** Nach Abs. 1 kann der Handelsvertreter nicht im voraus auf gesetzliche Zurückbehaltungsrechte verzichten. Ein gleichwohl vereinbarter Verzicht ist unwirksam und bindet den Handelsvertreter nicht. Er kann insoweit nach allgemeinen Regelungen gesetzliche Zurückbehaltungsrechte geltend machen.

10   **2. Anwendungsbereich.** Die Regelung bezieht sich nur auf gesetzliche Zurückbehaltungsrechte (§§ 273 f. BGB, 369 ff. HGB). Vertragliche Zurückbehaltungsrechte werden hiervon nicht erfaßt. Entsprechend ihrer privatautonomen Begründung kann auf vertragliche Zurückbehaltungsrechte auch vor ihrer Entstehung nach dem Grundsatz der Vertragsfreiheit wieder verzichtet werden.

11   **3. Unzulässige Regelungen. a) Vorherige Vereinbarung.** Nach Abs. 1 ist nicht nur der einseitige Verzicht des Handelsvertreters auf gesetzliche Zurückbehaltungsrechte unzulässig, sondern auch eine entsprechende vertragliche Vereinbarung. Unerheblich ist, ob der Ausschluß bereits bei der Begründung des Handelsvertreterverhältnisses vereinbart wurde oder ob die Parteien später eine gesonderte Abrede getroffen haben.

12   Unzulässig ist nicht nur der **vollständige Ausschluß** des gesetzlichen Zurückbehaltungsrechts. Vielmehr wird **jedes Rechtsgeschäft** erfaßt, durch das **zum Nachteil** des Handelsvertreters von der gesetzlichen Regelung abgewichen werden soll.[7] Dies ist zB der Fall, wenn Zurückbehaltungsrechte nur unter engeren als im Gesetz geregelten Voraussetzungen entstehen sollen, im Gesetz nicht normierte Vorleistungspflichten des Handelsvertreters vereinbart werden oder zum Nachteil des Handelsvertreters ein von § 371 Abs. 4 abweichender Gerichtsstand vereinbart wird.[8] Demgegenüber steht Abs. 1 einem an sich zulässigen vertraglichen **Aufrechnungsverbot** nicht entgegen. Das Aufrechnungsverbot schließt aber wegen Abs. 1 ein Zurückbehaltungsrecht des Handelsvertreters bezüglich wechselseitiger, konnexer Geldforderungen nicht aus.[9]

13   **b) Zulässig: Nachträglicher Verzicht.** Abs. 1 bezieht sich nur auf **noch nicht entstandene Zurückbehaltungsrechte.** Nach Entstehen und Fälligkeit eines Gegenanspruchs kann der Handelsvertreter nachträglich auf die Geltendmachung seines Zurückbehaltungsrechts wegen dieses Anspruchs verzichten. Solche nachträglichen Vereinbarungen sind wirksam und binden auch den Handelsvertreter. Sie hindern ihn aber nicht, wegen eines nach Abschluß dieser Vereinbarung neu entstandenen Gegenanspruchs insoweit ein Zurückbehaltungsrecht wiederum geltend zu machen.

14   Ein solcher **nachträglicher Verzicht** kommt insbesondere nach Beendigung des Handelsvertreterverhältnisses in Betracht. Ab diesem Zeitpunkt sind fast sämtliche Ansprüche des Handelsvertreters fällig und das Zurückbehaltungsrecht also ausübbar und damit verzichtbar.[10]

III. Zurückbehaltungsrecht an Unterlagen (Abs. 2)

15   **1. Regelungsinhalt.** Nach Beendigung des Handelsvertreterverhältnisses kann der Handelsvertreter den Ansprüchen des Unternehmers grundsätzlich die ihm nach gesetzlicher Vorschrift oder vertraglicher Abrede zustehenden Ansprüche entgegensetzen. Nach Abs. 2 kann der Handelsvertreter jedoch dem Anspruch des Unternehmers auf Rückgabe der ihm gemäß § 86a Abs. 1 zur Verfügung gestellten Arbeitsunterlagen (zB Muster, Zeichnungen, Preislisten, Werbedrucksachen, Geschäftsbedingungen) nach der Beendigung des Handelsvertreterverhältnisses ein nach allgemeinen Vorschriften bestehendes Zurückbehaltungsrecht nur wegen seiner fälligen Ansprüche auf Provision und Ersatz von Aufwendungen entgegensetzen. Insoweit beschränkt Abs. 2 hinsichtlich bestimmter Ansprüche des Unternehmers das Zurückbehaltungsrecht des Handelsvertreters.

---

[7] *Schneider* DB 1969, 1229; *Schnitzler* DB 1966, 569, 570.

[8] *Schnitzler* DB 1966, 569 ff.

[9] OLG Köln VersR 1970, 53, 54; *Schneider* DB 1969, 1229 f.

[10] Staub/*Brüggemann* RdNr. 2.

2. Anwendungsbereich. a) Sachlich. Sachlich ist die Einschränkung des Zurückbehal- **16** tungsrechts auf Ansprüche des Unternehmers auf Rückgabe von Unterlagen iSv. § 86a Abs. 1 beschränkt. Abs. 2 betrifft also nur Unterlagen, die dem Handelsvertreter als zur Ausübung seiner Tätigkeit erforderlich zur Verfügung gestellt sind. Soweit andere dem Handelsvertreter vom Unternehmer zur Verfügung gestellte Gegenstände betroffen sind, besteht das Zurückbehaltungsrecht auch nach Beendigung des Handelsvertreterverhältnisses ohne Einschränkung innerhalb der allgemeinen Grenzen.[11] Dies gilt zB für Warenvorräte, die der Unternehmer dem Handelsvertreter zur Verfügung gestellt hat, damit dieser unmittelbar die Kunden beliefern kann[12] oder einen dem Handelsvertreter für seine Tätigkeit zur Verfügung gestellten Firmen-Pkw.[13] Die zur Aufbewahrung der Unterlagen iSv. § 86a Abs. 1 überlassenen handelsüblichen Behältnisse werden von der Einschränkung des Zurückbehaltungsrechts ebenfalls nicht erfaßt.[14]

b) Zeitlich. Abs. 2 betrifft nur die Zeit **nach Beendigung des Handelsvertreterver-** **17** **hältnisses.** Während dessen Dauer richtet sich das Zurückbehaltungsrecht auch hinsichtlich der Unterlagen iSv. § 86a Abs. 1 nach allgemeinen Vorschriften.

3. Zurückbehaltungsrecht vor Vertragsende. Während der Dauer des Handelsvertre- **18** terverhältnisses besteht an Unterlagen iSv. § 86a Abs. 1 nur sehr eingeschränkt ein Zurückbehaltungsrecht. Der Handelsvertreter muß mit diesen Gegenständen nämlich entsprechend den vertraglichen Vereinbarungen verfahren, so daß insoweit das Zurückbehaltungsrecht nach § 369 Abs. 3 ausgeschlossen ist. So hat er zB die zur Abgabe bei Kunden bestimmten Unterlagen (Muster, Drucksachen) diesen zu übergeben, ein Zurückbehaltungsrecht besteht diesbezüglich nicht. Sind Unterlagen zur Vorführung bestimmt, müssen diese beim Kunden vorgeführt werden; insoweit kann zwar ein Zurückbehaltungsrecht geltend gemacht werden, aber grundsätzlich scheidet eine Verwertung durch Verkauf regelmäßig aus. Ein unbeschränktes Zurückbehaltungsrecht hat der Handelsvertreter nur an den Sachen, die der Unternehmer zurückfordert oder die aus anderen Gründen nicht mehr zur Verwendung im Rahmen des Handelsvertreterverhältnisses bestimmt sind.[15]

4. Zurückbehaltungsrecht nach Vertragsende. Nach Vertragsende wird die Geltend- **19** machung eines Zurückbehaltungsrechts wegen überlassener Unterlagen iSv. § 86a Abs. 1 nicht mehr durch § 369 Abs. 3 eingeschränkt. Mit der Beendigung des Handelsvertreterverhältnisses ist die Anweisung des Unternehmers bzw. die Verpflichtung des Handelsvertreters, mit den übernommen Gegenständen in bestimmter Weise zu verfahren, gegenstandslos geworden.[16] Da der Unternehmer diese Unterlagen allerdings dringend für die weitere Arbeit benötigt und er deshalb durch eine Zurückbehaltung erhebliche Schäden erleiden könnte, beschränkt Abs. 2 ein nach allgemeinen Bestimmungen bestehendes Zurückbehaltungsrecht des Handelsvertreters auf fällige Ansprüche auf Provision und Ersatz von Aufwendungen. Dabei fallen unter den Begriff der Provision nicht nur Vermittlungsprovisionen, sondern auch Inkasso-, Delkredere-, Bestandpflegeprovisionen. Wegen des Begriffs des Aufwendungsersatzes siehe oben § 87d RdNr.8 ff.

Wegen **sonstiger Forderungen** kann der Handelsvertreter nach Beendigung des Vertre- **20** terverhältnisses das Zurückbehaltungsrecht an den Unterlagen iSv. § 86a Abs. 1 nicht geltend machen. Das betrifft zB Forderungen auf Schadensersatz, auf Ausgleich (§ 89b) oder auf Karenzentschädigung (§ 90a).

VI. Abweichende Vereinbarungen

Die Regelung des **Abs. 1 ist zwingend.** Nach gesetzlichen Vorschriften bestehende **21** Zurückbehaltungsrechte des Handelsvertreters können im voraus weder ausgeschlossen

---

[11] Staub/*Brüggemann* RdNr. 6.
[12] OLG Düsseldorf BB 1990, 1086, 1087.
[13] Staub/*Brüggemann* RdNr. 6.

[14] Baumbach/*Hopt* RdNr. 3.
[15] Baumbach/*Hopt* RdNr. 4.
[16] OLG Düsseldorf BB 1990, 1086, 1087.

noch eingeschränkt werden. Ein nachträglicher Verzicht auf bereits entstandene Zurückbehaltungsrechte ist zulässig. Demgegenüber ist **Abs. 2 dispositiv**. Abweichende Vereinbarungen sind demnach zulässig, soweit darin nicht ein nach Abs. 1 unzulässiger vorheriger
Verzicht des Handelsvertreters liegt. Durch privatautonome Vereinbarung können dem
Handelsvertreter beispielsweise nach Beendigung des Vertreterverhältnisses Zurückbehaltungsrechte für an ihm zur Verfügung gestellten Unterlagen iSv. § 86a Abs. 1 auch für
andere als fällige Ansprüche auf Provision und Ersatz von Aufwendungen eingeräumt
werden. Von Abs. 1 und Abs. 2 nicht erfaßt werden **vertraglich vereinbarte Zurückbehaltungsrechte**. Unter welchen Voraussetzungen diese bestehen und gegenüber welchen
Ansprüchen solche vertraglichen Zurückbehaltungsrechte geltend gemacht werden können, ergibt sich aus der jeweiligen Vereinbarung.

§ 89 [Kündigung des Vertrages]

**(1) Ist das Vertragsverhältnis auf unbestimmte Zeit eingegangen, so kann es im er-
sten Jahr der Vertragsdauer mit einer Frist von einem Monat, im zweiten Jahr mit
einer Frist von zwei Monaten und im dritten bis fünften Jahr mit einer Frist von drei
Monaten gekündigt werden. Nach einer Vertragsdauer von fünf Jahren kann das
Vertragsverhältnis mit einer Frist von sechs Monaten gekündigt werden. Die Kündigung ist nur für den Schluß eines Kalendermonats zulässig, sofern keine abweichende
Vereinbarung getroffen ist.**

**(2) Die Kündigungsfristen nach Absatz 1 Satz 1 und 2 können durch Vereinbarung
verlängert werden; die Frist darf für den Unternehmer nicht kürzer sein als für den
Handelsvertreter. Bei Vereinbarung einer kürzeren Frist für den Unternehmer gilt die
für den Handelsvertreter vereinbarte Frist.**

**(3) Ein für eine bestimmte Zeit eingegangenes Vertragsverhältnis, das nach Ablauf
der vereinbarten Laufzeit von beiden Teilen fortgesetzt wird, gilt als auf unbestimmte Zeit verlängert. Für die Bestimmung der Kündigungsfristen nach Absatz 1 Satz 1
und 2 ist die Gesamtdauer des Vertragsverhältnisses maßgeblich.**

Schrifttum: *Ankele,* Das deutsche Handelsvertreterrecht nach der Umsetzung der EG-Richtlinie, DB
1989, 2211; *Boldt,* Zur vorzeitigen Kündigung eines Handelsvertreterverhältnisses, BB 1962, 906; *Duden,*
Kündigung von Tankstellenverträgen nach § 624 BGB, NJW 1962, 1326; *Eckert,* Das neue Recht der Handelsvertreter - Die Umsetzung der EG-Richtlinie in deutsches Recht, NZA 1990, 384; *Frey,* Kündigung von
Arbeitsverträgen mit angestellten Reisenden, 1983; *Füssel,* Teilkündigung eines Handelsvertretervertrags, DB
1972, 378; *Heyer,* Zur vorzeitigen Kündbarkeit von Tankstellenverträgen (Zapfstellenabkommen), NJW
1965, 1573; *Höft,* Zur Anwendung des § 89 Abs. 3 HGB (Grundsatz gleicher Kündigungsfristen im Handelsvertreterrecht), VersR 1973, 600; *Hoffmann,* Die Vertragsbeendigung durch den Hersteller gegenüber seinem
in- und ausländischen Vertriebshändler, 1987; *Hoffstadt,* Rechtsstellung des Handelsvertreters in Konkurs des
vertretenen Unternehmens, DB 1983, 645; *Küstner,* Die kündigungsrechtliche Behandlung von Handelsvertreterverträgen mit Verlängerungsklausel, BB 1973, 1239; *ders.,* Zur Teilkündigung von Handelsvertreterverträgen, VersVerm 1967, 236; *ders.,* Bezirksverkleinerung durch Teilkündigung des Vertretervertrages?,
RVR 1969, 109; *ders.,* Handelsvertreterverträge mit Verlängerungsklausel, BB 1975, 195; *Küst-
ner/v.Manteuffel,* Die Änderung des Handelsvertreterrechts aufgrund der EG-Harmonisierungsrichtlinie vom
18. 12. 1986, BB 1990, 291; *Leo,* Rechtsfragen zur Kündigung des Handelsvertretervertrages, DB 1961,
1518; *Maier,* Kündigung des Handelsvertreters wegen Alter oder Krankheit, BB 1978, 960; *Matthies,* Zur
Auslegung des § 89 Abs. 1 Satz 2 HGB, MDR 1986, 902; *Schlessmann,* Kündigung von Handelsvertreter-
trägen, 2. Aufl. 1967; *Schnitzler,* Teilkündigung eines Handelsvertretervertrages, MDR 1959, 170; *Schröder,*
Kündigung von Handelvertreterverträgen mit Verlängerungsklausel, BB 1974, 298; *ders.,* Handelsvertreterverträge auf bestimmte Zeit, Festschrift Hefermehl, 1976, S. 113.

Übersicht

I. Bedeutung

1. Entstehungsgeschichte. Das Recht zur ordentlichen Kündigung des Handelsvertretervertrages war in der ursprünglichen Fassung des HGB unter § 92 geregelt. Im Interesse des Handelsvertreters wurde diese Vorschrift durch das Änderungsgesetz von 1953 wesentlich geändert und als § 89 neu eingefügt. Die Koordinierung der Rechtsvorschriften in den Mitgliedsstaaten der europäischen Union erforderte eine nochmalige Änderung des § 89, die durch das **Gesetz zur Durchführung der EG-Richtlinie zur Koordinierung des Rechts der Handelsvertreter** vom 23. 10. 1989 (BGBl. I S. 1910) erfolgte.[1] Die durch § 29 EGHGB für die Zeit vom 1. 1. 1990 bis zum 31. 12. 1993 geschaffene Übergangsregelung ist inzwischen durch Zeitablauf gegenstandslos geworden.

2. Zweck. Die Vorschrift behandelt die ordentliche Kündigung des auf unbestimmte Zeit eingegangenen Handelsvertreterverhältnisses und setzt hierfür bestimmte Mindestfristen fest, die durch vertragliche Vereinbarung nur verlängert, nicht aber abgekürzt werden können. Damit wird der Handelsvertreter vor aufgezwungenen Vereinbarungen geschützt, welche die Kündigungsfrist zu seinem Nachteil herabsetzen.[2] Entsprechend dem Grundgedanken der arbeitsrechtlichen Regelung des § 622 BGB erhöht sich der **Schutz des Handelsvertreters** mit zunehmender Vertragsdauer durch Verlängerung der Kündigungsfristen. Zwar fällt der Handelsvertreter als selbständiger Unternehmer nicht unter den Arbeitneh-

---

[1] Vgl. hierzu *Ankele* DB 1989, 2211, 2212; *Küstner/v. Manteuffel* BB 1990, 291, 296, 297; *Küstner/v. Manteuffel* I RdNr. 1553, 1560, 1655.

[2] *Heymann/Sonnenschein/Weitemeyer* RdNr. 3.

merbegriff, die im Handelsvertreterverhältnis liegende Dauerbindung läßt jedoch eine dem Arbeitsrecht ähnliche Regelung angemessen erscheinen.[3]

3   **3. Verhältnis zu den Vorschriften des BGB.** Für den nebenberuflichen Handels- und Versicherungsvertreter enthält § 92b Abs. 1 Sondervorschriften hinsichtlich der Kündigungsfrist. Im übrigen stellt § 89 eine **abschließende Sonderregelung** dar, die den allgemeinen kündigungsrechtlichen Vorschriften der §§ 620 ff. BGB vorgeht.[4] Jedoch finden die §§ 620 ff. BGB auch auf die Kündigung von Handelsvertreterverhältnissen Anwendung, soweit eine Spezialregelung im § 89 fehlt und die Vorschriften des BGB nicht die beim Arbeitsverhältnis notwendige persönliche Abhängigkeit voraussetzen.[5] So gilt § 620 Abs. 1 BGB auch für befristete Handelsvertreterverträge. Dagegen wird nach der Neuregelung des § 89 die Vorschrift über die stillschweigende Verlängerung von Dienstverhältnissen (§ 625 BGB) von § 89 Abs. 3 verdrängt.[6]

4   Umstritten ist die **Geltung des § 624 BGB.** Danach können Dienstverhältnisse, die auf Lebenszeit oder für längere Zeit als fünf Jahre eingegangen sind, vom Verpflichteten nach Ablauf von fünf Jahren mit einer Frist von sechs Monaten gekündigt werden. Da § 89 diese Frage nicht besonders regelt, ist § 624 BGB unter der Voraussetzung anwendbar, daß im konkreten Vertragsverhältnis das dienstvertragliche Element vorherrscht.[7] Bei „unternehmensbezogenen" Verträgen oder bei gemischten Verträgen mit mehr unternehmensbezogenen als personenbezogenen Elementen ist § 624 BGB deshalb nicht anwendbar.[8]

5   **Bei Tankstellenstationärverträgen,** dh. Verträgen in denen der Tankstelleninhaber („Stationär") das Tankstellengrundstück zur Verfügung stellt, während die Mineralölgesellschaft die Tankstellenbaulichkeiten und -einrichtungen erstellt oder finanziert, überwiegt der Charakter des Dienstvertrages nicht so sehr, daß sich der Gesamtvertrag ausschließlich nach diesen Regeln richten müßte. Das Gesamtvertragsverhältnis erschöpft sich bei solchen Verträgen nicht in einem reinen Handelsvertreterverhältnis, sondern umfaßt noch weitere Verträge und Vertragselemente.[9] § 624 BGB ist deshalb nicht anwendbar.[10] Jedoch verstößt eine zeitliche Bindung des Tankstellenhalters an die Mineralölgesellschaft, die weder aus dem Gesichtspunkt einer angemessenen Amortisation noch aus sonstigen Erwägungen zu rechtfertigen ist, gegen den gesetzgeberischen Grundgedanken des § 624 BGB und ist deshalb unzulässig.[11]

6   **4. Anwendungsbereich.** § 89 gilt unmittelbar nur für die ordentliche Kündigung des Handelsvertreterverhältnisses. § 89 kann aber **analog auf andere Vertriebssysteme angewandt werden.**[12] Dies gilt insbesondere für Verträge mit Kommissionsagenten, Franchise-Nehmern und Vertragshändlern. Insoweit besteht eine einheitliche Interessenlage. Ob der Vertriebsvermittler nur Verträge der Abnehmer mit dem Hersteller oder mit sich selbst zustandebringt, ist unerheblich.[13] Dies gilt auch für die Franchise- und Vertragshändlerfälle, die zwar im Unterschied zum Handelsvertreterverhältnis eine ganz unterschiedliche Ab-

---

[3] Begr. z. Reg.-E. eines Gesetzes zur Änderung des HGB (Recht des Handelsvertreters), BT-Drs. I Nr. 3856 S. 31.

[4] *Küstner/v. Manteuffel* I RdNr. 1525.

[5] Begr. z. Reg.-E. eines Gesetzes zur Änderung des HGB, BT-Drs. I Nr. 3856 S. 31.

[6] *Küstner/v. Manteuffel* BB 1990, 291, 297; unklar Baumbach/*Hopt* RdNr. 6, 22; anders noch bei § 89 in der alten Fassung.

[7] Baumbach/*Hopt* RdNr. 5; Palandt/*Putzo* § 624 BGB RdNr. 2; Staub/*Brüggemann* RdNr. 6; *Emde,* Die Handelsvertreter-GmbH, S. 201 ff.; OLG Hamm BB 1978, 1335; offen gelassen von BGHZ 52, 171, 174; Anwendbarkeit des § 624 BGB verneint von: *Bold* BB 1962, 906; *Duden* NJW 1972, 1326.

[8] Baumbach/*Hopt* RdNr. 5; *Rittner* Anm. zu BGH NJW 1964, 2555; Palandt/*Putzo* § 624 BGB RdNr. 3.

[9] *Küstner/v. Manteuffel* I RdNr. 615.

[10] BGHZ 52, 171, 175, 176; BGHZ 83, 313, 316, 317; aA Staub/*Brüggemann* RdNr. 7, der die Verpflichtung des Stationärs zur Dienstleistung als Handelsvertreter für nach § 624 BGB kündbar hält.

[11] BGHZ 83, 313, 317, 318; *Küstner/v. Manteuffel* I RdNr. 1616.

[12] *K. Schmidt* Handelsrecht § 28 III 1 a, der zudem unter § 28 einen guten Überblick über die Systeme des Waren- und Dienstleistungsvertriebs gibt.

[13] AA *Mack,* Neuere Vertragssysteme in der Bundesrepublik Deutschland, 1975, S. 134, der eine analoge Anwendung des § 723 BGB bevorzugt.

wicklungstechnik beinhalten, die aber in ihrer Innenbeziehung mit dem Handelsvertreter-vertrag vergleichbar sind.[14]

II. Sonstige Beendigungsgründe

1. Überblick. Neben der Kündigung besteht eine Vielzahl von Möglichkeiten, das Han- 7 delsvertreterverhältnis zu beenden. Dabei ist die Regelung der Beendigungsgründe nicht auf das HGB beschränkt, sondern kann sich auch aus den allgemeinen Vorschriften des BGB ergeben.[15] Die Art der Beendigung des Handelsvertretervertrages ist insbesondere beim Ausgleichsanspruch nach § 89 b (hierzu § 89 b RdNr. 28 ff.), daneben aber auch beim nachvertraglichen Wettbewerbsverbot des § 90 a von Bedeutung, da bei diesen Normen die verschiedenen Beendigungsgründe unterschiedliche Rechtsfolgen auslösen.[16]

Die Beendigungstatbestände lassen sich in zwei große Gruppen einteilen. Die erste 8 Gruppe beinhaltet die Fälle der **einvernehmlichen Vertragsbeendigung**, unabhängig da-von, ob eine solche Vereinbarung schon bei Vertragsschluß (Befristung, auflösende Bedin-gung) oder nachträglich (Aufhebungsvertrag) erfolgt. Die zweite Gruppe umfaßt die **nicht einvernehmliche Vertragsbeendigung**, die durch rechtsgeschäftliche einseitige Willens-erklärung (Anfechtung, ordentliche, außerordentliche Kündigung) oder durch Eintritt eines äußeren Ereignisses (Tod, Konkurs einer Vertragspartei) erfolgen kann.[17]

2. Befristete Verträge. Wird ein Handelsvertreterverhältnis auf **bestimmte Zeit** abge- 9 schlossen, endet es mit Ablauf der vereinbarten Vertragsdauer (§ 620 Abs. 1 BGB). Die Vereinbarung einer bestimmten Vertragszeit kann ausdrücklich erfolgen, sich aber auch aus den Umständen ergeben. Eine ausdrückliche Bestimmung liegt vor, wenn die Beendigung des Vertrages durch Angabe eines Kalendertages als Endtermin oder durch eine nach Zeiteinheiten (zB Wochen, Monat, Jahr) bemessene Frist festgelegt ist.[18] Nach § 620 Abs. 2 BGB reicht es auch aus, daß sich die Befristung aus der „Beschaffenheit oder dem Zweck der Dienste" entnehmen läßt. Dies ist bei einem Vertrag für eine Messe oder eine Saison der Fall. Endet der Vertrag zu einem bestimmten Zeitpunkt und wird die Option einer Verlängerung durch eine Vertragspartei nicht wahrgenommen, liegt ebenfalls ein befristetes Handelsvertreterverhältnis vor.[19]

Dagegen gelten Verträge, die zwar für bestimmte Zeit geschlossen wurden, die sich aber 10 bei fehlender Kündigung automatisch verlängern als **unbefristete Verträge.** Hier läuft das Vertreterverhältnis gerade nicht ohne weiteres zu einem bestimmten Termin aus, sondern muß durch Kündigungs- oder andere Gestaltungsregelungen (Anfechtung, Aufhebungs-vertrag) beendet werden.[20] Ebenso sind auf Vertragsverhältnisse, die nach Ablauf der ver-einbarten Laufzeit von beiden Teilen fortgesetzt werden, die Kündigungsvorschriften an-zuwenden (Abs. 3). Das gleiche gilt für Kettenverträge (vgl. RdNr. 34 ff.). Im Gegensatz zu unbefristeten Verträgen ist die **ordentliche Kündigung eines befristeten Vertrags nicht möglich,** es sei denn, daß zusätzlich eine Kündigungsmöglichkeit vereinbart worden ist. Das Vertragsverhältnis kann aber bei Vorliegen eines wichtigen Grundes nach § 89 a gekündigt werden.[21]

3. Auflösende Bedingung. Bei Vereinbarung einer auflösenden Bedingung endet das 11 Vertragsverhältnis mit **Eintritt der Bedingung** (§ 158 Abs. 2 BGB). Eine Kündigung ist unzulässig. Stellt sich jedoch nachträglich heraus, daß die für die Vertragsbeendigung als maßgeblich vereinbarte Bedingung nicht eintreten kann, muß durch Auslegung ermittelt werden, ob nach dem hypothetischen Parteiwillen der Vertrag als auf unbestimmte Zeit abgeschlossen gelten soll oder ob der Vertrag enden soll, sobald sich die Unmöglichkeit des

[14] *K. Schmidt* Handelsrecht § 28 III 1 b bb.
[15] Heymann/*Sonnenschein/Weitemeyer* RdNr. 4.
[16] *Küstner/v. Manteuffel* I RdNr. 1669; Staub/ *Brüggemann* RdNr. 1.
[17] *Küstner/v. Manteuffel* I RdNr. 1667.
[18] Heymann/*Sonnenschein/Weitemeyer* RdNr. 5.

[19] Baumbach/*Hopt* RdNr. 19.
[20] Baumbach/*Hopt* RdNr. 20; BGH NJW 1975, 387 spricht zwar nur von Zeitvertrag, wendet aber § 89 analog an.
[21] Baumbach/*Hopt* RdNr. 2.

Bedingungseintritts herausstellt.[22] Im Zweifel ist davon auszugehen, daß sich der Vertrag in einen auf unbestimmte Zeit laufenden Vertrag umwandelt, der unter Einhaltung der gesetzlichen Kündigungsfristen durch ordentliche Kündigung beendet werden kann.[23]

12   Die Vereinbarung einer auflösenden Bedingung ist nichtig, wenn derartige Vereinbarungen getroffen werden, um die Kündigungsbeschränkungen zu umgehen. Dies gilt insbesondere für die Abrede, daß bei Nichterreichen eines bestimmten Umsatzes das Handelsvertreterverhältnis ohne weiteres enden soll und zwar auch dann, wenn der Handelsvertreter die nach dem Vertrag von ihm erwarteten Bemühungen ohne entsprechenden Erfolg aufgewendet hat. Die **Nichtigkeit der Vereinbarung** führt dann aber nicht zur automatischen Beendigung des Handelsvertretervertrags, vielmehr greifen nun die allgemeinen Kündigungsregeln nach den §§ 89, 89 a ein.

13   **4. Aufhebungsvertrag.** Durch Aufhebungsvertrag kann das Handelsvertreterverhältnis zu jedem beliebigen Zeitpunkt und ohne Einhaltung einer Frist beendet werden.[24] Der Handelsvertreter bedarf hier nicht des Schutzes durch die Kündigungsfristen, da der Vertrag nicht einseitig, sondern durch übereinstimmende Willenserklärungen aufgehoben wird. Die Aufhebungsvereinbarung kann grundsätzlich **formlos** erfolgen, soweit die Parteien im Handelsvertretervertrag keine Schriftform vereinbart haben. Bei Vorliegen einer Schriftformklausel ist zu prüfen, ob diese durch mündliche Vereinbarung abbedungen wurde,[25] was grundsätzlich möglich ist.[26] Etwas anderes gilt jedoch dann, wenn die Schriftformklausel ausdrücklich vorschreibt, daß das Formerfordernis der Schriftform nur durch schriftliche Vereinbarung aufgehoben werden kann.[27] Denn der einzige Zweck einer solchen Klausel besteht darin, die Aushöhlung der Schriftformvereinbarung durch Bindung der Vertragspartner an mündliche Erklärungen oder gar schlüssiges Verhalten unmöglich zu machen.[28]

14   Unerheblich ist, ob der Aufhebungsvertrag ausdrücklich oder **stillschweigend** geschlossen wird. So liegt in der unbegründeten fristlosen Kündigung regelmäßig das Angebot zu einer einvernehmlichen Vertragsaufhebung, das durch schlüssiges Verhalten oder durch Unterlassen des Vertragspartners angenommen werden kann.[29] Jedoch stellt die längere Nichtausübung der Handelsvertretertätigkeit noch keinen stillschweigenden Aufhebungsvertrag dar.[30] Die Vertragsfreiheit der Parteien wird durch die allgemeinen Vorschriften (§§ 134, 138 BGB) begrenzt.[31]

15   **5. Anfechtung. a) Anfechtungsgrund.** Handelsvertreterverträge unterliegen ebenso wie andere Dienst- oder Arbeitsverträge der Anfechtung wegen Irrtums, Drohung oder arglistiger Täuschung. Es gelten die allgemeinen Regeln der §§ 119 ff. BGB. Ein Irrtum über eine verkehrswesentliche Eigenschaft einer Person (§ 119 Abs. 2 BGB) liegt beispielsweise vor bei mangelnder Vertrauenswürdigkeit des Unternehmers[32] oder bei Vorstrafen des Handelsvertreters auf vermögensrechtlichem Gebiet.[33]

16   **b) Rechtsfolge.** Rechtsfolge der Anfechtung ist nach der allgemeinen Vorschrift des § 142 Abs. 1 BGB die Nichtigkeit ex tunc, dh. das Geschäft ist als von Anfang an nichtig anzusehen. Deshalb führt eine **Anfechtung vor Vollziehung des Vertrags** zu dessen anfänglicher Nichtigkeit.

17   Die **Anfechtung des in Vollzug gesetzten Arbeitsverhältnisses** führt nach der hM[34] entgegen der allgemeinen Vorschrift des § 142 BGB nicht zur anfänglichen Nichtigkeit des

[22] *Küstner/v. Manteuffel* I RdNr. 1671.

[23] *Küstner/v. Manteuffel* I RdNr. 1671.

[24] *Heymann/Sonnenschein/Weitemeyer* RdNr. 7.

[25] *Küstner/v. Manteuffel* I RdNr. 1692; Münch-HdbArbR/*Richardi* § 41 RdNr. 37.

[26] BGHZ 66, 378, 380 f.; BAG AP BGB § 127 Nr. 1 mit Anm. *Erman* = SAE 1963, 221 mit Anm. *Mayer-Maly*; Palandt/*Heinrichs* § 125 RdNr. 14.

[27] BGHZ 66, 378, 382.

[28] *Küstner/v. Manteuffel* I RdNr. 1692.

[29] OLG München BB 1994, 2166.

[30] *Baumbach/Hopt* RdNr. 9.

[31] Zur Privatautonomie vgl. *Boemke* NZA 1993, 532 ff.

[32] RG WarnRspr. 1920 Nr. 185.

[33] RAGE 15, 49.

[34] Vgl. BAG AP BGB § 123 Nr. 2 mit Anm. *A. Hueck*; einschränkend BAG AP BGB § 123 Nr. 24 mit Anm. *Brox* und BAG AP BGB § 123 Nr. 27; MünchHdbArbR/*Richardi* § 44 RdNr. 56 ff.; *Picker* ZfA 1981, 1, 53.

Vertrags, sondern beendet diesen entsprechend den Grundsätzen zum fehlerhaften Arbeitsverhältnis mit Zugang der Anfechtungserklärung. Begründet wird dies damit, daß eine Rückabwicklung des in Vollzug gesetzten Arbeitsverhältnisses nach den Regeln des allgemeinen Bereicherungsrechts zu großen Schwierigkeiten führen würde. Außerdem gewährleiste die bereicherungsrechtliche Abwicklung nicht den zwingend festgelegten Sozialschutz, der für das Arbeitsverhältnis das Gegenseitigkeitsverhältnis von Arbeitsleistung und Arbeitsentgelt auflockere.[35] Ob die **Grundsätze des fehlerhaften Arbeitsverhältnisses** auch für das Handelsvertreterverhältnis gelten, ist zumindest zweifelhaft. Zum einen ist der selbständige Handelsvertreter weniger schutzbedürftig als der abhängige Arbeitnehmer.[36] Zum anderen fehlt es an einer Gesetzeslücke, die eine Rechtsfortbildung durch das Institut des fehlerhaften Vertragsverhältnisses erfordert.[37] Vielmehr führt eine Rückabwicklung nach den §§ 812 ff. BGB zu sachgerechten Ergebnissen. Der BGH[38] hat jedoch eine Anwendung der zum fehlerhaften Arbeitsverhältnis entwickelten Grundsätze dann bejaht, wenn infolge der wirtschaftlichen und sozialen Überlegenheit des Unternehmers das Vertragsverhältnis der Parteien einem abhängigen Dienstverhältnis angenähert ist. Ob darüber hinaus die Grundsätze des Arbeitsrechts entsprechend angewandt werden können, hat das Gericht allerdings offen gelassen.

6. Tod einer Vertragspartei. a) Tod des Handelsvertreters. Das Handelsvertreterver   **18**
hältnis erlischt gemäß den §§ 673, 675 BGB im Zweifel durch den Tod des Handelsvertreters, sofern nicht im Vertrag eine abweichende Bestimmung getroffen wurde.[39] Vereinbaren die Parteien beispielsweise, daß beim Tod des Vertreters die Vertretung von dessen Erben fortgeführt werden soll, setzt sich das Rechtsverhältnis in der Person des Rechtsnachfolgers fort.[40] Wird dagegen dem Erben oder einem Dritten lediglich die Option zur Fortsetzung des Vertrags eingeräumt, muß mit dem Optierenden ein neuer, selbständiger Vertrag geschlossen werden.[41]

Wird der Vertrag mit einer **Vertretergesellschaft** (oHG, KG, GmbH, AG, – vgl. § 84   **19**
RdNr. 21 f.) abgeschlossen, ist beim **Tod eines Gesellschafters** zu unterscheiden. War der Vertragspartner eine **Personenhandelsgesellschaft** (oHG, KG), kommt es darauf an, ob die Gesellschaft nach dem Gesellschaftsvertrag aufgelöst ist oder fortgeführt werden soll (§ 131 Nr. 4). Die Fortführung der Gesellschaft führt zu keiner Beendigung des Handelsvertreterverhältnisses während die **Auflösung** der Gesellschaft das Vertragsverhältnis beendet.[42] Dies hat insbesondere Auswirkungen auf den Ausgleichsanspruch.[43]

Der **Tod des Gesellschafters einer Handelsvertreter-GmbH** berührt gundsätzlich we   **20**
der den Bestand der GmbH noch des Handelsvertretervertrags.[44] Das gleiche gilt für die Übertragung von Gesellschaftsanteilen im Wege der Universal- oder der Singularsukzession. In der Praxis hat aber insbesondere bei Vertretergesellschaften, die stark durch die Person eines Gesellschafters (zB Ein-Mann-GmbH) geprägt sind, der Tod des Gesellschafters Auswirkungen auf den Handelsvertretervertrag. Der Fortbestand des Handelsvertreterverhältnisses wird in diesen Fällen regelmäßig in Form einer auflösenden Bedingung von der Tätigkeit eines speziellen Gesellschafters abhängig gemacht. Die Vereinbarung einer auflösenden Bedingung kann sich hier auch durch Auslegung des Vertrags ergeben. Außerdem stellt der Tod eines Gesellschafters bei stark durch die Person des Gesellschafters geprägten Vertretergesellschaften grundsätzlich einen wichtigen Grund dar, der zur fristlosen Kündigung berechtigt (vgl. § 89a Rn. 48 f.).

Ebensowenig wie im Grundsatz der Tod eines Gesellschafters den Bestand des Handels   **21**
verteterverhältnisses berührt, **führt** die **Auflösung** der Handelsvertreter-GmbH oder der

---

[35] MünchHdbArbR/*Richardi* § 44 RdNr. 58.
[36] AA wohl Baumbach/*Hopt* RdNr. 5; *Küstner*/
v. Manteuffel I RdNr. 1698.
[37] *Beuthien* RdA 1969, 161 ff.
[38] BGH NJW 1970, 609, 610.
[39] BGHZ 24, 214, 215.

[40] Staub/*Brüggemann* RdNr. 25.
[41] Staub/*Brüggemann* § 89 b RdNr. 25.
[42] Baumbach/*Hopt* RdNr. 3; *Küstner*/*v. Manteuffel*
I RdNr. 1676; Staub/*Brüggemann* § 89b RdNr. 29.
[43] Staub/*Brüggemann* § 89b RdNr. 28.
[44] *Emde*, Die Handelsvertreter-GmbH, S. 44.

Handelsvertreter-AG **zur automatischen Beendigung** des Vertragsverhältnisses.[45] Denn die Gesellschaft besteht nach der Auflösung als Liquidationsgesellschaft fort. Das Handelsvertreterverhältnis mit der Liquidationsgesellschaft kann aber vom Liquidator ordentlich gekündigt werden.[46]

22 **b) Tod des Unternehmers.** Der Tod des Unternehmers beendet den Vertrag grundsätzlich nicht (§§ 672, 675 BGB), sofern nicht ausdrücklich etwas anderes vereinbart wurde.[47] Handelt es sich bei dem Unternehmer um eine **Personengesellschaft** (OHG, KG) oder um eine **juristische Person** (GmbH,[48] AG), führt der Tod eines Gesellschafters nicht zur Beendigung des Vertrags. Die Gesellschaft besteht vielmehr so lange fort, bis sie durch die Auflösung endet. In diesem Fall muß das Vertragsverhältnis durch die verbleibenden Gesellschafter gekündigt werden.[49] Das Handelsvertreterverhältnis endet also nicht automatisch mit der Auflösung, sondern erst mit der Kündigung.[50]

23 **7. Konkurs einer Vertragspartei. a) Konkurs des Unternehmers.** Wird über das Vermögen des Unternehmers das Konkursverfahren eröffnet, endet das Vertragsverhältnis gemäß § 23 KO (ab 1. 1. 1999: §§ 115 Abs. 1, 116 InsO)[51] ohne daß es einer Kündigung bedarf.[52] Setzt der Handelsvertreter dennoch seine Tätigkeit fort, finden die §§ 177 – 180 BGB und § 667 BGB Anwendung.[53] Konkursverwalter und Handelsvertreter können aber auch die Fortsetzung des Handelsvertreterverhältnisses vereinbaren. Dann handelt es sich um den Abschluß eines neuen Vertrags.[54] Beruht der Konkurs auf einem Verschulden des Unternehmers, hat der Handelsvertreter einen Schadensersatzanspruch, der als gewöhnliche Konkursforderung gilt.[55]

24 Dagegen führt ein **Vergleichsverfahren** über das Vermögen des Unternehmers nicht zu einer Beendigung des Vertragsverhältnisses. Der Unternehmer hat aber das Recht, nach §§ 50, 51 Abs. 2 VerglO außerordentlich, aber befristet zu kündigen, während der Handelsvertreter uU nach § 89a fristlos kündigen kann.[56] Das gleiche gilt für eine Betriebseinstellung.[57] Das Vergleichsverfahren und die Vergleichsordnung werden zum 1. 1. 1999 durch die **Insolvenzordnung** aufgehoben. Die InsO schafft ein einheitliches Insolvenzverfahren, bei dem die Gläubigerbefriedigung durch Liquidation des schuldnerischen Vermögens und die Befriedigung im Wege einer übertragenen Sanierung sowie die Sanierung durch Insolvenzplan (§§ 217 ff. InsO) gleichrangig nebeneinanderstehen.

25 **b) Konkurs des Handelsvertreters.** Beim Konkurs des Handelsvertreters wird das Vertreterverhältnis nicht automatisch beendet, der Unternehmer ist aber berechtigt, nach § 89a fristlos zu kündigen.[58] Der Konkursverwalter kann das Vertragsverhältnis auch nicht durch sein Wahlrecht nach § 17 KO (ab 1. 1. 1999: § 103 InsO) beenden, indem er Nichterfüllung des Vertrags wählt. Dieses Wahlrecht ist ausgeschlossen, weil der Konkursverwalter naturgemäß außerstande ist, den Handelsvertretervertrag anstelle des Handelsvertreters zu erfüllen und dessen persönliche Leistung zu bewirken.[59] Das Recht zur fristlosen Kündigung entsteht ebenfalls beim **Vergleichsverfahren** über das Vermögen des Han-

---

[45] Baumbach/*Hopt* RdNr. 3; Staub/*Brüggemann* RdNr. 3; *Emde*, Die Handelsvertreter-GmbH, S. 197 f.; aA Schlegelberger/*Schröder* RdNr. 41 b.

[46] § 70 GmbHG; *Emde*, Die Handelsvertreter-GmbH, S. 199.

[47] Heymann/*Sonnenschein/Weitemeyer* RdNr. 9.

[48] Zur Handelsvertreter-GmbH ausführlich *Emde*, Die Handelsvertreter-GmbH, 1994.

[49] *Küstner/v. Manteuffel* I RdNr. 1678, 1679.

[50] Baumbach/*Hopt* RdNr. 3.

[51] Zur neuen Insolvenzordnung siehe *Pick* NJW 1995, 992 ff.

[52] *Jaeger/Henckel* Konkursordnung, 9. Aufl. 1982, § 23 RdNr. 9, 34; *Kuhn/Uhlenbruck* Konkursordnung, 11. Aufl. 1994, § 23 RdNr. 2, 5.

[53] *Hoffstadt* DB 1983, 645 ff.; *Jaeger/Henckel* Konkursordnung § 23 RdNr. 53 f.; *Kilger/Schmidt* Konkursordnung, 16. Aufl. 1993, § 23 Anm. 9.

[54] Heymann/*Sonnenschein/Weitemeyer* RdNr. 10; *Kilger/Schmidt* Konkursordnung § 23 Anm. 5; *Küstner/v. Manteuffel* I RdNr. 1686; *Kuhn/Uhlenbruck* Konkursordnung § 23 RdNr. 7 b.

[55] *Küstner/v. Manteuffel* I RdNr. 1687.

[56] Baumbach/*Hopt* RdNr. 4; Heymann/*Sonnenschein/Weitemeyer* RdNr. 10.

[57] Staub/*Brüggemann* § 89 b RdNr. 22.

[58] Baumbach/*Hopt* RdNr. 4.

[59] *Küstner/v. Manteuffel* I RdNr. 1690.

delsvertreters. (Zur Ablösung des Vergleichsverfahrens durch die zum 1. 1. 1999 in Kraft tretende InsO vgl. RdNr. 24 aE).

8. Betriebseinstellung. Die Betriebseinstellung durch den Unternehmer **beendet das** 26 **Vertragsverhältnis nicht.** Dies gilt aber nur, soweit die Betriebseinstellung nicht Folge des Konkurses ist, sondern auf einem freiwilligen Entschluß des Unternehmers beruht, der nicht aus wirtschaftlichen Gründen veranlaßt wurde. Der Handelsvertreter kann aber bei der Betriebseinstellung das Vertreterverhältnis kündigen (zum Ausgleichsanspruch bei der Betriebseinstellung vgl. § 89 b RdNr. 51).

9. Betriebsveräußerung. Eine Betriebsveräußerung durch den Unternehmer führt **nicht** 27 zu einer **automatischen Beendigung** des zwischen veräußerndem Unternehmer und Handelsvertreter bestehenden Vertrags.[60] Ebensowenig tritt der erwerbende Unternehmer automatisch in das Vertragsverhältnis ein, da § 613 a BGB auf den selbständigen Handelsvertreter nicht anwendbar ist.[61] Jedoch kann mit dem Handelsvertreter der Eintritt des Unternehmernachfolgers in das Vertragsverhältnis vereinbart werden,[62] mit der Folge, daß sich das Vertragsverhältnis fortsetzt. Fehlt eine solche Vereinbarung zur Vertragsfortsetzung, kann das Handelsvertreterverhältnis sowohl von dem veräußerden Unternehmer als auch von dem Handelsvertreter gekündigt werden.[63]

10. Umwandlung des Rechtsträgers. Eine Umwandlung der Rechtsträgerschaft des 28 Unternehmers (vgl. hierzu § 59 RdNr. 35) führt ebenfalls nicht automatisch zu einer Beendigung des Handelsvertretervertrags. Vielmehr ist zwischen den in § 1 Abs. 1 UmwG aufgezählten Arten der Umwandlung (Verschmelzung, Spaltung, Vermögensübertragung, Formwechsel) zu unterscheiden. Beim Formwechsel (§§ 1 Abs. 1 Nr. 4, 190 ff. UmwG) bleibt der Rechtsträger erhalten (§ 202 Abs. 1 Nr. 1 UmwG), so daß das Dienstverhältnis mit dem Handlungsvertreter unverändert bleibt. Auch die anderen Fälle der Umwandlung (Verschmelzung, Spaltung, Vermögensübertragung, § 1 Abs. 1 Nr. 1 bis 3 UmwG) führen nicht zu einer Beendigung des Handelsvertreterverhältnisses. Vielmehr wird dieses mit dem übernehmenden Rechtsträger fortgesetzt.

11. Auswechslung des Handelsvertreters. Das Handelsvertreterverhältnis kann durch 29 Auswechslung des Handelsvertreters beendet werden. In der Praxis erfolgt die Auswechslung grundsätzlich durch Übertragung der Handelsvertretung an einen Nachfolger.[64] Jedoch führt nicht jede Übertragung der Handelsvertretung an einen Nachfolger zur Beendigung des Vertragsverhältnisses mit dem früheren Handelsvertreter. Dies ist nur der Fall, wenn die Vertreternachfolge durch Abschluß eines neuen Handelsvertretervertrags zwischen Unternehmer und eintretendem Handelsvertreter sowie durch einverständliche Vertragsbeendigung mit dem ausscheidenden Handelsvertreter geregelt wird.[65] Erfolgt dagegen die Auswechslung des Handelsvertreters unter Aufrechterhaltung der vollen Identität des bestehenden Handelsvertretervertrags, wird der Vertrag mit früheren Handelsvertreter nicht beendet.[66] Dies hat insbesondere Auswirkungen auf den Ausgleichsanspruch (vgl. § 89 b RdNr. 47 f.).

III. Ordentliche Kündigung

1. Vertragsverhältnis auf unbestimmte Zeit. Das in § 89 geregelte ordentliche Kündi- 30 gungsrecht gilt nur für Verträge, die auf **unbestimmte Zeit** abgeschlossen wurden. Vertragsverhältnisse sind auf unbestimmte Zeit eingegangen, wenn die Parteien nach dem Inhalt des Vertrags keinen bestimmten Endtermin vorgesehen haben, so daß der Handels-

---

[60] Staub/*Brüggemann* RdNr. 26 und § 84 RdNr. 33.
[61] BGH NJW 1963, 101.
[62] BGH VersR 1960, 797 = DB 1960, 636.
[63] *Küstner/v. Manteuffel* II RdNr. 331; vgl. *Schröder* DB 1973, 217, 219.

[64] BGH BB 1988, 2201 = DB 1988, 1590; EWiR 1988, 685 mit Kurzkomm. *Martinek*.
[65] BGH NJW 1989, 35, 36 zum Vertragshändler.
[66] Vgl. *Thume* BB 1991, 490, 491; offen gelassen durch BGH NJW 1985, 35.

vertretervertrag nicht durch ein äußeres Ereignis wie Zeitablauf oder Bedingungseintritt beendet wird,[67] sondern durch Kündigung oder Aufhebungsvertrag.

31   Ist dagegen ein Vertrag auf **bestimmte Zeit** abgeschlossen worden, findet § 89 keine Anwendung, da solche Verträge automatisch mit Ablauf der Zeit, für die sie eingegangen sind, enden. Die Zeit muß dabei nicht notwendig kalendermäßig bestimmt sein, sondern kann sich auch aus anderen Umständen ergeben, wie zB Abschluß eines Vertrags für die Dauer einer Messe, einer Saison oder die Dauer der Vertretung für einen kurzfristig erkrankten Kollegen.[68] Allerdings wird bei auf bestimmte Zeit geschlossenen Verträgen nur das Recht zur ordentlichen, nicht jedoch das Recht zur außerordentlichen Kündigung ausgeschlossen, weil beim Vorliegen eines wichtigen Grundes dem Kündigungsinteresse Vorrang vor der ursprünglichen Absicht der Vertragspartner, sich auf bestimmte Zeit vertraglich zu binden, eingeräumt werden muß.[69]

32   Im Regelfall läßt die Vertragsgestaltung klar erkennen, ob der Vertrag auf bestimmte oder unbestimmte Zeit eingegangen wurde. Mitunter können jedoch **Abgrenzungsprobleme** auftreten, wenn die Vertragsparteien Merkmale der Verträge auf unbestimmte Zeit mit denen befristeter Verträge verbinden.

33   **a) Widerrufsklausel.** Ein beim Abschluß des Vertretervertrages vorbehaltener Widerruf ist unzulässig, da andernfalls die in § 89 geregelten Mindestkündigungsfristen umgangen würden. Trotz des Widerrufs gilt deshalb der Vertrag als auf unbestimmte Zeit geschlossen und kann bei ordentlicher Kündigung nur innerhalb der gesetzlichen Kündigungsfristen beendet werden.[70]

34   **b) Kettenverträge.** Als auf unbestimmte Zeit eingegangene Verträge werden auch die sogenannten Kettenverträge angesehen. Darunter sind Verträge zu verstehen, die für eine bestimmte Laufzeit abgeschlossen und dann mit identischem oder wesentlich gleichem Inhalt jeweils für einen weiteren bestimmten Zeitraum verlängert werden.[71] Charakteristisches Merkmal für Kettenverträge ist dabei, daß die nachfolgenden Verträge nicht erneut ausgehandelt werden, sondern daß der Unternehmer dem Handelsvertreter nach Ablauf des früheren Vertrags einen neuen Formularvertrag übersendet, der in seiner äußeren Aufgliederung und im wesentlichen auch in seinem Inhalt mit dem abgelaufenen Vertrag übereinstimmt.[72]

35   Die Aufspaltung des einheitlichen, sich über längere Zeit erstreckenden Vertragsverhältnisses in mehrere gleiche oder ähnliche Zeitverträge führt zu einer **Umgehung der Kündigungsvorschriften**. Deshalb werden solche Kettenverträge als auf unbestimmte Zeit abgeschlossene Verträge angesehen, auf die § 89 Anwendung findet. Das hat zur Folge, daß das Vertragsverhältnis nicht bereits mit Zeitablauf endet. Vielmehr muß der Vertragspartner, der das Vertragsverhältnis beenden will, dem anderen unter Einhaltung der in § 89 festgelegten Fristen kündigen, wobei die fristgemäße Mitteilung, daß er zu einem erneuten Vertragsabschluß nicht bereit sei, genügt.[73] Für die Fristberechnung ist die Zeitdauer der aneinandergereihten Kettenverträge entscheidend. Will der Unternehmer ein **Kettenvertragsverhältnis ändern**, muß er eine Änderungskündigung aussprechen.   Es genügt nicht, dem Handelsvertreter einen geänderten neuen Vertrag vorzulegen. Deshalb stellt die Weigerung seitens des Handelsvertreters, unter den geänderten Bedingungen das Vertragsverhältnis fortzusetzen, keine Kündigung des Handelsvertreters dar, so daß die Entstehung eines Ausgleichsanspruchs nicht ausgeschlossen ist.[74]

36   Von den Kettenverträgen zu unterscheiden sind Verträge mit **mehrfachen Befristungen**, bei denen die engen, an die Kettenverträge gestellte Voraussetzungen nicht vorliegen. Hier

[67] *Küstner/v. Manteuffel* I RdNr. 1586.
[68] Baumbach/*Hopt* RdNr. 19; *Küstner* BB 1973, 1239, 1240; Staub/*Brüggemann* RdNr. 9.
[69] *Küstner/v. Manteuffel* I RdNr. 1585.
[70] Baumbach/*Hopt* RdNr. 20; Heymann/*Sonnenschein/Weitemeyer* RdNr. 14.

[71] Baumbach/*Hopt* RdNr. 20; *A. Hueck* RdA 1953, 85; Staub/*Brüggemann* RdNr. 9.
[72] BGH VersR 1959, 129.
[73] *Küstner/v. Manteuffel* I RdNr. 1604.
[74] *Küstner/v. Manteuffel* I RdNr. 1606.

v. Hoyningen-Huene

kommt es nur auf den zuletzt geschlossenen Vertrag an, da die Parteien mit dem Abschluß des neuen Vertrags regelmäßig zum Ausdruck bringen, daß sie ihre Rechtsbeziehungen auf der Grundlage dieses neu abgeschlossenen Vertrags regeln wollen.[75]

c) **Verlängerungsklausel.** Haben die Vertragspartner den Vertrag für eine bestimmte 37
Laufzeit abgeschlossen, sich aber in einer Verlängerungsklausel zugleich das Recht zur Vertragsverlängerung vorbehalten, ist zu differenzieren. Enthält der Vertrag ein **Options-recht**, nach dem eine oder jede Partei berechtigt ist, das Vertragsverhältnis durch einseitige Erklärung zu verlängern, endet der Vertrag mit Zeitablauf, wenn die Option nicht wahr-genommen wird.[76] Macht ein Vertragspartner sein Optionsrecht geltend, verlängert sich der Vertrag um die vertraglich vereinbarte Zeit und kann nicht nach § 89 gekündigt wer-den. Die einzige Ausnahme ist dann gegeben, wenn durch die Geltendmachung des Opti-onsrechts der Vertrag auf unbestimmte Zeit verlängert wird.

Im Gegensatz zum Optionsrecht können die Parteien auch vereinbaren, daß sich der auf 38
bestimmte Zeit geschlossene **Vertrag automatisch** um eine bestimmte oder unbestimmte Zeit **verlängert**, wenn nicht ein Vertragsteil innerhalb einer bestimmten Frist vor Ablauf des Vertragsverhältnisses kündigt.[77] Dann handelt es sich um einen auf unbestimmte Zeit abgeschlossenen Vertrag mit einer vereinbarten Mindestlaufzeit,[78] da solche Verträge nur durch eine Kündigung beendet werden können.[79] § 89 ist auf solche Verträge direkt an-wendbar. Infolge der automatischen Verlängerung des Vertrags bei fehlender rechtsgestal-tender Erklärung ist im Zeitpunkt des Vertragsschlusses das Ende des Vertrags nicht voraus-sehbar und deshalb die Vertragsdauer unbestimmt.

Dagegen **gelten nach Ansicht des BGH**[80] **Verträge mit Verlängerungsklausel nicht 39
als auf unbestimmte Zeit eingegangen**, weil bei einer Absprache der Parteien über die Laufzeit des Vertrags der Endtermin bestimmt sei. Auf unbestimmte Zeit sei ein Vertrags-verhältnis nur dann eingegangen, wenn die Parteien weder ausdrücklich noch den Um-ständen nach eine Bestimmung über die Laufzeit des Vertrags getroffen hätten. Dem ist entgegenzuhalten, daß die Frage, ob ein Handelsvertretervertrag auf bestimmte oder un-bestimmte Zeit abgeschlossen wurde, sich nur im Hinblick auf die gesamte in Aussicht genommene Dauer des Vertragsverhältnisses beurteilen läßt, nicht aber im Hinblick auf die einzelnen Verlängerungsperioden, während denen es unkündbar sein soll.[81]

Der Meinungsstreit verliert jedoch an Bedeutung, weil der BGH[82] **§ 89 entsprechend 40
anwendet**, soweit der mit dieser Norm verfolgte Zweck nach der Interessenlage auch Zeitverträge mit Verlängerungsklausel erfaßt. Nach Ansicht der Rechtsprechung müssen deshalb bei Beendigung von Zeitverträgen mit Verlängerungsklausel die Kündigungsfristen des § 89 eingehalten werden.[83] Ob § 89 auch in Bezug auf den Beendigungstermin, dh. den Zeitpunkt zu dem gekündigt werden kann, entsprechend anwendbar ist, hat der BGH allerdings offen gelassen. Dies ist zu bejahen, weil Verträge mit Verlängerungsklausel als unbefristete Verträge zu qualifizieren sind, auf die § 89 direkt Anwendung findet.

d) **Verträge mit Altersgrenze.** Enthält der Handelsvertretervertrag eine Klausel, nach 41
der mit Erreichen einer bestimmten Altersgrenze des Handelsvertreters der Vertrag endet, so liegt zwar ein bestimmter Endtermin vor zu dem der Vertrag durch Zeitablauf beendet

---

[75] BAG AP BGB § 620 Befristeter Vertrag Nr. 97 = SAE 1987, 309 mit Anm. *Kreutz* = AuR 1986, 317 mit Anm. *Colneric;* Hueck/*v. Hoyningen-Huene* KSchG § 1 RdNr. 576.

[76] Heymann/*Sonnenschein/Weitemeyer* RdNr. 17.

[77] Heymann/*Sonnenschein/Weitemeyer* RdNr. 18.

[78] Heymann/*Sonnenschein/Weitemeyer* RdNr. 18; Baumbach/*Hopt* RdNr. 20; *Küstner/v. Manteuffel* I RdNr. 1588; Staub/*Brüggemann* RdNr. 8; OLG Hamm BB 1973, 1233.

[79] *Küstner* BB 1973, 1239.

[80] BGH NJW 1975, 387; *Schröder* BB 1974, 298; *ders.* FS für Hefermehl 1976, S. 113 ff.; ebenso Hey-mann/*Sonnenschein/Weitemeyer* RdNr. 18, die aber dennoch § 89 uneingeschränkt anwenden wollen, da andernfalls zwingende Schutzvorschriften umgangen würden.

[81] *Küstner/v. Manteuffel* I RdNr. 1598.

[82] BGH NJW 1975, 387.

[83] Ebenso *Schröder,* FS Hefermehl 1976, S. 113, der § 89 für die Frist, nicht aber für den Termin entsprechend anwenden will.

wird.[84] Jedoch wird durch eine solche Vereinbarung der Vertrag nicht von vornherein auf eine bestimmte Zeit abgeschlossen. Vielmehr ist durch Auslegung zu ermitteln, ob der Vertrag auf bestimmte oder unbestimmte Zeit eingegangen ist. Dabei kommt in der Vertragsbestimmung regelmäßig der Parteiwille zum Ausdruck, daß der Vertrag durch Kündigung oder Erreichen der Altersgrenze enden soll und somit ein auf unbestimmte Zeit eingegangener Vertrag gewollt ist.[85] Deshalb ist § 89 auf Verträge mit Altersgrenze anwendbar, nicht dagegen § 624 BGB, der nur für befristete Arbeitsverträge gilt.[86]

42 **e) Verträge auf Lebenszeit.** Beim Handelsvertretervertrag auf Lebenszeit liegt im Unterschied zu Verträgen, bei denen eine bestimmte Altersgrenze festgelegt ist, ein auf **bestimmte Zeit** geschlossener Vertrag vor, so daß die Kündigungsvorschriften des § 89 nicht anwendbar sind.[87] Ein Vertrag auf Lebenszeit liegt vor, wenn beide Vertragspartner erkennbar davon ausgehen, daß das Vertragsverhältnis bis zum Tode eines Vertragspartners, regelmäßig des Handelsvertreters, bestehen soll und vorher durch ordentliche Kündigung nicht beendet werden kann. Ob die Parteien einen Vertrag auf Lebenszeit schließen wollen, ist durch Auslegung zu ermitteln. Dabei sind wegen der weitreichenden Folgen strenge Maßstäbe anzuwenden.[88] Aus den vertraglichen Vereinbarungen muß klar hervorgehen, daß eine so lang anhaltende und weitgehende Bindung beabsichtigt ist. Wie alle Verträge auf bestimmte Zeit kann der Vertrag auf Lebenszeit aber nach § 624 BGB (vgl. RdNr. 4 f.) und bei Vorliegen eines wichtigen Grundes (vgl. § 89a RdNr. 12 ff.) fristlos nach § 89a gekündigt werden.

43 **f) Handelsvertretervertrag auf Probe.** Hinsichtlich der kündigungsrechtlichen Folgen bei Handelsvertreterverträgen auf Probe ist zu unterscheiden, ob es sich um einen selbständigen befristeten Probevertrag auf Zeit handelt oder um einen auf unbestimmte Zeit abgeschlossenen Vertretervertrag, dem jedoch eine Probezeit vorgeschaltet ist.[89] Haben die Parteien einen **befristeten Probevertrag** geschlossen, liegt ein befristeter Vertrag vor, der mit Ablauf der Probezeit endet und nur außerordentlich, nicht aber ordentlich gekündigt werden kann.[90] Soll der Handelsvertreter nach Ablauf der Probezeit weiterbeschäftigt werden, muß ein neuer Vertrag abgeschlossen werden.

44 Demgegenüber wird bei einem **Handelsvertretervertrag mit vorgeschalteter Probezeit** das Handelsvertreterverhältnis nach Ablauf der Probezeit automatisch fortgesetzt.[91] Jedoch kann der Vertrag schon während der Probezeit ordentlich gekündigt werden. Der Handelsvertretervertrag mit vorgeschalteter Probezeit ist als ein auf unbestimmte Zeit abgeschlossenes Vertragsverhältnis zu qualifizieren, das der Regelung des § 89 unterliegt. Andernfalls könnte der Unternehmer durch Vorschaltung überlanger Probezeiten die zwingende Regelung des § 89 umgehen. Vereinbaren die Parteien für die Probezeit eine kürzere Kündigungsfrist als die in § 89 vorgesehene Mindestfrist von einem Monat, führt dies nicht zur Nichtigkeit des gesamten Vertrags, sondern vielmehr tritt an die Stelle der nichtigen Vereinbarung die gesetzliche Regelung.[92]

45 **2. Kündigungserklärung. a) Rechtsnatur.** Die Kündigung ist eine **einseitige empfangsbedürftige Willenserklärung**, die mit dem Zugang (§ 130 BGB) wirksam wird.[93] Die Erklärung muß eindeutig sein und den Kündigungswillen zum Ausdruck bringen. Dabei ist

---

[84] Heymann/*Sonnenschein/Weitemeyer* RdNr. 19.

[85] BGH VersR 1969, 445 mit zust. Anm. *Boetius*; *Küstner/v. Manteuffel* I RdNr. 1609; Staub/*Brüggemann* RdNr. 16; aA *Hess* BB 1954, 747, wonach § 89 nur bei ausdrücklicher Vereinbarung anwendbar sein soll.

[86] Palandt/*Putzo* § 624 RdNr. 2.

[87] *Küstner/v. Manteuffel* I RdNr. 1612.

[88] OLG Hamm BB 1967, 934; RAGE 188, 36; *Küstner/v. Manteuffel* I RdNr. 1614.

[89] *Küstner/v. Manteuffel* I RdNr. 1618.

[90] Staub/*Brüggemann* RdNr. 15; Baumbach/*Hopt* RdNr. 19.

[91] BGHZ 40, 235, 236 f. = LM Nr. 2 mit Anm. *Rietschel*; Baumbach/*Hopt* RdNr. 20; Heymann/*Sonnenschein/Weitemeyer* RdNr. 20; *Küstner/v. Manteuffel* I RdNr. 1620; Staub/*Brüggemann* RdNr. 15.

[92] BGHZ 40, 235.

[93] Zu den Zugangsproblemen siehe Kommentarliteratur zu § 130 BGB; Hueck/*v.Hoyningen-Huene* KSchG § 1 RdNr. 97; *Küstner/v. Manteuffel* I RdNr. 1531 ff.

unerheblich, ob die Kündigung ausdrücklich oder konkludent erfolgt.[94] Als individuelles Gestaltungsrecht kann die Kündigung nicht einseitig zurückgenommen werden.

Eine bestimmte **Form** ist gesetzlich nicht vorgesehen, kann aber vereinbart werden **46** (§ 127 BGB).[95] Vereinbaren die Parteien, daß die Kündigung durch eingeschriebenen Brief erfolgen muß und wird lediglich ein einfacher Brief übersandt, ist die Kündigung nicht wegen formaler Mängel unwirksam, da im Zweifel anzunehmen ist, daß die Form des Einschreibebriefs lediglich Beweiszwecken dienen sollte.[96]

b) Kündigungsschranken. Das Kündigungsrecht findet seine Grenzen in den allgemei- **47** nen Vorschriften des bürgerlichen Rechts. Insbesondere darf die Kündigung nicht gegen gesetzliche Vorschriften, gegen die guten Sitten oder Treu und Glauben verstoßen (§§ 134, 138, 242 BGB).[97] So kann eine Kündigung des Unternehmers nach der Weigerung des Handelsvertreters, ein ihn einseitig belastendes Rabattsystem anzunehmen, sittenwidrig sein.[98] Dagegen ist Sittenwidrigkeit zu verneinen, wenn der Unternehmer kündigt, um eine günstigere Geschäftsentwicklung herbeizuführen.[99]

Die allgemeinen Vorschriften bilden auch die Grenze für Vereinbarungen, in denen die **48** Parteien die **Modalitäten der Kündigung** regeln. Solche Vereinbarungen dürfen die Kündigung nicht in gesetz- oder sittenwidriger Weise erschweren, unmöglich machen oder auf seiten des Gekündigten zu erheblichen wirtschaftlichen Nachteilen führen.[100] Deshalb sind allgemeine Geschäftsbedingungen, die für den Fall der Kündigung des Vertragsverhältnisses Ansprüche des Gekündigten auf Rückgewähr einer Vertragsanschlußgebühr ausschließen, unwirksam.[101] Mit Einschränkungen sind Rückzahlungsklauseln für Provisionen im Fall der Kündigung zulässig.[102]

c) Kündigung vor Vertragsbeginn. Die Kündigung des Handelsvertretervertrags kann **49** auch schon vor Inkrafttreten des Vertragsverhältnisses erfolgen.[103] Problematisch ist dann, zu welchem Zeitpunkt eine vor Beginn des Handelsvertreterverhältnisses ausgesprochene Kündigung die Kündigungsfrist in Lauf setzt. Für das Arbeitsrecht vertritt das BAG[104] die Auffassung, daß bei fehlender Parteivereinbarung eine Vertragslücke vorliege, die nach den Grundsätzen der ergänzenden Vertragsauslegung zu schließen sei. Folglich sei darauf abzustellen, welche Regelung die Parteien getroffen hätten, wenn sie sich dieses Umstandes bewußt gewesen wären. Auf Grund der Interessenlage und unter Berücksichtigung der besonderen Umstände des Einzelfalls müsse ermittelt werden, ob ein Interesse an einer zumindest vorübergehenden Realisierung des Arbeitsvertrages gegeben sei. Dann werde die Kündigungsfrist erst mit Beginn des Vertragsverhältnisses in Lauf gesetzt. Ein solches Interesse fehle aber, wenn die Parteien die kürzest mögliche Kündigungsfrist vereinbart hätten oder das Arbeitsverhältnis zunächst nur zur Erprobung dienen sollte.

Die Rechtsprechung des BAG kann auf das Handelsvertreterverhältnis übertragen wer- **50** den.[105] Dabei läßt die Interessenlage im Handelsvertreterrecht regelmäßig darauf schließen, daß der **Lauf der Kündigungsfrist** bereits **mit Zugang der Kündigungserklärung** und nicht erst mit Beginn des Handelsvertreterverhältnisses beginnen soll. Denn es würde den Handelsvertreter unzumutbar belasten, wenn er ein bereits gekündigtes Vertragsverhältnis antreten müßte, um nach einer relativ kurzen und kaum ertragreichen Einarbeitungszeit die Tätigkeit wieder aufzugeben.[106] Hinzu kommt, daß beim Handelsvertreter gerade in der ersten Vertragszeit häufig erhebliche Kosten anfallen, die in keinem Verhältnis zum

---

[94] Baumbach/*Hopt* RdNr. 20.

[95] Baumbach/*Hopt* RdNr. 15; Heymann/*Sonnenschein/Weitemeyer* RdNr. 21; *Küstner/v. Manteuffel* I RdNr. 1530.

[96] *Küstner/v. Manteuffel* I RdNr. 1530.

[97] Baumbach/*Hopt* RdNr. 22; Heymann/*Sonnenschein/Weitemeyer* RdNr. 22.

[98] BGH NJW 1970, 855.

[99] BGH VersR 1969, 455 mit Anm. *Boetius*.

[100] Heymann/*Sonnenschein/Weitemeyer* RdNr. 22.

[101] BGH NJW 1982, 181.

[102] OLG Düsseldorf DB 1972, 181.

[103] *Küstner/v. Manteuffel* I RdNr. 1561; Staub/*Brüggemann* RdNr. 20.

[104] BAG AP BGB § 620 Nr. 4.

[105] Heymann/*Sonnenschein/Weitemeyer* RdNr. 26; *Küstner/v. Manteuffel* I RdNr. 1665.

[106] Staub/*Brüggemann* RdNr. 20.

Ertrag der Tätigkeit stehen.[107] Demgegenüber muß das Vertrauen des Unternehmers, daß das Vertragsverhältnis zum vereinbarten Zeitpunkt auch angetreten werde, zurückstehen. Der Termin zu dem unter Einhaltung der gesetzlichen oder vereinbarten Kündigungsfrist gekündigt wird, muß deshalb nicht in die Dienstzeit fallen. Auch beginnt die Kündigungsfrist nicht erst mit dem Inkrafttreten des Handelsvertreterverhältnisses zu laufen. Vielmehr ist es möglich, daß die gesamte Kündigungsfrist vor dem Inkrafttreten des Vertragsverhältnisses liegt, so daß der Handelsvertreter den Vertrag nicht mehr erfüllen muß.

51 **d) Teilkündigung.** Die Teilkündigung eines einheitlichen Vertragsverhältnisses ist unwirksam, weil eine Kündigung nur das gesamte Rechtsverhältnis umfassen kann.[108] Es ist deshalb unzulässig, dem Handelsvertreter durch Teilkündigung bestimmte Bezirksteile zu entziehen oder getroffene Provisionsvereinbarungen einseitig zu ändern. Allerdings können sich die Parteien das Recht zur einseitigen „Teilkündigung" vertraglich vorbehalten.[109] Das vorbehaltene Recht der „Teilkündigung" ist dann nichts anderes als ein vom Handelsvertreter akzeptierter **Widerrufsvorbehalt** des Unternehmers.[110] Die Vereinbarung eines Widerrufsvorbehalts ist grundsätzlich zulässig, darf aber nicht zu einer Umgehung des Kündigungsschutzes des Handelsvertreters führen.[111] Des weiteren ist eine Kündigung möglich, wenn ein aus mehreren **selbständigen Teilverträgen** zusammengesetztes Gesamtvertragsverhältnis gekündigt wird. Dann liegt jedoch keine Teilkündigung, sondern die Kündigung eines selbständigen Rechtsverhältnisses vor.[112]

52 **e) Änderungskündigung.** Im Gegensatz zur Teilkündigung ist eine Änderungskündigung zulässig.[113] Die Änderungskündigung ist eine vom Unternehmer ausgesprochene Kündigung, mit welcher der Unternehmer dem Handelsvertreter zugleich die Fortsetzung des Vertragsverhältnisses zu geänderten Bedingungen anbietet.[114] Das Schweigen des Handelsvertreters auf ein solches Angebot kann nicht als Zustimmung angesehen werden.[115] Kommt eine Einigung über das neue Vertragsverhältnis nicht zustande und bleibt der Handelsvertreter dennoch über den vereinbarten Kündigungstermin hinaus beim Unternehmer tätig, liegt darin eine stillschweigende Verlängerung des alten Vertragsverhältnisses (§ 625 BGB).[116] In diesem Fall bedarf es einer nochmaligen Kündigung, um den verlängerten alten Vertrag zu beenden.

53 **f) Bedingte Kündigung.** Kündigungserklärungen, deren Wirksamkeit vom Eintritt einer aufschiebenden Bedingung abhängig gemacht werden, sind nicht grundsätzlich unzulässig. Eine bedingte Kündigung ist nur insoweit unzulässig, als der Kündigungsempfänger in eine ungewisse Lage versetzt wird. Dies ist der Fall, wenn der Eintritt der Bedingung vom Willen des Kündigenden abhängt. Liegt dagegen die Erfüllung der Bedingung allein in der Entscheidungsgewalt des Kündigungsempfängers, bestehen keine Bedenken gegen die bedingte Kündigung, da der Gekündigte den Eintritt der Bedingung jederzeit herbeiführen und damit eine Ungewißheit vermeiden kann.[117]

54 **3. Kündigungsfristen und Kündigungstermine.** In Abs. 1 sind sowohl die **Mindestkündigungsfristen** als auch die **Kündigungstermine** gesetzlich vorgeschrieben. **Abweichende Vereinbarungen** hiervon sind nach Abs. 2 und 1 Satz 3 Hs. 2 möglich, soweit die gesetzlichen Kündigungsfristen nicht verkürzt werden.

---

[107] *Küstner/v. Manteuffel* I RdNr. 1566.
[108] BGH WM 1977, 589, 590; Baumbach/ *Hopt* RdNr. 20; Heymann/*Sonnenschein/Weitemeyer* RdNr. 23; *Küstner/v. Manteuffel* I RdNr. 1570; Staub/*Brüggemann* RdNr. 17; aA OLG Bamberg NJW 1958, 1830.
[109] Zum Vorbehalt eines einseitigen Leistungsbestimmungsrechts in AGB vgl. BGHZ 93, 29, 34 f.
[110] Vgl. hierzu BAG AP BGB § 620 Teilkündigung Nr. 5 mit Anm. *M. Wolf*; Hueck/*v. Hoyningen-Huene* KSchG § 2 RdNr. 28 ff.

[111] *Hueck/v. Hoyningen-Huene* KSchG § 2 RdNr. 30.
[112] BGH BB 1977, 964; BAG AP BGB § 611 Arzt-Krankenhaus-Vertrag Nr. 25 = BB 1991, 1268; Baumbach/*Hopt* RdNr. 18.
[113] Baumbach/*Hopt* RdNr. 17; Heymann/*Sonnenschein/Weitemeyer* RdNr. 24.
[114] Vgl. *Hueck/v.Hoyningen-Huene* KSchG § 2 RdNr. 3.
[115] BGH DB 1955, 1085.
[116] *Küstner/v. Manteuffel* I RdNr. 1578 ff.
[117] *Küstner/v. Manteuffel* I RdNr. 1573.

a) Gesetzliche Regelung. Die **Kündigungsfrist** ist **nach** der gesetzlichen Regelung des 55 **Abs. 1 Satz 1 und 2 gestaffelt** und hängt von der bisherigen Dauer des Vertragsverhältnisses ab. Die Frist beträgt im ersten Jahr der Vertragsdauer einen Monat, im zweiten Jahr zwei Monate, im dritten bis fünften Jahr drei Monate und nach einer Vertragsdauer von fünf Jahren sechs Monate.

Die Erfüllung der **Vertragsdauer** erfordert das ununterbrochene Bestehen des Handels- 56 vertretervertrags für diese Zeit, wobei jedoch eine tatsächliche Tätigkeit nicht erforderlich ist.[118] Bei einer vom Handelsvertreter angenommenen Änderungskündigung wird das bisherige Vertragsverhältnis beendet und durch ein neues ersetzt, mit der Folge, daß die Vertragsdauer erst mit dem Abschluß des neuen Vertrags beginnt. Wird jedoch das Handelsvertreterverhältnis gekündigt und mit entsprechendem Inhalt in unmittelbarem Anschluß an die Kündigung fortgesetzt, liegt darin eine Umgehung der Fristenregelung des § 89 Abs. 1, die zu keiner Unterbrechung der bisherigen Vertragsdauer führt.[119] Für die Vertragsdauer ist nicht der Kündigungstermin, sondern der Zeitpunkt des Zugangs der Kündigungserklärung maßgebend.[120] Wird demnach ein zu Jahresbeginn begründetes Vertragsverhältnis im Dezember gekündigt, beträgt die Vertragsdauer weniger als ein Jahr und damit die Kündigungsfrist einen Monat.

aa) Kündigungsfrist. Die Kündigungsfrist beginnt mit dem **Zugang der Kündigungs-** 57 **erklärung** beim Empfänger.[121] Nach § 187 BGB ist der Tag des Zugangs nicht mitzurechnen. Fällt der Beginn der Kündigungsfrist auf einen Sonntag oder gesetzlichen Feiertag, findet § 193 BGB, wonach in derartigen Fällen an die Stelle eines solchen Tages der nächste Werktag tritt, keine Anwendung.[122] Denn § 193 BGB würde die Kündigungsfrist zu Lasten des Gekündigten verkürzen und dadurch gegen den Schutzzweck der Kündigungsfristen verstoßen. Wird die gesetzliche Frist nicht eingehalten, ist die Kündigung verspätet und das Vertragsverhältnis endet erst zum nächsten Kündigungstermin. Eine nochmalige Kündigung ist aber nicht erforderlich.

bb) Kündigungstermin. Als Kündigungstermin ist nach Abs. 1 Satz 3 nur der **Schluß** 58 **eines Kalendermonats** möglich. Die Kündigungsfrist muß also spätestens am Ende des jeweiligen Kalendermonats abgelaufen sein. Anderenfalls ist die Kündigung verspätet und als neuer Kündigungstermin gilt das nachfolgende Monatsende.

b) Abweichende Vereinbarungen. Die Vertragsparteien können durch **vertragliche** 59 **Vereinbarungen** von den gesetzlich normierten Fristen und Terminen abweichen (Abs. 1 Satz 3 Hs. 2, Abs. 2). Aufgrund der Vertragsfreiheit können die Parteien das Recht des Unternehmers zur ordentlichen Kündigung völlig ausschließen.[123] Im übrigen ist zu entscheiden:

aa) Kündigungsfrist. Die Vertragsfreiheit ist bei der Vereinbarung von Kündi- 60 gungsfristen jedoch insoweit eingeschränkt, als die gesetzlichen Fristen **nur verlängert**, nicht aber verkürzt werden dürfen. Vereinbaren die Parteien dennoch eine kürzere Frist, tritt entgegen der Regel des § 139 BGB nicht Gesamtnichtigkeit des Vertrags ein, da dies mit dem Schutzzweck von § 89 unvereinbar wäre; vielmehr gelten dann die in dieser Vorschrift enthaltenen Fristen.[124] Auch eine Verkürzung der Frist zugunsten des Handelsvertreters ist unzulässig. Werden die gesetzlichen Kündigungsfristen verlängert, darf die Kündigungsfrist für den Unternehmer nicht kürzer sein als für den Handelsvertreter. Ver-

[118] Baumbach/*Hopt* RdNr. 11.
[119] Baumbach/*Hopt* RdNr. 11.
[120] *Küstner/v. Manteuffel* I RdNr. 1548; KR-*Hillebrecht* § 622 BGB RdNr. 114; aA Baumbach/*Hopt* RdNr. 11.
[121] Baumbach/*Hopt* RdNr. 14; Heymann/*Sonnenschein/Weitemeyer* RdNr. 26.
[122] BGHZ 59, 265; Heymann/*Sonnenschein/Weitemeyer* RdNr. 26; *Küstner/v. Manteuffel* I RdNr. 1550; Staub/*Brüggemann* RdNr. 18.

[123] BGH DB 1995, 1560.
[124] *Canaris* Handelsrecht S. 351; *Ebenroth*, Absatzmittlungsverträge im Spannungsverhältnis von Kartell- und Zivilrecht, S. 172 ff.; *Oetker*, Das Dauerschuldverhältnis und seine Beendigung, S. 289 ff.; – aA *Ulmer*, FS für Möhring, 1975, S. 316 f.; Baumbach/*Hopt* RdNr. 16.

einbaren die Parteien dennoch für den Unternehmer eine kürzere Kündigungsfrist als für den Handelsvertreter, gilt nach der Fiktion des Abs. 2 Satz 2 die für den Handelsvertreter vereinbarte längere Kündigungsfrist auch für den Unternehmer. Damit soll eine Benachteiligung des Handelsvertreters vermieden werden. Dieser **Grundsatz der Fristenparität** wird zugunsten des Handelsvertreters **durchbrochen,** da nach dem klaren Wortlaut des Gesetzes die verlängerte Kündigungsfrist für den Handelsvertreter kürzer sein kann als für den Unternehmer.[125] Abs. 2 Satz 2 ist lex specialis zu § 134 BGB.[126]

61   **bb) Kündigungstermin.** Vereinbarungen über den Kündigungstermin sind gemäß Abs. 1 Satz 3 unbeschränkt möglich, soweit die Kündigungsfrist gewahrt bleibt. So kann beispielsweise vereinbart werden, daß die Kündigung statt zum Kalendermonatsende zur Monatsmitte oder zum Quartalsende erfolgen muß.[127] Vereinbarungen über die Kündigungsfrist beinhalten nicht ohne weiteres auch Vereinbarungen über den Kündigungstermin. Haben die Parteien lediglich die Kündigungsfrist geändert, ohne eine Absprache über einen anderen Termin zu treffen, ist als gesetzlicher Termin der Schluß des Kalendermonats maßgebend. **Abs. 2** betrifft nur die Kündigungsfristen und ist deshalb auf Kündigungstermine **nicht anwendbar.** Doch gilt auch hier der dienstvertragliche Grundsatz, daß die Kündigungsfristen und -bedingungen entweder für beide Teile gleich sein müssen oder nur zugunsten des Dienstverpflichteten abgeändert werden dürfen (§ 622 Abs. 6 BGB analog).[128]

62   **4. Folgen der Kündigung. a) Vertragsverhältnis während der Kündigungsfrist.** Das Vertragsverhältnis zwischen Unternehmer und Handelsvertreter besteht während der Kündigungsfrist in vollem Umfang fort. Die Rechte und Pflichten der Parteien bleiben grundsätzlich unberührt. Allerdings kann das bevorstehende Ende des Vertragsverhältnisses zu einigen Modifikationen führen.

63   **aa) Freistellungsprobleme.** In der Praxis behält sich der Unternehmer im Handelsvertretervertrag oft das Recht vor, den Handelsvertreter während des Laufs der Kündigungsfrist von jeder Tätigkeit freizustellen.[129] Im Gegensatz zu einer vorzeitigen einvernehmlichen Vertragsbeendigung wird bei der Freistellung das Vertragsverhältnis fortgesetzt und nur die Pflicht des Handelsvertreters zur Vermittlung oder zum Abschluß von Verträgen suspendiert.

64   Die geschuldete vertragsgemäße **Vergütung** bleibt im Zweifel von der Freistellung unberührt,[130] soweit die Ansprüche dem Handelsvertreter unabhängig von einer im Einzelfall ausgeübten konkreten Tätigkeit zustehen. Dies gilt beispielsweise für die Provision aus Nachbestellungen von Kunden, die der Handelsvertreter als Kunde für Geschäfte gleicher Art geworben hat (§ 87 Abs. 1 Satz 1 Alt. 2) und für die Bezirksprovision gemäß § 87 Abs. 2. Greift die gegenüber einem Bezirksvertreter ausgesprochene fristlose Kündigung nicht durch und ist das Vertragsverhältnis infolge Umdeutung erst mit Ablauf der ordentlichen Kündigungsfrist als beendet anzusehen, so steht dem **Bezirksvertreter** auch bis zu diesem Zeitpunkt noch die volle Bezirksvertreterprovision nach § 87 Abs. 2 zu.[131] Dieser Anspruch kann nach Ansicht des BGH[132] als Erfüllungsanspruch nicht unter dem Gesichtspunkt der Ersparnis oder der Möglichkeit anderweitigen Erwerbs oder aus dem Gesichtspunkt des Vorteilsausgleichs gemindert werden. Zwar müsse sich der Handelsvertreter grundsätzlich gemäß § 615 Satz 2 BGB anderweitigen Erwerb anrechnen lassen, für Bezirksprovisionen gemäß § 87 Abs. 2 bestehe aber eine Ausnahme, da diese nicht als Entgelt für Dienstleistungen des Handelsvertreters anzusehen seien. Dem ist nicht zuzustimmen. Denn auch im Fall der Bezirksprovision bedarf es keiner Ausnahme vom Grundsatz des

---

[125] *Echert* NZA 1990, 384, 385.
[126] Baumbach/*Hopt* RdNr. 30.
[127] Baumbach/*Hopt* RdNr. 27.
[128] Baumbach/*Hopt* RdNr. 27.

[129] *Küstner/v. Manteuffel* I RdNr. 1625.
[130] *Küstner/v. Manteuffel* I RdNr. 1627.
[131] BGH NJW-RR 1992, 1059.
[132] BGH NJW-RR 1992, 1059.

§ 615 Satz 2 BGB, weil Bezirksprovisionen eine Gegenleistung für die allgemeine Betreuung des Bezirks durch den Vertreter darstellen.[133]

Dagegen hat der Handelsvertreter bei fehlender vertraglicher Vereinbarung **keine An-** 65 **sprüche auf solche Provisionen**, die er bei weiterer Tätigkeit erhalten hätte. Insoweit fehlt es an einer Anspruchsgrundlage, da wegen der fehlenden Abschlüsse § 87 nicht eingreift und infolge der einvernehmlichen Freistellung auch ein Anspruch nach § 615 BGB ausscheidet. Nach gegenteiliger Auffassung[134] darf die Freistellung der Handelsvertreter nicht benachteiligen; dieser müsse vielmehr so gestellt werden, wie er ohne Freistellung stehen würde. Da nach § 89 die beiderseitigen Rechte und Pflichten bis zur Beendigung des Vertragsverhältnisses nicht entfallen dürfen, verstoße der Verlust der Vergütungsansprüche des Handelsvertreters gegen diese Norm. Dem ist entgegenzuhalten, daß die Parteien auf Grund ihrer Vertragsfreiheit berechtigt sind, von § 89 abweichende Regelungen zu treffen. Wenn schon die einvernehmliche Vertragsbeendigung vor Ablauf der Kündigungsfrist grundsätzlich zulässig ist,[135] muß erst recht die einvernehmliche Freistellung und damit verbunden der Verzicht auf weitere Provisionsansprüche zulässig sein.

Fehlen entsprechende vertragliche Vereinbarungen, ist der **Unternehmer zu einer ein-** 66 **seitigen Freistellung** des Handelsvertreters **nicht berechtigt**.[136] Spricht er gleichwohl eine Freistellung aus, gerät er in Annahmeverzug, ohne daß der Handelsvertreter seine Dienste nochmals anbieten müßte. Der Handelsvertreter ist dann nach § 615 BGB so zu stellen, wie er ohne die vertragswidrige Freistellung stehen würde. Jedoch muß er sich nach § 615 Satz 2 BGB auf seinen Provisionsanspruch ersparte Aufwendungen anrechnen lassen. Soweit der BGH[137] eine Anrechnung von Aufwendungen verneint hat, betraf dies nur die tätigkeitsunabhängigen Provisionen eines Bezirksvertreters.

bb) Provisionsrechtliche Fragen. Geschäfte, die zwar vor der Beendigung des Handels- 67 vertreterverhältnisses abgeschlossen werden, aber erst nachher zur Ausführung kommen, begründen gemäß § 87 Abs. 1 Provisionsansprüche zugunsten des Handelsvertreters, auch wenn dieser bereits ausgeschieden ist. Jedoch können die Vertragspartner einen Anspruch auf solche **Überhangprovisionen** durch vertragliche Vereinbarung ausschließen.[138]

Ein solcher **Provisionsausschluß** ist auch in allgemeinen Geschäftsbedingungen zulässig, 68 weil der Handelsvertreter für die hierdurch entstehenden Provisionsverluste nach § 89 b ausgleichsrechtlich entschädigt wird. Verzögert der Unternehmer allerdings bewußt den Abschluß des Geschäfts und führt er dieses erst nach Ende des Handelsvertreterverhältnisses aus, um dadurch der Provisionspflicht zu entgehen, greift der Ausschluß des Provisionsanspruchs wegen § 87a Abs. 3 Satz 1 und Abs. 5 nicht durch.[139]

Andererseits ist es dem Handelsvertreter verboten, aus der Vertragsbeendigung besondere 69 provisionsmäßige Vorteile zu erzielen, indem er als Bezirksvertreter mit bezirksansässigen Kunden vermehrt sogenannte **Jahresverträge**, dh. besonders langfristige und weit in die Zeit nach Vertragsbeendigung hineinreichende Lieferungsverträge abschließt. Durch solche Verträge sichert sich der Handelsvertreter weit über das Vertragsende hinaus Provisionsansprüche und gefährdet dadurch die Interessen des Unternehmers, da dessen Suche nach einem Nachfolger erheblich erschwert wird. Wegen der langjährigen Verträge verschlechtern sich nämlich die Chancen eines neuen Handelsvertreters, weitere Verträge abzuschließen und damit Provisionen zu erzielen, was zu einer fehlenden Abschlußbereitschaft des neuen Handelsvertreters führen kann.[140]

cc) Offenbarungspflicht des Handelsvertreters. Der Handelsvertreter ist während der 70 laufenden Kündigungsfrist verpflichtet, den Unternehmer über seine Absicht zu informie-

---

[133] Kurzkomm. *v. Hoyningen-Huene* zu BGH EWiR 1992, 797, 798.
[134] *Küstner/v. Manteuffel* I RdNr. 1628 ff.
[135] So auch *Küstner/v. Manteuffel* I RdNr. 1626.
[136] *Küstner/v. Manteuffel* I RdNr. 1638.
[137] NJW 1959, 1490.

[138] BGHZ 33, 92, 94; Staub/*Brüggemann* § 87 RdNr. 3.
[139] BGHZ 33, 92.
[140] *Küstner/v. Manteuffel* I RdNr. 1644 f.; Staub/ *Brüggemann* § 86 RdNr. 12; OLG Celle BB 1970, 229.

ren, nach der Beendigung des Vertragsverhältnisses für ein Konkurrenzunternehmen tätig zu werden.[141] Durch diese Offenbarungspflicht, die ihre Grundlage in § 86 findet, soll dem Unternehmer die Möglichkeit eingeräumt werden, den Einsatz des Handelsvertreters in der Zeit bis zum Vertragsende so zu gestalten, daß der Handelsvertreter aus der bisherigen Tätigkeit einen möglichst geringen Nutzen für das Konkurrenzunternehmen erzielen kann.

71   **dd) Sonstige Rechte und Pflichten.** Dem **Unternehmer** ist **nicht erlaubt**, wegen des bevorstehenden Vertragsendes die vom Handelsvertreter **vermittelten Geschäfte insgesamt abzulehnen** und einen anderen Handelsvertreter zur Bearbeitung des Bezirks des Gekündigten zu bestellen.[142] Zwar darf der Unternehmer die vom Handelsvertreter vermittelten Geschäfte grundsätzlich frei ablehnen. Die kaufmännische Entschließungsfreiheit ist aber begrenzt durch das Verbot, den Handelsvertreter willkürlich oder absichtlich zu schädigen. Gegen diese sich aus § 86 ergebende Pflicht verstößt der Unternehmer, wenn er die vom gekündigten Handelsvertreter vermittelten Geschäfte nur ablehnt, um dessen Nachfolger eine günstige Startposition zu verschaffen.

72   Im Gegensatz zu gekündigten Arbeitsverhältnissen muß der Unternehmer aber dem Handelsvertreter **keine Freizeit zur Stellensuche** gewähren, da der Handelsvertreter seine Arbeitszeit frei gestalten kann. § 629 BGB greift deshalb nicht ein.

73   Verletzt eine Vertragspartei in der Zeit zwischen Kündigung und Vertragsbeendigung ihre vertraglichen Pflichten so schwerwiegend, daß ein wichtiger Grund vorliegt, kann das Vertragsverhältnis durch **fristlose Kündigung** vorzeitig beendet werden. Eine ordentliche Kündigung kann aber nicht durch Nachschieben eines wichtigen Grundes zu einer fristlosen Kündigung umgestaltet werden.[143]

74   **b) Folgen der Vertragsbeendigung.** Nach der Vertragsbeendigung muß der Handelsvertreter alle ihm vom Unternehmer zur Ausübung seiner Tätigkeit überlassenen **Unterlagen herausgeben** (vgl. § 86 RdNr. 55 f.).[144] Diese im Handelsvertreterrecht nicht unmittelbar geregelte Herausgabepflicht ergibt sich aus der subsidiär anwendbaren Bestimmung des § 667 BGB.[145] Zu den herausgabepflichtigen Unterlagen zählen insbesondere die dem Handelsvertreter vom Unternehmer gemäß § 86 a Abs. 1 zur Ausübung seiner Tätigkeit anvertrauten Gegenstände wie Muster, Zeichnungen, Preislisten, Werbedrucksachen und Geschäftsbedingungen. Ebenso hat der Handelsvertreter alle gespeicherten kundenbezogenen Daten und die Kundenkartei herauszugeben. Dies gilt sowohl für die vom Unternehmer bei Vertragsbeginn zur Verfügung gestellte Kundenkartei als auch für die vom Handelsvertreter während seiner Vermittlungstätigkeit selbst aufgebaute Kartei.[146]

75   Des weiteren begründet die Beendigung des Handelsvertreterverhältnisses die in § 90 normierte **nachvertragliche Verschwiegenheitspflicht** des Handelsvertreters. Dieser darf Geschäfts- und Betriebsgeheimnisse nicht verwerten oder anderen mitteilen und hat auch über alle sonstigen Umstände, deren Veröffentlichung für den Unternehmer nachteilig sein könnte, Stillschweigen zu bewahren (zu den Einzelheiten vgl. Kommentierung zu § 90).

76   Dagegen ist der Handelsvertreter vorbehaltlich einer entsprechenden vertraglichen Regelung (§ 90 a) nicht an einer **nachvertraglichen Wettbewerbstätigkeit** gehindert. Diese darf jedoch nicht gegen die im Gesetz gegen den unlauteren Wettbewerb (UWG) normierten Grenzen verstoßen (zu den Einzelheiten vgl. Kommentierung zu § 90 a).

77   Auf die **Erteilung eines Zeugnisses** hat der Handelsvertreter keinen Anspruch, da der Zeugnisanspruch seinem Wesen nach ein Über-Unterordnungsverhältnis voraussetzt.[147] Dies ist wegen der fehlenden Weisungsgebundenheit und der fehlenden persönlichen Abhängigkeit des Handelsvertreters vom Unternehmer zu verneinen.

---

[141] *Küstner/v. Manteuffel* I RdNr. 1650; aA Staub/ *Brüggemann* § 86 RdNr. 27, der eine Offenbarungspflicht des Handelsvertreters nur nach Befragung durch den Unternehmer bejaht.
[142] Baumbach/*Hopt* RdNr. 25.
[143] BAG AP BetrVG 1972 § 102 Nr. 39.

[144] Baumbach/*Hopt* RdNr. 26; *Küstner/v. Manteuffel* I RdNr. 1700.
[145] BGH BB 1993, 1105; Staub/*Brüggemann* § 86 RdNr. 25.
[146] *Küstner/v. Manteuffel* I RdNr. 1700.
[147] OLG Celle BB 1967, 775.

v. Hoyningen-Huene

Wichtigste Folge der Beendigung ist das Entstehen eines **Ausgleichsanspruchs** nach § 89 b (vgl. hierzu Kommentierung zu § 89 b).

5. Kündigung fortgesetzter Zeitverträge. Wird ein auf eine bestimmte Zeit eingegan- **78** genes Vertragsverhältnis nach Abschluß der vereinbarten Laufzeit von beiden Teilen fortgesetzt, gilt es gemäß § 89 Abs. 3 als auf unbestimmte Zeit verlängert. Eine beiderseitige Fortsetzung liegt bereits vor, wenn der Handelsvertreter nach Ablauf der Vertragszeit seine Tätigkeit fortsetzt und der Unternehmer nicht unverzüglich widerspricht, sobald er davon Kenntnis erhält.

Das auf unbestimmte Zeit verlängerte Vertragsverhältnis kann nunmehr nur durch or- **79** dentliche Kündigung beendet werden. Die **Kündigungsfristen** berechnen sich dabei nicht nach der Dauer der Fortsetzung, sondern nach der Gesamtdauer ab Beginn des Vertragsverhältnisses. Eine Trennung zwischen Zeitvertrag und unmittelbar anschließendem unbefristetem Vertrag würde zu einer nicht sachgemäßen Aufspaltung des einheitlichen Vertragsverhältnisses führen.

§ 89 a [Fristlose Kündigung]

(1) Das Vertragsverhältnis kann von jedem Teil aus wichtigem Grunde ohne Einhaltung einer Kündigungsfrist gekündigt werden. Dieses Recht kann nicht ausgeschlossen oder beschränkt werden.

(2) Wird die Kündigung durch ein Verhalten veranlaßt, das der andere Teil zu vertreten hat, so ist dieser zum Ersatz des durch die Aufhebung des Vertragsverhältnisses entstehenden Schadens verpflichtet.

Schrifttum: *Becker-Schaffner*, Die Rechtsprechung zur Ausschlußfrist des § 626 Abs. 2 BGB, DB 1987, 2147; *Börner/Hubert*, Frist für die außerordentliche Kündigung des Handels- bzw. Versicherungsvertreters?, BB 1989, 1633; *Boldt*, Zur vorzeitigen Kündigung eines Handelsvertreterverhältnisses, BB 1962, 906; *Evans-v.Krbek*, Die analoge Anwendung der Vorschriften des Handelsvertreterrechts auf den Vertragshändler, 1976; *v.Gamm*, Die neue Rechtsprechung des BGH zum Handelsvertreterrecht, NJW 1979, 2489; *Holling*, Gründe zur fristlosen Kündigung eines Handelsvertreterverhältnisses in der Rechtsprechung, BB 1961, 994; *ders.*, Zur fristlosen Kündigung eines Handelsvertreters wegen mangelhafter Tätigkeit und wegen von ihm nicht zu vertretenden Umsatzrückgang, RVR 1970, 67; *Kindler*, Verwirkung des Rechts auf außerordentliche Kündigung: Für welche Dienstvertragstypen gilt § 626 Abs. 2 BGB?, BB 1988, 2051; *Schwerdtner*, Das Recht zur außerordentlichen Kündigung als Gegenstand rechtsgeschäftlicher Vereinbarungen im Rahmen des Handelsvertreterrechts, DB 1989, 1757; *Sterzing*, Zuständigkeit für Schadensersatzklagen des Eigenhändlers aus Vertrag und unerlaubter Handlung bei Kündigung durch den Unternehmer, RIW/AWD 1989, 570; *Woltereck*, Zwei-Wochen-Frist bei außerordentlicher Kündigung eines Handelsvertreters, DB 1984, 279.

Übersicht

I. Bedeutung

1   **1. Entstehungsgeschichte.** Das Recht zur außerordentlichen Kündigung des Handelsvertretervertrags wurde erstmals in § 81 Abs. 2 des 2. Entwurfs eines Handelsgesetzbuchs geregelt[1] und als § 92 Abs. 2 unverändert in die ursprüngliche Fassung des HGB übernommen. Das Änderungsgesetz von 1953 ergänzte die bisherige Regelung und normierte das Recht zur außerordentlichen Kündigung in § 89a. Dabei wurde im Interesse der Rechtsklarheit die Unabdingbarkeit des Rechts zur außerordentlichen Kündigung ausdrücklich in Abs. 1 Satz 2 geregelt. Außerdem wurde in Abs. 2 ein Schadensersatzanspruch wegen berechtigter außerordentlicher Kündigung neu eingeführt.[2] Dies entspricht der heutigen Fassung des § 89a.

2   **2. Zweck der Regelung.** Die Vorschrift gewährt den Vertragsparteien das Recht, das Handelsvertreterverhältnis bei Vorliegen eines wichtigen Grundes vorzeitig zu beenden, unabhängig davon, ob der Vertrag unbefristet oder auf bestimmte Zeit abgeschlossen wurde. Damit wird verhindert, daß die Vertragspartner das unzumutbar gewordene Dauerschuldverhältnis bis zum Ablauf der Kündigungsfrist oder bis zum Ablauf der vereinbarten Vertragsdauer fortsetzen müssen. Das Recht zur fristlosen Kündigung verdrängt die bei

---

[1] Entwurf eines Handelsgesetzbuchs mit Ausschluß des Seehandelsrechts, aufgestellt im Reichsjustizamt, 1896 (RJA-E I. und II.) abgedr. bei *Schubert/Schmiedel/Krampe*, Quellen zum HGB von 1897 Bd. I 1986, S. 237, 367.

[2] Begr. z. Reg.-E. eines Gesetzes zur Änderung des HGB (Recht des Handelsvertreters), BT-Drs. S. 32.

sonstigen Schuldverhältnissen möglichen Lösungsmöglichkeiten des Rücktritts oder des Wegfalls der Geschäftsgrundlage,[3] weil hierfür neben dem Recht zur außerordentlichen Kündigung kein Bedürfnis besteht. Die Regelung des **Schadensersatzanspruchs** in Abs. 2 entspricht § 628 Abs. 2 BGB und wurde vom Gesetzgeber wegen ihrer Wichtigkeit in das Handelsvertreterrecht aufgenommen.[4]

3. Verhältnis zu den allgemeinen bürgerlich-rechtlichen Vorschriften. Der Handels- 3
vertretervertrag ist seinem Wesen nach ein Dienstvertrag, der eine Geschäftsbesorgung zum Gegenstand hat. Soweit die Spezialvorschriften der §§ 89 ff. nicht entgegenstehen, kommt daher eine ergänzende Anwendung der Kündigungsvorschriften des Dienstvertragsrechts in Betracht. Ob und in welchem Umfang eine einzelne Vorschrift des Dienstvertragsrechts auf das Handelsvertreterverhältnis anzuwenden ist, hängt in erster Linie davon ab, inwieweit die dienstvertragliche Vorschrift Ausdruck der persönlich abhängigen Stellung des Dienstverpflichteten ist. Denn wegen der Selbständigkeit des Handelsvertreters ist eine **ergänzende Heranziehung** der Vorschriften des BGB auf das Handelsvertreterverhältnis nur möglich, **wenn** die **dienstvertragliche Vorschrift keine persönliche Abhängigkeit zum Arbeitgeber voraussetzt.** Desweiteren muß eine Regelungslücke bestehen.

a) § 626 Abs. 1 BGB. Eine solche Regelungslücke fehlt im Verhältnis zwischen § 89 a 4
und § 626 Abs. 1 BGB. **§ 89 a verdrängt** als lex specialis den **§ 626 Abs. 1 BGB,** der in seinem sachlichen Gehalt weitgehend dem § 89 a Abs. 1 Satz 1 entspricht.[5]

b) § 626 Abs. 2 Satz 1 und 2 BGB. Ebenso findet die Bestimmung des § 626 Abs. 2 5
Satz 1 und 2 BGB, wonach die außerordentliche Kündigung nur innerhalb von zwei Wochen erfolgen kann und die Frist mit Kenntniserlangung der maßgeblichen Tatsachen durch den Kündigungsberechtigten beginnt, auf die fristlose Kündigung des Handelsvertretervertrags keine Anwendung.[6] Denn der Grund für die zeitliche Begrenzung des Kündigungsrechts liegt in dem besonderen Schutzbedürfnis des abhängigen Arbeitnehmers[7] und läßt sich auf das Rechtsverhältnis zwischen selbständigem Handelsvertreter und Unternehmer nicht übertragen.[8]

c) § 626 Abs. 2 Satz 3 BGB. Dagegen ist § 626 Abs. 2 Satz 3 BGB entsprechend an- 6
wendbar.[9] Danach muß der Kündigende auf Verlangen des anderen Teils diesem den Kündigungsgrund unverzüglich mitteilen, falls der Gekündigte die Gründe nicht kennt und auch nicht zu durchschauen in der Lage ist.[10] Die Vorschrift wird von der abhängigen Stellung des Dienstverpflichteten nicht beeinflußt. Angesichts des einschneidenden Eingriffs in das Vertragsverhältnis hat nämlich der Gekündigte unabhängig von seiner Stellung als selbständiger Handelsvertreter oder weisungsabhängiger Arbeitnehmer ein berechtigtes Interesse daran, den Kündigungsgrund zu erfahren.[11]

---

[3] Heymann/*Sonnenschein/Weitemeyer* RdNr. 4; Staub/*Brüggemann* RdNr. 2; vgl. auch KR-*Hillebrecht* § 626 RdNr. 26 f.; BAG AP TVG § 1 Rückwirkung Nr. 1.

[4] Bgr. z. Reg.-E., BT-Drs. I Nr. 3856 S. 32.

[5] Baumbach/*Hopt* RdNr. 2; Heymann/*Sonnenschein/Weitemeyer* RdNr. 6; *Küstner/v. Manteuffel* I RdNr. 1705; Staub/*Brüggemann* RdNr. 3.

[6] BGH EWiR 1986, 1005 mit zust. Kurzkomm. *v. Hoyningen-Huene*; BGH NJW 1987, 57; NJW 1982, 2433; BGH EWiR 1994, 279 mit Kurzkomm. *Schwerdtner*; Baumbach/*Hopt* RdNr. 30; *Börner/Hubert* BB 1989, 1633; *Küstner/v. Manteuffel* I RdNr. 1705; Palandt/*Putzo* § 626 RdNr. 1; Staub/*Brüggemann* § 84 RdNr. 38; – aA OLG Karlsruhe BB 1977, 1672; OLG Bamberg BB 1979, 1000; *Kindler* BB 1988, 2051; *Woltereck* DB 1984, 279; MünchKommBGB/*Schwerdtner* § 626 RdNr. 11, 12

hält § 626 Abs. 2 BGB bei Einfirmenvertretern anwendbar.

[7] BAG NJW 1972, 463.

[8] BGH NJW 1987, 57, 58; *Börner/Hubert* BB 1989, 1633, 1634.

[9] LG Köln NJW-RR 1992, 485; Baumbach/*Hopt* RdNr. 14; *v. Gamm* NJW 1979, 2489, 2494.

[10] LG Köln NJW-RR 1992, 485; Baumbach/*Hopt* RdNr. 14; *v. Gamm* NJW 1979, 2489, 2494; Staub/*Brüggemann* RdNr. 16; nach BGHZ 27, 220 = LM Nr. 2 mit Anm. *Haager* ist der Kündigende uU nach Treu und Glauben zur Angabe eines Kündigungsgrunds verpflichtet. Zum Zeitpunkt dieser Entscheidung existierte § 626 Abs. 2 Satz 3 BGB noch nicht, so daß das Gericht dessen analoge Anwendung auf die Kündigung von Handelsvertreterverhältnissen nicht prüfen konnte.

[11] LG Köln NJW-RR 1992, 485.

7   **d) §§ 627, 628 BGB.** § 627 BGB über die fristlose Kündigung bei einer Vertrauensstellung und § 628 BGB über Vergütung und Schadensersatz bei einer fristlosen Kündigung werden durch die handelsrechtliche Sonderregelung des § 89a ausgeschlossen.[12] § 627 BGB, der wegen der besonderen Vertrauensstellung des Dienstverpflichteten auf das Vorliegen eines wichtigen Grundes bei der außerordentlichen Kündigung verzichtet, ist auf den Handelsvertreter nicht anzuwenden, da dieser als Hilfsperson des Unternehmers zwar zur Loyalität verpflichtet ist, aber kein besonderes Vertrauen in Anspruch nimmt.[13] § 628 Abs. 2 BGB wird durch die Sonderregelung des § 89a Abs. 2 verdrängt.

8   **4. Persönlicher Anwendungsbereich. a) Handelsvertreter.** Eine außerordentliche Vertragskündigung gemäß § 89a ist bei allen **Handelsvertreterverträgen** möglich. Dies gilt auch für den **Versicherungs- und Bausparkassenvertreter iSd.** § 92 sowie den **Handelsvertreter im Nebenberuf,** da § 92 b nur dessen ordentliche Kündigung ausschließt.[14] Dagegen greifen für unselbständige Handelsvertreter iSd. des § 84 Abs. 2 (vgl. § 84 RdNr. 115 ff.) nicht die handelsrechtlichen, sondern die arbeitsrechtlichen Kündigungsvorschriften ein.[15]

9   **b) Vertragshändler.** § 89a gilt entsprechend bei der außerordentlichen Kündigung von **Eigen- oder Vertragshändler-**[16] **und Franchiseverträgen.**[17] Eine unmittelbare Anwendung des § 89 (vgl. Vor § 84 RdNr. 13 ff.) kommt nicht in Betracht, da der Vertragshändler im Gegensatz zum Handelsvertreter im eigenen Namen und auf eigene Rechnung tätig wird.[18] Der Vertragshändlervertrag ist deshalb als Dienstvertrag zu qualifizieren, der eine Geschäftsbesorgung zum Gegenstand hat und auf den grundsätzlich die §§ 675, 611 ff. BGB Anwendung finden.[19] Das Handelsvertreterrecht ist jedoch entsprechend heranzuziehen, soweit dem Vertragshändler durch die Eingliederung in die Absatzorganisation des Herstellers weitgehend Rechte und Pflichten übertragen worden sind, wie sie üblicherweise Handelsvertretern eingeräumt zu werden pflegen.[20] Analogiefähig sind insbesondere solche Vorschriften, die an die Struktur des Handelsvertretervertrags als dauernde Geschäftsbesorgung anknüpfen.[21] Zu dieser Gruppe gehören vor allem die Bestimmungen über die außerordentliche Kündigung des Handelsvertretervertrags, so daß gegen eine analoge Anwendung des § 89a auf den Vertragshändlervertrag keine Bedenken bestehen.

10   **c) Kommissionsagent.** Des weiteren findet § 89a analoge Anwendung bei der außerordentlichen Kündigung des Kommissionsagenten,[22] da dieser in seinen persönlichen Beziehungen zum Unternehmer dem Handelsvertreter gleichsteht und § 89a nicht auf ein Tätigwerden in fremden Namen abhebt. Als Kommissionsagenten gelten Kommissionäre (§ 383), die ständig damit betraut sind, im eigenen Namen Handelsgeschäfte für einen Unternehmer abzuschließen (vgl. Vor § 84 RdNr. 9 ff.).

II. Außerordentliche fristlose Kündigung (Abs. 1 Satz 1)

11   **1. Vertragsverhältnis.** Nach Abs. 1 Satz 1 kann das Vertragsverhältnis zwischen Handelsvertreter und Unternehmer von jedem Teil aus wichtigem Grund ohne Einhaltung einer Kündigungsfrist gekündigt werden. Zwischen den Parteien muß ein wirksames Han-

---

[12] *Küstner/v. Manteuffel* I RdNr. 244, 245; *Heymann/Sonnenschein/Weitemeyer* RdNr. 6, 30, der aber § 628 Abs. 1 BGB auf feste Vergütungen entsprechend anwenden will.
[13] *Staub/Brüggemann* RdNr. 3.
[14] *Baumbach/Hopt* RdNr. 1; *Heymann/Sonnenschein/Weitemeyer* RdNr. 5.
[15] *Baumbach/Hopt* RdNr. 1; *Heymann/Sonnenschein/Weitemeyer* RdNr. 5.
[16] BGH NJW 1982, 2432; NJW 1967, 825; *Baumbach/Hopt* § 84 RdNr. 11; *Heymann/Sonnenschein/Weitemeyer* RdNr. 5; *K. Schmidt* Handelsrecht § 28 II 2 und III 1 b; *P. Ulmer,* Der Vertragshänd-

ler, S. 398; – aA *Evans-v. Krebek* S. 111; kritisch *Stumpf* Vertragshändler, 1979, S. 106.
[17] *Martinek* Franchising S. 353 ff.; *K. Schmidt* Handelsrecht § 28 II 3 und III 1 b.
[18] *P. Ulmer,* Der Vertragshändler, S. 394.
[19] *P. Ulmer,* Der Vertragshändler, S. 251.
[20] *P. Ulmer,* Der Vertragshändler, S. 392 ff.
[21] *P. Ulmer,* Der Vertragshändler, S. 395.
[22] RGZ 69, 363, 365; *Baumbach/Hopt* § 84 RdNr. 19; *K. Schmidt* Handelsrecht § 28 II 1 und III 1 b aa; BGH BB 1964, 823; dazu auch *Evans-v. Krbek* S. 118 f.

delsvertreterverhältnis bestehen. Dabei ist unerheblich, ob der Vertrag auf bestimmte oder unbestimmte Zeit eingegangen wurde, da auch befristete Verträge durch außerordentliche Kündigung beendet werden können.[23]

2. Wichtiger Grund. a) Begriff. Der Begriff des wichtigen Grundes wird in § 89a nicht   12
näher bestimmt. Er wurde damit als **umfassender unbestimmter Rechtsbegriff** ausgestaltet,[24] der dem Tatsachenrichter einen Beurteilungsspielraum einräumt.[25] Ein wichtiger Grund iSd. Abs. 1 liegt vor, wenn dem Kündigenden unter Berücksichtigung aller Umstände des Einzelfalls und unter Abwägung der Interessen beider Vertragsteile die Fortsetzung des Handelsvertretervertrags bis zum Ablauf der ordentlichen Kündigungsfrist oder bis zur vereinbarten Beendigung des Vertrags nicht zugemutet werden kann.[26] Die außerordentliche Kündigung erfordert damit eine doppelte Unzumutbarkeit. Dem Kündigenden muß zum einen unzumutbar sein, das Arbeitsverhältnis überhaupt fortzusetzen (Unzumutbarkeit des Grundes) und zum anderen die Kündigungsfrist einzuhalten (zeitliche Unzumutbarkeit).[27]

b) Unzumutbarkeit der Vertragsfortsetzung. Auf der ersten Stufe ist zu prüfen, ob   13
objektive Tatsachen vorliegen, die an sich geeignet sind, die Fortsetzung des Handelsvertreterverhältnisses unzumutbar zu machen.[28] Entscheidend ist nicht der subjektive Kenntnisstand des Kündigenden, sondern der objektiv vorliegende Sachverhalt, wobei alle bis zum Ausspruch der Kündigung eingetretenen Umstände zu berücksichtigen sind. Dagegen spielt keine Rolle, ob der wichtige Grund in der Person einer der beiden Vertragsteile liegt oder von ihr zu vertreten ist.[29] Ebenso ist nicht erforderlich, daß der Grund erst nach Beginn des Handelsvertreterverhältnisses eingetreten ist.[30] Vielmehr können auch vorvertragliche Umstände einen wichtigen Kündigungsgrund abgeben, wenn sie dem Kündigenden erst nach Beginn des Vertragsverhältnisses bekannt werden.

Liegen Tatsachen vor, die generell geeignet sind, das Handelsvertreterverhältnis mit dem   14
Gewicht eines wichtigen Grundes zu belasten, ist auf der zweiten Stufe im Rahmen einer **Interessenabwägung** festzustellen, ob die **Fortsetzung des Handelsvertreterverhältnisses** für den Kündigenden **unzumutbar** ist.[31] Dabei sind alle Umstände des Einzelfalls, insbesondere auch das Verhältnismäßigkeitsprinzip, zu berücksichtigen und die Interessen des Kündigenden an einer vorzeitigen Beendigung des Handelsvertreterverhältnisses mit den Interessen des Gekündigten an dessen Fortsetzung abzuwägen. Zu beachten ist hierbei, daß infolge der Selbständigkeit des Handelsvertreters beim Handelsvertreterverhältnis im Gegensatz zum Arbeitsverhältnis die besonders engen Beziehungen zwischen Vertreter und Unternehmer fehlen, was ein gewisses Maß an Spannungen zwischen Vertreter und Unternehmer noch erträglich erscheinen läßt.[32] Deshalb setzt im Einzelfall die außerordentliche Kündigung des Handelsvertreters gewichtigere Gründe voraus, als sie bei der Kündigung eines Arbeitnehmers erforderlich wären. Andererseits kann die geringere soziale Schutzbedürftigkeit des selbständigen Handelsvertreters die Anforderungen an die Qualität des wichtigen Grundes im Verhältnis zum Arbeitsrecht senken.

aa) Abwägungskriterien. Als Abwägungskriterien für die Unzumutbarkeit der Ver-   15
tragsfortsetzung sind alle vernünftigerweise in Betracht kommenden Umstände vollständig und widerspruchsfrei zu berücksichtigen.[33] Hierzu gehören die Art und Dauer des Ver-

---

[23] Heymann/*Sonnenschein/Weitemeyer* RdNr. 8; *Küstner/v. Manteuffel* I RdNr. 1527.

[24] KR-*Hillebrecht* § 626 BGB RdNr. 54.

[25] KR-*Hillebrecht* § 626 BGB RdNr. 58.

[26] NJW 1986, 1931 = BGH DB 1986, 1332; DB 1978, 1882; OLG Stuttgart DB 1982, 800, 801; Baumbach/*Hopt* RdNr. 6; Heymann/*Sonnenschein/Weitemeyer* RdNr. 9.

[27] Hueck/*v. Hoyningen-Huene* KSchG § 1 RdNr. 121.

[28] KR-*Hillebrecht* § 626 BGB RdNr. 58, 66 ff.

[29] *Küstner/v. Manteuffel* I RdNr. 1706.

[30] Staub/*Brüggemann* RdNr. 8.

[31] BGH NJW 1986, 1931; DB 1978, 1822.

[32] LG Düsseldorf VersR 1964, 1097.

[33] BAG AP BGB § 626 Nr. 4 mit zust. Anm. *A. Hueck* = AR-Blattei, Kündigung IX, Entsch. 7 mit Anm. *Molitor*.

tragsverhältnisses, die Ausgestaltung der persönlichen und sachlichen Beziehungen, die bisherigen Leistungen des Handelsvertreters und das eigene Verhalten des Kündigenden.

16   **bb) Dauer der Vertragsbindung.** Entscheidend ist die Unzumutbarkeit der Fortsetzung des Arbeitsverhältnisses bis zum Ablauf der Frist für eine ordentliche Kündigung. Deshalb ist die Dauer der Vertragsbindung ein wichtiges Abwägungskriterium. Haben die Parteien einen **langfristigen Vertrag** abgeschlossen, ist der Handelsvertreter besonders schutzbedürftig, weshalb teilweise an das Vorliegen eines wichtigen Grundes besonders strenge Anforderungen gestellt werden.[34] Andererseits ist aber zu berücksichtigen, daß der Arbeitgeber bei einer langandauernden künftigen Vertragsbindung ein besonderes Interesse an einer sofortigen Auflösung des Handelsvertreterverhältnisses hat. Demzufolge ist zu differenzieren, ob die Kündigung aufgrund eines einmaligen Vorfalls oder aus einem sich ständig neu aktualisierenden Grund erfolgen soll. Handelt es sich um einen einmaligen Vorfall, ist zugunsten des Handelsvertreters zu berücksichtigen, daß er durch die Entlassung eine besonders gesicherte Rechtsposition verlieren würde, so daß ein strenger Maßstab anzulegen ist.[35] Dagegen ist bei Dauertatbeständen (zB geminderte Leistungsfähigkeit) oder Vorfällen mit Wiederholungsgefahr dem Unternehmer die Fortsetzung des Vertrags in stärkerem Maße unzumutbar.[36]

17   Bei einer **kurzfristigen ordentlichen Kündigungsmöglichkeit** oder beim bevorstehenden Vertragsende, ist es für den Unternehmer eher zumutbar, das Vertragsverhältnis bis zum Ablauf der Kündigungsfrist oder bis zum Vertragsende fortzuführen.[37] Es sind deshalb um so größere Anforderungen an das Gewicht eines Kündigungsgrundes zu stellen, je kurzfristiger das Vertragsverhältnis mit einer ordentlichen Kündigung beendet werden kann.[38] Dies gilt insbesondere, wenn die Kündigungsfrist im Verhältnis zur bisherigen Vertragsdauer als besonders kurz erscheint, was bei einer verbleibenden Zeit von viereinhalb Monaten bis zum Vertragsende bei einer 12 Jahre andauernden Vertragsbeziehung der Fall ist.[39]

18   **cc) Art und Gewicht der Vertragsverletzung.** Ein weiteres wichtiges Abwägungskriterium beinhalten Art und Gewicht der Vertragsverletzung. So hat der BGH[40] das Nichttätigwerden eines Handelsvertreters für den Absatz von aus dem Rahmen der üblichen Produktpalette herausfallenden Waren für einen neuen speziellen Abnehmerkreis nicht als wichtigen Grund angesehen, wenn der Anteil des zu vertreibenden Produkts am Gesamtumsatz gering war.

19   **dd) Verschulden.** Ebenso ist der Grad des etwaigen Verschuldens bei einer Vertragsverletzung zu prüfen. Allerdings ist ein Verschulden des Kündigungsgegners an der Entstehung der Umstände, die als wichtiger Grund die fristlose Kündigung rechtfertigen, nicht notwendige Voraussetzung für die Unzumutbarkeit der Vertragsfortsetzung.[41] So berechtigt beispielsweise ein nicht verschuldeter Konkurs des Handelsvertreters zur fristlosen Kündigung. Dies ist selbst dann nicht ausgeschlossen, wenn dem Kündigenden eine Mitverantwortlichkeit für das Entstehen eines wichtigen Grundes trifft.[42]

20   **ee) Bisherige Vertragsdauer.** Weitere Beurteilungskriterien für die Interessensabwägung sind die bisherige Vertragsdauer und die **Art und Weise seiner Durchführung**.[43] Bei einer lanjährigen, erfolgreichen Tätigkeit des Handelsvertreters für den Unternehmer können deshalb die Anforderungen an das Vorliegen eines wichtigen Grundes höher sein. So

[34] BAG AP BGB § 626 Nr. 8 mit Anm. *A. Hueck* = AR-Blattei, Kündigung IX, Entsch. 10 mit Anm. *Grub* = DB 1956, 427; *Küstner/v. Manteuffel* I RdNr. 1709.
[35] BAG AP BGB § 626 Nr. 4; AP § 626 Nr. 83 = NJW 1985, 1851.
[36] KR-*Hillebrecht* § 626 BGB RdNr. 205.
[37] OLG Stuttgart DB 1982, 800, 801; Baumbach/*Hopt* RdNr. 7.

[38] Heymann/*Sonnenschein/Weitemeyer* RdNr. 10.
[39] BGH DB 1978, 1882.
[40] BGH DB 1981, 1772.
[41] Heymann/*Sonnenschein/Weitemeyer* RdNr. 10; *Küstner/v. Manteuffel* I RdNr. 1706; Staub/*Brüggemann* RdNr. 11.
[42] BGH BB 1960, 381.
[43] BGH WM 1992, 311, 313; DB 1978, 1882; Staub/*Brüggemann* RdNr. 6.

v. Hoyningen-Huene

hat der BGH[44] das Recht zur fristlosen Kündigung verneint, wenn ein erfolgreicher und über 10 Jahre beim Unternehmer tätiger Handelsvertreter im Einzelfall seine Berichtspflicht verletzt. Auch sind besondere Dienste, die sich der Handelsvertreter um den Aufbau des Unternehmens seines Vertragspartners erworben hat, zu berücksichtigen.[45]

ff) Folgen der Kündigung. Die zu erwartenden Folgen der außerordentlichen Kündi- 21 gung dürfen ebenfalls nicht unberücksichtigt bleiben.[46] Hier ist insbesondere zu beachten, daß bei Vorliegen eines wichtigen Kündigungsgrundes der Handelsvertreter nach § 89b Abs. 3 Nr. 2 seinen Ausgleichsanspruch verliert. Daneben sind die sozialen Folgen der fristlosen Kündigung für den Handelsvertreter zu berücksichtigen.

gg) Eigene Vertragsuntreue des Kündigenden. Die eigene Vertragsuntreue des Kün- 22 digenden kann zu einem Ausschluß des Rechts zur fristlosen Kündigung führen,[47] weil dem Kündigenden dann nach Treu und Glauben ein vorläufiges Festhalten an dem Vertrag zuzumuten ist. So berechtigt zwar die ungenehmigte Vertretung eines Konkurrenzunternehmens grundsätzlich zur fristlosen Kündigung des Vertrags. Dieses Recht kann aber ausgeschlossen sein, wenn der Handelsvertreter auch deshalb für das Konkurrenzunternehmen tätig wird, weil der Unternehmer vom Handelsvertreter vermittelte Geschäfte nicht annimmt.[48]

Die Unzumutbarkeit der Vertragsfortsetzung ist weiterhin abzulehnen bei einer längeren 23 **Duldung des vertragswidrigen Verhaltens** durch den Unternehmer,[49] bei längerer Vorhersehbarkeit des Kündigungsgrundes, zB bei voraussehbarer Betriebseinstellung infolge von Verlusten[50] und bei Einräumung einer längeren Frist zum Unterlassen des vertragswidrigen Verhaltens.[51]

Auch kann das **Verhalten des Kündigenden** nach Eintritt des Kündigungsgrundes Auf- 24 schluß darüber geben, ob ein Kündigungsgrund tatsächlich wichtig ist.[52] Stellt der Kündigende nach Eintritt des Kündigungsgrundes eine weitere Zusammenarbeit in Aussicht oder erklärt er durch schlüssiges Verhalten, er werde aus dem Umstand keine Folgerungen herleiten, ist davon auszugehen, daß er das Verhalten des Gekündigten nicht als so schwerwiegend empfindet und eine sofortige Vertragsauflösung nicht erforderlich ist. Dies gilt auch, wenn der Kündigende trotz Vorliegens eines wichtigen Grundes nur ordentlich kündigt oder wenn die Kündigung erst vier Monate nach Kenntnis des Kündigungsgrundes erfolgt.[53] Führt der Unternehmer noch nach Kündigungsausspruch vom Handelsvertreter vermittelte Verträge aus, liegt dennoch keine Bestätigung des Vertragsverhältnisses vor, da es dem Unternehmer nicht zumutbar ist, seine Kunden durch Nichtannahme von Verträgen zu verärgern.[54]

hh) Zusammentreffen mehrerer Gründe. Mehrere Gründe, die bei isolierter Betrach- 25 tung für eine fristlose Kündigung nicht ausreichen würden, können durch ihr Zusammentreffen ein die Kündigung rechtfertigendes Gewicht erhalten.[55] Dabei kann auch ein früher aufgetretener Umstand, für den das Kündigungsrecht nicht mehr besteht, zur Unterstützung eines nunmehr aufgetretenen neuen Grundes herangezogen werden.[56]

ii) Einzelfallentscheidung. Die oben aufgeführten Abwägungskriterien beinhalten aber 26 nur Entscheidungshilfen für die Prüfung der Unzumutbarkeit der Vertragsfortsetzung.

[44] DB 1978, 1882.
[45] BGH DB 1981, 1772; LG Düsseldorf VersR 1964, 1097.
[46] Baumbach/*Hopt* RdNr. 7; *v. Gamm* NJW 1979, 2494.
[47] BGH WM 1992, 311, 312; BGH DB 1981, 987; BGHZ 44, 271, 275 = LM Nr. 7 mit Anm. *Rietschel*; Baumbach/*Hopt* RdNr. 7; Heymann/*Sonnenschein/Weitemeyer* RdNr. 10.
[48] BGH WM 1992, 311; BGH WM 1985, 982 = VersR 1985, 691.
[49] BGH WM 1982, 633.

[50] BGH NJW 1986, 1931.
[51] OLG Nürnberg BB 1965, 809; Baumbach/*Hopt* RdNr. 7.
[52] BGH WM 1984, 556, 558; WM 1983, 820; *Küstner/v. Manteuffel* I RdNr. 1713; Staub/*Brüggemann* RdNr. 10.
[53] Vgl. BGH BB 1992, 1162.
[54] LG Hamburg VersR 1992, 743.
[55] BGHZ 44, 271, 274 = LM Nr. 7 mit Anm. *Rietschel*; Baumbach/*Hopt* RdNr. 9; Heymann/*Sonnenschein/Weitemeyer* RdNr. 10.
[56] Staub/*Brüggemann* RdNr. 7.

Maßgebend sind stets die Umstände des jeweiligen Einzelfalls, so daß sich jede schematische Lösung verbietet.[57]

27 **c) Vertragliche Bestimmung.** Die Parteien können vertraglich bestimmen, welche Umstände als wichtiger Grund für die fristlose Kündigung gelten sollen.[58] Solche Bestimmungen sind sowohl im Einzelvertrag als auch in allgemeinen Geschäftsbedingungen möglich.[59] Die einvernehmliche Vorausbewertung bestimmter Tatbestände als Grund zur außerordentlichen Kündigung führt dazu, daß bei Vorliegen der konkret benannten Kündigungsgründe der Vertrag ohne weitere Interessensabwägung und Prüfung der Zumutbarkeit beendet werden kann. Eine am Einzelfall orientierte Abwägung der gegenseitigen Interessen bedarf es dann nicht mehr.[60]

28 Solche vertraglichen Bestimmungen sind aus Gründen der Vertragsautonomie grundsätzlich zulässig.[61] Soweit jedoch durch die vertragliche Regelung das außerordentliche Kündigungsrecht eines Vertragsteils beschränkt oder erschwert wird, verstößt die Regelung gegen das in Abs. 1 Satz 2 normierte Unabdingbarkeitsprinzip und ist deshalb unzulässig.[62] Dies ist der Fall, wenn außer den in der Vereinbarung genannten Gründen keine anderen wichtigen Gründe zur Kündigung berechtigen. Im übrigen, dh. bei Erweiterung des Kündigungsrechts durch Vereinbarung zusätzlicher wichtiger Gründe, darf die Regelung nicht gegen **Treu und Glauben** (§ 242 BGB) verstoßen.[63] Ein solcher Verstoß liegt vor, wenn der vereinbarte wichtige Grund in seiner Qualität einem objektiv wesentlichen Grund nicht entspricht, weil dann die Vereinbarung zu einer **Umgehung** der in § 89 gesetzlich geregelten **Mindestkündigungsfristen** führt.[64] Dies ist bei der Vereinbarung einer übergroßen Zahl von Tatbeständen, die fast bei jeder Vertragsverletzung das Recht zur außerordentlichen Kündigung einräumen, der Fall.[65] Zu weitgehend ist aber, eine Umgehung bereits dann zu bejahen, wenn nur ein vereinbarter Tatbestand keinen objektiv wichtigen Grund abgibt,[66] weil dann dem Grundsatz der Privatautonomie nicht genügend Rechnung getragen wird.

29 **d) Abmahnung.** Aus dem Grundsatz der Verhältnismäßigkeit kann sich das Erfordernis einer vorherigen Abmahnung ergeben.[67] Bei Störungen im Leistungsbereich hat der Unternehmer den Handelsvertreter regelmäßig vor Ausspruch einer verhaltensbedingten Kündigung abzumahnen.[68] Nur bei schweren Pflichtverletzungen, wenn eine Billigung des Verhaltens offensichtlich ausgeschlossen ist, bedarf es ausnahmsweise keiner Abmahnung.[69] Dagegen erfordern Pflichtverletzungen, die zu einer Störung im Vertrauensbereich führen, grundsätzlich keine Abmahnung.[70]

30 Ebenso kann der Unternehmer aus Verhältnismäßigkeitsgründen zu einer vorherigen **Anhörung** des Handelsvertreters verpflichtet sein, bevor er die außerordentliche Kündigung ausspricht. Der Handelsvertreter muß zumindest dann zu den gegenüber ihm erhobenen Vorwürfen Stellung nehmen können, wenn die Kenntnis des Unternehmers hinsichtlich der beanstandeten Vorgänge nur auf Auskünften Dritter beruht.[71]

[57] *Küstner/v. Manteuffel* I RdNr. 1708.
[58] BGH NJW-RR 1988, 1381 = BB 1988, 1771 = DB 1988, 2403 = EWiR 1988, 1059 mit Kurzkomm. *Martinek*; BB 1988, 1771; BB 1956, 95; *Canaris* Handelsrecht S. 253; Baumbach/*Hopt* RdNr. 27; Heymann/*Sonnenschein/Weitemeyer* RdNr. 11; *Küstner/v. Manteuffel* I RdNr. 1774; Staub/*Brüggemann* RdNr. 9; *Schwerdtner* DB 1989, 1757; OLG Düsseldorf VW 1978, 144.
[59] BGH NJW-RR 1992, 1059, 1060.
[60] BGH NJW-RR 1988, 1381 = BB 1988, 1771.
[61] Vgl. hierzu *Boemke* NZA 1993, 532.
[62] Baumbach/*Hopt* RdNr. 28; Heymann/*Sonnenschein/Weitemeyer* RdNr. 11; *Küstner/v. Manteuffel* I RdNr. 1779.
[63] BGH NJW-RR 1988, 1381 = BB 1988, 1771.

[64] OLG München BB 1956, 20; Baumbach/*Hopt* RdNr. 27; Heymann/*Sonnenschein/Weitemeyer* RdNr. 11; *Küstner/v. Manteuffel* I RdNr. 1774; *Schwerdtner* DB 1989, 1757 ff.; Staub/*Brüggemann* RdNr. 9.
[65] Baumbach/*Hopt* RdNr. 27.
[66] So *Schwerdtner* DB 1989, 1757, 1758.
[67] BGH DB 1981, 987; dazu allgemein *v. Hoyningen-Huene* RdA 1990, 193 ff. m. weit. Nachw.; siehe auch § 59 RdNr. 209.
[68] BAG AP GewO § 124 Nr. 1 mit Anm. *A. Hueck* = SAE 1968, 37 mit Anm. *Söllner*.
[69] BAG AP SeemG § 64 Nr. 1 mit zust. Anm. *Fettback*; KR-*Hillebrecht* § 626 BGB RdNr. 98.
[70] Vgl. im einzelnen für das Arbeitsrecht *Schaub* NJW 1990, 894.
[71] LAG Düsseldorf VersR 1980, 1143.

3. Einzelfälle. § 89a sagt ebenso wie § 626 BGB nichts darüber aus, was als wichtiger 31 Grund anzusehen ist. Inzwischen hat jedoch die Rechtsprechung in einer umfangreichen **Kasuistik** verschiedene Fallgruppen des wichtigen Grundes herausgearbeitet.[72] Bei der Subsumtion des Kündigungssachverhalts unter die jeweiligen Fallgruppen ist aber immer zu beachten, daß der zu beurteilende Sachverhalt Besonderheiten aufweisen kann, die eine abweichende Beurteilung rechtfertigen. Es verbietet sich also jede schematische Lösung. Vielmehr entscheiden die Umstände des Einzelfalls, wobei jedoch die von der Rechtsprechung und der Literatur aufgestellten Grundsätze als Richtlinien und Orientierungshilfen dienen.[73]

a) Wichtiger Kündigungsgrund des Unternehmers. Ein Kündigungsrecht des Unter- 32 nehmers wird vorwiegend durch wesentliche Vertragsverletzungen des Handelsvertreters begründet. Ausnahmsweise stellen aber auch Umstände aus der Sphäre des Unternehmers einen wichtigen Kündigungsgrund dar[74] (vgl. hierzu RdNr. 51). Eine begrenzte Typologie des wichtigen Grundes ergibt sich daraus, daß sich die Rechtsprechung immer wieder mit ähnlich gelagerten Sachverhalten befassen muß. Diese typischen Sachverhalte werden im folgenden zur besseren Übersicht nach **Fallgruppen** geordnet dargestellt.

aa) Verletzung des Wettbewerbsverbots. Die Verletzung eines Wettbewerbsverbots 33 führt zu einem schweren Verstoß gegen die vertraglichen Treuepflichten und berechtigt grundsätzlich zur außerordentlichen Kündigung.[75] Dies gilt insbesondere bei einem Verstoß gegen eine vertragliche Wettbewerbsklausel.[76] Bei ungenehmigter **Konkurrenztätigkeit** liegt ein wichtiger Grund auch dann vor, wenn das Verbot der Konkurrenztätigkeit nicht ausdrücklich vertraglich vereinbart wurde.[77] Dabei ist eine unzulässige Konkurrenztätigkeit bereits dann zu bejahen, wenn der Handelsvertreter für einen fremden Unternehmer tätig wird, dessen Angebot sich mit dem Angebot des vertretenen Unternehmers teilweise überschneidet.[78] Fehlt die vorgeschriebene Genehmigung des Unternehmers, kann auch die Übernahme einer nicht konkurrierenden Vertretung einen wichtigen Grund darstellen, selbst wenn dem Unternehmer kein Schaden entsteht.[79] Wird durch die verbotene Konkurrenztätigkeit das Vertrauen zwischen Unternehmer und Handelsvertreter zerstört, ist eine Schädigung des Unternehmers nicht erforderlich.[80] Ein schwerwiegender Vertragsverstoß liegt weiterhin bei einer Förderung von Konkurrenzunternehmen durch mittelbare Konkurrenztätigkeit vor. Eine Geschäftsraumpartnerschaft kann hierfür genügen.[81] Ebenso ist eine Konkurrenztätigkeit des Handelsvertreters nach einer unwirksamen Kündigung des Unternehmers als wichtiger Grund anzusehen. Das gleiche gilt bei einem wettbewerbswidrigen Tätigwerden nach Ausspruch der ordentlichen Kündigung und vor Beendigung des Handelsvertreterverhältnisses.[82] Erfolgt die Vertretung eines Konkurrenzunternehmens formal durch die Ehefrau des Handelsvertreters, praktisch aber durch den Handelsvertreter selbst, liegt eine schwerwiegende Vertragsverletzung vor.[83] Auch berechtigt die Abwerbung eines anderen Handelsvertreters des Unternehmers für ein Konkurrenzunternehmen zur außerordentlichen Kündigung.[84] Das Vorliegen eines wettbewerbswidrigen Verhaltens, das einen wichtigen Kündigungsgrund begründet, hat der Unternehmer zu **beweisen.**[84a]

Dagegen **scheidet** eine **fristlose Kündigung aus,** wenn dem Unternehmer das Abwarten 34 bis zum Ablauf der ordentlichen Kündigungsfrist noch zumutbar ist. Dies gilt für den Fall,

[72] Übersicht bei *Holling* DB 1961, 994; *Küstner/ v. Manteuffel* I RdNr. 1790 ff.; vgl. KR-*Hillebrecht* § 626 BGB RdNr. 298 ff.

[73] *Heymann/Sonnenschein/Weitemeyer* RdNr. 11.

[74] *Baumbach/Hopt* RdNr. 21.

[75] *Baumbach/Hopt* RdNr. 19; *Heymann/Sonnenschein/Weitemeyer* RdNr. 14; *Küstner/v. Manteuffel* I RdNr. 1882; *Staub/Brüggemann* RdNr. 13.

[76] BGH EWiR 1986, 1005 mit Kurzkomm. *v. Hoyningen-Huene*; BGH BB 1974, 714; OLG Bamberg BB 1979, 1000.

[77] BGH WM 1992, 311, 312; BB 1974, 714.

[78] LG Hamburg VersR 1992, 743; OLG Hamm NJW-RR 1992, 364.

[79] BGH WM 1977, 318.

[80] BGH NJW 1987, 57.

[81] BGH VersR 1969, 371.

[82] LG Krefeld NJW-RR 1988, 1063; OLG München BB 1995, 168.

[83] BGH NJW-RR 1990, 171.

[84] BGH BB 1977, 1170.

[84a] OLG München NJW-RR 1995, 1186.

daß der Unternehmer dem Handelsvertreter eine längere Frist für die Einstellung der Konkurrenztätigkeit gewährt hat[85] oder wenn der Unternehmer die Konkurrenztätigkeit bereits seit längerer Zeit duldet.[86] Beruht das wettbewerbswidrige Verhalten auf einer wesentlichen Vertragsverletzung des Unternehmers, kann ein wichtiger Grund ausscheiden. So, wenn der Vertreter eine Konkurrenztätigkeit aufgenommen hat, nachdem das Unternehmen es abgelehnt hatte, vom Vertreter vermittelte Vertragsanträge entgegenzunehmen.[87] Des weiteren ist eine Kündigung nicht immer zulässig, wenn bei einer erlaubten Zweitvertretung sich das andere Unternehmen erst später zu einem echten Konkurrenten entwickelt.[88] Keine verbotene Konkurrenztätigkeit und damit kein wichtiger Kündigungsgrund liegt zudem vor, wenn die anderweitige Vertretertätigkeit einen anderen Kundenkreis anspricht, den der vertretene Unternehmer selbst nicht bedient.[89] Dies gilt beispielsweise für den Fall, daß der Handelsvertreter Kühlschränke für Privathaushalte und der Unternehmer Großkühlschränke für den Gastronomiebereich vertreibt.

35   **bb) Verstoß gegen Mitteilungs- und Berichtspflichten.** Ein wichtiger Kündigungsgrund kann auch in einem Verstoß gegen Mitteilungs- und Berichtspflichten liegen,[90] so bei Nichtmeldung von Geschäftsabschlüssen und Sachverhalten, die für den Unternehmer besonders wichtig sind.[91] Dies gilt nicht nur, wenn sich der Handelsvertreter weigert, seiner Berichtspflicht nachzukommen, sondern auch bei mangelnder Berichterstattung wegen Nachlässigkeit. Allerdings genügt nicht ohne weiteres eine einmalige Nichtmeldung.[92] Ebenso liegt kein wichtiger Grund vor, wenn nur gegen die Form der Berichtspflicht verstoßen wird, ansonsten aber dem Unternehmer die Informationen zukommen.[93] Des weiteren ist zu berücksichtigen, ob die Benachrichtigung iSv. § 86 Abs. 2 erforderlich war.[94] Grenze hierbei ist die Verletzung der persönlichen Unabhängigkeit des Handelsvertreters, was bei einer täglichen Benachrichtigungspflicht der Fall sein kann.[95]

36   Fordert der Unternehmer den Handelsvertreter nach einer ordentlichen Kündigung zur **Nachreichung von Besuchsberichten** auf und kommt der Handelsvertreter dieser Berichtspflicht nicht nach, dann liegt kein wichtiger Grund vor, wenn diese Aufforderung dem Unternehmen keine laufende Kontrolle mehr ermöglicht, sondern nur noch als Grundlage für die Prüfung einer weiteren Kündigungsmöglichkeit dienen soll.[96] Ein Verstoß gegen Benachrichtigungspflichten liegt dagegen vor, bei der Nichtunterrichtung über die Haftungsbeschränkung des Handelsvertreters infolge der Umwandlung seines Handelsunternehmens in eine GmbH und Co KG.[97] Das gleiche gilt, wenn der Handelsvertreter eine anderweitige Tätigkeit, die zu einer Interessenskollision führt,[98] oder eine Krankheit[99] nicht mitteilt. Die Unterrichtungspflicht über Tätigkeiten für andere Unternehmer besteht dabei auch dann, wenn die Berichtspflicht nicht ausdrücklich vereinbart wurde.

37   Im Hinblick auf frühere Vertretungstätigkeiten trifft den Handelsvertreter eine **Aufklärungspflicht**, sofern die Art der Beendigung des früheren Dienstvertrages für den Unternehmer Anlaß zum Mißtrauen bieten könnte.[100] Deren Verletzung kann einen wichtigen Kündigungsgrund darstellen. Das gleiche gilt bei einer Verletzung der **Offenbarungspflicht**. Eine solche Verletzung liegt vor, wenn der Handelsvertreter, der nach Beendigung des Vertragsverhältnisses für ein Konkurrenzunternehmen tätig werden will und mit diesem

[85] OLG Nürnberg BB 1965, 809.
[86] BGH VersR 1961, 52.
[87] BGH WM 1992, 311.
[88] BGH NJW-RR 1989, 862 = BB 1989, 1076; NJW-RR 1991, 105 = BB 1990, 1496; VW 1978, 810.
[89] OLG München HVR Nr. 699; *Thume* BB 1994, 2358, 2361.
[90] Baumbach/*Hopt* RdNr. 17; Heymann/*Sonnenschein*/*Weitemeyer* RdNr. 18; *Küstner*/*v. Manteuffel* I RdNr. 1823.

[91] OLG Köln BB 1971, 543.
[92] BGH BB 1979, 242.
[93] BGH NJW-RR 1988, 287 = BB 1988, 12.
[94] OLG Oldenburg DB 1964, 105.
[95] BGH NJW-RR 1989, 862 = BB 1989, 1076.
[96] BGH NJW-RR 1991, 105 = BB 1990, 1366.
[97] BGH BB 1978, 982.
[98] BGH BB 1974, 714; OLG Bamberg BB 1979, 1000, 1001; OLG Düsseldorf BB 1969, 330.
[99] OLG Köln VersR 1970, 809.
[100] *Küstner*/*v. Manteuffel* I RdNr. 1827.

v. Hoyningen-Huene

bereits vor Vertragsbeendigung entsprechende Vereinbarungen getroffen hat, es versäumt, diese dem Unternehmer mitzuteilen.[101]

cc) **Weisungswidriges Verhalten.** Weisungswidriges Verhalten des Handelsvertreters **38** kann einen wichtigen Grund darstellen,[102] sofern es sich um sachgerechte Weisungen handelt und der Unternehmer seine Dispositionsfreiheit nicht überschreitet.[103] Dabei ist zu berücksichtigen, daß der selbständige Handelsvertreter seine Tätigkeit im Gegensatz zum abhängigen Arbeitnehmer im wesentlichen frei gestalten kann (§ 84 Abs. 1 Satz 2). Weigert sich der Handelsvertreter auf Weisung des Unternehmers einen Untervertreter zu bestellen, liegt ein wichtiger Kündigungsgrund vor.[104] Kommt der Vertreter einer Aufforderung des Unternehmers nicht nach, sich neben der Betreuung der Stammkundschaft mit dem üblichen Warensortiment auch für den Absatz einer zwar gleichartigen, aber qualitativ höherwertigen Ware bei einem Kundenkreis zu bemühen, zu dem das Unternehmen bisher keine geschäftlichen Kontakte unterhielt, ist bei Fehlen besonderer Umstände eine fristlose Kündigung ebenfalls gerechtfertigt.[105]

Weitere Fälle sind die **Nichtbefolgung von Weisungen** des Unternehmers zur Bearbei- **39** tung von Versicherungsaufträgen,[106] zur Rückübertragung in der Bestandsverwaltung[107] und zur Eintragung der Preise in die Auftragsscheine.[108] Die Nichtbeachtung einer eindeutigen, uneingeschränkten Anweisung, vor Abnahme früher geordneter Ware keine neuen Kundenaufträge an den Unternehmer weiterzugeben, berechtigt zur fristlosen Kündigung.[109] Unterschreibt der Versicherungsvertreter entgegen den Weisungen des Unternehmers und nach Abmahnung vereinzelt Versicherungsanträge und Schadensmeldungen selbst mit dem Namen des Versicherungsnehmers, anstatt diesen eigenhändig unterschreiben zu lassen, liegt ein wichtiger Grund vor, wenn dadurch die Interessen des Unternehmers erheblich beeinträchtigt werden.[110] Auch die Weigerung des Handelsvertreters sich fortzubilden, kann einen Grund zur außerordentlichen Kündigung darstellen.[111]

dd) **Schuldhafte Schlechtleistung.** Eine schuldhafte Schlechtleistung gibt dem Unter- **40** nehmer das Recht zur außerordentlichen Kündigung, wenn der Handelsvertreter seine Leistungspflichten **wesentlich verletzt.**

Ein erheblicher Kundenschwund aufgrund der **Vernachlässigung von Betreuungs-** **41** **pflichten** kann einen wichtigen Grund darstellen.[112] Das gleiche gilt bei einer Verletzung von **Verwahrungspflichten** im Rahmen der Verwaltung eines Kommissionslagers[113] und bei der Verletzung der **Aufsichtspflicht gegenüber Erfüllungsgehilfen.**[114] Berechtigte **Beschwerden von Kunden** können ebenso eine außerordentliche Kündigung rechtfertigen,[115] wie die Verletzung der **Bonitätsprüfungspflicht.**[116] Dies gilt insbesondere, wenn der Handelsvertreter trotz Kenntnis der mangelnden Kreditfähigkeit des Kunden Geschäfte vermittelt. Wurde dem Handelsvertreter Inkassovollmacht zur Entgegennahme der von Kunden geschuldeten Zahlungen eingeräumt und führt dieser die Gelder nicht ab, liegt wegen Verletzung der Pflicht zur ordnungsgemäßen **Kassenführung** ein wichtiger Kündigungsgrund vor.[117] Ein **Umsatzrückgang** berechtigt zu einer fristlosen Kündigung, wenn er auf einer grob fahrlässigen Pflichtwidrigkeit[118] oder dauernden Nachlässigkeit[119] beruht. Dies hat der Unternehmer zu beweisen.[120] Dagegen stellt ein unverschuldeter Umsatz-

---

[101] *Küstner/v. Manteuffel* I RdNr. 1903.
[102] BGH BB 1960, 574; OLG Stuttgart BB 1960, 956; Baumbach/*Hopt* RdNr. 17; Heymann/*Sonnenschein/Weitemeyer* RdNr. 17.
[103] OLG Celle DB 1961, 369.
[104] OLG Hamburg BB 1960, 1300.
[105] BGH DB 1981, 1772.
[106] BGH VersR 1986, 1072.
[107] BGH VersR 1968, 642.
[108] OLG Nürnberg MDR 1974, 144.
[109] BGH WM 1993, 1102.
[110] OLG Frankfurt VersR 1992, 492.

[111] *Küstner/v. Manteuffel* I RdNr. 1860.
[112] *Küstner/v. Manteuffel* I RdNr. 1798.
[113] OLG Celle BB 1958, 894.
[114] OLG Celle BB 1958, 894.
[115] OLG Stuttgart BB 1960, 956.
[116] OLG Karlsruhe DB 1969, 741.
[117] *Küstner/v. Manteuffel* I RdNr. 1898; vgl. OLG Köln VersR 1971, 1171.
[118] BGH NJW 1982, 1814 = DB 1582, 1269; BGH VersR 1960, 707, 709.
[119] OLG Stuttgart BB 1960, 956.
[120] OLG Frankfurt DB 1967, 329.

rückgang wegen Erfolglosigkeit grundsätzlich keinen wichtigen Kündigungsgrund dar.[121] Das gleiche gilt beim Nichterreichen vorgegebener Umsätze.[122] Auch genügt es nicht, daß der Handelsvertreter in seinen Bemühungen nachläßt.

42   **Weitere** von der Rechtsprechung entschiedene **Fälle** zur schuldhaften Schlechtleistung sind die Verletzung des Grundsatzes der persönlich zu erbringenden Dienstleistung, die vertragswidrige Kraftfahrzeugbenutzung zu privaten Zwecken,[123] der Führerscheinverlust wegen Alkoholgenusses,[124] das dem Handelsvertreter vom Kunden erteilte Hausverbot, die Schlechterfüllung des Handelsvertretervertrags wegen Trunkenheit,[125] das Nichteinhalten von vorgeschriebenen Reisetouren,[126] die unberechtigte fristlose Kündigung des Handelsvertreters mit anschließender Arbeitsverweigerung[127] und die Nichteinhaltung der Fortsetzungsvereinbarung nach einverständlicher Rücknahme der ordentlichen Kündigung.[128]

43   **ee) Verletzung wesentlicher Vertragspflichten.** Die Verletzung wesentlicher Vertragspflichten durch den Handelsvertreter rechtfertigt eine außerordentliche Kündigung des Unternehmers. So beinhaltet die Preisgabe von **Geschäftsgeheimnissen** regelmäßig einen wichtigen Kündigungsgrund. Dies gilt unabhängig davon, ob durch die Preisgabe dem Unternehmer ein Schaden entstanden ist, weil auch ohne Schaden das Vertrauensverhältnis zwischen Unternehmer und Handelsvertreter zerstört wird. Läßt der Handelsvertreter durch einen seiner Angestellten Betriebsgeheimnisse des Unternehmers ausforschen, gilt entsprechendes.[129] Auch kann die Drohung, eigene Vorzugsbedingungen anderen Handelsvertretern mitzuteilen, genügen.[130]

44   Bei der **Abwerbung** anderer Handelsvertreter des Unternehmers zugunsten eines Nichtbewerbers verletzt der abwerbende Handelsvertreter seine Interessenswahrnehmungspflicht, was eine fristlose Kündigung rechtfertigt.[131] Das gleiche gilt, wenn der Handelsvertreter **Provisionszahlungen** durch fingierte Aufträge **erschwindelt**, indem er in nennenswertem Umfang in die Aufträge mehr Waren einträgt, als der Kunde tatsächlich bestellt hat.[132] Hierin liegt eine erhebliche Verletzung der vertraglichen Treuepflicht, die zudem die Interessen des Unternehmers gefährdet. Deshalb ist der Unternehmer auch zu einer außerordentlichen Kündigung berechtigt, wenn der Handelsvertreter beim **Einstellungsgespräch** besondere **Sachkunde vortäuscht**, was durch unberechtigte Führung von Berufsbezeichnungen und akademischen Titeln erfolgen kann.[133] **Vorsätzliche kreditschädigende Behauptungen** sind ebenso ein wichtiger Kündigungsgrund[134] wie falsche Reisekostenabrechnungen,[135] die Annahme von Schmiergeldern und die unberechtigte fristlose Kündigung durch den Handelsvertreter.[136]

45   **ff) Beleidigung und andere Straftaten.** Beleidigungen und andere Straftaten, die der Handelsvertreter begeht, können einen wichtigen Kündigungsgrund darstellen.[137] Dabei ist unerheblich ob sich die Beleidigung gegen den Unternehmer selbst oder gegen dessen leitende Angestellten richtet. Zu prüfen ist aber, ob die Beleidigung so schwer ist, daß eine Fortsetzung des Handelsvertreterverhältnisses für den Unternehmer unzumutbar ist. Dies ist möglicherweise zu verneinen, wenn Beleidigungen während einer harten geschäftlichen Diskussion und in starker Erregung erfolgen.[138] Die **Unterschlagung** oder **Veruntreuung** eines Musterkoffers oder kassierter Kundengelder berechtigt ebenfalls zur außerordent-

[121] OLG Düsseldorf VW 1978, 144.
[122] OLG Karlsruhe DB 1971, 572; OLG Nürnberg BB 1964, 866.
[123] BGH ZFV 1966, 1061.
[124] LAG Mainz DB 1990, 281.
[125] OLG Celle VersR 1961, 507.
[126] LG Lüneburg BB 1955, 298.
[127] OLG Stuttgart DB 1982, 800.
[128] BGH BB 1984, 235, 237 = DB 1984, 289.
[129] BGH BB 1959, 317.
[130] BGH BB 1984, 235, 237 = DB 1984, 289.

[131] BGH BB 1977, 1170 = AP § 89b Nr. 7 = DB 1977, 1046.
[132] BGH DB 1981, 987.
[133] OLG Hamburg BB 1960, 1300.
[134] BGHZ 27, 220, 226 = LM Nr. 2 mit Anm. *Haager.*
[135] *Küstner/v. Manteuffel* I RdNr. 1920.
[136] BGH BB 1966, 1410.
[137] BGH VersR 1959, 887; OLG Stuttgart BB 1960, 956; OLG Hamburg BB 1960, 1300; OLG Celle BB 1963, 711.
[138] BGH BB 1979, 242.

lichen Kündigung.[139] Bereits der **Verdacht einer Straftat** kann genügen, wenn dadurch das Vertrauensverhältnis zwischen Unternehmer und Handelsvertreter zerstört ist.[140] Die Aufklärungspflicht des Unternehmers vor Ausspruch der Kündigung ist begrenzt.[141]

gg) Nachlassen der Leistungsfähigkeit. Das Nachlassen der Leistungsfähigkeit des **46** Handelsvertreters stellt grundsätzlich keinen Kündigungsgrund dar, unabhängig davon, ob das Absinken der Leistungskraft durch **Alter** oder **Krankheit** verursacht wird. Bei langdauernder Krankheit und langen Kündigungsfristen kann der Unternehmer allerdings zur außerordentlichen Kündigung berechtigt sein. Das gleiche gilt bei **Berufsunfähigkeit** des Handelsvertreters.[142]

hh) Konkurs und Vermögensverfall des Handelsvertreters. Im Gegensatz zum Kon- **47** kurs des Unternehmers[143] führt der Konkurs des Handelsvertreters nicht zu einer automatischen Beendigung des Handelsvertreterverhältnisses (vgl. § 23 KO, ab 1. 1. 1999: §§ 115 Abs. 1, 116 InsO). Konkurs und Vermögensverfall des Handelsvertreters, Vergleichsverfahren, Geschäftseinstellung und Geschäftsübertragung berechtigen den Unternehmer aber zur fristlosen Kündigung.[144]

ii) Ausscheiden des Gesellschafters einer Handelsvertretergesellschaft. Beim Aus- **48** scheiden eines Gesellschafters einer Personenhandelsgesellschaft (oHG, KG) wird das Handelsvertreterverhältnis regelmäßig durch die Auflösung der Gesellschaft beendet (vgl. § 89 RdNr. 19 f.), so daß keine außerordentliche Kündigung erforderlich ist.[145] Soll nach dem Gesellschaftsvertrag die Gesellschaft fortgeführt werden (§ 131 Nr. 4), scheidet ein ordentliches oder außerordentliches Kündigungsrecht ebenfalls aus. Dagegen kann das Ausscheiden eines Gesellschafters einer Handelsvertreter-GmbH in Ausnahmefällen einen wichtigen Kündigungsgrund darstellen. Dies gilt insbesondere, wenn der Weggang eines Gesellschafters eine mit den §§ 613, 664 BGB unverträgliche Änderung im Erscheinungsbild des Vertreterunternehmens bewirkt. War der ausscheidende Gesellschafter dagegen nicht zugleich als Geschäftsführer oder Angestellter der GmbH im Vertreterunternehmen tätig, ist ein außerordentliches Kündigungsrecht grundsätzlich abzulehnen.[146] Soweit wegen des Ausscheidens des Gesellschafters eine fristlose Kündigung durch den Unternehmer zulässig ist, führt diese regelmäßig nicht zum Verlust des Ausgleichsanspruchs, da das Ausscheiden nicht auf einem Verschulden der Vertreter-GmbH iSd. § 89b Abs. 3 Nr. 2 beruht.

Bei einer **Handelsvertreter-GmbH** kann neben dem Ausscheiden eines Gesellschafters **49** auch das **Fehlverhalten eines Gesellschafters** ein Recht des Unternehmers zur fristlosen Kündigung des Handelsvertretervertrags begründen. Dies gilt auch dann, wenn der Vertreter-GmbH das Handeln des Gesellschafters nicht nach den §§ 278, 831 BGB zugerechnet werden kann. Denn der wichtige Grund setzt nicht Verschuldenszurechnung, sondern Unzumutbarkeit der Vertragsfortsetzung voraus. Diese kann vorliegen, wenn durch das Verhalten des Gesellschafters das Vertrauen des Unternehmens in die Handelsvertretergesellschaft zerstört wurde.[147] Entscheidend hierfür ist neben der Schwere der Verfehlung und der Stellung des Gesellschafters innerhalb der GmbH der Grad der Wiederholungsgefahr. Schwere Beleidigungen des Unternehmers durch Angestellte einer Handelsvertreter-GmbH sind beispielsweise geeignet, eine fristlose Kündigung zu rechtfertigen. Das gleiche gilt bei einer konkurrierenden Tätigkeit eines Gesellschafters der Vertreter-GmbH.[148]

[139] OLG Nürnberg BB 1965, 688.
[140] BGHZ 29, 275, 276.
[141] Baumbach/*Hopt* RdNr. 20.
[142] *Küstner/v. Manteuffel* I RdNr. 1826.
[143] Hierzu *Kilger/Schmidt* Konkursordnung § 23; *Kuhn/Uhlenbruck* Konkursordnung.
[144] Baumbach/*Hopt* RdNr. 20; K. *Schmidt* Handelsrecht § 27 V 1.
[145] *Emde*, Die Handelsvertreter-GmbH, S. 207 ff.; *Küstner/v. Manteuffel* I RdNr. 1871.

[146] *Emde*, Die Handelsvertreter-GmbH, S. 208.
[147] *Emde*, Die Handelsvertreter-GmbH, S. 210 ff.
[148] Hierzu *Emde*, Die Handelsvertreter-GmbH, S. 212 ff.; *dergleiche* zu der Frage, ob der Neueintritt eines Gesellschafters, das Ausscheiden eines Geschäftsführers, das Fehlverhalten eines Geschäftsführers, die Gründung einer Vertriebs-GmbH, die Konkurseröffnung über das Vermögen der GmbH, deren Auflösung und eine Kapitalherabsetzung ein Recht zur fristlosen Kündigung gibt.

50   **jj) Umwandlung der Handelsvertretergesellschaft.** Die Umwandlung einer Handelsvertretergesellschaft nach dem UmwG[149] kann unter bestimmten Voraussetzungen ein
außerordentliches Kündigungsrecht des Unternehmers begründen. Ein **Formwechsel** (§§ 1
Abs. 1 Nr. 4, 190 ff. UmwG) berechtigt den Unternehmer grundsätzlich nicht zur außerordentlichen Kündigung, da in der Umwandlung keine Verletzung der persönlichen
Dienstleistungspflicht (§§ 613, 664 BGB) liegt.[150] Denn die §§ 613, 664 BGB bezwecken
nur den Schutz des Unternehmers vor einer weitgehenden Delegation der Vertreteraufga-
ben auf andere natürliche Personen, nicht dagegen den Schutz vor einer Änderung der
Rechtsform des Vertragspartners. Die anderen Fälle der Umwandlung (**Verschmelzung,
Spaltung, Vermögensübertragung,** § 1 Abs. 1 Nr. 1 bis 3 UmwG) begründen trotz Auswechslung des Rechtsträgers und der damit verbundenen Veränderung der Rahmenbedin-
gungen des Vertretervertrags ebenfalls kein außerordentliches Kündigungsrecht. Das Haftungsrisiko des Unternehmers wird nämlich durch die Umwandlung nicht erhöht, da der
Unternehmer nach den §§ 22, 125, 133 Abs. 1, Abs. 3 bis 5 und 134 UmwG durch Sicherheitsleistung und bei der Spaltung ferner durch gesamtschuldnerische Haftung der
beteiligten Rechtsträger für Altverbindlichkeiten ausreichend geschützt wird.[151] Führt
jedoch die rechtsträgerändernde Umwandlung zu einer wirtschaftlichen Schwächung des
nachfolgenden Rechtsträgers, ist ein wichtiger Kündigungsgrund zu bejahen, wenn dadurch konkrete Unternehmerinteressen in unzumutbarer Weise gefährdet werden.

51   **kk) Betriebseinstellung. Kündigungsgründe aus der Sphäre des Unternehmers** stellen
die **Betriebseinstellung** und die **Betriebsumstellung** aus Gründen höherer Gewalt, insbesondere bei mangelnder Rentabilität des Unternehmens dar. Dies ist der Fall, wenn infolge
von Provisionsgarantien schon die Tätigkeit des Handelsvertreters Verluste für den Unternehmer einbringt.[152] Auch die Einstellung der eigenen Vertriebstätigkeit und deren Übertragung auf ein im Konzernverbund stehendes Schwesterunternehmen berechtigt zur fristlosen Kündigung, wenn dies unvorhersehbar war und der Betrieb nicht für eine Übergangszeit fortgeführt wird.[153] War aber die Betriebseinstellung oder -umstellung wegen
wirtschaftlicher Verluste schon länger vorhersehbar, scheidet eine fristlose Kündigung
aus.[154] Dem Unternehmen ist dann ein Abwarten der ordentlichen Kündigungsfrist zumutbar.

52   **b) Wichtiger Kündigungsgrund des Handelsvertreters.** Ein Kündigungsrecht des
Handelsvertreters wird überwiegend durch wesentliche Vertragsverletzungen des Unternehmers und die Unmöglichkeit der Erfüllung wesentlicher Vertragspflichten durch den
Unternehmer begründet. Ausnahmsweise können auch Umstände aus der Sphäre des Handelsvertreters diesen zur außerordentlichen Kündigung berechtigen.

53   **aa) Verletzung wesentlicher Vertragspflichten.** Wesentliche Vertragsverletzungen
kommen in erster Linie bei den Pflichten des Unternehmers in Betracht, die in §§ 86 a ff.
geregelt sind.[155] Der Unternehmer ist zwar im Rahmen seiner unternehmerischen Dispositionsfreiheit grundsätzlich nicht verpflichtet, jedes vom Handelsvertreter vermittelte Geschäft abzuschließen. Jedoch stellt die **willkürliche Ablehnung von** vermittelten **Aufträgen**
einen wichtigen Grund zur fristlosen Beendigung des Vertragsverhältnisses dar.[156] Verletzt
der Unternehmer seine ihm gemäß § 87 c obliegende **Abrechnungspflicht,** ist der Handelsvertreter zur außerordentlichen Kündigung berechtigt.[157] Unerheblich ist dabei, ob der

---

[149] vom 28.10.1994 (BGBl. I S. 3210; hierzu
Dörrie WiB 1995, 1 ff.; *Lüttge* NJW 1995, 417 ff.
[150] Vgl. *Emde,* Die Handelsvertreter-GmbH,
S. 129 ff.
[151] Zur Rechtslage vor Inkrafttreten des neuen
Umwandlungsgesetzes vom 28.10.1994 (BGBl. I
S. 3210) ausführlich *Emde,* Die Handelsvertreter-
GmbH, S. 131 ff.; vgl. auch LG Hamburg NJW-RR
1989, 995, 997 und LG Düsseldorf Rpfleger 1985,
358.

[152] BGH VersR 1958, 243.
[153] BGH NJW 1986, 1931.
[154] BGH NJW 1986, 1931 = BB 1986, 1317 =
DB 1986, 1332.
[155] Baumbach/*Hopt* RdNr. 22 ff.; Heymann/*Son-
nenschein/Weitemeyer* RdNr. 24 ff.; Staub/*Brüggemann* RdNr. 14.
[156] *Küstner/v. Manteuffel* I RdNr. 1792.
[157] *Küstner/v. Manteuffel* I RdNr. 1793.

Unternehmer die Abrechnungserteilung überhaupt verweigert oder ob er ständig falsche und unvollständige Abrechnungen erteilt. Dagegen berechtigt eine nur gelegentlich verspätete Abrechnung nicht zur außerordentlichen Kündigung.

Die **Abwerbung von Kunden** des Handelsvertreters mit dem Ziel, daß diese Kunden **54** die Waren unmittelbar beim Unternehmer bestellen und damit dem Handelsvertreter Provisionsverluste entstehen, stellt als treuwidriges Verhalten einen wichtigen Kündigungsgrund dar.[158] Das gleiche gilt, wenn der Unternehmer einen Untervertreter des Handelsvertreters abwirbt, um diesem die Vertretung im Bezirk des noch nicht gekündigten Handelsvertreters zu übertragen.[159] Ebenso kann die **Verletzung des Alleinvertretungsrechts** durch Einsatz eines weiteren Handelsvertreters im Bereich des alleinvertretungsberechtigten Handelsvertreters zur fristlosen Kündigung berechtigen.[160] Nach § 86 a hat der Unternehmer dem Handelsvertreter die zur Ausübung seiner Tätigkeit erforderlichen Unterlagen zur Verfügung zu stellen. Verletzt der Unternehmer diese **Bereitstellungspflicht** kann ein wichtiger Grund vorliegen.[161]

Veräußert der Unternehmer seinen **Betrieb** und versäumt er es, den Handelsvertreter **55** rechtzeitig davon zu informieren, so daß dieser nicht mehr fristgerecht kündigen kann, hat der Handelsvertreter ein Recht zur außerordentlichen Kündigung. Dies gilt auch bei einer **vertragswidrigen Bezirksverkleinerung,**[162] die aber nicht ohne weiteres bei Wegfall eines bedeutenden Kunden und einem dadurch entstandenen Provisionsausfall vorliegt.[163] Die **Fusion** des Unternehmers mit einem anderen Unternehmen kann einen wichtigen Kündigungsgrund darstellen, wenn infolge der Fusion für das neugegründete Unternehmen eine lückenlose Außendienst-Organisation bereits vorhanden ist, so daß für den kündigenden Handelsvertreter ein Betätigungsfeld nicht mehr vorhanden ist.[164] Dagegen gibt die Konkurseröffnung über das Vermögen einer Handelsvertreter-GmbH der Vertreter-GmbH selbst keinen Grund zur fristlosen Kündigung. Der Konkursverwalter kann aber sein Wahlrecht nach § 17 KO (ab 1. 1. 1999: § 103 InsO) ausüben.[165]

Eine **ungerechtfertigte fristlose Kündigung durch den Unternehmer** berechtigt den **56** Handelsvertreter seinerseits außerordentlich zu kündigen,[166] weil der Unternehmer dem Handelsvertreter zu Unrecht die Weiterarbeit verweigert und damit dessen Einkommen gefährdet. Eine beharrliche Verletzung der **Informationspflicht** nach § 86 a Abs. 2 kann ebenfalls einen wichtigen Kündigungsgrund darstellen.[167] Ebenso der unberechtigte Widerruf einer Inkassovollmacht, die auch im Interesse des Handelsvertreters erteilt wurde.[168] Die **einseitige**, nicht vorbehaltene **Provisionskürzung** führt zu einem schwerwiegenden Eingriff in den bestehenden Vertretervertrag und begründet für den Handelsvertreter das Recht zur außerordentlichen Kündigung.[169] Das gleiche gilt, wenn der Unternehmer die geschuldete Provision teilweise vorenthält,[170] seinen Provisionsverpflichtungen nur schleppend nachkommt und damit in Zahlungsverzug gerät[171] oder nur unter Vorbehalt zahlt, wobei einmalige Pflichtverletzungen jedoch nicht genügen.[172]

Die dauerhafte **Schlechtlieferung des Unternehmers** beinhaltet einen wichtigen Kün- **57** digungsgrund, weil bei verspäteter und mangelhafter Lieferung von Waren die vom Handelsvertreter vermittelten Kunden abspringen und sich damit dessen Provisionsansprüche verringern. **Täuscht** der Unternehmer bei den Vertragsverhandlungen über die Größe des bereits vorhandenen Kundenstamms, liegt ein wichtiger Grund vor. Dies gilt auch für den

---

158 BGH BB 1959, 720.
159 BGH BB 1982, 1626.
160 Baumbach/Hopt RdNr. 23.
161 Küstner/v. Manteuffel I RdNr. 1822.
162 BGH WM 1971, 561; OLG Stuttgart DB 1982, 800.
163 BGH DB 1981, 2274.
164 Küstner/v. Manteuffel I RdNr. 1866.
165 Emde, Die Handelsvertreter-GmbH, S. 224.

166 BGH BB 1966, 1410.
167 Küstner/v. Manteuffel I RdNr. 1876.
168 OLG Celle DB 1961, 369; Küstner/v. Manteuffel I RdNr. 1873.
169 BGH VersR 1960, 42; WM 1974, 867, 870.
170 BGH WM 1970, 513.
171 Küstner/v. Manteuffel I RdNr. 1916.
172 BGH NJW-RR 1989, 862 = LM § 89 b Nr. 88 = BB 1989, 1076.

ungerechtfertigten Vorwurf strafbaren Verhaltens, zB beim Vorwurf der Unterschlagung eines Musterkoffers.[173]

58   **bb) Sonstige Gründe.** Der Handelsvertreter hat in bestimmten Fällen das Recht, den Vertrag außerordentlich zu kündigen, ohne daß dem Unternehmer ein Pflichtverstoß vorgeworfen werden kann. Deshalb ist der Handelsvertreter bei der **Eröffnung des Vergleichsverfahrens** über das Vermögen des Unternehmers zur außerordentlichen Kündigung berechtigt.[174] Das gleiche gilt, wenn **von dritter Seite Druck auf den Handelsvertreter** ausgeübt wird, um das Vertragsverhältnis zu lösen.[175] Der Handelsvertreter kann beispielsweise ohne eigenes Zutun in eine konkurrenzbedingte Situation und damit in eine Interessenskollision geraten, indem eines der von ihm vertretenen Unternehmen die Produktion erweitert und der Handelsvertreter nunmehr für zwei Wettbewerbskonkurrenten tätig wird. Kündigt er daraufhin unter dem Druck, selbst gekündigt zu werden, so ist dies zulässig. Weiterhin kann eine von keiner Seite verschuldete vollständige **Zerrüttung des Vertragsverhältnisses** mit der Folge, daß ein gedeihliches Zusammenwirken nicht mehr zu erwarten ist, einen wichtigen Grund darstellen. Der Wegfall eines wichtigen Kunden und der dadurch bedingte Provisionsausfall berechtigt den Handelsvertreter zur außerordentlichen Kündigung, wenn damit eine nicht mehr beseitigungsfähige Existenzgefährdung verbunden ist, was bei einem Verlust von 2/5 der Gesamtprovision der Fall sein kann.[176]

59   Die **Handelsvertreter-GmbH** kann den Handelsvertretervertrag in aller Regel nicht infolge des **Ausscheidens eines Gesellschafters** kündigen.[177] Eine Ausnahme hiervon gilt jedoch, wenn die GmbH ohne den betreffenden Gesellschafter unfähig ist, ihren Vertragsverpflichtungen nachzukommen und sie dies nicht zu vertreten hat. Das kann insbesondere beim Tod des Alleingesellschafters einer Ein-Personen-GmbH der Fall sein.

60   **4. Kündigungserklärung.** Für die Erklärung der fristlosen Kündigung gilt im wesentlichen das gleiche wie bei der ordentlichen Kündigung (vgl. § 89 RdNr. 45 ff.).

61   **a) Form und Inhalt.** Die Kündigungserklärung ist nicht an eine bestimmte Form gebunden und kann deshalb auch mündlich ausgesprochen werden. Aus der Kündigungserklärung muß sich aber **klar und eindeutig** ergeben, daß es sich um eine außerordentliche Kündigung handelt.[178] Jedoch muß die Kündigung nicht ausdrücklich als „außerordentliche Kündigung" bezeichnet werden. Vielmehr genügt, daß der Kündigungsempfänger aus dem Inhalt der Kündigungserklärung unzweifelhaft den Willen des Kündigenden zur außerordentlichen Kündigung erkennen kann.[179] Dies ist durch die Auslegung von Kündigungserklärung und Kündigungsbegründung zu ermitteln. Im Zweifel gilt die Kündigung als ordentliche und wird auch nicht rückwirkend durch Klarstellung des Kündigenden, er habe außerordentlich kündigen wollen, zur außerordentlichen Kündigung.[180] Eine solche Klarstellung beinhaltet aber eine neue außerordentliche Kündigung, wobei immer zu prüfen ist, ob diese rechtzeitig erklärt wurde.[181] Das richtet sich nicht nach der Zweiwochenfrist des § 626 Abs. 2 Satz 1 BGB, sondern nach den Grundsätzen der Verwirkung (vgl. RdNr. 5).

62   Die Pflicht zur Abgabe einer eindeutigen und klaren Kündigungserklärung führt **nicht** zu einem **Begründungszwang**. Die Kündigung muß weder begründet werden, noch ist die Angabe bestimmter Kündigungsgründe erforderlich.[182] Es genügt daher, wenn der

---

[173] OLG Nürnberg BB 1965, 688.
[174] Baumbach/*Hopt* RdNr. 24; Heymann/*Sonnenschein*/*Weitemeyer* RdNr. 26.
[175] LG Frankfurt DB 1966, 499.
[176] BGH DB 1981, 2274, 2275.
[177] *Emde*, Die Handelsvertreter-GmbH.
[178] BGHZ 27, 220, 225.
[179] BAG AP BGB § 620 Kündigungserklärung Nr. 2 = NJW 1983, 303.
[180] Baumbach/*Hopt* RdNr. 13; *Küstner/v. Manteuffel* I RdNr. 1720.

[181] BGHZ 27, 220, 222 = LM Nr. 2 mit Anm. *Haager.*
[182] BGH NJW-RR 1988, 1381 = BB 1988, 1771; BGHZ 27, 220, 225 = LM Nr. 2 mit Anm. *Haager;* Baumbach/*Hopt* RdNr. 14; Heymann/*Sonnenschein*/*Weitemeyer* RdNr. 27; Hueck/*v. Hoyningen-Huene,* KSchG, § 1 RdNr. 159; Staub/*Brüggemann* RdNr. 16; aA *Küstner/v. Manteuffel* I RdNr. 1721, wonach die Angabe der Kündigungsgründe nur dann nicht erforderlich ist, wenn dem Kündigungsempfänger die Gründe bekannt waren.

Kündigungsempfänger durch die Bezeichnung als „außerordentliche Kündigung" darüber Klarheit erhält, daß ihm außerordentlich gekündigt wurde. Jedoch kann der Gekündigte **analog § 626 Abs. 2 Satz 3 BGB** verlangen, daß der Kündigende ihm unverzüglich den Kündigungsgrund schriftlich mitteilt (vgl. RdNr. 6).[183] Der Kündigende genügt dabei seiner Mitteilungspflicht, wenn er den Kündigungsgrund insoweit mitteilt, daß der Gekündigte erfährt, ob sich der Kündigende auf ein schuldhaftes Verhalten des Gekündigten beruft oder nicht. Dagegen zielt der Mitteilungsanspruch nicht darauf, herauszufinden, in welchem Umfang der Unternehmer Vertragsverstöße des gekündigten Handelsvertreters in Erfahrung gebracht hat, um so die Risiken einer Rechtsverfolgung besser abschätzen zu können.[184]

Der Unternehmer kann aber durch vertragliche Vereinbarung verpflichtet werden, die Kündigung zu begründen. Dabei ist durch Auslegung der Vereinbarung zu ermitteln, ob es sich bei der **vereinbarten Begründungspflicht**, um ein konstitutives oder deklaratorisches Formerfordernis handelt.[185] Nur soweit die Begründung tatsächlich Wirksamkeitsvoraussetzung für die Kündigung sein soll, führt eine Verletzung der Begründungspflicht nach § 125 BGB zur Nichtigkeit der Kündigung. Andernfalls bleibt es bei dem Grundsatz, daß die fehlende Begründung die Kündigung nicht unwirksam macht.   63

b) Zeitpunkt der Kündigung. aa) Angemessene Überlegungsfrist. Im Gegensatz zur außerordentlichen Kündigung von allgemeinen Dienst- und Arbeitsverhältnissen muß die **Kündigungserklärung nicht** innerhalb von **zwei Wochen** seit Kenntniserlangung von den für die Kündigung maßgebenden Tatsachen erfolgen. Die vorwiegend auf die Kündigung von abhängigen Arbeitsverhältnissen zugeschnittene Norm des **§ 626 Abs. 2 BGB** findet auf den selbständigen Handelsvertreter keine Anwendung.[186] Die Kündigungserklärung braucht auch nicht sofort nach Kenntnisnahme vom Kündigungsgrund zu erfolgen.[187] Vielmehr ist dem Kündigenden eine **angemessene Überlegungsfrist** einzuräumen, deren Dauer sich nach den Umständen des jeweiligen Falles richtet.[188] Damit werden auch ohne die Ausschlußfrist des § 626 Abs. 2 BGB die Interessen des gekündigten Handelsvertreters ausreichend berücksichtigt. Bei Pflichtverletzungen, die zu einem Gesamtverhalten zusammengefaßt werden, beginnt die Ausschlußfrist mit dem letzten Vorfall, der ein weiteres oder letztes Glied in der Kette der Ereignisse bildet, die zum Anlaß für eine Kündigung genommen werden.[189]   64

Der Ausspruch einer fristlosen **Kündigung mehr als zwei Monate nach Kenntniserlangung** des maßgeblichen Grundes ist in der Regel verspätet, es sei denn, daß sich die lange Dauer ausnahmsweise durch besondere Umstände erklären läßt.[190] So verliert der Unternehmer sein Recht zur Kündigung auch nach Ablauf einer zweimonatigen Überlegungsfrist nicht, wenn sich die anwaltschaftlich vertretenen Parteien darüber streiten, ob ein Wettbewerbsverstoß vorliegt und der Bevollmächtigte des Unternehmers versucht, dem Bevollmächtigten des Handelsvertreters vom Vorliegen einer Konkurrenztätigkeit zu überzeugen, um die bis dahin vertrauensvolle und erfolgreiche Geschäftsbeziehung aufrechtzuerhalten. Der Prozeßbevollmächtigte des Unternehmers muß aber gleichzeitig auf die möglichen Konsequenzen hinweisen, falls der Handelsvertreter seine Konkurrenztätigkeit nicht aufgibt.[191] Bei der Bemessung der Kündigungsfrist verbietet sich demnach jede starre   65

[183] LG Köln NJW-RR 1992, 485; Baumbach/*Hopt* RdNr. 14; Staub/*Brüggemann* RdNr. 16.
[184] LG Köln NJW-RR 1992, 485.
[185] Hueck/*v. Hoyningen-Huene* KSchG § 1 RdNr. 161.
[186] BGH EWiR 1986, 1005 mit zust. Kurzkomm. *v. Hoyningen-Huene*; BGH EWiR 1994, 279 mit Kurzkomm. *Schwerdtner*; NJW 1987, 57, 58; NJW 1982, 2432, 2433 für die Kündigung eines Eigenhändlers; *Börner/Hubert* BB 1989, 1633; *Canaris* Handelsrecht S. 253.
[187] OLG Nürnberg BB 1965, 688.

[188] BGH NJW-RR 1992, 1059; BGH WM 1970, 870; OLG Karlsruhe DB 1978, 1396; OLG Bamberg BB 1979, 1000, 1001; OLG Nürnberg BB 1965, 688; Baumbach/*Hopt* RdNr. 30.
[189] *Schwerdtner* Anm. zu BAG EWiR § 89 a HGB 1/94, 279, 280.
[190] BGH EWiR 1994, 279 mit Kurzkomm. *Schwerdtner* = ZIP 1994, 293; BGH BB 1983, 1629, 1630; BGH EWiR 1992, 797 mit Kurzkomm. *v. Hoyningen-Huene* bezüglich vier Monaten.
[191] LG Hamburg VersR 1992, 743.

Fristvorgabe. Vielmehr bestimmen alleine die Umstände des Einzelfalls unter Berücksichtigung der Parteiinteressen die Dauer der Frist.

66 **bb) Verwirkung.** Der zur Kündigung Berechtigte kann sein Kündigungsrecht verwirken, wenn er mit der Ausübung der Kündigung solange zögert, daß der andere Teil damit nicht mehr zu rechnen braucht.[192] Läßt also der Unternehmer nach Ablauf der angemessenen Überlegungsfrist die Tätigkeit des Handelsvertreters weiter zu, scheidet eine außerordentliche Kündigung aus. Denn aus der Weiterbeschäftigung des Handelsvertreters ist zu schließen, daß der Kündigungsgrund für den Unternehmer nicht so schwerwiegend ist, daß ihm deshalb die Fortsetzung des Vertrages bis zum Ablauf der ordentlichen Kündigungsfrist unzumutbar wäre.[193]

67 **c) Nachschieben von Gründen.** Die Kündigungserklärung erfordert für ihre Wirksamkeit nicht die Angabe von Kündigungsgründen. Wird die Kündigung aber auf bestimmte Gründe gestützt und rechtfertigen diese eine außerordentliche Kündigung nicht, stellt sich die Frage, ob der Kündigende an die vorgetragenen Gründe gebunden ist oder ein Nachschieben anderer Kündigungsgründe möglich ist.

68 Zuvor ist jedoch das Nachschieben von neuen Gründen gegenüber einer bloßen **Konkretisierung bereits vorgetragener Gründe** abzugrenzen. Bei einer Konkretisierung wird der bereits vorgetragene Kündigungsgrund mit neuen Tatsachen präzisiert, aber kein neuer selbständiger Kündigungsgrund nachgeschoben. Dies ist jederzeit zulässig,[194] auch wenn die Tatsachen für die Konkretisierung erst nach Ausspruch der Kündigung entstehen.[195] Dagegen ist beim Nachschieben von Kündigungsgründen zu differenzieren zwischen Gründen, die im Zeitpunkt der Kündigung bereits vorlagen und solchen Gründen, die erst danach entstanden sind.

69 **aa) Vorliegen eines Kündigungsgrunds bei Kündigung.** Aus der fehlenden Verpflichtung, eine Kündigung zum Zeitpunkt des Ausspruches zu begründen, folgt, daß der Kündigende grundsätzlich uneingeschränkt **Gründe nachschieben** kann, **die** bereits **zum Zeitpunkt des Zugangs der Kündigung vorlagen.**[196] Dies hat zur Folge, daß der Vertrag zum Zeitpunkt der ursprünglichen Kündigung endet.[197] Dabei ist unerheblich, ob dem Kündigenden die nachgeschobenen Gründe im Zeitpunkt der Kündigung bereits bekannt waren oder nicht,[198] da es für die Beurteilung der Rechtmäßigkeit der Kündigung allein auf die objektiven Umstände zum Zeitpunkt des Zugangs der Kündigung ankommt.

70 Die Gründe müssen grundsätzlich nicht innerhalb einer bestimmten Frist nachgeschoben werden. Eine **zeitliche Grenze** wird jedoch bei im Zeitpunkt der Kündigung bekannten Gründen durch den Grundsatz von Treu und Glauben gesetzt, wenn der Gekündigte die berechtigte Erwartung haben darf, der Kündigende wolle sich auf die angegebenen Gründe beschränken. Dann kann ein weiteres **Nachschieben verwirkt** sein.[199] Prozeßrechtlich wird das Nachschieben durch die Vorschriften über die Zurückweisung verspäteten Vorbringens begrenzt.[200] Ein Nachschieben von Gründen ist weiterhin nicht möglich, wenn nur eine ordentliche Kündigung ausgesprochen wurde und der Kündigende mit dem Nachschieben eines wichtigen Grundes eine außerordentliche Kündigung erreichen will.[201]

---

[192] OLG Nürnberg BB 1965, 688; Baumbach/*Hopt* RdNr. 31; *Küstner/v. Manteuffel* I RdNr. 1731.
[193] OLG Köln BB 1972, 467, 468.
[194] OLG Hamburg DB 1960, 1451, 1452; *Küstner/v. Manteuffel* I RdNr. 1742.
[195] KR-*Hillebrecht* § 626 BGB RdNr. 127; *Küstner/v. Manteuffel* I RdNr. 1750.
[196] BGHZ 27, 220, 225 = LM Nr. 2 mit Anm. *Haager*; BGHZ 40, 13; Baumbach/*Hopt* RdNr. 14; *Heymann/Sonnenschein/Weitemeyer* RdNr. 33; *Küstner/v. Manteuffel* I RdNr. 1737 f.; Staub/*Brüggemann* RdNr. 18; vgl. auch KR-*Wolf*, Grundsätze, RdNr. 599 ff.; KR-*Hillebrecht* § 626 BGB RdNr. 128 ff.;

BAG AP BGB § 626 Nachschieben von Kündigungsgründen Nr. 1 mit Anm. *Birk*.
[197] BAG AP BGB § 626 Nachschieben von Kündigungsgründen Nr. 1 mit Anm. *Birk* = AR-Blattei, Kündigung IX, Entsch. 58 mit Anm. *Mayer-Maly* = NJW 1980, 2486.
[198] BGHZ 40, 13, 16.
[199] BGHZ 27, 220 = LM Nr. 2 mit Anm. *Haager*; 40, 13, 17; OLG Stuttgart WM 1979, 1296, 1301; OLG Karlsruhe DB 1978, 1396.
[200] *Schwerdtner* ZIP 1981, 809, 811.
[201] BGH BB 1961, 498.

Vielmehr ist dann das Nachschieben als neue außerordentliche Kündigung auszulegen, die im Zeitpunkt der Mitteilung der wichtigen Kündigungsgründe wirksam wird. Ebenso kann ein Nachschieben ausgeschlossen sein, wenn der Kündigende besondere Gründe angegeben hat und der Kündigungsempfänger nach Treu und Glauben darauf vertrauen durfte, daß der Kündigende andere ihm bekannte Gründe nicht geltend machen werde.[202]

bb) Nachträglich entstandene Kündigungsgründe. Erst nach dem Ausspruch der **71** Kündigung entstandenen Gründe sind grundsätzlich nicht geeignet, die vorausgegangene Kündigung zu rechtfertigen. Sie können nur zum Anlaß für eine weitere Kündigung genommen werden. Soweit der nachgeschobene neue Kündigungsgrund mit dem ursprünglich geltend gemachten Grund nicht in einem inneren Zusammenhang steht, ist dies unbestritten.[203] Denn eine im Zeitpunkt der Erklärung unwirksame Kündigung entfaltet keine Dauerwirkung dahingehend, daß bei späterem Eintritt eines wichtigen Kündigungsgrundes dieser das Vertragsverhältnis von selbst, also ohne erneute Kündigungserklärung beendet. Vielmehr ist die erste Kündigung unwirksam und eine neue Kündigung erforderlich, die in der Regel im Nachschieben des neuen Kündigungsgrunds zu sehen ist.[204]

Rechtsprechung[205] und Teile der Literatur[206] verlangen dagegen beim Nachschieben **ei- 72 nes Kündigungsgrunds, der mit dem ursprünglichen Grund in einem inneren Zusammenhang** steht, keine neue Kündigungserklärung, sondern halten die Kündigung in dem Zeitpunkt des Entstehens des nachgeschobenen Grundes für wirksam. Begründet wird dies damit, daß der Kündigende schon mit der früheren Kündigung zum Ausdruck gebracht habe, daß er aus einem Grunde von der Art, wie er später eingetreten ist, das Vertragsverhältnis fristlos beenden wolle. Dem kann nicht zugestimmt werden, da für die Beurteilung der Rechtmäßigkeit der Kündigung der Zugang der Kündigungserklärung maßgebend ist. Eine rückwirkende Heilung gibt es ebensowenig wie eine aufschiebend bedingte Wirksamkeit.[207] Auch muß aus Gründen der Rechtssicherheit der Zeitpunkt der Vertragsbeendigung genau bestimmbar sein, was nur beim Zugang der Kündigungserklärung als Anknüpfungspunkt und nicht beim Entstehen des Kündigungsgrundes gewährleistet ist. Deshalb können Kündigungsgründe, die erst nach der Kündigung entstanden sind, grundsätzlich nicht zur Rechtfertigung der bereits ausgesprochenen Kündigung herangezogen werden. Sie können aber Anlaß für eine weitere Kündigung sein,[208] wobei zu prüfen ist, ob das Nachschieben von Gründen als neue Kündigungserklärung ausgelegt werden kann.[209]

Erfolgt die **neue Kündigungserklärung während** eines **Prozesses** durch den Rechtsan- **73** walt, ist zu berücksichtigen, daß eine Prozeßvollmacht nach § 81 ZPO in ihrem gesetzlichen Umfang nicht die Vollmacht einschließt, weitere Kündigungen auszusprechen.[210]

5. Folgen der Kündigung. a) Berechtigte Kündigung. Die berechtigte Kündigung be- **74** endet das Vertragsverhältnis zu dem vorgesehenen Zeitpunkt.

aa) Fristlose Beendigung. Grundsätzlich erfolgt die Beendigung fristlos, also mit Zu- **75** gang der Kündigungserklärung beim Gekündigten. Vermittelt der Handelsvertreter trotz der fristlosen Kündigung und gegen den mehrfach mitgeteilten Willen des Kündigenden weiterhin Aufträge, hat er keinen Anspruch auf Provision.[211] Auch liegt in der Ausführung der vermittelten Aufträge grundsätzlich keine Bestätigung des Vertragsverhältnisses, da es dem Kündigenden nicht zumutbar ist, Anträge der Kunden abzulehnen und damit in den Ruf der Unzuverlässigkeit zu kommen.

---

[202] BGHZ 27, 220, 225 f.; OLG Karlsruhe DB 1978, 1396.
[203] BGH MDR 1961, 134; Staub/*Brüggemann* RdNr. 18.
[204] BGH MDR 1961, 134.
[205] BGH MDR 1961, 134; BGHZ 27, 220, 222 f. = LM Nr. 2 mit Anm. *Haager.*
[206] *Küstner/v. Manteuffel* I RdNr. 1748; Staub/ *Brüggemann* RdNr. 18.

[207] Heymann/*Sonnenschein/Weitemeyer* RdNr. 33.
[208] Baumbach/*Hopt* RdNr. 15; KR-*Hillebrecht* § 626 BGb RdNr. 126.
[209] BGH BB 1961, 498.
[210] BAG AP ZPO § 81 Nr. 2 mit Anm. *Rimmelspacher;* KR-*Hillebrecht* § 626 BGB RdNr. 141.
[211] LG Hamburg VersR 1992, 743.

76　　**bb) Befristete Beendigung.** Eine außerordentliche Kündigung kann aber auch zu einer befristeten Beendigung des Vertragsverhältnisses führen, wenn aus Entgegenkommen oder aus Gründen der Verhältnismäßigkeit dem Gekündigten eine Auslauffrist eingeräumt wurde.[212] Diese Übergangsfrist ist regelmäßig kürzer als die normale Kündigungsfrist, kann jedoch auch der ordentlichen Kündigungsfrist entsprechen.[213] Dann muß bei der Kündigung deutlich zum Ausdruck gebracht werden, daß eine außerordentliche Kündigung vorliegt. Lehnt der gekündigte Handelsvertreter eine ihm eingeräumte Übergangsfrist ab, ist das Vertreterverhältnis sofort beendet, weil der Handelsvertreter auf den Schutz der Auslauffrist verzichtet.

77　　Für die **Folgen der Vertragsbeendigung** gilt im wesentlichen das gleiche wie bei der ordentlichen Kündigung (vgl. § 89 RdNr. 14, 62 ff.). Die außerordentliche Kündigung hat jedoch besondere Auswirkungen auf den Ausgleichsanspruch (§ 89 b Abs. 3 Nr. 2; vgl. § 89 b RdNr. 172 ff.) und die Wettbewerbsabrede (§ 90 a Abs. 2 Satz 2, Abs. 3; vgl. § 90 a RdNr. 59 ff., 64 ff.). Außerdem kann nur die außerordentliche Kündigung Schadensersatzansprüche nach Abs. 2 auslösen (vgl. RdNr. 88 ff.).

78　　**b) Unberechtigte Kündigung.** Die unberechtigte außerordentliche Kündigung ist **unwirksam** und läßt das Handelsvertreterverhältnis weiterbestehen. In der unbegründeten fristlosen Kündigung liegt jedoch regelmäßig das Angebot zu einer einvernehmlichen Vertragsauflösung, das durch schlüssiges Verhalten oder auch durch Unterlassen der gekündigten Partei angenommen werden kann.[213a] Davon abgesehen muß sich der **Gekündigte**, der die Rechtmäßigkeit der Kündigung bestreitet und am Vertrag festhalten will, **vertragstreu verhalten**, solange das Vertragsverhältnis fortbesteht.[214] Insbesondere ist er nicht berechtigt, während des bestehenden Vertrags Konkurrenzunternehmen zu vertreten.[215] Allerdings darf der Handelsvertreter in dieser Zeit vorsorglich Verbindung mit der Konkurrenz aufnehmen, um im Falle einer endgültigen Lösung seines Vertrags dort eine Tätigkeit aufzunehmen.[216] Der Handelsvertreter ist auch nicht mehr verpflichtet, Geschäfte abzuschließen oder zu vermitteln, weil der Unternehmer durch die außerordentliche Kündigung zum Ausdruck gebracht hat, daß er auf eine weitere Tätigkeit des Handelsvertreters verzichtet.

79　　**aa) Annahmeverzug.** Erklärt der Handelsvertreter seine Bereitschaft, trotz der außerordentlichen Kündigung weiterzuarbeiten und lehnt der Unternehmer dies ab, verstößt er damit gegen seine Mitwirkungspflicht, dem Vertreter die Möglichkeit der Ausübung seiner Tätigkeit zu gewähren und gerät in Annahmeverzug.[217] Da die §§ 84 ff. die Provisionszahlung im Falle des Annahmeverzugs nicht ausdrücklich regeln, ist subsidiär das Dienstvertragsrecht anwendbar. Demnach hat der Handelsvertreter einen verschuldensunabhängigen **Erfüllungsanspruch nach § 615 Satz 1 BGB** auf Zahlung der vereinbarten Vergütung. Die Höhe der Vergütung richtet sich nach den hypothetischen Provisionseinnahmen, die der Handelsvertreter bei weiterer Tätigkeit erzielt hätte. Ein etwaiges **Mitverschulden** nach § 254 BGB **ist nicht anzurechnen**, da auf den Erfüllungsanspruch des § 615 BGB die §§ 249 ff. BGB keine Anwendung finden.[218] Jedoch muß sich der Handelsvertreter nach § 615 Satz 2 BGB den Wert desjenigen anrechnen lassen, was er infolge des Unterbleibens der Handelstätigkeit erspart oder durch anderweitige Verwertung der Dienste erwirbt oder zu erwerben böswillig unterläßt.[219]

---

[212] Baumbach/*Hopt* RdNr. 4; Staub/*Brüggemann* RdNr. 5, 12.
[213] OLG Nürnberg BB 1959, 391.
[213a] Hierzu OLG München NJW-RR 1995, 95 = BB 1994, 2166; siehe auch § 89 RdNr. 14.
[214] Baumbach/*Hopt* RdNr. 39; *Küstner/v. Manteuffel* I RdNr. 1764.
[215] Staub/*Brüggemann* RdNr. 21; vgl. OLG München BB 1994, 2166.

[216] Staub/*Brüggemann* RdNr. 21.
[217] BGH EWiR 1992, 797 mit Kurzkomm. *v. Hoyningen-Huene*; vgl. BGH WM 1982, 635, 636; BGH NJW 1967, 248, 250; BGH DB 1959, 787, 788; Staub/*Brüggemann* § 84 RdNr. 38.
[218] BGH NJW 1967, 248, 250.
[219] BGH NJW 1967, 248, 250; OLG Düsseldorf DB 1972, 181.

Eine Besonderheit besteht beim Bezirksvertreter, dessen Anspruch auf Provisionszahlun- 80
gen nicht aus § 615 Satz 1 BGB, sondern aus § 87 Abs. 2 folgt. Danach **hat der gekündigte Bezirksvertreter einen tätigkeitsunabhängigen Provisionszahlungsanspruch** für alle
Geschäfte, die ohne seine Mitwirkung mit Personen seines Bezirks während des Vertragsverhältnisses abgeschlossen werden. Da das Vertreterverhältnis durch die unwirksame
Kündigung nicht beendet wird, bleibt der Anspruch nach § 87 Abs. 2 durch die Kündigung unberührt. Umstritten ist, ob auf diesen Anspruch § 615 Satz 2 BGB anzuwenden ist.
Der BGH[220] lehnt dies mit der Begründung ab, § 87 Abs. 2 sei nicht als Entgelt für
Dienstleistungen anzusehen. Bei solchen tätigkeitsunabhängigen Provisionszahlungen sei
§ 615 Satz 2 BGB deshalb nicht anwendbar. Hiergegen ist einzuwenden, daß es auch bei
Bezirksprovisionen keiner Ausnahme vom Grundsatz des § 615 Satz 2 BGB bedarf, da
diese eine Gegenleistung für die allgemeine Betreuung des Bezirks durch den Vertreter
darstellen.[221] Im übrigen hält auch das BAG Provisionsansprüche eines übergeordneten
Außendienstmitarbeiters, die nicht unmittelbar auf dessen eigener Vermittlungtätigkeit
beruhen, dennoch für leistungsbezogen iSd. § 87 Abs. 1 Nr. 11 BetrVG.[222]

bb) Schadensersatz. Der Handelsvertreter hat bei verschuldeter unberechtigter außeror- 81
dentlicher Kündigung des Unternehmers weiterhin einen **Schadensersatzanspruch aus
positiver Vertragsverletzung** auf Ersatz der mit der Tätigkeitseinstellung verbundene
Provisionsverluste.[223] Die Höhe des Schadensersatzes bemißt sich danach, was der Handelsvertreter bei weiterer Tätigkeit an Provisionseinnahmen hätte erzielen können. Hier sind
als Maßstab die monatlichen durchschnittlichen Provisionseinnahmen in der Zeit vor der
Kündigung heranzuziehen.[224] Aber auch Jahresaufträge, welche die Kundschaft bei
Kenntnis vom Ausscheiden des Handelsvertreters vorweg erteilt hätte, sind zu berücksichtigen, ebenso der durch die vorzeitige Beendigung entgangene höhere Ausgleich nach
§ 89b.[225] Keine Rolle bei der Schadensberechnung spielen dagegen die Provisionseinnahmen desjenigen Handelsvertreters, den der Unternehmer als Nachfolger im Bereich des
bisherigen Handelsvertreter einsetzt, weil als Kriterium für die Schadenshöhe nur die hy-
pothetische eigene Tätigkeit und nicht eine fremde Arbeit herangezogen werden kann.[226]
Bei der Berechnung der Schadenshöhe ist ein eventuelles Mitverschulden des Handelsvertreters nach § 254 BGB zu beachten, wenn dieser durch sein Verhalten schuldhaft Anlaß
zur unberechtigten Kündigung gegeben hat.[227] Der Handelsvertreter muß sich auch ersparte Aufwendungen und eine Vorteilsausgleichung anrechnen lassen.[228]

Schließlich kann die **unberechtigte außerordentliche Kündigung** für den Gekündigten 82
einen **wichtigen Grund** darstellen, das Vertragsverhältnis seinerseits **außerordentlich zu
kündigen** und den anderen Teil auf Schadensersatz nach Abs. 2 in Anspruch zu nehmen.[229]

6. Umdeutung. Ist eine außerordentliche Kündigung unwirksam, weil kein wichtiger 83
Grund besteht, kommt eine Umdeutung **in eine ordentliche Kündigung** in Betracht.[230]
Dann endet der Vertretervertrag mit Ablauf der für das Vertragsverhältnis maßgeblichen
gesetzlichen Kündigungsfrist. Bei vertraglich vereinbarten Kündigungsfristen sind diese
entscheidend.[231] Voraussetzung für eine Umdeutung nach § 140 BGB ist der für den

[220] BGH EWiR 1992, S. 797 mit abl. Kurzkomm. *v. Hoyningen-Huene*; ebenso *Baumbach/Hopt*
RdNr. 38; *Staub/Brüggemann* § 84 RdNr. 38.
[221] *v. Hoyningen-Huene* Kurzkomm. zu BGH
EWiR 1992, S. 797, 798.
[222] BAG AP BetrVG 1972 § 87 Provision Nr. 2
mit Anm. *Schulze-Osterloh* = SAE 1982, 113 mit
Anm. *Löwisch* = EzA § 87 BetrVG 1972 Leistungslohn Nr. 4 mit Anm. *Gaul*.
[223] BGH WM 1991, 196; BB 1966, 1410; zur
Entschädigung bei außerordentlicher Kündigung des
Handelsvertreters in Italien vgl. Corte di Cassazione
RiW 1993, 680.
[224] OLG Karlsruhe DB 1978, 1396.

[225] BGHZ 53, 150 = LM Nr. 10 mit Anm.
Rietschel.
[226] OLG Stuttgart BB 1960, 956, 957.
[227] BGH BB 1979, 242, 243; NJW 1967, 248;
Küstner/v. Manteuffel I RdNr. 1767.
[228] OLG Karlsruhe DB 1978, 1396.
[229] BGH WM 1991, 196; BB 1966, 1410;
Baumbach/Hopt RdNr. 36; *Küstner/v. Manteuffel* I
RdNr. 1763.
[230] BGH NJW-RR 1992, 1059, 1060; BB 1969,
380, 381; vgl. BAG AP BetrVG 1972 § 102
Nr. 21; *Hueck/v. Hoyningen-Huene* KSchG § 13
RdNr. 38 ff.
[231] BGH NJW-RR 1992, 1059.

Kündigungsgegner erkennbare Wille des Kündigenden, das Vertragsverhältnis notfalls mit der durch die Kündigungsfristen bedingten Verzögerung beenden zu wollen.[232] Dieser Wille des außerordentlich Kündigenden liegt in der Regel vor. Im Gegensatz zu der grundsätzlich zulässigen Umdeutung einer außerordentlichen in eine ordentliche Kündigung, scheidet umgekehrt die Umdeutung einer ordentlichen in eine außerordentliche Kündigung aus,[233] weil das Rechtsgeschäft, das anstelle des unwirksamen treten soll, nicht weitergehende Folgen herbeiführen darf, als sie die unwirksame Erklärung gehabt hätte. Eine außerordentliche Kündigung beendet das Vertragsverhältnis regelmäßig fristlos und hat deshalb weitergehende Auswirkungen als die befristete ordentliche Kündigung.[234]

III. Unabdingbarkeit (Abs. 1 Satz 2)

84   **1. Vertraglicher Ausschluß des Kündigungsrechts.** Das Recht zur außerordentlichen Kündigung ist zwingendes Recht und kann nach **Abs. 1 Satz 2** durch vertragliche Regelungen **weder ausgeschlossen noch beschränkt** werden. Eine solche Beschränkung der Kündigungsfreiheit liegt zB auch dann vor, wenn an die Kündigung des Handelsvertreters wesentliche, die Vertragsbeendigung erschwerende **finanzielle Nachteile** geknüpft werden. Dies ist der Fall, wenn die Kündigung durch eine Vertragsstrafe,[235] durch die Abrede des Verfalls von Leistungen oder durch den Verlust von Provisionsansprüchen sanktioniert wird.[236] Das gleiche gilt bei Vertragsklauseln, die eine Rückzahlung langfristiger Vorschußzahlungen bei einer Kündigung durch den Handelsvertreter vorsehen.[237] Die Gewährung eines zinsfreien Darlehens an den Handelsvertreter mit der Pflicht zur Verzinsung der Darlehenssumme im Falle der Kündigung erschwert ebenfalls die Kündigung in unzulässiger Weise.[238]

85   Gegen den Unabdingbarkeitsgrundsatz wird auch verstoßen, wenn das **Kündigungsrecht** vertraglich auf bestimmte **einzelne Kündigungsgründe beschränkt** wird und damit eine Berufung auf die von der Rechtssprechung anerkannten wichtigen Kündigungsgründe ausgeschlossen wird.[239] Dagegen sind Absprachen möglich, die bestimmte Tatbestände als Grund zur außerordentlichen Kündigung vorausbewerten,[240] auch wenn die Vereinbarung in allgemeinen Geschäftsbedingungen erfolgt.[241]

86   Vereinbarungen, die gegen den Unabdingbarkeitsgrundsatz verstoßen, sind **nichtig**. Die Gültigkeit des Handelsvertretervertrags wird jedoch im übrigen nicht berührt, da § 139 BGB nicht eingreift. An die Stelle der nichtigen Vertragsbestimmung treten die in Abs. 1 enthaltenen Regeln.[242]

87   **2. Verzicht.** Ein nachträglicher Verzicht auf das schon entstandene Recht zur außerordentlichen Kündigung verstößt dagegen nicht gegen Abs. 1 Satz 2.[243]

IV. Schadensersatzanspruch (Abs. 2)

88   Nach Abs. 2 kann der kündigende Vertragspartner Ersatz des durch die Aufhebung des Vertragsverhältnisses entstandenen Schadens verlangen, wenn die Kündigung durch ein Verhalten veranlaßt worden ist, das der Gekündigte zu vertreten hat. Die Vorschrift entspricht § 628 Abs. 2 BGB und regelt nur den **Schadensersatzanspruch des Kündigenden** bei dessen berechtigter fristloser Kündigung. Nicht von Abs. 2 erfaßt werden dagegen

---

[232] BGH NJW-RR 1992, 1059; BB 1992, 1163.
[233] Baumbach/*Hopt* RdNr. 32.
[234] BAG AP TV AL II § 44 Nr. 1 ; KR-*Wolf* Grunds. RdNr. 317.
[235] Baumbach/*Hopt* RdNr. 26; BAG AP BGB § 622 Nr. 12 mit Anm. *Leipold* = SAE 1973, 19 mit Anm. *Bickel*.
[236] Heymann/*Sonnenschein/Weitemeyer* RdNr. 31.
[237] LG Karlsruhe BB 1990, 1504.
[238] LG Mannheim ZIP 1990, A 144.

[239] Heymann/*Sonnenschein/Weitemeyer* RdNr. 31.
[240] BGH WM 1988, 1490; Baumbach/*Hopt* RdNr. 27.
[241] BGH NJW-RR 1992, 1059, 1060.
[242] BGHZ 40, 235 = LM § 89 Nr. 2 mit Anm. *Rietschel*.
[243] Baumbach/*Hopt* RdNr. 29; Hueck/*v. Hoyningen-Huene* KSchG § 1 RdNr. 158; KR-*Wolf* Grunds. RdNr. 343 ff.

Schadensersatzansprüche des Gekündigten. Diese sind auf positive Forderungsverletzung zu stützen.[244]

1. Voraussetzungen. a) Berechtigte außerordentliche Kündigung. Ein Schadenser- **89** satzanspruch setzt nach dem Wortlaut des Abs. 2 eine berechtigte außerordentliche Kündigung eines Vertragsteils voraus, die der andere Teil durch sein schuldhaftes Verhalten verursacht hat. Dem steht es gleich, wenn die Parteien das Vertragsverhältnis anstatt durch zulässige außerordentliche Kündigung durch einvernehmlichen **Aufhebungsvertrag** beenden.[245] Entscheidend ist nämlich, daß dem Kündigenden ein außerordentliches Kündigungsrecht zusteht und daß dieses den Anlaß für die Vertragsbeendigung darstellt. Dagegen kommt es für den Schadensersatzanspruch nicht darauf an, ob das Vertreterverhältnis letztendlich durch außerordentliche Kündigung oder durch Aufhebungsvertrag beendet wurde. Das gleiche gilt, wenn der Kündigungsberechtigte aus Entgegenkommen anstatt der außerordentlichen Kündigung eine ordentliche ausspricht.[246] Jedoch kann in dem Abschluß eines Aufhebungsvertrags ein Verzicht des Kündigungsberechtigten auf seine Schadensersatzansprüche zu sehen sein, was durch Auslegung nach § 157 BGB zu ermitteln ist.

b) Verschulden. Die Kündigung muß durch ein Verhalten veranlaßt worden sein, das **90** der andere Teil zu vertreten hat. Es ist nach den §§ 276, 278 BGB zu beurteilen.[247] Ein Vertretenmüssen liegt also bei vorsätzlicher oder fahrlässiger Pflichtverletzung und bei einem Verschulden des Erfüllungsgehilfen vor. Das verschuldete Fehlverhalten des anderen Vertragsteils muß kausal für die Kündigung gewesen sein.

2. Umfang. Der Umfang der Schadensersatzpflicht richtet sich nach §§ 249 ff. BGB. **91** Der Kündigende ist so zu stellen, wie er stehen würde, wenn das Vertragsverhältnis nicht vorzeitig beendet worden wäre.[248] Dabei beschränkt sich der Schadensersatzanspruch auf den Zeitraum bis zum vornherein vereinbarten oder durch ordentliche Kündigung herbeigeführten Vertragsende.[249] Unter den Schaden fallen insbesondere die entgangenen Provisionen, die bis zu diesem Zeitpunkt zu erzielen gewesen wären.[250] Jedoch muß sich der Kündigende durch die Kündigung erlangte Vorteile anrechnen lassen,[251] so wenn der kündigende Handelsvertreter seine Arbeitskraft nunmehr für einen anderen Unternehmer einsetzt. Dies gilt aber nicht, wenn er nur Kapazitäten ausnutzt, die im Zeitpunkt der Kündigung ohnehin noch frei waren.[252]

Ein **Mitverschulden** des Kündigungsberechtigten ist nach § 254 BGB zu berücksichti- **92** gen. Der berechtigt kündigende Handelsvertreter kann deshalb aus Gründen der Schadensminderungspflicht (§ 254 Satz 2 BGB) zur Aufnahme einer neuen Tätigkeit verpflichtet sein,[253] uU auch durch Suche einer Handelsvertretertätigkeit in einer anderen Branche.[254] In dem berechtigten Ausspruch der Kündigung, liegt jedoch noch keine schuldhafte Mitverursachung.[255]

Der **Schadensersatzanspruch** ist ganz **ausgeschlossen**, wenn auch der andere Teil hätte **93** fristlos kündigen können, ohne daß es darauf ankommt, ob der andere Vertragsteil von seiner Kündigungsbefugnis Gebrauch macht. Denn es würde Treu und Glauben widersprechen, den Empfänger der Kündigung schlechter zu stellen, wenn er von seinem Kündigungsrecht keinen Gebrauch gemacht hat.[256]

[244] BGH NJW 1967, 248, 250.

[245] BGHZ 44, 271, 274 = LM Nr. 7 mit Anm. *Rietschel*; BGH BB 1964, 283; NJW 1982, 2432.

[246] Baumbach/*Hopt* RdNr. 35; Heymann/*Sonnenschein/Weitemeyer* RdNr. 38.

[247] *Küstner/v. Manteuffel* I RdNr. 1786.

[248] BGH NJW 1993, 1386; BB 1989, 2428; WM 1970, 1513.

[249] BGH NJW 1993, 1386 = BB 1993, 883.

[250] BGH EWiR 1990, 167 mit Kurzkomm. *v. Hoyningen-Huene*; BGH BB 1964, 283.

[251] Baumbach/*Hopt* RdNr. 34; Heymann/*Sonnenschein/Weitemeyer* RdNr. 39.

[252] BGH WM 1984, 1005.

[253] BGH WM 1984, 1005, 1006.

[254] BGH WM 1970, 1513, 1515.

[255] Heymann/*Sonnenschein/Weitemeyer* RdNr. 39.

[256] BGHZ 44, 271, 277 = LM Nr. 7 mit Anm. *Rietschel*.

94   Zur Vorbereitung des Schadensersatzanspruch ist ein **Auskunftsanspruch** möglich.[257] Ein solcher Anspruch setzt voraus, daß der Kläger die Herausgabe der Provisionen fordern kann.[258] Gegen den Auskunftsanspruch hat der gekündigte Unternehmer kein Zurückbehaltungsrecht nach § 273 BGB mit einem eigenen Anspruch auf Aufkunft darüber, ob der Handelsvertreter seine Arbeitskraft anderweitig verwendet hat, weil dies lediglich ein Posten der Schadensberechnung, nicht aber ein selbständiger Anspruch ist.[259]

95   **3. Darlegungs- und Beweislast.** Die Darlegungs- und Beweislast für die Schadenshöhe trägt der ersatzberechtigte Teil. Beim entgangenen Gewinn kommen diesem die Darlegungs- und Beweiserleichterungen der §§ 252 Satz 2 BGB, 287 ZPO zugute,[260] so daß der Geschädigte nur die Umstände darlegen und gegebenenfalls beweisen muß, die für gewöhnlich oder nach den Umständen des Falles die Erzielung eines Gewinns wahrscheinlich machen. Ob dem Kündigenden ein Mitverschulden nach § 254 BGB trifft, hat der Schädiger zu beweisen.

§ 89 b [Ausgleichsanspruch]

(1) Der Handelsvertreter kann von dem Unternehmer nach Beendigung des Vertragsverhältnisses einen angemessenen Ausgleich verlangen, wenn und soweit

1. der Unternehmer aus der Geschäftsverbindung mit neuen Kunden, die der Handelsvertreter geworben hat, auch nach Beendigung des Vertragsverhältnisses erhebliche Vorteile hat,

2. der Handelsvertreter infolge der Beendigung des Vertragsverhältnisses Ansprüche auf Provision verliert, die er bei Fortsetzung desselben aus bereits abgeschlossenen oder künftig zustande kommenden Geschäften mit den von ihm geworbenen Kunden hätte, und

3. die Zahlung eines Ausgleichs unter Berücksichtigung aller Umstände der Billigkeit entspricht.

Der Werbung eines neuen Kunden steht es gleich, wenn der Handelsvertreter die Geschäftsverbindung mit einem Kunden so wesentlich erweitert hat, daß dies wirtschaftlich der Werbung eines neuen Kunden entspricht.

(2) Der Ausgleich beträgt höchstens eine nach dem Durchschnitt der letzten fünf Jahre der Tätigkeit des Handelsvertreters berechnete Jahresprovision oder sonstige Jahresvergütung; bei kürzerer Dauer des Vertragsverhältnisses ist der Durchschnitt während der Dauer der Tätigkeit maßgebend.

(3) Der Anspruch besteht nicht, wenn

1. der Handelsvertreter das Vertragsverhältnis gekündigt hat, es sei denn, daß ein Verhalten des Unternehmers hierzu begründeten Anlaß gegeben hat oder dem Handelsvertreter eine Fortsetzung seiner Tätigkeit wegen seines Alters oder wegen Krankheit nicht zugemutet werden kann, oder

2. der Unternehmer das Vertragsverhältnis gekündigt hat und für die Kündigung ein wichtiger Grund wegen schuldhaften Verhaltens des Handelsvertreters vorlag oder

3. auf Grund einer Vereinbarung zwischen dem Unternehmer und dem Handelsvertreter ein Dritter anstelle des Handelsvertreters in das Vertragsverhältnis eintritt; die Vereinbarung kann nicht vor Beendigung des Vertragsverhältnisses getroffen werden.

(4) Der Anspruch kann im voraus nicht ausgeschlossen werden. Er ist innerhalb eines Jahres nach Beendigung des Vertragsverhältnisses geltend zu machen.

---

[257] BGHZ 44, 271, 273; WM 1978, 461, 465.
[258] BGH BB 1964, 283.
[259] BGH WM 1978, 461, 465.

[260] BGH DB 1990, 40 = BB 1989, 2428 = 1990, 167 mit zust. Anm. *v. Hoyningen-Huene*; siehe auch *v. Hoyningen-Huene/Boemke* NJW 1994, 1757.

(5) Die Absätze 1, 3 und 4 gelten für Versicherungsvertreter mit der Maßgabe, daß an die Stelle der Geschäftsverbindung mit neuen Kunden, die der Handelsvertreter geworben hat, die Vermittlung neuer Versicherungsverträge durch den Versicherungsvertreter tritt und der Vermittlung eines Versicherungsvertrages es gleichsteht, wenn der Versicherungsvertreter einen bestehenden Versicherungsvertrag so wesentlich erweitert hat, daß dies wirtschaftlich der Vermittlung eines neuen Versicherungsvertrages entspricht. Der Ausgleich des Versicherungsvertreters beträgt abweichend von Absatz 2 höchstens drei Jahresprovisionen oder Jahresvergütungen. Die Vorschriften der Sätze 1 und 2 gelten sinngemäß für Bausparkassenvertreter.

Schrifttum: *Ahle,* Ausgleichsanspruch des Handelsvertreters bei Rücknahme einer zeitweilig übertragenen Zusatzvertretung, DB 1962, 1069; *ders.,* Vorwegerfüllung des Ausgleichsanspruches der Handelsvertreter, DB 1962, 1329; *ders.,* Probleme beim Ausgleichsanspruch nach § 89b HGB bei Handelsvertretungen durch juristische Personen oder Personengesamtheiten, DB 1963, 227; *ders.,* Der Ausgleichsanspruch nach § 89b HGB bei Vertretungen von Anlagegütern, DB 1963, 1703; *ders.,* Provision und Ausgleichsanspruch des Handelsvertreters beim Einsatz eines Nachfolgers, DB 1964, 611; *Ankele,* Harmonisiertes Handelsvertreterrecht für die Europäische Gemeinschaft, DB 1987, 569; *ders.,* Das deutsche Handelsvertreterrecht nach der Umsetzung der EG-Richtlinie, DB 1989, 2211; *Bamberger,* Zur Frage des Ausgleichsanspruchs, insbesondere der Provisionsverluste des Handelsvertreters bei einer Vertriebsumstellung des Unternehmers, NJW 1984, 2670; *ders.,* Zur Frage der entsprechenden Anwendung des § 89b HGB auf den Ausgleichsanspruch des Eigenhändlers, NJW 1985, 33; *Baudenbacher,* Zum Kundschaftsentschädigungsanspruch des Agenten im schweizerischen Recht, JZ 1989, 919; *Bechtold,* Ausgleichsansprüche für Eigenhändler, dargestellt am Beispiel des Automobilvertriebs, NJW 1983, 1393; *ders.,* Rechtstatsachen zum Ausgleichsanspruch des Automobilhändlers, BB 1984, 1262; *Bellstedt,* Zur Umsatzsteuerpflicht des dem Vertragshändler vom ausländischen Hersteller gezahlten Ausgleichs gem. § 89 b HGB, UR 1994, 301; *Braun,* Der Ausgleichsanspruch des Bausparkaufmanns nach Inkrafttreten der „Grundsätze", VersVerm 1984, 527; *ders.,* Der Ausgleichsanspruch des Bausparvertreters, VersVerm 1985, 568; *v. Brunn,* Der Ausgleichsanspruch nach dem neuen Handelsvertreterrecht, DB 1953, 1080; *ders.,* Ausgleichsansprüche bei Eigenhändlerverträgen, DB 1961, 429; *Brych,* Berechnung des Ausgleichsanspruchs des Bausparkassenvertreters, BB 1981, 573; *ders.,* Ausgleichsanspruch bei jedweder Art von Eigenkündigung, BB 1992, 8; *Bunte,* Das Urteil des BGH zur Gestaltung von Automobilvertragshändlerverträgen, NJW 1985, 600; *Deon,* Mehrwertsteuerfragen um den Ausgleichsanspruch, RVR 1968, 223; *Eberstein,* Bemerkungen zu den Urteilen des Bundesgerichtshofes zum Ausgleichsanspruch des Handelsvertreters, BB 1957, 663; *ders.,* Zum Ausgleichsanspruch des Handelsvertreters, BB 1957, 1059; *ders.,* Vorauserfüllung oder Überwälzung des Handelsvertreter-Ausgleichsanspruchs durch vertragliche Regelung, BB 1971, 200; *Eckert,* Die analoge Anwendung des Ausgleichsanspruchs nach § 89b HGB auf Vertragshändler und Franchisenehmer, WM 1991, 1237; *Ekkenga,* Ausgleichsanspruch analog § 89b und Ertragswertmethode, AG 1992, 345; *Felix,* Betriebsaufgabe und Ausgleichsansprüche des Handelsvertreters nach § 89b HGB, BB 1987, 870; *Finger,* Die Stellung des Vertragshändlers bei Beendigung des Vertrages, DB 1970, 141; *Finke,* Die Rechtsprechung des Bundesgerichtshofs zum Handelsvertreterrecht, WM 1969, 1122; 1972, 1110; *Foth,* Der Ausgleichsanspruch des Vertragshändlers, 1985; *ders.,* Neue Kehrtwende der Rechtsprechung zum Ausgleichsanspruchanspruch des Vertragshändlers in der Kraftfahrzeugbranche?, BB 1987, 1686; *Frieseke,* Steuerrechtliche Bedeutung des Ausgleichsanspruchs des Handelsvertreter, DB 1962, 8; *Fritz,* Die Geltendmachung des Ausgleichsanspruchs des Handelsvertreters nach § 89b HGB, NJW 1960, 1653; *Gaedertz,* Der Ausgleichsanspruch des Handelsvertreters von Markenartikeln, MA 1958, 464; *v. Gamm,* Die neuere Rechtsprechung des BGH zum Handelsvertreterrecht, NJW 1979, 2489; *Garbe,* Vereinbarung über den Ausgleichsanspruch im Bausparbereich, VersVerm 1984, 479; *ders.,* Minderung des Ausgleichsanspruchs bei überdurchschnittlicher Konkurrenzanfälligkeit des Bestandes, VersVerm 1968, 56; *Garde,* Grundsätze zur Errechnung der Höhe des Ausgleichsanspruchs, VW 1959, 97; *Gassner,* Rückstellungen für künftig anfallende Ausgleichsansprüche der Handelsvertreter, DB 1968, 1645; *Gertner,* Ausgleichszahlungen an Handels- und Versicherungsvertreter, BB 1960, 314; *Geßler,* Der Ausgleichsanspruch der Handels- und Versicherungsvertreter, 1953; *ders.,* Zum Ausgleichsanspruch des Handelsvertreters, BB 1957, 1164; *Giefers,* Das Verhältnis von Wettbewerbsentschädigungs- und Schadensersatzansprüche zum Ausgleichsanspruch, RVR 1969, 195. *ders.,* Ausschluß des Ausgleichsanspruchs und Haftung für Verschulden Dritter, RVR 1973, 1; *Glaser,* Steht dem Erben des Handelsvertreters ein Ausgleichsanspruch zu?, DB 1955, 1081; *ders.,* Steht dem Generalvertreter ein Ausgleichanspruch zu?, DB 1957, 1173; *Görres,* Der Ausgleichsanspruch der Erben des Handelsvertreters, DB 1955, 681; *Grothus,* Ausgleichsansprüche von Handelsvertretern der Markenartikelindustrie, MA 1957, 198; *Günther,* Zum Ausgleichsanspruch des Handelsvertreters, BB 1957, 1058; *Haas,* Ist der Wegfall des Handelsvertreter-Ausgleichsanspruchs gemäß § 89b Abs. 3 Nr. 1 HGB bei Eigenkündigung ohne besonderen Anlaß verfassungswidrig?, BB 1991, 1441; *Habscheid,* Das Ausgleichsrecht des Handelsvertreters, Festschrift Schmidt-Rimpler, 1957, S. 335; *Hangarter,* Ausschluß des Ausgleichsanspruchs für den schweizerischen Handelsvertreter deutscher Unternehmen?, AWD 1966, 92; *ders.,* Rechtsfragen bei grenzüberschreitenden Handelsvertreter-Verträgen RVR 1970, 99; *Haumann,* Der Ausgleichsanspruch bei Alter oder Krankheit des Handelsvertreters, HVuHM 1974, 754; *ders.,* Der Ausgleichsanspruch des Handelsvertreters, HVH, 3. Aufl., Abschn. V 6; *Heissmann,* Ausgleichsanspruch des Handelsvertreters und Pensionszusage, DB 1967, 395; *Heitmann,* Rückstellungen für den Ausgleichsanspruch und den Pensionsanspruch des Handelsvertreters, BB 1966, 1305; *Hepting/Detzer,* Die Abdingbarkeit des Ausgleichsanspruchs ausländischer Handelsvertreter und Vertragshändler, insbesondere durch Allgemeine Geschäftsbedingungen, RIW 1989, 337 ff.; *Heuer,* Aktivierungszeitpunkt für den Ausgleichsanspruch eines Handelsvertreters, DB 1963, 1738; *Hiekel,* Der Ausgleichsanspruch des Handelsvertreters und des Vertragshändlers, 1985; *Hintzen-Hintzen,* Die Rückstellung für Ausgleichsansprüche der Handelsvertreter (§ 89b HGB) in der neueren Rechtsentwicklung, DB 1978, 2037 (I), 2087 (II); *Höft,* Beschränkung des ausgleichsberechtigten Erbenkreises für den Fall des Todes des Versicherungsvertreters?, VersR 1965, 552; *ders.,* Ausgleichspflichtiger Provisionsverlust der Versicherungs-(Bausparkassen)-Vertreter (§ 89b Abs. 1 Satz 2 HGB), VersR 1966, 104; *ders.,* Neue Mißverständnisse um die die Zulässigkeit einer Pensionsrückstellung bei Zusammentreffen von Versorgungsanspruch und Ausgleichsanspruch, VW 1966, 211; *ders.,* Ausgleichsanspruch (§ 89b HGB) der Versicherungs- und Bausparkassenvertreter für künftig zustande kommende Verträge?, VersR 1967, 524; *ders.,* Ausgleichsanspruch – Altersversorgung. Möglichkeit und Rechtsfolgen eines Verzichts des Handelsvertreters auf eine sog. Provisionsrente, RVR 1968, 179; *ders.,* Nochmals: Kein Ausgleichsanspruch (§ 89b HGB) des Versicherungsvertreters für Inkasso und sonstige Verwaltungsprovisionen, VersR 1970, 97; *Hönsch,* Zum Ausgleichsanspruch des Bausparkassenvertreters, RVR 1971, 99; *Hoffmann,* Der Ausgleichsanspruch des Handelsvertreters, 1966; *Hohn,* Wirtschaftliche Anspruchsfaktoren beim Ausscheiden des Handelsvertreters, BB 1972, 521; *Holling,* Die Ermittlung des Ausgleichsbetrages – § 89b HGB – nach der dazu bisher ergangenen Rechtsprechung, HVuHM 1969, 1429; *Hollmann,* Zum Ausgleichsanspruch des Automobil-Vertragshändlers nach § 89b HGB, BB 1985, 1023; *Horn,* Zum Ausgleichsanspruch des Eigenhändlers: Kundenstamm und werbende Tätigkeit, ZIP 1988, 137; *Jansen,* Ausgleichszahlungen an Handelsvertreter bei gleichzeitiger Aufgabe seines Betriebs, BB 1981, 589; *Kappka,* Gehört dere Ausgleichsanspruch des Handelsvertreters zum erbschaftssteuerpflichtigen Erwerb?, DB 1959, 242; *Klinger,* Zur Berechnung des Ausgleichsanspruchs der Handelsvertreter, DB 1957, 925; *ders.,* Ausgleichsansprüche der Handelsvertreter und Pensionszusagen, DB 1958, 1192; *Kindler,* Der Ausgleichsanspruch des Handelsvertreters im deutsch-italienischen Warenverkehr, 1987; *Kluge,* Die gewerbesteuerliche Behandlung des Ausgleichsanspruchs beim Handelsvertreter, BB 1972, 441; *Koch,* Zur Beweislast beim Ausgleichsanspruch des Handelsvertreters, DB 1957, 423; *Köhler,* Ausgleichsanspruch des Franchisenehmers: Bestehen, Benennung, Abwälzung, NJW 1990, 1689; *Konow,* Steht den Erben eines Handelsvertreters, der nach der Kündigung, aber vor der Beendigung des Vertragsverhältnisses gestorben ist, ein Ausgleichsanspruch zu?, NJW 1960, 1655; *Kottke,* Die Mehrwertsteuer des Handelsvertreters, BB 1968, 1076; *Kraatz,* Zur Berechnung des Ausgleichsanspruchs des Handelsvertreters nach Vertragsbeendigung, WM 1982, 498; *Kreifels/Lang,* Der Ausgleichsanspruch des Vertragshändlers, NJW 1970, 1769; *Kroitzsch,* Der Ausgleichsanspruch des Vertragshändlers und seine kartellrechtlichen Grenzen, BB 1977, 1631; *Krüger,* Schadensersatz und Ausgleichsansprüche des Handelsvertreters nach jemenitischem Recht, RIW/AWD 1989, 104; *Küstner,* Berücksichtigung ersparter Unkosten beim Ausgleichsanspruchs des Handelsvertreters, BB 1962, 432; *ders.,* Altersversorgung und Ausgleichsanspruch des Handelsvertreters, BB 1963, 1147; *ders.,* Der Ausgleichsanspruch des Handelsvertreters bei grenzüberschreitenden Vertreterverträgen, AWD 1966, 65; *ders.,* Der Ausgleichsanspruch des Bausparkassenvertreters, BB 1966, 269; *ders.,* Nebenberufliche Vertretertätigkeit und Ausgleichsanspruch, BB 1966, 1212; *ders.,* Zur Aktivierung erbrachte Ausgleichsleistungen an Versicherungsvertreter in der Bilanz von Versicherungsunternehmen, BB 1967, 114; *ders.,* Vertragliche Ausgleichsregelungen. Bedeutung und Wirksamkeit. 6 problematische Einzelfälle, RVR 1968, 319; *ders.,* Zurückstellungsproblematik beim Zusammentreffen von Ausgleichs- und Versorgungsansprüchen, RVR 1968, 350; RVR 1969, 11; *ders.,* Die Höchstgrenze für den Ausgleichsanspruch des Versicherungs- und Bausparkassenvertreters, RVR 1969, 149; *ders.,* Die Berechnung des Ausgleichsanspruch nach § 89b HGB, NJW 1969, 769; *ders.,* Neue Rechtsprechung zum Ausgleichsanspruchs des Handelsvertreters nach § 89b HGB, BB 1972, 1300; *ders.,* Probleme um die Höchstgrenze des Ausgleichsanspruches, RVR 1972, 89; *ders.,* Neufassung des § 89b Abs. 3 HGB bei alters- oder krankheitsbedingter Eigenkündigung des Handelsvertreters, BB 1976, 630; *ders.,* Zum Einfluß des Betriebsrentengesetzes auf die Ausgleichsberechtigung des Handelsvertreters (§ 89b HGB), BB 1976, 1485; *ders.,* Rechtsfragen zum Vertragsrecht und zum Ausgleichsanspruch des Tankstellenhalters, 2. Aufl. 1978; *ders.,* Probleme des Ausgleichsanspruchs nach § 89b HGB und seine Berechnung bei Bausparkassenvertretern, BB 1981, Beil. 12; *ders.,* Die neuere Rechtsprechung zum Außendienstrecht, DB 1985, Beil. 12; *Küstner/v.Manteuffel,* Berechnung des Ausgleichsanspruchs des Vertragshändlers, BB 1988, 1972; *dies.,* Die Änderungen des Handelsvertreterrechts aufgrund der EG-Harmonisierungsrichtlinie vom 18. 12. 1986, BB 1990, 291; *dies.,* Gedanken zum neuen Ausgleichs-Ausschlußtatbestand. § 89b Abs. 3 Nr. 3 HGB, BB 1990, 1713; *dies.,* Zur Problematik der Ausgleichsberechtigung nach § 89b HGB bei Bestandsübertragungen, VersVerm 1991, 162; *Küstner/v.Manteuffel/Evers,* Handbuch des gesamten Außendienstrechts, Band II, Der Ausgleichsanspruch des Handelsvertreters, 6. Aufl. 1995; *Kuther,* Steht dem Erben eines Handelsvertreters bei Beendigung des Vertragsverhältnisses durch Tod des Handelsvertreters ein Ausgleichsanspruch zu?, 1960; *Laber,* Eigenkündigung des Handelsvertreters: Verfassungsmäßigkeit des Ausschlusses des Ausgleichsanspruchs, DB 1994, 1275; *Landfermann,* Der Ausgleichsanspruch des in Frankreich tätigen Handelsvertreters, AWD 1971, 116; *Laum,* Der Ausgleichsanspruchs des Handelsvertreters in der Rechtsprechung des Bundesgerichtshofes, BB 1967, 1359; *Ledoux,* Zum Ausgleichsanspruch eines Handelsvertreters nach belgischem Recht, AWD 1959, 68; *Leo,* Zum Ausgleichsanspruch des Tankstellenverwalters, RVR 1971, 131; *Liuze,* Entsteht beim Tode des Handelsvertreters ein Ausgleichsanspruch gemäß § 89b HGB?, 1955; *Lutz,* Ausgleichsanspruch des Handelsvertreters und Pensionszusage, DB 1989, 2345; *Maier,* Der Ausgleichsanspruch des Handelsvertreters und Eigenhändlers und der ordre public, NJW 1958, 1327; *ders.,* Kündigung eines Handelsvertreters wegen Alters- oder Krankheit, BB 1978, 940; *Martin,* Gesetzlicher Ausgleichsanspruch des Handelsvertreters und vertragliche Versorgungszusagen, DB 1966, 1837; *ders.,* Offene Handelsgesellschaften und Kommanditgesellschaften als Versicherungsvertreter, VersR 1967, 824; *ders.,* Ausgleichsanspruch (§ 89 b HGB) des Versicherungsvertreters und Wettbewerb zum Nachteil des Unternehmers, VersR 1968, 117; *ders.,* Provisions- und Ausgleichsansprüche des Versicherungsvertreters bei Bestandsübertragungen und bei Verschmelzung des Unternehmens, RVR 1970, 3; *ders.,* Zum Ausgleichsanspruch des Versicherungsvertreters, VersR 1970, 796; *ders.,* Ausgleichsanspruch des Versicherungsvertreters: Grenzen des Handelsbrauches zu § 89 b HGB, VW 1974, 462; *Martinek,* Franchising, 1987; *ders.,* Franchising im Handelsrecht, ZIP 1988, 1362; *Martiny,* Zum Provisions- und Ausgleichsanspruch des New Yorker Agenten; IPrax 1981, 118; *Matthies,* Der Ausgleichsanspruch des Handelsvertreters bei kurzer Vertragsdauer, DB 1986, 2063; *Mellerowicz,* Zur Bilanzierung der Ausgleichsansprüche des Handelsvertreters, BB 1959, 150; *Merkel,* Der Ausgleichsanspruch des Handelsvertreters, BB 1956, 420; *Meyer,* Ausgleichsansprüche nach § 89 b HGB beim Vertrieb langlebiger Wirtschaftsgüter, BB 1970, 780; *ders.,* Ausgleichszahlungen nach § 89 b HGB zugunsten des Rechtsnachfolgers eines Handelsvertreters, DB 1981, 1085; *Meyer-Marsilius,* Der Ausgleichsanspruch des Handelsvertreters im deutsch-schweizerischen Warenverkehr, AWD 1959, 31; *Moritz,* Zum Wegfall des Ausgleichsanspruchs bei Kündigung durch den Handelsvertreter, DB 1987, 875; *Müller-Feldhammer,* Der Ausgleichsanspruch des Vertragshändlers im deutsch-schweizerischen Handelsverkehr, RiW 1994, 926; *Müller-Stein,* Ausgleichsanspruch gemäß § 89 b HGB nach Bestandsübertragungen auf Grund erteilter Makleraufträge?, VersR 1990, 561; *Neflin,* Die Ansprüche des Handelsvertreters bei Vertragsauflösung im ausländischen Recht, NJW 1959, 2140; *ders.,* Der Industriepropagandist in handels- und steuerrechtlicher Sicht, DB 1961, 833; *ders.,* Vorwergerfüllung des Ausgleichsanspruchs des Handelsvertreters, DB 1962, 1531; *Neuburger/Gaa,* Ausgleichsanspruch und Pensionsanspruch des Handelsvertreters, BB 1968, Beil 10; *Nies,* Kann einem Eigenhändler der Ausgleichsanspruch des § 89 b HGB zustehen?, MDR 1961, 556; *Nipperdey,* Handelsvertreter und Eigen (Vertrags)-Händler. Der Ausgleichsanspruch des § 89 b HGB, Festschrift für Hedemann (1958), S. 207; *Noetzel,* Der Billigkeitsgedanke beim Ausgleichsanspruch des Handelsvertreters, NJW 1958, 1325; *Northmann,* Zum Ausgleichsanspruch des Handelsvertreters in Argentinien, AWD 1960, 74; *Ordemann,* Der „Generalvertreter" und sein Ausgleichsanspruch, BB 1964, 1323; *Oswald,* Wie wird der Ausgleich des Handelsvertreters gemäß § 89 b HGB errechnet?, VersR 1979, 509; *ders.,* Rückstellungen für Ausgleichsansprüche der Handelsvertreter?, BB 1978, 1501; *Rau,* Verbindung von Ausgleichsanspruch und Pensionszusage bei Handelsvertretern, BB 1967, 403; *v. Ramdohr,* Nochmals: Ausgleichsansprüche der Witwe eines Handelsvertreters?, 1956, 128; *Risse,* Die Rechtsnatur des Ausgleichsanspruchs und ihre Bedeutung für seine steuerrechtliche Behandlung, BB 1956, 1135; *ders.,* Zur steuerrechtlichen Beurteilung der Ausgleichsansprüche des Handelsvertreters, BB 1958, 337; Zum Ausgleichsanspruch der Handelsvertreter, BB 1957, 669; *Rössler,* Zur Verbindung von Ausgleichsansprüchen und Pensionszusagen an Handelsvertreter, DB 1958, 752; *Sandberger-Teubner,* Ausgleichsansprüche deutscher Handelsvertreter im deutsch-englischen Handelsverkehr, AWD 1975, 256; *Sandrock,* Der Ausgleichsanspruch des Vertragshändlers: Der Bundesgerichtshof auf den Spuren von Odysseus, Festschrift für R. Fischer, 1979, S. 657; *Schäfer,* Was sind die „Grundsätze zur Errechnung der Höhe des Ausgleichsanspruchs" wert?, VersVerm 1983, 86; *ders.,* Grundsätze zur Errechnung der Höhe des Ausgleichsanspruchs „unwirksam", VersVerm 1986, 280; *Schiefelbein,* Der Ausgleichsanspruch des Versicherungsvertreters, 1965; *Schiefelbein-Höft,* Beschränkung des ausgleichsberechtigten Erbenkreises für den Fall des Todes des Versicherungsvertreters?, VersR 1965, 552; *Schlechtriem,* Ausgleichsansprüche des Hauptvertreters, BB 1971, 1540; *Schmalzel,* Wie wird der Ausgleich des Handelsvertreters gemäß § 89 b HGB errechnet?, VersR 1979, 509; *H. W. Schmidt,* Frist zur Geltendmachung des Ausgleichsanspruches des Handelsvertreters, BB 1965, 732; *K. Schmidt,* Kundenstammüberlassung und „Sogwirkung der Marke": Taugliche Kriterien für den Ausgleichsanspruch des Vertragshändlers?, DB 1979, 2357; *Schneider,* Der Verzinsungsbeginn bei Ausgleichsanspruch des Handelsvertreters, DB 1968, 1613; *ders.,* Die Bemessungsumstände für den Ausgleichsanspruch des Handelsvertreters gemäß § 89b, JurBüro 1968, 569; *ders.,* Die Billigkeit beim Ausgleichsanspruch des Handelsvertreters (§ 89 b Abs. 1 Nr. 3 HGB), MDR 1970, 976; *Schnitzler,* Zur Vorausregelung des Ausgleichsanspruchs nach § 89 b HGB, MDR 1958, 556; *Schoor,* Die Besteuerung von Ausgleichszahlungen an Versicherungsvertreter, VW 1987, 452; *Schröder,* Der Ausgleichsanspruch des Handelsvertreters, BB 1954, 477; *ders.,* Zur Berechnung des Ausgleichsanspruchs des Handelsvertreter, DB 1958, 43; *ders.,* Steht ein Ausgleichsanspruch auch einem Eigenhändler (Vertragshändler) zu?, BB 1958, 252; *ders.,* Änderung der Vertragsbedingungen und Ausgleichsanspruch im Handelsvertreterverhältnis, DB 1958, 975; *ders.,* Zum Ausgleichsanspruch des Eigenhändlers (Vertragshändlers), BB 1961, 809; *ders.,* Kundenschutz und Ausgleichsanspruch des Handelsvertreters, BB 1962, 798; *ders.,* Zweifelsfragen im Ausgleichsrecht der Handelsvertreter, DB 1962, 895; *ders.,* Wettbewerbsbeschränkende Wirkung der Ausgleichszahlung?, DB 1964, 323; *ders.,* Zur Berechnung des Ausgleichsanspruchs der Versicherungs(-Bausparkassen)Vertreter, Festschrift für Nipperdey, 1965, S. 715; *ders.,* Zum Ausgleichsanspruch des Eigenhändlers, DB 1966, 449; *ders.,* Rechtsgeschäftliche Abwendung des Ausgleichsanspruchs nach § 89 b HGB?; DB 1967, 1303; *ders.,* Ausgleichsanspruch nach § 89 b HGB bei Veräußerung und Stillegung des vertretenen Unternehmens, DB 1967, 2015; *ders.,* Abwälzung des Ausgleichsanspruchs auf den Nachfolger des ausgeschiedenen Handelsvertreters, DB 1969, 291; *ders.,* Zum Begriff der Unternehmervorteile beim Ausgleichsanspruch des Handelsvertreters nach § 89 b HGB, DB 1973, 217; *ders.,* Wichtige Gesetzesänderungen im Ausgleichsrecht der Handelsvertreter (§ 89 b HGB), DB 1976, 1269; *ders.,* Zum Begriff „Unternehmervorteile" im Ausgleichsrecht nach § 89 b Abs. 1

Nr. 1 HGB, DB 1976, 1897; *Schuler,* Ausgleichsansprüche bei Beendigung des Handelsvertretervertrages, JR 1957, 44; *ders.,* Der BGH und der Ausgleichsanspruch des Handelsvertreters, JR 1958, 94; *ders.,* Die Bemessung des Ausgleichsanspruchs des Handelsvertreters, NJW 1958, 1113; *ders.,* Zum Ausgleichsanspruch des Eigenhändlers und des Handelsvertreters, NJW 1961, 758; *Seithel,* Abwälzung der Ausgleichsverpflichtung auf den Nachfolger des Handelsvertreters, BB 1963, 465; *Semler,* Aktuelle Fragen im Recht der Vertragshändler, DB 1985, 2493; *Seydel,* Ausgleichsanspruch des Handelsvertreters, Beweislast für erheblichen Vorteil, DB 1957, 476; *Siebel,* Ausgleichsverpflichtung an Handelsvertreter?, BB 1971, 464; *Sieg,* Die Kündigung des Handelsvertretervertrages im Blickpunkt des Ausgleichsanspruchs, AG 1964, 293; *ders.,* Rechtsnatur des Ausgleichsanspruchs des Versicherungsvertreters und Folgerungen hieraus, VersR 1964, 789; *ders.,* Einfluß des Wegfalls der Altersversorgung auf den festgestellten Ausgleichsanspruch, VersR 1968, 105; *ders.,* Die Auswirkungen der Dienstunfähigkeit eines Handelsvertreters auf den Ausgleichsanspruch, RVR 1969, 99, 139; *Slomma,* Zur Frage der Bildung von Rückstellungen für Ausgleichsansprüche von Handelsvertretern, BB 1978, 492; *ders.,* Bildung von Rückstellungen für Ausgleichsansprüche der Handelsvertreter nach § 89b HGB, BB 1981, 1498; *Stötter,* Das Verbot des rechtsgeschäftlichen Ausschlusses des Ausgleichsanspruchs nach § 89b Abs. 4 HGB, DB 1971, 709; *ders.,* Vorwegerfüllung des Ausgleichsanspruches des Handelsvertreters, BB 1972, 1036; *ders.,* Zweifelsfragen bei der Auslegung der „Grundsätze zur Errechnung der Höhe des Ausgleichsanspruchs (§ 89 b HGB)", VersVerm 1985, 99; *Stumpf/Hesse,* Der Ausgleichsanspruch des Vertragshändlers, BB 1987, 1474; *Stumpf/Zimmermann,* Zu den Voraussetzungen des Anspruchs des Vertragshändlers auf Zahlung eines Ausgleichs, BB 1978, 429; *Theis,* Ausgleichszahlungen an Handelsvertreter, DB 1955, 248; *Thume,* Der Ausgleichsanspruch des Handelsvertreters, BB 1990, 1645; *ders.,* Der neue Ausgleichs-Ausschlußtatbestand nach § 89b Abs. 3 Nr. 3 HGB, BB 1991, 490; *ders.,* Neues zum Ausgleichsanspruch des Handelsvertreters und des Vertragshändlers, BB 1994, 2358; *Uelner,* Pensionsrückstellung beim Zusammentreffen von Pensionszusage und Ausgleichsanspruch bei Handelsvertretern, BB 1967, 489; *Ulmer,* Der Vertragshändler, 1969; *Veith,* Ausgleichsanspruch des Tankstellenverwalters nach § 89b HGB, DB 1963, 1277; *ders.,* Zum Ausgleichsanspruch eines Tankstelleninhabers nach § 89b HGB, DB 1965, 65; *Veltins,* Zur analogen Anwendung von § 89b HGB auf den Ausgleichsanspruch des Eigenhändlers, NJW 1984, 2063; *Waldner,* Zur Verbindung von Ausgleichsansprüchen und Pensionszusagen an Handelsvertreter, DB 1958, 579; *Weber,* Das Verhältnis von Ausgleichs- und Entschädigungsanspruch im Handelsvertreterrecht, BB 1961, 1220; *Werner/Machunsky,* Probleme und Voraussetzungen des Ausgleichsanspruchs des Vertragshändlers, BB 1983, 338; *Graf v. Westphalen,* Die analoge Anwendungbarkeit des § 89b HGB auf Vertragshändlerverträge der Kfz-Branche, DB 1981, Beil. 12; *ders.,* Die analoge Anwendbarkeit von § 89b HGB auf Vertragshändler unter besonderer Berücksichtigung spezifischer Gestaltungen in der Kfz-Branche, DB 1984, Beil. 24; *ders.,* Der Ausgleichsanspruch des Vertragshändlers in der Kfz-Branche gemäß § 89b HGB analog unter Berücksichtigung der neuesten BGH-Judicatur, DB 1988, Beil. 8; *Wiegand,* Ausgleichsanspruch des Handelsvertreters bei nicht vom Unternehmer veranlaßter Eigenkündigung, BB 1964, 375; *Winter,* Kein Ausgleichsanspruch beim Erlöschen des Vertrages durch Tod des Handelsvertreters, BB 1955, 496; *Wittmann, H.,* Ausgleichsanspruch eines Tankstellenpächters, BB 1965, 472; *Wittmann, J.,* Zum Ausgleichsanspruch von Handelsvertretern im EG-Ausland nach dem 31. 12. 1993, BB 1994, 2295; *Wolff,* Auskunftsrecht des Handelsvertreters zur Berechnung des Ausgleichsanspruchs, BB 1978, 1246.

Übersicht

A. Bedeutung

I. Entstehungsgeschichte

1   Die ursprüngliche Fassung des HGB enthielt noch keine Regelung über den Ausgleichsanspruch des Handelsvertreters. Erst das **Änderungsgesetz von 1953** führte als eine der wichtigsten Neuerungen mit der Regelung des § 89b einen Ausgleichsanspruch für den Handelsvertreter ein. Der Gesetzgeber folgte damit Vorbildern aus dem österreichischen[1] und schweizerischen Recht[2] sowie früheren deutschen Entwürfen,[3] wich aber im einzelnen erheblich von diesen Vorlagen ab.[4] In der Folgezeit wurde § 89b noch zweimal geändert. Das Gesetz über die Kaufmannseigenschaft von Land- und Forstwirten und den Aus-

---

[1] § 25 öHAG gewährt dem Handelsvertreter, der überwiegend mit Zuführung von Kunden beschäftigt ist, einen Anspruch auf angemessene Entschädigung, wenn der Geschäftsherr das Vertragsverhältnis vor Ablauf von drei Jahren kündigt.

[2] § 418 u. schweizerisches AVG, vgl. *Baudenbacher* JZ 1989, 919 ff.
[3] AKE, CDHE.
[4] Vgl. Begr. z. Reg.-E., BT-Drs. 1/3856 S. 33, 34; Heymann/*Sonnenschein/Weitemeyer* RdNr. 2.

gleichsanspruch des Handelsvertreters vom 13. 5. 1976 (BGBl. I S. 1197) ergänzte § 89 b Abs. 3 dahingehend, daß dem Handelsvertreter ein Ausgleichsanspruch auch dann zusteht, wenn er das Vertragsverhältnis zwar selbst gekündigt hat, die Kündigung aber auf einer Krankheit oder dem Alter des Handelsvertreters beruht. Damit beseitigte der Gesetzgeber die in der Praxis aufgetretenen unbefriedigenden Ergebnisse, wonach Handelsvertreter bei Kündigung aus Krankheits- oder Altersgründen ihren Ausgleichsanspruch verloren.[5] Die bisher letzte Änderung erfolgte durch das Gesetz zur Durchführung der EG-Richtlinie zur Koordinierung des Rechts der Handelsvertreter vom 23. 10. 1989 (BGBl. I S. 1910 ff.),[6] womit das in den §§ 84 ff. niedergelegte Handelsvertreterrecht der **EG-Richtlinie vom 18. 12. 1986** angepaßt wurde.[7] Wichtigste Änderung hierbei war die Erweiterung der in Abs. 3 geregelten Ausschlußtatbestände um den neuen Ausschlußgrund des Abs. 3 Nr. 3.[8] Danach führt auch eine Auswechselungsvereinbarung, dh. eine Vereinbarung zwischen dem Unternehmer und dem Handelsvertreter, daß ein Dritter anstelle des Handelsvertreters in das Vertragsverhältnis eintritt, zum Verlust des Ausgleichsanspruchs. Daneben hat das Änderungsgesetz von 1989 die Anwendung des § 89 b auf den Bausparkassenvertreter (Abs. 5 Satz 3) erstreckt und die Anschlußfrist für die Geltendmachung des Ausgleichsanspruchs nach Abs. 4 Satz 2 auf ein Jahr verlängert.

II. Zweck der Regelung

Mit der Vorschrift des § 89 b verfolgt der Gesetzgeber das Ziel, bisher unberücksichtigt **2** gebliebene **Belange des Handelsvertreters zu wahren**.[9] Zwar erlangt der Handelsvertreter Provisionsansprüche für alle während des Vertragsverhältnisses abgeschlossenen Geschäfte, sofern deren Abschluß auf seine Tätigkeit zurückzuführen ist (§ 87 Abs. 1). Auch erhält der Handelsvertreter unter den engen Voraussetzungen des § 87 Abs. 3 Provisionen für Geschäfte, die zwar von ihm eingeleitet, jedoch erst nach Beendigung des Handelsvertretervertrages abgeschlossen wurden. Dieses provisionsrechtliche Grundprinzip, den Vertreter an einer einmal hergestellten Geschäftsverbindung solange partizipieren zu lassen, wie diese besteht,[10] greift aber abgesehen von der Ausnahme des § 87 Abs. 3 nach der Beendigung des Handelsvertreterverhältnisses nicht mehr ein. So entstehen keine Provisionsansprüche für Nachbestellungen und Folgeaufträge, die nach Beendigung des Handelsvertreterverhältnisses eingehen.[11] Um diese unbefriedigende Härte zu mildern, gewährt der Gesetzgeber dem Vertreter einen Ausgleichsanspruch, der an die Stelle der Provisionsansprüche treten soll, deren Entstehung durch die Beendigung des Vertretervertrags verhindert werden.[12]

Der Ausgleichsanspruch bezweckt demnach einen **Ausgleich der Nachteile**, die der **3** Handelsvertreter durch die Beendigung des Vertragsverhältnisses erleidet.[13] § 89 b soll dem Handelsvertreter eine Gegenleistung dafür gewähren, daß er mit der Schaffung des Kundenstamms dem Unternehmer eine Leistung erbracht hat, die während der bisherigen Vertragszeit noch nicht abgegolten worden ist und die wegen der Beendigung des Vertragsverhältnisses auch in Zukunft nicht mehr durch Provisionen vergütet wird.[14] Im Vordergrund steht also der Gedanke des **Entgelts für die noch nicht abgegoltene Markterschließungsleistung** des Handelsvertreters, die dem Unternehmer auch künftig zugute kommt. Der Handelsvertreter soll einen Ausgleich für den Verlust seines Kundenstamms, dh. für den Verlust der Möglichkeit, bei Fortbestehen des Vertragsverhältnisses weitere

[5] Begr. z. Reg.-E., BT-Drs. 7/3918 S. 7.
[6] Hierzu *Ankele* DB 1989, 2211 ff.; *Horn* ZIP 1988, 137, 138; *Küstner/v. Manteuffel* BB 1990, 291 ff.; *Kuther* NJW 1990, 304; *Westphal* HV 1989, 1064 ff.
[7] Vgl. hierzu *Küstner/v. Manteuffel* I RdNr. 255.
[8] *Ankele* DB 1989, 2211, 2212 f.; *Küstner/v. Manteuffel* BB 1990, 1713 ff.; *Thume* BB 1991, 490 ff.

[9] Begr. z. Reg.-E., BT-Drs. 1/3856 S. 33;
[10] *Küstner/v. Manteuffel/Evers* II RdNr. 6.
[11] *Baumbach/Hopt* § 87 RdNr. 42; *Staub/Brüggemann* RdNr. 3, 4.
[12] *Küstner/v. Manteuffel/Evers* II RdNr. 8.
[13] *Heymann/Sonnenschein/Weitemeyer* RdNr. 3.
[14] BGHZ 45, 385, 386 = LM Nr. 25 mit Anm. *Rietschel*; BGH NJW 1985, 3076, 3077.

Provisionen aus Geschäften des Unternehmers mit dem von ihm vermittelten Kundenstamm zu erzielen, erhalten.[15]

4   **Schuldner des Ausgleichsanspruchs** ist grundsätzlich der Unternehmer, da diesem nach der Beendigung des Vertragsverhältnisses insoweit Vorteile erwachsen, als er weiterhin mit den vom Handelsvertreter vermittelten Kunden Geschäfte abschließen und Gewinne erzielen kann, ohne dabei zur Provisionszahlung verpflichtet zu sein (vgl. RdNr. 212 ff.).[16] Diese auf Kosten des Handelsvertreters erlangten Vorteile muß der Unternehmer nach Maßgabe der Billigkeit ausgleichen.[17]

III. Rechtsnatur des Augleichsanspruchs

5   **1. Vergütungsanspruch.** Der Ausgleichsanspruch stellt die Gegenleistung für diejenige Leistung des Handelsvertreters dar, die durch die Provision noch nicht voll abgegolten wurde.[18] Durch die Schaffung des Kundenstamms hat nämlich der Handelsvertreter für den Unternehmer eine Leistung erbracht, die ihm infolge der Beendigung des Vertragsverhältnisses nicht mehr durch laufende Provisionen vergütet wird. Deshalb handelt es sich bei dem Ausgleichsanspruch um einen **Vergütungsanspruch für die Überlassung des vom Handelsvertreter geschaffenen Kundenstamms an den Unternehmer.**[19] Dagegen ist der Ausgleichsanspruch nicht als Schadensersatzanspruch,[20] etwa wegen einer zu mißbilligenden Kündigung durch den Unternehmer, oder als Bereicherungsanspruch[21] zu qualifizieren. Die Einordnung als Bereicherungsanspruch scheidet schon deshalb aus, weil der Unternehmer den rechtlichen Vorteil des Kundenstamms nicht ohne rechtlichen Grund erlangt, sondern auf Grund der vertraglichen Tätigkeit des Handelsvertreters.[22] Auch die Auslegung als Versorgungsanspruch[23] geht fehl.

6   Der Ausgleichsanspruch beinhaltet aber keinen reinen, sondern nur einen **modifizierten Vergütungsanspruch,**[24] da die Höhe des Ausgleichs nicht allein vom Umfang der Provisionsverluste und der entsprechenden Unternehmensvorteile abhängt, sondern immer eine abschließende Billigkeitsüberprüfung stattfinden muß (Abs. 1 Satz 1 Nr. 3). Teilweise sind diese Billigkeitserwägungen bereits gesetzlich normiert. So verliert beispielsweise der Handelsvertreter nach Abs. 3 Nr. 1 seinen Vergütungsanspruch bei einer von ihm ohne Anlaß ausgesprochenen Kündigung.[25] Dies ändert jedoch nichts am Vergütungscharakter des Ausgleichsanspruchs, was bei der Auslegung der einzelnen Anspruchsvoraussetzungen immer zu berücksichtigen ist.

7   Gegen die Regelung des § 89b bestehen **keine verfassungsrechtlichen Bedenken.** Insbesondere verstößt **Abs. 3 Nr. 1,** wonach ein Ausgleichsanspruch entfällt, wenn der Handelsvertreter das Vertragsverhältnis ohne Grund gekündigt hat, nicht gegen die durch Art. 12 GG geschützte Freiheit der Berufsausübung.[26] Zwar wird durch den Ausschluß des

---

[15] Begr. z. Reg.-E., BT-Drs. 1/3856 S. 35; BGHZ 41, 292, 297 = LM Nr. 18 mit Anm. *Rietschel;* BGH NJW 1985, 3076, 3077.

[16] Begr. z. Reg.-E., BT-Drs. 1/3856 S. 34, 35.

[17] BGH NJW 1983, 1789; Heymann/*Sonnenschein/Weitemeyer* RdNr. 3.

[18] BGH WM 1988, 1204, 1205; BGHZ 24, 214, 222 = LM Nr. 2 mit Anm. *Selowsky;* Baumbach/ *Hopt* RdNr. 2; Heymann/*Sonnenschein/Weitemeyer* RdNr. 2; Staub/*Brüggemann* RdNr. 2; vgl. auch *Canaris* Handelsrecht S. 255.

[19] BGHZ 41, 292, 296 = LM Nr. 8 zu § 87 mit Anm. *Rietschel;* 24, 214, 222 = LM Nr. 2 mit Anm. *Selowsky; Küstner/v. Manteuffel/Evers* II RdNr. 36; *Matthies* DB 1986, 2065; Staub/*Brüggemann* RdNr. 1 bezeichnet den Ausgleichsanspruch als Fremdkörper im deutschen Rechtssystem.

[20] Vgl. Staub/*Brüggemann* RdNr. 7.

[21] Siehe hierzu Begr. z. Reg.-E., BT-Drs. 1/3856 S. 33, 34 f.; LG Hamburg MDR 1955, 44; Heymann/*Sonnenschein/Weitemeyer* RdNr. 4; Staub/ *Brüggemann* RdNr. 7.

[22] Staub/*Brüggemann* RdNr. 7.

[23] BGH NJW 1958, 1966, 1967.

[24] BGHZ 24, 214, 222 = LM Nr. 2 mit Anm. *Selowsky;* BGH NJW 1983, 1789; Baumbach/ *Hopt* RdNr. 3; Heymann/*Sonnenschein/Weitemeyer* RdNr. 4; *Hiekel* Ausgleichsanspruch S. 4 ff.; *Küstner/v. Manteuffel/Evers* II RdNr. 37.

[25] BGHZ 24, 214, 222; Baumbach/*Hopt* RdNr. 3.

[26] BVerfG NJW 1996, 381; OLG Hamm BB 1987, 1761 = NJW-RR 1988, 45; *Brych* BB 1992, 8 f.; *Hartl* Kurzkomm. zu LG Koblenz EWiR § 89b HGB 1/93, 467; Baumbach/*Hopt* RdNr. 1; Heymann/*Sonnenschein/Weitemeyer* RdNr. 5; *Laber* DB 1994, 1275; vgl. *Retzer* BB 1993, 668 ff.; BB 1993,

Ausgleichsanspruchs die Kündigung durch den Handelsvertreter wirtschaftlich erschwert. Dies erreicht aber noch nicht die Qualität eines Grundgesetzverstoßes,[27] zumal die Freiheit der Berufsausübung nicht willkürlich erschwert wird.[28]

Ebensowenig verstößt **Abs. 3 Nr. 2** gegen das im Grundgesetz verankerte Prinzip der **8** Rechtsstaatlichkeit oder gegen die Art. 12 und 14 GG.[29] Abs. 3 Nr. 2 engt nämlich die Voraussetzungen für den Verlust des Ausgleichsanspruchs so sehr ein, daß es hingenommen werden kann, dem Handelsvertreter bei schuldhafter Herbeiführung eines wichtigen Kündigungsgrundes den stark von Billigkeitsgedanken geprägten Ausgleichsanspruch zu versagen.[30] Der Ausgleichsanspruch soll nämlich den Handelsvertreter nur bei nicht vertretbarer Beendigung des Vertragsverhältnisses vor wirtschaftlichen Einbußen schützen, nicht aber dem Unternehmer die Ausgleichslast aufbürden, wenn der Handelsvertreter das Vertragsverhältnis ohne vertretbaren Grund kündigt. Damit stellt die Regelung eine angemessene Abwägung der Interessen des Handelsvertreters und des Unternehmers dar.

2. Künftiger Anspruch. Der Ausgleichsanspruch ist kein bedingter, sondern ein zu- **9** künftiger Anspruch,[31] weil er mit der Vertragsbeendigung überhaupt erst zur Entstehung gelangt.[32] Als zukünftiger Anspruch kann er schon vor Beendigung des Vertragsverhältnisses **abgetreten** (§ 398 BGB), **verpfändet** (§ 1204 BGB) oder **gepfändet** (§ 829 ZPO) werden.[33] Der Ausgleichsanspruch unterliegt jedoch als Arbeitseinkommen iSd. § 850 Abs. 2 ZPO dem Pfändungsschutz der §§ 850 ff. ZPO, da einerseits Ansprüche des Handelsvertreters auf Provisionen Arbeitsentgelt iSd. § 850 Abs. 2 ZPO darstellen[34] und andererseits der Ausgleichsanspruch als eingeschränkter Vergütungsanspruch zu qualifizieren ist. Insoweit unterscheidet sich der Ausgleichsanspruch von dem in §§ 9, 10 KSchG geregelten Abfindungsanspruch, der weder Arbeitsentgelt noch Ersatz für entgangenes Arbeitsentgelt ist[35] und somit unbeschränkt gepfändet werden kann.[36] Auf den Ausgleichsanspruch als einmalige nicht wiederkehrende Vergütung ist deshalb vor allem § 850i ZPO anwendbar,[37] wonach dem Handelsvertreter auf Antrag soviel zu belassen ist, wie er während eines angemessenen Zeitraums für seinen notwendigen Unterhalt und den seiner unterhaltsbeteiligten Angehörigen bedarf. Nach § 394 BGB ist dieser Teil auch nicht abtretbar.

Als zukünftiger Anspruch ist der Ausgleichsanspruch, der mit dem Tod des Handelsver- **10** treters entsteht, **vererbbar.**[38] Nicht zu berücksichtigen ist jedoch der zukünftige Ausgleichsanspruch bei der Berechnung des Vermögenswerts beim Zugewinnausgleich (§ 1375 BGB), da insoweit nur eine Erwerbschance vorliegt.[39]

963; – aA Vorlagebeschluß des LG Koblenz BB 1991, 2032; *Haas* BB 1991, 1441; *Moritz* DB 1987, 875 ff.

[27] *Brych* BB 1992, 8, 9.

[28] Nach LG Koblenz NJW 1993, 406 ist § 89b Abs. 3 Nr. 1 dahingehend verfassungskonform auszulegen, daß das Tatbestandsmerkmal „ein Verhalten des Unternehmers hierzu begründeten Anlaß gegeben hat" sehr weit auszulegen ist. Dem Handelsvertreter soll die Fortsetzung der Tätigkeit schon dann nicht mehr zumutbar sein, wenn kleinere Auseinandersetzungen und Meinungsverschiedenheiten mit dem Unternehmer vorliegen. Hierzu kritisch *Hartl* Kurzkomm. zu LG Koblenz EWiR 1993, 467, 468.

[29] OLG Hamm NJW-RR 1992, 364; vgl. OLG München BB 1993, 1835.

[30] OLG Hamm NJW-RR 1992, 364, 365.

[31] Baumbach/*Hopt* RdNr. 6; Heymann/*Sonnenschein/Weitemeyer* RdNr. 4; Staub/*Brüggemann* RdNr. 6.

[32] *Küstner/v. Manteuffel/Evers* II RdNr. 1466.

[33] OLG Hamm BB 1979, 1579, 1580 zur Offenbarungspflicht des Handelsvertreters bei der eidesstattlichen Versicherung; Baumbach/*Hopt* RdNr. 6; Heymann/*Sonnenschein/Weitemeyer* RdNr. 4; *Küstner/v. Manteuffel/Evers* II RdNr.1466 ff.; Palandt/*Heinrichs* § 398 RdNr. 11; Staub/*Brüggemann* RdNr. 6.

[34] BAG AP ZPO § 850 Nr. 3 mit zust. Anm. *Pohle;* nach BGHZ 96, 324, 327 ist für die Einordnung als Arbeitseinkommen von untergeordneter Bedeutung, daß es sich um eine Vergütung für eine Tätigkeit in einem freien Beruf handelt; *Zöller* ZPO § 850 RdNr. 9.

[35] BAG AP KO § 61 Nr. 14; Hueck/*v. Hoyningen-Huene* KSchG § 10 RdNr. 21.

[36] BAG AP ZPO § 850 Nr. 1 mit zust. Anm. *Förster* = BB 1961, 1053 mit Anm. *Güntner* = SAE 1960, 7 mit Anm. *Walter,* Hueck/*v. Hoyningen-Huene* KSchG § 10 RdNr. 24.

[37] *Küstner/v. Manteuffel/Evers* II RdNr. 1472.

[38] Baumbach/*Hopt* RdNr. 6.

[39] BGHZ 68, 163, 168 f.; Heymann/*Sonnenschein/Weitemeyer* RdNr. 4; Baumbach/*Hopt* RdNr. 6.

IV. Anwendungsbereich

11   **1. Handelsvertreter. a) Begriff.** § 89b gilt für alle **Handelsvertreter iSd. § 84 Abs. 1** (vgl. § 84 RdNr. 6 ff.), unabhängig von der Rechtsform des Handelsvertreters (vgl. § 84 RdNr. 21 f.), der Art der vom Handelsvertreter vermittelten oder abgeschlossenen Geschäfte (vgl. § 84 RdNr. 8 ff.)[40] und der rechtlichen Stellung des Handelsvertreters (vgl. § 84 RdNr. 13 ff.). Ausgleichsberechtigt sind deshalb neben natürlichen Personen auch juristische Personen und Personenvereinigungen als Handelsvertreter. Des weiteren ist grundsätzlich unerheblich, ob der Handelsvertreter als Warenvertreter, Versicherungsvertreter, Bausparkassenvertreter und Anzeigenvertreter handelt oder Geschäfte anderer Art vermittelt (vgl. § 84 RdNr. 8 ff.). Ebenso spielt es für den Ausgleichsanspruch keine Rolle, ob der Handelsvertreter als Vermittlungs- oder Abschlußvertreter, Ein- oder Mehrfirmenvertreter oder als Bezirks- oder Alleinvertreter auftritt (vgl. § 84 RdNr. 13 ff.).

12   **b) Untervertreter.** Dem Untervertreter (§ 84 Abs. 3, vgl. § 84 RdNr. 17, 92 ff.) steht ebenfalls ein Ausgleichsanspruch zu, sofern er als selbständiger Vertreter iSd. § 84 Abs. 1 anzusehen ist. Der Ausgleichsanspruch entsteht mit Beendigung des Untervertretervertrags[41] und kann bei der **echten Untervertretung** (vgl. § 84 RdNr. 95 ff.) nur gegenüber dem Hauptvertreter geltend gemacht werden, da vertragliche Beziehungen zwischen dem Untervertreter und dem vom Hauptvertreter vertretenen Unternehmer nicht bestehen.[42] Bei der **unechten Untervertretung** (vgl. § 84 RdNr. 93 f.) besteht dagegen zwischen dem Untervertreter und dem Unternehmer ein normaler Vertretervertrag, wobei der Untervertreter einem anderen Vertreter (Hauptvertreter) des Unternehmers organisatorisch unterstellt ist.[43] Zwischen dem Hauptvertreter, Generalvertreter oder Generalagenten einerseits und dem Untervertreter andererseits bestehen in diesem Fall keine Vertragsbeziehungen. Dies gilt auch dann, wenn die Untervertreterprovision über den Hauptvertreter abgerechnet wird. Deshalb hat die Beendigung des Vertragsverhältnisses zwischen dem Hauptvertreter und dem Unternehmer keine Auswirkungen auf den unechten Untervertreter. Diesem steht nur bei Beendigung des unechten Untervertretervertrags ein Ausgleichsanspruch gegen den Unternehmer zu.[44]

13   **c) Unselbständiger Handelsvertreter (§ 84 Abs. 2).** Der „unselbständige Handelsvertreter" kann keinen Ausgleichsanspruch geltend machen,[45] da auf ihn nicht die §§ 85 ff., sondern arbeitsrechtliche Vorschriften anzuwenden sind. Die Abgrenzung zwischen selbständigem und unselbständigen Handelsvertreter bereitet oft Schwierigkeiten. Hier ist auf die Kommentierung zu § 84 zu verweisen (vgl. § 84 RdNr. 115 ff.). Die Rechtsprechung hat beispielsweise einem Verkaufsleiter,[46] einem Totto-Lotto-Bezirksstellenleiter,[47] einem Reisebürobetreiber,[48] einem Tankstelleninhaber,[49] einem Tankstellenhalter,[50] einem Tankstellenpächter,[51] auch bei Selbstbedienung mit Treibstoff und Schmierstoffverkauf,[52] einem Einkaufsvertreter,[53] dem Werber eines Adressbuchverlags[54] und einem Reedereiagenten[55] einen Ausgleichsanspruch zugebilligt, weil sie als selbständige Handelsvertreter anzusehen waren.

14   **d) Handelsvertreter im Nebenberuf.** Dem Handelsvertreter im Nebenberuf (§ 92b) steht wegen der Sonderregelung des § 92 Abs. 1 Satz 1 ebenfalls kein Ausgleichsanspruch

---

[40] Baumbach/*Hopt* RdNr. 4.
[41] BGH DB 1984, 2298; *Küstner/v. Manteuffel/Evers* II RdNr. 67.
[42] *Küstner/v. Manteuffel/Evers* II RdNr. 69.
[43] *Küstner/v. Manteuffel/Evers* II RdNr. 71 f.
[44] *Küstner/v. Manteuffel/Evers* II RdNr. 73 f.
[45] BAG 4.7.1972 AP HGB § 65 Nr. 6 mit zust. Anm. *Herschel* = AR-Blattei, Lohn XV, Entsch. 10 mit Anm. *Söllner* = SAE 1974, 155 mit Anm. *Thiele*; BAG 3.6.1958 AP Nr. 1 mit zust. Anm. *Hefermehl*.
[46] BGHZ 56, 290 = LM Nr. 5 zu § 84 mit Anm. *Rietschel*.

[47] BGHZ 59, 87 = LM Nr. 43 mit Anm. *Rietschel*; BB 1975, 1409, 1410.
[48] BGHZ 82, 219, 221; DB 1990, 2585.
[49] BGHZ 42, 244, 245.
[50] BGH BB 1985, 353.
[51] BGH BB 1964, 1399; OLG Frankfurt BB 1985, 687.
[52] BGH BB 1985, 353 = DB 1985, 748.
[53] OLG Hamburg MDR 1967, 310.
[54] OLG Nürnberg NJW 1957, 1720.
[55] OLG Hamburg VersR 1973, 572, 573.

zu (vgl. § 92b RdNr.17 ff., 29). Ein Ausgleichanspruch besteht auch nicht für den Handlungsgehilfen[56] oder den Innengesellschafter mit Geschäftsvermittlungs- oder -abschlußpflicht,[57] den Pächter für den Goodwill des gepachteten Geschäfts, auch wenn der Verpächter stiller Gesellschafter des Pächters war[58] und den Künstler bei einem Vertrag mit seinem Manager und Promotor.[59] Diese Personen sind keine Handelsvertreter iSd. § 84, so daß § 89b keine direkte Anwendung findet. Einer analogen Anwendung hat die Rechtsprechung bisher nur beim Vertragshändler und Kommissionsagenten zugestimmt (vgl. RdNr. 17, 25).

2. Versicherungs- und Bausparkassenvertreter. § 89b gilt auch für den **Versiche-**   15
rungsvertreter (vgl. § 92 RdNr. 5 f.), dh. den Handelsvertreter der damit betraut ist, Versicherungsverträge zu vermitteln oder abzuschließen und den **Bausparkassenvertreter.** Dieser vermittelt als Handelsvertreter Bausparverträge (§ 1 Abs. 2 BauSpG) oder schließt solche Verträge ab (vgl. § 92 RdNr. 7). Jedoch wird der Ausgleichsanspruch des Versicherungs- und Bausparkassenvertreters durch Abs. 5 modifiziert (vgl. RdNr. 235 ff.).

Dagegen steht dem unselbständigen Versicherungsvertreter[60] und dem Versicherungs   16
makler[61] kein Ausgleichsanspruch zu, weil das Maklerrecht (§§ 93 bis 104) einen Ausgleichsanspruch für den Makler nicht vorsieht.

3. Vertragshändler. Im Gegensatz zum Handelsvertreter wird der Vertragshändler (dazu   17
Vor § 84 RdNr. 13 ff.) im eigenen Namen und auf fremde Rechnung tätig.[62] Bei dem Vertragshändlervertrag handelt es sich deshalb um einen Dienstvertrag, der eine Geschäftsbesorgung zum Gegenstand hat und auf den die §§ 675, 611 BGB Anwendung finden. Eine unmittelbare Anwendung des § 89b kommt daher nicht in Betracht.

a) Entsprechende Anwendung. Nach der zutreffenden Rechtsprechung[63] und hL[64] ist   18
§ 89b jedoch entsprechend anwendbar. Zwar lehnt das OLG Köln[65] und ein Teil der Literatur[66] einen Ausgleichsanspruch des Vertragshändlers analog § 89b ab. Begründet wird dies vor allem mit der fehlenden Vergleichbarkeit von Vertragshändler und Handelsvertreter[67] und der fehlenden Schutzbedürftigkeit des Vertragshändlers.[68] Dagegen ist aber einzuwenden, daß trotz der funktionellen Unterschiede zwischen dem Handelsvertreter und dem Vertragshändler beide gemeinsam in das Vertriebsnetz eines Hersteller integriert sind und die Pflicht haben, dessen Warenabsatz zu fördern. Deshalb ist bei Vorliegen der unten (RdNr. 19 ff.) aufgeführten Voraussetzungen eine analoge Anwendung gerechtfertigt.

[56] BAG BB 1958, 775.
[57] BGH BB 1978, 422.
[58] BGH NJW 1986, 2306.
[59] BGH NJW 1983, 1191.
[60] Vgl. *Bangert*, Der selbständige und der unselbständige Versicherungsvertreter, 1983, S. 97 ff.
[61] *Küstner/v. Manteuffel/Evers* II RdNr. 64.
[62] *P. Ulmer*, Der Vertragshändler, S. 207.
[63] BGH NJW 1983, 1789; BGH WM 1993, 1464, 1466; BGH WM 1992, 825, 827; BGH WM 1987, 542; BGH NJW-RR 1988, 1305 = BB 1988, 1770 = DB 1988, 2404 = WM 1988, 1642 = EWiR 1988, 1642 mit zust. Kurzkomm. *Martinek*; WM 1986, 530. – Dies gilt auch für § 89b Abs. 3 Nr. 1 Alt. 2, Nr. 2 und Abs. 4 Satz 1; BGH WM 1993, 1901; BGH NJW 1984, 2101, 2102; BGH NJW 1985, 3076 = EWiR 1985, 451 mit Kurzkomm. *Graf v. Westphalen.*
[64] *Bamberger* NJW 1985, 33 ff.; *Bunte* ZIP 1982, 1166 f.; *Hollmann* BB 1985, 1023; *Horn* ZIP 1988, 137 ff.; *Kroitzsch* BB 1977, 1631 ff.; *Küstner/v. Manteuffel/Evers* II RdNr. 81 ff.; *Sandrock*, Festschrift für Robert Fischer 1979, S. 657 ff.; *Semler*, Handelsvertreter- und Vertragshändlerrecht, S. 76 ff.; *ders.* DB

1985, 2493 ff.; *K. Schmidt* Handelsrecht § 28 III 2; *ders.* DB 1979, 2357; *Stumpf/Hesse* DB 1987, 1474 ff.; *Thume* BB 1994, 2358, 2359; *Veltins* NJW 1984, 2063 ff.; *Voth* Ausgleichsanspruch S. 175 ff.; *ders.* BB 1987, 1686. *Werner/Machunsky* BB 1988, 338; zum Ausgleichsanspruch des Vertragshändlers im deutsch-schweizerischen Handelsverkehr vgl. *Müller-Feldmann* RiW 1994, 926; – zum Ausgleichsanspruch des Handelsvertreters in Frankreich vgl. Cour Cassation Chambre Commerciale RiW 1991, 69.
[65] OLG Köln EWiR 1986, 1217 mit abl. Kurzkomm. *v. Hoyningen-Huene* für den Kfz-Eigenhändler; vgl. OLG Köln NJW-RR 1995, 29.
[66] *Bechtold* NJW 1983, 1393 ff.; *Evans-v. Krbek* S. 105; *Glaser* DB 1957, 1173; *Kroitzsch* BB 1977, 1631 ff.; *Nipperdey*, FS für Hedemann, S. 207, 235; *Staub/Brüggemann* vor § 84 RdNr. 27 ff., 32; *P. Ulmer*, Der Vertragshändler, S. 449 ff. lehnen eine analoge Anwendung des § 89b auf den Vertragshändler ab.
[67] *Bechtold* NJW 1983, 1393, 1399.
[68] *P. Ulmer*, Der Vertragshändler, S. 456 f.

19   **b) Voraussetzungen.** Voraussetzung für eine analoge Anwendung des § 89b auf den Vertragshändler ist dessen Eingliederung in die Absatzorganisation, die Vertragspflicht zur Überlassung des Kundenstamms und die Kausalität zwischen der Überlassung des Kundenstamms und den Vorteilen des Unternehmers.

20   **aa) Eingliederung in Absatzorganisation.** Zwischen dem Vertraghändler und dem Hersteller oder Lieferanten muß ein Rechtsverhältnis bestehen, das sich nicht in einer bloßen Käufer-Verkäufer-Beziehung erschöpft, sondern den **Vertragshändler** aufgrund vertraglicher Abmachungen so in die Absatzorganisation des Herstellers eingegliedert, daß er wirtschaftlich in erheblichem Umfang dem Handelsvertreter vergleichbare Aufgaben zu erfüllen hat. Ein Alleinvertretungsrecht oder ein Gebietsschutz sind hierfür nicht erforderlich. Sie können aber ebenso wie das vereinbarte Konkurrenzverbot ein Indiz für die Eingliederung in die Absatzorganisation des Herstellers sein.[69]

21   **bb) Vertragspflicht zur Überlassung des Kundenstamms.** Zudem muß der **Vertragshändler vertraglich zur Überlassung des Kundenstamms** an den Hersteller **verpflichtet** sein, damit sich dieser die Vorteile des Kundenstamms sofort und ohne weiteres nutzbar machen kann.[70] Diese Vertragspflicht kann auch konkludent begründet werden.[71] Eine vertragliche Pflicht zur Überlassung des Kundenstamms liegt aber nicht vor, wenn der Hersteller die von einem Vertragshändler erbetene Gewährung von erhöhten Rabatten für die Belieferung von Großkunden des Händlers von der Bekanntgabe der betreffenden Kunden abhängig macht. Der hierin begründete indirekte Zwang zur Offenbarung der Kundendaten ist nämlich nicht mit einer vertraglichen Vereinbarung gleichzusetzen.[72] Zwar ist unerheblich, welchen Zweck der Hersteller mit einer vertraglich begründeten Verpflichtung des Händlers zur Offenbarung der Kundendaten verfolgt, jedoch muß eine Verpflichtung vorliegen. Allein das Interesse des Herstellers an einer Bekanntgabe der Kundendaten genügt hierfür nicht. Unerheblich ist, ob diese Verpflichtung erst im Zeitpunkt der Vertragsbeendigung oder schon während der Vertragszeit durch laufende Unterrichtung des Unternehmers zu erfüllen ist.[73]

22   Entscheidend ist insoweit allein, daß der Hersteller oder Lieferant wie ein Unternehmer beim Ausscheiden des Handelsvertreters den Kundenstamm des Vertragshändlers sofort nach der Beendigung des Vertrags für sich nutzbar machen kann.[74] Hierbei genügt die **Verwendung der Kundendaten** zu Marketingzwecken. Auch erfordert die Vertragspflicht zur Überlassung des Kundenstamms nicht, daß von vornherein eine ganz oder im wesentlichen lückenlose Übermittlung der Kundendaten an den Hersteller sichergestellt ist,[75] da der Hersteller die Kundendaten auch dann für seine Zwecke nutzbar machen kann, wenn diese nicht lückenlos übermittelt werden. Vielmehr ist ausreichend, daß die vertragliche Vereinbarung eine möglichst vollständige Übermittlung der Kundendaten zum Ziel hat und die gewählte Methode zur Erreichung dieses Ziels nicht ungeeignet ist.

---

[69] *Thume* BB 1994, 2358, 2359; – vgl. aber OLG Köln BB 1994, 1881.
[70] BGH WM 1993, 1466, 1467; BGH EWiR 1994, 67 mit zust. Kurzkomm. *v. Hoyningen-Huene* = BB 1993, 2401 = NJW-RR 1994, 99; BGH NJW-RR 1992, 421; BGH NJW-RR 1991, 1050; BGH NJW-RR 1993, 996; BGH NJW-RR 1993, 678; BGH ZIP 1987, 1383; BGH NJW 1985, 3076; BGH NJW 1983, 2877; BGH NJW 1982, 2819; BGH NJW 1981, 1961; BGHZ 68, 340, 343 = NJW 1977, 896; BGHZ 34, 282 = NJW 1961, 662; BGHZ 29, 83 = NJW 1959, 144; OLG München BB 1994, 533; – nach OLG Köln NJW-RR 1987, 218 = BB 1987, 148 ist ein Automobilvertragshändler zur Überlassung des Kundenstammes nicht imstande, wenn der Kundenkreis teils aus seinen eigenen Kunden besteht, die er nicht auf den Hersteller

übertragen kann und teils auf Markengründen beruht. – Dagegen verlangen Baumbach/*Hopt* RdNr. 14 und *v.Westphalen* DB Beil. 12/81, 15 keine Vertragspflicht des Vertragshändlers zur Überlassung des Kundenstamms, sondern halten es für ausreichend, wenn der Hersteller oder Lieferant die Möglichkeit hat, den Kundenstamm des Vertragshändlers weiter zu nutzen.
[71] *Veltins* NJW 1984, 2063 ff.
[72] BGH DB 1994, 727, 728 = WM 1994, 548 = BB 1994, 241.
[73] BGH NJW-RR 1993, 678 = WM 1993, 1464.
[74] BGH WM 1993, 1464, 1467 = NJW-RR 1993, 678; NJW 1983, 2877; NJW 1983, 1789.
[75] BGH EWiR 1994, 67 mit Kurzkomm. *v. Hoyningen-Huene* = NJW-RR 1994, 99 = LM Nr. 99 mit Anm. *Döser.*

cc) Kausalität. Ein Ausgleichsanspruch des Vertragshändlers scheidet dagegen aus, wenn   23
trotz der Überlassung des Kundenstamms die Kundschaft beim Händler bleibt[76] oder wenn
die **Überlassung des Kundenstamms** nicht **ursächlich für die Vorteile des Händlers
oder Lieferanten war.** Dies kann insbesondere bei Vertragshändlern in der Automobilbranche der Fall sein, wenn der Hersteller den Vorteil der Neubestellung eines Kraftfahr-
zeugs nicht der Werbung und der Serviceleistung des ehemaligen Vertragshändlers, sondern der sog. Sogwirkung der Marke, dh. der Treue des Kunden zur einmal gewählten
Automobilmarke, zu verdanken hat. Jedoch reicht trotz der Sogwirkung der Marke bereits
eine nicht ganz unwesentliche Mitursächlichkeit der Betreuungs- und Serviceleistungen
sowie der Werbung des Händlers für die Kaufentscheidung des Kunden aus.[77] Ein Ausgleichsanspruch kann weiterhin ausgeschlossen sein, wenn die Kunden des Vertragshändlers
branchenbekannt sind, weil es dann einer Überlassung des Kundenstamms nicht mehr
bedarf.[78]

4. Franchisenehmer. Neben dem Vertragshändler steht auch dem Franchisenehmer ein   24
Ausgleichsanspruch bei Beendigung des Franchisevertrages zu, soweit die für den Vertrags-
händler geltenden Voraussetzungen vorliegen.[79] Ein Franchisevertrag liegt vor, wenn der
Unternehmer (Franchisegeber) einem anderen Unternehmer (Franchisenehmer) gegen
Entgelt bestimmte Handelsware oder Handelsmarken, Warenzeichen, Geschäftsform,
Vertriebsmethode oder Erfahrungswissen sowie das Recht überläßt, bestimmte Waren oder
Dienstleistungen zu vertreiben (dazu Vor § 84 RdNr. 17 ff.). Auch hier handelt der Fran-
chisenehmer im eigenen Namen und auf eigene Rechnung. § 89 b ist insbesondere an-
wendbar, wenn der Franchisenehmer vertraglich verpflichtet ist, dem Franchisegeber bei
Beendigung des Franchisevertrages seinen Kundenstamm zu überlassen.[80]

5. Kommissionsagent. § 89b gilt entsprechend für den Kommissionsagenten (§§ 383 ff.).[81]   25
Dieser kauft oder verkauft gewerbsmäßig Ware im eigenen Namen aber für fremde Rechnung und steht damit dem Handelsvertreter rechtlich und wirtschaftlich näher als dem
Vertragshändler, der im eigenen Namen und auf eigene Rechnung handelt (dazu Vor § 84
RdNr. 9 ff.). Soweit demnach der Kommissionsagent in die Absatzorganisation des Kommittenden entsprechend eingegliedert ist, steht ihm bei Beendigung des Vertragsverhältnisses ein Ausgleichsanspruch zu. Einer besonderen vertraglichen Verpflichtung zur Überlassung des Kundenstamms bedarf es nicht, da dieser schon kraft gesetzlicher Ausgestaltung
(§ 384 Abs. 2) dem Kommittenden zufällt.[82]

B. Voraussetzungen des Ausgleichsanspruchs (Abs. 1)

Die Entstehung eines Ausgleichsanspruchs hängt von den in Abs. 1 aufgezählten **vier**   26
Voraussetzungen ab. Durch die Beendigung des Vertragsverhältnisses (Abs. 1 Satz 1)
müssen dem Handelsvertreter Nachteile durch Provisionsverluste (Abs. 1 Satz 1 Nr. 2) und
dem Unternehmer entsprechende Vorteile (Abs. 1 Satz 1 Nr. 1) entstehen, die aus Billig-

---

[76] OLG München NJW-RR 1995, 1186 f;
Baumbach/*Hopt* § 84 RdNr. 15.

[77] BGH NJW 1982, 2819; NJW 1983, 2877.

[78] OLG Hamm NJW-RR 1988, 550.

[79] *Eckert* WM 1991, 1237, 1245 ff. m. weit.
Nachw.; *Köhler* NJW 1990, 1689 ff.; *Küstner/
v. Manteuffel/Evers* II RdNr. 121 ff.; *Martinek* Franchising S. 366 ff.; *Matthießen* ZIP 1988, 1089, 1096;
Selzer, Betriebsverfassungsrechtliche Mitbestimmung
in Franchise-Systemen, 1994, S. 46 ff.; *Skaupy* Franchising, 2. Aufl. 1995, S. 121 ff.; *Weber* JA 1983,
347, 353; – die Rechtsprechung hat über eine analoge Anwendung des § 89b auf den Franchiseneh-

mer noch nicht entschieden; vgl. aber BGH DB
1987, 1039, 1040 zur analogen Anwendung des
§ 90a auf den Franchisenehmer.

[80] *Küstner/v. Manteuffel/Evers* II RdNr.124; nach
Köhler NJW 1990, 1689, 1696 ist das Bestehen einer
Vertragspflicht zur Überlassung des Kundenstamms
bei Vertragsbeendigung aber keine notwendige Voraussetzung für die Gewährung eines Ausgleichsanspruchs.

[81] BGH BB 1964, 823; *Küstner/v. Manteuffel/
Evers* II RdNr.125 ff.

[82] BGH BB 1964, 823.

keitsgründen (Abs. 1 Satz 1 Nr. 3) die Zahlung eines Ausgleichsanspruchs erfordern.[83] Diese Voraussetzungen müssen **kumulativ**, dh. nebeneinander vorliegen.

27   Bei der **Prüfungsreihenfolge** ist zu beachten, daß eine Billigkeitsprüfung (Nr. 3) erst dann möglich ist, wenn Vorteile und Verluste nach Abs. 1 Nr. 1 und Nr. 2 der Bestimmung feststehen.[84] Erst dann läßt sich beurteilen, ob und inwieweit ein Ausgleichsanspruch der Billigkeit entspricht.

I. Beendigung des Vertragsverhältnisses (Abs. 1 Satz 1)

28   Erste **Voraussetzung** für den Ausgleichsanspruch ist die Beendigung des Vertragsverhältnisses. Dabei ist unerheblich aus welchem Grund der Vertrag beendet worden ist.[85] Der Beendigungsgrund ist erst bei der Prüfung der Ausschlußgründe nach Abs. 3 und im Rahmen der Billigkeitserwägungen nach Abs. 1 Satz 1 Nr. 3 zu berücksichtigen.[86] Die Beendigungsgründe sind im HGB nicht vollständig geregelt. Zum Katalog der Beendigungsgründe kann auf die Ausführungen zu § 89 verwiesen werden (§ 89 RdNr. 7 ff.).

29   **1. Beendigungsgründe. a) Kündigung.** Die ordentliche und außerordentliche Kündigung beinhaltet den in der Praxis am häufigsten auftretenden Beendigungsgrund. Auf wessen Veranlassung und von welcher Partei die Kündigung erfolgte, ist für die Feststellung der Beendigung des Vertragsverhältnisses unerheblich.[87]

30   **b) Zeitablauf, auflösende Bedingung.** Keine Schwierigkeiten bereitet auch die Beendigung durch Zeitablauf bei einem auf bestimmte Dauer abgeschlossenen Vertretervertrag (vgl. § 89 RdNr. 9 f.). Kettenverträge, dh. Verträge die für eine bestimmte Laufzeit abgeschlossen und mit gleichem oder wesentlich identischem Inhalt jeweils für einen weiteren bestimmten Zeitraum verlängert werden, gelten als auf unbestimmte Zeit abgeschlossene Verträge (vgl. § 89 RdNr. 34 ff.)[88] und begründen deshalb nicht laufend Ausgleichsansprüche. Ein solcher kann nur entstehen, wenn die Kette unterbrochen wird, indem nach Ablauf eines zunächst abgeschlossenen Vertrags kein weiterer Vertrag zustande kommt.[89] Bei auflösend bedingten Verträgen beendet der Eintritt der Bedingung das Handelsvertreterverhältnis (vgl. § 89 RdNr. 11 f.).

31   **c) Aufhebungsvertrag.** Für die Beendigung durch Aufhebungsvertrag (vgl. § 89 RdNr. 13 f.) ist unerheblich, von wem die Initiative zur Aufhebung des Vertrags ausgegangen ist.[90] Jedoch kann die Vertragsaufhebung auf Initiative des Handelsvertreters möglicherweise zu einem Ausschlußgrund führen.

32   **d) Anfechtung.** Die Anfechtung des in Vollzug gesetzten Arbeitsverhältnisses führt nach der hM[91] entgegen der allgemeinen Vorschrift des § 142 BGB nicht zur anfänglichen Nichtigkeit des Vertrags, sondern beendet diesen entsprechend den Grundsätzen zum fehlerhaften Arbeitsverhältnis mit Zugang der Anfechtungserklärung. Begründet wird dies damit, daß eine Rückabwicklung des in Vollzug gesetzten Arbeitsverhältnisses nach den

---

[83] Nach Art. 17 Abs. 2 der EG-Richtlinie vom 18.12.1986 wird allerdings der Provisionsverlust nicht mehr als eigene Anspruchsvoraussetzung, sondern als Sonderfall des Billigkeitsgrundsatzes angesehen. Der nationale Gesetzgeber hat aber insoweit § 89 b nicht geändert.
[84] BGH WM 1993, 1681, 1683; BGH NJW 1985, 58, 59; BGHZ 43, 154, 157 = LM Nr. 23 mit Anm. *Rietschel*; BGH NJW-RR 1986, 661 bezüglich Ausgleichsanspruch des Eigenhändlers.
[85] BGHZ 52, 12, 13 = LM Nr. 34 mit Anm. *Rietschel*.
[86] BGH NJW 1989, 35, 36.
[87] Zum Erfordernis der Kündigung beim Eintritt dauernder Arbeitsunfähigkeit siehe OLG Braunschweig BB 1993, 2113.
[88] BGH VersR 1959, 129.

[89] *Küstner/v. Manteuffel/Evers* II RdNr. 303.
[90] BGH WM 1987, 1472; ZIP 1987, 1383, 1385; BGHZ 52, 12, 15 = LM Nr. 34 mit Anm. *Rietschel*.
[91] *v. Hoyningen-Huene* AR-Blattei [D] Arbeitsvertrag – Arbeitsverhältnis VI, C; MünchHdbArbR/ *Richardi* § 44 RdNr. 56 ff.; *Picker* ZfA 1981, 1, 53; BAG AP BGB § 123 Nr. 2 mit Anm. *A. Hueck*; *Farthmann* = RdA 1958, 198, 338 mit Anm. *Farthmann* = BB 1958, 232, 1061 mit Anm. *Wägenbaur* = SAE 19558, 147 mit Anm. *Oswald* = JZ 1958, 511 mit Anm. *Steindorff*; einschränkend BAG AP BGB § 123 Nr. 24 mit Anm. *Brox* = AR-Blattei, Einstellung, Entsch. Nr. 12 mit Anm. *Bürger* = EzA § 123 BGB Nr. 22 mit Anm. *Wohlgemuth* und AP BGB § 123 Nr. 27 = DB 1985, 2099 mit Anm. *Berkowsky/ Drews* = EzA § 123 Nr. 25 mit Anm. *Peterek*.

Regeln des allgemeinen Bereicherungsrechts zu großen Schwierigkeiten führen würde, die zu Lasten des Arbeitnehmers gingen. Außerdem gewährleiste die bereicherungsrechtliche Abwicklung nicht den zwingend festgelegten Sozialschutz, der beim Arbeitsverhältnis das Gegenseitigkeitsverhältnis von Arbeitsleistung und Arbeitsentgelt auflockere.[92]

Ob die Grundsätze des fehlerhaften Arbeitsverhältnisses auch für das Handelsvertreterverhältnis **gelten, ist** zumindest **zweifelhaft.** Zum einen ist der selbständige Handelsvertreter weniger schutzbedürftig als der abhängige Arbeitnehmer. Zum anderen fehlt es an einer Gesetzeslücke, die eine Rechtsfortbildung durch das Institut des fehlerhaften Vertragsverhältnisses erfordert.[93] Vielmehr führt eine Rückabwicklung nach den §§ 812 ff. BGB zu sachgerechten Ergebnissen. Dagegen will der BGH[94] die Grundsätze zum fehlerhaften Arbeitsverhältnis zumindest dann entsprechend anwenden, wenn infolge der wirtschaftlichen und sozialen Überlegenheit des Unternehmers das Handelsvertreterverhältnis einem abhängigen Dienstverhältnis angenähert ist.[95]   33

Die gleiche Problematik greift bei den **sonstigen Nichtigkeitsgründe**n (§§ 105, 134, 138 BGB). Auch hier kann nach der hM die Nichtigkeit des Handelsvertreterverhältnisses nicht mit Wirkung für die Vergangenheit geltend gemacht werden.[96] Eine Ausnahme hiervon wird allerdings gemacht, wenn die Nichtigkeit ex nunc den Minderjährigen benachteiligen würde, da insoweit der Minderjährigenschutz Vorrang genießt.[97]   34

Unter Zugrundelegung der **hM** gelten die **Grundsätze des fehlerhaften Arbeitsverhältnisses**[98] auch für den Ausgleichsanspruch. Dem Handelsvertreter steht danach bei einem in Gang gesetzten nichtigen Vertrag ein Ausgleichsanspruch und nicht nur ein Ausgleich nach den Regeln über die ungerechtfertigte Bereicherung zu. Dies ist jedoch um so mehr zweifelhaft, als der Ausgleichsanspruch erst mit Beendigung des Vertragsverhältnisses entsteht und somit das Argument, ein Bereicherungsausgleich sei bei einem nichtigen Dauerschuldverhältnis äußert schwierig, gerade nicht eingreift.[99] Die Anwendbarkeit der Grundsätze über das fehlerhafte Arbeitsverhältnis läßt sich dann nur noch damit begründen, daß der Ausgleichsanspruch als vertraglicher Vergütungsanspruch seinen Ursprung in der während der Vertragszeit ausgeübten Tätigkeit hat und deshalb nicht anders behandelt werden kann als während der Vertragszeit fällig gewordene Vergütungen.[100] Dies rechtfertigt aber keine Abweichung von den allgemeinen bereicherungsrechtlichen Grundsätzen der §§ 812 ff. BGB. Deshalb ist bei einem in Vollzug gesetzten nichtigen Vertrag ein Ausgleichsanspruch abzulehnen.[101]   35

e) Tod des Handelsvertreters. Die Beendigung des Vertreterverhältnisses durch den Tod des Handelsvertreters kann ebenfalls zu einem Ausgleichsanspruch führen.[102] Dem steht nicht entgegen, daß § 673 BGB beim Tod des Beauftragten nicht von der Beendigung, sondern vom Erlöschen des Auftrags spricht. Vielmehr zeigen die Entstehungsgeschichte des Gesetzes und eine rechtsvergleichende Betrachtung eindeutig, daß auch der Tod des Handelsvertreters einen Ausgleichsanspruch auslöst.[103] Dieser Anspruch   36

[92] MünchHdbArbR/*Richardi* § 44 RdNr. 58.
[93] *Beuthien* RdA 1969, 161 ff.
[94] NJW 1970, 609, 610.
[95] Ob darüber hinaus die Grundsätze des Arbeitsrechts entsprechend angewandt werden können, hat BGH NJW 1970, 609, 610 offen gelassen.
[96] BAG AP BGB § 125 Nr. 2 = AR-Blattei, Arbeitsvertrag – Arbeitsverhältnis IV, Entsch. 3 mit Anm. *A. Hueck* = JR 1958, 411 mit Anm. *Jaerisch*; Hueck/*v. Hoyningen-Huene* KSchG § 1 RdNr. 101.
[97] Vgl. BAG AP JArbSchG § 7 Nr. 3 mit zust. Anm. *Volmer* = SAE 1974, 49 mit Anm. *Monjau.*
[98] BAG AP BGB § 123 Nr. 2; einschränkend BAG AP BGB § 123 Nr. 24, 27; *v. Hoyningen-Huene* AR-Blattei [D] Arbeitsvertrag – Arbeitsverhältnis VI C; MünchHdbArbR/*Richardi* § 44 RdNr. 56 ff.; *Picker* ZfA 1981, 1, 53.

[99] So Heymann/*Sonnenschein/Weitemeyer* RdNr 20.
[100] *Küstner/v. Manteuffel/Evers* II RdNr. 371.
[101] Vgl. auch *Evers* BB 1992, 1365, 1371, dessen rein formalistische Argumentation, ein nichtiges Vertragsverhältnis habe niemals bestanden und könne deshalb auch nicht beendet werden, nicht überzeugt.
[102] BGHZ 24, 214 = LM Nr. 2 mit Anm. *Selowsky*; BGHZ 24, 223 = LM Nr. 3 mit Anm. *Selowsky*; BGHZ 41, 129 = LM Nr. 18 mit Anm. *Rietschel.*
[103] BGHZ 24, 214, 217; Heymann/*Sonnenschein/Weitemeyer* RdNr. 13; Baumbach/*Hopt* RdNr. 9; *Küstner/v. Manteuffel/Evers* II RdNr. 224 ff.; Staub/*Brüggemann* RdNr. 13.

geht auf die Erben des Handelsvertreters über, kann jedoch im Einzelfall aus Billigkeitsgründen entfallen[104] (vgl. RdNr. 102 f.).

37   Ausnahmsweise beendet der Tod des Handelsvertreters das Vertragsverhältnis nicht und begründet deshalb auch keinen Ausgleichsanspruch für die Erben. Dies gilt insbesondere bei einer Vereinbarung, die zwischen Unternehmer und dem Vertreter vor dessen Tod getroffen wurde, wonach die **Erben** des Vertreters nach dessen Tod, das **Vertretergeschäft fortführen** sollen. Dann wird das Handelsvertreterverhältnis nicht beendet, sondern setzt sich in der Person der Erben fort. Erhalten aber die Erben lediglich eine Option zur Fortsetzung des Vertrags, muß mit dem Unternehmer ein neuer selbständiger Handelsvertretervertrag geschlossen werden, was zur Folge hat, daß der ursprüngliche Handelsvertretervertrag beendet wird und ein Ausgleichsanspruch entsteht.[105]

38   **f) Tod des Unternehmers.** Das Vertreterverhältnis wird durch den Tod des Unternehmers nicht beendet (§§ 672, 675 BGB), sofern nicht ausdrücklich etwas anderes vereinbart wurde.

39   **g) Konkurs. aa) Konkurs des Unternehmers.** Der Konkurs des Unternehmers führt gemäß § 23 KO (ab dem 1. 1. 1999: §§ 115 Abs. 1, 116 InsO) zur Beendigung des Handelsvertreterverhältnisses (vgl. § 89 RdNr. 23 f.). Dem Handelsvertreter steht deshalb grundsätzlich ein Ausgleichsanspruch zu, soweit die Konkursmasse einen Vorteil aus dem vom Handelsvertreter geschaffenen Kundenstamm ziehen kann (vgl. RdNr. 72 ff.). Dies ist der Fall, wenn der Konkursverwalter das Unternehmen weiterbetreibt, oder wenn er es veräußert und der Wert des Kundenstamms sich in dem Veräußerungsentgelt niederschlägt.[106] Zwar begründet der vom Handelsvertreter geworbene Kundenstamm für den Unternehmer selbst keinen unmittelbaren Vorteil, da infolge des Konkurses der Unternehmer keine Geschäfte mehr mit dem Kunden abschließt.

40   Der Kundenstamm führt aber zu einem **mittelbaren Vorteil** des Unternehmers, wenn er bei einem Verkauf des Unternehmens den Erlös steigert oder der Konkursverwalter mit den Kunden weitere Geschäfte abschließt. Denn dadurch erhöht sich der Wert der Konkursmasse und der Unternehmer kann seine Schuldner in höherem Maße befriedigen, als wenn er die vom Vertreter vermittelten Geschäftsverbindungen nicht hätte nutzen können.[107] Ein mittelbarer Vorteil genügt für die Begründung eines **Ausgleichsanspruchs**, der aber nur eine **nicht vorzugsberechtigte Konkursforderung** darstellt.[108] Eine Masseforderung nach § 59 Abs. 1 Nr. 1 KO (ab 1. 1. 1999: § 55 Abs. 1 Nr. 1 InsO) liegt dagegen nicht vor, weil der Ausgleichsanspruch nicht erst durch die Fortführung des Handelsvertreterverhältnisses oder die Veräußerung des Unternehmens entsteht,[109] sondern nur ein im Grunde bereits geschaffener Anspruch realisiert wird.

41   Setzt der **Handelsvertreter seine Tätigkeit aufgrund einer mit dem Konkursverwalter getroffenen Absprache nach der Eröffnung des Konkursverfahrens fort,** liegt darin die Begründung eines neuen Vertragsverhältnisses. Dieses hat keine Auswirkungen auf die Beendigung des ursprünglichen Vertrags und den daraus möglichlicherweise entstehenden Ausgleichsanspruch.[110] Dieser muß zwar innerhalb der Ausschlußfrist geltend gemacht werden, jedoch kann eine Berufung des Konkursverwalters auf die Versäumung der Ausschlußfrist ein Verstoß gegen Treu und Glauben darstellen, wenn der Konkursverwalter den Handelsvertreter ausdrücklich gebeten hatte, für den Gemeinschuldner weiter tätig zu sein.[111]

42   Im Gegensatz zum Konkursverfahren führt ein **Vergleichsverfahren** (ab 1. 1. 1999 wird das Vergleichsverfahren durch eine einheitliche Insolvenzordnung ersetzt) über das Vermö-

---

[104] BGHZ 45, 385 = LM Nr. 26 mit Anm. *Rietschel.*

[105] *Küstner/v. Manteuffel/Evers* II RdNr. 226 ff.; Staub/*Brüggemann* RdNr. 25.

[106] Staub/*Brüggemann* RdNr. 21; aA OLG München BB 1988, 2050.

[107] *Küstner/v. Manteuffel/Evers* II RdNr. 318; aA OLG München NJW 1955, 1679; offengelassen durch OLG München DB 1988, 2251.

[108] *Küstner/v. Manteuffel/Evers* II RdNr. 319.

[109] Staub/*Brüggemann* RdNr. 21.

[110] *Küstner/v. Manteuffel/Evers* II RdNr. 314.

[111] OLG Karlsruhe WM 1985, 235, 236.

gen des Unternehmers nicht zur automatischen Beendigung des Vertreterverhältnisses. Vielmehr kann der Handelsvertretervertrag gemäß §§ 36, 50, 51 VerglO nur binnen einer Zwei-Wochen-Frist nach Zahlung des Ermächtigungsbeschlusses (§ 51 Abs. 3 VerglO) unter Einhaltung der gesetzlichen Kündigungsfrist gekündigt werden.

bb) Konkurs des Handelsvertreters. Ebenso beendet der Konkurs des Handelsvertreters **43** den Vertrag nicht automatisch. Der Unternehmer kann aber das Vertragsverhältnis aus wichtigem Grund außerordentlich kündigen (vgl. § 89a RdNr. 47). Dem Handelsvertreter steht dann bei Vorliegen der sonstigen Voraussetzungen, ein Ausgleichsanspruch zu, sofern er die Kündigung nicht schuldhaft veranlaßt hat (Abs. 3 Nr. 2). Der Anspruch fällt aber in die Konkursmasse, da er als nachträglicher Vergütungsanspruch seine Grundlage im bisherigen Vertragsverhältnis hat und somit keinen Neuerwerb des Gemeinschuldners nach Eröffnung des Konkursverfahrens darstellt.[112] Daran ändert auch nichts, daß der Ausgleichanspruch rein formal erst mit Beendigung des Handelsvertreterverhältnisses,[113] also nach Konkurseröffnung entsteht. Wird über das Vermögen des Handelsvertreters das **Vergleichsverfahren** eröffnet, endet der Handelsvertretervertrag ebenfalls bei einer Kündigung durch den Unternehmer.

h) Betriebseinstellung. Die Betriebseinstellung durch den Unternehmer beendet das **44** Vertragsverhältnis nicht (vgl. § 89 RdNr. 26). Dies gilt aber nur, soweit die Betriebseinstellung nicht Folge des Konkurses ist, sondern auf einem freiwilligen Entschluß des Unternehmers beruht, der nicht aus wirtschaftlichen Gründen veranlaßt wurde. Der Handelsvertreter kann bei der Betriebseinstellung das Vertreterverhältnis kündigen. Ihm steht dann bei Vorliegen der sonstigen Voraussetzungen ein Ausgleichsanspruch zu. Hier wird es jedoch regelmäßig an der Voraussetzung des künftigen Vorteils des Unternehmers durch weitere Nutzung des Kundenstamms fehlen.[114] Deshalb muß dem Handelsvertreter ein Ausgleichanspruch auch dann zuerkannt werden, wenn die Betriebseinstellung weder aus sachlichen noch aus wirtschaftlichen Erwägungen gerechtfertigt war. Denn trotz der kaufmännischen Entschließungsfreiheit des Unternehmers kann sich dieser nicht zum Nachteil des Handelsvertreters auf den Wegfall der Nutzbarkeit des Kundenstammes berufen, wenn er die Betriebseinstellung ohne unternehmenspolitisch gerechtfertigten Grund herbeigeführt hat.[115] Anderenfalls würde dem Handelsvertreter in unbilliger Weise das Risiko einer ungerechtfertigten Betriebseinstellung auferlegt. Für die Berechnung des Anspruchs muß dann die Fortführung des Unternehmens unterstellt werden.

i) Betriebsveräußerung. Eine Betriebsveräußerung (vgl. § 89 RdNr. 27) durch den **45** Unternehmer führt nicht zu einer automatischen Beendigung des zwischen veräußerndem Unternehmer und Handelsvertreter bestehenden Vertrags.[116] Ebensowenig tritt der erwerbende Unternehmer automatisch in das Vertragsverhältnis ein, da § 613 a BGB auf den selbständigen Handelsvertreter nicht anwendbar ist.[117] Jedoch kann mit dem Handelsvertreter der Eintritt des Unternehmernachfolgers in das Vertragsverhältnis vereinbart werden,[118] mit der Folge, daß sich das Vertragsverhältnis fortsetzt und ein Ausgleichsanspruch nicht entsteht.[119] Der erwerbende Unternehmer muß aber bei einem späteren Ausgleichsanspruch des Handelsvertreters die von diesem für den alten Unternehmer geschaffenen Geschäftsbeziehungen gegen sich gelten lassen. Dies gilt unabhängig davon, ob der Unternehmernachfolger ohne Neuabschluß eines Vertrags mit dem Handelsvertreter in den zwischen Handelsvertreter und Altunternehmer bestehenden Vertrag eintritt[120]

---

[112] *Küstner/v. Manteuffel/Evers* II RdNr. 322; aA Staub/*Brüggemann* RdNr. 20.

[113] BGH BB 1969, 862, 863.

[114] OLG Karlsruhe ZIP 1985, 235, 236; *Küstner/v. Manteuffel/Evers* II RdNr. 325; Staub/*Brüggemann* RdNr. 22.

[115] *Küstner/v. Manteuffel/Evers* II RdNr. 323 f.; Staub/*Brüggemann* RdNr. 22.

[116] Staub/*Brüggemann* RdNr. 26; *ders.* § 84 RdNr. 33.

[117] BGH NJW 1963, 101.

[118] BGH VersR 1960, 797 = DB 1960, 636.

[119] Staub/*Brüggemann* RdNr. 26.

[120] Eine Auswechslung der Vertragspartner unter Aufrechterhaltung der Identität des Vertrags ist möglich, BGHZ 95, 94 = NJW 1985, 2528.

oder ob zwischen Unternehmensnachfolger und Handelsvertreter ein neuer Vertrag geschlossen wird. Zwar liegt nur beim Eintritt in einen bestehenden Vertrag keine Vertragsbeendigung vor,[121] jedoch kann auch die Fortsetzung des Handelsvertreterverhältnisses durch Abschluß eines neuen Vertrags mit dem Unternehmernachfolger keinen Ausgleichsanspruch gegenüber dem Betriebsveräußerer begründen. Andernfalls würde der Ausgleichsanspruch alleine von der formellen Ausgestaltung der Vertragsfortsetzung abhängen.

46   Fehlt eine solche **Vereinbarung zur Vertragsfortsetzung**, kann das Handelsvertreterverhältnis sowohl von dem veräußernden Unternehmer als auch von dem Handelsvertreter gekündigt werden.[122] Dem Handelsvertreter steht dann ein Ausgleichsanspruch zu, sofern die sonstigen Voraussetzungen erfüllt sind.[123] Hierbei ist insbesondere zu prüfen, ob der Unternehmer Vorteile aus dem vom Handelsvertreter geworbenen Kundenstamm in Gestalt eines höheren Veräußerungsentgelts ziehen konnte (vgl. RdNr. 76 ff.). Ein möglicher Ausgleichsanspruch ist gegen den veräußernden Unternehmer geltend zu machen. Der Erwerber des Unternehmens ist nur unter den Voraussetzungen der §§ 25 HGB, 419 BGB oder aus einem speziellen Rechtsgrund (Schuldübernahme, Schuldbeitritt) Ausgleichsschuldner (vgl. RdNr. 212 ff.).[124]

47   **j) Auswechslung des Handelsvertreters.** Das Handelsvertreterverhältnis kann weiterhin durch Auswechslung des Handelsvertreters beendet werden. In der Praxis erfolgt die Auswechslung grundsätzlich durch Übertragung der Handelsvertretung an einen Nachfolger.[125] Die Vertreternachfolge kann zum einen nur durch Abschluß eines neuen Handelsvertretervertrags zwischen Unternehmer und eintretendem Handelsvertreter sowie der einverständlichen Vertragsbeendigung mit dem ausscheidenden Handelsvertreter geregelt werden. Dann wird das Vertragsverhältnis mit dem ausscheidenden Handelsvertreter beendet und der ausscheidende Handelsvertreter erlangt bei Vorliegen der übrigen Voraussetzungen einen Ausgleichsanspruch.[126]

48   Zum anderen kann die Auswechslung des Handelsvertreters unter **Aufrechterhaltung der vollen Identität** des bestehenden Handelsvertretervertrags erfolgen. Dann findet nur eine Auswechslung der Vertragspartner statt, der Vertrag mit dem früheren Handelsvertreter wird jedoch nicht beendet. Deshalb scheitert ein Ausgleichsanspruch schon an der Voraussetzung der Vertragsbeendigung.[127]

49   **k) Umwandlung des Vertragsverhältnisses.** Ein Beendigungstatbestand ist weiterhin gegeben, wenn das Vertragsverhältnis in ein anderes Rechtsverhältnis umgewandelt wird. Dies ist beispielsweise der Fall, wenn der Handelsvertreter nur noch als nebenberuflicher Handelsvertreter (§ 92b)[128] oder als angestellter Reisender (§ 84 Abs. 2) tätig werden soll. Das gleiche gilt wenn der Handelsvertreter in die Leitung des bisher vertretenen Unternehmens berufen wird.[129] Die Umwandlung kann dabei auf einer vertraglichen Vereinbarung oder auf einer bloßen Änderung der tatsächlichen Verhältnisse beruhen.[130] Der Ausgleichsanspruch entsteht bei Vorliegen der übrigen Voraussetzungen des § 89b mit der Umwandlung des Vertrags. Dagegen beendet die bloße Ersetzung des bisherigen Handelsvertretervertrags durch einen neuen Vertrag das Handelsvertreterverhältnis nicht und begründet deshalb keinen Ausgleichsanspruch aus dem bisherigen Vertrag.[131]

50   Das gleiche gilt bei der **Umwandlung der Handelsvertreterfirma in eine GmbH** mit Zustimmung des vertretenen Unternehmers, weil dann der Vertretervertrag zwischen Unternehmer und Handelsvertreter GmbH fortgeführt wird. Besteht der Vertrag mit einer

---

[121] Vgl. *Thume* BB 1991, 490, 491 f.

[122] *Küstner/v. Manteuffel/Evers* II RdNr. 331; vgl. *Schröder* DB 1973, 217, 219.

[123] Staub/*Brüggemann* § 84 RdNr. 33.

[124] Staub/*Brüggemann* RdNr. 26.

[125] BGH BB 1988, 2201 = DB 1988, 1590 = EWiR 1988, 685 mit Kurzkomm. *Martinek.*

[126] BGH NJW 1989, 35, 36 zum Vertragshändler.

[127] *Thume* BB 1991, 490, 491; offengelassen durch BGH NJW 1985, 35.

[128] OLG Nürnberg BB 1958, 1151.

[129] *Küstner/v. Manteuffel/Evers* II RdNr. 344; Staub/*Brüggemann* RdNr. 19.

[130] Staub/*Brüggemann* § 92 b RdNr. 9; aA Heymann/*Sonnenschein/Weitemeyer* RdNr. 19.

[131] BGH NJW 1967, 248.

zweigliederigen Handelsvertreter OHG und wird diese anschließend im Wege der Gesamtrechtsnachfolge durch Anwachsung auf den einen Gesellschafter in ein vollkaufmännisches Einzelunternehmen umgewandelt, besteht der Vertrag ebenfalls fort.[132]

2. Teilbeendigung. Eine Beendigung des Handelsvertreterverhältnisses iSd. Abs. 1 liegt   **51** auch dann vor, wenn das Vertragsverhältnis nicht in seinem gesamten Umfang, sondern nur teilweise beendet wird. Die Teilbeendigung muß **einvernehmlich** erfolgen. Eine einseitige, nicht vorbehaltene Teilkündigung ist unzulässig,[133] da die Kündigung nur das gesamte Rechtsverhältnis umfassen kann (vgl. § 89 RdNr. 51). Etwas anderes gilt nur, wenn sich der Unternehmer die Teilkündigung vorbehalten hat oder von zwei selbständigen, voneinander unabhängigen und nur formal zusammengefaßten Verträgen einen Teil kündigt. Dann spricht man aber besser von der Ausübung eines Widerrufsvorbehalts und der Kündigung eines rechtlich selbständigen Vertrags.[134]

Dem Handelsvertreter steht ein Ausgleichsanspruch zu, soweit die Teilbeendigung das   **52** **bisherige Vertragsverhältnis wesentlich ändert.**[135] Dies ist bei einer wesentlichen Bezirksverkleinerung[136] oder einer wesentlichen Einschränkung des Kundenkreises[137] der Fall. Dagegen begründet die Verkleinerung des Warensortiments[138] oder eine Provisionsherabsetzung[139] keinen Ausgleichsanspruch. Das gleiche gilt bei einem vertraglich vereinbarten Bezirkstausch.[140]

Hat der **Versicherungsvertreter** dem Unternehmer Versicherungsverträge vermittelt   **53** und wird später die Verwaltung einzelner Verträge auf einen Versicherungsmakler übertragen, ohne daß der Inhalt des Versicherungsvertrages geändert wird, liegt ebenfalls keine Teilbeendigung vor, weil die Voraussetzung der inhaltlichen Veränderung des Vertreterverhältnisses nicht gegeben ist.[141]

3. Besonderheiten bei Vertretergesellschaften. Wurde ein Vertretervertrag nicht mit   **54** einem Handelsvertreter als Einzelkaufmann, sondern mit einer Personenmehrheit (BGB-Gesellschaft, oHG, KG, GmbH, vgl. § 84 RdNr. 21 f.) abgeschlossen, gelten für die Entstehung des Ausgleichsanspruchs grundsätzlich die allgemeinen Regeln. Das Vertragsverhältnis wird aber nicht bereits mit der Auflösung der Vertretergesellschaft beendet, da die aufgelöste Gesellschaft zunächst noch als Liquidationsgesellschaft weiterbesteht und u. U. sogar wieder zur Vollgesellschaft erstarken kann.[142] Vielmehr bedarf es einer Kündigung durch den Liquidator der Auflösungsgesellschaft, wobei ein Ausgleichsanspruch wegen Abs. 3 Nr. 1 regelmäßig nicht entsteht.[143] Verzögert der Liquidator schuldhaft die Kündigung, kann der Unternehmer seinerseits das Vertragsverhältnis durch fristlose Kündigung beenden. Ein Ausgleichsanspruch ist hier wegen Abs. 3 Nr. 2 ebenfalls ausgeschlossen.[144]

---

[132] *Thume* BB 1994, 2358, 2359.

[133] BGH BB 1977, 964.

[134] Behält sich der Unternehmer das Recht zum Widerruf (Teilbeendigung) in Allgemeinen Geschäftsbedingungen oder in einem Formularvertrag vor, darf dies nicht gegen § 9 AGB verstoßen: BGH NJW 1984, 1182 ff.

[135] Baumbach/*Hopt* RdNr. 7; *Küstner/v. Manteuffel/Evers* II RdNr. 280 ff.; Staub/*Brüggemann* RdNr. 23; VersVerm 1991, 162 m. weit. Nachw. – Offengelassen in BGH BB 1965, 434; aA Heymann/*Sonnenschein/Weitemeyer* RdNr. 18, die einen Ausgleichsanspruch bei einer teilweisen Beendigung ablehnen; *Müller-Stein* VersR 1990, 561 m. weit. Nachw.

[136] OLG Nürnberg BB 1958, 1151; *Küstner/v. Manteuffel* VersVerm 1989, 168 ff.; 224 ff.; offengelassen von BGH ZIP 1994, 31; 32 = BB 1994, 99;

BGH BB 1965, 434. – AA *Müller-Stein* VersR 1990, 561.

[137] *Küstner/v. Manteuffel/Evers* II RdNr. 287 ff.

[138] Baumbach/*Hopt* RdNr. 10; *Küstner/v. Manteuffel/Evers* II RdNr. 292 f.; differenzierend Staub/*Brüggemann* RdNr. 23; *anders Ahle* DB 1962, 1069.

[139] *Küstner/v. Manteuffel/Evers* II RdNr. 294.

[140] Heymann/*Sonnenschein/Weitemeyer* RdNr. 18.

[141] BGH ZIP 1994, 31, 32 = BGH EWiR 1994, 69 mit abl. Kurzkomm. *Küstner/v. Manteuffel/Evers* II RdNr. 250 f., wonach eine Vertragsbeendigung nicht notwendigerweise eine Inhaltsänderung des Vertrages erfordert; *Müller-Stein* VersR 1990, 561, 562 ff. m. weit. Nachw.

[142] *Küstner/v. Manteuffel/Evers* II RdNr. 250.

[143] *Küstner/v. Manteuffel/Evers* II RdNr. 250 f..

[144] Staub/*Brüggemann* RdNr. 28.

II. Vorteile des Unternehmers (Abs. 1 Satz 1 Nr. 1)

55   Der Unternehmer muß aus der Geschäftsverbindung mit den neuen Kunden, die der Handelsvertreter geworben hat, auch nach Beendigung des Vertragsverhältnisses erhebliche Vorteile haben. Der **Werbung neuer Kunden** steht nach Abs. 1 Satz 2 die wesentliche **Erweiterung der Geschäftsverbindung** mit einem alten Kunden gleich. Voraussetzung für einen Ausgleichsanspruch ist demnach, daß der Handelsvertreter neue Kunden wirbt und daraus eine Geschäftsverbindung entsteht, die dem Unternehmer auch nach Beendigung des Handelsvertreterverhältnisses erhebliche Vorteile bringt. Dabei sind die nachvertraglichen Unternehmensvorteile um so größer, je größer der vom Handelsvertreter während des Vertrags neu geworbene Kundenstamm ist.[145]

56   **1. Neue Kunden. a) Kunde.** Kunde ist der Geschäftspartner des Unternehmers, der die Erzeugnisse des Unternehmers erwirbt oder dessen Dienstleistungen in Anspruch nimmt.[146] Zur Begründung der Kundeneigenschaft muß mindestens ein Geschäft zwischen Unternehmer und dem Kunden abgeschlossen werden. Nicht ausreichend ist daher, wenn ein vom Handelsvertreter geworbener Dritter seinerseits für das Produkt wirbt, ohne es selbst abzunehmen.[147] Eine vom Handelsvertreter geworbene ländliche Genossenschaft, die ihren bäuerlichen Genossen den Kauf von Produkten des Unternehmers empfiehlt, ist deshalb ebensowenig neuer Kunde[148] wie die von Ärztepropagandisten geworbenen Ärzte und Heilpraktiker.[149]

57   Etwas anderes gilt ausnahmsweise dann, wenn die **Kaufentscheidung** wegen der besonderen Art der Produkte und ihres Vertriebs in aller Regel **entscheidend von einem Dritten bestimmt** wird, auf dessen Sachkunde sich der Vertragspartner des Unternehmers mangels eigener Fachkenntnisse verlassen muß. Wegen der eigenständigen Kaufentscheidung ist der Dritte in solchen Fällen als Kunde anzusehen,[150] auch wenn er formell das Geschäft nur im Namen und für Rechnung des Auftraggeber abschließt.[151] Dies ist bei einem Architekten, der in eigenverantwortlicher Entschließung und nicht nur als empfehlender Dritter für seinen Bauherrn Bestellungen aufgibt, der Fall.[152] Obwohl das Gesetz von „Kunden" (Mehrzahl) spricht, kann auch die Werbung eines einzigen Kunden einen Ausgleichsanspruch begründen, wenn es sich um einen Großkunden handelt, wie beispielsweise bei einer staatlichen oder halbstaatlichen Einkaufsstelle in einem Ostblockstaat.[153]

58   **b) Neu** sind solche Kunden, die bisher noch keine Geschäfte mit dem Unternehmer getätigt haben.[154] Dies gilt auch für Kunden, die der Handelsvertreter aus einer früheren Vertretung „mitbringt".[155] Hat der Handelsvertreter für den Unternehmer neue Kunden geworben und werden nach dem Konkurs des Unternehmers sowohl die Kunden als auch der Handelsvertreter von einem neuen Unternehmen übernommen, muß sich der neue Unternehmer die für den Gemeinschuldner geworbenen Kunden als eigene Neukunden zurechnen lassen.[156] Dies gilt auch für die Übernahme im Nichtkonkursfall. Dagegen sind Kunden, die der Handelsvertreter von seinem Vorgänger übernommen hat, nicht neu,

---

[145] *Thume* DB 1990, 1645, 1647.
[146] *Meyer* BB 1970, 780.
[147] BGH WM 1991, 196, 198 = NJW-RR 1991, 156.
[148] BGH NJW 1959, 1677; *Küstner/v. Manteuffel/ Evers* II RdNr. 390, 391; *Meyer* BB 1970, 780.
[149] BGH EWiR 1991, 799 mit Kurzkomm. *Haumann*; BGH NJW 1984, 2695.
[150] Offengelassen von BGH WM 1991, 196, 198.
[151] OLG Hamm HVR (61), Nr. 321; OLG Düsseldorf HVR (77) Nr. 504; Heymann/*Sonnenschein/ Weitemeyer* RdNr. 23; Staub/*Brüggemann* RdNr. 31.
[152] Offengelassen durch BGH WM 1991, 196, 198; kritisch BGH NJW 1984, 2695.

[153] OLG Hamburg DB 1980, 972, 973.
[154] *Küstner/v. Manteuffel/Evers* II RdNr. 374; *Meyer* BB 1970, 780; Staub/*Brüggemann* RdNr. 33; zur Werbung neuer Kunden durch den Tankstellenhandelsvertreter siehe *Küstner/v. Manteuffel/ Evers* II RdNr. 486 ff., durch den Anzeigen- und Verlagsvertreter siehe *Küstner/v. Manteuffel/Evers* II RdNr. 499 ff.
[155] *Küstner/v. Manteuffel/Evers* II RdNr. 542; Staub/*Brüggemann* RdNr. 33.
[156] *Küstner/v. Manteuffel/Evers* II RdNr. 383 f.; vgl. auch OLG München HVuHM 1988, 393.

selbst wenn im Einverständnis mit dem Unternehmer eine Abfindung an den Vorgänger gezahlt wird.[157] Das gleiche gilt für Kunden, die der Handelsvertreter in seiner Zeit als Angestellter des Unternehmers geworben hat.[158] Verhindert der Handelsvertreter das Abspringen eines Kunden, liegt ebenfalls keine Werbung eines Kunden vor.[159]

Frühere Kunden, deren geschäftliche Beziehungen mit dem Unternehmer abgebrochen **59** waren und die erst durch den Handelsvertreter wiederhergestellt worden sind, gelten als neue Kunden. Voraussetzung für eine solche **Reaktivierung der Geschäftsbeziehungen** ist, daß die ursprüngliche Geschäftsbeziehung infolge bestimmter Umstände wie Krieg[160] oder Aufgabe der Vertretung des Unternehmens durch den früheren Handelsvertreter[161] vollständig oder für einen Zeitraum von mehreren Jahren zum Erliegen gekommen war.[162] Hierfür reicht nicht aus, wenn ein Kunde nur wegen des eigenen Geschäftsrückgangs längere Zeit keine Bestellung mehr aufgeben konnte.[163] Wird dagegen ein früherer Kunde, der vor der Tätigkeit des Vertreters zu einem anderen Unternehmer gewechselt ist, wieder zurückgewonnen, liegt eine Reaktivierung der Geschäftsbeziehungen vor.

Weiterhin wirbt der Handelsvertreter neue Kunden, wenn der Unternehmer Artikel **60** verschiedener Branchen herstellt und der Handelsvertreter Kunden gewinnt, die bisher nur in einer anderen Branche mit dem Unternehmer in Geschäftsverbindung standen. Der **Begriff** des neuen Kunden ist nämlich **branchenbezogen**.[164] Allerdings genügt es nicht, wenn der Unternehmer im Rahmen der bisherigen Branche das Sortiment erweitert und der Kunde auch für Artikel des erweiterten Sortiments gewonnen wird.[165] Ob die neue angebotene Ware oder Dienstleistung noch in die gleiche Branche fällt, hängt davon ab, inwieweit ein Zusammenhang mit den bisherigen Erzeugnissen des Unternehmers besteht.

2. Werbung durch den Handelsvertreter. Ein Ausgleichsanspruch besteht nur, wenn **61** der selbständige Handelsvertreter die neuen Kunden geworben hat.[166] Der Abschluß eines Geschäfts zwischen dem Unternehmer und dem Kunden muß dabei auf die Tätigkeit des Handelsvertreters zurückzuführen sein.[167] Dabei gelten auch Leasingkunden, die der Handelsvertreter über eine von ihm gegründete und mit ihm eine wirtschaftliche Einheit bildende Tochterfirma geworben hat, als vom Handelsvertreter neu geworbene Kunden.[168] Dagegen können Kunden, die bereits ohne Mitwirkung des Handelsvertreters fest zur Bestellung entschlossen sind und die den Handelsvertreter nur noch zur Weiterleitung der Bestellung einschalten, nicht vom Handelsvertreter geworben werden.[169]

a) Mitursächlichkeit. Jedoch genügt jede Mitursächlichkeit der Tätigkeit des Han- **62** delsvertreters.[170] Dem Handelsvertreter steht deshalb ein Ausgleichsanspruch auch dann zu, wenn seine eigene Tätigkeit wegen der Sogwirkung der Marke[171] oder der Monopolstellung des Unternehmers[172] nur in geringem Maße mitursächlich ist. Eine bloß geringe Mitursächlichkeit des Vertreterhandelns ist aber im Rahmen der Billigkeitsprüfung des Abs. 1 Nr. 3 zu beachten.[173] Auch schließen eigene Maßnahmen des Unternehmers, wie zB eigene Werbung, die Mitursächlichkeit des Vertreterhandelns nicht aus.[174] Das gleiche gilt, wenn der Handelsvertreter öffentliche Bauaufträge vermittelt hat, die aber letztlich im

---

[157] BGH NJW 1985, 58; LG Essen MDR 1982, 852.

[158] *Küstner/v. Manteuffel/Evers* II RdNr. 541.

[159] Heymann/*Sonnenschein/Weitemeyer* RdNr. 24.

[160] OLG Nürnberg NJW 1957, 1720.

[161] OLG Nürnberg VW 1983, 549; *Küstner/v. Manteuffel/Evers* II RdNr. 380.

[162] OLG Nürnberg BB 1964, 1400: Bei neuneinhalbjähriger Unterbrechung.

[163] Staub/*Brüggemann* RdNr. 33.

[164] OLG Frankfurt 27. 5. 1966, 3 U 263/65 unveröffentlicht; *Küstner/v. Manteuffel/Evers* II RdNr. 386 f.; Staub/*Brüggemann* RdNr. 34.

[165] *Küstner/v. Manteuffel/Evers* II RdNr. 387; Staub/*Brüggemann* RdNr. 34.

[166] OLG Düsseldorf NJW 1965, 2352.

[167] *Meyer* BB 1970, 780.

[168] BGH NJW-RR 1991, 1050, 1051 = BGH EWiR 1991, 799 mit zust. Kurzkomm. *Haumann*.

[169] OLG Karlsruhe BB 1960, 381.

[170] BGH NJW 1985, 859, 860; BGH EWiR 1986, 599 mit Kurzkomm. *v. Hoyningen-Huene* für den Vertragshändler.

[171] BGH WM 1987, 1462, 1465; OLG Karlsruhe BB 1960, 381.

[172] OLG Nürnberg BB 1963, 1313.

[173] BGH NJW 1986, 1931; *v. Hoyningen-Huene* Kurzkomm. zu BAG EWiR 1986, 599, 600.

[174] BGHZ 73, 99, 104 = LM Nr. 55/56 mit Anm. *Alff*.

Wege der öffentlichen Ausschreibung vergeben wurden.[175] Dagegen liegt keine Mitursächlichkeit vor, wenn Kunden ohne Mitwirkung des Bezirksvertreters in dessen Bezirk geworben werden.[176] Der nach § 87 Abs. 2 entstehende Provisionsanspruch ist im Rahmen des Ausgleichsanspruchs demnach nicht zu berücksichtigen.[177] Bei einem Bezirksvertreterteam auf einer Messe mit turnusmäßiger Ablösung der Vertreter wird allerdings ausnahmsweise die Mitursächlichkeit bejaht.[178]

63   **b) Beweislast.** Die Beweislast für die Werbung neuer Kunden trägt der Handelsvertreter.[179] Hierbei gilt der Beweis des ersten Anscheins, daß die seit Beginn der Handelsvertretertätigkeit geworbenen Kunden neu sind. Ist bei einem großen Kundenkreis streitig, ob und wie viele davon Neukunden des Handelsvertreters sind, kann das Gericht die Beweisaufnahme auch auf die Einholung schriftlicher Auskünfte bei einer repräsentativen Anzahl der Kunden beschränken, sofern diese Stichproben in hinreichendem Maße Rückschlüsse auf den Umsatz dieser Stammkunden zulassen.[180]

64   **3. Intensivierung der Altkundenbeziehung (Abs. 1 Satz 2).** Der Werbung eines neuen Kunden steht es gleich, wenn der Handelsvertreter die Geschäftsverbindung mit einem Altkunden so wesentlich erweitert, daß dies wirtschaftlich der Werbung eines neuen Kunden entspricht. Die Erweiterung der Geschäftsverbindung kann sowohl quantitativ durch erhöhten Umsatz der bisher vertriebenen Produkte als auch qualitativ durch Ausweitung auf zusätzliche Erzeugnisse erfolgen.[181] Die Umsatzsteigerung muß auf den besonderen Vermittlungsbemühungen des Handelsvertreters beruhen. Eine Intensivierung der Kundenbeziehung liegt daher nicht vor, bei einer Umsatzsteigerung infolge steigender Preisentwicklung[182] oder wegen Eintritts eines vom Handelsvertreter nicht beeinflußbaren Ereignisses.[183] Dagegen schadet eine allgemeine Wirtschaftsbelebung als Mitursache nicht.[184]

65   Die **Erweiterung der Geschäftsverbindung** muß **wesentlich** sein, was durch einen Vergleich der Umsätze bei Vertragsbeginn und bei Vertragsende zu ermitteln ist. Bei einer Steigerung um 100%, ist eine wesentliche Erweiterung zweifelsohne zu bejahen.[185] Ansonsten bedarf es einer Einzelfallentscheidung unter Berücksichtigung aller Umstände des jeweiligen Falles. Ausnahmsweise liegt trotz Umsatzrückgang eine wesentliche Intensivierung der Altkundenbeziehung vor, wenn die erhebliche Steigerung des stückzahlmäßigen Umsatzes durch verstärkte Preisrückgänge aufgesaugt wurde.[186]

66   Der Handelsvertreter hat die **Kausalität**, d.h. daß die Umsatzsteigerung auf seine Tätigkeit zurückzuführen ist, zu **beweisen**. Trägt aber der Unternehmer für die Umsatzsteigerung nichts stichhaltiges vor, kann davon ausgegangen werden, daß sie auf die Bemühungen des Handelsvertreters zurückzuführen ist.[187]

67   **4. Geschäftsverbindung.** Die Werbung des neuen Kunden muß zu einer dauerhaften Geschäftsverbindung zwischen Unternehmer und Kunden führen. Bei einem Konkurs des

[175] BGH NJW 1980, 1793; *Küstner/v. Manteuffel/Evers* II RdNr. 563 ff.
[176] Vgl. aber zur Werbung neuer Kunden im Rotationsvertriebssystem BGH NJW 1985, 859, 860.
[177] Baumbach/*Hopt* RdNr. 14; Staub/*Brüggemann* § 87 RdNr. 31.
[178] KG BB 1969, 1062.
[179] BGH NJW 1985, 859; BGH BB 1988, 2199, 2200; Heymann/*Sonnenschein/Weitemeyer* RdNr. 27; *Thume* BB 1990, 1645, 1647.
[180] BGH NJW 1985, 860, 861.
[181] BGHZ 56, 242, 245 = LM Nr. 40 mit Anm. *Rietschel* = NJW 1971, 1611.
[182] OLG Celle BB 1970, 227; *Küstner/v. Manteuffel/Evers* II RdNr. 403.
[183] *Küstner/v. Manteuffel/Evers* II RdNr. 396.

[184] OLG Celle BB 1970, 227.
[185] OLG Celle NJW 1968, 1141, 1142; OLG Celle BB 1970, 227; *Küstner/v. Manteuffel/Evers* II RdNr. 400 ff. halten einen solchen Gesamtvergleich nicht für ausreichend und verlangen soweit praktisch durchführbar die Überprüfung jeder einzelnen Kundenbeziehung. Dem Handelsvertreter soll ein Ausgleichsanspruch auch dann zustehen, wenn zwar der Gesamtvergleich zu keiner wesentlichen Erweiterung der Geschäftsverbindung geführt hat, aber bei einem erheblichen Teil der Altkunden erhebliche Umsatzsteigerungen erzielt wurden.
[186] BGH NJW 1990, 2889; 2890; Staub/*Brüggemann* RdNr. 36; aA *Küstner/v. Manteuffel/Evers* II RdNr. 405.
[187] BGHZ 56, 242, 245 = LM Nr. 40 mit Anm. *Rietschel.*

v. Hoyningen-Huene

neu geworbenen Kunden ist dies zu verneinen. Eine solche Geschäftsverbindung ist gegeben, wenn innerhalb eines überschaubaren, in seiner Entwicklung noch abschätzbaren
Zeitraums mit dem Abschluß weiterer Geschäfte zu rechnen ist.[188] Als maßgebende Zeit-
spanne gilt der Zeitraum, innerhalb dem normalerweise noch mit Folgeaufträgen der neu
geworbenen Kunden gerechnet werden kann.[189] Im Falle des Vertriebs von Waren bestimmt sich dieser Zeitraum unter anderem danach, wie häufig sich ein Neubedarf einstellt.
Weiterhin muß der Kunde zur Stammkundschaft[190] und nicht zur Laufkundschaft gehören.[191] Bei Kunden einer Autobahntankstelle ist beispielsweise die Stammkunden-
eigenschaft in der Regel abzulehnen.[192]

Insbesondere **bei langlebigen Wirtschaftsgütern** ist das Vorliegen einer Geschäftsver-   **68**
bindung zweifelhaft. Bei Waren, die nach der allgemeinen Lebenserfahrung nur einmal
angeschafft werden, ist nicht mit dem Abschluß weiterer Geschäfte zu rechnen und eine
Geschäftsverbindung demzufolge abzulehnen.[193] Fertighäuser, die direkt an den Endverbraucher vermittelt werden, sind einmalige Anschaffungen.[194] Auch Immobilienmakler-
geschäfte im nicht gewerblichen Bereich ziehen regelmäßig keine Folgegeschäfte nach
sich.[195] Dagegen kann die Vermittlung von Elektrohaushaltsgeräten[196] oder Möbeln[197] eine
Geschäftsverbindung mit dem neuen Kunden begründen, weil auch mehrjährige Pausen
zwischen den einzelnen Geschäftsabschlüssen unschädlich sind, wenn mit dem Abschluß
von Folgeaufträgen gerechnet werden kann.[198] Da sich aber der Markt und die Preissituati-
on im Laufe der Jahre ändern, bedarf es im Einzelfall einer konkreten Darlegung der Gründe, die den Kunden auch in späterer Zeit veranlassen könnten, bei den Produkten des
Unternehmers zu bleiben.[199] Entscheidend für das Vorliegen einer Geschäftsverbindung ist
deshalb immer, ob nach dem Inhalt der Kundenbeziehung und der Art der vom Unternehmer hergestellten Erzeugnisse weitere Aufträge des Kunden zu erwarten sind.[200]

Der Handelsvertreter hat das **Vorliegen einer Geschäftsverbindung zu beweisen.**[201]   **69**
Wurden in der Vergangenheit schon mehrfach Bestellungen getätigt, spricht ein Beweis
des ersten Anscheins für das Vorliegen einer Geschäftsverbindung. Hat der Handelsvertreter den Beweis für das Bestehen einer Geschäftsverbindung erbracht, spricht eine widerlegbare Vermutung dafür, daß die hergestellten Geschäftsverbindungen auch nach der Vertragsbeendigung weiterbestehen werden.[202]

5. Erhebliche Vorteile des Unternehmers. Ein Ausgleichsanspruch entsteht nur, falls   **70**
der Unternehmer aus der Geschäftsverbindung erhebliche Vorteile erzielt.

a) Vorteile. Der Vorteil des Unternehmers liegt in der Möglichkeit, die vom Handels-   **71**
vertreter geschaffenen Geschäftsverbindungen auch nach der Beendigung des Handelsvertreterverhältnisses zu nutzen, ohne dafür Provisionen an den Handelsvertreter zahlen zu
müssen.[203] Grundsätzlich muß der Vorteil dem Unternehmer auch zugekommen sein, dh.
er muß die Möglichkeit zum Geschäftsabschluß auch tatsächlich nutzen.[204] Das bloße Bestehen eines Kundenstamms, zu dem der Unternehmer keine Kundenbeziehungen mehr
unterhält, kann deshalb nicht als Vorteil angerechnet werden.[205] Ein Vorteil liegt dagegen

[188] BGH WM 1991, 196, 198; BGH NJW 1985,
859; *Meyer* BB 1970, 780, 781.
[189] BGH NJW 1985, 859.
[190] BGH BB 1988, 2199; BGH NJW 1985, 860,
861; BGH NJW 1974, 1242; OLG Stuttgart DB
1980, 1539, 1540.
[191] *Veith* DB 1963, 1277, 1278.
[192] BGH BB 1964, 1399.
[193] BGH NJW-RR 1990, 181, 182; BGH
NJW 1985, 859; BGH NJW 1959, 1677 mit Anm.
Schuler.
[194] *Küstner/v. Manteuffel/Evers* II RdNr. 408.
[195] LG Frankfurt NJW-RR 1990, 1181.
[196] BGH NJW 1985, 859.
[197] OLG Hamm DB 1979, 304.

[198] OLG Frankfurt BB 1973, 212.
[199] BGH NJW 1985, 859.
[200] *Küstner/v. Manteuffel/Evers* II RdNr. 414.
[201] BGH WM 1991, 196, 198.
[202] BGH NJW 1985, 859.
[203] Zum Vorteil des Unternehmers von Selbstbe-
dienungstankstellen BGH BB 1985, 353; *Küstner/
v. Manteuffel/Evers* II RdNr. 493 ff.
[204] BGH NJW 1986, 1931, 1932.
[205] BGH NJW 1986, 1931, 1932; BGHZ 49, 39,
43 = LM Nr. 30 mit Anm. *Rietschel* = NJW 1968,
394; kritisch *Küstner/v. Manteuffel/Evers* II RdNr.
418 ff., die eine grundsätzliche Nutzungspflicht des
Unternehmers und einen Vorteil bei Nicht-
wahrnehmung dieser Nutzungspflicht bejahen.

vor, wenn der Unternehmer seinen Vertrieb umstellt und seine Waren nicht nur an die vom Handelsvertreter geworbenen Kunden, sondern an den Großhandel vertreibt und die bisherigen Kunden die Waren des Unternehmers nur mittelbar über den Großhandel abnehmen. Denn dann war die Tätigkeit des Handelsvertreters zumindest mitursächlich.[206]

72 **aa) Abschluß weiterer Geschäfte.** Regelmäßig erlangt der Unternehmer den Vorteil durch Abschluß weiterer Geschäfte mit dem vom Handelsvertreter geworbenen Kundenstamm. Ein Vorteil liegt daher nicht vor, wenn der **Unternehmer** seinen **Betrieb einstellt** oder **umstellt**, und den vom Handelsvertreter aufgebauten Kundenstamm nicht mehr nutzt.[207] Wegen seiner unternehmerischen Dispositionsfreiheit steht es dem Unternehmer grundsätzlich frei, seinen Betrieb einzustellen, auch wenn der Handelsvertreter dadurch einen möglichen Ausgleichsanspruch verliert.[208] Ob die organisatorische Maßnahme wirtschaftlich geboten oder unternehmerisch sinnvoll ist, hat der Unternehmer zu entscheiden. Die Maßnahme kann deshalb nicht auf ihre Notwendigkeit oder Zweckmäßigkeit überprüft werden.[209] Ist jedoch die unternehmerische Entscheidung willkürlich und offenbar unsachlich oder unvernünftig, hat der Handelsvertreter trotz fehlender tatsächlicher Nutzung des Kundenstamms einen Ausgleichsanspruch, da dann die fehlende Nutzung dem Handelsvertreter nicht angelastet werden darf.[210] Dies ergibt sich aus dem allgemeinen Verbot des Rechtsmißbrauchs.[211]

73 Beim **Konkurs des Unternehmers** kann dieser keine Geschäfte mehr mit dem vom Handelsvertreter geworbenen Kundenstamm abschließen. Ein Vorteil ist deshalb regelmäßig zu verneinen. Auch wenn der Konkursverwalter das Unternehmer im Rahmen der Auflösung (Liquidation) weiterführt, ist das Unternehmen mit dem Übergang in das Stadium der Liquidation nicht mehr auf Erwerb, sondern nur noch auf Erlangung eines optimalen Liquidationserlöses und auf baldige Vollendung ausgerichtet, so daß das Unternehmen faktisch keinen Nutzen mehr zieht.[212] Betreibt jedoch der Konkursverwalter das Unternehmen für eine längere Zeit weiter und schließt er dabei weitere Geschäfte mit den vom Handelsvertreter geworbenen Kunden ab, oder erhöht der Kundenstamm bei einer Weiterveräußerung des Unternehmens den Verkaufserlös, kann hierin ein konkreter Vorteil des Unternehmers liegen (vgl. RdNr. 39 ff.).[213] Denn dadurch erhöht sich der Wert der Konkursmasse und der Unternehmer kann seine Schuldner in höherem Maße befriedigen, als wenn er die vom Vertreter vermittelten Geschäftsverbindungen nicht hätte nutzen können.[214]

74 Ein Vorteil des Unternehmers wird nicht schon dann ausgeschlossen, wenn sich der **Unternehmer** nach dem Ausscheiden des Handelsvertreters in einer Verlustphase befindet und **keine Gewinne erwirtschaftet.** Der Vorteil des Unternehmers liegt dann darin, daß ohne die Umsätze aus Geschäften mit dem vom Handelsvertreter geschaffenen Kundenstamm die Verluste noch höher ausgefallen wären.[215]

206 BGH NJW 1984, 2695, 2696; vgl. *Bamberger* NJW 1984, 2670.

207 BGH NJW 1959, 1964 f.

208 BGHZ 49, 39, 41 = LM Nr. 30 mit Anm. *Rietschel.*

209 BGHZ 49, 39, 42 = LM Nr. 30 mit Anm. *Rietschel;* so auch BAG AP KSchG 1969 § 1 Betriebsbedingte Kündigung Nr. 42 = SAE 1988, 206 mit iE zust. Anm. *Peterek;* zur Dispositionsfreiheit des Arbeitgebers bei der betriebsbedingten Kündigung; Baumbach/*Hopt* RdNr. 20; aA Heymann/ *Sonnenschein/Weitemeyer* RdNr. 31, 32 die die Unternehmerentscheidung an sachliche wirtschaftliche Erwägungen binden.

210 BGH NJW 1986, 1931, 1932.

211 Nach Staub/*Brüggemann* RdNr. 39 verletzt der Unternehmer seine nachvertragliche Loyalitätspflicht. Hiergegen ist einzuwenden, daß dann nur

ein Schadensersatzanspruch wegen Vertragsverletzung, nicht dagegen ein Ausgleichsanspruch begründet wäre.

212 OLG München DB 1988, 2251 = NJW-RR 1989, 163.

213 Staub/*Brüggemann* RdNr. 21; OLG Karlsruhe WM 1985, 235 = ZIP 1985, 235, wonach erhebliche Vorteile vorliegen, wenn der Konkursverwalter das gesamte Unternehmen veräußert und der Übernehmer den Firmennamen sowie das Vertriebsnetz beibehält. Denn dann ist im Regelfall davon auszugehen, daß in dem Übernahmepreis auch ein Entgelt für den Kundenstamm enthalten ist; offengelassen OLG München DB 1988, 2151; kritisch BGH NJW 1986, 1931, 1932.

214 *Küstner/v. Manteuffel/Evers* II RdNr. 317.

215 BGH 1991, 591 mit zust. Anm. *Schwerdtner.*

Der **Vorteil** muß **in der Person des Unternehmers** konkret festgestellt werden. Stellt 75
ein Unternehmer seine Vertriebstätigkeit ein und übernimmt ein im **Konzernverbund**
stehendes Unternehmen den Kundenstamm, bewirkt die wirtschaftliche Stärkung des Konzerns nicht zwangsläufig einen Vorteil für das Unternehmen. Das gleiche gilt, wenn die
Konzernmutter des in Liquidation gefallenen Unternehmers über den Kundenstamm verfügt. Denn die wirtschaftliche Stärkung des Konzern kommt nicht in jedem Fall dem Unternehmer zugute.[216] Vertreibt jedoch die Schwestergesellschaft Waren, die das Unternehmern herstellt und vor der Betriebsumstellung selbst vertrieben hat, an die vom
Handelsvertreter geworbenen Kunden, hat der Unternehmer einen konkreten Vorteil, weil
er den bisherigen Kundenstamm weiterhin zum Absatz seiner Waren nutzen kann.[217]

bb) Sonstige Vorteile. Ausnahmsweise können dem Unternehmer trotz fehlender wei- 76
terer Nutzung des Kundenstamms Vorteile entstehen. Der Vorteilsbegriff des § 89b setzt
nämlich nicht voraus, daß der Unternehmer selbst die vom Handelsvertreter geschaffenen
Geschäftsbeziehungen zu den Kunden fortsetzt und gerade daraus erhebliche Vorteile hat.
Vielmehr liegt ein **Vorteil des Unternehmers** auch vor, wenn dieser die vom Handelsvertreter geschaffenen **Geschäftsbeziehungen auf andere Weise** für sich nutzt.[218] Beispielsweise erlangt der Unternehmer einen Vorteil, wenn er für die Geschäftsaufgabe nationale
bzw. EU-Stillegungsprämien[219] oder eine Abfindung für vorzeitige Pachtgrundstücksräu-
mung[220] erhält.

Schlägt sich der vom Handelsvertreter geworbene Kundenstamm in einem höheren Ver- 77
kaufserlös oder in den Pachteinnahmen nieder, begründet auch die **Betriebsveräußerung**[221] oder **-verpachtung**[222] einen Vorteil. Eine unentgeltliche Geschäftsveräußerung
bringt dagegen keine Vorteile für den Unternehmer.[223] Allerdings kann die unentgeltliche
Geschäftsveräußerung an einen Dritten, insbesondere an die Konzernmutter oder an ein
Schwesterunternehmen im Konzern eine treuwidrige Pflichtverletzung gegenüber dem
Handelsvertreter darstellen und einen Schadensersatz wegen positiver Vertragsverletzung
begründen.[224] Außerdem kann dem Handelsvertreter ein Anspruch gegen den Dritten aus
§ 826 BGB zustehen.[225]

Ausgleichszahlungen an den Hauptvertreter können für diesen erhebliche Vorteile dar- 78
stellen, die einen Ausgleichsanspruch des **Untervertreters** gegen ihn rechtfertigen.[226] Der
ausgleichspflichtige Vorteil des Hauptvertreters (als Unternehmer des Untervertreters) liegt
darin, daß er infolge des vom Untervertreter mitgeschaffenen Kundenstamms einen höheren Ausgleichsanspruch erzielt hat. Darin ist eine Nutzung des vom Untervertreter geworbenen Kundenstamms zu sehen.

cc) Minderung des Vorteils. Der **Vorteil** des Unternehmers wird gemindert oder **ent-** 79
fällt, wenn die Kunden wegen des Unternehmerwechsels abwandern, obwohl der Nach-
folgeservice objektiv nicht schlechter war.[227] Das gilt auch für den Fall, daß der Handelsvertreter zur Konkurrenz geht und die geworbenen Kunden mitnimmt,[228] oder bei einem
nicht willkürlich herbeigeführten Umsatzrückgang nach Ausscheiden des Handelsvertreters,

[216] BGH NJW 1986, 1931, 1932; vgl. OLG
Braunschweig NJW 1976, 2022; zu pauschal Hey-
mann/*Sonnenschein*/*Weitemeyer* RdNr. 28.
[217] BGH NJW 1986, 1931, 1932.
[218] OLG Frankfurt BB 1985, 687; Staub/*Brüggemann* RdNr. 43.
[219] Baumbach/*Hopt* RdNr. 20; Staub/*Brüggemann*
RdNr. 44.
[220] OLG Frankfurt BB 1985, 687.
[221] BGH VersR 1985, 265; BGHZ 49, 39, 43 =
LM Nr. 30 mit Anm. *Rietschel*; BGH NJW 1960,
1292; OLG Karlsruhe WM 1985, 235, 236 bei Betriebsveräußerung durch Konkursverwalter; Baum-
bach/*Hopt* RdNr. 18; *Schröder* DB 1973, 217, 219 f.

[222] OLG Hamburg VersR 1958, 688.
[223] OLG München DB 1988, 251; Baum-
bach/*Hopt* RdNr. 7.
[224] Vgl. BGH NJW 1986, 1931, 1932. – Einschränkend OLG München DB 1988, 2251; *Schröder*
DB 1973, 217, 223 gewährt dem Handelsvertreter
einen Ausgleichsanspruch.
[225] OLG München DB 1988, 2251.
[226] BGHZ 52, 5, 10 = LM Nr. 34 mit Anm. *Rietschel*; *Küstner*/v. *Manteuffel*/*Evers* II RdNr. 467 ff.
[227] BGH BB 1989, 2199; BGH NJW 1985, 860,
861.
[228] BB 1960, 605, 606.

wenn die Umstände dem Handelsvertreter nicht angelastet werden können.[229] Dagegen führen nur vorübergehende, geringfügige Geschäftsstörungen infolge des Ausscheidens des Handelsvertreters ebensowenig zu einer Minderung des Vorteils[230] wie die Vornahme umsatzfördernder Aufwendungen durch den Unternehmer.[231] Der Verlust alter Kunden neben der Gewinnung neuer Kunden ist bei der Bestimmung eines Vorteils unerheblich,[232] kann aber u. U. im Rahmen der Billigkeitsprüfung des Abs. 1 Satz 1 Nr. 3 zu berücksichtigen sein.[233]

80   **b) Erheblich.** Die Vorteile des Unternehmers müssen erheblich sein. Die Erheblichkeit richtet sich danach, welchen Umsatz und welchen Gewinn der Unternehmer aus den fortbestehenden Geschäftsverbindungen mit den neu geworbenen Kunden erzielen kann.[234] Ob der Unternehmer den Kundenstamm tatsächlich in dem ihm möglichen Umfang genutzt hat, ist unerheblich.[235] Das Verhältnis zwischen dem Gesamtumsatz des Unternehmers und dem vom Handelsvertreter vermittelnden Umsatz spielt dabei keine Rolle. Ebensowenig die Größe des Kundenstamms oder die Anzahl der Wiederholungskäufe.[236] Ein Vorteil kann deshalb auch bei einer Minderung des Gesamtumsatzes vorliegen.[237] Das Abspringen von Altkunden bleibt bei der Ermittlung des erheblichen Vorteils ebenfalls unberücksichtigt. Allerdings kann dann der Ausgleichsanspruch aus Billigkeitsgründen entfallen.

81   **c) Prognoseentscheidung.** Die **Vorteile** des Unternehmers aus dem Neukundenstamm liegen bei der Beendigung des Handelsvertreterverhältnisses noch nicht konkret vor, sondern verwirklichen sich erst in der Zukunft. Damit wird eine Prognoseentscheidung über die künftigen Geschäftsabschlüsse notwendig[238] (vgl. RdNr. 129 f.). Zu prüfen ist, wie lange und in welchem Umfang die Geschäfte zwischen Unternehmer und Neukunden voraussichtlich fortgeführt werden.[239] Dabei sind die Besonderheiten der jeweiligen Branche, die Marktgegebenheiten, die Wettbewerbsbedingungen, die Kundenfluktuation und die Art der Tätigkeit ebenso zu berücksichtigen[240] wie die tatsächlichen Umstände, die erst nach der Beendigung des Vertragsverhältnisses eintreten.[241] Auch die Entwicklung der einzelnen Geschäftsverbindungen während des Handelvertretervertrages können Anhaltspunkte für die zukünftige Entwicklung geben.[242] Ob der Handelsvertreter das Handelsvertreterverhältnis überhaupt fortsetzen könnte (Krankheit, Alter), ist dagegen unerheblich,[243] da allein auf das Fortbestehen der Geschäftsverbindung mit den Kunden abzustellen ist.

82   Für die **Dauer des Prognosezeitraums** ist entscheidend, wie lange die Geschäftsbeziehungen unter Berücksichtigung aller Umstände erfahrungsgemäß andauern werden.[244] Dies hängt vom Einzelfall ab und beträgt in der Regel zwei bis drei Jahre, bei langlebigen Gütern bis zu fünf Jahren.[245] Bei Warenvertrieb ist dabei vor allem der Zeitraum bis zum dem Neubedarf der Ware heranzuziehen,[246] um zumindest die Folgeaufträge der im letzten Jahr vor Vertragsbeendigung geworbenen Kunden zu erfassen.[247] Bei dem Vertrieb von Gabel-

[229] BGHZ 56, 242, 246 f. = LM Nr. 40 mit Anm. *Rietschel.*
[230] OLG Oldenburg BB 1973, 1281.
[231] BGHZ 56, 242, 245 = LM Nr. 40 mit Anm. *Rietschel*; 73, 99, 104 = LM Nr. 55/56 mit Anm. *Alff.*
[232] BGH BB 1964, 1399 mit Anm. *Wittmann*; *Küstner/v. Manteuffel/Evers* II RdNr. 388.
[233] Vgl. BGH ZIP 1990, 1197, 1199.
[234] BGH BB 1991, 1210 = NJW-RR 1991, 1050, 1052; OLG Nürnberg BB 1962, 155.
[235] BGH NJW-RR 1991, 1050, 1052; BGH NJW-RR 1988, 42.
[236] BGH NJW-RR 1991, 1050, 1052.
[237] BGH NJW 1990, 2889, 2890.
[238] BGHZ 56, 242, 246 = LM Nr. 40 mit Anm. *Rietschel*; *Baumbach/Hopt* RdNr. 16; zur Prognose-

entscheidung bei der Kündigung vgl. Hueck/ *v. Hoyningen-Huene* § 1 KSchG RdNr. 126 ff.
[239] BGH NJW-RR 1993, 221 = BB 1992, 2385.
[240] BGH WM 1993, 392, 393 = NJW-RR 1993, 221 = BB 1992, 2385.
[241] BGHZ 45, 42 = LM Nr. 40 mit Anm. *Rietschel*; BGH NJW-RR 1991, 1050, 1052.
[242] BGHZ 60, 112, 113; BGH NJW-RR 1991, 1050, 1052.
[243] OLG Celle NJW 1968, 1141.
[244] BGH WM 1993, 392, 393 = NJW-RR 1993, 221 = BB 1992, 2385.
[245] BGH NJW 1985, 859, 860; OLG Frankfurt BB 1973, 212; *Horn* ZIP 1988, 137, 142; *Küstner/v. Manteuffel* BB 1988, 1972, 1980.
[246] BGH NJW 1985, 859.
[247] BGH NJW 1985, 859.

staplern mit einer Lebensdauer von 13 Jahren kann deshalb der Prognosezeitraum ausnahmsweise auch 13 Jahre betragen,[248] weil sich erst nach Ablauf dieser Zeit ein Ersatzbe-
darf ergibt und sich erst jetzt herausstellt, ob der Kunde zum Stammkunden wird. Jedoch
muß bei einem solch langen Prognosezeitraum andererseits auch mit einer Fluktuation
gerechnet werden.[249]

d) Beweislast. Für die **Fortdauer der Geschäftsbeziehung** nach Beendigung des Han-   **83**
delsvertreterverhältnisses trägt der Handelsvertreter die Beweislast. Sofern es allerdings im
Rahmen einer längeren Geschäftsbeziehung immer wieder zu Abschlüssen zwischen dem
Unternehmer und dem Neukunden gekommen ist, besteht ein Anscheinsbeweis für das
Fortbestehen der Geschäftsverbindung und damit für die künftigen Unternehmervorteile.[250] Erweist sich die Prognose später als unrichtig, hat der Unternehmer keinen Anspruch
auf Rückerstattung des Ausgleichsanspruchs. Ausnahmsweise steht ihm aber ein Bereicherungsanspruch nach § 812 Abs. 1 Satz 2 BGB zu, wenn neue Kunden nach der Entscheidung über den Ausgleichsanspruch wider Erwarten noch abspringen oder umgekehrt als
unzuverlässig behandelte Kunden sich als treu zeigen.[251]

III. Provisionsverluste des Handelsvertreters (Abs. 1 Satz 1 Nr. 2)

Der Handelsvertreter muß infolge der Beendigung des Handelsvertreterverhältnisses   **84**
Provisionsansprüche verlieren, die er bei Fortsetzung des Vertrags aus bereits abgeschlossenen oder künftig zustande kommenden Geschäften mit den von ihm geworbenen Kunden
erzielt hätte. Der Ausgleichsanspruch setzt damit neben dem Vorteil des Unternehmers
einen Nachteil des Handelsvertreters durch Provisionsverluste voraus. Die **Vorteile des
Unternehmers** (Abs. 1 Satz 1 Nr. 1) müssen zwar nicht notwendig den **Verlusten des
Handelsvertreters** (Abs. 1 Satz 1 Nr. 2) entsprechen, gleichwohl sind beide Tatbestände
deutlich und bis in den Wortlaut hinein **aufeinander bezogen.** Zum einen beinhaltet der
vom Handelsvertreter neu geschaffene Kundenstamm die Grundlage für die Bestimmung
der Vor- und Nachteile. Während dem Unternehmer die Möglichkeit der Nutzung des
Kundenstamms nach Vertragsbeendigung Vorteile bringt, führt der Verlust des Kundenstamms für den Handelsvertreter zu Provisionseinbußen. Zum anderen erfordern sowohl
der Vorteil des Unternehmers als auch der Verlust des Handelsvertreters eine Prognoseentscheidung über die künftigen Geschäftsabschlüsse. Die Auslegung von Abs. 1 Satz 1 Nr. 1
und 2 läuft deshalb häufig parallel.[252]

1. Verlust von Provisionen. Der Verlust des Handelsvertreters umfaßt alle Provisionen,   **85**
die der Handelsvertreter bei der Vertragsfortsetzung infolge von Geschäften des Unternehmers mit dem von ihm geworbenen Kundenstamm erzielt hätte. Das Gesetz unterscheidet dabei zwischen Provisionsverlusten aus bereits abgeschlossenen Geschäften und
Verlusten aus künftig zustande kommenden Geschäften.

a) Bereits abgeschlossene Geschäfte. Ein Ausgleichsanspruch für bereits vor der Been-   **86**
digung des Handelsvertreterverhältnisses abgeschlossenen Geschäfte, ist der Ausnahmefall
und kann nur entstehen, wenn der Handelsvertreter entgegen dem gesetzlichen Regelfall
des § 87 Abs. 1 keine Provision für das von ihm abgeschlossene oder vermittelte Geschäft
erhält. Das ist nur möglich bei Provisionsansprüchen, die zum einen nach § 87a noch nicht
fällig sind (zB Sukzessivlieferungsverträge) und auf deren Geltendmachung der Handels-
treter zum anderen für den Fall der Beendigung des Vertragsverhältnisses vertraglich im
voraus verzichtet hat.[253] Das gleiche gilt bei Provisionsansprüchen aus vorbereiteten

[248] BGH NJW-RR 1991, 1050, 1052.
[249] *Horn* ZIP 1988, 137, 142.
[250] BGH WM 1991, 196, 198; BGH NJW 1985,
859; kritisch BGH DB 1970, 152, 153, der auf die
Verhältnisse des Einzelfalls abstellt; – anders beim
Handelsvertreter mit kurzer Vertragsdauer: *Matthies*
DB 1986, 2063.

[251] Baumbach/*Hopt* RdNr. 16.
[252] BGH ZIP 1990, 1197, 1200 = NJW-RR
1991, 105 = WM 1990, 1496; Baumbach/*Hopt*
RdNr. 7; Staub/*Brüggemann* RdNr. 46.
[253] Staub/*Brüggemann* RdNr. 56.

Abschlüssen nach § 87 Abs. 3, falls diese durch Vertrag ausgeschlossen werden.[254] Dem Handelsvertreter steht dann ein Ausgleichsanspruch zu, weil er trotz Vermittlung oder Abschluß des Geschäfts keine Provision erhalten hat. Im Gegensatz zum Ausgleichsanspruch wegen Provisionsverlusten aus künftigen Geschäften, entsteht der Ausgleichsanspruch wegen Provisionsverlusten aus bereits abgeschlossenen Geschäften auch dann, wenn es sich hierbei um ein einmaliges Geschäft und nicht um eine dauerhafte Kundenbeziehung handelt.

87   **b) Künftige Geschäfte.** Regelmäßig entstehen die Provisionsverluste des Handelsvertreters durch Einbußen von Provisionsansprüchen bei künftig zustande kommenden Geschäften. Darunter fallen alle nach Vertragsende geschlossenen Geschäfte des Unternehmers mit dem vom Handelsvertreter geworbenen Kundenstamm, soweit dem Handelsvertreter bei Fortsetzung des Vertrags hieraus Provisionsansprüche entstanden wären. Die Fortsetzung des Vertragsverhältnisses wird für die Bestimmung der Provisionsverluste fingiert. Deshalb ist unerheblich, ob der Handelsvertreter wegen Krankheit, Alter oder aus sonstigen Gründen ausgeschieden wäre.[255] Die künftigen Geschäfte müssen mit den neu geworbenen Kunden getätigt werden. Dabei genügt die Mitursächlichkeit der Werbung durch den Handelsvertreter (vgl. RdNr. 62). Aus diesem Grunde ist unerheblich, ob der künftige Geschäftsabschluß nur durch eine weitere Tätigkeit des Handelsvertreters nach Vertragsbeendigung zustande gekommen wäre.[256] Der Werbung neuer Kunden durch den Handelsvertreter steht die Intensivierung von Altkundenbeziehungen gleich.[257]

88   Bei **Versicherungs- und Bausparkassenvertretern** gelten Nachfolgeverträge des Unternehmers, die nach der Beendigung des Handelsvertreterverhältnisses abgeschlossen werden, ebenfalls als künftige Verträge, sofern sie in einem engen Zusammenhang mit dem vom Handelsvertreter vermittelten früheren Vertrag stehen. Dies ist beispielsweise bei einer Summenerhöhung oder einer Verlängerung des alten Vertrags der Fall.[258] Dagegen reicht nicht aus, daß der Handelsvertreter durch das Vertragsende die Chance verliert, neue Kunden zu werben.[259] Auch der Abschluß einer unechten Gruppenversicherung, die Einzelabschlüsse mit den Gruppenmitgliedern nur vorbereitet, beinhaltet keine Werbung neuer Kunden und damit keinen Provisionsverlust.[260]

89   **c) Prognoseentscheidung.** Wie bei den Vorteilen des Unternehmers verlangt die Feststellung der Provisionsverluste eine Prognoseentscheidung über die künftigen Geschäftsabschlüsse des Unternehmers mit den vom Handelsvertreter geworbenen Kunden (vgl. RdNr. 81). Der Provisionsverlust des Handelsvertreters berechnet sich demnach nach dem Umfang der künftigen Geschäftsabschlüsse, die innerhalb eines überschaubaren Prognosezeitraums zu erwarten sind[261] (ausführlich RdNr. 123 ff.).

90   **d) Beweislast.** Die Beweislast **für die künftigen Geschäfte** liegt beim Handelsvertreter.[262] Bei Vorliegen einer Geschäftsverbindung zwischen Unternehmer und neu geworbenen Kunden gilt jedoch der Anscheinsbeweis, daß auch nach Vertragsbeendigung weitere Geschäftsabschlüsse erfolgen werden. Eine Schätzung nach § 287 Abs. 2 ZPO ist ebenso zulässig, wie die Vermutung, daß die Vorteile des Unternehmers den Verlusten des Handelsvertreters entsprechen.[263]

[254] Vgl. hierzu BGHZ 33, 92; BAG AP § 65 Nr. 6 mit Anm. *Herschel* = AR-Blattei, Lohn XVI, Entsch. 10 mit Anm. *Söllner* = SAE 1974, 155 mit Anm. *Thiele.*
[255] BGH DB 1981, 1772, 1773; *Küstner/v. Manteuffel/Evers* II RdNr.633.
[256] BGHZ 24, 223, 229 = LM Nr. 3 mit Anm. *Selowsky*; BGHZ 29, 83, 92; BGHZ 30, 98, 103 = LM Nr. 12 mit Anm. *Haager.*
[257] *Staub/Brüggemann* RdNr. 48.

[258] BGHZ 34, 310; 59, 125; BGH BB 1970, 102; LG Heilbronnn BB 1980, 1819; LG München BB 1981, 573 mit Anm. *Brysch.*
[259] BGHZ 24, 223, 228 = LM Nr. 3 mit Anm. *Selowsky*; BGHZ 34, 314 für Bausparkassenvertreter.
[260] BGH BB 1961, 189 f.
[261] BGHZ 61, 112, 115.
[262] BGHZ 55, 45 = LM Nr. 38 mit Anm. *Rietschel.*
[263] BGH NJW 1990, 2891, 2889.

2. Ausgleichspflichtige Provisionsverluste werden nur durch Abschluß- oder Vermitt‐ **91**
lungsprovisionen, die infolge der Vertragsbeendigung nicht entstanden sind, begründet.[264]
Dagegen sind Provisionen nicht ausgleichspflichtig, soweit sie kein Entgelt für die Vermitt‐
lungstätigkeit darstellen. Denn aus der Rechtsnatur des Ausgleichsanspruchs als modifizier‐
ter Vergütungsanspruch folgt, daß nur die werbende Tätigkeit des Handelsvertreters, für
die dieser infolge der Beendigung des Handelsvertreterverhältnisses keine Vergütung in
Form einer Provision mehr erhält, mit dem Ausgleichsanspruch vergütet werden soll. Dar‐
unter fallen unabhängig von der Bezeichnung[265] als Provision alle Vergütungen, die als
Entgelt für die Schaffung eines Kundenstamms gezahlt werden, also auch Fest‐
vergütungen.[266]

Provisionen für **verwaltende Tätigkeiten** sind dagegen kein Entgelt für die Schaffung **92**
eines Kundenstamms und somit **nicht ausgleichspflichtig.**[267] Hierher gehören alle Tätig‐
keiten, die an sich in den Aufgabenbereich des Unternehmers fallen. Provisionen für Be‐
standspflege,[268] Delkredere, Inkasso,[269] Lagerhaltung, Warenauslieferung,[270] Regalpflege‐
dienste und Schadensregulierung oder allgemeine Provisionen für nicht werbende Tätigkeit
sind deshalb bei der Berechnung der Provisionsverluste nicht zu berücksichtigen.[271] Ebenso
scheiden beim Vertragshändler **Rabatte** und **Boni** für Vorführwagen und Wagenüberfüh‐
rungen bei der Berechnung der Provisionsverluste aus.[272] Ob der Vertrieb von Ersatzteilen
und Zubehör und die Reparatur von Waren und dadurch erzielten Umsätze auf einer
werbenden Tätigkeit des Handelsvertreters beruhen, hängt von der jeweiligen Ausgestal‐
tung des Handelsvertretervertrags ab.[273] Provisionen die nur einen **Aufwendungsersatz** für
die Beschäftigung eines Mitarbeiters vergüten, sind nicht ausgleichspflichtig.[274]

Hiervon sind ausgleichspflichtige „**Superprovisionen**" abzugrenzen (vgl. § 87 **93**
RdNr. 14). Eine solche „Superprovision" liegt nur vor, wenn sich die Provisionsleistung
auf eine werbende Tätigkeit des Handelsvertreters bezieht,[275] wobei den Parteivereinba‐
rungen maßgebliche Bedeutung zukommt. Ein Provisionsverlust ist ebenfalls gegeben,
wenn der Handelsvertreter Provisionseinnahmen an seinen selbständigen Untervertreter
teilweise weitergegeben hat, da er diese Beträge infolge der Vertragsbeendigung nicht
mehr erhält.[276]

Erhält der Handelsvertreter eine **Gesamtprovision** und beinhaltet sein Aufgabenbereich **94**
gemischte Tätigkeiten, dh. sowohl werbende als auch verwaltende Tätigkeiten, muß der
Richter im Rahmen seiner freien Beweiswürdigung nach § 287 ZPO feststellen, welcher
Anteil bei der Verlustberechnung anzusetzen ist.[277] Entscheidend sind dabei die tatsächli‐

[264] BGH BB 1988, 2199, 2200; BGH NJW 1985,
860, 861; BGHZ 30, 98 = LM Nr. 12 mit Anm.
Haager = NJW 1959, 1430 auch für den Ver‐
sicherungsvertreter; BGHZ 34, 310, 313 ff.; BGHZ
59, 87, 94 = LM Nr. 43 mit Anm. *Rietschel* – für
den Bausparkassenvertreter.
[265] BGHZ 30, 98, 104; OLG München NJW‐
RR 1993, 357.
[266] BGHZ 43, 154, 158 = LM Nr. 23 mit Anm.
Rietschel; Baumbach/*Hopt* RdNr. 24.
[267] BGH NJW 1985, 860, 861 = BB 1985, 353 =
DB 1985, 747; BGH NJW-RR 1988, 1061 =
EWiR 1988, 687 mit Kurzkomm. *Lindacher* = BB
1988, 2199; *Thume* BB 1994, 2358, 2361.
[268] Nach BAG AP Nr. 10 = DB 1986, 919 sind
jedoch auch Bestandspflegeprovisionen insoweit
ausgleichspflichtig, als sie die Kundenbetreuung im
Interesse künftiger Geschäftsabschlüsse vergüten,
weil dann eine Bestandspflegeprovision ein Entgelt
für die Vermittlungstätigkeit darstellt.
[269] BGHZ 30, 98, 104 = LM Nr. 12 mit Anm.
Haager = NJW 1959, 1430.

[270] BGHZ 56, 242 = LM Nr. 40 mit Anm.
Rietschel.
[271] BGH NJW 1985, 860, 861; OLG Hamburg
VersR 1993, 476; OLG München NJW-RR 1993,
357 für Folgeprovisionen des Versicherungsvertre‐
ters (insbes. „Stornoabwehr").
[272] *Horn* ZIP 1988, 137, 146.
[273] Ausgleichsanspruch bejaht durch BGH NJW‐
RR 1991, 1050, 1052 = BGH EWiR 1991, 799
mit zust. Kurzkomm. *Haumann*; Ausgleichsanspruch
verneint durch BGH NJW-RR 1988, 42, 44; *Horn*
ZIP 1988, 137, 144 und *v. Westphalen* BB 1988 Beil.
8 S. 9, bejahen werbende Tätigkeit und damit
einen Ausgleichsanspruch ohne Differenzierung.
[274] BGH BB 1989, 1075 = BGH EWiR 1989,
693 mit Kurzkomm. *v. Hoyningen-Huene.*
[275] BGH BB 1989, 1075 = EWiR 1989, 693
mit zust. Kurzkomm. *v. Hoyningen-Huene*; *Küstner/*
v. Manteuffel/Evers II RdNr. 673 ff.
[276] *Thume* BB 1990, 1645, 1648.
[277] BGHZ 56, 242 = LM Nr. 40 mit Anm. *Riet‐*
schel; *Küstner/v. Manteuffel/Evers* II RdNr. 668.

chen Verhältnisse, auch wenn diese von der vertraglichen Vereinbarung abweichen.[278] Der Handelsvertreter genügt dabei seiner Darlegungslast, wenn er die Höhe des Provisionsanteils für die werbende Tätigkeit prozentual angibt. Macht dann der Unternehmer einen höheren Anteil der verwaltenden Tätigkeit geltend, muß er die einzelnen Umstände, die seine Einschätzung rechtfertigen, darlegen und beweisen.[279]

95 Zu den ausgleichsfähigen Provisonsverlusten zählt auch der **Wegfall von Unterprovisionen**, die der Hauptvertreter vom Unternehmer erhält, um sie an seinen Untervertreter (vgl. § 84 RdNr. 92 ff.) für dessen Vermittlungstätigkeit weiterzuleiten.[280] Obwohl der Hauptvertreter die Unterprovisionen an den Untervertreter weiterleiten muß, sind die Provisionen bei der Ermittlung der Provisionsverluste zu berücksichtigen, weil anderenfalls außer Betracht bliebe, daß der Handelsvertreter dem Untervertreter bei der Beendigung des Untervertretervertrags gegebenenfalls ausgleichspflichtig ist.[281]

96 Des weiteren ist die Tätigkeit und der Umsatz von Untervertretern die der Handelsvertreter beschäftigt und mit denen er im eigenen Namen Handelsvertreterverträge abgeschlossen hat, dem Hauptvertreter zuzurechnen.[282] Das kann auch gelten, wenn der Hauptvertreter wirtschaftlich dem Erscheinungsbild eines echten **Generalvertreters** gleichkommt, obwohl die Verträge mit dem Untervertreter vom Unternehmer abgeschlossen worden waren.[283]

97 **3. Ursächlichkeit der Vertragsbeendigung für die Provisionsverluste.** Die Provisionsverluste müssen dem Handelsvertreter gerade infolge der Vertragsbeendigung entgangen sein. Ausgleichspflichtig sind demnach nur solche Provisionen, die der Handelsvertreter bei der hypothetischen Fortsetzung des Vertragsverhältnisses und der Fortsetzung der Vermittlertätigkeit erhalten hätte. Deshalb besteht kein Ausgleichsanspruch, wenn der Provisionsanspruch des Handelsvertreters schon vor Vertragsende vertraglich abbedungen wurde. Dies kann insbesondere bei Provisionen iSd. § 87 Abs. 1 Satz 1 Alt. 2, dh. für Geschäfte des Unternehmers mit Dritten, die der Handelsvertreter als Kunde für Geschäfte der gleichen Art geworben hat, der Fall sein, wenn Handelsvertreter und Unternehmer vereinbart haben, daß nur solche Geschäfte provisionspflichtig sein sollen, die unmittelbar auf die Tätigkeit des Handelsvertreters zurückzuführen sind.[284]

IV. Billigkeit (Abs. 1 Satz 1 Nr. 3)

98 **1. Billigkeit als Anspruchsvoraussetzung.** Die Zahlung eines Ausgleichsanspruchs muß unter Berücksichtigung aller Umstände des Einzelfalls der Billigkeit entsprechen.[285] Der Billigkeitsgrundsatz beinhaltet eine **selbständige** und zusätzliche **Anspruchsvoraussetzung**, die neben den Tatbestandsmerkmalen des Unternehmervorteils (Abs. 1 Satz 1 Nr. 1) und des Provisionsverlustes des Handelsvertreters (Abs. 1 Satz 1 Nr. 2) schon bei der Anspruchsbegründung zu prüfen ist.[286] Ein Ausgleichsanspruch entsteht demnach nicht, wenn er unter Berücksichtigung aller Umstände des Einzelfalls unbillig wäre. Der Billigkeits-

[278] BGH NJW 1985, 860.
[279] BGH NJW-RR 1988, 1061 = BB 1988, 2199 = EWiR 1988, 687 mit Kurzkomm. *Lindacher;* – vgl. OLG München BB 1993, 1754; OLG Hamburg VersR 1993, 476.
[280] *Küstner/v. Manteuffel/Evers* II RdNr. 672.
[281] *Küstner/v. Manteuffel/Evers* II RdNr. 672.
[282] BGH ZIP 1987, 1383, 1387.
[283] BGHZ 59, 87, 92 = LM Nr. 43 mit Anm. *Rietschel; Horn* ZIP 1988, 137, 145; *v. Westphalen* DB 1988, Beil. 8 S. 11 f.
[284] *Staub/Brüggemann* RdNr. 58.
[285] Hierzu grundlegend *v. Hoyningen-Huene,* Die Billigkeit im Arbeitsrecht, 1978.
[286] BGH NJW-RR 1993, 221 = WM 1993, 329; *Baumbach/Hopt* RdNr. 31; *v. Hoyningen-Huene,*

Billigkeit S. 60; Staub/*Brüggemann* RdNr. 63; § 17 Abs. 2 der EG-Richtlinie vom 18. 12. 1986 setzt jedoch als Voraussetzungen für den Ausgleichsanspruch nur den Unternehmervorteil und die Billigkeit voraus. Die Provisionsverluste des Handelsvertreters stellen dagegen nach der EG-Richtlinie keine eigene Anspruchsvoraussetzung dar, sondern sind nur vorrangig im Rahmen der Billigkeitsprüfung zu berücksichtigen. Da aber in aller Regel der Ausgleichsanspruch ohne Provisionsverlust nicht der Billigkeit entspricht, ergeben sich keine unterschiedlichen Ergebnisse, wenn der Provisionsverlust als eigene Anspruchsgrundlage angesehen wird. So auch Baumbach/*Hopt* RdNr. 32.

grundsatz wurde in das Gesetz aufgenommen, um alle Umstände, die bei der abstrakten Berechnung von Vorteilen des Unternehmers und Provisionsverlusten des Handelsvertreters nicht verwertet werden können, Rechnung zu tragen.[287]

Als **Auffangkriterium** ermöglicht die Billigkeit die Korrektur rein rechnerischer Ergebnisse, die sich aus einer Gegenüberstellung von Unternehmensvorteilen und Provisionsverlusten des Handelsvertreters ergeben.[288] Die Billigkeitsprüfung kann dabei den Ausgleichsanspruch erhöhen, kürzen oder ganz aufheben.[289] Deshalb kann die Billigkeitsprüfung erst erfolgen, nachdem durch eine Vorteils- und Verlustberechnung (Abs. 1 Satz 1 Nr. 1 und 2) die erforderliche Grundlage für einen Ausgleichsanspruch gewonnen wurde.[290] Zwar sind Unternehmensvorteil und Provisionsverlust auch schon unter dem Aspekt des billigen Ausgleichs auszulegen, die eigentliche Billigkeitsprüfung findet aber erst im Rahmen der Anspruchsvoraussetzung des Nr. 3 statt.[291] Andererseits darf der Ausgleichsanspruch nicht allein am Maßstab der Billigkeit und ohne Feststellung von Unternehmensvorteilen und Provisionsverlusten bemessen werden. 99

2. Billigkeitsabwägung. a) Billigkeitsbegriff. Die Generalklausel Billigkeit ist ein **unbestimmter Rechtsbegriff** und normativer Begriff, der zwar selbst keine Wertung enthält, aber eine Richtlinienfunktion hat.[292] Durch den Maßstab der Billigkeit soll im jeweiligen Einzelfall ein beiden Parteien gerecht werdender Ausgleich gefunden werden, wobei die Eigenarten des Sachverhalts wesentlich zu berücksichtigen sind.[293] 100

b) Methode der Abwägung. Ist eine Entscheidung nach Billigkeit zu treffen, müssen die **Abwägungs- und Wertungskriterien** deutlich **offengelegt** werden, damit die Billigkeitsentscheidung transparent und rational nachprüfbar ist.[294] Die bloße Behauptung, das gefundene Ergebnis entspreche der Billigkeit, ist keine hinreichende juristische Begründung. Vielmehr müssen die Entscheidungsgründe die wahren Motive der Entscheidung zeigen. Dabei sind **vier getrennte Gedankenoperationen** vorzunehmen, die sich freilich häufig überschneiden. Zunächst ist darzulegen, warum der anstehende Fall überhaupt mit der Billigkeit entschieden werden muß. Anschließend müssen die einschlägigen Gesichtspunkte und Umstände, die für eine Abwägung erforderlich sind, aufgefunden werden. Diese Gesichtspunkte und Umstände sind in einem dritten Schritt zu bewerten und abschließend gegeneinander abzuwägen.[295] 101

3. Allgemeine Abwägungskriterien. a) Berücksichtigung aller Umstände. Die Billigkeitsprüfung hat unter Berücksichtigung aller Umstände des Einzelfalls stattzufinden. Als Abwägungskriterien sind deshalb nicht nur die vertragsbezogenen,[296] sondern auch vertragsfremde Umstände heranzuziehen.[297] Somit sind die gesamten persönlichen und sachlichen Besonderheiten des Einzelfalles, insbesondere auch wirtschaftliche und soziale Verhältnisse der Parteien in die Billigkeitsprüfung einzubeziehen.[298] Allerdings dürfen sachfremde Gesichtspunkte nicht berücksichtigt werden. Außerdem bedeutet die Berücksichtigung aller Umstände nicht, daß eine willkürliche und schrankenlose Anwendung geboten ist. Vielmehr dürfen die Beurteilungskriterien nur sinnvoll und zweckentsprechend herangezogen werden. Die einzelnen zu berücksichtigenden Kriterien sind ungemein vielgestaltig. Ein **System von Billigkeitsgrundsätzen existiert** deshalb **nicht**.[299] Vielmehr konkre- 102

[287] BGH NJW 1958, 23.

[288] Heymann/*Sonnenschein/Weitemeyer* RdNr. 42.

[289] *v. Hoyningen-Huene* Billigkeit S. 60.

[290] BGHZ 43, 154, 157 = LM Nr. 23 mit Anm. *Rietschel* = NJW 1965, 1134; BGHZ 55, 45 = LM Nr. 38 mit Anm. *Rietschel* = NJW 1971, 462; BGH NJW 1985, 58, 59; BGH WM 1993, 1681, 1683.

[291] Baumbach/*Hopt* RdNr. 31.

[292] *v. Hoyningen-Huene* Billigkeit S. 30 ff.

[293] *v. Hoyningen-Huene* Billigkeit S. 32.

[294] *v. Hoyningen-Huene* Billigkeit S. 126.

[295] *v. Hoyningen-Huene* Billigkeit S. 116.

[296] So aber OLG Karlsruhe BB 1957, 561, 561; Baumbach/*Hopt* RdNr. 33; *Küstner/v. Manteuffel/ Evers* II RdNr. 898; Staub/*Brüggemann* RdNr. 67.

[297] BGHZ 18, 149 ff.; BGHZ 23, 90, 99; Heymann/*Sonnenschein/Weitemeyer* RdNr. 43; *v. Hoyningen-Huene* Billigkeit S. 117; offen gelassen von BGHZ 29, 275, 280 = NJW 1958, 1966, 1967.

[298] BGHZ 43, 154, 161 f. = LM Nr. 23 mit Anm. *Rietschel* = NJW 1965, 1134, 1136.

[299] *v. Hoyningen-Huene* Billigkeit S. 118.

tisieren sie sich in zahlreichen Einzelentscheidungen und ergeben sich vor allem aus der Art des Rechtsverhältnisses unter besonderer Berücksichtigung der jeweiligen Einzelumstände, so daß stets nur ein Teil von ihnen, also nicht nach einem Schema alle anwendbar sind.

103   **b) Einzelne Billigkeitskriterien.** Zur besseren Übersicht sollen nachstehend einzelne Billigkeitskriterien, die bei einer Billigkeitsprüfung allgemein einschlägig sein können, in einer Zusammenfassung aufgeführt werden.[300] Hierzu gehören:

– günstige bzw. ungünstige vertragliche Regelungen

– Vorteile aus dem Vertrag

– die Risikoverteilung zwischen den Vertragspartnern

– die beiderseitigen Bedürfnisse der Vertragspartner

– die Dauer des Handelsvertreterverhältnisses

– Art und Umfang der Gegenleistung

– die aufgewendete Zeit und Mühe für die vertraglichen Verpflichtungen

– außervertragliche Vor- und Nachteile

– später eintretende Umstände

– Vermögens- und Einkommensverhältnisse der Parteien

– wirtschaftliche Interessen oder Belastungen der Parteien

– soziale Gesichtspunkte

– persönliche Umstände (Lebensalter, Gesundheitszustand, Arbeitsfähigkeit)

– Verschulden

– Belange des Betriebs.

104   **4. Wertung und Abwägung.** Die aufgefundenen Billigkeitskriterien bedürfen einer Wertung und müssen gegeneinander abgewogen werden.[301]

a) Wertung. Bei der Wertung der einschlägigen Kriterien ist ein objektiver Maßstab anzulegen, dh. der Richter muß wie ein außenstehender Dritter das konkrete individuelle Rechtsverhältnis beurteilen.[302] Dabei ist zu prüfen, ob bestimmte Interessen überhaupt schutzwürdig sind oder nicht, ob ein Gesichtspunkt anspruchsmindernd oder erhöhend wirkt und welches Gewicht dem jeweiligen Billigkeitskriterium beizumessen ist. Die primäre Richtlinie für die Wertung der Interessen ergibt sich aus der Zielsetzung und dem Zweck des § 89b als modifizierter Vergütungsanspruch.[303]

105   **b) Abwägung.** Nach der Wertung der im Einzelfall anwendbaren Billigkeitskriterien sind diese in einer Gesamtschau gegeneinander abzuwägen.[304] Unter Berücksichtigung der jeweiligen Vor- und Nachteile auf jeder Seite ist zu prüfen, ob die Interessen einer Partei so sehr überwiegen, daß sie eine Erhöhung oder Minderung des rein rechnerisch ermittelten Ausgleichsanspruchs aus sachlichen Gründen erfordern.

106   **5. Einzelfälle.** In einer umfangreichen Kasuistik hat die Rechtsprechung einzelne Umstände herausgearbeitet, die den Ausgleichsanspruch mindern, ausschließen oder erhöhen. Davon abzugrenzen sind Umstände, die keine Auswirkungen auf den Ausgleichsanspruch haben.

107   **a) Anspruchsmindernde Umstände.** Als **erhebliche Umstände** sind die im folgenden dargestellten Einzelfälle bei der Billigkeitsprüfung **ausgleichsmindernd** zu berücksichtigen.

108   **aa) Alters- und Hinterbliebenenversorgung.** Leistungen des Unternehmers zum Zweck der Alters- und Hinterbliebenenversorgung des Handelsvertreters, können in der

---

[300] Siehe hierzu *v. Hoyningen-Huene* Billigkeit S.119 f.
[301] *v. Hoyningen-Huene* Billigkeit S. 120 ff.
[302] BGH NJW 1954, 1101; *v. Hoyningen-Huene* Billigkeit S. 121.

[303] BGHZ 38, 102; 52, 71; *v. Hoyningen-Huene* Billigkeit S. 122.
[304] BAG AP BGB § 242 Ruhegehalt Nr. 97 mit Anm. *A. Hueck* = SAE 1966, 32 mit Anm. *Heissmann*; *v. Hoyningen-Huene* Billigkeit S. 123.

Regel ganz oder teilweise auf den Ausgleichsanspruch angerechnet werden, da die Altersversorgung dazu dient, den praktischen Zweck einer Ausgleichszahlung zu übernehmen.[305] Es wäre daher unbillig, den Unternehmer doppelt zu belasten und andererseits dem Handelsvertreter neben der Rentenzahlung noch den vollen Ausgleich zu gewähren. Dies gilt auch, wenn der Ausgleichsanspruch einer Personengesellschaft zusteht und die Vesorgungsleistungen einem oder allen Gesellschaftern zufließen, weil auch hier Ausgleichsanspruch und Altersversorgung in unmittelbarem Zusammenhang stehen.[306] Die Höhe der Anrechnung bestimmt sich immer nach den Umständen des Einzelfalls.[307] Ausnahmsweise kann die Anrechnung auch ganz entfallen.[308] So sind freiwillige Leistungen des Unternehmers für die Altersversorgung des Handelsvertreters mangels entsprechender Vereinbarung jedenfalls dann nicht auf den Ausgleichsanspruch anzurechnen, wenn der Versorgungsanspruch erst 21 Jahre nach dem Ende des Handelsvertreterverhältnisses fällig wird.[309]

bb) Festvergütung, günstige Vertragsbedingungen. Eine feste Mindestvergütung **109** (Fixum), die der Handelsvertreter während des Vertragsverhältnisses bezogen hat, nimmt dem Handelsvertreter das unternehmerische Risiko und kann deshalb ebenfalls grundsätzlich anspruchsmindernd berücksichtigt werden.[310] Dies gilt insbesondere, wenn in der Festvergütung eine Vorwegerfüllung des Ausgleichsanspruchs liegt. Dagegen wird der Ausgleichsanspruch nicht ausgeschlossen, wenn der Handelsvertreter neben der Festvergütung keine oder nur unwesentliche Provisionsbezüge erhalten hat oder wenn der Festbetrag besonders niedrig war.[311] Aber auch bei einer hoch bemessenen Festvergütung braucht der Ausgleichsanspruch nicht vollständig zu entfallen, insbesondere wenn der Unternehmer aus der Tätigkeit des Handelsvertreters auch weiterhin erhebliche Vorteile zieht.[312]

Ausgleichsmindernd zu berücksichtigen sind auch sonstige besonders günstige, dem **110** Handelsvertreter eingeräumte Vertragsbedingungen,[313] wie ein aufgestockter Provisionssatz als Vorwegleistung auf den Ausgleich oder die Zusage von Provisionen für Geschäfte, die erst nach Vertragsbeendigung zustandekommen.[314]

Ebenso kann die Eigenschaft als **Mehrfirmenvertreter** anspruchsmindernd wirken, da **111** der Handelsvertreter den Kundenstamm weiterhin nutzen kann.[315] Dies gilt aber nur, bei einer Konkurrenzvertretung, nicht dagegen bei einer branchenfremden Vertretung.[316]

cc) Unkostenersparnis. Erspart der Handelsvertreter durch die Vertragsbeendigung Unkosten, **112** kann dies den Ausgleichsanspruch mindern,[317] soweit die Kostenersparnis besonders hoch ist,[318] was auch bei einer Kostenersparnis von 50% der Provisioneinnahmen nicht automatisch zu bejahen ist.[319]

dd) Sogwirkung der Marke. Die sogenannte Sogwirkung der Marke kann ebenfalls zu **113** einer Anspruchsminderung führen. Insbesondere in der Automobilbranche kommt der Automarke für die Kaufentscheidung des Kunden eine erhebliche Bedeutung zu. Die

---

[305] BGH NJW 1994, 1350 = BB 1994, 1990 mit Anm. *Küstner*; BGH BGHZ 45, 268 = LM Nr. 25 mit Anm. *Rietschel*; BGHZ 55, 45, 58 = LM Nr. 38 mit Anm. *Rietschel*; BGH BB 1984, 168 mit Anm. *Honsell* BB 1984, 365; OLG München BB 1965, 345 f.; LG Düsseldorf VersR 1991, 184; ausf. *Küstner/v. Manteuffel/Evers* II RdNr. 1002 ff.
[306] BGH NJW 1982, 1814.
[307] BGH NJW 1981, 1814; BGHZ 55, 45, 58 f.
[308] LG Berlin VersR 1973, 793 mit Anm. *Höft*; zur Höhe der Anrechnung vgl. insgesamt *Küstner/v. Manteuffel/Evers* RdNr. 1025 ff.
[309] NJW 1994, 1350 = BGH BB 1994, 594 mit Anm. *Küstner* = BB 1994, 1590 = EWiR 1994, 581 mit zust. Kurzkomm. *Küstner/v. Manteuffel/Evers*; vgl. aber BGH BB 1984, 168 mit Anm. *Honsell* BB 1984, 35.
[310] BGH NJW 1967, 248, 249; OLG München BB 1961, 651; OLG Celle BB 1962, 156; OLG

Nürnberg VersR 1976, 467, 468; *Küstner/v. Manteuffel/Evers* II RdNr. 928 ff.
[311] BGHZ 43, 154, 159 = LM Nr. 23 mit Anm. *Rietschel*.
[312] BGHZ 43, 154, 159.
[313] BGHZ 43, 154, 159.
[314] Staub/*Brüggemann* RdNr. 74.
[315] BGH DB 1981, 1772, 1773; BGH DB 1960, 1305.
[316] OLG Köln VersR 1968, 966, 968.
[317] BGH VersR 1959, 857.
[318] BGHZ 29, 83, 93; BGHZ 41, 129, 134 f. = LM Nr. 18 mit Anm. *Rietschel*; BGHZ 56, 242, 249 = LM Nr. 40 mit Anm. *Rietschel*; BGHZ 73, 99 = LM Nr. 55/56 mit Anm. *Alff* = NJW 1979, 651, 653;
[319] BGHZ 56, 242, 249; BGHZ 41, 136; *Küstner/v. Manteuffel/Evers* II RdNr. 945.

Sogwirkung der Marke drängt damit oft die Werbetätigkeit des Handelsvertreters als Ursache für die Kaufentscheidung in den Hintergrund. Dies ist aus Billigkeitserwägungen zu berücksichtigen.[320]

114   **ee) Rückgang Gesamtumsatz.** Der Rückgang des Gesamtumsatzes trotz Werbung neuer Kunden kann den Ausgleichsanspruch mindern,[321] wenn der Rückgang vom Handelsvertreter hätte verhindert werden können.[322] Eine nachträgliche Provisionskürzung der beim Unternehmer verbliebenen Handelsvertreter ist beim Ausgleichsanspruch ebenfalls zu berücksichtigen.[323] Dagegen kann der Verlust von Altkunden aus bestehenden Geschäftsverbindungen grundsätzlich nicht berücksichtigt werden, weil das Gesetz nur auf die Vorteile des Unternehmers aus der Geschäftsverbindung mit den Neukunden abstellt.[324]

115   **ff) Konkurrenztätigkeit.** Die Aufnahme einer Konkurrenztätigkeit nach Ende des Handelsvertretervertrags mindert den Ausgleichsanspruch, soweit der Handelsvertreter damit gegen ein vertragliches Wettbewerbsverbot verstößt. Aber auch ohne Wettbewerbsverbot ist die nachvertragliche Konkurrenztätigkeit anspruchsmindernd zu berücksichtigen, weil durch die Konkurrenztätigkeit Vorteile des Unternehmers beeinträchtigt werden.[325] Jedoch führt die Übernahme einer Konkurrenzvertretung durch den ausgeschiedenen Handelsvertreter nicht notwendig zur vollen Versagung eines Ausgleichsanspruchs. Dessen Berechnung richtet sich vielmehr nach den jeweiligen Umständen, insbesondere nach dem Maß der Beeinträchtigungen des Unternehmers durch die Konkurrenztätigkeit.[326]

116   **gg) Schuldhafte Vertragsverletzung.** Eine vertragwidrige Konkurrenztätigkeit während des Vertreterverhältnisses führt ebenfalls zu einer Minderung des Ausgleichsanspruchs[327] wie sonstige schuldhafte Vertragsverletzungen des Handelsvertreters. Die Vertragsverletzung muß aber nicht zugleich einen wichtigen Kündigungsgrund enthalten.[328] Ausreichend ist auch eine zur ordentlichen Kündigung führende Vertragsverletzung.[329] Ebenso ist unerheblich, ob die Pflichtverletzung von dem Handelsvertreter oder seinem Angestellten verschuldet wurde.[330] Allerdings ist ein einmaliger Verstoß bei langjährigen vertraglichen Beziehungen in der Regel nicht ausreichend.[331] Auch der Aufbau eines Kundenstamms mit Hilfe von Schmiergeldern schließt bei einer Mitwirkung des Unternehmens den Ausgleichsanspruch nicht aus.[332]

117   **hh) Beendigung Vertragsverhältnis.** Auch sonstige Umstände der Beendigung des Vertragsverhältnisses sind zum Nachteil des Handelsvertreters grundsätzlich nur bei einer verschuldeten Vertragspflichtverletzung des Handelsvertreters oder seines Angestellten zu berücksichtigen.[333] Ein verschuldeter Verkehrsunfall, bei dem der Handelsvertreter ums Leben kam, ist deshalb nicht ausgleichsmindernd zu berücksichtigen,[334] weil hierin keine Vertragspflichtverletzung zu sehen ist. Unabhängig vom Verschulden spielt die überraschende Beendigung des Vertragsverhältnisses im Rahmen der Billigkeitsprüfung eine Rolle, wenn aus besonderen Gründen mit einer längeren Fortdauer des Vertrags zu rechnen war und sich der Handelsvertreter hierauf eingerichtet hat.[335] Das gleiche gilt unter bestimmten Umständen, wenn das Vertragsverhältnis durch **Selbstmord** des Handelsver-

---

[320] BGH DB 1986, 1069, 1070; BGH NJW 1982, 2819, 2820; BGH NJW 1983, 2877, 2879.
[321] BGHZ 42, 244, 247; BGH NJW 1990, 2889, 2890.
[322] Heymann/*Sonnenschein/Weitemeyer* RdNr. 62.
[323] OLG Karlsruhe BB 1982, 274.
[324] BGH ZIP 1990, 1197, 1199 = NJW-RR 1991, 105.
[325] BGH DB 1981, 1772, 1773; BGH NJW 1967, 248, 249; *Küstner/v. Manteuffel/Evers* II RdNr. 958; **aA** Staub/*Brüggemann* RdNr. 68; Heymann/*Sonnenschein/Weitemeyer* RdNr. 45.
[326] BGH NJW 1967, 248, 250; OLG Celle BB 1959, 1151.

[327] BGH WM 1975, 858; BGH VersR 1960, 846; BGH NJW 1958, 1966, 1967.
[328] BGH VersR 1985, 264, 265; vgl. BGH NJW 1958, 1966, 1967.
[329] BGH DB 1981, 1772, 1773.
[330] BGHZ 29, 275, 280.
[331] BGH WM 1985, 469; Heymann/*Sonnenschein/Weitemeyer* RdNr. 54.
[332] BGH NJW 1977, 671, 672.
[333] BGHZ 41, 129, 132 = LM Nr. 18 mit Anm. *Rietschel*; *Küstner/v. Manteuffel/Evers* II RdNr. 918.
[334] BGHZ 41, 129, 132 = LM Nr. 18 mit Anm. *Rietschel*.
[335] BGH VersR 1961, 222.

treters beendet wurde.[336] Bei der Billigkeitsprüfung sind neben der Dauer des Vertreter-vertrages und dem Umfang der an den Unternehmer geleisteten Dienste insbesondere die Gründe und Umstände des Selbstmordes entscheidend.[337] Auch kann eine **besonders lange Kündigungsfrist**, die für den Handelsvertreter vorteilhaft ist und ihm noch für längere Zeit Provisionsansprüche erhält, anspruchsmindernd berücksichtigt werden.[338]

b) Unerhebliche Umstände. Als unerheblich (neutral) gelten grundsätzlich folgende **118** Umstände:

aa) Dauer des Handelsvertretervertrages. Die bisherige Dauer des Handelsvertreterver-trags hat grundsätzlich **keine Auswirkungen auf den Ausgleichsanspruch.** Dies gilt so-wohl für ein kurz andauerndes Vertragsverhältnis, da der Handelsvertreter im allgemeinen nicht die Möglichkeit hat, aus einer großen Vermehrung des Kundenstamms Nutzen zu ziehen.[339] Aber auch eine lange Vertragsdauer kann sich nicht mit der Begründung an-spruchsmindernd auswirken, der Handelsvertreter habe während des Vertragsverhältnisses genügend Provisionen erhalten.[340] Ebenso spielen die Höhe der Provisionseinnahmen, die der Handelsvertreter während des Handelsvertreterverhältnisses erhalten hat, keine Rolle.

bb) Verlust von Altkunden. Der Verlust alter Kunden des Unternehmers während der **119** Vertragszeit des Handelsvertreters führt nicht grundsätzlich zu einer Minderung,[341] da das Gesetz nur auf geworbene Neukunden abstellt und das Schicksal der Altkunden nicht berücksichtigt. Etwas anderes gilt aber dann, wenn der Handelsvertreter unter Verletzung seiner Vertragspflichten die alten Kunden schuldhaft vernachlässigt hat.[342]

cc) Werbung des Unternehmers. Aufwendungen des Unternehmers für Werbung und **120** Umsatzförderung mindern den Ausgleichsanspruch nicht, da der Arbeitseinsatz des Han-delsvertreters, seine Provision und seine Unterstützung durch Werbung seitens des Unter-nehmers in einem ausgewogenen Verhältnis zueinanderstehen[343] und der Werbeaufwand des Unternehmers regelmäßig bereits bei der Provisionshöhe berücksichtigt wird.[344] Au-ßergewöhnliche Werbungsmaßnahmen, die das übliche Maß bei weitem übersteigen, können jedoch ausnahmsweise den Ausgleichsanspruch mindern.[345]

dd) Wirtschaftliche Lage, persönliche Verhältnisse. Die wirtschaftliche und **soziale** **121** **Lage der Parteien** ist als vertragsfremder Umstand bei der Billigkeitsprüfung grundsätzlich nicht zu berücksichtigen.[346] Jedoch kann der Einzelfall auch hier zu anderen Ergebnissen führen.[347] Die persönlichen Verhältnisse des Vertreters, wie Alter, Gesundheitszustand, Erwerbsfähigkeit und weitere Erwerbsmöglichkeiten nach Abschluß des Handelsvertreters-verhältnisses, haben keine Auswirkungen aus den Ausgleichsanspruch.[348] Ebensowenig die Ablehnung eines Angebots zur Fortsetzung des Vertragsverhältnisses als selbständiger oder angestellter Handelsvertreter.[349] Provisionszahlungen an den Nachfolger[350] und ein Pro-visionsüberhang[351] sind ebenfalls nicht zu berücksichtigen.

---

[336] BGHZ 45, 385, 388 = LM Nr. 25 mit Anm. *Rietschel* = VersR 1965, 754, 842 mit Anm. *Höft*; BGHZ 60, 350, 351 = LM Nr. 45 mit Anm. *Riet-schel.*
[337] *Küstner/v. Manteuffel/Evers* II RdNr. 995, 1268 ff.; *Staub/Brüggemann* RdNr. 28.
[338] BGH WM 1970, 1513, 1515.
[339] BGH BB 1957, 1161; OLG Hamburg DB 1963, 1161.
[340] BGHZ 55, 45, 56 = LM Nr. 38 mit Anm. *Rietschel.*
[341] BGH NJW 1990, 2889, 2891; OLG Schleswig BB 1958, 246.
[342] OLG Stuttgart DB 1957, 379; *Küst-ner/v. Manteuffel/Evers* II RdNr. 975 f.
[343] BGHZ 73, 99, 104 f. = LM Nr. 55/56 mit Anm. *Alff;* – vgl. 56, 242, 245.

[344] BGH WM 1975, 931; BGH VersR 1957, 775, 776; OLG Köln VersR 1968, 966, 968; *Küstner/v. Manteuffel/Evers* II RdNr. 960 ff..
[345] BGHZ 56, 242, 245 = LM Nr. 40 mit Anm. *Rietschel*; OLG Celle NJW 1968, 1141, 1142.
[346] *Baumbach/Hopt* RdNr. 43; *Küstner/v. Man-teuffel/Evers* II RdNr. 908.
[347] BGHZ 43, 154, 161, 162 = LM Nr. 23 mit Anm. *Rietschel*; *Canaris* Handelsrecht S. 259.
[348] *Küstner/v. Manteuffel/Evers* II RdNr. 912.
[349] OLG Düsseldorf HVR Nr. 130; OLG Nürn-berg VW 1983, 543; *Heymann/Sonnenschein/Weite-meyer* RdNr. 55.
[350] BGHZ 42, 244, 248.
[351] *Küstner/v. Manteuffel/Evers* II RdNr. 936.

122   **c) Anspruchserhöhende Umstände.** Zwar führt die Billigkeitsprüfung grundsätzlich zu einer Anspruchsminderung, zu berücksichtigen sind aber auch anspruchserhöhende Kriterien.[352] So kann eine überraschende Kündigung zugunsten des Handelsvertreters berücksichtigt werden, wenn der Handelsvertreter aus besonderen Gründen mit einer engeren Fortdauer des Vertrages rechnen konnte und sich hierauf eingerichtet hat.[353]

C. Höhe des Ausgleichsanspruchs

I. Angemessener Ausgleich (Abs. 1 Satz 1)

123   Nach Abs. 1 Satz 1 kann der Handelsvertreter einen angemessenen Ausgleich verlangen.[354] Der **Begriff der Angemessenheit** wird zwar im Bereich des Zivilrechts vom Gesetzgeber häufig verwendet,[355] eine genaue Definition liegt aber nicht vor. Ebenso wie der Begriff der Billigkeit enthält der Begriff der Angemessenheit selbst keine Wertung, sondern nur die Anweisung, den jeweiligen Sachverhalt zu „messen" und dadurch ein angemessenes Ergebnis zu bekommen.[356] Die Leerformel Angemessenheit muß daher mit Wertung ausgefüllt werden und stellt wie die Billigkeit ein regulatives Prinzip dar. Die Beurteilungsmaßstäbe sind jeweils aus der konkreten Lebenserscheinung zu entwickeln.

124   **1. Verhältnis von Angemessenheit und Billigkeit.** Das Verhältnis der Billigkeit der Ausgleichszahlung iSd. Abs. 1 Satz 1 Nr. 3 und der Angemessenheit des Ausgleichs ist unklar,[357] weil der Gesetzgeber, wie bei der betriebsverfassungsrechtlichen Norm des § 75 Abs. 5 Satz 3 BetrVG[358] zwei sich scheinbar deckende Kriterien, verwendet.[359] Die **Billigkeit** stellt in erster Linie ein **Element des Anspruchsgrundes** dar, das aber mittelbar auch die Anspruchshöhe bestimmt, weil anspruchsbegründende Vorteile und Provisionsverluste, die im Rahmen der Billigkeitsprüfung zugerechnet werden, den Unternehmervorteil und den Provisionsverlust auch betragsmäßig erhöhen.[360] Dagegen soll das Kriterium der **Angemessenheit** ermöglichen, die rechnerisch ermittelte **Höhe des Ausgleichs** zu korrigieren. Weil das Kriterium der Angemessenheit die Anweisung enthält, den jeweiligen Sachverhalt zu messen, um dadurch ein angemessenes Ergebnis zu bekommen,[361] liegt darin die Ermächtigung des Richters, sein Schätzungsermessen nach § 287 Abs. 2 ZPO auszuüben. Daneben dient das Angemessenheitskriterium der Bestimmung von Ort sowie Art und Weise der Ausgleichsleistung.

125   **2. Rohausgleich und Ausgleichshöchstgrenze.** Die Höhe des Ausgleichsanspruchs wird durch ein **zweistufiges Verfahren** bestimmt. Während in einem ersten Schritt der sogenannte „Rohausgleich"[362] zu berechnen ist, muß auf der zweiten Stufe geprüft werden, ob die Ausgleichshöchstgrenze des Abs. 2 den Rohausgleich reduziert.[363]

126   **a) Rohausgleich.** Als Berechnungsgrundlage für die Ermittlung der Höhe des Rohausgleichs dienen allein die Vorschriften des Abs. 1 Satz 1 Nr. 1 bis 3.[364] Der Rohausgleich wird demnach durch den Umfang der Unternehmervorteile und der Provisionsverluste des Handelsvertreters sowie durch Billigkeitsgrundsätze bestimmt. Nachdem in einer Vorteils-

---

[352] Staub/*Brüggemann* RdNr. 66; nach OLG Bremen BB 1966, 877 ist aber eine Anspruchserhöhung aus Billigkeitsgründen nicht möglich.

[353] BGH VersR 1961, 222, 223.

[354] Zum Begriff der Angemessenheit siehe *v. Hoyningen-Huene* Billigkeit S. 93 ff.

[355] Vgl. hierzu *v. Hoyningen-Huene* Billigkeit S. 96 f.

[356] *v. Hoyningen-Huene* Billigkeit S. 98.

[357] *Baumbach/Hopt* RdNr. 46.

[358] Hierzu *v. Hoyningen-Huene* Billigkeit S. 50 ff.

[359] Staub/*Brüggemann* RdNr. 12.

[360] Staub *Brüggemann* RdNr. 12.

[361] *v. Hoyningen-Huene* Billigkeit S. 98.

[362] *Küstner/v. Manteuffel* BB 1988, 1972, 1975; *Westphal*, Neues Handelsvertreterrecht, S. 165.

[363] BGH NJW-RR 1993, 221 = BB 1992, 2385 = DB 1993, 22; BGHZ 55, 45 ff. = LM Nr. 38 mit Anm. *Rietschel*; *Küstner/v. Manteuffel* BB 1988, 1972, 1975; *Küstner/v. Manteuffel/Evers* II mit Berechnungsbeispiel RdNr. 692 ff.; *Westphal*, Neues Handelsvertreterrecht, S. 165 ff. mit Berechnungsbeispiel.

[364] BGH NJW-RR 1993, 221; zu den Problemen des Ausgleichsanspruchs des Vertragshändlers vgl. *Küstner/v. Manteuffel* BB 1988, 1972; *v. Westphalen* DB 1988, Beil. 8, 1 ff.; *Horn* ZIP 1988, 137.

und Verlustprüfung Unternehmervorteil und Provisionsverluste des Handelsvertreters betragsmäßig ermittelt wurden, ist festzustellen, ob die Zahlung eines Ausgleichs der Billigkeit entspricht.[365]

b) **Ausgleichshöchstgrenze.** Erst wenn die Berechnung des angemessenen Rohausgleichs festgestellt wurde, ist die Ausgleichshöchstgrenze **nach Abs. 2** zu ermitteln und mit dem Rohausgleich in ein Verhältnis zu setzen.[366] Überschreitet der Rohausgleich die Höchstgrenze, wird als Ausgleich ein Betrag in Höhe einer durchschnittlichen Jahresprovision oder sonstigen Jahresvergütung geschuldet. Dagegen hat die Höchstgrenze keine Bedeutung, wenn der Betrag des angemessenen Rohausgleichs die Ausgleichshöchstgrenze des Abs. 2 nicht erreicht.[367] Die Ausgleichshöchstgrenze hat damit lediglich die Funktion, den nach Abs. 1 ermittelten und ziffernmäßig bestimmten Ausgleichsbetrag in der Höhe zu begrenzen.[368]   127

II. Bemessungsgrundlage (Abs. 1 Satz 1 Nr. 1 bis 3)

Als **Berechnungskriterien** für die Bestimmung des Rohausgleichs sind die Unternehmervorteile (Abs. 1 Satz 1 Nr. 1) sowie die Provisionsverluste des Handelsvertreters (Abs. 1 Satz 1 Nr. 2) zu ermitteln und einer Billigkeitsprüfung (Abs. 1 Satz 1 Nr. 3) zu unterziehen.   128

1. Berechnung der Unternehmervorteile. Die Vorteile, die der Unternehmer durch den Abschluß von Geschäften mit dem vom Handelsvertreter neu geworbenen Kundenstamm erlangt, sind durch eine **Umsatzprognose** zu ermitteln. Die Prognoseentscheidung umfaßt alle Gewinne, die der Unternehmer aus zukünftigen Geschäften mit dem vom Handelsvertreter geworbenen neuen Kundenstamm innerhalb eines gewissen Prognosezeitraums (vgl. RdNr. 81 f.) erzielt. Bei dieser tatrichterlichen Prognoseentscheidung ist das Gericht auf eine Schätzung gemäß § 287 Abs. 2 ZPO angewiesen.[369] Die Feststellung der zukünftig zu erwartenden Umsätze ist mit erheblichen Schwierigkeiten verbunden, weil auch mittelbare Vorteile wie beispielsweise der Zuwachs an Goodwill des Unternehmens Vorteile iSd. Abs. 1 Satz 1 Nr. 1 darstellen.[370]   129

Deshalb hat die Praxis die **Faustregel** aufgestellt, daß der **Vorteil** des Unternehmers **zumindest** den **Provisionsverlusten** des Handelsvertreters **entspricht.** Die Vorteile des Unternehmers an dem vom Handelsvertreter geschaffenen Kundenstamm müssen sich zwar nicht notwendig mit den Provisionsverlusten des Handelsvertreters decken. Zwischen dem Unternehmervorteil und dem Provisionsverlust des Handelsvertreters besteht aber ein so enger Zusammenhang, daß bei Fehlen dagegensprechender Anhaltspunkte von einer betragsmäßigen Übereinstimmung von Vorteil und Provisionsverlust ausgegangen werden kann.[371] Dies hat zur Folge, daß in der Praxis die Bestimmung des Unternehmensvorteils nur noch erfolgt, wenn der insoweit beweispflichtige Unternehmer darlegt, der Unternehmervorteil sei niedriger als die Provisionsverluste des Handelsvertreters.[372] Für die genaue Berechnung der Umsatzprognose kann deshalb auf die Ausführungen zur Bewertung der Vertreterverluste verwiesen werden (vgl. RdNr. 131 ff.).   130

2. Berechnung der Provisionsverluste des Handelsvertreters. a) Prognosebasis. Als **Bemessungsgrundlage** oder Prognosebasis für die Ermittlung der Provisionsverluste sind die **Provisionen** heranzuziehen, die dem Handelsvertreter im Laufe der **letzten 12 Monate** seiner Tätigkeit vor Beendigung des Handelsvertreterverhältnisses zugeflossen sind.[373] Da-   131

[365] BGH NJW-RR 1993, 221; BGH WM 1986, 392, 393; BGH WM 1981, 817, 819.
[366] BGH WM 1985, 469 = VersR 1985, 264.
[367] Küstner/v. Manteuffel BB 1988, 1972, 1975.
[368] BGH NJW-RR 1993, 221; Küstner/v. Manteuffel/Evers II RdNr. 1312.
[369] BGH NJW 1990, 2889, 2891; BGH NJW 1985, 860, 861.
[370] Baumbach/Hopt RdNr. 47; Staub/Brüggemann RdNr. 87.

[371] BGH NJW 1990, 2889, 2891; Baumbach/Hopt RdNr. 47; Heymann/Sonnenschein/Weitemeyer RdNr. 71; Küstner/v. Manteuffel/Evers II RdNr. 1602; Staub/Brüggemann RdNr. 83.
[372] Vgl. BGH NJW 1983, 2877, 2879.
[373] BGH WM 1991, 825, 826; BGH NJW 1983, 2877, 2879; Horn ZIP 1988, 137, 141 ff.; Kraatz WM 1982, 498 f.; Küstner/v. Manteuffel BB 1988, 1972, 1980; Küstner/v. Manteuffel/Evers II RdNr. 1604; Staub/Brüggemann RdNr. 84; West-

durch wird vermieden, daß sich im Jahresverlauf eintretende Provisionsschwankungen bei der Ermittlung der Verluste zum Nachteil bzw. zum Vorteil des Handelsvertreters auswirken.[374] Ausnahmsweise ist jedoch die Provision des letzten Vertragsjahres nicht maßgebend, wenn die Umsatzentwicklung in diesem Zeitraum untypisch verlaufen ist.[375] In diesem Fall muß auf vorhergehende repräsentative Jahre, gegebenenfalls auf einen längerfristigen Jahresdurchschnitt zurückgegriffen werden. Bei einer kürzeren Vertragsdauer als 12 Monate sind nur die in diesem Zeitraum anfallenden Provisionen zu berücksichtigen.

132 **b) Abzugsposten.** Die so ermittelte Prognosebasis ist durch bestimmte Abzugsposten nach unten zu korrigieren:

aa) Altkunden. Hierzu zählen **Provisionen**, die **aufgrund von Geschäften mit Altkunden** erzielt werden, da nur die aus Geschäften mit Neukunden oder intensivierten Altkunden erzielten Provisionen ausgleichsfähig sind (vgl. RdNr. 58 ff.).

bb) Provisionen für verwaltende Tätigkeit. Ebenso dürfen Provisionen, die ein Entgelt für eine nicht werbende Tätigkeit darstellen, wie zB Provisionen für verwaltende Tätigkeiten (vgl. RdNr. 92 ff.) nicht berücksichtigt werden.[376]

cc) Mehrfachkundenquote. Ein weiterer Abzugsposten sind Provisionen des letzten Vertragsjahres aus Geschäften mit Kunden, bei denen nach Vertragsbeendigung nicht mit weiteren Geschäftsabschlüssen zu rechnen ist.[377] Da nur der künftige Mehrfachkunde in die Prognose aufgenommen werden kann, ist bei der Berechnung der Provisionsverluste des Handelsvertreters ein Abschlag zu machen, der sich nach der Erwartung richtet, daß sich nicht alle geworbenen Kunden als Stammkunden erweisen (= Mehrfachkundenquote).[378]

133 **dd) Abwanderungsquote.** Schließlich ist die Umsatzminderung, die durch die Abwanderung von neu geworbenen Stammkunden im Prognosezeitraum bedingt wird, zu berücksichtigen.[379] Diese sogenannte Abwanderungsquote berechnet sich aus dem Verhältnis von Gesamtumsatz mit den ausgleichsfähigen, neugeworbenen Stammkunden zu Jahresbeginn mit dem durch die Abwanderung verringerten Jahresumsatz zu Jahresende. Es bedarf deshalb keiner Prognoseentscheidung, vielmehr ergibt sich die Abwanderungsquote aus der Abwanderung von Kunden in den Jahren vor der Vertragsbeendigung. Die so ermittelte prozentuale Abwanderungsquote muß für jedes einzelne Prognosejahr im Hinblick auf den für das vergangene Prognosejahr errechneten Verlust in Ansatz gebracht werden.[380]

134 **Beispiel**: Bei einer Abwanderungsquote von 10% und einem Umsatz von 100 000.– DM ergibt dies im ersten Jahr ein Provisionsverlust von 90 000.– DM, im zweiten Jahr von 81 000.– DM (10% von 90 000.– DM) und im dritten Jahr von 72 900.– DM (10% von 81 000.– DM). Es ist deshalb unzulässig, anstatt des Abwanderungsprozentsatzes den im ersten Prognosejahr errechneten absoluten Betrag (Beispiel 10 000.– DM) als Abwanderungsquote für die restlichen Prognosejahre heranzuziehen[381] (zB bei einem Umsatz von 10 000.– DM und einer Abwanderungsquote von 10% = 10 000.– DM würde der Provisionsverlust im ersten Jahr 90 000.– DM betragen, im zweiten Jahr 80 000.– DM und im

phal, Neues Handelsvertreterrecht, S. 165 f. mit Besprechungsbeispiel S. 170 ff.; *v. Westphalen* DB 1988, Beil. 8 S. 1, 6 ff. jeweils für die Ermittlung der Provisionsverluste beim Vertragshändler.
[374] *Küstner/v. Manteuffel/Evers* II RdNr. 682.
[375] BGH NJW-RR 1988, 42, 44; *Staub/Brüggemann* RdNr. 85; *Westphal*, Neues Handelsvertreterrecht, S. 166.
[376] *Küstner/v. Manteuffel/Evers* II RdNr. 668 f..
[377] BGH WM 1991, 825, 829; BGH WM 1987, 1462 = ZIP 1987, 1383, 1387; *Horn* ZIP 1988, 137, 141.
[378] BGH ZIP 1987, 1383, 1386 hat die Mehrfachkundenquote, die das OLG Köln als Vorinstanz

aufstellte, grundsätzlich gebilligt; *Horn* ZIP 1988, 137, 141 f.; *Küstner/v. Manteuffel/Evers* II RdNr. 1605.
[379] BGH ZIP 1987, 1383, 1387 = EWiR 1987, 1009 mit Kurzkomm. *Assmann*; OLG Köln VersR 1968, 966; *Kraatz* WM 1982, 498 f.; *Küstner/Manteuffel/Evers* II RdNr. 640 ff..
[380] *Küstner/v. Manteuffel/Evers* II RdNr. 642; *Küstner/v. Manteuffel* BB 1988, 1972, 1980 f.; *Westphal*, Neues Handelsvertreterrecht, S. 166.
[381] *Küstner/v. Manteuffel/Evers* II RdNr. 644; aA OLG Karlsruhe BB 1982, 274, 275 mit abl. Anm. *Küstner*.

dritten Jahr 70000.–), dann würde sich nämlich die Abwanderungsquote mit zunehmender Prognosedauer immer mehr erhöhen und damit die Provisionsverluste des Handelsvertreters in unzulässiger Weise verringern.

Im **Gegensatz zur Mehrfachkundenquote**, die Provisionen mit Einmalkunden aus- **135** schließt, bildet die Abwanderungsquote einen Abzugsposten für die Abwanderung von Kunden mit denen eine dauerhafte Geschäftsverbindung bestand. Deshalb führt die Kumulierung von Mehrfachkundenquote und Abwanderungsquote nicht zu einer unzulässigen doppelten Berücksichtigung der Abwanderungsquote.[382]

Ersparte Geschäftsunkosten des Handelsvertreters mindern den Provisionsverlust nicht, **136** da die **Bruttoprovisionen** ausgleichsfähig sind.[383] Erspart der Handelsvertreter aber Unkosten in großem Umfang, kann dies bei der Billigkeitsprüfung zu berücksichtigen sein.

c) Prognosedauer. Der durch die Kürzung der Prognosebasis errechnete Provisions- **137** verlust ist für einen gewissen Prognosezeitraum zu zahlen. Zur Bestimmung des Prognosezeitraums vgl. RdNr. 82. Bei einem Prognosezeitraum von fünf Jahren sind demnach die für jedes einzelne Jahr errechneten Provisionsverluste zusammenzuzählen. Dagegen ist die Multiplikation des für das erste Jahr berechneten Prognoseverlustes mit den Jahren des Prognosezeitraums unzulässig, da sich die jährlichen Provisionsverluste durch die jährliche Anrechnung der Abwanderungsquote ständig verringern.

3. Billigkeitskorrektur. Der so errechnete Provisionsverlust ist aus Billigkeitsgründen zu **138** korrigieren, soweit Umstände vorliegen, welche die rein rechnerisch ermittelte Ausgleichshöhe unbillig erscheinen lassen.[384] Zu den berücksichtungsfähigen Umständen die zu einer Billigkeitskorrektur führen können vgl. RdNr. 102 ff. Die Billigkeitsgründe können den errechneten Ausgleichsbetrag erhöhen oder mindern, wobei regelmäßig die Ausgleichshöhe nach unten korrigiert wird. Die Minderung erfolgt durch einen **pauschalen Billigkeitsabschlag**, der unter Berücksichtigung aller Umstände durch richterliche Schätzung analog § 287 ZPO zu ermitteln ist. Dies ist insbesondere bei Abschlägen wegen der Sogwirkung der Marke der Fall.[385] Dagegen bedarf es insbesondere bei der Anrechnung einer vom Unternehmer gewährten Alters- oder Hinterbliebenenversorgung keines pauschalen Billigkeitsabschlags, weil der Kapitalwert der Altersversorgung des Handelsvertreters auf die ermittelte Ausgleichshöhe ohne Probleme angerechnet werden kann.[386]

4. Abzinsung. Von dem so errechneten Gesamtbetrag ist abschließend eine Abzinsung **139** vorzunehmen. Denn durch den Ausgleichsanspruch werden die **Provisionsverluste im voraus abgegolten**, während der Handelsvertreter die Provision erst innerhalb mehrerer Jahre verdient hätte.[387] Für die Abzinsung ist dabei ohne Bedeutung, zu welchem Zeitpunkt die Ausgleichszahlung erfolgt.[388] Dies gilt auch dann, wenn der Ausgleich erst nach einer langen, mehrjährigen Prozeßdauer gezahlt wird. Der mit Beendigung des Handelsvertreterverhältnisses entstehende Ausgleichsbetrag wird nämlich **nicht dadurch verändert**, daß die tatsächliche Leistung erst zu einem späteren Zeitpunkt erfolgt.[389] Außerdem kann der Handelsvertreter dann Prozeßzinsen nach §§ 291, 288 BGB verlangen. Durch die Gewährung von Prozeß- und Verzugszinsen wird für den Unternehmer, der nur den ab-

---

[382] BGH ZIP 1987, 1383, 1386; *Horn* ZIP 1988, 137, 142.

[383] BGHZ 61, 112; BGHZ 29, 83, 92 ff.; Staub/*Brüggemann* RdNr. 87.

[384] BGH NJW 1990, 2889, 2991; BGH ZIP 1987, 1383, 1386 f.; BGHZ 55, 45, 55 ff. = LM Nr. 38 mit Anm. *Rietschel*; *Horn* ZIP 1988, 137, 143; *Küstner/v. Manteuffel/Evers* II RdNr. 1617 ff.; *Küstner/v. Manteuffel* BB 1988, 1972, 1982 f.; *v. Westphalen* DB 1988, Beil. Nr. 8 S. 8.

[385] BGH ZIP 1987, 1383, 1386 f.; BGH NJW 1983, 2877, 2879; *Küstner/v. Manteuffel* BB 1988, 1972, 1982 warnen vor einer oberflächlichen Pauschalisierung des Abschlags und verlangen eine stär-

kere einzelfallbezogene Beurteilung; ebenso *Horn* ZIP 1988, 137, 143.

[386] Vgl. *Küstner/v. Manteuffel/Evers* II RdNr. 1623f.

[387] BGH NJW-RR 1991, 484 = EWiR 1991, 591 mit Kurzkomm. *Schwerdtner*; BGH ZIP 1987, 1383 = WM 1987, 1465 = EWiR 1987, 1109 mit Kurzkomm. *Assmann*; Baumbach/*Hopt* RdNr. 48; *Küstner/v. Manteuffel/Evers* II RdNr. 657 ff.

[388] BGH NJW-RR 1991, 484, 485 = BB 1991, 368 = DB 1991, 1325; aA *Küstner/v. Manteuffel/Evers* II RdNr. 662.

[389] BGH NJW-RR 1991, 484, 485 = EWiR 1991, 591 f. mit zust. Kurzkomm. *Schwerdtner*.

gezinsten Betrag schuldet, auch nicht der mit der Abzinsung verbundene Vorteil aufgehoben. Denn die Abzinsung betrifft nur den Umfang des geschuldeten Ausgleichsbetrags, während die Zubilligung von Fälligkeits- oder Verzugszinsen auf diesen geschuldeten Betrag allein die Folgen nicht fristgerechter Leistung ausgleicht.[390]

140 Für die Höhe der Abzinsung läßt sich **kein allgemeingültiger Prozentsatz** festlegen. Von der früheren Rechtsprechung sind unterschiedliche Prozentsätze angenommen worden,[391] wobei insbesondere der Prognosezeitraum, der für die Entstehung der Provisionsverluste angenommen worden war, zur Begründung herangezogen wurde. Inzwischen bevorzugt die Rechtsprechung[392] eine Abzinsung nach streng mathematischen Grundsätzen mit der Verwendung der Zinses-Zins-Formel.[393]

III. Höchstgrenze (Abs. 2)

141 Nach Abs. 2 darf der Ausgleich **eine Jahresprovision** oder eine sonstige Jahresvergütung nicht überschreiten. Bei kürzerer Dauer des Vertragsverhältnisses ist der Durchschnitt während der Dauer der Tätigkeit maßgebend. Die Höchstgrenze des Abs. 2 erlangt daher nur dann Bedeutung, wenn der nach den Grundsätzen des Abs. 1 Satz 1 Nr. 1 bis 3 berechnete Ausgleichsanspruch (Rohausgleich) die Höchstgrenze überschreitet. Dann wird dieser Ausgleichsbetrag auf die in Abs. 2 geregelte Höchstgrenze reduziert.[394]

142 **1. Berechnungszeitraum.** Die Höhe der Jahresprovision oder der sonstigen Vergütung wird aus dem Durchschnitt der **letzten fünf Jahre** der Tätigkeit des Handelsvertreters berechnet. Dabei sind die berücksichtigungsfähigen Provisionseinnahmen durch die Anzahl der Monate des Handelsvertreterverhältnisses zu teilen und mit 12 zu multiplizieren. Auch wenn sich das Handelsvertreterverhältnis in den letzten fünf Jahren durch Verdoppelung des Provisionssatzes grundlegend geändert hat, kann nicht die kürzere Dauer mit dem erhöhten Provisionssatz zugrunde gelegt werden.[395] Dies würde dem klaren Wortlaut des Gesetzes widersprechen. Hat das Vertragsverhältnis weniger als fünf Jahre, aber länger als ein Jahr bestanden, ist die Jahresprovision aus dem Durchschnitt der Provisionszahlungen während der gesamten Vertragsdauer zu berechnen.

143 Bei einer **kürzeren Vertragsdauer als ein Jahr** müssen die Provisionseinnahmen des Handelsvertreters auf ein Jahr hochgerechnet werden.[396] Soweit teilweise[397] vorgebracht wird, eine Hochrechnung der Provisionseinnahmen auf ein Jahr würde zu einer ungerechtfertigten Besserstellung des Handelsvertreters und im Extremfall zu einem Ausgleich führen, der die tatsächlich bezogenen Provisionen um ein vielfaches übersteigt, wird verkannt, daß die Höhe des Ausgleichsanspruchs zunächst nicht durch die Höchstgrenzen des Abs. 2, sondern durch die Berechnungskriterien des Abs. 1 Satz 1 Nr. 1 bis 3 bestimmt wird.[398] Vielmehr ist kein sachlicher Grund ersichtlich, der es rechtfertigt, die Höchstgrenze des Ausgleichs bei einem Handelsvertreter mit einer geringeren Vertragsdauer als ein Jahr anders zu berechnen als bei einem Handelsvertreter, der mehr als ein Jahr für den Unternehmer tätig war.

144 **2. Berechnung der Jahresprovision. a) Alle Provisionseinnahmen.** Während zur Ermittlung der Provisionsverluste nur die entgangenen Provisionen aus weiteren Geschäfts-

---

[390] BGH NJW-RR 1991, 484, 485.

[391] OLG Celle BB 1970, 227: 10% über vier Jahre; OLG Köln VersR 1968, 966: 20% über fünf Jahre.

[392] BGH NJW-RR 1991, 484, 485; BGH ZIP 1987, 1383, 1387.

[393] Vgl. WP-Handbuch 1985/86 I 9. Aufl. S. 1830, 1840; *Küstner/v. Manteuffel* II RdNr.663, Fn. 133.

[394] BGH NJW-RR 1993, 221; *Küstner/v. Manteuffel/Evers* II RdNr. 1314.

[395] *Baumbach/Hopt* RdNr. 50; *Küstner/v. Manteuffel/Evers* II RdNr. 1317 ff.; – aA OLG Karlsruhe Justiz 1984, 340; = OLGZ 1984, 483; *Heymann/Sonnenschein/Weitemeyer* RdNr. 75.

[396] *Heymann/Sonnenschein/Weitemeyer* RdNr. 75; *Baumbach/Hopt* RdNr. 49; *Matthies* DB 1986, 2063, 2066; *Westphal*, Neues Handelsvertretrecht, S. 167 f.; aA *Küstner/v. Manteuffel/Evers* II RdNr. 1306; *Staub/Brüggemann* RdNr. 89.

[397] *Küstner/v. Manteuffel/Evers* II RdNr. 1306.

[398] Ebenso *Westphal*, Neues Handelsvertreterrecht, S. 168.

abschlüssen des Unternehmers mit den vom Handelsvertreter geworbenen neuen Kunden heranzuziehen sind (vgl. RdNr. 91 ff.), müssen bei der Bestimmung der Höchstgrenze alle Provisionen und sonstigen Vergütungen berücksichtigt werden, die dem Handelsvertreter im Bezugszeitraum zugeflossen sind. Darunter fallen auch Provisionen, die kein Entgelt für die Vermittlungs- oder Abschlußtätigkeit darstellen, wie zB Provisionen und Vergütungen für Bestandspflege, Inkasso, Lagerhaltung, Warenauslieferung und andere Dienstleistungen.[399] Ebenso sind Geschäfte mit Altkunden des Unternehmers[400] und Bezirksprovisionen[401] einzubeziehen. Das gleiche gilt für Schadensersatzansprüche des Handelsvertreters nach § 89 Abs. 2 für während der restlichen Vertragszeit entgangene Provisionen.[402]

Unerheblich ist, **ob** die **Provisionen** auch **tatsächlich gezahlt** wurden, weil alle Provi-   **145** sionen, die der Handelsvertreter im maßgeblichen Zeitraum verdient hat, zu berücksichtigen sind.[403] Da sich der Handelsvertreter die Provision bereits mit der Vermittlung oder dem Abschluß des Geschäfts verdient hat, sind auch Überhangprovisionen bei der Berechnung der Jahresprovision einzubeziehen. Überhangprovisionen sind solche Provisionen, die nicht während, sondern erst nach Beendigung des Handelsvertreterverhältnisses entstehen, weil der Unternehmer die vermittelten Geschäfte erst nach Vertragsende ausführt.[404] Deshalb gehören auch Provisionen, die dem Handelsvertreter in unberechtigter Weise vorenthalten wurden zu den berücksichtigungsfähigen Provisionen. Das gleiche gilt für verjährte Provisionen.[405]

Dagegen sind **durchlaufende Kosten nicht** erfaßt.[406] Darunter fallen Aufwendungen, die   **146** der Unternehmer dem Handelsvertreter erstattet, weil sie diesem bei der Erfüllung besonderer Vertragspflichten entstanden sind, wie zB die Mietkosten für die Unterhaltung eines Auslieferungslagers.

b) Bruttoprovisionen. Provisionen iSd. Abs. 2 sind Bruttoprovisionen.[407] Deshalb müs-   **147** sen bei der Berechnung der Jahresprovision auch solche Provisionen miteinbezogen werden, die der Handelsvertreter zur Begleichung seiner Geschäftskosten aufwenden muß. Ebenso sind Mehrwertsteuerbeträge[408] und vom Hauptvertreter an den Untervertreter gezahlte Provisionen nicht abzurechnen.[409] Das gleiche gilt für Spesenzuschüsse und Kostenerstattungspauschalen. Da die Höchstgrenze den Ausgleichsanspruch begrenzt, trägt der Unternehmer die **Darlegungs- und Beweislast für die Bestimmung des Höchstbetrages.**

IV. Berechnungsbeispiel

Die richtige Methode für die Berechnung des Ausgleichsanspruchs verdeutlicht folgendes **Beispiel.**[410]

1. Tatbestand. Das Handelsvertreterverhältnis wurde zum 30. 6. 1994 beendet. In den   **148** letzten 12 Monaten seiner Tätigkeit (vom 1. 7. 1993 bis 30. 6. 1994) hat der Handelsvertreter insgesamt Provisionen in Höhe von 150 000.– DM erzielt. Dabei betrugen die Provisionen aus Geschäften mit Altkunden 50 000.– DM. Gegenüber einigen Altkunden hatte

---

[399] BGHZ 55, 45, 53 = LM Nr. 38 mit Anm. *Rietschel*; OLG Karlsruhe BB 1982, 274, 275.

[400] OLG Oldenburg DB 1964, 105, 106; Heymann/*Sonnenschein/Weitemeyer* RdNr. 74; – aA OLG Celle NJW 1968, 1141, 1142.

[401] *Küstner/v. Manteuffel/Evers* II RdNr. 1325; Staub/*Brüggemann* RdNr. 90.

[402] Staub/*Brüggemann* RdNr. 91; *Westphal*, Neues Handelsvertreterrecht, S. 169.

[403] BGH NJW 1982, 235, 236 = BB 1982, 1415; *Küstner/v. Manteuffel/Evers* II RdNr. 1330; Staub/*Brüggemann* RdNr. 91.

[404] Staub/*Brüggemann* RdNr. 91; *Westphal*, Neues Handelsvertreterrecht, S. 169; – aA *Küstner/v. Manteuffel/Evers* II RdNr. 1330.

[405] BGH NJW 1982, 235, 236; Staub/*Brüggemann* RdNr. 91.

[406] BGHZ 61, 112, 114; Baumbach/*Hopt* RdNr. 51; Heymann/*Sonnenschein/Weitemeyer* RdNr. 74; *Küstner/v. Manteuffel/Evers* II RdNr. 1345.

[407] BGHZ 56, 242, 250 = LM Nr. 40 mit Anm. *Rietschel*; BGHZ 41, 129, 134, 135 = LM Nr. 18 mit Anm. *Rietschel*.

[408] BGHZ 61, 112.

[409] Baumbach/*Hopt* RdNr. 51; Heymann/*Sonnenschein/Weitemeyer* RdNr. 74; Staub/*Brüggemann* RdNr. 90.

[410] Weitere Berechnungsbeispiele bei *Küstner/v. Manteuffel/Evers* II RdNr. 1581 ff.; *Westphal* Handelsvertreterrecht S. 170 ff.

der Handelsvertreter den Umsatz gegenüber dem Anfangsumsatz verdoppelt. Aus Geschäften mit diesen Kunden erzielte der Handelsvertreter in den letzten 12 Monaten seiner Tätigkeit 10000.– DM Provisionen. 5000.– DM Provisionen erhielt der Handelsvertreter für die Lagerhaltung. Ein vermittelter neuer Kunde fiel Ende 1993 in Konkurs. In der Zeit vom 1. 7. 1993 bis zum Konkurs hatte der Handelsvertreter mehrere Geschäfte mit diesem Kunden vermittelt und dafür 15000.– DM an Provisionen erzielt. Aus der Umsatzentwicklung während der gesamten Vertragsdauer, den Unterlagen des Unternehmers sowie der Kundenkartei des Handelsvertreters ergab sich, daß 10% des Jahresumsatzes aus Geschäften mit neuen Kunden auf solche Kunden entfiel, bei denen nicht mit weiteren Geschäftsabschlüssen gerechnet werden durfte. Ebenso war hieraus eine durchschnittliche jährliche Umsatzminderung in Höhe von 20% gegenüber dem jeweils am Ende des Vorjahres erzielten Umsatzes wegen des Abspringens von Stammkunden ermittelt worden. Der Handelsvertreter erhält von dem Unternehmer seit dem 1. 7. 1994 eine monatliche Altersrente. Der Kapitalwert dieser Rente beläuft sich auf 80000.– DM. In den letzten fünf Jahren seiner Tätigkeit erzielte der Handelsvertreter folgende Provisionseinnahmen:

1. 7. 1989 bis 30. 6. 1990 200000.– DM

1. 7. 1990 bis 30. 6. 1991 180000.– DM

1. 7. 1991 bis 30. 6. 1992 190000.– DM

1. 7. 1992 bis 30. 6. 1993 180000.– DM

1. 7. 1993 bis 30. 6. 1994 150000.– DM.

149   **2. Ausgleichsberechnung. a) Rohausgleich.** Zuerst ist der sog. Rohausgleich zu berechnen. Die ersten beiden Voraussetzungen des Abs. 1 sind erfüllt, da das Handelsvertreterverhältnis beendet worden ist und auf Grund der Schaffung von Neukundenbeziehungen unterstellt werden kann, daß der Unternehmer den Kundenstamm weiternutzen wird (vgl. RdNr. 129 f.). Die **Provisionsverluste** des Handelsvertreters berechnen sich wie folgt:

(1)	Provisionseinnahmen der letzten 12 Monate (vgl. RdNr. 131):	DM	150 000.–
(2)	Abzugsposten:		
	./. Altkunden (vgl. RdNr. 132)	DM	50000.–
	./. insolvente Kunden (vgl. RdNr. 67)	DM	15000.–
	./. Provisionen für verwaltende Tätigkeit:		
	Lagerhaltung (vgl. RdNr. 132, 92)	DM	5000,–
	Zwischenergebnis:	DM	80000,–
	+ intensivierte Altkunden (vgl. RdNr. 64 ff.)	DM	10000,–
	Zwischenergebnis:	DM	90000,–
	./. Mehrfachkundenquote (vgl. RdNr. 132):		
	10% der Provisionen mit Neu- und intensivierten Altkunden	DM	9000,–
(3)	Prognosezeitraum 5 Jahre	DM	81000,–
	(Abwanderungsquote 20%)		
	1995: 81 000.– ./. 20% (16 200.–)	= DM	65 800,–
	1993: 64 800.– ./. 20% (12 960.–)	= DM	51 840.–
	1997: 51 840.– ./. 20% (10 368.–)	= DM	41 472.–
	1998: 41 472.– ./. 20% (8 294,–)	= DM	33 178.–
	1999: 33 178.– ./. 20% (6 636.–)	= DM	26 542.–
		DM	217 832.–

(4) Abzinsung (vgl. RdNr. 139 f.) 10%	= DM	21 783.–
Zwischenergebnis:	DM	196 049.–
(5) Billigkeit		
./. Kapitalwert der Altersversorgung (vgl. RdNr. 108)	DM	80 000.–
= Rohausgleich	DM	116 049.–

b) Höchstbetragsberechnung (vgl. RdNr. 141 ff.): 150

1. 7. 1989 – 30. 6. 1990:	DM 200 000.–
1. 7. 1990 – 30. 6. 1991:	DM 180 000.–
1. 7. 1991 – 30. 6. 1992:	DM 190 000.–
1. 7. 1992 – 30. 6. 1993:	DM 180 000.–
1. 7. 1993 – 30. 6. 1994:	DM 150 000.–
	DM 900 000.– : 5
= Höchstbetrag	DM 180 000.–

Da der Rohausgleich (116 049.– DM) den Höchstbetrag (180 000.– DM) nicht übersteigt, beträgt der Ausgleichsanspruch 116 049.– DM.

D. Ausschluß des Ausgleichsanspruchs (Abs. 3)

Der **Ausgleichsanspruch entfällt** nach Abs. 3 **in drei Fällen.** Ein Anspruch besteht 151 nicht, wenn der Handelsvertreter das Vertragsverhältnis ohne begründeten Anlaß gekündigt hat (Abs. 3 Nr. 1), wenn der Unternehmer das Vertragsverhältnis gekündigt hat und hierfür ein wichtiger Grund wegen schuldhaften Verhaltens des Handelsvertreters vorlag (Abs. 3 Nr. 2) oder bei einem einverständlichen Eintritt eines Dritten anstelle des Handelsvertreters in das Vertragsverhältnis (Abs. 3 Nr. 3). Der letztgenannte Tatbestand wurde erst im Rahmen der Rechtsangleichung des Handelsvertreterrechts in der EU durch die Novelle von 1990[411] mit Wirkung zum 1. 1. 1990 neu eingefügt.[412]

Mit den drei Ausschlußtatbeständen **konkretisiert** der Gesetzgeber die in Abs. 1 Satz 1 152 Nr. 3 geregelte **Billigkeit,**[413] indem er bei Vorliegen der Voraussetzungen des Abs. 3 einen Ausgleichsanspruch als unbillig ansieht und deshalb ausschließt. Bei der Auslegung der Vorschrift sind daher Billigkeitserwägungen maßgeblich heranzuziehen.[414]

Abs. 3 ist als **abschließende Ausnahmevorschrift** eng auszulegen[415] und nur begrenzt 153 analogiefähig. Soweit Umstände der Vertragsbeendigung nicht zu einem Ausschlußgrund nach Abs. 3 führen, sind sie schon bei der Billigkeitsprüfung des Abs. 1 Satz 1 Nr. 3 zu berücksichtigen.[416] Andererseits ist bei Vorliegen eines Ausschlußgrunds der Ausgleichsanspruch von vornherein nicht zur Entstehung gelangt, so daß auch keine weitere Billigkeitsprüfung nach Abs. 1 Satz 1 Nr. 1 möglich ist.[417]

I. Eigenkündigung des Handelsvertreters (Abs. 3 Nr. 1)

Ein Ausgleichsanspruch besteht nicht, wenn der Handelsvertreter das Vertragsverhältnis 154 gekündigt hat, es sei denn, daß ein Verhalten des Unternehmers hierzu begründeten Anlaß

---

[411] Gesetz vom 23. 10. 1989, BGBl. I S. 1910.
[412] Zur Novelle 1990 vgl. *Ankele* DB 1989, 2211, 2212; *Kindler* RIW 1990, 358; *Küstner/v. Manteuffel* BB 1990, 291, 297 f.; *Kuther* NJW 1990, 304, 305.
[413] BGHZ 45, 385, 386 = LM Nr. 26 mit Anm. *Rietschel*; Heymann/*Sonnenschein/Weitemeyer* RdNr. 80; Staub/*Brüggemann* RdNr. 92.
[414] BGH NJW 1976, 671.

[415] BGHZ 52, 12, 15 = LM Nr. 34 mit Anm. *Rietschel* = NJW 1969, 1023; BGHZ 41, 129, 131 = LM Nr. 18 mit Anm. *Rietschel*; BGH NJW 1989, 35, 36; BGH WM 1988, 1208 = BB 1988, 2201 = EWiR 1988, 685 mit Kurzkomm. *Martinek*.
[416] BGHZ 41, 129, 131; BGH NJW 1989, 35, 36; BGH NJW-RR 1988, 42.
[417] Heymann/*Sonnenschein/Weitemeyer* RdNr. 80; Baumbach/*Hopt* RdNr. 1069.

gegeben hat oder dem Handelsvertreter eine Fortsetzung seiner Tätigkeit wegen seines Alters oder wegen Krankheit nicht zugemutet werden kann. Damit entfällt bei einer **Eigenkündigung des Handelsvertreters** grundsätzlich der Ausgleichsanspruch, soweit nicht begründete Ausnahmen, wie die Veranlassung der Kündigung durch den Unternehmer oder die Unzumutbarkeit der Vertragsfortsetzung infolge von Alter bzw. Krankheit des Handelsvertreters, vorliegen[418] (zur Verfassungsgemäßheit des Abs. 3 Nr. 1 vgl. RdNr. 7).

155   **1. Grundsatz.** Dem Handelsvertreter soll grundsätzlich kein Ausgleichsanspruch zustehen, wenn er die **Beendigung** des Vertragsverhältnisses selbst **durch einseitige Erklärung veranlaßt** hat. Dabei ist unerheblich, ob das Handelsvertreterverhältnis durch ordentliche Kündigung nach § 89 oder durch außerordentliche Kündigung nach § 89 a beendet wird. Es reicht aus, wenn der Handelsvertreter durch die Kündigung die Ursache für das Vertragsende gesetzt hat und die Vertragbeendigung unmittelbar auf sein Verhalten zurückzuführen ist. Nicht erforderlich ist dagegen, daß das Vertragsverhältnis auch tatsächlich durch die Kündigung beendet wurde.

156   Deshalb besteht ein Ausgleichsanspruch auch dann nicht, wenn **im Anschluß an die Kündigung** durch den Handelsvertreter dieser mit dem Unternehmer einen Aufhebungsvertrag schließt, um das Handelsvertreterverhältnis vor Ablauf der Kündigungsfrist zu beenden.[419] Das gleiche muß gelten, wenn der Vertrag nach der Kündigung durch den Handelsvertreter, aber vor Ablauf der Kündigungsfrist durch den Tod des Handelsvertreters beendet wird, weil auch hier die Kündigung bereits die Ursache für die Vertragsbeendigung gesetzt hat und der Tod des Handelsvertreter nur der Vertragsbeendigung mit Ablauf der Kündigungsfrist zuvorgekommen ist.[420] Deshalb scheidet der Ausgleichsanspruch auch dann aus, wenn der Handelsvertreter das Vertragsverhältnis ordentlich kündigt, der Unternehmer aber seinerseits vor Ablauf der Kündigungsfrist fristlos kündigt, ohne daß ein schuldhaftes Verhalten des Handelsvertreters vorliegt.[421]

157   Da die Veranlassung der Vertragsbeendigung durch einseitige Erklärung des Handelsvertreters genügt, entspricht die **Ablehnung der Verlängerung** des Handelsvertretervertrags mit Verlängerungsoption der Kündigung. Denn auch hier hängt die Beendigung des Vertrags allein von der Erklärung des Handelsvertreters ab.[422] Das gleiche gilt, wenn der Handelsvertreter eine auflösende Bedingung herbeiführt.[423]

158   Dagegen wird der Ausgleichsanspruch bei einer einvernehmlichen Beendigung des Vertragsverhältnisses durch **Aufhebungsvertrag nicht** ausgeschlossen.[424] Dies gilt auch, wenn die Initiative für die Vertragsaufhebung vom Handelsvertreter ausgeht.[425] Als Ausnahmevorschrift ist Abs. 3 eng auszulegen. Deshalb ist für den Ausschluß des Ausgleichsanspruchs erforderlich, daß die Vertragsbeendigung allein auf einer einseitigen Erklärung des Handelsvertreters beruht, der Handelsvertreter den Vertrag also allein durch sein Verhalten und ohne Mitwirkung des Unternehmers beenden kann. Dies ist aber bei einem zweiseitigen Aufhebungsvertrag gerade nicht der Fall.

159   Auch bei der **Ablehnung** eines **späteren Verlängerungsangebots** des Unternehmers beruht die Vertragsbeendigung **nicht** auf einer einseitigen Erklärung des Handelsvertreters.

---

[418] Nach *Haas* BB 1991, 1441 f. und *Moritz* DB 1987, 875 verstößt Abs. 3 Nr. 1 gegen Art. 12 GG und sei deshalb verfassungswidrig; dies ist abzulehnen.
[419] BGHZ 56, 12, 14; OLG Hamm BB 1987, 1761.
[420] *Konow* Anm. zu LG Frankfurt NJW 1961, 514; *Küstner/v. Manteuffel/Evers* II RdNr. 1276 ff.; Staub/*Brüggemann* RdNr. 102. – AA OLG Frankfurt NJW 1961, 514, 515; Baumbach/*Hopt* RdNr. 53.
[421] OLG Köln HVR (59), Nr. 292; aA Baumbach/*Hopt* RdNr. 53; Heymann/*Sonnenschein/Weitemeyer* RdNr. 82.

[422] Baumbach/*Hopt* RdNr. 54; Heymann/*Sonnenschein/Weitemeyer* RdNr. 82; Staub/*Brüggemann* RdNr. 93.
[423] Heymann/*Sonnenschein/Weitemeyer* RdNr. 83; Staub/*Brüggemann* RdNr. 93.
[424] BGHZ 52, 12, 15 = LM Nr. 34 mit Anm. *Rietschel*; Baumbach/*Hopt* RdNr. 54; Staub/*Brüggemann* RdNr. 93.
[425] BGHZ 52, 12, 15; – aA LAG Frankfurt NZA 1992, 1034, wonach es bei § 89 b Abs. 3 ebenso wie bei § 628 BGB und § 75 HGB nicht auf die Formen der Auflösung, sondern auf ihren Anlaß ankommt.

Vielmehr endet der Vertrag durch Zeitablauf. Die Nichtannahme des Verlängerungsangebots führt demnach nicht zur Beendigung des bestehenden Vertrages, sondern nur zum Nichtabschluß eines neuen Vertrags. Deshalb verliert der Handelsvertreter mit der Nichtannahme eines Verlängerungsangbots nicht den Ausgleichsanspruch.[426]

Ebensowenig läßt der **Selbstmord** des Handelsvertreters oder der auf sonstigen Umständen aus seiner Sphäre beruhende Tod, wie beispielsweise ein selbstverschuldeter tödlicher Unfall, den Ausgleichsanspruch entfallen.[427] Hier fehlt es zum einen an einer Beendigung des Vertragsverhältnisses durch einseitige Gestaltungserklärung des Handelsvertreters, zum anderen an einer schuldhaften Verletzung von Vertragspflichten.   **160**

2. Ausnahmen. Von dem Grundsatz, daß die Kündigung des Vertragsverhältnisses durch den Handelsvertreter den Ausgleichsanspruch ausschließt, macht Abs. 3 Nr. 1 zwei Ausnahmen, für die der Handelsvertreter die Darlegungs- und Beweislast trägt.   **161**

a) Veranlassung der Kündigung durch Unternehmer (Abs. 3 Nr. 1 Fall 1). Trotz der Eigenkündigung des Handelsvertreters entfällt der Ausgleichsanspruch nicht, wenn der Unternehmer durch sein Verhalten begründeten Anlaß zur Kündigung gegeben hat.[428]   **162**

aa) Begründeter Anlaß. Begründeter Anlaß bedeutet entgegen dem Wortsinn nicht Ursächlichkeit.[429] Auch braucht das Verhalten des Unternehmers nicht das eigentliche Motiv für die Kündigung durch den Handelsvertreter gewesen sein. Ebensowenig muß der Handelsvertreter die Gründe für die Kündigung kennen oder beim Kündigungsausspruch nennen.[430] Vielmehr genügt das objektive Vorliegen einer Veranlassung der Kündigung durch den Unternehmer im Zeitpunkt der Kündigung, auch wenn dies dem Handelsvertreter unbekannt war. Der Handelsvertreter muß dann aber den begründeten Anlaß als Kündigungsgrund nachschieben,[431] wobei er nicht an die Jahresfrist des Abs. 4 Satz 2, sondern nur an die Schranken der Verwirkung (§ 242 BGB) gebunden ist.[432] Besteht ein solcher Anlaß, entfällt der Ausgleichsanspruch nicht schon deshalb, weil der Handelsvertreter fristlos gekündigt hat, ihm aber nach den gesamten Umständen eine Fortsetzung des Vertragsverhältnisses bis zu einer ordentlichen Kündigung zumutbar war.[433] Der Handelsvertreter verliert hier seinen Ausgleichsanspruch nur dann, wenn der Unternehmer die unberechtigte fristlose Vertragsbeendigung durch den Handelsvertreter seinerseits zum Anlaß nimmt, das Vertragsverhältnis außerordentlich zu kündigen.

bb) Verhalten des Unternehmers. Der Anlaß für die Kündigung muß in einem Verhalten des Unternehmers liegen. Der Begriff des Verhaltens des Unternehmers ist weit auszulegen und erfaßt nicht nur ein Tun oder Unterlassen, sondern auch eine aus dem betrieblichen Verhalten des Unternehmers entwickelte wirtschaftliche Lage.[434] Ein Verschulden des Unternehmers oder eine objektive Vertragswidrigkeit ist nicht erforderlich.[435] Auch braucht das Verhalten des Unternehmers das Handelsvertreterverhältnis nicht so schwerwiegend zu belasten, wie ein wichtiger Kündigungsgrund iSd. § 89a.[436] Entscheidend ist, daß das Verhalten des Unternehmers einen vernünftigen, billig und gerecht denkenden Handelsvertreter unter den gegebenen Umständen des Einzelfalls zur Kündigung veranlas-   **163**

---

[426] OLG Nürnberg VW 1983, 549; Baumbach/*Hopt* RdNr. 54; Staub/*Brüggemann* RdNr. 93; aA *Schröder* DB 1962, 895, 896.

[427] BGHZ 60, 350, 352 f. = LM Nr. 45 mit Anm. *Rietschel*; BGHZ 45, 385, 387 = LM Nr. 26 mit Anm. *Rietschel*; BGHZ 41, 129, 131 = LM Nr. 18 mit Anm. *Rietschel*; – vgl. *Küstner/v. Manteuffel/Evers* II RdNr. 1263 ff.

[428] Vgl. § 119 Abs. 1 Satz 1 Nr. 1 AFG.

[429] Baumbach/*Hopt* RdNr. 56; Staub/*Brüggemann* RdNr. 95.

[430] BGHZ 40, 13 = LM Nr. 17 mit Anm. *Rietschel* = BGH NJW 1963, 2068; Staub/*Brüggemann* RdNr. 95.

[431] BGHZ 40, 13, 14.

[432] BGHZ 40, 13, 18, der im betreffenden Fall ein Nachschieben nach über zwei Jahren noch für zulässig hielt; – vgl. aber BGH NJW-RR 1993, 996 = BB 1989, 1076.

[433] BGHZ 91, 321 = LM Nr. 71 mit Anm. *Alff* = NJW 1984, 2529 = BB 1984, 1574 = DB 1984, 2297.

[434] BGHZ 52, 5, 8 = LM Nr. 31 mit Anm. *Rietschel*; BGH NJW 1967, 2153; BGH NJW 1976, 671; Heymann/*Sonnenschein/Weitemeyer* RdNr. 84; kritisch Staub/*Brüggemann* RdNr. 96.

[435] BGHZ 52, 5, 8; BGH BB 1987, 221 = WM 1987, 292; BGH WM 1984, 1276.

[436] BGH NJW 1967, 2153; Baumbach/*Hopt* RdNr. 57.

sen kann, weil ihm die Fortsetzung des Vertragsverhältnisses nicht mehr zugemutet werden kann.[437] Es genügt, daß der Handelsvertreter in eine für ihn nach Treu und Glauben nicht mehr haltbare Lage kommt.[438] Eine schwere Existenzgefährdung ist hier nicht erforderlich.[439]

164   Die Vertragsfortsetzung ist **beispielsweise** unzumutbar bei der vertragswidrigen Aufnahme eines parallelen Direktvertriebs durch den Unternehmer mit der Folge, daß der Unternehmer dem Handelsvertreter faktisch einen wesentlichen Teil seines Geschäfts wegnimmt.[440] Bei der Prüfung der Unzumutbarkeit ist auch das Verhalten des Handelsvertreters zu berücksichtigen.[441] So kann sich aus der Tatsache, daß der Handelsvertreter während der des Bestehens des Handelsvertreterverhältnisses keine Folgerungen aus dem Verhalten des Unternehmers gezogen hat und sich auf dieses Verhalten erst Jahre später in einem Rechtsstreit um den Ausgleichsanspruch beruft, ergeben, daß er dem Verhalten keine allzu große Bedeutung beigemessen hat.[442] Der Ausgleichsanspruch wäre in diesem Fall ausgeschlossen.

165   **cc) Einzelfälle.** Nach der Rechtsprechung kann in den folgenden Einzelfällen ein begründeter Anlaß zur Eigenkündigung des Handelsvertreters vorliegen:[443]

– mangelhafte Vertragserfüllung durch den Unternehmer,[444]

– Eintritt einer wettbewerblichen Konfliktsituation auf seiten des Handelsvertreters aufgrund einer Sortimentserweiterung durch den Unternehmer,[445]

– unberechtigte fristlose Kündigung durch den Unternehmer,[446]

– unberechtigte Provisionsabzüge durch den Unternehmer,[447]

– wirtschaftlich schwierige Lage des Unternehmers,[448] unberechtigte Verkleinerung des Bezirks durch den Unternehmer,[449]

– Verkürzung von Provisionschancen,[450]

– verspätete Zahlung der Provision,[451]

– Erschwerung der Tätigkeit und Beeinträchtigung der wirtschaftlichen Grundlage des Handelsvertreters,[452]

– rechtsmißbräuchliches Verlangen nach wöchentlichen Kundenberichten, um die Tätigkeit des Handelsvertreters zu kontrollieren,[453]

– unbegründete Vorwürfe durch den Unternehmer,[454]

– privates Verhalten eines Vorstandsmitglieds einer AG,[455] ultimatives Verlangen des Unternehmers nach einer Leistungssteigerung durch den Handelsvertreter,[456]

– mangelndes wirtschaftliches Entgegenkommen des Unternehmers,[457]

– unberechtigter Vollmachtswiderruf durch den Unternehmer.[458]

---

[437] BGHZ 40, 13, 15 = LM Nr. 17 mit Anm. *Rietschel*; BGH NJW 1967, 2153; BGH NJW 1987, 778; *Küstner/v. Manteuffel/Evers* II RdNr. 1145 ff.

[438] BGH NJW 1967, 2153; BGH WM 1987, 292.

[439] BGH WM 1987, 292.

[440] BGH DB 1993, 1031, 1032 = WM 1993, 1464, 1468.

[441] BGH BB 1989, 1076 = NJW-RR 1989, 862 = DB 1989, 1327.

[442] BGH DB 1989, 1076.

[443] Vgl. auch die Aufzählung bei *Küstner/v. Manteuffel/Evers* II RdNr. 1187 ff.

[444] BGH WM 1986, 622.

[445] BGH NJW 1987, 778 = BB 1987, 531; BGH DB 1960, 1305.

[446] BGH NJW 1967, 248 = BB 1966, 1410 = DB 1966, 1965.

[447] BGH VersR 1960, 462.

[448] BGH NJW 1967, 2153 = RVR 1968, 114 mit Anm. *Küstner* = BB 1967, 776; BGH NJW 1976, 671.

[449] OLG Bamberg NJW 1958, 1830; OLG Düsseldorf HVR Nr. 77.

[450] OLG Celle DB 1962, 94.

[451] OLG Nürnberg RVR 1970, 19; LG Kaiserslautern HVR Nr. 81.

[452] OLG Zweibrücken VW 1981, 1201.

[453] OLG Oldenburg DB 1964, 105; vgl. hierzu WarnRspr. 1966 Nr. 14.

[454] OLG Karlsruhe HVR Nr. 472.

[455] OLG Düsseldorf NJW 1964, 1963 = BB 1964, 1021.

[456] OLG Nürnberg BB 1964, 866.

[457] LG Hamburg VersR 1960, 557.

[458] Vgl. OLG Stuttgart VersVerm 1972, 260.

v. Hoyningen-Huene

Eine Änderung des Inkassosystems stellt dagegen in der Regel keinen begründeten Anlaß für eine Kündigung dar.[459]

Bei der **Untervertretung** (§ 84 RdNr. 92 ff.) ist der Ausschluß des Ausgleichsanspruchs **166** nach Abs. 3 in dem jeweiligen Vertreterverhältnis zu prüfen. Unterläßt der Hauptvertreter (Unternehmer), nach der Kündigung des Vertretervertrags zwischen Unternehmer und Hauptvertreter dem Untervertreter eine Vertragsfortsetzung zu angemessenen Bedingungen anzubieten, schließt die daraufolgende Eigenkündigung des Untervertreters den Ausgleichsanspruch nicht aus.[460] Auf diesen begründeten Anlaß kann sich der Untervertreter auch dann berufen, wenn nicht dieser Anlaß, sondern das Angebot des Unternehmers unmittelbar für diesen zu arbeiten, Motiv der Kündigung war. Doch sind diese Umstände im Rahmen der Billigkeitserwägungen nach Abs. 1 Satz 1 Nr. 3 mitzuberücksichtigen.[461]

b) Unzumutbarkeit der Vertragsfortsetzung (Abs. 3 Nr. 1 Fall 2). Nach Abs. 3 Nr. 1 **167** Alt. 2 entfällt der Ausgleichsanspruch trotz der Eigenkündigung des Handelsvertreters auch dann nicht, wenn dem Handelsvertreter die Fortsetzung seiner Tätigkeit wegen seines Alters oder wegen Krankheit nicht zugemutet werden kann.[462] Diese Ausnahme bei der Unzumutbarkeit der Vertragsfortsetzung wurde erst 1976 durch das Gesetz über die Kaufmanneigenschaft von Land- und Forstwirten und den Ausgleichsanspruch des Handelsvertreters eingefügt. Damit hat der Gesetzgeber im wesentlichen die frühere Rechtsprechung bestätigt.[463]

Im Gegensatz zu Abs. 3 Nr. 1 Alt. 1 ist der Handelsvertreter verpflichtet, **bei Kündi-** **168** **gungsausspruch** dem Unternehmer den ausgleichswahrenden **Grund zu benennen**.[464] Dies ergibt sich zwar nicht aus dem Wortlaut, aber aus dem Sinn des Gesetzes. Denn im Unterschied zu Abs. 3 Nr. 1 Alt. 1 liegt der Kündigungsgrund in der Person des Handelsvertreters und ist diesem damit bekannt. Deshalb muß sich der Handelsvertreter schon bei Kündigungsausspruch darauf berufen. Andernfalls gibt er zu erkennen, daß er den Fall der Unzumutbarkeit wegen Krankheit oder Alters als nicht gegeben ansieht. Es genügt daher nicht, daß im Zeitpunkt der Kündigung objektiv eine Krankheit oder Altersgründe vorlagen, die die Fortsetzung des Handelsvertreterverhältnisses unzumutbar machten. Der Handelsvertreter kann auch **nicht** die Gründe für die Erhaltung des Ausgleichsanspruchs **nachschieben**.[465]

Die Ausnahmeregelung des Abs. 3 Nr. 1 Alt. 2 greift **nicht** ein, wenn die Handelsvertre- **169** tung als **Kapitalgesellschaft** (§ 84 RdNr. 21) betrieben wird,[466] weil Alter oder Krankheit eines einzelnen Gesellschafters den Bestand des Vertretervertrags nicht unmittelbar beeinflussen. Dies gilt auch bei der Kündigung des Gesellschafter-Geschäftsführers aus Alters- oder Krankheitsgründen.[467] Dagegen kann die alters- oder krankheitsbedingte Kündigung durch den Gesellschafter einer Personengesellschaft den Ausgleichsanspruch der Personengesellschaft erhalten, wenn die Gesellschaft mit der natürlichen Person ihres Gesellschafters „steht und fällt".[468] Das gleiche gilt für den Fall, daß die Handelsvertretung als Firma eines Einzelkaufmanns betrieben wird.[469]

[459] LG Düsseldorf VersR 1980, 1143.
[460] BGHZ 52, 5, 8 = LM Nr. 33 mit Anm. *Rietschel*; BGH BB 1985, 226; vgl. auch BGH BB 1970, 101 = DB 1970, 152.
[461] BGH BB 1985, 226.
[462] Zur analogen Anwendung auf den Vertragshändler siehe BGH NJW-RR 1993, 996 = WM 1993, 1681 = BB 1993, 1312.
[463] Vgl. OLG Nürnberg BB 1969, 933; LG Berlin NJW 1969, 513 mit Anm. *Weiss*; Heymann/ *Sonnenschein/Weitemeyer* RdNr. 86.
[464] *Küstner/v. Manteuffel/Evers* II RdNr. 1239; *Schröder* DB 1976, 1269, 1270; Staub/*Brüggemann* RdNr. 94; *Westphal*, Neues Handelsvertreterrecht,

S. 143; – aA Baumbach/*Hopt* RdNr. 60; Heymann/*Sonnenschein/Weitemeyer* RdNr. 87.
[465] AA Baumbach/*Hopt* RdNr. 60; Heymann/ *Sonnenschein/Weitemeyer* RdNr. 87.
[466] OLG Hamm HVR Nr. 569; Baumbach/ *Hopt* RdNr. 60; Heymann/*Sonnenschein/Weitemeyer* RdNr. 86; *Küstner/v. Manteuffel/Evers* II RdNr. 1257.
[467] LG Münster BB 1982, 1748.
[468] LG Berlin HVR Nr. 659; Heymann/*Sonnenschein/Weitemeyer* RdNr. 86; *Maier* BB 1978, 940, 941; *Westphal*, Neues Handelsvertreterrecht, S. 143.
[469] OLG Hamburg HVuHM 1986, 788; *Küstner/ v. Manteuffel/Evers* II RdNr. 1260.

170   **aa) Alter.** Die Unzumutbarkeit der Vertragsfortsetzung wegen des Alters des Handelsvertreters hängt von den Umständen des Einzelfalls ab, ist aber regelmäßig mit dem Erreichen des Rentenalters (65 Jahre) zu bejahen.[470] Die gesetzgeberische Wertung, daß der Arbeitnehmer mit Erreichen des 65. Lebensjahres vom aktiven Arbeitsleben in den Ruhestand übergehen darf, findet auch auf den Handelsvertreter Anwendung. Vor Vollendung dieser Altersgrenze kommt eine ausgleichserhaltene Eigenkündigung wegen Alters nur bei Vorliegen besonderer Umstände, wie zB einer körperlichen Behinderung, in Betracht.[471] Da die Unzumutbarkeit der Vertragsfortsetzung mit Erreichen der Rentenaltersgrenze voraussehbar ist, darf die Eigenkündigung nicht als außerordentliche Kündigung ausgesprochen werden. Geschieht dies dennoch, wird dadurch der Ausgleichsanspruch aber nicht ausgeschlossen.[472]

171   **bb) Krankheit.** Macht eine Krankheit des Handelsvertreters die Vertragsfortsetzung unzumutbar, schließt die Eigenkündigung des Handelsvertreters den Ausgleichsanspruch ebenfalls nicht aus. Dies soll nach Auffassung des BGH auch dann gelten, wenn der Unternehmer seinerseits zur Kündigung des Vertrags aus wichtigem Grund wegen schuldhaften Verhaltens des Handelsvertreters berechtigt gewesen wäre.[473] Eine Krankheit iSd. Abs. 3 Nr. 1 Alt. 2 Fall 2 liegt nur vor, wenn die Störung des gesundheitlichen Zustands schwerwiegend und von nicht absehbarer Dauer ist und dadurch zu einer auch mit Ersatzkräften nicht behebbaren nachhaltigen Verhinderung in der Vertretertätigkeit führt.[474] Die Anerkennung als Schwerbehinderter kann hierbei nicht zwangsläufig als Indiz für die Unzumutbarkeit der Vertragsfortsetzung herangezogen werden, da sich die tatbestandlichen Voraussetzungen für die Bejahung der Schwerbehinderteneigenschaft und für die Bejahung der Unzumutbarkeit der Vertragsfortsetzung nicht decken.[475] Eine Krankheit liegt jedoch vor bei Gebrechen, wie vorzeitiger Verkalkung, Körperbehinderung oder unfallbedingter Berufsbehinderung.[476] Berufs- oder Erwerbsunfähigkeit ist dagegen nicht erforderlich.[477] Ebensowenig kommt es darauf an, ob die Krankheit verschuldet oder unverschuldet ist. Liegt eine Krankheit vor, welche die Vertragsfortsetzung unzumutbar macht, schließt die Fortsetzung der Tätigkeit nach Kündigung des Vertragsverhältnisses den Ausgleichsanspruch nicht aus,[478] weil die tatsächliche Aufgabe der Tätigkeit bzw. deren erhebliche Reduzierung nach dem Gesetzeswortlaut nicht Voraussetzung für das Bestehenbleiben des Ausgleichsanspruchs ist.

II. Kündigung des Unternehmers aus wichtigem Grund (Abs. 3 Nr. 2)

172   Der **Ausgleichsanspruch** des Handelsvertreters entfällt ferner bei einer Kündigung des Unternehmers aus wichtigem Grund, sofern der wichtige Grund auf einem schuldhaften Verhalten des Handelsvertreters beruht.

173   **1. Kündigung durch den Unternehmer.** Die **Kündigung** kann als **ordentliche** (§ 89) oder als **außerordentliche** (§ 89b) ausgesprochen werden.[479] Jedoch muß auch bei der ordentlichen Kündigung ein wichtiger Grund iSd. Abs. 3 Nr. 2 vorliegen.[480] Der Grund der Kündigung braucht in der Kündigungserklärung weder genannt zu werden,[481] noch

---

[470] Baumbach/*Hopt* RdNr. 61; *Küstner/v. Manteuffel/Evers* II RdNr. 1241 ff.; Staub/*Brüggemann* RdNr. 17.

[471] *Westphal*, Neues Handelsvertreterrecht, S. 143.

[472] BGHZ 91, 321 = LM Nr. 71 mit Anm. *Alff.*

[473] BGH DB 1995, 1658, wonach jedoch der Kündigungsgrund des Unternehmers im Rahmen der Billigkeitsabwägung zu berücksichtigen ist.

[474] BGH NJW-RR 1993, 996, 997 = WM 1993, 1681, 1682; Staub/*Brüggemann* RdNr. 18.

[475] BGH NJW-RR 1993, 996, 997; BVerwG NJW 1989, 601.

[476] *Küstner/v. Manteuffel/Evers* II RdNr. 1246; *Westphal*, Neues Handelsvertreterrecht, S. 143.

[477] Baumbach/*Hopt* RdNr. 67; Heymann/*Sonnenschein/Weitemeyer* RdNr. 87; *Küstner/v. Manteuffel/Evers* II RdNr. 1250 f.

[478] BGH NJW 1993, 996, 998.

[479] BGH NJW 1958, 1966, 1967; BGH WM 1975, 856.

[480] BGH NJW 1958, 1966, 1967.

[481] BGHZ 24, 30, 35; OLG Nürnberg VersR 1959, 307.

muß ihn der Unternehmer kennen.[482] Auch bedarf es keiner Ursächlichkeit des wichtigen Grundes für die Kündigung.[483] Vielmehr genügt das objektive Vorliegen eines wichtigen Grundes zum Zeitpunkt der Kündigung. Selbst hiervon macht die Rechtsprechung noch eine Ausnahme, indem sie Abs. 3 Nr. 2 analog anwendet, wenn der Unternehmer ohne wichtigen Grund ordentlich gekündigt hat, die Umstände für das Vorliegen eines wichtigen verschuldeten Grunds aber erst zwischen der Kündigungserklärung und dem Vertragsende eintreten und der Unternehmer erst nach Vertragsende hiervon erfährt.[484] Demzufolge ist auch ein Nachschieben des wichtigen Kündigungsgrunds möglich.

Hat der Unternehmer aus **wichtigem**, vom Handelsvertreter verschuldeten **Grund** ge- **174** kündigt, entsteht der Ausgleichsanspruch auch dann nicht, wenn der Handelsvertreter seinerseits wegen des Verhaltens des Unternehmers begründeten Anlaß zur Kündigung gehabt hätte.[485] Selbst wenn der Handelsvertreter schon aus begründetem Anlaß fristgemäß gekündigt hat, die Kündigungsfrist aber noch nicht abgelaufen ist und nunmehr der Unternehmer seinerseits aus wichtigem, vom Handelsvertreter verschuldeten Grund kündigt, entfällt der Ausgleichsanspruch.[486]

Der Kündigung des Unternehmers gleichzustellen ist die **Nichtverlängerung eines** **175** **Vertrags mit Verlängerungsklausel** durch den Unternehmer[487] oder die **einverständliche Aufhebung** des Vertrags unter Absehen von einer zulässigen Kündigung aus verschuldetem wichtigen Grund.[488] Zwar ist Abs. 3 als Ausnahmevorschrift eng auszulegen,[489] so daß die Eigenkündigung des Handelsvertreters nach Abs. 3 Nr. 1 nicht mit einem Aufhebungsvertrag gleichgesetzt werden darf (vgl. RdNr. 158).[490] Jedoch ist bei der Auslegung zu beachten, daß § 89 b den Handelsvertreter begünstigen und schützen will[491] und eine weite Auslegung des Kündigungsbegriffs bei Abs. 3 Nr. 2 nicht zu einer Benachteiligung des Handelsvertreters führt, sondern diesen vielmehr begünstigt. Das Erfordernis einer Kündigung würde nämlich den Unternehmer bei Vorliegen eines verschuldeten wichtigen Grunds immer zu einer Kündigung zwingen, um den Ausgleichsanspruch des Handelsvertreters zu vermeiden. Die Kündigung kann aber für den Handelsvertreter nachteiligere Folgen haben als der Aufhebungsvertrag. So mindert beispielsweise eine Kündigung die Chancen des Handelsvertreters bei einer neuen Bewerbung in weit größerem Umfang als ein Aufhebungsvertrag.[492]

Deshalb kommt es **nicht entscheidend auf die Form der Auflösung** an, sondern viel- **176** mehr auf das Vorliegen eines vom Handelsvertreter verschuldeten wichtigen Kündigungsgrunds. Dagegen muß nach Ansicht des BGH[493] der Unternehmer zum Ausschluß des Ausgleichsanspruchs auch bei Abs. 3 Nr. 2 grundsätzlich kündigen, da der Wortlaut eindeutig voraussetze, daß der Unternehmer das Handelsvertreterverhältnis gekündigt habe und nicht nur, daß er es wegen eines wichtigen Grunds hätte kündigen können. Nach Auffassung des BGH steht deshalb die Anfechtung des Handelsvertretervertrags durch den Unternehmer wegen arglistiger Täuschung dem Ausgleichsanspruch nicht entgegen. Ob von diesem Grundsatz Ausnahmefälle denkbar sind, hatte der Senat nicht abschließend zu entscheiden.[494]

---

[482] BGHZ 40, 13, 15 = LM Nr. 17 mit Anm. *Rietschel.*

[483] BGHZ 40, 13, 16.

[484] BGHZ 48, 222, 224 f. = LM Nr. 29 mit Anm. *Rietschel;* – offen gelassen in BGH NJW 1990, 2889, 2890.

[485] OLG Hamburg JR 1961, 22.

[486] OLG Hamburg JR 1961, 22, 23; Heymann/ *Sonnenschein/Weitemeyer* RdNr. 93; Staub/*Brüggemann* RdNr. 104.

[487] BGHZ 24, 30, 34 = LM Nr. 1 mit Anm. *Selowsky;* OLG München NJW 1958, 873; OLG Stuttgart BB 1960, 957.

[488] OLG Nürnberg BB 1959, 318; Baumbach/ *Hopt* RdNr. 64; Staub/*Brüggemann* RdNr. 14.

[489] BGHZ 52, 12, 14 = LM Nr. 34 mit Anm. *Rietschel.*

[490] BGHZ 52, 12, 15.

[491] BGHZ 40, 13, 15 = LM Nr. 17 mit Anm. *Rietschel.*

[492] BGHZ 24, 30, 34 = LM Nr. 1 mit Anm. *Selowsky.*

[493] BGHZ 91, 321, 323 f. = LM Nr. 71 mit Anm. *Alff.*

[494] BGH DB 1995, 1657. Wird der Ausschluß des Ausgleichsanspruchs nach Abs. 3 Nr. 2 mangels einer Kündigung abgelehnt, muß das Vorliegen eines wichtigen Kündigungsgrundes jedenfalls bei der Billigkeitsprüfung (Abs. 1 Satz 1 Nr. 3) berücksichtigt werden.

177　　Dagegen schließt der **Tod des Handelsvertreters** den Ausgleichsanspruch nicht aus, auch wenn der Unternehmer das Handelsvertreterverhältnis aus wichtigem, vom Handelsvertreter verschuldeten Grund hätte kündigen können.[495] Denn die Ursache für die Beendigung des Vertragsverhältnisses liegt dann nicht in dem wichtigen Grund, sondern in dem Tod des Handelsvertreters. Jedoch ist der wichtige Kündigungsgrund bei der Billigkeitsprüfung zu berücksichtigen.[496] Das gilt aber nicht, wenn der Unternehmer bereits ordentlich gekündigt hat und der Handelsvertreter vor Ablauf der Kündigungsfrist stirbt, weil dann der Tod nur ein überholendes Zweitereignis für die Kündigung darstellt, das den Ausschluß des Ausgleichsanspruchs nicht mehr verhindern kann.[497]

178　　**2. Wichtiger Grund.** Der Ausgleichsanspruch wird nur bei Vorliegen eines wichtigen Kündigungsgrunds ausgeschlossen. Der Begriff des wichtigen Grunds deckt sich mit dem des § 89a (vgl. § 89a RdNr. 12 ff.). Es müssen demnach Tatsachen vorliegen, die eine Fortsetzung des Handelsvertreterverhältnisses bis zum Ablauf der ordentlichen Kündigungsfrist oder bis zum Ablauf der Befristung unzumutbar machen.

179　　**3. Schuldhaftes Verhalten des Handelsvertreters.** Im Gegensatz zu § 89a muß der wichtige Grund nach § 89b Abs. 3 Nr. 2 in einem schuldhaften Verhalten des Handelsvertreter liegen. Deshalb führt nicht jede wirksame Kündigung aus wichtigem Grund zwangsläufig zum Verlust des Ausgleichsanspruchs. Insbesondere schließen wichtige Kündigungsgründe, die aus der Sphäre des Unternehmers stammen sowie eine Druck- oder Verdachtskündigung[498] den Ausgleichsanspruch nicht aus.[499] Das **Verschulden** ist nach § 276 BGB zu beurteilen und liegt vor bei vorsätzlichem oder fahrlässigem Fehlverhalten.[500] Der Unternehmer muß im Streitfall das Vorliegen eines wichtigen Grundes und das Verschulden des Handelsvertreters **darlegen** und **beweisen**.[501]

180　　Da das Gesetz nicht von „Vertretenmüssen" spricht und zudem auf ein Verhalten des Handelsvertreters abstellt, genügt das schuldhafte Verhalten von **Erfüllungsgehilfen** nicht.[502] Dieser Grundsatz gilt aber nicht, wenn der eigentliche Handelsvertreter nur als Strohmann vorgeschoben wurde und ein schuldhaftes Verhalten in der Person desjenigen vorliegt, der die Vertretertätigkeit als Hilfsperson tatsächlich ausübt.[503] Auch kann trotz Verschuldens des Erfüllungsgehilfen ein Eigenverschulden des Handelsvertreters vorliegen, sofern der Handelsvertreter seine Überwachungspflichten verletzt hat.[504] Dann scheidet der Ausgleichsanspruch aus. Ebenso wird dem Handelsvertreter das Verschulden des rechtsgeschäftlichen Vertreters zugerechnet.[505]

III. Einverständlicher Eintritt eines Dritten (Abs. 3 Nr. 3)

181　　Seit dem 1. 1. 1990 hat der Gesetzgeber den Abs. 3 um einen **weiteren Ausschlußtatbestand** erweitert.[506] Nach Abs. 3 Nr. 3 besteht der Ausgleichsanspruch nicht, wenn der aus dem Vertragsverhältnis ausscheidende Handelsvertreter mit dem Unternehmer eine Vereinbarung getroffen hat, daß ein Dritter anstelle des Handelsvertreters in das Vertragsverhältnis eintritt.

182　　Der **Zweck** der Regelung liegt darin, eine doppelte Begünstigung des Handelsvertreters durch sein Ausscheiden aus dem Vertragsverhältnis zu vermeiden. Da sich der ausscheiden-

---

[495] Staub/*Brüggemann* RdNr. 103; *Westphal*, Neues Handelsvertreterrecht, S. 144; – aA Baumbach/*Hopt* RdNr. 164; offen gelassen in BGHZ 41, 129, 131.
[496] BGHZ 45, 385, 388 = LM Nr. 26 mit Anm. *Rietschel*; BGH NJW 1958, 1966, 1967; Staub/*Brüggemann* RdNr. 103.
[497] Vgl. Staub/*Brüggemann* RdNr. 102.
[498] BGHZ 29, 275, 276.
[499] Baumbach/*Hopt* RdNr. 67.
[500] BGH VersR 1986, 1072.
[501] OLG München NJW-RR 1995, 1186.
[502] BGHZ 29, 275, 278 f.; OLG Hamm MDR 1959, 1016.

[503] BGH DB 1964, 582 für den Fall, daß der Handelsvertreter aus Gründen der Tarnung vor seinen Gläubigern seine Handelsvertretung nach außen unter der Firma seiner Ehefrau laufen läßt, während er selbst die Handelsvertretung als deren Angestellter weiterbetreibt.
[504] OLG Celle BB 1958, 894.
[505] BGHZ 41, 129 = LM Nr. 18 mit zust. Anm. *Rietschel*.
[506] Vgl. *Küstner/v. Manteuffel* BB 1990, 1713 ff.; *Thume* BB 1991, 490 ff.

de Handelsvertreter die Übertragung der Vertretung auf seinen Nachfolger regelmäßig vergüten läßt, soll er nicht noch zusätzlich einen Ausgleichsanspruch erhalten.[507] Jedoch kommt es nicht darauf an, ob sich der ausscheidende Handelsvertreter tatsächlich die Zahlung eines Ausgleichs zusichern läßt.[508]

Bei dem **Eintritt eines Dritten** in das Handelsvertreterverhältnis handelt es sich um die **183** Übertragung eines Schuldverhältnisses im Ganzen.[509] Während auf der Unternehmerseite keine Veränderung eintritt, wird der Vertragspartner ausgetauscht. Eine solche Vertragsübernahme kann sowohl im Wege eines dreiseitigen Vertrages zwischen dem ausscheidenden Handelsvertreter, dem übernehmenden Handelsvertreter und dem Unternehmer erfolgen, als auch durch Vertrag zwischen zwei dieser Parteien mit der jeweiligen Zustimmung der dritten Partei.[510] Da der Gesetzeswortlaut nur von einer **Vereinbarung zwischen** dem **Unternehmer** und dem ausscheidenden **Handelsvertreter** spricht, ist davon auszugehen, daß die Auswechslung des Vertragspartners nur durch Vereinbarung zwischen dem Unternehmer und dem Handelsvertreter mit der Zustimmungserklärung des Dritten oder durch einen dreiseitigen Vertrag zwischen Unternehmer, Handelsvertreter und Drittem erfolgen soll.[511]

Infolge der **Vertragsübernahme** tritt der Dritte in alle Rechte und Pflichten des beste- **184** henden Handelsvertreterverhältnisses ein. Dies hat aber laut BGH[512] nicht zur Folge, daß der vom ausscheidenden Handelsvertreter geworbene neue Kundenstamm ausgleichsrechtlich als Kundenstamm des Dritten anzusehen ist.[513] Das Vertragsverhältnis muß nicht in vollem Umfang unverändert weiterbestehen. Vielmehr können sich der Unternehmer und der Nachfolgevertreter einvernehmlich über Vertragsveränderungen verständigen.[514]

Da der Ausgleichsanspruch im voraus nicht ausgeschlossen werden kann (Abs. 4), be- **185** stimmt der neu gefaßte Abs. 3 Nr. 3 im zweiten Halbsatz, daß die **Vereinbarung** zwischen dem Unternehmer, dem ausscheidenden Handelsvertreter und seinem Nachfolger **nicht vor** der **Beendigung des Vertragsverhältnisses** getroffen werden darf. Die Vereinbarung über die Auswechselung eines Vertragspartners vor der Beendigung des Vertragsverhältnisses ist demnach unwirksam.[515]

Von der Eintrittsvereinbarung des Abs. 3 Nr. 3 ist die sogenannte **Abwälzungsvereinba-** **186** **rung** abzugrenzen.[516] Hierbei handelt es sich um eine Vereinbarung zwischen dem Dritten und dem Unternehmer, wonach der Dritte anstelle des Unternehmers dem ausgeschiedenen Handelsvertreter den vom Unternehmer geschuldeten Ausgleichsanspruch erstattet. Im Gegensatz zur Eintrittsvereinbarung tritt der Dritte nicht in die Rechte und Pflichten des alten Vertragsverhältnisses ein, so daß das Rechtsverhältnis zwischen Unternehmer und Handelsvertreter nicht berührt wird. Die Erstattung des Ausgleichsanspruchs erfolgt entweder durch Zahlung einer Summe bzw. in Raten an den Unternehmer oder durch Provisionsminderungen, bis der zu erstattende Betrag abgedeckt ist. Allein auf Grund der Ausgleichsübernahme sind die dem Nachfolgevertreter übertragenen Kunden im Falle der Beendigung des Handelsvertretungsvertrags nicht als neu geworbene Kunden anzusehen.[517] Vielmehr muß sich der nachfolgende Handelsvertreter bei Eintritt in das Vertragsverhältnis durch eine entsprechende Regelung absichern. Ohne diese Vereinbarung kann er nur ausnahmsweise nach dem Grundsatz der ergänzenden Vertragsauslegung einen vertraglichen Rückzahlungsanspruch gegenüber dem Unternehmer haben, wenn die Parteien

[507] BT-Drs. 11/3077 v. 7.11.1988, S. 9.
[508] *Küstner/v. Manteuffel* BB 1990, 1713, 1714; *Westphal*, Neues Handelsvertreterrecht, S. 145; kritisch *Thume* BB 1991, 490, 491.
[509] *Thume* BB 1991, 490, 491.
[510] BGHZ 95, 88, 94 f.; *Thume* BB 1991, 490, 491.
[511] *Thume* BB 1991, 490, 491.
[512] BGH NJW 1985, 58 = DB 1984, 2507.

[513] Kritisch *Thume* BB 1991, 490, 492; aA *Küstner/v. Manteuffel* BB 1990, 1713, 1714 f.
[514] *Küstner/v. Manteuffel* BB 1990, 1713, 1714; *Westphal*, Neues Handelsvertreterrecht, S. 145.
[515] *Küstner/v. Manteuffel* BB 1990, 1713, 1714.
[516] *Küstner/v. Manteuffel* BB 1990, 1713, 1714; *Thume* BB 1991, 490; *Westphal*, Neues Handelsvertreterrecht, S. 147.
[517] BGH NJW 1985, 58 = DB 1984, 2507.

bei Vertragsschluß eine längere Bindung vorgesehen hatten, das Vertragsverhältnis aber nach kurzer Zeit wieder beendet wird, ohne daß der Handelsvertreter die erwartete Möglichkeitet hatte, die übernommene Abfindung durch Provisonsausnahmen auszugleichen.[518]

E. Unabdingbarkeit (Abs. 4 Satz 1)

187   Der Ausgleichsanspruch kann nach Abs. 4 Satz 1 **nicht im voraus ausgeschlossen** werden. Daher sind Vereinbarungen vor der Beendigung des Handelsvertreterverhältnisses, die den Ausgleich aussschließen oder der Höhe nach beschränken ebenso unwirksam[519] wie ein entgeltlicher oder unentgeltlicher Verzicht des Handelsvertreters auf den Ausgleichsanspruch.[520]

188   Abs. 4 Satz 1 **bezweckt** den Schutz des wirtschaftlich schwächeren Handelsvertreters, indem er verhindert, daß der wirtschaftlich stärkere Unternehmer vor Beendigung des Vertragsverhältnisses eine Begrenzung des Ausgleichsanspruchs erreicht. Damit soll der Handelsvertreter vor der Gefahr bewahrt werden, sich auf Grund seiner wirtschaftlichen Abhängigkeit von dem Unternehmer auf ihn benachteiligende Abreden einzulassen.[521]

189   **1. Vertraglicher Ausschluß des Ausgleichsanspruchs. a) Ausschluß des Ausgleichsanspruchs.** Zwar verbietet der Wortlaut des Abs. 4 Satz 1 nur den Ausschluß des Ausgleichsanspruchs, aber nach dem Sinn und Zweck der Vorschrift sind auch solche Vereinbarungen unzulässig, durch die der Ausgleichsanspruch im Ergebnis mehr oder weniger eingeschränkt wird.[522]

190   **b) Einschränkung des Ausgleichsanspruchs.** Hierunter fallen insbesondere Vereinbarungen, welche die Höhe des Ausgleichsanspruchs beschränken. Dazu zählen auch vom Unternehmer oder von Verbänden aufgestellte Berechnungsgrundsätze, sofern diese von der gesetzlichen Berechnungsart abweichen und den Handelsvertreter benachteiligen.[523] Dagegen ist eine Klausel, die eine schematische Berechnung des Ausgleichsanspruchs vorsieht, rechtswirksam, wenn sie nicht zu einer Beschränkung des Ausgleichsanspruchs führt. Dies ist bei der Vereinbarung einer Mindesthöhe des Ausgleichsanspruchs der Fall.[524]

191   Unwirksam sind aber Vereinbarungen, die den Ausgleichsanspruch in sonstiger Weise durch **vom Gesetz abweichende Vereinbarungen** einschränken. Hierzu zählen Abreden während der Vertragszeit, die die Ausgleichspflicht des Unternehmers auf den Nachfolger des Handelsvertreters abwälzen.[525] Selbst die Vereinbarung einer Pflicht des Handelsvertreters zur Vorweginanspruchnahme des Nachfolgers entsprechend § 771 BGB ist unzulässig.[526] Dagegen sind ein Schuldbeitritt oder die Erfüllungsübernahme (§ 329 BGB) durch den nachfolgenden Handelsvertreter möglich, da beide Institute den Unternehmer nicht befreien.[527]

192   Eine Vereinbarung, welche die gesetzliche **Verjährungsfrist** des § 88 auch hinsichtlich des Ausgleichsanspruchs **verkürzt**, ist ebenfalls unzulässig.[528] Das gleiche gilt für Klauseln,

---

[518] BGH DB 1984, 2507; *Westphal*, Neues Handelsvertreterrecht, S. 147.

[519] BGH WM 1975, 856; KG NJW 1961, 124.

[520] *Küstner/v. Manteuffel/Evers* II RdNr. 1362; zur analogen Anwendbarkeit des § 89b Abs. 4 Satz 1 auf den Vertragshändler siehe BGH BB 1985, 1084 mit Anm. *Goll* = NJW 1985, 3076, wonach § 89b Abs. 4 Satz 1 auch dann entsprechend auf den Vertragshändler anwendbar ist, wenn dieser im Einzelfall nicht schutzbedürftig ist; *Kreifels/Lang* NJW 1970, 1769 ff.; *Stumpf/Zimmermann* BB 1978, 429 ff.

[521] BGH NJW 1990, 2889 = EWiR 1990, 797 mit Kurzkomm. *Küstner/v. Manteuffel* = DB 1990, 2264 = BB 1990, 1366; BGH NJW 1985, 3076, 3077; BGH NJW 1967, 248, 249.

[522] BGH WM 1990, 196, 198; BGHZ 55, 124, 126 = LM Nr. 39 mit Anm. *Rietschel*; BGH NJW 1967, 248, 249.

[523] OLG Frankfurt DB 1986, 687 = NJW-RR 1986, 458 = BB 1986, 896, 1257.

[524] BGH WM 1991, 196, 198 = NJW-RR 1991, 156.

[525] BGH BB 1967, 935.

[526] BGH BB 1967, 935; *Baumbach/Hopt* RdNr. 73.

[527] BGH BB 1967, 935; BGH DB 1968, 1486.

[528] OLG Celle VW 1979, 623; *Baumbach/Hopt* RdNr. 71; *Heymann/Sonnenschein/Weitemeyer* RdNr. 98; – aA *Küstner/v. Manteuffel/Evers* II RdNr. 1381.

mit denen die **Fälligkeit** des Ausgleichsanspruchs **hinausgeschoben** wird. Deshalb verstößt die Vereinbarung von Ratenzahlungen ebenso gegen Abs. 4 Satz 1[529] wie das Abhängigmachen der Fälligkeit des Ausgleichsanspruchs von einem Anerkenntnis des Unternehmers.[530] Auch kann der Unternehmer die Zahlung des Ausgleichsanspruchs nicht von der Abtretung eines Schadensersatzanspruchs des Handelsvertreters gegen einen Dritten abhängig machen, wenn der Handelsvertreter durch einen verschuldeten Unfall des Dritten so schwer verletzt wird, daß er seine bisherige Tätigkeit nicht mehr fortführen kann.[531] Klauseln, die im Falle des Todes des Handelsvertreters die Geltendmachung eines Ausgleichsanspruchs durch dessen Erben ausschließen, **beschränken** die **Vererblichkeit** des Ausgleichsanspruchs und verstoßen damit ebenfalls gegen den Unabdingbarkeitsgrundsatz.

Unzulässig sind auch Vereinbarungen, wonach ein Teil der laufenden Vergütung auf den **193** künftigen Ausgleichsanspruch **angerechnet** werden soll.[532] Das gleiche gilt für Abreden, die dem Unternehmer das Recht einräumen, den Ausgleichsanspruch mit Ansprüchen des Handelsvertreters auf Alterssicherung zu verrechnen.[533] Davon ist zu unterscheiden, daß eine betriebliche Altersversorgung im Rahmen der Billigkeitsprüfung nach Abs. 1 Satz 1 Nr. 3 auf den Ausgleichsanspruch berücksichtigt werden kann.[534]

Dagegen verstoßen Vereinbarungen, die sich nur **mittelbar** auf den Ausgleich **auswir-** **194** **ken**, grundsätzlich **nicht** gegen Abs. 4 Satz 1. Verzichtet beispielsweise der Handelsvertreter auf Provisionen für Nachbestellungen gemäß § 87 Abs. 1, wirkt sich dies wegen mangelnder Provisionsverluste bei der Beendigung des Handelsvertreterverhältnisses mittelbar auf die Ausgleichshöhe aus. Dennoch liegt ein Verstoß gegen den Unabdingbarkeitsgrundsatz nur vor, wenn die den Ausgleichsanspruch mittelbar betreffende Vertragsgestaltung gerade den Zweck verfolgt, den Ausgleichsanspruch zu umgehen.[535] Das gleiche gilt für die Festlegung von Rotationsvertriebssystemen durch den Unternehmer. Bei einem solchen System wird dem Handelsvertreter nach einer gewissen Zeit jeweils ein neuer Bezirk zugewiesen, so daß in der Regel ein Ausgleichsanspruch infolge fehlender Provisionsverluste nicht entstehen kann.[536] Ebenso werden Vereinbarungen über die Anwendung ausländischen Rechts durch den Unabdingbarkeitsgrundsatz ausgeschlossen.[537]

2. Vereinbarung vor Vertragsende. a) Im voraus. Nach Abs. 4 Satz 1 kann der Aus- **195** gleichsanspruch, der mit der rechtlichen Beendigung des Handelsvertreterverhältnisses entsteht,[538] nicht „im voraus" ausgeschlossen werden. Daraus folgt, daß Abreden, durch die der Ausgleichsanspruch eingeschränkt oder ausgeschlossen wird, wirksam sind, wenn sie nach Beendigung des Handelsvertretervertrags oder in einer Aufhebungsvereinbarung, die gleichzeitig den Vertrag beendet, getroffen werden.[539]

Entscheidend ist das **rechtliche Vertragsende** und nicht dessen Vereinbarung oder das **196** Einstellen der Tätigkeit.[540] Trotz gleichzeitiger Vereinbarung von Ausschluß oder Einschränkung des Ausgleichsanspruchs und Vertragsende ist deshalb eine ausgleichsabträgliche Abrede unwirksam, wenn die Auflösung des Handelsvertretervertrags erst in einem späteren Zeitpunkt wirksam werden soll.[541] Dies ergibt sich aus dem Schutzzweck des Abs. 4 Satz 1, der den Handelsvertreter vor der Gefahr bewahren will, sich auf Grund seiner

[529] Baumbach/*Hopt* RdNr. 71; Staub/*Brüggemann* RdNr. 105; aA OLG Oldenburg BB 1973, 1281; Heymann/*Sonnenschein/Weitemeyer* RdNr. 98 sofern durch eine Verzinsung der Nachteil der fehlenden Einmalzahlung ausgeglichen wird.

[530] OLG Oldenberg BB 1973, 1281.

[531] Vgl. BGHZ 41, 292, 296 f. = LM § 87 Nr. 8 mit Anm. *Rietschel.*

[532] BGHZ 58, 60, 65 f. = LM Nr. 42 mit Anm. *Rietschel;* zur Vorauserfüllung des Anspruchs vgl. RdNr. 200 ff.

[533] Staub/*Brüggemann* RdNr. 105.

[534] LG Düsseldorf VersR 1991, 1240.

[535] *Küstner/v. Manteuffel/Evers* II RdNr. 1365; Staub/*Brüggemann* RdNr. 105; *Westphal,* Neues Handelsvertreterrecht, S. 174.

[536] Vgl. *Küstner/v. Manteuffel/Evers* II RdNr. 1368; *Westphal,* Neues Handelsvertreterrecht, S. 174.

[537] BGH NJW 1961, 1061.

[538] BGH NJW 1990, 2889 = DB 1990, 2264; BGH VersR 1959, 669, 670.

[539] BGH NJW 1990, 2889; BGH NJW 1989, 35, 36; BGHZ 51, 184, 188 f.

[540] *Küstner/v. Manteuffel* Kurzkomm. zu BGH EWiR 1990, 797, 798.

[541] BGH NJW 1990, 2889 = BB 1990, 1366 = DB 1990, 2264; vgl. BGHZ 53, 89, 91.

wirtschaftlichen Abhängigkeit von dem Unternehmer auf ihn benachteiligende Abreden einzulassen.[542] Diese Gefahr besteht im allgemeinen fort, solange das Vertragsverhältnis andauert. Aus Gründen der Rechtssicherheit gilt die zwingende Vorschrift des Abs. 4 Satz 1 aber auch dann, wenn der Handelsvertreter im Einzelfall dieses gesetzlichen Schutzes nicht mehr bedarf.[543]

197   Deshalb sind entgegen der Auffassung der älteren Rechtsprechung[544] auch solche ausgleichseinschränkende **Vereinbarungen unzulässig**, die, **nachdem** der Handelsvertreter seine **Tätigkeit** für den Unternehmer im gegenseitigen Einvernehmen bereits endgültig **eingestellt** hat, aber noch vor dem rechtlichen Vertragsende getroffen werden.[545] Dies ergibt sich auch aus Art. 19 der EG-Richtlinie zur Koordinierung der Rechtsvorschriften der Mitgliedstaaten betreffend die selbständigen Handelsvertreter vom 18. 12. 1986, der nunmehr zur Auslegung heranzuziehen ist[546] und wonach nachteilige Vereinbarungen über den Ausgleichsanspruch nicht „vor Ablauf des Vertrages" getroffen werden können.

198   **b) Form der Vereinbarung.** In welcher Form der Ausschluß oder die Einschränkung des Ausgleichsanspruchs vereinbart werden, ist **unerheblich.** Die Beschränkung kann deshalb sowohl konkludent[547] als auch formularmäßig erfolgen.[548] Die Wirksamkeit einer AGB-Bestimmung, die bestimmte tatsächliche Voraussetzungen für die Berechtigung zur fristlosen Kündigung regelt, wird von der Unwirksamkeit des weiterhin vereinbarten Ausschlusses des Ausgleichsanspruchs nicht berührt.[549]

199   **c) Unzulässige Rechtsausübung.** Die Berufung des Handelsvertreters auf die Unwirksamkeit der getroffenen Abrede stellt selbst dann keine unzulässige Rechtsausübung dar, wenn der Handelsvertreter die Abrede in voller Freiheit getroffen hat und nicht durch die starke Stellung des Unternehmers hierzu bewogen wurde.[550] Denn sowohl die klare gesetzgeberische Entscheidung in Abs. 4 Satz 1 als auch die Rechtssicherheit gebieten die Unwirksamkeit von ausgleichsausschließenden Abreden, die vor Vertragsende geschlossen wurden.

200   **3. Vorauserfüllung.** Vereinbarungen über die **Vorauserfüllung des Ausgleichsanspruchs** verstoßen nicht gegen den Unabdingbarkeitsgrundsatz des Abs. 4 Satz 1. Solche Abreden regeln die Anrechnung bestimmter Unternehmerleistungen auf den zukünftigen Ausgleich und bezwecken, die Ausgleichsbelastung des Unternehmers zeitlich zu verteilen, indem schon während der Vertragszeit zusätzliche Leistungen erbracht werden.[551]

201   Die Vorauserfüllung ist nur unter der **Voraussetzung** zulässig, daß die Zahlung für den Ausgleich zusätzlich zu den übrigen Provisionen, die der Handelsvertreter für seine Tätigkeit erhält, erbracht wird. Dies ist durch Auslegung zu ermitteln, wobei strenge Maßstäbe anzulegen sind.[552] Die Sonderzahlung muß eindeutig als Vorauszahlung für den Ausgleich gekennzeichnet sein[553] und die Gesamtvergütung deutlich über der üblichen Provision

---

[542] BGH NJW 1990, 2889; BGH NJW 1967, 248, 249.

[543] BGH NJW 1990, 2889, 2890; BGH NJW 1985, 3076, 3077; für den Vertragshändler BGH BB 1985, 1084 mit Anm. *Goll.*

[544] BGHZ 55, 124, 126; ebenso Baumbach/*Hopt* RdNr. 74; Heymann/*Sonnenschein/Weitemeyer* RdNr. 98; noch weiter Staub/*Brüggemann* RdNr. 106, wonach ausgleichsbeschränkende Vereinbarungen schon dann zulässig sind, wenn das Vertragsende unmittelbar bevorsteht.

[545] BGH NJW 1990, 2289, 2890 sieht dagegen keinen Anlaß, diese ältere Rechtsprechung aufzugeben und beruft sich auf unterschiedliche Sachverhalte; zu Recht kritisch *Küstner/v. Manteuffel* Kurzkomm. zu BGH EWiR 1990, 797, 798.

[546] BGH NJW 1990, 2889, 2890.

[547] BGH NJW 1989, 35, 36.

[548] Zum formularmäßigen Ausschluß in einem Vertragshändlervertrag vgl. BGHZ 93, 29, 58 f. = NJW 1985, 623; BGH BB 1985, 1004 mit Anm. *Goll; Bunte* NJW 1985, 600.

[549] BGH BB 1992, 1162.

[550] AA KG NJW 1961, 124, 125; Baumbach/*Hopt* RdNr. 76; Staub/*Brüggemann* RdNr. 105.

[551] BGHZ 58, 60, 63 ff. = LM Nr. 42 mit Anm. *Rietschel;* vgl. OLG München NJW 1961, 1072; Heymann/*Sonnenschein/Weitemeyer* RdNr. 99; *Küstner/v. Manteuffel/Evers* II RdNr. 1393 ff.; Staub/*Brüggemann* RdNr. 107; *Westphal* (Fn. 534) S. 175.

[552] BGHZ 58, 60, 64 ff., 69 = LM Nr. 42 mit Anm. *Rietschel.*

[553] *Schröder* DB 1962, 895, 898; Staub/*Brüggemann* RdNr. 107; *Westphal,* Neues Handelsvertreterrecht, S. 175.

liegen. Ferner muß der Handelsvertreter zur Rückzahlung der Sondervergütung verpflichtet sein, wenn der Ausgleich bei der Beendigung des Vertragsverhältnisses nicht entsteht.[554] Eine bloße Aufspaltung der Gesamtvergütung des Handelsvertreters in der Weise, daß ein Teil davon auf den künftigen Ausgleichsanspruch verrechnet werden soll, reicht für die Vorauserfüllung nicht aus, sondern erweckt vielmehr den Verdacht der Umgehung des Abs. 4 Satz 1.[555]

Die **Beweislast** für das Vorliegen einer Vorauserfüllung trägt der Unternehmer,[556] da bei **202** der Verrechnungsabrede die Gefahr einer Umgehung der zwingenden Vorschrift des Abs. 4 Satz 1 besteht und der Unternehmer diese Vermutung widerlegen muß.

F. Geltendmachung des Ausgleichsanspruchs

I. Frist (Abs. 4 Satz 2)

Nach Abs. 4 Satz 2 ist der Ausgleichsanspruch **innerhalb eines Jahres** nach Beendigung **203** des Vertragsverhältnisses **geltend zu machen**.

1. Zweck. Diese gesetzliche Ausschlußfrist hat den Zweck, die vertraglichen Beziehungen zwischen den Beteiligten nach der Beendigung des Handelsvertreterverhältnisses möglichst rasch zu klären.[557] Der Unternehmer soll alsbald Gewißheit haben, ob der Handelsvertreter einen Ausgleichsanspruch geltend macht.[558] 1990 wurde die Frist von drei auf 12 Monate angehoben, um Unbilligkeiten zu vermeiden, die sich vereinzelt beim Tod des Handelsvertreters aus der knapp bemessenen Frist ergeben haben.[559]

2. Materielle Ausschlußfrist. Bei der Frist des Abs. 4 Satz 2 handelt es sich um eine **204** materielle Ausschlußfrist, mit deren Ablauf der Ausgleichsanspruch erlischt.[560] Deshalb ist eine Wiedereinsetzung in den vorherigen Stand nach den Regeln der ZPO nicht möglich. Auch kann der Handelsvertreter bei Versäumung der Frist nicht mehr mit dem ausgeschlossenen Anspruch aufrechnen, da § 390 Satz 2 BGB nicht anwendbar ist.[561] Jedoch kann die Berufung auf die Fristversäumnis ausnahmsweise eine nach § 242 BGB unzulässige Rechtsausübung darstellen, wenn der Unternehmer oder der Konkursverwalter des Unternehmers[562] selbst zur Fristversäumnis beigetragen haben.[563] Dies ist jedoch nicht der Fall, wenn der Handelsvertreter aus eigenen wirtschaftlichen Überlegungen den Ausgleichsanspruch nicht geltend macht.[564]

Die Frist ist zwingend und darf durch vertragliche Vereinbarung weder verkürzt noch **205** verlängert werden.[565] Die **Frist beginnt** mit der rechtlichen Beendigung des Vertragsverhältnisses.[566] Für die Fristberechnung gelten die allgemeinen Vorschriften der §§ 186 ff. BGB. Dagegen finden die Verjährungsvorschriften grundsätzlich keine Anwendung.[567]

Zur **Wahrung der Frist** genügt die Geltendmachung des Ausgleichsanspruchs im voraus, **206** wenn das Vertragsende wegen der Kündigung oder infolge von Aufhebungsvertragsver-

[554] Vgl. BGHZ 58, 60, 66.
[555] BGHZ 58, 60, 65.
[556] BGHZ 58, 60, 69.
[557] Heymann/*Sonnenschein/Weitemeyer* RdNr. 100.
[558] BGHZ 50, 86, 88 = LM Nr. 31 mit Anm. *Rietschel* = NJW 1968, 1419; BGH BB 1962, 1101; KG BB 1960, 1075.
[559] *Ankele* DB 1989, 2211, 2213.
[560] BGH ZIP 1986, 41; BGHZ 33, 332, 338; 50, 86, 88; *v. Hoyningen-Huene* Kurzkomm. zu BGH EWiR 1987, 59; Staub/*Brüggemann* RdNr. 108.
[561] OLG München BB 1958, 789; *Westphal*, Neues Handelsvertreterrecht. S. 172.
[562] OLG Karlsruhe WM 1985, 235.

[563] Vgl. BGH EWiR 1987, 59 mit Kurzkomm. *v. Hoyningen-Huene* = NJW-RR 1987, 156 = DB 1987, 686 = BB 1987, 22.
[564] BGH EWiR 1987, 59 mit Kurzkomm. *v. Hoyningen-Huene.*
[565] AA Staub/*Brüggemann* RdNr. 109, der eine Verlängerung der Ausschlußfrist bis zur Verjährungsgrenze des § 88 für zulässig hält. Dies ist aber abzulehnen, weil dadurch der Zweck des Abs. 4 Satz 2 unterlaufen würde.
[566] BGH NJW 1959, 1677 = VersR 1959, 669, 670.
[567] Dies gilt insbesondere für die §§ 203 und 206 BGB; BGHZ 33, 360, 363; Staub/*Brüggemann* RdNr. 109.

handlungen absehbar ist.[568] Soweit der Ausgleich von Erben des Handelsvertreters angemeldet wird, greift zu deren Gunsten § 207 BGB ein, so daß ein Rechtsverlust erst ein Jahr nach Annahme der Erbschaft eintritt.[569] Dagegen finden die allgemeinen Vorschriften über die Hemmung der Verjährung gemäß den §§ 203 bis 206 BGB keine Anwendung.[570]

207   **3. Form der Geltendmachung.** Die fristwahrende Geltendmachung des Ausgleichsanspruchs ist an **keine** besondere **Form** gebunden. Der Handelsvertreter muß sein Verlangen nur eindeutig und unmißverständlich gegenüber dem Unternehmer zum Ausdruck bringen.[571] Es reicht demnach jede schriftliche oder mündliche Erklärung. Eine gerichtliche Geltendmachung ist nicht erforderlich.[572] Auch muß der Handelsvertreter den von ihm geltend gemachten Anspruch nicht ausdrücklich als Ausgleichsanspruch bezeichnen. Vielmehr genügt, wenn der Unternehmer eindeutig erkennen kann, daß der Handelsvertreter seinen Ausgleich verlangt.[573] Dagegen reicht der Vorbehalt weiterer Schritte nicht aus.[574] Ebenfalls nicht erforderlich ist, daß der Ausgleichsanspruch bei der Geltendmachung schon der Höhe nach beziffert wird.[575] Im Falle der Einreichung der Klage bei Gericht[576] wird die Frist analog § 270 Abs. 3 ZPO auch dann gewahrt, wenn die Zustellung erst nach Fristablauf erfolgt.[577]

208   Die **Versäumung** der Frist hat das Gericht im Gegensatz zur Verjährung **von Amts wegen zu beachten**, und nicht erst wenn der Unternehmer sich hierauf beruft.[578] Die fristgerechte Geltendmachung des Anspruchs muß der Handelsvertreter **beweisen**.

II. Verwirkung

209   Die Verwirkung des Ausgleichsanspruchs kommt nur in Betracht, wenn der Handelsvertreter seinen Anspruch innerhalb der Jahresfrist des Abs. 4 Satz 2 geltend gemacht hat und ihn dann aber nicht mehr verfolgt. Voraussetzung für eine Verwirkung ist, daß der **Handelsvertreter nach der erstmaligen Geltendmachung untätig bleibt** und der Unternehmer sich nach dem Gesamtverhalten des Handelsvertreters darauf einrichten konnte, daß der Anspruch nicht mehr realisiert wird. Ein solcher Vertrauensschutz des Unternehmers wird aber regelmäßig schon durch die erstmalige Geltendmachung des Ausgleichsanspruchs innerhalb der Jahresfrist ausgeschlossen. Deshalb reicht auch ein mehrmonatiger Zeitablauf nach der erstmaligen Geltendmachung nicht aus.[579]

III. Verjährung

210   Soweit der Handelsvertreter die Ausschlußfrist des Abs. 4 Satz 2 eingehalten hat, verjährt der Ausgleich gemäß § 88 innerhalb von vier Jahren. Die **Verjährungsfrist** beginnt im Gegensatz zur Ausschlußfrist nicht mit der Fälligkeit des Ausgleichsanspruchs, sondern mit dem Schluß des Kalenderjahres, in welchem der Anspruch fällig geworden ist.[580] Da der Ausgleichsanspruch weder vor noch nach der Vertragsbeendigung, sondern mit der Vertragsbeendigung fällig wird,[581] läuft die Verjährungsfrist von Handelsvertreterverträgen die

[568] BGHZ 40, 13, 18 = LM Nr. 17 mit Anm. *Rietschel* für die Geltendmachung des Ausgleichsanspruchs im Kündigungsschreiben des Handelsvertreters; KG NJW 1960, 631 für die Geltendmachung in der Erwiderung auf die Kündigung des Unternehmers; BGHZ 50, 86, 88 = LM Nr. 31 mit Anm. *Rietschel* für die Geltendmachung in einem Anwaltsschreiben während der Verhandlungen, die zum Vertragsende führen.

[569] BGHZ 73, 99 = LM Nr. 55/56 mit Anm. *Alff.*

[570] Staub/*Brüggemann* RdNr. 109; *Westphal*, Neues Handelsvertreterrecht, S. 173.

[571] BGHZ 50, 86, 88 = LM Nr. 31 mit Anm. *Rietschel.*

[572] BGH NJW 1958, 23; BGH BB 1962, 1001; KG NJW 1960, 631; OLG Frankfurt NJW 1960, 630; OLG Karlsruhe BB 1957, 561.

[573] BGH DB 1968, 1060.

[574] BGH DB 1969, 2077.

[575] BGH DB 1962, 1404.

[576] BGHZ 53, 332, 338.

[577] BGH NJW 1980, 455, 456.

[578] Staub/*Brüggemann* RdNr. 108.

[579] OLG Karlsruhe BB 57, 561: 11 Monate; OLG Düsseldorf HVR (58) Nr. 184; OLG Nürnberg HVR (62) Nr. 342.

[580] *Küstner/v. Manteuffel/Evers* II RdNr. 1436; Staub/*Brüggemann* RdNr. 114.

[581] BFH BB 1969, 862.

beispielsweise am 31. 8. 1990 enden, am 31. 12. 1994 ab.[582] Im Gegensatz zu Abs. 4 Satz 2 ist die Verjährungsvorschrift des § 88 **dispositiv**.[583] Deshalb kann die vierjährige gesetzliche Verjährungsfrist vertraglich abgekürzt werden.[584] Grenze ist jedoch die Jahresfrist des Abs. 4 Satz 2.[585]

IV. Verzinsung

Der Ausgleichsanspruch ist nach den **§§ 352, 353 HGB** vom Tage seiner Fälligkeit an   211
mit 5 % zu verzinsen.[586]

V. Schuldner des Ausgleichsanspruchs

1. Unternehmer. Nach Abs. 1 Satz 1 ist der **Unternehmer** als Vertragspartner des Han-   212
delsvertreters **Schuldner** des Ausgleichsanspruchs. Wird das Unternehmen in der Rechtsform einer Personengesellschaft (BGB-Gesellschaft, OHG, KG) geführt, richtet sich die
ausgleichsrechtliche Haftung bei einem Gesellschafterwechsel nach den gesellschaftsrechtlichen Vorschriften.[587] Der Ausgleichsanspruch kann aber nicht ohne weiteres gegen andere
Konzernunternehmen geltend gemacht werden, wenn das Unternehmen zu einem Konzern gehört.[588] Vielmehr ist dies nur auf der Grundlage besonderer konzernrechtlicher
Haftungstatbestände möglich.[589]

2. Betriebsveräußerung durch Unternehmer. Die Betriebsveräußerung durch den   213
Unternehmer führt nicht zu einer Änderung der Schuldnerstellung. Denn der erwerbende
Unternehmer tritt nicht automatisch in das Vertragsverhältnis ein, da § 613 a BGB auf den
selbständigen Handelsvertreter keine Anwendung findet.[590] Deshalb steht dem Handelsvertreter der Ausgleichsanspruch weiterhin gegen den veräußernden Unternehmer zu, wenn
das Vertreterverhältnis infolge der Betriebsveräußerung gekündigt wird.

Jedoch **haftet** unter den Voraussetzungen der §§ 25 HGB, 419 BGB auch der **Betriebs-**   214
erwerber. Das gleiche gilt, wenn sich der Erwerber im Wege des Schuldbeitritts oder der
Schuldübernahme zur Zahlung des Ausgleichs verpflichtet hat. Eine befreiende Schuldübernahme nach den §§ 414 ff. BGB kann aber nicht vor Beendigung des Vertragsverhältnisses vereinbart werden, weil anderenfalls gegen den Unabdingbarkeitsgrundsatz des Abs. 4
Satz 1 verstoßen würde. Die Vereinbarung der befreienden Schuldübernahme erfolgt entweder durch dreiseitigen Vertrag zwischen Handelsvertreter, Betriebsveräußerer und Betriebserwerber oder durch zweiseitigen Vertrag mit Zustimmung des Handelsvertreters.[591]

3. Schuldübernahme durch nachfolgenden Handelsvertreter. Die Schuldübernahme   215
durch den Nachfolger des Handelsvertreters mit der Folge, daß der Vertreternachfolger
Ausgleichsschuldner wird, hat infolge der Neuregelung des Abs. 3 Nr. 3 erheblich an Bedeutung verloren. Tritt ein nachfolgender Handelsvertreter auf Grund einer Vereinbarung
zwischen Unternehmer und Handelsvertreter an dessen Stelle in das Vertragsverhältnis ein,
entsteht nach Abs. 3 Nr. 3 schon kein Ausgleichanspruch. Deshalb kann der nachfolgende
Handelsvertreter auch nicht die Schuldnerstellung durch Schuldübernahme übernehmen.

Sind jedoch die **Voraussetzungen** des Abs. 3 Nr. 3 nicht erfüllt, ist eine Schuldüber-   216
nahme durch den nachfolgenden Handelsvertreter innerhalb der Grenzen des Unabding-
barkeitsgrundsatzes weiterhin möglich. Demnach kann eine Schuldübernahme ohne
Auswirkungen auf den Ausgleichsanspruch erfolgen, wenn zum einen die Schuldübernah-

---

[582] AA OLG Hamm VW 1981, 203; *Küstner/
v. Manteuffel/Evers* II RdNr. 1436 f.
[583] Baumbach/*Hopt* § 88 RdNr. 9.
[584] Vgl. § 225 Satz 2 BGB.
[585] Baumbach/*Hopt* § 88 RdNr. 9; unklar *Küst-
ner/v. Manteuffel/Evers* II RdNr. 1439 ff.
[586] *Küstner/v. Manteuffel/Evers* II RdNr. 640.
[587] Heymann/*Sonnenschein/Weitemeyer* RdNr. 76.
[588] OLG Düsseldorf VersR 1971, 857.

[589] Zur Konzernhaftung vgl. BGHZ 115, 187;
BGH NJW 1993, 1200; vgl. auch BGH EWiR
1987, 379 mit Kurzkomm. *v. Hoyningen-Huene* zum
Provisionsanspruch des Handelsvertreters bei wirtschaftlicher Verflechtung.
[590] BGH NJW 1963, 101; Staub/*Brüggemann* § 84
RdNr. 33.
[591] *Küstner/v. Manteuffel/Evers*   II   RdNr. 153;
Schröder DB 1967, 2015.

me nach Vertragsende vereinbart wird. Zum anderen darf die Vereinbarung über den Eintritt des nachfolgenden Handelsvertreters (Dritten) nicht zwischen Unternehmer und Handelsvertreter erfolgen (Abs. 3 Nr. 3). Dagegen ist eine Abrede zwischen dem Unternehmer und dem Dritten (nachfolgender Handelsvertreter) mit der Zustimmungserklärung des Handelsvertreters oder einer Abrede zwischen Handelsvertreter und nachfolgendem Handelsvertreter (Dritten) mit der Zustimmungserklärung des Unternehmers zulässig.[592] Jedoch darf der nachfolgende Handelsvertreter nicht unter der Aufrechterhaltung der vollen Identität des bestehenden Handelsvertretervertrags eintreten, weil dann der Vertrag mit dem alten Handelsvertreter nicht beendet wird, sondern nur eine Auswechslung der Vertragspartner stattfindet. Dann scheitert aber der Ausgleichsanspruch schon an der Voraussetzung der Vertragsbeendigung, so daß der nachfolgende Handelsvertreter die Schuldnerstellung hinsichtlich des Ausgleichsanspruchs überhaupt nicht übernehmen kann.[593]

217 Eine Schuldübernahme liegt nicht vor, bei den sogenannten **Abwälzungsvereinbarungen**. Das sind interne Absprachen zwischen dem Unternehmer als Ausgleichsschuldner und dem Nachfolger des ausgeschiedenen Handelsvertreters, wonach dieser Nachfolger dem Unternehmer den vom Unternehmer an den ausscheidenden Handelsvertreter gezahlten Ausgleich erstattet.[594] Damit bleibt im Verhältnis zum Handelsvertreter der Unternehmer immer noch Ausgleichsschuldner.

218 Das gleiche gilt für **Einstandszahlungen**, dh. Zahlungen des nachfolgenden Handelsvertreters an den Unternehmer, damit der nachfolgende Handelsvertreter die Handelsvertreterstelle überhaupt erhält.[595]

G. Prozessuale Fragen

I. Gerichtsstand und Klageverfahren

219 **1. Gerichtsstand.** Je nach Streitwert[596] ist bei einem Rechtsstreit über den Ausgleichsanspruch das **Amts-** oder **Landgericht** zuständig. Soweit bei dem zuständigen Landgericht eine Kammer für Handelssachen gebildet wurde, kann unter den Voraussetzungen der §§ 93 ff. GVG der Rechtsstreit auf Antrag des Klägers vor der **Kammer für Handelssachen** verhandelt werden.

220 Dagegen ist für Rechtsstreitigkeiten der Handelsvertreter iSd. § 92 a (vgl. § 92a RdNr. 8 ff.) nach den §§ 5 Abs. 3 iVm. 2 Abs. 1 Nr. 3a ArbGG das **Arbeitsgericht** zuständig (vgl. § 92a RdNr. 5).[597] Da der Einfirmenvertreter wegen seiner wirtschaftlichen Abhängigkeit eine arbeitnehmerähnliche Stellung hat, soll er in den Genuß der arbeitsgerichtlichen Zuständigkeit kommen. Sind aber die Voraussetzungen des § 5 Abs. 3 ArbGG nicht erfüllt, ist die Zuständigkeit der ordentlichen Gerichte begründet. Es kommt nicht darauf an, ob die Handelsvertreter als arbeitnehmerähnliche Personen iSd. § 5 Abs. 1

[592] *Thume* BB 1991, 490, 491; aA *Küstner/v. Manteuffel* BB 1990, 1713, 1714 hinsichtlich der Vereinbarung zwischen ausscheidendem Handelsvertreter und nachfolgendem Handelsvertreter.
[593] *Thume* BB 1991, 490, 491 f.; vgl. BGH NJW 1989, 35.
[594] *Küstner/v. Manteuffel* BB 1990, 1713, 1714.
[595] *Küstner/v. Manteuffel/Evers* II RdNr. 178; solche Zahlungen sind nach BGH NJW 1983, 1727 grundsätzlich zulässig; sie verstoßen aber gegen den Unabdingbarkeitsgrundsatz des Abs. 4 Satz 1, wenn der Unternehmer mit der Einstandszahlung nur das Ziel verfolgt, diesen Anspruch zu stunden und später mit der Ausgleichszahlung zu verrechnen.

[596] Hierzu *Schneider* BB 1976, 1298; nach BGH NJW 1985, 58 hat aber der nachfolgende Handelsvertreter einen vertraglichen Anspruch auf (teilweise) Erstattung der geleisteten Zahlung, wenn das Vertragsverhältnis zwischen dem nachfolgenden Handelsvertreter und dem Unternehmer vorzeitig beendet wird und die Parteien bei Abschluß des Handelsvertretervertrags von einer Vertragsdauer ausgingen, es dem Handelsvertreter ermöglicht hätte, den als Abfindung gezahlten Betrag ganz oder teilweise durch Provisionseinnahmen auszugleichen.
[597] *Germelmann/Matthes/Prütting* Arbeitsgerichtsgesetz 2. Aufl. 1995, § 5 RdNr. 25; *Grunsky* Arbeitsgerichtsgesetz, 7. Aufl. 1995, § 5 RdNr. 22.

Satz 2 ArbGG angesehen werden können, da § 5 Abs. 3 ArbGG eine für den Handelsvertreter ausschließliche Zuständigkeitsregelung enthält.[598]

Da die Parteien des Handelsvertretervertrags regelmäßig Vollkaufleute sind, kann durch eine **Gerichtsstandsvereinbarung** nach § 38 ZPO die Zuständigkeit eines an sich sachlich oder örtlich unzuständigen Gerichts vereinbart werden. Ansonsten gelten die allgemeinen Zuständigkeitsvorschriften der ZPO (§§ 12 ff. ZPO). **221**

2. Klageerhebung. Die nach § 253 ZPO erforderliche Bestimmtheit des Klageantrags ist auch durch einen **unbezifferten Klageantrag**, in dem die Höhe des beanspruchten Ausgleichs in das Ermessen des Gerichts gestellt und lediglich ein Mindestbetrag angegeben wird, gewahrt.[599] Jedoch muß der klagende Handelsvertreter in der Klageschrift zumindest die Tatsachengrundlagen angeben, die dem Gericht eine Schätzung der Ausgleichshöhe (§ 287 ZPO) ermöglicht. **222**

Zur Bestimmung der Ausgleichshöhe kann der Handelsvertreter seine Zahlungsklage im Wege der **Stufenklage** nach § 254 ZPO mit einer **Auskunftsklage** verbinden.[600] Dabei muß der Kläger die Belege, die der Unternehmer vorlegen soll, wie zB die in den letzten fünf Jahren gezahlte Provision, in einem zumutbaren Umfang genau bezeichnen.[601] Der Handelsvertreter hat aber keinen Auskunftsanspruch über Provisionsansprüche, die bereits verjährt sind.[602] **223**

3. Grundurteil. Eine Vorabentscheidung über den Grund des Anspruchs ist zwar grundsätzlich zulässig, beim Ausgleichsanspruch aber wegen des engen Zusammenhangs von Anspruchsgrund und Anspruchshöhe kaum durchführbar.[603] Deshalb ist ein Grundurteil über den Ausgleichsanspruch nur möglich, wenn über Grund und Höhe verschiedene Tat- und Rechtsfragen in Betracht kommen. Außerdem muß der erhebliche Unternehmervorteil und die Billigkeit des Anspruchs mit hoher Wahrscheinlichkeit zu bejahen sein.[604] **224**

Die **Ausgleichsbemessung** im Urteil des Tatrichters ist durch das Revisionsgericht nur beschränkt nachprüfbar auf Verstöße gegen Erfahrungsgrundsätze, Außerachtlassung wesentlichen Parteivorbringens und Vorliegen eines Rechtsirrtums.[605] Inwieweit nähere Feststellungen des Tatrichters notwendig sind, hängt vom Parteivortrag ab.[606] **225**

II. Beweislastverteilung

Der **Handelsvertreter** muß grundsätzlich alle Anspruchsvoraussetzungen **beweisen**. Hierbei kommen ihm allerdings im Einzelfall gewichtige Beweiserleichterungen zugute. Im einzelnen ist die Beweislastverteilung bei den jeweiligen Anspruchsvoraussetzungen erörtert. **226**

---

[598] BAG AP § 92a Nr. 1 mit Anm. *Hefermehl* = SAE 1962, 38 mit Anm. *Neumann-Duesberg*; *Germelmann/Matthes/Prütting* Arbeitsgerichtsgesetz, § 5 RdNr. 28; aA *Grunsky* Arbeitsgerichtsgesetz, § 5 RdNr. 22.

[599] OLG Düsseldorf HVR (77) Nr. 504; Baumbach/Lauterbach/*Albers/Hartmann* ZPO, 53. Aufl. 1995, § 253 RdNr. 49, 53. Aufl. 1995; *Küstner/v. Manteuffel/Evers* II RdNr. 1541; vgl. *Zöller* ZPO § 253 RdNr. 14, 19. Aufl. 1995.

[600] Vgl. Kommentar-Literatur zu § 254 ZPO; *Wolf* BB 1978, 1246.

[601] BGH NJW 1983, 1056; Baumbach/Lauterbach/*Albers/Hartmann* § 253 RdNr. 51. Zum Streitwert der Stufenklage siehe *Zöller* § 254 RdNr. 1, § 3 RdNr. 16: Danach errechnet sich der Streitwert durch Wertaddition der beiden Klagen, wobei der Auskunftsanspruch mit einem Bruchteil (1/4 – 2/5) des Werts des Zahlungsanspruchs beziffert wird.

[602] BGH NJW 1982, 235, 236; Zum Umfang des Auskunftsanspruchs vgl. auch OLG Düsseldorf NJW 1966, 888.

[603] BGH NJW 1967, 2153, 2154; Baumbach/*Hopt* RdNr. 83.

[604] BGH NJW 1967, 2153, 2154.

[605] BGHZ 41, 129, 135 = LM Nr. 18 mit Anm. *Rietschel*; BGHZ; 73, 93, 103 = LM Nr. 55/56 mit Anm. *Alff*.

[606] BGH NJW 1967, 248, 249; BGH WM 1981, 817; 818; BGH NJW 1990, 2889, 2890.

H. Steuerrechtliche Fragen

227   Der Ausgleichsanspruch wirft eine Reihe von steuerlichen Problemen auf.[607] Dies gilt insbesondere für die steuerrechtliche Behandlung des Ausgleichsanspruchs bei der Einkommen-, Umsatz- und Gewerbesteuer.

I. Einkommensteuer

228   **1. Tarifbegünstigung.** Die Ausgleichszahlungen zählen gemäß **§ 24 Nr. 1 c Einkommensteuergesetz (EStG)** zu den außerordentlichen Einkünften iSd. § 34 EStG und sind auf Antrag steuerbegünstigt. Sie werden bis zu einem Betrag von DM 30 Mio. mit der Hälfte des durchschnittlichen Steuersatzes besteuert.[608] Dies gilt grundsätzlich auch, wenn der Ausgleichsbetrag in Raten bezahlt wird.[609]

229   Dagegen wird die **Tarifbegünstigung** nicht ausgelöst, wenn der Handelsvertreter entsprechend seinen abgeschlossenen Geschäften laufend als Teilzahlungen sogenannte Vorabentschädigungen auf seinen Ausgleichsanspruch enthält, da es dann zu keiner Zusammenballung der außerordentlichen Einkünfte in dem jeweiligen Veranlagungszeitraum kommt.[610] Ebensowenig greift die Tarifbegünstigung ein, wenn anstelle der Ausgleichszahlung wiederkehrende Bezüge in Form einer Rente treten sollen, weil in diesem Fall eine Schuldumwandlung stattfindet.[611] Handelt es sich bei der ausgleichberechtigten Handelsvertretung um eine juristische Person, ist der Ausgleichsanspruch ebenfalls nicht steuerbegünstigt. Denn die Besteuerung der juristischen Person richtet sich nach dem Körperschaftsteuer-Gesetz, das eine dem § 34 EStG vergleichbare Vorschrift nicht kennt.

230   **2. Aufgabegewinn.** Der Ausgleichsanspruch gilt **nicht** als **Aufgabegewinn iSd. § 16 EStG,**[612] weil die Ausgleichszahlung stets zum laufenden Gewinn zu zählen sind.[613] Dagegen können Zahlungen, die ein Handelsvertreter von seinem Nachfolger für die Übertragung der Vertretung erhält als Aufgabengewinn iSd. § 16 EStG anzusehen sein.

231   **3. Zeitpunkt der steuerlichen Erfassung.** Der bilanzierende Handelsvertreter hat den Ausgleich bei dessen Entstehung, also mit **Vertragsbeendigung, zu aktivieren.**[614] Bei der Beendigung des Handelsvertreterverhältnisses zum 31.12.1994 muß der Handelsvertreter den Ausgleich demnach noch im Jahre 1994 in die Bilanz aufnehmen.[615]

232   **4. Augleichrückstellungen.** Der Unternehmer kann wegen der künftigen Ausgleichsverpflichtungen **keine Rückstellungen** bilden,[616] weil die etwaigen künftigen Ausgleichsverpflichtungen weder ausreichend konkretisiert noch konkretisierbar sind, um eine gegenwärtige Last des Unternehmers darstellen zu können.[617]

---

[607] Ausführlich hierzu Kommentar-Literatur zu § 24 Einkommensteuergesetz (EStG): *Hermann/Heuer/Raupach,* Einkommensteuer und Körperschaftsteuergesetz, § 24 RdNr. 7 ff.; 20. Aufl., Stand 1992; *Littmann,* Einkommensteuergesetz, § 24 RdNr. 82 ff., 15. Aufl. 1994; *Schmidt* EStG § 24 Anm. 7, 13. Aufl. 1994; Monographien und Aufsätze: *Deon,* Besteuerung der Handelsvertreter, 2. Aufl. 1969; *Jansen,* Die Steuer der Handelsvertreter, 1980; *George,* Steuerliche Besonderheiten bei Handelsvertretern, 10. Aufl. 1979; *Küstner/v. Manteuffel/Evers* II RdNr. 1687 ff.

[608] *Westphal,* Neues Handelsvertreterrecht, S. 176 mit Berechnungsbeispiel für die Ermittlung der Steuerschuld.

[609] *Küstner/v. Manteuffel/Evers* II RdNr. 1712 ff.; *Westphal,* Neues Handelsvertreterrecht, S. 177.

[610] BFH BB 1988, 2158.

[611] *Janzen,* Die Steuer des Handelsvertreters, S. 26; *Küstner/v. Manteuffel/Evers* II RdNr. 1718 ff.; *Westphal,* Neues Handelsvertreterrecht, S. 177.

[612] BFH DStZ 1991, 53.

[613] AA *Felix* BB 1987, 870 m. weit. Nachw.; *Westphal,* Neues Handelsvertreterrecht, S. 178.

[614] BFH BStBl. 1979 II S. 485.

[615] *Küstner/v. Manteuffel/Evers* II RdNr. 1697 ff.

[616] BFH BStBl. 1983 II S. 375.

[617] AA BGH BB 1966, 1267; *Staub/Brüggemann* RdNr. 142; *Westphal,* Neues Handelsvertreterrecht, S. 180.

II. Gewerbesteuer

Der Handelsvertreter ist mit dem an ihn gezahlten Ausgleichsbetrag grundsätzlich **ge-** **233** **werbesteuerpflichtig**,[618] da der Ausgleich zum laufenden Gewinn des Handelsvertreters zählt und damit einen Gewerbeertrag iSd. § 7 GewStG darstellt. Eine Ausnahme von dem Grundsatz der Gewerbesteuerpflicht gilt aber, wenn der Ausgleich nach dem Tod des Handelsvertreters an dessen alleinerbende Witwe gezahlt wird und der Handelsvertreter seinen Gewinn durch Einnahme-/Überschußrechnung, die von der Witwe beibehalten wird, ermittelt hat.[619]

III. Umsatzsteuer

Ebenso unterliegen Ausgleichszahlungen grundsätzlich der Umsatzsteuer. Dies gilt aus-   **234** nahmsweise nicht, wenn die Ausgleichszahlungen durch einen Unternehmer erfolgen, der seinen Sitz außerhalb des Erhebungsgebiets hat.

J. Besonderheiten für Versicherungs- und Bausparkassenvertreter (Abs. 5)

I. Unterschiede zum Warenvertreter

Abs. 5 modifiziert die auf den Warenvertreter zugeschnittene Regelung der Abs. 1 bis 4   **235** **für** den **Versicherungs- und Bausparkassenvertreter**[620] (vgl. § 92 RdNr. 5 ff.) in zweifacher Hinsicht.[621] Zum einen gelten die Abs. 1, 3 und 4 für den Versicherungsvertreter mit der Maßgabe, daß anstelle der Geschäftsverbindung mit neuen Kunden, die der Handelsvertreter geworben hat, die Vermittlung neuer Versicherungsverträge durch den Versicherungsvertreter tritt. Dabei steht die wesentliche Erweiterung bestehender Versicherungsverträge, die wirtschaftlich der Vermittlung eines neuen Versicherungsvertrages entspricht, der Neuvermittlung gleich. Zum anderen beträgt nach Abs. 5 Satz 2 die Ausgleichshöchstgrenze abweichend von Abs. 2 maximal drei Jahresprovisionen oder Jahresvergütungen. Diese Abweichungen gelten auch für den Bausparkassenvertreter (Abs. 5 Satz 3).[622]

Die Regelung des Abs. 5 trägt den **besonderen Verhältnissen der Versicherungs-**   **236** **wirtschaft** Rechnung. Durch die Vermittlung konventioneller Versicherungsverträge kann nämlich dem Versicherer regelmäßig keine Kundschaft in dem Sinne zugeführt werden, daß er allein auf Grund der einmal hergestellten Kundenbeziehung laufend gleichartige Folgegeschäfte („Nachbestellungen") erwarten könnte.[623] Der Abschluß eines neuen Versicherungsvertrages nach Ablauf des alten Vertrages erfordert vielmehr in der Regel neue Vermittlungsbemühungen von ähnlicher Intensität wie der erste Vertragsschluß, weil der Kunde auch hier wieder zu einem eigenständigen Entschluß auf veränderter sachlicher Grundlage und auf Grund neuer Überlegungen unter anderen Umständen veranlaßt werden muß.[624] Der Versicherungsvertreter wirbt also regelmäßig keine Stammkunden, sondern schafft nur einen Bestand von neuen, meist langfristigen Versicherungsverträgen.[625] Diesen Umstand berücksichtigt schon § 92 Abs. 3 Satz 1 iVm. § 87 Abs. 1, indem er dem Versicherungsvertreter im Gegensatz zum Warenvertreter nur Provisionen für eigene Abschlüsse gewährt, nicht dagegen Provisionsansprüche für Geschäfte, die ohne seine Mitwir-

[618] BFH DStZ 1991, 53; BFH BB 1969, 483; aA FG Berlin DB 1978, 1312; FG Münster EFG 1969, 20, wenn die Ausgleichszahlung und die Betriebsaufgabe zusammenfällt; *Felix* BB 1987, 870 m. weit. Nachw.; Staub/*Brüggemann* RdNr. 141.
[619] BFH BStBl. 1971 II S. 786; *Westphal*, Neues Handelsvertreterrecht, S. 181.
[620] Zum Begriff des Versicherungs- und Bausparkassenvertreters siehe die Legaldefinition in § 92 HGB.

[621] Vgl. *Küstner* BB 1975, 493; *ders.* BB 1981, Beil. 12, 51 ff.; *Küstner/v. Manteuffel/Evers* II RdNr. 513 ff, 694 ff., 1355 ff..
[622] BGHZ 34, 311, 313; BGHZ 59, 125, 131 = LM Nr. 44 mit Anm. *Rietschel.*
[623] *Höft* VersR 1976, 205; *Küstner/v. Manteuffel/ Evers* II RdNr. 18; für den Bausparvertreter *Küstner* BB 1981, Beil. 12 S. 1, 3 f.
[624] *Höft* VersR 1976, 205, 207.
[625] Staub/*Brüggemann* RdNr. 124.

kung mit Dritten abgeschlossen worden sind, auch wenn er diese ursprünglich als Kunden für Geschäfte gleicher Art geworben hatte[626] (vgl. § 92 RdNr. 10 ff.).

II. Zweck der Regelung

237   Die Ausgleichszahlung hat deshalb auch nicht den Zweck, entgangene Provisionen aus neuen Geschäften des Unternehmers mit dem vom Handelsvertreter geworbenen neuen Kundenstamm abzugelten. Vielmehr soll der Versicherungsvertreter für die Folgeprovisionen aus den laufenden Versicherungsverträgen entschädigt werden, die ihm wegen der Beendigung des Vertreterverhältnisses entgehen. Der Ausgleichsanspruch des Versicherungsvertreters tritt damit **an die Stelle bereits verdienter Provisionsansprüche,** soweit deren Existenz infolge der Beendigung des Vertretervertrages vernichtet wird.[627] Der Ausgleichsanspruch betrifft mithin nicht wie beim Warenvertreter den Wegfall einer Verdienstchance, sondern den Verlust bereits entstandener Ansprüche. Während dem Warenvertreter mit dem Ausgleichsanspruch ein zusätzlicher Anspruch gewährt wird, der neben die bis zur Vertragsbeendigung verdienten Provisionen tritt,[628] stellt der Ausgleichsanspruch des Versicherungsvertreters ein Surrogat für bereits verdiente Provisionsansprüche dar, soweit diese mit der Vertragsbeendigung infolge vereinbarter **Provisionsverzichtklauseln** entfallen (vgl. RdNr. 244).[629]

III. Besonderheiten im einzelnen

238   **1. Vorteil des Versicherungs- oder Bausparkassenunternehmers. a) Neuer Versicherungs- und Bausparkassenvertrag.** Für die Ermittlung der Unternehmervorteile iSd. Abs. 1 Satz 1 Nr. 1 tritt anstelle der Werbung neuer Kunden die Vermittlung neuer Versicherungs- oder Bausparverträge. **Neu** ist dabei jeder Vertrag über ein gesondertes Risiko, für das bisher keine Versicherung bestand oder für das der alte Vertrag abgelaufen ist.[630] Dagegen reicht es nicht aus, daß sich der Altvertrag auf Grund einer Verlängerungsklausel automatisch verlängert. Jedoch schadet nicht, wenn mit dem Kunden bereits Versicherungsverträge über andere Risiken bestehen.

239   Der Vermittlung oder dem Abschluß eines neuen Versicherungsvertrags steht nach Abs. 5 Satz 2 die **wesentliche Erweiterung** eines bestehenden Vertrags gleich, sofern die Erweiterung wirtschaftlich der Vermittlung eines neuen Vertrags entspricht. Eine wesentliche Erweiterung liegt beispielsweise vor bei der Einbeziehung verwandter Risiken oder bei einer erheblichen Aufstockung der Deckungssumme mit entsprechender Prämienerhöhung. Dabei kann eine Erhöhung der Prämie von 25% einen Anhaltspunkt für eine wesentliche Erweiterung des Vertrags geben.[631] Entscheidend sind aber immer die Umstände des Einzelfalls.

240   **b) Erheblicher Vorteil.** Durch die Vermittlung neuer Versicherungs- und Bausparverträge erlangt der Unternehmer einen erheblichen Vorteil, weil sich seine Gewinnchancen durch den größeren Bestand an Versicherungsverträgen erhöhen. Entscheidend ist die Zahl der vermittelten Neuverträge, nicht dagegen das Verhältnis des Gesamtbestands von Versicherungsverträgen zu Beginn und Ende des Vertreterverhältnisses.[632] Deshalb wird ein Unternehmervorteil nicht ausgeschlossen, wenn trotz erfolgreicher Vermittlungstätigkeit des Versicherungsvertreters der Umfang des Gesamtbestands des Versicherers rückläufig ist.[633]

[626] BGH BB 1986, 2091; *Höft* VersR 1976, 205.
[627] OLG Frankfurt BB 1978, 728.
[628] BGHZ 45, 268 = LM Nr. 25 mit Anm. *Rietschel* = VersR 1966, 754, 842 mit Anm. *Höft.*
[629] OLG Frankfurt BB 1978, 728; *Küstner/ v. Manteuffel/Evers* II RdNr. 33.

[630] BGHZ 59, 125, 131 = LM Nr. 44 mit Anm. *Rietschel*; Heymann/*Sonnenschein/Weitemeyer* RdNr. 106; *Küstner/v. Manteuffel/Evers* II RdNr. 514 ff.; Staub/*Brüggemann* RdNr. 126.
[631] *Küstner/v. Manteuffel/Evers* II RdNr. 520.
[632] OLG Stuttgart VersR 1957, 329, 330.
[633] *Küstner/v. Manteuffel/Evers* II RdNr. 526.

Da der Begriff des Unternehmervorteils weit zu fassen ist,[634] gehören hierzu nicht nur 241
die auf Grund der Provisionsverzichtsklausel ersparten **Vermittlungsfolgeprovisionen**,
sondern auch **Prämienerhöhungen**, die sich **aus nachvertraglichen Erweiterungen der
vermittelten Verträge** ergeben. Hierzu zählen insbesondere Prämienerhöhungen infolge
von Ergänzungsverträgen, die den vom Versicherungsvertreter vermittelten Vertrag nach
Beendigung des Vertreterverhältnisses verlängern oder die Versicherungssumme erhöhen.[635] Dagegen sind Zweitabschlüsse nach Beendigung des Vertragsverhältnisses nicht zu
berücksichtigen,[636] wenn diese nicht mehr demselben Versicherungs- und Bausparbedürfnis
dienen (vgl. RdNr. 248). Entscheidendes Abgrenzungskriterium zwischen Ergänzungsvertrag und Zweitvertrag ist nicht die äußere Form der Vertragsgestaltung, sondern das Vorliegen eines engen wirtschaftlichen Zusammenhangs.[637]

Ein **ungünstiger Schadensverlauf** mindert den Vorteil nur, wenn er speziell die vom 242
Vertreter vermittelten Verträge betrifft und zudem der Schadensverlauf gerade darauf beruht, daß der Versicherungsvertreter entgegen seinen Vertragspflichten überwiegend Verträge mit schlechten Risiken vermittelt hat.[638] Dagegen kann ein ungünstiger Schadensverlauf, der sich auf den Gesamtbestand des Versicherers bezieht, den Vorteil nicht mindern.

2. Provisionsverlust des Versicherungs- oder Bausparkassenvertreters. Für die Be- 243
rechnung der Provisionsverluste des Warenvertreters ist entscheidend, in welchem Umfang
und auf welche Dauer mit weiteren Folgeaufträgen der vom Handelsvertreter geworbenen
neuen Kunden zu rechnen ist. Demgegenüber ist beim Versicherungs- oder Bausparkassenvertreter auf den bis zum Zeitpunkt der Vertragsbeendigung vermittelten neuen
Kundenbestand abzustellen und zu prüfen, inwieweit **vermittelte Verträge noch nicht
voll vergütet** sind.[639]

a) Verlust von Abschlußfolgeprovisionen. Eine volle Vergütung fehlt, wenn bereits im 244
Grunde verdiente Vermittlungs- oder Abschlußprovisionen durch die Vertragsbeendigung
entfallen.[640] Da nach § 92 Abs. 3 ein Provisionsanspruch erst mit der Zahlung der Prämie
durch den Versicherungsnehmer entsteht, begründet der Abschluß oder die Vermittlung
des Versicherungsvertrags nur einen aufschiebend bedingten Provisionsanspruch. Werden
Teile der Prämie oder die Prämie erst nach der Beendigung des Vertragsverhältnisses gezahlt, verliert der Versicherungs- oder Bausparkassenvertreter seine Provisionsansprüche
nicht,[641] weil der Eintritt der aufschiebenden Bedingung nach Vertragsende das Entstehen
des Anspruchs nicht verhindert. Deshalb treten Provisionsverluste nur auf, wenn die Parteien in einer **Provisionsverzichtsklausel** den **Verzicht** des Versicherungs- oder Bausparkassenvertreters **auf Abschlußfolgeprovisionen** vereinbart haben.[642]

Dagegen hat der Versicherungs- oder Bausparkassenvertreter **keine Provisionsverluste,** 245
wenn eine **Einmalprovision** verabredet wird und diese bereits gezahlt wurde. Einmal-
provisionsregelungen sind insbesondere in der Lebens- und Krankenversicherung, aber
auch im Bausparwesen üblich.[643] Ebenso fehlt es an einem Provisionsverlust, wenn dem
Vertreter infolge der Vertragsbeendigung Provisionen entgehen, die nicht erfolgs- sondern
tätigkeitsbedingte und daher nicht ausgleichspflichtige **Verwaltungsentgelte** darstellen.[644]

---

[634] BGHZ 34, 310, 317, 318; BGH BB 1971,
105; *Küstner* DB 1975, 493.
[635] BGHZ 34, 310, 313; BGHZ 55, 45, 52 = LM
Nr. 38 mit Anm. *Rietschel*; BGHZ 59, 125, 130 =
LM Nr. 44 mit Anm. *Rietschel*; BB 1979, 102.
[636] BGHZ 34, 310, 319; BGHZ 59, 125, 130.
[637] BGHZ 34, 310, 319; BGHZ 59, 125, 130.
[638] *Küstner/v. Manteuffel/Evers* II RdNr. 529 ff.;
Staub/*Brüggemann* RdNr. 129.
[639] BGHZ 34, 310, 316; BGHZ 59, 125, 131.
[640] BGHZ 34, 310, 316; OLG Frankfurt BB
1978, 728, 729; *Höft* VersR 1967, 524, 525; *Küstner*
BB 1981 Beil. 12, S. 1, 5.
[641] Staub/*Brüggemann* RdNr. 130.

[642] OLG Frankfurt BB 1986, 697; OLG Frankfurt
BB 1978, 728, 729, das aber unzutreffend vom Erlöschen noch nicht fälliger Abschlußprovisionen
spricht. Vielmehr handelt es sich um aufschiebend
bedingte Provisionen; Baumbach/*Hopt* RdNr. 91;
Staub/*Brüggemann* RdNr. 130.
[643] BGHZ 30, 99, 106; OLG Stuttgart VersR
1957, 329, 332.
[644] BGHZ 30, 98, 105; BGHZ 59, 125, 129 f.;
BGH EWiR 1989, 693 mit Kurzkomm. *v. Hoyningen-Huene*, wonach Zahlungen einer Bausparkasse an
ihren Bezirksvertreter, die dieser an einen von ihm
beschäftigten, mit der Bausparkasse nicht in vertraglicher Beziehung stehenden Mitarbeiter weiterzu-

246   **b) Abschlüsse nach Vertragsende.** Zwar gewährt Abs. 5 dem Versicherungs- und Bausparkassenvertreter nur einen Ausgleichsanspruch bei Provisionsverlusten aus **bereits vermittelten Verträgen.** Daraus darf aber nicht gefolgert werden, daß Verträge, die nach Beendigung des Vertreterverhältnisses zustandekommen, niemals Grundlage eines Ausgleichsanspruchs sein können.[645] Vielmehr ist Abs. 5 weit auszulegen.

247   **aa) Ergänzungsverträge.** Dem Versicherungs- oder Bausparkassenvertreter ist demnach auch insoweit ein Ausgleich zu gewähren, als **nach** seinem **Ausscheiden zustandekommende Vertragsabschlüsse** sich bei natürlicher Betrachtungsweise lediglich als Fortsetzung (Verlängerung) oder Erweiterung (Summenerhöhung) der von ihm vermittelten Verträge darstellen.[646] Solche Ergänzungsverträge stehen mit den vom Vertreter vermittelten Erstverträgen in einem **engen wirtschaftlichen Zusammenhang** und müssen deshalb bei der Ausgleichsberechnung berücksichtigt werden. Dabei ist nicht erforderlich, daß die Ergänzungsverträge automatisch zustandekommen. Vielmehr reicht aus, wenn die frühere Tätigkeit des ausgeschiedenen Vertreters mitursächlich für den Vertrag war. Daher wird der enge wirtschaftliche Zusammenhang zwischen Erst- und Ergänzungsvertrag nicht dadurch ausgeräumt, daß der nachfolgende Vertreter sich um das Zustandekommen des Ergänzungsvertrages bemüht und dafür Provisionen erhält.[647]

248   **bb) Zweitabschlüsse.** Dagegen sind Zweitabschlüsse eines Versicherungsnehmers, die nicht demselben Versicherungs- bzw. Bausparbedürfnis wie der während des Vertreterverhältnisses vermittelte Vertrag dienen, **nicht** zu berücksichtigen.[648] Die **Abgrenzung** zwischen Ergänzungsvertrag und Zweitabschluß bereitet im Einzelfall Schwierigkeiten. Entscheidend ist nicht die äußere Form (Zusatzvertrag oder selbständiger neuer Vertrag), sondern das Vorliegen eines engen wirtschaftlichen Zusammenhangs.[649] Dieser liegt dann vor, wenn sich der neue Vertragsabschluß bei natürlicher Betrachtungsweise lediglich als Fortsetzung oder Erweiterung des vom ausgeschiedenen Handelsvertreter vermittelten Vertrags darstellt.[650] Bei Zweitabschlüssen eines Bausparvertrags, die einem anderen Bauvorhaben desselben Sparers oder der Ablösung einer Hypothek auf dessen Grundstück dienen, fehlt ein enger wirtschaftlicher Zusammenhang.[651]

249   Der Versicherungs- oder Bausparkassenvertreter trägt die **Darlegungs- und Beweislast** für das Vorliegen eines Ergänzungsvertrags.[652] Die Darlegungs- und Beweislast wird jedoch durch die Verwendung von statistischem Material über die Anzahl der Ergänzungsverträge und durch richterliche Schätzung nach § 287 Abs. 2 ZPO erleichtert.

250   **3. Billigkeitsprüfung.** Die speziell in der Versicherungswirtschaft gewährten **Provisionsrenten** dienen der Altersversorgung und haben keinen Vergütungscharakter. Sie sind wie andere Versorgungsleistungen bei der Billigkeitsprüfung anspruchsmindernd zu berücksichtigen.[653]

251   **4. Höchstbetrag (Abs. 5 Satz 2).** Im Gegensatz zum Warenvertreter beträgt der Höchstbetrag des Ausgleichsanspruchs bei Versicherungs- und Bausparkassenvertretern drei Jahresprovisionen oder Jahresvergütungen. Damit trägt der Gesetzgeber der typisch längeren Dauer von Versicherungsverträgen Rechnung. Für die Berechnung der Höchstgrenze

leiten hat und die dessen Provisionsansprüche gegen den Bezirksleiter abgelten sollen, nicht zu den auszugleichenden Provisionsverlusten des Bezirksvertreters zählen; OLG Karlsruhe VW 1984, 998 verneint einen Provisionsverlust, wenn der Vertreter die Möglichkeit gehabt hätte, einen Teil der Versicherungsnehmer zu veranlassen, die Risiko-Lebensversicherung in eine Kapital-Lebensversicherung umzuwandeln; LG München I VW 1984, 1565 verneint einen Verlust, wenn der Vertreter die Möglichkeit gehabt hätte, mit Versicherungsnehmern weitere Verträge abzuschließen.
[645] BGHZ 34, 310, 316 f.

[646] BGHZ 34, 310, 317; 59, 125, 126; 55, 45; BB 1970, 102.
[647] BGHZ 59, 125, 127.
[648] BGHZ 34, 310, 318 f.; 59, 125, 130 f.; LG München BB 1981, 573 mit Anm. *Brych;* vgl. *Küstner* BB 1981 Beil. 12, S. 1, 5 ff.
[649] BGHZ 59, 125, 130; Baumbach/*Hopt* RdNr. 92.
[650] BGHZ 34, 310, 317.
[651] BGHZ 34, 310, 319.
[652] BGHZ 59, 125, 130.
[653] Baumbach/*Hopt* RdNr. 93.

gelten die für den Warenvertreter gemachten Ausführungen (vgl. RdNr. 144 ff.). Zur Bestimmung des Höchstbetrags darf deshalb nicht einfach die Summe aller Bruttoprovisionen der letzten drei Jahre herangezogen werden. Vielmehr ist die Einjahresprovision nach dem Durchschnitt der letzten fünf Vertragsjahre zu verdreifachen, da nach Abs. 2 der Höchstbetrag aus dem Durchschnitt der in den letzten fünf Jahren der Tätigkeit des Vertreters erzielten Provisionen zu errechnen ist.

5. „Grundsätze" zur Errechnung der Höhe des Ausgleichsanspruchs. Wegen der   252
vielfältigen Schwierigkeiten bei der Berechnung des Ausgleichs haben die Spitzenvereinigungen der Versicherungswirtschaft und der selbständigen Versicherungskaufleute[654] die sogenannten „Grundsätze zur Errechnung der Höhe des Ausgleichsanspruchs (§ 89 b HGB)" vereinbart.[655] Die in der Praxis sehr bedeutsamen „Grundsätze" wurde getrennt für Sachversicherungen („Grundsätze-Sach"), die dynamische Lebensversicherung („Grundsätze-Leben") und die private Krankenversicherung („Grundsätze-Kranken"), im Bausparbereich und seit 1990 in der Vertrauensschaden- und Kautionsversicherung aufgestellt.[656] In den „Grundsätzen" empfehlen die Vertragspartner ihren Mitgliedern, Ausgleichsansprüche nach den aufgestellten „Grundsätzen" abzuwickeln.

Ihrem **Rechtscharakter** nach sind die „Grundsätze" unverbindliche Empfehlungen,[657]   253
durch die die einzelnen Verbandsmitglieder in keiner Weise berechtigt oder verpflichtet werden können. Sie stellen keinen Handelsbrauch dar,[658] da nicht für die Zukunft generell festgelegt werden kann, was als angemessener Ausgleich anzusehen ist und was dementsprechend ein Handelsbrauch sein soll.[659] Ebenso scheidet eine Einordnung als Vertrag zugunsten Dritter aus, da sie nicht nur begünstigend wirken.[660] Jedoch können die „Grundsätze" ohne weiteres mit Vertragsbeendigung vereinbart werden.[661] Trotz Aushandelns unter den Verbänden besteht keine Vermutung für die Richtigkeit und Billigkeit der „Grundsätze".[662] Vielmehr unterliegen die „Grundsätze" der vollen gerichtlichen Überprüfung.[663] Vor Beendigung des Versicherungsvertreterverhältnisses vereinbarte Grundsätze, die gegen Abs. 4 Satz 1 verstoßen, sind deshalb unwirksam.[664] Im Streitfall ist der Richter verpflichtet, selbst die angemessene Höhe eines Ausgleichsanspruchs festzustellen. Hierbei kann er sich allerdings der „Grundsätze" im Rahmen des § 287 ZPO bedienen.[665] Die „Grundsätze" haben insoweit Indizwirkung.[666]

[654] Grundsätze zur Errechnung der Höhe des Ausgleichsanspruchs bei Sachversicherungen („Grundsätze-Sach") wurden beispielsweise von dem Gesamtverband der Versicherungswirtschaft e. V., Köln und Berlin, dem Bundesverband der Geschäftsstellenleiter der Assekuranz e. V. (VGA), Köln, dem Bundesverband Deutscher Versicherungskaufleute e. V. (BVK), Bonn und dem Verband der Versicherungs-Kaufleute (VVK) e. V., Hamburg, abgeschlossen.

[655] Der Wortlaut der Grundsätze mit Erläuterungen und Berechnungsbeispielen des Bundesverbandes Deutscher Versicherungskaufleute e.V. Stand 1/1992 ist bei *Hopt,* Handelsvertreterrecht, S. 239 ff. abgedruckt.

[656] Vgl. hierzu *Küstner/v. Manteuffel/Evers* II RdNr. 1632 ff. mit Berechnungsbeispielen.

[657] BAG AP Nr. 10 = NJW 1986, 454. – AA OLG München VersR 1974, 288.

[658] OLG Frankfurt VersR 1986, 814; OLG Frankfurt BB 1986, 896, 1257; aA OLG München VersR 1974, 288; OLG Nürnberg VersR 1976, 467; LG Hamburg VersR 1972, 742 mit Anm. *Martin;* LG München VersR 1975, 736; *Martin* VersR 1970, 796.

[659] BAG AP Nr. 10 = NJW 1986, 454; BAG DB 1986, 920; OLG Frankfurt NJW 1970, 814; OLG Frankfurt VersR 1986, 814; OLG Köln BB 1974, 1093; LG Hannover BB 1976, 664 mit Anm. *Küstner.*

[660] OLG Köln BB 1974, 1093.

[661] BGH WM 1975, 856.

[662] Baumbach/*Hopt* RdNr. 96; Heymann/*Sonnenschein/Weitemeyer* RdNr. 110; – aA OLG Düsseldorf VersR 1979, 837.

[663] Vgl. auch zu § 1 UWG für die Wettbewerbsrichtlinien der Versicherungswirtschaft BGH BB 1991, 648.

[664] OLG Frankfurt BB 1986, 896.

[665] OLG Frankfurt VersR 1986, 814; kritisch OLG Frankfurt BB 1986, 896; nach LG München I VersR 1988, 1069 sind die Grundsätze als Erfahrungswerte zu berücksichtigen; Heymann/*Sonnenschein/Weitemeyer* RdNr. 110; vgl. auch BAG DB 1986, 920.

[666] BGH BB 1991, 648 zu Wettbewerbsrichtlinien der Versicherungswirtschaft für Versicherungsvertreter.

§ 90 [Geschäfts- und Betriebsgeheimnisse]

Der Handelsvertreter darf Geschäfts- und Betriebsgeheimnisse, die ihm anvertraut oder als solche durch seine Tätigkeit für den Unternehmer bekanntgeworden sind, auch nach Beendigung des Vertragsverhältnisses nicht verwerten oder anderen mitteilen, soweit dies nach den gesamten Umständen der Berufsauffassung eines ordentlichen Kaufmannes widersprechen würde.

Übersicht

I. Bedeutung

1   **1. Entstehungsgeschichte.** Eine der Regelung vergleichbare Bestimmung war in der ursprünglichen Fassung des HGB nicht enthalten. Die Vorschrift in der heutigen Fassung wurde durch das ÄndG 1953 in das HGB eingefügt.

2   **2. Inhalt und Zweck der Regelung.** Die Regelung verpflichtet den Handelsvertreter auch nach Beendigung des Handelsvertreterverhältnisses ihm anvertraute oder durch seine Tätigkeit für den Unternehmer als solche bekanntgewordene Geschäfts- und Betriebsgeheimnisse nicht zu verwerten oder anderen mitzuteilen, soweit dies nach den gesamten Umständen der Berufsauffassung eines ordentlichen Kaufmanns widersprechen würde. Die Regelung soll damit klarstellen, daß die Geheimhaltungspflicht nicht mit Beendigung der Hauptleistungspflichten aus dem Handelsvertreterverhältnis ebenfalls beendet ist, sondern diese den eigentlichen Leistungsaustausch überdauert. Es handelt sich der Sache nach um eine ausdrückliche gesetzliche Regelung einer Nachwirkung aus dem Handelsvertreterverhältnis.

3   **3. Anwendungsbereich. a) Zeitlicher Anwendungsbereich.** Die Bestimmung regelt Verschwiegenheitspflichten nur in der Zeit nach Beendigung des Handelsvertreterverhältnisses. Während des Bestands des Rechtsverhältnisses ergeben sich die Geheimhaltungspflichten bereits aus § 86 Abs. 1 Hs. 2, wonach der Handelsvertreter die Interessen des Unternehmers wahrzunehmen hat. Danach muß der Handelsvertreter während der Vertragszeit auch außerhalb seiner Vermittlungstätigkeit die Geheimnisse des Unternehmers respektieren (dazu § 86 RdNr. 57).

4   **b) Unabhängigkeit vom Handelsvertreterverhältnis.** Die Bestimmung findet unabhängig davon Anwendung, ob das Vertreterverhältnis wirksam begründet wurde. Der Unternehmer soll nämlich nach dem Sinn und Zweck der Regelung vor mißbräuchlicher Ausnutzung von Kenntnissen geschützt werden, die der Handelsvertreter im Rahmen einer Sonderverbindung durch seine Tätigkeit erlangt hat. Die Bestimmung knüpft nicht an die Verpflichtung aus dem Vertreterverhältnis, **sondern an das Tätigwerden als Handelsvertreter an.** Der Unternehmer wird daher auch dann geschützt, wenn es zwar zum Abschluß eines Handelsvertretervertrags gekommen ist, der Vertrag aber aus irgendwelchen Gründen von Anfang nichtig ist, zB wegen Geschäftsunfähigkeit, Dissens (§§ 154 f. BGB), Anfechtung (§§ 119 f., 142 Abs. 1 BGB). Entsprechendes gilt, wenn der Handelsvertreter bereits **vor Vertragsschluß** im Hinblick auf das zu begründende Handelsvertreterverhältnis Kenntnis von Geschäfts- oder Betriebsgeheimnissen erlangt hat, und zwar auch dann, wenn die Vertragsverhandlungen scheitern, es also nicht zu einem Handelsvertretervertrag kommt.

4. Ergänzende Regelungen. Die Bestimmung regelt nur die Pflicht zur Verschwiegen- 5
heit, nicht hingegen die Rechtsfolgen einer Pflichtverletzung. Diese ergeben sich aus den allgemeinen Bestimmungen, insbesondere aus den Grundsätzen über die positive Forderungsverletzung. Die Bestimmung ist nicht abschließend. Außerhalb des Anwendungsbereichs dieser Bestimmung können sich weitergehende Geheimhaltungspflichten kraft vertraglicher Abrede oder im Einzelfall auch aus dem Grundsatz von Treu und Glauben (§ 242 BGB) als nachvertragliche Pflicht ergeben.[1]

5. Analoge Anwendung. Die Bestimmung findet auf Vertragshändler,[2] Franchise- 6
Nehmer und Kommissionsagenten[3] entsprechende Anwendung.

II. Geschützte Geschäfts- und Betriebsgeheimnisse

1. Begriff. a) Definition. Geschäfts- und Betriebsgeheimnisse sind Tatsachen, die im 7
Zusammenhang mit einem Geschäftsbetrieb stehen, nur einem eng begrenzten Personenkreis bekannt, also nicht offenkundig sind und nach dem bekundeten Willen des Unternehmers geheimgehalten werden sollen.[4] Die Verschwiegenheitspflicht setzt voraus, daß die **Tatsache nach dem Willen des Unternehmers geheimzuhalten** ist. Eine ausdrückliche Bekundung des Geheimhaltungswillens ist nicht erforderlich, vielmehr kann sich dieser Wille aus den gesamten Umständen ergeben.[5] Im Zweifel muß der Handelsvertreter davon ausgehen, daß die durch seine Tätigkeit für den Unternehmer erlangten Kenntnisse bezüglich des Betriebs geheimzuhalten sind.

Die Geheimhaltungspflicht besteht trotz eines entgegenstehenden Willens des Unter- 8
nehmers **nicht hinsichtlich offenkundiger Tatsachen.** Eine solche Offenkundigkeit ist gegeben, wenn ein beliebiger Dritter auf die Information Zugriff nehmen kann.[6] Ob eine innerbetriebliche Angelegenheit des Unternehmers noch Geschäfts- oder Betriebsgeheimnis ist oder diese Eigenschaft bereits dadurch verloren hat, daß sie anderen außenstehenden Personen bekanntgeworden ist, muß nach den Umständen des Einzelfalles beurteilt werden. So stellen zwar allgemein bekannte und in entsprechenden Unternehmen übliche Verfahren und Vorgänge, einschließlich der Namen und Anschriften von Personen, die in der Branche als potentieller Abnehmer branchenzugehöriger Waren allgemein bekannt sind, keine Geschäfts- und Betriebsgeheimnisse des Unternehmers dar; es kann aber ein Betriebs- oder Geschäftsgeheimnis des Unternehmers sein, daß dieser nach solchen Verfahren arbeitet.[7] Jedenfalls wird eine Tatsache nicht bereits dadurch offenkundig, daß sie einem zur Geheimhaltung verpflichtenden Mitarbeiterkreis des Unternehmers von diesem bekanntgegeben oder einem beschränkten Interessenkreis zugänglich gemacht worden ist.

---

[1] Heymann/*Sonnenschein/Weitemeyer* RdNr. 5; Baumbach/*Hopt* RdNr. 6.
[2] *Ulmer,* Der Vertragshändler, S. 397 Fn. 14. – Allgemein zur Geheimhaltungspflicht des Vertragshändlers *Stumpf* RdNr. 36 f.
[3] Staub/*Koller* § 383 RdNr. 38.

[4] BGH 15.5.1955 – I ZR 111/53 – mitgeteilt in DB 1957 Beil. 2 Nr. 12; OLG Koblenz NJW-RR 1987, 95, 97.
[5] Baumbach/*Hopt* RdNr. 5; Heymann/*Sonnenschein/Weitemeyer* RdNr. 3.
[6] RGZ 149, 329, 334.
[7] RGZ 149, 329, 332 f.

9 **b) Beispiele:** Zu den **Geschäfts- oder Betriebsgeheimnissen** können rechnen:[8] Arbeitsmuster, Ausschreibungsunterlagen, Bezugsquellen, Computerprogramme (Software), betriebsintern aufgestellte Bilanzen, Handelsspannen, Fabrikationsverfahren, Kalkulationsunterlagen, Kapitalflußrechnungen, Preisangebote bei Submissionen, Verfahren zu Be- und Verarbeitung von Waren, Vertriebsverfahren, Vorlagen und Vorschriften technischer Art, Vertriebsstrategien und -wege, Zahlungsbedingungen; Rohstoffzusammensetzungen, Warenprobeuntersuchungen, Reiseberichte, Musterkollektionen.

10 Im Einzelfall können auch **Kundenlisten** Schutzobjekt sein. Voraussetzung ist, daß der betreffende Kunde nicht zu dem Kreise derjenigen gehört, die schon wegen ihrer Zugehörigkeit zur Branche als potentielle Abnehmer allgemein für jeden Kundigen ersichtlich in Betracht kommen.[9]

11 **2. Geschützte Geheimnisse.** Die Verschwiegensheitspflicht besteht nur hinsichtlich solcher Geschäfts- oder Betriebsgeheimnisse, die dem Handelsvertreter anvertraut oder als solche durch seine Tätigkeit für den Unternehmer bekanntgeworden sind.

12 **a) Anvertrautsein.** Anvertraut sind solche Geschäfts- und Betriebsgeheimnisse, die dem Handelsvertreter von dem Unternehmer oder im Auftrage des Unternehmers mitgeteilt worden sind. Anvertraut sind dabei nicht nur die unmittelbar zur Erfüllung der Pflichten aus dem Handelsvertreterverhältnis dem Handelsvertreter mitgeteilten Geheimnisse, sondern auch Geschäfts- und Betriebsgeheimnisse, die aus anderem Grund oder Anlaß, etwa im Gespräch über allgemeine Betriebsfragen, dem Handelsvertreter mitgeteilt wurden. Nicht erforderlich ist, daß dabei der Handelsvertreter besonders auf die Vertraulichkeit hingewiesen worden ist (so zB § 79 BetrVG für den Betriebsrat). Vielmehr reicht es aus, wenn sich aus dem erklärten oder mutmaßlichen Willen des Unternehmers die Geheimhaltungsbedürftigkeit ergibt.

13 **b) Sonstige Kenntniserlangung.** Durch die Tätigkeit für den Unternehmer **bekanntgeworden** sind dem Handelsvertreter alle Geschäfts- und Betriebsgeheimnisse des Unternehmers, die ihm zwar nicht von dem Unternehmer oder in dessen Auftrag anvertraut sind, die der Handelsvertreter aber gerade durch seine Tätigkeit für den Unternehmer erfahren hat. Damit wird **jede Art der Kenntnisnahme** während der Vertragszeit erfaßt. Es kann sich dabei auch um Tatsachen handeln, die der Handelsvertreter selbst erst geschaffen hat, zB von ihm erstellte Reiseberichte und Kundenlisten. Unerheblich ist auch, ob der Handelsvertreter rechtmäßig oder rechtswidrig die Kenntnis von den Geheimnissen erlangt hat. Zu den durch die Tätigkeit des Handelsvertreters für den Unternehmer bekannt gewordenen Geschäfts- und Betriebsgeheimnissen gehören nicht nur die Geheimnisse, die der Handelsvertreter durch die pflichtgemäße Erfüllung seiner Aufgaben erfahren hat, sondern auch solche, in deren Besitz er sich durch mißbräuchliche Ausnutzung der ihm durch seine Tätigkeit für den Unternehmer gegebenen Möglichkeiten gesetzt hat. Voraussetzung ist lediglich, daß der Handelsvertreter die Geheimhaltungsbedürftigkeit der betreffenden Tatsache erkannt hat oder bei gehöriger Sorgfalt eines ordentlichen Kaufmanns hätte erkennen müssen.

14 **3. Beweislast.** Die Beweislast dafür, daß es sich um Geschäfts- oder Betriebsgeheimnisse handelt und daß diese dem Handelsvertreter anvertraut oder als solche durch seine Handelsvertretertätigkeit für den Unternehmer bekanntgeworden sind, trägt der Unternehmer. Den Handelsvertreter trifft die Beweislast dafür, daß der Unternehmer auf die Geheimhaltung keinen Wert gelegt hat oder daß es sich um offenkundige Dinge handelt. Hierbei können die Grundsätze des Anscheinsbeweises zur Anwendung kommen.

---

[8] Vgl. auch die Zusammenstellungen bei Baumbach/*Hopt* RdNr. 5; Heymann/*Sonnenschein*/*Weitemeyer* RdNr. 4; Staub/*Brüggemann* RdNr. 1.

[9] Staub/*Brüggemann* RdNr. 1.

III. Geheimhaltungspflicht

1. Beginn und Dauer. Die Geheimhaltungspflicht besteht nach Beendigung des Handelsvertreterverhältnisses, und zwar ohne konkrete zeitliche Beschränkung. Die Verschwiegenheitspflicht entfällt erst dann, wenn die Tatsachen nicht mehr geheimhaltungsbedürftig sind, zB weil diese inzwischen allgemein bekanntgeworden sind. Allerdings kann der Zeitfaktor insoweit Bedeutung erlangen, als es um die Frage geht, ob eine Veröffentlichung der Berufsauffassung eines ordentlichen Kaufmanns widersprechen würde. **15**

Unerheblich für die Pflicht zur Verschwiegenheit ist der **Grund der Beendigung des Vertreterverhältnisses.** Selbst wenn der Handelsvertreter aus einem wichtigen, vom Unternehmer zu vertretenden Grund das Vertragsverhältnis nach § 89a Abs. 1 gekündigt hat, ist er nach § 90 zur Verschwiegenheit verpflichtet.[10] **16**

2. Inhalt des Schutzes. Der Handelsvertreter darf nach der Beendigung des Vertreterverhältnisses Geschäfts- und Betriebsgeheimnisse weder selbst verwerten noch anderen mitteilen, soweit dies nach den gesamten Umständen der Berufsauffassung eines ordentlichen Kaufmanns widersprechen würde. **17**

a) Verwertung. Eine Verwertung in diesem Sinne ist gegeben, wenn der Handelsvertreter das Geheimnis im Sinne einer auf Vermögensgewinn abzielenden Tätigkeit für sich oder einen Dritten ausnutzt. Maßgeblich ist insoweit die **Gewinnerzielungsabsicht.** Unerheblich ist dagegen, ob ein solcher Gewinn tatsächlich erzielt wird oder auch nur objektiv erzielt werden kann. In welcher Form die Verwertung geschieht, ist gleichgültig. In Betracht kommt insbesondere die Ausnutzung des Geschäfts- und Betriebsgeheimnisses für die eigene wirtschaftliche Betätigung des Handelsvertreters, unabhängig davon, ob dies in selbständiger oder in abhängiger Form geschieht. Deshalb liegt eine Verwertung zB dann vor, wenn der Handelsvertreter geheimhaltungsbedürftige Kundenlisten dazu benutzt, um als Lieferanten diesen Kunden Waren, die bisher der Unternehmer geliefert hat, anzubieten. Entsprechendes gilt, wenn er diese Kundenlisten in seiner nunmehrigen Eigenschaft als Handelsvertreter oder Angestellter eines anderen Unternehmens ausnutzt. **18**

Der **Beweggrund** für die Verwertung ist unerheblich. Verboten ist abweichend von § 17 UWG nicht nur die Verwertung zu Zwecken des Wettbewerbs, aus Eigennutz oder in der Absicht, dem Unternehmer Schaden zuzufügen. Vielmehr ist jede Vewertung schlechthin verboten. **19**

b) Mitteilung an andere. Eine Mitteilung an andere liegt vor, wenn das Geschäfts- oder Betriebsgeheimnis in irgendeiner Form an einen anderen weitergegeben wird und dieser damit in die Lage versetzt wird, das Geheimnis entweder für sich selbst zu verwerten oder es seinerseits einem anderen mitzuteilen. Ob der andere diese Möglichkeit tatsächlich ausnutzt oder auch nur ausnutzen will, ist unerheblich. Eine solche Mitteilung kann auch **durch Unterlassen** vorgenommen werden. Voraussetzung ist, daß der Handelsvertreter pflichtwidrig die Unterlagen so aufbewahrt, daß ein anderer sich in deren Besitz setzten kann. **20**

3. Grenzen. a) Grundsatz. Die Geheimhaltungspflicht besteht nur, soweit die Verwertung oder Mitteilung nach den gesamten Umständen der Berufsauffassung eines ordentlichen Kaufmanns widersprechen würde. Hierfür ist unter Berücksichtigung sämtlicher Umstände des Einzelfalls eine Abwägung des Geheimhaltungsinteresses des Unternehmers gegen das Interesse des Handelsvertreters an anderweitiger Betätigung nach dem Vertragsende nach Treu und Glauben vorzunehmen.[11] Dabei ist zu berücksichtigen, daß der Handelsvertreter mangels abweichender Vereinbarung nach Beendigung des Handelsvertreterverhältnisses in seiner Tätigkeit frei ist. **21**

---

[10] OLG Koblenz NJW-RR 1987, 95, 99; Heymann/*Sonnenschein/Weitemeyer* RdNr. 2; Staub/*Brüggemann* RdNr. 3.

[11] Begr. z. Reg.-E., BT-Drs. 1/3856 S. 37.

22   Daher widerspricht die Verwertung oder Mitteilung von Betriebs- oder Geschäftsgeheimnissen durch den Handelsvertreter dann nicht der Berufsauffassung ordentlicher Kaufleute, wenn dadurch die Belange des Unternehmers **nicht oder nur unwesentlich beeinträchtigt** werden, während andererseits die Bindung des Handelsvertreters an die Geheimhaltungspflicht eine ungerechtfertigte Beeinträchtigung seiner wirtschaftlichen Lage und seiner Fortkommensmöglichkeiten darstellen würde. In je geringerem Maße der Handelsvertreter aber auf die Preisgabe von Betriebs- oder Geschäftsgeheimnissen zur Sicherung seines Einkommens angewiesen ist, desto stärker wiegt das Interesse des Unternehmers an der weiteren Wahrung der Verschwiegensheitspflicht.

23   **b) Kundenlisten.** Besondere Probleme werfen in der Praxis die Fälle der Verwertung und Mitteilung von Kundenlisten des Unternehmers auf. Hierbei ist zu differenzieren: Hat der Handelsvertreter die Kundenliste seinerseits in das Vertragsverhältnis eingebracht, dann darf er diese auch dann für eigene Zwecke verwerten, wenn sie während der Dauer des Handelsvertreterverhältnisses geheimhaltungsbedürftig gewesen sind. Dem Handelsvertreter ist es nur verwehrt, anderen mitzuteilen, daß es sich hierbei um (ehemalige) Kunden des Unternehmers handelt.

24   Die Verwertung und Mitteilung der dem Handelsvertreter vom Unternehmer zur Verfügung gestellten Kundenlisten verstößt grundsätzlich dann gegen die Berufsauffassung eines ordentlichen Kaufmanns, wenn dies **branchenspezifisch** erfolgen soll. Eine solche Verwertung und Mitteilung ist nur dann zulässig, wenn die Kunden ohne Zutun des Handelsvertreters entschlossen sind, die Geschäftsbeziehungen zu dem Unternehmer nicht mehr fortzusetzen.[12] Unabhängig hiervon kann sich der Handelsvertreter jedoch stets an solche Kunden wenden, die als Abnehmer der von dem Unternehmer angebotenen Ware ganz allgemein in Betracht kommen. Es handelt sich insoweit nämlich um allgemein zugängliche Informationen, so daß von vornherein ein Betriebs- oder Geschäftsgeheimnis nicht gegeben ist, auch wenn diese Namen auf der Kundenliste des früheren Unternehmers geführt werden. Auch eine branchenfremde Verwertung oder Mitteilung der Namen und Anschriften berührt die Interessen des Unternehmers in der Regel nicht und ist daher zulässig.

25   Diese Grundsätze gelten auch für die von dem Handelsvertreter für den Unternehmer **neu geworbenen Kunden.**[13] Die Kundenwerbung gehört nämlich zu den Vertragspflichten eines Handelsvertreters und erfolgt daher für den Unternehmer. Unerheblich ist insoweit, ob der ausgeschiedene Handelsvertreter eine Ausgleichszahlung nach § 89b erhalten hat.[14]

IV. Rechtsfolgen einer Pflichtverletzung

26   **1. Unterlassung und Beseitigung.** Der Handelsvertreter kann vom Unternehmer nach § 90 auf Unterlassung in Anspruch genommen werden, wenn er gegen seine Verschwiegensheitspflicht verstößt oder ein Verstoß gegen diese Pflichten droht. Daneben bestehen Beseitigungsansprüche, zB bezüglich Aufzeichnungen des Handelsvertreters über Geschäfts- oder Betriebsgeheimnisse. Handelt der Handelsvertreter zu Zwecken des Wettbewerbs, dann ergeben sich diese Ansprüche zusätzlich aus § 1 UWG. Außerdem kann der Unternehmer die Geheimhaltung durch Vertragsstrafe sichern.[15]

27   **2. Schadensersatz.** Wegen der dem Unternehmer aus der Verletzung der Verschwiegensheitspflicht entstehenden Schäden ist der Handelsvertreter nach den Grundsätzen der positiven Forderungsverletzung zum Schadensersatz verpflichtet. Schadensersatzansprüche können sich insoweit auch aus Delikt, zB §§ 823 Abs. 1 (Recht am Gewerbebetrieb), 826

---

[12] OLG Koblenz NJW-RR 1987, 95, 97 f.
[13] OLG Koblenz NJW-RR 1987, 95, 97.

[14] Baumbach/*Hopt* RdNr. 7; Staub/*Brüggemann* RdNr. 5. – aA Heymann/*Sonnenschein/Weitemeyer* RdNr. 4.
[15] BGH NJW 1993, 1786, 1787.

BGB, und, wenn der Handelsvertreter zu Wettbewerbszwecken gehandelt hat, aus § 1 UWG ergeben. Demgegenüber greift § 19 iVm. § 17 Abs. 1 UWG beim selbständigen Handelsvertreter nicht ein, weil die Bestimmung ein Anstellungsverhältnis voraussetzt.[16] In Betracht kommt allenfalls Beihilfe des Handelsvertreters zum verbotenen Ausspähen oder Verwerten durch einen Dritten nach § 17 Abs. 2 UWG.

3. Gewinnherausgabe. Hat der Handelsvertreter durch die verbotene Verwertung Ge-   **28** winne erzielt, ist er unter den Voraussetzungen des § 687 Abs. 2 BGB zur Herausgabe des Erlangten an den Unternehmer verpflichtet.

4. Ansprüche gegen den Mitteilungsempfänger. Mangels Sonderrechtsbeziehung   **29** scheiden vertragliche Ansprüche gegen den Mitteilungsempfänger (Dritten) aus. Dieser ist dem Unternehmer jedoch aus unerlaubter Handlung zum Schadensersatz verpflichtet, wenn sich der Geheimnisverrat als unerlaubte Handlung des Handelsvertreters darstellt und der Dritte den Handelsvertreter hierzu angestiftet oder ihm dabei Beihilfe geleistet hat. In diesem Fall haftet der Dritte wie der Handelsvertreter auf Schadensersatz, und zwar mit dem Handelsvertreter als Gesamtschuldner (§ 840 Abs. 1 BGB). Deliktische Ansprüche gegen den Dritten sind auch dann gegeben, wenn sich dessen Verhalten selbst als unerlaubte Handlung darstellt.

Ebenso kann sich bei Geheimnisverrat durch den Handelsvertreter auch ein **Schadenser-**   **30** **satzanspruch** des Unternehmers gegen den Dritten aus **§ 1 UWG** ergeben. Weiß der Dritte nämlich, daß der Handelsvertreter pflichtwidrig Geschäfts- oder Betriebsgeheimnisse des Unternehmers offenbart, handelt er seinerseits sittenwidrig, wenn er die so erlangten Kenntnisse zu Wettbewerbszwecken im geschäftlichen Verkehr ausnutzt. Dies gilt insbesondere, wenn der Dritte den Handelsvertreter zum Geheimnisverrat verleitet hat. Erfüllt der Dritte seinerseits den Tatbestand des § 17 UWG, dann ergeben sich Schadensersatzansprüche zusätzlich aus § 19 UWG.

V. Abweichende Vereinbarungen

Die Parteien können von dieser Bestimmung abweichende Vereinbarungen treffen. Dies   **31** gilt sowohl hinsichtlich des Umfangs der Geheimhaltungspflicht, die durch Vertrag erweitert, aber auch eingeschränkt werden kann, sowie hinsichtlich der Rechtsfolgen eines Verstoßes gegen die Geheimhaltungspflicht. **Grenzen** werden allerdings der Vereinbarung abweichender Regelungen in **allgemeinen Geschäftsbedingungen** durch § 9 AGBG gesetzt. Eine abweichende Vereinbarung darf insbesondere nicht gegen wesentliche Grundgedanken der gesetzlichen Regelung verstoßen. Daher kann der Unternehmer durch von ihm verwendete allgemeine Geschäftsbedingungen dem Handelsvertreter nicht generell untersagen, Geschäfts- und Betriebsgeheimnisse zu verwerten oder anderen mitzuteilen. Der Handelsvertreter wäre in diesen Fällen nämlich an einer Ausnutzung des Geschäfts- und Betriebsgeheimnisses auch dann gehindert, wenn dies der Berufsauffassung eines ordentlichen Kaufmanns entsprechen würde und der Unternehmer hieran kein eigenes, berechtigtes Interesse hätte. Dies stünde im Widerspruch zum Grundgedanken der Regelung des Hs. 2. Hierdurch soll nämlich sichergestellt werden, daß der Handelsvertreter im Interesse seines beruflichen Fortkommens auf bestimmte Informationen dann zurückgreifen kann, wenn dies branchenüblich ist oder kein berechtigtes Interesse des Unternehmers an einer Geheimhaltung mehr besteht.[17]

---

[16] RG JW 1927, 2378; Baumbach/*Hefermehl* UWG, 18. Aufl. 1995, § 17 RdNr. 10.

[17] OLG Koblenz NJW-RR 1987, 95, 97 f.

§ 90 a [Wettbewerbsabrede]

(1) **Eine Vereinbarung, die den Handelsvertreter nach Beendigung des Vertragsverhältnisses in seiner gewerblichen Tätigkeit beschränkt (Wettbewerbsabrede), bedarf der Schriftform und der Aushändigung einer vom Unternehmer unterzeichneten, die vereinbarten Bestimmungen enthaltenden Urkunde an den Handelsvertreter. Die Abrede kann nur für längstens zwei Jahre von der Beendigung des Vertragsverhältnisses an getroffen werden; sie darf sich nur auf den dem Handelsvertreter zugewiesenen Bezirk oder Kundenkreis und nur auf die Gegenstände erstrecken, hinsichtlich deren sich der Handelsvertreter um die Vermittlung oder den Abschluß von Geschäften für den Unternehmer zu bemühen hat. Der Unternehmer ist verpflichtet, dem Handelsvertreter für die Dauer der Wettbewerbsbeschränkung eine angemessene Entschädigung zu zahlen.**

(2) **Der Unternehmer kann bis zum Ende des Vertragsverhältnisses schriftlich auf die Wettbewerbsbeschränkung mit der Wirkung verzichten, daß er mit dem Ablauf von sechs Monaten seit der Erklärung von der Verpflichtung zur Zahlung der Entschädigung frei wird. Kündigt der Unternehmer das Vertragsverhältnis aus wichtigem Grund wegen schuldhaften Verhaltens des Handelsvertreters, so hat dieser keinen Anspruch auf Entschädigung.**

(3) **Kündigt der Handelsvertreter das Vertragsverhältnis aus wichtigem Grund wegen schuldhaften Verhaltens des Unternehmers, so kann er sich durch schriftliche Erklärung binnen einem Monat nach der Kündigung von der Wettbewerbsabrede lossagen.**

(4) **Abweichende für den Handelsvertreter nachteilige Vereinbarungen können nicht getroffen werden.**

Schrifttum: *Birkhahn,* Wettbewerbsverbot für Handelsvertreter auch ohne vertragliche Vereinbarung?, BB 1961, 1351; *v. Brunn,* Das Wettbewerbsverbot im Handelsvertreterrecht beim Fehlen einer Vereinbarung, AcP 163 (1964), 487; *Cramer,* Die Wettbewerbsverbote von Handelsvertretern und ihre kartellrechtliche Beurteilung, 1972; *Fischer,* Vorstellungen zur gesetzlichen Neuregelung des vertraglichen Wettbewerbsverbotes, DB 1971, 1255; *Gallus,* Wettbewerbsbeschränkungen im Recht des Handelsvertreters, 1971; *Gutbrod,* Zulässigkeit des nachvertraglichen Wettbewerbsverbots ohne Karenzentschädigung?, DB 1990, 1806; *Hillgruber,* Grundrechtsschutz im Vertragsrecht, AcP Band 191 (1991), 69; *Hohn,* Wettbewerbsverbote für Arbeitnehmer und Handelsvertreter, DB 1967, 1852; *ders.* Wettbewerbsverbot mit Arbeitnehmern und Handelsvertretern, DB 1971, 94; *Köhler,* Nachvertragliche Wettbewerbsverbote für Absatzmittler: Zivilrechtliche und Kartellrechtliche Schranken, FS Rittner 1991, S. 265; *Küstner/v. Manteuffel,* Wettbewerbsverbote ohne Entschädigungspflicht des Unternehmers?, BB 1987, 413; *Leo,* Das Wettbewerbsverbot für Handelsvertreter, BB 1962, 1106; *Martin,* Ausgleichsanspruch (§ 89 b HGB) des Versicherungsvertreters und Wettbewerb zum Nachteil des Unternehmers, VersR 1968, 117; *Ordemann,* Die Entschädigung des Handelsvertreters für Wettbewerbsbeschränkungen (§ 90 a HGB), BB 1965, 932; *Riesenkampff,* Die „derivativen" Wettbewerbsverbote und Wettbewerbsbeschränkungen unter besonderer Berücksichtigung des Kommissions- und Agenturvertrages, BB 1984, 2026; *Rittner,* Die Wettbewerbsverbote der Handelsvertreter und § 18 GWB, ZHR 135 (1971), 289; *ders.,* Das Wettbewerbsverbot im Handelsvertreterverhältnis, Festschrift für Reinhardt, 1972, S. 301; *Schröder,* Wettbewerbsbeschränkende Wirkung der Ausgleichsleistung, DB 1964, 323; *Weber,* Das Verhältnis von Ausgleichs- und Entschädigungsanspruch im Handelsvertreterrecht, BB 1961, 1220.

Übersicht

I. Entstehungsgeschichte

§ 90 a ist durch das **Änderungsgesetz von 1953** in das HGB **eingefügt** worden. Ursprünglich kannte das HGB keine Regelung über Wettbewerbsverbote gegenüber Handelsvertretern. Ihre Vereinbarung wurde jedoch grundsätzlich für zulässig angesehen. Die in der Praxis vereinbarten Wettbewerbsabreden wurden bis 1953 für ihre Wirksamkeit an den Grenzen des §§ 138, 142 BGB gemessen.[1] Entsprechend orientierte sich die **gesetzliche Neuregelung** des § 90 a nicht am österreichischen Vorbild eines generellen Verbots von Wettbewerbsabreden. Vielmehr wurde als Maßstab das schweizerische Recht zugrundegelegt, wonach die Wirksamkeit von Wettbewerbsvereinbarungen mit Handelsvertretern von einschränkenden Voraussetzungen abhängt.[2] Im Detail erfolgte mit § 90 a eine weitgehende Annäherung an die Vorschriften für Wettbewerbsverbote mit Handlungsgehilfen

---

[1] Heymann/*Sonnenschein/Weitemeyer* RdNr. 2; vgl. auch Baumbach/*Hopt* RdNr. 7; Staub/*Brüggemann* RdNr. 2.

[2] Begr. zu RegE, BT-Drucks. 1/3856 S. 37; Baumbach/*Hopt* RdNr. 2.

ohne diese aber vollständig zu übernehmen.[3] Durch das Umsetzungsgesetz vom 23. 10. 1989[4] ist § 90a nur in Hinblick auf den Umfang der Wettbewerbsbeschränkung neu gefaßt werden. Nach **Abs. 1 Satz 2 Hs. 2** darf sich die Wettbewerbsabrede nur noch auf den dem Handelsvertreter zugewiesenen Bezirk oder Kundenkreis und nur auf die Gegenstände erstrecken, hinsichtlich deren sich der Handelsvertreter um die Vermittlung oder den Abschluß von Geschäften für den Unternehmer zu bemühen hat (zur Aufspaltung der Rechtslage für Alt- und Neuverträge vgl. RdNr. 29).

II. Regelungsgegenstand

2   Das **nachvertragliche Wettbewerbsverbot** des § 90a ist vom Wettbewerbsverbot während des Handelsvertreterverhältnisses abzugrenzen (hierzu ausführlich § 86 RdNr. 33 ff). Es schützt den Unternehmer davor, daß der ausgeschiedene Handelsvertreter über die eigentlichen Betriebsgeheimnisse (§ 90) hinaus Kenntnisse, Fertigkeiten und Verbindungen für ein Konkurrenzunternehmen benutzt.[5] Da der Handelsvertreter nach seinem Ausscheiden grundsätzlich frei ist, bedarf eine nachvertragliche Beschränkung seiner gewerblichen Tätigkeit der vertraglichen Vereinbarung. Ohne eine Vereinbarung kann ein Wettbewerbsverbot auch nicht auf einen Schadensersatzanspruch gemäß § 89a Abs. 1 gestützt werden.[6]

3   Entsprechend den §§ 74 ff. für den Handlungsgehilfen und § 133 f GewO für den Gewerbegehilfen geht auch § 90a vom **Grundsatz der bezahlten Karenz** (vgl. § 74 Abs. 2) aus. Nachvertragliche Wettbewerbsvereinbarungen des Handelsvertreters sind ebenso formgebunden (vgl. § 74 Abs. 1) und zeitlich zu befristen (vgl. § 74a Abs. 1 Satz 3). Die Loslösung von der Wettbewerbsabrede ist gleichermaßen nur unter strengen Voraussetzungen möglich (vgl. §§ 75, 75a) und wie bei der Wettbewerbsvereinbarung gegenüber dem Handlungshilfen sind die Voraussetzungen des § 90a zu Lasten des Handelsvertreters unabdingbar (vgl. § 75d).

4   Die von § 90a geforderten Voraussetzungen beruhen auf einer **Abwägung der Interessen zwischen Unternehmer und Handelsvertreter**.[7] Einerseits ist das Interesse des Unternehmers an einem nachvertraglichen Konkurrenzschutz zu beachten. Andererseits darf die Position wirtschaftlicher Überlegenheit des Unternehmers nicht dazu führen, daß der Handelsvertreter seine berufliche Betätigungsfreiheit verliert. Die gesetzlich zulässigen Einschränkungen der Wettbewerbsfreiheit des Handelsvertreters sollen darüber hinaus durch eine Entschädigung ausgeglichen werden, die den Lebensbedarf des Handelsvertreters für die Dauer der Wettbewerbsbeschränkung sichert.[8]

III. Anwendungsbereich

5   **1. Persönlicher Anwendungsbereich.** § 90a betrifft alle Handelsvertreter iSd. § 84 Abs. 1. Auf die Rechtsform, in der das Unternehmen betrieben wird, kommt es dabei nicht an. Auch Handelsvertreter, die **juristische Personen** sind (vgl. dazu § 84 RdNr. 21 f.), werden durch § 90a geschützt, obgleich die Karenzentschädigung in diesem Fall nicht der Sicherung des Lebensbedarfs (vgl. RdNr. 4) dient, sondern bloßen Vergütungscharakter für die übernommenen Beschränkungen hat.[9] Eine Anwendung des § 90a auf den **ausländischen Handelsvertreter** iSd. § 92c ist umstritten, aber zu bejahen.[10] Denn § 92c Abs. 1 läßt lediglich die Abweichung von den §§ 84 ff. durch Parteivereinbarung

---

[3] Vgl. auch Heymann/*Sonnenschein/Weitemeyer* RdNr. 2; Staub/*Brüggemann* RdNr. 2.
[4] BGBl. I S. 1910.
[5] Vgl. dazu Baumbach/*Hopt* RdNr. 6.
[6] LG Krefeld NJW-RR 1988, 1063 f.; GK-HGB/*Haumann* RdNr. 2.
[7] Heymann/*Sonnenschein/Weitemeyer* RdNr. 3.

[8] BGHZ 59, 387, 390 = LM Nr. 5 mit Anm. *Rietschel* = JR 1973, 200 mit Anm. *Schwerdtner;* 63, 353, 355 = LM Nr. 6 mit Anm. *Doerry.*
[9] Heymann/*Sonnenschein/Weitemeyer* RdNr. 4.
[10] AA ohne Begründung Staub/*Brüggemann* RdNr. 2.

zu; bei fehlender Parteivereinbarung muß deshalb die gesetzliche Regelung des § 90a gelten.[11]

Auf den **Vertragshändler** (hierzu Vor § 84 RdNr. 13 ff.) und den **Franchisenehmer** 6 (Vor § 84 RdNr. 17 ff.) kann § 90a in Grenzen entsprechend angewandt werden.[12] Im Hinblick auf das geringere Schutzbedürfnis des Vertragshändlers sind das Schriftformerfordernis (Abs. 1 Satz 1) und die Entschädigungspflicht (Abs. 1 Satz 3) jedoch nicht zwingend. Hingegen kann auch das Wettbewerbsverbot gegenüber einem Vertragshändler höchstens für zwei Jahre (vgl. § 90a Abs. 1 Satz 2) vereinbart werden.[13]

Auf **andere selbständige Gewerbetreibende** (zB Pächter eines Unternehmens) ist § 90a 7 nicht entsprechend anwendbar, weil es an der ständigen Tätigkeit für einen Unternehmer fehlt.[14] Auch fehlt das besondere Abhängigkeitsverhältnis zum Unternehmer, das die Grundlage für den durch § 90a gewährten Schutz bei Wettbewerbsvereinbarungen bildet.

2. Sachlicher Anwendungsbereich. a) Verhältnis zum Recht des Handlungsgehilfen 8 **(§§ 74 ff.).** § 90a ist für Wettbewerbsvereinbarungen gegenüber Handelsvertretern als abschließende Regelung einzuordnen. Sie wurde zwar vom Gesetzgeber den Vorschriften über Wettbewerbsabreden des Handlungsgehilfen nachgebildet; eine Übernahme der Regelungsinhalte der **§§ 74 ff.** erfolgte aber nur zum Teil. Soweit daher § 90a keine den §§ 74 ff. entsprechende Regelung enthält, ist diese Regelungslücke vom Gesetzgeber bewußt gewollt. Daher ist eine **entsprechende Anwendung** von Vorschriften aus dem Recht des Handlungsgehilfen (gegebenenfalls über eine Anwendung der §§ 138, 242 BGB) **ausgeschlossen.**[15] Soweit jedoch Identität der Tatbestandsmerkmale besteht, sind Analogie und Rückgriff auf die Rechtsprechung zu den §§ 74 ff. möglich.[16]

Die gesetzlichen Voraussetzungen an Wettbewerbsabreden gegenüber Handelsvertretern 9 **unterscheiden** sich von denen gegenüber **Handlungsgehilfen** im wesentlichen in folgenden Punkten:[17] Es besteht keine Mindestentschädigungspflicht (anders § 74 Abs. 2);[18] die Wirksamkeit der Wettbewerbsabrede gegenüber dem Handelsvertreter ist nicht vom Bestehen eines berechtigten geschäftlichen Interesses des Unternehmers abhängig (anders § 74a Abs. 1 Satz 1); auch kommt es nicht auf ein angemessenes Verhältnis zwischen Entschädigungshöhe und Fortkommenserschwerung des Handelsvertreters an (vgl. demgegenüber § 74 Abs. 1 Satz 1);[19] Wettbewerbsabreden können auch mit minderjährigen Handelsvertretern wirksam geschlossen werden (anders § 74a Abs. 2 Satz 2);[20] bei der Berechnung der fälligen Karenzentschädigung findet keine Anrechnung anderweitiger Erwerbs statt (vgl. demgegenüber § 74c Abs. 1 Satz 1).[21]

b) Verhältnis zu kartellrechtlichen Vorschriften. Die **Wettbewerbsabrede** mit dem 10 Handelsvertreter verletzt als gesetzlich zugelassene Beschränkung von Wettbewerb in aller Regel **keine** kartellrechtlichen Vorschriften.[22] Entsprechend ist § 18 GWB über sog. Ausschließlichkeitsbindungen nicht anwendbar.[23]

3. Zeitlicher Anwendungsbereich. Wettbewerbsabreden iSd. § 90a werden in der 11 Regel bereits mit Abschluß des Handelsvertretervertrags geschlossen. § 90a gilt aber glei-

[11] Ebenso Heymann/*Sonnenschein/Weitemeyer* RdNr. 4.

[12] Vgl. hierzu BGH NJW-RR 1987, 612; OLG München BB 1963, 1194.

[13] OLG München BB 1963, 1114.

[14] BGHZ 24, 165, 168; Heymann/*Sonnenschein/ Weitemeyer* RdNr. 4.

[15] Baumbach/*Hopt* RdNr. 9; GK-HGB/*Haumann* RdNr. 4; Heymann/*Sonnenschein/Weitemeyer* RdNr. 6.

[16] Baumbach/*Hopt* RdNr. 8.

[17] Siehe dazu auch Baumbach/*Hopt* RdNr. 9.

[18] Vgl. dazu OLG Nürnberg BB 1960, 1261.

[19] Heymann/*Sonnenschein/Weitemeyer* RdNr. 6; Staub/*Brüggemann* RdNr. 4.

[20] BAG AP Nr. 1 mit Anm. *Herfermehl* = NJW 1964, 1641; Baumbach/*Hopt* RdNr. 9 (§ 74 a Abs. 2 Satz 2, § 133 f Abs. 2 GewO gelten entsprechend); Heymann/*Sonnenschein/Weitemeyer* RdNr. 6; *Küstner/v. Manteuffel* I RdNr. 2174; aA LAG BW 1963, 193, 1194.

[21] BGHZ 63, 353, 355 = LM Nr. 6 mit Anm. *Doerry.*

[22] Vgl. auch Heymann/*Sonnenschein/Weitemeyer* RdNr. 6.

[23] Heymann/*Sonnenschein/Weitemeyer* RdNr. 6; *Rittner* ZHR 1971, 289, 314; Staub/*Brüggemann* RdNr. 2.

chermaßen für Wettbewerbsverbote, **die während des Bestehens des Handelsvertreterverhältnisses** durch ergänzende Vertragsänderung eingefügt werden.[24] Das Gesetz besagt zwar nicht ausdrücklich, zu welchem Zeitpunkt eine nach § 90 a zu beurteilende Wettbewerbsabrede geschlossen sein muß. Aus Abs. 2 Satz 1 ist aber zu folgern, daß nur vor dem Ende des Handelsvertretervertrags geschlossenen Vereinbarungen erfaßt werden.[25]

12   Deshalb sind die besonderen Voraussetzungen des § 90 a auch an solche Wettbewerbsabreden zu stellen, die im Zusammenhang mit einem **Aufhebungsvertrag** geschlossen wurden, durch den die Beendigung des Handelsvertreterverhältnisses jedoch erst auf einen späteren Zeitpunkt hinausgeschoben ist.[26] Denn hier steht der Handelsvertreter (noch) in einem besonderen Abhängigkeitsverhältnis zum Unternehmer, welches eine ablehnende Haltung gegenüber der vorgeschlagenen Konkurrenzklausel erschwert oder ausschließt.[27]

13   Dagegen findet § 90 a keine Anwendung, wenn die **Vereinbarung nach Beendigung des Handelsvertreterverhältnisses** oder zeitgleich mit dieser erfolgt.[28] Denn in diesem Fall ist der Handelsvertreter in seiner Entscheidungsfreiheit nicht mehr eingeschränkt, weil keine vertragliche Abhängigkeit zum Unternehmer besteht; hier entfällt das durch § 90 a erfaßte Schutzbedürfnis des Handelsvertreters.[29] Demzufolge gilt § 90 a nicht für solche **Wettbewerbsverbote die zusammen mit einem Aufhebungsvertrag** geschlossen werden, durch den das Handelsvertreterverhältnis mit sofortiger Wirkung beendet wird.[30] **Nachvertragliche Wettbewerbsvereinbarungen** können zwar wirksam abgeschlossen werden, bedürfen aber nicht der Schriftform und unterliegen nicht der Entschädigungspflicht des Unternehmers; inhaltlich haben sie die Grenzen des § 138 BGB einzuhalten.[31] Insgesamt gilt für solche nachvertraglich abgeschlossenen Wettbewerbsabreden (zu solchen Abreden vgl. RdNr. 81) der Grundsatz der Vertragsfreiheit, der allein den allgemeinen Vorschriften der §§ 157, 242 BGB untersteht.

IV. Vereinbarung über nachvertragliche Wettbewerbsbeschränkung (Wettbewerbsabrede)

14   **1. Begriff der Wettbewerbsabrede.** Wettbewerbsabreden sind nur solche Vereinbarungen, die der Legaldefinition des Abs. 1 Satz 1 entsprechen. Danach muß es sich um eine Vereinbarung handeln, die den Handelsvertreter nach Beendigung des Handelsvertretervertrages in seiner **gewerblichen Tätigkeit beschränkt** (zum Begriff der gewerblichen Tätigkeit siehe RdNr. 21).

15   **2. Zustandekommen der Vereinbarung.** Die **Vereinbarung** über ein nachvertragliches Wettbewerbsverbot unterliegt den allgemeinen Regeln über das Zustandekommen von Verträgen (§§ 145 ff. BGB). Eine Anfechtung nach den §§ 119 ff. BGB ist grundsätzlich möglich. Eine Anfechtung wegen Inhalts- bzw. Erklärungsirrtums (§ 119 Abs. 1 BGB) kommt in Betracht, wenn der Handelsvertreter sich Wettbewerbsbeschränkungen nur für die Zeit des Bestehens des Vertragsverhältnisses, nicht aber für die Zeit danach unterwerfen wollte, tatsächlich aber zugleich eine nachvertragliche Wettbewerbsbeschränkung zustande gekommen ist.[32]

[24] BGHZ 53, 89, 91.

[25] Baumbach/*Hopt* RdNr. 11; Staub/*Brüggemann* RdNr. 7.

[26] BGHZ 53, 89, 91 = LM Nr. 4 mit Anm. *Rietschel*.

[27] Vgl. auch Staub/*Brüggemann* RdNr. 6.

[28] AllgM vgl. nur BGHZ 51, 184 = BB 1969, 107 = NJW 1969, 504; BGHZ 33, 89 = BB 1970, 101 = WM 1970, 124; GK-HGB/*Haumann* RdNr. 6; Heymann/*Sonnenschein/Weitemeyer* RdNr. 9; Röhsler/*Bormann* S. 157; Staub/*Brüggemann* RdNr. 7; *Westphal* S. 182.

[29] Ähnlich Heymann/*Sonnenschein/Weitemeyer* RdNr. 9; Staub/*Brüggemann* RdNr. 6.

[30] BGHZ 51, 184, 188 = LM Nr. 3 mit Anm. *Rietschel;* Heymann/*Sonnenschein/Weitemeyer* RdNr. 9; Staub/*Brüggemann* RdNr. 6; einschränkend OLG Hamburg MDR 1968, 53.

[31] Heymann/*Sonnenschein/Weitemeyer* RdNr. 9; Staub/*Brüggemann* RdNr. 7; zur Grenzziehung durch § 138 BGB vor Inkrafttreten des § 90 a siehe oben RdNr. 1.

[32] Schlegelberger/*Schröder* RdNr. 21 b.

Wettbewerbsverbote sind grundsätzlich einer **Vertragsauslegung** zugänglich. Jedoch 16
muß aus der Vereinbarung in der Regel klar hervorgehen, daß es sich um eine Wettbewerbsbeschränkung handelt, die nach Aufhebung des Handelsvertreterverhältnisses in Kraft
tritt.[33] Eine Wettbewerbsabrede, die für die Zeit des Bestehens des Handelsvertretervertrags
geschlossen ist, kann ausnahmsweise im Einzelfall dahin ausgelegt werden, daß das Verbot
auch nach dem Vertragsende fortbestehen soll. In diesem Fall besteht u. U. wiederum die
Möglichkeit der Anfechtung durch den Handelsvertreter.

Im Unterschied zum Wettbewerbsverbot gegenüber Handlungsgehilfen (vgl. § 74 Abs. 2 17
Satz 2) ist eine Wettbewerbsvereinbarung mit **minderjährigen Handelsvertretern** zulässig
(vgl. RdNr. 9), sofern die besonderen Voraussetzungen der §§ 106 ff. BGB eingehalten
werden.

3. Höchstdauer der Vereinbarung (Abs. 1 Satz 2). Die Dauer der Wettbewerbsabrede 18
ist gemäß Abs. 1 Satz 2 begrenzt. Der Handelsvertreter darf in seiner Wettbewerbstätigkeit
höchstens zwei Jahre ab Beendigung des Handelsvertretervertrags eingeschränkt werden.
Die Zweijahresfrist ist absolut; sie kann auch nicht dadurch verlängert werden, daß der
Handelsvertreter der Wettbewerbsbeschränkung nur während bestimmter Zeitspannen
(etwa während einer alljährlich stattfindenden Messe) unterworfen ist.[34] Die Frist verlängert
sich auch nicht durch Unterbrechungszeiträume, während derer der Handelsvertreter infolge Krankheit oder Arbeitslosigkeit zu einer Wettbewerbstätigkeit ohnehin nicht in der
Lage ist.[35] Eine aktive gewerbliche Tätigkeit des Handelsvertreters ist nämlich keine Voraussetzung für den Fristlauf.[36]

Überschreitet die Frist die zweijährige Höchstdauer, ist die Vereinbarung gemäß Abs. 4 19
unwirksam; an ihre Stelle tritt die gesetzliche Frist von zwei Jahren.[37] Eine faktische Verlängerung der gesetzlichen Frist ist jedoch dadurch möglich, daß nach Ablauf des Zweijahreszeitraums eine erneute Wettbewerbsvereinbarung geschlossen wird; denn § 90 a gilt nur
für Wettbewerbsvereinbarungen, die während des bestehenden Handelsvertreterverhältnisses zustande kommen.[38] Die **Vereinbarung einer kürzeren Frist** ist zulässig.

Die Wettbewerbsabrede kann vor Ablauf der 2-Jahresfrist **gegenstandslos** werden. Das 20
gilt insbesondere bei Betriebseinstellung oder -umstellung durch den Unternehmer oder
Tod (bzw. Krankheit) des Handelsvertreters.[39]

V. Gegenstand der Vereinbarung

1. Grundsätzlicher Inhalt. Die Wettbewerbsabrede beschränkt nach der Legaldefinition 21
des Abs. 1 Satz 1 die gewerbliche Tätigkeit des Handelsvertreters. Diese Formulierung ist
unscharf und bedarf der weiteren Konkretisierung sowohl in funktionaler als auch gegenständlicher Hinsicht. Die Beschränkung in der „gewerblichen Tätigkeit" bezieht sich keineswegs nur auf die erwerbswirtschaftliche Betätigung als (selbständiger) Gewerbetreibender, sondern umfaßt jegliche (Erwerbs-)Tätigkeit bei der Konkurrenz, einschließlich einer solchen in einem abhängigen Beschäftigungsverhältnis.[40] Verboten werden
kann damit nicht nur eine anderweitige Tätigkeit als Handelsvertreter, sondern auch als
selbständiger Unternehmer, als Vertragshändler bei einem anderen Unternehmen, als Teilhaber einer Personenhandelsgesellschaft, wohl auch als stiller Gesellschafter und sogar als
Gesellschafter einer GmbH sowie als Mitglied des Leitungsorgans einer Kapitalgesellschaft.[41]

[33] Heymann/*Sonnenschein/Weitemeyer* RdNr. 8;
Westphal S. 183.
[34] Staub/*Brüggemann* RdNr. 5.
[35] Heymann/*Sonnenschein/Weitemeyer* RdNr. 12;
Staub/*Brüggemann* RdNr. 5; *Westphal* S. 183.
[36] Staub/*Brüggemann* RdNr. 5.

[37] OLG München BB 1963, 1194; Heymann/
Sonnenschein/Weitemeyer RdNr. 12; Küstner/*v. Manteuffel* I RdNr. 2157; *Westphal* S. 183.
[38] Vgl. BAG AP Nr. 2.
[39] Vgl. Baumbach/*Hopt* RdNr. 16; Staub/*Brüggemann* RdNr. 25.
[40] Vgl. Baumbach/*Hopt* RdNr. 7.
[41] Staub/*Brüggemann* RdNr. 3.

22   Wenn und soweit also eine „gewerbliche Täigkeit" nach der getroffenen Abrede verboten ist, so ist dieses Verbot nach dem Gesetzeswortlaut umfassend zu verstehen. Erfaßt werden regelmäßig **alle Konkurrenztätigkeiten** des ausscheidenden Handelsvertreters zu Lasten des Unternehmers.

23   Aus der Breite der funktionalen Beschränkungsmöglichkeiten folgt das Bedürfnis nach einer gegenständlichen Einschränkung des Wettbewerbsverbots. Zwar sieht § 90a nicht wie § 74a Abs. 1 Satz 1 vor, daß das Wettbewerbsverbot dem Schutz eines berechtigten geschäftlichen Interesses dient. Dennoch ist in Anwendung des Rechtsgedankens des § 74a Abs. 1 Satz 1 und unter Berücksichtigung der Tatsache, daß die zu sperrende Tätigkeit im Verhältnis zum Unternehmer eine solche mit Wettbewerbscharakter ist, zu fordern, daß die Wettbewerbsvereinbarung den **Schutz berechtigter geschäftlicher Interessen des Unternehmers** bezweckt.[42] Für den Rahmen dieses geschäftlichen Interesses kann als Orientierung ein Wettbewerbsverbot herangezogen werden, dem der Handelsvertreter während des Bestehens des Handelsvertreterverhältnisses unterliegt.[43]

24   **2. Umfang der Wettbewerbsbeschränkung.** Abgesehen von dieser (umstrittenen) Einschränkung auf ein erforderliches berechtigtes geschäftliches Interesse des Unternehmers war es nach der ursprünglichen Regelung grundsätzlich unerheblich, in welcher Art und in welchem Umfang die gewerbliche Tätigkeit in der Wettbewerbsabrede untersagt wird. Eine Grenzziehung war lediglich durch § 138 BGB vorgegeben. Diese Rechtslage hat sich durch Gesetz vom 23. 10. 1989[44] geändert. Die Neufassung des § 90a ist in Abs. 1 Satz 2 durch einen **zweiten Halbsatz** erweitert worden. Danach darf sich die Wettbewerbsbeschränkung nur auf den dem Handelsvertreter zugewiesenen **Bezirk** oder **Kundenkreis** und nur auf die **Gegenstände** erstrecken, hinsichtlich derer sich der Handelsvertreter um die Vermittlung oder den Abschluß von **Geschäften für den Unternehmer** zu bemühen hat. Damit wird die Parteiautonomie beim Abschluß einer nachvertraglichen Wettbewerbsklausel in örtlicher, personeller und sachlicher Hinsicht eingeschränkt.

25   **a) Räumliche bzw. personelle Einschränkung.** Ist dem Handelsvertreter durch den Handelsvertretervertrag räumlich ein bestimmter **Bezirk** zugewiesen (zum Bezirksvertreter vgl. Kommentierung zu § 87), darf sich die Wettbewerbsbeschränkung allein auf diesen Bezirk beziehen. Das gleiche gilt, wenn sich die Tätigkeit des Handelsvertreters auf einen bestimmten **Kundenkreis** erstreckt. Dabei ist der Begriff des Bezirks weit zu fassen. Begrifflich muß nicht eine Bezirksvertretung nach Maßgabe des § 87 Abs. 2 vorliegen. Ist einem Handelsvertreter, der nicht Bezirksvertreter iSd. § 87 Abs. 2 ist, ein bestimmtes räumlich abgrenzbares Gebiet zugewiesen, in dem er seine Vermittlungs- bzw. Abschlußtätigkeit zu entfalten hat, dann darf sich die Wettbewerbsbeschränkung nur auf das übertragene Arbeitsgebiet beziehen.[45] Soweit daher der Handelsvertreter lediglich in einem Bundesland tätig ist, kann die Wettbewerbsabrede nicht mehr wie bisher auf das Gebiet der ganzen Bundesrepublik erstreckt werden.

26   Die räumliche Begrenzung der Wettbewerbsabrede kann dazu führen, daß im Einzelfall eine Wettbewerbsbeschränkung des ausscheidenden Handelsvertreters kaum erzielt werden kann. Dies gilt insbesondere für Handelsvertreterverhältnisse, die sich auf einen sehr kleinen Bezirk bzw. Kundenstamm beschränken. Denn der **Handelsvertreter** kann ohne weiteres **außerhalb dieses räumlich oder personell abgegrenzten Bereiches** nachvertragliche **Wettbewerbstätigkeit entfalten.** Umgekehrt kann die Neuregelung dazu führen, daß der Handelsvertreter, dessen Vertragsverhältnis nicht auf eine Bezirks- oder Alleinvertretung beschränkt ist, einem Wettbewerbsverbot im weitesten Umfang unterworfen werden kann. Denn bedingt durch die fehlende geographische Einschränkung bezieht sich sein Tätigkeitsbereich praktisch auf das **Gebiet ganz Deutschlands;**[46] entsprechendes gilt auch

[42] Staub/*Brüggemann* RdNr. 4.
[43] Staub/*Brüggemann* RdNr. 4.
[44] BGBl. I S. 1910.
[45] *Küstner/v. Manteuffel* I RdNr. 2150; vgl. auch *Westphal* S. 184.

[46] Zur erweiternden Ausdehnung von auf „Deutschland" bezogene Wettbewerbsabreden in Altverträgen auch auf die neuen Bundesländer LAG Berlin DB 1991, S. 2187; vgl. auch *Küstner/v. Manteuffel* I RdNr. 2150, dort Fn. 143.

für Kunden und Interessenten, die zum Zwecke der Geschäftsvermittlung angesprochen werden können.[47]

Problematisch ist die Begrenzung der Wettbewerbsbeschränkung auf den betreffenden **27** Bezirk dann, wenn der Handelsvertreter **im ständigen Wechsel in unterschiedlichen Bezirken** gearbeitet hat. Denn die Frage ist hier, ob für die notwendige Begrenzung der Wettbewerbsabrede auf den Bezirk abzustellen ist, in dem der Handelsvertreter zuletzt tätig war oder aber auf das Gesamtgebiet, das sich aus den verschiedenen Einsätzen und Einzeltätigkeiten ergibt. Hier dürfte die notwendige Interessenabwägung zwischen Konkurrenzschutz des Unternehmers und beruflicher Handlungsfreiheit des Handelsvertreters wohl dazu führen, die bezirksmäßige Einschränkung des Abs. 1 Satz 2 Hs. 2 auf das addierte Gesamtgebiet zu beziehen.[48] Denn nicht nur der letzte Gebietseinsatz, sondern alle Einsätze insgesamt haben dem Handelsmakler Kundenkontakte, Kenntnisse und sonstige Vorteile verschafft. Die bezirksmäßige Beschränkung der Wettbewerbsabrede will nur verhindern, daß die Wettbewerbsbeschränkung weiter geht, als an Konkurrenznachteilen für den Unternehmer deshalb zu befürchten ist, weil der Handelsvertreter die aufgrund seiner bisherigen Tätigkeit erworbenen Kenntnisse im Wettbewerb einsetzt.

b) Sachliche Einschränkung. Neben der räumlichen und personellen Einschränkung **28** darf sich die Wettbewerbsabrede in Neuverträgen (und ab 1. 1. 1994 in entsprechend anzupassenden Altverträgen) nur auf die **Gegenstände** erstrecken, **auf die sich** bis zur Vertragsbeendigung die **Vermittlungs- bzw. Abschlußvollmacht** des Handelsvertreters **bezog.** Auch der Begriff des Gegenstandes ist weit zu fassen. Darunter fallen alle Warengattungen und Dienstleistungen, bezüglich derer der Handelsvertreter vertragsmäßig seine Tätigkeit zu entfalten hatte.[49] Eine besondere Konkretisierung ist bei Versicherungs- und Bausparkassenvertretern anzunehmen; hier ist als Gegenstand die Sparte zu verstehen, hinsichtlich derer der Vertreter Geschäftsabschlüsse zu vermitteln hatte.[50]

3. Rechtsfolgen für Altverträge ab dem 1. 1. 1994. Vor dem 1. 1. 1990 abgeschlossene **29** Wettbewerbsabreden, die keine Einschränkungen in räumlicher, personeller und sachlicher Hinsicht iSd. Abs. 1 Satz 2 Hs. 2 enthalten, bedürfen einer Anpassung an die einschränkenden Vorraussetzungen des Abs. 1 Satz 2 Hs. 2. Bei fehlender Anpassung kann der Unternehmer den Handelsvertreter nicht auf Unterlassung von Wettbewerb in Anspruch nehmen.[51] Denn als unangepaßte Vereinbarung ist die Wettbewerbsabrede eine inhaltliche Abweichung von der gesetzlichen Regelung und deshalb gemäß Abs. 4 iVm. § 134 BGB unwirksam. Im Einzelfall ist jedoch eine Aufrechterhaltung der Abrede nach Maßgabe der gesetzlich vorgeschriebenen Begrenzung möglich;[52] hierfür dürfte jedoch unerläßliche Voraussetzung sein, daß der Handelsvertreter über den nurmehr eingeschränkten Umfang des Wettbewerbsverbotes informiert wird. Eine solche Aufrechterhaltung nicht angepaßter Altverträge würde nämlich bedeuten, daß bei einer bis zum 31. 12. 1993 auf das gesamte Bundesgebiet bezogenen Wettbewerbsabrede automatisch eine Beschränkung auf den vom Handelsvertreter bearbeiteten Bezirk eintritt.[53]

VI. Formerfordernisse (Abs. 1 Satz 1)

1. Schriftform (§ 126 BGB). Die Wirksamkeit der Wettbewerbsvereinbarung hängt **30** auch von der Einhaltung der in Abs. 1 Satz 1 vorgeschriebenen Formerfordernisse ab. Insbesondere muß die Wettbewerbsabrede in Schriftform (§ 126 BGB) erfolgen. Die Urkunde über die Abrede muß gemäß § 126 Abs. 1 und Abs. 2 Satz 1 BGB von beiden Seiten grundsätzlich durch **eigenhändige Unterschrift** unterzeichnet werden; die Unter-

[47] *Küstner/v. Manteuffel* I RdNr. 2150.

[48] Zutr. *Küstner/v. Manteuffel* I RdNr. 2152.

[49] *Küstner/v. Manteuffel* I RdNr. 2151; vgl. auch *Eberstein* Handelsvertretervertrag S. 126.

[50] *Küstner/v. Manteuffel* I RdNr. 2151; vgl. *Ankele* DB 1989, 2211 [2223].

[51] *Küstner/v. Manteuffel* I RdNr. 2153.

[52] So GK-HGB/*Haumann* RdNr. 11; *Westphal* S. 184.

[53] Vgl. GK-HGB/*Haumann* RdNr. 11.

schriftsleistung durch einen Stellvertreter ist zulässig.[54] Werden gleichlautende Urkunden aufgenommen, so ist gemäß § 126 Abs. 2 Satz 2 BGB genügend, daß jede Partei die für die andere Partei bestimmte Urkunde unterzeichnet.

31   Die Urkunde muß **sämtliche vereinbarten Absprachen** im Zusammenhang mit der Wettbewerbsvereinbarung enthalten und die notwendigen Unterschriftsleistungen müssen hierfür Abschlußfunktion haben. Daher genügt es nicht, wenn zwar der Handelsvertretervertrag von beiden Vertragspartnern unterzeichnet wird, die Wettbewerbsabrede dem Vertrag aber nur lose als Anhang beiliegt.[55] In Hinblick auf das Unterschriftserfordernis können die Unterschriften des Handelsvertretervertrags auch dann nicht auf die gesonderte Wettbewerbsabrede bezogen gelten, wenn sich der Handelsvertretervertrag auf die nur anhängende Vereinbarung als wesentlichen Bestandteil bezieht.[56] Ebensowenig genügt ein inhaltlich nicht konkretisiertes Bestätigungsschreiben, das lediglich auf die vorangegangenen Vertragsverhandlungen Bezug nimmt.[57]

32   Nicht Bestandteil der schriftlichen Urkunde muß die **Entschädigungsregelung** sein. Denn die Verpflichtung des Unternehmers zur Zahlung einer Wettbewerbsentschädigung ergibt sich zwingend und unmittelbar bereits aus dem Gesetz.[58] Ist hingegen eine **Entschädigungsleistung** in der Vertragsurkunde ausdrücklich **ausgeschlossen,** so ist diese Klausel gemäß Abs. 1 Satz 3 in Verbindung mit § 134 BGB nichtig. Allerdings kann es sich im Verhältnis zur Gesamtregelung hierbei um einen Fall der **Teilnichtigkeit** gemäß § 139 BGB handeln. Daher ist für jeden Einzelfall zu prüfen, ob die Nichtigkeit des Entschädigungsausschlusses das gesamte Wettbewerbsverbot erfaßt oder ob dieses mit der Maßgabe fortbesteht, daß gemäß Abs. 1 Satz 3 vom Zeitpunkt der Vertragsbeendigung an eine angemessene Entschädigung zu zahlen ist.

33   Allerdings dürfte **im Zweifel Gesamtnichtigkeit** der Wettbewerbsklausel vorliegen, weil der Ausschluß der Entschädigung einerseits sowie Inhalt und Umfang des Wettbewerbsverbots anderseits als Einheit anzusehen sind. So kann zB der Entschädigungsausschluß deshalb vereinbart worden sein, weil der Handelsvertreter in nur ganz geringfügigem Umfang in seiner Tätigkeit eingeschränkt werden soll; hier wird der Unternehmer im Zweifel eher gänzlich auf die Abrede verzichten wollen, als daß es seinem Willen entsprechen würde, im Fall der Nichtigkeit der Entschädigungsausschlußklausel die Vereinbarung mit der entsprechenden Verpflichtung zur Zahlung einer angemessenen Wettbewerbsentschädigung aufrechtzuerhalten.[59]

34   **2. Aushändigung der Urkunde. a) Rechtzeitige Aushändigung.** Die Urkunde (bzw. ein Exemplar) muß dem Handelsvertreter rechtzeitig ausgehändigt werden. Die Aushändigung der Urkunde ist **Wirksamkeitsvoraussetzung** für die Wettbewerbsabrede.[60] Denn der Handelsvertreter soll sich jederzeit völlige Klarheit über die Beschränkungen, die er eingegangen ist, verschaffen können. Dem Erfordernis der Aushändigung wird deshalb nicht dadurch genügt, wenn der Unternehmer dem Handelsvertreter die Urkunde zwecks Gegenzeichnung zuleitet und der Handelsvertreter die Urkunde auf Verlangen des Unternehmers zurückschickt.[61]

35   In Hinblick auf das Wirksamwerden der Wettbewerbsabrede ist zu fordern, daß die Aushändigung der Urkunde binnen **angemessener** Zeit nach Abschluß der Wettbewerbsver-

[54] Dazu OLG Düsseldorf BB 1962, 731; Baumbach/*Hopt* RdNr. 14. *Küstner/v. Manteuffel* I RdNr. 2169; Staub/*Brüggemann* RdNr. 8.
[55] OLG Hamm DB 1964, 1532; Heymann/*Sonnenschein/Weitemeyer* RdNr. 13; Staub/*Brüggemann* RdNr. 8.
[56] OLG Hamm DB 1974, 1531; Staub/*Brüggemann* RdNr. 8.
[57] Heymann/*Sonnenschein/Weitemeyer* RdNr. 13; *Küstner/v. Manteuffel* I RdNr. 2165.

[58] OLG Düsseldorf BB 1962, 731; OLG Nürnberg BB 1960, 1261; *Eberstein* Handelsvertretervertrag S. 103; Heymann/*Sonnenschein/Weitemeyer* RdNr. 15; *Küstner/v. Manteuffel* I RdNr. 2172; Staub/*Brüggemann* RdNr. 10.
[59] Vgl. zum Ganzen auch *Küstner/v. Manteuffel* I RdNr. 2173.
[60] Staub/*Brüggemann* RdNr. 8.
[61] *Küstner/v. Manteuffel* I RdNr. 2171.

einbarung erfolgen muß.[62] Denn durch ein mögliches Hinausschieben der Urkundenaushändigung könnte der Unternehmer einseitig und beliebig das Verbindlichwerden der Wettbewerbsabrede steuern. Im Ergebnis liefe eine solche Handhabung auf einen unzulässigen einseitigen Wirksamkeitsvorbehalt[63] der Abrede zugunsten des Unternehmers hinaus. Erfolgt die Urkundenübergabe daher nicht innerhalb angemessener Zeit, wird die gesamte Wettbewerbsabrede hinfällig.[64]

b) Annahmeverweigerung durch den Handelsvertreter. Da das Wirksamwerden der 36
Wettbewerbsabrede an die Urkundenübergabe gebunden ist, ist der Handelsvertreter umgekehrt zur Entgegennahme der Urkunde verpflichtet. **Verweigert** die **Handelsvertreter** die Entgegennahme der **Urkunde** ungerechtfertigt, ist ihre Aushändigung an den Handelsvertreter als erfolgt zu unterstellen und die Abrede tritt ohne weiteres Zutun in Kraft.[65]

3. Rechtsfolgen von Formfehlern. Bei Nichteinhaltung der Formerfordernisse ist die 37
Wettbewerbsabrede **unwirksam** (§ 125 BGB). Die Wirksamkeit einer formgerecht vereinbarten Wettbewerbsabrede wird jedoch nicht dadurch berührt, daß der Handelsvertreter noch minderjährig ist. Der minderjährige Handelsvertreter wird durch die §§ 106 ff. BGB bereits ausreichend geschützt.[66]

VII. Pflicht zur Zahlung einer Karenzentschädigung (Abs. 1 Satz 3)

1. Entschädigungsvereinbarung. Das Gesetz verpflichtet den Unternehmer ausdrück 38
lich, für die Dauer der Wettbewerbsbeschränkung eine angemessene **Entschädigung** zu zahlen. Der Wortlaut des Abs. 1 Satz 3 unterscheidet sich deutlich von der Regelung für den Handlungsgehilfen (§ 74 Abs. 1 Satz 2), wonach die Gültigkeit der Wettbewerbsabrede von der Übernahme der Entschädigungspflicht abhängt. Die vom Gesetzgeber bei Kenntnis des § 74 Abs. 1 Satz 2 offenbar beabsichtigte abweichende Regelung in Abs. 1 Satz 3 schließt eine entsprechende Anwendung der Unwirksamkeitsrechtsfolge des § 74 Abs. 1 Satz 2 auf Wettbewerbsabreden mit Handelsvertretern aus.[67]

Für den Handelsvertreter ergibt sich der **Entschädigungsanspruch** vielmehr **unmittel** 39
bar aus dem Gesetz.[68] Daher sind Wettbewerbsvereinbarungen mit Handelsvertretern auch ohne ausdrückliche Entschädigungsvereinbarung wirksam. Bei deren Fehlen hat der Handelsvertreter einen gesetzlichen Anspruch auf eine angemessene Entschädigungsleistung. In diesem Fall sind weder die Regeln über den Dissens (§§ 154, 155 BGB) anwendbar, noch kann der Unternehmer die Wettbewerbsvereinbarung wegen Irrtums (§ 119 Abs. 1 BGB) anfechten.[69]

2. Rechtsnatur der Wettbewerbsentschädigung. Die Wettbewerbsentschädigung ist 40
Gegenleistung für die geschuldete Unterlassung des Wettbewerbs durch den Handelsvertreter.[70] Sie hat keinen Schadensersatzcharakter.[71] Aus der Rechtsnatur der Karenzentschädigung als Gegenleistung für die Unterlassung von Wettbewerb folgt, daß ihr Zweck ein anderer ist, als der des Ausgleichanspruchs nach § 89b. Dieser Anspruch will einen

[62] Ebenso Heymann/Sonnenschein/Weitemeyer RdNr. 13; Staub/Brüggemann RdNr. 9; einschränkend Westphal S. 185 („jedenfalls vor Beendigung des Handelsvertreterverhältnisses"); krit. hierzu Küstner/v. Manteuffel I RdNr. 2167.
[63] Dazu LG Tübingen BB 1977, 671; vgl. auch Staub/Brüggemann RdNr. 9.
[64] Heymann/Sonnenschein/Weitemeyer RdNr. 13; Küstner/v.Manteuffel I RdNr. 2167.
[65] Küstner/v. Manteuffel I RdNr. 2168; Westphal S. 185.
[66] BAG AP Nr. 1 mit Anm. Hefermehl.
[67] Vgl. auch OLG Nürnberg BB 1960, 1261.
[68] OLG Düsseldorf BB 1962, 731; OLG Karlsruhe VersR 1973, 857 mit Anm. Höft; OLG Nürnberg BB 1960, 1261; Heymann/Sonnenschein/Weitemeyer

RdNr. 11; Küstner/v. Manteuffel I RdNr. 2208; Staub/Brüggemann RdNr. 10; vgl. allgemein BGHZ 63, 353 = LM Nr. 6 mit Anm. Doerry; BB 1975, 197 = DB 1975, 298.
[69] Baumbach/Hopt RdNr. 18.
[70] BGHZ 59, 390 = LM Nr. 5 mit Anm. Rietschel = JR 1973, 200 mit Anm. Schwerdtner; 63, 353 [355] = LM Nr. 6 mit Anm. Doerry = NJW 1975, 388 = DB 1975, 298; BAG AP Nr. 21 zu § 74 mit Anm. Hofmann = SAE 1969, S. 5 mit Anm. Simitis; Baumbach/Hopt RdNr. 18; Heymann/Sonnenschein/ Weitemeyer RdNr. 15; Küstner/v. Manteuffel I RdNr. 2211; Staub/Brüggemann RdNr. 10.
[71] Küstner/v. Manteuffel I RdNr. 2209 m. weit. Nachw. auch zur Gegenauffassung.

Ausgleich dafür schaffen, daß bei Ausscheiden des Handelsvertreters von diesem geknüpfte Kundenkontakte für die Zukunft nur noch dem Unternehmer zugute kommen. Der Anspruch auf Ausgleich und der auf Karenzentschädigung bestehen deshalb nebeneinander, ohne daß der eine Anspruch den anderen berührt.[72]

41   **3. Angemessenheit der Entschädigung. a) Unbestimmter Rechtsbegriff.** Während der Handlungsgehilfe einen Anspruch auf eine Entschädigung von mindestens der Hälfte der letzten vertraglichen Vergütung hat (§ 74 Abs. 2), ist der Entschädigungsanspruch des Handelsvertreters durch einen unbestimmten Rechtsbegriff gekennzeichnet. Die Festlegung der Höhe der Entschädigung ist in erster Linie Aufgabe der Parteien. Weicht die Vereinbarung in der Höhe von der gesetzlich „angemessenen" Entschädigung zugunsten des Handelsvertreters ab, bleibt es beim Vorrang des Parteiwillens. Bei einer Abweichung zu Lasten des Handelsvertreters oder bei gänzlich fehlender Parteivereinbarung über die Höhe der Wettbewerbsentschädigung tritt an deren Stelle die gesetzlich angemessene Entschädigung.[73] Die Höhe einer angemessenen Entschädigung ist gegebenenfalls gerichtlich nach § 287 ZPO zu bestimmen.

42   **b) Kriterien der Angemessenheit.** Der unbestimmte Rechtsbegriff der „angemessenen Entschädigung" beruht auf dem Grundgedanken, daß die Entschädigung nicht zu einem unangemessenen Gewinn für den Empfänger führen, sondern lediglich die mit dem Wettbewerbsverbot verbundenen beruflichen Nachteile in den vom Gesetz aufgestellten Grenzen ausgleichen soll.[74] Daher ist eine **Abwägung erforderlich** zwischen den Nachteilen, die dem Handelsvertreter durch die Einhaltung des Wettbewerbsverbotes entstehen und den Vorteilen, die der Unternehmer hieraus zieht.[75]

43   Für die Abwägung zur Beurteilung der Angemessenheit der Entschädigung sind verschiedene **Kriterien** maßgeblich.[76] Zu berücksichtigen sind die erforderliche wirtschaftliche Sicherung des Handelsvertreters, die Möglichkeiten einer anderweitigen, nicht dem Wettbewerbsverbot unterliegenden Erwerbstätigkeit, die wirtschaftliche Bedeutung des Wettbewerbsverbots für den Unternehmer sowie der materielle Verlust, den das Konkurrenzverbot für den Handelsvertreter (insbesondere durch Ablehnung einer u. U. besser vergüteten Stelle beim Konkurrenzunternehmer) bedeutet.[77]

44   **c) Berücksichtigung anderweitigen Erwerbs des Handelsvertreters.** Umstritten ist, ob für die Prüfung der Angemessenheit einer Karenzentschädigung ein anderweitiger Erwerb des Handelsvertreters zu berücksichtigen ist. Die Frage einer Anrechnung anderweitigen Erwerbs des Handelsvertreters auf die Entschädigung ist im Unterschied zum Recht des Handlungsgehilfen (vgl. § 74 c) in § 90 a nicht geregelt. Die eine Auffassung lehnt eine Berücksichtigung von anderweitig erzieltem Erwerb bei der Bemessung einer Entschädigung im wesentlichen mit der Begründung ab, daß § 90 a eine abschließende Regelung für Wettbewerbsverbote gegenüber Handelsvertretern enthalte. Bei § 74 c handele es sich um einen gesetzlich geregelten Fall der Vorteilsausgleichung. § 90 a enthalte insoweit eine vom Gesetzgeber beabsichtigte Regelungslücke. Auch habe der Entschädigungsanspruch des Handelsvertreters keinen Schadensersatzcharakter. Eine Anrechnung des während der Karenzzeit vom Handelsvertreter tatsächlich erzieltem oder (fiktiv) erzielbarem anderweitigen Erwerbs könne daher nicht in entsprechender Anwendung des § 74 c erfolgen.[78] Der Han-

[72] Staub/*Brüggemann* RdNr. 10.
[73] BGHZ 59, 390; 63, 353 [355] = NJW 1975, 388 = DB 1975, 298; BAG AP Nr. 1 mit Anm. *Hefermehl* = NJW 1964, 1641; OLG Nürnberg BB 1960, 1261; Heymann/*Sonnenschein/Weitemeyer* RdNr. 18; Staub/*Brüggemann* RdNr. 12.
[74] BAG AP GewO § 133 f Nr. 23 mit Anm. *Hofmann* = AR-Blattei, Wettbewerbsverbot, Entsch. 70 mit Anm. *Buchner* = SAE 1970, 181 mit Anm. *Pleyer*; Baumbach/*Hopt* RdNr. 19; *v. Hoyningen-Huene* Billigkeit S. 96 ff. m. weit. Nachw.

[75] BGHZ 63, 353, 355 f; Heymann/*Sonnenschein/Weitemeyer* RdNr. 18; *Ordemann* BB 1965, 932, 933.
[76] Vgl. auch *Küstner/v. Manteuffel* I RdNr. 2211 ff. m. weit. Nachw.
[77] Staub/*Brüggemann* RdNr. 12.
[78] So Baumbach/*Hopt* RdNr. 20; Staub/*Brüggemann* RdNr. 10; vgl. auch *Küstner/v. Manteuffel* I RdNr. 2219 m. weit. Nachw.

delsvertreter könne die volle (angemessene) Entschädigung also unabhängig davon beanspruchen, ob und inwieweit er zur Ausübung einer Wettbewerbstätigkeit im Laufe der Karenzzeit überhaupt in der Lage oder allgemein verhindert gewesen wäre.[79]

Nach anderer, zutreffender Auffassung ist hingegen ein **anderweitig erzielter Erwerb** 45 des Handelsvertreters im Rahmen der Bemessung der Angemessenheit der Entschädigung **zu berücksichtigen.**[80] Einerseits kann als Maßstab für die Bemessung der Karenzentschädigung des Handelsvertreters zwar der für den Handlungsgehilfen geltende § 74c Abs. 1 Satz 1 nicht direkt herangezogen werden; denn der Gesetzgeber hat bewußt für das Recht des Handelsvertreters auf eine dem § 74c Abs. 1 Satz 1 entsprechende Regelung verzichtet.[81] Andererseits bedurfte es aber nach dem Gesetzeswortlaut des § 90a Abs. 1 Satz 3 keiner gesonderten Anrechnungsvorschrift, da der Anspruch des Handelsvertreters von vornherein auf eine „angemessene Entschädigung" gerichtet ist. Dieser unbestimmte Rechtsbegriff ist auszulegen und begründet eine gewisse Rechtsunsicherheit, die bei der Entschädigungsregelung nach den §§ 74 ff. vermieden worden ist. Aber auch der Anspruch des Handlungsgehilfen ist auf eine angemessene Entschädigung gerichtet, wobei hier die Grenzen der Angemessenheit gesetzlich festgelegt sind: einmal durch die gesetzliche Mindestentschädigung und zum anderen durch die Anrechnungsregeln des § 74c. Im Rahmen des § 90a sind hingegen diese Grenzen durch Auslegung und inhaltliche Auffüllung des unbestimmten Rechtsbegriffs „Angemessenheit" festzulegen. Da aber sowohl die Entschädigungsregelung nach §§ 74 ff als auch die nach § 90a im Grundgedanken übereinstimmen, findet auch bei der Entschädigung des Handelsvertreters eine Anrechnung anderweitigen Erwerbs statt.[82]

4. Art und Weise der Entschädigung. Die Art und Weise der Entschädigung ist gesetz- 46 lich nicht vorgeschrieben und somit der **Parteivereinbarung,** gegebenenfalls der **gerichtlichen Feststellung** überlassen. Zwar hat nach dem Gesetzeswortlaut der Unternehmer eine Entschädigung zu „zahlen". Dieser Begriff braucht jedoch nicht im engsten Sinne verstanden zu werden; es muß sich nicht notwendig um eine Geldleistung handeln, sondern es genügt auch die Zuwendung anderer Vermögenswerte, die für den Handelsvertreter einen wirtschaftlichen Vorteil darstellen.[83]

Soweit eine **Geldleistung** erfolgt, sind bei der Bemessung der Entschädigung die Brut- 47 toprovisionen zugrunde zu legen. Die Entschädigung ist ein Bruttoentgelt und enthält die Mehrwertsteuer.[84] Sofern keine Zahlungsvereinbarung erfolgt ist, ist anders als beim Handlungsgehilfen (vgl. § 74b) die Entschädigung des Handelsvertreters grundsätzlich auf einmal zu zahlen (vgl. § 271 Abs. 1 BGB).[85] Auch wird der Handelsvertreter als selbständiger Kaufmann in der Regel auf die einmalige Vorauszahlung angewiesen sein, um sich für den Aufbau einer Existenz nach Ablauf der Karenzzeit vorbereiten zu können.[86]

Für eine **Ratenzahlung,** die in der Praxis weit verbreitet ist,[87] bedarf es daher der aus- 48 drücklichen Vereinbarung zwischen Unternehmer und Handelsvertreter. Sie wird in der Regel schon deshalb erfolgen, um die Rechtsfolge des Abs. 2 Satz 1 auslösen zu können. Danach erlischt die Entschädigungspflicht des Unternehmers nach Ablauf von sechs Monaten nach Verzicht auf die Wettbewerbsabrede (vgl. RdNr. 54).

5. Entstehung, Fälligkeit und Verjährung der Wettbewerbsentschädigung. Aus § 90a 49 ergibt sich nicht zwingend, zu welchem Zeitpunkt der Anspruch auf die Entschädigungsleistung entsteht. Jedoch ist davon auszugehen, daß die **Entstehung** des Entschädigungsan-

[79] BGHZ 63, 353 = LM Nr. 6 mit Anm. *Doerry;* Baumbach/*Hopt* RdNr. 20.
[80] BAG AP GewO § 133f Nr. 23; Heymann/ *Sonnenschein/Weitemeyer* RdNr. 18; *Ordemann* BB 1965, 932; grundsätzlich auch *Küstner/v. Manteuffel* I RdNr. 2218 (mit Einschränkungen).
[81] BGHZ 63, 353.
[82] BAG AP GewO § 133f Nr. 23.

[83] BGH NJW 1962, 1346; *Küstner/v. Manteuffel* I RdNr. 2231; Staub/*Brüggemann* RdNr. 12.
[84] BGHZ 63, 353.
[85] Heymann/*Sonnenschein/Weitemeyer* RdNr. 16; *Ordemann* BB 1965, 932; Staub/*Brüggemann* RdNr. 13.
[86] Vgl. Staub/*Brüggemann* RdNr. 13.
[87] Vgl. OLG Karlsruhe VersR 1973, 857.

spruchs an die Beendigung des Handelsvertretervertrags anknüpft.[88] Ab diesem Zeitpunkt ist gem. § 271 Abs. 1 BGB die gesamte Entschädigungssumme **fällig** (vgl. RdNr. 47), sofern zwischen den Parteien keine Ratenzahlungsvereinbarung getroffen wurde.[89] Eine solche Ratenzahlungsvereinbarung ist in Hinblick auf die vom Gesetz gemäß Abs. 2 Satz 1 implizit eröffnete Möglichkeit einer Sukzessivleistung (vgl. RdNr. 46) keine unzulässige Abweichung im Sinne des Abs. 4.[90]

50   Wie beim Handlungsgehilfen unterliegt der Anspruch auf die monatliche Karenzentschädigung als Anspruch auf andere Dienstbezüge der kurzen zweijährigen **Verjährung** gemäß §§ 196 Abs. 1 Nr. 8, 201 BGB.[91] Auch in der Zwangsvollstrekung (Pfändungsschutz nach § 850 Abs. 3a ZPO) und im Konkurs (Konkursvorrecht nach §§ 59, 61 Nr. 1b KO) wird der Entschädigungsanspruch wie ein Anspruch auf Dienstvergütung behandelt.[92]

51   **6. Rechtsfolgen bei fehlender oder unangemessener Entschädigungszusage.** § 90a enthält keine dem § 74 Abs. 1 Satz 2 entsprechende Regelung, wonach die Gültigkeit der Wettbewerbsabrede von der Übernahme der Entschädigungspflicht abhängt. Eine entsprechende Anwendung des § 74 Abs. 1 Satz 2 auf die Wettbewerbsabrede zwischen Unternehmer und Handelsvertreter ist ausgeschlossen.

VIII. Verzicht des Unternehmers auf die Wettbewerbsabrede (Abs. 2 Satz 1)

52   Gemäß **Abs. 2 Satz 1** kann der Unternehmer bis zum Ablauf des Handelsvertreterverhältnisses schriftlich auf die Wettbewerbsbeschränkung **verzichten.** Die gesetzliche Möglichkeit des Verzichts knüpft an den Umstand an, daß der Unternehmer im Laufe des Handelsvertreterverhältnisses nachträglich sein Interesse an der Wettbewerbsbeschränkung verlieren kann. Vor Schaden durch einen (kurzfristigen) Verzicht des Unternehmers wird der Handelsvertreter dadurch geschützt, daß er erst mit Ablauf von sechs Monaten nach der Verzichtserklärung seinen Entschädigungsanspruch verliert.[93]

53   **1. Voraussetzungen des Verzichts.** Der Verzicht ist eine einseitige empfangsbedürftige Willenserklärung; sie muß dem Handelsvertreter in **schriftlicher** Form (§ 126 BGB) zugehen. Der Unternehmer kann sich dabei gemäß § 164 BGB durch Stellvertreter vertreten lassen. Der Verzicht ist **bedingungsfeindlich;** wegen seiner Gestaltungswirkung kann er nicht einseitig zurückgenommen, wohl aber nach §§ 119 ff. BGB angefochten werden.[94] Zulässig ist auch der Verzicht auf einen Teil der Wettbewerbsbeschränkung.[95] **Zeitlich** muß der Verzicht bis zum Vertragsablauf erklärt werden; daher ist die Erklärung auch noch während einer laufenden Kündigungsfrist wirksam. Ein grundsätzlich jederzeit widerruflicher **Ausschluß** des Verzichtsrechts kann vertraglich vereinbart werden. Eine solche Vereinbarung ist für den Handelsvertreter rechtlich nicht von Nachteil und daher nicht gemäß Abs. 4 ausgeschlossen. Ein formungültiger oder verspäteter Verzicht kann als Angebot zum Abschluß eines Aufhebungsvertrags ausgelegt werden (vgl. RdNr. 55).

54   **2. Rechtsfolgen des Verzichts.** Die Rechtsfolge des Verzichts auf die Wettbewerbsabrede ist eine doppelte. Der **Handelsvertreter** ist mit Zugang der Verzichtserklärung von seiner Wettbewerbsbeschränkung befreit. Der **Unternehmer** wird hingegen von seiner Verpflichtung zur Gegenleistung nur eingeschränkt entbunden, als er noch für einen Zeitraum von sechs Monaten ab Zugang der Willenserklärung die vereinbarte Karenzentschädigung bezahlen muß. Da die 6-Monatsfrist ab dem Zeitpunkt des Zugangs der Verzichtserklärung zu laufen beginnt, muß der Unternehmer die Karenzentschädigung über das

---

[88] BFH DB 1970, 664; Heymann/*Sonnenschein*/ *Weitemeyer* RdNr. 16.
    [89] Vgl. auch Baumbach/*Hopt* RdNr. 18; Heymann/*Sonnenschein*/*Weitemeyer* RdNr. 16; *Küstner*/ *v. Manteuffel* I RdNr. 2233.
    [90] Zutr.   Heymann/*Sonnenschein*/*Weitemeyer* RdNr. 16.
    [91] BAG AP § 74 Nr. 44 mit Anm. *Beitzke*.

[92] Vgl. Baumbach/*Hopt* § 74 b RdNr. 2; Heymann/*Henssler* § 74 b RdNr. 11; *Schaub* § 58 V 2.
    [93] Vgl. auch Begr. zum RegE, BT-Drucks. 1/3856 S. 38.
    [94] Baumbach/*Hopt* RdNr. 23; Heymann/*Sonnenschein*/*Weitemeyer* RdNr. 23; Staub/*Brüggemann* RdNr. 20.
    [95] Heymann/*Sonnenschein*/*Weitemeyer* RdNr. 23.

Vertragsende hinaus zahlen, sofern er den Verzicht nicht bereits sechs Monate vor Ablauf des Handelsvertreterverhältnisses ausspricht.[96]

3. Aufhebungsvertrag. Gesetzlich geregelt ist nur der einseitige Verzicht des Unternehmers auf die Wettbewerbsbeschränkung. Aufgrund ihrer Vertragsfreiheit (§ 305 BGB) können die Parteien jedoch auch beidseitig durch Aufhebungsvertrag auf die Wettbewerbsabrede verzichten. Da für einen solchen Aufhebungsvertrag weder der Formzwang noch die zeitliche Bindung an das Vertragsende des Abs. 2 Satz 1 besteht,[97] kann ein formwidriger oder nach Ablauf des Handelsvertretervertrags ausgesprochener einseitiger Verzicht des Unternehmers als Angebot zum Abschluß eines Aufhebungsvertrags ausgelegt werden;[98] dieses Angebot bedarf aber – im Unterschied zum Fall des Abs. 2 Satz 1 – der zumindest konkludenten Annahme durch den Handelsvertreter.[99]   **55**

Die **Rechtsfolge** des Aufhebungsvertrags unterscheidet sich grundsätzlich von der des Abs. 2 Satz 1. Denn durch den Aufhebungsvertrag endet sowohl die Wettbewerbsbeschränkung als auch die Entschädigungspflicht zeitgleich zu dem im Aufhebungsvertrag vereinbarten Zeitpunkt.[100] Gegebenenfalls muß ein nicht unmittelbar festgelegter Beendigungszeitpunkt durch Auslegung ermittelt werden. Ausdrücklich kann auch ein unterschiedlicher Zeitpunkt für den Wegfall der Wettbewerbsbeschränkung und dem der Entschädigungspflicht vereinbart werden.[101]   **56**

IX. Außerordentliche Kündigung des Handelsvertretervertrags durch den Unternehmer (Abs. 2 Satz 2)

Kündigt der Unternehmer den Handelsvertretervertrag aus wichtigem Grund wegen schuldhaften Verhaltens des Handelsvertreters, so wird im Gegensatz zur Rechtsfolge beim Verzicht des Unternehmers auf die Wettbewerbsabrede (Abs. 2 Satz 1) der Unternehmer von seiner Verpflichtung zur Zahlung der **Karenzentschädigung frei** (Abs. 2 Satz 2).[102] Obgleich dies im Gesetzeswortlaut nicht direkt zum Ausdruck gelangt, bleibt demgegenüber der Handelsvertreter entschädigungslos an das vereinbarte Wettbewerbsverbot gebunden.[103]   **57**

1. Kündigung aus wichtigem Grund. Das Gesetz verlangt eine Kündigung aus wichtigem Grund (vgl. § 89 a RdNr. 12 ff.) wegen schuldhaften Verhaltens des Handelsvertreters. Ein bloß vertragswidriges Verhalten genügt deshalb nicht.[104] Nach dem Regelungszweck ist die Vorschrift jedoch auch auf die Fälle der **ordentlichen Kündigung** bzw. der **einvernehmlichen Aufhebung** des Handelsvertretervertrags anzuwenden, sofern die Auflösung des Vertragsverhältnisses auf einem schuldhaften Verhalten des Handelsvertreter beruht und ein wichtiger Kündigungsgrund vorliegt.[105] Denn Abs. 2 Satz 2 will den Unternehmer davor schützen, nur wegen einer mit Entschädigungspflicht verbundenen Wettbewerbsvereinbarung an einen Handelsvertretervertrag gebunden zu sein, dessen Vertrauensgrundlage durch ein schuldhaftes Verhalten des Handelsvertreters verloren gegangen ist. Läßt er sich, obgleich die Voraussetzungen einer fristlosen Kündigung gegeben sind, als Entgegenkommen gegenüber dem Handelsvertreter auf eine ordentliche Kündigung oder einvernehmliche Vertragsauflösung ein, soll der Unternehmer hierdurch nicht schlechter gestellt werden.[106] Demgegenüber tritt die Rechtsfolge des Abs. 2 Satz 2 nicht ein, wenn der Unternehmer ordentlich kündigt, ohne einen wichtigen Grund zu haben.   **58**

[96] Dazu insgesamt auch *Küstner/v. Manteuffel* I RdNr. 2244 ff.
[97] Baumbach/*Hopt* RdNr. 24.
[98] Baumbach/*Hopt* RdNr. 23.
[99] Dazu insgesamt *Küstner/v. Manteuffel* I RdNr. 2241.
[100] Heymann/*Sonnenschein/Weitemeyer* RdNr. 25.
[101] Vgl. auch *Küstner/v. Manteuffel* I RdNr. 2243.
[102] Siehe dazu insgesamt auch *Küstner/v. Manteuffel* I RdNr. 2252 ff.

[103] Siehe die Begr. zum RegE, BT-Drucks. 1/3856 S. 38; vgl. auch Baumbach/*Hopt* RdNr. 25; Heymann/*Sonnenschein/Weitemeyer* RdNr. 27.
[104] Heymann/*Sonnenschein/Weitemeyer* RdNr. 27; siehe dazu auch Staub/*Brüggemann* RdNr. 22.
[105] Baumbach/*Hopt* RdNr. 25; Heymann/*Sonnenschein/Weitemeyer* RdNr. 27.
[106] Ebenso Heymann/*Sonnenschein/Weitemeyer* RdNr. 27; vgl. auch OLG Düsseldorf DB 1956, 376.

59   **2. Verfassungswidrigkeit der Rechtsfolge des Abs. 2 Satz 2.** Die Vorschrift des Abs. 2 Satz 2 entspricht im wesentlichen der Regelung des § 75 Abs. 3, mit dem Unterschied, daß für den Kündigungstatbestand des § 75 Abs. 3 ein vertragswidriges Verhalten genügt, während Abs. 2 Satz 2 ein schuldhaftes vertragswidriges Verhalten verlangt. § 75 Abs. 3 ist vom BAG mit seiner Entscheidung vom 23. 2.1977[107] für verfassungswidrig erklärt worden (vgl. § 75 RdNr. 17 f.). Die für § 75 Abs. 3 ausgesprochenen **verfassungsrechtlichen Bedenken** werden zu Recht auch gegenüber Abs. 2 Satz 2 vorgetragen.[108] Das BAG sieht in der (mit Abs. 2 Satz 2 identischen) Rechtsfolge des § 75 Abs. 3 einen Verstoß gegen Art. 3 Abs. 1 GG, weil eine so ungleiche Regelung (Aufrechterhaltung der Wettbewerbsenthaltungspflicht bei Wegfall der Entschädigungspflicht) willkürlich sei. Der Arbeitnehmer (vergleichsweise der Handelsvertreter) erhalte hierdurch im Ergebnis eine einschneidende Vertragsstrafe für sein vertragswidriges (schuldhaftes) Verhalten, das die Vertragskündigung veranlaßt habe.[109]

60   Diese Übertragung der Argumentation zur **Verfassungswidrigkeit** des § 75 Abs. 3 auf die Regelung des Abs. 2 Satz 2 ist zwischenzeitlich durch die Entscheidung des **Bundesverfassungsgericht** vom 7.2.1990[110] **bestätigt** worden; nunmehr ist auch Abs. 2 Satz 2 für verfassungswidrig erklärt. Das BVerfG sieht in der Regelung des Abs. 2 Satz 2 einen Verstoß gegen Art. 12 Abs. 1 GG, weil sie im Ergebnis ein Wettbewerbsverbot ohne Wettbewerbsentschädigung gestatte, das (ohne daß eine Ausgleich stattfände) deutlichen Einfluß auf die Berufsfreiheit des Handelsvertreter habe, welcher einer Beeinträchtigung der Berufswahl nahekomme. Dieses Ergebnis sei mit der gesetzlichen Regelung über die uneinschränkbare (vgl. Abs. 4) Pflicht zur Zahlung einer Karenzentschädigung (Abs. 1 Satz 3) unvereinbar. Darüber hinaus sah das BVerfG keinen vernünftigen Grund, weshalb Abs. 2 Satz 2 und Abs. 3 für schuldhafte Vertragsbrüche in ihren Wirkungen deutlich unterschiedliche Sanktionen vorsehe, je nachdem, welcher der Vertragspartner (Unternehmer oder Handlungsgehilfe) das Vertragsverhältnis aus wichtigem Grund wegen schuldhaften Verhaltens des anderen Teils kündige.

61   **3. Aktuelle Anwendung des Abs. 2 Satz 2.** Das BVerfG hat in der angeführten Entscheidung[111] lediglich die **Verfassungswidrigkeit** des Abs. 2 Satz 2 festgestellt, die Regelung jedoch **nicht** für **nichtig** erklärt. Für den Übergangszeitraum bis zu einer Neuregelung bietet sich eine entsprechende Anwendung der Rechtsfolge **des Abs. 3** an. Dies entspricht auch den Entwurfsvorlagen des Bundesrats[112] und der Bundesregierung,[113] die vorsahen, Abs. 2 Satz 2 zu streichen und in einem neugefaßten Abs. 3 das Recht zur Lossagung von der Wettbewerbsabrede auch auf den Unternehmer zu erstrecken. Die geplante Neuregelung ist aber bis jetzt noch nocht zustande gekommen, da nach Ansicht des Rechtsausschusses noch weiterer Beratungsbedarf hinsichtlich der gesetzgeberischen Konsequenzen der Verfassungswidrigkeit des Abs. 2 Satz 2 besteht.[114]

---

[107] BAG AP § 75 Nr. 6 mit Anm. *Beitzke* = BB 1977, 847 mit Anm. *Gumpert* = AR-Blattei, Wettbewerbsverbot, Entsch. 120 mit Anm. *Buchner* = SAE 1977, 241 mit Anm. *Pestalozza;* die verfassungsrechtlichen Bedenken bereits zuvor erörternd BAG § 75 AP Nr. 5 zu mit Anm. *Beitzke* = NJW 1974, 1013 mit Anm. *Pestalozza* = AR-Blattei, Wettbewerbsverbot, Entsch. 105 mit Anm. *Buchner* = SAE 1975, 51 mit Anm. *Leipold;* vgl. auch Gumpert BB 1964, 220 und BB 1967, 1251, 1254.

[108] Siehe die ausführliche Erörterung bei *Küstner/ v. Manteuffel* I RdNr. 2258 ff; vgl. auch Baumbach/ *Hopt* RdNr. 25; - aA Heymann/*Sonnenschein/ Weitemeyer* RdNr. 26; offen gelassen hingegen von BGH BB 1983, 235, 236 = DB 1984, 289.

[109] BAG AP § 75 Nr. 6 mit Anm. *Beitzke;* vgl. auch *Küstner/v. Manteuffel* I RdNr. 2258.

[110] BVerfG NJW 1990, 1469 = JZ 1990, 627 mit zust. Anm. *Wiedemann* = EWiR 1990, 385 mit Anm. *Haumann* = DB 1990, 574, 1806 mit Anm. *Gutbrod; Hermes* NJW 1990, 1764; *Hillgruber* AcP 191(1991), 69.

[111] BVerfG NJW 1990, 1469 dazu *Haumann* EWiR 1/90, 385.

[112] BR-Drs. 690/92 v. 16.10.1992.

[113] BT-Drs. 12/3908 v. 3.12.1992.

[114] BT-Drs. 12/5170 v. 17.6.1993. – aA Heymann/*Sonnenschein/Weitemeyer* RdNr. 26, die Abs. 2 Satz 2 seit dem 1. 1. 1990 wieder anwenden wollen.

X. Außerordentliche Kündigung des Handelsvertretervertrages durch den Handelsvertreter (Abs. 3)

Auch der Handelsvertreter kann den Handelsvertretervertrag aus wichtigem Grund au-   **62**
ßerordentlich kündigen (vgl. § 89 a RdNr. 52 ff.).[115] Beruht die Kündigung auf einem
schuldhaften Verhalten des Unternehmers, kann sich der Handelsvertreter unter Wegfall
der Entschädigungspflicht binnen zwei Monaten nach Ausspruch der Kündigung von der
Wettbewerbsabrede lossagen (Abs. 3). Die Ausübung des **Lossagungsrechts** führt also zu
einem Wegfall der **beiderseitigen Pflichten** aus der Wettbewerbsvereinbarung.

1. Kündigung aus wichtigem Grund. Das Lossagungsrecht des Handelsvertreters nach   **63**
Abs. 3 besteht nur, wenn der Handelsvertreter den Handelsvertretervertrag aus wichtigem
Grund **wegen schuldhaften Verhaltens** (§§ 276, 278 BGB) kündigt. Die Regelung will
verhindern, daß der Handelsvertreter bei schuldhaftem Verhalten des Unternehmers weiterhin auf das Interesse des Unternehmers Rücksicht nehmen und sich bei einem Aufbau
einer neuen Existenz Beschränkungen auferlegen muß.[116]

Wie bei der Kündigung durch den Unternehmer (vgl. RdNr. 58) ist im Falle des Abs. 3   **64**
der außerordentlichen Kündigung (entgegen dem Gesetzeswortlaut) die **ordentliche Kün-**
digung sowie die **einvernehmliche Vertragsauflösung** gleichzustellen, sofern beide
Rechtsgeschäfte auf einem schuldhaften Verhalten des Unternehmers beruhen und ein
wichtiger Kündigungsgrund vorliegt. Auch der Handelsvertreter, der auf die außerordentliche Kündigung im Interesse des Unternehmers verzichtet, soll bei einem solchen Zuge-
ständnis nicht schlechter gestellt werden.[117] Aber auch hier gilt, daß die ordentliche Kündigung ohne Vorliegen eines wichtigen Grundes nicht ausreicht.

2. Ausübung des Lossagungsrechts. Der Handelsvertreter muß binnen **eines Monats**   **65**
nach Zugang der Kündigung erklären, daß er sich von der Wettbewerbsabrede lossagen
will. Mit der Möglichkeit, sich nicht sofort mit der Vertragskündigung für eine Ausübung
des Lossagungsrechts entscheiden zu müssen, will das Gesetz dem Handelsvertreter Be-
denkzeit einräumen.[118] Er kann innerhalb dieser Frist abwägen, ob für seinen Existenzauf-
bau die Befolgung der Wettbewerbsbeschränkungen mit Empfang der Karenzentschädigung oder aber die Loslösung von der Konkurrenzbeschränkung günstiger ist. Die Frist ist
jedoch auf der anderen Seite so kurz, daß der Unternehmer nicht ungebührlich lange auf
eine Entscheidung des Handelsvertreters warten muß.[119] In Hinblick auf diese Abwägung
kann die Erklärungsfrist bei der gleichzustellenden **ordentlichen Kündigung** bzw. der **ein-**
vernehmlichen Vertragsauflösung nicht erst mit dem (vereinbarten) Termin für die Vertragsbeendigung zu laufen beginnen. Vielmehr muß der Fristlauf an die rechtsgeschäftlichen Erklärungen zur Vertragsbeendigung anknüpfen, weil andernfalls die Wartezeit für
den Unternehmer entgegen dem Gesetzeszweck unnötig verlängert würde.

3. Rechtsfolgen der Lossagung durch den Handelsvertreter. Die Erklärung, mit der   **66**
sich der Handelsvertreter von der Wettbewerbsvereinbarung lossagt, ist eine einseitig empfangsbedürftige Willenserklärung, die des **Zugangs** (§ 130 BGB) bedarf. Die Erklärung
muß **schriftlich** (§ 126 BGB) erfolgen. Unmittelbar ab dem Zeitpunkt des Zugangs der
Erklärung ist der Handelsvertreter nicht mehr an die vereinbarten Wettbewerbsbeschränkungen gebunden.[120] Er kann aber umgekehrt auch keine Karenzentschädigung verlangen.

Diese Wirkung des beiderseitigen Wegfalls der Rechte und Pflichten aus der Wettbe-   **67**
werbsabrede tritt jedoch nur ein, wenn der Handelsvertreter **berechtigt** von seinem **Lossa-**
gungsrecht Gebrauch macht. Bei Fehlen der Voraussetzungen des Abs. 3 kann der Unternehmer die Einhaltung der Wettbewerbsabrede verlangen. Gegebenenfalls kann er bereits

[115] Siehe dazu insgesamt auch *Küstner/v. Manteuffel*
I RdNr. 2252.
[116] Siehe Begr. zum RegE, BT-Drucks. 1/358,
S. 38; vgl. auch Heymann/*Sonnenschein/Weitemeyer*
RdNr. 28.

[117] Heymann/*Sonnenschein/Weitemeyer* RdNr. 29.
[118] Vgl. auch Staub/*Brüggemann* RdNr. 23.
[119] Vgl. Begr. zum RegE, BT-Drucks. 1/3856.
[120] Baumbach/*Hopt* RdNr. 26.

bei einem drohenden Wettbewerbsverstoß des Handelsvertreters eine einstweilige Verfügung beantragen.[121]

XI. Verbot abweichender Vereinbarungen (Abs. 4)

68   Gemäß Abs 4 sind Vereinbarungen zwischen Unternehmer und Handelsvertreter, die zum Nachteil des Handelsvertreters von den Regelungsinhalten des § 90a abweichen, unwirksam. Die Vorschrift nimmt auf die wirtschaftlich **schwächere Stellung** des Handelsvertreters Rücksicht,[122] gilt aber unabhängig von der tatsächlichen wirtschaftlichen Situation des geschützten Handelsvertreters.[123] Sie entspricht im wesentlichen der Regelung des § 75d, die für den Handlungsgehilfen gleichermaßen ein Abweichungsverbot von den Rechtsmaßstäben der §§ 74 ff. vorschreibt.

69   Abs. 4 findet **keine Anwendung** auf abweichende Wettbewerbsvereinbarungen, wenn diese erst **nach Inkrafttreten** des Wettbewerbsverbots erfolgen;[124] denn in diesem Fall befindet sich der Handelsvertreter wegen der bereits erfolgten Auflösung des Handelsvertreterverhältnisses nicht mehr in der zu schützenden schwächeren Position. Für solche Vereinbarungen nach Inkrafttreten der Wettbewerbsabrede bildet nurmehr § 138 BGB eine Schranke.[125]

70   **1. Nachteilige Abreden. a) Begriff:** Von der Regelung des Abs. 4 werden grundsätzlich alle Abreden erfaßt, welche die **Rechtsstellung des Handelsvertreters** im Vergleich zu den gesetzlichen Vorschriften in den Abs. 1 bis 3 **verschlechtern.** Deshalb findet Abs. 4 keine Anwendung, wenn die Abrede für den Handelsvertreter dem Wortlaut nach zwar nachteilig ist, hierdurch aber im Vergleich zur gesetzlichen Regelung das gleiche rechtliche Ergebnis erzielt wird.[126]

71   **b) Beispiele:** Typische Beispiele für eine nachteilige Abrede im Sinne des Abs. 4 sind: Die Parteien vereinbaren, daß bei einem Wettbewerbsverstoß des Handelsvertreters ein erheblicher Teil der bereits gezahlten **Provision** (oder eine Inkassopauschale) **zurückzuzahlen** ist.[127] Diese Abrede verstößt gegen Abs. 1 Satz 3, da der Unternehmer erst ab dem Wettbewerbsverstoß von der Entschädigungspflicht entbunden ist (vgl. RdNr. 76 f.) und übt auf den Handelsvertreter unnötigen Druck aus.[128] Unzulässig ist auch die Vereinbarung, wonach sich der Unternehmer **vorbehält,** erst nach Vertragsbeendigung ein etwaiges **Wettbewerbsverbot** auszusprechen ist.[129] Diese Vereinbarung verstößt gegen Abs. 1 Satz 1, wonach die Wettbewerbsabrede verbindlich vor Vertragsbeendigung vereinbart werden muß (vgl. RdNr. 11). Im Ergebnis wird von Abs. 4 auch die Vereinbarung erfaßt, daß im Falle der Kündigung des Handelsvertretervertrags infolge schuldhaften Verhaltens des Handelsvertreters das Wettbewerbsverbot **entschädigungslos zu befolgen** ist.[130] Denn diese Abrede entspricht in der Rechtsfolge zwar Abs. 2 Satz 2;[131] die Regelung ist jedoch verfassungswidrig und durch eine entsprechende Anwendung des Abs. 3 zu ersetzen (vgl. RdNr. 59 ff.).

---

[121] OLG Stuttgart BB 1959, 792; Baumbach/*Hopt* RdNr. 26; Heymann/*Sonnenschein/Weitemeyer* RdNr. 29.

[122] Vgl. Begr. zum RegE, BT-.Drucks. 1/3856 S. 38.

[123] Vgl. Heymann/*Sonnenschein/Weitemeyer* RdNr. 30.

[124] Heymann/*Sonnenschein/Weitemeyer* RdNr. 30; Staub/*Brüggemann* RdNr. 18.

[125] Staub/*Brüggemann* RdNr. 18.

[126] Heymann/*Sonnenschein/Weitemeyer* RdNr. 31.

[127] BGHZ 59, 387, 390 mit abl. Anm. *Schwerdtner* JR 1973, 200; zustimmend Heymann/*Sonnenschein/Weitemeyer* RdNr. 31; ablehnend *v. Blomberg* VersR 1968, 328.

[128] Baumbach/*Hopt* RdNr. 28.

[129] LG Tübingen BB 1977, 671 mit Anm. *Küstner;* Heymann/*Sonnenschein/Weitemeyer* RdNr. 31.

[130] AA (kein Fall des Abs. 4) aber noch BGH BB 1984, 235; OLG Düsseldorf BB 1962, 731; OLG München NJW 1956, 1323; Baumbach/*Hopt* RdNr. 29; Heymann/*Sonnenschein/Weitemeyer* RdNr. 32.

[131] So auch, jedoch mit anderem Ergebnis Heymann/*Sonnenschein/Weitemeyer*/ RdNr. 31, der die Verfassungswidrigkeit des Abs. 2 Satz 2 bezweifelt (dort RdNr. 26).

Nicht in den Anwendungsbereich des Abs. 4 fallen zB folgende Abreden: Die Vereinba- | 72
rung einer **Vertragsstrafe** für den Fall der Zuwiderhandlung,[132] auch wenn hierdurch der
Handelsvertreter im Ergebnis einen Teil der empfangenen Provision zurückzahlen muß.
Denn dies ist nur ein rechnerisches, nicht aber ein rechtliches Ergebnis. Dies gilt insbesondere für eine Vertragsstrafe wegen versuchter Vertreterabwerbung.[133] Keine unzulässige Abweichung ist auch der vertragliche **Ausschluß des Verzichtsrechts** des Unternehmers nach Abs. 2 Satz 1,[134] denn ein solcher ist für den Handelsvertreter nicht von Nachteil. Die Parteien können grundsätzlich auch im voraus **eine angemessene Entschädigung**
festlegen; ein vom Anwendungsbereich des Abs. 4 erfaßter Verstoß gegen Abs. 1 Satz 3
liegt jedoch bei einer unangemessen niedrigen Entschädigungsvereinbarung vor.[135] Hingegen findet Abs. 4 keine Anwendung, wenn für die Karenzentschädigung eine **Ratenzahlung** vereinbart wird.[136]

2. Rechtsfolge des Abs. 4. a) Unwirksamkeit der Vereinbarung. Eine von den gesetz- | 73
lichen Regeln der Abs. 1 bis 3 abweichende Abrede verstößt gegen das gesetzliche Verbot
des Abs. 4 und ist **nichtig.** Die Nichtigkeitsfolge betrifft aber nur die einzelne, abweichende Vereinbarung, nicht aber die Wettbewerbsabrede insgesamt. Auch die Wirksamkeit des Handelsvertretervertrags bleibt unberührt. Die Regel des § 139 BGB gilt (trotz
etwaiger entgegenstehender Parteiabrede) zum Schutz des Handelsvertreters nicht.[137] An
die Stelle der unwirksamen Abrede tritt die jeweils gesetzlich zulässige Regelung. So vermindert sich ein unzulässig lange vereinbartes Wettbewerbsverbot automatisch auf die
gesetzliche Höchstdauer von zwei Jahren (vgl. Abs. 1 Satz 2).[138] Anstelle einer unangemessen niedrigen Entschädigung schuldet der Unternehmer einen Ausgleich in angemessener Höhe.[139] Behält sich der Unternehmer vor, erst nach Vertragsende über die Geltendmachung der Wettbewerbsabrede zu entscheiden, gilt die Karenzvereinbarung als vorbehaltlos geschlossen und der Handelsvertreter hat einen uneingeschränkten Entschädigungsanspruch.[140]

b) Geltungserhaltende Reduktion. Die Rechtsfolge des Abs. 4 im allgemeinen sowie | 74
die Einzelbeispiele im besonderen zeigen, daß die Vorschrift des Abs. 4 ein **gesetzlich
geregelter** Fall der geltungserhaltenden Reduktion unwirksamer Individualvereinbarungen
ist. Denn in Ergebnis wird jede in Teilpunkten nichtige Wettbewerbsabrede aufrechterhalten, aber ihrem Inhalt nach auf das gesetzliche Maß zurückgeführt.[141] Diese allgemein-
rechtliche Einordnung des Abs. 4 bildet in jedem Einzelfall den Maßstab für die Frage, in
welchem Unfang eine in Einzelpunkten unwirksame Wettbewerbsabrede weiter fortbesteht.

XII. Zuwiderhandlung gegen die Wettbewerbsabrede

Das Wettbewerbsverbot tritt mit der Beendigung des Handelsvertretervertrags **in Kraft,** | 75
sofern für das Inkrafttreten nicht ein späterer Termin vereinbart ist. Ab diesem Zeitpunkt
haben Unternehmer und Handelsvertreter die gegenseitigen Verpflichtungen aus der Wettbewerbsabrede zu erfüllen. Der Handelsvertreter hat sich der jeweilig vereinbarten Wett-

---

[132] OLG Düsseldorf DB 1982, 181, 182; Baum-
bach/*Hopt* RdNr. 30; Heymann/*Sonnenschein*/*Weitemeyer* RdNr. 31.
[133] BGH BB 1983, 2136; Baumbach/*Hopt*
RdNr. 30.
[134] Baumbach/*Hopt* RdNr. 29.
[135] Baumbach/*Hopt* RdNr. 29.
[136] Baumbach/*Hopt* RdNr. 18, 30; Heymann/
Sonnenschein/*Weitemeyer* RdNr. 16.
[137] BGHZ 40, 235, 239; Baumbach/*Hopt*
RdNr. 31; Heymann/*Sonnenschein*/*Weitemeyer* Rd-
Nr. 32.

[138] OLG München BB 1963, 1194; vgl. auch
RGZ 101, 376, 379 (für den Handlungsgehilfen);
Baumbach/*Hopt* RdNr. 31; Heymann/*Sonnenschein*/
Weitemeyer RdNr. 32.
[139] BAG AP Nr. 1 mit Anm. *Hefermehl*; OLG
Nürnberg BB 1960, 1261; Baumbach/*Hopt*
RdNr. 31.
[140] LG Tübingen BB 1977, 671 mit Anm.
Küstner; Baumbach/*Hopt* RdNr. 31.
[141] Ähnlich wohl Staub/*Brüggemann* RdNr. 17.

v. Hoyningen-Huene 1211

bewerbshandlungen zu enthalten und der Unternehmer ist zur Zahlung der Entschädigung verpflichtet.

76   **1. Zuwiderhandlung des Handelsvertreters. a) Verstoß gegen die Vereinbarung.** Verstößt der Handelsvertreter gegen das Wettbewerbsverbot, so **entfällt** für den Zeitraum der Zuwiderhandlung gemäß §§ 323, 325 Abs. 1 BGB die **Verpflichtung** des Unternehmers **zur Zahlung der Karenzentschädigung.**[142] Von dieser Rechtsfolge bleibt das Recht des Unternehmers unberührt, Schadensersatz wegen **positiver Vertragsverletzung** zu verlangen oder eine vereinbarte **Vertragsstrafe** geltend zu machen.[143] Da die Wettbewerbsentschädigung eine Gegenleistung für die geschuldete Unterlassung ist (vgl. RdNr. 40),[144] kann der Unternehmer unter den Voraussetzungen des § 326 BGB auch vom Vertrag zurücktreten.[145] Der Unternehmer kann bei konkreter Befürchtung einer abredewidrigen Konkurrenzhandlung auch eine **einstweilige Verfügung** beantragen.[146]

77   Im allgemeinen liegt eine Zuwiderhandlung gegen das Wettbewerbsverbot dann vor, wenn der Handelsvertreter Kontakt mit dem in der Wettbewerbsabrede ausgeschlossenen (in der Regel bisherigen) Kundenkreis aufnimmt.[147] In Hinblick auf das durch die Wettbewerbsabrede geschützte Konkurrenzschutzinteresse des Unternehmers, kommt es dabei nur auf **geschäftliche Kontakte** an. Ein bloßes Rundschreiben des Handelsvertreters an den bisherigen Kundenkreis, das Hinweise auf das (möglicherweise wieder aufhebbare) Wettbewerbsverbot enthält, genügt daher nicht.[148] Dagegen liegt ein Verstoß gegen das vereinbarte Konkurrenzverbot vor, wenn der Handelsvertreter eine Scheinfirma gründet und dieser Lieferungen des von ihm vertretenen Lieferanten zuführt.[149]

78   **b) Umgehung der Vereinbarung.** Einem Verstoß gegen das Wettbewerbsverbot gleichzustellen ist die Umgehung der Vereinbarung. Eine solche Umgehung liegt zB vor, wenn der Handelsvertreter Konkurrenzhandlungen durch seine Ehefrau ausführen läßt[150] oder sich an einem Konkurrenzunternehmen eines nahen Familienangehörigen beteiligt.[151]

79   **2. Zuwiderhandlung des Unternehmers.** Die Zuwiderhandlung des Unternehmers besteht in der Nichtleistung der vereinbarten Entschädigung. Dieser Vertragsverstoß entbindet den Handelsvertreter jedoch nicht von seiner Verpflichtung zur Einhaltung des Konkurrenzverbotes. § 320 BGB gilt insoweit nicht. Denn mit einem Wettbewerbsverstoß würde der Handelsvertreter seine Leistung nicht lediglich zurückhalten, sondern im Ausmaß der Zuwiderhandlung unmöglich machen.[152]

80   Der Handelsvertreter kann aber **die Zahlung der Entschädigung** durch Klage und Vorstreckung durchsetzen. Unter den Voraussetzungen des § 284 BGB kann der Handelsvertreter den Unternehmer in Verzug setzen; nach entsprechender Fristsetzung mit der Androhung, die Karenzentschädigung nach Fristablauf nicht mehr anzunehmen, ist dem Handelsvertreter gemäß § 326 BGB der **Rücktritt** von der Wettbewerbsabrede möglich. Statt des Rücktritts kann der Handelsvertreter Schadensersatz wegen Nichterfüllung wählen. Als Schaden nicht erfaßt ist jedoch dasjenige, was dem Handelsvertreter aus einer nicht wahrgenommenen Verdienstmöglichkeit entgangen ist. Denn dieser Verlust ist kein auf das Erfüllungsinteresse aus der Wettbewerbsabrede gerichteter Schaden.[153]

---

[142] BAG AP Nr. 1 mit Anm. *Hefermehl; Baumbach/Hopt* RdNr. 21; *Küstner/v. Manteuffel* I RdNr. 2281; Staub/*Brüggemann* RdNr. 26.
[143] *Küstner/v. Manteuffel* I RdNr. 2283 m. weit. Nachw. und Einzelheiten zur Berechnung.
[144] BGHZ 63, 353, 355 = LM Nr. 6 mit Anm. *Doerry* = NJW 1975, 388; BAG AP § 74 Nr. 21 mit Anm. *Hofmann* = SAE 1969 mit Anm. *Simitis;* Heymann/*Sonnenschein/Weitemeyer* RdNr. 15; Staub/*Brüggemann* RdNr. 10.
[145] Vgl. Staub/*Brüggemann* RdNr. 26.
[146] Vgl. OLG Stuttgart BB 1959, 792; *Küstner/v. Manteuffel* I RdNr. 2282.

[147] Staub/*Brüggemann* RdNr. 26.
[148] Heymann/*Sonnenschein/Weitemeyer* RdNr. 20; OLG Nürnberg BB 1961, 729.
[149] OLG Hamm NJW-RR 1987, 1114.
[150] BGH BB 1970, 1374; OLG Celle DB 1971, 865.
[151] Vgl. insgesamt Staub/*Brüggemann* RdNr. 26.
[152] Staub/*Brüggemann* RdNr. 27; im Ergebnis ebenso Baumbach/*Hopt* RdNr. 22; Heymann/*Sonnenschein/Weitemeyer* RdNr. 21; - aA OLG Karlsruhe VersR 1973, 857 mit abl. Anm. *Höft.*
[153] Zutr. Staub/*Brüggemann* RdNr. 27.

XIII. Wettbewerbsabreden nach Vertragsbeendigung

§ 90 a gilt nur für Wettbewerbsverbote, die vor Beendigung des Handelsvertretervertra- 81
ges geschlossen wurden. Wettbewerbsabreden die nach Vertragsbeendigung geschlossen
werden sind daher weder form- noch fristgebunden. Sie unterliegen auch **nicht** den inhaltlichen Einschränkungen des § 90 a. Vielmehr ist die Vertragsfreiheit der Parteien nur durch
die §§ 134, 138, 242 BGB eingeschränkt. Auch das Gebot der bezahlten Karenz gilt nicht.
Daher ist auch insgesamt das Abweichungsverbot des Abs. 4 nicht anwendbar.[154]

§ 91 [Vollmachten des Handelsvertreters]

(1) § 55 gilt auch für einen Handelsvertreter, der zum Abschluß von Geschäften
von einem Unternehmer bevollmächtigt ist, der nicht Kaufmann ist.

(2) Ein Handelsvertreter gilt, auch wenn ihm keine Vollmacht zum Abschluß von
Geschäften erteilt ist, als ermächtigt, die Anzeige von Mängeln einer Ware, die Erklärung, daß eine Ware zur Verfügung gestellt werde, sowie ähnliche Erklärungen,
durch die ein Dritter seine Rechte aus mangelhafter Leistung geltend macht oder
sich vorbehält, entgegenzunehmen; er kann die dem Unternehmer zustehenden
Rechte auf Sicherung des Beweises geltend machen. Eine Beschränkung dieser
Rechte braucht ein Dritter gegen sich nur gelten zu lassen, wenn er sie kannte oder
kennen mußte.

Übersicht

I. Bedeutung

1. Systematische Stellung. § 91 regelt in der Ergänzung zu den §§ 55, 54 den Umfang 1
der Vertretungsmacht von Handelsvertretern, wobei Abs. 1 und Abs. 2 unterschiedliche
Personengruppen betreffen. Abs. 1 erstreckt die allgemeinen Vollmachtsvorschriften der
§§ 55 und 54 auf **Handelsvertreter** die von einem **nichtkaufmännischen Unternehmer**
zum Abschluß von Geschäften bevollmächtigt sind. Die Sondervorschrift des Abs. 1 mußte
bei der Neufassung des Handelsvertreterrechts im Jahre 1953 ins Gesetz eingearbeitet werden, da die §§ 55, 54 nur für Vollmachten gelten, die im Rahmen eines Handelsgewerbes,
also von einem Kaufmann iSd. § 1, erteilt werden.[1] Die Neufassung des § 84 Abs. 2 setzt
jedoch die Kaufmannseigenschaft des vertretenen Unternehmers nicht mehr voraus, so daß
auch nichtkaufmännische Unternehmer Handelsvertreter bestellen können (vgl. § 84
RdNr. 63 f.). Ohne Abs. 1 würden deshalb die Vollmachten der Handelsvertreter von
Nichtkaufleuten von der gesetzlichen Regelung der §§ 55, 54 nicht erfaßt.

---

[154] Siehe dazu insgesamt auch Baumbach/*Hopt*
RdNr. 11; Staub/*Brüggemann* RdNr. 7; vgl. auch
BGHZ 51, 184; 53, 89.

[1] *Küstner/v. Manteuffel/Evers* II RdNr. 362.

2 **Abs.** 2 regelt dagegen nicht die Vertretungsmacht von Abschlußvertretern nichtkaufmännischer Unternehmer, sondern den Umfang der Vertretungsmacht von **Vermittlungsvertretern,** unabhängig von der Kaufmannseigenschaft des Unternehmers. Abs. 2 entspricht im wesentlichen den Bestimmungen der §§ 55 Abs. 4 iVm. 54 Abs. 3 und begründet für den Vermittlungsvertreter zum einen eine beschränkte passive Vertretungsmacht zur Entgegennahme von Mängelanzeigen und zum anderen eine noch engere aktive Vertretungsmacht zur Geltendmachung von Beweissicherungsrechten.

3 **2. Zweck.** Zweck der Regelung ist, die Rechtsstellung der für einen Nichtkaufmann tätigen Handelsvertreter der Position von Handelsvertretern, die für einen Kaufmann Geschäfte abschließen, **anzugleichen.**[2] Für eine unterschiedliche Behandlung gegenüber Dritten besteht kein Grund, weil beide Gruppen von Handelsvertretern Dritten gegenüber in gleicher Weise auftreten.[3] Der Gesetzgeber hat deshalb im Interesse des Geschäftsverkehrs sowohl für den Abschlußvertreter eines Kaufmanns als auch für den Abschlußvertreter eines Nichtkaufmanns den Inhalt der Vollmacht festgelegt und damit einen standardisierten Ermächtigungsrahmen geschaffen.[4]

4 **Abs.** 2 dient ebenfalls der Angleichung der Rechtsstellung zweier verschiedener Arten von Handelsvertretern. Dem **Vermittlungsvertreter** wird bei der Entgegennahme von Mängelanzeigen und bei der Geltendmachung von Beweissicherungsrechten für den Unternehmer die gleiche Vertretungsmacht eingeräumt wie dem Abschlußvertreter.[5] Damit werden auch die Interessen der Handelsvertreter an einer übereinstimmenden Rechtsstellung berücksichtigt.

II. Vertretungsmacht des Abschlußvertreters

5 **1. Abschlußvertreter eines nicht kaufmännischen Unternehmers.** Abs. 1 regelt die Vertretungsmacht nur für den Abschlußvertreter von nichtkaufmännischen Unternehmern, während für Abschlußvertreter von Kaufleuten die §§ 55, 54 unmittelbar anzuwenden sind.

6 **Abschlußvertreter** sind solche Handlungsvertreter, die zum Abschluß von Geschäften im Namen und für Rechnung des vertretenen Unternehmers befugt sind. Der Vertreter ist dabei an dem Austausch der zum Geschäftsabschluß unmittelbar führenden rechtsgeschäftlichen Erklärungen unmittelbar beteiligt (vgl. § 84 RdNr. 60). Im Gegensatz dazu fördert der Vermittlungsvertreter nur den konkreten Geschäftsabschluß, schließt das Geschäft aber nicht selbst ab. Die Abschlußvollmacht muß dem Handelsvertreter von einem **nichtkaufmännischen Unternehmer** eingeräumt worden sein, dh. von einem Unternehmer, dem die Kaufmannseigenschaft des § 1 fehlt. Darunter fallen beispielsweise Lotto- und Totounternehmer, sofern sie nicht in das Handelsregister eingetragen sind, und Versicherungsvereine auf Gegenseitigkeit.[6] Dagegen sind Genossenschaften nach § 17 Abs. 2 GenG Kaufleute.

7 **2. Umfang der Vertretungsmacht.** Hinsichtlich des Umfangs der Vertretungsmacht **verweist Abs. 1** auf die Vorschriften des § 55, der seinerseits auf § 54 Bezug nimmt (vgl. Kommentierung zu §§ 54, 55).

a) Inhalt und Umfang der Vollmacht. Bei der Bestimmung des Umfangs der Vollmacht kommt es darauf an, ob der Unternehmer dem Handelsvertreter Vertretungsmacht zur Vornahme einer bestimmten Art von Geschäften (Arthandlungsvollmacht) oder zur Vornahme bestimmter einzelner Geschäfte (Spezialhandlungsvollmacht oder Einzelhandlungsvollmacht) erteilt hat (§ 54 Abs. 1 Hs. 1). Die Generalhandlungsvollmacht, dh. die

---

[2] Heymann/*Sonnenschein/Weitemeyer* RdNr. 3; *Küstner/v. Manteuffel/Evers* II RdNr. 362.
[3] Begr. z. Reg.-E. eines Gesetzes zur Änderung des HGB (Recht der Handelsvertreter), BT-Drs. 1/3856 S. 38.
[4] Staub/*Brüggemann* RdNr. 2.

[5] Begr. z. Reg.-E. eines Gesetzes zur Änderung des HGB (Recht des Handelsvertreter), BT-Drs. 1/3856 S. 38.
[6] *Küstner/v. Manteuffel/Evers* II RdNr. 187; zur Kaufmannseigenschaft vgl. § 1.

Ermächtigung zum Betrieb eines Handelsgewerbes spielt dagegen für den Handelsvertreter keine Rolle.[7] Von dem so abgesteckten **Inhalt** hängt der jeweilige Umfang **der Handlungsvollmacht** ab. Die Vollmacht erstreckt sich nach § 54 Abs. 1 Hs. 2 auf alle Geschäfte und Rechtshandlungen, die der Betrieb eines derartigen Handelsgewerbes oder die Vornahme derartiger Geschäfte mit sich bringt, also auf die branchenüblichen Geschäfte.[8]

b) Beschränkungen. Die Vertretungsmacht des Handelsvertreters wird durch § 54 **8** Abs. 2 **gesetzlich** beschränkt. Danach deckt die Handlungsvollmacht nicht die Veräußerung und Belastung von Grundstücken, die Eingehung von Wechselverbindlichkeiten, die Aufnahme von Darlehen und die Prozeßführung. Allerdings kann die Befugnis hierzu besonders erteilt werden. Für **rechtsgeschäftliche Beschränkungen** der Vollmacht regelt § 54 Abs. 3, daß diese nur dann gegenüber Dritten wirken, wenn der Dritte die Beschränkung kannte oder kennen mußte. Der gutgläubige Dritte wird demnach von rechtsgeschäftlichen Beschränkungen geschützt.

c) Besonderheiten beim Abschlußvertreter. Die Regelung über den Umfang der Ver- **9** tretungsmacht wird für den Abschlußvertreter nochmals durch **§ 55** modifiziert. § 55 Abs. 2 und 3 führt dabei zu **Beschränkungen** gegenüber § 54. Nach Abs. 2 wird der Abschlußvertreter durch die Vollmacht nicht ermächtigt, abgeschlossene Verträge zu ändern, insbesondere Zahlungsfristen zu gewähren. Ebensowenig ist der Handelsvertreter zur Annahme von Zahlungen befugt, falls keine besondere Bevollmächtigung vorliegt. § 55 Abs. 4 dagegen **erweitert** die Rechte des Abschlußvertreters, indem dieser zur Entgegennahme von Erklärungen des Vertragspartners, die im Zusammenhang mit mangelhaften Leistungen des Unternehmers stehen, und zur Geltendmachung von Beweissicherungsrechten ermächtigt wird.

III. Vertretungsmacht des Vermittlungsvertreters

Auch der Vermittlungsvertreter, dh. der Handelsvertreter ohne Abschlußvollmacht hat **10** aus Gründen des Verkehrsschutzes gewisse **Vollmachten.**

1. Vermittlungsvertreter. Vermittlungsvertreter werden diejenigen Handelsvertreter bezeichnet, die nur nur zur **Vermittlung von Geschäften** im Namen und auf Rechnung des Unternehmers bevollmächtigt sind. Sie sind nicht Träger einer Handlungsvollmacht iSd. § 54 und ihre Tätigkeit kann sich nur auf die Vorbereitung von Geschäftsabschlüssen zwischen Unternehmer und Kunden beziehen, nicht dagegen auf Abschlüsse selbst.[9] Eine Vermittlungstätigkeit wird entfaltet, wenn der Handelsvertreter den Abschluß von Geschäften durch Einwirkung auf den Dritten fördert, dh. einen Geschäftsabschluß vorbereitet, ermöglicht oder herbeiführt (vgl. § 84 RdNr. 55 ff.). Erforderlich ist dabei die Förderung eines konkreten Geschäftsabschlusses durch den Handelsvertreter. Es reicht nicht aus, wenn der Beauftragte für einen Unternehmer oder dessen Produkte nur allgemein wirbt, ohne einen konkreten Geschäftsabschluß anzustreben.

2. Umfang der Vertretungsmacht. Nach Abs. 2 Satz 1 gilt der Vermittlungsvertreter als **11** ermächtigt, Mängelrügen sowie die Erklärung, daß eine Ware zur Verfügung gestellt werde uä. Erklärungen, durch die ein Dritter seine Rechte aus mangelhafter Leistung geltend macht oder sich vorbehält, entgegenzunehmen. Der Vermittlungsvertreter ist damit nicht Erklärungsbote des rügenden Kunden, sondern Empfangsvertreter des Unternehmers. Dies gilt auch für ein selbständiges Reisebüro, das die Reise vermittelt hat.[10] Die **beschränkte passive Vertretungsmacht** wird ergänzt durch eine ebenfalls stark **begrenzte aktive Vertretungsmacht,** indem dem Vermittlungsvertreter die Befugnis der Geltendmachung der dem Unternehmer zustehenden Rechte auf Sicherung des Beweises eingeräumt wird.

---

[7] Heymann/*Sonnenschein/Weitemeyer* RdNr. 5.
[8] Baumbach/*Hopt* § 54 RdNr. 10.

[9] *Küstner/v. Manteuffel/Evers* II RdNr. 369.
[10] LG Frankfurt NJW 1985, 1167.

12   Es kommt nicht darauf an, ob der betreffende Vertreter das Geschäft **selbst vermittelt** hat.[11] Denn aus der Sicht des Kunden, der eine Leistung rügen will, ist entsprechend dem Zweck der Regelung jeder Vertreter des Unternehmers ein geeigneter Ansprechpartner.[12] Damit entspricht der Umfang der Vertretungsmacht inhaltlich den Bestimmungen des § 54 Abs. 4. Im Gegensatz zu § 55 Abs. 4 wird jedoch durch § 91 Abs. 2 eine **Vollmacht** für den Vermittlungsvertreter erst **neu begründet**, während bei § 55 Abs. 4 die bereits bestehende Abschlußvollmacht auf die dort genannten Rechte erweitert wird.[13]

13   Für **Versicherungsvertreter,** dh. Vermittlungsvertreter in der Versicherungswirtschaft, greifen die Sonderregeln der §§ 43 VVG ein.[14] Diese können auch ohne Abschlußvollmacht Vertragsanträge und alle das Versicherungsverhältnis betreffenden Erklärungen entgegennehmen (§ 43 VVG).

14   **3. Beschränkungen gegenüber Dritten.** Die Regelung des Abs. 2 Satz 2 entspricht der für den Handelsvertreter mit Abschlußvollmacht geltenden Regelung des § 54 Abs. 3 iVm. § 55 Abs. 1. Danach kann der gesetzlich bestimmte Umfang der Vertretungsmacht zwar **vertraglich beschränkt** werden. Ein Dritter muß aber die Beschränkungen nur gegen sich gelten lassen, wenn er sie kannte oder kennen mußte. War dem Dritten also eine derartige Vollmachtsbeschränkung unbekannt und beruht diese Unkenntnis auch nicht auf einer Außerachtlassung der im Verkehr erforderlichen Sorgfalt, kann sich der Unternehmer nicht auf eine Vollmachtsbeschränkung berufen. Vertragliche Vollmachtsbeschränkungen im Innenverhältnis entfalten demnach im Außenverhältnis nur dann Wirkung, wenn der Dritte **bösgläubig** ist.

§ 91 a [Mangel der Vertretungsmacht]

(1) Hat ein Handelsvertreter, der nur mit der Vermittlung von Geschäften betraut ist, ein Geschäft im Namen des Unternehmers abgeschlossen, und war dem Dritten der Mangel an Vertretungsmacht nicht bekannt, so gilt das Geschäft als von dem Unternehmer genehmigt, wenn dieser nicht unverzüglich, nachdem er von dem Handelsvertreter oder dem Dritten über Abschluß und wesentlichen Inhalt benachrichtigt worden ist, dem Dritten gegenüber das Geschäft ablehnt.

(2) Das gleiche gilt, wenn ein Handelsvertreter, der mit dem Abschluß von Geschäften betraut ist, ein Geschäft im Namen des Unternehmers abgeschlossen hat, zu dessen Abschluß er nicht bevollmächtigt ist.

Übersicht

[11] Baumbach/*Hopt* RdNr. 2.
[12] Heymann/*Sonnenschein/Weitemeyer* RdNr. 7.
[13] Heymann/*Sonnenschein/Weitemeyer* RdNr. 6.
[14] Dazu *Schwenger* NJW 1992, 343.

I. Bedeutung

Die Vorschrift regelt die **Bindung des Unternehmers an Verträge, die** der von ihm be- **1** auftragte **Handelsvertreter** im Namen des Unternehmers aber **ohne Vertretungsmacht abschließt.** Der Gesetzgeber unterscheidet dabei zwischen dem Vermittlungsvertreter (Abs. 1), dem jede Vollmacht zum Abschluß von Geschäften fehlt und dem Abschlußvertreter (Abs. 2), der zwar Abschlußvollmacht hat, diese aber überschreitet.

Abs. 1 entspricht im wesentlichen § 85 der ursprünglichen Fassung, der nur das **Handeln** **2** **des Vermittlungsvertreters ohne Vertretungsmacht** regelte.[1] Die heutige erweiterte Fassung berücksichtigt auch das Überschreiten der Vollmacht durch den Abschlußvertreter und beruht auf dem Änderungsgesetz von 1953 (BGBl. I S. 771).

§ 91a ergänzt wie § 75h, der die gleiche Materie für den Handlungsgehilfen ohne Ver- **3** tretungsmacht regelt, die allgemeinen Regeln über die Vertretungsmacht und schafft in Abweichung von § 177 BGB einen **besonderen handelsrechtlichen Vertrauenstatbestand.**[2] Im Interesse des Geschäftsverkehrs an einer sicheren Feststellung getätigter Abschlüsse soll der Dritte, der mit dem Handelsvertreter ohne Vertretungsmacht einen Vertrag geschlossen hat, darauf vertrauen dürfen, daß der Vertrag als genehmigt gilt, wenn der Unternehmer das Geschäft nach Benachrichtigung über den Vertragsschluß nicht unverzüglich ablehnt. § 91a beinhaltet einen Anwendungsfall des allgemeinen handelsrechtlichen Grundsatzes, wonach Schweigen ohne Rücksicht auf den Willen des Erklärungspflichtigen **als Zustimmung** gilt,[3] wenn Geschäftssitte und Treu und Glauben die Erklärung einer ablehnenden Antwort erfordern.[4] Dadurch wird verhindert, daß der Unternehmer ein Geschäft des Handelsvertreters mit der Begründung zurückweist, dem Vertreter habe die Vertretungsmacht gefehlt, obwohl der Dritte auf das Zustandekommen des Vertrages vertraut hat.[5] Der Unternehmer ist im Gegensatz zum Vertragspartner nicht schutzbedürftig, da er durch sein Schweigen die Vertragsbindung in zurechenbarer Weise herbeigeführt hat.

II. Vertragsschluß durch Vermittlungsvertreter

1. Begriff des Vermittlungsvertreters. Abs. 1 betrifft nur Geschäftsabschlüsse des Ver- **4** mittlungsvertreters (vgl. § 84 RdNr. 55 ff.). Darunter sind Handelsvertreter iSd. § 84 zu verstehen, die von dem Unternehmer zur Vermittlung von Geschäften, nicht aber zu deren Abschluß ermächtigt sind. Eine **Vermittlungstätigkeit** liegt vor, wenn der Handelsvertreter den Abschluß von Geschäften durch Einwirkung auf den Dritten fördert, dh. den Geschäftsabschluß vorbereitet, ermöglicht oder herbeiführt. Voraussetzung hierfür ist, daß der spätere Geschäftsabschluß auf die konkrete Vermittlungstätigkeit zurückgeführt werden kann,[6] wobei Mitursächlichkeit des Vertreterhandelns genügt.

2. Handeln ohne Vertretungsmacht. Überschreitet der Handelsvertreter die Grenzen **5** seiner Vollmacht, indem er neben der Vermittlung auch den Vertrag mit dem Dritten abschließt, handelt er als **Vertreter ohne Vertretungsmacht.** Ein Vertragsabschluß durch den Vermittlungsvertreter liegt nur vor, wenn er an dem Austausch der zum Geschäftsabschluß führenden rechtsgeschäftlichen Erklärungen unmittelbar beteiligt ist.

Handeln ohne Vertretungsmacht liegt aber **nicht** vor, wenn der Vermittlungsvertreter **6** lediglich ein Angebot des Dritten als Empfangsvertreter oder Bote entgegengenommen hat, ohne seinerseits namens des Unternehmers die Annahme des Angebots zu erklären.[7] Gleiches gilt für den Fall, daß der Vermittlungsvertreter das Angebot zwar namens des Unternehmers angenommen hat, sich dabei aber für den Dritten klar erkennbar die Genehmigung des Unternehmers vorbehalten hat.[8]

[1] Begr. z. Reg.-E. eines Gesetzes zur Änderung des HGB (Recht des Handelsvertreters), BT-Drs. 1/3856 S. 38.

[2] Baumbach/*Hopt* RdNr. 1.

[3] Vgl. § 362, bei dem ebenfalls Schweigen als Zustimmung gilt.

[4] Staub/*Brüggemann* RdNr. 4.

[5] Heymann/*Sonnenschein/Weitemeyer* RdNr. 3.

[6] *Küstner/v.Manteuffel* I RdNr. 369.

[7] Heymann/*Sonnenschein/Weitemeyer* RdNr. 6.

[8] Staub/*Brüggemann* RdNr. 5.

7 Der vorbehaltlose Vertragsschluß muß sich auf **Geschäfte** beziehen, **die der Betrieb des Gewerbes gewöhnlich mit sich bringt.**[9] Durch § 91a soll das Vertrauen des Dritten auf die Vertretungsmacht des Handelsvertreters geschützt werden. Da der Aufgabenkreis des Vertreters nach den §§ 54, 55 auf Geschäfte beschränkt ist, die der Betrieb des Unternehmers gewöhnlich mit sich bringt, ist der Dritte nicht schutzwürdig, wenn der Vertreter Abschlüsse mit außergewöhnlichem Umfang und außergewöhnlichen Risiken tätigt. Dann mußte der Dritte schon bei Abschluß des Geschäfts die fehlende Vertretungsmacht erkennen, und das Schweigen des Unternehmers konnte keinen Vertrauenstatbestand schaffen.

8 **3. Unkenntnis des Dritten.** Die fehlende Abschlußvollmacht des Vermittlungsvertreters darf dem Dritten nicht bekannt gewesen sein. Maßgebender Zeitpunkt ist der Abschluß des Geschäfts. Erfährt der Dritte erst später von der fehlenden Vollmacht des Vertreters, ist dies unbeachtlich. Dem Dritten schadet nach dem Wortlaut des Abs. 1 nur **positive Kenntnis;** dagegen reicht bloßes Kennenmüssen, auch grobe Fahrlässigkeit, nicht aus.[10] Positive Kenntnis des Dritten ist gegeben, wenn der Vermittlungsvertreter ein Geschäft unter Vorbehalt der Genehmigung durch den Unternehmer abschließt.[11] Kennt der Dritte das Fehlen der Vertretungsmacht und schließt er trotzdem im Vertrauen auf die Genehmigung des Unternehmers den Vertrag ab greift § 91a ebenfalls nicht, jedoch kann der Vertrag nach § 177 BGB genehmigt werden.

9 **4. Benachrichtigung des Unternehmers.** Abs. 1 setzt weiter voraus, daß der Unternehmer **von** dem **Vermittlungsvertreter oder** dem **Dritten** über den Abschluß und den wesentlichen Inhalt des Geschäfts benachrichtigt worden ist. Die Benachrichtigung durch sonstige, außenstehende Personen oder die Kenntniserlangung durch eigene Maßnahmen des Unternehmers reicht deshalb nicht aus.[12] Jedoch muß die Unterrichtung des Unternehmers nicht persönlich erfolgen, sowohl auf seiten des Unternehmers als auch auf seiten des Handelsvertreters oder Dritten können Boten oder Vertreter dazwischengeschaltet werden.[13]

10 Der Unternehmer muß über den **wesentlichen Inhalt des Geschäfts** informiert werden. Das Schweigen des Unternehmers kann nur bei Kenntnis aller wesentlichen Vertragsbedingungen als Zustimmung zum Geschäftsabschluß angesehen werden. Insoweit ist dem Schutz des Unternehmers Vorrang vor dem Vertrauen des Dritten auf das Zustandekommen des Vertrages einzuräumen. Wesentlich ist alles, was nach der Lage des Falles für die Entschließung des Unternehmers bedeutsam sein kann, insbesondere Leistung und Gegenleistung, uU aber auch relevante Einzelpunkte des Geschäftes wie zB Lieferfrist, Qualitätsanforderungen, Garantie- und Haftungsausschlüsse.[14] Eine unvollständige Benachrichtigung löst die Rechtsfolgen des Abs. 1 nicht aus.[15] Wird die Unterrichtung erst später vervollständigt oder nachgeholt und schweigt der Unternehmer weiterhin, kann jedoch die Rechtsfolge des § 91a eintreten.[16] Die Unterrichtung des Unternehmers kann **formlos** erfolgen. Für den Zugang gelten die allgemeinen Regeln (§ 130 BGB).[17]

11 **5. Fehlen einer unverzüglichen Ablehnung.** Die unwiderlegliche Rechtsvermutung (hierzu RdNr. 15) des Abs. 1 tritt nicht ein, wenn der Unternehmer das Geschäft unverzüglich ablehnt.

a) Form und Inhalt der Ablehnung. Die **Ablehnung** kann formlos und ohne Gründe, aber nur dem Dritten, dh. dem Vertragspartner gegenüber, erklärt werden. Sie wird wirksam, wenn sie dem Dritten zugeht (§ 130 BGB). Zur Übermittlung können auf beiden Seiten Vertreter oder Boten eingeschaltet werden.[18] Der Unternehmer kann auch die

[9] Heymann/*Sonnenschein/Weitemeyer* RdNr. 6; Staub/*Brüggemann* RdNr. 3.
[10] Baumbach/*Hopt* RdNr. 3.
[11] Heymann/*Sonnenschein/Weitemeyer* RdNr. 7.
[12] Heymann/*Sonnenschein/Weitemeyer* RdNr. 8; Begr. z. Reg.-E. eines Gesetzes zur Änderung des HGB (Recht des Handelsvertreters), BT-Drs. 1/3856 S. 39.

[13] Baumbach/*Hopt* RdNr. 5.
[14] Baumbach/*Hopt* RdNr. 6.
[15] Heymann/*Sonnenschein/Weitemeyer* RdNr. 8.
[16] Staub/*Brüggemann* RdNr. 9.
[17] Baumbach/*Hopt* RdNr. 5.
[18] Baumbach/*Hopt* RdNr. 7.

Entscheidung über die Ablehnung dem Handelsvertreter selbst übertragen. Der Vermittlungsvertreter entscheidet dann für den Unternehmer über die Ablehnung des Geschäfts. Insbesondere bei Veränderung der Umstände ist dann eine Ablehnung möglich.[19]

b) Unverzüglich. Der Unternehmer muß das Geschäft unverzüglich, dh. ohne schuldhaftes Zögern nach dem Zugang der Benachrichtung (§ 121 Abs. 1 Satz 1 BGB) ablehnen. Es bedarf demnach keiner sofortigen Entscheidung des Unternehmers, vielmehr wird ihm eine angemessene Überlegungsfrist zugebilligt. Er soll die Gelegenheit haben, über die Person, Leistungsfähigkeit und Kreditwürdigkeit des Dritten Erkundigungen einzuziehen. In der Regel ist eine Frist von zwei Wochen als Obergrenze ausreichend.[20] Insoweit ist eine Orientierung an der Zwei-Wochen-Frist des § 177 Abs. 2 Satz 2 BGB zulässig.[21] Jedoch verbietet der handelsrechtliche Vertrauenstatbestand eine starre analoge Anwendung des § 177 Abs. 2 Satz 2 BGB.[22] Entscheidend für die Fristbestimmung sind immer die Umstände des Einzelfalls.[23]

c) Anfechtbarkeit der Ablehnung. Die **Ablehnung der Genehmigung** ist zwar als rechtsgestaltender Akt **unwiderruflich;** sie unterliegt aber als einseitige empfangsbedürftige Willenserklärung den allgemeinen Vorschriften über die **Anfechtbarkeit** (§ 119 BGB).[24] Mit der Anfechtung der Ablehnungserklärung wird diese ex tunc beseitigt und der ursprüngliche Schwebezustand tritt wieder ein. Der Anfechtende kann nunmehr genehmigen oder die unwiderlegliche Rechtsvermutung durch Schweigen herbeiführen. Vielfach wird die Anfechtung der Ablehnungserklärung zugleich als die Genehmigung des Geschäfts auszulegen sein. Das Recht des Unternehmers, nach der Anfechtung erneut über die Genehmigung des Geschäfts zu entscheiden, kann nicht mit der Begründung verneint werden, der Dritte dürfe auf die Versagung der Genehmigung vertrauen, weil diese den Schwebezustand endgültig vernichte.[25] Der Gesetzgeber hat bei Vorliegen eines Anfechtungsgrunds gerade den Interessen des Anfechtenden Vorrang vor den Interessen des Vertragsgegners eingeräumt.

Hinsichtlich der **Anfechtbarkeit der Genehmigung** ist zu unterscheiden, ob der Unternehmer die Genehmigung durch bewußtes oder durch unbewußtes Unterlassen der Ablehnungserklärung herbeigeführt hat. Das Herbeiführen der Genehmigung durch unbewußtes Unterlassen der Ablehnungserklärung ist nicht anfechtbar, da es insoweit an einer Willenserklärung fehlt. Dagegen ist die bewußte Nichtabgabe der Ablehnungserklärung mit dem Ziel, das Geschäft für sich bindend zu machen, als Willenserklärung zu qualifizieren, die nach den allgemeinen Regeln angefochten werden kann.[26]

III. Unwiderlegliche Rechtsvermutung

1. Genehmigung des Unternehmers. Das Geschäft gilt als vom Unternehmer genehmigt, wenn es nicht unverzüglich nach der Benachrichtung dem Dritten gegenüber abgelehnt wird. Der Wortlaut der Vorschrift deutet zwar auf eine Fiktion der Genehmigung hin. Der Gesetzgeber verwendet aber das Wort „gilt" nicht nur für Fiktionen, durch die eine der Wirklichkeit nicht entsprechender Tatbestand unterstellt wird, sondern auch für Vermutungen, die als Beweislastregelung eine Partei begünstigen.[27] Da das Schweigen hier auch einen echten Erklärungswert im Sinne einer Zustimmung zu dem Geschäftsabschluß haben kann, liegt es näher in der Regel eine **unwiderlegliche Rechtsvermutung** zu sehen.[28] Der Unternehmer kann deshalb nicht mit dem Einwand gehört

---

[19] Baumbach/*Hopt* RdNr. 7.
[20] Baumbach/*Hopt* RdNr. 9.
[21] Staub/*Brüggemann* RdNr. 10.
[22] Baumbach/*Hopt* RdNr. 9.
[23] AA: Für eine striktere Anwendung der Zwei-Wochen-Frist wohl Heymann/*Sonnenschein/Weitemeyer* RdNr. 10.
[24] Baumbach/*Hopt* RdNr. 7; Heymann/*Sonnenschein/Weitemeyer* RdNr. 10, 12.

[25] So Staub/*Brüggemann* RdNr. 17.
[26] Baumbach/*Hopt* RdNr. 6; Staub/*Brüggemann* RdNr. 17.
[27] Heymann/*Sonnenschein/Weitemeyer* RdNr. 11.
[28] Heymann/*Sonnenschein/Weitemeyer* RdNr. 11; Staub/*Brüggemann* RdNr. 12; vgl. aber Schlegelberger/*Schröder* RdNr. 15.

werden, durch das Stillschweigen habe keine Genehmigung erklärt werden sollen. Die Genehmigung hat die Beendigung des Schwebezustands zur Folge. Das Geschäft gilt als von Anfang an wirksam und wirkt mit dem vom Vermittlungsvertreter vereinbarten Inhalt in vollem Umfang für und gegen den Unternehmer.[29] Dieser muß alle Umstände gegen sich gelten lassen, die der Handelsvertreter kannte oder kennen mußte, sofern es sich nicht um Umstände handelt, die außerhalb des Rahmens der Verhandlungen liegen, die zu dem vermittelnden Geschäft geführt haben.[30] Auf die Genehmigung kann sich neben dem Dritten auch der Unternehmer selbst berufen. Ein Wahlrecht des Dritten existiert also nicht.[31]

16   **2. Rechtsstellung des Vermittlungsvertreters.** Die Genehmigung nach § 91a tritt zwar im Interesse des Dritten ein und bezweckt nicht die Entlastung des Vertreters von einem gegen den Vertretervertrag verstoßenden Verhalten. Dennoch entsteht dem Vermittlungsvertreter für die Vermittlung des Geschäfts ein **Provisionsanspruch** nach den §§ 87 ff.,[32] da das Geschäft erst durch das Schweigen des Unternehmers zustande kommt, was dem Vertreter nicht zugerechnet werden kann.

17   Aus diesem Grund kann der Unternehmer auch grundsätzlich **keine Schadensersatzansprüche** aus positiver Vertragsverletzung gegen den Vermittlungsvertreter geltend machen.[33] Allerdings kann sich aus den gesamten Umständen des Einzelfalls eine andere Beurteilung ergeben.

18   **3. Verhältnis des § 91a zu den §§ 177 ff. BGB.** Sowohl § 91a als auch die Vorschriften der §§ 177 ff. BGB regeln die Vertretung ohne Vertretungsmacht. Im Gegensatz zu § 177 Abs. 2 Satz 2 BGB gilt jedoch im Handelsrecht das Schweigen des Unternehmers, nachdem er vom Dritten zu einer Erklärung über das vollmachtlose Handeln des Vertreters aufgefordert wurde, als Genehmigung.

19   Die allgemeinen Vorschriften der §§ 177 ff. BGB und § 91a sind **nebeneinander anwendbar.**[34] Der Dritte hat demzufolge zwei Möglichkeiten, den Schwebezustand hinsichtlich des Geschäftsabschlusses zu beenden. Er kann den Unternehmer nach § 177 Abs. 2 BGB auffordern, sich über die Genehmigung zu erklären, oder er kann ihn nach § 91a Abs. 1 benachrichtigen.[35] Je nachdem, welcher Regelung sich der Dritte bedient, führt das Schweigen des Unternehmers zum Geschäftsabschluß oder nicht. Der Dritte hat aber auch die Möglichkeit, dem Unternehmer sowohl nach § 177 Abs. 2 BGB zur Erklärung über die Genehmigung aufzufordern als auch über den wesentlichen Inhalt des Geschäfts nach § 91a zu benachrichtigen. Dann hängt das Zustandekommen des Geschäfts davon ab, ob zuerst die Zwei-Wochen-Frist des § 177 Abs. 2 Satz 2 BGB oder der dem Unternehmer eingeräumte Zeitraum für ein unverzügliches Ablehnen des Geschäfts abläuft.

20   Das **Widerrufsrecht des Dritten nach § 178 BGB** wird ebensowenig ausgeschlossen. Der Dritte kann das Geschäft bis zur erfolgten Genehmigung widerrufen. Dabei ist unerheblich, ob die Genehmigung durch Erklärung des Unternehmers nach § 177 Abs. 1, Abs. 2 Satz 1 BGB oder durch die Fiktion nach § 91a erfolgt. Bei der Ablehnung des Geschäfts haftet der Vertreter dem Dritten nach § 179 Abs. 1 BGB.

IV. Vertragsschluß durch Abschlußvertreter (Abs. 2)

21   Gemäß Abs. 2 gilt die Regelung des Abs. 1 auch, wenn der Handelsvertreter zwar mit Abschlußvollmacht handelt, diese aber überschreitet. Der Dritte ist hier in gleicher Weise schutzbedürftig wie beim Vertragsschluß eines vollmachtlosen Vermittlungsvertreters. Eine **Vollmachtüberschreitung** liegt beispielsweise vor, wenn der Vertreter Geschäfte in einem

---

[29] Staub/*Brüggemann* RdNr. 2.
[30] *Küstner/v. Manteuffel* I RdNr. 381.
[31] Baumbach/*Hopt* RdNr. 9.
[32] Baumbach/*Hopt* RdNr. 5; Staub/*Brüggemann* RdNr. 14.

[33] Heymann/*Sonnenschein/Weitemeyer* RdNr. 12; Staub/*Brüggemann* RdNr. 14.
[34] Baumbach/*Hopt* RdNr. 2; Staub/*Brüggemann* RdNr. 19; *Glanegger/Niedner/Ränkel/Ruß* RdNr. 4.
[35] Heymann/*Sonnenschein/Weitemeyer* RdNr. 5.

anderen als dem übertragenen Vertretungsbezirk tätigt oder er Geschäfte nur bis zu einem gewissen Höchstwert abschließen darf und der Abschluß den Höchstwert übersteigt.[36]

Der **Anwendungsbereich** des Abs. 2 ist eher gering, da sich die rechtsgeschäftliche **22** Verpflichtung des Unternehmers bei vorausgegangener Vollmachterteilung regelmäßig schon aus § 55 iVm. § 54 ergibt. Danach erstreckt sich die Handlungsvollmacht auf alle Geschäfte und Rechtshandlungen, die der Betrieb eines Handelsgewerbes oder die Vornahme derartiger Geschäfte gewöhnlich mit sich bringt. Eine Überschreitung der Vollmacht durch den Abschlußvertreter und damit eine Genehmigung nach Abs. 2 ist nur möglich bei „ungewöhnlichen Geschäften" iSd. § 54 Abs. 1 oder bei Abschluß eines „gewöhnlichen Geschäfts" iSd. § 54, soweit dieses von der Abschlußermächtigung ausgenommen war und der Dritte die Beschränkung der Vollmacht kennen mußte.

Abs. 2 ist weiterhin **nicht anwendbar,** wenn der Abschlußvertreter zwar die sich aus **23** dem Innenverhältnis ergebenden Weisungen mißachtet, aber seine Abschlußvollmacht nicht überschreitet. Dies gilt selbst dann, wenn der Dritte das weisungswidrige Abschlußverhalten des Handelsvertreters kennt.[37]

§ 92 [Versicherungs- und Bausparkassenvertreter]

(1) Versicherungsvertreter ist, wer als Handelsvertreter damit betraut ist, Versicherungsverträge zu vermitteln oder abzuschließen.

(2) Für das Vertragsverhältnis zwischen dem Versicherungsvertreter und dem Versicherer gelten die Vorschriften für das Vertragsverhältnis zwischen dem Handelsvertreter und dem Unternehmer vorbehaltlich der Absätze 3 und 4.

(3) In Abweichung von § 87 Abs. 1 Satz 1 hat ein Versicherungsvertreter Anspruch auf Provision nur für Geschäfte, die auf seine Tätigkeit zurückzuführen sind. § 87 Abs. 2 gilt nicht für Versicherungsvertreter.

(4) Der Versicherungsvertreter hat Anspruch auf Provision (§ 87a Abs. 1), sobald der Versicherungsnehmer die Prämie gezahlt hat, aus der sich die Provision nach dem Vertragsverhältnis berechnet.

(5) Die Vorschriften der Absätze 1 bis 4 gelten sinngemäß für Bausparkassenvertreter.

Schrifttum: *Boehme,* Die Vollmacht des Versicherungsvertreters und ihre Grenzen, DB 1957, 61 ff.; *Bonvie,* Der Provisionsanspruch des ausscheidenden Versicherungsvertreters bei stornogefährdeten Verträgen, VersR 1986, 119 ff.; *Fleischmann,* Zur Frage der Provisionspflicht des Lebensversicherers bei nicht eingeklagter Erstprämie, VersR 1957, 9 ff.; *Fricke,* Die Empfangsvollmacht der Vermittlungsagenten bei der Antragsaufnahme und die vergessene Risikoanzeige, VersR 1993, 399; *Hans,* Die Provision des Handelsvertreters - inbesonere des Versicherungsvertreters - bei Nichtausführung des vermittelten Geschäftes, BB 1957, 1060 f.; *Herzog,* Übersendung von Stornogefahrmitteilungen an den Versicherungsvertreter, VersR 1979, 797; *Höft,* Die provisionsrechtlichen Sonderregelungen für die Versicherungswirtschaft - Gründe und Unverzichtbarkeit, VersR 1976, 205 ff.; *Jestaedt,* Zur Darlegungs- und Beweislast beim Anspruch auf Rückzahlung von zu Unrecht geleisteten Provisionsvorschüssen gegen Versicherungsvertreter, VersR 1981, 613 ff.; *J.-U. Loitze,* Das Recht des Versicherungsvertreters 1953; *Luckey,* Der Ausschluß der Empfangsvollmacht des Versicherungsvertreters, VersR 1993, 151; *Müller,* Die Einklagung der Erstprovision in der Lebensversicherung, VersR 1974, 950 ff.; *Platz,* Schicksal der Provision bei der Stornierung von Versicherungsverträgen, VersR 1985, 621 ff.; *Rohrbeck/Durst/Bronisch,* Das Recht des Versicherungsagenten, 3. Aufl. 1950; *Sundermann,* Die Provision des Versicherungsvertreters bei Nichtausführung des vermittelten Geschäfts, BB 1958, 542 ff.; *Stötter,* Zur Anwendung des § 87a Abs. 3 HGB auf die Provisionsvorschuß-Rückgewähransprüche der Versicherungen in den sogenannten Stornofällen, MDR 1981, 269 ff.; *Trinkhaus,* Handbuch der Versicherungsvermittlung, Band 1: Provision und Abfindung des Versicherungsvermittlers 1955.

---

[36] *Küstner/v. Manteuffel* I RdNr. 374.
[37] *Küstner/v. Manteuffel* I RdNr. 376; *Staub/Brüg-*gemann RdNr. 3, der auf eine mögliche Anwendbarkeit des § 826 BGB verweist.

Übersicht

I. Bedeutung

1   **1. Entstehungsgeschichte.** In der ursprünglichen Fassung des HGB waren keine besonderen Regelungen über die Rechtsverhältnisse der Versicherungs- und Bausparkassenvertreter enthalten. Vielmehr galten insoweit die §§ 84 ff. ohne Einschränkung. Angesichts der wachsenden praktischen Bedeutung der Versicherungs- und Bausparkassenvertreter wurde die Bestimmung in ihrer jetzigen Fassung mit dem ÄndG 1953 neu in das HGB aufgenommen.[1]

2   **2. Inhalt und Zweck der Regelung.** Die Regelung schafft einerseits dadurch Rechtsklarheit, daß die Begriffe des Versicherungs- (Abs. 1) und Bausparkassenvertreters (Abs. 5) definiert werden und auf deren Rechtsverhältnisse zum Unternehmer (Versicherer, Bausparkasse) die Bestimmungen des Handelsvertreterrechts (deklaratorisch) für anwendbar erklärt werden (Abs. 2). Sie trifft andererseits Sonderregelungen, soweit es um den Umfang der provisionspflichtigen Geschäfte sowie das Erstarken der Provisionsanwartschaft zum unbedingten Provisionsanspruch geht. So beschränkt Abs. 3 den Anspruch des Versicherungsvertreters auf Tätigkeitsprovisionen. Folge-, Bezirks- und Kundenprovisionen sind ausgeschlossen. Außerdem wird der Anspruch des Versicherungsvertreters auf Provision erst dann unbedingt, wenn der Versicherungsnehmer die Prämie gezahlt hat (Abs. 4). Damit sollte den besonderen Gepflogenheiten in der Versicherungswirtschaft und entsprechend im Bausparkassenwesen gesetzlich Rechnung getragen werden.[2]

3   **3. Ergänzende Regelungen.** Der Gesetzgeber hat davon Abstand genommen, eine eigene Regelung des Rechts der Versicherungsvertreter zu treffen, sondern den Versicherungsvertreter grundsätzlich dem Recht der Handelsvertreter unterstellt. Für den Versicherungsvertreter gelten jedoch bestimmte Besonderheiten, die allerdings nicht abschließend in dieser Norm zusammengefaßt sind. Vielmehr treffen Abs. 3 und Abs. 4 nur Sonderrege-

---

[1] Zur Entstehungsgeschichte vgl. auch *Trinkhaus*, Handbuch der Versicherungsvermittlung, S. 2 ff.

[2] Begr. z. Reg.-E., BT-Drs. 1/3856 S. 39; *Heymann / Sonnenschein / Weitemeyer* RdNr. 1. – Kritisch hierzu *Höft* VersR 1976, 205; *Trinkhaus*, Handbuch der Versicherungsvermittlung, S. 4 ff.

lungen hinsichtlich des Umfangs der provisionspflichtigen Geschäfte sowie der Entstehung des Provisionsanspruchs. Weitere, das Innenverhältnis zum Unternehmer betreffende Sonderregelungen finden sich in §§ 89b Abs. 5 (Ausgleichsanspruch), 92a Abs. 2 (Mindestarbeitsbedingungen für arbeitnehmerähnliche Versicherungsvertreter) und 92b Abs. 4 (Versicherungsvertreter im Nebenberuf). Von den allgemeinen Bestimmungen abweichende, das Außenverhältnis zum Kunden betreffende Regelungen ergeben sich für die Vertretungsmacht des Versicherungsvertreters aus §§ 43 ff. VVG.[3] Für den Versicherungsvertreter in der Kraftfahrtversicherung finden sich schließlich Besonderheiten in der Verordnung über die Tarife in der Kraftfahrtversicherung vom 5.12.1984[4] in der Fassung vom 16.7.1990.[5]

4. Abweichende Vereinbarungen. Die Sonderregelungen in Abs. 3 und Abs. 4 sind **4** nicht zwingender Natur. Vielmehr können Versicherungsvertreter und Unternehmer abweichende Vereinbarungen treffen, insbesondere auch die allgemeinen Vorschriften des Handelsvertreterrechts für anwendbar erklären. Grenzen werden der Vereinbarungsfreiheit allerdings durch § 87a Abs. 5 gesetzt. Auch zum Nachteil des Versicherungsvertreters kann über die gesetzliche Regelung hinaus nicht von § 87 Abs. 3 und 4 abgewichen werden.

II. Geltungsbereich

1. Persönlicher Geltungsbereich. Die Bestimmung trifft **ergänzende** Vorschriften für **5** Versicherungs- und Bausparkassenvertreter.

a) Versicherungsvertreter (Abs. 1). Nach der **Legaldefinition** des Abs. 1 ist **Versicherungsvertreter,** wer als Handelsvertreter damit betraut ist, Versicherungsverträge zu vermitteln oder abzuschließen. Der Versicherungsvertreter übt also die Tätigkeit eines Handelsvertreter iSv. § 84 Abs. 1 Satz 1 aus. Er hebt sich vom Handelsvertreter im allgemeinen nur durch die Art der vermittelten Geschäfte ab, indem zum Inhalt der Vermittlungstätigkeit Versicherungsverträge iSv. § 1 VVG gemacht werden. Vertragspartner des Versicherungsvertreters ist daher in der Regel ein Versicherer, also ein Unternehmen, das den Betrieb von Versicherungsgeschäften zum Gegenstand hat und nicht Träger der Sozialversicherung ist (§ 1 Abs. 1 VAG). Die Bestimmung findet aber auch Anwendung im Verhältnis eines Versicherungsvertreters zu seinem Untervertreter.[6]

Der Handelsvertreter muß von dem Versicherer mit der Vermittlung von Versiche- **6** rungsverträgen **ständig betraut sein.** Anderenfalls ist er nicht Versicherungsvertreter, sondern Versicherungsmakler (vgl. Vor § 84 RdNr. 5 ff.).[7] Der Versicherungsvertreter iSv. Abs. 1 muß selbständiger Gewerbetreibender sein. Der nicht selbständige Vertreter ist Arbeitnehmer, dessen Rechtsverhältnis sich nach §§ 59 ff. regelt. Für die Abgrenzung ist nicht die Bezeichnung des Versicherungsvertreters (Agent, Unter-, Haupt-, Generalagent, Bezirksdirektor, Subdirektor, Generalvertreter usw.) entscheidend, sondern die Gestaltungsfreiheit iSv. § 84 Abs. 1 Satz 2.[8]

b) Bausparkassenvertreter (Abs. 5). Nach Abs. 5 gelten die Bestimmungen der Abs. 1 **7** bis 4 sinngemäß auch für **Bausparkassenvertreter.** Bausparkassenvertreter ist, wer als Handelsvertreter damit betraut ist, Bausparverträge zu vermitteln oder abzuschließen.[9] Vermittlungsgegenstand des Bausparkassenvertreter ist also der Bausparvertrag; das ist ein Vertrag zwischen einem Bausparer und einer Bausparkasse, durch den der Bausparer nach Leistung von Bauspareinlagen einen Rechtsanspruch auf Gewährung eines Bauspardarlehens erwirbt

[3] Ausführlich zum Inhalt dieser Bestimmungen Schlegelberger/*Schröder* RdNr. 11 ff.
[4] BGBl. I S. 1437.
[5] Vgl. hierzu *Küstner/v. Manteuffel* I RdNr. 1089 ff.
[6] Staub/*Brüggemann* RdNr. 2.
[7] Zur Abgrenzung OLG Nürnberg NJW-RR 1995, 227.

[8] BAG AP Nr. 1 und 2; BSG AP Nr. 4; OLG München VersR 1964, 235, 236; OLG Nürnberg VersR 1953, 204; LAG Frankfurt VersR 1966, 236 f. – Zur Abgrenzung selbständiger von unselbständiger Tätigkeit siehe ausführlich oben § 84 RdNr. 25 ff.
[9] Baumbach/*Hopt* RdNr. 2; Staub/*Brüggemann* RdNr. 19.

(§ 1 Abs. 2 BauSpG). Dabei definiert § 1 Abs. 1 BauSpG die Bausparkasse als Kreditinstitut, deren Geschäftsbetrieb darauf gerichtet ist, Einlagen von Bausparern entgegenzunehmen und aus den angesammelten Beträgen den Bausparern für wohnungswirtschaftliche Maßnahmen Gelddarlehen zu gewähren. Hinsichtlich der **Abgrenzung** zum Makler und zum nicht selbständigen Bausparkassenvertreter gelten die Ausführungen zum Versicherungsvertreter entsprechend (RdNr. 6).

8   **2. Sachlicher Geltungsbereich. a) Anwendbares Recht (Abs. 2).** Nach Abs. 2 iVm. Abs. 5 gelten für das Vertragsverhältnis zwischen dem Versicherungsvertreter und dem Versicherer bzw. dem Bausparkassenvertreter und der Bausparkasse die Vorschriften für das Vertragsverhältnis zwischen dem Handelsvertreter und dem Unternehmer vorbehaltlich der Abs. 3 und 4. Damit sind im Grundsatz die Vorschriften des allgemeinen Handelsvertreterrechts auch auf Versicherungs- und Bausparkassenvertreter anwendbar. Diese Rechtsfolge ergibt sich jedoch bereits aus der allgemeinen Eigenschaft von Versicherungs- und Bausparkassenvertreter als Handelsvertreter, so daß der Regelung des Abs. 2 eine bloße Klarstellungsfunktion zukommt.[10]

9   **b) Ausnahmeregelungen (Abs. 3 und 4).** Abs. 3 und Abs. 4 treffen **Sonderregelungen** für den Umfang der provisionspflichtigen Geschäfte sowie die Entstehung des Provisionsanspruchs. Die Bestimmung erfaßt insoweit nur **Vermittlungs- bzw. Abschlußprovisionen,** nicht aber sonstige, erfolgsunabhängige Vergütungen, wie zB Verwaltungs-, Inkasso- (§ 87 Abs. 4), Delkredereprovisionen (§ 86 b).[11] Wird allerdings, wie in der Versicherungspraxis vielfach üblich, für die Vermittlungs- und Verwaltungstätigkeit eine Gesamtprovision gezahlt, dann finden Abs. 3 und Abs. 4 insoweit insgesamt Anwendung.

III. Provisionspflichtige Geschäfte (Abs. 3)

10   **1. Norminhalt und Normzweck.** Der Handelsvertreter kann nach § 87 Abs. 1 Satz 1 grundsätzlich nur für alle während des Vertretungsverhältnisses abgeschlossenen Geschäfte Provision beanspruchen, soweit die Geschäftsabschlüsse auf seine Tätigkeit zurückzuführen sind. Darüber hinaus stehen ihm unabhängig von der tatsächlichen Mitwirkung bei Nachbestellungen der von ihm geworbenen Kunden Provisionsansprüche zu. Dagegen hat der Versicherungsvertreter abweichend von dieser Regelung Anspruch auf **Provision nur für solche Geschäfte, die auf seine Tätigkeit zurückzuführen sind.** Das bedeutet, daß dem Versicherungsvertreter im Unterschied zu anderen Handelsvertretern **kein Provisionsanspruch für** solche **Folgevereinbarungen** zusteht, **an denen er nicht mitgewirkt hat.** Deshalb bestehen keine Provisionsansprüche des Versicherungsvertreters für solche Geschäfte, die ohne seine Mitwirkung mit Dritten abgeschlossen worden sind, auch wenn er diese ursprünglich als Kunden für Geschäfte gleicher Art geworben hatte.[12]

11   Diese Regelung will den **besonderen Verhältnissen der Versicherungswirtschaft** Rechnung tragen. Durch die Vermittlung konventioneller Versicherungsverträge kann nämlich dem Versicherer regelmäßig keine Kundschaft in dem Sinne zugeführt werden, daß er allein auf Grund der einmal hergestellten Kundenbeziehung laufend gleichartige Folgegeschäfte („Nachbestellungen") erwarten könnte. Die Versicherung neuer Risiken erfordert wie die Verlängerung ablaufender und die Erweiterung laufender Versicherungsverträge in der Regel neue Vermittlungsbemühungen von ähnlicher Intensität wie der erste Vertragsschluß, weil der Kunde auch hier wieder zu einem eigenständigen Entschluß auf veränderter sachlicher Grundlage und auf Grund neuer Überlegungen unter anderen Umständen veranlaßt werden muß.[13] Die den Anspruch auf **Folgeprovision** des Handelsvertreters tragenden Gründe liegen daher bei Versicherungsvertreter gerade nicht vor.

[10] Baumbach/*Hopt* RdNr. 3; Heymann/*Sonnenschein/Weitemeyer* RdNr. 4. – AA *Bonvie* VersR 1986, 119, 120: Rechtsgrundverweisung.
[11] *Höft* VersR 1976, 205, 206.

[12] BGH BB 1986, 2091; Baumbach/*Hopt* RdNr. 4; *Höft* VersR 1976, 205.
[13] *Höft* VersR 1976, 205, 207.

Auch ein **Bezirks- oder Kundenschutz** iSv. § 87 Abs. 2 **besteht** für den Versicherungs- 12 vertreter nach Abs. 3 Satz 2 **nicht.** Die Zuweisung eines Bezirks an einen Versicherungsvertreter hat lediglich die Bedeutung, daß die Vollmacht des Versicherungsvertreters auf Geschäfts- und Rechtshandlungen, welche sich auf Versicherungsverträge über die im Bezirk befindlichen Sachen oder mit denen im Bezirk gewöhnlich sich aufhaltenden Personen beziehen, beschränkt ist (vgl. §§ 46, 47 VVG). Aus der Zuweisung folgt jedoch nicht, daß dem Versicherungsvertreter die Rechte eines Bezirksvertreters nach § 87 Abs. 2 zustehen sollen.[14] Diese Regelung rechtfertigt sich wiederum dadurch, daß der Versicherungsvertreter dem Versicherer keinen Kundenstamm im üblichen Sinne und keinen laufenden Zufluß gleichartiger Neugeschäfte erschließen kann. Deshalb und wegen der beliebigen Vermehrbarkeit des Versicherungsangebots und der fast unbegrenzten Zahl versicherbarer Risiken kann der Versicherungsvertreter dem Versicherer auch keine Gewähr für eine hinreichende Ausschöpfung der in einem bestimmten Bezirk für den Versicherer insgesamt liegenden Geschäftsmöglichkeiten bieten.[15]

2. Kein Provisionsanspruch bei Nachbestellungen (Satz 1). a) Grundsatz. In Abs. 3 13 Satz 1 wird der Grundsatz aufgestellt, daß ein Versicherungsvertreter in Abweichung von § 87 Abs. 1 Satz 1 Anspruch auf Provisionen nur für Geschäfte hat, die auf seine Tätigkeit zurückzuführen sind. Anders als bei Handelsvertretern im allgemeinen (§ 87 Abs. 1 Satz 1 Fall 2) haben Versicherungsvertreter keinen Anspruch auf Provision für Nachbestellungen und Folgeaufträge, vom Gesetz wird insoweit eine Fortwirkung der Ursächlichkeit seiner Tätigkeit beim Erstauftrag nicht unterstellt. Vielmehr muß der Versicherungsvertreter auch beim Abschluß des neuen oder der Änderung eines alten Vertrags fördernd mitgewirkt haben, wenn er Provision erhalten will.[16] Hierfür ist allerdings nicht erforderlich, daß der Versicherungsvertreter den Versicherungsantrag des Versicherungsnehmers mitunterzeichnet oder selbst an den Versicherer weitergeleitet hat. Es reicht vielmehr eine Ursächlichkeit iSv. § 87 Abs. 1 Satz 1 Fall 1 aus, dh. der Handelsvertreter muß in dem Sinne kausal für das Zustandekommen des Geschäfts gewesen sein, daß das Geschäft ohne seine Mitwirkung nicht oder zumindest nicht in der abgeschlossenen Form zustande gekommen wäre (zur Ursächlichkeit § 87 RdNr. 31 ff.).

Dem Versicherungsvertreter steht daher nach Abs. 3 Satz 1 kein Provisionsanspruch zu, 14 wenn er an der **Erhöhung von Versicherungssummen** oder an sonstigen prämienerhöhenden Änderungen ursprünglich von ihm vermittelter Versicherungsverträge nicht mitgewirkt hat.[17] Ein Provisionsanspruch besteht auch dann nicht, wenn vermittelte Versicherungsverträge ordnungsgemäß gekündigt und alsdann ohne Mitwirkung des Versicherungsvertreters neu abgeschlossen werden.[18]

b) Ausnahmen. Ausnahmsweise besteht ein Provisionsanspruch für Anschlußgeschäfte 15 im Nachgang zu einer vermittelten und abgeschlossenen Versicherung, wenn das **Geschäft** mit dieser Versicherung in **unmittelbarem wirtschaftlichen Zusammenhang** steht. In diesem Sonderfall kann die Tätigkeit des Versicherungsvertreters für den Abschluß des ersten Geschäfts noch als ursächlich für die Anschlußgeschäfte angesehen werden.[19] Als provisionspflichtige Anschlußgeschäfte kommen in Betracht:

– **Aufstockung der Versicherungs- oder Bausparsumme** wegen gestiegener Leistungsfähigkeit oder vermehrter Ansprüche des Versicherungsnehmers bzw. Bausparers oder wegen allgemeiner Steigerung der Lebenshaltungskosten;[20]

---

[14] Begr. z. Reg.-E., BT-Drs. 1/3856 S. 39; Baumbach/*Hopt* RdNr. 6; *Höft* VersR 1976, 205, 207.

[15] *Höft* VersR 1976, 205, 207.

[16] BGH BB 1986, 2091.

[17] BGH BB 1986, 2091; Baumbach/*Hopt* RdNr. 4

[18] OLG Köln VersR 1978, 511 f.

[19] Baumbach/*Hopt* RdNr. 4; Staub/*Brüggemann* RdNr. 7. – Vgl. auch BGHZ 34, 310, 317 ff.

[20] BGHZ 34, 310, 319.

– **Anschlußverträge** nach Ablauf der ursprünglich abgeschlossenen Versicherung zu im wesentlichen unveränderten Konditionen;[21]

– Einbeziehung eines neuen Gruppenmitglieds durch schlichte Nachmeldung seitens des Versicherungskunden bei der **echten Gruppenversicherung**;[22] anders hingegen bei der unechten Gruppenversicherung, weil hier lediglich die Möglichkeit zur Vermittlung einer größeren Zahl von Einzelversicherungen eröffnet wird, die einzelnen Mitglieder aber in ihrem Entschluß frei bleiben, ob sie auf Grund des Gruppenversicherungsvertrags eine Einzelversicherung abschließen wollen oder nicht.[23]

16 Ein Provisionsanspruch des Versicherungsvertreters besteht auch dann, wenn ein von ihm vermittelter und betreuter Versicherungsvertrag vom Versicherer **gekündigt** und mit demselben oder einem nur geringfügig abweichenden Inhalt **erneut abgeschlossen** wird, um Provisionskosten zu sparen.[24] Ein solcher Fall liegt jedoch nicht vor, wenn der Versicherungsnehmer den Abbruch der gesamten Geschäftsverbindung angedroht und der Versicherer den gekündigten Versicherungsvertrag unter Ausschaltung des Vertreters erst neu abgeschlossen hat, nachdem dieser sich geweigert hatte, zur Erhaltung der Geschäftsverbindung einen eigenen zumutbaren Beitrag zu leisten.[25]

17 **3. Keine Bezirks- oder Kundenprovision (Satz 2).** Bei Zuweisung eines bestimmten Bezirks oder Kundenkreises hat der Versicherungsvertreter gleichwohl keinen Anspruch auf Provision für solche Geschäfte, die ohne seine Mitwirkung mit Personen seines Bezirks oder seines Kundenkreises während des Vertragsverhältnisses abgeschlossen worden sind. Der gesetzliche Bezirks- oder Kundenschutz nach § 87 Abs. 2 Satz 1 besteht für den Versicherungsvertreter gerade nicht. Für diesen gilt allgemein der Grundsatz, daß provisionspflichtig nur solche Geschäfte sind, die auf seine Tätigkeit zurückgeführt werden können. Die Übertragung des Bezirks hat daher nur Bedeutung für die Zuständigkeit des Versicherungsvertreters sowie den Umfang seiner Vertretungsmacht (§ 46 VVG).

18 **4. Abweichende Vereinbarungen.** Von der Bestimmung des Abs. 3 abweichende Vereinbarungen können zwischen Versicherungsvertreter und Versicherungsunternehmen getroffen werden. Insbesondere kann dem Versicherungsvertreter eine Bezirks- oder Kundenprovision iSv. § 87 Abs. 2 vertraglich zugestanden werden. Auch die Vereinbarung eines Provisionsanspruchs für Nachbestellungen und Folgeaufträge ist zulässig. Der Umfang der provisionspflichtigen Geschäfte kann außerdem vertraglich abweichend von der Regelung des Abs. 3 Satz 1 noch weiter **eingeengt** werden. Die Parteien können insbesondere vereinbaren, daß eine erworbene Provisionsanwartschaft erlischt, wenn der Anspruch bis Vertragsende nicht unbedingt geworden ist.[26]

IV. Entstehen eines unbedingten Provisionsanspruchs (Abs. 4)

19 **1. Norminhalt und Normzweck. a) Norminhalt.** Nach Abs. 4 hat der Versicherungsvertreter Anspruch auf Provision, sobald der Versicherungsnehmer die **Prämie gezahlt** hat, aus der sich die Provision nach dem Vertragsverhältnis berechnet. Abs. 4 stellt entgegen § 87a Abs. 1 Satz 1 also nicht auf die Ausführung des Geschäfts durch den Unternehmer, sondern entsprechend § 87a Abs. 1 Satz 3 auf die Zahlung der Prämie durch den Dritten ab. § 87a Abs. 1 Satz 1 wird durch die Sonderregelung des Abs. 4 abbedungen. Da für das Unbedingtwerden des Provisionsanspruchs die Prämienzahlung durch den Versicherungsnehmer maßgeblich ist, können auch § 87a Abs. 1 Satz 2 und Satz 4 keine Anwendung

21 Staub/*Brüggemann* RdNr. 7.
22 Baumbach/*Hopt* RdNr. 4; Staub/*Brüggemann* RdNr. 7.
23 BGH BB 1961, 189 f.
24 OLG Köln VersR 1978, 511.

25 OLG Köln VersR 1978, 511 f.
26 OLG Frankfurt DB 1986, 697; OLG Düsseldorf DB 1956, 1132; Baumbach/*Hopt* RdNr. 9. – Vgl. allgemein auch schon oben § 87 RdNr. 26 f.

finden. Der Versicherungsvertreter hat weder einen Vorschußanspruch gemäß § 87a Abs. 1 Satz 2,[27] noch steht ihm nach § 87a Abs. 1 Satz 4 ein Anspruch auf Teilprovision zu.[28]

b) Normzweck. Die Regelung trägt den **Besonderheiten des Versicherungsverhält-** **20** **nisses** Rechnung. Auf die allgemeine Regelung, wonach die Ausführung des Geschäfts durch den Unternehmer den Provisionsanspruch unbedingt entstehen läßt, kann nicht abgestellt werden, weil der Versicherer nach hM durch die Übernahme des Risikos eine Dauerleistung zu erbringen hat, so daß der Versicherungsvertrag mit dem Beginn der Gefahrtragung noch nicht ausgeführt ist.[29] Darüber hinaus sind verschiedene Ereignisse denkbar, durch die der Vertrag iSv. § 87a Abs. 1 durch den Unternehmer oder den Dritten ausgeführt sein könnte: zB Zahlung der vollen ersten Jahresprämie durch den Versicherten, Leistung des Versicherers im ersten Versicherungsfall, volle Erfüllung der vertraglichen Leistungen durch den Versicherer, Zahlung der letzten Prämie durch den Versicherungsnehmer.[30]

Abs. 4 schafft insoweit **Klarheit,** als ausschließlich auf die Prämienzahlung durch den **21** Versicherungsnehmer abgehoben wird. Dies ist auch deswegen gerechtfertigt, weil die Einstandspflicht des Versicherers und die Fortführung des Vertrags von der Prämienzahlung durch den Versicherungsnehmer abhängig ist (§§ 38 f. VVG).

2. Prämienzahlung. a) Maßgebliche Prämie. Ausschlaggebend für die Entstehung eines **22** unbedingten Provisionsanspruchs ist nach Abs. 4 die Zahlung derjenigen Prämie durch den Versicherungsnehmer, aus der sich die Provision nach dem Vertragsverhältnis berechnet. Durch den Handelsvertretervertrag kann also festgelegt werden, welche Prämienzahlung durch den Versicherungsnehmer den Provisionsanspruch unbedingt entstehen läßt. Bei Zahlung einer Einmalprämie ist dies die volle Prämienzahlung, soweit die Parteien nichts anderes vereinbart haben. Bei laufenden Prämienzahlungen kann die erste, eine sonstige oder auch eine bestimmte Summe aus mehreren Prämienzahlungen als maßgeblich erklärt werden. Haben die Parteien keine ausdrückliche Regelung getroffen, muß im Wege ergänzender Vertragsauslegung geklärt werden, was sie bei vernünftiger Interessenabwägung nach Treu und Glauben vereinbart hätten.[31]

So hat zB bei der Vermittlung eines Lebensversicherungsvertrags mit laufenden Prämien, **23** bei dem also die erste Prämie gemäß § 2 Abs. 1 AVB die **Jahresprämie** ist, der Versicherungsvertreter erst dann einen unbedingten Provisionsanspruch, wenn der Versicherungsnehmer die erste Jahresprämie voll gezahlt hat. Dies gilt auch dann, wenn dem Versicherungsnehmer die Zahlung der Jahresprämie in Monatsraten gestattet ist.[32]

b) Teilleistungen auf die für die Provisionsberechnung maßgebliche Prämie reichen **24** nach allgemeiner Auffassung nicht aus.[33] Dies gilt auch dann, wenn dem Versicherungsnehmer die Entrichtung der Prämie in Raten gestattet ist.[34] Ein Rückgriff auf § 87a Abs. 1 Satz 3, der bei teilweiser Durchführung des Geschäfts einen Anspruch auf Teilprovision gewährt, ist nicht zulässig,[35] weil Abs. 4 für das Unbedingtwerden des Provisionsanspruchs mangels abweichender Vereinbarung die Zahlung der vollen Prämie voraussetzt.[36]

3. Störungen im Versicherungsverhältnis. a) Ablehnung des Vertragsschlusses. In- **25** wieweit sich Störungen im Versicherungsverhältnis auf die Entstehung oder einen späteren Wegfall des Provisionsanspruchs auswirken, richtet sich nach **§ 87a Abs. 2 und 3.** Abs. 4 ersetzt nämlich nur § 87a Abs. 1, so daß § 87a Abs. 2 bis 5 auch für den Versicherungsvertreter gilt.[37] Dabei ist zu beachten, daß Voraussetzung für das Entstehen einer **Provisions-**

[27] *Höft* VersR 1976, 205, 206.
[28] Baumbach/*Hopt* RdNr. 7; Staub/*Brüggemann* RdNr. 10.
[29] *Höft* VersR 1976, 205, 208.
[30] BAG AP Nr. 3; *Höft* VersR 1976, 205, 208.
[31] OLG Stuttgart DB 1977, 565.
[32] BAG AP Nr. 3.
[33] BAG AP Nr. 3; Staub/*Brüggemann* RdNr. 12.
[34] AA *Herzog* VersR 1979, 797.

[35] Abweichend Baumbach/*Hopt* RdNr. 8; Staub/*Brüggemann* RdNr. 11.
[36] Vgl. auch Heymann/*Sonnenschein/Weitemeyer* RdNr. 10.
[37] BGH LM § 87a Nr. 11; OLG Köln NJW 1978, 327, 328; LG Karlsruhe VersR 1980, 1121 f.; Baumbach/*Hopt* RdNr. 10; *Stötter* MDR 1981, 269, 270.

anwartschaft der Abschluß des Versicherungsvertrags zwischen Versicherer und Versicherungsnehmer ist.[38] Hierbei ist zu beachten, daß der Unternehmer grundsätzlich frei darüber entscheiden kann, ob er vom Versicherungsvertreter vermittelte Anträge annehmen oder ablehnen will. Er hat hierbei allerdings die Interessen des Versicherungsvertreters zu berücksichtigen, so daß er sich schadensersatzpflichtig macht, wenn er den Abschluß eines Geschäfts ohne jeden beachtlichen Grund, also willkürlich oder gar in der Absicht, den Versicherungsvertreter zu schädigen, ablehnt.[39]

26   **b) Nichtzahlung der Prämie. Bleibt die Zahlung der Versicherungsprämie** durch den Versicherungsnehmer **aus**, dann kann die Provisionsanwartschaft nicht nach Abs. 4 zu einem unbedingten Provisionsanspruch erstarken. Ob der Versicherer gleichwohl zur Provisionszahlung an den Handelsvertreter verpflichtet ist, richtet sich in diesem Fall nach § 87a Abs. 3,[40] hängt also davon ab, ob die Nichtausführung auf Umständen beruht, die vom Versicherer zu vertreten sind. **§ 87a Abs. 2** kann daneben **keine Anwendung** finden, weil diese Bestimmung keine anspruchsbegründende, sondern eine anspruchsvernichtende Regelung beinhaltet (vgl. § 87a RdNr. 26 ff.).[41] § 87a Abs. 2 setzt voraus, daß der Provisionsanspruch unabhängig von der Leistung oder der Nichtleistung des Kunden bereits unbedingt durch die Geschäftsausführung seitens des Unternehmers entstanden ist.[42] Demgegenüber stellt Abs. 4 klar, daß die Erstarkung der Provisionsanwartschaft zum unbedingten Provisionsanspruch von der Ausführung des Geschäfts durch den Versicherer unabhängig ist.

27   **c) Vertretenmüssen durch Versicherer. aa) Grundsatz.** Auch wenn der Versicherungsnehmer die Prämie nicht zahlt, **entsteht daher der Provisionsanspruch** des Versicherungsvertreters als unbedingter, wenn feststeht, daß der Versicherer das Geschäft ganz oder teilweise nicht oder nicht so ausführt, wie es abgeschlossen worden ist (§ 87a Abs. 3 Satz 1). Dies gilt nur dann nicht, wenn und soweit die Nichtausführung auf Umständen beruht, die vom Versicherer nicht zu vertreten sind (§ 87a Abs. 3 Satz 2). Die Beweislast liegt insoweit beim Versicherer.[43]

28   **bb) Nachbearbeitungspflicht.** Den Versicherer trifft im Rahmen der Zumutbarkeit eine Verpflichtung zur **Nachbearbeitung gefährdeter Verträge**.[44] Diese Verpflichtung zur Nachbearbeitung ergibt sich aus § 87a Abs. 3 Satz 2 und der dem Vesicherer gegenüber dem Versicherungsvertreter obliegenden Pflicht, Rücksicht auf das Provisionsinteresse des Versicherungsvertreters zu nehmen.[45] Es handelt sich hierbei allerdings nicht um eine einklagbare Rechtspflicht, sondern eine Obliegenheit des Unternehmers. Die Verletzung der Nachbearbeitungspflicht begründet daher keinen Schadensersatzanspruch des Handelsvertreters, sondern läßt den Provisionsanspruch bestehen.

29   Die **Grenzen der Nachbearbeitungspflicht** sind unter Berücksichtigung der Umstände des Einzelfalls und der Berücksichtigung der Regelung des § 87a Abs. 3 Satz 2 festzulegen.[46] Der Versicherer ist nach diesen Maßstäben jedenfalls grundsätzlich verpflichtet, zur Sicherung des Provisionsanspruchs seines Vertreters gegenüber einem säumigen Versicherungsnehmer in zumutbarer Weise aktiv tätig zu werden und den Versicherungsnehmer zur Erfüllung seiner Vertragspflicht ernstlich und nachdrücklich anzuhalten.[47] Der Versicherer darf sich insbesondere nicht damit begnügen, gemäß § 38 Abs. 1 Satz 1 VVG bei

---

[38] Heymann/*Sonnenschein*/*Weitemeyer* RdNr. 13.
[39] BGH BB 1960, 1221, 1222. – Allgemein zur unternehmerischen Entscheidungsfreiheit oben § 86a RdNr. 27.
[40] *Bonvie* VersR 1986, 119, 121; *Stötter* MDR 1981, 269, 270 f.
[41] AA *Müller* VersR 1974, 950.
[42] BGH LM § 87a Nr. 11; Heymann/*Sonnenschein*/*Weitemeyer* RdNr. 15; Staub/*Brüggemann* RdNr. 14.

[43] OLG Köln NJW 1978, 327, 328; BGH LM § 87a Nr. 11; OLG Karlsruhe VersR 1980, 1121 f.; OLG Koblenz VersR 1980, 623, 625.
[44] BGH LM § 87a Nr. 11; BAG AP Nr. 3; OLG Köln NJW 1978, 327, 328; Baumbach/*Hopt* RdNr. 10; *Bonvie* VersR 1980, 119, 121; *Platz* VersR 1985, 621 f.; Heymann/*Sonnenschein*/*Weitemeyer* RdNr. 16.
[45] BGH LM § 87a Nr. 11.
[46] *Müller* VersR 1974, 950.
[47] BAG AP Nr. 3. OLG Köln VersR 1976, 87.

Nichtzahlung der ersten Prämie ohne weiteres vom Vertrag zurückzutreten oder die Rücktrittsfiktion des § 38 Abs. 1 Satz 2 VVG dadurch herbeizuführen, daß er innerhalb der dort geregelten Drei-Monats-Frist untätig bleibt.[48] Mit einem solchen Verhalten werden die Belange des Vertreters jedenfalls dann in vom Unternehmer zu vertretender Weise beeinträchtigt, wenn ein Vorgehen gegen den Versicherungsnehmer nicht von vornherein hoffnungslos ist.

Im allgemeinen kann vom Versicherer verlangt werden, daß er alles mögliche und zu-   **30** mutbare unternimmt, um den säumigen Versicherungsnehmer **zur Zahlung der Prämie zu veranlassen.** Gegenüber einem nicht mehr vertragswilligen Versicherungsnehmer, der bereits im ersten Versicherungsjahr seinen Lösungswillen angekündigt oder durch Ausspruch der Kündigung schon verwirklicht hat, muß er seine Nachbearbeitungspflicht wenigstens dadurch erfüllen, daß er die Gründe für die beabsichtigte Vertragsauflösung zu erfahren versucht und sich durch geeignete Vorschläge das Versicherungsverhältnis, wenn auch in abgewandelter Form bemüht, zu erhalten. Von dieser Pflicht ist der Versicherer nur ausnahmsweise dann entbunden, wenn solche Versuche von vornherein aussichtslos erscheinen.[49]

cc) **Klage.** Der Unternehmer ist allerdings im Regelfalle nicht gehalten, wenn außerge-   **31** richtliche Schritte gegen den Versicherungsnehmer nutzlos gewesen sind, im **Klagewege** gegen diesen vorzugehen.[50] Hierbei kommt es auch nicht darauf an, ob für die Klage Erfolgsaussichten gegeben wären. Gerade Versicherungsunternehmen haben im Regelfalle ein berechtigtes Interesse daran, keinen Prozeß zu führen, um den Ruf eines rücksichtslosen Prozeßierers zu vermeiden.[51] Daher sind auch Klageverzichtsklauseln im Regelfalle für zulässig anzusehen, soweit dem Versicherer hierdurch nicht die Möglichkeit zur willkürlichen Abstandnahme vom Vertrag gegeben wird.[52]

dd) **Stornogefahrmitteilung.** Zu den Pflichten des Versicherers gehört es im Regelfalle,   **32** dem Versicherungsvertreter **Stornogefahrmitteilungen** zukommen zu lassen.[53] Dem Versicherungsvertreter muß nämlich die Möglichkeit eingeräumt werden, seinerseits auf säumige Versicherungsnehmer einwirken zu können, um den Vertrag zu retten.[54] Die Stornogefahrmitteilung muß grundsätzlich auch gegenüber dem bereits ausgeschiedenen Vertreter gemacht werden.[55] Die für die Gegenauffassung gegebene Begründung, die Stornogefahrmitteilung entfalle, weil der Handelsvertreter auf die in Verzug geratenen Versicherungskunden im Rahmen seiner weiteren Tätigkeit zurückkommen könne,[56] überzeugt nicht. Der Handelsvertreter darf nämlich diese Kenntnisse, soweit es sich um Geschäfts- oder Betriebsgeheimnisse handelt, nach § 90 weder verwerten noch anderen mitteilen. Insoweit wird den Interessen des Versicherers durch die allgemeine Geheimhaltungspflicht hinreichend Rechnung getragen.

Für die Stornogefahrmitteilung kann im Einzelfall die Übersendung der **Kopie eines**   **33** **Mahnschreibens** genügen.[57] Demgegenüber reicht die bloße Mitteilung über nicht gezahlte Prämien noch nicht aus.[58] Mit der Stornogefahrmitteilung **entfällt die Pflicht** des Versicherers zur **eigenen Nachbearbeitung.** Der Handelsvertreter hat nämlich auf Grund

---

[48] BAG AP Nr. 3; OLG Frankfurt VersR 1981, 480; Staub/*Brüggemann* RdNr. 15.
[49] BAG AP Nr. 3.
[50] BAG AP Nr. 3; OLG Schleswig MDR 1984, 760; OLG Köln VersR 1976, 87; *Platz* VersR 1985, 621, 622; *J.-U. Müller* VersR 1974, 950, 951. – AA OLG Hamm VersR 1956, 61. – Einschränkend *Hans* BB 1957, 1060, 1061.
[51] OLG Frankfurt DB 1983, 1591, 1592.
[52] OLG Frankfurt VersR 1960, 510 f.; OLG Karlsruhe VerR 1982, 267; OLG München VersR 1958, 599; Staub/*Brüggemann* RdNr. 17.

[53] BGH LM § 87a Nr. 11; · OLG Köln NJW 1978, 327, 328; Staub/*Brüggemann* RdNr. 16; Heymann/*Sonnenschein/Weitemeyer* RdNr. 16. – AA *Herzog* VersR 1979, 797 f.
[54] OLG Köln NJW 1978, 327, 328.
[55] OLG Köln NJW 1978, 327; *Bonvie* VersR 1986, 119 ff. – AA LAG Frankfurt NJW 1982, 254 f.; LAG Hamm VersR 1981, 1054; OLG Schleswig MDR 1984, 760; *Herzog* VersR 1979, 779 f.; *Platz* VersR 1985, 621, 622.
[56] LAG Frankfurt NJW 1982, 254, 255.
[57] OLG Frankfurt VersR 1981, 480; Heymann/*Sonnenschein/Weitemeyer* RdNr. 16.
[58] BGH LM § 87a Nr. 11.

dieser Mitteilung die Möglichkeit, alles seinerseits erforderliche zur Aufrechthaltung des Vertrags selbst zu veranlassen.[59]

34   **d) Vorzeitige Beendigung des Versicherungsverhältnisses.** Wird das Versicherungsverhältnis **während seiner Laufzeit** durch Kündigung oder Rücktritt **beendet** oder aus sonstigen Gründen teilweise nicht ausgeführt, verbleibt dem Versicherungsvertreter die verdiente Provision.[60] Die Provision ist aber anteilig zurückzuzahlen, soweit die Beendigung des Versicherungsverhältnisses auf Umständen beruhte, die vom Unternehmer nicht zu vertreten gewesen sind.[61] Der Rückzahlungsanspruch ergibt sich in diesem Fall aus entsprechender Anwendung von § 87 a Abs. 2,[62] nicht aber aus § 812 Abs. 1 Satz 1 BGB.[63]

35   **4. Abweichende Vereinbarungen.** Die Parteien können den Zeitpunkt in dem die Provisionsanwartschaft zum unbedingten Provisionsanspruch erstarkt, abweichend von Abs. 4 regeln. Namentlich kann festgelegt werden, daß der Provisionsanspruch bereits vor Zahlung der maßgeblichen Prämie durch den Versicherungsnehmer unbedingt entsteht. Darüber hinaus ist es zulässig, dem Versicherungsvertreter vertraglich einen Anspruch auf Vorschuß oder auf Teilprovision bei Teilleistungen des Versicherungsnehmers einzuräumen.[64]

§ 92 a [Mindestarbeitsbedingungen]

(1) Für das Vertragsverhältnis eines Handelsvertreters, der vertraglich nicht für weitere Unternehmer tätig werden darf oder dem dies nach Art und Umfang der von ihm verlangten Tätigkeit nicht möglich ist, kann der Bundesminister der Justiz im Einvernehmen mit den Bundesministern für Wirtschaft und für Arbeit nach Anhörung von Verbänden der Handelsvertreter und der Unternehmer durch Rechtsverordnung, die nicht der Zustimmung des Bundesrates bedarf, die untere Grenze der vertraglichen Leistungen des Unternehmers festsetzen, um die notwendigen sozialen und wirtschaftlichen Bedürfnisse dieser Handelsvertreter oder einer bestimmten Gruppe von ihnen sicherzustellen. Die festgesetzten Leistungen können vertraglich nicht ausgeschlossen oder beschränkt werden.

(2) Absatz 1 gilt auch für das Vertragsverhältnis eines Versicherungsvertreters, der auf Grund eines Vertrages oder mehrerer Verträge damit betraut ist, Geschäfte für mehrere Versicherer zu vermitteln oder abzuschließen, die zu einem Versicherungskonzern oder zu einer zwischen ihnen bestehenden Organisationsgemeinschaft gehören, sofern die Beendigung des Vertragsverhältnisses mit einem dieser Versicherer im Zweifel auch die Beendigung des Vertragsverhältnisses mit den anderen Versicherern zur Folge haben würde. In diesem Falle kann durch Rechtsverordnung, die nicht der Zustimmung des Bundesrates bedarf, außerdem bestimmt werden, ob die festgesetzten Leistungen von allen Versicherern als Gesamtschuldnern oder anteilig oder nur von einem der Versicherer geschuldet werden und wie der Ausgleich unter ihnen zu erfolgen hat.

Schrifttum: *Diekhoff,* Welche Handelsvertreter haben einen Urlaubsanspruch nach dem BUrlG?, DB 1963, 1120 ff.; *Evers,* Die Nichtigkeit von Handelsvertreterverträgen wegen zu geringer Verdienstmöglichkeiten und ihre Rückabwicklung, BB 1992, 1365; *Herschel,* Die arbeitnehmerähnlichen Personen, DB 1977, 1185 ff.; *Ludwig,* Auf welche Handelsvertreter ist das Bundesurlaubsgesetz anwendbar?, DB 1966, 1972 ff.; *Niessen,* Ist das Bundesurlaubsgesetz auf alle Handelsvertreter anwendbar?, DB 1963, 308 ff. und 1120 ff.

[59] *Bonvie* VersR 1986, 119, 121 f.
[60] Staub/*Brüggemann* RdNr. 18.
[61] OLG Köln VersR 1974, 287.
[62] OLG Karlsruhe VersR 1982, 267; LAG Hamm VersR 1981, 1154; Baumbach/*Hopt* RdNr. 10. – Unklar OLG Köln VersR 1970, 87.

[63] So aber OLG Köln VersR 1974, 287; Heymann/*Sonnenschein/Weitemeyer* RdNr. 15.
[64] Heymann/*Sonnenschein/Weitemeyer* RdNr. 11.

Übersicht

I. Bedeutung

1. Entstehungsgeschichte. In der ursprünglichen Fassung des HGB war eine dieser Be- **1**
stimmung vergleichbare Regelung über Ein-Firmen-Vertreter bzw. Mehr-Firmen-Versicherungsvertreter nicht enthalten. Die Regelung wurde erst neu durch das ÄndG 1953 in
das HGB ausgenommen. Als Vorbild diente das Gesetz über die Festsetzung von Mindestarbeitsbedingungen vom 11.1.1952,[1] das unter besonderen Voraussetzungen ermöglicht, durch Rechtsverordnung Mindestarbeitsbedingungen für Arbeitsverhältnisse festzusetzen.

2. Inhalt und Zweck der Regelung. a) Inhalt. Die Bestimmung normiert selbst keine **2**
Mindestarbeitsbedingungen für die Rechtsverhältnisse der Ein-Firmen-Vertreter. Vielmehr
stellt sie nur eine Ermächtigungsgrundlage für den Erlaß von Rechtsverordnungen dar.
Danach kann durch Rechtsverordnung die untere Grenze der vertraglichen Leistungen des
Unternehmers unabdingbar festgesetzt werden, um die notwendigen sozialen und wirtschaftlichen Bedürfnisse der Ein-Firmen-Vertreter oder einer bestimmten Gruppe von
ihnen sicherzustellen. Bei Mehr-Firmen-Versicherungsvertretern kann darüber hinaus bestimmt werden, ob die festgesetzten Leistungen von allen Versicherern als Gesamtschuldner, anteilig oder nur von einem der Versicherer geschuldet werden und wie der Ausgleich
unter diesen Versicheren zu erfolgen hat.

b) Zweck. Die Bestimmung bezweckt, solchen Handelsvertretern einen materiell- **3**
rechtlichen Schutz zu gewähren, die wirtschaftlich ähnlich abhängig von einem Unternehmer sind wie Handlungsgehilfen. Für solche Handelsvertreter wird die Möglichkeit
eingeräumt, durch Rechtsverordnung die untere Grenze der vertraglichen Leistungen der
Unternehmer festzusetzen, um die notwendigen sozialen und wirtschaftlichen Bedürfnisse
der wirtschaftlich schwachen Ein-Firmen-Vertreter sicherzustellen.[2]

3. Praktische Bedeutung. Auf Grund dieser Bestimmung sind bisher noch keine Min- **4**
destarbeitsbedingungen für Ein-Firmen-Vertreter durch Rechtsverordnung geregelt worden. Es ist zur Zeit auch nicht damit zu rechnen, daß in absehbarer Zukunft von dieser

---

[1] BGBl. I S. 17.

[2] Begr. z. Reg.-E., BT-Drs. 1/3856 S. 39 f.

Ermächtigung Gebrauch gemacht wird.[3] Prüfungen des Bundesministers der Justiz unter Beteiligung der betroffenen Verbände der Handelsvertreter und der Unternehmer haben nämlich ergeben, daß allenfalls ein ganz kleiner Kreis von hauptberuflichen Ein-Firmen-Vertretern mit ihren Einkommen unter dem nach dieser Bestimmung zu sichernden Existenzminimum liegen dürfte. Ob diesen Handelsvertretern mit der Festsetzung einer Mindestvergütung gedient wäre, erscheint zweifelhaft, weil ein gesetzlich garantiertes Mindesteinkommen von Unternehmern zum Anlaß genommen werden könnte, das Handelsvertreterverhältnis zu kündigen.[4] Die besondere praktische Bedeutung dieser Bestimmung ergibt sich zur Zeit daraus, daß sie in anderen Rechtsnormen als Tatbestandsmerkmal zur Einordnung einer bestimmten Gruppe von Handelsvertretern dient (siehe RdNr. 5 ff.).   .

5   **4. Ergänzende Sonderregelungen. a) § 5 Abs. 3 ArbGG.** Die Regelung hat kraft Verweisung erhebliche praktische Bedeutung für den Rechtsweg bei Streitigkeiten zwischen Handelsvertreter und Unternehmer. Zwar sind für diese Rechtsstreitigkeiten grundsätzlich die ordentlichen Gerichte zuständig. **§ 5 Abs. 3 ArbGG** begründet aber die **Zuständigkeit** der **Arbeitsgerichte,** wenn der Handelsvertreter zu dem Personenkreis gehört, für den nach § 92a die untere Grenze der vertraglichen Leistungen des Unternehmers festgesetzt werden kann, und wenn er während der letzten sechs Monate des Vertragsverhältnisses, bei kürzerer Vertragsdauer während dieser Zeit, im Durchschnitt monatlich nicht mehr als 2.000.- DM auf Grund des Vertragsverhältnisses an Vergütung einschließlich Provision und Ersatz für im regelmäßigen Geschäftsbetrieb entstandene Aufwendungen bezogen hat.[5] Auch wenn es sich um selbständige Handelsvertreter handelt ist also für den in dieser Bestimmung genannten Personenkreis das Arbeitsgericht zuständig, wenn die zusätzlichen Voraussetzungen des § 5 Abs. 3 ArbGG erfüllt sind. Liegen die Tatbestandsvoraussetzungen des § 5 Abs. 3 ArbGG nicht vor, dann bleibt es bei der Zuständigkeit der ordentlichen Gerichte, auch wenn der Handelsvertreter im Einzelfall eine arbeitnehmerähnliche Person iSv. § 5 Abs. 1 ArbGG ist. § 5 Abs. 3 ArbGG enthält nämlich für Handelsvertreter eine in sich abgeschlossene Zuständigkeitsregelung.[6]

6   **b) §§ 59 Abs. 1 Nr. 3c, 61 Abs. 1 Nr. 1c KO.** Weiterhin verweisen §§ 59 Abs. 1 Nr. 3c, 61 Abs. 1 Nr. 1c KO auf diese Bestimmung. Danach können Handelsvertreter, die zu dem Personenkreis gehören, für den nach § 92a die untere Grenze der vertraglichen Leistung des Unternehmers festgesetzt werden kann, und denen während der letzten sechs Monate des Vertragsverhältnisses, bei kürzer Vertragsdauer während dieser, im Durchschnitt monatlich nicht mehr als 1.000.- DM an Vergütung einschließlich Provision und Ersatz für im regelmäßigen Geschäftsbetrieb entstandene Aufwendung zugestanden haben oder noch zustehen, ihre **Ansprüche auf Vergütung** einschließlich Provision gegen den Gemeinschuldner wegen der Rückstände für die letzten sechs Monate vor der Eröffnung des **Konkursverfahrens** oder dem Ableben des Gemeinschuldners als Masseschulden berichtigt verlangen (§ 59 Abs. 1 Nr. 3c KO). Wegen der sonstigen Vergütungsrückstände für das letzte Jahr vor der Eröffnung des Verfahrens oder dem Ableben des Gemeinschuldners steht diesen Handelsvertretern das Konkursvorrecht nach § 61 Abs. 1 Nr. 1c KO zu.

7   **c) Sonstige arbeitsrechtliche Regelungen.** Ansonsten finden arbeitsrechtlichen Normen auf die in dieser Bestimmung genannten Ein-Firmen-Vertreter und Mehr-Firmen-Versicherungsvertreter **grundsätzlich keine Anwendung,** und zwar auch dann nicht, wenn es sich um sogenannte arbeitnehmerähnliche Handelsvertreter handelt. Bei diesen

[3] Antwort des Parlamentarischen Staatssekretärs Erhard vom 27.2.1985 auf eine schriftliche Anfrage aus dem Deutschen Bundestag, BT-Drs. 10/2954 S. 3.
[4] Vgl. BT-Drs. 10/2954 S. 4.
[5] Wegen der Einzelheiten zur Frage, ob die Verdienstgrenze des § 5 Abs. 3 Satz 1 ArbGG eingehal-

ten ist vgl. *Matthes* in Germelmann/Matthes/Prüting, ArbGG § 5 RdNr. 26; *Grunsky* ArbGG § 5 RdNr. 22.
[6] BAG AP Nr. 1; *Matthes* in Germelmann/Matthes/Prüting, ArbGG § 5 RdNr. 28. – AA *Grunsky* ArbGG, § 5 RdNr. 22.

arbeitnehmerähnlichen Personen besteht zwar eine wirtschaftliche Abhängigkeit, die dazu führt, daß dieser Personenkreis sozial der Stellung der Arbeitnehmer angenähert ist. Da sie aber keine Arbeitnehmer sind, findet das Arbeitsrecht auf sie grundsätzlich keine Anwendung.[7] Etwas anderes gilt nur, soweit eine Gleichstellung ausdrücklich gesetzlich angeordnet ist, wie zB das Urlaubsrecht in § 2 Satz 2 BUrlG.

II. Persönlicher Anwendungsbereich

1. Ein-Firmen-Vertreter (Abs. 1). a) Überblick. Abs. 1 ist die Ermächtigungsgrundlage **8** für den Erlaß von Rechtsverordnungen zur Regelung von Mindestarbeitsbedingungen für sogenannte Ein-Firmen-Vertreter. Hierunter fallen diejenigen Handelsvertreter, die entweder vertraglich nicht für weitere Unternehmer tätig werden dürfen (sogenannte Ein-Firmen-Vertreter kraft Vertrags) oder denen dies nach Art und Umfang der von ihnen verlangten Tätigkeit nicht möglich ist (sogenannte Ein-Firmen-Vertreter kraft Weisung). Erfaßt werden also nur diejenigen Handelsvertreter, denen es rechtlich untersagt (Abs. 1 Satz 1 Alt. 1) oder auf Grund der von ihnen nach dem Vertrag verlangten Leistung tatsächlich unmöglich ist (Abs. 1 Satz 1 Alt. 2), für weitere Unternehmer tätig zu sein.

b) Vertraglicher Ausschluß. Erfaßt werden zunächst diejenigen Handelsvertreter, denen **9** es **vertraglich untersagt** ist, für weitere Unternehmer tätig zu werden. Ist insoweit keine ausdrückliche Abrede getroffen, muß der Vertrag gegebenenfalls nach §§ 133, 157 BGB ausgelegt werden. Ist dem Handelsvertreter zB für die Zeit der Erkrankung ein Tagegeld eingeräumt worden, dann soll der Beweis des ersten Anscheins dafür sprechen, daß er die Rechtsstellung eines sogenannten Ein-Firmen-Vertreters innehat.[8]

Ein **vertragliches Verbot** iSv. Abs. 1 Satz 1 Alt. 1 besteht auch in den Fällen, in denen **10** die Aufnahme einer solchen Tätigkeit von der Genehmigung des Unternehmers abhängig und eine solche Genehmigung noch nicht erteilt ist.[9] Der Handelsvertreter ist in diesem Fall Ein-Firmen-Vertreter, solange er die Genehmigung nicht nachsucht. Er verliert hingegen den Schutz des Abs. 1, wenn er mit Genehmigung seines Unternehmers einen Zweiterwerb aufnimmt.[10] Liegt eine Vereinbarung vor, nach welcher der Handelsvertreter nicht für weitere Unternehmer tätig werden darf, so ist Abs. 1 auch dann anwendbar, wenn der Handelsvertreter vertragswidrig ohne das Einverständnis des Unternehmers für andere Unternehmer tätig geworden ist. Maßgebend ist allein, daß dem Handelsvertreter eine solche Tätigkeit ohne Zustimmung des Unternehmers nicht erlaubt ist. Ist dem Unternehmer allerdings die Tätigkeit des Handelsvertreters für einen anderen bekannt und wird dies vom Unternehmer gebilligt, dann kann hierin eine stillschweigende Genehmigung der Tätigkeit oder eine stillschweigende Einschränkung des Tätigkeitsverbots gesehen werden.[11]

Demgegenüber sind die persönlichen Voraussetzungen des Abs. 1 Satz 1 Alt. 1 nicht er- **11** füllt, wenn dem Handelsvertreter lediglich eine **Konkurrenztätigkeit untersagt** wird.[12] Dem Handelsvertreter wird nämlich dann nur das ausdrücklich untersagt, was er nach allgemeinen Regeln von vornherein nicht tun dürfte (vgl. § 86 RdNr. 33 ff.). Ist dem Handelsvertreter in diesem Sinne die Tätigkeit für einen anderen Unternehmer nicht verboten, also gestattet, dann sind die Voraussetzungen des Abs. 1 Satz 1 Alt. 1 auch dann nicht erfüllt, wenn er tatsächlich nicht für einen anderen Unternehmer tätig wird. Nutzt er lediglich die ihm gegebenen Möglichkeiten tatsächlich nicht aus, dann verdient er nicht den durch Abs. 1 bezweckten Schutz.

c) Faktischer Ausschluß. Von Abs. 1 werden auch diejenigen Handelsvertreter erfaßt, **12** denen es zwar vertraglich nicht untersagt ist, für weitere Unternehmer tätig zu werden,

[7] Vgl. nur MünchHdbArbR/*Richardi* § 28 RdNr. 1; *Zöllner/Loritz* Arbeitsrecht § 4 VI 2b.

[8] LAG Baden-Württemberg DB 1959, 307; sehr zweifelhaft.

[9] OLG Stuttgart BB 1966, 1396.

[10] Staub/*Brüggemann* RdNr. 3.

[11] OLG Stuttgart BB 1966, 1396.

[12] LAG Düsseldorf BB 1956, 593 mit Anm. *Trinkhaus;* Baumbach/*Hopt* RdNr. 13.

denen dies aber **nach Art und Umfang der von ihnen verlangten Tätigkeit nicht möglich** ist. Ausschlaggebend ist insoweit, daß der Handelsvertreter zwar nicht rechtlich, aber doch tatsächlich verhindert ist, für weitere Unternehmer tätig zu werden. Entscheidend ist insoweit nicht das Maß der Tätigkeit, daß der Vertreter von sich aus ohne entsprechendes Verlangen erbringt. Vielmehr ist die vom Handelsvertreter nach dem Vertrag verlangte Tätigkeit ausschlaggebend.[13] Hierbei ist auf den Pflichtenkreis des Handelsvertreters abzustellen, der in § 86 Abs. 1 allgemein umrissen und stets unter Berücksichtigung aller Umstände des Einzelfalles festzustellen ist.[14]

13 Für die Frage, ob nach der vom Handelsvertreter geschuldeten Tätigkeit die Möglichkeit besteht, für weitere Unternehmer tätig zu werden, ist auf einen **durchschnittlich befähigten und voll arbeitsfähigen Handelsvertreter** abzuheben.[15] Die subjektive Leistungsfähigkeit, insbesondere Einschränkungen durch Alter, Gesundheit, persönliche Arbeitsweise müssen außer Betracht bleiben.[16] Für eine solche tatsächliche Einschränkung der Möglichkeit, für andere Unternehmer tätig zu werden, reicht es nicht aus, wenn der Handelsvertreter nach dem Vertrag verpflichtet ist, „sein ganzes Wissen und Können und seine volle Arbeitskraft zur Verfügung zu stellen". Es handelt sich hierbei um eine bloße **qualitative Bestimmung des Arbeitseinsatzes** des Handelsvertreters, der ihn nicht dazu verpflichtet, seine gesamte Arbeitszeit für diesen einen Unternehmer zur Verfügung zu stellen.[17]

14 **d) Nicht: Arbeitnehmerähnlichkeit. Keine Bedeutung** für die Anwendung des Abs. 1 hat, ob sich der Handelsvertreter in einer **arbeitnehmerähnlichen Stellung** befindet. Die Arbeitnehmerähnlichkeit ist nicht notwendige Bedingung, weil dieser Begriff für eine Abgrenzung ungeeignet ist. Ob ein Handelsvertreter wirtschaftlich selbständig oder unselbständig iSd. Begriffs ist, kann häufig nur schwer festgestellt werden.[18] Die Arbeitnehmerähnlichkeit ist auch nicht ausreichende Bedingung für die Anwendung des Abs. 1; dh. Mindestarbeitsbedingungen können für Handelsvertreter nicht allein deswegen aufgestellt werden, weil sie eine arbeitnehmerähnliche Stellung haben. Zwar kann auch ein Handelsvertreter, der für mehrere Unternehmer tätig ist, sich in ungünstiger wirtschaftlicher Lage befinden; ihm kann aber kein Mindestschutz zugebilligt werden. Er steht nicht in ausschließlicher Verbindung zu einem bestimmten Unternehmer und ist nicht auf die sich bei ihm bietenden Verdienstmöglichkeiten angewiesen. Er hat die Möglichkeit, durch Arbeit für mehrere Unternehmer mehr zu verdienen. Er kann alle Chancen, die sich ihm durch die Vertretung mehrerer Firmen bieten, ausnutzen. Das ist die typische Stellung eines selbständigen Kaufmanns, so daß er auch das Risiko, das mit der beruflichen Selbständigkeit verbunden ist, allein tragen muß.[19]

15 **2. Mehr-Firmen-Versicherungsvertreter (Abs. 2 Satz 1). a) Überblick.** Abs. 1 gilt für Versicherungsvertreter, die als Ein-Firmen-Vertreter einzuordnen sind. Darüber hinaus wird die Ermächtigung, durch Rechtsverordnung Mindestarbeitsbedingungen zu regeln, nach Abs. 2 Satz 1 auf solche Versicherungsvertreter erstreckt, die auf Grund eines Vertrags oder mehrerer Verträge damit betraut sind, Geschäfte für mehrere Versicherer zu vermitteln oder abzuschließen, die zu einem bestimmten Versicherungskonzern oder zu einer zwischen ihnen bestehenden Organisationsgemeinschaft gehören, sofern die Beendigung des Vertragsverhältnisses mit einem dieser Versicherer im Zweifel auf die Beendigung des Vertragsverhältnisses mit den anderen Versicherern zur Folge haben würde.

16 **b) Zusammengehörigkeit der Versicherer.** Abs. 2 Satz 1 erstreckt die Berechtigung zur Regelung von Mindestarbeitsbedingungen durch Rechtsverordnung damit auch auf

---

[13] LAG Düsseldorf BB 1956, 593 mit zust. Anm. *Trinkhaus.*

[14] *Trinkhaus* BB 1956, 593, 594.

[15] LAG Düsseldorf BB 1956, 593.

[16] LAG Düsseldorf BB 1956, 593; Staub/*Brüggemann* RdNr. 4. – Einschränkend *Trinkhaus* BB 1956, 593, 594.

[17] OLG Frankfurt DB 1979, 1178; Baumbach/ *Hopt* RdNr. 3.

[18] Begr. z. Reg.-E., BT-Drs. 1/3856 S. 40.

[19] Begr. z. Reg.-E., BT-Drs. 1/3856 S. 40.

Versicherungsvertreter, die für mehrere Versicherer tätig sind. Unerheblich ist dabei, ob der Versicherungsvertreter auf Grund eines mit einem Versicherer abgeschlossenen Vertrags damit betraut ist, für mehrere Versicherer zu vermitteln oder abzuschließen, oder ob zu den verschiedenen Versicherern, für die er tätig werden soll, eigene selbständige Handelsvertreterverhältnisse bestehen. Entscheidend ist nur, daß mehrere Versicherer zu einem **Konzern** oder zu einer zwischen ihnen bestehenden **Organisationsgemeinschaft** gehören. Dabei bestimmt sich der Konzernbegriff nach §§ 15, 18 AktG. Eine Organisationsgemeinschaft liegt vor, wenn die Versicherer, mögen sie auch nicht zu einem Konzern gehören, in der Weise zusammenarbeiten, daß sie ihren Geschäftsbetrieb ganz oder teilweise in gemeinsamer Organisation führen. Hierbei ist insbesondere der Fall wichtig, daß sich mehrere selbständige Versicherer eines gemeinsamen Vertreterstabs im Außendienst bedienen.

c) **Abhängigkeit der Vertreterverhältnisse.** Schließlich ist Voraussetzung, daß die **Be-** 17 **endigung eines der Vertragsverhältnisse** im Zweifel auch die Beendigung des Vertragsverhältnisses mit den anderen Versicherern zur Folge hat. Für die Ausübung der Ermächtigung und das Eingreifen der Rechtsverordnung in die bestehenden Vertragsverhältnisse ist es ohne Bedeutung, ob bei späterer Beendigung eines der mehreren Vertragsverhältnisse die anderen tatsächlich auch beendet werden. Auch eine rechtliche Koppelung ist nicht erforderlich. Es reicht vielmehr aus, wenn nach den Umständen des Einzelfalls damit zu rechnen ist, daß die Beendigung des einen Vertragsverhältnisses tatsächlich auch die Beendigung der anderen Vertragsverhältnisse nach sich ziehen wird. Hiervon kann zB ausgegangen werden, wenn nach den bisherigen Erfahrungen die Kündigung des Vertragsverhältnisses durch einen der Versicherer von den anderen Versicherern zum Anlaß genommen wird, das Vertreterverhältnis ebenfalls zu kündigen.

d) **Analoge Anwendung.** Abs. 2 Satz 1 gilt unmittelbar nur **für Versicherungsver-** 18 **treter.** Eine analoge Anwendung auf andere Handelsvertreter scheidet grundsätzlich aus. Wegen der Gleichstellung mit den Versicherungsvertretern durch § 92 Abs. 5 ist die Bestimmung aber auch auf Bausparkassenvertreter zu erstrecken.[20]

3. **Einzelfälle. a) Handelsvertreter im Nebenberuf.** In den persönlichen Anwendungs- 19 bereich dieser Vorschrift fallen auch **Handelsvertreter im Nebenberuf** iSv. § 92b.[21] Dies folgt schon daraus, daß § 92b Abs. 1 Satz 1 die Bestimmung des § 92a für Handelsvertreter im Nebenberuf bei der Anwendung nicht ausnimmt. Unerheblich ist demgegenüber, daß Handelsvertreter im Nebenberuf im Regelfall nicht sozial schutzbedürftig sind, weil dieses Kriterium für die Anwendung der Bestimmung ohne Bedeutung ist. Die fehlende Schutzbedürftigkeit hat im Regelfalle nur Bedeutung für die Frage, ob in diesen Fällen auch die Notwendigkeit besteht, die sozialen und wirtschaftlichen Bedürfnisse durch Erlaß einer Rechtsverordnung zu sichern.[22]

b) **Handelsvertretergesellschaften.** Der persönliche Anwendungsbereich der Bestim- 20 mung stellt nicht auf die **Rechtsform** ab, in welcher der Handelsvertreter sein Unternehmen betreibt. Daher können nicht nur natürliche Personen, sondern auch juristische Personen und Personengemeinschaften hierunter fallen.[23]

c) **Nicht: Sozialschutzbedürftige Mehr-Firmen-Vertreter.** Auf sozial **schutzbedürfti-** 21 **ge Mehr-Firmen-Vertreter** findet diese Bestimmung keine Anwendung. Die soziale Schutzbedürftigkeit ist weder notwendige noch ausreichende Bedingung dafür, daß eine Rechtsverordnung zur Regelung der Mindestarbeitsbedingungen nach Abs. 1 oder Abs. 2 erlassen werden kann.

[20] Baumbach/*Hopt* RdNr. 5; Staub/*Brüggemann* RdNr. 6.
[21] Heymann/*Sonnenschein/Weitemeyer* RdNr. 9. – AA LAG Frankfurt AP Nr. 2; Staub/*Brüggemann* RdNr. 5.

[22] Begr. z. Reg.-E., BT-Drs. 1/3856 S. 42; Heymann/*Sonnenschein/Weitemeyer* RdNr. 9.
[23] Baumbach/*Hopt* RdNr. 3; Heymann/*Sonnenschein/Weitemeyer* RdNr. 9. – AA Staub/*Brüggemann* RdNr. 5.

III. Sachlicher Regelungsbereich

22 **1. Mindestarbeitsbedingungen (Abs. 1).** Für die in Abs. 1 Satz 1 und Abs. 2 Satz 1 genannten Handelsvertreter kann durch Rechtsverordnung die untere Grenze der vertraglichen Leistungen des Unternehmers festgesetzt werden, um die notwendigen sozialen und wirtschaftlichen Bedürfnisse dieser Handelsvertreter oder einer bestimmten Gruppe von ihnen sicherzustellen. Hierunter ist insbesondere die Festsetzung einer bestimmten Mindestvergütung zu verstehen. Diese muß derart bemessen sein, daß sie dem Handelsvertreter nach Abzug der in seinem regelmäßigen Geschäftsbetrieb entstehenden Aufwendungen den Lebensunterhalt auf bescheidener Grundlage ermöglicht. Daneben kann die Verordnung weitere Mindestverpflichtungen des Unternehmers festlegen, wie zB Gewährung bezahlten Urlaubs, Zahlung einer Vergütung bei unverschuldeter Dienstverhinderung und Erteilung eines Zeugnisses.[24]

23 **2. Gesamtschuldnerische Haftung (Abs. 2 Satz 2).** Für Mehr-Firmen-Versicherungsvertreter kann nach Abs. 2 Satz 2 zusätzlich bestimmt werden, ob die festgesetzten Mindestleistungen von allen Versicherern als Gesamtschuldner, anteilig oder nur von einem der Versicherer geschuldet werden und wie der Ausgleich unter diesen Versicherern zu erfolgen hat. Insoweit kann durch die Rechtsverordnung auch der Schuldner der festgesetzten Leistungen bestimmt werden. Hierbei ist eine Gesamtschuldnerschaft aller beteiligten Versicherer, eine anteilsmäßige Haftung oder auch nur die Haftung eines der beteiligten Versicherer als Regelungsinhalt möglich. Insbesondere kann auch ein anderer als der im Vertrag vorgesehene Versicherer als Schuldner bestimmt werden, sofern der Versicherungsvertreter auch für diesen Versicherer tätig wird.

24 Auch der **Ausgleich** zwischen den beteiligten Versicherern kann durch die Rechtsverordnung geregelt werden. Hier wird also nicht nur das Vertreterverhältnis zwischen Versicherungsvertreter und Versicherer, sondern auch das Innenverhältnis zwischen mehreren beteiligten Versicherern geregelt.

IV. Erlaß der Rechtsverordnung

25 **1. Verordnungsverfahren.** Die Ermächtigung wird durch Rechtsverordnung des **Bundesjustizministers** ausgeübt. Der Bundesjustizminister muß das Einvernehmen mit den Bundesministern für Wirtschaft und Arbeit herstellen sowie die Verbände der Handelsvertreter und der Unternehmer anhören. Die Zustimmung der Verbände ist jedoch nicht erforderlich. Die Verordnung bedarf nicht der Zustimmung des Bundesrats. Gemäß Art. 80 GG muß in der Verordnung als Rechtsgrundlage die Bestimmung des § 92a angegeben werden.

26 **2. Wirkung der Verordnung. a) Unabdingbarkeit.** Die durch Rechtsverordnung festgesetzten Leistungen sind Mindestleistungen, die dem Handelsvertreter während der Dauer des Vertreterverhältnisses auf jeden Fall zugute kommen müssen, solange die persönlichen Voraussetzungen des Abs. 1 Satz 1 oder Abs. 2 Satz 1 vorliegen. Die durch die Verordnung festgelegten Mindestleistungen stehen dem Handelsvertreter **unabdingbar** zu (Abs. 1 Satz 2). Daher ist während der Dauer des Vertragsverhältnisses nicht nur ein Ausschluß oder eine Beschränkung der Leistungen, sondern auch der Abschluß eines Erlaßvertrags oder eines gerichtlichen bzw. außergerichtlichen Vergleichs unwirksam. Ist hingegen das Vertreterverhältnis beendet und hat der Handelsvertreter noch Ansprüche auf Leistungen gemäß Abs. 1 Satz 1 gegen den Unternehmer, kann er über diese verfügen, also auch ganz oder teilweise auf sie **verzichten**.[25]

27 **b) Keine nachteiligen abweichenden Änderungen.** Auch eine Regelung über die Haftung für die Mindestleistungen beim Mehr-Firmen-Versicherungsvertreter nach Abs. 2 Satz 2 gestaltet unmittelbar das Rechtsverhältnis zwischen dem Versicherungsvertreter und

---

[24] Begr. z. Reg.-E., BT-Drs. 1/3856 S. 41.   [25] Begr. z. Reg.-E., BT-Drs. 1/3856 S. 41.

den Versicherern. Dabei kann die Haftungsfrage während der Dauer des Vertreterverhält-nisses **nicht zum Nachteil des Versicherungsvertreters** abweichend vom Inhalt der Rechtsverordnung geregelt werden.[26] Nur eine Besserstellung des Versicherungsvertreters ist zulässig. Demgegenüber steht es den Versicherern frei, die Frage des Innenausgleichs abweichend von der Verordnung zu bestimmen.[27]

§ 92 b [Handelsvertreter im Nebenberuf]

(1) **Auf einen Handelsvertreter im Nebenberuf sind §§ 89 und 89 b nicht anzuwen-den. Ist das Vertragsverhältnis auf unbestimmte Zeit eingegangen, so kann es mit einer Frist von einem Monat für den Schluß eines Kalendermonats gekündigt wer-den; wird eine andere Kündigungsfrist vereinbart, so muß sie für beide Teile gleich sein. Der Anspruch auf einen angemessenen Vorschuß nach § 87 a Abs. 1 Satz 2 kann ausgeschlossen werden.**

(2) **Auf Absatz 1 kann sich nur der Unternehmer berufen, der den Handelsvertreter ausdrücklich als Handelsvertreter im Nebenberuf mit der Vermittlung oder dem Abschluß von Geschäften betraut hat.**

(3) **Ob ein Handelsvertreter nur als Handelsvertreter im Nebenberuf tätig ist, be-stimmt sich nach der Verkehrsauffassung.**

(4) **Die Vorschriften der Absätze 1 bis 3 gelten sinngemäß für Versicherungsvertre-ter und für Bausparkassenvertreter.**

Schrifttum: *Baums*, Handelsvertreter im Nebenberuf, BB 1986, 891 ff.; *Küstner*, Nebenberufliche Vertre-tertätigkeit und Ausgleichsanspruch, BB 1966, 1212 ff.

Übersicht

I. Bedeutung

1. Entstehungsgeschichte. In der ursprünglichen Fassung enthielt das HGB keine Son- **1**
derregelungen über Handelsvertreter im Nebenberuf. Die Bestimmung ist erst durch das ÄndG 1953 in das HGB aufgenommen worden.[1]

---

[26] Heymann/*Sonnenschein/Weitemeyer* RdNr. 11.
[27] Staub/*Brüggemann* RdNr. 7.

[1] Ausführlich zur Entstehungsgeschichte *Baums* BB 1986, 891 f.

2   **2. Inhalt und Zweck der Regelung. a) Inhalt.** Die Bestimmung enthält drei wichtige vom Handelsvertreterrecht abweichende Sonderregelungen für Handelsvertreter im Nebenberuf. Erstens werden die Bestimmungen über die ordentliche Kündigung in § 89 durch eine eigenständige Kündigungsregelung ersetzt. Zweitens wird ein Ausgleichsanspruch nach § 89b für den Handelsvertreter im Nebenberuf ausgeschlossen. Drittens wird den Parteien das Recht eingeräumt, die im allgemeinen unabdingbare Vorschußpflicht des Unternehmers aus § 87a Abs. 1 Satz 2 auszuschließen.

3   **b) Zweck.** Die Bestimmung will den **Besonderheiten des Handelsvertreters im Nebenberuf,** insbesondere dessen geringerer Schutzbedürftigkeit Rechnung tragen und den Unternehmer insoweit entlasten. Bei den Vorschriften, von denen abgewichen wird, handelt es sich nämlich im wesentlichen um Regelungen, die dem besonderen Schutzbedürfnis des Handelsvertreters Rechnung tragen, bei dem das Schwergewicht seiner Tätigkeit in seinem Vertreterberuf liegt.[2]

4   **3. Ergänzende Regelungen.** Abs. 1 ordnet nur Ausnahmen von den allgemeinen Vorschriften des Handelsvertreterrechts an. Soweit diese nicht eingreifen, bleibt es bei den auch für den Handelsvertreter im Nebenberuf geltenden Regelungen der §§ 84 bis 92a, 92c.[3]

II. Persönlicher Anwendungsbereich

5   **1. Handelsvertreter im Nebenberuf. a) Begriff.** Der Regierungsentwurf zum ÄndG 1953 sah noch eine Legaldefinition des Begriffs des Handelsvertreters im Nebenberuf vor. Danach sollte Handelsvertreter im Nebenberuf sein, „wer nicht überwiegend als Handelsvertreter tätig ist oder wer aus dieser Tätigkeit nicht den überwiegenden Teil seines Arbeitseinkommens bezieht".[4] Diese Formulierung wurde jedoch auf Vorschlag des Rechtsausschusses des Deutschen Bundestags nicht ins Gesetz übernommen, sondern auf die Verkehrsauffassung verwiesen,[5] weil sich eine völlig befriedigende Begriffsbestimmung kaum finden lassen würde.[6] Gemäß Abs. 3 bestimmt sich daher nach der Verkehrsauffassung, ob ein Handelsvertreter nur als Handelsvertreter im Nebenberuf tätig ist.

6   **b) Überwiegensprinzip.** Nach der **Verkehrsauffassung** (Abs. 3) kann Handelsvertreter im Nebenberuf nur sein, wer zusätzlich einen weiteren Beruf, den Hauptberuf ausübt. Unerheblich ist es dabei, ob sich bei dem Hauptberuf um eine selbständige oder unselbständige Tätigkeit handelt bzw. ob überhaupt Erwerbsabsichten damit verbunden werden.[7] Dabei ist für die Frage, was Haupt- und was Nebenberuf ist, darauf abzuheben, welche Tätigkeit überwiegt.

7   **c) Zeitlicher Umfang der Tätigkeit.** Für die Frage, welche Tätigkeit überwiegt, kommt es in erster Linie darauf an, welche Tätigkeit die Arbeitskraft nach Zeit und Umfang zum überwiegenden Teil in Anspruch nimmt.[8] Ist dies die Tätigkeit als Handelsvertreter, dann ist diese Handelsvertretertätigkeit Hauptberuf. Überwiegt hingegen die daneben zusätzlich ausgeübte Tätigkeit, dann ist lediglich ein Handelsvertreter im Nebenberuf gegeben.

8   Demgegenüber kommt es **nicht** entscheidend darauf an, aus welcher Tätigkeit die **überwiegenden Einkünfte** bezogen werden.[9] Mit dem Bezug zur Tätigkeit wird nämlich die Leistung des Handelsvertreters zum Maßstab genommen, nicht aber eine etwa hieraus

---

[2] Begr. z. Reg.-E, BT-Drs. 1/3856 S. 42.

[3] Heymann/*Sonnenschein/Weitemeyer* RdNr. 6.

[4] Vgl. BR-Drs. 1/3856 S. 7.

[5] Verhandlungen des Deutschen Bundestags, 1. Wahlperiode, Stenogr. Berichte Band 17, S. 14208.

[6] Siehe schon Begr. z. Reg.-E, BT-Drs. 1/3856 S. 42.

[7] Baumbach/*Hopt* RdNr. 2; Heymann/*Sonnenschein/Weitemeyer* RdNr. 3.

[8] Staub/*Brüggemann* RdNr. 4.

[9] Abweichend Baumbach/*Hopt* RdNr. 2; Heymann/*Sonnenschein/Weitemeyer* RdNr. 3; *Küstner* BB 1966, 1212, die für die Abgrenzung kumulativ auf die überwiegende Tätigkeit des Vertreters und sein aus dieser Tätigkeit erzieltes überwiegendes Arbeitseinkommen abstellen wollen.

erzielte Gegenleistung. Dem entspricht die allgemeine Verkehrsanschauung, die im Hauptberuf jene Tätigkeit sieht, welche die Person zeitlich überwiegend in Anspruch nimmt. Nur ausnahmsweise wird die in lediglich geringem zeitlichen Umfang ausgeübte Vertretertätigkeit nicht Nebentätigkeit sein, wenn die Einnahmen aus ihr praktisch die Existenzgrundlage sicherstellen.[10] In diesen Fällen ist die Vertretertätigkeit existenzsichernde Einnahmequelle und daher nach der Verkehrsanschauung auch der Hauptberuf.

2. Einzelfälle. a) Handelsvertreter im Nebenberuf sind: 9

- **Rentner und Penionäre,** die neben ihrem Ruhestand in geringerem Umfang Handelsvertretertätigkeiten ausüben, und zwar auch dann, wenn die Einnahmen aus der Vertretertätigkeit die Pension bzw. Rente übersteigen.[11] Die Höhe der Bezüge sagt nämlich nichts darüber aus, mit welcher Tätigkeit sich eine Person überwiegend befaßt. Rentner und Pensionäre sind daher nur dann Handelsvertreter im Hauptberuf, wenn sie in größerem Umfang der Vermittlungstätigkeit nachgehen.

- **Hausfrauen und Studenten,** die sich neben ihrer Haupttätigkeit durch Vertretungen eine zusätzliche Einnahme verschaffen, sind auch dann als nebenberufliche Vertreter anzusehen, wenn der Verdienst aus der Vertretertätigkeit ihr einziges selbst erwirtschaftetes „Arbeitseinkommen" darstellt. Sie sind nämlich nicht überwiegend als Vertreter tätig und daher nach der Verkehrsanschauung als bloßer Handelsvertreter im Nebenberuf anzusehen.[12]

- Beamte und Angestellte, die **nach Dienstschluß** nebenbei Versicherungsverträge vermitteln oder sonstigen Handelsvertretertätigkeiten nachgehen.[13]

- **Gelegentlich der Ausübung des Hauptberufs** wahrgenommene Vertretertätigkeiten, wie zB die Vermittlung von Versicherungsverträgen durch Kraftfahrzeughändler oder Reisebüros.[14]

- **Saisonarbeiter,** die in den Übergangsmonaten durch Handelsvertretertätigkeit einen Nebenerwerb erzielen.[15]

b) Als Handelsvertreter im Hauptberuf sind einzustufen: 10

- Als Handelsvertreter tätige Personen, die neben dieser ausschließlichen Tätigkeit **erhebliche Einkünfte aus Kapitalvermögen** und Grundbesitz beziehen,[16] und zwar auch dann, wenn diese Einkünfte die aus der Handelsvertretertätigkeit bezogenen Einkünfte überwiegen.[17]

- Handelsvertreter, die **für mehrere Unternehmen** tätig werden, sind grundsätzlich gegenüber jedem dieser Unternehmer Handelsvertreter im Hauptberuf.[18] Der Annahme, ein solcher Handelsvertreter sei für den einen Unternehmer Handelsvertreter im Hauptberuf, für den anderen aber nur Handelsvertreter im Nebenberuf, widerspricht die Erkenntnis, daß der Handelsvertreterberuf inhaltlich ein selbständiger Beruf ist und der Handelsvertreter in dieser Stellung grundsätzlich für mehrere Unternehmer tätig werden kann. Dies entspricht dem Grundsatz des § 344, demzufolge die von einem Kaufmann vorgenommenen Rechtsgeschäfte im Zweifel als zum Betrieb seines Handelsgewerbes gehörig gelten. Da der Handelsvertreter Kaufmann ist (§ 1 Abs. 2 Nr. 7), handelt er im Betrieb seines Handelsgewerbes und damit grundsätzlich hauptberuflich, wenn er einen zusätzlichen Handelsvertretervertrag mit einem anderen Unternehmer eingeht. Eine

[10] Staub/*Brüggemann* RdNr. 4.
[11] Staub/*Brüggemann* RdNr. 2. – AA Bei überwiegendem Einkommen aus der Vertretertätigkeit Begr. z. Reg.-E., BT-Drs. 1/3856 S. 42; Heymann/*Sonnenschein/Weitemeyer* RdNr. 2; Baumbach/*Hopt* RdNr. 2; *Küstner* BB 1966, 1212.
[12] Begr. z. Reg.-E., BT-Drs. 1/3856 S. 42; Baumbach/*Hopt* RdNr. 2; *Küstner* BB 1966, 1212.
[13] Baumbach/*Hopt* RdNr. 2; *Baums* BB 1986, 891, 893.

[14] Heymann/*Sonnenschein/Weitemeyer* RdNr. 3.
[15] Heymann/*Sonnenschein/Weitemeyer* RdNr. 3; Staub/*Brüggemann* RdNr. 2.
[16] *Küstner* BB 1966, 1212, 1213.
[17] Abweichend insoweit *Küstner* BB 1966, 1212, 1213.
[18] OLG Stuttgart VersR 1957, 329; Baumbach/*Hopt* RdNr. 2; Heymann/*Sonnenschein/Weitemeyer* RdNr. 4; *Baums* BB 1986, 891, 893; *Küstner* BB 1966, 1212, 1213; Staub/*Brüggemann* RdNr. 3.

Ausnahme von diesem Grundsatz ist dann anzuerkennen, wenn nach der Verkehrsanschauung eine vom Handelsvertreter übernommene weitere Handelsvertretertätigkeit nur als Nebenberuf anzusehen ist. Dies kann zB der Fall sein, wenn ein Warenvertreter nebenher noch in ganz geringem Umfang Versicherungsverträge vermittelt.[19] Das Vorliegen einer solchen Verkehrsanschauung muß allerdings derjenige nachweisen, der sich auf das Vorliegen eines bloßen Nebenberufs beruft.

11   Eine Vertretertätigkeit im Hauptberuf ist auch dann gegeben, wenn zwischen der Vertretertätigkeit und der sonstigen Beruf- oder Erwerbstätigkeit ein **enger wirtschaftlicher Zusammenhang** besteht.[20] Dies ist zB der Fall, wenn ein Großhändler nicht nur Waren seiner Branche verkauft, sondern zusätzlich deren Verkauf durch den Hersteller oder einen anderen Händler auch vermittelt.

12   **3. Rechtsform.** Keine besonderen Voraussetzungen ergeben sich aus dem Gesetz für die Rechtsform, in der das Unternehmen des Handelsvertreters im Nebenberuf betrieben wird. Daher können **nicht nur natürliche Personen, sondern auch juristische Personen und Personengesellschaften** Handelsvertreter im Nebenberuf sein.[21]

13   **4. Versicherungs- und Bausparkassenvertreter (Abs. 4).** Nach Abs. 4 gelten die Sonderregelungen über den Handelsvertreter im Nebenberuf auch für Versicherungs- und Bausparkassenvertreter. Für diese Tätigkeiten hat die Bestimmung sogar die weitaus größte praktische Bedeutung, weil die Mehrzahl der in der Versicherungsvermittlung tätigen Selbständigen, also die nicht bei dem vertretenen Versicherungsunternehmen angestellten Vermittler, nebenberuflich tätig sind.[22]

14   Abs. 4 hat gleichwohl **nur klarstellende Bedeutung,** weil sich die Anwendbarkeit der Regeln über den Handelsvertreter im Nebenberuf auf Versicherungs- und Bausparkassenvertreter schon daraus ergibt, daß es sich auch bei diesen Tätigkeiten um Handelsvertretertätigkeiten handelt.

III. Sonderbestimmungen

15   **1. Kündigung (Abs. 1 Satz 1 und 2).** Für die **ordentliche Kündigung** eines Handelsvertreterverhältnisses im Nebenberuf gilt die Bestimmung des § 89 gemäß Abs. 1 Satz 1 nicht. Das auf unbestimmte Zeit eingegangene Handelsvertreterverhältnis im Nebenberuf kann unabhängig von seinem bisherigen zeitlichen Bestand mit einer Frist von einem Monat für den Schluß eines Kalendermonats gekündigt werden (Abs. 1 Satz 2 Hs. 1). Die Kündigungsfrist kann durch Parteivereinbarung verlängert oder verkürzt werden bzw. ein anderer Kündigungstermin als das Monatsende bestimmt werden. Allerdings muß die Kündigungsregelung nach Abs. 1 Satz 2 Hs. 2 für **beide Teile gleich** sein. Diese einheitliche Bestimmung von Kündigungsfrist und -termin ist zwingend. Bei Vereinbarung ungleicher Fristen gilt nicht die längere oder kürzere Frist, sondern es verbleibt bei der gesetzlichen Regelung des Abs. 1 Satz 2 Hs. 1. Bei der Vereinbarung ungleicher Kündigungstermine ist die Kündigung unter Beachtung der vereinbarten Frist nur für den Schluß eines Kalendermonats möglich.

16   Die von § 89 abweichende, **kürzere gesetzliche Kündigungsfrist** sowie die weitgehende Zulässigkeit abweichender Parteivereinbarung läßt sich daraus rechtfertigen, daß für den Handelsvertreter im Hauptberuf die Handelsvertretertätigkeit die Existenzgrundlage darstellt. Er muß daher bei gravierenden Veränderungen eine zeitliche Übergangsfrist haben, in der er auf diese Veränderung reagieren kann. Dagegen stellt beim Handelsvertreter im Nebenberuf die Handelsvertretertätigkeit nur einen Nebenerwerb dar, so daß eine Kündi-

[19] *Küstner* BB 1966, 1212, 1214; *Baums* BB 1986, 891, 893. – AA Baumbach/*Hopt* RdNr. 2; Heymann/*Sonnenschein/Weitemeyer* RdNr. 4.
[20] Baumbach/*Hopt* RdNr. 2; Heymann/*Sonnenschein/Weitemeyer* RdNr. 4; *Küstner* BB 1966, 1212, 1213; Staub/*Brüggemann* RdNr. 3.

[21] Baumbach/*Hopt* RdNr. 1; Heymann/*Sonnenschein/Weitemeyer* RdNr. 5.
[22] *Baums* BB 1986, 891.

gung nicht in demselben Umfang eine seine Existenz gefährdende Wirkung wie bei einem hauptberuflichen Handelsvertreter hat.[23]

2. Ausschluß des Ausgleichsanspruchs nach § 89b (Abs. 1 Satz 1). Ein Ausgleichsan- **17** spruch nach § 89b steht dem Handelsvertreter im Nebenberuf kraft Gesetzes nicht zu, weil Abs. 1 Satz 1 die Anwendbarkeit dieser Vorschrift ausschließt. Ausgleichszahlungen werden dem Handelsvertreter im Nebenberuf also nur geschuldet, wenn dies besonders vereinbart ist. In diesem Falle ergibt sich die Höhe der Ausgleichszahlung aus der Vereinbarung, nicht nach den Grundsätzen des § 89b. Hiervon unberührt bleibt jedoch der Anspruch auf Provision aus jenen nachträglich geschlossenen Geschäften, für die nach § 89 Abs. 3 ein Provisionsanspruch zusteht.

Die Regelung wird damit gerechtfertigt, daß § 89b den Handelsvertreter schützen will, **18** der bei der Beendigung des Vertragsverhältnisses seinen Kundenstamm an den Unternehmer verliert und der sich deshalb eine neue Existenz aufbauen muß. Für den nebenberuflichen Handelsvertreter habe die Beendigung des Vertragsverhältnisses nicht dieselbe einschneidende Bedeutung.[24] Ob dieser Gedanke tatsächlich den **Ausschluß des Ausgleichsanspruchs nach § 89b** trägt, erscheint **zweifelhaft.** Der Ausgleichsanspruch bezweckt nämlich den Ausgleich der Nachteile, die der Handelsvertreter durch die Beendigung des Vertragsverhältnisses erleidet. Er soll dem Handelsvertreter eine Gegenleistung dafür gewähren, daß er mit der Schaffung des Kundenstamms dem Unternehmer eine Leistung erbracht hat, die während der bisherigen Vertragszeit noch nicht vollständig abgegolten worden ist und die wegen der Beendigung des Vertragsverhältnisses nicht mehr vergütet wird.

Im Vordergrund steht also der **Gedanke des Entgelts für die noch nicht abgegoltene** **19** **Markterschließungsleistung** des Handelsvertreters, die dem Unternehmer auch zukünftig zugute kommt (vgl. § 89b RdNr. 3). Es geht also nicht um den sozialen Schutz des Handelsvertreters, sondern die Vergütung der von ihm erbrachten Leistungen. Solche Markterschließungsleistungen werden aber nicht nur von Handelsvertretern im Hauptberuf, sondern auch von Handelsvertretern im Nebenberuf erbracht. Es erscheint daher unter Berücksichtigung des Gleichheitssatzes des Art. 3 Abs. 1 GG fragwürdig, ob der Ausschluß des Ausgleichsanspruchs bei Handelsvertretern im Nebenberuf verfassungskonform ist.[25]

3. Abdingbarkeit des Vorschußanspruchs nach § 87a Abs. 1 Satz 2 (Abs. 1 Satz 3). **20** Der in § 87a Abs. 1 Satz 2 bei Ausführung des Geschäfts durch den Unternehmer zwingend vorgeschriebene Anspruch auf Provisionsvorschuß kann für Handelsvertreter im Nebenberuf nach Abs. 1 Satz 3 vertraglich ganz oder teilweise ausgeschlossen werden. Mangels abweichender Parteivereinbarung bleibt es jedoch auch für Handelsvertreter im Nebenberuf im Falle der Ausführung des Geschäfts durch den Unternehmer beim Vorschußanspruch nach § 87a Abs. 1 Satz 2. Auch im übrigen richtet es sich nach § 87a, wann die Provisionsanwartschaft zum unbedingten Provisionsanspruch erstarkt.

Die Möglichkeit der Abbedingung des Provisionsanspruchs **rechtfertigt** sich daraus, daß **21** der Handelsvertreter im Hauptberuf in der Regel auf die Einnahmen aus seiner Geschäftstätigkeit zur Bestreitung seines Lebensunterhalts und zur Aufrechterhaltung seines Geschäftsbetriebs angewiesen ist. Für einen nebenberuflichen Handelsvertreter ist dagegen das Entgelt aus seiner Vertretertätigkeit nicht die einzige finanzielle Grundlage, so daß er nicht unbedingt auf einen Vorschuß angewiesen ist.[26]

4. Geltendmachung der Sonderbestimmung. a) Überblick. Voraussetzung für die **22** Anwendbarkeit der Sonderregelungen des Abs. 1 ist zunächst, das es sich tatsächlich um einen **Handelsvertreter im Nebenberuf** handelt. Dies bestimmt sich allein nach der Verkehrsauffassung, nicht aber nach einer, mit der tatsächlichen Sachlage nicht in Einklang

---

[23] Begr. z. Reg.-E., BT-Drs. 1/3856 S. 42.
[24] Begr. z. Reg.-E., BT-Drs. 1/3856 S. 42; Heymann/*Sonnenschein/Weitemeyer* RdNr. 8.

[25] Zur Kritik vgl. auch *Baums* BB 1986, 891, 892.
[26] Begr. z. Reg.-E., BT-Drs. 1/3856 S. 42 f.

stehenden Parteibezeichnung.[27] Maßgeblich für die Frage, ob es sich um einen Handelsvertreter im Nebenberuf handelt, ist immer der nach allgemeinen Regelungen für die Rechtsbegründung oder Rechtsvernichtung maßgebliche **Zeitpunkt.** So kommt es für Kündigungsfrist und Kündigungstermin auf den Zeitpunkt des Zugangs der Kündigung an. War der Handelsvertreter zu diesem Zeitpunkt nebenberuflich tätig, dann richtet sich die Kündigungsfrist nach Abs. 1 Satz 2 Hs. 1, auch wenn der Handelsvertreter nachträglich zum Handelsvertreter im Hauptberuf wird. Ob ein Ausgleichsanspruch nach § 89b besteht, ist davon abhängig, ob der Handelsvertreter zum Zeitpunkt seines Ausscheidens Handelsvertreter im Nebenberuf oder Handelsvertreter im Hauptberuf ist. Der wirksam mit einem Handelsvertreter im Nebenberuf vereinbarte Ausschluß des Vorschußanspruchs wird unwirksam, sobald der Handelsvertreter zum Handelsvertreter im Hauptberuf wird.

23   **b) Durch den Unternehmer (Abs. 2).** Auch wenn tatsächlich der Handelsvertreter im maßgebenden Zeitpunkt Handelsvertreter im Nebenberuf ist, kann sich der Unternehmer auf Abs. 1 nur dann berufen, wenn er den Handelsvertreter **ausdrücklich als Handelsvertreter im Nebenberuf mit der Vermittlung oder dem Abschluß von Geschäften** betraut hat (Abs. 2). Hierzu bedarf es einer eindeutigen und unmißverständlichen Erklärung, wobei allerdings die Bezeichnung „Handelsvertreter im Nebenberuf" nicht verwendet werden muß. Es reicht aus, wenn der Handelsvertreter eindeutig als ein nur nebenberuflich tätig werdender Beauftragter gekennzeichnet wird. Die Betrauung als Handelsvertreter im Nebenberuf muß grundsätzlich Gegenstand der vertraglichen Vereinbarung sein. Eine spätere einseitige Erklärung des Unternehmers ist unbeachtlich, auch wenn sie der tatsächlichen Sachlage entspricht.[28]

24   **c) Durch den Handelsvertreter.** Anders als der Unternehmer kann sich der **Handelsvertreter** immer darauf berufen, daß er in Wahrheit Handelsvertreter nur im Nebenberuf ist und deshalb die Sondervorschriften des Abs. 1 gelten. Dieses Recht hat er auch dann, wenn eine Vereinbarung nach Abs. 2 unterblieben oder seine Stellung anfänglich falsch bezeichnet worden ist.

25   **d) Änderung der tatsächlichen Verhältnisse.** Auf Grund einer **Änderung der tatsächlichen Verhältnisse** während der Dauer des Vertragsverhältnisses kann sich ebenfalls die Qualität der Vertretertätigkeit ändern. Eine nebenberufliche Vertretertätigkeit kann zum Hauptberuf werden, wenn der Vertreter diese Tätigkeit ausweitet oder gegebenenfalls eine bisherige hauptberufliche Tätigkeit einschränkt oder einstellt. Der Hauptberuf kann zum Nebenberuf werden, wenn der Handelsvertreter eine neue Tätigkeit aufnimmt, der er überwiegend nachgeht oder eine schon ausgeübte Tätigkeit so ausweitet, daß diese nunmehr seine Haupttätigkeit ist.

26   Fraglich ist, ob sich diese Änderungen auch auf die Rechtsstellung des Handelsvertreters im Hinblick auf die Sonderregelungen des Abs. 1 auswirken können. Nach verbreiteter Auffassung soll der Handelsvertreter sich auf eine **veränderte Rechtsstellung** nur dann berufen können, wenn der Unternehmer sich hiermit ausdrücklich oder zumindest stillschweigend einverstanden erklärt hat.[29] Diese Auffassung vermag jedoch nicht zu überzeugen, weil sich die Frage, ob eine bestimmte Tätigkeit Haupt- oder Nebenberuf ist, nicht nach der Parteivereinbarung, sondern nach den tatsächlichen Umständen richtet. Die Parteien können lediglich den Inhalt der vom Handelsvertreter geschuldeten Tätigkeiten bestimmen. Ob diese Tätigkeit sich als Haupt- oder Nebenberuf darstellt, ist der Parteivereinbarung entzogen und allein nach der Verkehrsanschauung zu beurteilen (Abs. 3).

27   Der Handelsvertreter **verändert** daher entgegen verbreiteter Auffassung **nicht einseitig** den Vertragsinhalt, wenn er eine bisher nebenberuflich ausgeübte Handelsvertretertätigkeit

---

[27] LG Hannover VersR 1973, 153 mit Anm. *Höft*; Heymann/*Sonnenschein/Weitemeyer* RdNr. 12.
[28] Heymann/*Sonnenschein/Weitemeyer* RdNr. 11.

[29] LG Hannover VersR 1973, 153 f. mit Anm. *Höft*; Heymann/*Sonnenschein/Weitemeyer* RdNr. 13 und RdNr. 5. – Ebenso für den Fall einer vereinbarten Handelsvertretertätigkeit im Nebenberuf Staub/*Brüggemann* RdNr. 10.

zum Hauptberuf ausweitet oder umgekehrt eine bisher hauptberuflich ausgeübte Handelsvertretertätigkeit nur noch im Nebenberuf betreibt.[30] Richtet sich die Stellung als Handelsvertreter im Haupt- oder im Nebenberuf kraft Gesetzes allein nach den tatsächlichen Umständen, verhält sich der Handelsvertreter weder vertrags- noch treuwidrig, wenn er sich auf die aus der tatsächlichen Einordnung erfolgende Qualifizierung auch beruft.

Hierfür spricht zusätzlich, daß sich der Handelsvertreter nach verbreiteter Auffassung auf **28** seine Rechtsstellung als **Handelsvertreter im Hauptberuf** auch dann **berufen** kann, wenn er im Vertrag ausdrücklich als Handelsvertreter im Nebenberuf bezeichnet worden ist. Den Parteien ist es also von vornherein verwehrt, die Rechtsstellung des Handelsvertreters als hauptberuflich oder nebenberuflich zu qualifizieren. Insoweit kann sich dann eine solche Parteivereinbarung auch nicht gegenüber einer späteren Änderung der tatsächlichen Verhältnisse durchsetzen.

War der Handelsvertreter zunächst Handelsvertreter im Nebenberuf, **weitet er diese 29 Tätigkeit aber zum Hauptberuf** aus, dann verlieren ab diesem Zeitpunkt die Ausnahmen vom regulären Handelsvertreterrecht ihre Kraft. Es entsteht ab jetzt ein Ausgleichsanspruch, für eine nach diesem Zeitpunkt ausgesprochene Kündigung richten sich die Kündigungsfristen nach § 89, abbedungene Regelungen werden nunmehr unabdingbar, an ihre Stelle tritt die nach dem Gesetz maßgebliche Regelung.

e) Beweislast. Die **Beweislast** für diejenigen Umstände, auf Grund derer die Tätigkeit **30** des Handelsvertreters nach der Verkehrsauffassung als eine solche im Nebenberuf erscheint, trägt derjenige, der sich hierauf beruft. Entgegen verbreiteter Auffassung tritt auch dann keine Umkehr der Beweislast ein, wenn der Handelsvertreter im Vertrag ausdrücklich als nebenberuflicher Handelsvertreter bezeichnet worden ist.[31] Die Qualifizierung der Handelsvertretertätigkeit als haupt- oder nebenberuflich ist nämlich der Parteidisposition nicht zugänglich. Daher kann die einvernehmliche Parteibezeichnung nach der Verkehrsanschauung auch kein Umstand sein, der für oder gegen die Einordnung der Tätigkeit als Nebenberuf spricht.

IV. Abweichende Vereinbarungen

Zwar ist kraft Gesetzes nach Abs. 1 Satz 1 die allgemeine Kündigungsregelung des § 89 **31** und der Ausgleichsanspruch nach § 89b ausgeschlossen; die Parteien können aber beide Vorschriften durch **entsprechende Vereinbarung** für anwendbar erklären. Auch die Kündigungsregelung nach Abs. 1 Satz 2 Hs. 1 ist nicht zwingend, sondern dispositiv. Zu beachten ist allein, daß die Kündigungsfristen und Kündigungstermine für Handelsvertreter und Unternehmer gleich sein müssen (Abs. 1 Satz 2 Hs. 2).

Demgegenüber ist **Abs. 2 als Schutzvorschrift** zugunsten des Handelsvertreters zwin- **32** gend.[32] Es kann insbesondere nicht bestimmt werden, daß der Unternehmer sich auf Abs. 1 berufen kann, wenn nicht ausdrücklich nebenberufliche Tätigkeit vereinbart ist.

§ 92 c [Handelsvertreter außerhalb der EG; Schiffahrtsvertreter]

(1) Hat der Handelsvertreter seine Tätigkeit für den Unternehmer nach dem Vertrag nicht innerhalb des Gebietes der Europäischen Gemeinschaft oder der anderen Vertragsstaaten des Abkommens über den Europäischen Wirtschaftsraum auszuüben, so kann hinsichtlich aller Vorschriften dieses Abschnittes etwas anderes vereinbart werden.

---

[30] Abweichend Heymann/*Sonnenschein/Weitemeyer* RdNr. 13.
[31] So LAG Hamm BB 1971, 439; Heymann/*Son-* *nenschein/Weitemeyer* RdNr. 12; Staub/*Brüggemann* RdNr. 8.
[32] Heymann/*Sonnenschein/Weitemeyer* RdNr. 15.

(2) Das gleiche gilt, wenn der Handelsvertreter mit der Vermittlung oder dem Abschluß von Geschäften betraut wird, die die Befrachtung, Abfertigung oder Ausrüstung von Schiffen oder die Buchung von Passagen auf Schiffen zum Gegenstand haben.

Schrifttum: *Ankele,* Das deutsche Handelsvertreterrecht nach der Umsetzung der EG-Richtlinie, DB 1989, 2211, 2213; *Beitzke,* Das anwendbare Recht beim Handelsvertretervertrag, DB 1961, 528 ff.; *Belgard,* Die Rechtsstellung des Handelsvertreters bei der Vermittlung von Schiffspassagen auf Binnengewässern, DB 1966, 1640 f.; *Eckert,* Das neue Recht der Handelsvertreter – Die Umsetzung der EG-Richtlinien in deutsches Recht, NZA 1990, 384, 386; *Graue/Boeckel/Mader,* Verträge mit ausländischen Handelsvertretern, 1965; *Keßler,* Verträge mit Auslandsvertretern, 5. Aufl. 1983; *Kindler,* Neues deutsches Handelsvertreterrecht auf Grund der EG-Richtlinie, RiW 1990, 358, 363 f.; *Küstner/v.Manteuffel,* Die Änderungen des Handelsvertreterrechts auf Grund der EG-Harmonisierungsrichtlinie vom 18.12.1986, DB 1990, 291, 299; *Hj. Maier,* Der Ausgleichsanspruch des Handelsvertreters und Eigenhändlers im Ausland, FS für Wahl, 1973, S. 207 ff.; *Meeser,* in *Küstner/v.Manteuffel* I, RdNr. 2396 ff.; *Neflin,* Der Auslandsvertreter nach dem Handelsvertretergesetz, DB 1956, 589 f.; *ders.,* Das Recht des Auslandsvertreters, 2. Aufl. 1961; *K.Schmidt/Blaschczok,* Schiffmäklerhaftung und Schiffsagentenhaftung im Spiegel der Rechtsprechung, VersR 1981, 393 f.; *Stumpf,* Internationales Handelsvertreterrecht, Teil 1: Verträge mit ausländischen Handelsvertretern, 6. Aufl. 1987; Teil 2: Ausländisches Handelsvertreterrecht, 4. Aufl. 1986; *Sturm,* Der Eigenhändler im Außenprivatrecht, FS für Wahl, 1973, S. 207 ff.; *Suhrer,* Die Anknüpfung des internationalen Handelsvertretervertrages, DB 1981, 1269 ff.; *Wengler,* Zum internationalen Privatrecht des Handelsvertretervertrags, ZHR 146 (1982), S. 30 ff.; *Graf v. Westphalen* (Hrsg.), Handbuch des Handelsvertreterrechts in EU-Staaten und der Schweiz, 1995; *Wittmann,* Zum Ausgleichsanspruch von Handelsvertretern im EG-Ausland nach dem 31.12.1993, BB 1994, 2295 f.

Übersicht

I. Bedeutung

1   **1. Entstehungsgeschichte.** In der **ursprünglichen Fassung** enthielt das HGB keine Sonderregelungen über Auslands- und Schiffahrtsvertreter. Die Bestimmung ist erst durch das ÄndG 1953 in das HGB aufgenommen worden. Dabei erstreckte sich die Befugnis, auch von den zwingenden Vorschriften des allgemeinen Handelsvertreterrechts abweichende Vereinbarungen treffen zu dürfen, zunächst auf alle Fälle, in denen der Handelsvertreter keine Niederlassung im Inland hatte.[1]

2   Im Zuge der **Umsetzung der EG-Richtlinie** des Rates vom 18.12.1986 zur Koordinierung der Rechtsvorschriften der Mitgliedstaaten betreffend die selbständigen Handelsvertreter wurde die Abweichungsbefugnis auf solche Fälle beschränkt, in denen der Handelsver-

---

[1] Zur Begründung siehe Begr. Reg.-E., BT-Drs.1/3856 S. 18.

treter außerhalb des Gebiets der EU tätig wird. Dabei sollte nach der Formulierung im Regierungsentwurf weiterhin darauf abgestellt werden, wo der Handelsvertreter seine Niederlassung hat.[2] Auf Vorschlag der Mehrheit des Rechtsausschusses des Deutschen Bundestags wurde jedoch abweichend auf den **Ort der Tätigkeit** abgehoben. Damit sollte deutlich gemacht werden, daß ein Handelsvertreter, der zwar eine Niederlassung in einem Mitgliedstaat der EU hat, dessen Tätigkeit nach dem Vertrag aber nicht innerhalb des Gebiets der EU auszuüben ist, nicht in die zwingenden Vorschriften des nationalen Rechts und ihren Schutz einbezogen wird, um hierdurch mißbräuchliche Gründungen von Niederlassungen innerhalb der EU zu vermeiden.[3]

2. Inhalt und Zweck der Regelung. a) Inhalt. Die Bestimmung erklärt sämtliche Vor- **3** schriften des allgemeinen Handelsvertreterrechts für dispositiv, soweit der Handelsvertreter außerhalb des Gebiets der EU tätig wird (Abs. 1) oder mit der Vermittlung bzw. dem Abschluß von Geschäften betraut ist, welche die Befrachtung, Abfertigung oder Ausrüstung von Schiffen oder die Buchung von Passagen auf Schiffen zum Gegenstand haben (Abs. 2). Die Bestimmung räumt damit die Möglichkeit ein, auch von zwingenden Vorschriften des allgemeinen Handelsvertreterrechts abweichende Regelungen zu treffen (s. u. RdNr. 15). Soweit allerdings eine solche abweichende Vereinbarung nicht getroffen wurde, bleibt es bei den gesetzlichen Regelungen des Handelsvertreterrechts. Die Parteien können sich dabei darauf beschränken, bestimmte Regelungen des Handelsvertreterrechts schlicht abzubedingen. Sie haben aber auch die Möglichkeit, abweichende vertragliche Regelungen zu treffen, die an die Stelle der sonst zwingenden gesetzlichen Regelungen treten.

Zwingende **Regelungen außerhalb des Handelsvertreterrechts** behalten jedoch auch **4** für Handelsvertreter, die außerhalb des Gebiets der EU tätig werden, ihre Gültigkeit. So kann etwa die Kündigung aus wichtigem Grund gemäß § 626 Abs. 1 BGB auch für diese Handelsvertreter nicht ausgeschlossen werden. Es bleibt ebenfalls bei der Kündbarkeit eines auf länger als fünf Jahre oder auf Lebenszeit geschlossenen Vertrags nach § 624 BGB.

b) Zweck. Die Regelungen des Handelsvertreterrechts sind speziell auf die **deutschen** **5** **Verhältnisse zugeschnitten** und brauchen daher auf Vertragsverhältnisse mit Auslandsvertretern, die außerhalb des Gebiets der EU tätig werden, nicht zu passen. Die Regelung will folglich den Parteien die Möglichkeit eröffnen, das Vertragsverhältnis mit einem außerhalb des Gebiets der EU tätigen Handelsvertreter das Vertragsverhältnis den jeweiligen örtlichen Bedürfnissen anzupassen. Daher werden die zwingenden Beschränkungen der Vertragsfreiheit nach allgemeinen Handelsvertreterrecht für den Handelsvertreter außerhalb des Gebiets der EU aufgehoben.[4]

3. Verhältnis zum internationalen Handelsvertreterrecht. Abs. 1 ist keine Kollisions- **6** norm über die Anwendung inländischen oder ausländischen Rechts.[5] Ob deutsches Handelsvertreterrecht überhaupt Anwendung findet oder das Vertragsverhältnis den Regelungen ausländischen Rechts unterliegt, richtet sich allein nach dem internationalen Handelsvertreterrecht (dazu § 84 RdNr. 105 ff.).

II. Vertreter außerhalb der EU (Abs. 1)

1. Voraussetzungen. a) Anwendbarkeit deutschen Rechts. Die Bestimmung findet **7** nur Anwendung, wenn auf das Handelsvertreterverhältnis eines außerhalb des Gebiets der EU tätigen Handelsvertreters deutsches Recht anwendbar ist.[6] Ob dies der Fall ist, bestimmt sich nach allgemeinen Regeln und ist stets vorab zu prüfen.

[2] BT-Drs. 11/3077 S. 10.
[3] BT-Drs. 11/4559 S. 10.
[4] Begr. z. Reg.-E., BT-Drs. 1/3856 S. 18; *Neflin* DB 1956, 589.
[5] *Beitzke* DB 1961, 528; Baumbach/*Hopt* RdNr. 1; Heymann/*Sonnenschein/Weitemeyer* RdNr.

4; Staub/*Brüggemann* RdNr. 2. – AA *Maier* NJW 1958, 1327.
[6] Baumbach/*Hopt* RdNr. 1; Heymann/*Sonnenschein/Weitemeyer* RdNr.4; Staub/*Brüggemann* RdNr. 2. – AA *Maier* NJW 1958, 1327.

8　**b) Tätigkeit außerhalb des Gebiets der EU. aa) Grundsatz.** Für die Abdingbarkeit der nach allgemeinen Bestimmungen zwingenden Vorschriften des Handelsvertreterrechts ist nach Abs. 1 ausschlaggebend, wo der Handelsvertreter seine Tätigkeit für den Unternehmer nach dem Vertrag auszuüben hat. Nur soweit er **nicht innerhalb des Gebiets der europäischen Union** tätig werden soll, können die sonst zwingenden Vorschriften des deutschen Handelsvertreterrechts abbedungen werden. Maßgeblich ist insoweit die vertragliche Vereinbarung. Demgegenüber ist es unerheblich, ob der Handelsvertreter abweichend von seinen vertraglichen Pflichten auch innerhalb des Gebiets der EU tätig wird.[7]

9　**bb) Niederlassungen innerhalb der EU.** Während nach der Rechtslage vor Inkrafttreten des Gesetzes zur Durchführung der EG-Richtlinie zur Koordinierung des Rechts der Handelsvertreter für die Möglichkeit der Abbedingung zwingender Vorschriften des Handelsvertreterrechts entscheidend auf den Ort der Niederlassung des Handelsvertreters abgestellt wurde, kommt es nunmehr darauf an, **an welchem Ort** der Handelsvertreter seine **Tätigkeit erbringen soll.** Demgegenüber spielt der Ort der Niederlassung keine Rolle mehr. Hat also der Handelsvertreter zwar eine Niederlassung in einem Mitgliedstaat der europäischen Union, ist nach dem Vertrag aber dessen Tätigkeit nicht innerhalb dieses Gebiets auszuüben, dann ist der Handelsvertreter nicht in die zwingenden Vorschriften des nationalen Rechts und ihren Schutz einbezogen.[8]

10　Das Abstellen auf den **Ort der Tätigkeit** und nicht den Ort der Niederlassung verstößt auch nicht gegen die EG-Richtlinie vom 18.12.1986 zur Koordinierung der Rechtsvorschriften der Mitgliedstaaten betreffend die selbständigen Handelsvertreter (ABl.EG 1986 Nr. L 382/17 ff.).[9] Diese Richtlinie stellt nämlich nicht ausdrücklich auf den Ort der Niederlassung des Handelsvertreters ab, sondern will allein Bedingungen für einen Warenaustausch zwischen den Mitgliedstaaten schaffen, die denen eines Binnenmarkts entsprechen. Maßgeblich hierfür ist aber nicht der formale Ort der Niederlassung des Handelsvertreters, sondern als materieller Anknüpfungspunkt das ihm nach dem Vertrag zugewiesene Tätigkeitsgebiet.

11　**cc) Tätigkeit sowohl innerhalb als auch außerhalb der EU.** Problematisch ist, inwieweit von den zwingenden Vorschriften des deutschen Rechts abgewichen werden kann, wenn der Handelsvertreter nach dem Vertrag **sowohl innerhalb als auch außerhalb des Gebiets der EU** tätig werden soll. Soweit es um die innerhalb des Gebiets der EU auszuübende Tätigkeit geht, greift Abs. 1 nicht ein, so daß von den zwingenden deutschen Vorschriften nicht abgewichen werden kann. Aber auch für die Tätigkeit außerhalb des Gebiets der EU ist eine Abweichung hiervon unzulässig, weil die nach dem deutschen Recht maßgeblichen Grundsätze für das gesamte Vertragsverhältnis einheitlich gelten.[10] Wollen die Parteien dieses Ergebnis vermeiden, müssen sie ein neutrales Recht vereinbaren oder eine aufgesplittete Rechtswahl vornehmen.

12　**c) Maßgeblicher Zeitpunkt. aa) Vertragsschluß. Maßgebender Zeitpunkt** dafür, ob von zwingenden Vorschriften des allgemeinen Handelsvertreterrechts nach Abs. 1 abgewichen werden kann, ist der Zeitpunkt des Abschlusses des Rechtsgeschäfts, mit dem von den zwingenden gesetzlichen Vorschriften abgewichen werden soll. Dies gilt sowohl für ursprünglich mit der Begründung des Handelsvertreterverhältnisses getroffene Vereinbarungen als auch für spätere Änderungen. Soll der Handelsvertreter zu diesem Zeitpunkt seine Tätigkeit innerhalb des Gebiets der EU ausüben oder ist dies nach den vertraglichen

---

[7] Baumbach/*Hopt* RdNr. 6.

[8] Bericht des Rechtsausschusses, BT-Drs. 11/4559, S. 10; *Ankele* DB 1989, 2211, 2213; *Eckert* NZA 1990, 384, 386; *Küstner/v. Manteuffel* BB 1990, 291, 299; *Wittmann* BB 1994, 2295.

[9] AA *Kindler* RIW 1990, 358, 363; *Küstner/ v. Manteuffel* I RdNr. 2398 ff., die § 92c Abs. 1 richtlinienkonform dahingehend auslegen wollen, daß

sowohl die Niederlassung als auch das Tätigkeitsgebiet des Handelsvertreters zu berücksichtigen ist, d. h. eine Abbedingung zwingender Vorschriften auch dann nicht möglich ist, wenn der Handelsvertreter zwar außerhalb des Gebiets der EU tätig wird, aber innerhalb dieses Gebiets seine Niederlassung hat.

[10] *Eckert* NZA 1990, 384, 386; *Küstner/v. Manteuffel* I RdNr. 2404.

Vereinbarungen vorgesehen oder zumindest möglich, dann greift Abs. 1 nicht ein, so daß die vom zwingenden Recht abweichenden Bestimmungen unwirksam sind.

bb) Spätere Änderungen. Wird die Tätigkeit eines außerhalb des Gebiets der EU tä- **13** tigen Handelsvertreters **nachträglich** auch auf das Gebiet der EU erstreckt, dann sind ab diesem Zeitpunkt vom deutschen Handelsvertreterrecht abweichende Vereinbarungen nicht mehr möglich. Demgegenüber bleiben die ursprünglich getroffenen Vereinbarungen wirksam, auch soweit sie mit zwingenden Regelungen des deutschen Handelsvertreter-rechts nicht zu vereinbaren sind.[11] Eine ursprünglich wirksam getroffene Vereinbarung wird nicht dadurch nachträglich unwirksam, weil sie bei einer Neuvereinbarung nunmehr gegen unabdingbares Recht verstoßen würde. Den Parteien steht es jedoch frei, für diesen Fall die Anwendung auch der zuvor abbedungenen Normen zwingenden deutschen Rechts zu vereinbaren.

Entsprechendes gilt, wenn **infolge anderer Gründe** als der Erweiterung oder Änderung **14** des Tätigkeitsgebiets des Handelsvertreters das Vertragsverhältnis nicht mehr in den An-wendungsbereich des Abs. 1 fällt, zB wenn der räumliche Anwendungsbereich durch den Beitritt weiterer Staaten zur EU eingeschränkt wird. Auch in diesem Fall wird die zuvor zulässig vereinbarte Abbedingung zwingender Regeln des deutschen Handelsvertreterrechts nicht durch den Beitritt eines Staates, in dessen Gebiet der Handelsvertreter tätig wird, zur EU nachträglich unwirksam.

2. Rechtsfolgen. a) Dispositivität des gesamten Handelsvertreterrechts. Wird ein **15** Handelsvertreter ausschließlich außerhalb des Gebiets der EU tätig, dann kann in vollem Umfang von den zwingenden Vorschriften des allgemeinen Handelsvertreterrechts abgewi-chen werden. Dabei ist jedoch zu beachten, daß nicht automatisch, wenn Abs. 1 anwend-bar ist, das zwingende allgemeine Handelsvertreterrecht, nämlich die §§ 85, 86 Abs. 1 und 2, 86a, 86b Abs. 1, 87a, 87c, 88a Abs. 1, 89 Abs. 1 und 2, 89b Abs. 1 bis 3, 90a Abs. 1 bis 3, 92a Abs. 1 Satz 2, 92b Abs. 2, kraft Gesetzes abbedungen ist. Vielmehr bedarf es einer **entsprechenden Vereinbarung** der Parteien, durch welche die jeweiligen einzelnen ge-setzlichen Vorschriften insgesamt ausgeschlossen oder durch eine abweichende vertragliche Regelung ersetzt werden.

Abs. 1 gilt ohne Einschränkung auch dann, wenn die Anwendbarkeit deutschen Han- **16** delsvertreterrechts allein auf einer **Rechtswahl durch die Parteien** beruht. Der Ausschluß zwingender Vorschriften des deutschen Handelsvertreterrechts ist in diesem Fall auch dann wirksam, wenn nach dem ohne Rechtswahl anwendbaren Drittlandrecht dem Handelsver-treter eine der abbedungenen deutschen Regelung vergleichbare zwingende Vorschrift zugute käme. Daher ist zB der Ausschluß des Ausgleichsanspruchs nach § 89b auch dann zulässig, wenn der Handelsvertreter nach dem ohne die Wahl des deutschen Rechts an-wendbaren Drittlandrecht einen solchen Ausgleichsanspruch zwingend hätte.[12]

b) Entschädigungsloses Wettbewerbsverbot. Umstritten ist, ob nach Abs. 1 mit einem **17** außerhalb des Gebiets der EU tätigen Handelsvertreter eine abweichend von § 90a Abs. 1 Satz 3 **entschädigungslose nachvertragliche Wettbewerbsabrede** getroffen werden kann. Zum Teil wird insoweit ein Verstoß gegen Art. 12 Abs. 1 GG gesehen und ein Ausschluß des Entschädigungsanspruchs in Parallele zu § 75b Satz 1 als verfassungswidrig angesehen.[13] Die Regelung des § 75b Satz 1, wonach mit deutschen Arbeitnehmern, die im außereuro-päischen Ausland tätig werden, ein entschädigungsloses Wettbewerbsverbot vereinbart werden konnte, hatte das BAG als vorkonstitutionelles Recht wegen eines Verstoßes gegen die Berufsfreiheit des Arbeitnehmers für unwirksam erklärt (oben § 75b RdNr. 2 f.).[14]

Diese **Bedenken gegen die Verfassungsmäßigkeit** des Abs. 1 im Hinblick auf § 90a **18** Abs. 1 Satz 3 greifen aber hier nicht durch, weil der Handelsvertreter nicht gegen seinen

[11] *Neflin* DB 1956, 589; Staub/*Brüggemann* RdNr. 4.
[12] *Ankele* DB 1989, 2211, 2213; Baumbach/*Hopt* RdNr. 6. – AA *Kindler* RiW 1990, 358, 363 f.
[13] *Wengler* ZHR 146 (1982), 30, 42 ff.
[14] BAG AP § 75 b Nr. 15 mit Anm. *Reuter.*

Willen, sondern nur auf Grund konkreter vertraglicher Vereinbarung auf eine Entschädigung für ein nachvertragliches Wettbewerbsverbot verzichten kann. Eine solche Vereinbarung ist anzuerkennen und zu achten, weil der Handelsvertreter als selbständiger Gewerbetreibender anders als der Handlungsgehilfe als unselbständiger Arbeitnehmer eines sehr
viel geringeren Schutzes gegenüber dem Unternehmer bedarf.[15]

III. Schiffahrtsvertreter (Abs. 2)

19   **1. Voraussetzungen.** Den Handelsvertretern mit Tätigkeitsgebiet außerhalb des Gebiets
der EU gleichgestellt sind solche Handelsvertreter, die mit der Vermittlung oder dem Abschluß von Geschäften betraut sind, welche die Befrachtung, Abfertigung oder Ausrüstung
von Schiffen oder die Buchung von Passagen auf Schiffen zum Gegenstand haben
(Schiffahrtsagenten). Hiervon zu unterscheiden sind die Schiffsmakler, die nur im Einzelfall
tätig werden; auf diese findet von vornherein kein Handelsvertreterrecht, sondern die
§§ 93 f. Anwendung (s. u. § 93 RdNr. 10). Nach der Fassung des Gesetzes spielt es keine
Rolle, ob es sich um See- oder Binnenschiffe handelt und ob die Geschäfte im Inland oder
im Ausland abzuwickeln sind.[16] Daher fällt zB jede Personenbeförderung zu Wasser unter
den Begriff der Passage auf Schiffen iSv. Abs. 2, auch wenn das Schiff als Ziel der Reise an
seinen Abfahrtsort zurückkehrt.[17] Weit zu verstehen ist ebenfalls der Begriff der Befrachtung, so daß auch die Vermittlung von Schleppverträgen hierunter zu rechnen ist.[18]

20   Demgegenüber scheidet die vereinzelt geforderte[19] analoge Anwendung auf den **Luft-
verkehr** aus.[20] Die Regelung trägt den Besonderheiten des Schiffahrtsvertretern Rechnung
und kann daher nicht auf Luftfahrtsvertreter erstreckt werden. Darüber hinaus müßten
dann auch sonstige Formen der Reise- und Frachtvermittlung (Schienenverkehr, Straßen-
verkehr) in den Anwendungsbereich einbezogen werden, was nach der Intention des Gesetzes nicht beabsichtigt ist.

21   **2. Rechtsfolgen. a) Grundsatz.** Abs. 2 enthält eine Rechtsfolgenverweisung auf Abs. 1.
Die Parteien des Handelsvertreterverhältnisses können daher sämtliche zwingende Bestimmungen des allgemeinen Handelsvertreterrechts durch abweichende Vereinbarungen ab-
bedingen.

22   **b) Branchenübergreifende Vermittlertätigkeiten.** Abs. 2 gilt nur für den Kreis der dort
bezeichneten Vermittlungsgeschäfte. Auf **andere Vermittlungstätigkeiten** desselben Vertreters für denselben Unternehmer ist Abs. 2 nicht anwendbar. In diesen Fällen ist wegen
der Abdingbarkeit zu unterscheiden: Soweit einzelne gesetzliche Regelungen auf verschiedene Tätigkeiten gesondert angewandt werden können (zB §§ 86a Abs. 2 Satz 3, 86b
Abs. 1, 87a Abs. 3 und 4, 87c, 88a, 89b, 90a), können diese Regelungen für die in den
Anwendungsbereich des Abs. 2 fallenden Tätigkeiten abbedungen werden. Für die sonstigen Tätigkeiten bleiben diese Vorschriften in Kraft. Soweit von einzelnen Regelungen,
wie zB vom Kündigungsrecht, das Vertragsverhältnis insgesamt erfaßt wird und eine Teilung nicht möglich ist, kommt es für die Anwendung des Abs. 2 entscheidend auf den
Schwerpunkt der Betätigung an (Überwiegensprinzip).[21] Fehlt ein solcher Schwerpunkt,
dann bleibt es beim Schutzcharakter der Bestimmung und Abs. 2 ist nicht anwendbar.
Diese Rechtsfolge können die Parteien nur verhindern, indem sie von vornherein zwei
getrennte Vertragsverhältnisse begründen.

[15] Heymann/*Sonnenschein/Weitemeyer* RdNr. 3;
Staub/*Brüggemann* RdNr. 1.
[16] OLG Köln OLGZ 1966, 533 ff.; *Belgard* DB
1966, 1640.
[17] *Belgard* DB 1966, 1640.
[18] Staub/*Brüggemann* RdNr. 5.

[19] Staub/*Brüggemann* RdNr. 5; *Würdinger* JR
1953, 437, 438.
[20] Heymann/*Sonnenschein/Weitemeyer* RdNr. 9.
[21] Heymann/*Sonnenschein/Weitemeyer* RdNr. 9;
Staub/*Brüggemann* RdNr. 6.

Achter Abschnitt. Handelsmakler

§ 93 [Begriff]

(1) Wer gewerbsmäßig für andere Personen, ohne von ihnen auf Grund eines Vertragsverhältnisses ständig damit betraut zu sein, die Vermittlung von Verträgen über Anschaffung oder Veräußerung von Waren oder Wertpapieren, über Versicherungen, Güterbeförderungen, Schiffsmiete oder sonstige Gegenstände des Handelsverkehrs übernimmt, hat die Rechte und Pflichten eines Handelsmaklers.

(2) Auf die Vermittlung anderer als der bezeichneten Geschäfte, insbesondere auf die Vermittlung von Geschäften über unbewegliche Sachen, finden, auch wenn die Vermittlung durch einen Handelsmakler erfolgt, die Vorschriften dieses Abschnitts keine Anwendung.

Schrifttum zu §§ 93 ff.: *Gauer,* Der Versicherungsmakler und seine Stellung in der Volkswirtschaft, 1951; *von Griesenbeck,* Zur Anwendbarkeit des § 98 HGB auf Emmissionsgehilfen beim Vertrieb von Anteilen einer Publikums-KG, BB 1988, 2188; *Knütel,* Die Provisionsteilung bei Mitwirkung mehrerer Makler oder Handelsvertreter, ZHR 144 (1980), 289 ff.; *Migsch,* Der Courtageanspruch des Versicherungsmaklers nach österreichischem Recht, VersR 1989, 321, 450; *Möller,* Die Rechtsstellung des deutschen Versicherungsmaklers speziell in der internationalen Wirtschaft, VW 1970, 1004; *Pfeiffer,* Der Versicherungsmakler, Diss. Würzburg 1932; *Karsten Schmidt/Blaschczok,* Schiffsmaklerhaftung und Schiffsagentenhaftung im Spiegel der Rechtsprechung, VersR 1981, 393; *Tschmarke,* Der Warenmakler, Diss. Köln 1958; *Waldstein,* Der Versicherungsmakler, 1928; *Wegschneider,* Die Rechtsstellung des Versicherungsmaklers, ZfVW 1986, 509; *Zopfs,* Die Rechtsstellung des Versicherungsmaklers, VersR 1986, 747.

I. Überblick zum Achten Abschnitt

1   Der achte Abschnitt des ersten Buchs des HGB behandelt den Handelsmakler. Der Handelsmakler **unterscheidet** sich vom Zivilmakler des Bürgerlichen Rechts vor allem nach der **Art der vermittelten Vertragsobjekte;** diese müssen Gegenstände des Handelsverkehrs sein. Der Handelsmakler ist somit im Grunde ein besonderer Zivilmakler, für den die spezifischen Regeln seiner Berufsgruppe gelten. Von daher erklärt sich die lückenhafte Regelung der §§ 93 ff., die nur einige handelsrechtliche Besonderheiten für den Handelsmakler erfaßt. Die Vorschriften der §§ 93 ff. sind also Sonderregelungen, die lediglich das allgemeine Maklerrecht (§§ 652 ff. BGB) ergänzen (vgl. § 2 Abs. 1 EGHGB). Insgesamt baut das spezielle Handelsmaklerrecht auf dem allgemeinen Zivilmaklerrecht auf. Im übrigen ist der Handelsmakler im Gegensatz zum Zivilmakler **Kaufmann** (§ 1 Abs. 2 Nr. 7), so daß für ihn neben den §§ 93 ff. auch die sonstigen Vorschriften des HGB gelten.

2   Wegen des Sonderrechtscharakters der §§ 93 ff. kann die Kommentierung des 8. Abschnitts nicht das gesamte Maklerrecht nach dem Bürgerlichen Recht darstellen. Vielmehr sind **nur die besonderen Regeln des Handelsmaklers** aufzugreifen und die dabei auftretenden rechtlichen Fragestellungen zu erläutern. Das allgemeine Zivilmaklerrecht soll deshalb nur insoweit behandelt werden, als es für das Verständnis und den Gesamtzusammenhang des Handelsmaklerrechts erforderlich ist.

II. Normzweck des § 93

3   **1. Regelungszweck.** § 93 enthält eine **Definition** des Handelsmaklers, die allein auf dessen Funktion abstellt. Die Funktion des Handelsmaklers ist nach dieser Legaldefinition durch vier verschiedene Merkmale gekennzeichnet: 1. Der Makler muß gewerbsmäßig für andere Personen tätig sein. 2. Seine Aufgabe ist die Vermittlung von Geschäften für andere Personen. 3. Mit der Geschäftsvermittlung darf er nicht ständig betraut sein. Und 4. müssen die Vertragsgegenstände die in Abs. 1 im einzelnen angeführten oder sonstigen Gegenstände des Handelsverkehrs sein. Abs. 2 schließt eine Erweiterung auf andere Geschäftsgegenstände (insbesondere Immobilien) ausdrücklich aus.

4   Zugleich findet durch die Definition des Handelsmaklers mittelbar eine **Abgrenzung** zu ähnlichen Tätigkeiten im Handelsverkehr statt (vgl. Vor § 84 RdNr. 1 ff.). Der Handelsmakler vermittelt wie der Zivilmakler (§ 652 BGB) Vertragsabschlüsse gegen (Makler-) Lohn. Im Unterschied zum Handelsvertreter (§§ 84, 86, hierzu unten RdNr. 28 ff.) ist er mit der Geschäftsvermittlung nicht ständig betraut. Vom Kommissionär (§§ 383, 384

Abs. 1, hierzu unten RdNr. 33 f.) unterscheidet sich der Handelsmakler durch die Freiheit der Vermittlungstätigkeit; er ist weder zu Vermittlungsbemühungen verpflichtet, noch schließt er die Verträge selbst oder im Namen des Auftraggebers ab. Seine Aufgabe ist nur, die Parteien des Geschäfts zusammenzuführen.

Über die Legaldefintion hinaus enthält § 93 eine gesetzliche **Rechtsfolge.** Makler, wel- 5 che die Definitionsmerkmale erfüllen, haben die Rechte und Pflichten eines Handelsmaklers, die im einzelnen in den §§ 94 ff. geregelt sind (hierzu unten RdNr. 60). Weil aber die §§ 94 ff. die **Rechte und Pflichten** des Handelsmaklers nur in bestimmten **Besonderheiten** regeln, ist für allgemeine Fragen des Maklerrechts auf die §§ 652 ff. BGB zurückzugreifen (unten RdNr. 14 ff.).

2. Entstehungsgeschichte. Im **ADHGB von 1861** wurde die erste einheitliche, aus- 6 führliche Regelung des Handelsmaklerrechts geschaffen. Hiernach hatte der Handelsmakler aber noch die Stellung eines amtlich bestellten Vermittlers für Handelsgeschäfte (Art. 66 ADHGB). Erst das revidierte Handelsgesetzbuch von 1897 beseitigt (außerhalb des Börsenverkehrs) den amtlich vereidigten Makler der alten Art, läßt aber zunächst noch parallel eine amtlich Bestellung und Vereidigung durch Landesgesetz zu. Seither hat mit den §§ 93 ff. die gesetzliche Verankerung des Privathandelsmaklers Bestand.

3. Anwendungsbereich. Der Anwendungsbereich der Vorschriften über den Han- 7 delsmakler ist weitgehend durch den **Gegenstand des zu vermittelten Geschäfts** eingegrenzt. Nach dieser Eingrenzung sind als Handelsmakler-Typen zu unterscheiden: Warenmakler, Börsen- und Wertpapiermakler, Versicherungsmakler, Schiffsmakler. Die **Warenmakler** finden sich heute überwiegend an großen Handelsplätzen zB als Getreidemakler, Kaffeemakler, Baumwollmakler oder Südfrüchtemakler.

Bei den **Börsen- und Wertpapiermaklern**[1] sind drei Typen zu unterscheiden. Der von 8 der Börsenaufsichtsbehörde amtlich bestellte und vereidigte **Kursmakler** (§§ 30 ff. BörsG) hat die Aufgabe, die Wertpapierkurse an der Börse amtlich festzulegen (§ 30 BörsG). Er ist ein Handelsmakler, der zugleich mit öffentlichen Aufgaben betraut ist. Der Kursmakler unterliegt einer Betriebspflicht (§ 32 Abs. 1 BörsG), kann Börsengeschäfte vermitteln, darf aber Eigengeschäfte nur im beschränkten Umfang tätigen (§ 32 Abs. 2 BörsG).[2] Demgegenüber ist der vom Börsenvorstand an der Börse zugelassene **freie Wertpapiermakler**[3] (vgl. § 7 Abs. 1 Satz 1, Abs. 2 Satz 1 Nr. 3 iVm. § 8 a BörsG) zwar ebenfalls Handelsmakler. Der Aufgaben- und Eigengeschäftsbereich von Freiverkehrsmaklern ist aber nicht beschränkt. Seine Funktion besteht darin, Wertpapiergeschäfte mit den zur Börse zugelassenen Besuchern oder im Telefonverkehr zu vermitteln bzw. (außerhalb seiner Maklerfunktion) auf eigene Rechnung abzuschließen. Die dritte Gruppe sind die sog. **Propremakler,** dh. die an der Börse zugelassenen Eigenhändler (§ 7 Abs. 2 Satz 1 Nr. 1 BörsG), die langfristige Spekulationsgeschäfte tätigen.[4] Letztere fallen mangels Vermittlungstätigkeit aber nicht unter die Voraussetzungen des § 93.

Im Unterschied zu den Versicherungsvertretern (§ 92 und §§ 43 ff. VVG) enthält das 9 Gesetz für **Versicherungsmakler** keine Sondervorschriften. Die §§ 93 ff. mit Ausnahme der Vorschriften über die Tagebuchführung[5] und subsidiär die §§ 652 ff. BGB sind deshalb auf diese Maklergruppe uneingeschränkt anzuwenden. Der Versicherungsmakler vermittelt nach Beratung des Versicherungsnehmers den Auftrag an einen geeigneten Versicherer.[6]

---

[1] *Bremer,* Grundzüge des deutschen und ausländischen Börsenrechts, 1969; *Matthes,* Das Recht der Kursmakler, 1932; *Samm* Börsenrecht 1978, Teil I 7; *Schönle,* Bank- und Börsenrecht, 2. Aufl. 1976, § 43 III 1, 2; *Schwark* Börsengesetz, 2. Aufl. 1994.
[2] Zu den Grenzen der Kursmaklertätigkeit siehe *Mülhausen* WM 1983, 434.
[3] Zur Zulassung nach § 7 Abs. 4 siehe die Übersicht von *Walter* WM 1986, 1489; vgl. auch *Schwark* Börsengesetz § 7 RdNr. 12 ff; zum älteren Recht siehe VG Frankfurt BB 1971, 493.

[4] Siehe hierzu *Matthes,* Das Recht der Kursmakler, S. 122 ff.
[5] Beachte hierzu den mit Gesetz vom 23.10.1989 eingeführten § 104 Satz 2.
[6] Genauer aus neuerer Zeit: *Zopfs,* Die Rechtsstellung des Versicherungsmaklers, VersR 1986, 747 m. weit. Nachw.; ebenfalls aus neuerer Zeit rechtsvergleichend zum österreichischen Recht des Versicherungsmaklers: *Migsch* VersR 1989, 321, 450.

10   Nicht in ihrer eigentlichen Funktion, wohl aber in ihrer rechtlichen Bedeutung zurück-
gedrängt sind die **Schiffsmakler,**[7] die sich in drei Untergruppen gliedern: der mit der Aushandlung der Bedingungen von Seefrachtverträgen betraute **Befrachtungsmakler;** der
Chartermakler, der das An- und Vermieten eines Schiffs für einen bestimmten Zeitraum
oder Zweck (zB Reise) vermittelt; sowie der **An- und Verkaufsmakler,** der die Veräußerung gebrauchter Tonnage oder von Schiffsneubauten vermittelt. Diese Aufgaben werden jedoch heute zumeist von Agenten erfüllt, die **ständig** für bestimmte Reeder tätig
sind. Sie werden als Handelsvertreter (§ 84) von § 93 nicht erfaßt.

11   Nicht ausdrücklich in § 93 mit dem Geschäftsgegenstand genannt sind die **Finanzmakler,**[8] die ebenfalls Handelsmakler sind. Ihre Aufgabe ist die Vermittlung von Geld- , insbesondere Kreditgeschäften.

12   **4. Praktische Bedeutung.** Die Aufstellung der verschiedenen Arten von Handelsmaklern weist bereits auf ihre praktische Bedeutung hin. Bedingt durch ihre Spezialisierung
und die damit verbundenen besonderen Marktkenntnisse sind Handelsmakler auch bei
schwer durchschaubaren Märkten in der Lage, **Marktfunktionen und Marktchancen**
auszunutzen. Der Auftraggeber macht sich die Vorteile dieser Spezialisierung zu eigen. Er
läßt sich mit geeigneten Handelspartnern zusammenführen und sich Geschäfte zu günstigen
oder jedenfalls marktüblichen Konditionen vermitteln.[9]

13   Der Handelsmakler schafft eine größere **Markttransparenz,** fördert die Funktionsfähigkeit des Wettbewerbs und sorgt damit für den Ausgleich von Angebot und Nachfrage auf
dem Markt.[10] Aus dieser gesamtwirtschaftlichen Funktion erklärt sich, daß dem Handelsmakler teilweise Aufgaben mit öffentlich-rechtlichem Charakter zugewiesen sind: so zB
dem Kursmakler die Vermittlung von Börsengeschäften in amtlicher Funktion (§§ 30 ff.
BörsG) oder dem zu Käufen und Verkäufen öffentlich ermächtigten Handelsmakler (Recht
zum Selbsthilfeverkauf, § 385 BGB; § 373 Abs. 2; Recht zum Deckungskauf/-verkauf,
§ 376 Abs. 3).[11]

III. Überblick über die allgemeinen Grundsätze des Maklervertrags (§§ 652 ff. BGB)

14   **1. Vertragsschluß.** Der Maklervertrag kann **ausdrücklich** oder **stillschweigend** geschlossen werden. Auch kann er durch Schweigen auf ein kaufmännisches Bestätigungsschreiben zustande kommen.[12] Für einen stillschweigenden Vertragsschluß ist erforderlich,
daß der Vertragsabschlußwille erkennbar wird.[13] Dafür genügen Angebot und Entgegennahme der Maklerdienste in Kenntnis der Entgeltlichkeit.[14] Diese Kenntnis kann zB
dadurch erzielt werden, daß der Makler vorab deutlich zum Ausdruck bringt, der Auftraggeber werde Provision schulden.[15] Fehlt es an der Deutlichkeit, so gehen Unklarheiten
über die Entgeltlichkeit und damit über einen stillschweigenden Vertragsschluß zu Lasten
des Handelsmaklers.[16]

---

[7] Vgl. hierzu *Hasselmann,* Der Schiffsmakler in
Hamburg, Diss. Göttingen 1913; *Kleemann,* Der
Schiffsmakler im Seeverkehr, Diss. Hamburg 1934;
Schaps/Abraham, Das Seerecht, Bd. II, 4. Aufl. 1978,
Anh. VI zu § 663b HGB; *Zander,* Die rechtliche
Stellung des Schiffsmaklers, 1932; aus neuerer Zeit
K.Schmidt/A.Blaschczok, Schiffsmaklerhaftung und
Schiffsagentenhaftung im Spiegel der Rechtspre-
chung, VersR 1981, 393.
[8] *Graue,* Die Rechtstellung des Finanzmaklers,
Diss. Köln 1975.
[9] Vgl. auch Heymann/*Herrmann* Vor § 93
RdNr. 2.
[10] GK-HGB/*Zeidler* RdNr. 1; ähnlich Heymann/
Herrmann Vor § 93 RdNr. 2.

[11] Zu den Einzelheiten der Maklerbestellung vgl.
Staub/*Brüggemann* Vor § 93 RdNr. 26; siehe hierzu
auch Heymann/*Herrmann* Vor § 93 RdNr. 2;
[12] OLG Bamberg AIZ 1975, 147; ebenso Baum-
bach/*Hopt* RdNr. 16; Staub/*Brüggemann* RdNr. 3;
Heymann/*Herrmann* Vor § 93 RdNr. 12.
[13] Vgl. BGH NJW 1984, 232; Baumbach/*Hopt*
RdNr. 16; Heymann/*Herrmann* Vor § 93 RdNr. 12
a.
[14] Dazu BGH WM 1981, 495; 1971, 905 (mit
Einzelheiten).
[15] Zu den Einzelheiten siehe MünchKomm-
BGB/*Schwerdtner* § 652 RdNr. 33 f.
[16] Allgemeine Ansicht, BGH NJW 1984, 232;
Baumbach/*Hopt* RdNr. 16; Heymann/*Herrmann*
Vor § 93 RdNr. 12 a.

2. Wirksamkeit des Vertrags. Der Handelsmaklervertrag ist **formfrei** wirksam. Ein **15** Formzwang, wie er beim allgemeinen Maklervertrag bei der Vermittlung von Grundstücken gem. § 313 BGB bestehen kann,[17] kommt für den Vertrag eines Handelsmaklers nicht in Betracht. Hier tritt die subsidiäre Geltung des allgemeinen Maklerrechts aufgrund der Ausschlußregelung des Abs. 2 zurück. Danach ist die Vermittlung von unbeweglichen Sachen nicht Geschäftsgegenstand eines Handelsmaklervertrags. Umgekehrt ist der Makler, der Verträge über die Übermittlung von Immobilien abschließt, nicht Handelsmakler iSd. §§ 93 ff. Auch der Wohnungsmakler (dazu WoVermittG) ist daher nicht Handelsmakler. Im übrigen kann sich die Nichtigkeit des Handelsmaklervertrags nach allgemeinen Regeln ergeben (§§ 104 ff., 117, 134,[18] 138, 142 Abs. 1 BGB).

3. Inhalt des Maklervertrags. Der Makler ist entweder **Nachweis- oder Vermittlungs-** **16** **makler.** Beim Nachweismaklervertrag verpflichtet sich der Makler gegenüber dem Auftraggeber, ihm die Gelegenheit zum Abschluß eines Vertrags nachzuweisen. Der Nachweis muß daher konkrete Angaben über Vertragsobjekt, Vertragspartner und Vertragsbedingungen enthalten.[19] Wird der Makler als Vermittlungsmakler tätig, so ist der Inhalt des Maklervertrags auf die Herbeiführung der Abschlußbereitschaft des möglichen Vertragspartners gerichtet.[20] Kennzeichnend ist daher die Eigenschaft des Maklers als **Dritter** im Verhältnis zu dem nachgewiesenen oder vermittelten Vertrag. Daher ist zB bei Täuschungen des Maklers gegenüber einem Vertragspartner § 123 Abs. 2 BGB anzuwenden, wenn der Makler nicht ausnahmsweise Erfüllungsgehilfe iSd. § 278 BGB ist.

4. Beendigung des Vertrags. Der Maklervertrag ist grundsätzlich frei widerruflich; **17** Besonderheiten gelten nur beim Alleinauftrag (auch Festofferte genannt, hierzu unten RdNr. 22 f.). Auch der Tod des Maklers beendet den Auftrag (§ 673 BGB). Beim Tod des Auftraggebers können die Erben kündigen. Jedoch bleibt der Provisionsanspruch hiervon unberührt, wenn in diesen Fällen der Makler bereits ursächlich tätig geworden ist. Wird hingegen der Maklervertrag durch einvernehmlichen Aufhebungsvertrag beendet, so ist die jeweilige Folge für den (Makler-)Lohnanspruch durch Auslegung zu ermitteln.[21]

5. Zusammenwirken mehrerer Makler. Der Handelsmakler darf im Zweifel den ihm **18** erteilten Auftrag **nicht** ohne Einverständnis seines Auftraggebers vollständig an einen anderen Makler **weitergeben** (§ 664 Abs. 1 S. 1 BGB).[22] Der Maklervertrag hindert aber weder den Makler noch den Auftraggeber (Ausnahme beim Alleinauftrag, hierzu unten RdNr. 22 f.), weitere Makler mit unterschiedlicher Funktion einzuschalten.[23]

a) Untermakler.[24] Beim Untermaklervertrag schließt allein der zuerst beauftragte (Haupt-) **19** Makler einen Maklervertrag mit dem Auftraggeber und schaltet seinerseits einen weiteren Makler ein. Letzterer steht nur zum Hauptmakler, nicht zum Auftraggeber in einer maklervertraglichen Beziehung. Der Hauptmakler haftet für den Untermakler nach § 278 BGB.[25]

b) Zubringergeschäft.[26] Der Zubringermakler vermittelt dem Auftraggeber einen anderen **20** Makler als Hauptmakler. Er selbst steht nicht in Vertragsbeziehungen zum Auftraggeber. Seinen Provisionsanteil oder eine anderweitige Vergütung erhält er allein aufgrund seiner vertraglichen Beziehungen zum Hauptmakler.

[17] Hierzu MünchKommBGB/*Schwerdtner* § 652 RdNr. 19 m. Nachw.
[18] Dazu zB BGH WM 1986, 943.
[19] Vgl. dazu BGH NJW 1987, 1628.
[20] Vgl. BGH NJW 1976, 1844.
[21] BGH NJW 1983, 1848.
[22] Baumbach/*Hopt* RdNr. 34.
[23] Baumbach/*Hopt* RdNr. 34; Heymann/*Herrmann* Vor § 93 RdNr. 15.

[24] Dazu BGH BB 1968, 729; Baumbach/*Hopt* RdNr. 19; Heymann/*Herrmann* Vor § 93 RdNr. 15; MünchKommBGB/*Schwerdtner* § 652 RdNr. 12; GK-HGB/*Zeidler* RdNr. 11.
[25] OLG München JR 1961, 95; MünchKommBGB/*Schwerdtner* § 652 RdNr. 12.
[26] Dazu BGH BB 1963, 835; DB 1974, 1154; Baumbach/*Hopt* RdNr. 20; Heymann/*Herrmann* Vor § 93 RdNr. 15.

21   **c) Gemeinschaftsmakler.**[27] Mehrere von beiden Parteien (Auftraggeber und Hauptmakler) beauftragte Makler können ein oder mehrere Geschäfte als Gemeinschaftsgeschäfte behandeln. Eine nur einmal anfallende Provision wird geteilt. Schulden beide Parteien Provision, so erhält jeder eingeschaltete Makler die Provision der Partei, zu der er in Vertragsbeziehung steht.

22   **6. Alleinauftrag (Festofferte).**[28] **a) Begriff.** Beim Alleinauftrag verpflichtet sich der Auftraggeber, keine weiteren Makler einzuschalten. Im Regelfall ist mit der Festofferte auch ein Verzicht auf den (grundsätzlich freistehenden) Widerruf des Auftrags verbunden. Der Auftraggeber behält seine volle Abschlußfreiheit,[29] insbesondere ist ihm grundsätzlich nicht das Recht auf Direktabschluß, dh. auf Vertragsschluß ohne Einschaltung des Maklers, genommen.[30] Zweck des Alleinauftrags ist die Verminderung des Maklerrisikos, trotz erheblicher Aufwendungen und Bemühungen keine Provision zu verdienen. Umgekehrt ist der Makler beim Alleinauftrag zu einer Vermittlungstätigkeit verpflichtet.[31]

23   **b) Vertragsschluß, Wirksamkeit, Beendigung.** Bei einem grundsätzlich möglichen stillschweigenden Vertragsschluß muß der beiderseitige Wille zum Abschluß eines Alleinauftrags und der damit verbundenen vertraglichen Besonderheiten klar erkennbar sein. Dies gilt sowohl für das Kontrahierungsverbot zur Beauftragung eines anderen Maklers als auch für den Ausschluß der Widerruflichkeit des Auftrags. Ein zeitlich unbegrenzter Auftrag ist jedoch in der Regel gem. § 138 BGB nichtig.[32] Der Widerrufsverzicht muß sich vielmehr auf eine angemessene Zeit beziehen.[33] Eine 6-Monats-Bindung kann angemessen sein.[34] Indes ist die zulässige Länge der Bindungsdauer nach der jeweiligen Eigenart des Vermittlungsgegenstandes zu beurteilen.[35] Ist der Alleinauftrag auf längere Zeit eingegangen, ist er als Dauerschuldverhältnis aus wichtigem Grund (zB bei Untätigkeit des Maklers) gem. § 627 BGB vorzeitig kündbar.[36]

IV. Voraussetzungen der Handelsmaklereigenschaft

24   **1. Begriff der Vermittlung.** Aufgrund der ausdrücklichen Beschränkung in Abs. 1 auf eine Vermittlungstätigkeit ist im Unterschied zum Zivilmakler (vgl. § 652 Abs. 1 Satz 1 Alt. 1 BGB) der Handelsmakler **nie bloßer Nachweismakler.** Seine Aufgabe ist vielmehr, für den Auftraggeber den Vertragsschluß mit einem Dritten zu vermitteln und nicht nur die Gelegenheit hierzu nachzuweisen. Für eine Nachweismaklertätigkeit würde genügen, daß der Auftraggeber Kenntnis von der Vertragsmöglichkeit erhält, zB durch Angaben über den Vertragsgegenstand und Namhaftmachung des anderen Vertragsteils.[37] Dabei muß der Inhalt des Nachweises so bestimmt sein, daß der Auftraggeber selbst eine Entscheidung über eine nähere Kontaktaufnahme mit dem möglichen Geschäftspartner treffen kann.[38]

25   Unter einer **Vermittlungstätigkeit** des Maklers versteht man hingegen die finale Einwirkung des Maklers auf einen möglichen – dem Auftraggeber nicht notwendigerweise unbekannten – Vertragspartner, um ihn zum Vertragsabschluß zu bewegen.[39] Daher gehört

---

[27] Dazu BGH BB 1963, 835; 1969, 1330; WM 1986, 1288; MünchKommBGB/*Schwerdtner* § 652 RdNr. 13.

[28] Siehe hierzu BGH NJW 1967, 198; Baumbach/*Hopt* RdNr. 59 ff.; Heymann/*Herrmann* Vor § 93 RdNr. 8.

[29] BGH NJW 1967, 1225; OLG Düsseldorf DB 1973, 2043; Baumbach/*Hopt* RdNr. 62; Heymann/*Herrmann* Vor § 93 RdNr. 11; – aA OLG Hamburg BB 1955, 847.

[30] BGH NJW 1961, 307; WM 1976, 533, 534.

[31] BGHZ 60, 381; NJW 1985, 2478.

[32] BGH WM 1976, 534; Baumbach/*Hopt* RdNr. 60.

[33] BGH WM 1974, 254; 1976, 534; vgl. auch Baumbach/*Hopt* RdNr. 60; Heymann/*Herrmann* Vor § 93 RdNr. 8.

[34] OLG Hamm NJW 1966, 887.

[35] Heymann/*Herrmann* Vor § 93 RdNr. 8 m. weit. Nachw.

[36] BGH BB 1969, 850; vgl. auch BGH WM 1970, 1459.

[37] BGH WM 1987, 23; Baumbach/*Hopt* RdNr. 13; zu den Einzelheiten verschiedener Nachweistätigkeiten MünchKommBGB/*Schwerdtner* § 652 RdNr. 62 ff.

[38] OLG Hamm BB 1974, 202; OLG Frankfurt MDR 1975, 315; 1976, 664; Heymann/*Herrmann* RdNr. 5.

[39] BGH NJW 1986, 51; BGH NJW 1990, 2745.

hierzu, daß der Handelsmakler auch mit der anderen Vertragspartei Verbindung auf-nimmt[40] und durch Vorklärungen, Terminsvereinbarungen und Verhandlungen zum Ver-tragsschluß beiträgt.[41] Für das Zustandekommen des Geschäfts muß die Maklertätigkeit allerdings nicht allein ursächlich sein. Es genügt für eine ausreichende **Mitursächlichkeit** der Vermittlungtätigkeit, daß die Parteien anschließend die entscheidenden Ver-tragsverhandlungen (in Abwesenheit des Maklers) selbst zu Ende führen.[42]

Die angeführten Kriterien lassen somit eine **Abgrenzung von Nachweis- und Vermitt-** **26** **lungsmakler** zu (vgl. RdNr. 16). Unzutreffend ist jedenfalls die in der älteren Literatur vertretene Auffassung, wonach – mangels sinnvoller Unterscheidbarkeit von Nachweis- und Vermittlungtätigkeit – eine Vermittlung durch den Handelsmakler auch dann vor-liege, wenn aufgrund des Nachweises der Gelegenheit zum Vertragsschluß es tatsächlich zum Abschluß des Geschäfts komme.[43] Im übrigen wäre eine bloße Nachweistätigkeit nicht mit den spezifischen Pflichten des Handelsmaklers zu vereinbaren. Denn ebenso wie für die Fertigung der Schlußnote nach § 94 als auch für eine mögliche Haftung gem. § 98 kann nicht genügen, daß der Handelsmakler seinem Auftraggeber gegenüber nur auf den Nachweis der Möglichkeit zum Vertragsschluß beschränkt ist.[44]

2. Abgrenzung zu anderen (handelsrechtlichen) Geschäftsvermittlern (vgl. auch Vor **27** § 84 RdNr. 1 ff.). **a) Nachweismakler.** Ein Makler, der lediglich die Gelegenheit zum Abschluß eines Geschäfts über Gegenstände des Handelsverkehrs nachweist, ist Zivilmakler iSd. § 652 BGB. Die Sonderregeln der §§ 93 ff. sind auf ihn nicht anwendbar.

b) Handelsvertreter. Der Handelsvertreter (§§ 84 ff.) ist im Unterschied zum Handels- **28** makler mit der Vermittlung von Geschäften vertraglich **ständig betraut** und schuldet lau-fend Absatzerfolge. Das Handelsvertreterverhältnis ist also durch eine auf Dauer angelegte beiderseitige Bindung gekennzeichnet.[45] Dabei kann der Handelsvertreter zugleich für den jeweiligen Dritten als (echter) Handelsmakler tätig werden.[46] Im Unterschied zum Han-delsmakler, dessen Provisionsanspruch schon mit dem Abschluß des vermittelten Vertrags fällig wird (näher hierzu unten RdNr. 65 ff.), schuldet der Auftraggeber beim Handelsver-tretervertrag die **Provision** erst, sobald und soweit der Unternehmer das Geschäft ausge-führt hat (§ 87 Abs. 1).

Auf der Grundlage dieser **Abgrenzung** bereiten die Fälle Schwierigkeiten, in denen zwar **29** ein Handelsmaklervertrag geschlossen, die **Fälligkeit des Provisionsanspruchs** aber ver-traglich von der **Ausführung des vermittelten Geschäfts** abhängig gemacht wurde. Wäh-rend nämlich der Handelsvertreter bei einer vom Unternehmer verschuldeten Nichtausfüh-rung des Geschäfts seinen Provisionsanspruch behält (§ 87 a Abs. 3 Satz 2), fehlt es an einem vergleichbaren gesetzlichen Schutz für den Handelsmakler. Die ältere Rspr.[47] legte § 87 a Abs. 1 und damit eine der Vorschrift entsprechende Geschäftsausführungsregelung im Handelsmaklervertrag als echte Bedingung iSd. § 158 Abs. 1 BGB aus. Eine analoge Anwendung des § 87 a Abs. 3 Satz 2 auf die Maklervertragsregelung war damit mangels Regelungslücke ausgeschlossen. Denn für einen Provisionsanspruch des Handelsmaklers sei bei Nichtausführung des vermittelten Geschäfts die Vorschrift des § 162 Abs. 1 BGB über die treuwidrige Bedingungsvereitlung und ihre strengen Voraussetzungen anzuwenden.[48]

[40] Siehe dazu OLG Nürnberg BB 1960, 112.
[41] BGH DB 1967, 1173; KG NJW 1968, 1783; Baumbach/*Hopt* RdNr. 13; Heymann/*Herrmann* RdNr. 5; MünchKommBGB/*Schwerdtner* § 652 RdNr. 58 m. weit. Nachw.; vgl. auch Staub/*Brügge-mann* Vor § 93 RdNr. 13.
[42] Heymann/*Herrmann* RdNr. 5; Staub/*Brügge-mann* Vor § 93 RdNr. 13.
[43] So *Gierke/Sandrock* § 29 II 1 b , S. 205; RGR Kommentar/*Brüggemann* Anm. 5; ebenso Schlegel-berger/*Schröder* RdNr. 6 (d).
[44] Im Erg. ebenso Staub/*Brüggemann* Vor § 93 RdNr. 13; vgl. auch Heymann/*Herrmann* RdNr. 5.

[45] MünchKommBGB/*Schwerdtner* § 652 RdNr. 3. – Siehe zur Abgrenzung zwischen Versicherungs-makler und Versicherungsagent auch OLG Frankfurt VersR 1987, 985.
[46] Siehe dazu BGHZ 62, 71, 78; BB 1972, 11; anders aber wohl BGH NJW 1974, 137.
[47] BGHZ 2, 281, 283 (noch zu § 88 Abs. 2 aF); BGH DB 1960, 1359; BGH BB 1966, 516 f; BGH WM 1975, 777.
[48] BGHZ 2, 281, 283 (noch zu § 88 Abs. 2 aF); BGH BB 1966, 516 f; BGH WM 1975, 777.

30   In der neueren Rspr. und Lehre[49] wird demgegenüber eine Geschäftsausführungsregelung im Handelsmaklervertrag als **Fälligkeitsabrede** ausgelegt. Eine Provisionszahlungspflicht wird auch bei unterbliebenem Vertragsvollzug dann angenommen, wenn der Auftraggeber zumindest konkludent das Risiko unmöglicher oder unzumutbarer Geschäftsführung übernommen hat.[50]

31   Die Auslegung der Geschäftsausführungsabrede als **aufschiebende Bedingung** iSd. § 158 Abs. 1 BGB oder aber als bloße Fälligkeitsvereinbarung hängt vom Willen der Parteien bei Abschluß des Maklervertrags ab. Ist die Entstehung des Maklerlohnanspruchs bereits mit Abschluß des vermittelten Vertrags gewollt, der Auftraggeber zur Zahlung aber erst bei Geschäftsvollzug verpflichtet, muß von einer reinen Fälligkeitsabrede ausgegangen werden. Die Zahlungspflicht tritt bei Nichtausführung des Geschäfts nach Ablauf der Zeit ein, in der die Ausführung zu erwarten war.[51] Demgegenüber ist nach Maßgabe des Parteiwillens die Auslegung der Maklervertragsklausel aber auch als echte Bedingung möglich, mit der Folge, daß eine Zahlungspflicht nur unter den Voraussetzungen des § 162 BGB besteht.

32   **Im Zweifel** wird man jedoch von einer (für den Makler günstigeren) bloßen Fälligkeitsvereinbarung auszugehen haben. Denn die Geschäftsausführungsregelung als solche ist bereits eine für den Auftraggeber zu seinen Gunsten verschärfte Sonderabrede seiner Zahlungspflicht. Regelmäßig wird der Makler bei einer solchen Vereinbarung zu Mehranstrengungen veranlaßt. Er muß nicht nur ein Geschäft als solches vermitteln, sondern den Abschluß so weit vorbereiten, daß ein möglichst durchführungsbereites Geschäft vorliegt. Es wäre daher eine Treu und Glauben widersprechende einseitige Berücksichtigung der Interessen des Auftraggebers, würde der Makler bei jedem Desinteresse seines Vertragspartners am Vollzug des vermittelten abgeschlossenen Geschäfts seinen Provisionsanspruch nicht durchsetzen können. Dies wäre aber bei einer Auslegung der Geschäftsausführungsklausel als aufschiebende Bedingung regelmäßig das praktische Ergebnis, weil der Makler eine Treuwidrigkeit seines Auftraggebers iSd. § 162 Abs. 1 BGB zumeist weder darlegen noch beweisen kann.[52]

33   **c) Kommissionär.** Im Vergleich zum Handelsmakler ist der **Kommissionär** nicht auf eine bloße Vermittlungstätigkeit beschränkt. Er übernimmt es vielmehr gewerbsmäßig, Waren oder Wertpapiere für Rechnung eines anderen (des Kommittenten) im **eigenen Namen** zu kaufen oder zu verkaufen (§ 383), dh. das in Auftrag gegebene Geschäft in eigenem Namen abzuschließen.[53] Der Kommissionsvertrag, dh. der Vertrag zwischen dem Kommissionär und dem Kommittenten, ist regelmäßig ein Dienstvertrag, der eine entgeltliche Geschäftsbesorgung zum Gegenstand hat (§ 675 BGB), gelegentlich auch ein Werkvertrag.[54]

34   Hingegen schließt der nur zur Vermittlung beauftragte Handelsmakler das Geschäft nur **in Ausnahmefällen selbst** ab. Voraussetzung ist, daß ihm neben dem eigentlichen Handelsmaklervertrag eine Abschlußvollmacht erteilt ist. Solche Mischformen kommen in der Praxis vornehmlich beim Schiffsmakler vor, der Dokumente in Vertretung des Reeders ausstellt und zeichnet, Schiffsfrachtverträge im Namen des Schiffahrtsunternehmers schließt usw.[55]

35   **d) Maklerdienst- und Maklerwerkvertrag.** Auch der Handelsmaklervertrag kann als Dienstvertrag oder Werkvertrag ausgestaltet sein. Dies ist eine Frage der Auslegung der jeweiligen Vertragsvereinbarung mit dem Auftraggeber. Hat sich der Handelsmakler vertrag-

---

[49] BGH DB 1980, 2283; Heymann/*Herrmann* Vor § 93 RdNr. 6; Staub/*Brüggemann* Vor § 93 RdNr. 20; differenzierend BGH WM 1985, 776 f.; Baumbach/*Hopt* RdNr. 37.

[50] So Heymann/*Herrmann* Vor § 93 RdNr. 6.

[51] BGH DB 1980, 2283; Baumbach/*Hopt* RdNr. 37; vgl. auch BGH NJW 1966, 1404.

[52] Im Erg. ebenso Staub/*Brüggemann* Vor § 93 RdNr. 21; wohl auch Heymann/*Herrmann* Vor § 93 RdNr. 6; differenzierend hingegen Baumbach/*Hopt* RdNr. 37.

[53] Zur Abgrenzung des Versteigerers als Handelsmakler einerseits oder Kommissionär andererseits vgl. *v. Hoyningen-Huene* NJW 1973, 1473, 1475.

[54] Baumbach/*Hopt* § 383 RdNr. 6.

[55] Vgl. Staub/*Brüggemann* Vor § 93 RdNr. 19.

lich verpflichtet, einen **Vermittlungserfolg** herbeizuführen, findet auf diesen Vertrag **Werkvertrags- und Geschäftsbesorgungsrecht** Anwendung (§§ 631 ff., 675, 662 ff. BGB).[56] Die speziellen Vorschriften gem. §§ 93 ff. sowie das allgemeine Maklerrecht (§§ 652, 654 BGB) kommen daneben nur ergänzend zur Anwendung.[57] Dem Auftraggeber bleibt aber auch hier die Entscheidungsfreiheit, ob er den Vertrag mit dem vermittelten Dritten abschließen will.[58] Der Handelsmakler ist aufgrund des Maklervertrags zum Tätigwerden nicht verpflichtet. Wird aber eine **Tätigkeitspflicht ohne Erfolgseintritt** vereinbart, liegt regelmäßig ein **Dienstvertrag** vor, auf den die §§ 611 ff. BGB und nur ergänzend das Maklerrecht gem. §§ 93 ff. und §§ 652 ff BGB anzuwenden sind.[59] Ein solcher Maklerdienstvertrag ist regelmäßig beim sog. Alleinauftrag (Festofferte) gegeben (näher hierzu oben RdNr. 22 ff.).[60]

3. Vertragsgegenstand. a) Gegenstände des Handelsverkehrs. Handelsmakler kann **36** nur derjenige sein, der Verträge über Gegenstände des Handelsverkehrs vermittelt. Diese Beschränkung des Vermittlungsgegenstandes steht (neben der Notwendigkeit einer Vermittlungstätigkeit) bei der Abgrenzung zum Zivilmakler im Vordergrund. Gegenstände des Handelsverkehrs sind nicht nur Sachen (körperliche Gegenstände, § 90 BGB), sondern alle **Vermögensobjekte,** die einen **Handelswert** darstellen[61] und die durch die Möglichkeit leichten Umschlags gekennzeichnet sind. Es kommt dabei nur auf den Geschäftsgegenstand an, nicht darauf, ob die Parteien des vermittelten Geschäfts Kaufleute im handelsrechtlichen Sinne sind.

Das Gesetz zählt selbst beispielhaft einige konkrete Gegenstände des Handelsverkehrs auf: **37** **Waren** (nach § 1 Abs. 2 Nr. 1 bewegliche Sachen) oder **Wertpapiere,** deren Anschaffung oder Veräußerung vermittelt wird, **Versicherungen, Güterbeförderungen** und **Schiffsmiete.** Darüber hinaus sind zu den „sonstigen Gegenständen des Handelsverkehrs" zu rechnen: gewerbliche Schutzrechte, Patente, Filmaufführungslizenzen, Beteiligungen an Publikumsgesellschaften[62] (nicht dagegen ganze Unternehmen), Bankkredite[63] und sonstige Bankgeschäfte, soweit sie nicht dingliche Sicherungsrechte (zB Hypothekengeschäfte) oder Immobilien zum Gegenstand haben (Abs. 2).[64]

b) Ausgeschlossene Vertragsgegenstände. Abs. 2 schließt Vermittlungsobjekte, die **38** (üblicherweise) nicht Gegenstände des Handelsverkehrs sind, vom Anwendungsbereich der §§ 93 ff. aus. Die Rechtsfolge des Abs. 2 ist auf den ersten Blick verwirrend; denn sie besagt im Ergebnis, daß unter den genannten Voraussetzungen auf den Handelsmakler die Vorschriften des Handelsmaklerrechts nicht anwendbar seien. Der Gedanke des Gesetzgebers ist jedoch, daß derjenige Makler, welcher Verträge über gem. Abs. 2 ausgeschlossene Vertragsgegenstände vermittelt, in diesen Fällen kein Handelsmakler, sondern Zivilmakler ist; für diesen gelten daher die besonderen Vorschriften der §§ 93 ff. nicht, sondern ausschließlich die Regeln der §§ 652 ff. BGB. Daneben gelten aber die allgemeinen Vorschriften des HGB, da der Makler auch in diesen Fällen Kaufmann nach § 1 Abs. 2 Nr. 7 bleibt und es sich nach § 344 im Zweifel um Handelsgeschäfte handelt.

Neben den ausdrücklich genannten **Immobilien** (betroffen sind sowohl die Veräußerung **39** als auch die Belastung von Grundstücken, denen das Wohnungseigentum gleichsteht),

[56] BGH WM 1971, 966 f (Versicherungsmakler); BGH NJW 1988, 967, 968.

[57] BGH NJW 1988, 967 [969]; Baumbach/*Hopt* RdNr. 8 f; Heymann/*Herrmann* Vor § 93 RdNr. 6.

[58] BGH NJW 1966, 1404 [1405]; Baumbach/*Hopt* RdNr. 9; Heymann/*Herrmann* § 93 RdNr. 5.

[59] BGHZ 87, 309, 312; Baumbach/*Hopt* RdNr. 8; Heymann/*Herrmann* Vor § 93 RdNr. 7.

[60] Vgl. Heymann/*Herrmann* Vor § 93 RdNr. 8.

[61] Heymann/*Herrmann* RdNr. 3; Staub/*Brüggemann* RdNr. 5.

[62] Vgl. hierzu OLG Frankfurt WM 1979, 1393 [1396]; *von Grießenbeck* BB 1988, 2188 [2190] (Emissionsgehilfe als Handelsmakler, Haftung gem. § 98); differenzierend *Lutter,* FS Bärmann, 1975, S. 605, 613 f. (Emissionsgehilfe); offen gelassen BGH WM 1984, 667, 668.

[63] OLG München NJW 1970, 1924 [1925] (Kaufpreisfinanzierung); vgl. dazu auch RGZ 76, 250, 252.

[64] Vgl. Heymann/*Herrmann* RdNr. 1; Staub/*Brüggemann* RdNr. 5.

zählen hierzu – im Unterschied zu den Wertpapieren (vgl. Abs. 1) – zB ganze **Unternehmen**,[65] weil mit ihnen nicht „gehandelt" wird.[66] Gleiches gilt – außerhalb ihrer wertpapiermäßigen Verbriefung – für Anteile an Unternehmen; insbesondere **Beteiligungen an Personengesellschaften** sind grundsätzlich nicht übertragbar (§ 719 BGB) und die Übertragbarkeit von Geschäftsanteilen einer GmbH ist meist durch Gesellschaftsvertrag beschränkt (§ 15 Abs. 5 GmbHG).[67] Obgleich nicht börsenfähig, dürfte hingegen die Vermittlung von Kommanditbeteiligungen an sog. Publikumsgesellschaften in der Praxis so zugenommen haben, daß von einer Umschlagsfähigkeit im Sinne eines Handelsgegenstandes gesprochen werden kann.[68] Die Vermittler solcher Beteiligungen, die sog. Emissionsgehilfen, sind daher regelmäßig Handelsmakler.[69] Nicht unter Abs. 2 fallen hingegen Schiffe und Luftfahrzeuge jeder Art, sofern sie Gegenstände des Handelsverkehrs sind. Obwohl diese nach dem SchiffsRG bzw. LuftRG teilweise ähnlich wie Grundstücke behandelt werden, handelt es sich demnach grundsätzlich um bewegliche Sachen.[70]

40   Ausgeschlossen als Vermittlungsgegenstand eines Handelsmaklervertrags sind auch **Dienstverhältnisse.** Zwar ist seit der Novellierung des § 4 AFG durch das BeschFG 1994 (BGBl. I S. 1786) die Vermittlung von Arbeitsverhältnissen auch privaten Vermittlern möglich. Lediglich Berufsausbildungsverhältnisse sind weiterhin bei der Bundesanstalt für Arbeit monopolisiert. Aber selbst bei gewerblicher Arbeitsvermittlung nur für Unternehmen sind solche Personen keine Handelsmakler, weil Dienst- und insbesondere Arbeitsleistungen keine Gegenstände des Handelsverkehrs iSd. § 93 Abs. 1 darstellen.[71] Vielmehr handelt es sich bei privaten Arbeitsvermittlern um Zivilmakler iSd. §§ 652 ff. BGB, für die insbesondere die lange Zeit ohne konkreten Anwendungsbereich gebliebene Norm des § 655 BGB neue Bedeutung gewinnen kann. Aus dem gleichen Grund scheidet auch die Vermittlung von **Werkverträgen** oder **Dienstverträgen** über **freie Mitarbeiter** als Gegenstand des Handelsverkehrs aus. Auch Vermittler von **Artistenanstellungen**[72] sind ebenso Zivilmakler wie **Theater-** oder **Konzertagenten.**[73]

41   **c) Gemischter Vertragsgegenstand.** Vermittelt der Makler gemischte Verträge, dh. solche sowohl über Gegenstände des Handelsverkehrs als auch über andere Gegenstände (zB über ein Grundstück mit darauf befindlichen Waren), ist für die Anwendung des maßgeblichen Rechts nach dem Geschäftsgegenstand zu differenzieren. Darin besteht ein Unterschied zum Kommissionsvertrag, bei dem auch für gemischte Geschäfte gem. § 406 Abs. 1 Satz 1 generell das Recht des Kommissionärs (§§ 398 ff.) anzuwenden ist. Die §§ 93 ff. gelten demgegenüber nur für denjenigen Vertragsteil, der die Vermittlung eines Gegenstandes des Handelsverkehrs beinhaltet. So wäre im obigen Beispiel nur hinsichtlich der Waren, nicht jedoch des Grundstücks eine Schlußnote nach § 94 zu erteilen. Für die übrigen Vermittlungsgegenstände gilt hingegen ausschließlich das Recht des Zivilmaklers, unabhängig davon, ob die Beteiligten Kaufmannseigenschaft besitzen.[74] Denn für die Zuordnung als Handelsmaklervertrag kommt es allein auf den Geschäftsgegenstand an (näher oben RdNr. 36 ff.). Gleichwohl können für solche dem Zivilmaklerrecht unterliegenden Vermittlungsverträge die sonstigen handesrechtlichen Regeln (außerhalb der §§ 93 bis 104) anwendbar sein; denn im Zweifel ist die Zivilmaklertätigkeit des Handelsmaklers nach der

[65] Baumbach/*Hopt* RdNr. 12; Heymann/*Herrmann* RdNr. 2; *K. Schmidt* Handelsrecht § 25 I 1 a.

[66] *Lutter*, FS Bärmann, 1975, S. 705, 713.

[67] *Lutter*, FS Bärmann, 1975, S. 705 713; vgl. auch Heymann/*Herrmann* RdNr. 2.

[68] OLG Frankfurt WM 1979, 1393 hat Beteiligungen an Publikumsgesellschaften als Gegenstände des Handelsverkehrs iSd. § 93 anerkannt. – Der BGH hat jedoch anschließend in WM 1984, 667 diese Frage ausdrücklich offengelassen.

[69] *Lutter,* FS Bärmann, 1975, S. 705, 714; Heymann/*Herrmann* RdNr. 2.

[70] Palandt/*Thomas* Vor § 90 RdNr. 3; zum Schiffsmakler vgl. RdNr. 10.

[71] So auch *Rieble* DB 1994, 1776.

[72] Zu dieser Frage bei „Arbeitsvermittlung" durch Künstlerkataloge siehe *v. Hoyningen-Huene* Anm. zu BSG SGb 1989, 311, 314 f.

[73] Siehe auch Staub/*Brüggemann* RdNr. 5.

[74] Vgl. Heymann/*Herrmann* RdNr. 3.

v. Hoyningen-Huene

Vermutung des § 344 Abs. 1 zum Betrieb des Handelsgewerbes iSd. § 1 Abs. 2 Nr. 7 zu rechnen.[75]

4. Gewerbsmäßigkeit. Der Handelsmakler muß die Vermittlung von Verträgen ge- **42** werbsmäßig übernehmen. Durch dieses Merkmal findet eine Abgrenzung zum Gelegenheitsmakler statt, auf den – als Zivilmakler – Handelsmaklerrecht unanwendbar ist. Für solche **Gelegenheitsvermittlungen** gelten ausschließlich die §§ 652 ff. BGB. Auch hier zeigt sich ein wesentlicher Unterschied zum Kommissionsrecht. Denn auf den **Gelegenheitskommissionär** sind im vollem Umfang die speziellen Vorschriften der §§ 383 ff. anwendbar (§ 406 Abs. 1 Satz 2).

a) Begriff. Gewerbsmäßigkeit iSd. § 93 liegt bei einem **auf Dauer** angelegten selbstän- **43** gen Tätigwerden vor, das zum Zwecke der **Gewinnerzielung** betrieben wird (zum Begriff vgl. näher § 1). Dieses Merkmal der Gewerbsmäßigkeit kennzeichnet die Kaufmannseigenschaft des Handelsmaklers; er betreibt ein Grundhandelsgewerbe iSd. § 1 Abs. 2 Nr. 7 und ist als solcher Mußkaufmann (Voll- oder Minderkaufmann[76] gem. § 4). Demgegenüber ist der Gelegenheitsmakler nach allgemeinem Zivilrecht allenfalls Sollkaufmann (§ 2).[77] Dennoch bleibt auch unter den Voraussetzungen des § 2 das Handelsmaklerrecht auf den Gelegenheitsmakler unanwendbar.[78]

b) Gewerbliche Erlaubnis. Die Gewerbsmäßigkeit der Handelsmaklertätigkeit beurteilt **44** sich also allein nach den tatsächlichen Umständen. Deshalb kommt es für die Kaufmannseigenschaft (§ 7) auf das Vorliegen einer **gewerblichen Erlaubnis** nicht an.[79] Eine für die konkrete Vermittlungstätigkeit nach § 34c GewO erforderliche, aber fehlende Gewerbeerlaubnis läßt auch die Wirksamkeit des konkreten Maklervertrags unberührt, da kein Fall des § 134 BGB vorliegt.[80]

c) Standesrecht und Gewerbstätigkeit. Gleichermaßen bleiben auch **standesrechtliche** **45** **Schranken** grundsätzlich ohne Einfluß auf die Wirksamkeit des Maklervertrags,[81] schließen aber eine gewerbsmäßige Tätigkeit aus. So dürfen Steuerberater und Rechtsanwälte das Maklergewerbe nicht betreiben;[82] hiervon unberührt bleibt aber die gelegentliche Vermittlung von Finanzierungsgeschäften im Rahmen ihrer rechts- oder steuerberatenden Tätigkeit.[83] Auf solche Gegegenheitsmaklertätigkeiten ist jedoch ausschließlich Zivilmaklerrecht (§§ 652 ff. BGB), nicht aber das Sonderrecht der §§ 93 ff. anzuwenden (näher hierzu oben RdNr. 42).

5. Fehlen einer Dauerbeauftragung. Der Handelsmakler darf vom Auftraggeber nicht **46** **ständig** mit der Geschäftsvermittlung **betraut** sein. Ist er das, schuldet er also laufend Vermittlungserfolge, so ist er nicht Handelsmakler, sondern Handelsvertreter (vgl. RdNr. 28 ff.).[84] Das Merkmal einer fehlenden Dauerbeauftragung bedeutet daher keine Abgrenzung des Handelsmaklers vom Zivilmakler.

6. Vermittlung für andere Personen. a) Allgemeines. Der Handelsmakler muß die **47** Geschäftsvermittlung für andere Personen vornehmen. Der Wortlaut des § 93 schließt eine Betätigung für **beide** Parteien des vermittelten Handelsgeschäfts nicht aus. Darin kann ein wesentlicher Unterschied zum Zivilmakler bestehen.

---

[75] Heymann/*Herrmann* RdNr. 3; Staub/*Brüggemann* Vor § 93 RdNr. 4.
[76] So insbesondere der Krämermakler gem. § 104, siehe dort.
[77] Vgl. Baumbach/*Hopt* RdNr. 15 und § 2 RdNr. 1; Heymann/*Herrmann* RdNr. 3.
[78] Heymann/*Herrmann* Anm. 3; vgl. auch MünchKommBGB/*Schwerdtner* § 652 RdNr. 6.
[79] Heymann/*Herrmann* RdNr. 4; – aA wohl Staub/*Brüggemann* § 1 RdNr. 17.
[80] BGHZ 78, 269 [271]; vgl. auch Baumbach/*Hopt* RdNr. 3; Heymann/*Herrmann* RdNr. 4.

[81] Anders bei rechtswidriger, unter Umgehung des Standesrechts erfolgter Provisionsvereinbarung, BGHZ 95, 81, 85.
[82] BGHZ 78, 263, 264 (Steuerberater); BB 1976, 1102; dazu auch Baumbach/*Hopt* RdNr. 3; Heymann/*Herrmann* RdNr. 4.
[83] BGHZ 95, 81 [85].
[84] BGH WM 1982, 272, 273; Baumbach/*Hopt* RdNr. 10, 14; Heymann/*Herrmann* Vor § 93 RdNr. 4, 6.

48   Der Zivilmakler verliert gem. § 654 BGB seinen Provisionsanspruch, wenn er dem Inhalte des Vertrags zuwider auch für den anderen Vertragspartner tätig geworden ist. Nach dem Inhalt des Vertrags muß eine **unparteiliche Interessenwahrnehmung** für beide Seiten durchführbar sein.[85] Im Zweifel ist für den Zivilmakler daher eine **Doppeltätigkeit** ausgeschlossen.[86] In der Regel wird dem Zivilmakler angesichts der typischen Vertragsgegenstände, auf die sich in der Praxis seine Vermittlungstätigkeit bezieht, eine für beide Seiten loyale, unparteiische Pflichterfüllung nur selten möglich sein. Dies gilt insbesondere für die Aushandlung des Preises des Geschäftsgegenstandes. Die Verhandlungstätigkeit kann hier nicht für beide Vertagsparteien gleichermaßen interessengerecht sein.[87] So möchte zB der Verkäufer eines Grundstücks einen möglichst hohen Kaufpreis erzielen, der Käufer hingegen strebt nach einer Kaufpreisminimierung.[88] Anderes gilt jedoch für den Handelsmakler.

49   **b) Maklerdoppeltätigkeit.** Die Vermittlungstätigkeit des Handelsmaklers beschränkt sich auf Gegenstände des Handelsverkehrs (näher hierzu oben RdNr. 36 ff.). Solche haben typischerweise einen bestimmten, vielfach börsenmäßig festgelegten Marktpreis, der für beide Seiten des Geschäfts eine kontrollierbare Verhandlungsbasis bildet. Diese Basis ermöglicht es dem Handelsmakler, grundsätzlich für beide Parteien des vermittelten Vertrags tätig zu werden, ohne seine Neutralitäts- und Loyalitätspflichten zu verletzen. Er ist als objektiver und unparteiischer Geschäftsvermittler „Schlichter zwischen den widerstreitenden Parteien"[89] bzw. „**getreuer Sachwalter der Parteien.**"[90] Im Unterschied zum Zivilmakler ist der Handelsmakler daher im Regelfall zu einer Doppeltätigkeit für beide Parteien berechtigt.[91] Mangels einer Treuwidrigkeit verliert der Handelsmakler daher üblicherweise im Falle der Doppeltätigkeit nicht nach § 654 BGB seinen Provisionsanspruch.[92]

50   Die Annahme einer Doppeltätigkeit des Handelsmaklers als Umkehrung des Regel-/ Ausnahmeverhältnisses wird durch die speziellen Vorschriften des Handelsmaklerrechts bestätigt. Gem. § 94 ist der Handelsmakler verpflichtet, **beiden Parteien** eine **Schlußnote** zu erstellen; er schuldet beiden Parteien die **Aufbewahrung von Proben** (§ 96); für Schäden, die auf seinem Verschulden beruhen, **haftet** der Handelsmakler beiden Parteien gegenüber (§ 98) und er muß beiden Parteien auf Verlangen **Auszüge aus dem Tagebuch** zur Verfügung stellen. Insbesondere die Regelung des § 99 geht offenbar von der grundsätzlichen Zulässigkeit der Doppelmaklertätigkeit aus. Nur so erklärt sich, weshalb der Makler – mangels anderweitiger Vereinbarung – von beiden Parteien die **Hälfte des Maklerlohns** verlangen kann.

51   **c) Verflechtungsfälle.** Eine Maklertätigkeit im eigentlichen Sinne liegt nicht vor, wenn auf Seiten des Gegenkontrahenten nicht ein bislang unbeteiligter Dritter, sondern eine **mit dem Makler** familiär[93] oder wirtschaftlich **eng verbundene natürliche oder juristische Person** steht. In diesen sogenannten Verflechtungsfällen[94] kommt dem Makler wegen eines Interessenkonflikts keine wirtschaftlich neutrale Stellung zu, weshalb er mangels einer echten Vermittlungstätigkeit keinen Maklerlohn verdient. Ob eine wirtschaftliche Verflechtung zwischen Makler und Vertragspartner vorliegt, hängt nicht von den formellen gesellschaftsrechtlichen Gestaltungen, sondern von den tatsächlichen wirtschaftlichen Bin

---

[85] Vgl. im einzelnen MünchKommBGB/ *Schwerdtner* § 654 RdNr. 11 ff. m. Nachw.
[86] Vgl. auch Staub/*Brüggemann* Vor § 93 RdNr. 14; MünchKommBGB/*Schwerdtner* § 654 RdNr. 4 f. (ausdrückliche Gestattung erforderlich) m. Nachw. zum Meinungsstand.
[87] Dazu auch MünchKommBGB/*Schwerdtner* § 654 RdNr. 4.
[88] Dennoch wird gerade Immobilienmaklern in der Praxis häufig vertraglich eine Doppeltätigkeit eingeräumt.

[89] BGHZ 48, 344 [350].
[90] OLG München NJW 1970, 1925.
[91] Vgl. auch Heymann/*Herrmann* Vor § 93 RdNr. 24; zum Vergleich Handelsmakler/Zivilmakler insoweit auch OLG Hamburg OLGE 14, 348.
[92] Anders möglicherweise bei den sogenannten Verflechtungsfällen; vgl. hierzu unten RdNr. 51 f.
[93] BGH NJW 1987, 1008.
[94] Zu Verflechtungsfällen auf Seiten des Auftraggebers vgl. RdNr. 70.

dungen ab.[95] Bereits die Gefahr einer Interessenkollision steht dem Maklerlohn entgegen; auf deren tatsächliche Realisierung im Einzelfall kommt es nicht an.[96]

Der Verlust des Lohnanspruchs tritt selbst dann ein, wenn der Handelsmakler seinem **52** Auftraggeber die **Umstände der Verflechtung** mit dem Gegenkontrahenten **bekannt** gibt.[97] Das muß insbesondere für den Handelsmakler[98] und seine (gesamtwirtschaftliche) Funktion hervorgehoben werden, aus der sich seine praktische Bedeutung ableitet. Seine neutrale Sachwalterstellung hat den Zweck, für eine größere Markttransparenz zu sorgen. Der Auftraggeber schaltet den Handelsmakler unter Ausnutzung von dessen besonderer Marktkenntnis gerade zur Transparenzverbesserung ein. Hierfür muß der Auftraggeber eine neutrale Interessenvertretung erwarten können. Diese ist zweifelhaft und läßt deshalb eine verläßliche Einschätzung der Vermittlungsangebote auch dann nicht zu, wenn der Auftraggeber die Gründe der Verflechtung des Handelsmaklers mit dem vorgeschlagenen Gegenkontrahenten kennt.[99]

V. Pflichten des Handelsmaklers

1. Allgemeine Pflichten. a) Genereller Maßstab. Für den generellen Maßstab der **53** Pflichten des Handelsmaklers ist daran anzuknüpfen, daß dieser ein Grundhandelsgewerbe iSd. § 1 Abs. 2 Nr. 7 betreibt und daher im Unterschied zum Zivilmakler Kaufmann ist. Er hat deshalb seine Vermittlungsgeschäfte mit der **Sorgfalt eines ordentlichen Kaufmanns** zu verrichten (§ 347) und dabei auf die im **Handelsverkehr geltenden Gewohnheiten und Gebräuche** Rücksicht zu nehmen (§ 346).

Was jeweils zum **Handelsbrauch** zählt, bestimmt sich nach der Art des zu vermittelnden **54** Handelsgegenstandes sowie nach dem Niederlassungsort des Handelsmaklers. So haben zB die **Branchenverbände der Hansestädte** im Interesse der Klarheit und Publizität der Geschäftsbeziehungen für den **Importhandel** Geschäftsbedingungen entwickelt, ohne die der Massenumsatz im Einfuhrhandel nicht mehr denkbar ist. Diese Geschäftsbedingungen sind zwar nicht als allgemeinverbindliche Handelsbräuche anerkannt, wohl aber als Handelssitte und **Handelsgewohnheit.**[100] Als echte **Handelsbräuche** gelten hingegen zB die zum **Hamburger Platzgeschäft** mit Gewürzen, getrockneten Früchten und Schalenobst geschaffenen Warenvereinsbedingungen, die zwischen Mitgliedsfirmen des Warenvereins der Hamburger Börse eV entwickelt worden sind.[101]

b) Keine Tätigkeitspflicht. Den Handelsmakler trifft aufgrund des abgeschlossenen **55** Handelsmaklervertrags keine Pflicht zum Tätigwerden.[102] Erst recht ist er nicht zur Herbeiführung eines Abschlußerfolgs verpflichtet. Diese Freiheit von einer **Hauptleistungspflicht**[103] fördert seine Unabhängigkeit und Flexibilität und erleichtert ihm, seiner Funktion gerecht zu werden und für die im Wettbewerb benötigte Markttransparenz zu sorgen.[104] Keineswegs ausgeschlossen ist – wenn nötig – eine stärkere Pflichtenbindung durch Parteivereinbarung. In Betracht kommen der Abschluß eines **Alleinauftrags** (vgl. oben RdNr. 22 f.) oder – anstelle des reinen Handelsmaklervertrags – ein Makler**dienst**- bzw. Makler**werk**vertrag (vgl. oben RdNr. 35). Die letzteren beiden Vertragsvarianten unterliegen aber nicht den Regeln der §§ 93 ff.

[95] Einzelfälle vgl. bei Palandt/*Thomas* § 652 RdNr. 17.

[96] MünchKommBGB/*Schwerdtner* § 652 RdNr. 183, 187 m. weit. Nachw.

[97] Heymann/*Herrmann* Vor § 93 RdNr. 27; – aA aber *Wank* NJW 1979, 190, 192.

[98] Anders aber im Ergebnis für den Zivilmakler BVerfG NJW 1988, 2663; BGH NJW 1987, 1008; BGH WM 1983, 42, 43; 1985, 946, 948.

[99] Vgl. auch Heymann/*Herrmann* Vor § 93 RdNr. 27.

[100] Vgl. GK-HGB/*Zeidler* RdNr. 17.

[101] Zu weiteren Einzelheiten und Beispielen siehe GK-HGB/*Zeidler* RdNr. 15 ff. m. Nachw.

[102] Anders beim Alleinauftrag (BGHZ 60, 381; NJW 1985, 2478), siehe dazu bereits oben RdNr. 27 f.

[103] Vgl. auch Baumbach/*Hopt* RdNr. 23; Heymann/*Herrmann* RdNr. 7; Staub/*Brüggemann* Vor § 93 RdNr. 10.

[104] Vgl. Heymann/*Herrmann* RdNr. 7.

56 **c) Beratungs-, Aufklärungs- und Informationspflichten.** Der Handelsmakler hat bei der Ausführung der Geschäftsvermittlung eine Reihe von **Nebenpflichten** zu erfüllen, die ganz allgemein durch die Sorgfalt im Handelsverkehr (§ 347) geprägt sind. Dieser Maßstab bildet ein zusätzliches Abgrenzungskriterium des Handelsmaklers vom Zivilmakler. Eine wichtige **Beratungspflicht** ist die Pflicht zur Rechtsberatung. Die Vermittlungstätigkeit des Handelsmaklers ist regelmäßig mit dem Vollzug rechtlicher Fragen verbunden. Der Handelsmakler darf – im Unterschied zum Zivilmakler[105] – seinen Auftraggeber **rechtlich** beraten, Vertragstexte entwerfen[106] und Rechtsangelegenheiten erledigen, die mit dem Handelsmaklergeschäft in unmittelbarem Zusammmenhang stehen (Art. 1 § 5 Nr. 1 RBerG). Dies gilt grundsätzlich auch für schwierige Rechtsfragen,[107] obgleich hier die allgemeine Sorgfaltspflicht uU gebietet, daß der Handelsmakler kompetenten Rechtsrat einholt.[108]

57 Von der Beratungspflicht, die eine eigene (sachliche) Stellungnahme des Maklers erfordert, sind die reinen **Aufklärungs- und Informationspflichten** zu unterscheiden. Zur Erfüllung dieser Nebenpflichten trifft den Handelsmakler nach allgemeiner Meinung aber keine Erkundungs- oder Nachprüfungspflicht.[109] Vielmehr schuldet der Makler nur Aufklärung über Umstände, die ihm bekannt sind; auch ist eine offenbare Aufklärungsbedürftigkeit des Auftraggebers erforderlich.[110] Die Aufklärungs- und Informationspflicht des Handelsmaklers erfaßt die Pflicht zur **Wahrheit, Vollständigkeit, Klarheit** und zur **Berichtigung** unrichtiger Angaben.[111] Die Einzelheiten ergeben sich wiederum aus den allgemeinen Sorgfaltspflichten im Handelsverkehr (vgl. § 347) sowie aus der speziellen Funktion des jeweiligen Handelsmaklers.

58 Der **Finanzmakler** (vgl. oben RdNr. 11) muß zB die auftraggebende Bank auf Finanzierungsgefahren oder alternative Kreditverwendungsmöglichkeiten hinweisen;[112] auch schuldet er Angaben über unrichtige Finanzierungsberechnungen, die für ihn aufgrund seiner besonderen Fachkunde erkennbar sind.[113] Allgemein ist der Makler zur Weitergabe von Informationen verpflichtet, die er aufgrund von Behördenauskünften erhalten hat.[114]

59 **d) Verschwiegenheitspflicht.**[115] Aus der allgemeinen Interessenwahrungs- und Treuepflicht folgt die Verschwiegenheitspflicht des Handelsmaklers. Er darf sich über den Auftraggeber betreffende, erkennbar geheimhaltungsbedürftige Umstände nicht Dritten, insbesondere dem Gegenkontrahenten gegenüber offenbaren. Dies gilt insbesondere für ungünstige Umstände, soweit seine Stellung als neutraler Sachwalter nicht ausnahmsweise eine Bekanntgabe erfordert oder wegen einer zulässigen Doppeltätigkeit (RdNr. 49 f.) geboten ist.

60 **2. Spezielle Pflichten (§§ 94 ff.).** Den Handelsmakler treffen im Unterschied zum Zivilmakler die speziellen Pflichten der §§ 94 ff. Dazu gehören: Die Pflicht zur Fertigung und Zustellung der **Schlußnote** (§ 94); die Pflicht zur **Aufbewahrung von Proben** (§ 96) und die Pflicht zur Führung und Vorlage eines **Tagebuchs** (§§ 100 f.).

61 **3. Adressatenkreis.** Der Handelsmakler schuldet die Erfüllung vorgenannter Pflichten nicht nur dem **Auftraggeber,** sondern auch dem **Dritten** gegenüber. Im Unterschied zum Zivilmakler wird somit beim Handelsmaklervertrag zum Gegenkontrahenten kraft Gesetzes ein vertragliches Schutz- und Nebenpflichtverhältnis begründet, das dem Vertrauens-

---

[105] Er ist nicht Kaufmann, wie es Art. 1 § 5 Nr. 1 RBerG erfordert.
[106] BGH NJW 1974, 1328.
[107] Vgl BGH NJW 1981, 2685, 2686.
[108] Vgl. BGH DB 1974, 1477; siehe hierzu auch Baumbach/*Hopt* RdNr. 29; Heymann/*Herrmann* RdNr. 9.
[109] BGHZ 36, 323, 328 = NJW 1962, 734; WM 1970, 1270, 1271; Baumbach/*Hopt* RdNr. 27; Heymann/*Herrmann* RdNr. 10; vgl. auch Münch-KommBGB/*Schwerdtner* § 652 RdNr. 80 m. weit.

Nachw.; einschränkend aber BGH DB 1956, 794; NJW 1982, 1147 (bei besonderer Zusicherung oder Übernahme einer Auskunftspflicht).
[110] BGH NJW 1981, 2685.
[111] Vgl. Baumbach/*Hopt* RdNr. 27 sowie § 347 RdNr. 23 ff.
[112] BGH WM 1970, 1270, 1271.
[113] OLG Köln MDR 1972, 326 f.
[114] BGH NJW 1982, 1147.
[115] Siehe hierzu auch Baumbach/*Hopt* RdNr. 25; Heymann/*Herrmann* RdNr. 11.

schutz des Dritten dient.[116] Der Dritte erlangt hierdurch eine vertragsähnliche Stellung.[117] So ist der Handelsmakler zB beiden Parteien zur Verschwiegenheit verpflichtet und hat beide über wesentliche Punkte aufzuklären, die für ihre Willensbildung und -entschließung erheblich sind.[118]

4. Rechtsfolgen bei Pflichtverletzung. Verletzt der Handelsmakler Nebenpflichten aus **62** dem Maklervertrag, kann dieser beiden Parteien gegenüber gem. § 98 haften. In Betracht kommt aber auch eine Haftung aus **positiver Vertragsverletzung,** wenn der Handelsmakler mindestens leicht fahrlässig (§ 347)[119] gehandelt hat. Hat zB ein Makler eine verkehrswesentliche Eigenschaft des Geschäftsgegenstandes schuldhaft verschwiegen und hätte der Vertragspartner bei Kenntnis des wirklichen Sachverhalts den Vertrag nicht abgeschlossen, so haftet der Makler wegen positiver Vertragsverletzung auf Schadensersatz.[120]

Für beide Haftungsmöglichkeiten greifen daneben die allgemeinen Regeln ein. Dies gilt **63** sowohl für die Haftung für **Hilfspersonen** gem. §§ 278, 831 BGB[121] als auch für die Anwendung der Mitverschuldensregeln gem. § 254 BGB.[122] Eine besondere Problematik wirft eine mögliche Haftung wegen **culpa in contrahendo** (c.i.c.) auf. Eine solche kommt dann in Betracht, wenn es (noch) an einem wirksamen Abschluß des Maklervertrags mit dem Auftraggeber fehlt, der Makler aber die Stellung eines Sachwalters hat, also besonderes persönliches Vertrauen in Anspruch nimmt und ein eigenes wirtschaftliches Interesse am Abschluß des Geschäfts hat.[123]

Schadensersatzansprüche gegen den Makler **verjähren** in 30 Jahren (§ 195 BGB). Die für **64** den Handelsvertreter geltende kurze Verjährungsfrist des § 88 ist nicht anwendbar.[124] Ist dem Auftraggeber aufgrund der Pflichtverletzung des Handelsmaklers ein Schaden nicht entstanden, kann der Pflichtverstoß bei grober Fahrlässigkeit zu einer **Verwirkung** des Provisionsanspruchs (§ 654 BGB) führen.[125]

VI. Rechte des Handelsmaklers

1. Maklerlohn. a) Hauptpflicht des Auftraggebers. Im Unterschied zum Makler hat **65** der Auftraggeber eine vertragliche Hauptpflicht: die Pflicht zur Zahlung des Maklerlohns. Der Provisionsanspruch des Handelsmaklers entsteht mit Zustandekommen des von ihm vermittelten Geschäfts; der bloße Geschäftsnachweis genügt hingegen nicht (vgl. auch oben RdNr. 24 und 27). Dennoch ist die Verpflichtung zur Entrichtung des Maklerlohns keine synallagmatische Pflicht iSd. §§ 320 ff. BGB, da eine entgegengesetzte Verpflichtung des Maklers zum Tätigwerden üblicherweise zu keinem Zeitpunkt besteht. Bei bloßem Geschäftsnachweis kann jedoch eine Verpflichtung zur Zahlung der Provision aufgrund Zivilmaklerrechts bestehen. Dann sind aber die §§ 93 ff. insgesamt nicht anwendbar.[126] Die Erfolgsabhängigkeit der Maklerprovision kann vertraglich ausgeschlossen werden;[127] ein Ausschluß aufgrund allgemeiner Geschäftsbedingungen ist jedoch nicht wirksam.[128]

---

[116] OLG München NJW 1970, 1924 [1925]; Baumbach/*Hopt* § 98 RdNr. 1; Heymann/*Herrmann* RdNr. 12; einschränkend Staub/*Brüggemann* RdNr. 8 (nur Vertragsähnlichkeit).

[117] Heymann/*Herrmann* Vor § 93 RdNr. 1.

[118] BGH WM 1963, 433; Heymann/*Herrmann* RdNr. 12; GK-HGB/*Zeidler* RdNr. 20 (mit Beispielen).

[119] Baumbach/*Hopt* RdNr. 36.

[120] BGH NJW 1982, 1145 [1146]; Baumbach/*Hopt* RdNr. 36; Heymann/*Herrmann* RdNr. 13.

[121] Vgl. BGH BB 1970, 863 sowie Baumbach/*Hopt* RdNr. 36; Heymann/*Herrmann* RdNr. 13.

[122] Vgl. BGH WM 1977, 943; Baumbach/*Hopt* RdNr. 36; Heymann/*Herrmann* RdNr. 13.

[123] BGH WM 1985, 1520; 1988, 41 [42]; zweifelnd Heymann/*Herrmann* RdNr. 13 (arg.: § 98 ginge vor).

[124] BGH BB 1972, 11.

[125] Siehe zB BGHZ 36, 327; 48, 350 (treuwidrige Doppeltätigkeit); BGH NJW 1966, 1406; 1969, 1628 (Verheimlichung von Sonderabmachungen); BGH NJW 1981, 280 und 2297; 1983, 1847 (Eigenes Kaufinteresse des Maklers); BGH NJW 1986, 2573 (unredlich erreichte Provisionserhöhung); zum Ganzen Baumbach/*Hopt* RdNr. 36, 52.

[126] Ebenso Heymann/*Herrmann* RdNr. 14.

[127] BGH DB 1976, 189; NJW 1977, 624; Baumbach/*Hopt* RdNr. 37.

[128] BGHZ 60, 385, 390; BB 1976, 1100; NJW 1977, 624; NJW 1984, 2163; Heymann/*Herrmann* RdNr. 32; siehe dazu noch unten RdNr. 88.

66   **b) Zustandekommen des vermittelten Geschäfts:** Obwohl die Entstehung des Provisionsanspruchs an das Zustandekommen des vermittelten Geschäfts gebunden ist, behält der Auftraggeber seine volle Abschlußfreiheit. **Volle Abschlußfreiheit** bedeutet nicht nur, vertragliche Entscheidungsfreiheit über das „Ob" des Vertragsschlusses; vielmehr bleibt der **Auftraggeber** auch bezüglich des „Wie" **Herr des Geschäfts.** Er kann deshalb – unter dem möglichen Risiko mehrerer Provisionspflichten – weitere Makler zur Vermittlung einschalten (Ausnahme beim Alleinauftrag; vgl. näher oben RdNr. 22 f.), sich selbst um den Geschäftsabschluß bemühen oder gar günstigere als die angebotenen Geschäfte abschließen;[129] insbesondere ist der Auftraggeber aber im Zweifel zur Zurückweisung des durch den Makler vermittelten Geschäfts berechtigt.

67   Die Provisionszahlungspflicht kann auch unter einer **aufschiebenden Bedingung oder** einer **Fälligkeitsabrede** vereinbart sein. Ein in der Praxis häufiger Fall ist die Vereinbarung, daß der Lohn erst mit Ausführung des vermittelten Geschäfts verdient ist.[130] Bis zum Eintritt dieser aufschiebenden Bedingung bleibt der Auftraggeber im Verhältnis zum Makler frei.[131] Nur in den eher seltenen Fällen treuwidriger Bedingungsvereitelung (vgl. § 162 Abs. 1 BGB) besteht auch ohne Geschäftsausführung eine Provisionszahlungspflicht.[132] Hingegen ist eine entsprechende Anwendung der für den Handelsvertreter geltenden Sonderregelung (§ 87a Abs. 3 Satz 2) ausgeschlossen (vgl. näher oben RdNr. 29 ff.). Auftraggeber und Makler können auch vereinbaren, daß der Provisionsanspruch zwar bereits mit Abschluß des vermittelten Geschäfts entsteht, aber erst mit **Vertragsvollzug zur Zahlung fällig** ist. Hier tritt bei fehlender Geschäftsausführung Fälligkeit des Lohnanspruchs zu dem Zeitpunkt ein, zu dem die Ausführung zu erwarten war.[133]

68   **c) Sachliche Abweichungen des Hauptgeschäfts.** Bei sachlichen Abweichungen des Hauptgeschäfts vom erteilten Auftragsinhalt kommt es für die Entstehung des Provisionsanspruchs wesentlich darauf an, ob das Geschäft im Rahmen der erstrebten wirtschaftlichen Belastungen und Vorteile bleibt. Wirtschaftliche Gleichwertigkeit ist zB anzunehmen bei einem Erwerb in der Zwangsvollstreckung.[134] Sie ist von der Rechtsprechung abgelehnt worden in den Fällen Verpachtung statt Kauf, Teilkauf statt Kauf,[135] Kauf statt Miete oder Leasing und jeweils umgekehrt.[136] Jedoch kommt es bei der Vermittlung eines Darlehens, das unter der angestrebten Darlehenssumme bleibt, darauf an, ob der Auftraggeber beim Maklerauftrag ein einheitliches Darlehen mit festbestimmter Summe gewünscht hat.[137] Weil der Abschluß wirtschaftlich dem angestrebten entsprechen muß,[138] ist eine den Provisionsanspruch ausschließende Abweichung auch dann anzunehmen, wenn die Konditionen des vermittelten Geschäfts nicht unwesentlich schlechter sind.[139]

69   In Fällen sachlicher, dh. wirtschaftlicher Abweichung vom Maklerauftrag entsteht ein Anspruch auf Zahlung der Provision jedoch dann, wenn der Auftraggeber das abweichende Geschäft genehmigt. Eine **Genehmigung** kann zB angenommen werden, wenn sich der Auftraggeber eine weitere Tätigkeit gefallen läßt, obwohl bereits feststeht, daß das ursprünglich beabsichtigte Geschäft nicht oder nicht unter den beabsichtigten Bedingungen zustande kommen kann. Die Verweigerung einer Provisionszahlung bedarf hingegen der ausdrücklichen Klarstellung durch den Auftraggeber.[140]

---

[129] BGH NJW 1967, 1225; Baumbach/*Hopt* RdNr. 37.
[130] So Handelsbrauch beim Schiffskauf, vgl. BGH NJW 1966, 502; OLG Hamburg MDR 1963, 839.
[131] Vgl. BGH WM 1985, 777.
[132] Vgl. BGHZ 2, 282 [283] (noch zu § 88 Abs. 2 aF); BGH BB 1966, 516 f.; BGH WM 1975, 777.
[133] Vgl. dazu BGH DB 1980, 2283; BGH WM 1985, 776.
[134] BGH BB 1969, 934; OLG Frankfurt NJW 1986, 2117.
[135] BGH NJW 1987, 1628

[136] Vgl. BGH BB 1973, 1192; BGH AIZ 1976, 117; anders aber BGH WM 1976, 28, 30; siehe auch Baumbach/*Hopt* RdNr. 41; Heymann/*Herrmann* RdNr. 17.
[137] BGH NJW 1982, 2662 [2663]; 1988, 967, 968 f; kritisch MünchKommBGB/*Schwerdtner* § 652 RdNr. 107.
[138] BGH NJW 1982, 2662 [2663]; WM 1983, 342.
[139] BGH NJW 1988, 968 (Finanzmakler).
[140] BGH BB 1973, 1192; MünchKommBGB/ *Schwerdtner* § 652 RdNr. 105 a; – aA Heymann/ *Herrmann* RdNr. 17 (Klarstellungspflicht des Maklers über Provisionsbegehren trotz Abweichung).

d) Personelle Abweichungen des Hauptgeschäfts. Das vom Makler vermittelte Ge- 70
schäft kann auch in personeller Hinsicht abweichen. Hierzu zählen zunächst die Fälle, in
denen statt des Auftraggebers ein Familienangehöriger, Bekannter, ein gesellschaftsrechtlich
verflochtenes Unternehmen oder eine sonstige, an den Geschäftsverhandlungen beteiligte
Person den Vertrag abschließt.[141] Die Rechtsprechung stellt für die Provisionszahlungspflicht darauf ab, ob der Auftraggeber ein eigenes **Interesse am Abschluß** der ihm nahe-
stehenden Person hat. Die Pflicht zur Zahlung des Maklerlohns wird bejaht bei Vertragsschluß durch nahe Familienangehörige und verflochtene Unternehmen,[142] nicht dagegen
bei den sonstigen beteiligten Personen.[143] Hierzu zählen aber auch die Fälle, in denen auf
seiten des Vertragspartners eine mit dem Makler familiär oder wirtschaftlich eng verbundene Person den Vertrag abschließt (sog. **Verflechtungsfälle,** vgl. oben RdNr. 51 f.).

e) Folgegeschäfte. Für Folgegeschäfte, die aus dem vermittelten Geschäft herrühren, 71
schuldet der Auftraggeber grundsätzlich keine Provision. Etwas anderes gilt nur bei ausdrücklicher Vereinbarung oder soweit im entsprechenden Geschäftsbereich ein anderweitiger Handelsbrauch besteht.[144] Auch der Versicherungsmakler kann uU einen Provisionsanspruch für Folgegeschäfte haben. Denn dessen Tätigkeit beschränkt sich nicht typisch auf
die Herbeiführung des Versicherungsvertrags; vielmehr übernimmt er nicht selten auch die
weitere Betreuung des Vertragsverhältnisses.[145]

f) Nachträgliche Änderungen des Hauptgeschäfts.[146] Die Entstehung des Provisi- 72
onsanspruchs setzt nur voraus, daß der vermittelte Vertrag einmal rechtlich wirksam zustandegekommen ist. Nachträgliche Änderungen sind deshalb grundsätzlich unschädlich.
Dies gilt sowohl für die **Wiederaufhebung** des Vertrags,[147] den **Rücktritt** gem. §§ 325,
326 BGB,[148] die Ausübung eines vorbehaltenen Rücktrittsrechts[149] und den **auflösenden
Bedingungseintritt.**[150]

Der Nichteintritt einer **aufschiebenden Bedingung** läßt jedoch auch den Anspruch auf 73
Maklerlohn nicht zur Entstehung gelangen, da zu keinem Zeitpunkt ein vollständig wirksamer Vertragsschluß gegeben ist.[151] Da der Auftraggeber nicht zum Abschluß verpflichtet
ist und Herr des Geschäfts bleibt (RdNr. 66), braucht er die vereinbarte Bedingung nicht
eintreten zu lassen.[152] Auch bei **Anfechtung** des vermittelten Vertrags oder – unter besonderen Umständen – bei dessen Wandlung[153] kann der Handelsmakler keinen Lohn verlangen.[154]

g) Kausalität zwischen Vermittlung und vermitteltem Geschäft. Die Vermittlungstä- 74
tigkeit muß für den Geschäftsabschluß zumindest **mitursächlich** gewesen sein (vgl. § 652
Abs. 1 Satz 1 BGB: „infolge").[155] Der Handelsmakler braucht also nicht die einzige oder
hauptsächliche Ursache gesetzt zu haben. Jedoch muß der Auftraggeber durch die Vermittlungstätigkeit den Anstoß zu konkreten Bemühungen um das Objekt bekommen haben.[156]
An einer (Mit-)Ursächlichkeit fehlt es – ohne Unterschied zwischen Handelsmakler und

---

[141] Vgl. Heymann/*Herrmann* RdNr. 16.
[142] BGH NJW 1984, 359; BGH MDR 1960,
283; vgl. auch Heymann/*Herrmann* RdNr. 16;
MünchKommBGB/*Schwerdtner* § 652 RdNr. 109 ff.
mit weiteren Nachweisen und Beispielen.
[143] BGH NJW 1976, 1844, 1845 (beteiligter
Notar).
[144] ZB im Holzhandel die sog. „Tegernseer Gebräuche", vgl. Baumbach/*Hopt* RdNr. 41.
[145] BGH DB 1986, 742 [746]; vgl. auch BGHZ
94, 362.
[146] Siehe insgesamt hierzu *Altmeppen,* Provisionsansprüche bei Vertragsauflösung, 1987, insbes.
S. 63 ff., 79 ff., 189.
[147] BGHZ 66, 270.
[148] BGH BB 1974, 716; BGH WM 1977, 21, 23;
BGH NJW 1986, 1165, 1166.

[149] BGH WM 1977, 21, 23 (der Rücktrittsvorbe-
halt darf jedoch nicht einer aufschiebenden Bedingung gleichkommen: BGHZ 66, 270; BGH NJW
74, 694).
[150] BGH WM 1971, 905.
[151] BGH WM 1977, 21, 23; WM 1971, 905.
[152] BGH DB 1971, 1857.
[153] Vgl. hierzu BGH DB 1973, 226.
[154] Siehe hierzu auch Baumbach/*Hopt* RdNr. 42 ff.
mit weiteren Einzelheiten.
[155] Vgl. nur BGH WM 1974, 257.
[156] BGH NJW 1983, 1849; hingegen zur zufälli-
gen Erfolgsherbeiführung BGH WM 1988, 1492
(keine Maklerprovision mangels wesentlicher Maklerleistung).

Zivilmakler – in folgenden Fällen: Bei **Vorkenntnis** des Auftraggebers über Vertragsgegenstand oder Abschlußmöglichkeit ist die Maklervermittlung nicht ursächlich und ein Provisionsanspruch besteht nicht.[157]

75 Bei **Maklermehrheit** ist zu unterscheiden. Da es nur auf eine Mitursächlichkeit ankommt, kann an sich jede Vermittlungtätigkeit jedes einzelnen Maklers zur Entstehung eines Provisionsanspruchs führen. Dennoch ist maßgeblich auf die Vertragsbeziehung zum Auftraggeber und damit darauf abzustellen, ob der Auftraggeber sich möglicherweise nur zur Zahlung einer einzigen (im Innenverhältnis der mehreren Makler aufzuteilenden) Provision verpflichten wollte.[158] Die Rechtsprechung nimmt hingegen in der Regel einen vollen Provisionsanspruch jedes einzelnen Maklers an, sofern der Vermittlungsbeitrag nicht völlig unbedeutender Natur ist.[159]

76 Schaltet der beauftragte Handelsmakler einen **Untermakler** ein, so steht nur ersterer in einer vertraglichen Beziehung. Auch wenn die eigentliche Vermittlungtätigkeit vom Untermakler ausgeht, hat nicht dieser, sondern nur der Hauptmakler einen Provisionsanspruch gegenüber dem Auftraggeber (vgl. oben RdNr. 19). Die Vermittlungtätigkeit des Untermaklers wird im Verhältnis zum Auftraggeber dem Hauptmakler zugerechnet (§ 278 BGB).

77 Liegt eine vertragsgemäße und ursächliche Vermittlungtätigkeit vor, ist dem Kausalitätserfordernis dennoch genüge getan, wenn der Abschluß des vermittelten Geschäfts zeitlich erst nach **Beendigung des Maklervertrags** erfolgt.[160]

78 Das gesetzliche Kausalitätserfordernis als Voraussetzung des Maklerlohns kann durch ein sog. **erfolgsunabhängiges Provisionsversprechen** vertraglich ausgeschlossen werden. In diesem Fall schuldet der Auftraggeber dem Makler auch dann Lohn, wenn dessen Vermittlung nicht zum Geschäftsabschluß geführt hat. Erforderlich ist, daß dieser Verpflichtungswille des Auftraggebers klar erkennbar ist und die Verhältnisse für die Entstehung des Lohnanspruchs präzise zwischen den Parteien geklärt werden.[161] Deshalb ist ein erfolgsunabhängiges Provisionsversprechen nur aufgrund **Individualvereinbarung** wirksam;[162] hingegen ist eine Vereinbarung in vorformulierten allgemeinen Geschäftsbedingungen wirkungslos.[163]

79 Die **Beweislast** für die Kausalität der Vermittlungtätigkeit liegt beim Makler.[164] Besteht ein zeitlicher Zusammenhang zwischen der Maklertätigkeit sowie dem Geschäftsabschluß und beruft sich der Auftraggeber auf Vorkenntnis, so obliegt letzterem die Beweislast für die behauptete anderweitige Kenntnis.[165]

80 **h) Verwirkung.** Der Makler kann seinen Lohnanspruch bei **treuwidriger** Doppeltätigkeit[166] oder auch bei sonstigen Treuepflichtverletzungen[167] verwirken (§ 654 BGB, vgl. auch oben RdNr. 48 ff.). Allerdings dürfte die Grenze zwischen treuwidriger und zulässiger Doppeltätigkeit beim Handelsmakler weiter gesteckt sein als beim Zivilmakler. Denn der Handelsmakler darf im Regelfall für beide Seiten tätig werden. Den Rahmen der erlaubten Doppeltätigkeit bilden die Neutralitäts- und Loyalitätspflichten und die Sachwaltereigenschaft des Handelsmaklers.

81 **i) Höhe und Fälligkeit des Provisionsanspruchs.**[168] Wie beim Zivilmakler ist auch beim Handelsmakler die **Höhe** der Provision durch vertragliche Vereinbarung bestimmt.

---

157 Zu den Einzelheiten der Vorkenntnisproblematik MünchKommBGB/*Schwerdtner* § 652 RdNr. 67 ff. mit umfangreichen Nachw.; zur sog. Vorkenntnisklausel siehe noch unten RdNr. 93.
158 Ausführlich zur Problematik *Knütel* ZHR 1980, 289 ff.
159 BGH WM 1974, 257, 258; NJW 1977, 41, 42; siehe zur Gesamtproblematik auch Heymann/*Herrmann* Vor § 93 RdNr. 19 ff. mit weiteren Nachw.
160 BGH BB 1965, 396 (Tod des Maklers); BB 1966, 799; 1969, 934 (zulässiger Widerruf des Maklerauftrages).
161 BGH NJW 1975, 1215; 1981, 278; WM 1983, 42.

162 BGH WM 1986, 211; NJW 1977, 624.
163 BGHZ 60, 390; NJW 1984, 2163.
164 Vgl. BGH WM 1979, 869.
165 BGH WM 1984, 63.
166 BGHZ 36, 327; 48, 344, 350.
167 BGH NJW 1966, 1406; 1969, 1628 (Verheimlichung von Sonderabmachungen); NJW 1986, 2573 (unredlich erreichte Provisionserhöhung).
168 Vgl. auch unten § 99 RdNr. 10; zu den Einzelfragen der Provisionshöhe siehe MünchKommBGB/*Schwerdtner* § 652 RdNr. 210 ff.; vgl. auch Baumbach/*Hopt* RdNr. 55; Heymann/*Herrmann* RdNr. 23.

Fehlt eine Abrede, ist sie nach Taxe oder hilfsweise nach Üblichkeit zu beurteilen (§ 653 Abs. 2 BGB). Beim Handelsmakler dürften sich die Kriterien für die Provisionsbemessung aus dem Handelsverkehr ergeben. Kommen dennoch solche Beurteilungsmöglichkeiten nicht in Betracht, kann nicht der Makler sein Leistungsbestimmungsrecht gem. § 316 BGB ausüben, sondern das Gericht ist analog § 315 Abs. 3 BGB zur billigen Preisbestimmung befugt.[169]

Der Provisionsanspruch ist mangels anderweitiger Vereinbarung mit Zustandekommen **82** des Hauptvertrags **fällig**. Die Fälligkeit des Provisionsanspruchs kann aber von der Ausführung des Geschäfts abhängig gemacht werden. Kommt es nicht zur Ausführung, scheidet eine entsprechende Anwendung der für den Handelsvertreter maßgeblichen Regelung des § 87 a Abs. 3 Satz 2 aus (vgl. näher oben RdNr. 29 ff.). Unter den Voraussetzungen eines wirksamen erfolgsunabhängigen Provisionsversprechens kommt es für die Fälligkeit des Lohnanspruchs nicht auf das Zustandekommen des vermittelten Geschäfts an.

2. Vertragliche Nebenansprüche. a) Verschwiegenheitspflicht des Auftraggebers. In **83** der Regel hat auch der Auftraggeber dem Handelsmakler gegenüber eine Verschwiegenheitspflicht (vgl. näher oben RdNr. 65). Nach der überwiegenden Auffassung bezieht sich die Schweigepflicht auf alle vom Handelsmakler mitgeteilten Angebote, von denen der Auftraggeber keinen Gebrauch macht.[170] Dieses generelle Weiterleitungsverbot ist indes wegen der Funktion und der praktischen Bedeutung des Handelsmaklers **bedenklich**.[171] Denn der Handelsmakler hat die Aufgabe, für eine größere Markttransparenz zu sorgen (RdNr. 12 ff.). Durch eine generelle Schweigepflicht des Auftraggebers würden aber wesentliche Marktinformationen aus dem Verkehr genommen. Jedoch ist mit einer Weiterleitung von Angeboten durch den Auftraggeber an Dritte umgekehrt die Gefahr verbunden, daß der Handelsmakler keine Provision erhält.[172] Eine bessere Lösung wäre wohl, die Weiterleitung durch den Auftraggeber an Dritte mit **Bekanntgabepflicht** dem Makler gegenüber zuzulassen und zugleich die Voraussetzungen an den Provisionsanspruch bei Vorkenntnis des Dritten (RdNr. 74 ff.) zu entschärfen.

b) Informationspflicht des Auftraggebers. Der Auftraggeber ist verpflichtet, dem **84** Makler mitzuteilen, wenn er von Abschluß und Durchführung des zu vermittelnden Geschäfts Abstand nehmen will. Die Informationspflicht bezieht sich auch auf die Vornahme von Eigengeschäften. Insgesamt haben diese Pflichten den Zweck, den Makler vor unnötigen Maßnahmen oder Aufwendungen zu bewahren. Denn der Auftraggeber schuldet dem Makler – ohne ausdrückliche Vereinbarung – keinen Aufwendungsersatz (§ 652 Abs. 2 Satz 1 BGB).[173]

VII. Verwendung allgemeiner Geschäftsbedingungen

1. Allgemeines. Die gesetzlichen Vorschriften über den Handelsmakler (§§ 93 ff.) sowie **85** ihre Ergänzung im allgemeinen Maklerrecht (§§ 652 ff. BGB) können grundsätzlich vertraglich ausgeschlossen oder abgeändert werden. Dies ist sowohl durch Individualvereinbarung als auch durch **Verwendung allgemeiner Geschäftsbedingungen** möglich. Der Handelsmakler ist Kaufmann gem. § 1 Abs. 2 Nr. 7. Regelmäßig wird auch der Auftraggeber Kaufmann sein (zB gem. § 1 Abs. 2 Nr. 1, 4 oder 5). In diesem Fall ist bei Verwendung allgemeiner Geschäftsbedingungen zu beachten, daß die **Schutzvorschriften des AGB-Gesetzes** nur im eingeschränkten Maße gelten können (§ 24 S. 1 Nr. 1 AGBG). Dies gilt insbesondere für die **Klauselverbote** gem. §§ 10, 11 AGBG, die jedoch über die

---

[169] BGHZ 94, 98 [104]; Baumbach/*Hopt* RdNr. 55; Heymann/*Herrmann* RdNr. 23.

[170] BGH NJW 1969, 1628; NJW 1987, 2431; ebenso Baumbach/*Hopt* RdNr. 39; Heymann/ *Herrmann* RdNr. 25; MünchKommBGB/*Schwerdtner* § 652 RdNr. 92, 94 m. weit. Nachw.

[171] So auch *Knieper* NJW 1970, 1293, 1296.

[172] Vgl. Heymann/*Herrmann* RdNr. 25.

[173] Vgl. Baumbach/*Hopt* RdNr. 39; Heymann/ *Herrmann* RdNr. 26.

---

allgemeine Inhaltskontrolle (§ 9 AGB-Gesetz) wieder aufleben können.[174] Bei der Anwendung des § 9 AGBG kann auch im Einzelfall die Gewerbeart und Unternehmensgröße des Vertragspartners eine Rolle spielen.[175]

86   **2. Einzelne Klauseln. a) Abschlußbindungsklausel.** Da der Auftraggeber die vollständige Abschlußfreiheit behält (RdNr. 66), wird in Maklerverträgen vereinbart, daß eine Verweigerung des Geschäftsabschlusses ohne Angabe von Gründen unzulässig sei. Solche Abschlußbindungsklauseln sind zwar durch Individualvereinbarung wirksam,[176] nicht aber aufgrund allgemeiner Geschäftsbedingungen.[177] Denn pauschalierte Abschlußbindungsklauseln veranlassen den Makler uU, die Sorgfalt bei der Auswahl von Geschäftsgegenständen und Partnern außer acht zu lassen; dies würde jedoch seiner Funktion widersprechen, im übergeordneten Interesse für größere Markttransparenz zu sorgen. Daher steht der Wirksamkeit solcher Klauseln § 9 Abs. 2 Nr. 1 AGBG entgegen.[178]

87   **b) Aufwandsentschädigungsklausel.** Der Makler kann Aufwendungsersatz nur aufgrund ausdrücklicher Vereinbarung verlangen (§ 652 Abs. 2 Satz 1 BGB). Eine vom Abschlußerfolg unabhängige Aufwandsentschädigung (vgl. § 652 Abs. 2 Satz 2 BGB) kann jedoch nur aufgrund einer Individualabrede wirksam vereinbart werden, hingegen grundsätzlich nicht durch AGB.[179] Eine Ausnahme gilt nur bei geringfügigen Beträgen, soweit diese nicht durch Bruchteile der ausgefallenen Provision pauschaliert werden.[180]

88   **c) Erfolgsunabhängiges Provisionsversprechen.** Da der Maklerprovisionsanspruch nur bei Vermittlungserfolg zur Entstehung gelangt, ist der Handelsmakler an einem erfolgsunabhängigen Provisionsversprechen des Auftraggebers interessiert. Ein solches kann – im eingeschränkten Maße – zwar durch Individualvereinbarung (vgl. oben RdNr. 78), nicht aber durch Pauschalabrede vereinbart werden.[181] Denn es handelt sich hierbei um eine wesentliche Abweichung vom Leitbild des Maklervertrags (§ 9 Abs. 2 Nr. 1 AGBG). Das gilt auch dann, wenn das erfolgsunabhängige Provisionsversprechen in die Form einer Dienstvertragsabrede gekleidet ist.[182] Denn Maklerdienstverträge können bereits individual nur dadurch wirksam vereinbart werden, daß die Erfolgsunabhängigkeit des Maklerlohns eindeutig und unmißverständlich zum Ausdruck gebracht wird.[183]

89   **d) Fälligkeitsklausel.** Wie allgemein im Vertragsrecht kann die Vorverlegung[184] oder das Hinausschieben der Fälligkeit der Maklerprovision wirksam durch AGB vereinbart werden.[185]

90   **e) Folgegeschäftsklausel.** Die Vereinbarung, wonach die Maklerprovision auch bei Abschluß von solchen Geschäften anfällt, die sich an das vermittelte eigentliche Geschäft anschließen, ist nur aufgrund Individualvereinbarung, nicht aufgrund AGB zulässig.[186] Etwas anderes gilt jedoch dann, wenn ein anderweitiger Handelsbrauch besteht (RdNr. 71).

91   **f) Hinzuziehungs- und Verweisungsklausel.** Mit Hinzuziehungs- und Verweisungsklauseln will der Makler sich die Provision auch dann sichern, wenn der Auftraggeber auf Vermittlung eines anderen oder direkt abschließt. Hier fehlt es zwar nicht am Abschlußerfolg, wohl aber an der Ursächlichkeit der Vermittlungstätigkeit des Maklers. Als Klauseln,

---

[174] Vgl. *v. Hoyningen-Huene,* Die Inhaltskontrolle nach § 9 AGBG, 1991, RdNr. 305; zu den vom Typ des gesetzlichen Maklervertrags abweichenden Klauseln siehe die Aufstellung in: *Ulmer/Brandner/ Hensen,* AGB-Gesetz, 7. Aufl. 1993, Anh. zu § 9 – 11 RdNr. 485.

[175] Vgl. *v. Hoyningen-Huene* (Fn. 174) RdNr. 307.

[176] KG NJW 1956, 1758; MünchKommBGB/ *Schwerdtner* § 652 RdNr. 247 m. weit. Nachw.; – aA *Knieper* NJW 1970, 1293, 1295; zweifelnd wohl Heymann/*Herrmann* Vor § 93 RdNr. 31.

[177] BGH NJW 1967, 1225; DB 1979, 150; Baumbach/*Hopt* RdNr. 66; Heymann/*Herrmann* Vor § 93 RdNr. 31.

[178] Zutr. Heymann/*Herrmann* RdNr. 31.

[179] BGH NJW 1983, 1502.

[180] BGHZ 99, 374.

[181] BGHZ 60, 385, 390; BGH BB 1976, 1100; BGH NJW 1977, 624.

[182] BGH WM 1985, 751, 752; einschr. BGH NJW 1965, 246.

[183] BGH DB 1976, 189; WM 1986, 209, 211.

[184] Vgl. dazu KG NJW 1961, 512.

[185] Vgl. auch BGH WM 1985, 776 (zur Auslegung der Klausel „Zahlung der Maklerprovision bei Einlösung eines Akkreditivs").

[186] BGHZ 60, 343, 345; Baumbach/*Hopt* RdNr. 41, 66.

die das Kausalitätserfordernis umgehen, sind sie – außerhalb eines bestehenden Handels-brauchs[187] – unwirksam.[188]

g) Vertragsstrafeklausel. Die Vereinbarung von Pauschalen bei Vertragsverletzungen 92 des Auftraggebers ist unwirksam. Hierbei handelt es sich um gemäß § 11 Nr. 6 AGBG unzulässige Vertragsstrafen.[189] Bei einem kaufmännischen Auftraggeber ergibt sich die Unzulässigkeit der Vertragsstrafeklausel aus § 9 Abs. 2 Nr. 1 AGBG. Denn die gesetzliche Haftungsnorm ist bei Pflichtverletzungen des Auftraggebers durch die allgemeinen Regeln und die Grundsätze des Handelsverkehrs (§ 346) vorgegeben.

h) Vorkenntnisklausel (vgl. auch RdNr. 74 ff.). Solche Klauseln enthalten die Vertrags- 93 pflicht des Auftraggebers, bei Vorkenntnis des Geschäftsgegenstandes den Makler unver-züglich oder binnen bestimmter Frist hiervon in Kenntnis zu setzen bzw. der Vermittlung zu widersprechen. Sie sind als bloße Beweislastregelung (das Kausalitätserfordernis be-treffend) wirksam.[190] Hingegen sind sie – auch unter Kaufleuten – unwirksam, soweit ihre Auslegung ergibt, daß bei Nichtmitteilung durch den Auftraggeber das Fehlen der Vor-kenntnis unwiderlegbar vermutet werde.[191] Für die Wirksamkeit der Vorkenntnisklausel besteht jedoch kein Unterschied zwischen Zivil- und Handelsmakler.[192]

i) Weitergabeklausel. Eine Klausel, wonach der Auftraggeber die Provision auch dann 94 schuldet, wenn er die Information des Maklers an nicht provisionspflichtige Dritte weiter-gibt, ist wirksam.[193] Denn der Auftraggeber kann bei Verstoß gegen die Verschwiegen-heitspflicht dem Makler gegenüber auch bis zur Höhe der Provision haften.

k) Widerrufsklausel. Eine Klausel, wonach bei vorzeitigem Widerruf des Auftrags volle 95 Provision geschuldet wird, ist unzulässig.[194] Solche Widerrufsvorbehalte können nur durch Individualabrede wirksam vereinbart werden.[195]

§ 94 [Schlußnote]

(1) Der Handelsmakler hat, sofern nicht die Parteien ihm dies erlassen oder der Ortsgebrauch mit Rücksicht auf die Gattung der Ware davon entbindet, unverzüg-lich nach dem Abschlusse des Geschäfts jeder Partei eine von ihm unterzeichnete Schlußnote zuzustellen, welche die Parteien, den Gegenstand und die Bedingungen des Geschäfts, insbesondere bei Verkäufen von Waren oder Wertpapieren deren Gattung und Menge sowie den Preis und die Zeit der Lieferung, enthält.

(2) Bei Geschäften, die nicht sofort erfüllt werden sollen, ist die Schlußnote den Parteien zu ihrer Unterschrift zuzustellen und jeder Partei die von der anderen unter-schriebene Schlußnote zu übersenden.

(3) Verweigert eine Partei die Annahme oder Unterschrift der Schlußnote, so hat der Handelsmakler davon der anderen Partei unverzüglich Anzeige zu machen.

---

[187] Zu Einzelheiten siehe GK-HGB/*Zeidler* § 93 RdNr. 10.
[188] BGHZ 60, 377, 382; 88, 368; BGH NJW 1977, 624; BGH BB 1981, 757; BGH NJW 1984, 360; 1986, 1173; Baumbach/*Hopt* RdNr. 66; zwei-felnd Heymann/*Herrmann* Vor § 93 RdNr. 33.
[189] Vgl. BGHZ 49, 84 [88]; Baumbach/*Hopt* RdNr. 66; Heymann/*Herrmann* RdNr. 34; Münch-KommBGB/*Schwerdtner* § 652 RdNr. 334.
[190] BGH NJW 1971, 1173; Baumbach/*Hopt* RdNr. 66; Heymann/*Herrmann* Vor § 93 RdNr. 36; MünchKommBGB/*Schwerdtner* § 652 RdNr. 254 a.

[191] BGH NJW 1971, 1133, 1135; BB 1976, 1100; Baumbach/*Hopt* RdNr. 50.
[192] Zu weiteren Einzelheiten siehe Münch-KommBGB/*Schwerdtner* § 652 RdNr. 251 ff.
[193] BGH NJW 1987, 2341; Baumbach/*Hopt* RdNr. 66.
[194] BGH NJW 1967, 1225.
[195] Kritisch MünchKommBGB/*Schwerdtner* § 652 RdNr. 258; einschränkend wohl auch Baumbach/*Hopt* RdNr. 66.

Übersicht

I. Begriff, Zweck und Bedeutung der Schlußnote

1   **1. Begriff und Zweck.** Die Schlußnote ist eine **privatrechtliche Beurkundung** des Handelsmaklers für das abgeschlossene Geschäft. Sie soll allseits Klarheit über das Zustandekommen und den Inhalt des vermittelten Vertrags schaffen. Eine solche schriftliche Bestätigung ist im Handelsverkehr bei Einschaltung eines Handelsmaklers besonders zweckmäßig. Denn oftmals wird der Handelsmakler als Vermittler zwischen den Parteien eingeschaltet, ohne daß es zu einer direkten Kontaktaufnahme der Vertragsschließenden kommt. Er erhält von einer Seite ein verbindliches (Mindest-)Angebot zur Übermittlung als **Erklärungsbote**; gleichzeitig wird er zum Empfang einer Annahmeerklärung der Gegenseite bevollmächtigt. Erfolgt eine solche Annahmeerklärung sofort, wird der Makler von der Gegenseite in der Regel als Bote mit Empfangsvollmacht eingeschaltet.[1] Statt der Botenstellung kann dem Handelsmakler aber auch jeweils eine echte **Stellvertreterstellung** aufgrund einer Vollmachtserteilung mit Wirkung iSd. § 164 Abs. 1 BGB zukommen.[2]

2   Insgesamt zeigt dieser übliche Verlauf,[3] daß die Schlußnote für beide Parteien des Geschäfts eine wesentliche **Klarstellungsfunktion** hat. Entsprechend ist der Makler auch verpflichtet, unverzüglich, dh. ohne schuldhaftes Zögern (§ 121 Abs. 1 Satz 1 BGB), Gegenstand und Bedingungen des Geschäfts in der Schlußnote festzuhalten. Die Bestimmung gilt gemäß § 104 Satz 1 aber nicht für den sog. Krämermakler.

3   **2. Rechtliche Bedeutung.** Aus dieser Funktion folgt zugleich die rechtliche Bedeutung der Schlußnote. Durch die Schlußnote soll den Parteien für das abgeschlossene Geschäft ein **Beweismittel** gesichert werden.[4] Es handelt sich aber nur um ein Beweismittel für Abschluß und Inhalt des vermittelten Geschäfts. Die Schlußnote ist hingegen für das Zustandekommen und die Wirksamkeit des vermittelten Geschäfts (vgl. hierzu oben § 93 RdNr. 66 ff.) ohne Bedeutung.[5] Insbesondere führt das Fehlen oder eine fehlerhafte Form der Schlußnote nicht zur Nichtigkeit nach § 125 BGB.

4   Die Schlußnote hat – mit Ausnahme der in ihr niedergelegten Erklärung des Maklers – grundsätzlich **keine förmliche Beweiskraft iSd. § 416 ZPO** für den Inhalt der von den Parteien getroffenen Vereinbarungen.[6] Dies muß jedenfalls dann gelten, wenn der Handelsmakler lediglich als Erklärungs- und Empfangsbote zwischen den Vertragsparteien ein-

---

[1] Vgl. hierzu Heymann/*Herrmann* RdNr. 1; Staub/*Brüggemann* RdNr. 1.
[2] Vgl. Staub/*Brüggemann* RdNr. 1.
[3] Siehe hierzu auch Heymann/*Herrmann* RdNr. 1.
[4] BGH NJW 1955, 1916; OLG Hamburg BB 1955, 847; Staub/*Brüggemann* RdNr. 2; Baumbach/*Hopt* RdNr. 1; GK-HGB/*Zeidler* RdNr. 5

[5] So auch Baumbach/*Hopt* RdNr. 1; Heymann/*Herrmann* RdNr. 2; GK-HGB/*Zeidler* RdNr. 5.
[6] So offenbar generell Baumbach/*Hopt* RdNr. 1; Heymann/*Herrmann* RdNr. 8.

geschaltet wird. Eine Ausnahme kann jedoch angenommen werden, wenn der Handelsmakler auf beiden Seiten des Geschäfts als echter **Stellvertreter** handelt. Da in diesem Fall seine Erklärungen für und gegen die vertretenen Vertragsparteien wirken (§ 164 Abs. 1 Satz 1 BGB), kann auch der vom Handelsmakler ausgestellte Inhalt sowie die Unterschriftsleistung auf der Schlußnote den Parteien selbst zugerechnet werden. Die Schlußnote ist dann nicht nur ein einfaches Beweismittel, sondern eine Privaturkunde mit der Beweiskraft des § 416 ZPO.

II. Entbehrlichkeit der Schlußnote

Weil die Schlußnote eine Klarstellungs- und Beweisfunktion zugunsten der Vertragsparteien hat, ist sie kraft Gesetzes (Abs. 1 Hs. 2 Alt. 1) entbehrlich, wenn **beide** Parteien dem Handelsmakler die Fertigung der Schlußnote erlassen. Der **Verzicht nur einer Partei** genügt hierfür nicht.[7] Denn jede Partei hat für sich ein Interesse, ob und mit welchem Inhalt der Gegner die Schlußnote erhält.[8] Der Verzicht einer Partei auf die Ausstellung der Schlußnote kann jedoch dahin ausgelegt werden, daß die verzichtende Partei sich den Inhalt der gegnerischen Schlußnote aneignen und für sich gelten lassen will.[9]

Die Pflicht zur unverzüglichen Fertigung der Schlußnote entfällt auch dann, wenn der **Ortsgebrauch** mit Rücksicht auf die Gattung der Ware den Handelsmakler hiervon entbindet. Jedoch ist wegen der Klarstellungsfunktion der Schlußnote für den Ortsgebrauch jeweils auf den **spezifischen Vertragsgegenstand** abzustellen;[10] ein pauschaler, für alle Warengattungen von der Pflicht zur Erteilung der Schlußnote entbindender Ortsgebrauch wäre wirkungslos.[11]

III. Inhalt und Förmlichkeiten der Schlußnote

1. Inhalt der Schlußnote. a) Mindestinhalt. Der Mindestinhalt der Schlußnote umfaßt nach Abs. 1 Angaben über die **Parteien** (Ausnahme: § 95) sowie den **Gegenstand** und die **Bedingungen des Geschäfts.** Der Makler muß unverzüglich nach Abschluß des Geschäfts beiden Parteien auf der Basis dieses Mindestinhalts eine gleichlautende Schlußnote zustellen. Zu diesem Mindestinhalt gehören bei Waren- und Wertpapierverkäufen insbesondere: Preis, Warengattung, Menge, Lieferzeit sowie alle Nebenabreden der Geschäftsabwicklung.[12] Nicht sofort zu erfüllende Geschäfte sind als aufschiebend bedingte oder befristete Verträge kenntlich zu machen und unterliegen den besonderen Förmlichkeiten des Abs. 2 (vgl. hierzu unten RdNr. 16). Dazu zählen auch regelmäßig Verträge mit Zahlungsfrist.[13] Insgesamt kann bei wiederholten Geschäftsbeziehungen für den Mindestinhalt der Schlußnote zur Vereinfachung auf den Inhalt früherer Schlußnoten Bezug genommen werden.

b) Sonderinhalt. Die Schlußnote kann den Vermerk enthalten, daß ihre **Übersendung** an eine der Vertragsparteien einstweilen noch **vorbehalten** werde (sog. Bestätigungsvorbehalt[14]). Ist zu diesem Zeitpunkt der Vertrag noch nicht endgültig geschlossen, so bedeutet dieser Vermerk, daß erst das Schweigen auf den späteren Zugang der vom anderen Vertragspartner ausgestellten Schlußnote Bindungswirkung entfaltet und zwar zu den Bedingungen des anderen Teils.[15] Dieser Fall kann aber uU auch dahin ausgelegt werden, daß

---

[7] Vgl. auch Baumbach/*Hopt* RdNr. 4.
[8] Staub/*Brüggemann* RdNr. 6.
[9] Staub/*Brüggemann* RdNr. 6.
[10] Näher zum Ortsgebrauch für einzelne bestimmte Warengattungen *Heymann,* in: *Ehrenberg,* Handbuch Bd. 5 I, S. 321, 398, 401.
[11] Zutr. Baumbach/*Hopt* RdNr. 4; ebenso wohl Heymann/*Herrmann* RdNr. 5.
[12] Baumbach/*Hopt* RdNr. 4; Heymann/*Herrmann* RdNr. 6; GK-HGB/*Zeidler* RdNr. 1.

[13] Siehe auch Heymann/*Herrmann* RdNr. 6.
[14] Formulierung in der Praxis: „Schlußschein des Verkäufers folgt", siehe GK-HGB/*Zeidler* RdNr. 6.
[15] BGH MDR 1956, 219 [220]; einschränkend RGZ 123, 97 [99] (bei Schlußnoten mit voneinander abweichendem Mindestinhalt); vgl. auch Baumbach/*Hopt* RdNr. 2; Heymann/*Herrmann* RdNr. 4; Staub/*Brüggemann* RdNr. 3.

die „Bestätigung" des Maklers noch keine Schlußnote darstellt. Dann ist nachfolgend eine (echte) Schlußnote im Rechtssinne zuzustellen.[16]

9   Darüber hinaus sind in der Praxis folgende **Sondervermerke** in Schlußnoten üblich:[17] „Kasse gegen Rechnung und Verladepapiere (Duplikatfrachtbrief)", „Kasse gegen Dokumente", „Kasse gegen Faktura"; durch diese Klauseln wird eine Aufrechnung zwischen Käufer und Verkäufer ausgeschlossen.[18] Durch die Klausel „Lieferfähigkeit vorbehalten" verpflichtet sich der Verkäufer zu Deckungskäufen – auch zu geringfügig höheren Preisen zu seiner Rechnung –, wenn ihm selbt eine Vertragserfüllung subjektiv unmöglich wird. Der Verkäufer muß dann seine Ansprüche aus dem Deckungskauf an den Käufer abtreten.[19] Zu den in der Praxis üblichen Sondervermerken in Schlußnoten gehören insbesondere auch internationale Handelsklauseln.[20]

10   c) **Vermutung der Vollständigkeit.** Auch auf die Schlußnote ist der Grundsatz anzuwenden, daß schriftliche Vertragsurkunden gegenüber mündlichen, vor oder bei Errichtung der Urkunde getroffenen Abreden eine Vollständigkeitsvermutung haben.[21] Das nicht in die Schlußnote Aufgenommene gilt daher als nicht vereinbart.[22] Dieser Grundsatz gilt jedoch nur für solche **Vereinbarungen, die üblicherweise in Schlußnoten der Handelsmakler aufgenommen werden** oder gar (zB aufgrund Handelsbrauchs) vorgeschrieben sind.[23] Die Vollständigkeitsvermutung folgt wiederum aus der Klarstellungsfunktion der Schlußnote. Beide Parteien müssen sich wechselseitig auf deren Inhalt ebenso verlassen können wie auf die eigene schriftliche Erklärung.[24] Eine **Widerlegung dieser Vermutung** setzt deshalb voraus, daß beide Parteien übereinstimmend zum Zeitpunkt der Erstellung der Schlußnote etwas anderes, mithin deren Inhalt widersprechendes vereinbart haben. Umgekehrt **haftet** der Handelsmakler **für unrichtige und unvollständige Angaben** in der Schlußnote nach § 98.[25]

11   2. **Erfordernis der „Zustellung" der Schlußnote.** Das Gesetz verlangt die „**Zustellung**" der Schlußnote an beide Vertragsparteien. Nicht erforderlich ist aber eine förmliche Zustellung iSd. §§ 166 ff. ZPO. Vielmehr genügt ein einfaches Übersenden in **formlosem Brief.**[26] Dies folgt bereits aus dem Regelungswortlaut des Abs. 2, der für die Fälle der durch Unterschriftsleistung erhöhten Beweiskraft der Schlußnote ein bloßes „Übersenden"[27] genügen läßt.[27] Hierfür spricht darüber hinaus, daß die Schlußnote selbst[28] keine empfangsbedürftige Willenserklärung (§ 130 BGB) ist.[29] Der Handelsmakler hat jedoch die Pflicht, die Versendung mit der Sorgfalt eines ordentlichen Kaufmanns vorzunehmen, § 347.[30] Mit dem Zeitpunkt der Kenntnis von einer nicht erfolgten Zustellung muß er die Versendung der Schlußnote unverzüglich wiederholen. Hiervon hat er die andere Partei in Kenntnis zu setzen.[31]

IV. Reaktion auf die Schlußnote

12   1. **Schweigen des Empfängers.** Vorbehaltlose Annahme durch die Parteien bedeutet nach Handelsbrauch Zustimmung zur Verbindlichkeit des Abschlusses mit dem in der

---

[16] Siehe dazu insgesamt *Heymann/Herrmann* RdNr. 4 m. weit. Nachw.
[17] Siehe dazu insgesamt GK-HGB/*Zeidler* RdNr. 6 mit weiteren Beispielen.
[18] Hierzu BGH MDR 1954, 536; OLG Hamburg MDR 1953, 240.
[19] BGH NJW 1958, 1528.
[20] Dazu GK-HGB/*Zeidler* RdNr. 6 mit Beispielen.
[21] Allgemeine Meinung, siehe nur Baumbach/*Hopt* RdNr. 1; Staub/*Brüggemann* RdNr. 4; GK-HGB/*Zeidler* RdNr. 1.
[22] GK-HGB/*Zeidler* RdNr. 1.
[23] Baumbach/*Hopt* RdNr. 1; Staub/*Brüggemann* RdNr. 4; zu weitgehend wohl GK-HGB/*Zeidler* RdNr. 2.

[24] Staub/*Brüggemann* RdNr. 4.
[25] Vgl. nur GK-HGB/*Zeidler* RdNr. 9.
[26] Baumbach/*Hopt* RdNr. 4; Heymann/*Herrmann* RdNr. 7; Staub/*Brüggemann* RdNr. 6; GK-HGB/*Zeidler* RdNr. 12.
[27] Siehe auch Staub/*Brüggemann* RdNr. 6.
[28] Anders aber der Widerspruch des Schlußnotenempfängers (siehe unten RdNr. 15) und die Unterschriftverweigerung einer Vertragspartei (siehe unten RdNr. 18).
[29] Heymann/*Herrmann* RdNr. 7.
[30] Vgl. GK-HGB/*Zeidler* RdNr. 12.
[31] GK-HGB/*Zeidler* RdNr. 12.

Schlußnote angegebenen Inhalt.[32] Das Schweigen auf die Schlußnote hat also eine **Genehmigungsfiktion.** Dies gilt auch bei Geschäften, die nicht sofort erfüllt werden sollen. Denn die gemäß Abs. 2 erforderlichen Unterschriften auf der Schlußnote dienen nur der Beweissicherung.[33] Stellt der Handelsmakler vor Zustandekommen des Geschäfts eine sog. Kaufbestätigung aus, so kommt ein Schweigen hierauf nicht einem Schweigen auf eine Schlußnote gleich; dies gilt jedenfalls dann, wenn zum maßgeblichen Zeitpunkt eine von den Parteien gewollte Voraussetzung des Geschäftsabschlusses noch nicht eingetreten ist.[34]

2. Widerspruch des Empfängers. Will eine der Parteien die Genehmigungsfiktion vermeiden, muß sie der Schlußnote widersprechen. Der **Widerspruch,** eine empfangsbedürftige Willenserklärung (§ 130 BGB),[35] ist aber idR nicht dem Makler gegenüber, sondern der anderen Vertragspartei direkt zu erklären.[36] Der Widerspruch bedarf keiner Form.[37] Bei Einverständnis der Parteien oder bei entsprechendem Handelsbrauch kann im Einzelfall auch ein dem Makler gegenüber erklärter Widerspruch genügen.[38] Im übrigen ist ein nicht gegenüber der Gegenpartei ausgesprochener Widerspruch wirkungslos. Gleichwohl ist der Makler verpflichtet, den empfangenen Widerspruch sofort weiterzuleiten. Eine unterbliebene Weiterleitung kann die Genehmigungsfiktion des Schweigens auf die Schlußnote auslösen und den Makler im Falle des Verschuldens gemäß § 98 haftbar machen.[39]   **13**

Vom Widerspruch gegen die Schlußnote zu unterscheiden ist das **fehlende Einverständnis mit Einzelfragen** ihres Inhalts. Der Empfänger kann in diesem Fall vom Makler eine **Berichtigung** der Schlußnote verlangen. Voraussetzung ist aber, daß der Makler erkennt, sich in der beanstandeten Angabe im Text der Schlußnote geirrt zu haben.[40] Eine solche bloße Berichtigung kommt also nur in Betracht, wenn sich die Parteien über Inhalt und Bedingungen des Geschäfts (weiterhin) einig sind und lediglich in der äußeren Erklärung der Schlußnote ein Fehler unterlaufen ist.   **14**

3. Annahmeverweigerung. Nimmt die Partei die Schlußnote ohne Widerspruch an, tritt die Genehmigungsfiktion ein. Annahme bedeutet aber nicht nur körperliche Entgegennahme, sondern Einverständniserklärung.[41] Die Genehmigungsfiktion durch Schweigen auf die Schlußnote kann umgekehrt durch eine **Annahmeverweigerung** verhindert werden. Verweigert eine Partei die Annahme der Schlußnote, ist der Makler verpflichtet, unverzüglich dem anderen Teil davon Anzeige zu machen (Abs. 3). Zweck dieser Anzeige ist es, den Parteien die sofortige Möglichkeit zu verschaffen, das Zustandekommen des Geschäfts zu überprüfen.[42] Entsprechend ist die Anzeige eine empfangsbedürftige Willenserklärung (§ 130 BGB).[43] Der Makler ist deshalb auch verpflichtet, die Umstände darzulegen, weshalb er vom Geschäftsabschluß überzeugt war und daher an beide Vertragsteile die Schlußnote zugestellt hat. Eine Haftung des Handelsmaklers (§ 98) wegen fehlender oder unzulänglicher Informationsweiterleitung kommt jedoch nur bei Verschulden in Betracht (vgl. § 98 RdNr. 5).   **15**

4. Unterschrift des Empfängers. a) Erforderlichkeit der Unterschrift. Eine Unterschriftsleistung der Parteien unter die Schlußnote verlangt das Gesetz nur bei solchen **Geschäften,** die – auch nur durch einen Teil – **nicht sofort erfüllt** werden sollen. Dazu gehören aufschiebend bedingte oder befristete Verträge, wie zB Zeitgeschäfte der Börse.[44] Auch Verträge, in denen eine Zug-um-Zug-Lieferung oder eine Stundung des Kaufpreises   **16**

[32] Baumbach/*Hopt* RdNr. 2; GK-HGB/*Zeidler* RdNr. 2; im Erg. auch Heymann/*Herrmann* RdNr. 2.
[33] Baumbach/*Hopt* RdNr. 2; Staub/*Brüggemann* RdNr. 7; zu Bedeutung und Erfordernis der Unterschriften siehe noch RdNr. 16 f.
[34] Baumbach/*Hopt* RdNr. 2.
[35] Staub/*Brüggemann* RdNr. 10.
[36] Baumbach/*Hopt* RdNr. 3; wohl auch GK-HGB/*Zeidler* RdNr. 5 und deutlich RdNr. 7.
[37] BGH WM 1983, 684.

[38] Dazu BGH WM 1983, 684; siehe auch Baumbach/*Hopt* RdNr. 3; Heymann/*Herrmann* RdNr. 10.
[39] Baumbach/*Hopt* RdNr. 3; Heymann/*Herrmann* RdNr. 10.
[40] Dazu Heymann/*Herrmann* RdNr. 9.
[41] Heymann/*Herrmann* RdNr. 9.
[42] Baumbach/*Hopt* RdNr. 6.
[43] Ebenso Heymann/*Herrmann* RdNr. 10; Staub/*Brüggemann* RdNr. 8.
[44] Staub/*Brüggemann* RdNr. 7.

vereinbart wurde, zählen hierzu.[45] Der Handelsmakler muß daher gegenüber jeder Partei die entsprechenden Veranlassungen treffen. Ist die **Unterschrift** auf der Schlußnote geleistet, muß der Handelsmakler die unterzeichnete Note der jeweiligen anderen Partei **zustellen**. In den übrigen Fällen (Abs. 1) genügt hingegen das bloße Schweigen auf die Schlußnote, um die Genehmigungsfiktion für das Zustandekommen des Geschäfts auszulösen (vgl. oben RdNr. 12).

17   **b) Bedeutung der Unterschrift.** Die nach Abs. 2 erforderliche Unterschrift dient nur der Stärkung der **Beweiskraft** der Schlußnote.[46] Daher sind die von der Rechtsprechung zu § 126 BGB entwickelten strengen Anforderungen an eine **Unterzeichnung**[47] hier nicht anwendbar. Einfache Abzeichnung genügt. Für die Beweissicherung durch gegenseitige Unterschrift kann bei Geschäften, die nicht sofort vollzogen werden, sondern deren wechselseitige Erfüllung sich zeitlich hinauszieht, ein besonderes Bedürfnis bestehen. Dennoch wird die Regel des Abs. 2 in der Praxis häufig nicht angewendet.[48] Denn eine Ausschließung der Unterschriftsregel des Abs. 2 aufgrund Handelsbrauchs ist möglich.[49] Eine solche handelsbräuchliche Nichtanwendung hat sich mittlerweile weitgehend durchgesetzt.[50]

18   **c) Unterschriftsverweigerung.** Ist die Unterschriftsleistung nicht durch Handelsbrauch ausgeschlossen oder besteht eine Partei gegenüber dem anderen Vertragsteil auf Unterzeichnung der Schlußnote, so muß der Handelsmakler bei Unterschriftsverweigerung (Abs. 3) wie beim Widerspruch gegen die Schlußnote verfahren. Der Handelsmakler muß dem anderen Vertragspartner unverzüglich hiervon Anzeige machen. Auch diese Anzeige ist eine empfangsbedürftige Willenserklärung (§ 130 BGB). Zweck der sofortigen Tätigkeitspflicht des Handelsmaklers ist es (ebenso wie bei der Anzeige der Annahmeverweigerung der Schlußnote, vgl. oben RdNr. 15), den anderen Geschäftspartner in die Lage zu versetzen, Bestand oder Nichtbestand des Geschäfts zu klären. Unterbleibende oder unzureichende Erfüllung der Mitteilungspflicht kann im Fall des Verschuldens des Handelsmaklers zu dessen Haftung gemäß § 98 führen.[51]

V. Beispiel einer üblichen Schlußnote (Holzhandel)

19   SCHLUSS-SCHEIN NR. ....

Über unsere Vermittlung wurde folgender Abschluß getätigt:

VERKÄUFER: . . . .

KÄUFER: . . . .

VERMITTLER: . . . .

Es gelten nachstehende Bedingungen:

Für unsere Maklertätigkeit mit inländischen und ausländischen Verkäufern und Käufern gelten die „Gebräuche für die Vermittlung von Holzgeschäften", notiert im Anhang der Tegernseer Gebräuche. Auf den uns zustehenden Kunden- und Lieferantenschutz weisen wir besonders hin.

(Hier werden die Tegernseer Gebräuche vom 24. März 1952 im einzelnen aufgeführt).

---

[45] Für Stundung str., ebenso Baumbach/*Hopt* RdNr. 5; Staub/*Brüggemann* RdNr. 7 (m. Nachw. zur Gegenansicht); GK-HGB/*Zeidler* RdNr. 13.
[46] Baumbach/*Hopt* RdNr. 5; Staub/*Brüggemann* RdNr. 7.
[47] Palandt/*Heinrichs* § 126 RdNr. 5 ff.

[48] GK-HGB/*Zeidler* RdNr. 14.
[49] Ebenso Staub/*Brüggemann* RdNr. 7.
[50] GK-HGB/*Zeidler* RdNr. 14.
[51] Dazu insgesamt Baumbach/*Hopt* RdNr. 6; Staub/*Brüggemann* RdNr. 8.

MENGE: . . . .

WARENBESCHREIBUNG: . . . .

PREIS: . . . .

PREISSTELLUNG: . . . .

ZAHLUNG: . . . .

LIEFERZEIT: . . . .

MAKLERPROVISION: . . . .

Datum, Stempel, Unterschrift

Verkäufer: Holzmakler: Käufer:

. . . .

§ 95 [Vorbehaltene Aufgabe]

(1) Nimmt eine Partei eine Schlußnote an, in der sich der Handelsmakler die Bezeichnung der anderen Partei vorbehalten hat, so ist sie an das Geschäft mit der Partei, welche ihr nachträglich bezeichnet wird, gebunden, es sei denn, daß gegen diese begründete Einwendungen zu erheben sind.

(2) Die Bezeichnung der anderen Partei hat innerhalb der ortsüblichen Frist, in Ermangelung einer solchen innerhalb einer den Umständen nach angemessenen Frist zu erfolgen.

(3) Unterbleibt die Bezeichnung oder sind gegen die bezeichnete Person oder Firma begründete Einwendungen zu erheben, so ist die Partei befugt, den Handelsmakler auf die Erfüllung des Geschäfts in Anspruch zu nehmen. Der Anspruch ist ausgeschlossen, wenn sich die Partei auf die Aufforderung des Handelsmaklers nicht unverzüglich darüber erklärt, ob sie Erfüllung verlange.

Übersicht

I. Regelungszweck

1. Definition. § 95 regelt Voraussetzungen und Rechtsfolgen der sog. **Schlußnote unter** 1 **Annahmevorbehalt.** Hierbei handelt es sich um Schlußnoten, die mit dem Vermerk „Aufgabe vorbehalten", „in Aufgabe" oder „für Aufgabe" versehen sind. Abweichend von

§ 94 wird in der Schlußnote unter Annahmevorbehalt die **Bezeichnung des Geschäfts-gegners** offen gelassen. Im übrigen muß auch diese besondere Schlußnote den Mindestinhalt gemäß § 94 enthalten (vgl. hierzu § 94 RdNr. 7 ff.).

2   **2. Anwendungsbereich und Bedeutung.** In der Praxis wird vom Makler eine Schlußnote unter Annahmevorbehalt verwendet, wenn eine abschlußwillige Partei mit dem Geschäftsschluß zu bestimmten Bedingungen einverstanden ist, der Geschäftsgegner aber noch nicht feststeht und vom Makler noch zu bestimmen ist. Der Auftraggeber ist nicht verpflichtet, die Schlußnote anzunehmen. Wird die Schlußnote jedoch von der Partei gebilligt, so hängt das Zustandekommen des Geschäfts nur noch von der Benennung des Dritten ab (Abs. 1). Mit der Mitteilung eines abschlußbereiten Dritten kommt der Vertrag unter der auflösenden Bedingung zustande, daß der Auftraggeber nicht unverzüglich begründete Einwendungen gegen die Person des Geschäftspartners erhebt.

3   § 95 mit der Folge der Garantiehaftung gemäß Abs. 3 (vgl. hierzu unten RdNr. 12 ff.) findet nur Anwendung, wenn es dem Auftraggeber auf die **Person des noch zu suchen-den Vertragspartners ankommt.** Unanwendbar ist die Regelung deshalb, wenn Auftraggeber und Makler darin einig sind, daß die Benennung des Geschäftspartners nicht zu erfolgen brauche, weil sie für den Auftraggeber ohne Bedeutung ist, zB wenn der Schiffsmakler nur die Durchführung der Verfrachtung durch wen auch immer vermitteln soll.[1] Eine entsprechende Anwendung des § 95 ist in diesen Fällen ebenso abzulehnen wie in solchen, in denen der Makler lediglich die Geschäftsverbindung zur Gegenpartei geheimhalten will. Denn in beiden Varianten besteht kein Risiko des Maklers (mehr), eine geeignete Gegenpartei zu finden.[2]

4   Der Auftraggeber wird bei Anwendung des § 95 nicht in seiner **Abschlußfreiheit** eingeschränkt. Denn der Auftraggeber bleibt in der Annahme der Schlußnote frei, und die Ausübung der Abschlußfreiheit wird lediglich in zwei aufeinanderfolgende Entscheidungsakte aufgeteilt.[3]

5   **3. Zweck.** Der Zweck der Schlußnote unter Annahmevorbehalt besteht in einer **Risikobeschränkung** zugunsten des Handelsmaklers. Der Handelsmakler hat den Vorteil, hierdurch sein aus der Abschlußfreiheit des Auftraggebers folgendes Tätigkeits- und Geschäftsrisiko erheblich verringern zu können. Mit der Annahme der Schlußnote unter Vorbehalt durch den Auftraggeber steht der Geschäftsinhalt fest; die Aufgabe des Handelsmaklers beschränkt sich nur noch auf die Suche nach einem geeigneten Geschäftspartner, ohne daß der Vertragsinhalt selbst in Frage steht.[4] Die Auswahl des Geschäftspartners bleibt allein dem Makler überlassen.[5] Zum Ausgleich dieser Begünstigung des Maklers steht dem Auftraggeber das Recht zu, vom Makler Erfüllung zu verlangen, falls dieser nicht oder nicht rechtzeitig einen geeigneten Geschäftspartner vermittelt (Abs. 3).

II. Schlußnote unter Annahmevorbehalt (Abs. 1)

6   **1. Vorbehalt der Parteibezeichnung.** Der Vorbehalt der Parteibezeichnung wird vom Makler regelmäßig in der Schlußnote formuliert durch die Zusätze: „Aufgabe vorbehalten", „in Aufgabe", „für Aufgabe". Im übrigen unterliegt die Schlußnote unter Annahmevorbehalt denselben inhaltlichen Anforderungen wie die Schlußnote gemäß § 94 (vgl. hierzu § 94 RdNr. 7 ff.).

7   **2. Annahme der Schlußnote.** Dem Auftraggeber steht es frei, eine solche Schlußnote anzunehmen. Mit der Annahme ist der Auftraggeber an das Geschäft mit dem in der Schlußnote bezeichneten Inhalt und mit der nachträglich bezeichneten Partei gebunden (Abs. 1). Annahme der Schlußnote bedeutet nicht körperliche Entgegennahme, sondern

---

[1] Vgl. hierzu OLG Hamburg MDR 1955, 363 und Staub/*Brüggemann* RdNr. 2.
[2] RGZ 97, 260; Baumbach/*Hopt* RdNr. 1; Heymann/*Herrmann* RdNr. 2; Staub/*Brüggemann* RdNr. 3.
[3] Zutr. Heymann/*Herrmann* RdNr. 1.
[4] Heymann/*Herrmann* RdNr. 1; ähnlich Staub/*Brüggemann* RdNr. 1.
[5] Staub/*Brüggemann* RdNr. 1.

inhaltliche Billigung. Die Annahme unterliegt daher den Grundsätzen der Irrtumsanfechtung und sonstiger Willensmängel.[6] Ist der Auftraggeber Kaufmann, ist eine widerspruchslose Entgegennahme der Schlußnote als deren Annahme auszulegen; ein Kaufmann müßte die Zurückweisung unverzüglich erklären.[7] Bei Annahme durch Schweigen ist jedoch das Anfechtungsrecht eingeschränkt: Der auftraggebende Kaufmann kann nicht gemäß § 119 Abs. 1 BGB geltend machen, das Schweigen sei Folge eines Sorgfaltspflichtverstoßes, denn der strenge Handelsbrauch mahnt den Kaufmann gerade zur Sorgfalt.[8]

3. Bezeichnung des Geschäftspartners. Wirksam zustande kommt das Geschäft aber   **8**
erst mit der Benennung des Geschäftspartners. Hierdurch erlangt der Auftraggeber Kenntnis davon, daß der bisher unbekannte Geschäftspartner sein in der Schlußnote niedergelegtes Angebot angenommen hat.[9] Die Person des Vertragsgegners muß so genau bezeichnet sein, daß der Auftraggeber sich über mögliche personelle Einwendungen selbst informieren kann. Die Mitteilung des Geschäftspartners ist einerseits eine empfangsbedürftige Willenserklärung des Maklers, die der Erfüllung seiner Maklerpflichten, nämlich der namentlichen Benennung des Vertragspartners dient (§ 130 BGB).[10] Zum anderen liegt auch eine Annahmeerklärung des Vertragspartners vor, die der Makler entweder als Bote des Vertragspartners überbringt oder bereits als Empfangsvertreter des Auftraggebers annimmt. Bei einer Annahme unter Abweichungen durch den Vertragspartner kommt der Vertrag nicht zustande. Denn in diesem Fall decken sich die vom Makler als Erklärungsboten des Auftraggebers übermittelte und die an ihn als dessen Empfangsbevollmächtigten vom Dritten ausgesprochene Annahmeerklärung nicht (§ 150 Abs. 1 BGB).[11]

4. Rechtsfolgen. Ist die Parteibezeichnung ordnungsgemäß erfolgt, kommt der Vertrag   **9**
unter der auflösenden Bedingung zustande, daß vom Auftraggeber keine personellen Einwendungen gegen den vermittelten Geschäftspartner vorgetragen werden. Umstritten ist, ob diese Wirkung bereits im Zeitpunkt der Einigung zwischen Makler und Geschäftspartner oder aber erst mit dem Zugang der Parteibezeichnung beim Auftraggeber eintritt.[12] Hier muß unterschieden werden: Ist der Makler lediglich Erklärungs- bzw. Empfangsbote, kann die Wirkung des auflösend bedingten Vertragsschlusses erst mit Übermittlung der Willenserklärung des Geschäftspartners durch den Makler eintreten.[13] Kommt dem Makler hingegen eine Stellung als bevollmächtigter Vertreter des Auftraggebers zu, so tritt die Rechtsfolge bereits mit Zugang der Erklärung des Geschäftspartners beim Makler ein (§ 164 Abs. 3 BGB).

III. Einhaltung der Bezeichnungsfrist (Abs. 2)

1. Bezeichnungsfrist. Der Makler muß innerhalb der **ortsüblichen** Frist dem Auftrag-   **10**
geber gegenüber den vermittelten Geschäftspartner bezeichnen; hilfsweise ist eine **angemessene** Bezeichnungsfrist aus den Umständen zu ermitteln. Die Ortsüblichkeit der Frist ergibt sich aus den örtlich vorgegebenen Handelsgebräuchen im Zusammenhang mit dem speziellen Geschäftsinhalt. So gilt zB im Hamburger Chartergeschäft eine **alsbaldige** Bezeichnungsfrist als ortsübliche.[14] Die Regelung des Abs. 2 ist **dispositiv.** Daher kann eine längere oder kürzere Frist als die ortsübliche zwischen Auftraggeber und Handelsmakler vereinbart werden.[15]

2. Rechtsfolgen bei Nichteinhaltung der Frist. Erfolgt die Parteibezeichnung verspä-   **11**
tet, also ohne die jeweils ortsübliche bzw. nach den Umständen errechnete Frist zu wah-

[6] Staub/*Brüggemann* RdNr. 5.
[7] Staub/*Brüggemann* RdNr. 5; zu weit geht jedoch die dort vertretene Auffassung, auch Nichtkaufleute könnten möglicherweise durch Schweigen die Annahme erklären.
[8] Baumbach/*Hopt* § 363 RdNr. 6 entsprechend.
[9] Vgl. GK-HGB *Zeidler* RdNr. 3.
[10] Heymann/*Herrmann* RdNr. 1.

[11] Vgl. insgesamt Heymann/*Herrmann* RdNr. 3.
[12] Vgl. Heymann/*Herrmann* RdNr. 4 m. Nachw.
[13] So aber generell Heymann/*Herrmann* RdNr. 4; Staub/*Brüggemann* RdNr. 10.
[14] OLG Hamburg MDR 1955, 234; Baumbach/*Hopt* RdNr. 2.
[15] Heymann/*Herrmann* RdNr. 5.

ren, treten die Rechtsfolgen gemäß §§ 149, 150 Abs. 1 BGB ein.[16] Die Parteibezeichnung durch den Makler **gilt als neues Angebot** des Geschäftspartners, das gesondert durch den Auftraggeber angenommen werden muß. Der Auftraggeber ist an sein ursprüngliches Angebot nicht mehr gebunden. Schweigt der Auftraggeber auf den verspäteten Zugang der Parteibezeichnung, so wird der schwebend unwirksame Vertrag endgültig unwirksam.[17] Nach anderer, im rechtlichen Gesamtergebnis aber identischer Auffassung kann der Auftraggeber eine verspätet zugegangene Parteibezeichnung ausdrücklich oder konkludent genehmigen; durch die Genehmigung wird das schwebend unwirksame Geschäft dann gleichermaßen unbedingt wirksam.[18]

IV. Einwendungen gegen die Person des benannten Geschäftspartners

12   Der Auftraggeber ist nicht an das in der angenommenen Schlußnote ausgewiesene Geschäftsangebot gebunden, wenn er gegen den benannten Geschäftspartner **begründete Einwendungen** vorträgt. Ihre Berechtigung ist vom Auftraggeber zu beweisen. Als Einwendungen kommen aber nur solche in Betracht, die sich auf die Person des Vertragspartners beziehen; zB seine Zahlungsfähigkeit, aber auch sonstige geschäftsrelevante Eigenschaften des Benannten.[19]

13   In der Schlußnote kann auch eine ganz **bestimmte personelle Eigenschaft** des Geschäftspartners vorbehalten werden, so zB eine bestimmte berufliche Qualifikation. Die vertragliche Bindung des Auftraggebers entfällt in diesem Fall dann, wenn dem vermittelten Geschäftspartner die konkrete vorbehaltene Eigenschaft fehlt und der Auftraggeber sich hierauf beruft.[20] Bestehen zwar objektiv Einwendungen gegen die Person des Vertragspartners, werden diese aber vom Auftraggeber **nicht vorgetragen,** so kommt der Vertrag mit der Benennung des Dritten durch den Makler zustande. Denn die Bindung des Auftraggebers ist **auflösend** durch die Erhebung der Einwendungen **bedingt.**[21]

14   In Hinblick auf die im Handelsverkehr üblichen Zeiterfordernisse wird man eine **verzögerte Erhebung** von Einwendungen als **verspätet** zu behandeln und damit einer Nichterhebung der Einwendungen gleichzustellen haben. Denn bei einer verzögert vorgetragenen Einwendung können Makler und Auftraggeber zunächst auf Billigung schließen; eine Billigung des benannten Geschäftspartners hat aber die endgültige Wirksamkeit des Rechtsgeschäfts zur Folge.[22] Die schweigende Unterlassung von Einwänden kann auch bereits deshalb nicht angefochten werden, da sie keine Willenserklärung darstellt. Allerdings ist möglicherweise das gesamte Geschäft wegen nachteiliger Eigenschaften des Geschäftspartners nach § 119 Abs. 2 BGB anfechtbar. § 95 Abs. 3 wird hierbei nicht umgangen, da die Anfechtung nach § 121 BGB unverzüglich zu erklären ist und nach § 122 BGB eine Schadensersatzpflicht auslöst.[23]

V. Erfüllungshaftung des Maklers (Abs. 3)

15   **1. Bedeutung des Abs. 3 Satz 1.** Durch die angenommene Schlußnote unter Vorbehalt der Parteibezeichnung ist der Auftraggeber auf ein Rechtsgeschäft festgelegt, ohne seinen Geschäftspartner zu kennen. In der Vermittlung des Vertragsgegners ist er vom Makler abhängig. Daher muß der Makler zum Ausgleich dafür einstehen, daß das Geschäft endgültig zustande kommt. Vermittelt der Makler eine Vertragspartei (Person oder Firma), gegen die der Auftraggeber begründete Einwendungen vortragen kann (Abs. 3), oder erfolgt die

---

[16] Ebenso Baumbach/*Hopt* RdNr. 2; Staub/*Brüggemann* RdNr. 8.

[17] Im Ergebnis ebenso Baumbach/*Hopt* RdNr. 2.

[18] So Heymann/*Herrmann* RdNr. 5.

[19] Vgl. dazu insgesamt Staub/*Brüggemann* RdNr. 11.

[20] Dazu RGZ 33, 131 ff. (dort sollte der Vertragspartner ein „prima" Ablader sein) und Staub/*Brüggemann* RdNr. 11.

[21] Staub/*Brüggemann* RdNr. 12.

[22] Im Ergebnis ebenso *Staub/Brüggemann* RdNr. 12.

[23] Staub/*Brüggemann* RdNr. 12; Heymann/*Herrmann* RdNr. 8.

Parteibezeichnung nicht fristgemäß (Abs. 2), kann der Auftraggeber vom Makler selbst Erfüllung verlangen. Die Regelung des Abs. 3 Satz 1 ist also ein Fall **gesetzlicher Garantiehaftung.**[24]

2. Haftungsvoraussetzungen. Die gesetzliche Garantiehaftung des Maklers tritt ein, **16** wenn der Auftraggeber den vom Handelsmakler vermittelten **Geschäftspartner begründet ablehnt** (vgl. oben RdNr. 12 ff.) oder der Makler die andere Vertragspartei **nicht fristgemäß bezeichnet** (vgl. oben RdNr. 10 f.). Die Garantiehaftung wird jedoch dann nicht ausgelöst, wenn der Makler noch innerhalb der Frist des Abs. 2 einen geeigneten Vertragspartner anbietet, nachdem ein vorangegangenes frühzeitiges Angebot vom Auftraggeber wegen personeller Einwendungen zurückgewiesen wurde. Der rasch handelnde Makler soll nicht benachteiligt werden; auch ihm soll im Ergebnis die volle Frist des Abs. 2 zur Verfügung stehen. Auf ein Verschulden des Maklers kommt es nicht an.

Den Eintritt der Garantiehaftung des Maklers muß der Auftraggeber durch die **17** (sinngemäße) **Erklärung** auslösen, daß er den Makler auf Erfüllung in Anspruch nehme. Die Erklärung des Auftraggebers ist eine empfangsbedürftige Willenserklärung (§ 130 BGB), die nach Aufforderung durch den Makler unverzüglich abzugeben ist (Abs. 3 Satz 2). Sie steht im freien Willen der Partei; der Makler hat - sofern es ihm nicht vertraglich eingeräumt wurde - kein eigenes Selbsteintrittsrecht.[25]

3. Haftungsfolge. Mit der Erklärung des Auftraggebers, er werde den Makler in Anspruch nehmen, wird der **Abschluß des Geschäfts** zwischen Auftraggeber und Makler unter den in der Schlußnote bezeichneten Bedingungen **fingiert.** Der Makler wird mit allen Rechten und Pflichten als Vertragspartei behandelt. So ist der Makler zB auch an eine in dem gescheiterten Vertrag enthaltene Schiedsgerichtsvereinbarung nach § 1025 ZPO gebunden.[26] Auch die Verjährung des Erfüllungsanspruchs richtet sich nach den jeweils für den einzelnen Vertragstyp geltenden Fristen.[27]

Zugleich **entfällt** mit Eintritt der Haftungsvoraussetzungen der Provisionsanspruch des **19** Maklers.[28] Andernfalls könnte der Makler sich über diesen Weg ein ihm nicht zustehendes Selbsteintrittsrecht erzwingen und zugleich für den Vollzug dieses Selbsteintrittsrechts Provision fordern.

4. Haftungsausschluß (Abs. 3 Satz 2). Der Makler kann die Ungewißheit über seine **20** Haftung ausschließen, indem er den Auftraggeber zur **Erklärung auffordert,** ob er Erfüllung verlange. Erklärt sich der Auftraggeber nicht unverzüglich (ohne schuldhaftes Zögern nach § 121 Abs. 1 BGB) auf eine Anforderung des Handelsmaklers, so ist der Erfüllungsanspruch ausgeschlossen. Unberührt von dieser gesetzlichen Möglichkeit des Haftungsausschlusses bleibt hingegen die Haftung des Maklers wegen Schlechtbenennung oder verspäteter Benennung.[29]

§ 96 [Aufbewahrung von Proben]

Der Handelsmakler hat, sofern nicht die Parteien ihm dies erlassen oder der Ortsgebrauch mit Rücksicht auf die Gattung der Ware davon entbindet, von jeder durch seine Vermittlung nach Probe verkauften Ware die Probe, falls sie ihm übergeben ist, so lange aufzubewahren, bis die Ware ohne Einwendung gegen ihre Beschaffenheit angenommen oder das Geschäft in anderer Weise erledigt wird. Er hat die Probe durch ein Zeichen kenntlich zu machen.

[24] Staub/*Brüggemann* RdNr. 13; GK-HGB/*Zeidler* RdNr. 5, 6.
[25] Baumbach/*Hopt* RdNr. 3; Staub/*Brüggemann* RdNr. 13.
[26] So BGH NJW 1977, 1397 abweichend von der Rechtslage bei § 179 BGB.

[27] So BGHZ 73, 271 für den vergleichbaren Fall des § 179 BGB.
[28] Baumbach/*Hopt* RdNr. 3; aA Staub/*Brüggemann* RdNr. 13.
[29] Baumbach/*Hopt* RdNr. 4.

Übersicht

I. Pflicht zur Aufbewahrung und Rückgabe der Probe

1   **1. Gegenstand der Aufbewahrungspflicht.** Der Handelsmakler vermittelt häufig einen sog. Kauf nach Probe oder Muster im Sinne des § 494 BGB. Wird ihm zu diesem Zweck eine **(Waren-) Probe** übergeben, so hat er die Probe grundsätzlich bis zur Erledigung des Geschäfts aufzubewahren. Eine Ausnahme gilt gem. § 96 nur dann, wenn dem Handelsmakler die Aufbewahrungspflicht von beiden Parteien erlassen wurde oder der Ortsgebrauch mit Rücksicht auf die Warengattung ihn davon entbindet. Die Aufbewahrungspflicht ist eine eigene, spezifische Verpflichtung des Handelsmaklers und ergibt sich aus dem Handelsmaklervertrag iVm. der gesetzlichen Regelung gem. § 96. Der Handelsmakler hat daher (ohne besondere Parteivereinbarung) gegenüber dem Auftraggeber grundätzlich **keinen Anspruch auf Vergütung** oder Kostenersatz für die Aufbewahrung der Probe.[1]

2   **2. Ende der Aufbewahrungspflicht.** Die Aufbewahrungspflicht endet in dem Zeitpunkt, in dem keine Einwendungen gegen die Beschaffenheit der Ware mehr zu erwarten sind, also eine **endgültige Erledigung** des Geschäfts gegeben ist. Dies gilt insbesondere bei Annahme der Ware durch den Käufer ohne Einwendungen gegen den Kaufgegenstand. Eine solche Geschäftserledigung liegt aber auch bei unterbliebener Mängelanzeige und dem Auslösen der Genehmigungsfiktion (§§ 377, 378) vor, dem Ablauf der Verjährungsfrist für Gewährleistungsansprüche sowie bei einvernehmlicher Vertragsauflösung.[2] Erforderlich ist demnach eine vertragliche Situation, in der es auf einen Rückgriff auf die Probe nicht mehr ankommt. Daher kann nicht genügen, daß der Käufer auf **Lieferung verzichtet** hat und Schadensersatz wegen Nichterfüllung (zB nach § 480 Abs. 2 BGB) verlangt.[3] Denn in diesem Fall muß der Verkäufer zur Überprüfung der Berechtigung des vom Käufer geltend gemachten Anspruchs vergleichsweise auf die Probe zurückgreifen können.

3   **3. Rückgabepflicht.** Ist die Situation einer (endgültigen) Vertragserledigung eingetreten, darf und muß der Handelsmakler die Probe an die Partei **zurückgeben,** von der er sie erhalten hat. Handelt es sich um den Auftraggeber, so folgt die Rückgabepflicht unmittelbar aus den §§ 675, 667 BGB; bei der Probe des Geschäftspartners ist eine entsprechende Anwendung dieser Vorschriften geboten, soweit nicht bereits Ansprüche nach § 985 BGB eine Herausgabepflicht begründen. Gegen den Anspruch auf Rückgabe kann der Makler ein eventuelles Zurückbehaltungsrecht aus eigenen Ansprüchen aus dem Maklervertrag geltend machen, so zB wegen einer offenen Provisionsforderung.

4   Die **Rückgabepflicht entfällt** hingegen, wenn die Probe zwischenzeitlich wertlos geworden ist; in diesem Fall kann der Handelsmakler die Probe vernichten.[4] **Vernichtet** der Makler die Ware hingegen **pflichtwidrig,** haftet er nach § 280 BGB wegen verschuldeten Unvermögens zur Rückgabe der Probe. Für den Herausgabeanspruch nach § 985 BGB richtet sich die Haftung des Maklers nach §§ 987 ff. BGB.

5   **4. Verletzung der Aufbewahrungspflicht.** Der Makler verletzt seine Aufbewahrungspflicht, wenn er die Probe unsorgfältig aufbewahrt und dadurch eine Verschlechterung oder ein Untergang der Probe verursacht wird. Da die Aufbewahrungspflicht eine typische Pflicht des Handelsmaklers ist, **haftet der Makler** im Falle seines Verschuldens nach § 98.[5]

---

[1] Im Erg. ebenso Heymann/*Herrmann* RdNr. 3.

[2] Baumbach/*Hopt* RdNr. 1; Staub/*Brüggemann* RdNr. 3; GK-HGB/*Zeidler* RdNr. 1.

[3] Zutr. Staub/*Brüggemann* RdNr. 3.

[4] Staub/*Brüggemann* RdNr.4.

[5] Vgl. auch Heymann/*Herrmann* RdNr. 1; Staub/ *Brüggemann* RdNr. 5; GK-HGB/*Zeidler* RdNr. 3.

II. Pflicht zur Vorlegung der Probe

Nicht unmittelbar in § 96 geregelt, aber mit der Aufbewahrungspflicht notwendig ver- 6
bunden, ist die Verpflichtung des Maklers, die Probe **auf Verlangen** den Parteien **vorzulegen**. Für den Auftraggeber folgt der Anspruch auf Vorlegung der Probe bereits aus dem
Auftragsverhältnis; dem Geschäftsgegner gegenüber ist der Makler dehalb zur Vorlage
verpflichtet, weil sein Tätigwerden diesem gegenüber auf einem vertragsähnlichen Verhältnis[6] beruht.[7]

Der Handelsmakler hat wegen seines ausnahmsweise bereits fälligen Provisionsanspruchs 7
kein **Zurückbehaltungsrecht** bezüglich der Vorlegungspflicht. Denn bei der Aufbewahrung der Probe hat der Handelsmakler eine einem Treuhänder gleichkommende Stellung
und darf nur in bestimmter, vorgegebener Weise damit verfahren.[8] Dazu gehört auch die
Pflicht, die Probe jederzeit auf Verlangen vorzulegen.[9]

Ebenso wie die Vorlegungspflicht als solche ist auch deren **Inhalt** gesetzlich nicht im 8
Handelsmaklerrecht geregelt. Ergänzend ist daher für **Ort, Gefahr** und **Kosten** der Vorlegung auf die Vorschrift des § 811 BGB zurückzugreifen.[10]

III. Kennzeichnungspflicht

Der Handelsmakler hat gemäß § 96 Satz 2 für die Dauer der Aufbewahrung die Probe zu 9
kennzeichnen. Die Kennzeichnung dient der Individualisierung des Probengebers und soll
zugleich sicherstellen, daß die Probe nach Beendigung des Geschäfts ordnungsgemäß an die
Partei zurückgegeben wird, von der die Probe stammt. Für die **Verletzung der Kenn-
zeichnungspflicht** haftet der Makler wiederum nach § 98.[11]

§ 97 [Keine Inkassovollmacht]

**Der Handelsmakler gilt nicht als ermächtigt, eine Zahlung oder eine andere im
Vertrage bedungene Leistung in Empfang zu nehmen.**

I. Ausschluß einer Inkasso- oder Empfangsermächtigung

1. Reine Vermittlungstätigkeit des Maklers. § 97 regelt ausdrücklich, daß dem Han- 1
delsmakler keine gesetzliche Vollmacht zur Entgegennahme von Zahlungen oder zum
Empfang einer anderen im Vertrag vereinbarten Leistung zukommt. Damit wird klargestellt, daß sich die Tätigkeit des Maklers nach dem gesetzlichen Leitbild allein auf die **Ver-
tragsvermittlung** beschränkt. Seine Funktion ist es, dem Auftraggeber seine Marktkenntnisse zur Verfügung zu stellen (vgl. oben § 93 RdNr. 12 f.) und hierdurch Verbindungen zu anderen Vertragsinteressenten zu schaffen.[1] Daher kommt dem Handelsmakler
nach dem Gesetz auch nur der Status einer zur Übermittlung verwendeten Person im
Sinne des § 120 BGB zu.[2] Hintergrund der gesetzlichen Regelung ist die **Unabhängigkeit
des Handelsmaklers** von den Geschäftspartnern. Wie der ebenfalls grundsätzlich selbständige Handelsvertreter (§§ 91 Abs. 2, 55 Abs. 3) soll auch der Handelsmakler als selbständiger Kaufmann (§ 1 Abs. 2 Nr. 7) von Gesetzes wegen hinsichtlich Zahlungen keiner Partei
zugerechnet werden. Anders hat sich das Gesetz bei abhängig Beschäftigten entschieden
(vgl. § 56).

[6] Siehe dazu bereits § 93 RdNr. 61 sowie Staub/
Brüggemann § 93 RdNr. 8.
[7] Staub/*Brüggemann* RdNr. 2.
[8] Ebenso Staub/*Brüggemann* RdNr. 2.
[9] Anders die Rechtslage bei der Herausgabe der
Probe nach Abschluß des Geschäfts; vgl. oben Rd-
Nr. 3.

[10] Staub/*Brüggemann* RdNr. 2.
[11] GK-HGB/*Zeidler* RdNr. 3.
[1] Heymann/*Hermann* RdNr. 1.
[2] Staub/*Brüggemann* Anm. 1.

2   **2. Gesetzlicher Ausschluß der Inkassovollmacht.** Entsprechend sind auch alle **Erklärungen,** wie Mängelanzeigen, Mängelrügen, Mahnungen, Anfechtungen und Widersprüche gegen Schlußnoten der anderen Partei gegenüber zu erklären; die Erklärung gegenüber dem Makler wäre wirkungslos.[3] Eine gesetzliche Inkassovollmacht läge außerhalb dieses Betätigungsfeldes. § 97 spricht daher ausdrücklich aus, daß der Handelsmakler **keine Inkassovollmacht** besitzt.

3   **3. Gesetzlicher Ausschluß der Erfüllungsannahme.** Entsprechend ist der Handelsmakler – ohne Parteivereinbarung (vgl. RdNr. 4 f.) – gesetzlich auch nicht bevollmächtigt, sonstige Erfüllungsleistungen außer Zahlungen, also zB die Übereignung von Sachen oder die Übertragung von Forderungen, entgegenzunehmen.

II. Individualvertragliche Ermächtigungen

4   **1. Grundsätzliche Zulässigkeit.** § 97 ist dispositives **Recht,** das sich am gesetzlichen Leitbild des Handelsmaklers orientiert. Daher kann der Auftraggeber, aber auch der andere Vertragspartner, dem Handelsmakler abweichend von § 97 Vollmacht oder Botenmacht erteilen bzw. ihn nach §§ 362 Abs. 2, 185 BGB zur Entgegennahme ermächtigen. Auch aus dem Handelsbrauch und der Verkehrssitte (§ 346) kann sich eine Bevollmächtigung des Handeslmaklers ergeben.[4]

5   **2. Mögliche Sonderermächtigungen.** Zu den zulässigen Sonderermächtigungen des Handelsmaklers gehören insbesondere die nach der gesetzlichen Regelung des § 97 ausgeschlossene **Abschluß- oder Inkassovollmacht.**[5]

§ 98 [Haftung gegenüber beiden Parteien]

Der Handelsmakler haftet jeder der beiden Parteien für den durch sein Verschulden entstehenden Schaden.

Übersicht

I. Bedeutung der Haftungsregelung

1   Die für den Handelsmakler geltende besondere Haftungsregelung beruht auf dem spezifischen **Verhältnis** des Handelsmaklers **zu beiden Parteien.** Gegenüber dem Auftraggeber steht er in vertraglichen, gegenüber dem Dritten in vertragsähnlichen Beziehungen.[1] Er hat dabei beiden Parteien gegenüber die Sorgfalt eines ordentlichen Kaufmanns (§ 347) anzu-

---

[3] GK-HGB/*Zeidler* RdNr. 2.
[4] Vgl. RG 97, 218; Baumbach/*Hopt* RdNr. 1; Heymann/*Hermann* RdNr. 1; Staub/*Brüggemann* RdNr. 1.

[5] GK-HGB/*Zeidler* RdNr. 3.
[1] Siehe dazu bereits oben § 93 RdNr. 61 sowie Heymann/*Hermann* RdNr. 1; Staub/*Brüggemann* § 93 RdNr. 8 und § 98 RdNr. 2.

wenden[2] und auf die im Handelsverkehr geltenden Gewohnheiten und Gebräuche Rücksicht zu nehmen (vgl. hierzu oben § 93 RdNr. 53 ff.). Entsprechend **haftet** der Handelsmakler auch **beiden Parteien** gegenüber, wenn er die ihm obliegenden Sorgfaltspflichten verletzt. Jedoch ist die Haftung gegenüber Auftraggeber und dessen Vertragspartner auf die spezifischen Pflichten der jeweiligen Partei gegenüber beschränkt.[3] Die Besonderheit der gesetzlichen Haftung gegenüber beiden Parteien kennzeichnet die spezielle Rechtsnatur des § 98: es handelt sich um eine **gesetzliche Regelung** vertraglicher **Schutzwirkung zugunsten Dritter**.[4]

II. Haftungsvoraussetzungen

1. Pflichtenverstoß. Der Makler muß im Rahmen seiner Vermittlungstätigkeit gegen 2
eine der ihm obliegenden Pflichten verstoßen haben. Zu diesen für die Haftung nach § 98 bedeutsamen Pflichten gehören insbesondere: die Beratungs-, Aufklärungs- und Informationspflichten (vgl. oben § 93 RdNr. 56 ff.), die Verschwiegenheitspflicht (vgl. oben § 93 RdNr. 59) sowie die speziellen Pflichten nach §§ 94 ff. (Zustellung einer Schlußnote, Aufbewahrung von Proben, Tagebuchführung).

Die Pflichtenverstöße müssen nicht notwendig bei einer im Ergebnis **erfolgreichen** 3
Vermittlungstätigkeit begangen worden sein. Vielmehr ist ein Pflichtenverstoß für die Haftung des Maklers auch dann bedeutsam, wenn eine Vermittlung ausgeblieben ist. Das Ausbleiben eines Vermittlungserfolges als solcher genügt jedoch nicht, denn der Makler hat keine Tätigkeitspflicht (vgl. oben § 93 RdNr. 55). In diesem Fall kann als haftungsbegründender Pflichtverstoß nur die Verletzung von Nebenpflichten anläßlich von Vermittlungsversuchen eine Haftung des Maklers auslösen.[5] Allein das Ausbleiben des Vermittlungserfolges kann jedoch unter den Voraussetzungen des § 95 Abs. 3 zum Schadensersatz führen.

2. Verschulden des Maklers und Schaden bei einer der Parteien. Der Makler muß 4
den Pflichtenverstoß **verschuldet** und dadurch eine oder beide Parteien geschädigt haben. Dabei genügt **jedes Verschulden** im Sinne des § 276 BGB. Hat der Makler für die Vermittlungstätigkeit Hilfspersonen eingeschaltet, muß er sich das Verschulden eines **Erfüllungsgehilfen** gem. § 278 BGB zurechnen lassen bzw. haftet er gemäß § 831 BGB für den Verrichtungsgehilfen.[6] Dies gilt auch bei Einschaltung eines **Zwischenmaklers**.[7] Schaden iSd. § 98 ist jeder auf einer Pflichtverletzung des Maklers beruhende Vermögensschaden einer Partei.[8]

III. Rechtsfolgen

1. Haftungsumfang. Die Haftung ist dem Umfang nach grundsätzlich nicht nur auf Er- 5
satz des negativen Interesses (dh. des Vertrauensschadens) gerichtet. Dies gilt sowohl für den Ersatzanspruch des Auftraggebers als auch für den des Geschäftspartners. Ein Ersatz des positiven Interesses (dh. des Erfüllungsinteresses) kommt insbesondere dann in Betracht, wenn der Makler den Geschäftsabschluß schuldhaft vereitelt hat.[9]

2. Mitverschulden. Auch bei der Haftung des Handelsmaklers ist mitwirkendes Ver- 6
schulden des Auftraggebers oder des Geschäftspartners gemäß § 254 BGB haftungsmindernd zu berücksichtigen,[10] zB Beachtlichkeit des Mitverschuldens der kreditgebenden Bank im Rahmen der Haftung des Kreditmaklers.[11]

---

[2] Vgl. auch Baumbach/*Hopt* RdNr. 1; GK-HGB/*Zeidler* RdNr. 1.

[3] GK-HGB/*Zeidler* RdNr. 1; speziell zur Schiffsmaklerhaftung *Schmidt*/*Blaschczok* VersR 1981, 393.

[4] *Lutter*, FS Bärmann, S. 605, 615 (dort Fn. 23); Heymann/*Hermann* RdNr. 1.

[5] Staub/*Brüggemann* RdNr. 1.

[6] BGH BB 1970, 863.

[7] OLG Hamburg OLGE 36, 268: Heymann/*Herrmann* RdNr. 1; Staub/*Brüggemann* § 98 RdNr. 2.

[8] Zu typischen Schadensfällen vgl. unten RdNr. 11 ff.

[9] Vgl. dazu auch Heymann/*Hermann* RdNr. 1.

[10] BGH WM 1977, 943; vgl. auch Baumbach/*Hopt* RdNr. 1; Heymann/*Hermann* RdNr. 2.

[11] Dazu OLG München NJW 1970, 1925.

7   **3. Verjährung.** Die Verjährung von Haftungsansprüchen gegen den Handelsmakler richtet sich nach allgemeinem bürgerlichen Recht; es gilt daher die Regelverjährungsfrist von 30 Jahren (§ 195 BGB).[12] Eine entsprechende Anwendung der kurzen Verjährungsregelung des Handelsvertreterrechts (§ 88) scheidet aus, da diese Vorschrift lediglich zur Vereinheitlichung der insbesondere im Handelsvertreterrecht vielfältigen Verjährungsfristen geschaffen wurde und daher angesichts der klaren Regelung im Maklerrecht nicht analogiefähig ist.[13]

IV. Haftungsausschluß

8   **1. Grundsätzliche Zulässigkeit.** Die Haftung nach § 98 kann grundsätzlich durch Parteivereinbarung ausgeschlossen werden.[14] Möglich ist ein genereller Haftungsausschluß; bedeutsam im Zusammenhang mit § 98 ist aber vor allem eine Beschränkung der Haftung auf nur eine Partei.

9   **2. Haftungsausschluß im Verhältnis zum vermittelten Geschäftspartner.** Ein solcher Haftungsausschluß wird dann angenommen, wenn der Geschäftspartner die **Mitwirkung** des vom Auftraggeber hinzugezogenen Handelsmaklers **ablehnt**[15] oder beide Seiten unabhängig voneinander sich eines eigenen Handelsmaklers bedienen, der sich als alleiniger Interessenwahrer der beauftragenden Partei zu erkennen gibt.[16] Denn in beiden Varianten ist mit einem Bemühen des Handelsmaklers um einen „ehrlichen" Ausgleich der beiderseitigen Interessen nicht zu rechnen;[17] folglich besteht auch kein Grund für eine Haftung gegenüber beiden Parteien im Sinne des § 98.

10   **3. Haftung trotz Haftungsausschluß.** Ein Haftungsausschluß der lediglich die Haftung abweichend von § 98 auf den Auftraggeber beschränkt, läßt jedoch andere Haftungsgründe unberührt. Daher kann der Handelsmakler auch dem Geschäftsgegner gegenüber weiterhin aus dem Gesichtspunkt der c. i. c. oder gemäß §§ 823 Abs. 2 BGB iVm. §§ 94 bis 96, 100 ff. schadensersatzpflichtig werden.[18] Denn hierbei handelt es sich um Haftungsgrundlagen, die nicht darauf abstellen, zu wessen Interessenwahrung der Handelsmakler beauftragt ist. Eine Auslegung des Haftungsausschlusses kann jedoch im Einzelfall auch ergeben, daß die allgemeine deliktische Haftung innerhalb der zulässigen Grenzen (§ 276 Abs. 2 BGB bzw. §§ 9, 11 Nr. 7 AGBG) ebenfalls abbedungen ist.

V. Typische Haftungsfälle

11   Der Handelsmakler muß zwar ihm **bekannte Umstände,** die für die Willensbildung zum Geschäftsabschluß von Bedeutung sein können, der vermittelten Vertragspartei **mitteilen;** eine schuldhafte Verletzung dieser Informationspflicht kann ihn haftbar machen. Dies gilt insbesondere dann, wenn der Handelsmakler dem Auftraggeber solche Umstände nicht mitteilt, die geeignet sind, vom Vertragsschluß Abstand zu nehmen (zB Zahlungs- oder Leistungsfähigkeit der anderen Partei).[19] Allerdings ist er nicht verpflichtet, im Vorfeld von sich aus Erkundigungen über solche maßgeblichen Umstände einzuholen.[20]

12   Der **Versicherungsmakler** (vgl. oben § 93 RdNr. 9) muß dem Versicherer alle Umstände mitteilen, die für Abschluß und Bestand des Versicherungsvertrags erheblich sein

---

12 Staub/*Brüggemann* RdNr. 1 und vor § 93 RdNr. 23; – aA offenbar Heymann/*Herrmann* RdNr. 2, der die wohl nur für vertragliche Erfüllungsansprüche maßgeblichen Verjährungsvorschriften des § 196 Abs. 1 Nr. 1 und Nr. 7 BGB oder des § 196 Abs. 2 BGB anwenden will.
13 BGH NJW 1972, 251 (LS).
14 Vgl. dazu Baumbach/*Hopt* RdNr. 2; Heymann/*Herrmann* RdNr. 3; Staub/*Brüggemann* RdNr. 2; – zur verbleibenden Haftung vgl. unten RdNr. 10.

15 Heymann/*Herrmann* RdNr. 3;.
16 Heymann/*Herrmann* RdNr. 3; Staub/*Brüggemann* RdNr. 2.
17 Staub/*Brüggemann* RdNr. 2; ähnlich Heymann/*Herrmann* RdNr. 3.
18 Siehe auch Heymann/*Herrmann* RdNr. 3.
19 GK-HGB/*Zeidler* RdNr. 3.
20 Vgl. hierzu auch Staub/*Brüggemann* RdNr. 3.

können. Ein pflichtwidriges Unterlassen von Informationen macht den Versicherungs-makler sowohl gegenüber dem Versicherer als auch gegenüber dem Versicherungsnehmer schadensersatzpflichtig.[21]

Insbesondere der **Finanzmakler** (vgl. oben § 93 RdNr. 11) hat die einschlägigen Steu- 13
ervorschriften und die Praxis der im Einzelfall zuständigen Finanzämter zu beachten und sich deshalb regelmäßig bzw. im Einzelfall darüber zu informieren.[22]

Der **Kreditmakler** (vgl. oben § 93 RdNr. 11), der bei der Kaufpreisfinanzierung die ent- 14
gegengenommene Kreditsumme völlig unüblich dem Verkäufer anstelle des Käufers zulei-tet, haftet dem Kreditinstitut, wenn er diese Praxis dem Kreditinstitut nicht zuvor mit-teilt.[23] Auch hat der Kreditmakler die kreditgewährende Bank grundsätzlich über alle für den Kredit wesentlichen Umstände zu informieren, deren Aufklärung redlicherweise zu erwarten ist.[24] Ein Verstoß gegen diese Aufklärungspflicht kann ebenfalls eine Haftung des Maklers gemäß § 98 auslösen. Die Hinweispflicht entfällt jedoch bei mangelnder Aufklä-rungsbedürftigkeit. Dies kann dann der Fall sein, wenn der Bank sämtliche wertbildenden Faktoren, die für die Kreditvergabe wesentlich sind, bekannt sind.[25]

Der sog. **Emissionsgehilfe** (vgl. oben § 93 RdNr. 39), der Anteile an Publikumsgesell- 15
schaften vermittelt, ist als Handelsmakler einzuordnen. Er kann wegen schuldhaft pflicht-widriger Fehlinformationen und falscher Beratung gegenüber potentiellen Anlegern gem. § 98 haften; dies gilt insbesondere bei unterbliebener Mitteilung über Finanzierungslücken oder über dem Emissionsgehilfen bekannte besondere Risiken bei der Durchführung des Vorhabens.[26]

Umstritten ist, ob es zu den haftungsrechtlich bedeutsamen Sorgfaltspflichten des Emissi- 16
onsgehilfen gehört, **Prospektangaben,** mittels derer um Anleger geworben wird, eigen-ständig auf ihre sachliche Korrektheit zu **überprüfen**.[27] Zwar wird dem Emissionsgehilfen (wie allgemein dem Handelsmakler) durch die möglichen Anleger besonderes Vertrauen in seine Sachkunde und Marktkenntnis entgegengebracht. Dennoch wird man bei einer Schä-digung des Anlegers aufgrund unterlassener Überprüfung der Prospektangaben eine Haf-tung des Emissionsgehilfen nicht annehmen können. Denn die dadurch deutlich ver-schobene Risikoverteilung zu Lasten des Handelsmaklers würde eine Überschreitung der Grenzziehung bei der c. i. c. – Sachwalterhaftung bedeuten. Der Sachwalter haftet aber nur für das ihm **persönlich** entgegengebrachte Vertrauen; das Vertrauen des Anlegers dem Emissionsgehilfen gegenüber ist hingegen funktional-beruflicher Natur.[28]

§ 99 [Lohnanspruch gegen beide Parteien]

Ist unter den Parteien nichts darüber vereinbart, wer den Maklerlohn bezahlen soll, so ist er in Ermangelung eines abweichenden Ortsgebrauchs von jeder Partei zur Hälfte zu entrichten.

[21] Vgl. Staub/*Brüggemann* RdNr. 3.
[22] Vgl. OLG München NJW 1961, 1534 (pflicht-widriger Rat bei der Grunderwerbsteuerbefreiung) sowie Staub/*Brüggemann* RdNr. 3.
[23] OLG München NJW 1970, 1925; Baumbach/*Hopt* RdNr. 1; Staub/*Brüggemann* RdNr. 3.
[24] BGH NJW 1981, 2685; 1982, 1145; 1983, 2483; 1987, 909.
[25] BGH WM 1988, 41.

[26] LG Hamburg MDR 1959, 572; Heymann/*Herrmann* RdNr. 4; *Lutter,* FS Bärmann, S. 605, 616; wohl auch Baumbach/*Hopt* RdNr. 1 und § 93 RdNr. 12.
[27] BGH NJW 1993, 2433 nimmt eine solche Prospektprüfungspflicht für Banken an, die ausländi-sche Wertpapiere in ihr Anlageprogramm aufge-nommen haben.
[28] Ebenso Heymann/*Herrmann* RdNr. 4 m. weit. Nachw.

Übersicht

I. Regelungsinhalt

1   Die Vorschrift des § 99 regelt im einzelnen, welche der Parteien zu welchem Anteil „den Maklerlohn bezahlen" soll. Die Lösung dieser Frage richtet sich zunächst nach einer **möglichen Parteivereinbarung,** mangels einer solchen nach dem jeweiligen **Ortsgebrauch** und erst zuletzt nach der **gesetzlichen, subsidiären Auffangregelung** des § 99. Da jedoch abweichende vertragliche Regelungen bzw. Ortsgebräuche nur vor dem Hintergrund des dispositiven Gesetzesrechts beurteilt werden können, folgt die Kommentierung bei der Darstellung der Rechtsquellen der umgekehrten Reihenfolge.

2   Bereits die Auslegung des Regelungsgegenstandes der Vorschrift, nämlich die „Zahlung des Maklerlohns", bereitet erhebliche Schwierigkeiten. Denn dem Wortlaut des § 99 kann nicht eindeutig entnommen werden, ob die Vorschrift die Provisionszahlungspflicht lediglich im **Innenverhältnis** der Parteien betrifft und/oder das **Außenverhältnis** zum anspruchsberechtigten Makler regeln will. Die Formulierung „entrichten" legt aber nahe, daß § 99 die Zahlungsverpflichtung gegenüber dem Makler, also das Außenverhältnis der Parteien gegenüber dem Handelsmakler betrifft. Auch die Stellung des Handelsmaklers als unparteilicher Mittler, der im Interesse beider Parteien handelt und auch gegenüber beiden Parteien haftet (§ 98), spricht für diese Ansicht.

3   Durch die **widerspruchslose Entgegennahme** und wirtschaftliche Verwertung **der Maklerdienste** durch den Geschäftspartner wird auch diesem gegenüber ein im Ergebnis provisionspflichtiges Vertrauensverhältnis begründet. § 99 konkretisiert somit den allgemeinen handelsrechtlichen Rechtsgedanken, daß derjenige, der die Dienste eines Kaufmanns wissentlich in Anspruch nimmt, mit einem Entgelt rechnen muß (§ 354).[1] Daher ist im Ergebnis mit der hM[2] anzunehmen, daß § 99 die Provisionspflicht der Parteien im Außenverhältnis zum Makler regelt. Auch die Möglichkeit einer abweichenden Parteivereinbarung über die Zahlung des Maklerlohns steht dieser Auslegung nicht entgegen.[3]

II. Schuldner des Provisionsanspruchs

4   **1. Die dispositive gesetzliche Regelung des § 99. a) Regelfall.** Aus den bisherigen Ausführungen ergibt sich, daß die Rechtsfolge des § 99 (hälftige Provisionszahlungspflicht beider Parteien) nur dann eintritt, wenn es an einer speziellen Parteivereinbarung oder einem besonderen Ortsgebrauch fehlt. Die Verpflichtung der Parteien zur Maklerlohnzahlung je zur Hälfte ist eine gesetzliche Schuld, die nur hilfsweise zur Entstehung gelangt; § 99 ist demnach eine reine **Auffangregelung** (vgl. oben RdNr. 1).

5   Als Auffangregelung tritt § 99 in **Widerspruch** zur bürgerlich-rechtlichen Grundregelung des **§ 652 BGB.** § 652 BGB sieht nämlich vor, daß allein der Auftraggeber dem Makler die volle Provision schuldet. Bei gleicher Sachlage nimmt § 99 demgegenüber auch den Gegenkontrahenten in die hälftige Verantwortung, so daß der Handelsmakler von Beginn an zwei Teilschuldner (§ 420 BGB) hat.

---

[1] Vgl. Baumbach/*Hopt* § 354 RdNr. 1.
[2] Baumbach/*Hopt* RdNr. 1; Staub/*Brüggemann* RdNr. 1; Heymann/*Herrmann* RdNr. 1.

[3] Vgl. hierzu unten RdNr. 8; unklar Staub/*Brüggemann* RdNr. 1.

b) Alleinige Interessenvertretung. Jedoch besteht kein Grund für die Auslösung der **6** Rechtsfolge des § 99, wenn der Handelsmakler entgegen den handelsüblichen Gepflogenheiten allein zur Interessenwahrnehmung seines Auftraggebers tätig wird. Hier ist regelmäßig von einer stillschweigenden Provisionsvereinbarung mit der alleinigen Zahlungspflicht des Auftraggebers auszugehen.[4]

2. Der abweichende Ortsgebrauch. Fehlt es an einer Parteivereinbarung, so folgt die **7** Provisionszahlungspflicht aus einem etwaigen, bestehenden Ortsgebrauch. So schuldet zB in der Seeversicherung der Versicherer gewohnheitsrechtlich die volle Provision.[5]

3. Die abweichende Parteivereinbarung. § 99 stellt in erster Linie für die Provisions- **8** zahlungspflicht auf eine Vereinbarung der Parteien ab. Besteht eine solche, geht sie der hälftigen Provisionspflicht des § 99 bzw. einem Ortsgebrauch vor. Die Parteivereinbarung iSd. § 99 ist entgegen dem scheinbar eindeutigen Wortlaut keine Absprache allein zwischen Auftraggeber und dessen Vertragspartner. Vielmehr ist bei einer Parteivereinbarung iSd. § 99 auch der **Makler einzubeziehen.** Ansonsten könnten die Parteien dem Makler entgegen dessen Willen einen seiner beiden Schuldner entziehen und die Provisionspflicht allein dem – möglicherweise zahlungsunfähigen – Auftraggeber oder Vertragspartner aufbürden. Dies wäre ein unzulässiger Vertrag zu Lasten Dritter. Daher muß der Makler beteiligt werden.[6]

Rechtstechnisch sind für die **Beteiligung des Maklers zwei Wege** gangbar: Entweder **9** wird der Makler von Anfang an in die Parteivereinbarung einbezogen. Möglich ist aber auch, daß jede einzelne Partei individuell mit dem Makler eine Vereinbarung über den Provisionsanspruch trifft. Grundlage hierfür ist, daß der Makler zumeist nicht nur einen Maklervertrag mit dem Auftraggeber schließt, sondern zugleich in ein vertragsähnliches Tätigkeitsverhältnis zum Geschäftsgegner tritt. Wird in solchen Fällen zugleich über den Maklerlohn gesprochen, so ist diese Situation der direkten Parteivereinbarung unter Hinzuziehung bzw. Zustimmung des Maklers gleichzustellen.[7]

III. Höhe und Verjährung des Provisionsanspruchs

1. Höhe. Die Höhe der Provision kann vertraglich geregelt werden. Eine Vereinbarung **10** über die Provisionshöhe kommt nicht zwingend einer Vereinbarung über den oder die Schuldner des Provisionsanspruchs gleich. Eine Provisionsabsprache steht daher der Rechtsfolge des § 99 (hälftige Provisionspflicht) nicht entgegen.[8] Fehlt eine Vereinbarung über die Provisionshöhe, so bestimmt sich der Umfang des Anspruchs nach einer Taxe oder hilfsweise nach Üblichkeit (§ 653 Abs. 2 BGB; vgl. auch oben RdNr. 93 RdNr. 81). Dies gilt nach § 354 Abs. 1 sogar dann, wenn zwischen Makler und Auftraggeber bereits keine Vereinbarung über die Provisionspflichtigkeit der Vermittlung dem Grunde nach getroffen wurde, da vom Makler als Kaufmann kein unentgeltliches Handeln erwartet werden kann. Ob hingegen der Auftraggeber Kaufmann ist oder nicht, ist unbedeutend.[9]

Die **übliche Provision** nach § 653 Abs. 2 BGB bildet im übrigen auch gleichzeitig den **11** Höchstbetrag, an dem der Vertragspartner nach § 99 zur Hälfte beteiligt werden kann. Eine darüber hinausgehende, vertraglich vereinbarte Provision hat hingegen der Auftraggeber alleine zu tragen, da der Vertragspartner bei Inanspruchnahme der Maklerdienste mit ihr nicht zu rechnen brauchte und ansonsten in der Provisionsabrede ein unzulässiger Vertrag zu Lasten Dritter vorläge.[10] Dies kann indessen nicht gelten, wenn der Vertragspartner bei Kontaktaufnahme mit dem Makler die vertraglich vereinbarte höhere Provision kennt, da er dann nicht schutzwürdig ist.

---

[4] Baumbach/*Hopt* RdNr. 1; Heymann/*Herrmann* RdNr. 2.
[5] OLG Hamburg VersR 1951, 261, 262; LG Hamburg MDR 1961, 945; vgl. auch Heymann/*Herrmann* RdNr. 3; Staub/*Brüggemann* RdNr. 4.
[6] So auch Staub/*Brüggemann* RdNr. 2.

[7] Staub/*Brüggemann* RdNr. 3.
[8] Heymann/*Herrmann* RdNr. 4.
[9] Baumbach/*Hopt* § 354 RdNr. 2; abweichend Heymann/*Herrmann* RdNr. 4.
[10] Staub/*Brüggemann* RdNr. 8.

12   **2. Verjährung.** Die Verjährung des Provisionsanspruchs tritt gemäß § 196 Abs. 1 Nr. 1 und Nr. 7 BGB nach zwei Jahren ein, sofern die Maklerleistung nicht für den Gewerbebetrieb des Auftraggebers erfolgt.[11] In den übrigen Fällen verjährt der Provisionsanspruch in 4 Jahren (§ 196 Abs. 2 BGB); denn der Handelsmakler ist stets Kaufmann (§ 1 Abs. 2 Nr. 7). Wird die Hälfte des Provisionsanspruchs gemäß § 99 vom Geschäftspartner geschuldet, so beurteilt sich die Anwendung der 4-jährigen Verjährungsfrist (§ 196 Abs. 2 BGB) danach, ob die Vermittlung dessen Gewerbebetrieb zugute gekommen ist.

§ 100 [Tagebuch]

(1) Der Handelsmakler ist verpflichtet, ein Tagebuch zu führen und in dieses alle abgeschlossenen Geschäfte täglich einzutragen. Die Eintragungen sind nach der Zeitfolge zu bewirken; sie haben die in § 94 Abs. 1 bezeichneten Angaben zu enthalten. Das Eingetragene ist von dem Handelsmakler täglich zu unterzeichnen.

(2) Die Vorschriften der §§ 239 und 257 über die Einrichtung und Aufbewahrung der Handelsbücher finden auf das Tagebuch des Handelsmaklers Anwendung.

I. Pflicht zur Tagebuch- und kaufmännischen Buchführung

1   **1. Rechtliche Einordnung.** Bei dem für den Handelsmakler (nicht aber für Krämer-, Versicherungs- und Bausparvertragsmakler, vgl. § 104) vorgeschriebenen Tagebuch handelt es sich **nicht um ein Handelsbuch** im Sinne des § 238,[1] welches ausschließlich die Eintragungen eigener Geschäfte des Kaufmanns zum Gegenstand hat.[2] Das Tagebuch iS des § 100, das hingegen Eintragungen über fremde Geschäfte erfaßt,[3] dient vielmehr in erster Linie **Beweisinteressen der Parteien** (vgl. § 101). Daneben sind auch gesamtwirtschaftliche und öffentliche Interessen (zB Abwehr von Mißbrauchsgefahren aufgrund der besonderen Marktkenntnisse des Maklers) berührt.[4]

2   Entsprechend ist die Pflicht zur Tagebuchführung als solche **öffentlich-rechtlicher** Natur (vgl. auch § 103).[5] Im Unterschied zum Verzicht auf die Schlußnote (§ 94 Abs. 1) entbindet ein Verzicht der Parteien auf die Tagebuchführung den Makler daher nicht von dieser Verpflichtung.[6] Im Verhältnis zu den Parteien selbst hat die Verpflichtung nach § 100 privatrechlichen Charakter.[7]

3   **2. Inhalt der Eintragungspflicht. a) Gegenstand der Eintragung.** Der Handelsmakler muß, sobald er hiervon Kenntnis erlangt, jeden von ihm **vermittelten Geschäftsabschluß** in das Tagebuch eintragen. Die Eintragungspflicht ist unabhängig von der Wirksamkeit des Rechtsgeschäfts oder von einer noch erforderlichen Genehmigung.[8] Die Verpflichtung zur Eintragung auch solcher Geschäfte folgt aus dem **Vollständigkeitsgrundsatz** gem. Abs. 2 iVm. § 239 Abs. 2. Gleichgültig ist auch, ob der Makler aus der Geschäftsvermittlung Lohn beanspruchen kann oder nur von einer oder von beiden Parteien des Geschäfts beauftragt worden ist.[9] Erfolgt eine nachträgliche Vertragsauflösung noch vor der Durchführung des Geschäfts, kann jedoch eine Eintragung entfallen.[10] Denn in diesem Fall muß das Geschäft

---

[11] OLG Frankfurt BB 1981, 1546.
[1] Vgl. §§ 38 ff. aF, aufgehoben durch Bilanzrichtlinien-Gesetz vom 19. 12. 1985 (BGBl. I S. 2355).
[2] Daher auch die ausdrückliche entsprechende Anwendung des § 239 durch Abs. 2.
[3] Heymann/*Herrmann* RdNr. 2.
[4] Heymann/*Herrmann* RdNr. 1 iVm. vor § 93 RdNr. 2.

[5] Baumbach/*Hopt* RdNr. 1; Staub/*Brüggemann* RdNr. 3; wohl auch Heymann/*Herrmann* RdNr. 1.
[6] Baumbach/*Hopt* RdNr. 1; Heymann/*Herrmann* RdNr. 1 (unabdingbar).
[7] Baumbach/*Hopt* RdNr. 1.
[8] Heymann/*Herrmann* RdNr. 3; GK-HGB/*Zeidler* RdNr. 2.
[9] Staub/*Brüggemann* RdNr. 2.
[10] Staub/*Brüggemann* RdNr. 2.

als nicht existent behandelt werden und unterliegt daher nicht dem Vollständigkeitsgrundsatz des Abs. 2 iVm. § 239 Abs. 2.[11]

b) Inhalt der Eintragung. Die Eintragung muß die **Parteien,** den **Vertragsgegenstand** 4 und die **Geschäftsbedingungen** beinhalten (Abs. 1 Satz 2 iVm. § 94 Abs. 1). Bei mehreren Geschäftsabschlüssen am selben Tag soll die Eintragung nach der Zeitfolge des Abschlusses vorgenommen werden (nicht notwendig mit Angabe der Uhrzeit), bei von dieser Folge abweichender Kenntnisnahme nach dem Zeitpunkt der Kenntnis.[12] Die Eintragung muß mit einer auf den Gesamtinhalt bezogenen **Unterschrift** des Handelsmaklers unterzeichnet werden. Die Unterschriftsleistung muß also nicht für jede einzelne Eintragung, sondern nur einmal täglich erfolgen.

c) Person des Eintragenden. Der Handelsmakler muß die Eintragungen nicht persön 5 lich vornehmen. Beim Einsatz von **Hilfspersonen** muß der Makler aber die Eintragungen täglich unterzeichnen. Die Unterzeichnungspflicht ist höchstpersönlicher Natur.[13] Bei einer Makler-Gesellschaft ist Unterzeichnung durch einen vertretungsberechtigten Gesellschafter bzw. ein Organmitglied erforderlich.[14] Erst durch die **Unterschriftsleistung** wird die durch eine Hilfsperson vorgenommene Eintragung dem Makler inhaltlich zurechenbar.

3. Wirkung der Buchführung. Die Eintragung in das Tagebuch hat **keinerlei konstitu** 6 **tive Wirkung.** Zweck der Eintragungspflicht ist in erster Linie die Beweissicherung (vgl. oben RdNr. 1). Wirksamkeit und Bestand des von der Eintragung erfaßten Rechtsgeschäfts beurteilen sich vielmehr unabhängig vom Inhalt der Eintragung.[15]

II. Pflicht zur Aufbewahrung des Tagebuchs

Der Handelsmakler ist verpflichtet, das Tagebuch 10 Jahre **aufzubewahren** (Abs. 2 iVm. 7 § 257 Abs. 4). Die Aufbewahrungs**frist** beginnt mit Schluß des Kalenderjahres zu laufen, in welchem die letzte Eintragung erfolgt ist (Abs. 2 iVm. § 257 Abs. 5). Ein Verstoß hiergegen ist eine Ordnungswidrigkeit gemäß § 103 Abs. 1 Nr. 2. Die Aufbewahrungspflicht besteht auch dann fort, wenn der Handelsmakler sein Maklergewerbe aufgibt.[16] Entsprechend geht diese Pflicht auch auf seine Erben sowie auf sonstige **Rechtsnachfolger** über, selbst wenn diese kein Handelsmaklergewerbe betreiben.[17]

III. Haftung und Ordnungswidrigkeiten

Verstößt der Handelsmakler gegen die Verpflichtung zur Führung bzw. Aufbewahrung 8 des Tagebuchs, kann er privatrechtlich **haften.** Den Parteien gegenüber kommt eine Haftung gem. § 98 in Betracht. Dritten gegenüber kann er gemäß § 823 Abs. 2 BGB iVm. §§ 100, 103 schadensersatzpflichtig werden.[18] Daneben sind Verstöße gegen die Tagebuchführungs- und Aufbewahrungspflicht als **Ordnungswidrigkeiten** iSd. § 103 bußgeldbewehrt (zu den Einzelheiten vgl. die Kommentierung zu § 103).

IV. Sonderregelung für Kursmakler

§ 33 BörsG[19] enthält für **Kursmakler** Sonderregelungen. Danach ist das Tagebuch bör 9 sentäglich zu nummerieren und mit einem Abschlußvermerk zu versehen (§ 33 Abs. 1 BörsG). Stirbt der Kursmakler oder scheidet er aus dem Amt, so ist sein Tagebuch bei dem Börsenvorstande bzw. der Kursmaklerkammer (vgl. § 33 Abs. 3 BörsG) niederzulegen (§ 33 Abs. 2 BörsG).

[11] AA aber Baumbach/*Hopt* RdNr. 1; Heymann/ *Herrmann* RdNr. 3.

[12] Heymann/*Herrmann* RdNr. 1; vgl. auch Baumbach/*Hopt* RdNr. 1.

[13] Heymann/*Herrmann* RdNr. 1 (aE).

[14] Staub/*Brüggemann* RdNr. 2.

[15] Staub/*Brüggemann* RdNr. 3.

[16] Heymann/*Herrmann* RdNr. 2; Staub/*Brüggemann* RdNr. 4.

[17] Baumbach/*Hopt* RdNr. 1; Staub/*Brüggemann* RdNr. 4 iVm. § 101 RdNr. 1.

[18] Baumbach/*Hopt* RdNr. 2; Heymann/*Herrmann* RdNr. 3.

[19] In Abs. 1 neu gefaßt durch Gesetz vom 11. 7. 1989 (BGBl. I S. 1412).

§ 101 [Auszüge aus dem Tagebuch]

Der Handelsmakler ist verpflichtet, den Parteien jederzeit auf Verlangen Auszüge aus dem Tagebuche zu geben, die von ihm unterzeichnet sind und alles enthalten, was von ihm in Ansehung des vermittelten Geschäfts eingetragen ist.

I. Anspruch auf Auszugserteilung

1　　**1. Inhalt und Rechtsnatur des Anspruchs.** Der Handelsmakler ist verpflichtet, auf Verlangen Tagebuchauszüge zu erteilen. Diese Pflicht geht über die allgemeine Verpflichtung eines Urkundenbesitzers nach § 810 BGB hinaus, lediglich Einsicht zu gewähren. Die Pflicht zur Auszugserteilung bezieht sich auf die **tatsächlichen Eintragungen,** nicht darauf, was eingetragen hätte werden müssen.[1] Der Auszug ist vom Handelsmakler **persönlich zu unterzeichnen.**

2　　Die Pflicht zur Auszugserteilung begründet einen **klagbaren Anspruch** der Parteien, der gemäß § 887 ZPO vollstreckbar ist.[2] Hiervon ist die gerichtliche Anordnung der Tagebuchvorlegung gemäß § 102 zu unterscheiden. Diese Anordnung dient nicht der Durchsetzung des materiellen Vorlageanspruchs nach § 101; § 102 ist lediglich eine spezielle Ausprägung der allgemeinen Regelung zur Urkundsvorlage gemäß § 142 ZPO.

3　　**2. Anspruchsberechtigter. a) Parteien.** Die Person des Anspruchsberechtigten ist in § 101 nicht ausdrücklich gesetzlich geregelt. Hat der Makler mit beiden Parteien des vermittelten Geschäfts einen Maklervertrag geschlossen, steht der Anspruch beiden Parteien zu. Aber auch dann, wenn nur zum Auftraggeber ein Vertragsverhältnis besteht, steht der Makler zum Gegenkontrahenten in vertragsähnlichen Beziehungen. Diese Beziehungen genügen, um auch einen Anspruch des Vertragspartners auf Tagebuchvorlage zu begründen. Denn der Makler ist verpflichtet, bei der Vermittlung auch dessen Interessen zu berücksichtigen.[3] Wird jeder der beiden Vertragsparteien von einem eigenen Makler betreut, so ist im Zweifel von einer **einseitigen Interessenwahrnehmung** auszugehen. Diese Grundlage rechtfertigt es, jeder Partei einen Vorlageanspruch nur gegenüber dem eigenen Makler zuzubilligen.[4]

4　　**b) Rechtsnachfolger.** Die Verpflichtung zur Vorlegung von Tagebuchauszügen geht auf den Rechtsnachfolger des Maklers über. Das können sowohl seine **Erben** als auch **Rechtsnachfolger** im Betrieb des Maklergewerbes sein. Der Übergang dieser Verpflichtung ergibt sich bereits daraus, daß auch die Pflicht zur Aufbewahrung des Tagebuchs auf den Rechtsnachfolger übergeht (vgl. § 100 RdNr. 7).

5　　**3. Rechtsfolge einer Pflichtverletzung.** Auch die Verletzung der Pflicht zur Vorlage von Tagebuchauszügen kann gegenüber beiden Vertragsparteien Schadensersatzansprüche aus § 98 auslösen (vgl. § 100 RdNr. 8). Hingegen bezieht sich die Ordnungswidrigkeitenvorschrift des § 103 nur auf die Tagebuchführungs- und Aufbewahrungspflicht nach § 100, nicht aber auf die Vorlageverpflichtung aus § 101.

II. Anspruch auf Tagebucheinsicht

6　　§ 101 regelt nur den Anspruch auf Vorlage von **Tagebuchauszügen.** Hält der Anspruchsberechtigte den vorgelegten Auszug für nicht genügend oder unvollständig, kommt ergänzend ein Anspruch auf **Tagebucheinsicht** (§ 810 BGB) in Betracht.[5] Dieses Recht steht grundsätzlich beiden Parteien zu, nicht aber am Geschäftsverhältnis unbeteiligten Dritten. Voraussetzung für eine Tagebucheinsicht ist, daß der Anspruchsteller substantiiert

---

[1] Heymann/*Herrmann* RdNr. 1.
[2] Baumbach/*Hopt* RdNr. 1; Heymann/*Herrmann* RdNr. 1; Staub/*Brüggemann* RdNr. 2.
[3] Im Erg. auch Baumbach/*Hopt* RdNr. 1.
[4] AA wohl Staub/*Brüggemann* RdNr. 3.
[5] Allgemeine Auffassung Baumbach/*Hopt* RdNr. 2; Heymann/*Herrmann* RdNr. 2; Staub/*Brüggemann* RdNr. 1; GK-HGB/*Zeidler* RdNr. 2.

Tatsachen vorträgt, deren Nachweis durch die Einsicht erbracht werden soll.[6] Diese Abgrenzung ist zur Vermeidung einer unzulässigen Ausforschung erforderlich.[7]

§ 102 [Vorlegung im Rechtsstreit]

Im Laufe eines Rechtsstreits kann das Gericht auch ohne Antrag einer Partei die Vorlegung des Tagebuchs anordnen, um es mit der Schlußnote, den Auszügen oder anderen Beweismitteln zu vergleichen.

I. Vorlageanordnung des Gerichts

§ 102 bestimmt ausdrücklich, daß das Gericht im Rechtsstreit die Vorlage des Tagebuchs 1 anordnen kann. Voraussetzung ist aber, daß bereits andere Beweismittel, insbesondere Schlußnote und einzelne Tagebuchauszüge, bei den Akten liegen. Die Vorlegung dient lediglich dem Vergleich mit einem Beweismittel und ist selbst kein solches. Die Vorlegung darf also nicht dazu dienen, durch Ausforschung des Tagebuchs neue Beweismittel zu gewinnen. Sie ist daher eine bloße **Beweismittelkontrolle,** die von Amts wegen erfolgen kann.[1]

Ist der Makler selbst Prozeßpartei, so greifen auch die §§ 422 ff. ZPO ein, verbunden 2 mit § 810 BGB (vgl. auch § 101 RdNr. 6). Kommt der Makler der Vorlagepflicht nicht nach, kann die **Beweisfiktion** des § 427 ZPO eintreten.[2] Materiell kann der Makler den Parteien in diesem Fall gemäß § 98 haften.

II. Vorlegungsanträge der Parteien

Auch die Parteien können einen Vorlegungsantrag für das Tagebuch auf § 102 stützen. 3 Das prozessuale Beweisantrittsrecht der Parteien bleibt von § 102 unberührt.

§ 103 [Ordnungswidrigkeiten]

(1) Ordnungswidrig handelt, wer als Handelsmakler

1. vorsätzlich oder fahrlässig ein Tagebuch über die abgeschlossenen Geschäfte zu führen unterläßt oder das Tagebuch in einer Weise führt, die dem § 100 Abs. 1 widerspricht oder

2. ein solches Tagebuch vor Ablauf der gesetzlichen Aufbewahrungsfrist vernichtet.

(2) Die Ordnungswidrigkeit kann mit einer Geldbuße bis zu zehntausend Deutsche Mark geahndet werden.

I. Ordnungswidrigkeiten

Bestimmte Verletzungen der Tagebuchführungspflicht des Maklers werden durch § 103 1 zu Ordnungswidrigkeiten nach dem OWiG vom 19. 2. 1987 (BGBl. I S. 602) erhoben. Die **Anforderungen an das Verschulden** des Maklers sind – je nach Ordnungswidrigkeiten-Tatbestand – **unterschiedlich.** Für eine unterlassene bzw. pflichtwidrige Tagebuchführung genügt bereits Fahrlässigkeit (Nr. 1). Hingegen kann die Vernichtung des Ta-

---

[6] Vgl. Heymann/*Herrmann* RdNr. 2.
[7] Dazu BGHZ 93, 191; 109, 260.

[1] Heymann/*Herrmann* RdNr. 1; Staub/*Brüggemann* RdNr. 1.
[2] Heymann/*Herrmann* RdNr. 2; Staub/*Brüggemann* RdNr. 1.

gebuchs vor Ablauf der gesetzlichen Aufbewahrungsfrist nur dann als Ordnungswidrigkeit geahndet werden, wenn sie vorsätzlich (§ 10 OWiG) begangen wird.

II. Geldbuße

2 Abs. 2 sieht zwar als Höchstbetrag einer Geldbuße zehntausend Deutsche Mark vor. Gemäß § 17 Abs. 4 OWiG kann dieser Betrag jedoch überschritten werden. Bußgeldfällig ist der **Makler** als solcher, auch wenn für ihn eine Hilfsperson gehandelt hat. Bei einer **Maklergesellschaft** wird grundsätzlich nur der ordnungswidrig handelnde Gesellschafter bußgeldfällig; bei einer Unterlassung iSd. Abs. 1 Nr. 1 Alt. 1 trifft die Verantwortlichkeit jedoch jeden vertretungsberechtigten Gesellschafter. Außer gegen die einzelnen Gesellschafter kann nach § 30 OWiG auch gegen die Gesellschaft selbst eine Geldbuße festgesetzt werden. Unter den Voraussetzungen des § 30 Abs. 4 OWiG kommt sogar ein selbständiges Ordnungswidrigkeitsverfahren ausschließlich gegen die Gesellschaft in Betracht, das eine parallele Ahndung der Gesellschafter nicht voraussetzt.

§ 104 [Krämermakler]

Auf Personen, welche die Vermittlung von Warengeschäften im Kleinverkehre besorgen, finden die Vorschriften über Schlußnoten und Tagebücher keine Anwendung. Auf Personen, welche die Vermittlung von Versicherungs- oder Bausparverträgen übernehmen, sind die Vorschriften über Tagebücher nicht anzuwenden.

I. Bedeutung

1 Der **Krämermakler** hat eine Sonderstellung unter den Handelsmaklern. Er ist von der gesetzlichen Pflicht zur Schlußnotenerstellung (§§ 94 f.) befreit und ist auch nicht verpflichtet, ein Tagebuch zu führen (§§ 100 bis 103). Im übrigen unterliegt der Krämermakler gleichermaßen den Regeln der §§ 93 ff. Lediglich eine **Befreiung von der Tagebuchführungspflicht** wurde durch Gesetz vom 23. 10. 1989 (BGBl. I S. 1910) für Versicherungs- und Bausparmakler (vgl. hierzu § 93 RdNr. 9) eingeführt (jetziger Satz 2). In diesem Bereich ist das Tagebuch zur Beweissicherung nicht in demselben Maße wie beim allgemeinen Handelsmakler erforderlich, da üblicherweise in jedem Fall Versicherungsakten angelegt werden. Im übrigen stellte die tägliche Unterschriftsleistung nach § 100 Abs. 1 Satz 3 insbesondere für Versicherungsmakler mit mehreren Niederlassungen im gesamten Bundesgebiet eine große bürokratische Belastung dar.[1]

II. Begriff des Krämermaklers

2 Ob ein Handelsmakler Krämermakler ist, bestimmt sich nicht nach den **Kriterien des Kaufmannsbegriffs.** Krämermakler können daher sowohl Voll- als auch Minderkaufleute sein.[2] Entscheidend ist allein, daß die vom Makler vermittelten Geschäfte Warengeschäfte sind, die dem **Kleinverkehr** angehören, so zB bei Geschäftsvermittlern auf landwirtschaftlichen Viehmärkten. Ist der Handelsmakler unter dieser Voraussetzung zwar Krämermakler, aber zugleich Vollkaufmann, so braucht er kein Tagebuch zu führen; er ist aber dennoch zur Führung eines Handelsbuchs verpflichtet (vgl. § 238). Ist er aber Minderkaufmann, so bleiben die Besonderheiten gemäß § 4 iVm. § 1 Abs. 2 Nr. 7 von § 104 Satz 1 unberührt.

---

[1] Vgl. Gesetzentwurf der Bundesregierung, abgedr. in BR-Drs. 339/88.

[2] Allgemeine Meinung Baumbach/*Hopt* RdNr. 1; Heymann/*Herrmann* RdNr. 2; Staub/*Brüggemann* RdNr. 1.

III. Freiwillige Schlußnotenerteilung und Tagebuchführung

§ 104 Satz 1 verbietet dem Krämermakler keineswegs, freiwillig Schlußnoten zu erteilen **3**
oder ein Tagebuch zu führen. Bei **vertraglicher Verpflichtung** des Krämermaklers zur
Schlußnotenerteilung bzw. Tagebuchführung sind die §§ 94, 95 bzw. §§ 100, 102 entsprechend anzuwenden; denn die vertragliche Verpflichtung kommt der gesetzlichen gleich.[3]
Unanwendbar ist hingegen § 103, da durch eine Parteivereinbarung keine öffentlich-
rechtliche Pflicht als Voraussetzung einer Ordnungswidrigkeitensanktion ausgelöst werden
kann.[4]

---

[3] Baumbach/*Hopt* RdNr. 1; Heymann/*Herrmann*
RdNr. 2; Staub/*Brüggemann* RdNr. 1.

[4] Im Erg. ebenso Baumbach/*Hopt* RdNr. 1;
Heymann/*Herrmann* RdNr. 2; Staub/*Brüggemann*
RdNr. 1.

Sachverzeichnis

Die fett gedruckten Zahlen bezeichnen die Paragraphen, die mageren Zahlen die Randnummern

Bearbeiter: Daniela Dauner

Sachverzeichnis

Sachverzeichnis

Sachverzeichnis

Sachverzeichnis

Sachverzeichnis

Sachverzeichnis

Sachverzeichnis

Sachverzeichnis

Sachverzeichnis

Sachverzeichnis

Sachverzeichnis

Sachverzeichnis

Sachverzeichnis

Sachverzeichnis

Sachverzeichnis

Sachverzeichnis

Sachverzeichnis

Sachverzeichnis